Stuber · Oppolzer
Einkommensteuer-Erklärung 2005

Einkommensteuer-Erklärung 2005

Von

Dr. jur. Helmut Stuber
Oberfinanzpräsident a. D., Stuttgart

und

Adolf Oppolzer
Regierungsdirektor a. D., Stuttgart

65. Auflage

Stollfuß
VERLAG · BONN · BERLIN

Ausgeschieden von
Landtagsbibliothek
Magdeburg
am 31.1.25

ISBN 3-08-317105-6

Lizenzausgabe des Werkes
„Anleitung zur Einkommensteuer-Erklärung 2005"
mit Genehmigung des
Schäffer-Poeschel Verlags für Wirtschaft, Steuern, Recht GmbH, Stuttgart
Druck: Gebr. Knöller GmbH & Co. KG, Stuttgart

Inhaltsverzeichnis

	Seite
Abkürzungsverzeichnis	XII
Vorbemerkungen	1
ELSTER-Formulare	2
Maschinenlesbare Vordrucke in Baden-Württemberg	2

Teil I
Erläuterungen zu den Vordrucken

1. Erläuterungen zum Hauptvordruck „ESt 1 A" ... 3

A. Allgemeine Angaben ... 3
- Steuertarif, Veranlagungsart bei Ehegatten ... 4
- Besondere Veranlagung nach § 26c EStG für das Jahr der Eheschließung ... 5
- Altersentlastungsbetrag ... 6
- Maßgebender Güterstand ... 6
- Eheliches Güterrecht in den neuen Bundesländern ab 3.10.1990 ... 7
- Steuerliche Folgen aus der Änderung des Güterrechts in den neuen Bundesländern ... 7

B. Einkünfte im Kalenderjahr 2005 ... 7
- Besonderheiten in den neuen Bundesländern ... 9

C. Angaben zu Kindern ... 10
- Ausländische Einkünfte und Steuern ... 10
- Förderung des Wohneigentums ... 10

D. Sonstige Angaben und Anträge ... 10
- Dem Progressionsvorbehalt unterliegende Einkommensersatzleistungen ... 10
- Steuerermäßigung bei Aufwendungen für haushaltsnahe Beschäftigungsverhältnisse und für die Inanspruchnahme haushaltsnaher Dienstleistungen im Inland ... 10
- Besonderheiten bei getrennter Veranlagung von Ehegatten ... 13
- Wechsel zwischen unbeschränkter und beschränkter Steuerpflicht ... 13
- Erweiterte unbeschränkte Steuerpflicht ... 14

E. Sonderausgaben ... 15
- Sonderausgaben im engeren Sinn ... 15
- Vorsorgepauschale ... 15
- Allgemeine, nicht gekürzte Vorsorgepauschale ... 15
- Gekürzte Vorsorgepauschale für nicht rentenversicherungspflichtige Arbeitnehmer ... 16
- Günstigerprüfung nach § 10 c Abs. 5 EStG ... 16
- Sonderausgaben-Pauschbetrag ... 17
- Besonderheiten bei getrennter Veranlagung und bei besonderer Veranlagung ... 17
- Abzug tatsächlich verausgabter Sonderausgaben ... 17
- Höchstbeträge für tatsächlich geleistete Vorsorgeaufwendungen ... 17
- Höchstbetrag für Aufwendungen zur Basisversorgung ... 17
- Höchstbetrag für andere abziehbare Vorsorgeaufwendungen ... 18
- Günstigerprüfung nach § 10 Abs. 4a EStG ... 18
- Weitere Besonderheiten bei Vorsorgeaufwendungen ... 20
- Einschränkung des Umfangs begünstigter Vorsorgeaufwendungen ab 2005 ... 20
- Altersvorsorgeaufwendungen für die sog. Basisversorgung ... 20
- Beiträge zu gesetzlichen Rentenversicherungen und gleichgestellte Aufwendungen ... 21
- Beiträge zur zusätzlichen freiwilligen Pflegeversicherung bei nach dem 31.12.1957 geborenen Personen ... 21
- Beiträge zu anderen Versicherungen ... 21
- Zusätzlicher Sonderausgabenabzug für Altersvorsorgebeiträge ... 23
- Unbeschränkt abzugsfähige Sonderausgaben ... 23
- Renten und dauernde Lasten ... 23
- Unterhaltsleistungen an den geschiedenen oder dauernd getrennt lebenden Ehegatten ... 24
- Kirchensteuer ... 25
- Steuerberatungskosten ... 25
- Aufwendungen für die eigene Berufsausbildung ... 26
- Schulgeld für Kinder an Ersatz- oder Ergänzungsschulen ... 27
- Spenden (Zuwendungen) in den Vermögensstock einer Stiftung ... 27
- Spenden (Zuwendungen) an Stiftungen ... 28
- Zuwendungen (Spenden und Mitgliedsbeiträge) für steuerbegünstigte Zwecke ... 28
- Besonderheiten bei Mitgliedsbeiträgen und Spenden an politische Parteien ... 31
- Spendenhöchstbeträge ... 31
- Mitgliedsbeiträge und Spenden an unabhängige Wählervereinigungen ... 32
- Verlustabzug nach § 10d EStG ... 33
- Abzugsbeträge für selbstgenutzte Wohnungen nach § 10e EStG ... 34

F. Außergewöhnliche Belastungen ... 34
- Steuervergünstigungen für Behinderte und Hinterbliebene ... 34
- Art und Umfang der Vergünstigungen für Behinderte ... 34
- Abgeltung außergewöhnlicher Belastungen durch die Pauschbeträge ... 35
- Behinderte Kinder ... 36
- Pauschbeträge für Hinterbliebene ... 36
- Rückwirkende Anerkennung oder Änderung ... 37
- Beschäftigung einer Hilfe im Haushalt ... 37
- Heim- oder Pflegeunterbringung ... 38
- Pflege-Pauschbetrag ... 38
- Außergewöhnliche Belastungen in besonderen Fällen nach § 33a EStG ... 39
- Unterhalt für bedürftige Personen ... 39
- Höchstbetrag für Unterhaltsaufwendungen nach § 33a Abs. 1 EStG ... 41
- Andere außergewöhnliche Belastungen ... 45
- Einzelfälle außergewöhnlicher Belastungen ... 45

2. Erläuterungen zur „Anlage AV" für Altersvorsorgebeiträge als Sonderausgaben ... 52
- Vorbemerkungen ... 52
- Erläuterungen zu den Zeilen des Vordrucks ... 52
- Unmittelbar begünstigte Personen ... 52
- Berechnungsgrundlagen ... 53
- Mittelbar begünstigte Personen ... 53
- Nicht begünstigte Personen ... 53
- Schädliche Verwendung ... 54
- Angaben zu Kindern ... 54
- Bescheinigungen des Anbieters ... 54

3. Erläuterungen zur „Anlage Kind" ... 55
- Vorbemerkungen zum Vordruck ... 55

A. Neuregelung des Familienleistungsausgleichs ... 55
- Angaben zu Kindern ... 55
- Begünstigte Kindschaftsverhältnisse ... 56
- Kindschaftsverhältnis zu weiteren Personen ... 57
- Alter der Kinder ... 57
- Einkünfte und Bezüge der Kinder ab 18 Jahren ... 61
- Abzug des Kinderfreibetrags und des Betreuungs-, Erziehungs- und Ausbildungsfreibetrags anstelle des Kindergeldes ... 62
- Übertragung des Kinder-, Betreuungs-, Erziehungs- und Ausbildungsfreibetrags ... 64

	Seite
B. Entlastungsbetrag für Alleinerziehende	65
C. Freibetrag zur Abgeltung eines Sonderbedarfs bei Berufsausbildung eines volljährigen Kindes	66
Aufteilung des Freibetrags zur Abgeltung eines Sonderbedarfs bei Berufsausbildung	67
D. Kinderbetreuungskosten	67
Schulgeld für Kinder an Ersatz- oder Ergänzungsschulen	68
Übertragung des Behinderten- bzw. Hinterbliebenen-Pauschbetrags eines Kindes	68
Aufteilung des Behinderten- bzw. Hinterbliebenen-Pauschbetrags eines Kindes	69
4. Erläuterungen zur „Anlage N" für Einkünfte aus nichtselbständiger Arbeit (Arbeitslöhne)	**70**
Angaben zum Arbeitslohn und zu den einbehaltenen Steuerabzugsbeträgen	70
Steuerbegünstigte Versorgungsbezüge	70
Bemessungsgrundlage für den Versorgungsfreibetrag, Beginn und Ende des Versorgungsbezugs	71
Außerordentliche Einkünfte, die ermäßigt besteuert werden sollen	72
Steuerbegünstigte Versorgungsbezüge für mehrere Jahre	72
Entschädigungen sowie Abfindungen	72
Arbeitslohn für mehrere Jahre	73
Steuerabzugsbeträge	74
Steuerpflichtiger Arbeitslohn ohne Steuerabzug	74
Steuerfreier Arbeitslohn bei Tätigkeit im Ausland	74
Weiterer Wohnsitz in Belgien	76
Grenzgänger	76
Schweizerische Abzugsteuer	76
Steuerfrei erhaltene Aufwandsentschädigungen/Einnahmen	76
Kurzarbeitergeld, Winterausfallgeld, Zuschuss zum Mutterschaftsgeld, Verdienstausfallentschädigung nach dem Infektionsschutzgesetz, Aufstockungsbeträge nach dem Altersteilzeitgesetz, Altersteilzeitzuschläge nach Besoldungsgesetzen	77
Insolvenzgeld lt. Bescheinigung der Agentur für Arbeit	77
Andere Lohn-/Entgeltersatzleistungen, z.B. Arbeitslosengeld lt. Bescheinigung der Agentur für Arbeit, Krankengeld, Mutterschaftsgeld lt. Leistungsnachweis	77
Zeiten und Gründe der Nichtbeschäftigung	77
Ergänzende Angaben zu den Vorsorgeaufwendungen	78
Werbungskosten – Allgemeine Grundsätze –	79
Aufwendungen für Wege zwischen Wohnung und Arbeitsstätte	80
Entfernungspauschale	80
Bestimmung der Entfernung für Entfernungspauschale	81
Begrenzung der Entfernungspauschale auf einen Höchstbetrag – Grundsatz und Ausnahmen	81
Angaben zur Ermittlung der Entfernungspauschale – Benutzung verschiedener Verkehrsmittel	82
Fahrgemeinschaften und Entfernungspauschale	83
Behinderte Arbeitnehmer und Entfernungspauschale	83
Abgeltungswirkung der Entfernungspauschale	84
Unfallkosten – Beschädigung – Diebstahl – Austauschmotor – neben Entfernungspauschale?	84
Fahrten zu mehreren regelmäßigen Arbeitsstätten – Fahrten zwischen mehreren regelmäßigen Arbeitsstätten – Fahrten bei mehreren Dienstverhältnissen	85
Mehrere Wohnungen und Entfernungspauschale	85
Aufwendungen für Fahrten mit öffentlichen Verkehrsmitteln (ohne Flug- und Fährkosten) und Entfernungspauschale	86

	Seite
Arbeitgeberleistungen (steuerfrei gezahlt oder pauschal besteuert) lt. Nummern 17 und 18 der Lohnsteuerbescheinigung und von der Agentur für Arbeit gezahlte Fahrtkostenzuschüsse – Minderung der Entfernungspauschale?	86
Sonderfall „Firmenwagen": KFZ-Gestellung firmeneigener Kraftfahrzeuge	87
Beiträge zu Berufsverbänden	88
Aufwendungen für Arbeitsmittel	88
Allgemeine Grundsätze	88
Stichworte (ABC)	89
Berufskleidung	89
Brille	90
Computer	90
Diktiergerät	90
Fachliteratur	90
Fernseh- und Rundfunkgerät	91
Fernsprechgerät, Telekommunikationsaufwendungen, Telefonkosten, Autotelefon	91
Kraftfahrzeug	91
Musikinstrumente	91
Personalcomputer (PC)	92
Photoausrüstung	92
Schreibmaschine, Diktiergerät	92
Sportgeräte und Sportkleidung	92
Telefon	92
Telekommunikationsaufwendungen	92
Tonbandgerät	92
Videorecorder	92
Wirtschaftsgüter der sog. gehobenen Lebensführung	92
Aufwendungen für ein häusliches Arbeitszimmer	92
Weitere Werbungskosten (ABC)	98
Berufskrankheiten	98
Bewerbungskosten	98
Bewirtungskosten	98
Darlehen	98
Einsatzwechseltätigkeit – Fahrtkosten	98
Fahrtätigkeit – Fahrtkosten	99
Flugkosten und Fährkosten	99
Fortbildungskosten – Ausbildungskosten – Umschulungskosten einschließlich Abgrenzung der Kosten für eine (erstmalige oder weitere) Berufsausbildung, für ein Erststudium, Zweitstudium und für Umschulungskosten	99
Fremdsprachenunterricht – Sprachkurse	102
Führerschein	102
Geldstrafen, Geldbußen, Gerichtskosten, Anwaltskosten	102
Kassenfehlbeträge	102
Kinderpflegerin	103
Kongresse	103
Kontoführungsgebühren	103
Reisekosten	103
Allgemeine Grundsätze	103
Fahrtkosten als Reisekosten	104
Verpflegungsmehraufwendungen als Reisekosten	106
Übernachtungskosten als Reisekosten	107
Reisenebenkosten	107
Auslandsdienstreisen	107
Repräsentationsaufwendungen, Bewirtungen und Geschenke	107
Schadensersatzleistungen und Vertragsstrafen	108
Schmiergelder und Bestechungsgelder	108
Schuldzinsen	108
Steuerberatungskosten	108
Studienreisen und Kongresse	108
Umzugskosten	109
Unterarbeitsverhältnis	110
Vermögensverluste	110

	Seite
Versicherungsbeiträge	111
Versorgungsausgleich	111
Wahlkampfkosten	111
Werbegeschenke und Bewirtung durch Arbeitnehmer	111
Pauschbeträge für Mehraufwendungen für Verpflegung, Konkurrenzregelungen	111
Einsatzwechseltätigkeit und Fahrtätigkeit – Pauschbeträge für Mehraufwendungen für Verpflegung	112
Mehraufwendungen für doppelte Haushaltsführung	112
Angaben zum Antrag auf Festsetzung der **Arbeitnehmer-Sparzulage** bei vermögenswirksamen Leistungen	117

5. Erläuterungen zum vereinfachten Erklärungsvordruck „ESt 1 V" für Arbeitnehmer 118

Vorbemerkungen zum Vordruck	118
Allgemeine Angaben	118
Angaben zu Kindern	118
Zusätzlicher Sonderausgabenabzug für Altersvorsorgebeiträge	118
Einkünfte aus nichtselbständiger Arbeit	119
Ergänzende Angaben zu Vorsorgeaufwendungen	119
Unterschrift	119
Werbungskosten des Steuerpflichtigen/Ehemanns bzw. der Ehefrau	119
Sonderausgaben	119
Außergewöhnliche Belastungen	119

6. Erläuterungen zur „Anlage KAP" für Einkünfte aus Kapitalvermögen 121

Einkünfte aus Kapitalvermögen	121
Einnahmen aus Kapitalvermögen	121
Kapitalertragsteuer von 25 v.H. bzw. 20 v.H.	122
Zinsabschlagsteuer	122
Solidaritätszuschlag	123
Nießbrauch bei Einkünften aus Kapitalvermögen	123
Zinsen und andere Kapitalerträge (ohne Dividenden)	123
Dividenden und ähnliche Erträge, für die noch das Anrechnungsverfahren gilt	128
Vergütete Körperschaftsteuer	129
Dividenden und ähnliche Erträge, für die das Halbeinkünfteverfahren gilt	129
Ausländische Kapitalerträge	130
Erträge aus Beteiligungen	131
Verlustzuweisungsgesellschaften und ähnliche Modelle	131
Anrechnung von Kapitalertragsteuer, Zinsabschlag und Körperschaftsteuer	131
Anzurechnende ausländische Quellensteuer nach der Zinsinformationsverordnung	131
Anzurechnende Solidaritätszuschläge	131
Werbungskosten, Sparer-Freibetrag	131

7. Erläuterungen zur „Anlage R" für Renten und andere Leistungen 133

Änderungen bei der Rentenbesteuerung ab 2005	133
Renten, insbesondere Leibrenten	133
Leibrenten, für die der Besteuerungsanteil nach § 22 Nr. 1 Satz 3 Buchst. a, aa EStG gilt	134
Öffnungsklausel	134
Leibrenten, die mit dem Ertragsanteil nach § 22 Nr. 1 Satz 3 Buchst. a, bb EStG besteuert werden	135
Leistungen aus Altersvorsorgeverträgen und aus der kapitalgedeckten betrieblichen Altersversorgung	135
Tatsächliche Werbungskosten, Werbungskostenpauschbetrag	135

8. Erläuterungen zur „Anlage SO" für sonstige Einkünfte 137

Begriff der sonstigen Einkünfte	137
Wiederkehrende Bezüge	137
Unterhaltsleistungen vom geschiedenen oder dauernd getrennt lebenden Ehegatten	137
Werbungskosten	137
Einkünfte aus Leistungen	138
Einnahmen für häusliche Pflegeleistungen	139
Verluste aus Leistungen	139
Abgeordnetenbezüge	139
Einkünfte aus privaten Veräußerungsgeschäften	139
Anteile an Einkünften	146
Verluste aus privaten Veräußerungsgeschäften	146

9. Erläuterungen zur „Anlage GSE" für Einkünfte aus Gewerbebetrieb und selbständiger Arbeit 148

A. Einkünfte aus Gewerbebetrieb 148

Gewinnermittlungsarten	150
Gewinnermittlung durch Bestandsvergleich	150
Gewinnermittlung durch Bestandsvergleich nach § 4 Abs. 1 EStG	151
Gewinnermittlung durch Bestandsvergleich nach § 5 EStG	152
Gewinnermittlung durch Überschussrechnung nach § 4 Abs. 3 EStG	153
Gewinn als Einzelunternehmer	153
Gewinnermittlung bei abweichendem Wirtschaftsjahr	153
Besonderheiten bei bestimmten Betriebsausgaben, Gewinnen und Verlusten	153
Gesonderte Feststellung von Einkünften	153
Einkünfte als Mitunternehmer	154
Bildung von Familiengesellschaften	155
Verlustverrechnung bei beschränkter Haftung; negatives Kapitalkonto (§ 15a EStG)	157
Beteiligung an Verlustzuweisungsgesellschaften und ähnlichen Modellen	158
Halbeinkünfteverfahren	159
Steuerermäßigung wegen Gewerbesteuer	159
Veräußerungsgewinne	160
Freibetrag nach § 16 Abs. 4 EStG	162
Folgerungen bei Erbauseinandersetzung	163
Betriebsverpachtung im Ganzen	164
Veräußerungsgewinn i.S. des § 21 des Umwandlungssteuergesetzes	166
Halbeinkünfteverfahren	167
Ermäßigter Steuersatz für bestimmte Veräußerungsgewinne	167
Wesentliche Beteiligung an Kapitalgesellschaften	168
Vermögenszuwachs i.S. des § 6 des Außensteuergesetzes	170
Besteuerung der Gesellschafter der übertragenden Körperschaft nach § 13 des Umwandlungssteuergesetzes	170
Behandlung als laufender Gewinn	171
Tarifvergünstigung nach § 34 EStG für außerordentliche Einkünfte	171
Abzugsbeschränkung für Schuldzinsen wegen Überentnahmen	173
Abzugsbeschränkung bei Verlusten aus gewerblicher Tierzucht, gewerblicher Tierhaltung und gewerblichen Termingeschäften	173

B. Einkünfte aus selbständiger Arbeit 173

Freiberufliche Tätigkeit	173
Gewinnermittlungsarten	176
Gewinnermittlung durch Überschussrechnung nach § 4 Abs. 3 EStG	176
Wechsel der Gewinnermittlungsart	177

	Seite
Pauschsätze für Betriebsausgaben	177
Gesonderte Feststellung von Einkünften	177
Sonstige selbständige Arbeit	177
Halbeinkünfteverfahren	178
Leistungsvergütungen als Beteiligter einer Wagniskapitalgesellschaft	178
Veräußerungsgewinne	178
Halbeinkünfteverfahren	179
Ermäßigter Steuersatz für bestimmte Veräußerungsgewinne	179
Tarifvergünstigung für außerordentliche Einkünfte	179
Abzugsbeschränkung für Schuldzinsen wegen Überentnahmen	180
Einnahmen aus bestimmten nebenberuflichen Tätigkeiten	180

10. Erläuterungen zur „Anlage V" für Einkünfte aus Vermietung und Verpachtung ... 183

A. Wozu dient die Anlage V? ... 183
- Eigentümer ... 183
- Andere Nutzungsberechtigte (außer Eigentümer) ... 183
- Vereinfachungsregelung bei vorübergehender Vermietung ... 183
- Einkünfte aus Vermietung und Verpachtung im Rahmen anderer Einkunftsarten ... 183
- Ferienwohnungen ... 184
- Ausschließliche Vermietung von Ferienwohnungen an wechselnde Feriengäste und Bereithalten zur ausschließlichen Vermietung ... 184
- Teils selbst genutzte und teils an wechselnde Feriengäste vermietete Ferienwohnungen ... 184
- Ferienwohnungen als Gewerbebetrieb ... 185
- Wohnungen im Ausland ... 185
- Vermietung von Zimmern an Feriengäste ... 185

B. Einkünfte aus dem bebauten Grundstück ... 186
- Nutzung des Wohnraums ... 186
- Mieteinnahmen (ohne Umlagen) ... 186
- Vereinnahmte Mieten bei Nutzungsrechten ... 186
- Einnahmen für an Angehörige vermietete Wohnungen (ohne Umlagen) ... 187
- Einnahmen aus Umlagen ... 188
- Vereinnahmte Mieten für frühere Jahre und Mietvorauszahlungen aus Baukostenzuschüssen ... 188
- Einnahmen aus Vermietung von Garagen, Werbeflächen, Grund und Boden für Kioske usw. sowie erstattete Umsatzsteuer ... 188

C. Öffentliche Zuschüsse nach dem Wohnraumförderungsgesetz (WoFG) oder zu Erhaltungsaufwendungen, Aufwendungszuschüsse, Guthabenzinsen aus Bausparverträgen und sonstige Einnahmen ... 189
- Summe der Einnahmen und Summe der Werbungskosten ... 189

D. Anteile an Einkünften ... 190
- Aufteilung der Einkünfte bei Grundstücksgemeinschaften ... 190

E. Gesellschaften, Gemeinschaften und ähnliche Modelle i.S. des § 2b EStG ... 190

F. Andere Einkünfte ... 190
- Einkünfte aus Untervermietung von gemieteten Räumen ... 190
- Einkünfte aus Vermietung und Verpachtung unbebauter Grundstücke, von anderem unbeweglichem Vermögen, von Sachinbegriffen sowie aus Überlassung von Rechten ... 190

G. Werbungskosten ... 192
- Allgemeine Grundsätze ... 192
- Verbilligte Vermietung ... 193

	Seite
H. Abschreibungen (Absetzungen für Abnutzung = AfA)	194
Höhe und Bemessungsgrundlage der AfA	194
I. Höhe der linearen Gebäude-AfA	194
II. Bemessungsgrundlage für die Gebäude-AfA	195
Vor dem 21.6.1948 angeschaffte/hergestellte Gebäude	195
Nach dem 20.6.1948 angeschaffte/hergestellte Gebäude	195
Nachträgliche Anschaffungs- oder Herstellungskosten	195
Unentgeltlich oder teilentgeltlich erworbene Gebäude	196
AfA bei Nutzungsrechten an Gebäuden	196
III. Degressive Gebäude-AfA – Gesetzgebung	197
Höhe der degressiven Gebäude-AfA und allgemeine Grundsätze	198
Besondere Förderung des Mietwohnungsbaus	198
Ältere Regelungen	199
IV. Außergewöhnliche technische oder wirtschaftliche Abnutzung des Gebäudes (AfaA)	199
Erhöhte Absetzungen nach § 7k EStG für Wohnungen mit Sozialbindung	199
Erhöhte Absetzungen nach § 14a BerlinFG	200
Erhöhte Absetzungen nach § 14d BerlinFG	200
Anmerkungen allgemein zum BerlinFG und zu § 82a EStDV	200
Erhöhte Absetzung nach § 7h, 7i EStG und nach dem Schutzbaugesetz	201
Sonderabschreibungen nach § 4 Fördergebietsgesetz (FörderG)	201

I. Schuldzinsen, Damnum, Erbbauzinsen ... 202
- Schuldzinsen ... 202
- Damnum (Disagio), Tilgungsstreckungsdarlehen ... 204
- Erbbauzinsen und einmalige Aufwendungen des Erbbauberechtigten ... 205
- Schuldzinsen bei dinglichem und schuldrechtlichem Nutzungsrecht ... 206
- Geldbeschaffungskosten ... 206
- Renten und dauernde Lasten ... 206

K. Erhaltungsaufwendungen, d.h. Instandhaltungs- und Instandsetzungsaufwand – Abgrenzung von Anschaffungs- und Herstellungskosten – ... 206
- Allgemeine Grundsätze ... 206
- Instandsetzungen und Modernisierung im Allgemeinen: Erhaltungsaufwand (Werbungskosten) oder Anschaffungs-/ Herstellungskosten? ... 207
- Instandsetzungen und Modernisierung im Besonderen: „Anschaffungsnaher Aufwand": ... 208
- Neuregelung ab 2004 ... 209
- Rechtslage nach dem BMF-Schreiben vom 18. 7. 2003, BStBl I S. 386 ... 209
- Instandhaltungsaufwendungen bei Nutzungsrechten ... 212
- Erhaltungsaufwendungen, die auf verschiedene Jahre (bis zu fünf) verteilt werden können (§§ 11a, 11b EStG, § 82b EStDV) ... 213

L. Sonstige Werbungskosten ... 213
- Grundsteuer, Grundstücksgebühren, Wasser, Heizung, Schornsteinreinigung, Hausversicherungen, Hauswart, Treppenreinigung, Fahrstuhl, Verwaltungskosten ... 214
- Sonstiges ... 214
- Aufwendungen für Gärten und Grünanlagen ... 215

M. Zuschüsse aus öffentlichen Mitteln zu den Anschaffungs- oder Herstellungskosten ... 215
- Mittel aus öffentlichen Haushalten in Fällen des § 7k EStG ... 215
- Bescheinigung nach § 7k Abs. 3 EStG in Fällen des § 7k EStG/§ 14d BerlinFG und bei Buchwertentnahmen nach § 6 Abs. 1 Nr. 4 Satz 4 EStG vor dem 1.1. 2005 ... 215

11. Erläuterungen zur „Anlage FW" (Förderung des Wohneigentums) 217

A. Wozu dient die Anlage FW? 217
Lage der Wohnung, Ferien- und Wochenendgebiet ... 217
Begünstigter Personenkreis 217
Eigennutzung 217
Ausbau und Erweiterung 217
Tag der Herstellung (= Fertigstellung) und der Anschaffung 218
Folgeobjekt 218
Antrag auf Eigenheimzulage 219
Objektbeschränkung (Objektverbrauch) 219

B. Steuerbegünstigungen für bestimmte Baumaßnahmen .. 219
Aufwendungen nach § 7 Fördergebietsgesetz, Schutzbaugesetz 219
Gesamtbetrag der erhöhten Absetzungen nach § 14a BerlinFG 220
Aufwendungen nach § 10f EStG 220
Konkurrenzregelungen 220

C. Vorkostenabzug bei einer nach dem Eigenheimzulagengesetz begünstigten Wohnung (§ 10i EStG) 220

D. Abzugsbetrag nach § 10e EStG/§ 15b BerlinFG 221
Steuerbegünstigungen für die Anschaffung/Herstellung von Wohneigentum 221
Höhe der Abzugsbeträge, Bemessungsgrundlage, Abzugszeitraum 222
Abzugsbeträge nach § 10e EStG 222
Bemessungsgrundlage 222
Einkunftsgrenzen 222
Miteigentum 222
Abzugszeitraum und Nutzung zu eigenen Wohnzwecken 222
Wohnung in Berlin (West): Abzugsbeträge nach § 15b BerlinFG 222
Anschaffungs- und Herstellungskosten – Aufteilung in Grund und Boden und Gebäude 223

E. Nachholung von Abzugsbeträgen 223
Nachträgliche Anschaffungs- oder Herstellungskosten in 2005 223
Nachholung bisher nicht in Anspruch genommener Abzugsbeträge – allgemein und im Zusammenhang mit nachträglichen Anschaffungs-/Herstellungskosten ... 223

F. Abzugsbetrag für eine unentgeltlich (an Angehörige) überlassene Wohnung im eigenen Haus (§ 10h EStG) 224

G. Vorkostenabzug für die Wohnung 225
Aufwendungen vor Bezug 225
Schuldzinsen, Geldbeschaffungskosten, Damnum, Erbbaurecht und Erbbauzinsen 227
Erhaltungsaufwendungen und andere Aufwendungen vor Bezug 228

H. Steuerermäßigung für Kinder bei Inanspruchnahme eines Abzugsbetrags nach § 10e Abs. 1 bis 5 EStG/§ 15b BerlinFG 229
Antrag auf Steuerermäßigung nach § 34f Abs. 2 und 3 EStG 229

J. Anteile an den Steuerbegünstigungen 230

12. Erläuterungen zur „Anlage L" für Einkünfte aus Land- und Forstwirtschaft 232
Einkünfte aus Land- und Forstwirtschaft 232
Sonderregelungen für Land- und Forstwirte in den neuen Bundesländern 234
Einkünfte als Mitunternehmer und bei gesonderter Feststellung für ein Einzelunternehmen 236
Halbeinkünfteverfahren 236

Freibetrag für die Abfindung weichender Erben nach § 14a Abs. 4 EStG 236
Besonderheiten bei bestimmten Veräußerungsgewinnen 237
Tarifmäßigung bei außerordentlichen Einkünften aus Holznutzungen 238
Abzugsbeschränkung für Schuldzinsen wegen Überentnahmen 238
Antrag zur Form der Gewinnermittlung 239
Betriebsverpachtung, Betriebsstilllegung 239
Veräußerung oder Entnahme von Grundstücken und Lieferrechten 240
Veräußerung von land- und forstwirtschaftlichem Grund und Boden im Beitrittsgebiet 240
Nutzungswert von Wohnungen in Baudenkmalen ... 241
Wegfall der Nutzungswertbesteuerung 241

13. Erläuterungen zur „Anlage AUS" für ausländische Einkünfte und Steuern 243
Vorbemerkungen zum Vordruck 243
Berücksichtigung tatsächlich gezahlter ausländischer Steuern 243
Anrechnung ausländischer Steuern 244
Berücksichtigung fiktiver ausländischer Steuern ... 245
Pauschal zu besteuernde ausländische Einkünfte (§ 34c Abs. 5 EStG) 245
Beteiligung oder Berechtigung im Sinne des Außensteuergesetzes 245
Einschränkung der Verlustverrechnung bei Auslandsverlusten 246
Progressionsvorbehalt bei steuerfreien ausländischen Einkünften 247
Verlustberücksichtigung nach § 2a Abs. 3 und 4 EStG a.F. 248
Nach Doppelbesteuerungsabkommen steuerfreie außerordentliche Einkünfte 248
Auslandsverluste und Progressionsvorbehalt 248

Teil II
Überblick über wichtige Steuerersparnismöglichkeiten und Einzelfragen grundsätzlicher Art

1.	Absetzungen für Abnutzung	249
1.1.	Lineare AfA (gleiche Jahresbeträge)	249
1.1.1.	Sonderabschreibung für bewegliche Wirtschaftsgüter zur Förderung kleiner und mittlerer Betriebe (§ 7g Abs. 1 und 2 EStG)	249
1.1.2.	Ansparabschreibung zur Förderung künftiger Investitionen kleiner und mittlerer Betriebe (§ 7g Abs. 3 bis 6 EStG)	249
1.1.3.	Ansparabschreibung für Existenzgründer (§ 7g Abs. 7 und 8 EStG)	250
1.2.	Degressive AfA (fallende Jahresbeträge)	250
1.2.1.	Bewegliche Wirtschaftsgüter	250
1.2.2.	Buchwertabschreibung bei degressiver AfA ..	250
1.2.3.	Formelle Voraussetzungen	250
1.2.4.	Außergewöhnliche Abnutzung und Wechsel der Abschreibungsmethode bei beweglichen Wirtschaftsgütern	250
1.3.	AfA nach Maßgabe der Leistung	251
1.4.	AfA eines Wirtschaftsgutes im Jahr der Anschaffung/Herstellung oder Einlage – Ende der AfA durch Veräußerung u.ä.	251
1.5.	Nachholung unterlassener AfA	251
1.6.	Nachträgliche Anschaffungs- oder Herstellungskosten bei beweglichen Wirtschaftsgütern ...	251
1.7.	Absetzungen für Abnutzung bei Gebäuden (§ 7 Abs. 4 und 5 EStG)	251
1.7.1.	Übersicht	251
1.7.2.	Allgemeine Grundsätze für die Gebäude-AfA	253

		Seite
1.7.3.	AfA im Anschluss an nachträgliche Anschaffungs- oder Herstellungskosten bei Gebäuden – Herstellungskosten für ein neues Gebäude?	255
1.7.4.	Zulässigkeit gesonderter AfA für Gebäudeteile	256
1.7.4.1.	Unselbständige Gebäudeteile.	256
1.7.4.2.	Selbständige Gebäudeteile	256
1.7.4.3.	Sonstige selbständige Gebäudeteile	257
1.7.4.4.	Hochwertige Wohngebäude – Schwimmbäder/ Schwimmhallen, Außenanlagen, Tennisplätze u.ä.: Marktmiete oder Kostenmiete bis 1998	257
1.7.5.	Erhöhte Absetzungen für Schutzräume	257
2.	**Betriebsausgaben**	258
2.1.	Begriff	258
2.2.	Aufwendungen für Geschenke, Bestechungs- und Schmiergelder	258
2.3.	Aufwendungen für die Bewirtung von Geschäftsfreunden, Mitarbeitern und Arbeitskollegen aus unterschiedlichen Anlässen	259
2.4.	Gästehäuser	263
2.5.	Aufwendungen für Jagd oder Fischerei, für Segel- oder Motorjachten	263
2.6.	Mehraufwendungen für Verpflegung bei Geschäftsreisen und anderen Auswärtstätigkeiten	263
2.7.	Aufwendungen für Wege zwischen Wohnung und Betriebsstätte und für Familienheimfahrten bei doppelter Haushaltsführung – **Entfernungspauschale**	264
2.8.	Andere die Lebensführung berührende Ausgaben	265
2.9.	Besondere Aufzeichnungen	265
2.10.	**Weitere Betriebsausgaben – praktisch bedeutsame Einzelfälle (ABC)**	266
	Berufsfortbildung/Berufsausbildung	266
	Berufsverbände	267
	Bewirtung durch freie Berufe	267
	Führerschein	267
	Gebäude und Grundstücke	267
	Gebäudeabbruch	267
	Geldstrafen, Geldbußen, Auflagen oder Weisungen u.ä., Anwaltskosten/Gerichtskosten	268
	Kundschaftsessen/Kundschaftstrinken	269
	Sozialversicherung eines Kommanditisten	269
	Spenden	269
	Sponsoring	269
	Schuldzinsen – Zwei-(Mehr-)kontenmodell: § 4 Abs. 4a EStG	269
	Steuerberatungskosten	271
	Steuerzahlungen	271
	Umzugskosten	271
	Unfallkosten	272
	Versicherungsbeiträge	272
	Versorgungsbeiträge	272
	Zinsen für Steuerschulden, Säumnis- und Verspätungszuschläge, Zwangsgelder	273
2.11.	**Arbeitsverträge zwischen Ehegatten**	273
2.12.	Gesellschaftsverträge und sonstige Verträge zwischen Ehegatten	274
2.13.	Arbeitsverträge und sonstige Verträge zwischen Eltern und Kindern	275
3.	**Wohneigentumsförderung – Übersicht –**	275
3.1.	Förderung durch Eigenheimzulage (EigZul)	275
3.2.	Wohneigentumsförderung nach § 10e EStG, nach § 15b BerlinFG und nach § 34f Abs. 2 und 3 EStG	277
3.3.	Grundförderung nach § 10e EStG	277
3.3.1.	Begünstigter Personenkreis	278
3.3.2.	Begünstigte Objekte: Wohnungen, Ausbauten, Erweiterungen – Erfordernis der Selbstnutzung (Nutzung zu eigenen Wohnzwecken)	279

		Seite
3.3.3.	Bemessungsgrundlage (Herstellungskosten/ Anschaffungskosten) – Höhe der Grundförderung (Abzugsbetrag) – Abzugszeitraum – unentgeltlicher oder entgeltlicher Erwerb – Miteigentümer	279
	a) Herstellungskosten und Anschaffungskosten	279
	b) Beginn des achtjährigen Abzugszeitraums – Nutzung zu eigenen Wohnzwecken	282
	c) Unentgeltlicher oder entgeltlicher Erwerb einschließlich Erbauseinandersetzung und vorweggenommener Erbfolge – Bedeutung allgemein und für § 10e EStG	282
	d) Miteigentum	285
	e) Übergang von der Selbstnutzung zur Vermietung und umgekehrt	285
3.3.4.	Nachholung nicht ausgenutzter Grundförderung und nachträgliche Herstellungs- oder Anschaffungskosten	285
3.3.5.	Ehegatten-Anschaffungsgeschäft	285
3.3.6.	Objektbeschränkung (Objektverbrauch)	285
3.3.7.	Folgeobjekt	286
3.3.8.	Weitere Auswirkungen der Regelung nach § 10e EStG	287
3.4.	Erhaltungsaufwendungen und Schuldzinsen vor und nach Beginn der Selbstnutzung	287
3.5.	Förderungswürdige Aufwendungen nach § 10f EStG, §§ 7, 12 Schutzbaugesetz, § 7 Fördergebietsgesetz – Abzug wie Sonderausgaben	287
3.6.	Baukindergeld nach § 34f EStG neben § 10e Abs. 1 bis 5a EStG oder § 15b BerlinFG	287
3.7.	Berücksichtigung bei den Einkommensteuer-Vorauszahlungen und als Freibetrag auf der Lohnsteuerkarte	287
3.8.	Übergangsregelungen und Ende der Nutzungswertbesteuerung	287
4.	**Modernisierungsaufwand (§ 82a EStDV a.F.):** Herstellungskosten und Erhaltungsaufwand für bestimmte Anlagen und Einrichtungen	287
5.	**Sonderabschreibungen, erhöhte Absetzungen und Bewertungsfreiheiten**	287
5.1.	Bewertungsfreiheit für geringwertige Anlagegüter (§ 6 Abs. 2 EStG)	287
5.2.	Begünstigung von Umweltschutz-Investitionen	288
5.3.	Bewertungsfreiheit für Anlagegüter, die der Forschung oder Entwicklung dienen	288
5.4.	Erhöhte Absetzungen und Erhaltungsaufwand bei **Baudenkmalen** und bei **Gebäuden in Sanierungsgebieten** usw.	288
5.5.	Einkommensteuerliche Vergünstigungen für Westberlin – Überblick – (§§ 14, 14a, 14b, 14c, 14d, 15, 15b BerlinFG)	289
6.	**Die Besteuerung von Leibrenten und anderen wiederkehrenden Bezügen**	290
6.1.	Begriff	290
6.2.	Besteuerungsanteil oder Ertragsanteil bei privaten Leibrenten	291
6.3.	Private Leibrenten	291
	Entgeltliche Übertragung von Privatvermögen gegen wiederkehrende Leistungen	292
	Unentgeltliche Übertragung von Privatvermögen gegen Versorgungsleistungen	292
6.4.	Betriebliche Leibrenten	295
7.	**Übersicht über die Besteuerung der wichtigsten Leibrentenarten und anderen wiederkehrenden Bezügen bzw. Leistungen**	298
7.1.	Private Leibrenten und andere wiederkehrende (private) Bezüge (Leistungen)	298

		Seite
7.2.	Betriebliche Leibrenten (Veräußerungs- oder Versorgungsrenten)	299
8.	**Wohnungsbau-Prämien**	301
8.1.	Einkommensgrenzen	301
8.2.	Prämienbegünstigte Aufwendungen	301
8.3.	Höhe der Wohnungsbauprämie	301
8.4.	Höchstbeträge	301
8.5.	Prämienschädliche und prämienunschädliche Verfügungen	301

		Seite
8.6.	Antrag auf Wohnungsbauprämie	301
9.	**Kirchensteuersätze in den einzelnen Ländern**	302

Vereinfachtes Schema zur Selbstberechnung der Einkommensteuer 2005 303

Einkommensteuertabelle 2005 304

Amtliche Vordrucke 327

Stichwortverzeichnis 359

Abkürzungsverzeichnis

a.a.O.	=	am angegebenen Ort
abl.	=	ablehnend
Abs.	=	Absatz
ADAC	=	Allgemeiner Deutscher Automobilclub
a.E.	=	am Ende
a.F.	=	alte (auch: bisher gültige, aber ausgelaufene) Fassung
ÄndG	=	Änderungsgesetz
ÄndVO	=	Änderungsverordnung
AfA	=	Absetzung für Abnutzung
AfaA	=	Absetzungen für außergewöhnliche technische oder wirtschaftliche Abnutzung
AIG	=	Auslandsinvestitionsgesetz
AktG	=	Aktiengesetz
AO	=	Abgabenordnung
Art.	=	Artikel
AStG	=	Außensteuergesetz
ATE	=	Auslandstätigkeitserlass
AUV	=	Auslandsumzugskostenverordnung
Az.	=	Aktenzeichen
BAföG	=	Bundesausbildungsförderungsgesetz
BauGB	=	Baugesetzbuch
BB	=	Betriebsberater
BBauG	=	Bundesbaugesetz
BdF	=	Bundesminister der Finanzen
BerlinFG	=	Berlinförderungsgesetz
BewG	=	Bewertungsgesetz
BfF	=	Bundesamt für Finanzen
BFH	=	Bundesfinanzhof
BFH/NV	=	Sammlung nicht veröffentlichter Entscheidungen des BFH
BFH-GrS	=	Bundesfinanzhof, Großer Senat
BGB	=	Bürgerliches Gesetzbuch
BGBl	=	Bundesgesetzblatt
BGH	=	Bundesgerichtshof
BHG	=	Berlinhilfegesetz
BKGG	=	Bundeskindergeldgesetz
BMF	=	Bundesminister der Finanzen
BStBl	=	Bundessteuerblatt
BVFG	=	Bundesvertriebenengesetz
BVG	=	Bundesverfassungsgericht
II. BVO	=	II. Berechnungsverordnung
DB	=	Der Betrieb
DBA	=	Doppelbesteuerungsabkommen
DMBilG	=	DM-Bilanzgesetz
DStR (E)	=	Deutsches Steuerrecht (Entscheidungen)
DStZ/E	=	Deutsche Steuerzeitung/Eilnachrichten
EFG	=	Entscheidungen der Finanzgerichte
EigZulG	=	Eigenheimzulagengesetz
EntwLStG	=	Entwicklungsländer-Steuergesetz
ErbStG	=	Erbschaftsteuer- und Schenkungsteuergesetz
ESt	=	Einkommensteuer
EStDV	=	Einkommensteuer-Durchführungsverordnung
EStG	=	Einkommensteuergesetz
EStH	=	Einkommensteuer – Handbuch 2004
ESt-Kartei B.-W.	=	Einkommensteuerkartei Baden-Württemberg
EStR	=	Einkommensteuer-Richtlinien 2004 (falls keine andere Angabe)
EU	=	Europäische Union
EuGH	=	Europäische Gerichtshof
EWR	=	Europäischer Wirtschaftsraum
FELEG	=	Gesetz zur Förderung der Einstellung der landwirtschaftlichen Erwerbstätigkeit
ff.	=	(und) folgende
FG	=	Finanzgericht
FKPG	=	Gesetz zur Umsetzung des Föderalen Konsolidierungsprogramms
FörderG	=	Fördergebietsgesetz
GBl	=	Gesetzblatt
GDL	=	Gesetz über die Ermittlung des Gewinns aus Land- und Forstwirtschaft nach Durchschnittssätzen
GewSt	=	Gewerbesteuer
GewStG	=	Gewerbesteuergesetz
GG	=	Grundgesetz
ggf.	=	gegebenenfalls
GmbHG	=	GmbH-Gesetz
GrESt	=	Grunderwerbsteuer
GrS	=	Großer Senat
GrSt	=	Grundsteuer
H	=	Hinweis
HBeglG	=	Haushaltsbegleitgesetz
HFR	=	Höchstrichterliche Finanzrechtsprechung
HGB	=	Handelsgesetzbuch
i.d.F.	=	in der Fassung
InvZulG	=	Investitionszulagengesetz
i.S.	=	im Sinne
i.V.	=	in Verbindung
JStG	=	Jahressteuergesetz
JStErgG	=	Jahressteuer-Ergänzungsgesetz
KFZ	=	Kraftfahrzeug
KiSt	=	Kirchensteuer
Kj.	=	Kalenderjahr
KStG	=	Körperschaftsteuergesetz
LAG	=	Lastenausgleichsgesetz
LSt	=	Lohnsteuer
LStDV	=	Lohnsteuer-Durchführungsverordnung
LStH	=	Lohnsteuer-Handbuch 2005
LStR	=	Lohnsteuer-Richtlinien 2005 (falls keine andere Angabe)
MaBV	=	Makler- und Bauträgerverordnung
ModEnG	=	Modernisierungs- und Energieeinsparungsgesetz
m.w.N.	=	mit weiteren Nachweisen
n.F.	=	neuer Fassung
NJW	=	Neue Juristische Wochenschrift
NWB	=	Neue Wirtschaftsbriefe
o.a.	=	oben angegeben
OFD	=	Oberfinanzdirektion
R	=	Richtlinie
rkr.	=	rechtskräftig
Rspr.	=	Rechtsprechung
RVO	=	Reichsversicherungsordnung
Rz	=	Randziffer
S.	=	Seite
SGB	=	Sozialgesetzbuch
s.o.	=	siehe oben
SolZG	=	Solidaritätszuschlagsgesetz
SparPG	=	Sparprämiengesetz
StÄndG	=	Steueränderungsgesetz
StandOG	=	Standortsicherungsgesetz
StAnpG	=	Steueranpassungsgesetz
StBereinG	=	Steuerbereinigungsgesetz
StEd	=	Steuer-Eildienst
StGB	=	Strafgesetzbuch
StMBG	=	Missbrauchsbekämpfungs- und Steuerbereinigungsgesetz
StPO	=	Strafprozessordnung
s.u.	=	siehe unten
Tz.	=	Textziffer
u.a.	=	unter anderem
u.ä.	=	und ähnliches
u.E.	=	unseres Erachtens
UmwStG	=	Umwandlungssteuergesetz
u.U.	=	unter Umständen
USG	=	Unterhaltssicherungsgesetz
USt	=	Umsatzsteuer
UStG	=	Umsatzsteuergesetz
v.H.	=	vom Hundert
v.T.	=	vom Tausend
VermBG	=	Vermögensbildungsgesetz
VO	=	Verordnung
VSt	=	Vermögensteuer
VZ	=	Veranlagungszeitraum
WEG	=	Wohnungseigentumsgesetz
WehrPflG	=	Wehrpflichtgesetz
WoBauFG	=	Wohnungsbauförderungsgesetz
WoBauG	=	Wohnungsbaugesetz
WohneigFG	=	Wohneigentumsförderungsgesetz
WoPG	=	Wohnungsbauprämiengesetz
z.T.	=	zum Teil
zit.	=	zitierte
ZPO	=	Zivilprozessordnung

Vorbemerkungen

Diese Anleitung soll über die steuerliche Rechtslage und die Möglichkeiten der Steuerersparnis informieren und sie soll dazu dienen, die Steuererklärungsvordrucke 2005 richtig ausfüllen zu können.

Für die **Einkommensteuererklärung 2005** stehen neben einigen Sondervordrucken der **Hauptvordruck „ESt 1 A"** sowie **insbesondere 11 Anlage-Vordrucke** für die verschiedenen Einkunftsarten bzw. für **Steuervergünstigungen** zur Verfügung. Der vierseitige **Hauptvordruck „ESt 1 A"** ist grundsätzlich von **allen** unbeschränkt Einkommensteuerpflichtigen auszufüllen. Eine Ausnahme gilt lediglich für solche Arbeitnehmer, bei denen die Voraussetzungen für die Verwendung des **vereinfachten Erklärungsvordrucks „ESt 1 V"** erfüllt sind (vgl. unten). **Zusätzlich** hat der Steuerpflichtige einen oder mehrere **Anlage-Vordruck(e)** auszufüllen, und zwar:

- den Vordruck **„Anlage AV"** für begünstigte Altersvorsorgebeiträge
- den Vordruck **„Anlage Kind"** zur Berücksichtigung von Kindern
- die **„Anlage N"** für Einkünfte aus nichtselbständiger Arbeit
- die **„Anlage KAP"** für Einkünfte aus Kapitalvermögen
- die **„Anlage R"** für Renten und Leistungen aus Altersvorsorgeverträgen
- die **„Anlage SO"** für sonstige Einkünfte
- die **„Anlage GSE"** für Einkünfte aus Gewerbebetrieb und selbständiger Arbeit
- die **„Anlage V"** für Einkünfte aus Vermietung und Verpachtung
- die **„Anlage FW"** für Steuervergünstigungen zur Förderung des Wohneigentums
- die **„Anlage L"** für Einkünfte aus Land- und Forstwirtschaft
- die **„Anlage AUS"** für ausländische Einkünfte und Steuern

Ab 2005 können **Arbeitnehmer** eine **vereinfachte Einkommensteuererklärung** auf dem Vordruck **„ESt 1 V"** abgeben, **wenn** sie nur Arbeitslohn und ggf. bestimmte Lohn-/Entgeltersatzleistungen (z.B. Arbeitslosengeld, Mutterschaftsgeld usw.) im Inland bezogen haben **und** sie nur die in diesem Vordruck bezeichneten Werbungskosten, Sonderausgaben und außergewöhnlichen Belastungen geltend machen.

Alle genannten Vordrucke werden auf den folgenden Seiten dieser Anleitung eingehend erläutert. Die Vordrucke enthalten **weiße Felder** für die Eintragungen des Steuerpflichtigen und **grüne Felder,** die nur für Eintragungen durch das Finanzamt bestimmt sind.

Die **am Rand der Anleitung in schwarz angegebenen Zahlen** stimmen mit den Zeilennummern in den amtlichen **Bundesvordrucken** überein. Wegen maschinenlesbarer Vordrucke in Baden-Württemberg vgl. unten.

Der **Hauptvordruck „ESt 1 A"** ist zusammen mit der **„Anlage N"** und ggf. der „Anlage Kind" und der „Anlage AV" auch für einen **Antrag auf** Durchführung einer **Arbeitnehmerveranlagung** (früher als **Lohnsteuerjahresausgleich** bezeichnet) zu verwenden, wenn nicht die Voraussetzungen für den vereinfachten Erklärungsvordruck „ESt 1 V" vorliegen.

Die Einkommensteuererklärung 2005 ist bis zum **31. Mai 2006** abzugeben. Für Steuerpflichtige mit Gewinnen aus Land- und Forstwirtschaft endet bei abweichenden Wirtschaftsjahren die Erklärungsfrist jedoch nicht vor Ablauf des dritten Kalendermonats, der auf den Schluss des Wirtschaftsjahres 2005/2006 folgt. Ein **Antrag auf Einkommensteuerveranlagung 2005** ist bis **spätestens 31. Dezember 2007** beim zuständigen Finanzamt einzureichen.

Unbeschränkt Steuerpflichtige haben eine Einkommensteuererklärung für das **Kalenderjahr 2005** abzugeben, und zwar:

1. Für den Fall, dass **keine lohnsteuerpflichtigen Einkünfte** vorliegen,

    a) **Ehegatten,** die zu Beginn des Kalenderjahrs 2005 nicht dauernd getrennt gelebt haben oder bei denen diese Voraussetzung im Laufe des Kalenderjahrs 2005 eingetreten ist, wenn der Gesamtbetrag der Einkünfte mehr als 15 329 € betragen hat oder einer der Ehegatten die getrennte Veranlagung wählt oder beide Ehegatten für das Kalenderjahr der Eheschließung die besondere Veranlagung beantragen;

    b) **andere Personen,** wenn der Gesamtbetrag der Einkünfte mehr als 7 664 € betragen hat;

    c) nicht dauernd getrennt lebende **Ehegatten und andere Personen,** wenn neben inländischen steuerpflichtigen Einkünften auch

    aa) **Einkünfte aus dem Ausland** bezogen worden sind, die nach einem Doppelbesteuerungsabkommen, nach anderen zwischenstaatlichen Übereinkommen oder nach dem Auslandstätigkeitserlass im Inland steuerfrei sind, oder

    bb) **Arbeitslosengeld, Arbeitslosenbeihilfe, Insolvenzgeld, Krankengeld, Mutterschaftsgeld** oder andere Einkommensersatzleistungen i.S. des §32b Abs. 1 Nr. 1 EStG bezogen worden sind,

    und zwar ohne Rücksicht auf die Höhe und Zusammensetzung der inländischen steuerpflichtigen Einkünfte;

2. für den Fall, dass **lohnsteuerpflichtige Einkünfte** vorliegen

    a) nicht dauernd getrennt lebende **Ehegatten** (siehe 1a) und **andere Personen,** wenn

    aa) die Summe ihrer Einkünfte, die nicht der Lohnsteuer zu unterwerfen waren oder die nach einem Doppelbesteuerungsabkommen, nach anderen zwischenstaatlichen Übereinkommen oder nach dem Auslandstätigkeitserlass freigestellten ausländischen Einkünfte und die dem Progressionsvorbehalt unterliegenden steuerfreien Einkommensersatzleistungen (siehe 1c, bb) jeweils mehr als 410 € betragen haben **oder**

    bb) einer der Ehegatten oder eine andere Person Einkünfte aus **mehreren Dienstverhältnissen** bezogen hat **oder**

    cc) nur die **gekürzte Vorsorgepauschale** anzusetzen ist, der Lohnsteuerabzug jedoch unter Berücksichtigung der ungekürzten Vorsorgepauschale vorgenommen wurde, **oder**

    dd) auf der Lohnsteuerkarte vom Finanzamt ein **Freibetrag** eingetragen worden ist (ausgenommen Pauschbeträge für Behinderte, Hinterbliebene und Zahl der Kinderfreibeträge) **oder**

    ee) bei geschiedenen oder dauernd getrennt lebenden Eltern oder bei Eltern nichtehelicher Kinder
    – beide Elternteile eine Aufteilung des Freibetrags zur Abgeltung eines Sonderbedarfs bei Berufsausbildung eines volljährigen Kindes in einem anderen Verhältnis als je zur Hälfte beantragen **oder**
    – beide Elternteile eine Aufteilung des einem Kind zustehenden Pauschbetrags für Behinderte/Hinterbliebene in einem anderen Verhältnis als je zur Hälfte beantragen **oder**

ff) für einen Steuerpflichtigen ein sonstiger Bezug (z.B. Entlassungsabfindung) vom Arbeitgeber ermäßigt besteuert wurde **oder**

gg) der Arbeitgeber die Lohnsteuer von einem sonstigen Bezug berechnet hat und dabei der Arbeitslohn aus früheren Dienstverhältnissen des Kalenderjahres außer Betracht geblieben ist (Großbuchstabe S in der Lohnsteuerbescheinigung) **oder**

hh) für einen unbeschränkt Steuerpflichtigen i.S. des § 1 Abs. 1 EStG auf der Lohnsteuerkarte ein Ehegatte i.S. des § 1a Abs. 1 Nr. 2 EStG berücksichtigt worden ist **oder**

ii) für einen Steuerpflichtigen, der zum Personenkreis des § 1 Abs. 3 oder des § 1a EStG gehört, das Betriebsstättenfinanzamt eine Bescheinigung für den Lohnsteuerabzug nach § 39c Abs. 4 EStG erteilt hat **oder**

jj) die **Veranlagung beantragt** wird, z.B. zur **Rückzahlung von Lohnsteuer**, zur Anwendung ermäßigter Steuersätze auf außerordentliche Einkünfte, zur Berücksichtigung von Steuervergünstigungen zur Förderung des Wohneigentums oder von Verlusten oder Verlustabzügen, zur Anrechnung von **Kapitalertragsteuer/Zinsabschlag/Solidaritätszuschlag/Körperschaftsteuer** oder zur Inanspruchnahme von Steuerermäßigungen nach § 34f EStG (sog. Baukindergeld)

b) nicht dauernd getrennt lebende **Ehegatten** (siehe 1a), wenn

aa) **beide Ehegatten** Einkünfte aus nichtselbständiger Arbeit bezogen haben, einer von ihnen nach der Steuerklasse V oder VI besteuert worden ist **oder**

bb) die Ehe im Kalenderjahr 2005 durch Tod, Scheidung oder Aufhebung aufgelöst worden ist und ein Ehegatte der aufgelösten Ehe im Kalenderjahr 2005 wieder geheiratet hat **oder**

cc) **einer der Ehegatten** die getrennte Veranlagung beantragt oder **beide Ehegatten** für das Jahr der Eheschließung die besondere Veranlagung beantragen;

3. für den Fall, dass zum 31.12.2004 ein verbleibender Verlustvortrag festgestellt worden ist.

Außerdem ist zur Abgabe einer Steuererklärung verpflichtet, **wer** hierzu vom Finanzamt besonders aufgefordert wird. Wer später erkennt, dass eine abgegebene Steuererklärung unrichtig oder unvollständig ist, ist verpflichtet, dies dem Finanzamt unverzüglich mitzuteilen.

Die Steuererklärungen sind auf den amtlich vorgeschriebenen Vordrucken (vgl. oben) abzugeben; diese sind ggf. beim Finanzamt erhältlich. Die Verwendung nichtamtlicher Vordrucke, d.h. von Vordrucken, die nach dem Muster einer amtlichen Druckvorlage durch Druck, Ablichtung oder mit Hilfe von Datenverarbeitungsanlagen hergestellt worden sind, ist zulässig, wenn diese in der drucktechnischen Ausgestaltung (Layout), in der Papierqualität und in den Abmessungen **den amtlichen Vordrucken entsprechen.** Die Vordrucke müssen danach insbesondere

- im Wortlaut, im Format und in der Seitenzahl sowie Seitenfolge mit den amtlichen Vordrucken übereinstimmen;
- über einen Zeitraum von mindestens 15 Jahren haltbar sein;
- beidseitig bedruckt und gut lesbar sein.

Geringfügige Veränderungen der Zeilen- und Schreibabstände sowie des Papierformats sind zugelassen; der Gründruck kann durch entsprechende Graustufen ersetzt werden. Soweit die Seiten des vierseitigen Hauptvordrucks der Steuererklärung auf zwei getrennten Blättern gedruckt werden, sind sie dem amtlichen Vordruck entsprechend miteinander zu verbinden (z.B. durch Klebeheftung). Soweit Unterscheidungsmerkmale für die Kennzeichnung nichtamtlicher Vordrucke vorgesehen sind, ist die entsprechende Eintragung vorzunehmen. Die Unterscheidungsmerkmale (z.B. Kennzahl und Wert) ergeben sich aus dem jeweiligen Vordruck. Wegen weiterer Einzelheiten wird auf das BMF-Schreiben vom 27.12.1999 (BStBl I S. 1049) hingewiesen.

Grundsätze für die elektronische Übermittlung von Steuererklärungsdaten sind in der Steuerdaten-Übermittlungsverordnung vom 28.1.2003 (BStBl I S. 162) sowie im BMF-Schreiben vom 5.2.2003 (BStBl I S. 160) geregelt (vgl. auch BStBl 2003 I S. 268).

Seit 2004 ist bei mehrseitigen Erklärungsvordrucken aus verwaltungstechnischen Gründen **auf jeder Seite** links oben die Steuernummer einzutragen.

ELSTER-Formulare

ELSTER bietet allen Steuerpflichtigen die Möglichkeit, die Einkommensteuererklärung elektronisch via Internet an das Finanzamt zu übermitteln. Dazu kann **ELSTER-Formular**, das kostenlose Steuerprogramm der deutschen Finanzverwaltung (**www.elster.de**), oder aber jedes andere Software-Produkt verwendet werden, in das die ELSTER-Software integriert ist.

Maschinenlesbare Vordrucke in Baden-Württemberg

Für die Einkommensteuererklärung 2005 in Baden-Württemberg sind versuchsweise **maschinenlesbare** Vordrucke geschaffen worden. Diese Vordrucke entsprechen hinsichtlich Aufbau und Texten den Bundesvordrucken; Abweichungen bestehen jedoch bei der Nummerierung der Zeilen. Im Anhang der Anleitung sind die amtlichen Bundesvordrucke abgedruckt. Die am Rand der Anleitung an **erster** Stelle in **schwarz** angegebenen größeren Zahlen sowie die Zeilenhinweise in den Erläuterungen und im Kopf der einzelnen Seiten der Anleitung entsprechen den Zeilennummern in den **Bundesvordrucken**. Die am Rand der Anleitung an **zweiter** Stelle in **grau** angegebenen kleineren Zahlen stimmen mit den Zeilennummern in den **baden-württembergischen Vordrucken** überein.

Teil I
Erläuterungen zu den Vordrucken

1. Erläuterungen zum Hauptvordruck „ESt 1 A"

– gegliedert nach den am Rand des amtlichen Vordrucks jeweils angegebenen Zeilennummern –

Für die Abgabe der Einkommensteuererklärung 2005 ist insbesondere der vierseitige Haupterklärungsvordruck ESt 1 A auszufüllen, der wegen der zugehörigen Anlagen auch Rahmenvordruck genannt wird. Der Hauptvordruck ESt 1 A kann zusammen mit der Anlage N und ggf. der Anlage Kind auch als **Antrag auf Einkommensteuerveranlagung** zur Erstattung von Lohnsteuer (**früher: Lohnsteuerjahresausgleich**) verwendet werden. Dabei muss **jeder Ehegatte,** der Arbeitslohn, bestimmte Lohnersatzleistungen, steuerfreien Arbeitslohn für eine Auslandstätigkeit oder vermögenswirksame Leistungen erhalten hat, eine **eigene Anlage N** abgeben. Ein **Antrag** auf Durchführung einer Einkommensteuerveranlagung kann aber z.B. insbesondere auch dann zweckmäßig sein, wenn von Kapitalerträgen einbehaltene Kapitalertragsteuer (einschließlich Zinsabschlagsteuer) oder Körperschaftsteuer angerechnet und ggf. **erstattet** werden soll (Teil I, Anlage KAP, Zeilen 1 bis 2). Hierfür sind der Hauptvordruck und der Vordruck **Anlage KAP** zu verwenden.

Der **Hauptvordruck ESt 1 A** ist – ergänzt um einen oder mehrere **Anlage-Vordruck(e)**; vgl. Seite 1 dieser Anleitung – **von allen erklärungspflichtigen Personen** auszufüllen, die der unbeschränkten Einkommensteuerpflicht unterliegen, d.h. ihren Wohnsitz oder gewöhnlichen Aufenthalt im Inland haben. Wegen weiterer Fälle, in denen unbeschränkte Steuerpflicht vorliegt oder auf Antrag angenommen wird, vgl. die Ausführungen zu **Zeilen 50 bis 52** und **53 bis 60** des Hauptvordrucks. Für **Ehegatten,** die beide **unbeschränkt steuerpflichtig** sind und **nicht dauernd getrennt** leben und bei denen diese Voraussetzungen **zu Beginn** des Kalenderjahres 2005 vorgelegen haben oder **im Laufe** des Kalenderjahres 2005 eingetreten sind, gilt Folgendes: Machen sie von der Möglichkeit der **Zusammenveranlagung** (mit Splitting) Gebrauch, so ist eine **gemeinsame Erklärung** abzugeben und **ein Vordruck** ESt 1 A für beide Ehegatten zusammen auszufüllen. Machen die Ehegatten von der **getrennten Veranlagung** Gebrauch, so hat **jeder Ehegatte für sich** einen Vordruck ESt 1 A auszufüllen und die erforderlichen weiteren Anlage-Vordrucke beizufügen. Das Gleiche gilt, wenn im Falle der **Eheschließung im Jahr 2005** beide Ehegatten für dieses Jahr die **besondere Veranlagung** wählen (vgl. Erläuterungen zu **Zeile 13** des Hauptvordrucks).

Ehegatten, die **dauernd getrennt** leben, haben erforderlichenfalls **jeder für sich** einen Vordruck ESt 1 A auszufüllen. Ehegatten leben dauernd getrennt, wenn nach dem Gesamtbild ihrer gegenseitigen Beziehungen die zum Wesen der Ehe gehörende Lebens- und Wirtschaftsgemeinschaft auf Dauer aufgehoben ist. Dabei ist unter **Lebensgemeinschaft** die räumliche, persönliche und geistige Gemeinschaft der Ehegatten, unter **Wirtschaftsgemeinschaft** die gemeinsame Erledigung der die Ehegatten gemeinsam berührenden wirtschaftlichen Fragen ihres Zusammenlebens zu verstehen (BFH-Urteil vom 15. 6. 1973, BStBl II S. 640). Die eheliche Lebens- und Wirtschaftsgemeinschaft gilt nicht schon als aufgehoben, wenn die Ehegatten aus beruflichen Gründen oder infolge zwingender äußerer Umstände vorübergehend räumlich voneinander getrennt leben müssen.

Für **Kinder,** die im Kalenderjahr 2005 **eigene Einkünfte** bezogen haben, sind **gesonderte Einkommensteuererklärungen** abzugeben, wenn die auf Seite 1 genannten Einkunftsgrenzen überschritten werden. Eine Zusammenveranlagung zwischen Eltern und Kindern kommt nicht in Betracht.

Wenn mit einer **Steuererstattung** gerechnet wird, empfiehlt es sich, das auf **Seite 1** des Vordrucks (ganz oben, rechts außen) **vorgedruckte** Kästchen deutlich **anzukreuzen.** Das Finanzamt wird dann die Veranlagung nach Möglichkeit beschleunigt durchführen.

Der Hauptvordruck ESt 1 A (und die entsprechenden Anlagen) sind auch dann zu verwenden, wenn keine Einkommensteuerveranlagung durchzuführen ist, sondern **nur eine Arbeitnehmer-Sparzulage beantragt** wird (vgl. Teil I, Anlage N, Zeile 86) oder der **verbleibende Verlustvortrag** nach § 10d Abs. 4 EStG festzustellen ist (Teil I, Hauptvordruck, Zeilen 93 bis 94). Ab 2005 haben **Arbeitnehmer** unter bestimmten Voraussetzungen die Möglichkeit, eine **vereinfachte Einkommensteuererklärung** (Vordruck ESt 1 V) abzugeben. Hierzu wird auf die Erläuterungen in **Teil I Nr. 5, Vereinfachter Erklärungsvordruck** dieser Anleitung hingewiesen.

Mit Wirkung ab 1. 1. 2002 wurde die DM endgültig durch den **Euro als neue Währung** abgelöst. Der amtliche Umrechnungskurs für 1 Euro betrug **1,95583 DM** (vgl. auch Euro-Einführungsschreiben des BMF vom 15.12. 1998, BStBl I S.1625 und vom 15.4. 1999, BStBl I S.437). In der Einkommensteuererklärung 2005 (einschließlich der Anlagen) sind alle Beträge **in €** einzutragen, soweit nicht im Vordruck ausnahmsweise etwas anderes angegeben ist (z.B. in Zeilen 86 bis 97 der Anlage L).

Aus den **Zahlenangaben am Rand der Anleitung** ist ersichtlich, welche Zeilennummern in den **Bundesvordrucken** (angegeben am Rand an **erster** Stelle in **schwarz** und in den Erläuterungstexten) den Zeilennummern in den **baden-württembergischen Vordrucken** (angegeben am Rand an **zweiter** Stelle, **kleiner in grau**) entsprechen (vgl. auch Seite 2 der Anleitung, letzter Absatz).

A. Allgemeine Angaben

1–12 Die hier – in den **weißen** Feldern des Vordrucks – verlangten Eintragungen betreffen die **allgemeinen Angaben zur Person.** Neben dem **vollständigen Namen** und der jetzigen Anschrift ist u. a. das **Geburtsdatum** anzugeben. Die für die **Ehefrau** in den **Zeilen 9 bis 12** vorgesehenen Angaben sind auch dann einzutragen, wenn die Ehefrau keine eigenen Einkünfte bezogen hat.

Falls die im Vordruck vorgesehenen Schreibstellen nicht ausreichen, sind der Vorname, die Straßenbezeichnung usw. in geeigneter Weise abzukürzen.

Das Geburtsdatum kann für die Gewährung von steuerlichen Vergünstigungen von Bedeutung sein (vgl. Erläuterungen zu Zeile 13).

Die Angaben über die **Religionszugehörigkeit** sind von Bedeutung wegen der **Kirchensteuer.** Alle öffentlich-rechtlichen Religionsgemeinschaften haben das Besteuerungsrecht; nicht alle haben jedoch die Erhebung der Kirchensteuer der staatlichen Finanzverwaltung übertragen. In der gemeinsamen Steuererklärung von Ehegatten ist die Religionsgemeinschaft **für jeden Ehegatten** anzugeben (Zeile 4 und 11). Die Religionszugehörigkeit braucht jedoch nicht angegeben zu werden, wenn der Steuerpflichtige bzw. der Ehegatte keiner kirchensteuererhebenden Religionsgemeinschaft angehört. Das Bundesverfassungsgericht hat entschieden, dass ein konfessionsloser Ehegatte nicht durch ein staatliches Gesetz zur Erfüllung der Kirchensteuerpflicht seines Partners herangezogen werden darf (Urteile vom 14. 12. 1965, BStBl 1966 I S. 192, 196, 205). Dagegen sind Gesetzesregelungen, wonach in glaubensverschiedenen Ehen die Kirchensteuer des der Kirche angehörenden Ehegatten aus dem Teil der Einkommensteuer erhoben wird, der auf diesen Ehegatten entfällt, nicht verfassungswidrig (BFH-Urteil vom 8. 4. 1997, BStBl II S. 545).

Zur Bezeichnung der Religionsgemeinschaft können folgende Abkürzungen benutzt werden:

Teil I: Hauptvordruck
Zeile 13

ev = evangelisch (protestantisch); **lt** = lutherisch (evangelisch-lutherisch); **rf** = reformiert (evangelisch-reformiert); **fr** = französisch- reformiert; **rk** =römisch-katholisch; **ak** = altkatholisch; **isr** = israelitisch (jüdisch); **fb** = freireligiöse Landesgemeinde Baden; **ib** = israelitische Religionsgemeinschaft Badens; **iw** = israelitische Religionsgemeinschaft Württembergs.

Die in den einzelnen Ländern geltenden **Kirchensteuersätze** und **Mindestbeträge** sind aus der in dieser Anleitung enthaltenen Zusammenstellung ersichtlich (siehe **Anhang**). Die Kirchensteuer wird mit dem maßgebenden Prozentsatz (8 oder 9 v.H.) aus der festgesetzten Einkommensteuer berechnet. Werden beim Steuerpflichtigen **Kinder** berücksichtigt (vgl. **Teil I, Anlage Kind, Zeilen 1 bis 20**), so bemisst sich die Kirchensteuer stets nach der Einkommensteuer, die bei einem Abzug von Kinderfreibeträgen und Freibeträgen für den Betreuungs-, Erziehungs- oder Ausbildungsbedarf des Kindes festzusetzen wäre (§ 51a EStG). Das zu versteuernde Einkommen wird deshalb für die Ermittlung der Kirchensteuer noch um die genannten Freibeträge für Kinder nach § 32 Abs. 6 EStG (vgl. Teil I, Anlage Kind, Zeilen 1 bis 20) gekürzt, wenn beim Steuerpflichtigen statt des Kinderfreibetrags und des Freibetrags für den Betreuungs-, Erziehungs- oder Ausbildungsbedarf das Kindergeld in Betracht kommt, weil dies für den Steuerpflichtigen günstiger ist. Die Kirchensteuer wird dann mit dem maßgebenden Prozentsatz aus der verminderten Einkommensteuer berechnet. Die hälftige Steuerbefreiung für Dividenden und bestimmte Veräußerungserlöse nach § 3 Nr. 40 EStG (sog. Halbeinkünfteverfahren) und die pauschalierte Anrechnung von Gewerbesteuer auf die Einkommensteuer (Teil I, Anlage GSE, Zeile 11) sind bei der Kirchensteuerberechnung nicht anzuwenden. Nach § 51a Abs. 2 EStG ist die festgesetzte Einkommensteuer für die Berechnung der Kirchensteuer entsprechend zu korrigieren. Über Besonderheiten der Kirchenstcucr (z. B. bei glaubensverschiedenen Ehegatten) gibt das zuständige Finanzamt Auskunft. Bei hohen zu versteuernden Einkommen kann eine Begrenzung (sog. **Kappung**) der Kirchensteuer auf einen bestimmten Prozentsatz (je nach Religionsgemeinschaft 2,75 bis 3,5%) des zu versteuernden Einkommens in Betracht kommen. Auskünfte hierüber erteilt auch die jeweilige Religionsgemeinschaft.

Die Religionszugehörigkeit kann auch von Bedeutung sein, wenn in einzelnen Bundesländern aufgrund der Kirchensteuergesetze ein **besonderes Kirchgeld** von Kirchensteuerpflichtigen erhoben wird, deren Ehegatte keiner steuererhebenden Religionsgemeinschaft angehört. In **Baden-Württemberg** haben aufgrund einer Änderung des Kirchensteuergesetzes vom 21. 7. 1997 (BStBl 1998 I S. 577) von dieser Möglichkeit die Evangelische Landeskirche in Baden und die Evangelische Landeskirche in Württemberg mit Wirkung ab 1. 1. 1998 Gebrauch gemacht (sog. Kirchgeld in **glaubensverschiedener** Ehe). Näheres ist in den Beschlüssen der zuständigen Kirchenbehörden festgelegt (für Baden-Württemberg vgl. BStBl 2005 I S. 785, Nr. 3).

In **Zeile 4** bzw. für die Ehefrau in **Zeile 11** ist der ausgeübte **Beruf** oder die Art der Tätigkeit möglichst **genau** anzugeben. Als **Wohnort** gilt der Ort des **derzeitigen** Wohnsitzes. Bei verheirateten Steuerpflichtigen, die nicht dauernd getrennt leben und eine Familie haben, ist in der Regel der Wohnsitz der Familie maßgebend.

Für die Besteuerung des Einkommens ist bei natürlichen Personen das Finanzamt zuständig, in dessen Bezirk der Steuerpflichtige seinen Wohnsitz hat. Bei mehrfachem Wohnsitz im Inland ist regelmäßig der Ort, an dem sich der Steuerpflichtige vorwiegend aufhält, maßgebend. Bei verheirateten, nicht dauernd getrennt lebenden Steuerpflichtigen ist das Finanzamt des Wohnsitzes zuständig, an dem sich die Familie des Steuerpflichtigen vorwiegend aufhält. Auch für die Durchführung der Einkommensteuerveranlagung von **Arbeitnehmern** kommt es auf den derzeitigen Wohnsitz an. Arbeitnehmer haben deshalb die Einkommensteuererklärung 2005 (einschließlich eines Antrags auf Durchführung einer Einkommensteuerveranlagung; früher: Lohnsteuerjahresausgleich) ebenfalls bei dem Finanzamt einzureichen, in dessen Bezirk sie gegenwärtig wohnen.

Ehegatten, die im Kalenderjahr 2005 **erstmals dauernd getrennt** gelebt haben, können die Steuererklärung noch bei dem Finanzamt einreichen, das zuletzt mit ihrer Besteuerung befasst war.

Die näheren Angaben über den **Familienstand** (Zeile 7) sind von Bedeutung für die Anwendung der Tarifbestimmungen, für die Berechnung des Höchstbetrags für Sonderausgaben und für die Ehegattenbesteuerung. Im Falle einer **Ehescheidung** im Jahr **2005** ist auch anzugeben, seit wann die Ehegatten vor der Scheidung **dauernd getrennt** gelebt haben (vgl. hierzu die obigen Ausführungen).

Ob jemand **verheiratet** ist, beurteilt sich nach dem bürgerlichen Recht (BFH-Urteil vom 21. 6. 1957, BStBl III S. 300). Bei Ausländern sind die materiell-rechtlichen Voraussetzungen für jeden Beteiligten nach den Gesetzen des Staates zu beurteilen, dem er angehört. Die Anwendung eines ausländischen Gesetzes ist jedoch ausgeschlossen, wenn sie gegen die guten Sitten oder den Zweck eines deutschen Gesetzes verstoßen würde (BFH-Urteil vom 6. 12. 1985, BStBl 1986 II S. 390). Eine Ehe ist bei **Scheidung** oder **Aufhebung** nach § 1564 BGB, § 29 Ehegesetz erst mit Rechtskraft des Urteils aufgelöst; diese bürgerlich-rechtliche Regelung ist auch für das Einkommensteuerrecht maßgebend (BFH-Urteil vom 9. 3. 1973, BStBl II S. 487). Wird eine Ehe **für nichtig erklärt** (§ 23 Ehegesetz), so wird sie einkommensteuerrechtlich bis zur Rechtskraft der Nichtigerklärung wie eine gültige Ehe behandelt. Ein Steuerpflichtiger, dessen Ehegatte verschollen oder vermisst ist, gilt als verheiratet. Eine **verwitwete** Person, die eine neue Ehe eingegangen und danach geschieden worden ist, wird wieder als verwitwet behandelt (BFH-Urteil vom 9. 6. 1965, BStBl III S. 590 sowie BFH-Beschluss vom 19. 7. 1974, BStBl II S. 683). **Nicht verheiratet** sind Personen, die nach § 1 Abs. 1 **Lebenspartnerschaftsgesetz** vom 16.2.2001 (BGBl I S. 266) durch amtliche Eintragung eine gleichgeschlechtliche Lebenspartnerschaft begründet haben. Die Eintragung der Partnerschaft begründet u.a. gegenseitige Fürsorge- und Unterhaltspflichten (vgl. Zeilen 106 bis 115 des Hauptvordrucks).

Steuertarif, Veranlagungsart bei Ehegatten

Ehegatten, die beide **unbeschränkt steuerpflichtig** sind (d.h. ihren Wohnsitz oder ihren gewöhnlichen Aufenthalt im Inland haben; vgl. aber auch Erläuterungen zu **Zeilen 50 bis 52** und **53 bis 60**) und **nicht dauernd getrennt** leben und bei denen diese Voraussetzungen **zu Beginn** des Jahres 2005 vorgelegen haben oder **im Laufe** des Jahres 2005 eingetreten sind, können zwischen **getrennter Veranlagung** und **Zusammenveranlagung** wählen. Dieses Wahlrecht steht den Ehegatten auch dann zu, wenn sie erst am 31. 12. des Veranlagungsjahres geheiratet haben. Im Falle der Auflösung einer Ehe und Wiederverheiratung eines Partners im gleichen Jahr kann das Wahlrecht nur im Verhältnis zu dem Partner der **neuen** Ehe ausgeübt werden, soweit insofern die Voraussetzungen für das Wahlrecht vorliegen (Beschluss des Bundesverfassungsgerichts vom 3. 6. 1987, BStBl 1988 II S. 395). Diese sich aus § 26 Abs. 1 Satz 2 EStG ergebende Rechtslage gilt jedoch seit 1992 dann nicht, wenn die erste Ehe durch **Tod** aufgelöst worden ist und die Ehegatten der **neuen** Ehe die **besondere** Veranlagung nach § 26c EStG (vgl. folgenden Abschnitt) wählen. In diesem Fall wird dem vorübergehend verwitweten Ehegatten ein Wahlrecht zwischen getrennter Veranlagung und Zusammenveranlagung mit dem **verstorbenen** Ehegatten aus der ersten Ehe eingeräumt (§ 26 Abs. 1 Satz 3 EStG, R 174 Abs. 2 EStR). Wegen der **Sonderregelung für EU/EWR-Bürger** mit fast ausschließlich inländischen Einkünften, wonach eine Zusammenveranlagung mit Splittingtarif u.U. auch möglich ist, wenn **nur ein Ehegatte** im Inland lebt oder gem. § 1 Abs. 3 EStG als unbeschränkt einkommensteuerpflichtig behandelt wird, vgl. die Ausführungen zu **Zeilen 53 bis 60** des Hauptvordrucks.

Bei der **Zusammenveranlagung** bilden die Ehegatten bezüglich des Einkommens und der Ermittlung des zu versteuernden Einkommens eine **Veranlagungseinheit.** Diese bewirkt zwar, dass bestimmte Abzugsbeträge (z.B. Sonderausgabenhöchstbetrag) den Ehegatten gemeinschaftlich nur einmal gewährt werden, gibt jedoch auch beiden Ehegatten Anteil an einer steuerlichen Vergünstigung, die etwa nur einem von ihnen zustehen würde. Die Besteuerung erfolgt nach dem günstigen **Splittingverfahren.** Die Zusammenveranlagung ist deshalb für Ehegatten in der Regel die günstigste Veranlagungsart.

Bei der Anwendung der Einkommensteuertabelle ist zwischen der **Grundtabelle** und der **Splittingtabelle** zu unterscheiden. Die Einkommensteuer bemisst sich in beiden Fällen nach dem **zu versteuernden Einkommen**. In der für 2005 geltenden Grundtabelle ist ein persönlicher **Grundfreibetrag** von 7664 € berücksichtigt, durch den das sog. Existenzminimum steuerfrei gestellt wird. Steuerermäßigungen und Freibeträge werden durch den Abzug bestimmter Beträge vom Einkommen berücksichtigt. Im Gegensatz zu früher enthält die **Steuertarifformel seit 2004 keine Stufen** mehr (§ 32a EStG n.F.). Dies bedeutet, dass sich **für jeden €**, um den das zu versteuernde Einkommen ansteigt, grundsätzlich eine höhere Einkommensteuer ergibt. Ausnahmen bestehen nur dadurch, dass der sich ergebende Einkommensteuerbetrag auf den nächsten vollen €-Betrag abzurunden ist. Damit die Einkommensteuertabellen nicht einen unvertretbar großen Umfang annehmen, wurden sie auch für 2005 weiter in Stufen von 36 € aufgestellt (vgl. Grund- und Splittingtabelle **am Ende dieser Anleitung**). Die in der Tabelle angegebenen Steuerbeträge gelten eurogenau (bei der Einkommensteuer) bzw. centgenau (bei Solidaritätszuschlag und Kirchensteuer) **nur für das exakt ausgewiesene** zu versteuernde Einkommen. Für **Zwischenwerte** des zu versteuernden Einkommens können die Steuerbeträge anhand der Tabelle annäherungsweise geschätzt werden. Im Einkommensteuerbescheid werden die Steuerbeträge auf Grund der maßgebenden Steuertarifformel euro- bzw. centgenau elektronisch berechnet.

Ehegatten werden im Falle der Zusammenveranlagung nach dem **Splittingverfahren** besteuert. Dabei wird unter Anwendung der Grundtabelle der für die Hälfte des zu versteuernden Einkommensbetrags der Ehegatten festgestellte Steuerbetrag verdoppelt. Zur Vermeidung dieser Rechenarbeit ist die besondere **Splittingtabelle** erstellt worden, in der das Splitting bereits berücksichtigt ist.

Durch Beschluss vom 25. 9. 1992 (BStBl 1993 II S. 413) hatte das **Bundesverfassungsgericht** entschieden, dass die damalige **Höhe des Grundfreibetrags** mit dem Grundgesetz **unvereinbar** war. Der Gesetzgeber wurde verpflichtet, spätestens mit Wirkung zum 1. 1. 1996 eine Neuregelung zu treffen. Bereits ab 1993 musste jedoch durch eine Übergangsregelung sichergestellt werden, dass dem Steuerpflichtigen bei der Einkommensbesteuerung die **Erwerbsbezüge** steuerfrei belassen werden, die er zur Deckung eines nach den Grundsätzen dieser Entscheidung zu bestimmenden **existenznotwendigen Bedarfs** benötigt.

Die **Zusammenveranlagung** wird durchgeführt, wenn **beide** Ehegatten diese Veranlagungsart wählen. Wird eine Erklärung über die Wahl der Veranlagungsart nicht abgegeben, so wird – sofern die oben genannten Voraussetzungen für das Wahlrecht vorliegen – vom Finanzamt unterstellt, dass die Ehegatten die Zusammenveranlagung wählen.

Bei der **getrennten Veranlagung** wird jeder Ehegatte nach dem für Unverheiratete geltenden **Grundtarif gesondert** veranlagt. Sie wird bereits dann durchgeführt, wenn nur **einer** der Ehegatten die getrennte Veranlagung wählt. Die Ehegatten haben hier also ein **einseitiges Wahlrecht**. Bei der getrennten Veranlagung werden die als Sonderausgaben abziehbaren Beträge grundsätzlich bei dem Ehegatten berücksichtigt, der sie geleistet hat. Außergewöhnliche Belastungen werden dagegen nur in der bei einer Zusammenveranlagung in Betracht kommenden Höhe berücksichtigt (§ 26a Abs. 2 EStG). Die getrennte Veranlagung als **Ausnahmeform** der Ehegattenbesteuerung wird in der Regel nur gewählt, wenn sie zu einer niedrigeren Gesamtsteuerbelastung als die Zusammenveranlagung führt.

Die wahlweise getrennte Veranlagung wird im Allgemeinen – von seltenen Ausnahmen abgesehen – ungünstiger sein als die Zusammenveranlagung mit Splitting. Die getrennte Veranlagung kann aber z.B. zu einer Steuerersparnis führen, wenn beide Ehegatten Einkünfte aus nichtselbständiger Arbeit beziehen und jeder Ehegatte Einkünfte, von denen der Lohnsteuerabzug nicht vorgenommen worden ist, von nicht mehr als 410 € hat (vgl. § 46 Abs. 2 Nr. 1 und Abs. 3 EStG). Betragen in einem solchen Fall die anderen Einkünfte beider Ehegatten jeweils mehr als 410 €, aber weniger als 820 €, so kann unter Umständen die getrennte Veranlagung wegen des zweimaligen Härteausgleichs nach § 70 EStDV ebenfalls günstiger sein. Hierbei ist aber auch die Einkommenshöhe von Bedeutung.

Bei der **getrennten Veranlagung** hat jeder Ehegatte für sich eine Einkommensteuererklärung mit den von ihm bezogenen Einkünften abzugeben. Einkünfte eines Ehegatten sind allerdings nicht allein deshalb zum Teil dem anderen Ehegatten zuzurechnen, weil dieser bei der Erzielung der Einkünfte mitgewirkt hat. Der Ehegattte muss vielmehr die Einkünfte kraft eigenen Rechts bezogen haben.

Die zur Wahl der **getrennten Veranlagung** erforderliche Erklärung kann noch im Rechtsbehelfsverfahren (mit Ausnahme des Revisionsverfahrens) und, soweit es nach den Vorschriften der Abgabenordnung zulässig ist, im Rahmen der Änderung von Steuerbescheiden **abgegeben** oder **widerrufen** werden (vgl. BFH-Urteile vom 28. 8. 1981, BStBl 1982 II S. 156 und vom 25. 6. 1993, BStBl II S. 824). Haben **beide** Ehegatten die **getrennte** Veranlagung gewählt, so müssen beide Ehegatten diese Erklärung widerrufen. Hat nur **ein** Ehegatte die Erklärung über die Wahl der getrennten Veranlagung abgegeben, so ist dessen Widerruf wirksam, wenn der andere Ehegatte nicht widerspricht.

Der **einseitige** Antrag eines Ehegatten auf getrennte Veranlagung ist **rechtsunwirksam,** wenn dieser Ehegatte selbst **keine eigenen** – positiven oder negativen – **Einkünfte** hat oder wenn seine positiven Einkünfte **so gering** sind, dass weder eine Einkommensteuer festzusetzen ist noch die Einkünfte einem Steuerabzug (z.B. bei Arbeitslohn) zu unterwerfen waren. In einem solchen Fall sind die Ehegatten zusammen zu veranlagen, wenn der andere Ehegatte dies beantragt hat (BFH-Urteile vom 12. 8. 1977, BStBl II S. 870, und vom 10. 1. 1992, BStBl II S. 297).

Die Wahl der Veranlagungsart ist auch **nach dem Tod eines Ehegatten** für das **Todesjahr** möglich, wobei bezüglich der Antragstellung an die Stelle des Verstorbenen dessen **Erben** treten. Falls die zur Wahl der Veranlagungsart erforderlichen Erklärungen nicht abgegeben werden, wird nach § 26 Abs. 3 EStG unterstellt, dass eine Zusammenveranlagung gewählt wird (BFH-Urteile vom 13. 11. 1979, BStBl 1980 II S. 188, und vom 24. 4. 1986, BStBl II S. 545).

Verwitwete Personen, die im Zeitpunkt des Todes ihres Ehegatten von diesem nicht dauernd getrennt gelebt haben (vgl. BFH-Urteil vom 27. 2. 1998, BStBl II S. 350), werden auch noch **in dem auf das Todesjahr folgenden Jahr** nach der **Splittingtabelle** besteuert. Außerdem können Verwitwete mit Kindern u.U. einen **Entlastungsbetrag für Alleinerziehende** nach § 24b EStG erhalten (vgl. Erläuterungen zu **Zeilen 37 bis 41** der Anlage Kind). Im Falle der **Auflösung der Ehe** und **Wiederverheiratung** des einen Partners im gleichen Jahr ist für den anderen Partner, der nicht wieder geheiratet hat, für dieses Jahr grundsätzlich die Splittingtabelle anwendbar, wenn für die aufgelöste Ehe die Voraussetzungen für das Veranlagungswahlrecht vorgelegen haben und der bisherige Ehegatte und dessen neuer Ehegatte ebenfalls die Voraussetzungen für das Veranlagungswahlrecht erfüllen. Diese Sonderregelung gilt jedoch seit 1992 dann **nicht,** wenn eine Ehe durch **Tod** aufgelöst worden ist und die Ehegatten der neuen Ehe die **besondere** Veranlagung nach § 26c EStG wählen, weil in diesem Fall dem vorübergehend verwitweten Ehegatten ein Wahlrecht zwischen getrennter Veranlagung (Grundtabelle) und Zusammenveranlagung (Splittingtabelle) mit dem verstorbenen Ehegatten eingeräumt wird (§ 32a Abs. 6 Nr. 2 EStG).

Besondere Veranlagung nach § 26c EStG für das Jahr der Eheschließung

Für das Jahr der Eheschließung können Ehegatten statt der Zusammenveranlagung oder der getrennten Veranlagung die **besondere Veranlagung** nach § 26c EStG wählen. Bei der besonderen Veranlagung werden die Ehegatten noch so behandelt, als ob sie diese Ehe nicht geschlossen hätten. Der Antrag auf besondere Veranlagung kann z.B. dann vorteilhaft sein, wenn ein Ehegatte (oder beide) zu Beginn des Heiratsjahres verwitwet war(en) und die Voraussetzungen für das **Witwen-Splitting** (vgl. vorstehenden Absatz) erfüllt sind. Die besondere Veranlagung ist nur möglich, wenn sie von beiden Ehegatten gewählt wird.

Teil I: Hauptvordruck
Zeile 13

Bei der besonderen Veranlagung, zu deren Durchführung jeder Ehegatte eine eigene Einkommensteuererklärung abgeben muss, werden jedem Ehegatten die von ihm bezogenen Einkünfte zugerechnet. Wie bei der getrennten Veranlagung sind dabei Einkünfte eines Ehegatten nicht allein deshalb zum Teil dem anderen Ehegatten zuzurechnen, weil dieser bei der Erzielung der Einkünfte mitgewirkt hat. Bei der besonderen Veranlagung für das Jahr der Eheschließung werden auch die **Sonderausgaben** der beiden Ehegatten getrennt voneinander ermittelt und angesetzt. Gleiches gilt für die **außergewöhnlichen Belastungen,** die bei jedem Ehegatten gesondert berücksichtigt werden und deren Abzugsfähigkeit sich ausschließlich nach den Verhältnissen desjenigen Ehegatten richtet, der die jeweilige außergewöhnliche Belastung getragen hat.

In § 26c Abs. 1 Satz 2 EStG ist klargestellt, dass Zuwendungen an eine gegenüber dem Ehegatten des Steuerpflichtigen gesetzlich unterhaltsberechtigte Person oder an deren Ehegatten auch bei der besonderen Veranlagung nicht abzugsfähig sind.

Altersentlastungsbetrag

Ein **Altersentlastungsbetrag** (§ 24a EStG) wird Steuerpflichtigen gewährt, die **vor** Beginn des Jahres 2005 das 64. Lebensjahr vollendet hatten, wenn sie nicht nur Pensionen oder private Leibrenten beziehen. Der Altersentlastungsbetrag errechnet sich mit **40 v. H.** des Arbeitslohns (**ohne** Versorgungsbezüge) **und** der **positiven Summe** der übrigen Einkünfte (**ohne** private Leibrenten). Er beträgt aber **höchstens 1 900 €** im Jahr. Bei zusammen veranlagten Ehegatten ist der Altersentlastungsbetrag für **jeden** Ehegatten, der die **Altersvoraussetzung** erfüllt, nach **seinen** Einkünften gesondert zu ermitteln. Die Einkünfte der Ehegatten werden also nicht zusammengerechnet.

Für die Ermittlung des Altersentlastungsbetrags ist es erforderlich, in den Erklärungsvordrucken **durch Eintragung** in die **vorgesehenen Spalten** anzugeben, ob es sich um Einkünfte bzw. Einnahmen des **Ehemannes** oder der **Ehefrau** handelt.

Die Höhe des **vom Finanzamt** bei der Veranlagung zu ermittelnden **Altersentlastungsbetrags** kann durch Eintragung der maßgebenden Beträge in das folgende **Schema** leicht überprüft werden:

Altersentlastungsbetrag 2005

	Steuerpfl./ Ehemann* €	Ehefrau* €
* Die nebenstehenden Spalten dürfen nur ausgefüllt werden, wenn die betreffende Person **vor** dem 2. 1. 1941 geboren ist und **eigene** Einkünfte bezieht.		
Bruttoarbeitslohn **ohne** Versorgungsbezüge		
Positive Summe der **übrigen** Einkünfte, jedoch **ohne** Einkünfte aus **Leibrenten** (Eintrag entfällt, wenn sich bei der Summenbildung ein **Verlust** ergibt)	+	+
Bemessungsgrundlage insgesamt		
davon 40 v. H., **höchstens je** 1 900 €		

Der Höchstbetrag von 1 900 € gilt für **jeden** Ehegatten **gesondert.** Eine Übertragung (Verrechnung) zwischen den Ehegatten ist nicht zulässig. Der Altersentlastungsbetrag wird **vor** der Ermittlung des Gesamtbetrags der Einkünfte von der Summe der Einkünfte abgezogen.

Im Zuge der Neuregelung der Rentenbesteuerung auf Grund des **Alterseinkünftegesetzes** vom 5. 7. 2004 (Teil I, **Anlage R, vor Zeilen 1 bis 9**) wird der Altersentlastungsbetrag in den Jahren 2006 bis 2040 **jahrgangsweise** abgebaut (§ 24a EStG n.F. und dortige Tabelle). Wird die o.a. Altersvoraussetzung erstmals im Jahr 2006 erfüllt, beträgt der Altersentlastungsbetrag nur mehr 38,4 v.H., höchstens 1 824 € (2007: 36,8 v.H., höchstens 1 748 €). Der für das Erstjahr maßgebende v.H.-Satz und der Höchstbetrag gelten nach der derzeitigen Gesetzeslage zeitlebens.

Maßgebender Güterstand

Die in Zeile 13 vorgesehene Angabe, ob Ehegatten abweichend vom **gesetzlichen Güterstand** (Zugewinngemeinschaft) den Güterstand der **Gütergemeinschaft vereinbart** haben, ist insbesondere für die Beurteilung von Bedeutung, ob bestimmte Einkünfte solche des Ehemanns oder der Ehefrau sind. Dieser Entscheidung kommt nicht nur bei der wahlweise getrennten Veranlagung, sondern auch bei der **Zusammenveranlagung** Bedeutung zu (z. B. für die Berechnung des Altersentlastungsbetrags durch das Finanzamt). Auch bei der steuerlichen Beurteilung von Vergütungen an Ehegatten kann der bestehende Güterstand bedeutsam sein.

Beim gesetzlichen Güterstand, der **Zugewinngemeinschaft,** bezieht jeder Ehegatte wie bei der Gütertrennung die Nutzungen seines Vermögens selbst. Bezüglich der **Gütergemeinschaft** hat der BFH im Gutachten vom 18. 2. 1959 (BStBl III S. 263) und in anschließenden Urteilen entschieden, dass die steuerlichen Auswirkungen der Gütergemeinschaft bei den einzelnen Einkunftsarten unterschiedlich sind. Bei Einkünften aus Landwirtschaft, Vermietung und Verpachtung und Kapitalvermögen sind in der Regel die Einkünfte auf beide Ehegatten zur Hälfte aufzuteilen. Dies gilt auch bei Leibrenten, insbesondere bei Renten aus der Sozialversicherung. Bei freien Berufen wirkt sich die Gütergemeinschaft in der Regel nicht aus, weil Gesellschaftsverträge zwischen freiberuflich Tätigen und Berufsfremden nicht üblich sind. Wenn jedoch beide Ehegatten den gleichen freien Beruf ausüben oder wenn der eine Ehegatte dem anderen freiberuflich tätigen Ehegatten erhebliches Kapital zur Verfügung gestellt hat, so führt in diesen Fällen die Gütergemeinschaft zu einer nach den Verhältnissen des Einzelfalles angemessenen Aufteilung. Bei Einkünften aus nichtselbständiger Arbeit hat die Gütergemeinschaft keine Auswirkung. Gehört bei den Einkünften aus Gewerbebetrieb dieser zum **Gesamtgut,** so ist regelmäßig ein Gesellschaftsverhältnis zwischen den Ehegatten anzunehmen mit der Folge, dass jedem Ehegatten bereits wegen der Beteiligung am Betriebsvermögen ein entsprechender Anteil am Gewinn zusteht. Wenn beide Ehegatten im Gewerbebetrieb mitarbeiten – besonders häufig ist das der Fall bei Handwerkern und Einzelhandelsbetrieben –, so ist der Gewinn in der Regel zur Hälfte auf beide Ehegatten aufzuteilen. In Fällen dieser Art spricht eine allgemeine Vermutung für die Mitarbeit beider Ehegatten im Betrieb. Wenn dagegen offenbar nur ein Ehegatte mitarbeitet, so ist das bei der Gewinnverteilung zu berücksichtigen. Gewinnanteile aus einer Personengesellschaft, an der nur einer der in allgemeiner Gütergemeinschaft lebenden Ehegatten beteiligt ist, sind dem an der Personengesellschaft beteiligten Ehegatten allein zuzurechnen, sofern es sich hierbei um Einkünfte aus dem **Sondergut** handelt (BFH-Urteil vom 7. 3. 1961, BStBl III S. 253). Dies wird damit begründet, dass ein Anteil an einer Personengesellschaft grundsätzlich nach § 719 Abs. 1 BGB nicht durch Rechtsgeschäft übertragen werden kann und unter dieser Voraussetzung zum Sondergut gehört (§ 1417 Abs. 1 Satz 2 BGB). Auch ein Anteil an einer Personengesellschaft kann jedoch durch Rechtsgeschäft übertragen werden, wenn die Übertragung im Gesellschaftsvertrag zugelassen ist oder die anderen Gesellschafter der Übertragung zustimmen (vgl. Palandt, Bürgerliches Gesetzbuch, § 719 Anm. 2 b). In diesem Fall fällt auch der Anteil eines Ehegatten an einer Personengesellschaft in das **Gesamtgut** mit der Folge, dass beide Ehegatten als Mitunternehmer zu behandeln sind (BFH-Urteil vom 1. 10. 1992, BStBl 1993 II S. 574).

In den Fällen, in denen ein **Gewerbebetrieb** zum **Gesamtgut** der in **Gütergemeinschaft** lebenden Ehegatten gehört, wird wegen der anzunehmenden Mitunternehmerschaft ein an den mitarbeitenden Ehegatten gezahlter Arbeitslohn grundsätzlich **als Gewinnanteil behandelt.** Wegen Ausnahmen vgl. BFH-Urteile vom

7. 10. 1976, BStBl 1977 II S. 201 und vom 22. 6. 1977, BStBl II S. 836. Ein **Arbeitsverhältnis zwischen Ehegatten** wird wegen der Annahme einer Mitunternehmerschaft regelmäßig auch nicht in einem zum **Gesamtgut** gehörenden **land- und forstwirtschaftlichen Betrieb** anerkannt. Im Rahmen einer **freiberuflichen** Praxis wird ein ernstlich vereinbarter und tatsächlich durchgeführter Arbeitsvertrag zwischen Ehegatten anerkannt, wenn es sich bei der Mitarbeit des einen Ehegatten um eine untergeordnete Tätigkeit handelt.

Eheliches Güterrecht in den neuen Bundesländern ab 3. 10. 1990

Nach Artikel 234 § 4 des Einführungsgesetzes zum BGB (EGBGB) für das Beitrittsgebiet in der in Kapitel III Sachgebiet B Abschnitt II Nr. 1 der Anlage I zum Einigungsvertrag vom 31. 8. 1990 enthaltenen Fassung (Einigungsvertragsgesetz vom 23. 9. 1990, BGBl II S. 885) gelten für Ehegatten, die am Tag des Wirksamwerdens des Beitritts, also am 3. 10. 1990, im gesetzlichen Güterstand der Errungenschaftsgemeinschaft des Familiengesetzbuches der ehemaligen DDR gelebt haben, soweit sie nichts anderes vereinbart haben, von diesem Zeitpunkt an die Vorschriften über den gesetzlichen Güterstand der **Zugewinngemeinschaft** (vgl. oben). Jeder Ehegatte konnte, sofern nicht vorher ein Ehevertrag geschlossen oder die Ehe geschieden worden ist, bis 2. 10. 1992 dem Kreisgericht gegenüber erklären, dass für die Ehe die **Errungenschaftsgemeinschaft fortgelten** soll. In diesem Fall gilt die bezeichnete Überleitung als nicht erfolgt (§ 4 Abs. 2 EGBGB – Rückwirkung). Die Erklärung musste notariell beurkundet werden (§ 4 Abs. 3 Satz 2 EGBGB).

Mit dem Wechsel des Güterstandes zum 3. 10. 1990 hat sich am Rechtscharakter des bis dahin erworbenen gemeinschaftlichen Eigentums und Vermögens nichts geändert. Es bleibt gemeinschaftliches Eigentum und Vermögen über den 2. 10. 1990 hinaus und ist nicht kraft Gesetzes in Gesamthands- oder Bruchteilseigentum i.S. des BGB überführt worden. Die Ehegatten können jedoch im Rahmen einer **einvernehmlichen Auseinandersetzung** Sachen, die im gemeinschaftlichen Eigentum und Vermögen stehen, in Alleineigentum eines Ehegatten oder in Mit-(Bruchteils-)Eigentum beider Ehegatten überführen (im Einzelnen vgl. BMF-Schreiben vom 15. 9. 1992, BStBl I S. 542, Rdnr. 16 ff.).

Steuerliche Folgen aus der Änderung des Güterrechts in den neuen Bundesländern

Seit 1. 1. 1991 gilt in den neuen Bundesländern das Steuerrecht der Bundesrepublik Deutschland. Vertragsverhältnisse zwischen Ehegatten sind seitdem steuerlich nach den von der Rechtsprechung des BFH entwickelten Grundsätzen (vgl. Erläuterungen in Teil II, Tz. 2.11 und 2.12) zu behandeln.

Wegen der ertragsteuerlichen Folgen, die sich aus dem Übergang vom gesetzlichen Güterstand der Eigentums- und Vermögensgemeinschaft (Errungenschaftsgemeinschaft) nach §§ 13 ff. FGB-DDR zum gesetzlichen Güterstand der Zugewinngemeinschaft nach §§ 1363 ff. BGB im Einzelnen ergeben, wird auf das ausführliche BMF-Schreiben vom 15. 9. 1992 (BStBl I S. 542) hingewiesen. Danach ist u.a. zu unterscheiden zwischen Betrieben, die vor dem 3. 10. 1990 zum persönlichen Eigentum und Vermögen eines Ehegatten gehörten, und solchen, die vor dem 3. 10. 1990 im gemeinschaftlichen Eigentum und Vermögen standen. Im Falle einer Auseinandersetzungsvereinbarung der Ehegatten (vgl. oben), die **bis 31. 12. 1993** getroffen wurde, bestehen nach dem BMF-Schreiben vom 21. 12. 1992 (BStBl 1993 I S. 107) keine Bedenken, die Auseinandersetzungsvereinbarung **auf Antrag** steuerlich **rückwirkend zum 1. 7. 1990** oder ggf. auf einen späteren Tag des Erwerbs oder der Gründung des Betriebs anzuerkennen, wenn sie bürgerlich-rechtlich wirksam abgeschlossen und ab diesem Zeitpunkt tatsächlich durchgeführt worden ist.

Wurde durch die Auseinandersetzungsvereinbarung das Betriebsvermögen in **Alleineigentum** eines Ehegatten überführt, ist es diesem Ehegatten rückwirkend zuzurechnen. §§ 36, 50 und 52 DMBilG (BGBl 1991 I S. 971) sind entsprechend anzuwenden.

Wurde durch die Auseinandersetzungsvereinbarung das Betriebsvermögen in **Bruchteilseigentum** überführt, liegt eine Mitunternehmerschaft nur unter den Voraussetzungen der H 138 EStH (vgl. **Teil I, Anlage GSE, Zeilen 6 bis 8**) vor.

Die hier vorgesehenen Angaben über die **Bankverbindung** sind wichtig, weil das Finanzamt Steuererstattungen grundsätzlich nur **unbar** leistet. Falls die Schreibstellen für die Angabe des Geldinstituts nicht ausreichen, sind geeignete Abkürzungen zu verwenden. Ändert sich die Anschrift des Steuerpflichtigen oder die Bankverbindung **vor** der Überweisung eines etwaigen Erstattungsbetrags, sollte dies dem Finanzamt sofort mitgeteilt werden. Der in Zeile 17 angeführte „amtliche Abtretungsvordruck" ist beim Finanzamt erhältlich. **14–17** / **14–16**

Falls eine **andere** Person als der in Zeile 2 und 3 bezeichnete Steuerpflichtige als **Postempfänger** (Empfangsbevollmächtigter) eingesetzt werden soll, können hier die entsprechenden Angaben gemacht werden. **18–22** / **17–20**

Wird der Vordruck von **Ehegatten** im Rahmen der **Zusammenveranlagung** als **gemeinsame** Erklärung abgegeben, so haben **beide** Ehegatten die gemeinsame Steuererklärung eigenhändig zu unterschreiben. Dies gilt selbst dann, wenn ein Ehegatte keine eigenen Einkünfte bezogen hat. Kehrt ein ausländischer Arbeitnehmer **auf Dauer** in sein Heimatland zurück, so kann dessen Einkommensteuererklärung ausnahmsweise durch einen Bevollmächtigten **unter Offenlegung des Vertretungsverhältnisses** unterzeichnet werden (BFH-Urteil vom 10. 4. 2002, BStBl II S. 455). **23–27** / **21–24**

Im rechten Teil der Zeilen ist anzugeben, wer **bei der Anfertigung** der Steuererklärung **mitgewirkt** hat, z. B. Steuerberater, Steuerbevollmächtigte, Wirtschaftsprüfer, Rechtsanwälte usw.

B. Einkünfte im Kalenderjahr 2005

In diesem Vordruckabschnitt sind Angaben über die Einkünfte aus den 7 Einkunftsarten des EStG zu machen, nämlich die Einkünfte aus Land- und Forstwirtschaft, Gewerbebetrieb, selbständiger Arbeit, nichtselbständiger Arbeit, Kapitalvermögen, Vermietung und Verpachtung und sonstige Einkünfte. **29–35** / **25–31**

Unter Einkünften versteht das Einkommensteuerrecht die Reineinkünfte, d.h. die Einnahmen nach Abzug der Ausgaben, die je nach der Einkunftsart **Betriebsausgaben** oder **Werbungskosten** genannt werden. Einkünfte sind bei Land- und Forstwirtschaft, Gewerbebetrieb und selbständiger Arbeit der **Gewinn;** bei den anderen oben bezeichneten Einkunftsarten der **Überschuss der Einnahmen über die Werbungskosten.** Als Einkünfte sind aber nicht nur positive, sondern auch negative Ergebnisse (Verluste) aus den 7 Einkunftsarten zu verstehen.

Angaben zur **Berechnung** der Einkünfte sind grundsätzlich in den **Anlage-Vordrucken** zu machen (vgl. **Teil I, Anlagen N, KAP, R, SO, GSE, V und L** sowie bei ausländischen Einkünften **Anlage AUS**). In den nachstehenden Erläuterungen zu diesen Vordrucken sind auch Einzelheiten zu den anzusetzenden Einnahmen und zu den abzugsfähigen Werbungskosten und Betriebsausgaben behandelt. Hier, in den **Zeilen 29 bis 35,** ist jedoch durch Ankreuzen anzugeben, welche Anlage-Vordrucke **beigefügt** sind und ggf. deren Anzahl einzutragen.

Zur Einkommensteuererklärung, auch wenn diese mit dem Ziel einer **Erstattung von Lohnsteuer** abgegeben wurde (früher: Lohnsteuerjahresausgleich), gehörte früher die **Anlage KSO** für Einkünfte aus Kapitalvermögen und sonstige Einkünfte. Ab der Steuererklärung 2000 sind an die Stelle der Anlage KSO die zwei **Anlagen KAP und SO** getreten.

Für die Steuererklärung **2005** kann auf die Abgabe der **Anlage KAP verzichtet** werden, wenn die gesamten Einnahmen aus Kapitalvermögen **1 421 €,** bei zusammenveranlagten Ehegatten **2 842 €** nicht überschreiten und außerdem **kein Steuerabzug** (Kapitalertragsteuer einschließlich Zinsabschlag, Solidaritätszuschlag) **einbehalten** wurde und **keine Körperschaftsteuer anzurechnen** ist oder **vergütet** wurde (vgl. Ausführungen zu **Zeilen 1 bis 2, 17 bis 19 und 48 bis 52 der Anlage KAP**). In einem solchen Fall genügt es, das Auswahlkästchen in Zeile **32** des Hauptvor-

Teil I: Hauptvordruck
Zeilen 29–35

drucks anzukreuzen. Die **Anlage KAP** ist jedoch immer dann auszufüllen, wenn die gesamten Einnahmen aus Kapitalvermögen den oben genannten Betrag (1 421 € bzw. 2 842 €) überschritten haben oder **einbehaltene Kapitalertragsteuer einschließlich Zinsabschlag, Solidaritätszuschlag** und/oder **Körperschaftsteuer** im Rahmen der Veranlagung **anzurechnen** oder zu **erstatten** ist. Ebenso ist die Anlage KAP zur Vermeidung von Nachteilen dann auszufüllen, wenn einem Aktionär oder Inhaber sonstiger Wertpapiere **Körperschaftsteuer** wegen des erteilten Freistellungsauftrags vom Kreditinstitut **vergütet** worden ist. Die vergütete Körperschaftsteuer **mindert** nämlich die Bemessungsgrundlage für die Festsetzung des **Solidaritätszuschlags** durch das Finanzamt. Bei der Ermittlung der genannten Grenzbeträge von 1 421 € bzw. 2 842 € sind **alle** steuerpflichtigen und nach dem sog. Halbeinkünfteverfahren steuerfreien Einnahmen aus Kapitalvermögen anzusetzen, unabhängig davon, ob und inwieweit sich ein erteilter Freistellungsauftrag ausgewirkt hat.

Beim Ausfüllen der Vordrucke sind Cent-Beträge **zu Gunsten** des Steuerpflichtigen auf volle €-Beträge auf- oder abzurunden, wenn der Vordruck nicht ausdrücklich die Eintragung von Cent-Beträgen vorsieht. **Negative Beträge** (Verluste) sind **rot** oder **mit Minuszeichen** in die Anlage-Vordrucke einzutragen, soweit in den Vordrucken nichts anderes gesagt ist.

Alle Einkünfte aus dem In- und Ausland, die zu den oben genannten 7 Einkunftsarten gehören, unterliegen grundsätzlich der Einkommensteuer. Bei ausländischen Einkünften können sich aufgrund bestehender Doppelbesteuerungsabkommen allerdings Ausnahmen ergeben. Ob Einkünfte steuerpflichtig oder steuerfrei sind, entscheidet im Zweifelsfalle das Finanzamt. Alle steuerpflichtigen Einkünfte aus dem Inland und dem Ausland sind aufzuführen. Bei ausländischen Einkünften und ausländischen Steuerbeträgen wird auf die Erläuterungen in **Teil I Nr. 13, Anlage AUS** besonders hingewiesen.

Nicht anzugeben sind in den Anlage-Vordrucken von Eltern die Einkünfte der **Kinder**; das Alter der Kinder spielt dabei keine Rolle. Für Kinder, die **eigene** Einkünfte bezogen haben, sind gegebenenfalls **gesonderte Einkommensteuererklärungen** samt der dazugehörenden Anlage-Vordrucke abzugeben (vgl. Seite 1). Ist aufgrund der Einkünfte des Kindes eine Einkommensteuer festzusetzen, so wird **das Kind selbst** zur Einkommensteuer veranlagt. Dabei werden die dem Kind zustehenden Freibeträge (z.B. Sparer-Freibetrag; vgl. unten) und Vergünstigungen berücksichtigt (z.B. der in die Steuertabelle eingearbeitete Grundfreibetrag; vgl. **Zeile 13**). Eine Zusammenveranlagung des Kindes mit den Eltern findet nicht statt.

Zu den Einkünften gehören auch **Entschädigungen,** die als Ersatz für entgangene oder entgehende Einnahmen oder für die Aufgabe oder Nichtausübung einer Tätigkeit oder für die Aufgabe einer Gewinnbeteiligung gewährt worden sind. Gleiches gilt für Einkünfte aus einer **ehemaligen** Tätigkeit oder aus einem **früheren** Rechtsverhältnis, und zwar auch dann, wenn sie dem Steuerpflichtigen als Rechtsnachfolger zufließen (z.B. dem Erben).

Ist ein Steuerpflichtiger im Laufe des Kalenderjahrs 2005 gestorben, so hat am Tag des Todes seine **unbeschränkte** Steuerpflicht geendet. Deshalb sind seine Einkünfte vom 1. 1. 2005 bis zum Todestag in die vorliegende (vom Rechtsnachfolger abzugebende) Erklärung, d.h. in die Anlage-Vordrucke einzusetzen. Ob für die Zeit nach einer Auswanderung (Wegzug ins Ausland) eine **beschränkte** Steuerpflicht im Inland besteht, richtet sich danach, ob noch inländische Einkünfte im Sinne des § 49 EStG vorhanden sind oder die Voraussetzungen der §§ 2 bis 5 des Außensteuergesetzes vom 8. 9. 1972, zuletzt geändert durch Art. 11 des Gesetzes vom 27.12. 2004 (BStBl I S. 1158), vorliegen. Werden von im Ausland wohnhaften Personen Einkünfte im Inland bezogen, wird auf § 1 Abs. 2 und 3, §§ 1a und 50 EStG n.F. sowie die Erläuterungen zu **Zeilen 50 bis 52 und 53 bis 60** des Hauptvordrucks hingewiesen. Wegen der Rechtslage bei einem Wechsel zwischen unbeschränkter und beschränkter Steuerpflicht anlässlich einer Aus- oder Einwanderung vgl. die Ausführungen zu **Zeilen 50 bis 52**.

Falls erforderliche Erklärungsvordrucke, insbesondere auch **Anlage-Vordrucke** nicht vorliegen, sind diese beim Finanzamt oder im Internetangebot der zuständigen Landesfinanzverwaltung erhältlich.

I. Sind Einkünfte aus **Land- und Forstwirtschaft** vorhanden, ist der Vordruck **Anlage L** auszufüllen und beizufügen. Wegen Einzelheiten zu den Einkünften aus Land- und Forstwirtschaft und zur Anlage L wird auf **Teil I Nr. 12** (Anlage L) dieser Anleitung hingewiesen.

II. Zu den Einkünften aus **Gewerbebetrieb** gehören nicht nur die Einkünfte aus gewerblichen Unternehmen, sondern auch die **Gewinnanteile** der Gesellschafter einer offenen Handelsgesellschaft, einer Kommanditgesellschaft und einer anderen Gesellschaft (z.B. Gesellschaft bürgerlichen Rechts), bei der der Gesellschafter als Unternehmer (Mitunternehmer) anzusehen ist. Auch die **Vergütungen,** die der Gesellschafter einer Personengesellschaft von der Gesellschaft für seine Tätigkeit im Dienst der Gesellschaft oder für die Hingabe von Darlehen oder für die Überlassung von Wirtschaftsgütern bezieht, sind gewerbliche Einkünfte. Ebenso zählen zu den Einkünften aus Gewerbebetrieb Gewinne, die bei der **Veräußerung** oder **Aufgabe** eines **Betriebs,** eines **Teilbetriebs** oder bei der Veräußerung von Mitunternehmeranteilen an einem Gewerbebetrieb erzielt werden.

Zur Frage, wann ein Gewerbebetrieb vorliegt, und wegen der Abgrenzung zu anderen Einkunftsarten vgl. die Erläuterungen in **Teil I Nr. 9, Anlage GSE, Zeile 1.**

Nach § 17 EStG rechnet auch der **Gewinn aus der Veräußerung von Anteilen** an einer **Kapitalgesellschaft** zu den Einkünften aus Gewerbebetrieb, wenn der Veräußerer **innerhalb der letzten 5 Jahre** am Kapital der Gesellschaft unmittelbar oder mittelbar zu mindestens **1 v.H.** beteiligt war (wenn auch nur kurzfristig). Wegen Einzelheiten, insbesondere auch Absenkung der Wesentlichkeitsgrenze der Beteiligung von „mindestens 10 v.H." auf „mindestens 1 v.H." durch das Steuersenkungsgesetz (BStBl 2000 I S. 1428) in der Regel ab 2002, vgl. Teil I, Anlage GSE, Zeilen 22 bis 23.

Liegen Einkünfte aus Gewerbebetrieb vor, ist der Vordruck **Anlage GSE** auszufüllen und beizufügen. Ist der Steuerpflichtige Inhaber (Mitinhaber) **mehrerer** Gewerbebetriebe, so ist dennoch nur **eine** Anlage GSE auszufüllen, in der die Ergebnisse aus **allen** Betrieben zu erklären sind. Dies gilt auch, wenn mehrere Arten von gewerblichen Einkünften vorliegen (z.B. laufende Gewinne und Veräußerungsgewinne).

III. Innerhalb der Einkünfte aus **selbständiger Arbeit** ist zu unterscheiden zwischen Einkünften aus **freiberuflicher** Tätigkeit und aus **sonstiger** selbständiger Arbeit. Wegen der Abgrenzung und der Aufzählung der genannten Tätigkeiten wird auf **Teil I, Anlage GSE, Zeilen 35 bis 36** und **41 bis 42** hingewiesen. Wegen des in Zeile 29/39 des Hauptvordrucks genannten Vordrucks „**Einnahmenüberschussrechnung (Anlage EÜR)**" vgl. Teil I, Anlage GSE, **Zeilen 35 bis 36,** Abschn. „Gewinnermittlung durch Überschussrechnung nach § 4 Abs. 3 EStG".

IV. Hat der Steuerpflichtige oder sein Ehegatte Einkünfte aus **nichtselbständiger Arbeit** (laufender Arbeitslohn oder Bezüge aus einem früheren Dienstverhältnis) bezogen, so ist hierüber der Vordruck **Anlage N** auszufüllen und dem Hauptvordruck ESt 1 A beizufügen. Dabei muss **jeder Ehegatte,** der Arbeitslohn, bestimmte Lohnersatzleistungen (vgl. **Zeilen 25 und 27 der Anlage N**), steuerfreien Arbeitslohn für eine Auslandstätigkeit (Zeilen 18 bis 20 der Anlage N) oder vermögenswirksame Leistungen (Zeile 86 der Anlage N) erhalten hat, eine **eigene Anlage N** abgeben. Die näheren Angaben sind in der Anlage N zu machen **(Teil I Nr. 4);** hier ist lediglich das vorgesehene Kästchen, ggf. auch für die Ehefrau, anzukreuzen.

Wegen Einzelfragen zu den Einkünften aus nichtselbständiger Arbeit wird auf Teil I Nr. 4 (Anlage N) dieser Anleitung hingewiesen. Dort ist auch ausgeführt, welche Aufwendungen als Werbungskosten geltend gemacht werden können.

V. Unter Einkünften aus **Kapitalvermögen** sind Erträge aus Kapitalanlagen zu verstehen. Insbesondere gehören dazu: Zinsen aus Sparkassen- und Bankguthaben (einschl. der Guthaben aus

Bausparverträgen), aus Hypotheken, Grundschulden und Darlehen sowie steuerpflichtige Wertpapiererträge (z. B. aus Aktien, Anleihen, Pfandbriefen, Bundesschatzbriefen und Investmentanteilen) und Einnahmen aus (typischer) stiller Beteiligung. Wegen Einzelheiten wird auf die Erläuterungen zur **Anlage KAP** hingewiesen.

Im Vordruck Anlage KAP sind die **Einnahmen** ggf. **einschließlich** anzurechnender oder vergüteter **Körperschaftsteuer** und **ohne Kürzung** um einbehaltene **Kapitalertragsteuer einschließlich Zinsabschlag** und **Solidaritätszuschlag** einzutragen. Auch der nachfolgend erläuterte Werbungskostenpauschbetrag und Sparer-Freibetrag ist bei den anzugebenden Einnahmen **nicht** abzuziehen; diese Beträge werden **vom Finanzamt** berücksichtigt. Einnahmen, für die das **Halbeinkünfteverfahren** gilt (vgl. Erläuterungen zu Zeilen 21 bis 25 der Anlage KAP), sind nicht nur in Höhe des steuerpflichtigen Teils, sondern **in voller Höhe** zu erklären.

Von den Einnahmen aus Kapitalvermögen wird vom Finanzamt anstelle von tatsächlichen Werbungskosten mindestens ein **Werbungskostenpauschbetrag von 51 €** abgezogen. Dieser Pauschbetrag **erhöht sich** bei Ehegatten im Falle ihrer Zusammenveranlagung auf **102 €**, gleichgültig, ob nur einer von ihnen oder beide Einnahmen aus Kapitalvermögen bezogen haben. Der Pauschbetrag von 51 € bzw. 102 € darf jedoch nur bis zur Höhe der Einnahmen aus Kapitalvermögen abgezogen werden.

Neben dem Werbungskostenpauschbetrag zieht das Finanzamt von den Einnahmen aus Kapitalvermögen den sog. **Sparer-Freibetrag** ab, der seit dem Jahr 2004 nur noch **1 370 €** bzw. bei zusammenveranlagten Ehegatten **2 740 €** beträgt. Der Sparer-Freibetrag darf aber nicht höher sein als die um die Werbungskosten bzw. den Werbungskostenpauschbetrag geminderten Kapitalerträge. Im Jahr 2003 betrug der Sparer-Freibetrag 1 550 € bzw. 3 100 €.

Seit 1993 werden Zinsen aus Kapitalvermögen grundsätzlich bereits an der Quelle besteuert (Zinsabschlag von 30 v.H., bei sog. Tafelgeschäften von 35 v.H.). Die die Kapitalerträge auszahlende Stelle (Bank, Sparkasse, Bausparkasse usw.) kann jedoch von der Einbehaltung des 30 %igen Zinsabschlags bzw. der Kapitalertragsteuer **absehen**, soweit die Kapitalerträge im Jahr 2005 insgesamt **1 421 €** bzw. **2 842 €** bei zusammenveranlagten Ehegatten nicht übersteigen und der Gläubiger der Kapitalerträge einen **Freistellungsauftrag** nach amtlich vorgeschriebenem Muster erteilt hat. Die genannten Beträge ergeben sich aus dem Sparer-Freibetrag und dem Werbungskostenpauschbetrag. Auch solche vom Zinsabschlag **freigestellte** Kapitalerträge zählen jedoch zu den Einnahmen aus Kapitalvermögen. Näheres – auch zu dem seit 1995 zu erhebenden **Solidaritätszuschlag** – vgl. Teil I, Anlage KAP, Zeilen 1 bis 2.

VI. Unter Einkünfte aus **Vermietung und Verpachtung** fallen insbesondere Einnahmen aus der Vermietung (Verpachtung) privater bebauter Grundstücke **(Zeilen 1 bis 11 der Anlage V)**, Einkünfte aus der Untervermietung von gemieteten Räumen, Einkünfte aus der Vermietung (Verpachtung) unbebauter Grundstücke, von anderem **unbeweglichem** Vermögen (z. B. Schiffe) und Sachinbegriffen (z. B. Geschäftseinrichtung) sowie aus der Überlassung von Rechten (z. B. Kiesausbeuterrechte). Wegen Einzelheiten wird auf die Erläuterungen zur **Anlage V** in **Teil I Nr. 10** hingewiesen. Hier in **Zeile 33** ist lediglich anzugeben, ob und ggf. **wie viele** Anlagen V **beigefügt** sind.

Soweit Einkünfte aus Vermietung und Verpachtung im Rahmen anderer Einkunftsarten anfallen (z. B. bei einem Gewerbebetrieb oder landwirtschaftlichen Betrieb), sind sie diesen zuzurechnen. Die Vermietung **einzelner beweglicher Gegenstände** (z. B. eines Kraftwagens oder einzelner Maschinen) fällt, wenn sie nicht im Rahmen eines Betriebes oder im Rahmen eines freien Berufs geschieht, unter die sonstigen Einkünfte (vgl. Teil I, Anlage SO, Zeilen 8 bis 13) und nicht unter die Einkünfte aus Vermietung und Verpachtung.

Für **eigengenutzte Wohnungen** und **unentgeltlich** an Dritte überlassene Wohnungen ist ein **Nutzungswert** bereits seit 1987 grundsätzlich nicht mehr als Einnahme aus Vermietung und Verpachtung anzusetzen. Eine bestehende Übergangsregelung in bestimmten Fällen ist zum 31. 12. 1998 weggefallen.

VII. Zu den in der **neuen Anlage R** anzugebenden **sonstigen Einkünften** gehören **Renten,** insbesondere die sog. **Leibrenten** (Teil I, Anlage R, Zeilen 1 bis 9 und 12 bis 20) sowie Leistungen aus **Altersvorsorgeverträgen** und aus der kapitalgedeckten betrieblichen Altersversorgung (Teil I, Anlage R, Zeilen 31 bis 46). Jeder Ehegatte, der solche Renten oder Leistungen erhält, muss eine **eigene** Anlage R ausfüllen.

Zuschüsse eines Trägers der gesetzlichen Rentenversicherung zu den Aufwendungen eines Rentners für seine **Krankenversicherung sind steuerfrei.** Bis **31. 3. 2004** galt die Steuerfreiheit auch für **Zuschüsse** zum **Pflegeversicherungs**beitrag (Art. 5 und 8 Abs. 3 des Gesetzes vom 27. 12. 2003, BStBl 2004 I S. 119). Soweit die Zuschüsse steuerfrei sind, rechnen sie nicht zum Rentenbetrag; insoweit sind die Beiträge zur Krankenversicherung aber auch nicht als Sonderausgaben abzugsfähig. Dagegen ist der **Eigenanteil** des Rentners am **Kranken- und Pflegeversicherungsbeitrag**, der durch den Rentenversicherungsträger **von der Rente einbehalten** und an die gesetzliche Kranken- und Pflegeversicherung abgeführt wird, ein **Teil der Rentenbezüge**, die in **Zeile 3 der Anlage R** einzutragen sind und nur in Höhe des sog. Besteuerungsanteils (2005 = 50 v.H.) besteuert werden. Der **Eigenanteil** des Rentners an der gesetzlichen Kranken- und Pflegeversicherung gehört in voller Höhe zu den **Sonderausgaben** (Vorsorgeaufwendungen) und ist in **Zeile 73** des Hauptvordrucks mit dem vollen Betrag (nicht etwa nur in Höhe des sog. Besteuerungsanteils) anzugeben. Die Höhe des einbehaltenen Eigenanteils am Kranken- und Pflegeversicherungsbeitrag ist aus dem Bescheid des Rentenversicherungsträgers ersichtlich. Dieser Eigenanteil des Rentners ergibt sich aus der Differenz zwischen dem gesamten Kranken- bzw. Pflegeversicherungsbeitrag und dem steuerfreien Beitragszuschuss des Rentenversicherungsträgers.

VIII. Zu den **sonstigen Einkünften**, die in der ab 2005 geänderten **Anlage SO** zu erklären sind, zählen **wiederkehrende Bezüge** (ohne die in der Anlage R anzugebenden Renten und Leistungen als Altersvorsorgeverträgen), **Unterhaltsleistungen** (Teil I, Anlage SO, Zeile 4), Einkünfte aus **Leistungen** (Teil I, Anlage SO, Zeilen 8 bis 13), **Abgeordnetenbezüge** (Teil I, Anlage SO, Zeilen 16 bis 23) sowie Einkünfte aus **privaten Veräußerungsgeschäften** i.S. des § 23 EStG (Teil I, Anlage SO, Zeilen 30 bis 62).

Von der Abgabe einer **Anlage SO** kann abgesehen werden, wenn

- **keine** Bezüge i.S. der Zeilen 1 bis 25 der Anlage SO vorliegen und **private Veräußerungsgeschäfte** (Zeilen 30 bis 62 der Anlage SO) **nicht getätigt** wurden oder wenn

- von den oben bezeichneten sonstigen Einkünften **nur** Einkünfte aus **privaten Veräußerungsgeschäften** vorliegen und der Gesamtgewinn aus **allen** diesen Veräußerungsgeschäften (z.B. aus Grundstücks- und Wertpapierveräußerungen) im Kalenderjahr 2005 **weniger als 512 €** betragen hat, im Fall der Zusammenveranlagung bei jedem Ehegatten weniger als 512 €.

In einem solchen Fall genügt es, das entsprechende Auswahlkästchen in **Zeile 35** des Hauptvordrucks anzukreuzen. Auf die Erläuterungen in Teil I, Anlage SO, Zeilen 30 bis 62 wird hingewiesen. Sind die Einkünfte aus privaten Veräußerungsgeschäften **negativ,** kann zum Zwecke einer etwaigen Verlustverrechnung auf die Abgabe der Anlage SO nicht verzichtet werden.

IX. Wegen der **Anrechnung von inländischer Kapitalertragsteuer** (einschließlich Zinsabschlag) und ggf. **Körperschaftsteuer** bei Kapitalerträgen aus Beteiligungen und anderen Einkunftsarten wird auf Teil I, Anlage KAP, Zeilen 48 bis 49 hingewiesen.

Besonderheiten in den neuen Bundesländern

Nach dem Vertrag zwischen der Bundesrepublik Deutschland und der (ehemaligen) Deutschen Demokratischen Republik über die Herstellung der Einheit Deutschlands – Einigungsvertrag – ist das bundesdeutsche Einkommensteuerrecht im Gebiet der ehemaligen DDR einschließlich Berlin (Ost) grundsätzlich erst **mit Wirkung ab 1. 1. 1991** in Kraft getreten, wobei allerdings mit Rücksicht auf besondere Verhältnisse in der ehemaligen DDR für

Teil I: Hauptvordruck
Zeilen 36–46

eine Übergangszeit gewisse Modifikationen gelten. Mit diesem Zeitpunkt wurden verschiedene DDR-spezifische Bestimmungen des früheren bundesdeutschen Einkommensteuergesetzes gegenstandslos. In den Vorschriften der §§ 56 bis 58 EStG sind Anwendungsregelungen für das Gebiet der ehemaligen DDR enthalten. Danach sind z.B. die in **Teil II** dieser Anleitung behandelten Bestimmungen der §§ 7g und 10e EStG im beigetretenen Teil Deutschlands nur auf Tatbestände anwendbar, die **nach dem 31. 12. 1990** verwirklicht worden sind. **Degressive Absetzungen für Abnutzung** nach § 7 Abs. 5 EStG (vgl. Teil II, Tz. 1) können von Steuerpflichtigen mit Wohnsitz oder gewöhnlichem Aufenthalt in den neuen Bundesländern für solche Gebäude in Anspruch genommen werden, die nach dem 31. 12. 1990 hergestellt oder bis zum Ende des Jahres der Fertigstellung angeschafft worden sind. Wegen der Einzelheiten wird auf die Ausführungen an der betreffenden Stelle der Anleitung hingewiesen.

Besondere **steuerliche Vergünstigungen in den neuen Bundesländern** (z.B. Sonderabschreibungen und Abzugsbeträge nach dem Fördergebietsgesetz) werden in dieser Anleitung jeweils in den Ausführungen **zu der betreffenden Zeile** der Steuererklärungsvordrucke erläutert (vgl. z.B. Teil I, Anlage V, Zeile 39; Anlage FW, Zeile 8).

C. Angaben zu Kindern

36–37 Zur Berücksichtigung steuerlicher Vergünstigungen bei Kindern,
32–33 wie z.B. Abzug des **Kinderfreibetrags** und des **Freibetrags für den Betreuungs- und Erziehungs- oder Ausbildungsbedarf** anstelle des Kindergeldes, Berücksichtigung eines **Freibetrags** für Sonderbedarf bei **Berufsausbildung eines volljährigen Kindes** oder **Entlastungsbetrags für Alleinerziehende**, Abzug von **Kinderbetreuungskosten** oder von **Schulgeld** an eine Ersatz- oder Ergänzungsschule, ist für **jedes** zu berücksichtigende Kind **ein Vordruck „Anlage Kind"** auszufüllen. Voraussetzungen und Besonderheiten der genannten Vergünstigungen sind in den Erläuterungen in **Teil I Nr. 3** dieser Anleitung in der Reihenfolge der Zeilennummern des Vordrucks „Anlage Kind" dargestellt.

Die Anlage Kind ist auch dann auszufüllen, wenn Kindergeld gezahlt wurde, wenn entsprechende Angaben bereits gegenüber der Familienkasse gemacht wurden oder wenn Kinder bereits auf der Lohnsteuerkarte 2005 bescheinigt sind. Die Anlage Kind gilt auch für ein Kind, das im Ausland lebt.

Hier in **Zeile 37** ist nur anzugeben, ob und ggf. wie viele Anlagen Kind dem Hauptvordruck beigefügt sind.

Ausländische Einkünfte und Steuern

Bei **ausländischen Einkünften und Steuern** ist der Vordruck **Anlage AUS** auszufüllen, der in **Teil I Nr. 13** dieser Anleitung erläutert ist. Dabei hat jeder Ehegatte, der ausländische Einkünfte erhalten hat, eine eigene **Anlage AUS** einzureichen.

Förderung des Wohneigentums

Im Vordruck **Anlage FW** können **Steuervergünstigungen für eigengenutzte** oder unentgeltlich überlassene **Wohnungen** im Inland geltend gemacht werden. Welche Vergünstigungen im Einzelnen in Betracht kommen, ist in den Erläuterungen zur Anlage FW in **Teil I Nr. 11** dieser Anleitung dargestellt. Dort ist auch ausgeführt, welche Besonderheiten bei eigengenutzten Wohnungen in den **neuen Bundesländern** (Beitrittsgebiet) zu beachten sind. In Zeile 37 des Hauptvordrucks ist nur anzugeben, ob und ggf. **wie viele** Anlagen FW dem Hauptvordruck beigefügt sind.

Mit dem Vordruck Anlage FW kann auch der **Vorkostenabzug** für eine Wohnung geltend gemacht werden, die nach dem Eigenheimzulagengesetz begünstigt ist (**Zeilen 12 bis 16 der Anlage FW**). Die **Eigenheimzulage** selbst ist mit dem besonderen Vordruck EZ 1 A zu beantragen, der beim Finanzamt erhältlich ist.

D. Sonstige Angaben und Anträge

Dem Progressionsvorbehalt unterliegende Einkommensersatzleistungen

Nach § 32b EStG unterliegen die dort bezeichneten steuerfreien **38–39** Einkommensersatzleistungen, wie z.B. Arbeitslosengeld, Kurzarbeitergeld, Winterausfallgeld, Insolvenzgeld, Arbeitslosenhilfe, Krankengeld, Mutterschaftsgeld, Verdienstausfallentschädigung nach dem Unterhaltssicherungsgesetz, Aufstockungsbeträge nach dem Altersteilzeitgesetz und Altersteilzeitzuschläge nach Besoldungsgesetzen dem sog. **Progressionsvorbehalt**. Das bedeutet, dass diese Leistungen zwar steuerfrei bleiben, dass sie aber **bei der Ermittlung des Steuersatzes,** der auf das **zu versteuernde** Einkommen anzuwenden ist, mit zu berücksichtigen sind und damit regelmäßig zur Anwendung eines höheren Steuersatzes führen als er sich nach der Einkommensteuertabelle ergeben würde. Werden solche Einkommensersatzleistungen von **Arbeitnehmern** bezogen, so sind diese nicht hier, sondern in **Zeilen 25 bis 27 der Anlage N** einzutragen. Um Wiederholungen zu vermeiden, wird auf die Erläuterungen in **Teil I, Anlage N, Zeilen 18 bis 20 und 25 bis 27** Bezug genommen.

Hier in **Zeile 39** sind dem Progressionsvorbehalt unterliegende Einkommensersatzleistungen anzugeben, die von **Nichtarbeitnehmern**, d.h. von Gewerbetreibenden, selbständig Tätigen i.S. des § 18 EStG (z.B. Freiberuflern), Land- und Forstwirten oder anderen Personen bezogen worden sind. Dazu gehört z.B. auch das **Krankengeld**, das Gewerbetreibende, Freiberufler oder Land- und Forstwirte aus der **gesetzlichen** Krankenversicherung beziehen, wenn sie dort **freiwillig** versichert sind. Krankengeldzahlungen an Nichtkrankenversicherungspflichtige, die in einer **privaten** Krankenkasse versichert sind, fallen dagegen nicht unter den Progressionsvorbehalt; denn die Leistungen der privaten Krankenkasse werden nicht nach dem SGB V gezahlt.

Sind im Zusammenhang mit den steuerfreien Einkommensersatzleistungen **Aufwendungen** entstanden, die im Falle steuerpflichtiger Einnahmen als Betriebsausgaben oder Werbungskosten abzugsfähig wären, sollten diese Aufwendungen auf einem besonderen Blatt geltend gemacht und erläutert werden, damit sie vom Finanzamt bei der Ermittlung des dem Progressionsvorbehalt unterliegenden Betrags ggf. berücksichtigt werden können.

Steuerermäßigung bei Aufwendungen für haushaltsnahe Beschäftigungsverhältnisse und für die Inanspruchnahme haushaltsnaher Dienstleistungen im Inland

Durch § 35a EStG i.d.F. des Zweiten Gesetzes für moderne **40–46** Dienstleistungen am Arbeitsmarkt vom 23. 12. 2002 (BStBl 2003 I 35–40 S. 3) wurde ab 2003 eine neue steuerliche Förderung von Aufwendungen für haushaltsnahe Beschäftigungsverhältnisse und Dienstleistungen eingeführt. Danach wird auf Antrag für Aufwendungen für haushaltsnahe Beschäftigungsverhältnisse, die in einem inländischen Haushalt des Steuerpflichtigen ausgeübt werden (z.B. Reinmachefrau), und für die Inanspruchnahme von haushaltsnahen Dienstleistungen, die in einem inländischen Haushalt des Steuerpflichtigen erbracht werden, eine Steuerermäßigung auf die tarifliche Einkommensteuer gewährt. Die **tarifliche Einkommensteuer**, vermindert um die sonstigen Steuerermäßigungen, **ermäßigt sich** um

a) **10 v.H.** der Aufwendungen, **höchstens 510 € jährlich,** bei **geringfügiger** Beschäftigung im Privathaushalt i.S. des § 8 a SGB IV (sog. **Mini-Jobs,** d.h. Arbeitsentgelt regelmäßig nicht mehr als **400 €** monatlich; Zeile 41 des Vordrucks),

b) **12 v.H.** der Aufwendungen, **höchstens 2 400 € jährlich,** bei anderen Beschäftigungsverhältnissen im Privathaushalt, für die **Pflichtbeiträge** zur gesetzlichen **Sozialversicherung** entrichtet wurden und die **keine geringfügige Beschäftigung** i.S. des § 8 Abs. 1 Nr. 1 SGB IV darstellen (vgl. Zeile 43 des Vordrucks),

c) **20 v.H.** der Aufwendungen, **höchstens 600 €,** für die Inanspruchnahme von haushaltsnahen **Dienstleistungen,** die in einem inländischen Haushalt des Steuerpflichtigen durch Selbständige erbracht werden (vgl. Zeile 45 des Vordrucks).

Als **haushaltsnahe** Tätigkeiten bzw. Dienstleistungen sind z.B. die Reinigung der Wohnung, die Zubereitung von Mahlzeiten im Haushalt, die Gartenpflege sowie die Versorgung, Pflege und Betreuung von Kindern und kranken, alten oder pflegebedürftigen Personen anzusehen. Als haushaltsnahe **Dienstleistungen** kommen z.B. die Inanspruchnahme haushaltsnaher Tätigkeiten über eine Dienstleistungsagentur (gewerblicher Dienstleistungsbetrieb), die Tätigkeit eines selbständigen Fensterputzers oder Pflegedienstes sowie Gartenpflegearbeiten (z.B. Rasenmähen, Heckenschneiden) durch einen selbständigen Gärtner in Betracht. Zu den haushaltsnahen Dienstleistungen gehören nach dem **BMF-Schreiben vom 1. 11. 2004** (BStBl I S. 958) nur Tätigkeiten, die gewöhnlich durch Mitglieder des privaten Haushalts erledigt werden und in regelmäßigen (kürzeren) Abständen anfallen. Handwerkliche Tätigkeiten in der zu eigenen Wohnzwecken genutzten Wohnung des Steuerpflichtigen sind begünstigt, wenn es sich um Schönheitsreparaturen oder kleine Ausbesserungsarbeiten handelt. Dazu zählen die üblicherweise im Rahmen eines Mietverhältnisses vom Mieter vorzunehmenden Arbeiten, wie das Streichen und Tapezieren von Wänden, das Streichen oder Lackieren von Fenstern, Türen und Heizkörpern oder das Beseitigen kleinerer Löcher in den Wänden und das Auswechseln einzelner Fliesen.

Nicht begünstigt sind über Schönheitsreparaturen und kleine Ausbesserungsarbeiten hinausgehende Substanz ersetzende Erhaltungsarbeiten, wie die Erneuerung des Bodenbelags, der Austausch von Fenstern, Türen oder von Teilen der Heizungsanlage, der Einbau von Badarmaturen, Verputzarbeiten an Innen- und Außenwänden sowie Arbeiten an der Fassade, an Garagen o.Ä. Aufwendungen sind zudem insoweit nicht begünstigt, als sie zu Herstellungskosten für den Grund und Boden oder das Gebäude führen (z.B. die erstmalige Errichtung einer Gartenanlage, das Pflanzen einer Hecke oder der Einbau einer Sonnenmarkise). Ebenso ist die Vergünstigung ausgeschlossen, wenn es sich um Arbeiten handelt, die im Regelfall nur von Fachkräften (handwerkliche Leistungen) durchgeführt werden, wie z.B. Reparaturen und Wartungen an der Heizungsanlage oder an elektrischen Anlagen (auch an Elektrogeräten), Arbeiten im Sanitärbereich sowie Schornsteinfeger- und Dacharbeiten. Dienstleistungen, bei denen die Lieferung von Waren im Vordergrund steht (z.B. Partyservice anlässlich einer Feier), sind ebenfalls nicht begünstigt.

Liegen nach den o.a. Abgrenzungskriterien begünstigte haushaltsnahe Dienstleistungen vor, sind nur die Aufwendungen für die Inanspruchnahme der betreffenden Tätigkeit selbst einschließlich der in Rechnung gestellten Fahrtkosten berücksichtigungsfähig. Kosten für verwendetes **Material** (wie z.B. Farbe, Tapeten usw.) oder sonstige im Zusammenhang mit der Dienstleistung gelieferte Waren sind auszuscheiden. Sind diese nicht gesondert ausgewiesen, ist der Rechnungsendbetrag im Schätzungswege aufzuteilen.

Das haushaltsnahe Beschäftigungsverhältnis bzw. die haushaltsnahe Dienstleistung muss **in** einem inländischen Privathaushalt des Steuerpflichtigen ausgeübt bzw. erbracht werden. Beschäftigungsverhältnisse oder Dienstleistungen, die ausschließlich Tätigkeiten zum Gegenstand haben, die **außerhalb des Privathaushalts** des Arbeitgebers oder Auftraggebers (d.h. des Steuerpflichtigen) ausgeübt bzw. erbracht werden, sind nicht begünstigt. Danach gehört z.B. die Tätigkeit einer Tagesmutter nur zu den begünstigten Tätigkeiten i.S. des § 35a EStG, wenn die Betreuung im Haushalt des Arbeitgebers bzw. Auftraggebers (d.h. des Steuerpflichtigen) erfolgt. Auch die Begleitung von Kindern, kranken, alten oder pflegebedürftigen Personen bei Einkäufen und Arztbesuchen sowie kleine Botengänge usw. sind nur dann begünstigt, wenn sie zu den Nebenpflichten der Haushaltshilfe, des Pflegenden oder Betreuenden im Haushalt gehören.

Bei **Wohnungseigentümergemeinschaften** kommt eine Steuerermäßigung nach § 35a EStG nicht in Betracht, wenn das Beschäftigungsverhältnis zur Wohnungseigentümergemeinschaft besteht, also im Regelfall das Gemeinschaftseigentum betrifft (z.B. bei Reinigung und Pflege von Gemeinschaftsräumen), bzw. die Wohnungseigentümergemeinschaft – handelnd durch den Verwalter – Auftraggeber der haushaltsnahen Dienstleistung ist. Auch der **Mieter einer Wohnung** kann die Steuerermäßigung nach § 35a EStG nur beanspruchen, wenn **er** bei einem haushaltsnahen Beschäftigungsverhältnis Arbeitgeber bzw. bei einer haushaltsnahen Dienstleistung Auftraggeber ist. Es genügt nicht, dass die vom Mieter zu zahlenden Nebenkosten Beträge umfassen, die für haushaltsnahe Tätigkeiten (z.B. Gartenpflege durch einen vom Vermieter bestellten selbständigen Gärtner) geschuldet werden (Rz 6 bis 9 des o.a. BMF-Schreibens).

Da familienrechtliche Verpflichtungen grundsätzlich nicht Gegenstand eines steuerlich anzuerkennenden Vertrags sein können, kann zwischen in einem Haushalt zusammenlebenden Ehegatten oder zwischen Eltern und in deren Haushalt lebenden Kindern ein haushaltsnahes Beschäftigungsverhältnis i.S. des § 35 a EStG **nicht** begründet werden. Auch bei in einem Haushalt zusammenlebenden Partnern einer nicht ehelichen Lebensgemeinschaft kann nach Rz 3 des o.a. BMF-Schreibens regelmäßig nicht von einem begünstigten Beschäftigungsverhältnis ausgegangen werden, weil jeder Partner auch seinen eigenen Haushalt führt und es deshalb an dem für Beschäftigungsverhältnisse typischen Über- und Unterordnungsverhältnis fehlt.

Eine Steuerermäßigung nach § 35a EStG ist nur möglich, wenn die Aufwendungen **nicht Betriebsausgaben oder Werbungskosten** darstellen. Gemischte Aufwendungen (z.B. für eine Reinigungskraft, die auch das beruflich genutzte Arbeitszimmer reinigt) sind unter Berücksichtigung des zeitlichen Anteils der zu Betriebsausgaben oder Werbungskosten führenden Tätigkeiten an der Gesamtarbeitszeit aufzuteilen. Außerdem kommt die Steuerermäßigung nach § 35a EStG nur zur Anwendung, soweit die Aufwendungen nicht vorrangig als **außergewöhnliche Belastungen** (z.B. nach § 33, § 33a oder § 33c EStG) berücksichtigt worden sind. Ein Wahlrecht des Steuerpflichtigen besteht insoweit nicht.

Beispiel 1

Der Steuerpflichtige A, über 60 Jahre alt, beschäftigte das ganze Jahr 2005 eine Haushaltshilfe. Der Arbeitslohn von monatlich 500 € (6 000 € jährlich) wurde nach der Lohnsteuerkarte versteuert und war voll sozialversicherungspflichtig. Der Arbeitgeberanteil zur Sozialversicherung sowie andere Aufwendungen des Arbeitgebers (vgl. unten) betrugen zusammen 1 250 € (geschätzt).

A kann für seine Aufwendungen von 7 250 € folgende Steuervergünstigungen in Anspruch nehmen:

Freibetrag nach § 33 a Abs. 3 EStG (außergewöhnliche Belastung) entsprechend den Ausführungen zu Zeilen 99 bis 100 des Hauptvordrucks 624 €

Steuerermäßigung nach § 35a Abs. 1 Nr. 2 EStG (vgl. obigen Buchst. b) 12 v.H. aus 6 626 € (7 250 € abzüglich Freibetrag von 624 €) 796 €

Für **Kinderbetreuung** kann der Steuerpflichtige eine Steuerermäßigung nach § 35 a EStG nur insoweit beanspruchen, als die Aufwendungen nicht bereits im Rahmen des Familienleistungsausgleichs (Kindergeld oder Freibeträge nach § 32 Abs. 6 EStG) abgegolten sind (vgl. Erläuterungen zu **Anlage Kind, Zeilen 1 bis 20**). Der Betreuungsbedarf, der Teil des Existenzminimums eines Kindes ist, wird bei allen Eltern bereits im Rahmen des Familienleistungsausgleichs mit einem pauschal bemessenen Anteil (1 548 €) steuerlich abgegolten. Darüber hinaus können erwerbsbedingte Kinderbetreuungskosten nach § 33c EStG bis zu einem Höchstbetrag steuermindernd geltend gemacht werden (**Anlage Kind, Zeilen 45 bis 54**). Im Rahmen der außergewöhnlichen Belastungen (z.B. § 33 Abs. 3 EStG) können bei Vorliegen der entsprechenden Voraussetzungen auch weitere Beträge abgezogen werden, wenn sie für zum Haushalt gehörende Kinder aufgewandt werden (Hauptvordruck, Zeilen 99 bis 100). Der Steuerpflichtige kann nur für Kinderbetreuungskosten, die über die vorrangig zu berücksichtigenden Beträge **hinausgehen**, eine Steuerermäßigung nach § 35a EStG beanspruchen (Rz 11 des o.a. BMF-Schreibens).

Teil I: Hauptvordruck
Zeilen 40–46

Beispiel 2

Im Rahmen eines geringfügigen Beschäftigungsverhältnisses nach § 8a SGB IV (Zeile 41 des Hauptvordrucks) betreut eine Tagesmutter den dreijährigen Sohn erwerbstätiger Eheleute in deren Haushalt. Im Jahr 2005 betrugen die Aufwendungen 3 600 €.

1. Berechnung des Abzugsbetrags
   nach § 33c EStG (vgl. Anlage Kind, Zeilen 45 bis 54):

Kinderbetreuungskosten	3 600 €
hiervon abgegolten durch den Familienleistungsausgleich (vgl. oben)	1 548 €
verbleiben	2 052 €
Höchstbetrag für Kinderbetreuungskosten nach § 33c EStG	1 500 €

2. Berechnung der Steuerermäßigung
   nach § 35a Abs. 1 Nr. 1 EStG:

Kinderbetreuungskosten	3 600 €
hiervon abgegolten durch den Familienleistungsausgleich	1 548 €
nach § 33c EStG werden berücksichtigt	1 500 €
verbleiben (3 600 € – 1 548 € – 1 500 €)	552 €
Steuerermäßigung nach obigem Buchst. a: 10 v.H. = (aufgerundet)	56 €

Die Höchstbeträge nach den obigen Buchst. **a und b** von 510 € bzw. 2 400 € mindern sich für jeden vollen Kalendermonat, in dem die genannten Voraussetzungen nicht vorgelegen haben, um ein Zwölftel. Dagegen ist der Höchstbetrag nach Buchst. c (600 €) nicht zu kürzen, wenn haushaltsnahe Dienstleistungen nur während eines Teils des Kalenderjahres erbracht werden.

Zu den begünstigten **Aufwendungen** des Steuerpflichtigen i.S. des § 35a EStG gehören der Bruttoarbeitslohn oder das Arbeitsentgelt sowie die vom Steuerpflichtigen getragenen Sozialversicherungsbeiträge, die Lohnsteuer ggf. zuzüglich Solidaritätszuschlag und Kirchensteuer, die Umlagen nach der Lohnfortzahlungsversicherung (U 1 und U 2) und die Unfallversicherungsbeiträge, die an den Gemeindeversicherungsverband abzuführen sind. Als Nachweis dient bei geringfügigen Beschäftigungsverhältnissen (**Zeile 41**), für die das sog. **Haushaltsscheckverfahren** anzuwenden ist (vgl. unten), die dem Arbeitgeber von der Einzugstelle (Deutsche Rentenversicherung Knappschaft-Bahn-See) zum Jahresende erteilte **Bescheinigung**. Diese ist der Einkommensteuererklärung beizufügen (vgl. Rz 2, 12 bis 14 des o.a. BMF-Schreibens vom 1.11.2004). Bei haushaltsnahen Dienstleistungen (**Zeile 45**) sind die Aufwendungen durch Vorlage einer **Rechnung** und die Zahlung auf das Konto des Erbringers der haushaltsnahen Dienstleistung durch einen **Beleg des Kreditinstituts** nachzuweisen (§ 35a Abs. 2 Satz 3 EStG). Diese Steuerermäßigung wird somit nicht gewährt, wenn der Erbringer der haushaltsnahen Dienstleistung bar bezahlt wurde.

Neben der Steuerermäßigung für ein **geringfügiges** Beschäftigungsverhältnis i.S. des § 8a SGB IV (obiger Buchst. **a**, Zeile 41 des Hauptvordrucks) kann der Steuerpflichtige auch die Steuerermäßigung für ein **sozialversicherungspflichtiges** Beschäftigungsverhältnis (obiger Buchst. **b**, Zeile 43) beanspruchen. Liegen die Voraussetzungen für die Inanspruchnahme der Steuerermäßigung nach Buchst. a oder b vor, ist für das hiernach förderfähige Beschäftigungsverhältnis die Steuerermäßigung nach Buchst. **c** (Zeile 45) ausgeschlossen (§ 35a Abs. 2 Satz 2 EStG, Rz 20 des o.a. BMF-Schreibens).

Beispiel 3

A beschäftigt das ganze Jahr eine Haushaltshilfe im Rahmen eines geringfügigen Beschäftigungsverhältnisses i.S. des § 8a SGB IV. Seine Aufwendungen belaufen sich vom 1.1. bis 31.12.2005 auf insgesamt 4 000 €.

A kann hierfür lediglich eine Steuerermäßigung nach § 35a Abs. 1 Nr. 1 EStG (obiger Buchst. a) in Höhe von 400 € (10 v.H. von 4 000 €) beanspruchen. Eine weitere Steuerermäßigung nach Buchst. c (für die nicht ausgeschöpften Beträge von 4 000 € – 400 € = 3 600 €) ist für dieses Beschäftigungsverhältnis ausgeschlossen.

Beispiel 4

Wie Beispiel 3, jedoch hat A außerdem im Jahr 2005 für die Gartenpflege einen selbständigen Gärtner beauftragt. Die Aufwendungen hierfür betragen 1 200 €. Die erforderlichen Belege (Rechnung, Beleg des Kreditinstituts) liegen vor und werden der Steuererklärung beigefügt.

A kann neben der Steuerermäßigung nach § 35a Abs. 1 Nr. 1 EStG in Höhe von 400 € (vgl. Beispiel 3) für die Gartenpflegearbeiten zusätzlich die Steuerermäßigung für haushaltsnahe Dienstleistungen nach § 35a Abs. 2 EStG (obiger Buchst. c) in Höhe von 240 € (20 v.H. von 1 200 €) und damit insgesamt 640 € erhalten.

Die Höchstbeträge nach § 35a EStG können nur **haushaltsbezogen** in Anspruch genommen werden, d.h. sie stehen sowohl Ehegatten als auch Partnern einer nichtehelichen Lebensgemeinschaft insgesamt jeweils nur einmal zu (§ 35a Abs. 3 EStG). Sind z.B. zwei in einem Haushalt lebende Alleinstehende Arbeitgeber haushaltsnaher Beschäftigungsverhältnisse bzw. Auftraggeber haushaltsnaher Dienstleistungen, erfolgt die **Aufteilung** der nur einmal zustehenden Höchstbeträge nach Maßgabe der jeweiligen Aufwendungen oder gemeinsamer Wahl. Dies gilt auch für Partner einer eingetragenen Lebenspartnerschaft (Rz 19 des o.a. BMF-Schreibens).

Die Steuerermäßigung des § 35a EStG war erstmals für im Jahr 2003 geleistete Aufwendungen anzuwenden, soweit die den Aufwendungen zu Grunde liegenden Leistungen nach dem 31.12.2002 erbracht worden sind (§ 52 Abs. 50b EStG). Die in Zeile 41 bezeichneten Mini-Jobs sind erst seit 1.4.2003 begünstigt. Liegen mehrere Beschäftigungsverhältnisse oder mehrere Beschäftigungszeiträume vor, sind in **Zeile 41** bzw. **43** Angaben für das jeweils erste Beschäftigungsverhältnis bzw. den ersten Beschäftigungszeitraum zu machen. Aufwendungen für weitere Beschäftigungsverhältnisse bzw. weitere Beschäftigungszeiträume sind auf einem besonderen Blatt anzugeben und zu erläutern.

Seit 1.4.2003 ist die bis dahin mögliche Steuerbefreiung des Arbeitslohns aus einem geringfügigen Beschäftigungsverhältnis durch Streichung des § 3 Nr. 39 EStG aufgehoben. Der Arbeitgeber kann im Rahmen des § 40a EStG n.F. eine Pauschalierung der Lohnsteuer vornehmen oder den Arbeitslohn nach den Merkmalen der vorgelegten Lohnsteuerkarte besteuern. Dieses Wahlrecht des Arbeitgebers kann bis zur Ausstellung der Lohnsteuerbescheinigung ausgeübt werden. Welche Pauschalierungsmöglichkeit nach § 40a EStG n.F. in Betracht kommt, ist von der sozialversicherungsrechtlichen Behandlung des Arbeitslohns abhängig.

Nach § 40a Abs. 2 EStG n.F. kann der Arbeitgeber unter Verzicht auf die Vorlage einer Lohnsteuerkarte die Lohnsteuer für Arbeitsentgelt aus einer geringfügigen Beschäftigung i.S. des § 8 Abs. 1 Nr. 1 oder des § 8a SGB IV mit einem einheitlichen Pauschsteuersatz von **2 v.H.** des Arbeitsentgelts erheben. Eine geringfügige Beschäftigung liegt vor, wenn das Arbeitsentgelt hieraus regelmäßig im Monat **400 €** nicht übersteigt (sog. **Mini-Jobs**). In der einheitlichen Pauschsteuer von 2 v.H. ist neben der Lohnsteuer auch der Solidaritätszuschlag und die Kirchensteuer enthalten. Der einheitliche Satz von 2 v.H. gilt auch dann, wenn der Arbeitnehmer keiner erhebungsberechtigten Religionsgemeinschaft angehört. Die Pauschalierung mit 2 v.H. kann nur dann erfolgen, wenn der Arbeitgeber **pauschale Rentenversicherungsbeiträge** von 12 v.H. bzw. 5 v.H. (geringfügig Beschäftigte im Privathaushalt) zu entrichten hat (R 128a LStR).

Für eine geringfügige Beschäftigung in Privathaushalten (§ 8a SGB IV) werden regelmäßig Abgaben von 12 v.H. fällig (5 v.H. Rentenversicherung, 5 v.H. Krankenversicherung, 2 v.H. Pauschsteuer). Hinzu kommen ggf. noch Beiträge zur Unfallversicherung sowie Umlagen zur Lohnfortzahlungsversicherung für Krankheit bzw. Mutterschutz.

Bei den sog. Mini-Jobs ist für die Erhebung und Verwaltung der Sozialversicherungsbeiträge und der Pauschsteuer von 2 v.H. die Deutsche Rentenversicherung Knappschaft-Bahn-See zuständig.

Sie ist auch berechtigt, Sozialversicherungsbeiträge und Pauschsteuer beim Arbeitgeber einzuziehen (§ 40a Abs. 6 EStG n.F.). Bei haushaltsnahen Mini-Jobs (Zeile 41) erfolgt der Beitragseinzug nach dem **Haushaltsscheckverfahren**. Hierzu füllt der Arbeitgeber einen Haushaltsscheck aus und erteilt eine Einzugsermächtigung.

Besonderheiten bei getrennter Veranlagung von Ehegatten

47–49 Wählen Ehegatten die getrennte Veranlagung zur Einkommensteuer (Zeile 13), so steht ihnen eine zu gewährende Steuerermäßigung für haushaltsnahe Beschäftigungsverhältnisse bzw. Dienstleistungen i.S. der **Zeilen 40 bis 45** des Hauptvordrucks jeweils zur Hälfte zu. Die Ehegatten können jedoch nach § 26a Abs. 2 Satz 4 EStG gemeinsam eine andere Aufteilung beantragen. In diesem Fall ist **Zeile 47** anzukreuzen und der gemeinsame Antrag beizufügen. Der beim einzelnen Ehegatten zu berücksichtigende Anteil an der Steuerermäßigung ist in Zeile 47 als Prozentsatz anzugeben.

Werden Ehegatten getrennt zur Einkommensteuer veranlagt, so werden die als **Sonderausgaben** (Zeile 63 ff. des Hauptvordrucks) abzuziehenden Beträge bei **dem** Ehegatten berücksichtigt, der sie auf Grund einer eigenen Verpflichtung selbst geleistet hat oder für dessen Rechnung sie im abgekürzten Zahlungsweg entrichtet wurden (R 174a Abs. 1 EStR). Eine Berücksichtigung wie bei einer Zusammenveranlagung und eine **Aufteilung** ist allerdings bei **außergewöhnlichen Belastungen** vorgesehen. Die in **Zeile 49** zu machenden Angaben dienen im Fall der getrennten Veranlagung von Ehegatten der Aufteilung der für beide Ehegatten gemeinsam erklärten **außergewöhnlichen Belastungen** (vgl. Zeilen 95 ff.). Zu den außergewöhnlichen Belastungen zählen auch der Freibetrag zur Abgeltung eines Sonderbedarfs bei Berufsausbildung eines volljährigen Kindes (Zeilen **42 bis 43** der Anlage Kind) und die Kinderbetreuungskosten (Zeilen **45 bis 54** der Anlage Kind). Nach § 26a Abs. 2 EStG werden die außergewöhnlichen Belastungen bei getrennter Veranlagung grundsätzlich je **zur Hälfte** bei der Veranlagung jedes Ehegatten berücksichtigt. Die wahlweise getrennt zu veranlagenden Ehegatten können jedoch eine **davon abweichende Aufteilung** nach ihrem Willen beantragen. Eine **Ausnahme** gilt allerdings, soweit ein **Pauschbetrag für Behinderte** oder Hinterbliebene einem **Kind der Ehegatten** zusteht und nach § 33b Abs. 5 EStG auf sie übertragen wird (Zeilen 56 bis 58 der Anlage Kind); ein derartiger Pauschbetrag ist in jedem Fall bei jedem Ehegatten **zur Hälfte** anzusetzen (R 174a Abs. 2 EStR).

In **Zeile 49** ist anzugeben, mit welchem **Hundertsatz** die von beiden Ehegatten geltend gemachten **außergewöhnlichen Belastungen** – ausgenommen die oben erwähnten Behinderten-Pauschbeträge ihrer **Kinder** – bei der getrennten Veranlagung des einzelnen Ehegatten berücksichtigt werden sollen. Es empfiehlt sich eine möglichst weitgehende Berücksichtigung bei der Veranlagung mit dem höheren zu versteuernden Einkommen.

Bei den außergewöhnlichen Belastungen **allgemeiner Art** (§ 33 EStG) werden die Aufwendungen beider Ehegatten zusammengerechnet. Die Summe dieser Aufwendungen ist um die **zumutbare Belastung** zu kürzen (vgl. **Zeilen 116 bis 119**). Bei der Berechnung der zumutbaren Belastung wird der Gesamtbetrag der Einkünfte **beider** Ehegatten zugrunde gelegt.

Für außergewöhnliche Belastungen in **besonderen Fällen** (§ 33a EStG) kommen die Freibeträge in Betracht, die bei einer Zusammenveranlagung der Ehegatten insgesamt abzuziehen wären. Diese Freibeträge können nach Belieben auf die einzelnen Veranlagungen verteilt werden.

Der Antrag auf anderweitige Verteilung der außergewöhnlichen Belastungen kann nur von beiden Ehegatten **gemeinsam** gestellt werden. Er kann auch noch im Rechtsbehelfsverfahren mit Ausnahme des Revisionsverfahrens und – soweit es nach den Vorschriften der AO zulässig ist – im Rahmen der Änderung von Steuerbescheiden gestellt, geändert oder widerrufen werden. Für den Widerruf genügt die Erklärung eines der Ehegatten.

Wechsel zwischen unbeschränkter und beschränkter Steuerpflicht

50–52 Das Einkommensteuerrecht unterscheidet zwischen unbeschränkter und beschränkter Steuerpflicht. Nach § 1 Abs. 1 EStG setzt die **unbeschränkte** Steuerpflicht grundsätzlich voraus, dass die betreffende Person ihren Wohnsitz oder gewöhnlichen Aufenthalt im Inland hat. Unbeschränkt steuerpflichtig sind **aber** nach § 1 **Abs. 2** EStG **auch** deutsche Staatsangehörige, die im Inland weder einen Wohnsitz noch ihren gewöhnlichen Aufenthalt haben, wenn sie zu einer inländischen juristischen Person des öffentlichen Rechts in einem Dienstverhältnis stehen und dafür Arbeitslohn aus einer inländischen öffentlichen Kasse erhalten. Unbeschränkt einkommensteuerpflichtig sind nach § 1 Abs. 2 EStG auch zum Haushalt gehörende Angehörige, die die deutsche Staatsangehörigkeit besitzen (wegen Besonderheit bei einem ausländischen Ehegatten vgl. R 1 EStR) oder keine Einkünfte oder nur Einkünfte beziehen, die ausschließlich im Inland einkommensteuerpflichtig sind. § 1 Abs. 2 EStG gilt allerdings nur für Personen, die in dem Staat, in dem sie ihren Wohnsitz haben, lediglich in einem der beschränkten Einkommensteuerpflicht ähnlichen Umfang zu einer Steuer vom Einkommen herangezogen werden (z.B. diplomatischer oder konsularischer Dienst). Die unbeschränkte Steuerpflicht erstreckt sich auf alle steuerbaren Einkünfte im In- und Ausland, soweit nicht eine Steuerbefreiung aufgrund eines Doppelbesteuerungsabkommens oder nach § 3 EStG in Betracht kommt. Verschiedene Steuervergünstigungen des EStG gelten nur für unbeschränkt Steuerpflichtige.

Beschränkt steuerpflichtig sind – vorbehaltlich des § 1 Abs. 2 und 3 EStG sowie des § 1a EStG (vgl. nachfolgende Erläuterungen zu **Zeilen 53 bis 60**) – solche Personen, die im Inland weder einen Wohnsitz noch ihren gewöhnlichen Aufenthalt haben, wenn sie inländische Einkünfte i.S. des § 49 EStG beziehen (§ 1 Abs. 4 EStG). Die beschränkte Steuerpflicht erstreckt sich nur auf diese inländischen Einkünfte, andererseits sind verschiedene Steuervergünstigungen und Abzüge bei beschränkt Steuerpflichtigen eingeschränkt oder ausgeschlossen (§ 50 EStG). Beschränkt Steuerpflichtige haben unter Verwendung des amtlichen **Vordrucks ESt 1C** und dazu gehörender Anlage-Vordrucke (z.B. Anlage GSE, V, R, SO oder L) eine jährliche Steuererklärung über ihre im abgelaufenen Kalenderjahr (Veranlagungszeitraum) bezogenen inländischen Einkünfte abzugeben, soweit für diese die Einkommensteuer nicht durch den Steuerabzug als abgegolten gilt (§ 50 Abs. 3 und 5 EStG). Grundsätzlich gilt die Einkommensteuer beschränkt Steuerpflichtiger für die Einkünfte als abgegolten, die dem Steuerabzug vom Arbeitslohn oder vom Kapitalertrag oder dem Steuerabzug nach § 50a Abs. 1 bis 6 EStG unterliegen. Diese Einkünfte sind in der Einkommensteuererklärung für beschränkt Steuerpflichtige grundsätzlich **nicht** anzugeben.

Wandert ein Steuerpflichtiger mit inländischen Einkünften im Laufe des Kalenderjahres aus oder zieht er vom Ausland ins Inland, tritt hierdurch grundsätzlich ein **Wechsel zwischen unbeschränkter und beschränkter Steuerpflicht** ein. In solchen Fällen waren früher, falls Einkünfte i.S. des § 49 EStG vorlagen, für das betreffende Kalenderjahr zwei verschiedene Einkommensteuerveranlagungen durchzuführen, und zwar für die Dauer des Wohnsitzes im Inland eine Veranlagung nach den Grundsätzen der unbeschränkten Steuerpflicht und für die Zeit des Wohnsitzes im Ausland eine weitere Veranlagung als beschränkt Steuerpflichtiger. Seit 1996 ist in Fällen der Wohnsitzverlegung vom Inland ins Ausland und umgekehrt für das betreffende Kalenderjahr nur noch **eine** Einkommensteuerveranlagung durchzuführen und zwar nach den Grundsätzen der unbeschränkten Steuerpflicht, wobei alle danach zustehenden Jahresfreibeträge und anderen Abzüge zu berücksichtigen sind (§ 2 Abs. 7 Satz 3 EStG). Bei der Ermittlung des zu versteuernden Einkommens sind in diesem Fall die während der Zeit der beschränkten Steuerpflicht (Wohnsitz im Ausland) erzielten inländischen Einkünfte den während der unbeschränkten Steuerpflicht (Wohnsitz im Inland) erzielten Einkünften hinzuzurechnen. Für das gesamte Kalenderjahr der Aus- oder Einwanderung braucht somit nur **eine** Einkommensteuererklärung für unbeschränkt Steuerpflichtige mit dem vorliegenden **Hauptvordruck ESt 1A** eingereicht zu werden; dabei sind auch

**Teil I: Hauptvordruck
Zeilen 53–60**

die während der beschränkten Steuerpflicht angefallenen inländischen Einkünfte in den entsprechenden Anlage-Vordrucken anzugeben. Die in **Zeile 51** anzugebenden ausländischen Einkünfte, die während der Zeit der Ansässigkeit im Ausland bezogen wurden und **nicht** der deutschen Einkommensteuer unterlegen haben, werden nur bei der Ermittlung des Steuersatzes berücksichtigt, der auf die steuerpflichtigen Einkünfte angewandt wird (sog. Progressionsvorbehalt; vgl. Teil I, **Anlage AUS, Zeilen 37 bis 43** sowie BFH-Urteil vom 19.11.2003, BStBl 2004 II S. 549). Zur Vermeidung von Rückfragen empfiehlt es sich, diese Einkünfte auf besonderem Blatt näher darzustellen und Nachweise beizufügen. Die in **Zeile 52** des Hauptvordrucks bezeichneten **außerordentlichen Einkünfte** werden bei der Berechnung des Progressionsvorbehalts durch das Finanzamt nur mit einem **Fünftel** berücksichtigt (§ 32b Abs. 2 Nr. 2 EStG).

Erweiterte unbeschränkte Steuerpflicht

Antrag im Ausland ansässiger Personen, als unbeschränkt steuerpflichtig behandelt zu werden

53–60
46–51
Nach **§ 1 Abs. 3 EStG** werden auf Antrag auch Personen als unbeschränkt einkommensteuerpflichtig behandelt, die im Inland weder einen Wohnsitz noch ihren gewöhnlichen Aufenthalt haben, soweit sie inländische Einkünfte im Sinne des § 49 EStG haben. Dies gilt allerdings nur, wenn ihre **Einkünfte** im Kalenderjahr mindestens zu **90 v.H. der deutschen Einkommensteuer unterliegen** oder die nicht der deutschen Einkommensteuer unterliegenden Einkünfte nicht mehr als **6 136 €** im Kalenderjahr betragen. Dieser Betrag ist bei Wohnsitz in Ländern der **Ländergruppe 2** um ¼ (d.h. auf 4 602 €), bei Wohnsitz in Ländern der **Ländergruppe 3** um ½ (d.h. auf 3 068 €) und bei Wohnsitz in Ländern der **Ländergruppe 4** um ¾ (d.h. auf 1 534 €) zu **kürzen**. Für die Ländergruppeneinteilung gilt die gleiche Übersicht, wie sie in dieser Anleitung für Unterhaltsleistungen ins Ausland zu **Zeilen 106 bis 115** des Hauptvordrucks abgedruckt ist. **Weitere Voraussetzung** ist, dass die Höhe der nicht der deutschen Einkommensteuer unterliegenden Einkünfte durch eine **Bescheinigung** der zuständigen ausländischen Steuerbehörde nachgewiesen wird. Hierfür ist der Vordruck „**Bescheinigung EU/EWR**" (**Zeile 56** linke Hälfte) vorgesehen, wenn der Steuerpflichtige Staatsangehöriger eines Mitgliedstaates der Europäischen Union (EU) oder der Staaten Liechtenstein, Norwegen oder Island (EWR) und in einem dieser Staaten ansässig ist. Ansonsten ist der Vordruck „**Bescheinigung außerhalb EU/EWR**" (**Zeile 56** rechte Hälfte) zu verwenden. Vordrucke für diese Bescheinigungen sind in mehreren Sprachen beim Finanzamt erhältlich. Nähere Einzelheiten sind im BMF-Schreiben vom 30.12.1996, BStBl I S.1506 geregelt.

Der Antrag auf Behandlung als unbeschränkt Steuerpflichtiger ist in **Zeile 55** durch Ankreuzen zu stellen. Außerdem ist in **Zeile 53** die positive Summe der nicht der deutschen Einkommensteuer unterliegenden Einkünfte anzugeben. Diese Einkünfte unterliegen dem sog. Progressionsvorbehalt (vgl. Teil I, **Anlage AUS, Zeilen 37 bis 43**). Inländische Einkünfte, die nach einem Abkommen zur Vermeidung der Doppelbesteuerung nur der Höhe nach beschränkt besteuert werden dürfen, gelten als nicht der deutschen Einkommensteuer unterliegend. Das sind z.B. inländische Einkünfte aus Kapitalvermögen, bei denen das entsprechende Doppelbesteuerungsabkommen dem (ausländischen) Wohnsitzstaat das Besteuerungsrecht zuweist und Deutschland als Quellenstaat lediglich die Befugnis einräumt, eine Quellensteuer bis zu einer bestimmten Höhe, oftmals 15 v.H. der Einnahmen, zu erheben. Die in **Zeile 54** des Hauptvordrucks bezeichneten außerordentlichen Einkünfte werden bei der Berechnung des Progressionsvorbehalts durch das Finanzamt nur mit einem **Fünftel** berücksichtigt (§ 32b Abs. 2 Nr. 2 EStG).

Sind die o.a. Voraussetzungen des § 1 Abs. 3 EStG erfüllt und wird der Antrag (in Zeile 55) gestellt, so können im Ausland ansässige aber im Inland steuerpflichtige Personen als familienbezogene Steuervergünstigungen Kinderfreibeträge und sonstige Freibeträge für Kinder (vgl. Teil I, Anlage Kind), Vorsorgeaufwendungen (Hauptvordruck, Zeilen 63 ff.) und außergewöhnliche Belastungen, die den Steuerpflichtigen betreffen (Hauptvordruck, Zeilen 95 ff.), in Anspruch nehmen.

Weitere familienbezogene Steuervergünstigungen nach § 1a EStG

Staatsangehörige eines Mitgliedstaates der Europäischen Union (**EU**) oder eines Staates, auf den das Abkommen über den Europäischen Wirtschaftsraum (**EWR**) anwendbar ist, bei denen **die vorgenannten Voraussetzungen** des § 1 Abs. 3 EStG (auch hinsichtlich der Einkunftsgrenzen) **erfüllt** sind und die unbeschränkt einkommensteuerpflichtig sind oder gem. § 1 Abs. 3 EStG so behandelt werden, können nach **§ 1a EStG** folgende familienbezogenen Steuervergünstigungen in Anspruch nehmen:

a) **ehegattenbezogene** Vergünstigungen, insbesondere das **Ehegatten-Splitting** (vgl. Zeile 13), wenn der Ehegatte in einem EU/EWR-Mitgliedstaat ansässig ist. Für die Prüfung der 90 v.H.-Grenze und der Einkunftsgrenze des § 1 Abs. 3 Satz 2 EStG (vgl. oben) ist dabei auf die Einkünfte **beider** Ehegatten abzustellen und der Betrag von 6 136 € ist auf 12 272 € zu **verdoppeln** (§ 1a Abs. 1 Nr. 2 EStG); ggf. ist eine Kürzung nach Ländergruppen vorzunehmen. Anders als beim Steuerpflichtigen selbst ist die Staatsangehörigkeit des **Ehegatten** ohne Bedeutung; es ist nur auf den Wohnsitz im EU/EWR-Staat abzustellen (vgl. nachfolgende Beispiele).

b) den **Sonderausgabenabzug für Unterhaltsleistungen** an den geschiedenen oder dauernd getrennt lebenden Ehegatten, wenn dieser seinen Wohnsitz oder gewöhnlichen Aufenthalt in einem Mitgliedstaat der EU oder des EWR hat und durch eine Bescheinigung der ausländischen Steuerbehörde die Besteuerung der Unterhaltszahlungen nachgewiesen wird (vgl. Erläuterungen zu Zeile 80 des Hauptvordrucks).

Der Antrag auf Anwendung familienbezogener Steuervergünstigungen ist unter Beifügung der „Bescheinigung EU/EWR" in **Zeile 58** durch Ankreuzen zu stellen. Die obenbezeichneten Steuervergünstigungen können unter den vorstehend genannten Voraussetzungen auch in Anspruch genommen werden, wenn die steuerpflichtige Person als Staatsangehöriger eines EU/EWR-Mitgliedstaats einen Wohnsitz oder gewöhnlichen Aufenthalt im Inland hat. In diesem Fall braucht nur **Zeile 58** angekreuzt zu werden; die Zeilen 53 bis 56 treffen nicht zu.

EU-Mitgliedstaaten sind seit langem Frankreich, Belgien, Niederlande, Luxemburg, Deutschland, Italien, Spanien, Portugal, Griechenland, Dänemark, Finnland, Schweden, Österreich, Großbritannien, Irland. Zum 1.5.2004 sind Estland, Lettland, Litauen, Malta, Polen, Slowakei, Slowenien, Tschechien, Ungarn und Zypern der EU beigetreten. Zu den **EWR-Staaten** gehören Norwegen, Island und Liechtenstein.

Beispiele (zu Buchst. a)

1. A (Deutscher) ist verheiratet und wohnt zusammen mit seiner Ehefrau in Frankreich. Er bezieht inländische Einkünfte, die nach dem DBA in Deutschland zu besteuern sind. Weitere Einkünfte haben weder er noch seine Ehefrau.

   A ist auf Antrag nach § 1 Abs. 3 EStG als unbeschränkt steuerpflichtig zu behandeln, da die o.a. Voraussetzungen vorliegen. Für die Anwendung der Ehegattenbesteuerung ist die nicht dauernd getrennt lebende Ehefrau ebenfalls als unbeschränkt steuerpflichtig zu behandeln, weil sie ihren Wohnsitz in einem EU-Mitgliedstaat (Frankreich) hat und auch die übrigen Voraussetzungen des § 1a Abs. 1 Nr. 2 EStG erfüllt sind. Auf Antrag (Zeilen 13, 55, 56 und 58) können die Ehegatten zusammen veranlagt werden, sodass die Splittingtabelle angewendet werden kann.

2. B ist türkischer Staatsangehöriger. Er wohnt zusammen mit seiner Ehefrau im französischen Grenzgebiet und arbeitet als Arbeitnehmer in Deutschland außerhalb der Grenzzone. Weitere Einkünfte haben weder B noch seine Ehefrau.

   Bei B liegen die o.a. Voraussetzungen des § 1 Abs. 3 EStG vor. Er ist auf Antrag (Zeilen 55, 56) als unbeschränkt einkommensteuerpflichtig zu behandeln. Da B nicht Staatsangehöriger eines EU/EWR-Mitgliedstaates ist, kommt jedoch § 1a EStG nicht zur Anwendung. Obwohl die Ehefrau in einem EU-Mitgliedstaat wohnt, kann sie nicht als unbeschränkt steuerpflichtig behandelt werden, weil ihr Ehemann nicht Staatsangehöriger eines EU/EWR-Mitgliedstaates ist. Auf der dem Arbeitgeber vorzulegenden Bescheinigung nach § 39c Abs. 4 EStG kann das Betriebsstättenfinanzamt nur die Steuerklasse I eintragen. B ist zur Abgabe einer Einkommensteuererklärung verpflichtet (§ 46 Abs. 2 Nr. 7b EStG; Seite 2 Nr. 2 a, ii dieser Anleitung). Im Rahmen der Einzelveranlagung des B ist die Grundtabelle anzuwenden.

Im Ausland ansässige Angehörige des deutschen öffentlichen Dienstes, die außerhalb der EU/des EWR tätig sind

Nach der bis 1995 geltenden Fassung des § 1 Abs. 3 EStG galten im Ausland ansässige Personen, die im Inland in einem öffentlich-rechtlichen Dienstverhältnis standen und ihre Ehegatten als unbeschränkt steuerpflichtig, wenn die im Ausland erzielten einkommensteuerpflichtigen Einnahmen nicht mehr als 6000 DM im Veranlagungszeitraum betrugen. Dabei kam es nicht darauf an, ob diese Personen im dienstlichen Auftrag im Ausland arbeiteten und wohnten oder ob sie im Inland arbeiteten, aber aus privaten Gründen im Ausland wohnten. Soweit diese Personen im Bereich der EU/des EWR ihren Wohnsitz haben, ist die Neufassung des § 1 Abs. 3 EStG günstiger, da hiernach bis zu 6136 € ausländische Einkünfte unschädlich sind. Die familienbezogenen Vergünstigungen nach § 1a Abs. 1 Nr. 2 EStG (obiger Buchst. a) gelten auch für öffentlich Bedienstete, die **aufgrund dienstlichen Auftrags** im Ausland **außerhalb** des EU/EWR-Bereichs wohnen und tätig sind (§ 1a Abs. 2 EStG). Der Antrag kann in **Zeile 60** gestellt werden. Die Neufassung des § 1 Abs. 3 EStG führt allerdings zu einer Schlechterstellung bei öffentlich Bediensteten oder Pensionären, die **ohne** dienstlichen Auftrag im Ausland **außerhalb des EU/EWR-Bereichs** wohnen. Denn bei diesen Personen ist das Splitting-Verfahren seit 1996 nicht anwendbar.

E. Sonderausgaben

63 Zur Ermittlung des Einkommens dürfen **Sonderausgaben** vom
52 Gesamtbetrag der Einkünfte abgezogen werden. Hierunter fallen die **Sonderausgaben im engeren Sinn** (Zeilen 63 bis 91) sowie der **Verlustabzug** (Zeilen 93 bis 94).

Allgemein ist zum **Sonderausgabenabzug**, bei dem ab 2005 **wesentliche Änderungen** eingetreten sind, Folgendes zu bemerken:

I. Sonderausgaben im engeren Sinn

Hierzu gehören die nur bis zu bestimmten Höchstbeträgen abziehbaren **Vorsorgeaufwendungen** (hierunter werden **Beiträge zu bestimmten Versicherungen** verstanden), die Aufwendungen für die **eigene Berufsausbildung,** die steuerbegünstigten **Spenden** und Beiträge, 30 v.H. des **Schulgeldes** für Kinder an Ersatz- oder Ergänzungsschulen (vgl. Zeile 55 der Anlage Kind) sowie die **unbeschränkt abzugsfähigen Sonderausgaben.** Bei den genannten Sonderausgaben handelt es sich um bestimmte Lebenshaltungskosten, die als solche weder Betriebsausgaben noch Werbungskosten sein können, aus besonderen Gründen (insbesondere wegen ihrer gesellschaftlichen Bedeutung) aber zum Abzug zugelassen worden sind.

Bausparbeiträge können seit 1996 **nicht mehr** als **Sonderausgaben** abgezogen werden. Der Bausparer sollte deshalb prüfen, ob für die geleisteten Bausparbeiträge eine **Wohnungsbauprämie** in Betracht kommt. Im Einzelnen wird auf **Teil II Tz. 8** hingewiesen.

1. Vorsorgepauschale

Für **Vorsorgeaufwendungen,** d. h. für als Sonderausgaben begünstigte **Versicherungsbeiträge** (seit 1995 auch zur **Pflegeversicherung**), wird vom Finanzamt eine **Vorsorgepauschale** berücksichtigt, wenn der Steuerpflichtige **Arbeitslohn bezogen** hat und nicht höhere tatsächliche Sonderausgaben in Form von Versicherungsbeiträgen geltend gemacht werden.

Die gesetzlichen Vorschriften über die Berechnung der **Vorsorgepauschale** (§ 10c EStG) sind nicht einfach. Sie wurden durch das **Alterseinkünftegesetz** (BStBl 2004 I S. 554) und das **Richtlinien-Umsetzungsgesetz** (BStBl 2004 I S. 1158) grundlegend **geändert** (vgl. Teil I, **Anlage R**, vor Zeilen 1 bis 9). Die nachfolgenden Ausführungen brauchen indes beim **Ausfüllen** des Steuererklärungsvordrucks nicht beachtet zu werden, wenn die **tatsächlichen Vorsorgeaufwendungen** in die dafür vorgesehenen Zeilen des Vordrucks **eingetragen werden** (vgl. Zeilen 64 bis 76). Dies empfiehlt sich, um Nachteile zu vermeiden, denn eine etwaige höhere Vorsorgepauschale wird durch das Finanzamt von Amts wegen angesetzt. Die nachstehenden Erläuterungen sollen jedoch dazu dienen, die vom Finanzamt angesetzte Vorsorgepauschale überprüfen zu können.

Für **nicht rentenversicherungspflichtige Arbeitnehmer** (insbesondere Beamte, Richter, Berufssoldaten) gilt eine **gekürzte Vorsorgepauschale** (vgl. folgenden Abschn. B). Die davon betroffenen Steuerpflichtigen haben jedoch die Möglichkeit, **tatsächliche Vorsorgeaufwendungen** im Rahmen der Sonderausgaben-Höchstbeträge (vgl. folgenden Abschn. III) geltend zu machen.

A. Allgemeine, nicht gekürzte Vorsorgepauschale

Die Vorsorgepauschale für **rentenversicherungspflichtige** Arbeitnehmer setzt sich ab 2005 aus **zwei Komponenten** zusammen:

a) aus einem Betrag für die Beiträge zur allgemeinen Rentenversicherung und

b) einem Betrag für die Beiträge zur Kranken-, Pflege- und Arbeitslosenversicherung.

Bemessungsgrundlage für die Vorsorgepauschale ist (wie bisher) der um den Versorgungsfreibetrag und den Altersentlastungsbetrag verminderte **Arbeitslohn** (maßgebender Arbeitslohn). Steuerfreier Arbeitslohn darf in die Vorsorgepauschale nicht einbezogen werden (BFH-Urteil vom 18. 3. 1983, BStBl II S. 475).

Im **ersten Schritt** sind **50 v.H.** des Gesamtbeitrags in der allgemeinen **Rentenversicherung**, bezogen auf den Arbeitslohn, anzusetzen. Damit soll der zum steuerpflichtigen Arbeitslohn rechnende Arbeitnehmeranteil durch die Vorsorgepauschale bereits im Lohnsteuerabzugsverfahren steuerentlastet werden. Der Abzug des vollen Arbeitnehmeranteils zur allgemeinen Rentenversicherung (50 v.H. des Gesamtbeitrags) wird aber erst nach Ablauf der Übergangsphase im Jahr 2025 erreicht. Für das Jahr **2005** wird der sich ergebende Betrag nur in Höhe von **20 v.H.** berücksichtigt (§ 10c Abs. 2 Satz 4 EStG nF). Dieser Satz entspricht 10 v.H. des Gesamtbeitrags zur Rentenversicherung (Arbeitgeber- und Arbeitnehmeranteil). In jedem folgenden Jahr erhöht sich dieser Satz um je 4 Prozentpunkte, so dass die endgültige Vorsorgepauschale von 50 v.H. des Gesamtbeitrags zur allgemeinen Rentenversicherung ab dem Jahr 2025 erreicht wird.

Die **zweite Komponente** der Vorsorgepauschale für die sonstigen Vorsorgeaufwendungen (§ 10c Abs. 2 Nr. 2 EStG) wird bereits ab dem Jahr 2005 in der endgültigen Höhe angesetzt. Sie beträgt **11 v.H.** des maßgebenden Arbeitslohns, jedoch **höchstens 1 500 €**. Dies gilt gleichermaßen für den Personenkreis, der (wie z.B. Beamte) bei der gekürzten Vorsorgepauschale nach § 10c Abs. 3 EStG n.F. nur in den Genuss dieser Komponente der Vorsorgepauschale kommt.

Beispiel 1

Ein lediger rentenversicherungspflichtiger Arbeitnehmer (jünger als 64 Jahre) bezog 2005 einen Jahresarbeitslohn von 50 000 €.

Die **Vorsorgepauschale** 2005 beträgt:

1. Komponente (§ 10c Abs. 2 **Nr. 1** EStG)
Rentenversicherungsbeitrag:
19,5 v.H. aus 50 000 €
(Höchstgrenze von 62 400 €
ist nicht überschritten)   9 750 €
Davon 50 v. H.   4 875 €
Davon 20 v. H.   975 €

2. Komponente (§ 10c Abs. 2 **Nr. 2** EStG).
11 v.H. aus 50 000 € = 5 500 €
höchstens   1 500 €
                                                                     ─────────
insgesamt = Vorsorgepauschale   **2 475 €**

**Teil I: Hauptvordruck
Zeile 63**

Bei der o. a. Höchstgrenze (62 400 €) wird aus Vereinfachungsgründen einheitlich auf die Beitragsbemessungsgrenze (West) abgestellt. Vgl. auch BMF-Schreiben vom 24. 2. 2005, BStBl I S. 429, Rz 53 bis 58).

Im Fall der **Zusammenveranlagung** von Ehegatten **verdoppelt** sich der vorstehende Höchstbetrag der **2. Komponente** von 1 500 € auf 3 000 €. Dieselbe **Verdoppelung** gilt, wenn bei einer Einzelveranlagung (z. B. bei einem verwitweten Steuerpflichtigen für das auf das Todesjahr folgende Jahr) die Splittingtabelle anzuwenden ist (vgl. Ausführungen zu **Zeile 13**). Haben **beide** Ehegatten **Arbeitslohn** bezogen, ist die Bemessungsgrundlage für die Vorsorgepauschale für jeden Ehegatten gesondert zu ermitteln. Durch Zusammenrechnung der gesondert ermittelten Beträge ergibt sich die anzusetzende Vorsorgepauschale.

Beispiel 2

Ehegatten (jünger als 64 Jahre) werden zusammen veranlagt. Beide sind rentenversicherungspflichtige Arbeitnehmer. Der Ehemann bezog im Jahr 2005 Arbeitslohn von 50 000 €. Die Ehefrau bezog im Jahr 2005 Arbeitslohn von 15 000 €.

Die **Vorsorgepauschale** 2005 berechnet sich wie folgt:

1. Komponente
Ehemann: Berechnung wie im Beispiel 1 (oben)		975 €
Ehefrau:		
19,5 v. H. aus 15 000 € =	2 925 €	
Davon 50 v. H.	1 463 €	
Davon 20 v. H.		293 €

2. Komponente
11 v. H. aus 65 000 €		
(Summe der Arbeitslöhne)	7 150 €	
höchstens		3 000 €
insgesamt = Vorsorgepauschale		**4 268 €**

Bei der Berechnung der 1. Komponente dürfen die beiden Arbeitslöhne nicht addiert werden, weil die Beitragsbemessungsgrenze (62 400 €) überschritten würde. Die Vorsorgepauschale ist auf den nächsten vollen Euro-Betrag aufzurunden.

B. Gekürzte Vorsorgepauschale für nicht rentenversicherungspflichtige Arbeitnehmer

Die **gekürzte Vorsorgepauschale** (§ 10c Abs. 3 EStG) beträgt bei den unter die Einschränkung fallenden Personen

11 v. H. des maßgeblichen Arbeitslohns, jedoch höchstens **1 500 €** (bei Zusammenveranlagung: **3 000 €**).

Für die Ermittlung der **Bemessungsgrundlage** der Vorsorgepauschale gelten die obigen Ausführungen unter **Abschn. A** entsprechend. Ebenso ist eine **Verdoppelung** des Höchstbetrags von 1 500 € auch möglich, wenn bei einer Einzelveranlagung (z. B. bei einem verwitweten Steuerpflichtigen für das auf das Todesjahr folgende Jahr) die Splittingtabelle anzuwenden ist.

Die **gekürzte Vorsorgepauschale** gilt insbesondere für

- Beamte, Richter, Berufssoldaten, Soldaten auf Zeit;
- Arbeitnehmer, die von ihrem Arbeitgeber nur Versorgungsbezüge im Sinne des § 19 Abs. 2 Nr. 1 EStG erhalten (z. B. Beamtenpensionäre, pensionierte Richter und Berufssoldaten, Bezieher von Witwen- oder Waisengeld aufgrund beamtenrechtlicher oder entsprechender gesetzlicher Vorschriften);
- Arbeitnehmer, die keinen Beitragsanteil zur gesetzlichen Rentenversicherung entrichten, weil sie von einem früheren Arbeitgeber Versorgungsbezüge im Sinne des § 19 Abs. 2 **Nr. 1** EStG erhalten (z. B. in einem privaten Arbeitsverhältnis beschäftigte Beamtenpensionäre);
- Arbeitnehmer, die für einen Arbeitslohn aus einer aktiven Tätigkeit keinen Beitragsanteil zur gesetzlichen Rentenversicherung entrichten, weil sie bereits **Altersrente** aus der gesetzlichen Rentenversicherung erhalten (weiter beschäftigte Altersrentner oder Werkspensionäre mit Altersrente aus der gesetzlichen Rentenversicherung);
- Arbeitnehmer, die auf Antrag des Arbeitgebers von der gesetzlichen Rentenversicherungspflicht befreit worden sind (z. B. Beschäftigte bei Trägern der Sozialversicherung, Geistliche der als öffentlich-rechtliche Körperschaften anerkannten Religionsgemeinschaften und Lehrkräfte an nicht öffentlichen Schulen, bei denen eine Altersversorgung nach beamtenrechtlichen oder entsprechenden kirchenrechtlichen Grundsätzen gewährleistet ist);
- Arbeitnehmer (im steuerrechtlichen Sinn), die nicht der gesetzlichen Rentenversicherung unterliegen **und** denen ganz oder teilweise **ohne eigene Beitragsleistung** oder durch **nach § 3 Nr. 63 EStG steuerfreie Beiträge** eine betriebliche Altersversorgung zugesagt worden ist (Vorstandsmitglieder von Aktiengesellschaften sowie **beherrschende Gesellschafter-Geschäftsführer einer GmbH** mit mindestens 50 v. H. Beteiligung oder anderweitiger Beherrschung). Solche Arbeitnehmer fallen vor allem dann unter die gekürzte Vorsorgepauschale, wenn sie von ihrem Betrieb eine **Pensionszusage** (§ 6a EStG) erhalten haben. Die Kürzungsvorschrift kommt dagegen **nicht** zum Zuge, wenn die betriebliche Altersversorgung lediglich in der Leistung von Arbeitgeberbeiträgen zu einer zu Gunsten des Arbeitnehmers abgeschlossenen **Direktversicherung** oder einer **Pensionskasse** besteht **und** die Beiträge nach § 40 b EStG **pauschal versteuert** werden (vgl. auch R 120 Abs. 2 Nr. 7 LStR 2005 mit Fußnote 1).

Bei einem **Alleingesellschafter-Geschäftsführer einer GmbH**, dem diese eine Altersversorgung zugesagt hat, gilt auf Grund des BFH-Urteils vom 16.10.2002 (BStBl 2004 II S. 546) die **ungekürzte** Vorsorgepauschale (vgl. auch BFM-Schreiben vom 9. 7. 2004, BStBl I S. 582). Dies wird damit begründet, dass der Gesellschafter Anspruch auf den nach handelsrechtlichen Vorschriften zu ermittelnden Jahresüberschuss habe (§ 29 Abs. 1 GmbHG). Die nach Handelsrecht gebotene Bildung der Pensionsrückstellung mindere diese Ansprüche. Der Gesellschafter erwerbe daher – zumindest wirtschaftlich betrachtet – seine Anwartschaftsrechte auf die Altersversorgung durch eine Verringerung seiner gesellschaftsrechtlichen Ansprüche. Wurden steuerfreie Beiträge nach § 3 Nr. 63 EStG an einen Pensionsfonds, eine Pensionskasse oder für eine Direktversicherung entrichtet (vgl. vorstehenden Absatz), ist stets (ggf. auch bei einem **Allein**gesellschafter-Geschäftsführer) nur die gekürzte Vorsorgepauschale zu berücksichtigen.

Die **gekürzte** Vorsorgepauschale ist auch dann maßgebend, wenn die Voraussetzungen (Zugehörigkeit zu dem genannten Personenkreis) **nur für einen Teil des Jahres** vorgelegen haben oder wenn daneben aus einem weiteren Arbeitsverhältnis Arbeitslohn bezogen wird (z. B. eine Beamtenwitwe, die als Angestellte tätig ist). Die erforderlichen Angaben sind in der **Anlage N, Zeilen 31 bis 36** zu machen.

Beispiel 3

Ein verheirateter Beamter bezog im Jahr 2005 Arbeitslohn aus einem gegenwärtigen Dienstverhältnis von 25 000 €. Die Ehefrau bezog keinen Arbeitslohn.

Die Vorsorgepauschale 2005 beträgt:

11 v. H. von 25 000 € = 2 750 €,
höchstens 3 000 €, somit **2 750 €**

C. Günstigerprüfung nach § 10c Abs. 5 EStG

Um in der Übergangsphase bis zur vollständigen Freistellung der Altersvorsorgeaufwendungen Schlechterstellungen zu vermeiden, wird durch eine Günstigerprüfung **in den Jahren 2005 bis 2019 mindestens** eine Vorsorgepauschale berücksichtigt, wie sie nach bisherigem Recht bis einschließlich **2004** anzusetzen war. Es ist somit eine Vergleichsrechnung zwischen der für 2004 und 2005 geltenden Vorsorgepauschale durchzuführen. Allerdings wird bei der Günstigerprüfung ab dem Jahr **2011** der bis 2004 mögliche Vorwegabzug (Höchstbetrag von 3 068 €) schrittweise abgesenkt. Die Anwendung der bisherigen Vorsorgepauschale (vgl. Teil I,

Hauptvordruck, Zeile 63 der Anleitung zur ESt-Erklärung **2004**) wird nur in Ausnahmefällen zu einem günstigeren Ergebnis führen (z.B. bei Arbeitnehmern mit geringem Arbeitslohn).

2. Sonderausgaben-Pauschbetrag

Für Sonderausgaben im engeren Sinne, die **nicht Vorsorgeaufwendungen** sind (Zeilen 78 bis 91), d.h. für Renten, dauernde Lasten, Unterhaltsleistungen an den geschiedenen oder dauernd getrennt lebenden Ehegatten, Kirchensteuer, Steuerberatungskosten, 30 v.H. des Schulgeldes für Kinder an Ersatz- oder Ergänzungsschulen (vgl. Zeile 55 der Anlage Kind), Aufwendungen für die eigene Berufsausbildung und für Spenden wird vom Finanzamt ein **Sonderausgaben-Pauschbetrag** von **36 €** abgezogen, wenn nicht höhere tatsächliche Sonderausgaben geltend gemacht werden (§ 10c Abs. 1 EStG). Im Fall der **Zusammenveranlagung** von Ehegatten verdoppelt sich der Sonderausgaben-Pauschbetrag auf **72 €**. Die Verdoppelung gilt auch bei verwitweten Personen, wenn sie in dem auf das Todesjahr folgenden Jahr nach der **Splittingtabelle** besteuert werden (vgl. Ausführungen zu **Zeile 13**).

Tatsächliche Sonderausgaben wirken sich nur insoweit steuermindernd aus, als sie den maßgebenden Pauschbetrag übersteigen. Dies wird allerdings wegen des niedrigen Pauschbetrags häufig der Fall sein (z.B. schon allein wegen der Kirchensteuer oder Steuerberatungskosten i.S. der Zeile 82).

3. Besonderheiten bei getrennter Veranlagung und bei besonderer Veranlagung

Im Falle der **wahlweisen getrennten Veranlagung** von **Ehegatten** nach § 26a EStG wird bei der Veranlagung **jedes** Ehegatten **mindestens** der für ihn maßgebliche Sonderausgaben-Pauschbetrag (36 €) bzw. die für ihn maßgebende Vorsorgepauschale abgesetzt.

Wählen Ehegatten für das **Jahr der Eheschließung** die **besondere Veranlagung** nach § 26c EStG, so werden sie bezüglich des o. a. Sonderausgaben-Pauschbetrags und der Vorsorgepauschale noch so behandelt, als ob sie diese Ehe nicht geschlossen hätten (vgl. Erläuterungen zu **Zeile 13**).

II. Abzug tatsächlich verausgabter Sonderausgaben

Bei den **Sonderausgaben im engeren Sinn** können – von dem vorstehend erläuterten Sonderausgaben-Pauschbetrag und der Vorsorgepauschale abgesehen – nur **tatsächlich geleistete** Ausgaben abgezogen werden. Der Sonderausgabenabzug setzt dabei voraus, dass es sich um nach § 10 Abs. 1 EStG begünstigte Aufwendungen handelt, die auf einer **eigenen Verpflichtung** des Steuerpflichtigen beruhen und auch **von ihm geleistet** werden (BFH-Urteile vom 19. 4. 1989, BStBl II S. 683 und 862, sowie vom 8. 3. 1995, BStBl II S. 637). Erstattete Sonderausgaben mindern im Jahr der Erstattung die Ausgaben gleicher Art (BFH-Urteil vom 26. 6. 1996, BStBl II S. 646). Ist im Jahr der Erstattung ein Ausgleich mit gleichartigen Aufwendungen nicht oder nicht in voller Höhe möglich, so ist der Sonderausgabenabzug des Jahres der Verausgabung insoweit um die nachträgliche Erstattung zu mindern; ein bereits bestandskräftiger Steuerbescheid ist nach § 175 Abs. 1 Satz 1 Nr. 2 AO zu ändern (BMF-Schreiben vom 11. 7. 2002, BStBl I S. 667).

Nur bei **Ehegatten**, die **zusammen** zur Einkommensteuer **veranlagt** werden (§ 26b EStG), ist es für den Abzug von Sonderausgaben **gleichgültig**, ob sie der Ehemann oder die Ehefrau geleistet hat. Wählen Ehegatten die **getrennte Veranlagung** nach § 26a EStG oder machen sie für das **Jahr der Eheschließung** von der **besonderen Veranlagung nach § 26c EStG** Gebrauch, so sind die Sonderausgaben für jeden Ehegatten getrennt zu ermitteln und anzusetzen (vgl. Erläuterungen zu **Zeile 13** dieses Vordrucks). Sonderausgaben, die ein **Kind** auf Grund einer eigenen Verpflichtung zu leisten hat, können bei der Veranlagung der Eltern selbst dann **nicht** abgezogen werden, wenn die Eltern mit den Aufwendungen finanziell belastet sind. Deshalb sind z.B. Pflichtbeiträge des Sohnes zu einer studentischen Krankenversicherung beim Vater, der die Aufwendungen trägt, nicht als Sonderausgaben abzugsfähig (BFH-Urteil vom 9. 5. 1974, BStBl II S. 545).

Auch für Kinder gilt der Grundsatz der Individualbesteuerung mit der Folge, dass **eigene Sonderausgaben der Kinder** nur von diesen geltend gemacht werden können. Unberührt bleibt jedoch das Recht des Steuerpflichtigen, von ihm geleistete Beiträge auf Grund von Verträgen, die **er selbst zugunsten** der Kinder abgeschlossen hat, als Sonderausgaben geltend zu machen. Denn Versicherungsbeiträge können von demjenigen abgezogen werden, der sie **als Versicherungsnehmer** aufgewendet hat. Unerheblich ist, wer nach dem Versicherungsvertrag bezugsberechtigt ist oder wessen Leben versichert ist.

Der Abzug von Versicherungsbeiträgen **beim Kind** setzt voraus, dass das Kind die Beiträge **als Versicherungsnehmer leistet und** mit den Aufwendungen tatsächlich **selbst belastet** ist. Zahlt z.B. ein Vater Beiträge für die Unfall- oder Haftpflichtversicherung seines Sohnes durch Überweisung der entsprechenden Beträge an die Versicherungsgesellschaft, kann auch der Sohn diese Beiträge nicht als Sonderausgaben abziehen (BFH-Urteil vom 19. 4. 1989, BStBl II S. 683).

Werden tatsächliche Sonderausgaben geltend gemacht, dann haben nicht dauernd getrennt lebende **Ehegatten** im Falle der **Zusammenveranlagung** die Zeilen 64 bis 91 **gemeinsam** auszufüllen. Bei der **getrennten** Veranlagung und der **besonderen Veranlagung** für das **Jahr der Eheschließung** kann jeder Ehegatte nur seine eigenen Sonderausgaben geltend machen.

III. Höchstbeträge für tatsächlich geleistete Vorsorgeaufwendungen

Durch das **Alterseinkünftegesetz** (BStBl 2004 I S. 554) wurde nicht nur die Rentenbesteuerung, sondern auch der Sonderausgabenabzug für Vorsorgeaufwendungen ab 2005 neu geregelt (vgl. Teil I, **Anlage R**, vor Zeilen 1 bis 9). Die nach § 10 Abs. 1 Nr. 2 und 3 EStG n. F. als Sonderausgaben begünstigten **Versicherungsbeiträge**, die als „**Vorsorgeaufwendungen**" bezeichnet werden, sind **nur insoweit abzugsfähig**, als sie die gesetzlich festgelegten **Höchstbeträge** für diese Art von Sonderausgaben nicht übersteigen. Die zulässigen Abzugsbeträge richten sich danach, ob es sich um Beiträge zugunsten einer **Basisversorgung im Alter** (Rentenversicherungsbeiträge i.S. der **Zeilen 64 bis 67** des Hauptvordrucks) oder um **sonstige Vorsorgeaufwendungen** (Zeilen 72 bis 76 des Hauptvordrucks) handelt.

A. Höchstbetrag für Aufwendungen zur Basisversorgung

Der Höchstbetrag für Altersvorsorgeaufwendungen zur Basisversorgung nach § 10 Abs. 1 **Nr. 2** EStG n.F. (insbesondere Beiträge zu den gesetzlichen Rentenversicherungen oder landwirtschaftlichen Alterskassen sowie zu berufsständischen Versorgungseinrichtungen) ist ab 2005 auf **20 000 €** bzw. bei zusammenveranlagten Ehegatten auf **40 000 €** angehoben worden. Im Jahr 2005 können jedoch nur **60 v.H.** dieser Vorsorgeaufwendungen angesetzt werden. Der v.H.-Satz erhöht sich in den folgenden Jahren um je 2 Prozentpunkte, bis im Jahr **2025** 100 v.H. erreicht sind. Außerdem ist der nach § 3 Nr. 62 EStG steuerfreie Arbeitgeberanteil zur gesetzlichen Rentenversicherung und ein diesem gleichgestellter steuerfreier Zuschuss des Arbeitgebers, die zunächst zu den Vorsorgeaufwendungen hinzugerechnet werden, bei der Berechnung des abzugsfähigen Höchstbetrags wieder **abzuziehen** (§ 10 **Abs. 3** EStG n.F.). Durch die stufenweise Erhöhung des o.a. Satzes von 60 v.H. werden die während des Erwerbslebens gezahlten Beiträge zur Altersversorgung sukzessive steuerfrei gestellt. Damit im Einklang steht die schrittweise Anhebung der Besteuerung der späteren Renten, die allerdings erst im Jahr **2040** 100 v.H. erreicht (vgl. Teil I, Anlage R, vor Zeilen 1 bis 9). Die Verdoppelung des Höchstbetrags bei zusammenveranlagten Ehegatten auf 40 000 € gilt unabhängig davon, wer von den Ehegatten die begünstigten Beiträge entrichtet hat (BMF-Schreiben vom **24. 2. 2005**, BStBl I S. 429, Rz 20 ff.).

Beispiel 4

Ein lediger Arbeitnehmer mit einem Jahresarbeitslohn von 40 000 € leistet 2005 folgende Beiträge zu seiner Altersabsicherung, die dem System der nachgelagerten Besteuerung unterliegen:

Teil I: Hauptvordruck
Zeile 63

Arbeitnehmerbeitrag zur gesetzlichen Rentenversicherung	3 900 €
Steuerfreier Arbeitgeberbeitrag zur gesetzlichen Rentenversicherung	3 900 €
Beitrag zu einer „neuen" privaten Rentenversicherung (Zeile 67 des Hauptvordrucks)	1 500 €
Begünstigte Beiträge	**9 300 €**

Höchstbetragsberechnung für 2005:

Begünstigte Vorsorgeaufwendungen		9 300 €
Höchstbetrag nach § 10 Abs. 3 Satz 1 EStG		20 000 €
Abzugsfähig sind **60 v.H.** von **9 300 €**		5 580 €
Abzüglich steuerfreier Arbeitgeberanteil		3 900 €
Abziehbare Vorsorgeaufwendungen		**1 680 €**

Steuerlich unbelastet bleiben somit Beiträge zum Aufbau der Altersversorgung in Höhe von 5 580 € (steuerfreier Arbeitgeberbeitrag von 3 900 € und 1 680 € Sonderausgabenabzug).

Beispiel 5

Ein selbständiger Arzt (verheiratet, Zusammenveranlagung) zahlt 2005 insgesamt 18 000 € in die berufsständische Versorgungseinrichtung ein. Für die nichtselbständig tätige Ehefrau werden 2005 Beiträge zur Rentenversicherung von 11 000 € (5 500 € Arbeitnehmeranteil, 5 500 € Arbeitgeberanteil) entrichtet.

Höchstbetragsberechnung für 2005:

Begünstigte Vorsorgeaufwendungen (18 000 € + 11 000 €)	29 000 €
Höchstbetrag nach § 10 Abs. 3 Satz 2 EStG	40 000 €
Abzugsfähig sind **60 v.H.** von **29 000 €**	17 400 €
Abzüglich steuerfreier Arbeitgeberanteil	5 500 €
Abziehbare Vorsorgeaufwendungen	**11 900 €**

Kürzung des Höchstbetrags

Bei **Arbeitnehmern**, die ganz oder teilweise **ohne eigene Beiträge** zur Rentenversicherung einen **Anspruch auf eine Altersversorgung** erwerben (z.B. Beamte, Richter, Soldaten, Gesellschafter-Geschäftsführer mit Pensionszusage), und bei Abgeordneten **vermindert** sich der o.a. Höchstbetrag von 20 000 € (bzw. 40 000 €) um einen **fiktiven** Gesamtbeitrag zur gesetzlichen Rentenversicherung (§ 10 Abs. 3 Satz 3 EStG n.F.). Die erforderlichen Angaben sind in der **Anlage N, Zeilen 31 bis 36** zu machen. Für die Berechnung des Kürzungsbetrags ist auf den zu Beginn des jeweiligen Kalenderjahrs geltenden Beitragssatz in der allgemeinen Rentenversicherung abzustellen (2005 = 19,5 v.H.). Bemessungsgrundlage für den Kürzungsbetrag sind die erzielten steuerpflichtigen Einnahmen aus der Tätigkeit, die die Zugehörigkeit zu dem betroffenen Personenkreis begründen, höchstens bis zum Betrag der Beitragsbemessungsgrenze in der allgemeinen Rentenversicherung. Aus Vereinfachungsgründen wird einheitlich auf die Beitragsbemessungsgrenze (Ost) in der allgemeinen Rentenversicherung abgestellt (2005 = **52 800 €**). Vgl. auch o. a. BMF-Schreiben vom 24. 2. 2005, Rz 21 bis 41.

Beispiel 6

Ein Beamter (unverheiratet) hat eine Rentenversicherung abgeschlossen, die die Voraussetzungen der Basisversorgung nach § 10 Abs. 1 Nr. 2b EStG (Zeile 67 des Hauptvordrucks) erfüllt. Er zahlte im Jahr 2005 Beiträge von 2 000 €. Sein Jahresarbeitslohn 2005 beträgt 38 000 €.

Höchstbetragsberechnung für 2005:

Beiträge für private Rentenversicherung		2 000 €
Höchstbetrag nach § 10 Abs. 3 Satz 3 EStG	20 000 €	
Abzüglich: 19,5 v.H. von 38 000 € =	7 410 €	
	12 590 €	
Abziehbar sind: 60 v.H. von 2 000 €		**= 1 200 €**

B. Höchstbetrag für andere abziehbare Vorsorgeaufwendungen

Folgende Beiträge für andere Versicherungen sind **neben** den Beiträgen zur sog. Basisversorgung (obiger Abschn. A) als Sonderausgaben im begrenzten Umfang abzugsfähig:

- Beiträge zu Versicherungen gegen Arbeitslosigkeit, zu Erwerbs- oder Berufsunfähigkeitsversicherungen außerhalb der Basisversorgung, zu Kranken-, Pflege-, Unfall- und Haftpflichtversicherungen sowie zu Risikoversicherungen, die nur für den Todesfall eine Leistung vorsehen (§ 10 Abs. 1 Nr. 3a EStG, BMF-Schreiben vom 24. 2. 2005, BStBl I S. 429, Rz 42 ff.) **und**

- Beiträge zu „alten" Rentenversicherungen und Kapitallebensversicherungen i.S. von § 10 Abs. 1 Nr. 2b, bb bis dd EStG a. F., wenn deren Laufzeit vor dem Jahr 2005 begonnen hat und noch im Jahr 2004 ein Versicherungsbeitrag entrichtet wurde (§ 10 Abs. 1 Nr. 3b EStG).

Die Beiträge zu diesen Versicherungen sind ab dem Jahr 2005 bis zu den in **§ 10 Abs. 4 EStG** bestimmten Höchstbeträgen als Sonderausgaben abziehbar. Der **Höchstbetrag** für diese Vorsorgeaufwendungen beläuft sich grundsätzlich auf **2 400 €** jährlich. Bei Steuerpflichtigen, die ganz oder teilweise ohne eigene Aufwendungen einen **Anspruch auf Erstattung** oder Übernahme von Krankheitskosten haben (z.B. Anspruch auf Beihilfe bei Beamten) oder für deren **Krankenversicherung steuerfreie Leistungen**, insbesondere i.S. des § 3 Nr. 62 EStG (Arbeitgeberanteil zur gesetzlichen Krankenversicherung), oder **steuerfreie Zuschüsse** zur Krankenversicherung eines Rentners i.S. des § 3 Nr. 14 EStG erbracht werden, **verringert** sich dieser Höchstbetrag auf jährlich **1 500 €**.

Bei zusammenveranlagten Ehegatten ist zunächst für jeden Ehegatten nach dessen persönlichen Verhältnissen der ihm zustehende Höchstbetrag zu bestimmen. Die Summe der beiden Höchstbeträge ist der gemeinsame Höchstbetrag, bis zu dessen Höhe die Aufwendungen beider Ehegatten insgesamt abzuziehen sind.

Beispiel 7

A ist selbständiger Rechtsanwalt, seine Ehefrau B (Zusammenveranlagung) ist Arbeitnehmerin. A zahlte 2005 in eine private Kranken- und Pflegeversicherung Beiträge von 4 000 €. Bei B betrugen die Beiträge zur gesetzlichen Kranken- und Pflegeversicherung 6 280 €, zur Arbeitslosenversicherung 2 600 € (jeweils Arbeitnehmer- und Arbeitgeberanteil). Zur Privat-Haftpflichtversicherung wurden Beiträge von 200 € und für die Kfz-Haftpflichtversicherung (Privat-Pkw) 700 € gezahlt.

Begünstigte Beiträge sind:

Kranken- und Pflegeversicherung des A	4 000 €
Arbeitnehmeranteil zur Kranken- und Pflegeversicherung der B	3 140 €
Arbeitnehmeranteil zur Arbeitslosenversicherung der B	1 300 €
Privat-Haftpflichtversicherung	200 €
Kfz-Haftpflichtversicherung	700 €
insgesamt	9 340 €
abzugsfähig sind: höchstens 2 400 € (A) + 1 500 € (B) =	**3 900 €**

C. Günstigerprüfung nach § 10 Abs. 4a EStG

Insbesondere in den ersten Jahren des Übergangszeitraums kann sich beim Abzug von Vorsorgeaufwendungen eine Verschlechterung gegenüber dem bisherigen Recht ergeben. Betroffen hiervon sind vor allem **Selbstständige**, die bisher für ihre Vorsorgeaufwendungen neben dem Grundhöchstbetrag von 1 334 € (bzw. 2 668 € im Fall der Zusammenveranlagung von Ehegatten) sowie dem hälftigen Grundhöchstbetrag ungeschmälert den sog. **Vorwegabzug** nach § 10 Abs. 3 Nr. 2 EStG a. F. von 3 068 € (bzw. 6 136 € bei Zusammenveranlagung von Ehegatten) in Anspruch nehmen konnten. Dies gilt insbesondere dann, wenn ihre Altersvorsorge weitgehend auf „alten" (vor 2005 abgeschlossenen) Lebensversicherungen beruht, die nur noch bis zum Höchstbetrag von 2 400 € berücksichtigt werden können (vgl. o.a. BMF-Schreiben vom 24. 2. 2005, Rz 50 bis 52 sowie nachfolgendes **Beispiel 8**).

Um diese Nachteile auszugleichen, wird im Rahmen der ESt-Veranlagung **2005** bis **2019** von Amts wegen eine Günstigerprüfung durchgeführt. Dabei wird die Höhe der abzugsfähigen Vorsorgeaufwendungen nach neuem Recht (EStG 2005) und altem Recht (EStG 2004) ermittelt und verglichen. Der **höhere** Betrag wird bei der ESt-Veranlagung abgezogen. Ab dem Jahr **2011** wird allerdings der sog. Vorwegabzug nach altem Recht (vgl. vorstehenden Absatz) bei der Günstigerprüfung schrittweise **abgesenkt** werden (Tabelle in § 10 Abs. 4a EStG n. F.).

Beispiel 8
Ein lediger Gewerbetreibender leistet 2005 folgende Versicherungsbeiträge:

Beitrag zu einer „alten" Rentenversicherung (Zeile 75 des Hauptvordrucks)	13 000 €
Beitrag zur Krankenversicherung und Pflegeversicherung	4 000 €
Beitrag zur Kfz-Haftpflichtversicherung	500 €

1. Höchstbetragsberechnung nach § 10 Abs. 4 EStG **2005**:
   begünstigte Beiträge   17 500 €
   davon abziehbar   **2 400 €**

2. Günstigerprüfung nach § 10 Abs. 4a EStG
   Begünstigte Vorsorgeaufwendungen 17 500 €
   Vorwegabzug nach § 10 Abs. 3
   Nr. 2 EStG **2004**   – 3 068 €   3 068 €
   Verbleibende Vorsorgeaufwendungen 14 432 €
   Grundhöchstbetrag   – 1 334 €   1 334 €
   Verbleibende Vorsorgeaufwendungen 13 098 €
   50 v.H., höchstens 50 v.H. von 1 334 € = 667 €   667 €
   Abziehbare Vorsorgeaufwendungen   **5 069 €**

Auf Grund der Günstigerprüfung werden 2005 **5 069 €** als Sonderausgaben abgezogen.

Der oben bezeichnete **Vorwegabzug**, der nur noch **für die Günstigerprüfung** Bedeutung hat, soll den Steuerpflichtigen zugute kommen, die ihre Vorsorgeaufwendungen voll selbst zu tragen haben (insbesondere selbständig Tätige). Bei Steuerpflichtigen, die bei ihrer Alters- und Krankenvorsorge durch steuerfreie Leistungen des Arbeitgebers oder aus öffentlichen Kassen **entlastet** werden oder die Anwartschaftsrechte auf eine Altersversorgung ganz oder teilweise ohne eigene Beitragsleistung erwerben, ist eine **Kürzung des Vorwegabzugs vorzunehmen**. Nach § 10 Abs. 3 EStG **2004** ist der oben genannte Betrag von 3 068 € (bzw. 6 136 € bei Zusammenveranlagung) **einheitlich um 16 v.H. zu kürzen**, jedoch nur aus der **Summe der Einnahmen**

a) aus **nichtselbständiger Arbeit**, aber **ohne Versorgungsbezüge** i.S.d. § 19 Abs. 2 EStG, **wenn** für die Zukunftssicherung des Arbeitnehmers Leistungen i.S.d. § 3 Nr. 62 EStG (z.B. gesetzliche Arbeitgeberbeiträge zur Sozialversicherung oder gleichgestellte steuerfreie Leistungen) erbracht werden **oder** der Arbeitnehmer zum Personenkreis des § 10c Abs. 3 Nr. 1 oder 2 EStG gehört (**u.a.** Beamte, Richter, Berufssoldaten) **und**

b) aus der **Ausübung eines Abgeordneten-Mandats** i.S. des § 22 Nr. 4 EStG (vgl. Teil I, Anlage SO, Zeilen 16 bis 23).

Zu dem Personenkreis nach **Buchst. a** gehören neben sozialversicherungspflichtigen Arbeitnehmern insbesondere im aktiven Dienst stehende Beamte, Richter, Berufssoldaten, aber z.B. auch Beschäftigte bei Trägern der Sozialversicherung und Geistliche der als öffentlich-rechtliche Körperschaften anerkannten Religionsgemeinschaften sowie Vorstandsmitglieder von Aktiengesellschaften und **beherrschende Gesellschafter-Geschäftsführer einer GmbH**, die im Zusammenhang mit ihrer Berufstätigkeit vertraglich Anwartschaftsrechte auf eine Altersversorgung ganz oder teilweise ohne eigene Beitragsleistung erworben haben (z.B. durch eine **Pensionszusage**). Wird einem Gesellschafter-Geschäftsführer einer GmbH im Anstellungsvertrag ein Anspruch auf Ruhegehalt eingeräumt, dessen Art und Höhe erst später durch Gesellschafterbeschluss bestimmt werden soll, ist der Vorwegabzug nicht zu kürzen, wenn die GmbH keine Aufwendungen zur Sicherstellung der künftigen Altersversorgung tätigt (BFH-Urteil vom 14. 6. 2000, BStBl 2001 II S. 28).

Mit Urteil vom 16. 10. 2002 (BStBl 2004 II S. 546) hat der BFH entschieden, dass der Vorwegabzug bei einem **Alleingesellschafter-Geschäftsführer einer GmbH** trotz Versorgungszusage nicht zu kürzen ist, da es sich der nach Handelsrecht gebotenen Bildung der Pensionsrückstellung – wirtschaftlich betrachtet – um eigene Aufwendungen des Alleingesellschafters handelt (Verringerung seiner gesellschaftsrechtlichen Ansprüche). Vgl. auch BMF-Schreiben vom 9. 7. 2004, BStBl I S.582. Hat eine GmbH **zwei zu gleichen Teilen** beteiligte **Gesellschafter-Geschäftsführer**, denen sie die **gleiche** Altersversorgung zugesagt hat, so steht jedem von ihnen der **ungekürzte** Vorwegabzug zu (BFH-Urteil vom 23. 2. 2005, BStBl II S. 634).

Bemessungsgrundlage für die **Kürzung** nach Buchst. a ist der steuerpflichtige Arbeitslohn; dazu gehören weder steuerfreier Arbeitslohn (z.B. aufgrund eines DBA oder nach dem Auslandstätigkeitserlass) noch steuerfreie Lohnersatzleistungen (vgl. Zeilen **25 bis 27 der Anlage N**), selbst wenn für sie Pflichtbeiträge zur gesetzlichen Renten- und Krankenversicherung zu entrichten sind. Ebenfalls **nicht** zur Bemessungsgrundlage gehören beamtenrechtliche und diesen gleichgestellte **Versorgungsbezüge** i.S. des § 19 Abs. 2 EStG (vgl. **Teil I, Anlage N, Zeile 8**) sowie Versorgungsbezüge ehemaliger Abgeordneter. Vorruhestandsleistungen des Arbeitgebers gehören dann nicht zur Bemessungsgrundlage, wenn es sich um Versorgungsbezüge im dargestellten Sinne handelt (vgl. auch R 75 Abs. 1 Nr. 25 LStR). Falls **beide** Kürzungsgründe – nach Buchst. a und b – nebeneinander vorliegen, ist die **Summe** des Arbeitslohns und der Einnahmen als Abgeordneter die Bemessungsgrundlage für die Kürzung.

Erzielt ein Steuerpflichtiger aus mehreren Beschäftigungsverhältnissen Einkünfte aus nichtselbständiger Arbeit, sind bei der Kürzung des Vorwegabzugs nur die Einnahmen aus solchen Beschäftigungsverhältnissen in die Bemessungsgrundlage „Summe der Einnahmen aus nichtselbständiger Arbeit" einzubeziehen, in deren Zusammenhang der Arbeitgeber Zukunftssicherungsleistungen i.S. des § 3 Nr. 62 EStG erbracht hat oder bei denen der Steuerpflichtige (Arbeitnehmer) zum Personenkreis des § 10c Abs. 3 Nr. 1 oder 2 EStG gehört (BFH-Urteil vom 26. 2. 2004, BStBl II S. 720). Im Urteil vom 3. 12. 2003 (BStBl 2004 II S. 709) hat der BFH entschieden: Bei der Kürzung des zusammenveranlagten Ehegatten gemeinsam zustehenden Vorwegabzugs für Vorsorgeaufwendungen (§ 10 Abs. 3 Nr. 2 EStG a. F.) ist in die Bemessungsgrundlage „Summe der Einnahmen aus nichtselbständiger Arbeit" nur der Arbeitslohn desjenigen Ehegatten einzubeziehen, für den Zukunftssicherungsleistungen i.S. des § 3 Nr. 62 EStG erbracht worden sind oder der zum Personenkreis des § 10c Abs. 3 Nr. 1 oder 2 EStG gehört. Nach dem **BMF-Schreiben vom 13. 8. 2004** (BStBl I S. 848) sind die Grundsätze der beiden BFH-Urteile in allen offenen Fällen anzuwenden.

Die **Höhe** der vom Arbeitgeber erbrachten Zukunftssicherungsleistungen i.S. des § 3 Nr. 62 EStG ist für den Umfang der Kürzung des Vorwegabzugs ohne Bedeutung, wenn es sich um ein sozialversicherungspflichtiges Beschäftigungsverhältnis handelt (BFH-Urteil vom 16. 10. 2002, BStBl 2003 II S. 183). Zu den Einnahmen aus nichtselbständiger Arbeit, die Bemessungsgrundlage für die Kürzung des Vorwegabzugs sind, gehört bei einem sozialversicherungspflichtigen Beschäftigungsverhältnis auch eine vom Arbeitgeber gezahlte Entlassungsentschädigung, für die kein Arbeitgeberbeitrag zu leisten war (BFH vom 16. 10. 2002, BStBl II S. 343 und Gründe des o.a. Urteils in BStBl 2004 II S. 720).

Ein Vorwegabzugsbetrag wird wegen der 16%igen Kürzung bei Anwendung der Einkommensteuer-Grundtabelle und einem Bruttoarbeitslohn und/oder Abgeordnetenbezügen ab **19 175 €** und bei Anwendung der Einkommensteuer-Splittingtabelle bei Ehegatten und einem Bruttoarbeitslohn und/oder Abgeordnetenbezügen ab **38 350 €** nicht mehr berücksichtigt. Hierbei ist ohne Bedeutung, ob in die Bemessungsgrundlage für die Kürzung einzubeziehender Bruttoarbeitslohn aus einem oder mehreren Dienstverhältnissen bezogen wurde. Eine Kürzung des Vorwegabzugs kommt allerdings nicht in Betracht, wenn ein Arbeitnehmer im Kalenderjahr **nur Versorgungsbezüge** erhalten hat.

**Teil I: Hauptvordruck
Zeilen 64–67**

Außerdem ist eine Kürzung des Vorwegabzugs z.B. **nicht vorzunehmen** bei

- Vorstandsmitgliedern von Aktiengesellschaften und **beherrschenden Gesellschafter-Geschäftsführern einer GmbH,** deren betriebliche Altersversorgung nur in der Leistung von pauschal besteuerten Arbeitgeberbeiträgen zu einer zugunsten des Arbeitnehmers abgeschlossenen **Direktversicherung** oder einer **Pensionskasse** besteht (vgl. auch R 120 Abs. 2 Nr. 7 LStR sowie Ausführungen zur gekürzten Vorsorgepauschale im vorstehenden Abschn. I, 1 B),
- Personen, die nach § 2 Abs. 1 Nr. 11 des Angestelltenversicherungsgesetzes bzw. nach § 4 SGB VI auf Antrag pflichtversichert sind (BFH-Urteil vom 19.5. 1999, BStBl 2001 II S. 64).

Bei **ohne Dienstbezüge beurlaubten Beamten,** deren Arbeitgeber einen **Versorgungszuschlag** zahlt, ist der Vorwegabzug um 16 v.H. des gesamten steuerpflichtigen Arbeitslohns einschließlich des vom Arbeitgeber an den Dienstherrn gezahlten Versorgungszuschlags zu kürzen (BMF-Schreiben vom 15.7.1994, BStBl I S. 528).

Die für die Kürzung des Vorwegabzugs erforderlichen Angaben sind in der **Anlage N, Zeilen 31 bis 36** zu machen. Falls Abgeordnetenbezüge vorliegen, wird auf **Teil I, Anlage SO, Zeilen 16 bis 23** hingewiesen.

Wählen Ehegatten die **getrennte Veranlagung** (§ 26a EStG) oder für das **Jahr der Eheschließung** die **besondere Veranlagung** nach § 26c EStG, so gelten für jeden Ehegatten die für **Unverheiratete** maßgebenden Höchstbeträge (vgl. Erläuterungen zu **Zeile 13** dieses Vordrucks).

Zur Frage, ob durch die Begrenzung des Sonderausgabenabzugs von Vorsorgeaufwendungen **Grundrechte** verletzt werden (z.B. Art. 3 Abs. 1 und Art. 6 Abs. 1 GG), hat der BFH in den Urteilen vom 16. 10. 2002 (BStBl 2003 II S. 179) und vom 11. 12. 2002 (BStBl 2003 II S. 650) die Verfassungsmäßigkeit des beschränkten Abzugs (nach altem Recht) bejaht. Zumindest gegen die erstgenannte Entscheidung ist jedoch **Verfassungsbeschwerde** eingelegt worden (Az: 2 BvR 274/03). Nach dem BMF-Schreiben vom 2.8. 2005 (BStBl I S. 843) werden Steuerfestsetzungen hinsichtlich der beschränkten Abziehbarkeit von Vorsorgeaufwendungen **vorläufig** vorgenommen.

IV. Weitere Besonderheiten bei Vorsorgeaufwendungen

Allgemeine Voraussetzung für die Berücksichtigung von Vorsorgeaufwendungen als Sonderausgaben ist, dass diese **nicht** in unmittelbarem wirtschaftlichen Zusammenhang mit **steuerfreien Einnahmen** stehen. Wegen eines solchen Zusammenhangs sind z.B. **nicht abziehbar**

1. Versicherungsbeiträge, die auf steuerfreien Arbeitslohn entfallen (BFH-Urteile vom 27. 3. 1981, BStBl II S. 530, und vom 29. 4. 1992, BStBl 1993 II S. 149), etwa aufgrund einer Freistellung nach einem Doppelbesteuerungsabkommen oder dem Auslandstätigkeitserlass vom 31. 10. 1983, BStBl I S. 470 (vgl. Teil I, Anlage N, Zeilen 18 bis 20),

2. Aufwendungen aus Mitteln, die nach ihrer Zweckbestimmung zur Leistung der Vorsorgeaufwendungen dienen, wie

   a) Sonderleistungen, die Wehrpflichtige oder Zivildienstleistende unter bestimmten Voraussetzungen zum Ersatz für Beiträge zu einer Krankenversicherung, Unfallversicherung oder Haftpflichtversicherung erhalten (§ 7 Unterhaltssicherungsgesetz). Beiträge zu Versicherungen, die mit dem Führen und Halten von Kraftfahrzeugen zusammenhängen, z.B. Kraftfahrzeug-Haftpflichtversicherung und Kraftfahrzeug-Insassenunfallversicherung, werden nach § 7 Abs. 2 Nr. 4 Unterhaltssicherungsgesetz nicht ersetzt;

   b) Beiträge zur Alters- und Hinterbliebenenversorgung, die Wehrpflichtigen und Zivildienstleistenden erstattet werden (§§ 14a und 14b Arbeitsplatzschutzgesetz);

   c) steuerfreie Zuschüsse zur Krankenversicherung der Rentner (z.B. nach § 106 des Sozialgesetzbuchs VI);

   d) steuerfreie Beträge, die Land- und Forstwirte nach dem Gesetz über die Alterssicherung der Landwirte vom 29. 7. 1994 (BGBl I S. 1890) zur Entlastung von Vorsorgeaufwendungen (Versicherungsbeiträgen) i.S. des § 10 Abs. 1 Nr. 2a EStG erhalten.

Beiträge an Versicherungsunternehmen, die weder ihre Geschäftsleitung noch ihren Sitz im Inland haben, waren in der Vergangenheit nur dann abzugsfähig, wenn diese Unternehmen die **Erlaubnis zum Geschäftsbetrieb im Inland** haben. Ein Verzeichnis der zugelassenen ausländischen Versicherungsunternehmen und der bei diesen **begünstigten Versicherungszweige** war dem Amtlichen Einkommensteuer-Handbuch 2000 als Anhang 32 beigefügt. Nach dem Missbrauchsbekämpfungs- und Steuerbereinigungsgesetz vom 21. 12. 1993 (BStBl 1994 I S. 50) sind seit 1993 darüber hinaus auch solche Versicherungsunternehmen begünstigt, die ihren Sitz oder ihre Geschäftsleitung in einem Mitgliedstaat der Europäischen Gemeinschaften haben und das Versicherungsgeschäft im Inland betreiben dürfen (§ 10 Abs. 2 Nr. 2a EStG).

Die Versicherungsbeiträge müssen durch den Steuerpflichtigen als Versicherungsnehmer aufgewendet worden sein. Nur bei Ehegatten, die **zusammen** zur Einkommensteuer **veranlagt** werden, ist es gleichgültig, ob die Beiträge durch den Ehemann oder die Ehefrau geleistet worden sind. Eigene Beiträge der **Kinder** können nicht von den Eltern geltend gemacht werden. Wer der Versicherte ist oder wem die Versicherungssumme oder eine andere Leistung (z.B. das Sterbegeld aus einer Sterbekasse) später zufließt, ist dagegen für den Sonderausgabenabzug ohne Bedeutung (BFH-Urteil vom 20. 11. 1952, BStBl 1953 III S. 36).

Einschränkung des Umfangs begünstigter Vorsorgeaufwendungen ab 2005

64–67
52–55

Durch das Gesetz zur Neuordnung der einkommensteuerrechtlichen Behandlung von Altersvorsorgeaufwendungen und Altersbezügen (Alterseinkünftegesetz) vom 5. 7. 2004 (BStBl I S. 554) hat sich nicht nur die Höchstbetragsberechnung für abzugsfähige Vorsorgeaufwendungen geändert (vgl. vorstehende Erläuterungen zu **Zeile 63**); sondern auch der Umfang der als Sonderausgaben begünstigten Versicherungen wurde eingeschränkt. So wurde bei **neuen** Kapitallebensversicherungen sowohl der Sonderausgabenabzug als auch die Steuerfreistellung der Erträge ab 2005 gestrichen. Beiträge zu Kapitallebensversicherungen und zu Rentenversicherungen mit Kapitalwahlrecht sind nur noch dann als sonstige Vorsorgeaufwendungen im Rahmen des verminderten Höchstbetrags nach § 10 Abs. 4 EStG n.F. als Sonderausgaben zu berücksichtigen, wenn die Laufzeit der Versicherung vor dem 1.1. 2005 begonnen hat und mindestens ein Versicherungsbeitrag bis zum 31. 12. 2004 entrichtet wurde (§ 10 Abs. 1 Nr. 3b EStG n.F.; Zeile **75** des Hauptvordrucks).

Altersvorsorgeaufwendungen für die sog. Basisversorgung

Abzugsfähig sind ab 2005 im Rahmen eines Höchstbetrags neben den Beiträgen zu gesetzlichen Rentenversicherungen oder landwirtschaftlichen Alterskassen auch Beiträge zu berufsständischen Versorgungseinrichtungen, die den gesetzlichen Rentenversicherungen vergleichbare Leistungen erbringen (§ 10 Abs. 1 Nr. 2a EStG).

Außerdem sind nach § 10 Abs. 1 Nr. 2b EStG die Beiträge zum Aufbau einer **eigenen kapitalgedeckten Altersversorgung** bis zu einem Höchstbetrag abzugsfähig, sofern diese der gesetzlichen Rentenversicherung vergleichbar ist. Daher dürfen die erworbenen Anwartschaften nicht vererblich, nicht übertragbar, nicht beleihbar, nicht veräußerbar und nicht kapitalisierbar sein, und es darf kein Anspruch auf Auszahlungen bestehen. Hierunter fallen z.B. Beiträge zu einer privaten **Rentenversicherung** ohne Kapitalwahlrecht mit Laufzeitbeginn nach dem 31. 12. 2004 (**Zeile 67**). Voraussetzung ist außerdem, dass der Versicherungsvertrag nur die Zahlung einer **monatlichen**, auf die **Lebenszeit** des Steuerpflichtigen bezogenen **Leibrente** vorsieht, die nicht vor Vollendung des 60. Lebensjahrs beginnt. Die ergänzende Absicherung des Eintritts von Berufsunfähigkeit (Berufsunfähigkeitsrente), von verminderter Erwerbsfähigkeit (Erwerbsminderungsrente) sowie von Hinterbliebenen (Witwen- oder Waisenrente) ist grundsätzlich unschädlich. Allerdings darf der Anspruch auf Waisenrente längstens für den Zeitraum bestehen, in dem rentenberechtigte Waisen die Voraussetzungen für die Berücksichtigung als Kind i.S. des § 32 EStG erfüllen (vgl. Anlage Kind).

Beiträge zu gesetzlichen Rentenversicherungen und gleichgestellte Aufwendungen

64
52
Hier sind die von einem Arbeitnehmer geleisteten **Arbeitnehmeranteile** zu **gesetzlichen Rentenversicherungen** einzutragen (ggf. – getrennt – auch für die Ehefrau). Der Arbeitnehmeranteil kann in der Regel aus der Lohnsteuerbescheinigung des Arbeitgebers entnommen werden. **Arbeitgeberanteile** zu gesetzlichen Rentenversicherungen sind in Zeile 68 einzutragen.

65–66
53–54
Besteht eine Befreiung von der gesetzlichen Rentenversicherung, sind in **Zeile 65** u.a. die Aufwendungen für eine öffentlich-rechtliche Versicherungs- oder Versorgungseinrichtung der Berufsgruppe des Steuerpflichtigen einzutragen. Nach der Rechtsprechung des BFH gelten Versorgungsbeiträge, zu denen selbständige Angehörige bestimmter Berufsgruppen (z.B. Ärzte, Rechtsanwälte, Hebammen, Schornsteinfeger) gesetzlich verpflichtet sind, als **Sonderausgaben**, nicht etwa als Betriebsausgaben (BFH-Urteile vom 13.4.1972, BStBl II S. 728 und 730). In **Zeile 66** sind Aufwendungen für freiwillige Versicherungen sowie Weiter- oder Höherversicherungen in den gesetzlichen Rentenversicherungen anzugeben. Als Beiträge zu landwirtschaftlichen Alterskassen sind die um Beitragszuschüsse geminderten eigenen Aufwendungen in **Zeile 65** einzutragen.

67
55
Hier können Beiträge zu einer **eigenen kapitalgedeckten Rentenversicherung** eingetragen werden, deren Laufzeit **nach dem 31.12.2004** begonnen hat, wenn der Vertrag nur die Zahlung einer monatlichen, auf das Leben des Steuerpflichtigen bezogenen lebenslangen Leibrente nicht vor Vollendung des 60. Lebensjahres oder die ergänzende Absicherung von Berufs- oder Erwerbsunfähigkeit oder von Hinterbliebenen vorsieht. Die Ansprüche dürfen nicht vererblich, nicht übertragbar, nicht beleihbar, nicht veräußerbar und nicht kapitalisierbar sein und es darf darüber hinaus kein Anspruch auf Auszahlungen bestehen (§ 10 Abs. 1 Nr. 2b EStG). Die ergänzende Absicherung von Berufs- oder Erwerbsunfähigkeit oder von Hinterbliebenen ist nur dann unschädlich, wenn mehr als 50 % der Beiträge auf die eigene Altersversorgung des Steuerpflichtigen entfallen. Sowohl die Altersversorgung als auch die ergänzenden Absicherungen müssen in einem einheitlichen Vertrag geregelt sein (vgl. auch BMF-Schreiben vom 24.2.2005, BStBl I S. 429, Rz 8 bis 17).

68
56
Die Angabe des Arbeitgeberanteils zu gesetzlichen Rentenversicherungen und von Zuschüssen zu berufsständischen Versorgungseinrichtungen dient der Berechnung des Höchstbetrags der abzugsfähigen Vorsorgeaufwendungen durch das Finanzamt (vgl. obige Erläuterungen zu Zeile 63, Abschn. III A).

Beiträge zur zusätzlichen freiwilligen Pflegeversicherung bei nach dem 31.12.1957 geborenen Personen

69
57
Bei krankenversicherungspflichtigen Arbeitnehmern ist der Pflichtbeitrag zur gesetzlichen Pflegeversicherung im Arbeitnehmeranteil am Gesamtsozialversicherungsbeitrag enthalten, der in **Zeile 73** einzutragen ist. Neben Arbeitnehmeranteilen zur gesetzlichen **Pflegeversicherung** zählen aber auch Beiträge zu einer **freiwilligen** Pflegeversicherung zu den Sonderausgaben (Zeile 73). Handelt es sich um Beiträge zu einer **zusätzlich** abgeschlossenen **freiwilligen** Pflegeversicherung und ist die versicherte Person **nach dem 31.12.1957 geboren**, so sind **diese** Beiträge in **Zeile 69** (nicht in Zeile 73) einzutragen, weil hierfür im Rahmen der Sonderausgaben-Höchstbetragsberechnung (Günstigerprüfung) ein **zusätzlicher Höchstbetrag von 184 €** jährlich in Betracht kommen kann (vgl. Ausführungen zu Zeile 63, Abschn. III C). Liegen die genannten Voraussetzungen bei beiden zusammenveranlagten Ehegatten vor, so sind die Beiträge zur zusätzlichen freiwilligen Pflegeversicherung für jeden versicherten Ehegatten jeweils **getrennt** in Zeile 69 einzutragen. Ist die genannte Altersvoraus-

Teil I: Hauptvordruck
Zeilen 64–76

setzung nicht erfüllt, sind Beiträge zu einer zusätzlichen freiwilligen Pflegeversicherung in Zeile 73 anzugeben.

70–71
58
Die hier vorgesehenen Angaben sind für die Ermittlung des Höchstbetrags der abzugsfähigen Vorsorgeaufwendungen durch das Finanzamt erforderlich (vgl. Erläuterungen zu Zeile 63, Abschn. III B). Bei Ehegatten, die über ihren Ehepartner versichert sind (z.B. gesetzliche Krankenversicherung), ist die Frage wie beim Ehepartner mit Ja (Eintragung der Ziffer **1**) zu beantworten. Bei Ehepartnern, die keinen eigenen Beihilfeanspruch (wie z.B. bei Beamten) haben, sondern nur der andere Ehegatte, ist die Frage mit Nein (Ziffer **2**) zu beantworten.

Beiträge zu anderen Versicherungen

72–76
59–62
In den **Zeilen 72 bis 76** sind die im Jahr 2005 geleisteten Beiträge zu den **hier aufgezählten** Versicherungsarten anzugeben. Soweit der Arbeitgeber oder der Rentenversicherungsträger **steuerfreie Zuschüsse** zu diesen Beiträgen gezahlt hat oder Beiträge **erstattet** wurden, sind nur die übersteigenden Beitragsleistungen als Sonderausgaben berücksichtigungsfähig. Für die in den Zeilen 72 bis 76 bezeichneten Sonderausgaben gelten die in den Erläuterungen zu Zeile 63, **Abschn. III B** dargestellte Höchstbetragsberechnung und die Günstigerprüfung nach dem dortigen **Abschn. III C** (Beispiele 7 und 8).

Bei sozialversicherungspflichtigen Arbeitnehmern ist der gesetzliche Krankenversicherungsbeitrag und der Pflichtbeitrag zur Arbeitslosenversicherung im Arbeitnehmeranteil am Gesamtsozialversicherungsbeitrag (Nummer 25 der Lohnsteuerbescheinigung) enthalten. Dieser ist insgesamt in **Zeile 73** einzutragen. Außerdem können in Zeile 73 die Beiträge für eine freiwillige Krankenversicherung einschließlich der **Krankenhaustagegeld-** und der **Krankentagegeldversicherung** geltend gemacht werden. Beiträge zu anlässlich von **Urlaubsreisen** (insbesondere ins Ausland) abgeschlossenen **Zusatz-Krankenversicherungen** zählen ebenfalls zu den Sonderausgaben. Rentner können in Zeile 73 den **Eigenanteil** am Kranken- und Pflegeversicherungsbeitrag eintragen, der durch den Rentenversicherungsträger **von der Rente einbehalten** und an die gesetzliche Kranken- und Pflegeversicherung abgeführt wurde (vgl. Erläuterungen zu **Zeile 34** dieses Vordrucks). Auch Beiträge zu eigenen Versicherungen gegen **Arbeitslosigkeit** sowie Beiträge zu eigenständigen **Erwerbs-** und **Berufsunfähigkeitsversicherungen** sind in Zeile 73 einzutragen.

Beiträge zu **ausländischen Sozialversicherungen** sind wie Beiträge zur inländischen gesetzlichen Sozialversicherung abzugsfähig. Das Erfordernis der Zulassung der Versicherungsträger im Inland (vgl. Zeile 63, Abschn. IV) gilt nicht für ausländische Sozialversicherungsträger.

Werden Sozialversicherungsbeiträge mangels Versicherungspflicht zurückgezahlt, fällt für den Sonderausgabenabzug ein Tatbestandsmerkmal mit Wirkung für die Vergangenheit fort (§ 175 Abs. 1 Satz 1 Nr. 2 AO). Ist im Jahr der Erstattung an den Steuerpflichtigen eine Verrechnung mit gleichartigen Aufwendungen nicht möglich, ist der Sonderausgabenabzug des Jahres der Verausgabung um die – ggf. zeitanteilig anzusetzende – nachträgliche Erstattung zu mindern (BFH-Urteil vom 28.5.1998, BStBl 1999 II S. 95).

In **Zeile 74** können Beiträge für eine **private Unfallversicherung** geltend gemacht werden (wegen des ggf. bestehenden Wahlrechts zwischen betrieblicher oder privater Behandlung einer Unfallversicherung und der damit verbundenen Konsequenzen vgl. **Teil II, Tz. 2.10**). Aufwendungen für eine freiwillige **Unfallversicherung**, die das Unfallrisiko **sowohl im beruflichen** als auch im **privaten** Bereich abdeckt, sind bezüglich des beruflichen Teils Werbungskosten oder Betriebsausgaben und bezüglich des privaten Teils Sonderausgaben. Die notwendige Aufteilung des Gesamtbeitrags richtet sich danach, welcher Anteil des Gesamtbeitrags das berufliche Unfallrisiko abdeckt. Fehlen derartige Angaben des Versicherungsunternehmens, bestehen nach den BMF-Schreiben vom 18.2.1997 (BStBl I S. 278) und vom 17.7.2000 (BStBl I S. 1204) keine Bedenken, die Anteile auf **jeweils 50 v.H.** des Gesamtbeitrags zu schätzen (vgl. auch Teil I, Anlage N, Zeilen 57 bis 62).

Teil I: Hauptvordruck
Zeilen 72–76

Beiträge zu **Sachversicherungen** (z. B. Hausrat-, Feuer-, Wasser- oder Diebstahlversicherung) sind **keine** abzugsfähigen Sonderausgaben. Gleiches gilt für die Kosten einer **Rechtsschutzversicherung**. Beiträge zu Rechtsschutzversicherungen können aber u. U. **Betriebsausgaben** oder **Werbungskosten** sein, wenn die Versicherung im Rahmen eines Betriebs oder im Zusammenhang mit der Berufstätigkeit des Steuerpflichtigen abgeschlossen wird. Ein Abzug als Betriebsausgaben oder Werbungskosten lässt sich dann rechtfertigen, wenn nach der Sachlage des Einzelfalles angenommen werden kann, dass die Kosten (insbesondere für Rechtsverfolgung oder Rechtsverteidigung), von denen der Versicherte durch die Rechtsschutzversicherung befreit wird, im Nichtversicherungsfall Betriebsausgaben oder Werbungskosten darstellen würden. Bei **Automobil-Rechtsschutzversicherungen** für Kraftfahrzeuge, die nicht nur betrieblich, sondern auch privat genutzt werden, ist es vertretbar, die Beiträge in dem gleichen Verhältnis in Betriebsausgaben und nicht abzugsfähige Ausgaben der privaten Lebensführung aufzuteilen wie die übrigen Kosten der Kraftfahrzeughaltung. Bei Aufwendungen von **Arbeitnehmern** für **Fahrten zwischen Wohnung und Arbeitsstätte** sind die Versicherungsbeiträge zu Automobil-Rechtsschutzversicherungen insoweit allerdings durch die Entfernungspauschale des § 9 Abs. 1 Nr. 4 EStG abgegolten (vgl. Ausführungen zu **Zeilen 38 bis 48 der Anlage N**). Versicherungsbeiträge zu **Sachversicherungen für Betriebsvermögen** sind Betriebsausgaben. Beiträge zu **Hausversicherungen** können Werbungskosten bei den Einkünften aus Vermietung und Verpachtung darstellen (vgl. Zeile 52 der Anlage V). Beiträge zu Sachversicherungen anlässlich von Urlaubsreisen (z. B. **Reisegepäckversicherung, Reiserücktrittversicherung**) sind weder Sonderausgaben noch Werbungskosten; dagegen zählen für die Urlaubsdauer abgeschlossene Auslandskrankenversicherungen und zusätzliche Unfall- oder Haftpflichtversicherungen anlässlich von Urlaubsreisen zu den Sonderausgaben.

Beiträge für eine **Haftpflichtversicherung** sind Sonderausgaben, sofern sie nicht zu den Betriebsausgaben oder Werbungskosten gehören, wie dies z. B. bei Beiträgen zu einer Berufs- oder Gebäudehaftpflichtversicherung der Fall ist. Als Sonderausgaben können danach insbesondere Beiträge für die **private persönliche Haftpflichtversicherung** berücksichtigt werden, aber auch Aufwendungen für die **Haftpflichtversicherung für einen Hund**. Aufwendungen für eine **Kraftfahrzeug-Haftpflichtversicherung** können als Sonderausgaben geltend gemacht werden, soweit sie auf die **private** Nutzung des Kraftfahrzeugs entfallen (vgl. aber nachstehende Sonderregelung). Beiträge für eine Voll- oder Teilkaskoversicherung gehören nicht zu den Sonderausgaben.

Wird ein **Kraftfahrzeug** teils für berufliche (betriebliche) und teils für private Zwecke benutzt, so gehört der Teil der Aufwendungen für die Kraftfahrzeug-Haftpflichtversicherung zu den Sonderausgaben, der dem Anteil der privaten Nutzung des Kraftfahrzeugs entspricht. **Arbeitnehmer**, die als Werbungskosten für **Fahrten zwischen Wohnung und Arbeitsstätte** oder für Familienheimfahrten mit eigenem Kraftfahrzeug die in § 9 Abs. 1 Nr. 4 EStG vorgesehene **Entfernungspauschale** geltend machen, können die Beiträge für die Kfz-Haftpflichtversicherung aus Vereinfachungsgründen **in voller Höhe** (jedoch abzüglich Schadensfreiheitsrabatt und Rückvergütung) als Sonderausgaben ansetzen (R 88 Abs. 2 EStR).

Zu den als Sonderausgaben **berücksichtigungsfähigen Versicherungsbeiträgen** gehören nicht nur die laufende oder einmalige Beitragszahlung, sondern auch die Ausfertigungs-, Aufnahme- oder Abschlussgebühr sowie die Versicherungsteuer (BFH-Urteil vom 1. 2. 1957, BStBl III S. 103). Werden vom Versicherungsunternehmen **Rückvergütungen** gewährt, so sind die im Jahr der Rückvergütung geleisteten Versicherungsbeiträge der gleichen Art um die rückvergüteten Beträge zu **kürzen**.

Beiträge zu Lebensversicherungen, die nur für den Todesfall eine Leistung vorsehen (**Risikolebensversicherung**, ggf. kombiniert mit Berufs- oder Erwerbsunfähigkeitsversicherung), sind ebenfalls in **Zeile 74** einzutragen.

Zu den übrigen **Lebensversicherungen (Zeile 75** bzw. **76)** gehören auch Witwen-, Waisen-, Sterbe-, Versorgungs- und Pensionskassen, **Ausbildungs-** und **Aussteuerversicherungen**, Erbschaftsteuerversicherungen sowie Unfallversicherungen mit Prämienrückgewähr. Soweit es sich bei Versicherungsbeiträgen um **vermögenswirksame Leistungen** handelt, für die ein Anspruch auf eine **Arbeitnehmer-Sparzulage** besteht, ist ein Sonderausgabenabzug **ausgeschlossen** (vgl. auch **Zeile 86 der Anlage N**). Erbringt der Arbeitgeber für seinen Arbeitnehmer Zukunftssicherungsleistungen (z. B. an **Zusatzversorgungskassen**), die zu Lasten des Arbeitnehmers besteuert worden sind, so sind diese ebenfalls hier einzutragen. **Nicht** als Sonderausgaben begünstigt sind jedoch solche Aufwendungen, die vom Arbeitgeber steuerfrei gezahlt, ersetzt oder pauschal besteuert worden sind.

Beiträge zu Kapitallebensversicherungen und Rentenversicherungen mit Kapitalwahlrecht, die nach dem 31. 12. 2004 abgeschlossen werden, können nicht mehr als Sonderausgaben berücksichtigt werden. Für die Berücksichtigung der in den **Zeilen 75 und 76** bezeichneten Versicherungen gelten neben den im Erklärungsvordruck genannten Voraussetzungen (**u.a.** Laufzeitbeginn **vor dem 1. 1. 2005**) außerdem die bisherigen Regelungen zu § 10 Abs. 1 Nr. 2 Satz 2 bis 5 und Abs. 2 Satz 2 EStG in der am 31. 12. 2004 geltenden Fassung weiterhin (vgl. BMF-Schreiben vom 24. 2. 2005, BStBl I S. 429, Rz 43 bis 45). Dies bedeutet z. B., dass Beiträge zu

- **Renten**versicherungen **mit** Kapitalwahlrecht gegen laufende Beitragsleistung, wenn das Kapitalwahlrecht nicht vor Ablauf von **12 Jahren** seit Vertragsabschluss ausgeübt werden kann,

- **Kapital**versicherungen gegen laufende Beitragsleistung mit Sparanteil, wenn der Vertrag für die Dauer von **mindestens 12 Jahren** abgeschlossen worden ist,

nur in Höhe von **88 v.H.** als Vorsorgeaufwendungen berücksichtigt werden. Die Abzugsbegrenzung wird vom Finanzamt bei der Veranlagung berücksichtigt. Auch in den Zeilen 75 und 76 sind daher die gezahlten Beiträge in voller Höhe anzugeben. **Fondsgebundene Lebensversicherungen** und von anderen Personen abgeschlossene, entgeltlich erworbene („gebrauchte") Lebensversicherungen sind nicht als Sonderausgaben begünstigt.

Beiträge zu **Renten-** und **Kapitalversicherungen** i.S. der Zeilen 75 und 76 sind **vom Sonderausgabenabzug ausgeschlossen**, wenn die Ansprüche aus den Versicherungsverträgen während deren Dauer im Erlebensfall der **Tilgung oder Sicherung eines Darlehens** dienen, dessen Finanzierungskosten **Betriebsausgaben oder Werbungskosten** sind. Dieses Abzugsverbot gilt jedoch **nicht,** wenn

a) das Darlehen unmittelbar und ausschließlich der Finanzierung von **Anschaffungs-** oder **Herstellungskosten** eines Wirtschaftsguts dient, das **dauernd** zur Erzielung von Einkünften bestimmt und **keine Forderung** ist, **und** die ganz oder zum Teil zur Tilgung oder Sicherung verwendeten Ansprüche aus Versicherungsverträgen die mit dem Darlehen finanzierten Anschaffungs- oder Herstellungskosten nicht übersteigen

oder

b) die Ansprüche aus Versicherungsverträgen insgesamt **nicht länger als drei Jahre** der Sicherung **betrieblich veranlasster Darlehen** dienen; in diesen Fällen können die Versicherungsbeiträge in **den** Veranlagungszeiträumen nicht als Sonderausgaben abgezogen werden, in denen die Ansprüche aus Versicherungsverträgen der Sicherung des Darlehens dienen.

Im Fall des **Buchst. a** ist es unschädlich, wenn die bezeichneten Voraussetzungen bei Darlehen oder bei zur Tilgung oder Sicherung verwendeten Ansprüchen aus Versicherungsverträgen jeweils insgesamt für einen Teilbetrag bis zu **2 556 €** nicht erfüllt sind (§ 10 Abs. 2 Satz 2 EStG a.F.).

Aufgrund der obenbezeichneten **Ausnahmen vom Abzugsverbot** ist die Abtretung von Lebensversicherungsansprüchen zur Sicherung eines Darlehens z. B. unschädlich, wenn das Darlehen der Anschaffung oder Herstellung von **Anlagegütern** bei den Gewinneinkünften oder der Anschaffung oder Herstellung von Gebäuden zur Vermietung dient. Die Abtretung von Lebensversicherungsansprüchen zur Sicherung von Krediten wegen Anschaffung oder Herstellung **eigengenutzten Wohneigentums** berührt den Sonderausgabenabzug der Versicherungsbeiträge und die

Steuerfreiheit der Versicherungserträge ebenfalls nicht, denn diese Finanzierungskosten sind nicht als Werbungskosten, sondern allenfalls wie Sonderausgaben abzugsfähig (vgl. Teil I, Anlage FW). Dient das gesicherte Darlehen der Finanzierung von **Umlaufvermögen** oder von **laufenden Betriebskosten** (z.B. Löhne oder Renovierungsaufwendungen), sind die Versicherungsbeiträge nicht als Sonderausgaben abzugsfähig.

Zusätzlicher Sonderausgabenabzug für Altersvorsorgebeiträge

77
63

Durch das Altersvermögensgesetz vom 26.6.2001 (BStBl I S. 420) und das Versorgungsänderungsgesetz 2001 vom 20.12.2001 (BStBl 2002 I S. 56) wird der Aufbau einer freiwilligen privaten Altersvorsorge oder betrieblichen Altersversorgung seit 2002 durch steuerliche Maßnahmen gefördert (sog. Riester-Rente). Nach den §§ 10a und 79 bis 99 EStG können insbesondere in der gesetzlichen Rentenversicherung Pflichtversicherte, aber auch andere begünstigte Personen (vgl. Erläuterungen in **Teil I, Anlage AV**), die Altersvorsorgebeiträge zu einem **zertifizierten Altersvorsorgevertrag** (§ 82 EStG) leisten, diese Beiträge wie folgt steuerlich berücksichtigen:

a) Für die Altersvorsorgebeiträge kann beim Anbieter (§ 80 EStG) eine **Altersvorsorgezulage** (§§ 83 bis 90 a EStG) beantragt werden, die sich aus der Grundzulage (in den Jahren 2004 und 2005 jeweils 76 €) und ggf. der Kinderzulage zusammensetzt. In den Jahren 2006 und 2007 beläuft sich die Grundzulage auf je 114 €. Nach § 85 EStG beträgt die Kinderzulage für jedes Kind, für das dem Zulageberechtigten Kindergeld für mindestens einen Zahlungszeitraum im Jahr ausgezahlt wird, in den Jahren 2004 und 2005 je 92 € und in den Jahren 2006 und 2007 je 138 €. Die genannten Zulagen werden allerdings nur dann in voller Höhe gezahlt, wenn der Zulageberechtigte selbst die in § 86 EStG bestimmten **Mindesteigenbeiträge** leistet. Die Vordruckmuster für den Antrag auf Altersvorsorgezulage 2004 mit Erläuterungen sind im BStBl 2004 I S. 951 veröffentlicht. Der Antrag ist beim Anbieter erhältlich und dort auszufüllen und unterschrieben wieder einzureichen.

b) Über die Altersvorsorgezulage hinaus können begünstigte Beitragszahler mit der (beim Finanzamt erhältlichen) **Anlage AV** in Zeile 77 des Hauptvordrucks der Einkommensteuererklärung einen **zusätzlichen Sonderausgabenabzug** beantragen. Nach § 10a EStG sind geleistete Altersvorsorgebeiträge **zuzüglich** der dafür zustehenden Zulage in den Jahren 2004 und 2005 jeweils **bis zu 1050 €** neben den in den Erläuterungen zu Zeile 63 des Hauptvordrucks bezeichneten Höchstbeträgen für Vorsorgeaufwendungen **als Sonderausgaben abziehbar**, wenn der Sonderausgabenabzug günstiger ist als die Zulage. In den Jahren 2006 und 2007 erhöht sich der Betrag von 1 050 € auf je 1 575 €.

Wird dieser Sonderausgabenabzug geltend gemacht, ist die ausgefüllte **Anlage AV** unter Beifügung der **Anbieterbescheinigung(en) im Original** (§ 92 EStG) beim Finanzamt einzureichen. Kommt das Finanzamt bei der von Amts wegen vorzunehmenden Günstigerprüfung zum Ergebnis, dass die Steuerersparnis aufgrund des Sonderausgabenabzugs höher ist als die Altersvorsorgezulage, wird die festgesetzte Einkommensteuer zur Vermeidung einer Doppelförderung um den Zulageanspruch erhöht. Der Differenzbetrag wird dem Beitragszahler vom Finanzamt ausgezahlt (bzw. verrechnet). Dagegen bleibt die von der Bundesversicherungsanstalt für Angestellte gezahlte Zulage auf dem begünstigten privaten Anlagekonto oder im Rahmen der begünstigten betrieblichen Altersversorgung gebunden.

Die Altersvorsorgezulage wird für höchstens zwei Verträge gewährt (§ 87 EStG). Der zusätzliche Sonderausgabenabzug kann dagegen für mehr als zwei Verträge mit der Anlage AV beantragt werden. Die Einzelheiten der steuerlichen Förderung der privaten Altersvorsorge und betrieblichen Altersversorgung sind im **BMF-Schreiben vom 17.11.2004** (BStBl I S. 1065) geregelt.

Die **Anlage AV** ist in Teil I, **Nr. 2** dieser Anleitung (unmittelbar im Anschluss an den Hauptvordruck) näher erläutert. Hierauf wird zur Vermeidung von Wiederholungen Bezug genommen.

Die späteren Leistungen aus der steuerlich geförderten Altersvorsorge unterliegen **in vollem Umfang** der Besteuerung, soweit sie auf staatlich gefördertem Altersvorsorgevermögen beruhen (vgl. Teil I, Anlage R, Zeilen 31 bis 46). Näheres ist in Rz 83 bis 102 des o.a. BMF-Schreibens geregelt.

c) Sofern die Altersvorsorgezulage beim Anbieter **nicht** beantragt und der vorstehend in Buchst. b erläuterte zusätzliche Sonderausgabenabzug **nicht** geltend gemacht wird, besteht die Möglichkeit, bestimmte Altersvorsorgebeiträge (z.B. zu Rentenversicherungen) im Rahmen der in den Erläuterungen zu Zeile 63 beschriebenen Höchstbeträge für Vorsorgeaufwendungen zu berücksichtigen (vgl. **Zeilen 75** und **76**). Die Anlage AV darf dann **nicht** ausgefüllt (eingereicht) werden. In diesem Fall werden die späteren Leistungen aus der Altersvorsorge, wenn sie als Rente ausgezahlt werden, regelmäßig wie eine Altersrente, d.h. nur zu einem Teil besteuert (Teil I, Anlage R, Zeilen 1 bis 9 und 12 bis 20).

Die gleichen Möglichkeiten bestehen auch für individuell besteuerte (nicht pauschal versteuerte oder steuerfreie) Beiträge, die im Rahmen der betrieblichen Altersversorgung an eine Pensionskasse, einen Pensionsfonds oder eine Direktversicherung gezahlt werden, wenn diese Einrichtungen dem Begünstigten eine lebenslange Altersversorgung gewährleisten (Rz 154 ff. des o.a. BMF-Schreibens).

Unbeschränkt abzugsfähige Sonderausgaben

Die hier und in den folgenden Zeilen bezeichneten Aufwendungen fallen nicht unter die Sonderausgabenhöchstbeträge (wie zu Zeile 63 beschrieben) und können deshalb, soweit sie als Sonderausgaben anerkannt werden können, grundsätzlich in unbeschränkter Höhe abgesetzt werden. Zum Teil gelten allerdings eigene Höchstbeträge (z.B. bei Zeile 80 und 83 bis 84).

78–79
64–65

Renten und dauernde Lasten

Nach § 10 Abs. 1 Nr. 1a EStG sind Rentenzahlungen und dauernde Lasten als Sonderausgaben berücksichtigungsfähig, wenn sie auf **besonderen Verpflichtungsgründen** beruhen (z.B. laufend zu erbringende Versorgungsleistungen wegen des Erhalts eines Mietwohngrundstücks im Rahmen vorweggenommener Erbfolge), **nicht** Gegenstand eines entgeltlichen Rechtsgeschäfts sind (z.B. Kauf auf Rentenbasis) und nicht mit steuerfreien Einkünften zusammenhängen. Andererseits sind **Zuwendungen** (Leistungen ohne angemessene Gegenleistung) auch in Form von Renten und dauernden Lasten **nicht** als Sonderausgaben abzugsfähig. Das Abzugsverbot umfasst sowohl **freiwillige** Zuwendungen, d.h. solche, denen keine rechtswirksam begründete Verpflichtung zugrunde liegt (BFH-Urteil vom 17.7.1959, BStBl III S. 345) als auch Zuwendungen an **gesetzlich unterhaltsberechtigte Personen** (z.B. Eltern, Kinder) **oder deren Ehegatten,** auch wenn besondere Vereinbarungen vorliegen. Das Abzugsverbot gilt auch für Zuwendungen an eine lediglich **dem Ehegatten gegenüber** gesetzlich unterhaltsberechtigte Person, z.B. an die Schwiegermutter (BFH-Urteil vom 24.1.1958, BStBl III S. 77). Seit dem EStG 1975 sind die schon früher geltenden Abzugsverbote in der Weise erweitert, dass auch **Zuwendungen auf Grund einer freiwillig begründeten Rechtspflicht** an nicht unterhaltsberechtigte Personen nicht mehr abzugsfähig sind (§ 12 Nr. 2 EStG). Wegen der Möglichkeit eines Sonderausgabenabzugs für Unterhaltsleistungen an einen geschiedenen oder dauernd getrennt lebenden Ehegatten vgl. aber **Zeile 80.** Zur Frage, wann Unterhaltszahlungen als außergewöhnliche Belastung berücksichtigt werden können, wird auf die Erläuterungen zu **Zeilen 106 bis 115** hingewiesen.

Steht Zuwendungen (Renten, dauernden Lasten) eine **Gegenleistung** (z.B. die Übertragung von Vermögen) gegenüber, so ist ein Sonderausgabenabzug u.a. davon abhängig, ob der Unterhaltscharakter der Zuwendungen oder der Gesichtspunkt der Gegenleistung überwiegt. Überwiegt der **Unterhaltscharakter,** so sind die

Teil I: Hauptvordruck
Zeile 80

Zuwendungen nicht abzugsfähig. Ein Überwiegen des Unterhaltscharakters ist im Allgemeinen anzunehmen, wenn der Wert der Gegenleistung (z.B. des übernommenen Vermögens) weniger als die Hälfte des Wertes der Zuwendungen beträgt (BFH-Urteile vom 23. 1. 1964, BStBl III S. 422 und vom 30.11. 1967, BStBl 1968 II S. 263); vgl. aber **Näheres in Teil II, Tz. 6.3**, insbesondere Abs. 5. Der Wert der Gegenleistung bestimmt sich in der Regel nach dem Betrag, den ein fremder Erwerber als Kaufpreis zugestehen würde (H 123 EStH).

Ist auf Grund der in Teil II, Tz. 6.3 dargestellten Voraussetzungen ein Sonderausgabenabzug möglich und wird eine **Leibrente** gezahlt, so kann der Zahlungsverpflichtete nur **den Teil** der Leibrente absetzen, den der Empfänger als **Ertragsanteil** versteuern muss (sog. Korrespondenzprinzip). Die Begrenzung des Abzugs auf den Ertragsanteil unterliegt nach dem BFH-Urteil vom 16. 12. 1997 (BStBl 1998 II S. 339) keinen verfassungsrechtlichen Bedenken. Wegen des **Hundertsatzes** für den Ertragsanteil vgl. Teil I, Anlage R, Zeilen 12 bis 20. Einzelheiten zum Begriff „Leibrente" sind in **Teil II, Tz. 6.1** dargestellt. Liegt auf Grund einer **entgeltlichen** privaten Vermögensumschichtung (Kauf auf Rentenbasis) eine **Veräußerungsleibrente** vor, ist deren Ertragsanteil nicht als Sonderausgabe abziehbar (BFH-Urteil vom 14. 11. 2001, BStBl 2002 II S. 246).

Zeitrenten, deren Dauer auf ein bestimmtes Enddatum abgestellt ist, sind dagegen – unter den oben genannten Voraussetzungen – beim Geber grundsätzlich in voller Höhe (also nicht nur mit dem Ertragsanteil) abzugsfähig. Sie sind andererseits vom Empfänger auch in voller Höhe zu versteuern (BFH-Urteil vom 10. 10. 1963, BStBl III S. 584). Vgl. Teil I, Anlage SO, Zeilen 1 bis 2.

Der Begriff der Rente erfordert, dass sie auf längere Sicht gezahlt wird. Bei zeitlich befristeten Renten ist regelmäßig ein Zeitraum von zehn Jahren erforderlich (BFH-Urteile vom 7. 8. 1959, BStBl III S. 463 und vom 10. 10. 1963, BStBl III S. 563).

Dauernde Lasten sind wiederkehrende, nach Zahl oder Wert abänderbare Aufwendungen, die **für längere** Zeit einem anderen gegenüber in Geld oder Sachleistungen auf Grund einer **rechtlichen Verpflichtung** zu erbringen sind, und die – wenn ein Sonderausgabenabzug in Betracht kommen soll – nicht mit Einkünften im Sinn des Einkommensteuerrechts zusammenhängen dürfen. Dauernde Lasten müssen ebenso wie Renten auf rechtlich klagbaren Verpflichtungsgründen beruhen. Sie dürfen bei Vorliegen der o.a. Voraussetzungen in voller Höhe (also nicht nur mit dem Ertragsanteil) abgesetzt werden. Ein voller Abzug als Sonderausgabe wirkt sich – nach dem Korrespondenzprinzip – andererseits auf die Höhe steuerpflichtiger wiederkehrender Bezüge nach § 22 Nr. 1 EStG aufseiten des Berechtigten entsprechend aus (vgl. Teil I, Anlage SO, Zeilen 1 bis 2). Wegen der Abgrenzung zwischen Renten und dauernden Lasten wird auf die Ausführungen in **Teil II, Tz. 6.3** hingewiesen. Dort ist auch das **BMF-Schreiben vom 16. 9. 2004** (BStBl I S. 922) erläutert, in dem zur einkommensteuerlichen Behandlung von **wiederkehrenden** Leistungen im Zusammenhang mit der **Übertragung von Privat- oder Betriebsvermögen** Stellung genommen wird.

Nach der Rechtsprechung des Bundesfinanzhofs sind z.B. **wiederkehrende Erbschaftsteuerzahlungen** für eine durch Vermächtnis erworbene Leibrente als dauernde Last zu behandeln (Urteil vom 5. 4. 1965, BStBl III S. 360). Die **Ablösung** einer dauernden Last durch einen Kapitalbetrag ist **nicht** als Sonderausgabe abzugsfähig (BFH-Urteil vom 26. 5. 1971, BStBl II S. 655). **Grabpflegekosten,** die vom Erben auf Grund testamentarischer Anordnung erbracht werden, können jedenfalls so lange nicht als dauernde Last abgezogen werden, als sie den Wert des Nachlasses nicht übersteigen (BFH-Urteil vom 4. 4. 1989, BStBl II S. 779). Die Verpflichtung zur Zahlung wiederkehrender **Erbbauzinsen,** die im Zusammenhang mit der Selbstnutzung einer Wohnung im eigenen Haus anfallen, begründet keine dauernde Last (BFH-Urteil vom 24. 10. 1990, BStBl 1991 II S. 175). Hat jemand von seinen Eltern einen **Geldbetrag** erhalten und sich verpflichtet, ihnen „**als Gegenleistung**" Unterhalt zu zahlen, so führt dies nicht zu einer als Sonderausgabe abziehbaren dauernden Last (BFH-Urteil vom 27. 2. 1992, BStBl II S. 609). Nach dem BFH-Urteil vom 23. 2. 1994 (BStBl II S. 690) darf die aufgrund einer Erbschaftsteuerfestsetzung nach § 23 ErbStG gezahlte jährliche Erbschaftsteuer dann und insoweit als Sonderausgabe (dauernde Last) abgezogen werden, als Erbschafts- und Einkommensbesteuerung tatsächlich zu einer Doppelbelastung geführt haben. Schuldzinsen, die im wirtschaftlichen Zusammenhang mit der Finanzierung dauernder Lasten (private Versorgungsrente) gezahlt werden, sind nicht ihrerseits als dauernde Last abziehbar (BFH-Urteil vom 14. 11. 2001, BStBl 2002 II S. 413).

Wegen der Behandlung von **Altenteilsleistungen** vgl. Teil II, Tz. 6.3 und 7.1.4.

Wird **erstmals** der Sonderausgabenabzug für eine Rente oder dauernde Last geltend gemacht, so ist es zur Vermeidung von Rückfragen zweckmäßig, der Steuererklärung eine Kopie des entsprechenden Vertrags beizufügen. Hängt die Dauer der Rente nicht von der Lebenszeit des Steuerpflichtigen, sondern von der Lebenszeit einer anderen Person oder mehrerer Personen ab, so sollten die Namen, Anschriften und Geburtsdaten dieser Personen angegeben werden, soweit sie nicht aus der beigefügten Kopie des Vertrags ersichtlich sind.

Bis 1973 konnten **Schuldzinsen,** die ihrem Wesen nach weder Betriebsausgaben noch Werbungskosten sind, als Sonderausgaben abgezogen werden. Durch das StÄndG 1973 vom 26. 6. 1973 (BStBl I S. 545) ist der Abzug von Schuldzinsen als Sonderausgaben jedoch mit Wirkung ab 1. 1. 1974 beseitigt worden. Für ab diesem Zeitpunkt geleistete Schuldzinsen besteht nur noch eine Abzugsmöglichkeit als Werbungskosten oder Betriebsausgaben, wenn es sich um Schuldzinsen handelt, die mit steuerpflichtigen Einkünften (z.B. aus Vermietung und Verpachtung, Kapitalvermögen oder Gewerbebetrieb) in wirtschaftlichem Zusammenhang stehen (vgl. z.B. Teil I, Anlage GSE, Zeile 1 und Anlage KAP, Zeilen 53 bis 61). Fehlt ein solcher wirtschaftlicher Zusammenhang, so können Schuldzinsen allenfalls als außergewöhnliche Belastung allgemeiner Art berücksichtigt werden, wenn die Schuldaufnahme durch Aufwendungen veranlasst wurde, die ihrerseits dem Grunde nach eine außergewöhnliche Belastung darstellen (vgl. Teil I, Hauptvordruck, Zeilen 116 bis 119). Zu den seit 1974 nicht mehr abzugsfähigen Schuldzinsen gehören insbesondere Zinsen für Schulden, die zur Anschaffung von Hausrat aufgenommen worden sind oder mit einer Liebhaberei im Zusammenhang stehen. Nach dem BFH-Urteil vom 29. 7. 1998 (BStBl 1999 II S. 81) ist die Nichtabziehbarkeit privat veranlasster Schuldzinsen verfassungsgemäß (vgl. auch BMF-Schreiben vom 23. 3. 2000, BStBl I S. 438).

Unterhaltsleistungen an den geschiedenen oder dauernd getrennt lebenden Ehegatten

Unterhaltsleistungen an den **geschiedenen** oder **dauernd getrennt lebenden Ehegatten** sind nach § 10 Abs. 1 Nr. 1 EStG bis zum Höchstbetrag von **13 805 € jährlich als Sonderausgaben** abzugsfähig, wenn der Geber dies mit Zustimmung des Empfängers beantragt und der Empfänger im Inland lebt, d.h. unbeschränkt einkommensteuerpflichtig ist (sog. **Realsplitting**). Die als Sonderausgaben abgezogenen Unterhaltsleistungen sind vom **Empfänger** als „sonstige Einkünfte" zu versteuern (vgl. Teil I, Anlage SO, Zeile 4). Entsprechendes gilt auch für Unterhaltsleistungen in den Fällen der Nichtigkeit oder der Aufhebung der Ehe.

Wegen der Voraussetzungen für einen möglichen Abzug nach **§ 1a EStG,** wenn der geschiedene oder dauernd getrennt lebende Ehegatte seinen Wohnsitz oder gewöhnlichen Aufenthalt in einem **Mitgliedstaat der EU/ des EWR** hat, wird auf die Ausführungen zu Zeilen **53 bis 60** des Hauptvordrucks hingewiesen.

Unerheblich ist, ob die Unterhaltsleistungen freiwillig oder auf Grund gesetzlicher Unterhaltspflicht erbracht werden. Ferner ist ohne Bedeutung, ob es sich um laufende oder einmalige Leistungen bzw. Nachzahlungen oder Vorauszahlungen handelt. Auch als Unterhalt erbrachte Sachleistungen können berücksichtigt werden (H 86 b EStH). Gleiches gilt für den Mietwert einer im Rahmen einer Unterhaltsvereinbarung unentgeltlich überlassenen Wohnung. Befindet sich die überlassene Wohnung im Miteigentum des geschiedenen oder dauernd getrennt lebenden Ehegatten, kann der überlassende Ehegatte neben dem Mietwert seines

Miteigentumsanteils auch die von ihm auf Grund der Unterhaltsvereinbarung getragenen verbrauchsunabhängigen Kosten für den Miteigentumsanteil des anderen Ehegatten als Sonderausgaben abziehen (BFH-Urteil vom 12. 4. 2000, BStBl 2002 II S. 130). Der Unterhaltsempfänger erzielt in Höhe der als Sonderausgaben abgezogenen Aufwendungen sonstige Einkünfte. Leistet der Steuerpflichtige Unterhalt an mehrere der oben bezeichneten Empfänger, so sind die Unterhaltsleistungen an jeden bis zu 13 805 € abziehbar.

Für den Antrag und die Zustimmung ist der beim Finanzamt erhältliche Vordruck **„Anlage U"** zu verwenden, der vom Geber und vom Unterhaltsempfänger zu unterschreiben ist. Der **Antrag** gilt nur für ein Kalenderjahr und **kann nicht zurückgenommen werden.** Ein Antrag auf Sonderausgabenabzug, der zum Zweck der Eintragung eines Freibetrags auf der Lohnsteuerkarte oder der Festsetzung von Einkommensteuer-Vorauszahlungen gestellt worden ist, ist daher auch bei der Einkommensteuerveranlagung für dasselbe Kalenderjahr bindend. Die **Zustimmung** des Unterhaltsempfängers in der „Anlage U" gilt – solange sie nicht widerrufen wird – auch für alle darauf folgenden Kalenderjahre. Der **Widerruf** ist **vor Beginn** des Kalenderjahres, für das die Zustimmung erstmals nicht gelten soll, gegenüber dem Finanzamt zu erklären. Die Zustimmung wirkt auch dann bis auf Widerruf, wenn sie im Rahmen eines **Vergleichs** erteilt wird (R 86 b Abs. 2 EStR).

Wird ein Antrag auf Sonderausgabenabzug nicht gestellt oder fehlt hierzu die Zustimmung des Empfängers der Unterhaltsleistungen, so können diese nur als **außergewöhnliche Belastungen** (vgl. Teil I, Hauptvordruck, Zeilen 106 bis 115) geltend gemacht werden. Die Unterhaltsleistungen können **nur insgesamt** als Sonderausgaben **oder nur** insgesamt als außergewöhnliche Belastung berücksichtigt werden (BFH-Urteil vom 7. 11. 2000, BStBl 2001 II S. 338). Sind die Unterhaltsleistungen vom Finanzamt **zunächst** antragsgemäß **als außergewöhnliche Belastung** berücksichtigt worden, so kann bis zur Bestandskraft des Steuerbescheids noch beantragt werden, dass der Abzug als Sonderausgaben gewünscht wird. Darüber hinaus kann auch ein **bestandskräftiger** ESt-Bescheid nach § 175 Abs. 1 Satz 1 Nr. 2 AO geändert werden, wenn erst nach Eintritt der Bestandskraft sowohl die Zustimmung des Empfängers zur Anwendung des Realsplittings erteilt als auch der Antrag auf Berücksichtigung der Unterhaltsleistungen als Sonderausgaben nach § 10 Abs. 1 Nr. 1 EStG gestellt werden (BFH-Urteil vom 12. 7. 1989, BStBl II S. 957; H 86 b EStH „Allgemeines").

Betragen die Unterhaltsleistungen 13 805 € oder mehr, so kann gleichwohl der Antrag auf Abzug als Sonderausgaben auf einen geringeren, unter 13 805 € liegenden Betrag beschränkt werden (R 86 b Abs. 1 EStR). Aber auch dies bedarf der Zustimmung des Empfängers, der in diesem Fall nur den geringeren Betrag als „sonstige Einkünfte" anzusetzen hat.

Die Berücksichtigung als Sonderausgaben bis zu 13 805 € ist auch dann möglich, wenn die dauernde Trennung der Ehegatten erst im Laufe des Kalenderjahrs eingetreten ist oder die Ehe erst im Laufe des Kalenderjahrs geschieden wurde. Die Unterhaltsleistungen sind jedoch nicht als Sonderausgaben abzugsfähig, wenn die Ehegatten für das Jahr des Beginns der dauernden Trennung oder das Jahr der Scheidung noch die Zusammenveranlagung wählen, sondern nur im Falle einer Einzelveranlagung oder getrennten Veranlagung nach § 26 a EStG (vgl. Teil I, Hauptvordruck, Zeile 13).

Verweigert der Unterhaltsempfänger **missbräuchlich** die Unterschrift im Vordruck „Anlage U", obwohl z. B. bei ihm die Steuerpflicht der Unterhaltsleistungen zu keiner Steuerbelastung und zu keinem sonstigen Nachteil führen würde, so ist es Sache des Unterhaltsleistenden, seinen Anspruch auf Zustimmung ggf. in einem **zivilgerichtlichen** Verfahren geltend zu machen. Eine rechtskräftige Verurteilung zur Erteilung der Zustimmung wird als Zustimmung i. S. des § 10 Abs. 1 Nr. 1 EStG angesehen (vgl. BFH-Urteil vom 25. 10. 1988, BStBl 1989 II S. 192); diese wirkt jedoch nur für das Kalenderjahr, das Gegenstand des Rechtsstreits war.

Ein **Erbe** kann von ihm nach § 1586 b BGB zu zahlende Unterhaltsleistungen an den geschiedenen Ehegatten des Erblassers nicht als Sonderausgaben (Realsplitting) abziehen (BFH-Urteil vom 12. 11. 1997, BStBl 1998 II S. 148).

Ist der Unterhaltsempfänger nicht unbeschränkt einkommensteuerpflichtig (weil er im Ausland lebt), kann ein Abzug der Unterhaltsleistungen im Rahmen des obenbezeichneten **§ 1a EStG** (Zeilen 53 bis 60) oder **auf Grund eines Doppelbesteuerungsabkommens** in Betracht kommen. Entsprechende Regelungen sind in den Doppelbesteuerungsabkommen mit Kanada (BStBl 2002 I S. 505, 521), Dänemark (BStBl 1996 I S. 1219, 1225) und den USA (BStBl 1991 I S. 94, 108) sowie in der mit der Schweiz getroffenen Verständigungsvereinbarung (BStBl 1998 I S. 1392) enthalten.

Kirchensteuer

Die **Kirchensteuer** ist in der im jeweiligen Kalenderjahr **tatsächlich** entrichteten Höhe – **abzüglich** etwaiger im selben Jahr **erstatteter** oder **gutgeschriebener** Beträge – als Sonderausgabe abzugsfähig (BFH-Urteil vom 22. 11. 1974, BStBl 1975 II S. 350). Es ist dabei gleichgültig, ob es sich um Vorauszahlungen auf die Kirchensteuer oder um endgültig festgesetzte Zahlungen oder um vom Arbeitgeber mit der Lohnsteuer einbehaltene Kirchensteuer des Arbeitnehmers (bescheinigt in der Lohnsteuerkarte) handelt. Auch der Zeitraum, für den die Zahlungen entrichtet wurden, ist ohne Bedeutung, weil die Kirchensteuerzahlungen grundsätzlich in dem Jahr abzugsfähig sind, in dem sie geleistet werden (§ 11 Abs. 2 EStG). Willkürliche Zahlungen, für die kein vernünftig begründeter Anlass bestand, sind nach der Rechtsprechung nicht abziehbar (BFH-Urteil vom 25. 1. 1963, BStBl III S. 141). Wird einem Steuerpflichtigen (nach-)gezahlte Kirchensteuer in einem späteren Jahr teilweise erstattet, weil er der Kirche **nicht** mehr **angehört** hat, kann er bei der Veranlagung für das Jahr der (Nach-)Zahlung nur die Differenz zwischen (nach-)gezahlter und erstatteter Kirchensteuer als Sonderausgaben abziehen. Das gilt auch dann, wenn erst nach Ablauf des Veranlagungszeitraums der (Nach-)Zahlung geklärt wird, dass der Steuerpflichtige die Kirchensteuer mangels Kirchenmitgliedschaft nicht geschuldet hat (BFH-Urteil vom 26. 6. 1996, BStBl II S. 646). Bei bestandskräftigen Steuerbescheiden kann eine Änderung nach § 175 Abs. 1 Nr. 2 AO durchgeführt werden (BFH-Urteil vom 28. 5. 1998, BStBl 1999 II S. 95). Hat das Finanzamt einem aus der Kirche ausgetretenen Steuerpflichtigen die Kirchensteuer-Vorauszahlungen auf 0 € herabgesetzt, in einem späteren Bescheid versehentlich aber wieder festgesetzt, so sind die danach geleisteten Kirchensteuerzahlungen dennoch nicht als Sonderausgaben abziehbar (BFH-Urteil vom 22. 11. 1974, BStBl 1975 II S. 350).

Als **Kirchensteuer** sind solche Geldleistungen abzugsfähig, die von den als Körperschaften des öffentlichen Rechts anerkannten Religionsgesellschaften von ihren Mitgliedern auf Grund gesetzlicher Bestimmungen in der Regel als Zuschlagsteuer zur Einkommensteuer oder Lohnsteuer erhoben werden. Dazu zählt auch das sog. **Kirchgeld** (vgl. Erläuterungen zu Zeilen 1 bis 12). Freiwillige Beiträge der Mitglieder solcher religiöser Gemeinschaften, die mindestens in einem Bundesland als Körperschaft des öffentlichen Rechts anerkannt sind, aber aus weltanschaulichen Gründen auf die Erhebung von Kirchensteuern verzichten, können unter bestimmten Voraussetzungen bis zur Höhe der Kirchensteuer abgesetzt werden, die in dem betreffenden Land von den als Körperschaften des öffentlichen Rechts anerkannten Religionsgemeinschaften erhoben wird. Diese Regelung für freiwillige Beiträge gilt jedoch dann nicht, wenn der Steuerpflichtige gleichzeitig als Mitglied einer öffentlich-rechtlichen Religionsgemeinschaft zur Zahlung von Kirchensteuer verpflichtet ist (R 101 EStR). Übersteigende freiwillige Beiträge sind im Rahmen des Spendenabzugs berücksichtigungsfähig (vgl. Ausführungen zu Zeilen 89 bis 92).

Steuerberatungskosten

Die Kosten für Steuerberatung können insoweit als Sonderausgaben abgezogen werden, als sie weder Betriebsausgaben noch Werbungskosten sind. Als Steuerberatungskosten werden insbesondere die Honorare für verschiedenartige Tätigkeiten der steuerberatenden Berufe bezeichnet. Handelt es sich dabei um Hono-

**Teil I: Hauptvordruck
Zeilen 83–84**

rare für eine Tätigkeit, die der **Ermittlung der Einkünfte** selbst diente, so sind derartige Kosten Betriebsausgaben oder Werbungskosten. Betriebsausgaben liegen z.B. dann vor, wenn der Steuerberater durch die Führung und Überwachung der Bücher, die Mitarbeit bei der Erstellung der Bilanzen und durch die Beratung bei betrieblichen Steuerfragen unmittelbar bei der Feststellung des Gewinns mitwirkte. Werbungskosten liegen z.B. bei den Einkünften aus Vermietung und Verpachtung vor, wenn der Steuerberater Unterlagen zur Feststellung dieser Einkünfte geprüft oder etwa die Verwaltung von Mietwohnhäusern geführt hat.

Als **Sonderausgaben** kommen insbesondere solche Honorare in Betracht, die für die **Beratung** über **Sonderausgaben**, persönliche **Freibeträge, außergewöhnliche Belastungen** sowie über **Veranlagungs- und Tariffragen** oder für das **Ausfüllen** des Einkommensteuererklärungsvordrucks gezahlt worden sind. Auch Gebühren für die Bearbeitung von **Stundungs- und Erlassanträgen** sind Sonderausgaben, soweit es sich nicht um Betriebssteuern handelt. Ebenso sind **Fahrtkosten** zum Steuerberater oder zum Finanzamt, wenn sich der Steuerpflichtige vom Steuerbeamten beraten lässt, als Steuerberatungskosten abzugsfähig (vgl. Urteil des FG München vom 5.12.1991, EFG 1992 S. 257). Bei Benutzung eines eigenen Pkw wird ohne Nachweis der tatsächlichen Kosten ein Pauschsatz von **0,30 €** je gefahrenen km zugrunde gelegt. **Unfallkosten,** die auf einer solchen Fahrt entstehen, rechnen ebenfalls zu den abzugsfähigen Steuerberatungskosten (BFH-Urteil vom 12.7.1989, BStBl II S. 967).

Die Kosten für die Anschaffung von **steuerlichen Informationsschriften** zur Bearbeitung des eigenen Steuerfalles **(Anleitungen zur Steuererklärung)** werden ebenfalls als Steuerberatungskosten anerkannt. Zu den abzugsfähigen Steuerberatungskosten zählen auch die **Beiträge zu Lohnsteuerberatungsvereinen.** Aufwendungen für die Verteidigung in einem Steuerstrafverfahren sind keine Steuerberatungskosten (BFH-Urteil vom 20.9.1989, BStBl 1990 II S. 20).

Stellen Steuerberatungskosten teils Betriebsausgaben oder Werbungskosten, teils Sonderausgaben dar, und ist eine einwandfreie Abgrenzung nicht möglich, so sind die Kosten im **Schätzungswege** aufzuteilen. Betragen die Steuerberatungskosten im Kalenderjahr insgesamt **nicht mehr als 520 €,** wird den Angaben des Steuerpflichtigen, inwieweit sie als Sonderausgaben oder Betriebsausgaben bzw. Werbungskosten abgezogen werden sollen, aus Vereinfachungsgründen ohne nähere Prüfung gefolgt. Der Betrag von 520 € gilt auch bei Ehegatten, die zusammen veranlagt werden (R 102 EStR).

Aufwendungen für die eigene Berufsausbildung

83–84 Ab 2004 können Aufwendungen des Steuerpflichtigen für seine
69–70 **eigene erstmalige Berufsausbildung** oder ein **Erststudium** bis zur Höhe von **4 000 €** im Kalenderjahr als Sonderausgaben abgezogen werden. Sind entsprechende Aufwendungen beim **Ehegatten** entstanden, können diese ebenfalls bis zu 4 000 € jährlich als Sonderausgaben berücksichtigt werden, wenn beide Ehegatten unbeschränkt steuerpflichtig sind und nicht dauernd getrennt leben (§ 10 Abs. 1 Nr. 7 EStG i.d.F. des Gesetzes zur Änderung der AO und weiterer Gesetze vom 21.7.2004, BGBl I S. 1753). Durch die Anhebung des jährlichen Abzugsbetrags auf 4 000 € (früher 920 bzw. 1 227 €) wollte der Gesetzgeber den Anforderungen des modernen Berufslebens Rechnung tragen und auch Ausbildungs- oder Studiengänge mit erhöhten Aufwendungen (z.B. für Ausbildungs- oder Studiengebühren und Lernmittel) angemessen berücksichtigen. Aufwendungen für die Ausbildung von Kindern sind nicht als Sonderausgaben abzugsfähig (wegen der hierfür vorgesehenen Vergünstigungen vgl. die Ausführungen in Teil I, Anlage Kind, **Zeilen 1 bis 20** und **42 bis 43**).

Aufwendungen für die **Berufsausbildung** sind solche, die geleistet werden, um die für die Ausübung eines Berufes notwendigen fachlichen Fertigkeiten und Kenntnisse zu erwerben (BFH-Urteil vom 17.11.1978, BStBl 1979 II S. 180). Es muss sich um Maßnahmen handeln, durch die eine nachhaltige berufsmäßige Ausübung der erlernten Fähigkeiten zur Erzielung von Einkünften angestrebt wird (BFH-Urteil vom 22.9.1995, BStBl 1996 II S. 8). Die **Weiterbildung** soll dagegen die Möglichkeit geben, die beruflichen Kenntnisse und Fertigkeiten zu erhalten, zu erweitern und der Entwicklung der Verhältnisse anzupassen. Kosten, die der beruflichen **Weiterbildung** dienen **(Fortbildungskosten)**, sind bei Arbeitnehmern als Werbungskosten abzugsfähig **(Teil I, Anlage N, Zeilen 57 bis 62);** bei selbständig Tätigen liegen insoweit Betriebsausgaben vor **(Teil II, Tz. 2.10).** Die Einstufung als Fortbildungskosten und damit als Werbungskosten bzw. Betriebsausgaben hat den Vorteil, dass diese unbegrenzt (ohne Höchstbetrag) abzugsfähig sind. Soweit Aufwendungen im Rahmen eines **Ausbildungsdienstverhältnisses** entstehen (z.B. bei Ausbildung im Betrieb des Arbeitgebers oder bei Beamtenanwärtern), kommt nur ein Abzug als Werbungskosten in Betracht (Teil I, Anlage N, Zeilen 57 bis 62).

Kosten für die Erlangung des **Führerscheins** der Klasse 3 (nunmehr C 1 E) dienen regelmäßig der Allgemeinbildung und sind deshalb grundsätzlich nicht abziehbar (BFH-Urteil vom 5.8.1977, BStBl II S. 834). Auch Aufwendungen für einen Lehrgang, bei dem nicht ein Beruf, sondern ein **Hobby** im Vordergrund steht (z.B. Fotokurs), sind nicht begünstigt. Die Kosten zur **Erlangung der Doktorwürde** fielen nach bisheriger Rechtsprechung grundsätzlich unter die Berufsausbildungskosten, und zwar auch dann, wenn die Doktorprüfung für das jeweilige Berufsziel erforderlich war oder erst nach Eintritt in das Berufsleben abgelegt wurde (BFH-Urteil vom 9.10.1992, BStBl 1993 II S. 115); wegen seltenen Ausnahmen vgl. BFH-Urteil vom 27.3.1991, BStBl II S. 637. Nach dem o.a. BFH-Urteil vom 9.10.1992 lag ein zum Werbungskostenabzug führendes **Promotionsdienstverhältnis** nur vor, wenn die Anfertigung der Promotion ausschließlicher oder wesentlicher Vertragsgegenstand ist. Wegen Einzelheiten zur Problematik von Promotionskosten auf Grund **neuer** BFH-Rechtsprechung vgl. Teil I, Anlage N, Zeilen 57 bis 62 („Fortbildungskosten – Ausbildungskosten – Umschulungskosten").

Kosten eines **Erststudiums** an einer Universität, Hochschule oder Fachhochschule wurden bereits früher stets als Berufsausbildungskosten behandelt. Der BFH hatte auch bei einem sog. berufsintegrierenden Studium keine Ausnahme zugelassen (Urteil vom 17.4.1996, BStBl II S. 450). Mit Urteil vom **17.12. 2002** (BStBl 2003 II S. 407) hat der BFH diese Rechtsprechung geändert und entschieden, dass Aufwendungen für ein berufsbegleitendes erstmaliges Hochschulstudium als **Werbungskosten** zu berücksichtigen seien, sofern sie beruflich veranlasst sind. Im Fall des BFH-Urteils vom **27.5.2003** (BFH/NV 2003 S. 1119) sind auch Aufwendungen für eine erstmalige Berufsausbildung als vorab entstandene Werbungskosten anerkannt worden. Der Kläger wurde, nachdem er ein Maschinenbaustudium abgebrochen hatte, aufgrund eines Schulungsvertrags mit einer Fluggesellschaft zum Verkehrsflugzeugführer mit Langstreckenflugberechtigung ausgebildet und hatte die Kosten hierfür selbst zu tragen. Unmittelbar nach Schulungsabschluss wurde er von der ausbildenden Fluggesellschaft als Pilot angestellt. Die genannten BFH-Urteile vom 17.12.2002 und 27.5.2003 sind u.E. durch § 12 Nr. 5 EStG n.F. **überholt**, denn der Gesetzgeber hat dadurch typisierend entschieden, dass Kosten für jedes **erste** Studium – gleichgültig, ob es unmittelbar nach dem Besuch allgemein bildender Schulen oder nach einer ersten anderen Berufsausbildung aufgenommen wird – nur im Wege des Sonderausgabenabzugs berücksichtigt werden sollen. Begründet wird dies damit, dass das Erststudium regelmäßig eine neue berufliche, soziale und wirtschaftliche Stellung eröffnet. Soweit berufliche Bildungsmaßnahmen **nach** dem Abschluss einer **ersten** Berufsausbildung oder **nach** einem **ersten** abgeschlossenen Studium erfolgen, sind sie als Werbungskosten oder Betriebsausgaben abziehbar. Näheres vgl. Teil I, Anlage N, Zeilen 57 bis 62.

Bei einem **zweiten** Hochschulstudium hat die Rechtsprechung schon in der Vergangenheit Kosten der Fortbildung angenommen, wenn bereits das Erststudium zu einem Berufsabschluss geführt hat und es sich bei dem Zweitstudium um ein darauf aufbauendes Zusatzstudium **(Ergänzungsstudium)** handelt, durch das die im Rahmen des Erststudiums erworbenen Kenntnisse ergänzt und vertieft werden, und das nicht den Wechsel in eine andere Berufssparte ermöglicht (BFH-Urteile vom 14.2.1992, BStBl II S. 556 und 961, vom 8.5.1992, BStBl II S. 965, und vom 10.7.1992, BStBl II S. 966). Wegen der zuletzt genannten Voraussetzung vgl. unten.

Nach dem BFH-Urteil vom 19. 6. 1997 (BStBl 1998 II S. 239) konnten Aufwendungen für ein Zweitstudium auch dann Fort- oder Weiterbildungskosten sein, wenn der Wechsel in eine andere Berufssparte ermöglicht, aber vom Steuerpflichtigen nicht angestrebt wird. Ob ein **Wechsel in eine andere Berufssparte** ermöglicht oder angestrebt wird, ist nach der Neuregelung in § 12 Nr. 5 EStG **unerheblich**. Entscheidend ist, dass es sich um ein Zweitstudium handelt.

Auch bei Kosten für eine **Umschulung** hat sich die Rechtsprechung des BFH zugunsten der Steuerpflichtigen geändert. Nach dem BFH-Urteil vom 4.12. 2002 (BStBl 2003 II S. 403) können Aufwendungen für eine Umschulungsmaßnahme vorab entstandene **Werbungskosten** sein, auch wenn diese mit einem Berufs- oder Erwerbsartwechsel verbunden ist. Entscheidend ist, dass die Aufwendungen in einem hinreichend konkreten, objektiv feststellbaren Zusammenhang mit späteren Einnahmen stehen. Nach dem BFH-Urteil vom 13. 2. 2003 (BStBl II S. 698) sind Aufwendungen eines Steuerpflichtigen mit einer abgeschlossenen Berufsausbildung für den Erwerb eines **neuen Berufs** vorweggenommene Werbungskosten oder Betriebsausgaben, wenn sie in einem hinreichend konkreten Zusammenhang mit erwarteten späteren Einnahmen aus dem neuen Beruf stehen und die Ausbildung für den neuen Beruf der Überwindung oder Vermeidung von Arbeitslosigkeit dient. Auf Letzteres kommt es nach der neuen Gesetzeslage nicht mehr an.

Die Aufwendungen sind in dem Jahr abzugsfähig, in dem sie geleistet worden sind, und zwar auch dann, wenn sie mit Darlehensmitteln bestritten wurden. Aufwendungen zur **Tilgung von Ausbildungs-/Studiendarlehen** sind deshalb keine als Sonderausgaben abzugsfähigen Ausbildungskosten (BFH-Urteil vom 15. 3. 1974, BStBl II S. 513), wohl aber **Zinsen** für ein Ausbildungsdarlehen, auch wenn sie nach Abschluss der Berufsausbildung gezahlt werden (H 103 EStH).

Zu den abzugsfähigen Aufwendungen gehören insbesondere **Lehrgangs- und Studiengebühren,** Ausgaben für **Fachliteratur und anderes Lernmaterial,** aber auch Aufwendungen für die **Wege** zwischen Wohnung und Ausbildungsstätte sowie **Unterkunftskosten** und **Verpflegungsmehraufwendungen** bei einer **auswärtigen Unterbringung**. Für die Wege zwischen Wohnung und Ausbildungsstätte wird – unabhängig von der Art, wie der Steuerpflichtige zur Ausbildungsstätte gelangt – regelmäßig eine **Entfernungspauschale** von **0,30 €** für jeden vollen **Entfernungskilometer** berücksichtigt (vgl. Teil I, Anlage N, Zeilen 38 bis 48). Auch Aufwendungen für ein **häusliches Arbeitszimmer** können Berufsausbildungskosten sein (BFH-Urteil vom 22. 6. 1990, BStBl II S. 901). Ebenso wie bei Verpflegungs- und Unterkunftskosten gelten aber auch beim häuslichen Arbeitszimmer die Abzugsbeschränkungen sinngemäß, die im Bereich der Werbungskosten und Betriebsausgaben zu beachten sind (Teil I, Anlage N, Zeilen 52 bis 54, 55 bis 56, 63 und 70 bis 84).

Schafft ein Steuerpflichtiger für Zwecke seiner Berufsausbildung **abnutzbare Wirtschaftsgüter mit mehrjähriger Nutzungsdauer** (z.B. einen Computer) an, so sind ebenso wie bei beruflichen Arbeitsmitteln nur die auf die Nutzungsdauer **verteilten** Anschaffungskosten (d.h. nur die AfA-Beträge) als Sonderausgaben abziehbar (BFH-Urteil vom 7. 5. 1993, BStBl II S. 676). Die Anschaffungs- oder Herstellungskosten von Arbeitsmitteln einschließlich der Umsatzsteuer können jedoch im Jahr ihrer Verausgabung **in voller Höhe** als Sonderausgaben abgezogen werden, wenn sie ausschließlich der Umsatzsteuer für das einzelne Arbeitsmittel **410 €** nicht übersteigen (H 103 EStH). Der oben bezeichnete Höchstbetrag von **4 000 €**, der für **alle** als Sonderausgaben abzugsfähigen Berufsausbildungskosten eines Jahres gilt, ist allerdings zu beachten.

Erhält der Steuerpflichtige zur unmittelbaren Förderung seiner Ausbildung steuerfreie Bezüge, mit denen Aufwendungen im oben genannten Sinne abgegolten werden, so **entfällt insoweit** ein Sonderausgabenabzug (BFH-Urteil vom 4. 3. 1977, BStBl II S. 503). Das gilt auch, wenn die zweckgebundenen steuerfreien Bezüge erst **nach** Ablauf des betreffenden Kalenderjahres gezahlt werden. Aus Vereinfachungsgründen wird eine **Kürzung** bei abzugsfähigen Sonderausgaben nur vorgenommen, wenn die steuerfreien Bezüge ausschließlich zur Bestreitung der obengenannten Ausbildungsaufwendungen bestimmt sind (z.B. Leistungen für Lern- und Arbeitsmittel nach § 4 der VO über Zusatzleistungen in Härtefällen nach dem BAföG). Gelten die steuerfreien Bezüge dagegen ausschließlich oder teilweise Aufwendungen für den **Lebensunterhalt** – ausgenommen solche für auswärtige Unterbringung – ab (z.B. Berufsausbildungsbeihilfen nach § 59 SGB III, Unterhaltsgeld nach §§ 153 ff. SGB III, Leistungen nach den §§ 12 und 13 BAföG), so sind die als Sonderausgaben geltend gemachten Berufsausbildungsaufwendungen nicht zu kürzen (R 103 EStR).

Die geltend gemachten Aufwendungen sollten auf einem besonderen Blatt aufgegliedert und ggf. näher erläutert werden.

Schulgeld für Kinder an Ersatz- oder Ergänzungsschulen

Die hierzu früher an dieser Stelle des Hauptvordrucks vorgesehenen Angaben sind jetzt in Zeile 55 der Anlage Kind zu machen. Wegen eines möglichen Sonderausgabenabzugs wird auf die dortigen Erläuterungen hingewiesen

Spenden (Zuwendungen) in den Vermögensstock einer Stiftung

Durch das Gesetz zur weiteren steuerlichen Förderung von Stiftungen vom 14.7. 2000 (BStBl I S. 1192) wurden die steuerlichen Rahmenbedingungen für Stiftungen insbesondere durch **zusätzliche Abzugsmöglichkeiten für Spenden an Stiftungen** verbessert. So wurde in § 10b Abs. 1 Satz 3 EStG ein neuer Abzugsbetrag für Spenden (Zuwendungen) an Stiftungen bis zur Höhe von 20 450 € eingeführt, der zusätzlich zu den bereits geltenden Spendenhöchstbeträgen (Teil I, Hauptvordruck, Zeilen 89 bis 92) in Anspruch genommen werden kann (vgl. nachfolgende **Zeile 88**).

Über den vorstehend beschriebenen Abzugsbetrag von 20 450 € hinaus wurde durch das o.a. Gesetz vom 14.7. 2000 der Sonderausgabenabzug bei Spenden (Zuwendungen) **in den Vermögensstock** einer Stiftung **zusätzlich** ausgeweitet. Nach dem neu eingefügten **Abs. 1a** des § 10b EStG können Spenden, die **anlässlich der Neugründung** in den **Vermögensstock** einer Stiftung des öffentlichen Rechts oder einer nach § 5 Abs. 1 Nr. 9 KStG steuerbefreiten Stiftung des privaten Rechts geleistet werden, im Jahr der Zuwendung **und** in den folgenden **neun** Veranlagungszeiträumen nach Antrag des Steuerpflichtigen bis zu einem Betrag von **307 000 €** neben den in den Zeilen 88 und 89 bis 92 beschriebenen Zuwendungen und über den dort bezeichneten Umfang hinaus als Sonderausgaben abgezogen werden. Als anlässlich der Neugründung einer Stiftung geleistet gelten Spenden **bis zum Ablauf eines Jahres nach Gründung** der Stiftung (vgl. auch BMF-Schreiben vom 7.12. 2000, BStBl I S. 1557). Der genannte Abzugsbetrag (bis zu 307 000 €) kann der Höhe nach innerhalb des Zehnjahreszeitraums **nur einmal** in Anspruch genommen werden.

Die Vorschrift des § 10b Abs. 1a EStG soll der gezielten Förderung von Stiftungsgründungen dienen. Dem begünstigten Spender ist freigestellt, **wie** er den Höchstbetrag von 307 000 € auf das Jahr der Spende und die neun folgenden Veranlagungszeiträume verteilen will. Die Verteilung sollte zweckmäßigerweise so gewählt werden, dass unter Berücksichtigung der zu erwartenden Einkommensentwicklung, des progressiven Steuertarifs und sonstiger Abzugsmöglichkeiten eine möglichst hohe Steuerminderung erreicht werden kann. In **Zeile 86** ist anzugeben, welcher Betrag der begünstigten (und in Zeile 85 nachgewiesenen) Zuwendungen im Veranlagungszeitraum **2005** berücksichtigt werden soll. Der am Schluss eines Veranlagungszeitraums verbleibende Abzugsbetrag wird vom Finanzamt gesondert festgestellt. In **Zeile 87** kann angegeben werden, in welcher Höhe bisher noch nicht berücksichtigte Zuwendungen aus Vorjahren in den Vermögensstock einer Stiftung im Veranlagungszeitraum **2005** abgezogen werden sollen.

Um einen Spendenabzug vornehmen zu können, müssen Zuwendungen an Stiftungen von diesen nach einem **amtlich vorgeschriebenen Vordruck bestätigt** werden. In den Anlagen zum BMF-Schreiben vom 7.12. 2000 (BStBl I S. 1557) sind gesonderte **Mus-

Teil I: Hauptvordruck
Zeilen 88–92

ter für die Bestätigung von Geld- und Sachzuwendungen an Stiftungen veröffentlicht (ebenso in Anhang 37 III des Amtlichen ESt-Handbuchs 2004).

Die genannten Abzugsbeträge gelten für begünstigte Spenden (Zuwendungen), die nach dem 31.12.1999 geleistet werden (§ 52 Abs. 24b EStG).

Spenden (Zuwendungen) an Stiftungen

88
74
Wie in den vorstehenden Erläuterungen zu Zeilen 85 bis 87 bereits ausgeführt, können Spenden (Zuwendungen) an Stiftungen ab 1.1.2000 – neben den sonstigen Abzugsbeträgen für Spenden – bei der Einkommensermittlung mit einem **zusätzlichen Höchstbetrag** abgesetzt werden. Nach der Ergänzung des § 10b Abs. 1 EStG sind **Zuwendungen an Stiftungen** des öffentlichen Rechts und an nach § 5 Abs. 1 Nr. 9 KStG steuerbefreite Stiftungen des privaten Rechts **zur Förderung steuerbegünstigter Zwecke** im Sinne der §§ 52 bis 54 AO mit Ausnahme der Zwecke, die nach § 52 Abs. 2 Nr. 4 AO gemeinnützig sind, über den in den Zeilen 85 bis 87 und 89 bis 92 beschriebenen Umfang hinaus bis zur Höhe von **20 450 €** als Sonderausgaben abziehbar.

Der obenbezeichnete Ausschluss der in § 52 Abs. 2 Nr. 4 AO bezeichneten gemeinnützigen Zwecke bedeutet, dass Zuwendungen an Stiftungen für sog. **Freizeitzwecke** (wie z.B. Hundesport, Amateurfunken, Modellflug) von dieser zusätzlichen Abzugsmöglichkeit – abweichend von den allgemeinen Spendenregelungen (vgl. Ausführungen zu Zeilen 89 bis 92) – **ausgeschlossen** sind.

Wegen der erforderlichen **Zuwendungsbestätigung** wird auf die Erläuterungen zu Zeilen 85 bis 87 und das BMF-Schreiben in BStBl 2000 I S. 1557 hingewiesen.

Das in den Erläuterungen zu Zeilen 89 bis 92 beschriebene **Buchwertprivileg** nach § 6 Abs. 1 Nr. 4 EStG gilt bei Sachspenden an Stiftungen entsprechend.

Zuwendungen (Spenden und Mitgliedsbeiträge) für steuerbegünstigte Zwecke

89–92
75–78
Ausgaben zur Förderung mildtätiger, kirchlicher, religiöser, wissenschaftlicher und der als besonders förderungswürdig anerkannten gemeinnützigen oder kulturellen Zwecke sind nach **§ 10b Abs. 1 EStG** bis zu einer bestimmten Höhe des Gesamtbetrags der Einkünfte als Sonderausgaben abziehbar. Bei Zuwendungen zur Förderung **gemeinnütziger** (einschließlich kultureller) Zwecke müssen die Zwecke in dem Verzeichnis der Anlage 1 zu § 48 Abs. 2 EStDV als **besonders förderungswürdig anerkannt** sein. Hierzu gehören z.B.: die Förderung der öffentlichen Gesundheitspflege, die Förderung der Jugend- und der Altenhilfe, die Förderung des Sports, die Förderung kultureller Zwecke, die Förderung der Erziehung, Volks- und Berufsbildung einschließlich der Studentenhilfe, die Zwecke der amtlich anerkannten Verbände der freien Wohlfahrtspflege (Deutscher Caritasverband, Diakonisches Werk der Evangelischen Kirche in Deutschland, Zentralwohlfahrtsstelle der Juden in Deutschland, Deutsches Rotes Kreuz, Arbeiterwohlfahrt, Deutscher Paritätischer Wohlfahrtsverband) einschließlich ihrer Unterverbände und der diesen Verbänden angeschlossenen Einrichtungen und Anstalten, die Förderung der Rettung aus Lebensgefahr, die Förderung der Entwicklungshilfe, die Förderung des Tierschutzes und des Naturschutzes, die Förderung des Umweltschutzes usw.

Seit dem Jahr 2000 sind die Voraussetzungen für den Spendenabzug in den §§ 48 bis 50 EStDV neu geregelt. Die Abziehbarkeit der Spenden ist danach davon abhängig, dass der **Empfänger** der Zuwendung entweder

a) eine inländische juristische Person des öffentlichen Rechts (z.B. Gemeinde) oder eine inländische öffentliche Dienststelle (z.B. Universität) ist, die auf einem amtlich vorgeschriebenen Vordruck (BStBl 1999 I S. 979) bestätigt, dass der zugewendete Betrag zu einem der oben bezeichneten Zwecke verwendet wird, oder

b) eine nach § 5 Abs. 1 Nr. 9 KStG von der Körperschaftsteuer befreite Körperschaft, Personenvereinigung oder Vermögensmasse ist, die nach ihrer Satzung und ihrer tatsächlichen Geschäftsführung ausschließlich und unmittelbar kirchlichen, gemeinnützigen oder mildtätigen Zwecken dient und auf einem amtlich vorgeschriebenen Vordruck (BStBl 1999 I S. 979) bestätigt, dass sie den ihr zugewendeten Betrag nur für ihre satzungsmäßigen nach § 10b EStG begünstigten Zwecke verwendet (§§ 49, 50 EStDV).

Die im BStBl 1999 I S. 979 veröffentlichten amtlichen Vordrucke für Spendenbestätigungen (jetzt als „**Zuwendungsbestätigung**" bezeichnet) sind grundsätzlich für Spenden (Zuwendungen) ab 1.1.2000 zu verwenden. Nach dem BMF-Schreiben vom 14.1.2000 (BStBl I S. 132) bestanden jedoch keine Bedenken, wenn Spendenempfänger bis zum 30.6.2000 noch die nach dem bis 31.12.1999 geltenden Muster erstellten Spendenbestätigungen verwendet haben.

Bis zum 31.12.1999 waren Spenden an Körperschaften, die bestimmte gemeinnützige Zwecke (wie z.B. den Sport oder die Kultur) fördern, steuerlich nur absetzbar, wenn sie der Körperschaft über eine inländische juristische Person des öffentlichen Rechts (z.B. Gemeinde) oder eine inländische öffentliche Dienststelle geleistet wurden (sog. **Durchlaufspendenverfahren**). Die Gemeinde leitete die Spende an die begünstigte Körperschaft weiter und stellte die Spendenbestätigung aus. Dieses zeit- und verwaltungsaufwendige Verfahren ist zwar weiterhin grundsätzlich möglich, aber nicht mehr erforderlich. Seit **1.1.2000** sind alle steuerbegünstigten Körperschaften, die die in der neu geschaffenen Anlage 1 zu § 48 Abs. 2 EStDV bezeichneten besonders förderungswürdigen Zwecke fördern, zum unmittelbaren Empfang steuerbegünstigter Zuwendungen und zur Ausstellung entsprechender Spendenbestätigungen („Zuwendungsbestätigungen") berechtigt. Mit dem Wegfall des sog. Durchlaufspendenverfahrens ist ab dem Jahr 2000 auch das sog. **Listenverfahren** (BMF–Schreiben vom 3.1.1986, BStBl I S. 52) entfallen, das zuletzt in der Anleitung zur Einkommensteuererklärung 1999, Teil I, Hauptvordruck, Zeilen 85 bis 88 beschrieben worden ist.

Zu den steuerbegünstigten Ausgaben (Zuwendungen) i.S. des § 10b EStG gehören vor allem Spenden, unter bestimmten Voraussetzungen aber auch **Mitgliedsbeiträge** (Mitgliedsumlagen und Aufnahmegebühren werden wie Mitgliedsbeiträge behandelt). Bei Körperschaften, die mildtätige, kirchliche, religiöse oder wissenschaftliche Zwecke fördern, sind – wie früher – Spenden und Mitgliedsbeiträge abzugsfähig.

Bei den steuerbegünstigten Körperschaften, die als besonders förderungswürdig anerkannte gemeinnützige Zwecke verfolgen, ist die Anlage 1 zu § 48 Abs. 2 EStDV in die **Abschnitte A** und **B** gegliedert. Die Förderung der im Abschnitt **A** aufgeführten Zwecke berechtigt zum Abzug von Spenden **und Mitgliedsbeiträgen**, bei der Förderung der in Abschnitt **B** bezeichneten Zwecke ist dagegen **nur** der Abzug von Spenden möglich.

Nur Spenden, nicht aber Mitgliedsbeiträge, sind danach abziehbar bei

- Förderung des Sports,
- Förderung kultureller Betätigungen, die in erster Linie der Freizeitgestaltung dienen,
- Förderung der Heimatpflege und Heimatkunde,
- Förderung der nach § 52 Abs. 2 Nr. 4 AO gemeinnützigen Zwecke (sog. Freizeitzwecke, wie z.B. Hundesport, Modellflug, Amateurfunken, Karneval).

Fördert eine steuerbegünstigte Körperschaft gleichzeitig Zwecke der in Abschnitt A und B aufgeführten Art, dürfen ebenfalls nur Spenden steuermindernd abgezogen werden. Der Grund für die Nichtabziehbarkeit von Mitgliedsbeiträgen in den vorgenannten Fällen liegt darin, dass hier bei typisierender Betrachtung überwiegend Leistungen gegenüber Mitgliedern erbracht werden oder die Mitgliedsbeiträge in erster Linie im Hinblick auf die eigene Freizeitgestaltung geleistet werden.

Die Förderung kultureller Zwecke, die sowohl in Abschnitt A (Nr. 3) als auch in Abschnitt B (Nr. 2) aufgeführt ist, ist grundsätzlich dem Abschnitt A zuzuordnen. Unter Abschnitt B fallen dagegen die kulturellen Betätigungen, die in erster Linie der Freizeitgestaltung dienen. Dies wird regelmäßig z.B. bei Musik- und Gesangvereinen, Theaterspielvereinen und Theaterbesuchsorganisationen sowie den entsprechenden Fördervereinen der Fall sein. Bei diesen Körperschaften sind nur Spenden, nicht aber Mitgliedsbeiträge begünstigt.

Für nicht abzugsfähige Mitgliedsbeiträge darf keine Zuwendungsbestätigung ausgestellt werden. Hiervon betroffene steuerbegünstigte Körperschaften müssen bei einer Geldspende ausdrücklich bestätigen, dass es sich **nicht** um Mitgliedsbeiträge, sonstige Mitgliedsumlagen oder Aufnahmegebühren handelt.

Steuerbegünstigt können nicht nur Geldspenden, sondern auch **Sachspenden** (Sachzuwendungen) sein. Als Sachspenden kommen Wirtschaftsgüter aller Art in Betracht. Der Spender muss bei Sachspenden der steuerbegünstigten Körperschaft das Eigentum an dem Wirtschaftsgut verschaffen. Im Regelfall geschieht dies durch Einigung und Übergabe des Wirtschaftsgutes (Verschaffung der tatsächlichen Verfügungsmacht). Weitere Voraussetzung für die Steuerbegünstigung von Sachspenden (wie auch bei Geldspenden) ist, dass sie unmittelbar zur Förderung für gemeinnützige Zwecke der steuerbegünstigten Körperschaft geleistet werden. Daher sind Sachspenden für einen steuerpflichtigen wirtschaftlichen Geschäftsbetrieb (dazu gehören z.B. auch Fest-, Verkaufsveranstaltungen oder Altmaterialsammlungen, die an einen gewerblichen Altmaterialverwerter verkauft werden), die nicht unmittelbar der Verwirklichung gemeinnütziger Zwecke dient, nicht steuerbegünstigt.

Sachspenden sind grundsätzlich mit dem **gemeinen Wert** (Verkehrswert einschließlich Umsatzsteuer) des Wirtschaftsgutes abziehbar. Das ist der Preis, der im gewöhnlichen Geschäftsverkehr nach der Beschaffenheit des Wirtschaftsgutes bei einer Veräußerung zu erzielen wäre. Bei Neuanschaffungen durch den Spender kann dieser Wert durch die Einkaufsrechnung nachgewiesen werden. Bei gebrauchten Wirtschaftsgütern ist der Wert anhand des Anschaffungspreises, der Qualität, des Alters und des Erhaltungszustandes des Wirtschaftsgutes im Abgabezeitpunkt zu schätzen. Wird ein Wirtschaftsgut gespendet, das unmittelbar zuvor aus dem Betriebsvermögen des Spenders entnommen wurde, darf der für die Sachspende ermittelte Wert den bei der Entnahme des Wirtschaftsgutes angesetzten Wert (Teilwert/Buchwert ggf. zuzüglich der Umsatzsteuer) nicht überschreiten (§ 10 b Abs. 3 Satz 2 EStG). Für die zutreffende Bewertung einer Sachspende ist es erforderlich, dass der Spender gegenüber der steuerbegünstigten Körperschaft ergänzende Angaben darüber macht, ob die Spende aus seinem Privatvermögen stammt und als Wert der Spende deshalb der gemeine Wert angesetzt wird oder ob sie unmittelbar aus dem Betriebsvermögen stammt und mit dem Teilwert (ggf. zuzüglich Umsatzsteuer) oder bei Inanspruchnahme des sog. „**Buchwertprivilegs**" (vgl. nächsten Absatz) mit dem Buchwert (ggf. zuzüglich Umsatzsteuer) bewertet wurde.

Wird ein Wirtschaftsgut für mildtätige, kirchliche, religiöse, wissenschaftliche und besonders förderungswürdig anerkannte gemeinnützige Zwecke gespendet, das vom Steuerpflichtigen **unmittelbar zuvor aus dem Betriebsvermögen entnommen** wurde, kann das Wirtschaftsgut abweichend vom Teilwert auch mit dem Buchwert entnommen werden (sog. **Buchwertprivileg** nach § 6 Abs. 1 Nr. 4 EStG). Die während der Zugehörigkeit des Wirtschaftsgutes zum Betriebsvermögen entstandenen Wertsteigerungen (stillen Reserven) werden insoweit nicht erfasst. Dadurch kann der Spender Einkommen- und ggf. Gewerbesteuer sparen. Allerdings wird dadurch der Wert der Sachspende auf den **Buchwert** ggf. zuzüglich Umsatzsteuer begrenzt (§ 10 b Abs. 3 Satz 2 EStG).

Bei **Sachspenden** hat die steuerbegünstigte Körperschaft in der Zuwendungsbestätigung die Grundlagen der Wertermittlung gesondert darzustellen und die erforderlichen Nachweise und Unterlagen aufzubewahren.

Unter bestimmten Voraussetzungen ist auch der Verzicht auf die Erstattung von Aufwand als Spende begünstigt (sog. **Aufwandsspende**). Unentgeltliche Nutzungen (z.B. kostenlose Überlassung von Räumen oder Gewährung eines zinslosen Darlehens) und Leistungen (z.B. ehrenamtliche Tätigkeit) können zwar nicht wie eine Sachspende behandelt werden, da dem Steuerpflichtigen insoweit kein finanzieller Aufwand entsteht (§ 10 b Abs. 3 Satz 1 EStG). Auch die **unentgeltliche** Arbeitsleistung eines Vereinsmitglieds ist deshalb keine Spende. Werden die Nutzungen und Leistungen aber **entgeltlich** erbracht, kann bei **Verzicht** auf den **rechtswirksam entstandenen Vergütungs- oder Aufwendungsersatzanspruch** eine steuerbegünstigte Spende vorliegen (sog. Aufwandsspende). Beispielsweise kann auf einen **rechtswirksam entstandenen** Anspruch auf Auszahlung einer Vergütung (z.B. für erbrachte Arbeitsleistung, für Überlassung von Räumen oder Darlehen) oder eines Aufwendungsersatzes (z.B. für den Verein verauslagte Aufwendungen in Form von Fahrt-, Telefon- und Portokosten) **bedingungslos verzichtet** werden. Bei dem Verzicht auf den Ersatz der Aufwendungen handelt es sich nicht um eine Spende des Aufwands, sondern um eine **Geldspende**, bei der entbehrlich ist, dass Geld zwischen dem Zuwendungsempfänger und dem Zuwendenden tatsächlich hin- und herfließt.

Voraussetzung einer sog. **Aufwandsspende** ist, dass ein satzungsgemäßer oder ein schriftlich vereinbarter vertraglicher Aufwendungsersatzanspruch besteht oder dass ein solcher Anspruch durch einen rechtsgültigen Vorstandsbeschluss eingeräumt worden ist, der den Mitgliedern in geeigneter Weise bekannt gemacht wurde. Der Anspruch muss **vor** der zum Aufwand führenden bzw. zu vergütenden Tätigkeit eingeräumt werden. Er muss ernsthaft und rechtswirksam (einklagbar) sein und darf nicht unter der Bedingung des Verzichts stehen. Wesentliches Indiz für die Ernsthaftigkeit von Aufwendungsersatzansprüchen ist die wirtschaftliche Leistungsfähigkeit der steuerbegünstigten Körperschaft. Diese muss ungeachtet des späteren Verzichts in der Lage sein, den geschuldeten Aufwendungsersatz zu leisten. Im Einzelnen wird auf das BMF-Schreiben vom 7.6.1999 (BStBl I S. 591) hingewiesen. Der **bedingungslose Verzicht** setzt voraus, dass der Spender **frei entscheiden** kann, ob er auf der Auszahlung seines Vergütungs- oder Aufwendungsersatzanspruches besteht oder zu Gunsten der steuerbegünstigten Körperschaft auf eine Auszahlung verzichtet. Der Verzicht muss – wie bei gegenseitigen Verträgen mit Austausch von Leistung und Gegenleistung üblich – **zeitnah**, also im unmittelbaren Anschluss an die Entstehung des Vergütungs- oder Aufwendungsersatzanspruches, ausgesprochen werden.

Die vorstehenden Grundsätze gelten entsprechend, wenn der Aufwendungsersatz nach einer vorhergehenden Geldspende ausgezahlt wird. Der Abzug einer Spende nach § 10 b EStG setzt voraus, dass die Ausgabe beim Spender zu einer **endgültigen wirtschaftlichen Belastung** führt. Eine endgültige wirtschaftliche Belastung liegt nicht vor, soweit der Wertabgabe aus dem Vermögen des Steuerpflichtigen ein entsprechender Zufluss – im Falle der Zusammenveranlagung auch beim anderen Ehegatten – gegenübersteht (BFH-Urteil vom 20.2.1991, BStBl II S.690). Die Auszahlung von Aufwendungsersatz an den Spender führt nur insoweit nicht zu einem schädlichen Rückfluss, als der Aufwendungsersatz aufgrund eines ernsthaft eingeräumten Ersatzanspruchs geleistet wird, der nicht unter der Bedingung der vorhergehenden Spende steht. Die Grundsätze des BFH-Urteils vom 3.12.1996 (BStBl 1997 II S.474) sind für die Beurteilung des Spendenabzugs **nicht** anzuwenden, soweit sie mit den vorstehenden Grundsätzen nicht im Einklang stehen. Nach dem o.a. BMF-Schreiben ist für die Höhe der Zuwendung der vereinbarte Ersatzanspruch maßgeblich; allerdings kann ein unangemessen hoher Ersatzanspruch zum Verlust der Gemeinnützigkeit des Zuwendungsempfängers führen (§ 55 Abs. 1 Nr. 3 AO).

Die Vorlage einer **Zuwendungsbestätigung** ist eine unerlässliche **materielle** Voraussetzung für den Spendenabzug. Die Bestätigungen für Spenden und ggf. Mitgliedsbeiträgen müssen nach einem verbindlichen amtlichen Muster ausgestellt werden. In den Anlagen zum BMF-Schreiben vom 18.11.1999 (BStBl I S. 979) sind jeweils **gesonderte Muster** für die Bestätigung von Geldzuwendungen und Mitgliedsbeiträgen einerseits sowie Sachzuwendungen andererseits veröffentlicht. Die amtlichen Muster für Zuwendungsbestätigungen und die zu ihrer Erstellung und Verwendung ergangenen BMF-Schreiben (BStBl 1999 I S. 979 sowie BStBl 2000 I S.592 und 1557) sind auch in Anhang 37 des Amtlichen Einkommensteuer-Handbuchs 2004 abgedruckt.

Bei **allen Geldspenden** hat die steuerbegünstigte Körperschaft immer auch eine Aussage zu machen, ob es sich um eine Aufwandsspende handelt. Liegt eine **Aufwandsspende** vor, hat die

Teil I: Hauptvordruck
Zeilen 89–92

steuerbegünstigte Körperschaft auf dem Bestätigungsmuster für Geldzuwendungen zusätzlich anzugeben, dass es sich um den Verzicht auf die Erstattung von Aufwendungen handelt. Dagegen muss bei einer „echten" Geldspende **zusätzlich** stets bescheinigt werden, dass es sich bei der Zuwendung **nicht** um den Verzicht auf die Erstattung von Aufwendungen handelt. Bei **Sachspenden** muss die steuerbegünstigte Körperschaft die der Wertermittlung zugrunde liegenden Angaben (genaue Bezeichnung der Sachspende mit Alter, Erhaltungszustand, Kaufpreis, Herkunft des Wirtschaftsguts, bei Betriebsvermögen auch maßgeblicher Entnahmewert) und Unterlagen in der Zuwendungsbestätigung aufführen. Andererseits müssen in die Zuwendungsbestätigung, die eine DIN A 4-Seite nicht überschreiten darf, nicht in jedem Fall alle Formulierungen aufgenommen werden, die in den o.a. veröffentlichten Mustern vorgesehen sind. Vielmehr können Angaben, die im konkreten Fall des einzelnen Zuwendungsempfängers nicht einschlägig sind, weggelassen werden. Weitere Einzelheiten zur Verwendung der verbindlichen Muster für Zuwendungsbestätigungen sind insbesondere im BMF-Schreiben vom 2. 6. 2000 (BStBl I S. 592) mit Änderungen durch BMF-Schreiben vom 10. 4. 2003 (BStBl I S. 286) und vom 24. 2. 2004 (BStBl I S. 335) geregelt, bei Zuwendungsbestätigungen für Stiftungen im BMF-Schreiben vom 7. 12. 2000 (BStBl I S. 1557).

Die Zuwendungsbestätigung muss grundsätzlich von mindestens einer durch Satzung oder Auftrag zur Entgegennahme von Zuwendungen (Zahlungen) berechtigten Person unterschrieben sein. Unter bestimmten Voraussetzungen kann das für die Körperschaft zuständige Finanzamt genehmigen, dass die Bestätigungen maschinell ohne eigenhändige Unterschrift erstellt werden können. Bei den Zuwendungsbestätigungen wird von den Finanzämtern darauf geachtet, dass das in der Bestätigung angegebene Datum des Freistellungsbescheides oder Steuerbescheides nicht länger als 5 Jahre oder das Datum der vorläufigen Bescheinigung nicht länger als 3 Jahre seit dem Tag der Ausstellung der Zuwendungsbestätigung zurückliegt. Anderenfalls werden solche Bestätigungen nicht mehr als ausreichender Nachweis für den steuerlichen Spendenabzug anerkannt (BMF-Schreiben vom 15.12. 1994, BStBl I S. 884).

Bei **Zuwendungen von nicht mehr als 100 €** genügt in bestimmten Fällen als **vereinfachter** Spendennachweis der **Bareinzahlungsbeleg** oder die **Buchungsbestätigung** eines Kreditinstituts. Das vereinfachte Nachweisverfahren wird anerkannt, wenn

- der Empfänger der Zuwendung eine inländische juristische Person des öffentlichen Rechts oder eine inländische öffentliche Dienststelle ist **oder**

- der Empfänger eine Körperschaft, Personenvereinigung oder Vermögensmasse im Sinne des § 5 Abs. 1 Nr. 9 KStG ist, wenn der steuerbegünstigte Zweck, für den die Zuwendung verwendet wird, und die Angaben über die Freistellung des Empfängers von der Körperschaftsteuer auf einem von ihm hergestellten Beleg aufgedruckt sind und darauf angegeben ist, ob es sich bei der Zuwendung um eine Spende oder einen Mitgliedsbeitrag handelt (§ 50 Abs. 2 Nr. 2 EStDV).

Unabhängig von der Höhe der Zuwendung kann das **vereinfachte** Nachweisverfahren zugelassen werden, wenn die Zuwendung zur Linderung der Not **in Katastrophenfällen** innerhalb eines Zeitraums, den die obersten Finanzbehörden der Länder im Benehmen mit dem Bundesministerium der Finanzen bestimmen, auf ein für den Katastrophenfall eingerichtetes Sonderkonto einer inländischen juristischen Person des öffentlichen Rechts, einer inländischen öffentlichen Dienststelle oder eines inländischen amtlich anerkannten Verbandes der freien Wohlfahrtspflege einschließlich seiner Mitgliedsorganisationen eingezahlt worden ist (§ 50 Abs. 2 Nr. 1 EStDV).

Bei der oben bezeichneten Buchungsbestätigung kann es sich z.B. um den **Kontoauszug,** einen **Lastschrifteinzugsbeleg** oder auch um eine gesonderte Bestätigung des Kreditinstituts handeln. Aus der Buchungsbestätigung müssen Name und Kontonummer des Auftraggebers und des Empfängers, der Betrag sowie der Buchungstag ersichtlich sein. Wird die Spende an eine nach § 5 Abs. 1 Nr. 9 KStG steuerbegünstigte Körperschaft überwiesen, muss **zusätzlich** zur Buchungsbestätigung auch der vom Zuwendungsempfänger hergestellte **Beleg** vorgelegt werden, weil die Angaben über die Steuerbegünstigung des Empfängers nur aus diesem Beleg ersichtlich sind. Auf dem Beleg muss u.a. aufgedruckt sein, ob es sich um eine Spende oder einen Mitgliedsbeitrag handelt. Im Fall des **Lastschriftverfahrens** muss die Buchungsbestätigung auch Angaben über den steuerbegünstigten Zweck, für den die Zuwendung verwendet wird, und über die Steuerbegünstigung der Körperschaft enthalten (§ 50 Abs. 2 Satz 2 EStDV).

Neben den bisher dargestellten Voraussetzungen erfordert ein Spendenabzug, dass steuerbegünstigte Ausgaben (Zuwendungen) vorliegen, die **freiwillig** und **unentgeltlich**, d.h. ohne Gegenleistung, für mildtätige, kirchliche, religiöse, wissenschaftliche oder für als besonders förderungswürdig anerkannte gemeinnützige Zwecke geleistet werden. Ausgaben des Steuerpflichtigen, für die er eine **Gegenleistung** erhält, sind mangels Unentgeltlichkeit nicht steuerbegünstigt. Das gilt auch, wenn die Zuwendung den Wert der Gegenleistung übersteigt (z.B. Kauf einer Eintrittskarte für eine Benefizveranstaltung). Eine Aufteilung der Zuwendung in Gegenleistung und Spende ist nicht zulässig. Im Übrigen dürfen Ausgaben, die steuerbegünstigt sein sollen, nicht einem steuerpflichtigen wirtschaftlichen Geschäftsbetrieb der steuerbegünstigten Körperschaft zufließen.

Nicht abzugsfähig sind Spenden, die z.B. bei einer **Straßensammlung** oder als sonntägliches Opfer in der Kirche gegeben werden, sowie der **Wohlfahrtszuschlag,** der beim Kauf der von der Deutschen Post herausgegebenen Wohlfahrtsmarken zu entrichten ist (BFH-Urteil vom 13. 6. 1969, BStBl II S. 701). Auch Aufwendungen für Lose einer Wohlfahrtstombola sind keine Spenden (BFH-Urteil vom 29. 1. 1971, BStBl II S. 799). Zahlungen zugunsten gemeinnütziger Einrichtungen, die als **Bewährungsauflage** im Straf- oder Gnadenverfahren auferlegt werden, können ebenfalls nicht als Spende abgezogen werden (BFH-Urteil vom 8. 4. 1964, BStBl III S. 333). Gleiches gilt für Zahlungen an eine gemeinnützige Einrichtung zur Erfüllung einer Auflage nach § 153a StPO oder § 56b StGB (BFH-Urteil vom 19. 12. 1990, BStBl 1991 II S. 234; H 111 EStH); denn derartige Zahlungen erfolgen weder freiwillig noch unentgeltlich. Aufwendungen des Erben zur Erfüllung von Vermächtniszuwendungen an gemeinnützige Einrichtungen sind weder beim Erben noch beim Erblasser als Spenden abziehbar (BFH-Urteile vom 22. 9. 1993, BStBl II S. 874, und vom 23. 10. 1996, BStBl 1997 II S. 239).

Zuwendungen (Beiträge, Spenden, Patengelder) an **gemeinnützige Schulvereine** (Schulen in freier Trägerschaft) und entsprechende **Fördervereine** von Personen, die selbst keine Kinder in der betreffenden Schule haben (fördernde Personen), sind steuerbegünstigte Spenden, da in diesem Fall eine Verknüpfung der Zuwendung mit einer konkreten Gegenleistung des Vereins regelmäßig nicht besteht. Werden jedoch „Elternbeiträge" von nahen Angehörigen der Kinder (z.B. Großeltern) erbracht, so gelten die nachfolgend dargestellten Regelungen, die sich aus dem BMF-Schreiben in BStBl 1992 I S. 266 ergeben, entsprechend.

Bei Personen, **deren Kinder die Schule besuchen,** ist eine Aufteilung der Elternbeiträge in einen steuerlich abziehbaren Spendenanteil und in ein nicht als Spenden abziehbares Leistungsentgelt nicht möglich (BFH-Urteil vom 25. 8. 1987, BStBl II S. 850). Hiernach können Eltern, deren Kinder die Schule eines gemeinnützigen Schulvereins (Schulträgers), z.B. eine Waldorfschule, besuchen, nicht zur Deckung von Schulkosten ihrer Kinder steuerwirksam spenden. Dies gilt auch dann, wenn ein sozial gestaffeltes Schulgeld oder ein Schulgeld aufgrund einer Selbsteinschätzung der Eltern erhoben wird. Diese Beträge können jedoch seit 1991 im Rahmen des § 10 Abs. 1 Nr. 9 EStG als Sonderausgaben berücksichtigt werden. Nach dieser Vorschrift ist ein **30%iger Sonderausgabenabzug** für das Schuldgeld an staatlich genehmigten oder nach Landesrecht erlaubten Ersatzschulen sowie an nach Landesrecht anerkannten allgemein bildenden Ergänzungsschulen zugelassen (vgl. Ausführungen zu **Zeile 55** der Anlage Kind).

Als **Spenden** kommen bei Personen, deren Kinder die Schule besuchen, somit nur freiwillige Leistungen in Betracht, die über den festgesetzten Elternbeitrag hinausgehen (z.B. Übernahme von Patenschaften, Einzelspenden für besondere Veranstaltungen oder Anschaffungen außerhalb des normalen Betriebs der Schule). Hierzu gehören auch Zuwendungen für die Lehrerausbildung, z.B. auf einer Hochschule oder für Schulbaukosten (oder andere Investitionen), wenn hierfür allgemein zu Spenden aufgerufen wird; Zuwendungen der Eltern im Rahmen einer allgemeinen Kostenumlage sind deshalb nicht begünstigt. **Außerdem** muss sichergestellt sein, dass die festgesetzten Elternbeiträge zusammen mit etwaigen staatlichen Zuschüssen und Zuwendungen der fördernden Mitglieder die voraussichtlichen Kosten des normalen Betriebs der Schule decken. Zu den Kosten des normalen Schulbetriebs zählen insbesondere:

- laufende Sachkosten, z.B. Kosten für Lehrmittel, Versicherungen, Instandhaltung, Zinsen,
- laufende personelle Kosten, z.B. Lehrergehälter, Gehälter für sonstige Mitarbeiter, Versorgungsbezüge, Aufwendungen zur Lehrerfortbildung,
- nutzungsbezogene Aufwendungen, z.B. Mieten, Erbbauzins, Absetzungen für Abnutzung,
- Kosten für Klassenfahrten, Exkursionen und ähnliche übliche Veranstaltungen (falls sie von der Schule getragen werden).

Setzt der Schulträger die Elternbeiträge so niedrig fest, dass der normale Betrieb der Schule z.B. nur durch Zuwendungen der Eltern an einen Förderverein aufrechterhalten werden kann, die dieser satzungsgemäß an den Schulverein abzuführen hat, so handelt es sich wirtschaftlich betrachtet auch bei diesen Zuwendungen um ein Leistungsentgelt, für das die Spendenbegünstigung nicht in Betracht kommt. Deshalb werden Gestaltungen steuerlich nicht anerkannt, nach denen der von den Eltern zu leistende Beitrag formal in einen an den Schulverein zu entrichtenden Elternbeitrag (Leistungsentgelt) und in einen als Spende bezeichneten und an den Förderverein zu zahlenden Betrag aufgespalten wird (vgl. auch BFH-Urteil vom 12. 8. 1999, BStBl 2000 II S. 65).

Die steuerliche Abziehbarkeit etwaiger über den Elternbeitrag hinausgehender freiwilliger und unentgeltlicher Zuwendungen hängt nicht von der Zwischenschaltung eines Fördervereins ab. Entscheidend für die steuerliche Anerkennung spendenbegünstigter Zuwendungen ist, dass es sich hierbei wirtschaftlich nicht um Schulgeldzahlungen – gleich in welcher Form –, sondern um freiwillige Leistungen der Eltern ohne Entgeltcharakter handelt. Die vorstehenden Grundsätze gelten nach dem BMF-Schreiben in BStBl 1992 I S. 266 bei anderen Bildungseinrichtungen, z.B. Kindergärten, entsprechend.

Zuwendungen eines **Sponsors,** die keine Betriebsausgaben darstellen, sind als Spenden abziehbar, wenn sie zur Förderung steuerbegünstigter Zwecke freiwillig oder aufgrund einer freiwillig eingegangenen Rechtspflicht erbracht werden, kein Entgelt für eine bestimmte Leistung des Empfängers sind und nicht in einem tatsächlichen wirtschaftlichen Zusammenhang mit dessen Leistungen stehen (vgl. BFH-Urteile vom 25. 11. 1987, BStBl 1988 II S. 220 und vom 12. 9. 1990, BStBl 1991 II S. 258 sowie insbesondere BMF-Schreiben vom 18. 2. 1998, BStBl I S. 212).

Allgemein gilt nach § 10b Abs. 4 EStG: Der Steuerpflichtige darf auf die **Richtigkeit** einer Zuwendungsbestätigung über Spenden und Mitgliedsbeiträge **vertrauen,** es sei denn, dass er die Bestätigung durch unlautere Mittel oder falsche Angaben (z.B. Wertangabe bei Sachspenden) erwirkt hat oder dass ihm die Unrichtigkeit der Bestätigung bekannt oder infolge grober Fahrlässigkeit nicht bekannt war (z.B. der „Spende" steht eine Gegenleistung gegenüber). Wer vorsätzlich oder grob fahrlässig eine unrichtige Bestätigung ausstellt oder wer veranlasst, dass Zuwendungen nicht zu den in der Bestätigung angegebenen steuerbegünstigten Zwecken verwendet werden, **haftet** für die entgangene Steuer. Diese ist mit 40 v.H. des zugewendeten Betrags anzusetzen (vgl. auch BFH-Urteile vom 24. 4. 2002, BStBl 2003 II S. 128 und vom 10. 9. 2003, BStBl 2004 II S. 352).

Besonderheiten bei Mitgliedsbeiträgen und Spenden an politische Parteien

Nach § 10b **Abs. 2** EStG sind Mitgliedsbeiträge und Spenden an **politische Parteien i.S. des § 2 des Parteiengesetzes** nur in beschränkter Höhe als Sonderausgaben abzugsfähig. Außerdem ist zu beachten, dass Mitgliedsbeiträge und Spenden an politische Parteien **vorrangig** durch **Ermäßigung der tariflichen Einkommensteuer** im Rahmen des § **34g EStG** berücksichtigt werden. Nach dieser Vorschrift ermäßigt sich bei Steuerpflichtigen, die Mitgliedsbeiträge und Spenden an politische Parteien i.S. des § 2 des Parteiengesetzes leisten, die tarifliche Einkommensteuer (vermindert um die sonstigen Steuerermäßigungen mit Ausnahme des § 34f Abs. 3 EStG) um **50 v.H.** dieser Ausgaben, **höchstens um 825 €**, im Fall der **Zusammenveranlagung von Ehegatten höchstens um 1 650 €**. Die Beträge wurden durch Art. 4 des Achten Gesetzes zur Änderung des Parteiengesetzes vom 28. 6. 2002 (BStBl I S. 666) neu festgesetzt. Diese Ermäßigung kann jedoch nicht zu einer negativen Steuerschuld führen. Bei zusammenveranlagten Ehegatten spielt es keine Rolle, wer von den Ehegatten die begünstigten Aufwendungen geleistet hat. Bei der getrennten Veranlagung von Ehegatten bemisst sich die Steuerermäßigung nach § 34g EStG für jeden Ehegatten entsprechend den von ihm geleisteten Ausgaben zur Förderung staatspolitischer Zwecke.

Als **Sonderausgaben** können Mitgliedsbeiträge und Spenden an politische Parteien (im Rahmen des unten bezeichneten Höchstbetrags) **nur insoweit** abgezogen werden, als für sie nicht ein Abzug von der tariflichen Einkommensteuer nach § 34g EStG gewährt worden ist (vgl. nachfolgendes **Beispiel**). Damit ist ein Sonderausgabenabzug auch möglich, soweit sich die Mitgliedsbeiträge und Spenden an politische Parteien nicht nach § 34g EStG auswirken, weil die tarifliche Einkommensteuer zu niedrig ist (R 112 EStR). Ein Wahlrecht zwischen dem Abzug von der Steuer (§ 34g EStG) und dem Sonderausgabenabzug besteht **nicht.** Ein Abzug als Betriebsausgaben oder Werbungskosten ist nicht möglich (§§ 4 Abs. 6, 9 Abs. 5 EStG).

Nach § 50 Abs. 1 EStDV hat die Zuwendungsbestätigung auf einem amtlich vorgeschriebenen Vordruck zu erfolgen, der in der Anlage zum BMF-Schreiben vom 18. 11. 1999 (BStBl I S. 979) veröffentlicht ist (vgl. auch BMF-Schreiben vom 10. 4. 2003, BStBl I S. 286 und vom 24. 2. 2004, BStBl I S. 335). Als **vereinfachter Nachweis** genügt jedoch der Bareinzahlungsbeleg oder die Buchungsbestätigung eines Kreditinstituts, wenn die Zuwendung 100 € nicht übersteigt und der Empfänger eine politische Partei i.S. des § 2 des Parteiengesetzes ist und bei Spenden der Verwendungszweck auf dem vom Empfänger hergestellten Beleg aufgedruckt ist. Als Nachweis für die Zahlung von **Mitgliedsbeiträgen** an politische Parteien genügt die Vorlage von Bareinzahlungsbelegen, Buchungsbestätigungen oder Beitragsquittungen (§ 50 Abs. 3 EStDV).

Für den Sonderausgabenabzug von Mitgliedsbeiträgen und Spenden an politische Parteien gilt seit 2002 eine neue **Höchstgrenze von insgesamt 1 650 €**, im Fall der **Zusammenveranlagung** von Ehegatten von insgesamt **3 300 €** im Kalenderjahr (§ 10b Abs. 2 EStG i.d.F. des Achten Gesetzes zur Änderung des Parteiengesetzes vom 28. 6. 2002, BStBl I S. 666). Die oben bezeichnete Ermäßigung der tariflichen Einkommensteuer nach § **34g EStG** für Beiträge und Spenden an politische Parteien bis 1 650 € bzw. 3 300 € hat Vorrang und wird auf die **Höchstgrenze** für den Sonderausgabenabzug nicht angerechnet (vgl. nachfolgendes Beispiel).

Spendenhöchstbeträge

1. Mitgliedsbeiträge und Spenden an politische Parteien (Zeile 91 des Vordrucks)

Übersteigen die Beiträge und Spenden an politische Parteien den nach § 34g EStG zu berücksichtigenden Betrag (1 650 € bzw. bei zusammenveranlagten Ehegatten 3 300 €), so ist der übersteigende Betrag aufgrund der o.a. gesetzlichen Neuregelung bis zu insgesamt **1 650 €** (bei zusammenveranlagten Ehegatten bis zu insgesamt **3 300 €**) bei den Sonderausgaben abzugsfähig.

Diese Höchstbeträge für Zuwendungen an politische Parteien ergeben sich aus § 10b Abs. 2 EStG und gelten **neben** den Höchstsätzen für Ausgaben zur Förderung der **anderen** steuerbegünstigten Zwecke nach § 10b Abs. 1 EStG (folgende Nr. 2).

2. Sonstige Spenden (Zeilen 89 und 90 des Vordrucks)

Spenden und Beiträge (Zuwendungen) für **wissenschaftliche, mildtätige und kulturelle Zwecke** (Zeile 89) sowie für **kirchliche, religiöse und gemeinnützige Zwecke** (Zeile 90) können bis zur Höhe

Teil I: Hauptvordruck
Zeilen 89–92

von **insgesamt 5 v.H. des Gesamtbetrags der Einkünfte** abgezogen werden. Dieser Satz erhöht sich bei Zuwendungen für **wissenschaftliche, mildtätige** und als **besonders förderungswürdig anerkannte kulturelle** Zwecke um **weitere 5 v.H.** des Gesamtbetrags der Einkünfte, d.h. auf 10 v.H. (§ 10b Abs. 1 EStG). Treffen Zuwendungen für wissenschaftliche, mildtätige und als besonders förderungswürdig anerkannte kulturelle Zwecke mit anderen Zuwendungen zusammen und übersteigt der Gesamtbetrag **aller** dieser Zuwendungen 5 v.H. der Gesamteinkünfte, so ist es am günstigsten, wenn die Zuwendungen für wissenschaftliche, mildtätige und als besonders förderungswürdig anerkannte kulturelle Zwecke zunächst auf den **Erhöhungsbetrag von 5 v.H.** angerechnet werden und ein verbleibender Restbetrag mit den übrigen Zuwendungen im Rahmen des allgemeinen Höchstbetrags von 5 v.H. der Gesamteinkünfte berücksichtigt wird. Im maschinellen Veranlagungsverfahren wird die für den Steuerpflichtigen insoweit günstigste Regelung automatisch angewendet. Der Begriff der **kulturellen** Zwecke ist in der Anlage 1 zu § 48 Abs. 2 EStDV näher erläutert.

Verfolgt ein begünstigter Spendenempfänger (§ 49 EStDV) nach Satzung und tatsächlicher Geschäftsführung **unterschiedlich begünstigte Zwecke**, gilt für die Anwendung des erhöhten Spenden-Abzugssatzes von 10 v.H. des Gesamtbetrags der Einkünfte nach dem BMF-Schreiben vom 9.1.2001 (BStBl I S. 81) Folgendes: Der Spendenempfänger kann nur dann die Verwendung der Spende für wissenschaftliche, mildtätige oder als besonders förderungswürdig anerkannte kulturelle Zwecke im Rahmen des § 50 EStDV bestätigen, wenn die stärker begünstigten Tätigkeiten (Abzugssatz 10 v.H.) nach der tatsächlichen Geschäftsführung von den übrigen Tätigkeiten getrennt sind, diese Trennung anhand der entsprechenden Aufzeichnungen nachprüfbar ist und die Spende tatsächlich für den stärker begünstigten Zweck verwendet wird. Tz. 5 des BMF-Schreibens vom 2.6.2000 (BStBl I S. 592) ist zu beachten. Die Höhe des Abzugssatzes beim Spender richtet sich nach dem Verwendungszweck, der auf der Zuwendungsbestätigung entsprechend der tatsächlichen Verwendung der Spende bescheinigt ist (vgl. auch BFH-Urteil vom 15.12.1999, BStBl 2000 II S. 608).

An Stelle der bezeichneten Hundertsätze des Gesamtbetrags der Einkünfte kann der Steuerpflichtige den Satz von **2 v.T.** der **Summe** der gesamten (steuerbaren und nicht steuerbaren) Umsätze **und** der im Kalenderjahr aufgewendeten Löhne und Gehälter **wählen**. Bei Inanspruchnahme dieses Höchstbetrages kommt eine Erhöhung des abzugsfähigen Betrags für Spenden (Zuwendungen) zu wissenschaftlichen, mildtätigen und als besonders förderungswürdig anerkannten kulturellen Zwecken nicht in Betracht.

Bei Steuerpflichtigen, die Mitunternehmer einer Personengesellschaft sind, ist der Vomtausendsatz von dem Teil der Summe der gesamten Umsätze und der im Kalenderjahr aufgewendeten Löhne und Gehälter der Personengesellschaft zu berechnen, der dem Anteil des Steuerpflichtigen am Gewinn der Gesellschaft entspricht.

Beispiel

Ein allein stehender Steuerpflichtiger mit einem Gesamtbetrag der Einkünfte 2005 von 50 000 € leistete im Kalenderjahr 2005 folgende Spenden:

für kirchliche Zwecke	2 600 €
an politische Parteien i.S. des § 2 des Parteiengesetzes	3 500 €
für wissenschaftliche Zwecke	500 €.

Abzugsfähig sind:

a) Nach § 34g EStG als **Abzug von der tariflichen Einkommensteuer** 50 v.H. aus höchstens 1 650 € = **825 €**.

b) Auf Grund der o.a. Neuregelung sind von den Spenden an politische Parteien 3 500 € ./. 1 650 € = 1 850 €, höchstens **1 650 €** als Sonderausgaben abzugsfähig.

Im Rahmen des Grundhöchstbetrags für Spenden von 5 v.H. aus 50 000 € = 2 500 € sind von den Aufwendungen zur Förderung kirchlicher Zwecke **2 500 €** abzugsfähig (§ 10b Abs. 1 EStG). Außerdem können im Rahmen des erweiterten Spendenhöchstbetrages (weitere 5 v.H. aus 50 000 € = 2 500 €) zusätzlich die tatsächlichen Ausgaben für **wissenschaftliche** Zwecke = **500 €** abgesetzt werden.

Insgesamt sind somit **4 650 €** neben dem Abzugsbetrag lt. Buchst. a **als Sonderausgaben** abzugsfähig.

Überschreitet eine **Einzelzuwendung** von mindestens **25 565 €** zur Förderung **wissenschaftlicher, mildtätiger** oder als **besonders förderungswürdig anerkannter kultureller Zwecke** die oben genannten Höchstsätze, so ist sie im Rahmen dieser Höchstsätze in den vorangegangenen Veranlagungszeitraum **rücktragungsfähig** und in die fünf folgenden Veranlagungszeiträume **vortragsfähig** (sog. Großspendenregelung nach § 10b Abs. 1 Satz 4 EStG). Die Grundsätze der Verlustabzugsregelung in § 10d EStG (vgl. Zeilen 93 bis 94) sind dabei sinngemäß anzuwenden. Als Einzelzuwendung in diesem Sinn ist grundsätzlich jeder einzelne Abfluss einer Zahlung oder die Zuwendung eines Wirtschaftsguts anzusehen. Eine Einzelzuwendung liegt aber auch dann vor, wenn mehrere Zahlungen oder die Abgabe mehrerer Wirtschaftsgüter in einem Veranlagungszeitraum an denselben Empfänger auf einer einheitlichen Spendenentscheidung des Steuerpflichtigen beruhen. Bei einer von einer Personengesellschaft geleisteten Einzelzuwendung ist erforderlich, dass auf den einzelnen Gesellschafter ein Spendenanteil von mindestens 25 565 € entfällt (vgl. auch R 113 Abs. 2 EStR). Nach dem BFH-Urteil vom 4.5.2004 (BStBl II S. 736) setzt die Rück- bzw. Vortragsfähigkeit einer sog. Großspende voraus, dass der Spendenbetrag beide in § 10b Abs. 1 Satz 1 und 2 EStG genannten Höchstsätze überschreitet, d.h. sowohl 5 bzw. 10 v.H. des Gesamtbetrags der Einkünfte als auch 2 v.T. der gesamten Umsätze etc. (vgl. oben).

Bei **Spenden (Zuwendungen) an Stiftungen** gelten zusätzliche Höchstbeträge (vgl. Erläuterungen zu **Zeilen 85 bis 87 und 88** des Hauptvordrucks).

Mitgliedsbeiträge und Spenden an unabhängige Wählervereinigungen

Nach § 34g Nr. 2 EStG ermäßigt sich die tarifliche Einkommensteuer für Mitgliedsbeiträge und Spenden an unabhängige Wählervereinigungen um **50 v.H.** dieser Ausgaben, **höchstens um 825 €**, im Fall der **Zusammenveranlagung von Ehegatten höchstens um 1 650 €**. Diese Tarifermäßigung ist durch Eintragung in **Zeile 92** des Vordrucks geltend zu machen; sie kann nicht zu einer negativen Steuerschuld führen. Die genannten Höchstbeträge gelten gesondert **neben** den gleich hohen Grenzen für den Abzug von Mitgliedsbeiträgen und Spenden an politische Parteien nach § 34g Nr. 1 EStG (vgl. vorstehende Ausführungen). Anders als bei Zuwendungen an politische Parteien ist für Beiträge und Spenden an unabhängige Wählervereinigungen, die über die nach § 34g EStG berücksichtigungsfähigen Ausgaben hinausgehen, ein Sonderausgabenabzug nach § 10b EStG **nicht** möglich.

Begünstigt sind **nur** Beiträge und Spenden an unabhängige Wählervereinigungen, die die **Rechtsform** eines eingetragenen oder nicht rechtsfähigen **Vereins** haben **und** deren Zweck ausschließlich darauf gerichtet ist, durch **Teilnahme** mit eigenen Wahlvorschlägen **an Wahlen auf Bundes-, Landes- oder Kommunalebene** bei der politischen Willensbildung mitzuwirken. **Weitere Voraussetzung** ist, dass die unabhängige Wählervereinigung entweder bei der letzten Wahl, an der sie teilgenommen hat, wenigstens ein Mandat errungen hat, oder dass sie der zuständigen Wahlbehörde oder dem zuständigen Wahlorgan mitgeteilt hat, dass sie sich an der jeweils nächsten Wahl beteiligen will. Eine unabhängige Wählervereinigung, die entgegen dieser Mitteilung nicht an der nächsten Wahl teilnimmt, ist erst wieder zum Empfang steuerlich abziehbarer Zuwendungen berechtigt, wenn sie sich tatsächlich mit eigenen Wahlvorschlägen an einer späteren Wahl beteiligt hat. Die Steuerermäßigung wird in diesem Fall nur für Beiträge und Spenden gewährt, die nach Beginn des Jahres, in dem die Wahl stattfindet, geleistet werden. Wegen Einzelheiten (mit Beispielen) wird auf das BMF-Schreiben vom 16.6.1989, BStBl I S. 239, sowie H 213 a EStH hingewiesen.

Dass alle Voraussetzungen für die Gewährung der Tarifermäßigung nach § 34g EStG erfüllt sind, hat der Steuerpflichtige dem Finanzamt durch eine **Zuwendungsbestätigung der unabhängigen**

Wählervereinigung nachzuweisen. Ein **Muster** dieser Bestätigung ist in der Anlage zum BMF-Schreiben vom 18.11.1999 (BStBl I S. 979) abgedruckt.

Verlustabzug nach § 10d EStG

93–94 Durch das Steuerentlastungsgesetz 1999/2000/2002 (BStBl 1999 I S. 304) wurden die Möglichkeiten der **Verrechnung von Verlusten** in **§ 2 Abs. 3** und **§ 10d EStG** wesentlich geändert und **eingeschränkt**. Die Einschränkungen galten erstmals für Verluste (negative Einkünfte) des Jahres 1999. Für Verluste, die bis 31.12. 1998 entstanden waren, galt die frühere Rechtslage fort.

Ab 1999 konnten Verluste nur noch innerhalb derselben Einkunftsart unbegrenzt verrechnet werden (sog. horizontaler Verlustausgleich). Darüber hinaus waren Verluste nur noch bis zur Hälfte des 51 500 € (bei Ehegatten: 103 000 €) übersteigenden Betrags der im selben Veranlagungszeitraum (VZ) erzielten übrigen positiven Einkünfte ausgleichsfähig (sog. vertikaler Verlustausgleich). Für den Verlustabzug nach § 10d EStG (der als **Oberbegriff** den Verlustrücktrag **und** Verlustvortrag umfasst) galt Entsprechendes. Wegen Einzelheiten wird auf die Ausführungen in der Anleitung zur Einkommensteuererklärung **2003**, Teil I, Hauptvordruck, Zeilen 91 bis 94 hingewiesen. Ausführliche Berechnungsbeispiele zur Vornahme des Verlustausgleichs und des Verlustabzugs (auch in Erbfällen) waren in H 3 und H 115 EStH 2003 abgedruckt. Nach den Beschlüssen des BFH vom 6.3. 2003 (BStBl II S. 516 und 523) bestehen an der Verfassungsmäßigkeit des § 2 Abs. 3 Sätze 2 ff. EStG 1999 insoweit ernstliche Zweifel, als auf Grund des begrenzten Verlustausgleichs eine Einkommensteuer auch dann festzusetzen ist, wenn dem Steuerpflichtigen von seinem im VZ Erworbenen nicht einmal das Existenzminimum verbleibt.

Durch Art. 1 des **Gesetzes** zur Umsetzung der Protokollerklärung der Bundesregierung zur Vermittlungsempfehlung zum Steuervergünstigungsabbaugesetz **vom 22.12.2003** (BStBl 2004 I S. 14) sind die seit 1999 geltenden komplizierten Verlustverrechnungsmodalitäten mit Wirkung **ab dem VZ 2004** aufgehoben worden. Damit sind Verluste, die sich aus einzelnen Einkunftsarten ergeben, wieder **unbegrenzt** mit positiven Einkünften desselben Jahres aus anderen Einkunftsarten **ausgleichsfähig** (wegen Ausnahmen vgl. Teil I, Anlage GSE, Zeilen 9 und 30 bis 34 sowie Anlage SO, Zeilen 19 bis 22 und 62). Es wird nicht mehr zwischen horizontalem und vertikalem Verlustausgleich unterschieden. Als Folge der Aufhebung der Verlustausgleichsbeschränkungen in § 2 Abs. 3 EStG sind auch die bisher in § 10d EStG enthaltenen entsprechenden Regelungen weggefallen, sodass der Verlustrücktrag und -vortrag vereinfacht wird.

Nach § 10d EStG **n.F.** sind Verluste, die bei der Ermittlung des Gesamtbetrags der Einkünfte nicht ausgeglichen werden, bis zu einem Betrag von **511 500 €**, bei zusammen veranlagten Ehegatten bis zu **1 023 000 €** vom Gesamtbetrag der Einkünfte des unmittelbar vorangegangenen VZ abziehbar (**Verlustrücktrag**). Der Rücktrag von Verlusten aus dem VZ **2004** in den VZ 2003 erfolgte bereits nach neuem Recht (§ 52 Abs. 25 EStG). Die Verdoppelung des Höchstbetrags für den Verlustrücktrag bei zusammen veranlagten Ehegatten bedeutet, dass der Höchstbetrag von 511 500 € je Ehegatte bei Zusammenveranlagung auch vom anderen Ehegatten ausgeschöpft werden kann und es unerheblich ist, welcher Ehegatte den Verlust oder die positiven Einkünfte erzielt hat.

Nicht ausgeglichene Verluste, die nicht in den vorangegangenen VZ zurückgetragen worden sind, sind ab 2004 im jeweils **folgenden VZ bis** zu einem Gesamtbetrag der Einkünfte von **1 Million € unbeschränkt** und darüber hinaus bis zu **60 v.H.** des 1 Million € übersteigenden Gesamtbetrags der Einkünfte abzuziehen (**Verlustvortrag**). Bei zusammen veranlagten Ehegatten verdoppelt sich der Sockelbetrag, bis zu Verluste im Rahmen des Verlustvortrags unbeschränkt vom Gesamtbetrag der Einkünfte abgezogen werden können, auf **2 Millionen €**. Durch die 60 v.H.-Deckelung bei übersteigendem Gesamtbetrag der Einkünfte wird der Verlustvortrag zeitlich gestreckt, es gehen dadurch aber keine Verluste endgültig verloren. In späteren VZ ist ein Verlustvortrag nur insoweit zulässig, als er nicht in den vorangegangenen VZ vorgenommen werden konnte.

Der am Schluss eines VZ verbleibende Verlustvortrag wird vom Finanzamt **gesondert festgestellt** (§ 10d Abs. 4 EStG). Für die Feststellung des verbleibenden Verlustvortrags aus dem VZ 2003 ist eine nach Einkunftsarten getrennte Unterscheidung nicht mehr erforderlich, weil der Verlustabzug im VZ 2004 nach neuem Recht vorzunehmen ist (§ 52 Abs. 25 EStG). Die 60 v.H.-Deckelung (vgl. oben) kann sich somit auch auf Verlustvorträge auswirken, die aus früheren VZ stammen.

Ergibt sich bei der Einkommensteuerveranlagung **2005** ein nicht ausgeglichener Verlust, so wird dieser von Amts wegen in das Jahr **2004** zurückgetragen. Der Steuerpflichtige hat jedoch die Möglichkeit, zugunsten des Verlustvortrags ganz oder teilweise auf den Verlustrücktrag zu verzichten. In **Zeile 94** des Hauptvordrucks kann beantragt werden, den Verlustrücktrag **nach 2004** der Höhe nach zu begrenzen. In diesem Fall ist in **Zeile 94** anzugeben, mit welchem Betrag die nicht ausgeglichenen Verluste 2005 in den VZ 2004 zurückgetragen werden sollen. Der frühere Vordruck „Anlage VA" ist ab 2004 weggefallen. Falls die negativen Einkünfte 2005 nicht zurückgetragen, sondern nur in künftigen Jahren berücksichtigt werden sollen, ist in **Zeile 94** des Vordrucks „0" € einzutragen.

Dem Antrag auf Beschränkung des Verlustrücktrags kann auch deshalb besondere Bedeutung zukommen, weil der Verlustrücktrag (wie auch der Verlustvortrag) nach § 10d EStG n.F. bei der Ermittlung des zu versteuernden Einkommens vorrangig **vor** den Sonderausgaben, außergewöhnlichen Belastungen und sonstigen Abzugsbeträgen abzuziehen ist (vgl. R 3 EStR). Durch eine Beschränkung des Verlustrücktrags kann vermieden werden, dass die o.a. nachrangigen Abzugsbeträge wegen eines zu hohen Verlustrücktrags steuerlich ohne Auswirkung bleiben.

Falls für den Steuerpflichtigen oder seinen Ehegatten im Feststellungsbescheid zum **31.12.2004** ein **verbleibender Verlustvortrag** unter der jetzigen Steuernummer festgestellt worden ist, braucht nur das entsprechende Kästchen in **Zeile 93** des Vordrucks angekreuzt zu werden. Der Verlustvortrag wird dann vom Finanzamt von Amts wegen berücksichtigt. Sollte der Steuerbescheid für 2004 allerdings unter einer **anderen Steuernummer** ergangen sein (z.B. wegen Umzug oder Heirat), empfiehlt es sich, diese Steuernummer und das betreffende Finanzamt auf besonderem Blatt anzugeben.

Nach R 115 Abs. 6 EStR kann der Verlustabzug grundsätzlich nur von dem Steuerpflichtigen geltend gemacht werden, der die negativen Einkünfte erzielt hat. Dagegen können bei einem **Erblasser** entstandene Verluste, soweit sie bei diesem nicht ausgeglichen werden können und auch nicht im Wege des Verlustrücktrags berücksichtigt werden, im Veranlagungszeitraum des Erbfalls bei der Ermittlung des Gesamtbetrags der Einkünfte des Erben mit dessen Einkünften ausgeglichen werden (BFH-Urteil vom 17.5.1972, BStBl II S. 621, bestätigt durch BFH-Urteil vom 16.5.2001, BStBl 2002 II S. 487 und BFH-Beschluss vom 22.10.2003, BStBl 2004 II S. 414). Soweit der Verlustausgleich nicht möglich ist, sind die Verluste beim Erben im Wege des Verlustabzugs zu berücksichtigen (BFH-Urteil vom 22.6.1962, BStBl III S. 386). Im Urteil vom 5.5.1999 (BStBl II S. 653) hat der BFH jedoch entschieden, dass der Erbe Verluste des Erblassers nur dann ausgleichen bzw. abziehen kann, wenn er durch sie **wirtschaftlich belastet** ist. Eine wirtschaftliche Belastung des Erben liegt insbesondere dann **nicht** vor, wenn der Erbe für Nachlassverbindlichkeiten entweder gar nicht oder nur beschränkt haftet (BMF-Schreiben vom 26.7.2002, BStBl I S. 667). Sind **mehrere Erben** vorhanden, so werden die Verluste des Erblassers unter den genannten Voraussetzungen nach dem Verhältnis der Erbteile bei den einzelnen Erben ausgeglichen oder abgezogen (H 115 EStH). Wegen Bedenken des XI. Senats des BFH gegen einen Verlustabzug beim Erben vgl. Vorlagebeschluss an den Großen Senat vom 28.7.2004, BStBl 2005 II S. 262.

Verluste, die der Steuerpflichtige vor und während eines **Insolvenzverfahrens** erlitten hat, sind dem Grunde nach in vollem Umfang ausgleichsfähig und nach § 10d EStG abzugsfähig (BFH-Urteil vom 4.9.1969, BStBl II S. 726). Ein Erbe ist jedoch nicht abzugsberechtigt, wenn er wegen Durchführung des **Nachlassinsolvenzverfahrens** nur beschränkt haftet und der Verlust nicht von ihm, sondern von den Gläubigern getragen wird (BFH-Urteil vom 17.2.1961, BStBl III S. 230).

**Teil I: Hauptvordruck
Zeilen 95–98**

Die Begrenzung des Verlustrücktrags auf 511 500 € bezieht sich auf den **einzelnen Steuerpflichtigen.** Bei Personengesellschaften und Personengemeinschaften ist diese Grenze daher nicht auf die Gesellschaft oder Gemeinschaft, sondern auf jede der an der Gesellschaft (Gemeinschaft) beteiligten **Personen** (Mitunternehmer) anzuwenden. Die Begrenzung gilt im Übrigen für alle Einkunftsarten zusammengefasst und nicht etwa pro Einkunftsart (R 115 Abs. 4 EStR).

Ist für den dem Verlustjahr unmittelbar **vorangegangenen** Veranlagungszeitraum **bereits** ein **Steuerbescheid erlassen** worden, so wird der Steuerbescheid vom Finanzamt **insoweit** geändert, als der Verlustrücktrag erstmals zu gewähren oder ein gewährter Verlustrücktrag zu ändern ist. Dies gilt auch, wenn bereits ein bestandskräftiger Steuerbescheid vorliegt.

Der Verlustabzug im vorstehend behandelten Sinne **gilt nicht** für Verluste aus **gewerblicher Tierzucht** oder **gewerblicher Tierhaltung** sowie aus **gewerblichen Termingeschäften** (§ 15 Abs. 4 EStG). Derartige Verluste mindern jedoch nach Maßgabe des § 10d EStG die **Gewinne,** die der Steuerpflichtige in dem unmittelbar vorangegangenen Wirtschaftsjahr und in den folgenden Wirtschaftsjahren aus gewerblicher Tierzucht oder gewerblicher Tierhaltung sowie aus gewerblichen Termingeschäften erzielt hat oder erzielt **(Teil I, Anlage GSE, Zeilen 30 bis 32 und 33 bis 34).** Entsprechendes gilt für Verluste aus **Leistungen** i.S. des § 22 Nr. 3 EStG und Verluste aus **privaten Veräußerungsgeschäften** i.S. des § 23 EStG (vgl. **Teil I, Anlage SO, Zeilen 8 bis 13 und 14 sowie 30 bis 59 und 62).** Ebenso scheidet ein Verlustabzug i.S. des § 10d EStG aus, wenn es sich um nicht ausgleichbare **Auslandsverluste nach § 2a Abs. 1 EStG** handelt. Solche Verluste dürfen im Jahr ihrer Entstehung und in den folgenden Veranlagungszeiträumen nur mit positiven ausländischen Einkünften der **jeweils selben Art** aus **demselben Staat** verrechnet werden (Einzelheiten vgl. Teil I, Anlage AUS, Zeilen 30 bis 36 und 49 bis 55).

Eine besondere Regelung gilt nach § 2b EStG für Verluste aus der Beteiligung an **Verlustzuweisungsgesellschaften und ähnlichen Modellen.** Sie sind nach Maßgabe des § 2 Abs. 3 und § 10d EStG nur mit positiven Einkünften aus derartigen Modellen verrechenbar (vgl. Erläuterungen in Teil I, Anlage GSE, Zeile 9 und Anlage V, Zeile 24).

Soll ein Verlustabzug bei einem Arbeitnehmer berücksichtigt werden, so muss **rechtzeitig** die Durchführung einer Einkommensteuerveranlagung **beantragt** werden, wenn der Arbeitnehmer nicht bereits aus anderen Gründen veranlagt wird (§ 46 Abs. 2 EStG; vgl. Vorbemerkungen auf **Seite 1** dieser Anleitung). Erfolgt für einen Veranlagungszeitraum keine Veranlagung, so kann der in diesem Veranlagungszeitraum berücksichtigungsfähige Verlustabzug **nicht** in einem anderen Veranlagungszeitraum geltend gemacht werden, es sei denn, der Arbeitnehmer hat nach § 10d Abs. 1 Satz 4 EStG auf den Verlustrücktrag verzichtet (R 115 Abs. 7 EStR). Auch nach der Neufassung des § 10d EStG hat der Steuerpflichtige nämlich das **Wahlrecht,** den Verlust**rücktrag** zu beschränken und nicht ausgeglichene negative Einkünfte nur in die künftigen Jahre vorzutragen (vgl. obige Ausführungen).

Besonderheiten bei einem Wechsel von der Zusammenveranlagung zur getrennten Veranlagung von Ehegatten und verbleibenden Verlusten sind in § 62d Abs. 2 EStDV geregelt.

Abzugsbeträge für selbstgenutzte Wohnungen nach § 10e EStG

Im Interesse der Förderung des Wohneigentums können **Abzugsbeträge für selbstgenutzte Wohnungen nach § 10e EStG** bereits seit 1987 **wie Sonderausgaben** vom Gesamtbetrag der Einkünfte abgezogen werden. Die Vorschrift ist allerdings durch spätere Änderungsgesetze in wichtigen Punkten geändert und **zeitlich begrenzt** worden (vgl. § 52 Abs. 26 EStG). Die entsprechenden Angaben sind im Vordruck „**Anlage FW** zur Förderung des Wohneigentums" zu machen. Auf die Ausführungen in **Teil I Anlage FW** und **Teil II, Tz. 3** dieser Anleitung wird hingewiesen.

F. Außergewöhnliche Belastungen

Auf Antrag werden bei der Veranlagung **außergewöhnliche Belastungen,** die dem Steuerpflichtigen **zwangsläufig** erwachsen, durch Abzug bei der Einkommensermittlung berücksichtigt, sodass eine Ermäßigung der Einkommensteuer eintritt. Dabei sind zwei Arten zu unterscheiden:

1. Außergewöhnliche Belastungen **allgemeiner Art,** die nur insoweit zu einer Steuerminderung führen, als sie die gesetzlich bestimmte **zumutbare Belastung** (vgl. Zeilen 116 bis 119) überschreiten (§ 33 EStG).

2. Außergewöhnliche Belastungen in **besonderen Fällen,** die ohne Berücksichtigung einer zumutbaren Belastung bis zu einem bestimmten Höchstbetrag **voll vom Gesamtbetrag der Einkünfte abgezogen** werden (§ 33a EStG).

Darüber hinaus sind in § 33b EStG Steuervergünstigungen für **behinderte Personen** und bestimmte **Hinterbliebene** vorgesehen.

Eine außergewöhnliche Belastung setzt dem Grunde nach voraus, dass der Steuerpflichtige **belastet** ist, d. h. dass in seine persönliche Lebenssphäre ein Ereignis eintritt, das für ihn eine Last darstellt. Eine Belastung liegt nur insoweit vor, als der Steuerpflichtige die Ausgaben selbst zu tragen hat. Etwaige Unterstützungen oder Versicherungsleistungen, die der Steuerpflichtige zum Ausgleich der Belastung von dritter Seite erhält, sind daher anzurechnen. Das betreffende Ereignis muss **außergewöhnlich** sein, d. h. dem Steuerpflichtigen müssen größere Aufwendungen als der überwiegenden Mehrzahl der Steuerpflichtigen gleicher Einkommens-, Vermögens- und Familienverhältnisse erwachsen. Das Ereignis und die Beseitigung seiner Folgen müssen darüber hinaus für den Steuerpflichtigen **zwangsläufig** sein, d. h. er muss sich ihnen aus rechtlichen, tatsächlichen oder sittlichen Gründen nicht entziehen können. Grundsätzlich müssen **Aufwendungen** vorliegen. Darunter sind tatsächliche Ausgaben zu verstehen.

Steuervergünstigungen für Behinderte und Hinterbliebene

Behinderte erhalten unter bestimmten Voraussetzungen **auf Antrag,** der in den **Zeilen 95 bis 98** zu stellen ist, wegen der außergewöhnlichen Belastungen, die ihnen aus ihrer Behinderung unmittelbar erwachsen, einen **Pauschbetrag,** wenn sie nicht höhere Aufwendungen nachweisen oder glaubhaft machen (§ 33b EStG). Im Einzelnen gilt Folgendes:

I. Art und Umfang der Vergünstigungen für Behinderte

Die Höhe des **steuerfreien Pauschbetrags** richtet sich nach dem **Grad der Behinderung.** Der steuerfreie Pauschbetrag, der bei der Einkommensteuerveranlagung vom Gesamtbetrag der Einkünfte abgezogen wird, beträgt:

Bei einem Grad der Behinderung von	Jahresbetrag €
25 und 30	310
35 und 40	430
45 und 50	570
55 und 60	720
65 und 70	890
75 und 80	1 060
85 und 90	1 230
95 und 100	1 420

Für Behinderte, die infolge ihrer Behinderung **hilflos** i.S. des § 33b Abs. 6 EStG sind (vgl. Ausführungen zu Zeilen 104 bis 105), und für **Blinde** wird an Stelle der vorbezeichneten Pauschbeträge ein steuerfreier **Pauschbetrag von 3 700 €** vom Gesamtbetrag der Einkünfte abgezogen. Nach Auffassung des BFH im Urteil vom 28. 9. 1984 (BStBl 1985 II S. 129) kann eine Hilflosigkeit in diesem Sinne auch dann vorliegen, wenn – insbesondere nach Unfällen – die Hilflosigkeit ununterbrochen für eine längere Zeit gegeben ist, aber mit ihrer Minderung oder ihrem Wegfall zu rechnen ist. Die Entscheidung obliegt allerdings den für die Durchführung des Bundesversorgungsgesetzes zuständigen Behörden (z.B. Versorgungsamt).

Ein steuerfreier Pauschbetrag wird ohne weitere Voraussetzung gewährt, wenn der Grad der Behinderung auf **mindestens 50 festgestellt** ist. Behinderte mit einem Grad der Behinderung von **weniger als 50, aber mindestens 25,** können den entsprechenden Pauschbetrag nur erhalten, wenn

a) dem Behinderten wegen der Behinderung nach gesetzlichen Vorschriften Renten (z.B. Unfallrente, nicht aber Rente aus der gesetzlichen Rentenversicherung) oder andere laufende Bezüge zustehen, und zwar auch dann, wenn das Recht auf die Bezüge ruht oder der Anspruch auf diese durch Zahlung eines Kapitals abgefunden worden ist, oder

b) die Behinderung zu einer dauernden Einbuße der körperlichen Beweglichkeit geführt hat oder auf einer typischen Berufskrankheit beruht. Seit dem Veranlagungszeitraum 1995 ist nicht mehr erforderlich, dass die dauernde Einbuße der körperlichen Beweglichkeit äußerlich erkennbar ist.

Einem Behinderten, der wegen der Behinderung aus mehreren Gründen Anspruch auf einen Pauschbetrag hat, kann dieser **nur einmal** gewährt werden. Dabei ist der Grad der Gesamtbehinderung maßgebend.

Wird der Grad der Behinderung im Laufe des Kalenderjahres herauf- oder herabgesetzt, so ist stets der Pauschbetrag nach dem höchsten Grad zu gewähren, der im Kalenderjahr festgestellt war. Die Pauschbeträge werden nicht gekürzt, auch wenn die Voraussetzungen für ihre Gewährung nicht während des ganzen Kalenderjahres vorgelegen haben (R 194 Abs. 7 EStR).

Bei **Ehegatten,** die beide unbeschränkt steuerpflichtig sind und nicht dauernd getrennt leben, kann jeder Ehegatte den Pauschbetrag beanspruchen, wenn bei beiden die Voraussetzungen dafür vorliegen.

An die für die Gewährung der Pauschbeträge für Behinderte vorzulegenden Bescheinigungen, Ausweise oder Bescheide (§ 65 Abs. 1 und 2 EStDV) sind die Finanzbehörden gebunden. Die Behinderung und deren Ausmaß sind **nachzuweisen:**

1. Bei Behinderten, deren Grad der Behinderung auf **mindestens 50** festgestellt ist, sind die Voraussetzungen für die Inanspruchnahme eines Pauschbetrags für Behinderte durch Vorlage eines **Ausweises nach dem Schwerbehindertengesetz** (SchwbG) bzw. nach dem **Neunten Buch Sozialgesetzbuch** nachzuweisen (vgl. BFH-Urteil vom 5. 2. 1988, BStBl II S. 436). Die Ausstellung der Ausweise obliegt in der Regel den Versorgungsämtern. Als Nachweis über das Vorliegen einer Behinderung und den Grad der Behinderung genügen auch entsprechende Bescheide der für die Durchführung des Bundesversorgungsgesetzes zuständigen Behörde. Ist bei amtsärztlichen Bescheinigungen des Versorgungsamts ein Geltungszeitraum nicht angegeben, kann das Finanzamt bei berechtigtem Zweifel über deren Geltungsdauer die Vorlage eines neuen Nachweises fordern.

2. Bei Behinderten, deren Grad der Behinderung auf **weniger als 50, aber mindestens auf 25** festgestellt ist, sind die Voraussetzungen für einen Behinderten-Pauschbetrag durch eine **Bescheinigung** der für die Durchführung des Bundesversorgungsgesetzes zuständigen Behörde auf Grund eines Feststellungsbescheids nach § 69 Abs. 1 des Neunten Buches Sozialgesetzbuch nachzuweisen. Dabei gelten jedoch folgende Besonderheiten:

a) Bei Behinderten, denen wegen ihrer Behinderung nach den gesetzlichen Vorschriften Renten oder andere laufende Bezüge zustehen, genügt als Nachweis auch der **Rentenbescheid oder der entsprechende Bescheid.** Es kann sich dabei z.B. um Rentenbescheide eines Versorgungsamtes oder eines Trägers der gesetzlichen Unfallversicherung oder bei Beamten, die Unfallruhegeld beziehen, um einen entsprechenden Bescheid ihrer Behörde handeln. Der Rentenbescheid eines Trägers der gesetzlichen Rentenversicherung der Arbeiter und Angestellten genügt nicht (BFH-Urteil vom 25. 4. 1968, BStBl II S. 606).

b) Bei Behinderten, denen wegen ihrer Behinderung nach den gesetzlichen Vorschriften Renten oder andere laufende Bezüge nicht zustehen, hat die Bescheinigung des Versorgungsamtes auch eine Äußerung darüber zu enthalten, ob die Behinderung zu einer dauernden Einbuße der körperlichen Beweglichkeit geführt hat oder auf einer typischen Berufskrankheit beruht.

Ist der Behinderte **verstorben** und kann sein Rechtsnachfolger (Erbe) einen **Nachweis** nach den Nr. 1 und 2 **nicht erbringen,** so genügt zum Nachweis eine gutachtliche Stellungnahme vonseiten der für die Durchführung des Bundesversorgungsgesetzes zuständigen Behörde. Diese Stellungnahme hat das Finanzamt einzuholen.

3. Die Voraussetzungen für die Gewährung des Pauschbetrags von 3 700 € für **Blinde** sowie für **hilflose Behinderte** (vgl. obige Ausführungen) können durch einen Ausweis nach dem Neunten Buch Sozialgesetzbuch, der mit den **Merkzeichen „Bl"** oder **„H"** gekennzeichnet ist, oder durch einen Bescheid des Versorgungsamts mit den entsprechenden Feststellungen nachgewiesen werden. Dem Merkzeichen „H" steht die Einstufung als Schwerstpflegebedürftiger in **Pflegestufe III** nach dem Elften Buch Sozialgesetzbuch, dem Zwölften Buch Sozialgesetzbuch oder diesen entsprechenden gesetzlichen Bestimmungen gleich (§ 65 Abs. 2 EStDV). Der Pauschbetrag von 3 700 € kann, sofern die oben genannten Voraussetzungen vorliegen, auch gewährt werden, wenn der Grad der Behinderung weniger als 50 beträgt. Werden Aufwendungen für die behinderungsbedingte Heimunterbringung als außergewöhnliche Belastung nach § 33 EStG berücksichtigt, kann daneben der Behinderten-Pauschbetrag von 3 700 € nicht angesetzt werden (BFH-Urteil vom 4. 11. 2004, BStBl 2005 II S. 271).

II. Abgeltung außergewöhnlicher Belastungen durch die Pauschbeträge

Durch die Pauschbeträge werden die außergewöhnlichen Belastungen, die dem Behinderten laufend unmittelbar infolge der Behinderung als typische Mehraufwendungen erwachsen, abgegolten. Der Behinderte hat allerdings die Möglichkeit, wegen tatsächlich höherer nachgewiesener Aufwendungen auf Grund der Behinderung eine Steuerermäßigung nach § 33 EStG in den Zeilen 116 bis 119 des Hauptvordrucks zu beantragen. Außerordentliche Krankheitskosten, die durch einen akuten Anlass verursacht werden, können **neben** dem Pauschbetrag berücksichtigt werden, z.B. die Kosten einer Operation, auch wenn diese mit dem Leiden, das die Behinderung herbeigeführt hat, zusammenhängt oder die Behinderung erst verursacht hat (BFH-Urteile vom 30. 11. 1966, BStBl 1967 III S. 457 und vom 26. 3. 1993, BStBl II S. 749). Aufwendungen für eine **Heilkur** können bei nachgewiesener Zwangsläufigkeit ebenfalls **neben** dem Pauschbetrag für Behinderte als außergewöhnliche Belastung im Rahmen des § 33 EStG (vgl. **Zeilen 116 bis 119**) abgezogen werden. Zum Nachweis der Zwangsläufigkeit ist es regelmäßig erforderlich, dass der Steuerpflichtige ein **vor** Antritt der Kur ausgestelltes amts- oder vertrauensärztliches Zeugnis vorlegt und sich am Kurort einer unter ärztlicher Kontrolle stehenden Heilbehandlung unterzieht (BFH-Urteil vom 11. 12. 1987, BStBl 1988 II S. 275). Auch **Führerscheinkosten** für ein schwer geh- und stehbehindertes Kind sind neben dem Behinderten-Pauschbetrag als außergewöhnliche Belastung nach § 33 EStG berücksichtigungsfähig (BFH-Urteil vom 26. 3. 1993, BStBl II S. 749).

Bei Behinderten mit einem Grad der Behinderung von **mindestens 80** können auch **Kfz-Kosten,** soweit sie nicht Betriebsausgaben oder Werbungskosten sind, in angemessenem Rahmen als außergewöhnliche Belastung **nach § 33 EStG** (d.h. unter Anrechnung der zumutbaren Belastung) **neben** dem Pauschbetrag berücksichtigt werden. Das Gleiche gilt bei Behinderten, deren Grad der Behinderung weniger als 80, aber **mindestens 70** beträgt **und** bei denen darüber hinaus eine **Geh- und Stehbehinderung** vorliegt (BFH-Urteile vom 23. 11. 1961, BStBl 1962 III S. 123 und vom 28. 1. 1966, BStBl III S. 291). Dass eine Geh- und Stehbehinderung vorliegt, ist in Zweifelsfällen durch eine Bescheinigung der für die Durchführung des Bundesversorgungsgesetzes zustän-

**Teil I: Hauptvordruck
Zeilen 95–98**

digen Behörde nachzuweisen, es sei denn, der Schwerbehindertenausweis enthält das **Merkzeichen „G".** Als angemessen wird im Allgemeinen ein Aufwand für Privatfahrten von insgesamt **3 000 km** jährlich angesehen. Dabei kann seit 2002 ein km-Satz von **0,30 €** zugrunde gelegt werden (BMF-Schreiben vom 21. 11. 2001, BStBl I S. 868); zuvor galt ein km-Satz von 0,58 DM. Für das Kalenderjahr 2005 ergibt sich danach ein Betrag von **900 €,** der in den genannten Fällen ohne Nachweis der Kosten anerkannt werden kann (vgl. BFH-Urteile vom 23. 2. 1968, BStBl II S. 408 und S. 415, vom 16. 2. 1970, BStBl II S. 380 und S. 452 und vom 10. 4. 1970, BStBl II S. 680). Ein entsprechender Antrag ist in den **Zeilen 116 bis 119** zu stellen. Ein höherer Kfz-Aufwand als 0,30 € je km gilt als unangemessen und darf deshalb entsprechend dem BMF-Schreiben vom 11. 4. 1994 (BStBl I S. 256) nicht als außergewöhnliche Belastung berücksichtigt werden. Dies ergibt sich auch aus dem BMF-Schreiben vom 29. 4. 1996 (BStBl I S. 446) sowie aus H 186–189 EStH „Fahrtkosten behinderter Menschen". Der BFH hat die Begrenzung der Kfz-Kosten auf den damals in den EStR vorgesehenen Pauschsatz (ab 2002: 0,30 €/km) nicht nur für zulässig, sondern für geboten gehalten (Urteile vom 22. 10. 1996, BStBl 1997 II S. 384 und vom 19. 5. 2004, BStBl 2005 II S. 23).

Eine höhere Fahrleistung für Privatfahrten als jährlich 3 000 km kann nur zugrunde gelegt werden, wenn die Fahrten durch die Behinderung verursacht sind und dies z. B. anhand eines Fahrtenbuchs oder durch eine Aufstellung der von dem Behinderten durchgeführten Privatfahrten nachgewiesen wird (vgl. obenbezeichnetes BFH-Urteil in BStBl 1968 II S. 415). Unter den o. a. Voraussetzungen können auch nachgewiesene oder glaubhaft gemachte Aufwendungen für andere Verkehrsmittel, z. B. **Taxifahrten,** in angemessenem Umfang als außergewöhnliche Belastung nach § 33 EStG neben dem Behinderten-Pauschbetrag berücksichtigt werden. Falls daneben behinderungsbedingte Kfz-Kosten (vgl. oben) geltend gemacht werden, ist die für Kfz-Kosten im Allgemeinen als angemessen anzusehende jährliche Fahrleistung von 3 000 km entsprechend zu kürzen (R 189 Abs. 4 EStR). Die gleiche Kürzung gilt für die im nächsten Absatz bezeichnete jährliche Fahrleistung von 15 000 km bei Behinderten mit den Merkzeichen „aG", „Bl" oder „H" im Ausweis.

Nach dem BFH-Urteil vom 2. 10. 1992 (BStBl 1993 II S. 286) sind bei Steuerpflichtigen, die so gehbehindert sind, dass sie sich außerhalb des Hauses nur mit Hilfe eines Kraftfahrzeuges fortbewegen können (**Merkzeichen „aG"** im Ausweis), neben dem Behinderten-Pauschbetrag nach § 33b EStG – in angemessenem Rahmen – alle Kraftfahrzeugkosten, soweit sie nicht begrifflich Betriebsausgaben oder Werbungskosten sind, als außergewöhnliche Belastung im Rahmen des § 33 EStG anzuerkennen. Danach sind bei solchen Gehbehinderten nicht nur die unvermeidbaren Kosten zur Erledigung privater Angelegenheiten, sondern in **angemessenem Rahmen** auch die Kosten für Erholungs-, Freizeit- und Besuchsfahrten berücksichtigungsfähig. Die tatsächliche Fahrleistung ist nachzuweisen bzw. glaubhaft zu machen. Nach dem o. a. BFH-Urteil vom 2. 10. 1992 ist die Grenze des Angemessenen in aller Regel überschritten, soweit die Fahrleistung für Privatfahrten **15 000 km** im Jahr übersteigt. Auch nach dem o. a. BMF-Schreiben vom 11. 4. 1994 und nach dem BMF-Schreiben vom 29. 4. 1996 (BStBl I S. 446) liegt eine Fahrleistung von mehr als 15 000 km im Jahr in aller Regel nicht mehr im Rahmen des Angemessenen (vgl. auch R 189 Abs. 4 EStR). Als Ausnahmefall hat der BFH aber im Urteil vom 13. 12. 2001 (BStBl 2002 II S. 198) eine Überschreitung der 15 000 km zugelassen, wenn die Fahrleistung durch eine **berufsqualifizierende Ausbildung** bedingt ist, die nach der Art und der Schwere der Behinderung nur durch den Einsatz eines Pkw durchgeführt werden kann. In diesem Fall können weitere rein private Fahrten nur noch bis zu 5 000 km jährlich berücksichtigt werden (H 186–189 EStH). Durch das zuletzt genannte BMF-Schreiben ist die dargestellte Regelung für **außergewöhnlich Gehbehinderte** (Merkzeichen „aG" im Ausweis) ab dem Veranlagungszeitraum 1995 auf **blinde Personen** (Merkzeichen „Bl") und **Hilflose** (Merkzeichen „H" im Ausweis) ausgedehnt worden. Seit 1996 ist die Gleichbehandlung dieser Personen in H 186–189 EStH „Fahrtkosten behinderter Menschen" bestätigt. Ein höherer km-Satz als (ab 2002) **0,30 €** wird vom Finanzamt nicht als außergewöhnliche Belastung berücksichtigt. Nach dem BFH-Urteil vom 26. 3. 1997 (BStBl II S. 538) ist die **geringe Fahrleistung** einer außergewöhnlich gehbehinderten Person (im Streitfall 8 400 km jährlich) kein außergewöhnlicher Umstand, der eine Überschreitung des oben bezeichneten Pauschsatzes von (ab 2002) **0,30 €** je gefahrenen km rechtfertigen könnte. Durch Urteil vom 13. 12. 2001 (BStBl 2002 II S. 224) hat der BFH diese Auffassung bei einer jährlichen Fahrleistung von 6 960 km **bestätigt**; ebenso im Urteil vom 18. 12. 2003 (BStBl 2004 II S. 453) bei einer Fahrleistung im Streitjahr von 3 601 km und im Urteil vom 19. 5. 2004 (BStBl 2005 II S. 23) für Fahrten zu Ärzten oder Behandlungseinrichtungen. Im Urteil vom 15. 11. 1991 (BStBl 1992 II S. 179) hat der BFH aber die von dritter Seite nicht ersetzten **Unfallkosten** im Rahmen des § 33 EStG als berücksichtigungsfähig eingestuft, die bei einer **Urlaubsreise** eines außergewöhnlich Gehbehinderten angefallen sind.

Die obigen Ausführungen gelten für Fälle, in denen Kraftfahrzeugkosten nicht bei dem Behinderten selbst, sondern bei einem Steuerpflichtigen entstanden sind, auf den der Pauschbetrag für ein behindertes Kind nach § 33b Abs. 5 EStG übertragen worden ist, entsprechend. Allerdings können nur solche Fahrten berücksichtigt werden, an denen das behinderte Kind selbst teilgenommen hat (BFH-Urteil vom 1. 8. 1975, BStBl II S. 825).

Ein Körperbehinderter, bei dem die **Notwendigkeit ständiger Begleitung** nachgewiesen ist, kann Mehraufwendungen, die ihm auf einer **Urlaubsreise** durch Kosten für Fahrten, Unterbringung und Verpflegung der **Begleitperson** entstehen, in angemessener Höhe neben dem Behinderten-Pauschbetrag als außergewöhnliche Belastung im Rahmen des **§ 33 EStG** abziehen (BFH-Urteil vom 4. 7. 2002, BStBl II S. 765). Die Notwendigkeit einer Begleitperson kann sich aus einem amtsärztlichen Gutachten oder aus den Feststellungen im Schwerbehindertenausweis ergeben, z. B. dem Vermerk „Die Notwendigkeit ständiger Begleitung ist nachgewiesen" (H 186–189 EStH).

Ist die Beschäftigung einer **Hilfe im Haushalt** erforderlich, weil der Behinderte nicht nur vorübergehend hilflos oder schwer behindert ist, so ist der dafür in Betracht kommende Freibetrag (vgl. Teil I, Hauptvordruck, **Zeilen 99 bis 100**) ebenfalls **neben** dem Pauschbetrag für Behinderte zu gewähren. Entsprechendes gilt für den Freibetrag, der in Betracht kommt, wenn der Steuerpflichtige und (oder) sein nicht dauernd getrennt lebender Ehegatte in einem Heim oder dauernd zur Pflege untergebracht sind (vgl. Zeilen 101 bis 103).

III. Behinderte Kinder

Steht der Pauschbetrag für Behinderte einem Kind zu, für das der Steuerpflichtige **Kindergeld** oder **Freibeträge für Kinder erhält** (vgl. Teil I, Anlage Kind, **Zeilen 1 bis 20**), so wird der Pauschbetrag auf Antrag auf den Steuerpflichtigen **übertragen,** wenn das Kind ihn nicht in Anspruch nimmt. Die Übertragung kann auf Seite 2 der **Anlage Kind** (Zeilen 56 bis 58 und 59) beantragt werden. Auf die dortigen Erläuterungen wird hingewiesen.

Für Aufwendungen, die Eltern erwachsener behinderter Kinder in vollstationärer Heimunterbringung entstehen, kann entweder der Behinderten-Pauschbetrag auf die Eltern übertragen werden oder die Eltern können ihre tatsächlichen Aufwendungen mit Ausnahme derjenigen, die durch das Kindergeld oder die Freibeträge für Kinder abgegolten sind, als außergewöhnliche Belastung im Rahmen des § 33 EStG unter Berücksichtigung der zumutbaren Belastung geltend machen. Wegen Einzelheiten vgl. die Ausführungen zu **Zeilen 116 bis 119** des Hauptvordrucks, Einzelfälle (**1**) am Ende sowie das dort erläuterte BMF-Schreiben vom 14. 4. 2003, BStBl I S. 360.

IV. Pauschbeträge für Hinterbliebene

Personen, denen laufende **Hinterbliebenenbezüge** bewilligt worden sind, wird auf Antrag ein **steuerfreier Pauschbetrag von jährlich 370 €** gewährt, wenn die Hinterbliebenenbezüge geleistet werden

1. nach dem Bundesversorgungsgesetz oder einem anderen Gesetz, das die Vorschriften des Bundesversorgungsgesetzes

über Hinterbliebenenbezüge für entsprechend anwendbar erklärt (vgl. H 194 EStH), oder

2. nach den Vorschriften über die gesetzliche Unfallversicherung oder

3. nach den beamtenrechtlichen Vorschriften an Hinterbliebene eines an den Folgen eines Dienstunfalls verstorbenen Beamten oder

4. nach den Vorschriften des Bundesentschädigungsgesetzes über die Entschädigung für Schäden an Leben, Körper oder Gesundheit.

Der Pauschbetrag wird auch dann gewährt, wenn das Recht auf die Bezüge ruht oder der Anspruch auf die Bezüge durch Zahlung eines Kapitalbetrags abgefunden worden ist. Der Nachweis der Voraussetzungen für die Gewährung des Pauschbetrags ist durch amtliche Unterlagen zu erbringen (z. B. durch Vorlage des Rentenbescheids eines Versorgungsamts, der zuständigen Entschädigungsbehörde oder eines Trägers der gesetzlichen Unfallversicherung). Der Rentenbescheid eines Trägers der gesetzlichen Rentenversicherung der Arbeiter und Angestellten reicht nicht aus.

Steht der Hinterbliebenen-Pauschbetrag einem **Kind** des Steuerpflichtigen zu, für das er Kindergeld oder Freibeträge für Kinder erhält, so kann die **Übertragung** des Pauschbetrags auf den Steuerpflichtigen auf Seite 2 der **Anlage Kind** (Zeilen 56 bis 58 und 59) beantragt werden. Auf die dortigen Erläuterungen wird Bezug genommen.

V. Rückwirkende Anerkennung oder Änderung

Wird einem Antrag auf Anerkennung der Behinderung, auf Erhöhung des Grads der Behinderung oder auf Bewilligung von Hinterbliebenenbezügen im oben bezeichneten Sinn **für vorhergehende Kalenderjahre** entsprochen, so kann dies auch nach Bestandskraft der Steuerfestsetzungen für die vorhergehenden Jahre steuerlich berücksichtigt werden. Nach dem BFH-Urteil vom 18. 4. 1980 (BStBl II S. 682) sind Ausweise, Bescheide oder Bescheinigungen, die die Voraussetzungen für die Inanspruchnahme des Behinderten-Pauschbetrags feststellen, **Grundlagenbescheide** i. S. der §§ 171 Abs. 10 und 175 AO. Ein Einkommensteuerbescheid kann demzufolge nach § 175 Abs. 1 Nr. 1 AO entsprechend **geändert** werden, wenn der Steuerpflichtige nachträglich eine Bescheinigung des Versorgungsamts über die rückwirkende Anerkennung der Behinderung oder über die Erhöhung des Grads der Behinderung vorlegt. Dabei kommt es nicht darauf an, ob ein Antrag auf Berücksichtigung eines Behinderten-Pauschbetrags für den Besteuerungszeitraum dem Grunde nach bereits bis zur Bestandskraft der Steuerfestsetzung gestellt worden ist (BFH- Urteile vom 13. 12. 1985, BStBl 1986 II S. 245 und vom 22. 2. 1991, BStBl II S. 717).

Nach dem genannten BFH-Urteil vom 13. 12. 1985 ist die **Feststellung des Versorgungsamts** über das Vorliegen und den Grad einer Behinderung auch dann ein **Grundlagenbescheid** für die Gewährung des Behinderten-Pauschbetrags im Rahmen einer Änderung des Steuerbescheids nach § 175 Abs. 1 Nr. 1 AO, wenn diese Feststellung bereits **vor** Erlass des Steuerbescheids getroffen war und der Steuerpflichtige den Antrag auf Berücksichtigung eines Behinderten-Pauschbetrags erst **nach** Eintritt der Bestandskraft des Steuerbescheids gestellt hat.

Beschäftigung einer Hilfe im Haushalt

99–100
84–85
Erwachsen einem Steuerpflichtigen Aufwendungen durch die Beschäftigung einer **Hilfe im Haushalt** (z. B. Hausgehilfin oder Haushaltshilfe), so können diese nach § 33a Abs. 3 EStG bis zu höchstens **624 € im Kalenderjahr** als außergewöhnliche Belastung abgezogen werden, wenn eine der folgenden Voraussetzungen erfüllt ist:

1. Der Steuerpflichtige oder sein nicht dauernd getrennt lebender Ehegatte haben das **60. Lebensjahr** vollendet oder

2. wegen **Krankheit** des Steuerpflichtigen, seines nicht dauernd getrennt lebenden Ehegatten oder eines zum Haushalt gehörendes Kindes oder einer anderen zum Haushalt gehörenden Person, für die der Steuerpflichtige einen Freibetrag wegen Unterstützung (vgl. Zeilen 106 bis 115) erhält, ist die Beschäftigung einer Hilfe im Haushalt erforderlich.

Der vorstehend bezeichnete Höchstbetrag **erhöht sich auf 924 €** im Kalenderjahr, wenn eine der in Nr. 2 genannten Personen **hilflos** i. S. des § 33b EStG **oder schwer behindert** ist (vgl. Ausführungen zu Zeilen 95 bis 98 und 104 bis 105).

Ehegatten, bei denen die Voraussetzungen der Zusammenveranlagung vorliegen, erhalten den Freibetrag nur einmal. Der Höchstbetrag von 924 € darf auch dann nur einmal abgezogen werden, wenn **zwei** Haushaltsangehörige **schwer behindert** sind und deshalb **zwei Haushaltshilfen** beschäftigt werden (BFH-Urteil vom 25. 9. 1992, BStBl 1993 II S. 106).

Kosten für die Beschäftigung einer Hilfe im Haushalt, die wegen der Erwerbstätigkeit des Steuerpflichtigen eingestellt worden ist, können **nicht** als **Betriebsausgaben oder Werbungskosten** abgezogen werden (BFH-Urteile vom 3. 8. 1966, BStBl 1967 III S. 198 und vom 10. 5. 1973, BStBl II S. 631; Beschluss des BVerfG vom 11. 10. 1977, BStBl 1978 II S. 174). Wegen einer etwaigen Berücksichtigung von **Kinderbetreuungskosten** nach § 33c EStG vgl. Teil I, Anlage Kind, Zeilen 45 bis 54. Wegen einer Ermäßigung der tariflichen Einkommensteuer nach § 35a EStG bei Aufwendungen für haushaltsnahe Beschäftigungsverhältnisse und für die Inanspruchnahme haushaltsnaher Dienstleistungen wird auf die Erläuterungen zu **Zeilen 40 bis 46** des Hauptvordrucks hingewiesen.

Hausgehilfin im oben genannten Sinn ist eine Person, die typische hauswirtschaftliche Arbeiten verrichtet und entweder in den Haushalt des Steuerpflichtigen aufgenommen oder in seinem Haushalt voll beschäftigt ist. Nicht erforderlich ist, dass sie ausschließlich die vorgenannten Arbeiten verrichtet (BFH-Urteil vom 13. 2. 1959, BStBl III S. 170; Beschluss des BVerfG vom 11. 10. 1977, BStBl 1978 II S. 174). Auch **Kindermädchen** und **Kinderpflegerinnen** können als Hilfe im Haushalt i. S. des § 33a EStG beschäftigt werden (BFH-Urteil vom 8. 3. 1979, BStBl II S. 410). Gleiches gilt für eine Person, die in der Hauswirtschaft ausgebildet wird. Eine **Haushaltshilfe,** z. B. eine Aufwartefrau oder Raumpflegerin, wird nur **stundenweise** im Haushalt beschäftigt. Die Hilfe im Haushalt braucht nicht im Rahmen eines Arbeitsverhältnisses tätig zu sein. Als Aufwendungen durch die Beschäftigung einer Hilfe im Haushalt gelten auch Aufwendungen, die dem Steuerpflichtigen durch die Beauftragung eines selbständigen Unternehmens mit typischen häuslichen Arbeiten erwachsen, wie sie eine Hilfe im Haushalt verrichtet (BFH-Urteil vom 19. 1. 1979, BStBl II S. 326); eine Wäscherei, bei der der Steuerpflichtige seine Wäsche reinigen lässt, ist jedoch nicht im häuslichen Bereich wie eine Hilfe im Haushalt tätig (BFH-Urteil vom 30. 3. 1982, BStBl II S. 399). Falls ein ernsthaftes Arbeitsverhältnis wie zwischen Fremden vorliegt, kann auch die Beschäftigung einer Tochter oder der Mutter als Hilfe im Haushalt anerkannt werden, sofern sie nicht zum Haushalt des Steuerpflichtigen gehört (BFH-Urteil vom 6. 10. 1961, BStBl III S. 549). Der Partner einer nichtehelichen Lebensgemeinschaft, der vereinbarungsgemäß den gemeinsamen Haushalt führt, kann grundsätzlich nicht als Hilfe im Haushalt i.S. des § 33a EStG anerkannt werden. Das gilt auch, wenn zum Haushalt der nichtehelichen Partner ein gemeinsames Kind gehört (BFH-Urteil vom 6. 11. 1997, BStBl 1998 II S. 187). Nach H 192 EStH können Aufwendungen für die Beschäftigung des Partners einer nichtehelichen Lebensgemeinschaft aber als Hilfe im Haushalt anerkannt werden, wenn der Steuerpflichtige schwer behindert ist (Grad der Behinderung mindestens 50). Dies ergibt sich auch aus dem BMF-Schreiben vom 13. 9. 2001, BStBl I S. 615.

Kinder im Sinne der vorstehenden Nr. 2 sind die in den Ausführungen zu **Zeilen 1 bis 20** der **Anlage Kind** bezeichneten Kinder. Sie müssen zum Haushalt des Steuerpflichtigen gehören. Personen gehören zum Haushalt des Steuerpflichtigen, wenn sie bei einheitlicher Wirtschaftsführung unter Leitung des Steuerpflichtigen dessen Wohnung teilen oder sich mit seiner Einwilligung außerhalb seiner Wohnung zu anderen als Erwerbszwecken, insbesondere zur Erziehung, Ausbildung oder Erholung im Inland oder Ausland aufhalten.

Eine schwere Behinderung, die zu einem erhöhten Höchstbetrag von **924 €** führen kann, liegt vor, wenn der Grad der Behinderung

Teil I: Hauptvordruck
Zeilen 101–105

wenigstens 50 beträgt. Der Grad der Behinderung ist in der gleichen Weise nachzuweisen wie für die Inanspruchnahme der Pauschbeträge für Behinderte (vgl. **Zeilen 95 bis 98**). Liegt die Krankheit, Hilflosigkeit oder schwere Behinderung weder beim Steuerpflichtigen noch bei seinem nicht dauernd getrennt lebenden Ehegatten noch bei einem zu seinem Haushalt gehörenden Kind, wohl aber bei einer anderen zu seinem Haushalt gehörenden Person (vgl. obige Nr. 2) vor, sind die Aufwendungen für die Beschäftigung der Hilfe im Haushalt, höchstens jedoch 624 € oder 924 € im Kalenderjahr, **neben** dem Freibetrag für den **Unterhalt** dieser Person (Zeilen 106 bis 115) zu berücksichtigen.

Der in § 33a Abs. 3 EStG bestimmte Höchstbetrag für die Beschäftigung einer Hilfe im Haushalt stellt einen Jahresbetrag dar. Er ermäßigt sich um je 1/12 für jeden vollen Kalendermonat, in dem die Voraussetzungen für die Freibetragsgewährung nicht vorliegen (z.B. der über 60 Jahre alte Steuerpflichtige stirbt, das Beschäftigungsverhältnis mit der Haushaltshilfe wird gelöst).

Heim- oder Pflegeunterbringung

101– Ein steuerfreier Betrag von **624 €** im Kalenderjahr wird auch
103 gewährt, wenn der Steuerpflichtige und (oder) sein nicht dauernd
86–87 getrennt lebender Ehegatte **in einem Heim untergebracht** ist, ohne pflegebedürftig zu sein, und die Aufwendungen für die Unterbringung Kosten für Dienstleistungen enthalten, die mit denen einer Hilfe im Haushalt vergleichbar sind (z.B. Kosten für Zimmerreinigung, Wäsche, Essenszubereitung). Der genannte Heim-Freibetrag **erhöht sich auf 924 €** im Kalenderjahr, wenn die Unterbringung **zur dauernden Pflege** erfolgt. Heime in diesem Sinne sind Altenheime, Altenwohnheime, Pflegeheime und gleichartige Einrichtungen. Auf die tatsächlichen Kosten kommt es nicht an.

Ein Freibetrag wegen Heimunterbringung kann nach der Formulierung des § 33a Abs. 3 Satz 2 EStG auch bei Steuerpflichtigen unter 60 Jahren in Betracht kommen. Bei nicht dauernd getrennt lebenden Ehegatten können die oben genannten Höchstbeträge wegen Beschäftigung einer Hilfe im Haushalt bzw. wegen Heim- oder Pflegeunterbringung **grundsätzlich insgesamt nur einmal** berücksichtigt werden. Sind die Ehegatten aber **wegen Pflegebedürftigkeit** eines der Ehegatten **an einer gemeinsamen Haushaltsführung gehindert,** so können die Höchstbeträge unter den o.a. Voraussetzungen (vgl. Zeilen 99 bis 100) auch **zweimal** abgezogen werden. Letzteres gilt z.B., wenn einer der Ehegatten in einem Heim **zur dauernden Pflege** untergebracht ist und der andere Ehegatte den Haushalt weiterführt und dort eine Hilfe im Haushalt beschäftigt.

Für jeden vollen Kalendermonat, in dem die genannten Voraussetzungen nicht vorgelegen haben, ermäßigt sich der Jahresfreibetrag um je ein Zwölftel.

Wegen der Berücksichtigung von **Pflegekosten** als außergewöhnliche Belastung allgemeiner Art im Rahmen des § **33 EStG** wird auf die Ausführungen zu **Zeilen 116 bis 119** hingewiesen.

Pflege-Pauschbetrag

104– Nach § 33b Abs. 6 EStG erhalten Steuerpflichtige, denen durch
105 die **Pflege einer hilflosen Person** außergewöhnliche Belastungen
88–89 erwachsen, einen Pflege-Pauschbetrag von **924 €** im Kalenderjahr. Voraussetzung ist, dass

a) die pflegebedürftige Person nicht nur vorübergehend so hilflos ist, dass sie für eine Reihe von häufig und regelmäßig wiederkehrenden Verrichtungen zur Sicherung ihrer persönlichen Existenz im Ablauf eines jeden Tages fremder Hilfe dauernd bedarf,

b) der Steuerpflichtige die Pflege im Inland entweder in seiner Wohnung oder in der Wohnung des Behinderten persönlich durchführt, und

c) der Steuerpflichtige für die Pflege keine Einnahmen erhält.

Hilflosigkeit im genannten Sinn ist auch dann gegeben, wenn die Hilfe in Form einer Überwachung oder einer Anleitung zu den bezeichneten Verrichtungen erforderlich ist oder wenn die Hilfe zwar nicht dauernd geleistet werden muss, jedoch eine ständige Bereitschaft zur Hilfeleistung erforderlich ist. Die Pflege wird auch dann persönlich durchgeführt, wenn sich der Steuerpflichtige zur Unterstützung zeitweise einer ambulanten Pflegekraft bedient oder die Nachbarschaftshilfe in Anspruch nimmt. Der Nachweis der Hilflosigkeit der gepflegten Person ist durch einen Schwerbehindertenausweis mit dem **Merkzeichen „H"** oder durch einen Bescheid der für die Durchführung des Bundesversorgungsgesetzes zuständigen Behörde (z.B. des Versorgungsamts) mit den entsprechenden Feststellungen zu führen. Ein Bescheid über die Einstufung als Schwerstpflegebedürftiger – **Pflegestufe III** – wird ebenfalls anerkannt; die Pflegestufe III steht dem Merkzeichen „H" gleich (BFH-Urteil vom 20.2. 2003, BStBl II S. 476). Eine Einstufung in Pflegestufe I oder II reicht hier – anders als beim Abzug von Pflegeaufwendungen als außergewöhnliche Belastung allgemeiner Art nach § 33 EStG (vgl. Zeilen 116 bis 119) – nicht aus.

Nach dem BMF-Schreiben vom 7.11. 1996 (BStBl I S. 1433) kann ein Steuerpflichtiger den Pflege-Pauschbetrag seit 1995 nur geltend machen, wenn er für die Pflege **keine Einnahmen** erhält. Einnahmen liegen z.B. vor, wenn das Pflegegeld, das die hilflose Person von der Pflegeversicherung erhält, an den Pflegenden weitergegeben wird, um seine Pflegedienstleistungen zu vergüten bzw. die ihm dabei entstandenen Aufwendungen zu ersetzen. Wird das Pflegegeld nur zur unmittelbaren Sicherung der erforderlichen Grundpflege sowie der hauswirtschaftlichen Versorgung der hilflosen Person (Anschaffung von pflegenotwendigen oder pflegeerleichternden Bedarfsgegenständen, Bezahlung einer fremden Pflegeperson) verwendet, sind Einnahmen nicht gegeben. Gleiches gilt, wenn die Pflegeperson durch den Pflegebedürftigen beauftragt ist, anfallende Kosten im Zusammenhang mit der häuslichen Pflege aus dem der Pflegeperson eigens zu diesem Zweck überlassenen Pflegegeld zu bestreiten. In solchen Fällen wird das Pflegegeld für eigene Aufwendungen der hilflosen Person verwendet; der Pflegende selbst erhält keine Einnahmen. Eine der Gewährung des Pflege-Pauschbetrags entgegenstehende Einnahme ist jedoch gegeben, wenn eine Vergütung für die Pflege an den Steuerpflichtigen gezahlt wird. Nach dem BFH-Urteil vom 21.3. 2002 (BStBl II S. 417) ist die Weiterleitung des Pflegegeldes an die Pflegeperson unschädlich, wenn die Pflegeperson die Mittel lediglich treuhänderisch verwaltet und deren tatsächliche Verwendung für den Pflegebedürftigen nachweist. Typische Unterhaltsaufwendungen dürfen insoweit nicht gegengerechnet werden. Um den mit dem Nachweis verbundenen Arbeitsaufwand zu vermeiden, wurde durch Art. 1 Nr. 13 des Steueränderungsgesetzes 2003 vom 15.12. 2003 (BStBl I S. 710) bestimmt, dass das **Pflegegeld, das Eltern für ihr behindertes Kind** erhalten, **unabhängig** von seiner Verwendung **keine Einnahme** i.S. von § 33b Abs. 6 EStG darstellt und daher der Inanspruchnahme des Pflege-Pauschbetrags nicht entgegen steht. Diese Ergänzung des § 33b Abs. 6 EStG ist in allen Fällen anzuwenden, in denen die Einkommensteuer noch nicht bestandskräftig festgesetzt ist (§ 52 Abs. 46a EStG). Bei **rückwirkender** Anerkennung der Hilflosigkeit gelten die Ausführungen unter **Abschn. V zu Zeilen 95 bis 98** entsprechend.

Der Abzug des Pflege-Pauschbetrags setzt außerdem **Zwangsläufigkeit**, d.h. eine rechtliche, tatsächliche oder sittliche Verpflichtung gegenüber dem Pflegebedürftigen voraus. Eine Verpflichtung zur Pflege wird stets angenommen, wenn es sich bei den Pflegebedürftigen um nahe Angehörige (Ehegatte, Kinder, Eltern, Schwiegereltern, Großeltern, Geschwister, Onkel, Tante) handelt. Aufwendungen für andere Personen können ausnahmsweise zwangsläufig sein, wenn sich der Steuerpflichtige aufgrund **besonderer** Verhältnisse im Einzelfall zur Pflege verpflichtet fühlen konnte. Nach dem BFH-Urteil vom 29. 8. 1996 (BStBl 1997 II S. 199) ist die Zwangsläufigkeit im Rahmen des § 33b Abs. 6 EStG (Pflege-Pauschbetrag) nach weniger strengen Kriterien zu beurteilen als nach § 33 Abs. 2 EStG (allgemeine außergewöhnliche Belastungen). Eine sittliche Verpflichtung zur Pflege ist danach anzuerkennen, wenn eine **enge persönliche Beziehung** zu der gepflegten Person besteht.

Wird ein Pflegebedürftiger von mehreren Steuerpflichtigen im Veranlagungszeitraum gepflegt, so ist der Pauschbetrag (unabhängig vom Wert oder zeitlichen Umfang der Pflegeleistungen) nach der Zahl der Pflegepersonen aufzuteilen (BFH-Urteil vom

14. 10. 1997, BStBl 1998 II S. 20). Eine Aufteilung des Pauschbetrags wird aber trotz des genannten BFH-Urteils nur vorgenommen, wenn in der Person, die neben dem Steuerpflichtigen pflegerisch tätig wird, die oben genannten Voraussetzungen (insbesondere Zwangsläufigkeit) ebenfalls erfüllt sind. Ist das nicht der Fall, so steht dem Steuerpflichtigen der volle Pauschbetrag zu, obwohl neben ihm noch andere Personen zeitweise die Pflege übernommen haben. Andererseits ist der Pflege-Pauschbetrag auch dann aufzuteilen, wenn nur eine von mehreren Pflegepersonen den Pauschbetrag in Anspruch nimmt, die anderen entweder nicht oder ihre Aufwendungen als außergewöhnliche Belastung allgemeiner Art im Rahmen des § 33 EStG geltend machen (vgl. Zeilen 116 bis 119). Pflegt eine Person mehrere Pflegebedürftige, so steht ihr der Pauschbetrag unter den genannten Voraussetzungen mehrfach zu.

Der Pflege-Pauschbetrag ist zusätzlich zum erhöhten Behinderten-Pauschbetrag von 3 700 € (Zeilen 95 bis 98) zu berücksichtigen, wenn der erhöhte Behinderten-Pauschbetrag bei der Einkommensteuerveranlagung des pflegenden Steuerpflichtigen berücksichtigt werden kann (Ehegatten, von Kindern übertragener Pauschbetrag). In diesem Fall können also Pauschbeträge von insgesamt 4 624 € zu berücksichtigen sein.

Mit dem Pflege-Pauschbetrag sollen die Aufwendungen abgegolten werden, die dem Steuerpflichtigen durch die Pflege entstehen. Auf die Höhe der tatsächlichen Aufwendungen für die Pflege einer Person wie auch auf die Dauer der Pflege im Laufe des Kalenderjahrs kommt es nicht an. Tritt die Hilflosigkeit erst im Laufe des Kalenderjahrs ein oder verstirbt die hilflose Person im Laufe des Kalenderjahrs, so wird gleichwohl der volle Pflege-Pauschbetrag von 924 € gewährt. Die tatsächlichen Aufwendungen für die Pflege dürfen nicht neben dem Pauschbetrag abgezogen werden. Sind sie höher als der Pauschbetrag von 924 € jährlich, können sie im Rahmen des § 33 EStG – d.h. unter Anrechnung der zumutbaren Belastung – als außergewöhnliche Belastung geltend gemacht werden (Zeilen 116 bis 119).

Wegen der ggf. neben dem Pflege-Pauschbetrag möglichen Berücksichtigung von Aufwendungen durch die Beschäftigung einer Hilfe im Haushalt vgl. **Zeilen 99 bis 100.**

Außergewöhnliche Belastungen in besonderen Fällen nach § 33a EStG

106–115
90–99

In den Zeilen 106 ff. sind außergewöhnliche Belastungen in besonderen Fällen geltend zu machen. Bei den hier aufgeführten Tatbeständen wird die für die Anerkennung von außergewöhnlichen Belastungen erforderliche **Außergewöhnlichkeit** von Gesetzes wegen unterstellt.

In der Vorschrift des § 33a EStG sind einzelne Fälle von außergewöhnlichen Belastungen **abschließend geregelt.** Eine Inanspruchnahme des § 33 EStG (außergewöhnliche Belastung allgemeiner Art) ist insoweit nicht zulässig. Zu beachten ist, dass in den Fällen des § 33a EStG eine Kürzung um die so genannte **zumutbare Belastung** (vgl. Zeilen 116 bis 119) **nicht** in Betracht kommt. Unter diese Sonderregelung fallen die Aufwendungen für den **Unterhalt bedürftiger Personen,** der Freibetrag zur Abgeltung eines Sonderbedarfs bei **Berufsausbildung auswärtig untergebrachter volljähriger Kinder** (vgl. Teil I, Anlage Kind, Zeilen 42 bis 43 und 44) sowie die Aufwendungen für die **Beschäftigung einer Hilfe im Haushalt** und der **Freibetrag für Heimbewohner** (vgl. Zeilen 99 bis 103 des Hauptvordrucks). Die Berücksichtigung erfolgt durch Abzug vom Gesamtbetrag der Einkünfte, sodass sich eine Minderung des Einkommens und der festzusetzenden Einkommensteuer ergibt.

I. Unterhalt für bedürftige Personen

Der Abzug von Unterhaltsleistungen ist seit 1996 auf Leistungen an Personen beschränkt, die einen **gesetzlichen Unterhaltsanspruch** gegenüber dem Steuerpflichtigen oder seinem Ehegatten haben. Ob der Steuerpflichtige oder sein Ehegatte zum Unterhalt gesetzlich verpflichtet ist, ist dabei allein nach inländischen Maßstäben zu beurteilen (vgl. §§ 1360 ff. und 1601 ff. BGB). Unterhaltspflichtig sind danach nur Ehegatten und Verwandte in **gerader** Linie, d.h. Kinder, Kindeskinder, Eltern, Großeltern, Urgroßeltern, **nicht dagegen** Verwandte in der Seitenlinie (Geschwister) und Verschwägerte. Eine gesetzliche Unterhaltspflicht besteht, wenn der Berechtigte außerstande ist, sich selbst zu unterhalten. Das ist auch der Fall, wenn die eigenen Mittel des Berechtigten zum Lebensunterhalt nicht ausreichen (§ 1602 BGB). Die Rangfolge der Unterhaltspflichteten bestimmt sich nach den §§ 1606, 1608 BGB. Die Tatsache, dass der Steuerpflichtige nur nachrangig zum Unterhalt verpflichtet ist, steht dem Abzug tatsächlich geleisteter Unterhaltsaufwendungen nicht entgegen. Für den Abzug reicht es aus, dass die unterhaltsberechtigte Person dem Grunde nach gesetzlich unterhaltsberechtigt (verwandt in gerader Linie) und bedürftig ist. Ob im Einzelfall tatsächlich ein Unterhaltsanspruch besteht, braucht nicht geprüft zu werden. Eine gesetzliche Unterhaltspflicht kann sich auch aus den Folgen einer Trennung oder Scheidung von Ehegatten ergeben (§§ 1361, 1569 BGB). Nicht erforderlich ist, dass gesetzliche Unterhaltsansprüche gerichtlich geltend gemacht werden. Gehört die unterhaltsberechtigte Person **zum Haushalt** des Steuerpflichtigen, so kann regelmäßig davon ausgegangen werden, dass ihm dafür Unterhaltsaufwendungen in Höhe des maßgebenden Höchstbetrags entstehen (R 190 Abs. 1 EStR).

Nach § 33a Abs. 1 EStG können Unterhaltsleistungen an gesetzlich Unterhaltsberechtigte im Jahr 2005 für jede unterhaltene Person bis zu **7 680 €** jährlich berücksichtigt werden, **vorausgesetzt,** dass weder der Steuerpflichtige noch eine andere Person für den Unterhaltsempfänger Anspruch auf **Kindergeld** oder **Freibeträge für Kinder** (vgl. Teil I, Anlage Kind, Zeilen 1 bis 20) hat und die unterhaltene Person **kein oder nur ein geringes Vermögen** besitzt. Der genannte Höchstbetrag ist zu **kürzen,** wenn die unterstützte Person in einem Land mit niedrigeren Lebenshaltungskosten lebt (vgl. nachfolgende Ländergruppeneinteilung). Eigene Einkünfte und Bezüge der unterhaltenen Person im Unterhaltszeitraum sind auf den Höchstbetrag **anzurechnen,** soweit sie insgesamt 624 € jährlich übersteigen. Ausbildungshilfen aus öffentlichen Mitteln oder von Förderungseinrichtungen, die hierfür öffentliche Mittel erhalten, sind dagegen in voller Höhe anzurechnen (Einzelheiten vgl. unten).

Werden Unterhaltsaufwendungen **an andere Personen** als gesetzlich Unterhaltsberechtigte geleistet, so können die Unterhaltsaufwendungen nur berücksichtigt werden, wenn bei der unterhaltenen Person zum Unterhalt bestimmte **inländische öffentliche Mittel** (z.B. Arbeitslosenhilfe, Sozialhilfe) im Hinblick auf die Unterhaltsleistungen des Steuerpflichtigen **gekürzt oder nicht gewährt** worden sind (§ 33a Abs. 1 **Satz 2** EStG). Insoweit besteht eine Gleichstellung mit einer gesetzlich unterhaltsberechtigten Person. Derartige Kürzungen kommen z.B. bei Personen in eheähnlicher Lebensgemeinschaft in Betracht. Auf die Höhe der Kürzung kommt es seit 2001 nicht mehr an. Dass die oben bezeichneten öffentlichen Mittel mit Rücksicht auf Unterhaltsleistungen des Steuerpflichtigen gekürzt (oder versagt) worden sind, sollte durch entsprechende Unterlagen (Bescheid oder Bescheinigung der zuständigen Behörde) dargelegt werden (wegen Ausnahmen vgl. unten sowie BFH-Urteil vom 18. 3. 2004, BStBl II S. 594).

Nach dem BMF-Schreiben vom **28. 3. 2003** (BStBl I S. 243) kommen als Personen, die gesetzlich unterhaltsberechtigten Personen **gleichstehen,** nur Partner einer eheähnlichen Gemeinschaft oder in Haushaltsgemeinschaft mit dem Steuerpflichtigen lebende Verwandte und Verschwägerte in Betracht (BFH-Urteil vom 23. 10. 2002, BStBl 2003 II S. 187). Eine Haushaltsgemeinschaft liegt vor, wenn der Steuerpflichtige und die von ihm unterstützte Person in einer gemeinsamen Wohnung und mit gemeinsamer Wirtschaftsführung („Wirtschaften aus einem Topf") zusammenleben.

Hat die unterhaltene Person Leistungen der inländischen öffentlichen Hand erhalten, die zur Bestreitung des Unterhalts bestimmt oder geeignet sind, sind diese Beträge als Bezüge der unterhaltenen Person im Rahmen des § 33a Abs. 1 Satz 4 EStG zu berücksichtigen (vgl. nachfolgenden Abschn. II). Bei Vorliegen einer eheähnlichen Gemeinschaft zwischen der unterhaltenen Person und dem Steuerpflichtigen wird typischerweise Sozialhilfe wegen der Höhe des Einkommens des Steuerpflichtigen nicht gewährt, da nach dem Bundessozialhilfegesetz alle Unter-

Teil I: Hauptvordruck
Zeilen 106–115

haltsleistungen Dritter als vorrangiges Einkommen des Antragstellers gelten. In die Prüfung eines Anspruchs auf Arbeitslosenhilfe sind nach dem SGB III Einkünfte und Vermögen des Partners einer eheähnlichen Gemeinschaft einzubeziehen. Da die Vorschriften des § 122 BSHG und der §§ 193 Abs. 2, 194 Abs. 1 SGB III eheähnliche Gemeinschaften faktisch wie Ehegatten behandeln, bestehen keine Bedenken, wenn in diesen Fällen grundsätzlich davon ausgegangen wird, dass bei der unterstützten Person die Voraussetzungen des § 33a Abs. 1 Satz 2 EStG vorliegen, auch wenn sie **keinen** Antrag auf Sozialhilfe oder Arbeitslosenhilfe gestellt hat (weil dieser ohnehin abgelehnt worden wäre). Bei Vorliegen einer Haushaltsgemeinschaft mit Verwandten oder Verschwägerten kann aus Vereinfachungsgründen ebenfalls auf die Vorlage eines Kürzungs- oder Ablehnungsbescheids **verzichtet** werden, obwohl in diesen Fällen lediglich die widerlegbare Vermutung einer Unterhaltsgewährung besteht (§ 16 BSHG). In entsprechender Anwendung der R 190 Abs. 1 Satz 5 EStR ist auch in diesen Fällen davon auszugehen, dass dem Steuerpflichtigen Unterhaltsaufwendungen in Höhe des maßgeblichen Höchstbetrags erwachsen.

Wird auf die Vorlage eines Kürzungs- oder Ablehnungsbescheids verzichtet, ist **Voraussetzung** für eine steuermindernde Berücksichtigung der Unterhaltsleistungen eine schriftliche Versicherung der unterstützten Person, in der sie darlegt,

- dass sie für den jeweiligen Veranlagungszeitraum keine zum Unterhalt bestimmten Mittel aus inländischen öffentlichen Kassen erhalten und auch keinen entsprechenden Antrag gestellt hat,
- dass eine nichteheliche Lebensgemeinschaft mit dem Steuerpflichtigen besteht oder sie mit dem Steuerpflichtigen verwandt oder verschwägert ist und mit ihm eine Haushaltsgemeinschaft bildet und
- über welche anderen zum Unterhalt bestimmten Einkünfte und Bezüge sowie über welches Vermögen sie verfügt.

Bei der Berechnung der außergewöhnlichen Belastung nach § 33a Abs. 1 EStG ist die sog. Opfergrenze (vgl. unten) zu beachten. Im o.a. BMF-Schreiben vom 28.3.2003 sind 2 Zahlenbeispiele hierzu abgedruckt.

Nach § 1615 l Abs. 2 BGB ist der Vater eines nichtehelichen Kindes **verpflichtet**, der Mutter des Kindes Unterhalt zu gewähren, soweit von ihr wegen der Pflege oder Erziehung des Kindes eine Erwerbstätigkeit nicht erwartet werden kann. Nach früherer Rechtslage endete diese Unterhaltspflicht spätestens ein Jahr nach der Entbindung. Ab 1.10.1995 wurde diese Frist von einem auf **drei Jahre** verlängert. Ab 1.7.1998 endet die Unterhaltspflicht nach der geänderten Fassung des § 1615 l Abs. 2 BGB „drei Jahre nach der Geburt, **sofern es nicht** insbesondere unter Berücksichtigung der Belange des Kindes grob unbillig wäre, einen Unterhaltsanspruch nach Ablauf dieser Frist zu versagen". Wegen des insoweit vorliegenden **gesetzlichen** Unterhaltsanspruchs richtet sich die Abziehbarkeit von Unterhaltsaufwendungen in solchen Fällen nach § 33a Abs. 1 **Satz 1** EStG und nicht nach Satz 2 dieser Vorschrift („gleichgestellte Personen"), womit sich die Prüfung, ob öffentliche Mittel gekürzt worden sind, bei einem solchen Tatbestand erübrigt. Seit 1.7.1998 kann auch der Vater eines nichtehelichen Kindes einen entsprechenden Unterhaltsanspruch gegen die Mutter haben, wenn er das Kind betreut (§ 1615 l Abs. 5 BGB). Die vorstehenden Ausführungen gelten daher auch für den Fall, dass die Mutter den Unterhalt leistet, weil der Vater die Pflege und Erziehung des Kindes übernimmt. Leben die Eltern des nichtehelichen Kindes in eheähnlicher Gemeinschaft in einem gemeinsamen Haushalt, so kann davon ausgegangen werden, dass dem unterhaltsverpflichteten Steuerpflichtigen Unterhaltsaufwendungen in Höhe des maßgeblichen Höchstbetrags erwachsen (im Jahr 2005 monatlich 1/12 von 7 680 € = 640 €).

Auch zwischen Partnern einer **eingetragenen Lebenspartnerschaft** besteht nach § 5 des Gesetzes zur Beendigung der Diskriminierung gleichgeschlechtlicher Lebenspartnerschaften (**Lebenspartnerschaftsgesetz**) vom 16.2.2001 (BGBl I S. 266) eine Unterhaltspflicht kraft Gesetzes (vgl. Zeile 109 des Hauptvordrucks, rechtes Auswahlfeld).

Vom Unterhaltsempfänger muss verlangt werden, dass er zunächst seine Arbeitskraft und sein Vermögen einsetzt. Eine Verwertung des eigenen Vermögens wird jedoch nicht zugemutet, wenn dessen Verkehrswert 15 500 € nicht übersteigt. Vermögensgegenstände, deren Veräußerung offensichtlich eine Verschleuderung von Besitz bedeuten würde sowie Vermögensgegenstände, die für den Unterhaltsempfänger entweder einen besonderen persönlichen Wert (z.B. Erinnerungswert) haben oder zu seinem Hausrat gehören sowie ein angemessenes Hausgrundstück, das der Unterhaltsempfänger allein oder zusammen mit Angehörigen, denen es nach seinem Tod weiter als Wohnung dienen soll, ganz oder teilweise bewohnt, bleiben bei der Bemessung der Grenze von 15 500 € außer Ansatz (R 190 Abs. 3 EStR sowie BFH-Urteil vom 14.8.1997, BStBl 1998 II S. 241). Nach dem BMF-Schreiben vom 20.8.2003 (BStBl I S. 411), das zum BFH-Urteil vom 12.12.2002 (BStBl 2003 II S. 655) ergangen ist, handelt es sich bei einem Dreifamilienhaus nicht mehr um ein „angemessenes Hausgrundstück".

Bei gelegentlichen oder einmaligen Leistungen ist besonders zu prüfen, ob diese dazu bestimmt oder geeignet sind, den laufenden Lebensbedarf der unterhaltenen Person zu bestreiten (vgl. BFH-Urteile vom 10.7.1981, BStBl 1982 II S. 21, und vom 13.2.1987, BStBl II S. 341). Danach dürfen gelegentliche oder einmalige Leistungen regelmäßig nicht als Unterhaltsleistungen für Vormonate und auch nicht zur Deckung des Unterhaltsbedarfs für das Folgejahr berücksichtigt werden. Die Zuwendung einer Waschmaschine oder sonstiger Haushaltsgeräte von nicht unerheblichem Wert, eines Personalcomputers oder von Gegenständen der Unterhaltungselektronik ist z.B. keine typische Unterhaltsleistung i.S. des § 33a Abs. 1 EStG (BFH-Urteil vom 28.4.1978, BStBl II S. 456). Dagegen wird die Zuwendung von Tabakwaren, Kosmetikartikeln, Zeitungen, Zeitschriften und alkoholischen Getränken in angemessenem Umfang zu den berücksichtigungsfähigen Unterhaltsaufwendungen gerechnet.

Unterhaltszahlungen an einen **geschiedenen oder getrennt lebenden Ehegatten** sind ebenfalls außergewöhnliche Belastungen, die im Rahmen des § 33a Abs. 1 EStG berücksichtigt werden können, sofern sich eine gesetzliche Unterhaltspflicht aus den Folgen der Scheidung oder Trennung ergibt (§§ 1361, 1569 BGB). Seit 1979 besteht die Möglichkeit, zwischen der Berücksichtigung als Sonderausgaben (§ 10 Abs. 1 Nr. 1 EStG) und der als außergewöhnliche Belastung (§ 33a Abs. 1 EStG) zu wählen (vgl. Hauptvordruck, **Zeile 80**). Der Abzug als **Sonderausgaben** ist bis zu einem Betrag von **13 805 €** möglich, wenn der geschiedene oder dauernd getrennt lebende Ehegatte seinen Wohnsitz oder gewöhnlichen Aufenthalt im Inland hat oder die Voraussetzungen des **§ 1a EStG** vorliegen (vgl. Zeilen **53 bis 60** des Hauptvordrucks); ansonsten kommt nur ein Abzug als außergewöhnliche Belastung in Betracht. Der Abzug als Sonderausgaben setzt aber vor allem voraus, dass der Leistende dies mit Zustimmung des Empfängers beantragt **(sog. Realsplitting).** Wird ein solcher Antrag nicht gestellt oder fehlt die Zustimmung, so können die Unterhaltsleistungen nur als außergewöhnliche Belastung berücksichtigt werden. Der Abzug als Sonderausgaben hat zur Folge, dass die Unterhaltsleistungen insoweit beim Empfänger steuerpflichtige sonstige Einkünfte i.S. des § 22 Nr. 1a EStG sind. Werden dagegen vom Leistenden außergewöhnliche Belastungen geltend gemacht, so sind die Unterhaltszahlungen beim Empfänger nicht zu versteuern (§ 22 Nr. 1 Satz 2 EStG). Wird von der Möglichkeit des Sonderausgabenabzugs ganz oder teilweise Gebrauch gemacht, können Unterhaltsleistungen an den geschiedenen oder dauernd getrennt lebenden Ehegatten nicht als außergewöhnliche Belastung berücksichtigt werden; dies gilt auch für diejenigen Unterhaltsleistungen, die über den als Sonderausgaben berücksichtigten Teil hinausgehen (H 86b EStH und BFH-Urteil vom 7.11.2000, BStBl 2001 II S. 338).

Im Veranlagungszeitraum des **Beginns** der dauernden Trennung sind Aufwendungen für den Unterhalt des dauernd getrennt lebenden Ehegatten nicht nach § 33a Abs. 1 EStG als außergewöhnliche Belastung abziehbar, weil für dieses Jahr die Vorschriften über die Ehegattenbesteuerung (mit der Wahlmöglichkeit der Zusammenveranlagung und damit des Splittingtarifs, vgl.

Zeile 13) noch uneingeschränkt Anwendung finden (BFH-Urteil vom 31. 5. 1989, BStBl II S. 658).

II. Höchstbetrag für Unterhaltsaufwendungen nach § 33a Abs. 1 EStG

Im Jahr 2005 beträgt der Jahreshöchstbetrag für berücksichtigungsfähige Unterhaltsleistungen für jede unterhaltene Person **7 680 €**. Hat die unterhaltene Person eigene Einkünfte oder Bezüge, die zur Bestreitung des Unterhalts bestimmt oder geeignet sind, so werden diese auf den Höchstbetrag angerechnet, soweit sie **624 €** im Kalenderjahr übersteigen. Außerdem vermindert sich der Höchstbetrag stets (in voller Höhe) um die von der unterhaltenen Person als **Ausbildungshilfe** aus **öffentlichen** Mitteln oder von Förderungseinrichtungen, die hierfür öffentliche Mittel erhalten, bezogenen Zuschüsse. Darlehensweise gewährte Leistungen sind nicht anzurechnen.

Als „**Einkünfte**" sind die Einkünfte aus den 7 Einkunftsarten des EStG zu verstehen (vgl. Ausführungen zu Zeilen 29 bis 35). Im Gegensatz zu „Bezügen" sind die „Einkünfte" stets in vollem Umfang zu berücksichtigen, also auch soweit sie zur Bestreitung des Unterhalts nicht zur Verfügung stehen oder die Verfügungsbefugnis beschränkt ist, z.B. bei Lohneinkünften vermögenswirksame Leistungen i.S. des Vermögensbildungsgesetzes (wegen einbehaltener Arbeitnehmeranteile zur gesetzlichen Sozialversicherung vgl. unten). Als „**Bezüge**" werden alle Einnahmen in Geld oder Geldeswert angesehen, die nicht im Rahmen der einkommensteuerrechtlichen Einkunftsermittlung erfasst werden, also **nicht steuerbare** sowie durch besondere Vorschriften (z.B. § 3 EStG) für **steuerfrei** erklärte Einnahmen und nach den §§ 40, 40a EStG **pauschal versteuerter** Arbeitslohn (vgl. BFH-Urteil vom 6. 4. 1990, BStBl II S. 885). Anders als bei „Einkünften" sind nur solche „Bezüge" anrechenbar, die zur Bestreitung des Unterhalts bestimmt oder geeignet sind. Hierunter fallen z.B. Wohngeld, Sozialgeld, Arbeitslosengeld, die über den Besteuerungs- bzw. Ertragsanteil hinausgehenden Bezüge aus Sozialversicherungsrenten und sonstigen Leibrenten (Teil I, Anlage R, Zeilen 1 bis 9 und 12 bis 20), die ausgezahlte Arbeitnehmer-Sparzulage nach dem Vermögensbildungsgesetz, die KB-Renten, die Einkünfte und Leistungen, die dem sog. Progressionsvorbehalt unterliegen (Teil I, Hauptvordruck, Zeilen 38 bis 39) sowie laufende Zuwendungen aus öffentlichen, kirchlichen und privaten Mitteln (z.B. auch steuerfreie Zuschüsse nach dem Bundesausbildungsförderungsgesetz). Auch **Unterhaltsbeiträge des Sozialamts** gelten als anzurechnende Bezüge, soweit das Sozialamt von einer Rückforderung bei gesetzlich Unterhaltsverpflichteten abgesehen hat (BFH-Urteil vom 2. 8. 1974, BStBl 1975 II S. 139). Nach § 40 Abs. 2 Satz 2 EStG **pauschal versteuerter Werbungskostenersatz** für Fahrten eines Arbeitnehmers zwischen Wohnung und Arbeitsstätte mit Pkw zählt nicht als Bezüge. Bei **Wehrpflichtigen** gehören der Wehrsold, die Sachbezüge, das Weihnachtsgeld und grundsätzlich auch das Entlassungsgeld zu den anrechnenden Bezügen (BFH-Urteil vom 31. 7. 1981, BStBl II S. 805). Das **Entlassungsgeld** eines Wehrpflichtigen ist allerdings nach dem BFH-Urteil vom 26. 4. 1991 (BStBl II S. 716) dann nicht als anrechenbarer Bezug anzusehen, wenn die Unterstützung (z.B. durch Eltern oder einen Elternteil) mit Ablauf des Grundwehrdienstes endet. Denn das Entlassungsgeld wird – unabhängig vom Zeitpunkt seiner Auszahlung – als Überbrückungshilfe für die Zeit **nach** Beendigung des Grundwehrdienstes gewährt (vgl. auch H 192a [Allgemeines] EStH).

Die durch den **Versorgungsfreibetrag nach § 19 Abs. 2 EStG** und den Zuschlag hierzu freigestellten Einnahmen aus nichtselbständiger Arbeit (Teil I, Anlage N, Zeile 8) und die durch den **Sparer-Freibetrag** (Teil I, Anlage KAP, Zeilen 53 bis 61) steuerfrei bleibenden Kapitalerträge zählen zu den anrechenbaren **Bezügen**. Zu den Bezügen gehören auch **steuerfreie Veräußerungsgewinne** nach den §§ 14, 16 Abs. 4, 17 Abs. 3 und 18 Abs. 3 EStG (vgl. Teil I, Anlage GSE, Zeilen 12 bis 21, 22 bis 23 und 45 bis 51) sowie **Sonderabschreibungen** und **erhöhte Absetzungen**, soweit sie die höchstmöglichen Absetzungen für Abnutzung nach § 7 EStG übersteigen.

Die nach den §§ 29 bis 33 Bundesversorgungsgesetz (BVG) gezahlten Grund- und Ausgleichsrenten sind zum Unterhalt der unterstützten Person bestimmt und deshalb, soweit sie – zusammen mit anderen Einkünften und Bezügen – den Betrag von 624 € übersteigen, auf den Unterstützungshöchstbetrag anzurechnen. Dagegen sind **zweckgebundene Zulagen** (z.B. Pflegezulage nach § 35 BVG, Leistungen aus einer Pflegeversicherung (§ 3 Nr. 1 a EStG), Unterhaltsbetrag für einen Führhund nach § 14 BVG, der Pauschbetrag für erhöhten Kleider- und Wäscheverschleiß nach § 15 BVG und die Blindenhilfe sowie Pflegegelder nach den §§ 67 bis 69 Bundessozialhilfegesetz – BSHG –) nicht zum Unterhalt bestimmt oder geeignet und deshalb **nicht als Bezüge anzurechnen** (vgl. auch BFH-Urteile vom 22. 7. 1988, BStBl II S. 830 und 939 sowie H 190 EStH). Auch die im Rahmen der Sozialhilfe geleisteten Beträge für Krankenhilfe (§ 37 BSHG), häusliche Pflege und Mehrbedarf einschließlich Mehrbedarfszuschlag (§ 23 Abs. 1 Nr. 1 BSHG) sowie die Sozialhilfeleistungen im Rahmen der Altenhilfe nach § 75 Abs. 2 Nr. 3 BSHG (z.B. sog. Telefonhilfe) und die Eingliederungshilfe nach § 40 Abs. 1 BSHG gehören **nicht** zu den anrechenbaren Bezügen. Die bezeichnete Eingliederungshilfe zählt jedoch zu den anrechenbaren Bezügen, soweit von einer Rückforderung bei dem gesetzlich unterhaltspflichtigen Steuerpflichtigen abgesehen wurde (BFH-Urteil vom 14. 6. 1996, BStBl 1997 II S. 173).

Zur Feststellung der „**Einkünfte**" sind von den (Brutto-) Einnahmen die tatsächlichen Werbungskosten oder Betriebsausgaben bzw. die Werbungskosten-Pauschbeträge und der **Arbeitnehmer-Pauschbetrag** abzuziehen. Darüber hinaus wird aus Vereinfachungsgründen bei der Feststellung der anzurechnenden „**Bezüge**" einschließlich der o.a. **Ausbildungshilfen** aus öffentlichen Mitteln eine **Kostenpauschale von 180 €** im Kalenderjahr abgesetzt, wenn nicht höhere Aufwendungen, die mit dem Zufluss der entsprechenden Einnahmen zusammenhängen, nachgewiesen oder glaubhaft gemacht werden (R 180e Abs. 3 EStR). Sowohl der Werbungskosten- und Arbeitnehmer-Pauschbetrag als auch der von den Bezügen einschließlich Ausbildungshilfen abzuziehende pauschale Betrag von 180 € dürfen aber nicht zu einem Verlust führen. Daraus ergibt sich Folgendes:

(1) Hat die unterstützte Person **Arbeitslohn** (auch Ruhegehaltsbezüge) bezogen, so ist dieser in vollem Umfang, also einschließlich der vermögenswirksamen Leistungen zu berücksichtigen. Vom Arbeitslohn werden ggf. der steuerfreie Teil der Versorgungsbezüge und die Werbungskosten (ggf. der Arbeitnehmer-Pauschbetrag von 920 € bzw. bei Versorgungsbezügen der Pauschbetrag von 102 €) abgezogen. Der sich danach ergebende Betrag stellt die „**Einkünfte**" dar. Die Lohneinkünfte sind ggf. noch um die **Arbeitnehmeranteile** der **gesetzlichen Sozialversicherungsbeiträge** zu kürzen (sinngemäße Anwendung des BfF-Schreibens vom 17. 6. 2005, BStBl I S. 800).

(2) Ist die unterstützte Person **Rentenempfänger,** so ist der Besteuerungs- bzw. Ertragsanteil der Rente um den Werbungskosten-Pauschbetrag von 102 € zu kürzen. Der sich danach ergebende Betrag stellt die „Einkünfte" dar. Die steuerfreien Teile der Rente sind „Bezüge". Davon wird noch die o.a. **Kostenpauschale** von 180 € abgesetzt.

Beispiel 1

Die vermögenslose 66 Jahre alte Mutter (wohnhaft im Inland) erhält Versorgungsbezüge i.S. des § 19 Abs. 2 EStG (nachträglicher Arbeitslohn) von 8 000 € im Kalenderjahr. Werbungskosten werden nicht nachgewiesen. Der Sohn unterstützt die Mutter im Jahr **2005** mit monatlich 300 € (jährlich 3 600 €).

a) Versorgungsbezüge
der Mutter 8 000 €
∕. Versorgungsfreibetrag
(40 v.H. von 8 000 €,
höchstens 3 000 €) 3 000 €
∕. Zuschlag zum
Versorgungsfreibetrag 900 €
∕. Werbungskosten-Pauschbetrag 102 €   4 002 €

„Einkünfte" der Mutter 3 998 €

**Teil I: Hauptvordruck
Zeilen 106–115**

b) Die durch den Versorgungsfreibetrag und den Zuschlag hierzu steuerfrei bleibenden Einnahmen sind „Bezüge"

anzusetzen sind (3 000 € + 900 €)	3 900 €
./. Kostenpauschale	180 €
„Bezüge" der Mutter	3 720 €

c) „**Einkünfte und Bezüge**" der Mutter 7 718 €
nicht anzurechnen sind 624 €
somit anzurechnen 7 094 €
zu berücksichtigen sind als Freibetrag höchstens 7 680 €
somit abziehbarer Freibetrag 586 €

Beispiel 2

Die vermögenslose 70 Jahre alte Mutter (wohnhaft im Inland) bezieht eine Leibrente aus der gesetzlichen Rentenversicherung von 7 000 € im Kalenderjahr. Der Sohn unterstützt die Mutter im Jahr **2005** mit monatlich 400 €.

a) Besteuerungsanteil der Rente (50 v. H., weil die Rente bis 2005 begonnen hat) 3 500 €
./. Werbungskosten-Pauschbetrag 102 €
„Einkünfte" der Mutter 3 398 €

b) steuerfreie Bezüge
(7 000 € ./. 3 500 € =) 3 500 €
./. Kostenpauschale 180 €
„Bezüge" der Mutter 3 320 €

c) „**Einkünfte und Bezüge**" der Mutter 6 718 €
nicht anzurechnen sind 624 €
somit anzurechnen 6 094 €
zu berücksichtigen sind als Freibetrag höchstens 7 680 €
somit abziehbarer Freibetrag 1 586 €

Der bei der Einkommensermittlung abziehbare Unterhalts-Freibetrag ist in der Regel auch dann für jede unterhaltsberechtigte (oder gleichgestellte) Person getrennt zu ermitteln, wenn der Steuerpflichtige **mehrere Personen** unterhält, die einen gemeinsamen Haushalt führen. Der insgesamt nachgewiesene Zahlungsbetrag ist unterschiedlos nach Köpfen aufzuteilen (BFH-Urteil vom 12. 11. 1993, BStBl 1994 II S. 731). Handelt es sich jedoch bei den unterhaltenen Personen um in **Haushaltsgemeinschaft lebende Ehegatten** (z. B. Eltern), so sind die Einkünfte und Bezüge zunächst für jeden Ehegatten gesondert festzustellen und sodann zusammenzurechnen. Die zusammengerechneten Einkünfte und Bezüge sind für jeden Ehegatten um 624 €, d. h. insgesamt um 1 248 € zu kürzen. Der verbleibende Betrag ist von der Summe der beiden Höchstbeträge (2 × 7 680 € = 15 360 €) abzuziehen (vgl. – allerdings zu den früher maßgebenden Höchstbeträgen – BFH-Urteil vom 15. 11. 1991, BStBl 1992 II S. 245). Hilft der Unterhaltsempfänger im Haushalt des Steuerpflichtigen unentgeltlich mit, so wird dadurch der abziehbare Betrag nicht gemindert.

Tragen **mehrere** unbeschränkt **Steuerpflichtige** zu dem Unterhalt derselben Person bei, so ermäßigt sich für jeden Steuerpflichtigen der Höchstbetrag von 7 680 € auf **den** Betrag, der **seinem Anteil am Gesamtbetrag der Leistungen** entspricht. Die Unterhaltsleistenden können also für den Unterhalt **einer** Person zusammen einen Freibetrag von höchstens 7 680 € erhalten. Ist die unterhaltene Person **verheiratet,** wird ihr grundsätzlich die Hälfte des verfügbaren Einkommens ihres Ehegatten als eigene Bezüge zugerechnet.

Für jeden **vollen** Kalendermonat, in dem die o. g. Voraussetzungen **nicht** vorgelegen haben, **ermäßigen sich** der maßgebende Höchstbetrag von 7 680 € und der anrechnungsfreie Betrag von 624 €, bis zu dem die (anteiligen) eigenen Einkünfte und Bezüge des Unterhaltsempfängers unberücksichtigt bleiben, **um je ein Zwölftel.** Eigene Einkünfte und Bezüge der unterhaltenen Person, die auf **diese** Kalendermonate entfallen, vermindern den ermäßigten Höchstbetrag **nicht.** Als Ausbildungshilfe bezogene Zuschüsse mindern **nur den zeitanteiligen** Höchstbetrag der Kalendermonate, für die die Zuschüsse bestimmt sind.

Beispiel 3

Die Tochter unterstützt ihre allein stehende (im Inland wohnhafte) Mutter vom 1. 4. bis 31. 12. 2005 mit insgesamt 2 000 €. Die Mutter hat im Jahr 2005 eigene Einkünfte und Bezüge in Höhe von monatlich 520 €, wobei Werbungskosten und die o. a. Kostenpauschale bereits abgezogen sind.

Höchstbetrag für das Kalenderjahr 2005		7 680 €
anteiliger Höchstbetrag 9/12		5 760 €
Einkünfte und Bezüge der Mutter von April bis Dezember 2005	4 680 €	
./. 9/12 von 624 €	468 €	4 212 €
somit abziehbarer Freibetrag		1 548 €

Wie das letzte Beispiel zeigt, sind auf den anteiligen Höchstbetrag nur Einkünfte und Bezüge der unterhaltenen Person anzurechnen, die auf den **Unterhaltszeitraum entfallen,** d. h. ihm wirtschaftlich zuzuordnen sind. Bei typischerweise **regelmäßig in kürzeren Zeitabständen** (z. B. monatlich) fließenden Einkünften (z. B. Einkünfte aus nichtselbständiger Arbeit, Renten) sowie bei Bezügen sind die im Unterhaltszeitraum zugeflossenen (§ 11 EStG) Einkünfte und Bezüge anzusetzen. Der Jahresbetrag der eigenen Einkünfte und Bezüge der unterhaltenen Person ist insoweit nach dem Verhältnis der in den jeweiligen Zeiträumen zugeflossenen Einnahmen auf die Zeiten innerhalb und außerhalb des Unterhaltszeitraums aufzuteilen. Werbungskostenpauschbeträge i. S. des § 9a EStG (einschließlich Arbeitnehmer-Pauschbetrag) und die o. a. Kostenpauschale von 180 € sind hierbei **zeitanteilig** anzusetzen. Werbungskosten, die den Werbungskostenpauschbetrag übersteigen, sind den Zeiträumen zuzurechnen, in denen sie angefallen sind. Auf das Berechnungsbeispiel 2 zum Freibetrag für ein zur Berufsausbildung auswärtig untergebrachtes volljähriges Kind (Teil I, **Anlage Kind, Zeilen 42 bis 43**) wird wegen der **Aufteilung** der Einkünfte hingewiesen. Hat die unterhaltene Person **Gewinneinkünfte** oder andere Einkünfte, die **nicht** mit einer gewissen Regelmäßigkeit zufließen (z. B. Einkünfte aus Gewerbebetrieb oder aus Kapitalvermögen), so sind diese aus Vereinfachungsgründen dem Unterhaltszeitraum **zeitanteilig** (monatlich mit einem Zwölftel) zuzurechnen. Der Steuerpflichtige kann aber nachweisen, dass die Einkünfte und Bezüge der unterhaltenen Person auf **andere** Zeiträume des Kalenderjahres entfallen und deshalb eine andere Verteilung wirtschaftlich gerechtfertigt ist (R 192a Abs. 2 EStR).

Erwachsen dem Steuerpflichtigen aufgrund besonderer Umstände **zusätzliche** Aufwendungen für die unterhaltene Person (z. B. **Krankheitskosten**, die der Unterhaltsberechtigte nicht selbst tragen kann; vgl. BFH-Urteil vom 11. 7. 1990, BStBl 1991 II S. 62), so können diese Aufwendungen neben dem o. a. Freibetrag als außergewöhnliche Belastung **allgemeiner Art** berücksichtigt werden (vgl. Zeilen 116 bis 119). Ist ein gesetzlich unterhaltsberechtigter Angehöriger in einem **Altersheim** untergebracht, so kommt zunächst unter den o. a. Voraussetzungen nur der Höchstbetrag von 7 680 € für die Unterhaltsgewährung in Betracht (BFH-Urteile vom 12. 1. 1973, BStBl II S. 442 und vom 29. 9. 1989, BStBl 1990 II S. 418). Handelt es sich dagegen um eine Heimunterbringung wegen **Pflegebedürftigkeit** und kommt diese Heimunterbringung dem Aufenthalt in einer Krankenanstalt oder einem **Pflegeheim** gleich, so können die **wegen der Pflege** erwachsenden Aufwendungen als außergewöhnliche Belastung allgemeiner Art im Rahmen des § 33 EStG berücksichtigt werden (BFH-Urteil vom 11. 2. 1965, BStBl III S. 407). Nach dem BFH-Urteil vom 24. 2. 2000 (BStBl II S. 294) sind bei **krankheitsbedingter** Unterbringung eines nahen Angehörigen im Altenpflegeheim neben den Pflegekosten auch die Kosten berücksichtigungsfähig, die auf die Unterbringung und Verpflegung entfallen, soweit es sich hierbei um **Mehrkosten** gegenüber der normalen Lebensführung handelt. Vgl. aber auch Ausführungen zu **Zeilen 95 bis 98, 101 bis 103, 104 bis 105 und 116 bis 119** sowie **unten stehende Beispiele.** Hat die pflegebedürftige unterhaltene Person im Hinblick auf ihr Alter oder eine etwaige Bedürftigkeit dem Steuerpflichtigen **Ver-**

mögenswerte zugewendet (z.B. ein Hausgrundstück), so ist ein Abzug der Pflegeaufwendungen nach R 188 Abs. 5 EStR nur möglich, soweit die Aufwendungen den Wert des hingegebenen Vermögens übersteigen (vgl. auch BFH-Urteil vom 12. 11. 1996, BStBl 1997 II S. 387). Der Nachweis der Pflegebedürftigkeit kann durch Einstufung in die **Pflegestufe I, II oder III** i.S. des Pflegeversicherungsgesetzes oder durch Vorlage eines Schwerbehindertenausweises mit dem Merkzeichen „H" geführt werden (R 188 Abs. 1 EStR).

Im BMF-Schreiben vom **2. 12. 2002** (BStBl I S. 1389) ist geregelt, wie Aufwendungen, die einem Steuerpflichtigen für die **krankheits- oder behinderungsbedingte Unterbringung** eines nahen Angehörigen in einem Heim (§ 33 EStG) entstehen, von den Unterhaltsaufwendungen (§ 33a Abs. 1 EStG) **abzugrenzen** sind. Im Einzelnen gilt danach Folgendes:

1. Zu den Aufwendungen, die im Rahmen des **§ 33 EStG** zu berücksichtigen sind (Zeilen 116 bis 119), gehören die gesamten vom Heim in Rechnung gestellten Unterbringungskosten einschließlich der Kosten für die ärztliche Betreuung und Pflege, gemindert um eine Haushaltsersparnis, die mit jährlich 7 680 € (monatlich 640 €) anzusetzen ist. Der Freibetrag wegen Heim- oder Pflegeunterbringung (Zeilen 101 bis 103 des Hauptvordrucks) kann nicht zusätzlich berücksichtigt werden (BFH-Urteil vom 24. 2. 2000, BStBl II S. 294).

   Die Übernahme der Kosten einer Heimunterbringung für einen nahen Angehörigen ist nur dann zwangsläufig i.S. des § 33 EStG, wenn die untergebrachte Person kein oder nur ein geringes Vermögen besitzt und soweit ihre eigenen Einkünfte und Bezüge zur Deckung dieser Kosten nicht ausreichen. Bei der Beurteilung, ob die eigenen Einkünfte und Bezüge nicht ausreichen, ist ein angemessener Betrag für einen zusätzlichen **persönlichen Bedarf** zu berücksichtigen. Als angemessen kann in Anlehnung an § 21 Abs. 3 BSHG regelmäßig der für den zusätzlichen persönlichen Bedarf erklärte Betrag anerkannt werden, soweit er **1 550 €** jährlich nicht übersteigt.

   Eine krankheits- oder behinderungsbedingte Unterbringung liegt nach dem o.a. BMF-Schreiben vom 2. 12. 2002 nur dann vor, wenn eine Pflegestufe nach dem Elften Buch Sozialgesetzbuch festgestellt worden ist (R 188 Abs. 1 EStR). Der Nachweis ist durch eine Bescheinigung der sozialen Pflegekasse oder des privaten Versicherungsunternehmens, das die private Pflegepflichtversicherung durchführt, oder nach § 65 Abs. 2 EStDV zu erbringen (vgl. oben sowie Erläuterungen zu **Zeilen 95 bis 98**). Dies gilt auch dann, wenn der nahe Angehörige bereits seit einem früheren Zeitpunkt aus anderen Gründen (z.B. wegen Alters) im Heim untergebracht ist. Werden die Kosten für eine behinderungsbedingte Unterbringung zum Teil vom Sozialhilfeträger übernommen (insbesondere durch die Gewährung einer Eingliederungshilfe nach § 39 BSHB), braucht die Notwendigkeit der Unterbringung nicht nachgewiesen zu werden, da regelmäßig von einer sorgfältigen, ordnungsmäßigen Prüfung durch den Sozialhilfeträger und von der Richtigkeit seiner Entscheidung ausgegangen werden kann (BFH-Urteil vom 23. 5. 2002, BStBl II S. 567). Nach dem BMF-Schreiben vom 20. 1. 2003 (BStBl I S. 89) ist eine Berücksichtigung der Kosten ab dem Zeitpunkt zulässig, ab dem mindestens die Pflegestufe I festgestellt ist. Dabei ist ohne Bedeutung, ob die betreffende Person bereits vorher in das Heim übergesiedelt ist.

2. Aufwendungen in Höhe der Haushaltsersparnis können zusammen mit vom Steuerpflichtigen zusätzlich getragenen Kosten für die normale Lebensführung (z.B. Kleidung, Versicherung) nach **§ 33a Abs. 1 EStG** als **Unterhaltsaufwendungen** berücksichtigt werden.

Beispiel 4

Der pflegebedürftige (Pflegestufe II) vermögenslose Vater A hat seinen eigenen Haushalt aufgelöst und ist während des gesamten Kalenderjahrs in einem Pflegeheim untergebracht.

Für die Heimunterbringung werden insgesamt 33 000 € in Rechnung gestellt. Die Pflegeversicherung übernimmt hiervon 15 348 €. A zahlt aus seinen eigenen anrechenbaren Einkünften und Bezügen in Höhe von 4 500 € einen Betrag von 3 300 € auf die Heimkosten und behält 1 200 € für zusätzlichen persönlichen Bedarf zurück. Die restlichen Heimkosten von (33 000 − 15 348 € − 3 300 € =) 14 352 € trägt der Sohn B.

Die Abzugsbeträge für B berechnen sich wie folgt:

- **nach § 33a Abs. 1 EStG**

Anteil für den typischen Unterhalt in Höhe der Haushaltsersparnis		7 680 €
anrechenbare Einkünfte und Bezüge des A	4 500 €	
anrechnungsfreier Betrag	− 624 €	
anzurechnende Einkünfte und Bezüge des A	3 876 €	− 3 876 €
zu berücksichtigender Betrag		**3 804 €**

Der Betrag von 3 804 € ist nach § 33a Abs. 1 EStG in voller Höhe vom Gesamtbetrag der Einkünfte des B abzuziehen. Hiermit sind auch zusätzlich getragene Kosten wie z.B. Versicherungsbeiträge abgegolten.

- **nach § 33 EStG**

Heimkosten	33 000 €
Pflegeversicherungsleistungen	− 15 348 €
Anteil des A aufgrund seiner eigenen Einkünfte und Bezüge, mindestens aber die Haushaltsersparnis	
eigene Einkünfte und Bezüge des A	4 500 €
gemindert um einen angemessenen Betrag für den zusätzlichen persönlichen Bedarf (pauschal)	− 1 550 €
verbleibender Betrag	2 950 €
Dieser Betrag liegt unter der Haushaltsersparnis von	7 680 €
Daher ist die Haushaltsersparnis anzusetzen	− 7 680 €
Höchstbetrag der bei B zu berücksichtigenden Heimkosten	**9 972 €**

Da die eigenen Einkünfte und Bezüge des A nicht ausreichen, um dessen Kosten für die normale Lebensführung einschließlich der krankheitsbedingten Heimunterbringung zu bestreiten, ist der von B getragene Anteil, vermindert um die bereits nach § 33a Abs. 1 EStG berücksichtigten Aufwendungen, bis zur Höhe von 9 972 € abzuziehen.

Von B getragene Heimkosten	14 352 €
davon nach § 33a Abs. 1 EStG berücksichtigt	− 3 804 €
verbleibende Heimkosten	**10 548 €**

Der Höchstbetrag von **9 972 €** ist nach Minderung um die zumutbare Belastung nach § 33 EStG vom Gesamtbetrag der Einkünfte des B abzuziehen.

Beispiel 5

Sachverhalt wie im Beispiel 4, jedoch hat A anrechenbare Einkünfte und Bezüge von 18 000 €. Er zahlt daraus auf die Gesamtkosten 15 000 € und behält 3 000 € für seinen zusätzlichen persönlichen Bedarf zurück. Die restlichen Heimkosten von 2 652 € (33 000 € − 15 348 € − 15 000 €) trägt der Sohn B.

Teil I: Hauptvordruck
Zeilen 106–115

Da die anrechenbaren eigenen Einkünfte und Bezüge des A höher sind als die Summe aus Höchstbetrag und anrechnungsfreiem Betrag (7 680 € + 624 € = 8 304 €), scheidet ein Abzug nach § 33a Abs. 1 EStG aus. Für B kommt nur ein Abzug nach **§ 33 EStG** in Betracht. Dieser berechnet sich wie folgt:

Heimkosten	33 000 €
Pflegeversicherungsleistungen	– 15 348 €
Anteil des A aufgrund seiner eigenen Einkünfte und Bezüge, mindestens aber die Haushaltsersparnis	
eigene Einkünfte und Bezüge des A 18 000 €	
gemindert um einen angemessenen Betrag für den zusätzlichen persönlichen Bedarf (pauschal) – 1 550 €	
verbleibender Betrag (mindestens Haushaltsersparnis)	– 16 450 €
Höchstbetrag der bei B zu berücksichtigenden Heimkosten	**1 202 €**

Der Höchstbetrag von **1 202 €**, der niedriger ist als die von B getragenen Aufwendungen von 2 652 €, ist nach Minderung um die zumutbare Belastung nach § 33 EStG vom Gesamtbetrag der Einkünfte des B abzuziehen.

Nach dem BFH-Urteil vom 12.11.1996 (BStBl 1997 II S. 387) sind Aufwendungen für die Unterbringung und Pflege eines bedürftigen Angehörigen **nicht** als außergewöhnliche Belastung zu berücksichtigen, soweit der Steuerpflichtige von dem Angehörigen dessen gesamtes sicheres Vermögen in einem Zeitpunkt übernommen hat, als dieser sich bereits im Rentenalter befand (vgl. auch R 188 Abs. 5 EStR).

Hat die **unterhaltene Person** ihren Wohnsitz oder gewöhnlichen Aufenthalt **nicht im Inland**, so können Unterhaltsaufwendungen nur abgezogen werden, **soweit sie nach den Verhältnissen des Wohnsitzstaates der unterhaltenen Person notwendig und angemessen sind**. Nach dem BMF-Schreiben vom 17.11.2003 (BStBl I S. 637), ergänzt durch das BMF-Schreiben vom 9.2.2005 (BStBl I S. 369), gelten ab dem Jahr 2004 folgende Beträge:

Höchstbetrag für Unterhaltsleistungen	Anrechnungsfreier Betrag	Land
		Ländergruppe 1
7 680 €	624 €	Andorra, Australien, Belgien, Brunei Darussalam, Dänemark, Finnland, Frankreich, Hongkong, Irland, Island, Israel, Italien, Japan, Kanada, Katar, Kuwait, Liechtenstein, Luxemburg, Monaco, Niederlande, Norwegen, Österreich, San Marino, Schweden, Schweiz, Singapur, Spanien, Vereinigte Arabische Emirate, Vereinigte Staaten, Vereinigtes Königreich
		Ländergruppe 2
5 760 €	468 €	Antigua und Barbuda, Bahamas, Bahrain, Barbados, Griechenland, Republik Korea, Malta, Neuseeland, Oman, Palau, Portugal, Slowenien, Taiwan, Zypern
		Ländergruppe 3
3 840 €	312 €	Argentinien, Belize, Botsuana, Brasilien, Chile, Cookinseln, Costa Rica, Dominica, Estland, Gabun, Grenada, Jamaika, Kroatien, Lettland, Libanon, Libysch-Arabische Dschamahirija, Litauen, Malaysia, Mauritius, Mexiko, Nauru, Niue, Panama, Polen, Saudi-Arabien, Seychellen, Slowakische Republik, St. Kitts und Nevis, St. Lucia, St. Vincent und die Grenadinen, Südafrika, Trinidad und Tobago, Tschechische Republik, Türkei, Ungarn, Uruguay, Venezuela, Weißrussland
		Ländergruppe 4
1 920 €	156 €	alle übrigen Länder

Im Inland lebende Steuerpflichtige, z.B. ausländische Staatsangehörige, können für Unterhaltsleistungen an einen gesetzlich unterhaltsberechtigten Angehörigen, der im **Ausland** lebt, einen Freibetrag nach § 33a Abs. 1 EStG regelmäßig nur erhalten, wenn sie dessen **Unterhaltsbedürftigkeit** durch Einzelangaben in **amtlichen** Bescheinigungen der Heimatbehörden **mit deutscher Übersetzung** nachweisen. Einzelheiten zur steuerlichen Behandlung von Unterhaltsaufwendungen an Angehörige im Ausland, insbesondere auch zu den **Anforderungen an den Nachweis** und die Glaubhaftmachung geleisteter Unterhaltszahlungen, sind im BMF-Schreiben vom 15.9.1997 (BStBl I S. 826) sowie im **BFH-Urteil vom 2.12.2004** (BStBl 2005 II S. 483) geregelt. Die sog. **Opfergrenze** bedeutet, dass Unterhaltsleistungen im Allgemeinen nur insoweit als außergewöhnliche Belastungen anerkannt werden, als sie in einem angemessenen Verhältnis zum Nettoeinkommen des Leistenden stehen und diesem nach Abzug der Unterhaltsleistungen noch die angemessenen Mittel zur Bestreitung des Lebensbedarfs für sich und ggf. für seine Ehefrau und seine Kinder verbleiben. Die Opfergrenze ist unabhängig davon zu beachten, ob die unterhaltene Person im Ausland oder im Inland lebt (H 190 EStH). Zur Berechnung der Opfergrenze vgl. auch BFH-Urteil vom 11.12.1997 (BStBl 1998 II S. 292). Ob Personen im Ausland gesetzlich unterhaltsberechtigt sind, ist allein nach inländischem Recht zu beurteilen (BFH-Urteil vom 4.7.2002, BStBl II S. 760).

Der abziehbare Unterhaltshöchstbetrag für Unterhaltsempfänger mit Wohnsitz im Ausland richtet sich auch dann nach den Verhältnissen des Wohnsitzstaates, wenn sich der Unterhaltsberechtigte **vorübergehend zu Besuchen im Inland** aufhält. Nicht nachgewiesene Aufwendungen anlässlich solcher Besuche können in Höhe des inländischen existenznotwendigen Bedarfs je Tag geschätzt werden (BFH-Urteil vom 5.6.2003, BStBl II S. 714).

Nach der Entscheidung des Großen Senats des BFH vom 28.11.1988 (BStBl 1989 II S. 164) sind Unterhaltsleistungen eines Steuerpflichtigen an seine von ihm **nicht dauernd getrennt lebende, nicht unbeschränkt einkommensteuerpflichtige** (d.h. im Ausland lebende) **Ehefrau** als außergewöhnliche Belastung nach § 33a Abs. 1 EStG abziehbar. Ist der Steuerpflichtige Staatsangehöriger eines Mitgliedstaats der EU/des EWR und wohnt die Ehefrau in einem EU/EWR-Mitgliedstaat, kann stattdessen unter den Voraussetzungen des § 1a EStG die Zusammenveranlagung mit Splittingtarif in Betracht kommen (vgl. Erläuterungen zu **Zeilen 53 bis 60** des Hauptvordrucks). Unterhaltsleistungen eines Steuerpflichtigen an seinen mit ihm in **eheähnlicher Gemeinschaft** lebenden Partner sind regelmäßig keine außergewöhnliche Belastung (BFH-Urteil vom 27.10.1989, BStBl 1990 II S. 294). **Ausnahmen** sind jedoch z.B. zugelassen worden, wenn dem in eheähnlicher Gemeinschaft lebenden Partner **wegen des Zusammenlebens Sozialhilfe oder Arbeitslosenhilfe verweigert** wird (BFH-Urteile vom 30.7.1993, BStBl 1994 II S. 442, und vom 21.9.1993, BStBl 1994 II S. 236). Gleiches gilt, wenn die Arbeitslosenhilfe des Partners einer eheähnlichen Gemeinschaft wegen des Zusammenlebens mit dem Steuerpflichtigen **gekürzt** wird (BFH-Urteil vom 4.8.1994, BStBl II S. 897). Der Gesetzgeber hat dieser Rechtsprechung dadurch Rechnung getragen, dass gesetzlich unterhaltsberechtigten Personen in § 33a Abs. 1 Satz 2 EStG eine Person **gleichgestellt** wird, wenn bei ihr zum Unterhalt bestimmte inländische öffentliche Mittel mit Rücksicht auf die Unterhaltsleistungen des Steuerpflichtigen gekürzt oder versagt worden sind (vgl. obigen Abschn. I).

Bei **nicht dauernd getrennt** lebenden **Ehegatten** werden die **Freibeträge** für außergewöhnliche Belastungen in besonderen Fällen nicht für jeden Ehegatten gesondert ermittelt, sofern die Ehegatten zusammen zur Einkommensteuer veranlagt werden oder die getrennte Veranlagung nach § 26a EStG wählen (im letzteren Fall vgl. **Zeilen 47 bis 49** des Hauptvordrucks). Deshalb wird auch der Freibetrag für eine **Hilfe im Haushalt** bei nicht dauernd getrennt lebenden Ehegatten nur einmal gewährt. Eine **Ausnahme** bildet jedoch der **Freibetrag** wegen **Behinderung** (vgl. Zeilen 95 bis 98).

Machen Ehegatten für das **Jahr der Eheschließung** von der besonderen Veranlagung nach § 26c EStG Gebrauch, so werden die außergewöhnlichen Belastungen getrennt voneinander ermittelt und angesetzt (vgl. Erläuterungen zu **Zeile 13** dieses Vordrucks).

Andere außergewöhnliche Belastungen

116–119
100–102

Hier sind die **außergewöhnlichen Belastungen allgemeiner Art** geltend zu machen, die nur insoweit berücksichtigt (d.h. bei der Ermittlung des Einkommens abgezogen) werden, als sie im Einzelfall die gesetzlich festgelegte **zumutbare Belastung** überschreiten (§ 33 EStG). Bei **nicht dauernd getrennt** lebenden **Ehegatten** werden die geltend gemachten Aufwendungen stets **zusammengerechnet**, wenn die Ehegatten zusammen zur Einkommensteuer veranlagt werden oder die getrennte Veranlagung nach § 26a EStG wählen (im letzteren Fall vgl. **Zeilen 47 bis 49**). Machen Ehegatten für das **Jahr der Eheschließung** von der **besonderen Veranlagung** nach § 26c EStG Gebrauch, so werden die außergewöhnlichen Belastungen getrennt voneinander ermittelt und angesetzt (vgl. Erläuterungen zu **Zeile 13** dieses Vordrucks).

Bei den außergewöhnlichen Belastungen allgemeiner Art ist die Höhe der **tatsächlichen Aufwendungen** jeweils gesondert anzugeben und nachzuweisen. Im Falle der Ansammlung von Beträgen für künftige Ausgaben kann eine außergewöhnliche Belastung erst im Zeitpunkt der späteren Verausgabung der angesammelten Beträge eintreten (BFH-Urteil vom 2. 12. 1954, BStBl 1955 III S. 43). Dagegen sind außergewöhnliche Belastungen bei Finanzierung durch Aufnahme eines in späteren Jahren zu tilgenden **Darlehens** bereits im Jahr der Verausgabung der Aufwendungen berücksichtigungsfähig (BFH-Urteil vom 10. 6. 1988, BStBl II S. 814).

Grundsätze

Die Bestimmung des § 33 EStG setzt dem **Grunde** nach voraus, dass der Steuerpflichtige durch ein **außergewöhnliches** Ereignis **belastet** sein muss, und das Ereignis sowie die Beseitigung seiner Folgen für den Steuerpflichtigen **zwangsläufig** sein müssen. Das Ereignis ist außergewöhnlich, wenn dadurch dem Steuerpflichtigen größere Aufwendungen als der **überwiegenden Mehrzahl** der Steuerpflichtigen gleicher Einkommens-, Vermögens- und Familienverhältnisse erwachsen. Zwangsläufig sind das Ereignis und die Beseitigung seiner Folgen dann, wenn sich ihnen der Steuerpflichtige aus **rechtlichen, tatsächlichen** oder **sittlichen** Gründen nicht entziehen kann. Vorgänge, die ausschließlich auf der **reinen Vermögensebene** liegen, können im Rahmen des § 33 EStG grundsätzlich **nicht** berücksichtigt werden (z.B. die Bezahlung von Schulden, die den Erben als solchen betreffen, oder Prozesskosten aus Anlass eines Erbstreits). Dagegen können Kosten zur **Beseitigung von Schäden** an einem Vermögensgegenstand (z.B. Wasserschaden im selbst bewohnten Einfamilienhaus) nach dem BFH-Urteil vom 6. 5. 1994 (BStBl 1995 II S. 104) eine außergewöhnliche Belastung i.S. von § 33 EStG darstellen. Voraussetzung dafür ist, dass der Vermögensgegenstand für den Steuerpflichtigen von existenziell wichtiger Bedeutung ist, keine Anhaltspunkte für ein Verschulden des Steuerpflichtigen erkennbar und realisierbare Ersatzansprüche gegen Dritte nicht gegeben sind. Außerdem darf das schädigende Ereignis nicht länger als drei Jahre zurückliegen (R 187 EStR). Eine Berücksichtigung scheidet nach diesem BFH-Urteil auch dann aus, wenn der Steuerpflichtige zumutbare Schutzmaßnahmen unterlassen oder eine allgemein zugängliche und übliche Versicherungsmöglichkeit nicht wahrgenommen hat. In gleicher Weise hat der BFH im Urteil vom 26. 6. 2003 (BStBl 2004 II S. 47) bezüglich der Ersatzbeschaffung von Hausrat und Kleidung entschieden, die auf Grund eines unabwendbaren Ereignisses (Blitzschlag) beschädigt oder zerstört wurden.

Der **Höhe** nach setzt die Bestimmung des § 33 EStG voraus, dass die Aufwendungen den Umständen nach **notwendig** sind und einen **angemessenen Betrag** nicht übersteigen. Außerdem müssen die zwangsläufigen Aufwendungen die dem Steuerpflichtigen nach § 33 Abs. 3 EStG **zumutbare Belastung** überschreiten. Liegen die Aufwendungen unter dieser Grenze, wird dem Steuerpflichtigen zugemutet, sie ohne Steuerermäßigung zu tragen.

Bemessungsgrundlage für die **Berechnung der zumutbaren Belastung** ist der Gesamtbetrag der Einkünfte. Die zumutbare Belastung beträgt:

Bei einem Gesamtbetrag der Einkünfte	bis 15 340 €	über 15 340 bis 51 130 €	über 51 130 €
1. bei Stpfl. ohne Kinder, bei denen die Einkommensteuer erhoben wird			
a) nach der Grundtabelle	5	6	7
b) nach der Splittingtabelle	4	5	6
2. bei Stpfl. mit			
a) einem Kind oder zwei Kindern	2	3	4
b) drei oder mehr Kindern	1	1	2
	vom Hundert des Gesamtbetrags der Einkünfte		

Als Kinder des Steuerpflichtigen zählen die, für die er einen (vollen oder halben) **Kinderfreibetrag** und Freibetrag für den Betreuungs- und Erziehungs- oder Ausbildungsbedarf **oder Kindergeld erhält**. Wegen Einzelheiten zur Kinderberücksichtigung vgl. die Ausführungen in Teil I, Anlage Kind, **Zeilen 1 bis 20**. Für den Fall der **Übertragung des halben Kinderfreibetrags** auf den anderen Elternteil wird auf die Erläuterungen zu Zeilen 30 bis 36 der Anlage Kind hingewiesen.

Wählen Ehegatten für das **Jahr der Eheschließung** die besondere Veranlagung nach § 26c EStG, so bemisst sich die zumutbare Belastung allein nach den Verhältnissen jedes einzelnen Ehegatten. Wegen der Ermittlung der außergewöhnlichen Belastung bei **getrennter Veranlagung** von Ehegatten nach § 26a EStG vgl. die Ausführungen zu **Zeilen 47 bis 49** des Hauptvordrucks.

Einzelfälle außergewöhnlicher Belastungen

(1) Als außergewöhnliche Belastungen allgemeiner Art kommen insbesondere Aufwendungen in Betracht, die durch **Krankheiten, Unfälle, Tod, Hochwasser-, Brand-** oder **Unwetterschäden** veranlasst sind.

Eine Belastung liegt nur insoweit vor, als der Steuerpflichtige die Ausgabe selbst zu tragen hat. Deshalb sind **Unterstützungen**, die er **von dritter Seite** erhält, von den berücksichtigungsfähigen Aufwendungen abzusetzen (z.B. steuerfreie Beihilfen des Arbeitgebers in Krankheitsfällen). Das Gleiche gilt für Versicherungsleistungen (z.B. Ersatzleistungen einer Krankenkasse für Arztkosten und Arzneimittel). **Erstattungen** sind auch anzurechnen, wenn sie **erst in einem späteren Kalenderjahr** erfolgen, der Steuerpflichtige aber bereits in dem Kalenderjahr, in dem die Ausgaben angefallen sind, mit der Erstattung rechnen konnte (BFH-Urteil vom 21. 8. 1974, BStBl 1975 II S. 14). Nicht anzurechnen sind bei Krankenhauskosten die so genannten Krankentagegelder, die von einer Versicherung gezahlt werden; dagegen sind die Leistungen aus einer Krankenhaustagegeldversicherung bis zur Höhe der durch

Teil I: Hauptvordruck
Zeilen 116–119

einen Krankenhausaufenthalt verursachten Kosten anzurechnen (BFH-Urteil vom 22. 10. 1971, BStBl 1972 II S. 177).

Zu den **Krankheitskosten** gehören nicht nur die üblichen Aufwendungen für ärztliche Behandlung (einschließlich der sog. Praxisgebühr), Medikamente, Bäder, Massagen, Bestrahlungen usw., sondern auch etwaige Kosten für Brillen, Hörgeräte, Schuheinlagen usw. Aufwendungen für **Arznei-, Heil- und Hilfsmittel, Stärkungsmittel oder ähnliche Präparate** können jedoch als außergewöhnliche Belastung in aller Regel nur anerkannt werden, wenn die medizinische Notwendigkeit durch ein ärztliches Rezept nachgewiesen ist (BFH-Urteil vom 6. 4. 1990, BStBl II S. 958). Dies gilt auch für nicht verschreibungspflichtige Medikamente. Der Verordnung durch einen Arzt steht das Rezept eines Heilpraktikers gleich. Bei einer andauernden Erkrankung mit anhaltendem Verbrauch bestimmter Medikamente reicht die einmalige Vorlage einer solchen Verordnung. Aufwendungen für **Diätverpflegung** können auch dann nicht als außergewöhnliche Belastung berücksichtigt werden, wenn eine ärztliche Bescheinigung über die Notwendigkeit der Diätverpflegung beigebracht wird (§ 33 Abs. 2 Satz 3 EStG) oder wenn die Diätverpflegung an die Stelle einer sonst erforderlichen medikamentösen Behandlung tritt (BFH-Urteil vom 27. 9. 1991, BStBl 1992 II S. 110). Kosten für eine **Frischzellenbehandlung** können nur berücksichtigt werden, wenn diese Behandlung zur Heilung oder Linderung einer **Krankheit** vorgenommen wird, die durch ein grundsätzlich vor Beginn der Behandlung erstelltes **amtsärztliches** Attest nachgewiesen wird und der Amtsarzt außerdem bestätigt, dass diese Behandlung bei der vorliegenden Erkrankung angebracht sein kann (BFH-Urteil vom 17. 7. 1981, BStBl II S. 711). Aufwendungen für medizinische Fachliteratur sind auch dann keine außergewöhnliche Belastung, wenn die Literatur der Entscheidung für eine bestimmte Therapie dient (BFH-Urteil vom 24. 10. 1995, BStBl 1996 II S. 88). Kosten für eine Ayur-Veda-Behandlung können nur dann als außergewöhnliche Belastung berücksichtigt werden, wenn die medizinische Notwendigkeit dieser Behandlung durch ein vor ihrem Beginn erstelltes amtsärztliches Attest nachgewiesen ist (BFH-Urteil vom 1. 2. 2001, BStBl II S. 543). Nicht ersetzte Krankheitskosten, die im Zusammenhang mit einer **Berufskrankheit** stehen, sind als Werbungskosten (vgl. Teil I, Anlage N, Zeilen 57 bis 62) abzugsfähig.

Kosten der **Unterbringung in einem Krankenhaus** werden regelmäßig **ohne** Kürzung um eine Haushaltsersparnis als außergewöhnliche Belastung anerkannt (H 186–189 EStH). Nach dem BMF-Schreiben vom 24. 4. 1997 (BStBl I S. 561) ist das BFH-Urteil vom 22. 10. 1996 (BStBl 1997 II S. 346), in dem angemessene und substantiiert nachgewiesene **Trinkgelder an Krankenhauspersonal, Masseure usw.** im Zusammenhang mit einer Behandlung als berücksichtigungsfähige Krankheitskosten angesehen wurden, nicht über den Einzelfall hinaus anzuwenden. Derartige Trinkgelder werden daher nicht als außergewöhnliche Belastung anerkannt (H 186–189 EStH). Mit Urteil vom 30. 10. 2003 (BStBl 2004 II S. 270) hat der BFH seine frühere Auffassung aufgegeben und entschieden, dass Trinkgelder im Zusammenhang mit einer ärztlichen Behandlung in keinem Fall eine außergewöhnliche Belastung darstellen. Das o.a. BMF-Schreiben vom 24. 4. 1997 ist damit gegenstandslos (BStBl 2004 I S. 527).

Aufwendungen für die Behandlung eines an **Legasthenie** leidenden Kindes können nur dann als außergewöhnliche Belastung berücksichtigt werden, wenn vor Beginn der betreffenden Maßnahme durch ein **amtsärztliches** Attest bescheinigt wird, dass die Lese- und Rechtschreibschwäche Krankheitswert hat. Nach dem BFH-Urteil vom 7. 6. 2000 (BStBl 2001 II S. 94) reichen Bescheinigungen eines Schulaufsichtsamtes oder eines einschlägig tätigen Universitätsprofessors nicht aus.

Aufwendungen eines Steuerpflichtigen, die **ihm** infolge **Pflegebedürftigkeit** erwachsen, sind als außergewöhnliche Belastung nach § 33 EStG berücksichtigungsfähig. Hierzu gehören sowohl die Kosten für eine **ambulante Pflegekraft** als auch die Kosten für die **Unterbringung in der Pflegestation** eines Altenheims, in einem Altenpflegeheim oder Pflegeheim. Die Pflegebedürftigkeit kann durch Einstufung in die Pflegestufe I, II oder III im Sinne des Pflegeversicherungsgesetzes oder durch einen Schwerbehindertenausweis mit dem Merkzeichen „H" nachgewiesen werden. Die Kosten bei Heimunterbringung können bei pflegebedürftigen Personen, die ihren **Haushalt aufgelöst** haben, nur insoweit als außergewöhnliche Belastung anerkannt werden, als sie die **Haushaltsersparnis** übersteigen. Abzugsfähig sind damit nur die Aufwendungen, die über die üblichen Aufwendungen für die Unterhaltung eines Haushalts hinausgehen. Die durch den Wegfall des privaten Haushalts sich ergebende Ersparnis ist mit 21,33 € pro Tag, 640 € pro Monat bzw. 7 680 € für das Kalenderjahr anzusetzen. Nimmt der Steuerpflichtige für seine pflegebedingten Aufwendungen die Berücksichtigung im Rahmen des **§ 33 EStG** (d.h. unter Anrechnung der zumutbaren Belastung) in Anspruch, so werden die gesamten Kosten außerdem um den auf hauswirtschaftliche Dienstleistungen entfallenden Anteil gekürzt, der aus Vereinfachungsgründen in Höhe des zustehenden Abzugsbetrags nach § 33a Abs. 3 EStG für Beschäftigung einer Hilfe im Haushalt oder für Heim- oder Pflegeunterbringung (vgl. **Zeilen 99 bis 103**) angesetzt wird. Bei Pflegeunterbringung in einem Heim erfolgt danach z.B. ein Abzug von 924 € für das Kalenderjahr. Eine Berücksichtigung von pflegebedingten Aufwendungen nach § 33 EStG scheidet jedoch aus, wenn der Steuerpflichtige den erhöhten Behinderten-Pauschbetrag von 3 700 € nach § 33b EStG in Anspruch nimmt (vgl. Erläuterungen zu **Zeilen 95 bis 98).** Gleichwohl kann aber in beiden Fällen der Abzugsbetrag wegen Heimunterbringung entsprechend **Zeilen 101 bis 103** berücksichtigt werden (vgl. auch R 188 EStR).

Entstehen einem Steuerpflichtigen Aufwendungen für typischen **Unterhalt** und **zugleich** für außergewöhnlichen Bedarf (z.B. wegen **Krankheit** oder **Pflegebedürftigkeit**) eines nahen **Angehörigen**, so sind diese Aufwendungen für die Anwendung der Freibetragsregelung des § 33 a Abs. 1 EStG (vgl. Ausführungen zu **Zeilen 106 bis 115**) und die Berücksichtigung als außergewöhnliche Belastung allgemeiner Art nach § 33 EStG voneinander **abzugrenzen**. Nach dem BMF-Schreiben vom 2. 12. 2002 (BStBl I S. 1389) ist die Übernahme der Kosten einer krankheitsbedingten **Heimunterbringung** für einen nahen **Angehörigen** nur dann zwangsläufig i.S. des § 33 EStG, wenn die untergebrachte Person kein oder nur ein geringes Vermögen besitzt und soweit ihre eigenen Einkünfte und Bezüge zur Deckung dieser Kosten nicht ausreichen. Bei der Beurteilung, ob sie nicht ausreichen, ist ein angemessener Betrag für zusätzlichen persönlichen Bedarf zu berücksichtigen. Als angemessen kann in Anlehnung an § 21 Abs. 3 BSHG regelmäßig der für den zusätzlichen persönlichen Bedarf erklärte Betrag anerkannt werden, wenn er 1 550 € jährlich nicht übersteigt. Die Einzelheiten des BMF-Schreibens vom 2. 12. 2002 mit 2 Zahlenbeispielen sind in den vorstehenden Erläuterungen zu **Zeilen 106 bis 115** dargestellt.

Kosten, die einem Steuerpflichtigen durch den Besuch einer Gruppe der **„Anonymen Alkoholiker"** entstehen, werden als außergewöhnliche Belastung berücksichtigt, wenn die Teilnahme an den **Gruppentreffen** als therapeutische Maßnahme zur **Heilung von Trunksucht** medizinisch indiziert ist. Der Nachweis dieser Voraussetzungen ist durch ein vor Beginn der Therapie ausgestelltes **amtsärztliches** Zeugnis zu erbringen, das auch die voraussichtliche Dauer der empfohlenen Teilnahme an der Gruppentherapie enthält (BFH-Urteil vom 13. 2. 1987, BStBl II S. 427). Aufwendungen für die **Adoption eines Kindes** sind auch dann keine nach § 33 EStG abziehbaren Krankheitskosten, wenn die nicht behebbare Unfruchtbarkeit eines Ehepartners zu schwerwiegenden Konflikten in der Ehe bis hin zu seelischen Erkrankungen geführt hat (BFH-Urteil vom 20. 3. 1987, BStBl II S. 596). Dagegen können Aufwendungen für eine **künstliche Befruchtung,** die einem Ehepaar zu einem gemeinsamen Kind verhelfen soll, das wegen Empfängnisunfähigkeit der Ehefrau sonst von ihrem Ehemann nicht gezeugt werden könnte (homologe künstliche Befruchtung), nach dem BFH-Urteil vom 18. 6. 1997 (BStBl II S. 805) außergewöhnliche Belastungen sein. Gleichzeitig hat der BFH in diesem Urteil ausgeführt, der Steuerpflichtige müsse vor einer steuerlichen Geltendmachung von Krankheitskosten als außergewöhnliche Belastung anderweitige Ersatzmöglichkeiten ausschöpfen; er müsse sich ggf. nachprüfbare Unterlagen über die ablehnende Haltung seiner Krankenkasse besorgen. Gegen einen Ablehnungsbescheid der Krankenkasse Widerspruch einzulegen, sei dem Steuerpflichtigen jedenfalls dann zumutbar, wenn der Bescheid keine Begründung enthält. In Abgrenzung zum o.a. BFH-Urteil vom 18.6.1997 hat der

BFH mit Urteil vom 18.5.1999 (BStBl II S. 761) eine Berücksichtigung als außergewöhnliche Belastung abgelehnt, wenn sich eine Frau, die mit einem zeugungsunfähigen Mann verheiratet ist, mit dem Samen eines Dritten künstlich befruchten lässt (heterologe künstliche Befruchtung). Aufwendungen für eine künstliche Befruchtung nach vorangegangener freiwilliger Sterilisation sind nach dem BFH-Urteil vom 3.3.2005 (BStBl II S. 566) nicht als außergewöhnliche Belastung zu berücksichtigen.

Wegen der Berücksichtigung von **Kfz-Kosten** für Privatfahrten bei bestimmten Körperbehinderten vgl. **Zeilen 95 bis 98, II.** Aufwendungen für **Mittagsheimfahrten** von der Arbeitsstätte stellen keine außergewöhnliche Belastung dar, auch wenn die Fahrten wegen des Gesundheitszustandes oder einer Behinderung des Steuerpflichtigen angebracht oder erforderlich sind (BFH-Urteil vom 4.7.1975, BStBl II S. 738). Dagegen können **Besuchsfahrten** zu dem für längere Zeit **in einem Krankenhaus liegenden Ehegatten** ausnahmsweise eine außergewöhnliche Belastung sein, wenn nach dem Attest des behandelnden Krankenhausarztes gerade der Besuch durch den Ehegatten zur Heilung oder Linderung einer bestimmten Krankheit entscheidend beitragen kann (BFH-Urteil vom 2.3.1984, BStBl II S. 484). Besuchsfahrten zu einem **im Krankenhaus befindlichen minderjährigen Kind** des Steuerpflichtigen werden als außergewöhnliche Belastung berücksichtigt, wenn der Aufenthalt der Eltern am Krankenbett des Kindes für dessen Gesundung aus ärztlicher Sicht nicht nur erwünscht, sondern therapeutisch unentbehrlich ist. Dass diese Voraussetzung vorliegt, ist durch eine Bescheinigung des behandelnden Arztes nachzuweisen. Bei Besuchsfahrten der Eltern zu einem Kleinkind bis zu einem Jahr, das über längere Zeit in einem Krankenhaus stationär behandelt wird, kann auch ohne besonderen ärztlichen Nachweis von der Zwangsläufigkeit der Kosten ausgegangen werden.

Aufwendungen eines Steuerpflichtigen für Fahrten zur **krankheitsbedingten Betreuung** seiner pflegebedürftigen **Mutter** sind insoweit außergewöhnlich, als sie die Aufwendungen für Besuchsfahrten überschreiten, die der Steuerpflichtige auch ohne die Erkrankung seiner Mutter üblicherweise ausgeführt hätte. Der Ermittlung der Fahrtkosten mit dem eigenen Kraftfahrzeug ist die kürzeste benutzbare Straßenverbindung zugrunde zu legen. Benutzbar in diesem Sinne ist eine Fahrtstrecke, deren Befahren unter Berücksichtigung der allgemeinen Verkehrsverhältnisse im Rahmen des Zumutbaren liegt (BFH-Urteil vom 6.4.1990, BStBl II S. 958). Im Urteil vom 22.10.1996 (BStBl 1997 II S. 558) hat der BFH klargestellt, dass Aufwendungen für Fahrten, um einen kranken Angehörigen, der im eigenen Haushalt lebt, zu betreuen und zu versorgen, außergewöhnliche Belastungen sein können, auch wenn der Betreute nicht hilflos ist. Aufwendungen, die durch die persönliche Pflege eines nahen Angehörigen entstehen, seien jedoch nur dann außergewöhnliche Belastungen, wenn die Übernahme der Pflege unter Berücksichtigung der näheren Umstände des Einzelfalls aus rechtlichen oder sittlichen Gründen i.S. des § 33 Abs. 2 EStG zwangsläufig ist. Das Bestehen eines nahen Verwandtschaftsverhältnisses reiche allein nicht aus. Bei der erforderlichen Gesamtbewertung der Umstände sind nach dem Urteil vom 22.10.1996 u.a. der Umfang der erforderlichen Pflegeleistungen und die Höhe der für den Steuerpflichtigen entstehenden Aufwendungen zu berücksichtigen.

Vergütungen für einen ausschließlich zur **Vermögenssorge** bestellten **Betreuer** sind keine außergewöhnliche Belastung, sondern ggf. Betriebsausgaben oder Werbungskosten bei den mit dem verwalteten Vermögen erzielten Einkünften (vgl. BFH-Urteil vom 14.9.1999, BStBl 2000 II S. 69).

Wird ein fünfjähriges Kind von einer Begleitperson zum Zwecke einer amtsärztlich bestätigten Heilbehandlung im Rahmen eines vier- bis fünfstündigen Aufenthalts zu einer besonderen Behandlungseinrichtung gefahren und von dort wieder abgeholt, so sind auch die Aufwendungen für die **Zwischenheimfahrten der Begleitperson** als außergewöhnliche Belastung anzuerkennen, wenn es der Begleitperson unzumutbar ist, die Behandlung abzuwarten (BFH-Urteil vom 3.12.1998, BStBl 1999 II S. 227). Der BFH hat in diesem Urteil bestätigt, dass die als außergewöhnliche Belastung zu berücksichtigenden Fahrtkosten bei Benutzung eines Pkw nur in Höhe der Kosten für die Benutzung eines **öffentlichen** Verkehrsmittels abzugsfähig sind, es sei denn, es bestand keine zumutbare öffentliche Verkehrsverbindung.

Aufwendungen für die Anschaffung eines **Pkw**, den ein Steuerpflichtiger seinem Sohn schenkt, sind auch dann nicht als außergewöhnliche Belastung abziehbar, wenn der **Sohn als Körperbehinderter** (Querschnittslähmung) **auf die Nutzung** eines Fahrzeugs **angewiesen** ist (BFH-Urteil vom 27.2.1987, BStBl II S. 432). Nach Auffassung des BFH besteht eine über den gesetzlichen Unterhaltsanspruch hinausgehende sittliche Verpflichtung zur Leistung solcher Zuwendungen im Allgemeinen nicht. Dagegen sind **Führerscheinkosten** für ein **schwer steh- und gehbehindertes Kind** neben dem Behinderten-Pauschbetrag (vgl. **Teil I, Hauptvordruck, Zeilen 95 bis 98**) als außergewöhnliche Belastung im Rahmen des § 33 EStG abziehbar (BFH-Urteil vom 26.3.1993, BStBl II S. 749).

Mehraufwendungen wegen der **behindertengerechten Gestaltung** eines für den eigenen Wohnbedarf errichteten **Hauses** sind nur dann außergewöhnliche Belastungen, wenn sich solche Aufwendungen ausnahmsweise anhand eindeutiger und objektiver, von ungewissen zukünftigen Ereignissen unabhängiger Kriterien von den Aufwendungen unterscheiden lassen, durch die der Steuerpflichtige seinen Wohnbedürfnissen Rechnung trägt, und wenn ausgeschlossen ist, dass die durch diese Aufwendungen geschaffenen Einrichtungen jemals wertbildende Faktoren für das Haus darstellen können; wenn also eindeutig „verlorener Aufwand" vorliegt. Die Ausstattung eines Einfamilienhauses mit einem **Fahrstuhl** und eine behindertengerechte Bauausführung (wie der Einbau breiter Türen, eines großen Bades etc.) führen daher grundsätzlich nicht zu außergewöhnlichen Belastungen (BFH-Urteile vom 10.10.1996, BStBl 1997 II S. 491, und vom 6.2.1997, BStBl II S. 607). Dagegen können Aufwendungen für medizinische Hilfsmittel im engeren Sinn, z.B. für einen **Treppenschräglift**, außergewöhnliche Belastungen darstellen (H 186–189 EStH).

Nicht erstattete Kosten für die behinderungsbedingte Unterbringung eines jüngeren Menschen in einer **betreuten Wohngemeinschaft** können außergewöhnliche Belastungen sein. Werden die Unterbringungskosten als Eingliederungshilfe teilweise vom Sozialhilfeträger übernommen, braucht die Notwendigkeit der Unterbringung nicht anhand eines amtsärztlichen Attestes nachgewiesen zu werden (BFH-Urteil vom 23.5.2002, BStBl II S. 567).

Für die steuerliche Anerkennung der **Aufwendungen von Eltern erwachsener Behinderter** in vollstationärer Heimunterbringung als außergewöhnliche Belastung gilt nach dem **BMF-Schreiben vom 14.4.2003** (BStBl I S. 360) Folgendes:

a) **Eltern** erwachsener Behinderter in voll stationärer Heimunterbringung haben grundsätzlich Anspruch auf Kindergeld oder Freibeträge für Kinder, wenn der Behinderte außerstande ist, sich selbst zu unterhalten (Teil I, Anlage Kind, Zeilen 1 bis 20, Abschn. IV Nr. 4). Dabei ist davon auszugehen, dass die für die Unterbringung im Heim gewährte Eingliederungshilfe den notwendigen Lebensbedarf des behinderten Kindes nicht abdeckt. Damit kann entweder der Behinderten-Pauschbetrag auf die Eltern übertragen werden, wenn das Kind ihn nicht in Anspruch nimmt (Teil I, Anlage Kind, Zeilen 56 bis 58) **oder** die Eltern können ihre tatsächlichen Aufwendungen mit Ausnahme derjenigen, die durch das Kindergeld oder die Freibeträge für Kinder abgegolten sind, als außergewöhnliche Belastung im Rahmen des § 33 EStG (d.h. unter Berücksichtigung der zumutbaren Belastung) geltend machen.

b) Für einen **Abzug nach § 33 EStG** (Zeilen 116 bis 119) kommen folgende von den **Eltern** getragene Aufwendungen im Rahmen des Notwendigen und Angemessenen in Betracht:

- Aufwendungen für **Fahrten** (Hin- und Rückfahrt), um das behinderte Kind anlässlich von Besuchen in der Betreuungseinrichtung oder daheim **zu betreuen** bzw. **zu pflegen**; dabei darf es sich nicht um Besuche handeln, die lediglich der allgemeinen Pflege verwandtschaftlicher Beziehungen dienen (BFH-Urteil vom 22.10.1996, BStBl 1997 II S. 558);

- Aufwendungen für **Besuchsfahrten**, bei denen durch **Attest** des behandelnden Arztes bestätigt wird, dass gerade der Besuch der Eltern zur Linderung oder Heilung von

Teil I: Hauptvordruck
Zeilen 116–119

bestimmten Erkrankungen des behinderten Kindes entscheidend beitragen kann; dies gilt unter den gleichen Voraussetzungen auch für Besuche des behinderten Kindes bei seinen Eltern;

- Unterbringungskosten am Ort der Betreuungseinrichtung anlässlich von anzuerkennenden Besuchen der Eltern; R 40 Abs. 1 Satz 4 LStR ist entsprechend anzuwenden;
- Aufwendungen für besondere **Pflegevorrichtungen** (z.B. Hebelift, Spezialbett) sowie für externe Pflegedienste in der Wohnung der Eltern, um Besuche des behinderten Kindes zu ermöglichen oder zu erleichtern.

Ein eventueller Ersatz von dritter Seite mindert die zu berücksichtigenden Aufwendungen. Als **Fahrtkosten** sind grundsätzlich die Kosten der öffentlichen Verkehrsmittel anzuerkennen. Eigene Kfz-Kosten können nur ausnahmsweise angesetzt werden, wenn die besonderen persönlichen Verhältnisse dies erfordern. Dabei dürfen die Fahrtkosten einen Betrag von 0,30 € je gefahrenen Kilometer nicht überschreiten.

Demgegenüber können die folgenden Aufwendungen **nicht** im Rahmen des § 33 EStG anerkannt werden:

- Aufwendungen im Rahmen von Besuchen, die überwiegend der Pflege der verwandtschaftlichen Beziehungen dienen,
- Verpflegungsmehraufwendungen sowohl der Eltern anlässlich von Besuchen in der Betreuungseinrichtung als auch des behinderten Kindes anlässlich von Besuchen bei seinen Eltern,
- Aufwendungen bzw. Zuschüsse für Kleidung des behinderten Kindes,
- Aufwendungen für das Vorhalten eines Zimmers für Besuche des behinderten Kindes bei seinen Eltern,
- Aufwendungen für einen gemeinsamen Urlaub, für Ausflüge oder für Freizeitgestaltung allgemein. Ist nachgewiesen, dass das Kind behinderungsbedingt auf ständige Begleitung angewiesen ist, können die Kosten für Fahrten, Unterbringung und Verpflegung der Begleitperson in angemessener Höhe neben dem Behinderten-Pauschbetrag als außergewöhnliche Belastung nach § 33 EStG berücksichtigt werden,
- Aufwendungen für Geschenke und Mitbringsel,
- Aufwendungen der Eltern für Versicherungen des behinderten Kindes (z.B. Kranken-, Unfall-, Haftpflichtversicherung),
- Telefonkosten.

Nach dem o.a. BMF-Schreiben sind die Aufwendungen nachzuweisen oder glaubhaft zu machen. Für den Nachweis der Pflege oder Betreuung anlässlich der Besuche des behinderten Kindes bei seinen Eltern reicht es aus, wenn die Einrichtung, in der das behinderte Kind untergebracht ist, bzw. der behandelnde Arzt **bestätigt,** dass das behinderte Kind der dauernden Pflege, Betreuung oder Beaufsichtigung bedarf. Das Gleiche gilt bei Besuchen der Eltern in der Einrichtung. Bei Aufwendungen für medizinische Hilfsmittel, die als allgemeine Gebrauchsgegenstände des täglichen Lebens anzusehen sind (z.B. bei Spezialbetten), ist der Nachweis der Notwendigkeit und Angemessenheit grundsätzlich durch ein **amtsärztliches Attest** zu führen, das **vor** dem Kauf der Hilfsmittel erstellt worden ist.

c) **Anstelle** der Steuerermäßigung nach § 33 EStG können die Steuerpflichtigen zusätzlich zu dem übertragenen Behinderten-Pauschbetrag (Buchst. a) auch den **Pflege-Pauschbetrag** gem. § 33b Abs. 6 EStG unter den dort genannten Voraussetzungen in Anspruch nehmen (vgl. Erläuterungen zu Zeilen 104 bis 105). Dem steht nicht entgegen, dass die gepflegte Person ganzjährig in einem Heim untergebracht ist und nur an den Wochenenden in der Wohnung des Steuerpflichtigen betreut wird.

(2) **Zuwendungen der Eltern an die Kinder** mit Rücksicht auf ihre Verheiratung oder zur Erlangung einer selbständigen Lebensstellung fallen unter den bürgerlich-rechtlichen Begriff der Ausstattung. Für die **Gewährung einer Ausstattung (Aussteuer)** besteht für die Eltern keine rechtliche, sondern allenfalls eine sittliche Verpflichtung, sofern ein **besonders gelagerter Ausnahmefall** gegeben ist. Schon in der Vergangenheit konnten Aussteueraufwendungen nur äußerst selten als zwangsläufig anerkannt und damit als außergewöhnliche Belastung berücksichtigt werden, wenn besondere Umstände dies im Einzelfall rechtfertigten. Das wurde z.B. angenommen, wenn die Eltern dem Kind keine Berufsausbildung gewährten, das Kind selbst kein wesentliches Vermögen besaß und auch aus seinem Einkommen keine ausreichenden Ersparnisse machen konnte. Ob die Berufsausbildung des Kindes nach den Verhältnissen von Eltern oder Kind angemessen ist, war für die Frage der Zwangsläufigkeit nicht zu prüfen. Hatte das Kind eine Berufsausbildung erhalten, war die Zwangsläufigkeit einer Aussteuer regelmäßig zu **verneinen** (BFH-Urteil vom 18. 8. 1967, BStBl III S. 758). Das gleiche galt, wenn die Berufsausbildung im Zeitpunkt der Eheschließung noch nicht abgeschlossen war, aber fortgesetzt wurde (BFH-Urteil vom 17. 5. 1974, BStBl II S. 519) oder wenn die Tochter eine Handelsschule besuchte, diese aber wegen ungenügender Leistungen kurz vor dem Abschluss verlassen hat (BFH-Urteil vom 31. 1. 1975, BStBl II S. 440).

Im Urteil vom 3. 6. 1987 (BStBl II S. 779) hat der BFH entschieden, dass Aussteueraufwendungen grundsätzlich **auch dann keine außergewöhnliche Belastung** sind, wenn die Eltern ihrer Verpflichtung, der Tochter eine Berufsausbildung zuteil werden zu lassen, **nicht** nachgekommen sind. Der BFH verneinte in diesem Urteil eine sittliche Verpflichtung der Eltern zur Aussteuergewährung, obwohl die Tochter bis zu ihrer Eheschließung lediglich den Realschulabschluss erreicht hatte. In den Urteilsgründen hat der BFH zwar bemerkt, dass es denkbar sei, „in besonderen Ausnahmefällen" Aufwendungen für die Aussteuer von Töchtern auch künftig als außergewöhnliche Belastung anzusehen. Wann ein solcher besonders gelagerter Sachverhalt vorliegen könnte, ist aus dem BFH-Urteil aber nicht ersichtlich.

Schon vor dem BFH-Urteil vom 3. 6. 1987 galt: Unter den herkömmlichen **Begriff der Aussteuer** fielen insbesondere Hausrat, Wäsche und Kleidung, **nicht** dagegen Mietvorauszahlungen, Baukostenzuschüsse und die Aufwendungen für die **Hochzeitsfeier.** Die Aussteueraufwendungen mussten notwendig und angemessen sein und **in zeitlichem Zusammenhang** mit der Eheschließung stehen (zwischen Verlobung und Eheschließung oder innerhalb von zwei Jahren nach der Eheschließung). Grundsätzlich gehörte die Ausstattung (Aussteuer) eines Kindes durch die Eltern in den Bereich des **Vermögens.** Hatte z.B. der Steuerpflichtige ein ins Gewicht fallendes Vermögen, so lag bereits aus diesem Grunde eine außergewöhnliche Belastung nicht vor.

Jungvermählte Eheleute, die ihre Möbel und Einrichtungsgegenstände aus ihrem eigenen Einkommen anschaffen, können die Aufwendungen hierfür ebenfalls nicht als außergewöhnliche Belastung berücksichtigen.

(3) **Bestattungskosten** und mit diesen zusammenhängende Aufwendungen gehören zu den Nachlassverbindlichkeiten. Sie stellen wegen des Zusammenhangs mit dem durch Erbgang erworbenen Vermögen beim Erben grundsätzlich keine außergewöhnliche Belastung dar, soweit sie den Wert des Nachlasses und etwaige Versicherungsleistungen (z.B. aus einer Sterbegeld- oder Lebensversicherung) nicht übersteigen. Das gilt auch für einen Steuerpflichtigen, der seinen **Ehegatten** beerbt.

Aufwendungen für **die Bewirtung von Trauergästen** rechtfertigen keine außergewöhnliche Belastung (BFH-Urteil vom 17. 9. 1987, BStBl 1988 II S. 130). Die Kosten der **Trauerkleidung** sind ebenfalls **keine** außergewöhnliche Belastung. Dagegen handelt es sich bei den Kosten der Bestattung (Sarg, Blumen, Kränze, Todesanzeigen usw.) einschließlich der Kosten für die **Grabstätte** (beim Tod des Ehegatten auch für den Erwerb eines Doppelgrabs) und für ein angemessenes Grabmal um außergewöhnliche Belastungen, soweit den Beerdigungskosten kein Nachlass und keine Ersatzleistung gegenübersteht. Aufwendungen für die **Grabpflege und Grabinstandhaltung** sind aber nicht abzugsfähig.

Leistungen aus einer **Sterbegeldversicherung** sind auf die als außergewöhnliche Belastung anzuerkennenden Bestattungskosten **insoweit** anzurechnen, als sie anteilig auf die eigentlichen Bestattungskosten entfallen (BFH-Urteil vom 19. 10. 1990, BStBl 1991 II S. 140). Soweit die Versicherungsleistungen der Begleichung von nach § 33 EStG nicht berücksichtigungsfähigen Bestattungskosten (im weiteren Sinn) dienen (z.B. Traueressen, Trauerkleidung, aufwendiges Grabmal), greift die Vorteilsanrechnung nach diesem Urteil nicht ein. Nach dem BFH-Urteil vom 22. 2. 1996 (BStBl II S. 413) sind auch Leistungen aus einer Kapitallebensversicherung, die dem Steuerpflichtigen anlässlich des Todes eines nahen Angehörigen außerhalb des Nachlasses zufließen, auf die Bestattungskosten anzurechnen (vgl. auch H 186–189 EStH).

Kosten für die Teilnahme an der **Bestattung eines auswärtigen nahen Angehörigen** (Kinder, Eltern, Großeltern, Geschwister) wurden früher im Allgemeinen als außergewöhnliche Belastung anerkannt. Hingegen hatte der BFH bereits im Urteil vom 11. 5. 1979 (BStBl II S. 558) entschieden, dass Aufwendungen für eine Flugreise in die USA zur Vorbereitung der Einäscherung des dort verstorbenen Bruders und Überführung der Urne **keine** außergewöhnliche Belastung sind, weil bei einer so weiten Entfernung das Fernbleiben vom Begräbnis verständlich und entschuldbar sei. Im Urteil vom 17. 6. 1994 (BStBl II S. 754) ist der BFH zu der Auffassung gelangt, dass Reisekosten für die Teilnahme an der Beerdigung naher Angehöriger **grundsätzlich nicht** als außergewöhnliche Belastung anzuerkennen sind. Kosten eines auswärtigen Gräberbesuchs und für den Besuch von Kriegsgräbern im In- und Ausland werden schon seit langem nicht als außergewöhnliche Belastung anerkannt.

(4) Durch **Darlehen** finanzierte außergewöhnliche Belastungen sind nach dem BFH-Urteil vom 10. 6. 1988 (BStBl II S. 814) bereits im Jahr der Verausgabung der Aufwendungen abziehbar (nicht erst im Jahr der Darlehenstilgung). **Schuldzinsen** können nur insoweit als außergewöhnliche Belastung berücksichtigt werden, als die Schuldaufnahme durch Aufwendungen veranlasst wurde, die ihrerseits eine Steuerermäßigung nach § 33 EStG begründeten (BFH-Urteil vom 6. 4. 1990, BStBl II S. 958).

Aufwendungen für die **Asbestsanierung** der Außenfassade eines eigengenutzten Wohnhauses können als außergewöhnliche Belastung zu berücksichtigen sein, wenn durch ein vor Durchführung der Maßnahme erstelltes **amtliches Gutachten** nachgewiesen ist, dass eine Sanierung zur Beseitigung einer von der Fassade ausgehenden konkreten Gesundheitsgefährdung infolge der Freisetzung von Asbestfasern in das Innere des Hauses unverzüglich erforderlich ist (BFH-Urteil vom 9.8. 2001, BStBl 2002 II S. 240). Bei nachgewiesener konkreter **Gesundheitsgefährdung** aufgrund einer **Formaldehydemission** können Aufwendungen für den Austausch von schadstoffbelasteten Möbeln als außergewöhnliche Belastung zu berücksichtigen sein (BFH-Urteil vom 23.5. 2002, BStBl II S. 592). Ergibt sich aus dem Gutachten die Zwangsläufigkeit von Aufwendungen nach § 33 Abs. 2 EStG, sind auch die Aufwendungen für das Gutachten berücksichtigungsfähig (H 186–189 EStH).

(5) Aufwendungen für **Kuraufenthalte** können – nach Anrechnung von Leistungen Dritter – als außergewöhnliche Belastung anerkannt werden, wenn die Notwendigkeit des Kuraufenthaltes durch ein **vor Kurantritt** ausgestelltes **amtsärztliches** Attest nachgewiesen wird (vgl. R 189 Abs. 1 EStR und BFH-Urteil vom 11. 12. 1987, BStBl 1988 II S. 275). Dem amtsärztlichen Attest steht gleich, wenn bei Pflichtversicherten die Versicherungsanstalt oder bei öffentlich Bediensteten die Behörde die Notwendigkeit der Kur im Rahmen der Bewilligung von Zuschüssen oder Beihilfen geprüft und anerkannt hat. Die Notwendigkeit der Kur kann jedoch nur unterstellt werden, wenn Versicherungszuschüsse auch zu den Aufwendungen für Unterkunft und Verpflegung (Kurkosten) und nicht nur für Arzt-, Arznei- und Kurmittelkosten gegeben werden (BFH-Urteil vom 30. 6. 1995, BStBl II S. 614).

Der Steuerpflichtige muss sich am Kurort grundsätzlich in ärztliche Behandlung begeben. Hat der Steuerpflichtige die Kur anstelle einer nach seinen Einkommensverhältnissen sonst üblichen Erholungsreise gemacht, können nur die die übliche Erholungsreise übersteigenden Kosten und die Aufwendungen für Arzt und Kurmittel berücksichtigt werden (BFH-Urteile vom 26. 7. 1957, BStBl III S. 347, und vom 14. 2. 1980, BStBl II S. 295).

Dient eine Badereise dazu, eine Krankheit allein durch den Klimawechsel zu beheben (sog. **Klimakur**), so sind die Kosten hierfür grundsätzlich auch dann keine außergewöhnliche Belastung, wenn die Klimakur vom Amtsarzt als erforderlich bezeichnet worden ist (BFH-Urteil vom 10. 3. 1972, BStBl II S. 534). Eine Klimakur kann aber unter besonderen Umständen zwangsläufig sein, selbst wenn ihre Durchführung nicht unter ärztlicher Kontrolle steht (BFH-Urteil vom 12. 6. 1991, BStBl II S. 763). Solche **besonderen** Umstände, die eine Berücksichtigung der entsprechenden Aufwendungen als außergewöhnliche Belastung rechtfertigen, können vorliegen, wenn zur Behebung oder Linderung eines beispielsweise an **Neurodermitis** (Hautkrankheit mit stark juckendem, nässendem Hautausschlag) oder an **Psoriasis** (Schuppenflechte) erkrankten Steuerpflichtigen eine Klimakur **wegen der Schwere des Leidens medizinisch notwendig** ist. In der vor der Kurmaßnahme erteilten **amtsärztlichen** Bescheinigung ist auch der medizinisch angezeigte Kurort – besondere Klimalage (z.B. Totes Meer) oder besondere Hochgebirgslage (z.B. Davos) – zu bezeichnen. Weitere Voraussetzung, unter der ausnahmsweise die Kosten für eine Klimakur eine außergewöhnliche Belastung sein können, ist, dass der bei einem Jahresurlaub durch Klimawechsel beabsichtigte Erholungszweck gegenüber dem besonderen Ziel der Klimakur, das schwere Leiden zu beheben oder zu lindern, deutlich in den Hintergrund tritt. Das ist nicht der Fall, wenn die Klimakur nach Art eines Familienurlaubs oder einer sonstigen Ferienreise durchgeführt wird, wie es für Erholungsurlaub allgemein üblich ist (H 186–189 EStH).

Als **Fahrtkosten zum Kurort** sind grundsätzlich die Kosten der öffentlichen Verkehrsmittel anzusetzen (BFH-Urteil vom 12. 6. 1991, BStBl II S. 763). Eigene Kfz-Kosten sind nur berücksichtigungsfähig, wenn besondere persönliche Verhältnisse dies erforderlich machen (BFH-Urteil vom 30. 6. 1967, BStBl III S. 655). Bei alten, hilflosen oder schwer kranken Steuerpflichtigen können auch Kosten für eine **Begleitperson** berücksichtigt werden, wenn der **Amtsarzt** die Notwendigkeit der Betreuung durch eine Begleitperson vor Reiseantritt bestätigt hat (BFH-Urteil vom 17. 12. 1997, BStBl 1998 II S. 298). Die Notwendigkeit einer Begleitperson kann sich auch aus den Feststellungen im Behindertenausweis ergeben, z.B. dem Vermerk „Die Notwendigkeit ständiger Begleitung ist nachgewiesen" (BFH-Urteil vom 4. 7. 2002, BStBl II S. 765). **Besuchsfahrten** zu dem in einer Heilkur befindlichen Ehegatten sind keine außergewöhnlichen Belastungen (BFH-Urteil vom 16. 5. 1975, BStBl II S. 536). Der **Verpflegungsmehraufwand** anlässlich einer anzuerkennenden Kur kann nur in tatsächlicher Höhe nach Abzug der **Haushaltsersparnis** ($1/5$ der Aufwendungen) berücksichtigt werden (R 189 Abs. 3 EStR).

Kosten für **Kuren im Ausland** sind in der Regel nur bis zur Höhe der Aufwendungen, die in einem dem Heilzweck entsprechenden inländischen Kurort entstehen würden, als außergewöhnliche Belastung anzuerkennen; es sei denn, der Amtsarzt hat die Kur im Ausland ausdrücklich als notwendig bestätigt.

Nach dem BFH-Urteil vom 12. 6. 1991 (BStBl II S. 763) können die Kosten für **Heilkuren von Kindern** grundsätzlich nur dann als außergewöhnliche Belastung anerkannt werden, wenn die Notwendigkeit der Kur durch eine vor ihrem Antritt erstellte **amtsärztliche** Bescheinigung bestätigt wird und das Kind während der Kur in einem **Kinderheim** untergebracht ist. Ist das Kind während einer Kur, bei der es von einem Elternteil begleitet wird, **privat untergebracht**, so ist nach diesem BFH-Urteil **zusätzlich** eine vor Antritt der Kur erstellte amtsärztliche Bescheinigung beizubringen, aus der sich ergibt, dass und warum der Kurerfolg auch bei einer Unterbringung außerhalb eines Kinderheims gewährleistet ist. Im Urteil vom 2.4. 1998 (BStBl II S.613) hat der BFH an dieser Rechtsprechung festgehalten.

Aufwendungen von Eltern für die Unterbringung eines an Asthma erkrankten Kindes in einem Schulinternat (auf einer Nordseeinsel) sind nach dem BFH-Urteil vom 26. 6. 1992 (BStBl 1993 II S. 212) als außergewöhnliche Belastung i.S. des § 33 EStG zu berücksichtigen, wenn der Aufenthalt aus klimatischen Gründen zur Heilung oder Linderung der Krankheit **nachweislich unabdingbar notwendig** ist und der Schulbesuch nur anlässlich dieser Heilbehandlung gleichsam nebenbei und nachrangig erfolgt.

Teil I: Hauptvordruck
Zeilen 116–119

(6) Aufwendungen für die **Wiederbeschaffung von Hausrat und Kleidung** sind dem Grunde nach eine außergewöhnliche Belastung, wenn Hausrat und Kleidung durch ein **unabwendbares Ereignis** (z.B. Brand, Hochwasser, Unwetter, Kriegseinwirkung, Vertreibung, politische Verfolgung) **verloren** wurden und **wieder beschafft** werden müssen (R 187 EStR). Entschädigungen und Beihilfen, die der Steuerpflichtige für den Verlust von Hausrat oder Kleidung erhält (z.B. von Versicherungsunternehmen oder aus öffentlichen Mitteln), sind von den zwangsläufig erwachsenen Wiederbeschaffungskosten abzuziehen (BFH-Urteil vom 28. 2. 1964, BStBl III S. 301). Kosten für die Wiederinstandsetzung von Hausratsgegenständen, die durch ein **unabwendbares** Ereignis **beschädigt** wurden, werden ebenso behandelt wie Wiederbeschaffungskosten von verlorenem Hausrat. Aufwendungen für die Wiederbeschaffung von Kleidungsstücken, die auf einer Urlaubsreise entwendet wurden, können regelmäßig nicht als außergewöhnliche Belastung berücksichtigt werden (BFH-Urteil vom 3. 9. 1976, BStBl II S. 712). Nach dem BFH-Urteil vom 26. 6. 2003 (BStBl 2004 II S. 47) ist die Ersatzbeschaffung lebensnotwendiger Vermögensgegenstände, wie Hausrat und Kleidung, die auf Grund eines unabwendbaren Ereignisses beschädigt oder zerstört wurden, keine außergewöhnliche Belastung, wenn der Geschädigte es unterlassen hat, eine allgemein übliche und zumutbare Versicherung (hier eine Hausratversicherung) abzuschließen.

Der Verlust von Hausrat und Kleidung bei **Spätaussiedlung** aus den **Ostblockstaaten** wurde bis 31. 12. 1989 als unabwendbares Ereignis angesehen mit der Folge, dass die Aufwendungen für die Wiederbeschaffung in angemessenem Rahmen als außergewöhnliche Belastung anerkannt wurden. Seit dem Veranlagungszeitraum 1990 liegen diese Voraussetzungen grundsätzlich nicht mehr vor. Daher können Aufwendungen wegen Wiederbeschaffung von Hausrat oder Kleidung bei Übersiedlung nach dem 31. 12. 1989 nicht mehr als außergewöhnliche Belastung anerkannt werden, soweit nicht im Einzelfall ein unabwendbares Ereignis glaubhaft gemacht wird (BMF-Schreiben vom 25. 4. 1990, BStBl I S. 222).

Ein unabwendbares Ereignis i.S. des § 33 EStG wegen **politischer Verfolgung** liegt nur vor, wenn ein Verbleiben im Heimatland mit Gefahr für Leib und Leben oder die persönliche Freiheit des Steuerpflichtigen verbunden ist. Es reicht somit nicht aus, wenn das Heimatland in erster Linie z.B. aus beruflichen oder wirtschaftlichen Gründen verlassen wird. Der Steuerpflichtige muss vielmehr durch die Intensität und Schwere der Beeinträchtigung im Heimatland in seiner Menschenwürde verletzt sein und die Erschwernisse müssen über das hinausgehen, was die Bewohner des Heimatstaats aufgrund des dort herrschenden Systems allgemein hinzunehmen haben. Auch aus der Anerkennung als **Asylberechtigter** kann nicht ohne weiteres auf ein unabwendbares Ereignis für den Verlust von Hausrat und Kleidung geschlossen werden (H 186–189 EStH sowie BFH-Urteil vom 26. 4. 1991, BStBl II S. 755).

Begünstigt sind unter den o.a. Voraussetzungen lediglich **Wiederbeschaffungen**, **nicht** aber **Ergänzungsbeschaffungen.** Aufgrund von R 187 Nr. 8 EStR sind nicht begünstigte Ergänzungsbeschaffungen zu vermuten, wenn das schädigende Ereignis **länger als drei Jahre** zurückliegt. Anschaffungen für Kinder, die erst nach dem schädigenden Ereignis geboren wurden, sind ebenfalls keine Wiederbeschaffungen. Nach dem Urteil des FG Baden-Württ. (Außensenate Stuttgart) vom 27. 6. 1996 (EFG 1996 S. 1224) konnten Aufwendungen für die Wiederbeschaffung von Hausrat und Kleidung nur dann als außergewöhnliche Belastungen berücksichtigt werden, wenn u.a. nachgewiesen wurde, welcher Hausrat und welche Kleidungsstücke im Ausreisestaat zurückgelassen werden mussten und welcher entsprechende Hausrat und welche entsprechenden Kleidungsstücke wieder beschafft wurden.

Bei der Prüfung der **Angemessenheit** wurden nach einem bundeseinheitlichen Beschluss ab dem Veranlagungszeitraum 1992 insgesamt nachgewiesene Wiederbeschaffungskosten bis 21 000 DM für den Steuerpflichtigen, bis 14 000 DM für seinen Ehegatten und bis 5 800 DM für jede weitere zum Haushalt gehörige Person nicht beanstandet. Davor galten niedrigere Obergrenzen. Durch Umrechnung mit dem amtlichen Umrechnungskurs ergeben sich ab 2002 als Obergrenze für den Steuerpflichtigen 10 738 €, für seinen Ehegatten 7 158 € und 2 966 € für jede weitere haushaltszugehörige Person. Hat der Steuerpflichtige beim Zuzug in die Bundesrepublik Deutschland wesentliche Teile seines Hausrats mitgebracht, wird das Finanzamt die genannten Höchstbeträge kürzen.

(7) Für die Anerkennung von **Prozesskosten** als außergewöhnliche Belastung ist Voraussetzung, dass diese nicht mit einer Einkunftsart zusammenhängen, also nicht zu den Betriebsausgaben oder, wie beim arbeitsrechtlichen Prozess, zu den Werbungskosten zählen. Kosten eines **Zivilprozesses** sind in der Regel nicht berücksichtigungsfähig, weil jeder, der sich in einen Zivilprozess einlässt, für den Fall seines Unterliegens mit Kosten rechnen muss (vgl. BFH-Urteil vom 18. 7. 1986, BStBl II S. 745). Dies gilt auch für Mietprozesse. Nach dem BFH-Urteil vom 9. 5. 1996 (BStBl II S. 596) kann die Übernahme eines Prozesskostenrisikos unter engen Voraussetzungen als zwangsläufig anzusehen sein, wenn ein Rechtsstreit einen für den Steuerpflichtigen existenziell wichtigen Bereich berührt, z.B. bei Streitigkeiten über das Umgangsrecht der Eltern mit ihren Kindern (vgl. – u.a. zu den Kosten für eine **Verfassungsbeschwerde** – BFH-Urteil vom 4. 12. 2001, BStBl 2002 II S. 382). Die Gerichts- und Anwaltskosten aus Anlass der **Ehescheidung** sind als außergewöhnliche Belastung anzuerkennen.

Nach dem seit 1. 7. 1977 geltenden Scheidungsrecht sind auch **Kosten für Scheidungsfolgeregelungen** als zwangsläufig erwachsen anzusehen (z.B. Kosten, die **für die Regelung** der elterlichen Sorge über ein gemeinschaftliches Kind und des persönlichen Verkehrs des nicht sorgeberechtigten Elternteils, **für die Entscheidung** über die Unterhaltspflicht gegenüber Kindern und dem Ehegatten, für die **Regelung** des Versorgungsausgleichs, der güterrechtlichen Verhältnisse sowie der Rechtsverhältnisse an der Ehewohnung und am Hausrat entstehen). Zu berücksichtigen sind auch Kosten, die durch die Beiziehung eines **Gutachters** etwa für die Vermögensbewertung entstehen, selbst wenn diese Kosten nicht zu denen des Rechtsstreites gehören. Ebenso sind Scheidungskosten zu berücksichtigen, die der Steuerpflichtige aufgrund einer vom Gericht übernommenen Vereinbarung der Ehegatten zahlt, nicht jedoch die Kosten, die der Steuerpflichtige abweichend von der gerichtlichen Entscheidung übernimmt. Auch Verfahrenskosten, die im **Anschluss** an die Ehescheidung im Zusammenhang mit einem **Sorgerechtsverfahren** für Kinder entstehen, sind regelmäßig – wie die Ehescheidungskosten selbst – außergewöhnliche Belastungen (BFH-Urteil vom 2. 10. 1981, BStBl 1982 II S. 116).

Detektivkosten gehören dagegen nicht zu den abzugsfähigen Ehescheidungskosten (BFH-Urteil vom 8. 11. 1974, BStBl 1975 II S. 111). Auch Aufwendungen für einen Detektiv in der Zeit des Getrenntlebens vor der Ehescheidung entstehen grundsätzlich nicht zwangsläufig (BFH-Urteil vom 21. 2. 1992, BStBl II S. 795). Ebenso sind **Unterhaltszahlungen** (vgl. **Zeile 80**) und der **Vermögensausgleich** nicht als Scheidungskosten abzugsfähig. Zahlungen eines Steuerpflichtigen zur Begründung einer **Rentenanwartschaft** für den geschiedenen Ehegatten in der gesetzlichen Rentenversicherung im Rahmen des Versorgungsausgleichs sind weder Werbungskosten noch außergewöhnliche Belastungen (BFH-Urteil vom 21. 10. 1983, BStBl 1984 II S. 106).

Aufwendungen, die zur **Ausübung des Besuchsrechts** des nicht sorgeberechtigten Elternteils nach § 1634 BGB gemacht werden, sind nicht außergewöhnlich i.S. des § 33 EStG, sondern durch die Regelungen des Kinderlastenausgleichs abgegolten (BFH-Urteil vom 28. 3. 1996, BStBl 1997 II S. 54).

Die Kosten eines **Vaterschaftsfeststellungsprozesses** können eine außergewöhnliche Belastung i.S. des § 33 EStG sein. Wird ein Steuerpflichtiger auf Feststellung der Vaterschaft und Zahlung des Regelunterhalts verklagt, so sind die ihm auferlegten Prozesskosten zwangsläufig, wenn er ernsthafte Zweifel an seiner Vaterschaft substantiiert dargelegt sowie schlüssige Beweise angeboten hat und wenn sein Verteidigungsvorbringen bei objektiver Betrachtung Erfolg versprechend schien (BFH-Urteil vom 18. 3. 2004, BStBl II S. 726).

Prozesskosten aus Anlass eines **Erbschaftsstreites** (z.B. Streit um ein Vermächtnis oder über die Nachlassauseinandersetzung) sind keine außergewöhnliche Belastung. In einem **Strafprozess** können die im Fall einer **Verurteilung** zu tragenden Prozess- und Anwaltskosten nicht als außergewöhnliche Belastung anerkannt werden. Dasselbe gilt für eine Geldstrafe. Dagegen ist bei einem im Strafprozess **freigesprochenen** Steuerpflichtigen hinsichtlich der von ihm zu leistenden Prozesskosten eine zwangsläufige außergewöhnliche Belastung gegeben. Bei einer **Einstellung** des Strafverfahrens nach **§ 153a Abs. 2 StPO** sind Aufwendungen zur Erfüllung von Auflagen und Weisungen sowie Kosten der Strafverteidigung nicht als außergewöhnliche Belastung zu berücksichtigen (BFH-Urteil vom 19. 12. 1995, BStBl 1996 II S. 197). Führt ein Steuerpflichtiger zur Abwehr ehrenrühriger Angriffe einen **Beleidigungsprozess,** so kann er Prozesskosten als außergewöhnliche Belastung geltend machen. Endet das Verfahren durch Vergleich, so sind die Kosten nur dann als zwangsläufig anzusehen, wenn sich aus dem Vergleich ergibt, dass die Rechtsverfolgung durch den Steuerpflichtigen berechtigt war. Die Kosten eines **Steuerprozesses,** die ein unterlegener Steuerpflichtiger zu tragen hat, sind keine außergewöhnliche Belastung. Anwalts- und Prozesskosten im **Unterhaltsprozess** eines **dauernd getrennt lebenden Ehegatten** sind gleichfalls nicht begünstigt. Ebenso kann der **Vater eines nichtehelichen Kindes** die Kosten eines verlorenen Unterhaltsprozesses nicht als außergewöhnliche Belastung geltend machen.

Übernimmt der Vater für seinen verurteilten Sohn die Kosten eines Strafprozesses, so kann er diese Kosten grundsätzlich nicht als außergewöhnliche Belastung geltend machen (BFH-Urteil vom 3. 5. 1974, BStBl II S. 686). Nach dem BFH-Urteil vom 30. 10. 2003 (BStBl 2004 II S. 267) erwachsen Aufwendungen von Eltern für die Strafverteidigung ihres volljährigen Kindes regelmäßig nur dann aus sittlichen Gründen zwangsläufig und können als außergewöhnliche Belastung zu berücksichtigen sein, wenn es sich um ein innerlich noch nicht gefestigtes, erst heranwachsendes Kind handelt, dessen Verfehlung strafrechtlich noch nach dem Jugendstrafrecht geahndet werden kann.

Prozesskosten, die Eltern aufwenden, um für ihr Kind einen **Studienplatz** in einem **Numerus-clausus-Fach** zu erstreiten, sind keine außergewöhnliche Belastung i.S. des § 33 EStG (BFH-Urteil vom 9. 11. 1984, BStBl 1985 II S. 135).

(8) **Schadensersatzleistungen** können zwangsläufig i.S. des § 33 EStG sein, wenn der Steuerpflichtige bei der Schädigung nicht vorsätzlich oder grob fahrlässig gehandelt hat (BFH-Urteil vom 3. 6. 1982, BStBl II S. 749).

Erpressungsgelder sind mangels Zwangsläufigkeit nicht als außergewöhnliche Belastung abziehbar, wenn der Erpressungsgrund selbst und ohne Zwang geschaffen worden ist (BFH-Urteil vom 18. 3. 2004, BStBl II S. 867).

(9) Kosten, die anlässlich der **Geburt eines Kindes** entstehen, werden als außergewöhnliche Belastung anerkannt (z.B. die Kosten für den Arzt, für die Hebamme und für das Krankenhaus). Kosten für eine Säuglingsschwester sind jedoch nur berücksichtigungsfähig, wenn die Inanspruchnahme ärztlich angeordnet war. Dagegen können Aufwendungen für die Beschaffung von Babywäsche oder eines Kinderwagens steuerlich nicht berücksichtigt werden (BFH-Urteil vom 28. 2. 1964, BStBl III S. 302), auch nicht bei Zwillingen (BFH-Urteil vom 19. 12. 1969, BStBl 1970 II S. 242). Unter ganz besonderen Umständen können jedoch Kosten, die durch eine Mehrlingsgeburt entstehen, zu einer außergewöhnlichen Belastung führen.

Aufwendungen für die **Adoption eines Kindes** (auch im Ausland) sind keine (zwangsläufige) außergewöhnliche Belastung (BFH-Urteile vom 13. 3. 1987, BStBl II S. 495, und vom 20. 3. 1987, BStBl II S. 596).

Kosten für den **Schulbesuch eines Kindes** (z.B. Privatschule, Internat) werden durch die Vorschriften des Familienleistungsausgleichs abgegolten (Teil I, Anlage Kind, Zeilen 1 bis 20 und 42 bis 43). Aufwendungen für den Schulbesuch sind daher grundsätzlich nur dann als außergewöhnliche Belastung berücksichtigungsfähig, wenn es sich dabei um unmittelbare Krankheitskosten handelt (BFH-Urteil vom 17. 4. 1997, BStBl II S. 752; vgl. aber R 189 Abs. 2 EStR für den Fall, dass eine geeignete öffentliche Schule nicht zur Verfügung steht oder nicht in zumutbarer Weise erreichbar ist). Nach dem BFH-Urteil vom 23. 11. 2000 (BStBl 2001 II S. 132) sind Schulgeldzahlungen an eine fremdsprachliche Schule im Inland auch dann nicht als außergewöhnliche Belastung (oder Werbungskosten) abziehbar, wenn sich die ausländischen Eltern aus beruflichen Gründen nur vorübergehend im Inland aufhalten. Wegen eines etwaigen (beschränkten) Sonderausgabenabzugs vgl. Teil I, Anlage Kind, Zeile 55.

(10) **Verluste** durch Einbußen am Vermögen können nicht als außergewöhnliche Belastung berücksichtigt werden (z.B. Diebstahl oder Brand des Pkw). So können Aufwendungen für einen Pkw, der zum Privatvermögen gehört und bei einer Privatfahrt zerstört wird, nicht als außergewöhnliche Belastung anerkannt werden (BFH-Urteil vom 17. 10. 1973, BStBl 1974 II S. 104). Gleiches gilt, wenn die Privatfahrt mit einem geliehenen Pkw durchgeführt wurde (BFH- Urteil vom 17. 10. 1973, BStBl 1974 II S. 105). Vergebliche Zahlungen für den Grundstückserwerb und den Bau eines selbst zu nutzenden Einfamilienhauses, zu denen der Steuerpflichtige durch **Betrug** veranlasst worden ist, sind ebenfalls nicht als außergewöhnliche Belastung berücksichtigungsfähig (BFH-Urteil vom 19. 5. 1995, BStBl II S. 774).

Die von einem Vater für den **vorzeitigen Erbausgleich** an sein **nichteheliches Kind** (§ 1934 d BGB) geleisteten Zahlungen sind keine außergewöhnliche Belastung (BFH-Urteile vom 8. 12. 1988, BStBl 1989 II S. 282, und vom 12. 11. 1993, BStBl 1994 II S. 240).

Wird für einen **Minderjährigen** im Zusammenhang mit einer **Erbauseinandersetzung** die Anordnung einer **Ergänzungspflegschaft** erforderlich, können die Kosten hierfür nicht als außergewöhnliche Belastung berücksichtigt werden (BFH-Urteil vom 14.9. 1999, BStBl 2000 II S. 69).

(11) Mehraufwendungen, die Steuerpflichtigen mit **überdurchschnittlicher Körpergröße** („lange Menschen") durch ihre körperliche Beschaffenheit erwachsen (z.B. Kleidung und Ernährung), können nicht als außergewöhnliche Belastung berücksichtigt werden. Die Kosten für Bekleidung und Ernährung sind je nach den persönlichen Verhältnissen sehr unterschiedlich. Es besteht daher keine Möglichkeit, im Einzelfall den Normalbedarf und damit auch die Mehrkosten zu ermitteln (BFH-Urteil vom 21. 6. 1963, BStBl III S. 381). Dasselbe gilt für Aufwendungen, die infolge krankheitsbedingter **starker Gewichtsabnahme** für die Änderung oder Neuanschaffung von Kleidung entstehen.

(12) **Kosten eines Umzuges** sind unabhängig von der Art der Wohnungskündigung durch Mieter oder Vermieter regelmäßig keine außergewöhnliche Belastung (BFH-Urteile vom 28. 2. 1975, BStBl II S. 482, und vom 23. 6. 1978, BStBl II S. 526). Wegen eines etwaigen Werbungskostenabzugs vgl. **Teil I, Anlage N, Zeilen 57 bis 62.**

Teil I: Anlage AV
Zeilen 1–2

2. Erläuterungen zur „Anlage AV" für die Geltendmachung von Altersvorsorgebeiträgen als Sonderausgaben nach § 10a EStG
– gegliedert nach den am Rand des amtlichen Vordrucks angegebenen Zahlen –

Vorbemerkungen

Wie in den Erläuterungen zu **Zeile 77** des Hauptvordrucks bereits ausgeführt ist, wird der Aufbau einer freiwilligen privaten Altersvorsorge oder betrieblichen Altersversorgung durch verschiedene Vergünstigungen gefördert (sog. Riester-Rente). Für geleistete Altersvorsorgebeiträge (§ 82 EStG) kann zunächst beim Anbieter (Versicherungsunternehmen, Bank, Investmentfonds) eine **Altersvorsorgezulage** (Grundzulage und ggf. Kinderzulage) beantragt werden (§§ 83 bis 90a EStG sowie Ausführungen zu Zeile 77 des Hauptvordrucks). Darüber hinaus kann mit der Anlage AV ein zusätzlicher **Sonderausgabenabzug** geltend gemacht werden.

Nach **§ 10a EStG** sind geleistete Altersvorsorgebeiträge zuzüglich der dafür zustehenden Zulage im Jahr 2005 **bis zu 1 050 €** neben den sonstigen Höchstbeträgen für Vorsorgeaufwendungen (Zeile 63 des Hauptvordrucks) als Sonderausgaben **abziehbar**, wenn der Sonderausgabenabzug günstiger ist als die zu beanspruchende Zulage. Ob dies der Fall ist, prüft das Finanzamt bei der Bearbeitung der Einkommensteuererklärung. Kommt das Finanzamt bei dieser sog. **Günstigerprüfung** zum Ergebnis, dass der Steuervorteil aufgrund des Sonderausgabenabzugs höher ist als der Anspruch auf die Altersvorsorgezulage, wird die nach erfolgtem Sonderausgabenabzug festgesetzte Einkommensteuer um den Zulageanspruch erhöht, damit keine Doppelförderung eintritt. Durch diese Hinzurechnung wird erreicht, dass im Rahmen der Einkommensteuerveranlagung nur die über den Zulageanspruch hinausgehende Steuerermäßigung gewährt wird. Um die volle Förderung sicherzustellen, muss **stets die Zulage** beantragt werden. Ab 2005 kann der Zulageberechtigte den Anbieter seines Vertrags schriftlich bevollmächtigen, **für ihn** die Zulage für jedes Beitragsjahr zu beantragen (§ 89 Abs. 1a EStG).

Zu den abziehbaren Sonderausgaben gehören die im Veranlagungszeitraum geleisteten **Altersvorsorgebeiträge** (Rz 14 und 192 ff. des BMF-Schreibens vom **17. 11. 2004**, BStBl I S. 1065). Außerdem ist die dem Steuerpflichtigen zustehende **Altersvorsorgezulage** (Grund- und Kinderzulage) zu berücksichtigen. Die Höhe der Altersvorsorgebeiträge hat der Steuerpflichtige durch eine Bescheinigung des Anbieters nachzuweisen (Zeilen 19 bis 20 der Anlage AV).

Für jeden **Ehegatten**, der einen zertifizierten Altersvorsorgevertrag abgeschlossen hat oder der über eine mit Altersvorsorgezulage förderfähige Versorgung bei einer Pensionskasse, einem Pensionsfonds oder einer Direktversicherung verfügt, ist **eine eigene Anlage AV** abzugeben.

Erläuterungen zu den Zeilen des Vordrucks

1 Das in Zeile 1 der Anlage AV 2003 enthaltene Eintragungsfeld für die Sozialversicherungsnummer bzw. Zulagenummer konnte entfallen, weil diese Angabe inzwischen in der Bescheinigung des Anbieters (Zeilen 19 bis 20 der Anlage AV) enthalten ist.

Unmittelbar begünstigte Personen

2 Unmittelbar begünstigt sind nach dem BMF-Schreiben vom **17. 11. 2004** (BStBl I S. 1065) Personen, die im Beitragsjahr – zumindest zeitweise – unbeschränkt einkommensteuerpflichtig und in der gesetzlichen Rentenversicherung pflichtversichert waren.

Zu den Pflichtversicherten der gesetzlichen Rentenversicherung gehören insbesondere

- Arbeitnehmer in einem versicherungspflichtigen Beschäftigungsverhältnis bei einem privaten, öffentlichen oder kirchlichen Arbeitgeber,

- Selbständige (z.B. Lehrer und Erzieher, Hebammen, Künstler, Handwerker und Hausgewerbetreibende sowie Selbständige mit einem Auftraggeber) bei bestehender Versicherungspflicht in der gesetzlichen Rentenversicherung (dies hat der Rentenversicherungsträger dem Betroffenen mitgeteilt),

- Kindererziehende für die ersten 36 Kalendermonate nach dem Monat der Geburt (sog. Kindererziehungszeiten),

- Personen, die einen Pflegebedürftigen nicht erwerbsmäßig wenigstens 14 Stunden wöchentlich in seiner häuslichen Umgebung pflegen (sog. Pflegepersonen),

- Wehr- und Zivildienstleistende,

- Bezieher von Lohnersatzleistungen (z.B. Kranken- oder Arbeitslosengeld),

- Bezieher von Vorruhestandsgeld,

- geringfügig beschäftigte Personen, die auf die Versicherungsfreiheit verzichtet haben (der Verzicht führt dazu, dass der pauschale Arbeitgeberbeitrag zur Rentenversicherung durch eigene Beitragsleistung auf den vollen Satz aufgestockt wird).

Zu den **unmittelbar** begünstigten Personen gehören aber auch

- Pflichtversicherte nach dem Gesetz über die Alterssicherung der Landwirte (z.B. neben den versicherungspflichtigen Landwirten auch deren versicherungspflichtige Ehegatten sowie ehemalige Landwirte, die unabhängig von einer Tätigkeit als Landwirt oder mithelfender Familienangehöriger versicherungspflichtig sind),

- Arbeitslose, die bei einer inländischen Agentur für Arbeit als Arbeitsuchende gemeldet sind und wegen des zu berücksichtigenden Vermögens oder Einkommens keine Lohnersatzleistung erhalten,

- Besoldungsempfänger (in der Regel Beamte, Richter, Berufssoldaten und Soldaten auf Zeit),

- beurlaubte Beamte, deren Beurlaubungszeit ruhegehaltsfähig ist,

- sonstige Beschäftigte, die wegen gewährleisteter Versorgungsanwartschaften den Beamten gleichgestellt sind und damit in der gesetzlichen Rentenversicherung versicherungsfrei sind,

- Minister, Senatoren und Parlamentarische Staatssekretäre.

Einzelheiten ergeben sich aus dem o.a. BMF-Schreiben vom 17. 11. 2004 und den Anlagen hierzu.

Bei Ehegatten ist gesondert zu prüfen, ob der einzelne Ehegatte zu den unmittelbar begünstigten Personen gehört oder etwa nur mittelbar begünstigt ist. Bei der **Zusammenveranlagung** von Ehegatten, die beide zum **unmittelbar** begünstigten Personenkreis gehören, steht der Sonderausgabenabzug jedem Ehegatten gesondert zu. Es ist nicht möglich, den von einem Ehegatten nicht ausgeschöpften Sonderausgaben-Höchstbetrag (2005 = **1 050 €**) auf den anderen Ehegatten zu übertragen. Gehört nur ein Ehegatte zum unmittelbar begünstigten Personenkreis und ist der andere Ehegatte nur **mittelbar** begünstigt (vgl. **Zeilen 9 bis 12**), können die Altersvorsorgebeiträge des mittelbar begünstigten Ehegatten insoweit berücksichtigt werden, als der Sonderausgaben-Höchstbetrag durch die vom unmittelbar begünstigten Ehegatten geleisteten Altersvorsorgebeiträge sowie die hierfür zustehenden Zulagen noch nicht ausgeschöpft wird (im Einzelnen vgl. Rz 58 bis 75 des o.a. BMF-Schreibens vom 17. 11. 2004 und die dortigen Zahlenbeispiele).

Der o.a. Sonderausgaben-Höchstbetrag von 1 050 € (vgl. auch Vorbemerkungen zur Anlage AV) gilt für den einzelnen Steuerpflichtigen. Er kann auch bei der Zusammenveranlagung von Ehegatten nur dann zweimal abgezogen werden, wenn beide Ehegatten zu den unmittelbar begünstigten Personen (vgl. oben) gehören und beide entsprechend hohe Altersvorsorgebeiträge für eigene begünstigte Verträge geleistet haben. Wie in den Erläuterungen zu Zeile 77 des Hauptvordrucks ausgeführt, umfasst der Sonderausgaben-Höchstbetrag (1 050 €) jedoch auch die zustehende Zulage, sodass die eigenen Beiträge entsprechend niedriger sein können.

Berechnungsgrundlagen

3–7 Die in den Erläuterungen zu Zeile 77 des Hauptvordrucks
2–6 beschriebene Grund- und Kinderzulage wird **gekürzt**, wenn die Einzahlungen des Steuerpflichtigen auf den Altersvorsorgevertrag nicht den in § 86 EStG bestimmten Mindesteigenbeitrag erreichen. Der **Mindesteigenbeitrag** ermittelt sich wie folgt:

in den Veranlagungszeiträumen
2004 und 2005   2 %
der maßgebenden Einnahmen
                                                                 maximal 1 050 €
                                                               abzüglich der Zulage

in den Veranlagungszeiträumen
2006 und 2007   3 %
der maßgebenden Einnahmen
                                                                 maximal 1 575 €
                                                               abzüglich der Zulage

Zusätzlich ist der Mindesteigenbeitrag mit dem Sockelbetrag nach § 86 Abs. 1 Satz 4 EStG zu vergleichen. Als Sockelbetrag sind ab dem Jahr 2005 jährlich 60 € zu leisten.

Die Angaben in den Zeilen 3 bis 7 der Anlage AV dienen der Ermittlung des Mindesteigenbeitrags, der für die Höhe der zustehenden Altersvorsorgezulage und damit u.a. für die o.a. **Günstigerprüfung** durch das Finanzamt von Bedeutung ist (Rz 31 bis 82 des BMF-Schreibens vom 17.11.2004).

Maßgebend für den individuell zu ermittelnden Mindesteigenbeitrag ist die Summe der in dem dem Beitragsjahr **vorangegangenen Kalenderjahr** erzielten beitragspflichtigen Einnahmen i.S. des SGB VI, der bezogenen Besoldung und Amtsbezüge und in den Fällen des § 10a Abs. 1 Satz 1 Halbsatz 2 Nr. 3 EStG der erzielten Einnahmen, die beitragspflichtig gewesen wären, wenn die Versicherungsfreiheit in der gesetzlichen Rentenversicherung nicht bestanden hätte (maßgebende Einnahmen). Die entsprechenden Beträge sind auf volle Euro abzurunden.

3 Die beitragspflichtigen Einnahmen i.S. der Rentenversicherung
2 aus dem Jahr **2004** können z.B. aus der Meldung des Arbeitgebers zur Sozialversicherung entnommen werden, deren Durchschrift dem Arbeitnehmer übergeben wurde. Bei rentenversicherungspflichtigen Selbständigen ergeben sich die beitragspflichtigen Einnahmen aus der vom Rentenversicherungsträger erstellten Bescheinigung (Rz 38 des o.a. BMF-Schreibens).

4 Die Höhe der Besoldung und der Amtsbezüge kann aus den von
3 der anordnenden Stelle erteilten Mitteilungen für 2004 entnommen werden (Rz 40 bis 42 des o.a. BMF-Schreibens). Bei beurlaubten Beamten sind die während der Beurlaubungszeit bezogenen Einnahmen anzugeben (z.B. das Arbeitsentgelt aus einer rentenversicherungsfreien Beschäftigung). In Zeile 4 sind auch Einnahmen vergleichbarer Berufsgruppen einzutragen, die beitragspflichtig wären, wenn die Versicherungsfreiheit in der gesetzlichen Rentenversicherung nicht bestünde (z.B. bei Geistlichen, Kirchenbeamten, Lehrern und Erziehern an nicht öffentlichen Schulen bzw. Anstalten).

5 Im Jahr 2004 bezogene Lohnersatzleistungen (z.B. Arbeitslosen-
4 geld oder Krankengeld) sind aus der Bescheinigung der auszahlenden Stelle ersichtlich und hier einzutragen.

6 Für bestimmte Personen, die in der gesetzlichen Rentenversiche-
5 rung pflichtversichert sind, werden abweichend vom tatsächlich erzielten Entgelt (§ 14 SGB IV) höhere Beträge als beitragspflichtige Einnahmen i.S. der Rentenversicherung berücksichtigt. Dies gilt z.B. für Behinderte, die in Einrichtungen der Jugendhilfe oder in anerkannten Werkstätten für Behinderte beschäftigt werden, sowie für Wehr- und Zivildienstleistende. In solchen Fällen ist zur Berechnung des individuellen Mindesteigenbeitrags das tatsächlich erzielte Entgelt zugrunde zu legen (Rz 44 bis 47 des o.a. BMF-Schreibens). Das im Jahr 2004 tatsächlich erzielte Entgelt kann z.B. aus einer Bescheinigung des Arbeitgebers entnommen werden.

7 Bei einem Land- und Forstwirt, der nach dem Gesetz über die
6 Alterssicherung der Landwirte **pflichtversichert** ist, ist für die Berechnung des Mindesteigenbeitrags auf die land- und forstwirtschaftlichen Einkünfte i.S. des § 13 EStG des **zweiten** dem Beitragsjahr **vorangegangenen** Veranlagungszeitraums abzustellen (§ 86 Abs. 3 EStG). Ist dieser Land- und Forstwirt neben seiner land- und forstwirtschaftlichen Tätigkeit auch als Arbeitnehmer tätig und in der gesetzlichen Rentenversicherung pflichtversichert, sind die beitragspflichtigen Einnahmen des Vorjahrs in Zeile 3 und die positiven Einkünfte i.S. des § 13 EStG des zweiten dem Beitragsjahr vorangegangenen Veranlagungszeitraums in Zeile 7 einzutragen. Eine Saldierung mit negativen Einkünften i.S. des § 13 EStG erfolgt nicht. Die Höhe der Einkünfte aus Land- und Forstwirtschaft ergibt sich aus dem Einkommensteuerbescheid für das Jahr 2003.

Mittelbar begünstigte Personen

Bei unbeschränkt steuerpflichtigen Ehegatten, die nicht dauernd **9–12**
getrennt leben und von denen nur ein Ehegatte unmittelbar **7–9**
begünstigt ist (vgl. Zeile 2), ist auch der andere Ehegatte (mittelbar) begünstigt, wenn

- beide Ehegatten jeweils einen auf ihren Namen lautenden, zertifizierten Altersvorsorgevertrag abgeschlossen haben oder

- der unmittelbar begünstigte Ehegatte über eine mit Zulage und Sonderausgaben förderfähige Versorgung im Rahmen der betrieblichen Altersversorgung bei einer Pensionskasse oder einem Pensionsfonds oder über eine nach § 82 Abs. 2 EStG förderbare Direktversicherung verfügt und der andere Ehegatte einen zertifizierten Altersvorsorgevertrag abgeschlossen hat.

Ein mittelbar begünstigter Ehegatte hat Anspruch auf eine Altersvorsorgezulage, wenn der unmittelbar begünstigte Ehegatte eigene Altersvorsorgebeiträge geleistet hat.

Wählt ein Ehegatte die getrennte Veranlagung zur Einkommensteuer (Zeile 13 des Hauptvordrucks), ist ein Sonderausgabenabzug beim mittelbar begünstigten Ehegatten nicht möglich. Reicht der mittelbar begünstigte Ehegatte eine Anlage AV ein, werden seine geleisteten Altersvorsorgebeiträge im Rahmen der gesetzlichen Höchstbeträge (Erläuterungen zu Zeile 77 des Hauptvordrucks) nur bei der Einkommensteuerveranlagung des **un**mittelbar begünstigten Ehegatten berücksichtigt.

Die späteren Leistungen aus der Altersvorsorge an den mittelbar begünstigten Ehegatten unterliegen bei diesem in vollem Umfang der Besteuerung, soweit sie auf staatlich gefördertem Altersvorsorgevermögen beruhen (vgl. Erläuterungen zu Zeilen 31 bis 46 der Anlage R).

Wählen die Ehegatten für das Jahr der Eheschließung die besondere Veranlagung zur Einkommensteuer, gelten die Ausführungen zur getrennten Veranlagung entsprechend (Zeile 12 der Anlage AV).

Nicht begünstigte Personen

Nicht zum Kreis der Begünstigten gehören u.a.

- Pflichtversicherte einer berufsständischen Versorgungseinrichtung,
- freiwillig in der gesetzlichen Rentenversicherung Versicherte,
- Selbständige ohne das Bestehen einer Versicherungspflicht in der gesetzlichen Rentenversicherung sowie
- geringfügig Beschäftigte, für die nur der pauschale Arbeitgeberbeitrag zur gesetzlichen Rentenversicherung gezahlt wird.

Im Einzelnen wird auf das o.a. BMF-Schreiben in BStBl 2004 I S. 1065 und die beiden Anlagen hierzu hingewiesen.

Teil I: Anlage AV
Zeilen 14–20

Schädliche Verwendung

Wird das zur Altersvorsorge angesparte Kapital nicht als lebenslange Rente bzw. im Rahmen eines Auszahlungsplans mit Restkapitalverrentung ausgezahlt oder nicht im zulässigen Rahmen für die Bildung von Wohneigentum verwendet, liegt grundsätzlich eine **schädliche Verwendung** vor (§ 93 EStG). In diesem Fall müssen die gewährten Altersvorsorgezulagen und die ggf. über den Sonderausgabenabzug gewährten Steuervorteile **zurückgezahlt** werden. Auch die Beendigung der unbeschränkten Steuerpflicht durch Wegzug ins Ausland führt grundsätzlich zu einer Rückforderung der steuerlichen Förderung (§ 95 EStG, Rz 127 bis 130 des o.a. BMF-Schreibens).

Erträge, die aus einer schädlichen Verwendung von gefördertem Altersvorsorgevermögen zufließen, stellen – wie die Leistungen aus Altersvorsorgeverträgen – sonstige Einkünfte i.S. des § 22 EStG dar (vgl. Teil I, Anlage R, Zeilen 31 bis 46).

Angaben zu Kindern

14–17 Die in Teil I, Hauptvordruck, Zeile 77 beschriebene **Kinderzulage**
10–12 wird für jedes Kind gewährt, für das dem Begünstigten für mindestens einen Zahlungszeitraum für das Jahr 2005 Kindergeld ausgezahlt worden ist.

Bei unbeschränkt steuerpflichtigen Eltern, die miteinander verheiratet sind und nicht dauernd getrennt leben, steht die Kinderzulage – unabhängig davon, ob dem Vater oder der Mutter das Kindergeld ausgezahlt worden ist – der Mutter zu. Auf Antrag beider Eltern kann die Kinderzulage vom Vater in Anspruch genommen werden. Der Antrag kann für jedes einzelne Kind und jeweils nur für ein Beitragsjahr gestellt werden; er kann nicht zurückgenommen werden. Ggf. ist in **Zeile 17** die Anzahl der Kinder einzutragen, für die die Kinderzulage von der Mutter auf den Vater übertragen werden soll.

Wenn Eltern nicht miteinander verheiratet sind oder dauernd getrennt leben, steht die Kinderzulage nur dem Elternteil zu, dem tatsächlich das Kindergeld ausgezahlt worden ist. Wechselt der Auszahlungsberechtigte im Laufe des Beitragsjahres, ist der Bezug für den ersten Anspruchszeitraum im Beitragsjahr maßgebend (§ 85 EStG, Rz 18 bis 30 des o.a. BMF-Schreibens).

Bescheinigungen des Anbieters

19–20 Nach § 10a Abs. 5 EStG sind die zu berücksichtigenden Altersvorsorgebeiträge durch eine vom Anbieter auszustellende
13 Bescheinigung nach amtlich vorgeschriebenem Vordruck nachzuweisen. Diese Bescheinigung ist auch auszustellen, wenn im Falle der mittelbaren Zulageberechtigung (§ 79 Satz 2 EStG) keine Altersvorsorgebeiträge geleistet wurden. Das Vordruckmuster ist im BStBl 2003 I S. 493 bekannt gemacht.

Zahlt der Zulageberechtigte Altersvorsorgebeiträge zugunsten mehrerer Verträge, so wird die Altersvorsorgezulage höchstens für **zwei** Verträge gewährt (§ 87 EStG). Für den Sonderausgabenabzug nach § 10a Abs. 1 EStG besteht dagegen keine Begrenzung der Anzahl der zu berücksichtigenden Verträge. Der Steuerpflichtige kann im Rahmen des Höchstbetrags (vgl. obige Vorbemerkungen zur Anlage AV) auch Altersvorsorgebeiträge für Verträge geltend machen, für die keine Zulage beantragt wurde oder aufgrund des § 87 EStG keine Zulage gewährt wird. In dem Umfang, in dem eine Berücksichtigung nach § 10 a EStG erfolgt, gelten die Beiträge als steuerlich gefördert.

Die über den Zulageanspruch hinausgehende Steuerermäßigung aufgrund des Sonderausgabenabzugs wird durch das Finanzamt **gesondert festgestellt** und der Zentralen Stelle (§ 81 EStG) mitgeteilt (§ 10 a Abs. 4 EStG). Die gesonderte Feststellung gewinnt Bedeutung in den Fällen, in denen der Steuerpflichtige später schädlich über den Vertrag verfügt (z.B. indem er den Vertrag kündigt und sich das Guthaben auszahlen lässt). In Fallen **schädlicher Verwendung** von gefördertem Altersvorsorgevermögen (vgl. Ausführungen zu Zeilen 9 bis 12 der Anlage AV, letzter Abschnitt) sind gewährte Zulagen und Steuervorteile zurückzuzahlen (Rz 103 bis 130 des BMF-Schreibens in BStBl 2004 I S. 1065).

In Zeile 20 ist die Anzahl der beigefügten **Originalbescheinigungen** einzutragen.

Teil I: Anlage Kind
Zeilen 1–20

3. Erläuterungen zur „Anlage Kind"
– gegliedert nach den am Rand des amtlichen Vordrucks angegebenen Zahlen –

Vorbemerkungen zum Vordruck

Der Vordruck „Anlage Kind" dient insbesondere für Angaben zur Berücksichtigung von Kindern im Rahmen des sog. **Familienleistungsausgleichs** (Kindergeld oder Kinderfreibetrag). Der Vordruck enthält u.a. eine detaillierte Darstellung der Berücksichtigungsgründe **volljähriger** Kinder (Zeilen 12 bis 20) und der Angaben zur **Übertragung** des Kinderfreibetrags (Zeilen 30 bis 36). Außerdem sind auf Seite 2 der „Anlage Kind" u.a. Abfragen zum **Entlastungsbetrag für Alleinerziehende**, zu den **Kinderbetreuungskosten**, zum **Schulgeld** an eine Ersatz- oder Ergänzungsschule und zur **Behinderung eines Kindes** enthalten. Für **jedes** zu berücksichtigende Kind ist **eine eigene** „Anlage Kind" auszufüllen. Rechts oben im Vordruck ist deshalb die lfd. Nr. der jeweiligen „Anlage Kind" einzutragen.

A. Neuregelung des Familienleistungsausgleichs

1–20
1–17
Durch das Zweite Gesetz zur Familienförderung vom 16. 8. 2001 (BStBl I S. 533) wurde der Familienleistungsausgleich ab 2002 in wichtigen Punkten geändert. Neben einer Anhebung des Kindergeldes und des Kinderfreibetrags sollten mit diesem Gesetz insbesondere die Forderungen des Bundesverfassungsgerichts bei der Frage der Erziehungsaufwendungen und des Haushaltsfreibetrags (Urteil vom 10.11. 1998, BStBl 1999 II S. 182) erfüllt werden. Die Rechtsänderungen werden nachstehend zu den jeweiligen Zeilennummern des Vordrucks erläutert.

Auch im Jahr 2005 gilt, dass für zu berücksichtigende Kinder (vgl. unten) **entweder Kindergeld oder** ein **Kinderfreibetrag** gewährt wird (§ 31 EStG). Neben dem Kinderfreibetrag wird **unter denselben Voraussetzungen** aber ein **weiterer Freibetrag** (bei zusammen veranlagten Eltern: 2 160 €) abgezogen, der den **Betreuungs-, Erziehungs- und Ausbildungsbedarf** des Kindes abdecken soll (§ 32 **Abs. 6** EStG).

Ob die Inanspruchnahme von Kindergeld (§§ 62 bis 78 EStG) oder die Berücksichtigung des Kinderfreibetrags und des Betreuungs-, Erziehungs- und Ausbildungsfreibetrags im Einzelfall für den Steuerpflichtigen günstiger ist, wird erst im Rahmen der Einkommensteuerveranlagung nach Ablauf des Kalenderjahres durch das Finanzamt **von Amts wegen** geprüft (sog. **Günstigerprüfung**). Während des Kalenderjahres wird ausschließlich Kindergeld als Steuervergütung gewährt. Damit wirken sich Kinderfreibeträge nicht mehr auf die Berechnung der vom Arbeitslohn einzubehaltenden Lohnsteuer aus. Gleichwohl wird von den Gemeinden bzw. den Finanzämtern die Zahl der Kinderfreibeträge auf der Lohnsteuerkarte eingetragen. Diese wirken sich nämlich noch auf die Höhe des Solidaritätszuschlags und ggf. der Kirchensteuer beim Steuerabzug vom Arbeitslohn aus.

Das **Kindergeld** wurde für das erste und zweite Kind ab dem Jahr 2002 erhöht; es beträgt nunmehr für das erste, zweite und dritte Kind jeweils **154 €** monatlich. Für das vierte und jedes weitere Kind werden jeweils **179 €** monatlich gezahlt (§ 66 EStG). Für bestimmte Gruppen von Kindern (z.B. solche, die im Ausland leben) gelten Besonderheiten. Die Entscheidung, ob und in welcher Höhe Kindergeld zu zahlen ist, wird von den **Familienkassen** der Bundesagentur für Arbeit (früher: Kindergeldkassen) getroffen (§ 70 EStG).

Der **Kinderfreibetrag** beträgt im Jahr 2005 für jedes steuerlich zu berücksichtigende Kind **1 824 €** für jeden Elternteil, mithin für Ehegatten, die zusammen veranlagt werden, **3 648 €**, wenn das Kind zu beiden Ehegatten in einem Kindschaftsverhältnis steht. **Zusätzlich** wird für den Betreuungs- und Erziehungs- oder Ausbildungsbedarf des Kindes ein Freibetrag von **1 080 €** bei jedem Elternteil (**2 160 €** bei zusammen veranlagten Eltern) berücksichtigt (§ 32 **Abs. 6** EStG). Beide Freibeträge zusammen belaufen sich somit bei jedem Elternteil auf **2 904 €**, bei zusammenveranlagten Eltern auf **5 808 €** je Kind. Um die Prüfung durch das Finanzamt, ob Kindergeld **oder** Kinderfreibetrag und der Betreu-

ungs-, Erziehungs- und Ausbildungsfreibetrag günstiger ist, zu erleichtern, sind die Voraussetzungen, unter denen ein Kind steuerlich zu berücksichtigen ist (§ 32 EStG), an die Voraussetzungen für die Gewährung von Kindergeld angeglichen. Für ein im **Ausland** lebendes Kind können die vorgenannten Freibeträge nur abgezogen werden, soweit sie nach den Verhältnissen seines Wohnsitzstaates notwendig und angemessen sind (vgl. unten).

Berechtigten, die als unbeschränkt Steuerpflichtige der Lohn- oder Einkommensteuer unterliegen, wird das **Kindergeld** im Laufe des Kalenderjahres als monatliche Steuervergütung gezahlt. Seit 1999 wird das Kindergeld für alle Arbeitnehmer außerhalb des Öffentlichen Dienstes nicht mehr vom Arbeitgeber, sondern von der **Familienkasse** ausgezahlt. Selbständig Tätige und andere Berechtigte erhalten das Kindergeld ebenfalls von der Familienkasse. Bei Arbeitnehmern des Öffentlichen Dienstes wird das Kindergeld wie früher von den entsprechenden Körperschaften, Anstalten oder Stiftungen des öffentlichen Rechts ausgezahlt. Die genannten juristischen Personen sind insoweit Familienkasse (§ 72 Abs. 1 EStG). Einzelheiten zur Zahlung von Kindergeld sind insbesondere in BStBl 2004 I S. 742 und 903 sowie in BStBl 2005 I S. 626, 634 und 669 geregelt. Das vom Bundesamt für Finanzen herausgegebene **Kindergeld-Merkblatt 2005** ist in BStBl 2005 I S.635, 659 abgedruckt.

Der Freibetrag für den Betreuungs- und Erziehungs- oder Ausbildungsbedarf des Kindes wird in die vom Finanzamt vorzunehmende Günstigerprüfung einbezogen. Er wirkt daher im Ergebnis wie eine Erhöhung des Kinderfreibetrags. Der Abzug eines Kinderfreibetrags und des genannten zusätzlichen Freibetrags im Rahmen der Einkommensteuerveranlagung ist für den Steuerpflichtigen dann **günstiger**, wenn die Einkommensteuerersparnis im Einzelfall höher ist als das in Betracht kommende Kindergeld. Dies hängt insbesondere von der Höhe der Steuerbelastung und damit des zu versteuernden Einkommens ab. Bei Steuerpflichtigen mit niedrigem zu versteuerndem Einkommen wird es häufig beim Kindergeld verbleiben. Ergibt sich bei der Zusammenveranlagung von Eltern mit **einem** Kind aber eine Grenzsteuerbelastung von 31,82 v.H. und mehr, wird der Abzug der genannten Freibeträge für das Kind günstiger sein, denn der Steuervorteil aus dem jährlichen Kinderfreibetrag und dem Betreuungs-, Erziehungs und Ausbildungsfreibetrag (zusammen **5 808 €**) liegt dann über 1 848 € (31,82 v.H. von 5 808 € = 1 848,11 €) und damit über dem jährlichen Kindergeld (vgl. auch Abschn. VI).

I. Angaben zu Kindern

Die bei der Einkommensteuerveranlagung zu berücksichtigenden **Kinder** sind nicht nur für den etwaigen Abzug der vorstehend bezeichneten Freibeträge für Kinder (anstelle des Kindergeldes), sondern für eine Reihe **weiterer Vergünstigungen** im Rahmen der Einkommensbesteuerung **von Bedeutung, z. B.** für die Gewährung eines **Entlastungsbetrags für Alleinerziehende** (Zeilen 37 bis 41 dieses Vordrucks) oder eines Freibetrags zur Abgeltung des **Sonderbedarfs bei Berufsausbildung** eines **volljährigen** Kindes (Zeilen 42 bis 43) sowie für den Abzug von **Kinderbetreuungskosten** (Zeile 45 bis 54) und **Schulgeld** an eine Ersatz- oder Ergänzungsschule (Zeile 55), für die **Übertragung** eines Behinderten- bzw. Hinterbliebenen-Pauschbetrags (Zeilen 56 bis 58) und für die **zumutbare Belastung** (Teil I, Hauptvordruck, Zeilen 116 bis 119). Auch die Höhe der Kirchensteuer wird durch die Kinderzahl beeinflusst. Schließlich kann bei Inanspruchnahme des Abzugsbetrags nach § 10e Abs. 1 bis 5 EStG bzw. § 15b BerlinFG eine **zusätzliche** steuerliche **Kindervergünstigung** nach § 34f EStG (sog. **Baukindergeld**) in Betracht kommen (vgl. Erläuterungen zu Zeilen 24 bis 25 der **Anlage FW** in Teil I **Nr. 11** dieser Anleitung).

In den **Zeilen 1 bis 4** des Vordrucks **Anlage Kind** ist ein Kind unabhängig davon anzugeben, ob es minderjährig oder volljährig ist oder ob es auf der Lohnsteuerkarte 2005 bereits eingetragen ist oder nicht.

Teil I: Anlage Kind
Zeilen 1–20

Für **im Ausland lebende** Kinder wird ein Freibetrag nach § 32 Abs. 6 EStG nur in der Höhe berücksichtigt, als er nach den Verhältnissen des Wohnsitzstaates des Kindes **notwendig und angemessen** ist. Für die Bemessung des Kinderfreibetrags und des Betreuungs-, Erziehungs- und Ausbildungsfreibetrags gilt die gleiche **Ländergruppeneinteilung,** wie sie für die Berücksichtigung von Unterhaltsleistungen an gesetzlich unterhaltsberechtigte Angehörige im Ausland maßgebend ist (BMF-Schreiben vom 17. 11. 2003, BStBl I S. 637). Auf die Ausführungen in Teil I, Hauptvordruck, **Zeilen 106 bis 115** und die dort abgedruckte **Übersicht** der Ländereinteilung wird hingewiesen. Lebt das Kind in einem Land, das nach dieser Übersicht zur **Ländergruppe 1** gehört (z.B. in Italien, Spanien), wird eine Kürzung der Freibeträge für Kinder nicht vorgenommen. Dagegen werden die Freibeträge für Kinder um **ein Viertel** gekürzt, wenn das Kind in einem Land lebt, das zur **Ländergruppe 2** zählt (z.B. Griechenland, Slowenien, Zypern). Lebt das Kind in einem Land der **Ländergruppe 3** (z.B. Kroatien, Polen, Türkei, Ungarn), vermindern sich die zu berücksichtigenden Freibeträge für Kinder um **die Hälfte** und bei Ländern der **Ländergruppe 4** (z.B. Indien, Serbien) um **drei Viertel**. In den **Zeilen 1 bis 4** der Anlage Kind sind auch Kinder einzutragen, die im Jahr 2005 keinen Wohnsitz oder gewöhnlichen Aufenthalt im Inland hatten, sondern im Ausland lebten. Wegen des u.U. verminderten Kinderfreibetrags und Betreuungs-, Erziehungs- und Ausbildungsfreibetrags ist in **Zeile 3** auch anzugeben, in welchem ausländischen Staat das betreffende Kind im Jahr 2005 gewohnt hat. Bei Kindern, die sich 2005 nur zum Zweck der Berufsausbildung im Ausland aufgehalten haben, aber weiterhin zum Haushalt der Eltern gehörten oder einen eigenen Haushalt im Inland hatten, ist nur der Wohnort im Inland einzutragen. Das mittlere Feld der Zeile 2 ist auszufüllen, wenn das betreffende Kind im Jahr 2005 bereits verheiratet war.

In **Zeile 4** der Anlage Kind ist die Aufenthaltsdauer des Kindes im Inland oder Ausland nach Tag und Monat (und Jahr) einzutragen. Dies hängt damit zusammen, dass die Voraussetzungen für einen Kinderfreibetrag und dessen Höhe **monatsweise** zu prüfen sind (sog. Monatsprinzip; vgl. Ausführungen zu **Zeilen 21 bis 29, Abschn. VI**). Die Betragsangabe in **Zeile 2** (rechts außen) ist erforderlich, damit das Finanzamt prüfen kann, ob der Kinderfreibetrag und Betreuungs-, Erziehungs- und Ausbildungsfreibetrag für das einzelne Kind günstiger ist als der bestehende **Anspruch** auf Kindergeld oder vergleichbare Leistungen. Auf das tatsächlich gezahlte Kindergeld und den Zuflusszeitpunkt kommt es für die hier vorzunehmende Eintragung nicht an. Wurde z.B. für das im Dezember **2005** geborene Kind das zustehende Kindergeld von 154 € erst im Januar **2006** ausgezahlt, ist gleichwohl in Zeile 2 der Anlage Kind **2005** der Kindergeldanspruch von 154 € einzutragen. Bei einem barunterhaltspflichtigen Elternteil fällt hierunter der Anspruch auf das halbe Kindergeld, das er über den **zivilrechtlichen Ausgleich entsprechend § 1612b BGB** erhält, weil das Kindergeld bei der Bemessung seiner Unterhaltsverpflichtung angerechnet wird. Demzufolge ist in solchen Fällen bei dem betreuenden Elternteil nicht der volle Anspruch auf Kindergeld, sondern nur die Hälfte anzusetzen. Dies gilt auch dann, wenn der Freibetrag für den Betreuungs- und Erziehungs- oder Ausbildungsbedarf auf einen Elternteil übertragen wurde. Auf die Ausführungen in **Abschn. VI** und das dortige Beispiel sowie die Erläuterungen zu Zeilen 30 bis 36 des Vordrucks wird hingewiesen.

Dem Kindergeld **vergleichbare Leistungen** (Zeile 2 der Anlage Kind) sind z.B. Kinderzuschüsse aus der gesetzlichen Unfall- und Rentenversicherung sowie ausländisches Kindergeld (§ 65 EStG). Eine ausführliche Übersicht über vergleichbare Leistungen für Kinder im Ausland ist in BStBl 2002 I S. 241 abgedruckt. Wegen der Folgerungen vgl. Abschn. VI.

II. Begünstigte Kindschaftsverhältnisse

Im Rahmen der Einkommensteuerveranlagung können **nur solche Kinder** berücksichtigt werden, die zum Steuerpflichtigen oder seinem von ihm nicht dauernd getrennt lebenden, unbeschränkt steuerpflichtigen Ehegatten in einem der in § 32 EStG bezeichneten **Kindschaftsverhältnisse** stehen (wegen des Alters der Kinder s. unten). Die begünstigten Kindschaftsverhältnisse sind in **Zeile 6 bzw. 8** der Anlage Kind bereits vorgedruckt, sodass das Zutreffende jeweils nur **angekreuzt** zu werden braucht. **Als Kinder sind danach zu berücksichtigen**

1. leibliche Kinder, sofern das Verwandtschaftsverhältnis zum Steuerpflichtigen nicht durch Adoption erloschen ist: hierunter fallen **eheliche** Kinder, **für ehelich erklärte** Kinder (nichteheliche Kinder, die nach §§ 1723 bis 1740 BGB die rechtliche Stellung ehelicher Kinder jeweils im Verhältnis zum leiblichen Vater erhalten haben) und **nichteheliche** Kinder (auch im Verhältnis zu ihrem leiblichen Vater);

2. Adoptivkinder: das sind Kinder, die durch einen Beschluss des Vormundschaftsgerichts an Kindes Statt angenommen worden sind. Das Adoptivkindschaftsverhältnis wird noch nicht durch den Antrag, sondern erst durch die Zustellung des betreffenden Gerichtsbeschlusses begründet.

Seit 1996 wird ein Adoptivkind **nur bei den Adoptiveltern** berücksichtigt, falls das Kindschaftsverhältnis zu den leiblichen Eltern weiter besteht (§ 32 Abs. 2 EStG). Letzteres ist allerdings nur selten der Fall. Denn mit der Annahme eines **minderjährigen** Kindes **erlischt** das Verwandtschaftsverhältnis zu seinen Eltern, bei Annahme des nichtehelichen Kindes des Ehegatten allerdings nur das Verwandtschaftsverhältnis zum anderen Elternteil (§ 1755 BGB). Auch eine Einzelperson, der gegenüber das Kind Adoptivkind ist, geht im Range vor.

3. Pflegekinder: das sind Kinder, mit denen der Steuerpflichtige durch eine familienähnliche, auf längere Dauer angelegte Beziehung verbunden ist und die in seinem Haushalt ihr Zuhause haben. Die Pflegeperson(en) muss (müssen) zu dem Kind in einer familienähnlichen Beziehung wie zu einem eigenen Kind stehen. Hieran fehlt es, wenn ein Kind von vornherein nur für eine begrenzte Zeit im Haushalt des Steuerpflichtigen Aufnahme findet. Kinder, die zu **Erwerbszwecken** in den Haushalt aufgenommen werden, sind keine Pflegekinder, sondern nicht zu berücksichtigende **Kostkinder**. Hat der Steuerpflichtige mehr als sechs Kinder in seinen Haushalt aufgenommen, so spricht eine Vermutung dafür, dass es sich um Kostkinder handelt. Kinder, die mit dem Ziel der Annahme an Kindes Statt vom Steuerpflichtigen in Pflege genommen werden (§ 1744 BGB), sind in der Regel Pflegekinder (R 177 Abs. 1 EStR).

Die Berücksichtigung als Pflegekind setzt voraus, dass das Kind nicht mehr in einem Obhuts- und Pflegeverhältnis zu seinen leiblichen Eltern steht, d.h. die familiären Bindungen zu diesen auf Dauer aufgegeben sind. Gelegentliche Besuchskontakte allein stehen dem nicht entgegen. Ein Pflegekindschaftsverhältnis kann z.B. nicht anerkannt werden, wenn der Steuerpflichtige nicht nur mit dem Kind, sondern auch mit einem Elternteil des Kindes in häuslicher Gemeinschaft lebt. Dies gilt selbst dann, wenn der Elternteil durch eine Schul- oder Berufsausbildung in der Obhut und Pflege des Kindes beeinträchtigt ist (BFH-Urteil vom 9. 3. 1989, BStBl II S. 680). Die hiervon abweichenden BFH-Urteile vom 9. 3. 1989 (HFR 1989 S. 549) und vom 27. 10. 1989 (BStBl 1990 II S. 294) hatten nur Bedeutung für die Veranlagungszeiträume 1985 und früher. Ein zwischen einem allein erziehenden Elternteil und seinem Kind im Kleinkindalter begründetes Obhuts- und Pflegeverhältnis wird durch die vorübergehende Abwesenheit des Elternteils nicht unterbrochen (BFH-Urteil vom 12. 6. 1991, BStBl 1992 II S. 20). In der Regel kann jedoch angenommen werden, dass ein Obhuts- und Pflegeverhältnis zwischen einem allein erziehenden Elternteil und seinem bei Pflegeeltern lebenden, **noch nicht schulpflichtigen** Kind nicht mehr besteht, wenn der Elternteil mindestens **ein Jahr** lang keine für die Wahrung des Obhuts- und Pflegeverhältnisses ausreichenden Kontakte zu dem Kind hat (BFH-Urteil vom 20. 1. 1995, BStBl II S. 582). Bei **schulpflichtigen** Kindern kann davon ausgegangen werden, dass das Obhuts- und Pflegeverhältnis zu den leiblichen Eltern nicht mehr besteht, wenn zwischen den leiblichen Eltern und schulpflichtigen Kindern über **zwei Jahre** und länger keine entsprechenden Kontakte mehr bestanden haben (BFH-Urteil vom 7. 9. 1995, BStBl 1996 II S. 63). Ein Altersunterschied wie zwischen Eltern und leiblichen Kindern braucht für ein Pflegekindschaftsverhältnis nicht unbedingt zu bestehen. Ein Pflegekindschaftsverhältnis kann daher auch zu jüngeren Geschwistern, z. B. Waisen, oder zu Geschwistern, die wegen körperlicher, geistiger oder seelischer Behinderung von Kind an pflegebedürftig sind, gegeben sein (vgl. BFH-Urteil vom 5. 8. 1977, BStBl II S. 832). Ist das zu betreuende Geschwister erst im Erwachsenenalter pflegebedürftig geworden, so kann im Allgemeinen ein dem Eltern-Kind-Verhältnis ähnliches Pflegeverhältnis nicht mehr begründet werden (R 177 Abs. 3 EStR).

Weitere Voraussetzung für ein Pflegekindschaftsverhältnis war früher, dass der Steuerpflichtige das Kind mindestens zu einem nicht unwesentlichen Teil **auf seine Kosten unterhält**. Diese Voraussetzung ist auf Grund der Neufassung des § 32 Abs. 1 Nr. 2 EStG durch das Steueränderungsgesetz 2003 vom 15. 12. 2003 (BStBl I S. 710) weggefallen. Es genügt nun, dass das Kind **nicht zu Erwerbszwecken** in den Haushalt aufgenommen wird. Nach § 52 Abs. 40 EStG ist die Gesetzesänderung in allen noch offenen Fällen anzuwenden (vgl. auch BfF-Schreiben vom 15. 1. 2004, BStBl I S. 142).

Bis 1995 konnten Pflegekinder außer bei den Pflegeeltern u.U. auch bei ihren leiblichen Eltern oder Adoptiveltern berücksichtigt werden, wenn diese ihrer Unterhaltsverpflichtung gegenüber dem Kind für das Kalenderjahr im Wesentlichen (d. h. zu mindestens 75 v. H.) nachkamen (vgl. R 177 EStR 1995). Seit 1996 ist eine Doppelberücksichtigung ausgeschlossen. Nach § 32 Abs. 2 EStG kann ein Pflegekind **nur bei den Pflegeeltern** berücksichtigt werden, wenn es zugleich ein leibliches Kind oder Adoptivkind ist (vgl. auch Rdnr. 10 des BMF-Schreibens vom 9. 3. 1998, BStBl I S. 347).

Enkelkinder sind in **Zeile 6** bzw. **8** des Vordrucks Anlage Kind nur deshalb aufgeführt, weil eine **Übertragung** des Kinderfreibetrags und des Freibetrags für den Betreuungs-, Erziehungs- oder Ausbildungsbedarf auf Großeltern möglich ist, wenn das Kind in den Haushalt der Großeltern aufgenommen worden ist (§ 32 Abs. 6 Satz 7 EStG). In einem solchen Fall ist die beim Finanzamt erhältliche **Anlage K** auszufüllen und es sind Angaben in **Zeile 35 bzw. 36** der Anlage Kind zu machen. Wegen Einzelheiten wird auf die Erläuterungen zu **Zeilen 30 bis 36** der Anlage Kind (Abschn. VII Nr. 2) hingewiesen.

Stiefkinder fallen seit 1986 **nicht mehr** unter den einkommensteuerrechtlichen Kindbegriff. Dies schließt aber nicht aus, dass sich ein Stiefkind als **leibliches** Kind des **anderen** Ehegatten im Wege der Zusammenveranlagung auch beim Stiefelternteil steuermindernd auswirkt. Ist der leibliche Elternteil verstorben, bleibt zu prüfen, ob nunmehr beim Stiefelternteil die Voraussetzungen für ein Pflegekindschaftsverhältnis (vgl. oben) gegeben sind.

Ebenso besteht die Möglichkeit, einen Kinderfreibetrag und den Freibetrag für den Betreuungs-, Erziehungs- oder Ausbildungsbedarf mit Zustimmung des leiblichen Elternteils auf einen Stiefelternteil zu **übertragen** (vgl. **Zeilen 30 bis 36** der Anlage Kind und die Erläuterungen hierzu in Abschn. VII Nr. 2).

Falls ein Adoptivkind oder Pflegekind erst **im Laufe des Jahres 2005** angenommen worden ist, sollte dem Finanzamt dieses Datum mitgeteilt werden. Gleiches gilt, wenn ein leibliches Kind im Laufe des Jahres 2005 bei einer anderen Person Pflegekind oder Adoptivkind geworden ist. Die Angabe des Datums ist wichtig wegen des geltenden Monatsprinzips (vgl. nachfolgenden Abschn. VI Nr. 2).

III. Kindschaftsverhältnis zu weiteren Personen

Besteht bei einem Adoptivkind das Kindschaftsverhältnis zu den leiblichen Eltern weiter, ist es nur als Adoptivkind zu berücksichtigen. Ist ein leibliches Kind oder Adoptivkind zugleich ein Pflegekind, kann es nur bei den Pflegeeltern berücksichtigt werden. Der früher u.U. mögliche zusätzliche Abzug eines Kinderfreibetrags bei den leiblichen oder Adoptiveltern ist seit 1996 weggefallen (§ 32 Abs. 2 EStG).

Liegen bei einem unbeschränkt steuerpflichtigen Elternpaar die Voraussetzungen für eine Zusammenveranlagung nicht vor (wie bei dauernd getrennt lebenden oder geschiedenen Ehegatten oder Eltern nichtehelicher Kinder) oder werden die Ehegatten auf Antrag nach § 26a EStG getrennt oder für das Jahr der Eheschließung nach § 26c EStG besonders zur Einkommensteuer veranlagt, ist bei der Ermittlung des zu versteuernden Einkommens jedes Elternteils für jedes zu berücksichtigende Kind der (halbe) **Kinderfreibetrag** in Höhe von **jährlich 1 824 €** (monatlich 152 €) und der (halbe) **Freibetrag für den Betreuungs-, Erziehungs- oder Ausbildungsbedarf** von **jährlich 1 080 €** (monatlich 90 €) abzuziehen. Mit dieser Regelung (sog. **Halbteilungsgrundsatz**) hat der Gesetzgeber für Kinder dauernd getrennt lebender oder geschiedener Eltern sowie für nichteheliche Kinder zugleich dem Beschluss des **Bundesverfassungsgerichts** vom 8. 6 . 1977 (BStBl II S. 526) Rechnung getragen. Das Bundesverfassungsgericht hatte damals entschieden, dass unterhaltspflichtige Elternteile, die ihrer Unterhaltszahlungspflicht gegenüber dem Kind nachkommen (z.B. geschiedener Vater, dessen Kind bei der Mutter lebt), von kindbedingten Steuervergünstigungen **nicht** ausgeschlossen werden dürfen. Wegen der u.U. verminderten Freibeträge für im **Ausland** lebende Kinder vgl. Abschn. I. Wegen der Möglichkeit einer Übertragung des Kinderfreibetrags und des Freibetrags für den Betreuungs-, Erziehungs- oder Ausbildungsbedarf auf den anderen Elternteil wird auf Abschn. VII (Zeilen 30 bis 36 der Anlage Kind) hingewiesen.

Nach § 32 Abs. 6 EStG gelten für das Jahr 2005 folgende Regelungen:

Abzug der vollen Freibeträge für Kinder

Den vollen Kinderfreibetrag von **jährlich 3 648 €** (monatlich 304 €) und den vollen Freibetrag für den Betreuungs-, Erziehungs- und Ausbildungsbedarf von jährlich **2 160 €** (monatlich 180 €) je Kind erhalten **Ehegatten,** die beide unbeschränkt einkommensteuerpflichtig sind, nicht dauernd getrennt leben und die Zusammenveranlagung zur Einkommensteuer wählen, wenn das Kind **zu beiden** Ehegatten in einem Kindschaftsverhältnis steht. Die genannten **vollen** Freibeträge werden aber auch für ein Kind gewährt, das **nur zu einer** unbeschränkt einkommensteuerpflichtigen Person in einem Kindschaftsverhältnis steht. Deshalb stehen die **vollen** Freibeträge für ein Kind (monatlich 484 €) **einem Elternteil** dann zu, wenn

a) der andere Elternteil verstorben ist;

b) der andere Elternteil im Ausland gewohnt hat und in der Bundesrepublik Deutschland nicht unbeschränkt einkommensteuerpflichtig war;

c) der Steuerpflichtige allein das Kind adoptiert hat;

d) das Kind nur zum Steuerpflichtigen in einem Pflegekindschaftsverhältnis gestanden hat;

e) der Wohnsitz oder gewöhnliche Aufenthalt des anderen Elternteils nicht zu ermitteln ist oder

f) der Vater des Kindes amtlich nicht feststellbar ist.

Da seit 1996 das Monatsprinzip gilt (vgl. Abschn. VI Nr. 2), kann der Monatsbetrag von 484 € berücksichtigt werden, wenn der Steuerpflichtige wenigstens für einen Tag im Monat die genannten Voraussetzungen darlegen kann. Hierzu dienen die Angaben in den **Zeilen 10, 11** und **33**. Angaben zu Buchst. c bis f sollten ggf. auf besonderem Blatt gemacht werden.

IV. Alter der Kinder

Hinsichtlich des Alters des Kindes ist (wie bisher) zwischen Kindern bis zu **18 Jahren**, d.h. **minderjährigen** Kindern, und **volljährigen** Kindern (18. Lebensjahr vollendet) zu unterscheiden.

Für den **Veranlagungszeitraum 2005** gilt:

1. Ein Kind wird unter den Voraussetzungen des Abschn. II in dem **Kalendermonat**, in dem es lebend geboren wurde, und in jedem folgenden Kalendermonat, zu dessen Beginn es das **18. Lebensjahr noch nicht vollendet** hat, berücksichtigt. Ohne Bedeutung ist, ob ein solches Kind eigene Einkünfte oder Bezüge hat, ob es noch in Ausbildung steht oder ggf. schon verheiratet ist.

Für Kinder unter 18 Jahren brauchen Angaben nur in den **Zeilen 1 bis 11** gemacht zu werden, da die Höhe der eigenen Einkünfte

Teil I: Anlage Kind
Zeilen 1–20

und Bezüge bei Kindern dieser Altersgruppe für einen Kinderfreibetrag unerheblich ist. Vollendet das Kind im Laufe des Jahres das 18. Lebensjahr, so sind zusätzlich in den Zeilen **13 bis 29** die entsprechenden Angaben zu machen.

Sofern das Kind im Jahr 2005 **nicht** in der Wohnung des Steuerpflichtigen **gemeldet** war, hat der Steuerpflichtige durch eine steuerliche Lebensbescheinigung der Wohnsitzgemeinde des Kindes nachzuweisen, dass das Kind **im Inland** seinen Wohnsitz oder gewöhnlichen Aufenthalt hatte. Dies entfällt jedoch, wenn das Kind auf der Lohnsteuerkarte des Steuerpflichtigen bei der Zahl der Kinderfreibeträge bereits berücksichtigt worden ist.

2. Ein Kind, das das **18. Lebensjahr**, aber **noch nicht das 27. Lebensjahr** vollendet hat, wird nach § 32 Abs. 4 EStG berücksichtigt, wenn es

a) für einen **Beruf ausgebildet** worden ist (einschließlich Schulausbildung) oder

b) sich in einer Übergangszeit von **höchstens vier Monaten** befunden hat, die zwischen zwei Ausbildungsabschnitten oder zwischen einem Ausbildungsabschnitt und der Ableistung des gesetzlichen Wehr- oder Zivildienstes, einer vom Wehr- oder Zivildienst befreienden Tätigkeit als Entwicklungshelfer oder als Dienstleistender im Ausland nach § 14 b Zivildienstgesetz oder der Ableistung eines der nachfolgend aufgeführten freiwilligen Dienste (Buchst. d) lag, oder

c) eine Berufsausbildung **mangels Ausbildungsplatzes** nicht beginnen oder fortsetzen konnte oder

d) ein **freiwilliges soziales Jahr** im Sinne des Gesetzes zur Förderung eines freiwilligen sozialen Jahres, ein **freiwilliges ökologisches Jahr** im Sinne des Gesetzes zur Förderung eines freiwilligen ökologischen Jahres oder einen **Freiwilligendienst** im Sinne des Beschlusses Nr. 1031/2000/EG des Europäischen Parlaments und des Rates vom 13. 4. 2000 zur Einführung des gemeinschaftlichen Aktionsprogramms „Jugend" (ABl. EG Nr. L 117 S. 1) oder einen anderen Dienst im Ausland im Sinne von **§ 14b Zivildienstgesetz** geleistet hat.

3. Ein Kind, das das **18. Lebensjahr**, aber **noch nicht das 21. Lebensjahr** vollendet hat, wird berücksichtigt, wenn es **nicht in einem Beschäftigungsverhältnis** stand und bei einer Agentur für Arbeit (früher: Arbeitsamt) im Inland oder in Mitgliedstaaten der EU oder des EWR **als Arbeitsuchender gemeldet** war (§ 32 Abs. 4 Satz 1 Nr. 1 EStG).

Ein in **Nr. 2 und 3** bezeichnetes Kind kann jedoch nur berücksichtigt werden, wenn seine eigenen Einkünfte und Bezüge, die zur Bestreitung des Unterhalts oder der Berufsausbildung bestimmt oder geeignet sind, **7680 €** im Kalenderjahr 2005 nicht überstiegen haben. Bezüge, die für besondere Ausbildungszwecke bestimmt sind, bleiben hierbei außer Ansatz. Entsprechendes gilt für Einkünfte, soweit sie für solche Zwecke verwendet werden. Für jeden Kalendermonat, in dem die Voraussetzungen für eine Berücksichtigung nach Nr. 2 oder 3 **an keinem Tag** vorliegen, **ermäßigt** sich der genannte Betrag um ein Zwölftel. Einkünfte und Bezüge des Kindes, die auf **diese** Kalendermonate entfallen, bleiben außer Ansatz. Näheres ergibt sich aus den Erläuterungen zu **Zeilen 21 bis 29** der Anlage Kind.

Wegen **behinderter Kinder** vgl. die nachfolgende **Nr. 4**.

Ein Kinderfreibetrag wird bereits seit 1996 **nicht mehr gewährt** für Kinder

- die den gesetzlichen Grundwehrdienst oder Zivildienst leisten,
- die sich freiwillig für die Dauer von nicht mehr als 3 Jahren zum Wehrdienst verpflichtet haben,
- die eine vom gesetzlichen Grundwehrdienst oder Zivildienst befreiende Tätigkeit als Entwicklungshelfer ausüben.

In diesen Fällen **verschiebt sich jedoch die Altersgrenze** von 21 bzw. 27 Jahren um die Dauer des inländischen Grundwehrdienstes oder Zivildienstes, ggf. um die Dauer der Tätigkeit als Entwicklungshelfer, wenn diese kürzer ist (§ 32 Abs. 5 EStG). Die Verlängerung gilt auch dann, wenn der gesetzliche Grundwehrdienst oder Zivildienst in einem Mitgliedstaat der Europäischen Union oder einem Staat, auf den das Abkommen über den Europäischen Wirtschaftsraum Anwendung findet, geleistet wird. Dabei ist auf die Dauer dieses Dienstes abzustellen. Die Verlängerung hat zur Folge, dass eine Kinderberücksichtigung unter den o.a. Voraussetzungen **über das 21. oder 27. Lebensjahr** hinaus möglich ist. Die Dauer der genannten Dienste ist in **Zeile 20** der Anlage Kind einzutragen. Einzelheiten sind im BfF-Schreiben vom 5.8. 2004 (BStBl I S. 742 DA 63.5) geregelt.

Beispiel

Ein verheirateter Steuerpflichtiger hat einen Sohn, der im Dezember 2004 das 27. Lebensjahr vollendet hat und im Jahr 2005 noch studiert. Der Sohn hatte den gesetzlichen Grundwehrdienst mit damals 12 Monaten abgeleistet.

Das Kind ist zwar im Veranlagungszeitraum 2005 bereits älter als 27 Jahre, es kann aber nach § 32 Abs. 5 EStG noch berücksichtigt werden.

Zum Begriff „Berufsausbildung" (obige Nr. 2a)

Als Berufsausbildung ist die Ausbildung für einen künftigen Beruf anzusehen, z.B. die Ausbildung für einen handwerklichen, kaufmännischen, technischen oder wissenschaftlichen Beruf sowie die Ausbildung in der Hauswirtschaft auf Grund eines Berufsausbildungsvertrags oder an einer Lehranstalt, z.B. Haushaltsschule, Berufsfachschule. Die Berufsausbildung soll die für die Ausübung eines Berufs notwendigen fachlichen Fertigkeiten und Kenntnisse in einem geordneten Ausbildungsgang vermitteln. Darunter fällt auch der Besuch von Allgemeinwissen vermittelnden Schulen, von Fachschulen und Hochschulen. Auch der Besuch eines Colleges in den USA kann zur Berufsausbildung zählen (BFH-Urteil vom 9. 6. 1999, BStBl II S. 705 und BMF-Schreiben vom 19. 10. 1999, BStBl I S. 958). Gleichgültig ist, ob es sich um ein erstmaliges oder ein ergänzendes Studium oder um ein Zweitstudium handelt. Die Vorbereitung zur Doktorprüfung (Promotion) gehört zur Berufsausbildung, wenn sie im Anschluss an das Studium ernsthaft und nachhaltig durchgeführt wird (BFH-Urteil vom 9. 6. 1999, BStBl II S. 708). In Berufsausbildung befindet sich, wer sein Berufsziel noch nicht erreicht hat, sich aber ernstlich darauf vorbereitet (BFH-Urteil vom 9. 6. 1999, BStBl II S. 706). Unterbrechungszeiten wegen Erkrankung oder Mutterschaft zählen zur Berufsausbildung (R 180 Abs. 1 EStR). Nicht zur Berufsausbildung zählen jedoch Unterbrechungszeiten wegen der Betreuung eines eigenen Kindes (BFH-Urteil vom 15. 7. 2003, BStBl II S. 848). Der Bejahung einer Berufsausbildung steht nicht entgegen, dass das Kind aufgrund der Art der jeweiligen Ausbildungsmaßnahme die Möglichkeit der Erzielung eigener Einkünfte erlangt (BFH-Urteil vom 16. 4. 2002, BStBl II S. 523). Ein Kind befindet sich jedoch nicht in Ausbildung, wenn es sich zwar an einer Universität immatrikuliert, aber tatsächlich das Studium noch nicht aufgenommen hat und vorerst weiter einer Vollzeiterwerbstätigkeit nachgeht (BFH-Urteil vom 23. 11. 2001, BStBl 2002 II S. 484). Die Ferienzeit zwischen zwei Ausbildungsabschnitten gehört zur Berufsausbildung, nicht aber die Übergangszeit zwischen dem Abschluss der Berufsausbildung und dem Berufsantritt. Auch die Probezeit bei erstmaligem Berufsantritt zählt nicht zur Berufsausbildung (BFH-Urteil vom 31. 1. 1964, BStBl III S. 300).

Die Berufsausbildung ist abgeschlossen, wenn das Kind einen Ausbildungsstand erreicht hat, der es zur Berufsausübung befähigt. Dies schließt aber nicht aus, dass das Kind später erneut in eine Berufsausbildung eintritt, z.B. in die Ausbildung für einen gehobeneren oder andersartigen Beruf (BFH-Urteil vom 4. 12. 1969, BStBl 1970 II S. 450). In Handwerksberufen wird die Berufsausbildung regelmäßig mit der Ablegung der Gesellenprüfung abgeschlossen, es sei denn, dass das Kind im Anschluss hieran einen weiteren Handwerksberuf erlernt oder in eine weiterführende Ausbildung (z.B. durch den Besuch einer Fach- oder Meisterschule) eintritt. In akademischen Berufen wird die Berufsausbildung regelmäßig mit der Ablegung des Staatsexamens oder einer entsprechenden Abschlussprüfung abgeschlossen, es sei denn, dass sich ein ergänzendes oder ein Zweitstudium anschließt. Prüfungen und Examen gelten mit dem Zeitpunkt der Bekanntgabe des Prüfungsergebnisses als abgelegt. Die Berufsausbildung

Teil I: Anlage Kind
Zeilen 1–20

endet jedoch bereits vor Bekanntgabe des Prüfungsergebnisses, wenn das Kind nach Erbringung aller Prüfungsleistungen eine Vollzeiterwerbstätigkeit aufnimmt (BFH-Urteil vom 24. 5. 2000, BStBl II S. 473). Das Referendariat im Anschluss an die erste juristische Staatsprüfung zählt zur Berufsausbildung (BFH-Beschluss vom 10. 2. 2000, BStBl II S. 398). Eine Berufsausbildung liegt auch vor, wenn sie im Rahmen eines Dienstverhältnisses erfolgt (z. B. bei Beamtenanwärtern). Keine Berufsausbildung ist gegeben, wenn die Beschäftigung des Kindes ihrem Gesamtbild nach nicht mehr den Charakter einer Ausbildung hat. Dies ist z. B. der Fall, wenn das Kind nach Abbruch einer kaufmännischen Lehre im elterlichen Betrieb als Außendienstvertreter beschäftigt wird und dort lediglich einzelne Kenntnisse für die Vertretertätigkeit vermittelt erhält (BFH-Urteil vom 8. 11. 1972, BStBl 1973 II S. 141). Andererseits ist eine Volontärtätigkeit, die ein ausbildungswilliges Kind vor Annahme einer voll bezahlten Beschäftigung gegen geringe Entlohnung absolviert, als Berufsausbildung anzuerkennen, wenn das Volontariat der Erlangung der angestrebten beruflichen Qualifikation dient und somit der Ausbildungscharakter im Vordergrund steht. Es darf sich dagegen nicht lediglich um ein gering bezahltes Arbeitsverhältnis handeln (BFH-Urteil vom 9. 6. 1999, BStBl II S. 706 und BMF-Schreiben vom 19. 10. 1999, BStBl I S. 958).

Das Anwaltspraktikum eines Jurastudenten ist Berufsausbildung, weil dadurch Kenntnisse, Fähigkeiten und Erfahrungen vermittelt werden, die als Grundlagen für die Ausübung des angestrebten Berufs geeignet sind. Dies gilt unabhängig davon, ob das Praktikum nach der maßgeblichen Ausbildungs- oder Studienordnung vorgeschrieben ist. Es ist unschädlich, wenn das Kind für das Praktikum von einem Studium beurlaubt wird (BFH-Urteil vom 9. 6. 1999, BStBl II S. 713). Sprachaufenthalte im Ausland, z. B. im Rahmen eines Au-pair-Verhältnisses, können grundsätzlich als Berufsausbildung anerkannt werden, wenn sie von einem theoretisch-systematischen Sprachunterricht von wöchentlich zehn Unterrichtsstunden zuzüglich Zeit für Vor- und Nachbereitung sowie für praktische Anwendung der Fremdsprache begleitet werden. Eine geringere Stundenzahl kann im Einzelfall unschädlich sein, wenn der Unterricht der üblichen Vorbereitung auf einen anerkannten Prüfungsabschluss dient und das Kind den Prüfungsabschluss anstrebt. Nicht erforderlich ist, dass Zeit und Arbeitskraft des Kindes überwiegend in Anspruch genommen werden (BFH-Urteile vom 9. 6. 1999, BStBl II S. 701 und 710 sowie o. a. BMF-Schreiben in BStBl 1999 I S. 958). Der Erwerb von Sprachkenntnissen ohne theoretisch-systematischen Sprachunterricht ist keine Berufsausbildung (BFH-Urteil vom 15. 7. 2003, BStBl II S. 843).

Ein berufsbegleitendes, d. h. ein neben einer Erwerbstätigkeit unternommenes Studium erfüllt den Tatbestand der Berufsausbildung, wenn der Studierende diese Ausbildung ernsthaft und nachhaltig betreibt, d. h. dem Studium tatsächlich nachgeht (BFH-Urteile vom 29. 10. 1999, BFH/NV 2000 S. 431 und vom 9. 6. 1999, BStBl II S. 708). Nach dem BFH-Urteil vom 14. 5. 2002 (BStBl II S. 807) befindet sich auch ein Kind, das neben dem Zivildienst ernsthaft und nachhaltig ein Studium betreibt, in Berufsausbildung. Gleiches gilt nach dem BFH-Urteil vom 16. 4. 2002 (BStBl II S. 523) für einen Soldaten auf Zeit (12 Jahre), der zum Offizier ausgebildet wird. Ob letztlich ein Kinderfreibetrag in Betracht kommt, hängt von der Höhe der eigenen Einkünfte und Bezüge des Kindes ab (vgl. nachfolgenden Abschn. V, Zeilen 21 bis 29).

Ein behindertes Kind befindet sich auch dann in der Berufsausbildung, wenn es durch gezielte Maßnahmen auf eine – wenn auch einfache – Erwerbstätigkeit vorbereitet wird, die nicht spezifische Fähigkeiten oder Fertigkeiten erfordert. Bei einem behinderten Kind kann unter diesem Gesichtspunkt z. B. auch der Besuch einer Behindertenschule, einer Heimsonderschule oder das Arbeitstraining einer Anlern- oder beschützenden Werkstatt eine Berufsausbildung darstellen. Die Ausbildung des behinderten Kindes ist abgeschlossen, wenn ihm eine seinen Fähigkeiten angemessene Beschäftigung möglich ist. Im Zweifelsfall kann eine Bescheinigung der besuchten Einrichtung einen Anhaltspunkt für die Beurteilung geben.

Übergangszeit von höchstens vier Monaten zwischen zwei Ausbildungsabschnitten usw. (obige Nr. 2 b)

Um für die Fälle der Unterbrechung der Berufsausbildung Härten wegen des Monatsprinzips (vgl. nachfolgenden Abschn. VI Nr. 2) zu vermeiden, bestimmt § 32 Abs. 4 Nr. 2 b EStG, dass ein Kinderfreibetrag auch für eine **Übergangszeit zwischen zwei Ausbildungsabschnitten** gewährt wird, allerdings nur dann, wenn diese Übergangszeit **nicht mehr als vier Monate** dauert. Gleiches gilt für eine Übergangszeit zwischen Beginn oder Ende eines Ausbildungsabschnitts und dem Beginn oder Ende des Wehr- oder Ersatzdienstes bzw. eines freiwilligen sozialen oder ökologischen Jahres i. S. der Förderungsgesetze oder eines Europäischen Freiwilligendienstes oder eines anderen Dienstes im Ausland i. S. von § 14b Zivildienstgesetz. Übergangszeiten, wenn sie im zeitlichen Rahmen von vier Monaten liegen, sind auch Zwangspausen zwischen zwei Ausbildungsabschnitten nach Zeiten einer Erkrankung, einer Behinderung oder eines Beschäftigungsverbots nach dem Mutterschutzgesetz. Es reicht aus, wenn der nächste Ausbildungsabschnitt im Monat nach Ablauf des vierten **vollen Kalendermonats**, in dem sich das Kind nicht in Ausbildung befunden hat, beginnt. Endet z. B. der erste Ausbildungsabschnitt im Monat Juli, so muss der zweite Ausbildungsabschnitt spätestens im Dezember beginnen (H 180a EStH). Ein Kind, das nach Abschluss einer berufsqualifizierenden Ausbildung vollzeiterwerbstätig ist, befindet sich nicht in einer Übergangszeit zwischen zwei Ausbildungsabschnitten, auch wenn es nachfolgend eine weitere Ausbildung beginnt (BFH-Urteil vom 19. 10. 2001, BStBl 2002 II S. 481).

Kinder ohne Ausbildungsplatz (obige Nr. 2 c)

Zum Nachweis, dass das Kind trotz ernsthafter Bemühungen eine **Berufsausbildung mangels Ausbildungsplatzes nicht beginnen oder fortsetzen** konnte, sollten dem Finanzamt z. B. entsprechende Bewerbungs- und Ablehnungsschreiben vorgelegt werden. Sind Unterlagen, die auf den Willen zur Eingehung eines Berufsausbildungsverhältnisses schließen lassen, nicht vorhanden, kann u. U. das Arbeitsamt (jetzt: Agentur für Arbeit) bestätigen, dass das Kind dort als Ausbildungsplatz suchend gemeldet ist. Hat das Kind während des ganzen Kalenderjahres eine Erwerbstätigkeit gegen Entgelt ausgeübt oder Lohnersatzleistungen erhalten, wird vermutet, dass das Kind keine weitere Berufsausbildung anstrebt (vgl. auch R 180 b EStR). Die Vermutung, dass das Kind keine weitere Berufsausbildung anstrebt, kann durch Nachweis eines sicheren Ausbildungsplatzes für das folgende Kalenderjahr widerlegt werden (H 180 b EStH). Ein nach Abschluss einer berufsqualifizierenden Ausbildung vollzeiterwerbstätiges Kind, das eine weitere Ausbildung absolvieren möchte, ist kein Kind, das seine Berufsausbildung mangels Ausbildungsplatzes nicht fortsetzen kann (BFH-Urteil vom 19. 10. 2001, BStBl 2002 II S. 481). Ein Mangel eines Ausbildungsplatzes liegt sowohl vor, wenn das Kind noch keinen Ausbildungsplatz gefunden hat, als auch dann, wenn ihm ein solcher bereits zugesagt wurde, es diesen aber aus schul-, studien- oder betriebsorganisatorischen Gründen erst zu einem späteren Zeitpunkt antreten kann (BFH-Urteil vom 15. 7. 2003, BStBl II S. 845). Vgl. auch BfF-Schreiben vom 5. 8. 2004, BStBl I S. 742 DA 63.3.4.

Gesetzlicher **Grundwehrdienst**, der nach den obigen Ausführungen zu einer Verlängerung der 21-Jahresgrenze für arbeitslose Kinder bzw. der 27-Jahresgrenze für die Ausbildungszeit führen kann, ist der Wehrdienst, der aufgrund der allgemeinen Wehrpflicht (§ 5 des Wehrpflichtgesetzes i. d. F. vom 15. 12. 1995, BGBl I S. 1756, geändert durch Art. 64 des Gesetzes vom 21. 8. 2002, BGBl I S. 3322) zu leisten ist. Der **Grenzschutzdienst** aufgrund des § 49 des Bundesgrenzschutzgesetzes (Neuregelungsgesetz vom 19. 10. 1994, BGBl I S. 2978) wird dem Wehrdienst gleichgestellt. Als gesetzlicher **Zivildienst** ist der von anerkannten Kriegsdienstverweigerern zu leistende Zivildienst anzusehen (Zivildienstgesetz i. d. F. vom 28. 9. 1994, BGBl I S. 2811, zuletzt geändert durch Art. 1 des Gesetzes vom 27. 9. 2004, BGBl I S. 2358).

Das **freiwillige soziale Jahr** (obige **Nr. 2 d**) wird in der Regel bis zur Vollendung des 27. Lebensjahrs für die Dauer von 12 zusammenhängenden Monaten abgeleistet. Das Kind muss sich mindes-

Teil I: Anlage Kind
Zeilen 1–20

tens für 6 Monate verpflichtet haben. Der Nachweis, dass das Kind das freiwillige soziale Jahr leistet, ist durch eine Bescheinigung zu erbringen, die der Träger des freiwilligen sozialen Jahres ausstellt. Träger des freiwilligen sozialen Jahres sind die in der Bundesarbeitsgemeinschaft der freien Wohlfahrtspflege zusammengeschlossenen Verbände und ihre Untergliederungen, die Kirchen, die Gebietskörperschaften sowie nach näherer Bestimmung der Länder sonstige Körperschaften des öffentlichen Rechts. Das freiwillige soziale Jahr kann auch im (nicht notwendig europäischen) Ausland abgeleistet werden, wenn der Träger seinen Hauptsitz im Inland hat (BfF-Schreiben vom 5. 8. 2004, BStBl I S. 742 DA 63.3.5).

Das **freiwillige ökologische Jahr** wird zwischen der Vollendung des 16. und des 27. Lebensjahres bis zur Dauer von 12 zusammenhängenden Monaten geleistet. Die Mindestdauer der Verpflichtung beträgt 6 Monate. Die mehrmalige Ableistung eines freiwilligen ökologischen Jahres und die Ableistung sowohl eines freiwilligen ökologischen Jahres als auch eines freiwilligen sozialen Jahres ist nicht zulässig. Das freiwillige ökologische Jahr kann auch im (nicht notwendig europäischen) Ausland geleistet werden. Die Träger des freiwilligen ökologischen Jahres werden von der zuständigen Landesbehörde zugelassen. Sie müssen ihren Hauptsitz im Inland haben (§ 1 des Gesetzes zur Förderung eines freiwilligen ökologischen Jahres i.d.F. der Bekanntmachung vom 15. 7. 2002, BGBl I S. 2600, geändert durch Art. 19 des Gesetzes vom 9. 12. 2004, BGBl I S. 3242).

Der **Europäische Freiwilligendienst** wird auf der Grundlage eines privatrechtlichen Fördervertrags abgeleistet, der zwischen dem Freiwilligen, der (meist inländischen) Entsendeorganisation, der (meist im EU- bzw. EWR-Gebiet sitzenden) Aufnahmeorganisation und der die Förderung bewilligenden Stelle geschlossen wird. Die die Förderung bewilligende Stelle ist für in Deutschland ansässige Freiwillige in der Regel die deutsche Nationalagentur „Jugend für Europa" (Hochkreuzallee 20, 53175 Bonn), in Ausnahmefällen unmittelbar die Europäische Kommission in Brüssel. Der Vertrag kommt erst mit abschließender Unterzeichnung durch die bewilligende Stelle zustande; er ist zwingende Voraussetzung für die Berücksichtigung. Der Tätigkeitsort liegt regelmäßig, aber nicht notwendig im EU-/EWR-Gebiet. Die Dauer ist auf maximal 12 Monate beschränkt; bis zu der Höchstdauer können auch mehrere Dienste bzw. die Arbeit in verschiedenen Projekten berücksichtigt werden. Der Nachweis des Europäischen Freiwilligendienstes ist zu erbringen

- durch eine Bescheinigung, die die deutsche Nationalagentur oder die Entsendeorganisation unter Bezugnahme auf das Aktionsprogramm und Angabe der Beteiligten (des Freiwilligen, der Entsendeorganisation und der Aufnahmeorganisation), der Dauer sowie der Projektnummer vor Beginn oder nach Abschluss der Tätigkeit dem Freiwilligen ausstellt oder

- durch das Zertifikat über die Ableistung des Dienstes, das die Europäische Kommission nach Abschluss der Tätigkeit dem Freiwilligen ausstellt.

Arbeitslose Kinder (obige Nr. 3)

Arbeitslos sind Kinder, die vorübergehend nicht in einem Beschäftigungsverhältnis stehen oder nur eine weniger als 15 Stunden wöchentlich umfassende Beschäftigung ausüben und eine versicherungspflichtige, mindestens 15 Stunden wöchentlich umfassende Beschäftigung **suchen** (§ 118 SGB III). Die Suche setzt eigene Bemühungen des Kindes voraus, um seine Beschäftigungslosigkeit zu beenden; außerdem muss das Kind den Vermittlungsbemühungen des Arbeitsamtes zur Verfügung stehen. In Auslandsfällen ist durch eine Bestätigung der ausländischen Arbeitsverwaltung nachzuweisen, dass das Kind arbeitslos gemeldet ist und nach den dortigen Bestimmungen der Arbeitsverwaltung zur Verfügung steht. Eine geringfügige Beschäftigung i.S. von § 8 SGB IV steht einer Berücksichtigung des Kindes nicht entgegen (im Einzelnen vgl. BfF-Schreiben vom 5.8. 2004, BStBl I S. 742 DA 63.3.1).

Behinderte Kinder

4. Ein Kind, das das **18. Lebensjahr** vollendet hat, wird **ohne Altersbegrenzung** (auch über das **27.** Lebensjahr hinaus) berücksichtigt, wenn es **wegen körperlicher, geistiger** oder **seelischer Behinderung außerstande** ist, **sich selbst zu unterhalten.** Die Behinderung muss vor Vollendung des 27. Lebensjahrs eingetreten sein (§ 32 Abs. 4 Nr. 3 EStG).

Die Berücksichtigung eines **volljährigen behinderten Kindes** ist nicht mehr davon abhängig, dass die Erwerbsfähigkeit um mehr als 90 v.H. gemindert ist. Die früher geltende Voraussetzung der dauernden Erwerbsunfähigkeit ist dadurch ersetzt worden, dass das Kind **wegen seiner Behinderung** außerstande sein muss, sich selbst zu unterhalten. Dadurch sind nun einerseits auch behinderte Kinder berücksichtigungsfähig, bei denen die Minderung der Erwerbsfähigkeit **weniger als 90 v.H.** beträgt; andererseits sind Kinder mit einer Minderung der Erwerbsfähigkeit von mehr als 90 v.H. (d.h. auch bei völliger Erwerbsunfähigkeit) nicht mehr berücksichtigungsfähig, wenn sie sich selbst unterhalten können. Letzteres kann z.B. bei höheren eigenen Einkünften des Kindes (etwa aus Kapitalvermögen oder Vermietung und Verpachtung) in Betracht kommen.

Nach drei Entscheidungen des BFH vom 15.10. 1999 (BStBl 2000 II S. 72, 75 und 79) ist ein volljähriges behindertes Kind **außerstande**, sich selbst zu unterhalten, wenn es mit seinen eigenen Mitteln seinen gesamten notwendigen Lebensbedarf nicht decken kann. Die Fähigkeit des Kindes zum Selbstunterhalt ist anhand zweier Bezugsgrößen, nämlich des **gesamten notwendigen Lebensbedarfs** des Kindes einerseits sowie der **finanziellen Mittel** des Kindes andererseits zu prüfen. Der gesamte notwendige Lebensbedarf des behinderten Kindes setzt sich aus dem allgemeinen Lebensbedarf (Grundbedarf) **und** dem individuellen behinderungsbedingten Mehrbedarf zusammen. Der jährliche **Grundbedarf** beläuft sich für jedes Kind, gleichgültig ob behindert oder nicht, für das Jahr 2005 auf **7 680 €**. Zum behinderungsbedingten **Mehrbedarf** zählen insbesondere die Kosten für eine Heimunterbringung bzw. Pflegebedarf in Höhe des gezahlten Pflegegeldes sowie Fahrtkosten des Kindes, unter bestimmten Voraussetzungen auch persönliche Betreuungsleistungen der Eltern, die mit 8 € pro Stunde zu bewerten sind (H 180 d EStH, BStBl 2004 I S. 770). Falls das behinderte Kind nicht in einem Heim untergebracht ist, kann, soweit kein Einzelnachweis erfolgt, der **Behinderten-Pauschbetrag** nach § 33b EStG (vgl. Teil I, Hauptvordruck, Zeilen 95 bis 98) **als pauschaler Mehrbedarf** angesetzt werden. Dem so ermittelten gesamten notwendigen Lebensbedarf für das behinderte Kind sind in einem zweiten Schritt die Einnahmen des Kindes gegenüberzustellen. Dazu gehören neben Einkünften auch Bezüge, insbesondere die Eingliederungshilfe und Leistungen Dritter, die das Kind für einen behinderungsbedingten Mehrbedarf erhält (im Einzelnen vgl. BStBl 2004 I S. 742 DA 63.3.6 und BFH-Urteil vom 26. 11. 2003, BStBl 2004 II S. 588). Als solcher Bezug zählt auch eine steuerfreie Unfallrente des Kindes sowie das von der Pflegeversicherung gezahlte Pflegegeld. Sind die Einnahmen des behinderten Kindes **geringer** als dessen gesamter existenzieller Lebensbedarf, **besteht ein Anspruch auf Kindergeld oder den Kinderfreibetrag**. Berechnungsbeispiele sind in H 180 d EStH abgedruckt. Nach dem BfF-Schreiben vom 5. 8. 2004 (BStBl I S. 742 DA 63.3.6.3.2) kann aus Vereinfachungsgründen davon ausgegangen werden, dass die eigenen Mittel des Kindes nicht ausreichen, sich selbst zu unterhalten, soweit ein vollstationär untergebrachtes Kind außer Eingliederungshilfe einschließlich Taschengeld kein weiteres verfügbares Einkommen hat. Der BFH hat in zwei Urteilen vom 19. 8. 2002 (BStBl 2003 II S. 88 und 91) entschieden, dass bei der Prüfung, ob ein volljähriges behindertes Kind außerstande ist, sich selbst zu unterhalten, dessen **Vermögen nicht** zu berücksichtigen ist.

Übersteigen die eigenen Einkünfte und Bezüge des Kindes im Kalenderjahr 2005 nicht **7 680 €**, ist nach R 180 d Abs. 3 EStR davon auszugehen, dass das Kind außerstande ist, sich selbst zu unterhalten. Nach dem BFH-Beschluss vom 14. 12. 2001 (BStBl 2002 II S. 486) erhöht sich dieser Betrag um den behinderungsbedingten Mehrbedarf in Form des Behinderten-Pauschbetrags.

Behinderungen der bezeichneten Art sind von der Norm abweichende körperliche, geistige oder seelische Zustände, die sich erfahrungsgemäß über einen längeren Zeitraum erstrecken und bei denen die Dauer des pathologischen Zustandes im Voraus nicht absehbar ist. Zu den Behinderungen können deshalb auch Suchtkrankheiten gehören. Der **Nachweis der Behinderung** ist grundsätzlich durch einen Ausweis nach dem Neunten Buch Sozialgesetzbuch oder durch eine entsprechende Bescheinigung des Versorgungsamts zu erbringen; ggf. auch durch einen Gleichstellungsbescheid des Arbeitsamtes, wenn das Kind Schwerbehinderten gleichgestellt ist, oder durch einen Bescheid über die Einstufung als Schwerstpflegebedürftiger in **Pflegestufe III** nach SGB XI, dem BSHG oder diesen entsprechenden Bestimmungen. Von der Vorlage eines Schwerbehindertenausweises usw. kann ausnahmsweise abgesehen werden, wenn im Einzelfall, insbesondere bei seelischen Erkrankungen, die begründete Befürchtung besteht, dass sich das Verfahren zur Erlangung eines amtlichen Nachweises nachteilig auf den Gesundheitszustand und die weitere ärztliche Behandlung des Kindes auswirken könnte und aussagekräftige Gutachten vorgelegt werden. Nach dem BFH-Urteil vom 16. 4. 2002 (BStBl II S. 738) kann die Behinderung eines Kindes auch mittels ärztlicher Bescheinigungen nachgewiesen werden (H 180d EStH).

Wegen der Berücksichtigung außergewöhnlicher Belastungen bei Aufwendungen von Eltern erwachsener behinderter Kinder in vollstationärer Heimunterbringung wird auf die Ausführungen in **Teil I, Hauptvordruck, Zeilen 116 bis 119, Einzelfälle (1)** am Ende hingewiesen.

Für die erforderlichen Angaben für Kinder ab 18 Jahren sind in den Zeilen **13 bis 19** der Anlage Kind bereits entsprechende Spalten und Kästchen vorgesehen. Entsprechende **Unterlagen oder Bescheinigungen** (z. B. Schul- oder Studienbescheinigung, Ausbildungsvertrag, Nachweis über Behinderung) sind der Steuererklärung beizufügen.

V. Einkünfte und Bezüge der Kinder ab 18 Jahren

21–29
18–23 Für Kinder über 18 Jahre i.S. des vorstehenden Abschn. IV **Nr. 2 und 3** kann ein Kinderfreibetrag und Betreuungs-, Erziehungs- und Ausbildungsfreibetrag im Jahr 2005 nur gewährt werden, wenn ihre Einkünfte und Bezüge, die zur Bestreitung des Unterhalts oder der Berufsausbildung bestimmt oder geeignet sind, **nicht mehr als 7 680 €** im Kalenderjahr betragen haben. Bezüge, die für **besondere Ausbildungszwecke** bestimmt sind (z.B. Zuschüsse zu Studiengebühren und für Arbeitsmittel) und Einkünfte, die für solche Ausbildungszwecke verwendet werden, sind hierbei **nicht** zu berücksichtigen. Wegen Einzelheiten wird auf die nachfolgenden Ausführungen hingewiesen.

Die Grenze von 7 680 € Einkünfte und Bezüge ist als starre Grenzziehung **ohne Übergangsregelung** ausgestaltet. Bei Einkünften und Bezügen bis einschließlich 7 680 € erhalten die Eltern den vollen Kinderfreibetrag und Betreuungs-, Erziehungs- und Ausbildungsfreibetrag; bei Einkünften und Bezügen von mehr als 7 680 € entfallen diese Freibeträge ganz. Das Kind kann der Einkommensgrenze nicht dadurch ausweichen, dass es auf einen Teil der zustehenden Einkünfte oder Bezüge verzichtet. Das Gesetz bestimmt, dass in diesem Fall die dem Kind zustehenden Einkünfte und Bezüge anzusetzen sind (§ 32 Abs. 4 vorletzter Satz EStG). Vgl. auch BFH-Urteil vom 11. 3. 2003, BStBl II S. 746.

Die Begriffe „**Einkünfte**" und „**Bezüge**" sind wie im Bereich der außergewöhnlichen Belastungen (§ 33a EStG) auszulegen. Auf die Erläuterungen zu **Zeilen 106 bis 115** des Hauptvordrucks wird deshalb hingewiesen. Bei der Ermittlung der eigenen Einkünfte des Kindes sind insbesondere bei Kindern, die in einem Ausbildungsdienstverhältnis stehen, auch deren Werbungskosten zu berücksichtigen. Bei Einnahmen des Kindes aus **nichtselbständiger Arbeit** (z.B. Ausbildungsvergütung, Ferienarbeit) ist mindestens der Arbeitnehmer-Pauschbetrag von 920 € anstelle tatsächlicher Werbungskosten abzuziehen. Außerdem sind die Lohneinkünfte um die **Arbeitnehmeranteile** der **gesetzlichen Sozialversicherungsbeiträge** zu kürzen (BfF-Schreiben vom 17. 6. 2005, BStBl I S. 800 und dort erläuterter Beschluss des Bundesverfassungsgerichts vom 11. 1. 2005). Negative Einkünfte eines Kindes (z.B. vorab entstandene Werbungskosten) sind zu berücksichtigen und ggf. mit dessen Bezügen zu verrechnen (BFH-Urteil vom 20. 7. 2000, BStBl 2001 II S. 107). Bezüge können um eine Kostenpauschale von 180 € gekürzt werden, wenn nicht höhere Aufwendungen nachgewiesen werden, die den Betriebsausgaben oder Werbungskosten entsprechen. Von den Einkünften und Bezügen des Kindes sind **besondere Ausbildungskosten** abzuziehen, z.B. Fahrtkosten zwischen Wohnung und Ausbildungsstätte, Kosten für Arbeitsmittel und Studiengebühren (im Einzelnen vgl. den folgenden Abschnitt „Unschädliche Einkünfte und Bezüge, Abzug besonderer Ausbildungskosten"). Zu den **Bezügen** gehören z.B. auch Leistungen nach dem Bundesausbildungsförderungsgesetz, soweit diese nicht als Darlehen gewährt werden, pauschal besteuerter Arbeitslohn (§ 40a EStG), Krankengeld, Mutterschaftsgeld, Arbeitslosengeld und andere Leistungen, die dem Progressionsvorbehalt (§ 32b EStG) unterliegen, das Entlassungsgeld von Wehr- und Zivildienstleistenden (BFH-Urteil vom 14. 5. 2002, BStBl II S. 746) sowie Unterhaltsleistungen des Ehegatten des Kindes. Einem verheirateten Kind, das ausnahmsweise noch berücksichtigt werden kann, wird grundsätzlich die Hälfte des verfügbaren Einkommens seines Ehegatten als eigene Bezüge zugerechnet, wobei dem Ehegatten aber mindestens das steuerliche Existenzminimum (im Jahr 2005: 7 680 €) verbleiben muss (H 180 e EStH). Nach dem BFH-Urteil vom 2. 3. 2000 (BStBl II S. 522) werden volljährige verheiratete Kinder grundsätzlich ab dem der Eheschließung folgenden Monat nicht mehr als Kind bei den Eltern berücksichtigt. Eine Ausnahme gilt aber, wenn der Ehegatte des Kindes nicht in der Lage ist, für den Unterhalt des Kindes (seines Ehegatten) aufzukommen (z.B. Studentenehe). Außer Betracht bleiben bei der Ermittlung von Bezügen des Kindes Unterhaltsleistungen der Eltern an das Kind. Waisenrenten und Waisengelder zählen zu den anzusetzenden Einkünften bzw. Bezügen. Nach § 32 Abs. 4 Satz 4 EStG gehören die durch den **Versorgungsfreibetrag** (§ 19 Abs. 2 EStG) freigestellten Einnahmen aus nichtselbständiger Arbeit (Teil I, Anlage N, Zeile 8) und die durch den **Sparer-Freibetrag** (Teil I, Anlage KAP, Zeilen 53 bis 61) steuerfrei bleibenden Kapitalerträge ebenfalls zu den Bezügen. Der BFH hatte zwar mit Urteil vom 26. 9. 2000 (BStBl II S. 684) entschieden, dass Einnahmen eines Kindes in Höhe des Versorgungsfreibetrags und des Sparer-Freibetrags keine Bezüge i.S. des § 32 Abs. 4 EStG darstellen. Dieses Urteil galt allerdings nur bis 31. 12. 2001; denn nach der Neufassung des § 32 Abs. 4 EStG durch das Zweite Gesetz zur Familienförderung vom 16. 8. 2001 (BStBl I S. 533) rechnen der Versorgungs- und Sparer-Freibetrag ab dem VZ 2002 ausdrücklich zu den anzusetzenden Bezügen. Ab 2005 ist auch der Zuschlag zum Versorgungsfreibetrag als Bezug anzusetzen (BfF-Schreiben vom 11. 3. 2005, BStBl I S. 614).

Bei der Ermittlung der Einkünfte und Bezüge werden Zuflüsse und Abflüsse nur berücksichtigt, wenn sie in dem zu beurteilenden Kalenderjahr anfallen. So bleiben z.B. die spätere Rückforderung von BAföG-Zuschüssen oder Rentennachzahlungen in späteren Jahren bei der Ermittlung der Einkünfte und Bezüge des laufenden VZ unberücksichtigt (BFH-Urteile vom 11. 12. 2001, BStBl 2002 II S. 205 und vom 16. 4. 2002, BStBl II S. 525).

Der Jahresbetrag von 7 680 € **ermäßigt sich** für jeden Kalendermonat, in dem ansonsten die Voraussetzungen für eine Berücksichtigung des Kindes nach § 32 Abs. 4 EStG (vgl. oben, Abschn. IV Nr. 2 und 3) nicht vorgelegen haben, um ein Zwölftel. Diese Ermäßigung (Kürzung) setzt nach der Neufassung des § 32 Abs. 4 EStG allerdings nur für solche Kalendermonate ein, in denen an keinem Tag die genannten Voraussetzungen erfüllt waren. Einkünfte und Bezüge des Kindes, die auf diese Kalendermonate entfallen, bleiben außer Ansatz. Liegen die Voraussetzungen für eine Kinderberücksichtigung nur in einem **Teil** des Kalendermonats vor (z.B. weil das Kind im Laufe des Monats von der Ausbildung in den Beruf wechselt), so sind der Kinderfreibetrag und der einheitliche Betreuungs-, Erziehungs- und Ausbildungsfreibetrag für den Wechselmonat mit dem vollen Monatsbetrag anzusetzen. Einkünfte und Bezüge des Kindes werden jedoch für die Prüfung des o.a. Grenzbetrags nur insoweit angesetzt, als sie auf die **Tage des Monats** entfallen, in denen die Voraussetzungen für den Kinderfreibetrag erfüllt waren. Die Einkünfte und Bezüge des Kindes

Teil I: Anlage Kind
Zeilen 21–29

werden somit taggenau angerechnet. Bei der zeitanteiligen Kürzung des Grenzbetrags von 7 680 € ist der Wechselmonat zugunsten der Steuerpflichtigen in voller Höhe so anzusetzen, wie wenn die Voraussetzungen für den Kinderfreibetrag während des ganzen Monats erfüllt gewesen wären.

Beispiel

Die 19-jährige Tochter beendet am 10. 5. 2005 ihre Ausbildung und wird anschließend vom Betrieb übernommen. Die Tochter kann bei den Eltern von Januar bis einschließlich Mai 2005 steuerlich als Kind berücksichtigt werden. Der anteilige Grenzbetrag für eigene Einkünfte und Bezüge des Kindes beträgt 5/12 von 7 680 €, dies sind 3 200 €. In die Ermittlung der Einkünfte und Bezüge der Tochter sind nur die bis 10. 5. 2005 erhaltenen Ausbildungsvergütungen einzubeziehen. Das für die Zeit nach dem 10. 5. 2005 bezogene Gehalt bleibt unberücksichtigt. Entsprechend sind auch Werbungskosten nur bis zum Ausbildungsende am 10. 5. 2005 von den Ausbildungsvergütungen abzuziehen. Der ggf. anzusetzende Arbeitnehmer-Pauschbetrag von 920 € ist taggenau aufzuteilen.

Sonderzuwendungen (z.B. Urlaubsgeld, Weihnachtsgeld), die während der Berufsausbildung des Kindes zufließen, sind dem Ausbildungszeitraum zuzuordnen und auf alle Monate der Berufsausbildung gleichmäßig zu verteilen. Fließt eine Sonderzuwendung **nach** Beendigung der Berufsausbildung zu, ist sie für die Prüfung der o.a. Grenze nicht in die Einkünfte und Bezüge des Kindes einzubeziehen (H 180e EStH).

In den **Zeilen 23 und 27** der Anlage Kind sind die Einkünfte und Bezüge des Kindes einzutragen, die es im gesamten Kalenderjahr 2005 bezogen hat. Die Einkünfte und Bezüge sind auch dann für das ganze Kalenderjahr anzugeben, wenn das Kind erst im Laufe des Kalenderjahres das 18. Lebensjahr vollendet hat. In den **Zeilen 24 und 28** sind diejenigen Einkünfte und Bezüge des Kindes einzutragen, die es im Berücksichtigungszeitraum bezogen hat. Einkünfte und Bezüge im Monat des Wechsels von der Berufsausbildung/Arbeitslosigkeit zur Berufstätigkeit sind in diesen Zeilen nicht anzusetzen, **soweit** sie auf den Zeitraum der Berufstätigkeit entfallen. Einkünfte und Bezüge im Heiratsmonat bleiben in den Zeilen 24 und 28 ebenfalls außer Betracht, soweit sie auf den Zeitraum nach der Eheschließung entfallen, wenn das Kind wegen der Heirat künftig nicht mehr berücksichtigt wird. Das Entlassungsgeld von Wehr- und Zivildienstleistenden entfällt im Zuflussjahr auf die Zeit **nach** Beendigung des Dienstes (BFH-Urteil vom 14. 5. 2002, BStBl II S. 746). Die Angaben in den **Zeilen 25 und 29** dienen der Prüfung, ob für ein auswärts untergebrachtes Kind ein **Freibetrag zur Abgeltung eines Sonderbedarfs** nach Zeilen 42 bis 44 der Anlage Kind gewährt werden kann.

Bei Kindern, die ihren Wohnsitz oder gewöhnlichen Aufenthalt in einem **nicht zur EU gehörenden ausländischen Staat** haben, ermäßigt sich die Grenze der Einkünfte und Bezüge des Kindes ggf. entsprechend den Verhältnissen des Wohnsitzstaates des Kindes (BfF-Schreiben vom **25. 5. 2004**, BStBl I S. 510). Auf die Ländergruppeneinteilung in Teil I, **Hauptvordruck, Zeilen 106 bis 115**, die hier hinsichtlich der Staaten, die **nicht der EU** angehören, entsprechend gilt, wird hingewiesen. Bei Kindern mit Wohnsitz in **EU-Staaten** ist der Grenzbetrag für Einkünfte und Bezüge **nicht** im Hinblick auf die Verhältnisse im Wohnsitzstaat zu kürzen (o.a. BfF-Schreiben und H 180 e EStH).

Mit dem Urteil vom 21. 7. 2000 (BStBl II S. 566) hat der BFH die Auffassung der Finanzverwaltung bestätigt, dass der Begriff der „Einkünfte" in § 32 Abs. 4 EStG der Legaldefinition des § 2 Abs. 2 EStG entspricht. Er ist nicht als „zu versteuerndes Einkommen" i.S. des § 2 Abs. 5 EStG oder als „Einkommen" i.S. des § 2 Abs. 4 EStG zu verstehen. Bei der Ermittlung des o.a. Grenzbetrags können die Einkünfte des Kindes sonach nicht etwa um Sonderausgaben oder außergewöhnliche Belastungen vermindert werden. Eine Ausnahme gilt jedoch für die **Arbeitnehmeranteile der gesetzlichen Sozialversicherungsbeiträge**; sie sind von den Lohneinkünften des Kindes **abzuziehen** (BfF-Schreiben vom 17. 6. 2005, BStBl I S. 800).

Unschädliche Einkünfte und Bezüge, Abzug besonderer Ausbildungskosten

Bei der Ermittlung der Grenze der eigenen Einkünfte und Bezüge des Kindes für den Kinderfreibetrag usw. bleiben bestimmte Bezüge **außer Ansatz**, nämlich diejenigen, „die für besondere Ausbildungszwecke bestimmt sind" (§ 32 Abs. 4 Satz 5 EStG). Außer Ansatz bleiben auch Einkünfte, soweit sie für solche Zwecke verwendet werden.

Nach den BFH-Urteilen vom 14. 11. 2000 (BStBl 2001 II S. 489, 491 und 495) umfasst der o.a. Grenzbetrag für Einkünfte und Bezüge des Kindes die Kosten der Lebensführung eines Kindes, nicht dagegen einen **Ausbildungsmehrbedarf** (besondere Ausbildungskosten). **Besondere Ausbildungskosten** eines Kindes sind Aufwendungen, die bei einer Einkünfteermittlung dem Grunde und der Höhe nach als Werbungskosten abzuziehen wären. Sie sind von den Einkünften und Bezügen des Kindes unabhängig davon **abzuziehen**, ob sie durch Einkünfte oder Bezüge finanziert werden.

Besondere Ausbildungskosten sind insbesondere Aufwendungen für

- Wege zwischen Wohnung und Ausbildungsstätte,
- Wege zwischen dem Ausbildungsort und der Wohnung, die den Mittelpunkt der Lebensinteressen bildet,
- Bücher, die bei der Ausbildung benötigt werden,
- Arbeitsmittel und Studiengebühren,
- ein Auslandsstudium.

Keine besonderen Ausbildungskosten sind

- Aufwendungen für eine auswärtige Unterbringung,
- Mehraufwendungen für Unterkunft und Verpflegung,
- Versicherungsbeiträge des Kindes.

Zur Ermittlung der o.a. Grenze ist zunächst festzustellen, welche finanziellen Mittel (Einkünfte und Bezüge) das Kind hat, von denen die Lebensführung oder die Berufsausbildung bestritten werden kann. Sodann sind besondere Ausbildungskosten zu ermitteln und von der Summe der Einkünfte und Bezüge **abzuziehen**, soweit sie nicht bereits im Rahmen der Ermittlung der Einkünfte und Bezüge abgezogen worden sind (H 180e EStH).

Nicht als Bezüge **anzusetzen** sind Leistungen, die dem Kind wegen seines **individuellen Sonderbedarfs** gewährt werden und deshalb nicht zur Bestreitung seines Unterhalts und seiner Berufsausbildung bestimmt oder geeignet sind. So wird bei Behinderten durch entsprechende Leistungen nach SGB III zum einen der behinderungsbedingte Bedarf abgedeckt, zum anderen der Bedarf, der zwangsläufig dadurch entsteht, dass die Bildungsmaßnahme vom Behinderten ohne zusätzliche (und ansonsten von ihm nicht tragbare) Belastung überhaupt durchgeführt werden kann. Letzteres gilt entsprechend für Auszubildende, die aus arbeitsmarktpolitischen Gründen nach § 77 SGB III gefördert werden (BStBl 2004 I S. 742, 783).

VI. Abzug des Kinderfreibetrags und des Betreuungs-, Erziehungs- und Ausbildungsfreibetrags anstelle des Kindergeldes

1. Kindergeld und gleichgestellte Leistungen

Die vom Finanzamt vorzunehmende Prüfung, ob der Anspruch auf Kindergeld **oder** der Abzug des Kinderfreibetrags und des Betreuungs-, Erziehungs- und Ausbildungsfreibetrags im Einzelfall für den Steuerpflichtigen günstiger ist, wird im Rahmen der Veranlagung zur Einkommensteuer programmgesteuert durchgeführt. Die Angaben in den **Zeilen 2 bis 4** der Anlage Kind dienen dieser Prüfung. Ergibt sich dabei, dass der Anspruch auf Kindergeld für das einzelne Kind niedriger ist als die Steuerentlastung, die sich beim Ansatz des Kinderfreibetrags und des Betreuungs-, Erziehungs- und Ausbildungsfreibetrags ergeben würde, so wird bei der Einkommensteuerveranlagung der Kinderfreibetrag und

Teil I: Anlage Kind
Zeilen 21–29

der Betreuungs-, Erziehungs- und Ausbildungsfreibetrag vom Einkommen abgezogen und der für das Kalenderjahr bestehende Anspruch auf Kindergeld wird nach §§ 2 Abs. 6, 31 Satz 4 EStG bei der Ermittlung der festzusetzenden Einkommensteuer der tariflichen Einkommensteuer hinzugerechnet, weil ansonsten eine doppelte Vergünstigung eintreten würde.

Einen in Zeile 2 der Anlage Kind einzutragenden **Anspruch auf Kindergeld** (oder vergleichbare Leistungen) hat auch derjenige Elternteil, dem das Kindergeld nicht unmittelbar ausgezahlt, sondern bei der Bemessung seiner Unterhaltsverpflichtung angerechnet wird (§ 1612b BGB). Demzufolge wird der das Kind betreuende Elternteil so behandelt, als würde er nur das entsprechend verminderte Kindergeld erhalten.

Beispiel 1

Das 17 Jahre alte Kind geschiedener Eltern wohnt im Haushalt der Mutter. Der Vater erfüllt seine Unterhaltsverpflichtung. Nur an die Mutter wird Kindergeld in Höhe von 154 € monatlich ausgezahlt.

Obwohl die Mutter das volle Kindergeld (monatlich 154 €, jährlich 1 848 €) erhält, hat sie in **Zeile 2** (rechts außen) der Anlage Kind nur den halben Kindergeldanspruch (924 €) einzutragen. Der Vater hat die andere Hälfte (ebenfalls 924 €) einzutragen.

Die Neuregelung des Familienleistungsausgleichs berücksichtigt die zivilrechtliche Regelung, wonach das Kindergeld, das der Mutter eines zu ihrem Haushalt gehörenden Kindes gezahlt wird, die Unterhaltsverpflichtung des Vaters in Höhe des hälftigen Kindergeldbetrags mindert (§ 1612 b BGB). Im Rahmen der Einkommensteuerveranlagung des Vaters wird daher geprüft, ob für ihn die Gewährung des halben Kinderfreibetrags und des halben Betreuungs-, Erziehungs- und Ausbildungsfreibetrags (zusammen 2 904 €) oder aber der seine Unterhaltsverpflichtung mindernde halbe Kindergeldanspruch (monatlich 77 €) zu einem günstigeren Ergebnis führt. Fällt die Prüfung zugunsten des die Unterhaltsverpflichtung mindernden Kindergelds aus, erhält der Steuerpflichtige keine weitere Steuerentlastung. Der Vater kann sich in diesem Fall nicht auf die Gewährung eines halben Kinderfreibetrags und Betreuungs-, Erziehungs- und Ausbildungsfreibetrags berufen. Sollte die Inanspruchnahme des halben Kinderfreibetrags und des halben Betreuungs-, Erziehungs- und Ausbildungsfreibetrags beim Vater zu einer höheren Steuerentlastung führen als der ihm zur Hälfte zuzurechnende und seine Unterhaltsverpflichtung mindernde Kindergeldanspruch, wird im Rahmen seiner Veranlagung zur Einkommensteuer das Einkommen um den Kinderfreibetrag in Höhe von 1 824 € sowie den Betreuungs-, und Ausbildungsfreibetrag von 1 080 € gemindert und der Kindergeldanspruch in Höhe von 12 × 77 € = 924 € der Einkommensteuer des Vaters hinzugerechnet, falls die Voraussetzungen während des ganzen Jahres vorgelegen haben. Bei der Mutter wird entsprechend geprüft, ob sich bei ihr die Gewährung des halben Kinderfreibetrags und des halben Betreuungs-, Erziehungs- und Ausbildungsfreibetrags oder das auf sie entfallende Kindergeld in Höhe von monatlich 77 € günstiger auswirkt. Ist die Gewährung des halben Kinderfreibetrags und des halben Betreuungs-, Erziehungs- und Ausbildungsfreibetrags (zusammen 2 904 €) bei der Mutter günstiger, ist der Kindergeldanspruch bei ihr ebenfalls nur in Höhe von 924 € der festzusetzenden Einkommensteuer hinzuzurechnen. Wegen der Möglichkeit einer **Übertragung** des Kinderfreibetrags/Betreuungs-, Erziehungs- und Ausbildungsfreibetrags auf den anderen Elternteil vgl. **Zeilen 30 bis 36**. Hätte danach ein Elternteil Anspruch auf die vollen Freibeträge, weil der halbe Kinderfreibetrag und der halbe Betreuungs-, Erziehungs- und Ausbildungsfreibetrag des anderen Elternteils auf ihn übertragen wurde, wäre bei diesem – wenn der Kinderfreibetrag und Betreuungs-, Erziehungs- und Ausbildungsfreibetrag günstiger ist – der **volle** Kindergeldanspruch seiner Einkommensteuer hinzuzurechnen, und zwar unabhängig davon, an wen das Kindergeld ausgezahlt wurde.

Beispiel 2

Sachverhalt wie oben; der dem Vater zustehende halbe Kinderfreibetrag und Betreuungs-, Erziehungs- und Ausbildungsfreibetrag wird jedoch auf die Mutter übertragen, weil der Vater seine Unterhaltsverpflichtung gegenüber dem Kind nicht erfüllt.

Die Mutter hat in **Zeile 2** (rechts außen) den vollen Kindergeldanspruch (1 848 € jährlich) einzutragen, weil ihr der volle Kinderfreibetrag und Betreuungs-, Erziehungs- und Ausbildungsfreibetrag zusteht.

Wegen anderer mit dem Kindergeld **vergleichbarer Leistungen** und deren Verrechnung wird auf die nachfolgenden Ausführungen unter **Nr. 3 und 4** hingewiesen.

2. Maßgebendes Monatsprinzip

Die Voraussetzungen für den Kinderfreibetrag und den Freibetrag für den Betreuungs- und Erziehungs- oder Ausbildungsbedarf müssen monatsweise geprüft werden. § 32 Abs. 6 EStG sieht nämlich eine Zwölftelung des Kinderfreibetrags und des Betreuungs-, Erziehungs- und Ausbildungsfreibetrags vor, wenn die Voraussetzungen hierfür nicht während des ganzen Jahres vorliegen. Diese beiden Freibeträge werden für jeden Monat mit 1/12 der Jahresbeträge gewährt, in dem die Voraussetzungen für die Berücksichtigung eines Kindes **an wenigstens einem Tag** vorgelegen haben. Das Monatsprinzip hat vor allem Bedeutung

- wenn ein Kind geboren wird. Die genannten Freibeträge werden ab dem Monat der Geburt gewährt. Dabei werden angefangene Monate zugunsten des Steuerpflichtigen berücksichtigt. Für ein Kind, das im März 2005 zur Welt kam, beträgt der Kinderfreibetrag somit 1 520 € bzw. 3 040 € (10 Monate × 152 € bzw. 304 €) und der Betreuungs-, Erziehungs- und Ausbildungsfreibetrag 900 € bzw. 1 800 € (10 × 90 € bzw. 180 €). Entsprechendes gilt, wenn auf andere Weise ein Kindschaftsverhältnis begründet wird, z.B. bei Adoptiv- und Pflegekindern,

- wenn das Kind das 18. Lebensjahr vollendet. Ab dem Folgemonat wird kein Kinderfreibetrag und kein Betreuungs-, Erziehungs- und Ausbildungsfreibetrag mehr gewährt, falls nicht aus anderen Gründen eine Berücksichtigung zulässig ist, etwa weil das Kind in Berufsausbildung steht,

- bei Kindern über 18 Jahren, wenn die Berufsausbildung im Laufe des Kalenderjahres begonnen bzw. abgeschlossen wird. Im letztgenannten Fall entfällt regelmäßig ab dem folgenden Monat der Kinderfreibetrag und der Betreuungs-, und Ausbildungsfreibetrag. Entsprechendes gilt bei Unterbrechungen der Berufsausbildung von mehr als vier Monaten (vgl. obigen Abschn. IV und V).

3. Prüfung, ob der Kinderfreibetrag günstiger ist

Bei der Veranlagung zur Einkommensteuer wird durch das Finanzamt von Amts wegen geprüft, ob der Anspruch auf Kindergeld oder die Berücksichtigung eines Kinderfreibetrags und des Betreuungs-, Erziehungs- und Ausbildungsfreibetrags für den Steuerpflichtigen günstiger ist (vgl. obige Nr. 1). Die Prüfung, ob die sich bei Abzug des Kinderfreibetrags und des Betreuungs-, Erziehungs- und Ausbildungsfreibetrags ergebende Steuerersparnis den Kindergeldanspruch übersteigt, bezieht sich immer auf das einzelne Kind und richtet sich danach, ob das Einkommen um einen vollen oder halben Kinderfreibetrag und Betreuungs-, Erziehungs- und Ausbildungsfreibetrag zu vermindern wäre. Der Prüfung ist stets das zu versteuernde Einkommen (Jahresbetrag) zugrunde zu legen.

Wird nach einem zwischenstaatlichen Abkommen Kindergeld in geringerer Höhe gezahlt, ist bei der Prüfung, ob ein Kinderfreibetrag abzuziehen ist, entsprechend zu verfahren. Derzeit bestehen solche Abkommen mit dem Königreich Marokko, mit der Republik Türkei und der Tunesischen Republik. Darüber hinaus findet das mit der früheren Republik Jugoslawien abgeschlossene Abkommen Anwendung auf die Nachfolgestaaten Bosnien-Herzegowina, Bundesrepublik Jugoslawien (Montenegro und Serbien), Kroatien, Republik Mazedonien und Slowenien (H 175 EStH).

4. Verrechnung von Kindergeld oder vergleichbaren Leistungen

Wird ein Kinderfreibetrag und Betreuungs-, Erziehungs- und Ausbildungsfreibetrag abgezogen, sind die für den entsprechen-

Teil I: Anlage Kind
Zeilen 30–36

den Zeitraum zu zahlenden Leistungen für das Kind zu verrechnen. Eine Verrechnung ist daher nicht vorzunehmen, wenn ein Anspruch auf Kindergeld nicht besteht oder erloschen ist. Zu den vergleichbaren Leistungen gehört neben den anderen Leistungen im Sinne des **§ 65 EStG** (vgl. unten) auch das Kindergeld nach zwischenstaatlichen Abkommen. Nach R 175 EStR ist bei einem barunterhaltspflichtigen Elternteil eine Verrechnung unabhängig davon vorzunehmen, ob der zivilrechtliche Ausgleich tatsächlich in Anspruch genommen wird.

Die Verrechnung zwischen Kindergeld und Einkommensteuerersparnis durch einen abgezogenen Kinderfreibetrag und Betreuungs-, Erziehungs- und Ausbildungsfreibetrag erfolgt im Umfang des Kinderfreibetrags (§ 31 Satz 4 EStG). Die Hinzurechnung richtet sich somit danach, ob das Einkommen um einen vollen oder halben **Kinderfreibetrag** vermindert wurde.

Nach **§ 65 EStG** wird Kindergeld nicht für ein Kind gezahlt, für das eine der folgenden Leistungen zu zahlen ist oder bei entsprechender Antragsstellung zu zahlen wäre:

a) Kinderzulagen aus der gesetzlichen Unfallversicherung oder Kinderzuschüsse aus den gesetzlichen Rentenversicherungen,

b) Leistungen für Kinder, die im Ausland gewährt werden und dem Kindergeld oder einer der unter Buchst. a genannten Leistungen vergleichbar sind (vgl. hierzu die Länderübersicht in BStBl 2002 I S. 241),

c) Leistungen für Kinder, die von einer zwischen- oder überstaatlichen Einrichtung gewährt werden und dem Kindergeld vergleichbar sind.

Diese Leistungen sind wie Kindergeld in die Günstigerprüfung mit einzubeziehen und ggf. der Einkommensteuer hinzuzurechnen. Wird nach ausländischem Recht ein höheres Kindergeld als nach § 66 EStG gezahlt, beschränkt sich die Verrechnung auf die Höhe des inländischen Kindergelds (§ 31 Satz 6 EStG).

VII. Übertragung des Kinder-/Betreuungs-, Erziehungs- und Ausbildungsfreibetrags

1. Übertragung auf den anderen Elternteil

30–36
24–28
Nach § 32 Abs. 6 Satz 6 EStG besteht für unbeschränkt einkommensteuerpflichtige **geschiedene** Eltern bzw. verheiratete, aber **dauernd getrennt lebende Eltern** eines Kindes sowie für unbeschränkt einkommensteuerpflichtige **Eltern eines nichtehelichen Kindes** die Möglichkeit, den einem Elternteil zu gewährenden (halben) Kinderfreibetrag unter der nachstehend erläuterten Voraussetzung auf den **anderen** Elternteil **übertragen** zu lassen. Auch ein zustehender (halber) Betreuungs-, Erziehungs- und Ausbildungsfreibetrag kann übertragen werden, wofür aber z.T. andere Regeln gelten (vgl. unten).

Eine Übertragung des (halben) Kinderfreibetrags **auf Antrag** ist möglich, wenn ein Elternteil seiner Unterhaltsverpflichtung gegenüber dem Kind für das Kalenderjahr **im Wesentlichen** nachgekommen ist, der andere Elternteil jedoch nicht (oder nur zu einem unwesentlichen Teil). Ein Elternteil kommt seiner Barunterhaltsverpflichtung gegenüber dem Kind im Wesentlichen nach, wenn er sie **mindestens zu 75 v.H.** erfüllt. Dabei sind auch Unterhaltszahlungen zu berücksichtigen, die erst nach Ablauf des Kalenderjahres oder des davon abweichenden Verpflichtungszeitraums geleistet werden; denn nach dem BFH-Urteil vom 11. 12. 1992 (BStBl 1993 II S. 397) ist bei der Beurteilung der Frage, ob ein Elternteil seiner Unterhaltsverpflichtung gegenüber einem Kind nachgekommen ist, nicht auf den Zeitpunkt abzustellen, in dem der Unterhalt gezahlt worden ist, sondern auf den Zeitraum, **für den** der Unterhalt bestimmt ist. Bestehen Unterhaltsrückstände für mehrere Jahre, so beurteilt sich die Frage, auf welche Jahre die Zahlungen zu verteilen sind, nach den Tilgungsregelungen der §§ 366, 367 BGB (BFH-Urteil, a.a.O.). Der Elternteil, in dessen Obhut sich das Kind befindet, erfüllt seine Unterhaltsverpflichtung in der Regel durch die Pflege und Erziehung des Kindes (§ 1606 Abs. 3 BGB). Hat aus Gründen, die in der Person des Kindes liegen, oder wegen des Todes des Elternteils die Unterhaltsverpflichtung nicht während des ganzen Kalenderjahres bestanden, so ist für die Frage, inwieweit sie erfüllt worden ist, nur auf den Zeitraum des Bestehens der Verpflichtung abzustellen (vgl. R 181a Abs. 2 und 3 EStR sowie Beispiele hierzu in H 181a EStH). Der dem säumigen Elternteil zustehende halbe Kinderfreibetrag wird auf den anderen Elternteil übertragen, wenn dieser bei seinem Finanzamt einen entsprechenden Antrag stellt (vgl. **Zeilen 31 und 32** des Vordrucks). Der Antragsteller muss darlegen, dass die o.a. Voraussetzungen für den Antrag vorliegen. Die Zustimmung des unterhaltspflichtigen Elternteils ist nicht erforderlich. In Zweifelsfällen gibt das Finanzamt dem anderen Elternteil Gelegenheit, sich zum Sachverhalt zu äußern. Einzelheiten des Verfahrens sind in R 181a Abs. 4 EStR geregelt.

Sind Eltern einem Kind gegenüber nicht unterhaltspflichtig, weil es ausreichende eigene Einkünfte oder Bezüge hat, so ist eine Übertragung des Kinderfreibetrags auch dann nicht möglich, wenn ein Elternteil freiwillig Unterhalt leistet, der andere jedoch nicht. Ist ein Elternteil nicht zur Leistung von Unterhalt verpflichtet (z.B. weil er mangels ausreichender eigener Mittel nicht leistungsfähig ist), so kann der ihm zustehende Kinderfreibetrag **nicht** auf den anderen Elternteil übertragen werden (BFH-Urteil vom 25. 7. 1997, BStBl 1998 II S. 329). Eine Übertragung des Kinderfreibetrags scheidet auch aus, wenn der Beitrag eines Elternteils zum Unterhaltsbedarf des Kindes zwar verhältnismäßig geringfügig ist, er durch den Beitrag aber seiner konkreten (durch ein Urteil oder einen sonstigen Titel festgelegten) Unterhaltsverpflichtung nicht nur zu einem unwesentlichen Teil nachkommt (BFH-Urteile vom 25. 7. 1997, BStBl 1998 II S. 433 und 435).

Stellt ein Elternteil den anderen Elternteil von der Unterhaltsverpflichtung gegenüber einem gemeinsamen Kind **gegen ein Entgelt** frei, das den geschätzten Unterhaltsansprüchen des Kindes entspricht, und bestreitet er dann (auch) den vollen Kindesunterhalt, so liegt darin gleichzeitig eine Unterhaltserfüllung des *freigestellten* Elternteils. Nach dem BFH-Urteil vom 25. 1. 1996 (BStBl 1997 II S. 21) behält der freigestellte Elternteil bei ausreichend bemessenem Entgelt seinen Anspruch auf einen (halben) Kinderfreibetrag.

Wird der Kinderfreibetrag auf Antrag übertragen, weil der andere Elternteil seine Unterhaltsverpflichtung **nicht** zu mindestens 75 v.H. erfüllt hat, führt dies automatisch auch zur Übertragung des **Betreuungs-, Erziehungs- und Ausbildungsfreibetrags**. Ansonsten kann ein zustehender Betreuungs-, Erziehungs- und Ausbildungsfreibetrag auch **abweichend** vom Kinderfreibetrag auf den anderen Elternteil **übertragen** werden (§ 32 Abs. 6 Satz 6, zweiter Halbsatz EStG). Der dem Elternteil, in dessen Wohnung das **minderjährige** Kind **nicht** gemeldet ist (weder mit Haupt- noch mit Nebenwohnung), zustehende (halbe) Betreuungs-, Erziehungs- und Ausbildungsfreibetrag wird **auf Antrag** (Zeile **34**) auf den anderen Elternteil übertragen. Eine Übertragung scheidet also aus, wenn das Kind in den Wohnungen beider Elternteile gemeldet oder bereits volljährig ist.

Beispiel 1

Die Eltern des Kindes (unter 18 Jahre alt) sind geschieden. Das Kind lebt im Haushalt der Mutter und ist nur bei ihr gemeldet. Der Vater kommt seiner Unterhaltsverpflichtung nicht (oder nur zu einem unwesentlichen Teil) nach.

Die Mutter kann den Kinderfreibetrag auf sich übertragen lassen. Dieser Antrag (Zeilen 31 und 32) zieht zugleich die Übertragung des Betreuungs-, Erziehungs- und Ausbildungsfreibetrags nach sich.

Beispiel 2

Sachverhalt wie oben; der Vater kommt jedoch seiner Unterhaltsverpflichtung gegenüber dem Kind nach.

Die Mutter kann (in Zeile 34) beantragen, dass nur der Betreuungs-, Erziehungs- und Ausbildungsfreibetrag, nicht auch der Kinderfreibetrag, auf sie übertragen wird. Dies bedeutet, dass bei der Mutter der halbe Kinderfreibetrag (1 824 €) und auf ihren Antrag der **volle** Betreuungs-, Erziehungs- und Ausbildungsfreibetrag (2 160 €) berücksichtigt wird, sofern der hieraus insgesamt resultierende Steuervorteil höher ist als das halbe Kindergeld. Nach § 31 Satz 4 EStG richtet sich die Kindergeldanrechnung nach der Verteilung des **Kinderfreibetrags**.

Beim Vater kann in diesem Fall nur der halbe Kinderfreibetrag (1 824 €) berücksichtigt werden, sofern der hieraus resultierende Steuervorteil höher ist als das halbe Kindergeld.

Wegen des in **Zeile 33** vorgesehenen Antrags, den **vollen** Kinderfreibetrag und den vollen Betreuungs-, Erziehungs- und Ausbildungsfreibetrag zu berücksichtigen, weil der andere Elternteil im **Ausland** lebte, wird auf die Erläuterungen im obigen Abschn. III hingewiesen.

Bis 1995 war auch eine Übertragung des (halben) Kinderfreibetrags **mit Zustimmung** dann möglich, wenn sich beide Elternteile darüber einig waren, dass der halbe Kinderfreibetrag von einem Elternteil auf den anderen Elternteil übertragen werden soll. Diese Möglichkeit der einvernehmlichen Übertragung des Kinderfreibetrags auf den anderen Elternteil ist seit 1996 weggefallen.

Die Übertragung des (halben) Kinder- und Betreuungs-, Erziehungs- und Ausbildungsfreibetrags kann mit erheblichen **finanziellen Einbußen** verbunden sein. Denn der Elternteil, dessen (halber) Kinder- und Betreuungs-, Erziehungs- und Ausbildungsfreibetrag auf den anderen Elternteil übertragen wird, **verliert** hierdurch alle **Steuervergünstigungen,** die davon abhängig sind, dass der Steuerpflichtige einen Kinder- bzw. Betreuungs-, Erziehungs- und Ausbildungsfreibetrag erhält. Der Elternteil, der den (halben) Kinderfreibetrag und Betreuungs-, Erziehungs- und Ausbildungsfreibetrag „verliert", kann z.B. keinen Freibetrag bei **auswärtiger** Unterbringung eines volljährigen Kindes nach **Zeilen 42 bis 43** der Anlage Kind für dieses Kind erhalten. Außerdem wird das Kind bei der **Berechnung der zumutbaren Belastung** für außergewöhnliche Belastungen allgemeiner Art (vgl. Teil I, Hauptvordruck, Zeilen 116 bis 119) sowie bei der Berechnung des **Solidaritätszuschlags** und ggf. der **Kirchensteuer** (§ 51a EStG) nicht mehr berücksichtigt. Dem den halben Kinderfreibetrag und Betreuungs-, Erziehungs- und Ausbildungsfreibetrag „abgebenden" Elternteil geht auch die Möglichkeit verloren, einen **diesem Kind** zustehenden **Pauschbetrag für Behinderte** bzw. **Hinterbliebene** auf sich **übertragen** zu lassen (Zeilen 56 bis 58 der Anlage Kind).

2. Übertragung des Kinderfreibetrags und des Betreuungs-, Erziehungs- und Ausbildungsfreibetrags auf Stief- oder Großeltern

Der Kinderfreibetrag und der Betreuungs-, Erziehungs- und Ausbildungsfreibetrag können einheitlich mit Zustimmung des leiblichen Elternteils auf einen Stiefelternteil oder auf Großeltern übertragen werden. Voraussetzung ist allerdings, dass sie das Kind in ihren Haushalt aufgenommen haben (§ 32 Abs. 6 Satz 7 EStG). Grund für diese Übertragungsmöglichkeit ist, dass ein Stiefelternteil oder die Großeltern Kindergeld für ein Kind erhalten können, das in ihrem Haushalt lebt (§ 63 Abs. 1 EStG). In diesen Fällen steht jedoch der Kinderfreibetrag und der Betreuungs-, Erziehungs- und Ausbildungsfreibetrag gleichwohl den leiblichen Eltern zu. Damit der Stiefelternteil bzw. die Großeltern in den Genuss des sich bei ihnen eventuell günstiger als das Kindergeld auswirkenden Kinderfreibetrags und Betreuungs-, Erziehungs- und Ausbildungsfreibetrags kommen, besteht nach § 32 Abs. 6 Satz 7 EStG die Möglichkeit, den Kinderfreibetrag und den Betreuungs-, Erziehungs- und Ausbildungsfreibetrag von den leiblichen Eltern auf diese Personen zu übertragen. Der in den **Zeilen 35 und 36** der Anlage Kind angeführte Vordruck „**Anlage K**" ist beim Finanzamt erhältlich.

Auch in diesem Fall gehen mit dem Kinderfreibetrag und dem Betreuungs-, Erziehungs- und Ausbildungsfreibetrag auch die daran geknüpften sonstigen Steuervergünstigungen für das Kind auf den die Übertragung beantragenden Stiefelternteil bzw. die Großeltern über (vgl. vorstehende Ausführungen unter Nr. 1).

Eine für ein zurückliegendes oder das laufende Kalenderjahr erteilte Zustimmung kann nicht widerrufen werden. Eine für künftige Kalenderjahre erteilte Zustimmung kann nur vor Beginn des Kalenderjahrs widerrufen werden, für das sie erstmals nicht gelten soll (vgl. auch BMF-Schreiben vom 9. 3. 1998, BStBl I S. 347, Rdnr. 21).

B. Entlastungsbetrag für Alleinerziehende

Durch Art. 9 des Haushaltsbegleitgesetzes 2004 vom 29. 12. 2003 (BStBl 2004 I S. 120) wurde ab 2004 ein Entlastungsbetrag für Alleinerziehende eingeführt, der durch das Gesetz vom 21. 7. 2004 (BGBl I S. 1753) bereits wieder teilweise geändert wurde. Nach dem neuen § 24b EStG können **alleinstehende** Steuerpflichtige einen Entlastungsbetrag von **1 308 €** im Kalenderjahr von der Summe der Einkünfte abziehen, wenn zu ihrem Haushalt **mindestens ein Kind** gehört, für das ihnen ein Freibetrag für Kinder nach § 32 Abs. 6 EStG oder Kindergeld zusteht. Hierbei kann es sich auch um ein volljähriges Kind oder ein Enkelkind oder Stiefkind handeln, für das der Alleinstehende einen **Freibetrag** nach § 32 Abs. 6 EStG oder **Kindergeld** erhält (vgl. Anlage Kind, Zeilen 1 bis 20 Abschn. II). Die Zugehörigkeit zum Haushalt ist anzunehmen, wenn das Kind in der Wohnung des alleinstehenden Steuerpflichtigen (mit Haupt- oder Nebenwohnsitz) gemeldet ist. Ist das Kind bei mehreren Steuerpflichtigen gemeldet (z.B. sowohl in der Wohnung der Mutter als auch in der Wohnung des von dieser getrennt lebenden Vaters), steht der Entlastungsbetrag demjenigen Alleinstehenden zu, der die Voraussetzungen auf Auszahlung des Kindergeldes nach § 64 Abs. 2 Satz 1 EStG erfüllt oder erfüllen würde in Fällen, in denen nur ein Anspruch auf einen Freibetrag nach § 32 Abs. 6 EStG besteht. Letzteres betrifft die Fälle, in denen der Steuerpflichtige mit seinem Kind außerhalb der EU und des EWR lebt, nach § 1 Abs. 3 EStG als unbeschränkt einkommensteuerpflichtig behandelt wird und deshalb einen Anspruch auf einen Freibetrag für Kinder hat, aber keinen Anspruch auf Kindergeld (vgl. Teil I, Hauptvordruck, Zeilen 53 bis 60).

Als **allein stehend** gelten Steuerpflichtige, die nicht die Voraussetzungen für eine Ehegattenveranlagung nach § 26 Abs. 1 EStG mit Splitting-Verfahren (Teil I, Hauptvordruck, Zeile 13) erfüllen oder **verwitwet** sind. Außerdem darf **keine Haushaltsgemeinschaft mit einer anderen volljährigen Person** bestehen, es sei denn, für diese Person steht dem Steuerpflichtigen ein Freibetrag nach § 32 Abs. 6 EStG oder Kindergeld zu oder es handelt sich um ein Kind, das den gesetzlichen Grundwehr- oder Zivildienst leistet oder sich stattdessen freiwillig für nicht mehr als 3 Jahre zum Wehrdienst verpflichtet hat oder eine vom gesetzlichen Grundwehr- oder Zivildienst befreiende Tätitgkeit als Entwicklungshelfer ausübt (vgl. Anlage Kind, Zeilen 1 bis 20, Abschn. IV).

Eine Haushaltsgemeinschaft, d.h. das **gemeinsame Wirtschaften** in einer **gemeinsamen Wohnung**, wird immer dann vermutet, wenn eine andere Person mit Haupt- oder Nebenwohnsitz beim Steuerpflichtigen gemeldet ist. Die Vermutung des gemeinsamen Wirtschaftens kann **widerlegt** werden, wenn der Steuerpflichtige glaubhaft darlegt, dass eine Haushaltsgemeinschaft mit der anderen Person nicht vorliegt. Die Widerlegbarkeit der Vermutung ist jedoch ausgeschlossen, wenn der Steuerpflichtige und die andere Person in einer eheähnlichen Gemeinschaft oder in einer eingetragenen Lebenspartnerschaft leben. Kurze Abwesenheitszeiten von der gemeinsamen Wohnung (z.B. Krankenhausaufenthalt, Reisen, Auslandsaufenthalt eines Montagearbeiters) heben eine Haushaltsgemeinschaft nicht auf. Einzelheiten (mit Abgrenzungsbeispielen) sind im **BMF-Schreiben vom 29. 10. 2004** (BStBl I S. 1042) geregelt. Danach wird z.B. davon ausgegangen, dass es an einer tatsächlichen Beteiligung an der Haushaltsführung (und damit an einer Haushaltsgemeinschaft) fehlt bei Personen, bei denen Pflegebedürftigkeit i.S. der Pflegestufe I, II oder III besteht oder die blind sind.

Der Entlastungsbetrag wird zeitanteilig gewährt. Für jeden **vollen** Kalendermonat, in dem die o.a. Voraussetzungen nicht vorgelegen haben, ermäßigt sich der Entlastungsbetrag um ein Zwölftel (d.h. um 109 €). Bei **verwitweten Alleinerziehenden** kann der Entlastungsbetrag zeitanteilig erstmals für den Monat des Todes des Ehepartners in Betracht kommen.

Damit sich ein zustehender Entlastungsbetrag für Alleinerziehende schon im Lohnsteuerabzugsverfahren steuermindernd auswirkt, ist er in die Steuerklasse II eingearbeitet (§ 38b Satz 2 Nr. 2 EStG). Bei **Verwitweten**, die nicht in Steuerklasse II gehören (sondern im Kalenderjahr des Todes des Ehegatten und im folgenden Jahr unter das sog. Witwen-Splitting und damit in Steuer-

Teil I: Anlage Kind
Zeilen 42–43

klasse III fallen), kann der Entlastungsbetrag für Alleinerziehende als Freibetrag auf der Lohnsteuerkarte eingetragen werden (§ 39a Abs. 1 Nr. 8 EStG).

Der bei Alleinstehenden mit mindestens einem Kind früher mögliche **Haushaltsfreibetrag** (vgl. Anleitung zur Einkommensteuererklärung 2003, Teil I, Anlage Kind, Zeilen 37 bis 41) ist durch das Haushaltsbegleitgesetz 2004 zum 31. 12. 2003 vorzeitig weggefallen.

C. Freibetrag zur Abgeltung eines Sonderbedarfs bei Berufsausbildung eines volljährigen Kindes

42–43 Der Ausbildungsbedarf eines Kindes wird seit 2002 grundsätzlich im Rahmen des Familienleistungsausgleichs berücksichtigt (Kindergeld oder Kinderfreibetrag und Betreuungs-, Erziehungs- und Ausbildungsfreibetrag). Ein zusätzlicher Sonderbedarf wird nur insoweit anerkannt, als für ein **auswärtig** untergebrachtes **volljähriges** Kind (18. Lebensjahr vollendet), das sich in **Berufsausbildung** befindet, ein Freibetrag bis zu **924 €** je Kalenderjahr vom Gesamtbetrag der Einkünfte abgezogen werden kann (§ 33a Abs. 2 EStG). Dieser außerhalb des Familienleistungsausgleichs abziehbare Freibetrag setzt zudem voraus, dass der Steuerpflichtige für das Kind Kindergeld oder einen Kinderfreibetrag und/oder Betreuungs-, Erziehungs- und Ausbildungsfreibetrag erhält.

Eigene **Einkünfte und Bezüge** des volljährigen Kindes, die auf den Ausbildungszeitraum mit auswärtiger Unterbringung entfallen (Zeilen 25 und 29 der Anlage Kind), sind von dem genannten Freibetrag zur Abgeltung eines Sonderbedarfs **abzuziehen**, allerdings nur, **soweit sie 1 848 €** im Kalenderjahr übersteigen. Außerdem sind Zuschüsse, die von dem Kind als **Ausbildungshilfen** aus **öffentlichen** Mitteln oder von Förderungseinrichtungen, die hierfür **öffentliche** Mittel erhalten, bezogen werden, **in voller Höhe** auf den Freibetrag **anzurechnen**; hierzu gehören z. B. die als Zuschuss gewährten Leistungen nach dem Bundesausbildungsförderungsgesetz (BAföG), nach dem SGB III gewährte Berufsausbildungsbeihilfen und Ausbildungsgelder sowie Stipendien aus öffentlichen Mitteln (im Einzelnen vgl. nachfolgendes **Beispiel 2**). **Darlehensweise** gewährte Leistungen, z. B. nach dem Bundesausbildungsförderungsgesetz, werden nicht angerechnet. Die eigenen Einkünfte und Bezüge des Kindes sind in den **Zeilen 23 bis 29** der Anlage Kind einzutragen und dort entsprechend aufzugliedern (vgl. Zeilen 25 und 29). Eine Verrechnung von Ausbildungshilfen aus öffentlichen Kassen mit negativen Einkünften des Kindes ist nicht zulässig (BFH-Urteil vom 7.3. 2002, BStBl II S. 802).

Bei Kindern mit Wohnsitz oder gewöhnlichem Aufenthalt im **Ausland ermäßigt** sich der genannte Freibetrag und der o.a. anrechnungsfreie Betrag ggf. entsprechend den Grundsätzen für die Berücksichtigung von Unterhaltsleistungen an im Ausland lebende Personen (vgl. Teil I, **Hauptvordruck, Zeilen 106 bis 115** und das dort abgedruckte **Ländergruppenverzeichnis**).

Für dasselbe Kind kann der Freibetrag zur Abgeltung eines Sonderbedarfs **insgesamt nur einmal** gewährt werden. Das gilt auch, wenn **mehrere Steuerpflichtige** für dasselbe Kind die Voraussetzungen für die Berücksichtigung des Freibetrags erfüllen. Steht das Kind zu **zwei** Steuerpflichtigen, bei denen die Voraussetzungen für die Wahl einer Zusammenveranlagung nicht vorliegen, in einem Kindschaftsverhältnis (z. B. bei geschiedenen oder dauernd getrennt lebenden Eltern oder Eltern eines nichtehelichen Kindes), so erhält grundsätzlich jeder Elternteil die **Hälfte** des Abzugsbetrags. Auf gemeinsamen Antrag der Eltern ist eine andere Aufteilung möglich (§ 33a Abs. 2 EStG). Auf die Erläuterungen zu **Zeile 44** dieses Vordrucks wird ebenfalls hingewiesen.

Wegen des Begriffs der **Berufsausbildung** vgl. die Ausführungen zu Zeilen 1 bis 20, **Abschn. IV** der Anlage Kind. Unter diesen Begriff fällt auch die Schulausbildung. Für die Berücksichtigung des Freibetrags kommt es auf die tatsächliche Höhe von Aufwendungen nicht an; es genügt das Vorliegen des bezeichneten Tatbestands.

Eine **auswärtige Unterbringung** ist bei einem in Berufsausbildung stehenden Kind des Steuerpflichtigen gegeben, wenn das Kind außerhalb des Haushalts der Eltern wohnt. Das ist nur anzunehmen, wenn für das Kind außerhalb des Haushalts der Eltern eine Wohnung ständig bereitgehalten und das Kind auch außerhalb des elterlichen Haushalts verpflegt wird. Die auswärtige Unterbringung muss auf eine **gewisse Dauer** angelegt sein (z. B. während eines Studiensemesters oder -trimesters); die Teilnahme an Klassenfahrten und Schullandheimaufenthalten oder an einem dreiwöchigen Sprachkurs stellt keine auswärtige Unterbringung in diesem Sinne dar (BFH-Urteile vom 5. 11. 1982, BStBl 1983 II S. 109, vom 25. 3. 1983, BStBl II S. 457 und vom 29. 9. 1989, BStBl 1990 II S. 62). Die auswärtige Unterbringung kann ausnahmsweise auch in derselben politischen Gemeinde sein (BFH-Urteil vom 26. 5. 1971, BStBl II S. 627). Das betreffende Kind muss aber sowohl räumlich als auch hauswirtschaftlich aus dem Haushalt der Eltern ausgegliedert sein, sodass es nicht mehr am häuslichen Leben der Eltern teilnimmt (vgl. BFH-Urteil vom 6. 11. 1987, BStBl 1988 II S. 138). Führen die Eltern getrennte Haushalte und wohnt das Kind bei einem Elternteil, so ist es, vom anderen Elternteil aus gesehen, nicht auswärtig untergebracht. Anders liegt es, wenn das Kind auch den Haushalt des betreffenden Elternteils verlässt. Dann ist das Kind, von beiden Elternteilen aus gesehen, auswärtig untergebracht (BFH-Urteile vom 10. 3. 1972, BStBl II S. 485, und vom 5. 2. 1988, BStBl II S. 579 sowie H 191 EStH). Führt das studierende Kind in einer dem **Vater** oder den **Eltern gehörenden Eigentumswohnung** einen selbständigen Haushalt, liegt eine auswärtige Unterbringung vor (BFH-Urteile vom 26. 1. 1994, BStBl II S. 544, und vom 25. 1. 1995, BStBl II S. 378). Der Freibetrag würde aber dann entfallen, wenn die Wohnung von den Eltern oder einem Elternteil mitbewohnt würde und als Teil des elterlichen Haushalts anzusehen wäre. Vorübergehende Aufenthalte der Eltern, die als Besuche im Haushalt des Kindes zu werten sind, begründen keinen (Teil-)Familienhaushalt und stehen somit dem Freibetrag zur Abgeltung eines Sonderbedarfs nicht entgegen.

Für die **Ermittlung der eigenen Einkünfte und Bezüge des Kindes** gelten die Ausführungen und Beispiele zur Unterstützung bedürftiger Personen (Teil I, Hauptvordruck, **Zeilen 106 bis 115**) entsprechend. Ist ein verheiratetes Kind ausnahmsweise zu berücksichtigen (vgl. Erläuterungen zu **Zeilen 21 bis 29** der Anlage Kind), sind auch die Unterhaltsleistungen des Ehegatten des Kindes als eigene Bezüge des Kindes anzurechnen (BFH-Urteil vom 7. 3. 1986, BStBl II S. 554). Dabei wird grundsätzlich die Hälfte des verfügbaren Einkommens des Ehegatten als eigene Bezüge angesetzt; wobei dem Ehegatten aber mindestens das Existenzminimum (im Jahr 2005: 7 680 €) verbleiben muss (H 180e EStH). Dagegen sind Unterhaltsleistungen eines geschiedenen Elternteils für das Kind keine anrechenbaren eigenen Bezüge. Entsprechendes gilt für Unterhaltszahlungen eines von dem anderen Elternteil dauernd getrennt lebenden Steuerpflichtigen oder für Unterhaltszahlungen des anderen Elternteils eines nichtehelichen Kindes. Bei der Anrechnung sind auch solche Bezüge und Ausbildungshilfen (z. B. Zuschüsse nach dem BAföG) zu berücksichtigen, die zwar schon für das betreffende Kalenderjahr bewilligt worden sind, aber erst später gezahlt werden (BFH-Urteil vom 21. 8. 1974, BStBl 1975 II S. 14).

Hat eine der Voraussetzungen für die Gewährung eines Freibetrags zur Abgeltung eines Sonderbedarfs **für einen Teil des Kalenderjahres nicht vorgelegen,** so ermäßigt sich der Freibetrag für jeden vollen Kalendermonat, in dem die Voraussetzungen nicht vorgelegen haben, um je ein Zwölftel. Auf den so errechneten Betrag sind die für den maßgebenden Ausbildungszeitraum gewährten Zuschüsse anzurechnen, die das Kind als Ausbildungshilfe aus öffentlichen Mitteln oder von Förderungseinrichtungen, die hierfür öffentliche Mittel erhalten, bezogen hat. Maßgebender Ausbildungszeitraum ist der Zeitraum, für den der Freibetrag zur Abgeltung eines Sonderbedarfs gewährt wird. Eigene Einkünfte und Bezüge des Kindes, die auf **diejenigen** Kalendermonate entfallen, für die ein Freibetrag **nicht** in Betracht kommt, vermindern den ermäßigten Höchstbetrag **nicht**. Wegen der Frage, **wie** Einkünfte und Bezüge eines Kalenderjahres auf den maßgebenden Ausbildungszeitraum und die übrigen Monate **aufzuteilen** sind, wird auf die Ausführungen in Teil I, **Hauptvordruck, Zeilen 106 bis 115** (Absatz **nach** dem dortigen **Beispiel 3**) hingewiesen (vgl. auch R 192 a Abs. 2 EStR und H 192 a EStH).

Beispiel 1

Ein über 18 Jahre altes Kind (wohnhaft im Inland) befindet sich bis Ende Mai 2005 – ohne eigene Einkünfte und Bezüge – in der Berufsausbildung und ist auswärtig untergebracht. Das Kind, für das der Steuerpflichtige einen Kinderfreibetrag und Betreuungs-, Erziehungs- und Ausbildungsfreibetrag bzw. Kindergeld erhält, bezieht von Juni bis Dezember 2005 Arbeitslohn von insgesamt 16 000 €.

Freibetrag zur Abgeltung eines Sonderbedarfs für das Kalenderjahr	924 €
anteiliger Freibetrag für **5 Monate** (Januar bis Mai = 5/12)	385 €
den Freibetrag mindernde eigene Einkünfte und Bezüge	0 €
abzuziehender Freibetrag zur Abgeltung eines Sonderbedarfs	385 €

Da die eigenen Einkünfte des Kindes nicht auf die Monate der Ausbildung mit auswärtiger Unterbringung entfallen, mindern sie den anteiligen Freibetrag nicht.

Beispiel 2

Ein 25 Jahre altes Kind (wohnhaft im Inland) absolviert von Januar bis 31. 10. 2005 ein Hochschulstudium und ist in dieser Zeit auswärtig untergebracht. Für den Ausbildungszeitraum erhält das Kind als Zuschuss gewährte steuerfreie Stipendien aus öffentlichen Mitteln von insgesamt 500 €. Dem Kind fließt im Kalenderjahr 2005 Arbeitslohn von insgesamt 10 000 € zu, davon 2 400 € in den Ausbildungsmonaten mit auswärtiger Unterbringung. Die anfallenden Werbungskosten übersteigen den Arbeitnehmer-Pauschbetrag nicht. Vom Arbeitslohn in den Ausbildungsmonaten wurden Arbeitnehmeranteile zur gesetzlichen Sozialversicherung nicht einbehalten.

Freibetrag zur Abgeltung eines Sonderbedarfs für das Kalenderjahr		924 €
anteiliger Freibetrag für den Ausbildungszeitraum (10/12)		770 €
Arbeitslohn in den Ausbildungsmonaten	2 400 €	
./. Arbeitnehmer-Pauschbetrag (920 €, zeitanteilig für 10 Monate)	767 €	
Einkünfte aus nichtselbständiger Arbeit in den Ausbildungsmonaten	1 633 €	
./. anrechnungsfreier Betrag (10/12 von 1 848 €)	1 540 €	
anzurechnende Einkünfte	93 €	
steuerfreier Ausbildungszuschuss (Januar bis Oktober)	500 €	
./. Kostenpauschale: 180 € (entspr. Beispiel C in H192a EStH erfolgt keine Kürzung)	180 €	
anzurechnende Bezüge	320 €	320 €
anzurechnende Einkünfte und Bezüge	413 €	413 €
abzuziehender Freibetrag		357 €

Im Gegensatz zum Arbeitnehmer-Pauschbetrag wird die Kostenpauschale von 180 € nicht auf 10/12 gekürzt, weil der Ausbildungszuschuss (anders als der Arbeitslohn) nur während der Ausbildungsmonate zugeflossen ist (R 192 a Abs. 2 EStR).

Der vorstehend erläuterte Freibetrag zur Abgeltung eines Sonderbedarfs ist an die Stelle des **früheren Ausbildungsfreibetrags** (§ 33 a Abs. 2 EStG **a.F.**) getreten, der letztmals im VZ 2001 in Betracht kam.

Aufteilung des Freibetrags zur Abgeltung eines Sonderbedarfs bei Berufsausbildung

44

Ist bei **geschiedenen oder dauernd getrennt lebenden Eltern** oder bei Eltern **nichtehelicher Kinder** für ihr Kind ein Freibetrag zur Abgeltung eines Sonderbedarfs bei Berufsausbildung (vgl. vorstehende Erläuterungen zu **Zeilen 42 bis 43**) zu gewähren, so wird dieser grundsätzlich bei jedem Elternteil zur **Hälfte** berücksichtigt. Voraussetzung ist, dass jeder Elternteil einen (halben) Kinderfreibetrag/Betreuungs-, Erziehungs- und Ausbildungsfreibetrag oder Kindergeld erhält. Auf **gemeinsamen Antrag** beider Elternteile ist eine andere Aufteilung (in einem beliebigen Verhältnis) möglich.

Gegebenenfalls ist das Kästchen bei **Zeile 44** anzukreuzen und der gemeinsame Antrag der Elternteile (auf besonderem Blatt) beizufügen. Der beim Steuerpflichtigen zu berücksichtigende Anteil ist in Zeile 44 mit einem Prozentsatz anzugeben. Kommt ein Freibetrag und dessen Aufteilung ausnahmsweise bei **Großeltern** in Betracht (vgl. Ausführungen zu **Zeilen 30 bis 36, Nr. 2**), gelten die Erläuterungen im vorstehenden Absatz sinngemäß.

D. Kinderbetreuungskosten

Durch das Zweite Gesetz zur Familienförderung vom 16. 8. 2001 (BStBl I S. 533) ist ab 2002 ein neuer § **33 c EStG** eingeführt worden. Danach können nachgewiesene Aufwendungen für Dienstleistungen zur **Betreuung** eines zum **Haushalt des Steuerpflichtigen** gehörenden Kindes i.S. des § 32 Abs. 1 EStG (Zeilen 1 bis 20), welches das **14. Lebensjahr** noch nicht vollendet hat oder wegen einer vor dem 27. Lebensjahr eingetretenen **Behinderung** außerstande ist, sich selbst zu unterhalten, als außergewöhnliche Belastung abgezogen werden, **soweit** sie je Kind **1 548 €** übersteigen. Weitere Voraussetzung für einen Abzug ist, dass der Steuerpflichtige entweder **erwerbstätig** ist, sich in **Ausbildung** befindet, körperlich, geistig oder seelisch **behindert** oder **krank** ist. Bei zusammenlebenden Eltern müssen die genannten Voraussetzungen bei **beiden** Elternteilen vorliegen. Bei nicht zusammenlebenden Elternteilen kann jeder Elternteil entsprechende Aufwendungen abziehen, **soweit** sie je Kind **774 €** übersteigen. Erwachsen die Aufwendungen wegen Krankheit, muss die Krankheit innerhalb eines zusammenhängenden Zeitraums von mindestens drei Monaten bestanden haben, es sei denn, der Krankheitsfall tritt unmittelbar im Anschluss an eine Erwerbstätigkeit oder Ausbildung ein.

Der abzuziehende Betrag darf je Kind bei zusammenveranlagten Eltern **1 500 €**, bei Elternteilen **750 €** nicht übersteigen. Ist der andere Elternteil verstorben oder nicht unbeschränkt einkommensteuerpflichtig, gilt ebenfalls der Betrag von 1 500 € und der o.a. Grenzbetrag von 1 548 €. Der höchstmögliche Abzugsbetrag von 1 500 € und der Grenzbetrag von 1 548 € sind auch dann maßgebend, wenn der Steuerpflichtige allein das Kind adoptiert hat oder das Kind nur zu ihm in einem Pflegekindschaftsverhältnis steht. Diese höheren Beträge gelten auch für einen Elternteil, der infolge Übertragung (vgl. Erläuterungen zu Zeilen 30 bis 36) den **gesamten** Freibetrag für Betreuung und Erziehung des Kindes in Anspruch nimmt. Durch den o.a. Grenzbetrag von 1 548 bzw. 774 € wird zum Ausdruck gebracht, dass dem Steuerpflichtigen zugemutet wird, diesen Betrag von Betreuungskosten auf Grund des Betreuungs-, Erziehungs- und Ausbildungsfreibetrags (Zeilen 1 bis 20) ohne weitere Steuerermäßigung selbst zu tragen. Anders als die bis 1999 geltende Regelung verlangt § 33 c EStG n.F. aber **nicht**, dass die Kinderbetreuungskosten um die zumutbare Belastung nach § 33 EStG gekürzt werden.

Für jeden vollen Kalendermonat, in dem die obenbezeichneten Voraussetzungen nicht vorliegen, **ermäßigen** sich die genannten Beträge um ein **Zwölftel**. Die Kürzung kommt z.B. in Betracht, wenn im Laufe des Kalenderjahres ein nicht behindertes Kind sein 14. Lebensjahr vollendet oder ein Elternteil eine Erwerbstätigkeit aufnimmt oder beendet. Dass im Kalenderjahr Kinderbetreuungskosten nicht regelmäßig geleistet werden, führt nicht zu einer zeitanteiligen Ermäßigung der o.a. Beträge. Lebt das zu betreuende Kind im Ausland, sind die genannten Beträge um ¼, ½ oder ¾ zu kürzen, wenn dies nach den Verhältnissen im Wohnsitzstaat des Kindes notwendig und angemessen ist (vgl. Teil I, Hauptvordruck, Zeilen 106 bis 115 und das dort abgedruckte Ländergruppenverzeichnis, das hier entsprechend gilt).

Als **Kinderbetreuungskosten** können z.B. Aufwendungen für

- die Unterbringung von Kindern in Kindergärten, Kindertagesstätten, Kinderhorten, Kinderheimen und Kinderkrippen

Teil I: Anlage Kind
Zeilen 55–58

sowie bei Tagesmüttern, Wochenmüttern und in Ganztagspflegestellen,
- die Beschäftigung von Kinderpflegerinnen, Erzieherinnen und Kinderschwestern,
- die Beschäftigung von Hilfen im Haushalt, soweit sie Kinder betreuen,

geltend gemacht werden. Aufwendungen für **jede Art von Unterricht** einschließlich **Nachhilfeunterricht**, für die Vermittlung besonderer Fähigkeiten sowie für **sportliche und andere Freizeitbetätigungen** (z.B. Reit- oder Tennisunterricht) sind vom Abzug **ausgeschlossen**. Jedoch sind Aufwendungen für die **Beaufsichtigung** des Kindes bei Erledigung seiner **häuslichen Schulaufgaben** zu berücksichtigen (vgl. BFH-Urteil vom 17.11.1978, BStBl 1979 II S. 142). Aufwendungen für Sachleistungen, die neben der Betreuung erbracht werden (z.B. **Verpflegung** des Kindes in einer Kindertagesstätte), können nicht berücksichtigt werden (vgl. BFH-Urteil vom 28.11.1986, BStBl 1987 II S. 490). Das Gleiche gilt für Nebenkosten, die nicht unmittelbar der Betreuung des Kindes dienen, z.B. **Fahrtkosten des Kindes** zum Betreuungsort oder zur Betreuungsperson (vgl. BFH-Urteil vom 29.8.1986, BStBl 1987 II S. 167). Wird ein einheitliches Entgelt sowohl für Betreuungsleistungen als auch für andere Leistungen gezahlt, ist ggf. eine Aufteilung im Schätzungswege vorzunehmen. Von einer Aufteilung wird jedoch abgesehen, wenn die anderen Leistungen von untergeordneter Bedeutung sind. Die begünstigten Aufwendungen für die Kinderbetreuung sind um **steuerfreie Ersatzleistungen** zu kürzen. So sind z.B. steuerfreie Leistungen des **Arbeitgebers** für die Unterbringung und Betreuung von nicht schulpflichtigen Kindern der Arbeitnehmer in Kindergärten oder vergleichbaren Einrichtungen (§ 3 Nr. 33 EStG, R 21 a LStR) in **Zeilen 50, 51** bzw. **54** (rechts außen) einzutragen. Zahlt ein unterhaltsverpflichteter Elternteil Kinderbetreuungskosten für ein Kind, z.B. an eine externe Betreuungsstelle, aber **keinen Unterhalt**, so sind die Zahlungen bis zur Höhe von 135 v.H. des Regelunterhalts nach der Düsseldorfer Tabelle nicht als Kinderbetreuungskosten zu berücksichtigen (R 195 Abs. 2 EStR). Aufwendungen für eine Lebenspartnerin und Mutter, die zusammen mit dem gemeinsamen Kind im Haushalt des Steuerpflichtigen lebt, sind nicht als Kinderbetreuungskosten berücksichtigungsfähig (vgl. BFH-Urteil vom 6.11.1997, BStBl 1998 II S. 187 und H 195 EStH).

Ein Kind gehört zum **Haushalt** des Steuerpflichtigen, wenn es dort lebt oder mit seiner Einwilligung vorübergehend auswärtig untergebracht ist. Auch wenn der Steuerpflichtige mit seinem Kind in der Wohnung seiner Eltern oder Schwiegereltern oder in Wohngemeinschaft mit anderen Personen lebt, ist die Haushaltszugehörigkeit des Kindes als gegeben anzusehen. Bei nicht zusammenlebenden Elternteilen ist grundsätzlich die Meldung des Kindes maßgebend. Ein Steuerpflichtiger ist **erwerbstätig**, wenn er einer auf die Erzielung von Einkünften gerichteten Beschäftigung nachgeht (in selbständiger oder abhängiger Stellung). Als Erwerbstätigkeit wird dabei auch eine geringfügige Beschäftigung (vgl. **Hauptvordruck, Zeilen 40 bis 46**) sowie eine Teilzeitbeschäftigung i.S. des § 40a EStG angesehen. Die Erzielung von Einkünften aus privaten Veräußerungsgeschäften (Zeilen 30 bis 59 der Anlage SO), aus Vermietung und Verpachtung, aus Kapitalvermögen oder Renten ist nicht ausreichend. Werden die Erwerbstätigkeit (z.B. durch Arbeitslosigkeit) oder die Ausbildung unterbrochen, können auch die während der Zeit der Unterbrechung entstandenen Kinderbetreuungskosten berücksichtigt werden, längstens jedoch für einen zusammenhängenden Zeitraum von vier Monaten; Entsprechendes gilt auch für Urlaubszeiten (R 195 Abs. 3 EStR).

Beispiel

Zusammenveranlagte Ehegatten, beide erwerbstätig, haben ein gemeinsames Kind (9 Jahre alt). Die Ehefrau hat außerdem noch ein Kind (13 Jahre alt) aus früherer Ehe. Der Vater dieses Kindes leistet Barunterhalt. Für die Betreuung der Kinder haben die Ehegatten 2 200 € bzw. 1 600 € aufgewendet.

Die abzugsfähigen Kinderbetreuungskosten berechnen sich wie folgt:

	gemeinsames Kind	Kind der Ehefrau
nachgewiesene Betreuungskosten	2 200 €	1 600 €
unberücksichtigt bleiben (Grenzbetrag)	1 548 €	774 €
übersteigender Betrag	652 €	826 €
Höchstbetrag nach § 33 c EStG	1 500 €	750 €
abzugsfähig sind	**652 €**	**750 €**

Das Beispiel zeigt, dass eine Übertragung nicht ausgeschöpfter Höchstbeträge von einem Kind auf das andere nicht möglich ist.

Wird ein Elternpaar im Jahr der Heirat oder im Jahr der Trennung zusammen zur Einkommensteuer veranlagt, beträgt der Höchstbetrag für das ganze Jahr 1 500 €. Eine Aufteilung auf die Zeiträume des gemeinsamen Haushalts bzw. der getrennten Haushalte findet nicht statt (R 195 Abs. 5 EStR).

Stief- oder Großeltern, die das Kind in ihrem Haushalt aufgenommen haben und auf die der Kinderfreibetrag/Freibetrag für den Betreuungs-, Erziehungs- oder Ausbildungsbedarf übertragen worden ist (vgl. Zeilen 30 bis 36, obigen Abschn. VII Nr. 2), können Kinderbetreuungskosten nicht abziehen.

Wegen einer Steuerermäßigung für haushaltsnahe Beschäftigungsverhältnisse im Inland nach **§ 35a EStG** wird auf Teil I, Hauptvordruck, Zeilen 40 bis 46 hingewiesen.

Schulgeld für Kinder an Ersatz- oder Ergänzungsschulen

Besucht ein Kind, für das der Steuerpflichtige Kindergeld oder einen Kinderfreibetrag/Betreuungs-, Erziehungs- und Ausbildungsfreibetrag erhält (vgl. Teil I, Anlage Kind, Zeilen 1 bis 20), **im Inland** eine staatlich genehmigte oder nach Landesrecht erlaubte **Ersatzschule** oder eine nach Landesrecht anerkannte **allgemein bildende Ergänzungsschule,** so können **30 v.H.** des Entgelts (Schulgelds) als Sonderausgaben abgezogen werden (§ 10 Abs. 1 Nr. 9 EStG). Etwaige Entgelte für die Beherbergung, Betreuung und Verpflegung des Kindes sind dabei auszuscheiden.

In **Zeile 55** ist in einem solchen Fall die Schule zu bezeichnen und das an die Schule **entrichtete** Entgelt, allerdings vermindert um etwaige Beträge für Beherbergung, Betreuung und Verpflegung des Kindes, einzutragen. Es empfiehlt sich, mit der Steuererklärung entsprechende Belege einzureichen (z.B. Bescheinigung der Schule, aus der auch deren Genehmigung, Erlaubnis bzw. Anerkennung ersichtlich sein sollte). Wegen **Spenden** an gemeinnützige Schulen (Schulvereine) vgl. die Ausführungen in Teil I, Hauptvordruck, Zeilen 89 bis 92.

In den Urteilen vom 11.6.1997 (BStBl II S. 615 und 621) hat der BFH bestätigt, dass Schulgeld nur dann (mit 30 v.H.) als Sonderausgabe abziehbar ist, wenn die Schule **tatsächlich** als Ersatzschule genehmigt oder nach Landesschulrecht als **allgemein bildende** Ergänzungsschule **förmlich anerkannt** ist. Nach dem BFH-Urteil vom 11.6.1997 (BStBl II S. 617) sind Schulgeldzahlungen für den Besuch einer Schule im **Ausland** nicht als Sonderausgabe abziehbar. Eine Ausnahme hat der BFH jedoch zugelassen, wenn es sich um eine von der ständigen Konferenz der Kultusminister der Länder anerkannte Deutsche Schule im Ausland handelt (BFH-Urteil vom 14.12.2004, BStBl 2005 II S. 518).

Übertragung des Behinderten- bzw. Hinterbliebenen-Pauschbetrags eines Kindes

Unter welchen Voraussetzungen und in welcher Höhe ein Pauschbetrag für Behinderte oder Hinterbliebene bei **Kindern** in Betracht kommt und welche Nachweise hierfür erforderlich sind, ist in **Teil I, Hauptvordruck, Zeilen 95 bis 98** erläutert. Hierauf wird hingewiesen.

Steht der Pauschbetrag für Behinderte bzw. Hinterbliebene einem Kind (oder Enkelkind) zu, für das der Steuerpflichtige **Kindergeld** oder **Freibeträge für Kinder erhält** (vgl. Teil I, Anlage Kind, **Zeilen 1 bis 20**), so wird der Pauschbetrag auf Antrag auf den Steuer-

Teil I: Anlage Kind
Zeile 59

pflichtigen **übertragen**, wenn das Kind ihn nicht in Anspruch nimmt. Die Übertragung ist jedoch nur möglich, wenn das Kind selbst Anspruch auf den Pauschbetrag hat. Nach R 194 Abs. 3 EStR ist eine Übertragung des Behinderten-Pauschbetrags eines in Deutschland nicht unbeschränkt steuerpflichtigen, d.h. im Ausland lebenden Kindes zulässig, wenn der unbeschränkt Steuerpflichtige EU/EWR-Staatsangehöriger ist, die nicht der deutschen Einkommensteuer unterliegenden Einkünfte des Kindes nicht mehr als 6 136 € im Kalenderjahr betragen (§ 1 Abs. 3 Satz 2, 2. Alternative EStG) und das Kind seinen Wohnsitz oder gewöhnlichen Aufenthalt im Hoheitsgebiet eines EU/EWR-Mitgliedstaates hat (vgl. auch BFH-Urteil vom 22.11. 1995, BStBl 1997 II S. 20).

Für den Nachweis der Behinderung kann sich das in einem EU/EWR-Mitgliedstaat ansässige behinderte Kind bzw. sein Erziehungsberechtigter an das zuständige Auslandsversorgungsamt wenden und im förmlichen Verfahren nach § 4 Abs. 1 SchwbG einen Antrag auf Feststellung über das Vorliegen einer Behinderung und den Grad der Behinderung stellen. Das Versorgungsamt wird den Antragsteller auffordern, ärztliche Befundberichte zu übersenden, wonach das Versorgungsamt den Grad der Behinderung bestimmen kann. Daraufhin wird dem Behinderten ein Feststellungsbescheid erteilt, der gegenüber dem deutschen Finanzamt, bei dem der steuerpflichtige Elternteil steuerlich geführt wird, als Nachweis dient (BMF-Schreiben vom 8. 8. 1997, BStBl I S. 1016). Für jedes Land gibt es ein zuständiges Auslandsversorgungsamt. Die Zuständigkeit der Auslandsversorgungsämter ist durch die Auslandszuständigkeitsverordnung vom 28. 5. 1991 (BGBl I S. 1204) geregelt.

Wird der Pauschbetrag von 3 700 € für ein ständig hilfloses behindertes Kind, das nicht ohne fremde Wartung und Pflege sein kann, auf den Steuerpflichtigen übertragen, so kann er daneben für pflegebedingte Aufwendungen, wie z.B. die Kosten der Unterbringung des Kindes in einer Heil- und Pflegeanstalt, keine Steuerermäßigung nach § 33 EStG erhalten (BFH-Urteil vom 10. 5. 1968, BStBl II S. 647, R 188 Abs. 4 EStR). Vgl. aber Erläuterungen in Teil I, Hauptvordruck, **Zeilen 116 bis 119**, Einzelfälle (**1**) am Ende.

Der einem **Kind geschiedener** oder **dauernd getrennt lebender Ehegatten** zustehende Behinderten- bzw. Hinterbliebenen-Pauschbetrag wird grundsätzlich auf jeden Elternteil **zur Hälfte** übertragen, wenn das Kind den Pauschbetrag nicht in Anspruch nimmt. Gleiches gilt für die Übertragung des einem **nichtehelichen** Kind zustehenden Pauschbetrags (sofern beide Elternteile unbeschränkt steuerpflichtig sind). Die Eltern können aber **gemeinsam** für den Veranlagungszeitraum eine **andere Aufteilung** des zu übertragenden Pauschbetrags **beantragen** (vgl. **Zeile 59**). In diesen Fällen kann eine Steuerermäßigung nach § 33 EStG wegen der Aufwendungen, für die der Pauschbetrag für Behinderte gilt, nicht in Anspruch genommen werden (§ 33b Abs. 5 EStG, R 188 Abs. 4 EStR).

Nach dem BFH-Urteil vom 26.3. 1993 (BStBl II S. 749) sind Aufwendungen, die Eltern für den Erwerb der **Fahrerlaubnis** ihres **schwer steh- und gehbehinderten Kindes** tragen, als außergewöhnliche Belastung anzuerkennen. Sie können im Rahmen des § 33 EStG (d.h. unter Berücksichtigung der zumutbaren Belastung) **neben dem Pauschbetrag** für Behinderte abgezogen werden (vgl. Teil I, Hauptvordruck, Zeilen 116 bis 119).

Aufteilung des Behinderten- bzw. Hinterbliebenen-Pauschbetrags eines Kindes

Ist bei **geschiedenen oder dauernd getrennt lebenden Eltern** oder bei Eltern **nichtehelicher Kinder** ein dem Kind zustehender **Pauschbetrag für Behinderte bzw. Hinterbliebene** (Zeilen 56 bis 58) auf die Eltern zu übertragen, so werden diese Beträge grundsätzlich bei jedem Elternteil zur **Hälfte** berücksichtigt. Voraussetzung ist, dass jeder Elternteil einen (halben) Kinderfreibetrag/Betreuungs-, Erziehungs- und Ausbildungsfreibetrag oder Kindergeld erhält. Auf **gemeinsamen Antrag** beider Elternteile kann der zu übertragende **Pauschbetrag** für Behinderte bzw. Hinterbliebene in einem beliebigen Verhältnis aufgeteilt werden.

Gegebenenfalls ist das Kästchen bei **Zeile 59** anzukreuzen, der gemeinsame Antrag der Elternteile beizufügen und der beim Steuerpflichtigen zu berücksichtigende Anteil in Zeile 59 mit einem Prozentsatz anzugeben. Wegen weiterer Einzelheiten wird auf die Ausführungen zu **Zeilen 95 bis 98 des Hauptvordrucks** hingewiesen.

**Teil I: Anlage N
Zeilen 1–8**

4. Erläuterungen zur „Anlage N"
für Einkünfte aus nichtselbständiger Arbeit (Arbeitslöhne)

– gegliedert nach den am Rand des amtlichen Vordrucks angegebenen Zahlen –

– Dieser Vordruck dient vor allem für Angaben über den Arbeitslohn einschießlich Versorgungsbezüge und die einbehaltenen Steuerabzugsbeträge. Er ist aber auch für Angaben über bestimmte Lohn-/Entgeltersatzleistungen, über steuerfreien Arbeitslohn für Auslandstätigkeit, zur Arbeitnehmer – Sparzulage und für die Geltendmachung von Werbungskosten vorgesehen –

– Haben beide Ehegatten im Kalenderjahr 2005 Arbeitslohn bezogen, so ist für jeden Ehegatten eine eigene Anlage N auszufüllen und abzugeben – Lohnsteuerkarte(n) bitte beifügen! – Nimmt der Arbeitgeber am elektronischen Lohnsteuerverfahren teil, so bekommt der Arbeitnehmer nicht mehr die Lohnsteuerkarte mit der Lohnsteuerbescheinigung vom Arbeitgeber ausgehändigt, sondern einen Ausschnitt der elektronischen Lohnsteuerbescheinigung(en). Diesen Ausdruck muss der Arbeitnehmer nicht mit seiner Steuererklärung einreichen –

– Bei der im Vordruckkopf einzutragenden eTIN handelt es sich um die sog. electronic Taxpayer Identification Number, die sich auf dem Ausdruck der Lohnsteuerbescheinigung(en) findet. Eine Eintragung ist nur vorzunehmen, wenn der Arbeitgeber die eTIN auf der Lohnsteuerbescheinigung vermerkt hat. Sollte bei einer elektronischen Lohnsteuerbescheinigung eine von der ersten Lohnsteuerbescheinigungen abweichende eTIN vom Arbeitgeber bescheinigt worden sein, ist diese in das zweite Eintragsfeld einzutragen. Die Angaben zum Arbeitslohn müssen nach wie vor in der Steuererklärung ausgefüllt werden –

Angaben zum Arbeitslohn und zu den einbehaltenen Steuerabzugsbeträgen

1–6 Die Eintragungen in den **Zeilen 1 bis 6** entsprechen denen auf der **Vorderseite und Rückseite der Lohnsteuerkarte(n)** oder auf dem vom Arbeitgeber ausgehändigten Ausdruck der **elektronischen Lohnsteuerbescheinigung**, falls der Arbeitgeber am elektronischen Lohnsteuerverfahren teilnimmt. Die geforderten Angaben können von dort übertragen werden. Diesen Ausdruck muss der Arbeitnehmer **nicht** mit seiner Steuererklärung einreichen (s. oben). Dagegen sind die **Lohnsteuerkarte(n) 2005** (auch eine zweite oder weitere Lohnsteuerkarte) **der Steuererklärung in jedem Falle im Original beizufügen** und zwar selbst dann, wenn die Lohnsteuerkarte keine Eintragung eines Arbeitgebers enthält. Die Lohnsteuerkarte(n) des **Ehegatten** sind zusammen mit der eigenen Anlage N für den Ehegatten abzugeben. Besitzt der Arbeitnehmer ausnahmsweise **keine Lohnsteuerkarte,** so ist der Steuererklärung die „**Besondere Lohnsteuerbescheinigung** für das Kalenderjahr 2005" beizufügen; amtliche Vordrucke hierfür sind beim Finanzamt kostenlos erhältlich.

In **Zeile 2** ist der **Bruttoarbeitslohn,** wie er auf der Lohnsteuerbescheinigung (Nr. 3) ausgewiesen ist, einzutragen, also **ohne steuerbegünstigte Versorgungsbezüge für mehrere Kalenderjahre, ohne ermäßigt besteuerten Arbeitslohn für mehrere Kalenderjahre** und **ohne ermäßigt besteuerte Entschädigungen.** Diese Leistungen des Arbeitgebers sind auf der Lohnsteuerbescheinigung Nr. 9, 10 und 11 bescheinigt. Lohnersatzleistungen, wie z.B. Kurzarbeitergeld oder Arbeitslosengeld sind in Anlage N, Zeilen 25 und 27 einzutragen (s. dort). **Arbeitnehmer-Erfindervergütungen** unterliegen der Besteuerung nach den allgemeinen Vorschriften. Sie müssen daher vom Arbeitgeber ebenfalls auf der Lohnsteuerbescheinigung Nr. 3 ausgewiesen und vom Steuerpflichtigen in **Zeile 2** der Anlage N erklärt werden. Soweit allerdings die Erfindervergütungen **für mehrere Jahre** bezahlt worden sind, stellen sie gleichzeitig „**Arbeitslohn für mehrere Jahre**" dar und müssen deshalb vom Arbeitgeber auf der Lohnsteuerbescheinigung Nr. 10 ausgewiesen werden. Der Arbeitnehmer hat sie in die **Zeile 14** der Anlage N einzusetzen und ebenso wie den anderen Arbeitslohn für mehrere Jahre, **nur in Zeile 14** der Anlage N zu erklären. Versorgungsbezüge für mehrere Jahre (z.B. Nachzahlungen) sind nur in **Zeile 13** und andere Versorgungsbezüge, die im Bruttoarbeitslohn Zeile 2 enthalten sind, in **Zeile 8** einzutragen (Lohnsteuerbescheinigung Nr. 8 und Nr. 9). **Entschädigungen,** die ermäßigt besteuert werden sollen, sind ebenfalls in **Zeile 14** der Anlage N anzugeben, andere Entschädigungen sind im Bruttoarbeitslohn in **Zeile 2** der Anlage N enthalten. Insoweit wird auf die Erläuterungen zu **Zeilen 8, 13 und 14** der Anlage N verwiesen.

In **Zeilen 3 bis 6** der Anlage N sind die im Jahr 2005 im Steuerabzugsweg endgültig **einbehaltenen Steuern** anzugeben. Diese Angaben sind von besonderer Bedeutung, weil die im Steuerabzugsverfahren einbehaltenen Beträge in voller Höhe auf die im Veranlagungsverfahren festgesetzte Steuerschuld **angerechnet** werden. Übersteigt die einbehaltene **Lohnsteuer,** der einbehaltene **Solidaritätszuschlag** und die einbehaltene **Kirchenlohnsteuer** die durch die Veranlagung jeweils festzusetzenden Beträge, so werden die **Mehrbeträge** vom Finanzamt **erstattet.**

Zeilen 2 bis 6 der Anlage N – 2. Spalte „Lohnsteuerbescheinigung(en) StKl 6 oder einer Urlaubskasse" – sind nur von Bedeutung, wenn ein Arbeitnehmer **gleichzeitig bei mehreren Arbeitgebern beschäftigt** war. Dann sollen die Angaben aus der ersten Lohnsteuerkarte/„Lohnsteuerbescheinigung(en) StKl 1–5" in die Zeilen 2 bis 6 der Anlage N – 1. Spalte –, die zusammengerechneten Beträge aus allen weiteren „Lohnsteuerbescheinigungen StKl 6 oder einer Urlaubskasse" in die Zeilen 2 bis 6 – 2. Spalte – daneben eingetragen werden. Entsprechendes gilt für Dienstverhältnisse, für die zu Unrecht keine Lohnsteuerkarte vorgelegen hat.

Die bei der **Kirchensteuer** verwendeten Abkürzungen bedeuten z.B. in Baden-Württemberg:

ev = evangelisch (protestantisch)
ak = altkatholisch
iw = israelitische Religionsgemeinschaft Württembergs
rk = römisch-katholisch
fb = freireligiöse Landesgemeinde Baden
ib = israelitische Religionsgemeinschaft Badens.

Das Kirchensteuermerkmal für den **Ehegatten** ist auf der Lohnsteuerkarte nur bei konfessionsverschiedenen Eheleuten einzutragen (z.B. RK-EV); bei konfessionsgleichen und bei glaubensverschiedenen Eheleuten ist das Kirchensteuermerkmal des Ehegatten nicht zu bescheinigen.

Steuerbegünstigte Versorgungsbezüge

In **Zeile 8** sind **Versorgungsbezüge** gesondert anzugeben, weil sie **teilweise steuerfrei** sind. Zeile 8 der Anlage N betrifft Versorgungsbezüge für **2005**; sie sind auf der Lohnsteuerbescheinigung Nr. 8 vom Arbeitgeber bescheinigt. Versorgungsbezüge, die zu **mehreren** Kalenderjahren gehören (z.B. Nachzahlungen), sind nicht hier, sondern **getrennt** in Zeile 13 der Anlage N zu erklären, weil für sie eine **ermäßigte** Besteuerung in Betracht kommt (vgl. die Erläuterungen unten zu **Zeilen 13 bis 16** der Anlage N).

Versorgungsbezüge sind Bezüge und Vorteile aus früheren Dienstverhältnissen, die als **Ruhegehälter, Witwen- oder Waisen-**

gelder, **Unterhaltsbeiträge** oder gleichartige Bezüge auf Grund beamtenrechtlicher oder entsprechender Vorschriften im **öffentlichen Dienst** (auch von Körperschaften, Anstalten oder Stiftungen des öffentlichen Rechts oder öffentlich-rechtlichen Verbänden von Körperschaften) gezahlt werden; sie fallen uneingeschränkt unter die Regelung. Außerdem gehören dazu Bezüge und Vorteile, die in anderen Fällen, z.B. **von privaten Arbeitgebern als Betriebsrente wegen Erreichens einer Altersgrenze** nach Vollendung des 63. Lebensjahrs, bei Schwerbehinderten des 60. Lebensjahrs, oder **wegen Berufs- oder Erwerbsunfähigkeit** oder **an Hinterbliebene (z.B. Witwen oder Waisen)** gezahlt werden. Ob der Arbeitgeber die Versorgungsbezüge selbst oder aus einer Unterstützungskasse bezahlt, ist für die Frage, ob Versorgungsbezüge vorliegen, ebenso wenig von Bedeutung, wie der Umstand, ob es sich um einmalige oder laufende Zahlungen handelt. In Anpassung an die Regelungen über den Eintritt in den vorzeitigen Ruhestand im **öffentlichen Dienst** kann der Versorgungsfreibetrag auch für in der **Privatwirtschaft** aus Altersgründen gewährte Versorgungsbezüge erst ab Vollendung des 63. Lebensjahres gewährt werden (§ 19 Abs. 2 Satz 2 Nr. 2 EStG). Für Schwerbehinderte gilt weiterhin das 60. Lebensjahr. Wegen der Vielzahl von begünstigten Versorgungsbezügen wird auf R 75 LStR hingewiesen.

Zu den nach § 19 Abs. 2 EStG begünstigten Versorgungsbezügen gehört auch das nach beamtenrechtlichen Vorschriften **an die Hinterbliebenen** eines verstorbenen Beamten oder Ruhestandsbeamten gezahlte **Sterbegeld** sowie entsprechende Bezüge im privaten Dienst, außerdem auch Bezüge, die Hinterbliebene lediglich für den Sterbemonat und je nach Dauer der Betriebszugehörigkeit auch für die folgenden, höchstens jedoch drei Monate erhalten (BFH-Urteil vom 8. 2. 1974, BStBl II S. 303 und R 75 Abs. 1 Nr. 1 LStR sowie H 75 [Sterbegeld] LStH). **Nicht** zu den steuerbegünstigten Versorgungsbezügen gehören dagegen die Bezüge, die für den Sterbemonat auf Grund des Arbeitsvertrags als **Arbeitsentgelt** gezahlt werden. Das gilt allgemein für Nachzahlung von Arbeitslohn an die Hinterbliebenen, auf den der verstorbene Arbeitnehmer bereits einen Rechtsanspruch hatte, z.B. auf Gratifikation oder Tantieme. Bei derartigen Zahlungen werden die Erben oder Hinterbliebenen steuerlich zu Arbeitnehmern. Vgl. im Einzelnen R 76 LStR und H 76 LStH.

Auch **Vorruhestandleistungen,** z.B. im Sinne des Vorruhestandsgesetzes, sind Versorgungsbezüge, wenn die o.g. altersmäßigen Voraussetzungen erfüllt sind (R 75 Abs. 1 Nr. 25 LStR) und nicht ohnehin steuerfreie Abfindungen wegen Auflösung des Dienstverhältnisses nach § 3 Nr. 9 EStG vorliegen (vgl. Anlage N, Zeile 14).

Nicht zu den steuerbegünstigten Versorgungsbezügen gehören dagegen das **Übergangsgeld** nach dem Beamtenversorgungsgesetz (§§ 47, 67 Abs. 4, 47 a) und nach dem Bundesministergesetz (§ 14) sowie entsprechende Leistungen nach Ländergesetzen.

Der Bruttobetrag der steuerbegünstigten Versorgungsbezüge ergibt sich aus der Lohnsteuerbescheinigung Nr. 8 und Nr. 9. Dort sind vom Arbeitgeber die Versorgungsbezüge zu bescheinigen.

Ab 2005 ist die **Neuregelung** für Versorgungsbezüge in § 19 Abs. 2 EStG n.F. zu beachten. Danach bleibt von den Versorgungsbezügen ein **Versorgungsfreibetrag**, der nach einem **Vomhundertsatz** ermittelt wird und auf einen Höchstbetrag begrenzt ist, **sowie** (zusätzlich) ein **Zuschlag zum Versorgungsfreibetrag** steuerfrei. Die Höhe dieser Beträge bestimmt sich ab 2005 nach dem **Jahr des Versorgungsbeginns**. Der maßgebende Vomhundertsatz, der Höchstbetrag des Versorgungsfreibetrags und der Zuschlag zum Versorgungsfreibetrag können einer **Tabelle** in § 19 Abs. 2 Satz 3 EStG n.F. entnommen werden. Danach beträgt der Versorgungsfreibetrag **bei Beginn der Versorgung bis zum Ende des Jahres 2005 40 v.H.** der Versorgungsbezüge, höchstens 3 000 €; dazu kommt ein **Zuschlag von 900 €**.

Beispiel

Maßgeblicher Versorgungsbezug 10 000 €, davon 40 v.H. = 4 000 €, höchstens 3 000 € + Zuschlag 900 € = 3 900 € steuerfrei.

Diese Beträge werden für jeden ab 2006 neu in den Ruhestand tretenden Jahrgang abgeschmolzen, bis sie in den Fällen, in denen die Versorgung im Jahr 2040 beginnt, alle „0" betragen. Der hier-

nach berechnete Versorgungsfreibetrag und Zuschlag zum Versorgungsfreibetrag gelten **für die gesamte Laufzeit des Versorgungsbezugs**. Regelmäßige Anpassungen des Versorgungsbezugs führen grundsätzlich nicht zu einer Neuberechnung. Für jeden vollen Kalendermonat, für den keine Versorgungsbezüge gezahlt wurden, ermäßigen sich der Versorgungsfreibetrag und der Zuschlag zum Versorgungsfreibetrag in diesem Kalenderjahr um je ein Zwölftel (§ 19 Abs. 2 Satz 12 EStG n.F.). Wegen der Berechnung im Einzelnen vgl. § 19 Abs. 2 EStG n.F. und BMF-Schreiben vom 24. 2. 2005, BStBl I S. 429, Rz 59 ff.

Für Versorgungsbezüge ist der allgemeine Arbeitnehmer-Pauschbetrag von 920 € **ab 2005** nicht mehr anzuwenden. Stattdessen wird nur ein **Werbungskosten-Pauschbetrag von 102 €** berücksichtigt (§ 9a Satz 1 Nr. 1b EStG n.F.); der o.g. Zuschlag (von zunächst 900 €) ist als Ausgleich hierfür gedacht. Liegen sowohl normale Einnahmen aus nichtselbständiger Arbeit (§ 19 Abs. 1 EStG) als auch Versorgungsbezüge (§ 19 Abs. 2 EStG) vor, kommen der Arbeitnehmer-Pauschbetrag von 920 € und der Werbungskosten-Pauschbetrag von 102 € nebeneinander zur Anwendung.

Die Rechtsänderung ab 2005 würde für das **Lohnsteuer-Abzugsverfahren** im Programmablauf 2005 für die maschinelle Berechnung der vom Arbeitslohn einzubehaltenden Lohnsteuer, des Solidaritätszuschlags und der Kirchensteuer berücksichtigt (BMF-Schreiben vom 22. 10. 2004, BStBl I S. 975).

Bei **mehreren Versorgungsbezügen** mit unterschiedlichem Bezugsbeginn bestimmen sich der insgesamt berücksichtigungsfähige Höchstbetrag und der Zuschlag nach dem Jahr des Beginns des **ersten** Versorgungsbezugs (§ 19 Abs. 2 Satz 6 EStG n.F.), was zur günstigsten Lösung für den Versorgungsempfänger führt.

Werden mehrere Versorgungsbezüge von **unterschiedlichen Arbeitgebern** gezahlt, ist die Begrenzung der Versorgungsfreibeträge im Lohnsteuer-Abzugsverfahren nicht anzuwenden. Die Gesamtbetrachtung und ggf. die Begrenzung erfolgt im Veranlagungsverfahren, da in solchen Fällen unabhängig von Einkommensgrenzen stets eine ESt-Veranlagung durchzuführen ist (§ 46 Abs. 2 Nr. 2 EStG und BMF-Schreiben vom 24. 2. 2005 a.a.O., Rz 68).

Folgt ein **Hinterbliebenenbezug** einem Versorgungsbezug, bestimmen sich der Vomhundertsatz, der Höchstbetrag und der Zuschlag für den Hinterbliebenenbezug nach dem Jahr des Beginns des Versorgungsbezugs des **Verstorbenen** (§ 19 Abs. 2 Satz 7 EStG n.F. und BMF-Schreiben vom 24. 2. 2005 a.a.O., Rz 70). Bei Bezug von **Witwen- und Waisengeld** ist für die Berechnung der Versorgungsfreibeträge das Jahr des Versorgungsbeginns des **Verstorbenen** maßgebend, der diesen Versorgungsanspruch zuvor begründete (BMF-Schreiben vom 24. 2. 2005 a.a.O., Rz 70 und 71). Dies gilt entsprechend auch für das **Sterbegeld** an Hinterbliebene, das ebenfalls einen Versorgungsbezug darstellt. Das Sterbegeld ist ein eigenständiger, zusätzlicher Versorgungsbezug. Die Zwölftelungsregelung ist für Einmalzahlungen (Sonderfälle) wie das Sterbegeld nicht anzuwenden. Als Bemessungsgrundlage für die Freibeträge für Versorgungsbezüge ist die Höhe des Sterbegeldes im Kalenderjahr anzusetzen, unabhängig von der Zahlungsweise und Berechnungsart (BMF-Schreiben vom 24. 2. 2005 a.a.O., Rz 72 und 73).

Bemessungsgrundlage für den Versorgungsfreibetrag, Beginn und Ende des Versorgungsbezugs

In den Zeilen 9 bis 12 sind u.a. die in der Lohnsteuerbescheinigung Nr. 27 und Nr. 28 vom Arbeitgeber bescheinigten Angaben zu übernehmen, damit die Freibeträge für Versorgungsbezüge vom Finanzamt ermittelt werden können.

Bemessungsgrundlage für die Berechnung des Versorgungsfreibetrags ist bei Versorgungsbeginn **vor 2005**: das Zwölffache des Versorgungsbezugs für Januar 2005 und bei Versorgungsbeginn, **ab 2005**: das Zwölffache des Versorgungsbezugs für den ersten vollen Monat, in beiden Fällen **zuzüglich** voraussichtlicher Sonderzahlungen im Kalenderjahr, auf die zu diesem Zeitpunkt ein Rechtsanspruch besteht (§ 19 Abs. 2 Satz 4 EStG n.F.). Vgl. im Übrigen zur Berechnung allgemein und in den Sonderfällen der Zeile 12 (Sterbegeld, Kapitalauszahlungen/Abfindungen und Nachzahlungen von Versorgungsbezügen) die Ausführungen zu Anlage N, Zeile 8.

Teil I: Anlage N
Zeilen 13–16

Außerordentliche Einkünfte, die ermäßigt besteuert werden sollen

13–16 **Versorgungsbezüge für mehrere Jahre** (unten Zeile 13) sowie **Ent-**
12–15 **schädigungen und Arbeitslohn für mehrere Jahre** (unten Zeile 14) sind außerordentliche Einkünfte, für die eine ermäßigte Besteuerung in Betracht kommt (§ 34 EStG). Die **hier** in der **Anlage N** maßgeblichen Beträge wurden vom Arbeitgeber auf der Lohnsteuerbescheinigung Nr. 9 bis Nr. 14 eingetragen. Von dort sind sie in die jeweils vorgesehenen **Zeilen 13 bis 16** der Anlage N zu übernehmen.

Zu beachten ist, dass (bereits ab 1999) bei der Ermittlung der Einkommensteuer nicht mehr zwischen außerordentlichen Einkünften, die dem halben Steuersatz unterliegen (§ 34 Nr. 1 und 2 EStG a. F.), und Vergütungen für eine mehrjährige Tätigkeit, für die eine Steuerermäßigung in Form der sog. Drittelregelung Anwendung findet (§ 34 Abs. 3 a. F. EStG), unterschieden wird. In allen Fällen außerordentlicher Einkünfte erfolgt die Steuerermäßigung durch eine sog. **Fünftelregelung** (§ 34 EStG). Teilweise ist jedoch bereits ab 2001 wieder eine Rückkehr zur Besteuerung mit dem halben durchschnittlichen Steuersatz erfolgt, jedoch nur für Gewinne aus Betriebsveräußerungen und -aufgaben, wenn diese aus Altersgründen oder wegen dauernder Berufsunfähigkeit erfolgt. Wegen der Einzelheiten und Berechnung nach diesen Neuregelungen vgl. **Anlage GSE, Zeile 25** und **Zeilen 55 bis 56**.

Der Arbeitgeber kann bereits im Lohnsteuerabzugsverfahren die Steuerermäßigung nach § 34 EStG berücksichtigen (§ 39b Abs. 3 Satz 9 EStG). Hat der Arbeitgeber im Lohnsteuerabzugsverfahren **keine** ermäßigte – oder überhaupt keine – Besteuerung vorgenommen, so ist der steuerpflichtige Teil des Bruttoarbeitslohns in die entsprechenden **Zeilen 13 und 14** der Anlage N einzutragen. Selbst wenn der Arbeitgeber im Lohnsteuerabzugsverfahren eine ermäßigte Besteuerung durchgeführt hat, muss der Arbeitnehmer eine ESt-Erklärung abgeben (§ 46 Abs. 2 Nr. 5 EStG). Hierdurch soll sichergestellt werden, dass ein ggf. unzutreffender Steuerabzug im Veranlagungsverfahren korrigiert wird.

In jedem Fall sind die **Vertragsunterlagen beizufügen,** aus denen sich Art, Höhe und Zahlungszeitpunkt ergeben.

Steuerbegünstigte Versorgungsbezüge für mehrere Jahre

13 In **Zeile 13** der Anlage N sind **Versorgungsbezüge für mehrere**
12 **Jahre** (z. B. Nachzahlung solcher Bezüge) einzutragen, weil für sie eine **ermäßigte Besteuerung** nach der oben zu Zeilen 13 bis 16 erwähnten sog. **Fünftelregelung** in Betracht kommt (§ 34 Abs. 1 und Abs. 2 Nr. 4 EStG).

Handelt es sich sowohl bei den laufenden Einnahmen als auch bei den außerordentlichen Bezügen um Versorgungsbezüge nach § 19 Abs. 2 EStG, kann der im Kalenderjahr des Zuflusses in Betracht kommende **Versorgungsfreibetrag** nur einmal abgezogen werden; er ist zunächst bei den nicht nach § 34 EStG begünstigten Einkünften zu berücksichtigen. Nur ein insoweit nicht verbrauchter Versorgungsfreibetrag ist bei den nach § 34 EStG begünstigten Einkünften abzuziehen (R 200 Abs. 4 EStR). Zur Ermittlung des Versorgungsfreibetrags bei mehreren Versorgungsleistungen mit unterschiedlichem Bezugsbeginn vgl. oben Anlage N, Zeile 8.

Die steuerbegünstigten Versorgungsbezüge für mehrere Kalenderjahre sind auf der Lohnsteuerbescheinigung Nr. 9 gesondert eingetragen, weil diese Vergütungen schon beim laufenden Lohnsteuerabzug nach den besonderen Grundsätzen für sonstige Bezüge besteuert worden sind (§ 39b Abs. 3 Satz 9 EStG). Vgl. hierzu im Einzelnen oben zu Zeilen 13 bis 16 und zur sog. Fünftelregelung Anlage GSE, Zeile 25 und Zeilen 55 bis 56.

Entschädigungen sowie Abfindungen

14 Die in Zeile 14 der Anlage N zu erklärenden und nach den obigen
13 Ausführungen zu Zeilen 13 bis 16 **ermäßigt zu besteuernden Entschädigungen,** die den Einkünften aus nichtselbständiger Arbeit zuzuordnen sind, ergeben sich aus § 24 Nr. 1a und Nr. 1b EStG; Rechtsgrundlage ist § 34 Abs. 1 und Abs. 2 Nr. 2 EStG, worin auf § 24 Nr. 1 EStG ausdrücklich verwiesen wird.

Hiernach sind unter Entschädigungen Zahlungen (auch „Abfindungen") zu verstehen, die als **Ersatz für entgangene oder entgehende Einnahmen** (§ 24 Nr. 1a EStG) oder für die **Aufgabe oder Nichtausübung einer Tätigkeit** (§ 24 Nr. 1b EStG) gewährt worden sind. Eine solche Entschädigung ist nach ständiger Rechtsprechung allerdings grundsätzlich nur dann tarifbegünstigt, wenn sie zu einer **Zusammenballung** von Einkünften innerhalb **eines** Veranlagungszeitraums führt (vgl. zu den Ausnahmen unten). Der Zufluss mehrerer Teilbeträge in unterschiedlichen Veranlagungszeiträumen ist deshalb in aller Regel steuerlich nicht begünstigt (vgl. BFH-Urteil vom 21. 3. 1996, BStBl II S. 416). Für den Begriff der Entschädigung nach § 24 Nr. 1a EStG ist nicht entscheidend, ob das zur Entschädigung führende Ereignis ohne oder gegen den Willen des Arbeitnehmers eingetreten ist; er darf das schadenstiftende Ereignis aber nicht aus eigenem Antrieb herbeigeführt haben (vgl. im Einzelnen H 170 [Entschädigung ...] EStH). Wegen der von der Entschädigung einbehaltenen und auf der Lohnsteuerbescheinigung ausgewiesenen Steuerabzugsbeträge vgl. unten Anlage N, Zeilen 15 bis 16.

Abfindungen wegen Entlassung aus dem Dienstverhältnis sind nach § 3 Nr. 9 EStG bis zu bestimmten Höchstbeträgen **steuerfrei**, wenn sie wegen einer **vom Arbeitgeber veranlassten oder gerichtlich ausgesprochenen Auflösung des Dienstverhältnisses** bezahlt werden. Sie sind deshalb hier **nicht** anzugeben, soweit die Höchstbeträge nicht überschritten werden. Die Auflösung ist vom Arbeitgeber veranlasst, wenn dieser die entscheidenden Ursachen für die Auflösung gesetzt hat. Es kommt nicht mehr darauf an, ob dem Arbeitnehmer eine weitere Zusammenarbeit mit dem Arbeitgeber noch zuzumuten ist (BFH-Urteil vom 10. 11. 2004, BStBl 2005 II S. 441). Bei Altersteilzeitmodellen ist die Auflösung des Dienstverhältnisses nicht vom Arbeitgeber veranlasst, wenn die Altersteilzeit bis zum 65. Lebensjahr andauert (R 9 LStR; ggf. aber Anwendung der sog. Fünftelregelung, vgl. Anlage N, Zeilen 13 bis 16).

Die Freibeträge für Abfindungen wegen Auflösung des Dienstverhältnisses betragen bereits **ab 2004** im Allgemeinen nur noch 7 200 € (vorher 8 181 €). Hat der Arbeitnehmer das 50. Lebensjahr vollendet und hat das Dienstverhältnis mindestens 15 Jahre bestanden, so beträgt der Höchstbetrag jetzt **9 000 €** (vorher 10 226 €); bei Vollendung des 55. Lebensjahrs und bei einer Dauer des Dienstverhältnisses von mindestens 20 Jahren beträgt der Höchstbetrag nunmehr **11 000 €** (vorher 12 271 €). Teilbeträge und laufende Zahlungen sind insgesamt so lange steuerfrei, wie der zustehende Höchstbetrag noch nicht überschritten ist.

Im Hinblick auf eine Reihe neuer BFH-Entscheidungen zur ertragsteuerlichen Behandlung von **Entlassungsentschädigungen** ist ein bundeseinheitliches **BMF-Schreiben vom 24. 5. 2004, BStBl I S. 505** (Berichtigung S. 633) ergangen, das an die Stelle des BMF-Schreibens vom 18. 12. 1998, BStBl I S. 1512 getreten ist (vgl. LStH, Anhang 42) und das für die Finanzverwaltung verbindlich ist. Aus gegebenem Anlass wird jeweils hierauf verwiesen.

Unter **Abfindungen** sind Leistungen zu verstehen, die der Arbeitnehmer als Ausgleich für die mit der Auflösung des Dienstverhältnisses verbundenen Nachteile, insbesondere des Verlustes des Arbeitsplatzes erhält (sachlicher Zusammenhang). Ein zeitlicher Zusammenhang zwischen dem Zufluss der Abfindung und der Beendigung des Dienstverhältnisses ist daneben nicht erforderlich; ein erhebliches zeitliches Auseinanderfallen der beiden Ereignisse kann jedoch den sachlichen Zusammenhang in Frage stellen (R 9 LStR). Voraussetzung ist aber in jedem Fall, dass das zugrunde liegende Arbeitsverhältnis beendet wird und nicht etwa nur, dass ein neuer Arbeitgeber (ggf. im Zusammenhang mit dem Betriebsübergang) in das bestehende Arbeitsverhältnis eintritt (BFH-Urteil vom 10. 10. 2001, BStBl 2002 II S. 181). **Nicht** zu den Abfindungen gehören andere Bezüge, die lediglich aus Anlass der Auflösung eines Dienstverhältnisses gezahlt werden (vgl. BFH-Urteile vom 16. 12. 1992, BStBl 1993 II S. 447 und vom 16. 7. 1997, BStBl II S. 666). Im Übrigen ist es unerheblich, auf welcher Rechtsgrundlage die Zahlung der Abfindung beruht und ob die Abfindung als Einmalbetrag, in Teilbeträgen oder in fortlaufenden Beträgen ausgezahlt wird (BFH-Urteil vom 11. 1. 1980, BStBl II S. 205). Die Steuerfreiheit von Abfindungen ist auch für Arbeitnehmer anwendbar, deren Lohn nach § 40a EStG (kurzfristig oder geringfügig Beschäftigte) pauschal versteuert wird.

Weder Abfindungen noch Entschädigungen sind Zahlungen zur **Abgeltung vertraglicher Ansprüche,** die der Arbeitnehmer aus dem Dienstverhältnis bis zum Zeitpunkt der Auflösung erlangt hat (BFH-Urteil vom 24. 4. 1991, BStBl II S. 723), wie z.B. rückständiger Arbeitslohn, anteiliges Urlaubsgeld, Urlaubsabgeltung, Weihnachtsgeld, Gratifikationen, Tantiemen oder bei rückwirkender Beendigung des Dienstverhältnisses noch zustehende Gehaltsansprüche bis zum steuerlich anzuerkennenden Zeitpunkt der Auflösung. Das gilt auch für freiwillige Leistungen, wenn sie in gleicher Weise den verbleibenden Arbeitnehmern tatsächlich zugewendet werden (BMF-Schreiben vom 24. 5. 2004 a.a.O., Rz 4). Für die Abgrenzung zwischen arbeitsvertraglicher Erfüllungsleistungen und Entschädigung ist der im Aufhebungsvertrag vereinbarte Zeitpunkt der Beendigung des Arbeitsverhältnisses maßgebend (BFH-Urteil vom 15. 10. 2003, BStBl 2004 II S. 264). Dies gilt auch für Zahlungen, die aufgrund eines arbeitsgerichtlichen Vergleichs bis zum vereinbarten Ende des Arbeitsverhältnisses geleistet werden, selbst wenn der Arbeitnehmer für den Abgeltungszeitraum von der Arbeit freigestellt worden ist (BFH-Urteil vom 27. 4. 1994, BStBl II S. 653). Wird bei Ablauf eines befristeten Dienstverhältnisses eine Gratifikation oder eine besondere Zuwendung geleistet, so ist dies keine Abfindung (BFH-Urteil vom 18. 9. 1991, BStBl 1992 II S. 34 betr. tarifliches Übergangsgeld).

Vorruhestandsleistungen können auch dann begünstigte Entschädigungen sein, wenn sie bereits im Arbeitsvertrag oder in einem Tarifvertrag für den Fall der betriebsbedingten Kündigung vereinbart worden sind, falls die Zahlung zusammengeballt erfolgt und sich nicht über mehr als einen Veranlagungszeitraum erstreckt (BFH-Urteile vom 16. 6. 2004, BStBl II S. 1055 und vom 10. 9. 2003, BStBl 2004 II S. 349). Der Zufluss der Entschädigungen in verschiedenen Veranlagungszeiträumen steht der tarifbegünstigten Besteuerung jeder dieser Entschädigungen jedoch dann nicht entgegen, wenn z.B. ein Arbeitnehmer wegen der Körperverletzung durch einen Dritten auf Grund von mehreren gesonderten und unterschiedliche Zeiträume betreffenden Vereinbarungen mit dessen Versicherung Entschädigungen als Ersatz für entgangene und entgehende Einnahmen erhält (BFH-Urteil vom 21. 1. 2004, BStBl II S. 716).

Soweit die **Abfindung** wegen Entlassung aus dem Dienstverhältnis die o.g. Höchstbeträge übersteigt, ist sie **steuerpflichtig.** Dieser Teil der Abfindung wird aber ebenfalls ermäßigt besteuert nach der **sog. Fünftelregelung** in § 34 EStG (vgl. oben Anlage N, Zeilen 13 bis 16), falls eine **Zusammenballung** von Einkünften innerhalb eines Veranlagungszeitraums gegeben ist (Entschädigung i.S. des § 24 Nr. 1a EStG). **Übersteigt** die anlässlich der Beendigung eines Arbeitsverhältnisses gezahlte Entschädigung die bis zum Ende des Veranlagungszeitraums entgehenden Einnahmen, die der Arbeitnehmer bei Fortsetzung des Arbeitsverhältnisses bezogen hätte, so ist das Merkmal der Zusammenballung der Einkünfte stets erfüllt (so auch BMF-Schreiben vom 24. 5. 2004 a.a.O., Rz 10). Übersteigt dagegen die anlässlich der Beendigung eines Arbeitsverhältnisses gezahlte Entschädigung die bis zum Ende des Veranlagungszeitraums entgehenden Einnahmen **nicht** und bezieht der Steuerpflichtige keine weiteren Einnahmen, die er bei Fortsetzung des Arbeitsverhältnisses nicht bezogen hätte, so ist das Merkmal der Zusammenballung von Einkünften **nicht** erfüllt (BMF-Schreiben vom 24. 5. 2004 a.a.O., Rz 11 und BFH-Urteil vom 4. 3. 1998, BStBl II S. 787 m.w.N.). Ohne Bedeutung ist es nach dem BFH-Urteil vom 4. 3. 1998 a.a.O., ob die Entschädigung für den Einnahmeverlust mehrerer Jahre gewährt werden soll. Auch auf eine im Einzelfall eintretende konkrete Progressionserhöhung kommt es nicht an (BFH-Urteil vom 17. 12. 1982, BStBl II S. 221 und vom 21. 3. 1996, BStBl II S. 416).

Eine tarifbegünstigte Zusammenballung liegt auch dann vor, wenn im Jahr des Zuflusses der Entschädigung **weitere** Einkünfte erzielt werden, die der Arbeitnehmer nicht bezogen hätte, wenn das Dienstverhältnis ungestört fortgesetzt worden wäre (z.B. aus einer neuen Tätigkeit) und er dadurch mehr erhält, als er bei normalem Ablauf der Dinge erhalten hätte (BFH-Urteil vom 4. 3. 1998 a.a.O.). Vgl. im Einzelnen Rz 12 des BMF-Schreibens vom 24. 5. 2004 a.a.O. und die dortigen Beispiele. Zur Zusammenballung von Einkünften bei zusätzlichen Entschädigungsleistungen, wie z.B. die unentgeltliche Nutzung eines Dienstwagens, vgl. BMF-Schreiben vom 24. 5. 2004 a.a.O., Rz 14. Eine Entlassungsentschädigung bleibt ausnahmsweise auch dann steuerbegünstigt, wenn in einem späteren Veranlagungszeitraum aus Gründen der **sozialen Fürsorge** für eine gewisse Übergangszeit in späteren Veranlagungszeiträumen ergänzende Zusatzleistungen gewährt werden. Nach dem BMF-Schreiben vom 24. 5. 2004, Rz 15 sind diese für die Beurteilung der Hauptleistung als einer zusammengeballten Entschädigung **unschädlich**, wenn sie **weniger als 20 v.H.** der Hauptentschädigung betragen (schädlich dagegen, wenn sie diese betragsmäßig insgesamt fast erreichen: BFH-Urteile vom 24. 2. 2002, BStBl 2004 II S. 444 und vom 6. 3. 2002, BStBl 2004 II S. 446 sowie vom 16. 7. 2004, BStBl 2005 II S. 1055). Als solche kommen z.B. Leistungen in Betracht, die zur Erleichterung des Arbeitsplatz- oder Berufswechsels erbracht werden (BFH-Urteil vom 14. 8. 2001, BStBl 2002 II S. 180) oder als Anpassung an eine dauerhafte Berufsaufgabe und Arbeitslosigkeit. Ergänzende Zusatzleistungen in diesem Sinne können aber auch die befristete Weiterbenutzung des Firmen-PkW (BFH-Urteil vom 3. 7. 2002, BStBl 2004 II S. 447), die befristete Übernahme von Versicherungsleistungen (BFH-Urteil vom 11. 12. 2002, BFH/NV 2003, 607), die befristete Zahlung von Arbeitslosengeld (BFH-Urteil vom 24. 1. 2002, BStBl 2004 II S. 442) und Zahlungen zur Verwendung für die Altersversorgung (BFH-Urteil vom 15. 10. 2003, BStBl 2004 II S. 264) sein. Auch die Zahlung einer Jubiläumszuwendung im folgenden Veranlagungszeitraum berührt die Tarifvergünstigung der Hauptentschädigung nicht (BFH-Urteil vom 14. 5. 2003, BStBl 2004 II S. 451). Auf die Ausführungen im BMF-Schreiben vom 24. 5. 2004 a.a.O., Rz 14 ff wird verwiesen, ebenso auf das BFH-Urteil vom 6. 3. 2002, BStBl 2004 II S. 446. Die ermäßigte Besteuerung der Entlassungsentschädigung wird auch nicht dadurch ausgeschlossen, dass dem Arbeitnehmer im Rahmen der Ausscheidensvereinbarung erstmals laufende Versorgungsbezüge oder lebenslängliche Sachleistungen, wie z.B. ein Wohnrecht, zugesagt werden (vgl. BMF-Schreiben vom 24. 5. 2004 a.a.O., Rz 5 bis 8).

Die für die ermäßigte Besteuerung von Entschädigungen geltenden Kriterien müssen grundsätzlich auch für die **Abfindung von Pensionsansprüchen** gelten (BFH-Urteil vom 16. 4. 1980, BStBl II S. 393). Eine Entschädigung i.S. des § 24 Nr. 1 a EStG liegt auch dann vor, wenn bereits bei Beginn des Dienstleistungsverhältnisses ein Ersatzanspruch für den Fall der betriebsbedingten Kündigung oder Nichtverlängerung des Dienstverhältnisses vereinbart wird. Die ältere Rspr. (BFH-Urteil vom 27. 2. 1991, BStBl II S. 703) ist überholt (BFH-Urteil vom 10. 9. 2003, BStBl 2004 II S. 349). Eine begünstigte Entschädigung kann dagegen nicht angenommen werden, wenn eine Abfindung einen künftig entstehenden Pensionsanspruch in kapitalisierter Form abgilt und damit lediglich die Zahlungsmodalität für den Versorgungsausgleich geändert wird (BFH-Urteil vom 6. 3. 2002, BStBl II S. 516). Eine Pensionsabfindung ist auch dann keine Entschädigung, wenn ein Arbeitnehmer von sich aus das die Entschädigung auslösende Ereignis herbeigeführt hat (z.B. durch Kündigung wegen Wohnsitzverlegung nach Eheschließung: BFH-Urteil vom 21. 6. 1990, BStBl II S. 1020).

Hinsichtlich der Aufteilung des **Arbeitnehmer-Pauschbetrags** auf nicht begünstigte Einkünfte und begünstigte Entschädigungen oder Abfindungen gelten die folgenden Ausführungen zu Zeile 14 „Arbeitslohn für mehrere Jahre" a.E. und das BFH-Urteil vom 29. 10. 1998, BStBl 1999 II S. 588).

Arbeitslohn für mehrere Jahre

Zu den außerordentlichen Einkünften, die **ermäßigt besteuert** werden, gehören auch Vergütungen für mehrjährige Tätigkeiten (§ 34 Abs. 2 Nr. 4 EStG), also auch **Arbeitslohn für mehrere Jahre**.

„Mehrjährig" in diesem Sinne ist eine Tätigkeit, die sich mindestens über **zwei Veranlagungszeiträume** erstreckt, auch dann, wenn sie einen Zeitraum von weniger als zwölf Monaten umfasst (BFH-Urteil vom 14. 10. 2004, BStBl 2005 II S. 289). Das folgt aus dem Sinn und Zweck der Regelung, bei zusammengeballten Vergütungen die Tarifprogression zu mildern. Für die Zahlung in einer Summe – und damit der Zusammenballung der Zahlung – müssen

Teil I: Anlage N
Zeilen 15–20

wirtschaftlich vernünftige Gründe vorliegen (R 200 Abs. 1 EStR), die sowohl in der Person des Arbeitnehmers wie auch des Arbeitgebers liegen können. Die Vergütungen für eine mehrjährige Tätigkeit können während eines Kalenderjahres auch in mehreren Teilbeträgen gezahlt werden (BFH-Urteile vom 11. 6. 1970, BStBl II S. 639 und vom 30. 7. 1971, BStBl II S. 802 sowie H 200 [Vergütung für eine mehrjährige Tätigkeit] EStH). Es kommt nicht darauf an, dass die Vergütung für eine abgrenzbare Sondertätigkeit gezahlt wird, dass auf sie ein Rechtsanspruch besteht oder dass sie eine zwangsläufige Zusammenballung von Einnahmen darstellt (R 200 Abs. 2 EStR). Es ist auch nicht Voraussetzung, dass der Arbeitnehmer die Arbeitsleistung erbringt; es genügt, dass der Arbeitslohn für mehrere Jahre gezahlt worden ist (H 200 [Arbeitslohn für mehrere Jahre] EStH und BFH-Urteil vom 17. 7. 1970, BStBl II S. 683). Erhält ein Arbeitnehmer wegen einer unwirksamen Kündigung eine **Gehaltsnachzahlung,** so ist diese als Lohn des Jahres der Nachzahlung zu erfassen und tarifbegünstigt zu besteuern (BFH-Urteil vom 22. 7. 1993, BStBl II S. 795). Zahlt ein Arbeitgeber seinen Arbeitnehmern bei deren Ausscheiden wegen Erreichens der Altersgrenze einen der Höhe nach entsprechend der Dauer der Betriebszugehörigkeit gestaffelten Geldbetrag, so kann in dem einmaligen Bezug eine tariflich begünstigte Entlohnung für eine mehrjährige Tätigkeit liegen (BFH-Urteil vom 10. 6. 1983, BStBl II S. 575).

Zu den außerordentlichen Einkünften gehören dagegen **nicht** die zwischen Arbeitgeber und Arbeitnehmer vereinbarten und regelmäßig ausgezahlten gewinnabhängigen **Tantiemen,** deren Höhe erst nach Ablauf des Wirtschaftsjahrs festgestellt werden kann; es handelt sich hierbei nicht um die Abgeltung einer mehrjährigen Tätigkeit (BFH-Urteil vom 30. 8. 1966, BStBl III S. 545). Fließen diese aber für **mehrere** Jahre in einem Kalenderjahr zusammengeballt zu, so kann die Tarifvergünstigung gewährt werden (BFH-Urteil vom 11. 6. 1970 a.a.O.). Dies gilt auch für besonders gelagerte Ausnahmefälle, wenn die Vergütung aus wirtschaftlich vernünftigen Gründen nicht in einem Kalenderjahr, sondern in zwei Kalenderjahren in Teilbeträgen zusammengeballt ausgezahlt wird (BFH-Urteil vom 16. 9. 1966, BStBl 1967 III S. 2). Auf die Ausführungen in H 200 (Außerordentliche Einkünfte i.S. des § 34 EStG) EStH wird hingewiesen.

Zum Arbeitslohn für mehrere Jahre gehören auch **Jubiläumszuwendungen** aus Anlass eines **Arbeitnehmer-Jubiläums,** die eine mehrjährige Tätigkeit abgelten sollen (R 200 Abs. 2 EStR); Zuwendungen, die ohne Rücksicht auf die Dauer der Betriebszugehörigkeit lediglich aus Anlass eines **Firmenjubiläums** erfolgen, erfüllen diese Voraussetzungen nicht (H 200 [Jubiläumszuwendungen] EStH unter Hinweis auf BFH-Urteil vom 3. 7. 1987, BStBl II S. 820).

Erfindervergütungen, die ein Arbeitnehmer von seinem Arbeitgeber erhält, unterliegen der Besteuerung nach den allgemeinen Vorschriften. Soweit allerdings die Erfindervergütungen **für mehrere Jahre** in einem Betrag ausgezahlt werden, stellen sie Arbeitslohn für mehrere Jahre dar (vgl. auch Anlage N, Zeilen 1 bis 6, zweiter Absatz). Voraussetzung ist, dass die Erfindervergütung in 2005 für eine in mehreren Jahren erbrachte Leistung gezahlt wird. In diesem Fall ist die Vergütung in **Zeile 14** der Anlage N einzutragen.

Bei der Ermittlung der tarifermäßigten Besteuerung unterliegenden Einkünfte können nur die im Veranlagungszeitraum des Zuflusses bei diesen Einkünften angefallenen **Werbungskosten** abgezogen werden. Werden außerordentliche Einkünfte aus nichtselbständiger Arbeit neben laufenden Einkünften dieser Art bezogen, so ist auch der **Arbeitnehmer-Pauschbetrag** insgesamt nur einmal abzuziehen, wenn insgesamt keine höheren Werbungskosten nachgewiesen werden. Ansonsten sind die auf die jeweiligen Einnahmen entfallenden tatsächlichen Werbungskosten bei diesen Einnahmen zu berücksichtigen. Sind die gesamten Werbungskosten nicht höher als der Arbeitnehmer-Pauschbetrag, ist dieser zunächst bei den nicht nach § 34 EStG begünstigten Einkünften zu berücksichtigen. Nur ein insoweit nicht verbrauchter Arbeitnehmer-Pauschbetrag ist bei den begünstigten Einkünften abzuziehen (BFH-Urteil vom 29. 10. 1998, BStBl 1999 II S. 588). Vgl. auch R 200 Abs. 4 EStR.

Steuerabzugsbeträge zu Zeilen 13 und 14

In **Zeilen 15 und 16** sind die Steuerabzugsbeträge (Lohnsteuer, Solidaritätszuschlag, Kirchensteuer) einzutragen, die auf ermäßigt besteuerte Versorgungsbezüge für mehrere Jahre (Zeile 13 der Anlage N) sowie auf ermäßigt besteuerte Entschädigungen (Zeile 14 der Anlage N) und auf ermäßigt besteuerten Arbeitslohn für mehrere Jahre (Zeile 14 der Anlage N) entfallen. Sie sind der Lohnsteuerbescheinigung Nr. 11 bis 14 zu entnehmen, die nicht ermäßigt besteuerten entsprechenden Beträge ergeben sich aus Nr. 19.

Steuerpflichtiger Arbeitslohn ohne Steuerabzug

Zum **steuerpflichtigen Arbeitslohn,** von dem zu Recht **kein Steuerabzug** vorgenommen worden ist, gehören z.B.:

Arbeitslohn von einem ausländischen Arbeitgeber (wegen der Lohnzahlungen an Grenzgänger vgl. Zeile 22 der Anlage N), von Dritten (also von anderen als dem Arbeitgeber) gezahlter Arbeitslohn (nach der früheren Regelung z.B. auch Trinkgelder über 1 224 € jährlich; ab 1. 1. 2002 sind Trinkgelder jedoch nach § 3 Nr. 51 EStG steuerfrei) und Verdienstausfallentschädigungen. Dazu gehören aber auch nach dem Gesetz zur Förderung der Einstellung der landwirtschaftlichen Erwerbstätigkeit aus öffentlichen Kassen geleistete Beiträge zur gesetzlichen Rentenversicherung und zu den Arbeitgeberanteilen an den Krankenkassenbeiträgen sowie steuerpflichtige Teile der Ausgleichsleistungen; die bisher nach diesem Gesetz gezahlten steuerfreien Leistungen sollen auf einem besonderen Blatt erläutert werden.

Seit dem BFH-Urteil vom 24. 10. 1990 (BStBl 1991 II S. 337) sind **Streikgelder** weder steuerpflichtiger Arbeitslohn i.S. des § 19 EStG noch steuerpflichtige Entschädigungen nach § 24 Nr. 1a EStG. Dies gilt auch für **Aussperrungsunterstützungen.** Mit Streikunterstützungen zusammenhängende Aufwendungen sind dann allerdings auch keine Werbungskosten.

Steuerfreier Arbeitslohn bei Tätigkeit im Ausland

In **Zeilen 18 bis 20** ist nach dem **steuerfreien Arbeitslohn für eine Tätigkeit im Ausland** gefragt. Arbeitnehmer mit Wohnsitz oder gewöhnlichem Aufenthalt im Inland sind grundsätzlich mit ihren in- **und** ausländischen Einkünften steuerpflichtig. Somit unterliegt auch jener Arbeitslohn grundsätzlich der deutschen Besteuerung, den ein im Inland ansässiger Arbeitnehmer von seinem inländischen Arbeitgeber für eine im Ausland ausgeübte Tätigkeit bezieht. Die Einkünfte aus einer Tätigkeit im Ausland können aber nach einem **Doppelbesteuerungsabkommen (DBA)** oder nach einem **zwischenstaatlichen Übereinkommen (ZÜ)** oder nach dem **Auslandstätigkeitserlass (ATE)** vom 31. 10. 1983, BStBl I S. 470 (LStR, Anhang 22) von der deutschen Besteuerung **befreit** sein. Sie müssen aber gleichwohl **bei der Bemessung des Steuersatzes** der deutschen Einkommensteuer berücksichtigt werden – sog. **Progressionsvorbehalt** (§ 32b Abs. 1 Nr. 3 EStG; bei nicht ganzjähriger unbeschränkter Steuerpflicht § 32b Abs. 1 Nr. 2 EStG). Vgl. hierzu auch die BFH-Urteile vom 19.12. 2001, BStBl 2003 II S. 302, vom 15.5. 2002, BStBl 2002 II S. 660 und vom 19.11. 2003, BStBl 2004 II S. 549. Der Arbeitgeber muss daher auf der Lohnsteuerbescheinigung Nr. 16 den steuerfreien Arbeitslohn nach einem DBA oder dem ATE bescheinigen. Der nach einem ZÜ steuerfreie Arbeitslohn ergibt sich aus den Gehaltsbescheinigungen des Arbeitgebers; sie sind der ESt-Erklärung beizufügen.

Sofern Vergütungen für mehrjährige Tätigkeiten oder Entschädigungen im steuerfreien Arbeitslohn enthalten sind, sind diese auf einem besonderem Blatt anzugeben.

Bei der **Berechnung des Progressionsvorbehalts** kommt es – abweichend vom Wortlaut in Zeile 18 – nicht auf den bescheinigten „Steuerfreien Arbeitslohn" an, sondern auf die **steuerfreien Einkünfte** (Arbeitslohn ⁄ Werbungskosten). Die Einkünfte sind nach deutschem Recht zu ermitteln. Deshalb sind die im Zusammenhang mit diesen Tätigkeiten stehenden Werbungskosten (wie z.B. die Kosten einer doppelten Haushaltsführung) vom Bruttoarbeitslohn abzuziehen. Ebenso ist der Arbeitnehmer-Pauschbetrag zu berücksichtigen, falls und soweit dieser etwa wegen der zu geringen Höhe der steuer**pflichtigen** Einkünfte dort nicht berücksichtigt werden konnte (R 185 Abs. 2 [Progressionsvorbehalt/Allgemeines] EStR). Vgl. jedoch BFH-Urteil vom 17. 12. 2003, BStBl 2005 II S. 96. Bei der Feststellung des anzuwendenden **Steuersatzes** sind auch Verluste als negative Einkünfte zu berücksichtigen – sog. **negativer Progressionsvorbehalt.** Deshalb können auch vorab entstandene Werbungskosten – wie z.B. Bewerbungs- und Umzugskosten, die durch eine geplante nichtselbständige Tätigkeit im Ausland veranlasst sind – selbst dann den Steuersatz **mindern,** wenn die künftigen Einnahmen nicht der inländischen Steuerpflicht unterliegen (BFH-Urteil vom 6. 10. 1993, BStBl 1994 II S. 113). Anderseits sind bei einem Umzug im Verlaufe eines Kalenderjahres vom Ausland in das Inland die in diesem Kalenderjahr vor dem Zuzug erzielten ausländischen Einkünfte im Wege des Progressionsvorbehalts zu berücksichtigen (BFH-Urteil vom 19. 11. 2003 a.a.O. und die dort zit. Rspr.). Bereits ab 1996 findet bei der Berechnung des Progressionsvorbehalts eine sog. Schattenveranlagung – ggf. unter Berücksichtigung des anteiligen Altersentlastungsbetrags nach § 24a EStG (BFH-Urteil vom 30. 5. 1990, BStBl II S. 906) sowie der mit den steuerfreien Einkünften aus nichtselbständiger Arbeit zusammenhängenden Sonderausgaben (z.B. Sozialversicherungsbeiträge, vgl. BFH-Urteil vom 29. 4. 1992, BStBl 1993 II S. 149) – **nicht** mehr statt. Es wird lediglich noch das zu versteuernde Einkommen um die dem Progressionsvorbehalt unterliegenden Einkünfte vermehrt oder vermindert, wobei ggf. darin enthaltene außerordentliche Einkünfte mit einem Fünftel zu berücksichtigen sind (§ 32b Abs. 2 Nr. 2 EStG). Damit ist auch das den Verlustabzug nach § 10d EStG betreffende BFH-Urteil vom 13. 11. 1991, BStBl 1992 II S. 345 überholt. Wegen der **Berechnung** des Progressionsvorbehalts vgl. das entsprechend geltende Beispiel in Anlage N, Zeile 27.

Die **Regelung in den DBA** mit den einzelnen Staaten geht als zwischenstaatliche Vereinbarung dem deutschen Steuerrecht vor. Nach den DBA gilt im Allgemeinen der **Grundsatz,** dass Arbeitslöhne nur in dem Staat besteuert werden, in dem der Arbeitnehmer tätig wird (= Tätigkeitsstaat): **sog. Arbeitsortprinzip.** Ist der Arbeitnehmer im Veranlagungszeitraum in mehreren Staaten tätig, so erfolgt eine Aufteilung des Arbeitslohns. Aufteilungsmaßstab sind in aller Regel die vereinbarten Arbeitstage, an denen die Tätigkeit tatsächlich in den verschiedenen Staaten ausgeübt wurde (ggf. Nachweis). Das sog. Arbeitsortprinzip gilt jedoch dann **nicht,** wenn nur eine **vorübergehende Tätigkeit** im Ausland gegeben ist. Dann steht unter bestimmten Voraussetzungen nur dem Ansässigkeitsstaat das Besteuerungsrecht zu. Ansässigkeitsstaat ist der **Wohnsitzstaat** des Arbeitnehmers, bei mehreren ständigen Wohnstätten der Staat, in dem sich der Mittelpunkt der Lebensinteressen des Arbeitnehmers (z.B. der Familienwohnsitz) befindet. Diesem Ansässigkeitsstaat steht für eine im Ausland ausgeübte Tätigkeit das Besteuerungsrecht jedoch nur zu, wenn (1.) sich der Arbeitnehmer **nicht länger als 183 Tage** im maßgeblichen Zeitraum (vgl. hierzu unten) im Tätigkeitsstaat aufgehalten hat **und** (2.) die Vergütungen nicht von einer Betriebsstätte, die der Arbeitgeber im Tätigkeitsstaat hat, getragen wurden **und** (3.) der Arbeitgeber, der die Vergütungen zahlt, nicht im Tätigkeitsstaat ansässig ist. Nur wenn alle drei Voraussetzungen zusammen vorliegen, behält die Bundesrepublik als Ansässigkeitsstaat/Wohnsitzstaat des Arbeitnehmers das Besteuerungsrecht für Vergütungen, die für eine Tätigkeit im Ausland gezahlt werden. Ansonsten sind die Einkünfte in der Bundesrepublik freizustellen und nur beim Progressionsvorbehalt (vgl. oben) zu berücksichtigen (vgl. im Einzelnen BMF-Schreiben vom 5. 1. 1994, BStBl I S. 11; ein neues BMF-Schreiben ist in Vorbereitung). Für bestimmte Arbeitnehmer, wie z.B. Studenten, Gastlehrkräfte, Sportler, Leiharbeitnehmer und für Zahlungen aus öffentlichen Kassen enthalten die DBA zum Teil abweichende Regelungen.

Bei der **Ermittlung der 183 Tage** ist je nach der Regelung im jeweiligen DBA auf unterschiedliche Zeiträume abzustellen. Im Allgemeinen beziehen sich die 183 Tage auf das **Kalenderjahr.** In einigen DBA ist bei einem vom Kalenderjahr abweichenden Steuerjahr das **Steuerjahr** des Tätigkeitsstaates maßgebend (wegen der betr. Länder vgl. BMF-Schreiben vom 5. 1. 1994 a.a.O.). Schließlich gibt es auch DBA, in denen auf einen jahresübergreifenden Zeitraum von **12 aufeinander folgenden Monaten** abgestellt wird (vgl. z.B. BMF-Schreiben vom 20. 4. 2000, BStBl I S. 483). Im Übrigen ist nicht die Dauer der Tätigkeit, sondern die körperliche Anwesenheit im Tätigkeitsstaat maßgebend. Dazu zählen u.a. auch der Ankunfts- und Abreisetag, die arbeitsfreien Wochenendtage, öffentliche Feiertage, die Tage der Anwesenheit während einer Arbeitsunterbrechung (z.B. Streik) und die Krankheitstage (vgl. BMF-Schreiben vom 5. 1. 1994 a.a.O.).

Organe von **Kapitalgesellschaften,** wie **Geschäftsführer und Vorstandsmitglieder** von Körperschaften üben ihre Tätigkeit grundsätzlich an dem Ort aus, an dem sie sich **persönlich aufhalten** (BFH-Urteil vom 5. 10. 1994, BStBl 1995 II S. 95). Die entgegenstehende Entscheidung des GrS des BFH vom 15. 11. 1971, BStBl 1972 II S. 68 über den Tätigkeitsort des Geschäftsführers einer GmbH am Sitz der Gesellschaft ist zum DBA-Schweiz ergangen und auf andere DBA nicht übertragbar (BFH-Urteil vom 5. 10. 1994 a.a.O.). Vgl. im Einzelnen BMF-Schreiben vom 5. 7. 1995, BStBl I S. 373. Begibt sich der im **Inland** wohnende Geschäftsführer einer inländischen GmbH zum Zwecke seiner Aufgabenerledigung zeitweilig ins Ausland, so ist sein Arbeitslohn, soweit er zeitanteilig hierauf entfällt, seiner **Auslands**tätigkeit zuzurechnen. Dies gilt stets, wenn die Tätigkeit nur an einem bestimmten Ort ausgeübt werden kann, wie z.B. beim Wareneinkauf auf einer Geschäftsreise (BFH-Urteil vom 21. 5. 1986, BStBl II S. 739).

Eine **Freistellung** ausländischer Einkünfte aus nichtselbständiger Arbeit **auf Grund von DBA** ist nach § 50d Abs. 8 EStG allerdings nur noch möglich, soweit der Steuerpflichtige nachweist, dass die in diesem Staat auf die Einkünfte festgesetzten **Steuern entrichtet** wurden **oder** dass der Staat, dem nach dem DBA das Besteuerungsrecht zusteht, auf dieses Besteuerungsrecht **verzichtet** hat. Dies gilt auch dann, wenn nach dem einschlägigen DBA eine sog. **Rückfallklausel nicht** vorgesehen ist. Zum Nachweis dieser Voraussetzungen sind geeignete Unterlagen beizufügen; darauf wird in **Zeile 19** ausdrücklich hingewiesen. Zur Nachweispflicht im Einzelnen vgl. Merkblatt des BMF zur Steuerfreistellung ausländischer Einkünfte gem. § 50d Abs. 8 EStG vom 21. 7. 2005, BStBl I S. 821. Wird ein solcher Nachweis erst geführt, nachdem die Einkünfte in eine ESt-Veranlagung einbezogen wurden, ist der Steuerbescheid insoweit nach § 175 Abs. 1 Satz 2 AO zu ändern (vgl. auch BMF-Schreiben vom 27. 1. 2004, BStBl I S. 173, Nr. III 10). Der Pflicht zum Nachweis der tatsächlichen Besteuerung von Lohnbezügen im Ausland ist ausschließlich im Veranlagungsverfahren nachzukommen. Im LSt-Abzugsverfahren bleibt es dabei, dass das Betriebsstättenfinanzamt auf Antrag des Arbeitnehmers oder des Arbeitgebers eine Freistellungsbescheinigung erteilt (§ 39b Abs. 6 Satz 1 EStG).

Zeile 19 weist auch darauf hin, dass unter bestimmten Voraussetzungen eine **Mitteilung** über die Höhe des in Deutschland steuerfreien Arbeitslohns **an einen anderen Staat** erfolgen kann. Die Ausführungen beziehen sich auf in Deutschland steuerfreien Arbeitslohn nach einem DBA oder einem ZÜ. Einzelheiten hierzu finden sich im BMF-Schreiben vom 3. 6. 1996, BStBl I S. 644 (teilweise aufgehoben durch das o.g. BMF-Merkblatt vom 21. 7. 2005 a.a.O.), das den „Auskunftsaustausch über Arbeitslöhne von in der Bundesrepublik Deutschland ansässigen und in anderen EU-Mitgliedstaaten tätigen Arbeitnehmern" regelt, sowie im Merkblatt des BMF vom 3. 2. 1999, BStBl I S. 228 zur „Zwischenstaatlichen Amtshilfe durch Auskunftsaustausch in Steuersachen", wonach der Steuerpflichtige grundsätzlich vor der Mitteilung an den anderen Staat anzuhören ist (Tz. 5.1 des Merkblatts a.a.O.). Er kann hiergegen Einwendungen erheben, die aus Vereinfachungsgründen schon in der Steuererklärung vorgebracht werden sollen.

Die mit dem steuerfreien Arbeitslohn zusammenhängenden **Aufwendungen** sollten auf einem besonderen Blatt oder auf der Rückseite der Anlage N geltend gemacht werden.

Für den Abzug von **Werbungskosten** ist § 3c EStG zu beachten. Danach sind (nur) solche Werbungskosten **nicht** abziehbar, die in einem **unmittelbaren** wirtschaftlichen Zusammenhang mit steuerfreien Einnahmen stehen. Sonach muss es sich um Aufwendungen handeln, die nach ihrer Entstehung oder Zweckbestimmung mit dem Aufenthalt bzw. der Tätigkeit im Ausland unlösbar verbunden sind, d.h. ohne diese nicht angefallen wären (siehe auch BFH-Urteil vom 29. 1. 1986, BStBl II S. 479). Ansonsten sind sie abzugsfähig.

**Teil I: Anlage N
Zeilen 21–24**

Bescheinigt der Arbeitgeber auf der Lohnsteuerbescheinigung Nr. 24 Arbeitnehmeranteile zur **gesetzlichen Sozialversicherung**, so dürfen darin keine Beiträge enthalten sein, die auf steuerfreien Arbeitslohn, z.B. nach dem ATE oder einem DBA, entfallen. Die nicht zu berücksichtigenden Beiträge sind durch zeitanteilige Aufteilung nach dem Verhältnis der Kalendertage des jeweiligen Lohnzahlungszeitraums zu ermitteln, in denen der Arbeitnehmer sowohl steuerpflichtigen als auch steuerfreien Arbeitslohn bezogen hat.

Wird die Auslandstätigkeit in einem Staat ausgeübt, mit dem ausnahmsweise **kein DBA** besteht (z. B. mit einigen ölfördernden arabischen Ländern sowie mit Liechtenstein und Monaco), so kann die **Steuerfreiheit** des Arbeitslohns nach dem oben genannten **Auslandstätigkeitserlass (ATE)** in Betracht kommen. Ein hiernach steuerfreier Arbeitslohn ist in **Zeile 20** zu erklären. Begünstigt sind Arbeitnehmer, die die Auslandstätigkeit in einem gegenwärtigen Dienstverhältnis mit einem inländischen Arbeitgeber ausüben. Die Auslandstätigkeiten müssen für einen inländischen Lieferanten, Hersteller oder Auftragnehmer erfolgen. **Begünstigt** ist die typische **Montagetätigkeit,** also die Einrichtung, Erweiterung und Modernisierung von Fabriken, Bauwerken, ortsgebundenen Maschinen oder ähnliche Anlagen (z. B. Kläranlagen, Bewässerungssysteme, Kraftwerke, Flugplätze, Kanäle, Straßen, Bergwerke, Brücken), außerdem der Einbau, die Aufstellung oder die Instandsetzung sonstiger, auch mobiler Geräte (z. B. Maschinen, Kraftfahrzeuge). Begünstigt ist auch die Planung (z. B. Standortsuche, Konstruktion, Kalkulation), die Beratung eines inländischen Auftraggebers, die Aufsuchung oder Gewinnung von Bodenschätzen. Zu den begünstigten Tätigkeiten gehört auch die Überwachung und Wartung von Anlagen, die Schulung des ausländischen Personals sowie die Hilfstätigkeiten z.B. der Ärzte, Krankenpfleger, Schreibkräfte, Magazinverwalter. Außerdem sind Tätigkeiten im Zusammenhang mit der deutschen Entwicklungshilfe begünstigt. **Nicht begünstigt** ist dagegen das Einholen von Auslandsaufträgen (ausgenommen die Beteiligung an Ausschreibungen), die Tätigkeit von Leiharbeitnehmern und von Banken und deren Arbeitnehmern bei der finanziellen Beratung.

In **zeitlicher Hinsicht** setzt die Steuerbefreiung nach dem **ATE** voraus, dass die begünstigte Auslandstätigkeit **mindestens 3 Monate** (nicht auf das Kalenderjahr bezogen) **ununterbrochen** in Staaten ausgeübt wird, mit denen kein DBA besteht. Es ist nicht mehr erforderlich, dass die Tätigkeit am selben Ort länger als 3 Monate dauern muss. Die 3-Monatsfrist stellt sonach auf die Tätigkeit insgesamt in **allen** Staaten ohne DBA ab. Die Frist beginnt mit dem Antritt der Reise ins Ausland und endet mit der Rückkehr. Beides braucht nicht im selben Kalenderjahr zu liegen. **Unterbrechungen** des Auslandsaufenthalts durch Rückkehr ins Inland oder in ein DBA-Land bis zu insgesamt **10 Kalendertagen** sind **unbeachtlich,** wenn sie zu weiteren Durchführungen des begünstigten Vorhabens notwendig sind. Unterbrechungen durch Urlaub oder Krankheit sind zwar ebenfalls unschädlich, werden bei der Berechnung der 3-Monatsfrist aber nicht mitgezählt. **Steuerfrei** ist der Arbeitslohn, den der Arbeitnehmer für die Tätigkeit im Ausland erhält (einschließlich der höchstens zehn unschädlichen Unterbrechungstage). In die Steuerfreiheit sind auch Zulagen, Prämien, Einkleidungsbeihilfen usw. eingeschlossen, soweit sie für die begünstigte Tätigkeit bezahlt werden. **Sonstige Bezüge** wie Weihnachtsgratifikation, Erfolgsprämien, Tantiemen, Urlaubsgeld usw. sind steuerfrei, wenn die begünstigte Auslandstätigkeit während des ganzen Kalenderjahres ausgeübt worden ist; sonst sind sie im Verhältnis der Kalendertage aufzuteilen. Wegen der weiteren Einzelheiten zum ATE siehe BMF-Schreiben vom 31. 10. 1983, BStBl I S. 470 und LStH, Anhang 22.

Wegen des Erfordernisses einer **Freistellungsbescheinigung** durch das Betriebsstättenfinanzamt, wenn der Arbeitgeber im Falle eines **DBA** vom Lohnsteuerabzug absehen will, vgl. § 39b Abs. 6 EStG. Entsprechendes gilt nach Nr. VI des **ATE**.

Weiterer Wohnsitz in Belgien

21 Bis 2003 stand nach dem DBA-Belgien für Arbeitnehmer, die im **Grenzgebiet** des einen Staates wohnten und in der Grenzzone des anderen Staates arbeiteten, jeweils nur dem DBA-Wohnsitzstaat das Besteuerungsrecht zu. Bereits **ab 2004** steht das Besteuerungsrecht für im Inland tätige belgische Arbeitnehmer grundsätzlich der Bundesrepublik Deutschland zu. Belgien kann jedoch die in Belgien freigestellten Einkünfte bei der Festsetzung der belgischen Gemeindesteuern berücksichtigen. Zum Ausgleich für die Neuregelung wird die deutsche ESt/LSt um 8 % gemindert.

Grenzgänger

In **Zeile 22** soll der **Arbeitslohn als Grenzgänger in ausländischer Währung** angegeben werden. Grenzgänger ist, wer sich an jedem Arbeitstag von seinem Wohnort im Inland über die Grenze an seine Arbeitsstätte begibt und nach Beendigung seiner Arbeit wieder täglich an seinen Wohnort zurückkehrt. Wohnsitz und Arbeitsort müssen sich im Grenzgebiet befinden, das sich je nach Doppelbesteuerungsabkommen (DBA) bis zu einer Tiefe von 20 bis 30 km erstreckt (im DBA-Schweiz ist der Ausweis eines Grenzgebiets ganz entfallen). Es muss sich also um eine tägliche Pendeltätigkeit handeln. Grenzgänger werden nach den DBA regelmäßig **im Wohnsitzstaat besteuert.** Der ausländische Arbeitgeber ist nicht zum Lohnsteuerabzug verpflichtet, weshalb der ausländische Arbeitslohn im Wege der ESt-Veranlagung der Besteuerung unterworfen wird. **22**

Die Umrechnung in EURO erfolgt durch das Finanzamt. In der Vorspalte ist wegen möglicher unterschiedlicher Regelungen auch das Beschäftigungsland anzugeben.

Die Regelung im sog. Grenzpendlergesetz vom 24. 6. 1994, BStBl I S. 440 befasst sich nicht mit den hier maßgeblichen Fragen; diese Regelung betrifft lediglich beschränkt Steuerpflichtige, d.h. Personen **ohne** Wohnsitz oder gewöhnlichen Aufenthalt im Inland. Entsprechendes gilt auch für das Urteil des EuGH vom 14. 2. 1995, DB 1995 S. 407 (Schumacker).

Schweizerische Abzugsteuer

Zeile 23 betrifft Grenzgänger, die in Deutschland ansässig sind, aber in der **Schweiz** Arbeitslohn beziehen. Nach dem deutsch-schweizerischen DBA wird in solchen Fällen vom Tätigkeitsstaat eine **Abzugsteuer von (höchstens) 4,5 v.H. des Bruttobetrags** der Vergütungen erhoben. Diese Abzugsteuer ist bei der Veranlagung des Arbeitnehmers in Deutschland **anzurechnen**, jedoch nur dann, wenn eine gesonderte Steuerbescheinigung oder ein Steuerausweis auf dem Lohnausweis über die einbehaltene Abzugsteuer vorgelegt wird. Dieser Nachweis ist auf Verlangen des Arbeitnehmers vom schweizerischen Arbeitgeber auszustellen. Vgl. im Einzelnen BMF-Schreiben vom 19. 9. 1994, BStBl I S. 683, Tz. 20 ff. **23**

Steuerfrei erhaltene Aufwandsentschädigungen/Einnahmen

In **Zeile 24** sind nur **Aufwandsentschädigungen/Einnahmen** anzugeben, die **im Rahmen eines Arbeitsverhältnisses** gezahlt und **vom Arbeitgeber steuerfrei belassen** wurden. In Betracht kommen insbesondere die **aus öffentlichen Kassen** gezahlten **steuerfreien** Aufwandsentschädigungen, insbesondere die von einer inländischen Bundes- oder Landeskasse ausbezahlten, die im Haushaltsplan als solche ausgewiesen sind (§ 3 Nr. 12 Satz 1 EStG). Dazu gehören aber auch sonstige Aufwandsentschädigungen aus öffentlichen Kassen für öffentliche Dienste leistende Personen, die für einen nachweisbaren, wenn auch geschätzten Aufwand geleistet werden (§ 3 Nr. 12 Satz 2 EStG). Selbst wenn die Aufwandsentschädigung nicht durch Gesetz oder RechtsVO bestimmt ist, kann bei **hauptamtlich und ehrenamtlich(!) tätigen Personen** in der Regel ohne weiteren Nachweis ein Betrag von **154 € monatlich** als Aufwand anerkannt werden und bleibt damit steuerfrei (vgl. ausführlich R 13 Abs. 3 LStR). Der mit diesen Tätigkeiten zusammenhängende Aufwand ist insoweit abgegolten und kann **nicht** mehr als **Werbungskosten** abgezogen werden. **24**

Außerdem sind hier auch Vergütungen für nebenberufliche Tätigkeiten einzutragen, die **im Rahmen eines Arbeitsverhältnisses** bezogen worden sind

- für nebenberufliche Tätigkeiten als **Übungsleiter, Ausbilder, Erzieher, Betreuer** oder für eine hiermit vergleichbare nebenberufliche Tätigkeit oder

- für nebenberuflich **künstlerische** Tätigkeiten oder

- für die **nebenberufliche Pflege alter, kranker oder behinderter Menschen**

Teil I: Anlage N
Zeilen 25–28

im Dienst oder im Auftrag einer inländischen juristischen Person des öffentlichen Rechts oder einer unter § 5 Abs. 1 Nr. 9 KStG fallenden Einrichtung zur Förderung **gemeinnütziger, mildtätiger** oder **kirchlicher** Zwecke (§§ 52 bis 54 AO). Wegen der im Einzelnen unter diese Regelung fallenden Personen- und Berufsgruppen sowie der Voraussetzung der „Nebenberuflichkeit" wird auf die ausführliche Darstellung in Teil I, **Anlage GSE, Zeile 59** verwiesen. Vergütungen für eine der o.g. Tätigkeiten, die **nicht** im Rahmen eines Arbeitsverhältnisses, sondern als **Selbständiger** ausgeübt worden sind, sind nicht hier, sondern in der Anlage GSE, Zeile 59 zu erklären. Zur nebenberuflichen **Lehrtätigkeit** vgl. R 68 LStR und H 68 LStH. Zur Nebenberuflichkeit allgemein und zum zulässigen zeitlichen Umfang vgl. R 17 LStR und H 17 LStH.

Einnahmen aus den o.g. nebenberuflichen Tätigkeiten sind insgesamt **bis zu 1 848 € im Jahr steuerfrei.** Eine zeitanteilige Aufteilung erfolgt nicht. Die frühere steuerfreie Aufwandspauschale wurde aus verfassungsrechtlichen Gründen in einen Steuerfreibetrag umgewandelt (§ 3 Nr. 26 EStG).

Beim Abzug von **Werbungskosten** ist zu beachten: Überschreiten die Einnahmen aus den o.g. Nebentätigkeiten den steuerlichen Betrag von 1 848 €, so dürfen die hiermit in unmittelbarem wirtschaftlichen Zusammenhang stehenden Ausgaben (z.B. Reisekosten) nur insoweit als Werbungskosten abgezogen werden, als sie ihrerseits den Betrag von 1 848 € übersteigen (§ 3 Nr. 26 Satz 2 EStG). Betragen z.B. die Einnahmen 2 500 € und die Werbungskosten 2 000 €, so sind neben dem Freibetrag von 1 848 € nur 152 € als Werbungskosten abzugsfähig. In jedem Fall ist aber der Arbeitnehmer-Pauschbetrag von 1 044 € anzusetzen, soweit er nicht bei anderen Dienstverhältnissen verbraucht ist (R 17 Abs. 9 LStR). Sofern die Einnahmen den Betrag von 1 848 € nicht übersteigen, können damit zusammenhängende Ausgaben nicht als Werbungskosten abgezogen werden. Betragen die Einnahmen z.B. 1 200 € und die Werbungskosten 1 400 €, so sind die steuerpflichtigen Einkünfte 0 DM, nicht etwa ⁄ 200 €.

Kurzarbeitergeld, Winterausfallgeld, Zuschuss zum Mutterschaftsgeld, Verdienstausfallentschädigung nach dem Infektionsschutzgesetz, Aufstockungsbeträge nach dem Altersteilzeitgesetz, Altersteilzeitzuschläge nach Besoldungsgesetzen

25 Die genannten **Lohnersatzleistungen,** die der Arbeitnehmer in 2005 von seinem Arbeitgeber erhalten hat, sind in **Zeile 25** einzutragen. Das Schlechtwettergeld ist neben dem Winterausfallgeld nicht mehr ausdrücklich erwähnt.

22

Die Summe der ausgezahlten Beträge ist auf der Lohnsteuerbescheinigung Nr. 15 vom Arbeitgeber bescheinigt. Kurzarbeiter- und Winterausfallgeld sind zwar nach § 3 Nr. 2 EStG, der Zuschuss zum Mutterschaftsgeld nach § 3 Nr. 1 d EStG, eine etwaige Entschädigung nach dem Infektionsschutzgesetz nach § 3 Nr. 25 EStG und die Aufstockungsbeträge nach dem Altersteilzeitgesetz (vgl. hierzu LStH, Anhang 1 und R 18 LStR) nach § 3 Nr. 28 EStG **steuerfrei.** Diese **steuerfreien Lohnersatzleistungen** beeinflussen aber die Höhe der Steuer auf den etwaigen steuer**pflichtigen** Arbeitslohn und auf etwaige weitere Einkünfte, indem sie bei der Ermittlung des anzuwendenden **Steuersatzes** hinzugerechnet werden und damit regelmäßig zur Anwendung eines höheren Steuersatzes führen als er sich nach der ESt-Tabelle ergeben würde – sog. **Progressionsvorbehalt** nach § 32b EStG.

Die Lohnersatzleistungen werden mit den tatsächlichen Leistungsbeträgen erfasst. Zur **Berechnung** des Progressionsvorbehalts vgl. das entsprechend geltende Beispiel in Anlage N, Zeile 27.

Wegen evtl. **abzugsfähiger Aufwendungen,** die im Zusammenhang mit den Lohnersatzleistungen stehen und im Falle der Steuerpflicht Werbungskosten wären, sowie wegen **Ermittlung** der steuerfreien Einkünfte vgl. Anlage N, Zeilen 18 bis 20 und Hauptvordruck, Zeile 38.

Insolvenzgeld lt. Bescheinigung der Agentur für Arbeit

26 Da die Bundesagentur für Arbeit verpflichtet ist, Mitteilungen über den Zufluss von Insolvenzgeld an die Finanzverwaltung elektronisch zu übermitteln, wird für den EDV-technischen Abgleich eine gesonderte Angabe benötigt.

23

Andere Lohn-/Entgeltersatzleistungen, z.B. Arbeitslosengeld lt. Bescheinigung der Agentur für Arbeit und Krankengeld, Mutterschaftsgeld lt. Leistungsnachweis

Außer den oben zu Zeile 25 genannten Lohnersatzleistungen, die vom Arbeitgeber bezahlt und deshalb auch von ihm auf der Lohnsteuerbescheinigung Nr. 15 bescheinigt werden, unterliegen noch **andere steuerfreie Lohnersatzleistungen, die nicht vom Arbeitgeber gezahlt** werden, dem **Progressionsvorbehalt** nach § 32b Abs. 1 Nr. 1 EStG. Sie sind daher in **Zeile 27** der Anlage N zu erklären, soweit sie in 2005 bezogen wurden. Dazu gehören:

27
24

- Arbeitslosengeld, Teilarbeitslosengeld, Zuschüsse zum Arbeitsentgelt, Arbeitslosenhilfe, Übergangsgeld, Altersübergangsgeld, Altersübergangsgeld-Ausgleichsbetrag, Unterhaltsgeld als Zuschuss und Eingliederungshilfe nach dem Dritten Buch des Sozialgesetzbuchs;

- Krankengeld, Mutterschaftsgeld, Verletztengeld, Übergangsgeld oder vergleichbare Lohn-/Entgeltersatzleistungen nach den sozialversicherungsrechtlichen Vorschriften;

- Mutterschaftsgeld und die Sonderunterstützung nach dem Mutterschutzgesetz sowie der Zuschuss nach der Mutterschutzverordnung oder entsprechenden Landesregelungen;

- Arbeitslosenbeihilfe oder Arbeitslosenhilfe nach dem Soldatenversorgungsgesetz;

- Versorgungskrankengeld oder Übergangsgeld nach dem Bundesversorgungsgesetz;

- Verdienstausfallentschädigung nach dem Unterhaltssicherungsgesetz;

- Vorruhestandsgeld im sog. Beitrittsgebiet;

- aus dem Europäischen Sozialfonds finanziertes Unterhaltsgeld sowie Leistungen nach § 10 des Dritten Buches Sozialgesetzbuch, die dem Lebensunterhalt dienen.

Nach Ablauf des Kalenderjahres übersendet die Agentur für Arbeit und/oder die Krankenkasse ohne besondere Anforderung eine **Bescheinigung** bzw. den sog. **Leistungsnachweis.** Die dort bescheinigten Beträge sind in **Zeile 27** der Anlage N anzugeben und die Bescheinigungen und Leistungsnachweise **beizufügen.**

Beispiel zur Berechnung des Progressionsvorbehalts

Bei der Zusamenveranlagung von Ehegatten ergibt sich ein zu versteuerndes Einkommen von	20 000 €
Im Jahr 2005 bezogenes Arbeitslosengeld	5 000 €
Für die Berechnung des Steuersatzes maßgebendes zu versteuerndes Einkommen	25 000 €
ESt nach der Splittingtabelle	1 864 €
Durchschnittlicher Steuersatz (bezogen auf 25 000 €)	7,4560 %
Die Anwendung des durchschnittlichen Steuersatzes auf das zu versteuernde Einkommen von 20 000 € ergibt als Steuer (abgerundet)	**1 491 €**
Ohne Anwendung des Progressionsvorbehalts hätte sich aus dem zu versteuernden Einkommen von 20000 € eine ESt ergeben von nur	796 €

Wegen evtl. abzugsfähiger **Aufwendungen** sowie wegen **Ermittlung** der steuerfreien Einkünfte vgl. Anlage N, Zeilen 18 bis 20 und Hauptvordruck, Zeilen 38 bis 39.

Zeiten und Gründe der Nichtbeschäftigung

Bestand im Jahr 2005 zeitweise kein Arbeitsverhältnis (Fehlzeiten), so sind in **Zeile 28** die Zeiten und die Gründe der Nichtbeschäftigung anzugeben (z.B. Arbeitslosigkeit, Schulausbildung, Studienzeit).

28
24

Beispiel

Ein Arbeitnehmer war bis zum 12.2.2005 arbeitslos und erhielt **Arbeitslosengeld.** Dieses ist in **Zeile 27** der Anlage N einzutragen. Die Bescheinigung der Agentur für Arbeit ist der Steuererklärung beizufügen.

**Teil I: Anlage N
Zeilen 31–36**

Vom 13. 2. bis 31. 12. 2005 stand der Arbeitnehmer in einem Beschäftigungsverhältnis, bezog aber im Juli wegen Kurzarbeit in seiner Firma **Kurzarbeitergeld.** Dieser Betrag, den der Arbeitgeber in Nr. 15 der Lohnsteuerbescheinigung ausgewiesen hat, ist in **Zeile 25** der Anlage N einzutragen.

Alle die Nichtbeschäftigung betreffenden Belege (z. B. auch Bescheinigung einer Schule oder Lehranstalt) sind beizufügen, ggf. neben der Bescheinigung über Lohnersatzleistungen nach Zeile 27. **Krankheitszeiten** brauchen jedoch **nicht** angegeben zu werden, **wenn** das **Arbeitsverhältnis** während der Erkrankung **fortbestanden** hat. In diesen Fällen ist auch eine Bescheinigung der Krankenkasse nicht erforderlich.

Um Rückfragen des Finanzamts zu vermeiden, empfiehlt es sich, die Zeiten anzugeben, in denen **ausschließlich steuerfreier oder pauschal besteuerter Arbeitslohn** bezogen wurde. Hat ein Arbeitnehmer im Kalenderjahr zeitweise Arbeitslohn als **Teilzeitbeschäftigter** erhalten und ist die Lohnsteuer **pauschal** erhoben worden und damit abgegolten (keine Eintragung auf der Lohnsteuerkarte), so kann im Zweifelsfalle der Nachweis hierfür durch eine Bescheinigung des Arbeitgebers erbracht werden.

Ergänzende Angaben zu den Vorsorgeaufwendungen

Für Arbeitnehmer, die in 2005 während des ganzen oder eines Teils des Jahres nicht rentenversicherungspflichtig waren

31–36
26–30
Die **Zeilen 31 bis 36** sind aus sich heraus inhaltlich schwer verständlich. Sie sind von Arbeitnehmern auszufüllen, die während des ganzen oder eines Teils des Kalenderjahres 2005 **nicht rentenversicherungspflichtig** waren.

Die Angaben in den Zeilen 31 bis 36 hängen damit zusammen, dass die **Vorsorgepauschale für bestimmte Arbeitnehmer gekürzt wird,** weil diese in der gesetzlichen Rentenversicherung **versicherungsfrei** sind. Bei diesen Arbeitnehmern gilt – im Gegensatz zu der höheren Vorsorgepauschale in allen anderen Fällen nach § 10c Abs. 2 EStG – **ab 2005** als **Obergrenze** der Vorsorgepauschale lediglich der Betrag von **11 v.H. des Arbeitslohns,** höchstens **1 500 €,** bei Zusammenveranlagung von Ehegatten ggf. höchstens **3 000 €** (§ 10c Abs. 3 und 4 EStG; wegen der Übergangsregelung für 2005 bis 2019 vgl. § 10c Abs. 5 EStG n.F.). Die Vorsorgepauschale wird nur dann berücksichtigt, wenn der Steuerpflichtige nicht tatsächliche Vorsorgeaufwendungen nachweist, die zu einem **höheren Abzug** führen. Wegen der Berechnung im Einzelnen vgl. **Hauptvordruck, Zeile 63, Abschnitt I Nr. 1 B.** Die gekürzte Vorsorgepauschale ist auch dann maßgebend, wenn die Zugehörigkeit zu dem betroffenen Personenkreis nur für einen **Teil des Jahres** vorgelegen hat (§ 10c Abs. 3 EStG).

Der betroffene Personenkreis ist mit **den** Arbeitnehmern identisch, für die – wegen der gekürzten Vorsorgepauschale – eine besondere Lohnsteuertabelle anzuwenden ist (vgl. Hauptvordruck, Zeile 63, Abschnitt I Nr. 1 B und R 120 Abs. 3 LStR).

Zu den von der **Kürzung** der Vorsorgepauschale betroffenen Arbeitnehmern gehören insbesondere (§ 10c Abs. 3 EStG):

- Beamte, Richter, Berufssoldaten, Soldaten auf Zeit;
- Beamtenpensionäre, Bezieher von Witwen- oder Waisengeld auf Grund beamtenrechtlicher oder entsprechender gesetzlicher Vorschriften;
- weiter beschäftigte Beamtenpensionäre in einem privaten Arbeitsverhältnis;
- weiter beschäftigte Altersrentner, die bereits Altersrente erhalten, ebenso weiter beschäftigte Werkspensionäre, wenn der Arbeitslohn nicht der Rentenversicherungspflicht unterliegt;
- Arbeitnehmer, die auf Antrag des Arbeitgebers von der gesetzlichen Rentenversicherungspflicht befreit worden sind, z. B. Lehrkräfte an nicht öffentlichen Schulen oder Geistliche, bei denen eine Altersversorgung nach beamten- oder kirchenrechtlichen Grundsätzen gewährleistet ist;
- Arbeitnehmer (im steuerrechtlichen Sinne), die nicht der gesetzlichen Rentenversicherungspflicht unterliegen (also sozialversicherungsrechtlich keine Arbeitnehmer sind) **und** denen ganz oder teilweise **ohne eigene Beitragsleistung** eine betriebliche Altersversorgung zugesagt worden ist:

  Dies sind z. B. Vorstandsmitglieder von Aktiengesellschaften und beherrschende Gesellschafter-Geschäftsführer einer GmbH (Beteiligung mit mindestens 50 % oder anderweitige Beherrschung). Solche (steuerlichen) Arbeitnehmer fallen danach vor allem dann unter die Kürzung der Vorsorgepauschale, wenn sie von ihrem Betrieb Bezüge auf Grund einer **Pensionszusage** (§ 6a EStG) erhalten haben (vgl. auch R 120 Abs. 3 Nr. 7 LStR, ggf. mit Ausnahmen bei Vollendung des 63. bzw. 60. Lebensjahrs). Die Kürzungsvorschrift kommt dagegen **nicht** zum Zuge, wenn die betriebliche Altersversorgung lediglich in der Leistung von Arbeitgeberbeiträgen zu einer zugunsten des Arbeitnehmers abgeschlossenen **Direktversicherung** oder einer **Pensionskasse** besteht, falls eine Pauschalversteuerung nach § 40b EStG erfolgte (R 120 Abs. 2 Nr. 7 LStR mit Fußnote 1).

- Arbeitnehmer, die nicht der gesetzlichen Rentenversicherung unterliegen und denen eine betriebliche Altersversorgung zugesagt worden ist, deren Beiträge des Arbeitgebers an einen Pensionsfonds, eine Pensionskasse oder für eine Direktversicherung **zum Aufbau einer betrieblichen Altersversorgung** nach der gesetzlichen Regelung in § 3 Nr. 63 EStG n.F. ab 2005 **steuerfrei** sind (R 120 Abs. 3 Nr. 8 LStR; zur Anwendung vgl. § 52 Abs. 6 EStG n.F.).

Die Beantwortung der Fragen in **Zeilen 31 bis 36** ist erforderlich, damit das Finanzamt entscheiden kann, ob eine Kürzung der Vorsorgepauschale vorzunehmen ist oder nicht. Außerdem dienen diese Angaben der **Höchstbetragsberechnung** für tatsächlich geleistete Vorsorgeaufwendungen durch das Finanzamt (§ 10 Abs. 3, 4, 4a EStG). Vgl. **Hauptvordruck, Zeile 63, Abschnitt III.**

Die **Zeilen 31, 32 und 33** beziehen sich auf die dort ausdrücklich genannten Berufsgruppen und Personen (Beamte, Vorstandsmitglieder, GmbH-Gesellschafter-Geschäftsführer, Ehegatten-Arbeitnehmer schon vor dem 1. 1. 1967, Praktikanten, Studenten), aber auch auf die anderen Arbeitnehmer, die keiner gesetzlichen Rentenversicherungspflicht aus dem aktiven Dienstverhältnis oder ihrer Tätigkeit unterliegen, wie z.B. die oben genannten Richter, Berufssoldaten, Geistliche, aber auch weiter beschäftigte Pensionäre und Rentner). In diesen Fällen erfolgt eine **Kürzung der Vorsorgepauschale.**

Zeile 34 betrifft Arbeitnehmer, die eine Anwartschaft auf Altersversorgung (ganz oder teilweise) **ohne** eigene Beitragsleistung oder durch steuerfreie Beiträge zu einer betrieblichen Altersversorgung haben, also insbesondere die zu Zeilen 31, 32 und 33 genannten Arbeitnehmer, die nicht rentenversicherungspflichtig sind, die aber von ihrem Betrieb Bezüge auf Grund einer Pensionszusage (§ 6a EStG) erhalten. In solchen Fällen erfolgt ebenfalls eine **Kürzung der Vorsorgepauschale.** Steuerlich ohne Bedeutung ist jedoch, wenn die betriebliche Altersversorgung lediglich in der Leistung von Arbeitgeberbeiträgen zu einer Direktversicherung oder einer Pensionszusage besteht (s. oben und R 120 Abs. 2 Nr. 7 LStR).

Zeile 35 betrifft Arbeitnehmer, für die steuerfreie Arbeitgeberzuschüsse zur Kranken-, Pflege-, Renten- oder Arbeitslosenversicherung gezahlt wurden. In diesem Fall erfolgt **keine Kürzung der Vorsorgepauschale,** aber für tatsächlich geleistete Vorsorgeaufwendungen i.S. des § 10 Abs. 1 Nr. 3 EStG wird im Rahmen der **Höchstbetragsberechnung** nach § 10 Abs. 4 EStG nur ein **verminderter Höchstbetrag** von 1 500 € (ggf. 3 000 € bei Zusammenveranlagung) berücksichtigt (vgl. Hauptvordruck, Zeile 63, Abschnitt III B).

Die in **Zeile 36** erwähnten Empfänger beamtenrechtlicher oder gleichgestellter **Versorgungsbezüge** (z.B. Beamten-Pensionäre) oder von **Altersrente** aus der gesetzlichen Rentenversicherung (Rentner) fallen dagegen unter die für die Vorsorgepauschale geltende Kürzungsvorschrift (§ 10c Abs. 3 Nr. 3 und Nr. 4 EStG).

Seiten 2 und 3 der Anlage N

Werbungskosten – Allgemeine Grundsätze –

38
31
Die steuerpflichtigen Einkünfte aus nichtselbständiger Arbeit werden durch Abzug der **Werbungskosten** von den Bruttoeinnahmen ermittelt. **Werbungskosten** eines Arbeitnehmers sind die **Aufwendungen zur Erwerbung, Sicherung und Erhaltung** des Arbeitslohnes. Werbungskosten sind alle Aufwendungen, die durch das Arbeitsverhältnis, d.h. durch die Erzielung von steuerpflichtigen Einnahmen veranlasst sind. Eine auf die Einnahmeerzielung bezogene Veranlassung von Aufwendungen ist dann zu bejahen, wenn objektiv ein Zusammenhang mit der Tätigkeit besteht und die Aufwendungen in der Regel auch subjektiv zur Förderung des Berufs gemacht werden (BFH-Urteil vom 28. 11. 1980, BStBl 1981 II S. 368).

Werden keine höheren Werbungskosten nachgewiesen oder glaubhaft gemacht, so berücksichtigt das Finanzamt bereits ab 2004 nur noch einen Arbeitnehmer-Pauschbetrag von 920 € jährlich (vorher 1 044 €) und zwar unabhängig davon, ob die Einnahmen aus einem oder mehreren Dienstverhältnissen bezogen worden sind. Haben **beide Ehegatten** Einnahmen aus nichtselbständiger Arbeit, so wird bei **jedem** von ihnen – bis zur Höhe seiner Einnahmen – der Arbeitnehmer-Pauschbetrag berücksichtigt. Auch wenn die Steuerpflicht nicht während des vollen Kalenderjahres bestanden hat, ist der Arbeitnehmer-Pauschbetrag von 920 € (bis zur Höhe der jeweiligen Einnahmen) **in voller Höhe** abzugsfähig, d.h. es erfolgt keine Zwölftelung. Hat der Arbeitnehmer neben laufenden Lohneinnahmen auch begünstigte außerordentliche Einnahmen aus nichtselbständiger Arbeit, so ist der Arbeitnehmer-Pauschbetrag vorrangig von den laufenden Lohneinnahmen abzuziehen (BFH-Urteil vom 29. 10. 1998, BStBl 1999 II S. 588).

Wird nur der Arbeitnehmer-Pauschbetrag von 920 € in Anspruch genommen, so brauchen die Zeilen 38 bis 83 auf den Seiten 2 und 3 der Anlage N nicht ausgefüllt zu werden. Das Finanzamt berücksichtigt den Arbeitnehmer-Pauschbetrag von Amts wegen.

Auf die Berücksichtigung des Arbeitnehmer-Pauschbetrags von 920 € haben die Arbeitnehmer in allen Fällen einen **Rechtsanspruch,** wenn keine höheren Werbungskosten geltend gemacht werden. Auf **Versorgungsbezüge** ist der Arbeitnehmer-Pauschbetrag **ab 2005** nicht mehr anzuwenden; statt dessen wird hierfür ein **Werbungskosten-Pauschbetrag von 102 €** gewährt (vgl. Anlage N, Zeile 8).

Sind die **tatsächlichen Werbungskosten höher als der Arbeitnehmer-Pauschbetrag von 920 €,** so müssen sie nachgewiesen oder glaubhaft gemacht werden. Für diesen Fall sind die **Zeilen 31 bis 63** auf der Rückseite der Anlage N vorgesehen – **Belege sind beizufügen.** Die tatsächlichen Werbungskosten können auch abgezogen werden, wenn sie **höher** sind als der Bruttoarbeitslohn. Bei Geltendmachung der **tatsächlichen** Werbungskosten kann sich deshalb unter Umständen auch ein **Verlust** bei den Einkünften aus nichtselbständiger Arbeit ergeben.

Werbungskosten können jedoch immer nur insoweit berücksichtigt werden, als die Aufwendungen steuerfreie oder pauschal besteuerte Ersatzleistungen des Arbeitgebers übersteigen.

Der Arbeitgeber kann steuerfreien Werbungskostenersatz nur bei Reisekosten, Umzugskosten und doppelter Haushaltsführung leisten (§ 3 Nr. 16 EStG); außerdem kann er Werkzeuggeld steuerfrei gewähren (§ 3 Nr. 30 EStG) sowie typische Berufskleidung (§ 3 Nr. 31 EStG) steuerfrei überlassen und notwendige Sammelbeförderungen von Arbeitnehmern zwischen Wohnung und Arbeitsstätte für den betrieblichen Einsatz steuerfrei vornehmen (§ 3 Nr. 32 EStG). Dagegen ist die Möglichkeit des lohnsteuerfreien Ersatzes der Kosten für Fahrten zwischen Wohnung und Arbeitsstätte bei Benutzung **öffentlicher Verkehrsmittel** im Linienverkehr (§ 3 Nr. 34 EStG a.F.) bereits **ab 2004** weggefallen. Vgl. hierzu im Einzelnen Anlage N, Zeile 50.

Es kommt **nicht** darauf an, ob die Werbungskosten **notwendig** sind. Grundsätzlich steht es im Ermessen des Arbeitnehmers, welche Kosten er im beruflichen Interesse aufwenden will. Die Bestimmung des § 4 Abs. 5 Satz 1 Nr. 7 EStG, wonach die „die Lebensführung berührenden Aufwendungen" nicht als Betriebsausgaben abzugsfähig sind, soweit sie nach der allgemeinen Verkehrsauffassung als **unangemessen** anzusehen sind, ist aber auch auf Werbungskosten sinngemäß anzuwenden (§ 9 Abs. 5 EStG). Dieses Abzugsverbot betrifft jedoch nur seltene Ausnahmefälle; solche Werbungskosten müssen erhebliches Gewicht haben und die Grenze der Angemessenheit **erheblich** überschreiten, wie z.B. die Aufwendungen für die Nutzung eines Privatflugzeugs zu einer Dienstreise (R 33 Abs. 1 LStR).

Die Auslagen müssen **tatsächlich entstanden** sein. Ersparte Aufwendungen (z.B. Fahrgeldersparnis, wenn der Arbeitnehmer Bundesbahn 2. Klasse fährt, aber auch 1. Klasse fahren könnte) sind keine Werbungskosten.

Auslagen, die im Bestreben gemacht werden, **künftigen Arbeitslohn** zu erzielen, können **vorab entstandene Werbungskosten** sein (z.B. für Reisen zu Vorstellungsgesprächen); dabei bedarf der berufliche Verwendungsbezug – wenn er sich nicht aus den Umständen ergibt – einer ins Einzelne gehenden Begründung (BFH-Urteil vom 22. 7. 2003, BStBl 2004 II S. 888). Es ist jedoch unerheblich, ob die erwarteten Einnahmen später auch tatsächlich zufließen; es können auch **erfolglose Werbungskosten** anfallen. Werbungskosten können auch **nachträglich** dadurch entstehen, dass der Arbeitnehmer **nach** Beendigung des Dienstverhältnisses noch Aufwendungen machen muss, die unmittelbar mit dem früheren Arbeitsverhältnis zusammenhängen (z.B. Aufwendungen, die schon während der Einkunftserzielung angefallen sind, aber erst nach Aufgabe derselben geleistet werden; aber auch Schadensersatzleistungen oder Haftung eines ehemaligen Geschäftsführers einer GmbH).

Keine Werbungskosten sind Aufwendungen, die **durch die allgemeine Lebensführung bedingt sind.** Dazu gehören Aufwendungen, die die wirtschaftliche oder gesellschaftliche Stellung des Arbeitnehmers mit sich bringt, auch wenn sie zugleich zur Förderung des Berufs oder der Tätigkeit des Arbeitnehmers erfolgen. Diese als **Aufteilungsverbot** des § 12 Nr. 1 Satz 2 EStG bezeichnete Vorschrift hat den Begriff der Lebenshaltungskosten bewusst erweitert, indem sog. **gemischte Aufwendungen** steuerlich grundsätzlich nicht abzugsfähig sind. Dieses Aufteilungsverbot ist lediglich für zwei Fälle eingeschränkt worden. Gemischte Aufwendungen sind dann **voll** als **Werbungskosten** abziehbar, wenn der **private Anlass unbedeutend** ist und nicht ins Gewicht fällt (nach dem BFH-Urteil von 21. 11. 1986, BStBl 1987 II S. 262 greift das Aufteilungs- und Abzugsverbot jedenfalls schon bei einer privaten Mitveranlassung von 15 v.H. ein) **oder** – wenn der private Anteil zwar nicht unbedeutend ist – die **Aufteilung** sich aber **leicht und einwandfrei** nach einem objektiv nachprüfbaren Maßstab durchführen lässt (vgl. statt vieler BFH-Urteil vom 14. 4. 1988, BStBl II S. 771). Ansonsten gehören die **gesamten** Aufwendungen zu den **nicht abzugsfähigen** Lebenshaltungskosten. Eine griffweise Schätzung ist keine geeignete Aufteilungsmethode. Grundsätzliche Ausführungen zum Aufteilungsverbot des § 12 Nr. 1 Satz 2 EStG enthalten die Beschlüsse des GrS des BFH vom 19. 10. 1970, BStBl 1971 II S. 17 und 21 sowie vom 27. 11. 1978, BStBl 1979 II S. 213. Daher sind auch **Repräsentationsaufwendungen** und Auslagen für **Ernährung, Kleidung und Wohnung** in der Regel Lebenshaltungskosten, auch wenn oft ein Zusammenhang mit der beruflichen Tätigkeit des Arbeitnehmers besteht. Zu den **Bewirtungsaufwendungen** aus betrieblichen, geschäftlichen, beruflichen oder privatem Anlass vgl. die Ausführungen in Teil II, Tz. 2.3., die entsprechend auch für Werbungskosten gelten.

Werbungskosten liegen auch dann **nicht** vor, wenn die Ausgaben mit **steuerfreien Einnahmen**, z.B. mit steuerfreiem **ausländischem Arbeitslohn** (vgl. oben Anlage N, Zeilen 18 bis 20), in unmittelbarem wirtschaftlichen **Zusammenhang** stehen (BFH-Urteile vom 9. 11. 1976, BStBl 1977 II S. 207, vom 14. 11. 1986, BStBl 1987 II S. 385 und vom 24. 4. 1992, BStBl II S. 666). Sie sind daher in geeigneter Weise zu kennzeichnen. Die auf eine Auslandstätigkeit (z.B. eines Auslandslehrers oder Berufssoldaten) entfallenden Werbungskosten, die nicht eindeutig den steuerfreien oder steuerpflichtigen Bezügen zugeordnet werden können, sind regelmäßig zu dem Teil nicht abziehbar, der dem Verhältnis der steuerfreien Einnahmen zu den Gesamteinnahmen während der Auslandstätigkeit entspricht (vgl. BFH-Urteile vom 11. 2. 1993, BStBl II S. 450 und vom 13. 8. 1997, BStBl 1998 II S. 21).

Teil I: Anlage N
Zeilen 38–48

Bei der **Rückzahlung von Arbeitslohn** handelt es sich nicht um Werbungskosten, sondern um negative Einnahmen ohne Anrechnung auf den Werbungskosten-Pauschbetrag.

Aufwendungen, die zur **Vorbereitung der Berufstätigkeit,** also **vor** deren Beginn, gemacht werden, können nur nach den Einkünften beurteilt werden, deren Erzielung erstrebt wird. Vorbereitende Aufwendungen für eine **im Ausland beabsichtigte Tätigkeit** können im Inland nicht als Werbungskosten berücksichtigt werden, wenn die im Ausland zu erzielenden Einkünfte (z.B. nach dem maßgeblichen Doppelbesteuerungsabkommen) im Inland nicht steuerbar sind (BFH-Urteil vom 20. 7. 1973, BStBl II S. 732). Wegen des ggf. negativen Progressionsvorbehalts vgl. Anlage N, Zeilen 18 bis 20.

Berühren Aufwendungen sowohl Einnahmen aus der Arbeitnehmertätigkeit als auch solche aus **anderen Einkunftsarten,** so sind sie gegebenenfalls schätzungsweise auf die verschiedenen Einkunftsarten **aufzuteilen.** Aufwendungen eines Arbeitnehmers im Zusammenhang mit einer **ehrenamtlichen Tätigkeit** (z.B. für seinen Berufsverband) können nur dann Werbungskosten sein, wenn zwischen der ehrenamtlichen Tätigkeit und dem Beruf objektiv ein Zusammenhang besteht und subjektiv die Aufwendungen zur Förderung des Berufs gemacht werden (BFH-Urteil vom 28. 11. 1980, BStBl 1981 II S. 368).

Aufwendungen für Wege zwischen Wohnung und Arbeitsstätte

Entfernungspauschale

38–48 Bereits ab 1.1.2001 wurde zur Abgeltung der Aufwendungen für
31–39 Wege zwischen Wohnung und Arbeitsstätte eine von dem benutzten Verkehrsmittel unabhängige **Entfernungspauschale** eingeführt. **Bereits ab 1. 1. 2004** beträgt die Entfernungspauschale für jeden Arbeitstag, an dem der Arbeitnehmer seine Arbeitsstätte **tatsächlich** aufsucht,

- **0,30 € für jeden vollen Kilometer**

der Entfernung zwischen Wohnung und Arbeitsstätte (vorher 0,36 € für die ersten 10 Kilometer und 0,40 € für jeden weiteren Kilometer) und zwar weiter unabhängig davon, wie der Arbeitnehmer zu seiner Arbeitsstätte gelangt (§ 9 Abs. 1 Satz 3 Nr. 4 EStG).

Angefangene Kilometer werden sonach nicht mitgezählt. Die Entfernungspauschale ist als **Werbungskosten** abzugsfähig. Auf die Entfernungspauschale sind steuerfreie und pauschal besteuerte Arbeitgeberleistungen anzurechnen (vgl. hierzu Anlage N, Zeile 50). Die Entfernungspauschale ist bereits **ab 2004** grundsätzlich auf einen **Höchstbetrag von 4 500 €** (vorher 5 112 €) begrenzt. Wegen der Ausnahmen s. unten (besonderer Abschnitt).

Beispiel 1

Die einfache Entfernung zwischen Wohnung und Arbeitsstätte beträgt 10,7 km. Bei angenommen 230 Arbeitstagen im Kalenderjahr betragen die Werbungskosten (Entfernungspauschale)

– 10 km × 0,30 € × 230 Arbeitstage =   690 €

Beispiel 2

Die einfache Entfernung zwischen Wohnung und Arbeitsstätte beträgt 54,8 km. Bei angenommen 220 Arbeitstagen im Kalenderjahr betragen die Werbungskosten

– 54 km × 0,30 € × 220 Arbeitstage =   3 564 €

Die in den Beispielen 1 und 2 jeweils genannte Entfernungspauschale wird selbst dann gewährt, wenn der Arbeitnehmer z.B. öffentliche Verkehrsmittel benutzt und die dadurch entstehenden Aufwendungen für die Monats- oder Jahresfahrkarte der Deutschen Bahn AG deutlich unter diesen Beträgen liegen. Umgekehrt können die **nachgewiesenen** Aufwendungen für die Benutzung öffentlicher Verkehrsmittel auch insoweit angesetzt werden, als sie die Entfernungspauschale übersteigen, wie das z.B. bei geringer Entfernung zwischen Wohnung und Arbeitsstätte möglich ist (§ 9 Abs. 2 Satz 2 EStG).

Die **Berechnung der Entfernungspauschale** ist in den **Zeilen 38 bis 48** nicht vorgesehen. Das Finanzamt berechnet die Aufwendungen an Hand der gemachten Angaben. Es empfiehlt sich aber, bei Erhalt des Steuerbescheids die vom Finanzamt vorgenommene Berechnungen mit Hilfe der folgenden Erläuterungen zu **überprüfen.**

Wegen des **Fahrtkostenersatzes** durch den Arbeitgeber vgl. unten Anlage N, **Zeile 50.**

Die Finanzverwaltung hat im BMF-Schreiben vom 11. 12. 2001, BStBl I S. 994 (LStH, Anhang 43) allgemein zur Entfernungspauschale und im BMF-Schreiben vom 27. 1. 2004, BStBl I S. 173 zu **Änderungen ab 2004** Stellung genommen, worauf im folgenden Text mehrfach verwiesen wird.

Da die Entfernungspauschale grundsätzlich **verkehrsmittelunabhängig** ist, gilt sie nicht nur für PKW-Fahrer, sondern auch für Motorrad-, Motorroller- und Mopedfahrer, Mitfahrer bei einer Fahrgemeinschaft, Radfahrer und Fußgänger und selbst dann, wenn tatsächlich überhaupt kein Aufwand angefallen ist. Sie gilt aber **nicht** für eine **Flugstrecke;** hier verbleibt es beim Abzug der **tatsächlichen Kosten** (vgl. hierzu Anlage N, Zeile 49). Die Entfernungspauschale gilt aber für An- und Abfahrten zu und von Flughäfen (vgl. BMF vom 11. 12. 2001 a.a.O., Tz. 1.2.). Die Entfernungspauschale gilt ab 2004 auch nicht für Strecken mit steuerfreier unentgeltlicher oder verbilligter **Sammelbeförderung** mit einem vom Arbeitgeber gestellten Beförderungsmittel nach § 3 Nr. 32 EStG (§ 9 Abs. 1 Satz 3 Nr. 4 Satz 3 EStG). Damit die Finanzverwaltung diesen Sachverhalt erkennen kann, muss der Arbeitgeber in der Lohnsteuerbescheinigung bei unentgeltlicher oder verbilligter Sammelbeförderung den Großbuchstaben F bescheinigen (§ 41b Abs. 1 Nr. 9 EStG). Im Fall der **verbilligten** Sammelbeförderung sind die Aufwendungen des Arbeitnehmers als Werbungskosten abzugsfähig, wobei die Abzugsfähigkeit nicht auf die Entfernungspauschale beschränkt ist (R 42 Abs. 3 LStR). Wegen der Berechnung der Entfernungspauschale für eine **Fährstrecke** vgl. Anlage N, Zeilen 38 bis 48 vor Beispiel 10.

Auch wenn sich der Arbeitnehmer wegen Unterbrechung der Arbeitszeit mehrfach an einem Tag zurück zur Wohnung und zu derselben Arbeitsstätte begibt – **Zwischenheimfahrten** –, kann die Entfernungspauschale **für jeden Arbeitstag nur einmal** angesetzt werden. Fahrten zur Einnahme des Mittagessens in der Wohnung sind als Teil der Lebensführung ohnehin keine Werbungskosten (BFH–Urteil vom 18.12. 1992, BStBl 1993 II S. 505), selbst wenn vom Arzt Diät oder gar anschließende Bettruhe verordnet ist; in diesem Fall liegt auch keine außergewöhnliche Belastung vor (BFH-Urteile vom 7.12. 1962, BStBl 1963 III S. 134 und vom 13.3. 1964, BStBl III S. 342). Auch für behinderte Arbeitnehmer (vgl. Zeilen 44 bis 48: „Behinderte Arbeitnehmer ...") und für Arbeitnehmer mit Einsatzwechseltätigkeit (vgl. Zeilen 57 bis 62, 59) kann nur **eine Hin- und Rückfahrt täglich** berücksichtigt werden; dies gilt auch bei mehreren täglichen Fahrten, z.B. bei geteilter Arbeitszeit, wenn der Betrieb eine Mittagspause von zwei Stunden Dauer vorschreibt (BFH-Urteil vom 13. 2. 1970, BStBl II S. 391). Entgegen der bisherigen Rechtslage gilt dies selbst bei einer Arbeitszeitunterbrechung von vier Stunden und mehr oder wenn ein zusätzlicher Arbeitseinsatz eine weitere Fahrt zur Arbeitsstätte erforderlich macht (vgl. BMF vom 11. 12. 2001 a.a.O., Tz. 1.7 und BFH-Urteil vom 11. 9. 2003, BStBl II S. 893).

Ohne Bedeutung ist es, ob die Wege zwischen Wohnung und Arbeitsstätte an einem oder an zwei verschiedenen Tagen zurückgelegt werden, weil der Arbeitnehmer z.B. am ersten Arbeitstag von seiner regelmäßigen Arbeitsstätte aus eine zweitägige Dienstreise durchführt, die er am zweiten Arbeitstag dort wieder beendet. Wird dagegen **nur ein Hin- oder Rückweg** zwischen Wohnung und Arbeitsstätte zurückgelegt, weil z.B. eine Dienstreise von der Wohnung aus angetreten oder dort beendet wird, so ist entsprechend der bisherigen Regelung vom **Ansatz der halben Entfernungspauschale** (ab 2004: **0,15 €**) auszugehen (H 42 [Fahrtkosten – bei einfacher Fahrt] LStH i.V. mit BMF vom 11.12. 2001 a.a.O., Tz. 1.4.).

Zur Entfernungspauschale bei **ständig wechselnden Tätigkeitsstätten** vgl. Anlage N, Zeilen 57 bis 62, ABC „Einsatzwechseltätigkeit ...".

Werden auf dem Weg zwischen Wohnung und Arbeitsstätte **gleichzeitig berufliche Angelegenheiten** für den Arbeitgeber erledigt (z.B. Abholen der Post) und ist allenfalls ein geringer Umweg erforderlich, so ändert das den Charakter der Fahrt nicht; die Umwegstrecke ist als Dienstreise zu werten (BFH-Urteil vom 12. 10. 1990, BStBl 1991 II S. 134 und H 42 [Dienstliche Verrichtung auf der Fahrt] LStH).

Bestimmung der Entfernung für Entfernungspauschale

Für die Bestimmung der maßgeblichen Entfernung ist die „**kürzeste Straßenverbindung**" zwischen Wohnung und Arbeitsstätte maßgebend. Wie eingangs erwähnt, sind dabei nur volle Entfernungskilometer anzusetzen; ein angefangener Kilometer bleibt unberücksichtigt. Die Entfernungsbestimmung richtet sich also nach der **Straßenverbindung** und ist unabhängig von dem Verkehrsmittel, das tatsächlich für den Weg zwischen Wohnung und Arbeitsstätte benutzt wird. Deshalb kommt es auch bei Benutzung öffentlicher Verkehrsmittel nicht auf die Tarifentfernung an. Ebenso ist die tatsächlich benutzte Straßenverbindung ohne Bedeutung. Dies gilt auch bei Benutzung **verschiedener Verkehrsmittel**, wie z.B. bei „**Park and Ride**" (vgl. hierzu unten zu Zeilen 44 bis 48). Zusätzliche Strecken, die z.B. notwendig sind, um den Bahnhof zu erreichen, sind nicht zu berücksichtigen.

Beispiel 3

Ein Arbeitnehmer fährt an angenommen 230 Arbeitstagen mit dem eigenen Kraftwagen zur nächsten Bahnstation, um dort auf öffentliche Verkehrsmittel umzusteigen. Am Ankunftsort hat er noch einen Kilometer zu Fuß zurückzulegen. Die kürzeste Straßenverbindung zwischen Wohnung und Arbeitsstätte beträgt 36 km, die Entfernung zwischen Wohnung und Bahnstation 12 km und die Tarifentfernung 32 km. Für die Jahresfahrkarten hat er z.B. 920 € entrichtet.

Die Entfernungspauschale beträgt
– 36 km × 0,30 € × 230 Arbeitstage =   2 484 €

Auf den Weg zwischen Wohnung und Bahnhof mit 12 km, den Fußweg von einem km und die Tarifentfernung von 32 km kommt es nicht an.

Bei Benutzung eines KFZ kann auch eine andere als die kürzeste Straßenverbindung zugrunde gelegt werden, wenn sie **offensichtlich verkehrsgünstiger** ist **und** vom Arbeitnehmer auch **regelmäßig benutzt** wird (§ 9 Abs. 1 Satz 3 Nr. 4 Satz 4 EStG), wie z.B. eine 10 km längere Autobahnstrecke, um ein Stadtgebiet zu umfahren). Dies soll auch dann gelten, wenn der Arbeitnehmer ein öffentliches Verkehrsmittel benutzt, dessen Linienführung über die verkehrsgünstigere Straßenverbindung geführt wird (vgl. BMF vom 11. 12. 2001 a.a.O., Tz. 1.4).

Eine von der kürzesten Straßenverbindung abweichende Strecke ist verkehrsgünstiger, wenn der Arbeitnehmer die Arbeitsstätte – trotz gelegentlicher Verkehrsstörungen – in der Regel schneller und pünktlicher erreicht (BFH-Urteil vom 10.10. 1975, BStBl II S. 852).

Wegen der **Flug- und Fährstrecken** vgl. Anlage N, Zeile 49 mit weiteren Hinweisen.

Begrenzung der Entfernungspauschale auf einen Höchstbetrag – Grundsatz und Ausnahmen

38–48 Die Entfernungspauschale ist bereits **ab 2004** grundsätzlich auf
31–39 einen **Höchstbetrag von 4 500 €** (vorher 5 112 €) begrenzt (§ 9 Abs. 1 Satz 3 Nr. 4 Satz 2 EStG). Dieser Höchstbetrag ist ein Jahresbetrag, der sich auch dann nicht vermindert, wenn die regelmäßige Arbeitsstätte nicht das ganze Jahr über aufgesucht wird.

Ein **höherer Betrag als 4 500 €** wird ausnahmsweise bei **Benutzung eines eigenen Kraftwagens** (privaten PKW) oder zur Nutzung überlassenen Kraftwagens (z.B. Firmenwagen) anerkannt. Die auf die Fahrten zwischen Wohnung und Arbeitsstätte entfallenden tatsächlichen Kosten müssen aber nicht nachgewiesen oder glaubhaft gemacht werden. Es genügt, wenn neben der Zahl der Arbeitstage und der Entfernung nachgewiesen oder glaubhaft gemacht wird, dass die Wege zwischen Wohnung und Arbeitsstätte mit dem eigenen oder zur Nutzung überlassenen Kraftwa-

gen zurückgelegt wurden (vgl. BMF vom 11. 12. 2001 a.a.O., Tz. 1.3). In Zweifelsfällen wird die Finanzverwaltung – wie schon bisher – nähere Angaben (z.B. Kilometerstand zu Beginn und am Ende des Jahres) verlangen.

Ein höherer Betrag als 4 500 € ist außerdem auch dann als Werbungskosten abzugsfähig, wenn der Arbeitnehmer **öffentliche Verkehrsmittel** benutzt und die tatsächlich entstandenen Aufwendungen **nachweist** (§ 9 Abs. 2 Satz 2 EStG). Übersteigen die tatsächlichen Aufwendungen die Entfernungspauschale bzw. den Höchstbetrag von 4 500 €, so können sie in **Zeile 49** geltend gemacht werden (vgl. die Erläuterungen Anlage N, Zeile 49).

Die Beschränkung auf 4 500 € kann sich sonach nur auswirken (vgl. BMF vom 11. 12. 2001 a.a.O., Tz. 1.3.)

– wenn der Weg zwischen Wohnung und Arbeitsstätte mit einem Motorrad, Motorroller, Moped, Fahrrad oder zu Fuß zurückgelegt wird,

– bei Benutzung eines Kraftwagens für die Teilnehmer an einer Fahrgemeinschaft und zwar für die Tage, an denen der Arbeitnehmer seinen eigenen oder zur Nutzung überlassenen Kraftwagen **nicht** einsetzt (vgl. Zeilen 44 bis 48 „Fahrgemeinschaften"),

– bei Benutzung öffentlicher Verkehrsmittel, wenn keine tatsächlichen höheren Aufwendungen nachgewiesen sind.

Beispiel 4

Die kürzeste Straßenverbindung zwischen Wohnung und Arbeitsstätte beträgt 69,8 km. Bei angenommen 230 Arbeitstagen im Kalenderjahr beträgt die Entfernungspauschale

– 69 km × 0,30 € × 230 Arbeitstage   = 4 761 €

Als Werbungskosten sind abzugsfähig:

– Bei Benutzung des eigenen oder zur Nutzung
überlassenen Kraftwagens
(ohne Begrenzung auf Höchstbetrag)   4 761 €

– Bei Benutzung öffentlicher Verkehrsmittel
(falls nicht höhere Kosten nachgewiesen sind)
höchstens   4 500 €

Beispiel 5

Kürzeste Straßenverbindung 5 km bei z.B. insgesamt 230 Arbeitstagen. Ein GmbH-Geschäftsführer (Arbeitnehmer) fährt nachweislich an 60 Arbeitstagen im Kalenderjahr mit dem Taxi zur Arbeitsstätte und zurück und zahlt dafür (60 × 2 =) 120 × je 8 € nachgewiesene Taxikosten   = 960 €

Entfernungspauschale dagegen nur
– 5 km × 0,30 € × 230 Arbeitstage   = 345 €

Die abzugsfähigen Werbungskosten betragen
für 60 Arbeitstage   960 €
und für 170 Arbeitstage 5 km × 0,30 € × 170   = 255 €
insgesamt   1 215 €

Beispiel 6

Kürzeste Straßenverbindung 90 km.
Die Jahreskarte 2. Klasse mit IC-Berechtigung
kostet z.B.   = 1 850 €

Entfernungspauschale bei z.B. 220 Arbeitstagen
– 90 km × 0,30 € × 220   5 940 €

Als Werbungskosten abziehbar

– bei Benutzung des eigenen KFZ
(falls diese glaubhaft ist)   = 5 940 €

– bei Benutzung der Bundesbahn (trotz
tatsächlichen Aufwands von nur 1 850 €)   4 500 €

Teil I: Anlage N
Zeilen 39–45

Beispiel 7

Kürzeste Straßenverbindung 5,8 km, Arbeitstage 230. Die Jahresmarke für S-Bahn, U-Bahn und Busse in einer Großstadt kostet
für erforderliche zwei Zonen z.B.   545 €

Entfernungspauschale lediglich
5 km × 0,30 € × 230 Arbeitstage   = 345 €

Trotz der geringen Entfernung sind die nachgewiesenen Aufwendungen für die erheblich weiter gehende Fahrberechtigung mit öffentlichen Verkehrsmitteln in Höhe von   545 €

als Werbungskosten abzugsfähig und in Anlage N, Zeile 49 geltend zu machen.

Angaben zur Ermittlung der Entfernungspauschale – Benutzung verschiedener Verkehrsmittel

39 / 31   Falls die Wege zwischen Wohnung und Arbeitsstätte **ganz oder teilweise** mit dem eigenen oder zur Nutzung überlassenen Kraftwagen (PKW) zurückgelegt wurden, ist in **Zeile 39** das entsprechende Kästchen anzukreuzen und das letzte amtliche Kennzeichen anzugeben. Die Angaben sind erforderlich, weil insoweit der Höchstbetrag von 4 500 € (s. oben) nicht anzuwenden ist. Ein PKW ist dem Arbeitnehmer zur Nutzung überlassen, wenn ihn der Arbeitnehmer von dritter Seite geliehen, gemietet oder geleast hat (vgl. BFH-Urteil vom 11. 9. 1987, BStBl 1988 II S. 12) oder wenn er vom Arbeitnehmer unentgeltlich oder teilentgeltlich überlassen worden ist (R 42 Abs. 2 LStR). Zur Steuerpflicht bei Überlassung eines PKW an Arbeitnehmer vgl. Anlage N, Zeile 50 a.E. „Sonderfall Firmenwagen ...".

In **Zeile 39** sind dagegen keine Angaben zu machen, falls die Wege zwischen Wohnung und Arbeitsstätte mit öffentlichen Verkehrsmitteln (vgl. hierzu Anlage N, Zeile 49) oder mit dem Motorrad, Moped, Motorroller, Mofa, Fahrrad oder als Mitfahrer einer Fahrgemeinschaft oder zu Fuß zurückgelegt wurden.

40–43 / 32–35   Die Angaben in **Zeilen 40 bis 43** dienen allgemein der Ermittlung der Höhe der Entfernungspauschale; dazu ist die Anschrift der Arbeitsstätte(n), die Zahl der Arbeitstage je Woche und der Urlaubs- und Krankheitstage erforderlich. Da die Entfernungspauschale grundsätzlich nur für die Arbeitstage in Betracht kommt, an denen der Arbeitnehmer die Arbeitsstätte **tatsächlich** aufgesucht hat, muss der Arbeitnehmer die Zahl dieser Arbeitstage in Zeilen 38 bis 48 mitteilen.

Die Finanzverwaltung geht grundsätzlich bei der 5-Tage-Woche von **230 Arbeitstagen** und bei der 6-Tage-Woche von 280 Arbeitstagen im Kalenderjahr aus (jeweils unter Berücksichtigung des Urlaubs).

44–48 / 36–39   Die Angaben in den **Zeilen 44 bis 48** sollen die Berechnung der Entfernungspauschale unter mehreren unterschiedlichen Voraussetzungen ermöglichen. Sie beziehen sich zunächst einmal sowohl auf den Fall, in dem die Wege zwischen Wohnung und Arbeitsstätte das ganze Jahr über **nur** mit dem PKW oder **nur** auf eine der in Zeile 44 bezeichnete andere Weise zurückgelegt wurden als auch auf den Fall, dass **im Laufe des Jahres verschiedene Verkehrsmittel** benutzt wurden (z.B. Januar bis April die Bahn, Mai bis Dezember ein PKW) wie schließlich auch auf den Fall, dass **für den einzelnen Weg verschiedene Verkehrsmittel** benutzt wurden (z.B. für eine Teilstrecke ein PKW, für die restliche Teilstrecke öffentliche Verkehrsmittel: Park and Ride).

45 / 36   In allen Fällen ist **ab Zeile 45** zunächst der Verweis auf die Arbeitsstätte lt. Zeilen 40 bis 43 einzutragen, dann – entsprechend dem Vordruck – die Zahl der Arbeitstage, dann jeweils die einfache Entfernung, dann die davon mit dem jeweiligen Verkehrsmittel zurückgelegte Entfernung. Falls der Weg zwischen Wohnung und Arbeitsstätte teilweise mit dem PWK und teilweise mit öffentlichen Verkehrsmitteln zurückgelegt wurde – **Park and Ride** –, sind **ab Zeile 45** die mit dem PKW zurückgelegten Kilometer und die restlichen Entfernungskilometer in die jeweiligen Spalten einzutragen. Falls dagegen einige Monate im Kalenderjahr nur der PKW und die übrigen Monate nur öffentliche Verkehrsmittel benutzt wurden, sollen die Angaben in den **Zeilen 45 bis 48** jeweils in getrennten Zeilen gemacht werden. Die umständliche Unterscheidung ist vor allem wegen des Höchstbetrags von 4 500 € (vgl. oben) erforderlich.

In derartigen Mischfällen ist zunächst die maßgebende Entfernung für die kürzeste Straßenverbindung zu ermitteln. Dann ist die Teilstrecke, die mit dem eigenen Kraftwagen zurückgelegt wird, in voller Höhe anzusetzen; für diese Teilstrecke kann die offensichtlich verkehrsgünstigere Strecke (s. oben) zugrunde gelegt werden. Der verbleibende Teil der maßgebenden Entfernung ist die Teilstrecke, die auf öffentliche Verkehrsmittel entfällt; sie ist auf 4 500 € begrenzt. Beide Beträge ergeben die insgesamt anzusetzende Entfernungspauschale, sodass auch in Mischfällen ein höherer Betrag als 4 500 € angesetzt werden kann (vgl. BMF vom 11. 12. 2001 a.a.O., Tz. 1.6).

Beispiel 8

Kürzeste Straßenverbindung 84,2 km. Arbeitstage 220. Der Arbeitnehmer fährt zunächst 12 km mit dem eigenen PKW zur nächsten Bahnstation und setzt von dort die Fahrt zu seiner Arbeitsstätte mit der Bundesbahn fort. Die Tarifentfernung beträgt 78 km. Seine Aufwendungen hierfür betragen jährlich 2 200 €. Unter Beachtung des Höchstbetrags ergibt sich folgende Berechnung:

Fahrt mit dem eigenen PKW

– 12 km × 0,30 € × 220 Arbeitstage   792 €

Bahnfahrt

– 72 km × 0,30 € × 220 Arbeitstage   4 752 €,
begrenzt auf Höchstbetrag   4 500 €

Entfernungspauschale insgesamt   5 292 €

Die tatsächlichen Aufwendungen für die Bahnfahrten von 2 200 € bleiben unberücksichtigt, weil sie unterhalb der insgesamt anzusetzenden Entfernungspauschale liegen.

Beispiel 9

Ein Arbeitnehmer fährt im Kalenderjahr zwei Monate mit dem eigenen PKW und die letzten zehn Monate mit öffentlichen Verkehrsmitteln zur 90 km entfernten Arbeitsstätte.

Bei 220 Arbeitstagen beträgt die Entfernungspauschale an sich 90 km × 0,30 € × 220 = 5 940 €. Da jedoch für einen Zeitraum von zehn Monaten öffentliche Verkehrsmittel benutzt worden sind, ist der Höchstbetrag von 4 500 € zu beachten (da kein Nachweis höherer Kosten) und wie folgt zu rechnen:

Öffentliche Verkehrsmittel

– 90 km × 0,30 € × 182 Arbeitstage   4 914 €

begrenzt auf Höchstbetrag   4 500 €

Fahrt mit dem eigenen PKW

– 90 km × 0,30 € × 38 Arbeitstage   1 026 €

Entfernungspauschale als Werbungskosten   5 526 €

Besteht zwischen Wohnung und Arbeitsstätte, die z.B. durch einen Fluss oder See getrennt sind, eine **Fährverbindung**, dann ist diese, soweit sie zumutbar erscheint und wirtschaftlich sinnvoll ist, mit in die Entfernungsberechnung einzubeziehen. Die Fahrtstrecke der Fähre selbst ist dann jedoch nicht Teil der maßgebenden Entfernung. An ihrer Stelle können die **tatsächlichen** Fährkosten berücksichtigt werden (vgl. BMF vom 11. 12. 2001 a.a.O., Tz. 1.4.).

Beispiel 10

Ein Arbeitnehmer wohnt in Konstanz und hat seine Arbeitsstätte auf der anderen Seite des Bodensees. Für die Fahrt zur Arbeitsstätte benutzt er seinen PKW und die Fähre von Konstanz nach Meersburg. Die Fahrtstrecke einschließlich der Fährstrecke von 4,2 km beträgt insgesamt 15 km. Die Monatskarte für die Fähre kostet z.B. 145 €. Bei angenommenen 230 Arbeitstagen im Jahr ergibt sich folgende Berechnung:

– 10 km × 0,30 € × 230 Arbeitstage   690 €

– 12 × 145 € Fährkosten   1 740 €

insgesamt zu berücksichtigen   2 430 €

Fahrgemeinschaften und Entfernungspauschale

44–48 Die Angaben **ab Zeile 45** sind auch für die Berechnung der Entfernungspauschale bei **Fahrgemeinschaften** von Bedeutung. Die Entfernungspauschale steht **jedem Mitfahrer** zu, auch **Ehegatten**, die gemeinsam zur Arbeit fahren und selbst dann, wenn sie bei demselben Arbeitgeber beschäftigt sind. Eine Aufteilung der Fahrtkosten erfolgt nicht mehr. Es ist auch nicht mehr möglich, dass ein Ehegatte die gesamte Fahrtstrecke für beide Ehegatten bei sich ansetzt. Durch die Neuregelung sollen Fahrgemeinschaften gefördert werden. Die Höhe der jeweiligen Entfernungspauschale richtet sich nach der für den einzelnen Mitfahrer kürzesten Straßenverbindung. Diese ist von jedem Mitfahrer der Fahrgemeinschaft in seiner Anlage N ab Zeile 45 einzutragen. **Umwegstrecken**, die zum Abholen der Mitfahrer zurückgelegt werden müssen, werden **nicht** mehr berücksichtigt (vgl. BMF vom 11.12.2001 a.a.O., Tz. 1.5).

Für die Tage, an denen der Arbeitnehmer mit dem eigenen Kraftwagen fährt, gilt der Höchstbetrag von 4 500 € nicht, gleichgültig, ob nur **ein** Teilnehmer der Fahrgemeinschaft seinen Kraftwagen einsetzt und seine Kollegen oder die Arbeitnehmer abwechseln.

Für die Mitfahrer der Fahrgemeinschaft ist die Entfernungspauschale dagegen an den Arbeitstagen, an denen sie ihren Kraftwagen nicht einsetzen, auf 4 500 € begrenzt. Deshalb sind die entsprechenden Angaben in einer der **Zeilen 45 bis 48** für die Tage anzugeben, an denen der Arbeitnehmer mit dem eigenen Kraftwagen gefahren ist und in einer weiteren Zeile die Tage, an denen der Arbeitnehmer Mitfahrer war.

Beispiel 11

A, B und C bilden eine Fahrgemeinschaft. Jeder der drei Arbeitnehmer nutzt an jeweils 70 Arbeitstagen seinen eigenen Kraftwagen und holt die anderen beiden Mitglieder der Fahrgemeinschaft von deren Wohnung ab. Die kürzeste Straßenverbindung zwischen Wohnung und Arbeitsstätte beträgt bei A 38,2 km, bei B 45,8 km und bei C 46,4 km. Die Entfernung zwischen der Wohnung des A und B beträgt 5,5 km und zwischen der Wohnung des B und C 3,8 km. Bei insgesamt 210 Arbeitstagen im Kalenderjahr beträgt die Entfernungspauschale

- bei dem Arbeitnehmer A
- 38 km × 0,30 € × 210 Arbeitstage =   2 314 €

- bei dem Arbeitnehmer B
- 45 km × 0,30 € × 210 Arbeitstage =   2 835 €

- bei dem Arbeitnehmer C
- 46 km × 0,30 € × 210 Arbeitstage =   2 898 €

Die Entfernungskilometer für die Abholfahrten können nicht berücksichtigt werden.

Beispiel 12

A, B und C bilden eine Fahrgemeinschaft in der Weise, dass A von den insgesamt 210 Arbeitstagen an 70 Arbeitstagen die Arbeitnehmer B und C mit seinem PKW von ihren Wohnungen abholt, um dann gemeinsam zur gleichen Arbeitsstätte zu fahren. Die für A maßgebende kürzeste Straßenverbindung zwischen seiner Wohnung und der Arbeitsstätte beträgt 110,3 km. Im Hinblick auf den zu beachtenden Höchstbetrag von 4 500 € für die Mitfahrgelegenheit an 140 Arbeitstagen ergibt sich folgende Berechnung:

- als Mitfahrer im PKW der Arbeitnehmer B und C
- 110 km × 0,30 € × 140 Arbeitstage =   4 620 €
- höchstens aber   4 500 €

- mit dem eigenen Kraftwagen
- 110 km × 0,30 € × 70 Arbeitstage =   2 310 €

Entfernungspauschale als Werbungskosten   6 810 €

Die Umwege des A zu den Wohnungen des B und des C bleiben unberücksichtigt; es ist allein die kürzeste Straßenverbindung zwischen seiner Wohnung und seiner Arbeitsstätte maßgebend.

Wie sich aus Beispiel 12 ergibt, kann bei **wechselseitigen** Fahrgemeinschaften zunächst der Höchstbetrag von 4 500 € durch die Wege an den Arbeitstagen ausgeschöpft werden, an denen der Arbeitnehmer mitgenommen wurde. Deshalb ist zunächst die – auf 4 500 € begrenzte – Entfernungspauschale für die Tage zu berechnen, an denen der Arbeitnehmer mitgenommen wurde. Anschließend ist die anzusetzende – unbegrenzte – Entfernungspauschale für die Tage zu ermitteln, an denen der Arbeitnehmer seinen eigenen Kraftwagen benutzt hat. Beide Beträge zusammen ergeben die insgesamt anzusetzende Entfernungspauschale (vgl. BMF vom 11.12.2001 a.a.O., Tz. 1.5).

Ein Entgelt für die Mitnahme beeinflusst die Entfernungspauschale nicht. Die Einkünfte hieraus können allerdings als sonstige Einkünfte nach § 22 Nr. 3 EStG einkommensteuerpflichtig sein (BFH-Urteil vom 15.3.1994, BStBl II S. 516: wobei als Werbungskosten nur die durch die Mitnahme veranlassten Mehraufwendungen, die in Höhe von derzeit 0,02 € je Person und Kilometer geschätzt werden können, abzugsfähig sind). Bei den **mitfahrenden** Arbeitskollegen ist das von ihnen gezahlte Entgelt durch die Entfernungspauschale abgegolten.

Behinderte Arbeitnehmer und Entfernungspauschale

Die letzte Spalte der **Zeilen 44 bis 48** betrifft **Behinderte** mit einem **Grad der Behinderung von mindestens 70 oder** von weniger als 70, aber **mindestens 50 und die gleichzeitig** in ihrer Bewegungsfähigkeit im Straßenverkehr **erheblich beeinträchtigt** sind (Merkzeichen „G" oder „aG"). Sie können für die Wege zwischen Wohnung und Arbeitsstätte statt der Entfernungspauschale ihre nachgewiesenen **tatsächlichen KFZ-Kosten** (einschließlich AfA) als Werbungskosten abziehen (§ 9 Abs. 2 Satz 3 EStG) **oder** – ohne einen solchen Einzelnachweis – die **pauschalen Kilometersätze** beim PKW je Entfernungs-km einen Betrag von **0,60 €** (0,30 € je gefahrenem km) und beim Motorrad oder Motorroller von 0,26 € (0,13 € je gefahrenem km) usw. geltend machen. Diese Entscheidung kann nach Auffassung der Finanzverwaltung im Kalenderjahr nur einheitlich erfolgen, es sei denn, die tatsächlichen Verhältnisse ändern sich (z.B. durch Arbeitgeberwechsel) oder der Arbeitnehmer wird erstmalig behindert.

Der **Nachweis** der Behinderung ist durch Vorlage einer Bescheinigung der zuständigen Behörden (§ 65 EStDV) zu führen. Bei weniger als 70 Grad der Erwerbsminderung sollte darauf geachtet werden, dass in der Bescheinigung eine Aussage über die Gehbehinderung enthalten ist (Merkzeichen „G" oder „aG").

Wegen der weitergehenden Geltendmachung von Aufwendungen auch für **Privat**fahrten als außergewöhnliche Belastung vgl. Hauptvordruck, Zeilen 95 bis 98 (II) und H 186–189 (Fahrtkosten behinderter Menschen) EStH.

Entscheidet sich der Behinderte für den **Einzelnachweis** der KFZ-Kosten, so sind grundsätzlich sämtliche Aufwendungen für das KFZ durch Belege nachzuweisen. Es gelten die für den Einzelnachweis von Reisekosten (Fahrtkosten) geltenden Grundsätze und zwar sowohl hinsichtlich des Umfangs der berücksichtigungsfähigen Aufwendungen als auch des erleichterten Nachweises der Benzinkosten und insbesondere hinsichtlich der Absetzungen für Abnutzung (AfA) und der Berechnung der tatsächlichen Kosten im Einzelnen. Hierzu wird auf die Ausführungen in **Anlage N, Zeilen 57 bis 62, 59** zu „Reisekosten" (1) verwiesen.

Macht ein Behinderter im o.g. Sinne **ohne besonderen Nachweis** der tatsächlich entstandenen Kosten je Entfernungskilometer zwischen Wohnung und Arbeitsstätte – entsprechend der Regelung für Dienstreisen – bei einem PKW **0,60 €** (also 0,30 € je gefahrenem km usw.) geltend, so kann er **neben** den Kilometersätzen auch die **Parkgebühren** am Arbeitsplatz berücksichtigen. Der Behinderte kann die **Berechnungsart wählen**, die für ihn günstiger ist. Die Beschränkung des Werbungskostenabzugs auf **nur eine Hin- und Rückfahrt** täglich gilt allerdings auch für Behinderte (BFH-Urteil vom 2.4.1976, BStBl II S. 452). In beiden Fällen sind auch **Unfallkosten** als Werbungskosten abzugsfähig, soweit der Behinderte diese selbst tragen muss (zu den Voraussetzungen vgl. den folgenden Abschnitt „Unfallkosten – ...").

Teil I: Anlage N
Zeilen 38–48

In ihrer tatsächlichen Höhe bzw. mit den obigen Kilometer-Sätzen können auch Aufwendungen geltend gemacht werden, die einem **Blinden** dadurch entstehen, dass er von einem Dritten (z. B. dem Ehegatten) mit dem eigenen Kraftfahrzeug zur Arbeitsstätte gebracht und später wieder abgeholt wird. Das Gleiche gilt für einen **Behinderten,** der keine gültige Fahrerlaubnis besitzt oder der infolge seiner Behinderung nicht selbst mit dem Kraftfahrzeug zu seiner Arbeitsstätte fahren kann; es kann also **auch die Leerfahrt** (sonach können **zwei** Hin- und Rückfahrten) berücksichtigt werden (BFH-Urteil vom 2. 12. 1977, BStBl 1978 II S. 260 und R 42 Abs. 7 LStR sowie H 42 [Behinderte Menschen] LStH).

Die als Werbungskosten abzugsfähigen Aufwendungen brauchen nicht um eine steuerfreie **Kraftfahrzeugbeihilfe** des Arbeits- und Sozialamts gekürzt zu werden (BFH-Urteil vom 16. 2. 1970, BStBl II S. 452).

Abgeltungswirkung der Entfernungspauschale

38–48
31–39
Mit der Entfernungspauschale von 0,30 € je Entfernungskilometer sind grundsätzlich sämtliche Aufwendungen, die durch die Wege zwischen Wohnung und Arbeitsstätte veranlasst sind, **abgegolten** (vgl. BMF vom 11.12. 2004 a.a.O., Tz. 3). Die Abgeltungswirkung greift auch dann ein, wenn wegen atypischer Dienstzeiten Fahrten zwischen Wohnung und Arbeitsstätte zweimal arbeitstäglich erfolgen (BFH-Urteil vom 11.9. 2003, BStBl II S. 893). Zu den abgegoltenen Aufwendungen gehören neben der **Abschreibung für Abnutzung (AfA)** und den Aufwendungen für **Benzin, Reparaturen, Wagenpflege** auch die **Kraftfahrzeugsteuer, Garagenmiete, Teil- oder Vollkasko-, Feuer-, Diebstahl- und Automobil-Rechtsschutz-Versicherungen, Parkgebühren** (auch für das Abstellen des KFZ in einem Parkhaus während der Arbeitszeit, selbst wenn in der Nähe der Arbeitsstätte ein Parkplatz nicht oder nur schwer zu erlangen ist: BFH-Urteil vom 2. 2. 1979, BStBl II S. 372).

Wegen der **Ausnahmen** von diesem Grundsatz vgl. folgenden Abschnitt „Unfallkosten – ...".

Die Beiträge zur **KFZ-Haftpflichtversicherung** sind aus Vereinfachungsgründen **in voller Höhe** als **Sonderausgaben** berücksichtigungsfähig, **wenn** der Arbeitnehmer die Aufwendungen für Fahrten zwischen Wohnung und Arbeitsstätte oder Familienheimfahrten mit der Entfernungspauschale geltend macht (R 88 Abs. 2 EStR). Werden diese Aufwendungen jedoch vom Arbeitnehmer zulässiger Weise im Einzelnen nachgewiesen (z.B. von Behinderten, siehe oben) oder nimmt der Arbeitnehmer an Stelle des Einzelnachweises die für Dienstreisen maßgeblichen Kilometer-Pauschbeträge in Anspruch, so können nur die anteiligen, auf die Privatfahrten entfallenden Beiträge für die Kraftfahrzeug-Haftpflichtversicherung als Sonderausgaben berücksichtigt werden.

Wegen der Beiträge zu einer **Insassen-Unfallversicherung** vgl. Anlage N, Zeilen 57 bis 62, ABC „Versicherungsbeiträge".

Zinsen für einen Kredit sowie sonstige Kosten für ein Darlehen zur **Anschaffung** eines privaten KFZ sind nicht als Werbungskosten abzugsfähig (BFH-Urteil vom 30. 11. 1979, BStBl 1980 II S. 138), und zwar auch dann nicht, wenn die Kreditfinanzierung des Fahrzeugs wegen Verlusts eines anderen KFZ auf einer Fahrt von der Wohnung zur Arbeitsstätte erforderlich geworden ist (BFH-Urteil vom 1. 10. 1982, BStBl 1983 II S. 17). Etwas anderes gilt nur, wenn das Fahrzeug **ausschließlich** beruflich genutzt wird (etwa beim angestellten Taxifahrer).

Die **Auslagen für einen Führerschein** können nicht gesondert geltend gemacht werden, wenn das Fahrzeug nur privat und zu Fahrten zwischen Wohnung und Arbeitsstätte benutzt wird (vgl. wegen der Ausnahmen Anlage N, Zeilen 57 bis 62, ABC „Führerschein").

Unfallkosten – Beschädigung – Diebstahl – Austauschmotor – neben Entfernungspauschale?

38–48
31–39
Aufwendungen für die Beseitigung von **Unfallschäden** bei einem **Verkehrsunfall** auf der Fahrt zwischen Wohnung und Arbeitsstätte können auch weiterhin **neben** der Entfernungspauschale berücksichtigt werden, soweit sie von dritter Seite nicht ersetzt wurden (vgl. H 42 [Unfallschäden] LStH und BFH-Urteile vom 23. 6. 1978, BStBl II S. 457 und vom 14.7. 1978, BStBl II S. 595). Vgl. BMF vom 11.12. 2001 a.a.O., Tz. 3.

Dazu gehören vor allem Kosten zur Beseitigung von **Körper- oder Sachschäden,** aber auch **Gutachterkosten, Reparaturkosten, Schadensersatzleistungen, Gerichts- und Anwaltskosten,** soweit nicht von dritter Seite Ersatz geleistet wird (z.B. durch Haftpflicht- oder Kaskoversicherung oder durch den Schädiger). Entsprechendes gilt auch für den Wertverlust bei **Zerstörung** oder **Diebstahl** auf einer Fahrt zwischen Wohnung und Arbeitsstätte (vgl. BFH-Urteil vom 25. 5. 1992, BStBl II 1993 S. 44 zum Diebstahl eines PKW auf einer Dienstreise). Die Unfallkosten brauchen nicht außergewöhnlich hoch zu sein; sie sind unabhängig von ihrer Höhe abzugsfähig (BFH-Urteil vom 14. 7. 1978, BStBl II S. 595). Werbungskosten liegen selbst dann vor, wenn der Unfall darauf beruht, dass der Arbeitnehmer **bewusst und leichtfertig** gegen Verkehrsvorschriften verstoßen hat, z.B. weil er zu schnell gefahren ist, die Straßenverhältnisse falsch eingeschätzt hat, auf verbotenem Weg sein berufliches Ziel erreichen wollte, unvorsichtig überholte oder übermüdet gefahren ist, durch Rauchen einer Zigarette oder durch Auswechseln einer Musikkassette abgelenkt wurde, einen Schwächeanfall erlitten hat oder mit abgefahrenen Reifen gefahren ist (vgl. BFH-Beschluss GrS vom 28. 11. 1977, BStBl 1978 II S. 105). Der Unfall ist aber durch **private Gründe** (mit-)veranlasst bzw. überlagert, wenn er **absichtlich** oder infolge **alkoholbedingter** Fahruntüchtigkeit (BFH-Urteil vom 6. 4. 1984, BStBl II S. 434) oder z.B. wegen einer Wettfahrt geschieht; dann kommt ein Abzug der Unfallkosten als Werbungskosten nicht in Betracht. Vgl. auch Teil II, Tz. 2.10 (Nr. 15).

Werbungskosten können auch insoweit geltend gemacht werden, als der Arbeitnehmer **auf Ersatzansprüche gegenüber Dritten verzichtet,** z.B. gegenüber seiner Haftpflichtversicherung bei einem Unfallschaden am KFZ eines anderen zur Erhaltung seines Schadenfreiheitsrabatts. Lässt der Arbeitnehmer das beschädigte KFZ **reparieren,** so sind (nur) die Reparaturkosten in vollem Umfang absetzbar (BFH-Urteil vom 27. 8. 1993, BStBl 1994 II S. 235), lässt er es **nicht reparieren,** so kann die durch den Unfall herbeigeführte **Wertminderung** durch Absetzung für außergewöhnliche Abnutzung (**AfaA** nach § 7 Abs. 1 Satz 6 i.V. mit § 9 Abs. 1 Satz 3 Nr. 7 EStG) als Werbungskosten berücksichtigt werden, aber nur im Veranlagungszeitraum des Schadenseintritts (BFH-Urteil vom 13. 3. 1998, BStBl II S. 443). Absetzungen sind ausgeschlossen, wenn die gewöhnliche Nutzungsdauer des Fahrzeugs bereits abgelaufen ist. Die Höhe der AfaA richtet sich nach dem Unterschied zwischen dem „fiktiven Buchwert" des KFZ (d.h. Anschaffungskosten abzüglich normaler AfA", wie sie nach den Ausführungen zu Anlage N, Zeilen 57 bis 62, 59, ABC „Reisekosten" [1] zu berechnen ist) und dem Wert des KFZ nach dem Unfall (z.B. Totalschaden). Die frühere Auffassung, wonach es auf die Differenz zwischen dem Zeitwert des PKW vor und nach dem Unfall ankommt, erscheint überholt (vgl. BFH-Urteil vom 24. 11. 1994, BStBl 1995 II S. 318 betr. Gewinneinkünfte). Die **nach** der Reparatur evtl. verbleibende schlechtere Verkäuflichkeit als Unfallwagen, der sog. **merkantile Minderwert,** kann nicht als Werbungskosten berücksichtigt werden (BFH-Urteile vom 27. 8. 1993, BStBl 1994 II S. 235 und vom 31. 1. 1992, BStBl II S. 401 sowie H 42 [Unfallschäden] LStH). **Erhöhen** sich infolge des Unfalls im Folgejahr die **Beiträge zur Haftpflicht- und Kaskoversicherung,** so können die Erhöhungsbeträge (nur) als Sonderausgaben geltend gemacht werden (BFH-Urteil vom 11. 7. 1986, BStBl II S. 866).

Unfallkosten bei mittäglicher Heimfahrt sind weder Werbungskosten noch außergewöhnliche Belastungen. Solche Fahrtkosten und Unfallkosten sind auch dann nicht als Werbungskosten abziehbar, wenn der Arbeitnehmer arbeitstäglich zur Einnahme des Mittagessens von seiner **gleich bleibenden** Arbeitsstätte zu einer **nahe gelegenen Gaststätte (Kantine)** fährt, selbst wenn am Arbeitsort keine entsprechende Verpflegungsmöglichkeit vorhanden ist (BFH-Urteil vom 18. 12. 1992, BStBl 1993 II S. 505). Damit hat der BFH seine frühere Rechtsprechung (BFH-Urteil vom 18. 12. 1981, BStBl 1982 II S. 261) zumindest hinsichtlich der Fahrtkosten aufgegeben; die Finanzverwaltung scheint jedoch dieses Urteil hinsichtlich der Unfallkosten bei einer Fahrt zur Einnahme des Mittagessens in einer Gaststätte „in der Nähe der **Einsatzstelle"** zugunsten des Arbeitnehmers weiter anzuwenden (so jedenfalls H 42 [Unfallschäden] LStH).

Verlässt ein Arbeitnehmer die regelmäßige Fahrtstrecke aus privaten Gründen (z.B. um einen Arzt aufzusuchen oder um Lebensmittel einzukaufen oder einen Krankenbesuch zu machen oder um ein Kleinkind vor Arbeitsbeginn in einen Kinderhort zu bringen) – **Umwegfahrt** – und wird er in einen Unfall verwickelt, so kann er die entstandenen Auslagen nicht absetzen (BFH-Urteil vom 13. 3. 1996, BStBl II S. 375). Dagegen sind Unfallschäden auf einer Umwegstrecke zur Abholung der Mitfahrer einer Fahrgemeinschaft unabhängig von deren Gestaltung abzugsfähige Werbungskosten (H 42 [Unfallschäden] EStH). Eine berufliche Veranlassung wird z.B. aber dann nicht anerkannt, wenn ein(e) Steuerpflichtige(r) seine(n)/ihre(n) **Freund(in)** besucht und von dort aus am nächsten Morgen zur Arbeitsstätte fährt und dabei einen Verkehrsunfall verursacht. Die Kosten sind nämlich nicht abzugsfähig, wenn die Fahrt nicht von der Wohnung aus angetreten oder an der Wohnung beendet wird (BFH-Urteil vom 25. 3. 1988, BStBl II S. 706). Es muss sich um Fahrten zwischen der **eigenen** Wohnung und der regelmäßigen Arbeitsstätte handeln (BFH-Urteil vom 26. 8. 1988, BStBl 1989 II S. 144). Verlässt der Arbeitnehmer aber die Fahrtroute nur, um sein **KFZ zu betanken,** so sind die nicht ersetzten Unfallkosten abzugsfähige Werbungskosten (BFH-Urteil vom 11. 10. 1984, BStBl 1985 II S. 10).

Fahren Ehegatten gemeinsam zur Arbeitsstätte des Mannes und benutzt die Ehefrau den PKW alsdann, um zu ihrer Arbeitsstätte zu fahren, so ist die abendliche **Abholfahrt (Leerfahrt)** der Ehefrau zur Arbeitsstätte des Mannes durch dessen Berufstätigkeit veranlasst. Die hierbei angefallenen **Unfallkosten** sind daher **Werbungskosten** des Ehemannes (BFH-Urteil vom 11. 7. 1980, BStBl II S. 655; vgl. auch BFH-Urteil vom 3. 8. 1984, BStBl II S. 800). Entsprechendes kann ausnahmsweise auch bei einer **Leerfahrt** des Ehegatten zwischen der Wohnung und der Haltestelle eines öffentlichen Verkehrsmittels gelten (BFH-Urteil vom 26. 6. 1987, BStBl II S. 818). Nach dem BFH-Urteil vom 11. 2. 1993, BStBl II S. 518 handelt es sich bei obiger Rechtsprechung jedoch um besonders gelagerte Ausnahmefälle.

Kosten eines **Austauschmotors** anlässlich eines Motorschadens auf einer Fahrt zwischen Wohnung und Arbeitsstätte (oder einer Familienheimfahrt bei doppelter Haushaltsführung) sind mit der Entfernungspauschale **abgegolten** (vgl. BMF vom 11. 12. 2001 a.a.O., Tz. 3).

**Fahrten zu mehreren regelmäßigen Arbeitsstätten –
Fahrten zwischen mehreren regelmäßigen Arbeitsstätten –
Fahrten bei mehreren Dienstverhältnissen**

Entstehen einem Arbeitnehmer Aufwendungen für Wege zu **mehreren räumlich auseinander liegenden regelmäßigen Arbeitsstätten,** so stellt sich zunächst die Frage, ob der Arbeitnehmer vor der Fahrt zur weiteren Arbeitsstätte in die Wohnung zurückkehrt (z.B. X ist vormittags in A, nachmittags in B beschäftigt). Trifft dies zu, so ist die Entfernungspauschale für jeden Weg zur Arbeitsstätte (nach A und nach B) **nebeneinander** anzusetzen; insoweit kommt die Entfernungspauschale von 0,30 € je Entfernungs-km jeweils zwischen X und A und zwischen X und B in Betracht. Die grundsätzlich geltende Einschränkung, dass täglich nur eine Fahrt anzuerkennen ist, gilt nur für eine, nicht aber für mehrere Arbeitsstätten (vgl. BMF a.a.O., Tz. 1.8). Hierbei ist es ohne Bedeutung, ob der Arbeitnehmer in einem oder in mehreren Dienstverhältnissen steht.

Handelt es sich um mehrere regelmäßige Arbeitsstätten **in demselben Dienstverhältnis** und wird die zusätzliche regelmäßige Arbeitsstätte **ohne** zwischenzeitliche Rückkehr in die Wohnung aufgesucht (z.B. bei Einsatz auf mehreren Zweigstellen desselben Arbeitgebers), so liegen **Fahrten zwischen mehreren regelmäßigen Arbeitsstätten** vor. Deshalb ist der Werbungskostenabzug für diese Fahrten/Wege nicht auf die Entfernungspauschale mit nur 0,30 € je Entfernungs-km begrenzt, vielmehr wird dann **insoweit** der höhere Pauschsatz wie bei Dienstreisen (0,30 € usw. für **jeden** gefahrenen km) anerkannt (BFH-Urteile vom 9.12. 1988, BStBl 1989 II S. 296 und vom 7.6. 2002, BStBl II S. 878 betr. den Bezirksleiter einer Einzelhandelskette, dem mehrere Filialen fest zugeordnet sind, die er täglich aufsucht; vgl. auch H 42 (Fahrtkosten bei mehreren Arbeitsstätten) LStH i.V. mit R 37 Abs. 3 Satz 5 LStR).

Beispiel 13

X fährt von seiner Wohnung in A zur regelmäßigen Arbeitsstätte nach B (8 km), im Rahmen **desselben** Arbeitsverhältnisses fährt er nachmittags **direkt** zur regelmäßigen Arbeitsstätte nach C (20 km) und abends zurück zur Wohnung nach A (32 km).

X kann für die täglichen Fahrten von A nach B und abends von C nach A (= 40 km) 0,30 € : 2 = 0,15 €, also 6 € arbeitstäglich als Entfernungspauschale geltend machen. Für die Fahrten **zwischen** den beiden regelmäßigen Arbeitsstätten von B nach C (= 20 km) sind zusätzlich **je km** 0,30 € = 6 €, zusammen also 12 € als Werbungskosten abzugsfähig.

Der Ansatz von 0,30 € usw. je gefahrenem km nach Reisekostengrundsätzen gilt auch für Fahrten innerhalb eines weiträumigen Arbeitsgebiets und für Fahrten, die durch täglich mehrfachen Ortswechsel geprägt sind und eine Art Reisetätigkeit darstellen (BFH-Urteil vom 2. 2. 1994, BStBl II S. 422 betr. einen Arbeitnehmer als Glas- oder Gebäudereiniger).

Steht ein Arbeitnehmer dagegen **in mehreren Dienstverhältnissen** und fallen deshalb Aufwendungen für Fahrten **zwischen** mehreren regelmäßigen Arbeitsstätten an – ohne zwischenzeitliche Rückkehr in die Wohnung –, so soll nach Verwaltungsauffassung die Fahrt zur ersten Arbeitsstätte „als Umweg bei der Fahrt zur zweiten Arbeitsstätte" gewertet und lediglich die Entfernungspauschale von 0,30 € berücksichtigt werden und zwar höchstens für die **Hälfte** der tatsächlich gefahrenen Gesamtstrecke (vgl. BMF vom 11.12. 2001 a.a.O., Tz. 1.8).

Beispiel 14

X fährt vormittags von seiner Wohnung in A zur regelmäßigen Arbeitsstätte nach B (30 km), nachmittags zur regelmäßigen Arbeitsstätte bei einem **anderen** Arbeitgeber nach C (40 km) und abends zur Wohnung in A (50 km) zurück.

Da die Hälfte der tatsächlichen Gesamtfahrtstrecke (30 + 40 + 50 = 120 : 2 = 60 km) niedriger ist als die unmittelbaren Fahrten von A nach B und von A nach C (30 + 50 = 80 km) wären, wird nur der niedrigere Betrag von 60 km für die Berechnung der Entfernungspauschale zugrunde gelegt und sonach 60 km × 0,30 € = 18 € arbeitstäglich als Werbungskosten anerkannt.

Diese Rechtsauffassung ist nicht zweifelsfrei (vgl. BFH-Urteil vom 8. 11. 1974, BStBl 1975 II S. 177; im BFH-Urteil vom 9. 12. 1988 a.a.O. wird die Frage offen gelassen). Im vergleichbaren Fall der Fahrten eines Gewerbetreibenden **zwischen** mehreren selbständigen Betrieben hat der BFH jedenfalls den vollen Fahrtkostenabzug nach Reisekostengrundsätzen anerkannt (vgl. BFH-Urteil vom 4. 11. 1986, BStBl 1987 II S. 259), was im Beispiel 14 die Fahrt zwischen B und C (40 km) beträfe.

Mehrere Wohnungen und Entfernungspauschale

Hat ein Arbeitnehmer **mehrere Wohnungen,** so kommt als Ausgangspunkt für die Entfernungspauschale jede Wohnung in Betracht, die er regelmäßig zur Übernachtung nutzt und von der aus er seine Arbeitsstätte aufsucht. Als Wohnung ist z.B. auch ein möbliertes Zimmer, eine Schiffskajüte, ein Gartenhaus, ein auf eine gewisse Dauer abgestellter Wohnwagen oder ein Schlafplatz in einer Massenunterkunft anzusehen (R 42 Abs. 1 LStR), nicht dagegen ein Hotelzimmer oder eine fremde Wohnung, in denen der Arbeitnehmer nur kurzfristig aus privaten Gründen übernachtet (BFH-Urteile vom 25. 3. 1988, BStBl II S. 706 und vom 26. 8. 1988, BStBl 1989 II S. 144). Hat ein Arbeitnehmer **mehrere** Wohnungen, so können Aufwendungen für die Wege von und zu der von der Arbeitsstätte **weiter** entfernt liegenden Wohnung nur dann berücksichtigt werden, wenn sich dort der **Mittelpunkt der Lebensinteressen** des Arbeitnehmers befindet und die Wohnung **nicht nur gelegentlich aufgesucht** wird (§ 9 Abs. 1 Nr. 4 Satz 6 EStG). Dies ist anhand einer Gesamtwürdigung zu beurteilen (BFH-Urteil vom 26. 11. 2003, BStBl 2004 II S. 233). Vgl. auch BFH-Urteile vom 13. 12. 1985, BStBl 1986 II S. 221, vom 20. 12. 1982, BStBl 1983 II S. 306 und vom 25. 3. 1988, BStBl II S. 706.

Der **Mittelpunkt der Lebensinteressen** wird bestimmt durch die persönlichen Beziehungen zu diesem Ort und die Art und Weise,

**Teil I: Anlage N
Zeilen 49–50**

wie die Beziehungen aufrechterhalten werden. Bei einem **verheirateten Arbeitnehmer** befindet sich der Mittelpunkt der Lebensinteressen im Allgemeinen am tatsächlichen Wohnort seiner Familie (BFH-Urteile vom 3. 10. 1985, BStBl 1986 II S. 95 und vom 10. 11. 1978, BStBl 1979 II S. 219). Die Finanzverwaltung anerkennt die weiter entfernt liegende Wohnung ohne nähere Prüfung aber nur dann, wenn der verheiratete Arbeitnehmer sie **mindestens sechsmal im Kalenderjahr** aufsucht (R 42 Abs. 1 Satz 5 LStR), was sich vor allem auf die steuerliche Anerkennung von Heimfahrten (und Flügen) **ausländischer Arbeitnehmer** an den Heimatort auswirkt. Nach dem o.g. BFH-Urteil vom 26. 11. 2003 a.a.O. können bei entsprechenden Umständen auch **fünf** Besuchsfahrten im Kalenderjahr ausreichend sein. Bei **anderen Arbeitnehmern** befindet sich der Mittelpunkt der Lebensinteressen an dem Wohnort, zu dem die engeren persönlichen Beziehungen bestehen (BFH-Urteil vom 20. 11. 1991, BStBl II 1992 S. 306). Diese können ihren Ausdruck besonders in Bindungen an Personen (Eltern, Verlobte, Freundes- und Bekanntenkreis) finden, aber auch in Vereinszugehörigkeiten und anderen Aktivitäten. Nach Auffassung der Finanzverwaltung ist es ausreichend, wenn der Arbeitnehmer diese Wohnung im Durchschnitt **mindestens zweimal monatlich** aufsucht (R 42 Abs. 1 Satz 8 LStR). Auch bei **Eheleuten,** die zwei gemeinsame Wohnungen haben und die am selben Ort beschäftigt sind, kann die weiter vom Beschäftigungsort entfernt liegende Wohnung der örtliche Mittelpunkt der Lebensinteressen sein (BFH-Urteil vom 2. 2. 1979, BStBl II S. 338). Eine andere Beurteilung dürfte Platz greifen, wenn Arbeitnehmer mit einer Stadtwohnung während einiger Sommermonate oder in den Ferien in einem Wohnwagen auf einem weiter entfernt liegenden **Campingplatz** leben und von dort aus zu ihrer Arbeitsstätte fahren; dann ist der Wohnwagen nicht als „Wohnung" anzusehen. Die Arbeitnehmer sind demzufolge so zu behandeln, wie wenn sie von ihrer Stadtwohnung aus zur Arbeitsstätte gefahren wären (BFH-Urteil vom 15. 11. 1974, BStBl 1975 II S. 278). Entsprechendes dürfte für **Wochenendwohnungen** oder **Wochenendhäuser** gelten (BFH-Urteil vom 10. 11. 1978, BStBl 1979 II S. 219), wie auch dann, wenn eine Familie neben der Erstwohnung am Arbeitsort an den Wochenenden und in den Schulferien eine weiter entfernt liegende **Ferienwohnung** (Zweitwohnung) benutzt (BFH-Urteil vom 3. 10. 1985, BStBl 1986 II S. 95). Dagegen ist es unschädlich, wenn die Fahrt zum weiter entfernten Mittelpunkt der Lebensinteressen an einer näher zum Arbeitsplatz belegenen Wohnung des Arbeitnehmers unterbrochen wird (BFH-Urteil vom 20. 12. 1991, BStBl 1992 II S. 306).

Aufwendungen für Fahrten mit öffentlichen Verkehrsmitteln (ohne Flug- und Fährkosten) und Entfernungspauschale

49
40
Obwohl die Entfernungspauschale grundsätzlich unabhängig von dem benutzten Verkehrsmittel ist, wird in **Zeile 49** nach den Aufwendungen für **Fahrten mit öffentlichen Verkehrsmitteln** gefragt.

Insoweit sollen **stets auch die Zeilen 45 bis 48** ausgefüllt werden. Sind solche Aufwendungen nämlich **höher** als die zulässige Entfernungspauschale **und** kann der Arbeitnehmer diese Aufwendungen **nachweisen**, so können sie auch in dieser Höhe als Werbungskosten berücksichtigt werden (§ 9 Abs. 2 Satz 2 EStG) und dies selbst dann, wenn sie den Höchstbetrag von 4 500 € übersteigen.

Abzugsfähig sind sonach die nachgewiesenen tatsächlichen Aufwendungen für die Benutzung von Bundesbahn, Straßenbahn, Omnibus, Taxi usw. Die Wahl des Verkehrsmittels und der Tarifklasse steht dem Arbeitnehmer frei. Er kann die 1. Wagenklasse der Bundesbahn oder ein Taxi benutzen und seine **nachgewiesenen** Fahrtkosten auch dann absetzen, wenn sie höher als die Entfernungspauschale sind. Die Steuerfreiheit von Zuschüssen des Arbeitgebers zu den Aufwendungen des Arbeitnehmers für Fahrten zwischen Wohnung und Arbeitsstätte mit öffentlichen Verkehrsmitteln (§ 3 Nr. 34 EStG a.F.) ist bereits **ab 2004 weggefallen;** eine Kürzung der Entfernungspauschale um solche Zuschüsse findet daher nicht mehr statt. Vgl. unten Anlage N, Zeile 50.

Abzugsfähig sind insbesondere die Aufwendungen des Arbeitnehmers für Jahres-, Monats- oder Wochenkarten, für den IC- oder ICE-Zuschlag sowie für sog. **Job- oder Firmentickets** (vgl. Anlage N, Zeile 50), wobei ohne Bedeutung ist, dass diese Fahrtkosten und Tickets auch zur Durchführung von privaten Fahrten verwendet werden können, wenn dadurch die Aufwendungen nicht höher werden.

Es werden grundsätzlich nur Aufwendungen **für eine Fahrt (Hin- und Rückfahrt)** täglich anerkannt, auch wenn die Fahrt mehrfach am Tage (z.B. zur Einnahme des Mittagessens in der Wohnung) zurückgelegt wird. Werden Jahres-, Monats- oder Wochenkarten verwendet, wirkt sich diese Einschränkung allerdings nicht aus.

Zur Abzugsfähigkeit bei Benutzung öffentlicher Verkehrsmittel wird auf die **Beispiele 4 bis 7** zu Zeilen 38 bis 48 hingewiesen.

Die **Flug- und Fährkosten** sind nicht hier in Zeile 49, sondern in Anlage N, **Zeilen 57 bis 62** einzutragen, weil hierfür besondere Regelungen gelten. Da die Wege zwischen Wohnung und Arbeitsstätte unter Umständen auch mit dem **Flugzeug** zurückgelegt werden – z.B. wenn ein Arbeitnehmer mit zwei regelmäßigen Arbeitsstätten desselben Arbeitgebers, von denen er eine sehr weit entfernt liegende seltener, jedoch mit dem Flugzeug aufsucht – und sich bei den erheblichen Entfernungen eine Entfernungspauschale ergibt, die deutlich über den tatsächlichen Aufwendungen für das Flugticket liegen, bestimmt § 9 Abs. 1 Satz 3 Nr. 4 Satz 3 EStG, dass die **Entfernungspauschale nicht für Flugstrecken** gewährt wird. Vielmehr sind in diesem Falle die tatsächlichen, **nachgewiesenen Aufwendungen für das Flugticket** als Werbungskosten **abzugsfähig**, auch wenn sie den Höchstbetrag von 4 500 € übersteigen. Daneben kommt für die Wege von der Wohnung zum Flughafen und vom Flughafen zur Arbeitsstätte die Entfernungspauschale in Betracht. Zur Ermittlung der abzugsfähigen Aufwendungen bei Benutzung einer **Fährverbindung** vgl. Anlage N, Zeilen 38 bis 48 zu **Beispiel 10.**

Wegen des steuerpflichtigen **Fahrtkostenersatzes durch den Arbeitgeber** und der Möglichkeit der Pauschale vgl. die folgenden Ausführungen zu Anlage N, Zeile 50.

Arbeitgeberleistungen (steuerfrei gezahlt oder pauschal besteuert) lt. Nummern 17 und 18 der Lohnsteuerbescheinigung und von der Agentur für Arbeit gezahlte Fahrtkostenzuschüsse – Minderung der Entfernungspauschale?

50
41
Zeile 50 betrifft den Fahrtkostenersatz des Arbeitgebers und Fahrtkostenzuschüsse der Agentur für Arbeit. Ein **Fahrtkostenersatz** des Arbeitgebers gehört zum **steuerpflichtigen Arbeitslohn** und ist deshalb grundsätzlich beim Lohnsteuerabzug durch den Arbeitgeber mit zu erfassen (R 70 Abs. 3 Nr. 2 LStR). Der Arbeitnehmer muss daher die Entfernungspauschale in jedem Fall in Anlage N, Zeilen 38 bis 48 als **Werbungskosten** geltend machen.

(a) Die **Steuerfreiheit von Fahrtkostenzuschüssen** des Arbeitgebers zu den Aufwendungen des Arbeitnehmers für Fahrten zwischen Wohnung und Arbeitsstätte mit **öffentlichen Verkehrsmitteln** sowie die Steuerfreiheit von entsprechender unentgeltlicher oder verbilligter **Nutzung** und von sog. **Job-Tickets** (§ 3 Nr. 34 EStG a.F.) ist bereits **ab 2004 weggefallen.** Derartige Vorteile sind demnach (ab 2004) grundsätzlich **steuerpflichtig.** Sie mindern deshalb bereits ab 2004 auch nicht mehr die Entfernungspauschale.

Ein geldwerter Vorteil ist jedoch ausnahmsweise **nicht** anzunehmen, wenn der Arbeitgeber seinen Arbeitnehmern ein sog. **Job-Ticket** für Fahrten zwischen Wohnung und Arbeitsstätte mit öffentlichen Verkehrsmitteln im Linienverkehr zu einem Preis überlässt, den er selbst mit dem Verkehrsträger vereinbart hat; die Tarifermäßigung des Verkehrträgers gegenüber dem üblichen Endpreis ist also kein geldwerter Vorteil des Arbeitnehmers (BMF-Schreiben vom 27. 1. 2004 a.a.O., II 1).

Überlässt der Arbeitgeber seinen Arbeitnehmern solche Job-Tickets unentgeltlich oder verbilligt, so kommt unter Umständen auch eine Steuerfreiheit nach § 8 Abs. 2 Satz 9 EStG in Betracht. Danach bleiben ganz allgemein **Sachbezüge** außer Ansatz, wenn die sich nach Anrechnung der vom Arbeitnehmer gezahlten Entgelte ergebenden Vorteile ab 2004 insgesamt **44 € im Monat** (vorher 50 €) nicht übersteigen (monatliche Freigrenze); bei der Freigrenze sind also auch andere Sachbezüge zu berücksichtigen. Bei Arbeitnehmern eines **Verkehrsträgers** kann der Vorteil auch im Rahmen des **Rabattfreibetrags** (§ 8 Abs. 3 EStG) steuerfrei bleiben. Vgl. im Einzelen BMF-Schreiben vom 27. 1. 2004 a.a.O., II 1 und H 31 (1–4) „Job-Ticket" LStH. Der Arbeitgeber hat solche steuerfreien Leistungen ggf. auf der Rückseite der LSt-Karte (Nr. 17 Lohnsteuerbescheinigung) einzutragen. Sie mindern die abzugsfähige Entfernungspauschale (§ 9 Abs. 1 Satz 3 Nr. 4 Satz 5 EStG).

Zu beachten ist schließlich, dass ein Arbeitnehmer abweichend von der früheren Regelung bereits ab 2004 für Strecken einer **Sammelbeförderung** (Beförderung durch den Arbeitgeber zur Arbeitsstätte), die auch weiterhin nach § 3 Nr. 32 EStG steuerfrei ist, nicht mehr die Entfernungspauschale geltend machen kann (s. oben Zeilen 38 bis 48 „Entfernungspauschale"). Ein an den Arbeitgeber für die Sammmelbeförderung ggf. entrichtetes Entgelt ist in **Zeilen 57 bis 62, 61** geltend zu machen.

(b) Der **Arbeitgeber** kann aber die Lohnsteuer für alle steuerpflichtigen Fahrtkostenzuschüsse mit einem **Pauschsteuersatz von 15 v.H.** übernehmen, also nunmehr auch die o.g. Fahrtkostenzuschüsse bei Fahrten mit **öffentlichen Verkehrsmitteln** und etwaige geldwerte Vorteile bei **Job-Tickets** und den Rabattfreibetrag übersteigende Vorteile (§ 40 Abs. 2 Satz 2 EStG). Die Pauschalierung ist auf den Betrag beschränkt, den der Arbeitnehmer nach den obigen Ausführungen in Anlage N, Zeilen 38 bis 48 als Werbungskosten geltend machen könnte (also z.B. 0,30 € Entfernungspauschale je Entfernungs-km, ebenso wie ggf. vom Arbeitgeber ersetzte Unfallkosten). Bei öffentlichen Verkehrsmitteln ist zu beachten, dass die nachgewiesenen Fahrtkosten grundsätzlich in voller Höhe als Werbungskosten abziehbar sind (die Begrenzung der Entfernungspauschale also nicht greift), weshalb sie auch in vollen Höhe pauschaliert werden können (BMF vom 27. 1. 2004 a.a.O., II 1). Außerdem ist Voraussetzung für die Pauschalierung, dass es sich bei dem steuerpflichtigen Fahrtkostenzuschuss um Leistungen des Arbeitgebers handelt, die **zusätzlich** zum ohnehin geschuldeten Arbeitslohn erbracht werden (R 21 c LStR). Der Arbeitgeber hat den pauschal besteuerten Fahrtkostenersatz auf der Rückseite der LSt-Karte (Lohnsteuerbescheinigung Nr. 18) einzutragen. **Die pauschal besteuerten Bezüge mindern die abziehbare Entfernungspauschale** (§ 40 Abs. 2 Sätze 2 und 3 EStG). Sie sind deshalb in **Zeile 50** einzutragen. Vgl. auch R 127 Abs. 5 LStR und wegen der Rechtslage ab 2004 BMF vom 27. 1. 2004 a.a.O., Tz. II 1.

Die Pauschalierungsmöglichkeit mit 15 v.H. gilt auch für Teilzeitbeschäftigte i.S. des § 40 a EStG; der pauschal besteuerte Arbeitslohn ist in die Prüfung der Arbeitslohngrenze des § 40a EStG nicht einzubeziehen (§ 40 Abs. 2 Satz 3 EStG).

(c) Bei Arbeitnehmern, die eine sog. **Einsatzwechseltätigkeit** ausüben (vgl. Anlage N, Zeilen 57 bis 62, 59 ABC), kann der Arbeitgeber in den dort dargestellten Fällen, in denen die Grundsätze für **Reisekosten** gelten, die tatsächlichen Aufwendungen für Fahrten zwischen Wohnung und Tätigkeitsstätte oder – ohne Einzelnachweis – beim PKW je gefahrenem km 0,30 € usw. **steuerfrei ersetzen.** Dieser steuerfreie Ersatz **mindert** ebenfalls die Werbungskosten und ist deshalb in **Zeile 50** anzugeben.

Der Arbeitgeber ist Schuldner der von ihm übernommenen pauschalen Lohnsteuer; etwa auf den Arbeitnehmer abgewälzte pauschale Lohnsteuer gilt als zugeflossener Arbeitslohn und mindert nicht die Bemessungsgrundlage für die Pauschalierung. Der pauschal besteuerte Arbeitslohn und die pauschale Lohnsteuer bleiben **bei einer ESt-Veranlagung des Arbeitnehmers außer Ansatz** (§ 40 Abs. 3 EStG). Wegen weiterer Fragen vgl. BMF-Schreiben vom 13. 2. 1990, BStBl I S. 112.

Sonderfall „Firmenwagen":
KFZ-Gestellung firmeneigener Kraftfahrzeuge

Überlässt der Arbeitgeber (oder auf Grund des Dienstverhältnisses ein Dritter) dem Arbeitnehmer ein firmeneigenes Kraftfahrzeug **allgemein für Privatfahrten unentgeltlich,** so gehört der hierin liegende geldwerte Vorteil zum **steuerpflichtigen Arbeitslohn.**

Als Wert der privaten PKW-Nutzung ist für jeden Kalendermonat einheitlich **1 v.H. des inländischen Listenpreises** im Zeitpunkt der Erstzulassung zuzüglich der Kosten für Sonderausstattungen und einschließlich der USt anzusetzen (BFH-Urteil vom 6. 3. 2003, BStBl II S. 704). Nach R 31 Abs. 9 Satz 6 LStR ist dabei der Wert eines Autotelefons einschließlich Freisprecheinrichtung sowie der Wert eines weiteren Satzes Reifen einschließlich Felgen außer Ansatz zu lassen. Dagegen sind Diebstahlsicherungssysteme und Navigationsgeräte weiterhin als Sonderausstattung werterhöhend zu berücksichtigen (vgl. BFH-Urteil vom 16. 2. 2005, BStBl II S. 563). Dieser Listenpreis ist auf volle Hundert € abzurunden. Der so ermittelte geldwerte Vorteil ist **bei mehreren Arbeitnehmern**, denen das Fahrzeug zur Verfügung steht, entsprechend der Zahl der Nutzungsberechtigten **aufzuteilen** (BFH-Urteil vom 15. 5. 2002, BStBl 2003 II S. 311 betr. zwei Gesellschafter-Geschäftsführer einer GmbH). Die 1 %-Regelung verstößt nicht gegen das Grundgesetz (BFH-Urteile vom 24. 2. 2000, BStBl II S. 273 und vom 1. 3. 2001, BStBl II S. 403).

Kann das KFZ **auch** für Fahrten zwischen Wohnung und Arbeitsstätte genutzt werden, so **erhöht** sich der o.g. Wert für jeden Kalendermonat um **0,03 v.H. des o.g. Listenpreises für jeden Kilometer** der Entfernung zwischen Wohnung und Arbeitsstätte. Es ist unerheblich, ob und wie oft im Kalendermonat das Kraftfahrzeug tatsächlich zu Fahrten zwischen Wohnung und Arbeitsstätte genutzt wird. Bei mehreren Wohnungen oder Arbeitsstätten ist eine umständliche Berechnung vorgesehen, die hier nicht dargelegt werden kann: vgl. hierzu H 31, 9–10 (Fahrten zwischen Wohnung und Arbeitsstätte bei pauschaler Nutzungswertermittlung) LStH. Der Wert der auf die Privatfahrten und die Fahrten zwischen Wohnung und Arbeitsstätte entfallenden Kosten kann allerdings auch mit dem auf diese Fahrten entfallenden Teil der gesamten KFZ-Aufwendungen angesetzt werden, wenn die durch das KFZ insgesamt entstehenden Aufwendungen **durch Belege nachgewiesen** werden; zusätzlich muss das Verhältnis der privaten Fahrten und der Fahrten zwischen Wohnung und Arbeitsstätte zu den übrigen Fahrten durch ein ordnungsmäßig geführtes **Fahrtenbuch** nachgewiesen werden (§ 8 Abs. 2 EStG i.V. mit § 6 Abs. 1 Nr. 4 Satz 3 EStG). Zum **Inhalt** des Fahrtenbuchs vgl. Anlage N, Zeilen 57 bis 62, 59, ABC „Reisekosten" (1) und R 31 Abs. 9 Nr. 2 LStR.

Stellt der Arbeitgeber dem Arbeitnehmer für Fahrten zwischen Wohnung und Arbeitsstätte ein KFZ **mit Fahrer** zur Verfügung, so ist der Nutzungswert **um 50 %** zu erhöhen; für andere Privatfahrten erfolgt ein Zuschlag von 50 %, 40 % oder 25 % je nach Inanspruchnahme des Fahrers (vgl. R 31 Abs. 10 [Gestellung eines KFZ mit Fahrer] LStR).

Da bei der Ermittlung des Nutzungswerts mit **0,03 v.H.** und dessen Besteuerung eine **Kürzung dieses Betrags** um die abzugsfähigen Werbungskosten (Entfernungspauschale) durch den Arbeitgeber **nicht zulässig** ist, kann der Arbeitnehmer allgemein die Aufwendungen für die Wege zwischen Wohnung und Arbeitsstätte mit der Entfernungspauschale – oder als Behinderter (s. oben) mit 0,60 € usw. je Entfernungs-km bzw. mit den tatsächlichen Aufwendungen – als **Werbungskosten** geltend machen. Hierbei ist von den Arbeitstagen auszugehen, an denen der Arbeitnehmer die Arbeitsstätte **tatsächlich** aufsucht (bei der Ermittlung des pauschalen Nutzungswerts mit 0,03 v.H. selbst ist die Zahl der Arbeitstage ohne Auswirkung).

Beispiel

Ein Arbeitnehmer nutzt das firmeneigene Fahrzeug, das ihm unentgeltlich zur Verfügung steht, an z.B. 220 Arbeitstagen zu Fahrten zwischen Wohnung und Arbeitsstätte. Einfache Entfernung 30 km. Listenpreis im o.g. Sinne 25 000 €.

Neben dem geldwerten Vorteil für die Überlassung des firmeneigenen PKW von **monatlich 1 % des Listenpreises** (s. oben) ist als Nutzungswert – nur für Fahrten zwischen Wohnung und Arbeitsstätte! – zusätzlich anzusetzen

monatlich 30 km × 0,03 v.H. von 25 000 €	= 225 €
Jährlicher Nutzungswert × 12	= 2 700 €
Werbungskosten des Arbeitnehmers:	
– 30 km × 0,30 € × 220 Arbeitstage	= 1 980 €
Werbungskosten eines Behinderten bei z.B. pauschalem Kilometersatz (s. oben):	
0,60 € × 30 km × 220 Arbeitstage	= 3 960 €

Teil I: Anlage N
Zeile 51–54

Die abzugsfähigen Werbungskosten für Fahrten zwischen Wohnung und Arbeitsstätte können auch höher sein als der steuerpflichtige Nutzungswert, was nicht nur bei Behinderten, sondern auch bei einem verhältnismäßig geringen Listenpreis der Fall sein kann.

Wird der Nutzungswert anhand eines **Fahrtenbuchs** (s. oben) unter Berücksichtigung der Arbeitstage, an denen das KFZ **tatsächlich** zu Fahrten zwischen Wohnung und Arbeitsstätte benutzt wurde, ermittelt, so kann auch nur die Zahl dieser Arbeitstage bei der Ermittlung der Werbungskosten berücksichtigt werden.

Hat der Arbeitgeber allerdings von der Pauschalierungsmöglichkeit mit 15 v.H. nach § 40 Abs. 2 Sätze 2 und 3 und Abs. 3 EStG Gebrauch gemacht (vgl. vorstehenden Abschnitt „Fahrtkostenersatz ..."), kommt insoweit ein Abzug als Werbungskosten nicht in Betracht.

Wegen weiterer Einzelheiten zur Gestellung von Kraftfahrzeugen durch den Arbeitgeber vgl. R 31 Abs. 9 und 10 LStR sowie H 31, 9–10 LStH.

Beiträge zu Berufsverbänden

51 In **Zeile 51** sind **Beiträge zu Berufsverbänden** einzutragen. Dazu gehören Mitgliedsbeiträge, Aufnahmegelder und Umlagen. Berufsverbände von Arbeitnehmern sind Vereinigungen zur gemeinsamen Interessenvertretung, wie z.B. **Gewerkschaften, Referendarverbände, Richtervereine,** der **Beamtenbund** oder **Marburger Bund,** der **Verein der Handlungsgehilfen** oder der **Kaminfeger.**

Beiträge an einen solchen Interessenverband sind abzugsfähige **Werbungskosten,** wenn dieser als Berufsverband auch die spezifischen beruflichen Interessen des Arbeitnehmers vertritt, was nicht nur nach der Satzung, sondern auch nach der tatsächlichen Verbandstätigkeit zu beurteilen ist (BFH-Urteil vom 13. 8. 1993, BStBl II 1994 S. 33). Dies gilt ebenso für Beiträge früherer Arbeitnehmer, die noch Arbeitslohn, z.B. in Form einer Betriebsrente oder Pension, beziehen. Steuerlich nicht begünstigt sind dagegen Leistungen an Organisationen, deren Zweck auf einen wirtschaftlichen Geschäftsbetrieb gerichtet ist.

Werden neben den Pflichtbeiträgen **zusätzliche Beiträge** an Berufsverbände gezahlt, gehören diese ebenfalls zu den Werbungskosten, soweit sie zur Förderung der beruflichen Interessen verwendet werden. Darunter fallen aber lediglich die satzungsgemäßen und vertraglichen, nicht auch zusätzliche freiwillige Leistungen; diese können u.U. als Spenden abzugsfähig sein (vgl. Hauptvordruck, Zeilen 89 bis 90).

Beiträge an **politische Parteien** können nur dann als Werbungskosten anerkannt werden, wenn die Zugehörigkeit zur Partei Voraussetzung für das Beschäftigungsverhältnis ist (z.B. bei Angestellten von politischen Parteien). Wegen der Abzugsfähigkeit von Spenden an politische Parteien nach § 34g EStG oder als Sonderausgaben vgl. Hauptvordruck, Zeilen 91 bis 92.

Keine Werbungskosten, sondern Kosten der Lebensführung sind Ausgaben bei **Veranstaltungen der Berufsverbände,** die der Förderung des **Allgemeinwissens** der Teilnehmer dienen oder Aufwendungen aus Anlass von **gesellschaftlichen** Veranstaltungen der bezeichneten Organisationen; dies gilt auch dann, wenn die gesellschaftliche Veranstaltung im Zusammenhang mit einer rein fachlichen oder beruflichen Tagung oder Sitzung steht (R 36 Abs. 1 LStR). Handelt es sich dagegen um eine **Fortbildungsveranstaltung** des Berufsverbands, so kommen Werbungskosten in Betracht (vgl. Anlage N, Zeilen 57 bis 62, 58 ABC „Fortbildungskosten – Ausbildungskosten – Umschulungskosten").

Aufwendungen eines Arbeitnehmers im Zusammenhang mit einer **ehrenamtlichen Tätigkeit für seine Gewerkschaft** oder seinen **Berufsverband** (z.B. nicht erstattete Reisekosten) können Werbungskosten bei den Einkünften aus nichtselbständiger Arbeit sein (vgl. BFH-Urteile vom 28. 11. 1980, BStBl 1981 II S. 368 und vom 2. 10. 1992, BStBl II 1993 S. 53). Dies gilt nicht für Reiseaufwendungen, wenn der Schwerpunkt der Reise allgemein-touristischen Zwecken dient (BFH-Urteil vom 25. 3. 1993, BStBl II S. 559).

Beiträge zu **geselligen Vereinigungen** können grundsätzlich nicht abgesetzt werden, auch wenn die Mitgliedschaft vom Arbeitgeber erwünscht ist.

Mitgliedsbeiträge an den **Verein Deutscher Ingenieure (VDI)** sind, obwohl der Verein ausschließlich und unmittelbar gemeinnützige (wissenschaftliche) Zwecke verfolgt, als Werbungskosten abzugsfähig, soweit sie von persönlichen Mitgliedern entrichtet werden.

Aufwendungen für Arbeitsmittel

• Allgemeine Grundsätze

Aufwendungen des Arbeitnehmers für **Arbeitsmittel, die zur Ausführung der Arbeit** gebraucht und die nicht vom Arbeitgeber gestellt werden, sind Werbungskosten (§ 9 Abs. 1 Nr. 6 und Nr. 7 EStG) und deshalb in den **Zeilen 52 bis 54** einzutragen. Arbeitsmittel sind alle Wirtschaftsgüter, die unmittelbar der Erledigung beruflicher Arbeiten dienen (BFH-Urteil vom 31. 1. 1986, BStBl II S. 355). Bei Gegenständen, die auch im Rahmen der allgemeinen Lebensführung benutzbar sind, ist für die Einordnung eines Gegenstandes als Arbeitsmittel grundsätzlich der tatsächliche Verwendungszweck im Einzelfall entscheidend (BFH-Urteil vom 23. 10. 1992, BStBl II 1993 unter Hinweis auf GrS-BFH, Beschluss vom 19. 10. 1970, BStBl II 1971 S. 17). Dieser ist nicht immer leicht feststellbar, was im Zweifel zu Lasten des Steuerpflichtigen geht.

Die Art der Arbeitsmittel sollte angegeben werden. Dazu gehören zweifelsohne z.B. Werkzeuge, typische Berufskleidung, Fachzeitschriften und Fachbücher. Darüber hinaus werden Bücher und Zeitschriften nur dann als Arbeitsmittel angesehen, wenn sichergestellt ist, dass diese ausschließlich oder ganz überwiegend beruflichen Zwecken dienen (vgl. unten ABC „Fachliteratur"). Auch ein KFZ kann ein Arbeitsmittel in diesem Sinne sein (vgl. unten ABC „Kraftfahrzeug"). Im Übrigen wird wegen der oft schwierigen Abgrenzung der verschiedenen **„Arbeitsmittel"** von den nicht abzugsfähigen Lebenshaltungskosten auf die Ausführungen im ABC zu den **Zeilen 52 bis 54,** und zum **„Arbeitszimmer"** und dessen Ausstattung in den **Zeilen 55 bis 56** hingewiesen.

Es können nicht nur die Anschaffungskosten, sondern auch Kosten für **Reparaturen** und **Reinigung,** z.B. der Arbeitskleidung, angesetzt werden (siehe ABC „Berufskleidung").

Der Arbeitnehmer muss die Werbungskosten grundsätzlich durch Vorlage von Belegen **nachweisen** oder **glaubhaft machen.** Es gibt keinen besonderen Pauschbetrag, aber eine bundeseinheitliche (?) **Nichtbeanstandungsgrenze von 110 € im Kalenderjahr** für **sämtliche Aufwendungen** des Arbeitnehmers, welche die Anschaffung, Instandhaltung und Reinigung von Arbeitsmitteln (also einschließlich Fachliteratur, Werkzeuge, typische Berufskleidung usw.) betreffen. Auf einen belegmäßigen Nachweis und auf Rückfragen soll dann verzichtet werden; in Zweifelsfällen muss der Arbeitnehmer seine Aufwendungen aber der Art und Höhe nach einzeln bezeichnen (s. auch ABC „Berufskleidung" und „Fachliteratur").

Werbungskosten können auch vorliegen, wenn die Aufwendungen **ungewöhnlich hoch** sind. Eine andere Frage ist es, ob die Höhe der Aufwendungen und die berufliche Tätigkeit nicht auf eine private Mitveranlassung bei der Anschaffung schließen lassen und deshalb mangels Trennbarkeit der Aufwendungen nicht abzugsfähige Lebenshaltungskosten nach § 12 Nr. 1 EStG vorliegen, wie das nach dem BFH-Urteil vom 10. 3. 1978 (BStBl II S. 459) bei einer am Gymnasium Musik unterrichtenden Lehrerin bei Anschaffung eines neuen Flügels für damals 17 200 DM der Fall sein kann. Berühren die Aufwendungen die Lebensführung des Arbeitnehmers, so ist zu prüfen, ob diese Aufwendungen nach allgemeiner Verkehrsauffassung als **unangemessen** anzusehen sind (§ 9 Abs. 5 EStG). Diese Bestimmung wird allerdings großzügig gehandhabt (vgl. oben Anlage N, **Zeile 38**).

Auch bisher hat die Rechtsprechung ungewöhnlich hohe Aufwendungen für Arbeitsmittel anerkannt. Dies gilt z.B. bei Anschaffung eines neuen Flügels für damals 30 000 DM durch eine Dozentin an einem Konservatorium und Korrepetitorin für

Examenskandidaten (BFH-Urteil vom 21. 10. 1988, BStBl 1989 II S. 356) oder bei Anschaffung eines alten Schreibtisches und Schreibtischsessels (Antiquität) für zusammen 11 000 DM durch eine Richterin (BFH-Urteil vom 31. 1. 1986, BStBl II S. 355) sowie bei Anschaffung eines Elektronenrechners für Unterrichtszwecke durch einen Gymnasiallehrer (BFH-Urteil vom 15. 5. 1981, BStBl II S. 735).

Häufig werden Arbeitsmittel angeschafft, deren Verwendung oder **Nutzung** sich erfahrungsgemäß über einen **Zeitraum von mehr als einem Jahr** erstreckt. Musikinstrumente des Musiklehrers, Zeichengeräte des technischen Zeichners oder Einrichtungsgegenstände eines Arbeitszimmers haben eine längere Nutzungsdauer als ein Jahr. In diesem Fall kann der Kaufpreis nicht bereits im Jahr der Anschaffung in voller Höhe als Werbungskosten abgesetzt werden. Vielmehr ist jährlich **nur ein der Gesamtnutzungsdauer entsprechender Teil der Anschaffungskosten abzugsfähig** (BFH-Urteil vom 8. 2. 1974, BStBl II S. 306). Eine degressive AfA nach § 7 Abs. 2 EStG ist nicht zulässig, da diese nur für „Anlagevermögen" möglich ist, das es bei den Einkünften aus nichtselbständiger Arbeit nicht gibt. Absetzungen für Abnutzung (AfA), die unterblieben sind, um dadurch unberechtigte Steuervorteile zu erlangen, darf in späteren Jahren nicht nachgeholt werden (BFH-Urteile vom 3. 7. 1980, BStBl 1981 II S. 255 und vom 20. 7. 1987, BStBl II S. 491). Dagegen kann eine versehentlich unterlassene AfA im darauf folgenden Kalenderjahr nachgeholt und nach der verbleibenden Restnutzungsdauer bemessen werden (BFH-Urteile vom 21. 2. 1967, BStBl III S. 386 und vom 3. 7. 1980, BStBl 1981 II S. 255; vgl. auch H 44 [Unterlassene oder überhöhte AfA] EStH). Im Jahr der Anschaffung oder Herstellung des Arbeitsmittels **vermindert** sich für dieses Jahr der Absetzungsbetrag **um jeweils ein Zwölftel** für jeden vollen Monat, der dem Monat der Anschaffung oder Herstellung vorangeht. Diese Neuregelung ist erstmals bei Wirtschaftsgütern anzuwenden, die **nach dem 31. 12. 2003** angeschafft oder hergestellt worden sind (§ 52 Abs. 21 Satz 3 EStG). Die frühere günstigere Halbjahresregelung in R 44 LStR a.F. ist damit überholt.

Die Anschaffungs- oder Herstellungskosten von **Arbeitsmitteln** einschließlich der Umsatzsteuer können im Jahr der Anschaffung oder Herstellung **in voller Höhe als Werbungskosten** abgesetzt werden, wenn sie für das einzelne Arbeitsmittel **410 €** (ohne Umsatzsteuer) **nicht übersteigen** (§ 9 Abs. 1 Nr. 6 und Nr. 7 i.V. mit § 6 Abs. 2 EStG). Außergewöhnliche technische Abnutzung (z.B. Zerstörung) oder wirtschaftliche Abnutzung kann ebenfalls berücksichtigt werden (BFH-Urteil vom vom 29. 4. 1983, BStBl II S. 586); sie ist nur im Veranlagungszeitraum des Schadenseintritts abziehbar, spätestens aber im Jahr der Entdeckung des außergewöhnlichen Schadens (BFH-Urteil vom 13. 3. 1998, BStBl II S. 443). Bei ständig als Arbeitsmittel in Gebrauch befindlichen Gegenständen kann eine AfA wegen technischer Abnutzung auch dann in Betracht kommen, wenn wirtschaftlich kein Wertverzehr eintritt (wie z.B. bei antiken Möbeln im Arbeitszimmer, BFH-Urteil vom 31. 1. 1986, BStBl II S. 355 oder bei einer im Konzertalltag regelmäßig bespielten Meistergeige, BFH-Urteil vom 26. 1. 2001, BStBl II S. 194). Wird ein als Arbeitsmittel genutztes Wirtschaftsgut **veräußert**, so ist ein sich eventuell ergebender „Veräußerungsgewinn" bei den Einkünften aus nichtselbständiger Arbeit steuerlich nicht zu erfassen.

Wegen der Abschreibung von zunächst privat angeschafften oder unentgeltlich erworbenen Gegenständen, die später als Arbeitsmittel oder als Einrichtung im häuslichen Arbeitszimmer verwendet werden (**sog. Umwidmung**), vgl. den folgenden Abschnitt „Arbeitszimmer" und H 44 (Absetzung für Abnutzung) LStH.

- **Stichworte (= ABC)**
- Vgl. „**Weitere Werbungskosten (= ABC)**" bei den Ausführungen zu Anlage N, Zeilen 57 bis 62 –

Berufskleidung

Ausgaben für die **bürgerliche Kleidung** sind regelmäßig nicht abzugsfähige **Kosten der Lebensführung.** Der Arbeitnehmer kann diese Aufwendungen selbst dann nicht geltend machen, wenn er die Kleidung auch im Beruf benutzt. Sogenannte Dienstkleidung, die auch als Straßenkleidung getragen werden kann, wird steuerlich nicht berücksichtigt. Das Gleiche gilt etwa für die Lederjacke eines Kraftfahrers oder für das normale Schuhwerk. Der **Mehrverbrauch** an bürgerlicher Kleidung, den etwa ein Reisevertreter, ein leitender Ingenieur eines Betriebs oder ein Malermeister infolge Verschmutzungsgefahr hat, kann nicht abgesetzt werden (BFH-Urteile vom 13. 9. 1962, BStBl 1963 III S. 35 und vom 24. 7. 1981, BStBl II S. 781); auch nicht außergewöhnlich hohe Aufwendungen für bürgerliche Kleidung (und Kosmetika) einer Schauspielerin und Fernsehansagerin (BFH-Urteil vom 6. 7. 1989, BStBl 1990 II S. 49) oder für die Abendgarderobe einer Instrumentalsolistin (BFH-Urteil vom 18. 4. 1991, BStBl II S. 751). Selbst der Trachtenanzug des Geschäftsführers eines typisch bayerischen Lokals wurde vom BFH nicht als Berufskleidung anerkannt (BFH-Urteil vom 20. 11. 1979, BStBl 1980 II S. 73). Ein seinem Charakter nach zur bürgerlichen Kleidung gehörendes Kleidungsstück (hier: Lodenmantel eines Leiters des staatlichen Forstamts) wird nicht dadurch zur typischen Berufskleidung, dass es nach der Dienstanweisung des Arbeitgebers zur Dienstbekleidung zählt und mit einem Dienstabzeichen versehen ist (BFH-Urteil vom 19. 1. 1996, BStBl II S. 202). Dagegen sind Kleidungsstücke mit angenähten oder eingewebten Bundes- oder Landeswappen, Dienstabzeichen, Posthorn u.ä. als typische Berufskleidung anzuerkennen (vgl. DB 1996, S. 2414).

Aufwendungen für **typische Berufskleidung** sind dagegen stets Werbungskosten. Sowohl die Anschaffungskosten als auch die Unkosten für **Waschen, Reinigen, Pflegen** und **Reparieren** sind abzugsfähig. Eine typische Berufskleidung setzt voraus, dass sie ausschließlich für den Beruf verwendet wird. Sie muss wegen der Eigenart des Berufs beschafft worden sein. Darunter fallen z.B. die Uniform der Uniformträger, die Diensthemden eines Polizeibeamten (BFH-Urteil vom 29. 6. 1993, BStBl II S. 837), die Robe und das Barett der Richter (BFH-Urteil vom 3. 7. 1959, BStBl III S. 328), die Amtstracht der Geistlichen (BFH-Urteil vom 10. 11. 1989, BFH/NV 1990 S. 288), der schwarze Anzug eines Leichenbestatters (BFH-Urteil vom 30. 9. 1970, BStBl 1971 II S. 50), Verkaufsmäntel von Verkäuferinnen, Trainingsanzug und Turnschuhe des Sportlehrers (BFH-Urteile vom 21. 11. 1986, BStBl 1987 II S. 262 und vom 23. 2. 1990, BFH/NV 1990 S. 765), der schwarze Anzug eines Kellners (BFH-Urteil vom 9. 3. 1979, BStBl II S. 519), der Arztmantel und außerberuflich nicht verwendbare weiße (Operations)-Hosen, nicht aber weiße Hemden und Schuhe (BFH-Urteil vom 6. 12. 1990, BStBl 1991 II S. 348), aber der blaue Arbeitsanzug, der Büromantel, die Arbeitskleidung der Bergarbeiter, der Friseurmantel, Spezialschuhe, Gummistiefel und Schutzbrillen. Wird typische Berufskleidung mit der **privaten Waschmaschine** im eigenen Haushalt gewaschen, ggf. auch in einheitlichen Waschvorgängen mit anderer Wäsche, so können die hierdurch anfallenden Kosten anhand von Erfahrungen der Verbraucherverbände (z.B. Ermittlungen der Verbraucherzentrale Bundesverband e.V.) oder der Hersteller geschätzt und als Werbungskosten berücksichtigt werden (BFH-Urteile vom 29. 6. 1993, BStBl II S. 837 und S. 838). Haben die Anschaffungskosten ohne Umsatzsteuer mehr als 410 € betragen und erstreckt sich die Verwendung der Kleidungsstücke erfahrungsgemäß über mehr als ein Jahr, so kann nur die jährliche AfA als Werbungskosten geltend gemacht werden. Steuerfreie **Dienstbekleidungszuschüsse** (Beihilfen, Entschädigungen) sind auf die Aufwendungen für die Anschaffung und Instandhaltung von Dienstkleidung anzurechnen. Die **steuerfreie** unentgeltliche oder verbilligte **Überlassung** von typischer Berufskleidung wie auch die Barablösung von Ansprüchen aus Tarifvertrag oder Betriebsvereinbarung durch den Arbeitgeber ist weiterhin möglich (§ 3 Nr. 31 EStG).

Der Arbeitnehmer hat seine Unkosten für typische Berufskleidung durch **Vorlage von Belegen** nachzuweisen oder glaubhaft zu machen. Da die Verhältnisse zu unterschiedlich sind, gibt es **keinen besonderen Pauschbetrag.** An die Stelle früher bestehender Ausnahmeregelungen ist eine bundeseinheitliche (?) **Nichtbeanstandungsgrenze** für **sämtliche** Aufwendungen eines Steuerpflichtigen betr. die Anschaffung und Instandhaltung von **Arbeitsmitteln** (also einschließlich für Fachliteratur, Werkzeuge usw., nicht lediglich für typische Berufskleidung) getreten. Es soll dann bis zu einem Betrag von **insgesamt 110 €** im Kalenderjahr auf einen

Teil I: Anlage N
Zeilen 52–54

belegmäßigen Nachweis und auf Rückfragen verzichtet werden; in Zweifelsfällen muss der Arbeitnehmer seine Aufwendungen aber in der Anlage N oder einer besonderen Anlage der Art und Höhe nach einzeln bezeichnen (vgl. auch oben „Allgemeine Grundsätze").

Brille

Aufwendungen für die Anschaffung einer Brille, die zur Korrektur einer Sehschwäche dient und deshalb als medizinisches Hilfsmittel anzusehen ist, sind selbst dann nicht als Werbungskosten abziehbar, wenn die Brille ausschließlich am Arbeitsplatz (z.B. bei einer Bildschirmtätigkeit) getragen wird (BFH-Urteil vom 23. 10. 1992, BStBl II 1993 S. 193). Anders ist zu entscheiden, wenn die Brille eine Schutzfunktion gegenüber besonderen Gefahren einer bestimmten Berufstätigkeit hat oder wenn eindeutig ein ursächlicher Zusammenhang zwischen der Sehschwäche und dem Beruf (also eine Berufskrankheit) besteht (BFH-Urteil vom 23. 10. 1992 a.a.O.).

Computer

Die geldwerten Vorteile eines Arbeitnehmers aus der privaten Nutzung eines **betrieblichen (!) Personalcomputers und Telekommunikationsgeräts** – also von Geräten, die nicht in das Eigentum des Arbeitnehmers übergehen – sind bereits ab 2000 nach § 3 Nr. 45 EStG **steuerfrei** und zwar unabhängig vom Verhältnis der beruflichen zur privaten Nutzung. Selbst dann, wenn ein solcher PC ausschließlich privat genutzt werde, greife die Steuerfreiheit ein (vgl. die Gründe des BFH-Urteils vom 19. 2. 2004, BStBl II S. 958). Die Steuerfreiheit umfasst auch die Nutzung von Zubehör und Software. Sie ist nicht auf die private Nutzung im Betrieb beschränkt, sondern gilt beispielsweise auch für Mobiltelefone **im Auto, Personalcomputer in der Wohnung** des Arbeitnehmers oder Laptops sowie für die üblichen Telefone, Handys oder Faxgeräte. Eine Begrenzung der Höhe nach besteht nicht. Die Steuerfreiheit gilt nur für die **Überlassung zur Nutzung** durch den Arbeitgeber oder auf Grund des Dienstverhältnisses durch einen Dritten. In diesen Fällen sind auch die vom Arbeitgeber getragenen Verbindungsentgelte (Grundgebühr und sonstige laufende Kosten) steuerfrei. Vgl. R 21 e LStR. Dies gilt bei der **privaten Internetnutzung** durch den Arbeitnehmer auch für die anfallenden Netzgebühren und für die Gebühren des Providers. Zur Möglichkeit der Pauschalbesteuerung bei schenkweiser oder verbilligter **Übereignung** von Personalcomputern und bei Erstattung von Internetgebühren durch den Arbeitgeber vgl. R 127 Abs. 4 a LStR. Allgemein zu **Telekommunikationsaufwendungen** vgl. unten ABC „Fernsprechgerät ...".

Nach dem o.g. Grundsatzurteil des BFH vom 19. 2. 2004, BStBl II S. 958 kann auch ein **privat (!) angeschaffter** und in der privaten Wohnung aufgestellter, aber beruflich genutzter PC ein **Arbeitsmittel** sein. Unzutreffend sei die Annahme, bei einem **häuslichen PC** sei typischerweise davon auszugehen, dass die private Nutzung deutlich überwiege. Es gebe keinen allgemeinen Erfahrungssatz zur Höhe des privaten Nutzungsanteils. Die **private Mitbenutzung** sei jedenfalls **unschädlich,** soweit sie einen Nutzungsanteil von **etwa 10 v.H. nicht übersteige** (d.h. dann volle AfA). Werde der PC in nicht unwesentlichem Umfang auch privat genutzt, seien die Aufwendungen entsprechend **aufzuteilen**. Das Aufteilungsverbot des § 12 Nr. 1 Satz 2 EStG stehe dem nicht entgegen (!). Die Grundsätze des BFH-GrS in den Beschlüssen vom 19.10.1970, BStBl 1971 S. 17 und S. 21 seien angesichts der gesetzgeberischen Wertung, die der o.g. Regelung des § 3 Nr. 45 EStG (Steuerfreiheit von Vorteilen des Arbeitnehmers aus der privaten Nutzung von betrieblichen PC und Telekommunikationsgeräten) zugrunde liege, auf die gemischte Nutzung eines privat angeschafften PC nicht anwendbar. Aus dieser Regelung gehe hervor, dass der Steuergesetzgeber der privaten Nutzung von PC eine nachrangige Bedeutung zumesse, weshalb man eine anteilige Berücksichtigung der durch die Erwerbstätigkeit veranlassten Aufwendungen wegen einer auch privaten Nutzung unter Berufung auf das Aufteilungs- und Abzugsverbot nicht vollständig versagen könne. Daraus folgt nach dem o.g. BFH-Urteil vom 19. 2. 2004: Lässt sich der konkrete Umfang der beruflichen Nutzung nach den allgemeinen Regeln des Beweisrechts nicht näher bestimmen, ist dieser zu schätzen (§ 162 AO). Kann ein Arbeitnehmer nachweisen oder zumindest glaubhaft machen, dass er den PC in einem **nicht unwesentlichen Umfang beruflich nutzt** bzw. genutzt hat, erscheine es – auch aus Vereinfachungsgründen – regelmäßig vertretbar, dass seitens der Verwaltung typisierend und pauschalierend von einer **jeweils hälftigen (!) privaten bzw. beruflichen Nutzung des PC** ausgegangen werde. Wolle der Steuerpflichtige oder das Finanzamt von diesem Aufteilungsmaßstab abweichen, so bedürfe es zusätzlicher Anhaltspunkte und Umstände.

Die **Zubehörteile** wie z.B. Maus und Verbindungskabel gehörten zum PC. Aber auch **Drucker** und **Scanner** seien regelmäßig keine geringwertigen Wirtschaftsgüter. Peripheriegeräte einer Computer-Anlage seien in der Regel zwar selbständig bewertungsfähig, aber nicht selbständig nutzungsfähig. Eine Ausnahme bildeten insofern Kombinationsgeräte, die z.B. auch als Fax oder Kopierer genutzt werden könnten; dies gelte auch für externe Datenspeicher.

Betragen die Anschaffungskosten mehr als 410 € (ohne USt), so ist bei Anschaffungen nach dem 31. 12. 2000 für die AfA von einer Nutzungsdauer von **drei Jahren** auszugehen (vgl. AfA-Tabelle des BMF vom 15.12. 2000, BStBl I S.1532 ff.).

Wegen der Anschaffung eines **Elektronenrechners** durch einen Gymnasiallehrer vgl. BFH-Urteil vom 15. 5. 1981, BStBl II S. 735 und oben, Zeilen 52 bis 54 („Allgemeine Grundsätze").

Diktiergerät

Vgl. Stichwort „Schreibmaschine, Diktiergerät".

Fachliteratur

Aufwendungen für **Fachbücher und Fachzeitschriften,** die ausschließlich der Berufsausübung dienen, sind Werbungskosten. Betrifft die Literatur sowohl den beruflichen als auch den privaten Bereich des Arbeitnehmers und lässt sich jener Teil nicht leicht und einwandfrei ermitteln, so gehören die gesamten Auslagen zu den nicht abzugsfähigen Kosten der Lebensführung (BFH-Urteile vom 16. 10. 1981, BStBl II 1982 S. 67 und vom 28. 4. 1972, BStBl II S. 723). Der Arbeitnehmer kann seine Aufwendungen hierfür auch geltend machen, solange er noch in Ausbildung ist. Auch bei einem Arbeitslosen, der dem inländischen Arbeitsmarkt tatsächlich zur Verfügung steht, können Aufwendungen für Fachliteratur vorab entstandene Werbungskosten sein (BFH-Urteil vom 13. 6. 1996, BFH/NV 1997 S. 98). Zu den Fachbüchern gehört **nicht** ein allgemeines Nachschlagewerk (z.B. „Großer Brockhaus"), auch nicht, wenn der Arbeitnehmer Lehrer ist (BFH-Urteil vom 29. 4. 1977, BStBl II S. 716 m.w.N.). Ebenso wenig sind die Auslagen eines Lehrers oder vergleichbarer Arbeitnehmer für **der Allgemeinbildung dienende Bücher** Werbungskosten, selbst wenn die Literatur zur Vorbereitung und Ausgestaltung des Unterrichts oder allgemein zur Ausübung des Berufs verwendet wird. Die Abgrenzung ist oft schwierig (wie z.B. bei einem angestellten Kunsthistoriker oder Deutschlehrer in der Oberstufe) und führt nicht immer zu befriedigenden Ergebnissen; in solchen Grenzfällen sollte daher ein nicht allzu strenger Maßstab angelegt werden. Aber auch bei einem Publizisten können grundsätzlich nur Aufwendungen für Fachbücher, nicht dagegen für Bücher allgemein bildenden Inhalts anerkannt werden, selbst wenn diese Bücher bei der Abfassung einer eigenen Veröffentlichung mit herangezogen worden sind (BFH-Urteil vom 21. 5. 1992, BStBl II S. 1015). Eine steuerliche Berücksichtigung käme allerdings dann in Betracht, wenn ein Buch zum Zwecke einer (sekundärliterarischen) Besprechung angeschafft worden wäre oder bei einem Literaturwissenschaftler zum konkreten Einsatz bei bestimmten Forschungsarbeiten oder Lehrveranstaltungen (BFH-Urteile vom 21. 5. 1992 a.a.O. und vom 18. 10. 1990, BStBl 1991 II S. 92). Die Aufwendungen eines Englischlehrers zur Anschaffung eines allgemeinen Nachschlagewerks in englischer Sprache (z.B. der Encyclopaedia Britannica) sind stets abzugsfähige Werbungskosten (BFH-Urteil vom 16. 10. 1981 a.a.O.). Tageszeitung und Konversationslexikon sind auch für den Rechtsanwalt keine Fachliteratur (BFH-Urteil vom 5. 4. 1962, BStBl III S. 368). Dagegen kann der Schriftsetzer die Kosten für einen „Duden" oder ein ähnliches Nachschlagewerk als Werbungskosten absetzen. Überregionale **Tageszeitungen** und **Wochenzeitschriften** sind selbst bei einem

Kunsthistoriker und Kulturkritiker keine Fachliteratur, auch nicht „Die Zeit" oder „Der Spiegel" (BFH-Urteil vom 7. 9. 1989, BStBl 1990 II S. 19) und auch nicht die „FAZ" (BFH-Urteil vom 30. 6. 1983, BStBl II S. 715); dagegen können beim „Handelsblatt", das sich ganz überwiegend mit Wirtschaftsfragen befasst, wegen der besonderen Umstände des Einzelfalls – ähnlich wie bei einer Fachzeitschrift – die nahezu ausschließliche berufliche Veranlassung und damit Werbungskosten zu bejahen sein (BFH-Urteile vom 12. 11. 1982, DB 1983 S. 372 und vom 19. 1. 1996, BFH/NV 1996 S. 402). Wegen der bundeseinheitlichen (?) **Nichtbeanstandungsgrenze** von **110 €** im Kalenderjahr **für sämtliche Arbeitsmittel** vgl. oben „Allgemeine Grundsätze" und ABC „Berufskleidung" a.E., die auch hier von Bedeutung sein kann.

Fernseh- und Rundfunkgerät

Aufwendungen für ein **Fernseh- und Rundfunkgerät** (auch **Autoradio**) einschließlich der zu zahlenden Gebühren können – selbst von Kulturkritikern und Schriftstellern für Fernsehen und Rundfunk, die das Gerät teils beruflich, teils privat benutzen – nicht als Werbungskosten geltend gemacht werden (BFH-Urteil vom 7. 9. 1989, BStBl 1990 II S. 19). Dies gilt auch für die zu zahlenden Gebühren (BFH-Beschluss vom 19. 10. 1970, BStBl 1971 II S. 17 und S. 21).

Fernsprechgerät, Telekommunikationsaufwendungen, Telefonkosten, Autotelefon

Aufwendungen eines Arbeitnehmers für **berufliche Gespräche** von seinem **privaten Fernsprechapparat** aus können vom Arbeitgeber **steuerfrei ersetzt** werden (Auslagenersatz nach § 3 Nr. 50 EStG). Anderenfalls sind die auf die beruflichen Gespräche entfallenden Aufwendungen **Werbungskosten**, wobei zu den berücksichtigungsfähigen Aufwendungen die Ausgaben für den Telefonanschluss und die Telefoneinrichtung, die monatliche Grundgebühr und die Gesprächsgebühren gehören. Der beruflich veranlasste Anteil ist aus dem Verhältnis der Zahl der beruflich und privat geführten Gespräche zu ermitteln (BFH-Urteile vom 21. 11. 1980, BStBl 1981 II S. 131 und vom 25. 10. 1985, BStBl 1986 II S. 200), wobei auch ankommende Gespräche zu berücksichtigen sind (BFH-Urteil vom 20. 5. 1976, BStBl II S. 507). Bei der Ermittlung des beruflich veranlassten Teils der Telefonkosten ist der Steuerpflichtige zur Mitwirkung verpflichtet. Seiner Mitwirkungspflicht kommt er am besten dadurch nach, dass er geeignete **Aufzeichnungen** führt (BFH-Urteil vom 22. 12. 2000, BFH/NV 2001, S. 774). Auf die Aufzeichnung der Gesprächsdauer kann aber z.B. dann verzichtet werden, wenn eine automatische Gebührenzähleinrichtung benutzt wird.

Zur Aufteilung von Telekommunikationsaufwendungen hat die Finanzverwaltung in R 33 Abs. 5 LStR Stellung genommen. Telekommunikationsaufwendungen sind Werbungskosten, soweit sie beruflich veranlasst sind. Weist der Arbeitnehmer den Anteil der beruflich veranlassten Aufwendungen an den Gesamtaufwendungen für einen repräsentativen Zeitraum von drei Monaten im Einzelnen nach, kann dieser berufliche Anteil für den gesamten Veranlagungszeitraum zugrunde gelegt werden. Dabei können die Aufwendungen für das **Nutzungsentgelt** der Telefonanlage sowie für den **Grundpreis** der Anschlüsse **entsprechend dem beruflichen Anteil der Verbindungsentgelte** an den gesamten Verbindungsentgelten für **Telefon und Internet** abgezogen werden. Fallen erfahrungsgemäß beruflich veranlasste Telekommunikationsaufwendungen an, können aus Vereinfachungsgründen **ohne Einzelnachweis bis zu 20 % des Rechnungsbetrags**, jedoch **höchstens 20 € monatlich** als Werbungskosten anerkannt werden. Zur weiteren Vereinfachung kann der monatliche Durchschnittsbetrag, der sich aus den Rechnungsbeträgen für einen repräsentativen Zeitraum von drei Monaten ergibt, für den gesamten Veranlagungszeitraum zugrunde gelegt werden. Vom Arbeitgeber steuerfrei ersetzte Telekommunikationsaufwendungen (vgl. R 22 Abs. 2 LStR) mindern den als Werbungskosten abziehbaren Betrag.

Für die berufliche Notwendigkeit des Telefonanschlusses spricht insbesondere, wenn der Arbeitgeber den Telefonanschluss legen lässt, damit der Arbeitnehmer jederzeit erreichbar ist (BFH-Urteile vom 26. 7. 1974, BStBl II S. 777 und vom 20. 5. 1976, BStBl II S. 507).

Die obigen Ausführungen zu Telekommunikationsaufwendungen (Aufteilung entsprechend dem beruflichen Anteil der Verbindungsentgelte, Vereinfachungsregel bis zu 20%, höchstens 20 € monatlich usw.) gelten auch für **Autotelefone**. Bei der steuerlichen Behandlung eines Autotelefons ist allerdings zu beachten, dass dieses, bezogen auf den PKW, als selbständiges Wirtschaftsgut anzusehen ist, das mit den Aufwendungen für die Anschaffung, den Einbau und den Anschluss auch gesondert abzuschreiben ist (vgl. BFH-Urteil vom 20. 2. 1997, BStBl II S. 360). Eine (nach der neuen AfA-Tabelle) fünfjährige Nutzungsdauer erscheint für den Regelfall angemessen. Für die Aufteilung der AfA kann derselbe Maßstab wie bei der Aufteilung der Telefongebühren angewandt werden. Betragen die Anschaffungskosten des Autotelefons ohne USt bis zu 410 €, kann der beruflich veranlasste Anteil an den Anschaffungskosten des Autotelefons in volle Höhe im Jahr der Anschaffung als Werbungskosten berücksichtigt werden (OFD Frankfurt, Vfg. vom 4. 3. 2003, NWB 2003, S. 1725).

Die BMF-Schreiben vom 11. 6. 1990, BStBl I S. 290 zur steuerlichen Behandlung von Telefongesprächen in der Wohnung des Arbeitnehmers und vom 14. 10. 1993, BStBl I S. 908 zur lohnsteuerlichen Behandlung der Aufwendungen für ein Autotelefon wurden im Hinblick auf die o.g. neue Regelung bereits ab 2002 aufgehoben (BMF-Schreiben vom 20. 11. 2001, BStBl I S. 993).

Wegen der Neuregelung zur steuerfreien privaten Nutzung von **betrieblichen (!) Personalcomputern und Telekommunikationsgeräten** vgl. oben zu Zeilen 52 bis 54, ABC „Computer".

Kraftfahrzeug

Wegen der berücksichtigungsfähigen Kosten für ein **Kraftfahrzeug** als Werbungskosten bei Fahrten zwischen Wohnung und Arbeitsstätte vgl. Anlage N, Zeilen 38 bis 48, bei Dienstreisen vgl. Anlage N, Zeilen 57 bis 62, 59 „Reisekosten" Abs. (1), bei doppelter Haushaltsführung Anlage N, Zeilen 70 bis 83 Nr. 2 und bei sog. Einsatzwechseltätigkeit und sog. Fahrtätigkeit vgl. Anlage N, Zeilen 57 bis 62, ABC.

Ein KFZ, das von einem Arbeitnehmer **nahezu ausschließlich beruflich genutzt** wird (mindestens zu 90 v. H.), ist ein **Arbeitsmittel** (vgl. hierzu oben N 52 bis 54 „Allgemeine Grundsätze"). Wird ein solcher PKW entwendet und später in stark beschädigtem Zustand wieder aufgefunden, so kann der dem Steuerpflichtigen entstandene und von der Versicherung nicht ersetzte Schaden als Absetzung für außergewöhnliche Abnutzung – **AfaA** – zu Werbungskosten führen (BFH-Urteil vom 29. 4. 1983, BStBl II S. 586). AfaA ist grundsätzlich **nur** im Veranlagungszeitraum des Schadenseintritts, ausnahmsweise im Jahr der Entdeckung des Schadens abziehbar (vgl. BFH-Urteil vom 13. 3. 1998, BStBl II S. 443). **Zinsen** für einen Kredit, den ein Arbeitnehmer zur Anschaffung eines privaten PKW aufnimmt, sind auch dann keine Werbungskosten, wenn die Anschaffung durch die Beschädigung des früheren PKW auf einer beruflichen Fahrt bedingt war. Beim Einzelnachweis von Fahrtkosten (z.B. bei Dienstreisen, vgl. Anlage N, Zeilen 57 bis 62, 59 ABC „Reisekosten" [1]), können jedoch die anteiligen Schuldzinsen für einen solchen Kredit, soweit sie auf berufliche Fahrten entfallen, als Werbungskosten berücksichtigt werden (BFH-Urteil vom 1. 10. 1982, BStBl 1983 II S. 17).

Musikinstrumente

Musiklehrer können die Auslagen für **Musikinstrumente** absetzen (wegen der Abschreibung vgl. oben „Allgemeine Grundsätze"), bei Musiklehrern an einer **Schule** aber erst nach eingehender Feststellung der beruflichen und privaten Nutzung (so BFH-Urteil vom 30. 4. 1993, BFH/NV 1993 S. 722 betr. ein Cembalo). Die Kosten für ein Klavier sind bei einem Klavierlehrer Werbungskosten. Probleme können sich wegen der **Höhe** der Aufwendungen ergeben, aber nur, falls hieraus auf eine private Mitveranlassung der Anschaffung geschlossen werden muss und deshalb mangels Trennbarkeit insgesamt nicht abzugsfähige Lebenshaltungskosten nach § 12 Nr. 1 Satz 2 EStG vorliegen; das kann nach dem BFH-Urteil vom 10. 3. 1978, BStBl II S. 459 bei der Beschaffung eines 17 000 DM teuren Flügels zur Unterrichtsvorbereitung durch eine am Gymnasium Musik unterrichtende Lehrerin der Fall sein (vgl. auch BFH-Urteil vom 10. 10. 1986, BFH/NV, 1987 S. 88). Die Beurteilung ist bei einer Pianistin, die öffent-

Teil I: Anlage N
Zeilen 55–56

liche Konzerte gibt, möglicher Weise eine andere. Ist der angeschaffte Gegenstand als nahezu ausschließlich beruflich eingesetztes **Arbeitsmittel** anzusehen, so kann auch die Anschaffung eines neuen Flügels für 30 000 DM durch eine Dozentin an einem Konservatorium und Korrepetitorin für Examenskandidaten als Werbungskosten (in Höhe der jährlichen AfA und unter Beachtung der Angemessenheit nach § 4 Abs. 5 Satz 1 Nr. 7 EStG) anerkannt werden (BFH-Urteil vom 21. 10. 1988, BStBl 1989 II S. 356). Zur zulässigen **AfA** einer über 300 Jahre alten, regelmäßig im Konzertalltag bespielten Meistergeige (Anschaffungskosten damals 247 000 DM) wegen **technischem** Verschleiß trotz wirtschaftlichem Wertzuwachs vgl. BFH-Urteil vom 26. 1. 2001, BStBl II S. 194.

Personalcomputer (PC)

Vgl. oben, ABC „Computer".

Photoausrüstung

Eine **Photoausrüstung** (Projektor, Leinwand, Dias) gehört nicht zu den steuerlich begünstigten Arbeitsmitteln eines Lehrers oder Geistlichen, während der Fotograf oder Photoreporter die Anschaffungskosten (AfA) hierfür als Werbungskosten berücksichtigen kann.

Schreibmaschine, Diktiergerät

Aufwendungen für die Anschaffung einer **Schreibmaschine** sind in der Regel keine Werbungskosten. Die Schreibmaschine ist nur dann Arbeitsmittel, wenn sie zur Dienstausübung benötigt wird (z.B. bei einem Journalisten). Ein Richter kann etwa, je nach den Verhältnissen an seinem Arbeitsplatz, von einer eigenen Schreibmaschine und einem eigenen **Diktiergerät** abhängig sein (BFH-Urteil vom 29. 1. 1971, BStBl II S. 327). Auch bei einem Lehrer kann die Anschaffung einer Schreibmaschine weitaus überwiegend beruflich veranlasst sein, wenn er in Fächern unterrichtet, in denen erfahrungsgemäß in größerem Umfang selbst erstelltes Unterrichtsmaterial verwendet wird.

Sportgeräte und Sportkleidung

Aufwendungen für **Sportgeräte und Sportkleidung** und für deren Reinigung können bei Diplom-Pädagogen (und vergleichbaren Erzieherberufen) in vollem Umfang Werbungskosten (AfA) sein, wenn die private Nutzung der Sportsachen von ganz untergeordneter Bedeutung ist (BFH-Urteil vom 21. 12. 1986, BStBl 1987 II S. 262: eine private Nutzung bis 10 v.H. dürfte unschädlich sein). Ablehnend BFH-Urteil vom 24. 10. 1974, BStBl 1975 II S. 407 betr. die Skiausrüstung für nebenberuflichen Skilehrer (anders aber bei einem hauptberuflichen Skilehrer).

Telefon, siehe oben ABC „Fernsprechgerät ...".

Telekommunikationsaufwendungen

Siehe oben ABC „Fernsprechgerät ..." und „Computer".

Tonbandgerät

Die Ausgaben von Lehrern, Geistlichen und Richtern für ein **Tonbandgerät** sind keine Werbungskosten (BFH-Urteile vom 6. 5. 1959, BStBl III S. 292, vom 8. 4. 1960, BStBl III S. 274 und vom 29. 1. 1971 BStBl II S. 327). Bei einem hauptberuflich tätigen Musiker oder Musiklehrer ist dagegen ein Tonbandgerät als Arbeitsmittel abzugsfähig (BFH-Urteil vom 29. 1. 1971, BStBl II S. 459).

Videorecorder

Der Umfang der beruflichen Nutzung des Videorecorders ist auch bei einem Gymnasiallehrer umfassend darzulegen und durch Zeugen nachzuweisen, dass es sich um eine nahezu ausschließlich **berufliche** Nutzung handelt (BFH-Urteil vom 27. 9. 1991, BStBl 1992 II S. 195), ebenso bei Musikdozenten und Musiktherapeuten (BFH-Urteil vom 27. 5. 1993, BFH/NV 1994 S. 18). Ansonsten scheidet ein Abzug als Werbungskosten aus.

Wirtschaftsgüter der sog. gehobenen Lebensführung

Aufwendungen für **Wirtschaftsgüter**, die nach der Terminologie der älteren BFH-Rechtsprechung der sog. „gehobenen Lebensführung" zuzurechnen waren, wie **Waschmaschine, Heimbügler, Kühlschrank** oder **Fön**, können grundsätzlich nicht abgesetzt werden. Etwas anderes gilt, wenn das Wirtschaftsgut auch beruflich genutzt wird. Der berufliche Nutzungsanteil ist abzugsfähig, wenn er nicht von untergeordneter Bedeutung ist **und** wenn objektive Merkmale und Unterlagen eine zutreffende und leicht nachprüfbare Trennung in nicht abziehbare Aufwendungen für die Lebensführung und in Werbungskosten ermöglichen (BFH-Beschlüsse vom 19. 10. 1970, BStBl 1971 II S. 17 und 21 und BFH-Urteil vom 13. 3. 1964, BStBl III S. 455 betr. eine Waschmaschine). Siehe auch oben ABC „Berufskleidung".

Aufwendungen für ein häusliches Arbeitszimmer

Die Abzugsfähigkeit von Aufwendungen für ein **häusliches Arbeitszimmer** ist bereits ab 1996 dem Grunde und der Höhe nach erheblich eingeschränkt worden. Wegen der vielen Zweifelsfragen, die sich bei Anwendung der Neuregelung ergeben, vgl. **BMF-Schreiben vom 7. 1. 2004, BStBl I S. 143** (EStH, Anhang 16 V). Dieses BMF-Schreiben ist durch das **BMF-Schreiben vom 14. 9. 2004, BStBl I S. 861** teilweise geändert worden, nämlich hinsichtlich der Tz. 5, 8 Abs. 3, 14 und 16. Ursächlich hierfür sind vor allem die BFH-Urteile vom 13. 10. 2003, BStBl 2004 II S. 771 und vom 20. 11.2003, BStBl 2004 II S. 775. Die Änderungen werden von der Finanzverwaltung erstmals für Kalenderjahre **ab 2005** und für Wirtschaftsjahre, die nach dem 31. 12. 2004 enden, angewendet. Die Regelung gilt für sämtliche Einkunftsarten i. S. des EStG. Sie ist verfassungsrechtlich nicht zu beanstanden (vgl. BVG-Urteil vom 7.12. 1999, BStBl 2000 II S. 162). Zunächst ist zu prüfen, ob es sich um ein häusliches Arbeitszimmer i.S. des EStG handelt (s. unten „Häusliches Arbeitszimmer"). Auch wenn dies zu bejahen ist, muss davon ausgegangen werden, dass nach der gesetzlichen Regelung in § 9 Abs. 5 i.V. mit § 4 Abs. 5 Satz 1 Nr. 6b EStG Aufwendungen für ein häusliches Arbeitszimmer grundsätzlich **nicht** abziehbar sind. Ein Abzug als Betriebsausgaben/Werbungskosten kommt nur noch **ausnahmsweise** in Betracht. Dabei sind hinsichtlich der Höhe des Abzugs zunächst zwei Fälle zu unterscheiden:

(1) Unbegrenzter Abzug, wenn das häusliche Arbeitszimmer den Mittelpunkt der gesamten betrieblichen und beruflichen Betätigung bildet.

(2) Auf 1250 € begrenzter Abzug, wenn das Arbeitszimmer nicht Mittelpunkt der gesamten betrieblichen und beruflichen Betätigung ist und die unten näher erläuterten weiteren Voraussetzungen hinzukommen.

Zu (1): Unbegrenzter Abzug
Mittelpunkt der gesamten beruflichen und betrieblichen Betätigung

Die anzuerkennenden Werbungskosten/Betriebsausgaben können **unbegrenzt** abgezogen werden, wenn das häusliche Arbeitszimmer den **Mittelpunkt der gesamten beruflichen und betrieblichen Betätigung** bildet („und", nicht „oder": BFH-Urteil vom 16. 10. 2002, BStBl 2003 II S. 185). Bei einem Arbeitnehmer, der neben seinen Einkünften aus nichtselbständiger Arbeit keine Gewinneinkünfte erzielt, kann ein häusliches Arbeitszimmer nur dann der maßgebende Mittelpunkt der beruflichen Betätigung sein, wenn der Arbeitnehmer an keinem anderen Ort dauerhaft tätig ist. Diese Voraussetzung kann z.B. bei **Heimarbeitern** erfüllt sein, **nicht** dagegen bei **Lehrern** oder **Richtern**, die ihren Tätigkeitsmittelpunkt in der Schule bzw. im Gericht haben. Der Mittelpunkt der beruflichen Tätigkeit sowohl eines angestellten als auch eines selbständigen **Handelsvertreters** liegt nicht im häuslichen Arbeitszimmer, wenn die Tätigkeit nach dem Gesamtbild der Verhältnisse durch die **Arbeit im Außendienst** geprägt ist, auch wenn die zu Hause verrichteten Tätigkeiten zur Erfüllung der beruflichen Aufgaben unerlässlich sind (BFH-Urteil vom 13. 11. 2002, BStBl 2004 II S. 62 und BMF-Schreiben vom 7. 1. 2004 a.a.O., Tz. 8 Abs. 1 und 2). Den genannten Personengruppen (Lehrer, Richter, Handelsvertreter) steht daher ggf. nur der **auf 1250 €**

begrenzte Werbungskosten-/Betriebsausgabenabzug zu (s. unten). Der Tätigkeitsmittelpunkt bestimmt sich nicht nach dem zeitlichen (quantitativen) Umfang der Nutzung des Arbeitszimmers, der lediglich indizielle Bedeutung hat, sondern nach dem **qualitativen Schwerpunkt** der Betätigung, wie dies z.B. bei einem Ingenieur zu bejahen ist, der zwar zeitlich überwiegend Kunden im Außendienst betreut, aber theoretisch komplexe Problemlösungen im häuslichen Arbeitszimmer erarbeitet (BFH-Urteil vom 13.11.2002, BStBl 2004 II S. 59), oder bei einem Praxis-Consultanten, der ärztliche Praxen in betriebswirtschaftlichen Fragen berät (BFH-Urteil vom 29.4.2003, BStBl 2004 II S. 76), nicht aber bei einer Ärztin, die zwar in ihrem Arbeitszimmer Gutachten erstellt, die Patienten jedoch ausschließlich außerhalb des Arbeitszimmers untersucht und dort auch alle erforderlichen Befunde erhebt (BFH-Urteil vom 23.1.2003, BStBl 2004 II S. 43). Vgl. hierzu auch die BFH-Urteile vom 13.11.2002, BStBl 2004 II S. 62 und S. 65 betr. eine Produkt- und Fachberaterin sowie einen Verkaufsleiter. Im zuerst genannten Fall hat der BFH den „qualitativen Schwerpunkt" der Tätigkeit nicht im Arbeitszimmer gesehen, sondern bei der Demonstration der Produkte außerhalb, im letzteren Fall dagegen im Arbeitszimmer, wo die „Organisation der Betriebsabläufe" für 13 nachgeordnete Mitarbeiter stattfinde. Die Voraussetzungen für einen unbegrenzten Abzug sind im Rahmen der Gewinneinkünfte z.B. bei Steuerpflichtigen erfüllt, die **ausschließlich** eine selbständige Tätigkeit zu Hause ausüben und keinen anderen Arbeitsplatz zur Verfügung haben, z.B. als **Freiberufler** oder **Kleingewerbetreibender**.

Gesamtbetrachtung bei mehreren Tätigkeiten nebeneinander

Übt ein Steuerpflichtiger mehrere betriebliche und/oder berufliche Tätigkeiten **nebeneinander** aus, ist der Mittelpunkt der gesamten betrieblichen und beruflichen Tätigkeit anhand einer **Gesamtbetrachtung aller** von ihm **ausgeübten Tätigkeiten** zu bestimmen (BFH-Urteile vom 23.9.1999, BStBl 2000 II S. 7 und vom 16.12.2004, BStBl 2005 II S. 212). Bilden die in dem häuslichen Arbeitszimmer verrichteten Arbeiten den **qualitativen Schwerpunkt**, so liegt dort auch der Mittelpunkt der Gesamttätigkeit. Bei der Beurteilung des qualitativen Schwerpunkts der Gesamttätigkeit kommt allerdings der Bestimmung des Mittelpunkts der **Haupttätigkeit** indizielle Bedeutung zu. Liegt der Mittelpunkt der Haupttätigkeit nicht im häuslichen Arbeitszimmer, indiziert dies regelmäßig, dass auch der qualitative Schwerpunkt der Gesamttätigkeit nicht im häuslichen Arbeitszimmer gelegen hat (BFH-Urteil vom 16.12.2004 a.a.O.). Geht der Steuerpflichtige mehreren Erwerbstätigkeiten nach, kann das häusliche Arbeitszimmer aber auch den Betätigungsmittelpunkt bilden, obwohl der qualitative Schwerpunkt **einzelner** Tätigkeiten nicht im häuslichen Arbeitszimmer liegt. Abzustellen ist stets auf das **Gesamtbild der Verhältnisse** und auf die Verkehrsanschauung, nicht auf die Vorstellung des betroffenen Steuerpflichtigen (vgl. die Urteilsgründe der o.g. BFH-Urteile vom 13.10.2003 und vom 16.12.2004 sowie im Einzelnen BMF-Schreiben vom 14.9.2004 a.a.O. zu Tz. 8 Abs. 3).

Ist der Mittelpunkt der Gesamttätigkeit hiernach nicht im häuslichen Arbeitszimmer, scheidet der unbegrenzte Abzug der Aufwendungen aus. Ist z.B. ein kaufmännischer Angestellter nebenbei noch für eine Bausparkasse oder als Mitarbeiter für einen Lohnsteuerhilfeverein selbständig tätig und wickelt er Beratungsgespräche und den anfallenden Schriftverkehr (Steuererklärungen, Rechtsbehelfe) in seinem häuslichen Arbeitszimmer ab, so ist dieses für seine Nebentätigkeit zwar der Mittelpunkt. Aufgrund der erforderlichen **Gesamtbetrachtung** ist das Arbeitszimmer jedoch **nicht** Mittelpunkt seiner **gesamten** betrieblichen und beruflichen Betätigung (BFH-Urteil vom 23.9.1999 a.a.O.). Dies gilt auch, wenn **eine** berufliche Tätigkeit **mehrere unterschiedliche Aufgabenbereiche** umfasst. So können das häusliche Arbeitszimmer und der **Außendienst** nicht gleichermaßen „Mittelpunkt" der beruflichen Betätigung eines Steuerpflichtigen sein (BFH-Urteil vom 21.2.2003, BStBl 2004 II S. 68). Bei einem **Architekten**, der neben der Planung auch mit der Bauüberwachung betraut ist, bildet das häusliche Arbeitszimmer nicht den Mittelpunkt der gesamten beruflichen Betätigung (BFH-Urteil vom 26.6.2003, BStBl 2004 II S. 50). Auch bei einem freien **Bildjournalisten** kann das häusliche Arbeitszimmer regelmäßig nicht Mittelpunkt der beruflichen Betätigung sein (BFH-Urteil vom 28.8.2003, BStBl 2004 II S. 53). Es kommt deshalb ggf. nur ein begrenzter Abzug bis **1250 €** in Betracht (vgl. unten).

Zu (2): Auf 1250 € begrenzter Abzug

Es handelt sich um einen **objektbezogenen** Höchstbetrag, der nicht mehrfach für verschiedene Tätigkeiten oder Personen in Anspruch genommen werden kann, sondern ggf. auf die unterschiedlichen Tätigkeiten oder Personen aufzuteilen ist (BMF-Schreiben vom 14.9.2004 a.a.O. unter Hinweis auf BFH-Urteil vom 20.11.2003, BStBl 2004 II S. 775, bestätigt durch BFH-Urteil vom 16.12.2004, BStBl 2005 II S. 212).

Ist das Arbeitszimmer **nicht** Mittelpunkt der gesamten betrieblichen und beruflichen Betätigung, dürfen die Aufwendungen insgesamt **nur bis zu 1250 €** im Veranlagungszeitraum bzw. je Wirtschaftsjahr als Werbungskosten/Betriebsausgaben abgezogen werden, wenn die betriebliche oder berufliche Nutzung des Arbeitszimmers entweder

(a) **mehr als die Hälfte (= mehr als 50 v.H.)** der **gesamten** betrieblichen **und** beruflichen Tätigkeit beansprucht **oder**

(b) **für die betriebliche oder für die berufliche Tätigkeit kein anderer Arbeitsplatz** zur Verfügung steht.

Beide Voraussetzungen werfen Zweifelsfragen auf.

Zu (a): Mehr als 50 v.H.-Regelung (Zeitgrenze)

Ob die berufliche oder betriebliche Nutzung des Arbeitszimmers **mehr als 50 v.H.** der **gesamten** beruflichen **und** betrieblichen Tätigkeit beansprucht, richtet sich nach der tatsächlichen, zeitlichen Dauer der Nutzung in dem Zeitraum (Kalender- bzw. Wirtschaftsjahr), in dem die Tätigkeit ausgeübt wird. Dies kann z.B. bei **Richtern** zutreffen, die nur tageweise im Gericht tätig sind, oder bei anderen Arbeitnehmern, die überwiegend zu Hause arbeiten, wie z.B. bei einem angestellten **Rechtsanwalt,** der wöchentlich 20 Stunden zu Verhandlungen und Besprechungen bei Gericht und in der Kanzlei des Arbeitgebers verbringt und sich 30 Stunden zur Vorbereitung im häuslichen Arbeitszimmer aufhält (Abzug bis zu 1250 €, obwohl dem Anwalt ein anderer Arbeitsplatz zur Verfügung steht) oder z.B. auch bei einem **Hauseigentümer**, der in seinem häuslichen Arbeitszimmer seinen umfangreichen Mietwohnungsgrundbesitz verwaltet und daneben zeitweise anderweitig beschäftigt ist (vgl. auch BMF-Schreiben vom 7.1.2004 a.a.O., Tz. 9).

Der Steuerpflichtige muss konkret darlegen, dass das häusliche Arbeitszimmer zu mehr als der Hälfte der gesamten betrieblichen und beruflichen Tätigkeit dient. Dabei kann das Berufsbild einen Anhaltspunkt für oder gegen eine mehr als hälftige Nutzung des häuslichen Arbeitszimmers bieten (BMF-Schreiben vom 7.1.2004 a.a.O., Tz. 10).

Zu (b): Kein anderer Arbeitsplatz

Liegt der Mittelpunkt der gesamten Betätigung nicht im häuslichen Arbeitszimmer und erbringt der Steuerpflichtige auch nicht mehr als 50 v.H. der gesamten Zeit seiner Tätigkeit in seinem Arbeitszimmer, so kommt ein begrenzter Abzug **bis 1250 €** dennoch in Betracht, wenn für die berufliche Tätigkeit der erforderliche **Arbeitsplatz nicht** zur Verfügung steht. Ein „anderer Arbeitsplatz" ist grundsätzlich jeder Arbeitsplatz, der zur Erledigung büromäßiger Arbeiten geeignet ist, also auch in einem Großraumbüro oder in der Schalterhalle einer Bank (BFH-Urteile vom 7.8.2003, BStBl 2004 II S. 78 und S. 83). Es kommt auf objektive Gesichtspunkte an, nicht auf subjektive Erwägungen des Steuerpflichtigen. Vgl. im Einzelnen BMF-Schreiben vom 7.1.2004 a.a.O., Tz. 11 bis Tz. 13).

Die Voraussetzungen für einen begrenzten Abzug bis 1250 € sind regelmäßig bei **Lehrern** erfüllt, die für ihre Unterrichtsvorbereitung keinen Schreibtisch in der Schule haben (Tische im Lehrerzimmer und Lehrertische in den Klassen werden dabei nicht berücksichtigt; zu Schulleitern oder Fachbereichsleitern s. unten); ebenso sind die Voraussetzungen erfüllt bei angestellten oder selbständigen **Orchestermusikern**, die im Konzertsaal keine Mög-

Teil I: Anlage N
Zeilen 55–56

lichkeit haben zu üben, oder bei angestellten **Krankenhausärzten**, die daneben eine freiberufliche Gutachtertätigkeit ausüben und dafür im Krankenhaus keinen Arbeitsplatz haben. **Schulleiter** und **Fachbereichsleiter**, die ein eigenes Zimmer mit Schreibtisch in der Schule haben, verfügen dagegen über einen „anderen Arbeitsplatz". Steht ihnen dort aber nur ein kleines Dienstzimmer oder ein Schreibtisch für die Verwaltungstätigkeit zur Verfügung, die für die Vor- und Nachbereitung des Unterrichts zur Erfüllung der Unterrichtsverpflichtung unzureichend sind, so fehlt es an einem Arbeitsplatz für alle Aufgabenbereiche der Erwerbstätigkeit (BFH-Urteile vom 7. 8. 2003, BStBl 2004 II S. 77 und S. 82). Ähnlich auch bei einem EDV-Berater mit häuslichem Bereitschaftsdienst und bei einem Bankangestellten, denen für umfangreiche Büroarbeiten ihr regulärer Arbeitsplatz nicht zur Verfügung steht (BFH-Urteile vom 7. 8. 2003, BStBl 2004 II S. 80 und S. 83). Ein begrenzter Abzug kann auch bei **Außendienstmitarbeitern** (z.B. im Handels- oder Versicherungsgewerbe oder bei Kundendiensttechnikern) in Betracht kommen, wenn im Betrieb des Arbeitgebers kein Raum oder Schreibtisch zur Verfügung steht oder bei einem selbständigen **Handelsvertreter** (= Einkünfte aus Gewerbebetrieb), dem für seine berufliche Korrespondenz nur ein häusliches Arbeitszimmer, dessen sonstige Nutzung unbedeutend ist, zur Verfügung steht. Dagegen scheidet eine steuerliche Berücksichtigung in aller Regel aus, wenn ein leitender Angestellter oder **Geschäftsführer** einer Firma (gleich welcher Rechtsform) mit Arbeitsplatz in seinem Betrieb oder ein **Freiberufler** mit eigener Praxis außer Hauses, abends und am Wochenende in ihrem häuslichen Arbeitszimmer einen Teil ihrer geschäftlichen Korrespondenz erledigen und/oder fachliche Fortbildung betreiben (was zusammen erheblich weniger als 50 v.H. ihrer gesamten beruflichen Tätigkeit ausmachen dürfte). Nach dem BFH-Urteil vom 14. 12. 2004, BStBl 2005 II S. 344 besteht bei einem nichtselbständig tätigen Mitglied der Geschäftsleitung eines Unternehmens die widerlegbare Vermutung, dass ihm sein Arbeitsplatz im Betrieb seines Arbeitgebers ständig zur Verfügung steht.

Erzielung unterschiedlicher Einkünfte

Nutzt ein Steuerpflichtiger sein häusliches Arbeitszimmer für **mehrere Tätigkeiten** im Rahmen **mehrerer Einkunftsarten**, muss die Abzugsmöglichkeit für jede einzelne Tätigkeit selbständig geprüft werden, also auch insoweit, ob ein anderer Arbeitsplatz zur Verfügung steht. Ein Abzug als Werbungskosten oder Betriebsausgaben, **begrenzt auf 1 250 €** jährlich, kommt auch dann in Betracht, wenn nur für **eine** der mehreren Tätigkeiten **kein anderer Arbeitsplatz** zur Verfügung steht, z.B. bei einem **Beamten** mit nebenberuflicher schriftstellerischer Tätigkeit oder mit Lehrauftrag oder bei einem nichtselbständig tätigen Mitglied eines Unternehmens, das **gleichzeitig** tätiger **Rechtsanwalt** ist (BFH-Urteil vom 14. 12. 2004, BStBl 2005 II S. 344). In solchen Fällen sind die gesamten berücksichtigungsfähigen Aufwendungen den unterschiedlichen Nutzungen des Arbeitszimmers entsprechend dem jeweiligen Nutzungsumfang zuzurechnen und sodann bis zu 1 250 € bei der Tätigkeit abzuziehen, für die kein anderer Arbeitsplatz zur Verfügung steht.

Beispiele

- Ein Angestellter oder Beamter nutzt sein Arbeitszimmer zu 40 v.H. für seine nichtselbständige Tätigkeit und zu 60 v.H. für eine selbständige Nebentätigkeit. Nur für letztere steht ihm kein anderer Arbeitsplatz zur Verfügung.

  Die entstandenen Aufwendungen von z.B. 2 500 € entfallen mit 40 v.H. (= 1 000 €) auf die nichtselbständige Tätigkeit und können nicht abgezogen werden. Auf die Nebentätigkeiten entfallen 60 v.H. (= 1 500 €), die bis zu 1 250 € als Betriebsausgaben abzugsfähig sind (vgl. BMF-Schreiben vom 7. 1. 2004 a.a.O., Tz. 16).

- Ein **Universitätsprofessor** mit selbständiger Forschungstätigkeit oder schriftstellerischer Tätigkeit hält sich zu mehr als 50 % seiner betrieblichen oder beruflichen Tätigkeit in seinem Arbeitszimmer auf. Für seine Nebentätigkeit (Anteil 20 %) steht ihm kein anderer Arbeitsplatz zur Verfügung. Betragen die Aufwendungen für das Arbeitszimmer 2 250 €, so sind diese anteilig bis zum Höchstbetrag von 1 250 €, und zwar 1 000 € (= 80 % von 1 250 €) als Werbungskosten und 250 € (= 20 % von 1 250 €) als Betriebsausgaben abzugsfähig. Eine Vervielfachung des Höchstbetrags ist nicht zulässig (vgl. BMF-Schreiben vom 7. 1. 2004 a.a.O., Tz. 16).

Der Abzugshöchstbetrag von **1 250 € ist nicht zeitanteilig zu kürzen**, wenn das Arbeitszimmer nur während eines Teils des Kalenderjahres genutzt wird, wie dies z.B. bei erstmaliger Einrichtung oder Benutzung eines Arbeitszimmers im Laufe des Jahres der Fall ist (vgl. BMF-Schreiben vom 7. 1. 2004 a.a.O., Tz. 17).

Der Betrag von **1 250 € ist kein Pauschbetrag.** Die Aufwendungen dürfen daher nur **bis** zu 1 250 € als Werbungskosten/Betriebsausgaben abgezogen werden, soweit sie **nachgewiesen oder glaubhaft gemacht** sind (BMF-Schreiben vom 7. 1. 2004 a.a.O., Tz. 5).

Haben **beide Ehegatten** je ein häusliches Arbeitszimmer, so sind bei jedem Ehegatten die Voraussetzungen der Abzugsfähigkeit **getrennt** zu prüfen und ggf. seine Aufwendungen jeweils bis zu 1 250 € jährlich anzuerkennen (z.B. **Lehrer-Ehepaar** ohne Arbeitsplatz in der Schule). Nutzen **mehrere Personen**, wie z.B. Ehegatten **ein (!)** häusliches Arbeitszimmer **gemeinsam**, sind die Voraussetzungen bezogen auf die einzelne Person zu prüfen. **Ab 2005** ist der Höchstbetrag von bis zu **1 250 €** jedoch **nur einmal** zu gewähren und **sachgerecht** (ggf. im Wege der Schätzung) aufzuteilen (BMF-Schreiben vom 14. 9. 2004 a.a.O. zu Rdnr. 14 unter Hinweis auf BFH-Urteil vom 20. 11. 2003, BStBl 2004 II S. 775).

Beispiel

Ein Lehrer-Ehepaar, dem in ihrer Schule keine Schreibtische zur Verfügung stehen, teilt sich **ein** häusliches Arbeitszimmer.

Beide können ihre Aufwendungen für ein häusliches Arbeitszimmer geltend machen, da ihnen kein anderer Arbeitsplatz zur Verfügung steht. **Bis 2004** konnten sie pro Person bis zu 1 250 € als Werbungskosten geltend machen, **ab 2005** sind es **zusammen** höchstens bis zu 1 250 €.

- **Häusliches Arbeitszimmer**

Ein „häusliches Arbeitszimmer" i.S. des EStG ist ein Raum, der seiner Lage, Funktion und Ausstattung nach in die häusliche Sphäre des Steuerpflichtigen eingebunden ist und vorwiegend der Erledigung gedanklicher, schriftlicher oder verwaltungstechnischer bzw. -organisatorischer Arbeiten dient und ausschließlich oder nahezu ausschließlich zu betrieblichen/beruflichen Zwecken genutzt wird (BFH-Urteile vom 19. 9. 2002, BStBl 2003 II S. 139 und vom 16. 10. 2002, BStBl 2003 II S. 185), wie das regelmäßig für das häusliche Büro eines selbständigen **Handelsvertreters**, eines selbständigen **Übersetzers** oder eines selbständigen **Journalisten** und für das ausschließlich beruflich genutzte Musikzimmer der freiberuflich tätigen **Konzertpianistin** zutrifft, die dort Musikunterricht erteilt (BMF-Schreiben vom 7. 1. 2004 a.a.O., Tz. 7). Liegt der Mittelpunkt der **gesamten** beruflichen und betrieblichen Betätigung in diesen Räumen, so kommt nach den oben dargelegten Grundsätzen ein Vollabzug der Unkosten als Betriebsausgaben in Betracht. Ohne Bedeutung ist, ob der Raum eine Betriebsstätte i.S. des § 12 AO ist (BFH-Urteile vom 16. 12. 2004, BStBl 2005 II S. 212 und vom 16. 10. 2002, BStBl 2003 II S. 185).

Seit der Abzugsbeschränkung auf 1 250 € jährlich nach § 4 Abs. 5 Satz 1 Nr. 6b EStG häufen sich die Rechtsstreitigkeiten über die Frage, ob ein Raum als „häusliches Arbeitszimmer" i.S. des EStG anzusehen ist und sonach ggf. unter die Abzugsbeschränkung fällt oder ob die hiermit zusammenhängenden Aufwendungen unbegrenzt als Werbungskosten/Betriebsausgaben abzugsfähig sind. Unstreitig ist, dass ein häusliches Arbeitszimmer auch vorliegen kann, wenn es nicht unmittelbar Teil der Wohnung ist. So kann z.B. ein **im Keller** eines selbst bewohnten Einfamilienhauses gelegener Raum, den der Arbeitnehmer zusätzlich zu einem häuslichen Arbeitszimmer als **Archiv** nutzt, zusammen mit diesem unter die Abzugsbeschränkung fallen, wie generell ein **Kellerraum**, wenn er seiner Funktion und Ausstattung nach ein Arbeitszimmer ist (BFH-Urteil vom 19. 9. 2002, BStBl 2003 II S. 139); dies gilt ebenso für einen Raum im **Dachgeschoss** (Mansarde) eines Einfamilienhauses wie für einen zur Wohnung gehörenden **Hobbyraum** im Keller eines Mehrfamilienhauses (BFH-Urteile vom 26. 2. 2003, BStBl 2004 II S. 74 und 75) wie auch bei einer im **Souterrain** gelegenen Arztpraxis einer als Gutachterin tätigen Ärztin, jedenfalls dann, wenn die Räumlichkeit nicht erkennbar besonders für die Behandlung von Patienten eingerichtet ist und in ihr auch kein Publikumsverkehr stattfindet, weil die erforderlichen Befunde alle außerhalb des häuslichen Arbeitszimmers erhoben werden (BFH-Urteil vom 23. 1. 2003, BStBl 2004 II S. 43). Zur Benutzung **mehrerer** in die häusliche Sphäre eingebundener Räume für berufliche Zwecke vgl. BFH-Urteil vom 20. 11. 2003, BStBl 2005 II S. 203.

Der **Begriff „häuslich"** erschöpft sich nicht in Formulierungen wie „räumlicher Zusammenhang", „bauliche Einheit" oder „in demselben Gebäude". Er setzt vielmehr eine innere Verbindung mit der privaten Lebenssphäre des Steuerpflichtigen voraus. Nutzt jemand, der in einem Mehrfamilienhaus wohnt, eine zusätzliche Wohnung als Arbeitszimmer, fällt diese jedenfalls dann noch unter die Abzugsbeschränkung von 1 250 €, wenn sie an die Privatwohnung **unmittelbar angrenzt** (BFH-Urteil vom 26. 2. 2003, BStBl 2004 II S. 69) oder dieser **auf derselben Etage unmittelbar gegenüberliegt** (BFH-Urteil vom 26. 2. 2003, BStBl 2004 II S. 72). Die unmittelbare räumliche Nähe der zusätzlichen Wohnung begründet in einem solchen Fall die notwendige innere Verbindung mit der privaten Lebenssphäre des Steuerpflichtigen. Dies gilt selbst dann, wenn sich das Arbeitszimmer **in einem Anbau** zum Wohnhaus des Steuerpflichtigen befindet und nur über einen separaten Eingang betreten werden kann (BFH-Urteil vom 13. 11. 2002, BStBl 2003 II S. 350). Dagegen kann es sich bei einem im Keller eines Mehrfamilienhauses befindlichen Raum, der nicht zur Privatwohnung des Steuerpflichtigen gehört, sondern **zusätzlich** angemietet wurde, um ein „außerhäusliches" Arbeitszimmer handeln, das **nicht** unter die Abzugsbeschränkung fällt (BFH-Urteil vom 26. 2. 2003, BStBl II S. 515).

Kein „häusliches Arbeitszimmer" (das bedeutet volle Abzugsfähigkeit der Unkosten) liegt in aller Regel auch bei einer **Arzt-, Steuerberater-** oder **Anwaltspraxis** vor, die an das Einfamilienhaus angrenzt oder sich in demselben Gebäude wie die Privatwohnung befindet, wenn diese Räume für einen intensiven und dauerhaften Publikumsverkehr geöffnet sind. Deshalb ist eine ärztliche Notfallpraxis auch dann kein häusliches Arbeitszimmer, wenn sie mit Wohnräumen des Arztes räumlich verbunden ist, wobei unter Notfallpraxis Räume zu verstehen sind, die erkennbar für Patientenbesuche und ärztliche Untersuchungen eingerichtet und für die Patienten leicht zugänglich sind (BFH-Urteil vom 5. 12. 2002, BStBl 2003 II S. 463. Zum Teil strengere Voraussetzungen fordert das BFH-Urteil vom 20. 11. 2003, BStBl 2005 II S. 203. Hiernach kommt es bei einer ärztlichen Notfallpraxis im selbstgenutzten Wohnhaus darauf an, ob sie nach außen erkennbar dem Publikumsverkehr gewidmet ist, was voraussetzt, dass die Notfallpraxis über einen Eingangsbereich verfügt, der sich erkennbar von den privat genutzten Räumlichkeiten absetzt und keine unmittelbare räumliche Verbindung zu diesen aufweist. Nur dann könne nicht von einem häuslichen Arbeitszimmer mit der Folge der unbegrenzten Abzugsmöglichkeit ausgegangen werden. Entsprechendes kann ebenso für das Büro eines **Handwerksmeisters** gelten, in dessen Geschäftshaus mit mehreren Betriebsräumen sich neben der Wohnung auch das Büro befindet. Im Einzelfall ist letztlich das **Gesamtbild der Verhältnisse maßgebend** (ebenso BMF-Schreiben vom 7. 1. 2004 a.a.O., Tz. 7). Auch ein als Lager, Werkstatt oder Arztpraxis genutzter Raum ist bei einer für ein Arbeitszimmer **atypischen** Ausstattung und Funktion selbst dann kein häusliches Arbeitszimmer, wenn er seiner Lage nach in die häusliche Sphäre des Steuerpflichtigen eingebunden ist (BFH-Urteil vom 19. 9. 2002, BStBl 2003 II S. 139 und die dort zit. Rspr.).

Auf der Suche nach Wegen, die Abzugsbeschränkung zu vermeiden, wird als Gestaltung gelegentlich empfohlen, der Arbeitgeber solle von seinem Arbeitnehmer einen Raum anmieten, in dem sich das Arbeitszimmer befindet und dafür Miete an seinen Arbeitnehmer zahlen. Liegt die Nutzung im Interesse des Arbeitgebers und ist der Raum deshalb als **Büro des Arbeitgebers** zu qualifizieren, in dem der Arbeitnehmer seine Arbeitsleistung erbringt, so handelt es sich nicht um ein häusliches Arbeitszimmer i.S. des EStG (BFH-Urteil vom 20. 3. 2003, BStBl II S. 519 betr. mehrere Außendienst-Mitarbeiter einer Steuerberatungs-GmbH). Der Arbeitnehmer hat in der Regel Einnahmen aus Vermietung und Verpachtung. Seine diesbezüglichen Aufwendungen kann er ohne Einschränkung als Werbungskosten bei Vermietung und Verpachtung geltend machen. Solche Mietzahlungen des Arbeitgebers sind jedoch nur dann nicht dem LSt-Abzug zu unterwerfen, wenn der Arbeitgeber gleich lautende Mietverträge auch mit fremden Dritten abschließt und die Anmietung des Raumes im eigenbetrieblichen Interesse des Arbeitgebers erfolgt, was aber nur dann anzunehmen ist, wenn der Arbeitnehmer über keinen weiteren Arbeitsplatz in einer Betriebsstätte des Arbeitgebers verfügt (BFH-Urteil vom 19. 10. 2001, BStBl 2002 II S. 300). Anderenfalls sind die Grundsätze dieses BFH-Urteils nicht anzuwenden.

- **Austattung des Arbeitszimmers, Einrichtungsgegenstände**

Der Höchstbetrag von **1 250 €** umfasst auch die Kosten der **Ausstattung des Arbeitszimmers**; dazu gehören unstreitig Tapeten, Teppiche, Fenstervorhänge, Gardinen und Lampen (BMF-Schreiben vom 7. 1. 2004 a.a.O., Tz. 20). Entgegen der früheren engeren Auffassung der Finanzverwaltung ist die arbeitsbedingte, ganz überwiegend für berufliche Zwecke genutzte Zimmereinrichtung, wie z.B. Bücherschränke, Schreibtisch, Stühle, Aktenschränke und Schreibtischlampe hiervon **nicht betroffen**, ebenso wenig wie **typische Arbeitsmittel**, z.B. Faxgerät, Schreibmaschine, Werkzeuge, das Klavier eines Musiklehrers oder der ausschließlich beruflich genutzte Computer (BFH-Urteil vom 21. 11. 1997, BStBl 1998 II S. 351; vgl. zum Computer oben Anlage N, ABC zu Zeilen 52 bis 54). Nach § 9 Abs. 1 Satz 3 Nr. 6 EStG sind solche Arbeitsmittel nach den allgemeinen Grundsätzen abschreibungsfähig und zwar auch dann, wenn ein unbegrenzter oder begrenzter Abzug von Kosten für das Arbeitszimmer generell ausscheidet (vgl. oben zu Zeilen 52 bis 54 „Allgemeine Grundsätze"). Aufwendungen für **Kunstgegenstände,** die zur Einrichtung eines häuslichen Arbeitszimmers gehören, sind regelmäßig keine Werbungskosten (BFH-Urteile vom 13. 10. 1990, BStBl II 1991 S. 340 betr. Gobelinbild im häuslichen Arbeitszimmer, vom 14. 5. 1991, BStBl II S. 837 betr. Poster und Drucke im Dienstzimmer und vom 12. 3. 1993, BStBl II S. 506 betr. Kunstgegenstände im Dienst- und Vorzimmer des Vorstandsmitglieds einer AG). Zum „durchschnittlichen" Orientteppich (damals 3 900 DM) als Gebrauchsteppich vgl. BFH-Urteil vom 8. 11. 1996, BFH/NV 1997, S. 341. Wegen der Nutzungsdauer und der Höhe der **Abschreibungen auf Einrichtungsgegenstände** s. unten Abschnitt „Abzugsfähige Aufwendungen für das Arbeitszimmer".

- **Berufsausbildung und Weiterbildung im Arbeitszimmer**

Die vorstehende Regelung gilt sinngemäß auch für Aufwendungen für ein häusliches Arbeitszimmer, das für die **Berufsausbildung und Weiterbildung** in einem nicht ausgeübten Beruf genutzt oder mitgenutzt wird (§ 10 Abs. 1 Nr. 7 Satz 5 EStG). Falls ein Abzug als Werbungskosten ausscheidet, können die Aufwendungen im Rahmen der Ausbildungskosten als Sonderausgaben nach § 10 Abs. 1 Nr. 7 EStG n.F. (ab 2004) berücksichtigt werden. Zur a.F. vgl. BMF-Schreiben vom 7. 1. 2004 a.a.O., Tz. 18. Bei einer **Mit**benutzung zu Ausbildungszwecken liegen anteilig Sonderausgaben vor (BFH-Urteil vom 22. 6. 1990, BStBl II S. 901, vgl. auch Teil I, Hauptvordruck, Zeilen 81 bis 82).

- **Weitere Voraussetzungen für die Anerkennung eines Arbeitszimmers**

Die früher von der Rspr. entwickelten allgemeinen Grundsätze zur steuerlichen Anerkennung eines Arbeitszimmers gelten auch weiterhin. Danach ist eine geringfügige private Nutzung des Raumes unschädlich (BFH-Urteil vom 10. 3. 1970, BStBl II S. 458), z.B. zur Erledigung der üblicherweise anfallenden privaten Post (BFH-Urteil vom 19. 5. 1985, BFH/NV 1986 S. 202). Für die Feststellung, ob eine außerberufliche Nutzung von so untergeordneter Bedeutung ist, dass der Raum die Eigenschaft als Arbeitszimmer nicht verliert, dienen regelmäßig die **Größe der Wohnung** und die **Zahl der Familienmitglieder** sowie die **Ausstattung** des Raumes als wichtige Anhaltspunkte:

- Die anderen Wohnräume müssen für den nach der Lebenserfahrung **notwendigen Wohnbedarf** des Arbeitnehmers und seiner Familie zweifelsfrei ausreichen. Nur dann ist es glaubhaft, dass ein weiterer Raum so gut wie ausschließlich beruflich genutzt wird.

Teil I: Anlage N
Zeilen 55–56

- Enthält das Zimmer außer dem Schreibtisch den erforderlichen Stühlen und Bücherregalen noch weitere in Wohnräumen übliche **Einrichtungsgegenstände** (z.B. Sessel, Couch mit Couchtisch, Fernseher, Klavier usw.), so wird regelmäßig davon auszugehen sein, dass es in nicht untergeordnetem Umfang auch außerberuflichen Zwecken dient. Das Vorhandensein einer Liege ist allerdings unschädlich (BFH-Urteil vom 18. 3. 1988, BFH/NV 1988, S. 773).

- Ein steuerlich anzuerkennendes Arbeitszimmer liegt nur dann vor, wenn das zu beruflichen/betrieblichen Zwecken genutzte Arbeitszimmer von den übrigen Wohnräumen **räumlich abgetrennt** ist. Deshalb sind Aufwendungen für einen beruflich genutzten Bereich auf einer **Empore** (offenen Galerie) nicht abzugsfähig (BFH-Urteile vom 6. 2. 1992, BStBl II S. 528 und vom 6. 12. 1991, BStBl 1992 II S. 304), auch nicht für einen Raum, der ohne Türabschluss betreten werden kann (BFH-Urteil vom 28. 10. 1977, BStBl II 1978 S. 151). Ein Arbeitszimmer kann auch nicht Teil eines Raumes sein, der durch Querstellen eines Schrankes, durch sonstige der Möblierung dienende **Raumteiler**, durch einen Vorhang oder durch eine ähnliche Gestaltung geschaffen wird.

- Muss das Arbeitszimmer **durchquert** werden, um alle übrigen oder **mehrere** privat benutzten Räume in der Wohnung zu erreichen, so ist die private Mitbenutzung nicht nur von untergeordneter Bedeutung (BFH-Urteil vom 18. 10. 1983, BStBl 1984 II S. 110). Unschädlich ist es aber, wenn das Arbeitszimmer nur durchquert werden muss, um z.B. das Schlafzimmer zu erreichen (BFH-Urteil vom 19. 8. 1988, BStBl II S. 1000). Vgl. auch H 45 [Räumliche Voraussetzungen] LStH.

Bestehen Zweifel an den Voraussetzungen für die steuerliche Anerkennung eines häuslichen Arbeitszimmers oder an der unbegrenzten oder begrenzten Abzugsfähigkeit von Aufwendungen, so liegt die Beweislast (Feststellungslast) beim Steuerpflichtigen (vgl. BMF-Schreiben vom 7.1 . 2004 a.a.O., Tz. 10 und Tz. 13).

- **Abzugsfähige Aufwendungen für das Arbeitszimmer**

Im Zusammenhang mit Aufwendungen für das Arbeitszimmer kommen als **Werbungskosten/Betriebsausgaben** in Betracht, soweit die (mit)nutzende Person die Aufwendungen auch **tatsächlich selbst getragen** hat (BFH-GrS, Beschlüsse vom 23. 8. 1999, BStBl II S. 782 und S. 787),

- bei einer **Mietwohnung** die **anteilige Miete,** die **anteiligen Raumkosten,** soweit sie der Mieter getragen hat, z.B. die anteiligen Kosten für Strom, Heizung, Wasser, Müllabfuhr, Schornsteinfeger, Hausratsversicherung und Hausreinigung. Vergütungen an die **Ehefrau** für die **Reinigung** des Arbeitszimmers sind keine Werbungskosten/Betriebsausgaben, da es sich um eine Hilfeleistung auf familienrechtlicher Grundlage handelt (BFH-Urteil vom 27. 10. 1978, BStBl 1979 II S. 80). Außerdem sind in voller Höhe diejenigen Ausgaben zu berücksichtigen, die **nur** das Arbeitszimmer betreffen, wie z.B. Reparaturen und Renovierung des Arbeitszimmers;

- bei einem Arbeitszimmer **im selbstgenutzten eigenen Haus** (oder in einer selbstgenutzten Eigentumswohnung) **neben** den **anteiligen abziehbaren Aufwendungen** wie oben, auch die **anteiligen Schuldzinsen** im Zusammenhang mit dem Gebäude, die **anteilige Gebäude-AfA, Grundsteuer, Gebäudeversicherungen** (Brand-, Glas- und Haftpflichtversicherung) und die **anteiligen Reparaturaufwendungen**, die das ganze Haus betreffen (z.B. für Außenputz). Vgl. BFH-Urteil vom 18. 10. 1983, BStBl II 1984 S. 112. Auch Sonderabschreibungen nach § 4 FördG (vgl. Anlage V, Zeile 39) können bei Vorliegen der sonstigen gesetzlichen Voraussetzungen für Arbeitszimmer in einem im Übrigen zu eigenen Wohnzwecken genutzten Gebäude in Anspruch genommen werden (vgl. FinMin Sachsen vom 18. 7. 1994, DB 1994 S. 1598). Aufwendungen für **Außenanlagen** (Garten) sind grundsätzlich nicht berücksichtigungsfähig. Die Kosten einer Gartenerneuerung können aber anteilig den Kosten des häuslichen Arbeitszimmers zugerechnet werden, wenn bei einer Reparatur des Gebäudes, zu dem das Arbeitszimmer gehört, Schäden am Garten verursacht worden sind. Zu berücksichtigen sind allerdings nur diejenigen Aufwendungen, die der Wiederherstellung des ursprünglichen Zustands dienen (BFH-Urteil vom 6. 10. 2004, BStBl II S. 1071). Vergrößert sich in einem eigenen Haus mit Arbeitszimmer die Gesamtwohnfläche durch **Erweiterungsbaumaßnahmen**, so kann sich ein veränderter, günstigerer Aufteilungsmaßstab z.B. hinsichtlich evtl. Kreditzinsen ergeben, auch wenn die Baumaßnahmen das Arbeitszimmer nicht unmittelbar betroffen haben (BFH-Urteil vom 21. 8. 1995, BStBl II S. 729).

Ein **Mietwert** ist für das Arbeitszimmer im eigenen Haus (Eigentumswohnung) **nicht** anzusetzen.

- In beiden Fällen sind außerdem die **Abschreibungen auf die Einrichtungsgegenstände** zu berücksichtigen. Zu „**Ausstattung** des Arbeitszimmers, Einrichtungsgegenstände" vgl. oben. Die **Abschreibungen** sind entsprechend den Erläuterungen im Abschnitt „Allgemeine Grundsätze" zu Anlage N, Zeilen 52 bis 54 vorzunehmen. Hiernach sind **Anschaffungskosten von mehr als 410 €** (ohne Umsatzsteuer) auf die Kalenderjahre der voraussichtlichen Nutzungsdauer zu verteilen und in jedem dieser Jahre anteilig als Werbungskosten zu berücksichtigen. Dabei kann zur Vereinfachung von einer **Nutzungsdauer der Ausstattungsgegenstände von 10 Jahren** ausgegangen werden. Eine degressive AfA nach § 7 Abs. 2 EStG ist nicht möglich (diese gilt nur für sog. „Anlagevermögen"). Im Jahr der Anschaffung konnte bisher für die im ersten Halbjahr angeschafften Einrichtungsgegenstände der volle und für die im zweiten Halbjahr angeschafften Arbeitsmittel der halbe Jahresbetrag abgezogen werden. Für Wirtschaftsgüter, die **nach dem 31. 12. 2003** angeschafft wurden, gilt dies nicht mehr; stattdessen hat in diesen Fällen eine **monatsgenaue Abschreibung** zu erfolgen, d.h. im Jahr der Anschaffung vermindert sich der Absetzungsbetrag um jeweils ein Zwölftel für jeden vollen Monat, der dem Monat der Anschaffung vorausgeht (§ 52 Abs. 21 Satz 3 EStG n.F.). Bei **Anschaffungskosten** für den einzelnen Einrichtungsgegenstand **bis 410 €** (ohne Umsatzsteuer) ist die sofortige volle Absetzung im Jahr der Verausgabung möglich.

Werden **privat** angeschaffte oder **unentgeltlich** erworbene Einrichtungsgegenstände oder Arbeitsmittel, die bisher nicht der Einkünfteerzielung dienten, zu einem späteren Zeitpunkt als Arbeitsmittel im häuslichen Arbeitszimmer (oder auch sonst) verwendet (sog. **Umwidmung**), so sind für die nunmehr steuerlich relevanten Abschreibungen (§ 7 Abs. 1 EStG) die Anschaffungs- oder Herstellungskosten **auf die Gesamtnutzungsdauer** des Wirtschaftsguts einschließlich der Zeit **vor** der Nutzung zur Einkünfteerzielung **zu verteilen.** Als AfA ist nur der Teil der Anschaffungs- oder Herstellungskosten abziehbar, der auf die Zeit **nach** der Nutzung als Arbeitsmittel entfällt (BFH-Urteile vom 14. 2. 1989, BStBl II S. 922 und vom 2. 2. 1990, BStBl II S. 684). Der auf den Zeitraum vor der Verwendung als Arbeitsmittel entfallende Teil der Anschaffungs- oder Herstellungskosten des Gegenstandes (fiktive AfA) gilt als abgesetzt. Dies gilt auch für Arbeitsmittel, die der Arbeitnehmer geschenkt bekommen und zunächst privat genutzt hat (BFH-Urteil vom 16. 2. 1990, BStBl II S. 883). Der Betrag, der nach Abzug der fiktiven AfA von den Anschaffungs- oder Herstellungskosten verbleibt, kann aus Vereinfachungsgründen im Jahr der erstmaligen Verwendung als Arbeitsmittel in voller Höhe als Werbungskosten abgezogen werden, wenn er 410 € nicht übersteigt (H 44 [Absetzung für Abnutzung] LStH).

- **Miteigentum (z.B. von Ehegatten) am Gebäude: Laufende Aufwendungen und Gebäude-AfA (Arbeitszimmer)**

Steht das Gebäude (die Eigentumswohnung) im **Miteigentum (z.B. hälftigen Eigentum) der Ehegatten** und benutzt z.B. der Ehemann allein ein Arbeitszimmer im Zusammenhang mit den Einkünften aus nichtselbständiger Arbeit, so sind die hierauf entfallenden **Schuldzinsen** und andere **laufende Aufwendungen** des Ehemanns für das Gebäude ohne Rücksicht auf den Miteigentumsanteil der Ehefrau in **vollem** Umfang **Werbungskosten** bei seinem Arbeitslohn (BFH-Urteil vom 3. 4. 1987, BStBl II S. 623).

Auch die auf das Arbeitszimmer entfallende **anteilige Gebäude-AfA** kann von dem diesen Raum allein nutzenden Ehegatten in **voller** Höhe (und nicht nur mit einem dem Miteigentum entsprechenden Anteil) als Werbungskosten berücksichtigt werden. Dies hat der BFH bei den Einkünften aus nichtselbständiger Arbeit (!) bereits mit BFH-Urteil vom 12.2.1988, BStBl II S. 764 zugunsten des Arbeitnehmer-Ehegatten entschieden. Danach ist bei zusammenveranlagten **Ehegatten** der Abzug der **anteiligen Gebäude-AfA in voller Höhe** bei dem das Arbeitszimmer allein nutzenden Ehegatten und Miteigentümer zulässig (Theorie von der [lediglich] „geteilten Rechtszuständigkeit am gemeinschaftlichen Gegenstand"). Vgl. H 45 (Ermittlung der abziehbaren Aufwendungen) LStH. Diese Rechtsprechung gilt auch im Falle einer nichtehelichen Lebensgemeinschaft (BFH-Urteil vom 19.5.1995, BFH/NV 1995 S. 879).

Die obigen Ausführungen zur Abzugsfähigkeit von Aufwendungen für ein Arbeitszimmer gelten grundsätzlich **für alle Einkunftsarten** nach dem EStG, also auch hinsichtlich der Abzugsfähigkeit als **Betriebsausgaben**. Deshalb stellt sich bei Büro- oder Praxisräumen oder Arbeitszimmern, die sich in einem im **Miteigentum** beider Ehegatten stehenden Gebäude befinden, aber von einem Ehegatten mit Gewinneinkünften **allein** beruflich genutzt werden, ebenso die Frage nach der **Höhe der AfA**. Seit dem Beschluss des GrS des BFH vom 30.1.1995, BStBl II S. 281 (GrS 4/92) ist geklärt, dass der die Einkünfte erzielende Ehegatte, der die maßgeblichen **Herstellungs- oder Anschaffungskosten** für das im **Miteigentum** stehende Wirtschaftsgut (z.B. Gebäudeteil) **allein getragen** hat und dieses Wirtschaftsgut für seine betrieblichen oder beruflichen Zwecke (z.B. Praxis) ohne Entgelt nutzen darf, diese Herstellungs- oder Anschaffungskosten in vollem Umfang als eigenen Aufwand **durch AfA** als **Betriebsausgaben** berücksichtigen kann, also auch hinsichtlich des Miteigentumsanteils des anderen Ehegatten. Hierzu ist er auch dann berechtigt, wenn er nicht wirtschaftlicher Eigentümer des Gebäudeteils ist (BFH-GrS vom 30.1.1995, BStBl II S. 281 und H 18 [Eigenaufwand für ein fremdes Wirtschaftsgut] EStH). Diese Rechtsauffassung ist durch Beschluss des GrS des BFH vom 23.8.1999, BStBl II S. 774 (GrS 5/97) bekräftigt worden (vgl. auch BFH-Urteil vom 10.3.1999, BStBl II S. 523). Hinsichtlich des eigenen Miteigentumsanteils am Arbeitszimmer ergibt sich die Berechtigung zur AfA bereits aus der betrieblichen Nutzung des Eigentums. Hinsichtlich des Miteigentumsanteils des Ehegatten geht es nach BFH-GrS vom 30.1.1995, BStBl II S. 281 nicht um die Frage der Abziehbarkeit von sog. Drittaufwand. Vielmehr handle es sich um **Eigenaufwand**, der im eigenen betrieblichen Interesse auf ein fremdes Wirtschaftsgut getätigt worden sei. Bei dieser Gestaltung bestehe eine tatsächliche Vermutung dafür, dass dem die Kosten des Bauwerks tragenden Ehegatten eine **Nutzungsbefugnis** gegenüber seinem Ehegatten zustehe, die nach dem Vorbild von Bauten auf fremdem Grund und Boden **wie ein materielles Wirtschaftsgut zu** behandeln und **nach den Grundsätzen der Gebäude-AfA abzuschreiben** sei; dabei seien ggf. auch erhöhte Absetzungen (z.B. nach § 7 i EStG) zu gewähren.

Errichtet ein Ehegatte auf einem den Eheleuten je zur Hälfte gehörenden Grundstück mit Zustimmung des anderen Ehegatten ein Gebäude auf eigene Rechnung und Gefahr zur Erzielung von steuerpflichtigen Einkünften, kann er außerdem auch **wirtschaftlicher Eigentümer** des zivilrechtlich seinem Ehegatten gehörenden Gebäudeteils sein und damit wäre er auch **als solcher** zur **AfA** auf die Herstellungskosten des Gesamtgebäudes berechtigt. Voraussetzung für das wirtschaftliche Eigentum ist, dass ihm gegen seinen Ehegatten aus einer vertraglichen Vereinbarung oder gesetzlich (§§ 951, 812 BGB) ein Anspruch auf Entschädigung in Höhe des Werts des Gebäudeteils bei Beendigung des Nutzungsverhältnisses zusteht. In solchen Fällen spricht keine tatsächliche Vermutung für eine Zuwendungsabsicht oder eine stillschweigende Abbedingung des gesetzlichen Ausgleichsanspruchs nach §§ 951, 812 BGB (BFH-Urteile vom 14.5.2002, BStBl II S. 741 und vom 25.6.2003, BStBl 2004 II S. 403). Zur **AfA-Befugnis** bei Eigenaufwand für ein fremdes Wirtschaftsgut vgl. H 18 EStH. Zur **AfA-Befugnis** bei Bauten auf fremdem Grund und Boden vgl. außerdem Anlage V, Zeile 34, vor I und zum wirtschaftlichen Eigentum vgl. allgemein Teil I Tz. 3.3.1.

Bei Steuerpflichtigen mit Gewinneinkünften i.S. des EStG (z.B. Gewerbetreibende, Freiberufler) ist das Arbeitszimmer einschließlich anteiligem Grund und Boden insoweit, als das Gebäude dem Steuerpflichtigen gehört (z.B. zur Hälfte), dem **notwendigen Betriebsvermögen** zuzurechnen. Soweit der Steuerpflichtige wirtschaftlicher Eigentümer der anderen Gebäudehälfte ist, ist diese ebenfalls als notwendiges Betriebsvermögen anzusetzen (Ausnahme: Grundstücksteil von untergeordnetem Wert i.S. von R 13 Abs. 8 EStR). Steuerliche Auswirkungen (Gewinnrealisierung) können sich bei einer Nutzungsänderung, Entnahme oder Einbringung ergeben (vgl. BFH-Urteil vom 10.3.1999, BStBl II S. 523).

- **AfA-Befugnis des Nichteigentümer-Ehegatten**

Die Rechtslage im Falle des **Alleineigentums des anderen Ehegatten** ist seit dem Beschluss des GrS des BFH vom 23.8.1999, BStBl II S. 778 (GrS 1/97) grundsätzlich geklärt. Danach kann auch der **Nichteigentümer-Ehegatte** AfA-Berechtigter sein, die auf das von ihm beruflich genutzte Arbeitszimmer entfallen **eigenen Aufwendungen** grundsätzlich als Werbungskosten/Betriebsausgaben **in Höhe der AfA** (nach Gebäudegrundsätzen) geltend machen (vgl. H 18 [Eigenaufwand für ein fremdes Wirtschaftsgut] EStH und H 45 [Drittaufwand] LStH). Bemessungsgrundlage der AfA sind die auf das Arbeitszimmer entfallenden Anschaffungs- oder Herstellungskosten, soweit sie der Kostenbeteiligung des Nichteigentümer-Ehegatten entsprechen. Es genügt also sein **finanzieller Beitrag** (zu den Berechnungsgrundlagen im Einzelnen vgl. folgenden Abschnitt). Eine Mitfinanzierung in diesem Sinne ist auch dann anzunehmen, wenn der Nichteigentümer-Ehegatte (Mit-)Schuldner (§ 421 BGB) eines Darlehens ist, mit dem die Anschaffung oder Herstellung des Gebäudes finanziert worden ist und bei dem er die Tilgungen mitträgt. Der GrS lehnt es aber für diesen Fall ausdrücklich ab, dem Nichteigentümer-Ehegatten Aufwendungen mittels einer tatsächlichen Vermutung oder Fiktion unabhängig davon zuzurechnen, ob er tatsächlich derartige Aufwendungen getragen hat. Die Eheleute müssen also im Zweifel nachweisen, wer von ihnen welche Anschaffungs-/Herstellungskosten getragen hat (BFH-Beschluss vom 23.8.1999, BStBl II S. 787, GrS 3/97). Zur AfA-Befugnis des Nichteigentümer-Ehegatten bei gleichzeitigem Erwerb von jeweils einer Eigentumswohnung für jeden Ehegatten aus gemeinsamen Mitteln vgl. außerdem BFH-Beschluss vom 23.8.1999, BStBl II S. 782, GrS 2/97).

- **Keiner der Ehegatten ist Eigentümer**

Sind die Ehegatten **nicht** Eigentümer des Hauses oder der Wohnung, ist der Abzug der Aufwendungen für ein Arbeitszimmer ausgeschlossen, wenn die Aufwendungen aufgrund eines **Mietvertrags** oder eines anderen Dauerschuldverhältnisses **vom Ehegatten** des Arbeitnehmers getragen werden (BFH-Urteil vom 24.2.2000, BStBl II S. 314). Vgl. H 45 (Drittaufwand) LStH.

- **Berechnungsgrundlagen betr. das Arbeitszimmer**

Die **Berechnung** der anteiligen Werbungskosten/Betriebsausgaben erfolgt **nach dem Verhältnis der Fläche des Arbeitszimmers zur gesamten Wohnfläche der Wohnung einschließlich des Arbeitszimmers** (BFH-Urteile vom 10.4.1987, BStBl II S. 500 und vom 5.9.1990, BStBl 1991 II S. 389 sowie R 13 Abs. 6 EStR). Die gesamte Wohnfläche, die nach §§ 42 bis 44 der II. Berechnungsverordnung (II. BVO) zu ermitteln ist, kann im Allgemeinen dem Anerkennungsbescheid entnommen werden, der nach §§ 82, 83 des Zweiten Wohnungsbaugesetzes durch die zuständige kommunale Behörde ergeht. Danach sind Nebenräume (Zubehörräume i.S. des § 42 Abs. 4 Nr. 1 der II. BVO), wie Keller, Waschküchen, Abstellräume außerhalb der Wohnung, Dachböden, Trockenräume, Schuppen (Holzlegen), Garagen und ähnliche Räume **nicht** mit einzubeziehen (BFH-Urteile vom 10.4.1987, BStBl II S. 500 und vom 18.10.1983, BStBl 1984 II S. 112), was in aller Regel der Interessenlage des Steuerpflichtigen entgegenkommt. Der BFH hat diese Berechnung mit Erwägungen der Praktikabilität, der Vereinfachung und auch damit gerechtfertigt, dass sich dies zugunsten des Steuerpflichtigen auswirke.

Beispiel

Wohnfläche nach II. BVO ohne Zubehörräume, aber einschließlich Arbeitszimmer   150 m²
Auf das Arbeitszimmer entfallen   12 m²
Anteilige Werbungskosten sonach $\frac{12}{150}$ = 8 v.H.

Teil I: Anlage N
Zeilen 57–62, 61

Diese Berechnungsmethode gilt u.E. nicht nur für die sog. Überschusseinkünfte (z.B. aus nichtselbständiger Arbeit), sondern für **alle** betrieblich und beruflich genutzten Räume (vgl. BFH-Urteil vom 5. 9. 1990, BStBl 1991 II S. 389). Stattdessen kann der Steuerpflichtige aber nach seiner **Wahl** auch die Nebenräume in die Kostenberechnung einbeziehen. Er muss dann allerdings die **gesamten** beruflich genutzten Räume (Haupt- und Nebenräume) zu der Gesamtfläche (Haupt- und alle Nebenräume) ins Verhältnis zueinander setzen (BFH-Urteil vom 5. 9. 1990 a.a.O.).

- **Aufwandsentschädigung und Arbeitszimmer**

Erhält der Bezieher von Einkünften aus nichtselbständiger Arbeit eine **steuerfreie Aufwandsentschädigung** (z.B. als Landrat, Bürgermeister nach § 3 Nr. 12 EStG), so ist selbst dann, wenn ein häusliches Arbeitszimmer anzuerkennen wäre, der Aufwand, der die Einkünfte aus nichtselbständiger Arbeit betrifft, mit der steuerfreien Aufwandsentschädigung abgegolten.

- **Aufzeichnungspflicht betr. Arbeitszimmer**

Für Aufwendungen auf das Arbeitszimmer besteht nach § 4 Abs. 7 EStG eine besondere **Aufzeichnungspflicht**. Solche **Betriebsausgaben** sind bei der Gewinnermittlung einzeln und getrennt von den anderen Betriebsausgaben aufzuzeichnen. Zu den möglichen Erleichterungen vgl. BMF-Schreiben vom 7. 1. 2004 a.a.O., Tz. 21. Im Bereich des **Werbungskostenabzugs**, also z.B. **für Arbeitnehmer**, gilt diese Aufzeichnungspflicht **nicht** (vgl. § 9 Abs. 5 EStG).

Weitere Werbungskosten (= ABC)

57–62
46–50 Außer den Aufwendungen für Wege zwischen Wohnung und Arbeitsstätte (Anlage N, Zeilen 38 bis 48), den Beiträgen zu Berufsverbänden (Anlage N, Zeile 51), den Aufwendungen für Arbeitszimmer (Anlage N, Zeilen 55 bis 56) gibt es noch **weitere**, als **Werbungskosten** abzugsfähige Aufwendungen. Diese sind in den **Zeilen 57 bis 62** geltend zu machen. Um Nachfragen des Finanzamts möglichst zu vermeiden, sind erforderlichenfalls **Erläuterungen auf einem besonderen Blatt** beizufügen. Als **weitere Werbungskosten** kommen in Betracht (**ABC**):

Berufskrankheiten

Aufwendungen im Zusammenhang mit Berufskrankheiten, soweit sie nicht von dritter Seite ersetzt wurden. Dabei kann es sich um **typische** Berufskrankheiten handeln, was im Zweifel durch ein Gutachten des Gesundheitsamtes zu belegen ist (BFH-Urteil vom 26. 3. 1965, BStBl III S. 358), **oder** um eine Erkrankung, die nachweislich **durch den Beruf oder bei Ausübung des Berufs** entstanden ist (BFH-Urteil vom 6. 6. 1957, BStBl III S. 286), z.B. bei Unfällen im Betrieb oder anlässlich eines Betriebsausflugs oder einer Fahrt zur Arbeitsstätte. Bei inneren Erkrankungen (z.B. Kreislaufstörungen, Diabetes) oder bei Herzinfarkt wurde ein solcher Zusammenhang bisher nicht anerkannt (BFH-Urteile vom 9.12. 1961, BStBl 1962 III S. 235 und vom 4. 10. 1968, BStBl 1969 II S. 179). Krankheitskosten sind aber außergewöhnliche Belastungen (vgl. Teil I, Hauptvordruck, Zeilen 116 bis 118).

Bewerbungskosten

61
49 Bewerbungskosten, die in 2005 bei der Suche nach einer (neuen) Arbeitsstelle angefallen sind (z.B. Inseratskosten, Telefonkosten, Porto, Kosten für Fotokopien von Zeugnissen, Reisekosten anlässlich einer Vorstellung). Es kommt nicht darauf an, ob die Bewerbung Erfolg hatte. Soweit die Bewerbungskosten ersetzt wurden, sind sie nicht abzugsfähig.

Bewirtungskosten

Aufwendungen für die Bewirtung von Geschäftsfreunden, Mitarbeitern und Arbeitskollegen können aus sehr unterschiedlichen Anlässen anfallen. Vgl. hierzu ABC „Repräsentationsaufwendungen, Bewirtungen, Geschenke" sowie Teil II, Tz. 2.3.

Darlehen

Zum Forderungsverlust eines Arbeitnehmers anlässlich der Gewährung eines Darlehens an seinen Arbeitgeber vgl. ABC „Vermögensverluste".

Einsatzwechseltätigkeit – Fahrtkosten

In **Zeile 59** findet sich der Begriff „Einsatzwechseltätigkeit". Eine solche Einsatzwechseltätigkeit liegt vor, wenn Arbeitnehmer aufgrund ihrer individuellen beruflichen Tätigkeit typischerweise nur an **ständig wechselnden Arbeitsstellen** eingesetzt werden, wie das z.B. bei **Bauarbeitern, Monteuren**, aber auch bei **Leiharbeitnehmern** oder Rechts-(Gerichts-)referendaren der Fall sein kann (R 37 Abs. 5 LStR und H 37 [Einsatzwechseltätigkeit] LStH). Zum **Berufsfeuerwehrmann** vgl. BFH-Urteil vom 7. 7. 2004, BStBl II S. 1004. Ob eine solche berufstypische Tätigkeit vorliegt, bestimmt sich aber nicht nach abstrakten Berufsbildern, sondern nach der mutmaßlichen Verwendung des Arbeitnehmers im Rahmen des Direktionsrechts des Arbeitgebers. Deshalb können z.B. auch Bankbedienstete, die zu einer sog. **Betriebsreserve** für den Einsatz in Filialen an verschiedenen Orten gehören, eine Einsatzwechseltätigkeit im obigen Sinne haben (BFH-Urteile vom 11. 12. 1987, BStBl 1988 II S. 443), ebenso wie Auszubildende, bei denen keine Ausbildungsstätte als Mittelpunkt ihrer Ausbildungstätigkeit angesehen werden kann (BFH-Urteile vom 4. 5. 1990, BStBl II S. 856 und vom 10. 10. 1994, BStBl 1995 II S. 137). Bei einer solchen Tätigkeit an ständig wechselnden Einsatzstellen können die Fahrtkosten zwischen Wohnung und Einsatzstelle sowie für Fahrten zwischen mehreren Einsatzstellen unter gewissen Voraussetzungen nach der günstigeren Regelung für **Reisekosten** (tatsächliche Kosten oder pauschale Kilometersätze von 0,30 € für jeden gefahrenen Kilometer; vgl. unten und Anlage N, Zeilen 57 bis 62, 59 ABC „Reisekosten" [1]) geltend gemacht werden.

Eine Anerkennung der Fahrtkosten als **Reisekosten** kommt nur dann in Betracht, wenn die Entfernung die **übliche** Fahrtstrecke zwischen Wohnung und regelmäßiger Arbeitsstätte **überschreitet** (BFH-Urteil vom 10. 10. 1994, BStBl 1995 II S. 137). Dies setzt voraus, dass

- die einfache Entfernung zwischen Wohnung und regelmäßiger Arbeitsstätte **mehr als 30 km** beträgt und
- die Dauer der Tätigkeit an derselben auswärtigen Tätigkeitsstätte **nicht über** einen Zeitraum von **3 Monaten** hinausgeht (H 38 [Einsatzwechseltätigkeit] LStH unter Hinweis auf BFH-Urteile vom 10.10. 1994 a.a.O.). Mit dem Wechsel der Einsatzstelle beginnt eine neue 3-Monatsfrist, wobei es wiederum auf die Entfernung zwischen Wohnung und Einsatzstelle ankommt, nicht aber auf die Entfernung zwischen der bisherigen und der neuen Einsatzstelle. Hinsichtlich der Dreimonatsfrist und ihres Ablaufs gelten sinngemäß die Ausführungen zu ABC „Reisekosten – Allgemeine Grundsätze" entsprechend (vgl. Anlage N, Zeilen 57 bis 62, 59 i.V. mit R 37 Abs. 3 LStR).

Hat der Arbeitnehmer mit Einsatzwechseltätigkeit an einem Arbeitstag **mehrere Tätigkeitsstätten** aufzusuchen, dann können die Fahrtkosten von der Wohnung zur ersten Tätigkeitsstätte, von dieser zur weiteren Tätigkeitsstätte und von dieser zur Wohnung ebenfalls als **Reisekosten** geltend gemacht werden, wenn mindestens **eine** der Tätigkeitsstätten mehr als 30 km von der Wohnung entfernt ist (R 38 Abs. 3 LStR). Ist die Tätigkeit im Wesentlichen durch den täglich mehrfachen Ortswechsel geprägt, wie das z.B. bei einem **Handelsvertreter** oder **Kundendiensttechniker** oder **Gebäudereiniger** zutrifft, liegen unabhängig von der 30 km-Grenze und der Dreimonatsfrist **Reisekosten** vor (BFH-Urteil vom 2. 2. 1994, BStBl II S. 422 und H 38 [Einsatzwechseltätigkeit] LStH).

Hat der Arbeitnehmer **mehrere Wohnungen**, muss die Entfernungsvoraussetzung für sämtliche Wohnungen erfüllt sein. Bei einem **weiträumigen Arbeitsgebiet** (z.B. Forstrevier, Werksgelände, Kehr- und Zustellbezirk) ist für die Entfernungsberechnung die Stelle maßgebend, an der das weiträumige Arbeitsgebiet verlassen wird (R 38 Abs. 3 LStR). Der Einsatz an verschiedenen Stellen innerhalb eines weiträumigen Arbeitsgebiets ist keine Einsatzwechseltätigkeit (BFH-Urteil vom 19. 2. 1982, BStBl 1983 II S. 466).

In allen Fällen, in denen eine Berücksichtigung als Reisekosten in Betracht kommt, kann der Arbeitnehmer entweder die im Einzelnen nachgewiesenen **tatsächlichen Kosten** oder – ohne Einzelnachweis – die **pauschalen Kilometersätze je Fahrtkilometer** geltend machen und zwar

• bei einem **Kraftwagen**	0,30 €
• bei einem **Motorrad oder Motorroller**	0,13 €
• bei einem **Moped oder Mofa**	0,08 €
• bei einem **Fahrrad**	0,05 €

Werden die o.g. Kilometer-Sätze angewendet, so sind zusätzlich die **Parkgebühren** am Arbeitsplatz **abziehbar**.

In allen **anderen Fällen** einer Einsatzwechseltätigkeit, bei denen die o.g. Voraussetzungen hinsichtlich der Entfernung und/oder der Dauer der Tätigkeit nicht vorliegen, die Grundsätze für Reisekosten sonach nicht anzuwenden sind, kommt lediglich die **Entfernungspauschale** für Wege zwischen Wohnung und Arbeitsstätte mit 0,30 € je Entfernungs-km in Betracht (s. oben Zeilen 38 bis 48) und nur für eine Fahrt täglich. Dies gilt auch, soweit die Fahrten von der Wohnung ständig zu einem gleich bleibenden Treffpunkt führen, von dem der Arbeitnehmer vom Arbeitgeber zur jeweiligen Einsatzstelle weiterbefördert wird (BFH-Urteil vom 11. 7. 1980, BStBl II S. 653 und H 38 [Einsatzwechseltätigkeit] LStH). Fährt der Arbeitnehmer zunächst zum Betrieb und wird er von dort aus durch ein Fahrzeug des Arbeitgebers zur jeweiligen Einsatzstelle weiterbefördert, wird die Entfernungspauschale nur für die Wegstrecke zwischen Wohnung und Betrieb anerkannt (BFH-Urteil vom 2. 2. 1994, BStBl II S. 422). Bei der Weiterbeförderung zur Einsatzstelle liegen mangels eigener Aufwendungen des Arbeitnehmers keine Werbungskosten vor (R 38 Abs. 1 Satz 1 LStR). Nach den bei Drucklegung noch nicht veröffentlichten BFH-Urteilen vom 11. 5. 2005, VI R 25/04 und VI R 34/04 (NWB 2005, S. 2767) kann allgemein für die Wege zwischen Betriebs- bzw. Firmensitz als regelmäßiger Arbeitsstätte des Arbeitnehmers und **ständig wechselnden Tätigkeitsstätten nicht** die **Entfernungspauschale** angesetzt werden; abziehbar sind die hierfür nachgewiesenen oder glaubhaft gemachten Aufwendungen.

Das Finanzamt entscheidet aufgrund der Angaben in Anlage N, Zeilen 57 bis 62 i.V. mit denen in Zeilen 44 bis 48, ob die Fahrtkosten nach den Grundsätzen für Reisekosten oder nur nach denen für die Wege zwischen Wohnung und Arbeitsstätte anzuerkennen sind.

Soweit die Grundsätze für Reisekosten anzuwenden sind, ist auch ein **steuerfreier Fahrtkostenersatz** durch den Arbeitgeber möglich; dieser mindert die Werbungskosten des Arbeitnehmers. Vgl. hierzu Anlage N, Zeile 50 „Fahrtkostenersatz ..." (c).

Wegen der berücksichtigungsfähigen **Mehraufwendungen für Verpflegung** bei einer sog. Einsatzwechseltätigkeit vgl. Anlage N, Zeilen 63 bis 68.

Fahrtätigkeit – Fahrtkosten

Von der Einsatzwechseltätigkeit ist die sog. **Fahrtätigkeit** zu unterscheiden. Eine Fahrtätigkeit liegt bei Arbeitnehmern vor, die außerhalb des Betriebssitzes ihres Arbeitgebers ständig unterwegs sein müssen und **ihre Tätigkeit auf einem Fahrzeug ausüben**. Eine solche kann ohne weitere Ermittlungen angenommen werden, wenn der Arbeitnehmer durchschnittlich **weniger als 20 %** seiner vertraglichen Arbeitszeit **außerhalb** des Fahrzeugs tätig ist. Die Fahrtätigkeit beschränkt sich nicht auf das Fahren oder Begleiten des Fahrzeugs. Das Be- und Entladen des Fahrzeugs und andere Tätigkeiten, wie z.B. Bereitschaftsdienst an einem ortsfesten Arbeitsplatz (z.B. Betrieb, Zweigbetrieb des Arbeitgebers) gehören jedoch nicht dazu. Eine Fahrtätigkeit wird nicht dadurch ausgeschlossen, dass der Arbeitnehmer auf dem Fahrzeug übernachten kann (z.B. Schiff, LKW-Kabine). Übt der Arbeitnehmer vorübergehend keine Fahrtätigkeit aus (z.B. Teilnahme an einer Fortbildungsveranstaltung), gilt das Fahrzeug als regelmäßige Arbeitsstätte (R 37 Abs. 4 LStR).

Beispiele

Berufskraftfahrer, Beifahrer, Linienbusfahrer, Straßenbahnführer, Taxifahrer, Müllfahrzeugführer, Beton- und Kiesfahrer, Lokführer und Zugbegleitpersonal (vgl. H 37 [Fahrtätigkeit] LStH und die dort zit. Rspr.).

Entscheidend sind aber nicht die abstrakten Merkmale eines bestimmten Berufsbildes, vielmehr kommt es auf den konkreten Einsatz des betreffenden Arbeitnehmers an (BFH-Urteil vom 10. 4. 2002, BStBl II S. 779). Das Fahrzeug ist auch dann die regelmäßige Tätigkeitsstätte, wenn der Arbeitnehmer z.B. im Betrieb des Arbeitgebers regelmäßig fahrtypische Arbeiten durchführt, wie z.B. bestimmte regelmäßig nur kurze Zeit beanspruchende Wartungsarbeiten oder die für die Verkehrssicherheit vorgeschriebenen Kontrollmaßnahmen. Eine Fahrtätigkeit in diesem Sinne liegt dagegen regelmäßig **nicht** vor z.B. bei Polizeibeamten im Streifendienst, Zollbeamten im Grenzaufsichtsdienst, Kraftfahrern im Zustelldienst, Verkaufsfahrern, Kundendienstmonteuren, Fahrlehrern, weil es nicht zu den eigentlichen Aufgaben dieser Arbeitnehmer gehört, ein Fahrzeug zu führen. Zum Berufsfeuerwehrmann vgl. BFH-Urteil vom 7. 7. 2004, BStBl II S. 1004.

Bei einer solchen Fahrtätigkeit sind die **Kosten für Fahrten** zwischen Wohnung und Betrieb, Standort, Fahrzeugdepot oder Einsatzstelle entweder, wenn der Einsatzort nicht ständig wechselt, als Aufwendungen für die Wege zwischen Wohnung und Arbeitsstätte mit der **Entfernungspauschale** von 0,30 € je Entfernungs-km zu berücksichtigen **oder** sie sind, wenn der Einsatzort – d.h. der Ort, an dem der Arbeitnehmer die Fahrzeuge seines Arbeitgebers jeweils zu übernehmen hat – ständig wechselt, als Aufwendungen für Fahrten bei einer **Einsatzwechseltätigkeit** nach den obigen Grundsätzen zu berücksichtigen (R 38 Abs. 2 LStR). Beträgt die einfache Entfernung zwischen Wohnung und dem ständig wechselnden Einsatzort danach mehr als 30 km, so kommt nicht nur die Entfernungspauschale in Betracht, vielmehr können die Fahrtkosten nach den Grundsätzen für Reisekosten berücksichtigt werden.

Wegen der **Mehraufwendungen für Verpflegung** bei einer sog. Fahrtätigkeit, bei der es auf die Abwesenheit von der Wohnung am jeweiligen Kalendertag ankommt, vgl. Anlage N, Zeilen 63 bis 68.

Flugkosten und Fährkosten

Bei Benutzung eines Flugzeugs oder einer Fährverbindung für die Wege zwischen Wohnung und Arbeitsstätte bestehen besondere Regelungen für die Ermittlung der abzugsfähigen Aufwendungen. Zum **Flugzeug** vgl. Anlage N, Zeile 49 a.E. und zur **Fährverbindung** vgl. Anlage N, Zeilen 38 bis 48 „Angaben zur Ermittlung der Entfernungspauschale ...", vor Beispiel 10. Etwaige **Flug- und Fährkosten** sind in **Zeile 60** einzutragen, damit sie als Werbungskosten berücksichtigt werden.

Fortbildungskosten – Ausbildungskosten – Umschulungskosten

Aufwendungen, die ein Arbeitnehmer leistet, um seine Kenntnisse und Fertigkeiten **im bereits ausgeübten/erlernten Beruf** zu erhalten, zu erweitern oder den sich ändernden Anforderungen anzupassen, sind **Fortbildungskosten** und als **Werbungskosten** abzugsfähig, **wenn** dort **berufsbezogener Lehrstoff** vermittelt wird. Dies gilt auch für **Umschulungsmaßnahmen**, die einen Berufswechsel vorbereiten. Dazu gehört z.B. der Besuch von Fachlehrgängen, Kursen, Tagungen und Vortragsveranstaltungen sowie von Tages- und Abendschulen. Auch **vorab entstandene Werbungskosten**, wie Aufwendungen für Fachliteratur oder für ein Arbeitszimmer sind anzuerkennen, wenn die Aufwendungen in einem hinreichend konkreten und objektiv feststellbaren Zusammenhang mit erwarteten steuerbaren Einnahmen stehen, wie das z.B. bei einer im Erziehungsurlaub befindlichen Lehrerin der Fall sein kann. Dabei bedarf der berufliche Verwendungsbezug der Aufwendungen – wenn er sich nicht bereits aus den Umständen ergibt – einer ins Einzelne gehenden Darlegung (BFH-Urteil vom 22.7. 2003, BStBl 2004 II S. 888). Auch die Aufwendungen eines **Arbeitslosen** für seine Fortbildung können schon nach der älteren BFH-Rspr. u.U. vorab entstandene Werbungskosten sein (vgl. BFH-Urteil vom 18. 4. 1996, BStBl II S. 482).

Von den als Werbungskosten abzugsfähigen Fortbildungskosten sind die Aufwendungen für die **eigene Berufsausbildung** zu unterscheiden, die bereits **ab 2004** bis zur Höhe von 4 000 € im Kalenderjahr als **Sonderausgaben** berücksichtigt werden können, wozu auch die Aufwendungen für eine auswärtige Unterbringung gehö-

Teil I: Anlage N
Zeile 58

ren (§ 10 Abs. 1 Nr. 7 EStG): vgl. hierzu Teil I, **Hauptvordruck, Zeilen 83 bis 84**. Da der BFH in den letzten Jahren die Abzugsmöglichkeit von Bildungsaufwendungen von den begrenzt abzugsfähigen Sonderausgaben zugunsten der Steuerpflichtigen immer mehr zu den voll abziehbaren Werbungskosten verschoben hat, sah sich der Gesetzgeber (vermutlich aus Haushaltsgründen) veranlasst, ab 2004 eine Neuregelung zu treffen: Vgl. Gesetz zur Änderung der AO und weiterer Gesetze vom 21. 7. 2004 (BGBl 2004, S. 1753) und R 34 LStR. Diese nur begrenzt abzugsfähige Sonderausgaben betreffende Regelung umfasst vor allem Aufwendungen für die **erstmalige Berufsausbildung** in einem Beruf und für ein **Erststudium** (§ 12 Abs. 1 Nr. 5 EStG). Nach Auffassung der Finanzverwaltung gilt dies auch für ein **berufsbegleitendes Erststudium** (R 34 Abs. 1 Satz 2 LStR). Zu den Kosten eines **Erststudiums** oder **Zweitstudiums** und einer **Umschulung** siehe im Einzelnen unten Abschnitt „Abgrenzung ...".

Als unbegrenzt abzugsfähige Werbungskosten = **Fortbildungskosten** kommen vor allem die Aufwendungen in Betracht, die sich direkt auf die **Fortbildung** beziehen, wie **z. B. Kurs- und Prüfungsgebühren, Fachliteratur** (s. Anlage N, Zeilen 52 bis 54, ABC „Fachliteratur"), **Lehrbücher, Schreibmaterial, Übungsunterlagen.**

Auch die durch die Fortbildung veranlassten **Fahrtkosten** zur Fortbildungsstätte, **Verpflegungsmehraufwendungen** und ggf. **Übernachtungskosten** sind Werbungskosten. Diese Aufwendungen sind nach den für **Dienstreisen** (vgl. unten ABC „Reisekosten") geltenden Grundsätzen steuerlich berücksichtigungsfähig, wenn der Arbeitnehmer als **Ausfluss seines Dienstverhältnisses** zu Fortbildungszwecken vorübergehend eine außerhalb seiner regelmäßigen Arbeitsstätte im Betrieb seines Arbeitgebers gelegene Fortbildungsstätte aufsucht; dies gilt auch, wenn die Fortbildung in der Freizeit (z.B. am Wochenende) stattfindet. Danach wird die vom Arbeitnehmer vorübergehend aufgesuchte Fortbildungsstätte erst nach Ablauf von drei Monaten zur regelmäßigen Arbeitsstätte. Innerhalb der ersten drei Monate können daher ggf. **Fahrtkosten** nach Reisekostengrundsätzen (0,30 € je gefahrenem km usw. und nicht nur die Entfernungspauschale), **Übernachtungskosten** und **Verpflegungspauschalen** als Werbungskosten berücksichtigt werden. Sucht der Arbeitnehmer die Fortbildungsstätte an nicht mehr als zwei Tagen wöchentlich auf, geht die Finanzverwaltung jeweils von einer neuen Dienstreise aus, so dass die Dreimonatsfrist nicht gilt, d.h. auch nach Ablauf von drei Monaten liegt eine Dienstreise vor. Diese Grundsätze gelten entsprechend **auch** bei **Ausbildungsdienstverhältnissen** (s. hierzu unten): Vgl. R 34 Abs. 2 Sätze 2 bis 4 LStR. Ist der Schwerpunkt der Fortbildungsmaßnahme (z.B. Zweitstudium, Fernstudium, Umschulung) in der Wohnung des Steuerpflichtigen, so ist die **Wohnung** regelmäßige Ausbildungsstätte, sodass für gelegentliche Reisen zu anderen Ausbildungsorten ebenfalls Dienstreisegrundsätze gelten (R 34 Abs. 2 Satz 5 LStR). Der Verpflegungsmehraufwand gehört auch dann zu den Werbungkosten, wenn er einem **unverheirateten**, im Haushalt seiner Mutter lebenden **Arbeitnehmer** dadurch entsteht, dass er seinen Aufenthalt vorübergehend an dem auswärtigen Ort nimmt, an dem die Lehrgänge stattfinden (BFH-Urteil vom 18. 8. 1967, BStBl III S. 792).

In allen anderen als den o.g. Fällen, in denen also weder im Betrieb des Arbeitgebers noch in der Wohnung des Steuerpflichtigen die Voraussetzungen für die Annahme einer regelmäßigen Arbeits- oder Fortbildungsstätte vorliegen, ist der jeweilige Ausbildungs- und Fortbildungsort vom ersten Tag an regelmäßige Arbeitsstätte (R 34 Abs. 3 LStR). Für **Fahrtkosten zum Ausbildungs- bzw. Studienort** kann daher nur die **Entfernungspauschale** (Anlage N, Zeilen 38 bis 48) in Anspruch genommen werden. Bei einem herkömmlichen Studium als anzuerkennende Fortbildungsmaßnahme ist sonach die Universität vom ersten Tag an **regelmäßige Arbeitsstätte**. Es ist aber nicht ausgeschlossen, dass ein Studium auch an ständig wechselnden Einsatzstellen absolviert wird (BFH-Urteil vom 29. 4. 2003, BStBl II S. 749). Ist die Ausbildungsstätte als regelmäßige Arbeitsstätte anzusehen, schließt dies allgemein den Abzug von Reisekosten und damit auch von **Mehraufwendungen für Verpflegung** aus. Dies kann ausnahmsweise anders sein, wenn der Steuerpflichtige für einzelne Ausbildungsabschnitte (z.B. anlässlich eines Praktikums) vorübergehend außerhalb seiner Ausbildungsstätte tätig ist. Hat der Steuerpflichtige am Ausbildungs- und Fortbildungsort eine Unterkunft, kann auch die Berücksichtigung einer **doppelten Haushaltsführung** in Betracht kommen (Anlage N, Zeilen 70 bis 83).

Wird z.B. eine Bildungseinrichtung häufig über einen längeren Zeitraum hinweg zum Zwecke eines Vollzeitunterrichts aufgesucht, so liegt eine regelmäßige Arbeitsstätte und deshalb keine Dienstreise vor (BFH-Urteil vom 22. 7. 2003, BStBl 2004 II S. 886). Dies gilt z.B. auch, wenn ein Arbeitnehmer auf Weisung seines Arbeitgebers unter Freistellung von seiner Tätigkeit und unter Fortzahlung seiner bisherigen Bezüge eine mehrere Monate dauernde Fortbildungsveranstaltung besucht; es liegen dann arbeitstägliche Fahrten zwischen Wohnung und Arbeitsstätte vor (BFH-Urteil vom 23. 3. 1979, BStBl II S. 521). Sucht der Arbeitnehmer seine regelmäßige Arbeitsstätte nicht zum Zwecke eines Arbeitseinsatzes, sondern zum Zwecke der Fortbildung auf, so gilt ebenfalls nur die Entfernungspauschale (BFH-Urteil vom 26. 2. 2003, BStBl II S. 495). Holt ein Ehegatte den anderen von einer Fortbildungsstätte ab, so können – anders als bei Fahrten zwischen Wohnung und Arbeitsstätte – die Aufwendungen sowohl für die Abholfahrt als auch für die Hinfahrt (Leerfahrt) als Werbungskosten abgezogen werden (BFH-Urteil vom 23. 10. 1981, BStBl 1982 II S. 215).

Besucht ein Arbeitnehmer, der in keinem Arbeitsverhältnis steht und **keine regelmäßige feste Arbeitsstätte** besitzt, auf eigene Kosten eine Fortbildungsveranstaltung, so können die Mehraufwendungen für Verpflegung ebenfalls nicht nach Reisekostengrundsätzen geltend gemacht, sondern allenfalls anhand der tatsächlichen Mehraufwendungen geschätzt werden (BFH-Urteil vom 23. 8. 1979, BStBl II S. 773). Abzugsfähige Mehraufwendungen für Wohnung und Verpflegung liegen regelmäßig nicht vor, wenn ein unverheirateter Arbeitnehmer seine bisherige Wohnung aufgibt und sich nacheinander an mehreren Orten vorübergehend zum Zweck seiner beruflichen Fortbildung aufhält (BFH-Urteil vom 19. 1. 1962, BStBl III S. 164).

Hat der **Arbeitgeber** die Fortbildungskosten **übernommen,** weil sie in seinem ganz überwiegenden betrieblichen Interesse liegen und sind diese Leistungen deshalb steuerfrei, so kommt ein Abzug als Werbungskosten generell nicht in Betracht. Wegen der **Ersatzleistungen von dritter Seite** und ggf. deren Anrechnung auf die Ausbildungskosten vgl. Teil I, Hauptvordruck, Zeilen 83 bis 84 a.E.. Ein Abzug von Ausgaben als Werbungskosten ist dann nicht möglich, wenn diese Ausgaben mit **steuerfreien Einnahmen** in unmittelbarem **wirtschaftlichen Zusammenhang** stehen. Dies trifft beispielsweise für Mehraufwendungen im Zusammenhang mit einem steuerfrei gewährten Stipendium für Studienzwecke zu (BFH-Urteil vom 9. 11. 1976, BStBl 1977 II S. 207).

Zum Ausbildungs- oder Fortbildungsdienstverhältnis **zwischen Eltern und Kindern** vgl. Teil II, Tz. 2.10 (1).

Beispiele aus Rechtsprechung und Verwaltungspraxis zur Abgrenzung Fortbildungskosten/Ausbildungskosten (vgl. auch R 34 LStR und H 34 LStH):

Aufwendungen für die **Meisterprüfung** sind Fortbildungskosten im ausgeübten Beruf und daher Werbungskosten (BFH-Urteile vom 15. 12. 1989, BStBl 1990 II S. 692 und vom 18. 4. 1996, BStBl II S. 529). Dies gilt auch für Aufwendungen (anteilige AfA) bei Herstellung eines marktgängigen abnutzbaren Meisterstücks (z.B. Schmuckstück). Maßgebliches Kriterium der bisherigen Rspr. war der Umstand, dass kein grundlegender Wechsel der Berufs- oder Erwerbsart vorliegt. Daher sind Aufwendungen eines in einem Wirtschaftsprüfungs- oder Steuerberatungsunternehmen angestellten Diplomkaufmanns, Diplom-Betriebswirts oder Wirtschaftsprüfers zur Vorbereitung auf die **Steuerberaterprüfung** abzugsfähige Fortbildungskosten (BFH-Urteil vom 19. 1. 1990, BStBl II S. 572) wie auch die Kosten eines Steuerberaters für das **Wirtschaftsprüfer-Examen,** ebenso die Aufwendungen eines graduierten Finanzbeamten zur Vorbereitung auf die Steuerberaterprüfung (BFH-Urteil vom 6. 11. 1992, BStBl 1993 II S. 108), Kosten der Vorbereitung auf die **Zweite Lehrprüfung** eines Volksschullehrers (BFH-Urteil vom 17. 12. 1971, BStBl 1972 II S. 259) oder eines **Gerichts-(Rechts-)referendars** auf die **Zweite juristische Staatsprüfung** (BFH-Urteil vom 7. 4.

1972, BStBl II S. 643: Kosten des Repetitors, Gebühren). Auch die Kosten einer im Ausland abgeleisteten Ausbildungsstation eines Referendars sind Werbungskosten (BFH-Urteil vom 31.1. 1975, BStBl II S. 421). Fortbildungskosten sind auch Aufwendungen eines Beamten des mittleren Dienstes oder eines Verwaltungsangestellten zur Vorbereitung auf die **Inspektorenprüfung** (BFH-Urteil vom 18.8.1967, BStBl III S. 792), ebenso Aufwendungen für **Fernlehrgänge,** wenn die Weiterbildung dem ausgeübten Beruf nicht wesensfremd ist und objektiv mit der ausgeübten Tätigkeit zusammenhängt. Deshalb sind auch Aufwendungen einer Krankenschwester für einen Lehrgang mit dem Ziel, **Lehrerin für Pflegeberufe** zu werden, als Werbungskosten anzuerkennen (BFH-Urteil vom 22.7.2003, BStBl 2004 II S. 886 und H 34 [Fortbildung] EStH). Aufwendungen eines Industriekaufmanns für die Teilnahme an **psychologischen Seminaren** können nur dann Werbungskosten sein, wenn in den Seminaren primär auf den konkreten Beruf zugeschnittene psychologische Kenntnisse vermittelt werden und der Teilnehmerkreis des Seminars entsprechend homogen zusammengesetzt ist (BFH-Urteil vom 6.3.1995, BStBl II S. 393).

Abgrenzung der Kosten für eine (erstmalige oder weitere) Berufsausbildung, für ein Erststudium, Zweitstudium und für Umschulungskosten

58
46
Aufwendungen des Steuerpflichtigen für seine **erstmalige Berufsausbildung** und für ein **Erststudium** einschließlich eines berufsbegleitenden Erststudiums gehören stets zu den Kosten der privaten Lebensführung (§ 12 Nr. 5 EStG), die nur im Rahmen des Sonderausgabenabzugs (§ 10 Abs. 1 Nr. 7 EStG) berücksichtigt werden können. Danach ist ab 2004 ein Abzug von „Aufwendungen für die eigene Berufsausbildung" **bis zu 4 000 €** jährlich möglich. Dieser zwar begrenzte Abzug ist ab 2004 erheblich erhöht worden. Vgl. hierzu im Einzelnen die Erläuterungen in Teil I, Hauptvordruck, Zeilen 83 bis 84.

Eine **unbegrenzte** Abzugsfähigkeit als Werbungskosten kommt für diese Fälle nach § 12 Nr. 5 EStG jedoch ausnahmsweise in Betracht, wenn die Aufwendungen für die erstmalige Berufsausbildung und für ein Erststudium im Rahmen eines **Ausbildungs-/Arbeitsdienstverhältnisses** stattfindet. Dazu gehören z.B. Referendare zur Vorbereitung auf das zweite Staatsexamen, Beamtenanwärter, für das Studium beurlaubte Bundeswehroffiziere, für die Promotion beurlaubte Geistliche (H 34 [Ausbildungsdienstverhältnis] LStH und die dort zit. Rspr.).

Sonach sind Kosten eines **Erststudiums** an einer Universität, Hochschule oder Fachhochschule, das unmittelbar nach dem Abitur oder einem sonstigen Schulabschluss aufgenommen wird, auch weiterhin Kosten der Berufsausbildung (vgl. BFH-Urteile vom 17.4.1996, BStBl II S. 450 und vom 9.6.1999, BStBl II S. 708 sowie die weiteren Erläuterungen in Teil I, Hauptvordruck, Zeilen 83 bis 84).

Soweit die neuere BFH-Rechtsprechung bisher auch Aufwendungen für ein **berufsbegleitendes Erststudium** als Werbungskosten (Fortbildungskosten) anerkannt hat (vgl. BFH-Urteile vom 17.12. 2002, BStBl 2003 II S. 407, vom 17.12.2003, BFH/NV 2003, S. 475, 477, 609 und vom 29.4.2003, BStBl II S. 749), ist diese Rspr. **ab 2004** überholt. Auch das noch weitergehende Urteil des BFH vom 27.5.2003, BStBl 2004 II S. 884, das Aufwendungen für eine **erstmalige Berufsausbildung** als vorab entstandene Werbungskosten in einem Fall anerkannt hat, in dem sich der Steuerpflichtige nach einem abgebrochenen Studium des Maschinenbaus auf Grund eines Schulungsvertrags mit einer Fluggesellschaft auf eigene Kosten zum Verkehrsflugzeugführer ausbilden ließ und unmittelbar nach Schulungsabschluss von der Fluggesellschaft als Pilot angestellt wurde, ist mit der neuen gesetzlichen Regelung ab 2004 nicht mehr vereinbar.

Kosten für **Umschulungsmaßnahmen,** die die Grundlage dafür bilden, von einer Berufs- oder Erwerbsart zu einer anderen überzuwechseln, sind – wie bisher – als Werbungskosten abziehbar (vgl. R 34 Abs. 1 Satz 4 LStR) und zwar unabhängig davon, ob die Bildungsmaßnahme eine neue Basis für andere Berufsfelder schafft. Mit Urteil vom 4.12.2002, BStBl 2003 II S. 403 hat der VI. Senat des BFH deshalb einer längere Zeit nicht mehr berufstätigen Industriekauffrau die Aufwendungen für die Ausbildung zur (zunächst angestellten, dann selbständigen) Fahrlehrerin (Besuch der Fahrlehrerakademie u.a.) als vorab entstandene Werbungskosten anerkannt. In Fortsetzung dieser Rspr. hat der IV. Senat des BFH mit Urteil vom 13.2.2003, BStBl II S. 698 entschieden, dass Aufwendungen eines Steuerpflichtigen mit einer abgeschlossenen Berufsausbildung für den **Erwerb eines neuen Berufs** vorweggenommene Werbungskosten/Betriebsausgaben sind, wenn sie in einem **hinreichend konkreten, objektiv feststellbaren Zusammenhang mit erwarteten späteren Einnahmen** aus den neuen Beruf stehen (zur Feststellungslast vgl. BFH-Urteil vom 26.1.2005, BStBl II S. 349). Dies gelte jedenfalls dann, wenn die Ausbildung für den neuen Beruf der **Überwindung oder Vermeidung von Arbeitslosigkeit** diene (betr. eine Bilanzbuchhalterin, die sich wegen drohender Arbeitslosigkeit zur Heilpraktikerin ausbilden ließ). Auch die Aufwendungen einer Stewardess für den Erwerb des **Verkehrs**flugzeugführerscheins einschließlich der Musterberechtigung würden – anders als die Aufwendungen für den Erwerb eines Privatflugzeugführerscheins – als vorab entstandene Werbungskosten anerkannt, wobei ein enger sachlicher und zeitlicher Zusammenhang mit der Erzielung von steuerbaren Einnahmen aus der angestrebten und alsbald aufgenommenen Tätigkeit als Verkehrsflugzeugführerin bestanden hat (BFH-Urteil vom 27.5.2003, BStBl 2005 II S. 202). Ebenso wurden als abzugsfähige Werbungskosten/Betriebsausgaben anerkannt, die Aufwendungen

- einer arbeitslosen Verkäuferin für die Umschulung zur Arzthelferin (BFH-Urteil vom 17.12.2002, BFH/NV 2003 S. 474),
- eines arbeitslosen Landwirts für die Umschulung zum Dachdecker (BFH-Urteil vom 17.12.2002, BFH/NV 2003 S. 477),
- eines arbeitslosen Dipl.-Betriebswirts zur Vorbereitung auf eine selbständige Tätigkeit als Immobilien- und Finanzmakler (BFH-Urteil vom 17.12.2002, BFH/NV 2003 S. 476).

Kosten eines **Zweitstudiums** sind schon nach der früheren Rechtsprechung des BFH Fortbildungskosten, wenn bereits das Erststudium zu einem Berufsabschluss geführt hatte und es sich um ein **Zusatzstudium, Ergänzungsstudium** oder **Aufbaustudium** handelt. Nicht mehr von Bedeutung ist, ob das abgeschlossene Erststudium ergänzt und vertieft wird, und ob das Zweitstudium einen Wechsel in eine andere Berufsart eröffnet oder nicht. Die hierzu ergangene umfangreiche ältere Rspr. hat insoweit keine Bedeutung mehr, weil nach der jetzigen Rechtslage in allen diesen Fällen Fortbildungskosten (Werbungskosten/Betriebsausgaben) vorliegen, vorausgesetzt, dass sie in einem hinreichend konkreten, objektiv feststellbaren Zusammenhang mit späteren steuerpflichtigen Einnahmen aus der angestrebten beruflichen Tätigkeit stehen (R 34 Abs. 1 Satz 5 LStR). Vgl. z.B. die BFH-Urteile vom 14.2.1992, BStBl II S. 556 betr. Gymnasiallehrer zur Erlangung der Befähigung zum Lehramt der Sekundarstufe II, S. 961 betr. Kirchenmusiker zur Ablegung des A-Examens, S. 962 betr. Grund- und Hauptschullehrer mit dem Ziel der Zweiten Staatsprüfung oder Dienstprüfung als Realschullehrer, vom 8.5.1992, BStBl II S. 965 betr. approbierten Humanmediziner, um Mund-Kiefer-Gesichts-Chirurg zu werden, vom 10.7.1992, BStBl II S. 966 betr. Diplom-Ingenieur zur Erlangung der Berufsbezeichnung „Diplom-Wirtschaftsingenieur", vom 18.4.1996, BStBl II S. 449 betr. ein Studium zum Tonmeister nach einem Studium der Musiktheorie, vom 19.4.1996, BStBl II S. 452 betr. einen Arbeitnehmer mit abgeschlossenem Betriebswirtschaftsstudium, der ein aufbauendes Zweitstudium mit dem Abschluss „Master of Business Administration" (MBA) absolviert hat und vom 19.6.1997, BStBl 1998 II S. 239 betr. einem Diplom-Bauingenieur (FH), der Betriebswirtschaft studiert mit dem Ziel, Großprojektleiter oder selbständiger Bauunternehmer zu werden. Auch die ältere BFH-Rspr. (vgl. BFH-Urteile vom 17.4.1996, BStBl II S. 444, 445, 446, 448), wonach Aufwendungen eines Kommunal- oder Finanzbeamten mit dem Grad eines Diplom-Verwaltungswirts (FH) bzw. Diplom-Finanzwirts (FH) für ein Universitätsstudium der Rechtswissenschaft, der Betriebswirtschaftslehre oder Sozialwissenschaft keine Fortbildungskosten, sondern nur als Sonderausgaben abzugsfähige Ausbildungskosten sind, ist überholt. Schon vor der gesetzlichen Neuregelung erging das BFH-Urteil vom 26.6.2003, BFH/NV 2003, S. 1416, das die Kosten eines Diplom-Verwaltungswirts (FH) für ein Jurastudium als Werbungskosten aner-

Teil I: Anlage N
Zeilen 57–62

kannt hat. Ebenso wurden im BFH-Urteil vom 22. 7. 2003, BStBl 2004 II S. 889 die Kosten eines Dipl.-Ing. (FH) für ein Maschinenbaustudium an einer Technischen Universität grundsätzlich als Werbungskosten anerkannt.

Zur steuerlichen Behandlung von **Promotionskosten** hat der BFH seine bisherige Rspr. aufgegeben. Nach der alten Rspr. wurden Promotionskosten nur dann als Werbungskosten anerkannt, wenn der Arbeitgeber unter Fortzahlung der Bezüge von seinem Arbeitnehmer die Promotion **verlangt** hat oder die Doktorarbeit als solche ausschließlicher oder wesentlicher Vertragsgegenstand des Dienstverhältnisses war (BFH-Urteil vom 18. 6. 1993, BFH/NV 1993 S. 724). Dies sollte aber nicht schon dann bejaht werden können, wenn das Promotionsvorhaben lediglich Voraussetzung für die Einstellung z.B. als wissenschaftlicher Mitarbeiter war (BFH-Urteil vom 27. 3. 1991, BStBl II S. 637) und selbst dann nicht, wenn die Promotion für das jeweilige Berufsziel erforderlich war (z.B. Veterinärarzt nur mit dem Titel Dr. med. vet.: BFH-Urteil vom 9. 10. 1992, BStBl 1993 II S. 115). Es war auch unerheblich, ob die Promotion vor oder nach Eintritt in das Berufsleben erfolgte (BFH-Urteil vom 9. 10. 1992 a.a.O.). Wegen der Aufwendungen für eine Promotion außerhalb eines Promotions-Dienstverhältnisses, bei der Berufsausbildung und berufliche Veranlassung zusammenfallen können, vgl. BFH-Urteil vom 22. 11. 2000, BFH/NV 2001 S. 451.

Mit Urteil vom 4. 11. 2003, BStBl 2004 II S. 891 hat der BFH nun **auch bei den Promotionskosten** entscheidend darauf abgestellt, ob ein **berufsbezogener Veranlassungszusammenhang** bejaht werden kann. Es könne nicht mehr ohne weiteres angenommen werden, dass der Erwerb des Doktortitels in erheblichem Umfang privat (mit-)veranlasst sei. Vielmehr seien Kosten für den Erwerb des Doktortitels regelmäßig nicht als Kosten der privaten Lebensführung zu beurteilen. Sie könnten – ggf. vorab entstandene – Werbungskosten sein. Allerdings müsse das Promotionsvorhaben auf das **Erzielen steuerpflichtiger Einnahmen** gerichtet sein (!). Der Steuerpflichtige trage insoweit die Feststellungslast. Im zugunsten des Steuerpflichtigen entschiedenen Urteil handelte es sich allerdings um eine **berufsbegleitende Promotion**. Nicht entschieden ist bisher der Fall einer Promotion, die sich an ein Studium direkt nach dem Abitur anschließt. Die Finanzverwaltung hat bisher noch nicht zur Auswirkung der neuen Rspr. auf die steuerliche Behandlung von Promotionskosten Stellung genommen.

Habilitationskosten sind stets abzugsfähige Werbungskosten (BFH-Urteil vom 7. 8. 1967, BStBl III S. 778), nicht aber die Kosten für eine Habilitationsfeier.

Fremdsprachenunterricht – Sprachkurse

57–62
46–50
Aufwendungen für einen Lehrgang (im Ausland oder Inland), der **Grundkenntnisse** in einer gängigen Fremdsprache vermittelt, sind grundsätzlich nicht als Fortbildungskosten (Werbungskosten/Betriebsausgaben) absetzbar (BFH-Urteil vom 22. 7. 1993, BStBl II S. 787). Aufwendungen für Fremdsprachenunterricht sind nach der älteren Rspr. aber **ausnahmsweise** dann als **Werbungskosten** abzugsfähig, wenn der Lehrgang nicht im Ausland durchgeführt wird und wenn zwischen der jeweiligen Fremdsprache und der (inländischen) **beruflichen Tätigkeit** ein (z.B. durch eine Bewerbung) **hinreichend konkretisierter, sachlicher und enger zeitlicher Zusammenhang** besteht (BFH-Urteile vom 26. 11. 1993, BStBl 1994 II S. 248 und vom 20. 10. 1978, BStBl 1979 II S. 114, z.B. bei einer Hotelsekretärin; ausnahmsweise auch Sprachkurs im Ausland anerkannt: BFH-Urteil vom 31. 7. 1980, BStBl II S. 746). Nach der neueren Rspr. des EuGH und BFH kann die steuerliche Berücksichtigung von Aufwendungen für einen Sprachkurs nicht mehr mit der Begründung versagt werden, er habe in einem anderen Mitgliedstaat der EU stattgefunden (BFH-Urteil vom 13. 6. 2002, BStBl 2003 II S. 765). Die Finanzverwaltung wendet dieses Urteil auch auf andere Länder an, mit denen ein Wirtschaftsabkommen besteht, wie Island, Liechtenstein, Norwegen und die Schweiz (BMF-Schreiben vom 26. 9. 2003, BStBl I S. 447). Die berufliche Veranlassung kann auch schon dann bejaht werden, wenn bereits die nächste Stufe des beruflichen Fortkommens Fremdsprachenkenntnisse erfordert, auch wenn der Sprachkurs nur Grundkenntnisse vermittelt, die angestrebte berufliche Tätigkeit jedoch qualifizierte Fremdsprachenkenntnisse voraussetzt.

Ob in diesem Sinne ein konkreter Zusammenhang besteht, ist stets aufgrund einer **Gesamtwürdigung** aller Umstände des Einzelfalls festzustellen (vgl. BFH-Urteil vom 10. 4. 2002, BStBl II S. 579. Ein Werbungskostenabzug scheidet stets aus, wenn eine Fremdsprache wegen einer im Ausland angestrebten Tätigkeit erlernt wird und die Einkünfte nicht der inländischen Besteuerung unterliegen (BFH-Urteil vom 24. 4. 1992, BStBl II S. 666). Dagegen können nachgewiesene Kosten für Sprachkurse in Deutsch für ausländische Arbeitnehmer Werbungskosten sein, wenn sie berufsbedingt sind.

Aufwendungen für Fremdsprachenunterricht können aber auch **Ausbildungskosten** (als begrenzt abzugsfähige Sonderausgaben: s. oben ABC „Fortbildungskosten – Ausbildungskosten – Umschulungskosten") sein, wenn z.B. ein Student der Germanistik und Anglistik ein Auslandspraktikum als Fremdsprachenassistent an einer Schule in Großbritannien absolviert (BFH-Urteil vom 14. 1. 2000, BStBl II S. 199) oder bei einem Sprachaufenthalt eines Aupair-Mädchens, wenn dieser von einem theoretisch-systematischen Sprachunterricht begleitet wird, der grundsätzlich wöchentlich 10 Unterrichtsstunden umfassen muss (BFH-Urteile vom 9. 6. 1999, BStBl II S. 701 und S. 710 sowie BMF-Schreiben vom 19. 10. 1999, BStBl I S. 958).

Aufwendungen für eine zur Erteilung von berufsbezogenem Fremdsprachenunterricht in den eigenen Haushalt aufgenommenen Person sind nicht als Werbungskosten abziehbar (BFH-Urteil vom 8. 10. 1993, BStBl 1994 II S. 114).

Führerschein

Aufwendungen zur Erlangung eines KFZ-Führerscheins der Klasse 3 (nunmehr C 1 E) dienen regelmäßig der Allgemeinbildung und sind deshalb grundsätzlich nicht abziehbar (BFH-Urteil vom 5. 8. 1977, BStBl II S. 834). Sie sind nur dann Werbungskosten/Betriebsausgaben, wenn sie unmittelbar beruflich veranlasst sind, z.B. wenn ein Reisevertreter, ein Chauffeur, ein Taxi- oder LKW-Fahrer die Fahrprüfung ablegt oder die erstmalige Anstellung vom Besitz des Führerscheins abhängt (vgl. H 103 [Führerschein] EStH und die dort zit. Rspr.). Zu den Aufwendungen einer Stewardess für den Erwerb des **Verkehrs**flugzeugführerscheins als Werbungskosten vgl. oben ABC „Fortbildungskosten – Ausbildungskosten – Umschulungskosten" und BFH-Urteil vom 27. 5. 2003, BStBl 2005 II S. 202.

Geldstrafen, Geldbußen, Gerichtskosten, Anwaltskosten

In einem Strafverfahren festgesetzte **Geldstrafen** (vgl. § 12 Nr. 4 EStG) und **Geldbußen,** die von einem Gericht oder einer Behörde im Inland oder von Organen der Europäischen Gemeinschaften festgesetzt werden, sind ebenso wie **Ordnungsgelder** und **Verwarnungsgelder keine Werbungskosten,** auch nicht, wenn sie im Zusammenhang mit der beruflichen Tätigkeit verwirkt wurden (vgl. § 9 Abs. 5 i. V. mit § 4 Abs. 5 Nr. 8 EStG).

Prozesskosten (Gerichtskosten, Anwaltskosten) sind jedoch dann Werbungskosten, wenn der Prozess unmittelbar und ausschließlich mit der beruflichen Tätigkeit zusammenhängt, wie bei einem Rechtsstreit um die Zahlung von Arbeitslohn, die Kündigung oder das Fortbestehen eines Arbeitsverhältnisses (BFH-Urteil vom 5. 7. 1963, BStBl III S. 499) oder bei einem Beamten die **Kosten eines Dienststrafverfahrens.** Auch Kosten eines Folgeprozesses können Werbungskosten sein (BFH-Urteil vom 6. 12. 1983, BStBl 1984 II S. 314). **Kosten der Strafverteidigung** sind ebenfalls Werbungskosten, wenn der strafrechtliche Schuldvorwurf durch das berufliche Verhalten des Steuerpflichtigen veranlasst gewesen ist, und zwar auch dann, wenn es zu einer Bestrafung des Arbeitnehmers oder der Auferlegung einer Geldbuße gekommen ist (BFH-Urteil vom 19. 2. 1982, BStBl II S. 467).

Zu **Geldstrafen, Geldbußen, Gerichtskosten** und **Anwaltskosten** sowie zu **Auflagen** oder **Weisungen** des Gerichts oder einer Behörde, wird auf die ausführliche Darstellung in **Teil II, Tz. 2.10. Nr. (7)** hingewiesen.

Kassenfehlbeträge

Kassenfehlbeträge, die der Arbeitnehmer dem Arbeitgeber ersetzen muss, sind Werbungskosten (BFH-Urteil vom 11. 7. 1969, BStBl 1970 II S. 69).

Kinderpflegerin

Aufwendungen berufstätiger Eheleute für die Beschäftigung einer Kinderpflegerin sind keine Werbungskosten (BFH-Urteil vom 5.12.1997, BStBl 1998 II S. 211). Wegen des Freibetrags für den Betreuungs-, Erziehungs- und Ausbildungsbedarf eines Kindes vgl. **Anlage Kind**, Zeilen 1 bis 29, wegen des Freibetrags zur Abgeltung eines Sonderbedarfs bei Berufsausbildung eines volljährigen Kindes Zeilen 42 bis 44 und wegen der Kinderbetreuungskosten Zeilen 46 bis 54.

Kongresse

Siehe ABC „Studienreisen und Kongresse"

Kontoführungsgebühren

61
49
Entstandene **Kontoführungsgebühren** sind Werbungskosten, soweit sie auf die Gutschrift von Arbeitslohn und auf beruflich veranlasste Überweisungen entfallen (BFH-Urteil vom 9.5.1984, BStBl II S. 560). Ohne Einzelnachweis werden **16 € im Kalenderjahr** (Nichtbeanstandungsgrenze) vom Finanzamt anerkannt. Der Ersatz von Kontoführungsgebühren durch den Arbeitgeber ist steuerpflichtiger Arbeitslohn (R 70 Abs. 3 Nr. 1 LStR). **Kontoeröffnungsgebühren** sind mangels sachgerechter Abgrenzung zwischen beruflichem und privatem Anlass keine Werbungskosten.

Reisekosten

Allgemeine Grundsätze

59
47
Reisekosten sind als **Werbungskosten** abzugsfähig, **soweit** die Aufwendungen durch den Arbeitgeber **nicht steuerfrei ersetzt** wurden (vgl. § 3 Nr. 13 und Nr. 16 EStG). Abzugsfähige Reisekosten können insbesondere aus Anlass einer **Dienstreise,** aber auch aus Anlass einer sog. **Fahrtätigkeit** oder einer sog. **Einsatzwechseltätigkeit** entstehen. Wegen der beiden zuletzt genannten Tätigkeiten vgl. Anlage N, Zeilen 57 bis 62 (ABC, „Einsatzwechseltätigkeit – Fahrtkosten") und Zeilen 63 bis 68 („... Pauschbeträge für Mehraufwendungen für Verpflegung").

Zu den **Reisekosten** gehören die **Fahrtkosten** – unten **(1)** –, die **Verpflegungsmehraufwendungen** – unten **(2)** –, die **Übernachtungskosten** am Reiseziel oder während einer mehrtägigen Reise – unten **(3)** –,und die **Reisenebenkosten** – unten **(4)**. Mittelbare Kosten, z.B. etwaige Kosten für die Anschaffung eines Koffers oder von Wäsche, gehören nicht zu den Reisekosten. Wegen des anlässlich der Reise erlittenen Verlusts von Vermögensgegenständen als Werbungskosten und der steuerlichen Behandlung von Leistungen einer Reisegepäckversicherung des Arbeitgebers für seine Arbeitnehmer vgl. unten ABC „Vermögensverluste".

Sind Reisekosten **teils beruflich, teils privat** veranlasst (wie z.B. bei einer beruflichen Erledigung anlässlich einer privaten Wochenendfahrt), so kommt ein teilweiser Abzug als Werbungskosten nur in Betracht, wenn eine Trennung leicht und einwandfrei möglich ist; anderenfalls gehört der gesamte Aufwand zu den nicht abzugsfähigen Lebenshaltungskosten nach § 12 Nr. 1 EStG (R 23 Abs. 2 EStR i.V. mit R 37 bis 40a LStR).

Auch die Kosten für die **Mitreise einer Begleitperson** (z.B. Mitarbeiter, Assistent, Fahrer, Sekretärin) können Werbungskosten sein, ebenso die Kosten für die mitreisende Ehefrau, wenn diese eine notwendige Begleitperson ersetzt, wie z.B. eine Dolmetscherin oder Sekretärin oder wenn sie im Betrieb in führender Position mitarbeitet oder überdurchschnittliche Spezialkenntnisse hat oder wenn für die Mitnahme zwingende berufliche Gründe (z.B. eine schwere Behinderung) vorliegen.

Eine **Dienstreise** ist ein Ortswechsel einschließlich der Hin- und Rückfahrt aus Anlass einer vorübergehenden Auswärtstätigkeit (R 37 Abs. 3 LStR). Voraussetzung für die Anerkennung einer Dienstreise ist, dass der Arbeitnehmer aus beruflichen Gründen **vorübergehend außerhalb seiner Wohnung und seiner regelmäßigen Arbeitsstätte beruflich tätig** wird. Es kommt nicht darauf an, ob der Arbeitnehmer die politische Gemeinde verlässt, in der seine Wohnung und/oder seine regelmäßige Arbeitsstätte liegt. Ebenso ist es unerheblich, ob die Dienstreise von der regelmäßigen Arbeitsstätte oder von der Wohnung aus angetreten wird.

Da steuerlich anzuerkennende Reisekosten nur vorliegen, wenn der Arbeitnehmer **außerhalb seiner regelmäßigen Arbeitsstätte vorübergehend** tätig wird, kommt der Feststellung der **regelmäßigen Arbeitsstätte** eine grundsätzliche Bedeutung zu. Regelmäßige Arbeitsstätte ist der ortsgebundene **Mittelpunkt der dauerhaft angelegten beruflichen Tätigkeit** des Arbeitnehmers. Der Arbeitnehmer muss an diesem Mittelpunkt, z.B. in dem Betrieb oder einem Zweigbetrieb, wenigstens einen Teil der ihm insgesamt übertragenen Arbeiten verrichten. Es muss sich aus der Häufigkeit des Aufenthalts im Betrieb und dem Umfang der dort ausgeübten Tätigkeiten ergeben, dass der Betrieb beruflicher Mittelpunkt des Arbeitnehmers ist und im Vergleich zu vorübergehenden Tätigkeitsstätten ein eindeutiges und bestimmendes Übergewicht besitzt. Voraussetzung ist, dass der Arbeitnehmer nach Auswärtstätigkeiten immer wieder in den Betrieb zurückkehrt, um dort vom zeitlichen Ablauf einen wesentlichen Teil seiner Arbeitsleistung zu erbringen (vgl. BFH-Urteil vom 10.10.1994, BStBl II 1995 S. 137). Nach Auffassung der Finanzverwaltung kann bei einem Arbeitnehmer, der außerhalb des Betriebs tätig wird, der Betrieb ohne weitere Ermittlung als regelmäßige Arbeitsstätte anerkannt werden, wenn er regelmäßig in der Woche mindestens 20 % seiner vertraglichen Arbeitszeit oder durchschnittlich im Kalenderjahr an einem Arbeitstag je Arbeitswoche im Betrieb tätig wird (R 37 Abs. 2 Satz 3 LStR). Auch bei einem **weiträumig zusammenhängenden Arbeitsgelände**, wie z.B. einem Werksgelände, einem Forstrevier eines Waldarbeiters oder einem Neubaugebiet oder einem Kehr- oder Zustellbezirk kann es sich um eine regelmäßige Arbeitsstätte handeln. Ein weiträumig zusammenhängendes Arbeitsgebiet liegt aber **nicht** schon deshalb vor, weil der Arbeitnehmer ständig in einem Hafengebiet, Gemeindegebiet, im Bereich einer Großstadt oder in einem durch eine Kilometergrenze bestimmten Arbeitsgebiet an verschiedenen Stellen tätig wird (H 37 [Weiträumiges Arbeitsgebiet] LStH und die dort zit. Rspr.).

Auch die **Wohnung** des Arbeitnehmers kann in besonders gelagerten Ausnahmefällen als eine regelmäßige Arbeitsstätte angesehen werden. So handelt es sich z.B. bei dem Raum eines angestellten Handels- oder Reisevertreters oder Prüfers im Außendienst, in dem er die Korrespondenz erledigt, Reise- und Prüfberichte erstellt oder Aufträge an den Arbeitgeber weitergibt, um seine regelmäßige Arbeitsstätte (vgl. BFH-Urteil vom 12.12.1988, BFH/NV 1988 S. 439; FG Saarland, Urteil vom 14.12.1989, EFG 1990 S. 349). Ob die Aufwendungen für diesen Raum (Arbeitszimmer) in der Wohnung des Arbeitnehmers als Werbungskosten anzuerkennen sind, ist nicht entscheidend.

Zur sog. **Fahrtätigkeit** und zur sog. **Einsatzwechseltätigkeit** vgl. Anlage N, Zeilen 57 bis 62 (ABC) und Zeilen 63 bis 68.

Eine Auswärtstätigkeit ist **vorübergehend,** wenn der Arbeitnehmer voraussichtlich an die regelmäßige Arbeitsstätte zurückkehren und dort seine berufliche Tätigkeit fortsetzen wird (BFH-Urteil vom 10.10.1994 aaO). Bei einer längerfristigen vorübergehenden Auswärtstätigkeit an derselben Tätigkeitsstätte ist **nur für die ersten drei Monate** eine Dienstreise anzuerkennen, und dies selbst dann, wenn vorhersehbar ist, dass die Gesamtdauer der Tätigkeit über drei Monate hinausgehen wird (ebenso für Beamtenanwärter im öffentlichen Dienst: BFH-Urteile vom 4.5.1990, BStBl II S. 859 und S. 861). Das gilt aber nicht, wenn nach Lage der Verhältnisse davon auszugehen ist, dass die auswärtige Tätigkeitsstätte vom ersten Tag an zur regelmäßigen Arbeitsstätte geworden ist, z.B. bei einer Versetzung (H 37 [Vorübergehende Auswärtstätigkeit] LStH).

Nach Ablauf der ersten drei Monate einer Tätigkeit am selben Ort ist jedoch in allen Fällen davon auszugehen, dass diese Tätigkeitsstätte zur regelmäßigen Arbeitsstätte geworden ist und somit von diesem Zeitpunkt an **keine Dienstreise** mehr vorliegt (R 37 Abs. 3 Satz 3 LStR). Im BFH-Urteil vom 18.5.2004, BStBl II S. 962 wird diese Auffassung zwar im Grundsatz bestätigt. Hiernach soll aber ausnahmsweise auch **nach** Ablauf von drei Monaten keine (weitere) Arbeitsstätte begründet werden, wenn der Arbeitnehmer seine Arbeitsleistung **vorübergehend** außerhalb der Wohnung und des dauerhaften Mittelpunkts seiner beruflichen Tätigkeit (z.B. im Architekturbüro) erbringt und wenn sich die auswärtige Tätigkeit im Vergleich zur Arbeit an der regelmäßigen Tätigkeitsstätte als **untergeordnet** darstellt (z.B. als Bauleit-

Teil I: Anlage N
Zeile 59

ter auf den Baustellen). In solchen Fällen handle es sich auch **nach Ablauf von drei Monaten** um Dienstreisen. Zu Dienstreisen im Zusammenhang mit **Fortbildungsmaßnahmen** vgl. oben N 57 bis 62, ABC „Fortbildung – ...".

Im Übrigen ist zur **Dreimonatsfrist** von folgenden Grundsätzen auszugehen (R 37 Abs. 3 Satz 4 LStR):

- Eine urlaubs- oder krankheitsbedingte Unterbrechung der Auswärtstätigkeit am selben Ort hat auf den Ablauf der Dreimonatsfrist keinen Einfluss (BFH-Urteil vom 18. 5. 1990, BStBl 1990 II S. 863). Andere Unterbrechungen, z.B. durch vorübergehende Tätigkeit an der regelmäßigen Arbeitsstätte, führen nur dann zu einem Neubeginn der Dreimonatsfrist, wenn die Unterbrechung mindestens vier Wochen gedauert hat; dagegen ist noch dieselbe Dienstreise anzunehmen, wenn der Arbeitnehmer nach einer Unterbrechung die Auswärtstätigkeit mit gleichem Inhalt, am gleichen Ort und im zeitlichen Zusammenhang mit der bisherigen Tätigkeit ausübt (vgl. H 37 [Vorübergehende Auswärtstätigkeit] LStH und BFH-Urteil vom 19. 7. 1996, BStBl 1997 II S. 95).

- Bei auswärtigen Tätigkeitsstätten, die sich infolge der Eigenart der Tätigkeit laufend örtlich verändern, wie z.B. bei dem Bau einer Autobahn oder bei der Montage von Hochspannungsleitungen, gilt die Dreimonatsfrist nicht. Sie gilt ebenfalls nicht für Arbeitnehmer, die über einen längeren Zeitraum hinweg eine Auswärtstätigkeit an täglich mehrmals wechselnden Tätigkeitsstätten innerhalb einer Gemeinde oder deren Umgebung ausüben, wie z.B. Reisevertreter und Kundendienstmonteure. In solchen Fällen handelt es sich täglich um eine neue Dienstreise.

Für die Abzugsfähigkeit der Reisekosten als Werbungskosten gilt im Einzelnen Folgendes:

(1) Fahrtkosten als Reisekosten

Fahrtkosten sind in der nachgewiesenen Höhe (Fahrkarte, Zuschläge [EC, IC, ICE], Flugticket, PKW-Kosten, Taxiquittung) abzugsfähig. Dem Arbeitnehmer steht es frei, welches Verkehrsmittel er benutzen will. Auf die Notwendigkeit der Aufwendungen kommt es nicht an.

Bei **Benutzung öffentlicher Verkehrsmittel** kann er auch die Wagenklasse selbst bestimmen. Ersetzt der Arbeitgeber steuerfrei nur die Kosten der 2. Wagenklasse, so kann der Arbeitnehmer die Differenz zu den tatsächlichen entstandenen Kosten der 1. Wagenklasse als Werbungskosten geltend machen. Die Aufwendungen für eine **BahnCard**, die zum Erwerb von Fahrkarten mit einer Ermäßigung von 50 v.H. oder 25 v.H. berechtigt, sind dann Werbungskosten, wenn der Erwerb im Hinblick auf eine ausgeprägte berufliche Reisetätigkeit und damit allein aus beruflichen Gründen erfolgt und wenn die Aufwendungen für den Erwerb der BahnCard zusammen mit den in der Folgezeit mit einer Ermäßigung von 50 v.H. erworbenen Fahrkarten für die Durchführung von Dienstreisen geringer sind als die Aufwendungen, die für den Erwerb der Fahrkarten ohne Ermäßigung entstanden wären. Dem Abzug dieser Aufwendungen als Werbungskosten steht dann nicht entgegen, dass der Arbeitnehmer mit dieser BahnCard auch Fahrkarten mit dem halben Preis zur Durchführung von Privatfahrten erwerben kann; die private Mitbenutzung ist dann von untergeordneter Bedeutung.

Bei **Benutzung des eigenen KFZ** können die gesamten auf die Dienstreise anteilig entfallenden laufenden und festen Kosten **entweder** durch **Einzelnachweis** oder durch **pauschale Km-Sätze** geltend gemacht werden:

- **Einzelnachweis der Fahrtkosten**

Der Einzelnachweis kann **nicht** mit Hilfe der Kilometer-Sätze der **ADAC-Tabellen** geführt werden (BFH-Urteile vom 17. 12. 1976, BStBl 1977 II S. 295 und vom 27. 6. 1980, BStBl II S. 651).

Entscheidet sich der Arbeitnehmer für den **Einzelnachweis,** so sind vielmehr sämtliche Aufwendungen für das KFZ **durch Belege** nachzuweisen. **Berücksichtigungsfähig sind z.B.** die Kosten für KFZ-Steuer, Haftpflichtversicherung, Kaskoversicherung, Benzin, Öl, Reparaturen, Inspektion, Reifen, Finanzierung, Garagenmiete sowie die anteiligen Schuldzinsen für einen Kredit zur Anschaffung des PKW, soweit sie auf berufliche Fahrten entfallen (BFH-Urteil vom 1. 10. 1982, BStBl 1983 II S. 17). Zu berücksichtigen sind auch die Beiträge für die Automobil-Rechtsschutzversicherung; sie sind für KFZ, die nicht nur betrieblich, sondern auch privat genutzt werden im gleichen Verhältnis wie die anderen Aufwendungen aufzuteilen (Berechnungsbeispiel s. unten). Abzugsfähig sind vor allem aber die **anteiligen Absetzungen für Abnutzung (AfA):** wegen der Höhe s. unten. **Leasing-Sonderzahlungen** bei Leasingbeginn gehören – ebenso wie die laufenden Leasingraten – in Höhe der anteiligen beruflichen Nutzung des PKW zu den sofort abziehbaren Werbungskosten (und nicht etwa nur in Höhe der AfA eines Nutzungsrechts an dem PKW, BFH-Urteil vom 5. 5. 1994, BStBl II S. 643).

Dagegen gehören **nicht** zu den **hier** maßgeblichen Gesamtkosten z.B. Park- und Straßenbenutzungsgebühren (Autobahngebühren, Maut), Kosten für Insassen- und Unfallversicherungen, Aufwendungen infolge von Verkehrsunfällen (z.B. Schadensersatzleistungen) sowie Geldstrafen, Verwarnungs-, Ordnungs- und Bußgelder (H 38 [Einzelnachweis] LStH); mit Ausnahme der Geldstrafen, Verwarnungs-, Ordnungs- und Bußgelder handelt es sich dabei um abzugsfähige **Reisenebenkosten**. Vgl. hierzu unten **(4)**.

Neben den im Einzelnen nachgewiesenen anteiligen Fahrtkosten können auch außergewöhnliche KFZ-Kosten, insbesondere **Unfallkosten**, die aus Anlass einer Dienstreise entstanden sind, als Werbungskosten berücksichtigt werden (zu den Voraussetzungen vgl. Anlage N Zeilen 38 bis 48 „Unfallkosten ...").

Hinsichtlich der **Höhe der AfA** anerkennt die Finanzverwaltung für PKW und Kombifahrzeuge sowohl des **Privatvermögens wie des Betriebsvermögens** bei Erstzulassung **nach dem 31. 12. 2000 grundsätzlich eine Nutzungsdauer** von **sechs Jahren** und einen **AfA-Satz** von ≈ **17 v.H.** und bei Erstzulassung nach dem 31. 12. 1992, aber vor dem 1. 1. 2001 eine Nutzungsdauer von fünf Jahren und einen maßgeblichen AfA-Satz von **20 v.H.** (vgl. BMF-Schreiben vom 15. 12. 2000, BStBl I S. 1532). Dies bedeutet, dass es in solchen Fällen nicht zu beanstanden ist, wenn der Steuerpflichtige der AfA die o.g. Nutzungsdauer zugrunde legt. Bei einer hohen Fahrleistung kann aber **auch** eine **kürzere** Nutzungsdauer (z.B. vier bzw. fünf Jahre) anerkannt werden.

War das Fahrzeug im Zeitpunkt der Anschaffung **nicht neu,** also ein **Gebrauchtwagen,** so ist die „entsprechende **Rest-Nutzungsdauer"** maßgebend. Sie ist in jedem Einzelfall unter Berücksichtigung aller Umstände, nämlich Alter, Beschaffenheit und voraussichtlichem Einsatz des KFZ zu schätzen (H 38 [Einzelnachweis] LStH). Im Jahr der Anschaffung des PKW konnte bisher für die im ersten Halbjahr angeschafften PKW und bei Anschaffung im zweiten Halbjahr der halbe Jahresbetrag der AfA geltend gemacht werden. Für Anschaffungen **ab 2004** gilt dies nicht mehr. Stattdessen hat in diesen Fällen eine **monatsgenaue Abschreibung** zu erfolgen, d.h. im Jahr der Anschaffung vermindert sich der Absetzungsbetrag um jeweils ein Zwölftel für jeden vollen Monat, der dem Monat der Anschaffung vorausgeht (§ 52 Abs. 21 Satz 3 EStG).

Bemessungsgrundlage für die AfA sind im Privatvermögen die Anschaffungskosten einschließlich der Umsatzsteuer. Zu den Anschaffungskosten gehören auch die Aufwendungen für ein fest eingebautes **Autoradio** (BFH-Urteile vom 7. 9. 1989, BStBl 1990 II S. 19 und vom 24. 10. 1972, BStBl 1973 II S. 78). Zur steuerlichen Behandlung eines **Autotelefons** vgl. Anlage N, Zeilen 52 bis 54, ABC „Fernsprechgerät, Telefonkosten, Autotelefon".

Ob bei den **Benzinkosten** trotz des grundsätzlichen Erfordernisses des Einzelnachweises auf die Vorlage der Tankstellenbelege verzichtet und stattdessen insoweit eine Schätzung zugelassen werden kann (z.B. typenabhängiger Verbrauch je 100 km = 12 l × durchschnittlicher Benzinpreis z.B. 1,15 € = 13,80 € je 100 km) war **früher** umstritten. Mit Urteil vom 7. 4. 1992, BStBl II S. 854 hat der BFH eine solche **Teilschätzung** für zulässig erklärt, dabei allerdings ausgesprochen, dass das Finanzamt hierbei von den für den Steuerpflichtigen ungünstigsten Umständen (z.B. hinsichtlich Verbrauch und Benzinpreis) ausgehen darf.

Beispiel für Einzelnachweis von Fahrtkosten mit PKW

Die Anschaffungskosten für ein im Januar von einem Arbeitnehmer erworbenes, neues Kraftfahrzeug betrugen einschließlich Sonderausstattung und Mehrwertsteuer 25 000 €.

- AfA bei einer unterstellten Nutzungsdauer
  von 6 Jahren, ≈ 17 v.H. aus 25 000 €   4 250 €
- Garagenmiete 12 × 35 €   420 €
- Kraftfahrzeugsteuer   185 €
- Haftpflichtversicherung   160 €
- Teilkaskoversicherung   45 €
- Benzin, Öl lt. Rechnungen   1 330 €
- Reparaturen, Wartung lt. Rechnungen   750 €
- Finanzierungskosten (Schuldzinsen)   460 €

Gesamtkosten im Kalenderjahr   7 600 €

Da der Anteil an den **Gesamt-KFZ-Kosten** eines Kalenderjahres, der auf Dienstreisen entfällt, zu ermitteln ist, empfiehlt sich die Führung eines **Fahrtenbuches**. Es genügt aber auch, wenn der **Teilbetrag der jährlichen Gesamtkosten** des eigenen KFZ ermittelt wird, der dem Anteil der zu berücksichtigenden Fahrten an der Jahresfahrtleistung entspricht (R 38 Abs. 1 Satz 3 LStR). In diesem Fall müssen neben den jährlichen Gesamtkosten (s. oben) mindestens die im Kalenderjahr insgesamt gefahrenen Kilometer sowie die auf die Dienstreisen entfallenden Kilometer im Einzelnen nachgewiesen werden.

Wird ein **Fahrtenbuch** geführt, so sind die folgenden Angaben zu machen: Datum und Kilometerstand zu Beginn und am Ende jeder einzelnen Auswärtstätigkeit, Reiseziel und Reiseroute, Reisezweck und aufgesuchte Geschäftspartner. Für **Privatfahrten** genügen jeweils Kilometerangaben. Fahrten zwischen Wohnung und Arbeitsstätte sind nur zu vermerken. Soweit Verpflegungsmehraufwendungen geltend gemacht werden, ist auch die jeweilige Abfahrts- und Auskunftszeit aufzuzeichnen.

Wurden nach dem Fahrtenbuch im Abrechnungszeitraum z.B. insgesamt 20 000 km gefahren, so ergibt sich **für einen km** ein tatsächlicher Aufwand von (7 600 € : 20 000 km =) **0,38 €**. Entfallen von den gefahrenen Kilometern z.B.

- auf Fahrten aus Anlass von Dienstreisen   10 000 km
- auf Fahrten zwischen Wohnung und Arbeitsstätte 5 000 km
- auf Privatfahrten   5 000 km,

so betragen demnach die auf Dienstreisen entfallenden Fahrtkosten

– 10 000 km × 0,38 € =   3 800 €.

Hat der Arbeitnehmer die Gesamtkosten für das Kraftfahrzeug nach den obigen Grundsätzen für einen **Zeitraum von 12 Monaten** ermittelt, so ist es zulässig, den so ermittelten Kilometersatz so lange als Werbungskosten geltend zu machen, bis sich die der Gesamtkostenermittlung zugrundeliegenden Verhältnisse wesentlich ändern, z.B. bis zum Ablauf des Abschreibungszeitraums oder bis zum Eintritt veränderter Leasingbelastungen (R 38 Abs. 1 Satz 4 LStR) oder wenn vor Ablauf der AfA anstelle des bisherigen, ein anderes Kraftfahrzeug angeschafft wird, nicht dagegen aber, wenn sich allein die Haftpflichtversicherungsbeiträge oder die Benzinkosten ändern. Der Zeitraum von 12 Monaten ist zusammenhängend zu verstehen; er muss nicht mit dem Kalenderjahr identisch sein.

- **Pauschale Kilometersätze für Fahrtkosten**

Entscheidet sich der Arbeitnehmer aus Vereinfachungsgründen **anstelle** des oben geschilderten **Einzelnachweises** für die Geltendmachung **pauschaler Kilometersätze**, so werden bereits **ab 1. 1. 2002** folgende Beträge **je gefahrenem km** anerkannt (BMF-Schreiben vom 20. 8. 2001, BStBl I S. 541):

• bei einem Kraftwagen	0,30 €
• bei einem Motorrad oder Motorroller	0,13 €
• bei einem Moped oder Mofa	0,08 €
• bei einem Fahrrad	0,05 €.

Für jede Person, die aus beruflicher Veranlassung bei einer Dienstreise mitgenommen wird, erhöhen sich der Kilometersatz von 0,30 € um 0,02 € und der Kilometersatz von 0,13 € um 0,01 €; zusätzliche Kosten für die Mitnahme von **Gepäck** können nicht berücksichtigt werden (H 38 [Pauschale km-Sätze] EStH).

Mit den pauschalen Kilometersätzen sind **sämtliche** mit dem Betrieb des Fahrzeugs verbundenen **Aufwendungen abgegolten** mit **Ausnahme** der anfallenden **Parkgebühren** (sie sind Reisenebenkosten: vgl. unten 4) und **außergewöhnlicher Kosten** für nicht voraussehbare Reparaturen, die nicht auf Verschleiß beruhen (BFH-Urteil vom 17. 10. 1973, BStBl 1974 II S. 186). Auch **Unfallkosten** (vgl. hierzu Anlage N, Zeilen 38 bis 48 „Unfallkosten ...") und Absetzungen für **außergewöhnliche technische Abnutzung** sowie Aufwendungen infolge eines Schadens, der durch den **Diebstahl** des Fahrzeugs entstanden ist (BFH-Urteil vom 25. 5. 1992, BStBl 1993 II S. 44) – unter Anrechnung von Schadensersatzleistungen Dritter – sind **daneben abzugsfähig** (H 38 [Pauschale Km-Sätze] LStH), jedoch grundsätzlich nur im Veranlagungszeitraum des Schadenseintritts (vgl. BFH-Urteil vom 13. 3. 1998, BStBl II S. 443). Die Aufwendungen für einen **Austauschmotor** können dagegen in der Regel nicht als außergewöhnliche Kosten berücksichtigt werden, wenn der Schaden bei einer hohen Fahrleistung (im Streitfall 42 000 km) eingetreten ist (BFH-Urteil vom 17. 10. 1973 a.a.O.). Für die Feststellung, ob die Kosten für den Austauschmotor außergewöhnlich sind, gibt es keine typisierende Regelung; es sind vielmehr alle Umstände des konkreten Einzelfalles zu würdigen (BFH-Urteil vom 29. 1. 1982, BStBl II S. 325). Handelt es sich nicht um einen normalen Verschleiß des Motors, tritt also der Schaden nach einer relativ niederen Fahrleistung ein, können die Aufwendungen für den Austauschmotor neben den Kilometersätzen als Werbungskosten berücksichtigt werden; in diesem Fall sind die Kosten im Verhältnis der privat zu den beruflich gefahrenen Strecken aufzuteilen (FG Baden-Württemberg, Urteil vom 28. 6. 1979, EFG 1979 S. 441). Auch Kosten, die mit dem laufenden Betrieb eines Fahrzeugs zusammenhängen, wie z.B. Aufwendungen für eine **Fahrzeug-Vollversicherung** (Vollkasko) sind keine außergewöhnlichen Kosten (BFH-Urteile vom 8. 11. 1991, BStBl 1992 II S. 204 und vom 21. 6. 1991, BStBl II S. 814). **Schuldzinsen** für einen Kredit zur Anschaffung des PKW sind bei Inanspruchnahme der Pauschbeträge – anders als beim Einzelnachweis (s. oben) – ebenfalls nicht neben den Kilometersätzen abzugsfähig (BFH-Urteil vom 30. 11. 1979, BStBl 1980 II S. 141).

Die Kilometersätze werden **nicht** anerkannt, wenn sie im Einzelfall zu einer **offensichtlich unzutreffenden Besteuerung** führen. Eine solche Prüfung erfolgt bei den Kilometerpauschalen (im Gegensatz zu den Verpflegungspauschalen: s. unten) auch weiterhin (H 38 [Pauschale Km-Sätze] LStH), z.B. wenn offensichtlich ist, dass sie gemessen an den besonders hohen Jahresfahrleistung erheblich zu hoch sind (BFH-Urteil vom 25. 10. 1985, BStBl 1986 II S. 200). Beträgt diese z.B. bei einem PKW mehr als 40 000 km, so besteht Anlass zur Prüfung, ob nicht eine so wesentliche Abweichung vorliegt, dass eine Anwendung des Pauschbetrags ausscheidet (wie z.B. bei einem bereits abgeschriebenen PKW, bei dem die tatsächlichen Kosten nach den vorliegenden Aufzeichnungen erheblich niedriger waren: BFH-Urteil vom 26. 7. 1991, BStBl 1992 II S. 105), nicht jedoch, wenn der Arbeitgeber Beiträge zu einer Dienstreise-Kaskoversicherung aufwendet (BMF-Schreiben vom 31. 3. 1992, BStBl I S. 270). In diesen Fällen schätzt das Finanzamt die entstandenen Kraftfahrzeugkosten.

Werden dem Arbeitnehmer **vom Arbeitgeber geringere** als die genannten **Kilometersätze (steuerfrei) ersetzt** (§ 3 Nr. 13, Nr. 16 EStG), so ist der Unterschiedsbetrag ohne Einzelnachweis als Werbungskosten anzuerkennen (BFH-Urteil vom 2. 4. 1982, BStBl II S. 498), beim Ersatz darüber hinaus (z.B. zusätzlicher Ersatz der Vollkaskoprämie) liegt steuerpflichtiger Arbeitslohn vor (BFH-Urteile vom 21. 6. 1991 a.a.O. und vom 8. 11. 1991 a.a.O.). Ersetzt der Arbeitgeber nicht Kilometersätze, sondern **Pauschvergütungen** in bestimmter Höhe für einen bestimmten Zeitabschnitt ohne Rücksicht auf den Umfang der tatsächlich ausgeführten Fahrten, so gehören diese zum steuerpflichtigen Arbeitslohn. Der Arbeitnehmer kann dann seine Aufwendungen in vollem Umfang als Werbungskosten geltend machen. Dies gilt auch, wenn der Arbeitnehmer vertraglich von seinem Arbeitgeber Fahrauslagenersatz verlangen könnte, auf seinen Anspruch jedoch **verzichtet** (BFH-Urteil vom 30. 5. 1967, BStBl III S. 570).

Teil I: Anlage N
Zeile 59

Übersicht zur Anwendung der Reisekostengrundsätze bei den Fahrtkosten

Aufwendungen für Fahrtkosten können entsprechend den o.g. steuerlichen Reisekostengrundsätzen für folgende Fahrten berücksichtigt werden, und zwar **entweder** durch **Einzelnachweis oder** durch Ansatz **pauschaler Kilometersätze** (vgl. auch H 38 [Dienstreisen] LStH):

- Für Fahrten von der Wohnung oder regelmäßigen Arbeitsstätte **zur auswärtigen Tätigkeitsstätte** oder zur Unterkunft am Ort der auswärtigen Tätigkeitsstätte (oder ihrem Einzugsbereich) einschließlich aller **Zwischenheimfahrten** (BFH-Urteile vom 15. 11. 1991, BStBl 1992 II S. 266 und vom 24. 4. 1992, BStBl II S. 664),

- für Fahrten **zwischen** mehreren auswärtigen Tätigkeitsstätten (z.B. als angestellter Reisevertreter oder Kundendiensttechniker oder Gebäudereiniger, vgl. BFH-Urteile vom 2. 2. 1994, BStBl II S. 422 und vom 7. 6. 2002, BStBl II S. 878, 881) oder **zwischen** mehreren regelmäßigen Arbeitsstätten innerhalb desselben Dienstverhältnisses (BFH-Urteil vom 9. 12. 1988, BStBl 1989 II S. 296 und R 37 Abs. 3 Satz 5 LStR) oder innerhalb eines weiträumigen Arbeitsgebiets (s. oben) und

- für die Fahrten **zwischen** einer Unterkunft am Ort der auswärtigen Tätigkeitsstätte (oder in ihrem Einzugsbereich) und auswärtiger Tätigkeitsstätte (BFH-Urteil vom 17. 12. 1976, BStBl 1977 II S. 294).

(2) Verpflegungsmehraufwendungen als Reisekosten

Aufwendungen für Verpflegung gehören grundsätzlich zu den nicht abziehbaren Kosten der Lebensführung. Steuerliche Berücksichtigung finden deshalb nur die **Mehr**aufwendungen, die unmittelbar durch die Dienstreise (Auswärtstätigkeit), d.h. durch die Verpflegung außerhalb des Haushalts, bedingt sind.

Bereits **ab 2002** gelten für jeden Kalendertag folgende **Pauschalen** (§ 4 Abs. 5 Satz 1 Nr. 5 i.V. mit § 9 Abs. 5 EStG):

• bei einer Abwesenheit von 24 Stunden	24 €
• bei einer Abwesenheit von mindestens 14 Stunden	12 €
• bei einer Abwesenheit von mindestens 8 Stunden	6 €

Bei einer Abwesenheit unter 8 Stunden kommt eine Pauschale sonach nicht in Betracht. Diese Pauschbeträge gelten für **alle** Einkunftsarten im Sinne des EStG.

Für die Höhe der Verpflegungspauschalen ist allein die **Dauer** der Auswärtstätigkeit maßgeblich. Eine Dienstreise **beginnt,** wenn der Arbeitnehmer seine Wohnung oder seine regelmäßige Arbeitsstätte verlässt, sie **endet,** wenn der Arbeitnehmer nach Beendigung der vorübergehenden Auswärtstätigkeit zu seiner Wohnung oder seiner regelmäßigen Arbeitsstätte zurückkehrt.

Ein Einzelnachweis höherer Aufwendungen ist nicht möglich.

Die Pauschale wird grundsätzlich nach der Dauer der jeweiligen auswärtigen Beschäftigung **am Kalendertag** bemessen. Bei mehreren Auswärtstätigkeiten am Kalendertag sind die Abwesenheitszeiten **zusammenzurechnen.**

Beispiel

A beginnt seine Auswärtstätigkeit um 6.00 Uhr in seiner Wohnung und kehrt um 13.30 Uhr an seine regelmäßige Arbeitsstätte zurück. Um 15.00 Uhr beginnt er eine neue Auswärtigkeit, von der er um 22.00 Uhr in seine Wohnung zurückkehrt.

A steht eine Pauschale von 12 € zu, da er **am Kalendertag** (7½ + 7 Std. =) 14½ Std. auswärts tätig war. Ohne die Zusammenrechnung käme eine Verpflegungspauschale nicht in Betracht.

Ob eine eintägige oder mehrtägige Dienstreise vorliegt, ist ebenfalls ohne Bedeutung. Auch bei einer mehrtägigen Auswärtstätigkeit wird eine Pauschale für den An- und/oder Rückreisetag nicht gewährt, wenn die Abwesenheitsdauer an dem jeweiligen Tag unter 8 Stunden beträgt. Maßgebend ist also die jeweilige Abwesenheitsdauer an dem An- und Rückreisetag.

Beispiel

A beginnt eine Dienstreise am Montag um 9.00 Uhr und beendet sie am übernächsten Tag, also am Mittwoch, um 13.00 Uhr an seiner regelmäßigen Arbeitsstätte.

A erhält für den Montag (15 Std.) eine Verpflegungspauschale von 12 €, für den Dienstag (24 Std.) von 24 € und für den Mittwoch (13 Std.) eine solche von 6 €, sonach insgesamt 42 €.

Betrugen die Aufwendungen des A für Übernachtung mit Frühstück nach der Hotelrechnung jeweils 99 €, so sind die **Übernachtungskosten** nach Kürzung für das Frühstück um je 4,50 € in Höhe von (99 € ∕ 4,50 € × 2 =) 189 € als Werbungskosten abzugsfähig (vgl. unten 3). Eine Kürzung der Verpflegungspauschalen findet nicht statt.

Obwohl es grundsätzlich auf die auswärtige Beschäftigung am Kalendertag ankommt, kann ausnahmsweise eine Zusammenrechnung über die Mitternachtsgrenze hinaus erfolgen, wenn die Auswärtstätigkeit **nach 16.00 Uhr begonnen und vor 8.00 Uhr** des nachfolgenden Kalendertages **beendet** wird, **ohne** dass eine **Übernachtung** stattfindet. Die Tätigkeit ist dann mit der gesamten Abwesenheitsdauer dem Kalendertag der überwiegenden Abwesenheit zuzuordnen (§ 4 Abs. 5 Satz 1 Nr. 5 Satz 2 EStG). Mit dieser Regelung soll den besonderen Verhältnissen der Arbeitnehmer, die typischerweise ihre Auswärtstätigkeit zur Nachtzeit ausüben (wie z.B. Berufskraftfahrer) Rechnung getragen werden. Eine zusätzliche Erhöhung der Abwesenheitsdauer und damit ein höherer Pauschbetrag kann sich ergeben, wenn der Arbeitnehmer an diesem Kalendertag eine weitere selbständige Dienstreise durchführt.

Bei einer **längerfristigen** vorübergehenden Tätigkeit an derselben Tätigkeitsstätte ist die **Dreimonatsfrist** zu beachten. In diesem Falle werden die Pauschalen für Verpflegungsmehraufwand grundsätzlich **nur für die ersten drei Monate** gewährt (§ 4 Abs. 5 Satz 1 Nr. 5 Satz 5 EStG). Nach Ablauf der Dreimonatsfrist ist die auswärtige Tätigkeitsstätte als neue regelmäßige Betriebsstätte/Stätte der Berufsausübung anzusehen. Unter den Voraussetzungen des BFH-Urteils vom 18. 5. 2004, BStBl II S. 962 kann ausnahmsweise auch eine längere Frist in Betracht kommen. Hierzu und wegen der Berechnung der Dreimonatsfrist vgl. oben Anlage N, Zeilen 57 bis 62, 59, „Reisekosten – Allgemeine Grundsätze".

Die **Pauschbeträge** für Verpflegungsmehraufwendungen sind **nicht zu kürzen,** wenn der Arbeitnehmer anlässlich einer Dienstreise (Auswärtstätigkeit) vom Arbeitgeber oder auf dessen Veranlassung von einem Dritten **unentgeltlich oder teilentgeltlich Mahlzeiten erhält,** also bewirtet wird (R 39 Abs. 1 Satz 3 LStR). In diesen Fällen muss aber der Arbeitgeber die Mahlzeit mit dem amtlichen Sachbezugswert (ab 2005: 2,61 € für ein Mittag- oder Abendessen bzw. 1,46 € für ein Frühstück) dem Arbeitslohn des Arbeitnehmers hinzurechnen (R 31 Abs. 7 LStR); vgl. auch BMF-Schreiben vom 29. 10. 2004, BStBl I S. 1014. Wegen der Bewirtungskosten des **Arbeitnehmers** für einen Geschäftsfreund oder Kunden seines Arbeitgebers vgl. unten ABC „Repräsentationsaufwendungen, Bewirtung, Geschenke".

Bei den Verpflegungspauschalen ist – anders als bei den pauschalen Kilometersätzen für Fahrtkosten: s. oben – **nicht mehr zu prüfen,** ob der Ansatz der Pauschalen zu einer **offensichtlich unzutreffenden Besteuerung** führen würde. Vielmehr besteht ein Rechtsanspruch auf die Anwendung der gesetzlichen Pauschbeträge.

Soweit für denselben Kalendertag Verpflegungsmehraufwendungen wegen einer Dienstreise, Fahrtätigkeit, Einsatzwechseltätigkeit oder einer doppelten Haushaltsführung (vgl. Anlage N, Zeilen 63 bis 68 und Zeilen 70 bis 83) anzuerkennen sind, ist jeweils der **höchste Pauschbetrag** anzusetzen (R 39 Abs. 2 LStR).

Der **Arbeitgeber** kann Mehraufwendungen für Verpflegung **bis** zu den o.g. Pauschbeträgen **steuerfrei erstatten** (§ 3 Nr. 13 und Nr. 16 EStG). Insoweit kann der Arbeitnehmer **keine** Werbungskosten beanspruchen. Erhält der Arbeitnehmer Vergütungen, die **unter** den Pauschsätzen liegen, so kann er den **Unterschiedsbetrag** zwischen Ersatz und Pauschbeträgen in der Regel ohne Einzelnachweis als **Werbungskosten** geltend machen. Dies gilt ebenso für Angehörige des öffentlichen Dienstes wie für private Arbeitnehmer (BFH-Urteil vom 10. 12. 1971, BStBl 1972 II S. 257). Vergütet der Arbeitgeber höhere Beträge als die o.g. Pauschalen, so kann er diese Vergütungen mit einem Pauschsteuersatz von 25 v.H. besteuern, soweit sie die steuerfreien Pauschalen um nicht mehr als 100 v.H. übersteigen (§ 40 Abs. 2 Satz 1 Nr. 4 EStG). Noch höhere Vergütungen kann der Arbeitgeber auf Antrag beim Betriebsstättenfinanzamt mit einem besonders zu ermittelnden Steuersatz pauschal besteuern (§ 40 Abs. 1 Satz 1 Nr. 1 EStG).

(3) Übernachtungskosten als Reisekosten

Übernachtungskosten sind in der **nachgewiesenen Höhe** abzugsfähig (auf den Namen des Arbeitnehmers lautende Rechnung des Hotels, Gasthofs usw.). Liegen solche Belege ausnahmsweise nicht vor, ist aber die Entstehung von Übernachtungskosten dem Grunde nach unbestritten, so kann die Höhe der Kosten geschätzt werden (BFH-Urteile vom 17. 7. 1980, BStBl 1981 II S. 14 und vom 12. 9. 2001, BStBl II S. 775). Benutzt der Arbeitnehmer ein Mehrbettzimmer gemeinsam mit Personen, die zu seinem Arbeitgeber in keinem Dienstverhältnis stehen, so sind die Aufwendungen maßgebend, die bei Inanspruchnahme eines Einzelzimmers im selben Haus entstanden wären. Die **Kosten des Frühstücks** gehören zu den Aufwendungen für Verpflegung. Wird in der Hotelrechnung nur ein Gesamtpreis für Übernachtung und Frühstück ausgewiesen und lässt sich der Preis für das Frühstück nicht feststellen, so ist der **Gesamtpreis** zur Ermittlung der Übernachtungskosten **zu kürzen** und zwar

- bei einer Übernachtung im Inland um **4,50 €**
- bei einer Übernachtung im Ausland um **20 v.H.** des für den Unterkunftsort maßgebenden vollen Pauschbetrags für Verpflegungsmehraufwendungen (R 40 Abs. 1 LStR).

Wird glaubhaft gemacht, dass in der Hotelrechnung Kosten für ein Frühstück nicht enthalten sind, so ist der Gesamtbetrag als Kosten der Unterbringung anzusehen. Übernachtet ein **Berufskraftfahrer** in seinem Fahrzeug, so können Übernachtungskosten mangels Aufwendungen nicht berücksichtigt werden.

Angehörige des **öffentlichen Dienstes** erhalten vom Dienstherrn pauschale Übernachtungsgelder, mit denen der tatsächliche Aufwand abgegolten sein soll. Die Möglichkeit, darüber hinaus Werbungskosten geltend zu machen, besteht nur, wenn höhere Aufwendungen im Einzelnen nachgewiesen werden (BFH-Urteil vom 29. 11. 1974, BStBl 1975 II S. 279).

Die **Erstattung** von Übernachtungskosten **durch den Arbeitgeber** ist ebenfalls nach § 3 Nr. 16 EStG **steuerfrei**, soweit keine höheren Beträge erstattet werden, als nach den obigen Grundsätzen als Werbungskosten abziehbar wären (also bis zu den nachgewiesenen Aufwendungen). Für jede Übernachtung im **Inland** darf der **Arbeitgeber** jedoch auch ohne Einzelnachweis einen **Pauschbetrag von 20 € steuerfrei** zahlen; dies gilt nicht, wenn der Arbeitnehmer die Unterkunft vom Arbeitgeber oder auf Grund seines Dienstverhältnisses von einem Dritten unentgeltlich oder teilentgeltlich erhalten hat (R 40 Abs. 3 LStR). Eine pauschale Berücksichtigung dieses Betrags als **Werbungskosten** durch den Arbeitnehmer ist aber **nicht** möglich. Ein Wechsel zwischen der Erstattung der tatsächlichen Übernachtungskosten und der Zahlung von Pauschbeträgen ist während einer mehrtägigen Dienstreise nicht zulässig.

(4) Reisenebenkosten

Reisenebenkosten sind die tatsächlichen Aufwendungen z.B. für die Beförderung, Versicherung und Aufbewahrung von **Gepäck**, für **Telefon, Fax,** Telegramme, Schriftverkehr beruflichen Inhalts mit dem Arbeitgeber oder dessen Geschäftspartnern, Gebühren für **Straßenbenutzung** (Autobahngebühr, Maut) und **Parkplatz**, Unkosten für Garage, Straßenbahn und Taxi am Zielort. Soweit Trinkgeldzahlungen für den Transport des Gepäcks und an das Hotelpersonal (Kofferträger, Reinemachfrauen) regelmäßig geleistet werden, wie das z.B. durch die Luftverkehrsgesellschaften von ihrem fliegenden Personal erwartet wird, kommt ein Abzug als Werbungskosten in Betracht, wenn eine Glaubhaftmachung durch Einzelaufzeichnungen des Arbeitnehmers erfolgt. Eine Trinkgeldpauschale wird nicht anerkannt, jedoch ein Betrag von ca. 50 € bis 150 € jährlich je nach Umfang der Reisetätigkeit. Auch **Schadensersatzleistungen** infolge von Verkehrsunfällen anlässlich einer Dienstreise sind Reisenebenkosten (R 40 a Abs. 1 LStR). Dazu gehören auch Beiträge zu **Unfallversicherungen**, soweit diese Berufsunfälle außerhalb einer ortsgebundenen regelmäßigen Arbeitsstätte abdecken (H 40 a [Unfallversicherung] LStH); wegen der steuerlichen Behandlung von Unfallversicherungen, die das Unfallrisiko sowohl im beruflichen als auch im außerberuflichen Bereich abdecken vgl. BMF-Schreiben vom 17.7. 2000, BStBl I S. 1204 sowie unten zu Zeilen 57 bis 62, ABC „Versicherungsbeiträge". Wegen erlittener **Vermögensschäden** während der Dienstreise und wegen der Aufwendungen für eine **Reisegepäckversicherung** als Reisenebenkosten vgl. unten zu Zeilen 57 bis 62, ABC „Vermögensverluste". Die Aufwendungen sind in der nachgewiesenen oder glaubhaft gemachten Höhe abzugsfähig.

Steuerfreier Ersatz durch den Arbeitgeber ist aufgrund vorgelegter Unterlagen möglich, soweit die tatsächlichen Aufwendungen nicht überschritten werden (§ 3 Nr. 16 EStG).

(5) Auslandsdienstreisen

Für Auslandsdienstreisen und den steuerlich zulässigen Abzug von Verpflegungsmehraufwendungen gelten länderweise unterschiedliche **Pauschbeträge (Auslandstagegelder)** und unterschiedliche **Übernachtungskosten-Pauschbeträge.** Auch bei Auslandsreisen besteht keine Möglichkeit eines Einzelnachweises der Verpflegungsmehraufwendungen (im Gegensatz zu den Übernachtungskosten). Die mehrfach geänderten Beträge können im Rahmen dieser Anleitung nicht wiedergegeben werden. Die **ab 1. 1. 2005** geltenden Pauschbeträge für Verpflegungsmehraufwendungen und Übernachtungskosten können dem BMF-Schreiben vom 9. 11. 2004, BStBl I S.1052 (LStH, Anhang 39) entnommen werden. Auch bei Dienst- und Geschäftsreisen ins Ausland werden die Pauschalbeträge schon bei einer Abwesenheit von mindestens 8 Stunden gewährt. Wegen der Verpflegungsmehraufwendungen bei Auslandsdienstreisen wird außerdem auf R 39 Abs. 3 LStR und wegen der Übernachtungskosten auf R 40 Abs. 2 LStR verwiesen.

Repräsentationsaufwendungen, Bewirtungen und Geschenke

Aufwendungen für Ernährung, Kleidung und Wohnung sind in der Regel Kosten der Lebensführung und daher keine Werbungskosten. Bei solchen Aufwendungen besteht oft ein Zusammenhang mit der beruflichen Tätigkeit des Steuerpflichtigen. In Fällen dieser Art kommt es darauf an, ob und in welchem Umfang die Aufwendungen **ausschließlich** beruflichen Zwecken dienen und nichts mit dem Privatleben zu tun haben, z.B. bei der **Bewirtung von Geschäftsfreunden außerhalb des Haushalts.** Sind die Aufwendungen nur zum Teil durch berufliche Zwecke veranlasst worden und lässt sich dieser Teil der Aufwendungen von den Ausgaben, die der privaten Lebensführung gedient haben, leicht und einwandfrei trennen, so sind die Aufwendungen **insoweit** Werbungskosten. Lässt sich eine Trennung der Aufwendungen in Werbungskosten und in Kosten der Lebensführung **nicht** leicht und einwandfrei durchführen – wie dies z.B. bei der **häuslichen Bewirtung** oder bei der Benutzung von **Kleidung** und **Schuhen** der Fall ist – oder ist nur schwer erkennbar, ob sie mehr dem Beruf oder mehr der privaten Lebensführung gedient haben, so gehört der gesamte Aufwand zu den nicht abzugsfähigen Ausgaben.

Zu den **Bewirtungskosten** allgemein und zu der auch für Arbeitnehmer entsprechend ab 2004 geltenden **70 v.H.**-Begrenzung (vorher 80 v.H.) vgl. besonders **Teil II, Tz. 2.3.** und zu den **Geschenken Teil II, Tz. 2.2.** sowie unten ABC „Werbegeschenke".

Wegen der steuerlichen Behandlung von Bewirtungskosten, die auf einen **persönlichen Anlass** zurückgehen, wie z.B. Geburtstag, Hochzeit, Geburt eines Kindes, Taufe, aber auch bei **Dienstjubi-**

läum, **Beförderung,** Amtseinführung und Verabschiedung vgl. ebenfalls die nicht nur für Betriebsausgaben, sondern **auch für Werbungskosten** unmittelbar und sinngemäß anzuwendenden Grundsätze in **Teil II, Tz. 2.3.**

Aufwendungen eines **Arbeitnehmers** zur Bewirtung von **Kunden seines Arbeitgebers** können Werbungskosten sein, wenn der Arbeitnehmer nachweisen kann, dass allein berufliche Gründe Veranlassung für diese Ausgaben waren (BFH-Urteil vom 16. 3. 1984, BStBl II S. 433). Für Wirtschaftsjahre, die **nach dem 31. 12. 2003** beginnen, kommt ein Abzug allerdings auch hier nur in Höhe von **70 v.H.** (vorher 80 v.H.) in Betracht (§ 9 Abs. 5 EStG i.V. mit § 4 Abs. 5 Satz 1 Nr. 2 EStG).

Bewirtet ein Arbeitnehmer **gelegentlich einer Dienstreise** einen Geschäftsfreund seines Arbeitgebers auf eigene Kosten, so gilt das gleiche. Der Arbeitgeber kann aber auch die gesamten Bewirtungskosten, also einschließlich der für seinen Arbeitnehmer, nach § 3 Nr. 50 EStG steuerfrei ersetzen. Außerdem kann er neben den Bewirtungskosten die aus Anlass der Dienstreise entstandenen Verpflegungsmehraufwendungen in voller Höhe der zulässigen Pauschale (vgl. oben Anlage N, Zeilen 57 bis 62, 59, ABC „Reisekosten" [2]) steuerfrei ersetzen.

Schadensersatzleistungen und Vertragsstrafen,

die der Arbeitnehmer aufgrund seiner Tätigkeit als Arbeitnehmer zu zahlen hat, z.B. wegen **Dienstpflichtverletzung** oder **schlechter Geschäftsführung,** sind Werbungskosten. Auch Schadensersatzleistungen **aus deliktischer Haftung** (z.B. Sachbeschädigung) können Werbungskosten für einen Arbeitnehmer sein, wenn nicht private Gründe ursächlich waren. Solche Gründe sind z.B. anzunehmen, wenn ein Arbeitnehmer Schadenersatz an seinen Arbeitgeber leisten muss, weil er seinen Angehörigen einen rechtswidrigen Vorteil verschaffen wollte (BFH-Urteil vom 6. 2. 1981, BStBl II S. 362). Wegen Schadensersatzleistungen im Zusammenhang mit einem Verkehrsunfall vgl. Anlage N, Zeilen 38 bis 48 („Unfallkosten …").

Vertragsstrafen, die Arbeitnehmer wegen Verstoßes gegen ein Wettbewerbsverbot zu zahlen haben, sind Werbungskosten. Das Gleiche gilt für sonstige Vertragsstrafen, die in Tarifverträgen, Betriebsordnungen und in Einzelarbeitsverträgen vorgesehen sind sowie für Vertragsstrafen wegen Nichtantritts des Dienstes (BFH-Urteil vom 28. 2. 1999, BStBl II S. 834).

Schmiergelder und Bestechungsgelder

Zahlt ein Arbeitnehmer an einen Dritten Schmiergelder, so können Werbungskosten vorliegen, wenn ein unmittelbarer Zusammenhang mit der beruflichen Tätigkeit besteht, die Zahlung hinreichend nachgewiesen oder glaubhaft gemacht ist **und** der Empfänger des Schmiergelds auf Verlangen des Finanzamts benannt wird (§ 160 AO). Ab 1999 kommt ein Werbungskostenabzug in keinem Fall in Betracht, wenn die Zuwendung eine rechtswidrige Handlung darstellt (z.B. Bestechung, Vorteilsgewährung, Bestechung im geschäftlichen Verkehr), die mit Strafe oder Geldbuße belegt ist. Vgl. im Einzelnen **Teil II, Tz. 2.2** und BMF-Schreiben vom 10. 10. 2002, BStBl I S. 2031.

Schuldzinsen

sind nur dann Werbungskosten bei den Einkünften aus nichtselbständiger Arbeit, wenn ein unmittelbarer Zusammenhang mit der Arbeitstätigkeit besteht, wie das bei der Anschaffung eines Arbeitsmittels (z.B. eines ausschließlich beruflich genutzten KFZ) mit Kredit der Fall ist (BFH-Urteile vom 21. 10. 1988, BStBl 1989 II S. 356 und vom 1. 10. 1982, BStBl 1983 II S. 17).

Steuerberatungskosten,

wozu auch Aufwendungen für **Steuerfachliteratur** (z.B. für die „Anleitung zur ESt-Erklärung") und Beiträge zu Lohnsteuerhilfevereinen gehören, sind Werbungskosten, wenn und soweit sie der Einkunftsermittlung dienen. Im Übrigen (d.h. soweit sie Sonderausgaben, außergewöhnliche Belastungen, sonstige Freibeträge, Tarifvorschriften betreffen) sind sie als Sonderausgaben abzugsfähig (vgl. Teil I, Hauptvordruck, Zeile 82). Betragen die Steuerberatungskosten im Kalenderjahr insgesamt **nicht mehr als 520 €** (der Betrag gilt auch für zusammenveranlagte Ehegatten), so folgt das Finanzamt der Aufteilung des Arbeitnehmers, d.h. der Arbeitnehmer kann z.B. den vollen Betrag als Werbungskosten **oder** als Sonderausgaben geltend machen (R 102 EStR). Zu den Steuerberatungskosten gehören auch **Unfallkosten** auf der Fahrt zum Steuerberater (BFH-Urteil vom 12. 7. 1989, BStBl II S. 967). Aufwendungen für die **Verteidigung** in einem **Steuerstrafverfahren** sind keine Steuerberatungskosten und deshalb auch keine Sonderausgaben i.S. von § 10 Abs. 1 Nr. 6 EStG (BFH-Urteil vom 20. 9. 1989, BStBl 1990 II S. 20 und H 102 EStH); sie können aber u.U. als Kosten der Strafverteidigung abzugsfähige Werbungskosten sein (vgl. Teil II, Tz. 2.10., Nr. 7b und Anlage N, Zeilen 57 bis 62, vgl. oben ABC „Geldstrafen …").

Studienreisen und Kongresse

Kosten einer **Studienreise** stellen nur dann Werbungskosten dar, wenn die Reise ausschließlich oder doch weitaus überwiegend im beruflichen Interesse erfolgt und die gesamte Reiseplanung nach Art und Umfang auf den beruflichen Zweck ausgerichtet und straff lehrgangsmäßig organisiert ist. Es muss stets ein konkreter Bezug zur beruflichen Tätigkeit des jeweiligen Teilnehmers bestehen, was nur dann der Fall ist, wenn die Reise gerade durch die besonderen Belange des Berufs oder die spezielle Tätigkeit des Arbeitnehmers veranlasst ist, und damit ein persönlicher Erlebniswert gegenüber der beruflichen Veranlassung nicht ins Gewicht fällt (abl. z.B. BFH-Urteil vom 22. 1. 1993, BStBl II S. 612 betr. Japangruppenreise von Richtern zur Information über das japanische Gerichtswesen und BFH-Urteil vom 21. 8. 1995, BStBl II 1996 S. 10 betr. die Reise einer Lehrerin für Englisch nach England mit allgemeintouristischen Ausflügen). Der enge Bezug einer Gruppenreise zur beruflichen Tätigkeit muss nachgewiesen werden (z.B. bei einem Geographieprofessor durch einen Forschungsauftrag, durch eine anschließende Vorlesungsveranstaltung oder durch die Veröffentlichung eines wissenschaftlichen Buches: BFH-Urteil vom 27. 3. 1991, BStBl II S. 575). Ist die Organisation und Durchführung einer solchen Reise jedoch **Dienstaufgabe** des damit betrauten Arbeitnehmers, kann ein hinreichend beruflicher Anlass vorliegen (BFH-Urteil vom 27. 8. 2002, BStBl 2003 II S. 369). Zu Auslandsreisen von Hochschullehrern im Zusammenhang mit einem **Forschungsaufenthalt** vgl. auch BFH-Urteil vom 23. 10. 2000, BFH/NV 2001, S. 443 und in der Funktion eines stellvertretenden Exkursionsleiters BFH-Beschluss vom 6. 5. 2002, BFH/NV 2002 S. 1030.

Die umfangreiche Rechtsprechung des BFH ist besonders bei Auslandsreisen **außerordentlich streng** und ganz überwiegend ablehnend (vgl. BFH-GrS, Beschluss vom 27. 11. 1978, BStBl 1979 II S. 213). Insbesondere spricht ein häufiger Ortswechsel im Ausland und die Befriedigung eines nicht unbedeutenden allgemeintouristischen Interesses **gegen** die berufliche Veranlassung der Reise. Auch die Wahl des Beförderungsmittels (Schiff statt Flugzeug, PKW mit Anhänger), insbesondere aber der Reiseort, die Reisezeit und die Reisedauer können von Bedeutung sein. Die Mitreise der Ehefrau spricht eher für den privaten Charakter der Reise (vgl. BFH-Urteil vom 25. 3. 1993, BStBl II S. 639). Die Finanzverwaltung verlangt u.a. die Vorlage des Reiseprogramms und Angaben über die Reiseteilnehmer. Wegen möglicher Werbungskosten eines Arbeitnehmers der im Auftrag seines Arbeitgebers (hier: Kath. Pfarrverband) eine Bildungsgruppenreise vorzubereiten und als Reiseleiter durchzuführen hat, vgl. BFH-Urteil vom 30. 4. 1993, BStBl II S. 674.

Aufwendungen für die Teilnahme an nationalen oder internationalen **Fachtagungen** und **Fachkongressen** an **einem** Ort, die lehrgangsmäßig organisiert und nur von kurzer Dauer sind, die neben dem Kongress weder Gelegenheit zum Besuch anderer interessanter Orte bietet, noch in der Wintersportsaison stattfindet, noch mit einem privaten Reiseteil verbunden sind usw., und außerdem die Teilnahme am Kongress gewährleistet ist (vgl. hierzu BFH-Urteil vom 13. 2. 1980, BStBl II S. 386), können **Werbungskosten/ Betriebsausgaben** sein; das gilt besonders, wenn das Tagungsprogramm nach Inhalt und Umfang nur an diesem ausländischen Tagungsort durchgeführt werden kann. Der steuerlichen Abzugsfähigkeit der Kosten für die Teilnahme an dem Fortbildungskurs steht nicht entgegen, dass mit dieser Veranstaltung ein Urlaubsaufenthalt an demselben Ort verbunden wird. Die Fahrtkosten für die Reise zum Veranstaltungsort und zurück einschließlich der Reisenebenkosten sind dann allerdings nicht abzugsfähig (BFH-Urteil vom 23. 4. 1992, BStBl II S. 898). Hält der Steuerpflichtige selbst einen Vortrag auf dem Kongress, so können die Reiseaufwendungen Werbungskosten/Betriebsausgaben sein; dies gilt aber nicht unter allen Umständen (vgl. BFH-Urteile vom 23. 1. 1997, BStBl II S. 357 sind vom 12. 4. 1979, BStBl II S. 513).

Umzugskosten

Umzugskosten, die einem privaten Arbeitnehmer durch einen beruflich veranlassten Umzug an einen anderen Ort entstehen, sind Werbungskosten. Ein beruflicher Anlass ist auch die **erstmalige Aufnahme einer beruflichen Tätigkeit** oder ein **Wechsel des Arbeitgebers** oder eine **Versetzung.** Gibt ein Arbeitnehmer seine unselbständige Tätigkeit auf, um an einem anderen Ort eine gleichartige **freiberufliche** Tätigkeit aufzunehmen oder zieht ein Freiberufler in die Nähe seiner Praxis, so sind die Umzugskosten in der Regel Betriebsausgaben (BFH-Urteile vom 28. 4. 1988, BStBl II S. 777 und vom 1. 12. 1993, BStBl 1994 II S. 323).

Bei **Umzügen am Ort** oder im Einzugsbereich des Ortes liegt eine berufliche Veranlassung dann vor, wenn der Arbeitgeber den Umzug aus beruflichen Gründen fordert, z.B. weil (wegen jederzeitiger Einsatzmöglichkeit) eine Werks- oder Dienstwohnung bezogen oder geräumt werden muss (BFH-Urteil vom 28. 4. 1988 a.a.O.) **oder** wenn der Arbeitnehmer als Folge des Wechsels seines Arbeitgebers oder aus betrieblichen Gründen eine **neue Arbeitsstätte** erhalten hat und er mit seiner Familie in die Nähe seines neuen Arbeitsplatzes zieht, um so die Zeitspanne für die täglichen Fahrten zwischen Wohnung und Arbeitsstätte erheblich zu vermindern (BFH-Urteil vom 15. 10. 1976, BStBl 1977 II S. 117) und die verbleibende Wegezeit im Berufsverkehr als normal angesehen werden kann. Eine Verkürzung der Wegstrecke von 90 km auf 70 km wäre danach z.B. nicht zu berücksichtigen, aber sicher eine solche auf z.B. 20 km. Ein Wechsel der Familienwohnung **innerhalb einer Großstadt** kann auch dann beruflich veranlasst sein, wenn der Umzug weder vom Arbeitgeber gefordert wird noch mit einem Arbeitsplatzwechsel im Zusammenhang steht. Wird die Entfernung zwischen Wohnung und Arbeitsstätte in einer Großstadt erheblich (z.B. von 10 km auf 1 km) verkürzt, so kann darin eine ausreichende berufliche Veranlassung für den Umzug liegen (BFH-Urteil vom 10. 12. 1982, BStBl 1983 II S. 16). Dies trifft auch zu, wenn der Arbeitnehmer **nicht** seinen Arbeitsplatz wechselt, sich aber durch den Umzug die **Fahrzeit** (Hinfahrt einschließlich Rückfahrt) um wenigstens zeitweise **mindestens eine Stunde täglich ermäßigt** (BFH-Urteile vom 22. 11. 1991, BStBl 1992 II S. 494 und vom 6. 11. 1986, BStBl 1987 II S. 81). Dies gilt auch, wenn der Umzug im Zusammenhang mit privaten Begleitumständen – wie Heirat und erhöhter Wohnbedarf wegen Geburt eines Kindes – steht (BFH-Urteile vom 23. 3. 2001, BStBl II S. 585 und BStBl 2002 II S. 56). Eine Zusammenrechnung der Fahrzeitersparnisse beider Ehegatten ist nicht zulässig (BFH-Urteil vom 27. 7. 1995, BStBl II S. 728 sowie H 41 [Erhebliche Fahrzeitverkürzung] LStH). Eine Fahrzeitverkürzung von lediglich 20 Minuten arbeitstäglich reicht aber nicht aus, auch wenn durch den Umzug die Einrichtung eines Arbeitszimmers ermöglicht wird (BFH-Urteil vom 16. 10. 1992, BStBl 1993 II S. 610). Im Einzelfall kann bei einem Umzug die berufliche Veranlassung von privaten Motiven überlagert sein, sodass ein Abzug als Werbungskosten ausscheidet (§ 12 Nr. 1 EStG), z.B. wenn die neue Wohnung **nur** deshalb bezogen wird, weil sie schöner ist oder weil sich die Familie vergrößert hat. Aber selbst bei einem Umzug in ein zuvor erworbenes Eigenheim (Eigentumswohnung) können nach den Umständen des Einzelfalles ausnahmsweise Werbungskosten vorliegen, z.B. dann, wenn der Arbeitnehmer in dasselbe Eigenheim oder in eine nach Lage und Ausstattung ähnliche Wohnung auch dann umgezogen wäre, wenn er sie hätte gemietet werden müssen (BFH-Urteil vom 6. 11. 1986 a.a.O.).

Wird vom Arbeitgeber eine vorgesehene Versetzung rückgängig gemacht, können die dem Arbeitnehmer hierdurch entstandenen vergeblichen Aufwendungen Werbungskosten sein (BFH-Urteil vom 24. 5. 2000, BStBl II S. 584). Erfolgt ein Umzug aus Anlass einer Eheschließung von getrennten Wohnorten in eine gemeinsame Familienwohnung, so ist die berufliche Veranlassung des Umzugs eines jeden Ehegatten gesondert zu beurteilen (BFH-Urteil vom 23. 3. 2001 a.a.O.).

Maklergebühren für einen Grundstücks**kauf** sind keine Werbungskosten, auch nicht soweit sie auf die Vermittlung einer vergleichbaren Mietwohnung entfallen würden (BFH-Urteil vom 24. 8. 1995, BStBl II S. 895 und vom 24. 5. 2000, BStBl II S. 586); dies gilt ebenso für Aufwendungen (wie Maklerkosten und bezahlte Vorfälligkeitsentschädigung) aufgrund der **Veräußerung** eines Eigenheims anlässlich eines beruflich bedingten Umzugs (BFH-Urteil vom 24. 5. 2000, BStBl II S. 476).

Die berufliche Veranlassung eines Umzugs endet regelmäßig mit dem Einzug in die erste Wohnung am neuen Arbeitsort. Die Aufwendung für die Einlagerung von Möbeln für die Zeit vom Bezug dieser Wohnung bis zur Fertigstellung eines Wohnhauses am oder in der Nähe des neuen Arbeitsorts sind daher kein Werbungskosten (BFH-Urteil vom 21. 9. 2000, BStBl 2001 II S. 70.

Bei einem Umzug an den Ort der Familienwohnung aus Anlass der Beendigung einer steuerlich anerkannten **doppelten Haushaltsführung** (vgl. Anlage N, Zeilen 70 bis 83, Nr. 2 e) liegen Werbungskosten selbst dann vor, wenn ein Arbeitsplatzwechsel nicht vorliegt und private Motive für die Aufgabe der Zweitwohnung ausschlaggebend waren (BFH-Urteil vom 29. 4. 1992, BStBl II S. 667). Eine berufliche Veranlassung ist auch dann gegeben, wenn die Familie des Arbeitnehmers erst viele Jahre später an dessen Beschäftigungsort umzieht (BFH-Urteil vom 21. 7. 1989, BStBl II S. 917).

Sind die Umzugskosten steuerlich anzuerkennen, so sind sie grundsätzlich bis zur Höhe der Beträge als Werbungskosten abzugsfähig, die nach dem Bundesumzugskostenrecht als **Umzugskostenvergütung** höchstens gezahlt werden könnten (vgl. R 41 Abs. 2 LStR und für Umzüge, die nach dem 30. 6. 2003, 31. 3. 2004 und 31. 7. 2004 beendet werden, das BMF-Schreiben vom 5. 8. 2003, BStBl I S. 416, LStH Anhang 10 IV).

Die Umzugskostenvergütung umfasst u. a.

- die notwendigen Auslagen für die Beförderung des Umzugsguts von der bisherigen zur neuen Wohnung;
- die **Reisekosten** (Tage- und Übernachtungsgeld) des Umziehenden und der zu seiner häuslichen Gemeinschaft gehörenden Personen;
- die Mietentschädigung, wenn für dieselbe Zeit Miete für die alte und neue Wohnung gezahlt werden muss;
- die Ausgaben für einen Kochherd bis zu einem Betrag von 230,08 €, wenn seine Beschaffung beim Bezug der neuen Wohnung notwendig ist; bei einer Mietwohnung werden auch die Auslagen für Öfen bis zu einem Betrag von 163,61 € je Zimmer anerkannt;
- die umzugsbedingten Unterrichtskosten für jedes Kind, das die Schule wechseln muss und bei Beendigung des Umzugs
  nach dem 30. 6. 2003 1 381 €,
  nach dem 31. 3. 2004 1 395 €,
  nach dem 31. 7. 2004 1 409 €.
- die notwendigen Maklergebühren für die Vermittlung einer **Miet**wohnung und einer Garage oder die entsprechenden Auslagen bis zu dieser Höhe für eine eigene Wohnung sowie
- einen **Pauschbetrag** für die sonstigen Umzugsauslagen. Dieser Pauschbetrag beläuft sich
  – für Verheiratete bei Beendigung des Umzugs
    nach dem 30. 6. 2003 1 099 €,
    nach dem 31. 3. 2004 1 110 €,
    nach dem 31. 7. 2004 1 121 €.
  – für Ledige bei Beendigung des Umzugs
    nach dem 30. 6. 2003 550 €,
    nach dem 31. 3. 2004 555 €,
    nach dem 31. 7. 2004 561 €.

Der Pauschbetrag erhöht sich nicht für Ehegatten, aber für ledige Kinder, Stief- und Pflegekinder um je 242 €, 245 €, 247 € nach obiger zeitlicher Staffelung; ebenso für nicht ledige Kinder, Stief- und Pflegekinder und für Verwandte bis zum vierten Grad und Verschwägerte bis zum zweiten Grad sowie Pflegeeltern, denen der Berechtigte aus gesetzlicher oder sittlicher

Teil I: Anlage N
Zeilen 57–62

Verpflichtung nicht nur vorübergehend Unterkunft und Unterhalt gewährt, sowie für Hausangestellte und solche Personen, deren Hilfe der Arbeitnehmer aus beruflichen oder gesundheitlichen Gründen bedarf (§ 6 BUKG).

Werden höhere Umzugskosten im Einzelnen nachgewiesen, so prüft die Finanzverwaltung, ob und inwieweit die Aufwendungen Werbungskosten oder nicht abziehbare Lebenshaltungskosten sind (z.B. Aufwendungen für die Neuanschaffung von Ausstattungs- und Einrichtungsgegenständen wie Gardinen, Rollos, Lampen, Telefonanschluss, Wasserboiler und Renoviermaterial: BFH-Urteile vom 17.12.2002, BStBl 2003 II S. 314 und vom 1.3.1972, BStBl II S. 458 sowie R 41 Abs. 2 Satz 3 LStR). Anstelle der vorgenannten Pauschvergütung können die im Einzelfall **nachgewiesenen höheren sonstigen Umzugskosten** als Werbungskosten abgezogen werden (R 41 Abs. 2 Satz 4 LStR); dies sind z.B. Kosten für Anzeigen zum Zwecke der Wohnungsbeschaffung, Aufwendungen für den Abbau und Anschluss von Herden, Öfen und anderen Heizgeräten, für Änderung und Erweiterung von Installationen, für Änderungen bisher verwendeter Elektro- und Gasgeräte, für Abbau und Anbringung von Antennen und Fernsprechanschlüssen, für Anschaffung von Vorhängen usw.

Der Einzelnachweis der Umzugskosten (statt der Pauschvergütung) ist bei einem Umzug anlässlich der Begründung, Beendigung oder des Wechsels einer **doppelten Haushaltsführung** erforderlich; die Pauschvergütung gilt in diesem Fall nicht, weil die Familienwohnung bei der doppelten Haushaltsführung beibehalten wird bzw. wurde. Kosten für den Umzug in die Familienwohnung – **Rückumzug** – sind nach Ablauf der Zweijahresfrist nicht abziehbar (R 43 Abs. 10 LStR). Vgl. unten Anlage N, Zeilen 70 bis 83, Nr. 2 e.

Erstattet ein **Arbeitgeber** Umzugsauslagen, so ist der Ersatz nach § 3 Nr. 16 EStG bis zu der Höhe **steuerfrei**, in der die beruflich veranlassten Umzugskosten als Werbungskosten berücksichtigt werden könnten (R 41 Abs. 3 LStR). Insoweit entfällt der Werbungskostenabzug (§ 3 c EStG).

Für **Auslandsumzüge** gelten besondere Grundsätze, die sich aus der Auslandsumzugskostenverordnung vom 25.11.2003, BGBl I S. 2360 ergeben (vgl. LStH, Anhang 10 III).

Bei einem Umzug **aus** dem Ausland sind die Aufwendungen nur dann Werbungskosten, wenn bereits im Zeitpunkt des Umzugs konkrete Anhaltspunkte für einen künftigen inländischen Arbeitsplatz vorgelegen haben (vgl. BFH-Urteil vom 6.11.1986, BStBl 1987 II S. 188).

Bei einem Umzug **ins** Ausland können **keine** Werbungskosten geltend gemacht werden, wenn es sich um Aufwendungen handelt, die der Erzielung ausländischen Arbeitslohns dienen, der **nicht** der inländischen Besteuerung unterliegt (z.B. Auswanderung: BFH-Urteil vom 20.7.1973, BStBl II S. 732). Wird ein ausländischer Arbeitnehmer von seiner Firma für eine von vornherein bestimmte Zeit (z.B. 5 Jahre) in das Inland versetzt, so sind auch die Kosten seines **Rückumzugs** in sein Heimatland durch die Erzielung inländischer Einkünfte veranlasst und als Werbungskosten anzuerkennen (BFH-Urteil vom 4.12.1992, BStBl 1993 II S. 722). Zu den Kosten des Rückumzugs eines ausländischen Arbeitnehmers bei Erreichen der Altersgrenze vgl. BFH-Urteil vom 8.11.1996, BStBl 1997 II S. 207 und H 41 (Rückumzug ins Ausland) EStH. Wegen eines evtl. negativen Progressionsvorbehalts vgl. Anlage N, Zeilen 18 bis 20.

Ein **Ausstattungsbeitrag**, wie er bei einer ersten Verwendung im Ausland vorgesehen ist, und ein Beitrag zur Anschaffung klimabedingter Kleidung (§§ 11, 12 AUV) sind nicht mehr als Werbungskosten abziehbar (ebenso H 41 [Höhe der Umzugskosten] LStH und die dort zit. Rspr.).

Unterarbeitsverhältnis

Vergütungen, die ein Arbeitnehmer an von ihm beauftragte dritte Personen für Arbeitsleistungen bezahlt, die im Zusammenhang mit **seinem** Dienstverhältnis anfallen, können Werbungskosten sein. Dies gilt aber dann **nicht,** wenn die Unterbeschäftigung auf **familienrechtlicher Grundlage** (z.B. zwischen Ehegatten oder Eltern und Kinder) geschieht, wie dies z.B. bei gelegentlichen oder geringfügigen Hilfeleistungen im häuslichen Bereich oder durch Unterstützung beim Telefondienst zutrifft (BFH-Urteil vom 22.11.1996, BStBl 1997 II S. 187). Vgl. auch Teil II, Tz. 2.13.

Vermögensverluste

können in Ausnahmefällen Werbungskosten sein. Der Begriff Aufwendungen umfasst den Abfluss aller Güter in Geldeswert, also auch Vermögensminderungen im Rahmen einer Einkunftsart (BFH-Urteile vom 13.1.1989, BStBl II S. 382 und vom 19.1.1982, BStBl II S. 533).

Deshalb können Substanzverluste in Form von **unfreiwilligen Ausgaben** und **Zwangsaufwendungen** ausnahmsweise Werbungskosten sein, wenn der Verlust des Wirtschaftsguts entweder bei der beruflichen Verwendung eingetreten oder die Einwirkung aus in der Berufssphäre liegenden Gründen erfolgt ist (BFH-Urteil vom 13.1.1989, BStBl II S. 382), wie das z.B. zu bejahen ist, wenn ein privates Wirtschaftsgut eines Arbeitnehmers aus in seiner Berufssphäre liegenden Gründen durch Einwirkung Dritter zerstört wird (z.B. das Kraftfahrzeug eines Polizeibeamten durch Brandstiftung einer bestimmten Tätergruppe; BFH-Urteil vom 19.3.1982, BStBl II S. 442). Dies gilt auch, wenn der private PKW eines Arbeitnehmers für eine Dienstreise verwendet und dabei gestohlen wird (BFH-Urteil vom 25.5.1992, BStBl II 1993 S. 44). Dementsprechend hat der BFH den vom Arbeitgeber geleisteten Ersatz als **steuerfreien Reisekostenersatz** (§ 3 Nr. 16 EStG) anerkannt, wenn ein Arbeitnehmer auf einer Dienstreise einen **Schaden an Gegenständen** erleidet, die er mitgenommen hat, weil er sie auf der Dienstreise verwenden musste, wenn der Schaden sich als Konkretisierung einer typischen Gefahr des Reisens (z.B. Diebstahl-, Transport- oder Unfallschaden) erweist (BFH-Urteil vom 30.11.1993, BStBl 1994 II S. 256; zur Ermittlung der Höhe des Schadens und zur erhöhten Nachweispflicht s. dort). Ebenso hat der BFH **Prämien für eine Reisegepäckversicherung,** die der Arbeitgeber zugunsten seiner Arbeitnehmer aufwendet und die dem Arbeitnehmer einen eigenen Anspruch gegenüber dem Versicherer einräumt, als **steuerfreien Reisekostenersatz** (Reisenebenkosten) anerkannt, wenn sich der Versicherungsschutz auf Dienstreisen beschränkt (vgl. BFH-Urteil vom 19.2.1993, BStBl II S. 519, auch zur Aufteilung der Aufwendungen für eine gemischte Reisegepäckversicherung).

Leistet ein Arbeitnehmer **Anzahlungen** für einen PKW, die vom Verkäufer **veruntreut** werden, so liegen keine Werbungskosten vor, weil erst die tatsächliche Verwendung des KFZ eine Abgrenzung zwischen Aufwendungen für die Lebensführung und Werbungskosten zulässt (BFH-Urteil vom 21.3.1975, BStBl II S. 641). Eine von Unbekannten verursachte Beschädigung eines bei der Dienstwohnung abgestellten privaten PKW ist nicht ohne weiteres als beruflich veranlasst anzusehen (BFH-Urteil vom 28.1.1994, BStBl II S. 355). Ein ausreichend enger Zusammenhang mit der Berufstätigkeit besteht z.B. auch dann nicht, wenn einem Arbeitnehmer auf einer beruflich veranlassten Vortragsreise eine **Geldbörse** oder **Privatschmuck gestohlen** wird (BFH-Urteile vom 4.7.1986, BStBl II S. 771 und vom 26.1.1968, II S. 342). Werden dem Arbeitnehmer aber **während einer Dienstreise** trotz zumutbarer Sicherheitsvorkehrungen Gegenstände seines notwendigen **persönlichen Gepäcks** gestohlen, so liegen dem Grunde nach Werbungskosten vor; der Höhe nach kommt nur der Teil der Anschaffungskosten des jeweiligen Gegenstands als Werbungskosten in Betracht, der bei einer Verteilung der Anschaffungskosten auf die geschätzte Gesamtnutzungsdauer des Gegenstands auf die Zeit nach dem Diebstahl entfällt (BFH-Urteil vom 30.6.1995, BStBl II S. 744). Der endgültige **Verlust eines Arbeitsmittels** durch **Diebstahl** oder **Unterschlagung** kann ebenfalls zu Werbungskosten in Form einer AfaA führen. Dies kann nach den Umständen des Einzelfalles selbst dann der Fall sein, wenn der Ehepartner des Steuerpflichtigen den Verlust herbeiführt (BFH-Urteil vom 9.12.2003, BStBl 2004 II S. 491 zur Violine einer Orchestermusikerin).

Ein **Darlehen eines Arbeitnehmers an seinen Arbeitgeber,** das angemessen **verzinst** werden soll, ist eine Kapitalforderung i.S. des § 20 EStG. Der **Verlust** eines solchen Darlehens führt grundsätzlich nicht zu Werbungskosten bei den Einkünften aus nichtselbständiger Arbeit. Der wirtschaftliche Verlust der Darlehensforderung kann aber auch bei Vereinbarung einer **normalen Zinshöhe** dann als Werbungskosten bei den Einkünften aus nichtselbständiger Arbeit zu berücksichtigen sein, wenn der Arbeitnehmer das Risiko des Darlehensverlustes **aus beruflichen Gründen** bewusst auf sich genommen hat. Berufliche Gründe können dann angenommen werden, wenn ein Außenstehender, insbesondere eine Bank, mit Rücksicht auf die Gefährdung der Darlehensforderung das Darlehen **nicht** gewährt hätte (BFH-Urteil vom 7. 5. 1993, BStBl II S. 663). Gewährt ein Arbeitnehmer seinem künftigen Arbeitgeber zur Erlangung oder Sicherung des Arbeitsplatzes eine **Kaution** oder ein niedrig verzinsliches oder ein **unverzinsliches Darlehen,** so kann der Verlust der Forderung beim Arbeitnehmer zu **Werbungskosten** aus nichtselbständiger Arbeit führen und zwar auch dann, wenn das Arbeitsverhältnis nicht zustande kommt. Ist zwischen dem Verlust des gewährten Betrags und der in Aussicht genommenen Tätigkeit ein ausreichender Zusammenhang festzustellen, so liegen Werbungskosten (nur) in dem Jahr vor, in dem für den Arbeitnehmer die Wertlosigkeit der Forderung erkennbar wird (BFH-Urteil vom 13. 1. 1989, BStBl II S. 382). Zur Inanspruchnahme eines Arbeitnehmers aus einer **Bürgschaft** zugunsten seines Arbeitgebers, die nur beim Vorliegen besonderer Umstände als durch das Arbeitsverhältnis veranlasst angesehen werden kann, vgl. BFH-Urteile vom 14. 5. 1991, BStBl II S. 758 und vom 29. 2. 1980, BStBl II S. 395.

Der wirtschaftliche **Verlust einer Beteiligung an einer GmbH** führt auch dann nicht zu Werbungskosten, wenn die Beteiligung des Arbeitnehmers am Stammkapital der GmbH Voraussetzung für seine Beschäftigung als Arbeitnehmer der GmbH war (BFH-Urteil vom 12. 5. 1995, BStBl II S. 644). Gewährt der nicht nur unwesentlich beteiligte **Gesellschafter-Geschäftsführer** einer **GmbH** einen **verlorenen Zuschuss,** so ist die Zuwendung regelmäßig durch das Gesellschaftsverhältnis veranlasst; nur bei Vorliegen besonderer Umstände können Werbungskosten im Zusammenhang mit dem bestehenden Arbeitsverhältnis angenommen werden (BFH-Urteil vom 26. 11. 1993, BStBl II 1994 S. 242). Vgl. H 33 (Verlust ... bzw. Verlorener Zuschuss ...) LStH.

Versicherungsbeiträge

Wegen der Abzugsfähigkeit von Versicherungsbeiträgen für Haftpflichtversicherung, Kranken(haus)tagegeldversicherung, Lebensversicherung, Rechtsschutzversicherung, Sachversicherung, Teilhaberversicherung und Unfallversicherung vgl. die Ausführungen in Teil I, Hauptvordruck, Zeilen 72 bis 76 und Teil II Tz. 2.10. Nr. (16). Zur Reisegepäckversicherung siehe oben Stichwort „Vermögensverluste". Zur einkommen-(lohn-)steuerlichen Behandlung von freiwilligen **Unfallversicherungen der Arbeitnehmer** vgl. BMF-Schreiben vom 17. 7. 2000, BStBl I S. 1204. Danach sind Aufwendungen des **Arbeitnehmers** für eine Unfallversicherung, die ausschließlich die Unfälle umfasst, die mit der beruflichen Tätigkeit in unmittelbarem Zusammenhang stehen (einschließlich der Unfälle auf dem Weg von und zur Arbeitsstätte), **Werbungskosten**. Aufwendungen des Arbeitnehmers für eine Versicherung gegen außerberufliche Unfälle sind **Sonderausgaben**. Werden **beide** Bereiche durch die Unfallversicherung abgedeckt, so ist der Gesamtbeitrag einschließlich Versicherungssteuer auf beide Risiken nach den Angaben des Versicherungsunternehmens entsprechend **aufzuteilen** (BFH-Urteil vom 22. 6. 1990, BStBl II S. 901). Im Zweifelsfall können die Anteile auf jeweils **50 v.H.** des Gesamtbetrags geschätzt werden. Wegen der Übernahme der Beiträge durch den Arbeitgeber sowie zu **vom Arbeitgeber** abgeschlossenen Unfallversicherungen seiner Arbeitnehmer und zu den Leistungen **aus** Unfallversicherungen vgl. ebenfalls BMF-Schreiben vom 17. 7. 2000 a.a.O.

Versorgungsausgleich

Leistet ein ausgleichsverpflichteter Arbeitnehmer im Zusammenhang mit der Ehescheidung im Rahmen des öffentlich-rechtlichen **Versorgungsausgleichs** Zahlungen an den Dienstherrn bzw. Arbeitgeber **zur Abwendung der Pensionskürzung** (z.B. Wiederauffüllungszahlungen nach § 58 Beamtenversorgungsgesetz), so können diese als **Werbungskosten** abgezogen werden, weil sie den ungeschmälerten Zufluss der nachträglichen Einnahmen aus nichtselbständiger Arbeit sicherstellen sollen (BMF-Schreiben vom 20. 7. 1981, BStBl I S. 567 und ESt-Kartei B.-W. zu § 22 EStG

Nr. 3). Dies gilt auch für Schuldzinsen und andere Kosten für die Aufnahme eines Kredits zur Finanzierung des Versorgungsausgleichs. Handelt es sich um Anwartschaften aus der **gesetzlichen Rentenversicherung,** können solche Kosten vorab entstandene Werbungskosten bei den Einkünften nach § 22 Nr. 1 EStG sein (BFH-Urteil vom 5. 5. 1993, BStBl II S. 867).

Wahlkampfkosten

Aufwendungen für die Wahl in ein **kommunales** Spitzenamt (z.B. Oberbürgermeister) werden als Werbungskosten bei den Einkünften aus nichtselbständiger Arbeit anerkannt, wenn mit der Erlangung des Amts steuerpflichtige Einnahmen verbunden sind. Bei dem mit der Wahl angestrebten Amt muss es sich um eine hauptberufliche Tätigkeit i.S. einer Vollbeschäftigung handeln. Ob es sich um eine Volkswahl oder um eine Wahl durch ein Gremium, z.B. eine Stadt- oder Landkreisvertretung handelt, ist unerheblich (BFH-Urteil vom 8. 3. 1974, BStBl II S. 407). Unerheblich ist auch, ob der Kandidat tatsächlich gewählt wird. Ggf. liegen erfolglose Werbungskosten vor. Zu den Wahlkampfkosten rechnen alle Ausgaben, die im Zusammenhang mit der Kandidatur stehen, also auch Spenden an die örtlichen Vereine im Interesse der Werbung für den Kandidaten. Wird ein **Ehrenamt** angestrebt, sind die Wahlkampfkosten keine Werbungskosten (anders dagegen bei einem Bewerber um ein sog. ehrenamtliches Stadtratsmandat in Bayern, vgl. BFH-Urteil vom 25. 1. 1996, BStBl II S. 431). Wahlkampfkosten eines **Bundestags- oder Landtagskandidaten** oder eines Kandidaten für das **Europäische Parlament** sind ebenfalls **nicht** abzugsfähig (§ 22 Nr. 4 Satz 3 EStG).

Werbegeschenke und Bewirtung durch Arbeitnehmer

Werbegeschenke eines Arbeitnehmers an die **Kunden seines Arbeitgebers** sind – im Rahmen der erstmals für nach dem 31.12. 2003 beginnende Wirtschaftsjahre geltenden **35 €-Freigrenze** des § 4 Abs. 5 Satz 1 Nr. 1 EStG (vorher 40 €-Grenze) – als Werbungskosten abzugsfähig, wenn es sich um beruflich veranlasste Ausgaben handelt, die der Arbeitnehmer zu dem Zweck getätigt hat, die Umsätze seines Arbeitgebers und damit seinen erfolgsabhängigen Arbeitslohn zu steigern (BFH-Urteil vom 13. 1. 1984, BStBl II S. 315). Auch Aufwendungen eines Arbeitnehmers zur **Bewirtung von Kunden seines Arbeitgebers** können Werbungskosten sein, wenn der Arbeitnehmer nachweisen kann, dass allein berufliche Gründe Veranlassung für diese Ausgaben waren (BFH-Urteil vom 16. 3. 1984, BStBl II S. 433). Die angemessenen und nachgewiesenen Aufwendungen können für Wirtschaftsjahre, die nach dem 31.12. 2003 beginnen, **nur in Höhe von 70 v.H.** als Werbungskosten anerkannt werden (vorher in Höhe von 80 v.H.). Vgl. § 4 Abs. 5 Satz 1 Nr. 2 EStG und Teil II Tz. 2.2. und Tz. 2.3.

Pauschbeträge für Mehraufwendungen für Verpflegung, Konkurrenzregelungen

Aufwendungen für die Ernährung am Ort der regelmäßigen Arbeitsstätte sind auch dann **nicht** als Werbungskosten abziehbar, wenn der Arbeitnehmer berufsbedingt arbeitstäglich überdurchschnittlich oder ungewöhnlich lange, z.B. **mehr als 12 Stunden von der Wohnung** abwesend ist (BFH-Urteil vom 21.1. 1994, BStBl II S. 418 und H 33 [Ernährung] LStH).

Die verschiedenen Fallgruppen der Auswärtstätigkeit unterliegen grundsätzlich einheitlichen Regeln. Die **Pauschbeträge** für Verpflegungsmehraufwendungen für Geschäfts-/Dienstreisen (vgl. Anlage N, Zeilen 57 bis 62, 59 ABC „Reisekosten" [2]), bei ständig wechselnden Tätigkeitsstätten (sog. Einsatzwechseltätigkeit) und bei sog. Fahrtätigkeit (vgl. Anlage N, Zeilen 63 bis 68), sowie bei einer doppelten Haushaltsführung (vgl. Anlage N, Zeilen 70 bis 83) sind einheitlich festgesetzt. Die Möglichkeit des **Einzelnachweises** besteht nicht. Zu den Regelungen im Einzelnen vgl. die Ausführungen zu den o.g. Zeilen.

Konkurrenzregelungen

Soweit für denselben Kalendertag Verpflegungsmehraufwendungen wegen einer Dienstreise, Fahrtätigkeit oder Einsatzwechseltätigkeit oder wegen einer doppelten Haushaltsführung anzuerkennen sind, ist nur der jeweils **höchste** Pauschbetrag als Werbungskosten abzugsfähig (R 39 Abs. 2 LStR).

Teil I: Anlage N
Zeilen 63–83

Beispiel:

Ein Arbeitnehmer mit doppelter Haushaltsführung macht in den ersten drei Monaten seit deren Begründung eine Dienstreise mit einer Dauer von 12 Stunden. Von den beiden maßgeblichen Pauschbeträgen von 24 € und 6 € kann nur der höhere als Werbungskosten geltend gemacht werden.

Einsatzwechseltätigkeit und Fahrtätigkeit – Pauschbeträge für Mehraufwendungen für Verpflegung

63–68 Arbeitnehmer, die nur an ständig wechselnden Einsatzstellen
51–55 beschäftigt sind (wie z.B. Bauarbeiter, Monteure), die also eine sog. **Einsatzwechseltätigkeit** ausüben und Arbeitnehmer, die eine sog. **Fahrtätigkeit** (wie z.B. Berufskraftfahrer) ausüben (vgl. zum Personenkreis im Einzelnen jeweils ABC zu Anlage N, Zeilen 57 bis 62), können die Verpflegungsmehraufwendungen in gleichem Umfang **wie bei einer Dienstreise** geltend machen, also bei einer beruflich veranlassten Abwesenheit von

• 24 Stunden	mit 24 €
• mindestens 14 Stunden	mit 12 €
• mindestens 8 Stunden	mit 6 €

Ein Einzelnachweis höherer Aufwendungen ist nicht möglich. Die Höhe des Pauschbetrags richtet sich hier allein nach der Abwesenheit **von der Wohnung** am jeweiligen Kalendertag. Es sind auch die Zeiten für die Fahrten zwischen Wohnung und Betrieb des Arbeitgebers, um dort die Tätigkeit aufzunehmen und zu beenden, sowie die Zeiten für im Betrieb verrichtete Tätigkeiten in die Berechnung der Abwesenheitsdauer einzubeziehen. Entscheidend ist allein, ob der Arbeitnehmer aus beruflichen Gründen mindestens 8 Stunden von der Wohnung abwesend ist. Kehrt ein Arbeitnehmer z.B. in der Mittagspause zu seiner Wohnung zurück, so können die Zeiten der Abwesenheit von der Wohnung am Vormittag und am Nachmittag zusammengerechnet werden. Dies gilt auch beim Aufsuchen der Betriebskantine in der Mittagspause.

Die bei Dienstreisen geltende Einschränkung, wonach die o.g. Pauschbeträge nur für die ersten drei Monate als Werbungskosten geltend gemacht werden können, ist bei Arbeitnehmern mit **Fahrtätigkeit** oder **Einsatzwechseltätigkeit** nach Verwaltungsauffassung **nicht** anzuwenden; eine zeitliche Begrenzung gibt es hier nicht (R 39 Abs. 1 Satz 5 LStR). Entgegen dieser großzügigen Verwaltungsregelung hat der BFH mit Urteil vom 27.7.2004, BStBl 2005 II S. 357 entschieden, dass die **Dreimonatsfrist** auch dann anzuwenden ist (d.h. die Reisekostengrundsätze nicht mehr gelten), wenn ein Arbeitnehmer im Zuge einer **Einsatzwechseltätigkeit** längerfristig vorübergehend an derselben auswärtigen Tätigkeitsstätte eingesetzt wird. Die Finanzverwaltung wendet diese strengere Rspr. vorbehaltlich einer etwaigen Gesetzesänderung erst für **nach** dem 31.12.2005 beginnende Lohnzahlungs- und Veranlagungszeiträume an (BMF-Schreiben vom 11.4.2005, BStBl I S. 673).

Hat der Arbeitnehmer eine Zweitwohnung am Beschäftigungsort, so kann im Falle einer doppelten Haushaltsführung für die vollen Tage in den ersten drei Monaten der Pauschbetrag von 24 € in Betracht kommen (vgl. Anlage N, Zeilen 70 bis 83, Nr. 2 d); für die Zeit danach ist hinsichtlich der Höhe des Pauschbetrags die Abwesenheit von der Zweitwohnung maßgebend.

Eine Sonderregelung besteht allerdings für Arbeitnehmer **ohne eigenen Hausstand** (z.B. berufstätige Kinder mit einem Zimmer in der elterlichen Wohnung), die eine **Einsatzwechseltätigkeit** ausüben und **auswärts übernachten** müssen. Für sie gelten für einen Zeitraum von **drei Monaten** die gleichen Grundsätze wie für Arbeitnehmer mit doppelter Haushaltsführung und **mit eigenem** Hausstand (R 43 Abs. 12 LStR), d.h. es wird in diesen Fällen im Ergebnis eine dreimonatige doppelte Haushaltsführung angenommen (Werbungskosten: eine wöchentliche Heimfahrt, Verpflegungspauschalen, Übernachtungskosten). Für die Berücksichtigung von Verpflegungsmehraufwendungen ist innerhalb der Dreimonatsfrist die Abwesenheitszeit vom Heimatwohnort und nach Ablauf der Dreimonatsfrist die Abwesenheitszeit von der auswärtigen Unterkunft maßgebend (BMF-Schreiben vom 30.6. 2004, BStBl I S. 582 Nr. 3 a.E.; vgl. aber BMF-Schreiben vom 11.4.2005, BStBl I S. 2005, wonach bis 31.12.2005 die Dreimonatsfrist in diesem Fall nicht angewendet werden soll). Der Dreimonatszeitraum gilt für eine Einsatzwechseltätigkeit an demselben auswärtigen Beschäftigungsort. Wechselt der Arbeitnehmer seine Einsatzstelle und den Übernachtungsort, beginnt ein neuer Dreimonatszeitraum (zur Berechnung vgl. R 37 Abs. 3 Satz 4 LStR).

Das bei mehr als einer Heimfahrt wöchentlich bestehende **Wahlrecht** zwischen der Anwendung der Grundsätze zur doppelten Haushaltsführung und der Geltendmachung (nur) der Fahrtkosten (R 43 Abs. 6 Satz 2 i.V. mit R 42 LStR) bzw. bei Einsatzwechseltätigkeit der Fahrtkosten ggf. als Reisekosten (H 43 [Wahlrecht] LStH i.V. mit R 38 Abs. 3 LStR) bleibt unberührt (BMF-Schreiben vom 30.6.2004 a.a.O.). Zum Wahlrecht in diesen Fällen s. ausführlich unten Anlage N, Zeilen 70 bis 83 (zu 1.).

Werden dem Arbeitnehmer bei einer Fahrtätigkeit oder Einsatzwechseltätigkeit **Mahlzeiten** unentgeltlich oder teilentgeltlich **gewährt**, so sind die maßgebenden Pauschbeträge **nicht** zu kürzen. Der Arbeitgeber muss allerdings die gewährten Mahlzeiten mit den amtlichen Sachbezugswerten ansetzen und versteuern. Vgl. im Einzelnen R 31 Abs. 8 und R 39 Abs. 1 LStR.

Der Arbeitgeber kann auch hier **steuerfreien Ersatz** bis zur Höhe der Pauschbeträge leisten (§ 3 Nr. 13, Nr. 16 EStG). Die Summe der steuerfrei ersetzten Beträge ist in Anlage N, **Zeile 68** (rechts) anzugeben und alsdann von der Summe aller abzugsfähigen Pauschbeträge nach Zeile 67 abzuziehen.

Wegen der berücksichtigungsfähigen **Fahrtkosten** bei einer **Einsatzwechseltätigkeit** und bei einer **Fahrtätigkeit** vgl. Anlage N, jeweils ABC, zu Zeilen 57 bis 62.

Mehraufwendungen für doppelte Haushaltsführung

1. Doppelter Haushalt

Werbungskosten sind auch die notwendigen Mehraufwendungen, **70–83**
die einem Arbeitnehmer wegen einer aus beruflichem Anlass **56–58**
begründeten **doppelten Haushaltsführung** entstehen (§ 9 Abs. 1 Satz 3 Nr. 5 EStG), soweit sie vom Arbeitgeber nicht ersetzt werden; ein **steuerfreier Ersatz** durch den Arbeitgeber ist insoweit möglich, als die Ersatzleistungen die als Werbungskosten abzugsfähigen Aufwendungen nicht übersteigen (§ 3 Nr. 13 oder Nr. 16 EStG).

Eine **doppelte Haushaltsführung** liegt nur dann vor, wenn ein Arbeitnehmer außerhalb des Orts, in dem er einen **eigenen Hausstand** unterhält, beschäftigt ist **und** auch am **Beschäftigungsort** übernachtet, weil er z.B. dort oder in der Umgebung der politischen Gemeinde, in der sich seine Arbeitsstätte befindet (BFH-Urteil vom 9.11.1971, BStBl 1972 II S. 134) eine **zweite Wohnung** hat und deshalb nicht täglich an den Ort seines eigenen Hausstands – oder ohne eigenen Hausstand, an seinen bisherigen Wohnort – zurückkehrt. Die Anzahl der Übernachtungen ist dabei unerheblich (R 43 Abs. 1 LStR). Zum „eigenen Hausstand" s. unten. Es kommt nicht darauf an, warum der Arbeitnehmer seinen Hausstand nicht an den Beschäftigungsort verlegt oder warum er nicht täglich an den Ort des eigenen Hausstands zurückkehrt.

Voraussetzung für die Anerkennung der notwendigen Mehraufwendungen als Werbungskosten ist, dass die **Begründung** des doppelten Haushalts **durch die berufliche Beschäftigung veranlasst** ist (BFH-Urteile vom 2.12.1981, BStBl 1982 II S. 297, S. 323 und vom 22.9.1988, BStBl 1989 II S. 293). Ein beruflicher Anlass liegt in der Regel vor bei einer Versetzung, beim erstmaligen Antritt einer Stellung oder bei einem Wechsel des Arbeitgebers. Auch die nachträgliche Begründung eines doppelten Haushalts kann beruflich veranlasst sein (BFH-Urteil vom 2.3.1979, BStBl II S. 520), ebenso wie ein Umzug aus einer privat begründeten Zweitwohnung (BFH-Urteil vom 26.8.1988, BStBl 1989 II S. 89). Zur Begründung einer doppelten Haushaltsführung durch **Ehegatten** im Zeitpunkt der Eheschließung s. unten. Ist der doppelte Haushalt aus beruflichem Anlass begründet worden, ist es unerheblich, ob in der Folgezeit auch die Beibehaltung beider Wohnungen beruflich veranlasst ist (BFH-Urteil vom 30.9.1988, BStBl 1989 II

S. 103). Eine doppelte Haushaltsführung liegt nicht vor, solange die berufliche Beschäftigung als Dienstreise anzuerkennen ist, wie z.B. die ersten 3 Monate einer Auswärtstätigkeit (R 43 Abs. 1 LStR).

Die 1996 eingeführte gesetzliche **Zweijahresfrist** für die steuerliche Berücksichtigung von Mehraufwendungen wegen einer aus beruflichem Anlass begründeten doppelten Haushaltsführung ist bereits **ab 1.1.2003 weggefallen** (StÄndG 2003 vom 15.12.2003, BStBl I S. 710). Die Neuregelung gilt auch in Fällen, in denen die ESt noch nicht formell bestandskräftig oder hinsichtlich der doppelten Haushaltsführung vorläufig festgesetzt ist oder unter einem wirksamen Nachprüfungsvorbehalt steht (BMF-Schreiben vom 22.12.2003, BStBl 2004 I S. 36).

Mit der **Streichung der Zweijahresfrist** ist die steuerliche Anerkennung von Mehraufwendungen wegen doppelter Haushaltsführung nunmehr grundsätzlich **zeitlich unbefristet möglich**.

Bei Anerkennung der doppelten Haushaltsführung sind **als Werbungskosten abzugsfähig**

- die tatsächlichen Aufwendungen für die Fahrten anlässlich des Wohnungswechsels **zu Beginn** und **am Ende** der doppelten Haushaltsführung (vgl. unten Nr. 2 a),
- die Aufwendungen für eine **wöchentliche Familienheimfahrt**, d.h. für die Wege vom Beschäftigungsort zum Ort des eigenen Hausstands und zurück sowie ggf. **Telefonkosten** (vgl. unten Nr. 2b),
- notwendige Aufwendungen für die **Zweitwohnung** (vgl. unten Nr. 2c) und die
- notwendigen **Verpflegungsmehraufwendungen** (vgl. unten Nr. 2d) nur für die Dauer von **drei Monaten** nach Aufnahme der Beschäftigung am neuen Beschäftigungsort sowie
- notwendige Umzugskosten (vgl. unten Nr. 2e).

Die erforderlichen Angaben zur doppelten Haushaltsführung sind in den **Zeilen 70 bis 83** zu machen. Die Gründe für die dort gestellten Fragen können den folgenden Ausführungen entnommen werden.

Liegen die Voraussetzungen einer doppelten Haushaltsführung vor und führt der Arbeitnehmer mehr als eine Heimfahrt wöchentlich durch, so hat er ein **Wahlrecht**, ob er

- die o.g. notwendigen Mehraufwendungen wegen **doppelter Haushaltsführung** als Werbungskosten geltend machen will, d.h. neben den notwendigen Unterkunftskosten und Verpflegungspauschalen (vgl. unten Nr. 2c und Nr. 2d) **nur eine Familienheimfahrt wöchentlich** zum eigenen Hausstand (vgl. unten Nr. 2b) **oder**
- **nur** die Aufwendungen für die Wege zwischen Wohnung und Arbeitsstätte mit der Entfernungspauschale (vgl. Anlage N, Zeilen 38 bis 48), aber für **sämtliche Fahrten** (auch mehrere wöchentlich!) geltend machen will (R 43 Abs. 6 Satz 2 i.V. mit R 42 LStR).

Die Wahl kann bei derselben doppelten Haushaltsführung für jedes Kalenderjahr nur einmal getroffen werden (R 43 Abs. 6 Satz 3 LStR). Entscheidet sich der Arbeitnehmer für die zweite Alternative, so kommt daneben ein Abzug von Verpflegungsmehraufwendungen und Kosten der Unterkunft am Beschäftigungsort **nicht** in Betracht (BFH-Urteile vom 9.6.1988, BStBl II S. 990 und vom 18.5.1990, BStBl II S. 863) und zwar selbst dann nicht, wenn der Arbeitnehmer an bestimmten Tagen nur deshalb nicht zu seiner Erstwohnung zurückfährt, weil er sich (z.B. als Angehöriger der Flugsicherung) in Rufbereitschaft halten muss oder mehrere Arbeitsschichten nacheinander abzuleisten hat (BFH-Urteil vom 9.10.1992, BStBl II 1993 S. 113). Wer dagegen nach der ersten Alternative die Unterkunftskosten usw. im Rahmen einer doppelten Haushaltsführung geltend machen möchte, muss sich mit der Anerkennung **einer** Fahrt zum eigenen Hausstand wöchentlich begnügen. Ein **Wahlrecht** des Arbeitnehmers zwischen der Anwendung der Grundsätze zur doppelten Haushaltsführung und denen zur **Einsatzwechseltätigkeit** (vgl. Anlage N, Zeilen 57 bis 62, 59, ABC) besteht nach dem BFH-Urteil vom 10.10.1994, BStBl 1995 II S. 137 auch im Falle einer Einsatzwechseltätigkeit **mit Unterkunft** (vgl. H 43, 6–12 [Wahlrecht] LStH i.V. mit R 38 Abs. 3 LStR). Dagegen begründet nach dem BFH-Urteil vom 11.5.2005 VI R 7/02 (NWB 2005 S. 2768) der Bezug einer Unterkunft an einer vorübergehenden beruflichen Tätigkeitsstätte (Einsatzwechseltätigkeit) **keine** doppelte Haushaltsführung. Damit entfiele auch ein Wahlrecht. Die hiermit verbundenen Fahrt- und Übernachtungskosten sind in vollem Umfang als Werbungskosten abziehbar. Der Verpflegungsmehraufwand richtet sich allein nach der Abwesenheit von der Wohnung am Ort des Lebensmittelpunkts und ist auf die ersten drei Monate des Einsatzes an derselben Tätigkeitsstätte beschränkt. Es bleibt abzuwarten, welche Folgerungen die Finanzverwaltung aus diesem Urteil zieht. Ist die Zweitwohnung am Beschäftigungsort eine Eigentumswohnung, so kann im Rahmen der o.g. zweiten Alternative u.U. die **Eigenheimzulage** bzw. die Begünstigung des auslaufenden § 10e EStG in Betracht kommen (vgl. hierzu Teil II, Tz. 3.3.).

Die Voraussetzungen einer doppelten Haushaltsführung – und damit auch für das nach der bisherigen Rspr. bestehende **Wahlrecht** – sind erfüllt, wenn der Arbeitnehmer am Beschäftigungsort eine feste Unterkunft zur jederzeitigen Verfügung hat. Dass der Arbeitnehmer die Mehrzahl der Wochentage in dieser Unterkunft anwesend ist und dort übernachtet, ist nicht erforderlich. Selbst wenn er durchschnittlich lediglich ein- bis zweimal pro Woche dort übernachtet und ansonsten an den Ort des eigenen Hausstands heimfährt, steht dies der Annahme einer doppelten Haushaltsführung und der Ausübung des Wahlrechts nicht entgegen (BFH-Urteil vom 9.6.1988 a.a.O.). Fährt der Arbeitnehmer aber **täglich** an den Ort des eigenen Hausstands, so liegen Aufwendungen für Wege zwischen Wohnung und Arbeitsstätte vor, die in Höhe der Entfernungspauschale als Werbungskosten berücksichtigt werden können (vgl. Anlage N, Zeilen 38 bis 48).

Bei **Arbeitslosigkeit** kann für einen begrenzten Zeitraum die Beibehaltung einer doppelten Haushaltsführung im Zusammenhang mit einer künftigen Beschäftigung stehen, wenn der Arbeitnehmer am bisherigen Beschäftigungsort wohnen bleibt in der Annahme, dort alsbald einen neuen Arbeitsplatz zu finden. Dies gilt nicht mehr ab Eintritt in den **Vorruhestand** (BMF-Schreiben vom 2.5.1990, BStBl I S. 226).

Eine doppelte Haushaltsführung erfordert eine **maßgebliche persönliche und finanzielle Beteiligung** an der gemeinsamen Haushaltsführung. Es kommt allerdings **nicht** darauf an, dass am Ort des eigenen Hausstands während der beruflichen Abwesenheit des Arbeitnehmers **hauswirtschaftliches Leben** herrscht, weil dort vom Arbeitnehmer finanziell abhängige Angehörige – sog. Zurechnungspersonen – leben. Deshalb wird eine doppelte Haushaltsführung auch dann anerkannt, wenn der Arbeitnehmer mit seinem nicht berufstätigen Ehegatten am Beschäftigungsort gemeinsam eine Zweitwohnung bezieht, die bisherige Familienwohnung jedoch nicht aufgibt (BFH-Urteile vom 5. und 6.10.1994, BStBl 1995 II S. 180 und S. 184 sowie BMF-Schreiben vom 8.3.1995, BStBl I S. 168, Nr. 5). Der eigene Hausstand muss aber vom Arbeitnehmer „unterhalten" werden, d.h. er muss die Haushaltsführung bestimmen oder wesentlich mitbestimmen (BFH-Urteil vom 5.10.1994 a.a.O. und R 43 Abs. 3 LStR). Deshalb ist auch eine maßgebliche **finanzielle Beteiligung** am Haupthaushalt weiterhin erforderlich. Eine solche liegt vor, wenn die dem Haushalt zugewendeten Beträge erkennbar ausreichend sind (BFH-Urteile vom 9.2.1977, BStBl 1978 II S. 26 und vom 17.11.1978, BStBl 1979 II S. 146). Eine Mindesthöhe für die Zahlungen wird nicht gefordert. Es kann sich um gelegentliche oder einmalige Zahlungen handeln (BFH-Urteil vom 5.9.1980, BStBl 1981 II S. 31). Sie müssen jedoch bestimmt und geeignet sein, dem laufenden Lebensbedarf zu dienen. Es ist unerheblich, ob die Leistung eines finanziellen Beitrags erst im Laufe, etwa in der Mitte des Kalenderjahres erbracht wird (BFH-Urteil vom 16.12.1983, BStBl 1984 II S. 521). Die finanzielle Beteiligung kann auch in der Anschaffung von Haushaltsgegenständen und Möbeln liegen (BFH-Urteil vom 17.11.1978, BStBl 1979 II S. 146). Hinsichtlich der maßgeblichen **persönlichen Beteiligung** ist bei wiederholten Fahrten zum eigenen Hausstand während des Kalenderjahres (nach R 42 Abs. 1 LStR bei verheirateten Arbeitnehmern mindestens sechsmal jährlich und bei anderen Arbeitnehmern im Durchschnitt mindestens zweimal monatlich) ohne nähere Prüfung

Teil I: Anlage N
Zeilen 70–83

davon auszugehen, dass diese Voraussetzung erfüllt ist. Im Übrigen hängt die Intensität der persönlichen Mitwirkung des Arbeitnehmers am hauswirtschaftlichen Leben von den Umständen des Einzelfalles ab und wird entscheidend bestimmt von dem Ausmaß der räumlichen Trennung. Bei größerer Entfernung zwischen dem eigenen Hausstand und der Zweitwohnung (insbesondere im Ausland) kann auch der Nachweis nur einer Fahrt zum eigenen Hausstand im Kalenderjahr ausreichend sein (vgl. im Einzelnen R 43 Abs. 3 LStR).

Die ältere BFH-Rechtsprechung verwendet noch die Begriffe „Familienwohnung", „Familienwohnsitz" oder „Familienhausstand". Danach gilt auch heute noch sinngemäß:

Richten sich **Arbeitnehmer im Zeitpunkt der Eheschließung** am Beschäftigungsort eines Ehegatten eine gemeinsame Familienwohnung ein und behält der andere Ehegatte auch weiterhin wegen seiner auswärtigen Beschäftigung sein möbliertes Zimmer bei, so liegt eine doppelte Haushaltsführung vor (BFH-Urteile vom 13. 2. 1976, BStBl II S. 654 und vom 20. 3. 1980, BStBl II S. 455). Dies gilt gleichermaßen, wenn die Ehegatten schon vor ihrer Eheschließung die spätere Familienwohnung an einem der beiden Beschäftigungsorte gemeinsam bewohnt haben (BFH-Urteil vom 4. 10. 1989, BStBl 1990 II S. 321) oder wenn sie den Familienhausstand wegen der Aufnahme einer Berufstätigkeit des Ehegatten an dessen Beschäftigungsort verlegt und am Beschäftigungsort des Arbeitnehmers dessen Zweitwohnung begründet haben (BFH-Urteil vom 2. 10. 1987, BStBl II S. 852). Die doppelte Haushaltsführung ist jedoch **nicht** aus beruflichem Anlass begründet, wenn beide **Ehegatten im Zeitpunkt ihrer Heirat** in derselben Stadt berufstätig sind, in der der Ehemann auch wohnt, und die Eheleute vom Zeitpunkt der Eheschließung an die **außerhalb** des Beschäftigungsorts gelegene Wohnung der Ehefrau zum Familienwohnsitz wählen (BFH-Urteil vom 13. 3. 1996, BStBl II S. 315). Wohnen jungverheiratete **Ehegatten,** die beide als Arbeitnehmer berufstätig sind, nach der Heirat weiterhin **jeder in seiner bisherigen Wohnung** oder bei den Eltern, weil sie noch keine geeignete eheliche Wohnung gefunden haben, so führen sie ebenfalls keinen doppelten Haushalt (BFH-Urteil vom 18. 9. 1964, BStBl 1965 III S. 29). Mehraufwendungen wegen doppelter Haushaltsführung können jedoch für den Fall geltend gemacht werden, dass nach der Eheschließung die bisherige Wohnung der Ehefrau oder des Ehemannes Familienwohnung wird. Die Ehegatten müssen nachweisen, dass den Erfordernissen eines gemeinsamen Hausstandes Rechnung getragen wurde (BFH-Urteile vom 11. 5. 1966, BStBl III S. 503 und vom 20. 3. 1980, BStBl II S. 455). Eine neue doppelte Haushaltsführung wird begründet, wenn der Arbeitnehmer an einem anderen Ort als dem bisherigen Beschäftigungsort unter Beibehaltung seines Familienwohnsitzes eine Beschäftigung aufnimmt und seine zweite Wohnung dorthin verlegt (BFH-Urteil vom 26. 8. 1988, BStBl 1989 II S. 89).

Bei **Eheleuten** können Mehraufwendungen wegen doppelter Haushaltsführung grundsätzlich nur bei dem Ehegatten berücksichtigt werden, durch dessen Arbeitsverhältnis sie veranlasst worden sind (BFH-Urteil vom 16. 4. 1980, BStBl II S. 512).

Keine beruflich veranlasste doppelte Haushaltsführung liegt vor, wenn Eheleute **am Beschäftigungsort** einen eigenen Hausstand in einer **familiengerechten Wohnung** unterhalten und in der beibehaltenen früheren Familienwohnung eine von den Eheleuten unterstützte Angehörige lebt, die die minderjährige Tochter der Eheleute versorgt und erzieht (BFH-Urteil vom 29. 11. 1974, BStBl 1975 II S. 459; vgl. auch BFH-Urteil vom 21. 1. 1972, BStBl II S. 262). Doppelte Haushaltsführung liegt auch dann **nicht** vor, wenn ein verheirateter Arbeitnehmer **den Familienwohnsitz vom Beschäftigungsort** unter Beibehaltung eines zweiten Haushalts am Beschäftigungsort aus privaten Gründen **wegverlegt** (BFH-Urteile vom 10. 11. 1978, BStBl 1979 II S. 219, 222 und vom 2. 12. 1981, BStBl 1982 II S. 297). Wegen der späteren Neubegründung eines zweiten Haushalts am beibehaltenen Beschäftigungsort vgl. BFH-Urteile vom 30. 10. 1987, BStBl 1988 II S. 358 und vom 22. 9. 1988, BStBl 1989 II S. 94; danach kann u.U. eine doppelte Haushaltsführung wieder begründet werden. Bei verheirateten Arbeitnehmern kann **für jeden Ehegatten** eine doppelte Haushaltsführung beruflich veranlasst sein, wenn die Ehegatten außerhalb des Orts ihres gemeinsamen Hausstands an verschiedenen Orten beschäftigt sind und am jeweiligen Beschäftigungsort eine Zweitwohnung beziehen (BFH-Urteil vom 6. 10. 1994, BStBl II 1995 S. 184). Entsprechendes gilt, wenn beiderseits berufstätige Ehegatten am gemeinsamen Beschäftigungsort eine gemeinsame Zweitwohnung beziehen. Auch die Mitnahme des nicht berufstätigen Ehegatten an den Beschäftigungsort steht der beruflichen Veranlassung einer doppelten Haushaltsführung nicht entgegen (R 43 Abs. 2 LStR). Eine solche liegt dagegen **nicht** vor, wenn ein Arbeitnehmer nach einer beruflichen Veränderung zunächst einen doppelten Haushalt führt, die Familie dann aber, nachdem sie mit ihm über mehrere Jahre hinweg an seinem Beschäftigungsort gelebt hat, an ihren früheren Wohnort **zurückkehrt** (BFH-Urteil vom 2. 12. 1981, BStBl 1982 II S. 323).

Verheiratete Arbeitnehmer, die **dauernd getrennt leben,** oder **geschiedene Ehegatten** führen keinen doppelten Haushalt. Lebt der Arbeitnehmer am Beschäftigungsort auf Dauer mit einer Frau und einem gemeinsamen Kind in einem eigenen Hausstand, während Ehefrau und gemeinsame Kinder am bisherigen Familienwohnort verblieben sind, so liegt eine doppelte Haushaltsführung nicht mehr vor, wenn der Hausstand am Beschäftigungsort der Lebensmittelpunkt des Arbeitnehmers ist (BFH-Urteile vom 25. 3. 1988, BStBl II S. 582 und S. 584).

Wer **keinen eigenen Hausstand** hat, kann bereits ab 2004 keine Mehraufwendungen wegen doppelter Haushaltsführungen mehr geltend machen. Eine Ausnahme gilt für Arbeitnehmer mit Einsatzwechseltätigkeit, die am Einsatzort übernachten (s. oben Anlage N, Zeilen 63 bis 68).

Ob ein **eigener Hausstand** vorliegt, ist in der Praxis vor allem bei **unverheirateten Arbeitnehmern** häufig zweifelhaft. Nach der Rechtsprechung des BFH (vgl. H 43, 1–5 LStH) ist bei einem Arbeitnehmer ein **eigener Hausstand anzuerkennen,** wenn er eine eingerichtete, seinen Lebensbedürfnissen entsprechende Wohnung hat,

- die er aus eigenem oder abgeleitetem Recht, z.B. als Eigentümer oder Mieter nutzt (BFH-Urteile vom 5. 10. 1994, BStBl 1995 II S. 180), **und**

- in der er einen Hausstand unterhält, d.h. die Haushaltsführung bestimmt oder wesentlich mitbestimmt; wer z.B. in den **Haushalt der Eltern** eingegliedert ist – wenn auch gegen Kostenbeteiligung –, hat **keinen** eigenen Hausstand (vgl. BFH-Urteile vom 5. 10. 1994, BStBl 1995 II S. 180 und vom 6. 10. 1994, BStBl 1995 II S. 186), **und**

- die den Mittelpunkt der Lebensinteressen des Arbeitnehmers darstellt und nicht nur gelegentlich zu Besuchszwecken oder für Urlaubsaufenthalte vorgehalten wird. Vgl. Anlage N, Zeilen 38 bis 48, Abschnitt „Mehrere Wohnungen" und R 42 Abs. 1 Sätze 5 bis 8 LStR, wonach die Wohnung von einem Verheirateten (= Wohnort der Familie) mindestens sechsmal im Kalenderjahr und von einem anderen Arbeitnehmer im Durchschnitt mindestens zweimal monatlich aufgesucht werden muss. Dagegen ist es unbeachtlich, wie oft der Arbeitnehmer tatsächlich in der **Zweit**wohnung übernachtet (BFH-Urteil vom 9. 6. 1988, BStBl II S. 990).

Liegen diese Voraussetzungen beim Arbeitnehmer vor, so ist auch bei einer **nichtehelichen Lebensgemeinschaft** eine doppelte Haushaltsführung anzuerkennen (vgl. hierzu BFH-Urteil vom 12. 9. 2000, BStBl 2001 II S. 29 und H 43, 1–5 [Eigener Hausstand] LStH), wonach eine Wohnung auch dann aus abgeleitetem Recht genutzt wird, wenn diese zwar formal vom Lebenspartner des Steuerpflichtigen angemietet wurde, dieser sich aber mit Duldung seines Partners dauerhaft dort aufhält und sich finanziell in einem Umfang an der Haushaltsführung beteiligt, dass daraus auf eine gemeinsame Haushaltsführung geschlossen werden kann. Zum grundsätzlich möglichen eigenen Hausstand eines Kindes in einer Wohnung, an der ein Vorbehaltsnießbrauch der Eltern besteht, vgl. BFH-Urteil vom 4. 11. 2003, BStBl 2004 II S. 16.

2. Arbeitnehmer mit eigenem Hausstand

Hat der Arbeitnehmer einen **eigenen Hausstand** im o.g. Sinne und sind auch die anderen o.g. Voraussetzungen gegeben, so kommen – soweit die Aufwendungen vom Arbeitgeber nicht steuerfrei ersetzt wurden – als **Werbungskosten** in Betracht:

a) Fahrtkosten zu Beginn und am Ende

Die tatsächlichen **Fahrtkosten** aus Anlass des Wohnungswechsels zu Beginn und am Ende der doppelten Haushaltsführung, also für die **erste Fahrt zum Beschäftigungsort** und für die **letzte Fahrt vom Beschäftigungsort zum Ort des eigenen Hausstands**. Bei Benutzung eines eigenen Kraftfahrzeugs können – wie bei Dienstreisen – die nachgewiesenen Aufwendungen oder ohne Einzelnachweis je gefahrenem Kilometer für einen Kraftwagen 0,30 € und für ein Motorrad oder einen Motorroller 0,13 € als Werbungskosten geltend gemacht werden. Zusätzlich können etwaige Nebenkosten berücksichtigt werden. Vgl. Anlage N, Zeilen 57 bis 62, 59 ABC, „Reisekosten", Nr. (1) und Nr. (4).

b) Wöchentliche Heimfahrten zum Ort des eigenen Hausstands

Aufwendungen für die Wege **vom Beschäftigungsort zum Ort des eigenen Hausstands** und zurück für eine Familienheimfahrt **wöchentlich**.

Bereits ab 1.1.2001 wurde für solche Familienheimfahrten ebenfalls eine **Entfernungspauschale** eingeführt, die vom benutzten Verkehrsmittel unabhängig ist (§ 9 Abs. 1 Satz 3 Nr. 5 EStG). Sie beträgt **ab 2004** einheitlich nur noch **0,30 €** (vorher 0,40 €) **für jeden vollen Kilometer** der Entfernung zwischen dem Ort des eigenen Hausstands und dem Beschäftigungsort. Für **Flugstrecken** gilt die Entfernungspauschale nicht, wohl aber für die An- und Abfahrten zum und vom Flughafen. Die Begrenzung auf 4 500 € gibt es bei den Familienheimfahrten **nicht**.

Die Entfernungspauschale für Familienheimfahrten ist in **Zeile 74** zu berechnen. Statt der Entfernungspauschale gelten für **Flugstrecken** die nachgewiesenen **tatsächlichen Flugkosten**, auch wenn sie den Betrag von 4 500 € übersteigen. Sie sind in **Zeile 77** einzutragen. Etwaige **Fährkosten** (vgl. Anlage N, Zeilen 38 bis 48 mit Beispiel 10) sind ebenfalls in Zeile 77 einzutragen. **Behinderte** können über die Entfernungspauschale hinaus die tatsächlichen KFZ-Kosten geltend machen (s. hierzu Anlage N, Zeilen 44 bis 48 „Behinderte"). Auch hierfür ist Zeile 77 vorgesehen.

Hat der Arbeitnehmer für Familienheimfahrten **öffentliche Verkehrsmittel** benutzt, so sind diese Kosten (ohne Flug- und Fährkosten) in **Zeile 75** einzutragen.

Der höhere Betrag aus Zeile 74 oder Zeile 75 ist als Werbungskosten abzugsfähig und deshalb in **Zeile 76** einzutragen. Hinzu kommt u.a. der Betrag aus **Zeile 77**.

Im Übrigen gelten hier die Ausführungen zur Entfernungspauschale in **Anlage N, Zeilen 38 bis 48** entsprechend (vgl. BMF-Schreiben vom 11.12.2001 a.a.O., Tz. 2, Satz 1). Dies gilt vor allem

- für die Bestimmung der **Entfernung**,
- für die grundsätzliche **Abgeltung** aller Aufwendungen durch die Entfernungspauschale,
- für die Behandlung von **Unfallkosten** usw.,
- für die Möglichkeit von **Behinderten**, höhere Aufwendungen als die Entfernungspauschale geltend zu machen und
- für die Möglichkeit, bei Benutzung **öffentlicher Verkehrsmittel** nachgewiesene höhere Aufwendungen als Werbungskosten zu berücksichtigen.

Steuerfreie Arbeigeberleistungen für Familienheimfahrten (§ 3 Nr. 13, Nr. 16 EStG) sind auf die o.g. Entfernungspauschale anzurechnen. Überlässt der Arbeitgeber dem Arbeitnehmer für Familienheimfahrten ein **KFZ (Firmen- oder Dienstwagen)**, darf eine Entfernungspauschale **nicht** angesetzt werden (§ 9 Abs. 1 Satz 3 Nr. 5 Satz 6 EStG); dies gilt auch bei **Sammelbeförderung**.

Ist der Arbeitnehmer aus dienstlichen Gründen gehindert, selbst eine Fahrt zum Ort des eigenen Hausstands zu unternehmen, so können auch die Aufwendungen für eine **Besuchsfahrt der Ehefrau** oder anderer **naher Angehöriger,** die zum eigenen Hausstand gehören – nicht aber deren Mehraufwendungen für Unterkunft und Verpflegung – in Höhe der Entfernungspauschale (Ausnahme Flugstrecken) als Werbungskosten abgezogen werden. Eine solche Reise ist auch nicht schon deshalb privat veranlasst, weil der Ehemann im Ausland beschäftigt ist und der Aufenthalt der Ehefrau von längerer Dauer ist. Neben den Reisekosten der Ehefrau sind bei einer Besuchsreise auch diejenigen der **minderjährigen Kinder** jedenfalls dann als Werbungskosten abziehbar, wenn sie insgesamt den Betrag nicht übersteigen, den der Arbeitnehmer bei Durchführung aller ihm steuerwirksam möglichen Fahrten zum Ort des eigenen Hausstands hätte abziehen können (BFH-Urteil vom 28.1.1983, BStBl II S. 313). Aufwendungen für eine Fahrt der Ehefrau zum Arbeitsort des Ehemanns zum **Suchen oder Besichtigen einer neuen Wohnung** sind ebenfalls abzugsfähige Werbungskosten und zwar nicht nur die Fahrtkosten, sondern auch die Mehraufwendungen für Unterkunft und Verpflegung (BFH-Urteil vom 21.8.1974, BStBl 1975 II S. 64).

Anstelle der Aufwendungen für eine **Heimfahrt an den Ort des eigenen Hausstands** sind die **Gebühren für ein Ferngespräch** mit dem Ehegatten oder einem Angehörigen, der zum eigenen Hausstand des Arbeitnehmers gehört, als Werbungskosten zu berücksichtigen (BFH-Urteil vom 18.3.1988, BStBl II S. 988). Nach Auffassung des BFH ist nur **ein** Telefongespräch wöchentlich als beruflich veranlasst anzusehen und auch insoweit notwendig, als es den Austausch familiärer Informationen im Rahmen der erforderlichen persönlichen Mitwirkung am Familienhaushalt ermöglicht; hierfür sei ein **15-minütiges Gespräch wöchentlich** erforderlich, aber auch ausreichend (H 43 [Telefonkosten] LStH). Bei einem eigenen Telefonanschluss sind auch die anteiligen Grundgebühren zu berücksichtigen. Der Arbeitnehmer trägt die objektive Beweislast dafür, dass ihm entsprechende Telefonkosten entstanden sind. Sind der Ort des eigenen Hausstands und des Beschäftigungsorts im **Inland**, so kann ohne weiteres als glaubhaft angesehen werden, dass an Stelle einer wöchentlichen Fahrt zum Ort des eigenen Hausstands **ein** Telefonat wöchentlich mit dem Ehegatten geführt wurde. Dies gilt auch, wenn sich der Ort des eigenen Hausstands im **angrenzenden Ausland** (z.B. Schweiz, Österreich, Frankreich, Luxemburg, Belgien, Niederlande, Dänemark) befindet. Die Kosten für ein Gespräch mit einer Dauer von 15 Minuten sind daher Werbungskosten. Ist der Ort des eigenen Hausstands dagegen im **entfernteren Ausland** (z.B. Griechenland, Türkei, Spanien, Italien), so verlangt die Finanzverwaltung wegen der zwangsläufig höheren Kosten, die nicht jeder Arbeitnehmer ohne weiteres auf sich nimmt, auch einen strengeren Nachweis. Sie anerkennt Aufwendungen für ein wöchentliches Telefongespräch von 15 Minuten mit Angehörigen, die zum eigenen Hausstand des Arbeitnehmers gehören, im Allgemeinen nur dann, wenn das Gespräch und die entstandenen Aufwendungen durch entsprechende Unterlagen nachgewiesen werden (z.B. Gebührenrechnungen für das eigene Telefon oder Gebührenbelege der Post; falls nicht möglich, zumindest aber Aufzeichnungen über jedes einzelne Ferngespräch mit Datum, Gesprächspartner, Dauer und Kosten). Die Anerkennung hängt letztlich vom Einzelfall ab. Telefonkosten können aber **weder pauschal noch mit einem allgemeinen Erfahrungssatz** als Werbungskosten berücksichtigt werden. Vgl. hierzu auch BFH-Urteil vom 29.6.1993, BFH/NV 1994, S. 19.

c) Unterkunft am Beschäftigungsort – Zweitwohnung

Die **notwendigen Aufwendungen** für die **Zweitwohnung,** also für die **Unterkunft am inländischen Beschäftigungsort**, z.B. Zimmermiete einschließlich Nebenkosten (Heizung, Strom, Reinigung), muss der Arbeitnehmer grundsätzlich **im Einzelnen nachweisen**. Sie können geschätzt werden, wenn sie dem Grunde nach zweifelsfrei entstanden sind (BFH-Urteil vom 12.9.2001, BStBl II S. 775). Zu den notwendigen Aufwendungen gehört ggf. auch die Zweitwohnungssteuer (R 43 Abs. 9 LStR). Pauschbeträge gibt es hierfür nicht, wenn der Beschäftigungsort **im Inland** liegt. Liegt der Beschäftigungsort **im Ausland**, so können die notwendigen Aufwendungen für die Zweitwohnung im Ausland ohne Einzelnachweis für den maßgeblichen Dreimonatszeitraum mit den Pauschalen für Auslandsübernachtungsgelder nach dem Bundesreisekostengesetz und für die Folgezeit mit 40% dieser Pauschbeträge je Übernachtung angesetzt werden (vgl. R 43 Abs. 9 Satz 4 i.V. mit R 40 Abs. 2 LStR).

Als Zweitwohnung kommt jede dem Arbeitnehmer entgeltlich oder unentgeltlich zur Verfügung stehende Unterkunft in Be-

Teil I: Anlage N
Zeilen 70–83

tracht (z.B. möbliertes Zimmer, Hotelzimmer, Gemeinschaftsunterkunft, ein Gleisbauzug, aber auch eine Eigentumswohnung, s. unten); vgl. H 43 1–5 (Zweitwohnung) LStH. Es ist unerheblich, wie oft der Arbeitnehmer tatsächlich in der Zweitwohnung übernachtet (BFH-Urteil vom 9. 6. 1988, BStBl II S. 990).

Übernachtungskosten können dann nicht als Werbungskosten berücksichtigt werden, wenn die Übernachtung in einer vom Arbeitgeber gestellten Unterkunft erfolgt oder wenn sie von einem Dritten (z.B. den Eltern) getragen werden (BFH-Urteil vom 13.3. 1996, BStBl II S. 375).

Mehraufwendungen für die **Unterkunft** sind jedoch insoweit **nicht „notwendig"**, als sie nach den Umständen des Einzelfalls als überhöht anzusehen sind, z.B. wenn der Arbeitnehmer am Arbeitsort zur Befriedigung seiner gesellschaftlichen Bedürfnisse eine große und teuere Wohnung genommen hat (BFH-Urteil vom 16. 3. 1979, BStBl II S. 473).

Da es nach dem BFH-Urteil vom 5. 10. 1994, BStBl 1995 II S. 180 nicht mehr darauf ankommt, dass am Ort des eigenen Hausstands hauswirtschaftliches Leben herrscht, kann eine doppelte Haushaltsführung auch dann anerkannt werden, wenn der berufstätige Ehegatte seinen nicht berufstätigen Ehegatten in die Zweitwohnung mitgenommen hat, die bisherige Familienwohnung jedoch nicht aufgegeben hat (s. oben zu Nr. 1). In diesem Fall können die Aufwendungen für die Zweitwohnung nur insoweit als notwendig anerkannt werden, wie sie für den berufstätigen Ehegatten **allein** angemessen sind (BMF-Schreiben vom 8. 3. 1995 a.a.O., Nr. 5). Wegen der Verpflegungsmehraufwendungen in diesem Fall, die lediglich für den berufstätigen Ehegatten in Betracht kommen, gelten die allgemeinen Grundsätze (s. unten d).

Ist die **Zweitwohnung am Beschäftigungsort** eine **Eigentumswohnung**, die dem Arbeitnehmer gehört und die er im Rahmen der doppelten Haushaltsführung bewohnt, so sind die Aufwendungen – mangels Abzugsfähigkeit bei den Einkünften aus Vermietung und Verpachtung – **im Rahmen der doppelten Haushaltsführung** als Werbungskosten bei den Einkünften aus nichtselbständiger Arbeit zu berücksichtigen, soweit sie **notwendig** sind (so auch BMF-Schreiben vom 10. 5. 1989, BStBl I S. 165). Abzugsfähig sind alle mit der Anschaffung und Nutzung zusammenhängenden Aufwendungen, also z.B. AfA nach § 7 Abs. 4 oder ggf. Abs. 5 EStG, Schuldzinsen, Grundsteuer, Reparaturaufwendungen, laufende Betriebskosten der Wohnung (Strom, Gas, Licht, Heizung). Da stets nur die **„notwendigen" Kosten der Unterkunft** berücksichtigt werden können, bedeutet das, dass im jeweiligen Veranlagungszeitraum **höchstens** ein Betrag in Höhe der fiktiven **Mietkosten** abzugsfähig ist, die der Arbeitnehmer für eine nach Größe, Ausstattung und Lage **angemessene Wohnung** (z.B. eine Zweizimmerwohnung) tragen müsste (R 43 Abs. 9, Satz 3 LStR; vgl. auch BFH-Urteile vom 27. 7. 1995, BStBl II S. 841 und vom 24.5. 2000, BStBl II S. 474).

Daneben können auch noch AfA für **Einrichtungsgegenstände** als Werbungskosten geltend gemacht werden, soweit die Gegenstände ihrer Art nach zum Leben in einer Wohnung notwendig sind und ihre Anschaffungskosten nicht als überhöht anzusehen sind (BFH-Urteil vom 3. 12. 1982, BStBl 1983 II S. 467).

Für die am Beschäftigungsort bewohnte **Eigentumswohnung** kann der Arbeitnehmer neben dem Werbungskostenabzug wegen doppelter Haushaltsführung **nicht gleichzeitig** die **Eigenheimzulage** oder § 10e EStG oder § 15b BerlinFG in Anspruch nehmen (vgl. hierzu BFH-Urteil vom 27. 7. 2000, BStBl II S. 692).

d) Verpflegungsmehraufwendungen

Verpflegungsmehraufwand wird nur für einen **Zeitraum von drei Monaten** nach Bezug der Wohnung am neuen Beschäftigungsort in Höhe der **Pauschalen** für Dienstreisen anerkannt, wenn sich der Beschäftigungsort im Inland befindet, sonach

• bei einer Abwesenheit von 24 Stunden	24 €
• bei einer Abwesenheit von mindestens 14 Stunden	12 €
• bei einer Abwesenheit von mindestens 8 Stunden	6 €

Für die **Höhe** des Pauschbetrags ist allein die Dauer der Abwesenheit von der Wohnung am Lebensmittelpunkt maßgebend (R 43 Abs. 8 LStR). Die (zeitlich gestaffelten) Pauschbeträge können daher auch für Kalendertage in Anspruch genommen werden, an denen der Arbeitnehmer Heimfahrten durchführt. Für den Fall, dass sich der Beschäftigungsort im Ausland befindet, vgl. R 39 Abs. 3 LStR.

Die o.g. Dreimonatsfrist gilt zwar für Arbeitnehmer, bei denen eine doppelte Haushaltsführung vorliegt, **nicht** dagegen für Arbeitnehmer, die eine **Fahrtätigkeit** oder eine **Einsatzwechseltätigkeit** ausüben. Zur strengeren Rspr. des BFH im Urteil vom 27. 7. 2004, BStBl 2005 II S. 357, wonach auch hier eine Dreimonatsfrist gelten soll, und zur Übergangsregelung im BMF-Schreiben vom 11. 4. 2005, BStBl I S. 673 vgl. Anlage N, Zeilen 63 bis 68).

Ein **Einzelnachweis** statt der Verpflegungspauschalen ist **nicht möglich.**

Ist der Tätigkeit am Beschäftigungsort eine länger dauernde Dienstreise an diesen Ort unmittelbar vorausgegangen, so ist deren Dauer auf die **Dreimonatsfrist** anzurechnen. Für den Ablauf der Dreimonatsfrist gelten die entsprechenden Ausführungen zu den Dienstreisen (vgl. Anlage N, Zeilen 57 bis 62, 58, ABC „Reisekosten – Allgemeine Grundsätze"). Der Neubeginn der Dreimonatsfrist setzt voraus, dass die bisherige Zweitwohnung nicht beibehalten wurde (R 43 Abs. 8 LStR).

Im BFH-Urteil vom 6. 10. 1994, BStBl 1995 II S. 184 ist bei einer doppelten Haushaltsführung von beiderseits berufstätigen Ehegatten **jedem Ehegatten** die Geltendmachung von Verpflegungsmehraufwendungen zugebilligt worden, wenn die Ehegatten außerhalb des Ortes ihres gemeinsamen Hausstands beschäftigt sind und am jeweiligen Beschäftigungsort wohnen. Danach sind für jeden Ehegatten auch die o.g. Pauschbeträge anzuerkennen.

Die frühere Rechtsprechung, wonach die Pauschbeträge in den Fällen nicht anzuwenden sind, in denen eine **offensichtlich unzutreffende Besteuerung** eintreten würde (BFH-Urteil vom 16. 12. 1981, BStBl 1982 II S. 302), ist (bereits seit 1996) ohne Bedeutung. Es besteht ein **Rechtsanspruch** auf Anwendung der Pauschalen.

Eine Kürzung der Pauschbeträge kommt nicht in Betracht, wenn der Arbeitnehmer im Rahmen der doppelten Haushaltsführung vom Arbeitgeber oder auf dessen Veranlassung von einem Dritten **unentgeltlich Mahlzeiten** erhalten hat.

Zur Konkurrenzregelung bei verschiedenen Anlässen die zur Inanspruchnahme einer Verpflegungspauschale berechtigen, vgl. Anlage N, Zeile 63 a.E. (nur der höchste Pauschbetrag ist abzugsfähig).

e) Umzugskosten

Umzugskosten anlässlich der Begründung, Beendigung oder des Wechsels einer doppelten Haushaltsführung sind im Einzelnen **nachzuweisen**, weil dafür die Umzugskostenpauschalen nicht gelten. Vgl. R 43 Abs. 10 LStR und H 43, 6–12 (Umzugskosten) LStH sowie Anlage N, Zeilen 57 bis 62, ABC „Umzugskosten".

3. Arbeitnehmer ohne eigenen Hausstand

Liegt **kein eigener Hausstand** i.S. der obigen Ausführungen (siehe **1.**) vor, so können notwendige Mehraufwendungen wegen doppelter Haushaltsführung bereits **ab 2004 nicht mehr** als Werbungskosten geltend gemacht werden (vgl. „nur" in § 9 Abs. 1 Satz 3 Nr. 5 Satz 2 EStG). Dies gilt unabhängig vom zeitlichen Beginn der auswärtigen Tätigkeit (BMF-Schreiben vom 30. 6. 2004, BStBl I S. 582). Damit entfällt für diesen Personenkreis insbesondere der Abzug von Übernachtungskosten sowie für die ersten drei Monate der Auswärtsbeschäftigung der Abzug von Verpflegungsmehraufwendungen. Insoweit ist ab 2004 auch ein steuerfreier Arbeitgeberersatz nicht mehr möglich. Hinsichtlich der **Heimfahrten** vom auswärtigen Beschäftigungsort zum Heimatort ist weiterhin die Regelung zur Entfernungspauschale anzuwenden (vgl. R 42 Abs. 1 LStR).

Zur Sonderregelung für Arbeitnehmer **ohne** eigenen Hausstand, die eine **Einsatzwechseltätigkeit** ausüben, gelten für einen Zeitraum von **drei Monaten** die gleichen Grundsätze wie bei Arbeitnehmern **mit** eigenem Hausstand, d.h. es wird im Ergebnis eine doppelte Haushaltsführung angenommen; vgl. im Einzelnen Anlage N, Zeilen 63 bis 68 und R 43 Abs. 12 LStR.

4. Ausländische Arbeitnehmer

Die besonderen Probleme, die sich bei der steuerlichen Behandlung der Aufwendungen für eine doppelte Haushaltsführung ausländischer Arbeitnehmer ergeben, bei denen sich der eigene Hausstand im Ausland und der Beschäftigungsort im Inland befindet, können im Rahmen dieser Anleitung nicht dargestellt werden. Hierwegen wird auf das **BMF-Schreiben vom 10. 8. 1992, BStBl I S. 448** verwiesen.

5. Ersatzleistungen des Arbeitgebers oder von der Agentur für Arbeit

84 Die Summe der vom Arbeitgeber und von der Agentur für Arbeit **steuerfrei ersetzten Beträge,** wie Trennungsentschädigungen, Auslösungen, Fahrtkostenersatz oder Verpflegungskostenersatz bei Dienstreisen während der doppelten Haushaltsführung, Mobilitätsbeihilfen ist in **Zeile 84** (rechts) anzugeben und alsdann von den Gesamtaufwendungen laut Zeilen 73 bis 83 abzuziehen. Für die Angehörigen des **öffentlichen Dienstes** gelten insoweit die gleichen Grundsätze wie für private Arbeitnehmer (BFH-Urteile vom 14. 2. 1969, BStBl II S. 341 und vom 18. 2. 1966, BStBl III S. 385). Der Wegfall der Zweijahresfrist (s. oben **1.**) hat zur Folge, dass der Arbeitgeber steuerlich abziehbare Mehraufwendungen bei doppelter Haushaltsführung zeitlich unbefristet steuerfrei bezahlen kann (§ 3 Nr. 13 und Nr. 16 EStG): vgl. BMF-Schreiben vom 27. 1. 2004, BStBl I S. 173, II 3 a.E.). Zur Vergütung durch den Arbeitgeber im Einzelnen vgl. R 43 Abs. 11 Sätze 2 ff. LStR.

Anmerkung

Die „**Besonderen Pauschbeträge für bestimmte Berufsgruppen**", nämlich für **Artisten, darstellende Künstler, Journalisten** und **Heimarbeiter,** wurden bereits **ab 2000 aufgehoben** (R 47 LStR a.F. wurde ersatzlos gestrichen).

Die mit der beruflichen Tätigkeit zusammenhängenden Aufwendungen sind nunmehr auch von diesen Berufsgruppen im Einzelnen nachzuweisen. Wegen der hauptberuflich tätigen, **selbständigen Journalisten** vgl. Teil I, Anlage GSE, Zeilen 35 bis 36.

Angaben zum Antrag auf Festsetzung der Arbeitnehmer-Sparzulage bei vermögenswirksamen Leistungen

86 Zeile 86 der Anlage N betrifft zulagebegünstigte vermögenswirksame Leistungen nach dem 5. Vermögensbildungsgesetz vom 4. 3. 1994, BStBl I S. 237 mit verschiedenen Änderungen (**VermBG**). Das sind Leistungen, die der Arbeitgeber für den Arbeitnehmer entweder als zusätzliche Leistungen oder von Teilen des üblichen Arbeitslohns erbringt. Die Leistungen nach dem VermBG sind grundsätzlich lohn- (und sozialversicherungs-)pflichtig. Die steuerliche Förderung erfolgt über die **Arbeitnehmer-Sparzulage**, die ihrerseits nicht steuerpflichtig ist (§ 13 Abs. 3 VermBG). Die Arbeitnehmer-Sparzulage wird nach Ablauf des Kalenderjahrs zunächst nur festgesetzt und erst **nach Ablauf** der für die Anlageform vorgeschriebenen **Sperrfrist ausgezahlt**. Eine vorzeitige Auszahlung ist allerdings möglich bei **Zuteilung des Bausparvertrags** oder im Falle einer **unschädlichen Verfügung**, z.B. bei Tod oder völliger Erwerbsunfähigkeit des Arbeitnehmers oder seines Ehegatten, bei Heirat nach zwei Jahren seit Beginn der Sperrfrist, bei ununterbrochener Arbeitslosigkeit von mindestens einem Jahr (wegen der Einzelheiten vgl. z.B. § 4 Abs. 4 VermBG). Bei Leistungen zum Wohnungsbau, die keine Bausparbeiträge sind, z.B. zur **Entschuldung** des Grundstücks, wird die Arbeitnehmer-Sparzulage jährlich ausgezahlt.

Eine Arbeitnehmer-Sparzulage wird nur gewährt, wenn das zu versteuernde Einkommen (§ 2 Abs. 5 EStG) in dem Kalenderjahr, in dem die vermögenswirksamen Leistungen angelegt worden sind, **17 900 €** oder bei einer Zusammenveranlagung von **Ehegatten 35 800 €** nicht übersteigen.

Für vermögenswirksame Leistungen ab 1. 1. 1999 ist das o.g. VermBG maßgebend (LStH, Anhang 18). Hierzu ist zuletzt das BMF-Schreiben vom 9.8. 2004, BStBl I S. 717 (LStH, Anhang 18) ergangen. Die Arbeitnehmer-Sparzulage ist je nach Anlageform **unterschiedlich** hoch. **Ab 2004** beträgt sie bei vermögenswirksamen Leistungen nach § 2 Abs. 1 Nr. 1 bis 3, Abs. 2 bis 4 VermBG (d.h. Anlage in Vermögensbeteiligungen wie Aktien usw.) **18 v.H.** (im sog. Beitrittsgebiet **22 v.H.**) der angelegten vermögenswirksamen Leistungen, höchstens aber 18 v.H./22 v.H. **von 400 €** jährlich. Bei vermögenswirksamen Anlagen nach § 2 Abs. 1 Nr. 4 und 5 VermBG (d.h. Anlage zum Wohnungsbau) beträgt die Arbeitnehmer-Sparzulage ab 2004 jetzt **9 v.H.** der vermögenswirksam angelegten Leistungen, **höchstens** 9 v.H. **von 470 €** im Kalenderjahr. Beide Förderungen können **nebeneinander** in Anspruch genommen werden, sodass vermögenswirksame Leistungen jetzt bis zu **870 €** jährlich mit Arbeitnehmer-Sparzulage von insgesamt rund **115 €** (bzw. **130 €**) begünstigt sind. Die Sonderregelung für das sog. Beitrittsgebiet ist am 31. 12. 2004 ausgelaufen. Wegen der Höhe der vermögenswirksamen Leistungen, die vor dem 1.1. 2004 angelegt worden sind, vgl. zuletzt die „Anleitung zur ESt-Erklärung 2003" Anlage N, Zeile 23 und für die vor dem 1.1. 1999 angelegten Leistungen, vgl. die „Anleitung zur ESt-Erklärung 1998", Anlage N, Zeilen 23 bis 24.

Die vermögenswirksamen Leistungen müssen unmittelbar durch den Arbeitgeber an das Anlageunternehmen erbracht werden; eine Auszahlung an den Arbeitnehmer zur Weiterleitung an das Unternehmen ist nicht zulässig. Die Bescheinigung hierüber ist nicht vom Arbeitgeber auszustellen. Auf Verlangen des Arbeitnehmers hat vielmehr das **Unternehmen,** das **Anlageinstitut** oder der **Empfänger,** an den die vermögenswirksame Leistung erbracht worden ist, eine **Bescheinigung zu erteilen** (Muster für 2004 im BStBl 2004 I S. 946, Muster für 2005 später im BStBl 2005, Teil I). **Diese Bescheinigung – Anlage VL – ist beizufügen.** Die Anzahl der beigefügten Bescheinigungen soll angegeben werden.

Auch **teilzeitbeschäftigte** Arbeitnehmer und Aushilfskräfte mit pauschal besteuertem Arbeitslohn können durch vermögenswirksame Anlagen des Arbeitgebers begünstigt werden.

Teil I: Vereinfachter Erklärungsvordruck
Zeilen 1–16

5. Erläuterungen zum vereinfachten Erklärungsvordruck „ESt 1 V" für Arbeitnehmer
– gegliedert nach den am Rand des amtlichen Vordrucks angegebenen Zahlen –

Vorbemerkungen zum Vordruck

Durch den neu geschaffenen Vordruck „ESt 1 V" erhalten Arbeitnehmer die Möglichkeit, für die Einkommensteuererklärung an Stelle des Hauptvordrucks „ESt 1 A" und der Anlage N den **vereinfachten Vordruck „ESt 1 V" zu verwenden**. Dies ist allerdings nur möglich, wenn im Jahr 2005

- nur Arbeitslohn und ggf. bestimmte Lohnersatzleistungen (z.B. Arbeitslosengeld, Mutterschaftsgeld etc.) im Inland bezogen wurden **und**
- nur die im Vordruck bezeichneten Werbungskosten, Sonderausgaben und außergewöhnlichen Belastungen geltend gemacht werden.

Ehegatten können die vereinfachte Steuererklärung nur dann verwenden, wenn sie die **Zusammenveranlagung** wählen (vgl. Erläuterungen in Teil I, Hauptvordruck, Zeile 13 dieser Anleitung).

Der vereinfachte Erklärungsvordruck kann **nicht verwendet** werden, wenn

- andere Einkünfte, z.B. Renten, Versorgungsbezüge oder Vermietungseinkünfte bezogen wurden,
- ausländische Einkünfte bezogen wurden,
- Zinsen oder andere Kapitalerträge erzielt wurden, die mehr als 1 421 € oder bei Zusammenveranlagung von Ehegatten mehr als 2 842 € betragen,
- die Anrechnung von Körperschaftsteuer, Kapitalertragsteuer/Zinsabschlag oder ausländischer Quellensteuer nach der Zinsinformationsverordnung beantragt wird,
- vom geschiedenen/dauernd getrennt lebenden Ehegatten Unterhaltsleistungen bezogen wurden, die dieser als Sonderausgaben steuermindernd abzieht (Anlage U),
- Aufwendungen für ein häusliches Arbeitszimmer, für eine doppelte Haushaltsführung oder Mehraufwendungen für Verpflegung im Rahmen einer Einsatzwechsel- oder Fahrtätigkeit geltend gemacht werden,
- die Berücksichtigung weiterer – im Vordruck „ESt 1 V" nicht aufgeführter – Sonderausgaben, außergewöhnlicher Belastungen (z.B. Unterstützungsleistungen an nahe Angehörige) oder anderer Steuermäßigungen (z.B. Zuwendungen an politische Parteien und unabhängige Wählervereinigungen) beantragt werden soll.

In diesen Fällen sind die ausführlichen Vordrucke zur Einkommensteuererklärung zu verwenden. Diese sind beim zuständigen Finanzamt erhältlich.

Der vereinfachten Einkommensteuererklärung für Arbeitnehmer sind **ggf.** beizufügen:

- die **Anlage Kind** für jedes zu berücksichtigende Kind,
- die **Anlage VL**, wenn für vermögenswirksame Leistungen die Arbeitnehmer-Sparzulage beantragt wird,
- die **Anlage AV**, wenn Beiträge zur sog. Riester-Rente geleistet wurden und dafür der zusätzliche Sonderausgabenabzug beantragt wird.

Allgemeine Angaben

1–11 Die hier – in den **weißen** Feldern des Vordrucks – verlangten Eintragungen betreffen die **allgemeinen Angaben zur Person**. Neben dem **vollständigen Namen** und der jetzigen Anschrift ist u. a. das **Geburtsdatum** anzugeben. Die für die **Ehefrau** in den **Zeilen 8 bis 11** vorgesehenen Angaben sind auch dann einzutragen, wenn die Ehefrau keine eigenen Einkünfte bezogen hat.

Falls die im Vordruck vorgesehenen Schreibstellen nicht ausreichen, sind der Vorname, die Straßenbezeichnung usw. in geeigneter Weise abzukürzen. Das Geburtsdatum kann für die Gewährung von steuerlichen Vergünstigungen von Bedeutung sein.

Ausführliche Erläuterungen zu den hier vorgesehenen Angaben sind in **Teil I, Hauptvordruck, Zeilen 1 bis 12** und **13** dieser Anleitung enthalten. Hierauf wird zur Vermeidung von Wiederholungen Bezug genommen.

Die hier zu machenden Angaben über die **Bankverbindung** sind **12–14** wichtig, weil das Finanzamt Steuererstattungen grundsätzlich nur **unbar** leistet. Ändert sich die Anschrift des Steuerpflichtigen oder die Bankverbindung **vor** der Überweisung eines etwaigen Erstattungsbetrags, sollte dies dem Finanzamt sofort mitgeteilt werden. Der in Zeile 14 angeführte „amtliche Abtretungsvordruck" ist beim Finanzamt erhältlich.

Angaben zu Kindern

Zur Berücksichtigung steuerlicher Vergünstigungen bei Kindern, **15** wie z.B. Abzug des **Kinderfreibetrags** und des **Freibetrags für den** **16** **Betreuungs- und Erziehungs- oder Ausbildungsbedarf** anstelle des Kindergeldes, Berücksichtigung eines **Freibetrags** für Sonderbedarf bei **Berufsausbildung eines volljährigen Kindes** oder **Entlastungsbetrags für Alleinerziehende**, Abzug von **Kinderbetreuungskosten** oder von **Schulgeld** an eine Ersatz- oder Ergänzungsschule, ist für **jedes** zu berücksichtigende Kind **ein Vordruck „Anlage Kind"** auszufüllen und der vereinfachten Steuererklärung beizufügen. Voraussetzungen und Besonderheiten der genannten Vergünstigungen sind in den Erläuterungen in **Teil I Nr. 3** dieser Anleitung in der Reihenfolge der Zeilennummern des Vordrucks „**Anlage Kind**" dargestellt. Hierauf wird hingewiesen.

Die Anlage Kind ist auch dann auszufüllen, wenn Kindergeld gezahlt wurde, wenn entsprechende Angaben bereits gegenüber der Familienkasse gemacht wurden oder wenn Kinder bereits auf der Lohnsteuerkarte 2005 bescheinigt sind. Die Anlage Kind gilt auch für ein Kind, das im Ausland lebt.

Hier in **Zeile 15** ist nur anzugeben, ob und ggf. wie viele Anlagen Kind dem vereinfachten Erklärungsvordruck beigefügt sind.

Zusätzlicher Sonderausgabenabzug für Altersvorsorgebeiträge

Durch das Altersvermögensgesetz vom 26. 6. 2001 (BStBl I S. 420) **16** und das Versorgungsänderungsgesetz 2001 vom 20. 12. 2001 (BStBl 2002 I S. 56) wird der Aufbau einer freiwilligen privaten Altersvorsorge oder betrieblichen Altersversorgung durch steuerliche Maßnahmen gefördert (sog. Riester-Rente). Nach den §§ 10a und 79 bis 99 EStG können insbesondere in der gesetzlichen Rentenversicherung Pflichtversicherte, aber auch andere begünstigte Personen (vgl. Erläuterungen in **Teil I, Anlage AV**), die Altersvorsorgebeiträge zu einem **zertifizierten Altersvorsorgevertrag** (§ 82 EStG) leisten, diese Beiträge wie folgt steuerlich berücksichtigen:

a) Für die Altersvorsorgebeiträge kann beim Anbieter (§ 80 EStG) eine **Altersvorsorgezulage** (§§ 83 bis 90 a EStG) beantragt werden, die sich aus der Grundzulage (in den Jahren 2004 und 2005 jeweils 76 €) und ggf. der Kinderzulage zusammensetzt.

b) Über die Altersvorsorgezulage hinaus können begünstigte Beitragszahler mit der (beim Finanzamt erhältlichen) **Anlage AV** in Zeile 16 der vereinfachten Einkommensteuererklärung einen **zusätzlichen Sonderausgabenabzug** beantragen. Nach § 10a EStG sind geleistete Altersvorsorgebeiträge **zuzüglich** der dafür zustehenden Zulage in den Jahren 2004 und 2005 jeweils **bis zu 1050 €** neben den sonstigen Höchstbeträgen für Vorsorgeaufwendungen **als Sonderausgaben abziehbar**, wenn der Sonderausgabenabzug günstiger ist als die Zulage.

Wird dieser Sonderausgabenabzug geltend gemacht, ist die ausgefüllte **Anlage AV** unter Beifügung der **Anbieterbeschei-**

nigung(en) im Original (§ 92 EStG) beim Finanzamt einzureichen. Im Einzelnen wird auf die Erläuterungen zu **Zeile 77** des Hauptvordrucks und zur Anlage AV hingewiesen.

Einkünfte aus nichtselbständiger Arbeit

17–18 In Zeile **17** ist die **Anzahl** der beigefügten Lohnsteuerbescheinigung(en) – getrennt für Ehemann und Ehefrau – einzutragen. Angaben, die in der Lohnsteuerbescheinigung enthalten sind, brauchen nicht in den Vordruck übertragen zu werden. Bei der in Zeile **18** einzutragenden **eTIN** handelt es sich um die sog. electronic Taxpayer Identification Number, die sich auf dem Ausdruck der Lohnsteuerbescheinigung(en) findet. Eine Eintragung ist nur vorzunehmen, wenn der Arbeitgeber die eTIN auf der Lohnsteuerbescheinigung vermerkt hat. Sollte bei einer weiteren elektronischen Lohnsteuerbescheinigung eine von der ersten Lohnsteuerbescheinigung **abweichende** eTIN vom Arbeitgeber bescheinigt worden sein, ist diese dem Finanzamt auf besonderem (der Steuererklärung beizufügenden) Blatt mitzuteilen.

19 Hier ist durch Ankreuzen des entsprechenden Kästchens zu
20 erklären, ob im Jahr 2005 **Lohn-/Entgeltersatzleistungen** bezogen worden sind. Die entsprechenden Unterlagen (z.B. Bescheinigungen, Leistungsnachweise der Agentur für Arbeit) sind der Steuererklärung beizufügen. Nähere Erläuterungen sind in **Teil I, Anlage N, Zeilen 25 bis 27** enthalten.

20–21 Auf die Erläuterungen in **Teil I, Anlage N, Zeilen 28** und **86**, die
21–22 hier entsprechend gelten, wird Bezug genommen.

Ergänzende Angaben zu Vorsorgeaufwendungen

22–24 Die hier durch Ankreuzen zu machenden Angaben betreffen
23–24 Beamte sowie Richter, Berufssoldaten, Geistliche, Vorstandmitglieder von Aktiengesellschaften und GmbH-Gesellschafter-Geschäftsführer sowie Praktikanten, die nicht in der gesetzlichen Rentenversicherung versichert sind. Die Angaben dienen der Ermittlung der Vorsorgepauschale und der abziehbaren Vorsorgeaufwendungen durch das Finanzamt. Auf die Ausführungen in **Teil I, Hauptvordruck, Zeile 63** und zu **Zeilen 31 bis 36 der Anlage N** wird hingewiesen.

Unterschrift

25–29 Wird der Vordruck von **Ehegatten** im Rahmen der Zusammen-
25–28 veranlagung als gemeinsame Erklärung abgegeben, so haben **beide** Ehegatten die gemeinsame Steuererklärung eigenhändig zu unterschreiben. Dies gilt selbst dann, wenn ein Ehegatte keine eigenen Einkünfte bezogen hat. Mit der Unterschrift wird versichert, dass **keine weiteren Einkünfte** bezogen wurden.

Im rechten Teil der Zeilen ist anzugeben, wer **bei der Anfertigung** der Steuererklärung **mitgewirkt** hat (z.B. Steuerberater, Steuerbevollmächtigte, Wirtschaftsprüfer, Rechtsanwälte usw.). Ist dieser Person **Empfangsvollmacht** erteilt, ist das vorgesehene Kästchen anzukreuzen.

Werbungskosten des Steuerpflichtigen/Ehemanns bzw. der Ehefrau

30–45 Beträge zu Werbungskosten, Sonderausgaben und außergewöhn-
29–40 lichen Belastungen sind in Euro einzutragen. Cent-Beträge sind zu Gunsten des Steuerpflichtigen auf volle Euro-Beträge auf- oder abzurunden.

Die hier vorgesehenen Werbungskosten sind in **Teil I, Anlage N, ab Zeilen 38 bis 48** ausführlich erläutert. Im Einzelnen wird auf die Ausführungen zu folgenden **Zeilennummern der Anlage N** hingewiesen:

Teil I: Vereinfachter Erklärungsvordruck
Zeilen 17–59

Zeilennummer im vereinfachten Erklärungsvordruck	Zeilennummer der Anlage N
30 bis 35: Wege zwischen Wohnung und Arbeitsstätte	38 bis 48
36: Fahrten mit öffentlichen Verkehrsmitteln	49
37: Arbeitsmittel	52 bis 54
Bewerbungskosten	61
Fortbildungskosten	58
Kontoführungsgebühren	61
Reisekosten bei Dienstreisen	59
Flug- und Fährkosten	60
Beiträge zu Berufsverbänden	51

Die Zeilen 38 bis 45 entsprechen den Zeilen 30 bis 37.

Sonderausgaben

Wie die Beiträge zu den hier bezeichneten Versicherungen steuer- **46–53**
lich behandelt werden und welche Besonderheiten zu beachten 41–46
sind, ist in **Teil I, Hauptvordruck, Zeilen 63, 64 bis 67, 70 bis 71** und **72 bis 76** detailliert ausgeführt. Um Wiederholungen zu vermeiden, wird hierauf Bezug genommen.

Die **Kirchensteuer** ist in der im im Jahr 2005 **tatsächlich** entrich- **54**
ten Höhe – **abzüglich** etwaiger im selben Jahr **erstatteter** oder **gut-** 47
geschriebener Beträge – als Sonderausgabe abzugsfähig. Es ist dabei gleichgültig, ob es sich um Vorauszahlungen auf die Kirchensteuer oder um endgültig festgesetzte Zahlungen oder um vom Arbeitgeber mit der Lohnsteuer einbehaltene Kirchensteuer des Arbeitnehmers (bescheinigt in der Lohnsteuerkarte) handelt. Auch der Zeitraum, für den die Zahlungen entrichtet wurden, ist ohne Bedeutung, weil die Kirchensteuerzahlungen grundsätzlich in dem Jahr abzugsfähig sind, in dem sie geleistet werden (§ 11 Abs. 2 EStG).

Zu den als Sonderausgaben abzugsfähigen **Steuerberatungskos-** **55**
ten wird auf **Teil I, Hauptvordruck, Zeile 82** hingewiesen. Die 48
Kosten für die Anschaffung von **steuerlichen Informationsschriften** zur Bearbeitung des eigenen Steuerfalles **(Anleitungen zur Steuererklärung)** werden ebenfalls als Steuerberatungskosten anerkannt. Zu den abzugsfähigen Steuerberatungskosten zählen auch die Beiträge zu Lohnsteuerberatungsvereinen.

Einzelheiten zum Abzug von **Zuwendungen** (Spenden und Mit- **56**
gliedsbeiträgen) **für steuerbegünstigte Zwecke** sind in **Teil I,** 49
Hauptvordruck, Zeilen 89 bis 92 dargestellt. Dort ist auch ausgeführt, dass bei Zuwendungen von nicht mehr als 100 € in bestimmten Fällen als **vereinfachter** Spendennachweis der Bareinzahlungsbeleg oder die Buchungsbestätigung eines Kreditinstituts genügen.

Außergewöhnliche Belastungen

Auf Antrag werden bei der Veranlagung **außergewöhnliche** **57–59**
Belastungen, die dem Steuerpflichtigen **zwangsläufig** erwachsen, 52–53
durch Abzug bei der Einkommensermittlung berücksichtigt, sodass eine Ermäßigung der Einkommensteuer eintritt. Dabei sind zwei Arten zu unterscheiden:

1. Außergewöhnliche Belastungen **allgemeiner Art,** die nur insoweit zu einer Steuerminderung führen, als sie die gesetzlich bestimmte **zumutbare Belastung** überschreiten (§ 33 EStG). Hierzu gehören insbesondere die in **Zeile 58/59** bezeichneten Aufwendungen. Auf die Erläuterungen in **Teil I, Hauptvordruck, Zeilen 116 bis 119** wird hingewiesen.

2. Außergewöhnliche Belastungen in **besonderen Fällen,** die ohne Berücksichtigung einer zumutbaren Belastung bis zu einem bestimmten Höchstbetrag **voll vom Gesamtbetrag der Einkünfte abgezogen** werden (§ 33a EStG). Hierunter fallen z.B. **Unterhaltsleistungen für bedürftige Personen** (Teil I, Hauptvordruck, Zeilen 106 bis 115), Kosten für **Heimunterbringung** (Hauptvordruck, Zeilen 101 bis 103), oder die **Beschäftigung einer Hilfe im Haushalt** (Hauptvordruck, Zeilen 99 bis 100) sowie der **Pflege-Pauschbetrag** (Hauptvor-

Teil I: Vereinfachter Erklärungsvordruck
Zeilen 57–59

druck, Zeilen 104 bis 105). Sollen derartige Belastungen geltend gemacht werden, sind für die Einkommensteuererklärung die **ausführlichen** Vordrucke (Hauptvordruck ESt 1 A, Anlage N) zu verwenden.

Behinderte Personen erhalten unter bestimmten Voraussetzungen **auf Antrag,** der in **Zeile 57** zu stellen ist, wegen der aus der Behinderung erwachsenden außergewöhnlichen Belastungen einen **Pauschbetrag,** wenn sie nicht höhere Aufwendungen nachweisen oder glaubhaft machen (§ 33b EStG). Wegen der Einzelheiten wird auf die Erläuterungen in **Teil I, Hauptvordruck, Zeilen 95 bis 98** hingewiesen. In Zeile 57 ist der Grad der Behinderung einzutragen. Ist die betreffende Person blind oder ständig hilflos, ist das betreffende Kästchen anzukreuzen. Die entsprechenden Nachweise sind der Steuererklärung beizufügen, falls sie dem Finanzamt nicht bereits vorgelegen haben.

6. Erläuterungen zur „Anlage KAP" für Einkünfte aus Kapitalvermögen

– gegliedert nach den am Rand des amtlichen Vordrucks angegebenen Zahlen –

Von der Abgabe der Anlage KAP kann abgesehen werden, wenn die **gesamten Einnahmen** aus Kapitalvermögen nicht mehr als **1 421 €, bei zusammenveranlagten Ehegatten nicht mehr als 2 842 €** betragen und **außerdem kein Steuerabzug** (Kapitalertragsteuer einschließlich Zinsabschlag sowie Solidaritätszuschlag) vorgenommen wurde und **keine Körperschaftsteuer anzurechnen** oder als **vergütete** Körperschaftsteuer bei der Festsetzung des Solidaritätszuschlags als Minderung der Bemessungsgrundlage zu berücksichtigen ist (vgl. Ausführungen zu Zeilen 1 bis 2 der Anlage KAP). In diesem Fall genügt es, das Auswahlkästchen in **Zeile 32 des Hauptvordrucks ESt 1 A** anzukreuzen.

Die Anlage KAP ist jedoch immer dann auszufüllen, wenn

- die **gesamten Einnahmen** 2005 aus Kapitalvermögen **1 421 €**, bei zusammenveranlagten Ehegatten **2 842 €** übersteigen oder
- einbehaltene inländische **Kapitalertragsteuer** einschließlich **Zinsabschlag, Solidaritätszuschlag** und/oder **Körperschaftsteuer** anzurechnen oder zu erstatten sind oder
- anzurechnende ausländische Quellensteuer nach der **Zinsinformationsverordnung** (Zeile 51 der Anlage KAP) einbehalten wurde oder
- Körperschaftsteuer wegen des erteilten Freistellungsauftrags **vergütet** worden ist (vgl. Ausführungen zu Zeile 19 der Anlage KAP).

Aufgrund von **Zeile 32** des Hauptvordrucks und der Anlage KAP werden von allen Personen, die eine Einkommensteuererklärung abgeben, Angaben zu ihren Einnahmen aus Kapitalvermögen verlangt.

Einkünfte aus Kapitalvermögen

1–2 Bei der Eintragung der Angaben zu den Einkünften aus Kapitalvermögen (§ 20 EStG) ist nach dem Vordruck Anlage KAP zwischen **inländischen** und **ausländischen** Kapitalerträgen zu unterscheiden.

Innerhalb der **inländischen** Kapitalerträge (Seite 1 des Vordrucks) gibt es folgende zwei Gruppen:

a) Zinsen und andere Kapitalerträge, **ohne** Dividenden (Zeilen 3 bis 15),

b) **Dividenden** und ähnliche Erträge (Zeilen 17 bis 19 und 21 bis 25).

Alle diese Erträge sind in die Einnahmenspalten der Zeilen 4 und folgende (linke Vordruckseite) **stets in voller Höhe** einzutragen, ohne Rücksicht darauf, ob die Einnahmen dem Steuerabzug (Kapitalertragsteuer, Zinsabschlag) unterlegen haben, durch Freistellungsauftrag vom Steuerabzug befreit worden sind oder dem sog. Halbeinkünfteverfahren unterliegen.

Ausländische Kapitalerträge und Erträge aus **Beteiligungen** sind auf **Seite 2** des Vordrucks zu erklären (Zeilen 30 bis 37 bzw. 38 bis 47).

Einkünfte aus Kapitalvermögen sind die **Einnahmen** aus Kapitalvermögen nach Abzug der **Werbungskosten** (letztere anzugeben in Zeilen 53 bis 61).

Einnahmen aus Kapitalvermögen

Einnahmen aus Kapitalvermögen sind die **Zinsen und anderen Erträge des Vermögens.** Wertsteigerungen der Kapitalanlage selbst gehören **nicht** dazu; z.B. sind Kurssteigerungen bei Aktien keine Einnahmen und deshalb keine Einnahmen aus Kapitalvermögen. Bei **auf- oder abgezinsten** Wertpapieren und Forderungen (z.B. **Nullkupon-Anleihen, Sparbriefe, Finanzierungsschätze des Bundes**) hat jedoch der **Unterschiedsbetrag** zwischen dem **Erwerbspreis** und dem **Einlösungsbetrag** wirtschaftlich betrachtet **Zinscharakter** und gehört somit zu den Einnahmen aus Kapitalvermögen (vgl. auch **Zeilen 3 bis 6**). Ansonsten sind echte **Kursgewinne** nur bei Realisierung im Rahmen eines Betriebs, im Fall der Veräußerung wesentlicher Beteiligungen (vgl. **Teil I, Anlage GSE, Zeilen 22 bis 23**) oder bei **privaten Veräußerungsgeschäften** i.S. des § 23 EStG (Zeilen 30 bis 59 des Vordrucks Anlage SO) steuerpflichtig. Durch die Änderung des § 20 Abs. 1 und 2 EStG wurde allerdings der Begriff der steuerpflichtigen Kapitalerträge **erweitert** und zugleich eine gesetzliche Grundlage dafür geschaffen, dass im Falle der Veräußerung von Wertpapieren die im **Kurs** der Papiere und damit **im Veräußerungspreis enthaltenen Erträge** auch im Privatbereich der Einkommensteuer (und dem Zinsabschlag) unterliegen (im Einzelnen vgl. die Ausführungen zu Zeilen 3 bis 6).

Die Einnahmen und Werbungskosten sind in der jeweils vorgesehenen Spalte und Zeile **gesondert** für den **Ehemann** und die **Ehefrau** anzugeben. Dies ist z.B. wichtig für die zutreffende Ermittlung eines etwaigen **Altersentlastungsbetrags** durch das Finanzamt für den einzelnen Ehegatten (vgl. Teil I, Hauptvordruck, Zeile 13). Anzugeben sind die **Bruttoerträge einschließlich Kapitalertragsteuer, Zinsabschlag** und **Solidaritätszuschlag** sowie ggf. anzurechnender/vergüteter **Körperschaftsteuer** (Zeilen 17 bis 19 und 49) unter **Beifügung der Belege** (Nachweise über anzurechnende Körperschaftsteuer sowie einbehaltene Kapitalertragsteuer, Zinsabschlag und Solidaritätszuschlag hierzu). Die Eintragung der anzurechnenden Kapitalertragsteuer einschließlich Zinsabschlag und ggf. Körperschaftsteuer sowie die Summenbildungen in **Zeilen 15 bzw. 25** und die Angabe der Summe der Solidaritätszuschläge zur Kapitalertragsteuer bzw. zum Zinsabschlag in **Zeile 52** sind deshalb wichtig, weil diese Steuerbeträge auf die veranlagte Einkommensteuer bzw. den Solidaritätszuschlag **voll angerechnet** werden. Ist die anzurechnende Körperschaftsteuer sowie die einbehaltene Kapitalertragsteuer einschließlich Zinsabschlag **höher** als die bei der Veranlagung festzusetzende Einkommensteuer, so wird der **Mehrbetrag** durch das Finanzamt **erstattet**. Entsprechendes gilt für den einbehaltenen Solidaritätszuschlag und die anzurechnende ausländische Quellensteuer nach der Zinsinformationsverordnung (Zeile 51 der Anlage KAP).

Kapitalertragsteuerpflichtige bzw. zinsabschlagpflichtige Einnahmen können auch **anderen Einkunftsarten** zuzuordnen sein. Soweit aus Kapitalvermögen stammende Erträge im Rahmen der Einkunftsarten Gewerbebetrieb, Land- und Forstwirtschaft, selbständige Arbeit oder Vermietung und Verpachtung anfallen, sind sie diesen Einkunftsarten zuzurechnen. Wenn z.B. Wertpapiere zum Betriebsvermögen eines Gewerbetreibenden gehören, so sind die Erträge aus diesen Wertpapieren Einnahmen aus Gewerbebetrieb. Derartige Kapitalerträge sind zwar in den Gewinnbeträgen der **Anlagen GSE und L** bzw. in **Zeile 11 der Anlage V** mit zu erklären. Die von solchen Kapitalerträgen einbehaltene Kapitalertragsteuer einschließlich Zinsabschlag oder anzurechnende Körperschaftsteuer ist jedoch in **Zeile 49 der Anlage KAP** mit einzutragen, damit diese Steuerbeträge vom Finanzamt auf die festzusetzende Einkommensteuer angerechnet werden können.

Bei **Anteilen** an **gemeinschaftlichen** Einkünften aus Kapitalvermögen (z.B. Miteigentum, Erbengemeinschaft) sind die **anteiligen Einnahmen** in **Zeilen 41 ff.** und die davon ggf. einbehaltene anteilige Kapitalertragsteuer einschließlich Zinsabschlag sowie eine etwaige anteilige anzurechnende Körperschaftsteuer in **Zeile 49** anzugeben. Außerdem soll in Zeile 39 bzw. 40 angegeben werden: Bezeichnung der Gemeinschaft, zuständiges Finanzamt und Steuernummer der Gemeinschaft.

Teil I: Anlage KAP
Zeilen 1–2

Bei Kapitalerträgen, die dem Kapitalertragsteuerabzug oder Zinsabschlag und Solidaritätszuschlag unterlegen haben, und/oder bei Kapitalerträgen mit anzurechnender/vergüteter Körperschaftsteuer müssen als **Einnahmen** jeweils die **Bruttoerträge** angegeben werden; den vereinnahmten Nettoerträgen sind also die einbehaltene Kapitalertragsteuer, der vorgenommene Zinsabschlag, der Solidaritätszuschlag **und** die anzurechnende Körperschaftsteuer hinzuzurechnen. Der sich ergebende Einnahmenbetrag ist – **gesondert** für **Ehemann** und **Ehefrau** – in die jeweilige **Spalte 2 oder 3** der Zeilen 4 ff. (linke Vordruckseite) einzutragen. Die anzurechnende Kapitalertragsteuer, anzurechnender Zinsabschlag und anzurechnende Körperschaftsteuer (vgl. Zeilen 17 bis 19) sind auf Seite 1 der Anlage KAP in den vorgesehenen Spalten 5 oder 6 (auf der **rechten** Vordruckseite) zu den jeweiligen Zeilen aufzuführen; die **Bescheinigungen** (z.B. der Kreditinstitute), aus denen sich die einbehaltene Kapitalertragsteuer, der vorgenommene Zinsabschlag und die anrechenbare Körperschaftsteuer ergeben (sog. **Steuerbescheinigungen**), sind **im Original beizufügen.** Die Summe der einbehaltenen Kapitalertragsteuer- und Zinsabschlag-Beträge ist in **Zeile 15** bzw. **25** (Spalte 5 bzw. 6) einzutragen. Die Summe aller anzurechnenden Solidaritätszuschläge zur Kapitalertragsteuer bzw. zum Zinsabschlag ist in **Zeile 52** und die Summe der **vergüteten** Körperschaftsteuer in **Zeile 19** anzugeben.

Kapitalerträge sind grundsätzlich als Einnahmen des Kalenderjahres zu behandeln, in dem sie dem Steuerpflichtigen, z.B. durch Zahlung, Gutschrift, **zugeflossen** sind, und zwar ohne Rücksicht auf den Zeitraum, auf den sie sich beziehen. Es ist also gleichgültig, für welchen Zeitraum ein Betrag vereinnahmt wird. Eine Ausnahme von diesem Grundsatz gilt nur für **regelmäßig wiederkehrende** Einnahmen, die kurze Zeit vor Beginn oder kurze Zeit nach Beendigung des Kalenderjahres, zu dem sie wirtschaftlich gehören, zugeflossen sind. Sie gelten als in **dem** Kalenderjahr bezogen, zu dem sie wirtschaftlich gehören (§ 11 Abs. 1 Satz 2 EStG). Als kurze Zeit in diesem Sinne ist in der Regel ein Zeitraum bis zu 10 Tagen anzusehen (vgl. auch Erläuterungen zu den Zeilen 3 bis 6).

Nach § **24c EStG** i.d.F. des Steueränderungsgesetzes 2003 vom 15.12.2003 (BStBl I S. 710) müssen inländische Kreditinstitute oder Finanzdienstleistungsinstitute sowie Wertpapierhandelsunternehmen ihren Kunden (Gläubiger der Kapitalerträge oder Hinterleger der Wertpapiere) für alle bei ihnen geführten Wertpapierdepots und Konten eine **zusammenfassende Jahresbescheinigung** nach amtlich vorgeschriebenem Muster ausstellen. Darin sind alle nach dem 31.12.2003 zugeflossenen Kapitalerträge i.S. des § 20 EStG und nach dem 31.12.2003 getätigten privaten Veräußerungsgeschäfte i.S. des § 23 Abs. 1 Nr. 2 bis 4 EStG (vgl. Anlage SO, Zeilen 30 bis 59) aus den bei ihnen unterhaltenen Konten und Wertpapierdepots aufzuführen (§ 52 Abs. 39a EStG). Für die Anrechnung der Kapitalertragsteuer oder des Zinsabschlags auf die Einkommensteuer werden weiterhin Steuerbescheinigungen benötigt. Einzelheiten sowie ein Muster der Jahresbescheinigung sind im BMF-Schreiben vom 31.8.2004 (BStBl I S. 854) veröffentlicht.

Kapitalertragsteuer von 25 v.H. bzw. 20 v.H.

Dem Kapitalertragsteuerabzug unterliegen insbesondere **Gewinnanteile** (Dividenden), Ausbeuten und sonstige Bezüge **aus Aktien,** Genussrechten, **Anteilen an Gesellschaften mit beschränkter Haftung** sowie an **Erwerbs- und Wirtschaftsgenossenschaften** und Erträge aus **Investmentanteilen** (vgl. Zeilen 18 und 23). In diesen Fällen betrug die Kapitalertragsteuer **25 v.H.**, solange für Dividenden und die ähnlichen Erträge noch das frühere Anrechnungsverfahren galt. Seit die Dividenden und ähnlichen Kapitalerträge unter das sog. **Halbeinkünfteverfahren** fallen (vgl. Erläuterungen zu Zeilen 21 bis 25), ermäßigt sich die Kapitalertragsteuer in den oben genannten Fällen auf **20 v.H.** des Kapitalertrags (§ 43 a Abs. 1 Nr. 1 EStG). Der verminderte v.H.-Satz gilt im Regelfall für Ausschüttungen seit dem 1.1.2002. Die Kapitalertragsteuer wird aus der **vollen** (ungekürzten) Dividende berechnet, obwohl der Anteilseigner auf Grund des Halbeinkünfteverfahrens nur die Hälfte der Dividende als Einnahmen aus Kapitalvermögen anzusetzen hat (§ 3 Nr. 40 EStG). Andererseits wird die einbehaltene Kapitalertragsteuer auch bei Anwendung des Halbeinkünfteverfahrens in voller Höhe auf die Einkommensteuer des Anteilseigners (Gesellschafters) angerechnet (§ 36 Abs. 2 Nr. 2 EStG).

Außerdem unterliegen der Kapitalertragsteuer, und zwar auch künftig mit **25 v.H.**,

- Erträge aus der Beteiligung an einem Handelsgewerbe als **stiller Gesellschafter** oder partiarischer Darlehensgeber (vgl. die Ausführungen zu **Zeile 12** dieses Vordrucks),
- Zinsen aus **Wandelanleihen** und **Gewinnobligationen** sowie Einnahmen aus bestimmten Genussscheinen (vgl. **Zeile 10**),
- unter bestimmten Voraussetzungen **außerrechnungsmäßige und rechnungsmäßige Zinsen** bei – auch fondsgebundenen – **Lebensversicherungen** (vgl. **Zeile 11**).

Zinsabschlagsteuer

Nach dem Gesetz zur Neuregelung der Zinsbesteuerung (**Zinsabschlaggesetz**) vom 9.11.1992 (BStBl I S. 682) wird von Zinseinnahmen aus festverzinslichen Wertpapieren in- und ausländischer Emittenten, aber auch von Zinsen aus nicht verbrieften Kapitalforderungen, wenn Schuldner ein inländisches **Kreditinstitut** (z.B. Banken, Sparkassen, Bausparkassen, Postbank, inländische Zweigstellen ausländischer Kreditinstitute) ist, seit 1993 grundsätzlich ein **Zinsabschlag von 30 v.H.** einbehalten und an das Finanzamt abgeführt. Zinszahlungen im Rahmen von sog. **Tafelgeschäften**, bei denen fällige Zinsscheine von effektiv ausgegebenen Stücken am Schalter eines Kreditinstituts eingelöst werden, unterliegen einem einzubehaltenden Zinsabschlag von **35 v.H.** (vgl. **Zeile 7**). Die oben behandelte Kapitalertragsteuer von 25 v.H. bzw. 20 v.H. für die dort bezeichneten Kapitalerträge wird dadurch nicht berührt.

Bei einfachen Kapitalforderungen fällt ein Zinsabschlag **nicht** an, wenn **Schuldner** der Erträge

- eine Privatperson
- ein Unternehmen
- ein ausländisches Kreditinstitut (auch ausländische Zweigstellen inländischer Kreditinstitute)
- eine Körperschaft des öffentlichen oder privaten Rechts (die kein Kreditinstitut ist)

ist.

Im Übrigen wird von der Einbehaltung eines Zinsabschlags u.a. **abgesehen,**

- wenn es sich um Kapitalerträge aus Sichteinlagen (Girokonten) handelt, für die kein höherer Zins oder Bonus als 1 v.H. gezahlt wird,
- wenn es sich um Kapitalerträge aus Guthaben bei einer **Bausparkasse** auf Grund eines Bausparvertrags handelt und wenn für den Steuerpflichtigen im Kalenderjahr der Gutschrift oder im Kalenderjahr vor der Gutschrift dieser Kapitalerträge für Bausparaufwendungen eine Arbeitnehmer-Sparzulage oder eine Wohnungsbauprämie festgesetzt oder von der Bausparkasse ermittelt worden ist oder für die Guthaben kein höherer Zins oder Bonus als 1 v.H. gezahlt wird,
- wenn die Kapitalerträge bei den einzelnen Guthaben im Kalenderjahr nur einmal gutgeschrieben werden und 10 € nicht übersteigen (Bagatellgrenze).

Die die Kapitalerträge auszahlende Stelle (Bank, Sparkasse, Bausparkasse usw.) kann von der Einbehaltung des Zinsabschlags bzw. der Kapitalertragsteuer **absehen,** soweit die Kapitalerträge den **Sparer- Freibetrag** einschließlich des Werbungskosten-Pauschbetrags von **1 421 €** bzw. **2 842 €** bei zusammenveranlagten Ehegatten (vgl. Ausführungen zu **Zeilen 53 bis 61**) nicht übersteigen. **Voraussetzung** hierfür ist, dass der Gläubiger der Kapitalerträge der auszahlenden Stelle einen sog. **Freistellungsauftrag** vorlegt. Der Freistellungsauftrag ist nach amtlich vorgeschriebenem Muster zu erteilen. Das Freistellungsvolumen in Höhe des vorstehend genannten Gesamtbetrags kann nach Belieben auf verschiedene auszahlende Stellen aufgeteilt werden. Ein erteilter Freistellungsauftrag gilt weiter, solange er nicht widerrufen oder geändert wird. Nicht dauernd getrennt lebende Ehegatten können nur einen **gemeinsamen**, von beiden Ehegatten zu unterschreibenden Freistellungsauftrag erteilen; sie müssen diesen ändern, falls die Voraussetzungen für eine Zusammenveranlagung zur Einkommensteuer (Teil I, Hauptvordruck, Zeile 13) und damit für die Inanspruchnahme eines gemeinsamen Sparer-Freibetrags und Werbungskosten-Pauschbetrags von zusammen 2 842 € wegfallen sollten. Das Muster des Freistellungsauftrags für Kapitalerträge, die nach dem 31. 12. 2003 zufließen, ist im BMF-Schreiben vom 17. 2. 2004 (BStBl I S. 335) veröffentlicht. Auf Grund der Reduzierung des Sparer-Freibetrags durch das Haushaltsbegleitgesetz 2004 (BStBl 2004 I S. 120) hat sich auch der Maximalbetrag für Freistellungsaufträge ab 2004 entsprechend vermindert.

Heiratet ein allein stehender Kontoinhaber, verliert der von diesem allein erteilte Freistellungsauftrag mit dem Tag der Heirat seine Wirksamkeit für eine Abstandnahme vom Steuerabzug. Liegt zum Zeitpunkt des Zuflusses von Kapitalerträgen kein von beiden Ehegatten unterschriebener Freistellungsauftrag vor, hat das Kreditinstitut den Zinsabschlag bzw. Kapitalertragsteuer einzubehalten. Näheres vgl. BMF-Schreiben vom 5. 11. 2002, BStBl I S. 1346.

Mit dem **Tod eines Kontoinhabers** sind dessen Erben Gläubiger der Kapitalerträge geworden. Der durch den Verstorbenen erteilte Freistellungsauftrag kann nicht mehr Grundlage für eine Abstandnahme vom Steuerabzug sein. Das Kreditinstitut hat grundsätzlich den Zinsabschlag bzw. Kapitalertragsteuer einzubehalten, wenn nicht die Erben einen Freistellungsauftrag erteilen. Wegen Besonderheiten im Todesjahr beim Tod eines **Ehegatten** wird auf das BMF-Schreiben vom 5. 11. 2002 (BStBl I S. 1346) hingewiesen.

Weitere Einzelfragen zur Anwendung des Zinsabschlaggesetzes (z.B. bei Zinsen aus **Mietkautionskonten** oder aus der Anlage von Instandhaltungsrücklagen bei Wohnungseigentümergemeinschaften) sind in den BMF-Schreiben vom 18. 12. 1992 (BStBl 1993 I S. 58) und vom 5. 11. 2002 (BStBl I S. 1338) geregelt.

Ist ein Zinsabschlag einbehalten worden, so wird dieser aufgrund der vorzulegenden **Steuerbescheinigung** bei der Veranlagung zur Einkommensteuer wie eine Steuervorauszahlung für diesen Veranlagungszeitraum auf die festzusetzende Einkommensteuer angerechnet. Anstelle von Einzelsteuerbescheinigungen können die Kreditinstitute auch eine **Jahressteuerbescheinigung** ausstellen (BMF-Schreiben vom 5. 11. 2002, BStBl I S. 1338). Nach dem BFH-Urteil vom 18. 2. 1997 (BStBl II S. 499) ist die Neuregelung der Zinsbesteuerung durch das Zinsabschlaggesetz jedenfalls für das Jahr 1993 verfassungsgemäß. Mit Urteil vom 15. 12. 1998 (BStBl 1999 II S. 138) hat der BFH erneut entschieden, dass die Besteuerung der im Jahr 1993 erzielten Kapitaleinkünfte nicht gegen das Grundgesetz verstößt.

Solidaritätszuschlag

Ab 1. 1. 1995 wurde durch das Solidaritätszuschlaggesetz 1995 (Art. 31 des Gesetzes zur Umsetzung des Föderalen Konsolidierungsprogramms vom 23. 6. 1993, BStBl I S. 510, 523) wieder ein Solidaritätszuschlag zur Einkommensteuer und Körperschaftsteuer für alle Steuerpflichtigen eingeführt. Der Zuschlag hat im Gesetz keine zeitliche Begrenzung erhalten, ist aber nach der Gesetzesbegründung mittelfristig zu überprüfen. Ab 1996 sind Änderungen durch Art. 4 des Jahressteuergesetzes 1996 eingetreten (BStBl 1995 I S. 438). Ab **1998** ist der Solidaritätszuschlag von 7,5 v.H. **auf 5,5 v.H. ermäßigt** worden (Art. 1 des Gesetzes zur Senkung des Solidaritätszuschlags vom 21. 11. 1997, BStBl I S. 967 und 1043). Die Neufassung des Solidaritätszuschlaggesetzes 1995 ist in BStBl 2002 I S. 1154 veröffentlicht.

Bei einer **Einkommensteuerveranlagung** bemisst sich der Zuschlag nach der festgesetzten Einkommensteuer, **vermindert** um die anzurechnende oder vergütete Körperschaftsteuer, wenn ein positiver Betrag verbleibt. Verbleibt es für Kinder statt des Kinderfreibetrags und des Betreuungs-, Erziehungs- und Ausbildungsfreibetrags beim Kindergeld (vgl. Teil I, **Anlage Kind, Zeilen 1 bis 20**), ist als Bemessungsgrundlage für den Solidaritätszuschlag jedoch die Einkommensteuer zu ermitteln, die **unter Berücksichtigung der genannten Freibeträge für Kinder** festzusetzen wäre. Der Zuschlag 2005 beträgt **5,5 v.H.** der Bemessungsgrundlage. Er ist in dieser Höhe auch bei der Erhebung der Steuerabzugsbeträge (**Lohnsteuer, Kapitalertragsteuer** einschließlich **Zinsabschlag,** Steuerabzug nach § 50a EStG bei **beschränkt** Steuerpflichtigen) einzubehalten (abzuführen) und auch bei den **Vorauszahlungen** zur Einkommensteuer und Körperschaftsteuer zu leisten.

Von einkommensteuerpflichtigen Personen ist der Solidaritätszuschlag nur zu erheben, wenn die o.a. Bemessungsgrundlage bei Anwendung der **Splittingtabelle** (Teil I, Hauptvordruck, Zeile 13) **1 944 €** und bei Anwendung der **Grundtabelle 972 €** übersteigt. Diese sog. Null-Zone hat zur Folge, dass ein Solidaritätszuschlag bis zu rd. 53 € jährlich bei Alleinstehenden bzw. 106 € bei Anwendung der Splittingtabelle nicht erhoben wird. Entsprechende **Freigrenzen** gelten nach § 3 Abs. 4 des Solidaritätszuschlaggesetzes auch für den Steuerabzug vom **Arbeitslohn.** Außerdem besteht nach § 4 Satz 2 des Gesetzes eine sog. **Gleitregelung,** wonach der volle Zuschlag von 5,5 v.H. der Bemessungsgrundlage erst erhoben wird, wenn er bei Anwendung der Splittingtabelle höher ist als 20 v.H. des 1 944 € **übersteigenden Teils** der Bemessungsgrundlage und bei Anwendung der Grundtabelle höher ist als 20 v.H. des 972 € übersteigenden Teils der Bemessungsgrundlage.

Im Wege des Steuerabzugs erhobener oder durch Vorauszahlungen geleisteter Solidaritätszuschlag wird auf den im Rahmen der Einkommensteuerveranlagung festzusetzenden Solidaritätszuschlag angerechnet und ggf. erstattet, wenn sich bei der Jahresfestsetzung ein niedrigerer oder kein Solidaritätszuschlag ergibt.

Nießbrauch bei Einkünften aus Kapitalvermögen

Für die steuerliche Behandlung eines **Nießbrauchs** bei Einkünften aus Kapitalvermögen kommt es insbesondere darauf an, ob ein Zuwendungsnießbrauch vorliegt, d.h. ein Nießbrauch, der vom Eigentümer dem Berechtigten bestellt worden ist, oder ob ein Vorbehalts- oder Vermächtnisnießbrauch (vgl. Buchst. b) gegeben ist. Innerhalb eines Zuwendungsnießbrauchs ist zu unterscheiden, ob der Nießbrauch unentgeltlich oder entgeltlich bestellt worden ist. Nach dem BMF-Schreiben vom 23. 11. 1983, BStBl I S. 508, gilt im Wesentlichen:

a) Zuwendungsnießbrauch

Bei **unentgeltlicher** Bestellung eines Nießbrauchs sind die Einnahmen dem Nießbrauchbesteller zuzurechnen, auch wenn sie dem Nießbraucher zufließen (BFH-Urteile vom 14. 12. 1976, BStBl 1977 II S. 115 und vom 22. 8. 1990, BStBl 1991 II S. 38). Ein etwaiger Anspruch auf Anrechnung der Körperschaftsteuer steht dem Nießbrauchbesteller zu. Der Anrechnungsbetrag ist daher von diesem zu versteuern (§ 20 Abs. 1 Nr. 3 EStG a.F.).

Bei **entgeltlicher** Bestellung eines Nießbrauchs an Kapitalvermögen ist dem Nießbrauchbesteller das hierfür gezahlte Entgelt nach § 20 Abs. 2 Nr. 2 EStG zuzurechnen. Entsprechend zieht der Nießbraucher lediglich eine Forderung ein, sodass die Kapitalerträge bei ihm nicht zu besteuern sind (vgl. BFH-Urteil vom 12. 12. 1969, BStBl 1970 II S. 212). Eine etwaige Anrechnung von Körperschaftsteuer kommt nur beim Nießbrauchbesteller in Betracht.

b) Vorbehalts- und Vermächtnisnießbrauch

Behält sich jemand anlässlich der schenkweisen Übertragung von Kapitalvermögen an den übertragenen Wirtschaftsgütern den Nießbrauch vor oder ist der Nießbrauch an Kapitalvermögen durch einen Erben als neuen, zur Verfügung über das Kapitalvermögen Berechtigten auf Grund einer letztwilligen Verfügung bestellt worden, sind die Einnahmen dem Nießbraucher zuzurechnen. Ein etwaiger Anspruch auf Anrechnung der Körperschaftsteuer steht dem Nießbraucher zu. Der Anrechnungsbetrag ist daher von diesem zu versteuern.

Zinsen und andere Kapitalerträge (ohne Dividenden)

Zu den **Einnahmen aus Kapitalvermögen,** die hier bzw. in den folgenden Zeilen anzugeben sind, gehören insbesondere: **Zinsen aus Sparguthaben** und Zinsen aus **sonstigen Kapitalforderungen** jeder

Teil I: Anlage KAP
Zeilen 3–6

Art, z. B. aus Einlagen und Guthaben (auch Festgeldkonten und Sparbriefen) bei Kreditinstituten einschl. **Bausparkassen,** aus privaten **Darlehen** (vgl. **Zeile 14**), aus **festverzinslichen Wertpapieren,** wie z. B. **Anleihen, Pfandbriefe, Bundesschatzbriefe, Finanzierungsschätzen** (Zeile 6) usw. In Zeile 6 sollen nicht nur Erträge aus festverzinslichen Wertpapieren erklärt werden, sondern u. a. auch Erträge, die aus sog. Finanzinnovationen stammen (vgl. unten). Wegen der Frage, wann Guthabenzinsen aus Bausparverträgen zu den Einnahmen aus Vermietung und Verpachtung gehören können, vgl. Teil I, Anlage V, Zeile 11. Zu den Einnahmen aus Kapitalvermögen gehören auch **Prozess- und Verzugszinsen** (vgl. BFH-Urteile vom 29. 9. 1981, BStBl 1982 II S. 113, und vom 25. 10. 1994, BStBl 1995 II S. 121), Diskontbeträge von Wechseln und Anweisungen einschl. der Schatzwechsel, sowie **Zinsen aus Mietkautionen** und Anteilen an Instandhaltungsrücklagen von Wohnungseigentümergemeinschaften (vgl. Zeile 9).

Anleihen im obigen Sinne sind die in öffentlichen Schuldbüchern eingetragenen Schuldbuchforderungen und solche Anleihen, über die Teilschuldverschreibungen (Schuldverschreibungen des Bundes, der Länder und Gemeinden, Industrieobligationen) ausgegeben sind. Ob Wertpapiere in einem Bankdepot geführt oder vom Steuerpflichtigen selbst oder in einem Schließfach verwahrt werden, ist für die Zugehörigkeit der Zinserträge zu den Einnahmen aus Kapitalvermögen ohne Bedeutung.

Zu den Einnahmen aus Kapitalvermögen gehören auch Erträge aus steuer- und prämienbegünstigten sowie vermögenswirksam angelegten Beträgen. Auch **Zinsen,** die **für Steuererstattungsbeträge** vom Finanzamt nach §§ 233a oder § 236 AO gezahlt werden, sind Einnahmen aus Kapitalvermögen (vgl. Anlage KAP, **Zeile 13**).

Für die Eintragung von Zinsen und anderen Kapitalerträgen in den linken beiden Spalten der Zeilen 4 und folgende ist **unerheblich, ob Kapitalertragsteuer** bzw. ein **Zinsabschlag** einbehalten wurde oder **nicht.** In den **Spalten 2 und 3** der Anlage KAP sind deshalb auch solche Einnahmen aus Kapitalvermögen anzugeben, die keinem Steuerabzug unterlegen haben oder wegen eines erteilten **Freistellungsauftrags** vom Steuerabzug befreit worden sind. In **Spalte 4** ist nicht das im Freistellungsauftrag angegebene Höchstvolumen einzutragen, sondern es sind hier nur die Einnahmen einzutragen, von denen **tatsächlich** keine Kapitalertragsteuer/kein Zinsabschlag einbehalten worden ist. In **Spalte 5** ist die **einbehaltene inländische Kapitalertragsteuer** und in **Spalte 6** der **einbehaltene Zinsabschlag** anzugeben. Die Nachweise hierüber (Steuerbescheinigungen) sind der Anlage KAP **im Original** beizufügen.

Zinsen aus **Sparguthaben,** die zu Beginn eines Jahres für das vergangene Jahr gutgebracht werden, sind steuerlich als Einnahmen des Vorjahres anzusetzen, wenn über diese Zinsen rechtlich und wirtschaftlich bereits am Ende des Vorjahres hätte verfügt werden können, wie dies regelmäßig der Fall ist (§ 11 Abs. 1 EStG). Auf den Zeitpunkt des Eintrags der Zinsen im Sparbuch kommt es nicht an (vgl. BFH-Urteil vom 8. 10. 1991, BStBl 1992 II S. 174).

Richten Eltern ein **Sparkonto zugunsten eines minderjährigen Kindes** ein, sind die Zinsen dem **Kind** zuzurechnen und das Kind kann den **Sparer-Freibetrag von 1 370 €** (vgl. Zeilen 53 bis 61) ausnutzen, wenn die Eltern bei Abschluss des Vertrags über die Einrichtung des Sparkontos und bei der Einzahlung der Einlagen den Willen hatten, die Guthabenforderung dem Kind sofort zuzuwenden, und dieser Wille für die Bank erkennbar war. Richten die Eltern dagegen zwar ein Sparkonto auf den Namen eines Kindes ein, verwalten sie dieses Vermögen aber nicht entsprechend den bürgerlich-rechtlichen Vorschriften über die elterliche Vermögenssorge, sondern wie eigenes Vermögen, so sind die Zinsen weiterhin den **Eltern** zuzurechnen. Auslegungsschwierigkeiten können vermieden werden, wenn bei Errichten des Sparkontos klargestellt wird, dass eine Verfügungsbefugnis der Eltern nur auf dem elterlichen Sorgerecht entsprechend den §§ 1626 ff. BGB beruht (BFH-Urteil vom 24. 4. 1990, BStBl II S. 539).

Kapitalerträge aus einem geschenkten und vom Beschenkten angelegten Geldbetrag sind dem Schenkungsempfänger auch dann zuzurechnen, wenn er die Erträge entsprechend einer Auflage (z. B. an sein Kind) weiterzuleiten hat. Die weitergeleiteten Zahlungen sind nicht als Sonderausgabe (dauernde Last) abziehbar (BFH-Urteil vom 26. 11. 1997, BStBl 1998 II S. 190).

Sparschuldverschreibungen und **Sparbriefe** werden von Kreditinstituten in zwei Typen herausgegeben. Beim einen Typ hat der Sparer den Nennwert einzuzahlen und die Zinsen werden nachträglich halbjährlich oder jährlich gutgeschrieben. In diesem Fall sind die Zinsen mit der Gutschrift zugeflossen (§ 11 Abs. 1 EStG). Beim zweiten Typ zahlt der Sparer einen unter dem Nennwert liegenden (abgezinsten) Betrag ein und erhält nach Ablauf der unkündbaren Laufzeit (z. B. von 5 Jahren) den vollen Nennwert. Dieser Zuwachsbetrag ist bei der gebotenen wirtschaftlichen Betrachtungsweise als **Zins** anzusehen. Wenn der Sparer grundsätzlich erst bei der Einlösung des Sparbriefs über die Zuwachsbeträge verfügen kann, sind die Steigerungsbeträge (d. h. die aufgelaufenen Zinsen) nicht jährlich, sondern für die gesamte Laufzeit erst im Jahr der Rückgabe oder Einlösung zugeflossen und damit als Einnahmen aus Kapitalvermögen anzusetzen. Macht der Sparer von einem etwaigen früheren Einlösungsrecht Gebrauch oder veräußert er die Sparschuldverschreibung oder den Sparbrief, so sind ihm die Steigerungsbeträge (aufgelaufenen Zinsen) in dem Zeitpunkt zugeflossen, in dem sich ein solcher Vorgang tatsächlich abspielt. Bei den sog. „**Kapital-Sparbüchern**" wird der Zins mit steigenden Sätzen dem Kapital zugerechnet. Da über die Spareinlage einschließlich der aufgelaufenen Zinsen und Zinseszinsen grundsätzlich jederzeit (wenn u. U. auch nur in vollem Umfang, nicht in Teilbeträgen) verfügt werden kann, fließen die Zinsen steuerlich laufend zu und sind daher schon während der Laufzeit als Einnahmen anzusetzen. Im Zweifelsfalle kann das betroffene Kreditinstitut Auskunft darüber geben, **wann** der Zinsbetrag als zugeflossen anzusehen ist.

Bei den **Bundesschatzbriefen A** werden die Zinsen jeweils jährlich ausgezahlt oder gutgeschrieben und sind im Jahr der Auszahlung oder Gutschrift als Einnahmen aus Kapitalvermögen anzusetzen. Bei den **Bundesschatzbriefen B** werden die Zinsen mit Zinseszinsen erst bei der Rückzahlung dem Kapitalbetrag zugeschlagen (Rückzahlungswert). Der Anleger kann jedoch nach einer Sperrfrist von 12 Monaten jederzeit die Rückzahlung des Kapitals zum Rückzahlungswert verlangen und hierdurch auch über die aufgelaufenen Zinsen verfügen. Nach der bis 31. 12. 1988 geltenden Verwaltungsauffassung waren die rechnerisch zu ermittelnden Zinsen und Zinseszinsen aus den Bundesschatzbriefen B nach Ablauf der 12-monatigen Sperrfrist bei der Einkommensbesteuerung jährlich in dem Kalenderjahr zu erfassen, auf das sie entfallen. Mit Wirkung ab dem Veranlagungszeitraum 1989 ist diese Verwaltungsauffassung dahingehend geändert worden, dass nunmehr bei den **Bundesschatzbriefen B** der Zufluss der Zinsen erst am **Ende** der Laufzeit oder bei Rückgabe nach Ablauf der Sperrfrist in **einem** Betrag angenommen wird (vgl. BMF-Schreiben vom 20. 12. 1988, BStBl I S. 540, Tz. 2.4 sowie vom 30. 10. 1989, BStBl I S. 428).

Finanzierungsschätze des Bundes werden von der Bundesrepublik Deutschland zur Finanzierung laufender Aufwendungen ausgegeben. Es handelt sich hierbei um ein sog. Abzinsungspapier, d. h. beim Erwerb wird ein **unter** dem Nennwert liegender Betrag gezahlt. Bei Fälligkeit wird der Nennwert ausgezahlt. Die auf die gesamte Laufzeit entfallenden **Zinsen** und Zinseszinsen ergeben sich aus dem **Unterschiedsbetrag** zwischen Ausgabepreis und Nennwert. Diese Kapitalerträge fließen erst im Zeitpunkt der Gutschrift bei Fälligkeit zu und sind dann als Einnahmen aus Kapitalvermögen anzusetzen.

Für die Besteuerung des Kapitalertrags aus **Zero Coupon Bonds** (Nullkupon-Anleihen), die zu einem Privatvermögen gehören, gilt Folgendes:

a) Zero Coupon Bonds sind ihrer Natur nach festverzinsliche Wertpapiere, bei denen die **Zinsen** nicht wie gewöhnlich zu bestimmten Terminen in festen Beträgen an den Inhaber geleistet werden, sondern in dem **Unterschiedsbetrag** zwischen Emissionspreis und Einlösungspreis (Diskont) liegen. Dieser Kapitalertrag fließt dem Inhaber bei der Einlösung am Ende der Laufzeit zu; er zählt nach § 20 Abs. 1 Nr. 8 EStG zu den Einnahmen aus Kapitalvermögen.

b) **Veräußert** ein Steuerpflichtiger ein Zero Coupon Bond während der Laufzeit, ist der Zinsertrag bei ihm mit dem Betrag der Einkommensteuer zu unterwerfen, der rechnerisch auf die Zeit entfällt, in der er das Wertpapier innehatte. Erzielt der Veräußerer einen Preis von **geringerer** Höhe, als es dem Emissionspreis zuzüglich der rechnerisch bis zum Veräußerungszeitpunkt ermittelten Zinsen entspricht, sind gleichwohl die rechnerisch ermittelten Zinsen der Besteuerung zugrunde zu legen, während der Verlust dem auf der einkommensteuerrechtlich unbeachtlichen Vermögensebene befindlichen Kapitalstamm zugerechnet wird. Dasselbe gilt für den Teil eines Veräußerungserlöses, der den Emissionspreis zuzüglich der rechnerisch bis zum Veräußerungszeitpunkt ermittelten Zinsen übersteigt (vgl. aber Teil I, Anlage SO, Zeilen 30 bis 59).

Beim **Erwerber** sind die Zinsen dementsprechend ab dem Erwerbszeitpunkt rechnerisch zu ermitteln und der Einkommensteuer zugrunde zu legen, wenn er entweder das Zero Coupon Bond vor dem Ende der Laufzeit weiterveräußert oder das Wertpapier am Ende der Laufzeit einlöst.

c) Bei der **Berechnung des Kapitalertrags** ist von den rechnerisch ermittelten Anschaffungs- und Veräußerungskursen der Zero Coupon Bonds auszugehen. Sie sind mit einem aus der Emissionsrendite abgeleiteten und vom Emissionsdatum ausgehenden Aufzinsungsfaktor auf den Übertragungszeitpunkt (Tag der Anschaffung und Tag der Veräußerung) aufzuzinsen. Einzelheiten der Berechnung sowie ein Zahlenbeispiel ergeben sich aus dem BMF-Schreiben vom 24. 1. 1985, BStBl I S. 77, das durch das BMF-Schreiben vom 1. 3. 1991, BStBl I S. 422, ergänzt worden ist. Vgl. auch BFH-Urteil vom 8. 10. 1991, BStBl 1992 II S. 174.

Einnahmen aus Kapitalvermögen sind **beim Veräußerer** auch die bei Veräußerung **festverzinslicher** Wertpapiere besonders in Rechnung gestellten und vereinnahmten **Stückzinsen.** Es handelt sich dabei um den Zinsbetrag, der auf die Zeit seit dem Beginn des laufenden Zinszahlungszeitraums bis zur Veräußerung entfällt. Beim **Erwerber** der festverzinslichen Wertpapiere stellen die Stückzinsen (d.h. die Zinsen, die auf die Zeit vor dem Erwerb entfallen) **negative Einnahmen** dar. Bis einschließlich 1993 konnten verausgabte Stückzinsen – unabhängig vom Zeitpunkt ihres Abflusses – erst in dem Jahr, in dem der Zinsschein eingelöst wurde, von den Gesamtzinsen abgezogen werden. Seit 1994 können verausgabte Stückzinsen im Kalenderjahr ihres **Abfließens** als negative Einnahmen berücksichtigt, d.h. mit positiven Einnahmen aus Kapitalvermögen verrechnet werden. Für welches Wertpapier die Stückzinsen gezahlt wurden und wann die Erträge daraus zufließen, ist nicht mehr von Bedeutung. Werden in einem Kalenderjahr lediglich Stückzinsen gezahlt, aber keine Zinsen (oder Stückzinsen) vereinnahmt, führt dies zu negativen Einkünften (**Verlust**) aus Kapitalvermögen (vgl. aber BFH-Urteil vom 27. 7. 1999, BStBl II S. 769, wonach es sich nicht um einen Umgehungsfall i.S. des § 42 AO handeln darf).

Seit 1994 unterliegen auch Stückzinsen anlässlich einer Veräußerung von festverzinslichen Wertpapieren und vergleichbare besitzzeitanteilige Kapitalerträge bei auf- und abgezinsten Papieren (z.B. ZeroBonds) dem **Zinsabschlag.** Wegen der Berücksichtigung von gezahlten Stückzinsen bei Personenverschiedenheit von Käufer und Depotinhaber vgl. BMF-Schreiben vom 15. 3. 1994, BStBl I S. 230.

Die vorstehenden Regelungen über die steuerliche Behandlung von Einnahmen aus der Veräußerung von Zinsscheinen gelten sinngemäß auch für Einnahmen aus der **Abtretung** von Zinsansprüchen oder sonstigen Ansprüchen, wenn die dazugehörigen Anteilsrechte oder Schuldverschreibungen nicht in einzelnen Wertpapieren verbrieft, sondern durch Sammelurkunden gesichert sind. Entsprechendes gilt bei der Abtretung von Zinsansprüchen aus Schuldbuchforderungen, die in ein öffentliches Schuldbuch eingetragen sind.

Seit der Einführung des Zinsabschlags werden vermehrt **neue Kapitalanlagemodelle** angeboten (z.B. Kombizins- und Gleitzins-Anleihen, Festzins-Anleihen mit getrennt handelbaren Zinsscheinen usw.). Zu der Frage, ob und in welchem Umfang aus solchen Kapitalanlagen Einkünfte aus Kapitalvermögen erzielt werden, hat der BMF im Schreiben vom 30. 4. 1993 (BStBl I S. 343) Stellung genommen. Danach gilt u.a.:

a) Bei Kapitalforderungen mit feststehenden, **unterschiedlich hohen Kapitalerträgen** (z.B. **Kombizins-Anleihen, Gleitzins-Anleihen,** Festzins-Anleihen mit getrennt handelbaren Zinsscheinen) sind die Zinsen bei Zufluss zu versteuern. Wird das Wertpapier über die gesamte Laufzeit gehalten, ergeben sich keine Besonderheiten.

Ist die **Besitzzeit** dagegen **kürzer** als die Laufzeit des Wertpapiers, wäre die Summe der insgesamt in der Besitzzeit zufließenden Zinsen je nach Ausgestaltung des Modells höher oder niedriger als die nach der Emissionsrendite errechneten besitzzeitanteiligen Zinsen. Diese Differenz muss bei Veräußerung und Einlösung des Wertpapiers durch entsprechende Hinzurechnungen oder Abzüge ausgeglichen werden. Infolgedessen sind im Zeitpunkt der Veräußerung/Einlösung die in dem betreffenden Veranlagungszeitraum zugeflossenen Zinsen um die Differenz zwischen der Summe aller in der Besitzzeit zugeflossenen Zinsen und den nach der Emissionsrendite errechneten besitzzeitanteiligen Zinsen zu erhöhen oder zu kürzen (§ 20 Abs. 2 Nr. 3 und 4 EStG).

b) Ist bei als **Optionsgeschäften** bezeichneten Modellen (z.B. **Capped warrants, range warrants**) ähnlich wie bei einem festverzinslichen Wertpapier die Rückzahlung des eingesetzten Kapitals garantiert und mit der Zahlung eines festbezifferten zusätzlichen Betrages zu rechnen, dann ist dieser Betrag wirtschaftlich betrachtet der Zins für das überlassene Kapital und folglich Kapitalertrag. Bei Zwischenveräußerung während der Laufzeit wird dieser Betrag besitzzeitanteilig auf die jeweiligen Inhaber aufgeteilt (§ 20 Abs. 2 Nr. 4 EStG).

c) Wird nur die **Rückzahlung** des eingesetzten Kapitals **garantiert** (z.B. **Grois, Giros** und **Saros**), sind zusätzlich geleistete Beträge ebenfalls Kapitalertrag.

Bei einer Veräußerung des Papiers ist der Unterschiedsbetrag zwischen Kaufpreis und Verkaufspreis Kapitalertrag. Dies gilt bei Veräußerung durch einen Ersterwerber nur hinsichtlich positiver Kapitalerträge.

Diese Regelung gilt auch für Papiere, bei denen neben der Rückzahlung des eingesetzten Kapitals nur ein Mindestertrag garantiert wird (z.B. **Mega-Zertifikate**).

d) Der Erwerb eines **Papiers ohne Zinsscheine** oder von **Zinsscheinen ohne Papier** zu einem abgezinsten Preis steht wirtschaftlich betrachtet dem Erwerb einer abgezinsten Forderung (Zero-Bond) gleich. Infolgedessen erzielt der erste Erwerber eines solchen Papiers oder Zinsscheins bei der Einlösung Ertrag nach § 20 Abs. 1 Nr. 7 EStG, jeder weitere Erwerber bei Einlösung besitzzeitanteiligen Kapitalertrag nach § 20 Abs. 1 Nr. 7 EStG. Die Veräußerung führt bei allen diesen Personen zu besitzzeitanteiligem Kapitalertrag nach § 20 Abs. 2 Nr. 4 EStG.

Dies gilt auch für Wertpapiere, bei denen der Ertrag – anders als bei Zinsscheinen – von vornherein nicht gesondert verbrieft ist (wie z.B. bei den **Optionsmodellen**).

Ab 1994 sind durch Erweiterung der Regelungsbereiche des § 20 Abs. 1 Nr. 7 und des Abs. 2 Nr. 4 EStG eindeutige gesetzliche Grundlagen geschaffen worden, um Erträge aus **innovativen Finanzinstrumenten** sachgerecht als Einkünfte aus Kapitalvermögen erfassen zu können. Die Verpflichtung zur Einbehaltung des Zinsabschlags in diesen Fällen ist in §§ 43, 43a EStG geregelt. Wegen der Behandlung von Einnahmen aus festverzinslichen Anleihen und Schuldverschreibungen mit **Vorschaltkupons** vgl. BMF-Schreiben vom 29. 5. 1995 (BStBl I S. 283).

Durch die geänderte Fassung des des § 20 Abs. 1 Nr. 7 EStG wurde der Begriff des **Kapitalertrags** neu bestimmt und erweitert. Anders als früher ist für die Annahme von Kapitalerträgen nicht mehr erforderlich, dass die Rückzahlung des überlassenen Kapitalvermögens zugesagt worden ist. Auch wenn die Rückzahlung unsicher ist, liegen Kapitalerträge vor, wenn ein bestimmter Zins zugesagt worden ist (vgl. auch BMF-Schreiben vom 16. 3. 1999, BStBl I S. 433 und vom 27. 11. 2001, BStBl I S. 986, Rz 29 ff.). Umgekehrt kann ein steuerpflichtiger Kapitalertrag selbst dann vorliegen, wenn nicht

Teil I: Anlage KAP
Zeilen 7–8

von vornherein sicher ist, ob und ggf. in welcher Höhe ein Zins gezahlt wird (z.B. bei **Index-Anleihen**). Dies gilt unabhängig von der Bezeichnung und der zivilrechtlichen Ausgestaltung der Kapitalanlage. Im Übrigen werden steuerpflichtige Kapitalerträge nicht nur durch Einlösung der vom Emittenten erworbenen Wertpapiere und Kapitalforderungen erzielt, sondern auch durch **Veräußerung** oder **Abtretung** der Papiere und Forderungen vor deren Fälligkeit, soweit im Veräußerungspreis Kapitalerträge enthalten sind (vgl. dazu im Einzelnen – auch wegen der Ermittlung dieser Kapitalerträge – § 20 Abs. 2 Nr. 4 EStG sowie BMF-Schreiben vom 14.7.2004, BStBl I S. 611).

Aufgrund der Neuregelung zählen zu den steuerpflichtigen Einnahmen auch Erträge aus Forderungen (Wertpapieren), bei denen der Kapitalertrag neben möglicherweise während der Laufzeit zufließenden Zinsen erst bei Einlösung oder Veräußerung der Forderung/des Wertpapiers entsteht. Das kann z.B. dann der Fall sein, wenn sich der Ertrag oder ein Teil des Gesamtertrags in einer Differenz zwischen Anschaffungs- und Veräußerungs- oder Einlösungspreis ausdrückt. In derartigen Fällen, in denen inländische Kreditinstitute stets ohne Rücksicht auf die tatsächliche Höhe des Kapitalertrags verpflichtet sind, Zinsabschlag einzubehalten oder das vom Steuerpflichtigen erteilte Freistellungsvolumen zu berücksichtigen, kann es sein, dass der Zinsabschlag in einer im Verhältnis zum einkommensteuerpflichtigen Kapitalertrag unzutreffenden Höhe einbehalten wird.

Im Fall der Veräußerung als Ersterwerber bzw. Veräußerung/Einlösung als späterer Erwerber hat der Steuerpflichtige dann ein Wahlrecht (§ 20 Abs. 2 Nr. 4 EStG), ob er die Differenz zwischen gezahltem und erhaltenem Preis des Wertpapiers (jeweils ohne Berücksichtigung von Gebühren) zuzüglich evtl. erhaltener Zinsen versteuern **oder** die Besteuerung nach der besitzzeitanteiligen **Emissionsrendite** wählen will, sofern ihm beide Berechnungsvarianten bekannt sind. Als Emissionsrendite bezeichnet man die Rendite, die bei Ausgabe des Wertpapiers für den Zeitpunkt der Einlösung des Wertpapiers von vornherein versprochen wurde. Wählt der Steuerpflichtige die Besteuerung nach der Emissionsrendite, sind die der Einkommensteuer unterliegenden, ihm bereits zugeflossenen und zu versteuernden Zinsen abzuziehen, weil die Gesamtemissionsrendite die Nominalzinsen mit umfasst.

Macht der Steuerpflichtige von diesem Wahlrecht keinen Gebrauch oder hat das Wertpapier keine Emissionsrendite, sollte auf besonderem Blatt die Höhe des Anschaffungs- und Veräußerungs-/Einlösungspreises gegenüber gestellt und so der Kapitalertrag (sog. **Marktrendite**) ermittelt werden. Bei Wertpapieren und Kapitalforderungen in ausländischer Währung ist die Marktrendite in dieser Währung zu ermitteln und anschließend in € umzurechnen.

Nach der Rechtsprechung des BFH stellen im sog. **Schneeballsystem** gutgeschriebene und wiederangelegte oder ausgezahlte „Gewinnanteile" („Renditen") Kapitalertrag dar, keine Kapitalrückzahlung (Urteile vom 22.7.1997, BStBl II S. 761 und 767).

Hochzins- bzw. **Umtauschanleihen** sind Schuldverschreibungen mit einem über bzw. unter dem Marktzins liegenden Zinssatz und einem Wahlrecht des Emittenten bzw. Gläubigers zur Rückzahlung des Kapitals **oder** der Übertragung einer vorher festgelegten Anzahl von Aktien. Im Zeitpunkt des Erwerbs steht noch nicht fest, ob das Wahlrecht zur Übertragung von Aktien ausgeübt wird und in welchem Umfang dem Steuerpflichtigen Erträge zufließen werden. Nach dem BMF-Schreiben vom 2.3.2001 (BStBl I S. 206) ist als Kapitalertrag der Unterschiedsbetrag zwischen dem Entgelt für den Erwerb und den Einnahmen aus der Veräußerung, Abtretung oder Einlösung (sog. **Marktrendite**) der Besteuerung zu Grunde zu legen. Dies gilt auch bei Einlösung durch Ersterwerber.

Werden Zinsen aus festverzinslichen Wertpapieren während des Zinszahlungszeitraums **im Erbgang** oder durch **Schenkung** unentgeltlich erworben, so gehören diese Zinsen beim Erben bzw. Beschenkten auch insoweit zu den Einnahmen aus Kapitalvermögen, als sie auf den Zeitraum bis zum Tod des Erblassers bzw. bis zum Zeitpunkt der Schenkung entfallen. Eine zeitanteilige Aufteilung dieser Zinsen auf den Erblasser und Erben bzw. den Schenker und Beschenkten findet sonach nicht statt. Gleiches gilt im Hinblick auf das Zuflussprinzip des § 11 EStG auch für Dividenden aus Aktien, für Gewinnanteile aus GmbH-Anteilen und für Zinsen aus Spargutheben, Festgeldern und sonstigen Forderungen.

Bei Vorliegen **gemeinschaftlicher Kapitalerträge** (z.B. aus Erbengemeinschaft) vgl. die Ausführungen zu **Zeilen 38 bis 45**. Bei **ausländischen Kapitalerträgen** vgl. auch **Zeilen 30 bis 37 sowie Teil I, Anlage AUS.**

In Zeile 7 sind Erträge aus **festverzinslichen** Wertpapieren anzugeben, die **nicht in einem Depot** verwahrt werden. Man spricht insoweit von **Tafelgeschäften** und versteht darunter Schaltergeschäfte, bei denen ein inländisches Kreditinstitut ohne jegliche Legitimationsprüfung einem persönlich häufig unbekannten Gläubiger Kapitalerträge Zug um Zug gegen Vorlage von Zinsscheinen auszahlt. Die Erträge aus Tafelgeschäften unterliegen einem Zinsabschlag von **35 v.H.,** der in Spalte 6 des Vordrucks einzutragen ist.

Einnahmen aus **Tafelgeschäften** mit **Aktien** und anderen Anteilen sind in **Zeile 22** anzugeben.

In Zeile 8 sind **Zins**erträge aus **Investmentanteilen** aufzuführen. Es handelt sich um die steuerpflichtigen Erträge aus Anteilscheinen an Anlagefonds von Kapitalanlagegesellschaften. **Dividenden** und ähnliche Erträge aus Investmentfonds sind nicht in Zeile 8, sondern – entsprechend der Bescheinigung der Fondsgesellschaft – in **Zeile 18** und/oder **Zeile 23** der Anlage KAP anzugeben. Die Ausschüttungen können u.U. insoweit **steuerfrei** sein, als sie z.B. steuerfreie Gewinne aus der Veräußerung von Wertpapieren und von Grundstücken enthalten; auch aus einem Doppelbesteuerungsabkommen kann sich ggf. die Steuerfreiheit ergeben. Der **zu besteuernde** Teil der Ausschüttungen und thesaurierten Erträge wird dem Anteilseigner alljährlich von den Kapitalanlagegesellschaften bzw. den Kreditinstituten mitgeteilt; die **Kreditinstitute** geben in Zweifelsfällen auch **Auskunft** über die steuerliche Behandlung einzelner Erträge. Nähere Auskünfte erteilen auch die Finanzämter.

Ausschüttungen und thesaurierte Erträge auf Anteilscheine an einem **inländischen** Sondervermögen (Erträge aus **Investmentfonds** einschließlich reiner **Aktienfonds**) gehören zu den **inländischen** Kapitalerträgen. Sie sind deshalb bei den inländischen Kapitalerträgen in **Zeile 8, 18** und/oder **23** anzugeben, auch wenn darin Erträge aus dem Ausland enthalten sind.

Sind in den Einnahmen aus inländischen Investmentfonds (einschließlich reiner Aktienfonds) auch solche aus ausländischen Quellen enthalten, für die **ausländische Quellensteuer** einbehalten worden ist, so sind diese – einschließlich der ausländischen Quellensteuer – ebenfalls bei den inländischen Kapitalerträgen (Seite 1 der Anlage KAP) einzutragen. Zur Anrechnung der ausländischen Quellensteuer sind die aus dem Ausland stammenden Erträge und die einbehaltene ausländische Quellensteuer zusätzlich in der **Anlage AUS, Zeilen 7, 8 und 17** anzugeben. Diese Beträge sind in der Regel aus der Abrechnung der Fondsgesellschaft ersichtlich.

Der Steuererklärung sollten Unterlagen darüber beigefügt werden, aus welchen Fonds die einzelnen Erträge stammen.

Die einkommensteuerrechtliche Behandlung der Erträge aus **inländischen Investmentanteilen** war bis 2003 im Gesetz über Kapitalanlagegesellschaften (BStBl 1998 I S. 1230, zuletzt geändert durch Art. 6 des Gesetzes vom 22.12.2003 (BStBl 2004 I S. 14) geregelt. Für die einkommensteuerrechtliche Behandlung der Erträge aus **ausländischen Investmentanteilen** (vgl. **Zeilen 33, 34** und **36** der Anlage KAP) galt bis 2003 das Auslandinvestmentgesetz (BStBl 1998 I S. 1208, zuletzt geändert durch Art. 32 des Dritten Gesetzes zur Änderung verwaltungsverfahrensrechtlicher Vorschriften vom 21.8.2002, BGBl I S. 3322). Ab **2004** wurden die steuerrechtlichen Vorschriften für in- und ausländische Investmenterträge durch das **Investmentsteuergesetz** (= Art. 2 des Investmentmodernisierungsgesetzes vom 15.12.2003, BStBl 2004 I S. 5) vereinheitlicht und modernisiert. Als wesentliche Änderung durch das neue Gesetz entfiel im Jahr 2004 die Besteuerung sog. **Zwischengewinne**. Auf Grund der Änderung des Investmentsteuergesetzes durch Art. 12 des Richtlinien-Umsetzungsgesetzes vom 9.12.2004 (BStBl I S. 1158) sind Zwischengewinne **ab 2005** jedoch **wieder zu besteuern** (vgl. unten). Wie bisher zählen beim Anleger nicht nur ausgeschüttete Erträge, sondern auch im Fonds thesaurierte ausschüttungsgleiche Erträge zu den Einkünften. Von steuerpflichtigen Dividendenerträgen hat die Fondsgesellschaft einen Kapitalertragsteuerabzug von 20 v.H., von Zinserträgen einen Zinsabschlag von 30 v.H. vorzunehmen (§ 7 Investmentsteuergesetz). Soweit in den Erträgen Dividenden enthalten sind, gilt das **Halbeinkünfteverfahren**; auch für Dividendenerträge aus ausländischen Investmentfonds (§ 2 Abs. 2 des Gesetzes). Zweifels- und Auslegungsfragen zur Anwendung des Investmentsteuergesetzes sind im BMF-Schreiben vom 2. 6. 2005 (BStBl I S. 728) geregelt.

Durch die Änderung des § 20 Abs. 1 und 2 EStG aufgrund des **Missbrauchsbekämpfungs- und Steuerbereinigungsgesetzes** vom 21. 12. 1993 (BStBl 1994 I S. 50) und durch Art. 9 und 10 dieses Gesetzes wurde der Umfang der steuerpflichtigen Kapitalerträge ab 1994 **erweitert** (z.B. durch weitere Einschränkung steuervermeidender Gestaltungen bei **Finanzinnovationen** – vgl. **Zeilen 3 bis 6** – und **Besteuerung sog. Zwischengewinne** bei Veräußerung oder Rückgabe von Investmentanteilen). Nach der ab **2005** wieder eingeführten Zwischengewinnbesteuerung unterliegt der Gewinn aus der Veräußerung oder Rückgabe eines Anteilscheins an einem **Investmentfonds** auch dann der Einkommensteuer, wenn er außerhalb der Frist des § 23 EStG von einem Jahr erzielt wird **(Zeilen 30 bis 59** des Vordrucks **Anlage SO)**. Einkommensteuerpflichtig ist jedoch nicht der gesamte Unterschied zwischen dem Erwerbspreis und dem Veräußerungserlös, sondern nur der im Veräußerungs- oder Rücknahmepreis enthaltene **Zwischengewinn** (§ 1 Abs. 4, § 2 Abs. 1 und § 18 Abs. 3 Investmentsteuergesetz). Zum Zwischengewinn gehören die bisher von einem Fonds noch nicht ausgeschütteten oder thesaurierten und damit beim Anteilscheininhaber steuerlich noch nicht erfassten **Wertpapiererträge** des Sondervermögens sowie Ansprüche des Sondervermögens auf derartige Erträge. Beim Erwerb von Fondsanteilen verausgabte Zwischengewinne sind negative Einnahmen und von den positiven Einnahmen abzuziehen. Die Investmentgesellschaft ist verpflichtet, täglich den Zwischengewinn zu ermitteln und mit dem Rücknahmepreis zu veröffentlichen. Macht sie dies nicht, sind 6 v.H. des Rücknahmepreises oder Veräußerungserlöses anzusetzen (§ 5 Abs. 3 Investmentsteuergesetz). Zwischengewinne zählen zu den Einnahmen aus Kapitalvermögen; von ihnen wird auch Kapitalertragsteuer (Zinsabschlag) erhoben (§ 7 Abs. 1 Nr. 4 Investmentsteuergesetz). Die Besteuerung von Veräußerungsgewinnen als sonstige Einkünfte nach § 23 EStG bei Veräußerung von Fondsanteilen innerhalb eines Jahres seit der Anschaffung (vgl. Teil I, Anlage SO, Zeilen 30 bis 59) wird dadurch nicht berührt.

Erträge aus einem **ausländischen** Sondervermögen, d.h. aus ausländischen Investmentanteilen, sind in den **Zeilen 33, 34** und/oder **36** der Anlage KAP anzugeben.

9 Zu den hier einzutragenden Kapitalerträgen (einschließlich Zinsabschlag) gehören u.a. auf den Wohnungseigentümer entfallende Zinsen aus der Anlage von **Instandhaltungsrücklagen bei Wohnungseigentümergemeinschaften**. Der anteilige Zinsertrag und der darauf entfallende Zinsabschlag ist aus der Abrechnung des Verwalters ersichtlich. Die Anrechnung des Zinsabschlags bei dem einzelnen Wohnungseigentümer erfordert, dass neben der Mitteilung des Verwalters über die Aufteilung der Zinseinnahmen und des Zinsabschlags eine Ablichtung der Steuerbescheinigung des Kreditinstituts vorgelegt wird (BMF-Schreiben vom 5. 11. 2002, BStBl I S. 1338, Rz 43 bis 45). In Zeile 9 sind auch Zinserträge aus einer **Mietkaution** einzutragen, die der Steuerpflichtige **als Mieter** dem Vermieter gegeben hat, sowie Kapitalerträge aus einem Notaranderkonto. Bei Mietkautionen stehen die Zinserträge dem Mieter zu. Der Mieter bezieht deshalb Einnahmen aus Kapitalvermögen, er kann aber andererseits den einbehaltenen Zinsabschlag auf seine Einkommensteuer anrechnen lassen. Der Vermieter hat hierfür dem Mieter die Steuerbescheinigung zur Verfügung zu stellen (Rz 39 bis 42 des o.a. BMF-Schreibens).

10 Zu den Einnahmen aus Kapitalvermögen gehören auch Zinsen aus **Wandelanleihen** (Schuldverschreibungen, die neben der Verzinsung ein Recht auf Umtausch in Gesellschaftsanteile einräumen) und **Gewinnobligationen** (Schuldverschreibungen, die eine

gewinnabhängige Zusatzverzinsung gewähren). Diese Kapitalerträge unterliegen dem Kapitalertragsteuerabzug und sind in **Zeile 10** anzugeben.

I. Bei Versicherungsverträgen, die **vor dem 1. 1. 2005 abgeschlossen** wurden, rechnen zu den Kapitalerträgen auch **außerrechnungsmäßige** und **rechnungsmäßige Zinsen** aus solchen Lebensversicherungen, deren Versicherungsbeiträge **nicht** als Sonderausgaben begünstigt sind. Die Steuerpflicht besteht sonach bei Kapitalversicherungen gegen Einmalbeitrag, bei Rentenversicherungen mit Kapitalwahlrecht gegen Einmalbeitrag, bei Rentenversicherungen mit Kapitalwahlrecht gegen laufende Beitragsleistung, bei denen die Auszahlung des Kapitals zu einem Zeitpunkt vor Ablauf von 12 Jahren seit Vertragsabschluss verlangt werden kann, bei Kapitalversicherungen gegen laufende Beitragsleistung, wenn der Vertrag nicht für die Dauer von mindestens 12 Jahren abgeschlossen ist, sowie bei fondsgebundenen Lebensversicherungen und u.U. bei Finanzierung durch sog. Policen-Darlehen. Näheres vgl. **Teil I, Hauptvordruck, Zeilen 72 bis 76.** **11**

Zinsen aus Lebensversicherungen, deren Beiträge als Sonderausgaben nach § 10 Abs. 1 Nr. 3 Buchst. b EStG begünstigt sind, rechnen grundsätzlich nicht zu den Einnahmen aus Kapitalvermögen. Die Zinsen gehören bei diesen Verträgen jedoch zu den hier anzusetzenden Kapitalerträgen, soweit sie zu dem laufenden Vertrag oder im Fall des Rückkaufs des Vertrags vor Ablauf von 12 Jahren seit dem Vertragsabschluss mit dem Rückkaufswert ausgezahlt werden.

Beim Erwerb einer „**gebrauchten**", d.h. von einer anderen Person abgeschlossenen Lebensversicherung handelt es sich nicht um einen der langfristigen Altersvorsorge dienenden Lebensversicherungsvertrag, sondern um eine Geldanlage, die zu Einnahmen aus Kapitalvermögen führt. Zur Vermeidung einer missbräuchlichen Ausnutzung von Steuervergünstigungen sind solche Lebensversicherungen vom Sonderausgabenabzug ausgeschlossen und Zinsen aus den Sparanteilen solcher Lebensversicherungen sind **steuerpflichtig** (§ 20 Abs. 1 Nr. 6 Satz 3 EStG a.F.), wenn die Ansprüche **nach dem 31. 12. 1996** übertragen worden sind. Diese Regelung gilt allerdings nicht, wenn durch die Übertragung der Lebensversicherungsverträge aus anderen Rechtsverhältnissen entstandene Abfindungs- und Ausgleichsansprüche arbeitsrechtlicher oder familienrechtlicher Art (z.B. im Rahmen der vorweggenommenen Erbfolge oder Erbauseinandersetzung) erfüllt werden.

Außerrechnungsmäßige Zinsen sind die zur Beitragsrückerstattung oder Erhöhung der Versicherungssumme verwendeten Zinsen; **rechnungsmäßige** Zinsen sind die von vornherein garantierten und mit der fälligen Versicherungssumme zufließenden Zinsen aus Sparanteilen, die in den Beiträgen zu Versicherungen auf den Erlebens- oder Todesfall enthalten sind. Die Höhe der steuerpflichtigen Kapitalerträge wird vom Versicherer ermittelt, der hiervon auch Kapitalertragsteuer einzubehalten hat. Ob und in welcher Höhe derartige Zinsen vorliegen und Kapitalertragsteuer einbehalten wurde, ist aus der vom Versicherer auszustellenden Kapitalertragsteuerbescheinigung ersichtlich. Wegen Einzelheiten vgl. BMF-Schreiben vom 31. 8. 1979 (BStBl I S. 592), vom 13. 11. 1985 (BStBl I S. 661), vom 27. 7. 1995 (BStBl I S. 371) und vom 15. 6. 2000 (BStBl I S. 1118). Nach § 52 Abs. 36 EStG ist für vor dem 1. 1. 2005 abgeschlossene Versicherungsverträge die vorstehend dargestellte Rechtslage weiterhin anzuwenden.

II. Nach dem **Alterseinkünftegesetz** vom 5. 7. 2004 (BStBl I S. 554) sind Erträge aus **Kapitallebensversicherungen**, deren Verträge **nach dem 31. 12. 2004** abgeschlossen wurden (werden), steuerpflichtig (Näheres vgl. BMF-Schreiben vom 25. 11. 2004, BStBl I S. 1096). Nach § 20 Abs. 1 Nr. 6 EStG n.F. gehört bei Kapitalauszahlungen der Unterschiedsbetrag zwischen der Versicherungsleistung und der Summe der auf sie entrichteten Beiträge (Erträge) zu den Einkünften aus Kapitalvermögen. Wird die Versicherungsleistung nach Vollendung des 60. Lebensjahres des Steuerpflichtigen und nach Ablauf von 12 Jahren seit dem Vertragsabschluss ausgezahlt, ist nur die **Hälfte** des Unterschiedsbetrags anzusetzen. Für das Vorliegen einer kapitalbildenden Lebensversicherung i.S. des § 20 Abs. 1 Nr. 6 EStG n.F. ist weder ein Mindesttodesfallschutz noch eine laufende Beitragsleistung für mindestens 5 Jahre ab dem Zeitpunkt des Vertragsabschlusses

**Teil I: Anlage KAP
Zeilen 12–19**

erforderlich, sofern es sich um eine Lebensversicherung i.S. des Versicherungsaufsichtsrechts handelt (o.a. BMF-Schreiben vom 25.11.2004). Die vorstehenden Ausführungen zu Bemessung und Ansatz der Einkünfte gelten für Erträge aus **fondsgebundenen** Lebensversicherungen entsprechend.

12 Die Erträge aus der Beteiligung als **stiller Gesellschafter** und aus **partiarischen** (gewinnabhängigen) **Darlehen** sind in Zeile 12 mit Angabe der einbehaltenen Kapitalertragsteuer einzutragen. Voraussetzung ist, dass der Gesellschafter oder Darlehensgeber **nicht** als Mitunternehmer (vgl. **Teil I, Anlage GSE, Zeilen 6 bis 8**) anzusehen ist.

Eine **stille Beteiligung** an einem Handelsgewerbe liegt dann vor, wenn der Steuerpflichtige an einem Handelsgewerbe mit einer Vermögenseinlage in der Weise beteiligt ist, dass er für die Gewährung der Einlage keine Zinsen, sondern Gewinnanteile erhält. Die Einlage kann auch durch Einbringen der Arbeitskraft des stillen Gesellschafters geleistet werden.

Ist derjenige, der die Einlage tätigt, auch am Kapital beteiligt und besteht ein Unternehmerrisiko, so liegt keine (echte oder typische) stille Gesellschaft, sondern Mitunternehmerschaft vor. Der stille Gesellschafter muss am Gewinn beteiligt sein. Es kann auch eine Beteiligung am Verlust vorgesehen sein. Solche **Verluste aus stiller Beteiligung,** die er vertraglich mittragen muss, gehören zu den **Werbungskosten** bei den Einkünften aus Kapitalvermögen **(Zeilen 53 bis 61** der Anlage KAP). Wegen der Begrenzung der Verlustverrechnungsmöglichkeiten nach § 15 a EStG vgl. **Teil I, Anlage GSE, Zeilen 6 bis 8.** Nach dem BFH-Urteil vom 23.7.2002 (BStBl II S. 858) gilt die Vereinbarung einer Beteiligung des stillen Gesellschafters am Gewinn des Geschäftsinhabers im Zweifel auch für seine Beteiligung am Verlust (H 153 EStH). Besteht eine tpyische **stille Unterbeteiligung**, gelten die gleichen Grundsätze (BFH-Urteil vom 28.11.1990, BStBl 1991 II S. 313).

Zu den Einnahmen aus Kapitalvermögen gehört alles, was der stille Gesellschafter als Gegenleistung für die Überlassung der Einlage erhält, z.B. auch Bezüge aufgrund von Wertsicherungsklauseln oder von Kursgarantien, ein Damnum und ein Aufgeld. Auch Gewinnanteile des stillen Gesellschafters, die zur Wiederauffüllung seiner durch Verluste geminderten Einlage dienen, stellen Einnahmen aus Kapitalvermögen dar. Die zur Auffüllung der Einlage verwendeten Beträge fließen dem stillen Gesellschafter mit der Gutschrift auf seinem Einlagekonto zu. Dem steht nicht entgegen, dass der stille Gesellschafter den gutgeschriebenen Betrag infolge der Wiederauffüllung der durch Verluste geschmälerten Einlage nicht abrufen kann (Beschluss des BFH vom 24.1.1990, BFH/NV 1991 S. 683).

Die **Veräußerung** einer typischen stillen Beteiligung an Dritte hat als Vorgang in der privaten Vermögenssphäre grundsätzlich keine ertragsteuerliche Auswirkung. Ein über den Betrag der Einlage hinausgehender Veräußerungserlös zählt – soweit darin keine Gewinnanteile aus einem schon abgelaufenen Wirtschaftsjahr oder kein anders bemessenes Entgelt für die Überlassung der Einlage enthalten sind – nicht zu den Einnahmen aus Kapitalvermögen (BFH-Urteil vom 11.2.1981, BStBl II S. 465). Anders ist die Rechtslage bei **Beendigung der stillen Gesellschaft;** erhält der typische stille Gesellschafter in diesem Fall eine Abfindung, die den Betrag seiner Einlage übersteigt, so gehört der Mehrerlös grundsätzlich zu den Einnahmen aus Kapitalvermögen (BFH-Urteil vom 14.2.1984, BStBl II S. 580). Nach diesem BFH-Urteil kann eine Tarifermäßigung nach § 34 EStG in Betracht kommen, wenn der Mehrerlös eine **Entschädigung** für die Aufgabe der stillen Gewinnbeteiligung i.S. des § 24 Nr. 1 Buchst. b EStG darstellt (z.B. bei vorzeitiger Auflösung einer stillen Gesellschaft). Bei Veräußerung einer stillen Beteiligung **innerhalb eines Jahres** seit der Anschaffung vgl. Teil I, Anlage SO, Zeilen 30 bis 59.

Verträge über die Gründung einer stillen Gesellschaft **zwischen Eltern und Kindern** und die Schenkung des Kapitalanteils durch die Eltern an das Kind müssen **notariell beurkundet** sein. Wenn das Kind minderjährig ist, bedarf es für den Abschluss des Vertrags auch der Bestellung eines **Pflegers.** Wegen der zu beachtenden weiteren Besonderheiten wird auf **Teil I, Anlage GSE, Zeilen 6 bis 8** („Bildung von Familiengesellschaften") hingewiesen. Bestellt ein typisch stiller Gesellschafter **unentgeltlich** einen Nießbrauch an seiner stillen Beteiligung, so sind die Einnahmen aus der Beteiligung weiterhin dem stillen Gesellschafter zuzurechnen (BFH-Urteil vom 22.8.1990, BStBl 1991 II S. 38).

Ausgabeaufgelder für den Erwerb einer stillen Beteiligung sind nicht als Werbungskosten abziehbar, sondern stellen Anschaffungskosten der Beteiligung dar (BFH-Urteil vom 23.2.2000, BStBl 2001 II S. 24).

Ein **partiarisches Darlehen** ist gegeben, wenn sich der Darlehensgeber mit dem Darlehensnehmer nicht zur Verfolgung eines gemeinsamen Gesellschaftszwecks verbindet, jedoch als Entgelt für die Hingabe des Darlehens keine Zinsen, sondern Anteile am Gewinn vereinbart sind.

13 Zu den Einnahmen aus Kapitalvermögen gehören auch **Zinsen,** die **für Steuererstattungsbeträge** vom Finanzamt nach §§ 233a oder § 236 AO gezahlt werden. Dies gilt auch, wenn es sich um Prozesszinsen auf erstattete Grunderwerbsteuer handelt (BFH-Urteil vom 8.4.1986, BStBl II S 557). Nach der Billigkeitsregelung im BMF-Schreiben vom 5.10.2000 (BStBl I S. 1508) sind Erstattungszinsen i.S. des § 233a AO **auf Antrag** aus Gründen sachlicher Härte (§ 163 AO) **nicht** in die Steuerbemessungsgrundlage einzubeziehen, soweit ihnen nicht abziehbare Nachforderungszinsen gegenüberstehen, die auf ein- und demselben Ereignis (z.B. anlässlich einer Betriebsprüfung) beruhen (vgl. Beispiele im BMF-Schreiben).

14 In Zeile 14 sind Zinsen aus solchen **Kapitalforderungen** einzutragen, bei denen ein Zinsabschlag **nicht** in Betracht kommt. Dazu gehören z.B. Darlehensforderungen, bei denen Schuldner eine Privatperson oder ein Unternehmen ist (wegen Einzelheiten vgl. Ausführungen zu Zeilen 1 bis 2).

Beruhen Zinseinnahmen auf einem **Darlehen unter nahen Angehörigen,** das einem Fremdvergleich **nicht** standhält und deshalb steuerlich nicht anerkannt wird, bilden sie beim Gläubiger keine Kapitalerträge i.S. des § 20 Abs. 1 Nr. 7 EStG (BFH-Urteil vom 2.8.1994, BStBl 1995 II S. 264).

15 Die Summenbildung in **Zeile 15** dient (zusammen mit Zeile 18 und der Summenbildung in Zeile 25 der Anlage KAP) der Feststellung der gesamten inländischen Kapitalerträge und der insgesamt anzurechnenden Steuerabzugsbeträge.

Dividenden und ähnliche Erträge, für die noch das Anrechnungsverfahren gilt

17–19 Eine Doppelbelastung der von einer Kapitalgesellschaft ausgeschütteten Gewinne (mit Körperschaftsteuer bei der Gesellschaft und Einkommensteuer beim Anteilseigner) wurde früher dadurch vermieden, dass die bei der Kapitalgesellschaft auf die Ausschüttung entfallende **Körperschaftsteuer** auf die Einkommensteuerschuld des Anteilseigners **angerechnet** wird (Anrechnungsverfahren). Durch das Steuersenkungsgesetz (BStBl 2000 I S. 1428) wurde die Anrechnung von Körperschaftsteuer abgeschafft und durch das sog. **Halbeinkünfteverfahren** ersetzt (vgl. Erläuterungen zu **Zeilen 21 bis 25** der Anlage KAP, auch zum Zeitpunkt der erstmaligen Anwendung).

In **Zeile 18** sind Dividenden und ähnliche Kapitalerträge aus **Investmentanteilen** zu erklären, für die **ausnahmsweise** noch das **Anrechnungsverfahren** gilt. Ob dies der Fall ist, ergibt sich aus der vorliegenden **Steuerbescheinigung** (durch Ausweis anrechenbarer oder vergüteter Körperschaftsteuer).

Zu den **Einnahmen** aus Kapitalvermögen **gehört auch** die einbehaltene **Kapitalertragsteuer** sowie die anzurechnende oder vergütete **Körperschaftsteuer**; deshalb sind in der Einnahmenspalte der Zeile 18 die **Brutto**einnahmen anzugeben (ggf. **gesondert** für **Ehemann** und **Ehefrau** in der im Vordruck vorgesehenen Spalte 2 bzw. 3).

Die **Anrechnung von Körperschaftsteuer** auf die Einkommensteuerschuld des Anteilseigners setzt voraus, dass dem Anteilseigner im betreffenden Veranlagungszeitraum tatsächlich mit Körperschaftsteuer belastete Gewinnanteile (oder andere Kapitalerträge) zugeflossen sind. Außerdem ist die Körperschaftsteueranrechnung von der **Vorlage** einer **Steuerbescheinigung** abhängig.

Diese Bescheinigung erhält der Anteilseigner regelmäßig von der Institution, die ihm die Gewinnanteile auszahlt. Die **anrechenbare Körperschaftsteuer** wird bei der Einkommensteuerveranlagung des Anteilseigners wie eine Einkommensteuervorauszahlung auf die Einkommensteuerschuld angerechnet.

Kapitalerträge aus Investmentanteilen sind bereits in **Zeile 8** anzugeben, wenn es sich um **Zins**erträge handelt (vgl. dortige Ausführungen). **Dividenden** und ähnliche Erträge aus **Investmentfonds** sind dagegen in **Zeile 18** einzutragen, wenn ausweislich der Bescheinigung der Fondsgesellschaft – als Ausnahmefall – noch das Anrechnungsverfahren gilt, bzw. in **Zeile 23**, wenn das Halbeinkünfteverfahren anzuwenden ist.

Vergütete Körperschaftsteuer

Anstelle einer Anrechnung von Körperschaftsteuer waren für Anteilseigner unter den Voraussetzungen der §§ 36b–36d EStG **a.F.** besondere Verfahren zur Vergütung von Körperschaftsteuer vorgesehen. Eine Vergütung von Körperschaftsteuer kann z.B. aufgrund eines erteilten Freistellungsauftrags in Betracht kommen. Ist Körperschaftsteuer ausnahmsweise noch vergütet worden, so ist diese zwar Bestandteil der Einnahmen, sie **mindert** aber die **Bemessungsgrundlage für den Solidaritätszuschlag** (vgl. Ausführungen zu Zeilen 1 bis 2 der Anlage KAP). Die in **Zeile 19** vorgesehene Angabe der Summe der vergüteten Körperschaftsteuer dient dazu, die Bemessungsgrundlage für die Berechnung des Solidaritätszuschlags zu **verringern** und damit eine zu hohe Festsetzung des Solidaritätszuschlags durch das Finanzamt zu vermeiden. Die Höhe der vergüteten Körperschaftsteuer ist in der Regel aus der Bescheinigung oder Abrechnung der Fondsgesellschaft bzw. des Kreditinstituts ersichtlich.

Dividenden und ähnliche Erträge, für die das Halbeinkünfteverfahren gilt

21–25
20–25 Wie in den Erläuterungen zu **Zeilen 17 bis 19** der Anlage KAP ausgeführt, wurde durch das Steuersenkungsgesetz (BStBl 2000 I S. 1428) die Anrechnung von Körperschaftsteuer auf die Einkommensteuer abgeschafft und stattdessen das sog. Halbeinkünfteverfahren eingeführt. Zum Ausgleich dafür, dass Gewinnausschüttungen von Kapitalgesellschaften danach sowohl der Körperschaftsteuer als auch (ohne Anrechnung) der Einkommensteuer unterworfen werden, ist zum einen der Körperschaftsteuersatz ermäßigt worden. Zum anderen werden die Ausschüttungen (Dividenden) beim Anteilseigner **nur zur Hälfte** besteuert; zur Hälfte sind sie nach § 3 Nr. 40d EStG steuerfrei. Unter die hälftige Steuerbefreiung fallen auch den Dividenden gleichgestellte Einnahmen, z.B. Bezüge im Rahmen einer Kapitalherabsetzung oder Liquidation einer GmbH oder aus der Veräußerung von Dividendenscheinen (§ 3 Nr. 40e bis h EStG). Die hälftige Steuerbefreiung gilt auch dann, wenn die Kapitalanteile beim Anteilseigner zum Betriebsvermögen gehören und die Bezüge daraus somit Betriebseinnahmen darstellen (vgl. Zeile 10 der Anlage GSE). Auch wenn die Dividenden und ähnlichen Erträge zur Hälfte steuerfrei bleiben, sind sie in den Zeilen 22 bis 24 der Anlage KAP **in voller Höhe** einzutragen. Die hälftige Steuerbefreiung berücksichtigt das Finanzamt.

Wegen der hälftigen Steuerbefreiung der Einnahmen ist in **§ 3 c Abs. 2 EStG** bestimmt, dass Werbungskosten und Betriebsausgaben, die z.B. mit Gewinnausschüttungen in wirtschaftlichem Zusammenhang stehen, **nur zur Hälfte** abgezogen werden dürfen, und zwar unabhängig davon, in welchem Veranlagungszeitraum die Einnahmen anfallen. Gleichwohl sind die Werbungskosten in Zeile 55 der Anlage KAP in **voller** Höhe einzutragen.

Zur **zeitlichen Anwendung** bestimmen § 52 Abs. 4b und 8a EStG, dass das Halbeinkünfteverfahren auf der Einnahmenseite erstmals für Gewinnausschüttungen gilt, die bei der ausschüttenden Körperschaft nicht mehr unter das Anrechnungsverfahren fallen. Nach den insoweit maßgebenden körperschaftsteuerlichen Anwendungsregelungen hängt der Zeitpunkt des Wechsels vom Anrechnungs- zum Halbeinkünfteverfahren nicht nur von der Art der Zahlungen (z.B. offene oder verdeckte Ausschüttungen) ab, sondern auch davon, ob das Wirtschaftsjahr der Kapitalgesellschaft mit dem Kalenderjahr übereinstimmt oder von diesem abweicht. In den Veranlagungszeiträumen 2001 bis 2003 konnten (jeweils deckungsgleich bei der ausschüttenden Körperschaft und bei den Anteilseignern) Gewinnausschüttungen, die noch dem Anrechnungsverfahren unterlagen, und Gewinnausschüttungen, für die bereits das Halbeinkünfteverfahren galt, nebeneinander vorkommen. Stimmt das Wirtschaftsjahr mit dem Kalenderjahr überein, fielen z.B. **offene Ausschüttungen** für ein Vorjahr erstmals unter das Halbeinkünfteverfahren, wenn sie bei der inländischen Kapitalgesellschaft im Jahr 2002 abgeflossen (und damit beim Anteilseigner zugeflossen) sind. Für **verdeckte** Gewinnausschüttungen und **Vorab**ausschüttungen war das Halbeinkünfteverfahren dagegen bereits anzuwenden, wenn sie im Jahr 2001 bei der Gesellschaft abgeflossen bzw. beim Anteilseigner zugeflossen sind. Im Jahr 2005 kommt das Anrechnungsverfahren nur noch in Ausnahmefällen in Betracht (z.B. bei Erträgen aus bestimmten Investmentanteilen). Welche **unterschiedlichen Zeitpunkte** für die erstmalige Anwendung des Halbeinkünfteverfahrens für die verschiedenen Erträge (auch bei **Veräußerung** von Kapitalanteilen) je nach Lage des Falles maßgebend sind, ist in der Verfügung der OFD Koblenz vom 15. 5. 2001 – S 2830 A – St 341/St 342 – (DB, Beilage Nr. 4/2001) in 4 Tabellen – Übersichten dargestellt (mit Ergänzung in DB 2001 S. 1392). Eine detaillierte Übersicht über die zeitliche Anwendung des alten Anrechnungsverfahrens bzw. des neuen Halbeinkünfteverfahrens ist auch in H 6 Nr. 40 EStH 2004 abgedruckt.

Ob Dividenden und ähnliche Erträge dem Halbeinkünfteverfahren unterliegen und damit in den **Zeilen 22 bis 25** einzutragen sind, kann der Anteilseigner der ihm vorliegenden Steuerbescheinigung entnehmen. Neue **Muster für die Steuerbescheinigung** sind in den BMF-Schreiben vom 20. 2. 2001 (BStBl I S. 235) und vom 24. 7. 2001 (BStBl I S. 514) veröffentlicht.

Erträge aus **Aktien** und anderen **Anteilen** (z.B. an einer GmbH oder Genossenschaft) sind insbesondere die Dividenden und Gewinnanteile; d.h. die Beträge, die Kapitalgesellschaften oder Genossenschaften von ihrem Gewinn an die Aktionäre, Anteilseigner oder Genossen **ausschütten.** Eine Ausschüttung ist stets dann gegeben, wenn die Dividenden ausgezahlt oder gutgeschrieben werden. Die Gutschrift gilt als Zufluss der Kapitalerträge, wenn der Gläubiger jederzeit darüber verfügen kann. Dividenden, die Versicherungsgesellschaften an ihre Versicherten bei **als Sonderausgaben begünstigten** Versicherungen ausschütten, sind **keine** Kapitalerträge; sie mindern nur die als Sonderausgaben abziehbaren Versicherungsbeiträge (vgl. aber Zeile 11). Wegen Erträgen aus **Investmentanteilen** wird auf die Erläuterungen zu Zeilen 8 und 17 bis 19 hingewiesen.

Besondere Entgelte und Vorteile, die Gesellschaftern von Kapitalgesellschaften oder Genossen auf Grund ihrer Beteiligung zufließen, zählen wie die Dividenden zu den steuerpflichtigen Einnahmen aus Kapitalvermögen. Dazu gehören z.B. **Freiaktien, Freianteile** und **verdeckte** Gewinnausschüttungen. Unter Freianteilen sind Anteilsrechte an Kapitalgesellschaften zu verstehen, deren Gegenwert die ausgebende Kapitalgesellschaft zugunsten der Gesellschafter durch Umwandlung von Gewinnen oder offenen Rücklagen in Gesellschaftskapital leistet, sodass die Gesellschafter die neuen Anteilsrechte ohne unmittelbare Gegenleistung erhalten (wegen Ausnahmen vgl. H 154 EStH).

Bei der **Privatisierung der Deutschen Telekom AG** hatte der Bund als Hauptaktionär den Emissionsaktionären einen kostenlosen Bezug von **Bonusaktien** versprochen, wenn sie ihre Aktien eine bestimmte Zeit behalten. Nach dem BMF-Schreiben vom 10. 12. 1999 (BStBl I S. 1129) war bei der steuerlichen Behandlung der Ausgabe dieser Bonusaktien bei den Empfängern zu unterscheiden:

Der Bezug von Bonusaktien im Jahre 1999 aus dem **ersten Börsengang** führte zwar zu Einnahmen aus Kapitalvermögen nach § 20 EStG. Aus Gründen des **Vertrauensschutzes** war der Bezug dieser Bonusaktien von den Empfängern jedoch **nicht** zu versteuern. Der Wert der Bonusaktien aus dem **zweiten Börsengang** war im Jahre 2000 dagegen als Einnahme aus Kapitalvermögen zu erfassen. Dies ist durch BFH-Urteil vom 7. 12. 2004 (BStBl 2005 II S. 468) bestätigt worden.

**Teil I: Anlage KAP
Zeilen 30–37**

Nach Auffassung der Finanzverwaltung stellen auch Bonusaktien aus dem **dritten Börsengang** der Telekom (Ablauf der Haltefrist am 31. 12. 2001) Einnahmen aus Kapitalvermögen dar. Maßgebend für den Zeitpunkt der Besteuerung war der Tag der Einbuchung der Bonusaktien in das jeweilige Depot (Januar **2002**). Der Wert der Bonusaktien berechnete sich nach dem niedrigsten am Zuflusstag an einer deutschen Börse gehandelten Kurs. Als Einbuchungskurs wurde nach Bankauskunft ein Kurs von 18,07 € ermittelt. Wegen des Halbeinkünfteverfahrens war nur die Hälfte dieses Wertes steuerlich zu erfassen.

Einnahmen aus Kapitalvermögen sind auch die Erträge aus der **Veräußerung von Dividendenscheinen** und sonstigen Ansprüchen aus Anteilen an Kapitalgesellschaften, wenn die dazugehörigen Aktien nicht mit veräußert werden. Zinserträge (insbesondere Dividenden und Gewinnanteile) aus **Tafelgeschäften** mit **Aktien** und anderen Anteilen sind ebenfalls in **Zeile 22** anzugeben (vgl. auch Zeile 7).

Dem **beherrschenden** oder sonst verfügungsberechtigten Gesellschafter einer GmbH fließen Gewinnanteile aus der Beteiligung regelmäßig schon dann zu, wenn sie ihm z.B. auf einem Verrechnungskonto der Kapitalgesellschaft gutgeschrieben werden (BFH-Urteil vom 11. 7. 1973, BStBl II S. 806) oder wenn sie fällig werden und die Gesellschaft leistungsfähig ist (BFH-Urteil vom 14. 2. 1984, BStBl II S. 480). Von einem Zufluss ist nach dem zuletzt genannten Urteil auch dann auszugehen, wenn der Gesellschafter seine Gewinnanteile aus eigenem Interesse in der Gesellschaft belässt. Ausschüttungen an den **Alleingesellschafter** einer Kapitalgesellschaft sind diesem in der Regel auch dann **im Zeitpunkt der Beschlussfassung über die Gewinnverwendung** zugeflossen, wenn sie erst später ausgezahlt oder gutgeschrieben werden (BFH-Urteil vom 30. 4. 1974, BStBl II S. 541). Nach dem BFH-Urteil vom 17.11. 1998 (BStBl 1999 II S.223) gilt dies regelmäßig auch bei einem **beherrschenden** Gesellschafter einer zahlungsfähigen GmbH, selbst wenn die Gesellschafterversammlung eine spätere Fälligkeit des Auszahlungsanspruchs beschlossen hat. Zur Frage des Zeitpunkts des Zuflusses bei Verschiebung des Auszahlungstags, wenn eine Kapitalgesellschaft von mehreren Personen gemeinsam beherrscht wird oder die Satzung Bestimmungen über Gewinnabhebungen oder Auszahlungen zu einem späteren Zeitpunkt als dem Gewinnverteilungsbeschluss enthält, wird auf das BFH-Urteil vom 21. 10. 1981 (BStBl 1982 II S. 139) hingewiesen.

Überlässt eine AG ihren Aktionären satzungsgemäß **Ferienwohnungen** zur zeitlich vorübergehenden Nutzung nach Maßgabe eines Wohnungsberechtigungspunktesystems, so erzielt der Aktionär einen **sonstigen Bezug aus Aktien,** der zu den Einnahmen aus Kapitalvermögen gehört und im Zeitpunkt der Nutzungsüberlassung der Wohnung zufließt. Der geldwerte Vorteil ist mit dem üblichen Mittelpreis des Verbrauchsorts zu bewerten (BFH-Urteil vom 16. 12. 1992, BStBl 1993 II S. 399).

Erhöht eine Kapitalgesellschaft (AG, KGaA, GmbH) das Nennkapital **aus Gesellschaftsmitteln** nach den Vorschriften des Aktiengesetzes (§§ 207 bis 220 AktG) bzw. den Vorschriften des GmbH-Gesetzes (§§ 57c bis 57o GmbHG), so unterliegt der Erwerb der neuen Anteilsrechte nicht der Einkommensteuer. Das Gleiche gilt beim Erwerb von **Anteilsrechten an einer ausländischen Gesellschaft,** wenn die in § 7 des Gesetzes über steuerrechtliche Maßnahmen bei Erhöhung des Nennkapitals aus Gesellschaftsmitteln i.d.F. vom 10. 10. 1967 (BGBl I S. 977, BStBl I S. 367), zuletzt geändert durch Art. 8 des Unternehmenssteuerfortentwicklungsgesetzes vom 20. 12. 2001 (BGBl I S. 3858, BStBl 2002 I S. 35), geforderten Voraussetzungen vorliegen.

In **Zeile 24** der Anlage KAP sind Einnahmen aus Leistungen anzugeben, die Mitglieder von Versicherungsvereinen auf Gegenseitigkeit, von sonstigen juristischen Personen des privaten Rechts, nicht rechtsfähigen Vereinen, Anstalten, Stiftungen oder anderen Zweckvermögen des privaten Rechts erhalten haben und die nicht bereits in Zeile 22 erklärt sind.

Ausländische Kapitalerträge

Zu den ausländischen Kapitalerträgen, die hier einzutragen und ggf. in einer Anlage näher zu bezeichnen sind, gehören z.B.:

- Dividenden von Aktien ausländischer Unternehmen, deren Aktien im Inland gehandelt werden und deren Dividenden durch inländische Kreditinstitute ausgezahlt werden (z.B. ausländische Automobilaktien);
- Zinserträge aus Kapitalforderungen jeder Art im Ausland, wenn der Schuldner der Zinserträge nicht im Inland ansässig ist;
- Erträge aus Guthaben in € bei ausländischen Kreditinstituten (z.B. Festgeldkonten in Luxemburg);
- Erträge aus Guthaben in ausländischer Währung, deren Verwaltung bei einer ausländischen Bank erfolgt, deren Zinserträge jedoch über eine inländische Zahlstelle in Deutschland gutgeschrieben werden (ggf. mit Zinsabschlag nach § 44 Abs. 1 EStG);
- Erträge aus Anleihen ausländischer Schuldner in €, die bei einem inländischen Kreditinstitut verwahrt werden;
- Erträge aus Kapitalvermögen, wenn das Kapitalvermögen durch ausländischen Grundbesitz gesichert ist.

In **Zeile 33 bis 37** sind diese Erträge unabhängig davon anzugeben, ob ausländische Quellensteuer einbehalten worden ist oder nicht. In Spalte 5 ist der ggf. auf die ausländischen Erträge entfallende anzurechnende **inländische** Zinsabschlag einzutragen, nicht jedoch ausländische Quellensteuer.

Für eine etwaige Anrechnung der im Ausland gezahlten/einbehaltenen ausländischen Steuer auf die deutsche Einkommensteuer ist außerdem die Anlage AUS abzugeben (vgl. **Teil I, Anlage AUS, Zeilen 1 bis 18**). Wegen der Anrechnung ausländischer Quellensteuer nach der Zinsinformationsverordnung wird auf die Erläuterungen zu **Zeile 51** der Anlage KAP hingewiesen.

Folgende Erträge zählen trotz Auslandsbeziehungen steuerlich zu den **inländischen** Kapitalerträgen, die auf **Seite 1** der Anlage KAP anzugeben sind:

- Zinsen aus Guthaben in ausländischer Währung bei inländischen Kreditinstituten (z.B. US-Dollar-Festgeld bei einer deutschen Bank);
- Dividenden von Aktien inländischer Unternehmen, deren Aktien auch im Ausland gehandelt werden und deren Dividenden durch ausländische Kreditinstitute ausgezahlt werden (z.B. deutsche Aktien, die an einem ausländischen Börsenplatz erworben wurden).

Wegen Erträgen aus **ausländischen Investmentanteilen** (Zeilen 33, 34 und 36) wird auf die Erläuterungen zu Zeilen 8, 17 bis 19 und 21 bis 25 der Anlage KAP hingewiesen. An die Stelle des in Zeile 33 bezeichneten Auslandinvestment-Gesetzes ist ab 2004 das **Investmentsteuergesetz** (BStBl 2004 I S. 5, 1172) getreten (Näheres hierzu vgl. Erläuterungen zu Zeile 8 der Anlage KAP). Im Hinblick auf die Anwendungsvorschriften in §§ 18, 19 des Investmentsteuergesetzes (mit Übergangsregelungen) wurden die Zeilen 33 bis 36 der Anlage KAP so ausgestaltet, dass sowohl nach altem Recht (Zeile 33) als auch nach neuem Recht (Investmentsteuergesetz, Zeile 36) zu versteuernde Erträge erklärt werden können. Ob Kapitalerträge unter das alte oder neue Recht fallen, kann der Abrechnung der Fondsgesellschaft entnommen werden.

Ausländische Kapitalerträge aus **Beteiligungen** sind in Zeile **44** bzw. **45** der Anlage KAP einzutragen. Bei einheitlicher und gesonderter Feststellung der Einkünfte sollten in Zeile 39/40 auch das Feststellungsfinanzamt und die Steuernummer angegeben werden.

Ausschüttungen (Dividenden) von **ausländischen Kapitalgesellschaften** unterliegen bereits seit dem Jahr 2001 dem sog. Halbeinkünfteverfahren (vgl. Erläuterungen zu **Zeilen 21 bis 25** der Anlage KAP). Wegen des Hinzurechnungsbetrags nach § 10 AStG (**Zeile 37** der Anlage KAP) wird auf die Erläuterungen in Teil I, Anlage AUS, Zeilen 23 bis 26 hingewiesen.

Erträge aus Beteiligungen

38–45 Hier ist nur der **Anteil** des Beteiligten **an gemeinschaftlichen** inländischen und ausländischen **Kapitalerträgen** (z.B. aus Erbengemeinschaft) anzugeben. Wegen der Zuordnung zu den einzelnen Zeilen wird auf die vorstehenden Erläuterungen zu den entsprechenden inländischen und ausländischen Kapitalerträgen Bezug genommen. Die auf die Einnahmen der Zeilen 41 bis 45 entfallende **anteilige Kapitalertragsteuer**, der anteilige **Zinsabschlag** und/oder die anteilige **Körperschaftsteuer** ist in **Zeile 49** anzugeben. Außerdem sollen in Zeile 39/40 die Bezeichnung der Gemeinschaft, das zuständige Finanzamt und die Steuernummer der Gemeinschaft eingetragen werden. Die **anteiligen Werbungskosten** des Beteiligten sind entsprechend der sachlichen Zugehörigkeit in den Zeilen 54 bis 61 mit anzugeben. Wegen des ggf. noch anzuwendenden Anrechnungsverfahrens (Zeile 42) vgl. Erläuterungen zu Zeilen 17 bis 19 der Anlage KAP. Zu ausländischen Dividenden und ähnlichen Erträgen, für die das **Halbeinkünfteverfahren** gilt (Zeile 45), wird auf die Erläuterungen zu Zeilen 21 bis 25 der Anlage KAP hingewiesen.

Soweit eine einheitliche und gesonderte Feststellung über Einnahmen und Werbungskosten (noch) nicht vorliegt, sollten die Angaben auf besonderem Blatt erläutert und entsprechende Unterlagen (insbesondere auch über anzurechnende Steuern) beigefügt werden.

Verlustzuweisungsgesellschaften und ähnliche Modelle

46–47 Nach § 2b EStG dürfen **negative Einkünfte** auf Grund von Beteiligungen an Gesellschaften oder Gemeinschaften oder ähnlichen Modellen **nicht** mit anderen Einkünften ausgeglichen werden, wenn bei dem Erwerb oder der Begründung der Einkunftsquelle die **Erziehung eines steuerlichen Vorteils** im Vordergrund steht. Wegen Einzelheiten und der Übergangsregelung in § 52 Abs. 4 EStG vgl. **Teil I, Anlage GSE, Zeile 9.** Liegt eine solche Beteiligung im Rahmen von Kapitaleinkünften (§ 20 EStG) vor, sind die Erträge (Einnahmen) hieraus in **Zeile 46/47** und die damit zusammenhängenden Werbungskosten in **Zeile 60/61** anzugeben.

Zur Vermeidung von Rückfragen des Finanzamts empfehlen sich ggf. Erläuterungen auf besonderem Blatt. Wegen der Frage, ob das **Halbeinkünfteverfahren** gilt, wird auf die Erläuterungen zu **Zeilen 21 bis 25** der Anlage KAP hingewiesen.

Anrechnung von Kapitalertragsteuer, Zinsabschlag und Körperschaftsteuer

48–49 Kapitalerträge können auch bei **anderen Einkunftsarten** anfallen, z.B. im Rahmen der Einkunftsart Gewerbebetrieb, selbständige Arbeit, Land- und Forstwirtschaft oder Vermietung und Verpachtung (vgl. Ausführungen zu Zeilen 1 bis 2 der Anlage KAP). In solchen Fällen ist in Zeile 49 die **anzurechnende Kapitalertragsteuer**, anzurechnender **Zinsabschlag** und ggf. anzurechnende **Körperschaftsteuer** für diejenigen Kapitalerträge einzutragen, die zu einer **anderen** Einkunftsart als den Einkünften aus Kapitalvermögen gehören. Zur ggf. anzurechnenden Körperschaftsteuer vgl. Erläuterungen zu Zeilen 17 bis 19 der Anlage KAP. Nähere Angaben sollten ggf. auf einem besonderen Blatt gemacht werden.

Außerdem sind in **Zeile 49** die anzurechnenden Steuerbeträge anzugeben, die auf **Kapitalerträge aus Beteiligungen** (vgl. Zeilen 38 bis 45) entfallen.

Die Angaben in Zeile 49 sind deshalb wichtig, weil die dort genannten Steuern auf die festzusetzende Einkommensteuer **angerechnet** werden. Übersteigen die anzurechnenden Steuerbeträge die veranlagte Einkommensteuer, so wird der **Mehrbetrag** durch das Finanzamt **erstattet.**

Anzurechnende ausländische Quellensteuer nach der Zinsinformationsverordnung (ZIV)

51 Auf Grund von § 45e EStG hat die Bundesregierung zur Umsetzung der Richtlinie 2003/48/EG des Rates vom 3. 6. 2003 (Zinsrichtlinie) im Bereich der Besteuerung von **ausländischen Zinserträgen** die ZIV vom 26. 1. 2004 (BStBl 2004 I S. 297) erlassen. Mit der am 1. 7. 2005 in Kraft getretenen ZIV (BStBl 2005 I S. 806) sollen **grenzüberschreitende** Zinszahlungen durch Auskünfte und Kontrollmitteilungen im Wohnsitzstaat des Empfängers effektiv besteuert werden. Einzelheiten sind in den BMF-Schreiben vom 6. 1. 2005 (BStBl I S. 29) und vom 13. 6. 2005 (BStBl I S. 716) veröffentlicht. Durch die Erste Verordnung zur Änderung der ZIV vom 22. 6. 2005 (BStBl I S. 803) wurde deren Anwendungsbereich auf weitere Staaten ausgedehnt (§ 16a ZIV).

Anstelle der Übermittlung von Kontrollmitteilungen wird in den Staaten

- Belgien, Luxemburg, Österreich,
- Schweizerische Eidgenossenschaft, Fürstentum Liechtenstein, Republik San Marino, Fürstentum Monaco, Fürstentum Andorra,
- Guernsey, Jersey, Isle of Man, Britische Jungferninseln, Turks- und Caicosinseln, Niederländische Antillen

ab 2005 eine **Quellensteuer** auf Zinserträge von EU-Ausländern erhoben. Diese ausländische Quellensteuer ist **in voller Höhe** auf die deutsche Einkommensteuer anzurechnen. Sie ist deshalb nicht in der Anlage AUS, sondern in **Zeile 51** der Anlage KAP einzutragen und durch Beifügung der entsprechenden **Bescheinigung** nachzuweisen.

Die mit der ausländischen Quellensteuer zusammenhängenden Einnahmen sind in die **Zeilen 33, 34** und ggf. anteilig in **Zeile 44** der Anlage KAP einzutragen. Wurden diese Zinserträge im Rahmen einer anderen Einkunftsart erzielt (z.B. Gewinn aus Gewerbebetrieb), sind sie dort zu erfassen; die ausländische Quellensteuer ist jedoch in Zeile 51 der Anlage KAP einzutragen.

Anzurechnende Solidaritätszuschläge

52 Wie in den Erläuterungen zu **Zeilen 1 bis 2** der Anlage KAP ausgeführt ist, wird der **Solidaritätszuschlag** seit 1995 auch zur Kapitalertragsteuer und zum Zinsabschlag erhoben. In Zeile 51 ist die Summe aller anzurechnenden Solidaritätszuschläge zur Kapitalertragsteuer und zum Zinsabschlag einzutragen, damit eine Anrechnung auf den im Rahmen der Veranlagung festzusetzenden Solidaritätszuschlag erfolgen kann. Die einbehaltenen Solidaritätszuschläge ergeben sich aus den Bescheinigungen über einbehaltene Kapitalertragsteuer bzw. Zinsabschlag, die der Steuererklärung **im Original** beizufügen sind.

Werbungskosten, Sparer-Freibetrag

53–61 Die **in der Praxis am häufigsten vorkommenden Werbungskosten** bei den Einkünften aus Kapitalvermögen sind folgende: Depotkosten und andere Verwaltungsgebühren, Safemiete, Beratungskosten, Porto, Telefonkosten, Versicherungsbeiträge für eine Diebstahlversicherung für ertragbringende Inhaberpapiere, Prozess- einschließlich Anwaltskosten bei Einklagung von Kapitalerträgen, außerdem Aufwendungen für Fachliteratur (z.B. für eine Wertpapierinformationszeitung), für Büroutensilien, Wertpapierbereinigungskosten usw. Die Kosten für Tageszeitungen sind keine Werbungskosten, auch wenn darin Börsenkurse abgedruckt sind. Aufwendungen eines Aktionärs, die durch seine Teilnahme an der Hauptversammlung der Aktiengesellschaft, an der er beteiligt ist, entstehen, sind grundsätzlich als Werbungskosten abzugsfähig (insbes. Fahrtkosten sowie Kosten der Unterbringung und etwaiger Verpflegungsmehraufwand am Tagungsort in den Grenzen des § 9 Abs. 5 EStG). Unverhältnismäßig hohe Aufwendungen von Aktionären mit geringer Beteiligung können allerdings nicht abgezogen werden. Aufwendungen, die durch die Teilnahme an gesellschaftlichen Veranstaltungen anlässlich einer Hauptversammlung entstehen, zählen zu den nicht abzugsfähigen Kosten der privaten Lebensführung nach § 12 EStG. **Wertminderungen** und **Verluste** des Kapitals sind keine Werbungskosten; sie betreffen den einkommensteuerlich nicht relevanten Vermögensbereich (vgl. aber ggf. Erläuterungen zu Zeilen 30 bis 59 und 62 der Anlage SO und Zeilen 22 bis 23 der Anlage GSE).

Teil I: Anlage KAP
Zeilen 53–61

Schuldzinsen für mit Kredit erworbene Aktien, festverzinsliche Wertpapiere oder GmbH-Beteiligungen sind in vollem Umfang **Werbungskosten** bei den Einkünften aus Kapitalvermögen, wenn auf Dauer gesehen ein Überschuss der Einnahmen über die Ausgaben erwartet werden kann (BFH-Urteile vom 21. 7. 1981, BStBl 1982 II S. 36, 37 und 40, und vom 23. 3. 1982, BStBl II S. 463). Schuldzinsen, die auf die Zeit **nach der Veräußerung** einer Beteiligung entfallen, sind nicht als nachträgliche Werbungskosten abzugsfähig (BFH-Urteil vom 9. 8. 1983, BStBl 1984 II S. 29). Soweit eine Kapitalforderung durch Rückzahlungen des Schuldners getilgt worden ist, können die Schuldzinsen, die durch einen **Refinanzierungskredit** verursacht worden sind, grundsätzlich nicht mehr als Werbungskosten bei den Kapitaleinkünften berücksichtigt werden (BFH-Urteil vom 1. 10. 1996, BStBl 1997 II S. 424).

Schuldzinsen für einen Kredit, dessen Valuta zum Erwerb einer **wesentlichen Beteiligung an einer Kapitalgesellschaft** i.S. des § 17 EStG (vgl. Teil I, Anlage GSE, Zeile 22 bis 23) verwandt wird, sind auch dann Werbungskosten bei den Einkünften aus Kapitalvermögen, wenn zwar keine Kapitalerträge, aber **Wertsteigerungen** der Beteiligung zu erwarten sind. Sind auch keine Wertsteigerungen zu erwarten, entfällt ein Abzug der Schuldzinsen lediglich für den Fall, dass die Beteiligung aus persönlichen Gründen oder Neigungen begründet und aufrechterhalten wird (BFH-Urteil vom 8. 10. 1985, BStBl 1986 II S. 596). Kosten für die fehlgeschlagene Gründung einer Kapitalgesellschaft oder die fehlgeschlagene Veräußerung einer wesentlichen Beteiligung sind keine Werbungskosten bei den Einkünften aus Kapitalvermögen (BFH-Urteile vom 20. 4. 2004, BStBl II S. 597, und vom 17. 4. 1997, BStBl 1998 II S. 102). Nach Insolvenz, Liquidation oder Löschung einer Kapitalgesellschaft anfallende Schuldzinsen eines Gesellschafters können nicht als nachträgliche Werbungskosten abgesetzt werden (BFH-Urteile vom 28. 5. 1997, BStBl II S. 724, und vom 21. 1. 2004, BStBl II S. 551).

Bankspesen und Maklergebühren, die beim **Ankauf und Verkauf** von Wertpapieren entstehen, sind keine Werbungskosten und können deshalb bei den Einnahmen aus Kapitalvermögen nicht abgesetzt werden (vgl. BFH-Urteil vom 15. 12. 1987, BStBl 1989 II S. 16). Nach diesem Urteil gehört auch ein **von Wertsteigerungen** des Vermögens **abhängiges** Verwalterentgelt nicht zu den Werbungskosten bei den Einkünften aus Kapitalvermögen (H 153 EStH).

Verzugszinsen, die ein Erbe wegen der **verspäteten Erfüllung einer Pflichtteilsverbindlichkeit** an den Pflichtteilsberechtigten zu entrichten hat, sind auch dann **keine** Werbungskosten bei den Einkünften aus Kapitalvermögen, wenn der Nachlass im Wesentlichen aus einem **GmbH-Anteil** besteht (BFH-Urteil vom 14. 4. 1992, BStBl 1993 II S. 275).

Die Berücksichtigung eines Verlustanteils des (typisch) **stillen Gesellschafters** als Werbungskosten bei den Einkünften aus Kapitalvermögen setzt voraus, dass der Verlustanteil im Jahresabschluss des Unternehmens festgestellt oder vom Finanzamt geschätzt und von der Kapitalanlage des stillen Gesellschafters abgebucht worden ist (BFH-Urteile vom 28. 5. 1997, BStBl II S. 724 und vom 22. 7. 1997, BStBl II S. 755). Die Abbuchung als Voraussetzung für die Verlustberücksichtigung entfällt jedoch, soweit durch den Verlustanteil ein negatives Einlagekonto entsteht. Der Verlustanteil entsteht mit seiner Berechnung nach § 232 Abs. 1 HGB auf der Grundlage des Jahresabschlusses des Geschäftsinhabers (BFH-Urteil vom 23. 7. 2002, BStBl II S. 858).

In den **Zeilen 54 bis 61** sind Werbungskosten zu **in- und ausländischen** Kapitalerträgen entsprechend der **sachlichen Zugehörigkeit** einzutragen. Die Werbungskosten sind dabei auch dann **in voller Höhe** anzugeben, wenn sie mit Einnahmen (z.B. Dividenden) zusammenhängen, für die das **Halbeinkünfteverfahren** gilt (vgl. Erläuterungen zu **Zeilen 21 bis 25** der Anlage KAP). Sind in Zeile 41 ff. **Erträge als Beteiligter** einer Gemeinschaft angegeben, so sind die **darauf entfallenden Werbungskosten** in Zeile 54 ff. mit einzubeziehen und in einer Anlage ggf. zu erläutern, sofern sie nicht gesondert und einheitlich festgestellt sind (Spalte 4). Werbungskosten für **ausländische** Kapitalerträge – auch aus Beteiligung an einer Gemeinschaft – sind zusätzlich zu den Zeilen 57 und 58 der Anlage KAP auch in den Zeilen 9 und 10 der **Anlage AUS** – aufgeteilt nach den verschiedenen Quellenstaaten – einzutragen. Wegen der in **Zeile 60/61** einzutragenden Werbungskosten, die mit Beteiligungen an **Verlustzuweisungsgesellschaften und ähnlichen Modellen** i.S. des § 2b EStG zusammenhängen, wird auf die vorstehenden Erläuterungen zu **Zeilen 46 bis 47** der Anlage KAP hingewiesen.

Unterliegen erklärte Einnahmen aus Kapitalvermögen nur **teilweise dem Halbeinkünfteverfahren**, sind entstandene Werbungskosten der jeweiligen Kapitalanlage zuzuordnen. Werbungskosten, die sich nicht unmittelbar zuordnen lassen (z.B. Depotgebühren, Kosten der Erträgnisaufstellung, Beratungsgebühren, Entgelte für Vermögensverwaltungsdienstleistungen), sind auf die Gruppe der Kapitalanlagen, deren Kapitalerträge dem Halbeinkünfteverfahren unterliegen, und auf die Gruppe der übrigen Kapitalanlagen aufzuteilen. Bei der Aufteilung ist in der Regel die vertraglich vereinbarte Gebührenregelung zugrunde zu legen (im Einzelnen vgl. BMF-Schreiben vom 12. 6. 2002, BStBl I S. 647).

Werden keine höheren Werbungskosten geltend gemacht, so wird vom Finanzamt bei der Veranlagung – anstelle der tatsächlichen Werbungskosten – ein **Werbungskostenpauschbetrag von 51 €** abgezogen. Dieser Pauschbetrag **erhöht sich** bei Ehegatten im Falle ihrer Zusammenveranlagung auf **102 €**, gleichgültig, ob nur einer von ihnen oder beide Einnahmen aus Kapitalvermögen bezogen haben. Der Pauschbetrag von 51 € bzw. 102 € darf jedoch nur bis zur Höhe der Einnahmen aus Kapitalvermögen abgezogen werden.

Ehegatten können im Fall ihrer Zusammenveranlagung nur den Pauschbetrag von 102 € **oder** die nachgewiesenen höheren Werbungskosten abziehen. Es kann also nicht der eine Ehegatte die Werbungskosten nachweisen und der andere Ehegatte den halben Pauschbetrag von 51 € geltend machen (R 85 Abs. 1 EStR).

Bei der Ermittlung der auf den einzelnen Ehegatten entfallenden Einkünfte kann der Pauschbetrag von 102 € beliebig aufgeteilt werden. Für jeden Ehegatten darf jedoch höchstens ein Teilbetrag in Höhe seiner Einnahmen berücksichtigt werden. Dies ist dann von Bedeutung, wenn beide Ehegatten Einnahmen aus Kapitalvermögen haben und der gesonderten Ermittlung der Einkünfte jedes Ehegatten besondere Bedeutung zukommt (z.B. für die Gewährung des Altersentlastungsbetrags nach § 24a EStG; vgl. **Teil I, Hauptvordruck, Zeile 13**).

Der **Werbungskostenpauschbetrag** von 51 € bzw. 102 € wird vom Finanzamt **bei der Steuerberechnung** berücksichtigt, ebenso der **Sparer- Freibetrag** von **1370 €** bzw. **2 740 €** bei zusammenveranlagten Ehegatten. Der Sparer-Freibetrag wird bei der Ermittlung der Einkünfte aus Kapitalvermögen abgezogen, **nachdem** die Werbungskosten (oder der Werbungskostenpauschbetrag) abgesetzt sind. Der Freibetrag darf nicht höher sein als die um die Werbungskosten geminderten Kapitalerträge. Der einem Ehegatten zustehende, aber durch von ihm bezogene Kapitaleinkünfte nicht ausgefüllte Sparer-Freibetrag ist im Fall der Zusammenveranlagung bei dem anderen Ehegatten zu berücksichtigen. Nach dem BFH-Urteil vom 26. 2. 1985 (BStBl II S. 547) ist der gemeinsame Sparer-Freibetrag zusammenveranlagten Ehegatten auch dann zu gewähren, wenn **nur ein Ehegatte** positive Einkünfte aus Kapitalvermögen **in dieser Höhe** erzielt hat, die Ehegatten insgesamt aber einen **Verlust** aus Kapitalvermögen erlitten haben. Im Jahr 2003 betrug der Sparer-Freibetrag 1 550 € bzw. 3 100 € bei zusammenveranlagten Ehegatten.

Die Verminderung des Sparer-Freibetrags ab dem Jahr **2004** hat auch Auswirkung auf früher erteilte Freistellungsaufträge (vgl. Erläuterungen zu Zeilen 1 bis 2 der Anlage KAP). Insbesondere bei mehreren Bankverbindungen empfiehlt es sich zu prüfen, ob die frühere **Aufteilung** des insgesamt zustehenden Sparer-Freibetrags bzw. Freistellungsvolumens nach der o.a. Reduzierung noch sachgerecht ist oder durch Erteilung neuer Freistellungsaufträge geändert werden soll. Bestehen Freistellungsaufträge bei verschiedenen Banken, ist darauf zu achten, dass die insgesamt erteilten Freistellungsaufträge den **neuen Höchstbetrag** des Freistellungsvolumens von 1 421 € bzw. 2 842 € bei zusammenveranlagten Ehegatten nicht übersteigen. Der neue Höchstbetrag für Freistellungsaufträge setzt sich aus dem verminderten Sparer-Freibetrag und dem Werbungskostenpauschbetrag zusammen (vgl. oben).

7. Erläuterungen zur „Anlage R" für Renten und andere Leistungen
– gegliedert nach den am Rand des amtlichen Vordrucks angegebenen Zahlen –

Auf Grund der Neuregelung der Rentenbesteuerung musste für die Einkünfte aus Leibrenten sowie für Leistungen aus Altersvorsorgeverträgen eine **neue Anlage R** geschaffen werden. Jeder **Ehegatte**, der solche Einkünfte bezieht, hat eine **eigene Anlage R** abzugeben.

Änderungen bei der Rentenbesteuerung ab 2005

Durch das Gesetz zur Neuordnung der einkommensteuerrechtlichen Behandlung von Altersvorsorgeaufwendungen und Altersbezügen (**Alterseinkünftegesetz**) vom 5. 7. 2004 (BStBl I S. 554) wird auf Grund der Entscheidung des Bundesverfassungsgerichts vom 6. 3. 2002 (BStBl II S. 618) ab **2005** die steuerliche Gleichbehandlung der Renten aus gesetzlichen Rentenversicherungen und vergleichbaren Renten mit den staatlichen Pensionen eingeleitet. Das bisherige System der Rentenbesteuerung wird in einem Übergangszeitraum von 2005 bis 2040 schrittweise so umgestaltet, dass die während des Erwerbslebens gezahlten Beiträge zur Altersversorgung durch den Abzug als Sonderausgaben sukzessive steuerfrei gestellt werden und im Gegenzug die im Alter zufließenden Renten voll besteuert werden (**nachgelagerte Besteuerung**). Nach der **neuen Tabelle** in § 22 Nr. 1 Satz 3 Buchst. a, aa EStG n.F. beträgt der der Besteuerung unterliegende Anteil für bereits **bestehende** und im Jahr **2005 beginnende** Renten aus den gesetzlichen Rentenversicherungen und vergleichbare Renten (z.B. aus den landwirtschaftlichen Alterskassen und berufsständischen Versorgungseinrichtungen) **50 v.H.** Der **Besteuerungsanteil** steigt für jeden neu hinzukommenden Rentner**jahrgang** ab 2006 bis 2020 in Schritten von 2 v.H. und ab dem Rentnerjahrgang 2021 in Schritten von 1 v.H., so dass erstmals bei im Jahr 2040 beginnenden Renten die volle Besteuerung (100 v.H.) erreicht ist (sog. **Kohortenmodell**). Der **steuerfreie Teil** der Rente, d.h. der Unterschiedsbetrag zwischen dem Jahresbetrag der Rente und dem nach der Tabelle zu besteuernden Anteil der Rente, wird für jede Rente auf die Dauer ihrer Laufzeit **festgeschrieben**. Abweichend hiervon ist der steuerfreie Teil der Rente bei einer Veränderung des Jahresbetrags der Rente in dem Verhältnis **anzupassen**, in dem der veränderte Jahresbetrag der Rente zum Jahresbetrag der Rente steht, der der Ermittlung des steuerfreien Teils der Rente zugrunde liegt. **Regelmäßige** Anpassungen des Jahresbetrags der Rente führen jedoch nicht zu einer Neuberechnung (vgl. nachfolgende Beispiele 1 und 2). Folgen nach dem 31. 12. 2004 Renten aus derselben Versicherung einander nach (z.B. eine Erwerbsminderungsrente wird bei Erreichen des 65. Lebensjahres durch die Altersrente ersetzt), so gilt für die spätere Rente, dass sich der Vomhundertsatz nach dem Jahr richtet, das sich ergibt, wenn die Laufzeit der vorhergehenden Rente von dem Jahr des Beginns der späteren Rente abgezogen wird; der Vomhundertsatz kann jedoch nicht niedriger bemessen werden als der für das Jahr 2005 (**50 v.H.**). Im Einzelnen vgl. BMF-Schreiben vom 24. 2. 2005, BStBl I S. 429, Rz 108 und das dortige Zahlenbeispiel.

Für **andere** als die oben bezeichneten **Leibrenten**, die nicht der Basisversorgung i.S. des § 10 Abs. 1 Nr. 2b EStG n.F. zuzurechnen sind (z.B. Renten aus vor dem 1.1. 2005 abgeschlossenen Rentenversicherungen und Veräußerungsleibrenten), bestimmt sich der zu besteuernde **Ertragsanteil** nach einer **anderen**, ebenfalls **neuen Tabelle** in § 22 Nr. 1 Satz 3 Buchst. a, bb EStG n.F. Diese Tabelle enthält gegenüber dem bisherigen Recht abgesenkte Ertragsanteile. So beträgt z.B. der Ertragsanteil bei einem Rentenbeginn mit dem vollendeten 65. Lebensjahr nicht mehr 27 v.H., sondern 18 v.H. (vgl. Erläuterungen zu Zeilen 12 bis 20 der Anlage R).

Durch das Alterseinkünftegesetz ergeben sich ab 2005 außerdem erhebliche Änderungen beim **Sonderausgabenabzug** für Vorsorgeaufwendungen, insbesondere auch bei der **Höchstbetragsberechnung** und der **Vorsorgepauschale** (vgl. Teil I, Hauptvordruck, Zeile 63, Abschn. I 1 und III) sowie bei **Kapitallebensversicherungen** (Teil I, Anlage KAP, Zeile 11). Das Alterseinkünftegesetz führt aber ab 2005 auch zu Änderungen beim **Versorgungsfreibetrag** (§ 19 Abs. 2 EStG n.F.), beim **Altersentlastungsbetrag** (Teil I, Hauptvordruck, Zeile 13) und bei der **betrieblichen** Altersversorgung (§ 3 Nr. 55 und 63, § 4d Abs. 1 sowie § 40b EStG n.F.).

Renten, insbesondere Leibrenten

Bei der Besteuerung der Renten als sonstige Einkünfte wird entsprechend ihrer Laufzeit zwischen **Leibrenten, abgekürzten Leibrenten** und **Zeitrenten** unterschieden.

1–9
1–7

Der Begriff **Leibrente** i.S. des § 22 EStG erfordert **gleichmäßige,** zahlen- oder wertmäßig festgelegte Bezüge, die **periodisch** wiederkehren und auf einem einheitlichen Stammrecht (Rentenrecht) beruhen und deren Dauer von der **Lebenszeit** einer Person abhängt. Unbedeutende Schwankungen in der Bemessungsgrundlage der Bezüge oder Veränderungen in der absoluten Höhe, die sich ergeben, weil die Bezüge aus gleichmäßigen Sachleistungen bestehen, schließen die Annahme einer Leibrente nicht aus (H 167 EStH).

Ein Leibrentenvertrag im steuerlichen Sinn liegt nicht vor, wenn die Leistungen von den jeweiligen wirtschaftlichen Verhältnissen des Gebers bzw. des Empfängers abhängig und damit veränderlich sind, oder wenn die Bezüge sich nach dem gewerblichen Gewinn oder Umsatz eines fremden Unternehmens richten (BFH-Urteile vom 27. 5. 1964, BStBl III S. 475, und vom 25. 11. 1966, BStBl 1967 III S. 178). Der Annahme einer Leibrente stehen aber eine Wertsicherungsklausel, das Erlöschen der Zahlungspflicht bei Wiederverheiratung oder die Anrechnung einer Sozialversicherungsrente nicht entgegen (BFH-Urteil vom 5. 12. 1980, BStBl 1981 II S. 265). Durch die Einräumung eines lebenslänglichen Wohnrechts und die Versorgung mit Strom und Heizung wird eine Leibrente nicht begründet (BFH-Urteil vom 12. 9. 1969, BStBl II S. 706).

Abgekürzte Leibrenten sind Leibrenten, die auf eine bestimmte Zeit beschränkt sind. Sie erlöschen, wenn die Person, von deren Lebenszeit sie abhängen, vor Ablauf der zeitlichen Begrenzung stirbt. Überlebt die Person die zeitliche Begrenzung, so endet die abgekürzte Leibrente mit ihrem Zeitablauf.

Zeitrenten sind wiederkehrende Bezüge, die nicht von der Lebenszeit eines Menschen abhängen, sondern auf eine bestimmte Zeit befristet sind. Anders als bei Leibrenten ist die Laufzeit von Zeitrenten von vornherein fest begrenzt. Private Zeitrenten sind beim Empfänger grundsätzlich in voller Höhe als sonstige Einkünfte zu erfassen (wegen Einzelheiten vgl. Zeilen 1 bis 2 der **Anlage SO**).

Als sonstige Einkünfte kommen nur die **privaten** Leibrenten, d.h. nicht betriebliche Renten in Betracht. Dazu zählen jedoch auch Renten, die anlässlich des unentgeltlichen Übergangs eines Betriebes zwischen Eltern und Kindern vereinbart werden (sog. Versorgungsrenten), oder Leibrenten, die durch einmalige Zahlungen (z.B. an Versicherungsgesellschaften) oder gegen Hingabe bestimmter Vermögensgegenstände (z.B. Grundstücke; vgl. BMF-Schreiben vom 16. 9. 2004, BStBl I S. 922 und **Teil II, Tz. 6.3**) erworben worden sind.

Versorgungsbezüge, die vom früheren Arbeitgeber gezahlt werden, stellen keine sonstigen Einkünfte i.S. des § 22 EStG, sondern **Arbeitslohn** dar (vgl. Teil I, Anlage N, Zeilen 1 bis 6, 8 bis 12 und 13).

Nach § 3 EStG sind nur wenige Leibrenten in vollem Umfang **steuerfrei,** nämlich insbesondere

- Renten aus der **gesetzlichen Unfall**versicherung (z.B. Berufsgenossenschaftsrenten), auch wenn sie an die Hinterbliebenen des Rentenberechtigten gezahlt werden,

- Wehrdienst-, Kriegs- und Schwerbeschädigtenrenten (Leistungen an Wehrdienst- und Zivildienstbeschädigte oder ihre Hinterbliebenen, an Kriegsbeschädigte, Kriegshinterbliebene und ihnen gleichgestellte Personen),

- Wiedergutmachungsrenten (Leistungen zur Wiedergutmachung nationalsozialistischen Unrechts).

Teil I: Anlage R
Zeilen 1–9

Schmerzensgeldrenten und Schadensersatzrenten zum Ausgleich vermehrter Bedürfnisse zählen nicht zu den Einkünften (vgl. Ausführungen zu Zeilen 1 bis 2 der Anlage SO).

Wie oben bereits ausgeführt, gilt **ab 2005** eine **neue Rentenbesteuerung**. Dabei sind nach § 22 EStG n.F. folgende drei Gruppen zu unterscheiden:

a) Leibrenten aus den gesetzlichen Rentenversicherungen, den landwirtschaftlichen Alterskassen, den berufsständischen Versorgungseinrichtungen und Renten aus eigenen kapitalgedeckten Leibrentenversicherungen, wenn die Laufzeit dieser Versicherungen nach dem 31.12.2004 begonnen hat (Zeilen 1 bis 9 der Anlage R),

b) sonstige – insbesondere private – Leibrenten (Zeilen 12 bis 20 der Anlage R),

c) Leistungen aus Altersvorsorgeverträgen (sog. Riester-Rente) und aus der kapitalgedeckten betrieblichen Altersversorgung (Zeilen 31 bis 46 der Anlage R).

Leibrenten, für die der Besteuerungsanteil nach § 22 Nr. 1 Satz 3 Buchst. a, aa EStG gilt

In den **Zeilen 1 bis 9** der Anlage R sind die **oben in Buchst. a** bezeichneten Leibrenten zu erklären. Ist der Anspruch auf die Rente bereits vor 2005 oder erstmals im Jahr 2005 begründet worden (Renteneintrittsjahr), ist diese Rente in 2005 **zur Hälfte steuerfrei** gestellt. Dies gilt auch für Leistungen aus einer nach dem 31.12.2004 abgeschlossenen privaten kapitalgedeckten Leibrentenversicherung. Anstelle des bis 2004 maßgebenden Ertragsanteils (z.B. 27% bei Rentenbeginn mit dem 65. Lebensjahr) beträgt der **Besteuerungsanteil** 2005 sonach **50%**. Der Besteuerungsanteil der Rente erhöht sich bei einem Rentenbeginn im Jahr 2006 auf 52% und bei einem Rentenbeginn im Jahr 2007 auf 54% usw. (vgl. Tabelle in § 22 Nr. 1 Satz 3 Buchst. a, aa EStG n.F.).

Der nicht der Besteuerung unterliegende Teil wird vom Finanzamt für jede Rente auf die Dauer ihrer Laufzeit **festgeschrieben** und in den Folgejahren als Festbetrag vom Jahres(brutto)rentenbetrag abgezogen. Die Festschreibung erfolgt erstmals ab dem Jahr, das auf das Jahr des Rentenbeginns folgt. Bei Renten, die vor dem 1.1.2005 begonnen haben, ist der steuerfreie Teil der Rente des Jahres 2005 maßgebend (vgl. auch obigen Abschnitt „Änderungen bei der Rentenbesteuerung ab 2005" sowie BMF-Schreiben vom 24.2.2005, BStBl I S. 429, Rz 80 bis 118).

Die **betragsmäßige Festschreibung** des steuerfreien Teils der Rente gilt für die gesamte Laufzeit des Rentenbezugs. Bei einer **Veränderung** des Jahresbetrags der Rente ist der steuerfreie Rentenanteil jedoch entsprechend **anzupassen**. Maßgebend hierfür ist das Verhältnis des neuen Jahresbetrags zu demjenigen Jahresbetrag der Rente, nach dem der steuerfreie Teil der Rente zunächst festgelegt wurde (Rz 115 ff. des o.a. BMF-Schreibens).

> **Beispiel 1**
>
> Eine Witwe bezieht im Jahr 2005 eine Rente von 10000 €. Für das Jahr 2006 wird die Witwenrente wegen der Anrechnung eigener Einkünfte um 1 000 € auf 9000 € gekürzt.
>
> Im Jahr 2005 beläuft sich der steuerpflichtige Teil der Rente auf 50 v.H., d.h. ein Teilbetrag von 5000 € ist steuerfrei. Dieser steuerfreie Betrag ist wegen der Rentenkürzung für das Jahr 2006 im Verhältnis 9:10 anzupassen. Somit beträgt der steuerfreie Teil der Rente im Jahr 2006 nur 4500 €.

Regelmäßige Anpassungen des Jahresbetrags der Rente führen jedoch nicht zu einer Neuberechnung des steuerfreien Teils der Rente. Dies bedeutet im Ergebnis, dass bei regelmäßigen Rentenanpassungen der **Erhöhungsbetrag** der Rente in **voller Höhe** der Besteuerung unterliegt. Durch diese Regelung soll vermieden werden, dass Rentenerhöhungen nur anteilig, Pensionsanhebungen dagegen voll der Besteuerung unterworfen werden.

> **Beispiel 2**
>
> Ein allein stehender Rentner bezieht im Jahr 2005 eine Rente von 16 000 €. Ab dem Jahr 2006 wird die Rente im Rahmen einer regelmäßigen Rentenanpassung auf 16 300 € erhöht.

Der steuerpflichtige Teil der Rente beträgt 50 v.H. Damit ist im Jahr 2005 ein Teilbetrag von 8000 € steuerfrei. Dieser steuerfreie Betrag bleibt grundsätzlich über die gesamte Rentenbezugszeit unverändert. Somit beläuft sich der steuerpflichtige Teil der Rente im Jahr 2006 auf 8 300 € (16 300 € – 8 000 €).

Zur **Sicherstellung der Besteuerung** müssen ab dem Jahr 2005 die gesetzlichen Rentenversicherungsträger, der Gesamtverband der landwirtschaftlichen Alterskassen, Pensionskassen, Pensionsfonds, berufsständische Versorgungseinrichtungen sowie Versicherungsgesellschaften an die zentrale Stelle bei der Bundesversicherungsanstalt für Angestellte (Deutsche Rentenversicherung Bund) **Rentenbezugsmitteilungen** elektronisch übermitteln (§ 22a EStG, BMF-Schreiben vom 24.2.2005, BStBl I S. 429, Rz 139 bis 161).

1–2
1

Wird eine der hier bezeichneten Renten bezogen, so ist der Versorgungsträger der jeweiligen Rente (und damit die Rentenart) unter Verwendung der im Vordruck (Zeile 1) angegebenen **Ziffer** in das dafür vorgesehene Eintragungsfeld einzutragen und die zugehörige Eintragungsspalte (Zeile 3 ff) auszufüllen.

Als Leibrenten kommen insbesondere in Betracht: Altersrenten, Erwerbsminderungsrenten, Hinterbliebenenrenten als Witwen-/Witwerrenten, Waisenrenten oder Erziehungsrenten. Anzugeben sind auch einmalige Leistungen, die z.B. als Sterbegeld oder als Abfindung von Kleinstrenten ausgezahlt werden (BMF-Schreiben vom 24.2.2005, BStBl I S. 429, Rz 82 bis 95).

3
2

In Zeile 3 ist der aus der Renten(anpassungs)mitteilung zu errechnende **Jahres(brutto)rentenbetrag** einzutragen. Anzugeben sind hier auch im Jahr 2005 zugeflossene Rentennachzahlungen und Einmalzahlungen. Bei der Rentenauszahlung einbehaltene eigene Beiträge zur **Kranken- und Pflegeversicherung** dürfen nicht vom Rentenbetrag abgezogen werden. Diese Beiträge sind in **Zeile 73** des Hauptvordrucks als Sonderausgaben geltend zu machen.

Zuschüsse eines Trägers der gesetzlichen Rentenversicherung zu Aufwendungen des Rentners **zur Krankenversicherung** sind **steuerfrei** und daher nicht dem Rentenbetrag hinzuzurechnen. Diese Zuschüsse mindern jedoch die eigenen Aufwendungen und sind deshalb bei den in Zeile 73 des Hauptvordrucks geltend zu machenden Aufwendungen für die Krankenversicherung abzuziehen.

5
3

Als Beginn der Rente ist der Zeitpunkt einzutragen, **ab dem** die Rente (u.U. nach rückwirkender Zubilligung) tatsächlich bewilligt worden ist. Dies ergibt sich aus dem Rentenbescheid.

6
4

Im Jahr 2005 zugeflossene Nachzahlungen **für mehrere Jahre** müssen zwar bereits in **Zeile 3** enthalten sein. Sie sind jedoch hier zusätzlich einzutragen, damit das Finanzamt prüfen kann, ob für diese Nachzahlungen eine **Tarifvergünstigung** nach der sog. Fünftel-Regelung (Teil I, Anlage GSE, Zeilen 55 bis 56) in Betracht kommt.

Öffnungsklausel

7–9
5–7

Durch die **Öffnungsklausel** in § 22 Nr. 1 Satz 3 Buchst. a, bb Satz 2 EStG werden auf Antrag **Teile** der Leibrenten oder anderer Leistungen, die andernfalls der nachgelagerten Besteuerung mit dem o.a. Besteuerungsanteil unterliegen würden, mit einem **Ertragsanteil** (vgl. nachfolgende Erläuterungen zu den **Zeilen 12 bis 20** der Anlage R) besteuert. Die Anwendung dieser Öffnungsklausel setzt voraus, dass bis zum 31.12.2004 in **mindestens 10 Jahren** Beiträge **oberhalb** des Betrags des Höchstbeitrags zur gesetzlichen Rentenversicherung gezahlt wurden. Dabei ist jedes Kalenderjahr getrennt zu betrachten. Die Jahre müssen nicht unmittelbar aufeinander folgen. Der Versorgungsträger hat dem Steuerpflichtigen auf dessen Verlangen den **Prozentanteil** der Leistung zu bescheinigen, der der Ertragsanteilsbesteuerung unterliegt. Der Nachweis ist einmalig durch Bescheinigungen der Versorgungsträger zu erbringen. Der bescheinigte Prozentanteil ist in **Zeile 7** einzutragen. Einmalige Leistungen (Zeile 9) unterliegen nicht der Besteuerung, **soweit** auf sie die Öffnungsklausel (Ertragsanteilsbesteuerung) Anwendung findet. Einzelheiten sind in Rz 121 bis 138 des o.a. BMF-Schreibens vom 24.2.2005 geregelt (mit Beispielen).

Leibrenten, die mit dem Ertragsanteil nach § 22 Nr. 1 Satz 3 Buchst. a, bb EStG besteuert werden

Die in den Zeilen 13 bis 15 der Anlage R mit den **Ziffern 5 bis 8** bezeichneten Leibrenten sind **nur in Höhe des Ertragsanteils** steuerpflichtig (vgl. auch Teil II, Tz. 6 und 7). Bei der **Ermittlung des Ertragsanteils** ist von dem vollendeten Lebensjahr im Zeitpunkt des Rentenbeginns (d.h. des Entstehens des **Rentenanspruchs**) auszugehen.

Beispiel:

Bei Beginn der Rente vollendetes Lebensjahr des Berechtigten	Ertragsanteil in v.H. (seit 2005)
30	44
40	38
50	30
58	24
59	23
60	22
61	22
62	21
63	20
64	19
65	18
70	15
80	8

Der sich aus der Tabelle in § 22 Nr. 1 Satz 3 Buchst. a, bb EStG ergebende **Ertragsanteil** (vorstehend handelt es sich nur um einen **Auszug**) bleibt grundsätzlich während der gesamten Laufzeit der jeweiligen Rente **unverändert**.

In **Zeile 14** ist die Art der Leibrente anhand der im Vordruck genannten **Ziffern** in das dafür vorgesehene Eintragungsfeld der jeweiligen Spalte einzutragen. Wegen der Eintragungen in **Zeilen 16** und **17** wird auf die obigen Ausführungen zu Zeilen **3** und **5** hingewiesen.

Die Eintragungen in **Zeilen 18** und **19** sind erforderlich, wenn die Leibrente **zeitlich befristet** ist, d.h. eine sog. **abgekürzte** Leibrente vorliegt. In diesem Fall richtet sich der Ertragsanteil nicht nach dem Lebensalter des Berechtigten bei Rentenbeginn, sondern nach der voraussichtlichen Laufzeit der Rente. Hierunter kann z.B. eine Berufsunfähigkeits- oder Erwerbsminderungsrente aus einer privaten Rentenversicherung fallen (vgl. Rz. 97 des o.a. BMF-Schreibens in BStBl 2005 I S. 429).

Für **abgekürzte Leibrenten** mit einer Laufzeit bis zu 10 Jahren können die maßgebenden Ertragsanteile dem folgenden **Auszug** aus der Tabelle in **§ 55 Abs. 2 EStDV** entnommen werden:

Beschränkung der Laufzeit der Rente auf ... Jahre ab Beginn des Rentenbezugs	Der Ertragsanteil beträgt grundsätzlich v.H.	Der Ertragsanteil richtet sich nach der Tabelle in § 22 Nr. 1 Satz 3 Buchst. a, bb EStG, wenn der Berechtigte bei Rentenbeginn das ...te Lebensjahr vollendet hatte
1	0	–
2	1	–
3	2	97
4	4	92
5	5	88
6	7	83
7	8	81
8	9	80
9	10	78
10	12	75

Bemisst sich die Laufzeit der abgekürzten Leibrente nicht auf volle Jahre, ist sie bei Anwendung der Tabelle auf volle Jahre abzurunden. Ab **2005** wurde die Tabelle neu gefasst.

Für die in **Zeile 20** einzutragenden Nachzahlungen **für mehrere Jahre** gelten die obigen Ausführungen zu **Zeile 6** sinngemäß.

Leistungen aus Altersvorsorgeverträgen und aus der kapitalgedeckten betrieblichen Altersversorgung

Nach § 22 Nr. 5 EStG unterliegen Leistungen (Einnahmen) aus Altersvorsorgeverträgen als sonstige Einkünfte **in vollem Umfang** der Besteuerung, soweit sie auf Kapital beruhen, dessen Ansammlung steuerlich begünstigt wurde (vgl. Teil I, Hauptvordruck, **Zeile 77** und Teil I, **Anlage AV**). Beruhen die Leistungen sowohl auf steuerlich geförderten als auch nicht geförderten Beiträgen, ist eine Aufteilung vorzunehmen. Nach § 22 Nr. 5 Satz 2 EStG ist bei Leistungen aus Lebensversicherungsverträgen (einschließlich Direktversicherungen), Pensionsfonds und Pensionskassen derjenige Leistungsanteil nur mit dem **Ertragsanteil** zu besteuern, der auf steuerlich nicht begünstigten Beiträgen beruht. Geht die private Altersversorgung auf einen begünstigten Vertrag zurück, der kein Lebensversicherungsvertrag ist (z.B. Anteile an Investmentfonds), zählen nach § 22 Nr. 5 Satz 3 EStG zu den voll zu besteuernden Leistungen auch solche Erträge, die auf nicht gefördertes Kapital entfallen. In § 22 Nr. 5 Satz 4 bis 6 EStG sind weitere Fälle geregelt, u.a. die Besteuerung von **Erträgen aus schädlicher Verwendung** von gefördertem Altersvorsorgevermögen als sonstige Einkünfte. Im Einzelnen vgl. **BMF-Schreiben vom 17.11.2004**, BStBl I S. 1065, Rz 83 bis 130.

Zur steuerlichen Erfassung der in den Zeilen 31 bis 46 bezeichneten sonstigen Einkünfte muss der Anbieter von Altersvorsorgeverträgen (§ 80 EStG) dem Leistungsempfänger nach amtlich vorgeschriebenem Vordruck eine **Bescheinigung** über den Betrag der im abgelaufenen Kalenderjahr zugeflossenen Leistungen erteilen, wenn Altersvorsorgeleistungen erstmals bezogen werden oder sich deren Höhe ändert oder Erträge aus einer schädlichen Verwendung zufließen (§ 22 Nr. 5 Satz 7 EStG). Dabei ist zu unterscheiden zwischen Leistungen, die nur mit dem Ertragsanteil zu versteuern sind, und Leistungen, die in vollem Umfang der Besteuerung unterliegen. Die Bescheinigung (als **Leistungsmitteilung** bezeichnet) ist der Anlage R beizufügen.

Der amtliche Vordruck (mit Hinweisen zur Besteuerung der jeweiligen Leistungen) wurde mit BMF-Schreiben vom 8.4.2005 (BStBl I S. 620) bekannt gegeben. Die bescheinigten Leistungen sowie ggf. Leistungsbeginn und Leistungsende sind in die entsprechenden Zeilen 31 bis 46 einzutragen. Einzelheiten zur Besteuerung von Leistungen aus der betrieblichen Altersversorgung sind im BMF-Schreiben vom 17.11.2004 (BStBl I S. 1065) Rz. 214 ff. geregelt.

Tatsächliche Werbungskosten, Werbungskostenpauschbetrag

Hier sind **Werbungskosten in tatsächlicher Höhe** geltend zu machen, die mit Leibrenten und anderen in der Anlage R bezeichneten Leistungen in wirtschaftlichem Zusammenhang stehen. Zu den Werbungskosten gehören z.B. Kosten für Rentenberater bzw. Rechtsberatungs- und Prozesskosten, die im Zusammenhang mit Ansprüchen aus den gesetzlichen Rentenversicherungen aufgewendet werden (vgl. BMF-Schreiben vom 20.11.1997, BStBl 1998 I S. 126). Sind im Jahr 2005 noch keine Einnahmen aus Renten zugeflossen, aber bereits Werbungskosten (z.B. für Rentenberatung) entstanden, sind diese Kosten ebenfalls hier einzutragen. Hierdurch entstehen **negative sonstige Einkünfte**, die mit anderen Einkünften verrechnet werden und sich steuermindernd auswirken.

Schuldzinsen für einen **Kredit** zur Nachentrichtung freiwilliger Beiträge zur Angestelltenversicherung sind in voller Höhe **Werbungskosten** bei den sonstigen Einkünften (BFH-Urteil vom 21.7.1981, BStBl 1982 II S. 41). Nach den Urteilsgründen ist es belanglos, in welchem zeitlichen Zusammenhang die Kreditkosten mit den späteren Rentenbezügen stehen oder ob der Versicherungsfall wirklich eintritt.

Beiträge eines Arbeitnehmers zur **gesetzlichen Rentenversicherung** sind nach bisheriger Rechtsprechung **nicht** als vorab entstandene **Werbungskosten** zur Erlangung späterer sonstiger Einkünfte berücksichtigungsfähig. Sie sind nur als **Sonderausgaben** (Vorsorgeaufwendungen) **im Rahmen der** geltenden **Höchstbeträge**

Teil I: Anlage R
Zeilen 56–57

(vgl. Teil I, Hauptvordruck, Zeile 63) abziehbar (BFH-Urteil vom 29. 7. 1986, BStBl II S. 747). Ob wegen der Änderung der Rentenbesteuerung (Einleitung der nachgelagerten Besteuerung) eine Änderung der Rechtsprechung eintreten könnte, erscheint fraglich.

Finanzierungskosten, die durch den Abschluss eines Vertrages über eine **sofort beginnende Leibrentenversicherungsleistung** gegen Zahlung eines Einmalbetrages veranlasst sind, können als Werbungskosten abziehbar sein, wenn der Rentenberechtigte (Steuerpflichtiger) nach den gegebenen Umständen, vor allem im Hinblick auf seine (statistische) Lebenserwartung bei Vertragsabschluss, damit rechnen kann, dass die Einnahmen (in Höhe der Ertragsanteile) den Finanzierungsaufwand übersteigen (BFH-Urteil vom 15. 12. 1999, BStBl 2000 II S. 267).

Vom **Finanzamt** wird für Werbungskosten bei wiederkehrenden Bezügen (einschließlich der Renten und Leistungen aus Altersvorsorgeverträgen) **mindestens** ein **Pauschbetrag** von **102 €** berücksichtigt, wenn keine höheren Werbungskosten geltend gemacht werden. Dieser Pauschbetrag wird für jeden Steuerpflichtigen nur **einmal** bis zur Höhe seiner jeweiligen Einnahmen abgezogen. Der Pauschbetrag darf zu keinem Verlust führen. Werden **Ehegatten** zusammen veranlagt und haben beide Ehegatten wiederkehrende Bezüge, so erhält **jeder Ehegatte** den Pauschbetrag.

Der Werbungskostenpauschbetrag von 102 € gilt für **alle** wiederkehrenden Bezüge (einschließlich Leibrenten, Leistungen aus Altersvorsorgeverträgen und der in Zeilen 2 und 4 der **Anlage SO** zu erklärenden Bezüge und Unterhaltsleistungen) **eines Steuerpflichtigen.** Tatsächliche Werbungskosten, die in den **Zeilen 49 bis 54** geltend gemacht werden, wirken sich daher steuerlich nur aus, wenn sie beim einzelnen Steuerpflichtigen **insgesamt** 102 € übersteigen.

Die **Zeilen 49 bis 54** sind **nicht auszufüllen,** wenn **nur der Pauschbetrag** in Anspruch genommen wird.

Der Werbungskostenpauschbetrag wird nicht ermäßigt, wenn die persönliche Steuerpflicht nur während eines Teils des Kalenderjahres bestanden hat.

Tatsächliche Werbungskosten sind entsprechend ihrer sachlichen Zugehörigkeit zu den einzelnen Erträgen in die jeweilige Zeile 50 bis 54 einzutragen. Die gesonderte Angabe der Werbungskosten zu Zeile 45 (in Zeile 54) ist notwendig, weil diese Werbungskosten im Rahmen des **Halbeinkünfteverfahrens** vom Finanzamt nur zur Hälfte berücksichtigt werden (vgl. Teil I, Anlage KAP, Zeilen 21 bis 25). Die Werbungskosten zu den Zeilen 6 und 20 (anzugeben in Zeile 51) werden vom Finanzamt ggf. im Rahmen einer **Tarifvergünstigung** berücksichtigt (vgl. obige Erläuterungen zu Zeile 6).

Auf die Erläuterungen zu **Zeilen 46 bis 47** der Anlage KAP und **Zeile 9** der Anlage GSE wird zur Vermeidung von Wiederholungen Bezug genommen.

8. Erläuterungen zur „Anlage SO" für sonstige Einkünfte
– gegliedert nach den am Rand des amtlichen Vordrucks angegebenen Zahlen –

Auf Grund der Neuregelung der Rentenbesteuerung und der neu geschaffenen Anlage R wurde **Seite 1** der Anlage SO in wesentlichen Punkten geändert. Insbesondere wurden die bisherigen Abschnitte „Leibrenten" und „Leistungen aus Altersvorsorgeverträgen" in die Anlage R übernommen. Für die notwendigen Angaben zu **privaten Veräußerungsgeschäften** (früher als „Spekulationsgeschäfte" bezeichnet) dient **Seite 2** der Anlage SO.

Begriff der sonstigen Einkünfte

Zu den sonstigen Einkünften gehören nur die in § 22 EStG abschließend aufgezählten Arten, nämlich

1. Renten und andere wiederkehrende Bezüge (Leibrenten sind in der **Anlage R** zu erklären),
2. Unterhaltsleistungen vom geschiedenen oder dauernd getrennt lebenden Ehegatten, soweit sie der Geber mit Zustimmung des im Inland lebenden Empfängers als Sonderausgaben abzieht (Zeile 4 der Anlage SO),
3. Einkünfte aus Leistungen, z.B. aus gelegentlichen Vermittlungen oder aus der Vermietung beweglicher Gegenstände (Zeilen 8 bis 13 der Anlage SO),
4. Abgeordnetenbezüge (Zeilen 16 bis 23 der Anlage SO),
5. Leistungen aus Altersvorsorgeverträgen (§ 1 Abs. 1 des Altersvorsorgeverträge-Zertifizierungsgesetzes), sog. Riester-Renten (auf Seite 2 der **Anlage R** zu erklären),
6. Einkünfte aus privaten Veräußerungsgeschäften i.S. des § 23 EStG (Seite 2 der Anlage SO).

Einzelheiten sind in den nachfolgenden Ausführungen zum Vordruck Anlage SO bzw. in den Erläuterungen zur Anlage R dargestellt.

Wiederkehrende Bezüge

1-2 Hier sind **wiederkehrende Bezüge** einzutragen, die nicht als Leibrenten in der Anlage R zu erklären sind. Dazu gehören Bezüge in Geld oder Geldeswert, die in gewissen Zeitabständen wiederkehren. Sie brauchen im Gegensatz zu den Leibrenten **nicht** auf einem **Stammrecht** zu beruhen, dürfen aber auch nicht nur von Fall zu Fall auf Grund eines jeweils neu gefassten Entschlusses gegeben werden. Sie müssen vielmehr auf einer **einheitlichen Rechtsgrundlage** oder einem **einheitlichen Entschluss** des Gebers beruhen.

Dass die wiederkehrenden Bezüge stets in derselben Höhe geleistet werden, ist nicht erforderlich. So können z.B. Studiengeldzuschüsse, die von nicht unbeschränkt steuerpflichtigen Gebern gewährt werden, wiederkehrende Bezüge sein. Die Bezüge müssen jedoch in einer gewissen Regelmäßigkeit und für eine gewisse Dauer zufließen (vgl. aber Billigkeitsregelung in R 166 EStR).

Als sonstige Einkünfte nach § 22 EStG sind wiederkehrende Bezüge nur zu erfassen und damit hier einzutragen, wenn sie nicht zu einer anderen Einkunftsart (z.B. aus Gewerbebetrieb) gehören und soweit sie sich bei wirtschaftlicher Betrachtung nicht als Kapitalrückzahlungen (z.B. Kaufpreisraten) darstellen. Wiederkehrende Bezüge können z.B. **Zeitrenten** sein oder wiederkehrende Versorgungsleistungen, die anlässlich der **Übertragung von Vermögen** im Wege der vorweggenommenen Erbfolge vom Übernehmer zugesagt und erbracht werden; wegen Einzelheiten vgl. BMF-Schreiben vom 16. 9. 2004 (BStBl I S. 922) sowie **Teil II, Tz. 6.3**. Der Höhe nach begrenzte laufende Zahlungen anstelle eines Einmalbetrags bei Verzicht des zur gesetzlichen Erbfolge Berufenen auf den künftigen Erb- und Pflichtteil sind keine wiederkehrenden Bezüge (BFH-Urteil vom 20. 10. 1999, BStBl 2000 II S. 82). Im Gegensatz zu Leibrenten sind **Zeitrenten** nicht von der Lebenszeit einer Person abhängig, sondern von vornherein auf eine bestimmte Zeit befristet.

Schadensersatzrenten zum Ausgleich vermehrter Bedürfnisse (sog. **Mehrbedarfsrenten** nach § 843 Abs. 1, 2. Alternative BGB) sind nach dem BFH-Urteil vom 25. 10. 1994 (BStBl 1995 II S. 121) in Einschränkung der früheren Rechtsprechung weder als Leibrente noch als sonstige wiederkehrende Bezüge einkommensteuerbar. Der BFH hat damit den Grundsatz der Steuerbarkeit nur aufgrund der äußeren Form der Wiederkehr aufgegeben und die Steuerbarkeit von Schadensersatzrenten auf die Fälle beschränkt, in denen Ersatz für andere, bereits steuerbare Einkünfte geleistet wird. Die Urteilsgründe gelten gleichermaßen für **Schmerzensgeld** nach § 847 BGB, das **in Form einer Rente** gezahlt wird; denn wie die Mehrbedarfsrente i.S. des § 843 BGB wird auch die Schmerzensgeldrente nach § 847 BGB nicht als Ersatz für steuerbare Einkünfte gezahlt (vgl. auch BMF-Schreiben vom 8. 11. 1995, BStBl I S. 705). Nach diesem Schreiben sind Schadensersatzrenten, die auf der Rechtsgrundlage der §§ 844 Abs. 2, 845 BGB **für den Verlust von Unterhaltsansprüchen** oder von **gesetzlich geschuldeten Diensten** oder zum **Ausgleich von Einkünften** gezahlt werden, wie bisher voll als wiederkehrende Bezüge zu besteuern (BFH-Urteil vom 19. 10. 1978, BStBl 1979 II S. 133).

Wiederkehrende Bezüge – mit Ausnahme der Leibrenten – sind (nach Abzug von Werbungskosten) grundsätzlich **in voller Höhe** als Einkünfte anzusetzen; das gilt auch für **unentgeltlich erworbene Zeitrenten** (BFH-Urteil vom 25. 11. 1980, BStBl 1981 II S. 358).

Wiederkehrende Bezüge, die **freiwillig** oder auf Grund einer **freiwillig begründeten Rechtspflicht** oder zur Erfüllung einer **gesetzlichen Unterhaltspflicht** gewährt werden, sind dem Empfänger **nicht** zuzurechnen, d.h. bei ihm **nicht** anzusetzen, wenn der Geber der Bezüge unbeschränkt steuerpflichtig ist (vgl. aber **Zeile 4**). Wegen der Behandlung beim Zahlenden wird auf die Ausführungen in Teil I, Hauptvordruck, **Zeilen 78 bis 79** hingewiesen.

Unter gesetzlicher Unterhaltspflicht ist die Unterhaltspflicht auf familienrechtlicher Grundlage nach dem bürgerlichen Recht zu verstehen. Es genügt die Zugehörigkeit zu dem Personenkreis, der einen gesetzlichen Unterhaltsanspruch haben kann. Ob unter Berücksichtigung der persönlichen Verhältnisse der Beteiligten ein solcher Anspruch tatsächlich besteht, ist unerheblich (H 123 EStH).

Unterhaltsleistungen vom geschiedenen oder dauernd getrennt lebenden Ehegatten

Unterhaltsleistungen, die der Empfänger vom **geschiedenen** oder **dauernd getrennt lebenden Ehegatten** erhalten hat, gehören nach § 22 Nr. 1a EStG zu den sonstigen Einkünften, **soweit** der Geber die Unterhaltsleistungen mit Zustimmung des Empfängers als Sonderausgaben abzieht (sog. Realsplitting). Wegen des zu beachtenden **Höchstbetrags** (13 805 € jährlich) und weiterer Einzelheiten wird auf die Ausführungen in **Teil I, Hauptvordruck, Zeile 80** hingewiesen.

Unterhaltsleistungen eines **nicht unbeschränkt steuerpflichtigen** Ehegatten sind nicht steuerbar, weil die steuerliche Erfassung von Unterhaltsleistungen des geschiedenen oder dauernd getrennt lebenden Ehegatten in § 22 Nr. 1a EStG abschließend geregelt ist und ein Sonderausgabenabzug wegen der beschränkten Steuerpflicht ausscheidet (BFH-Urteil vom 31. 3. 2004, BStBl II S. 1047).

Werbungskosten

Hier können **Werbungskosten in tatsächlicher Höhe** geltend gemacht werden, die mit wiederkehrenden Bezügen i.S. der Zeile 2 bzw. mit Unterhaltsleistungen i.S. der Zeile 4 zusammenhängen. Wegen des Werbungskostenbegriffs und wegen des vom Finanz-

Teil I: Anlage SO
Zeilen 8–13

amt **mindestens** zu berücksichtigenden **Werbungskostenpauschbetrags** vgl. die Ausführungen zu Zeilen 49 bis 54 der **Anlage R.**

Da der Werbungskostenpauschbetrag von 102 € bei jedem Steuerpflichtigen für alle seine wiederkehrenden Bezüge (einschließlich Leibrenten und Leistungen aus Altersvorsorgeverträgen) nur einmal gewährt wird, kommt sein Abzug bei den in der Anlage SO zu erklärenden wiederkehrenden Bezügen bzw. den in Zeile 4 bezeichneten Unterhaltsleistungen nur in Betracht, soweit der Pauschbetrag nicht bereits bei den Leibrenten oder bei Leistungen aus Altersvorsorgeverträgen (zu erklären in der Anlage R) berücksichtigt wird.

Einkünfte aus Leistungen

8–13 Einkünfte aus **Leistungen**, z. B. aus **gelegentlichen Vermittlungen**,
4–9 aus der **Vermietung beweglicher Gegenstände** oder aus **Stillhaltergeschäften im Optionshandel**, gehören zu den sonstigen Einkünften, wenn sie nicht bereits einer anderen Einkunftsart zuzurechnen sind (vgl. R 137 Abs. 3 EStR). Einkünfte aus Leistungen sind **steuerfrei**, wenn sie weniger als **256 €** im Kalenderjahr betragen haben (§ 22 Nr. 3 EStG). Übersteigen die Werbungskosten die Einnahmen, so darf der übersteigende Betrag (**Verlust aus Leistungen**) bei der Ermittlung des Einkommens nicht mit anderen Einkünften ausgeglichen und auch nicht durch einen Verlustabzug nach § 10d EStG berücksichtigt werden. Die Verluste mindern jedoch nach Maßgabe des § 10d EStG die Einkünfte, die der Steuerpflichtige in dem unmittelbar vorangegangenen Veranlagungszeitraum oder in den folgenden Veranlagungszeiträumen **aus Leistungen** erzielt hat oder erzielt (vgl. auch Erläuterungen zu **Zeile 14** der Anlage SO).

Haben **zusammenveranlagte Ehegatten** jeweils für sich Einkünfte aus Leistungen bezogen, so steht **jedem** Ehegatten die bezeichnete Freigrenze zu, höchstens jedoch bis zur Höhe seiner Einkünfte aus Leistungen. Durch Eintragung in die vorgesehenen Spalten des Vordrucks ist anzugeben, ob es sich um Einkünfte des Ehemanns oder der Ehefrau handelt.

Der Begriff **Leistung** ist weit zu fassen; er umfasst jedes Tun, Unterlassen oder Dulden, das Gegenstand eines entgeltlichen Vertrags sein kann, sofern es sich nicht um Veräußerungsvorgänge oder veräußerungsähnliche Vorgänge im privaten Bereich handelt, bei denen ein Entgelt dafür erbracht wird, dass ein Vermögenswert in seiner Substanz endgültig aufgegeben wird (BFH-Urteil vom 10. 9. 2003, BStBl II S. 218). Unter den Leistungsbegriff kann z. B. auch die Übernahme eines finanziellen Wagnisses gegen Entgelt (BFH-Urteil vom 22. 1. 1965, BStBl III S. 313) oder der Verzicht auf den gesetzlich vorgeschriebenen Grenzabstand auf dem Nachbargrundstück (BFH-Urteil vom 5. 8. 1976, BStBl 1977 II S. 26) fallen. Auch der Verzicht des Inhabers eines eingetragenen Warenzeichens auf Abwehransprüche ist eine Leistung i. S. des § 22 Nr. 3 EStG (BFH-Urteil vom 25. 9. 1979, BStBl 1980 II S. 114). Zu den Einkünften aus Leistungen gehört auch das Entgelt für die zeitweise Vermietung eines Wohnmobils an wechselnde Mieter (BFH-Urteil vom 12. 11. 1997, BStBl 1998 II S. 774) oder das Entgelt für eine Vereinbarung, durch die sich der Zahlungsempfänger verpflichtet, das Bauvorhaben des Zahlenden zu dulden (BFH-Urteil vom 26. 10. 1982, BStBl 1983 II S. 404) oder das Entgelt für ein vertraglich vereinbartes umfassendes Wettbewerbsverbot ohne einen bestimmten Bezug zu einer weiterhin oder ehemals ausgeübten Tätigkeit (BFH-Urteile vom 12. 6. 1996, BStBl II S. 516 und vom 23. 2. 1999, BStBl II S. 590). Einem Arbeitnehmer von Dritten gezahlte Bestechungsgelder sind ebenfalls sonstige Einkünfte i. S. des § 22 Nr. 3 EStG (BFH-Urteil vom 26. 1. 2000, BStBl II S. 396). Bekundet jemand einem anderen gegenüber seine Bereitschaft, mit seinen persönlichen Beziehungen bei einer geschäftlichen Transaktion behilflich zu sein und erhält er dafür eine Provision, so ist dieses Verhalten nach § 22 Nr. 3 EStG steuerbar (BFH-Urteil vom 20. 4. 2004, BStBl II S. 1072). Vergütungen für die Rücknahme des Widerspruchs gegen Bau und Betrieb eines Kraftwerks (BFH-Urteil vom 12. 11. 1985, BStBl 1986 II S. 890) sowie das Bindungsentgelt (Stillhalterprämie), das beim **Wertpapieroptionsgeschäft** dem Optionsgeber gezahlt wird (BFH-Urteile vom 28. 11. 1990, BStBl 1991 II S. 300 und vom 29. 6. 2004, BStBl II S. 995 sowie BMF-Schreiben vom 27. 11. 2001, BStBl I S. 986, Rz 24 ff.), stellen ebenfalls Leistungseinkünfte dar (vgl. auch H 168 a EStH). Nach dem BFH-Urteil vom 26. 5. 1993 (BStBl 1994 II S. 96) setzt der Begriff „Leistung" keinen gegenseitigen Vertrag voraus. Es kann genügen, dass diese Leistung als Gesellschafterbeitrag erbracht und erfolgsabhängig entgolten wird. Erhält jemand im wirtschaftlichen Zusammenhang mit einer von ihm erbrachten Tätigkeit eine Provision und nimmt er sie als Gegenleistung an, ist das Entgelt nach § 22 Nr. 3 EStG steuerbar (BFH-Urteil vom 21. 9. 2004, BStBl 2005 II S. 44). Vergütungen für die regelmäßige **Mitnahme eines Arbeitskollegen im Pkw** auf der Fahrt zwischen **Wohnung und Arbeitsstätte** können Leistungseinkünfte sein (BFH-Urteil vom 15. 3. 1994, BStBl II S. 516). Als Werbungskosten können nach diesem Urteil bei den Leistungseinkünften nur die durch die Mitnahme veranlassten **Mehr**aufwendungen abgezogen werden. Der BFH hat keine Bedenken, die Mehraufwendungen in Anlehnung an die Mitfahrentschädigung nach § 6 Abs. 3 Bundesreisekostengesetz mit 0,02 € je mitgenommene Person und Kilometer zu schätzen (H 38 LStH).

Die **Veräußerung** von Wirtschaftsgütern wird vom Leistungsbegriff i. S. des § 22 Nr. 3 EStG **nicht** erfasst; die Veräußerung kann aber zu einer Steuerpflicht nach § 23 EStG führen (vgl. Erläuterungen zu **Zeilen 30 bis 59** der Anlage SO). Die entgeltliche Abtretung von Rückkaufsrechten an Grundstücken ist eine Veräußerung eines Wirtschaftsguts und damit keine Leistung i. S. dieser Vorschrift (BFH-Urteil vom 14. 11. 1978, BStBl 1979 II S. 298). Die Entschädigung für eine faktische Bausperre gehört nicht zu den Einkünften aus Leistungen (BFH-Urteil vom 12. 9. 1985, BStBl 1986 II S. 252); wohl aber die Vergütung für die Bestellung eines Vorkaufsrechts an einem Grundstück. Wird ein nach § 22 Nr. 3 EStG steuerbares Entgelt für die Einräumung eines Vorkaufsrechts auf den Kaufpreis eines später zustande kommenden Kaufvertrages angerechnet, ist dies ein rückwirkendes Ereignis, das den zunächst angenommenen Tatbestand der „Einkünfte aus Leistungen" entfallen lässt (BFH-Urteil vom 10. 8. 1994, BStBl 1995 II S. 57). Auch beim Entgelt für den Verzicht auf ein dingliches Recht eines Grundstückseigentümers am Nachbargrundstück (Aufhebung einer eingetragenen Dienstbarkeit alten Rechts) handelt es sich nicht um Einkünfte aus Leistungen (BFH-Urteil vom 19. 12. 2000, BStBl 2001 II S. 391). Ebenso nicht beim Verzicht auf Nachbarrechte im Zusammenhang mit der Veräußerung des betreffenden Grundstücks (BFH-Urteil vom 18. 5. 2004, BStBl II S. 874). Zum Vorliegen eines Veräußerungsgewinns nach § 23 EStG (**Zeilen 30 bis 59**) bzw. von Leistungseinkünften i. S. des § 22 Nr. 3 EStG bei **Options-** und **Finanztermingeschäften** vgl. ausführliches BMF-Schreiben vom 27. 11. 2001, BStBl I S. 986.

Preise, die ohne Gegenleistung erzielt werden (z. B. Goethepreis und ähnliche Preise) unterliegen nicht der Einkommensteuer. Das Gleiche gilt für Einnahmen, die mit keiner Tätigkeit in ursächlichem Zusammenhang stehen und nicht unter eine andere Einkunftsart fallen, z. B. Rennwetten, Totogewinne, Lottogewinne, Streikgelder (wegen letzterer vgl. BFH-Urteil vom 24. 10. 1990, BStBl 1991 II S. 337). Zur Abgrenzung gegenüber **Preisgeldern** (insbesondere für wissenschaftliche und künstlerische Leistungen), die im Zusammenhang mit einer Einkunftsart stehen und daher der Einkommensteuer unterliegen, ist im BMF-Schreiben vom 5. 9. 1996, BStBl I S. 1150 Stellung genommen.

Nach dem BFH-Urteil vom 3. 6. 1992 (BStBl II S. 1017) sind **Werbungskosten** bei den Einkünften aus **einmaligen** Leistungen auch dann im Jahr des Zuflusses der Einnahme abziehbar, wenn sie **vor** diesem Jahr angefallen sind oder **nach** diesem Jahr mit Sicherheit anfallen werden. Entstehen künftig Werbungskosten, die im Zuflussjahr noch nicht sicher vorhersehbar waren, ist die Veranlagung des Zuflussjahres gemäß § 175 Abs. 1 Satz 1 Nr. 2 AO zu ändern.

Werden Einnahmen aus Leistungen in einem späteren Veranlagungszeitraum **zurückgezahlt**, ist die Rückzahlung im Abflusszeitpunkt in voller Höhe steuermindernd zu berücksichtigen. Das o. a. Verlustausgleichsverbot und Verlustabzugsverbot steht nicht entgegen (BFH-Urteil vom 26. 1. 2000, BStBl II S. 396).

Einnahmen für häusliche Pflegeleistungen

Seit 1. 4. 1995 werden Leistungen aus der **Pflegeversicherung** gewährt. Nach § 37 des Elften Buches des Sozialgesetzbuchs (SGB XI) können pflegebedürftige Personen anstelle der häuslichen Pflegehilfe ein **Pflegegeld** erhalten, wenn sie die erforderliche Grundpflege sowie die hauswirtschaftliche Versorgung (häusliche Pflege) durch eine Pflegeperson selbst sicherstellen.

Nach § 3 Nr. 36 EStG sind Einnahmen der Pflegeperson für Leistungen zur Grundpflege oder hauswirtschaftlichen Versorgung bis zur Höhe des dem Pflegebedürftigen nach § 37 SGB XI gewährten Pflegegeldes **steuerfrei**, wenn diese Leistungen **von Angehörigen** des Pflegebedürftigen oder von **anderen** Personen erbracht werden, die damit eine **sittliche Verpflichtung** i.S. des § 33 Abs. 2 EStG gegenüber dem Pflegebedürftigen erfüllen. Entsprechendes gilt für diese Einnahmen, wenn der Pflegebedürftige Pflegegeld aus privaten Versicherungsverträgen nach den Vorgaben des SGB XI (private Pflegepflichtversicherung) oder eine Pauschalbeihilfe nach Beihilfevorschriften für häusliche Pflege erhält.

Sind die o.a. Voraussetzungen für eine Steuerfreiheit **nicht** erfüllt, rechnet das Entgelt für die Pflegeleistung bei der Pflegeperson bei Anstellung aufgrund eines Dienstverhältnisses zu den Einnahmen aus nichtselbständiger Arbeit oder bei selbständiger Pflegetätigkeit zu den Einkünften aus Gewerbebetrieb oder aus selbständiger Arbeit i.S. von § 18 EStG (z.B. bei Pflege durch selbständige Krankenpfleger). Bei nicht berufsmäßiger Tätigkeit können Einkünfte aus Leistungen i.S. des § 22 Nr. 3 EStG vorliegen. Zahlungen für die Pflege von Angehörigen **im Rahmen des familiären Zusammenlebens** führen jedoch grundsätzlich nicht zu Einkünften i.S. des Einkommensteuerrechts (BFH-Urteil vom 14. 9. 1999, BStBl II S. 776).

Verluste aus Leistungen

14 Wie in den Erläuterungen zu **Zeilen 8 bis 13** der Anlage SO bereits ausgeführt, dürfen Verluste aus Leistungen nicht mit anderen Einkünften ausgeglichen werden (§ 22 Nr. 3 EStG). Ein Ausgleich (eine Verrechnung) ist jedoch mit Überschüssen (Gewinnen) aus Leistungen möglich.

Kann ein im Jahr **2005** entstandener Verlust aus Leistungen nicht mit Gewinnen **2005** aus Leistungen desselben Steuerpflichtigen ausgeglichen (verrechnet) werden, so ist dieser Verlust nach Maßgabe des § 10d EStG rück- bzw. vortragsfähig, d.h. er mindert die im Jahr 2004 oder in den folgenden Jahren erzielten Gewinne aus Leistungen (vgl. auch Ausführungen in **Teil I, Hauptvordruck, Zeilen 93 bis 94**). Falls ein Verlustrücktrag nach 2004 der Höhe nach begrenzt werden soll, ist in **Zeile 14** der Anlage SO der gewünschte Betrag einzutragen. Ein etwaiger Verlustvortrag aus 2004 wird vom Finanzamt von Amts wegen vorgenommen, wenn im Feststellungsbescheid zum **31. 12. 2004** ein verbleibender Verlustvortrag unter der jetzigen Steuernummer festgestellt worden ist. Im Fall einer Änderung der Steuernummer (z.B. wegen Umzug oder Heirat) empfiehlt es sich, die bisherige Steuernummer und das betreffende Finanzamt auf besonderem Blatt anzugeben.

Abgeordnetenbezüge

16–23 Entschädigungen, Amtszulagen, Zuschüsse zu Kranken- und Pflegeversicherungsbeiträgen, Übergangsgelder, Überbrückungsgelder, Sterbegelder, Versorgungsabfindungen und Versorgungsbezüge, die **auf Grund des Abgeordnetengesetzes** gezahlt werden, gehören zu den sonstigen Einkünften i.S. des § 22 EStG und sind somit einkommensteuerpflichtig. Dasselbe gilt für vergleichbare Abgeordnetenbezüge, die auf Grund entsprechender Gesetze der **Länder** oder des **Europaabgeordnetengesetzes** gezahlt werden.

Die **Aufwandsentschädigung**, die Abgeordnete zur Abgeltung ihrer durch das Mandat veranlassten Aufwendungen erhalten, ist **steuerfrei**; andererseits dürfen aber die mit dem Mandat verbundenen Aufwendungen, auch Sonderbeiträge an eine Partei, **nicht** als Werbungskosten von den vorstehend genannten steuerpflichtigen Einnahmen abgezogen werden (BFH-Urteil vom 29. 3. 1983, BStBl II S. 601 und H 168b EStH). Auch Wahlkampfkosten zur Erlangung eines Mandats im Bundestag, im Europäischen Parlament oder im Parlament eines Landes sind nicht abzugsfähig. Dies gilt selbst dann, wenn es sich um Kosten eines erfolglosen Wahlkampfes handelt (vgl. BFH-Urteile vom 8. 12. 1987, BStBl 1988 II S. 433 und 435). Zu den steuerfreien Aufwandsentschädigungen gehören auch die gesondert gezahlten **Tage- oder Sitzungsgelder** (R 168 b EStR).

Sind in den steuerpflichtigen Einnahmen (Zeile 16) **Versorgungsbezüge** enthalten, so sind diese in **Zeile 17** besonders anzugeben, weil vom Finanzamt ein **Versorgungsfreibetrag** von (im Jahr 2005) 40 v.H. der Versorgungsbezüge, höchstens jedoch bei ganzjährigem Bezug 3 000 €, gewährt wird. Der maßgebende v.H.-Satz und der Höchstbetrag des Versorgungsfreibetrags bestimmen sich ab 2005 nach dem Zeitpunkt des Versorgungsbeginns (Zeile 19). Sie werden für jeden ab 2006 neu in den Versorgungsstand tretenden Jahrgang abgeschmolzen (§ 19 Abs. 2 i.V. mit § 22 Nr. 4 EStG). Werden Versorgungsbezüge nur für einen Teil des Kalenderjahres gezahlt, ermäßigt sich der Versorgungsfreibetrag für jeden vollen Kalendermonat, für den keine Versorgungsbezüge geleistet werden, in diesem Jahr um ein Zwölftel. Die Ausführungen zur Bemessung und Höhe des Versorgungsfreibetrags in **Teil I, Anlage N, Zeilen 8 bis 12** gelten hier entsprechend. Der Zuschlag zum Versorgungsfreibetrag entfällt hier allerdings. Erhält der Abgeordnete auch Versorgungsbezüge aus einem früheren Dienstverhältnis (Anlage N, Zeilen 8 bis 13), so wird der Höchstbetrag des Versorgungsfreibetrags insgesamt nur einmal berücksichtigt.

Sind im Kalenderjahr 2005 **Vergütungen als Abgeordneter für mehrere Jahre** zugeflossen (z.B. Versorgungsabfindung), so wird hierfür die Tarifvergünstigung des § 34 Abs. 1 EStG (sog. Fünftel-Regelung) angewendet. Wegen der Einzelheiten dieser Vergünstigung wird auf die Ausführungen in **Teil I, Anlage GSE, Zeilen 55 bis 56** hingewiesen. Hier in Zeile **22** (nicht auch in Zeile 16) sind lediglich die zugeflossenen Vergütungen für mehrere Jahre einzutragen und auf besonderem Blatt näher zu erläutern. In **Zeile 23** ist anzugeben, mit welchem Betrag **Versorgungsbezüge** in den Vergütungen für mehrere Jahre in Zeile 22 enthalten sind. Dies kann für den Versorgungsfreibetrag (vgl. oben) bedeutsam sein.

25 Auf die Erläuterungen zu **Zeilen 46 bis 47** der Anlage KAP und **Zeile 9** der Anlage GSE wird zur Vermeidung von Wiederholungen Bezug genommen.

Einkünfte aus privaten Veräußerungsgeschäften

30–59 Die bis 31. 12. 1998 geltende Besteuerung der sog. Spekulationsgewinne (§ 23 EStG a.F.) wurde durch das Steuerentlastungsgesetz 1999/2000/2002 (BStBl 1999 I S. 304) erheblich ausgeweitet. So wurden in dem neu gefassten **§ 23 EStG** z.B. die früher geltenden Spekulationsfristen beträchtlich verlängert und Veräußerungen nach vorausgegangener Privatentnahme oder Betriebsaufgabe wurden neu in die Besteuerung einbezogen. Gleiches gilt für die sog. Termin- und Differenzgeschäfte des Privatvermögens. Um klarzustellen, dass eine Spekulationsabsicht für die Besteuerung von Gewinnen nach § 23 EStG **nicht** erforderlich ist, spricht der Gesetzgeber in der Neufassung dieser Vorschrift nicht mehr von „Spekulationsgeschäften", sondern nur noch von „privaten Veräußerungsgeschäften". Durch das Steuerbereinigungsgesetz 1999 vom 22. 12. 1999 (BStBl 2000 I S. 13) und das Richtlinien – Umsetzungsgesetz vom 9. 12. 2004 (BStBl I S. 1158) ist § 23 EStG erneut geändert bzw. ergänzt worden.

Auf Seite 2 der Anlage SO kann in jedem Abschnitt des Vordrucks grundsätzlich die Veräußerung **eines** Wirtschaftsguts erklärt werden. Erst nach der einheitlichen Ermittlung des Ergebnisses aus diesem Veräußerungsgeschäft erfolgt die Zurechnung (Zeile 40, 50 bzw. 58). Die Veräußerung weiterer Wirtschaftsgüter kann unter Verwendung weiterer Anlagen SO oder nach gleichem Schema auf besonderem Blatt erklärt werden. Das Gesamtergebnis aus weiteren Veräußerungen ist dann in Zeile 41, 51 bzw. 59 zu übertragen.

Umfang der Steuerpflicht

Einkünfte aus privaten Veräußerungsgeschäften gehören zu den sonstigen Einkünften und unterliegen damit der Einkommensbe-

Teil I: Anlage SO
Zeilen 30–59

steuerung, wenn die Voraussetzungen des § 23 EStG vorliegen. Nach § 23 Abs. 1 EStG n.F. sind private Veräußerungsgeschäfte in diesem Sinn

1. Veräußerungsgeschäfte bei **Grundstücken** und Rechten, die den Vorschriften des bürgerlichen Rechts über Grundstücke unterliegen (z.B. Erbbaurecht, Mineralgewinnungsrecht), bei denen der Zeitraum zwischen Anschaffung und Veräußerung nicht mehr als **zehn Jahre** beträgt. **Gebäude** und Außenanlagen sind einzubeziehen, soweit sie innerhalb des Zeitraums von zehn Jahren errichtet, ausgebaut oder erweitert worden sind. Dies gilt entsprechend für **selbständige Gebäudeteile, Eigentumswohnungen** oder im Teileigentum stehende Räume. Von der Besteuerung **ausgenommen** sind Wirtschaftsgüter, die im Zeitraum zwischen Anschaffung oder Fertigstellung und Veräußerung **ausschließlich zu eigenen Wohnzwecken** oder im Jahr der Veräußerung und in den beiden vorangegangenen Jahren **zu eigenen Wohnzwecken** genutzt wurden (**Zeilen 30 bis 41** der Anlage SO);

2. Veräußerungsgeschäfte bei **anderen** Wirtschaftsgütern, insbesondere bei **Wertpapieren,** bei denen der Zeitraum zwischen Anschaffung und Veräußerung nicht mehr als **ein Jahr** beträgt (**Zeilen 42 bis 51** der Anlage SO);

3. Veräußerungsgeschäfte, bei denen die Veräußerung der Wirtschaftsgüter **früher** erfolgt als der Erwerb (**Zeilen 30 bis 59** der Anlage SO);

4. **Termingeschäfte,** durch die der Steuerpflichtige einen **Differenzausgleich** oder einen durch den Wert einer veränderlichen Bezugsgröße bestimmten Geldbetrag oder Vorteil erlangt, sofern der Zeitraum zwischen Erwerb und Beendigung des Rechts auf einen Differenzausgleich, Geldbetrag oder Vorteil nicht mehr als **ein Jahr** beträgt. Geschäfte mit Zertifikaten, die Aktien vertreten, und mit **Optionsscheinen** gelten als Termingeschäfte (**Zeilen 52 bis 59** der Anlage SO).

Als Anschaffung gilt auch die **Überführung eines Wirtschaftsgutes in das Privatvermögen** des Steuerpflichtigen durch **Entnahme** oder **Betriebsaufgabe** sowie der Antrag nach § 21 Abs. 2 Satz 1 Nr. 1 des Umwandlungssteuergesetzes auf Besteuerung stiller Reserven bei sog. **einbringungsgeborenen Anteilen** an einer Kapitalgesellschaft (Teil I, Anlage GSE, Zeilen 12 bis 21). Die Anschaffung oder Veräußerung einer unmittelbaren oder mittelbaren Beteiligung an einer Personengesellschaft gilt als Anschaffung oder Veräußerung der anteiligen Wirtschaftsgüter.

Als Veräußerung eines Grundstücks oder grundstücksgleichen Rechts gilt auch die **Einlage in das Betriebsvermögen,** wenn die Veräußerung aus dem Betriebsvermögen innerhalb eines Zeitraums von **zehn Jahren** seit Anschaffung (also nicht seit der Einlage) des Grundstücks oder grundstücksgleichen Rechts erfolgt (§ 23 Abs. 1 Satz 5 Nr. 1 EStG). In diesem Fall sind die Wertsteigerungen des Grundstücks, die in der Zeit von der Anschaffung **bis zur Einlage** eingetreten sind, als (privater) Veräußerungsgewinn zu erfassen, aber **erst** in dem Kalenderjahr, in dem der Preis für die Veräußerung aus dem Betriebsvermögen dem Steuerpflichtigen zugeflossen ist (§ 23 Abs. 3 Satz 7 EStG). Bei der Berechnung des Veräußerungsgewinns ist in diesem Fall an Stelle des Veräußerungspreises auf den für die (betriebliche) Gewinnermittlung tatsächlich angesetzten **Einlagewert** abzustellen (§ 23 Abs. 3 Satz 2 EStG). Die Neuregelung gilt nach § 52 Abs. 39 Satz 3 EStG für Einlagen, die nach dem 31. 12. 1999 vorgenommen werden. Vgl. nachfolgende **Beispiele 1 und 2** sowie BMF-Schreiben vom 5.10. 2000, BStBl I S. 1383, Rz 3 bis 8 und 35 ff.).

Ebenfalls als Veräußerung gilt die **verdeckte Einlage** eines Grundstücks oder grundstücksgleichen Rechts **in eine Kapitalgesellschaft.** Eine solche liegt vor, wenn ein Grundstück unentgeltlich auf eine Kapitalgesellschaft übertragen oder zu einem Kaufpreis unterhalb des Verkehrswerts an sie veräußert wird. Für die Berechnung eines evtl. Veräußerungsgewinns ist der **gemeine Wert** (Verkehrswert) anzusetzen (§ 23 Abs. 3 Satz 2 EStG). Die Besteuerung erfolgt im Jahr der verdeckten Einlage (der Übertragung auf die Kapitalgesellschaft). Die Neuregelung gilt für verdeckte Einlagen nach dem 31. 12. 1999 (§ 52 Abs. 39 Satz 3 EStG).

Für die Berechnung der dargelegten Fristen ist grundsätzlich jeweils das obligatorische (schuldrechtliche) Anschaffungs- und Veräußerungsgeschäft maßgebend (z.B. der notarielle Kaufvertrag), nicht etwa der Zeitpunkt des Eigentumsübergangs (BFH-Urteil vom 22. 1. 1963, HFR 1964 S. 157). Die Abgabe eines Meistgebots in einer Zwangsversteigerung ist ebenfalls eine Anschaffung (BFH-Urteil vom 27.8. 1997, BStBl 1998 II S. 135). Unter besonderen Umständen kann bei einer Veräußerung auch der Zeitpunkt der Abgabe eines bindenden Angebots maßgebend sein (BFH-Urteile vom 23. 9. 1966, BStBl 1967 III S. 73, und vom 19. 10. 1971, BStBl 1972 II S. 452). Die Abgabe eines Verkaufsangebots zusammen mit einer Darlehnsgewährung in Höhe des späteren Kaufpreises und dem Abschluss eines auf eine Eigentumsverschaffung am Grundstück gerichteten „Erbbauvertrags" kann z.B. zu einer so starken Bindung führen, dass dies bereits als Veräußerung anzusehen ist (BFH-Urteil vom 15. 1. 1974, BStBl II S. 606). Auch ein bürgerlich-rechtlich wirksamer, beide Vertragsparteien **bindender Vorvertrag** ist bereits als Veräußerung zu werten (BFH-Urteil vom 13. 12. 1983, BStBl 1984 II S. 311). Ebenso kann unter den Voraussetzungen des § 41 Abs. 1 AO ein unvollständig beurkundeter und deshalb nach §§ 313 BGB, 125 HGB **formunwirksamer Grundstückskaufvertrag** eine für die Berechnung der oben bezeichneten Frist maßgebende Veräußerung sein (vgl. BFH-Urteil vom 15. 12. 1993, BStBl 1994 II S. 687). Die nachträgliche Genehmigung eines zunächst schwebend unwirksamen Vertrags durch einen der Vertragspartner wirkt für die Fristberechnung nicht auf den Zeitpunkt der Vornahme des Rechtsgeschäfts zurück (BFH-Urteil vom 2.10. 2001, BStBl 2002 II S. 10). Die Daten der Anschaffung und der Veräußerung sind in **Zeilen 32, 43** und/oder **53** der Anlage SO einzutragen.

Die neuen (verschärfenden) Regelungen des § 23 EStG gelten – von den obenbezeichneten Ausnahmen abgesehen – für **Veräußerungsgeschäfte** (d.h. Vertragsabschlüsse) ab dem **1. 1. 1999.** Bei Grundstücken ist daher z.B. die (von früher zwei) auf jetzt **zehn** Jahre verlängerte Frist auch dann maßgebend, wenn die Anschaffung am 1.1. 1999 bereits mehr als zwei Jahre zurücklag. Findet eine Grundstücksveräußerung innerhalb der jetzigen Zehnjahresfrist statt, so werden auch Wertzuwächse besteuert, die in der Zeit **vor 1999** entstanden sind. Lediglich **selbst bewohnte Objekte** sind unter den o.a. Voraussetzungen (obige Nr. 1 Satz 4) von der Besteuerung ausgenommen. Bei Wertpapierverkäufen ab 1. 1. 1999 gilt die **neue Einjahresfrist,** auch wenn die frühere Sechsmonatsfrist am 31. 12. 1998 bereits abgelaufen war. Anders als z.B. bei Grundstücken oder Wertpapieren findet bei **Termingeschäften** (obige Nr. 4) kein Rückgriff auf den Zeitraum vor dem 1. 1. 1999 statt, denn nach § 52 Abs. 39 Satz 2 EStG liegt ein steuerbares Termingeschäft nur vor, wenn der Erwerb des betreffenden Rechts nach dem 31. 12. 1998 erfolgt. Mit Beschluss vom 5.3. 2001 (BStBl II S. 405) hat der BFH an der **rückwirkenden Verlängerung** der Veräußerungsfrist für Grundstücke von zwei auf zehn Jahre schwerwiegende **verfassungsrechtliche Zweifel** geäußert, die eine **Aussetzung der Vollziehung** eines angefochtenen Steuerbescheids rechtfertigen. Auf Grund des BFH-Beschlusses vom 16.12. 2003 (BStBl 2004 II S. 284) wird das **Bundesverfassungsgericht** zu entscheiden haben, ob die rückwirkende übergangslose Verlängerung der am 1. 1. 1999 bereits abgelaufenen Veräußerungsfrist für Grundstücke von zwei auf zehn Jahre verfassungskonform ist (Normenkontrollverfahren 2 BvL 2/04). Solange hierüber nicht entschieden ist, empfiehlt es sich, Verwaltungsakte in einem solchen Fall nicht bestandskräftig werden zu lassen.

Gegenstand von Veräußerungsgeschäften i.S. des § 23 EStG können grundsätzlich alle Wirtschaftsgüter des Privatvermögens sein; ausgenommen sind jedoch Gegenstände des täglichen Gebrauchs, deren Wertverzehr typischerweise der privaten Lebensführung zuzurechnen ist (z.B. Kleidung). Die oben genannte Unterscheidung bezieht sich lediglich auf die unterschiedliche **Frist** zwischen Anschaffung und Veräußerung, die für eine Besteuerung maßgebend ist. Eine Frist ist bei den Veräußerungsgeschäften, bei denen die Veräußerung **vor** dem Erwerb erfolgt (so genannte Fixgeschäfte), ohne Bedeutung. Bei allen Veräußerungsgeschäften braucht eine Spekulationsabsicht nicht vorzuliegen. Die Steuerpflicht ist immer dann gegeben, wenn die Veräußerung vor Erwerb oder vor Ablauf der genannten Fristen erfolgt. Der **unentgeltliche** Erwerb eines Gegenstandes (z. B. durch Erbschaft, Vermächtnis, Schenkung) stellt keine Anschaffung i.S. des § 23 EStG dar. Bei der Veräußerung eines unentgeltlich erworbenen Gegenstandes wird aber für die Berechnung der maßgebenden Frist von dem Zeitpunkt des entgeltlichen Erwerbs durch den **Rechtsvorgänger** ausgegangen. Bei der Bemessung des vom Veräußerer zu versteuernden Veräußerungsgewinns sind in diesem Fall die Anschaffungs- oder Herstellungskosten des Erblassers, Schenkers oder Vermächtnisgebers zugrunde zu legen. Die frühere Unterscheidung zwischen Gesamt- und Einzelrechtsnachfolge ist durch § 23 Abs. 1 Satz 3 EStG n.F. beseitigt.

Gehören Wirtschaftsgüter zu einem **Betriebsvermögen**, so ist ein im Fall ihrer Veräußerung sich ergebender Gewinn oder Verlust im Rahmen der betreffenden Einkunftsart zu erfassen, ohne dass es auf irgendwelche Fristen ankommt (vgl. **Teil I, Anlage GSE, Zeile 1, Nr. 1 A**).

Wird ein Wirtschaftsgut durch **Entnahme** oder **Betriebsaufgabe** aus dem Betriebsvermögen in das Privatvermögen überführt und innerhalb der bezeichneten Fristen veräußert, so liegt nach § 23 EStG n.F. ein steuerbares Veräußerungsgeschäft vor, weil der Übergang aus dem Betriebsvermögen in das Privatvermögen als **Anschaffung** gilt. Mit dieser Ausdehnung der Steuerpflicht sollte dem Umstand entgegengewirkt werden, dass bei Entnahmen u.U. Werte angesetzt werden, die sich aufgrund nachfolgender (bis 1998 steuerfreier) Veräußerung aus dem Privatvermögen als zu niedrig erweisen. Da bei der Anwendung des § 23 EStG n.F. auf den Zeitpunkt der Veräußerung abgestellt wird, kommt diese Neuregelung auch zum Tragen, wenn die Entnahme bereits vor 1999 erfolgt ist (BMF-Schreiben vom 5. 10. 2000, BStBl I S. 1383, Rz 1).

Bei der Veräußerung eines Grundstücks des Betriebsvermögens, das innerhalb eines Zeitraums von zehn Jahren vor Veräußerung **im Privatvermögen angeschafft** und später – z.B. wegen Aufnahme einer eigenbetrieblichen Nutzung – in das Betriebsvermögen **eingelegt** wurde, kommt es nach § 23 EStG n.F. auch zur Nachversteuerung der bis zur Einlage angewachsenen stillen Reserven, da der Veräußerungsgewinn dem betrieblichen Bereich nur zugeordnet wird, **soweit** er diesen Bereich betrifft (§ 23 Abs. 2 EStG).

Beispiel 1

A hatte im Mai 1996 ein unbebautes Grundstück für 100 000 DM angeschafft, das zunächst zu seinem Privatvermögen gehörte. Ab Februar 2003 wurde das Grundstück als Lagerplatz für das Einzelunternehmen des A (Holzhandlung) verwendet; dadurch wurde das Grundstück notwendiges Betriebsvermögen. Der Wert des Grundstücks im Einlagezeitpunkt (Februar 2003) betrug 97 145 €. Im März 2005 wurde das Grundstück für 138 048 € veräußert.

Mit der Veräußerung aus dem Betriebsvermögen erzielt A im März 2005 zunächst einen Gewinn von 40 903 € (Veräußerungspreis von 138 048 € abzüglich Einlagewert von 97 145 €), der zu den **Einkünften aus Gewerbebetrieb** gehört (und auch der Gewerbesteuer unterliegt). Darüber hinaus muss A nach § 23 Abs. 1 Satz 5 EStG auch einen **privaten Veräußerungsgewinn** versteuern, weil zum Zeitpunkt der Veräußerung aus dem Betriebsvermögen noch keine 10 Jahre seit der Anschaffung des Grundstücks (im Privatvermögen) vergangen sind. Damit gilt die Einlage im Februar 2003 nunmehr als Veräußerung, die jedoch erst im Jahr 2005 besteuert wird. Der Gewinn aus dem privaten Veräußerungsgeschäft i.S. des § 23 EStG beträgt 46 016 € (Unterschiedsbetrag zwischen dem Einlagewert von 97 145 € und den ursprünglichen Anschaffungskosten von 100 000 DM, umgerechnet 51 129 €).

Beispiel 2

Sachverhalt wie im Beispiel 1; die Veräußerung findet jedoch erst im Juli 2006 statt.

Mit der Veräußerung aus dem Betriebsvermögen erzielt A wiederum einen Gewinn aus Gewerbebetrieb von 40 903 €, der im Jahr 2006 besteuert wird. Es ist jedoch **kein Gewinn aus privaten Veräußerungsgeschäften** zu besteuern, weil die Veräußerung aus dem Betriebsvermögen nicht innerhalb der Zehnjahresfrist seit der Anschaffung des Grundstücks erfolgt. In diesem Fall greift die Veräußerungsfiktion bezüglich der Einlage in das Betriebsvermögen nicht.

Die Finanzverwaltung dehnt den Anwendungsbereich der dargestellten Regelung aus, indem **veräußerungsähnliche** Geschäfte, bei denen das zuvor eingelegte Grundstück das Betriebsvermögen wieder verlässt, umfassend einbezogen werden. Nach dem BMF-Schreiben vom 5. 10. 2000 (BStBl I S. 1383, Rz 4) gilt als Veräußerung aus dem Betriebsvermögen für die Anwendung des § 23 Abs. 1 Satz 5 Nr. 1 EStG unter anderem

- die Veräußerung des Grundstücks im Rahmen der Veräußerung des gesamten Betriebs oder eines Teilbetriebs. Bei einer Personengesellschaft gilt dies bei Veräußerung des Betriebs, eines Teilbetriebs oder eines Mitunternehmeranteils, wenn das Grundstück zum Sonderbetriebsvermögen des Mitunternehmers gehört oder ohne Gewährung von Gesellschaftsrechten in das Gesamthandsvermögen eingelegt worden ist;

- die Überführung eines zuvor in das Betriebsvermögen eingelegten Grundstücks in eine Kapitalgesellschaft im Wege einer verschleierten Sachgründung oder einer verschleierten Sacheinlage im Zusammenhang mit einer Kapitalerhöhung;

- die Einbringung des zuvor eingelegten Grundstücks zusammen mit einem Betrieb, Teilbetrieb oder Mitunternehmeranteil in eine Kapitalgesellschaft oder in das Gesamthandsvermögen einer Personengesellschaft gegen Gewährung von Gesellschaftsrechten;

- die Übertragung eines Grundstücks aus dem betrieblichen Gesamthandsvermögen einer Personengesellschaft in das Privatvermögen oder das Sonderbetriebsvermögen eines Gesellschafters, soweit das Grundstück vorher in das Vermögen der Gesellschaft ohne Gewährung von Gesellschaftsrechten eingelegt wurde;

- die verdeckte Einlage des Grundstücks in eine Kapitalgesellschaft, wenn die Anteile an der Kapitalgesellschaft zum Betriebsvermögen des Steuerpflichtigen gehören (hier ist kein Fall des § 23 Abs. 1 Satz 5 **Nr. 2** EStG gegeben, weil das Grundstück gleichzeitig in das Betriebsvermögen des Steuerpflichtigen eingelegt wird).

Kein Fall des § 23 Abs. 1 Satz 5 Nr. 1 EStG, sondern eine **Veräußerung** i.S. der obigen **Nr. 1** ist die Übertragung eines Grundstücks aus dem Privatvermögen in das betriebliche Gesamthandsvermögen einer Personengesellschaft oder in das Vermögen einer Kapitalgesellschaft, soweit sie gegen Gewährung von Gesellschaftsrechten erfolgt (vgl. hierzu im Übrigen BMF-Schreiben vom 29. 3. 2000, BStBl I S. 462 und vom 26. 11. 2004, BStBl I S. 1190). Entsprechendes gilt bei der Übertragung eines Grundstücks in das Vermögen einer Gemeinschaft mit betrieblichem Vermögen oder aus dem betrieblichen Gemeinschaftsvermögen in das Vermögen eines Mitglieds der Gemeinschaft. Die Übertragung eines Grundstücks auf eine Personengesellschaft oder Gemeinschaft ohne Betriebsvermögen gegen Entgelt oder gegen Gewährung von Gesellschaftsrechten ist **insoweit nicht** als Veräußerung anzusehen, als der bisherige Eigentümer nach der Übertragung am Vermögen der Gesellschaft oder Gemeinschaft beteiligt ist. Gleiches gilt, wenn das Grundstück von der Personengesellschaft oder Gemeinschaft auf einen Gesellschafter oder ein Mitglied der Gemeinschaft übertragen wird (im Einzelnen vgl. Rz 6 bis 8 des BMF-Schreibens vom 5. 10. 2000, BStBl I S. 1383 und das dortige Zahlenbeispiel).

Ein Veräußerungsgeschäft i.S. des § 23 EStG setzt **Nämlichkeit** zwischen dem angeschafften und dem veräußerten Wirtschaftsgut voraus; hierbei genügt jedoch eine **Identität** im wirtschaftlichen Sinne. Nämlichkeit ist deshalb anzunehmen, wenn ein **unbebautes Grundstück parzelliert** und eine Parzelle innerhalb der in § 23 EStG genannten Frist veräußert wird (BFH-Urteil vom 19. 7. 1983, BStBl 1984 II S. 26). Herstellungsmaßnahmen, die nach der Anschaffung eines Wirtschaftsguts vom Erwerber vorgenommen werden, schließen die wirtschaftliche Identität von angeschafftem und veräußertem Wirtschaftsgut nur dann aus, wenn durch die Herstellungsmaßnahmen das angeschaffte Wirtschaftsgut bei wirtschaftlicher Betrachtung in ein **anderes** Wirtschaftsgut umgewandelt wird. Dies dürfte nur äußerst sel-

Teil I: Anlage SO
Zeilen 30–59

ten der Fall sein. Bei **Gebäuden** und Außenanlagen, die nach der obigen Nr. 1 **einzubeziehen** sind, kommt es auf eine Identität nicht mehr an.

Bei Anschaffung eines **unbebauten** Grundstücks, nachfolgender **Errichtung** eines Gebäudes und Veräußerung des nunmehr bebauten Grundstücks innerhalb von zehn Jahren (gerechnet ab dem Grundstückskauf) ist nach der Neuregelung in § 23 EStG **auch der auf das Gebäude** entfallende Gewinn steuerpflichtig. Nach der Ergänzung durch das Steuerbereinigungsgesetz 1999 gilt dies auch dann, wenn das Gebäude in **teilfertigem Zustand** veräußert wird. Für die Fristberechnung ist auf die Anschaffung (oder Entnahme) des Grund und Bodens abzustellen; durch die Errichtung des Gebäudes entsteht keine neue Frist.

Beispiel 3

A hatte am 31.3.1995 ein unbebautes Grundstück angeschafft. Im Jahr 2000 stellte er darauf ein Einfamilienhaus fertig, das er seither vermietet.

Ab 1.4.2005 kann A das bebaute Grundstück veräußern, ohne dass der Gewinn nach § 23 EStG besteuert wird. Wird das bebaute Grundstück vorher veräußert, ist auch der auf das Gebäude entfallende Gewinn zu besteuern.

Beispiel 4

A errichtete auf dem von ihm im Jahr 1997 angeschafften Grund und Boden im Jahr 1999 ein Einfamilienhaus, das seither zu Wohnzwecken vermietet wird. Im Jahr 2004 begann er mit dem Ausbau des bisher nicht nutzbaren Dachgeschosses zu einer zweiten, zur Vermietung bestimmten Wohnung. Im März 2005 veräußerte A das Grundstück mit dem teilfertigen Zweifamilienhaus.

In die Ermittlung des steuerpflichtigen Veräußerungsgewinns ist auch der auf das Gebäude – einschließlich des noch nicht fertig gestellten Dachgeschossausbaus – entfallende Teil des Veräußerungserlöses einzubeziehen.

Ausnahme von der Besteuerung für selbstgenutztes Wohneigentum

Um berufliche Mobilität oder Veräußerungen wegen Familienzuwachses nicht zu behindern, wird **selbstgenutztes** Wohneigentum in §23 Abs.1 Nr. 1 Satz 3 EStG von der Besteuerung privater Veräußerungsgewinne **ausgenommen,** soweit das Wohneigentum im Jahr der Veräußerung und in den beiden vorangegangenen Jahren zu eigenen Wohnzwecken genutzt wurde. Erfolgt die Veräußerung kürzere Zeit nach der Anschaffung, wird von der Besteuerung abgesehen, wenn das Wohneigentum zwischen Anschaffung oder Fertigstellung und Veräußerung **ausschließlich** zu eigenen Wohnzwecken genutzt wurde. Das EStG spricht nicht von Wohnungen, sondern von **Wirtschaftsgütern.** Darunter fallen Gebäude, selbständige Gebäudeteile, Eigentumswohnungen oder in Teileigentum stehende Räume, die im maßgeblichen Zeitraum zu eigenen Wohnzwecken genutzt wurden. Gebäude, bei denen die genannten Voraussetzungen des Selbstbewohnens vorliegen, sind **einschließlich des dazugehörenden Grund und Bodens** von der Veräußerungsgewinnbesteuerung ausgenommen. Der „dazugehörende Grund und Boden" umfasst nur die für die entsprechende Gebäudenutzung erforderlichen und üblichen Flächen. Dabei ist auf deren künftige Nutzung zu berücksichtigen. Die steuerfreie Veräußerung weiterer Flächen ist selbst dann ausgeschlossen, wenn diese im Veräußerungszeitpunkt als Hausgarten genutzt werden (vgl. BFH-Urteil vom 24.10.1996, BStBl 1997 II S. 50). Dies gilt insbesondere, soweit Teilflächen parzelliert werden und dadurch ein verkehrsfähiges Grundstück entstanden ist, das in absehbarer Zeit einer anderen Nutzung (z.B. als Bauland) zugeführt werden kann. Wird nur ein **Gebäudeteil** zu eigenen Wohnzwecken genutzt, ist nur dieser Gebäudeteil und der darauf entfallende **Teil** des Grund und Bodens steuerbefreit. Der Veräußerungsgewinn ist entsprechend aufzuteilen. Die Aufteilung hat nach dem Verhältnis der Wohn-/ Nutzflächen zu erfolgen. **Nicht** zu eigenen Wohnzwecken genutzt ist z.B. eine zu Wohnzwecken vermietete Wohnung, ein unbebautes Grundstück (Gartenland), auch wenn es vom Steuerpflichtigen und seiner Familie ausschließlich zu Erholungszwecken genutzt wird, oder ein **häusliches Arbeitszimmer**, selbst wenn der Abzug der Aufwendungen hierfür als Werbungskosten ausgeschlossen oder eingeschränkt ist (Teil I, Anlage N, Zeilen 55 bis 56). Angaben zur Nutzung von Grundstücken und Grundstücksteilen sind in **Zeile 33 der Anlage SO** vorgesehen.

Beispiel 5

A veräußert innerhalb der Zehnjahresfrist ein Grundstück, das mit einem Zweifamilienhaus bebaut ist. Die Erdgeschosswohnung wird seit der Fertigstellung durch A und seine Familie zu eigenen Wohnzwecken genutzt. Die Wohnung im Obergeschoss ist fremdvermietet.

Als privates Veräußerungsgeschäft sind **nur die** Wertsteigerungen des Grund und Bodens und Gebäudes zu besteuern, die auf den fremdvermieteten Anteil am Grundstück, d.h. auf die Wohnung im Obergeschoss und den anteiligen Grund und Boden entfallen.

Eine Nutzung zu **eigenen Wohnzwecken** liegt vor, wenn der Steuerpflichtige das Wirtschaftsgut allein, mit seinen Familienangehörigen oder gemeinsam mit einem Dritten bewohnt hat. Unschädlich ist, wenn der Steuerpflichtige Teile des Wirtschaftsguts einem Dritten unentgeltlich zu Wohnzwecken überlassen hat. Die dem Steuerpflichtigen zu eigenen Wohnzwecken verbleibenden Räume müssen jedoch noch den Wohnungsbegriff erfüllen und ihm die Führung eines selbständigen Haushalts ermöglichen. Ein Wirtschaftsgut wird auch dann zu eigenen Wohnzwecken genutzt, wenn es vom Steuerpflichtigen nur zeitweise bewohnt wird, in der übrigen Zeit ihm jedoch als Wohnung zur Verfügung steht (z.B. Wohnung im Rahmen einer doppelten Haushaltsführung, nicht zur Vermietung bestimmte Ferienwohnung; auf die Belegenheit der Wohnung in einem Sondergebiet für Ferien- oder Wochenendhäuser kommt es nicht an). Eine Nutzung zu eigenen Wohnzwecken wird auch bejaht, wenn der Steuerpflichtige das Wirtschaftsgut einem Kind, für das er Anspruch auf Kindergeld oder einen Kinderfreibetrag hat, unentgeltlich zu Wohnzwecken überlassen hat. Die unentgeltliche Überlassung eines Wirtschaftsguts an andere – auch unterhaltsberechtigte – Angehörige stellt dagegen keine Nutzung zu eigenen Wohnzwecken i.S. des § 23 Abs. 1 Satz 1 Nr. 1 Satz 3 EStG dar. Bewohnt ein Miteigentümer eines Zwei- oder Mehrfamilienhauses eine Wohnung allein, liegt eine Nutzung zu eigenen Wohnzwecken vor, **soweit** er die Wohnung auf Grund eigenen Rechts nutzt, also der Wert der selbstgenutzten Wohnung einschließlich des dazugehörenden Grund und Bodens den Wert des Miteigentumsanteils nicht übersteigt (vgl. BMF-Schreiben vom 5.10.2000, BStBl I S. 1383, Rz 16 bis 24).

Einzelheiten zum notwendigen **zeitlichen** Umfang der Nutzung zu eigenen Wohnzwecken sind in Rz 25 ff. des o.a. BMF-Schreibens vom 5.10.2000 geregelt. Danach sind nur solche Wirtschaftsgüter von der Besteuerung des Veräußerungsgewinns ausgenommen, die **ausschließlich,** d.h. **ununterbrochen**

- vom Zeitpunkt der Anschaffung oder Fertigstellung bis zur Veräußerung zu eigenen Wohnzwecken genutzt wurden. Für die Bestimmung des Zeitpunkts der Anschaffung und der Veräußerung ist hierbei jeweils auf den Zeitpunkt der Übertragung des wirtschaftlichen Eigentums abzustellen. Ein Leerstand vor Beginn der Nutzung zu eigenen Wohnzwecken ist unschädlich, wenn er mit der beabsichtigten Nutzung des Wirtschaftsguts zu eigenen Wohnzwecken in Zusammenhang steht (z.B. Leerstand wegen Renovierung vor Bezug). Dies gilt auch für einen Leerstand zwischen Beendigung der Nutzung zu eigenen Wohnzwecken und Veräußerung des Gebäudes, wenn der Steuerpflichtige die bestehende Veräußerungsabsicht nachweist;

- im Jahr der Veräußerung und in den beiden vorangegangenen Jahren, d.h. in einem zusammenhängenden Zeitraum innerhalb der letzten drei Kalenderjahre, der nicht die vollen drei Kalenderjahre umfassen muss, zu eigenen Wohnzwecken genutzt wurden. Ein Leerstand zwischen Beendigung der Selbstnutzung und Veräußerung ist unschädlich, wenn das Wirtschaftsgut im Jahr der Beendigung der Nutzung zu eigenen Wohnzwecken und in den beiden vorangegangenen Jahren zu eigenen Wohnzwecken genutzt wurde.

Beispiel 6

A veräußert ein Grundstück, das mit einem Einfamilienhaus bebaut ist. Er hatte das Grundstück im Mai 1998 angeschafft und das Einfamilienhaus an den bisherigen Eigentümer vermietet. Erst im Juli 2003 zog der frühere Eigentümer aus, sodass A das Einfamilienhaus im September 2003 mit seiner Familie beziehen konnte. Aus beruflichen Gründen wird das Grundstück im April 2005 veräußert und von A geräumt.

Ein privater Veräußerungsgewinn wird nicht besteuert, denn A hat das Einfamilienhaus im Jahr der Veräußerung und in den beiden vorangegangenen Jahren zu eigenen Wohnzwecken genutzt. Dass die Eigennutzung in den Jahren 2003 und 2005 jeweils nur rd. 4 Monate betrug, ist unerheblich.

Beispiel 7

Sachverhalt wie im Beispiel 6; jedoch konnte das Einfamilienhaus, das A wegen der beabsichtigten Veräußerung im April 2005 geräumt hatte, erst im November 2005 veräußert werden, weil ein Käufer vorher trotz intensiver Bemühungen nicht zu finden war.

Ein privater Veräußerungsgewinn wird aus den in Beispiel 6 genannten Gründen nicht besteuert. Der rd. siebenmonatige Leerstand im Veräußerungsjahr ist unschädlich.

Werden in das zu eigenen Wohnzwecken genutzte Wirtschaftsgut (z.B. Einfamilienhaus) innerhalb des Zehnjahreszeitraums bisher zu anderen Zwecken genutzte Räume einbezogen (z.B. häusliches Arbeitszimmer wird nun als Kinderzimmer verwendet), unterliegt ein auf diese Räume entfallender Veräußerungsgewinn nur dann nicht der Besteuerung, wenn die bisher zu anderen Zwecken genutzten Räume in einem zusammenhängenden Zeitraum innerhalb der letzten drei Kalenderjahre vor der Veräußerung zu eigenen Wohnzwecken genutzt wurden. Bei unentgeltlichem Erwerb (Erbschaft, Schenkung) ist die Nutzung des Wirtschaftsguts zu eigenen Wohnzwecken durch den Rechtsvorgänger dem Rechtsnachfolger (Erben, Beschenkten) zuzurechnen (BMF-Schreiben vom 5. 10. 2000, BStBl I S. 1383, Rz 26 und 27).

Wurde im Jahr 2005 ein selbst bewohntes Grundstück veräußert, bei dem nur ein Teil der Besteuerung unterliegt (z.B. vermietete Räume, häusliches Arbeitszimmer), sind in den **Zeilen 34 bis 41** der Anlage SO nur Angaben zum steuerpflichtigen Teil zu machen.

In den **Zeilen 42 bis 51** der Anlage SO sind Veräußerungen von Wirtschaftsgütern zu erklären, die nicht Grundstücke oder grundstücksgleiche Rechte sind und bei denen der Zeitraum zwischen Anschaffung und Veräußerung nicht mehr als **ein Jahr** beträgt. Hierunter fallen alle Wirtschaftsgüter des Privatvermögens, deren Wertverzehr nicht typischerweise der privaten Lebensführung zuzurechnen ist, insbesondere Wertpapiere.

Unentgeltlicher oder entgeltlicher Erwerb

Wird ein Wirtschaftsgut unentgeltlich erworben (z.B. durch Erbschaft, Vermächtnis, Schenkung) liegt hierin keine Anschaffung i.S. des § 23 EStG. Für die Berechnung der maßgebenden Frist wird aber von dem Zeitpunkt des entgeltlichen Erwerbs durch den Rechtsvorgänger ausgegangen.

Zur Frage, ob bei einer **Erbauseinandersetzung** ein unentgeltlicher Erwerb oder ein entgeltliches Anschaffungs- bzw. Veräußerungsgeschäft gegeben ist, hatte der BFH im Urteil vom 9. 7. 1985 (BStBl II S. 722) entschieden: „Setzen sich Miterben eines zum Privatvermögen des Erblassers gehörenden Grundstücks dahingehend auseinander, dass ein Miterbe **gegen Zahlung von Abfindungen an die übrigen Miterben** das Grundstück übernimmt, so liegt ein **entgeltlicher Erwerb** insoweit vor, als der übernehmende Miterbe hierfür Vermögenswerte **über seinen Anteil an dem Nachlass hinaus** einsetzt." Aus dieser Entscheidung des BFH ergab sich, dass ein **entgeltliches** Geschäft nur **in dem Umfang** anzunehmen war, in dem der Miterbe für den Erwerb der Grundstücksanteile der übrigen Miterben im Rahmen der Erbauseinandersetzung **Vermögenswerte außerhalb der Erbmasse** einsetzen musste, um Alleineigentümer zu werden. In dem Umfang, in dem der Miterbe den Erwerb der Anteile am Grundstück aus dem Nachlass finanzierte, erwarb er **unentgeltlich**; denn insoweit erhält der erwerbende Miterbe – wie bei der Naturalteilung – wertmäßig das, was ihm auf Grund des Erbfalles zusteht. Erwarb der Miterbe Grundstücksanteile im Rahmen einer (wie im Fall des Urteils vom 9. 7. 1985) auf das Grundstück beschränkten **Teilauseinandersetzung** gegen Abfindungszahlungen, so war auch in diesem Fall der Erwerb nur insoweit entgeltlich, als die Abfindungszahlungen nicht durch die dem Miterben zustehenden Anteile am noch nicht auseinandergesetzten Nachlass gedeckt waren. Setzte sich eine Gesamthandsgemeinschaft über ein Grundstück durch **Realteilung mit Spitzenausgleich** auseinander, so lag ein entgeltliches Rechtsgeschäft für den über die Gesamthandsbeteiligung des Erwerbers **hinausgehenden Anteil** vor. Die Veräußerung des Grundstücks innerhalb der damaligen Spekulationsfrist von zwei Jahren führte sonach **nur bezüglich dieses Anteils** zu einem Spekulationsgewinn (BFH-Urteil vom 22. 9. 1987, BStBl 1988 II S. 250). Einzelfragen zur Erbauseinandersetzung waren im BMF-Schreiben vom 31. 12. 1988, BStBl I S. 546 geregelt.

Entgegen dieser Rechtsprechung hat der **Große Senat** des BFH im **Grundsatzbeschluss vom 5. 7. 1990** (BStBl II S. 837) zur einkommensteuerlichen Behandlung der **Erbauseinandersetzung** entschieden, dass Erbfall und Erbauseinandersetzung selbständige Rechtsvorgänge und als solche unabhängig voneinander zu beurteilen sind. Der Erbfall vollzieht sich danach – wie nach der früheren Auffassung – in der einkommensteuerneutralen Vermögenssphäre, nicht jedoch die Erbauseinandersetzung, und zwar ohne Rücksicht darauf, in welcher Zeitspanne nach dem Erbfall sie vorgenommen wird. Nach der neuen Rechtsprechung des BFH und dem dazu ergangenen **BMF-Schreiben vom 11. 1. 1993** (BStBl I S. 62) unter Berücksichtigung der Änderungen durch **BMF-Schreiben vom 5.12. 2002** (BStBl I S. 1392) ist zu unterscheiden, ob das zum Nachlass gehörende Privatvermögen entsprechend den Erbquoten, d.h. **ohne Abfindungszahlungen real geteilt** wird oder ob eine Teilung **mit Abfindungszahlungen** stattfindet. Im erstgenannten Fall handelt es sich um einen **unentgeltlichen** Erwerb, nämlich um eine Konkretisierung des von Anfang an gegebenen Auseinandersetzungsanspruchs der Miterben. Ein unentgeltlicher Vorgang (d.h. keine Anschaffung bzw. Veräußerung) liegt auch vor, wenn Gesamthandseigentum in Bruchteilseigentum umgewandelt wird und ein Miterbe Anteile an der Bruchteilsgemeinschaft von einem anderen Miterben im Tauschwege gegen eigene Anteile erwirbt. Wird dagegen **im Rahmen einer Erbauseinandersetzung** ein Nachlass real geteilt und erhält ein Miterbe wertmäßig **mehr**, als ihm nach seiner Erbquote zusteht, und zahlt er für dieses „Mehr" an seine Miterben eine **Abfindung**, so liegt insoweit ein **Anschaffungs- und Veräußerungsvorgang** vor. In Höhe der Abfindungszahlung entstehen **Anschaffungskosten** und beim weichenden Miterben ein **Veräußerungserlös**. Nach dem Beschluss des Großen Senats, der gleichermaßen für Privat- und Betriebsvermögen gilt, ist hierauf ohne Einfluss, ob die Leistungen aus dem erlangten Nachlaßvermögen erbracht werden. Wird ein Wirtschaftsgut gegen Abfindungszahlung erworben, berechnet sich der entgeltlich und der unentgeltlich erworbene Teil des Wirtschaftsguts nach dem Verkehrswert (vgl. BFH-Urteil vom 29. 10. 1991, BStBl 1992 II S. 512). In der Regel kann davon ausgegangen werden, dass der Verkehrswert dem Wert entspricht, den die Miterben der Erbauseinandersetzung zugrunde legen (Anrechnungswert). **Teilerbauseinandersetzungen** werden als entgeltliche Anschaffungs- bzw. Veräußerungsgeschäfte gewertet, wenn Abfindungszahlungen geleistet werden. Wegen Einzelfragen, die sich aus der geänderten Rechtsprechung des BFH zur Behandlung der Erbauseinandersetzung ergeben, wird auf das o.a. BMF-Schreiben in BStBl 1993 I S. 62 und die dort gebildeten Beispiele sowie auf das BMF-Schreiben in BStBl 2002 I S. 1392 hingewiesen.

Die Übertragung von Wirtschaftsgütern (insbesondere von Grundstücken) auf nahe stehende Personen **außerhalb von Erbauseinandersetzungen** kann voll entgeltlich, teilweise entgeltlich (gemischte Schenkung) oder unentgeltlich (Schenkung, evtl. unter Auflage) erfolgen. Eine Anschaffung oder Veräußerung i.S. von § 23 EStG liegt vor, **wenn** und **soweit Entgeltlichkeit** gegeben ist (voll entgeltliches Geschäft oder entgeltlicher Teil einer gemischten Schenkung). Für die Abgrenzung gelten folgende Grundsätze: Ein **voll entgeltliches** Geschäft liegt vor, wenn die Beteiligten subjektiv Leistung und Gegenleistung wie unter Frem-

Teil I: Anlage SO
Zeilen 30–59

den gegeneinander abgewogen haben (vgl. BFH-Urteile vom 26. 1. 1978, BStBl II S. 301 und vom 22. 9. 1982, BStBl 1983 II S. 99). Dies ist insbesondere der Fall, wenn die Beteiligten einen Kaufvertrag geschlossen und darin einen Kaufpreis vereinbart haben, der dem Wert des Grundstücks annähernd entspricht. Ein **teilentgeltliches Geschäft** (gemischte Schenkung) ist gegeben, wenn in dem Vertrag (z. B. über die Grundstücksübertragung) eine Gegenleistung vereinbart wurde, die **unter** dem Verkehrswert des Grundstücks liegt und die Parteien dies wussten oder für möglich hielten (BFH-Urteile vom 17. 7. 1980, BStBl 1981 II S. 11, vom 18. 3. 1980, BStBl 1981 II S. 794 und vom 21. 10. 1981, BStBl 1982 II S. 83). Davon kann ausgegangen werden, wenn die Beteiligten in einem notariellen Kaufvertrag in Kenntnis eines möglichen höheren Verkehrswerts den Kaufpreis für das Grundstück bewusst ermäßigt haben. Im Zweifelsfall ist der tatsächliche Parteiwille im Zeitpunkt des Vertragsschlusses anhand der feststellbaren objektiven Kriterien zu ermitteln. Dabei kann auch den Formulierungen in dem zugrunde liegenden Vertrag Bedeutung zukommen. So spricht der Abschluss eines „Kaufvertrages" für eine gemischte Schenkung, der Abschluss eines „Schenkungs- oder Übergabevertrages" oder die Bezeichnung als „vorweggenommene Erbfolge" für eine Schenkung unter Auflage. Die Übernahme von Verbindlichkeiten des Übertragenden wird auch bei einer gemischten Schenkung Entgelt sein. Bei der gemischten Schenkung ist nach der sog. Trennungstheorie der voll entgeltliche und der voll unentgeltliche Teil getrennt zu beurteilen.

Eine **Schenkung unter Auflage** (z. B. Vermögensübertragung an Kinder im Rahmen einer vorweggenommenen Erbfolge) wurde **früher** aufgrund der o. a. Rechtsprechung einkommensteuerlich als **voll unentgeltlicher** Vorgang angesehen. Nach der **Grundsatzentscheidung** des Großen Senats des BFH **vom 5. 7. 1990** (BStBl II S. 847) zur **Vermögensübertragung in vorweggenommener Erbfolge** ist jedoch zu unterscheiden:

„1. Überträgt ein Vermögensinhaber der Einkünfteerzielung dienendes Privatvermögen im Wege der vorweggenommenen Erbfolge, so stellen vom Vermögensübernehmer zugesagte **Versorgungsleistungen** weder Veräußerungsentgelt noch Anschaffungskosten dar.

2. Sagt der Vermögensübernehmer im Hinblick auf die Vermögensübergabe **sog. Gleichstellungsgelder** an Angehörige zu, führt dies zu einem Veräußerungsentgelt des Übergebers und zu Anschaffungskosten des Übernehmers.

3. Zum Veräußerungsentgelt und zu den Anschaffungskosten gehören auch die **Übernahme von Verbindlichkeiten** und die Zusage einer **Abstandszahlung**."

Aus dieser neuen Entscheidung des BFH ist zu folgern, dass z. B. bezüglich der Zahlung von Gleichstellungsgeldern an künftige Miterben oder der Übernahme von Verbindlichkeiten des Schenkers ein entgeltliches **Anschaffungs- bzw. Veräußerungsgeschäft** auch i. S. des § 23 EStG vorliegt. Einzelheiten zur Behandlung der **vorweggenommenen Erbfolge** und zur Anwendung der neuen Rechtsprechungsgrundsätze sind im **BMF-Schreiben vom 13. 1. 1993** (BStBl I S. 80) geregelt. Im Übrigen wird wegen der Abgrenzung zwischen entgeltlichem oder unentgeltlichem Erwerb auch auf **Teil II, Tz. 3.3.3.c** dieser Anleitung sowie auf das BMF-Schreiben vom 16. 9. 2004 (BStBl I S. 922) hingewiesen.

Wird ein teilweise entgeltlich, teilweise unentgeltlich oder im Wege der **Erbauseinandersetzung mit Abfindungszahlung** erworbenes Grundstück veräußert, berechnet sich der Veräußerungsgewinn im Sinne des § 23 EStG für den entgeltlich erworbenen Teil durch Gegenüberstellung des anteiligen Veräußerungserlöses zu den tatsächlichen Anschaffungskosten. Der anteilige Veräußerungserlös bestimmt sich nach dem Verhältnis der aufgewendeten Anschaffungskosten zum Verkehrswert des Grundstücks im Zeitpunkt des Erwerbs (BMF-Schreiben vom 5. 10. 2000, BStBl I S. 1383, Rz 30). Die Werbungskosten sind, soweit sie nicht eindeutig dem entgeltlichen oder unentgeltlichen Teil zugeordnet werden können, im Verhältnis des Entgelts (ohne Anschaffungsnebenkosten) zum Verkehrswert des Grundstücks im Zeitpunkt des Erwerbs aufzuteilen (BFH-Urteile vom 24. 3. 1993, BStBl II S. 704 und vom 1. 10. 1997, BStBl 1998 II S. 247).

Beispiel 8

Der im Mai 2000 verstorbene V hinterließ ein Grundstück im Wert von 1 Mio DM, das er 1989 für 500 000 DM angeschafft hatte, sowie Wertpapiere, deren Kurswert im Zeitpunkt des Erbfalls 600 000 DM betrug. Erben wurden der Sohn S und die Tochter T je zur Hälfte. Vom Nachlass, der einen Gesamtwert von 1,6 Mio DM hatte, entfielen auf S und T je 800 000 DM. Die Miterben setzten den Nachlass in der Weise auseinander, dass S das Grundstück und T die Wertpapiere erhielt. Wegen der Wertdifferenz erhielt T von S eine Ausgleichszahlung von 200 000 DM (Spitzenausgleich). S veräußert das Grundstück im Jahr 2005 an X für 715 000 €.

S erzielt nur insoweit einen nach § 23 EStG steuerpflichtigen Veräußerungsgewinn, als er das Grundstück im Rahmen der Erbauseinandersetzung entgeltlich erworben hatte. Die Vorbesitzzeit des Erblassers, nach der die Zehnjahresfrist abgelaufen ist, ist nur bezüglich des unentgeltlich erworbenen Grundstücksteils anzurechnen. Für den Erwerb des Grundstücks im Wert von 1 Mio DM hat S eine Ausgleichszahlung an T von 200 000 DM, umgerechnet 102 258 €, geleistet. Somit hat S das Grundstück zu 20 % entgeltlich und zu 80 % unentgeltlich erworben.

Der steuerpflichtige Gewinn aus dem privaten Veräußerungsgeschäft ist wie folgt zu berechnen:

Erlös, der auf den entgeltlich erworbenen Grundstücksteil entfällt (20 % aus 715 000 €)	143 000 €
./. Ausgleichszahlung an T (Anschaffungskosten)	102 258 €
steuerpflichtiger Gewinn (sonstige Einkünfte)	40 742 €

Wird ein teilweise entgeltlich oder im Wege der **Erbauseinandersetzung gegen Abfindungszahlung** erworbenes Grundstück während der Zehnjahresfrist nach Anschaffung bebaut und veräußert, ist der auf das Gebäude entfallende Teil des Veräußerungserlöses in die Berechnung des Veräußerungsgewinns einzubeziehen, soweit das Grundstück als entgeltlich erworben gilt (vgl. BMF-Schreiben vom 5. 10. 2000, BStBl I S. 1383, Rz 31 und dortiges Beispiel).

Ermittlung der Einkünfte

Gewinn oder Verlust aus Veräußerungsgeschäften i. S. des § 23 EStG ist der Unterschied zwischen dem **Veräußerungspreis** einerseits und den Anschaffungskosten oder den Herstellungskosten und den Werbungskosten andererseits. In den einer Anschaffung gleichgestellten Fällen der **Entnahme usw.** (vgl. oben) tritt an die Stelle der Anschaffungs- oder Herstellungskosten der nach § 6 Abs. 1 Nr. 4 EStG, § 16 Abs. 3 EStG oder nach §§ 20, 21 UmwStG angesetzte Wert. Die Anschaffungs- oder Herstellungskosten des Veräußerers waren **früher** nicht um die Absetzungen für Abnutzung nach § 7 EStG und die erhöhten Absetzungen nach §§ 7b, 54 EStG zu kürzen (BFH-Urteile vom 27. 11. 1962, BStBl 1963 III S. 116, und vom 9. 4. 1963, BStBl III S. 334); Entsprechendes galt für die Abzugsbeträge nach §§ 10e, 10f, 10g, 10h und § 7 Fördergebietsgesetz. Bereits durch das **Jahressteuergesetz 1996** wurde § 23 EStG jedoch dahingehend geändert, dass die Anschaffungs- oder Herstellungskosten **um** etwaige **Absetzungen für Abnutzung, erhöhte Absetzungen** und **Sonderabschreibungen zu mindern** sind, **soweit** sie bei der Ermittlung der **Einkünfte** abgezogen wurden. Dies bedeutet, dass in Anspruch genommene Absetzungen und Sonderabschreibungen durch einen entsprechend höheren Veräußerungsgewinn insoweit wieder verloren gehen, als sie tatsächlich bei der Ermittlung anderer Einkünfte (z. B. aus nichtselbständiger Arbeit oder Vermietung und Verpachtung) abgezogen wurden (vgl. **Zeile 36** der Anlage SO). Nicht rückgängig gemacht werden jedoch „wie Sonderausgaben" abgezogene Abzugsbeträge nach den §§ 10e, 10f, 10g und 10h EStG oder § 7 FördG, die Eigenheimzulage und die Investitionszulage nach dem InvZulG 1999. Nach § 52 Abs. 39 EStG ist die Neuregelung auf Veräußerungsgeschäfte anzuwenden, bei denen der Steuerpflichtige das Wirtschaftsgut **nach dem 31. 7. 1995 anschafft** und veräußert oder **nach dem 31. 12. 1998 fertig stellt** und veräußert (vgl. BMF-Schreiben vom 5. 10. 2000, BStBl I S. 1383, Rz 28 bis 40 und dortige Beispiele).

Bei der Ermittlung des Veräußerungsgewinns im Fall der Veräußerung eines vermieteten Gebäudes können die **Schuldzinsen,** die auf den Zeitraum zwischen der Beendigung der Nutzung zur Erzielung von Einkünften aus Vermietung und Verpachtung und der Veräußerung entfallen, als Werbungskosten abgezogen werden. Nach dem BFH-Urteil vom 17. 7. 1991 (BStBl II S. 916) sind die durch ein privates Veräußerungsgeschäft veranlassten **Werbungskosten** – abweichend vom Abflussprinzip des § 11 Abs. 2 EStG – in **dem** Kalenderjahr zu berücksichtigen, in dem der Veräußerungserlös zufließt. Fließt der Verkaufserlös in mehreren Kalenderjahren zu, sind sämtliche Werbungskosten zunächst mit dem im ersten Zuflussjahr erhaltenen Teilerlös und ein etwa verbleibender Werbungskostenüberschuß mit den in den Folgejahren erhaltenen Teilerlösen zu verrechnen (BFH-Urteil vom 3. 6. 1992, BStBl II S. 1017).

Bei Veräußerungsgeschäften gegen **wiederkehrende Leistungen** (Renten oder dauernde Lasten) ist als Veräußerungspreis zunächst der Barwert der wiederkehrenden Leistungen zu ermitteln (vgl. BMF-Schreiben vom 16. 9. 2004, BStBl I S. 922). Ein Gewinn aus Veräußerungsgeschäften entsteht erstmals in dem Veranlagungszeitraum, in dem der in der Summe der jährlichen Zahlungen enthaltene Veräußerungspreis die ggf. um die Absetzungen für Abnutzung, erhöhten Absetzungen und Sonderabschreibungen verminderten Anschaffungs- oder Herstellungskosten sowie die zugehörigen Werbungskosten übersteigt (Rz 56 des o.a. BMF-Schreibens).

Fließt das **Entgelt** aus einem Veräußerungsgeschäft in **mehreren Jahresraten** zu, so ist als Veräußerungsgewinn der Einnahmenüberschuss in den Jahren zu berücksichtigen, in denen er tatsächlich erzielt wurde (BFH-Urteil vom 13. 4. 1962, BStBl III S. 306). Das gilt auch für die Prüfung der Frage, ob der aus Veräußerungsgeschäfte erzielte Gesamtgewinn im Kalenderjahr weniger als 512 € betragen hat, sowie für die Behandlung einer teilweisen Rückzahlung eines vereinnahmten Kaufpreises in einem späteren Jahr (BFH-Urteil vom 2. 4. 1974, BStBl II S. 540).

Wird ein Grundstück in ein **Umlegungsverfahren** eingebracht und erhält der Steuerpflichtige dafür ein anderes Grundstück zugeteilt, so ist diese Zuteilung keine Anschaffung. Die Zehnjahresfrist des § 23 EStG n.F. beginnt in einem solchen Fall bereits mit dem Erwerb des in das Umlegungsverfahren eingebrachten Grundstücks (BFH-Urteil vom 15. 1. 1974, BStBl II S. 606). Wird einem Grundstückseigentümer im Rahmen eines Umlegungsverfahrens ein Grundstück gegen **Zuzahlung eines Geldbetrages** zugeteilt, liegt ein Anschaffungsgeschäft **insoweit** vor, als die Zuzahlung für eine den Sollanspruch (§ 56 Abs. 1 Satz 1 BauGB) nicht unwesentlich übersteigende Mehrzuteilung zu leisten ist (BFH-Urteil vom 29. 3. 1995, BB 1995 S. 1630). Die **Rückübertragung von enteignetem Grundbesitz** oder dessen Rückgabe nach Aufhebung der staatlichen Verwaltung aufgrund des **Gesetzes zur Regelung offener Vermögensfragen** vom 23. 9. 1990 i.d.F. der Bekanntmachung vom 21. 12. 1998 (BGBl I S. 4026) ist keine Anschaffung (vgl. auch BMF-Schreiben vom 11. 1. 1993, BStBl I S. 18 und H 169 EStH).

Für die Berechnung des Veräußerungsgewinns in den Fällen, in denen zum Privatvermögen gehörende **Wertpapiere** derselben Art sich in einem **Sammeldepot** befinden, hat der BFH im Urteil vom 24. 11. 1993 (BStBl 1994 II S. 591) entschieden, dass dem Nämlichkeitserfordernis i.S. des § 23 EStG genügt werde, wenn die angeschafften und veräußerten Wertpapiere der Art und der Stückzahl nach identisch sind. Ein steuerpflichtiges Veräußerungsgeschäft liegt nur vor, wenn der Art und der Stückzahl der Wertpapiere nach feststeht, dass Anschaffung und Veräußerung innerhalb von einem Jahr stattgefunden haben. Dabei wird nach der Ergänzung in § 23 Abs. 1 Nr. 2 EStG **unterstellt,** dass die **zuerst angeschafften** Wertpapiere **zuerst veräußert** wurden („First in, first out"-Methode). Vgl. auch BMF-Schreiben vom 5. 4. 2005, BStBl I S. 617. Zweifelsfragen bei der Besteuerung privater Veräußerungsgeschäfte mit Wertpapieren sind im BMF-Schreiben vom **25. 10. 2004** (BStBl I S. 1034) geregelt. Die dortigen Rz 45 bis 48 (insbesondere Zahlenbeispiel) sind jedoch durch die neue „First in, first out"-Methode überholt, wie die folgende Berechnung zeigt.

Beispiel 9 (entspr. Rz 48 des BMF-Schreibens vom 25. 10. 2004, aktualisiert):

A veräußert am 1. 10. 2005 100 Aktien der B-AG zu einem Kurs von 200 €. Dabei fallen Bankgebühren von 10 € an. Im Sammeldepot befanden sich vor der Veräußerung insgesamt 250 Aktien der B-AG, die zu folgenden Zeitpunkten zu unterschiedlichen Kursen angeschafft wurden:

1. 7. 2004	50 Aktien	zu 120 €
20. 10. 2004	80 Aktien	zu 160 €
10. 11. 2004	120 Aktien	zu 150 €

Lösung nach neuer Rechtslage

Zunächst gelten die am 1. 7. 2004 angeschafften 50 Aktien als veräußert. Wegen Ablaufs der Jahresfrist besteht insoweit keine Steuerpflicht. Für die restlichen 50 innerhalb der Jahresfrist veräußerten Aktien bestimmen sich die Anschaffungskosten nach der „First in, first out"-Methode, d.h. es gelten 50 Aktien von den am 20. 10. 2004 zum Kurs von 160 € angeschafften 80 Aktien als veräußert.

Veräußerungserlös (50 Aktien × 200 €)	10 000 €
Anschaffungskosten (50 Aktien × 160 €)	./. 8 000 €
Veräußerungskosten (½ von 10 €)	./. 5 €
Veräußerungsgewinn	1 995 €
steuerpflichtig sind im Halbeinkünfteverfahren	997 €

Zur Behandlung von **Options-** und **Finanztermingeschäften** vgl. BMF-Schreiben vom 27. 11. 2001, BStBl I S. 986 und die erweiterte Vorschrift des § 23 Abs. 1 Nr. 4 EStG n.F.

Der Gewinn aus der Veräußerung eines durch eine Kapitalerhöhung entstandenen Bezugsrechts innerhalb der einjährigen Veräußerungsfrist, die mit dem Erwerb der Altaktie beginnt, ist nach § 23 Abs. 1 Satz 1 Nr. 2 EStG zu versteuern (BFH-Urteil vom 22.5. 2003, BStBl II S. 712). Werden innerhalb der Jahresfrist des § 23 EStG Kapitalgesellschaftsanteile im Anschluss an eine mit der Gewährung von kostenlosen Bezugsrechten oder von Gratisaktien verbundene Kapitalerhöhung veräußert, so sind bei der Ermittlung des Veräußerungsgewinns die ursprünglichen Anschaffungskosten der Anteile um den auf die Bezugsrechte oder die Gratisaktien entfallenden Betrag nach der Gesamtwertmethode zu kürzen (BFH-Urteil vom 19. 12. 2000, BStBl 2001 II S. 345).

Freigrenze, Verluste

Gewinne aus Veräußerungsgeschäften i.S. des § 23 EStG bleiben **steuerfrei,** wenn der aus den privaten Veräußerungsgeschäften erzielte Gesamtgewinn im Kalenderjahr **weniger als 512 €** betragen hat. Haben **zusammenveranlagte Ehegatten** jeweils für sich Veräußerungsgewinne bezogen, so steht jedem Ehegatten die genannte Freigrenze zu (höchstens jedoch bis zur Höhe seines Gesamtgewinns aus privaten Veräußerungsgeschäften). Wird die genannte Freigrenze überschritten, ist der gesamte Gewinn zu versteuern.

Verluste aus privaten Veräußerungsgeschäften (d.h. Verluste, die innerhalb der oben genannten Fristen des § 23 EStG realisiert wurden) dürfen nur bis zur Höhe des Gewinns, den der Steuerpflichtige im gleichen Kalenderjahr aus privaten Veräußerungsgeschäften erzielt hat, ausgeglichen werden; ein Verlustabzug nach § 10d EStG ist ausgeschlossen. Die Verluste mindern jedoch nach Maßgabe des § 10d EStG die Einkünfte, die der Steuerpflichtige im Vorjahr oder in den Folgejahren aus privaten Veräußerungsgeschäften i.S. des § 23 EStG erzielt hat oder erzielt (vgl. auch Erläuterungen zu **Zeile 62** der Anlage SO und dortige Beispiele).

Die Frage, ob bei Veräußerung einer **wesentlichen Beteiligung** an Kapitalgesellschaften innerhalb der in § 23 EStG bezeichneten Frist die Vorschrift des **§ 17 EStG** (Teil I, Anlage GSE, Zeilen 22 bis 23) Vorrang vor § 23 EStG hat und damit ein entstehender Verlust ausgleichsfähig ist, wird in § 23 Abs. 2 Satz 2 EStG n.F. eindeutig geregelt. Danach ist nicht § 17 EStG anzuwenden, sondern es hat eine Besteuerung nach **§ 23 EStG** zu erfolgen, wenn der Zeitraum zwischen Anschaffung und Veräußerung nicht mehr als ein Jahr beträgt. Die Verlustausgleichs- und -abzugsbeschränkung des § 23 Abs. 3 EStG ist somit auch in diesem Fall anzuwenden (vgl. **Zeile 62** der Anlage SO).

Teil I: Anlage SO
Zeilen 60–62

Halbeinkünfteverfahren

Nach § 3 Nr. 40 j EStG fallen steuerbare Gewinne aus der Veräußerung von Anteilen an Körperschaften (z.B. Aktien, GmbH- und Genossenschaftsanteilen) unter das **Halbeinkünfteverfahren** mit der Folge, dass der Veräußerungserlös i.S. des § 23 EStG **zur Hälfte steuerfrei** ist und Abzugsbeträge (Anschaffungs- und Werbungskosten) nur zur Hälfte berücksichtigt werden (vgl. auch Erläuterungen zu **Zeilen 21 bis 25 der Anlage KAP)**. Nach der zeitlichen Anwendungsvorschrift des § 52 Abs. 4b Nr. 2 EStG unterliegen Gewinne aus der Veräußerung von Anteilen an **inländischen** Körperschaften grundsätzlich erstmals ab dem Jahr 2002 dem Halbeinkünfteverfahren. Veräußerungsgewinne aus dem Verkauf von Anteilen an **ausländischen** Körperschaften fallen dagegen bereits bei Veräußerung seit dem Jahr 2001 unter das Halbeinkünfteverfahren (vgl. auch Rz 51 des BMF-Schreibens vom 25. 10. 2004, BStBl I S. 1034). Trotz des anzuwendenden **Halbeinkünfteverfahrens** sind Veräußerungserlöse, Anschaffungskosten und Werbungskosten in den dafür vorgesehenen Zeilen und Spalten der Anlage SO (Zeilen **44** bis **51**) stets **in voller Höhe einzutragen**. Die Halbierung der Beträge berücksichtigt das Finanzamt. Die Veräußerung von Fondsanteilen unterliegt nicht dem Halbeinkünfteverfahren (§ 8 Abs. 5 Investmentsteuergesetz, BStBl 2004 I S. 1158).

Termingeschäfte, z.B. Optionen, Optionsscheine, Futures

Termingeschäfte (Zeilen **52 bis 59** der Anlage SO) umfassen sämtliche als Optionsgeschäft oder Festgeschäft ausgestalteten Finanzinstrumente sowie Kombinationen zwischen Options- und Festgeschäften, deren Preis unmittelbar oder mittelbar abhängt von

- dem Börsen- oder Marktpreis von Wertpapieren,
- dem Börsen- oder Marktpreis von Geldmarktinstrumenten,
- dem Kurs von Devisen oder Rechnungseinheiten,
- Zinssätzen oder anderen Erträgen oder
- dem Börsen- oder Marktpreis von Waren oder Edelmetallen.

Dabei ist ohne Bedeutung, ob das Termingeschäft in einem Wertpapier verbrieft ist, an einer amtlichen Börse oder außerbörslich abgeschlossen wird. Als Termingeschäfte gelten neben Optionsscheinen auch Zertifikate, die Aktien vertreten.

Gewinn oder Verlust bei einem Termingeschäft ist der Differenzausgleich oder der durch den Wert einer veränderlichen Bezugsgröße bestimmte Geldbetrag oder Vorteil (Zeile 54) abzüglich der mit dem Termingeschäft zusammenhängenden Werbungskosten (Zeile 55). Bei **mehreren** Termingeschäften sind die Angaben hierzu auf einem besonderen Blatt zu machen und die Einkünfte aus den weiteren Termingeschäften in **Zeile 59** der Anlage SO einzutragen (ggf. getrennt für Ehemann und Ehefrau).

Der Begriff der Termingeschäfte in § 23 Abs. 1 Satz 1 Nr. 4 EStG (vgl. oben „Umfang der Steuerpflicht") ist tendenziell **weit** zu verstehen. Es unterliegen nicht nur Waren- und Devisentermingeschäfte der Besteuerung, sondern alle Geschäfte, die in Abhängigkeit von einer anderen Bezugsgröße einen Anspruch auf Geldzahlung oder einen sonstigen Vorteil begründen. Dies gilt nicht nur für die in der Gesetzesbegründung ausdrücklich genannten Swaps, Index-Optionsanleihen und Futures. Dabei ist jedes selbständig vereinbarte Geschäft für sich zu betrachten. Im Falle eines Optionsgeschäfts bedeutet dies, dass ein Differenzgeschäft nicht nur in den Fällen anzunehmen ist, in denen die Option ausgeübt wird, sondern auch Glattstellung oder Verfall innerhalb eines Jahres seit Erwerb den Tatbestand des § 23 Abs. 1 Satz 1 Nr. 4 EStG verwirklicht. Dies wird u.a. daraus gefolgert, dass die Nr. 4 des Gesetzes – anders als Nr. 2 – nicht auf Anschaffung und Veräußerung, sondern viel allgemeiner auf Erwerb und Beendigung des Rechts auf Differenzausgleich abstellt.

Einzelheiten der steuerlichen Behandlung von Optionsgeschäften, als Festgeschäft ausgestaltete Termingeschäften (Futures und Forwards), Devisentermingeschäften, Partizipationsscheinen, Discountzertifikaten sowie Aktien- und Umtauschanleihen sind im BMF-Schreiben vom 27. 11. 2001 (BStBl I S. 986) geregelt. Einnahmen aus Stillhaltergeschäften im Optionshandel sind nicht hier, sondern in **Zeile 8** der Anlage SO anzugeben.

Anteile an Einkünften

Sind an Einkünften aus privaten Veräußerungsgeschäften **mehrere Personen** (außer zusammenveranlagte Ehegatten) **beteiligt** (z.B. bei Erbengemeinschaften, Grundstücksgemeinschaften), so ist in **Zeile 60** der **Anteil** des Beteiligten an diesen Einkünften zu erklären (einschließlich des steuerfreien Teils der Einkünfte, für die das Halbeinkünfteverfahren gilt). Außerdem sollen die Bezeichnung der Gemeinschaft, das zuständige Finanzamt und die Steuernummer der Gemeinschaft angegeben werden. Wegen des in **Zeile 61** einzutragenden Betrags der in Zeile 60 enthaltenen Einkünfte, für die das **Halbeinkünfteverfahren** gilt, wird auf die vorstehenden Erläuterungen zu Zeilen 30 bis 59 (vorletzter Abschnitt) hingewiesen.

Verluste aus privaten Veräußerungsgeschäften

Verluste aus privaten Veräußerungsgeschäften i.S. des § 23 EStG dürfen nicht mit anderen Einkünften, sondern nur bis zur Höhe des Gewinns, den der Steuerpflichtige im gleichen Kalenderjahr aus privaten Veräußerungsgeschäften erzielt hat, ausgeglichen werden (§ 23 Abs. 3 Satz 8 EStG). Kann ein im Jahr **2005** entstandener Verlust aus privaten Veräußerungsgeschäften nicht mit Gewinnen **2005** aus privaten Veräußerungsgeschäften ausgeglichen (verrechnet) werden, so ist dieser Verlust nach Maßgabe des § 10d EStG rück- bzw. vortragsfähig, d.h. er mindert die im Jahr 2004 oder in den folgenden Jahren erzielten Gewinne aus privaten Veräußerungsgeschäften (BMF-Schreiben vom 29. 11. 2004, BStBl I S. 1097). Wie in den Erläuterungen zu **Zeilen 93 bis 94 des Hauptvordrucks** ausgeführt ist, kann der Verlustrücktrag der Höhe nach begrenzt werden. Wenn für Verluste (nicht ausgeglichene negative Einkünfte) 2005 aus privaten Veräußerungsgeschäften eine solche Begrenzung gewünscht wird, ist in Zeile 62 der Anlage SO der Betrag einzutragen, der im Jahr 2004 verrechnet werden soll. Im Übrigen gelten die Erläuterungen zu **Zeile 14 der Anlage SO** hier entsprechend.

Beispiel 10

A hat im Jahr 2005 aus einem privaten Veräußerungsgeschäft i.S. des § 23 EStG einen Gewinn von 5 000 € erzielt. Aus einem weiteren Veräußerungsgeschäft im Jahr 2005 ist A ein Verlust von 7 000 € entstanden. Im Jahr 2004 hatte A Gewinne aus privaten Veräußerungsgeschäften von insgesamt 6 000 €.

Die Ergebnisse der beiden Veräußerungsgeschäfte im Jahr 2005 können miteinander verrechnet (saldiert) werden, sodass sich im Jahr 2005 insgesamt ein Verlust aus privaten Veräußerungsgeschäften von 2 000 € ergibt. Dieser Verlust ist im Jahr 2005 nicht abziehbar, denn ein Verlustausgleich mit anderen Einkünften ist nicht zulässig. Der Verlust 2005 von 2 000 € kann jedoch in das Jahr 2004 zurückgetragen werden und von dem dortigen Gewinn aus privaten Veräußerungsgeschäften abgezogen werden, sodass sich für das Jahr 2004 eine Steuerminderung ergibt.

Hätte A im Jahr 2004 keinen Gewinn aus privaten Veräußerungsgeschäften gehabt, kann der Verlust 2005 in künftige Jahre vorgetragen, d.h. mit künftigen Gewinnen aus privaten Veräußerungsgeschäften verrechnet werden.

Beispiel 11

Sachverhalt wie im Beispiel 10; die Gewinne aus privaten Veräußerungsgeschäften im Jahr 2004 betrugen jedoch nur 2 510 €.

Durch den Verlustrücktrag von 2000 € aus 2005 verbleibt im Jahr 2004 ein Gewinn von 510 €. Dieser Gewinnbetrag bleibt steuerpflichtig. Die o.a. Freigrenze des § 23 Abs. 3 EStG von 512 € ist **nicht** auf die nach einem Verlustrück- oder -vortrag noch verbleibenden Einkünfte anzuwenden (BMF-Schreiben vom 25. 10. 2004, BStBl I S. 1034, Rz 52 sowie BFH-Urteil vom 11. 1. 2005, BStBl II S. 433).

Bei der **Zusammenveranlagung von Ehegatten** ist der Gesamtgewinn aus privaten Veräußerungsgeschäften für jeden Ehegatten zunächst getrennt zu ermitteln. Dabei ist für den Gewinn eines jeden Ehegatten die o.a. Freigrenze von 512 € gesondert zu berücksichtigen. Die ggf. von einem Ehegatten nicht ausgeschöpfte Freigrenze kann nicht beim anderen Ehegatten berücksichtigt werden. Nicht ausgeglichene **Verluste** aus privaten Veräußerungsgeschäften des einen Ehegatten sind mit Gewinnen des anderen Ehegatten aus privaten Veräußerungsgeschäften auszugleichen. Ein Ausgleich ist jedoch nicht vorzunehmen, wenn der erzielte Gesamtgewinn des anderen Ehegatten steuerfrei bleibt, weil er weniger als 512 € im Kalenderjahr betragen hat (im Einzelnen vgl. BMF-Schreiben vom 5. 10. 2000, BStBl I S. 1383, Rz 41).

Nach dem BFH-Urteil vom 1. 6. 2004 (BStBl 2005 II S. 26) war die Versagung eines überperiodischen Verlustabzugs bei Verlusten aus privaten Veräußerungsgeschäften **vor dem 1. 1. 1999** nach § 23 Abs. 4 EStG **a.F.** mit Art. 3 Abs. 1 GG **nicht** vereinbar. Auf Grund des Beschlusses des Bundesverfassungsgerichts vom 9. 3. 2004 (BStBl 2005 II S. 56) sind in den Jahren **1997** und **1998** entstandene Spekulationsverluste aus **Wertpapiergeschäften** steuerrechtlich nicht zu berücksichtigen (BFH-Urteil vom 14. 7. 2004, BStBl 2005 II S. 125).

Teil I: Anlage GSE
Zeile 1

9. Erläuterungen zur „Anlage GSE"
für Einkünfte aus Gewerbebetrieb und selbständiger Arbeit
– gegliedert nach den am Rand des amtlichen Vordrucks angegebenen Zahlen –

A. Einkünfte aus Gewerbebetrieb

1 Einkommensteuerrechtlich versteht man unter einem **Gewerbebetrieb** eine auf **Gewinnerzielung** gerichtete **selbständige** nachhaltige **Betätigung**, die sich als **Beteiligung am allgemeinen wirtschaftlichen Verkehr** darstellt und **weder land- und forstwirtschaftlicher Art** sein **noch** in den Bereich der **selbständigen Arbeit** fallen darf (§ 15 Abs. 2 EStG). Einen Gewerbebetrieb unterhalten danach z. B. Handwerker, Fabrikanten, Händler, Wirte, Spediteure, Handelsvertreter, Makler, Bauunternehmer. **Selbständigkeit** liegt vor, wenn die Tätigkeit auf eigene Rechnung und auf eigene Verantwortung erfolgt. Entscheidend ist dabei das **Gesamtbild** der Verhältnisse, wobei die für und gegen die Selbständigkeit sprechenden Umstände gegeneinander abgewogen werden müssen (wegen der Abgrenzungsmerkmale vgl. im Einzelnen H 67 LStH). **Versicherungsvertreter,** die Versicherungsverträge selbst vermitteln (sog. Spezialagenten), sind in vollem Umfang als selbständig anzusehen. Beim sog. Generalagenten kommt eine Aufteilung der Tätigkeit in eine selbständige und in eine unselbständige Tätigkeit im Allgemeinen nicht in Betracht. Er ist entweder nur Gewerbetreibender oder nur Angestellter. Hierbei kommt im Rahmen des Gesamtbildes seiner Stellung dem **Unternehmerrisiko** eine besondere Bedeutung zu. Bei einem **Reisevertreter** ist im Allgemeinen Selbständigkeit anzunehmen, wenn er die typische Tätigkeit eines Handelsvertreters ausübt. Unselbständigkeit ist jedoch gegeben, wenn der Reisevertreter in das Unternehmen seines Auftraggebers derart eingegliedert ist, dass er dessen Weisungen zu folgen verpflichtet ist, wobei der Annahme von Unselbständigkeit nicht ohne weiteres entgegensteht, dass die Entlohnung nach dem Erfolg der Tätigkeit vorgenommen wird (H 134 EStH). Wegen der Abgrenzung zwischen gewerblicher und **freiberuflicher** Tätigkeit wird auf die Ausführungen zu **Zeilen 35 bis 36** der Anlage GSE hingewiesen.

Die sozialversicherungsrechtlichen Neuregelungen zur sog. **Scheinselbständigkeit** nach dem Gesetz zu Korrekturen in der Sozialversicherung und zur Sicherung der Arbeitnehmerrechte (BGBl 1998 I S. 3843) haben keine unmittelbaren Auswirkungen auf das Steuerrecht. Ob jemand selbständig oder als Arbeitnehmer tätig ist, ist steuerlich nach eigenen Vorschriften und Abgrenzungsmerkmalen zu entscheiden. Nach § 1 Abs. 2 LStDV liegt ein nichtselbständiges Arbeitsverhältnis (Dienstverhältnis) vor, wenn der Angestellte (Beschäftigte) dem Arbeitgeber seine Arbeitskraft schuldet. Dies ist der Fall, wenn die tätige Person in der Betätigung ihres geschäftlichen Willens unter der Leitung des Arbeitgebers steht oder im geschäftlichen Organismus des Arbeitgebers dessen Weisungen zu folgen verpflichtet ist. Nach ständiger Rechtsprechung des BFH ist die Frage, wer Arbeitnehmer ist, unter Beachtung dieser Bestimmung nach dem Gesamtbild der Verhältnisse im Einzelfall zu beurteilen. Eine gesetzliche Vermutung – wie jetzt im Sozialversicherungsrecht – gibt es steuerlich nicht.

Die Absicht, durch Verluste das Einkommen und dadurch die Einkommensteuerbelastung der übrigen Einkunftsteile zu mindern, kann nicht als **Gewinnerzielungsabsicht** gewertet werden. Von besonderer Bedeutung ist dies für Gesellschafter von **Verlustzuweisungsgesellschaften.** Sie werden nur dann als Mitunternehmer eines Gewerbebetriebs angesehen, wenn sie für den Zeitraum ihrer Zugehörigkeit zur Gesellschaft im Rahmen ihrer Beteiligung eine Mehrung des ihnen zuzurechnenden Betriebsvermögens erstreben (vgl. BFH-Urteile vom 21. 8. 1990, BStBl 1991 II S. 564, und vom 10. 9. 1991, BStBl 1992 II S. 328, wonach bei Verlustzuweisungsgesellschaften das Fehlen der Gewinnerzielungsabsicht vermutet wird). Zur Bedeutung dieser Vermutung für die Feststellung der Gewinnerzielungsabsicht hat der BFH im Urteil vom 12. 12. 1995 (BStBl 1996 II S. 219) Stellung genommen. Ein Gewerbebetrieb liegt jedoch, wenn seine Voraussetzungen im Übrigen gegeben sind, auch dann vor, wenn die Gewinnerzielungsabsicht nur ein Nebenzweck ist (vgl. auch H 134 b EStH).

Nach § 2 b EStG dürfen **negative** Einkünfte aus **Verlustzuweisungsmodellen** nur noch mit positiven Einkünften aus solchen Modellen ausgeglichen oder von solchen positiven Einkünften im Vorjahr oder in Folgejahren abgezogen werden (Teil I, Anlage GSE, **Zeile 9** und Anlage V, Zeile 24).

Nach § 15 Abs. 3 Nr. 2 EStG gilt die mit Einkünfteerzielungsabsicht unternommene Tätigkeit einer Personengesellschaft in vollem Umfang als gewerblich, wenn ausschließlich eine oder mehrere Kapitalgesellschaften persönlich haftende Gesellschafter sind und nur diese oder Personen, die nicht Gesellschafter sind, zur Geschäftsführung befugt sind **(gewerblich geprägte Personengesellschaft).** Ist eine gewerblich geprägte Personengesellschaft als persönlich haftender Gesellschafter an einer anderen Personengesellschaft beteiligt, so steht für die Beurteilung, ob die Tätigkeit dieser Personengesellschaft als Gewerbebetrieb gilt, die gewerblich geprägte Personengesellschaft einer Kapitalgesellschaft gleich. Nach dem BFH-Urteil vom 10. 7. 1986 (BStBl II S. 811) bestehen gegen die rückwirkende Wiedereinführung der sog. Gepägetheorie durch § 15 Abs. 3 Nr. 2 EStG keine verfassungsrechtlichen Bedenken.

Von besonderer Wichtigkeit ist neben der Abgrenzung der gewerblichen Tätigkeit von anderen Tätigkeitsarten bei den Einkünften aus Gewerbebetrieb die Frage, von wann ab und bis zu welchem Zeitpunkt Einkünfte aus Gewerbebetrieb vorliegen. Die Entscheidung dieser Frage hängt davon ab, wann die gewerbliche Tätigkeit **beginnt** und wann sie **endet.** Ein gewerbliches Unternehmen beginnt bereits mit der auf Eröffnung eines Gewerbebetriebs gerichteten vorbereitenden Tätigkeit. Hat z. B. jemand einen Betrieb gekauft oder gepachtet, so sind die **vor** Betriebseröffnung, z. B. zur Besichtigung des Betriebs, aufgewendeten Kosten bereits Betriebsausgaben. Ist es nicht zur Aufnahme der geplanten geschäftlichen Tätigkeit gekommen, so können trotzdem Betriebsausgaben vorliegen (sog. erfolglose Betriebsausgaben). Dies gilt aber dann nicht, wenn die Vorbereitungen für die künftige Tätigkeit bereits in einem so frühen Stadium stecken geblieben sind, dass für den Steuerpflichtigen noch alle Möglichkeiten offen bleiben. Das gewerbliche Unternehmen **endet,** wenn alle im Zusammenhang mit dem Betrieb entstandenen Geschäfte abgewickelt sind. Deshalb zählen zu den Einkünften aus Gewerbebetrieb auch noch alle Einnahmen und Ausgaben, die aus der früher ausgeübten gewerblichen Tätigkeit herrühren; es kann sich also auch ein nachträglicher **Verlust** ergeben (vgl. H 171 EStH).

Schuldzinsen für ehemalige Betriebsschulden können nach der Betriebsveräußerung (Betriebsaufgabe) insoweit als nachträgliche Betriebsausgaben abgezogen werden, als die Zinsen nicht auf Verbindlichkeiten entfallen, die durch den Veräußerungspreis und die Verwertung von zurückbehaltenen Wirtschaftsgütern hätten abgedeckt werden können (BFH-Urteile vom 19. 1. 1982, BStBl II S. 321 und vom 12. 11. 1997, BStBl 1998 II S. 144). Bestehen hinsichtlich des Veräußerungserlöses Auszahlungshindernisse oder hinsichtlich des zurückbehaltenen Aktivvermögens Verwertungshindernisse oder hinsichtlich der früheren Betriebsschuld Rückzahlungshindernisse, ist der Steuerpflichtige so zu behandeln, als ob die nicht tilgbare frühere Betriebsschuld ihren betrieblichen Charakter beibehält, bis die genannten Hindernisse entfallen sind (BFH-Urteil vom 27. 11. 1984, BStBl 1985 II S. 323). Bestrittene Schadensersatzforderungen bleiben auch nach der Betriebsaufgabe noch Betriebsvermögen; spätere Ersatzleistungen sind als rückwirkendes Ereignis dem Aufgabegewinn zuzuordnen (BFH-Urteil vom 10. 2. 1994, BStBl II S. 564).

Zahlt der **Gesellschafter einer Personengesellschaft** Zinsen für Verbindlichkeiten, die die Gesellschaft bei Aufgabe ihres Betriebs nicht getilgt hat, obwohl ihr bei ordnungsgemäßer Abwicklung ausreichende Mittel zur Verfügung gestanden hätten, kann er die Zinsen **nicht** als (nachträgliche) Betriebsausgaben abziehen. Das gilt auch für Zinsen auf Verbindlichkeiten, die einem Gesellschafter im wirtschaftlichen Zusammenhang mit seinem Sonderbetriebsvermögen entstanden sind, wenn er die Aktivwerte dieses Vermögens bei Beendigung seiner Mitunternehmerstellung nicht zur Tilgung der Verbindlichkeiten verwendet. Zahlt ein Gesellschafter aber Zinsen für fortbestehende Gesellschaftsverbindlichkeiten, so muss er sich nicht entgegenhalten lassen, dass er die Aktivwerte seines Sonderbetriebsvermögens zur Tilgung dieser Verbindlichkeiten hätte einsetzen können (BFH-Urteil vom 13.2. 1996, BStBl II S. 291 sowie H 13 Abs. 15 EStG).

Unternehmer eines Gewerbebetriebs ist, wer ihn auf eigene Rechnung und Gefahr führt. Es kommt darauf an, wer wirtschaftlich das **Risiko** des Unternehmens trägt und bei wem die Erträge tatsächlich verbleiben. Unternehmer eines Betriebs ist nicht immer derjenige, dem das Betriebsvermögen gehört. So sind z.B. auch **Pächter** und **Nießbraucher** eines Gewerbebetriebs gewerbliche Unternehmer.

Eine gewerbliche Betätigung im Rahmen einer sog. **Betriebsaufspaltung** liegt vor, wenn ein Unternehmen (Besitzunternehmen) Wirtschaftsgüter, die zu den **wesentlichen Grundlagen** des Betriebs gehören (z.B. Grundstücke und Maschinen), miet- oder pachtweise einer von ihm **beherrschten Kapitalgesellschaft** (Betriebsunternehmen) überlässt. Im Fall der Betriebsaufspaltung ist das Besitzunternehmen am allgemeinen wirtschaftlichen Verkehr beteiligt und erzielt **Einkünfte aus Gewerbebetrieb**, die auch der Gewerbesteuer unterliegen (vgl. BFH-Urteile vom 24. 6. 1969, BStBl 1970 II S. 17, vom 21. 5. 1974, BStBl II S. 613, und vom 28. 11. 1979, BStBl 1980 II S. 162, sowie H 137 Abs. 4 EStH). Nach dem BFH-Urteil vom 14. 9. 1999 (BStBl 2000 II S. 255) sind Gewinnausschüttungen einer Betriebs-GmbH an den Besitzunternehmer auch insoweit als Einnahmen aus Gewerbebetrieb zu qualifizieren, als sie die Zeiträume vor Begründung der Betriebsaufspaltung betreffen, der betreffende Gewinnverteilungsbeschluss aber erst nach Begründung der Betriebsaufspaltung gefasst worden ist. In mehreren Urteilen hat der BFH entschieden, wann eine enge **personelle und sachliche Verflechtung zwischen** dem **Besitzunternehmen** und der **Betriebskapitalgesellschaft** besteht und damit eine Betriebsaufspaltung vorliegt (Urteile vom 30. 7. 1985, BStBl 1986 II S. 359, vom 27. 11. 1985, BStBl 1986 II S. 362, und vom 18. 2. 1986, BStBl II S. 611). Werden Wirtschaftsgüter an die Betriebsgesellschaft überlassen, so stellen sie grundsätzlich eine wesentliche Betriebsgrundlage dar, wenn sie zur Erreichung des Betriebszwecks erforderlich sind und ein besonderes wirtschaftliches Gewicht für die Betriebsführung bei der Betriebsgesellschaft besitzen (BFH-Urteil vom 26. 1. 1989, BStBl II S. 455). Das ist vor allem für Wirtschaftsgüter des Anlagevermögens anzunehmen, die für den Betriebsablauf unerlässlich sind, sodass ein Erwerber des Betriebs diesen nur mit ihrer Hilfe in der bisherigen Form fortführen könnte (BFH-Urteil vom 24. 8. 1989, BStBl II S. 1014). Danach stellt die Überlassung eines **bebauten Grundstücks** eine wesentliche Betriebsgrundlage des Betriebsunternehmens dar, wenn der Betrieb derart von der Verbindung mit dem Gebäudegrundstück abhängig ist, dass er an anderer Stelle nicht in der bisherigen Weise fortgeführt werden kann. Dies ist für bebaute Grundstücke anzunehmen, bei denen die Gebäude durch ihre Gliederung oder sonstige Bauart dauernd für den Betrieb eingerichtet sind; hierbei genügt es, dass Gebäude nach ihrer Lage, ihrer Größe und ihrem Grundriss auf das Tätigkeitsfeld des Betriebsunternehmens zugeschnitten sind. Eine spezielle Gestaltung im Sinne einer ausschließlichen Nutzbarkeit des Grundstücks durch die jeweilige Betriebsgesellschaft ist nicht erforderlich. Daher werden z.B. Fabrikationsgrundstücke ohne weitere Unterscheidung zu den wesentlichen Betriebsgrundlagen gerechnet (BFH-Urteile vom 5. 9. 1991, BStBl 1992 II S. 349, vom 12. 9. 1991, BStBl 1992 II S. 347 und vom 26. 3. 1992, BStBl II S. 830). Ein ausschließlich zu büro- oder verwaltungsmäßiger Nutzung vermietetes Bürogebäude bildete früher grundsätzlich keine wesentliche Betriebsgrundlage. Im Einzelfall war aber zu prüfen, ob ein Bürogebäude auf Grund der besonderen Lage, des baulichen Zuschnitts auf die Bedürfnisse des Betriebsunternehmens oder, weil das Betriebsunternehmen aus anderen innerbetrieblichen Gründen ohne ein Grundstück dieser Art den Betrieb nicht fortführen konnte, eine wesentliche Betriebsgrundlage darstellte (BFH-Urteil vom 2. 4. 1997, BStBl II S. 565). Nach dem BFH-Urteil vom **23. 5. 2000** (BStBl II S. 621) ist ein Büro- und Verwaltungsgebäude jedenfalls dann eine wesentliche Betriebsgrundlage, wenn es die räumliche und funktionale Grundlage für die Geschäftstätigkeit der Betriebsgesellschaft bildet (vgl. dazu BMF-Schreiben vom 18. 9. 2001, BStBl I S. 634). Lag nur deshalb eine Betriebsaufspaltung vor, weil die Anwendung der Grundsätze des BFH-Urteils vom 23. 5. 2000 zu einer Änderung gegenüber der vorherigen Verwaltungspraxis geführt hatte, wurden die steuerlichen Konsequenzen aus der Betriebsaufspaltung auf Antrag erst für die Zeit nach dem **31. 12. 2002** gezogen (BMF-Schreiben vom 11. 6. 2002, BStBl I S. 647). In Fällen, in denen allein die Anwendung des BFH-Urteils vom 23. 5. 2000 zur Entstehung einer Betriebsaufspaltung führte, aber die Voraussetzungen hierfür vor dem **1. 1. 2003** wieder entfielen, waren nach dem o.a. BMF-Schreiben vom 11. 6. 2002 die Urteilsgrundsätze auf Antrag nicht anzuwenden.

Nach dem BFH-Urteil vom 26. 5. 1993 (BStBl II S. 718) kann ein Grundstück (mit aufstehenden Baulichkeiten) nicht nur wegen seiner Lage und seines Zuschnitts wesentliche Betriebsgrundlage sein, sondern auch deswegen, weil das Betriebsunternehmen aus anderen innerbetrieblichen Gründen auf das Grundstück angewiesen ist. Eine sachliche Verflechtung wird nach diesem Urteil nicht dadurch ausgeschlossen, dass das Betriebsunternehmen jederzeit am Markt ein für seine Belange gleichwertiges Grundstück mieten oder kaufen könnte (H 137 Abs. 5 EStH). Auch nach der **neuen Rechtsprechung** ist ein Grundstück jedoch dann keine wesentliche Betriebsgrundlage, wenn es für das Betriebsunternehmen lediglich von geringer wirtschaftlicher Bedeutung ist (vgl. BFH-Urteil vom 4. 11. 1992, BStBl 1993 II S. 245). **Mitverpachtete Grundstücke** gehören auch dann zum notwendigen Betriebsvermögen des Besitzunternehmens, wenn sie nicht wesentliche Betriebsgrundlage des Betriebsunternehmens werden (BFH-Urteil vom 17. 11. 1992, BStBl 1993 II S. 233).

Vom Besitzunternehmen überlassene **unbebaute Grundstücke** können eine wesentliche Betriebsgrundlage für das Betriebsunternehmen bilden, wenn sie von diesem entsprechend seinen Bedürfnissen bebaut oder in anderer Weise gestaltet worden sind. Mithin sind z.B. die für einen KFZ-Handel mit Reparaturbetrieb benötigten Grundstücke insgesamt als wesentliche Betriebsgrundlage anzusehen, obwohl sie erfahrungsgemäß auch Verkehrs- und Abstellplätze enthalten. Bei der Überlassung **beweglicher** Wirtschaftsgüter (z.B. Maschinen und Einrichtungsgegenstände) an das Betriebsunternehmen zählen auch Serienfabrikate zu den wesentlichen Betriebsgrundlagen (BFH-Urteil vom 24. 8. 1989, BStBl II S. 1014). Auch eine leihweise Überlassung wesentlicher Betriebsgrundlagen kann eine Betriebsaufspaltung begründen (BFH-Urteil vom 24. 4. 1991, BStBl II S. 713). Es ist auch ausreichend, wenn dem Betriebsunternehmen **immaterielle** Wirtschaftsgüter, z.B. der Firmenname oder Erfindungen, überlassen werden, die den Gesellschaftern des Besitzunternehmens gehören (BFH-Urteile vom 11. 8. 1966, BStBl III S. 601 und vom 26. 1. 1989, BStBl II S. 455). Nach dem BFH-Urteil vom 6. 11. 1991 (BStBl 1992 II S. 415) kann eine Betriebsaufspaltung auch durch die Einräumung des Nutzungsrechts an einer ungeschützten Erfindung entstehen.

Zur Frage, wann Ehegattenanteile bei der Beurteilung der **personellen Verflechtung** zwischen Besitz- und Betriebsunternehmen zusammenzurechnen sind, vgl. BFH-Urteil vom 24. 7. 1986 (BStBl II S. 913) sowie BMF-Schreiben vom 18. 11. 1986 (BStBl I S. 537) und H 137 Abs. 7 EStH. Nach dem BFH-Urteil vom 24.2. 2000 (BStBl II S. 417) ist ein einheitlicher geschäftlicher Betätigungswille der beteiligten Personen und damit eine personelle Verflechtung beider Unternehmen auch bei wechselseitiger Mehrheitsbeteiligung von zwei Personen am Besitzunternehmen und am Betriebsunternehmen anzunehmen (vgl. auch H 137 Abs. 6 EStH). Zur Bedeutung von Einstimmigkeitsabreden beim Besitzunternehmen für das Vorliegen einer personellen Verflechtung und zur Anwendung der BFH-Urteile in BStBl 2002 II S. 722, 771 und 774 wird im BMF-Schreiben vom 7.10.2002 (BStBl I S. 1028) Stellung genommen. Der Wegfall der personellen Verflechtung zwischen Besitzunternehmen und Betriebs-

Teil I: Anlage GSE
Zeile 1

GmbH, z.B. durch Veräußerung der GmbH-Anteile, führt in der Regel zu einer Betriebsaufgabe mit der Folge, dass die bis dahin gebildeten stillen Reserven aufzulösen und zu versteuern sind (BFH-Urteil vom 25. 8. 1993, BStBl 1994 II S. 23). Fällt die personelle Verflechtung durch **Eintritt der Volljährigkeit** bisher minderjähriger Kinder weg, so wird dem Steuerpflichtigen jedoch nach R 139 Abs. 2 Satz 3 EStR aus **Billigkeitsgründen** das Wahlrecht zur Fortsetzung der gewerblichen Tätigkeit im Rahmen einer Betriebsverpachtung **auf Antrag** auch dann eingeräumt, wenn keine Betriebsverpachtung im Ganzen vorliegt, d.h. nicht alle wesentlichen Betriebsgrundlagen an das Betriebsunternehmen verpachtet sind (vgl. Ausführungen zu Zeilen 12 bis 21 der Anlage GSE). Nach dem BFH-Urteil vom 28. 11. 2001 (BStBl 2002 II S. 363) wird der beherrschende Einfluss auf das Betriebsunternehmen nicht dadurch ausgeschlossen, dass das Betriebsgrundstück einer zwischengeschalteten GmbH zur Weitervermietung an das Betriebsunternehmen überlassen wird.

Die Eröffnung des **Insolvenzverfahrens** (früher Konkurs) über das Vermögen der Betriebsgesellschaft führt regelmäßig zur **Beendigung** der personellen Verflechtung mit dem Besitzunternehmen und damit einer bestehenden Betriebsaufspaltung. Dieser Vorgang ist – wenn nicht das laufende Insolvenzverfahren mit anschließender Fortsetzung der Betriebsgesellschaft aufgehoben oder eingestellt wird – in der Regel als Betriebsaufgabe des Besitzunternehmens zu beurteilen mit der Folge, dass die in seinem Betriebsvermögen enthaltenen stillen Reserven aufzulösen sind (BFH-Urteil vom 6. 3. 1997, BStBl II S. 460). Vgl. auch Erläuterungen zu Zeilen 12 bis 21 der Anlage GSE.

Auch beim **An- und Verkauf von Grundstücken (Eigentumswohnungen)** können die Merkmale eines Gewerbebetriebs vorliegen, z.B. wenn Eigenheime oder Eigentumswohnungen in der Absicht errichtet werden, sie an verschiedene Erwerber zu veräußern, oder wenn ein Grundstückseigentümer (ähnlich wie ein Grundstückshändler oder ein Baulandaufschließungsunternehmen) seinen Grundbesitz ganz oder teilweise durch Baureifmachung in Baugelände umzugestalten beginnt, das Gelände in einzelne Parzellen aufteilt und diese an Interessenten veräußert (BFH-Urteile vom 31. 1. 1980, BStBl II S. 318, und vom 22. 3. 1990, BStBl II S. 637, sowie insbesondere BMF-Schreiben zur Abgrenzung zwischen privater Vermögensverwaltung und gewerblichem Grundstückshandel vom 26. 3. 2004, BStBl I S. 434). Wegen Einzelheiten vgl. auch H 137 Abs. 1 (Gewerblicher Grundstückshandel) EStH. Nach dem BFH-Beschluss (GrS) vom 3. 7. 1995 (BStBl II S. 617) können Grundstücksverkäufe einer Personengesellschaft einem Gesellschafter, der auch eigene Grundstücke veräußert, in der Weise zugerechnet werden, dass unter **Einbeziehung** dieser Veräußerungen ein gewerblicher Grundstückshandel des Gesellschafters besteht. Die Grenze, ab der ein gewerblicher Grundstückshandel angenommen wird, liegt nach der Rechtsprechung beim Verkauf von mehr als 3 Objekten (vgl. aber Tz. 5 bis 30 des o.a. BMF-Schreibens vom 26. 3. 2004 und BFH-Beschluss (GrS) vom 10. 12. 2001, BStBl 2002 II S. 291). Nach dem BFH-Urteil vom 16. 5. 2002 (BStBl II S. 571) ist jedes zivilrechtliche Wohnungseigentum ein Objekt im Sinne der „Drei-Objekt-Grenze", auch wenn mehrere Objekte nach Vertragsabschluss baulich zu einem Objekt zusammengefasst werden. Bei Beantwortung der Frage, ob die „Drei-Objekt-Grenze" überschritten ist, sind die Veräußerungen von Anteilen an Grundstücksgemeinschaften miteinzubeziehen (BFH-Urteil vom 7. 3. 1996, BStBl II S. 369). Der Erwerb eines Grundstücks, dessen anschließende Bebauung mit einem Sechsfamilienhaus und die hiermit in sachlichem und zeitlichem Zusammenhang stehende Veräußerung führen nach dem BFH-Urteil vom 14. 1. 1998 (BStBl II S. 346) ebenfalls zu Einkünften aus Gewerbebetrieb. Mit Beschluss vom 10. 12. 2001 (BStBl 2002 II S. 291) hat der GrS des BFH entschieden, dass in Ausnahmefällen auch der Verkauf von weniger als 4 Objekten in zeitlicher Nähe zu ihrer Errichtung zu einer gewerblichen Tätigkeit führen kann. Bei Veräußerungen von Großobjekten kann generell ein gewerblicher Grundstückshandel vorliegen. Nach dem BFH-Urteil vom 18. 9. 2002 (BStBl 2003 II S. 286) kann ein gewerblicher Grundstückshandel schon bei An- und Verkauf von nur 2 Grundstücken gegeben sein, wenn sie der Erwerber mit unbedingter Veräußerungsabsicht erworben hat. Andererseits ist ein gewerblicher Grundstückshandel trotz des Überschreitens der „Drei-Objekt-Grenze" ausnahmsweise nicht anzunehmen, wenn auf Grund besonderer vom Steuerpflichtigen darzulegender Umstände eindeutige Anhaltspunkte gegen eine von Anfang an bestehende Veräußerungsabsicht sprechen (BFH-Urteil vom 20. 2. 2003, BStBl II S. 510).

Gewinnermittlungsarten

Im Einkommensteuerrecht ist zwischen verschiedenen **Arten der Gewinnermittlung** zu unterscheiden, und zwar insbesondere zwischen der Gewinnermittlung durch **Bestandsvergleich** (Betriebsvermögensvergleich) und der **Einnahmenüberschussrechnung** (Gegenüberstellung der Betriebseinnahmen und der Betriebsausgaben):

1. Gewinnermittlung durch Bestandsvergleich

a) Wer **nach anderen Gesetzen als den Steuergesetzen** Bücher und Aufzeichnungen zu führen hat, die für die Besteuerung von Bedeutung sind, hat die Verpflichtungen, die ihm nach den anderen Gesetzen obliegen, auch für die Besteuerung zu erfüllen (§ 140 AO). Als „andere Gesetze" kommen insbesondere die handelsrechtlichen Buchführungsvorschriften (§§ 238, 240, 242, 264 und 336 HGB) in Betracht (H 28 EStH).

b) Unabhängig hiervon sind **gewerbliche Unternehmer** sowie **Land- und Forstwirte** stets verpflichtet, für ihren Betrieb Bücher zu führen und auf Grund jährlicher Bestandsaufnahmen Abschlüsse zu machen, wenn sie nach den Feststellungen der Finanzbehörde für den einzelnen Betrieb

aa) Umsätze einschließlich der steuerfreien Umsätze, ausgenommen die Umsätze nach § 4 Nr. 8 bis 10 des UStG, von mehr als 350 000 € im Kalenderjahr oder

bb) selbst bewirtschaftete land- und forstwirtschaftliche Flächen mit einem Wirtschaftswert (§ 46 BewG) von mehr als 25 000 € oder

cc) einen Gewinn aus Gewerbebetrieb von mehr als 30 000 € im Wirtschaftsjahr oder

dd) einen Gewinn aus Land- und Forstwirtschaft von mehr als 30 000 € im Kalenderjahr

gehabt haben (§ 141 AO). Die §§ 238, 240 bis 242 Abs. 1 und die §§ 243 bis 256 HGB gelten sinngemäß, sofern sich nicht aus Steuergesetzen etwas anderes ergibt. Bei Land- und Forstwirten, die nach aa), cc) oder ee) zur Buchführung verpflichtet sind, braucht sich die Bestandsaufnahme nicht auf das stehende Holz zu erstrecken. Bis 2003 galten niedrigere Buchführungpflichtgrenzen.

Die oben genannte Verpflichtung ist vom **Beginn** des Wirtschaftsjahres an zu erfüllen, das auf die Bekanntgabe der Mitteilung folgt, durch die die Finanzbehörde auf den Beginn dieser Verpflichtung hingewiesen hat. Die Verpflichtung **endet** mit dem Ablauf des Wirtschaftsjahres, das auf das Wirtschaftsjahr folgt, in dem die Finanzbehörde feststellt, dass die o. g. Voraussetzungen nicht vorliegen.

Steuerpflichtige, deren Umsätze, Vermögen oder Einkünfte die oben genannten Grenzen **nicht** übersteigen, **können** ihren Gewinn durch Bestandsvergleich nach § 4 Abs. 1 EStG oder – soweit sie Gewerbetreibende sind – durch Bestandsvergleich nach § 5 EStG ermitteln; sie sind aber auch berechtigt, ihren Gewinn durch Gegenüberstellung der Betriebseinnahmen und Betriebsausgaben nach § 4 Abs. 3 EStG festzustellen, vorausgesetzt, dass der Gewinn nicht – wie z.B. bei nichtbuchführenden Landwirten – nach Durchschnittssätzen zu ermitteln ist (vgl. die Ausführungen **zu Zeilen 35 bis 36** dieses Vordrucks, „Gewinnermittlung durch Überschussrechnung").

Angehörige der freien Berufe können ihren Gewinn auch dann durch Überschussrechnung nach § 4 Abs. 3 EStG ermitteln, wenn die oben genannten Grenzen überschritten sind.

c) Der Gewinn ist jeweils **für ein Wirtschaftsjahr** zu errechnen. Das Wirtschaftsjahr bildet die zeitliche Grundlage des Gewinns. Es deckt sich im Allgemeinen mit dem **Kalenderjahr. Ausnahmen** sind bei Vollkaufleuten möglich, die im Handelsregister eingetragen sind, außerdem bei Land- und Forstwirten und in den Fällen, in denen Buch führende Gewerbetreibende gleichzeitig Buch führende Land- und Forstwirte sind sowie bei Eröffnung und Aufgabe des Betriebs. Näheres siehe **Zeilen 2 bis 4** „Gewinnermittlung bei abweichendem Wirtschaftsjahr".

d) Das Einkommensteuergesetz unterscheidet **zwei Arten** der Gewinnermittlung durch Betriebsvermögensvergleich **(Bestandsvergleich):**

aa) den Bestandsvergleich nach **§ 4 Abs. 1 EStG** für Land- und Forstwirte (soweit diese nicht den Gewinn nach Durchschnittssätzen ermitteln, § 13a EStG) und Angehörige der freien Berufe (es sei denn, dass sie die Gewinnermittlung durch Überschussrechnung nach § 4 Abs. 3 EStG vorziehen);

bb) den Bestandsvergleich nach den handelsrechtlichen Grundsätzen ordnungsmäßiger Buchführung nach **§ 5 EStG** für Buch führende Gewerbetreibende (gleichgültig, ob ihre Firma im Handelsregister eingetragen ist oder nicht; außerdem ist gleichgültig, ob eine Verpflichtung zur Buchführung besteht oder ob freiwillig Bücher geführt werden).

Bei Gewerbetreibenden, die nicht zur Buchführung verpflichtet sind und die auch freiwillig keine Bücher führen und für die nicht festgestellt werden kann, dass sie die Gewinnermittlung durch Überschussrechnung nach § 4 Abs. 3 EStG gewählt haben (vgl. BFH-Urteil vom 30. 9. 1980, BStBl 1981 II S. 301), ist der Gewinn **nach § 4 Abs. 1 EStG** unter Berücksichtigung der Verhältnisse des Einzelfalles, u. U. unter Anwendung von Richtsätzen, **zu schätzen**. Ist der Gewinn im Vorjahr nach § 4 Abs. 3 EStG ermittelt worden, so handelt es sich bei der erstmaligen Anwendung von Richtsätzen um einen **Wechsel der Gewinnermittlungsart** (vgl. hierzu **Zeilen 35 bis 36** dieses Vordrucks). Hat der Steuerpflichtige dagegen für den Betrieb zulässigerweise die Gewinnermittlung durch Überschussrechnung nach § 4 Abs. 3 EStG gewählt, so ist ggf. auch eine Gewinnschätzung in dieser Gewinnermittlungsart durchzuführen (BFH-Urteil vom 2. 3. 1982, BStBl 1984 II S. 504).

A. Gewinnermittlung durch Bestandsvergleich nach § 4 Abs. 1 EStG

a) Nach § 4 Abs. 1 EStG ist **Gewinn der Unterschiedsbetrag** zwischen dem **Betriebsvermögen** am Schluss des Wirtschaftsjahrs und dem **Betriebsvermögen** am Schluss des vorangegangenen Wirtschaftsjahrs, **vermehrt** um den Wert der Entnahmen und **vermindert** um den Wert der Einlagen.

Es ist also das für den Schluss des Wirtschaftsjahrs ermittelte Betriebsvermögen mit dem Betriebsvermögen am Schluss des vorangegangenen Wirtschaftsjahrs **zu vergleichen**. Dabei ist das Vorjahrsvermögen so anzusetzen, wie es der Veranlagung für das vorangegangene Wirtschaftsjahr zugrunde gelegt worden ist. Das Endvermögen für ein Wirtschaftsjahr ist zugleich das Anfangsvermögen für das folgende Wirtschaftsjahr; es ist deshalb für die Gewinnermittlung von **zwei** Wirtschaftsjahren von Bedeutung. Dadurch ergibt sich, dass die Ermittlung dieses Vermögens **zweischneidig** wirkt: Eine zu niedrige Feststellung des **Endvermögens** vermindert zwar den Gewinn des laufenden Wirtschaftsjahrs, sie bewirkt aber gleichzeitig, dass sich in gleichem Umfang der Gewinn des folgenden oder eines späteren Wirtschaftsjahrs **erhöht.** Dieser „**Bilanzenzusammenhang**" gilt sowohl beim Bestandsvergleich nach § 5 als auch nach § 4 Abs. 1 EStG. Der Unterschiedsbetrag, der sich durch Gegenüberstellung des Betriebsvermögens zu Beginn und am Ende des Wirtschaftsjahrs ergibt, ist gleichbedeutend mit dem Gewinn oder Verlust, **wenn** das Betriebsvermögen durch außerbetriebliche Vorgänge (Entnahmen oder Einlagen) nicht berührt worden ist. Andernfalls müssen die **außerbetrieblichen** Betriebsvermögensänderungen noch in der Weise berücksichtigt werden, dass die Entnahmen dem Unterschiedsbetrag hinzugerechnet und die Einlagen davon abgezogen werden.

b) Das **Betriebsvermögen** ist die Summe aller Wirtschaftsgüter, die dem Betrieb dienen. Wirtschaftsgüter sind alle im wirtschaftlichen Verkehr nach der Verkehrsanschauung selbständig bewertbaren Güter jeder Art. Dazu gehören also nicht nur körperliche Gegenstände (z.B. Gebäude, Maschinen, Waren, Kraftwagen usw.), sondern auch Rechte (z.B. Forderungen, Wertpapiere) und sonstige Vermögenswerte (z.B. Geschäftswert, Erfindungen u. dgl.). Auch Schulden und sonstige Verpflichtungen, deren Entstehung auf betriebliche Vorgänge zurückgeht, gehören zum Betriebsvermögen. Entscheidend ist (im Falle einer Abweichung gegenüber dem bürgerlich-rechtlichen Eigentum) das **wirtschaftliche** Eigentum.

Die Feststellung des Betriebsvermögens setzt eine klare **Abgrenzung** zum Privatvermögen voraus. **Notwendiges Privatvermögen,** d.h. Wirtschaftsgüter, die infolge ihrer Zweckbestimmung nicht geeignet sind, dem Betrieb des Steuerpflichtigen zu dienen (z.B. die Wohnungseinrichtung), bleiben für den Bestandsvergleich **außer Betracht.** Die Abgrenzung ist wichtig im Hinblick auf die Abschreibungen wegen Wertminderung (Abschreibungen auf den Teilwert), die nur bei Wirtschaftsgütern des Betriebsvermögens zulässig sind, sowie für den Fall der **Veräußerung von Wirtschaftsgütern.** Gehören die Wirtschaftsgüter zum Betriebsvermögen, so ergibt sich auch im Fall ihrer Veräußerung ein einkommensteuerlich zu berücksichtigender Gewinn oder ein Verlust. Die Veräußerung von Wirtschaftsgütern des Privatvermögens berührt dagegen nur die Vermögenssphäre und hat, sofern nicht ein Veräußerungsgeschäft i.S. des § 23 EStG (vgl. **Teil I, Anlage SO, Zeilen 30 bis 59**) oder die Veräußerung einer Beteiligung i.S. des § 17 EStG (**Teil I, Anlage GSE, Zeilen 22 bis 23**) vorliegt, keine einkommensteuerliche Auswirkung. Zum Betriebsvermögen gehört das so genannte „**notwendige Betriebsvermögen**", d.h. alle Wirtschaftsgüter des Steuerpflichtigen, die ihrer Natur nach mit dem Betrieb des Steuerpflichtigen eng zusammenhängen und für die Führung des Betriebs wesentlich oder unentbehrlich sind (vgl. R 13 Abs. 1 EStR und, soweit es sich um eine Personengesellschaft handelt, R 13 Abs. 2 EStR).

Zwischen den beiden Gruppen des „notwendigen Betriebsvermögens" und des „notwendigen Privatvermögens" steht das so genannte „**gewillkürte Betriebsvermögen**", das die Wirtschaftsgüter umfasst, die ihrer Art nach nicht eindeutig in den betrieblichen oder privaten Bereich gehören und bei denen der Unternehmer die Wahl hat, ob er sie zum Betriebsvermögen oder zum Privatvermögen rechnen will. Es muss sich um Gegenstände handeln, die in einem gewissen objektiven Zusammenhang mit dem Betrieb stehen und ihn zu fördern bestimmt und geeignet sind. Auch das gewillkürte Betriebsvermögen muss sonach **Beziehungen zum Betrieb** haben. **Betriebsfremde Güter** können **kein** gewillkürtes Betriebsvermögen sein; diese gehören zum **notwendigen Privatvermögen.** Die Grenze zwischen beiden Vermögensarten ist fließend. Für die Entscheidung kommt es weitgehend auf die Verhältnisse des Einzelfalls an. Grundsätzlich ist gewillkürtes Betriebsvermögen bei allen Steuerpflichtigen möglich, die ihren Gewinn nach dem Vermögensvergleich ermitteln. In Grenzfällen hat der Steuerpflichtige darzutun, welche Beziehung das betreffende Wirtschaftsgut zu seinem Betrieb hat und welche vernünftigen wirtschaftlichen Überlegungen ihn zur Behandlung des Wirtschaftsguts als gewillkürtes Betriebsvermögen veranlasst haben (BFH-Urteil vom 24. 2. 2000, BStBl II S. 297). Gewillkürtes Betriebsvermögen eines Gewerbetreibenden können z.B. Wertpapiere sein, wenn nicht bereits bei ihrem Erwerb erkennbar ist, dass sie dem Betrieb keinen Nutzen, sondern nur Verluste bringen werden. Branchenuntypische Termin- und Optionsgeschäfte sind dagegen dem betrieblichen Bereich regelmäßig auch dann nicht zuzuordnen, wenn generell die Möglichkeit besteht, damit Gewinne zu erzielen (BFH-Urteil vom 19.2. 1997, BStBl II S. 399 und H 13 Abs. 1 EStH). Bei der Berechnung des Gewinns nach dem Überschuss der Betriebseinnahmen über die Betriebsausgaben nach § 4 Abs. 3 EStG kam gewillkürtes Betriebsvermögen früher nur in den Fällen des Wechsels der Gewinnermittlungsart und der Nutzungsänderung in Betracht (R 13 Abs. 16 EStR). Nach dem BFH-Urteil vom 2.10. 2003 (BStBl 2004 II S. 985) ist die Bildung von gewillkürtem Betriebsvermögen aber **auch** bei der Gewinnermittlung durch **Einnahmenüberschussrechnung** zulässig (H 13 Abs. 16 EStH sowie BMF-Schreiben vom 17. 11. 2004, BStBl I S. 1064).

Teil I: Anlage GSE
Zeile 1

Wegen der **Abgrenzung von Betriebsvermögen und Privatvermögen** bei **Grundstücken, Gebäuden** und **anderen Wirtschaftsgütern** wird auf R 13 Abs. 3 bis 14 EStR hingewiesen. Einzelheiten der Abschreibung (AfA) bei Gebäuden und Gebäudeteilen sind in **Teil II, Tz. 1.7** dieser Anleitung dargestellt.

c) **Entnahmen** (Privatentnahmen) sind nach § 4 Abs. 1 EStG alle Wirtschaftsgüter, die der Steuerpflichtige aus dem Betrieb für sich, für seinen Haushalt oder für andere betriebsfremde Zwecke im Lauf des Wirtschaftsjahrs entnommen hat. Die Entnahmen können in Geld, Waren, Leistungen oder Nutzungen bestehen. Da die Entnahmen nicht durch einen Betriebsvorgang verursacht sind, dürfen sie den Betriebsgewinn nicht vermindern, sie müssen deshalb dem Unterschiedsbetrag zwischen dem Betriebsvermögen am Anfang und am Schluss des Wirtschaftsjahrs wieder **zugerechnet** werden.

Bei der Entnahme eines Wirtschaftsgutes aus dem Betrieb ist der **Teilwert** anzusetzen. Er wird in aller Regel durch den Marktpreis (Wiederbeschaffungswert) bestimmt, und zwar auch dann, wenn der Unternehmer das Wirtschaftsgut unter Verwertung seiner eigenen Arbeitskraft hergestellt hat.

Bei **Leistungen** eines Betriebs für private Zwecke des Gewerbetreibenden, z.B. Errichtung eines Eigenheims für den Bauunternehmer auf seinem Privatgrundstück, bestimmt sich die Höhe der Entnahme durch die **Wertabgabe** des Betriebs, wobei die eigene Arbeitsleistung des Gewerbetreibenden nicht anzusetzen ist.

Gegenstand einer Entnahme können auch immaterielle Einzelwirtschaftsgüter, z.B. ein Verlagswert, sein. Ein **Geschäfts- oder Firmenwert** kann jedoch nicht wie andere Einzelwirtschaftsgüter für sich entnommen werden, da er nur im Rahmen eines lebenden Betriebs, Teilbetriebs oder Mitunternehmeranteils übertragen werden kann (BFH-Urteil vom 24. 11. 1982, BStBl 1983 II S. 113).

Bei Sachzuwendungen für steuerbegünstigte Zwecke i.S. des § 10b Abs. 1 Sätze 1 und 3 EStG (Sachspenden) wird auf die Versteuerung der stillen Reserven verzichtet, d.h. diese Entnahmen können mit dem Buchwert angesetzt werden (§ 6 Abs. 1 Nr. 4 EStG). Dies gilt allerdings nicht für die Entnahme von Nutzungen und Leistungen.

Die Überführung von Wirtschaftsgütern **in eine ausländische Betriebsstätte,** deren Einkünfte aufgrund eines **Doppelbesteuerungsabkommens** nicht der inländischen Besteuerung unterliegen, ist im BMF-Schreiben vom 24. 12. 1999, Tz. 2.6 (BStBl I S. 1076) geregelt.

d) **Einlagen** sind nach § 4 Abs. 1 EStG alle Wirtschaftsgüter (Bareinzahlungen und das Einbringen von Sachwerten), die der Steuerpflichtige dem Betrieb im Lauf des Wirtschaftsjahrs zugeführt hat. Da die Einlagen – ebenso wie die Entnahmen – nicht durch einen Betriebsvorgang verursacht sind, dürfen sie den Betriebsgewinn nicht erhöhen; sie müssen deshalb von dem Unterschiedsbetrag zwischen dem Betriebsvermögen am Anfang und am Schluss des Wirtschaftsjahrs wieder **abgerechnet** werden.

e) Die Ausgestaltung der **Buchführung,** die notwendig ist, um den Gewinn nach § 4 Abs. 1 EStG ermitteln zu können, richtet sich nach den besonderen Erfordernissen des einzelnen Wirtschaftszweigs. Ein bestimmtes **Buchführungssystem** ist **nicht** vorgeschrieben. Verlangt wird, dass die Buchführung den Grundsätzen der Bilanzwahrheit (Wahrheit in den Aufzeichnungen, Bewertungen und Abschlüssen) und der Bilanzklarheit (fortlaufende, vollständige, übersichtliche und klare Aufzeichnungen, klarer Einblick in die geschäftliche Lage des Betriebs) entspricht. Dabei sind bestimmte, von der Rechtsprechung entwickelte allgemeine Grundsätze zu beachten, deren Darstellung den Rahmen dieser Ausführungen übersteigen würde (vgl. R 29 bis 31 EStR). Welche Anforderungen an die Buchführung auf **Datenträgern** (DV-gestützte Buchführungssysteme) gestellt werden, ergibt sich aus dem BMF-Schreiben vom 7. 11. 1995 (BStBl I S. 738). Nach § 147 Abs. 6 AO hat das Finanzamt im Rahmen von Außenprüfungen das Recht auf **Datenzugriff** und Prüfung digitaler Unterlagen. Einzelheiten sind im BMF-Schreiben vom 16. 7. 2001 (BStBl I S. 415) geregelt.

B. Gewinnermittlung durch Bestandsvergleich nach § 5 EStG

a) Die Gewinnermittlung durch Bestandsvergleich (Betriebsvermögensvergleich) nach § 5 EStG gilt für alle **Gewerbetreibenden,** die zur Buchführung verpflichtet sind oder freiwillig Bücher führen und regelmäßig Abschlüsse machen. Ob die Gewerbetreibenden im Handelsregister eingetragen sind, ist ohne Bedeutung. Alle Gewerbetreibenden haben die bilanzmäßigen Gestaltungsmöglichkeiten, die sich bei der Gewinnermittlung nach § 5 EStG, insbesondere durch den Ansatz von gewillkürtem Betriebsvermögen, ergeben.

b) Der Betriebsvermögensvergleich nach § 5 EStG ist zwar, ebenso wie auch der Begriff der Entnahmen und der Einlagen, der gleiche wie bei der Gewinnermittlung nach § 4 Abs. 1 EStG. Für die Feststellung des Betriebsvermögens ist aber vorgeschrieben, dass es nach den **handelsrechtlichen Grundsätzen ordnungsmäßiger Buchführung** auszuweisen ist. Steuerrechtliche Wahlrechte bei der Gewinnermittlung sind in Übereinstimmung mit der handelsrechtlichen Jahresbilanz auszuüben. Außerdem **unterscheidet** sich die Gewinnermittlung durch Bestandsvergleich nach § 5 EStG in folgenden Punkten von der Gewinnermittlung durch Bestandsvergleich nach § 4 Abs. 1 EStG:

aa) Vor dem 1. 7. 1970 blieb der Wert des zum Anlagevermögen gehörenden **Grund und Bodens** bei der Gewinnermittlung nach § 4 Abs. 1 EStG außer Ansatz. Dies bedeutete, dass sich Wertveränderungen des Grund und Bodens bis 30. 6. 1970 steuerlich nicht auswirkten, auch nicht bei Veräußerung oder Entnahme von Grund und Boden. Durch die ersatzlose Streichung dieser Bestimmung (§ 4 Abs. 1 Satz 5 EStG a.F.) gelten nunmehr bezüglich der **Bodengewinnbesteuerung** die allgemeinen Gewinnermittlungsgrundsätze mit den in **Teil I, Anlage L, Zeile 1, Abschn. Ih** dieser Anleitung dargestellten Einschränkungen zugunsten des betroffenen Personenkreises (vor allem hinsichtlich der **Ermittlung fiktiver Anschaffungskosten** für damals bereits zum Betriebsvermögen gehörenden Grund und Boden). Nach § 55 EStG hatten nicht nur Land- und Forstwirte, sondern auch Kleingewerbetreibende und selbständig Tätige ein Wahlrecht, ob als Ausgangswert für die spätere Ermittlung eines Bodengewinns solcher Grundstücke ein **Pauschalwert** oder ein vom Finanzamt auf Antrag festzustellender **Teilwert zum 1. 7. 1970** angesetzt werden soll. Die Feststellung dieses Teilwerts konnte nach § 55 Abs. 5 EStG nur bis zum **31. 12. 1975** beim zuständigen Finanzamt beantragt werden. Wurde die Feststellung des (höheren) Teilwerts nicht beantragt, so gilt als Anschaffungskosten solchen Grund und Bodens **das Zweifache des in § 55 Abs. 4 EStG genannten Ausgangsbetrags.** Bei Kleingewerbetreibenden und selbständig Tätigen ist danach als Ausgangsbetrag für **unbebaute** Grundstücke der auf den 1. 1. 1964 festgestellte Einheitswert anzusetzen; für **bebaute** Grundstücke ist der Wert anzusetzen, der sich ergeben würde, wenn das Grundstück unbebaut wäre. Dieser Ausgangsbetrag ist für die Ermittlung des **Pauschalwerts** – wie schon erwähnt – mit 2 zu multiplizieren. Im Übrigen besteht insoweit kein Unterschied mehr zwischen der Gewinnermittlung nach § 4 Abs. 1 EStG und der nach § 5 EStG.

bb) Während der Steuerpflichtige, der seinen Gewinn nach § 4 Abs. 1 EStG ermittelt, nur an die Bewertungsvorschriften des EStG gebunden ist, sind beim Bestandsvergleich nach § 5 EStG **auch** die Bewertungsvorschriften des Handelsrechts zu beachten. Die Bewertungsgrundsätze des Handelsrechts werden beim **Umlaufvermögen** durch das **Niederstwertprinzip** beherrscht. Durch die Verweisung auf die handelsrechtlichen Grundsätze ordnungsmäßiger Buchführung in § 5 EStG ist das Niederstwertprinzip für die unter § 5 EStG fallenden Steuerpflichtigen steuerlich verbindlich. Diese Steuerpflichtigen **müssen** also beim Umlaufvermögen den **Teilwert** ansetzen, wenn er nicht nur vorübergehend **niedriger** ist als die Anschaffungs- oder Herstellungskosten. Das Wahlrecht nach § 6 Abs. 1 Nr. 2 EStG zwischen dem Ansatz der Anschaffungs- oder Herstellungskosten und dem niedrigeren Teilwert entfällt. Nach den handelsrechtlichen Grundsätzen **ist** nämlich beim Umlaufvermögen der Börsen- oder Marktpreis anzusetzen, wenn er niedriger als die Anschaffungs- oder Herstellungskosten ist. Diese Bewertungsvorschrift ist für alle Steuerpflichtigen, die ihren Gewinn nach § 5 EStG ermitteln, auch für die Steuerbilanz zwingend. Anders ist es für den Landwirt oder Freiberufler, der den Gewinn nach § 4 Abs. 1 EStG ermittelt und für den die handelsrechtlichen Bewertungsvorschriften nicht verbindlich sind.

cc) Die Gewerbetreibenden, die ihren Gewinn nach § 5 EStG ermitteln, haben gegenüber den Landwirten und selbständig Tätigen, die den Gewinn nach § 4 Abs. 1 oder 3 EStG ermitteln, **weitergehende Möglichkeiten, gewillkürtes Betriebsvermögen** zu bilden (vgl. H 143 EStH).

2. Gewinnermittlung durch Überschussrechnung nach § 4 Abs. 3 EStG

Außer der Gewinnermittlung durch Bestandsvergleich lässt das Einkommensteuergesetz als **weitere Gewinnermittlungsart** auch die Gewinnermittlung durch Feststellung des **Überschusses der Betriebseinnahmen über die Betriebsausgaben** zu. Die Anwendung dieser Gewinnermittlungsart setzt aber voraus, dass der Steuerpflichtige nicht zur Buchführung verpflichtet ist und auch nicht freiwillig Bücher führt und dass außerdem sein Gewinn nicht nach Durchschnittssätzen (§ 13a EStG) ermittelt wird. Einzelheiten ergeben sich aus den Ausführungen zu **Zeilen 35 bis 36** dieses Vordrucks (Anlage GSE).
Einzelfragen zu den Betriebsausgaben sind in **Teil II, Tz. 2** behandelt. **Sonderabschreibungen**, erhöhte Absetzungen, Bewertungsfreiheiten und andere **Steuervergünstigungen** sind in **Teil II, Tz. 1 und 5** dargestellt.

Gewinn als Einzelunternehmer

2–4
1–2
Im Wirtschaftsleben werden viele Gewerbebetriebe als **Einzelunternehmen** unterhalten. Ein solches ist immer dann gegeben, wenn eine natürliche Person ein Gewerbe als **Alleininhaber** betreibt. Eine natürliche Person ist auch dann Einzelunternehmer, wenn sie **mehrere selbständige Gewerbebetriebe** besitzt, z.B. eine Gastwirtschaft und eine Schlosserei oder ein Tabakwarengeschäft und eine Leihbücherei. Über die Fälle, in denen **Ehegatten** gemeinsam einen Betrieb unterhalten, vgl. Teil I, Hauptvordruck, Zeile 13 sowie Teil I, Anlage GSE, Zeilen 6 bis 8.

Die Gewinne (Verluste) aus sämtlichen Gewerbebetrieben, die sich in der Hand einer Person befinden, werden bei der Einkommensteuerveranlagung zusammengerechnet und in einer Summe erfasst. Wird z.B. im ersten Betrieb ein Gewinn von 90000 € erzielt und entsteht in einem weiteren Betrieb ein Verlust von 6000 €, so beträgt der einkommensteuerlich anzusetzende Gewinn aus Gewerbebetrieb 84000 €.

Deckt sich das Wirtschaftsjahr mit dem Kalenderjahr, so ergibt sich der hier einzusetzende Gewinn aus der Bilanz auf 31. 12. 2005. Ist der Steuerpflichtige Inhaber **mehrerer** Gewerbebetriebe, so ist grundsätzlich nur **eine** Anlage GSE auszufüllen. Die Ergebnisse aus **weiteren** Einzelbetrieben sind in Zeile 4 bzw. 5 einzutragen.

Sind im Gewinn aus Gewerbebetrieb Kapitalerträge enthalten, von denen **Kapitalertragsteuer** oder **Zinsabschlag** einbehalten wurde oder bei denen noch eine **Anrechnung von Körperschaftsteuer** in Betracht kommt, so sind diese auf die Einkommensteuer anzurechnenden Steuerbeträge in **Zeile 49 der Anlage KAP** einzutragen (vgl. Teil I, Anlage KAP, Zeilen 1 bis 2 und 48 bis 49).

Gewinnermittlung bei abweichendem Wirtschaftsjahr

Gewerbetreibende, deren Firma im **Handelsregister** eingetragen ist, können **wählen**, ob sie **regelmäßig** für einen anderen Zeitraum als das Kalenderjahr Abschlüsse machen und ihren Gewinn ermitteln wollen. Die **Umstellung** des Wirtschaftsjahres auf einen vom Kalenderjahr abweichenden Zeitraum ist steuerlich nur wirksam, wenn sie im **Einvernehmen mit dem Finanzamt** vorgenommen wird. Die Zustimmung zur Umstellung des Wirtschaftsjahres auf einen vom Kalenderjahr abweichenden Zeitraum wird nur dann erteilt, wenn der Steuerpflichtige wirtschaftlich einleuchtende Gründe für die Umstellung anführen kann. Über einen außerhalb des Veranlagungsverfahrens gestellten Antrag auf Erteilung der Zustimmung zur Umstellung des Wirtschaftsjahres hat das Finanzamt durch besonderen Bescheid zu entscheiden. Die Entscheidung ist im Einspruchsverfahren anfechtbar. Es bedarf auch dann der Zustimmung des Finanzamts, wenn ein vom Kalenderjahr abweichendes Wirtschaftsjahr auf ein anderes, ebenfalls vom Kalenderjahr abweichendes Wirtschaftsjahr umgestellt wird. Nur der Übergang von einem abweichenden Wirtschaftsjahr auf das Kalenderjahr ist ohne Zustimmung des Finanzamts steuerlich wirksam. **Gewerbetreibende,** deren Firma **nicht** im Handelsregister eingetragen ist, können ihren Gewinn **nur** nach dem Kalenderjahr ermitteln. Eine Ausnahme gilt allerdings für Buch führende Gewerbetreibende, die **gleichzeitig Buch führende Land- und Forstwirte** sind; sie können mit Zustimmung des Finanzamts das landwirtschaftliche Wirtschaftsjahr auch als Wirtschaftsjahr für den Gewerbebetrieb bestimmen (§ 4a Abs. 1 Nr. 3 EStG).

Das Wirtschaftsjahr darf nie mehr als 12 Monate umfassen. Es darf nur dann weniger betragen, wenn ein Betrieb eröffnet, erworben, aufgegeben oder veräußert wird oder wenn der Abschlusszeitpunkt – mit Zustimmung des Finanzamts – durch Einlegung eines Rumpfwirtschaftsjahres gewechselt wird.

Bei **Gewerbetreibenden** gilt der Gewinn eines abweichenden Wirtschaftsjahres als **in dem Kalenderjahr bezogen,** in dem das **Wirtschaftsjahr endet.** Dementsprechend bildet der Gewinn des Wirtschaftsjahrs 2004/2005 (z.B. vom 1. 7. 2004 bis 30. 6. 2005) die Besteuerungsgrundlage für 2005. Das Ergebnis eines Rumpfwirtschaftsjahrs ist ebenfalls in dem Besteuerungszeitraum zu berücksichtigen, in dem es endet. Gegebenenfalls ist daher auch der Gewinn eines solchen Rumpfwirtschaftsjahrs in der Steuererklärung anzugeben.

Beispiel

Der Gewerbetreibende hat seinen Gewinn bisher für ein abweichendes Wirtschaftsjahr vom 1. 7. bis 30. 6. ermittelt. Er entschließt sich, künftig zur Gewinnermittlung auf das Kalenderjahr überzugehen. Zu diesem Zweck bildet er im Jahr 2005 für die Zeit vom 1. 7. bis 31. 12. 2005 ein Rumpfwirtschaftsjahr. Infolgedessen enden im Jahr 2005 zwei Wirtschaftsjahre, nämlich das Wirtschaftsjahr vom 1. 7. 2004 bis 30. 6. 2005 und das Rumpfwirtschaftsjahr vom 1. 7. 2005 bis 31. 12. 2005. Bei der Veranlagung 2005 sind die Ergebnisse beider Wirtschaftsjahre zu erfassen.

Der Steuererklärung müssen die **Bilanz** und die **Verlust- und Gewinnrechnung** beigefügt werden. Gegebenenfalls ist auch die Bilanz und die Verlust- und Gewinnrechnung des Rumpfwirtschaftsjahrs beizufügen.

Besonderheiten bei bestimmten Betriebsausgaben, Gewinnen und Verlusten

Über Aufwendungen für die **Bewirtung von Geschäftsfreunden** und für **Geschenke** sowie über Mehraufwendungen für Verpflegung bei **Geschäftsreisen,** Aufwendungen für **Wege zwischen Wohnung und Betriebsstätte** und über **Einzelfälle** von Betriebsausgaben vgl. **Teil II, Tz. 2.**

Die Behandlung von **Verlusten** (Gewinnen) aus **gewerblicher Tierzucht** oder **gewerblicher Tierhaltung** sowie aus **gewerblichen Termingeschäften** (§ 15 Abs. 4 EStG) ist in den Erläuterungen zu Zeilen 30 bis 32 und 33 bis 34 dieses Vordrucks dargestellt.

Gesonderte Feststellung von Einkünften

5
3
Hier ist der gesondert festzustellende Gewinn bzw. Verlust aus einem gewerblichen Einzelunternehmen einzutragen. Eine solche **gesonderte Feststellung** wird vom Finanzamt bei Einkünften aus Gewerbebetrieb vorgenommen, wenn das Finanzamt, in dessen Bezirk sich die Geschäftsleitung des Betriebs bzw. die maßgebende Betriebsstätte befindet, nicht auch für die Einkommensteuer örtlich zuständig ist. Entsprechendes gilt bei Einkünften aus freiberuflicher Tätigkeit oder aus Land- und Forstwirtschaft (§ 180 Abs. 1 Nr. 2b AO). In derartigen Fällen

Teil I: Anlage GSE
Zeilen 6–8

ist **neben** der Einkommensteuererklärung an das Wohnsitzfinanzamt zusätzlich eine Erklärung zur gesonderten Feststellung der Einkünfte **(Vordruck ESt 1 B)** an das Betriebsfinanzamt abzugeben, der die Bilanz und die Verlust- und Gewinnrechnung beizufügen sind. Diese Regelung gilt für **Einzelunternehmer** mit Einkünften aus Land- und Forstwirtschaft, Gewerbebetrieb oder aus freiberuflicher Tätigkeit, die ihren Wohnsitz und ihren Betrieb in den Bezirken verschiedener Finanzämter und verschiedener Gemeinden haben oder die innerhalb derselben Wohnsitzgemeinde, aber in den Bezirken mehrerer Finanzämter Betriebe unterhalten.

Einkünfte als Mitunternehmer

6–8 Sind mehrere Personen an einem Unternehmen beteiligt, das
4–6 keine eigene Rechtspersönlichkeit besitzt, so spricht man von **Mitunternehmerschaft.** Voraussetzung für die Mitunternehmerschaft ist regelmäßig eine Beteiligung am Gewinn und Verlust des Unternehmens sowie insbesondere auch an den im Gewerbebetrieb vorhandenen **stillen Reserven** einschließlich des so genannten Geschäftswerts (vgl. BFH-Urteil vom 28. 10. 1999, BStBl 2000 II S. 183). Je nach den Umständen des Einzelfalles können jedoch auch andere Gesichtspunkte, z. B. eine besonders ausgeprägte **unternehmerische Initiative,** verbunden mit einem bedeutsamen Beitrag zur Kapitalausstattung des Unternehmens, in den Vordergrund treten (BFH-Urteile vom 27. 2. 1980, BStBl 1981 II S. 210, und vom 28. 10. 1981, BStBl 1982 II S. 186, sowie H 138 Abs. 1 EStH).

Die Mitunternehmerschaft beruht in der Regel auf der formellen (zivilrechtlichen) Stellung als **Gesellschafter einer Personengesellschaft.** In besonders gelagerten **Ausnahmefällen** kann allerdings Mitunternehmer auch sein, wer zivilrechtlich nicht Gesellschafter einer Personengesellschaft ist, sofern er im Rahmen einer – auch stillschweigend eingegangenen – **Innengesellschaft Mitunternehmerinitiative** entfaltet und **Mitunternehmerrisiko** trägt (vgl. BFH-Urteile vom 5. 6. 1986, BStBl II S. 798 und 802, sowie vom 22. 10. 1987, BStBl 1988 II S. 62). Man spricht in solchen Fällen von einer **verdeckten Mitunternehmerschaft** (BFH-Urteil vom 6. 12. 1988, BStBl 1989 II S. 705). Nach dem BFH-Urteil vom 13. 7. 1993 (BStBl 1994 II S. 282) setzt die Annahme einer – verdeckten – Mitunternehmerstellung ein gemeinsames Handeln zu einem gemeinsamen Zweck einander gleichgeordneter Personen voraus. Mitunternehmerinitiative und -risiko dürfen nicht lediglich auf einzelne Schuldverhältnisse als gegenseitige Austauschverhältnisse zurückzuführen sein. Die Bündelung von Risiken aus derartigen Austauschverhältnissen unter Vereinbarung angemessener und leistungsbezogener Entgelte begründet noch kein gesellschaftsrechtliches Risiko. Der alleinige Gesellschafter-Geschäftsführer der Komplementär-GmbH ist verdeckter Mitunternehmer der Familien-GmbH & Co. KG, wenn er für die Geschäftsführung unangemessene gewinnabhängige Bezüge erhält und sich – wie bisher als Einzelunternehmer – als Herr des Unternehmens verhält (BFH-Urteil vom 21. 9. 1995, BStBl 1996 II S. 66; H 138 Abs. 1 EStH). Wegen Beteiligung an **Verlustzuweisungsgesellschaften,** insbesondere in der Rechtsform der **GmbH u. Co. KG,** vgl. Erläuterungen zu **Zeile 1** und 9 (Anlage GSE).

Die einfachste Form der Personengesellschaft ist die **Gesellschaft des bürgerlichen Rechts,** die vor allem für Handwerksbetriebe Bedeutung hat. Für größere Betriebe, insbesondere Fabrikations- und Handelsbetriebe, kommen die **Personengesellschaften des Handelsrechts,** nämlich die offene Handelsgesellschaft **(OHG)** und die Kommanditgesellschaft **(KG)** in Betracht. Die **stille Gesellschaft** zählt **nicht** zu den Personengesellschaften. Deshalb ist der **echte (typische) stille Gesellschafter kein Mitunternehmer;** er hat Einkünfte aus Kapitalvermögen (vgl. Teil I, Anlage KAP, Zeile 12).

Zu den Mitunternehmergemeinschaften gehören auch die **Erbengemeinschaft,** wenn zum Nachlass ein Betrieb gehört (vgl. Grundsatzbeschluss des BFH vom 5. 7. 1990, BStBl II S. 837 sowie Ausführungen bei **Zeilen 12 bis 21**) und die **Arbeitsgemeinschaft,** wenn sie nach außen im eigenen Namen auftritt.

Zu den Einkünften aus Gewerbebetrieb eines Mitunternehmers gehören:

a) die **Gewinnanteile** an einer der oben genannten Personengesellschaften und die **Vergütungen,** die der Mitunternehmer von der Gesellschaft für seine Tätigkeit im Dienst der Gesellschaft oder für die Hingabe von Darlehen oder für die Überlassung von Wirtschaftsgütern bezogen hat;

b) die **Gewinnanteile der persönlich haftenden Gesellschafter einer KG a. A.,** soweit sie nicht auf Anteile am Grundkapital entfallen, und ferner wieder die unter a) genannten Vergütungen (H 138 Abs. 4 EStH).

Beispiel für Vergütungen, die ein Mitunternehmer von der Gesellschaft bezieht und die zu seinem Gewinnanteil gehören: A, B und C sind Mitunternehmer einer OHG mit gleicher Gewinnbeteiligung. C erhält als Geschäftsführer ein Gehalt von jährlich 90 000 €. Der Gewinn der OHG beträgt 180 000 €. Der steuerliche Gewinn beträgt nicht 180 000 €, sondern 180 000 + 90 000 = 270 000 €. Von diesem Gewinn entfallen als Gewinnanteile auf A und B je 60 000 € und auf C 150 000 €.

Nach § 15 Abs. 1 Nr. 2 EStG ist ein **mittelbar** über eine oder mehrere Personengesellschaften **Beteiligter** einem unmittelbar Beteiligten gleichgestellt. Dieser ist danach als Mitunternehmer des Betriebs der Gesellschaft anzusehen, an der er mittelbar beteiligt ist, wenn er und die Personengesellschaften, die seine Beteiligung vermitteln, jeweils als Mitunternehmer der Betriebe der Personengesellschaften anzusehen sind, an denen sie unmittelbar beteiligt sind.

Die Einkünfte der Mitunternehmer einer Personengesellschaft, insbesondere die auf die einzelnen Gesellschafter entfallenden Gewinnanteile, werden **einheitlich,** d. h. mit Wirkung für und gegen alle, festgestellt. Dieses Verfahren nennt man die **gesonderte und einheitliche Feststellung.** Zuständig dafür ist das Finanzamt, in dessen Bezirk der Betrieb der Personengesellschaft seinen Sitz hat. Die Gewinnermittlung selbst geht im Prinzip genau so wie bei einem Einzelunternehmen vor sich. Der festgestellte Gewinn oder Verlust wird aber dann entsprechend der vertraglich vereinbarten Gewinnverteilung auf die einzelnen Mitunternehmer aufgeteilt und deren Wohnsitzfinanzämtern mitgeteilt, die dann diesen Betrag der Einkommensteuer-Veranlagung des Mitunternehmers zugrunde legen. Zur Durchführung der gesonderten und einheitlichen Feststellung hat die Gesellschaft (Gemeinschaft) den **Erklärungsvordruck ESt 1 B** mit weiteren Anlagevordrucken abzugeben. Welche Anlagevordrucke in Betracht kommen können, ist auf Seite 2 des Vordrucks ESt 1 B (Zeilen 32 bis 35) im Einzelnen aufgeführt. Die Anlage GSE gehört seit dem Feststellungszeitraum 2002 nicht mehr dazu, da die in der Anlage GSE zu erklärenden Tatbestände in die Vordrucke ESt 1 B, Anlage FE 1 bzw. Anlage FE 2 integriert wurden und letztere dem Vordruck ESt 1 B beizufügen sind.

Die Feststellung, ob steuerlich eine Personengesellschaft anzuerkennen ist oder nicht, kann nicht im Veranlagungsverfahren des einzelnen Gesellschafters, sondern nur im gesonderten und einheitlichen Feststellungsverfahren getroffen werden. Wird von den Gesellschaftern das Vorliegen einer Personengesellschaft geltend gemacht, so ist dies als **Antrag auf Vornahme einer gesonderten und einheitlichen Feststellung** zu werten. Über eine **Ablehnung** dieses Antrags ist vom Finanzamt ein schriftlicher Bescheid zu erteilen, der von den Beteiligten im **Einspruchsverfahren** anfechtbar ist.

Wegen der **Begrenzung der Verlustverrechnungsmöglichkeiten** bei **beschränkt haftenden Mitunternehmern,** soweit ein negatives Kapitalkonto entsteht oder sich erhöht, wird auf die nachfolgenden Ausführungen (Zeilen 6 bis 8 am Ende) hingewiesen und wegen der Steuerpflicht nach dem **Außensteuergesetz** (insbes. bei Beteiligungen an ausländischen Gesellschaften, die zum Betriebsvermögen gehören) vgl. **Teil I, Anlage AUS, Zeilen 23 bis 26.**

Die Personengesellschaften sind nicht mit den **Kapitalgesellschaften,** deren gebräuchlichste Form die AG und die GmbH sind, zu verwechseln. Diese sind juristische Personen und unterliegen der Körperschaftsteuer, während die Personengesellschaften keine eigene Rechtspersönlichkeit besitzen. Personengesellschaften können auch aus rein steuerlichen Gründen vereinbart werden; das gilt auch für Familiengesellschaften.

Bildung von Familiengesellschaften

Die Gründung einer Familiengesellschaft, bei der z.B. der Vater, der bisher alleiniger Inhaber eines Betriebs war, seinen Sohn oder seine Tochter als Mitgesellschafter in den Betrieb aufnimmt, hat den Vorteil, dass die Einkunftsquelle auf mehrere steuerpflichtige Personen verteilt und damit die Progression des Einkommensteuertarifs für die Familie insgesamt abgemildert werden kann sowie der Grundfreibetrag der Steuertabelle mehrfach wirksam werden kann. Die im Rechtsleben geltende Vertrags- und Gestaltungsfreiheit wird grundsätzlich auch bei einer zwischen Familienangehörigen vereinbarten Gesellschaft anerkannt. Im Einzelfall ist dann zu prüfen, ob eine Mitunternehmerschaft oder eine stille Gesellschaft zwischen Familienangehörigen anzunehmen ist. Dabei ist zu beachten:

(1) Es muss eine **ernsthafte, klare** und **eindeutige Vereinbarung** über den Gesellschaftsvertrag vorliegen. Ein wesentliches Merkmal für die Ernsthaftigkeit ist, dass die Abmachungen, die für den Gesellschaftsvertrag von Bedeutung sind, wie z.B. über die Gewinnbeteiligung, die Höhe der Einlagen und die Entnahmebefugnis, genau umschrieben werden (im Einzelnen siehe unten).

(2) Beim Vertragsabschluss müssen die **Formvorschriften des bürgerlichen Rechts** beachtet werden. Ihre Nichtbeachtung spricht gegen die Ernsthaftigkeit des Gesellschaftsvertrags.

Das bedeutet, dass z.B. bei der schenkweisen Einräumung einer **stillen Beteiligung** (typische und atypische) im Wege der **Umbuchung vom Kapitalkonto** des Vaters auf ein solches des Kindes eine **notarielle Beurkundung** des Schenkungsversprechens erforderlich ist (BFH-Urteil vom 19. 9. 1974, BStBl 1975 II S. 141 und die dort zitierte Rechtsprechung). Für den Abschluss des Vertrags muss ein **Pfleger bestellt** werden, wenn das Kind minderjährig ist; bei einem Vertragsabschluss mit mehreren Kindern sind mehrere Pfleger erforderlich. Auf eine **vormundschaftsgerichtliche Genehmigung** kann nur dann verzichtet werden, wenn bei einer einmaligen Kapitalanlage eine Beteiligung des Kindes am Verlust ausgeschlossen ist.

Bei schenkweiser Übertragung von **Kommanditbeteiligungen** oder anderen **Mitunternehmeranteilen** an einer **KG oder OHG** ist an sich ebenfalls eine **notarielle Beurkundung** des Schenkungsversprechens erforderlich; der Mangel der Form wird aber hier durch Bewirken der versprochenen Leistung, d.h. durch Einräumung der Gesamthänderstellung für das Kind im Wege der Umbuchung, geheilt. In jedem Falle muss jedoch bei Minderjährigkeit ein (ggf. mehrere) **Abschlußpfleger** bestellt werden. Ein Dauerergänzungspfleger für die gesamte Zeit der Mitunternehmerschaft und Minderjährigkeit wird aber nicht gefordert (BFH-Urteil vom 29. 1. 1976, BStBl II S. 328). Bei Beteiligung eines Minderjährigen an einer OHG oder KG bedarf es außerdem stets einer **vormundschaftsgerichtlichen Genehmigung.**

(3) Die tatsächlichen Verhältnisse müssen den vertraglichen Abmachungen entsprechen, d.h. es muss **Übereinstimmung zwischen** dem **Vertrag** und den **tatsächlichen Verhältnissen** bestehen. Die im Wirtschaftsleben geltende Vertragsfreiheit hat steuerlich da ihre Grenzen, wo die getroffenen Maßnahmen nicht ernst gemeint sind und sich mit den wahren und wirtschaftlichen Absichten der Beteiligten nicht in Einklang bringen lassen (H 138 a Abs. 1 und 2 EStH).

Die aufgenommenen Familienangehörigen müssen auch **tatsächlich** die Stellung von **vollberechtigten Gesellschaftern** innehaben. Sie müssen das Recht haben, entsprechend ihrer Gesellschafterstellung in geschäftlichen Dingen mitzureden und mitzubestimmen. Ist die Stellung der eintretenden Familienmitglieder derart schwach, dass in Wirklichkeit nur der bisherige Inhaber weiterhin allein entscheidet, so kann steuerlich eine Mitunternehmerschaft nicht anerkannt werden. Eine **Mitunternehmerschaft** wäre **z.B. zu verneinen,** wenn die Festsetzung der Gewinnanteile für die Angehörigen allein dem Vater zustände oder wenn die Kinder dem Vater unwiderrufliche Vollmacht erteilt hätten, sie in allen geschäftlichen Angelegenheiten zu vertreten, oder wenn dem Vater allein die Geschäftsführung und die Aufstellung der Bilanzen oblägen und den anderen Beteiligten nur ein beschränktes Recht auf Bucheinsicht eingeräumt würde (vgl. BFH-Urteile vom 8. 2. 1979, BStBl II S. 405, und vom 8. 8. 1979, BStBl II S. 768). Behalten sich die Eltern die Verwaltung der Kommanditbeteiligungen der Kinder vor, so sind die Kinder nicht Mitunternehmer (BFH-Urteil vom 25. 6. 1981, BStBl II S. 779). Darf ein Kommanditist in der Gesellschafterversammlung nicht mitstimmen und ist für ihn das Widerspruchsrecht nach § 164 HGB abbedungen, ist er kein Mitunternehmer. Dem Ausschluss des Stimmrechts steht gleich, wenn Kommanditisten in keinem Fall den Mehrheitsgesellschafter an einer Beschlussfassung hindern können, z.B. auch dann nicht, wenn es um die Änderung der Satzung oder die Auflösung der Gesellschaft geht (BFH-Urteil vom 11. 10. 1988, BStBl 1989 II S. 762, sowie BMF-Schreiben vom 5. 10. 1989, BStBl I S. 378).

Eine besondere Bedeutung kommt der **Regelung über die Entnahmebefugnis** zu. Ist die Verfügungsbefugnis z.B. der Kinder über ihre Gewinnanteile als **Mitunternehmer oder stille Beteiligte** stark eingeschränkt, so wird die Familiengesellschaft steuerlich nicht anerkannt. Dies ist immer dann der Fall, wenn **Entnahmebeschränkungen** vertraglich vereinbart sind, **denen sich ein fremder Dritter nicht unterwerfen würde,** z.B. wenn überhaupt keine Entnahmen zulässig sind oder nur zur Bestreitung des angemessenen Lebensunterhalts, der Ausbildungskosten und der Entrichtung von Steuern oder wenn nur die Zinsen auf die Gewinnanteile entnommen werden dürfen. Auf die BFH-Urteile vom 21. 2. 1974 (BStBl II S. 404), vom 8. 8. 1974 (BStBl 1975 II S. 34) und vom 20. 2. 1975 (BStBl II S. 569) sowie auf H 138a Abs. 2 EStH wird hingewiesen.

Auch Vereinbarungen über die **Beendigung** des Gesellschaftsverhältnisses bei Erreichen eines bestimmten Lebensalters können der Anerkennung der Familiengesellschaft entgegenstehen (BFH-Urteil vom 29. 1. 1976, BStBl II S. 324). Ein Kommanditist, der vom persönlich haftenden Gesellschafter ohne weiteres zum Buchwert aus der Gesellschaft ausgeschlossen werden kann, ist nicht Mitunternehmer (BFH-Urteil vom 29. 4. 1981, BStBl II S. 663). Gleiches gilt, wenn die für den Fall des jederzeit möglichen Ausschlusses vereinbarte Abfindung nicht auch die Beteiligung am Firmenwert umfasst (BFH-Urteil vom 15. 10. 1981, BStBl 1982 II S. 342).

Behält sich ein Elternteil bei der unentgeltlichen Einräumung einer Unterbeteiligung an einem Kommanditanteil das Recht vor, jederzeit eine **unentgeltliche Rückübertragung** der Kapitalanteile von dem Kind zu verlangen, so wird keine Einkunftsquelle auf das Kind übertragen. Gleiches gilt bei schenkweiser Übertragung eines Kommanditanteils mit Rückübertragungsverpflichtung (BFH-Urteil vom 16. 5. 1989, BStBl II S. 877). Die Gewinngutschriften auf die Unterbeteiligung sind in diesen Fällen bei dem Elternteil keine Sonderbetriebsausgaben, sondern nicht abzugsfähige Zuwendungen i.S. des § 12 EStG (BFH-Beschluss vom 18. 7. 1974, BStBl II S. 740). Ist die Gesellschafterstellung eines Kindes **von vornherein nur befristet** – etwa auf die Zeit, in der das Kind vermutlich unterhaltsbedürftig ist und seine persönliche Aktivität als Gesellschafter noch nicht entfalten wird –, kann eine Mitunternehmerschaft des Kindes nicht anerkannt werden (vgl. o.a. BFH-Urteil vom 29. 1. 1976). Dagegen kann eine Mitunternehmerschaft minderjähriger Kinder, die als Kommanditisten einer Familien-KG im Schenkungswege beteiligt wurden, nicht schon deshalb verneint werden, weil der Vater nach dem Gesellschaftsvertrag berechtigt ist, die Gesellschafterstellung eines Kindes zum Ende des Jahres der Erreichung der Volljährigkeit zu kündigen (BFH-Urteil vom 23. 6. 1976, BStBl II S. 678).

Ist der Komplementär nach dem Gesellschaftsvertrag berechtigt, nach freiem Ermessen weitere Kommanditisten in die KG aufzunehmen, und kann er dadurch die für eine Änderung des Gesellschaftsvertrags im Einzelfall erforderlichen Mehrheitsverhältnisse (z.B. Erfordernis einer ⅔-Mehrheit) zu seinen Gunsten so verändern, dass die als Kommanditisten in die KG aufgenommenen minderjährigen Kinder gegen ihren Willen aus der KG verdrängt werden können, so spricht dies **gegen** eine Mitunternehmerstellung der Kinder. Das gilt auch dann, wenn der Komplementär tatsächlich noch keine weiteren Kommanditisten in die KG aufgenommen hat. Der BFH hat im Urteil vom 10. 11. 1987 (BStBl 1989 II S. 758) allein die Tatsache, dass der Komplementär derzeit nicht die im Einzelfall erforderliche Stimmrechtsmehrheit bezüglich der Änderung des Gesellschaftsvertrags und der Auflösung der Gesellschaft hat, für

Teil I: Anlage GSE
Zeilen 6–8

ausreichend gehalten, um die Mitunternehmerinitiative der Kommanditisten – und zwar auch bei Ausschluss des Widerspruchsrechts nach § 164 HGB – zu bejahen. Die Grundsätze dieses BFH-Urteils werden insoweit durch die Finanzverwaltung nicht über den entschiedenen Einzelfall hinaus angewandt (o.a. BMF-Schreiben vom 5. 10. 1989, BStBl I S. 378).

Für die steuerliche Anerkennung einer Familiengesellschaft ist andererseits unbeachtlich, dass außerbetriebliche, z.B. steuerliche oder familienrechtliche Gesichtspunkte, den Abschluss des Gesellschaftsvertrags veranlasst haben.

(4) Unabhängig von der Frage der steuerlichen Anerkennung einer Familiengesellschaft ist die Frage zu entscheiden, ob die vereinbarte **Gewinnverteilung** steuerlich gebilligt werden kann. Die Gewinnverteilung muss so geregelt sein, dass sie dem wirtschaftlichen Einsatz der Gesellschafter an Kapital und an Arbeitskraft entspricht, d.h., dass sie der Kapitaleinlage und der Tätigkeit des einzelnen Gesellschafters im Betrieb in angemessener Weise Rechnung trägt. Ist das nicht der Fall, so ist das Finanzamt berechtigt, eine solche Gewinnverteilung abzulehnen. Die Folge einer nur aus den Familienbeziehungen erklärbaren und wirtschaftlich nicht gerechtfertigten Gewinnverteilung ist sonach nicht die steuerliche Nichtanerkennung der Familiengesellschaft oder gar die Korrektur des handelsrechtlichen Gesellschaftsvertrags. Die Verwerfung der Gewinnverteilung führt im Allgemeinen nur dazu, dass durch das Finanzamt eine **steuerliche Korrektur** in dem Sinne vorgenommen wird, dass ungerechtfertigte Gewinnanteile bei einem anderen Gesellschafter (z.B. dem Vater) versteuert werden (H 138 a Abs. 3 EStH).

Werden **Kinder als Komplementäre** in das väterliche Unternehmen aufgenommen und wird ihnen neben dem Vater eine gleichwertige Geschäftsführertätigkeit übertragen, so ist im Allgemeinen nichts dagegen einzuwenden, dass alle Gesellschafter ohne Rücksicht auf die Höhe ihrer Kapitalanteile nach angemessener Vorwegverzinsung eine Kopfbeteiligung am Restgewinn erhalten. **Wesentlich anders** liegen die Verhältnisse bei einem **nicht tätigen Kommanditisten**. Es ist zwar im Allgemeinen zulässig, dass der Kommanditist neben einer niedrig gehaltenen festen Verzinsung noch in irgendeiner Weise am Restgewinn beteiligt wird. Hierin kann aber nur eine zusätzliche Verzinsung gesehen werden, die sich deshalb nach dem Verhältnis der Beteiligungswerte richtet und **innerhalb eines angemessenen Rahmens bleiben muss.**

Der **Große Senat des BFH** hat mit Beschluss vom 29. 5. 1972 (BStBl 1973 II S. 5) zu der Frage Stellung genommen, **welcher Gewinnanteil** bei einem nicht mitarbeitenden Familienangehörigen – als **Kommanditist oder atypischer stiller Gesellschafter – angemessen** ist. Er hat insbesondere geprüft, ob der steuerlich anzuerkennende Gewinnanteil des Kindes, das seinen **Kapitalanteil geschenkt** erhalten hat, eine bestimmte Höchstverzinslichkeitsgrenze, wie sie z.B. durch die frühere Rechtsprechung des BFH bei 20–25 v.H. der Einlage festgelegt wurde, nicht übersteigen dürfe und wo bejahendenfalls diese Grenze zu ziehen sei. Dabei ging der BFH davon aus, dass die Geschäftsführertätigkeit und das Haftungsrisiko des persönlich haftenden Gesellschafters vorweg angemessen abgegolten werden.

Der Große Senat hat wie folgt entschieden: „Ein Gewerbetreibender, der mit Kindern eine steuerrechtlich anzuerkennende KG gründet, seinen Gewerbebetrieb in diese einbringt und seinen Kindern aus seinem Kapitalanteil Anteile **schenkweise** überträgt, kann mit steuerrechtlicher Wirkung nur eine **Gewinnverteilung** vereinbaren, die, falls die Kinder nicht mitarbeiten, auf längere Sicht zu einer auch unter Berücksichtigung der gesellschaftsrechtlichen Beteiligung der Kommanditisten **angemessenen Verzinsung des tatsächlichen Werts des Gesellschaftsanteils** führt.

Für atypische stille Beteiligungen gilt Entsprechendes."

Eine angemessene Verzinsung ist nach den weiteren Ausführungen des Großen Senats anzuerkennen und die **Gewinnverteilung nicht zu beanstanden,** wenn der **Gewinnverteilungsschlüssel,** wie er im Gesellschaftsvertrag vereinbart ist, eine **durchschnittliche Rendite von nicht mehr als 15 v.H. des tatsächlichen Werts der Beteiligung** ergibt. Ein niedrigerer Satz könne unter besonderen Umständen gerechtfertigt sein. Maßgebend für die Beurteilung der Angemessenheit einer Gewinnbeteiligung sei der Zeitpunkt, in dem die Gesellschafter den Gewinnverteilungsschlüssel vereinbarten. Für die Beurteilung der Angemessenheit einer Gewinnverteilung seien nicht die Verhältnisse nur eines Jahres von Bedeutung. In der Regel dürfte von einem Zeitraum von 5 Wirtschaftsjahren auszugehen sein. Daraus folgt im Einzelnen:

(a) Der Gewinnanteil nicht mitarbeitender Kinder (minderjähriger und volljähriger), die ihre Kapitaleinlage von den Eltern geschenkt erhalten haben, ist auf seine Angemessenheit hin zu überprüfen. Entsprechendes gilt für Ehegatten (BFH-Urteil vom 4. 6. 1973, BStBl II S. 866).

(b) Dabei ist der vereinbarte Gewinnverteilungs**schlüssel** und nicht der jährlich zufließende Gewinnanteil einer Prüfung zu unterziehen.

(c) Der Gewinnverteilungsschlüssel darf nicht zu einer höheren durchschnittlichen Rendite als **15 v.H. des Realwerts** der Beteiligung führen. Das Nominalkapital ist deshalb hier ohne Bedeutung. Ist allerdings vertraglich bestimmt, dass der Gesellschafter nicht oder unter bestimmten Voraussetzungen nicht an den stillen Reserven beteiligt sein soll, so ist ein Abschlag zu machen (vgl. BFH-Urteile vom 29. 3. 1973, BStBl II S. 489, und vom 24. 7. 1986, BStBl 1987 II S. 54).

(d) Sonach muss nach der Ermittlung (Schätzung) des Realwerts des gesamten Betriebsvermögens der Realwert des Kindesanteils geschätzt werden.

(e) Alsdann ist die künftige **durchschnittliche Jahresrendite** griffweise zu ermitteln, wobei von einem Zeitraum von fünf Jahren auszugehen ist. Darauf ist der im Gesellschaftsvertrag vereinbarte Gewinnverteilungsschlüssel anzuwenden.

(f) Führt diese Berechnung zu einer jährlichen Rendite von **nicht mehr als 15 v.H. des Realwerts** (im Falle c Satz 3 des Buchwerts) des Kindesanteils, so ist der **Gewinnverteilungsschlüssel angemessen;** andernfalls ist er zu korrigieren. Ist die Angemessenheit **im Zeitpunkt der Vereinbarung der Gewinnverteilung** zu bejahen, so kommt es nicht darauf an, wie hoch der Gewinnanteil in den Folgejahren ist, es sei denn, es träte eine wesentliche Veränderung der Verhältnisse ein, sodass auch bei einer Gesellschaft zwischen fremden Personen eine Revision des Gewinnverteilungsschlüssels vorgenommen würde.

(5) Zur Gewinnverteilung bei **typischen stillen Gesellschaften,** zu denen der Große Senat keine Stellung genommen hatte, hat der IV. Senat des BFH mit Urteil vom 29. 3. 1973 (BStBl II S. 650) ähnlich entschieden:

„Die Gewinnverteilung einer typischen stillen Gesellschaft zwischen Familienangehörigen ist grundsätzlich angemessen, wenn der Gewinnverteilungsschlüssel im Zeitpunkt seiner Vereinbarung angemessen war.

Stammt die Kapitaleinlage des stillen Gesellschafters in vollem Umfang aus einer Schenkung des Unternehmers, so sind die vom Großen Senat zur Angemessenheit der Gewinnverteilung bei Familienpersonengesellschaften entwickelten Rechtsgrundsätze **sinngemäß anzuwenden.** Demgemäß ist in der Regel eine Gewinnverteilungsabrede angemessen, die im Zeitpunkt der Vereinbarung bei vernünftiger kaufmännischer Beurteilung eine durchschnittliche Rendite von bis zu **15 v.H.** des tatsächlichen Werts der stillen Beteiligung erwarten lässt.

Der tatsächliche Wert einer typischen stillen Beteiligung i.S. dieser Rechtsgrundsätze ist regelmäßig **gleich ihrem Nennwert** (Wert der Einlage). Erweist sich die im Einzelfall vereinbarte Gewinnverteilung als unangemessen, so ist die Besteuerung so vorzunehmen, als ob eine angemessene Gewinnverteilungsabrede getroffen worden wäre."

Es ergibt sich aus dem Wesen der stillen Beteiligung als einer Geldforderung, dass hier der tatsächliche Wert der Beteiligung dem Nennwert entspricht. Der oben genannte Satz von **15 v.H.** gilt dann, wenn der beschenkte stille Gesellschafter am Gewinn und am Verlust beteiligt ist. Nach dem BFH-Urteil vom 29. 3. 1973 (BStBl II S. 650) wird in der Regel eine Verzinsung von **nur 12 v.H. als angemessen** angesehen, wenn der stille Gesellschafter nicht am Verlust beteiligt ist (vgl. Teil I, Anlage KAP, Zeile 12).

Stammt die Kapitaleinlage des stillen Gesellschafters **nicht aus einer Schenkung** des Unternehmers, sondern wird sie aus eigenen Mitteln des stillen Gesellschafters geleistet **und** ist der stille Gesellschafter **am Verlust beteiligt**, so ist nach dem BFH-Urteil vom 16. 12. 1981 (BStBl 1982 II S. 387) eine durchschnittliche Rendite **bis zu 35 v.H.** des tatsächlichen Werts der stillen Beteiligung noch angemessen. Hat der stille Gesellschafter die Kapitaleinlage **aus eigenen Mitteln** geleistet und ist er **nicht am Verlust beteiligt**, gilt in der Regel ein Satz von **25 v.H.** der Einlage als angemessen (BFH-Urteil vom 14. 2. 1973, BStBl II S. 395, und H 138 a Abs. 5 EStH).

Mit der **Aufnahme von Kindern** als Mitunternehmer ist in vielen Fällen eine **Schenkung** von Teilen des Betriebsvermögens verbunden. Solche Schenkungen werden vom Finanzamt ohne Rücksicht auf Freibeträge dem für die Erbschaft- und Schenkungsteuer zuständigen Finanzamt mitgeteilt.

Verlustverrechnung bei beschränkter Haftung; negatives Kapitalkonto (§ 15a EStG)

1. Ausgangslage

Der Kommanditist haftet den Gläubigern der KG bis zur Höhe seiner Einlage unmittelbar; die Haftung ist jedoch ausgeschlossen, soweit die Einlage geleistet ist (§ 171 Abs. 1 HGB). Wegen dieses beschränkten Risikos des Kommanditisten bestimmt § 167 Abs. 3 HGB, dass der Kommanditist am Verlust der Gesellschaft nur bis zum Betrage seines Kapitalanteils und seiner rückständigen Einlage teilnimmt. Nach herrschender handelsrechtlicher Meinung ist § 167 Abs. 3 HGB jedoch abdingbar und bestimmt lediglich die Grenzen der endgültigen Verlusttragung bei der Auseinandersetzung nach Beendigung der Gesellschaft oder der Kommanditbeteiligung. Deshalb können dem Kommanditisten Verlustanteile zunächst auch dann zugerechnet werden, wenn sein Kapitalkonto dadurch negativ wird. Ein Ausgleich erfolgt durch die Gutschrift späterer Gewinnanteile, bis das Kapitalkonto des Kommanditisten wieder die ursprüngliche Einlage ausweist. Scheidet der Kommanditist aus der KG aus und übernehmen die Mitgesellschafter sein negatives Kapitalkonto, ohne dass er einen Ausgleich leistet, dann entsteht für den ausscheidenden Kommanditisten in Höhe des negativen Kapitalkontos ein Gewinn, den er gemäß §§ 16 und 34 EStG zu versteuern hat (so schon BFH-Urteil vom 13. 3. 1964, BStBl III S. 359).

In der Zwischenzeit hat der Große Senat des BFH mit Beschluss vom 10.11. 1980 (BStBl 1981 II S. 164) das negative Kapitalkonto bei einem Kommanditisten auch steuerlich anerkannt. Hiernach kann dem Kommanditisten ein Verlustanteil, der nach dem allgemeinen Gewinn- und Verlustverteilungsschlüssel der KG auf ihn entfällt, einkommensteuerrechtlich auch insoweit zugerechnet werden, als er zu einem negativen Kapitalkonto führt oder ein bereits bestehendes negatives Kapitalkonto erhöht. Dies gilt jedoch nur solange, als bei Aufstellung der Bilanz nach den Verhältnissen am Bilanzstichtag damit gerechnet werden kann, dass die Verluste durch künftige Gewinne wieder ausgeglichen werden können.

Steht bei Aufstellung der Bilanz nach den Verhältnissen am Bilanzstichtag fest, dass ein Ausgleich des negativen Kapitalkontos mit künftigen Gewinnanteilen des Kommanditisten nicht mehr in Betracht kommt, so hat das zur Folge, dass

- dem Kommanditisten keine Verluste mehr zugerechnet werden können;
- in Höhe des negativen Kapitalkontos ein zu versteuernder Gewinn entsteht. Dieser Gewinn ist als laufender Gewinn zu versteuern, wenn er nicht mit der Veräußerung oder der Aufgabe des Betriebs der KG zusammenfällt;
- die Verluste und der Nachversteuerungsbetrag in Höhe des negativen Kapitalkontos dem Komplementär und ggf. den anderen Kommanditisten, die noch ein positives Kapitalkonto haben, in Höhe dieses positiven Kapitalkontos zugerechnet werden.

Unabhängig hiervon hat der Gesetzgeber wegen steuersystematischer Bedenken und wegen der Entwicklung in der Praxis, die das negative Kapitalkonto zu einem planmäßigen Instrument der Steuerminimierung gemacht hat, eine besondere Regelung in § 15a EStG getroffen. Die folgenden Ausführungen können lediglich einen **Überblick** über diese komplizierte steuerliche Vorschrift vermitteln.

2. Grundkonzeption des § 15a EStG

Tragender Grundgedanke des § 15a EStG ist zunächst, dass der Verlust, der beim Kommanditisten zu einem negativen Kapitalkonto führt oder ein schon vorhandenes negatives Kapitalkonto erhöht, auch weiterhin steuerlich dem Kommanditisten zugerechnet wird. Er wird also nicht etwa anderen Gesellschaftern, wie z. B. dem Komplementär, zugeordnet. Der Kommanditist darf den Verlust jedoch **nicht mit seinen positiven anderen Einkünften ausgleichen.** Vielmehr muss er ihn vortragen und mit späteren Gewinnen aus der Beteiligung an der KG verrechnen = **verrechenbarer Verlust.**

Beispiel

Der Kommanditist A ist am Gewinn und Verlust einer KG zu ⅓ beteiligt. Sein Kapitalkonto beträgt am 31. 12. des Jahres 1 10000 €. Im Jahr 2 hat die KG einen Verlust in Höhe von 90000 €, wovon auf A 30000 € entfallen. Dadurch wird sein Kapitalkonto negativ (10000 € ./. 30000 € = ./. 20000 €). A kann im Jahr 2 von seinem Verlustanteil von 30000 € nur 10000 € mit seinen positiven Einkünften ausgleichen. Der nicht ausgeglichene Verlust von 20000 € wird zum verrechenbaren Verlust.

Im Jahr 3 erzielt die KG einen Gewinn von 120000 €, wovon 40000 € auf A entfallen. Hiervon kann A den verrechenbaren Verlust des Jahres 2 abziehen und braucht folglich im Jahr 3 nur zu versteuern:

Gewinnanteil Jahr 3	40000 €
verrechenbarer Verlust aus Jahr 2	./. 20000 €
zu versteuern im Jahr 3	20000 €

Soweit ein Verlustausgleich ausgeschlossen ist, weil sich durch den Verlustanteil des Kommanditisten ein negatives Kapitalkonto ergibt oder erhöht, kann der Verlust **auch nicht** im Wege des **Verlustabzugs nach § 10d EStG** durch Verlustrücktrag oder Verlustvortrag berücksichtigt werden.

Die Regelung des § 15a EStG ist zwingendes öffentliches Recht; sie kann mithin durch abweichende vertragliche Vereinbarungen der Gesellschafter nicht ausgeschlossen oder eingeschränkt werden.

3. Begrenzung des Verlustabzugs bei Kommanditisten

§ 15a Abs. 1 bis 4 EStG gilt für Kommanditisten einer KG im Sinne des HGB. Kommanditist einer KG kann nicht nur eine natürliche Person, sondern auch eine Personengesellschaft oder eine Kapitalgesellschaft sein. Der Verlustanteil einer als Kommanditistin beteiligten OHG darf also z. B. bei deren Gesellschaftern nur berücksichtigt werden, soweit bei der OHG kein negatives Kapitalkonto entsteht oder sich erhöht.

Im BMF-Schreiben vom 30. 5. 1997 (BStBl I S. 627) ist im Einzelnen geregelt, wie der Umfang des Kapitalkontos i.S. des § 15a EStG unter Zugrundelegung der Rechtsprechung zu bestimmen ist (vgl. auch H 138 d EStH).

4. Erweiterter Verlustausgleich

Haftet der Kommanditist am Bilanzstichtag den Gläubigern der Gesellschaft auf Grund des § 171 Abs. 1 HGB wegen einer **noch nicht geleisteten Einlage** unmittelbar mit seinem Vermögen, so kommt ein **erweiterter Verlustabzug** in Betracht. Der Kommanditist kann dann den Verlust bis zur Höhe des Betrages, um den die im Handelsregister eingetragene Einlage seine geleistete Einlage übersteigt, auch ausgleichen oder abziehen, soweit durch den Verlust ein negatives Kapitalkonto entsteht oder sich erhöht. Um missbräuchliche Gestaltungen zu verhindern, müssen allerdings verschiedene Voraussetzungen erfüllt und nachgewiesen werden. Wegen der Einzelheiten vgl. § 15a Abs. 1 Sätze 2 und 3 EStG sowie R 138d Abs. 3 EStR.

Teil I: Anlage GSE
Zeile 9

5. Verlustverrechnung mit späteren Gewinnen

Soweit der Verlust nach § 15a EStG nicht ausgeglichen oder abgezogen werden kann, erfolgt eine Verrechnung mit Gewinnen, die dem Kommanditisten in späteren Wirtschaftsjahren aus seiner Beteiligung an der KG zuzurechnen sind (§ 15a Abs. 2 EStG).

Beispiel

Auf den Kommanditisten X entfällt im Jahr 1 ein nicht ausgleichsfähiger Verlust von 50000 €. In den Jahren 2, 3 und 4 entfallen auf X je 20000 € Gewinnanteile. Der nicht ausgleichsfähige Verlust aus dem Jahr 1 wird zunächst mit den Gewinnanteilen der Jahre 2 und 3 verrechnet, sodass X von den Gewinnanteilen dieser Jahre nichts versteuern muss. Der dann noch verrechenbare Verlust von 10000 € wird mit dem Gewinn des Jahres 4 verrechnet,

sodass für das Jahr 4	20 000 €
	./. 10 000 €
	= 10 000 €

zu versteuern sind.

Die Verrechnung mit späteren Gewinnen ist nicht auf die Anteile am laufenden Gewinn beschränkt. Veräußerungsgewinne nach § 16 EStG sind ebenfalls einzubeziehen. Die Verlustverrechnung gemäß § 15a Abs. 2 EStG erfolgt von Amts wegen; eines besonderen Antrags bedarf es daher nicht. Sie ist zeitlich nicht beschränkt.

6. Gewinnzurechnung bei Einlagen- oder Haftungsminderung

Da für die Bestimmung des Kapitalkontos der Stand **am Bilanzstichtag** maßgebend ist, könnte das Gesetz ohne eine entsprechende Absicherung verhältnismäßig leicht umgangen werden. Daher enthält § 15a Abs. 3 EStG sowohl eine besondere Regelung im Falle der **Einlagenminderung** als auch im Falle der **Haftungsminderung**.

7. Gesonderte Feststellung des verrechenbaren Verlustes

Es entspricht verwaltungsökonomischen Grundsätzen, den Teil des Kommanditistenverlusts, der nicht ausgleichs- oder abzugsfähig ist, aber die Gewinne späterer Jahre mindert, bereits im Jahr der Entstehung des KG-Verlusts durch **gesonderten Bescheid** festzustellen. Deshalb ist nach § 15a Abs. 4 EStG durch das Finanzamt eine gesonderte Feststellung des verrechenbaren Verlusts durchzuführen.

8. Ausscheiden eines Kommanditisten mit einem nicht verrechneten Verlust

Bei **entgeltlicher** Anteilsveräußerung erzielt der Kommanditist einen Veräußerungsgewinn i.S. der §§ 16, 34 EStG. Der Veräußerungsgewinn wird zunächst mit dem verrechenbaren Verlust ausgeglichen. Der übersteigende Betrag ist steuerpflichtig.

Bei **unentgeltlichem** Übergang der Anteile (Erbfolge, Schenkung) tritt der Anteilserwerber in die Rechtsstellung des bisher Beteiligten ein. Er führt dessen Buchwerte fort (§ 6 Abs. 3 EStG). Mit dem Anteil gehen auch die verrechenbaren Verluste auf den unentgeltlichen Erwerber über.

Bei **Liquidation** der Gesellschaft mindern eventuelle Gewinne, die durch die Aufdeckung stiller Reserven entstehen, den verrechenbaren Verlust nach § 15a Abs. 2 EStG. Ist ein solcher Ausgleich mangels stiller Reserven nicht möglich, so ist der Verlust bei demjenigen zu berücksichtigen, der ihn endgültig zu tragen hat (in der Regel der Komplementär).

9. Vergleichbare Unternehmer (§ 15a Abs. 5 EStG)

Die oben genannten Grundsätze gelten sinngemäß auch für andere Unternehmer (Mitunternehmer), soweit deren Haftung der eines Kommanditisten vergleichbar ist. Dies gilt z.B. für folgende Unternehmen:

- die stille Gesellschaft i.S. des § 230 HGB, bei der der stille Gesellschafter als Mitunternehmer anzusehen ist (atypische stille Gesellschaft),
- die Gesellschaft bürgerlichen Rechts, soweit die Inanspruchnahme des Gesellschafters für Schulden im Zusammenhang mit dem Betrieb durch Vertrag ausgeschlossen oder nach Art und Weise des Geschäftsbetriebs unwahrscheinlich ist (vgl. BMF-Schreiben vom 30. 6. 1994, BStBl I S. 355, vom 18. 7. 2000, BStBl I S. 1198 und vom 28. 8. 2001, BStBl I S. 614),
- ausländische Personengesellschaften (Mitunternehmerschaften), bei denen die Haftung in gleicher Weise wie bei den oben genannten Unternehmen beschränkt, ausgeschlossen oder unwahrscheinlich ist,
- unabhängig von der Rechtsform für alle Unternehmen, soweit Verbindlichkeiten nur in Abhängigkeit von Erlösen oder Gewinnen aus der Nutzung, Veräußerung oder sonstigen Verwertung von Wirtschaftsgütern zu tilgen sind.

§ 15a EStG gilt entsprechend bei den Einkünften aus Land- und Forstwirtschaft und aus selbständiger Arbeit.

10. Übergangsvorschriften

§ 15a EStG gilt grundsätzlich erstmals für Verluste, die in dem Wirtschaftsjahr entstehen, das nach dem 31. 12. 1979 begonnen hat. Wegen der umfangreichen Übergangs- und Anwendungsvorschriften wird im Übrigen auf **§ 52 Abs. 33 EStG** verwiesen.

11. Ausscheiden eines Kommanditisten mit negativem Kapitalkonto

Als Folge der zum Teil für mehrere Jahre wirksamen Übergangsvorschriften kann es bei Kommanditisten und stillen Gesellschaftern zur Entstehung von negativen Kapitalkonten mit steuerlicher Auswirkung kommen. Deshalb war eine Regelung erforderlich, die im Ergebnis zu einer „Nachversteuerung" des negativen Kapitalkontos führt, wenn die **Gesellschaft liquidiert** wird oder **der Gesellschafter ausscheidet,** ohne das negative Kapitalkonto ausgleichen zu müssen. Schon nach der alten BFH-Rechtsprechung erzielt der Kommanditist in diesen Fällen in Höhe des nicht auszugleichenden negativen Kapitalkontos einen Veräußerungsgewinn i. S. des § 16 EStG. Eine entsprechende gesetzliche Regelung enthält § 52 Abs. 33 Satz 3 EStG. Diese Vorschrift gilt nicht nur für Fälle, in denen negative Kapitalkonten aufgrund der oben genannten Übergangsregelung gebildet werden, sondern auch in allen Fällen, in denen negative Kapitalkonten aufgrund alten Rechts mit steuerlicher Wirkung gebildet worden sind. Der frühere Verlustausgleich wird durch die nunmehrige Gewinnhinzurechnung egalisiert. Deshalb sind bei den anderen Gesellschaftern in Höhe des fingierten Gewinns Verlustanteile anzusetzen (§ 52 Abs. 33 Satz 4 EStG).

12. Sinngemäße Anwendung des § 15a EStG bei anderen Einkunftsarten

§ 15a EStG gilt sinngemäß für Verluste aus einer Beteiligung des **typischen stillen Gesellschafters** (Teil I, Anlage KAP, Zeile 12) und für Verluste aus **Vermietung und Verpachtung** (Teil I, Anlage V). Bei den Vermietungseinkünften hat diese Regelung u. a. für die so genannte vermögensverwaltende KG (geschlossene Immobilienfonds) Bedeutung. Vgl. auch BMF-Schreiben vom 30. 6. 1994, BStBl I S. 355.

Beteiligung an Verlustzuweisungsgesellschaften und ähnlichen Modellen

Nach § 2b EStG dürfen **negative Einkünfte** (Verluste) auf Grund von Beteiligungen an Gesellschaften oder Gemeinschaften oder ähnlichen Modellen **nicht** mit anderen Einkünften ausgeglichen werden, wenn bei dem Erwerb oder der Begründung der Einkunftsquelle die **Erzielung eines steuerlichen Vorteils** im Vordergrund steht. Auch ein (allgemeiner) Verlustrücktrag oder Verlustvortrag nach § 10d EStG ist nicht zulässig. Die Erzielung eines steuerlichen Vorteils steht insbesondere dann im Vordergrund, wenn nach dem Betriebskonzept der Gesellschaft oder Gemeinschaft oder des ähnlichen Modells die Rendite auf das einzusetzende Kapital nach Steuern mehr als das Doppelte dieser Rendite vor Steuern beträgt und ihre Betriebsführung überwiegend auf diesem Umstand beruht oder wenn Kapitalanlegern Steuerminderungen durch Verlustzuweisungen in Aussicht gestellt werden. Nach § 2b Satz 4 EStG gehen die negativen Einkünfte in einen gesonderten Verlustabzug ein, der nur eine Verrechnung mit positiven Einkünften erlaubt, die der Steuerpflichtige in dem unmittelbar vorangegangenen Veranlagungszeitraum oder in den folgenden Veranlagungszeiträumen **aus solchen Beteiligungen** erzielt hat oder erzielt. Einzelheiten sind im Anwendungsschreiben des BMF vom 22. 8. 2001, BStBl I S. 588 sowie in H 5a EStH geregelt.

Durch die neue Vorschrift soll der Ausgleich von Verlusten aus Steuersparmodellen mit positiven Einkünften aus anderen Einkunftsquellen ausgeschlossen werden. Der Gesetzgeber hat jedoch eine doppelte **Vertrauensschutzregelung** eingeräumt, die in § 52 Abs. 4 EStG enthalten ist. Erstens ist die Neuregelung grundsätzlich erst für negative Einkünfte aus einer Einkunftsquelle i.S. des § 2b EStG anzuwenden, die der Steuerpflichtige **nach dem 4. 3. 1999 rechtswirksam erworben oder begründet** hat. Zweitens wird das Verlustabzugsverbot für negative Einkünfte aus Verlustzuweisungsmodellen, bei denen eine Gesellschaft oder Gemeinschaft bereits vor dem 5. 3. 1999 objektiv erkennbare Investitionsentscheidungen getroffen hat, nicht angewendet, wenn der Steuerpflichtige der Gesellschaft oder Gemeinschaft vor dem 1.1. 2001 beigetreten ist. Solche Investitionen, die vor der dritten Lesung des Steuerentlastungsgesetzes 1999/2000/2002 eingeleitet worden sind, sollen nicht nachträglich beeinträchtigt werden. Um sicherzustellen, dass bereits objektiv schutzwürdige Investitionen vorgenommen wurden, wird in Herstellungsfällen auf den Beginn der Herstellung vor dem 5. 3. 1999 abgestellt, in Anschaffungsfällen auf den Abschluss eines rechtswirksamen Anschaffungsvertrags oder die Vornahme eines gleichstehenden Rechtsakts vor dem 5. 3. 1999.

Halbeinkünfteverfahren

10
8
Das in Teil I, Anlage KAP, Zeilen 21 bis 25 beschriebene Halbeinkünfteverfahren greift auch dann ein, wenn sich die Beteiligungen (Aktien, GmbH- oder Genossenschaftsanteile) im **Betriebsvermögen** befinden. Danach bleiben z.B. Ausschüttungen, Veräußerungs- und Entnahmegewinne für solche Anteile auch bei Zugehörigkeit zu den Gewinneinkünften gem. § 3 Nr. 40 EStG **zur Hälfte steuerfrei**. Entsprechend können Aufwendungen für solche Anteile (z.B. Finanzierungskosten), aber auch Veräußerungs- oder Entnahmeverluste und Teilwertabschreibungen für solche Anteile nur zur **Hälfte** abgezogen werden. Nach § 3c Abs. 2 EStG gilt das hälftige Abzugsverbot unabhängig davon, in welchem Veranlagungszeitraum die Einnahmen oder Betriebsvermögensmehrungen anfallen. Danach sind auch **vorab** entstandene Aufwendungen um die Hälfte zu kürzen, wenn ein wirtschaftlicher Zusammenhang mit später möglichen Einnahmen (Betriebsvermögensmehrungen) besteht, die nach neuem Recht nur zur Hälfte zu versteuern sind.

Wegen der **zeitlichen Anwendung** des Halbeinkünfteverfahrens wird auf § 52 Abs. 4b und 8a EStG sowie auf die Erläuterungen in Teil I, Anlage KAP, Zeilen 21 bis 25 und Anlage GSE, Zeilen 16, 19 hingewiesen. Sind in den gewerblichen Einkünften 2005 (Zeilen 3 bis 8 und 26 der Anlage GSE) unter das Halbeinkünfteverfahren fallende Einkünfte enthalten, so ist der steuerpflichtige Teil dieser Einkünfte in Zeile 10 anzugeben und mit Berechnung auf besonderem Blatt zu erläutern.

Steuerermäßigung wegen Gewerbesteuer

11
9
Durch das Steuersenkungsgesetz (BStBl 2000 I S. 1428) wurde in § **35 EStG** ab dem Jahr 2001 eine pauschalierte Anrechnung von Gewerbesteuer auf die Einkommensteuer eingeführt. Die Vorschrift soll dazu dienen, die Doppelbelastung gewerblicher Einkünfte mit Einkommen- und Gewerbesteuer zu beseitigen und eine Benachteiligung von Einzelunternehmen und Personengesellschaften gegenüber Kapitalgesellschaften zu vermeiden. Auf Grund der Neuregelung in § 35 EStG wurde die frühere Tarifbegrenzung bei gewerblichen Einkünften in § 32c EStG aufgehoben.

Nach § 35 Abs. 1 EStG **ermäßigt sich die tarifliche Einkommensteuer,** vermindert um die sonstigen Steuerermäßigungen mit Ausnahme der §§ 34f und 34g EStG, soweit sie **anteilig auf** im zu versteuernden Einkommen enthaltene **gewerbliche Einkünfte entfällt,**

- bei gewerblichen **Einzelunternehmern** um das **1,8fache** des jeweils für den dem Veranlagungszeitraum entsprechenden Erhebungszeitraum nach § 14 GewStG für das Unternehmen festgesetzten **Gewerbesteuer-Messbetrags**,
- bei Einkünften aus Gewerbebetrieb als **Mitunternehmer** um das **1,8fache** des jeweils für den dem Veranlagungszeitraum entsprechenden Erhebungszeitraum festgesetzten **anteiligen** Gewerbesteuer-Messbetrags.

Neben dieser Steuerermäßigung bleibt der Abzug der Gewerbesteuer als **Betriebsausgabe** unverändert zulässig. Einzelheiten der Steuerermäßigung sind im Anwendungsschreiben des BMF vom 15. 5. 2002 (BStBl I S. 533) geregelt (mit Beispielen). Die Steuerermäßigung nach § 35 EStG wirkt sich wegen der Änderung des § 51a Abs. 2 EStG nicht bei der Festsetzung von Kirchensteuer aus, aber bei der Festsetzung des Solidaritätszuschlags.

Gewerbliche Einkünfte i.S. des § 35 EStG sind die Einkünfte aus Gewerbebetrieb i.S. des § 15 EStG. Einkünfte aus Veräußerungen (Betriebsaufgaben) i.S. der §§ 16 und 17 EStG (vgl. Zeilen 12 bis 21 und 22 bis 23 der Anlage GSE) gehören damit grundsätzlich nicht dazu. In die gewerblichen Einkünfte i.S. des § 35 EStG einzubeziehen sind jedoch die gewerbesteuerpflichtigen Veräußerungsgewinne aus der 100%igen Beteiligung an einer Kapitalgesellschaft, wenn die Veräußerung nicht im engen Zusammenhang mit der Aufgabe des Gewerbebetriebs erfolgt (Abschn. 39 Abs. 1 Nr. 1 Satz 13 GewStR) sowie die Veräußerungsgewinne, die nach § 7 Satz 2 GewStG gewerbesteuerpflichtig sind. Der Gewinn aus der Veräußerung eines Teils eines Mitunternehmeranteils i.S. des § 16 Abs. 1 Satz 2 EStG gehört als laufender Gewinn auch zu den gewerblichen Einkünften i.S. des § 35 EStG. Die auf einen Veräußerungs- oder Aufgabegewinn nach § **18 Abs. 4** Sätze 1 und 2 **UmwStG** entfallenden gewerblichen Einkünfte sind nicht in die gewerblichen Einkünfte i.S. des § 35 EStG einzubeziehen; der darauf entfallende GewSt-Messbetrag bleibt unberücksichtigt (Rz. 9 und 10 des o.a. BMF-Schreibens in BStBl 2002 I S. 533).

Der in Zeile 11 der Anlage GSE erwähnte § **5a EStG** betrifft die Gewinnermittlung bei Handelsschiffen im internationalen Verkehr. Auf Gewinne, die der sog. Tonnagebesteuerung nach § 5a EStG unterliegen, findet die Steuerermäßigung nach § 35 EStG keine Anwendung (§ 5a Abs. 5 EStG).

Die Steuerermäßigung nach § 35 EStG setzt voraus, dass im zu versteuernden Einkommen **positive gewerbliche Einkünfte** enthalten sind; denn nur die **darauf entfallende anteilige Einkommensteuer** kann ermäßigt werden (ggf. bis auf 0 €). Wird die Einkommensteuer auf 0 € festgesetzt, z.B. auf Grund von Verlusten aus anderen Einkunftsarten, scheidet die Steuerermäßigung aus. Die Steuerermäßigung kann nicht zu einer negativen Einkommensteuer führen; auch ein Rück- oder Vortrag einer nicht ausgenutzten Steuerermäßigung ist nicht möglich. Die auf die gewerblichen Einkünfte entfallende Einkommensteuer wird nach dem Verhältnis der gewerblichen Einkünfte i.S. des § 35 EStG zur Summe der Einkünfte ermittelt (vgl. nachfolgendes Zahlenbeispiel).

Auf die **tatsächliche** Höhe der Gewerbesteuer kommt es bei der pauschalen Ermäßigung nicht an, weil die Ermäßigung nur an den GewSt-Messbetrag (nicht an die festgesetzte Gewerbesteuer) anknüpft. Die Ergänzung des § 35 Abs. 1 EStG durch Art. 1 des Steuervergünstigungsabbaugesetzes vom 16. 5. 2003 (BStBl I S. 321), wonach eine Steuerermäßigung unterbleibt, wenn der von der Gemeinde bestimmte GewSt-Hebesatz 200 v.H. unterschreitet, ist ab 2004 aufgehoben worden, denn nach § 16 Abs. 4 GewStG n.F. (BStBl 2004 I S. 20) müssen die Gemeinden bereits einen Mindesthebesatz von 200 v.H. bestimmen. Der GewSt-Messbescheid ist Grundlagenbescheid für die Steuerermäßigung bei der Einkommensteuer (§ 35 Abs. 3 EStG). Wird der GewSt-Messbescheid geändert, ist der Einkommensteuerbescheid nach § 175 Abs. 1 Nr. 1 AO als Folgebescheid ebenfalls zu ändern.

Die Regelung des § 35 EStG gewährleistet nicht, dass die Belastung mit Gewerbesteuer voll ausgeglichen wird. Insbesondere bei hohen GewSt-Hebesätzen ist die Entlastung unvollständig; es bleibt noch eine Teilbelastung durch die Gewerbesteuer.

Teil I: Anlage GSE
Zeilen 12–21

Beispiel

Ein unverheirateter Einzelunternehmer hat im Jahr 2005 einen Gewinn aus Gewerbebetrieb (§ 15 EStG) von 70 000 €. Der Gewerbeertrag für 2005 ist wegen der Hinzurechnung von Dauerschuldzinsen höher, sodass sich der GewSt-Meßbetrag 2005 auf 1 400 € beläuft. Die Summe der Einkünfte beträgt zusammen mit Vermietungs- und Kapitaleinkünften 110 000 €, das zu versteuernde Einkommen 95 000 €.

Bei der Einkommensteuerveranlagung ergibt sich folgende Berechnung:

Gewerbliche Einkünfte	70 000 €
Summe der Einkünfte	110 000 €
zu versteuerndes Einkommen	95 000 €
tarifliche ESt nach der Grundtabelle	31 986 €

Anteilig auf die gewerblichen Einkünfte entfallende ESt:

$$\frac{31\,986\ € \times 70\,000\ €}{110\,000\ €} = 20\,354\ €$$

./. Ermäßigung nach § 35 EStG GewSt-Messbetrag 1 400 € × 1,8 = 2 520 €	./.	2 520 €
festzusetzende Einkommensteuer		29 466 €

Sind die gewerblichen Einkünfte negativ, kann dennoch Gewerbesteuer anfallen (z.B. wegen gewerbesteuerlicher Hinzurechnungen). In diesem Fall ist trotz der bestehenden GewSt-Belastung keine Steuerermäßigung nach § 35 EStG möglich.

Werden **Ehegatten** zur Einkommensteuer zusammen veranlagt und haben beide Ehegatten Einkünfte aus Gewerbebetrieb, werden die gewerblichen Einkünfte i.S. des § 35 EStG (ggf. nach Anwendung des § 2 Abs. 3 EStG) bei jedem Ehegatten gesondert ermittelt und anschließend zu einem Betrag zusammengefasst (Rz. 14 des o.a. BMF-Schreibens).

Bei **Personengesellschaften** ist zu beachten, dass die Gewerbesteuer auf der Ebene der Gesellschaft, die Einkommensteuer jedoch gegenüber den Gesellschaftern festgesetzt wird. Die Steuerermäßigung beim einzelnen Mitunternehmer erfolgt auf der Grundlage des **anteiligen** GewSt-Messbetrags (§ 35 Abs. 2 EStG). Der jedem Mitunternehmer zuzurechnende Anteil bestimmt sich nach dem gesellschaftsvertraglich vereinbarten **allgemeinen Gewinnverteilungsschlüssel**. Bei der Ermittlung des Aufteilungsmaßstabs für den Gewerbesteuer-Messbetrag sind Vorabgewinnanteile nicht zu berücksichtigen; dies gilt auch für Sondervergütungen i.S. des § 15 Abs. 1 Nr. 2 EStG, die in ihrer Höhe nicht vom Gewinn abhängig sind, sowie die Ergebnisse aus Sonder- und Ergänzungsbilanzen. Demgegenüber sind gewinnabhängige Vorabgewinnanteile und gewinnabhängige Sondervergütungen Bestandteil des allgemeinen Gewinnverteilungsschlüssels (vgl. Rz. 18 bis 25 des o.a. BMF-Schreibens in BStBl 2002 I S. 533). Ergibt sich bei einem Gesellschafter ein Gewinnanteil, bei einem anderen dagegen ein Verlustanteil (z.B. wegen hoher Verluste aus einer Ergänzungsbilanz), ändert sich am Verteilungsschlüssel für den GewSt-Messbetrag nichts, d.h. auch dem Gesellschafter mit Verlustanteil wird ein Anteil am GewSt-Messbetrag nach dem **allgemeinen** Gewinnverteilungsschlüssel zugewiesen. Damit geht bei diesem Gesellschafter die Steuerermäßigung ins Leere; den anderen Gesellschaftern kann deswegen kein höherer Anteil am GewSt-Messbetrag zugewiesen werden. Der GewSt-Messbetrag und der **Anteil** eines jeden Mitunternehmers daran (als Vomhundertsatz mit zwei Nachkommastellen) ist vom Betriebsfinanzamt **gesondert und einheitlich festzustellen** (§ 35 Abs. 3 EStG). Bei der ESt-Veranlagung der Gesellschafter wird der bindend festgestellte Anteil am GewSt-Messbetrag zur Berechnung der Steuerermäßigung übernommen.

Veräußerungsgewinne

12–21 Zu den Einkünften aus Gewerbebetrieb gehören auch Gewinne, die bei der **Veräußerung** oder **Aufgabe** eines **Betriebs,** eines **Teilbetriebs** oder bei der Veräußerung von **Mitunternehmeranteilen** erzielt werden (**§ 16 EStG**). Eine Veräußerung des **ganzen** Betriebs liegt vor, wenn der Betrieb mit seinen wesentlichen Grundlagen gegen Entgelt in der Weise auf einen Erwerber übertragen wird, dass der Betrieb als geschäftlicher Organismus fortgeführt werden kann. Es ist also nicht erforderlich, dass der Erwerber den Betrieb tatsächlich fortführt. Der Veräußerer kann auch einzelne Wirtschaftsgüter, die für sich keinen Betrieb mehr darstellen, zurückbehalten, um sie später bei sich bietender Gelegenheit zu veräußern. Werden nicht der Betriebsorganismus, sondern nur Betriebsmittel übertragen, während das Unternehmen in derselben oder in veränderter Form fortgeführt wird, so liegt keine Betriebsveräußerung vor. Nach dem BFH-Urteil vom 12. 6. 1996 (BStBl II S. 527) setzt eine Betriebsveräußerung voraus, dass der Gewerbetreibende nicht nur Betriebsmittel überträgt, sondern auch seine mit dem veräußerten Betriebsvermögen verbundene Tätigkeit aufgibt (H 139 Abs. 1 EStH). Dabei ist jedoch zu beachten, dass sich z.B. die gelegentliche Vermittlung von Verträgen durch einen aus dem aktiven Erwerbsleben ausgeschiedenen Versicherungsvertreter in finanzieller, wirtschaftlicher und organisatorischer Hinsicht grundlegend von dem Gewerbebetrieb, den er als Versicherungsbezirksdirektor unterhalten hat, unterscheiden kann und in diesem Fall einer Betriebsveräußerung nicht entgegensteht (BFH-Urteil vom 18. 12. 1996, BStBl 1997 II S. 573).

Durch Art. 1 des Unternehmenssteuerfortentwicklungsgesetzes vom 20. 12. 2001 (BStBl 2002 I S. 35) wurde § 16 Abs. 1 EStG dahingehend geändert, dass nur noch die entgeltliche Übertragung **ganzer** Mitunternehmeranteile begünstigt ist. Gewinne, die bei der Veräußerung **eines Teils** eines Mitunternehmeranteils erzielt werden, sind **laufende** Gewinne. Dies gilt für Veräußerungen, die nach dem 31.12. 2001 erfolgen.

Veräußerung eines **Teilbetriebs** ist gegeben, wenn der Gewerbetreibende eine bestimmte gewerbliche Tätigkeit aufgibt und ein mit einer gewissen Selbständigkeit ausgestatteter, **organisch geschlossener Teil** eines Gesamtbetriebs, der für sich betrachtet alle Merkmale eines Betriebs aufweist und für sich lebensfähig ist, veräußert wird, wie z.B. ein Zweigbetrieb (vgl. BFH-Urteil vom 3. 10. 1984, BStBl 1985 II S. 245). Eine völlig selbständige Organisation mit eigener Buchführung ist **nicht** erforderlich. Eine Teilbetriebsveräußerung erfordert nicht, dass der Veräußerer seine gewerblichen Tätigkeiten in vollem Umfang beendet. Es ist ausreichend, wenn er die gewerbliche Tätigkeit aufgibt, die sich auf die veräußerten wesentlichen Betriebsgrundlagen bezieht (BFH-Urteil vom 9. 8. 1989, BStBl II S. 973). Als Veräußerung eines Teilbetriebs **gilt** auch die Veräußerung einer im Betriebsvermögen eines einzelnen Steuerpflichtigen oder einer Personengesellschaft geführten **100-prozentigen Beteiligung an einer Kapitalgesellschaft** im Laufe des Wirtschaftsjahrs. Die Fiktion eines Teilbetriebs gilt auch dann, wenn die veräußerte 100-prozentige Beteiligung an einer Kapitalgesellschaft im Eigentum nur eines oder mehrerer Mitunternehmer stand und steuerlich voll zum Betriebsvermögen der Personengesellschaft gehörte (R 139 Abs. 3 EStR).

Wird eine Zweigniederlassung oder Filiale eines Unternehmens veräußert, so ist die Annahme einer Teilbetriebsveräußerung nicht deshalb ausgeschlossen, weil das Unternehmen im Übrigen **andernorts weiterhin eine gleichartige gewerbliche Tätigkeit** ausübt; erforderlich für die Annahme einer Teilbetriebsveräußerung ist aber, dass das Unternehmen mit der Veräußerung des entsprechenden Betriebsteils einen eigenständigen Kundenkreis aufgibt (BFH-Urteil vom 24. 8. 1989, BStBl 1990 II S. 55). Bei **Einzelhandelsfilialen** reichen eigenes Personal, eigenes Anlagevermögen, eigener Kundenstamm, eigene Kassenführung und die räumliche Trennung nicht aus, um die einzelnen Filialgeschäfte als Teilbetriebe anzusehen (BFH-Urteil vom 12. 2. 1992, BFH/NV 1992 S. 516). Erforderlich ist, dass dem in der Einzelhandelsfiliale beschäftigten leitenden Personal eine Mitwirkung beim Wareneinkauf und bei der Preisgestaltung dieser Filiale eingeräumt ist (BFH-Urteil vom 12. 9. 1979, BStBl 1980 II S. 51 sowie H 139 Abs. 3 EStH).

Die **Aufgabe** des Gewerbebetriebs ist der Veräußerung gleichgestellt. Die Aufgabe eines Betriebs ist anzunehmen, wenn der bisherige Betrieb als wirtschaftlicher Organismus zu bestehen aufgehört hat. Die wesentlichen Grundlagen des Betriebs müssen in einem einheitlichen Vorgang innerhalb eines kurzen Zeitraums an eine oder mehrere Personen veräußert **oder** ganz oder teilweise ins Privatvermögen überführt werden (in der Regel nach Einstellung des Betriebs). Der „kurze Zeitraum" bemisst sich nach den Umständen des Einzelfalls; maßgebend ist, ob man die Aufgabehandlungen wirtschaftlich noch als einen einheitlichen Vorgang beurteilen kann. Die Betriebsaufgabe kann sich auch über einen Zeitraum von mehr als einem halben Jahr hinziehen (wegen Einzelheiten zur Bemessung des Aufgabezeitraums vgl. BFH-Urteil vom 26. 5. 1993, BStBl II S. 710). Eine Betriebsaufgabe liegt nicht vor, wenn die Wirtschaftsgüter nach und nach im Laufe mehrerer Wirtschaftsjahre an Dritte veräußert oder ins Privatvermögen überführt werden. Eine Betriebsaufgabe kann auch dann gegeben sein, wenn der Steuerpflichtige einen neuen Betrieb – auch gleicher Art – beginnt, sofern der bisher geführte betriebliche Organismus aufhört zu bestehen. Eine Betriebsaufgabe kann auch die Stilllegung eines Betriebs gegen Entschädigung sein (im Einzelnen vgl. R 139 Abs. 2 EStR und H 139 Abs. 2 EStH). Wegen der Abgrenzung zwischen einer Betriebsunterbrechung und einer Betriebsaufgabe wird auf die BFH-Urteile vom 28. 9. 1995 (BStBl 1996 II S. 276) und vom 26. 2. 1997 (BStBl II S. 561) hingewiesen. Wie die Aufgabe eines Betriebs wird auch die **Aufgabe eines Teilbetriebs** behandelt. Die Grundsätze über die Veräußerung eines Teilbetriebs (vgl. oben) gelten für die Aufgabe eines Teilbetriebs entsprechend (R 139 Abs. 3 EStR). Noch keine Betriebsaufgabe ist im Allgemeinen die Eröffnung des Insolvenzverfahrens (früher Konkurs); denn diese bewirkt in steuerrechtlicher Hinsicht keine Trennung des Vermögens des Gemeinschuldners und der Insolvenzmasse. Der Gemeinschuldner bleibt vielmehr Steuerschuldner (BFH-Urteil vom 19. 1. 1993, BStBl II S. 594). Das Insolvenzverfahren einer Betriebsgesellschaft beendet jedoch regelmäßig eine bestehende **Betriebsaufspaltung** und führt zur Betriebsaufgabe der Besitzgesellschaft (BFH-Urteil vom 6. 3. 1997, BStBl II S. 460). Die **Beendigung einer Betriebsaufspaltung** führt allerdings nicht zur Betriebsaufgabe bei der Besitzpersonengesellschaft, wenn auch die Voraussetzungen einer **Betriebsverpachtung im Ganzen** (vgl. unten) vorlagen (BMF-Schreiben vom 17. 10. 1994, BStBl I S. 771 sowie BFH-Urteile vom 23. 4. 1996, BStBl 1998 II S. 325 und vom 17. 4. 2002, BStBl II S. 527). Die **Ausgleichszahlung** an einen **Handelsvertreter** nach § 89b HGB gehört auch dann zum **laufenden Gewinn,** wenn der Anspruch auf Ausgleichszahlung durch den Tod des Handelsvertreters entstanden ist und der Erbe des Handelsvertreters den Betrieb aufgibt (BFH-Urteil vom 9. 2. 1983, BStBl II S. 271). Zahlungen des nachfolgenden Handelsvertreters an seinen Vorgänger gehören grundsätzlich zum **laufenden** Gewinn, wenn der Nachfolger die vertretenen Firmen von Ausgleichsansprüchen nach § 89b HGB freistellt (BFH-Urteil vom 25. 7. 1990, BStBl 1991 II S. 218). Wegen eines Antrags auf **ermäßigte Besteuerung** vgl. die Erläuterungen zu **Zeilen 17 und 20** dieses Vordrucks.

Die **Abgrenzung** zwischen **Veräußerungs- oder Aufgabegewinn** und **laufendem** Gewinn ist deshalb wichtig, weil für einen Veräußerungs- oder Aufgabegewinn neben der erwähnten **ermäßigten Besteuerung** auch ein **Freibetrag** in Betracht kommen kann (vgl. unten). Außerdem unterliegen laufende gewerbliche Gewinne der **Gewerbesteuer.** Wegen Einzelheiten dieser Abgrenzung wird auf H 139 Abs. 9 EStH hingewiesen.

Veräußerungsgewinn ist bei der Veräußerung des **ganzen** Gewerbebetriebs oder eines **Teil**betriebs der Betrag, um den der Veräußerungspreis nach Abzug der **Veräußerungskosten** den Buchwert des Betriebsvermögens im Zeitpunkt der Veräußerung übersteigt. Werden die einzelnen dem Betrieb dienenden Wirtschaftsgüter im Rahmen der Aufgabe des Betriebs veräußert, so sind die Veräußerungspreise anzusetzen; werden die Wirtschaftsgüter jedoch nicht veräußert, sondern in das Privatvermögen des Betriebsinhabers überführt, so ist der gemeine Wert, d.h. der Einzelveräußerungspreis, im Zeitpunkt der Aufgabe maßgebend. Zum Veräußerungspreis zählt alles, was der Veräußerer im Zusammenhang mit der Veräußerung vom Erwerber erhält (z.B. auch eine Entschädigung für den Verzicht auf das noch bestehende Mietrecht an den Geschäftsräumen). Der Gewinn aus der Auflösung einer Rückstellung ist nicht zum Veräußerungsgewinn zu rechnen, wenn die Auflösung der Rückstellung und die Betriebsveräußerung in keinem rechtlichen oder ursächlichen, sondern lediglich in einem gewissen zeitlichen Zusammenhang miteinander stehen (BFH-Urteil vom 15. 11. 1979, BStBl 1980 II S. 150). Gewinne, die während und nach der Aufgabe eines Betriebs **aus normalen Geschäften** und ihrer Abwicklung anfallen, gehören **nicht** zum begünstigten Veräußerungsgewinn, sondern stellen **laufenden** Gewinn dar (BFH-Urteil vom 25. 6. 1970, BStBl II S. 719). Das gilt auch für den Gewinn aus einem **Räumungsverkauf** (BFH-Urteil vom 29. 11. 1988, BStBl 1989 II S. 602). Gewinne aus der Veräußerung von **Umlaufvermögen** zählen nur dann zum Aufgabegewinn, wenn die Veräußerung nicht den Charakter einer normalen gewerblichen Betätigung hat, sondern die Waren z.B. an frühere Lieferanten veräußert werden (BFH-Urteil vom 2. 7. 1981, BStBl II S. 798). Veräußert ein gewerblicher Grundstückshändler seinen gesamten Grundstücksbestand (Umlaufvermögen) an einen oder zwei Erwerber, ist ein laufender Gewinn – kein Veräußerungs- oder Aufgabegewinn – gegeben (BFH-Urteile vom 25. 1. 1995, BStBl II S. 388 und vom 23. 1. 2003, BStBl II S. 467; BMF-Schreiben vom 26. 3. 2004, BStBl I S. 434, Tz. 35). Wird ein Betrieb (auch Teilbetrieb oder Mitunternehmeranteil) gegen eine **Leibrente** oder gegen einen in **Raten** zu zahlenden Kaufpreis **zur Verschaffung einer Versorgung** (mehr als **10 Jahre** Laufzeit) veräußert, hat der Veräußerer die Wahl zwischen der sofortigen Besteuerung eines Veräußerungsgewinns oder einer nicht tarifbegünstigten Besteuerung als nachträgliche Betriebseinnahmen im Jahr des Zuflusses (R 139 Abs. 11 EStR). Einzelheiten – auch zur Anwendung des Halbeinkünfteverfahrens, wenn die Zuflussbesteuerung gewählt wird – sind im BMF-Schreiben vom **3. 8. 2004** (BStBl I S. 1187) geregelt. Gehören zum Veräußerungspreis laufende Zahlungen für einen fest bestimmten Zeitraum **(Kaufpreisraten),** so werden diese, auch wenn über eine Verzinsung nichts vereinbart ist, bei der Berechnung des Veräußerungsgewinns mit dem **abgezinsten Wert** (Barwert) – also nicht mit der vollen Summe der Raten – angesetzt (H 139 Abs. 11 EStH). Vgl. zur Betriebsveräußerung gegen **Rentenzahlungen** auch die Erläuterungen in Teil II, Tz. 6.4 und 7.2.

Veräußerungskosten sind solche Aufwendungen, die in unmittelbarer sachlicher Beziehung zum Veräußerungsvorgang stehen, wie z.B. Maklerprovisionen, Notariatskosten und Verkehrsteuern. Sie sind nach dem BFH-Urteil vom 6. 10. 1993 (BStBl 1994 II S. 287) **ohne Rücksicht auf ihre zeitliche Entstehung** bei der Ermittlung des begünstigten Veräußerungsgewinns abzuziehen (auch wenn sie bereits im vorangegangenen Jahr angefallen sind).

Bei der **Einbringung** eines Betriebs zu Buchwerten in eine Personengesellschaft ist der Gewinn aus der Überführung eines nicht zu den wesentlichen Betriebsgrundlagen gehörenden Wirtschaftsguts in das Privatvermögen kein begünstigter Veräußerungsgewinn (BFH-Urteil vom 29. 10. 1987, BStBl 1988 II S. 374). Veräußert der Gesellschafter einer Personengesellschaft seinen gesamten Mitunternehmeranteil an einen Mitgesellschafter und entnimmt er im Einverständnis mit dem Erwerber und den Mitgesellschaftern vor der Übertragung des Gesellschaftsanteils bestimmte Wirtschaftsgüter des Gesellschaftsvermögens, gehört der daraus entstehende Entnahmegewinn zum begünstigten Veräußerungsgewinn (BFH-Urteil vom 24. 8. 1989, BStBl 1990 II S. 132).

Seit 1994 werden durch die geänderte Fassung des § 16 **Abs. 2** EStG aufgrund des Missbrauchsbekämpfungs- und Steuerbereinigungsgesetzes vom 21. 12. 1993 (BStBl 1994 I S. 50) **Veräußerungsgewinne als laufende Gewinne qualifiziert, soweit** auf der Seite des Veräußerers und auf der Seite des Erwerbers **dieselben Personen** Unternehmer oder Mitunternehmer sind. Bei **Betriebsaufgabe** wird nach § 16 Abs. 3 EStG seit 1994 ein **laufender** Gewinn angenommen, soweit einzelne dem Betrieb gewidmete Wirtschaftsgüter im Rahmen der Aufgabe des Betriebs veräußert werden und soweit auf der Seite des Veräußerers und auf der Seite des Erwerbers dieselben Personen Unternehmer oder Mitunternehmer sind. Gleiches gilt bei Einbringung eines Betriebs, Teilbetriebs oder Mitunternehmeranteils in eine Personengesellschaft nach **§ 24 UmwStG,** soweit der Einbringende selbst an der Personengesellschaft beteiligt ist (Art. 11 des Missbrauchsbekämpfungs- und Steuerbereinigungsgesetzes vom 21. 12. 1993 a.a.O.). Soweit danach **laufende** Gewinne vorliegen, ist der Veräußerer (Einbringende) von der Vergünstigung eines Freibetrags nach § 16 Abs. 4 EStG und der ermäßigten Besteuerung nach

Teil I: Anlage GSE
Zeilen 12–21

§ 34 EStG (vgl. **Zeilen 17** und **20** der Anlage GSE) ausgeschlossen. Außerdem unterliegt der laufende Gewinn der Gewerbesteuer. Durch die genannten Neuregelungen wollte der Gesetzgeber erreichen, dass Veräußerungs- bzw. Einbringungsgewinne nur noch insoweit begünstigt sind, als sie durch Veräußerung an **Fremde** erzielt werden. Die Steuervergünstigungen nach §§ 16 und 34 EStG sollen dagegen entfallen, soweit – bei wirtschaftlicher Betrachtung – nicht an Dritte, sondern an den Veräußernden (Einbringenden) selbst veräußert wird. Liegt einer der genannten Fälle vor, ist **Zeile 24** der Anlage GSE **anzukreuzen** und der Sachverhalt auf besonderem Blatt (mit Zahlenangaben) zu erläutern.

Freibetrag nach § 16 Abs. 4 EStG

1. Bei Betriebsveräußerungen und -aufgaben **bis 31. 12. 1995** wurde der **Veräußerungsgewinn** zur Einkommensteuer **nur** herangezogen, soweit er bei der Veräußerung des **ganzen** Gewerbebetriebs den Betrag von 30000 DM und bei der Veräußerung eines Teilbetriebs oder Mitunternehmeranteils den entsprechenden Teil von 30000 DM überstieg. Der **Freibetrag** von 30000 DM wurde bis zu einem Veräußerungsgewinn von 100000 DM voll gewährt. Überstieg der Veräußerungsgewinn 100000 DM, so verringerte sich der Freibetrag von 30000 DM um den 100000 DM übersteigenden Betrag des Veräußerungsgewinns. Der Freibetrag lief sonach bei einem Veräußerungsgewinn von 130000 DM aus. Bei Veräußerung eines **Teil**betriebs oder Mitunternehmeranteils ermäßigten sich der Freibetrag von 30000 DM und die Höchstgrenze von 100000 DM auf **den** Teil von 30000 DM bzw. 100000 DM, der dem Verhältnis des bei der Veräußerung des Teilbetriebs oder Mitunternehmeranteils tatsächlich entstandenen **Gewinns** zu dem bei einer (unterstellten) Veräußerung des **ganzen** Betriebs erzielbaren Gewinn entsprach (BFH-Urteile vom 17. 4. 1980, BStBl II S. 566 und 642). Der Freibetrag galt auch für **begünstigte** Gewinne aus Betriebsaufgabe. Der Freibetrag von 30000 DM erhöhte sich auf 120000 DM, wenn der Steuerpflichtige **nach Vollendung seines 55. Lebensjahres** oder wegen **dauernder Berufsunfähigkeit** seinen Gewerbebetrieb veräußerte oder aufgab. In diesen Fällen begann die Kürzung des Freibetrags erst bei Veräußerungsgewinnen von mehr als 300000 DM; der Freibetrag minderte sich dann um den 300000 DM übersteigenden Teil des Veräußerungsgewinns, sodass er erst bei einem Veräußerungsgewinn von 420000 DM 0 DM erreichte. Bei der Veräußerung von Teilbetrieben oder Mitunternehmeranteilen wurde ein dem veräußerten Teilbetrieb oder Anteil entsprechender Freibetrag gewährt, der sich nach dem Anteil am erzielbaren gesamten Veräußerungsgewinn bestimmte (R 139 Abs. 13 EStR 1993).

2. Bei Betriebsveräußerungen und -aufgaben **nach dem 31. 12. 1995** und **vor dem 1. 1. 2001** wurde nur noch ein **Freibetrag** von 60 000 DM gewährt, **sofern** der Steuerpflichtige im Zeitpunkt der Veräußerung oder Aufgabe entweder das **55. Lebensjahr vollendet** hatte oder er **im sozialversicherungsrechtlichen Sinne dauernd berufsunfähig** war. Durch das Steuersenkungsgesetz (BStBl 2000 I S. 1428) wurde der Freibetrag von 60 000 DM für Betriebsveräußerungen und -aufgaben **nach dem 31. 12. 2000** bei ansonsten unveränderter Regelung auf 100 000 DM angehoben. Ab **1. 1. 2002** belief sich der Freibetrag auf **51 200 €**. Durch Art. 9 des Haushaltsbegleitgesetzes 2004 vom 29. 12. 2003 (BStBl 2004 I S. 120) ist der Freibetrag ab **1. 1. 2004** auf **45 000 €** herabgesetzt worden. Auch dieser Freibetrag setzt voraus, dass der Steuerpflichtige im Zeitpunkt der Veräußerung/Aufgabe das 55. Lebensjahr vollendet hat oder dauernd berufsunfähig ist. Der Freibetrag von ursprünglich 60 000 DM bzw. später 51 200 € und jetzt 45 000 € ist antragsgebunden und wird dem Steuerpflichtigen **nur noch einmal** im Leben – nicht etwa einmal pro Einkunftsart – gewährt (Objektbeschränkung; vgl. R 139 Abs. 13 Satz 5 EStR). Die Gewährung eines Freibetrags ist daher ausgeschlossen, wenn der Steuerpflichtige für eine Betriebsveräußerung oder -aufgabe nach dem **31. 12. 1995** bereits einen Freibetrag in Anspruch genommen hat (gleichgültig, ob bei den Einkünften aus Gewerbebetrieb, aus selbständiger Arbeit oder aus Land- und Forstwirtschaft). Wie früher **ermäßigt** sich der Freibetrag um den Betrag, um den der Veräußerungs- oder Aufgabegewinn (ab 2004) 136 000 € übersteigt (§ 16 Abs. 4 EStG). Bei einem Veräußerungs- oder Aufgabegewinn von (ab 2004) 181 000 € entfällt deshalb der Freibetrag ganz. Bei dem Grenzbetrag von 136 000 € ist auf den Veräußerungs- oder Aufgabevorgang abzustellen, nicht etwa auf einen Veranlagungs- oder Lebenszeitraum. Bis 31. 12. 2003 betrug der Grenzbetrag 154 000 €.

Für die Höhe des Freibetrags ist unerheblich, ob der Steuerpflichtige einen ganzen Betrieb, einen Teilbetrieb oder einen ganzen Mitunternehmeranteil veräußert oder aufgibt. Der Steuerpflichtige, der die o.a. persönlichen Voraussetzungen erfüllt, kann wählen, für welchen (begünstigten) Veräußerungs- oder Aufgabefall er den Freibetrag beanspruchen will, falls er nacheinander mehrere Betriebe, Teilbetriebe oder ganze Mitunternehmeranteile veräußert oder aufgibt. Ein beantragter Freibetrag führt aber auch dann zu einem Verbrauch im Sinne der o.a. Objektbeschränkung, wenn der Freibetrag nicht voll ausgeschöpft werden kann, weil der betreffende Veräußerungs- oder Aufgabegewinn niedriger ist als der mögliche Freibetrag. Durch entsprechende Gestaltung kann der Steuerpflichtige u.U. die Voraussetzungen für einen Freibetrag schaffen (R 139 Abs. 13 EStR).

Beispiel

Das Unternehmen des Steuerpflichtigen, der über 55 Jahre alt ist, besteht aus 2 Teilbetrieben. Bei Veräußerung des ganzen Betriebs könnte ein Veräußerungsgewinn von 400 000 € erzielt werden. Im Jahr 2005 veräußert der Steuerpflichtige nur den Teilbetrieb 1 und erzielt einen Veräußerungsgewinn von 130 000 €. Nach Abzug des beantragten Freibetrags von 45 000 € ergibt sich ein steuerpflichtiger Veräußerungsgewinn von 85 000 €. Dass der Veräußerungswert des Teilbetriebs 2 gegenwärtig 450 000 € beträgt und dieser Teilbetrieb möglicherweise später ebenfalls mit hohem Gewinn veräußert werden wird, beeinflusst den Freibetrag nicht.

Hat der Steuerpflichtige bei Betriebsveräußerungen oder -aufgaben **vor 1996** einen Freibetrag nach § 16 Abs. 4 EStG **a.F.** erhalten, so bleibt dieser unberücksichtigt, d.h. der frühere Freibetrag führt nicht zur Versagung eines Freibetrags bei einer nach dem 31. 12. 1995 erfolgenden Betriebsveräußerung oder -aufgabe (§ 52 Abs. 34 EStG). Ist dagegen ein Freibetrag für eine Betriebsveräußerung oder -aufgabe **nach dem 31. 12. 1995** in Anspruch genommen worden, so ist eine nochmalige Freibetragsgewährung auch bei einer Betriebsveräußerung/-aufgabe i.S. des § 18 Abs. 3 EStG (vgl. **Zeilen 45 bis 51** der Anlage GSE) oder des § 14 EStG (**Zeilen 11 bis 19** der Anlage L) ausgeschlossen.

Als Nachweis der **dauernden Berufsunfähigkeit** reicht die Vorlage eines Bescheids des Rentenversicherungsträgers aus, wonach Berufs- oder Erwerbsunfähigkeit i.S. der gesetzlichen Rentenversicherung vorliegt. Der Nachweis kann auch durch amtsärztliche Bescheinigungen erbracht werden (R 139 Abs. 14 EStR).

Liegen die o.a. Voraussetzungen für einen Freibetrag vor **und wird dieser beantragt,** so ist der entsprechende Veräußerungs- oder Aufgabegewinn in **Zeile 15** der Anlage GSE einzutragen, ansonsten in Zeile 18. Ein etwaiger Freibetrag ist dabei **nicht** abzuziehen; er wird vom Finanzamt berücksichtigt.

Tritt bei der Betriebsveräußerung oder Betriebsaufgabe (ggf. nach Berücksichtigung eines beantragten Freibetrags) Einkommensteuerpflicht ein, so wird der begünstigte Veräußerungs- oder Aufgabegewinn **auf Antrag** nicht nach der Einkommensteuertabelle, sondern im Rahmen des § 34 EStG **ermäßigt besteuert** (vgl. die Ausführungen zu **Zeilen 17 und 20** der Anlage GSE).

Bei der vollständigen Veräußerung von **Mitunternehmer**anteilen ist Veräußerungsgewinn der Betrag, um den der Veräußerungspreis nach Abzug der Veräußerungskosten den Buchwert des Anteils am Betriebsvermögen übersteigt. Erhält der ausscheidende Gesellschafter mehr als sein Kapitalkonto beträgt, so liegt ein Veräußerungsgewinn vor, der als Einkünfte aus Gewerbebetrieb zur Einkommensteuer herangezogen wird. Da der **Freibetrag nach § 16 Abs. 4 EStG** seit 1996 nicht mehr betriebsbezogen, sondern personenbezogen ist, kann jeder Mitunternehmer, der die o.a. Voraussetzungen (über 55 Jahre alt oder dauernd berufsunfähig) erfüllt, den Freibetrag von nunmehr **45 000 €** voll beanspruchen, wenn bei der Veräußerung **seines** Anteils ein Gewinn von nicht mehr als 136 000 € entsteht. Im Gegensatz zu der bis 31. 12. 1995 geltenden Rechtslage wird für die Berechnung des zulässigen Freibetrags nicht mehr auf die stillen Reserven des gesamten Betriebs abgestellt. In der Praxis wird der ausscheidende Gesellschafter häufig nicht mit einem festen Kaufpreis, sondern mit **Ratenzahlungen** oder mit einer **betrieblichen Leibrente** abgefunden (vgl. hierüber Teil II, Tz. 6 und 7.2).

Die Tarifvergünstigung der §§ 16 und 34 EStG ist **nicht** anwendbar, wenn ein Mitunternehmeranteil veräußert wird und gleichzeitig wesentliche Betriebsgrundlagen des Sonderbetriebsvermögens zum Buchwert in ein anderes Betriebs- oder Sonderbetriebsvermögen des Mitunternehmers überführt werden. Dabei bedeutet „gleichzeitig", dass zwischen der Veräußerung und der Überführung ein zeitlicher und wirtschaftlicher Zusammenhang besteht (BFH-Urteile vom 19. 3. 1991, BStBl II S. 635 und vom 6. 9. 2000, BStBl 2001 II S. 229 sowie H 139 Abs. 4 EStH).

Folgerungen bei Erbauseinandersetzung

Wegen der **geänderten Rechtsprechung** des BFH zur einkommensteuerlichen **Beurteilung der Erbauseinandersetzung** durch den **Beschluss des Großen Senats vom 5. 7. 1990** (BStBl I S. 837) wird auf die Ausführungen in **Teil I, Anlage SO, Zeilen 30 bis 59** und in **Teil II, Tz. 3.3.3 c** sowie insbesondere auf das BMF-Schreiben vom 11. 1. 1993 (BStBl I S. 62) unter Berücksichtigung der Änderungen durch BMF-Schreiben vom 5. 12. 2002 (BStBl I S. 1392) hingewiesen. Aus der geänderten Rechtsprechung sind danach insbesondere nachstehende Folgerungen zu ziehen:

a) Gehört zum Nachlass ein Betrieb, so geht dieser mit dem Erbfall auf die **Erbengemeinschaft** über. Die einzelnen Miterben erzielen als Beteiligte der Erbengemeinschaft vom ersten Tag an als **Mitunternehmer** Einkünfte aus Gewerbebetrieb oder aus Land- und Forstwirtschaft. War der Erblasser Angehöriger eines freien Berufs i.S. des § 18 EStG, so erzielt die Erbengemeinschaft in der Regel gleichwohl **gewerbliche** Einkünfte, es sei denn, dass alle Erben die entsprechende freiberufliche Qualifikation besitzen (vgl. Zeilen 35 bis 36 der Anlage GSE sowie Tz. 4 und 5 des o.a. BMF-Schreibens in BStBl 1993 I S. 62).

b) Scheidet ein Miterbe aus der von weiteren Erben fortgeführten Gemeinschaft aus, so ist dies steuerlich nach denselben Grundsätzen zu behandeln wie das Ausscheiden eines Mitunternehmers aus einer Personengesellschaft. Erhält der **ausscheidende Miterbe** eine **Geldabfindung,** die sein Kapitalkonto übersteigt, erzielt er mithin einen Veräußerungsgewinn, der auf Antrag **(Zeilen 17 und 20** der Anlage GSE) tarifbegünstigt besteuert werden kann. Bei den übernehmenden Miterben sind die Buchwerte entsprechend aufzustocken.

Wird der ausscheidende Miterbe in **Sachwerten** abgefunden, so erzielen der ausscheidende Miterbe einen begünstigten Veräußerungsgewinn wie bei der Geldabfindung und die **verbleibenden** Miterben einen **laufenden** Gewinn in Höhe des Unterschieds zwischen dem Teilwert und dem aufgestockten Buchwert des hingegebenen Wirtschaftsguts.

c) Veräußern die **Miterben** den geerbten Betrieb oder geben sie ihn auf, so erzielen sie (nicht der Erblasser) einen nach §§ 16, 34 EStG begünstigten Veräußerungs- oder Aufgabegewinn (vgl. Tz. 56 und 57 des o.a. BMF-Schreibens). Lediglich in Fällen der **Realteilung ohne Abfindungszahlungen** haben die Miterben die Buchwerte fortzuführen, wenn die bei der Realteilung erworbenen Wirtschaftsgüter **in ein anderes Betriebsvermögen** der einzelnen Mitunternehmer überführt werden (vgl. § 16 Abs. 3 EStG n.F. sowie nachstehende Ausführungen zur Realteilung).

Wird ein Nachlass im Rahmen einer Erbauseinandersetzung real geteilt und erhält ein Miterbe wertmäßig **mehr,** als ihm nach seiner Erbquote zusteht, und zahlt er für dieses „Mehr" an seine Miterben eine **Abfindung,** so liegt insoweit ein Anschaffungs- und Veräußerungsgeschäft vor. In Höhe der Abfindungszahlung liegen Anschaffungskosten vor. Derjenige, der die Abfindung erhält, erzielt einen Veräußerungserlös.

Diese Grundsätze gelten auch, soweit sich die Erbengemeinschaft durch Zwangsversteigerung zum Zwecke der Aufhebung der Gemeinschaft auseinandersetzt und die Erben dabei Nachlassgegenstände erwerben (BFH-Urteil vom 29. 4. 1992, BStBl II S. 727). Wegen Einzelheiten vgl. Tz. 15 bis 22 des o.a. BMF-Schreibens, das allerdings durch die Änderungen in § 6 Abs. 4 bis 6 und § 16 Abs. 3 EStG n.F. teilweise überholt ist.

d) Wird der **Betrieb** auf einen der **Miterben übertragen,** so gelten die gleichen Grundsätze wie beim Ausscheiden eines Mitunternehmers aus einer Personengesellschaft. Der ausscheidende Miterbe erzielt einen tarifbegünstigten Veräußerungsgewinn; der den Betrieb übernehmende Miterbe stockt die Buchwerte auf. Erfolgt die Abfindung durch Übertragung eines Wirtschaftsguts des Betriebs, so erzielt zusätzlich der den Betrieb übernehmende Miterbe einen nicht tarifbegünstigten Veräußerungsgewinn in Höhe des Unterschieds zwischen Teilwert und aufgestocktem Buchwert des Wirtschaftsguts.

e) Gehört zum Nachlass **sowohl Betriebs-** als auch **Privatvermögen,** so erzielt die Erbengemeinschaft nebeneinander Gewinn- und Überschusseinkünfte. Die Vorschrift des § 15 Abs. 3 Nr. 1 EStG, wonach einheitlich ein Gewerbebetrieb angenommen wird, gilt nicht bei Erbengemeinschaften (BFH-Urteil vom 23. 10. 1986, BStBl 1987 II S. 120). Wird ein aus Privat- und Betriebsvermögen bestehender **Nachlass** in der Weise **real geteilt,** dass einer der Miterben den Betrieb, der andere Miterbe gleichwertiges Privatvermögen erhält, kommt es weder im privaten noch im betrieblichen Bereich zu Anschaffungs- und Veräußerungsgeschäften, weil **keine Abfindung** gezahlt werden muss. Die Erbquote des Miterben kann sowohl mit Betriebsvermögen als auch mit Privatvermögen abgegolten werden. Es werden daher die Buchwerte im Betrieb und die Steuerwerte im Privatvermögen nach §§ 6 Abs. 3 EStG, 11 d Abs. 1 EStDV fortgeführt (Tz. 33 ff. des BMF-Schreibens und dortige Beispiele).

f) Abfindungszahlungen aufgrund eines gerichtlichen Vergleichs an **angebliche Miterben** unterliegen den steuerlichen Regeln über die Erbauseinandersetzung (BFH-Urteil vom 14. 3. 1996, BStBl II S. 310). Überlässt der Testamenterbe der das Testament anfechtenden Person, die zugleich als Pflichtteilsberechtigte in Betracht kommt, zur Vermeidung weiterer Streitigkeiten Wirtschaftsgüter aus dem Nachlass, so wird der Empfänger steuerlich wie ein Erbe behandelt (BFH-Urteil vom 13. 2. 1997, BStBl II S. 535).

Zur Übertragung von Betriebsvermögen im Rahmen der **vorweggenommenen Erbfolge** hat der BMF im Schreiben vom 13. 1. 1993 (BStBl I S. 80) Stellung genommen. Dieses BMF-Schreiben ist wie die o.a. BMF-Schreiben vom 11. 1. 1993 und 5. 12. 2002 auch in Anhang 13 des Amtlichen ESt-Handbuchs 2004 abgedruckt.

Bei der **Realteilung einer Personengesellschaft** (Mitunternehmerschaft) wird auf eine sofortige Versteuerung der stillen Reserven verzichtet, wenn die bisherigen Gesellschafter bei der Realteilung einen **Teilbetrieb** oder einen **Mitunternehmeranteil** der zu teilenden Personengesellschaft an einer anderen Mitunternehmerschaft erhalten und die spätere Besteuerung der stillen Reserven sichergestellt ist. Nach § 16 Abs. 3 EStG n.F. gilt die Buchwertfortführung auch dann, wenn im Rahmen der Beendigung der Mitunternehmerschaft durch Realteilung dem bisherigen Mitunternehmer **einzelne Wirtschaftsgüter** zugewiesen werden, die er in einem Einzelunternehmen als Betriebsvermögen fortführt. Im Fall der Übertragung einzelner Wirtschaftsgüter ist die Buchwertfortführung allerdings mit einer **dreijährigen Sperrfrist** verbunden. Denn nach § 16 Abs. 3 Satz 3 EStG n.F. ist für den jeweiligen Übertragungsvorgang **rückwirkend der gemeine Wert** anzusetzen, soweit bei einer Realteilung, bei der **einzelne** Wirtschaftsgüter übertragen worden sind, zum Buchwert übertragener **Grund und Boden,** übertragene **Gebäude** oder andere übertragene **wesentliche Betriebsgrundlagen** innerhalb einer Sperrfrist nach der Übertragung **veräußert** oder **entnommen** werden. Diese Sperrfrist endet drei Jahre nach Abgabe der Steuererklärung (Feststellungserklärung) der Mitunternehmerschaft für den Veranlagungszeitraum der Realteilung. Die Nachversteuerung beschränkt sich somit auf das jeweilige Wirtschaftsgut, das innerhalb der Sperrfrist veräußert oder entnommen wird. Bei

Teil I: Anlage GSE
Zeilen 12–21

den übrigen Wirtschaftsgütern bleibt es beim ursprünglichen Buchwertansatz. Der durch den nachträglichen Ansatz des gemeinen Werts entstehende Gewinn ist als laufender (und zugleich gewerbesteuerpflichtiger) Gewinn der Mitunternehmerschaft zu behandeln, der den früheren Mitunternehmern zuzurechnen ist. Die dargestellten Grundsätze gelten auch bei Realteilungen im Rahmen einer Erbauseinandersetzung. Setzen sich die Gesellschafter zweier personenidentischer Gesellschaften, die jeweils einen Betrieb unterhalten, dergestalt auseinander, dass jeder Gesellschafter einen Betrieb als Einzelunternehmen fortführt, liegt nach dem BFH-Urteil vom 20. 2. 2003 (BStBl II S. 700) keine Realteilung vor. Die Übertragung **einzelner Wirtschaftsgüter** aus dem Gesamthandsvermögen einer bestehenden Mitunternehmerschaft in das Betriebsvermögen des Mitunternehmers (z.B. dessen Einzelunternehmen) erfolgt ab 1. 1. 2001 (wieder) **erfolgsneutral.** Bei der Übertragung von Einzelwirtschaftsgütern innerhalb von Mitunternehmerschaften ist die Buchwertfortführung davon abhängig, dass das Wirtschaftsgut innerhalb einer Sperrfrist von drei Jahren vom Übernehmer nicht veräußert oder entnommen wird (im Einzelnen vgl. § 6 Abs. 5 EStG n.F.). Der **Tausch von Mitunternehmeranteilen** führt grundsätzlich zur Gewinnrealisierung (BFH-Urteil vom 8. 7. 1992, BStBl II S. 946).

Der Charakter eines Gewinns als Veräußerungsgewinn wird **nicht** dadurch berührt, dass für einen **Teil dieses Gewinns** die Vergünstigung des § 6b EStG (Übertragung stiller Reserven) in Anspruch genommen wird. In diesem Fall kommt aber für den verbleibenden Gewinn (= Restveräußerungsgewinn abzüglich etwaiger Freibetrag) eine Tarifmäßigung nach § 34 Abs. 1 EStG oder ein ermäßigter Steuersatz nach § 34 Abs. 3 EStG nicht in Betracht. Die spätere Auflösung einer anlässlich der Betriebsveräußerung gebildeten Rücklage nach § 6b EStG ist kein begünstigter Veräußerungsgewinn (BFH-Urteil vom 4. 2. 1982, BStBl II S. 348, und H 139 Abs. 9 EStH).

Die Veräußerungsgewinne sind in der Steuererklärung auch insoweit anzugeben, als sie nicht zur Einkommensteuer heranzuziehen sind. Den in Betracht kommenden Freibetrag berücksichtigt **das Finanzamt** bei der Veranlagung in der Weise, dass bei der Ermittlung der Einkünfte nur der um den Freibetrag geminderte Veräußerungsgewinn angesetzt wird.

Bei der **unentgeltlichen** Übertragung eines Betriebs, eines Teilbetriebs oder Mitunternehmeranteils entfällt nach § 6 Abs. 3 EStG eine Realisierung der stillen Reserven. Dies gilt auch bei der unentgeltlichen Aufnahme einer natürlichen Person in ein bestehendes Einzelunternehmen sowie bei der unentgeltlichen Übertragung eines Teils eines Mitunternehmeranteils auf eine natürliche Person. Eine unentgeltliche Übertragung setzt voraus, dass alle wesentlichen Grundlagen des Betriebs, Teilbetriebs oder Mitunternehmeranteils in einem einheitlichen Übertragungsvorgang auf einen Erwerber unentgeltlich übertragen werden (BFH-Urteil vom 12. 4. 1989, BStBl II S. 653). Werden nicht die wesentlichen Grundlagen des Betriebs (Teilbetriebs), sondern nur Teile des Betriebsvermögens unentgeltlich übertragen, während der andere Teil der Wirtschaftsgüter in das Privatvermögen übernommen wird, so liegt eine **Betriebsaufgabe** vor. Überträgt der Steuerpflichtige die **wesentlichen** Grundlagen des Betriebs (Teilbetriebs) unentgeltlich, **behält** er aber **Wirtschaftsgüter zurück,** die innerhalb eines kurzen Zeitraums veräußert oder in das Privatvermögen überführt werden, so ist die teilweise Aufdeckung der stillen Reserven ein **laufender** Gewinn und nicht tariflich begünstigt (BFH-Urteil vom 19. 2. 1981, BStBl II S. 566). Vgl. auch H 139 Abs. 6 bis 8 EStH sowie BMF-Schreiben vom 3.3. 2005, BStBl I S. 458. Die Übertragung eines Betriebs zwischen Ehegatten im Rahmen einer Vermögensauseinandersetzung nach Scheidung ist ein **entgeltliches Geschäft** (BFH-Urteil vom 31. 7. 2002, BStBl 2003 II S. 282).

Wird der Kaufpreis für eine Betriebsveräußerung auf Grund von Einwendungen des Käufers gegen die Rechtswirksamkeit des Kaufvertrags **herabgesetzt,** ist dies ein rückwirkendes Ereignis, das zur Änderung des Steuerbescheids führt, dem der nach dem ursprünglich vereinbarten Kaufpreis ermittelte Veräußerungsgewinn zugrunde liegt (BFH-Urteil vom 23. 6. 1988, BStBl 1989 II S. 41). Ebenso liegt ein Ereignis mit steuerlicher **Rückwirkung** auf den Zeitpunkt der Veräußerung vor, wenn eine **gestundete Kauf-**

preisforderung für die Betriebsveräußerung später ganz oder teilweise **uneinbringlich** wird oder wenn der Betriebserwerber seine Zusage, den Veräußerer von der **Haftung** für alle vom Erwerber übernommenen Betriebsschulden **freizustellen,** nicht einhält und der Betriebsveräußerer **später** aus einem Grundpfandrecht **in Anspruch genommen** wird (Beschlüsse des BFH vom 19. 7. 1993, BStBl 1993 II S. 894 und 897). Bereits bestandskräftige Einkommensteuerbescheide können insoweit nach § 175 Abs. 1 Nr. 2 AO geändert werden (vgl. auch BFH-Urteil vom 10. 2. 1994, BStBl II S. 564). Auch das spätere **Wertloswerden** eines anlässlich des Ausscheidens aus der Gesellschaft nicht getilgten **Gesellschafterdarlehens** führt zu einer nachträglichen Korrektur des Veräußerungsgewinns (BFH-Urteil vom 14. 12. 1994, BStBl 1995 II S. 465). Der Tod des Rentenberechtigten ist bei Betriebsveräußerung gegen abgekürzte Leibrente und sog. Sofortversteuerung des Veräußerungsgewinns kein rückwirkendes Ereignis im obigen Sinn (BFH-Urteil vom 19. 8. 1999, BStBl 2000 II S. 179).

Betriebsverpachtung im Ganzen

Bereits seit der Entscheidung des Großen Senats des BFH vom 13. 11. 1963 (BStBl 1964 III S. 124) kann der Verpächter eines Gewerbebetriebs **wählen,** ob er die Verpachtung als **Betriebsaufgabe** im Sinne von §§ 16 Abs. 3 und 4, 34 EStG behandeln und damit die Wirtschaftsgüter seines Betriebs in sein Privatvermögen überführen will mit der Folge der sofortigen Versteuerung der in den Buchwerten dieser Wirtschaftsgüter enthaltenen stillen Reserven, **oder** ob er den Betrieb als nicht aufgegeben ansehen und das bisherige **Betriebsvermögen** auch während der Verpachtung **als solches fortführen** will. Nach dem BFH-Urteil vom 20. 4. 1989 (BStBl II S. 863) besteht dieses Verpächterwahlrecht allerdings nur, wenn der Betrieb zuvor von dem Verpächter oder im Fall des unentgeltlichen Erwerbs von seinem Rechtsvorgänger selbst bewirtschaftet worden ist (H 139 Abs. 5 EStH). Wegen der Übergangsregelung zum BFH-Urteil vom 20. 4. 1989 vgl. BMF-Schreiben vom 23. 11. 1990, BStBl I S. 770.

Erklärt der Steuerpflichtige, dass er den Betrieb mit der Verpachtung **nicht aufgeben** will **oder** gibt er **keine Erklärung** ab, so gilt der Betrieb als fortbestehend. Die verpachteten Wirtschaftsgüter des Betriebs bleiben dann Betriebsvermögen mit allen sich daraus ergebenden steuerlichen Folgen. Der Steuerpflichtige hat in diesem Fall weiterhin Einkünfte aus Gewerbebetrieb; Wertschwankungen des verpachteten Betriebsvermögens sind im Rahmen des § 6 EStG zu berücksichtigen. Die in dem verpachteten Betriebsvermögen enthaltenen stillen Reserven sind erst zu versteuern, wenn der Steuerpflichtige die verpachteten Wirtschaftsgüter in sein Privatvermögen überführt oder sie veräußert. Dabei sind die im Zeitpunkt der Überführung oder der Veräußerung vorhandenen stillen Reserven zu erfassen.

Die Grundsätze der oben genannten BFH-Entscheidung vom 13. 11. 1963 sind bei der Verpachtung eines land- und forstwirtschaftlichen Betriebs entsprechend anzuwenden. Wegen Besonderheiten, die nur im Bereich der Land- und Forstwirtschaft gelten, wird auf die Erläuterungen zu **Zeilen 47 bis 48** der Anlage L hingewiesen.

Der Verpachtung eines Betriebs im Ganzen steht die **Verpachtung eines Teilbetriebs** gleich (R 139 Abs. 5 Satz 4 EStR). Ein **unentgeltlicher Betriebsüberlassungsvertrag** wird einem Pachtvertrag gleichgestellt (BFH-Urteil vom 7. 8. 1979, BStBl 1980 II S. 181). Geht ein verpachteter Betrieb unter Fortbestand des Pachtvertrags im Wege der **Erbfolge** auf einen Dritten über, so tritt dieser hinsichtlich des Wahlrechts, die Betriebsaufgabe zu erklären, in die Rechtsstellung des bisherigen Verpächters ein (BFH-Urteil vom 17. 10. 1991, BStBl 1992 II S. 392).

1. Voraussetzungen für die Verpachtung des Betriebs im Ganzen

Der Verpächter eines Betriebs kann die Fortführung des Betriebs und damit das Hinausschieben der Versteuerung der stillen Reserven nur wählen, wenn und solange eine Verpachtung des Betriebs **im Ganzen** vorliegt, d. h. solange **die wesentlichen Grundlagen des Betriebs als einheitliches Ganzes verpachtet** sind und für den Steuerpflichtigen oder seinen Rechtsnachfolger objektiv die Möglichkeit besteht, den Betrieb später ohne wesentliche Änderung wieder aufzunehmen und fortzuführen (BFH-Urteil vom 28. 8. 2003, BStBl 2004 II S. 10). Entfällt diese Voraussetzung, so muss eine Aufgabe des Betriebs angenommen werden mit der Folge, dass die vorhandenen stillen Reserven zu versteuern sind, auch wenn der Verpächter die Aufgabe des Betriebs nicht erklärt (vgl. BFH-Urteile vom 3. 6. 1997, BStBl 1998 II S. 373 und vom 16. 12. 1997, BStBl 1998 II S. 379 sowie R 139 Abs. 5 EStR).

Eine Betriebsverpachtung erfordert die Überlassung aller wesentlichen Betriebsgrundlagen, sodass bei wirtschaftlicher Betrachtung das bisherige Unternehmen in seinen wesentlichen Grundlagen zur Fortsetzung des Betriebs übergeben wird und der Verpächter oder sein Rechtsnachfolger bei Beendigung des Vertrags den Betrieb wieder aufnehmen und fortsetzen kann. Dies wurde z.B. verneint, wenn eine Metzgerei oder Bäckerei mit erheblichen Investitionen in einen Lebensmittel-Supermarkt umgebaut wird (BFH-Urteil vom 12. 12. 1973, BStBl 1974 II S. 209). Nach dem BFH-Urteil vom 28. 8. 2003 (BStBl 2004 II S. 10) scheitert die Annahme einer Betriebsverpachtung im Ganzen nicht bereits an einer **branchenfremden Verpachtung**. Der BFH ist damit von dem früheren Erfordernis der Branchengleichheit abgerückt. In den Urteilsgründen führt der BFH aber aus, die Verpachtung an einen Branchenfremden habe vielfach zur Folge, dass das Nutzungsobjekt baulich umgestaltet wird und damit nicht mehr zu den bisherigen Zwecken genutzt werden kann. Auch könne die branchenfremde Vermietung zusammen mit anderen Beweisanzeichen darauf hindeuten, dass die Absicht, den Betrieb später fortzuführen, entfallen ist. Dies würde eine Aufgabe des Betriebs bedeuten. An einer Verpachtung des Betriebs fehlt es auch, wenn der bisherige Gewerbetreibende das Betriebsvermögen auflöst und **nur das bisherige Betriebsgrundstück fremd vermietet,** sei es zu beliebigen Zwecken (BFH-Urteil vom 12. 4. 1967, BStBl III S. 420), sei es an ein branchengleiches fremdes Unternehmen (BFH-Urteil vom 27. 3. 1987, BFH/NV 1987 S. 578). Wird lediglich das Betriebsgrundstück verpachtet, kann hierin eine Betriebsverpachtung im Ganzen nur gesehen werden, wenn das Betriebsgrundstück die alleinige wesentliche Betriebsgrundlage darstellt (BFH-Urteile vom 4. 11. 1965, BStBl 1966 III S. 49, vom 15. 11. 1984, BStBl 1985 II S. 205, und vom 17. 4. 1997, BStBl 1998 II S. 388). Dies ist regelmäßig bei Groß- und Einzelhandelsunternehmen sowie bei Hotel- und Gaststättenbetrieben der Fall (BFH-Urteil vom 28. 8. 2003, BStBl 2004 II S. 10). Keine Betriebsverpachtung liegt nach dem BFH-Urteil vom 22. 5. 1990 (BStBl II S. 780) vor, wenn wesentliche Betriebsgegenstände dem Verpächter und Pächter gemeinsam (z.B. als Miterben) gehören und der Betrieb vor der Verpachtung gemeinsam (z.B. in der Rechtsform einer GbR) geführt worden ist (vgl. auch H 139 Abs. 5 EStH). Einzelfragen zur Ausübung des Verpächterwahlrechts sind im BMF-Schreiben vom 17. 10. 1994 (BStBl I S. 771) geregelt.

Was als **wesentliche Grundlage eines Betriebs oder Teilbetriebs** anzusehen ist, kann nur im Einzelfall bestimmt werden (H 139 Abs. 8 EStH). Wesentliche Betriebsgrundlagen sind jedenfalls die Wirtschaftsgüter, die zur Erreichung des Betriebszwecks erforderlich sind und denen ein besonderes wirtschaftliches Gewicht für die Betriebsführung zukommt. Für diese Beurteilung kommt es auf die Verhältnisse des verpachtenden (nicht auf diejenigen des pachtenden) Unternehmens an (H 139 Abs. 5 EStH). Ein dem Betrieb dienendes Wirtschaftsgut ist in der Regel schon dann als wesentliches Wirtschaftsgut anzusehen, wenn in ihm erhebliche stille Reserven ruhen, z.B. in einem Gebäude oder Grundstück (BFH-Urteil vom 26. 4. 1979, BStBl II S. 557). Dieser Grundsatz gilt jedoch nur für den Regelfall. Er ist nach der hier maßgeblichen funktionalen Betrachtungsweise z.B. dann nicht anzuwenden, wenn sich die Unwesentlichkeit eines Wirtschaftsguts als Betriebsgrundlage aus dessen tatsächlicher Nutzung im Betrieb ergibt (BFH-Urteil vom 1. 10. 1986, BStBl 1987 II S. 113). Zu den wesentlichen Betriebsgrundlagen können jedenfalls aber auch Wirtschaftsgüter gehören, die keine erheblichen stillen Reserven enthalten, wie z.B. Maschinen (BFH-Urteil vom 19. 1. 1983, BStBl II S. 312). Bei einem Produktionsunternehmen (Fabrikationsbetrieb) gehören zu den wesentlichen Betriebsgrundlagen die für die Produktion bestimmten und auf die Produktion abgestellten Betriebsgrundstücke und Betriebsvorrichtungen sowie die Maschinen mit dem notwendigen Zubehör (BFH-Urteil vom 13. 12. 1983, BStBl 1984 II S. 474, 479). Maschinen und Einrichtungsgegenstände rechnen ganz allgemein zu den wesentlichen Betriebsgrundlagen, soweit sie für die Fortführung des Betriebs unentbehrlich oder nicht jederzeit ersetzbar sind (H 139 Abs. 8 EStH). Bei einem Möbeleinzelhändler ist z.B. das Grundstück, in dem sich die Ausstellungs- und Lagerräume befinden, die wesentliche Betriebsgrundlage (BFH-Urteil vom 4. 11. 1965, BStBl 1966 III S. 49 und vom 7. 8. 1990, BStBl 1991 II S. 336). Das Gleiche gilt für ein Grundstück, das zum Zweck des Betriebs einer Bäckerei und Konditorei sowie eines Café-Restaurants und Hotels besonders gestaltet ist (BFH-Urteil vom 7. 8. 1979, BStBl 1980 II S. 181). Wirtschaftsgüter des Umlaufvermögens, die ihrem Zweck nach zur Veräußerung oder zum Verbrauch bestimmt sind, bilden allein regelmäßig nicht die wesentliche Grundlage eines Betriebs. Der Warenbestand ist keine wesentliche Grundlage des Unternehmens, wenn er, wie z.B. bei einem Lebensmitteleinzelhändler, in seiner konkreten Zusammensetzung jederzeit wieder kurzfristig beschaffbar ist, sofern nur das dafür benötigte Kapital zur Verfügung steht (BFH-Urteil vom 24. 6. 1976, BStBl II S. 672).

2. Ermittlung des Gewinns aus der Betriebsverpachtung

Der Verpächter eines Gewerbebetriebs im Ganzen hat weiterhin **Einkünfte aus Gewerbebetrieb,** solange er nicht die Aufgabe des Betriebs erklärt. Es gelten deshalb für ihn die allgemeinen Vorschriften über die Gewinnermittlung, die Bilanzierung und die Buchführung weiter (vgl. Ausführungen zu **Zeile 1** dieses Vordrucks).

3. Gewerbesteuer

Mit der Verpachtung eines Gewerbebetriebs im Ganzen **erlischt regelmäßig die Gewerbesteuerpflicht des Verpächters.** Gewerbesteuerpflichtig ist nunmehr der Pächter. Die Pachteinnahmen des Verpächters gehören zwar, solange der Verpächter nicht die Betriebsaufgabe erklärt, einkommensteuerlich zu den Einkünften aus Gewerbebetrieb, sie unterliegen jedoch **nicht** mehr der Gewerbesteuer.

4. Wechsel der Gewinnermittlungsart

Ist der Gewinn vor der Betriebsverpachtung nach der Einnahmenüberschussrechnung ermittelt worden, so ist für die Ermittlung des Gewerbeertrags bis zum Pachtbeginn für diesen Zeitpunkt der **Übergang zum Vermögensvergleich** zu unterstellen. Die dabei erforderlichen Zu- und Abrechnungen sind bei der Ermittlung des Gewerbeertrags zu berücksichtigen.

Geht ein Verpächter, der die Aufgabe des Betriebs nicht erklärt hat, von der Gewinnermittlung durch Vermögensvergleich nach § 5 EStG zur Gewinnermittlung durch Einnahmenüberschussrechnung nach § 4 Abs. 3 EStG über, so sind die stillen Reserven, die in dem bisherigen Wertansatz des zum **notwendigen** Betriebsvermögen gehörenden Grund und Bodens enthalten sind, im Zeitpunkt des Übergangs nicht zu versteuern. Der bisherige Wertansatz gilt dann im Fall einer späteren Veräußerung oder Entnahme des Grund und Bodens als Anschaffungs- oder Herstellungskosten i.S. des § 4 Abs. 3 Sätze 4 und 5 EStG. Auch Wirtschaftsgüter, die zulässigerweise zum **gewillkürten** Betriebsvermögen gezogen worden waren, gelten mit dem Übergang von der Gewinnermittlung nach § 5 EStG zu der nach § 4 Abs. 3 EStG nicht mehr als entnommen (§ 4 Abs. 1 Satz 3 EStG, H 13 Abs. 16 EStH).

5. Erklärung der Aufgabe des Betriebs

Der Verpächter kann bei Beginn der Verpachtung oder auch jederzeit während der Verpachtung dem Finanzamt gegenüber die „Aufgabe" des Betriebs erklären und damit das bisherige Betriebsvermögen in das Privatvermögen überführen mit der Folge, dass dann die vorhandenen **stillen Reserven zu versteuern** sind. Der Freibetrag nach **§ 16 Abs. 4 EStG** (wegen der zu beachtenden Voraussetzungen vgl. obige Ausführungen) und die Tarifvergünstigung des **§ 34 EStG** (Zeilen 17 und 20 sowie 25 der Anlage GSE) sind anwendbar. Dabei braucht ein etwa vorhandener **originärer Geschäftswert** nicht sofort erfasst zu werden. Wird jedoch das verpachtete Unternehmen später veräußert, so stellt ein für den Geschäftswert bezahltes Entgelt eine nachträgliche, nicht tarifbegünstigte Betriebseinnahme dar (BFH-Urteile vom

Teil I: Anlage GSE
Zeilen 12–21

14. 2. 1978, BStBl 1979 II S. 99, und vom 30. 1. 2002, BStBl II S. 387, sowie BMF-Schreiben vom 15. 8. 1984, BStBl I S. 461). Nach dem BFH-Urteil vom 4. 4. 1989 (BStBl II S. 606) ist bei der Ermittlung des Aufgabegewinns nach erklärter Betriebsaufgabe auch ein **derivativer Geschäftswert** nicht anzusetzen.

Für die abzugebende Erklärung ist keine bestimmte Form vorgeschrieben. Gibt ein Verpächter keine eindeutige Erklärung ab, führt er die Einkünfte aus der Verpachtung in seiner Einkommensteuererklärung jedoch unter den Einkünften aus Vermietung und Verpachtung auf, so gilt dies grundsätzlich **nicht** als Aufgabeerklärung. Das Finanzamt soll jedoch in einem solchen Fall durch Rückfrage klären, ob der Steuerpflichtige den Betrieb als aufgegeben oder als fortbestehend ansehen will. Gibt der Verpächter innerhalb der ihm vom Finanzamt gesetzten Frist keine eindeutige Aufgabeerklärung ab, ist von einer Fortführung des bisherigen Betriebs auszugehen (R 139 Abs. 5 EStR).

Hat der Verpächter die Aufgabe des Betriebs erklärt und damit das verpachtete Betriebsvermögen unter Versteuerung der stillen Reserven in sein Privatvermögen überführt, so kann er, solange der Betrieb verpachtet bleibt, nicht wieder die Fortführung des Betriebs wählen und die verpachteten Wirtschaftsgüter nicht erneut als Betriebsvermögen behandeln.

Die Aufgabe des Betriebs ist für den vom Steuerpflichtigen gewählten Zeitpunkt anzuerkennen, wenn die Aufgabeerklärung **spätestens drei Monate** nach diesem Zeitpunkt abgegeben wird. Dies gilt auch, wenn der vom Steuerpflichtigen gewählte und innerhalb der Drei-Monats-Frist dem Finanzamt **mitgeteilte** Aufgabezeitpunkt in einem zurückliegenden Kalenderjahr liegt, für das hinsichtlich der Besteuerung des Aufgabegewinns eine gegenüber dem Kalenderjahr des Zugangs der Betriebsaufgabeerklärung abweichende gesetzliche Regelung zur Anwendung kommt. Wird die Aufgabeerklärung erst nach Ablauf der Drei-Monats-Frist abgegeben, so gilt der Betrieb erst im Zeitpunkt des Eingangs der Erklärung beim Finanzamt als aufgegeben. Teilt der Steuerpflichtige mit, dass er den Betrieb als aufgegeben ansieht, so ist die **Abgabe der Einkommensteuererklärung,** in der die Einkünfte aus der Betriebsverpachtung als Einkünfte aus Vermietung und Verpachtung aufgeführt sind, **als Aufgabeerklärung** anzusehen. Da die Steuererklärung regelmäßig nicht innerhalb von drei Monaten nach dem Zeitpunkt beim Finanzamt eingeht, von dem an die Einkünfte aus der Betriebsverpachtung als Einkünfte aus Vermietung und Verpachtung erklärt werden, gilt der Betrieb in der Regel im Zeitpunkt des Eingangs der Steuererklärung beim Finanzamt als aufgegeben (R 139 Abs. 5 EStR).

Hat der Verpächter ausdrücklich die Betriebsaufgabe erklärt, kann er sich später nicht darauf berufen, diese rechtsgestaltende Erklärung sei wirkungslos, weil ihm nicht bewusst gewesen sei, dass mit der Betriebsaufgabe auch die stillen Reserven des verpachteten Betriebsgrundstücks aufzudecken seien (BFH-Urteil vom 22. 9. 2004, BStBl 2005 II S. 160).

Veräußerungsgewinn i. S. des § 21 des Umwandlungssteuergesetzes

Der in **Zeile 12/13** der Anlage GSE erwähnte § 21 des Umwandlungssteuergesetzes (UmwStG) betrifft die **Veräußerung von Anteilen an einer Kapitalgesellschaft,** die der Veräußerer oder – bei unentgeltlichem Erwerb der Anteile – der Rechtsvorgänger **durch eine Sacheinlage i. S. des § 20 Abs. 1 UmwStG erworben** hat.

Nach § 20 UmwStG besteht die Möglichkeit, einen **Betrieb** oder **Teilbetrieb** oder einen **ganzen Mitunternehmeranteil** ohne Gewinnrealisierung, d. h. zu Buchwerten in eine unbeschränkt körperschaftsteuerpflichtige Kapitalgesellschaft einzubringen. Voraussetzung ist, dass die **wesentlichen Grundlagen** des Betriebs eingebracht werden und dem Einbringenden als Gegenleistung für die Einbringung des Betriebs, Teilbetriebs oder ganzen Mitunternehmeranteils **neue Gesellschaftsanteile** an der aufnehmenden Kapitalgesellschaft gewährt werden. Im Falle einer derartigen Einbringung räumt § 20 UmwStG ein **Wahlrecht** ein: Das eingebrachte Betriebsvermögen kann von der aufnehmenden Kapitalgesellschaft nach § 20 Abs. 2 UmwStG mit dem Buchwert, dem Teilwert oder mit einem Zwischenwert (zwischen Buchwert und Teilwert) angesetzt werden. Zum Begriff der wesentlichen Betriebsgrundlagen vgl. BMF-Schreiben vom 16.8. 2000, BStBl I S. 1253.

Da der Wertansatz der Kapitalgesellschaft nach § 20 Abs. 4 UmwStG zugleich als **Veräußerungspreis** für das eingebrachte Betriebsvermögen **und als Anschaffungskosten für die erhaltenen Gesellschaftsanteile** gilt, bestimmt sich die Frage, ob und inwieweit beim Einbringenden aus dem Einbringungsvorgang ein Veräußerungsgewinn entsteht, danach, wie die aufnehmende Kapitalgesellschaft das eingebrachte Betriebsvermögen ansetzt. Wird das übernommene Betriebsvermögen bei der Betriebseinbringung durch die Kapitalgesellschaft mit dem **Buchwert** angesetzt, ist die Einbringung **erfolgsneutral.** Setzt die Kapitalgesellschaft das übernommene Betriebsvermögen mit einem **höheren Wert** als dem Buchwert des Einbringenden an, so entsteht beim Einbringenden ein entsprechender **Veräußerungsgewinn.** Auf Veräußerungsgewinne, die bei Einbringungen nach dem 31. 12. 2001 entstehen, können ein Freibetrag nach § 16 Abs. 4 EStG und die Tarifbegünstigung nach § 34 EStG nur in Anspruch genommen werden, wenn die Kapitalgesellschaft das eingebrachte Betriebsvermögen mit dem **Teilwert** ansetzt. Beim Ansatz von Zwischenwerten scheiden die Vergünstigungen der §§ 16, 34 EStG aus. § 34 EStG ist im Übrigen nur anwendbar, soweit der Veräußerungsgewinn nicht nach § 3 Nr. 40 b und c i. V. mit § 3 c Abs. 2 EStG teilweise steuerbefreit ist, d. h. nach dem **Halbeinkünfteverfahren** nur zur Hälfte besteuert wird (vgl. Zeilen 17, 20 und 25 der Anlage GSE). Gewisse Einschränkungen des o. a. Wahlrechts enthält § 20 Abs. 3 UmwStG. Danach hat die Kapitalgesellschaft das eingebrachte Betriebsvermögen mit seinem Teilwert anzusetzen, wenn die inländische Besteuerung des Gewinns aus einer Veräußerung der dem Einbringenden gewährten Gesellschaftsanteile im Zeitpunkt der Sacheinlage (z. B. durch ein Doppelbesteuerungsabkommen) ausgeschlossen ist.

Durch die Regelungen des § 20 UmwStG soll sichergestellt werden, dass die im eingebrachten Betriebsvermögen enthaltenen und bei der Einbringung nicht besteuerten stillen Reserven auf die als Entgelt für das eingebrachte Betriebsvermögen erlangten neuen Gesellschaftsanteile (sog. **einbringungsgeborene Anteile**) übertragen werden und die Besteuerung der stillen Reserven spätestens bei der Veräußerung dieser Anteile erfolgt. Zu diesem Zweck qualifiziert **§ 21 Abs. 1 UmwStG** einen Gewinn, der bei der **Veräußerung von durch** eine Sacheinlage (§ 20 Abs. 1 UmwStG) **zum Buchwert oder einem Zwischenwert erworbenen Anteilen** entsteht, als **Veräußerungsgewinn i. S. des § 16 EStG.** Diese gesetzliche Fiktion eines Veräußerungsgewinns nach § 16 EStG bedeutet, dass der Veräußerungsgewinn auch dann besteuert wird, wenn keine wesentliche Beteiligung i. S. des § 17 EStG vorliegt. Da die durch die Sacheinlage erworbenen o. a. Anteile auf Grund von § 20 UmwStG „steuerverstrickt" sind, werden bei der Veräußerung dieser Anteile auch solche Wertsteigerungen erfasst, die bei den Anteilen erst nach der Sacheinlage eingetreten sind. Auf den Veräußerungsgewinn konnte früher die Tarifvergünstigung nach § 34 EStG angewandt werden. Da Gewinne aus der Realisierung stiller Reserven in einbringungsgeborenen Anteilen der Halbeinkünftebesteuerung unterliegen (hälftige Steuerbefreiung), wurde die Anwendung der Vergünstigung des § 34 EStG in § 21 UmwStG gestrichen (vgl. aber Erläuterungen zu Zeilen 16, 19 der Anlage GSE). Der Freibetrag nach § 16 Abs. 4 EStG kann dagegen auch künftig in Betracht kommen (vgl. obige Ausführungen). Der Freibetrag ist allerdings ausgeschlossen, wenn bei einer Sacheinlage nach § 20 Abs. 1 Satz 2 UmwStG nicht alle Anteile der Kapitalgesellschaft eingebracht worden sind (§ 21 Abs. 1 UmwStG).

Die dargestellten Rechtsfolgen des **§ 21 UmwStG** (nämlich Besteuerung eines Veräußerungsgewinns i. S. des § 16 EStG) treten **auch ohne Veräußerung** der Anteile ein, wenn

1. der Anteilseigner dies **beantragt** oder

2. das Besteuerungsrecht der Bundesrepublik Deutschland hinsichtlich des Gewinns aus der Veräußerung der Anteile (z. B. im Falle des **Wegzugs in das Ausland** durch ein Doppelbesteuerungsabkommen) ausgeschlossen wird oder

3. die Kapitalgesellschaft, an der die Anteile bestehen, aufgelöst und abgewickelt wird oder das Kapital dieser Gesellschaft herabgesetzt und an die Anteilseigner zurückgezahlt wird oder Beträge aus dem steuerlichen Einlagekonto i.S. des § 27 KStG ausgeschüttet oder zurückgezahlt werden, soweit die Bezüge nicht als Gewinnanteil gelten oder

4. der Anteilseigner die Anteile verdeckt in eine Kapitalgesellschaft einlegt.

In diesen einer Anteilsveräußerung **gleichgestellten Fällen** tritt an die Stelle des Veräußerungspreises der Anteile ihr gemeiner Wert. In den Fällen der vorstehenden Nr. 1, 2 und 4 kann die auf einen solchen Veräußerungsgewinn entfallende Einkommensteuer in jährlichen Teilbeträgen von mindestens je einem Fünftel entrichtet werden, wenn die Entrichtung der Teilbeträge sichergestellt ist. Stundungszinsen werden hierfür nicht erhoben. Bei einer Veräußerung von Anteilen während des Stundungszeitraums endet die Stundung mit dem Zeitpunkt der Veräußerung. Entsprechendes gilt, wenn während des Stundungszeitraums die Kapitalgesellschaft, an der die Anteile bestehen, aufgelöst und abgewickelt wird oder das Kapital dieser Gesellschaft herabgesetzt und an die Anteilseigner zurückgezahlt wird oder wenn eine Umwandlung i.S. des zweiten oder vierten Teils des UmwStG erfolgt ist.

Halbeinkünfteverfahren

16 und 19
1 und 14

Die hälftige Steuerbefreiung für Gewinne aus der Veräußerung oder Entnahme von **Anteilen an Körperschaften** (z.B. Aktien, GmbH-Anteilen) sowie die nur hälftige Berücksichtigung entsprechender Veräußerungs- oder Entnahmeverluste (vgl. Erläuterungen zu **Zeile 10** der Anlage GSE) gilt nach § 3 Nr. 40b i.V. mit § 3c Abs. 2 EStG auch dann, wenn diese Gewinne bzw. Verluste im Rahmen einer **Betriebsveräußerung** oder **Betriebsaufgabe** anfallen. Nach den zeitlichen Anwendungsvorschriften in § 52 Abs. 4b, 8a EStG fallen bei Veräußerung von Anteilen an **inländischen** Körperschaften diejenigen Veräußerungsgewinne/ -verluste erstmals unter das Halbeinkünfteverfahren, die nach Ablauf des ersten Wirtschaftsjahrs entstehen, für das das KStG **n.F.** gilt. Maßgebend ist das Wirtschaftsjahr der Kapitalgesellschaft, deren Anteile veräußert (entnommen) werden. Stimmt das Wirtschaftsjahr **mit dem Kalenderjahr überein**, gilt das Halbeinkünfteverfahren sonach bei Anteilsveräußerungen (Entnahmen), die **nach dem 31. 12. 2001** erfolgen. Hat die Kapitalgesellschaft ein abweichendes Wirtschaftsjahr, konnte sich die erstmalige Anwendung des Halbeinkünfteverfahrens in den Veranlagungszeitraum **2003** verschieben. Bei Veräußerung von Anteilen an **ausländischen** Kapitalgesellschaften gilt das Halbeinkünfteverfahren bereits ab dem Veranlagungszeitraum 2001.

Ist im Veräußerungsgewinn lt. Zeile **15** bzw. **18** der Anlage GSE ein steuerpflichtiger Teil enthalten, für den das Halbeinkünfteverfahren gilt, so ist dieser Teilbetrag in Zeile **16** bzw. **19** einzutragen und in einer besonderen Anlage zu erläutern. Nach § 34 Abs. 2 Nr. 1 EStG wird für die steuerpflichtigen Teile von Veräußerungsgewinnen, die nach § 3 Nr. 40b i.V. mit § 3c Abs. 2 EStG teilweise steuerbefreit sind, die Steuerermäßigung für außerordentliche Einkünfte (Zeile 17 bzw. 20 der Anlage GSE) **nicht** gewährt. Damit soll eine Doppelbegünstigung dieser Gewinne vermieden werden. Andererseits wird der nach § 3 Nr. 40b EStG steuerfrei bleibende Teil des Veräußerungsgewinns für die Berechnung des **Freibetrags nach § 16 Abs. 4 EStG** (vgl. Erläuterungen zu Zeilen 12 bis 21 der Anlage GSE) nicht berücksichtigt (R 139 Abs. 13 EStR).

Unter § 3 Nr. 40b EStG fällt auch die Veräußerung **einbringungsgeborener Anteile**, da § **21 UmwStG** einen Veräußerungsgewinn i.S. des § 16 EStG fingiert (vgl. obige Ausführungen). Allerdings ist hierbei die **Mißbrauchsregelung** für einbringungsgeborene Anteile in § 3 Nr. 40 Satz 3 EStG (mit Ausnahmetatbeständen in Satz 4) zu beachten. Danach gilt die hälftige Steuerbefreiung für Veräußerungs- und Entnahmeerlöse nach § 3 Nr. 40a und b EStG **nicht** für einbringungsgeborene Anteile i.S. des § 21 UmwStG. Damit soll verhindert werden, dass das Halbeinkünfteverfahren missbräuchlich auch für solche Vorgänge angewandt wird, die an sich der vollen – und nicht nur der hälftigen – Besteuerung unterliegen sollen. Diese Mißbrauchsregelung gilt auch für einbringungsgeborene Anteile, die im **Privatvermögen** gehalten werden. Die Mißbrauchsregelung greift jedoch dann nicht ein, wenn die Veräußerung der einbringungsgeborenen Anteile **später als sieben Jahre nach der Einbringung i.S. des § 20 Abs. 1 UmwStG** erfolgt, es sei denn, innerhalb des genannten Siebenjahreszeitraums wird ein Antrag auf Versteuerung nach § 21 Abs. 2 UmwStG (vgl. oben) gestellt (§ 3 Nr. 40 Satz 4 a EStG).

Ermäßigter Steuersatz für bestimmte Veräußerungsgewinne

17 und 20
12 und 15

Zur Sicherung der Altersvorsorge von aus dem Berufsleben ausscheidenden Unternehmern wurde durch das Steuersenkungsergänzungsgesetz (BStBl 2001 I S. 25) in § 34 Abs. 3 EStG für außerordentliche Einkünfte i.S. des § 34 Abs. 2 Nr. 1 EStG, d.h. für Gewinne aus den dort bezeichneten **Betriebsveräußerungen** und **Betriebsaufgaben** ab 1. 1. 2001 wieder ein ermäßigter Steuersatz eingeführt (vgl. auch Erläuterungen zu Zeile 25 der Anlage GSE, Abschn. II und V). Die Anwendung des ermäßigten Steuersatzes setzt voraus, dass der Steuerpflichtige das **55. Lebensjahr** vollendet hat oder er im sozialversicherungsrechtlichen Sinn **dauernd berufsunfähig** ist. Der ermäßigte Steuersatz beträgt für den Teil des begünstigten Veräußerungs- oder Aufgabegewinns, der 5 Millionen € nicht übersteigt, **56 v.H. des durchschnittlichen Steuersatzes**, der sich ergäbe, wenn die tarifliche Einkommensteuer nach dem gesamten zu versteuernden Einkommen (zuzüglich der dem sog. Progressionsvorbehalt unterliegenden Einkünfte) zu bemessen wäre, **mindestens jedoch 15 v.H.** (Eingangssteuersatz der Einkommensteuertabelle für den jeweiligen VZ). Auf das restliche zu versteuernde Einkommen ist vorbehaltlich des § 34 Abs. 1 EStG die Einkommensteuertabelle anzuwenden (R 201 Abs. 1 EStG). Jeder Steuerpflichtige kann den ermäßigten Steuersatz **nur einmal im Leben** in Anspruch nehmen. Bei dieser Objektbeschränkung werden aber ermäßigt besteuerte Veräußerungs- und Aufgabegewinne vor dem 1. 1. 2001 nicht mitgezählt (§ 52 Abs. 47 EStG). Bis einschließlich 2003 betrug der ermäßigte Steuersatz die Hälfte des durchschnittlichen Steuersatzes, mindestens jedoch 19,9 v.H. Im Jahr **2004** belief sich der Mindeststeuersatz auf 16 v.H. (§ 52 Abs. 47 EStG).

Als außerordentliche Einkünfte, für die unter den o.a. Voraussetzungen **auf Antrag** ein ermäßigter Steuersatz angewendet wird, kommen nach § 34 Abs. 2 EStG nur gewerbliche Veräußerungsgewinne (§ 16 EStG), land- und forstwirtschaftliche Veräußerungsgewinne (§ 14 EStG, vgl. Teil I, Anlage L, Zeilen 11 bis 19) und Veräußerungsgewinne nach § 18 Abs. 3 EStG (Zeilen 45 bis 51 der Anlage GSE) in Betracht, soweit sie nicht nach § 3 Nr. 40 b i.V. mit § 3 c Abs. 2 EStG teilweise steuerbefreit sind, d.h. nach dem **Halbeinkünfteverfahren** (vgl. Erläuterungen zu Zeile 16/19 der Anlage GSE) nur zur Hälfte besteuert werden.

Liegt ein begünstigter Veräußerungsgewinn vor, steht dem Steuerpflichtigen ein **Wahlrecht** zu, ob er die Besteuerung mit dem ermäßigten Steuersatz (hier in Zeile 17 bzw. 20) beantragt oder die tarifbegünstigte Besteuerung nach der Fünftel-Regelung (vgl. Erläuterungen zu Zeile 25 der Anlage GSE) wünscht. Erzielt der Steuerpflichtige in einem Jahr mehrere Veräußerungsgewinne (z.B. aus dem Verkauf zweier verschiedener Betriebe), darf er nur für den Gewinn aus **einer** dieser Veräußerungen den ermäßigten Steuersatz in Anspruch nehmen (vgl. auch R 201 Abs. 2 EStR); für den anderen Veräußerungsgewinn kommt u.E. die Fünftel-Regelung in Betracht. Auch in anderen Fällen kann die Fünftel-Regelung ausnahmsweise neben dem ermäßigten Steuersatz Anwendung finden, z.B. wenn der Steuerpflichtige in demselben Jahr sowohl eine Entschädigung nach § 34 Abs. 2 Nr. 2 EStG (vgl. Zeile 25) als auch einen Gewinn aus einer Betriebsveräußerung zu versteuern hat. Wird ein zum Betriebsvermögen eines Einzelunternehmers gehörender Mitunternehmeranteil im Zusammenhang mit der Veräußerung des Einzelunternehmens veräußert, ist die Anwendbarkeit des ermäßigten Steuersatzes nach § 34 Abs. 3 EStG für beide Vorgänge **getrennt** zu prüfen. Liegen die Voraussetzungen des § 34 Abs. 3 EStG hinsichtlich beider Vorgänge vor, kann der ermäßigte Steuersatz entweder für die Veräußerung des Einzelunternehmens **oder** für die Veräußerung des Mitunternehmeranteils beantragt werden.

**Teil I: Anlage GSE
Zeilen 21–23**

Der ermäßigte Steuersatz wie auch die Fünftel-Regelung können nicht angewendet werden, wenn der Steuerpflichtige für Veräußerungsgewinne ganz oder teilweise die Begünstigung für Gewinne aus der Veräußerung bestimmter Anlagegüter nach § **6b oder § 6c EStG** (Übertragung stiller Reserven) in Anspruch nimmt.

21
16
Auf die vorstehenden Erläuterungen zu **Zeile 16/19** der Anlage GSE, die hier entsprechend gelten, wird Bezug genommen.

Wesentliche Beteiligung an Kapitalgesellschaften

22–23
17–18
Zu den Einkünften aus Gewerbebetrieb gehört nach § **17 EStG** auch der **Gewinn** aus der **Veräußerung von Anteilen** an einer **Kapitalgesellschaft**, wenn der Veräußerer **innerhalb der letzten 5 Jahre** am Kapital der Gesellschaft **wesentlich** beteiligt war, d.h. neuerdings zu **mindestens 1 v.H.** (vgl. unten). Voraussetzung für die Anwendung des § 17 EStG ist außerdem, dass die Beteiligung **nicht** zum Betriebsvermögen gehört. Die Beteiligung kann in Aktien, Anteilen an einer GmbH, Genussscheinen oder ähnlichen Beteiligungen und Anwartschaften auf solche Beteiligungen bestehen.

Eine **wesentliche Beteiligung** lag seit 1.1.1999 dann vor, wenn der Veräußerer innerhalb der letzten 5 Jahre zu mindestens 10 v.H. unmittelbar oder mittelbar an der Gesellschaft beteiligt war. Bei Veräußerungen vor 1999 war eine Beteiligungsquote von mehr als 25 v.H. erforderlich. Durch das Steuersenkungsgesetz (BStBl 2000 I S. 1428) ist die Grenze für eine wesentliche Beteiligung von 10 v.H. **auf 1 v.H. herabgesetzt** worden. Die neue Beteiligungsgrenze gilt erstmals für Veräußerungen, die nach Ablauf des ersten Wirtschaftsjahres der Gesellschaft vorgenommen werden, für das das neue KStG (Art. 3 des Steuersenkungsgesetzes) erstmals anzuwenden ist (§ 52 Abs. 34a EStG). Stimmt das Wirtschaftsjahr einer inländischen Kapitalgesellschaft mit dem Kalenderjahr überein, ist die **1 v.H.-Grenze** sonach für Veräußerungen ab **1.1. 2002** maßgebend. Ab diesem Zeitpunkt gilt dann auch das **Halbeinkünfteverfahren** (vgl. Erläuterungen zu Zeile 16, 19 und 21 der Anlage GSE). Durch die mehrfache Absenkung der Wesentlichkeitsgrenze sind viele früher nicht steuerverhaftete Beteiligungen in die Steuerverhaftung hineingewachsen. Bei der Veräußerung einer jetzt wesentlichen Beteiligung werden auch schon in früheren Jahren eingetretene Wertsteigerungen in die Besteuerung einbezogen. Es genügt, dass die wesentliche Beteiligung innerhalb des maßgebenden Fünfjahreszeitraums nur **kurzfristig** bestanden hat (BFH-Urteil vom 7.7.1992, BStBl 1993 II S. 331). Im Betriebsvermögen gehaltene Anteile sind bei der Ermittlung der Beteiligungshöhe mitzuzählen (R 140 Abs. 2 EStR). Bei der Feststellung, ob eine wesentliche Beteiligung vorliegt, waren früher zu den dem Steuerpflichtigen gehörenden Anteilen auch die Anteile hinzuzurechnen, die sich im Besitz seiner Angehörigen befanden. Diese Vorschrift ist weggefallen. Die Steuerpflicht tritt nur ein, wenn der Steuerpflichtige an der Kapitalgesellschaft **allein** zu mindestens 1 v.H. unmittelbar oder mittelbar beteiligt ist. Um eine Umgehung der Steuerpflicht durch Aufspaltung einer wesentlichen Beteiligung auf die Angehörigen zu erschweren, kommt jedoch eine Steuerpflicht auch dann in Betracht, wenn der Veräußerer zwar nicht selbst wesentlich beteiligt ist, er aber den veräußerten Anteil **innerhalb der letzten 5 Jahre** vor der Veräußerung **unentgeltlich** erworben hat **und der Rechtsvorgänger** – bei mehrmaliger unentgeltlicher Übertragung des Anteils einer der Rechtsvorgänger – **innerhalb der letzten 5 Jahre** an der Kapitalgesellschaft zu mindestens 1 v.H. unmittelbar oder mittelbar beteiligt war. Nach Ablauf der fünfjährigen Sperrfrist kann die unentgeltlich erworbene, nicht wesentliche Beteiligung steuerfrei veräußert werden. Bei der Entscheidung, ob die Beteiligungsgrenze von 1 v.H. erreicht wird, ist von dem um eigene Anteile der Kapitalgesellschaft verminderten Nennkapital auszugehen (H 140 Abs. 2 EStH).

Der Gesellschafter einer Kapitalgesellschaft ist auch dann wesentlich Beteiligter i.S. des § 17 EStG, wenn sich die Anteilsquote von mindestens 1 v.H. **erst durch – anteilige – Hinzurechnung von Beteiligungen** an der Kapitalgesellschaft ergibt, welche unmittelbar oder mittelbar von einer Personenhandelsgesellschaft gehalten werden, an welcher der Gesellschafter der Kapitalgesellschaft als Mitunternehmer beteiligt ist (BFH-Urteil vom 10.2.1982, BStBl II S. 392). Entsteht durch den Erwerb weiterer Anteile (z.B. an einer GmbH) eine Beteiligung von mindestens 1 v.H., so kann diese nicht dadurch beseitigt werden, dass die erworbenen Anteile rückwirkend verschenkt werden (BFH-Urteil vom 18.9.1984, BStBl 1985 II S. 55). Kapitalersetzende Maßnahmen erhöhen den Anteil an einer GmbH nicht; sie begründen oder erhöhen auch nicht eine ähnliche Beteiligung i.S. des § 17 Abs. 1 EStG (BFH-Urteil vom 19.5.1992, BStBl II S. 902). Nach dem BFH-Urteil vom 20.4.1999 (BStBl II S. 650) ist der Gewinn aus der Veräußerung einer Beteiligung von weniger als 1 v.H. auch nach § 17 EStG zu erfassen, wenn der Gesellschafter die Beteiligung erst neu erworben hat, nachdem er zuvor innerhalb des Fünfjahreszeitraums eine Beteiligung von mindestens 1 v.H. insgesamt veräußert hat und mithin vorübergehend überhaupt nicht an der Kapitalgesellschaft beteiligt war (vgl. auch BFH-Urteil vom 1.3.2005, BStBl II S. 436).

Ob eine wesentliche Beteiligung i.S. des § 17 EStG vorliegt, ist bei einer GmbH **aus den Geschäftsanteilen** zu berechnen. Nach dem BFH-Urteil vom 25.11.1997 (BStBl 1998 II S. 257) gilt dies auch dann, wenn in der GmbH-Satzung die Stimmrechte oder die Verteilung des Gewinns und des Liquidationserlöses abweichend von §§ 29, 72 GmbHG geregelt sind.

Veräußerungsgewinn ist der Betrag, um den der Veräußerungspreis nach Abzug der Veräußerungskosten die Anschaffungskosten übersteigt. Bei unentgeltlich erworbenen Anteilen sind als Anschaffungskosten der Anteile die Anschaffungskosten des Rechtsvorgängers maßgebend, der den Anteil zuletzt entgeltlich erworben hat. Wegen der Ermittlung des Veräußerungsgewinns bei unterschiedlichen Anschaffungskosten einzelner GmbH-Anteile vgl. BFH-Urteil vom 10.10.1978, BStBl 1979 II S. 77. Nach der Rechtsprechung des BFH (vgl. Urteile vom 24.4.1997, BStBl 1999 II S. 339, 342, vom 4.11.1997, BStBl 1999 II S. 344 sowie vom 10.11.1998, BStBl 1999 II S. 348) gehören zu den **Anschaffungskosten** einer wesentlichen Beteiligung auch nachträgliche Aufwendungen auf die Beteiligung, wenn sie durch das Gesellschaftsverhältnis veranlasst und weder Werbungskosten bei den Einkünften aus Kapitalvermögen noch Veräußerungskosten sind. Danach zählt zu diesen Aufwendungen auch die Wertminderung des Rückzahlungsanspruchs aus einem der Gesellschaft gewährten Darlehen. Nach Auffassung des BFH muss der Begriff der **nachträglichen Anschaffungskosten** in § 17 EStG weit ausgelegt werden. Als nachträgliche Anschaffungskosten kommen deshalb nicht nur Aufwendungen in Betracht, die auf der Ebene der Gesellschaft als Nachschüsse oder verdeckte Einlagen zu werten sind, sondern auch sonstige, durch das Gesellschaftsverhältnis veranlasste Aufwendungen des Gesellschafters, sofern diese nicht Werbungskosten bei den Einkünften aus Kapitalvermögen oder Veräußerungskosten i.S. von § 17 Abs. 2 EStG sind. Ein Darlehen ist nach Auffassung des BFH durch das Gesellschaftsverhältnis u.a. dann veranlasst, wenn im Zeitpunkt seiner Gewährung oder Weitergewährung die Gesellschaft entweder konkursreif ist oder wenn die Konkursreife zwar noch nicht eingetreten ist, die Rückzahlung des Darlehens aber angesichts der finanziellen Situation der Gesellschaft in dem Maße gefährdet ist, dass ein ordentlicher Kaufmann das Risiko einer Kreditgewährung zu denselben Bedingungen wie der Gesellschafter nicht mehr eingegangen wäre (sog. Krise). Nach Auffassung des BFH ist dies im Anschluss an die Rechtsprechung des Bundesgerichtshofs zu kapitalersetzenden Gesellschafterdarlehen danach zu beurteilen, ob die Gesellschaft unter den bestehenden Verhältnissen von einem Dritten noch einen Kredit zu marktüblichen Bedingungen erhalten hätte. Für die Frage, inwieweit **Darlehensverluste** eines wesentlich beteiligten Gesellschafters nachträgliche Anschaffungskosten der Beteiligung darstellen, unterscheidet der BFH vier Fallgruppen, deren steuerliche Beurteilung im BMF-Schreiben vom 8.6.1999 (BStBl I S. 545) im Einzelnen dargestellt ist. Nach dem BFH-Urteil vom 6.7.1999 (BStBl II S. 817) können Zahlungen aufgrund einer **Bürgschaftsinanspruchnahme** zu nachträglichen Anschaffungskosten i.S. von § 17 EStG führen, wenn sie durch das Gesellschaftsverhältnis veranlasst sind. Vgl. auch H 140 Abs. 5 EStH.

Als **Veräußerungskosten** können nur solche Aufwendungen abgezogen werden, die in unmittelbarer Beziehung zu dem einzelnen

Veräußerungsgeschäft stehen. Fehlgeschlagene Veräußerungskosten können nicht berücksichtigt werden (BFH-Urteil vom 17. 4. 1997, BStBl 1998 II S. 102).

Der Veräußerungsgewinn i.S. des § 17 Abs. 2 EStG entsteht **im Zeitpunkt der Veräußerung**; hierunter ist die entgeltliche Übertragung des wirtschaftlichen Eigentums an den veräußerten Anteilen auf den Erwerber zu verstehen (BFH-Urteile vom 17. 2. 2004, BStBl II S. 651, und vom 27. 7. 1988, BStBl 1989 II S. 271). Bei der Ermittlung des Veräußerungsgewinns ist für alle beeinflussenden Faktoren eine Stichtagsbewertung auf den Zeitpunkt der Veräußerung vorzunehmen. Das Zuflussprinzip des § 11 EStG, wonach Einnahmen im jeweiligen Zeitpunkt des Zufließens anzusetzen sind, gilt insoweit nicht (BFH-Urteil vom 12. 2. 1980, BStBl II S. 494). Wird eine wesentliche Beteiligung i.S. des § 17 EStG gegen eine **Leibrente** oder gegen einen in **Raten** zu zahlenden Kaufpreis **zur Verschaffung einer Versorgung** (mehr als 10 Jahre Laufzeit) veräußert, hat der Veräußerer die Wahl zwischen der sofortigen Besteuerung eines Veräußerungsgewinns oder einer nicht tarifbegünstigten Besteuerung im Jahr des Zuflusses (R 140 Abs. 7 EStR). Einzelheiten – auch zur Anwendung des Halbeinkünfteverfahrens – sind im BMF-Schreiben vom **3. 8. 2004**, BStBl I S. 1187, geregelt. Soweit ein **gestundeter Kaufpreis** später nicht mehr entrichtet wird, ist dies ein Ereignis mit steuerlicher Rückwirkung auf den Veräußerungszeitpunkt (vgl. BFH-Urteil vom 21. 12. 1993, BStBl 1994 II S. 648). Die Steuerfestsetzung für das Veräußerungsjahr kann insoweit nach § 175 Abs. 1 Nr. 2 AO geändert werden. Die Vereinbarung eines Rückkaufrechts steht der Annahme eines Veräußerungsgeschäfts nicht entgegen (H 140 Abs. 7 EStH).

Der Veräußerungsgewinn wird zur Einkommensteuer nur herangezogen, soweit er den Teil von 9060 € übersteigt, der dem veräußerten Anteil an der Kapitalgesellschaft entspricht. Der Freibetrag ermäßigt sich um den Betrag, um den der Veräußerungsgewinn den Teil von 36 100 € übersteigt, der dem veräußerten Anteil an der Kapitalgesellschaft entspricht. Ist der Gewinn hiernach steuerpflichtig, so konnte er – solange noch das Halbeinkünfteverfahren galt – unter Anwendung der **Fünftel-Regelung** des § 34 Abs. 1 EStG besteuert werden (vgl. die Ausführungen zu **Zeile 25** der Anlage GSE). Ein ermäßigter Steuersatz nach § 34 Abs. 3 EStG ist nicht möglich. Die genannten Beträge gelten ab **2004**; bis 2003 beliefen sich die Beträge auf 10 300 bzw. 41 000 € (Art. 9 des Haushaltsbegleitgesetzes 2004, BStBl 2004 I S. 120). Für die Berechnung des Freibetrags ist der nach § 3 Nr. 40c i.V. mit § 3c Abs. 2 EStG steuerfrei bleibende Teil des Veräußerungsgewinns nicht zu berücksichtigen (R 140 Abs. 9 EStR).

Beispiel für die Berechnung des Veräußerungsgewinns

A ist an einer Kapitalgesellschaft zu 100 v.H. beteiligt. Er veräußert 10 v.H. dieser Anteile. Der Veräußerungsgewinn beträgt 4300 €. Der Freibetrag von 9060 € ermäßigt sich zunächst auf 906 € (10 v.H. von 9060 €). Er ermäßigt sich wegen der Höchstbegrenzung weiter um 690 € (um den 10 v.H. von 36 100 € = 3610 € übersteigenden Betrag des Veräußerungsgewinns) auf 216 €. Der Veräußerungsgewinn von 4300 € ist danach in Höhe von (4300 € – 216 € =) 4084 € steuerpflichtig.

Verluste, die bei der Veräußerung von nicht zum Betriebsvermögen gehörenden **wesentlichen Beteiligungen** entstehen, dürfen seit 1996 nur noch in eingeschränktem Maße berücksichtigt werden. In § 17 Abs. 2 Satz 4 EStG 1999 wurde die Verlustausgleichsbeschränkung neu geregelt. Danach ist ein Veräußerungsverlust **nicht** zu berücksichtigen, soweit er auf Anteile entfällt, die

- vom Steuerpflichtigen innerhalb der letzten fünf Jahre unentgeltlich erworben wurden (Ausnahme: der Rechtsvorgänger hätte den Verlust geltend machen können) oder
- entgeltlich erworben wurden und nicht innerhalb der gesamten letzten fünf Jahre zu einer wesentlichen Beteiligung des Steuerpflichtigen gehört haben (Ausnahme: Anteile, deren Erwerb zur Begründung einer wesentlichen Beteiligung geführt hat oder die nach Begründung der wesentlichen Beteiligung erworben worden sind). Vgl. BFH-Urteil vom 20. 4. 2004, BStBl II S. 556.

Die erstmals mit dem Jahressteuergesetz 1996 eingeführte Beschränkung der Verlustberücksichtigung soll verhindern, dass durch bestimmte Gestaltungen, insbesondere durch Hinzuerwerb von Anteilen zu einer zunächst nicht wesentlichen Beteiligung Veräußerungsverluste steuerlich abziehbar gemacht werden. Mit der Neuregelung in § 17 EStG 1999 ist das Abzugsverbot klarer gefasst und auf die eigentlichen Missbrauchsfälle beschränkt worden. Durch die Neufassung wird erstens klargestellt, dass der Verlustabzug nicht dadurch erreicht werden kann, dass ein nicht wesentlich Beteiligter seine Beteiligung einem wesentlich beteiligten Gesellschafter **schenkt**. Zweitens ist nach der Neuregelung die Verlustberücksichtigung bei der **entgeltlichen Aufstockung** zur Erreichung einer wesentlichen Beteiligung nicht mehr generell ausgeschlossen. Durch die oben beschriebene Herabsetzung der Beteiligungsgrenze **auf 1 v.H.** verliert das Verlustausgleichsverbot des § 17 Abs. 2 Satz 4 EStG weitgehend seine Bedeutung. Es findet nur noch Anwendung, wenn zeitweise eine Beteiligung von weniger als 1 v.H. vorgelegen hat. Dies gilt – wie oben ausgeführt – im Regelfall ab 2002.

Wird eine wesentliche Beteiligung innerhalb von **12 Monaten** nach der Anschaffung, d.h. innerhalb der **Frist des § 23 Abs. 1 EStG** (Teil I, Anlage SO, Zeilen 30 bis 59) mit **Verlust** veräußert, hat § 23 EStG Vorrang vor § 17 EStG. Hieraus folgt, dass ein solcher Veräußerungsverlust nur bis zur Höhe eines Gewinns aus privaten Veräußerungsgeschäften i.S. des § 23 EStG im gleichen Jahr ausgeglichen werden darf (§ 23 Abs. 2 und 3 EStG). Wegen einer Verrechnung mit entsprechenden Veräußerungsgewinnen im Vorjahr oder in den Folgejahren vgl. Teil I, Anlage SO, Zeilen 30 bis 59 und 62.

Die für die Veräußerung von wesentlichen Beteiligungen maßgebenden Regelungen gelten nach § 17 Abs. 4 EStG entsprechend, wenn eine Kapitalgesellschaft **aufgelöst** (liquidiert) wird **oder** wenn ihr **Kapital herabgesetzt** und **zurückgezahlt** wird oder wenn Beträge aus dem steuerlichen Einlagekonto i.S. des § 27 KStG n.F. ausgeschüttet oder zurückgezahlt werden. In diesen Fällen ist als Veräußerungspreis der gemeine Wert des dem Steuerpflichtigen zugeteilten oder zurückgezahlten Vermögens der Kapitalgesellschaft anzusetzen. Das zurückgezahlte Kapital ist jedoch nur als Veräußerungserlös anzusetzen, soweit es nicht nach § 20 EStG zu den Einnahmen aus Kapitalvermögen gehört (vgl. **Teil I, Anlage KAP, Zeilen 21 bis 25**).

Bei **Auflösung** der Kapitalgesellschaft ist der Gewinn in dem Jahr zu erfassen, in dem das auf die wesentliche Beteiligung entfallende Vermögen der Gesellschaft verteilt wird. Ein **Verlust** kann unter den **o.a. Voraussetzungen** bereits in dem Jahr berücksichtigt werden, in dem mit einer wesentlichen Änderung des bereits feststehenden Verlustes nicht mehr zu rechnen ist (BFH-Urteil vom 27. 11. 2001, BStBl 2002 II S. 731). Letztmöglicher Zeitpunkt der Erfassung des Auflösungsgewinns oder -verlustes ist der förmliche Abschluss der Abwicklung der Kapitalgesellschaft (BFH-Urteile vom 2. 10. 1984, BStBl 1985 II S. 428, und vom 3. 6. 1993, BStBl 1994 II S. 162). Im Insolvenzverfahren über das Vermögen einer GmbH ist der Auflösungsverlust i.S. von § 17 Abs. 4 EStG regelmäßig erst mit Abschluss des Insolvenzverfahrens realisiert (BFH-Urteile vom 25. 1. 2000, BStBl II S. 343, und vom 21. 1. 2004, BStBl II S. 551).

Die **verdeckte Einlage einer wesentlichen Beteiligung** bzw. eines Teils einer wesentlichen Beteiligung in eine Kapitalgesellschaft steht nach § 17 Abs. 1 Satz 2 EStG der Veräußerung der Anteile gleich; sie führt somit (entgegen dem BFH-Urteil vom 27. 7. 1988, BStBl 1989 II S. 271) zu einer Gewinnverwirklichung. Für die Berechnung des Veräußerungsgewinns ist anstelle eines Veräußerungserlöses der gemeine Wert der eingebrachten wesentlichen Beteiligung den Anschaffungskosten gegenüberzustellen.

Im Urteil vom 19. 10. 1998 (BStBl 2000 II S. 230) behandelt der BFH die Einbringung einer wesentlichen Beteiligung i.S. des § 17 EStG aus dem Privatvermögen in das betriebliche Gesamthandsvermögen einer Personengesellschaft gegen Gewährung von Gesellschaftsrechten als tauschähnlichen Vorgang, der beim einbringenden Gesellschafter zu einer entgeltlichen **Veräußerung i.S. des § 17 EStG** und bei der aufnehmenden Personengesellschaft zu einem Anschaffungsgeschäft führt. Die sich aus der Anwendung

Teil I: Anlage GSE
Zeilen 22–23

dieses Urteils ergebenden Folgerungen sind im BMF-Schreiben vom 29. 3. 2000 (BStBl I S. 462) und vom 26. 11. 2004 (BStBl I S. 1190) dargestellt.

Die Vorschrift des § 17 EStG gilt auch für die Veräußerung von Anteilen an einer **ausländischen** Kapitalgesellschaft, wenn die ausländische Gesellschaft mit einer deutschen AG oder GmbH vergleichbar ist (BFH-Urteil vom 21. 10. 1999, BStBl 2000 II S. 424). Als Auflösung i.S. des § 17 Abs. 4 EStG ist auch die Umwandlung einer ausländischen Kapitalgesellschaft in eine Personengesellschaft anzusehen, wenn das maßgebende ausländische Recht in der Umwandlung eine Auflösung sieht (vgl. dazu BFH-Urteil vom 22. 2. 1989, BStBl II S. 794). Wegen der **nur eingeschränkten Möglichkeit der Verrechnung von Verlusten** bei Beteiligungen an **ausländischen** Körperschaften wird auf die Ausführungen in Teil I, Anlage AUS, Zeilen 30 bis 36 hingewiesen.

Gehört die wesentliche Beteiligung nicht zum Privatvermögen, sondern z.B. zum gewerblichen **Betriebsvermögen** des Veräußerers, so ist die Veräußerung ein normaler Betriebsvorgang, der sich im laufenden Gewinn aus Gewerbebetrieb (Zeilen 2 bis 9 der Anlage GSE) auswirkt. In diesem Fall ist Zeile 22/23 des Vordrucks nicht auszufüllen. Die Veräußerung einer im Betriebsvermögen eines einzelnen Steuerpflichtigen oder einer Personengesellschaft geführten **100-prozentigen** Beteiligung an einer Kapitalgesellschaft im Laufe des Wirtschaftsjahrs gilt als Veräußerung eines Teilbetriebs i.S. des § 16 EStG (vgl. Ausführungen zu **Zeilen 12 bis 21** der Anlage GSE).

Die Veräußerung von Gesellschaftsanteilen an einer **vermögensverwaltenden Personengesellschaft**, die eine Beteiligung von mindestens 1 v.H. an einer Kapitalgesellschaft hält, fällt unter § 17 EStG (BFH-Urteil vom 13. 7. 1999, BStBl II S. 820). Nach dem BFH-Urteil vom 9. 5. 2000 (BStBl II S. 686) sind Kapitalbeteiligungen einer vermögensverwaltenden Personengesellschaft den Gesellschaftern der Personengesellschaft für die Bestimmung des Veräußerungstatbestands nach § 17 EStG anteilig zuzurechnen (sog. Bruchteilsbetrachtung).

Veräußerungsgewinne sind in **Zeile 22** und Veräußerungs**verluste** in **Zeile 23** der Anlage GSE einzutragen. Ihre Berechnung sowie der Sachverhalt sind auf besonderem Blatt darzustellen. Das in den Erläuterungen zu Zeile 16, 19 der Anlage GSE beschriebene **Halbeinkünfteverfahren** gilt auch bei Veräußerung von Anteilen an Kapitalgesellschaften i.S. des § 17 EStG.

Vermögenszuwachs i.S. des § 6 des Außensteuergesetzes

§ 6 Abs. 1 des Außensteuergesetzes regelt die Behandlung der im Privatvermögen befindlichen wesentlichen Beteiligungen bei **Wohnsitzwechsel ins Ausland.** Verlegt eine mindestens 10 Jahre im Inland unbeschränkt einkommensteuerpflichtige natürliche Person ihren Wohnsitz oder gewöhnlichen Aufenthalt ins Ausland, wobei ihre unbeschränkte Steuerpflicht endet, so treten für ihre wesentlichen Beteiligungen an inländischen Kapitalgesellschaften die Rechtsfolgen des § 17 EStG (vgl. vorstehende Ausführungen zu Zeilen 22 bis 23) **auch dann** ein, wenn keine Veräußerung der Beteiligung erfolgt (§ 6 Abs. 1 AStG). Es ist also aufgrund dieses einer Veräußerung gleichgestellten Vorgangs der **Vermögenszuwachs** zu versteuern.

Bei der Ermittlung der Besteuerungsgrundlage ist als Veräußerungspreis der **gemeine Wert** der Anteile im Zeitpunkt der Beendigung der unbeschränkten Steuerpflicht anzusetzen. Um die Steuerpflicht auf den **Vermögenszuwachs** zu beschränken, der dem Steuerpflichtigen während seiner Ansässigkeit im deutschen Inland zugewachsen ist, wird in den Fällen, in denen die Anteile dem Steuerpflichtigen bei Begründung seines inländischen Wohnsitzes bzw. gewöhnlichen Aufenthalts schon gehörten, ihr gemeiner Wert in diesem Zeitpunkt für die Ermittlung des Vermögenszuwachses als Anschaffungskosten angesetzt.

Die Steuerpflicht entfällt, wenn der **Steuerpflichtige nur vorübergehend** seinen Wohnsitz oder gewöhnlichen Aufenthalt ins Ausland verlegt **und** innerhalb von 5 Jahren wieder zurückkehrt und wieder unbeschränkt einkommensteuerpflichtig wird, soweit die Anteile in der Zwischenzeit nicht veräußert worden sind. Diese Frist kann vom Finanzamt auf höchstens 10 Jahre verlängert werden, wenn die Abwesenheit auf beruflichen Gründen beruht und die Absicht zur Rückkehr unverändert fortbesteht.

Die geschuldete Einkommensteuer kann in regelmäßigen Teilbeträgen über einen Zeitraum von höchstens 5 Jahren gegen Sicherheitsleistung **gestundet** werden, wenn ihre alsbaldige Entrichtung mit erheblichen Härten für den Steuerpflichtigen verbunden wäre. Werden die Anteile tatsächlich veräußert, so endet die Stundung.

Die oben genannte Regelung berührt nicht die allgemeine Steuerpflicht für Veräußerungsgewinne bei wesentlichen Beteiligungen. Um jedoch bei späterer tatsächlicher Veräußerung der Beteiligungen eine doppelte Besteuerung zu vermeiden, wird in einem solchen Fall der anzusetzende Gewinn um den bereits besteuerten Vermögenszuwachs gekürzt.

§ 6 Abs. 2 und 3 AStG enthalten Regelungen gegen Steuerumgehungsmöglichkeiten; insbesondere wird die Steuerpflicht auf Fälle erstreckt, in denen die Herauslösung aus der deutschen Steuerpflicht auf andere Weise als durch Wegzug eintritt (Schenkung der Beteiligung ins Ausland, Einbringung in eine ausländische Betriebsstätte, die nach DBA von der deutschen Besteuerung befreit ist, Begründung eines Doppelwohnsitzes im Ausland, wenn ein Doppelbesteuerungsabkommen hieran die Ansässigkeit im Ausland knüpft und der Tausch der Anteile gegen Anteile an einer ausländischen Kapitalgesellschaft). Über diese einem Wohnsitzwechsel ins Ausland **gleichgestellten Vorgänge** erteilen die Finanzämter nähere Auskunft.

Einzelheiten zur Anwendung des § 6 AStG sind im BMF-Schreiben vom 14. 5. 2004, BStBl 2004 I Sondernummer 1/2004 S. 20 geregelt.

Die Kommission der EG hat gegen die Bundesrepublik Deutschland ein **Vertragsverletzungsverfahren** eingeleitet wegen der Besteuerung nicht realisierter Wertzuwächse wesentlicher Beteiligungen bei einem Wegzug aus Deutschland in einen Mitgliedstaat der **EU** oder des **EWR**. Im Hinblick darauf soll § 6 AStG geändert werden. Bis dahin wird die nach § 6 Abs. 1 bzw. Abs. 3 Nr. 2 AStG festgesetzte Einkommensteuer in den genannten Fällen von Amts wegen zinslos gestundet (BMF-Schreiben vom 8. 6. 2005, BStBl I S. 714).

Weitere Ausführungen zum Außensteuergesetz vgl. **Teil I, Anlage AUS, Zeilen 23 bis 26.**

Besteuerung der Gesellschafter der übertragenden Körperschaft nach § 13 des Umwandlungssteuergesetzes

§ 13 des Umwandlungssteuergesetzes behandelt die Auswirkungen der Verschmelzung von Körperschaften bei den Anteilseignern der übertragenden Körperschaft, soweit diese Anteile an der übernehmenden Körperschaft erhalten. Absatz 1 der Vorschrift regelt den Fall, dass sich die Anteile an der übertragenden Körperschaft in einem **Betriebsvermögen** des Gesellschafters befinden. Solche Anteile gelten im Umwandlungsvorgang als zum Buchwert veräußert, sodass durch den Austausch der Anteile an der übertragenden Körperschaft mit den Anteilen an der übernehmenden Körperschaft kein Veräußerungsgewinn entsteht. Die aufgrund der Umwandlung erhaltenen Anteile gelten als zum Buchwert der bisherigen Anteile angeschafft.

Befinden sich die Anteile an der übertragenden Körperschaft im **Privatvermögen** des Gesellschafters können sich steuerliche Auswirkungen ergeben, wenn es sich um eine wesentliche Beteiligung i.S. des § 17 EStG oder um einbringungsgeborene Anteile i.S. des § 21 UmwStG (vgl. Zeilen 12 bis 21 der Anlage GSE) handelt oder ein privates Veräußerungsgeschäft i.S. des § 23 EStG (Zeilen 30 bis 59 der Anlage SO) in Betracht kommt.

a) Liegt eine wesentliche Beteiligung i.S. des § 17 EStG vor, gelten die Anteile an der übertragenden Körperschaft (wesentliche Beteiligung) als zu den Anschaffungskosten veräußert und die an ihre Stelle tretenden Anteile als mit diesem Wert angeschafft (§ 13 Abs. 2 Satz 1 UmwStG). Der Austausch der Anteile führt sonach zu keinem Veräußerungsgewinn.

Stellen die **erhaltenen Anteile** (im Gegensatz zur bisherigen Beteiligung) **keine** wesentliche Beteiligung an der übernehmenden Körperschaft dar, gelten die Anteile nach § 13 Abs. 2 Satz 2 UmwStG weiterhin als **wesentliche** Beteiligung i.S. des § 17 EStG. Die neuen Anteile verlieren diese Eigenschaft erst, wenn die Beteiligung sich so vermindert, dass auch die ihr nach den Umtauschverhältnissen entsprechende Beteiligung an der übertragenden Körperschaft keine wesentliche Beteiligung mehr dargestellt hätte.

Wird aus einer nicht wesentlichen Beteiligung eine **wesentliche** Beteiligung i.S. des § 17 EStG (z.B. bei einer nicht verhältniswahrenden Spaltung), bestimmt § 13 Abs. 2 Satz 3 UmwStG, dass für die Bewertung der neuen Anteile der gemeine Wert am steuerlichen Übertragungsstichtag als Anschaffungskosten gilt. Dadurch soll klargestellt werden, dass die in der Zeit der „Nichtverstrickung" angesammelten stillen Reserven durch die Umwandlung nicht in die Besteuerung einbezogen werden. Der Besteuerung sollen nur die stillen Reserven unterliegen, die nach dem steuerlichen Übertragungsstichtag in den Anteilen entstehen.

b) Besitzt im Fall der Verschmelzung der Anteilseigner **einbringungsgeborene** Anteile i.S. des **§ 21 UmwStG** (vgl. Zeilen 12 bis 21 der Anlage GSE) an der übertragenden Körperschaft, so treten die erworbenen Anteile an die Stelle der hingegebenen Anteile. Die im Zuge der Verschmelzung gewährten Anteile gelten weiterhin als einbringungsgeborene Anteile i.S. des § 21 UmwStG. Die bisherigen Anschaffungskosten gelten auch als Anschaffungskosten der neuen Anteile.

c) Der Austausch der Anteile führt nicht zu einem Veräußerungsgewinn i.S. des § 23 EStG (vgl. Zeilen 30 bis 59 der Anlage SO). Die Verschmelzung setzt jedoch eine neue einjährige Behaltensfrist i.S. des § 23 Abs. 1 Nr. 2 EStG in Gang, deren Lauf mit der Eintragung der Umwandlung in das Handelsregister beim übernehmenden Rechtsträger beginnt (BMF-Schreiben vom 25.10. 2004, BStBl I S. 1034, Rz 27 ff.).

Wegen Einzelheiten zu § 13 UmwStG vgl. BMF-Schreiben vom 25. 3. 1998, BStBl I S. 268, Tz. 13 unter Berücksichtigung der Änderungen durch BMF-Schreiben vom 21. 8. 2001, BStBl I S. 543 (abgedruckt in Anhang 28 II des Amtlichen ESt-Handbuchs 2004).

Behandlung als laufender Gewinn

24
Seit 1994 werden durch die geänderte Fassung des § 16 **Abs. 2** EStG aufgrund des Missbrauchsbekämpfungs- und Steuerbereinigungsgesetzes vom 21. 12. 1993 (BStBl 1994 I S. 50) **Veräußerungsgewinne als laufende Gewinne qualifiziert, soweit** auf der Seite des Veräußerers und auf der Seite des Erwerbers **dieselben Personen** Unternehmer oder Mitunternehmer sind. Bei **Betriebsaufgabe** wird nach § 16 **Abs. 3** EStG seit 1994 ein **laufender** Gewinn angenommen, soweit einzelne dem Betrieb gewidmete Wirtschaftsgüter im Rahmen der Aufgabe des Betriebs veräußert werden und soweit auf der Seite des Veräußerers und auf der Seite des Erwerbers dieselben Personen Unternehmer oder Mitunternehmer sind. Gleiches gilt bei Einbringung eines Betriebs, Teilbetriebs oder Mitunternehmeranteils in eine Personengesellschaft nach **§ 24 UmwStG,** soweit der Einbringende selbst an der Personengesellschaft beteiligt ist (Art. 11 des Missbrauchsbekämpfungs- und Steuerbereinigungsgesetzes vom 21.12.1993, a.a.O., sowie BMF-Schreiben vom 25. 3. 1998, BStBl I S. 268, Tz. 24.15 ff. unter Berücksichtigung der Änderungen durch BMF-Schreiben vom 21. 8. 2001, BStBl I S. 543). Soweit danach **laufende** Gewinne vorliegen, kann der Veräußerer (Einbringende) keinen Freibetrag nach § 16 Abs. 4 EStG (vgl. Ausführungen zu **Zeilen 12 bis 21** der Anlage GSE) und keine Tarifermäßigung nach § 34 EStG (vgl. Erläuterungen zu Zeilen 17, 20 und 25 der Anlage GSE) erhalten. Außerdem unterliegt der laufende Gewinn der Gewerbesteuer. Durch die genannten Neuregelungen wollte der Gesetzgeber erreichen, dass Veräußerungs- bzw. Einbringungsgewinne nur noch insoweit begünstigt sind, als sie durch Veräußerung an **Fremde** erzielt werden. Die Steuervergünstigungen nach §§ 16 und 34 EStG sollen dagegen entfallen, soweit – bei wirtschaftlicher Betrachtung – nicht an Dritte, sondern an den Veräußernden (Einbringenden) selbst veräußert wird.

Liegt einer der genannten Fälle vor oder ist Erwerber eine Gesellschaft, an der die veräußernde Person oder ein Angehöriger beteiligt ist, ist **Zeile 24** der Anlage GSE **anzukreuzen** und der Sachverhalt auf besonderem Blatt (mit Zahlenangaben) zu erläutern.

Tarifvergünstigung nach § 34 EStG für außerordentliche Einkünfte

I. Ausgangslage

25
Der Einkommensbegriff des Einkommensteuergesetzes hat zur Folge, dass auch solche Einkünfte, die dem Steuerpflichtigen nur einmal oder selten zufließen, der Einkommensteuer unterliegen. In solchen Fällen kann die Progression des Steuertarifs zu einer nicht zumutbaren steuerlichen Belastung führen. Deshalb sieht die Bestimmung des § 34 Abs. 1 EStG unter bestimmten Voraussetzungen eine Tarifvergünstigung vor.

II. Umfang der Tarifvergünstigung

Sind in dem zu versteuernden Einkommen eines Steuerpflichtigen **außerordentliche** Einkünfte i.S. des § 34 Abs. 2 EStG enthalten, so war die darauf entfallende Einkommensteuer bis 31. 12. 1998 nach einem **ermäßigten Steuersatz** zu bemessen. Der ermäßigte Steuersatz betrug grundsätzlich die **Hälfte des durchschnittlichen Steuersatzes** (§ 34 Abs. 1 EStG 1998). Auf das restliche zu versteuernde Einkommen war die Einkommensteuertabelle anzuwenden. Vergütungen für eine mehrjährige Tätigkeit konnten bis 31. 12. 1998 nach der sog. Drittel-Regelung des § 34 Abs. 3 EStG 1998 besteuert werden (im Einzelnen vgl. Anleitung zur Einkommensteuer-Erklärung 1998, Teil I, Anlage GSE, Zeilen 17 und 49).

Ab dem Kalenderjahr 1999 ist § 34 EStG durch das Steuerentlastungsgesetz 1999/2000/2002 (BStBl 1999 I S. 304) in der Weise umgestaltet worden, dass eine Besteuerung außerordentlicher Einkünfte mit dem ermäßigten (halben) Steuersatz und die o.a. Drittel-Regelung weggefallen sind. Stattdessen werden **außerordentliche Einkünfte** – zu denen jetzt auch Vergütungen für mehrjährige Tätigkeiten zählen – nach § 34 Abs. 1 EStG mit einem Fünftel steuerlich erfasst und die hierauf entfallende Einkommensteuer verfünffacht (sog. **Fünftel-Regelung;** vgl. unten). Dies bewirkt gegenüber der früheren Besteuerung mit dem halben durchschnittlichen Steuersatz regelmäßig eine weitaus geringere Progressionsminderung. Eine Ausnahme gilt jedoch für die unter **III a)** bezeichneten **Veräußerungsgewinne,** für die **auf Antrag** der seit 2001 **wieder eingeführte ermäßigte Steuersatz** nach § 34 Abs. 3 EStG in Betracht kommt (vgl. folgenden Abschn. V).

III. Begriff der außerordentlichen Einkünfte

Der Tarifvergünstigung nach der sog. Fünftel-Regelung kann nur auf außerordentliche Einkünfte i.S. des § 34 Abs. 2 EStG angewandt werden. Hierunter fallen:

a) **Veräußerungsgewinne** aus der Veräußerung eines land- und forstwirtschaftlichen Betriebs (§§ 14, 14a Abs. 1 EStG), eines gewerblichen Betriebs (§ 16 EStG, vgl. Anlage GSE, Zeilen 12 bis 21) und eines der selbständigen Arbeit dienenden Vermögens (§ 18 Abs. 3 EStG), jeweils mit Ausnahme des steuerpflichtigen Teils der Veräußerungsgewinne, die nach dem **Halbeinkünfteverfahren** (§ 3 Nr. 40 b i.V. mit § 3 c Abs. 2 EStG) teilweise steuerbefreit sind;

b) **Entschädigungen,** die gewährt worden sind als Ersatz für entgangene oder entgehende Einnahmen oder für die Aufgabe oder Nichtausübung einer Tätigkeit, für die Aufgabe einer Gewinnbeteiligung oder einer Anwartschaft auf eine solche (§ 24 Nr. 1 a und b EStG). Hierher gehört z.B. der steuerpflichtige Teil von **Entlassungsabfindungen an Arbeitnehmer** (vgl. Teil I, Anlage N, Zeile 14). Entschädigungen in diesem Sinne

Teil I: Anlage GSE
Zeile 25

können begünstigt sein, gleichgültig im Rahmen welcher Einkunftsart sie anfallen. Im Rahmen von Einkünften aus **Gewerbebetrieb, selbständiger Arbeit** oder **Land- und Forstwirtschaft** anfallende Entschädigungen sind **nicht tarifbegünstigt**, wenn der zur Entschädigung führende Sachverhalt einen normalen und üblichen Geschäftsvorfall darstellt, z.B. Warenumsatzgeschäfte eines Handelsbetriebs, Architektenverträge eines Architekten, Bauaufträge eines Bauunternehmens (vgl. auch BFH-Urteile vom 27. 7. 1978, BStBl 1979 II S. 66, 69 und 71). Es ist jedoch nicht mehr Voraussetzung, dass das zur Entschädigung führende Ereignis ohne oder gegen den Willen des Steuerpflichtigen eintrat. Eine „Entschädigung" kann vielmehr auch bei Mitwirkung des Steuerpflichtigen gegeben sein, wenn dieser unter erheblichem rechtlichen, wirtschaftlichen oder tatsächlichen Druck zu dem Ereignis mitwirkte (BFH-Urteil vom 20. 7. 1978, BStBl 1979 II S. 9 sowie H 170 EStH). Als außerordentliche Einkünfte werden aber regelmäßig nur solche Entschädigungen angesehen, die durch einen einmaligen größeren Betrag entgangene oder entgehende Einnahmen mehrerer Jahre abgelten und zu einer **Zusammenballung** von Einkünften innerhalb eines Veranlagungszeitraums führen (H 199 EStH und Teil I, Anlage GSE, Zeilen 55 bis 56). Wegen Entschädigungen bei **Arbeitnehmern** vgl. Teil I, **Anlage N, Zeile 14;**

c) **Ausgleichszahlungen** an ausgeschiedene **Handelsvertreter** nach § 89b HGB (vgl. Anlage GSE, Zeilen 12 bis 21);

d) **Nutzungsvergütungen** für die Inanspruchnahme von Grundstücken für öffentliche Zwecke sowie Zinsen auf solche Nutzungsvergütungen und auf Entschädigungen, die mit der Inanspruchnahme von Grundstücken für öffentliche Zwecke zusammenhängen, sofern die Nutzungsvergütungen und Zinsen für einen Zeitraum **von mehr als 3 Jahren nachgezahlt** werden (BFH-Urteil vom 14. 3. 1985, BStBl II S. 463). Nach R 199 Abs. 2 EStR muss die Nachzahlung einen Zeitraum von mehr als 36 Monaten umfassen; dass die Nachzahlung auf 3 Kalenderjahre entfällt, genügt nicht (vgl. auch BFH-Urteil vom 19. 4. 1994, BStBl II S. 640 und H 199 EStH).

e) **Vergütungen für mehrjährige Tätigkeiten** (vgl. Teil I, Anlage N, Zeile 14 und Anlage GSE, Zeilen 55 bis 56);

f) **Einkünfte aus außerordentlichen Holznutzungen i.S. des § 34b Abs. 1 Nr. 1 EStG** (vgl. Teil I, Anlage L, Zeile 22).

Nach ständiger Rechtsprechung des BFH (vgl Urteile vom 16. 3. 1993, BStBl II S. 497 und vom 4. 3. 1998, BStBl II S. 787 m.w.N.) setzt die begünstigte Besteuerung nach § 34 EStG u.a. voraus, dass die Entschädigungsleistungen **zusammengeballt in einem Veranlagungszeitraum** zufließen. Der Zufluss mehrerer Teilbeträge in unterschiedlichen Veranlagungszeiträumen ist schädlich (BFH-Urteil vom 21. 3. 1996, BStBl II S. 416). Diese Grundsätze gelten nach dem BFH-Urteil vom 20.7. 1988 (BStBl II S. 936) auch für **Ausgleichszahlungen an Handelsvertreter** nach § 89b HGB; laufende vorzeitige Teilzahlungen auf einen solchen Anspruch oder auf eine künftige Wettbewerbsentschädigung (§ 90a HGB) sind daher nicht tarifbegünstigt.

Bei der Ermittlung des steuerbegünstigten Entschädigungsbetrags sind die Einnahmen **vermindert** um die damit in unmittelbarem Zusammenhang stehenden Betriebsausgaben anzusetzen; die **anteilige Gewerbesteuer** ist hierbei **nicht** mindernd zu berücksichtigen (BFH-Urteil vom 26. 1. 1984, BStBl II S. 347).

Sind in den **Zeilen 3 bis 9** der Anlage GSE derartige außerordentliche Einkünfte enthalten, so ist der Betrag hier anzugeben und zur Vermeidung von Rückfragen näher zu erläutern.

Wegen der Anwendung eines ermäßigten Steuersatzes bei bestimmten **Veräußerungsgewinnen** vgl. Erläuterungen zu **Zeilen 17 und 20** der Anlage GSE.

IV. Berechnung der Steuer nach der Fünftel-Regelung

a) Nach § 34 Abs. 1 EStG ist die auf die außerordentlichen Einkünfte entfallende Einkommensteuer wie folgt zu berechnen: Zunächst wird die Einkommensteuer für das zu versteuernde Einkommen **ohne** die außerordentlichen Einkünfte (verbleibendes zu versteuerndes Einkommen) ermittelt. In einem zweiten Schritt wird die Einkommensteuer, die auf das zu versteuernde Einkommen **einschließlich eines Fünftels** dieser außerordentlichen Einkünfte entfällt, berechnet. Der Differenzbetrag zwischen den beiden Steuerbeträgen ist zu **verfünffachen**. Die so ermittelte Einkommensteuer ist die im Rahmen der Einkommensteuerveranlagung festzusetzende Einkommensteuer für die außerordentlichen Einkünfte. Durch Hinzurechnung zur Einkommensteuer aus dem ersten Schritt ergibt sich die insgesamt festzusetzende Einkommensteuer (R 198 EStR). Die früher bestehende Antragspflicht zur Anwendung der Fünftel-Regelung wurde durch das Steueränderungsgesetz 2001 (BStBl 2002 I S. 4) ab 2001 aufgehoben.

Beispiel 1

Im Rahmen einer Zusammenveranlagung von Ehegatten ergibt sich für das Jahr **2005** ein zu versteuerndes Einkommen von 125 000 €. Hierin sind außerordentliche Einkünfte (z.B. steuerpflichtige Entlassungsabfindung, Ausgleichszahlung an Handelsvertreter nach § 89b HGB) von 75 000 € enthalten.

Steuerberechnung

1. Zu versteuerndes Einkommen **ohne**
   außerordentliche Einkünfte   50 000 €

   daraus Einkommensteuer
   nach der Splittingtabelle   8 542 €

2. obiges zu versteuerndes Einkommen
   zuzüglich 1/5 der außerordentlichen
   Einkünfte von 75 000 €   65 000 €

   daraus Einkommensteuer (Splittingtabelle)   13 236 €

   Differenzbetrag   4 694 €

   Differenzbetrag × 5   23 470 €

   zuzüglich obige Einkommensteuer (1. Schritt) 8 542 €

   Einkommensteuer insgesamt   **32 012 €**

Ohne Tarifermäßigung durch Anwendung der Fünftel-Regelung hätte sich aus einem zu versteuernden Einkommen von 125 000 € eine Einkommensteuer (Splittingtabelle) von 36 672 € ergeben.

b) Eine **besondere** Berechnung gilt, wenn das zu versteuernde Einkommen **ohne** die außerordentlichen Einkünfte (verbleibendes zu versteuerndes Einkommen) **negativ** ist und das zu versteuernde Einkommen positiv. Nach § 34 Abs. 1 Satz 3 EStG beträgt die Einkommensteuer in diesem Fall das Fünffache der auf ein Fünftel des zu versteuernden Einkommens entfallenden Einkommensteuer.

Beispiel 2

Das zu versteuernde Einkommen **2005** von Ehegatten (Zusammenveranlagung) beläuft sich auf 200 000 €. Es setzt sich zusammen aus außerordentlichen Einkünften von 250 000 € und einem **negativen verbleibenden** zu versteuernden Einkommen (ohne außerordentliche Einkünfte) von 50 000 €.

Der Ansatz eines Fünftels aus 250 000 € würde zu keiner Einkommensteuer führen, weil sich dieses Fünftel und das negative verbleibende zu versteuernde Einkommen (– 50 000 €) ausgleichen.

Nach § 34 Abs. 1 Satz 3 EStG ergibt sich folgende **Steuerberechnung:**

1/5 aus 200 000 €   40 000 €

daraus Einkommensteuer (Splittingtabelle)   5 700 €

multipliziert mit 5
ergibt die Einkommensteuer 2005 von   **28 500 €**

Weitere Berechnungsbeispiele (u.a. bei Einkünften, die dem Progressionsvorbehalt unterliegen – vgl. Zeilen 38 bis 39 des Hauptvordrucks) sind in H 198 EStH enthalten.

Wurden Entschädigungen i.S. des § 24 Nr. 1 EStG oder Vergütungen für eine mehrjährige Tätigkeit im Lohnsteuerabzugsverfahren durch Anwendung der Fünftel-Regelung ermäßigt besteuert, sind Arbeitnehmer verpflichtet, eine Einkommensteuererklärung abzugeben (§ 46 Abs. 2 Nr. 5 EStG). Durch die **Pflichtveranlagung** soll sichergestellt werden, dass eine ggf. unzutreffende Anwendung der Steuerermäßigung im Lohnsteuerverfahren im Rahmen der Einkommensteuerveranlagung korrigiert werden kann.

V. Wiedereinführung des ermäßigten Steuersatzes für bestimmte Veräußerungsgewinne

Durch das Steuersenkungsergänzungsgesetz (BStBl 2001 I S. 25) ist der bis 31.12.1998 geltende ermäßigte Steuersatz (vgl. obigen Abschn. II) ab 2001 wieder eingeführt worden, allerdings mit erheblichen Einschränkungen. Der **ermäßigte Steuersatz** darf nach § 34 Abs. 3 EStG nur für Gewinne aus **Betriebsveräußerungen** und **Betriebsaufgaben** bis 5 Millionen € und unter der Voraussetzung in Anspruch genommen werden, dass der Steuerpflichtige das **55. Lebensjahr** vollendet hat oder im sozialversicherungsrechtlichen Sinn **dauernd berufsunfähig** ist. Ab 2004 beträgt der ermäßigte Steuersatz **56 v.H.** des **durchschnittlichen** Steuersatzes (bis 2003: 50 v.H.). Außerdem darf der ermäßigte Steuersatz den Eingangssteuersatz der Einkommensteuertabelle (im Jahr 2005: 15 v.H.) nicht unterschreiten und **nur einmal im Leben** in Anspruch genommen werden (Objektbeschränkung). Wegen Einzelheiten wird auf die Erläuterungen zu **Zeilen 17 und 20** der **Anlage GSE** hingewiesen. Sind die Voraussetzungen für den ermäßigten Steuersatz erfüllt, kann der Steuerpflichtige stattdessen auch die oben bezeichnete Fünftel-Regelung in Anspruch nehmen (Wahlrecht).

26 Hat sich eine **Organgesellschaft** durch einen **Gewinnabführungsvertrag** i.S. des § 291 Abs. 1 AktG verpflichtet, ihren ganzen Gewinn an **ein** anderes inländisches gewerbliches Unternehmen abzuführen, so ist das **Einkommen** der Organgesellschaft unter den in § 14 KStG genannten Voraussetzungen dem **Träger des Unternehmens** (Organträger) **zuzurechnen.** Das Einkommen der Organgesellschaft gehört beim Organträger zu den Einkünften aus **Gewerbebetrieb.**

Nach der Regelung in § 14 ff. KStG kann Organgesellschaft nur eine inländische **Kapitalgesellschaft** sein. Ein Organverhältnis ist im Übrigen nur möglich, wenn der Organträger (natürliche Person oder Personengesellschaft) ebenfalls ein **gewerbliches** Unternehmen unterhält und die Organgesellschaft in dieses Unternehmen **finanziell** eingegliedert ist. Einzelheiten sind im BMF-Schreiben vom 26.8.2003 (BStBl I S. 437) geregelt.

Abzugsbeschränkung für Schuldzinsen wegen Überentnahmen

27–28 Nach § 4 Abs. 4a EStG sind betrieblich veranlasste Schuldzinsen nach näherer Bestimmung **nicht** als Betriebsausgabe abziehbar, wenn **Überentnahmen** getätigt worden sind. Eine Überentnahme ist der Betrag, um den die **Entnahmen** (Privatentnahmen) die Summe des Gewinns und der **Einlagen** des Wirtschaftsjahres übersteigen. Die nicht abziehbaren Schuldzinsen werden **pauschal** in Höhe von **6 %** der Überentnahme des Wirtschaftsjahres zuzüglich der Überentnahmen vorangegangener Wirtschaftsjahre und abzüglich der Beträge, um die in den vorangegangenen Wirtschaftsjahren der Gewinn und die Einlagen die Entnahmen überstiegen haben (Unterentnahmen), ermittelt. Bei der Ermittlung der Überentnahme ist vom Gewinn ohne Berücksichtigung der nach § 4 Abs. 4a EStG nicht abziehbaren Schuldzinsen auszugehen. Der sich dabei ergebende Betrag, höchstens jedoch der um **2050 €** verminderte Betrag der im Wirtschaftsjahr angefallenen **Schuldzinsen** ist dem Gewinn hinzuzurechnen. Einzelheiten sind im BMF-Schreiben vom 22.5.2000 (BStBl I S. 588) unter Berücksichtigung der Änderungen durch BMF-Schreiben vom 28.3.2001 (BStBl I S. 245) geregelt. Vgl. auch **Teil II, Tz. 2.10** (11) mit Beispielen. Die frühere Sonderregelung für Entnahmen und Einlagen, die in den letzten drei Monaten eines Wirtschaftsjahres getätigt wurden (§ 4 Abs. 4 a Satz 3 EStG a.F.), wurde durch das Steueränderungsgesetz 2001 (BStBl 2002 I S. 4) aufgehoben.

Schuldzinsen für Darlehen zur Finanzierung von **Anschaffungs- oder Herstellungskosten** betrieblicher **Anlagegüter** sind nach § 4 Abs. 4 a Satz 5 EStG von der Abzugsbeschränkung ausgenommen. Derartige Schuldzinsen sind in Zeile **28** der Anlage GSE anzugeben. Die Angabe in Zeile **27** dient der Prüfung, ob eine Abzugsbegrenzung für die sonstigen betrieblichen Schuldzinsen in Betracht kommt.

29 Die hier vorgesehenen Angaben sollen auf eine etwaige Steuerpflicht i.S. der Zeilen 12 bis 21 und 22 bis 23 der Anlage GSE aufmerksam machen (vgl. obige Erläuterungen hierzu).

Abzugsbeschränkung bei Verlusten aus gewerblicher Tierzucht, gewerblicher Tierhaltung und gewerblichen Termingeschäften

30–32 Nach § 15 Abs. 4 EStG dürfen Verluste aus **gewerblicher Tierzucht** oder **gewerblicher Tierhaltung** weder mit anderen gewerblichen Einkünften noch mit Einkünften aus anderen Einkunftsarten ausgeglichen werden; sie dürfen auch nicht nach § 10d EStG (vgl. **Teil I, Hauptvordruck, Zeilen 93 bis 94**) abgezogen werden. Solche Verluste können aber nach Maßgabe des § 10d EStG mit Gewinnen aus gewerblicher Tierzucht oder gewerblicher Tierhaltung verrechnet werden, die in dem unmittelbar **vorangegangenen** Wirtschaftsjahr und in **späteren** Wirtschaftsjahren erzielt wurden oder werden (BMF-Schreiben vom 29.11.2004, BStBl I S. 1097). Gewinne und Verluste aus gewerblicher Tierzucht oder gewerblicher Tierhaltung in mehreren **selbständigen Betrieben** können im Jahr der Entstehung miteinander bis zum Betrag von 0 € verrechnet werden (R 138c EStR).

Die Einschränkung des Verlustausgleichs gilt für alle Gewerbebetriebe, die Tierzucht oder Tierhaltung betreiben, und zwar auch dann, wenn die Tierzucht oder Tierhaltung nicht der Hauptzweck der gewerblichen Betätigung ist (vgl. aber BFH-Urteil vom 4.10.1984, BStBl 1985 II S. 133). Nicht betroffen von der Einschränkung des Verlustausgleichs sind die landwirtschaftlichen Kooperationen, die Tierzucht oder Tierhaltung durch Mitunternehmergesellschaften betreiben, wenn die Tierzucht oder Tierhaltung zur landwirtschaftlichen Nutzung gehört, s. hierüber **Teil I, Anlage L, Zeilen 1 und 6 bis 7.**

Seit 1999 gelten die vorstehend dargestellten eingeschränkten Verrechnungsmöglichkeiten entsprechend für **Verluste aus Termingeschäften,** durch die der Steuerpflichtige einen Differenzausgleich oder einen durch den Wert einer veränderlichen Bezugsgröße bestimmten Geldbetrag oder Vorteil erlangt, soweit die Geschäfte nicht zum gewöhnlichen Geschäftsbetrieb bei Kreditinstituten, Finanzdienstleistungsinstituten und Finanzunternehmen im Sinne des Gesetzes über das Kreditwesen gehören oder soweit sie nicht der Absicherung von Geschäften des gewöhnlichen Geschäftsbetriebs dienen.

33–34 Wie in den Erläuterungen zu **Zeilen 93 bis 94 des Hauptvordrucks** ausgeführt ist, kann der Rücktrag von Verlusten in das vorangegangene Jahr der Höhe nach begrenzt werden. Wenn für nicht ausgeglichene Verluste 2005 aus **Zeile 31/32** der Anlage GSE eine solche Begrenzung gewünscht wird, ist in **Zeile 33** bzw. **34** der Betrag einzutragen, der im Jahr 2004 verrechnet werden soll.

B. Einkünfte aus selbständiger Arbeit

Innerhalb der Einkünfte aus selbständiger Arbeit (**Seite 2** des Vordrucks Anlage GSE) ist insbesondere zu unterscheiden zwischen Einkünften aus **freiberuflicher** Tätigkeit (Zeilen 35 bis 36) und aus **sonstiger** selbständiger Arbeit (Zeilen 41 bis 42).

Freiberufliche Tätigkeit

35–36 **Zu der freiberuflichen Tätigkeit gehören insbesondere:** die selbständig ausgeübte wissenschaftliche, künstlerische, schriftstellerische, unterrichtende oder erzieherische Tätigkeit (z.B. planmäßige Erfinder, Fahrlehrer, Organisten, Chorleiter). **Außerdem** gehört zur freiberuflichen Tätigkeit die selbständige Berufstätigkeit der Ärzte, Zahnärzte, Tierärzte, Rechtsanwälte, Notare, Patentanwälte, Vermessungsingenieure, Ingenieure, Architekten, Handelschemiker, Wirtschaftsprüfer, Steuerberater, beratenden Volks- und Betriebswirte, vereidigten Buchprüfer (vereidigten Bücherrevisoren), Steuerbevollmächtigten, Heilpraktiker, Dentisten, Krankengymnasten, Journalisten, Bildberichtstatter, Dolmetscher, Übersetzer, Lotsen **und ähnlicher Berufe.** Gebrauchsgraphiker sind so lange als freiberuflich Schaffende

Teil I: Anlage GSE
Zeilen 35–36

anzusehen, als sie lediglich eine eigenschöpferische Tätigkeit entfalten und sich nicht mit der Herstellung von Gebrauchsgegenständen selbst befassen. Industriepropagandisten, Ärztepropagandisten und sog. wissenschaftliche Mitarbeiter im Außendienst von pharmazeutischen Fabriken sind dagegen in der Regel **Gewerbetreibende,** ebenso Werbeberater und PR-Berater, soweit keine schriftstellerische oder künstlerische Tätigkeit vorliegt. Auch Artisten, Astrologen, Baubetreuer, Berufssportler, Bezirksschornsteinfegermeister, Buchmacher, Bühnenvermittler, Detektive, Erbensucher (Genealogen), Kükensortierer, Makler, Hellseher, Schadensregulierer, vereidigte Kursmakler, Versteigerer, Vortragswerber sind **Gewerbetreibende.** Schaufenstergestalter sind in der Regel Gewerbetreibende; nur wenn der künstlerische oder wissenschaftliche Charakter der Tätigkeit um ihrer selbst willen außer Zweifel steht, kann es sich hier um eine freiberufliche Tätigkeit handeln. Die obige Aufzählung ist nicht erschöpfend (vgl. auch H 136 EStH). Voraussetzung für die Annahme einer freiberuflichen Tätigkeit ist stets, dass die Tätigkeit **selbständig** – wenn auch nur vorübergehend – ausgeübt wird. Um im Einzelnen die Zugehörigkeit der Tätigkeit zu dieser Gruppe genau feststellen zu können, ist es notwendig, die Tätigkeit in Zeile 36 **genau zu bezeichnen.**

Ein KFZ-Sachverständiger, der zwar keine Ausbildung besitzt, die der in den Ingenieurgesetzen der Länder vorgeschriebenen Ausbildung entspricht, der aber durch seine praktische Tätigkeit als Gutachter vorwiegend auf dem Gebiet der Schadens- bzw. Unfallverursachung mathematisch-technische Kenntnisse nachweisen kann, die üblicherweise nur durch eine Berufsausbildung als Ingenieur vermittelt werden, ist freiberuflich tätig (BFH-Urteil vom 10. 11. 1988, BStBl 1989 II S. 198). Ein KFZ-Sachverständiger ohne Ingenieurexamen, dessen Tätigkeit keine mathematisch-technischen Kenntnisse wie die eines Ingenieurs voraussetzt, ist Gewerbetreibender (BFH-Urteil vom 9. 7. 1992, BStBl 1993 II S. 100). Ein selbständig tätiger **Marktforschungsberater,** der Marktforschungen konzipiert, übt keine freiberufliche Tätigkeit aus (BFH-Urteil vom 27. 2. 1992, BStBl II S. 826). Auch ein Anlageberater („Finanzanalyst") ist gewerblich tätig (BFH-Urteil vom 2. 9. 1988, BStBl 1989 II S. 24).

Ein **ingenieurähnlicher Beruf** liegt nicht vor, wenn die praktische Tätigkeit nicht die volle Breite des Ingenieurberufs abdeckt, sondern nur gelegentlich erhebliche mathematische Kenntnisse voraussetzt (BFH-Urteil vom 9. 7. 1992, BStBl 1993 II S. 100).

Die selbständige Tätigkeit eines **Beraters für EDV** wird im Bereich der **Systemsoftware** regelmäßig als ingenieurähnlich und damit freiberuflich angesehen. Ein selbständiger EDV-Berater, der **Computer-Anwendersoftware** entwickelt, übt nach dem BFH-Urteil vom 4. 5. 2004 (BStBl II S. 989) dann einen dem Ingenieur ähnlichen Beruf i.S. des § 18 Abs. 1 Nr. 1 EStG aus und ist somit freiberuflich (nicht gewerblich) tätig, wenn er die Entwicklung der Anwendersoftware durch eine klassische ingenieurmäßige Vorgehensweise (Planung, Konstruktion, Überwachung) betreibt und er über eine Ausbildung verfügt, die der eines Ingenieurs vergleichbar ist. Das BFH-Urteil vom 4. 5. 2004 bedeutet eine Änderung der bisherigen Rechtsprechung. Die selbständige Entwicklung von **Softwarelernprogrammen** ist eine schriftstellerische Tätigkeit, wenn eigene Gedanken verfasst werden und die Programme für die Öffentlichkeit bestimmt sind (BFH-Urteil vom 10. 9. 1998, BStBl 1999 II S. 215).

Die Tätigkeit des **Psychologischen Psychotherapeuten** und des Kinder- und Jugendlichenpsychotherapeuten ist eine freiberufliche Tätigkeit. Die Tätigkeit ist zwar in dem Katalog der freien Berufe nach § 18 Abs. 1 Nr. 1 EStG nicht aufgeführt. Es handelt sich jedoch um eine dem Katalogberuf des Arztes ähnliche heilberufliche Tätigkeit (BMF-Schreiben vom 27. 12. 1999, BStBl 2000 I S. 42).

Die Einordnung der Einkünfte aus **Heil- oder Heilhilfsberufen** als Einkünfte aus freiberuflicher Tätigkeit oder als Einkünfte aus Gewerbebetrieb ist im BMF-Schreiben vom 22. 10. 2004 (BStBl I S. 1030) geregelt. Danach üben z.B. folgende Berufsgruppen eine freiberufliche Tätigkeit aus:

- Altenpfleger, soweit keine hauswirtschaftliche Versorgung der Patienten erfolgt,
- Diätassistenten,
- Ergotherapeuten,
- medizinische Fußpfleger,
- Hebammen/Entbindungspfleger,
- Krankenpfleger/Krankenschwestern, soweit keine hauswirtschaftliche Versorgung der Patienten erfolgt (BFH-Urteil vom 22. 1. 2004, BStBl II S. 509),
- Logopäden,
- staatlich geprüfte Masseure, Heilmasseure, soweit diese nicht lediglich oder überwiegend kosmetische oder Schönheitsmassagen durchführen,
- medizinische Bademeister, soweit diese auch zur Feststellung des Krankheitsbefunds tätig werden oder persönliche Heilbehandlungen am Körper des Patienten vornehmen,
- Orthoptisten,
- Podologen,
- Rettungsassistenten,
- Zahnpraktiker.

Zur Behandlung von **ärztlichen Laborleistungen** wird im BMF-Schreiben vom 31. 1. 2003, BStBl I S. 170, Stellung genommen.

Schwierigkeiten bereitet in der Praxis manchmal die Abgrenzung zum **künstlerischen Schaffen.** Für den Begriff „künstlerische Tätigkeit" ist es unerheblich, aus welchen Motiven der Künstler schafft und wozu das von ihm Geschaffene später verwendet werden soll. Entscheidend ist, ob der Schaffende eigenschöpferisch tätig ist und ob die Arbeiten eine bestimmte künstlerische Gestaltungshöhe erreichen (BFH-Urteil vom 11. 7. 1991, BStBl 1992 II S. 353). Dabei ist nicht jedes einzelne von ihm geschaffene Werk für sich, sondern die gesamte von ihm im Erhebungszeitraum ausgeübte Tätigkeit zu würdigen. Bei der **entgeltlichen Ausübung von Musik zu Unterhaltungszwecken,** bei der die Darbietung einer künstlerischen Leistung nicht im Vordergrund steht, handelt es sich nicht um die Ausübung eines freien Berufs. Die Ausübung solcher Musik durch selbständige Musiker ist deshalb in der Regel als gewerbliche Tätigkeit anzusehen. Die **Werbetätigkeit** eines Künstlers kann nur bei eigenschöpferischer Leistung als freiberuflich eingestuft werden (BFH-Urteile vom 11. 7. 1991, BStBl 1992 II S. 354 und 413).

Zu der freiberuflichen Tätigkeit eines Wirtschaftsprüfers, Steuerberaters, Steuerbevollmächtigten usw. gehören nicht nur die Prüfungen der laufenden Eintragungen in den Geschäftsbüchern, die Prüfung der Inventur, die Durchführung des Hauptabschlusses und die Aufstellung der Steuererklärungen, sondern grundsätzlich auch die **Bücherführung für andere Personen.** Ein Steuerberater, der Vertriebsunternehmen oder Initiatoren von Bauherren-Modellen Interessenten am Erwerb von Eigentumswohnungen nachweist oder der entsprechende Verträge vermittelt, ist insoweit aber nicht freiberuflich tätig (BFH-Urteil vom 9. 8. 1983, BStBl 1984 II S. 129). Ein treuhänderisch für die Mitglieder einer Bauherrengemeinschaft tätiger Steuerberater kann **gewerblich** tätig sein (BFH-Urteile vom 11. 5. 1989, BStBl II S. 797 und vom 21. 4. 1994, BStBl II S. 650).

Die **Beschäftigung von fachlich vorgebildeten Mitarbeitern** steht der Annahme einer freiberuflichen Tätigkeit **nicht** entgegen, wenn der Berufsträger auf Grund eigener Fachkenntnisse **leitend** und **eigenverantwortlich tätig** wird (vgl. z. B. BFH-Urteil vom 1. 4. 1982, BStBl II S. 589). Andererseits hat der BFH im Urteil vom 1. 2. 1990 (BStBl II S. 507) entschieden, dass der durch die **Zahl der Aufträge und der angestellten Mitarbeiter** gekennzeichnete Umfang der Praxis eines Arztes für Laboratoriumsmedizin sich nicht beliebig vergrößern lässt, ohne dass seine **Freiberuflichkeit in Frage gestellt** ist (vgl. auch BFH-Urteil vom 21. 3. 1995, BStBl II S. 732).

Der Berufsträger muss also nicht nur leitend, sondern auch hinsichtlich der für den Beruf typischen Tätigkeit eigenverantwortlich mitwirken. Ob die Voraussetzung, dass der Berufsträger persönlich leitend und eigenverantwortlich tätig wird, erfüllt ist, lässt sich nur nach den gesamten Verhältnissen des einzelnen Falls beurteilen. Die leitende und eigenverantwortliche Tätigkeit des Berufsträgers muss sich aber auf die Gesamttätigkeit seiner Berufspraxis erstrecken; es genügt somit nicht, wenn sich die auf persönlichen Fachkenntnissen beruhende Leitung und eigene Verantwortung auf einen Teil der Berufstätigkeit beschränkt. Freiberufliche Arbeit leistet der Berufstätige nur, wenn die Ausführung jedes einzelnen Auftrages ihm und nicht dem fachlichen Mitarbeiter usw. zuzurechnen ist, wobei in einfachen Fällen eine fachliche Überprüfung der Arbeitsleistung des Mitarbeiters genügt. Danach ist z.B. eine freiberufliche Tätigkeit nicht anzunehmen, wenn ein Steuerpflichtiger eine Fahrschule betreibt, aber nicht die Fahrlehrererlaubnis besitzt, oder ein Übersetzungsbüro unterhält, ohne dass er selbst über Kenntnisse in den Sprachen verfügt, auf die sich die Übersetzungstätigkeit erstreckt. Das Gleiche gilt auch, wenn z.B. ein Ingenieur fachlich vorgebildete Arbeitskräfte beschäftigt und mit deren Hilfe eine Beratungstätigkeit auf mehreren Fachgebieten ausübt, die er nicht beherrscht oder nicht leitend bearbeitet oder wenn der Inhaber einer Privatschule eine Anzahl von Lehrkräften beschäftigt, ohne durch eigenen Unterricht sowie durch das Mitgestalten des von anderen Lehrkräften erteilten Unterrichts eine überwiegend eigenverantwortliche Unterrichtstätigkeit auszuüben. Der Berufsträger darf weder die Leitung noch die Verantwortlichkeit einem Geschäftsführer oder Vertreter übertragen. Eine leitende und eigenverantwortliche Tätigkeit ist jedoch dann noch gegeben, wenn ein Berufsträger nur **vorübergehend** (z.B. während einer Erkrankung oder eines Urlaubs) seine Berufstätigkeit nicht selbst ausüben kann.

Wird **neben** einer **freiberuflichen** eine **gewerbliche** Tätigkeit ausgeübt, so werden die beiden Tätigkeiten steuerlich getrennt behandelt, **wenn** eine Trennung nach der Verkehrsauffassung ohne besondere Schwierigkeit möglich ist (z.B. Schriftsteller und Selbstverlag). Eine getrennte Behandlung wird insbesondere in Betracht kommen können, wenn eine getrennte Buchführung für die beiden Tätigkeiten vorhanden ist; soweit erforderlich, können die Besteuerungsgrundlagen aber auch im Schätzungswege festgestellt werden. Die **getrennte** Behandlung ist aber auch dann zulässig, wenn in einem Beruf freiberufliche und gewerbliche Merkmale zusammentreffen und ein enger sachlicher und wirtschaftlicher Zusammenhang zwischen den Tätigkeitsarten besteht (sog. gemischte Tätigkeit). Sind bei einer gemischten Tätigkeit die beiden Tätigkeitsmerkmale miteinander verflochten und bedingen sie sich gegenseitig unlösbar, so muss der gesamte Betrieb als ein einheitlicher angesehen werden. In diesem Fall ist unter Würdigung aller Umstände zu entscheiden, ob nach dem Gesamtbild die gemischte Tätigkeit insgesamt als freiberuflich oder als gewerblich zu behandeln ist. Die Entscheidung richtet sich danach, welche der einzelnen Tätigkeiten der Gesamttätigkeit das Gepräge gibt (BFH-Urteil vom 2.10. 2003, BStBl 2004 II S. 363). Wenn bei mehreren **örtlich** begrenzten Tätigkeitsbereichen **sachlich gleicher Art** eine leitende und eigenverantwortliche Tätigkeit nur in einzelnen von ihnen entfaltet wird, so liegt **insoweit** eine **freiberufliche** und nur im Übrigen eine gewerbliche Tätigkeit vor.

Eine **freiberufliche Tätigkeit liegt auch vor,** wenn Angehörige eines freien Berufes ihre Tätigkeit **im Rahmen einer Gemeinschaft (Gesellschaft des bürgerlichen Rechts)** ausüben. Nur wenn an einer solchen Gesellschaft auch eine oder mehrere **berufsfremde** Personen **als Mitunternehmer** beteiligt sind, sind die Einkünfte aller Gesellschafter als gewerbliche Einkünfte zu behandeln, es sei denn, dass die Beteiligung der berufsfremden Person in Verbindung mit einem Erbfall erfolgt und sich auf eine kurze Übergangszeit beschränkt. Bei Ausübung der freiberuflichen Tätigkeit im Rahmen einer **offenen Handelsgesellschaft** oder **Kommanditgesellschaft** liegt nach Auffassung des BFH in der Regel ein **Gewerbebetrieb** vor. Die im Fall der Eintragung einer Personengesellschaft in das Handelsregister bestehende Vermutung, dass gewerbliche Einkünfte gegeben sind, kann aber durch den Nachweis **widerlegt** werden, dass eindeutig kein Handelsgewerbe betrieben wird. Üben aber Personengesellschaften auch nur zum Teil eine gewerbliche Tätigkeit aus, so ist ihr gesamter Betrieb als gewerblich zu behandeln; eine Aufteilung ist nach Auffassung des BFH nicht möglich. Wegen einer Ausnahme, wenn der Anteil der gewerblichen Tätigkeit äußerst gering ist (im Streitfall 1,25 v.H.), vgl. BFH-Urteil vom 11.8. 1999, BStBl 2000 II S. 229. In einer freiberuflich tätigen Kommanditgesellschaft müssen auch die Kommanditisten selbst eine freiberufliche Tätigkeit ausüben, sie dürfen also nicht nur kapitalmäßig beteiligt sein oder Tätigkeiten ausüben, die keine freiberuflichen sind (H 136 „Gesellschaft" EStH).

Betreibt ein Arzt ein **Krankenhaus,** so liegt eine freiberufliche Tätigkeit vor, wenn der Betrieb des Krankenhauses ein notwendiges Hilfsmittel für die ärztliche Tätigkeit darstellt und aus dem Krankenhaus ein besonderer Gewinn nicht angestrebt wird. Ist dagegen eine von einem Arzt betriebene Klinik, ein Kurheim oder Sanatorium ein Gewerbebetrieb, so gehören auch seine im Rahmen dieses Betriebs erzielten Einnahmen aus ärztlichen Leistungen zu den Einnahmen aus Gewerbebetrieb (BFH-Urteil vom 30.8. 2001, BStBl 2002 II S. 152). Werden bei einem Arzt, der eine Privatklinik betreibt, die Leistungen der Klinik einerseits und die ärztlichen Leistungen andererseits gesondert abgerechnet, ist eine Trennung in gewerbliche Einkünfte (aus dem Betrieb der Klinik) und freiberufliche Einkünfte (aus den vom Arzt erbrachten stationären ärztlichen Leistungen) möglich (BFH-Urteil vom 2.10. 2003, BStBl 2004 II S. 363).

In der **Fortführung** der Praxis **durch den Erben** ist grundsätzlich eine gewerbliche Tätigkeit zu erblicken, wenn dem Erben einer freiberuflich tätig gewesenen Person die fachlichen Voraussetzungen zur Ausübung des betreffenden freien Berufs fehlen. Gleiches gilt bei Fortführung durch eine **teilweise aus Berufsfremden bestehende Erbengemeinschaft** (BFH-Urteil vom 14. 12. 1993, BStBl 1994 II S. 922). Einkünfte, die die **Witwe** eines Angehörigen der freien Berufe aus der **Verpachtung** der **Praxis** ihres verstorbenen Ehegatten bezieht, gehören zu den Einkünften aus „Vermietung und Verpachtung". Die Erbin eines verstorbenen Kunstmalers erzielt durch **Veräußerung** der zum Nachlass gehörenden Bilder **nachträgliche Einkünfte** aus der **künstlerischen** Tätigkeit des Verstorbenen (BFH-Urteil vom 29. 4. 1993, BStBl II S. 716).

Zu den Einkünften aus freiberuflicher Tätigkeit gehören auch die Einkünfte aus einer selbständig ausgeübten **Nebentätigkeit.** Ist die nebenberuflich tätige Person hinsichtlich der Nebentätigkeit als selbständig zu betrachten (ist sie also nicht in einem Arbeitsverhältnis tätig), so werden die Einkünfte aus der Nebentätigkeit auch dann zu den Einkünften aus freiberuflicher Tätigkeit gerechnet, wenn diese Person in ihrer Haupttätigkeit in einem Arbeitsverhältnis steht. Beispiel: Ein Beamter oder Richter betätigt sich nebenbei schriftstellerisch oder übt eine nebenberufliche Lehr-, Prüfungs- oder Vortragstätigkeit aus; eine Lehrkraft ist an Schulen nur in geringem Umfang – d.h. bei der einzelnen Schule oder dem einzelnen Lehrgang werden in der Woche durchschnittlich nicht mehr als sechs Unterrichtsstunden erteilt – nebenberuflich tätig. Die Lehrkräfte sind aber dann als Arbeitnehmer anzusehen, wenn sie auf Grund eines als Arbeitsvertrag ausgestalteten Vertrags tätig werden oder wenn eine an einer Schule vollbeschäftigte Lehrkraft zusätzlich Unterrichtsstunden an **derselben** Schule oder an einer Schule gleicher Art erteilt (vgl. R 68 LStR). Die nebenberufliche **Lehrtätigkeit von Handwerksmeistern** an Berufs- und Meisterschulen ist in der Regel als freiberufliche Tätigkeit anzusehen, wenn sich die Lehrtätigkeit ohne besondere Schwierigkeit von der Haupttätigkeit trennen lässt. Zur **Abgeltung** der mit bestimmten Nebentätigkeiten im Zusammenhang stehenden **Ausgaben** kann ein **Pauschsatz** geltend gemacht werden; siehe dazu unten. Wenn es sich um Einnahmen aus einer **nebenberuflichen** Tätigkeit als **Übungsleiter, Ausbilder, Erzieher, Betreuer** oder vergleichbaren nebenberuflichen Tätigkeiten, aus einer **nebenberuflichen künstlerischen** Tätigkeit oder für die **nebenberufliche Pflege alter, kranker oder behinderter Menschen** im Dienst oder Auftrag einer inländischen juristischen Person des öffentlichen Rechts oder einer unter § 5 Abs. 1 Nr. 9 des Körperschaftsteuergesetzes fallenden Einrichtung zur Förderung **gemeinnütziger, mildtätiger und kirchlicher Zwecke** (§§ 52 bis 54 der Abgabenordnung) handelt, sind stattdessen bis zu insgesamt **1 848 €** im Jahr **steuerfrei** (wegen Einzelheiten dieser in § 3 Nr. 26 EStG vorgesehenen Steuerbefreiung vgl. die Ausführungen zu **Zeile 59** dieses Vordrucks). Auch nebenberuflich tätige **Chorleiter, Organisten** und andere **Kirchenmusiker** üben in der Regel eine selbständige Tätigkeit aus; unter den Voraussetzungen des § 3 Nr. 26 EStG kann für sie die vorstehend bezeichnete Steuerbefreiung für Einnahmen aus einer begünstigten Nebentätigkeit bis zu insgesamt 1 848 € jährlich in Betracht kommen.

**Teil I: Anlage GSE
Zeilen 35–36**

Die **Gutachtertätigkeit von** in Kliniken und Krankenhäusern angestellten **Ärzten** stellt dann eine freiberufliche Tätigkeit dar, wenn der Auftraggeber (z. B. Versorgungsamt) ein **persönliches** Gutachten unmittelbar bei dem Arzt anfordert und dieser das Gutachten im eigenen Namen abgibt und dem Auftraggeber berechnet. Eine nichtselbständige Tätigkeit ist anzunehmen, wenn die Ersuchen der Auftraggeber um ein Gutachten den Kliniken oder Krankenhäusern als solchen zugehen und die Gutachten als solche der Kliniken usw. ergehen. Diese Beurteilung gilt auch dann, wenn zwar der Auftrag zur Erstellung eines Gutachtens an den Direktor oder einen nachgeordneten Arzt (z. B. Oberarzt) gerichtet ist, das Gutachten aber als solches der Anstalt ergeht.

Vergütungen, die **Arbeitnehmer** eines **Krankenhausträgers** (z. B. Assistenz- und Oberärzte) als Anteil an den Liquidationseinnahmen von Chefärzten erhalten, gehören zu den Einkünften aus nichtselbständiger Arbeit (BFH-Urteil vom 11. 11. 1971, BStBl 1972 II S. 213). Für den Regelfall wird davon ausgegangen, dass die **Mitarbeit im Liquidationsbereich** im Rahmen des Dienstverhältnisses zum Krankenhausträger geschuldet wird, und zwar auch dann, wenn die Tätigkeit zwar im Arbeitsvertrag nicht ausdrücklich vorgesehen ist, ihre Erfüllung aber vom Krankenhausträger nach der tatsächlichen Gestaltung des Dienstverhältnisses und nach der Verkehrsauffassung erwartet werden kann (vgl. BMF-Schreiben vom 27. 4. 1982, BStBl I S. 530).

Die Tätigkeit eines **Arztvertreters** ist – unabhängig davon, welche Tätigkeit (selbständige oder nichtselbständige) er sonst ausübt – in der Regel als **selbständige** Tätigkeit anzusehen.

Zu den Einkünften aus selbständiger Arbeit gehören auch Gewinne aus der **Veräußerung** oder **Entnahme** von **Grund und Boden,** der zum Anlagevermögen gehört. Wird Grund und Boden, der bereits 1986 zum Betriebsvermögen gehört hat, dadurch entnommen, dass darauf die Wohnung des Steuerpflichtigen errichtet wird, bleibt der Entnahmegewinn außer Ansatz. Der Steuerpflichtige kann diese Regelung nur für **eine** zu eigenen Wohnzwecken genutzte Wohnung in Anspruch nehmen (§ 18 Abs. 4 i.V. mit § 13 Abs. 5 EStG).

Gewinnermittlungsarten

Der Gewinn kann entweder durch **Bestandsvergleich** (Betriebsvermögensvergleich) oder durch **Gegenüberstellung der Betriebseinnahmen und der Betriebsausgaben nach § 4 Abs. 3 EStG** (Überschussrechnung) ermittelt werden. Über die Gewinnermittlung durch **Bestandsvergleich** vgl. im Einzelnen die Ausführungen zu **Zeile 1** dieses Vordrucks; über den Begriff der Betriebsausgaben und über Einzelfälle des Betriebsausgabenabzugs vgl. **Teil II, Tz. 2.**

Gewinnermittlung durch Überschussrechnung nach § 4 Abs. 3 EStG

Die Anwendung dieser Gewinnermittlungsart setzt voraus, dass der Steuerpflichtige nicht zur Buchführung verpflichtet ist und auch nicht freiwillig Bücher führt und dass außerdem sein Gewinn nicht nach Durchschnittssätzen (§ 13a EStG) ermittelt wird. Angehörige der **freien Berufe** können ihren Gewinn **stets** nach § 4 Abs. 3 EStG ermitteln.

Nach § 60 Abs. 4 EStDV haben Steuerpflichtige, die ihren Gewinn durch Überschussrechnung ermitteln, ihrer Steuererklärung eine Gewinnermittlung nach **amtlich vorgeschriebenem Vordruck** beizufügen. Dies gilt erstmals für das Wirtschaftsjahr, das nach dem 31.12. 2004 beginnt (§ 84 Abs. 3c EStDV **n.F.**). Der amtlich vorgeschriebene Vordruck „**Einnahmenüberschussrechnung – Anlage EÜR**" mit einer amtlichen Anleitung hierzu wurde durch BMF-Schreiben vom 10. 2. 2005 (BStBl I S. 320) bekannt gegeben. Liegen die **Betriebseinnahmen** für den einzelnen Betrieb **unter 17 500 €,** wird es nicht beanstandet, wenn an Stelle dieses Vordrucks wie bisher eine formlose Einnahmenüberschussrechnung der Steuererklärung beigefügt wird. Der amtliche Vordruck samt Anleitung wird den betroffenen Steuerpflichtigen mit den Steuererklärungsvordrucken 2005 zugesandt. Ggf. können Vordruck und Anleitung beim Finanzamt angefordert werden.

Bei der Gewinnermittlung durch Überschussrechnung nach § 4 Abs. 3 EStG sind die Betriebseinnahmen in **dem** Wirtschaftsjahr (Kalenderjahr) anzusetzen, in dem sie dem Steuerpflichtigen zufließen, und die Betriebsausgaben in dem Wirtschaftsjahr abzusetzen, in dem sie geleistet werden. Eine Ausnahme, bei der auf die wirtschaftliche Zugehörigkeit abgestellt wird, gilt für **regelmäßig wiederkehrende** Einnahmen und Ausgaben, die **kurze Zeit** vor Beginn oder kurze Zeit nach Beendigung des Kalenderjahres zu- oder abfließen (§ 11 EStG).

Vorschussweise geleistete Honorare sind auch dann als zugeflossene Betriebseinnahmen anzusetzen, wenn im Zeitpunkt der Einkommensteuerveranlagung feststeht, dass sie teilweise **zurückzuzahlen** sind. Die Rückzahlung ist erst in dem späteren Veranlagungszeitraum zu berücksichtigen (BFH-Urteil vom 29. 4. 1982, BStBl II S. 593). Etwas anderes gilt nur, wenn es sich nicht um Vorschüsse, sondern um Darlehen handelt (H 16 Abs. 2 EStH).

Bei der Ermittlung der Betriebseinnahmen über die Betriebsausgaben sind diejenigen Betriebseinnahmen und Betriebsausgaben auszuscheiden, die im Namen und für Rechnung eines anderen vereinnahmt und verausgabt werden **(durchlaufende Gelder).** Wurden Gelder in fremdem Namen und für fremde Rechnung verausgabt, ohne dass entsprechende Gelder vereinnahmt wurden, so kann in dem Jahr, in dem nicht mehr mit einer Erstattung der verausgabten Gelder gerechnet werden kann, der nichterstattete Betrag **als Betriebsausgabe** abgesetzt werden.

Die von Krankenversicherten nach § 61 SGB V zu zahlende **Praxisgebühr** stellt beim Arzt, Zahnarzt oder Psychotherapeuten eine Betriebseinnahme und keinen durchlaufenden Posten dar. Bei der Überschussrechnung ist die Einnahme im Zeitpunkt des Zuflusses der Zuzahlung zu erfassen (BMF-Schreiben vom 25. 5. 2004, BStBl I S. 526).

Auf Grund der Rechtsprechungsänderung im BFH-Urteil vom 2. 10. 2003 (BStBl 2004 II S. 985) ist die Bildung **gewillkürten Betriebsvermögens** auch bei der Gewinnermittlung durch Überschussrechnung nach § 4 Abs. 3 EStG zulässig. Die Zuordnung eines Wirtschaftsguts zum gewillkürten Betriebsvermögen muss durch zeitnahe Aufzeichnungen (z.B. Aufnahme in ein laufend zu führendes Bestandsverzeichnis) erfolgen. Die Unterlagen darüber sind zusammen mit der Überschussrechnung beim Finanzamt einzureichen (BMF-Schreiben vom 17.11. 2004, BStBl I S. 1064).

Entnahmen und Einlagen **in Geld** bleiben bei der Überschussrechnung nach § 4 Abs. 3 EStG unberücksichtigt; es bestünde deshalb insoweit auch keine Notwendigkeit zur Aufzeichnung. Zur Prüfung, ob der **Abzug betrieblicher Schuldzinsen** als Betriebsausgaben nach § 4 Abs. 4a EStG **wegen Überentnahmen eingeschränkt** ist, müssen jedoch seit dem Jahr 2000 alle Entnahmen und Einlagen gesondert aufgezeichnet werden (vgl. Zeilen 27 bis 28 und 57 bis 58 der Anlage GSE). Werden ab dem Jahr 2000 die erforderlichen Aufzeichnungen nicht geführt, sind zumindest die nach § 4 Abs. 4a Satz 5 EStG privilegierten Schuldzinsen für „Investitionsdarlehen" sowie tatsächlich entstandene nicht begünstigte Schuldzinsen bis zum Sockelbetrag in Höhe von 2 050 € als Betriebsausgaben abziehbar (BMF-Schreiben vom 22. 5. 2000, BStBl I S. 588, Abschn. VII und VIII). **Sachentnahmen** sind mit dem Teilwert anzusetzen. Dieser wird in der Regel durch den Marktpreis (Wiederbeschaffungswert) bestimmt.

Bei Steuerpflichtigen, die ihren Gewinn durch Gegenüberstellung der Betriebseinnahmen und der Betriebsausgaben ermitteln, gehört die einem Dritten in Rechnung gestellte und vereinnahmte **Umsatzsteuer** sowie vom Finanzamt erstattete Vorsteuer im Zeitpunkt des Zufließens zu den Betriebseinnahmen und die verausgabte Umsatzsteuer (gezahlte Vorsteuer und an das Finanzamt abgeführte Umsatzsteuer) grundsätzlich zu den Betriebsausgaben. Besonderheiten sind in H 86 EStH geregelt.

Anschaffungskosten für Wirtschaftsgüter des **Anlagevermögens, die der Abnutzung unterliegen** (z.B. Einrichtungsgegenstände, Maschinen) dürfen grundsätzlich nur im Wege der Abschreibung (AfA) auf die Nutzungsdauer des Wirtschaftsguts verteilt abgezogen werden. Dies gilt auch für den entgeltlich erworbenen Firmenwert oder Praxiswert der freien Berufe. Die Anschaffungskosten für **nicht abnutzbare Wirtschaftsgüter des Anlagevermögens (z.B. Grund und Boden, Genossenschaftsanteile) können erst im Zeitpunkt ihrer Veräußerung oder Entnahme als Betriebsausgaben abgezogen werden, soweit die Aufwendungen vor dem 1.1.1971 nicht bereits im Zeitpunkt der Zahlung abgesetzt worden sind (§ 4 Abs. 3 Satz 4 und § 52 Abs. 10 EStG). Zu Absetzungen für Abnutzung (auch Absetzungen für außergewöhnliche technische oder wirtschaftliche Abnutzung) wird auf **Teil II, Tz. 1.1 bis 1.6** dieser Anleitung hingewiesen. Wegen Aufwendungen für geringwertige Wirtschaftsgüter vgl. **Teil II, Tz. 5.1**.

Zu den Aufwendungen für zum Betriebsvermögen gehörende Grundstücke und Gebäude zählen u.a. Instandhaltungkosten, Grundsteuer und Absetzungen für Abnutzung. Letztere sind in **Teil II, Tz. 1.7** erläutert. Wegen Aufwendungen für ein häusliches Arbeitszimmer vgl. **Teil I, Anlage N, Zeilen 55 bis 56** dieser Anleitung. Zu Repräsentations- und Reisekosten, Geschenkaufwendungen und Bewirtungskosten wird auf die Erläuterungen in **Teil II, Tz. 2.2 bis 2.6** hingewiesen. Zu den Aufwendungen für Wege zwischen Wohnung und Betriebsstätte vgl. **Teil II, Tz. 2.7**. Die Betriebsausgabenpauschale nach H 143 EStH ist im übernächsten Abschnitt („Pauschsätze für Betriebsausgaben") erläutert.

Wechsel der Gewinnermittlungsart

Wird ein Steuerpflichtiger, der seinen Gewinn **bisher durch Überschussrechnung** ermittelt hat, buchführungspflichtig (z.B. weil sein Gewerbegewinn 30 000 € übersteigt – vgl. Ausführungen zu **Zeile 1 Nr. 1 der Anlage GSE** –), so muss er von der Gewinnermittlung durch Überschussrechnung **zur Gewinnermittlung durch Bestandsvergleich** nach § 4 Abs. 1 oder § 5 EStG **übergehen.** Der Übergang von der Überschussrechnung zum Bestandsvergleich erfordert, dass Betriebsvorgänge, die bisher nicht berücksichtigt worden sind, beim **ersten Bestandsvergleich** berücksichtigt werden. Das gilt insbesondere für Betriebsvorgänge, die Waren betreffen. Zu diesem Zweck muss zuerst der Wert der Warenbestände und der Warenforderungen abzüglich des Werts der Warenschulden ermittelt werden, und zwar auf den Zeitpunkt, in dem der Steuerpflichtige mit der Überschussrechnung begann. Diesem Wert ist der Wert der gleichen Posten zu Beginn des Wirtschaftsjahrs **gegenüberzustellen,** für das der Gewinn erstmals durch Bestandsvergleich ermittelt wird. Stellt der sich ergebende Unterschiedsbetrag eine Vermögensmehrung dar, so muss er dem erstmals durch Bestandsvergleich ermittelten Gewinn hinzugerechnet werden. Ergibt sich durch die Gegenüberstellung eine Vermögensminderung, so muss der Unterschiedsbetrag von dem erstmals durch Bestandsvergleich ermittelten Gewinn abgesetzt werden (vgl. Anlage zu R 17 EStR). Wenn sich durch die Hinzurechnung ein hoher Gewinn und eine hohe Einkommensteuer ergeben, so brauchen die Zurechnungsbeträge zur Vermeidung von Härten nicht voll dem Gewinn des Übergangsjahrs hinzugesetzt zu werden. Der Übergangsgewinn (Saldo aus Zu- und Abrechnungen) kann vielmehr auf Antrag des Steuerpflichtigen gleichmäßig entweder auf das Jahr des Übergangs zur Gewinnermittlung durch Bestandsvergleich und das folgende Jahr **oder** auf das Jahr des Übergangs und die beiden folgenden Jahre **verteilt** werden (R 17 Abs. 1 EStR).

Beim **Übergang** von der Gewinnermittlung durch Bestandsvergleich **zur Gewinnermittlung durch Überschussrechnung** kommt eine entsprechende Verteilung im Allgemeinen nicht in Betracht. Auch bei diesem Wechsel der Gewinnermittlungsart muss aber vermieden werden, dass das Gesamtergebnis der Geschäfts- bzw. Berufstätigkeit durch den Übergang zu einer anderen Gewinnermittlungsart verfälscht wird; d.h. Betriebsvorgänge dürfen durch den Wechsel der Gewinnermittlungsart nicht etwa unberücksichtigt bleiben oder doppelt erfasst werden. Nach R 17 Abs. 2 EStR und der Anlage hierzu ist deshalb das erste Überschuß-Ergebnis ggf. durch Hinzurechnungen und Abrechnungen zu berichtigen. Soweit sich die Betriebsvorgänge, die den durch den Wechsel der Gewinnermittlungsart bedingten Korrekturen entsprechen, noch nicht im ersten Jahr nach dem Übergang ausgewirkt haben, können die Korrekturen auf Antrag aber in dem Jahr vorgenommen werden, in dem sich die Betriebsvorgänge auswirken (BFH-Urteil vom 17. 1. 1963, BStBl III S. 228).

Pauschsätze für Betriebsausgaben

Bei **hauptberuflicher** selbständiger **schriftstellerischer** oder **journalistischer** Tätigkeit können **30 v.H. der Betriebseinnahmen,** höchstens jedoch **2455 € jährlich,** ohne Einzelnachweis als Betriebsausgaben geltend gemacht werden. Werden höhere Betriebsausgaben geltend gemacht, so verlangt das Finanzamt Einzelnachweis (H 143 EStH).

Bei selbständig ausgeübter wissenschaftlicher, künstlerischer oder schriftstellerischer **Nebentätigkeit (auch Vortrags- oder nebenberufliche Lehr- und Prüfungstätigkeit)** können **25 v.H. der Betriebseinnahmen** aus dieser Nebentätigkeit, höchstens jedoch **insgesamt 614 € jährlich,** ohne Einzelnachweis als Betriebsausgaben geltend gemacht werden. Werden höhere Betriebsausgaben geltend gemacht, so verlangt das Finanzamt Einzelnachweis. Soweit Einnahmen aus einer nebenberuflichen Tätigkeit i.S. des § 3 Nr. 26 EStG (vgl. **Zeile 59**) vorliegen und deshalb die dort bezeichnete **Steuerbefreiung** bis zu insgesamt **1848 € jährlich** in Betracht kommt, **entfällt der Pauschsatz für Betriebsausgaben** (BMF-Schreiben vom 21. 1. 1994, BStBl I S. 112 sowie H 143 EStH). Wird auch im Hauptberuf eine selbständige Tätigkeit ausgeübt, setzt die Anwendung des Betriebsausgaben-Pauschsatzes voraus, dass die Einkünfte aus der Nebentätigkeit von den Einkünften aus der Haupttätigkeit abgrenzbar sind.

Zur Ermittlung der Einkünfte der **Hebammen** können als Pauschbetrag für Betriebsausgaben 25 v.H. der Einnahmen der Hebammen aus freiberuflicher Tätigkeit, höchstens jedoch 1534 € (umgerechnet aus früher 3000 DM), angesetzt werden, soweit nicht im Einzelfall höhere Betriebsausgaben nachgewiesen werden. Diese Regelung gilt im Land Baden-Württemberg; sie wird aber auch in anderen Ländern des Bundesgebiets als Anhalt dienen können.

Gesonderte Feststellung von Einkünften

In Zeile 37 ist der **gesondert** festzustellende Gewinn oder Verlust eines freiberuflich tätigen Einzelunternehmers einzutragen. Auf die Erläuterungen zu **Zeile 5** dieses Vordrucks wird Bezug genommen. **37** / 30

Hier ist nur der **Gewinnanteil** (bzw. Verlustanteil) des **Beteiligten** anzugeben und die Beteiligung näher zu bezeichnen (Gesellschaft, zuständiges Finanzamt, Steuernummer). **38–39** / 31–32

Zu der grundsätzlichen Frage, ob eine freiberufliche Tätigkeit auch bei Beteiligung vorliegt, wird auf die vorstehenden Ausführungen zu Zeilen 35 bis 36 dieses Vordrucks hingewiesen. Eine Personengesellschaft entfaltet nur dann eine freiberufliche Tätigkeit, wenn **alle Gesellschafter** die Merkmale eines freien Berufs nach § 18 Abs. 1 Nr. 1 EStG erfüllen (BFH-Urteile vom 11. 6. 1985, BStBl II S. 584 und vom 23.11. 2000, BStBl 2001 II S. 241). Wegen der Begrenzung der Verlustverrechnungsmöglichkeiten bei beschränkt haftenden Mitunternehmern, soweit ein negatives Kapitalkonto entsteht oder sich erhöht, vgl. die Ausführungen zu **Zeilen 6 bis 8 dieses Vordrucks.**

Auf die Erläuterungen zu **Zeile 9** der Anlage GSE wird zur Vermeidung von Wiederholungen Bezug genommen. **40** / 33

Sonstige selbständige Arbeit

Zu den Einkünften aus **sonstiger** selbständiger Arbeit (§ 18 Abs. 1 Nr. 3 EStG) gehören insbesondere die Einkünfte aus der Tätigkeit als Testamentsvollstrecker oder als Aufsichtsratsmitglied (auch wenn es sich um betriebsangehörige Arbeitnehmer-Vertreter handelt), außerdem etwaige Einkünfte als Treuhänder, Vormund, Pfleger, Insolvenz- und Vergleichsverwalter oder Nachlassverwalter. Auch die Vermögensverwaltung für andere gehört hierher. Ebenso die Tätigkeit als Beirat einer Wohnungseigentümergemeinschaft oder einer GmbH (Urteil des FG Köln vom 1. 9. 1994, EFG 1995 S. 255). Als sonstige selbständige Arbeit ist auch die Tätigkeit des **Hausverwalters** anzusehen, wenn die persönliche Arbeitsleistung des Hausverwalters im Vordergrund steht. Die Tätigkeit eines Hausverwalters ist aber dann als eine gewerbliche Tätigkeit anzusehen, wenn der Umfang der von ihm zu **41–42** / 34–35 bewältigenden Aufgaben die ständige Beschäftigung dritter Personen als Mitarbeiter erfordert.

Voraussetzung für die Zurechnung der oben genannten Einkünfte zu den Einkünften aus sonstiger selbständiger Arbeit ist, dass die Einkünfte nicht zu anderen Einkünften, z. B. aus Gewerbebetrieb oder aus freiberuflicher Tätigkeit, gehören. Nach dem BFH-Urteil vom 4.11. 2004 (BStBl 2005 II S. 288) erzielt ein **berufsmäßiger Betreuer** i.S. der §§ 1896 ff. BGB Einkünfte aus Gewerbebetrieb.

Die Einkünfte der **staatlichen Lotterieeinnehmer** sind Einkünfte aus selbständiger Arbeit, wenn sie nicht Einkünfte aus Gewerbebetrieb sind. Einkünfte aus Gewerbebetrieb liegen u.a. vor, wenn die Tätigkeit der Lotterieeinnahme Hilfs- oder Nebengeschäft eines sonstigen gewerblichen Betriebs ist. Die **Bezirksvertreter** einer staatlichen Lotterie sind Gewerbetreibende.

Halbeinkünfteverfahren

43
36 Die Erläuterungen zu **Zeile 10** der Anlage GSE gelten hier entsprechend.

Leistungsvergütungen als Beteiligter einer Wagniskapitalgesellschaft

44
37 Die neue Vorschrift des § 18 Abs. 1 Nr. 4 EStG ist durch das Gesetz zur Förderung von Wagniskapital vom 30.7. 2004 (BStBl I S. 846) eingeführt worden. Sie betrifft den Fall, dass Gesellschafter (Initiatoren) eines Fonds (Wagniskapitalgesellschaft) auf Grund ihrer Bedeutung für die Förderung des Fonds einen von ihrem Kapitaleinsatz abweichenden **erhöhten** Gewinnanteil, den sog. Carried Interest, erhalten. Durch § 18 Abs. 1 Nr. 4 EStG wird der **überproportionale** Gewinnanteil aus der vermögensverwaltenden Gesellschaft oder Gemeinschaft als eine Leistungsvergütung eingestuft, die zu den Einkünften aus **selbständiger Arbeit** zählt. Erforderlich ist, dass der Anspruch auf die Vergütung unter der Voraussetzung eingeräumt worden ist, dass die Gesellschafter ihr eingezahltes Kapital zuvor vollständig zurückerhalten haben. Nach dem durch das o.a. Gesetz ebenfalls neu eingeführten § 3 Nr. 40a EStG unterliegen solche Leistungsvergütungen nur zur **Hälfte** der Einkommensbesteuerung (vgl. auch § 52 Abs. 4c EStG n.F.).

Veräußerungsgewinne

45–51
38–42 Zu den Einkünften aus selbständiger Arbeit gehört auch der Gewinn, der bei der **Veräußerung** (Aufgabe) des Vermögens oder eines selbständigen Teils des Vermögens oder eines Anteils am Vermögen erzielt wird, das der selbständigen Arbeit dient. Neben einem **Freibetrag** (§ 18 Abs. 3 i.V. mit § 16 Abs. 4 EStG) kann bei einem solchen Veräußerungs- oder Aufgabegewinn eine Tarifermäßigung bzw. ein ermäßigter Steuersatz nach § 34 EStG in Betracht kommen (vgl. Zeilen 17, 20, 25, 49 und 52 bis 53 der Anlage GSE).

Eine Veräußerung des Vermögens liegt vor, wenn die wesentlichen Grundlagen des der selbständigen Arbeit dienenden Vermögens, insbesondere die immateriellen Wirtschaftsgüter wie Mandantenstamm und Praxiswert, im ganzen entgeltlich einem anderen übertragen werden und mit der Veräußerung der Grundlage der betreffenden selbständigen Tätigkeit auch die Tätigkeit selbst ihr Ende findet. Die freiberufliche Tätigkeit in dem bisherigen örtlich begrenzten Wirkungskreis muss wenigstens für eine gewisse Zeit eingestellt werden. Nach H 147 (Veräußerung) EStH kann eine tarifbegünstigte Veräußerung jedoch auch bei Fortführung einer freiberuflichen Tätigkeit in **geringem Umfang** vorliegen, wenn die darauf entfallenden **Umsätze** in den letzten drei Jahren jeweils **weniger als 10 v.H.** der gesamten Einnahmen ausmachten (BFH-Urteile vom 7. 11. 1991, BStBl 1992 II S. 457, und vom 29. 10. 1992, BStBl 1993 II S. 182). Die Ausübung einer nichtselbständigen Tätigkeit des Veräußerers in der Praxis des Erwerbers steht der steuerlichen Begünstigung des Veräußerungsgewinns nicht entgegen. Ebenso ist unschädlich, wenn der Veräußerer nach der Veräußerung frühere Mandanten auf Rechnung und im Namen des **Erwerbers** berät (BFH-Urteile vom 18. 5. 1994, BStBl II S. 925, und vom 29. 6. 1994, BFH/NV 1995 S. 109). Ein Veräußerungsgewinn kann sich auch ergeben, wenn die selbständige Tätigkeit **aufgegeben** wird. Eine **Aufgabe** einer selbständigen Tätigkeit ist dann anzunehmen, wenn sie der betreffende Steuerpflichtige mit dem Entschluss einstellt, die Tätigkeit weder fortzusetzen noch das dazugehörende Vermögen an Dritte zu übertragen. Auch bei **Verpachtung** eines freiberuflichen Betriebs wird in der Regel eine Betriebsaufgabe vorliegen (vgl. H 147 EStH). Nur wenn ausnahmsweise die materiellen Wirtschaftsgüter des Betriebsvermögens und nicht die persönliche Arbeitsleistung die wesentliche Grundlage des Unternehmens bilden, wird bei **Verpachtung im Ganzen** eine Fortführung des Betriebs angenommen werden können. Eine steuerbegünstigte Veräußerung liegt auch bei Veräußerung eines **selbständigen Teils** des Vermögens (Teilbetrieb) oder eines **Anteils** am Vermögen vor. Als Teil des Vermögens (Teilbetrieb) gilt auch die Beteiligung an einer Kapitalgesellschaft, wenn die Beteiligung das gesamte Nennkapital der Gesellschaft umfasst. Voraussetzung ist, dass die Beteiligung im Betriebsvermögen gehalten wird. Wird die Beteiligung im Ganzen veräußert, so handelt es sich um einen Gewinn aus einer Teilbetriebsveräußerung. Nach dem BFH-Urteil vom 29. 10. 1992 (BStBl 1993 II S. 182) liegt eine begünstigte Teilbetriebsveräußerung nicht vor, wenn ein Tierarzt seine „Großtierpraxis" veräußert und seine „Kleintierpraxis" zurückbehält (vgl. auch BFH-Urteil vom 22. 12. 1993, BStBl 1994 II S. 352). Die tarifbegünstigte Veräußerung **des gesamten Anteils** an einer Gemeinschaftspraxis setzt u.a. voraus, dass die freiberufliche Tätigkeit im bisherigen Wirkungskreis für eine gewisse Zeit eingestellt wird (BFH-Urteil vom 23. 1. 1997, BStBl II S. 498). Gewinne, die bei Veräußerung eines **Teils eines Mitunternehmeranteils** entstehen, sind laufende (d.h. nicht begünstigte) Gewinne. Zur Aufnahme eines Sozius in eine Einzelpraxis vgl. BFH-Urteil vom 21. 9. 2000 (BStBl 2001 II S. 178) und das dazu ergangene BMF-Schreiben vom 21. 8. 2001 (BStBl I S. 543).

Veräußerungsgewinn ist der Betrag, um den der Veräußerungspreis nach Abzug der Veräußerungskosten den Wert des Betriebsvermögens im Zeitpunkt der Veräußerung übersteigt. Werden die einzelnen dem Betrieb dienenden Wirtschaftsgüter im Rahmen der **Aufgabe des Betriebs** veräußert, so sind die Veräußerungspreise anzusetzen; werden die Wirtschaftsgüter jedoch nicht veräußert, sondern in das Privatvermögen des Betriebsinhabers überführt, so ist der gemeine Wert, d.h. der erzielbare Einzelveräußerungspreis, im Zeitpunkt der Aufgabe maßgebend.

Bei Betriebsveräußerungen und -aufgaben **bis 31. 12. 1995** wurde der Veräußerungsgewinn zur Einkommensteuer nur herangezogen, soweit er den Betrag von 30000 DM oder bei Veräußerung (Aufgabe) eines Teilbetriebs oder eines Anteils am Betriebsvermögen den entsprechenden Teil von 30000 DM überstieg. Dieser **Freibetrag** wurde uneingeschränkt gewährt bei Gewinnen aus der Veräußerung des ganzen Betriebs bis zu 100000 DM, aus der Veräußerung von Teilbetrieben oder Anteilen am Betriebsvermögen bis zu dem entsprechenden Teil von 100000 DM. Für Veräußerungsgewinne, die diese Beträge überstiegen, wurde der Freibetrag um den Betrag ermäßigt, um den der Veräußerungsgewinn 100000 DM bzw. den entsprechenden Teil von 100000 DM überstieg. Die volle Besteuerung des Gewinns aus der Veräußerung eines ganzen Betriebs setzte also erst ein, wenn der Gewinn mindestens 130000 DM betrug. Der Freibetrag von 30000 DM erhöhte sich auf 120000 DM, wenn der Steuerpflichtige **nach Vollendung seines 55. Lebensjahres** oder wegen **dauernder Berufsunfähigkeit** sein der selbständigen Arbeit dienendes Vermögen veräußerte oder aufgab. In diesen Fällen begann die Kürzung des Freibetrags erst bei Veräußerungsgewinnen von mehr als 300000 DM; der Freibetrag minderte sich dann um den 300000 DM übersteigenden Teil des Veräußerungsgewinns. Bei der Veräußerung von Teilbetrieben oder Anteilen wurde ein dem veräußerten Teilbetrieb oder Anteil entsprechender anteiliger Freibetrag gewährt.

Bei Betriebsveräußerungen und -aufgaben **nach dem 31. 12. 1995** und **vor dem 1. 1. 2001** wurde nur noch ein **Freibetrag** von 60 000 DM gewährt, **sofern** der Steuerpflichtige im Zeitpunkt der Veräußerung oder Aufgabe entweder das **55. Lebensjahr vollendet** hatte oder er **im sozialversicherungsrechtlichen Sinne dauernd**

**Teil I: Anlage GSE
Zeilen 48–56**

berufsunfähig war. Durch das Steuersenkungsgesetz (BStBl 2000 I S. 1428) wurde der Freibetrag von 60 000 DM für Betriebsveräußerungen und -aufgaben **nach dem 31. 12. 2000** bei ansonsten unveränderter Rechtslage auf 100 000 DM erhöht. Ab **1. 1. 2002** belief sich der Freibetrag auf **51 200 €**. Durch Art. 9 des Haushaltsbegleitgesetzes 2004 vom 29.12.2003 (BStBl 2004 I S. 120) ist der Freibetrag ab **1. 1. 2004** auf **45 000 €** herabgesetzt worden. Auch dieser Freibetrag setzt voraus, dass der Steuerpflichtige im Zeitpunkt der Veräußerung/Aufgabe das 55. Lebensjahr vollendet hat oder dauernd berufsunfähig ist. Der Freibetrag von ursprünglich 60 000 DM bzw. später 51 200 € und jetzt 45 000 € ist antragsgebunden und wird dem Steuerpflichtigen **nur noch einmal** im Leben – nicht etwa einmal pro Einkunftsart, vgl. **Zeilen 12 bis 21** der Anlage GSE – gewährt (Objektbeschränkung). Der Abzug eines Freibetrags ist daher ausgeschlossen, wenn der Steuerpflichtige für eine Betriebsveräußerung oder -aufgabe nach dem **31. 12. 1995** bereits einen Freibetrag in Anspruch genommen hat (gleichgültig bei welcher Einkunftsart). Wie früher **ermäßigt** sich der Freibetrag um den Betrag, um den der Veräußerungs- oder Aufgabegewinn (ab 2004) 136 000 € übersteigt. Bei einem Veräußerungs- oder Aufgabegewinn von (ab 2004) 181 000 € entfällt deshalb der Freibetrag ganz. Bei dem Grenzbetrag von 136 000 € ist auf den Veräußerungs- oder Aufgabevorgang abzustellen, nicht etwa auf einen Veranlagungs- oder Lebenszeitraum. Bis 31. 12. 2003 betrug der Grenzbetrag 154 000 €. Wegen des Nachweises der dauernden Berufsunfähigkeit wird auf die Erläuterungen zu Zeilen 12 bis 21 der Anlage GSE und R 139 Abs. 14 EStR hingewiesen.

Für die Höhe des Freibetrags ist unerheblich, ob der Steuerpflichtige einen ganzen Betrieb, einen Teilbetrieb oder einen gesamten Mitunternehmeranteil veräußert oder aufgibt. Der Steuerpflichtige, der die o.a. persönlichen Voraussetzungen erfüllt, kann wählen, für welchen (begünstigten) Veräußerungs- oder Aufgabefall er den Freibetrag beanspruchen will, falls er nacheinander mehrere Betriebe, Teilbetriebe oder ganze Mitunternehmeranteile veräußert oder aufgibt. Ein beantragter Freibetrag führt aber auch dann zu einem Verbrauch i.S. der o.a. Objektbeschränkung, wenn der Freibetrag nicht voll ausgeschöpft werden kann, weil der betreffende Veräußerungs- oder Aufgabegewinn niedriger ist als der mögliche Freibetrag.

Hat der Steuerpflichtige bei Betriebsveräußerungen oder -aufgaben **vor 1996** einen Freibetrag nach § 18 Abs. 3 i.V. mit § 16 Abs. 4 EStG **a.F.** erhalten, so bleibt dieser unberücksichtigt, d.h. der frühere Freibetrag führt nicht zur Versagung eines Freibetrags bei einer nach dem 31. 12. 1995 erfolgenden Betriebsveräußerung oder -aufgabe (§ 52 Abs. 34 EStG). Liegen die o.a. Voraussetzungen für einen Freibetrag vor **und wird dieser beantragt,** so ist der entsprechende Veräußerungs- oder Aufgabegewinn in **Zeile 47** der Anlage GSE einzutragen, ansonsten in Zeile 50. Ein etwaiger Freibetrag ist dabei **nicht** abzuziehen; er wird vom Finanzamt berücksichtigt.

Der Veräußerungsgewinn unterliegt im Rahmen des § 34 EStG auf Antrag nur einer **ermäßigten** Besteuerung (vgl. die Ausführungen zu **Zeilen 17/20, 25** und **52 bis 53** der Anlage GSE).

Bei Veräußerungen gegen **Leibrente** wird auf die Ausführungen in **Teil II, Tz. 6 und 7.2** hingewiesen.

Halbeinkünfteverfahren

48 und 51

39 und 42

Die hälftige Steuerbefreiung für Gewinne aus der Veräußerung oder Entnahme von **Anteilen an Körperschaften** (z.B. Aktien, GmbH-Anteilen) sowie die nur hälftige Berücksichtigung entsprechender Veräußerungs- oder Entnahmeverluste (vgl. Erläuterungen zu Zeilen 10 und 43 der Anlage GSE) gilt nach § 3 Nr. 40b i.V. mit § 3c Abs. 2 EStG auch dann, wenn diese Anteile im Rahmen einer **Betriebsveräußerung** oder **Betriebsaufgabe** veräußert oder entnommen werden. Auf die Erläuterungen zu **Zeile 16/19** der Anlage GSE, die hier entsprechend gelten, wird Bezug genommen.

Ermäßigter Steuersatz für bestimmte Veräußerungsgewinne

52–53
43–44

Wie in den Erläuterungen zu **Zeilen 17/20 und 25** der Anlage GSE ausgeführt ist, kann für Gewinne aus Betriebsveräußerung /-aufgabe unter bestimmten Voraussetzungen anstelle der Fünftel-Regelung (§ 34 Abs. 1 EStG) **einmal im Leben** ein ermäßigter Steuersatz (§ 34 Abs. 3 EStG) beantragt werden. Die dortigen Ausführungen gelten hier entsprechend.

54
45

Wegen der Annahme eines laufenden (d.h. nicht begünstigten) Gewinns bei bestimmten Veräußerungs- und Einbringungstatbeständen aufgrund des Missbrauchsbekämpfungs- und Steuerbereinigungsgesetzes vom 21.12. 1993 (BStBl 1994 I S. 50) wird auf die Ausführungen zu Zeile 24 der Anlage GSE hingewiesen.

Tarifvergünstigung für außerordentliche Einkünfte

55–56
46

Nach § 34 Abs. 1 und 2 EStG werden bestimmte **außerordentliche Einkünfte** nur **tarifermäßigt** besteuert, indem die sog. **Fünftel-Regelung** angewendet wird. Wie in den Erläuterungen zu **Zeile 25** der Anlage GSE ausgeführt ist, gehören zu den außerordentlichen Einkünften – neben **Veräußerungsgewinnen** i.S. der vorstehenden Zeilen 45 bis 51 – auch:

a) **Entschädigungen** i.S. des § 24 Nr. 1 EStG;

b) **Nutzungsvergütungen** für die Inanspruchnahme von Grundstücken für öffentliche Zwecke sowie Zinsen auf solche Nutzungsvergütungen und auf Entschädigungen, die mit der Inanspruchnahme von Grundstücken für öffentliche Zwecke zusammenhängen, sofern die Nutzungsvergütungen und Zinsen für einen Zeitraum **von mehr als 3 Jahren nachgezahlt** werden;

c) **Vergütungen für mehrjährige Tätigkeiten.**

Als **außerordentliche Einkünfte** werden regelmäßig nur solche Entschädigungen angesehen, die durch einen einmaligen größeren Betrag entgangene oder entgehende Einnahmen mehrerer Jahre abgelten. Aber auch **Entschädigungen,** die an die Stelle von Einnahmen lediglich eines Jahres treten, können unter besonderen Umständen außerordentliche Einkünfte sein, z.B. wenn infolge des nachträglichen Zufließens eine **Zusammenballung mit anderen Einkünften** eintritt und der Steuerpflichtige im Jahr der entgangenen Einnahmen keine weiteren (nennenswerten) Einnahmen gehabt hat (BFH-Urteile vom 16. 3. 1993, BStBl II S. 497 und vom 4.3. 1998, BStBl II S. 787). Unter besonderen Umständen kann die Tarifvergünstigung des § 34 Abs. 1 EStG in **eng begrenzten Ausnahmefällen** auch dann in Betracht kommen, wenn die Entschädigung nicht in einem Kalenderjahr zufließt, sondern sich auf **zwei** Kalenderjahre verteilt (BFH-Urteil vom 2. 9. 1992, BStBl 1993 II S. 831). Voraussetzung ist jedoch stets, dass die Zahlung der Entschädigung von vornherein in einer Summe vorgesehen war und nur wegen ihrer ungewöhnlichen Höhe und der besonderen Verhältnisse des Zahlungspflichtigen auf zwei Jahre verteilt wurde oder wenn der Entschädigungsempfänger – bar aller Existenzmittel – dringend auf den baldigen Bezug einer Vorauszahlung angewiesen war (H 199 EStH).

Der Begriff der **Vergütung für eine mehrjährige Tätigkeit** umfasst auch Nach- oder Vorauszahlungen von Zinsen, Mieten und Pachten sowie solche Zahlungen im Rahmen von Dienst- und Werkverträgen, **nicht aber** das Entgelt, das für die **Nichtausübung** einer Tätigkeit geleistet wird (BFH-Urteil vom 13. 2. 1987, BStBl II S. 386, 389). Die Tarifvergünstigung gilt grundsätzlich für alle Einkunftsarten; sie ist auch auf Nachzahlungen von Versorgungsbezügen anwendbar (BFH-Urteil vom 28. 2. 1958, BStBl III S. 169) sowie auf Nachzahlungen von Renten für mehrere Jahre im Rahmen der sonstigen Einkünfte (vgl. Teil I, Anlage R, Zeile 6). **Voraussetzung** für die Tarifvergünstigung des § 34 Abs. 1 EStG ist allerdings, dass auf Grund der Einkunftsermittlungsvorschriften eine **Zusammenballung von Einkünften** eintritt, die bei Einkünften aus nichtselbständiger Arbeit auf wirtschaftlich vernünftigen Gründen beruht und bei **anderen Einkünften** nicht dem vertragsgemäßen oder dem typischen Ablauf entspricht. Die Anwendung der Vorschrift wird nicht dadurch ausgeschlossen, dass die Vergütungen für eine **mehrjährige Tätigkeit** während **eines Kalenderjahrs** in **mehreren** Teilbe-

Teil I: Anlage GSE
Zeilen 57–59

trägen gezahlt werden (BFH-Urteile vom 11. 6. 1970, BStBl II S. 639 und vom 30. 7. 1971, BStBl II S. 802).

Die genannte Vergünstigung kann insbesondere bei **Einkünften aus nichtselbständiger Arbeit** in Betracht kommen. Bei dieser Einkunftsart kommt es nicht darauf an, dass die Vergütung für eine abgrenzbare Sondertätigkeit gezahlt wird oder dass sie eine zwangsläufige Zusammenballung von Einnahmen darstellt. Die Tarifvergünstigung setzt auch nicht voraus, dass der Arbeitnehmer die Arbeitsleistung erbringt; es genügt, dass der Arbeitslohn für mehrere Jahre gezahlt worden ist (BFH-Urteil vom 17. 7. 1970, BStBl II S. 683). § 34 EStG ist z.B. anwendbar,

a) wenn eine Lohnzahlung für eine Zeit, die vor dem Kalenderjahr liegt, deshalb nachträglich geleistet wird, weil der Arbeitgeber Lohnbeträge zu Unrecht einbehalten oder mangels flüssiger Mittel nicht in der festgelegten Höhe ausgezahlt hat,

b) wenn der Arbeitgeber Prämien mehrerer Kalenderjahre für eine Versorgung oder für eine Unfallversicherung des Arbeitnehmers deshalb voraus- oder nachzahlt, weil er dadurch günstigere Prämiensätze erzielt oder weil die Zusammenfassung satzungsgemäßen Bestimmungen einer Versorgungseinrichtung entspricht,

c) wenn dem Steuerpflichtigen Tantiemen für mehrere Jahre in einem Kalenderjahr zusammengeballt zufließen.

Zu den begünstigten Einkünften i.S. des § 34 EStG gehören aber **nicht** die zwischen Arbeitgeber und Arbeitnehmer vereinbarten und regelmäßig ausgezahlten gewinnabhängigen **Tantiemen**, deren Höhe erst nach Ablauf des Wirtschaftsjahrs festgestellt werden kann; es handelt sich hierbei weder um die Abgeltung einer mehrjährigen Tätigkeit (BFH-Urteil vom 30. 8. 1966, BStBl II S. 545) noch um eine Entschädigung i.S. des § 24 Nr. 1 EStG (BFH-Urteil vom 10. 10. 2001, BStBl 2002 II S. 347). Nach dem BFH-Urteil vom 6.3. 2002 (BStBl II S. 516) ist eine Abfindung an den Arbeitnehmer insoweit keine Entschädigung i.S. des § 24 Nr. 1 EStG, als sie einen künftig entstehenden Pensionsanspruch in kapitalisierter Form abgilt. In besonders gelagerten **Ausnahmefällen** kann § 34 EStG auch dann anzuwenden sein, wenn die Vergütung für eine mehrjährige nichtselbständige Tätigkeit dem Steuerpflichtigen **aus wirtschaftlich vernünftigen Gründen** nicht in einem Kalenderjahr, sondern in **zwei** Kalenderjahren in Teilbeträgen zusammengeballt ausgezahlt wird (BFH-Urteil vom 16. 9. 1966, BStBl 1967 III S. 2). Auf **Teil I, Anlage N, Zeile 14** wird ebenfalls hingewiesen.

Bei Einkünften aus **Gewinnbetrieben** (Land- und Forstwirtschaft, Gewerbebetrieb, selbständige Arbeit) kommt die Tarifvergünstigung des § 34 EStG für eine **mehrjährige** Tätigkeit nur unter ganz bestimmten zusätzlichen Voraussetzungen in Betracht. Nach R 200 Abs. 3 EStR ist die Tarifermäßigung auf Gewinneinkünfte nur anzuwenden, wenn diese die Vergütung für eine sich über mehr als 12 Monate erstreckende **Sondertätigkeit** sind, die von der übrigen Tätigkeit des Steuerpflichtigen abgrenzbar ist und **nicht zum regelmäßigen Gewinnbetrieb** gehört, oder wenn der Steuerpflichtige sich über mehr als 12 Monate **ausschließlich** der einen Sache gewidmet und die Vergütung dafür in einem Kalenderjahr erhalten hat. Mit Urteil vom 14. 10. 2004 (BStBl 2005 II S. 289) hat der BFH jedoch entschieden, dass „**mehrjährig**" i.S. des § 34 EStG eine Tätigkeit auch dann ist, wenn sie sich über 2 Veranlagungszeiträume erstreckt, aber einen Zeitraum von **weniger als 12 Monaten** umfasst. Nach dem BFH-Urteil vom 7.7. 2004 (BStBl 2005 II S. 276) ist die Tarifvergünstigung bei Einkünften aus **selbständiger Arbeit** – außer in den Fällen der ausschließlichen bzw. der abgrenzbaren mehrjährigen Sondertätigkeit – auch dann anwendbar, wenn eine einmalige Sonderzahlung für langjährige Dienste auf der Grundlage einer **arbeitnehmerähnlichen Stellung** geleistet wird. Bei Einkünften aus Land- und Forstwirtschaft, aus Gewerbebetrieb und aus selbständiger Arbeit kann eine Zusammenballung von Einkünften im Übrigen grundsätzlich nur bei der Gewinnermittlung durch Überschussrechnung nach § 4 Abs. 3 EStG eintreten. Die erforderliche Zusammenballung ist nicht gegeben, wenn die Vertragsparteien die Vergütung bereits durch ins Gewicht fallende Teilzahlungen auf mehrere Kalenderjahre verteilt haben (BFH-Urteil vom 10. 2. 1972, BStBl II S. 529).

Liegen Vergütungen für eine mehrjährige Tätigkeit vor, so können davon nur die im Jahr des Zuflusses bei den außerordentlichen Einkünften angefallenen Betriebsausgaben oder Werbungskosten abgezogen werden. Handelt es sich sowohl bei den laufenden Einnahmen als auch bei den außerordentlichen Bezügen um Versorgungsbezüge i.S. des § 19 Abs. 2 EStG, so kann der im Kalenderjahr des Zuflusses in Betracht kommende Versorgungsfreibetrag nach § 19 Abs. 2 EStG **nur einmal** abgezogen werden (BFH-Urteil vom 23. 3. 1974, BStBl II S. 680); er ist zunächst bei den nicht nach § 34 EStG begünstigten Einkünften zu berücksichtigen. Nur ein insoweit nicht verbrauchter Versorgungsfreibetrag ist bei den nach § 34 EStG begünstigten Einkünften abzuziehen. Entsprechend ist bei anderen Einkunftsarten zu verfahren, bei denen ein im Rahmen der Einkünfteermittlung anzusetzender Freibetrag (z.B. Sparer-Freibetrag oder Werbungskosten-Pauschbetrag) abzuziehen ist. Werden außerordentliche Einkünfte aus nichtselbständiger Arbeit neben laufenden Einkünften dieser Art bezogen, ist bei den Einnahmen der **Arbeitnehmer-Pauschbetrag insgesamt nur einmal** abzuziehen, wenn insgesamt keine höheren Werbungskosten nachgewiesen werden (R 200 Abs. 4 EStR). Der Arbeitnehmer-Pauschbetrag ist bei der Ermittlung der nach § 34 EStG begünstigten außerordentlichen Einkünfte aus nichtselbständiger Tätigkeit nur insoweit abzuziehen, als tariflich voll zu besteuernde Einnahmen dieser Einkunftsart dafür nicht mehr zur Verfügung stehen (BFH-Urteil vom 29. 10. 1998, BStBl 1999 II S. 588).

Sind in den **Zeilen 36 bis 42** außerordentliche Einkünfte i.S. des § 34 EStG (z.B. tarifbegünstigte Entschädigungen) enthalten, so ist der Betrag hier anzugeben und zur Vermeidung von Rückfragen näher zu erläutern. Vergütungen für eine mehrjährige Tätigkeit sollten ggf. auf einem besonderen Blatt angegeben und erläutert werden (vgl. auch Zeilen 13 und 14 der Anlage N).

Abzugsbeschränkung für Schuldzinsen wegen Überentnahmen

Die hier vorgesehenen Angaben dienen der Prüfung, ob der Abzug betrieblich veranlasster **Schuldzinsen** als Betriebsausgabe nach § 4 Abs. 4 a EStG wegen Überentnahmen **eingeschränkt** ist. Auf die Erläuterungen zu den **Zeilen 27 bis 28** der Anlage GSE wird zur Vermeidung von Wiederholungen Bezug genommen. Die dortigen Ausführungen gelten auch bei der Gewinnermittlung durch Überschussrechnung nach § 4 Abs. 3 EStG (vgl. Zeilen 35 bis 36 der Anlage GSE). Daher sind seit dem Jahr 2000 auch bei dieser Gewinnermittlungsart **alle** Entnahmen und Einlagen (auch in Geld) gesondert aufzuzeichnen (§ 4 Abs. 4a Satz 6 EStG).

57–58
47–48

Einnahmen aus bestimmten nebenberuflichen Tätigkeiten

Nach § 3 Nr. 26 EStG sind Einnahmen (Aufwandsentschädigungen) bis zur Höhe von insgesamt **1 848 €** im Jahr steuerfrei, wenn sie

59
49

a) für **nebenberufliche** Tätigkeiten als **Übungsleiter, Ausbilder, Erzieher, Betreuer** oder für vergleichbare nebenberufliche Tätigkeiten

b) für **nebenberufliche künstlerische** Tätigkeiten oder

c) für die **nebenberufliche Pflege alter, kranker** oder **behinderter Menschen**

zur Förderung **gemeinnütziger, mildtätiger und kirchlicher Zwecke** (§§ 52 bis 54 AO) im Dienst oder im Auftrag einer inländischen juristischen Person des öffentlichen Rechts oder einer unter § 5 Abs. 1 Nr. 9 KStG fallenden Einrichtung gezahlt werden.

Unter einer Tätigkeit als Übungsleiter, Ausbilder oder Erzieher ist **z.B.** die Tätigkeit eines **Sporttrainers, Chorleiters** oder **Dirigenten** zu verstehen, aber auch die **Lehr- und Vortragstätigkeit** im Rahmen der allgemeinen Bildung und Ausbildung (z.B. Kurse und Vorträge an Schulen und Volkshochschulen, Mütterberatung, Erste Hilfe-Kurse, Schwimm-Unterricht) oder der beruflichen Ausbildung und Fortbildung. Die Ausbildung von Tieren (z.B. von Rennpferden oder Diensthunden) fällt nicht unter § 3 Nr. 26

EStG. Nach dem BFH-Urteil vom 23. 1. 1986 (BStBl II S. 398) kann der **Leiter der Außenstelle einer Volkshochschule** Ausbilder i.S. des § 3 Nr. 26 EStG sein, auch wenn er sich nicht durch eigenen Vortrag oder die Abhaltung von Übungen am Unterricht beteiligt. Im Falle eines Schulleiters genügt es nach dem genannten Urteil, dass er eigenständig in den Unterricht anderer Lehrkräfte eingreift, indem er die Unterrichtsveranstaltungen mitgestaltet, ihnen damit den Stempel seiner Persönlichkeit gibt und auch bei der Auswahl der Lehrveranstaltungen und der geeigneten Lehrkräfte mitwirkt. Das Verfassen und der Vortrag eines Rundfunk-Essays sind nach dem BFH-Urteil vom 17. 10. 1991 (BStBl 1992 II S. 176) keine ausbildende oder erzieherische Tätigkeit i.S. dieser Vorschrift.

Ab dem Jahr 2000 wurde in den Katalog der begünstigten Tätigkeiten die des nebenberuflichen **Betreuers** (auch im Jugend- und Sportbereich) neu aufgenommen. Hierunter sind Personen zu verstehen, die einen pädagogisch ausgerichteten persönlichen Kontakt zu den von ihnen betreuten Menschen herstellen. Dies bedeutet, dass der Betreuer dem Übungsleiter, Ausbilder und Erzieher gleichgestellt ist. Nicht begünstigt ist der Betreuer nach dem Betreuungsgesetz.

Die Ausdehnung der Vergünstigung des § 3 Nr. 26 EStG auf **nebenberufliche künstlerische** Tätigkeiten (Buchst. b) gilt bereits seit 1991. Hierunter können z.B. nebenberuflich tätige **Kirchenmusiker** fallen oder ein Pianist, der nebenberuflich Konzerte im Alten- und Pflegeheim, Krankenhaus, in Volkshochschulen oder ähnlichen gemeinnützigen Einrichtungen gibt.

Die nebenberufliche **Pflege alter, kranker** oder **behinderter Menschen** umfasst außer der Dauerpflege auch Hilfsdienste bei der häuslichen Betreuung durch ambulante Pflegedienste, insbesondere die Unterstützung bei der Grund- und Behandlungspflege, aber auch häusliche Verrichtungen wie z.B. die Zubereitung von Mahlzeiten, Hilfeleistungen bei der Einnahme von Mahlzeiten, beim An- und Auskleiden und beim Wäschewechsel sowie menschliche Zuwendung (etwa Vorlesen und dgl.). Gelegentliches Einkaufen und Unterstützung der genannten Personen bei der Erledigung von Schriftverkehr kann im Rahmen der genannten Pflegehilfe ebenfalls zu den Pflegemaßnahmen gerechnet werden. Auch nebenberufliche Hilfsdienste bei der Altenhilfe entsprechend § 71 SGB XII (z.B. Hilfe bei der Wohnungs- und Heimplatzbeschaffung, in Fragen der Inanspruchnahme altersgerechter Dienste) und bei Sofortmaßnahmen gegenüber Schwerkranken und Verunglückten (z.B. durch Rettungssanitäter und Ersthelfer) fallen unter die Vergünstigung (R 17 LStR).

Bereitschafts- oder Sanitätsdienste bei Sportveranstaltungen, kulturellen Veranstaltungen, Umzügen und anderen Veranstaltungen können nach einem bundeseinheitlichen Beschluss **nicht** in die Vergünstigung des § 3 Nr. 26 EStG einbezogen werden. Dagegen umfasst des Tätigkeitsbereich von Bahnhofsmissionen **zum Teil** auch Pflege- und Betreuungsleistungen, die im Rahmen des § 3 Nr. 26 EStG begünstigt sind. Der begünstigte Teil der Tätigkeit wird in Baden-Württemberg in der Regel mit 60 v.H. des Gesamttätigkeitsbereichs einer Bahnhofsmission angesetzt. Aufwandsentschädigungen nebenberuflicher Mitarbeiter(innen) in Bahnhofsmissionen können sonach in Höhe von 60 v.H. der Einnahmen, höchstens mit 1 848 € jährlich, steuerfrei sein. Von dem Satz von 60 v.H. kann im Einzelfall abgewichen werden, wenn seine Anwendung zu einer unzutreffenden Besteuerung führen würde.

Auf Grund der Erweiterung der Vorschrift (vgl. oben **Buchst. c**) kann die Steuervergünstigung schon seit 1990 insbesondere auch bei solchen Personen angewendet werden, die im Auftrag einer entsprechenden öffentlichen oder steuerbegünstigten privaten Einrichtung (z.B. Krankenpflegeverein oder Sozialstation) nebenberuflich im Pflegedienst arbeiten.

Ob die „**Nebenberuflichkeit**" einer begünstigten Tätigkeit bejaht werden kann, beurteilte sich früher u. a. nach dem Zeitaufwand, der Höhe der Vergütung und dem Umfang, in dem aus der Tätigkeit der Lebensunterhalt bestritten wird. Im Urteil vom 30. 3. 1990 (BStBl II S. 854) hat der BFH entschieden, dass eine Tätigkeit nur dann nebenberuflich i.S. von § 3 Nr. 26 EStG ist, wenn sie **nicht mehr als ein Drittel der Arbeitszeit eines vergleichbaren Vollzeiterwerbs** in Anspruch nimmt. Mehrere **gleichartige** Tätigkeiten sind nach dieser BFH-Entscheidung zusammenzufassen, wenn sie sich nach der Verkehrsanschauung als Ausübung eines einheitlichen Hauptberufes darstellen, z.B. Unterricht von jeweils weniger als dem dritten Teil des Pensums einer Vollzeitkraft in mehreren Schulen. Übt ein Steuerpflichtiger mehrere **verschiedenartige** Tätigkeiten i.S. des § 3 Nr. 26 EStG aus, ist die Frage der Nebenberuflichkeit für jede Tätigkeit getrennt zu beurteilen. An der in früheren Urteilen zum Ausdruck kommenden Auffassung, auch der Umfang des Beitrags zum Lebensunterhalt sei unter Umständen ein Abgrenzungskriterium, hat der BFH in der neuen Entscheidung ausdrücklich nicht mehr festgehalten. Im Übrigen können weiterhin auch solche Personen „nebenberuflich" tätig sein, die im steuerrechtlichen Sinne keinen Hauptberuf ausüben, beispielsweise Hausfrauen, Vermieter, Studenten, Rentner oder Arbeitslose.

Die wichtigsten (nicht alle) gemeinnützigen Zwecke sind in der Anlage 1 zu § 48 Abs. 2 EStDV zusammengestellt. Wird eine Tätigkeit im Rahmen der Erfüllung der Satzungszwecke einer juristischen Person ausgeübt, die wegen Verfolgung gemeinnütziger, mildtätiger oder kirchlicher Zwecke steuerbegünstigt ist, so kann im Allgemeinen davon ausgegangen werden, dass die Tätigkeit ebenfalls der Förderung dieser steuerbegünstigten Zwecke dient. Begünstigt kann auch eine Tätigkeit für eine juristische Person des öffentlichen Rechts sein (**z.B.** nebenberufliche Lehrtätigkeit an einer **Universität,** nebenberufliche Ausbildungstätigkeit bei der **Feuerwehr,** nebenberufliche Fortbildungstätigkeit für eine **Anwalts- oder Ärztekammer**). Nicht zu den begünstigten Einrichtungen gehören beispielsweise Berufsverbände (Arbeitgeberverband, Gewerkschaft) oder Parteien. Fehlt es an einem begünstigten Auftraggeber/Arbeitgeber, kann der Steuerfreibetrag nicht berücksichtigt werden.

Der BFH hat in den Urteilen vom 26. 3. 1992 (BStBl 1993 II S. 20) und vom 29. 10. 1992 (BFH/NV 1993, S. 234) entschieden, dass der nebenberuflich erteilte Unterricht, den ein Krankenhausarzt an einer dem Krankenhaus angeschlossenen Pflegeschule erteilt, auch dann nach § 3 Nr. 26 EStG begünstigt ist, wenn er sich auf den Kreis der Pflegeschüler **dieses Krankenhauses** beschränkt. Nach Auffassung des BFH kommt die Ausbildung (Gesundheitspflege) der Allgemeinheit zugute, was für die Anwendung der Begünstigungsvorschrift ausreiche (vgl. auch R 17 Abs. 4 LStR). Im Urteil vom 26. 3. 1992 (BFH/NV 1993, S. 290) hat der BFH darüber hinaus den nebenamtlichen Unterricht einer Justizangestellten, den diese ausschließlich den Auszubildenden **eines** Amtsgerichts erteilte, als nach § 3 Nr. 26 EStG begünstigt angesehen, weil diese Ausbildung im Interesse der Allgemeinheit (nämlich der Rechtspflege) erfolge. Nach dieser Rechtsprechung dient somit eine im Dienst einer inländischen öffentlich-rechtlichen Körperschaft ausgeübte nebenberufliche Unterrichtstätigkeit auch dann begünstigten Zwecken i.S. des § 3 Nr. 26 EStG, wenn sie sich auf einen abgeschlossenen Personenkreis beschränkt, aber dennoch der Allgemeinheit zugute kommt. Bei der Auslegung des letzten Begriffs ist ein großzügiger Maßstab anzulegen.

Die Tätigkeit als Prüfer bei einer **Prüfung,** die zu Beginn, im Verlaufe oder als Abschluss einer Ausbildung abgenommen wird, ist wegen des Zusammenhangs zwischen Prüfung und Ausbildung mit der Tätigkeit eines Ausbilders **vergleichbar** und ebenfalls nach **Buchst. a** begünstigt. Das gilt z.B. für die nebenamtliche Prüfungstätigkeit eines Hochschullehrers bei der ersten juristischen Staatsprüfung (BFH-Urteil vom 29. 1. 1987, BStBl II S. 783) oder für die nebenamtliche Tätigkeit eines Finanzbeamten im Zulassungs- und Prüfungsausschuss zur Durchführung der Steuerberaterprüfung (BFH-Urteil vom 23. 6. 1988, BStBl II S. 890). Eine Tätigkeit, die ihrer Art nach keine übungsleitende, ausbildende oder erziehende Tätigkeit ist, ist jedoch **nicht** „vergleichbar", auch wenn sie die übrigen Voraussetzungen des § 3 Nr. 26 EStG erfüllt (z.B. Tätigkeit als Vorstandsmitglied oder als Vereinskassierer, als Helfer bei einer Wohlfahrtsorganisation, als Gerätewart bei einem Sportverein).

Auch bei Einnahmen aus **mehreren** begünstigten Tätigkeiten i.S. der obigen Buchst. a bis c (z.B. auch für verschiedene gemeinnützige Organisationen) ist die Steuerfreiheit auf einen einmaligen Jahresbetrag von **1 848 €** begrenzt (BFH-Urteil vom 23. 6. 1988, BStBl II S. 890). Werden Einnahmen **teils** für eine unter § 3 Nr. 26

Teil I: Anlage GSE
Zeile 59

EStG fallende und teils für eine **andere** Tätigkeit gezahlt, so ist lediglich der entsprechende Anteil steuerfrei. Die Begrenzung auf einen einmaligen Jahresfreibetrag von 1 848 € gilt auch dann, wenn dem Steuerpflichtigen in einem Jahr Einnahmen aus einer **in mehreren Jahren ausgeübten Tätigkeit** i.S. von § 3 Nr. 26 EStG zufließen (BFH-Urteil vom 15. 2. 1990, BStBl II S. 686). Der Jahresfreibetrag ist nicht zeitanteilig aufzuteilen, wenn die begünstigte Tätigkeit nur wenige Monate im Jahr ausgeübt wird.

Nach dem BFH-Urteil vom 30. 1. 1986 (BStBl II S. 401) ist der steuerfreie Einnahmenbetrag von 1 848 € mit den **tätigkeitsbedingten Ausgaben** bis zur gleichen Höhe zu **saldieren.** Daraus folgt, dass ein **Abzug von Ausgaben bis zur Höhe der steuerfreien Einnahmen ausscheidet** und nur diejenigen Aufwendungen, die die steuerfreien Einnahmen übersteigen, abziehbar sind. Werden im Zusammenhang mit der nebenberuflichen Tätigkeit **höhere Aufwendungen** als insgesamt 1 848 € im Jahr geltend gemacht, so wirkt sich die Steuerfreiheit des § 3 Nr. 26 EStG wegen der genannten Saldierung nicht aus.

Übersteigen die Einnahmen den steuerfreien Betrag von 1 848 € oder die nachgewiesenen höheren Aufwendungen, so unterliegen sie – falls sie nicht nach anderen Vorschriften (z.B. § 3 Nr. 9, 12, 16, 39 EStG) steuerfrei sind – insoweit der Einkommensteuer.

Frühere Verwaltungsanweisungen, nach denen von den Einnahmen aus bestimmten nebenberuflichen Tätigkeiten (z.B. als Übungsleiter oder Stundentrainer in Sportvereinen) 25 v.H., höchstens jedoch 1 200 DM jährlich ohne Einzelnachweis als Betriebsausgaben (bzw. Werbungskosten) abgezogen werden konnten, sind nicht mehr anwendbar, **soweit** es sich um Einnahmen aus einer begünstigten Tätigkeit im Sinne des § 3 Nr. 26 EStG handelt (vgl. **Zeilen 35 bis 36** dieses Vordrucks).

In **Zeile 59** ist u. a. die Art der nebenberuflichen Tätigkeit anzugeben. Zur Vermeidung von Rückfragen empfiehlt es sich, nähere Ausführungen hierzu ggf. in einer besonderen Anlage zu machen. Soweit die nebenberufliche Tätigkeit in einem **Dienstverhältnis** (nichtselbständig) ausgeübt wird, vgl. **Teil I, Anlage N, Zeile 24.**

Teil I: Anlage V
Vorbemerkung

10. Erläuterungen zur „Anlage V" für Einkünfte aus Vermietung und Verpachtung
– gegliedert nach den am Rand des amtlichen Vordrucks angegebenen Zahlen –

Wozu dient die „Anlage V"?

(1) Eigentümer

Die **Einkünfte aus Vermietung und Verpachtung,** die im Rahmen der Einkommensteuer-Erklärung von Bedeutung sein können, sind in der **„Anlage V"** zum größten Teil ausdrücklich erwähnt. Die Erläuterungen zu den Zeilen 1 bis 61 geben darüber im Einzelnen Aufschluss. Einkünfte aus Vermietung und Verpachtung sind Einkünfte, die aus der Vermietung oder Verpachtung **privat genutzter Grundstücke** erzielt werden.

In **einer** Anlage V sind zu erklären: Einkünfte aus

- **einem** bebauten Grundstück, z.B. vermietetes Haus, vermietete Eigentumswohnung (in den Zeilen 1 bis 14 die Einnahmen und in den Zeilen 30 bis 57 die Werbungskosten),
- **einem** selbstgenutzten eigenen Haus/Eigentumswohnung, wenn einzelne Räume vermietet werden (Zeilen 1 bis 14 und 30 bis 57);
- **allen** unbebauten Grundstücken (z.B. Parkplätzen), anderem unbeweglichem Vermögen (z.B. Schiffen), Sachinbegriffen (z.B. Geschäftseinrichtung) sowie aus Überlassung von Rechten, z.B. Erbbaurechte, Urheberrechte, Kiesausbeuterechte (Zeilen 26 und 27),
- Untervermietung von gemieteten Räumen (Zeile 25),
- **allen** Beteiligungen, z.B. Grundstücks- oder Erbengemeinschaften (Zeilen 19 bis 24).

Die Einkünfte aus **weiteren** bebauten Grundstücken sind für jedes Grundstück getrennt jeweils in einer weiteren Anlage V zu erklären. Die in diesen Anlagen auf Seite 1 ermittelten Überschüsse sind zusammengerechnet in **Zeile 17** der ersten (zusammenfassenden) Anlage V zu übertragen.

Stammen die Einkünfte aus dem **Ausland,** so ist **zusätzlich** die **Anlage AUS** abzugeben; auf die Erläuterungen hierzu wird verwiesen.

Keine Anlage V ist jedoch auszufüllen für **ausschließlich zu eigenen Wohnzwecken** bzw. eigenen **gewerblichen** oder **beruflichen Zwecken** genutzte Einfamilienhäuser und Eigentumswohnungen. Die Besteuerung des Nutzungswerts für die **eigengenutzte Wohnung** als Überschuss des Mietwerts über die Werbungskosten ist bereits **1998 ausgelaufen.**

(2) Andere Nutzungsberechtigte (außer Eigentümer)

Wer auf Grund eines **dinglichen Nutzungsrechts** (z.B. Nießbrauch, dingliches Wohnrecht nach § 1093 BGB, Dauerwohnrecht nach §§ 30, 31 WEG) **oder** auf Grund eines **obligatorischen Nutzungsrechts** mit gesicherter Rechtsposition die Wohnung **durch Vermietung nutzt,** hat die Mieteinnahmen **als Nutzungsberechtigter** zu versteuern und in der Anlage V, **Zeile 3** zu erklären; die hiermit zusammenhängenden Werbungskosten sind in Zeilen 34ff. der Anlage V geltend zu machen.

Eine **gesicherte Rechtsposition** ist gegeben, wenn der Eigentümer dem Nutzenden den Gebrauch der Wohnung **für eine festgelegte Zeit nicht entziehen kann.** Diese Rechtsposition kann der Nutzende durch die Einräumung eines sachenrechtlichen (dinglichen) oder eines schuldrechtlichen (obligatorischen) Nutzungsrechts erlangen (BFH-Urteil vom 29. 11. 1983, BStBl 1984 II S. 366). Liegt ein **Mietvertrag** vor, so kann regelmäßig von einer gesicherten Rechtsposition ausgegangen werden, z.B. in den Fällen der Weitervermietung durch den Nutzungsberechtigten. Ein **Leihvertrag,** der die Verpflichtung zur **unentgeltlichen** Gebrauchsüberlassung einer Wohnung zum Inhalt hat, führt im Allgemeinen dann zu einer solchen gesicherten Rechtsposition, wenn die Leihe für einen festgelegten Zeitraum vereinbart worden ist. Ein festgelegter Zeitraum in diesem Sinne erfordert nach Auffassung der Finanzverwaltung eine mindestens einjährige Dauer des Nutzungsrechts. Wegen der strengen Voraussetzungen bei der Vereinbarung eines dinglichen oder obligatorischen Nutzungsrechts **zugunsten naher Angehöriger** (schriftlicher Überlassungsvertrag, Pflegerbestellung bei Minderjährigen usw.) vgl. **Nießbrauchserlass vom 24. 7. 1998, BStBl II S. 914** (EStH, Anhang 30 VI, Tz. 2 bis Tz. 8 i.V. mit BFM-Schreiben vom 9. 2. 2001, BStBl I S. 171. Bestellen Eltern ihrem Kind einen befristeten Nießbrauch und vermietet das Kind den Grundbesitz anschließend an die Eltern zurück, stellt eine solche Gestaltung regelmäßig einen Missbrauch von rechtlichen Gestaltungsmöglichkeiten i.S. des § 42 AO dar (BFH-Urteil vom 18. 10. 1990, BStBl 1991 II S. 205). **Keine gesicherte Rechtsposition** liegt vor, wenn der Eigentümer nicht in der oben genannten Weise zur Überlassung der Wohnung an den Nutzenden gebunden ist, sondern dem Nutzenden den Gebrauch der Wohnung **jederzeit entziehen kann.** Eine Steuerpflicht des Grundstücks**eigentümers** kommt insoweit, als das Nutzungsrecht reicht, nicht in Betracht.

Auf die umfassende Regelung im o.g. Nießbrauchserlass vom 24. 7. 1998 a.a.O. betr. die einkommensteuerliche Behandlung des Nießbrauchs und anderer Nutzungsrechte bei Einkünften aus Vermietung und Verpachtung wird hingewiesen. Die Grundsätze des Nießbrauchserlasses sind zumindest insoweit auch weiterhin anzuwenden, als der Nutzungsberechtigte von seinem Nutzungsrecht **durch Vermietung** Gebrauch macht.

Nutzt jedoch der Nutzungsberechtigte (z.B. ein verheiratetes Kind) eine Wohnung in einem **fremden** Haus (z.B. im Haus der Eltern) aufgrund seines Nutzungsrechts mit gesicherter Rechtsposition **unentgeltlich zu eigenen Wohnzwecken,** so erzielt er **keine Einkünfte** aus Vermietung und Verpachtung, weshalb in diesen Fällen **keine Anlage V** abzugeben ist. Neben der Nutzungswertbesteuerung entfällt allerdings auch die Abzugsfähigkeit von Werbungskosten, wie AfA und erhöhte Absetzungen.

Zur steuerlichen Behandlung von Nutzungsrechten wird auf folgende Ausführungen hingewiesen:

Zur Versteuerung vereinnahmter Mieten durch den Nießbraucher vgl. **Anlage V, Zeile 3 bis 5.** Wegen des Abzugs von Instandhaltungsaufwendungen durch den Nießbraucher vgl. **Anlage V, Zeilen 43 bis 45,** Nr. (3) und wegen der Geltendmachung von AfA vgl. **Anlage V, Zeile 34,** Abschnitt II E.

(3) Vereinfachungsregelung bei vorübergehender Vermietung

Werden **Teile** einer selbstgenutzten Eigentumswohnung, eines selbstgenutzten Einfamilienhauses oder insgesamt selbstgenutzten anderen Hauses, für das ein Nutzungswert **nicht** zu versteuern ist, **vorübergehend vermietet** und übersteigen die **Einnahmen** hieraus **nicht 520 €** im Veranlagungszeitraum, kann im Einverständnis mit dem Steuerpflichtigen aus Vereinfachungsgründen von der Besteuerung der Einkünfte abgesehen werden. Dies gilt entsprechend auch bei vorübergehender Untervermietung von Teilen einer angemieteten Wohnung, die im Übrigen selbst genutzt wird (R 161 Abs. 1 EStR).

(4) Einkünfte aus Vermietung und Verpachtung im Rahmen anderer Einkunftsarten

Soweit Einkünfte aus Vermietung und Verpachtung im Rahmen anderer Einkunftsarten anfallen, sind sie diesen zuzurechnen. Werden z.B. landwirtschaftliche Grundstücke in einem landwirtschaftlichen Betrieb verpachtet, so gehören die daraus erzielten Einkünfte in der Regel zu den Einkünften aus Land- und Forstwirtschaft. Entsprechendes gilt auch, wenn ein verpachtetes Grundstück zum Betriebsvermögen eines Gewerbebetriebs oder freien Berufs gehört. Einkünfte aus Vermietung und Verpachtung liegen auch dann nicht vor, wenn ein Gebäude ausschließlich zu eigenen gewerblichen oder beruflichen Zwecken genutzt wird, selbst wenn es sich um ein Einfamilienhaus oder eine Eigentumswohnung handelt.

Teil I: Anlage V
Vorbemerkung

(5) Ferienwohnungen

Zur Einkunftsart „Vermietung und Verpachtung" rechnet grundsätzlich auch die **Vermietung von Ferienwohnungen**. In der Praxis stellt sich aber im Hinblick auf geltend gemachte Werbungskostenüberschüsse häufig die Frage, ob bei Ferienwohnungen überhaupt eine steuerlich relevante Einkunftsquelle gegeben ist, was z.B. dann zu verneinen wäre, wenn die Voraussetzungen einer **Liebhaberei** im steuerrechtlichen Sinne vorlägen. Dies ist bei Ferienwohnungen dann anzunehmen, wenn **auf lange Sicht** kein Überschuss der Mieteinnahmen über die Werbungskosten zu erwarten ist (BFH-Urteil vom 13.8.1996, BStBl 1997 II S. 42 m.w.N.). Der im Steuerrecht allgemein gütlige Grundsatz gilt auch bei verbilligter Überlassung einer Wohnung (vgl. Anlage V, Zeile 6).

Bei der Ermittlung des Einkommens für die ESt sind nämlich ganz allgemein nur solche positiven oder negativen Einkünfte anzusetzen, denen eine Tätigkeit oder Vermögensnutzung zugrunde liegt, die der **Erzielung positiver Einkünfte** dient (BFH-GrS vom 25.6.1984, BStBl II S. 751 sowie **BMF-Schreiben vom 8.10.2004, BStBl I S. 933** und die dort zit. Rspr.). Die Vermietung muss daher in der Absicht erfolgen, auf die Dauer der Vermögensnutzung einen **Totalüberschuss** der Einnahmen über die Werbungskosten zu erwirtschaften (vgl. unten Abs. 5b). Bei einer auf Dauer angelegten Vermietungstätigkeit ist jedoch nach der BFH-Rspr. grundsätzlich davon auszugehen, dass der Vermieter letztlich einen **Einnahmeüberschuss** erwirtschaften will, selbst wenn sich über längere Zeiträume Werbungskostenüberschüsse ergeben (BFH-Urteile vom 30.9.1997, BStBl 1998 II S. 771 und vom 9.7.2002, BStBl 2003 II S. 580). Das gilt nur dann nicht, wenn besondere Umstände gegen das Vorliegen einer Überschusserzielungsabsicht sprechen (z.B. bei Mietkaufmodellen, Rückkaufangeboten oder Verkaufsgarantien sowie bei Werbungskostenüberschüssen im Falle einer von vornherein geplanten befristeten Vermietung). Vgl. BMF-Schreiben vom 8.10.2004 a.a.O., Rz 5ff. und die umfassenden Ausführungen zur **Überschusserzielungsabsicht (= Einkünfteerzielungsabsicht)** sowie zur hierzu ergangenen BFH-Rspr. in **Anlage V, Zeilen 30 bis 56**.

(5a) Ausschließliche Vermietung von Ferienwohnungen an wechselnde Feriengäste und Bereithalten zur ausschließlichen Vermietung

Wird eine Ferienwohnung ausschließlich an wechselnde Feriengäste vermietet und in der übrigen Zeit hierfür bereitgehalten, ist sonach entsprechend den o.g. Grundsätzen ohne weitere Prüfung von der **Einkünfteerzielungsabsicht (= Überschusserzielungsabsicht)** des Steuerpflichtigen auszugehen. Die Einkünfteerzielungsabsicht ist aber ausnahmsweise anhand einer Prognose zu überprüfen, wenn das Vermieten die ortsübliche Vermietungszeit von Ferienwohnungen erheblich (mindestens um 25 v.H.) unterschreitet (BFH-Urteil vom 26.10.2004, BStBl 2005 II S. 388). Dabei ist es unerheblich, ob der Steuerpflichtige die Ferienwohnung in Eigenregie vermietet oder mit der Vermietung einen Dritten beauftragt (BFH-Urteile vom 5.11.2002, BStBl 2003 II S. 914 und vom 6.11.2001, BStBl 2002 II S. 726 im Anschluss an BFH-Urteil vom 21.11.2000, BStBl 2001 II S. 705). Wegen der dem Steuerpflichtigen obliegenden Feststellungslast hinsichtlich einer ausschließlichen Vermietung der Ferienwohnung vgl. BMF-Schreiben vom 8.10.2004 a.a.O., Rz 17 und 18.

(5b) Teils selbst genutzte und teils an wechselnde Feriengäste vermietete Ferienwohnung

Soweit der Eigentümer eine Ferienwohnung **selbst nutzt**, erfolgt keine Versteuerung des Nutzungswerts; andererseits kommt insoweit auch ein Abzug von **Werbungskosten nicht** in Betracht. Soweit die Ferienwohnung **vermietet** wird, sind auch die in diesem Zusammenhang entstandenen **Werbungskosten abzugsfähig**.

Wird eine Ferienwohnung **teils selbst genutzt** oder hat sich der Eigentümer (z.B. bei der Vermietung durch einen Dritten) die Selbstnutzung vorbehalten – und wird die Ferienwohnung **teils an wechselnde Feriengäste vermietet,** kann nach der BFH-Rspr. nicht ohne weitere Prüfung von einer Überschuss- (= Einkünfte-) erzielungsabsicht (s. oben Abs. 5a) ausgegangen werden. Vielmehr muss der Steuerpflichtige – nach Aufteilung der auf die Selbstnutzung und die Vermietung entfallenden Kosten – im Rahmen der ihm obliegenden Feststellungslast für die Anerkennung dieser Absicht objektive Umstände vortragen, auf Grund derer im Beurteilungszeitraum aus der Vermietungstätigkeit ein **Totalüberschuss** erzielt werden kann (BMF-Schreiben vom 8.10.2004 a.a.O., Rz 21 i.V. mit Rz 39 sowie BFH-Urteil vom 5.11.2002 BStBl 2003 II S. 914). Hat der Steuerpflichtige bereits beim Erwerb einer Ferienwohnung deren später vorgenommenen Verkauf ernsthaft in Betracht gezogen, ist der kürzere Zeitraum der tatsächlichen Vermögensnutzung (z.B. drei Jahre) zugrunde zu legen. Zur Ermittlung des „Totalüberschusses" vgl. ausführlich BFH-Urteile vom 6.11.2001, BStBl 2002 II S. 726 und vom 9.7.2002, BStBl 2003 II S. 580 sowie BMF-Schreiben vom 8.10.2004 a.a.O., Rz 33ff.). Eine Selbstnutzung der Ferienwohnung liegt auch dann vor, wenn diese **unentgeltlich** an Dritte (z.B. an Kinder) überlassen wird (BFH-Urteil vom 6.11.2001, BFH/NV 2002 S. 771).

Bei der Zuordnung der anfallenden Aufwendungen sind zunächst die ausschließlich auf die Vermietung entfallenden **Werbungskosten** (z.B. Zeitungsanzeigen, Engelt für Aufnahme in das Gastgeberverzeichnis, Reinigungskosten, Anschaffungs- und Reparaturkosten für Wirtschaftsgüter, die ausschließlich der Vermietung dienen) zu berücksichtigen. Die degressive AfA zur Förderung des Mietwohnungsbaus (vgl. Anlage V, Zeile 34, III B) kann hier nicht angewendet werden (BFH-Urteil vom 14.3.2000, BStBl 2001 II S. 66). Bei den übrigen Aufwendungen, die sowohl durch die Vermietung als auch durch die Selbstnutzung verursacht sind (z.B. Schuldzinsen, Haus- und Grundstücksabgaben, Gebäude-AfA, Versicherungsbeiträge, Instandhaltungsmaßnahmen oder die Anschaffung von Einrichtungsgegenständen, die nicht ausschließlich der Vermietung dienen), sind **auf die Zeit der Selbstnutzung und die Zeit der Vermietung aufzuteilen** (BFH-Urteil vom 30.7.1991, BStBl 1992 II S. 27). Dabei kommt als Aufteilungsmaßstab nur das Verhältnis der beiden Zeiträume zueinander in Betracht (BFH-Urteil vom 6.11.2001, BStBl 2000 II S. 726 und BMF-Schreiben vom 8.10.2004 a.a.O., Rz 40). Auch die Zweitwohnungsteuer ist mit dem zeitlichen Anteil als Werbungskosten abziehbar, der auf die Vermietung der Wohnung an wechselnde Feriengäste entfällt (BFH-Urteil vom 15.10.2002, BStBl 2003 II S. 287).

Einer gesonderten Berurteilung bedürfen die **Leerstandszeiten**. Hat der Steuerpflichtige (z.B. bei der Vermietung der Ferienwohnung durch einen Dritten) die **Selbstnutzung zeitlich beschränkt**, ist (nur) die vorbehaltene Zeit der Selbstnutzung zuzurechnen; im Übrigen ist die Leerstandszeit der Vermietung zuzurechnen (vgl. BFH-Urteil vom 13.8.1996, BStBl 1997 II S. 42, Nr. 1). Ist jedoch eine **Selbstnutzung jederzeit möglich**, sind die Leerstandszeiten im Wege der Schätzung **aufzuteilen** (und nicht – wie früher – allein der Selbstnutzung zuzurechnen), weil die Leerstandszeiten nicht zwingend Folge einer beabsichtigten Selbstnutzung sind, sondern auch durch eine beabsichtigte Vermietung verursacht sein können. Die auf die Leerstandszeiten entfallenden Aufwendungen sind daher entsprechend dem **zeitlichen Verhältnis der tatsächlichen Selbstnutzung zur tatsächlichen Vermietung** aufzuteilen (Änderung der Rspr. durch BFH-Urteil vom 6.11.2001, BStBl 2002 II S. 726). Lässt sich der Umfang der – neben einer tatsächlichen Fremdvermietung gegebenen – Selbstnutzung nicht feststellen, sind die auf die Leerstandszeiten entfallenden Aufwendungen zu je 50 v.H. der Selbstnutzung und der Vermietung zuzuordnen. Vgl. auch BMF-Schreiben vom 8.10.2004 a.a.O., Rz 22 und 23).

Keine Selbstnutzung sind durch die Vermietung veranlasste **kurzfristige Aufenthalte** des Eigentümers in der Ferienwohnung, wie z.B. zu Wartungsarbeiten, Schlüsselübergabe an Feriengäste, Reinigung bei Mieterwechsel, allgemeiner Kontrolle, Beseitigung von Schäden oder Teilnahme an Eigentümerversammlungen (BFH-Urteil vom 6.11.2001, BStBl 2002 II S. 726). Das gilt grundsätzlich auch für die Durchführung von Schönheitsreparaturen (BFH-Urteil vom 6.11.2001 a.a.O.). Begleiten den Steuerpflichtigen jedoch dabei Familienmitglieder oder Dritte oder dauert der Aufenthalt mehr als einen Tag, sind die dafür maßgebende Gründe zu erläutern. Dabei ist darzulegen und nachzuweisen, dass der (mehrtägige) Aufenthalt vollständig mit Arbeiten für die Wohnung ausgefüllt war (BFH-Urteil vom 25.11.1993, BStBl 1994 II S. 350). Dies gilt insbesondere dann, wenn es sich um Aufenthalte während der am Ferienort üblichen Saison handelt (BMF-Schreiben vom 8. 10. 2004 a.a.O., Rz 19).

Wegen Ferienwohnungen im **Ausland** vgl. unten Abs. **(6).**

(5c) Ferienwohnungen als Gewerbebetrieb

Bei Vermietung einer Ferienwohnung ist nach dem BFH-Urteil vom 25. 6. 1976 (BStBl II S. 728) ein **Gewerbebetrieb** gegeben, **wenn** eine für die Führung eines Haushalts voll eingerichtete Ferienwohnung (mit Möblierung, Wäsche und Geschirr) vorhanden ist, die zu **einer Ferienwohnanlage** in einem reinen Feriengebiet im Verband mit einer Vielzahl gleichartig genutzter Wohnungen gehört, deren jederzeitige kurzfristige Vermietung an laufend wechselnde Mieter von einer für die einheitliche Wohnanlage bestehenden **Feriendienstorganisation** vermittelt und die Betreuung der Feriengäste, nach der Art der Rezeption eines Hotels, von dieser Organisation übernommen wird. Dies gilt auch bei der Vermietung nur **einer** Ferienwohnung (BFH-Urteil vom 19. 1. 1990, BStBl II S. 383). Sind nicht sämtliche dieser Voraussetzungen erfüllt, so ist ein **Gewerbebetrieb** trotzdem zu bejahen, wenn eine **hotelmäßige Nutzung** der Ferienwohnung vorliegt oder die Vermietung nach Art einer Fremdenpension erfolgt (BFH-Urteil vom 28. 6. 1984, BStBl 1985 II S. 211). Ausschlaggebend ist, ob wegen der Häufigkeit des Gästewechsels oder im Hinblick auf zusätzlich zur Nutzungsüberlassung erbrachte Leistungen, z.B. Bereitstellung von Wäsche und Mobiliar, Reinigung der Räume, Übernahme sozialer Betreuung, eine Unternehmensorganisation erforderlich ist, wie sie auch in Fremdenpensionen vorkommt (vgl. H 137/2 [Ferienwohnung] EStH); dabei kann auch der Umfang des Arbeitseinsatzes des Vermieters bedeutsam sein (z.B. Gewährung von Mahlzeiten, Bereithalten von Getränken und Lebensmitteln, Bereitstellung eines Aufenthaltsraumes oder Gartens, Entgegennahme von Telefongesprächen usw.). Wegen der **zeitweisen Selbstnutzung**, die häufig auch bei einer solchen Wohnung gegeben ist, vgl. oben Abs. **(5b).**

Verpflegungsmehraufwand und Fahrtkosten des Eigentümers, die im Zusammenhang mit einem mehrwöchigen Aufenthalt in der eigenen, sonst **gewerblich** genutzten Ferienwohnung entstanden sind, können nur dann als Betriebsausgaben berücksichtigt werden, wenn dargelegt wird und nachgewiesen ist, dass der Aufenthalt während der normalen Arbeitszeit **vollständig mit Arbeiten für die Wohnung** ausgefüllt war (BFH-Urteil vom 25. 11. 1993, BStBl 1994 II S. 350). Dies ist bei einem kurzfristigen Aufenthalt durchaus möglich.

Zu den besonderen Problemen bei der Vermietung von **Ferienwohnungen im Ausland** vgl. folgenden Abs. **(6).**

(6) Wohnungen im Ausland

Zu den Einkünften aus Vermietung und Verpachtung rechnen auch solche aus der Vermietung von **Wohnungen im Ausland.** In diesen Fällen ist zusätzlich zur Anlage V auch die **Anlage AUS** abzugeben (vgl. dort Zeilen 1 bis 18). Eine Besteuerung des Nutzungswerts für die **eigengenutzte Ferienwohnung** im Ausland findet ebenso wenig statt wie für Inlandswohnungen. Damit ist allerdings auch ein Abzug von Aufwendungen als **Werbungskosten** insoweit ausgeschlossen, als sie mit der eigengenutzten Wohnung im Zusammenhang stehen.

Bei Wohnungen im Ausland ist sowohl **§ 2a EStG** als auch der Umstand von Bedeutung, ob mit dem jeweiligen Belegenheitsstaat ein **Doppelbesteuerungsabkommen (DBA)** besteht. Ist ein Ausgleich der ausländischen negativen Einkünfte bereits aufgrund des § 2a EStG ausgeschlossen (s. unten), bedarf es nicht der Prüfung, ob eine Überschusserzielungsabsicht/Liebhaberei (vgl. oben Vorbem [5]) anzunehmen ist (vgl. BFH-Urteil vom 26. 3. 1991, BStBl II S. 704).

Besteht mit dem ausländischen Staat ausnahmsweise **kein DBA,** so sind die **positiven** Einkünfte aus dem ausländischen Grundstück zur deutschen Einkommensteuer heranzuziehen; eine evtl. gezahlte ausländische Steuer kann nach § 34c EStG auf die deutsche Einkommensteuer **angerechnet** werden (vgl. Teil I, Anlage AUS, Zeilen 1 bis 18).

Hinsichtlich der **negativen** ausländischen Einkünfte (Verluste) aus Vermietung und Verpachtung ist die Rechtslage schwieriger.

Besteht mit dem ausländischen Staat kein DBA, so ist § 2a Abs. 1 Nr. 6a EStG zu beachten. Dies gilt aber auch, wenn in einem **bestehenden DBA** das Besteuerungsrecht **beiden** Staaten zusteht (z.B. DBA mit Schweiz, Spanien und Anrechnungsmöglichkeit der ausländischen Steuer, s. unten) – und das DBA **keine** Regelung enthält, die einen **Verlustausgleich einschränkt.** Dann ist die Entscheidung, ob im Ausland erzielte Verluste im Inland ausgleichbar sind, eine Angelegenheit innerstaatlichen Rechts. § 2a Abs. 1 Nr. 6a EStG ist deshalb auch in diesen Fällen anzuwenden. Hiernach sind die **negativen** ausländischen Einkünfte (Verluste) aus Vermietung und Verpachtung vom **Ausgleich mit deutschen Einkünften ausgeschlossen.** Sie können **nur mit positiven ausländischen Einkünften** aus Vermietung und Verpachtung **aus demselben Staat** ausgeglichen werden; sie dürfen auch nicht nach § 10d EStG abgezogen werden. Soweit dies (mangels weiterer Einkunftsquellen aus diesem Staat) nicht möglich ist (= verbleibende Verluste), mindern sie die positiven Einkünfte aus Vermietung und Verpachtung aus demselben ausländischen Staat in den folgenden **Veranlagungszeiträumen.** Die Minderung ist nur insoweit zulässig, als die negativen Einkünfte in den vorangegangenen Veranlagungszeiträumen nicht berücksichtigt werden konnten (= verbleibende negative Einkünfte). Die am Schluss eines Veranlagungszeitraums verbleibenden Verluste sind gesondert festzustellen. Auch eine Berücksichtigung im Rahmen des sog. **negativen Progressionsvorbehalts** ist durch § 2a EStG ausgeschlossen (vgl. im Einzelnen zu § 2a EStG Teil I, Anlage AUS, Zeilen 30 bis 36 und Zeilen 37 bis 43 sowie H 185 [Ausländische Verluste, Nr. 2] EStH). Die hiergegen vorgebrachten verfassungsrechtlichen Einwände hat der BFH mit Urteil vom 17. 10. 1990, BStBl 1991 II S. 136 (betr. DBA-Frankreich) zurückgewiesen. Es ist allerdings derzeit umstritten, ob § 2a EStG mit EU-Recht vereinbar ist.

Besteht ein DBA mit dem Belegenheitsstaat (vgl. EStH, Anhang 12), kommt es auf die jeweiligen zwischenstaatlichen Vereinbarungen an. Nach den Doppelbesteuerungsabkommen z.B. mit **Frankreich, Österreich, Portugal, Großbritannien, Nordirland** und auch **Italien** dürfen die Einkünfte aus Wohngebäuden (insbesondere Ferienheimen) **nur** vom **Belegenheitsstaat,** also von den genannten Ländern, besteuert werden (Zuteilungsverfahren bzw. Steuerfreistellungsmethode). Eine Besteuerung im Inland und damit die Berücksichtigung positiver oder negativer Einkünfte scheidet sonach aus; § 2a EStG ist deshalb ohne Bedeutung. Die ausländischen **positiven** Einkünfte, die auf Grund eines DBA im Inland steuerfrei bleiben, sind trotzdem in Teil I, Anlage AUS, Zeilen 30 bis 36 aufzuführen, da unabhängig hiervon der sog. **Progressionsvorbehalt** zu berücksichtigen ist. Dem **negativen** Progressionsvorbehalt steht § 2a EStG entgegen (vgl. Anlage AUS, Zeilen 37 bis 43).

Die Rechtslage ist eine andere, wenn nach den Doppelbesteuerungsabkommen, z.B. mit der **Schweiz** und **Spanien,** das Besteuerungsrecht für Grundvermögen, das nicht zu einem gewerblichen oder freiberuflichen Betriebsvermögen gehört, nicht allein dem Belegenheitsstaat, sondern **auch dem Wohnsitzstaat** (also der Bundesrepublik Deutschland) zusteht. Die hierauf entfallenden, im Ausland gezahlten Steuern, die der deutschen Einkommensteuer entsprechen, werden **angerechnet** (§ 34c EStG). Diese DBA mit Steueranrechnungsmethode enthalten keine Regelung, die den Verlustausgleich im Wohnsitzstaat (also der Bundesrepublik Deutschland) einschränkt; daher gilt innerstaatliches Recht. **§ 2a EStG** ist deshalb **anzuwenden.** Die Regelung ist nicht verfassungswidrig (BFH-Urteile vom 26. 3. 1991, BStBl II S. 704 und vom 5. 9. 1991, DB 1992 S. 182 betr. DBA-Schweiz).

Die Anlage V beziehen sich nur auf Einkünfte aus **Vermietung und Verpachtung.** Wegen der Abgrenzung zu den Einkünften aus **Gewerbebetrieb** bei Überlassung einer ausländischen Ferienwohnung wird auf die obige Vorbemerkung **(Nr. 5c)** verwiesen.

(7) Vermietung von Zimmern an Feriengäste

Die **Dauervermietung von Zimmern** an Feriengäste stellt nach Auffassung der Finanzverwaltung regelmäßig dann eine **gewerbliche Tätigkeit** dar, wenn **vier** oder mehr **Zimmer oder sechs** oder mehr **Betten** zur Beherbergung von Fremden bereitgehalten werden. Das Gleiche gilt, wenn **weniger** als vier Zimmer oder sechs Betten bereitgehalten werden, **aber** außer dem Frühstück mindes-

**Teil I: Anlage V
Zeilen 1–5**

tens eine Hauptmahlzeit gewährt wird. Liegt danach **keine** gewerbliche Tätigkeit vor, so rechnen die Einkünfte aus der Zimmervermietung zu den Einkünften aus Vermietung und Verpachtung und sind in Anlage V, **Zeilen 3ff.** einzutragen.

Einkünfte aus dem bebauten Grundstück

1
1–2

Für jedes **bebaute Grundstück** und für jede **Eigentumswohnung** ist ein **eigener Vordruck** auszufüllen.

Die Frage in **Zeile 1,** die sich auf das vermietete oder verpachtete Grundstück bezieht, richtet sich an den **Eigentümer** des Grundstücks oder der Eigentumswohnung. Sie betrifft aber auch **andere Nutzungsberechtigte** als den Eigentümer, wie z. B. den Nießbraucher, dinglich Wohnberechtigte oder obligatorisch Nutzungsberechtigte mit gesicherter Rechtsposition (zum Begriff vgl. oben Anlage V, Vorbem. [2]), der sein Recht durch **Vermietung** nutzt und Mieteinnahmen erzielt.

Nutzung des Wohnraums

2
3

Eine zutreffende Besteuerung setzt voraus, dass Angaben zur Nutzung des Wohnraums gemacht werden. Deshalb sind in **Zeile 2** jeweils die **m² der unterschiedlichen Nutzung** anzugeben. Aus den oben in den Vorbemerkungen Abs. (5), (5a), (5b), (5c) genannten Gründen ist bei **Ferienwohnungen** auf besonderem Blatt die Anzahl der jeweiligen Kalendertage mitzuteilen, an denen die Wohnung vermietet, eigengenutzt, unentgeltlich an Dritte überlassen wurde oder leer stand.

Mieteinnahmen (ohne Umlagen)

3–5
4–6

Die **Ermittlung der Einkünfte** aus Vermietung und Verpachtung, die in den **Zeilen 3 bis 27** auszuweisen sind, geschieht durch Gegenüberstellung der **Einnahmen** und der **Werbungskosten (Ausgaben).** Unter Einnahmen sind die **Roheinnahmen** zu verstehen. Wegen der **Werbungskosten** siehe Anlage V, **Zeilen 34 bis 57.**

Die in **Zeilen 3 bis 5** einzutragenden Mieteinnahmen müssen in jedem Fall auf die einzelnen Geschosse aufgeteilt werden. Außerdem ist in **Zeile 4** anzugeben, wie viele Wohnungen sich in jedem Geschoss befinden sowie die **Wohnfläche jedes Geschosses,** also Wohn- und Schlafräume sowie Küchen. Bei mehr als fünf Geschossen sollten Angaben auf einem besonderen Blatt gemacht werden. Beim **Ansatz der Wohnflächen** sind Zubehörräume, wie z. B. Keller, Waschküchen, Abstellräume außerhalb der Wohnung, Dachböden, Trockenräume, Schuppen, Garagen und ähnliche Räume **nicht** zu berücksichtigen. Raumteile mit einer lichten Höhe zwischen ein und zwei Metern, Grundflächen von Wintergärten, Schwimmbäder und ähnliche, nach allen Seiten geschlossene Räume sowie Balkone, Loggien, Dachgärten oder gedeckte Freisitze sind **zur Hälfte** anzusetzen. Nach dem BFH-Urteil vom 9. 9. 1997, BStBl II S. 818, sind auch Hobby- und Fitnessräume im Kellergeschoss die (z. B. aufgrund geringer Fensterfläche) nicht offensichtlich als Wohnräume ausgebaut sind, nur mit der **Hälfte** ihrer Grundfläche anzusetzen; die Wohnfläche ist nicht um 10 v.H. (§ 44 Abs. 3 II. BVO) zu kürzen. Räume mit einer lichten Höhe von weniger als einem Meter werden **nicht** berücksichtigt. Vgl. §§ **42–44 II. BVO** (EStH, Anhang 5 II).

In **Zeile 5** sind die Einnahmen aus der Vermietung zu gewerblichen, freiberuflichen oder anderen nicht Wohnzwecken dienenden Räumen einzutragen.

Die neben der Miete erhobenen **Umlagen** sowohl für Wohnungen als auch für andere Räume sind stets in den **Zeilen 7 und 8** einzutragen. Diese Angaben, die auf eine Forderung des Bundesrechnungshofs zurückgehen, dienen der Finanzverwaltung zu Kontrollzwecken. Wegen der Einnahmen und Umlagen für an **Angehörige** vermietete Wohnungen s. **Zeile 6.**

Hat der Steuerpflichtige auf die an sich bestehende Umsatzsteuerbefreiung verzichtet, also **zur Umsatzsteuer optiert,** so sind die Mieten **einschließlich der vereinnahmten Umsatzsteuer** in Zeile 5 einzutragen, die vom Finanzamt **erstattete Vorsteuer** ist in **Zeile 10** zu erklären (s. die Erläuterungen zu Anlage V, **Zeile 10)** und die an das Finanzamt bezahlte Umsatzsteuer einschließlich zurückgezahlter Vorsteuern ist bei den sonstigen Werbungskosten in **Zeilen 55 bis 56** geltend zu machen.

Die Einkünfte sind vom Nutzungsberechtigten zu versteuern; das ist regelmäßig der **Eigentümer** (ggf. der wirtschaftliche Eigentümer, vgl. hierzu Teil II, Tz. 3.3.1.), aber auch die dinglich **Nutzungsberechtigte** (vgl. Tz. 1 ff. Nießbrauchserlass vom 24. 7. 1998, BStBl I S. 914, EStH Anhang 30 VI) oder obligatorisch Nutzungsberechtigte mit gesicherter Rechtsposition (vgl. Tz. 6 ff. Nießbrauchserlass a.a.O.). Vgl. auch oben Anlage V, Vorbem. (2).

Vermietet der **Nießbrauchsberechtigte (dinglich Wohnberechtigte)** die Wohnung(en) aufgrund des dinglichen Rechts, so hat er die Mieteinnahmen in **Zeilen 3 bis 5** unabhängig davon anzugeben, ob er den Nießbrauch (dingliches Wohnrecht) entgeltlich oder unentgeltlich erworben hat (vgl. für den Zuwendungsnießbrauch Tz. 10 ff., für den Vorbehaltsnießbrauch Tz. 39 ff. und für den Vermächtnisnießbrauch Tz. 32 des Nießbrauchserlasses a.a.O.). Entsprechendes gilt für den **obligatorisch Nutzungsberechtigten** (Tz. 6 ff., 36, 52 Nießbrauchserlass a.a.O.).

Vereinnahmte Mieten für **frühere Jahre** sind nicht hier, sondern in **Zeile 9** anzugeben. Die Mieteinnahmen bestehen in der Regel in Geld. Einnahmen, die nicht in Geld bestehen (sondern z. B. in Sachen oder Dienstleistungen), sind mit den üblichen Endpreisen am Abgabeort anzusetzen (§ 8 Abs. 2 EStG). Wegen der **Untervermietung** vgl. zu **Zeile 25.**

Maßgebend für die **Ermittlung der Roheinnahmen und der Werbungskosten** ist also das Kalenderjahr 2005. Dabei sind die **Einnahmen** anzusetzen, die im Jahr **2005 zugeflossen** sind, und die **Ausgaben** abzusetzen, die im Jahr **2005 geleistet** worden sind. Bei **Überweisung von einem Bankkonto** ist die Ausgabe bei dem Kontoinhaber in dem Zeitpunkt **abgeflossen,** in dem der Überweisungsauftrag der Bank zugegangen ist und der Steuerpflichtige im Übrigen alles in seiner Macht Stehende getan hat, um eine unverzügliche bankübliche Ausführung zu gewährleisten. Hierzu gehört insbesondere, dass der Steuerpflichtige im Zeitpunkt der Erteilung des Überweisungsauftrags für eine genügende Deckung auf seinem Girokonto gesorgt hat (BFH-Urteil vom 14. 1. 1986, BStBl II S. 453). Der Zeitpunkt des Eingangs des Überweisungsauftrags bei der Überweisungsbank ist für den Abfluss selbst dann maßgeblich, wenn die unbaren Zahlungen auf einem Sperrkonto des Zahlungsempfängers gutgeschrieben werden und das Guthaben erst anschließend der Bank verpfändet wird (BFH-Urteil vom 11. 8. 1987, BStBl 1989 II S. 702). Bei **Zahlung mit Scheck** (auch Verrechnungsscheck) ist die Ausgabe in der Regel mit der Entgegennahme des Schecks durch den Empfänger abgeflossen (BFH-Urteil vom 30. 10. 1980, BStBl 1981 II S. 305, bestätigt durch BFH-Urteil vom 20. 3. 2001, BStBl II S. 482).

Eine **Ausnahme** gilt für **regelmäßig wiederkehrende Einnahmen oder Ausgaben** (z. B. Mieten, Zinsen, Grundsteuern), die kurze Zeit vor Beginn oder kurze Zeit nach Ende des Kalenderjahres 2005 (**bis 10. 1.** 2006) vereinnahmt oder geleistet worden sind. Diese Beträge fallen auch steuerlich in das Jahr, zu dem sie wirtschaftlich gehören, d. h. also in das Jahr 2005.

Auf die Fälligkeit einer Einnahme oder Ausgabe im Kalenderjahr 2005 kommt es also nicht an. Ist z. B. die Dezembermiete 2005 erst am 25. 1. 2006 bezahlt worden, so handelt es sich um eine Einnahme des Jahres 2006. Nur bei Zahlung bis 10. 1. 2006 gehört die Miete als regelmäßig wiederkehrende Einnahme noch zu den Einnahmen des Jahres 2005. Hat ein Hausbesitzer die am 15. 10. 2005 ausgestellte und sofort fällige Rechnung für im September 2005 vorgenommene **Reparaturen** erst am 5. 1. 2006 bezahlt, so handelt es sich um eine nicht regelmäßig wiederkehrende Ausgabe und deshalb um Werbungskosten des Jahres 2006.

Wegen der Behandlung von **Mietvorauszahlungen** und von verlorenen Baukostenzuschüssen siehe **Zeile 9.**

Für die vom Eigentümer gewerblich oder freiberuflich genutzten Räume ist **keine** Miete anzusetzen. Wegen der Verteilung der Werbungskosten in diesen Fällen siehe Anlage V, Zeilen 30 bis 56.

Vereinnahmte Mieten bei Nutzungsrechten

Erhält der Eigentümer für die Bestellung eines **Zuwendungsnießbrauchs** (zum Begriff vgl. Anlage V, Zeile 34 II E.) **ein Entgelt,** so handelt es sich im Jahr des Zuflusses um steuerpflichtige Einnahmen aus Vermietung und Verpachtung (BFH-Urteil vom 27. 6.

1978, BStBl 1979 II S. 332). Die Einnahmen können jedoch **auf Antrag** aus Billigkeitsgründen auf die Laufzeit des Nießbrauchs, längstens auf einen Zeitraum von 10 Jahren, gleichmäßig verteilt werden (Tz. 28 und 29 Nießbrauchserlass vom 24. 7. 1998, a.a.O.).

Ist ein mit **Vorbehaltsnießbrauch** (zum Begriff vgl. Anlage V, Zeile 34 II E.) belastetes Grundstück vermietet, erzielt der **Nießbraucher** Einkünfte aus Vermietung und Verpachtung. Dies gilt auch, wenn der Nießbraucher das Grundstück dem Grundstückseigentümer entgeltlich zur Nutzung überlässt (Nießbrauchserlass a.a.O., Tz. 41).

Bei **Veräußerung eines Grundstücks gegen Bar- und/oder Rentenzahlung mit gleichzeitiger Einräumung des Nießbrauchs** (dinglichen Wohnrechts) zugunsten des bisherigen Eigentümers, also beim **sog. Vorbehaltsnießbrauch** ist davon auszugehen, dass die Bestellung des Nießbrauchs **keine Gegenleistung** des Erwerbers des Grundstücks ist (ebenso BFH-Urteile vom 28. 7. 1981, BStBl 1982 II S. 378, vom 10. 4. 1991, BStBl II S. 791 und vom 24. 4. 1991, BStBl II S. 793), und zwar unabhängig davon, ob das Grundstück entgeltlich oder unentgeltlich veräußert wird (Tz. 40 Nießbrauchserlass a.a.O.). Nach dieser Auffassung behält der bisherige Eigentümer einen „Teil" des Grundstücks zurück. Dem **Erwerber (jetzigen Eigentümer)** sind daher **keine Einnahmen** zuzurechnen; bei einem vereinbarten Veräußerungspreis von z.B. 150 000 € wird danach **nicht** unterstellt, dass der Käufer z.B. 200 000 € für das Grundstück bezahlt und anschließend wieder 50 000 € für den Nießbrauch zurückerhalten hat. Da dem Erwerber keine Einnahmen zufließen und der Vorbehaltsnießbraucher der Nutzungsberechtigte ist, kann der Erwerber auch keine Werbungskosten abziehen und keine AfA auf das dem Nutzungsrecht des Nießbrauchers unterliegenden Gebäude in Anspruch nehmen (Tz. 45 Nießbrauchserlass a.a.O.). Ist das Gebäude (wie im Beispielsfall) **entgeltlich** unter Vorbehalt des Nießbrauchs übertragen worden, bemisst sich die AfA des Eigentümers **nach Erlöschen** des Nießbrauchs nach den Anschaffungskosten des Eigentümers. Der Kapitalwert des Nießbrauchs gehört folgerichtig **nicht** zu den Anschaffungskosten (Tz. 47 Nießbrauchserlass a.a.O.), dagegen der Kapitalwert einer etwaigen Rente. Die AfA-Bemessungsgrundlage erhöht sich um die zusätzlichen Herstellungskosten, die der Eigentümer getragen hat (BFH-Urteil vom 7. 6. 1994, BStBl II S. 927). Das AfA-Volumen ist entsprechend zu kürzen (Tz. 47 Nießbrauchserlass a.a.O.). Ist das Grundstück **unentgeltlich** unter Vorbehalt des Nießbrauchs übertragen worden, erzielt der Eigentümer sonach keine steuerpflichtigen Einnahmen, so kann er die AfA **nach** Erlöschen des Nießbrauchs gemäß § 11 d EStDV fortführen (Tz. 48 Nießbrauchserlass a.a.O.). Diese Grundsätze gelten auch für das vorbehaltene **obligatorische Nutzungsrecht** (Tz. 53 Nießbrauchserlass a.a.O.).

Hiervon zu unterscheiden ist der Erwerb eines (unbebauten) **Grundstücks** gegen die **Verpflichtung**, dieses **mit einem Wohnhaus zu bebauen und** dem Veräußerer ein **dingliches Wohnrecht** an einem Teil des Gebäudes (Wohnung) auf Lebenszeit zu bestellen. Nach dem BFH-Urteil vom 21. 2. 1991, BStBl 1992 II S. 718 ist dies ein Rechtsgeschäft, das auf die **Anschaffung** des Grundstücks gerichtet ist; die zu entrichtende Gegenleistung erfolge nicht für den Gebrauch oder die Nutzung des Grundstücks (daher keine Einnahmen aus Vermietung). Nach der abweichenden Verwaltungsauffassung liegt dagegen ein **entgeltlich bestelltes Nutzungsrecht** vor, da die maßgebliche Gegenleistung des Erwerbers darin bestehe, eine Wohnung zur dauernden Selbstnutzung zu überlassen. Deshalb beziehe der Erwerber des Grundstückswerts **Einnahmen aus Vermietung und Verpachtung**, die aus Billigkeitsgründen auf einen Zeitraum von längstens 10 Jahren gleichmäßig verteilt werden können (BMF-Schreiben vom 5. 8. 1992, BStBl I S. 522).

6 **Einnahmen für an Angehörige vermietete Wohnungen (ohne Umlagen)**

7

Zu **Zeile 6** wird – getrennt von den anderen Mieteinnahmen – nach den Einnahmen für an **Angehörige** vermietete Wohnungen (ohne Umlagen) gefragt. Da Wohnungen an Angehörige häufig **verbilligt** (teilentgeltlich) überlassen werden und sich durch solche (zulässigen) Gestaltungen nicht unerhebliche steuerliche Vor-

teile ergeben können, sieht die Finanzverwaltung offensichtlich Prüfungsbedarf. In solchen Fällen sind zwar ebenfalls nur die tatsächlich erzielten, geringeren Nutzungsentgelte als Einnahmen zu erfassen. Der Vermieter darf aber trotzdem die mit der Wohnung zusammenhängenden **Aufwendungen in voller Höhe** als Werbungskosten abziehen, falls die vereinbarte und gezahlte Miete – ab 2004 – 56 v.H. oder mehr (vorher: 50 v.H.) der ortsüblichen Marktmiete beträgt. Beläuft sich die vereinbarte Miete einschließlich gezahlter Umlagen allerdings auf **weniger als 56 v.H.** der ortsüblichen Marktmiete einschließlich umlagefähiger Kosten, sind auch die mit der Wohnung zusammenhängenden Aufwendungen **nur anteilig**, d.h. im Verhältnis der erzielten zur erzielbaren Miete als Werbungskosten abzuziehen (BFH-Urteile vom 4. 6. 1986, BStBl II S. 839, vom 30. 7. 1985, BStBl 1986 II S. 327). In diesem Fall ist die Nutzungsüberlassung **in einen entgeltlichen und einen unentgeltlichen Teil aufzuteilen** (§ 21 Abs. 2 EStG). Das bedeutet im Ergebnis, dass **Werbungskosten nur anteilig zu berücksichtigen** sind. Dies gilt in **allen** Fällen einer verbilligten Überlassung, nicht nur bei Angehörigen.

Unabhängig hiervon wird ein Mietvertrag allgemein **nicht** anerkannt, wenn auf Dauer gesehen **mangels Einkünfteerzielungsabsicht** keine Einnahmenüberschüsse zu erwarten sind und deshalb steuerlich eine sog. Liebhaberei anzunehmen ist. Vgl. zur Einkünfteerzielungsabsicht sowie zur hierzu ergangenen BFH-Rspr. die umfassenden Ausführungen in **Anlage V, Zeilen 30 bis 56** und zu Ferienwohnungen Anlage V, Vorbem, Abs. (5), (5a), (5b).

In diesem Zusammenhang ist zu beachten, dass ein **Mietverhältnis zwischen nahen Angehörigen** (z.B. zwischen Eltern und Kindern, aber auch zwischen Geschwistern und zwischen Verschwägerten) einem **Fremdvergleich** unterliegt (vgl. H 162 a [Fremdvergleich] EStH). Hiernach müssen die **Hauptpflichten** der Mietvertragsparteien, wie Überlassen einer konkret bestimmten Mietsache und Höhe der zu entrichtenden Miete, stets klar und eindeutig vereinbart sowie entsprechend dem Vereinbarten durchgeführt werden (BFH-Urteil vom 20. 10. 1997, BStBl 1998 II S. 106). Deshalb kann z.B. das Mietverhältnis der Besteuerung nicht zugrunde gelegt werden, wenn die tatsächliche Mietentrichtung nicht der vertraglich vereinbarten entspricht (z.B. statt regelmäßiger Zahlung Nachzahlung in einem Betrag in einem späteren Jahr: BFH-Urteile vom 25. 5. 1993, BStBl II S. 834 und vom 19. 6. 1991, BStBl 1992 II S. 75). Ein Mietverhältnis zwischen nahen Angehörigen wird auch nur dann steuerlich anerkannt, wenn feststeht, dass die gezahlte Miete tatsächlich **endgültig** aus dem Vermögen des Mieters (z.B. Kind) in das des Vermieters (z.B. Eltern) gelangt ist (BFH-Urteil vom 28. 1. 1997, BStBl II S. 655). Weicht die Vereinbarung und Durchführung des Vertrags hinsichtlich der **Nebenabgaben** von dem unter Fremden Üblichen ab, so hängt die Anerkennung des Mietvertrags von der Würdigung aller Umstände des Einzelfalls ab (BFH-Urteil vom 17. 2. 1998, BStBl II S. 349). Nicht jede Abweichung vom Üblichen schließt notwendigerweise die steuerliche Anerkennung des Vertragsverhältnisses aus; so ist z.B. die teilweise unregelmäßige, aber **vor**schüssige Zahlung der Miete und der Nebenkosten in bar, nachdem der Vermieter sein Konto aufgelöst hat, für sich gesehen nicht schädlich (BFH-Urteil vom 7. 5. 1996, BStBl 1997 II S. 196). Nach der früheren Rechtsprechung des BFH wurde ein Mietverhältnis zwischen Eltern und Kind dann **nicht** anerkannt, wenn das Kind – ggf. trotz eigener Einkünfte – unterhaltsbedürftig ist. Dies galt selbst dann, wenn die eigenen Einkünfte zwar die Jahresmiete abdeckten, aber – auch wegen der Mietzahlungen – eine Finanzierungslücke blieb, für die die Eltern wegen ihrer Unterhaltsverpflichtung aufkommen mussten (so noch BFH-Urteile vom 23. 2. 1988, BStBl II S. 604 und vom 14. 6. 1988, BFH/NV 1990 S. 97). In der Praxis geht es häufig darum, dass die Eltern Werbungskostenüberschüsse für die vermietete Wohnung geltend machen. An der früheren o.g. Auffassung hat der BFH in zwei Urteilen vom 19. 10. 1999, BStBl 2000 II S. 223 und S. 224 nicht mehr festgehalten (vgl. hierzu auch H 162a [Vermietung an Unterhaltsberechtigte] EStH). Danach ist ein Mietvertrag zwischen Eltern und unterhaltsberechtigtem Kind **nicht** deshalb **rechtsmissbräuchlich** i.S. des § 42 AO, weil das Kind die Miete aus dem laufenden Barunterhalt oder durch Verrechnung mit dem Barunterhalt der Eltern zahlt. Das Mietverhältnis ist allerdings nicht anzuerkennen, wenn Eltern und Kinder noch eine Haushaltsgemeinschaft bilden

Teil I: Anlage V
Zeilen 7–10

(BFH-Urteil vom 19.10. 1999, BStBl 2000 II S. 224). Ein Mietverhältnis ist aber nicht deshalb rechtsmissbräuchlich, weil z.B. der unterhaltsverpflichtete Vater eine Wohnung an seine volljährige unterhaltsberechtigte Tochter **und** an deren Ehemann vermietet (BFH-Urteil vom 28. 1. 1997, BStBl II S. 599). Zu den Grenzen des Gestaltungsmissbrauchs i.S. von § 42 AO unter Angehörigen, insbesondere bei Rückvermietung an Angehörige nach vorausgegangener Grundstücksübertragung gegen wiederkehrende Leistungen (sog. Stuttgarter Modell) und andere Gestaltungen, vgl. die BFH-Urteile vom 10. 12. 2003, BStBl 2004 II S. 643 und vom 17. 12. 2003, BStBl 2004 II S. 646 und S. 648 sowie H 162a (Vermietung an Angehörige nach Grundstücksübertragung) EStH.

Zahlt das Kind den laufenden Mietzins nicht aus dem monatlich von den Eltern erhaltenen Barunterhalt, sondern stehen ihm darüber hinaus für die Mietzahlungen **eigene Gelder** zur freien Verfügung, so liegt in dem Abschluss des Mietvertrags kein Gestaltungsmissbrauch nach § 42 AO, selbst wenn die eigenen Gelder dem Kind zuvor von den Eltern – ohne Bedingung und ohne Vorbehalt – geschenkt worden sind (vgl. BFH-Urteil vom 28. 3. 1995, BStBl 1996 II S. 59: Mietzahlung aus einmaliger Geldzahlung). Das Mietverhältnis wird sonach anerkannt, falls der Fremdvergleich hinsichtlich der tatsächlich durchgeführten Mietzahlungen nicht entgegensteht (vgl. BFH-Urteile vom 19.12. 1995, BStBl 1997 II S. 52, vom 23. 2. 1994, BStBl II S. 694 und das einschränkende BMF-Schreiben vom 22. 1. 1996, BStBl I S. 37).

Wegen der ggf. missbräuchlichen **wechselseitigen Vermietung** („Überkreuzvermietung") zwischen Angehörigen vgl. Anlage FW, Zeilen 22 bis 23, vor a). Wohnräume im Haus der Eltern, die keine abgeschlossene Wohnung bilden, können nicht mit steuerrechtlicher Wirkung an volljährige unterhaltsberechtigte Kinder vermietet werden (BFH-Urteil vom 16.1. 2003, BStBl II S. 301). Vgl. H 162a (Vermietung an Unterhaltsberechtigte) EStH.

Leben Partner einer **nicht ehelichen Lebensgemeinschaft** zusammen in einer Wohnung, die einem von ihnen gehört, kann dieser seine Wohnung nicht steuerrechtlich wirksam zur Hälfte dem anderen vermieten (BFH-Urteil vom 30. 1. 1996, BStBl II S. 359).

Der Abschluss eines Mietvertrags mit dem **geschiedenen oder dauernd getrennt lebenden Ehegatten** und die Verrechnung der Miete mit dem geschuldeten Barunterhalt ist möglich und stellt grundsätzlich keinen Missbrauch von Gestaltungsmöglichkeiten dar (BFH-Urteil vom 16. 1. 1996, BStBl II S. 214). Wird dagegen eine Wohnung auf Grund einer Unterhaltsvereinbarung zu Wohnzwecken überlassen und dadurch der Anspruch des Unterhaltsberechtigten auf Barunterhalt vermindert, liegt kein Mietverhältnis vor (BFH-Urteil vom 17.3. 1992, BStBl II S. 1009).

Einnahmen aus Umlagen

7–8 In den **Zeilen 7 und 8** sind alle Einnahmen aus **Umlagen in voller Höhe** einzutragen, auch die auf die Einnahmen nach Zeile 5 und nach Zeile 6 entfallenden. Dazu gehören z.B. Wassergeld, Abwassergebühren, Flur- und Kellerbeleuchtung, Straßenreinigung, Müllabfuhr, Zentralheizung, Schornsteinreinigung, Sach- und Haftpflichtversicherungen, Grundsteuer usw. Dies gilt auch dann, wenn der Mieter die vom Vermieter geschuldete Zahlung bestimmter Nebenkosten übernimmt. Soweit die Umlagen in 2005 an die Mieter zurückgezahlt worden sind, sind die Umlagen um die Erstattungen zu vermindern. Der getrennte Ausweis der Umlagen in Zeile 8 für Wohnungen, die an Angehörige vermietet sind, ist im Zusammenhang mit der Berechnung der 56 v.H.-Begrenzung bei der ortsüblichen Miete zu sehen (vgl. Anlage V, Zeilen 30 bis 56).

Vereinnahmte Mieten für frühere Jahre und Mietvorauszahlungen aus Baukostenzuschüssen

9 In **Zeile 9** sind die im Kalenderjahr 2005 tatsächlich vereinnahmten **Mieten** (einschließlich Untermieten) **aus früheren Jahren** (Mietrückstände) und **Mietvorauszahlungen** aus Baukostenzuschüssen **(Mieterzuschüssen)** anzugeben. Wegen der Zuschüsse aus **öffentlichen** Mitteln und **anderer** Zuschüsse vgl. zu Zeile 11 und Zeile 60.

Für solche auf das Kalenderjahr entfallende **Mietvorauszahlungen (Mieterzuschüsse)** gilt Folgendes (R 163 Abs. 3 EStR):

Vereinbaren die Parteien eines Mietverhältnisses eine **Beteiligung des Mieters an den Kosten der Herstellung des Gebäudes oder der Mieträume** oder lässt der Mieter die Mieträume auf seine Kosten **wieder herrichten** und einigt sich mit dem Vermieter, dass die Kosten ganz oder teilweise **verrechnet** werden, so entsteht dem Mieter ein Rückzahlungsanspruch, der in der Regel durch Anrechnung des vom Mieter aufgewandten Betrags (Mieterzuschuss) auf den Mietzins **wie eine Mietvorauszahlung** befriedigt wird.

Für die steuerliche **Behandlung der Mieterzuschüsse beim Vermieter** gilt Folgendes:

- Mieterzuschüsse sind in dem Veranlagungszeitraum als Mieteinnahmen anzusetzen, in dem sie zufließen. Sie können aber zur Vermeidung von Härten **auf Antrag** zunächst als zinsloses Darlehen angesehen und so behandelt werden, als ob sie dem Vermieter erst im Laufe **der Jahre** zufließen würden, in denen er sie durch **Vereinnahmung der herabgesetzten Miete** tilgt. Als vereinnahmte Miete ist dabei jeweils die tatsächlich gezahlte Miete **zuzüglich** des anteiligen Vorauszahlungsbetrags anzusehen (dieser und der vorhergehende Satz gelten nur für die vereinnahmte Nettomiete, nicht für ggf. vereinnahmte USt-beträge). Die tatsächlich gezahlte Miete ist in **Zeile 3,** die auf das Kalenderjahr entfallende Mietvorauszahlung in **Zeile 9** einzutragen.

- Wurde zwischen den Mietparteien ausnahmsweise **nicht** vereinbart, dass die Kosten des Mieters auf den Mietzins **angerechnet** werden, so sind diese **wie Mietvorauszahlungen** zu behandeln. **Auf Antrag** können sie vom Vermieter auf die – voraussichtliche – Dauer des Mietverhältnisses, längstens auf einen Zeitraum von **10 Jahren,** gleichmäßig verteilt werden (R 163 Abs. 3 Satz 6 EStR).

- Für die Berechnung der **Absetzungen für Abnutzung** nach § 7 EStG und für erhöhte Absetzungen oder Sonderabschreibungen kann der Vermieter von den **gesamten** Herstellungskosten, also von den **eigenen Aufwendungen zuzüglich der Mieterzuschüsse,** ausgehen.

- Hat ein **Mieter** Kosten getragen, die als **Erhaltungsaufwand** anzusehen sind, so sind (aus Vereinfachungsgründen) nur die **eigenen Kosten des Vermieters** als Werbungskosten zu berücksichtigen (R 163 Abs. 3 Satz 8 EStR).

- Wird ein Gebäude während des Zeitraums, auf den eine Mietvorauszahlung in den oben genannten Fällen zu **verteilen** ist, **veräußert** oder in ein Betriebsvermögen **eingebracht** oder nicht mehr zur Erzielung von Überschusseinkünften i.S. des EStG genutzt, so ist der noch nicht als Mieteinnahme berücksichtigte Teil der Mietvorauszahlung im Jahr der Veräußerung oder der Überführung in das Betriebsvermögen als **Mieteinnahme** bei den Einkünften aus Vermietung und Verpachtung anzusetzen (vgl. jedoch für die Veräußerung BFH-Urteil vom 28. 6. 1977, BStBl 1978 II S. 91).

Einnahmen aus Vermietung von Garagen, Werbeflächen, Grund und Boden für Kioske usw. sowie erstattete Umsatzsteuer

Steuerpflichtig sind auch die in **Zeile 10** aufgeführten Einnahmen aus Vermietung von Garagen, Werbeflächen, Grund und Boden für Kioske usw. Erhält ein Eigentümer für die Inanspruchnahme seines Grundstücks im Zuge der Errichtung einer baulichen Anlage auf dem Nachbargrundstück (z.B. für Aushub und Arbeitsraum während der Bauzeit) ein Entgelt, so ist auch dieses nach § 21 Abs. 1 EStG steuerpflichtig (BFH-Urteil vom 2.3. 2004, BStBl II S. 507). Hier sind die Bruttoeinnahmen anzugeben; die hierauf entfallenden Ausgaben (Werbungskosten) sind in die Zeilen 34 ff. einzutragen.

Hat der Vermieter zur Umsatzsteuer optiert und bekommt er vom Finanzamt **Umsatzsteuer (Vorsteuer) erstattet,** so muss er diese ebenfalls in Zeile 10 angeben (vgl. im Übrigen zur Umsatzsteuer [Vorsteuer] oben zu Zeilen 3 bis 5).

Öffentliche Zuschüsse nach dem Wohnraumförderungsgesetz (WoFG) oder zu Erhaltungsaufwendungen, Aufwendungszuschüsse, Guthabenzinsen aus Bausparverträgen und sonstige Einnahmen

11 Zuschüsse aus öffentlichen Mitteln zur Finanzierung von **Erhaltungsaufwendungen** sowie **Aufwendungszuschüsse**, z.B. zur Minderung der **Zins- und Mietbelastungen,** sind im Jahr des Zuflusses als Einnahmen in **Zeile 11** einzutragen. Zuschüsse, die eine Gegenleistung für die Gebrauchsüberlassung des Grundstücks, z.B. für eine **Mietpreisbindung** oder Nutzung durch einen bestimmten **Personenkreis** darstellen (z.B. Zuschüsse nach dem WoFG, können auf die Jahre des Bindungszeitraums, höchstens jedoch auf 10 Jahre, verteilt werden (R 163 Abs. 2 EStR). Bei Rückzahlung der Zuschüsse sind sie **im Jahr der Rückzahlung** als **Werbungskosten** abzuziehen (R 163 Abs. 1 Satz 10 EStR).

12

In **Zeile 11** handelt es sich um Zuschüsse, die **keine** Mieterzuschüsse i. S. der Ausführungen zu Anlage V, **Zeile 9** sind.

Zuschüsse aus öffentlichen Mitteln zur Finanzierung von **Anschaffungs- oder Herstellungskosten** sind in Anlage V, **Zeile 59** einzutragen. Sie können nur noch von der Bemessungsgrundlage für die Abschreibungen, also von den Anschaffungs- oder Herstellungskosten des Gebäudes, abgezogen werden. Vgl. hierzu Anlage V, **Zeile 59.**

Nach der BFH-Rechtsprechung gehören auch **Guthabenzinsen aus Bausparverträgen** zu den Einnahmen aus Vermietung und Verpachtung, wenn z.B. der Bausparvertrag für gerade dieses Gebäude, für das die Anlage V abzugeben ist, vor- oder zwischenfinanziert wurde (BFH-Urteile vom 9. 11. 1982, BStBl 1983 II S. 172 und 8. 2. 1983, BStBl II S. 355). Danach sind nämlich **Guthabenzinsen aus Bausparverträgen** bei Vermietung und Verpachtung (und nicht bei den Einkünften aus Kapitalvermögen) als Einnahmen zu berücksichtigen, wenn sie in einem **engen wirtschaftlichen Zusammenhang** mit dem Erwerb, dem Bau, der Umschuldung oder der Erhaltung (Reparatur) eines Hauses stehen (vgl. auch BMF-Schreiben vom 28. 2. 1990, BStBl I S. 124 und H 161 [Einnahmen] EStH). Bei der Anwendung dieser Rechtsprechung ist nicht zu unterscheiden, ob die Vor- oder Zwischenfinanzierung eines Bausparvertrags durch die Bausparkasse selbst oder durch ein Kreditinstitut erfolgt. Auch in den Fällen der Vorfinanzierung über ein sog. Bankvorausdarlehen (Aufnahme eines Kredits bei der Bank, später Ablösung mit der zugeteilten Bausparsumme) gelten die genannten Grundsätze. Die Guthabenzinsen aus Bausparverträgen sind daher in allen diesen Fällen als sonstige Einnahmen in **Zeile 11** der Anlage V einzutragen. Die hierzu ergangene o.g. Rechtsprechung gilt aber **nur noch für vermietete Wohnungen** bzw. für Wohnungen, die vermietet werden sollen. In diesen Fällen sind auch **Schuldzinsen** für einen **Zwischenkredit** oder **Auffüllungskredit** weiterhin als Werbungskosten bei den Einkünften aus Vermietung und Verpachtung abziehbar. In allen anderen Fällen, insbesondere bei **selbstgenutztem** Wohneigentum sind diese Guthabenzinsen (bereits seit 1987) den Einnahmen aus Kapitalvermögen zuzurechnen und in Anlage KAP, Zeile 5 zu erklären (BFH-Urteil vom 8. 12. 1992, BStBl 1993 II S. 301). Ausnahmsweise liegen hier aber mangels Einkünfteerzielungsabsicht **keine** Einkünfte aus Kapitalvermögen vor, wenn das Bausparguthaben über einen sog. **Auffüllungskredit** fremdfinanziert wurde (BFH-Urteil vom 8. 12. 1992 a.a.O.). Hinsichtlich der **Schuldzinsen** muss dann unterschieden werden, ob es sich um Schuldzinsen für einen **Zwischen- oder Vorfinanzierungskredit** oder um Schuldzinsen für einen **Auffüllungskredit** handelt.

Als **sonstige Einnahmen** sind in **Zeile 11** auch **Nutzungsentschädigungen** sowie Vergütungen für **vertragswidrige Behandlung** einer Miet- oder Pachtsache (z.B. wegen übermäßiger Beanspruchung der Mietsache, wegen vertragswidriger Vernachlässigung oder Vorenthaltung einer Pacht- oder Mietsache) anzugeben sowie Abstandszahlungen eines Mietinteressenten an den Vermieter für die Entlassung aus dem Vormietvertrag (BFH-Urteil vom 21. 8. 1990, BStBl 1991 II S. 76 und H 161 [Einnahmen] EStH), außerdem etwaige Zinsen für von Mietern erhaltene Kautionen. Auch die Einbehaltung einer **Mieterkaution** ist eine Mieteinnahme (BFH-Urteil vom 11. 7. 2000, BStBl 2001 II S. 784: hiermit finanzierte Reparaturen sind grundsätzlich Werbungskosten).

Erstattete Beträge von in den **Vorjahren als Werbungskosten** abgezogene Aufwendungen gehören ebenfalls zu den sonstigen Einnahmen aus Vermietung und Verpachtung, z.B. erstattete Grundsteuer oder wenn der Erwerber eines Grundstücks dem Veräußerer im Rahmen des Kaufpreises Finanzierungskosten (z.B. Damnum), die der Veräußerer als Werbungskosten bei den Einkünften aus Vermietung und Verpachtung abgezogen hatte, erstattet (BFH-Urteil vom 22. 9. 1994, BStBl 1995 II S. 118) oder bei Rückzahlung eines anteiligen Disagiobetrags, selbst nach Wegfall der Nutzungswertbesteuerung (BFH-Urteil vom 28. 3. 1995, BStBl II S. 704 sowie BMF-Schreiben vom 19.4. 2000, BStBl I S. 484) und zwar unabhängig davon, ob sich die zurückgeflossenen Werbungskosten früher steuerlich ausgewirkt haben oder der Steuerpflichtige die frühere Tätigkeit noch ausübt. Keine Einnahmen aus Vermietung und Verpachtung liegen vor, wenn das Damnum nur einen unselbständigen Rechnungsposten für die Bemessung einer Vorfälligkeitsentschädigung darstellt (BFH-Urteil vom 19.2. 2002, BStBl 2003 II S. 126). Eine Erläuterung auf besonderem Blatt empfiehlt sich.

Der **Gesamtbetrag** in **Zeile 11** ist um den Anteil **zu kürzen,** der auf eigengenutzte Wohnungen oder auf unentgeltlich an Dritte überlassene Wohnungen lt. **Zeile 2** entfällt.

Eine **Brandversicherungsentschädigung** ist nach der älteren BFH-Rechtsprechung **keine sonstige Einnahme** aus Vermietung und Verpachtung und deshalb **nicht** in Zeile 11 zu erfassen; hiernach ist sie vielmehr als Ersatz für die an dem Haus eingetretenen Schäden dem Vermögensbereich zuzurechnen (BFH-Urteil vom 9. 3. 1962, BStBl III S. 219). Teilt man diese Auffassung, die durch spätere Rechtsprechung zweifelhaft geworden ist (vgl. BFH-Urteile vom 1. 12. 1992, BStBl 1994 II S. 11 und S. 12), so sind die anfallenden **Reparaturkosten** folgerichtig **keine** Werbungskosten, da dann auch dieser Vorgang auf dem Gebiet des Vermögens liegt. Werbungskosten lägen dann nur insoweit vor, als die Aufwendungen durch die erhaltene Entschädigung nicht gedeckt sind (BFH-Urteil vom 9. 3. 1962 a.a.O.).

Wird der Brandschaden **nicht repariert** oder muss das Gebäude oder der Gebäudeteil **neu aufgebaut** werden, sodass **Herstellungskosten** vorliegen, so berechtigt der eingetretene Brandschaden zu einer Absetzung wegen außerordentlicher technischer Abnutzung (AfaA) nach § 7 Abs. 1 letzter Satz EStG in Höhe der zerstörten Gebäudesubstanz. Auch die Abbruchkosten des zur Einkünfteerzielung genutzten Gebäudes stellen Werbungskosten dar. Nach den BFH-Urteilen vom 1. 12. 1992 a.a.O. und vom 13. 3. 1998, BStBl II S. 443 ist die AfaA grundsätzlich im Jahr des Schadensereignisses, spätestens aber im Jahr der Entdeckung des Schadens als Werbungskosten abziehbar. Wegen des engen Zusammenhangs des Ersatzanspruchs mit dem beschädigten Wirtschaftsgut gehört dann folgerichtig eine gezahlte **Entschädigung** des Versicherers zu den **Einnahmen** aus Vermietung und Verpachtung, **soweit sie Werbungskosten** – wie z.B. die AfaA und die Abbruchkosten – **ersetzen soll** (BFH-Urteile vom 1. 12. 1992, a.a.O.). Diese Grundsätze gelten sowohl für zweckgebundene Entschädigungen (z.B. solche der Gebäudebrandversicherungsanstalten) als auch für frei verfügbare. Vgl. Teil II, Tz. 1.7.2. (3).

Wegen der **Beiträge** zur Gebäudebrandversicherung als Werbungskosten vgl. Anlage V, Zeile 52.

Summe der Einnahmen und Summe der Werbungskosten

12–17 **Zeile 12** ergibt die **Summe der Einnahmen** aus den Zeilen 3 bis 11.
13–15 In **Zeile 13** ist die **Summe der Werbungskosten**, die sich aus Zeile 57 ergibt, einzutragen und von den Einnahmen abzuziehen. Der Überschuss (positiv oder negativ) aus **Zeile 14** ist in **Zeile 16** dem (den) Berechtigten zuzuordnen; ferner ist die Summe der Beträge aus Zeile 14 aller weiteren Anlagen V des Steuerpflichtigen aus Gründen der technischen Auswertung durch das Finanzamt in **Zeile 17** einzutragen.

Dient die Anlage V einer Erklärung zur gesonderten und einheitlichen Feststellung der Besteuerungsgrundlagen (§§ 179ff. AO) und wird eine solche Feststellung vorgenommen, so ist in **Zeile 16** die 1. Spalte („Gesellschaft") auszufüllen. Eine gesonderte Feststellung ist nach § 180 Abs. 3 AO jedoch u. a. dann nicht erforderlich, wenn es sich um „Fälle von geringer Bedeutung" handelt. Mieteinkünfte zusammen zu veranlagender **Eheleute** aus einem ihnen

Teil I: Anlage V
Zeilen 18–27

gemeinsam gehörenden Haus können auch **ohne** gesonderte Feststellung bei der ESt-Veranlagung ermittelt werden, wenn der Sachverhalt nicht schwierig ist, sofern die Veranlagung von dem Finanzamt durchgeführt wird, das auch für den Feststellungsbescheid zuständig wäre (BFH-Urteil vom 20. 1. 1976, BStBl II S. 305; vgl. andererseits BFH-Urteil vom 3. 2. 1976, BStBl II S. 396). In dem praktisch häufig vorkommenden Fall, dass bei Ehegatten nach der zit. BFH-Rspr. eine gesonderte Feststellung **nicht** vorgenommen wird, sind die Einkünfte aus Zeile 14 in **Zeile 16** auf Ehemann und Ehefrau **aufzuteilen.**

Anteile an Einkünften

18–23
18–22
Sind mehrere Personen an Einkünften aus Vermietung und Verpachtung beteiligt (z. B. bei **Bauherrengemeinschaften, Erwerbergemeinschaften, geschlossenen Immobilienfonds** oder **Grundstücksgemeinschaften),** so können die Einkünfte der Beteiligten **gesondert und einheitlich,** d.h. mit Wirkung für und gegen alle, festgestellt und den Beteiligten entsprechend ihrer Beteiligung zugerechnet werden (§§ 179ff. AO).

Diese **Anteile** an solchen Einkünften sind von dem Steuerpflichtigen in der Anlage V und zwar in den **Zeilen 18 bis 23 zu erklären.**

Über die gesondert und einheitlich festzustellenden Einkünfte aus Vermietung und Verpachtung ist – unabhängig von der hier auszufüllenden Anlage V – eine **besondere Erklärung** (Vordruck ESt 1 B und Anlage FB, FE 1) an das Finanzamt abzugeben, in dessen Bezirk das Grundstück belegen ist. Diese Erklärung wird in der Regel vom „Zustellungsvertreter", d.h. von demjenigen abgegeben, den die Beteiligten dem Finanzamt als zum Empfang von Bescheiden usw. Ermächtigten benannt haben. Dadurch soll die einheitliche Entscheidung durch die Finanzämter und die gleichmäßige Behandlung der Beteiligten sichergestellt werden.

Aufteilung der Einkünfte bei Grundstücksgemeinschaften

Die Aufteilung der Einkünfte (Einnahmen und Aufwendungen einschließlich der AfA) aus der **gemeinsamen** Vermietung und Verpachtung erfolgt **bei Grundstücksgemeinschaften grundsätzlich** nach den **bürgerlich-rechtlichen Miteigentumsanteilen** und zwar unabhängig davon, welche Kosten die Miteigentümer tatsächlich getragen haben oder welche Einnahmen ihnen zugeflossen sind und unabhängig davon, ob und in welchem Umfang die Miteigentümer die übrigen – nicht vermieteten – Räumlichkeiten des Gebäudes jeweils selbst nutzen (BFH-Urteile vom 26. 1. 1999, BStBl II S. 360 und vom 18. 5. 2004, BStBl II S. 929 sowie H 164 [Miteigentum] EStH). **Abweichende Vereinbarungen** zwischen den Miteigentümern hinsichtlich der Verteilung von Einnahmen und Ausgaben sind aber **anzuerkennen,** wenn sie bürgerlich-rechtlich wirksam sind und hierfür wirtschaftlich vernünftige Gründe vorliegen, die grundstücksbezogen sind (R 164 Abs. 1 EStR), also vor allem, wenn sie ihren **Grund im Gemeinschaftsverhältnis** haben, wie das z.B. bei einer Verteilung entsprechend den tatsächlichen Nutzungsverhältnissen der Fall ist (BFH-Urteil vom 31. 3. 1992, BStBl II S. 890), **nicht** dagegen, wenn verwandtschaftliche Motive maßgebend sind oder freiwillige Zuwendungen nach § 12 Nr. 2 EStG vorliegen (vgl. BFH-Urteile vom 7. 10. 1986, BStBl 1987 II S. 322, vom 22. 1. 1980, BStBl II S. 244, vom 18. 11. 1980, BStBl 1981 II S. 510 und vom 27. 6. 1978, BStBl II S. 674). Abweichende Vereinbarungen **unter Angehörigen** müssen außerdem in Gestaltung und Durchführung dem zwischen fremden Personen Üblichen entsprechen (vgl. H 164 [Abweichende Zurechnung] EStH). Werbungskosten, die nicht der Gemeinschaft als solcher, sondern nur einzelnen Miteigentümern erwachsen (Sonderwerbungskosten), z.B. Kreditzinsen oder Reisekosten, sind bei dem einzelnen Miteigentümer zu berücksichtigen. AfA oder erhöhte Absetzungen und Sonderabschreibungen können nur demjenigen Miteigentümer zugerechnet werden, der die Anschaffungs- oder Herstellungskosten getragen hat (R 164 Abs. 1 Satz 3 EStR, z.B. unterschiedlich hohe Beteiligung an der Baufinanzierung).

Wird **einem Miteigentümer** (oder dessen Ehegatten) eine Wohnung von der Gemeinschaft (oder einem oder mehreren Miteigentümern) überlassen, so ist eine Vermietung einkommensteuerlich insoweit anzuerkennen, soweit die entgeltliche Überlassung den ideellen Miteigentumsanteil des Miteigentümers **übersteigt;** er ist dagegen **nicht** anzuerkennen, soweit die überlassene Fläche seinem Miteigentumsanteil entspricht (R 164 Abs. 2 EStR). Deshalb ist auch der Mietvertrag zwischen einer Gesellschaft des bürgerlichen Rechts und einem Gesellschafter steuerrechtlich nicht anzuerkennen, soweit diesem das Grundstück anteilig zuzurechnen ist (BFH-Urteil vom 18.5. 2004, BStBl II S. 898).

In diesem Zusammenhang ist auch zu beachten, dass der Tatbestand der Einkunftsart Vermietung und Verpachtung von demjenigen verwirklicht wird, der die rechtliche und tatsächliche Macht hat, das Wirtschaftsgut i.S. des § 21 EStG anderen entgeltlich auf Zeit zur Nutzung zu überlassen; er muss Träger der Rechte und Pflichten aus dem Vertrag sein und auch nach außen als Vertragspartner auftreten (BFH-Urteile vom 26. 1. 1999 a.a.O. und vom 27. 1. 1993, BStBl 1994 II S. 615). Dies kann auch ein **einzelner Miteigentümer** sein, der nicht als Vertreter der Gemeinschaft, sondern auf Grund eines eingeräumten **Nutzungsrechts** das Gebäude oder einen Gebäudeteil (z.B. Wohnung) in eigenem Namen und auf eigene Rechnung vermietet (vgl. auch BFH-Urteil vom 25. 6. 2002, BFH/NV 2002 S. 1556). Dabei muss es sich um ein dingliches oder obligatorisches Nutzungsrecht **mit gesicherter Rechtsposition** handeln, d.h. von mindestens einjähriger Dauer und mit strengeren Anforderungen bei nahen Angehörigen: vgl. oben Anlage V, Vorbem. (2). Der einzelne Miteigentümer hat dann die Einkünfte hieraus (Einnahmen ./. Werbungskosten, aber nur anteilige AfA) allein zu versteuern.

Da die **gesonderte und einheitliche Feststellung** für und gegen alle Beteiligten wirkt, muss außer der Höhe der zugeflossenen Einkünfte die Gemeinschaft bezeichnet und angegeben werden, welches Finanzamt unter welcher Steuernummer die gesonderte und einheitliche Feststellung der Einkünfte durchführt.

Ist der Anteil bzw. einer von mehreren Anteilen dem Steuerpflichtigen noch nicht bekannt, so kann die Steuererklärung trotzdem abgegeben werden. In diesem Falle empfiehlt sich der Eintrag: „Finanzamt bitte einsetzen".

Gesellschaften, Gemeinschaften und ähnliche Modelle i.S. des § 2b EStG

24
23
In **Zeile 24** sind die Anteile an Gesellschaften (Verlustzuweisungsgesellschaften), Gemeinschaften und ähnlichen Modellen i.S. des § 2b EStG zu erklären. Danach dürfen **negative Einkünfte** auf Grund von Beteiligungen an Gesellschaften oder Gemeinschaften oder ähnlichen Modellen **nicht** mit anderen Einkünften **ausgeglichen** werden, wenn bei dem Erwerb oder der Begründung der Einkunftsquelle die **Erzielung eines steuerlichen Vorteils** im Vordergrund steht. Vgl. hierzu im Einzelnen und zum Zeitpunkt des In-Kraft-Tretens des § 2b EStG die Ausführungen in Teil I **Anlage GSE, Zeile 9** mit Vertrauensschutzregelung (§ 52 Abs. 4 EStG).

Andere Einkünfte

Einkünfte aus Untervermietung von gemieteten Räumen

25
24
In **Zeile 25** sind die Einkünfte (d.h. Bruttoeinnahmen abzüglich Werbungskosten) aus der **Untervermietung** von gemieteten Räumen (insbesondere Wohnungen) anzugeben. Die Berechnung der Einnahmen und Werbungskosten soll auf einem besonderen Blatt vorgenommen werden. Zu den Werbungskosten gehören neben den angefallenen Ausgaben für Beleuchtung, anteilige Miete, anteilige Reinigungskosten usw. auch die Absetzung für Abnutzung auf die Einrichtungsgegenstände, falls solche mitvermietet sind.

Einkünfte aus Vermietung und Verpachtung unbebauter Grundstücke, von anderem unbeweglichem Vermögen, von Sachinbegriffen sowie aus Überlassung von Rechten

26–27
25
(1) In **Zeilen 26 und 27** sind die **Einkünfte** (d.h. Bruttoeinnahmen abzüglich der im Zusammenhang mit der Vermietung und Verpachtung angefallenen Ausgaben) aus der Vermietung und Verpachtung von **unbebauten Grundstücken** anzugeben (z.B. Vermietung eines Grundstücks als Lagerplatz usw.); außerdem etwaige Einkünfte aus **anderem unbeweglichem Vermögen** sowie Einkünfte aus der Vermietung von sog. **Sachinbegriffen,** d.h.

einer Vielheit von beweglichen Sachen, die nach ihrer Zweckbestimmung wirtschaftlich eine Einheit bilden (z.B. Einkünfte aus der Vermietung einer Geschäftseinrichtung, einer Bibliothek, der Praxiseinrichtung eines Arztes oder Zahnarztes).

Die Vermietung **einzelner beweglicher Gegenstände** (z.B. Vermietung eines PKW oder einzelner Maschinen) ist steuerlich, wenn sie nicht im Rahmen eines Betriebs oder im Rahmen eines freien Berufs geschieht, den sonstigen Einkünften zuzuordnen (vgl. Teil I, Anlage SO, Zeilen 19 bis 21).

(2) Hierher gehören auch Einkünfte aus der Vermietung und Verpachtung von **grundstücksgleichen Rechten, z.B. Erbbaurechte, Erbpachtrechte, Mineralgewinnungsrechte, Bergrechte, Fischereirechte.**

Die erhaltenen **Erbbauzinsen** sind **beim Erbbauverpflichteten** (Grundstückseigentümer) grundsätzlich als Einnahmen aus Vermietung und Verpachtung zu erfassen, ohne dass es darauf ankommt, ob der Zins in Jahresraten oder in mehreren größeren Beträgen oder in einer Summe gezahlt wird (vgl. z.B. BFH-Urteile vom 8. 6. 1994, BStBl II S. 779). Einnahmen, die für eine Nutzungsüberlassung von **mehr als fünf Jahren** im Voraus geleistet werden, können auf den Zeitraum gleichmäßig **verteilt** werden, für den die Vorauszahlung geleistet wird (Wahlrecht nach § 11 Abs. 1 Satz 3 EStG n.F.). Für **Erbbauzinsen** und **andere Entgelte** für die Nutzung eines Grundstücks gilt dies erstmals für Vorauszahlungen nach dem 31. 12. 2003 (§ 52 Abs. 30 EStG n.F.). Wegen der Neuregelung auf der Ausgabenseite vgl. § 11 Abs. 2 Satz 3 EStG n.F. und Anlage V, Zeile 40 (3).

In der **Übernahme von Erschließungskosten** durch den Erbbauberechtigten liegt ein zusätzliches Entgelt für die Nutzung des Grundstücks, das zu den **Einnahmen** aus Vermietung und Verpachtung **des Erbbauverpflichteten** (Grundstückseigentümers) gehört. Für Beiträge, die für die Ersetzung oder Modernisierung **vorhandener** Erschließungsanlagen als sog. Ergänzungsbeiträge geleistet werden, gilt das gleiche (BFH-Urteil vom 19. 10. 1993, BStBl 1994 II S. 109). Auch wenn nach den Bestimmungen des Baugesetzbuches der Erbbauberechtigte und nicht der Grundstückseigentümer zur Zahlung von Erschließungsbeiträgen herangezogen wird, führt die Zahlung durch den Erbbauberechtigten gleichzeitig zu einer Wertsteigerung des Grund und Bodens und ist deshalb auch eine Zuwendung des Erbbauberechtigten an den Grundstückseigentümer (BFH-Urteile vom 20. 11. 1980, BStBl 1981 II S. 398, vom 17. 4. 1985, BStBl II S. 617, vom 8. 12. 1988, BStBl 1989 II S. 407 und vom 4. 6. 1991, BStBl 1992 II S. 70). Die geänderte Rechtsprechung des BFH im Urteil vom 21. 11. 1989, BStBl 1990 II S. 310 geht zwar ebenfalls von Einnahmen des Grundstückseigentümers aus, nimmt einen tatsächlichen **Zufluss** i.S. des § 11 EStG jedoch **erst bei Beendigung des Erbbaurechtsverhältnisses** an, weil vorher der Wertzuwachs wegen der Grundstücksbelastung mit dem Erbbaurecht nicht realisiert werde. Die Höhe der Einnahme im Zeitpunkt des Zuflusses richtet sich nach § 8 Abs. 2 EStG. Davon geht nunmehr **auch die Finanzverwaltung** aus; eine Änderung der bestandskräftig durchgeführten Veranlagungen, in denen die übernommenen Erschließungskosten nach bisheriger Verwaltungsauffassung im Billigkeitswege auf 10 Jahre verteilt worden sind, erfolgt allerdings nicht (BMF-Schreiben vom 16. 12. 1991, BStBl I S. 1011). Das Urteil überzeugt, wirft aber erhebliche praktische Probleme vor allem bei einer sehr langen Laufzeit des Erbbaurechts (z.B. 99 Jahre!) auf. Auch Leistungen, die der Erbbauberechtigte **beim Heimfall** (§ 32 ErbbauV) des Erbbaurechts erbringt, sind wirtschaftliche Gegenleistung für die vorherige Nutzung (BFH-Urteil vom 31. 10. 1990, BStBl 1991 II S. 741). Entsprechendes gilt, wenn nach Beendigung des Erbbaurechts **durch Zeitablauf** (§ 27 ErbbauV) das vom Erbbauberechtigten errichtete Gebäude gemäß dem Erbbaurechtsvertrag entschädigungslos auf den Erbbauverpflichteten übergeht; dies führt bei diesem zu einer zusätzlichen Vergütung für die vorangegangene Nutzungsüberlassung (BFH-Urteil vom 11. 12. 2003, BStBl 2004 II S. 353). Wegen der Behandlung der Zahlungen des **Erbbauberechtigten** vgl. Anlage V, Zeile 40, Nr. (3) und zur Problematik im Zusammenhang mit der Förderung des Wohneigentums nach § 10e Abs. 6 EStG vgl. Anlage FW, Zeilen 22 bis 23, Buchst. c). Die **Bestellung eines Erbbaurechts** an einem zum Betriebsvermögen gehörenden Grundstück führt trotz Nutzung des Gebäudes zu eigenen Wohnzwecken nicht zu einer Entnahme.

(3) Auch einmalige oder wiederkehrende Einnahmen, die auf Grund von **Substanzausbeuteverträgen** erzielt werden – das sind Verträge, durch die der Grundstückseigentümer einem anderen die Entnahme der Substanz des Grund und Bodens, d.h. die **Ausbeute von Bodenschätzen** (Kohle, Kali, Mineralien, Erdöl, Steine, Ziegellehm, Kies, Sand, Bims usw.) zeitlich begrenzt gegen Entgelt überlässt (BFH-Urteil vom 21. 7. 1993, BStBl 1994 II S. 231 und H 164a [Abgrenzung ...] EStH) – sind Einnahmen aus Vermietung und Verpachtung. Wegen der Absetzungen für Substanzverringerung bei Bodenschätzen, die **unentgeltlich** erworben worden sind, vgl. § 11d Abs. 1 EStDV und R 44a EStR. Bei **entgeltlichem** Erwerb gilt § 7 Abs. 6 EStG (Absetzungen nach Maßgabe des Substanzverzehrs sind zulässig). Bei Bodenschätzen, die der Steuerpflichtige auf seinem eigenen Grundstück entdeckt hat, sind Absetzungen für Substanzverringerung nicht möglich (§ 11 d Abs. 2 EStDV und H 164a [Abgrenzung ...] EStH sowie BFH-Urteil vom 19. 7. 1994, BStBl II S. 846).

Die **Entgelte für die Entnahme von Bodenschätzen** gehören zu den Einkünften aus Vermietung und Verpachtung, soweit nicht ausnahmsweise Einkünfte aus Land- und Forstwirtschaft oder aus Gewerbebetrieb anzunehmen sind. Liegt dagegen eine **„Veräußerung" (Kaufvertrag)** von Bodenschätzen vor, so sind keine Einkünfte aus Vermietung und Verpachtung gegeben. Ein Kaufvertrag über die im Boden befindlichen Mineralien oder sonstigen Bestandteile kann jedoch grundsätzlich nur angenommen werden, wenn **auch der Grund und Boden mitveräußert** wird oder die einmalige Lieferung einer fest begrenzten Menge von Bodenbestandteilen Gegenstand des Vertrags ist (H 164a [Abgrenzung ...] EStH und BFH-Urteil vom 19. 7. 1994, BStBl II S. 846).

Wird ein Grundstück bürgerlich-rechtlich übereignet, aber gleichzeitig die Rückübereignung nach Beendigung der Ausbeute vereinbart, so handelt es sich bei dem Entgelt für die Überlassung um Einnahmen aus Vermietung und Verpachtung (BFH-Urteil vom 5. 10. 1973, BStBl 1974 II S. 130); dies gilt auch bei zusätzlicher Vereinbarung einer Steuerklausel, wenn keine rechtzeitige Offenbarung der Zusatzvereinbarung erfolgt (BFH-Urteil vom 24. 11. 1992, BStBl 1993 II S. 296 und H 164 a [Abgrenzung ...] EStH).

Zur Frage, wann ein im Eigentum des Grundeigentümers stehender Bodenschatz als Wirtschaftsgut entsteht und ob ein solches Wirtschaftsgut dem Betriebs- oder dem Privatvermögen zuzuordnen ist, vgl. BMF-Schreiben vom 7.10. 1998, BStBl I S.1221 sowie BFH-Urteil vom 4.9. 1997, BStBl 1998 II S. 657.

(4) Wird **Obst auf dem Baum** oder **Gras auf dem Halm** verkauft, so handelt es sich bei den daraus erzielten Einkünften regelmäßig um Einkünfte aus Landwirtschaft. Einkünfte aus einem **Weidevertrag** stellen dagegen in der Regel Einkünfte aus Verpachtung dar. Wegen der Verpachtung einzelner landwirtschaftlicher Grundstücke vgl. Teil I, Anlage L, Zeilen 1, 49 bis 56.

(5) In **Zeilen 26 und 27** sind auch aufzuführen Einkünfte aus **zeitlich begrenzter Überlassung von Rechten**, insbesondere von schriftstellerischen, künstlerischen oder gewerblichen **Urheberrechten, Erfindungen** und von Gerechtigkeiten und Gefällen. In Betracht kommt auch die zeitlich begrenzte Überlassung von **Patentrechten** und von gewerblichen Erfahrungen. Als „Einkünfte" gelten die Einnahmen (Lizenzeinnahmen) abzüglich der Werbungskosten. Diese Einkünfte werden jedoch meist als solche aus Gewerbebetrieb (z.B. im Rahmen einer Betriebsaufspaltung) oder bei der Ausübung eines freien Berufs (z.B. bei einem Erfinder) anfallen; sie sind dann diesen Einkünften zuzurechnen. Vermietungseinkünfte kommen insbesondere dann in Betracht, wenn nicht der Urheber selbst, sondern sein Rechtsnachfolger (Erbe) oder Erwerber das Urheberrecht oder die Erfindung zeitlich nutzt, insbesondere also einem anderen zur Ausnutzung überlässt. Bei erworbenen Patenten und Erfindungen kann für die Bemessung der AfA grundsätzlich von einer Nutzungsdauer von 8 Jahren ausgegangen werden. (Ausnahme: anderweitige vertragliche Vereinbarungen, z.B. Nutzungsüberlassung für 12 Jahre.)

(6) Vermietungseinkünfte sind auch die Einkünfte des Abtretenden aus der **Veräußerung (Abtretung) von Miet- und Pachtzins-**

Teil I: Anlage V
Zeilen 30–56

forderungen. Dies gilt auch dann, wenn Miet- und Pachtzinsforderungen, die sich auf den Zeitraum **vor** der Eigentums- oder Besitzübertragung beziehen, bei der Veräußerung des Grundstücks abgetreten werden und das Entgelt für die Abtretung in dem Grundstückspreis mitenthalten ist.

Rückseite der Anlage V

Werbungskosten

Allgemeine Grundsätze

30–56
26–51 Bei den Einkünften aus Vermietung und Verpachtung können Werbungskosten **nur im Wege des Einzelnachweises** geltend gemacht werden. Eine Werbungskostenpauschale ist bereits seit 1999 nicht mehr vorgesehen. Wegen der in Betracht kommenden Ausgaben wird auf die folgenden Erläuterungen zu den **Zeilen 34 bis 56** hingewiesen. Werbungskosten sind alle Aufwendungen zur Erwerbung, Sicherung und Erhaltung der Einnahmen, also auch alle zur Erhaltung und Bewirtschaftung eines Hauses oder einzelner Räume im Laufe des Jahres **geleisteten Ausgaben.** Zu der Frage, **in welchem Jahr** eine Ausgabe geleistet ist, vgl. Anlage V, Zeilen 3 bis 5. Aufwendungen, die im Zusammenhang mit einer Wohnung oder einzelnen Räumen anfallen, sind nur dann Werbungskosten bei den Einkünften aus Vermietung und Verpachtung, wenn aus dem Haus entsprechende Einnahmen erzielt werden oder in Zukunft erzielt werden sollen. Daraus folgt, dass Werbungskostenüberschüsse bei fehlender **Überschusserzielungsabsicht (= Einkünfteerzielungsabsicht)** nicht anerkannt werden (BFH-GrS, Beschluss vom 25. 6. 1984, BStBl II S. 751). Eine nur vorübergehende Unterbrechung der Erzielung von Einnahmen schließt – im Gegensatz zur Aufgabe der Einkünfteerzielungsabsicht auf lange Dauer – die Geltendmachung von Werbungskosten **nicht** aus, z.B. bei einem vorübergehend leer stehenden Haus (R 161 Abs. 3 EStR). Auch die laufenden Aufwendungen für zerstörte oder beschädigte Gebäude (z.B. Grundsteuer, bezahlte Schuldzinsen, AfA) können Werbungskosten darstellen.

Nach mehreren Urteilen des BFH zur Einkunftserzielungsabsicht bei den Einkünften aus Vermietung und Verpachtung ist hierzu ein ausführliches **BMF-Schreiben vom 8. 10. 2004, BStBl I S. 933** (EStH, Anhang 30 II) ergangen, auf das im Folgenden teilweise Bezug genommen wird (frühere BMF-Schreiben hierzu sind überholt: vgl. a.a.O. Rz 41).

Bei einer **auf Dauer** angelegten Vermietungstätigkeit ist grundsätzlich ohne weitere Prüfung davon auszugehen, dass Einkünfteerzielungsabsicht gegeben ist, auch wenn das bebaute Grundstück auf Grund eines neu gefassten Beschlusses veräußert wird (vgl. BFH-Urteile vom 30. 9. 1997, BStBl 1998 II S. 771 und vom 9. 7. 2002, BStBl 2003 II S. 580). Dies gilt nur dann nicht, wenn besondere Umstände oder Beweisanzeichen gegen das Vorliegen einer Einkünfteerzielungsabsicht sprechen oder besondere Arten der Nutzung für sich allein Beweisanzeichen für eine private, nicht mit der Erzielung von Einkünften zusammenhängende Veranlassung sind (BMF-Schreiben vom 8. 10. 2004 a.a.O., Rz 1 und 2).

Von einer Einkünfteerzielungsabsicht ist aber jedenfalls solange auszugehen, als bei einer langfristigen Vermietung der Mietzins nicht weniger als 75 v.H. der ortsüblichen Marktmiete beträgt (BFH-Urteil vom 5. 11. 2002, BStBl 2003 II S. 646, ergänzt durch BFH-Urteil vom 22. 7. 2003, BStBl II S. 806). Diese Rspr. weicht ausdrücklich von den BFH-Urteilen vom 27. 7. 1999, BStBl II S. 826 und vom 15. 12. 1992, BStBl 1993 II S. 490 ab. Beträgt das Entgelt – **ab 2004** – 56 v.H. und mehr (vorher: 50 v.H.), jedoch weniger als 75 v.H. der ortsüblichen Marktmiete, ist die Einkünfteerzielungsabsicht anhand einer Total-Überschussprognose (vgl. BMF-Schreiben vom 8. 10. 2004 a.a.O., Rz 33 ff.) zu prüfen, und bei positivem Ergebnis sind die Werbungskosten **in voller Höhe** abziehbar, ansonsten ist die Vermietungstätigkeit in einen entgeltlichen und einen unentgeltlichen Teil **aufzuteilen** (BFH-Urteil vom 5. 11. 2002 a.a.O.). In diesem Fall entfällt die Prüfung der Einkünfteerzielungsabsicht in Bezug auf die verbilligte Miete (BFH-Urteil vom 22. 7. 2003, BStBl II S. 806). Vgl. hierzu BMF-Schreiben vom 8. 10. 2004 a.a.O., Rz 12 bis 16 sowie unten den Absatz „Verbilligte Vermietung". Die Finanzverwaltung wendet diese Rspr. (vgl. insbesondere BFH-Urteil vom 5. 11. 2002 a.a.O.) erst **ab 2004** an (BMF-Schreiben vom 8. 10. 2004 a.a.O., Rz 41).

Bei der Überschussprognose, ob eine Einkünfteerzielungsabsicht bejaht werden kann, ist für die Gebäudeabnutzung allgemein von der „Normal"-AfA nach § 7 Abs. 4 EStG (2 % bzw. 2,5 %) auszugehen. Die tatsächlich in Anspruch genommenen Absetzungen, also auch Sonderabschreibungen, erhöhte Absetzungen und degressive AfA nach § 7 Abs. 5 EStG, sind regelmäßig nicht anzusetzen (BMF-Schreiben vom 8. 10. 2004 a.a.O., Rz 34). Bei einer von vornherein nur kurzfristig angelegten, zeitlich begrenzten Vermietungstätigkeit (z.B. wegen beabsichtigter Selbstnutzung) fehlt es an der Einkünfteerzielungsabsicht, wenn der Steuerpflichtige in **diesem** Zeitraum kein positives Gesamtergebnis erreichen kann; in diesem Fall sind steuerrechtliche Subventions- und Lenkungsnormen in die Totalüberschussprognose einzubeziehen (BFH-Urteil vom 9. 7. 2002, BStBl 2003 II S. 695 und BMF-Schreiben vom 8. 10. 2004 a.a.O., Rz 34 und 36).

Aufwendungen für eine Wohnung, die nach beendeter Vermietung **leer steht**, sind als Werbungskosten abzugsfähig, solange sich der Steuerpflichtige nachweisbar ernsthaft und nachhaltig um eine Vermietung der leer stehenden Wohnung bemüht, selbst wenn er die Wohnung zugleich zum Verkauf anbietet (BFH-Urteil vom 9. 7. 2003, BStBl II S. 940). Zur Einkünfteerzielungsabsicht allgemein bei leerstehenden Immobilien (z.B. wegen mehrjähriger Renovierung) vgl. BMF-Schreiben vom 8. 10. 2004 a.a.O., Rz 24 ff. Eine Einkünfteerzielungsabsicht ist jedoch bei dauerhafter Verpachtung von **unbebautem** Grundbesitz **nicht** anzunehmen (vgl. BFH-Urteil vom 25. 3. 2003, BStBl II S. 479 und BMF-Schreiben vom 8. 10. 2004 a.a.O., Rz 29).

Verschiedene Gestaltungsmodelle in der steuerlichen Praxis liefern Beweisanzeichen dafür, dass nur eine vorübergehende Vermietung beabsichtigt ist, die gegen eine Einkünfteerzielungsabsicht spricht. So ist z.B. regelmäßig davon auszugehen, dass der Erwerber einer Immobilie im Zeitpunkt der Anschaffung noch **nicht** entschlossen ist, die Immobilie langfristig zur Erzielung von Einkünften zu nutzen, **wenn** dem Erwerber die Vermittlung des **Verkaufs** der Immobilie zu seinem Kaufpreis noch **innerhalb der Phase planmäßiger Werbungskostenüberschüsse** zugesagt wird (BFH-Urteil vom 14. 2. 1995, BStBl II S. 462). Dies gilt auch bei einem **Mietkaufmodell**, solange sich der Erwerber noch nicht entschieden hat, ob er das Grundstück kurzfristig verkaufen oder langfristig vermieten will (BFH-Urteil vom 9. 2. 1993, BStBl II S. 658). Auch ein bei Erwerb einer Immobilie vom Veräußerer oder einem Dritten abgegebenes **Rückkaufsangebot** oder eine **Verkaufsgarantie** sind Beweisanzeichen für fehlende Einkunftserzielungsabsicht (BFH-Urteile vom 14. 9. 1994, BStBl 1995 II S. 116 und vom 22. 4. 1997, BStBl II S. 650), ebenso wie das beim Erwerb (z.B. von einem Immobilienfonds) einem Dritten eingeräumte **Ankaufsrecht**, wenn bis zu dessen möglicher Ausübung ausschließlich Werbungskostenüberschüsse erzielt werden (BFH-Urteil vom 8. 12. 1998, BStBl 1999 II S. 468). Voraussetzung ist, dass der Erwerber das Angebot oder die Garantie bei Abschluss des Vertrags kennt. Diese Kenntnis ist im Zweifel vom Finanzamt darzulegen und zu beweisen (BFH-Urteil vom 24. 1. 1995, BStBl II S. 460).

Wegen einer beim Erwerb erteilten sog. **Wiederverkaufsgarantie** kann die Absicht, Überschüsse bei den Einkünften aus Vermietung und Verpachtung zu erzielen, nur dann verneint werden, wenn erkennbar ist, dass der Steuerpflichtige bereits beim Erwerb des Objekts ernsthaft in Betracht gezogen hat, sich mit Rücksicht auf diese Garantie von dem Objekt wieder zu trennen (BFH-Urteil vom 14. 9. 1999, BStBl 2000 II S. 67). Zur Einkünfteerzielungsabsicht bei einem **geschlossenen Immobilienfonds** vgl. BFH-Urteil vom 21. 11. 2000, BStBl 2001 II S. 789. Ein **Rück**verkaufsrecht an einer Eigentumswohnung schließt die Einkünfteerzielungsabsicht z.B. **nicht** aus, wenn feststeht, dass der Erwerber von dem Recht nur Gebrauch machen will, falls äußere Umstände ihn dazu zwingen (BFH-Urteil vom 22. 4. 1997, BStBl II S. 650).

Nach Auffassung der Finanzverwaltung liegt ein **gegen** die Einkünfteerzielungsabsicht sprechendes Indiz außerdem vor, wenn der Steuerpflichtige ein bebautes Grundstück oder eine Wohnung innerhalb eines engen zeitlichen Zusammenhangs – von in der

Regel bis zu fünf Jahren – seit der Anschaffung oder Herstellung wieder veräußert oder selbst nutzt (!) und innerhalb dieser Zeit nur einen Werbungskostenüberschuss erzielt. Je kürzer der Abstand zwischen der Anschaffung oder Errichtung des Objekts und der nachfolgenden Veräußerung oder Selbstnutzung ist, umso mehr spricht dies gegen eine auf Dauer angelegte Vermietungstätigkeit und für eine von vornherein bestehende Veräußerungs- oder Selbstnutzungsabsicht. Die objektive Beweislast (Feststellungslast) für das Vorliegen der Einkünfteerzielungsabsicht trägt der Steuerpflichtige. Vgl. im Einzelnen BMF-Schreiben vom 8.10. 2004 a.a.O., Rz 7 bis 10 und BFH-Urteil vom 7.2. 2002, BStBl 2003 II S. 695.

Zusätzlich zur **Überschusserzielungsabsicht (= Einkünfteerzielungsabsicht)** und zum steuerlichen Begriff der **Liebhaberei** besonders bei **Ferienwohnungen** und auch allgemein vgl. Anlage V, Vorbemerkung, Abs. (5), (5a), (5b).

Zur Beteiligung an **Verlustzuweisungsgesellschaften** und ähnlichen Modellen nach der Regelung in § 2b EStG vgl. Anlage V, Zeile 24 und Anlage GSE, Zeile 9.

Sind Aufwendungen allein oder überwiegend durch die **Veräußerung des Mietobjekts veranlasst**, liegen **keine Werbungskosten** vor (ständige Rspr., vgl. z.B. BFH-Urteile vom 23. 1. 1990, BStBl II S. 464, S. 465 und vom 20. 2. 1990, BStBl II S. 775). Deshalb kann z.B. ein Steuerpflichtiger, der seine Darlehensschuld vorzeitig ablöst, um sein vermietetes Objekt lastenfrei **übereignen** zu können, die dafür an den Darlehensgeber zu entrichtende **Vorfälligkeitsentschädigung** nicht als Werbungskosten abziehen; dies gilt selbst dann, wenn er mit dem Kredit Aufwendungen finanziert hatte, die während der Vermietungstätigkeit als sofort abziehbare Werbungskosten zu beurteilen waren (BFH-Urteil vom 23. 9. 2003, BStBl 2004 II S. 57). Nur wenn die Vorfälligkeitsentschädigung ausnahmsweise als Finanzierungskosten eines **neu** erworbenen Mietobjektes anzusehen ist, weil der Steuerpflichtige bereits bei der Veräußerung im Vorhinein so unwiderruflich über den verbleibenden Restkaufpreis verfügt hat, dass er ihn unmittelbar in seiner Verwendung mit einem bestimmten neuen Mietobjekt festlegt, kann eine Vorfälligkeitsentschädigung als Werbungskosten abziehbar sein (vgl. BFH-Urteil vom 23. 4. 1996, BStBl II S. 595).

Werden **im Rahmen der Veräußerung** eines Mietwohngrundstücks vom Verkäufer **vertraglich** noch Instandsetzungen übernommen, so sind die Aufwendungen selbst dann **keine Werbungskosten**, wenn die betreffenden Arbeiten noch während der Vermietungszeit durchgeführt werden (BFH-Urteil vom 4.12. 2004, BStBl 2005 II S. 343). Auch Aufwendungen, die durch eine **geplante** Veräußerung eines bisher vermieteten Grundstücks veranlasst wurden, sind auch dann **nicht** als Werbungskosten abziehbar, wenn das Grundstück tatsächlich nicht veräußert, sondern weiterhin vermietet wird (BFH-Urteil vom 19. 12. 1995, BStBl 1996 II S. 198). Aufwendungen **nach** Beendigung eines Miet- oder Pachtvertrags oder nach Veräußerung des vermieteten Grundstücks sind nur dann als Werbungskosten abziehbar, wenn sie noch in konkretem Zusammenhang mit den erzielten Einnahmen stehen, wie z.B. die Rückzahlung von Mieteinnahmen oder die Zahlung rückständiger Reparaturrechnungen. Allgemein zum **Erhaltungsaufwand** vgl. unten Anlage V, Zeilen 43 bis 44. Wegen des Abzugs von **Schuldzinsen**, die auf die Zeit vor und nach Beendigung der Vermietung oder Verpachtung (z.B. nach der Veräußerung) entfallen, vgl. unten, Anlage V, Zeile 40 (1).

Stehen die Ausgaben im Zusammenhang mit einer **eigengenutzten** oder **unentgeltlich** an Dritte überlassenen Wohnung (einschließlich Garage), können die hierauf entfallenden Ausgaben **nicht** als Werbungskosten abgezogen werden. Darin enthaltene erhöhte Absetzungen nach den in Anlage V, Zeile 36 (§ 14a Berlin FG) und Zeile 38 (§§ 7h, 7i EStG, Schutzbaugesetz) erwähnten Bestimmungen, können in der **Anlage FW** geltend gemacht werden, auch wenn die Wohnung eigengenutzt ist oder ohne gesicherte Rechtsposition (vgl. Anlage V, Vorbem. [2]) an Dritte überlassen wird.

Auch Ausgaben, die im Zusammenhang mit Räumen stehen, die zu **eigenen beruflichen oder gewerblichen Zwecken** (z.B. als Arbeitszimmer, Büro, Registratur usw.) genutzt werden, können **nicht** als Werbungskosten bei den Einkünften aus Vermietung und Verpachtung, sondern als Werbungskosten oder Betriebsausgaben bei den Einnahmen abgezogen werden, die im Zusammenhang mit der Nutzung dieser Räume erzielt werden.

Die **Zeilen 34 bis 56** sind in **5 Spalten** gegliedert. Aus den Eintragungen in **Spalte 5** ergeben sich die **abzugsfähigen Werbungskosten** bei Vermietung und Verpachtung.

Die **Spalten 1 bis 4** sind **nur dann auszufüllen,** wenn nicht alle, sondern nur ein Teil der Aufwendungen für das Gebäude Werbungskosten sind.

In diesen Fällen sind **in den Spalten 1 bis 5 die Gesamtaufwendungen in den abziehbaren und den nicht abziehbaren Teil aufzuteilen.** Die einzelnen Aufwendungen sind entweder jeder Wohnung, die sie unmittelbar betreffen, zuzuordnen – **direkte Zuordnung** – oder, weil eine direkte Zuordnung nach objektiven Merkmalen und Unterlagen nicht leicht und einwandfrei möglich ist (wie z.B. bei einer Reparatur des Daches, des Außenputzes oder im Treppenhaus), nach dem **Verhältnis der Nutzflächen** den einzelnen Wohnungen zuzuordnen (R 157 Abs. 5 EStR). Zum Umfang der Nutzfläche vgl. Teil II, Tz. 1.7.4.3. und zur Aufteilung, die u.E. entsprechend der Berechnung beim häuslichen Arbeitszimmer erfolgen kann (vgl. Anlage N, Zeilen 55 bis 56 unter Hinweis auf BFH-Urteil vom 5. 9. 1990, BStBl 1991 II S. 389). In **Spalte 1** ist der Gesamtbetrag der jeweiligen Aufwendungen nach den Zeilen 34 bis 56 einzutragen und in den **Spalten 2 und 3** ist anzugeben, ob der nicht abziehbare Anteilsbetrag durch direkte Zuordnung oder verhältnismäßig ermittelt wurde. Die Zuordnung und der Aufteilungsmaßstab sollten auf einem besonderen Blatt erläutert werden. Der danach nicht abziehbare Betrag ist in **Spalte 4** einzutragen. Die Differenz zwischen der Spalte 1 und der Spalte 4 ergibt die **abziehbaren Werbungskosten in Spalte 5.**

Verbilligte Vermietung

Wird eine Wohnung, z.B. an **nahe Angehörige**, aber auch an Fremde, zu einer Miete einschließlich gezahlter Umlagen überlassen, die – **ab 2004 – weniger als 56 v.H.** (vorher: 50 v.H.) **der ortsüblichen Marktmiete** einschließlich umlagefähiger Kosten beträgt, so kann der Vermieter seine auf diese Wohnung entfallenden **Aufwendungen** ebenfalls **nur anteilig,** d.h. im Verhältnis der erzielten (vereinbarten) zur erzielbaren (ortsüblichen) Marktmiete als Werbungskosten abziehen (BFH-Urteile vom 4. 6. 1986, BStBl II S. 839 und vom 30. 7. 1985, BStBl 1986 II S. 327). Dies gilt selbst dann, wenn die Wohnung einem fremden Dritten überlassen wird und der Steuerpflichtige aus vertraglichen oder tatsächlichen Gründen gehindert ist, das vereinbarte Entgelt zu erhöhen (BFH-Urteil vom 28. 1. 1997, BStBl II S. 605). Wird z.B. eine Wohnung mit einer ortsüblichen Miete von 600 € für monatlich 150 € an einen nahen Angehörigen (oder Fremden) vermietet, so dürfen die Werbungskosten also nur im Verhältnis der erzielten zur erzielbaren Miete, sonach mit 25 v.H. berücksichtigt werden. Zur Einkünfteerzielungsabsicht und deren Ermittlung bei verbilligt vermieteten aufwendig gestalteten oder ausgestatteten Wohngebäuden vgl. BFH-Urteil vom 6. 10. 2004, BStBl 2005 II S. 386.

Aus alledem ergibt sich: Beträgt die vereinbarte und gezahlte **Miete – ab 2004 – weniger als 56 v.H.** (vorher: 50 v.H.) **der ortsüblichen Miete, so sind die Werbungskosten in den Zeilen 34 ff. anteilig zu kürzen. Beträgt sie 56 v.H. oder mehr, sind die Werbungskosten in voller Höhe abzugsfähig**; bei einem Mietzins von weniger als 75 v.H. der ortsüblichen Marktmiete gilt dies jedoch nur bei zu bejahender Einkünfterzielungsabsicht auf Grund einer Überschussprognose (vgl. oben und BMF-Schreiben vom 8.10. 2004 a.a.O., Rz 11 bis 15). Der Vermieter sollte jedenfalls darauf achten, dass die Miete zweifelsfrei **56 v.H. oder mehr** beträgt. Nach Auffassung der Finanzverwaltung ist die volle Abzugsfähigkeit zu bejahen, wenn die ortsübliche **Kaltmiete zuzüglich** der gezahlten **Umlagen** mindestens 56 v.H. der ortsüblichen Kaltmiete zuzüglich 56 v.H. der nach der II. BVO umlagefähigen Kosten beträgt (R 162 EStR).

Vgl. hierzu und allgemein zur Anerkennung von Mietverhältnissen **zwischen Angehörigen** auch Anlage V, **Zeile 6** und zur wechselseitigen Vermietung („Überkreuzvermietung") zwischen Angehörigen Anlage FW, Zeilen 22 bis 23, vor a).

Teil I: Anlage V
Zeile 34

Abschreibungen (Absetzungen für Abnutzung = AfA)

34 Wegen einer etwaigen **Aufteilung** und Kürzung der Aufwendungen in Spalten 1 bis 5 der **Zeilen 34 bis 39** vgl. die einleitenden Erläuterungen zur Rückseite der Anlage V, Zeilen 30 bis 56.

Kommt der **gleiche Absetzungsbetrag wie im Vorjahr** in Betracht, so ist eine Einzelberechnung der Absetzung **nicht** erforderlich. Der maßgebende Betrag kann dann der „Anlage V" für 2004 entnommen werden; das Kästchen „wie 2004" ist anzukreuzen. Dies trifft insbesondere dann zu, wenn im Jahr 2005 **keine** nachträglichen **Herstellungskosten** für das schon vor dem Jahr 2005 erworbene oder hergestellte Gebäude angefallen sind.

Werden in 2005 **erstmals** Abschreibungen für Anschaffungs- oder Herstellungskosten geltend gemacht, so verlangt die Finanzverwaltung eine Einzelaufstellung, aus der sich neben dem gezahlten Rechnungsbetrag, das Rechnungsdatum, der Gegenstand der Leistung und das ausführende Unternehmen ergibt. Dies gilt für in 2005 **angeschaffte oder hergestellte** Gebäude und für in 2005 angefallene **nachträgliche Herstellungskosten.**

Zu der in Zeile 34 einzutragenden AfA gehört auch die Restwert-AfA von 2,5 v.H. nach Ablauf des Begünstigungszeitraums der alten Regelung in § 7b EStG (§ 7b Abs. 1 Satz 2 EStG).

Bei in 2005 **unentgeltlich erworbenen** Gebäuden oder Eigentumswohnungen sind die Absetzungen für Abnutzung auf besonderem Blatt im Einzelnen zu erläutern; in diesen Fällen ist die AfA nach dem Prozentsatz vorzunehmen, der für den Rechtsvorgänger maßgebend sein würde, wenn er noch Eigentümer wäre. Vgl. hierzu im Einzelnen unten Abschnitt II D. Ob die lineare oder degressive AfA geltend gemacht wird, ist durch Ankreuzen des betreffenden Kästchens in Zeile 34 zu kennzeichnen.

Die AfA für Wirtschaftsgüter, die **keine Gebäude** sind, ist grundsätzlich nach der **betriebsgewöhnlichen Nutzungsdauer** zu bemessen (§ 7 Abs. 1 EStG).

Ist ein Wirtschaftsgut **mehreren Beteiligten** oder **Miteigentümern** (Gesamthands- oder Bruchteilseigentum) zuzurechnen, so können diese ein **Wahlrecht** zur Bemessung der **AfA nur einheitlich** ausüben (R 44 Abs. 7 EStR). Die lineare und degressive AfA kann den Miteigentümern, falls sie Einnahmen erstreben, nur entsprechend ihrem **bürgerlich-rechtlichen Miteigentumsanteil** gewährt werden (BFH-Urteil vom 7. 10. 1986, BStBl 1987 II S. 322). Allgemein zur **Aufteilung der Einkünfte** aus Vermietung und Verpachtung auf die Miteigentümer einer **Grundstücksgemeinschaft,** die im Grundsatz nach den bürgerlich-rechtlichen Miteigentumsanteilen erfolgt, aber auch Ausnahmen gegeben sein können, vgl. oben Anlage V, Zeilen 18 bis 23 und die dort zit. Rspr.

Wie ein Gebäude ist auch ein **Nutzungsrecht an einem Gebäude** zu behandeln, das **durch Baumaßnahmen des Nutzungsberechtigten** entstanden ist; es liegen Herstellungskosten wie bei einem materiellen Wirtschaftsgut vor, die ggf. zu aktivieren sind und abgeschrieben werden können (BFH-GrS, Beschluss vom 30. 1. 1995, BStBl II S. 281). Hierzu gehören auch Nutzungsrechte, die **von einem Miteigentümer** mit Zustimmung der anderen Miteigentümer durch Errichtung eines Gebäudes im eigenen Namen und für eigene Rechnung geschaffen werden oder durch **Bauten auf fremdem Grund und Boden** entstehen. Wegen der ähnlichen Problematik beim häuslichen Arbeitszimmer und bei einzelnen Praxis- und Büroräumen vgl. Anlage N, Zeilen 55 bis 56 „Miteigentum (z.B. von Ehegatten) am Gebäude ..." und „AfA-Befugnis des Nichteigentümer-Ehegatten" ... sowie H 18 (Eigenaufwand für ein fremdes Wirtschaftsgut) EStH.

Für den **Begriff des Gebäudes** sind die Abgrenzungsmerkmale des Bewertungsrechts maßgebend (vgl. R 42 Abs. 5 EStR). Wegen der Abgrenzung von den Betriebsvorrichtungen vgl. Teil II, Tz. 1.2.1.

Grundsätzliche Ausführungen und eine Übersicht zu den Absetzungen für die Abnutzung (AfA) bei Gebäuden enthält Teil II, Tz. 1.7. Zu den Anschaffungskosten und Herstellungskosten eines Gebäudes, die (nur) im Wege der AfA berücksichtigt werden können, vgl. Teil II, Tz. 3.3.3. a).

Beitrittsgebiet

Bei **Gebäuden im sog. Beitrittsgebiet** (neue Bundesländer einschließlich ehemaliges Berlin-Ost), die **vor dem 1. 1. 1991** angeschafft oder hergestellt wurden, sind nur **lineare** Abschreibungen (§ 7 Abs. 4 EStG) zulässig. Soweit die **degressive** AfA noch von Bedeutung ist, kommt sie nur für Gebäude in Betracht, die **nach dem 31. 12. 1990** angeschafft oder hergestellt worden sind (§ 56 EStG). Bei Anschaffung oder Herstellung **vor dem 1. 7. 1990** bemessen sich die Absetzungen nach den Wiederherstellungs- oder Wiederbeschaffungskosten, höchstens aber nach dem Zeitwert zum 1. 7. 1990. Zur Ermittlung dieser Wiederherstellungs-/Wiederbeschaffungskosten zum 1. 7. 1990 vgl. BMF-Schreiben vom 21. 7. 1994, BStBl I S. 599.

Wegen der steuerlichen Problematik im Zusammenhang mit der **Vermögensrückgabe im sog. Beitrittsgebiet** bei den Einkünften aus Vermietung und Verpachtung (Rückübertragung von enteigneten oder unter Zwangsverwaltung stehenden Grundstücken, hiermit zusammenhängenden Aufwendungen, Ablösung von Aufbauhypotheken u.a.) vgl. BMF-Schreiben vom 11. 1. 1993, BStBl I S. 18.

Als **Vergünstigungen** kommen für Gebäude und Wohnungen im sog. **Beitrittsgebiet** – falls die Baumaßnahmen nach dem 31. 12. 1990 fertig gestellt worden sind – folgende **erhöhte Absetzungen** in Betracht:

- nach § 7 h EStG für Gebäude in Sanierungsgebieten oder städtebaulichen Entwicklungsbereichen (vgl. unten Zeile 38),
- nach § 7 i EStG für Baudenkmale (vgl. unten Zeile 38),
- nach § 7 k EStG für Wohnungen mit Sozialbindung (vgl. unten Zeile 35),
- nach dem Schutzbaugesetz (vgl. Teil II, Tz. 1.7.5.) sowie
- für Sonderabschreibungen nach § 4 Fördergebietsgesetz (vgl. unten Zeile 39).

Höhe und Bemessungsgrundlage der AfA

Hinsichtlich der **Höhe der AfA** und damit des **AfA-Satzes** ist zwischen der **linearen AfA** – siehe folgenden Abschnitt **I** und der **degressiven AfA** – siehe Abschnitt **III** zu unterscheiden. Von welcher **Bemessungsgrundlage** abgeschrieben werden kann, ergibt sich aus Abschnitt **II**.

I. Höhe der linearen Gebäude-AfA

Die **Höhe der linearen AfA** ist davon abhängig, ob ein Gebäude zu einem Betriebsvermögen gehört und nicht Wohnzwecken dient (sog. **Wirtschaftsgebäude** mit Antrag auf Baugenehmigung nach dem 31. 3. 1985) oder ob es den **sonstigen Gebäuden**, zuzurechnen ist, bei denen diese Voraussetzungen nicht vorliegen (**§ 7 Abs. 4 EStG**). Letzteres sind sonach Gebäude des Privatvermögens oder solche, die zwar zum Betriebsvermögen gehören, aber Wohnzwecken dienen. Bei den in Anlage V zu erklärenden Einkünften aus Vermietung und Verpachtung kommen nur **Gebäude des Privatvermögens** in Betracht. Die lineare AfA beträgt in diesen Fällen:

- bei **vor dem 1. 1. 1925** fertig gestellten Gebäuden jährlich **2,5 v.H.,**
- bei **nach dem 31. 12. 1924** fertig gestellten Gebäuden jährlich **2 v.H.**

der Anschaffungs- oder Herstellungskosten des Gebäudes bis zur vollen Absetzung (§ 7 Abs. 4 **Satz 1** Nr. 2 EStG). Ist die tatsächliche Nutzungsdauer geringer, so können ausnahmsweise entsprechend **höhere** Absetzungen geltend gemacht werden (§ 7 Abs. 4 **Satz 2** EStG).

Für die Beurteilung, ob die tatsächliche Nutzungsdauer weniger als 50 bzw. 40 Jahre beträgt, ist davon auszugehen, dass der Zeitraum der Nutzungsdauer bei Gebäuden, die der Steuerpflichtige **vor** dem 21. 6. 1948 angeschafft oder hergestellt hat („Altfälle"), mit dem **21. 6. 1948** beginnt und bei **nach** dem 20. 6. 1948 hergestellten oder angeschafften Gebäuden mit dem **Zeitpunkt der Fertigstellung bzw. der Anschaffung**. Bei der Schätzung der tatsächlichen Nutzungsdauer sind alle technischen und wirtschaftlichen Umstände des einzelnen Falls zu berücksichtigen. **Die**

Anwendung eines höheren AfA-Satzes als 2 bzw. 2,5 v. H. wird in der Regel nur bei Vorliegen besonderer Umstände in Betracht kommen, d.h. wenn die technischen und wirtschaftlichen Umstände des einzelnen Falles dafür sprechen, dass die tatsächliche Nutzungsdauer weniger als 50 Jahre (bzw. 40 Jahre) beträgt. In diesem Fall kann der der tatsächlichen Nutzungsdauer entsprechende **höhere** Hundertsatz angesetzt werden; die Absetzung für Abnutzung ist entsprechend der tatsächlichen Restnutzungsdauer aus dem **Restwert** (zum Stichtag der Neuberechnung der AfA) zu berechnen. Die Absicht, ein zunächst noch genutztes Gebäude abzubrechen oder zu veräußern, rechtfertigt noch keine Verkürzung der Nutzungsdauer dieses Gebäudes (BFH-Urteil vom 15. 12. 1981, BStBl 1982 II S. 385). Eine Verkürzung der Nutzungsdauer kann erst angenommen werden, wenn die Gebäudeabbruchvorbereitungen so weit gediehen sind, dass die weitere Nutzung des Hauses in der bisherigen Weise so gut wie ausgeschlossen ist (BFH-Urteil vom 8. 7. 1980, BStBl II S. 743). Die der tatsächlichen Nutzungsdauer entsprechende **erhöhte** AfA (§ 7 Abs. 4 Satz 2 EStG) kann aber vorgenommen werden, wenn der Zeitpunkt der Nutzungsbeendigung des Gebäudes feststeht, z.B. weil sich der Eigentümer verpflichtet hat, das Gebäude zu einem bestimmten Zeitpunkt abzubrechen (BFH-Urteil vom 22. 8. 1984, BStBl 1985 II S. 126 und H 44 [Nutzungsdauer] EStH). Die Anwendung **niedrigerer** AfA-Sätze ist nicht möglich.

Bei **neu** erstellten massiven Wohngebäuden und Eigentumswohnungen wird im Allgemeinen davon ausgegangen, dass die tatsächliche Nutzungsdauer **50 Jahre** beträgt. Eine etwaige tatsächliche kürzere Nutzungsdauer soll auf einem besonderen Blatt begründet werden. Wegen der Berechnung der AfA **bei nachträglichen Herstellungskosten** in den Fällen des § 7 Abs. 4 **Satz 2** EStG mit einem **höheren AfA-Satz** als 2 bzw. 2,5 v. H. vgl. Teil II, Tz. 1.7.3.

Zur **Nachholung unterlassener AfA** und zur **Korrektur überhöhter AfA** vgl. Teil II, Tz. 1.7.2. (5).

In der Praxis hat die **degressive AfA** eine erheblich größere Bedeutung: Vgl. zu den sehr unterschiedlichen AfA-Sätzen je nach dem Zeitpunkt der Anschaffung oder Herstellung des Gebäudes oder der Eigentumswohnung und seiner Nutzung den folgenden Abschnitt **III.**

Wegen der Fortsetzung der laufenden AfA **nach** der Vornahme von **Sonderabschreibungen** oder erhöhten Absetzungen vgl. Teil II, Tz. 1.7.2. (5).

Bei Gebäuden, die **im Laufe des Jahres angeschafft** oder **hergestellt** oder **veräußert** werden, kann die lineare AfA für das Jahr der Anschaffung oder Herstellung oder Veräußerung **nur zeitanteilig** vorgenommen werden (R 44 Abs. 2 und 9 EStR). Zur degressiven AfA in diesen Fällen vgl. unten Abschnitt III.A.

Ein Gebäude ist in dem Zeitpunkt **angeschafft**, in dem der Erwerber das wirtschaftliche Eigentum erlangt (vgl. Teil II, Tz. 3.3.1.); es ist **hergestellt (= fertig gestellt)**, sobald es seiner Zweckbestimmung entsprechend genutzt werden kann, d.h. sobald es nach Abschluss der wesentlichen Bauarbeiten **bewohnbar** ist. Vgl. zu beidem **Anlage FW, Zeilen 3 bis 4** und die dort sowie in H 44 (Fertigstellung) EStH zit. Rspr.

Eine besondere Regelung gilt für **Gebäude, die dem Einzelhandel dienen**. Bei den Einkünften aus Vermietung und Verpachtung kann diese Regelung z.B. Bedeutung erlangen, wenn ein Gebäude des **Privatvermögens** an einen Einzelhändler vermietet ist. Die Finanzverwaltung geht bei der Bemessung der AfA für solche Gebäude von folgenden Grundsätzen aus:

- **Bei Gebäuden, die ausschließlich dem Einzelhandel dienen** (Warenhäuser, Kaufhäuser u.ä.), wird ohne Rücksicht auf die Größe der Gebäude allgemein von Beanstandungen abgesehen, wenn als **voraussichtliche Nutzungsdauer** ein Zeitraum von mindestens **33 ⅓ Jahren** angenommen wird, was einem **AfA-Satz von 3 v.H.** entspricht.
- **Bei Gebäuden, die zum Teil Wohnzwecken und zum Teil dem Einzelhandel dienen**, sind die Absetzungen für Abnutzung grundsätzlich mit 2 bzw. 2,5 v.H. (s. oben) zu bemessen. Die Anwendung eines höheren linearen Absetzungssatzes kommt nur in Betracht, wenn dargelegt wird, dass die tatsächliche Nutzungsdauer des Gebäudes weniger als 50 Jahre bzw. weniger als 40 Jahre beträgt.

Diese Regelung ist nach Auffassung der Finanzverwaltung auf **handwerklich** genutzte Gebäude nicht anzuwenden.

Gebäude sind hinsichtlich der AfA grundsätzlich als **Einheit** zu behandeln. Insoweit besteht kein Unterschied zwischen Betriebsvermögen und Privatvermögen. Ausnahmsweise ist eine **gesonderte Abschreibung auch für Gebäudeteile zulässig**. Das gilt für

- sog. **Betriebsvorrichtungen** (vgl. Teil II, Tz. 1.2.1. und R 42 Abs. 3 EStR, H 42 EStH),
- **Scheinbestandteile** nach § 95 Abs. 2 BGB, d.h. Einbauten zu einem vorübergehenden Zweck in ein Gebäude (vgl. Teil II, Tz. 1.7.4.2. und R 42 Abs. 4 EStR, H 42 EStH),
- **Ladeneinbauten, Schaufensteranlagen, Gaststätteneinbauten**, Schalterhallen für Kreditinstitute sowie ähnliche Einbauten die einem schnellen Wandel des modischen Geschmacks unterliegen (vgl. Teil II, Tz. 1.7.4.2. und R 13 Abs. 3 Nr. 3 EStR) und
- sog. **sonstige selbständige Gebäudeteile**, wovon dann auszugehen ist, wenn ein Gebäude teils eigenbetrieblich, teils fremdbetrieblich, teils zu eigenen, teils zu fremden Wohnzwecken genutzt wird, und zwar hinsichtlich eines jeden dieser Teile (vgl. Teil II, Tz. 1.7.4.3. und R 13 Abs. 3 Nr. 5 und Abs. 4 EStR).

Wegen der Zulässigkeit gesonderter AfA für diese selbständigen Gebäudeteile vgl. ausführlich Teil II, Tz. 1.7.4.

Zur Behandlung von Baumaßnahmen, die nicht der Eigentümer, sondern der **Mieter** auf seine Rechnung an dem gemieteten Gebäude oder Gebäudeteil vornehmen lässt, sog. **Mietereinbauten und Mieterumbauten** (vgl. R 13 Abs. 3 Nr. 4 EStR) siehe die Ausführungen in Teil II, Tz. 1.7.4.2. Zu **Bauten auf fremdem Grund und Boden** vgl. oben Anlage V, Zeile 34, vor I.

II. Bemessungsgrundlage für die Gebäude-AfA

Für die Frage nach der **Bemessungsgrundlage** der Absetzungen für Abnutzung, d.h. nach dem Betrag, auf den die oben genannten AfA-Sätze anzuwenden sind, gilt Folgendes:

II. A. Vor dem 21. 6. 1948 angeschaffte/hergestellte Gebäude

Zu **Gebäuden,** die vor dem Stichtag der letzten Währungsreform in den alten Bundesländern, d.h. **vor dem 21. 6. 1948** (im Saarland 20. 11. 1947, in Berlin [West] 1. 4. 1949) angeschafft oder hergestellt worden sind, vgl. die „Anleitung zur ESt-Erklärung **1991**", Teil I, Anlage V, Zeile 47 II A.

II. B. Nach dem 20. 6. 1948 angeschaffte / hergestellte Gebäude

Zu Gebäuden, die **nach dem 20. 6. 1948** (im Saarland 19. 11. 1947, in Berlin 31. 3. 1949) angeschafft oder hergestellt worden sind, bemisst sich die Absetzung für Abnutzung nach den **tatsächlichen Anschaffungs- oder Herstellungskosten** für das Gebäude (**ohne Grund und Boden**). Vgl. hierzu Teil II, Tz. 3.3.3.a).

AfA-Bemessungsgrundlage bei einer eigengenutzten Wohnung, die bisher zu einem **Betriebsvermögen** gehört hat, aber nach der gesetzlichen Regelung im Wohneigentumsförderungsgesetz vom 15. 5. 1986 a.a.O. steuerneutral als entnommen gilt (§ 52 Abs. 15 Satz 7 EStG a.F.) und anschließend zur Erzielung von Einkünften aus Vermietung und Verpachtung eingesetzt wird, ist nicht der Teilwert der Wohnung im Zeitpunkt der Entnahme, sondern sind die ursprünglichen Anschaffungs- oder Herstellungskosten maßgebend (BFH-Urteil vom 3. 5. 1994, BStBl II S. 749).

II. C. Nachträgliche Anschaffungs- oder Herstellungskosten

Zur Ermittlung der **AfA bei nachträglichen Anschaffungs- und Herstellungskosten** sowohl in den Fällen der **normalen linearen** Abschreibung (§ 7 Abs. 4 Satz 1 EStG) wie auch in solchen der **erhöhten linearen** Abschreibung (§ 7 Abs. 4 Satz 2 EStG) als auch bei der **degressiven** Abschreibung (§ 7 Abs. 5 EStG) sowie zu der Frage, wann die nachträglichen Maßnahmen einem **Neubau** gleichkommen, vgl. die Erläuterungen in **Teil II, Tz. 1.7.3.**

Teil I: Anlage V
Zeile 34

II. D. Unentgeltlich oder teilentgeltlich erworbene Gebäude

Bei **nach dem 20. Juni 1948** (im Saarland 19. 11. 1947, in Berlin 31. 3. 1949) **unentgeltlich** – z.B. durch **Erbschaft, Schenkung** – erworbenen Gebäuden bemisst sich die Absetzung für Abnutzung gemäß § 11d EStDV nach der **Bemessungsgrundlage des Rechtsvorgängers zuzüglich etwaiger Herstellungskosten des Rechtsnachfolgers,** z. B. für Einbauten, Umbauten, Ausbauten.

Als maßgebender **AfA-Satz** kommt der Hundertsatz in Betracht, der für den **Rechtsvorgänger** maßgebend sein würde, wenn er noch Eigentümer des Gebäudes wäre. Das sind 2 v.H. bzw. 2,5 v.H., ausnahmsweise auch ein höherer Hundertsatz (vgl. oben Abschnitt **I**). Bei Gebäuden, bei denen die degressive AfA zulässig ist, gilt ein fallender AfA-Satz in unterschiedlicher Höhe je nach anzuwendender Regelung (vgl. folgenden Abschnitt **III**).

Es empfiehlt sich, Name, letztes Veranlagungsfinanzamt und Adresse (oder Steuernummer) des Rechtsvorgängers anzugeben. Das Finanzamt stellt ggf. aus den Steuerakten des Rechtsvorgängers die für diesen maßgebende Bemessungsgrundlage (oben Abschnitt **II** A bis C) fest. Dem danach sich ergebenden Wert sind etwaige Herstellungskosten zuzurechnen, die der Rechtsnachfolger aufgewendet hat.

Absetzungen für Abnutzung durch den Rechtsnachfolger sind nur solange zulässig, bis die vom Rechtsvorgänger und vom Rechtsnachfolger **zusammen** vorgenommenen Absetzungen (einschließlich etwaiger erhöhter Absetzungen) noch nicht zur vollen Absetzung (100 v. H.) geführt haben (§ 11d Abs. 1 EStDV).

Ein **unentgeltlicher** Erwerb liegt auch bei einer **Schenkung unter Auflage** vor. Eine Schenkung unter Auflage ist dann anzunehmen, wenn die Beteiligten ein Grundstück zwar „schenken" wollten, aber diese Schenkung mit bestimmten Leistungen des Bedachten verbunden haben. Trotz der vom Beschenkten zu erfüllenden Auflage(n) ist ertragsteuerlich **in vollem Umfang** ein **unentgeltlicher Vorgang** gegeben. Liegt eine Schenkung unter Auflage vor, so hat der Beschenkte keine Anschaffungskosten; auch er kann lediglich die AfA des Rechtsvorgängers fortsetzen (§ 11d EStDV). Zur **mittelbaren Grundstücksschenkung** vgl. Teil II, Tz. 3.3.3. c).

Zur Frage, ob bei einer **vorweggenommenen Erbfolge** sowie bei einer **Erbauseinandersetzung von Privatvermögen und Betriebsvermögen** nach der Rechtsprechung des GrS des BFH ein entgeltlicher oder unentgeltlicher Erwerb vorliegt, wird auf Anlage SO, Zeilen 30 bis 59, Anlage GSE, Zeilen 12 bis 21 sowie Teil II, Tz. 3.3.3. c) verwiesen.

Haben die Vertragsparteien dagegen einen notariellen **Kaufvertrag** abgeschlossen und darin **bewusst** eine Gegenleistung vereinbart, die **unter** dem Verkehrswert des Grundstücks liegt, so ist stets eine **gemischte Schenkung** anzunehmen (BFH-Urteile vom 17. 7. 1980, BStBl 1981 II S. 11, vom 18. 3. 1980, BStBl 1981 II S. 794 und vom 21. 10. 1981, BStBl 1982 II S. 83). Zur Abgrenzung zwischen Schenkung unter Auflage und gemischter Schenkung vgl. ausführlich Anlage SO, Zeilen 30 bis 59. Dabei kann auch die Übernahme von Verbindlichkeiten des Veräußeres Entgelt sein. Bei der gemischten Schenkung ist der Vorgang **in ein entgeltliches und ein unentgeltliches Rechtsgeschäft aufzuteilen** und jeder Teil getrennt zu beurteilen **(sog. Trennungstheorie).** Überträgt z.B. der Vater (V) ein bebautes Grundstück mit einem Verkehrswert von 100000 € zum Preis von 75000 € auf ein Kind (K) und ist den Beteiligten bekannt, dass der Verkehrswert deutlich mehr als 75000 € beträgt, so liegt eine gemischte Schenkung vor. K hat das Grundstück zu 75 v.H. entgeltlich erworben und insoweit Anschaffungskosten in Höhe von 75000 €, von denen er abschreiben kann. Hinsichtlich der restlichen 25 v.H. liegt ein unentgeltlicher Erwerb vor; insoweit ist K an die AfA-Bemessungsgrundlage des V gebunden (§ 11d Abs. 1 EStDV).

Unentgeltlicher Erwerber ist auch der **Vermächtnisnehmer,** dem ein Gebäude durch Verfügung von Todes wegen zugewendet wird (BFH-Urteil vom 17. 8. 1962, BStBl III S. 444). Der Erwerb durch **Erbschaftskauf** ist dagegen ein **entgeltlicher** Erwerb (BFH-Urteil vom 15. 1. 1965, BStBl III S. 192).

II. E. AfA bei Nutzungsrechten an Gebäuden

Folgende Unterscheidungen sind zu beachten:

Vorbehaltsnießbraucher ist der frühere Eigentümer, der das Eigentum am Grundstück auf eine andere Person übertragen und sich selbst den Nießbrauch vorbehalten hat.

Vermächtnisnießbraucher ist derjenige, der den Nießbrauch aufgrund einer letztwilligen Verfügung des Grundstückseigentümers (Erblassers) unentgeltlich erworben hat.

Zuwendungsnießbraucher ist, wer den Nießbrauch – unentgeltlich oder entgeltlich – vom Eigentümer eingeräumt bekommen hat, ohne dass sich am Grundstückseigentum etwas geändert hat. Dies gilt entsprechend auch für das **zugewendete dingliche Wohnrecht.**

In allen diesen Fällen muss das Nutzungsrecht **im Grundbuch eingetragen** sein.

Nach bürgerlichem Recht ist hiervon der **schuldrechtlich (obligatorisch) Nutzungsberechtigte** zu unterscheiden, bei dem kein Eintrag seines Nutzungsrechts im Grundbuch erfolgt ist.

Durch eigene Baumaßnahmen kann ein Bauherr ein solches gesichertes **schuldrechtliches Nutzungsrecht** erlangen, wenn er aufgrund einer schuldrechtlichen Vereinbarung mit dem Grundstückseigentümer ein Wohngebäude auf fremdem Grund und Boden errichtet hat (wie das z.B. der Fall sein kann, wenn Kinder auf einem Grundstück der Eltern bauen dürfen) oder in einem bereits bestehenden Gebäude des Grundstückseigentümers eine Wohnung ein- oder ausgebaut und die Herstellungskosten für diese Baumaßnahmen getragen hat.

Für **Nießbraucher, dinglich Wohnberechtigte** und **obligatorisch Nutzungsberechtigte** mit gesicherter Rechtsposition (zum Begriff vgl. Anlage V, Vorbem. [2]), die aufgrund ihres Nutzungsrechts die Wohnung durch **Vermietung** nutzen und deshalb Mieteinnahmen zu versteuern haben, kann unter bestimmten Voraussetzungen die **Berücksichtigung von AfA** als Werbungskosten in Betracht kommen. Im Einzelnen gilt Folgendes:

(a) Der **unentgeltliche Zuwendungsnießbraucher (dinglich Wohnberechtigte),** der die Wohnung durch **Vermietung** nutzt und deshalb Mieteinnahmen zu versteuern hat, kann trotzdem **keine AfA** in Anspruch nehmen, da er nicht den Wertverzehr des Gebäudes trägt (vgl. auch BFH-Urteil vom 24. 4. 1990, BStBl II S. 888). Für in Ausübung des Nießbrauchs (dinglichen Wohnrechts) **eingebaute Anlagen und Einrichtungen** i. S. des § 95 Abs. 1 Satz 2 BGB (sog. Scheinbestandteile) kann der Nießbraucher (dinglich Wohnberechtigte) **AfA** in Anspruch nehmen, ebenso für Einbauten zu vorübergehendem Zweck (Tz. 19 **Nießbrauchserlass vom 24. 7. 1998, BStBl I S. 914,** EStH Anhang 30 VI). Eine Abschreibung des **unentgeltlich** erworbenen **Nießbrauchsrechts** (dinglichen Wohnrechts) durch den Nießbraucher ist nicht möglich, da dieser keine Anschaffungskosten hat (BFH-Urteil vom 28. 7. 1981, BStBl 1982 II S. 45 und Tz. 20 Nießbrauchserlass a.a.O.).

Der **Eigentümer** kann beim unentgeltlichen Zuwendungsnießbrauch ebenfalls **keine AfA** geltend machen, da er keine Einnahmen erzielt (Tz. 24 Nießbrauchserlass a.a.O.).

(b) Beim **entgeltlichen Zuwendungsnießbrauch** stehen die **AfA** und die erhöhten Absetzungen **auf das Gebäude** dem **Eigentümer** zu, da er wegen des zu versteuernden Entgelts für den Nießbrauch Einnahmen aus Vermietung und Verpachtung hat (Tz. 30 Nießbrauchserlass a.a.O.).

Der **Nießbraucher** (dinglich Wohnberechtigte) kann jedoch **Abschreibungen auf sein entgeltlich erworbenes Nutzungsrecht** geltend machen, wenn er die Räume durch **Vermietung** nutzt. Die AfA ist nach § 7 Abs. 1 EStG auf die Dauer des Nießbrauchs (dinglichen Wohnrechts) vorzunehmen (BFH-Urteil vom 27. 6. 1978, BStBl 1979 II S. 38). Ist der Nießbrauch (dingliches Wohnrecht) **auf Lebenszeit** des Berechtigten oder einer anderen Person eingeräumt, sind die Aufwendungen für den Erwerb des Nießbrauchs (dinglichen Wohnrechts) auf die mutmaßliche Lebenszeit der betreffenden Person zu verteilen (BFH-Urteil vom 25. 1. 1979, BStBl II S. 369; zur Lebenserwartung vgl. gleich lautende Ländererlasse vom 12. 10. 1994, BStBl I S. 775, Tabelle 6 zu § 12

BewG). Leistet der Nießbraucher (dinglich Wohnberechtigte) als Gegenleistung für die Einräumung des Nießbrauchs ausschließlich gleichmäßige laufende Zahlungen, ist es aus Vereinfachungsgründen nicht zu beanstanden, wenn nur die laufend gezahlten Beträge als Werbungskosten abgesetzt werden (Tz. 26 Nießbrauchserlass a.a.O.).

(c) Der **Vorbehaltsnießbraucher** ist bei **Vermietung** des Gebäudes auch nach Übertragung des Grundstückseigentums in gleichem Umfang **wie zuvor** (als Eigentümer) **zur AfA befugt** (Tz. 42 Nießbrauchserlass a.a.O. und BFH-Urteile vom 28. 7. 1981, BStBl 1982 II S. 380 und vom 30. 1. 1995, BStBl II S. 281). Probleme können sich ergeben, wenn sich der bisherige Alleineigentümer des Grundstücks (z. B. Ehemann) bei unentgeltlicher Übertragung des Eigentums (z. B. an ein Kind) den Nießbrauch nicht nur für sich, sondern auch noch für eine andere Person (z. B. seine Ehefrau) „vorbehält". In diesem Falle ist nur der bisherige Alleineigentümer (z. B. Ehemann) Vorbehaltsnießbraucher, bei der Ehefrau handelt es sich dagegen um einen Zuwendungsnießbrauch (da sie nie Eigentümerin gewesen ist). Nach dem BFH-Urteil vom 11. 10. 1983 (BStBl 1984 II S. 266) steht daher dem **Vorbehaltsnießbraucher** (Ehemann) die **AfA-Fortführung nur zur Hälfte** zu; der **Zuwendungsnießbraucher** (Ehefrau) ist dagegen **nicht** zur **AfA-Fortführung** befugt (siehe oben Buchst. [a]). Dies hätte zur Folge, dass eine Hälfte der AfA steuerlich verloren ginge. Eine Lösungsmöglichkeit zeigt das BFH-Urteil vom 24. 9. 1985 (BStBl 1986 II S. 12) auf. Danach steht dem bisherigen Alleineigentümer (Ehemann) trotz Vorbehalt des Nießbrauchs für sich und seine Ehefrau (als Gesamtberechtigte i. S. von § 428 BGB) die **Gebäude-AfA in voller Höhe** zu, wenn nur er **allein** den Nießbrauch **ausübt** und den Tatbestand der Einkunftsart Vermietung und Verpachtung verwirklicht, indem er als Gesamtgläubiger allein das ganze Grundstück **vermietet**, also die Mietverträge allein abschließt, die Erträge allein vereinahmt und die Grundstückskosten allein trägt.

Dem jetzigen **Eigentümer** sind während des Bestehens des Vorbehaltsnießbrauchs insoweit keine Einnahmen zuzurechnen; er kann daher auch **keine AfA** auf das Gebäude vornehmen (Tz. 45 Nießbrauchserlass a.a.O.).

Nach Erlöschen des Vorbehaltsnießbrauchs stehen dem **Eigentümer** jedoch die AfA auf das gesamte Gebäude zu (Tz. 46 Nießbrauchserlass a.a.O.). Wegen der Einzelheiten beim entgeltlichen und unentgeltlichen Nießbrauch nach dessen Erlöschen vgl. Tz. 47 und Tz. 48 des Nießbrauchserlasses a.a.O.

Die für den Vorbehaltsnießbrauch geltenden o. g. Grundsätze sind entsprechend anzuwenden, wenn das Grundstück gegen Einräumung eines **vorbehaltenen dinglichen Wohnrechts** übertragen wurde (Tz. 49 Nießbrauchserlass a.a.O.). Der **Eigentümer** darf **AfA** auf das entgeltlich erworbene Gebäude nur in Anspruch nehmen, soweit sie auf den unbelasteten Teil entfallen (BFH-Urteil vom 7. 6. 1994, BStBl II S. 927). In diesen Fällen ist die AfA-Bemessungsgrundlage nur für den unbelasteten Teil zu ermitteln (wegen der Berechnung vgl. Tz. 50 Nießbrauchserlass a.a.O.).

(d) Für den **Vermächtnisnießbrauch** gelten die Ausführungen zum Zuwendungsnießbrauch entsprechend. Der Vermächtnisnehmer ist **nicht** berechtigt, die **AfA** für das vom Erblasser hinterlassene Gebäude in Anspruch zu nehmen, da die Herstellungskosten des Erblassers dem Erben und nicht dem Vermächtnisnehmer zuzurechnen sind (Tz. 32 Nießbrauchserlass a.a.O. und BFH-Urteil vom 28. 9. 1993, BStBl 1994 II S. 319). Wegen der früher abweichenden Auffassung der Finanzverwaltung wird diese Rspr. jedoch nur auf Fälle angewendet, in denen der Vermächtnisnießbrauch **nach dem 31. 5. 1994** notariell beurkundet worden ist. In älteren Fällen ist der Vermächtnisnießbraucher aus Vertrauensschutzgründen weiterhin zum Abzug der Gebäude-AfA berechtigt (Tz. 74 Nießbrauchserlass a.a.O. und BMF-Schreiben vom 22. 4. 1994, BStBl I S. 258).

(e) Dem **schuldrechtlich Nutzungsberechtigten** steht, wenn er die Wohnung durch **Vermietung** nutzt und deshalb Mieteinnahmen erzielt, eine **AfA** ebenfalls zu, jedenfalls dann, wenn es sich um ein **vorbehaltenes** obligatorisches (schuldrechtliches) Nutzungsrecht handelt (BFH-Urteile vom 20. 9. 1989, BStBl 1990 II S. 368 und vom 28. 3. 1995, BStBl 1997 II S. 121 und Tz. 52 Nießbrauchs-

erlass a.a.O.). Er kann auch sonstige Werbungskosten abziehen; vgl. die Erläuterungen zu Anlage V, Zeilen 43 bis 44, (4) (e).

(f) Wird ein Nutzungsrecht **durch eigene Baumaßnahmen des Nutzungsberechtigten** auf einem fremden Grundstück geschaffen, hat der Nutzungsberechtigte also selbst Herstellungs- oder Anschaffungskosten, so stehen ihm an dem Vermögensgegenstand auch die AfA zu, und zwar nach den **für Gebäude** geltenden Grundsätzen (vgl. BFH-GrS, Beschluss vom 30. 1. 1995, BStBl II S. 281). Hierunter fällt z. B. auch ein **von einem Miteigentümer** mit Zustimmung der anderen Miteigentümer eines Gebäudes im eigenen Namen und für eigene Rechnung **geschaffenes Nutzungsrecht,** aber auch ganz allgemein ein durch **Bauten auf fremdem Grund und Boden** geschaffenes Nutzungsrecht z. B. Kind baut auf Elterngrundstück oder Ehemann baut auf Grundstück der Ehefrau; das Kind bzw. der Ehemann sind zur AfA berechtigt). Vgl. oben V 34, vor I und wegen der ähnlichen Problematik bei häuslichen Arbeitszimmer in Gebäuden mit (hälftigem) Ehegatteneigentum, vgl. Anlage N, Zeilen 55 bis 56 („Miteigentum ...") sowie H 18 (Eigenaufwand für ein fremdes Wirtschaftsgut) EStH.

Der **Eigentümer** kann AfA nur für den unbelasteten Teil des Gebäudes in Anspruch nehmen (Tz. 54 i. V. mit Tz. 50 Nießbrauchserlass a.a.O.). Für den Gebäudeteil auf den sich das Nutzungsrecht erstreckt, kann der Eigentümer **weder die AfA noch andere Werbungskosten** geltend machen (BFH-Urteil vom 11. 11. 1988, BStBl 1989 II S. 872).

Übernimmt bei einem vorbehaltenen schuldrechtlichen Nutzungsrecht der jetzige **Eigentümer**, dem die AfA nicht zusteht, vertraglich die laufenden Instandhaltungsaufwendungen für die dem Nutzungsberechtigten überlassene Wohnung, so können die Aufwendungen eine als Sonderausgaben abzugsfähige dauernde Last sein (BFH-Urteil vom 30. 10. 1984, BStBl 1985 II S. 610).

III. Degressive Gebäude-AfA – Gesetzgebung

Statt der linearen AfA (oben Abschnitt **I.**) ist unter bestimmten Voraussetzungen **wahlweise** auch die **degressive Gebäude-AfA (§ 7 Abs. 5 EStG)** zulässig.

Die Möglichkeit einer degressiven Gebäude-AfA ist in den letzten Jahren wiederholt eingeschränkt worden. Die älteren Regelungen sind auch heute noch mangels Zeitablauf von Bedeutung.

Übersicht über Inhalt und zeitliche Abfolge der gesetzlichen Regelungen:

- Die frühere degressive AfA für Gebäude, die zu einem **Betriebsvermögen** gehören und nicht Wohnzwecken dienen (sog. **Wirtschaftsgebäude**) in Höhe von 4×10 v. H., 3×5 v. H., $18 \times 2,5$ v. H., ist nur noch bei solchen Gebäuden zulässig, die aufgrund eines **vor dem 1. 1. 1994** gestellten Bauantrags/abgeschlossenen Kaufvertrags hergestellt bzw. angeschafft worden sind (§ 7 Abs. 5 Satz 1 Nr. 1 EStG). Wegen dieser nur Gebäude des **Betriebsvermögens** betreffenden Regelung, die hier für die Anlage V ohne Bedeutung ist, vgl. Teil II, Tz. 1.7.1.i).

- Für Gebäude des **Privatvermögens**, die **für andere als Wohnzwecke** (z. B. für gewerbliche oder freiberufliche Zwecke) **vermietet werden,** ist die frühere degressive AfA von 8×5 v. H., $6 \times 2,5$ v. H., $36 \times 1,25$ v. H. ebenfalls eingeschränkt worden. Sie ist nur noch für Gebäude zulässig, die aufgrund eines **vor dem 1. 1. 1995** gestellten Bauantrags/abgeschlossenen Kaufvertrags hergestellt bzw. angeschafft wurden (§ 7 Abs. 5 Satz 1 Nr. 2 EStG). Vgl. hierzu unten Abschnitt **III. A.**

- Dagegen gilt die besondere Förderung des **Mietwohnungsbaus** (Bauantrag/Anschaffung nach dem 28. 2. 1989, aber **vor dem 1. 1. 1996**) unverändert fort: **Degressive AfA** mit 4×7 v. H., 6×5 v. H., 6×2 v. H., $24 \times 1,25$ v. H. der Anschaffungs- oder Herstellungskosten (§ 7 Abs. 5 Satz 1 Nr. 3a EStG).

- Bei Bauantrag/Anschaffung **nach dem 31. 12. 1995 und vor dem 1. 1. 2004** ist nur noch eine degressive AfA von 8×5 v. H., $6 \times 2,5$ %, $36 \times 1,25$ v. H. zulässig, soweit das Objekt **Wohnzwecken** dient (§ 7 Abs. 5 Satz 1 Nr. 3b EStG).

- Bei Bauantrag/Anschaffung **nach dem 31. 12. 2003** ist die degressive AfA abermals geändert worden und beträgt jetzt

Teil I: Anlage V
Zeile 34

10 × 4 v.H., 8 × 2,5 v.H. und 32 × 1,25 v.H. der Anschaffungs- oder Herstellungskosten, soweit das Objekt **Wohnzwecken** dient (§ 7 Abs. 5 Satz 1 Nr. 3c EStG n.F.)

Zur besonderen **Förderung des Mietwohnungbaus vgl.** unten Abschnitt **III. B.**

Im Einzelnen ist zu beachten:

III. A. Höhe der degressiven Gebäude-AfA und allgemeine Grundsätze

Für im Inland belegene Gebäude des Privatvermögens, die für **andere als Wohnzwecke** vermietet worden sind und für Eigentumswohnungen, bei denen der Bauantrag (in Herstellungsfällen) oder der rechtswirksame Abschluss des obligatorischen Vertrags (in Anschaffungsfällen) nach dem 29. 7. 1981 und **vor dem 1. 1. 1995** gestellt worden bzw. erfolgt ist, beträgt die degressive AfA nach vorstehender Übersicht oben III.

- im Jahr der Fertigstellung und
  in den folgenden 7 Jahren   jeweils 5   v.H.
- in den darauf folgenden 6 Jahren   jeweils 2,5 v.H.
- in den darauf folgenden 36 Jahren   jeweils 1,25 v.H.

der Anschaffungs- oder Herstellungskosten. Im Erwerbs-(Anschaffungs-)fall kommt die degressive AfA nur in Betracht, wenn das Gebäude bis zum Ende des Jahres der Fertigstellung angeschafft wurde und der Hersteller für das veräußerte Gebäude keine degressiven oder erhöhten Absetzungen oder Sonderabschreibungen in Anspruch genommen hat (§ 7 Abs. 5 Satz 2 EStG). In diesem Fall ist die degressive AfA durch den Erwerber aber nur für das Jahr der Fertigstellung ausgeschlossen; im folgenden Jahr kann der Erwerber zur degressiven AfA übergehen (BFH-Urteil vom 3. 4. 2001, BStBl II S. 599).

Die degressive AfA ist nur mit den oben genannten Staffelsätzen zulässig. Die Anwendung **höherer oder niederer AfA-Sätze ist ausgeschlossen** (BMF-Schreiben vom 30. 6. 1994, BStBl I S. 439). Hinsichtlich des maßgeblichen Zeitpunkts des Bauantrags ist es unerheblich, **wer** den Bauantrag gestellt hat (vgl. BMF-Schreiben vom 8. 12. 1994, BStBl I S. 882).

Wie sich aus vorstehender Übersicht (oben III.) ergibt, ist die **degressive** Gebäude-AfA bei Bauantrag/Kaufvertrag **ab 1. 1. 1995** bei Gebäuden des Privatvermögens, die für andere als Wohnzwecke vermietet werden, weggefallen. Sie ist aber weiterhin unter den Voraussetzungen der „**Besonderen Förderung des Mietwohnungsbaus**" möglich. Vgl. hierzu Abschnitt **III B**. In allen anderen Fällen kommt **nur noch** die **lineare** AfA von 2 v.H. (§ 7 Abs. 4 Satz 1 Nr. 2 EStG) in Betracht.

Vgl. auch die Übersicht in Teil II, Tz. 1.7.1., Buchst. h) und k).

Ganz allgemein ist bei der degressiven AfA zu beachten:

Besteht ein Gebäude aus sonstigen **selbständigen** Gebäudeteilen (vgl. Teil II, Tz. 1.7.4.3. und R 13 Abs. 3 Nr. 5 und Abs. 4 EStR), sind für die einzelnen Gebäudeteile **unterschiedliche** AfA-Methoden und AfA-Sätze **zulässig** (R 44 Abs. 6 EStR). Auch auf **Eigentumswohnungen** und auf im **Teileigentum** stehende Räume sind die Grundsätze zur **degressiven Abschreibung** entsprechend **anzuwenden** (§ 7 Abs. 5a EStG). Die Vornahme gesonderter AfA für einzelne der o.g. Gebäudeteile steht der Inanspruchnahme der degressiven AfA für das übrige Gebäude **nicht** entgegen.

Der **Wechsel** zwischen den verschiedenen degressiven Absetzungsverfahren nach § 7 Abs. 5 EStG sowie zwischen der einmal gewählten **degressiven** Absetzung zur **linearen** Absetzung und umgekehrt ist **unzulässig** (H 44 [Wechsel der AfA-Methode bei Gebäuden] EStH). Wegen des Wechsels der AfA-Methode bei Gebäuden, die erst später Betriebsvermögen werden oder diese Eigenschaft verlieren oder als Mietwohnung nicht mehr Wohnzwecken dienen vgl. R 44 Abs. 8 (Wechsel ...) EStR. Wird ein bebautes Grundstück **vom Betriebsvermögen in das Privatvermögen** überführt und werden hierbei die stillen Reserven aufgedeckt und versteuert, so liegt hierin die Anschaffung eines Gebäudes i.S. des § 7 Abs. 5 EStG, da die Überführung des Grundstücks vom Betriebsvermögen in das Privatvermögen einen anschaffungsähnlichen Vorgang darstellt (und keine Herstellung). Für ein Gebäude, das im Jahr der Fertigstellung aus dem Betriebsvermögen entnommen worden ist, ist die Inanspruchnahme der degressiven AfA für den Zeitraum der Zugehörigkeit zum Privatvermögen im Jahr der Entnahme ausgeschlossen, wenn für das Gebäude bereits während der Zugehörigkeit zum Betriebsvermögen degressive AfA in Anspruch genommen worden ist. Im folgenden Jahr kann der Steuerpflichtige zur degressiven AfA übergehen (BFH-Urteil vom 3. 4. 2001, BStBl II S. 599). Für ein Gebäude, das nach dem Jahr der Fertigstellung unter Aufdeckung der stillen Reserven entnommen worden ist, kann die degressive AfA nicht mehr vorgenommen werden (BFH-Urteil vom 8. 11. 1994, BStBl 1995 II S. 170; vgl. H 44 [Entnahme eines Gebäudes] EStH).

Ist degressive AfA **überhöht** vorgenommen worden, so ist die weitere AfA während des verbleibenden Abschreibungszeitraums weiterhin von den ungekürzten Anschaffungs- oder Herstellungskosten vorzunehmen (BFH-Urteil vom 4. 5. 1993, BStBl II S. 661).

Zur degressiven AfA bei **nachträglichen Anschaffungs- oder Herstellungskosten** vgl. Teil II, Tz. 1.7.3.

Die degressive AfA ist **im Jahr der Anschaffung oder Fertigstellung** stets mit dem **vollen** Jahresbetrag – also nicht nur zeitanteilig – abzuziehen (BFH-Urteil vom 19. 2. 1974, BStBl II S. 704), es sei denn, dass das Gebäude in diesem Jahr nicht ausschließlich zur Erzielung von Einkünften verwendet wird. Diese Regelung gilt für die degressive AfA auch ab 2004 weiterhin (keine Zwölftelung: vgl. § 7 Abs. 5 Satz 3 EStG n.F.). Dabei sind Wohngebäude als **fertig gestellt** anzusehen, sobald sie **bewohnbar** sind (vgl. hierzu oben Anlage V, Zeile 34 I). Es spielt sonach keine Rolle, ob und ggf. wie lange das Gebäude im Jahr der Fertigstellung tatsächlich genutzt worden ist. Für das **Jahr der Veräußerung** des Gebäudes dürfen dagegen die degressiven Absetzungen nur **zeitanteilig** vorgenommen werden (BFH-Urteil vom 18. 8. 1977, BStBl II S. 835 und H 44 [Teil des auf ein Jahr entfallenden AfA-Betrags] EStH).

Zur **Nachholung unterlassener AfA** und **Korrektur überhöhter AfA** vgl. Teil II, Tz. 1.7.2. (5).

Wurde ein Gebäude oder eine Eigentumswohnung **unentgeltlich** erworben, so ist die AfA nach dem Hundertsatz vorzunehmen, der für den Rechtsvorgänger maßgebend sein würde, wenn er noch Eigentümer wäre (vgl. oben Abschnitt **II. D.**).

Für **Zubauten, Ausbauten** und **Umbauten** an bestehenden Gebäuden sind **gesonderte** degressive Absetzungen **nicht** zulässig. Die Aufwendungen hierfür sind wie nachträgliche Herstellungskosten den bisherigen Herstellungskosten hinzuzurechnen und einheitlich mit diesen abzuschreiben. Degressive AfA nach § 7 Abs. 5, 5a EStG ist auch nicht für neu geschaffene (vermietete) **Wohnungen** zulässig, die durch den Ausbau des Dachgeschosses entstanden sind, wenn diese in einem einheitlichen Nutzungs- und Funktionszusammenhang (vgl. hierzu Teil II, Tz. 1.7.4.3.) mit einer bereits vorhandenen Wohnung stehen (BFH-Urteil vom 7. 7. 1998, BStBl II S. 625). Die **degressive AfA** ist aber bei einem **grundlegenden Umbau**, der einem **Neubau** gleichkommt, möglich (vgl. im Einzelnen Teil II, Tz. 1.7.3.).

III. B. Besondere Förderung des Mietwohnungsbaus

(1) Eine **weitergehende** degressive Abschreibungsmöglichkeit zur **Förderung des Mietwohnungsbaus** wurde bereits durch Gesetz vom 30. 6. 1989, BStBl I S. 251 geschaffen (§ 7 Abs. 5 Satz 1 Nr. 3a EStG). Danach gilt für **vermietete** Wohngebäude oder vermietete Eigentumswohnungen Folgendes:

Wurde das Gebäude (die Eigentumswohnung) aufgrund eines nach dem 28. 2. 1989 und **vor dem 1. 1. 1996** gestellten **Bauantrags** hergestellt oder in diesem Zeitraum bis zum Ende des jeweiligen Jahres der Fertigstellung **angeschafft,** so können – **soweit die Gebäude Wohnzwecken dienen** – als degressive AfA geltend gemacht werden

- im Jahr der Fertigstellung
  und in den folgenden 3 Jahren   jeweils 7   v.H.
- in den darauf folgenden 6 Jahren   jeweils 5   v.H.
- in den darauf folgenden 6 Jahren   jeweils 2   v.H.
- in den darauf folgenden 24 Jahren   jeweils 1,25 v.H.

der Anschaffungs- oder Herstellungskosten.

Damit wurde die sonst übliche Abschreibungsdauer von bisher 50 auf **40 Jahre** verkürzt.

(2) Wurde der Bauantrag **nach dem 31. 12. 1995** gestellt oder der Kaufvertrag nach diesem Tag abgeschlossen, so können als degressive AfA – soweit die Gebäude **Wohnzwecken** dienen – nur noch geltend gemacht werden

- im Jahr der Fertigstellung
und in den folgenden 7 Jahren jeweils 5 v. H.
- in den darauf folgenden 6 Jahren jeweils 2,5 v. H.
- in den darauf folgenden 36 Jahren jeweils 1,25 v. H.

Damit wurde die Abschreibungsdauer wieder auf **50 Jahre** erhöht (vgl. § 7 Abs. 5 Satz 1 Nr. 3 b EStG).

(3) Schließlich ist bereits **ab 2004** eine weitere Kürzung der degressiven AfA erfolgt. Wurde ein Gebäude auf Grund eines Bauantrags **nach dem 31. 12. 2003** hergestellt oder auf Grund eines obligatorischen Vertrags nach diesem Tag angeschafft, so beträgt die degressive AfA, soweit das Gebäude **Wohnzwecken** dient, nur noch

- im Jahr der Fertigstellung und in den
darauffolgenden 9 Jahren jeweils 4 v.H.
- in den darauffolgenden 8 Jahren jeweils 2,5 v.H.
- in den darauffolgenden 32 Jahren jeweils 1,25 v.H.

der Anschaffungs- oder Herstellungskosten (vgl. § 7 Abs. 5 Satz 1 Nr. 3c EStG).

Zu den Absätzen (1) bis (3) siehe auch Teil II, Tz. 1.7.1, Buchst. k).

Die degressive AfA kann nicht nur der **Bauherr,** sondern **auch** der **Erwerber,** wenn er das Gebäude bis zum Ende des Jahres der Fertigstellung angeschafft hat, in Anspruch nehmen, vorausgesetzt, der Hersteller hat für dieses Jahr für das veräußerte Gebäude weder die degressive AfA noch erhöhte Absetzungen oder Sonderabschreibungen in Anspruch genommen (§ 7 Abs. 5 Satz 2 EStG). Vgl. aber BFH-Urteil vom 3. 4. 2001, BStBl II S. 599, wonach der Steuerpflichtige im folgenden Jahr zur degressiven AfA übergehen kann. Der Erwerb muss aufgrund eines obligatorischen Vertrags angeschafft worden sein; dazu gehören vor allem Kauf- oder Werkverträge, aber auch Gesellschaftsverträge, Auseinandersetzungsverträge bei Güter- und Erbengemeinschaften sowie anlässlich einer Ehescheidung.

Da die degressive AfA nach § 7 Abs. 5 Satz 1 Nr. 3 EStG nur insoweit in Betracht kommt, als das Gebäude **Wohnzwecken dient,** ist die Höhe der Absetzungsbeträge **von der Nutzung durch den Mieter abhängig,** was deshalb praktische Schwierigkeiten bereiten kann, weil dessen Nutzung dem Vermieter häufig nicht bekannt ist. Die Regelung gilt auch für Betriebsvermögen, soweit das Gebäude Wohnzwecken dient, z.B. als Hausmeisterwohnung.

Eine Nutzung zu Wohnzwecken ist jedenfalls insoweit **nicht** gegeben, als der Mieter **einzelne Räume für betriebliche oder berufliche Zwecke** nutzt. Insoweit ist die degressive AfA beim Vermieter allenfalls nach § 7 Abs. 5 Satz 1 Nr. 2 EStG (oben Abschnitt **III. A.**) zu bemessen (also – falls die zeitlichen Voraussetzungen erfüllt sind – mit 8×5 v. H. usw.). Räume, die sowohl Wohnzwecken als auch gewerblichen oder beruflichen Zwecken dienen, sind je nachdem, welchem Zweck sie **überwiegend** dienen, entweder ganz den Wohnzwecken oder ganz den anderen Zwecken dienenden Räumen zuzurechnen. Eine Eigentumswohnung, die in der Wohnform des „**betreuten Wohnens**" genutzt wird, dient regelmäßig Wohnzwecken (BFH-Urteil vom 30. 9. 2003, BStBl 2004 II S. 225), nicht dagegen ein **Pflegegebäude**, in dem die Bewohner nicht die tatsächliche Sachherrschaft über ihre Unterkunft ausüben (vgl. BFH-Urteile vom 30. 9. 2003, BStBl 2004 II S. 221 und S. 223). Das **häusliche Arbeitszimmer** des Mieters ist aus Vereinfachungsgründen den Wohnzwecken dienenden Räumen zuzurechnen (R 42 a Abs. 3 EStR). Ein Gebäude, das **Ferienwohnungen** enthält, die für kürzere Zeiträume an wechselnde Feriengäste vermietet werden, dient nicht Wohnzwecken in diesem Sinne (BFH-Urteil vom 14. 3. 2000, BStBl 2001 II S. 66).

Abschreibungsobjekt nach § 7 Abs. 5 Satz 1 Nr. 3 a) bis c) EStG ist das Gebäude **oder** ein selbständiger Gebäudeteil i.S. von § 7 Abs. 5a EStG. Auch Baumaßnahmen an bereits bestehenden Gebäuden können zur degressiven AfA nach § 7 Abs. 5 Satz 1 Nr. 3 a) bis c) EStG berechtigen, wenn dadurch ein neuer **selbständiger Gebäudeteil** (vgl. Teil II, Tz. 1.7.4.3. sowie R 13 Abs. 3 Nr. 5 und Abs. 4 EStR) entsteht. Dies setzt voraus, dass in einem bereits bestehenden Gebäude eine Mietwohnung **erstmals** eingebaut wird, z.B. wenn der Eigentümer eines selbstgenutzten Einfamilienhauses in einem bisher nicht ausgebauten Dachgeschoss eine zusätzliche Wohnung einbaut und sie vermietet. Entsteht durch die Baumaßnahmen dagegen **kein** selbständiges Wirtschaftsgut i.S. von § 7 Abs. 5 a EStG, kommt § 7 Abs. 5 Satz 1 Nr. 3 EStG nicht in Betracht, was z.B. der Fall wäre, wenn das Einfamilienhaus auch schon vor dem Ausbau des Dachgeschosses vermietet gewesen wäre. Die Aufwendungen für den Einbau der Wohnung sind dann vielmehr nachträgliche Herstellungskosten des bereits bisher vermieteten Einfamilienhauses, die die seitherige AfA-Bemessungsgrundlage erhöhen und mit dem für das Gebäude gültigen einheitlichen AfA-Satz abgeschrieben werden.

Wegen weiterer Regelungen zur Förderung des **Mietwohnungsbaus** (§ 7k EStG betr. Wohnungen mit Sozialbindung) vgl. unten Anlage V, **Zeile 35.**

III. C. Ältere Regelungen

Wegen der älteren Regelungen zur degressiven Gebäude-AfA vgl. die **Übersicht** zur Gebäude-AfA in Teil II, Tz. 1.7.1.

IV. Außergewöhnliche technische oder wirtschaftliche Abnutzung des Gebäudes (AfaA)

Wegen der Absetzungen für außergewöhnliche technische oder wirtschaftliche Abnutzung (AfaA) des Gebäudes vgl. Teil II, Tz. 1.7.2. (3) sowie R 44 Abs. 12 EStR und H 44 (AfaA) EStH.

Erhöhte Absetzungen nach § 7k EStG für Wohnungen mit Sozialbindung 35

Anstelle der o.g. linearen oder degressiven AfA für Gebäude sind für **inländische Wohnungen mit Sozialbindung** unter den in **§ 7k EStG** genannten Voraussetzungen erhöhte Absetzungen möglich. Sie betragen

- im Jahr der Fertigstellung
und in den folgenden 4 Jahren jeweils bis zu 10 v.H.
- in den folgenden 5 Jahren jeweils bis zu 7 v.H.

der Herstellungs- oder Anschaffungskosten der einzelnen Wohnung. Eine zeitanteilige Aufteilung im Kalenderjahr erfolgt nicht. Während des **10-jährigen Verwendungszeitraums** können danach **85 v.H.** der Herstellungs- oder Anschaffungskosten der Wohnung abgeschrieben werden. Zur Auslegung des § 7k EStG im Einzelnen vgl. BMF-Schreiben vom 17. 2. 1992, BStBl I S. 115.

Abschreibungsobjekt ist nicht ein Gebäude oder selbständiger Gebäudeteil (§ 7 Abs. 5a EStG), sondern die unter den gesetzlichen Voraussetzungen **vermietete Wohnung** im Inland. **Eine Wohnung ist** nach den hier maßgeblichen bewertungsrechtlichen Abgrenzungsmerkmalen und nach der Rechtsprechung des BFH (vgl. BMF-Schreiben vom 15. 5. 1985, BStBl I S. 201) eine Zusammenfassung von Räumen, die Wohnzwecken dienen oder zu dienen bestimmt sind, und eine von anderen Räumen, insbesondere Wohnräumen, baulich getrennte, in sich **abgeschlossene Wohneinheit** bilden. Die Wohnfläche muss mindestens 23 m² betragen (BFH-Urteile vom 4. 7. 1990, BStBl 1991 II S. 131, vom 17. 5. 1990, BStBl II S. 705 und vom 30. 9. 1982, BStBl II S. 671). Ein 13 m² großes Appartement in einem Studentenwohnheim mit Gemeinschaftsteeküche ist z.B. keine Wohnung (BFH-Urteil vom 2. 4. 1997, BStBl II S. 611 betr. § 10e EStG). Die Räume müssen einen **eigenen Zugang** haben, der nicht durch einen anderen Wohnbereich führt. Außerdem müssen die **notwendigen Nebenräume** wie Küche, zumindest ein Raum mit Kochgelegenheit, ein Bad oder eine Dusche und eine Toilette vorhanden sein. **Nicht erforderlich** ist, dass in den Räumen tatsächlich ein selbständiger Haushalt geführt wird oder der Küchenraum als Küche eingerichtet und als solche genutzt wird. Es genügt, wenn in dem Küchenraum die Anschlüsse für Einrichtungsgegenstände vorhanden sind, die für die Führung eines selbständigen Haushalts erforderlich sind. Zum Wohnungsbegriff i.S. des § 10e EStG vgl. auch Teil II, Tz. 3.3.2.

Teil I: Anlage V
Zeilen 36–37

Werden durch eine Baumaßnahme **mehrere** Wohnungen hergestellt, sind die entstandenen Aufwendungen nach dem Verhältnis der Nutzflächen auf die einzelnen Wohnungen aufzuteilen, soweit eine direkte Zuordnung nicht möglich ist. **Die Wohnung muss vor dem 1. 1. 1996 fertig gestellt worden sein.** § 7k EStG gilt für Objekte sowohl des Betriebsvermögens als auch des Privatvermögens; der Steuerpflichtige ist daher zur Entnahme nicht gezwungen. Bei Wohnungen, die im sog. **Beitrittsgebiet** belegen sind, ist § 7 k EStG nur anzuwenden, wenn sie nach dem 31. 12. 1990 hergestellt oder angeschafft worden sind (§ 57 Abs. 1 EStG).

Voraussetzung für die Inanspruchnahme der erhöhten Absetzungen nach § 7 k EStG ist, dass

- der Bauantrag nach dem 28. 2. 1989 gestellt bzw. bei einer Anschaffung der Kaufvertrag nach diesem Stichtag abgeschlossen und die Wohnung bis zum Ende des Jahres der Fertigstellung (vgl. Anlage FW, Zeilen 3 bis 4) angeschafft worden ist; der Bauherr (Zwischenerwerber) darf allenfalls die lineare AfA vorgenommen haben;
- für die Wohnung weder unmittelbar noch mittelbar aus öffentlichen Haushalten Mittel gewährt werden, weshalb in Anlage V, **Zeile 60** hiernach gefragt wird (vgl. dort);
- die Wohnung im Jahr der Anschaffung oder Herstellung und in den folgenden 9 Jahren (= Verwendungszeitraum) nicht über der gesetzlich festgelegten **Höchstmiete an Sozialmieter vermietet** wird und
- die **Einhaltung der Sozialbindung** in jedem Jahr des Verwendungszeitraums durch eine **Bescheinigung** der zuständigen Stelle dem Finanzamt nachgewiesen wird (§ 7k Abs. 2 Nr. 5 EStG).

Die Bescheinigung ist von der Gemeinde (Wohnungsamt) nach Ablauf jeden Jahres des Begünstigungszeitraumes zu erteilen (§ 7k Abs. 3 EStG). Sie wird für Wohnungen ausgestellt, die der Steuerpflichtige an Personen mit einem **Wohnberechtigungsschein** (§ 5 Wohnungsbindungsgesetz) oder einer Bescheinigung i.S. des § 88a des II. WoBauG vermietet hat. Voraussetzung für die Erteilung der Bescheinigung ist auch, dass die **Größe der Wohnung** die in dieser Bescheinigung für den Mieter angegebene Größe nicht übersteigt. Die **persönlichen Voraussetzungen** für den Wohnberechtigungsschein müssen aber **nur zu Beginn des Mietverhältnisses** erfüllt sein. Spätere Änderungen der Einkommens- oder Vermögensverhältnisse sowie der Familiengröße beeinträchtigen die Förderung nicht. Eine Bescheinigung ist auch für eine Wohnung auszustellen, für die der Steuerpflichtige keinen entsprechenden Sozialmieter gefunden hat und für die ihm die Gemeinde nicht innerhalb von sechs Wochen nach seiner Anforderung einen solchen Mieter nachgewiesen hat (§ 7k Abs. 3 Nr. 1b EStG). Bei Mieterwechsel empfiehlt sich nach vergeblicher Mietersuche umgehend ein Kontakt mit dem Wohnungsamt. Nach Ablauf von 6 Wochen nach Anforderung eines Mieters kann die Wohnung frei zu Wohnzwecken vermietet werden. Allerdings darf in keinem Fall die **Höchstmiete**, die im Einzelnen Kalenderjahr durch die jeweilige Landesregierung festgesetzt wird, überschritten werden.

§ 7k EStG hat insoweit eine **erhebliche Einschränkung** erfahren, als in den Fällen, in denen der Bauantrag für die Wohnung **nach dem 31. 12. 1992** gestellt und diese vom Steuerpflichtigen hergestellt worden ist oder aufgrund eines nach dem 31. 12. 1992 abgeschlossenen obligatorischen Vertrags (Kaufvertrag) angeschafft worden ist, die erhöhten Absetzungen nach § 7k EStG unter sonst gleichen Voraussetzungen (Wohnberechtigungsschein, Höchstmiete, Größe der Wohnung) nur noch möglich sind, wenn **der Mieter im Jahr der Fertigstellung (!) in einem Dienstverhältnis zum Steuerpflichtigen** gestanden hat, also dessen Arbeitnehmer gewesen ist (§ 7k Abs. 3 Satz 2 EStG). Damit sollen **Werks- und Dienstwohnungen** begünstigt werden. Nach dem Gesetzeswortlaut ist es unerheblich, ob der Mieter **nach** dem Jahr der Fertigstellung noch Arbeitnehmer des Steuerpflichtigen bleibt oder im Fall des Mieterwechsels der neue Mieter im Zeitpunkt der Begründung des Mietverhältnisses Arbeitnehmer des Steuerpflichtigen ist, wenn er im Jahr der Fertigstellung der Wohnung, in einem Arbeitsverhältnis zum Steuerpflichtigen gestanden hat.

Die Wohnung muss im Verwendungszeitraum dem durch § 7 k EStG **Begünstigten** zu fremden Wohnzwecken dienen; sie darf also nicht in diesem Zeitraum entgeltlich oder unentgeltlich im Wege der **Einzelrechtsnachfolge** übertragen werden (anders bei Gesamtrechtsnachfolge) oder z.B. an eine Gemeinde zwischenvermietet werden, auch wenn diese die Wohnung an den begünstigten Personenkreis weitervermietet. Fallen später, aber während des Verwendungszeitraums, die sachlichen Voraussetzungen der erhöhten AfA weg (z.B. auch weil die Wohnung nicht während des gesamten Verwendungszeitraums zu fremden Wohnzwecken überlassen wird), so werden die erhöhten Absetzungen auch für die Vergangenheit versagt (Berichtigung rückwirkend nach § 175 Abs. 1 Nr. 2 AO).

Nach Ablauf des Verwendungszeitraums ist ein Restwert zu bilden, der bis zu seiner vollständigen Abschreibung einer jährlichen AfA von 3⅓ v.H. unterliegt. Bei einer nachweislich kürzeren Restnutzungsdauer als 30 Jahre erfolgt eine gleichmäßige Verteilung nach § 7 Abs. 4 Satz 2 EStG auf die tatsächliche Restnutzungsdauer (§ 7k Abs. 1 EStG).

Die nachträglich erstellte Wohnung in einem bereits bestehenden Gebäude kann auch dann erhöht nach § 7k EStG abgeschrieben werden, wenn diese **kein** selbständiger Gebäudeteil i.S. von § 7 Abs. 5a EStG ist (vgl. Anlage V, Zeile 34 III B a.E.), weil bereits weitere Mietwohnungen vorhanden sind. Der anteilig auf die neue Wohnung entfallende Restwert des Altgebäudes ist mit in die Bemessungsgrundlage des § 7k EStG einzubeziehen (vgl. Tz. 46 des BMF-Schreibens vom 17. 2. 1992 a.a.O.). In diesem Fall können die übrigen Mietwohnungen degressiv oder linear abgeschrieben werden. Da Abschreibungsobjekt die **Wohnung** ist, kann der Steuerpflichtige bei mehreren Wohnungen für jede Wohnung getrennt entscheiden, ob er die erhöhte AfA nach § 7 k EStG oder andere erhöhte Absetzungen, die in Betracht kommen, in Anspruch nehmen will.

Wegen der mit § 7k EStG verbundenen Möglichkeit einer **Buchwertentnahme** von Grundstücken des Betriebsvermögens vgl. Anlage V, **Zeile 61**.

Erhöhte Absetzungen nach § 14a BerlinFG

Die in **Zeile 36** genannten erhöhten Absetzungen nach **§ 14a BerlinFG** beziehen sich auf **Mehrfamilienhäuser** und **Eigentumswohnungen** in Berlin (West), die zu mehr als 66⅔ v.H. bzw. 80 v.H. Wohnzwecken dienen (Abschreibung 2 × 14 v.H., 10 × 4 v.H.). § 14a BerlinFG ist nur anzuwenden, wenn der Bauantrag oder die Anschaffung (Kaufvertrag) **vor dem 1. 7. 1991** erfolgt ist. Vgl. ausführlich Teil II, Tz. 5.5.2.

Erhöhte Absetzungen nach § 14d BerlinFG

Nach **§ 14d BerlinFG** können für **Mietwohnungen mit Sozialbindung in Berlin (West)**, die **vor dem 1. 1. 1993 fertig gestellt** worden sind, erhöhte Absetzungen beansprucht werden, und zwar auch dann, wenn für die Wohnungen öffentliche Mittel gewährt werden. Die Einhaltung der Sozialbindung wird jährlich überprüft (vgl. oben Anlage V, Zeile 35). Die erhöhten Absetzungen betragen im Jahr der Fertigstellung und im folgenden Jahr jeweils bis zu 20 v.H. und in den darauf folgenden 10 Jahren jeweils bis zu 5,5 v.H. der Anschaffungs- oder Herstellungskosten. Bei Wohnungen, die im frei finanzierten Wohnungsbau errichtet worden sind, können im Jahr der Fertigstellung und in den folgenden 4 Jahren bis zu insgesamt 75 v.H. der Anschaffungs- oder Herstellungskosten abgesetzt werden. Wegen der AfA nach Ablauf der 12 Jahre bzw. 5 Jahre vgl. Teil II, Tz. 5.5.5. und allgemein Tz. 50 des BMF-Schreibens vom 17. 2. 1992 a.a.O.

Im Zusammenhang mit § 14d BerlinFG bestand die Möglichkeit einer **Buchwertentnahme** von Grundstücken des Betriebsvermögens. Vgl. hierzu die Ausführungen in Anlage V, **Zeile 61**. Das Finanzamt prüft alljährlich, ob die Voraussetzungen hierfür noch vorliegen. Durch den Hinweis in Anlage V, Zeile 37 auf Zeile 61 wird daran erinnert, dass der ESt-Erklärung jedes Jahr eine Bescheinigung nach § 7k Abs. 3 EStG beizufügen ist.

Anmerkungen allgemein zum BerlinFG und zu § 82a EStDV

Die erhöhten Absetzungen nach **§ 14b, § 14c** und **§ 15 BerlinFG** und nach **§ 82a EStDV** sind ausgelaufen. Sie sind deshalb in

Anlage V nicht mehr erwähnt. Hinsichtlich einer etwaigen **Restwert-AfA** ist bei § 14c BerlinFG eine Restabschreibung nach dem für das Gebäude maßgebenden Hundersatz vorzunehmen. Bei § 15 BerlinFG können bis zur vollen Absetzung jährlich 2,5 v.H. des Restwerts abgeschrieben werden, außerdem kann § 7 Abs. 4 Satz 2 EStG geltend gemacht werden.

Erhöhte Absetzungen nach §§ 7h, 7i EStG und nach dem Schutzbaugesetz

38
30
§ **7h EStG** und § **7i EStG** betreffen erhöhte Absetzungen für begünstigte Baumaßnahmen an **Sanierungsobjekten** und **Baudenkmalen**.

§ 7h und § 7i EStG schließen unmittelbar an die frühere Regelung in §§ 82g, 82i EStDV an und gelten für nach dem 31. 12. 1990 abgeschlossene Maßnahmen, soweit Anschaffungskosten begünstigt sind, auch für vor dem 1. 1. 1991 abgeschlossene Maßnahmen. § 7h/7i EStG beziehen sich auf Gebäude(teile), die **nicht** zu eigenen Wohnzwecken, sondern zur Einkunftserzielung eingesetzt werden. Für zu eigenen Wohnzwecken genutzte entsprechende Gebäude gilt § 10f EStG (vgl. Anlage FW, Zeilen 10 bis 11). Inhaltlich hat sich an der Begünstigung nichts geändert.

(1) Nach der in **Zeile 38** genannten Vergünstigung des § **7h EStG** können von Herstellungskosten für Modernisierungs- und Instandsetzungsmaßnahmen im Sinne des § 177 Baugesetzbuch (BauGB), die an Gebäuden in einem förmlich festgelegten **Sanierungsgebiet oder städtebaulichen Entwicklungsbereich** durchgeführt worden sind, anstelle der nach § 7 Abs. 4 oder Abs. 5 EStG zu bemessenden AfA bei **Beginn** der Modernisierungs- und Instandsetzungsarbeiten

- vor dem 1. 1. 2004 **10 Jahre** je **10 v.H.**
- nach dem 31. 12. 2003 **8 Jahre** bis zu je **9 v.H.** und **4 Jahre** bis zu je **7 v.H.**

der Bemessungsgrundlage abgesetzt werden. Dies gilt auch für Anschaffungskosten, die auf obige Maßnahmen entfallen, soweit diese nach einem rechtswirksamen obligatorischen Erwerbsvorgang durchgeführt worden sind. Als **Beginn** gilt bei Maßnahmen, für die eine Baugenehmigung erforderlich ist, der Zeitpunkt, in dem der Bauantrag gestellt wird, bei baugenehmigungsfreien Vorhaben, für die Bauunterlagen einzureichen sind, der Zeitpunkt, in dem die Bauunterlagen eingereicht werden (§ 52 Abs. 23a EStG).

Entsprechendes gilt für Maßnahmen, die der Erhaltung, Erneuerung und funktionsgerechten Verwendung eines Gebäudes dienen, das wegen seiner **geschichtlichen, künstlerischen oder städtebaulichen Bedeutung** erhalten bleiben soll, und zu deren Durchführung sich der Eigentümer neben bestimmten Modernisierungsmaßnahmen gegenüber der Gemeinde verpflichtet hat. Voraussetzung für die erhöhten Absetzungen nach § 7h EStG ist der Nachweis durch eine **Bescheinigung** der zuständigen Gemeindebehörde, dass Baumaßnahmen in dem genannten Sinne durchgeführt und **Aufwendungen hierfür selbst getragen** wurden (und nicht durch Zuschüsse aus Sanierungs- oder Entwicklungsförderungsmittel gedeckt). Mit der Bescheinigung entscheidet die zuständige Gemeindebehörde für die Finanzbehörden bindend, was unter „Modernisierung" und „Instandsetzung" i.S. von § 177 BauGB zu verstehen ist. Die Bindungswirkung der Bescheinigung umfasst aber nicht die persönliche Abzugsberechtigung; sie erstreckt sich also nicht auf die Frage, wer die Aufwendungen (Herstellungskosten) getragen hat und wem sie als Abzugsberechtigten zuzurechnen sind (BFH-Urteile vom 21. 8. 2001, BStBl 2003 II S. 910 und vom 6. 3. 2001, BStBl II S. 796). Vgl. hierzu R 83a EStR und H 83a EStH.

(2) Der in **Zeile 38** genannte § **7i EStG** betrifft Vergünstigungen für bestimmte Baumaßnahmen bei **Baudenkmalen**. Anstelle der AfA nach § 7 Abs. 4 oder Abs. 5 EStG können erhöhte Absetzungen vorgenommen werden, nämlich bei Beginn der Baumaßnahmen

- vor dem 1. 1. 2004 **10 Jahre** je **10 v.H.**
- nach dem 31. 12. 2003 **8 Jahre** bis zu je **9 v.H.** und **4 Jahre** bis zu je **7 v.H.**

der Herstellungskosten. Wegen des Beginns der Baumaßnahmen s. oben. Auf die Ausführungen in Teil II, Tz. 5.4.1. und 5.4.2. sowie auf R 83 b EStR wird hingewiesen.

(3) Wegen der in **Zeile 38** zu beantragenden erhöhten Absetzungen für **Schutzräume nach dem Schutzbaugesetz** vgl. die Ausführungen in Teil II, Tz. 1.7.5.

Sonderabschreibungen nach § 4 Fördergebietsgesetz (FörderG)

39
31
Nach § 4 FörderG können die **Anschaffungs- oder Herstellungskosten** von **Gebäuden und Eigentumswohnungen oder** die Herstellungskosten, die für nachträgliche Herstellungsarbeiten aufgewendet worden sind **oder** die Anschaffungskosten, die auf Modernisierungsmaßnahmen und andere nachträgliche Herstellungsarbeiten i.S. des § 3 Satz 2 Nr. 3 FörderG entfallen, in den **neuen Bundesländern** einschließlich des ehemaligen **Berlin (Ost)** – und unter gewissen zeitlichen Voraussetzungen (s. unten), auch des ehemaligen **Berlin (West)** –, **innerhalb der ersten 5 Jahre bis zu insgesamt 50 v.H.** abgeschrieben werden.

Die Sonderabschreibungen können im Jahr der Anschaffung oder Herstellung oder Beendigung der nachträglichen Herstellungsarbeiten und den folgenden vier Jahren **in beliebiger Aufteilung** in Anspruch genommen werden. So können z.B. bereits **im ersten Jahr die vollen 50 v.H.** abgesetzt werden und zwar **zusätzlich zur linearen** Absetzung nach § 7 Abs. 4 EStG (vgl. oben Anlage V, Zeile 34 I). Degressive Absetzungen nach § 7 Abs. 5 EStG (oben Anlage V, Zeile 34 III) oder erhöhte Absetzungen (oben Anlage V, Zeilen 35 bis 38) dürfen aber bei Gebäuden des Privatvermögens nicht daneben vorgenommen werden. Zur Inanspruchnahme von Sonderabschreibungen nach §§ 3, 4 FörderG bei vorheriger Selbstnutzung eines hergestellten Gebäudes vgl. BFH-Urteil vom 14. 9. 1999, BStBl 2000 II S. 478 und BMF-Schreiben vom 23. 8. 2000, BStBl I S. 1236.

Anschaffungskosten von Gebäuden des **Privatvermögens** sind grundsätzlich **nur** begünstigt, wenn das Gebäude bis zum Ende des Jahres seiner Fertigstellung angeschafft wurde (= **Neubau**) und der Bauherr für das Gebäude keine andere als die lineare AfA in Anspruch genommen hat (§ 3 Satz 2 Nr. 1 FörderG).

Außerdem sind auch Anschaffungs-/Herstellungskosten für **Modernisierungsmaßnahmen** und andere **nachträgliche Herstellungsarbeiten** an Gebäuden begünstigt; dazu können auch umfangreiche Renovierungsaufwendungen im Anschluss an den Erwerb eines Gebäudes gehören: sog. **anschaffungsnaher Aufwand** (vgl. Anlage V, Zeilen 43 bis 44 [3]). Nach dem später neu formulierten § 3 Satz 2 Nr. 3 FörderG kommen nunmehr Sonderabschreibungen auch bei sog. **Erwerbermodellen** in Betracht, also dann, wenn das Gebäude **nach** dem Jahr der Fertigstellung angeschafft wird (= **Altbau**), **soweit** die **Modernisierungsmaßnahmen** und andere **nachträgliche Herstellungsarbeiten** erst nach dem **Abschluss des Kaufvertrags** durchgeführt worden sind. Durch diese Regelung soll auch privates Kapital für die dringend erforderliche Modernisierung der Altbausubstanz steuerlich begünstigt werden. Die Regelung gilt sowohl für Fälle des gesellschafts- oder gemeinschaftlichen Erwerbs (Erwerbergemeinschaften) von Altimmobilien wie auch für einen Einzelerwerber. Sie ist erstmals anwendbar auf unbewegliche Wirtschaftsgüter, die auf Grund eines **nach dem 31. 12. 1991** abgeschlossenen Vertrages angeschafft wurden bzw. werden (§ 3 Satz 2 Nr. 3 FörderG).

Die 50 v.H.-Sonderabschreibungen können bereits für geleistete **Anzahlungen** auf Anschaffungskosten und für entstandene **Teilherstellungskosten** beansprucht werden (§ 4 Abs. 1 Satz 5 FörderG). Eine Berücksichtigung von **Anzahlungen** kommt **nicht** in Betracht, wenn es sich um **willkürlich** geleistete Zahlungen handelt. Zahlungen können auch dann willkürlich sein, wenn sie vertraglich vereinbart wurden. Bei einem Gebäude, das von einem Bauträger i.S. von § 3 MaBV erworben wird, ist die Willkürlichkeit von Vorauszahlungen nicht anzunehmen, soweit sie nicht höher als die Zahlungen sind, die nach § 3 Abs. 2 MaBV im laufenden und im folgenden Jahr voraussichtlich zu leisten wären. Keine Anzahlungen sind Zahlungen auf Treuhand- oder Notaranderkonto oder ein Konto, über das der Empfänger nicht frei verfügen kann. Vgl. zu den Anzahlungen im Einzelnen R 45 Abs. 5 EStR und wegen der Teilherstellungskosten R 45 Abs. 6 EStR.

Teil I: Anlage V
Zeile 40

Die Sonderabschreibungen sind allgemein **auf Wirtschaftsgüter anzuwenden, die nach dem 31. 12. 1990 und vor dem 1. 1. 1999 angeschafft oder hergestellt wurden** und auf nachträgliche Herstellungsarbeiten, die in diesem Zeitraum beendet wurden sowie auf Anzahlungen und Teilherstellungskosten, die in diesem Zeitraum geleistet wurden bzw. entstanden sind (§ 8 Abs. 1 FörderG).

Zu Zweifelsfragen bei der Anwendung des FörderG vgl. auch BMF-Schreiben vom 29. 3. 1993, BStBl I S. 279.

Die Sonderabschreibungen wurden im JStG 1996 zwar um zwei Jahre **bis Ende 1998 verlängert, aber ab 1997 abgesenkt** und je nach der Art der Investitionen unterschiedlich geregelt (§ 4 Abs. 2 FörderG). Danach betragen die Sonderabschreibungen:

- bei Investitionsabschluss (Anschaffung oder Herstellung oder Beendigung nachträglicher Herstellungsarbeiten) **vor dem 1. 1. 1997 bis zu 50 v.H.** der Anschaffungs- oder Herstellungskosten;

- bei Investitionsabschluss **nach dem 31. 12. 1996 und vor dem 1. 1. 1999 bis zu 50 v.H.**, soweit vor dem 1. 1. 1997 Anzahlungen auf Anschaffungskosten geleistet worden oder Teilherstellungskosten entstanden sind. Die Sonderabschreibungen betragen **bis zu 20 v.H.**, soweit die Anschaffungs- oder Herstellungskosten die vor dem 1. 1. 1997 geleisteten Anzahlungen auf Anschaffungskosten oder entstandenen Teilherstellungskosten übersteigen, jedoch bei nachträglichen Herstellungsarbeiten und bei Erwerb eines vom Veräußerer noch zu sanierenden und zu modernisierenden Gebäudes **bis zu 40 v.H.**, und, soweit ein Neubau mindestens 5 Jahre nach seiner Anschaffung oder Herstellung Wohnzwecken dient, **bis zu 25 v.H.;**

- bei Investitionsabschluss **nach dem 31. 12. 1998 bis zu 50 v.H.**, soweit vor dem 1. 1. 1997 Anzahlungen auf Anschaffungskosten geleistet worden oder Teilherstellungskosten entstanden sind. Die Sonderabschreibungen betragen **bis zu 20 v.H.**, soweit nach dem 31. 12. 1996 und vor dem 1. 1. 1999 Anzahlungen auf Anschaffungskosten geleistet worden oder Teilherstellungskosten entstanden sind, jedoch bei nachträglichen Herstellungsarbeiten und bei Erwerb eines vom Veräußerer noch zu sanierenden und zu modernisierenden Gebäudes **bis zu 40 v.H.** und, soweit ein Neubau mindestens fünf Jahre nach seiner Anschaffung oder Herstellung Wohnzwecken dient, **bis zu 25 v.H.**

Wurden die Sonderabschreibungen nach § 4 FördG in Anspruch genommen, so bemessen sich nach Ablauf des maßgebenden Begünstigungszeitraums die weitere AfA nach dem **Restwert** und dem nach § 7 Abs. 4 EStG unter Berücksichtigung der **Restnutzungsdauer** maßgebenden Prozentsatz (Restwert-AfA nach § 7 a Abs. 9 EStG). Soweit erstmalig eine Restwert-AfA angesetzt wird, soll die Bemessungsgrundlage (Restwert) auf einem besonderen Blatt ermittelt werden.

Eine besondere Regelung gilt für die Verteilung des **Restwerts** bei Herstellungskosten, die für **nachträgliche Herstellungsarbeiten** an Gebäuden aufgewendet worden sind und bei Anschaffungskosten, die auf **Modernisierungsmaßnahmen** und andere nachträgliche Herstellungsarbeiten im o.g. Sinne entfallen. Von dem Jahr an, das auf das Jahr des Ausschöpfens der Sonderabschreibungen folgt, spätestens vom fünften auf das Jahr der Beendigung der Baumaßnahmen folgenden Jahres an, ist der **Restwert,** der **nach** Vornahme der 50%igen Sonderabschreibung und der linearen AfA verbleibt, **in gleichen Jahresbeträgen** bis zum Ablauf von neun Jahren nach dem Jahr der Beendigung der Baumaßnahmen abzuschreiben. Hierdurch soll ein besonderer Investitionsanreiz durch eine **Vollabschreibung in 10 Jahren** gegeben werden, sodass z.B. bei völliger Inanspruchnahme der Sonderabschreibung im Erstjahr der Restwert auf die folgenden neun Jahre zu verteilen ist (§ 4 Abs. 3 FörderG). Vgl. für den Fall der Anzahlung und voller Inanspruchnahme der Sonderabschreibung mit 40 v.H. (s. oben) im Erstjahr und Beginn der Restwert-AfA bereits im darauf folgenden Jahr das BFH-Urteil vom 20. 4. 2004, BStBl II S. 600.

Wegen der zulässigen Sonderabschreibung nach § 4 Abs. 1 FörderG und der Abschreibung des Restwerts nach § 4 Abs. 3 FörderG bei **Baumaßnahmen an einem Dachgeschoss** (Ausbau des Dachbodens, Umbau, Erweiterung durch Aufstockung) vgl. BMF-Schreiben vom 10. 7. 1996, BStBl I S. 689.

Sonderabschreibungen für im Gebiet des ehemaligen **Berlin-West** belegene Gebäude können ebenfalls berücksichtigt werden, allerdings nur, wenn der Steuerpflichtige nach dem 30. 6. 1991, aber vor dem 1. 1. 1999, den Kaufvertrag abgeschlossen oder mit den Baumaßnahmen begonnen hat und das Gebäude bzw. den durch nachträgliche Herstellungsarbeiten geschaffenen Teil mindestens fünf Jahre nach Investitionsabschluß **Wohnzwecken dient**. Wird diese Nutzungsvoraussetzung nicht erfüllt, müssen die begünstigten Maßnahmen vor dem 1. 1. 1995 erfolgt sein. Vgl. § 8 Abs. 1a FörderG.

Schuldzinsen, Damnum, Erbbauzinsen

Wegen einer etwaigen **Aufteilung** und Kürzung der Aufwendungen in Spalten 1 bis 5 der **Zeile 40** vgl. die einleitenden Erläuterungen zu Anlage V, Zeilen 30 bis 56.

(1) Schuldzinsen

In **Zeile 40** sind vor allem die im Kalenderjahr 2005 gezahlten **Schuldzinsen** aufzuführen, soweit die Schulden im wirtschaftlichen Zusammenhang mit dem Grundstück oder Gebäude stehen. Tilgungsbeträge und noch nicht bezahlte, also noch geschuldete Zinsbeträge sind nicht abzugsfähig. Der Steuererklärung soll eine Erläuterung der Schuldzinsen beigefügt werden. Schuldzinsen können nur insoweit als Werbungskosten berücksichtigt werden, als sie **steuerfreie Zinszuschüsse** des Arbeitgebers **übersteigen**.

Geldbeschaffungskosten sind nicht hier, sondern getrennt von den Schuldzinsen in **Zeile 41** einzutragen.

Öffentliche Zuschüsse zur Zinsverbilligung sind in **Zeile 11** einzutragen oder von den bezahlten Schuldzinsen gemäß Zeile 40 abzuziehen.

Schuldzinsen für ein Darlehen zum Zwecke der **Herstellung oder** der **Anschaffung** eines **Gebäudes, das teils selbstgenutzt und teils vermietet** wird, sind nur hinsichtlich des vermieteten Teils als Werbungskosten abzugsfähig. Deshalb ist es grundsätzlich erstrebenswert, einen möglichst hohen Anteil der Schuldzinsen mit steuerlicher Wirkung dem vermieteten Teil zuzuordnen. Dabei ergeben sich Abgrenzungsschwierigkeiten. Die Finanzverwaltung hat im Hinblick auf neuere BFH-Rspr. (vgl. BFH-Urteile vom 9.7. 2002, BStBl 2003 II S. 389 und vom 25. 3. 2003, BStBl 2004 II S. 348), durch die die bisherige Rspr. (vgl. BFH-Urteile vom 17.10. 1998, BStBl 1999 II S. 676, 678 und 680) ergänzt wurde, im **BMF-Schreiben vom 16. 4. 2004, BStBl I S. 464** erneut Stellung genommen (frühere BMF-Schreiben sind hierdurch überholt).

Danach kann ein Steuerpflichtiger, der ein teilweise vermietetes und teilweise selbst genutztes Gebäude mit Eigenmitteln und Fremdmitteln finanziert, Darlehenszinsen als Werbungskosten abziehen, soweit er die Darlehensmittel **tatsächlich (!)** zur Finanzierung der Anschaffungs- oder Herstellungskosten des vermieteten Gebäudeteils verwendet. Dabei setzt der Abzug von Schuldzinsen als Werbungskosten zunächst voraus, dass die Anschaffungs- oder Herstellungskosten **den Gebäudeteilen**, die selbständige Wirtschaftsgüter (i.S. Teil II, Tz. 1.7.4.3.) bilden oder den vermieteten Eigentumswohnungen **zugeordnet** werden können: s. unten **(a)**.

Zusätzlich muss ein **wirtschaftlicher Zusammenhang** zwischen den Schuldzinsen und den zugeordneten Anschaffungs- oder Herstellungskosten bestehen: s. unten **(b)**.

(a) Bei der **Zuordnung der Anschaffungs- oder Herstellungskosten** ist zu beachten (BMF-Schreiben vom 16.4. 2004 a.a.O., Nr. 1):

- **Zuordnung von Anschaffungskosten/Anschaffungsnebenkosten**

Im Falle der **Anschaffung** eines teilweise vermieteten und teilweise selbstgenutzten Gebäudes mit Eigenmitteln und Fremdmitteln hat die Finanzverwaltung bisher den Abzug von Schuldzinsen nur anteilig **im Verhältnis** der fremdvermieteten zur selbstgenutzten **Wohn-/Nutzfläche** des Gebäudes zugelassen. Dieser Auffassung ist das BFH-Urteil vom 9.7. 2002, BStBl 2003 II S. 389 nicht gefolgt. Die Finanzverwaltung anerkennt nunmehr auch eine nach außen hin erkennbare **Zuordnungsentscheidung** des Steuerpflichtigen hinsichtlich der Anschaffungskosten, beispielsweise durch Aufteilung des zivilrechlich einheitlichen Kaufpreises im notariellen Kaufvertrag. Dieser Zuordnungsentscheidung ist steuerrechtlich zu folgen, soweit die Aufteilung nicht zu einer unangemessenen wertmäßigen Berücksichtigung der einzelnen Geäudeteile führt.

Nur wenn der Steuerpflichtige **keine** nach außen hin erkennbare Zuordnungsentscheidung trifft, sind die Anschaffungskosten den einzelnen Gebäudeteilen nach dem **Verhältnis der selbstgenutzten Wohn-/Nutzflächen** anteilig zuzuordnen (BFH-Urteil vom 27. 10. 1998, BStBl 1999 II S. 676).

- **Zuordnung von Herstellungskosten**

Im Falle der **Herstellung** eines teilweise vermieteten und teilweise selbstgenutzten Gebäudes mit Eigenmitteln und Fremdmitteln kann der Bauherr ein Darlehen gezielt **dem vermieteten Gebäudeteil zuordnen** und den selbstgenutzten Gebäudeteil teilweise oder vollständig mit vorhandenem Eigenkapital finanzieren. Dabei sind in Rechnung gestellte Entgelte für Lieferungen und Leistungen, die ausschließlich den vermieteten Gebäudeteil betreffen, wie z.B. für Fliesen, Bodenbeläge, Malerarbeiten, Sanitärinstallation, diesem Gebäudeteil gesondert zuzuordnen. Voraussetzung ist, dass solche Aufwendungen entweder vom Unternehmer **gesondert abgerechnet oder** durch den Steuerpflichtigen in einer gleichartigen **Aufstellung** gesondert aufgeteilt und ausgewiesen werden. Die das **Gesamtgebäude** betreffenden Kosten (z.B. für den Aushub der Baugrube, den Rohbau, das Dach, den Außenanstrich) sind den einzelnen Gebäudeteilen anteilig nach dem **Verhältnis der Wohn-/Nutzflächen** zuzuordnen (BFH-Urteile vom 27. 10. 1998, BStBl 1999 II S. 676 und S. 678). Ebenso ist zu verfahren, wenn der Steuerpflichtige die Herstellungskosten einheitlich abgerechnet hat, **ohne** die auf den vermieteten Gebäudeteil entfallenden Kosten gesondert auszuweisen (BFH-Urteil vom 27. 10. 1998, BStBl 1999 II S. 680). Tilgungsleistungen mindern in diesem Fall die Gesamtschuld (vgl. auch BFH-Urteil vom 7. 11. 1991, BStBl 1992 II S. 141).

(b) Außer der richtigen Zuordnung der Anschaffungs- oder Herstellungskosten ist ein **wirtschaftlicher Zusammenhang zwischen den Schuldzinsen und den zugeordneten Anschaffungs- oder Herstellungskosten** unabdingbar. Ein solcher liegt nur dann vor, wenn dieser Teil der Anschaffungskosten **tatsächlich** (!) mit den dafür aufgenommenen Darlehensmitteln bezahlt worden ist (BFH-Urteil vom 27. 10. 1998, BStBl 1999 II S. 676). Hieraus folgt für den wirtschaftlichen Zusammenhang mit Anschaffungs- und Herstellungsvorgängen (vgl. auch BMF-Schreiben vom 16. 4. 2003 a.a.O., Nr. 2):

- **Wirtschaftlicher Zusammenhang mit der Anschaffung eines Gebäudes**

Der Erwerber muss die gesondert ausgewiesenen (zugeordneten) Anschaffungskosten eines der Einkünfteerzielung dienenden **Gebäudeteils** tatsächlich mit den Darlehensmitteln begleichen. Die Darlehenszinsen sind als Werbungskosten abziehbar, soweit die Anschaffungskosten des betreffenden Gebäudeteils aus den Dalehensmitteln gezahlt werden (BFH-Urteil vom 1. 3. 2005, BStBl II S. 597).

Eine gesonderte Zahlung der zugeordneten Anschaffungskosten liegt auch vor, wenn der Steuerpflichtige diese Kosten mittels eines eigenständigen Darlehens **auf ein Notaranderkonto** überweist und der Notar den gesamten Kaufpreis vom Notaranderkonto auskehrt.

- **Wirtschaftlicher Zusammenhang mit der Herstellung eines Gebäudes**

Von einem wirtschaftlichen Zusammenhang ist auszugehen, wenn der Steuerpflichtige ein **Baukonto** ausschließlich mit Darlehensmitteln ausstattet und die Zahlungen der zugeordneten Herstellungkosten zu Lasten dieses Kontos ergehen.

Versäumt es der Steuerpflichtige, die den unterschiedlich genutzten Gebäudeteilen gesondert zugeordneten Aufwendungen getrennt mit Eigen-/Darlehensmitteln zu finanzieren, sind die Schuldzinsen nach dem **Verhältnis der Baukosten** der einzelnen Gebäudeteile schätzungsweise aufzuteilen.

Werden die Kosten für das gesamte Gebäude einheitlich abgerechnet und bezahlt, ist grundsätzlich davon auszugehen, dass auch die Darlehensmittel nach dem **Verhältnis der Wohn-/Nutzflächen** verwendet worden sind. Etwas anderes gilt nur dann, wenn der Steuerpflichtige durch eigene Aufstellung die Herstellungskosten anteilig dem vermieteten Gebäudeteil **zuordnet** und die sich danach ergebenden Herstellungskosten mit Darlehensmitteln bezahlt (BFH-Urteil vom 25. 3. 2003, BStBl 2004 II S. 348).

Die vorstehenden Grundsätze sind auch anwendbar bei einem vom Steuerpflichtigen beruflich genutzten häuslichen **Arbeitszimmer** (vgl. Anlage N, Zeilen 55 bis 56), das als selbständiger Gebäudeteil zu behandeln ist.

Die vom Steuerpflichtigen vorgenommene tatsächliche Zuordnung von Darlehen bleibt auch maßgebend, wenn er **später** die vormals selbst genutzte Wohnung **vermietet**.

Wird das Gebäude **später** in **Eigentumswohnungen** aufgeteilt, so ändert dies grundsätzlich nichts an der Zuordnung der Finanzierungskosten im Verhältnis der Nutzflächen. Eine **direkte Zuordnung** von Schuldzinsen usw. zu einer **bestimmten Wohnung** ist aber dann möglich, wenn Erhaltungsaufwendungen oder nachträgliche Herstellungskosten gerade an dieser Wohnung fremdfinanziert wurden. Wird das Gebäude bereits vom Veräußerer in Eigentumswohnungen aufgeteilt und erfolgt ein **getrennter Erwerb** der selbständigen Objekte durch eine getrennte Finanzierung, so kann im selben Haus eine vermietete Eigentumswohnung mit Fremdmitteln und eine zu eigenen Wohnzwecken genutzte Eigentumswohnung mit Eigenmitteln erworben werden. Errichten verschiedene Personen (z.B. Ehegatten) **jeweils** eine in ihrem **Allein**eigentum stehende Eigentumswohnung auf demselben Grundstück, so kann auch eine getrennte Finanzierung durch den jeweiligen Eigentümer mit der Folge einer getrennten Zuordnung der Aufwendungen erfolgen.

Nehmen **Eheleute gemeinsam** ein gesamtschuldnerisches Darlehen zur Finanzierung der Baukosten für ein vermietetes Gebäude auf, das einem von ihnen **allein** gehört, sind die Schuldzinsen in **vollem** Umfang als Werbungskosten bei den Einkünften aus Vermietung und Verpachtung des Eigentümerehegatten abziehbar, gleichgültig aus welchen Mitteln sie gezahlt werden (BFH-Urteil vom 2. 12. 1999, BStBl 2000 II S. 310). Nimmt ein Ehegatte dagegen **allein** ein Darlehen zur Finanzierung eines vermieteten Gebäudes auf, das dem **anderen** Ehegatten allein gehört, sind die Schuldzinsen nicht abziehbar. Dies gilt selbst dann, wenn der Eigentümerehegatte für das Darlehen eine selbstschuldnerische Bürgschaft übernimmt und die auf seinem Gebäude lastenden Grundpfandrechte als Sicherheit einsetzt. Die Schuldzinsen können jedoch bei dem gegebenen Sachverhalt abgezogen werden, wenn der Eigentümerehegatte sie aus eigenen Mitteln bezahlt, z.B. wenn er seine Mieteinnahmen mit der Maßgabe auf das Konto des anderen Ehegatten überweist, dass dieser daraus die Schuldzinsen entrichten soll (BFH-Urteile vom 2. 12. 1999, BStBl 2000 II S. 310 und S. 312). Ein Abzug der Schuldzinsen scheidet nach dem zuerst genannten Urteil z.B. dann aus, wenn der Nichteigentümerehegatte Zinsen für seine von ihm beliehene Lebensversicherung bezahlt hat. Vgl. auch BFH-Urteil vom 4. 9. 2000, BStBl 2001 II S. 785 und H 161 (Finanzierungskosten) EStH.

(c) Im Zusammenhang mit Schuldzinsen stellt sich eine Reihe **weiterer Fragen**:

Wie Schuldzinsen sind auch ein **Darlehensabgeld (Damnum, Disagio)** und **Erbbauzinsen** abzugsfähig. Wegen der Einzelheiten wird auf die folgenden Erläuterungen zu **Nr. (2)** und **Nr. (3)** hingewiesen. Die **Ertragsanteile** laufender Rentenzahlungen, die im Zusammenhang mit den Einkünften aus Vermietung und Verpachtung stehen (z.B. bei Erwerb eines Mietwohngrundstücks), haben ebenfalls Schuldzinsencharakter und sind deshalb als Werbungskosten abzugsfähig. Sie sind gesondert in **Zeile 42** geltend zu machen (s. dort).

Schuldzinsen für ein Darlehen, das durch eine **Hypothek auf einem anderen Grundstück** gesichert ist, sind bei dem Grundstück zu berücksichtigen, für das das Darlehen verwendet wurde (BFH-Urteil vom 15. 1. 1980, BStBl II S. 348).

Teil I: Anlage V
Zeile 40

Schuldzinsen für ein bei Beendigung des gesetzlichen Güterstandes der Zugewinngemeinschaft (z.B. durch Ehescheidung) **zum Zweck des Zugewinnausgleichs** aufgenommenes Darlehen sind auch insoweit **keine** Werbungskosten bei Vermietung und Verpachtung, als der Wert eines der Erzielung von Einkünften dienenden Grundstücks Bemessungsgrundlage für den Zugewinn war (BFH-Urteil vom 11. 5. 1993, BStBl II S. 751). Die Beteiligung des geschiedenen Ehegatten aufgrund eines Scheidungsfolgenvergleichs zur Regelung des Zugewinnausgleichs an den Grundstückserträgen führt ebenfalls nicht zu Werbungskosten bei Vermietung und Verpachtung (BFH-Urteil vom 8. 12. 1992, BStBl 1993 II S. 434). Vgl. BMF-Schreiben vom 11. 8. 1994, BStBl I S. 603.

Vorauszahlungen von Schuldzinsen für mehrere Jahre, z.B. bei sog. Verlustmodellen, werden nur dann im Jahr der Zahlung als Werbungskosten berücksichtigt, wenn überzeugende wirtschaftliche Gründe für die Vorauszahlung dargetan werden können. Zu Verlustzuweisungsgesellschaften und ähnlichen Modellen nach § 2b EStG vgl. Anlage V, Zeile 24 und Anlage GSE, Zeile 9.

Nimmt ein Steuerpflichtiger zur Finanzierung eines Bausparvertrags einen **Kredit einer Bank** oder einen **Zwischenkredit** der Bausparkasse auf, um in einem engen zeitlichen Zusammenhang ein **Bauspardarlehen** zur Anschaffung oder Herstellung eines Grundstücks, das der Erzielung von Einnahmen aus Vermietung und Verpachtung dient, zu erhalten, so gehören die **Zinsen** für den Kredit oder Zwischenkredit zu den Werbungskosten bei Vermietung oder Verpachtung (BFH-Urteil vom 6. 2. 1979, BStBl II S. 550). Bei mehreren Gebäuden des Steuerpflichtigen ist in der Regel auf den Zusammenhang mit dem einzelnen Gebäude abzustellen (BFH-Urteil vom 15. 1. 1980, BStBl II S. 348). Vgl. auch oben Anlage V, Zeile 11.

Die Berücksichtigung als Werbungskosten kommt auch in Betracht für Zinsen, die für ein Darlehen geleistet werden müssen, das zur **Finanzierung einer baulichen Erweiterung** (z.B. Anbau oder Aufstockung) eines Gebäudes aufgenommen wurde.

Gewährt eine Bausparkasse eine **sog. Überschussbeteiligung** (z.B. in Höhe von 10% der Darlehenszinsen), so stellt diese ihrem wirtschaftlichen Gehalt nach eine **Verminderung der Zinsbelastung** für das Bauspardarlehen dar. Die belasteten Darlehenszinsen sind deshalb um die Überschussbeteiligung zu kürzen. Gelegentlich wird als „Überschussbeteiligung (ÜSB)" auch die auf eine mit dem Bauspardarlehen gekoppelte **Risikolebensversicherung** gewährte Vergütung bezeichnet, die zwar verzinst, aber erst bei Beendigung der Versicherung ausgezahlt wird (z.B. beim BHW). Die ÜSB ist dem Bausparer mit der Überweisung auf das jeweilige Sonderkonto zugeflossen. Die als Sonderausgaben abziehbaren Versicherungsbeiträge sind um die ÜSB zu kürzen. Die Zinsen aus der ÜSB sind steuerpflichtige Kapitaleinkünfte. Die Rückzahlung der ÜSB bei Vertragsbeendigung ist auch bei Auszahlung vor Ablauf von zwölf Jahren seit Abschluss des Versicherungsvertrags ohne steuerliche Auswirkung.

Schuldzinsen und vergleichbare Aufwendungen, die **auf die Zeit nach Beendigung** der Vermietung oder Verpachtung (z.B. nach Veräußerung des Grundstücks) entfallen, sind keine nachträglichen Werbungskosten bei den Einkünften aus Vermietung und Verpachtung, auch wenn der Veräußerungserlös (z.B. nach einer Zwangsversteigerung) nicht zur Schuldentilgung ausgereicht hat (BFH-Urteil vom 12. 11. 1991, BStBl 1992 II S. 289 und die dort zit. umfangreiche Rspr.). Abzugsfähige **nachträgliche Werbungskosten** liegen dagegen vor, wenn Schuldzinsen auf die Zeit der Vermietung und Verpachtung entfallen, aber erst nach Ablauf dieser Zeit bezahlt werden (vgl. auch BFH-Urteil vom 23. 1. 1990, BStBl II S. 464). **Nach Aufgabe der Vermietungstätigkeit gezahlte Schuldzinsen** sind auch dann als nachträgliche Werbungskosten bei Vermietung und Verpachtung zu berücksichtigen, wenn mit dem Kredit Aufwendungen finanziert worden sind, die während der Vermietungstätigkeit als sofort abziehbare Werbungskosten zu beurteilen waren (z.B. Erhaltungsaufwand, vgl. BFH-Urteil vom 16. 9. 1999, BStBl 2001 II S. 528). Nach Auffassung der Finanzverwaltung gilt dies aber nur, soweit der bei der Veräußerung des Grundstücks erzielte Erlös nicht zur Schuldentilgung ausreicht oder bei Eigennutzung im unterstellten Fall der Veräußerung nicht ausreichen würde (vgl. BMF-Schreiben vom 18. 7. 2001, BStBl I S. 513, EStH Anhang 30 VIII). Wird der Veräußerungserlös nicht zur Tilgung von Grundstücksschulden verwendet, sondern anderweitig ertragbringend angelegt, so können die Zinsen als Werbungskosten (z.B. bei den Einkünften aus Kapitalvermögen) berücksichtigungsfähig sein, wenn der Darlehensgeber der **Veränderung des Darlehenszwecks** zustimmt oder zumindest nicht widerspricht (BFH-Urteil vom 7. 8. 1990, BStBl 1991 II S. 14). Die Zustimmung ist nicht zwingende Voraussetzung; sie stellt lediglich ein gewichtiges Indiz für die „Umwidmung" des Darlehens dar (BFH-Urteile vom 7. 3. 1995, BStBl II S. 697 und vom 1. 10. 1996, BStBl 1997 II S. 454).

Wegen der als Werbungskosten abziehbaren **Schuldzinsen** im Zusammenhang mit **Abfindungszahlungen an Miterben** und bei **vorweggenommener Erbfolge** vgl. Teil I, Anlage SO, Zeilen 30 bis 58 und Anlage GSE, Zeilen 12 bis 21.

Wird ein unbebautes Grundstück wie z.B. **Bauland mit Fremdmitteln erworben,** so können die Schuldzinsen (und z.B. vorab entstandene Grundsteuer) nur dann als Werbungskosten berücksichtigt werden, wenn der Erwerb des Baugrundstücks in **wirtschaftlichem** Zusammenhang mit einer späteren Bebauung und der Vermietung des Gebäudes steht (H 161 [Finanzierungskosten] EStH). Der (enge) **zeitliche** Zusammenhang mit der späteren Bebauung ist kein zusätzliches Tatbestandsmerkmal, sondern ein Umstand, der den wirtschaftlichen Zusammenhang offenkundig machen und dessen Nachweis erleichtern kann (BFH-Urteil vom 8. 2. 1983, BStBl II S. 554). Bei behaupteter Vermietungsabsicht führt die Finanzverwaltung die Veranlagungen für die ersten drei Jahre nach Bauplatzerwerb hinsichtlich der vorab entstandenen Werbungskosten vorläufig nach § 165 Abs. 1 AO durch, es sei denn, dass sich aus den äußeren Umständen objektiv etwas anderes ergibt. Hat der Steuerpflichtige nach Ablauf von drei Jahren seit Anschaffung des Grundstücks noch nicht mit dem Bau begonnen (zumindest den Antrag auf Baugenehmigung gestellt), so trifft ihn eine erhöhte Nachweispflicht. Er muss nunmehr die fortbestehende Bauabsicht durch nachprüfbare äußere, objektive Merkmale (z.B. die Beauftragung eines Architekten) konkretisieren. Kann er dies, so sind die Aufwendungen weiterhin vorläufig zu berücksichtigen, bis die Nutzung endgültig feststeht und das Finanzamt die Vorjahre unter Anerkennung der vorab entstandenen Werbungskosten endgültig veranlagt. Gelingt ihm der Nachweis nicht, ändert das Finanzamt die vorläufigen Veranlagungen rückwirkend (§ 165 Abs. 2 AO), und zwar ohne Berücksichtigung der vorweggenommenen Werbungskosten (vgl. ESt-Kartei B.-W. zu § 21 Fach 2 Nr. 3).

Ob beim Erwerb von **Bauerwartungsland** bereits eine konkrete Bauabsicht – und z.B. keine Spekulationsabsicht – besteht, kann nur im Einzelfall entschieden werden. Den Grundstückserwerber trifft hierbei eine erhöhte Nachweispflicht. Angefallene Finanzierungskosten können als vorab entstandene Werbungskosten abziehbar sein, wenn der Steuerpflichtige schon bei der Anschaffung des Grundstücks konkret damit rechnen konnte, das Grundstück in überschaubarer Zeit bebauen zu dürfen und wenn er außerdem seine erkennbare Bauabsicht auch nachhaltig zu verwirklichen sucht (BFH-Urteil vom 4. 6. 1991, BStBl II S. 761). Davon kann ausgegangen werden, wenn die Gemeinde das Verfahren zur Aufstellung eines Bebauungsplans eingeleitet hat, der Steuerpflichtige auf einen zügigen Abschluss des Verfahrens selbst hinwirkt und danach unverzüglich den Antrag auf Baugenehmigung stellt. Liegt das Grundstück in einem **noch nicht genehmigten Baugebiet** und ist nach Auskunft der Gemeinde auch in absehbarer Zeit nicht mit der Erstellung eines Bebauungsplans oder der Erteilung einer Baugenehmigung zu rechnen, so ist das Vorliegen einer konkreten Bauabsicht weiterhin zu verneinen (so ESt-Kartei B.-W. zu § 21 Fach 2 Nr. 3).

Wegen der Berücksichtigung von Schuldzinsen usw. als Vorkosten nach § 10e Abs. 6 EStG vgl. Anlage FW, Zeilen 22 bis 23, Buchst. a) und wegen vergeblicher Aufwendungen bei § 10e Abs. 6 EStG vgl. Anlage FW, Zeilen 22 bis 23, Buchst. f).

(2) Damnum (Disagio), Tilgungsstreckungsdarlehen

Zu den Schuldzinsen gehört auch ein **Darlehensabgeld (Damnum, Disagio).** Beim Damnum (Disagio) kommt es auf den **Zeitpunkt** der Leistung (Belastung) an. Ein Darlehensabgeld, das nach den Vereinbarungen der Vertragsparteien bei Auszahlung eines Darlehens einbehalten wird (das Darlehen wird zu einem bestimmten, unter dem Nennwert liegenden Kurs ausgezahlt), kann in dem Kalenderjahr als Werbungskosten abgezogen werden, in dem dem Schuldner das (gekürzte) Darlehenskapital zufließt (BFH-GrS, Beschluss vom 6. 12. 1965, BStBl 1966 III S. 144 sowie BFH-Urteile vom 28. 5. 1998, BStBl II S. 563 und vom 8. 6. 1994, BStBl II S. 930). Der **volle Betrag** des Darlehensabgelds stellt also **im Zeitpunkt der Auszahlung des Kapitals** beim Schuldner **Werbungskosten** dar, sofern § 42 AO dem nicht entgegensteht und es in marktüblicher Höhe (s. unten) vereinbart worden ist (ebenso BMF-Schreiben vom 19. 4. 2000, BStBl I S. 484). Trotz der abweichenden Rechtsprechung des BGH (vgl. Urteil vom 29. 5. 1990, DB 1990 S. 1610) verfährt die Finanzverwaltung weiterhin nach diesen für den Steuerpflichtigen regelmäßig günstigeren Grundsätzen.

Ein Darlehensabgeld (Damnum, Disagio) ist nur insoweit anzuerkennen, als es sich im **marktüblichen Rahmen** hält. Da das Darlehensabgeld im banktechnischen Sinn als „Feineinstellung des Normalzinses" anzusehen ist, kann ein außergewöhnlich hohes Damnum eine missbräuchliche Gestaltung i. S. des § 42 AO darstellen. Aus **Vereinfachungsgründen** kann von der Marktüblichkeit ausgegangen werden, wenn für ein Darlehen mit einem Zinsfestschreibungszeitraum von mindestens 5 Jahren ein **Damnum in Höhe von bis zu 5 %** (früher 10 %) vereinbart worden ist. Der über die marktüblichen Beträge hinausgehende Teil ist auf den Zinsfestschreibungszeitraum oder bei dessen Fehlen auf die Laufzeit des Darlehens zu verteilen (vgl. BMF-Schreiben vom 20. 10. 2003, BStBl I S. 546, Tz. 15, vgl. EStH, Anhang 30 I). Bei ratenweiser Auszahlung des Darlehens kommt eine entsprechende Aufteilung des Damnums nur in Betracht, wenn keine Vereinbarung der Vertragsparteien über den Abflusszeitpunkt des Damnums vorliegt (BFH-Urteil vom 26. 6. 1975, BStBl II S. 880 und H 116 [Damnum] EStH).

Wird das Damnum der vertraglichen Vereinbarung entsprechend bereits **vor Auszahlung der Darlehensvaluta** entrichtet, so ist dieser Zahlungszeitpunkt nur dann steuerlich anzuerkennen, wenn die **Vorausleistung** des Damnums auf **wirtschaftlich sinnvollen Erwägungen** beruht (BFH-Urteil vom 3. 2. 1987, BStBl II S. 492 und H 116 [Damnum] EStH). Ist ein Damnum **nicht mehr als drei Monate** vor Auszahlung der Darlehensvaluta oder einer ins Gewicht fallenden Teilauszahlung des Darlehens (mindestens 30 v.H. – früher 10 v.H. – der Darlehensvaluta einschließlich Damnum) geleistet worden, kann stets davon ausgegangen werden, dass ein **wirtschaftlich vernünftiger Grund** besteht (BMF-Schreiben vom 20. 10. 2003 a.a.O., Tz. 15 und BFH-Urteil vom 3. 2. 1987 a.a.O.). Diese Auffassung wird von der Finanzverwaltung in allen Fällen zu Grunde gelegt, in denen ein bestandskräftiger Steuerbescheid noch nicht vorliegt. Die jetzige Regelung ist gegenüber der früheren Verwaltungsauffassung ungünstiger (vgl. BMF-Schreiben vom 31. 8. 1990, BStBl I S. 366), weshalb sie von der Finanzverwaltung erstmals für Darlehensverträge und Baubetreuungsverträge angewendet wird, die **nach dem 31. 12. 2003** abgeschlossen werden (BMF-Schreiben vom 20. 10. 2003 a.a.O., Tz. 50). Ist der Zinsfestschreibungszeitraum kürzer als fünf Jahre, so ist nach Auffassung der Finanzverwaltung ein Damnum nicht marktüblich und deshalb nicht anzuerkennen. Die ab 2004 geltende Neuregelung in § 11 Abs. 2 Satz 3 EStG, die nicht nur für Erbbauzinsen, sondern auch für andere Entgelte für die Grundstücksnutzung gilt (s. unten Anlage V, Zeile 40 [3]), ist nach Auffassung der Finanzverwaltung ohne Auswirkungen auf die steuerrechtliche Behandlung des Damnums, auch wenn der Zinsfestschreibungszeitraum länger als fünf Jahre ist. Jedenfalls soll im Vorgriff auf eine gesetzliche Klarstellung nicht beanstandet werden, wenn die Neuregelung nicht auf ein Damnum angewendet wird, das vor dem 1. 1. 2006 abgeflossen ist (BMF-Schreiben vom 5. 4. 2005, DB 2005 S. 804).

Die o.g. Fragen sind auch im Zusammenhang mit der Anerkennung von Vorkosten nach **§ 10e Abs. 6 EStG** bei zu **eigenen Wohnzwecken** genutzten Gebäuden von Bedeutung. Vgl. insoweit auch **Anlage FW, Zeilen 22 bis 23,** Buchst. b).

Erstattet der **Erwerber** eines Gebäudes dem Veräußerer ein bei dessen Darlehensaufnahme einbehaltenes Disagio, so gehört der Erstattungsbetrag zu den Anschaffungskosten des Erwerbers und nicht zu seinen Werbungskosten (BFH-Urteil vom 17. 12. 1981, BStBl II S. 466 und H 161 [Finanzierungskosten] EStH).

Wegen der steuerlichen Folgen bei **Rückzahlung** eines Damnums (Disagio) vgl. oben zu Zeile 11 (bei „sonstige Einnahmen").

Wird ein zusätzliches Darlehen in Höhe des Damnums aufgenommen, liegt also ein sog. **Tilgungsstreckungsdarlehen** vor, so ist das Darlehensabgeld entsprechend der Tilgung des Zusatzdarlehens geleistet. Das Damnum fließt also mit den Tilgungsraten des Tilgungsstreckungsdarlehens ab (BFH-Urteil vom 26. 11. 1974, BStBl 1975 II S. 330 sowie H 116 [Damnum] EStH).

(3) Erbbauzinsen und einmalige Aufwendungen des Erbbauberechtigten

In **Zeile 40** sind auch die vom **Erbbauberechtigten laufend gezahlten Erbbauzinsen** aufzuführen. Sie sind **wie Schuldzinsen** sofort abzugsfähig (BFH-Urteil vom 8. 6. 1994, BStBl II S. 779).

Bei der **Bestellung** des Erbbaurechts anfallende **einmalige Aufwendungen** des Erbbauberechtigten sind dagegen **Anschaffungskosten des Erbbaurechts** (Aufwendungen für den Erwerb eines befristeten Rechts); dazu gehören vor allem die Notariats-, Vermessungs- und Gerichtskosten sowie die Maklerprovision und die Grunderwerbsteuer (ständige Rspr., vgl. z.B. BFH-Urteile vom 4. 6. 1991, BStBl 1992 II S. 70 sowie vom 27. 7. 1994, BStBl 1995 II S. 109 und S. 111). **Vorausgezahlte** oder in einem **Einmalbetrag** gezahlte Erbbauzinsen sind nach Auffassung der Finanzverwaltung ebenfalls den Anschaffungskosten des Erbbaurechts zuzuordnen und auf die Dauer des Erbbaurechts gleichmäßig zu verteilen (vgl. BMF-Schreiben vom 10. 12. 1996, BStBl I S. 1440). Entgegen diesem BMF-Schreiben sind nach Auffassung des BFH im Urteil vom 23. 9. 2003, BStBl 2005 II S. 159 vorausgezahlte Erbbauzinsen für ein auf 99 Jahre bestelltes Erbbaurecht nicht auf die Laufzeit des Nutzungsrechts zu verteilen, sondern **voll** im Jahr der Zahlung abzugsfähig. Diese Entscheidung hat den Gesetzgeber zu einer **Neuregelung in § 11 Abs. 2 Satz 3 EStG** veranlasst. Danach müssen Ausgaben, die für eine Nutzungsüberlassung von mehr als fünf Jahren im Voraus geleistet werden, **gleichmäßig** auf den Zeitraum **verteilt** werden, für den sie geleistet wurden. Das gilt sowohl für **Erbbauzinsen** als auch für **andere Entgelte** für die Nutzung eines Grundstücks und zwar bereits für **nach dem 31. 12. 2003** geleistete Vorauszahlungen (§ 52 Abs. 30 EStG n.F.). Wegen der Neuregelung auf der Einnahmenseite (Wahlrecht) vgl. § 11 Abs. 1 Satz 3 EStG n.F. und die Ausführungen oben Anlage V, Zeilen 26 bis 27).

Hat der **Erbbauberechtigte** die **Erschließungskosten übernommen,** so liegt hierin ein **zusätzliches Entgelt** für die Nutzung des Grundstücks. Dies gilt nicht nur, wenn der Erbbauberechtigte die Erschließungskosten an die Gemeinde bezahlt, sondern auch wenn er diese einem vorherigen Erbbauberechtigten (z.B. dem Bau- oder Wohnungsunternehmen) im Rahmen des Kaufpreises für das Erbbaurecht erstattet (vgl. Anlage V, Zeilen 26 bis 27 und die dort zit. Rspr. sowie BFH-Urteile vom 27. 7. 1994, BStBl II S. 934 und vom 23. 11. 1993, BStBl 1994 II S. 292). Für Beiträge, die für die Ersetzung oder Modernisierung **vorhandener** Erschließungsanlagen als sog. Ergänzungsbeiträge geleistet werden, gilt das gleiche (BFH-Urteil vom 19. 10. 1993, BStBl 1994 II S. 109). Nach früher überwiegender Meinung konnte der Erbbauberechtigte die von ihm gezahlten Erschließungskosten für ein privates Grundstück im Jahr der Zahlung als Werbungskosten bei Vermietung und Verpachtung abziehen. Die Finanzverwaltung hat ihre Auffassung wegen der korrespondierenden Rechtsfolgen durch das zum Zufluss beim Erbbau**verpflichteten** (Grundstückseigentümer) ergangene BFH-Urteil vom 21. 11. 1989, BStBl 1990 II S. 310 (vgl. oben Anlage V, Zeilen 26 bis 27) geändert. Danach sind die bezahlten Erschließungskosten wie andere einmalige Aufwendungen des Erbbauberechtigten den **Anschaffungskosten des Erbbaurechts** zuzuordnen und auf die Dauer des Erbbaurechts gleichmäßig abzuschreiben (BMF-Schreiben vom 16. 12. 1991, BStBl I S. 1011 und vom 31. 12. 1994, BStBl I S. 887, Tz. 93 sowie BFH-Urteil vom 27. 7. 1994, BStBl II S. 934). Soweit sich die Erschließungskosten bereits beim Erbbauberechtigten steuermindernd ausgewirkt haben, können sie nicht noch einmal durch Einbeziehung in die Bemessungsgrundlage für die Gebäude-AfA (oder nach § 10e EStG) berücksichtigt werden (zur Übergangsregelung vgl. BMF-Schreiben vom 16. 12. 1991 a.a.O.).

Teil I: Anlage V
Zeilen 41–44

Wegen der steuerlichen Behandlung beim Erbbau**verpflichteten** = Grundstückseigentümer, bei dem ein Zufluss erst bei Beendigung des Erbbaurechtsverhältnisses angenommen wird, vgl. oben Anlage V, **Zeilen 26 bis 27.**

Zur Problematik im Zusammenhang mit der Förderung des Wohneigentums nach § **10e Abs. 1 und Abs. 6 EStG** vgl. Anlage FW, Zeilen 22 bis 23, Buchst. c).

(4) Schuldzinsen bei dinglichem und schuldrechtlichem Nutzungsrecht

Auch der **Nießbraucher und dinglich Wohnberechtigte** sowie der nur **obligatorisch (schuldrechtlich) Nutzungsberechtigte** mit gesicherter Rechtsposition (zum Begriff vgl. Anlage V, Vorbem. [2]), die aufgrund ihres Nutzungsrechts die Wohnung **vermieten** und deshalb **Mieteinnahmen erzielen,** haben die Möglichkeit des Schuldzinsenabzugs. Zur begrifflichen Unterscheidung der Nutzungsrechte vgl. Anlage V, **Zeile 34 II E.** Der (unentgeltliche und entgeltliche) **Zuwendungsnießbraucher** kann in diesem Fall Schuldzinsen und Geldbeschaffungskosten als Werbungskosten geltend machen, soweit er sie im Rahmen der Nießbrauchsbestellung vertraglich übernommen und tatsächlich getragen hat oder – bei Fehlen einer vertraglichen Regelung – aufgrund der gesetzlichen Lastenverteilung getragen hat (vgl. im Einzelnen Tz. 21 und 27 Nießbrauchserlass vom 24. 7. 1998, BStBl I S. 914, EStH Anhang 30 VI). Im Rahmen der gesetzlichen Lastenverteilung hat der Nießbraucher vor allem auch die zur Zeit der Bestellung des Nießbrauchs auf dem Grundstück ruhenden Zinsen der Hypothekenforderungen und Grundschulden zu tragen (§ 1047 BGB). Der **Vorbehaltsnießbraucher** ist berechtigt, die von ihm bezahlten Schuldzinsen als Werbungskosten abzuziehen (Tz. 43 i.V. mit Tz. 21 und 22 Nießbrauchserlass a.a.O.). Für den **Vermächtnisnießbrauch** gilt dies entsprechend (Tz. 32 Nießbrauchserlass a.a.O.). Der **schuldrechtlich Nutzungsberechtigte** kann die mit der Nutzung zusammenhängenden Schuldzinsen (und sonstigen Aufwendungen, einschließlich des ggf. an den Eigentümer gezahlten Entgelts), die er vertraglich übernommen und getragen hat, als Werbungskosten abziehen (Tz. 36 und 52 Nießbrauchserlass a.a.O.).

Geldbeschaffungskosten

41 **Geldbeschaffungskosten (Finanzierungskosten)** – z.B. **Schätz-,** **Notar-** und **Grundbuchgebühren** für Hypotheken- und Grundschuldbestellung, **Kreditprovisionen, Bereitstellungszinsen, Bürgschafts- und Hypothekenvermittlungsgebühren, Zuteilungsgebühren** oder **Darlehensgebühren** bei Bausparverträgen – sind als Werbungskosten abzugsfähig, aber auch **Vermittlungsgebühren** an Dritte, Bankverwaltungskosten, Gebühr für die Prüfung der Beleihungsunterlagen u. dgl. Auch Notargebühren zur Besicherung eines Darlehens, mit dem der Erwerb des vermieteten Hauses finanziert wird, sind als Geldbeschaffungskosten abzugsfähige Werbungskosten (BFH-Urteil vom 1. 10. 2002, BStBl 2003 II S. 399). Es sind also nicht nur die an den Gläubiger, sondern ebenso die an dritte Personen für die Finanzierung gezahlten Beträge als Werbungskosten abzugsfähig. Auch eine zur vorzeitigen Ablösung eines Darlehens gezahlte **Vorfälligkeitsentschädigung** kann zu den abzugsfähigen Finanzierungskosten gehören, es sei den, sie ist durch die Veräußerung des Mietobjekts veranlasst; ausnahmsweise kann sie jedoch als Finanzierungskosten eines **neu** erworbenen Mietobjekts abzugsfähig sein (vgl. hierzu Anlage V, Zeilen 30 bis 56 und BFH-Urteil vom 23. 4. 1996, BStBl II S. 595). Etwaige im Zusammenhang mit der Geldbeschaffung entstandene **Fahrtkosten und Verpflegungspauschalen** können nach den für Reisekosten maßgebenden Grundsätzen (vgl. Anlage N, Zeilen 57 bis 62, 59 ABC „Reisekosten") ebenfalls als Werbungskosten berücksichtigt werden. Erwachsen einem Steuerpflichtigen dadurch Kosten (z.B. Gerichtskosten), dass er sich gegen die Kündigung eines ihm bereits gewährten Kredits wehrt, so sind auch diese als Werbungskosten abzugsfähig. **Kursverluste** bei Fremdwährungsdarlehen sind bei den Einkünften aus Vermietung und Verpachtung nicht als Werbungskosten abziehbar (BFH-Urteil vom 9. 11. 1993, BStBl 1994 II S. 289 betr. Rückzahlungsverpflichtung in Schweizer Franken und höherer Aufwand in DM infolge Kursverlustes).

Keine Werbungskosten, sondern **Anschaffungs(neben)kosten** sind die **bei Erwerb** des (bebauten oder unbebauten) Grundstücks anfallenden Notariatskosten, Maklergebühren, Grunderwerbsteuer usw.; vgl. hierzu Teil II, Tz. 3.3.3. a).

Auch die für die **wirtschaftliche Betreuung** eines Bauvorhabens an Wohnungsbauunternehmen entrichteten **Gebühren** (insbesondere Verwaltungs- und Beratungskosten) können wie Geldbeschaffungskosten behandelt werden. Die für die **technische Betreuung** eines Bauvorhabens zu entrichtenden **Gebühren** (einschließlich Bauplanung, Bauüberwachung, Bauleitung) rechnen dagegen grundsätzlich zu den Herstellungskosten des Gebäudes.

Renten und dauernde Lasten

42 Wegen einer etwaigen **Aufteilung** und Kürzung der in **Zeile 42** geltend zu machenden Aufwendungen vgl. die einleitenden grundsätzlichen Erläuterungen zu Anlage V, Zeilen 30 bis 56.

In **Zeile 42** sind etwaige im Jahr 2005 gezahlte **Renten** und **dauernde Lasten** einzutragen, soweit diese Aufwendungen im wirtschaftlichen Zusammenhang mit dem Grundstück stehen. Werden beim Kauf eines zum Vermieten bestimmten Grundstücks als Entgelt laufende monatliche Zahlungen vereinbart, so sind lediglich die in den wiederkehrenden Zahlungen enthaltenen Zinsanteile sofort abziehbare Werbungskosten. In Höhe des Barwerts der dauernden Last (§ 14 BewG i.V. mit Anlage 9) liegen Anschaffungskosten vor, die im Wege der AfA auf die Gesamtnutzungsdauer zu verteilen sind (BFH-Urteil vom 9. 2. 1994, BStBl 1995 II S. 47 und H 161 [Werbungskosten] EStH). Zu Renten und dauernden Lasten und den als Werbungskosten (oder Sonderausgaben) abzugsfähigen Beträgen vgl. **Teil II, Tz. 6.3.**, besonders Absätze (4), (4a) und (5) sowie **Tz. 7.1.2.** bis **7.1.4.**

Werden **Kaufpreisraten** für ein zum Privatvermögen gehörendes Grundstück aufgrund einer **Wertsicherungsklausel** erhöht, so kann der Grundstückserwerber den Mehraufwand als Werbungskosten abziehen (BFH-Urteil vom 16. 1. 1979, BStBl II S. 334). Handelt es sich dagegen um **Leibrenten,** so ist nur der aus der höheren Leistung zu berechnende Ertragsanteil als Werbungskosten absetzbar (BFH-Urteile vom 11. 8. 1967, BStBl III S. 699 und vom 29. 11. 1983, BStBl 1984 II S. 109).

Erhaltungsaufwendungen, d.h. Instandhaltungs- und Instandsetzungsaufwand
– Abgrenzung von den Anschaffungs- und Herstellungskosten –

43–44 Wegen einer etwaigen **Aufteilung** und Kürzung der Aufwendungen in Spalten 1 bis 5 der **Zeilen 43 bis 44** vgl. die einleitenden Erläuterungen zu Anlage V, Zeilen 30 bis 56.

(1) Allgemeine Grundsätze

In **Zeilen 43 bis 44** können Aufwendungen für **laufende Instandhaltung und Instandsetzung** (Reparaturen) geltend gemacht werden. Steuerlich handelt es sich um sog. **Erhaltungsaufwendungen,** die als **Werbungskosten** abzugsfähig sind. Eine **Einzelaufstellung** über den gezahlten Rechnungsbetrag, das Rechnungsdatum, den Gegenstand der Leistung sowie das ausführende Unternehmen sollte beigefügt werden.

Größerer Erhaltungsaufwand, also Ausgaben für **größere Instandsetzungsarbeiten,** wie z.B. für Neuverputz des Hauses, Neudeckung des Daches, Herrichten des Treppenhauses, Heizungsumstellung, der **nach dem 31. 12. 2003** entstanden ist (d.h. Beginn der Bauarbeiten nach dem 31. 12. 2003), kann unter bestimmten Voraussetzungen wieder wie früher auf 2 bis 5 Jahre **gleichmäßig verteilt** werden (§ 82b, § 84 Abs. 4a EStG). Außerdem ist eine solche Verteilung stets bei Maßnahmen nach § 11a EStG (Gebäude in Sanierungsgebieten und städtebaulichen Entwicklungsbereichen) und § 11b EStG (Baudenkmale) möglich. Vgl. zu diesen Regelungen in § 82b EStDV und zu §§ 11a, 11b EStG ausführlich unten **Anlage V, Zeilen 45 bis 48.**

Hiervon abgesehen sind Aufwendungen zur Instandhaltung des Gebäudes und zur Wiederinstandsetzung (Reparaturen) sonach grundsätzlich nur noch in **dem Jahr in voller Höhe abzugsfähig,** in dem sie **geleistet (gezahlt)** worden sind (dagegen kommt es für die Anerkennung von Vorkosten nach § 10e Abs. 6 EStG auf den Zeitpunkt der Ausführung der Reparatur an; eine Berücksichtigung kommt aber auch hier erst im Jahr der Bezahlung in Betracht: vgl. Anlage FW, Zeilen 22 bis 23, Buchst. d). Wegen des Zeitpunkts, zu dem Werbungskosten bei Banküberweisungen oder Zahlung mit Scheck als geleistet anzusehen sind, vgl. Anlage V, Zeilen 3 bis 5.

Da entscheidend ist, ob die als Werbungskosten geltend gemachten Beträge auch im jeweiligen Kalenderjahr **zur Instandhaltung** des Gebäudes **ausgegeben** wurden, sind **Zahlungen in einen Instandhaltungsfonds** (z. B. einer Eigentümergemeinschaft) oder zur **Ansammlung einer Rücklage für Reparaturen** allein noch **keine Werbungskosten,** und zwar auch keine vorweggenommenen (BFH-Urteil vom 14. 10. 1980, BStBl 1981 II S. 128). Deshalb sind die nach dem Wohnungseigentumsgesetz (WEG) an den Verwalter gezahlten Beiträge zur **Instandhaltungsrücklage** der Gemeinschaft der **Wohnungseigentümer** nicht bereits im Zeitpunkt der Abführung, sondern erst bei Verausgabung der Beiträge für Erhaltungsmaßnahmen als Werbungskosten abziehbar (H 161 [Werbungskosten] EStH). Wird die Instandhaltungsrücklage für Maßnahmen verwendet, die zu Herstellungskosten führen, so sind nur die zulässigen AfA abziehbar (BFH-Urteil vom 26. 1. 1988, BStBl II S. 577). Die für die steuerliche Beurteilung erforderlichen Merkmale sollten aus der Abrechnung des Verwalters ersichtlich sein, der nach dem WEG verpflichtet ist, die Werbungskosten nach dem Verhältnis der Miteigentumsanteile auf die einzelnen Wohnungseigentümer zu verteilen und diesen zur Kenntnis zu geben. Dies gilt auch für etwaige Kapitalerträge aus der verzinslichen Anlage der Rücklage, die zu den Einnahmen aus Kapitalvermögen gehören (R 161 Abs. 2 EStR). Von einer gesonderten Feststellung (§ 180 AO) der Werbungskosten durch das Belegenheitsfinanzamt kann nach Auffassung der Finanzverwaltung im Allgemeinen abgesehen werden (BMF-Schreiben vom 26. 10. 1992, BStBl I S. 693, Tz. 7). Von den **Mietern** geleistete Aufwendungen, z. B. für im Mietvertrag übernommene **Schönheitsreparaturen**, können vom Vermieter nicht abgezogen werden.

Vorbehaltlich der Frage, ob Aufwendungen für Baumaßnahmen zu Anschaffungs- oder Herstellungskosten führen – vgl. hierzu die ausführlichen Erläuterungen unten zu Zeilen 43 bis 44 (3) –, kommen in der Praxis als sofort abzugsfähige **Erhaltungsaufwendungen** (Werbungskosten) **insbesondere** in Betracht, Kosten für Anstricherneuerungen (Malerarbeiten) im Innern des Gebäudes, Erneuerung der Fußböden, Tapetenerneuerungen und Reparaturen an Öfen, Badezimmern, Dachrinnen, Dächern, Gartenzäunen, Ausbesserung von schadhaften Stellen des Hausanstrichs oder der Hofpflasterung, außerdem alle Ausgaben für Reparaturen von Sammelheizungen oder Fahrstuhlanlagen. Die erstmalige Neuanlage eines Fahrstuhls gehört dagegen zu den Herstellungskosten.

Zum sofort abzugsfähigen **Erhaltungsaufwand** gehören unter dem o. g. Vorbehalt auch Aufwendungen für die **Erneuerung** von bereits in den Herstellungskosten des Gebäudes enthaltenen Teilen, Einrichtungen oder Anlagen, **z. B.** Austausch von **Fenstern** wie Holz- gegen Aluminiumrahmen, Einfach- gegen Doppelglas, Ersatz von mit Kohle beheizten Einzelöfen durch Elektro-Nachtspeicheröfen (BFH-Urteil vom 24. 2. 1981, BStBl 1982 II S. 469), **Umstellung einer Zentralheizung** von Koks- auf Ölfeuerung oder von Einzelöfen auf Zentralheizung (BFH-Urteil vom 24. 7. 1979, BStBl 1980 II S. 7), Ersatz einer alten Zentralheizung durch eine neue Zentralheizung, Einbau einer Zentralheizung mit Radiatoren anstelle einer Warmluftheizung (BFH-Urteil vom 13. 8. 1985, BStBl 1986 II S. 9), Anschluss einer Zentralheizung an eine Fernwärmeversorgung, Einbau von Heizanlagen i. S. des § 82a Abs. 1 Nr. 2 EStDV a.F. (Wärmepumpen- oder Solaranlagen usw.) und von Heizungs- und Warmwasseranlagen i. S. des § 82 a Abs. 1 Nr. 5 EStDV a.F., wenn durch diese Anlagen vorhandene Heizanlagen ergänzt oder ersetzt werden (vgl. auch die älteren BFH-Urteile vom 9. 11. 1976, BStBl 1977 II S. 279 und S. 306, vom 7. 12. 1976, BStBl 1977 II S. 281 und vom 13. 3. 1979, BStBl II S. 435), Kosten für den Ersatz eines offenen Kamins durch einen **Kachelofen** (FG Baden-Württemberg, Urteil vom 19. 8. 1992, EFG 1993 S. 26; anders bei zusätzlichem Einbau eines Kachelofens: FG Münster, Urteil vom 17. 12. 1985, EFG 1986 S. 336 und FG Baden-Württemberg, Urteil vom 19. 3. 1986, EFG 1986 S. 389), Einbau messtechnischer Anlagen zur verbrauchsabhängigen Abrechnung von Heiz- und Warmwasserkosten, Ersatz eines vorhandenen Fahrstuhls durch einen modernen **Fahrstuhl,** Umdeckung des **Daches,** ebenso wie Aufwendungen für die Verstärkung des Stromkabels, das zum Hausanschluss führt und Aufwendungen für beschädigte balkonähnliche Wohnungszugänge sowie deren Verglasung (BFH-Urteil vom 24. 2. 1981, BStBl II S. 468). Erhaltungsaufwand sind auch die Aufwendungen für die Erneuerung einer **Hangstützmauer,** die der Sicherung eines Gebäudes gegen Abrutschen dient (BFH-Urteil vom 3. 6. 1975, BStBl II S. 696).

Auf den Zustand oder die Brauchbarkeit der erneuerten Teile, Einrichtungen oder Anlagen kommt es dabei grundsätzlich nicht an. Auch wenn diese **noch nicht verbraucht** waren, ist in der Regel **Erhaltungsaufwand** gegeben.

Aufwendungen für Erhaltungsmaßnahmen, die noch **während der Vermietungszeit** an einem anschließend selbst genutzten Gebäude durchgeführt werden, sind grundsätzlich als Werbungskosten abzugsfähig (BFH-Urteil vom 10. 10. 2000, BStBl 2001 II S. 787). Sie sind aber ausnahmsweise dann nicht abziehbar, wenn die Maßnahmen für die Selbstnutzung bestimmt sind und in die Vermietungszeit vorverlagert werden (BMF-Schreiben vom 26. 11. 2001, BStBl I S. 868). Erhaltungsmaßnahmen **nach Beendigung** der Vermietung und vor Beginn der Selbstnutzung sind grundsätzlich keine Werbungskosten. Ein Abzug kommt ausnahmsweise in Betracht, soweit sie mit Mitteln der einbehaltenen und als Einnahme erfassten **Mietkaution** finanziert werden oder wenn sie zur Beseitigung eines Schadens gemacht werden, der die mit dem gewöhnlichen Gebrauch der Mietsache verbundene Abnutzung deutlich übersteigt, inbesondere eines mutwillig vom Mieter verursachten Schadens (BFH-Urteil vom 11. 7. 2000, BStBl 2001 II S. 784). Vgl. H 161 (Erhaltungsaufwand) EStH.

(2) Instandsetzungen und Modernisierung im Allgemeinen: Erhaltungsaufwand (Werbungskosten) oder Anschaffungs-/Herstellungskosten?

Handelt es sich bei den Aufwendungen um **Anschaffungs- oder Herstellungskosten,** so müssen diese im Wege der AfA auf die Nutzungsdauer des Gebäudes verteilt werden. Die Frage der **Abgrenzung zwischen Erhaltungs- und Herstellungsaufwand** stellt sich besonders bei hohen Aufwendungen und bei zusammengeballten, umfassenden Instandsetzungen und Modernisierungen. Die **Grenze zwischen** sofort abzugsfähigem **Erhaltungsaufwand und** auf die Nutzungsdauer zu verteilendem **Herstellungsaufwand** bei bestehenden Gebäuden ist fließend und deshalb nicht immer leicht zu ziehen. Vgl. die Ausführungen unten sowie R 157 EStR und H 157 EStH.

Die Finanzverwaltung prüft die Frage, ob Herstellungsaufwand vorliegt allerdings **nur,** wenn es sich um **verhältnismäßig große Aufwendungen** handelt. Betragen die Aufwendungen **für die „einzelne Baumaßnahme"** (ab dem Veranlagungszeitraum 2003) **nicht mehr als 4 000 €** (Rechnungsbetrag **ohne** Umsatzsteuer) **je Gebäude,** so sind diese Aufwendungen vom Finanzamt **auf Antrag stets als Erhaltungsaufwand (Werbungskosten)** zu behandeln (R 157 Abs. 2 Satz 2 EStR). Als „einzelne Baumaßnahme" sind insbesondere Arbeiten anzusehen, die in engem räumlichen Zusammenhang stehen und wirtschaftlich einen einheitlichen Vorgang darstellen (z. B. Einbau oder Umbau sanitärer Anlagen in sämtlichen Wohnungen des Gebäudes). Eine einzelne Baumaßnahme liegt dagegen **nicht** vor, wenn die Arbeiten zwar in zeitlichem Zusammenhang, aber an räumlich getrennten Stellen eines Gebäudes vorgenommen werden und auch kein wirtschaftlicher Zusammenhang besteht (z. B. Ausbau des Dachgeschosses und gleichzeitiger Umbau von Fenstern und Türen). Auf Aufwendungen, die **eindeutig der endgültigen Fertigstellung** eines neu errichteten Gebäudes dienen, kann die Vereinfachungsregelung jedoch **nicht** angewendet werden (R 157 Abs. 2 Satz 3 EStR). Solche Aufwendungen sind zu den Herstellungskosten des Gebäudes zu rechnen. Es handelt sich hier in der Regel um Aufwendungen für solche Baumaßnahmen, die bereits im ursprünglichen Bauplan vorgesehen waren.

In mehreren Entscheidungen hat sich der BFH mit der **Abgrenzung zwischen Erhaltungsaufwand und Herstellungskosten** in Fällen befasst, in denen sehr hohe (sechsstellige) Aufwendungen für

Teil I: Anlage V
Zeilen 43–44

zusammengeballte, umfassende Instandsetzungen und Modernisierungen an Wohngebäuden angefallen sind, **ohne** dass die Voraussetzungen eines „anschaffungsnahen Aufwands" i.S. der früheren BFH-Rspr. vorlagen (vgl. BFH-Urteile vom 9. 5. 1995, BStBl 1996 II S. 628, 630, 632, 637, BFH-Urteile vom 10. 5. 1995, BStBl 1996 II S. 639 und vom 16. 7. 1996, BStBl II S. 649). In der Zwischenzeit sind weitere Entscheidungen des BFH zur Frage der Abgrenzung von Anschaffungs- und Herstellungskosten von den Erhaltungsaufwendungen ergangen, die von der bisherigen Rechtsauffassung des BFH abweichen (vgl. z.B. BFH-Urteile vom 12. 9. 2001, BStBl 2003 II S. 569 und S. 574 und vom 22. 1. 2003, BStBl II S. 596). Die Finanzverwaltung hat hierzu im **BMF-Schreiben vom 18. 7. 2003, BStBl I S. 386** ausführlich Stellung genommen. Außerdem ist eine für Baumaßnahmen **ab 2004** wirksame gesetzliche **Neuregelung** zum anschaffungsnahen Herstellungsaufwand in § 6 Abs. 1 Nr. 1a EStG ergangen. Vgl. hierzu die ausführlichen Erläuterungen unten zu Zeilen 43 bis 44 **(3)**.

Wegen der laufenden Unterhaltskosten für **Gartenanlagen** sowie der Aufwendungen für die **Erstanlage** eines **Gartens** vgl. Anlage V, Zeilen 55 bis 56 (3).

Aufwendungen für die **Beseitigung von Baumängeln vor (!) Fertigstellung des Gebäudes** sind keine sofort abziehbaren Werbungskosten, sondern **Herstellungskosten des Gebäudes**. Absetzungen für außergewöhnliche technische oder wirtschaftliche Abnutzung sind in solchen Fällen nicht zulässig (BFH-Urteile vom 31. 3. 1992, BStBl II S. 805 und vom 24. 3. 1987, BStBl II S. 694) und zwar selbst dann nicht, wenn infolge dieser Baumängel noch während der Bauzeit unselbständige Gebäudeteile wieder abgetragen werden (BFH-Urteil vom 30. 8. 1994, BStBl 1995 II S. 306). Dies gilt auch, wenn die Baumängel bereits bei der Herstellung des Gebäudes aufgetreten sind, aber erst **nach** dessen Fertigstellung behoben werden (BFH-Urteil vom 1. 12. 1987, BStBl 1988 II S. 431). Damit zusammenhängende **Prozesskosten** teilen als Folgekosten die steuerrechtliche Qualifikation der Aufwendungen, die Gegenstand des Prozesses waren (BFH-Urteil vom 1.12.1987 a.a.O.). Zur Absetzung wegen außergewöhnlicher technischer oder wirtschaftlicher Abnutzung (AfaA) vgl. Teil II, Tz. 1.7.2. (3).

Nach dem Beschluss des BFH-GrS vom 4. 7. 1990, BStBl II S. 830 sind Vorauszahlungen für ein Bauvorhaben, für die wegen des **Konkurses des Bauunternehmers** Herstellungsleistungen **nicht erbracht** worden sind **(verlorene Anzahlungen), sofort abziehbare Werbungskosten** des Bauherrn und keine Herstellungskosten. Als verausgabt sind die Aufwendungen in dem Zeitpunkt anzusehen, in dem deutlich wird, dass eine geleistete Vorauszahlung ganz oder zum Teil ohne Gegenleistung bleibt und insoweit auch eine Rückzahlung nicht zu erlangen ist.

Umgekehrt bedeutet das, dass (Voraus-)Zahlungen auf Anschaffungskosten im Jahr der Zahlung **nicht** als verlorene Aufwendungen sofort abziehbar sind, wenn im Zeitpunkt der Zahlung nicht davon auszugehen ist, dass diese ohne Gegenleistung bleiben und eine Rückzahlung nicht zu erlangen sein wird (BFH-Urteil vom 28. 6. 2002, BStBl II S. 758).

Nach Auffassung des BFH-GrS vom 4. 7. 1990 a.a.O. rechnen zu den **Herstellungskosten** nur Ausgaben für **tatsächlich** erbrachte Leistungen des Bauunternehmers, die zum Bereich der Gebäudeherstellung gehören. Daraus folgt, dass Kosten eines **Beweissicherungsverfahrens** zur Feststellung der vor Konkurs erbrachten Leistungen des Bauunternehmers, ebenso wie im Konkurs des Bauunternehmers angefallene **Gerichts- und Anwaltskosten** und auch Zahlungen, die vom Architekten unterschlagen wurden, sofort abzugsfähige **Werbungskosten** sind (entgegen BFH-Urteil vom 24. 3. 1987, BStBl II S. 695). Zu **vergeblichen Planungskosten** als Werbungskosten vgl. Anlage V, Zeilen 55 bis 56 (f).

Stehen den Vorauszahlungen auf Bauleistungen dagegen Herstellungsleistungen gegenüber, ist also die vereinbarte Gegenleistung tatsächlich **erbracht worden, ohne** dass durch diese der Wert des hergestellten Wirtschaftsguts erhöht wird, wie das z.B. bei mängelbehafteten Leistungen (Schlechterleistungen), Zahlung überhöhter Preise, Schnellbaukosten, Kosten für die Bauüberwachung und für das Richtfest der Fall ist, so liegen **Herstellungskosten** und keine Werbungskosten vor (BFH-GrS vom 4. 7. 1990 a.a.O. und BFH-Urteil vom 31. 3. 1992 a.a.O.). Ein Ungleichgewicht zwischen Leistung und Gegenleistung lässt den Charakter der Aufwendungen als Herstellungskosten sonach unberührt. Ohne Bedeutung ist deshalb auch, ob die Gegenleistung vertragsgemäß oder mangelhaft ist und ob es sich um überflüssige Maßnahmen gehandelt hat, auch wenn diese auf Verlangen Dritter (z.B. der Baubehörde oder von Nachbarn) durchgeführt wurden (BFH-Urteil vom 30. 8. 1994, BStBl 1995 II S. 306).

Wegen der Nichtabzugsfähigkeit vergeblicher Aufwendungen im Zusammenhang mit nicht realisierten Bauvorhaben nach **§ 10 e Abs. 6 EStG** vgl. Anlage FW, Zeilen 22 bis 23, Buchst. f).

Sofort abzugsfähige Werbungskosten (Erhaltungsaufwendungen) können auch anfallen im Zusammenhang mit

- nachträglichen Kosten für **Anlagen zur Versorgung mit Elektrizität, Gas, Wärme und Wasser, Straßenanliegerbeiträgen** und **Erschließungsbeiträgen**,

- **Kanalanschlussgebühren** (Kanal- oder Sielbaubeiträge),

- etwa zu leistenden **Ergänzungsbeiträgen** oder **Straßenausbaubeträgen** und Beiträgen (Baukostenzuschüssen) zu anderen Erschließungs- oder Erweiterungsmaßnahmen.

Wegen der steuerlichen Behandlung solcher Aufwendungen und der Möglichkeit ihrer sofortigen Abzugsfähigkeit wird auf **Teil II, Tz. 3.3.3. a), dd)** hingewiesen. In diesen Fällen stellt sich die Frage, ob Aufwendungen dem **Grund und Boden** zuzurechnen sind, sodass insoweit keine Werbungskosten (auch keine in Form von AfA) in Betracht kommen **oder** ob es sich um **sofort abzugsfähige Werbungskosten** handelt. Die teilweise zum betrieblichen Bereich ergangenen Urteile gelten auch bei der Ermittlung der Einkünfte aus Vermietung und Verpachtung (vgl. H 33 a EStH-ABC).

Die Aufwendungen, die ein Hauseigentümer für die Herstellung der **Zuleitungsanlagen (Hausanschlusskosten)** von dem Gebäude zu dem Hauptkanal der Gemeinde macht einschließlich der Kanalanstichgebühr, gehören stets zu den **Herstellungskosten des Gebäudes** (vgl. Teil II, Tz. 3.3.3. a), aa).

Die von den Energieversorgungsunternehmen gelegentlich in einem Betrag erhobenen sog. **Stromanschlusskosten** gehören, soweit es sich um Hausanschlußkosten handelt, zu den Herstellungskosten des Gebäudes und sind mit diesem abzuschreiben; soweit es sich um Baukostenzuschüsse für das allgemeine Leitungsnetz handelt, gehören sie zum nicht abschreibungsfähigen Grund und Boden. Eine Aufteilung der Stromanschlusskosten ist nur durch das Energieversorgungsunternehmen selbst möglich.

Beim Anschluss an das **Fernseh- und Rundfunk-Breitbandkabel** der Deutschen Bundespost gilt Folgendes: die Aufwendungen für eine private Breitbandanlage (von der öffentlichen Anschlussstelle bis zu den Antennensteckdosen in den Wohnungen) und die einmalige Anschlussgebühr sind bei einem **Neubau Herstellungskosten**. Beim Einbau in ein **bestehendes Gebäude** liegen insoweit **Werbungskosten** vor (R 157 Abs. 1 EStR). Trägt sie der Mieter, so sind sie weder bei ihm noch beim Hauseigentümer abziehbar. Laufende Gebühren für die Überlassung des Anschlusses an den Mieter sind beim Hauseigentümer **Werbungskosten.**

Zu den nur im Wege der AfA berücksichtigungsfähigen **Herstellungskosten eines Gebäudes** vgl. allgemein **Teil II, Tz. 3.3.3. a)** und zur Behandlung etwaiger **Abbruchkosten** vgl. Teil II, Tz. 2.10. (6).

(3) Instandsetzungen und Modernisierung im Besonderen: „Anschaffungsnaher Aufwand"

Besondere Grundsätze gelten für **Aufwendungen, im Zusammenhang mit der Anschaffung eines Gebäudes.** Werden nach dem Erwerb eines Gebäudes im Verhältnis zum Kaufpreis hohe Aufwendungen (z.B. für umfangreiche Instandsetzungs- und Modernisierungsarbeiten) auf das Gebäude gemacht, so liegt jedenfalls dann **Herstellungsaufwand** vor, wenn dadurch das Wesen des Gebäudes verändert oder der Nutzungswert erheblich erhöht oder die Nutzungsdauer erheblich verlängert wird. Diese nach der jahrzehntealten, früheren BFH-Rspr. (vgl. BFH- GrS vom 22. 8. 1966, BStBl III S. 672) als **anschaffungsnahe Aufwendungen** bezeichneten Ausgaben wurden unabhängig hiervon stets dann als nachträgliche **Herstellungskosten** angesehen, die sich nur über die AfA zugunsten des Steuerpflichtigen auswirken konnten, wenn die Aufwendungen (Rechnungsbetrag ohne USt) innerhalb von **drei Jahren** nach Anschaffung des bebauten Grundstücks 15 v.H. der Anschaffungskosten des Gebäudes (sonach ohne Grund und Boden) überstiegen haben (R 157 Abs. 4 Satz 2 EStR 2002). Ausnahmsweise galt dies auch bei Instandsetzungsarbeiten, die erst **nach** Ablauf von drei Jahren seit dem Erwerb durchgeführt wurden. Die Wertgrenze von 15 v.H. wurde als sog. **Aufgriffsgrenze** betrachtet, d.h. es waren bei Überschreitung dieser Grenze nicht ohne weiteres Herstellungskosten anzunehmen, vielmehr sollte die Finanzverwaltung erst prüfen, ob nicht trotzdem sofort abziehbarer Aufwand vorliegt. Solange in dem Dreijahreszeitraum die 15 v.H.-Grenze nicht überschritten war, wurden die Veranlagungen vorläufig durchgeführt (§ 165 Abs. 1 AO). Kosten für **Erweiterungen** i.S. des § 255 Abs. 2 Satz 1 HGB, also für typische Herstellungsarbeiten (wie z.B. Aufbau oder Anbau), blieben außer Betracht, ebenso wie **laufender Erhaltungsaufwand**, der **nach** dem Erwerb jährlich üblicherweise anfällt, sowie Aufwendungen, die zur Beseitigung von Schäden dienen, die eindeutig im Laufe der ersten drei Jahre **nach** dem Erwerb entstanden sind. Auch Aufwendungen zur Beseitigung **versteckter Mängel** (z.B. Schwamm oder Fäulnis) wurden als sofort abziehbare Werbungskosten anerkannt. Für den **unentgeltlichen Rechtsnachfolger** (Gesamtrechtsnachfolger oder Einzelrechtsnachfolger) galten die Grundsätze zum sog. anschaffungsnahen Aufwand nicht. Zur früheren Rechtslage vgl. zuletzt „Anleitung zur ESt-Erklärung **2001**", Anlage V, Zeilen 43 bis 44 (2).

Im Gegensatz hierzu ging die neuere Rechtsprechung des BFH davon aus, dass allein die Höhe der Kosten oder ihre zeitliche Nähe zur Anschaffung eines Gebäudes nicht über ihre Qualifizierung als Anschaffungs-/Herstellungskosten oder Werbungskosten entscheiden kann. Auch im Steuerrecht sei für die **Definition der Anschaffungs- und Herstellungskosten** allein **§ 255 HGB maßgebend** (vgl. z.B. BFH-Urteile vom 22. 1. 2003, BStBl II S. 596 und vom 12. 9. 2001, BStBl 2003 II S. 569 und S. 574). Im Anschluss an die neue Rechtsprechung hat die Finanzverwaltung im **BMF-Schreiben vom 18. 7. 2003, BStBl I S. 386** (mit dem das alte BMF-Schreiben vom 16. 12. 1996, BStBl I S. 1442 aufgehoben wurde) hierzu Stellung genommen. Vgl. die Ausführungen unter (3) B.

Von besonderer Bedeutung ist jedoch die schließlich ergangene gesetzliche **Neuregelung zum anschaffungsnahen Aufwand** (§ 6 Abs. 1 Nr. 1a EStG i.V. mit § 9 Abs. 5 Satz 2 EStG). Als Reaktion auf die Aufgabe der langjährigen BFH-Rspr. wurde die o.g. frühere typisierende Verwaltungsauffassung, zuletzt in R 157 Abs. 4 EStR 2002, zum großen Teil als gesetzliche Regelung wieder eingeführt. Vgl. die folgenden Ausführungen unter (3) A.

(3) A. Neuregelung ab 2004

(a) Hiernach gehören zu den **anschaffungsnahen Herstellungskosten** eines Gebäudes „auch" Aufwendungen für Instandsetzungs- und Modernisierungsmaßnahmen, die innerhalb von **drei Jahren** nach Anschaffung des Gebäudes durchgeführt werden, wenn die Aufwendungen (ohne die USt) **15 v.H. der Anschaffungskosten** des Gebäudes (sonach ohne Grund und Boden) übersteigen. Zu diesen Kosten gehören jedoch **nicht** die Aufwendungen für **Erweiterungen** i.S. des § 255 Abs. 2 Satz 1 HGB, wie z.B. Aufstockung oder Anbau – vgl. ausführlich hierzu unten Abschnitt (3) B (b) – sowie Aufwendungen für **Erhaltungsarbeiten**, die jährlich üblicherweise anfallen. Da § 6 Abs. 1 Nr. 1a EStG ausdrücklich nur die genannten zwei Ausnahmen zulässt, sind alle anderen Baumaßnahmen innerhalb des Dreijahreszeitraums in die Prüfung der 15 v.H.-Grenze einzubeziehen, also auch Aufwendungen zur Beseitigung der Funktionsuntüchtigkeit oder zur Hebung des Gebäudes auf einen höheren Standard – vgl. Abschnitt (3) B (a), auch wenn diese für sich betrachtet schon Herstellungskosten sein können (s. unten) – oder zur Beseitigung versteckter Mängel (z.B. Schwamm, Fäulnis); letztere wurden bisher stets als sofort abziehbare Werbungskosten anerkannt. Die Herstellung der „Betriebsbereitschaft" nach den Vorstellungen des Erwerbers – vgl. Abschnitt (3) B (a) – ist jedenfalls im Hinblick auf die Berechnung der maßgeblichen 15 v.H.-Grenze nicht entscheidend.

Da es auf die Anschaffungskosten des Gebäudes insgesamt ankommt, ist es ohne Bedeutung, ob das Gebäude nach der beabsichtigten Nutzung aus mehreren selbständigen Wirtschaftsgütern i.S. der R 13 Abs. 4 EStR besteht (BFH-Urteil vom 30. 7. 1991, BStBl 1992 II S. 940).

Herstellungskosten sind nicht allein deshalb ausgeschlossen, weil die Baumaßnahmen an dem Objekt erst **nach** Ablauf der Dreijahresfrist abgeschlossen werden oder weil die 15 v.H.-Grenze erst danach überschritten wird. **Anschaffungs-/Herstellungskosten** können **auch** vorliegen, obwohl die **15 v.H.-Grenze nicht überschritten** wird. Es gelten dann die allgemeinen Grundsätze, wonach z.B. bei einer **wesentlichen Verbesserung** i.S. des § 255 Abs. 2 Satz 1 HGB z.B. durch **Hebung des Standards** eines Wohngebäudes – vgl. Abschnitt (3) B (b) – Anschaffungs-/Herstellungskosten vorliegen können oder wenn **funktionstüchtige Teile** wieder hergestellt werden, die für die Nutzung unerlässlich sind (z.B. bei einer defekten Heizung oder bei die Bewohnbarkeit ausschließenden Wasser- oder Brandschäden). Auch Aufwendungen für Baumaßnahmen im Zusammenhang mit einer Nutzungsänderung sind den Anschaffungskosten zuzurechnen, soweit sie vor der ersten Nutzung entstanden sind (z.B. Umbau einer Wohnung in ein Büro).

Der maßgebende Zeitpunkt der Anschaffung ist der Erwerb des wirtschaftlichen Eigentums (d.h. Übergang von Besitz, Gefahr, Nutzungen und Lasten, nicht Abschluss des Kaufvertrags oder Auflassungserklärung).

(b) Von besonderer praktischer Bedeutung sind die **Übergangsbestimmungen**. Die Neuregelung gilt erstmals für Baumaßnahmen, mit denen **nach dem 31.12. 2003 begonnen** wird. Die Baumaßnahme beginnt mit dem Einreichen des Bauantrags, wenn dieser baurechtlich erforderlich ist. Bei genehmigungsfreien Bauvorhaben ist der Tag der Einreichung der Bauunterlagen maßgebend. Wird auf diese verzichtet, ist auf den tatsächlichen Beginn der Bauarbeiten abzustellen, z.B. Erteilung des spezifischen Bauauftrags, Anfuhr von nicht unbedeutenden Mengen von Baumaterial auf der Baustelle. Unter Baumaßnahmen ist also die **gesamte geplante Baumaßnahme** (z.B. Dacherneuerung, Austausch der Fenster, neue Heizung) zu verstehen, nicht etwa nur der Teil der Bauarbeiten, mit denen ab dem 1. 1. 2004 bautechnisch begonnen wird. Sämtliche Baumaßnahmen an einem Objekt gelten als **eine** Baumaßnahme i.S. des § 6 Abs. 1 Nr. 1a EStG (§ 52 Abs. 16 Satz 9 EStG).

Liegt der Beginn der Baumaßnahmen **vor dem 1. 1. 2004**, so sind für den dreijährigen Beurteilungszeitraum folgerichtig auch die in 2004 und ggf. in 2005 getätigten Baumaßnahmen nicht nach der Neuregelung in § 6 Abs. 1 Nr. 1a EStG, sondern nach der vorausgegangenen BFH-Rspr. i.V. mit dem BMF-Schreiben vom 18. 7. 2003 a.a.O. – vgl. Abschnitt (3) B – zu beurteilen.

Entscheidend ist, dass aus Vereinfachungsgründen für sämtliche Baumaßnahmen an einem Objekt innerhalb der Dreijahresfrist **entweder** die vorstehende gesetzliche Neuregelung – Abschnitt (3) A – maßgeblich ist **oder** die frühere BFH-Rspr. mit BMF-Schreiben vom 18. 7. 2003 a.a.O. – vgl. den folgenden Abschnitt (3) B – anzuwenden ist.

(3) B. Rechtslage nach dem BMF-Schreiben vom 18. 7. 2003, BStBl I S. 386 auf Grund der BFH-Urteile vom 12. 9. 2001, BStBl 2003 II S. 569 und S. 574 sowie vom 22. 1. 2003, BStBl II S. 596

Liegt der Beginn der Baumaßnahmen im o.g. Sinne **vor dem 1. 1. 2004**, ist die gesetzliche Neuregelung in § 6 Abs. 1 Nr. 1a EStG – vgl. oben Abschnitt (3) A – nicht anzuwenden. Dann ist die Rechtslage maßgebend, wie sie sich aus den folgenden Ausführungen, denen das BMF-Schreiben vom 18. 7. 2003 a.a.O. und die zit. BFH-Urteile zugrunde liegen, ergibt. Wegen des **Wahlrechts** auf Anwendung der früheren Rechtslage nach R 157 Abs. 4 EStR 2002 vgl. unten „e) Anwendungsregelung".

(a) Anschaffungskosten: Herbeiführung der Betriebsbereitschaft

Da für die Definition der Anschaffungs- und Herstellungskosten nach der zit. BFH-Rspr. allein § 255 Abs. 1 HGB ausschlaggebend ist, sind nach der Legaldefinition **Anschaffungskosten** die Aufwendungen, die geleistet werden, um einen Vermögensgegenstand zu erwerben **und in einen betriebsbereiten Zustand zu versetzen**. Die „**Betriebsbereitschaft**" eines Gebäudes ist hergestellt, wenn es **entsprechend seiner Zweckbestimmung nach den Vorstellungen des Erwerbers** genutzt werden kann. Der Erwerber bestimmt sonach den Zweck des Vermögensgegenstandes. Er kann deshalb auch bestimmen, **welchen Standard** ein Wohngebäude haben soll (vgl. hierzu unten). Dies ist für jeden Teil des Gebäudes, der selbständig genutzt wird, gesondert zu prüfen. Aufwendungen für **Baumaßnahmen, welche zur Zweckerreichung erforderlich sind,** führen deshalb zu **Anschaffungskosten** (vgl. BFH-Urteil vom 20. 8. 2002, BStBl 2003 II S. 585 und BMF-Schreiben a.a.O., Rz 7 ff. mit Beispielen).

Nutzt der Erwerber das Gebäude ab dem Zeitpunkt der Anschaffung – s. oben (3) A (a) a.E. – zur Erzielung von Einkünften oder zu eigenen Wohnzwecken, ist es **ab diesem Zeitpunkt betriebsbereit** im o.g. Sinne. Deshalb können Instandsetzungs- und Modernisierungsmaßnahmen in diesem Fall **keine Anschaffungskosten** sein (BFH-Urteil vom 12. 9. 2001, BStBl 2003 II S. 574 und BMF-Schreiben a.a.O., Rz 3 unter Hinweis auf die Ausnahme nach Rz 6 bei objektiver Funktionsuntüchtigkeit wesentlicher Teile des Gebäudes).

Im Rahmen seiner Entscheidungsbefugnis bestimmt der Erwerber auch, ob das Gebäude z.B. für Wohnzwecke oder als Büroräume genutzt werden soll. Bei der Nutzung zu Wohnzwecken gehört zur Zweckbestimmung auch die Entscheidung, **welchem Standard** das Gebäude entsprechen soll: **sehr einfach – mittel – sehr anspruchsvoll**. Baumaßnahmen, die das Gebäude auf einen **höheren Standard** bringen, machen es betriebsbereit i.S. des § 255 Abs. 1 HGB, ihre Kosten führen deshalb zu **Anschaffungskosten** (BFH- Urteil vom 12. 9. 2001, BStBl 2003 II S. 574, 576). Der Standard eines Wohngebäudes bezieht sich auf die Eigenschaften einer Wohnung. Wesentlich sind vor allem Umfang und Qualität der **Heizungs-, Sanitär- und Elektroinstallationen** sowie der **Fenster**. Hierbei handelt es sich um die **zentralen Ausstattungsmerkmale**. Führt ein Bündel von Baumaßnahmen bei mindestens **drei Bereichen** der zentralen Ausstattungsmerkmale zu einer Erhöhung und Erweiterung des Gebäudewertes, hebt sich der Standard eines Gebäudes (BMF-Schreiben a.a.O., Rz 9 und 10).

Ein **sehr einfacher** Standard liegt nach Auffassung der Finanzverwaltung vor, wenn die zentralen Ausstattungsmerkmale im Zeitpunkt der Anschaffung nur im nötigen Umfang oder in einem technisch überholten Zustand vorhanden sind, wie z.B. ein Bad ohne Handwaschbecken, Bad nicht beheizbar oder nur mit Badeofen oder ohne Entlüftung oder nicht überwiegend gefliest, Fenster nur mit Einfachverglasung, technisch überholte Heizungsanlage (z.B. Kohleöfen), unzureichende Elektroversorgung.

Ein **mittlerer** Standard ist anzunehmen, wenn die zentralen Ausstattungsmerkmale durchschnittlichen und selbst höheren Ansprüchen genügen.

Ein **sehr anspruchsvoller** Standard (Luxussanierung) liegt vor, wenn bei dem Einbau der zentralen Ausstattungsmerkmale nicht nur das Zweckmäßige, sondern das Mögliche, vor allem durch den Einbau außergewöhnlich hochwertiger Materialien, verwendet wurde (BMF-Schreiben a.a.O. Rz 11 bis 13).

Für den Fall, dass Baumaßnahmen, die nach den folgenden Ausführungen zu **(b)** als „**Erweiterung**" stets zu Herstellungskosten i.S. des § 255 Abs. 2 Satz 1 HGB führen (z.B. zusätzliches Badezimmer im Dachgeschoss), mit der Verbesserung in mindestens **zwei** Bereichen der zentralen Ausstattungsmerkmale (z.B. Fenster und Elektroinstallation) zusammentreffen, ist ebenfalls eine Hebung des Standards anzunehmen, die zu **Anschaffungskosten** führt (vgl. BMF-Schreiben a.a.O., Rz 14 mit Beispiel und BFH-Urteil vom 22. 1. 2003, BStBl II S. 596).

Baumaßnahmen nach Erwerb und vor erstmaliger Nutzung eines Gebäudes sind demnach **nur dann Anschaffungskosten,** wenn

- das Gebäude auf einen **höheren Standard** im o.g. Sinne gebracht und nicht nur das Vorhandene ersetzt wird (s. unten: auch hier eine 15 v.H.-Grenze);
- funktions**untüchtige** Teile des Gebäudes, die für seine Nutzung **unerlässlich** sind, wieder hergestellt werden, z.B. defekte Heizung, die Bewohnbarkeit ausschließende Wasserschäden, eine durch Brand verwüstete Wohnung;
- mit dem Kaufvertrag einer Eigentumswohnung in einem Altbau gleichzeitig Renovierungs- und Modernisierungsarbeiten durch gesonderten Werkvertrag in Auftrag gegeben und alsbald durchgeführt werden („Modernisierungsmodell", vgl. BFH-Urteil vom 17. 12. 1996, BStBl 1997 II S. 348).

Dagegen führen **Schönheitsreparaturen** im Anschluss an den Erwerb und **sonstige Instandsetzungsarbeiten** an vorhandenen Gegenständen und Einrichtungen, insbesondere an im Wesentlichen funktionierenden Installationen (Bäder, Strom, Heizung) **nicht** zu Anschaffungskosten (BFH-Urteil vom 12. 9. 2001, BStBl 2003 II S. 574, 576), vielmehr stellen die Aufwendungen hierfür sofort abzugsfähige **Werbungskosten** dar.

Aufwendungen, die der Erwerber eines Hauses im Anschluss an den Kauf zur Beseitigung von Mängeln macht, die beim Kaufabschluss bereits vorhanden waren, die ihm aber nicht bekannt waren, also zur **Beseitigung versteckter Mängel** (z.B. Schwamm oder Fäulnis), sind in in aller Regel sofort abziehbare **Werbungskosten** (R 157 Abs. 4 Satz 6 EStR 2002). Dies gilt auch dann, wenn der Käufer auf Ersatzansprüche gegen den Verkäufer verzichtet. Ersatzleistungen des Verkäufers mindern die Werbungskosten des Erwerbers jeweils im Jahr der Ersatzleistungen. Aufwendungen für die Beseitigung versteckter Mängel können aber auch den Nutzungswert eines Gebäudes steigern (BFH-Urteil vom 22. 1. 2003, BStBl II S. 596).

Für die Praxis ist schließlich von besonderer Bedeutung, dass die Finanzverwaltung für die **ersten drei Jahre** nach Anschaffung des Gebäudes **nicht prüft, ob eine Hebung des Standards** vorliegt, wenn die Aufwendungen für die Instandsetzung und Modernisierung des Gebäudes **insgesamt 15 v.H. der Anschaffungskosten des Gebäudes** (also ohne Grund und Boden) **nicht übersteigen**. Dies gilt nicht, wenn sich bei Erwerb des Gebäudes mit mehreren Wohnungen der Standard für **einzelne** Wohnungen hebt oder die Instandsetzungsmaßnahme der Beginn einer „**Sanierung in Raten**" – s. unten (b) – sein kann. Die Finanzverwaltung führt die **Veranlagungen vorläufig** durch, solange in diesem Zeitraum die Instandsetzungsarbeiten 15 v.H. der Anschaffungskosten des Gebäudes nicht übersteigen oder wenn eine „Sanierung in Raten" zu vermuten ist (BMF-Schreiben a.a.O., Rz 38).

Bei einem **unentgeltlichen Erwerb** führen Aufwendungen für Baumaßnahmen, die das Gebäude in einem betriebsbereiten Zustand versetzen, mangels Anschaffung nicht zu Anschaffungskosten i.S. des § 255 Abs. 1 HGB. Vielmehr handelt es sich um **Erhaltungsaufwendungen** oder, sofern die Voraussetzungen des § 255 Abs. 2 HGB erfüllt sind – vgl. unten (b) – um **Herstellungskosten** (BMF-Schreiben a.a.O., Rz 15). Bei einem **teilentgeltlichem Erwerb** gilt dies entsprechend. **Anschaffungskosten** zur Herstellung der Betriebsbereitschaft liegen jedoch im Verhältnis zum entgeltlichen Teil des Erwerbsvorgangs vor (BMF-Schreiben a.a.O., Rz 16).

(b) Herstellungskosten: Erweiterung, wesentliche Verbesserung, Sanierung in Raten

Instandhaltungs- und Modernisierungsarbeiten können – soweit sie nach den vorstehenden Ausführungen zu **(a)** nicht schon als Folge der Herbeiführung der Betriebsbereitschaft zu den Anschaffungskosten gehören – unabhängig von ihrer Höhe aber auch zu **Herstellungskosten** führen, die nur im Wege der AfA berücksichtigt werden können.

Herstellungskosten sind nach dem hier maßgeblichen § 255 Abs. 2 Satz 1 HGB Aufwendungen, die für die **Herstellung** eines Vermögensgegenstandes, seine **Erweiterung** oder seine über den ursprünglichen Zustand hinausgehende **wesentliche Verbesserung** entstehen (BFH-Urteile vom 12. 9. 2001, BStBl 2003 II S. 569, vom 20. 8. 2002, BStBl 2003 II S. 604 und vom 14. 7. 2004, BStBl II S. 949).

Betragen die Aufwendungen **nach** Fertigstellung eines Gebäudes für die einzelne Baumaßnahme allerdings (ab dem Veranlagungszeitraum 2003) **nicht mehr als 4 000 €** (ohne USt) je Gebäude, so ist auf Auftrag dieser Aufwand stets als **Erhaltungsaufwand** zu behandeln (R 157 Abs. 2 Satz 2 EStR). Diese Vereinfachungsregelung gilt weiterhin (BMF-Schreiben a.a.O., Rz 19). Wegen der Einzelheiten hierzu vgl. oben zu Anlage V, Zeilen 43 bis 44 (**2**).

Unter **„Erweiterung"** wird nicht nur die **Aufstockung** eines Gebäudes und der **Anbau** an ein Gebäude verstanden, sondern auch jede **Vergrößerung der Wohnfläche** (Nutzfläche) eines Gebäudes, auch wenn es sich nur um eine geringfügige Vergrößerung der nutzbaren Fläche handelt. Die 4 000 €-Regelung (vgl. oben) gilt allerdings auch hier. So werden z.B. Herstellungskosten angenommen, wenn die zusätzliche Nutzfläche durch eine zuvor nicht vorhandene Dachgaube, den Anbau eines Balkons oder einer Terrasse über die ganze Gebäudebreite, durch die Umfunktionierung von Kellern in Spielräume oder durch die Vergrößerung des Vorbaus im Eingangsbereich mit neuer Unterkellerung erweitert oder wenn durch ein das Flachdach ersetzendes Satteloder Walmdach erstmals ausbaufähiger Dachraum geschaffen wird (BFH-Urteil vom 19.6. 1991, BStBl 1992 II S. 73). Allgemein zu **Baumaßnahmen an einem Dachgeschoss** (Ausbau, Umbau, Erweiterung durch Aufstockung) als nachträgliche Herstellungskosten oder Herstellung eines neuen Wirtschaftsguts vgl. BMF-Schreiben vom 10.7. 1996, BStBl I S. 689. Eine Erweiterung, die zu Herstellungskosten führt, kann auch eine **Vermehrung der Substanz ohne Vergrößerung der Nutzfläche** sein (z.B. die Errichtung einer Außentreppe, der Einbau einer Vorsatztür einer Fahrstuhlanlage oder einer Alarmanlage (BFH-Urteil vom 16. 2. 1993, BStBl II S. 544), einer Sonnenmarkise (BFH-Urteil vom 29. 8. 1989, BStBl 1990 II S. 430) oder der Ersteinbau eines Bades oder eines Kachelofens oder eines Kamins. Zu beachten ist jedoch, dass **keine** zu **Herstellungskosten** führende Substanzvermehrung vorliegt, wenn der neue Gebäudebestandteil oder die neue Anlage die Funktion der bisherigen Gebäudebestandteile für das Gebäude in vergleichbarer Weise erfüllen. Daher rechnen Unkosten für **übliche Modernisierungen** entsprechend dem **technischen Fortschritt** zu den sofort abzugsfähigen **Erhaltungsaufwendungen**, wie z.B. eine zusätzliche Fassadenverkleidung zu Wärme- oder Schallschutzwecken (BFH–Urteil vom 13. 3. 1979, BStBl II S. 435), die Vergrößerung vorhandener Fenster oder das Versetzen von Wänden oder Aufwendungen für eine Heizungsumstellung wie der Einbau einer Zentralheizung anstelle von Einzelöfen: vgl. die umfangreiche Rspr. oben, Zeilen 43 bis 44 (1). Zur „Erweiterung" und zur „Vermehrung der Substanz" vgl. auch BMF-Schreiben a.a.O., Rz 19 bis 24.

„**Wesentliche Verbesserungen**", die über den ursprünglichen Zustand hinausgehen, sind nach dem auch hier verbindlichen § 255 Abs. 2 Satz 1 HGB erst dann gegeben, wenn die Maßnahmen zur Instandsetzung und Modernisierung eines Gebäudes in ihrer Gesamtheit über eine zeitgemäße substanzerhaltende (Bestandteil-)Erneuerung hinausgehen, den **Gebrauchswert des Gebäudes (Nutzungspotenzial) insgesamt deutlich erhöhen** und damit für die Zukunft eine erweiterte Nutzungsmöglichkeit geschaffen wird, z.B. wenn von einem sehr einfachen auf einen mittleren oder von diesem auf einen sehr anspruchsvollen Standard gehoben wird (BFH-Urteil vom 3. 12. 2002, BStBl 2003 II S. 590 und BMF-Schreiben a.a.O., Rz 28). Zur **Hebung des Standards** eines Wohngebäudes und zu der auch hier maßgeblichen 15-v.H.-Grenze vgl. oben Abschnitt (3) B (a). Deshalb ist nicht jede **Generalüberholung** des Gebäudes, bei der Aufwendungen, die für sich genommen als Erhaltungsaufwendungen zu beurteilen sind, in ungewöhnlicher Höhe in einem Veranlagungszeitraum oder Wirtschaftsjahr anfallen, eine wesentliche Verbesserung in diesem Sinne (BMF-Schreiben a.a.O., Rz 27). Vgl. hierzu auch BFH-Urteil vom 13. 10. 1998, BStBl 1999 II S. 282, wonach Instandsetzungs- und Modernisierungsaufwendungen für ein Gebäude nicht allein deshalb als Herstellungskosten zu beurteilen sind, weil die Wohnungen wegen Abnutzung und Verwahrlosung nicht mehr zeitgemäßen Wohnvorstellungen entsprechen und deshalb nicht mehr vermietbar sind.

Daraus folgt, dass eine **wesentliche Verbesserung**, die über den urpsrünglichen Zustand hinausgeht, nach der neueren BFH-Rspr. jedenfalls grundsätzlich dann **nicht** vorliegt,

- wenn der Nutzungswert eines Gebäudes nicht wesentlich verändert (verbessert) wird, weil z.B. nur **Instandsetzungen** bereits vorhandener Sanitär-, Elektro- und Heizungsanlagen, der Fußbodenbeläge, der Fenster oder der Dacheindeckung erfolgen oder weil das Gebäude nur **unwesentlich verbessert** wurde, z.B. durch Einbau einer Solaranlage zur Brauchwassererwärmung (BFH-Urteil vom 14.7. 2004, BStBl II S. 949) oder durch den Einbau neuer Gegenstände in vorhandene Installationen (BFH-Urteile vom 20.8. 2002, BStBl 2003 II S. 604);
- bei Beseitigung lediglich eines **Instandsetzungsstaus** hinsichtlich der o.g. Maßnahmen;
- bei **Schönheitsreparaturen** im Anschluss an den Erwerb an vorhandenen Gegenständen und Einrichtungen, die noch im Wesentlichen funktionieren;
- nur weil aufgrund der durchgeführten Maßnahmen eine **erhöhte Miete** verlangt werden kann.

Vgl. auch BMF-Schreiben a.a.O., Rz 27 bis 30 mit Beispiel.

Herstellungskosten können aber dann vorliegen, wenn die Maßnahmen innerhalb eines Veranlagungszeitraums oder Wirtschaftsjahrs für sich gesehen noch nicht zu einer wesentlichen Verbesserung führen, wenn sie aber Teil einer **Gesamtmaßnahme** sind, die sich **planmäßig in zeitlichem Zusammenhang** über mehrere Veranlagungszeiträume erstreckt und die insgesamt zu einer Hebung des Standards des Gebäudes führt, d.h. dass sie sich auf mindestens drei der zentralen Ausstattungsmerkmale – vgl. oben Abschnitt (3) B (a) – erstreckt und als „**Sanierung in Raten**" **insgesamt** eine wesentliche Verbesserung des Gebäudes darstellt. Die Finanzverwaltung geht von einer „Sanierung in Raten" aus, wenn die Maßnahmen innerhalb eines Fünfjahreszeitraums durchgeführt worden sind (BMF-Schreiben a.a.O., Rz 31 i.V. mit Rz 10).

Wesentliche Verbesserungen, die über den ursprünglichen Zustand hinausgehen, sind auch dann als **Herstellungskosten** zu behandeln, wenn oder soweit das Gebäude **unentgeltlich** erworben wurde (BMF-Schreiben a.a.O., Rz 25). Ursprünglicher Zustand in diesem Sinne ist grundsätzlich der Zustand des Gebäudes im Zeitpunkt der Herstellung oder Anschaffung durch den Steuerpflichtigen **oder** seinen Rechtsvorgänger im Fall des unentgeltlichen Erwerbs (vgl. BFH-Urteil vom 3.12. 2002, BStBl 2003 II S. 590 und weitere Erläuterungen hierzu in BMF-Schreiben a.a.O., Rz 26).

(c) Zusammentreffen von Anschaffungs- oder Herstellungskosten mit Erhaltungsaufwendungen

Sind im Rahmen umfassender Instandsetzungs- und Modernisierungsmaßnahmen sowohl Arbeiten zur Schaffung eines betriebsbereiten Zustandes – oben Abschnitt (3) B (a) –, zur Erweiterung des Gebäudes oder Maßnahmen, die über eine zeitgemäße substanzerhaltende Erneuerung hinausgehen – oben Abschnitt (3) B (b) –, als auch **Erhaltungsarbeiten zusammen** durchgeführt worden, sind die hierauf jeweils entfallenden Aufwendungen grundsätzlich – ggf. im Wege der **Schätzung** – in Anschaffungs- oder Herstellungskosten und Erhaltungsaufwendungen **aufzuteilen** und zwar auch dann, wenn sie einheitlich in Rechnung gestellt worden sind (z.B. Architektenhonorar oder Aufwendungen für Reinigungsarbeiten). Anschaffungs- oder Herstellungskosten und Erhaltungsaufwendungen sind aber ausnahmsweise **insgesamt als Anschaffungs- oder Herstellungskosten** zu beurteilen, wenn die Arbeiten in **sachlichem Zusammenhang** stehen. Letzteres ist (nur) der Fall, wenn die einzelnen Baumaßnahmen, die sich auch über mehrere Jahre erstrecken können, **bautechnisch ineinander greifen** (BFH-Urteil vom 10.5. 1995, BStBl 1996 II S. 639). Dies ist z.B. anzunehmen, wenn im Dachgeschoss eines mehrgeschossigen Gebäudes erstmals Bäder eingebaut werden und deshalb bis zum Anschluss an das öffentliche Abwassernetz größere Fallrohre verlegt werden müssen; dann sind auch die Aufwendungen für die Beseitigung der hierdurch verursachten Schäden in den anderen Stockwerken (z.B. Tapezier- und Malerarbeiten) den Herstellungskosten zuzurechnen. Lässt der Hauseigentümer dagegen aus diesem Anlass auch die Bäder in den übrigen Stockwerken neu verfliesen und/oder neue Sanitäranlagen einbauen, greifen die insgesamt vorgenommenen Baumaßnahmen nicht bautechnisch ineinander; es liegen daher insoweit abzugsfähige **Erhaltungsaufwendungen** vor. Die Aufwendungen sind dann entsprechend in Herstellungs- und Erhaltungsaufwand **aufzuteilen** (vgl. BMF-Schreiben a.a.O., Rz 35 mit weiteren Beispielen). Auch wenn z.B. ein Dachausbau mit einer Instandsetzung des gesamten Daches zeitlich zusammen vorgenommen wird, sind die Kosten der Instandsetzung des Daches insoweit Erhaltungsaufwendungen, als sie nicht Folge des Dachausbaus sind (BFH-Urteil vom 16. 7. 1996, BStBl II S. 649). Sind Arbeiten zwar in zeitlichem Zusammenhang, aber an **räumlich getrennten Stellen** eines Gebäudes vorgenommen worden, und hängen sie bautechnisch nicht zusammen, so hindert der Umstand, dass in einem Teil des Gebäudes Herstellungsaufwand angefallen ist, nicht die Anerkennung von Erhaltungsaufwand in einem anderen Teil des Gebäudes. So wird z.B. der Aufwand für eine Dachreparatur nicht etwa deshalb zu Herstellungsaufwand, weil gleichzeitig im Erdgeschoss Herstellungskosten angefallen ist.

(d) Feststellungslast/Beweislast

Die **Feststellungslast**/Beweislast für die Tatsachen, die eine Behandlung als Anschaffungs- oder Herstellungskosten begründen (wie z.B. die Herstellung der Betriebsbereitschaft oder eine wesentliche Verbesserung über den ursprünglichen Zustand hinaus), trägt das Finanzamt. Den Steuerpflichtigen trifft eine erhöhte Mitwirkungspflicht (§ 90 Abs. 1 Satz 3 AO) bei der Feststellung des Zustands des Gebäudes zum Zeitpunkt der Anschaffung sowie für den ursprünglichen Zustand i.S. des § 255 Abs. 2 HGB. Wegen der Indizien, die in Zweifelsfällen für die Hebung des Standards des Gebäudes sprechen, vgl. BMF-Schreiben a.a.O. Rz 38.

(e) Anwendungsregelung – Wahlrecht

Die Finanzverwaltung wendet das BMF-Schreiben vom 18. 7. 2003 a.a.O. und die darin zit. BFH-Rspr. in allen noch offenen Fällen an, soweit nicht die Neuregelung nach obigem Abschnitt (3) A zum Zuge kommt. Auf Antrag des Steuerpflichtigen (Wahlrecht) soll es aber nicht angewandt werden, wenn mit Baumaßnahmen **vor dem Tag der Veröffentlichung** dieses Schreiben im Bundessteuerblatt – das ist der **5.8. 2003 – begonnen** wurde (BMF-Schreiben a.a.O., Rz 39). Diese Vertrauensschutzregelung hat Bedeutung für Fälle, in denen sich der Steuerpflichtige nach der alten Rechtslage, wie sie sich aus R 157 Abs. 4 EStR 2002 ergibt, günstiger stellt. Dies hängt von den Verhältnissen im Einzelfall ab.

(4) Instandhaltungsaufwendungen bei Nutzungsrechten

Für **Nießbraucher, dinglich Wohnberechtigte** und **obligatorisch Nutzungsberechtigte** mit gesicherter Rechtsposition (vgl. hierzu Anlage V, Vorbem. [2]), die aufgrund ihres Nutzungsrechts die Wohnung **vermieten** und deshalb **Mieteinnahmen erzielen**, kommt unter bestimmten, unten näher bezeichneten Voraussetzungen ein Abzug der **Instandhaltungsaufwendungen** als Werbungskosten ebenfalls in Betracht (wegen der **AfA** bei Nutzungsrechten vgl. Anlage V, Zeile 34 II. E.).

Im Einzelnen gilt Folgendes:

(a) Der **unentgeltliche Zuwendungsnießbraucher** (zum Begriff vgl. Anlage V, Zeile 34 II E.) kann **bei Fremdvermietung** Instandhaltungs- und Instandsetzungsaufwendungen, soweit er sie im Rahmen der Nießbrauchbestellung vertraglich übernommen und tatsächlich getragen hat oder – bei Fehlen einer vertraglichen Regelung – aufgrund der gesetzlichen Lastenverteilung getragen hat, als **Werbungskosten** geltend machen (Tz. 21 Nießbrauchserlass vom 24. 7. 1998, BStBl I S. 914, EStH Anhang 30 VI). Für den **Inhalt** des Nießbrauchs können auch mündliche Abreden bedeutsam sein, wenn sie wirtschaftlich durchgeführt worden sind (BFH-Urteil vom 14. 11. 1989, BStBl 1990 II S. 462). Nach **§ 1041 BGB** obliegen dem Nießbraucher z.B. Ausbesserungen und Erneuerungen nur insoweit, als sie zur gewöhnlichen Unterhaltung der Sache gehören, also Reparaturen, die von Zeit zu Zeit notwendig sind, wie z.B. geringere Dachschäden oder Ersatz von Fensterscheiben, nicht dagegen umfangreiche Verputzarbeiten oder die Erneuerung der elektrischen Anlage oder der Kesselanlage einer Zentralheizung (vgl. BFH-Urteil vom 8. 12. 1982, BStBl 1983 II S. 710). Aufwendungen, zu denen der Nießbraucher nicht verpflichtet, aber nach **§ 1043 BGB** berechtigt ist und die in seinem Interesse erfolgen (§ 683 BGB), kann er ebenfalls als Werbungskosten abziehen (BFH-Urteil vom 28. 9. 1993, BStBl 1994 II S. 319 und die dort in Nr. 2 zit. Rspr.). Verzichtet der Nießbraucher jedoch gegenüber dem Eigentümer von vornherein auf den Ersatzanspruch nach § 1049 BGB (i.V. mit §§ 670, 677, 683, 684 BGB) oder steht schon bei der Aufwendung fest, dass der Ersatzanspruch nicht zu realisieren ist, ist von einer nicht abzugsfähigen Zuwendung nach § 12 Nr. 2 EStG durch die Erhaltungsmaßnahme auszugehen (Tz. 21 Nießbrauchserlass a.a.O. und BFH-Urteile vom 14. 11. 1989, BStBl 1990 II S. 462 und vom 5. 9. 1991, BStBl 1992 II S. 192).

Darüber hinaus ist der Nießbraucher nach **§ 1045 BGB** verpflichtet, die Sache gegen Brandschaden und sonstige Unfälle auf seine Kosten zu versichern. Nach **§ 1047 BGB** hat er auch die auf der Sache ruhenden öffentlichen Lasten (z.B. Grundsteuer) sowie diejenigen privatrechtlichen Lasten zu tragen, welche schon zur Zeit der Bestellung des Nießbrauchs auf der Sache ruhten, insbesondere die Zinsen für Hypothekenforderungen und Grundschulden. Der **Eigentümer** des Grundstücks hat bei unentgeltlichem Zuwendungsnießbrauch keine Einnahmen zu versteuern; deshalb kann er auch keine Werbungskosten abziehen (Tz. 23, 24 Nießbrauchserlass a.a.O.).

(b) Hat der **Zuwendungsnießbraucher** das Nutzungsrecht **entgeltlich** erworben, so kann er **bei Fremdvermietung** alle seine Aufwendungen auf das Grundstück als **Werbungskosten** abziehen, auch solche, die er vertraglich über seine rechtlichen Verpflichtungen hinaus übernommen hat. Wurden keine vertraglichen Regelungen getroffen, ist die gesetzliche Lastenverteilung (§§ 1041, 1045, 1047 BGB) maßgebend (Tz. 27 Nießbrauchserlass a.a.O.).

Da der **Eigentümer** des Grundstücks im Falle des **entgeltlichen** Zuwendungsnießbrauchs das erlangte Entgelt zu versteuern hat (vgl. Tz. 28 und 29 Nießbrauchserlass a.a.O. und wegen der Erklärung und möglichen Verteilung der Einnahmen Anlage V, Zeilen 3 bis 5), kann er auch die von ihm aufgrund vertraglicher Vereinbarungen, bei fehlenden Vereinbarungen die auf Grund der gesetzlichen Lastenverteilung (§§ 1041, 1045, 1047 BGB) zu tragenden Aufwendungen für das belastete Grundstück als Werbungskosten abziehen (Tz. 30 Nießbrauchserlass a.a.O.).

(c) Der **Vorbehaltsnießbraucher** (zum Begriff vgl. Anlage V, Zeile 34 II E.) oder dinglich Wohnberechtigte, der sich im Zusammenhang mit der **unentgeltlichen** Übertragung des Grundstücks den Nießbrauch vorbehalten hat, kann **bei Fremdvermietung** seine Aufwendungen auf das Grundstück in gleichem Umfang als Werbungskosten abziehen, wie der unentgeltliche Zuwendungsnießbraucher (Tz. 43 Nießbrauchserlass a.a.O.). Insoweit wird auf die Ausführungen oben Buchst. a) verwiesen.

Hat der **Eigentümer** des Grundstücks während des Bestehens des Vorbehaltsnießbrauchs keine Einnahmen zu versteuern, so kann er seine Aufwendungen auch nicht als Werbungskosten abziehen (Tz. 45 Nießbrauchserlass a.a.O.).

(d) Für den **Vermächtnisnießbrauch** (zum Begriff vgl. Anlage V, Zeile 34 II E.) gelten die obigen Ausführungen zum unentgeltlichen Zuwendungsnießbrauch entsprechend (Tz. 32 Nießbrauchserlass a.a.O.). Vgl. hierzu oben Buchst. (a).

(e) Soweit der **schuldrechtliche Nutzungsberechtigte** die Wohnung durch **Fremdvermietung** nutzt, kann er auch die mit der Nutzung zusammenhängenden Aufwendungen, die er vertraglich übernommen und getragen hat (einschließlich des ggf. an den Eigentümer gezahlten Entgelts) oder aufgrund der gesetzlichen Lastenverteilung geleistet hat, als **Werbungskosten** abziehen (Tz. 36 und Tz. 52 Nießbrauchserlass a.a.O.).

Der **Eigentümer** kann beim zugewendeten schuldrechtlichen (obligatorischen) Nutzungsrecht seine Aufwendungen, die auf den Gebäudeteil entfallen, auf den sich das Nutzungsrecht erstreckt, **nicht** als **Werbungskosten** berücksichtigen, wenn der Nutzungsberechtigte aufgrund einer gesicherten Rechtsposition (vgl. Anlage V, Vorbem. [2]) die Wohnung nutzt (Tz. 38 Nießbrauchserlass a.a.O., ebenso BFH-Urteil vom 30. 7. 1985, BStBl 1986 II S. 327); dies gilt entsprechend auch für **die AfA** (vgl. hierzu Anlage V, Zeile 34 II. E. e). Beim vorbehaltenen schuldrechtlichen (obligatorischen) Nutzungsrecht gelten für den **Eigentümer** die obigen Ausführungen unter Buchst. c) zum Vorbehaltsnießbrauch (Tz. 53 Nießbrauchserlass a.a.O.).

Erhaltungsaufwendungen, die auf verschiedene Jahre (bis zu fünf) verteilt werden können (§§ 11a, 11b EStG, § 82b EStDV)

45–48 Die Zeilen 45 bis 48 betreffen **größere Erhaltungsaufwendungen** im o.g. Sinne, die aber auf bis zu fünf Jahre gleichmäßig verteilt werden können.

In **Zeile 45** ist zunächst die Sonderbehandlung von Erhaltungsaufwand bei Gebäuden in Sanierungsgebieten und städtebaulichen Entwicklungsbereichen nach **§ 11a EStG** und bei Baudenkmalen nach **§ 11b EStG** angesprochen. Größere Aufwendungen zur **Erhaltung** eines Gebäudes können **unabhängig vom Entstehungszeitpunkt der Aufwendungen und von der Art der Nutzung** (also auch bei Nutzung zu anderen als Wohnzwecken) **auf 2 bis 5 Jahre gleichmäßig verteilt** werden, wenn es sich um Aufwendungen handelt

- für Maßnahmen i.S. des § 177 Baugesetzbuch an einem im Inland belegenen Gebäude in einem förmlich festgelegten **Sanierungsgebiet** oder **städtebaulichen Entwicklungsbereich** (**§ 11a EStG**),
- für Maßnahmen, die der Erhaltung, Erneuerung und funktionsgerechten Verwendung eines im Inland belegenen **Gebäudes** dienen, das wegen seiner **geschichtlichen, künstlerischen oder städtebaulichen Bedeutung** erhalten bleiben soll, und zu deren Durchführung sich der Eigentümer neben bestimmten Modernisierungsmaßnahmen gegenüber der Gemeinde verpflichtet hat (**§ 11a EStG**),
- zur Erhaltung von **Baudenkmalen (§ 11b EStG)** – vgl. hierzu Teil II, Tz. 5.4.4.
- Entfallen Aufwendungen i.S. der o.g. §§ 11a und 11b EStG teilweise auf eine zu **eigenen Wohnzwecken** genutzte Wohnung, so kann insoweit ein Abzug nach **§ 10f Abs. 2 EStG** wie Sonderausgaben in Betracht kommen. Vgl. hierzu Anlage FW, Zeilen 10 bis 11 und Teil II, Tz. 5.4.3.

Zeile 45 beinhaltet aber auch den Hinweis auf die **Wiedereinführung des § 82b EStDV**. Hiernach kann der Steuerpflichtige für **nach dem 31.12.2003** entstandene größere Aufwendungen für die Erhaltung von Gebäuden, die im Zeitpunkt der Leistung des Erhaltungsaufwands **nicht** zu einem **Betriebsvermögen** gehören und **überwiegend Wohnzwecken** dienen, abweichend von § 11 Abs. 2 EStG **auf 2 bis 5 Jahre gleichmäßig verteilen**. Ein Gebäude dient überwiegend Wohnzwecken, wenn die Grundfläche der Wohnzwecken dienenden Räume mehr als die Hälfte der gesamten Nutzfläche (zum Begriff vgl. Teil II, Tz. 1.7.4.3.) beträgt. Zum Gebäude gehörende Garagen sind ohne Rücksicht auf ihre tatsächliche Nutzung als Wohnzwecken dienend zu behandeln, soweit in ihnen nicht mehr als ein PKW für jede in dem Gebäude befindliche Wohnung untergestellt werden kann. Räume für die Unterstellung weiterer KFZ sind stets als nicht Wohnzwecken dienend zu behandeln (§ 82b, § 84 Abs. 4a EStDV).

In **Zeile 46** ist der Gesamtaufwand aus den in 2005 bezahlten und (erstmals ab 2004) zu verteilenden Erhaltungsaufwendungen einzutragen und gleichzeitig anzugeben, wieviel davon in 2005 abgezogen werden soll. Bei erstmaliger Geltendmachung von Erhaltungsaufwendungen soll auch hier eine **Einzelaufstellung** beigefügt werden, in der neben dem gezahlten Rechnungsbetrag auch das Rechnungsdatum, der Gegenstand der Leistung sowie das ausführende Unternehmen angegeben sind.

Die **Zeilen 47 und 48** betreffen **Erhaltungsaufwendungen aus früheren Jahren**, also größere Aufwendungen, die **vor dem 1.1.2005** geleistet worden sind und von denen schon ein Teil (z.B. ein Fünftel) bei früheren Veranlagungen berücksichtigt wurde. Die in Betracht kommenden Beträge können aus den Steuererklärungen der **Vorjahre** entnommen werden. Hierzu gehören die Erhaltungsaufwendungen nach §§ 11a, 11b EStG und die zu verteilenden Erhaltungsaufwendungen nach **§ 82b EStDV**.

Zu umfangreichen Erhaltungsaufwendungen, die im Zusammenhang mit der **Anschaffung eines Gebäudes** gemacht werden, wird auf die Ausführungen zum „anschaffungsnahen Aufwand" oben zu Anlage V, Zeilen 43 bis 44 (3) verwiesen.

Für die **Verteilung auf zwei bis fünf Jahre** gilt im Übrigen:

Hat der Vermieter größere Erhaltungsaufwendungen im Jahr ihrer Entstehung **nicht** als Werbungskosten abgezogen und vor Bestandskraft der Veranlagung dieses Jahres auch keine Verteilung nach § 82b EStDV gewählt, so kann er nach dem BFH-Urteil vom 27.10.1992, BStBl 1993 II S. 589 trotzdem die Aufwendungen anteilig **gleichmäßig** auf die **folgenden** Jahre des Verteilungszeitraums **verteilen**, wobei jedoch der auf das bestandskräftig veranlagte Jahr der Entstehung (d.h. der Bezahlung) entfallende **Anteil** der Aufwendungen dabei **nicht** zu berücksichtigen ist. Die gleichen Rechtsfolgen treten ein, wenn das Finanzamt größere Erhaltungsaufwendungen im Jahr ihrer Entstehung bestandskräftig zu Unrecht als Herstellungskosten (also nur mit der AfA) berücksichtigt hat (BFH-Urteil vom 27.10.1992, BStBl 1993 II S. 591) oder wenn der Steuerpflichtige größere Erhaltungsaufwendungen im Jahr ihrer Entstehung weder voll nach § 11 Abs. 2 EStG noch anteilig nach § 82b EStDV als Werbungskosten abgezogen hat und für das Jahr der Entstehung Festsetzungsverjährung eingetreten ist; auch in diesem Fall können die Aufwendungen noch anteilig auf die **folgenden** Jahre des Verteilungszeitraums verteilt werden (BFH-Urteil vom 24.11.1992, BStBl 1993 II S. 593). Dies gilt auch, wenn die Geltendmachung des Erhaltungsaufwands **ohne steuerliche Auswirkung** geblieben wäre. Der auf ein bestimmtes Jahr entfallende Anteil kann aber in keinem Fall in einem anderen Jahr nachgeholt werden (BFH-Urteil vom 26.10.1977, BStBl 1978 II S. 96). Wird der unanfechtbare Steuerbescheid für das Jahr, in dem der Erhaltungsaufwand angefallen ist, durch eine Berichtigungsveranlagung geändert, so lebt das Wahlrecht nach § 82b EStDV wieder auf.

Die Aufwendungen können **nur gleichmäßig** auf 2 bis 5 Jahre verteilt werden. Wenn also die Aufwendungen z.B. auf 3 Jahre verteilt werden sollen, so muss in jedem Jahr ein Drittel der Aufwendungen abgezogen werden. Der Steuerpflichtige bleibt für die Folgejahre an die getroffene Wahl gebunden. Durch die Wahl des Verteilungszeitraums wird zugleich auch festgelegt, welcher Anteil der Aufwendungen in den o.g. Fällen auf das bestandskräftig veranlagte Entstehungsjahr entfällt und nicht mehr berücksichtigt werden kann (BFH-Urteile vom 27.10.1992 a.a.O).

Wird das Grundstück vor Ablauf des 2- bis 5-jährigen Verteilungszeitraums **veräußert** oder in ein Betriebsvermögen **eingebracht,** so ist derjenige Teil des Erhaltungsaufwands, der infolge der Verteilung auf 2 bis 5 Jahre noch nicht berücksichtigt worden ist, im Jahr der Veräußerung oder der Überführung in ein Betriebsvermögen **als Werbungskosten** abzusetzen. Das Gleiche gilt, wenn ein Gebäude nicht mehr zur Einkunftserzielung genutzt wird (§ 82b Abs. 2 EStDV).

Wird das Eigentum an dem Wohngebäude **unentgeltlich** auf einen anderen **übertragen,** so kann der Rechtsnachfolger größeren Erhaltungsaufwand noch in dem von seinem Rechtsvorgänger gewählten **restlichen** Verteilungszeitraum geltend machen. Dabei ist der Teil des Erhaltungsaufwands, der auf das Jahr des Eigentumswechsels entfällt, **entsprechend der Besitzdauer** auf den Rechtsvorgänger und den Rechtsnachfolger **aufzuteilen**. Dies gilt entsprechend für die oben genannten Fälle der §§ 11a und 11b EStG.

Steht das Gebäude im **Eigentum mehrerer Personen,** so müssen die Aufwendungen von **allen** Eigentümern auf den gleichen Zeitraum verteilt werden (§ 82b Abs. 3 EStDV).

Sonstige Werbungskosten

Zu den **Zeilen 49 bis 56** ist zunächst zu beachten, dass für den Fall, **49–56** dass die dort genannten Aufwendungen auf die Mieter ganz oder teilweise umgelegt wurden, die **Einnahmen aus Umlagen** in Zeilen 7 und 8 anzugeben sind. In den Zeilen 49 bis 56 sind alsdann die tatsächlichen **vollen Aufwendungen** abzuziehen.

Wegen einer etwaigen **Aufteilung** und Kürzung der Aufwendungen in Spalten 1 bis 5 der **Zeilen 49 bis 56** vgl. die einleitenden Erläuterungen zur Rückseite der Anlage V, Zeilen 30 bis 56.

Teil I: Anlage V
Zeilen 49–56

(1) Grundsteuer, Grundstücksgebühren, Wasser, Heizung, Schornsteinreinigung, Hausversicherungen, Hauswart, Treppenreinigung, Fahrstuhl, Verwaltungskosten

49–50
40–41 Ein Teil der in den **Zeilen 49 und 50** aufgeführten **Grundstücksgebühren, wie Straßenreinigung, Müllabfuhr, Entwässerung** wird von den Gemeinden in der Regel zusammen mit der **Grundsteuer** angefordert. Sie können dann dem entsprechenden Bescheid der Gemeinde entnommen werden. Auch Kosten für ein **privates Gehwegreinigungsunternehmen** sind abzugsfähig.

51
42 Werden Kosten für **Heizung** und **Warmwasser** auf die Mieter umgelegt, so sind auch diese Einnahmen zunächst in Anlage V, Zeilen 7 und 8 zu erfassen und alsdann in **Zeile 51** als Werbungskosten abzusetzen.

52
43 Zu den in **Zeile 52** einzutragenden **Hausversicherungen** gehören auch die **Gebäudebrandversicherung**, die **Bauherren-Haftpflichtversicherung** (BFH-Urteil vom 25. 2. 1976, BStBl 1980 II S. 294) und die **Bauwesen-Versicherung** (durch die in der Regel alle Beschädigungen am Bauwerk, der Diebstahl fest eingebauter Teile des Bauwerks und Glasbruch bis zum Bauende versichert sind). Die Beiträge hierfür sind Werbungskosten. Soweit der **Nießbraucher** (dinglich Wohnberechtigte) das bebaute Grundstück entsprechend seiner gesetzlichen Verpflichtung nach § 1045 BGB gegen Brandschaden und sonstige Unfälle versichert hat, sind die **Versicherungsbeiträge** in entsprechender Anwendung der Ausführungen zu den Instandhaltungsaufwendungen des Nießbrauchers (vgl. oben Anlage V, zu Zeilen 43 bis 44 (4) in aller Regel als Werbungskosten abziehbar.

53
44 Für Kosten des **Hauswarts**, der **Treppenreinigung**, des **Fahrstuhls** in **Zeile 53** gelten die Ausführungen zu Zeile 51 entsprechend.

54
45 Werbungskosten sind auch **Verwaltungskosten**, z.B. Kosten der Vermögensverwaltung, falls wegen umfangreichen Gebäudebesitzes eine besondere Verwaltung geführt wird. Bei Vermögensverwaltungen, die durch Gesetz oder letztwillige Verfügung auferlegt worden sind, z.B. Vormundschaften, Pflegschaften, **Testamentsvollstreckungen**, sind nicht nur die gezahlten Vergütungen, sondern auch die durch Bestellung veranlassten Gerichtskosten abzugsfähig.

(2) Sonstiges

55–56
46–47 (a) In **Zeilen 55 bis 56** können alle **sonstigen Werbungskosten** abgesetzt werden, die in den Zeilen 49 bis 54 nicht einzeln aufgeführt sind, also z.B. außer den Beiträgen zum **Hausbesitzerverein** auch Ausgaben, die im Zusammenhang mit **Mietverträgen** entstanden sind, vom Vermieter bezahlte Gebühren für einen Kabelanschluss, sowie Kosten, die dem Hausbesitzer durch **Räumungsprozesse** (Prozess- und Räumungskosten) gegen den Mieter erwachsen, Ausgaben für **Porto** und **Telefon** im Verkehr mit den Mietern, vom Vermieter zu tragende **Reinigungskosten, PKW-Kosten** (auch Kosten für Taxifahrten – gegen Nachweis), die der Vermieter zum Zweck der Verwaltung und Beaufsichtigung der Gebäude vorgenommen hat, **Trinkgelder** zum Jahreswechsel an die Arbeiter der Müllabfuhr und an den Kaminfeger, Ausgaben für **Annoncen** wegen Vermietung und Verpachtung usw. Bei nicht umfangreichem Grundbesitz erfordert dessen Verwaltung in der Regel keine besondere Einrichtung, z.B. ein Büro, sondern erfolgt von der Wohnung aus. Regelmäßige Tätigkeitsstätte ist dann die Wohnung des Steuerpflichtigen. Auf gelegentliche Fahrten zu dem vermieteten Grundbesitz findet die Entfernungspauschale (vgl. Anlage N, Zeilen 38 bis 48) keine Anwendung (vgl. R 161 Abs. 4 [Einnahmen und Werbungskosten] EStR). Dagegen sind gelegentlich anfallende **Reisekosten** an den Belegenheitsort des Gebäudes, die der Sicherung und Erhaltung der Mieteinnahmen dienen, abzugsfähig, einschließlich der **Verpflegungspauschalen** (vgl. Anlage N, Zeilen 57 bis 62, 59 ABC „Reisekosten" [2]). Diese gelten für alle Einkunftsarten des EStG, also auch bei Vermietung und Verpachtung. Aufwendungen für **Waschmaschinen** usw., die ausschließlich den Mietern zur Verfügung stehen, können – auf die Nutzungsdauer verteilt – als Werbungskosten abgesetzt werden. Betragen die **Anschaffungskosten** (ohne Umsatzsteuer) für das einzelne Wirtschaftsgut (z.B. Waschmaschine) **weniger als 410 €**, so können sie schon im Jahr ihrer Verausgabung **in voller Höhe** als Werbungskosten abgesetzt werden.

(b) Wurde zur Umsatzsteuer optiert, also auf die an sich bestehende **Umsatzsteuerbefreiung** bei den Vermietungseinnahmen **verzichtet**, so sind bezahlte **Vorsteuern** auf Herstellungskosten sowie die an das Finanzamt **abgeführte Umsatzsteuer** als Werbungskosten abzugsfähig und in **Zeilen 55 bis 56** einzutragen. An das Finanzamt zurückgezahlte Vorsteuerbeträge (§ 15a UStG) sind **auch dann** als Werbungskosten abzugsfähig, wenn der Vorsteuerbetrag aufgrund der **Veräußerung** des zum Privatvermögen gehörenden Grundstücks berichtigt worden ist (BFH-Urteil vom 8. 12. 1992, BStBl 1993 II S. 656 und vom 17. 3. 1992, BStBl 1993 II S. 17 und BMF-Schreiben vom 23. 8. 1993, BStBl I S. 698). Die vom Vermieter **vereinnahmte** Umsatzsteuer ist in Anlage V, Zeilen 3 bis 5 sowie die vom Finanzamt ggf. erstattete Vorsteuer in Anlage V, Zeile 10 zu erfassen.

(c) **Steuerberatungskosten** sind Werbungskosten, soweit sie bei der **Ermittlung** der Einkünfte angefallen sind. Im Einzelnen vgl. hierzu Teil II, Tz. 2.10. (ABC).

(d) Zu den Werbungskosten gehören auch **Abstandszahlungen**, die an Mieter geleistet werden, um sie zu veranlassen, die Wohnung vorzeitig freizumachen (BFH-Urteil vom 17. 1. 1978, BStBl II S. 337) oder die geleistet werden, um Räume zu anderen als Wohnzwecken vermieten zu dürfen (BFH-Urteil vom 24. 10. 1979, BStBl 1980 II S. 187). Dagegen sind Abstandszahlungen aufgrund eines Rücktritts von einem Vorvertrag keine Werbungskosten (BFH-Urteil vom 29. 11. 1983, BStBl 1984 II S. 307).

(e) **Umzugskosten**, die der Hauseigentümer dem **Mieter** erstattet, um ihn zur Räumung der Wohnung zu bewegen, sind beim Hauseigentümer als Werbungskosten abzugsfähig. Umzugskosten in eine **eigengenutzte** Wohnung, die beim Steuerpflichtigen selbst anfallen, sind dagegen als Kosten der privaten Lebensführung nicht berücksichtigungsfähig (BFH-Urteil vom 18. 10. 1983, BStBl 1984 II S. 297). Wegen der Umzugskosten als Werbungskosten bei den Einkünften aus nichtselbständiger Arbeit vgl. Anlage N, Zeilen 57 bis 62 ABC „Umzugskosten".

(f) **Vergebliche Planungskosten** für ein Wohnhaus (Mietwohnhaus) sind Werbungskosten, wenn die Absicht der mietweisen Nutzung oder Eigennutzung des Gebäudes aus den Umständen eindeutig ersichtlich ist (BFH-Urteil vom 13. 11. 1973, BStBl 1974 II S. 161). Wird jedoch später ein die beabsichtigten Zwecke erfüllendes Gebäude tatsächlich erstellt, gehören auch die Kosten für die ursprüngliche, nicht durchgeführte Planung zu den **Herstellungskosten** des **erstellten** Gebäudes. Insofern liegen also keine Werbungskosten vor (vgl. im Einzelnen BFH-Urteile vom 6. 3. 1975, BStBl II S. 574 und vom 29. 11. 1983, BStBl 1984 II S. 303 und S. 306). Werden aber Honorare (z.B. auf Grund einer besonderen Vereinbarung) auf **nicht** erbrachte Architektenleistungen gezahlt, liegen Werbungskosten vor (BFH-Urteil vom 8. 9. 1998, BStBl 1999 II S. 20). Zu **verlorenen Anzahlungen** für nicht erbrachte Bauleistungen vgl. oben Anlage V, Zeilen 43 bis 44 (2). Wegen vergeblicher Aufwendungen bei § 10e Abs. 6 EStG vgl. Anlage FW, Zeilen 22 bis 23, Buchst. f).

(g) **Abschlussgebühren für Bausparverträge** (in der Regel 1 v.H. der Bausparsumme) sind **Werbungskosten** bei den Einkünften aus Vermietung und Verpachtung, **wenn alleiniger Zweck des Vertragsabschlusses** die Erlangung des Baudarlehens und die Verwendung der Kreditmittel zur **Erzielung von Einkünften** aus Vermietung und Verpachtung ist (BFH-Urteile vom 8. 2. 1983, BStBl II S. 355 und vom 3. 6. 1975, BStBl II S. 699). Dies gilt z.B. auch, wenn der Bausparvertrag bestimmungsgemäß der Ablösung eines Darlehens dient, mit dem der Erwerb einer vermieteten Immobilie finanziert wurde (BFH-Urteil vom 1. 10. 2002, BStBl 2003 II S. 398). Deshalb sind Abschlussgebühren vorab entstandene Werbungskosten, wenn der Steuerpflichtige geltend macht, dass er beabsichtige, den Bausparvertrag zur Finanzierung der Anschaffung eines Bauplatzes, der Anschaffung oder Herstellung oder Umschuldung eines Gebäudes oder einer Reparaturmaßnahme zu verwenden. Ein enger zeitlicher Zusammenhang zwischen Abschluss des Bausparvertrags und der Einkunftserzielung ist nicht mehr erforderlich. Ihm kommt allerdings weiterhin Indizwirkung für den erforderlichen wirtschaftlichen Zusammenhang zu.

Abschlussgebühren für Bausparverträge werden aber auch als **prämienbegünstigte Bausparbeiträge** (vgl. Teil II, Tz. 8) anerkannt und zwar selbst dann, wenn – im Hinblick auf die Ungewissheit der Inanspruchnahme des Bauspardarlehens – zunächst eine vorläufige Gutschrift auf einem **Sonderkonto** des Bausparers erfolgt. Es ist umstritten, ob die Abschlussgebühr im Zeitpunkt der späteren Inanspruchnahme des Bauspardarlehens **daneben** auch noch als **Werbungskosten** bei Vermietung und Verpachtung (oder als **Vorkosten** nach § 10e Abs. 6 EStG, vgl. hierzu Anlage FW, Zeilen 22 bis 23, Buchst. e) abzugsfähig ist. Die Finanzverwaltung lässt dies zu. Wegen der **Guthabenzinsen** eines solchen Bausparvertrags, die **Einnahmen** aus Vermietung und Verpachtung darstellen vgl. Anlage V, Zeile 11.

Abschlussgebühren für Bausparverträge können ausnahmsweise aber auch Werbungskosten bei den Einkünften aus **Kapitalvermögen** sein, wenn der Abschluss des Bausparvertrags in keinem engen zeitlichen und wirtschaftlichen Zusammenhang mit der Verwirklichung eines Bauvorhabens steht und wenn auf Dauer gesehen ein Überschuss aus Zinsgutschriften erwartet werden kann (vgl. hierzu BFH-Urteil vom 24. 7. 1990, BStBl II S. 975). In solchen Fällen kommt dann allerdings für die Bausparleistungen keine Wohnungsbauprämie in Betracht.

(h) **Beiträge zu einer Todesfallrisikoversicherung (Risikolebensversicherung)** sind auch dann **keine Werbungskosten** bei den Einkünften aus Vermietung und Verpachtung, wenn die Versicherung im Zusammenhang mit der Finanzierung eines Bauvorhabens abgeschlossen wurde. Die Versicherung dient einer Vorsorgeleistung zugunsten der künftigen Erben; die Beiträge hierfür sind ggf. als **Sonderausgaben** abzugsfähig. Dies gilt auch dann, wenn eine Bausparkasse die Gewährung von Bauspardarlehen davon abhängig macht, dass für den Bausparer als Versicherten eine **Risikolebensversicherung** abgeschlossen wird, deren Prämien der Bausparer zu leisten hat (BFH-Urteile vom 29. 10. 1985, BStBl 1986 II S. 143 und S. 260).

(3) Aufwendungen für Gärten und Grünanlagen

Die zu einem Wohngebäude gehörende Gartenanlage ist ein selbständiges Wirtschaftsgut, das sowohl vom Grund und Boden als auch vom Gebäude zu trennen ist (BFH-Urteil vom 30. 1. 1996, BStBl 1997 II S. 25).

Kosten für die **gärtnerische Gestaltung** der Grundstücksfläche bei einem Wohngebäude gehören deshalb **nicht** zu den Herstellungskosten des **Gebäudes**, mit Ausnahme der Kosten für das Anpflanzen von Hecken, Büschen und Bäumen an den Grundstücksgrenzen, die als „lebende Umzäunungen" dienen (R 157 Abs. 3 Satz 1 EStR). Im Übrigen ist bei Aufwendungen für die gärtnerische Gestaltung der Grundstücksfläche wie folgt zu unterscheiden:

(a) Soweit Aufwendungen für den **Nutzgarten** des Eigentümers und für **Gartenanlagen, die die Mieter nicht nutzen dürfen,** entstehen, gehören sie zu den nach § 12 Nr. 1 EStG nicht abziehbaren Kosten der Lebenshaltung (vgl. R 157 Abs. 3 Satz 6 EStR).

(b) In den anderen Fällen, z. B. bei **Gartenanlagen,** die die Mieter mitbenutzen dürfen, und bei **Vorgärten** sind die Aufwendungen für die Herstellung der gärtnerischen Anlage **gleichmäßig** auf die Nutzungsdauer der Anlage zu verteilen. Die Nutzungsdauer kann im Allgemeinen mit **10 Jahren** angenommen werden (R 157 Abs. 3 Satz 3 EStR).

(c) Laufende **Aufwendungen für die Instandhaltung** und Unterhaltung der Gartenanlagen (Gärtner, Pflanzen, Dünger usw.) sind **sofort** abzugsfähige Werbungskosten. Bei Aufwendungen nach Fertigstellung des Gartens von (ab 2003) nicht mehr als 4 000 € (ohne USt), ist dieser Aufwand auf Antrag stets als Erhaltungsaufwand zu behandeln (R 157 Abs. 3 Sätze 4 und 5 EStR).

Da die Anlage V keine Zeile für Aufwendungen der gärtnerischen Gestaltung vorsieht, empfiehlt sich ein Eintrag in **Zeilen 55 bis 56** („Sonstiges").

(d) Beiträge an **Gemeinden** zur Errichtung **öffentlicher Grünanlagen** oder **öffentlicher Kinderspielplätze** gehören zu den Anschaffungskosten des Grund und Bodens, wenn sie als Erschließungsbeiträge nach §§ 127 ff. des Baugesetzbuches erhoben werden (vgl. Teil II, Tz. 3.3.3. a), dd), Nr. 1), in anderen Fällen gehören die Beiträge zur Anlegung eines Kinderspielplatzes durch die Gemeinde zu den Herstellungskosten des Gebäudes (vgl. Teil II, Tz. 3.3.3. a), aa), Nr. 9).

Die **Summe der Werbungskosten** aus den Zeilen 34 bis 56, die in **Zeile 57** zu bilden ist, soll auf Zeile 13 übertragen und dort von der Summe der Einnahmen in Zeile 12 abgezogen werden.

Zusätzliche Angaben – Zuschüsse aus öffentlichen Mitteln zu den Anschaffungs- oder Herstellungskosten

In **Zeile 59** soll angegeben werden, ob in 2005 Zuschüsse aus **öffentlichen Mitteln** zu den Anschaffungs- oder Herstellungskosten vereinnahmt oder bewilligt worden sind; es handelt sich also um Zuschüsse, die **keine** Mieterzuschüsse sind, wie z.B. Zuschüsse einer Flughafengesellschaft für den Einbau von Lärmschutzfenstern. Diese Angaben dienen dem Finanzamt zu Kontrollzwecken. Solche Zuschüsse aus **öffentlichen** Mitteln können nur noch von der Bemessungsgrundlage für die AfA oder erhöhte Absetzungen oder Sonderabschreibungen, also von den Anschaffungs- oder Herstellungskosten des Gebäudes, abgezogen werden und nicht mehr wahlweise als steuerpflichtige Einnahmen behandelt werden. Zu den **privaten Mieterzuschüssen** (Mietvorauszahlungen aus Baukostenzuschüssen) vgl. die Erläuterungen zu Anlage V, **Zeile 9.** Handelt es sich bei den bezuschussten Aufwendungen um **Erhaltungsaufwendungen** oder **Schuldzinsen,** sind diese nur vermindert um den Zuschuss als Werbungskosten abziehbar. Fällt die Zahlung des Zuschusses und der Abzug als Werbungskosten nicht in einen Veranlagungszeitraum, rechnet der Zuschuss im Jahr der Zahlung zu den Einnahmen aus Vermietung und Verpachtung. Vgl. im Einzelnen R 163 Abs. 1 EStR.

Stellen Zuschüsse eine Gegenleistung für eine Mietpreisbindung oder für die Nutzung durch einen bestimmten Personenkreis dar, so kann eine Verteilung der Einnahmen bis zu 10 Jahren in Betracht kommen. Auch insoweit handelt es sich um **keine** Mieterzuschüsse. Vgl. die Erläuterungen zu Anlage V, **Zeile 11.**

Mittel aus öffentlichen Haushalten in Fällen des § 7k EStG

In **Zeile 60** wird nach **Mitteln aus öffentlichen Haushalten** gefragt in Fällen der erhöhten Absetzungen nach § 7k EStG. Diese steuerliche Vergünstigung setzt voraus, dass für die Wohnung **keine** Mittel aus öffentlichen Haushalten, und zwar weder unmittelbar noch mittelbar, gewährt werden (vgl. die Erläuterungen zu Anlage V, Zeile 35). Da die Regelungen in § 7k EStG eine Alternative zur Direktförderung des sozialen Wohnungsbaus darstellen soll, sind solche **Zuschüsse steuerschädlich.** Unter Mitteln aus öffentlichen Haushalten sind nur solche Mittel zu verstehen, die in einem öffentlichen Haushalt als Haushaltsansatz ausgewiesen werden, z.B. Zinsverbilligungen nach dem Kfw-Förderprogramm, unmittelbare Zuschüsse der öffentlichen Hand zu den Anschaffungs- oder Herstellungskosten, aber auch Aufwendungszuschüsse des Landes zur Senkung der laufenden Betriebskosten und Mittel zum Kauf von Belegungsrechten durch die öffentliche Hand.

Unschädlich sind dagegen Einnahmeminderungen der öffentlichen Haushalte z.B. durch die verbilligte Überlassung von Bauland durch die Kommunen, das Land oder die Sparkassen sowie durch verbilligte Gewährung von Darlehen durch die Sparkassen, soweit die Gewährträger keinen Ausgleich an die Sparkassen leisten müssen.

Bescheinigung nach § 7k Abs. 3 EStG in Fällen des § 7k EStG/ § 14d BerlinFG und bei Buchwertentnahme nach § 6 Abs. 1 Nr. 4 Satz 4 EStG vor dem 1. 1. 2005

In den Fällen der erhöhten Absetzungen nach **§ 7k EStG** und § **14d BerlinFG** für Wohnungen mit Sozialbindung ist nach § 7k Abs. 2 Nr. 5 EStG Voraussetzung, dass der Eigentümer für jedes Jahr des 10-jährigen Verwendungszeitraums, in dem er die Wohnung vermietet hat, durch eine **Bescheinigung** der Gemeinde (Wohnungsamt) nachweist, dass die **Sozialbindung eingehalten** worden ist (vgl. oben Anlage V, Zeile 35). Das Finanzamt überwacht diese Fälle, weshalb die nach § 7k Abs. 3 EStG zu erteilende Bescheinigung während des Verwendungszeitraums **alljährlich** der Anlage V beizufügen – und dies in **Zeile 61** kenntlich zu

Teil I: Anlage V
Zeile 61

machen – ist, wenn die rückwirkende Versagung der erhöhten Absetzungen vermieden werden soll.

Mit den erhöhten Absetzungen ist das sog. **Buchwertprivileg** nach § 6 Abs. 1 Nr. 4 Satz 4 EStG a.F. verbunden. Danach konnten Gebäude, die zu einem **Betriebsvermögen** gehören und nicht Wohnzwecken dienen und der (in angemessenem Umfang) dazugehörende Grund und Boden (vgl. hierzu BMF-Schreiben vom 12. 11. 1986, BStBl I S. 528) **bis zum 31. 12. 1992 zum Buchwert entnommen** werden, wenn Gebäude und Grund und Boden im Anschluss daran in den folgenden 10 Jahren unter den Voraussetzungen der **Sozialbindung** (§ 7k EStG) vermietet wurden. Fallen während des Verwendungszeitraums die Voraussetzungen dieser Bestimmung weg (vgl. oben Anlage V, Zeile 35), so entfällt auch rückwirkend die Buchwertentnahme, d.h. es muss die ESt- und ggf. auch die GewSt-Veranlagung des Entnahmejahrs berichtigt und dabei als Entnahmewert der regelmäßig höhere Teilwert angesetzt werden, was dann zu einer Steuernachzahlung führt. Die Bescheinigung nach § 7k Abs. 3 EStG ist deshalb auch insoweit von Bedeutung. Wegen der Einzelheiten zum Buchwertprivileg vgl. BMF-Schreiben vom 10. 3. 1992, BStBl I S. 188.

11. Erläuterungen zur „Anlage FW" (Förderung des Wohneigentums)
– gegliedert nach den am Rand des Vordrucks angegebenen Zahlen –

Wozu dient die Anlage FW?

Die **Anlage FW**, d. h. Förderung des Wohneigentums, dient dazu, Steuerbegünstigungen für **eigengenutzte** Wohnungen im Inland zu beantragen, deren Mietwert nicht oder nicht mehr besteuert wird, bestimmte **Steuerbegünstigungen** aber gleichwohl **weiterhin** in Betracht kommen. So können die Steuervergünstigung der eigengenutzten Wohnung nach **§ 10e EStG/§ 15b Berlin FG** sowie die Steuervergünstigung der unentgeltlich überlassenen Wohnung an Angehörige nach **§ 10h EStG** immer noch von Bedeutung sein, falls Bauantrag oder notarieller Kaufvertrag **vor dem 1. 1. 1996** (bei § 15b BerlinFG vor dem 1. 7. 1991) erfolgt sind. Der Abzugszeitraum beginnt im Falle der Herstellung eines Gebäudes erst mit dem Jahr der Fertigstellung. Die Anlage FW ist auch für Wohnungen vorgesehen, die an Dritte unentgeltlich und ohne gesicherte Rechtsposition (zum Begriff vgl. Anlage V, Vorbem. [2]) **überlassen** werden.

Die Anlage FW ist bereits ab 2002 grundlegend überarbeitet worden. Dabei wurde auf eine Reihe von Fragen, insbesondere zu **§ 10e EStG/§ 15b BerlinFG**, im Hinblick auf die geringer werdende Bedeutung dieser Bestimmungen verzichtet. Da die steuerrechtlichen Probleme in der Praxis für die betroffenen Steuerpflichtigen aber nach wie vor von Interesse sein können, bleibt der Umfang der Erläuterungen in der vorliegenden ESt-Anleitung 2005 grundsätzlich erhalten. In dem Vordruck „Anlage FW" werden auch weiterhin mehrere steuerliche Bereiche abgedeckt, wie den folgenden Ausführungen zu den einzelnen Zeilen zu entnehmen ist.

Für die nach dem Eigenheimzulagengesetz (ab 1996) begünstigten Wohnungen können die **Vorkosten** nach § 10i EStG in der Anlage FW, Zeilen 12 bis 16 geltend gemacht werden. Für den **Antrag auf Eigenheimzulage** selbst ist der besondere **Vordruck EZ 1 A** zu verwenden. Vgl. hierzu auch Anlage FW, Zeile 6.

In Fällen des **Miteigentums** braucht für jede Wohnung nur **eine** Anlage FW der jeweiligen Steuererklärung beigefügt zu werden. Dies gilt auch, wenn **Ehegatten** gemeinsam Eigentümer einer Wohnung sind. Vgl. hierzu Anlage FW, Zeilen 26 bis 29.

Werden **erstmals** Anschaffungs- oder Herstellungskosten geltend gemacht, so verlangt die Finanzverwaltung eine **Einzelaufstellung**, aus der sich neben dem gezahlten Rechnungsbetrag auch das Rechnungsdatum, der Gegenstand der Leistung sowie das ausführende Unternehmen ergeben.

Zuschüsse aus öffentlichen Mitteln sind stets von den entsprechenden Aufwendungen **abzuziehen.**

Lage der Wohnung, Ferien- und Wochenendgebiet

1 **Die Lage der Wohnung** (Adresse) ist in **Zeile 1** auch anzugeben, wenn die Wohnung bisher vermietet war oder leer gestanden hat und erstmals in 2005 selbst bewohnt wurde.

In **Zeile 1** ist neben der **Lage** der Wohnung auch anzugeben, ob diese im **Ferien- oder Wochenendgebiet** belegen ist und ob sie zum **Dauerwohnen** baurechtlich zugelassen ist. **Ferien- und Wochenendwohnungen** sind nämlich **nicht** nach § 10e EStG/§ 15b BerlinFG begünstigt; das sind Wohnungen, die in einem ausgewiesenen Sondergebiet für Ferien- oder Wochenendwohnungen liegen (soweit nicht ausnahmsweise ein Dauerwohnen in diesem Gebiet ausdrücklich baurechtlich zugelassen ist (BFH-Urteile vom 18. 11. 1998, BStBl 1999 II S. 225 und vom 31. 5. 1995, BStBl II S. 720) **oder** die sich aufgrund ihrer Bauweise nicht zum dauernden Bewohnen eignen (BFH-Urteil vom 28. 3. 1990, BStBl II S. 815). Vgl. **BMF-Schreiben vom 31. 12. 1994, BStBl 1994 I S. 887,** Tz. 20. Bei einer Wohnung, die zur kurzfristigen Vermietung an ständig wechselnde Feriengäste bestimmt ist, liegt auch dann keine Nutzung zu eigenen Wohnzwecken i.S. des § 10e EStG vor, wenn der Wohneigentümer von seinem zeitlich begrenzten Nutzungsrecht Gebrauch macht (BFH-Urteil vom 28. 11. 2001, BStBl 2002 II S. 145).

Wegen weiterer Einzelheiten zu den **begünstigten Objekten,** dem **Erfordernis der Selbstnutzung** und zum **Wohnungsbegriff** vgl. **Teil II, Tz. 3.3.2.**

Begünstigter Personenkreis

In **Zeile 2** ist der **Eigentümer** der Wohnung zu benennen, da in erster Linie der bürgerlich-rechtliche Eigentümer der Wohnung berechtigt ist, die Grundförderung nach § 10e EStG in Anspruch zu nehmen. Bürgerlich-rechtlicher Eigentümer der Wohnung ist auch der **Erbbauberechtigte.** Aber auch andere Personen können die Grundförderung erhalten, wie z. B. der **wirtschaftliche Eigentümer,** der die Herstellungskosten oder Anschaffungskosten getragen hat oder der in Ausübung eines **Nießbrauchsrechts** (dinglichen Rechts) auf fremdem Grund und Boden ein Bauwerk errichtet (§ 95 Abs. 1 Satz 2 BGB). Wegen weiterer Einzelheiten zum **begünstigten Personenkreis** vgl. **Teil II, Tz. 3.3.1.** und BMF-Schreiben vom 31. 12. 1994 a.a.O., Tz. 2 bis 6. Falls ein anderer als der bürgerlich-rechtliche Eigentümer die Grundförderung in Anspruch nehmen will, ist dies zu erläutern.

Eigennutzung

In **Zeilen 3 und 4** wird u. a. nach der **Eigennutzung** der Wohnung(en) gefragt, weil durch die Grundförderung des **§ 10e EStG** (Anlage FW, Zeilen 17 ff.) die **selbstgenutzte Wohnung** begünstigt ist, und zwar unabhängig davon, in welcher Art von Gebäude sich diese Wohnung befindet. **Vermietete** Wohnungen **oder** anderen Personen **unentgeltlich** zur Nutzung überlassene Wohnungen sind sonach **nicht begünstigt.** Eine Nutzung zu eigenen Wohnzwecken i.S. des § 10e EStG liegt auch dann vor, wenn die Wohnung **an ein Kind,** für das dem Steuerpflichtigen Kindergeld oder ein Kinderfreibetrag (§ 32 Abs. 1 Satz 5 EStG) gewährt wird, unentgeltlich zur alleinigen Nutzung überlassen wird (z.B. an dessen Studienort: vgl. hierzu BFH-Urteil vom 26. 1. 1994, BStBl II S. 544) und auch dann, wenn das Kind einen selbständigen Haushalt am Ausbildungsort führt (BFH-Urteil vom 25. 1. 1995, BStBl II S. 378). Nach diesen Urteilen steht dem Steuerpflichtigen daneben auch der erhöhte Ausbildungsfreibetrag wegen auswärtiger Unterbringung von damals 4 200 DM zu (§ 33a Abs. 2 Nr. 2 Satz 2 EStG a.F.), wenn keine Mitbenutzung der Wohnung durch die Eltern erfolgt. Ein Anspruch auf Baukindergeld nach § 34f Abs. 2 und 3 EStG besteht in solchen Fällen dann allerdings nicht (BFH-Urteil vom 25. 1. 1995 a.a.O. und BMF-Schreiben vom 21. 11. 1994, BStBl I S. 855; vgl. hierzu auch Anlage FW, Zeilen 24 bis 25). § 10e EStG kommt **nicht** in Betracht für eine Wohnung, die der Steuerpflichtige seiner dauernd von ihm **getrennt lebenden Ehefrau** unentgeltlich zur Nutzung überlassen hat, da es hier – anders als bei einem Kind – an der Lebens- und Wirtschaftsgemeinschaft fehlt (BFH-Urteil vom 26. 1. 1994, BStBl II S. 542). Vgl. BMF-Schreiben vom 31. 12. 1994 a.a.O., Tz. 11. Ein Abzugsbetrag nach § 10e Abs. 1 EStG steht den Eltern auch dann **nicht** zu, wenn sie die Wohnung aufgrund eines einkommensteuerlich anzuerkennenden Mietvertrags, also **entgeltlich,** an das Kind überlassen haben (BFH-Urteil vom 23. 2. 1994, BStBl II S. 694). Wegen der nicht begünstigten **Ferien- und Wochenendwohnungen** vgl. oben zu **Zeile 1.**

Ausbau und Erweiterung

In **Zeile 3** werden der **Ausbau** und die **Erweiterung** einer eigengenutzten Wohnung erwähnt, weil solche Ausbauten und Erweiterungen nach § 10e Abs. 2 EStG ebenfalls durch die Grundförderung begünstigt sind, wenn mit der Herstellung des Ausbaus oder der Erweiterung **vor dem 1. 1. 1996** begonnen wurde (s. oben) und der Ausbau oder die Erweiterung **zu eigenen Wohnzwecken** genutzt wird. Begünstigt sind Erweiterungen nur, wenn bisher nicht vorhandener Wohnraum geschaffen wird. Ein begünstigter

Teil I: Anlage FW
Zeile 5

Ausbau ist z.B. der Ausbau des Dachgeschosses oder von Kellerräumen zu Wohnräumen. Ausnahmsweise braucht kein neuer Wohnraum zu entstehen, wenn die bisherigen Räume nicht nur durch Altersabnutzung oder Verwahrlosung, sondern infolge Änderung der Wohngewohnheiten nicht mehr für Wohnzwecke geeignet sind und zur Anpassung an die veränderten Wohngewohnheiten unter wesentlichem Bauaufwand umgebaut werden. Als Ausbau oder Erweiterung gilt auch die nachträgliche Erstellung von **Garagen** und von ganzjährig nutzbaren **Wintergärten**, bei denen die Grundförderung wegen des damit zusammenhängenden Baukindergelds interessant sein kann. Die Errichtung eines freistehenden (z.B. 5 m vom Hauptgebäude entfernten) Wintergartens ist allerdings nicht als „Erweiterung an einer Wohnung" begünstigt (BFH-Urteil vom 2.6.1999, BStBl II S. 596). Wegen weiterer Einzelheiten zur Begünstigung von **Ausbauten** und **Erweiterungen** sowie zur Erstellung von **Garagen** vgl. im Einzelnen **Teil II, Tz. 3.3.2.** sowie BMF-Schreiben vom 31.12.1994 a.a.O., Tz. 10. Zu beachten ist jedoch, dass jeder Ausbau und jede Erweiterung für sich gesehen ein begünstigtes Objekt im Sinne der Grundförderung darstellen, was zum **Objektverbrauch** führen kann (vgl. hierzu Anlage FW, **Zeile 6**).

Der in **Zeile 3** a.E. erwähnte „Bau einer unentgeltlich überlassenen Wohnung im eigenen Haus" bezieht sich auf die Begünstigung des § **10h EStG**. Vgl. hierzu unten Anlage FW, **Zeilen 20 bis 21**.

Tag der Herstellung (= Fertigstellung) und der Anschaffung

In **Zeile 4** ist neben dem Datum des Kaufvertrags, des Bauantrags und des Baubeginns auch anzugeben, wann die Wohnung **angeschafft** oder **fertig gestellt** und ab wann sie **eigengenutzt/unentgeltlich überlassen** wurde. Aufgrund dieser Angaben kann das Finanzamt entscheiden, welche Gesetzesfassung des mehrfach geänderten § 10e EStG anzuwenden ist.

Tag der Herstellung (= Fertigstellung) der Wohnung oder des Ausbaus oder der Erweiterung ist der Tag, an dem die wesentlichen Bauarbeiten abgeschlossen worden sind und das Objekt bewohnbar ist. Der Bezug der Wohnung muss zumutbar sein (BFH-Urteile vom 21.7.1989, BStBl II S. 906, vom 23.1.1980, BStBl II S. 365 und vom 11.3.1975, BStBl II S. 659). Dies kann nur nach den Verhältnissen des Einzelfalles entschieden werden. Der Zeitpunkt der Bauabnahme ist nicht entscheidend. Der tatsächliche Einzug ist ein Indiz für die Bezugsfertigkeit. Der Fertigstellung einer Eigentumswohnungen steht nicht entgegen, wenn bürgerlich-rechtlich noch kein Wohnungseigentum begründet und die Teilungserklärung noch nicht abgegeben worden ist (BFH-Urteil vom 26.1.1999, BGBl II S. 589). Die Bewohnbarkeit ist auch dann zu bejahen, wenn noch kleinere Arbeiten nachzuholen sind. Unschädlich ist z.B., wenn ein Teil des Teppichbodens noch verlegt werden muss (BFH-Urteil vom 25.7.1980, BStBl 1981 II S. 152) oder der Außenputz oder der Anstrich im Treppenhaus oder Dachrinnen und Fensterläden noch fehlen oder die Zugangswege noch nicht fertig sind. Dagegen kann nicht von Bewohnbarkeit gesprochen werden, wenn der Innenputz oder Türen oder Fenster, oder der gesamte Fußbodenbelag oder die Toilette noch fehlen oder noch kein Wohnungsabschluss vorhanden ist. Zur Bezugsfertigkeit gehört auch, dass die Anschlüsse für Strom- und Wasserversorgung, Heizung sowie für sanitäre Anlagen vorhanden sind und die Möglichkeit des Kochens und Heizens besteht (BFH-Urteile vom 7.4.1987, BStBl II S. 567 und vom 21.7.1989 a.a.O.). Auf die Höhe der noch ausstehenden Herstellungskosten im Verhältnis zu den gesamten Herstellungskosten kommt es nicht an (BFH-Urteil vom 16.12.1988, BStBl 1989 II S. 203). Gebäudeteile, die auf Grund ihrer unterschiedlichen Funktion selbständige Wirtschaftsgüter sind (z.B. der eigenen Wohnzwecken dienende Gebäudeteil), sind fertig gestellt, sobald diese Teile bestimmungsgemäß nutzbar sind (BFH-Urteil vom 9.8.1989, BStBl 1991 II S. 132). Vgl. BMF-Schreiben vom 31.12.1994 a.a.O., Tz. 16 und H 44 (Fertigstellung) EStH.

Tag der Anschaffung ist der Zeitpunkt, in dem der Erwerber nach dem Willen der Vertragsparteien über das erworbene Objekt wirtschaftlich verfügen kann. Das ist regelmäßig der Fall, wenn Besitz, Gefahr des zufälligen Untergangs, Nutzungen und Lasten, also das **wirtschaftliche Eigentum,** auf den Erwerber übergehen (BFH-Urteile vom 28.4.1977, BStBl II S. 553 und vom 13.10.

1972, BStBl 1973 II S. 209). Dies kann bei einer Eigentumswohnung bereits vor Abgabe der Teilungserklärung auf schuldrechtlicher Grundlage geschehen (BFH-Urteil vom 26.1.1999 a.a.O.). Der Zeitpunkt des Abschlusses des notariellen Kaufvertrags oder der Eintragung im Grundbuch ist unerheblich. Vgl. BMF-Schreiben vom 31.12.1994 a.a.O., Tz. 18. Frühester Zeitpunkt der Inanspruchnahme der Grundförderung bleibt auch in Fällen der Anschaffung (z.B. beim Erwerb einer im Bau befindlichen Wohnung) der Zeitpunkt der Fertigstellung. Die Grundförderung kann aber nicht vor dem Jahr des **tatsächlichen Einzugs** beginnen (§ 10e Abs. 1 Satz 2 EStG). Wegen des **Kaufs der Wohnung durch den Mieter** vgl. Anlage FW, Zeilen 22 bis 23.

Die **Flächenangaben** in **Zeilen 4 und 5** dienen dazu, jene Räume der Wohnung aus der Steuerbegünstigung nach § 10e EStG auszuscheiden, die nicht für eigene Wohnzwecke, sondern zur Erzielung von Einkünften verwendet werden; das sind **eigengewerblich** oder **freiberuflich** oder **als Arbeitszimmer genutzte** oder **vermietete Räume**. Die hierauf entfallenden Anschaffungs- und Herstellungskosten müssen aus der Bemessungsgrundlage ausgeschieden werden. Entsprechendes gilt für Räume, die aufgrund eines vorbehaltenen Nutzungsrechts nicht selbst genutzt werden. Die Aufteilung der Bemessungsgrundlage erfolgt nach dem Verhältnis der **Grundfläche** der gewerblichen oder beruflichen Zwecken dienenden Räume zur gesamten **Nutzfläche** der Wohnung. Zur gesamten Nutzfläche gehört die nach den §§ 43, 44 der II. BerechnungsVO (II. BVO) zu ermittelnde Grundfläche der Wohnzwecken dienenden Räume einschließlich der Grundfläche der gewerblichen oder beruflichen Zwecken dienenden Räume. Bei einem häuslichen Arbeitszimmer ist dagegen der hierauf entfallende Anteil der Bemessungsgrundlage nach dem Verhältnis der nach den §§ 42 bis 44 der II. BVO zu ermittelnden Wohnfläche der gesamten Wohnung einschließlich des Arbeitszimmers zur Grundfläche des Arbeitszimmers zu ermitteln (BFH-Urteile vom 18.10.1983, BStBl 1984 II S. 112 und vom 10.4.1987, BStBl II S. 500); vgl. hierzu Anlage N, Zeilen 55 bis 56 („Berechnungsgrundlagen betr. das Arbeitszimmer"). Wegen weiterer Einzelheiten vgl. **Teil II, Tz. 3.3.2. a.E.** und BMF-Schreiben vom 31.12.1994 a.a.O., Tz. 54.

Folgeobjekt

Zeile 5 beinhaltet die Frage, ob der Abzugsbetrag für ein **Folgeobjekt** beansprucht wird. Ein Folgeobjekt verhindert unter bestimmten Voraussetzungen den Objektverbrauch (vgl. hierzu Anlage FW, Zeile 6). Kann für ein Erstobjekt die Grundförderung nach § 10e EStG nicht während des gesamten achtjährigen (bei § 15b Abs. 1 Nr. 1 BerlinFG: zwölfjährigen) Begünstigungszeitraums gewährt werden, weil das Erstobjekt vorher **veräußert** oder **verschenkt** wird oder weil der Eigentümer die Wohnung während des Abzugszeitraums **nicht mehr für eigene Wohnzwecke nutzt,** so tritt grundsätzlich auch in einem solchen Fall Objektverbrauch ein. Die Grundförderung kann aber für den Rest des Begünstigungszeitraums für ein Folgeobjekt **fortgeführt** werden – und zwar mit dem ggf. günstigeren v.H.-Satz und Höchstbetrag für das Folgeobjekt –, ohne dass dieses als neues Objekt angesehen wird. Voraussetzung ist, dass dieses Folgeobjekt innerhalb eines Zeitraums von **zwei Jahren vor und drei Jahren nach Ablauf des Kalenderjahres,** in dem das Erstobjekt letztmals die Voraussetzungen für die Begünstigung erfüllt, angeschafft oder fertig gestellt wird (§ 10e Abs. 4 Satz 4ff. EStG). Erstobjekt kann auch eine vor dem 1.1.1987 angeschaffte oder hergestellte Wohnung sein, für die früher erhöhte Absetzungen nach §§ 15, 15 b Abs. 1 BerlinFG vorgenommen worden sind.

Die für § 10e EStG maßgebliche **Einkunftsgrenze** von 61 355/ 122 710 € (vgl. unten Anlage FW, Zeilen 17 bis 19) gilt auch für Folgeobjekte. Auch die Absenkung der Höchstbemessungsgrundlage bei Erwerb eines **Altobjekts** auf 76 694 € (hiervon 5 v.H. = 11 504 €, vgl. Anlage FW, Zeilen 22 bis 23d) sowie die Abzugsbeschränkung bei Erhaltungsaufwendungen als Vorkosten (vgl. Anlage FW, Zeilen 22 bis 23) gelten für das Folgeobjekt.

Wegen weiterer Einzelheiten und Beispiele zum Folgeobjekt vgl. **Teil II, Tz. 3.3.7.** und BMF-Schreiben vom 31.12.1994 a.a.O., Tz. 72 bis 82.

Wegen der **Flächenangaben** in Anlage FW, Zeile 5 vgl. oben zu Zeilen 3 bis 4 a.E.

Antrag auf Eigenheimzulage

6 Bei Objekten mit Kaufvertrag oder Herstellungsbeginn (letzteres
7 ist regelmäßig der Antrag auf Baugenehmigung) **nach dem 31. 12. 1995** kommt anstelle des Abzugsbetrags nach § 10e EStG nur die progressionsunabhängige **Eigenheimzulage** nach dem Eigenheimzulagengesetz i.d.F. vom 30. 1. 1996 (BStBl I S. 81) in Betracht, die mit dem **besonderen Vordruck EZ 1 A** beantragt werden kann und unabhängig von der ESt-Erklärung zu stellen ist. In dieser Anleitung werden deshalb in Teil II, Tz. 3.1. auch nur die wichtigsten Grundsätze hierzu erläutert.

Dagegen können die **Vorkosten** nach § 10i EStG mit dem Vordruck **Anlage FW** in den **Zeilen 12 bis 16** geltend gemacht werden, falls die Wohnung nach dem Eigenheimzulagengesetz begünstigt ist und die Voraussetzungen für die Abzugsfähigkeit der Vorkosten noch gegeben sind (s. dort). Vgl. auch oben „Wozu dient die Anlage FW?"

Die folgenden Ausführungen zur **Objektbeschränkung** und die obigen Erläuterungen zum **Folgeobjekt** (Anlage FW, Zeile 5) gelten entsprechend auch für die Eigenheimzulage (§§ 6, 7 EigZulG).

Objektbeschränkung (Objektverbrauch)

6 Die weiteren Angaben in **Zeile 6** sind wegen der sog. **Objektbe-**
7 **schränkung** der Steuerbegünstigungen nach § 10e EStG und § 15b BerlinFG, aber auch nach § 10f EStG notwendig.

Wurde die Grundförderung für **eine** Wohnung gewährt, so scheidet die Begünstigung für eine weiteres Objekt grundsätzlich aus. Zu beachten ist, dass der begünstigte **Ausbau** oder die begünstigte **Erweiterung** einer Wohnung ebenfalls als ein Objekt gelten. Ebenso ist jeder **Miteigentumsanteil** an einer Wohnung ein Objekt. Dies hat zur Folge, dass bereits bei Inanspruchnahme eines dem Miteigentumsanteil entsprechenden Teils der Grundförderung die Begünstigung des § 10e EStG für ein weiteres Objekt nicht mehr möglich ist (BFH-Urteil vom 29. 9. 1982, BStBl 1983 II S. 293). Auch beim **Hinzuerwerb eines Anteils**, durch den der bisherige Miteigentümer der Alleineigentümer wird, liegt die Anschaffung eines Objekts vor (BFH-Urteil vom 20. 7. 1982, BStBl II S. 735). Die Abzugsbeträge nach § 10f EStG, für den ebenfalls die Objektbeschränkung gilt, betreffen Aufwendungen an einem zu eigenen Wohnzwecken genutzten **Baudenkmal** oder Gebäude in einem **Sanierungsgebiet** oder städtebaulichen **Entwicklungsbereich**; sie können nur bei **einem** Gebäude – bei Ehegatten, die im Inland nicht dauernd getrennt leben, bei **zwei** Gebäuden – in Anspruch genommen werden. Dabei kommt es nicht auf die einzelne Baumaßnahme, sondern auf das Gebäude an. Zur Steuerbegünstigung selbst vgl. unten Anlage FW, Zeilen 10 bis 11 und die dortigen Hinweise.

Ehegatten, die im Inland wohnen und nicht dauernd getrennt leben (§ 26 Abs. 1 EStG), können die Grundförderung für insgesamt **zwei Objekte** beanspruchen. Sind **beide Ehegatten Miteigentümer** einer Wohnung, so werden ihre Anteile nicht als selbständige Objekte, sondern als **ein** Objekt behandelt, solange die Voraussetzungen der Zusammenveranlagung nach § 26 Abs. 1 EStG vorliegen und zwar auch dann, wenn außer den Ehegatten noch weitere Personen Eigentümer der Wohnung sind. Liegen die beiden Wohnungen im **räumlichen Zusammenhang** zueinander, d. h. können sie durch nur geringfügige Baumaßnahmen zu einer Einheit verbunden werden, so kann die Begünstigung **nicht gleichzeitig** für beide Wohnungen nebeneinander berücksichtigt werden, wenn die Ehegatten im Zeitpunkt der Anschaffung oder Herstellung der Wohnungen bereits verheiratet waren (§ 10e Abs. 4 EStG). Vgl. zum Objektverbrauch bei **Ehegatten** BMF-Schreiben vom 31. 12. 1994 a.a.O., Tz. 26 ff. und Teil II, Tz. 3.3.6.

Ist Objektverbrauch in den alten Bundesländern eingetreten, so kann für ein im sog. **Beitrittsgebiet** belegenes **weiteres** Objekt (bei Ehegatten ggf. für zwei weitere Objekte), der Abzugsbetrag nach § 10 e EStG in Betracht kommen, wenn dieses Objekt vor dem 1. 1. 1995 angeschafft oder fertig gestellt wurde und der Steuerpflichtige oder sein Ehegatte ins Beitrittsgebiet zugezogen ist und auch dort einen Wohnsitz hat und sich im Kalenderjahr ausschließlich oder überwiegend dort aufhält (§ 10e Abs. 4 Satz 8 EStG). In diesem Fall ist in Anlage FW, **Zeile 5** das zweite Kästchen anzukreuzen.

Auch vor dem 1. 1. 1987 angeschaffte oder fertig gestellte Objekte, für die erhöhte Absetzungen nach § **7b EStG** oder § **15 BerlinFG** in der jeweils gültigen Fassung gewährt worden sind, werden bei der Objektbeschränkung angerechnet, ebenso die Inanspruchnahme des Abzugs wie Sonderausgaben nach §§ **82g, 82i EStDV** (Vorgängerbestimmungen des § 10f EStG). **Nicht** angerechnet werden dagegen solche Gebäude, für die der Antrag auf Baugenehmigung vor dem 1. 1. 1965 gestellt wurde. Objekte im ehemaligen **Berlin (West)** bleiben dann außer Betracht, wenn für sie erhöhte Absetzungen nach den vor dem 15. 7. 1977 geltenden Vorschriften beansprucht worden sind. Außerdem dürfen Berliner Objekte auch dann **nicht** angerechnet werden, wenn sie im Zusammenhang mit der **Begründung des ausschließlichen Wohnsitzes** im ehemaligen Berlin (West) anlässlich der Aufnahme einer gewerblichen Tätigkeit oder einer selbständigen oder nichtselbständigen Arbeit in Berlin (West) angeschafft oder hergestellt worden sind. Voraussetzung ist, dass die Anschaffung oder Herstellung innerhalb von fünf Jahren nach Aufnahme der Tätigkeit in Berlin (West) erfolgte und das Objekt im Veranlagungszeitraum selbst bewohnt wird.

Wird die Anlage FW für eine **Grundstücksgemeinschaft** abgegeben, so ist zusätzlich – ggf. auf besonderem Blatt – anzugeben, welcher Miteigentümer die Vergünstigung für ein früheres Objekt beansprucht hat.

Wegen weiterer Zweifelsfragen, die sich im Zusammenhang mit der **Objektbeschränkung (Objektverbrauch)** ergeben, vgl. **Teil II, Tz. 3.3.6.** und BMF-Schreiben vom 31. 12. 1994 a.a.O., Tz. 23 bis 34.

Steuerbegünstigungen für bestimmte Baumaßnahmen

Aufwendungen nach § 7 Fördergebietsgesetz, Schutzbaugesetz 7–8

Zeile 8 betrifft Herstellungs- und Erhaltungsaufwendungen nach 8
§ **7 Fördergebietsgesetz (FörderG)**, die auf **vor dem 1. 1. 1999** vorgenommene Herstellungs- oder Erhaltungsarbeiten entfallen (§ 8 Abs. 3 FörderG). Danach können Aufwendungen für solche Herstellungs- und Erhaltungsarbeiten an einem eigenen **Gebäude** im sog. **Beitrittsgebiet**, das **zu eigenen Wohnzwecken genutzt wird**, im Jahr der Zahlung und in den folgenden 9 Jahren jeweils **bis zu 10 v.H.**, jeweils **höchstens 2045 €** (früher 4000 DM), wie Sonderausgaben abgezogen werden. Daher ist in **Zeile 8** nach dem Abzugsbetrag gefragt. Eine Differenzierung zwischen Erhaltungs- und Herstellungsaufwendungen ist daher in aller Regel entbehrlich. Voraussetzung ist allerdings eine Nutzung zu eigenen Wohnzwecken im jeweiligen Jahr des Abzugs, nicht aber in dem Jahr, in dem die Herstellungs- und Erhaltungsaufwendungen entstanden sind (BFH-Urteil vom 24. 1. 2001, BStBl II S. 445). Auf einen Katalog begünstigter Maßnahmen wurde, anders als bei § 82a EStDV a.F., bewusst verzichtet. Die Förderung für Maßnahmen vor dem 1. 1. 1999 ist auf insgesamt **20 451 € (40 000 DM) je begünstigtem Objekt** beschränkt. Vgl. zu Zweifelsfragen bei der Anwendung des FörderG BMF-Schreiben vom 29. 3. 1993, BStBl I S. 279.

Eine mehrfache steuerliche Berücksichtigung derselben Aufwendungen ist jedoch nicht möglich; deswegen dürfen die Aufwendungen nicht zu den Betriebsausgaben oder Werbungskosten gehören und nicht zusätzlich in die Bemessungsgrundlage nach § 10e, § 10f oder § 52 Abs. 21 Satz 6 EStG oder des Eigenheimzulagengesetzes einbezogen oder nach § 10e Abs. 6 oder § 10i EStG als Vorkosten abgezogen werden (§ 7 Abs. 1 FörderG). Da nur Aufwendungen begünstigt sind, die auf das im jeweiligen Jahr **zu eigenen Wohnzwecken genutzte Gebäude** entfallen, schließt die unentgeltliche Überlassung an Dritte die Abzugsfähigkeit aus; allerdings ist eine unentgeltliche Teilüberlassung zu Wohnzwecken unschädlich (§ 7 Abs. 1 Satz 3 FörderG).

Obwohl sich das FörderG grundsätzlich auch auf das Gebiet des ehemaligen **Berlin (West)** bezieht, können die Abzugsbeträge des § 7 FörderG wegen der dort erheblich besseren Bausubstanz nicht für Gebäude im ehemaligen Berlin (West) beansprucht werden.

Geht der Wohneigentümer während des 10-jährigen Absetzungszeitraums zur Vermietung oder zur sonstigen Einkunftserzielung

Teil I: Anlage FW
Zeilen 9–16

über, so können die noch nicht berücksichtigten Aufwendungen, die auf Erhaltungsarbeiten entfallen, im Jahr des Übergangs wie Sonderausgaben abgezogen werden (§ 7 Abs. 2 Satz 2 FörderG). Ein Abzug des 20 451 € (40 000 DM) übersteigenden Betrags scheitert im Jahr des Übergangs zur Vermietung regelmäßig an § 11 EStG. Gehören die Aufwendungen zu den Herstellungskosten (vgl. Teil II, Tz. 3.3.3. a), so erhöhen sie ab Beginn der Vermietung die AfA-Bemessungsgrundlage. Ein Abzug wie Sonderausgaben scheidet in der Zeit der Vermietung aus.

Die Abzugsbeträge nach § 7 FörderG können auch beansprucht werden, wenn es sich bei den eigengenutzten **Gebäudeteilen** um selbständige Wirtschaftsgüter i.S. von R 13 Abs. 4 EStR (vgl. Teil II, Tz. 1.7.4.3.) oder um **Eigentumswohnungen** handelt (§ 7 Abs. 3 FörderG). Auch in diesen Fällen beträgt der begünstigte Abzugsbetrag je Objekt 20 451 € (40 000 DM).

Zu dem in **Zeile 8** ebenfalls erwähnten **Schutzbaugesetz** (erhöhte Absetzungen für Schutzräume) vgl. Teil II, Tz. 1.7.5.

Gesamtbetrag der erhöhten Absetzungen nach § 14a BerlinFG

9 **Zeile 9** bezieht sich auf Fälle, in denen bereits im Vorjahr erhöhte Absetzungen nach **§ 14a BerlinFG** für Mehrfamilienhäuser und Eigentumswohnungen in Berlin (West) berücksichtigt wurden und die auch noch in 2005 fortgeführt werden können. Wegen des Inhalts der Regelung wird auf Anlage V, Zeile 36 und Teil II, Tz. 5.5.2. hingewiesen.

Aufwendungen nach § 10f EStG

10–11 Nach **§ 10f EStG** sind Aufwendungen für Städtebausanierungsmaßnahmen (i.S. des § 7 Baugesetzbuch) begünstigt, die für zu **eigenen Wohnzwecken (!)** genutzte Gebäude in einem förmlich festgelegten **Sanierungs- oder Entwicklungsgebiet** aufgewendet werden. Entsprechendes gilt für Maßnahmen, die der Erhaltung, Erneuerung und funktionsgerechten Verwendung eines Gebäudes dienen, das wegen seiner **geschichtlichen, künstlerischen** oder **städtebaulichen Bedeutung** erhalten bleiben soll, und zu deren Durchführung sich der Eigentümer neben bestimmten Modernisierungsmaßnahmen gegenüber der Gemeinde verpflichtet hat. Ebenso können Aufwendungen für Baumaßnahmen an **Baudenkmalen**, soweit sie für **eigene Wohnzwecke (!)** genutzt werden, wie Sonderausgaben abgesetzt werden. § 10f EStG unterscheidet sich von der Regelung in **§ 7h/§ 7i EStG** (vorher § 82g EStDV und § 82i EStDV) nur dadurch, dass diese Bestimmungen von Bedeutung sind, soweit ein Gebäude **nicht** zu eigenen Wohnzwecken, sondern zur Einkunftserzielung eingesetzt wird. Vgl. im Einzelnen zu **Anlage V, Zeile 38**. Die Voraussetzungen sind durch eine **amtliche Bescheinigung** (z.B. der zuständigen Gemeindebehörde) nachzuweisen.

a) Steuerbegünstigungen nach § 10f Abs. 1 und Abs. 2 EStG

§ 10f EStG begünstigt ab dem Kalenderjahr des Abschlusses der Maßnahmen an einem Gebäude sowohl **Herstellungskosten und Anschaffungskosten** (§ 10f **Abs. 1** EStG) als auch **Erhaltungsaufwand**, der nicht zu den Betriebsausgaben oder Werbungskosten gehört (§ 10f **Abs. 2** EStG). Bei den Erhaltungsmaßnahmen ist außerdem Voraussetzung, dass die Aufwendungen nicht bereits als Vorkosten nach § 10e Abs. 6 EStG (vgl. Anlage FW, Zeilen 22 bis 23) berücksichtigt wurden.

Die Unterscheidung in Zeilen 10 und 11 beruht auf der **Kürzung des Abzugsbetrags ab 2004**.

Zeile 10 bezieht sich auf Baumaßnahmen (Bauantrag/Einreichung der Bauunterlagen), die **vor dem 1.1.2004** begonnen wurden und auf Erhaltungsaufwand, der **vor dem 1.1.2004 entstanden** ist.

Zeile 11 bezieht sich auf Baumaßnahmen (Bauantrag/Einreichung der Bauunterlagen), die **nach dem 31.12.2003** begonnen wurden und auf Erhaltungsaufwand, der **nach dem 31.12.2003 entstanden** ist (§ 52 Abs. 27 EStG n.F.).

In **Zeile 10** kommt nach der früheren Regelung ein Abzugsbetrag **bis zu 10 v.H. jährlich** wie Sonderausgaben in Betracht, wobei sich Zeile 10 sowohl auf in früheren Jahren als auch im Jahr 2005 fertiggestelltte (Bau-)Maßnahmen erstreckt.

Zeile 11 betrifft die ungünstigere neuere Regelung, wonach nur ein Abzugsbetrag **bis zu 9 % jährlich** berücksichtigt werden kann.

Unabhängig hiervon kann die Steuerbegünstigung des § 10f Abs. 1 und Abs. 2 EStG erst **nach Abschluss** („fertig gestellt" lt. Vordruck) der (Bau-)Maßnahmen berücksichtigt werden.

Endet die Nutzung zu eigenen Wohnzwecken während des Begünstigungszeitraums, so ist der noch nicht berücksichtigte Teil des Erhaltungsaufwands im letzten Jahr der Eigennutzung vollends wie Sonderausgaben abzuziehen, wenn das Gebäude künftig zur Einkunftserzielung genutzt wird (§ 10f Abs. 2 Satz 3 EStG). Im Falle der Veräußerung des Gebäudes gilt dies nicht.

Die auch bei § 10f EStG zu beachtende **Objektbeschränkung** (vgl. oben Anlage FW, Zeile 6) bezieht sich auf **ein Gebäude** bzw. auf zwei Gebäude bei zusammenveranlagten Ehegatten. Der Objektverbrauch ist auch eingetreten, wenn bereits erhöhte Absetzungen nach der früheren Regelung in §§ 82g, 82i EStDV berücksichtigt worden sind.

Vgl. weitere Erläuterungen in Teil II, Tz. 5.4.3. für Baudenkmale und zu Anlage V, Zeile 38 für Gebäude in Sanierungsgebieten oder städtebaulichen Entwicklungsbereichen. Die dort erwähnten § 7h und § 7i EStG sind im Wesentlichen inhaltsgleich, sie beziehen sich aber auf Gebäude, die **nicht** Wohnzwecken, sondern der Einkünfteerzielung dienen.

Die hier abzugsfähigen Beträge decken sich z.B. mit dem in Anlage V, Zeile 38 bzw. Zeile 46, Spalte 4 auszuweisenden, bei den Einkünften aus Vermietung und Verpachtung nicht abziehbaren Beträgen.

b) Konkurrenzregelungen

Die auf die Wohnung entfallenden Aufwendungen nach § 10f Abs. 1 und Abs. 2 EStG können auch geltend gemacht werden, wenn **erstmals in 2005** eine bisher vermietete oder leer stehende Wohnung im eigenen Haus **selbst bewohnt** wird.

Beide Vergünstigungen können ggf. **neben** dem Abzugsbetrag für eine **andere** Wohnung nach § 10e EStG, § 15b BerlinFG geltend gemacht werden. Dieselben Aufwendungen für **eine** Baumaßnahme können aber **nicht** sowohl nach den obigen Bestimmungen begünstigt als auch in die Grundförderung nach § 10e EStG einbezogen werden. Der Wohneigentümer kann daher **wählen**, ob er Herstellungskosten, die sowohl unter § 10e EStG/§ 15b BerlinFG als auch unter § 10f EStG fallen, in die Grundförderung einbeziehen **oder** diese Steuerbegünstigung in Anspruch nehmen will. Was günstiger ist, hängt vom Einzelfall ab. Die erhöhten Absetzungen nach § 10f EStG können auch deshalb günstiger als § 10e EStG sein, weil bei § 10f EStG kein Höchstbetrag und kein Gesamtbetrag der Einkünfte zu beachten ist.

Wird die Wohnung teilweise zu **betrieblichen oder beruflichen Zwecken** genutzt (z.B. als Büro oder Arbeitszimmer), so sind nur die auf die übrigen Räume der Wohnung entfallenden Beträge anzusetzen. Die auf die beruflich genutzten Räume entfallenden Aufwendungen können als Werbungskosten oder Betriebsausgaben von den Einnahmen abgezogen werden, die im Zusammenhang mit der Nutzung dieser Räume erzielt werden.

Falls aus dem Haus in 2005 noch Einkünfte aus Vermietung und Verpachtung bezogen wurden, ist für dieses Gebäude eine **Anlage V** abzugeben. Die hier erforderlichen Angaben können dann z.B. der Anlage V, Zeile 38 entnommen werden.

Vorkostenabzug bei einer nach dem Eigenheimzulagengesetz begünstigten Wohnung (§ 10i EStG)

12–16 Vorkosten bei einer nach dem Eigenheimzulagengesetz begünstigten Wohnung (vgl. Teil II, Tz. 3.1.) sind nach § 10i EStG nur noch in eingeschränktem Umfang abzugsfähig. Sie können wie Sonderausgaben in **Anlage FW, Zeilen 12 bis 16** geltend gemacht werden. Vgl. hierzu auch BMF-Schreiben vom 10.2.1998, BStBl I S. 190, Tz. 122 ff.

Der in § 10i EStG vorgesehene Vorkostenabzug, nämlich die Vorkostenpauschale von **1 790 €** (3 500 DM) und die Möglichkeit **vor**

Bezug entstandene Erhaltungsaufwendungen bis zu **11 504 €** (22 500 DM) abzuziehen, sind **ab 1. 1. 1999 entfallen**. Dieser Vorkostenabzug nach § 10i EStG ist jedoch (praktisch selten) **weiterhin möglich**

- im Herstellungsfall bei Beginn der Herstellung **vor dem 1. 1. 1999**, d.h. Bauantrag vor dem 1. 1. 1999; bei baugenehmigungsfreien Objekten müssen die Bauunterlagen vor dem 1. 1. 1999 eingereicht worden sein;
- im Anschaffungsfall bei Abschluss des Kaufvertrags **vor dem 1. 1. 1999**; unerheblich ist, ob noch in 1998 Besitz, Nutzen, Lasten und Gefahren übergegangen sind. Es ist in diesem Zusammenhang auch ohne Bedeutung, wann die Erhaltungsaufwendungen angefallen sind.

Beispiel

X beantragte am 31. 12. 1998 die Baugenehmigung für ein selbstgenutztes Einfamilienhaus. Er beginnt im September 2002 mit den Bauarbeiten und bezieht im Februar 2005 das Einfamilienhaus.

X erhält die Vorkostenpauschale von 1 790 € („Baubeginn" 31. 12. 1998) im Rahmen der Veranlagung 2005 (Jahr der Fertigstellung).

Sonach gilt unter den o.g. Voraussetzungen:

(a) Der Wohnungseigentümer kann zunächst einmal im Jahr der Fertigstellung oder Anschaffung (= Übergang des wirtschaftlichen Eigentums) im Jahr 2005 ohne weiteren Nachweis eine **Vorkostenpauschale von 1 790 €** wie Sonderausgaben abziehen, wenn er die **Eigenheimzulage** im Jahr der Fertigstellung oder Anschaffung oder in einem der zwei folgenden Jahre, also in den Jahren 2005, 2006 oder 2007, in Anspruch nimmt: **Zeile 14**. Deshalb ist u.a. Voraussetzung, dass der Gesamtbetrag der Einkünfte des Wohnungseigentümers im Jahr der Beantragung und im Vorjahr **zusammen** 81 807 € bzw. 163 614 € (bei Zusammenveranlagung) nicht übersteigt. Die Vorkostenpauschale kann auch dann abgezogen werden, wenn dem Steuerpflichtigen tatsächlich keine Vorkosten entstanden sind.

(b) **Neben** der Vorkostenpauschale können außerdem noch **Aufwendungen** für vor Bezug der eigengenutzten Wohnung durchgeführte **Erhaltungsarbeiten**, die in engem wirtschaftlichen Zusammenhang mit der Anschaffung oder Herstellung des Objekts stehen, **bis zu 11 504 € im Jahr ihrer Bezahlung,** also hier im Jahr 2005, abgezogen werden, auch wenn in diesem Jahr die Wohnung nicht bezogen wurde: **Zeile 15**. Die Einkunftsgrenze ist hier ohne Bedeutung.

Auch hier ist wie bei § 10e Abs. 6 EStG Voraussetzung, dass die Erhaltungsaufwendungen nicht zu den Herstellungskosten oder Anschaffungskosten des Objekts oder zu den Anschaffungskosten des Grund und Bodens gehören und im Fall der Vermietung und Verpachtung der Wohnung als Werbungskosten abzugsfähig wären (§ 10i Abs. 1 Satz 2 EStG). Inwieweit Erhaltungsaufwendungen, die auf innerhalb von drei Jahren nach Anschaffung der Wohnung durchgeführten Baumaßnahmen beruhen, zum **anschaffungsnahen Herstellungsaufwand** zu rechnen sind und deshalb grundsätzlich nicht als Vorkosten geltend gemacht werden können, vielmehr die Bemessungsgrundlage für die Eigenheimzulage erhöhen, ergibt sich aus den Erläuterungen zu **Anlage V, Zeilen 43 bis 44 (3)**.

Wird eine Wohnung bis zum Beginn der erstmaligen Nutzung zu eigenen Wohnzwecken zunächst vermietet oder zu eigenen beruflichen oder betrieblichen Zwecken genutzt und sind die Erhaltungsaufwendungen Betriebsausgaben oder Werbungskosten, können sie nicht wie Sonderausgaben abgezogen werden (§ 10i Abs. 1 Satz 3 EStG).

Der Abzug tatsächlich getätigter Erhaltungsaufwendungen **setzt** im Gegensatz zur Vorkostenpauschale **nicht voraus,** dass die **Eigenheimzulage** in Anspruch genommen wird oder genommen werden könnte. Ausreichend ist, dass ein nach dem Eigenheimzulagengesetz begünstigtes Objekt angeschafft oder hergestellt wird, auch wenn der Eigentümer z.B. wegen Objektverbrauchs von der Inanspruchnahme der Eigenheimzulage ausgeschlossen ist.

(c) Bei **Ausbauten** und **Erweiterungen** an einer zu eigenen Wohnzwecken genutzten Wohnung gelten die vorstehenden Ausführungen entsprechend. Vgl. auch insoweit Teil II, Tz. 3.1.

(d) Bei **Miteigentum** können die vorgenannten Beträge in **Zeile 16** höchstens im Verhältnis der Miteigentumsanteile in Anspruch genommen werden; vgl. insoweit die Ausführungen unten zu Anlage FW, Zeile 18, Abschnitt „Miteigentum".

Abzugsbetrag nach § 10e EStG/§ 15b BerlinFG

Steuerbegünstigungen für die Anschaffung/Herstellung von Wohneigentum

Die **Zeilen 17 bis 19** der **Anlage FW** betreffen Wohnungen, die in den alten Bundesländern ab 1. 1. 1987 und im sog. Beitrittsgebiet ab 1. 1. 1991 angeschafft oder hergestellt (fertig gestellt) wurden. Bauherren und Erwerber einer **zu eigenen Wohnzwecken** genutzten Wohnung, werden durch die Steuervergünstigung **nach § 10e EStG/§ 15b BerlinFG gefördert**. Vgl. zu den Voraussetzungen, zum begünstigten Personenkreis und zu den begünstigten Objekten Teil II, Tz 3.2. und Tz 3.3.

§ 10e EStG ist allerdings nur noch anzuwenden, wenn vor dem 1. 1. 1996 der **Kaufvertrag** (oder gleichstehende Rechtsakt) abgeschlossen **oder** mit der **Herstellung begonnen** wurde. Als **Herstellungsbeginn** gilt bei Objekten, für die eine Baugenehmigung erforderlich ist, der Zeitpunkt, in dem der **Bauantrag** gestellt wird; bei baugenehmigungsfreien Objekten, für die Bauunterlagen einzureichen sind, der Zeitpunkt, in dem die Bauunterlagen eingereicht werden.

Bei Objekten mit Kaufvertrag oder Herstellungsbeginn (Bauantrag) **ab 1. 1. 1996** gilt das **Eigenheimzulagengesetz** (vgl. hierzu Anlage FW, Zeile 6 sowie Teil II, Tz. 3.1.).

Nach **§ 10e EStG** wird das Wohneigentum gefördert durch

- die **sog. Grundförderung**, d.h. durch die Begünstigung der Anschaffung oder der Herstellung von selbstgenutztem Wohneigentum, in dem in einem **achtjährigen Begünstigungszeitraum** – je nachdem, wann die begünstigte Maßnahme erfolgt ist – ein Abzugsbetrag gewährt wird, der jährlich wie Sonderausgaben berücksichtigt werden kann. Wegen der **Höhe** des Abzugsbetrags vgl. unten sowie die Übersicht in Teil II, Tz. 3.2. und Tz. 3.3.

- Die Förderung erfolgt außerdem durch die Gewährung eines Steuerabzugsbetrags auch schon für das erste Kind von **512 €** (wenn die Wohnung im Jahre 1991 und später) angeschafft oder hergestellt worden ist – sog. **Baukindergeld** nach § **34f Abs. 2 EStG**. Vgl. hierzu und zu früheren Regelungen Anlage FW, **Zeilen 24 bis 25.**

- Schließlich ermöglicht § 10e Abs. 6 EStG den Abzug **sog. Vorkosten**, die vor dem erstmaligen Bezug der eigengenutzten Wohnung entstanden sind. Vgl. hierzu Anlage FW, **Zeilen 22 bis 23**.

- Bei Herstellung oder Erwerb **nach dem 31. 12. 1991** gilt eine **Einkunftsgrenze** (Gesamtbetrag der Einkünfte **61 355/ 122 710 €**), bei deren Überschreiten weder die Grundförderung nach § 10e Abs. 1 EStG noch das Baukindergeld nach § 34f Abs. 2 EStG gewährt wird. Der Abzug von Vorkosten nach § 10e Abs. 6 EStG (vgl. Anlage FW, Zeilen 22 bis 23) bleibt jedoch hiervon unberührt. Andererseits wurde bei Bauantrag/Baubeginn/Kaufvertrag **nach dem 30. 9. 1991** die Grundförderung erheblich verbessert (4 × 6 v.H., höchstens jeweils 10 124 € und 4 × 5 v.H., höchstens jeweils 8 437 €). Vgl. Teil II, Tz. 3.3.

- Alsdann wurde die Grundförderung beim **Erwerb von Altobjekten** erheblich eingeschränkt, wenn das Objekt aufgrund eines Kaufvertrags oder gleichstehenden Rechtsakts **nach dem 31. 12. 1993** angeschafft wurde. Ein **Altobjekt** ist jedoch nur anzunehmen, wenn der Steuerpflichtige die Wohnung nicht bis zum Ende des zweiten auf das Jahr der Fertigstellung folgenden Jahres angeschafft hat. Es können dann höchstens in einem achtjährigen Begünstigungszeitraum 4 × jeweils **4 602 €** und 4 × jeweils **3 835 €** wie Sonderausgaben abgezogen werden. Vgl. auch Teil II, Tz. 3.3.

Teil I: Anlage FW
Zeile 18

- Schließlich wurde die Abzugsfähigkeit von **Vorkosten** nach § 10e Abs. 6 EStG, soweit es sich um **Erhaltungsaufwand** handelt, auf insgesamt **15 v.H. der Anschaffungskosten** des Gebäudes oder der Eigentumswohnung, höchstens 15 v.H. von 76 694 € (= 11 504 €), **begrenzt,** wenn das Objekt **nach dem 31. 12. 1993** aufgrund eines Kaufvertrags oder gleichstehenden Rechtsakts angeschafft wird.

Die Auffassung der Finanzverwaltung zu einzelnen gesetzlichen Regelungen ergibt sich aus dem umfassenden bundeseinheitlichen **BMF-Schreiben vom 31. 12. 1994, BStBl I S. 887.**

Höhe der Abzugsbeträge, Bemessungsgrundlage, Abzugszeitraum

18

16

- **Abzugsbeträge nach § 10e EStG**

In **Zeile 18** wird der Betrag ausgewiesen, der nach § 10e EStG (oder nach § 15b BerlinFG: s. unten) **wie Sonderausgaben** vom Gesamtbetrag der Einkünfte abgezogen werden kann, im EStG als **Abzugsbetrag** bezeichnet.

In **Zeile 18** ist der **Abzugsbetrag** einzutragen (Kästchen ankreuzen), wenn die Steuervergünstigung schon für 2004 in Anspruch genommen wurde und der Abzugsbetrag **gegenüber 2004 unverändert** ist oder wenn der Abzugsbetrag **erstmals für 2005** besonders berechnet wurde (Berechnung beifügen).

Dieser **Abzugsbetrag** beträgt

- bei Objekten, bei denen nach dem 30. 9. 1991 – aber vor dem 1. 1. 1996 – der Bauantrag gestellt oder mit den Bauarbeiten begonnen oder der Kaufvertrag abgeschlossen wurde, in den ersten vier Jahren jährlich bis zu **6 v.H.** der sog. Bemessungsgrundlage, **höchstens jeweils 10 124 €** und in den folgenden vier Jahren jährlich bis zu **5 v.H.** der sog. Bemessungsgrundlage, **höchstens jeweils 8 437 €**;
- beim Erwerb von **Altobjekten**, die auf Grund eines Kaufvertrags nach dem 31. 12. 1993 – aber vor dem 1. 1. 1996 – **angeschafft** wurden, in den ersten vier Jahren jährlich bis zu **6 v.H.** der sog. Bemessungsgrundlage, **höchstens jeweils 4 602 €** und in den folgenden vier Jahren jährlich bis zu **5 v.H.** der sog. Bemessungsgrundlage, **höchstens jeweils 3 835 €**;
- wegen früherer Jahre vgl. letztmals „Anleitung zur ESt-Erklärung **2001**", Anlage FW, Zeilen 30 bis 41.

- **Bemessungsgrundlage**

Bemessungsgrundlage ist die **Summe**

- der **Anschaffungs- oder Herstellungskosten** der selbst bewohnten **Wohnung**
- **zuzüglich 50 v.H.** der Anschaffungskosten des zur Wohnung gehörenden **Grund und Bodens.**

Die Bemessungsgrundlage beträgt sonach **höchstens 168 740 €** und ab 1994 bei Altobjekten **höchstens 76 694 €.** Die Anschaffung eines **Altobjekts** ist jedoch nur anzunehmen, wenn der Steuerpflichtige die Wohnung nicht bis zum Ende des zweiten auf das Jahr der Fertigstellung folgenden Jahres angeschafft hat. Rechnerisch ergeben **6 v.H.** bzw. **5 v.H.** aus der jeweils maßgeblichen Bemessungsgrundlage den **höchstzulässigen Abzugsbetrag** von **10 124 €/8 437 €** und bei Altobjekten (ab 1994) **4 602 €/3 835 €.**

Der nachträgliche Erwerb allein des zum Gebäude gehörigen Grund und Bodens führt nicht zu einem Abzugsbetrag nach § 10e Abs. 1 EStG, wenn die Anschaffung oder Herstellung der Wohnung nicht nach § 10e Abs. 1 EStG begünstigt ist (BFH-Urteil vom 29. 3. 1995, BStBl II S. 828).

Zur Ermittlung der Bemessungsgrundlage bei Herstellung einer Wohnung im sog. **Beitrittsgebiet** vgl. BMF-Schreiben vom 31. 12. 1994 a.a.O., Tz. 40.

- **Einkunftsgrenzen**

Bei Objekten, bei denen **nach dem 31. 12. 1991** der Bauantrag gestellt oder, falls ein solcher nicht erforderlich ist, mit den Bauarbeiten begonnen oder der Kaufvertrag abgeschlossen wurde, kommen die Abzugsbeträge des § 10e Abs. 1 und Abs. 2 EStG nur für Veranlagungszeiträume in Betracht, in denen der **Gesamtbetrag der Einkünfte** (§ 2 Abs. 3 EStG) jeweils **61 355 €** und bei zusammenveranlagten Ehegatten jeweils **122 710 €** im Veranlagungszeitraum nicht übersteigt (§ 10e Abs. 5a EStG). Zu dieser wichtigen Regelung vgl. im Einzelnen **Teil II, Tz. 3.3.**

- **Miteigentum**

Bei Miteigentum können die Abzugsbeträge bei Vorliegen der übrigen Voraussetzungen **höchstens im Verhältnis der Miteigentumsanteile** in Anspruch genommen werden (§ 10e Abs. 1 Satz 6 EStG) und zwar auch dann, wenn der Miteigentümer das Gebäude in vollem Umfang auf eigene Kosten errichtet hat oder wenn die Miteigentümer eine abweichende Vereinbarung getroffen haben (BMF-Schreiben vom 31. 12. 1994 a.a.O., Tz. 60); desgleichen ist der Abzug der vom Miteigentümer allein getragenen Vorkosten nach § 10e Abs. 6 EStG auf einen dem Miteigentumsanteil entsprechenden Teil beschränkt (BFH-Urteil vom 1. 6. 1994, BStBl II S. 752). Wegen der bei Miteigentum schwierigen Fragen zu § 10e EStG vgl. **Teil II, Tz. 3.3.3. d).**

- **Abzugszeitraum und Nutzung zu eigenen Wohnzwecken**

Der Abzugszeitraum beträgt **stets acht Jahre.** Der Abzugsbetrag kann **im Jahr der Anschaffung oder Fertigstellung** und in den folgenden sieben Jahren in Anspruch genommen werden, aber nur, **wenn die Wohnung in dem jeweiligen Kalenderjahr auch tatsächlich vom Steuerpflichtigen zu eigenen Wohnzwecken genutzt wird.** Im **Bereithalten** einer leer stehenden oder möblierten Wohnung liegt keine Nutzung zu eigenen Wohnzwecken (BMF-Schreiben vom 31. 12. 1994 a.a.O., Tz. 11), auch nicht in der **unentgeltlichen Überlassung** einer Wohnung. Zur Eigennutzung bei unentgeltlicher Überlassung einer Wohnung an ein **Kind** oder an die dauernd getrennt lebende **Ehefrau** vgl. oben Anlage FW, Zeilen 3 bis 4 und zur Nutzung von **Ferienwohnungen** oben Anlage FW, Zeile 1. Werden **nur Teile** der ansonsten eigengenutzten Wohnung **unentgeltlich zu Wohnzwecken überlassen,** so erhält der Eigentümer trotzdem die Förderung (§ 10e Abs. 1 Satz 3 EStG), und zwar aus der **vollen** Bemessungsgrundlage (BMF-Schreiben vom 31. 12. 1994 a.a.O., Tz. 55). Werden **Teile** einer im Übrigen selbst bewohnten Wohnung **zur Einkunftserzielung genutzt,** so wird zwar die Bemessungsgrundlage, nicht dagegen der Höchstbetrag von 10 124 €/8 437 € bzw. 4 602 €/3 835 € gekürzt (BMF-Schreiben vom 31. 12. 1994 a.a.O., Tz. 54). Eine teilweise Nutzung zur Einkunftserzielung ist bei der Nutzung von Räumen als **Büro, Praxis** oder häusliches **Arbeitszimmer** und bei der Zimmervermietung gegeben. Beträgt die Bemessungsgrundlage für ein Einfamilienhaus **z.B.** 200 000 € und nutzt der Eigentümer ein Arbeitszimmer mit 10 v.H. der Gesamtwohnfläche für berufliche Zwecke, so erhält er z.B. einen Förderbetrag von jährlich 10 124 €, da die gekürzte Bemessungsgrundlage immer noch 180 000 € beträgt.

Für die Jahre, in denen die Wohnung auch **nicht wenigstens zeitweise zu eigenen Wohnzwecken genutzt** wird, geht die Förderung **verloren,** da sich der Abzugszeitraum deswegen nicht verlängert. Erwirbt z.B. der Steuerpflichtige im Jahre 01 eine Wohnung oder stellt er diese im Jahre 01 als Bauherr fertig, so umfasst der Abzugszeitraum die Jahre 01 bis 08. Bezieht der Eigentümer erst im Jahre 02 die Wohnung, so erhält er für das Jahr 01 keine Förderung (sog. Neujahrsfalle). Der Abzugszeitraum endet trotzdem mit dem Jahre 08. Der Eigentümer sollte daher möglichst im Jahre 01 – spätestens am 31. Dezember dieses Jahres – einziehen. Eine Eigennutzung setzt allerdings voraus, dass der Eigentümer in der Wohnung seinen Haushalt hat. Wird die Wohnung vor dem beabsichtigten Einzug renoviert, so liegt noch keine Nutzung zu eigenen Wohnzwecken vor (BFH-Urteil vom 29. 11. 1988, BStBl 1989 II S. 322). Es genügt aber, dass der Eigentümer die Wohnung **nur während eines Teils** des Veranlagungszeitraums zu eigenen Wohnzwecken nutzt (z.B. wegen zeitweiser Vermietung). Vgl. auch BMF-Schreiben vom 31. 12. 1994 a.a.O., Tz. 58 und weitere Einzelheiten hierzu **Teil II, Tz. 3.3.3. b).**

- **Wohnung in Berlin (West):**
  Abzugsbeträge nach § 15b BerlinFG

Liegt die **Wohnung im ehemaligen Berlin (West),** so gelten nach § 15b BerlinFG höhere Abzugsbeträge. Die Vergünstigung nach § 15b BerlinFG gilt aber nur noch, wenn mit der Herstellung (Bauantrag) der Wohnung **vor dem 1. 7. 1991** begonnen oder die

Wohnung vor diesem Zeitpunkt angeschafft wurde. Bei der allgemeinen Grundförderung nach § 15b Abs. 1 BerlinFG beträgt der Abzugsbetrag im Jahr der Anschaffung oder Fertigstellung und in dem folgenden Jahr bis zu **10 v. H.** der Bemessungsgrundlage, von damals **höchstens jeweils 30 000 DM,** und in den darauf folgenden zehn Kalenderjahren jeweils bis zu **3 v. H.** der Bemessungsgrundlage, von damals **höchstens jeweils 4 602 €** (9000 DM). Die Bemessungsgrundlage nach § 15 b BerlinFG beträgt sonach unverändert höchstens 153 387 € (300 000 DM); der Abzugszeitraum umfasst hier jedoch **zwölf Jahre.**

Vgl. zur Förderung des selbstgenutzten Wohneigentums nach § 15b BerlinFG ausführlicher **Teil II, Tz. 5.5.7.**

- **Anschaffungskosten und Herstellungskosten – Aufteilung in Grund und Boden und Gebäude**

Anschaffungs- oder Herstellungskosten sind in Grund und Boden einerseits und Gebäude andererseits aufzuteilen, weil nur der **hälftige** Grund und Boden in die Bemessungsgrundlage einzubeziehen ist. Dies kann in der Praxis vor allem in den Fällen der Anschaffung bebauter Grundstücke Schwierigkeiten bereiten. Dabei ist im Privatvermögen der Gesamtkaufpreis im Verhältnis der Verkehrswerte auf den Grund und Boden und auf das Gebäude oder den Gebäudeteil aufzuteilen (BFH-Urteil vom vom 15. 1. 1985, BStBl II S. 252 und Teil II, Tz. 3.3.3. a), kk). Der Gebäudewert ist in vollem Umfang in die Grundförderung einzubeziehen, dagegen ist der Bodenwert nur zur Hälfte durch die Grundförderung begünstigt. Übersteigen jedoch die Anschaffungs- oder Herstellungskosten der Wohnung (Gebäude) allein die Höchstgrenze von 168 740 € bzw. 153 387 € bzw. 76 694 €, so bedarf es keiner Abgrenzung.

Bei **Ausbauten** und **Erweiterungen** (§ 10e Abs. 2 EStG) bilden **allein** die **Herstellungskosten** für diese Baumaßnahmen (ohne Altbausubstanz) die Bemessungsgrundlage für den Abzugsbetrag. Der auf den Ausbau oder die Erweiterung entfallende Teil der Anschaffungskosten des Grund und Bodens wird **nicht,** auch nicht hälftig, in die Grundförderung einbezogen.

Wegen der **Herstellungskosten** und **Anschaffungskosten** i.S. des § 10e EStG, die sich grundsätzlich nicht von den allgemein verwendeten steuerrechtlichen Begriffen unterscheiden, wird auf **Teil II, Tz. 3.3.3. a)** verwiesen, ebenso wegen des Erwerbs einer Wohnung gegen Rente oder dauernde Last. Beim Erwerb einer **Eigentumswohnung** gehört der übernommene Anteil an der Instandhaltungsrücklage nicht zu den Anschaffungskosten. **Anschaffungsnebenkosten** (z.B. Grunderwerbsteuer, Gerichtsgebühren, Fahrtkosten, Maklergebühren) gehören nur bei **entgeltlichem** Erwerb zur Bemessungsgrundlage nach § 10e Abs. 1 EStG; bei **unentgeltlichem** Erwerb sind sie nicht selbständig nach § 10e EStG begünstigt (BFH-Urteil vom 8. 6. 1994, BStBl II S. 779).

Falls sog. **anschaffungsnaher Aufwand** anzunehmen ist, gehört dieser zu den Herstellungskosten und erhöht damit die Bemessungsgrundlage nach § 10e Abs. 1 EStG (vgl. auch BFH-Urteil vom 23. 9. 1992, BStBl 1993 II S. 338). Wird die für den anschaffungsnahen Aufwand maßgebliche **15 v. H.-Grenze nicht überschritten,** so handelt es sich bei den Instandsetzungskosten regelmäßig um Erhaltungsaufwendungen, die bei selbst bewohnten Wohnungen als **Vorkosten** nach § 10e Abs. 6 EStG steuerlich berücksichtigt werden können, wenn sie **vor dem erstmaligem Bezug** der Wohnung entstanden sind (vgl. hierzu Anlage FW, Zeilen 22 bis 23). Zur Abgrenzung nach der neueren BFH-Rspr. und der gesetzlichen Neuregelung ab 2004 vgl. **Anlage V, Zeilen 43 bis 44 (3).** Bei einem **teilentgeltlichen Erwerb** einer eigengenutzten Wohnung sind hohe Renovierungsaufwendungen nur insoweit als sog. anschaffungsnahe Aufwendungen in die Bemessungsgrundlage nach § 10e Abs. 1 EStG einzubeziehen, als sie auf den entgeltlichen Teil des Erwerbs entfallen (vgl. BFH-Urteil vom 1. 10. 1997 BStBl 1998 II S. 247). Wegen der auch für § 10e EStG bedeutenden **Abgrenzung zwischen entgeltlichem und unentgeltlichem Erwerb** vgl. im Einzelnen Teil II, Tz. 3.3.3.c).

Teil I: Anlage FW
Zeile 19

Nachholung von Abzugsbeträgen

Nachträgliche Anschaffungs-/Herstellungskosten in 2005

Zur Bemessungsgrundlage nach § 10e EStG/§ 15b BerlinFG gehören auch **nachträgliche Anschaffungs- und Herstellungskosten,** die während des bei § 10e EStG achtjährigen Begünstigungszeitraums anfallen. Dazu zählen beim Grund und Boden z.B. Erschließungsbeiträge (vgl. Teil II, Tz. 3.3.3. a) und beim Gebäude z.B. Aufwendungen für den **Einbau** neuer, bisher nicht vorhandener Anlagen, wie eines **Bades** oder die Kosten für den **Außenputz.** Aber auch Nachzahlungen an den Verkäufer, nachträglich entrichtete **Grunderwerbsteuer** (ggf. einschließlich Säumniszuschläge: BFH-Urteil vom 14. 1. 1992, BStBl II S. 464) und ggf. Prozesskosten gehören ebenso dazu wie der Erwerb des Grund und Bodens durch den **Erbbauberechtigten,** der bisher (nur) Eigentümer des eigengenutzten Gebäudes ist. Wurde vor 2005 für die Wohnung der Abzugsbetrag in Anspruch genommen und sind 2005 nachträgliche Anschaffungs- oder Herstellungskosten entstanden, so sind diese nach besonderer Berechnung in **Zeile 19** zu erklären und den ursprünglichen Anschaffungs- oder Herstellungskosten hinzuzurechnen.

Der auf die Wohnung entfallende **v.H.-Satz** ergibt sich aus den Angaben zu Anlage FW, Zeile 5 („Fläche..." usw.). Die Räume der Wohnung, die nicht für eigene Wohnzwecke, sondern für eigengewerbliche oder berufliche Zwecke genutzt oder vermietet werden, sind aus den nachträglichen Anschaffungs- oder Herstellungskosten auszuscheiden. Dadurch vermindert sich aber **nicht** der Höchstbetrag von 10 124 €/8 437 € bzw. 4 602 €/3 835 €. Soweit die sich ergebende Bemessungsgrundlage höher als 168 740 € bzw. 153 387 € bzw. 76 694 € ist, bleibt sie im Rahmen des § 10e EStG/§ 15 b BerlinFG unberücksichtigt. Aus der Bemessungsgrundlage ist der Abzugsbetrag zu errechnen, der je nach Art der Begünstigung (§ 10e EStG oder § 15b BerlinFG: s. oben) unterschiedlich hoch ist.

Um diesen Abzugsbetrag kann der Gesamtbetrag der Einkünfte („wie Sonderausgaben") gekürzt werden.

Nachholung bisher nicht in Anspruch genommener Abzugsbeträge – allgemein und im Zusammenhang mit nachträglichen Anschaffungs-/Herstellungskosten

Der Wohnungseigentümer braucht zu Beginn des Begünstigungszeitraums den Abzugsbetrag **nicht** mit dem **vollen Vomhundertsatz** (bei § 10e EStG = 6 v. H. bzw. 5 v. H.) in Anspruch zu nehmen. Wurde **nach dem 30. 9. 1991** – aber vor dem 1. 1. 1996 – der Bauantrag gestellt oder mit den Bauarbeiten begonnen oder der Kaufvertrag abgeschlossen, so können die nicht ausgenutzten Abzugsbeträge **bis zum Ende des achtjährigen Abzugszeitraums nachgeholt** werden (§ 10e Abs. 3 Satz 1 EStG).

In allen **anderen** (älteren) Fällen kann der Steuerpflichtige die Abzugsbeträge, die er im Jahr der Fertigstellung oder Anschaffung und in den zwei folgenden Jahren nicht ausgenutzt hat, nur **bis zum Ende des dritten,** auf das Jahr der Fertigstellung oder Anschaffung **folgenden Jahres** – aber nicht darüber hinaus – **nachholen** (BMF-Schreiben vom 31. 12. 1994 a.a.O., Tz. 68 und § 10e Abs. 3 Satz 1 EStG a.F.). Das bedeutet, dass in diesen alten Fällen der Abzugsbetrag, soweit er vor 2005 (nämlich für 2002, 2003 und 2004) nicht ausgeschöpft worden ist, **in 2005 nachgeholt** werden kann. Ein Abzugsbetrag ist auch insoweit nicht „ausgenutzt", als sich im Abzugsjahr ein beantragtes Baukindergeld nach § 34f Abs. 2 EStG (vgl. zu Zeilen 24 bis 25) wegen der geringen Höhe der tariflichen ESt nicht oder nur teilweise ausgewirkt hat (BFH-Urteile vom 25. 1. 1995, BStBl II S. 586 und vom 14. 2. 1996, BStBl II S. 364). Jedoch sind die Abzugsbeträge auch dann und insoweit „ausgenutzt", als sie zwar keine Auswirkung auf die Höhe der festgesetzten Einkommensteuer hatten, der Steuerpflichtige aber einen **Zuschlag zum Kindergeld** nach § 11a Bundeskindergeldgesetz erhalten hat (vgl. zur Berechnung BFH-Urteil vom 14. 2. 1996 a.a.O.). Inwieweit sich der Abzugsbetrag steuerlich auswirkt, wird vom Finanzamt geprüft. Es wird nur der Betrag abgezogen, der erforderlich ist, um eine **Einkommensteuer von 0 €** zu erreichen. Soll ein höherer Betrag abgezogen werden (z.B. um in den Genuss des o.g. Zuschlags zum Kindergeld

Teil I: Anlage FW
Zeilen 20–21

zu kommen), so muss dies auf einem besonderen Blatt mitgeteilt werden.

Die Nachholung von Abzugsbeträgen hat aber auch noch in einem anderen Zusammenhang Bedeutung. Handelt es sich um die bereits o.g. **nachträglichen (!)** Anschaffungs- oder Herstellungskosten, die **bis zum Ende des achtjährigen Abzugszeitraums** entstehen, so können diese vom Jahr ihrer Entstehung an für **alle** Veranlagungszeiträume, in denen der Steuerpflichtige die Grundförderung erhalten kann, so behandelt werden, als wären sie bereits **zu Beginn des Abzugszeitraums** entstanden (§ 10e Abs. 3 Satz 2 EStG und BMF-Schreiben vom 31. 12. 1994 a.a.O., Tz. 70). Das bedeutet, dass auch alle nachträglichen Anschaffungs- oder Herstellungskosten im Begünstigungszeitraum auf den Beginn der Grundförderung rechnerisch rückbezogen werden können. Bei diesen Objekten (also Bauantrag/Baubeginn/Kaufvertrag nach dem 30. 9. 1991), ist die Nachholung **bis zum Ablauf des Abzugszeitraums** möglich. Wurde also vor 2005 für die Wohnung die Grundförderung in Anspruch genommen und sind 2005 **nachträgliche** Anschaffungs- oder Herstellungskosten entstanden und deshalb nach besonderer Berechnung erklärt worden, so kann hierfür der Abzugsbetrag in **Zeile 19** nachgeholt werden. Auch hier sind die nachträglichen Anschaffungs- oder Herstellungskosten entsprechend den obigen Ausführungen zu kürzen, soweit die Wohnung eigengewerblich oder beruflich genutzt oder vermietet wurde. Da die Nachholung stets nur bis zur höchstmöglichen Bemessungsgrundlage von 168 740 € bzw. 153 387 € bzw. 76 694 € (s. oben) zulässig ist, ist sie nur dann von Bedeutung, wenn die Bemessungsgrundlage nicht ohnehin schon überschritten ist.

Begünstigt sind alle nach dem ersten Jahr der Grundförderung angefallenen **Herstellungs- und Anschaffungskosten,** auch soweit es sich um **Ausbauten** oder **Erweiterungen** während des achtjährigen Abzugszeitraums handelt; in diesen Fällen rechnet die Altbausubstanz nicht zu den Herstellungskosten.

Als Nachholung sind möglich im Fall des § 10e EStG bis zu **6 v.H.** für das 1. bis 4. Jahr, dann bis zu **5 v.H.** – und im Fall des § 15b Abs. 1 BerlinFG für die beiden ersten Jahre je bis zu **10 v.H.,** ab dem 3. Jahr je bis zu **3 v.H.** (s. oben).

Da der Abzugsbetrag nicht mit dem vollen Vomhundertsatz in Anspruch genommen werden muss, ist für die Summe aller möglichen Abzugsbeträge, die in 2005 in Anspruch genommen werden sollen, **Zeile 19** a.E. auszufüllen.

Eine Nachholung ist auch dann zulässig, wenn in 2005 wegen Überschreitung der **Einkommensgrenze** (61 356/122 710 €) kein Abzugsbetrag gewährt wird, falls diese Voraussetzung **für das Jahr, für das nachgeholt wird,** vorgelegen hat (§ 10e Abs. 5a Satz 2 EStG). Voraussetzung für die Nachholung ist nur, dass der Steuerpflichtige ihm zustehende Abzugsbeträge nicht ausgenutzt hat und dass der Abzugszeitraum noch nicht beendet ist. Nicht erforderlich ist, dass der Steuerpflichtige im Jahr der Nachholung noch zur Inanspruchnahme eines Abzugsbetrags berechtigt ist (BFH-Urteile vom 26. 2. 2002, BStBl 2003 II S. 577 und vom 29. 11. 2000, BStBl 2002 II S. 132). Die Selbstnutzung im Nachholungsjahr ist danach nicht erforderlich (BMF-Schreiben vom 7. 7. 2003, BStBl I S. 384). Der **Erbe** kann nicht ausgenutzte Abzugsbeträge des Erblassers nur dann nach § 10e Abs. 3 EStG nachholen, wenn dem Erblasser die Nachholung zugestanden hätte. Vgl. BMF-Schreiben vom 31. 12. 1994 a.a.O., Tz. 67.

Abzugsbetrag für eine unentgeltlich (an Angehörige) überlassene Wohnung im eigenen Haus nach § 10h EStG

20–21 Zeilen 20 bis 21 beziehen sich auf die Steuerbegünstigung nach § **10h EStG,** wonach Wohnreserven im Eigenheimbereich mobilisiert und das Zusammenleben mehrerer Generationen gefördert werden soll. Begünstigt nach § 10h EStG sind Aufwendungen zur **Herstellung von Wohnungen** an einem inländischen Gebäude, in dem der Steuerpflichtige in einer eigenen Wohnung **selbst wohnt** und die **neu hergestellte Wohnung voll unentgeltlich an bestimmte Angehörige** (s. unten) **überlässt.**

Voll unentgeltlich bedeutet, dass für die Nutzung der Wohnung als solcher überhaupt kein Entgelt bezahlt werden darf. Unschädlich ist es, wenn der Angehörige Nebenkosten der Wohnung (z.B. Heizung, Strom, Wasser, anteilige Grundbesitzabgaben) zu zahlen hat. Eine Wohnung ist aber nicht „voll unentgeltlich überlassen" i.S. des § 10h EStG, wenn sie der Angehörige aufgrund eines vorbehaltenen Nutzungsrechts nutzt (BFH-Urteil vom 14. 10. 1998, BStBl 1999 II S. 89) und auch nicht, wenn der nutzungsberechtigte Angehörige dem Eigentümer für den Ausbau der Wohnung ein zinsloses Darlehen gewährt (BFH-Urteil vom 13. 12. 2000, BStBl 2001 II S. 596).

Von diesen Aufwendungen können, analog zu § 10e EStG, im Jahr der Fertigstellung und in den folgenden drei Jahren jeweils **bis zu 6 v.H.,** höchstens jeweils **10 124 €,** und in den folgenden vier Jahren jeweils **bis zu 5 v.H.,** höchstens jeweils **8 437 €** wie Sonderausgaben abgezogen werden, wenn der Bauantrag nach dem 30. 9. 1991 gestellt oder mit den Bauarbeiten nach diesem Zeitpunkt begonnen wurde. § 10h EStG gilt letztmalig, wenn der Steuerpflichtige mit der Herstellung der Wohnung **vor dem 1. 1. 1996 begonnen** hat. Zum „Herstellungsbeginn" vgl. oben einleitend zu Zeilen 17 bis 19.

Es muss sich um den **Einbau** einer Wohnung **in ein bestehendes Gebäude** im Inland handeln, in dem der Steuerpflichtige **selbst wohnt.** Nicht begünstigt dagegen sind Wohnungen, die im Zuge einer einheitlichen Baumaßnahme zusammen mit dem Gebäude hergestellt werden (BFH-Urteil vom 14. 10. 1998, BStBl 1999 II S. 135). Die Wohnung muss den bewertungsrechtlichen Wohnungsbegriff erfüllen (vgl. hierzu Anlage V, Zeile 35) und darf keine Ferien- oder Wochenendwohnung sein (vgl. Anlage FW, Zeile 1).

Die neu gebaute Wohnung muss insgesamt im jeweiligen Jahr des Abzugszeitraums voll unentgeltlich an **Angehörige** i.S. von § 15 Abs. 1 Nr. 3 und 4 AO – das sind **Kinder, Enkel, Urenkel, Eltern, Großeltern, Urgroßeltern** oder **Geschwister** – zu Wohnzwecken überlassen werden und die Überlassung muss auf Dauer angelegt sein; der Angehörige muss in der Wohnung seinen Lebensmittelpunkt haben. Angaben hierzu sind auf einem besonderen Blatt zu machen. § 10h EStG setzt aber keinen schriftlichen Nutzungsvertrag voraus. Es ist auch nicht erforderlich, dass sich der Angehörige in der überlassenen Wohnung überwiegend aufhält. Die Steuerbegünstigung kommt auch dann in Betracht, wenn der Steuerpflichtige die Wohnung seinen – einkommensteuerlich zu berücksichtigenden – Kindern zu Wohnzwecken überlässt (BFH-Urteil vom 5. 9. 2001, BStBl 2002 II S. 343).

Voraussetzung ist außerdem, dass die **gesamte** Wohnung an den Angehörigen **überlassen** wird. Die Überlassung von Teilen der Wohnung, auch wenn die übrigen Räume vom Eigentümer selbst genutzt werden, ist nicht begünstigt. Dagegen muss eine der **übrigen Wohnungen** im Gebäude in jedem Jahr des Abzugszeitraums durch den Eigentümer zu **eigenen** Wohnzwecken genutzt werden (wenn auch nur kurzfristig), andernfalls ist für das jeweilige Jahr die Förderung nach § 10h EStG nicht möglich.

Die Aufwendungen dürfen nicht bereits in die Bemessungsgrundlage einer anderen Förderung nach §§ 10e, 10f Abs. 1, § 10g, § 52 Abs. 21 Satz 6 EStG oder nach § 7 FörderG einbezogen worden sein. Begünstigt sind nur die Aufwendungen, die dem Steuerpflichtigen durch die Baumaßnahme zur Errichtung der Wohnung entstehen, d.h. die verwendete **Altbausubstanz** kann **nicht** in die Bemessungsgrundlage einbezogen werden.

Der Abzugsbetrag entfällt für das Jahr, in dem die **Einkunftsgrenze von 61 355 €/122 710 €** nach § 10e Abs. 5a EStG (vgl. oben Anlage FW, Zeilen 17 bis 19) überschritten ist. Die Bestimmungen über die Abzugsfähigkeit der **Aufwendungen vor Bezug** (vgl. Anlage FW, Zeilen 22 bis 23), die Behandlung des **Miteigentums** (vgl. Teil II, Tz. 3.3.3.d), die **Nachholung** von Abzugsbeträgen und nachträglichen Herstellungskosten (vgl. oben Anlage FW, Zeile 19) u.a. gelten auch hier sinngemäß (§ 10h Satz 3 EStG). Dagegen kommt **Baukindergeld** nach § 34f EStG sowie **Objektverbrauch** (vgl. oben Anlage FW, Zeile 6) bei Errichtung einer Wohnung i.S. des § 10h EStG **nicht** in Betracht.

Vorkostenabzug für die Wohnung

Aufwendungen vor Bezug

22–23 Liegen die Voraussetzungen für die Steuervergünstigung nach § 10e EStG vor (Kaufvertrag/Bauantrag/Herstellungsbeginn vor dem 1. 1. 1996: vgl. oben Anlage FW, Zeilen 17 bis 19), so können Aufwendungen, die **vor** dem erstmaligen Bezug der Wohnung, also **vor der erstmaligen Eigennutzung der Wohnung** durch den Steuerpflichtigen entstanden sind und die in einem engen wirtschaftlichen Zusammenhang mit der Herstellung oder Anschaffung stehen, grundsätzlich in voller Höhe steuerlich berücksichtigt und als **sog. Vorkosten wie Sonderausgaben** abgesetzt werden und zwar **im Jahr der Bezahlung** (§ 10e Abs. 6 EStG), auch wenn die Wohnung in diesem Jahr nicht bezogen wurde. Hierfür sind die **Zeilen 22 bis 23** der Anlage FW vorgesehen. Wegen der einzelnen Aufwendungen vgl. die ausführlichen Erläuterungen zu den folgenden Zeilen 22 und 23 **Buchst. a) bis f)**, worin ausführlich die Probleme in Praxis und Rechtsprechung wiedergegeben werden. Eine **Einzelaufstellung** der Aufwendungen soll beigefügt werden. Die Regelung gilt entsprechend auch für den Abzugsbetrag nach § 10h EStG (vgl. oben Anlage FW, Zeilen 20 bis 21).

Vor dem erstmaligen Bezug der Wohnung entstandene, **sofort abzugsfähige Vorkosten** können insbesondere sein

a) Schuldzinsen und andere Finanzierungskosten
b) Damnum (Disagio)
c) Erbbauzinsen bei Erbbaurecht
d) Erhaltungsaufwendungen (Reparaturen) vor Bezug
e) Sonstige Aufwendungen vor Bezug
f) Vergebliche Aufwendungen.

Die Finanzverwaltung hat im **BMF-Schreiben vom 31. 12. 1994, BStBl 1994 I S. 887** zum Vorkostenabzug Stellung genommen.

Ganz Allgemein ist zu beachten: Ein Vorkostenabzug setzt grundsätzlich voraus, dass die Aufwendungen im Fall der Vermietung der Wohnung **Werbungskosten wären** (Parallelwertung). Im Übrigen darf es sich aber weder um Betriebsausgaben noch um Werbungskosten bei anderen Einkunftsarten i.S. des EStG handeln. Die Aufwendungen dürfen auch **nicht** zu den **Anschaffungs- oder Herstellungskosten** der Wohnung (des Gebäudes) oder des Grund und Bodens gehören. Wegen der Abgrenzung vgl. Teil II, Tz. 3.3.3. a). Vgl. BMF-Schreiben vom 31. 12. 1994, Tz. 88.

Soweit bei umfassenden **Renovierungsaufwendungen** nach Anschaffung, aber vor Bezug der Wohnung sog. **anschaffungsnaher Aufwand** gegeben ist, der zu Anschaffungskosten oder Herstellungskosten des Gebäudes führt (vgl. zur Rechtslage ab 2004 und zur neueren BFH-Rspr. **Anlage V, Zeilen 43 bis 44 [3]**), sind diese Aufwendungen **nicht** als Vorkosten nach § 10e Abs. 6 EStG abziehbar, sondern in die Bemessungsgrundlage für den Abzugsbetrag nach § 10e Abs. 1 EStG einzubeziehen (vgl. auch BFH-Urteil vom 23. 9. 1992, BStBl 1993 II S. 338). Anderenfalls sind diese Aufwendungen als Erhaltungsaufwand abzugsfähig. Zur Begrenzung der Abzugsfähigkeit von „Erhaltungsaufwendungen" (nur dieser!) auf maximal 15 v.H. von 76 694 € = **11 504 €** in Fällen, in denen der **Kaufvertrag nach dem 31. 12. 1993** abgeschlossen wurde, vgl. unten Anlage FW, Zeilen 22 bis 23, **Buchst. d)**. Der übersteigende Betrag kann nicht berücksichtigt werden.

Andererseits müssen die Aufwendungen, die nach § 10e Abs. 6 EStG abzugsfähig sind, in einem **engen wirtschaftlichen Zusammenhang mit der Herstellung oder Anschaffung** der Wohnung stehen. Dazu können bei einer Anschaffung aber auch Aufwendungen gehören, die nach Beendigung einer Vermietung bis zum Beginn der erstmaligen Nutzung zu eigenen Wohnzwecken durch den Eigentümer entstehen. Das Erfordernis des unmittelbaren Zusammenhangs mit der Anschaffung oder Herstellung der Wohnung ist vor allem in den Fällen von Bedeutung, in denen die Wohnung zunächst zu anderen Zwecken als eigenen Wohnzwecken genutzt wird, z.B. bei **vorheriger Vermietung**. Es ist möglich, dass der Erwerber eine **bereits vermietete Wohnung kauft**, also in den Mietvertrag eintritt, und vor Selbstnutzung erst dem Mieter kündigen muss (mit ggf. langen Kündigungsfristen) **oder** dass der Eigentümer die Wohnung nach Erwerb oder Herstellung zunächst **selbst vermietet**. Im ersteren Fall sind die Aufwendungen zwischen dem Auszug des Mieters und dem anschließenden Einzug des Eigentümers nach § 10e Abs. 6 EStG wie Sonderausgaben abziehbar, wenn sich der Steuerpflichtige im Interesse der Eigennutzung umgehend um die Beendigung des Mietverhältnisses bemüht hat (BMF-Schreiben vom 31. 12. 1994 a.a.O., Tz. 96). Im letzteren Fall können nur jene Aufwendungen zwischen Auszug des Mieters und Einzug des Eigentümers steuerlich berücksichtigt werden, die mit dem ursprünglichen Erwerb bzw. der Herstellung der Wohnung wirtschaftlich eng zusammenhängen. Das sind die hierdurch verursachten Schuldzinsen, in der Regel aber nicht die Renovierungskosten, denn diese haben ihre Ursache häufig in der Zwischenvermietung. Für den Fall, dass die Wohnung **durch den Mieter gekauft** wird, vgl. unten.

Maßgebend für die **erstmalige Nutzung** im Sinne des § 10e Abs. 6 EStG ist der tatsächliche Einzugszeitpunkt des Eigentümers, also der **Tag des Einzugs** in die Wohnung, nicht dagegen der Einzugsmonat. Dies hat z.B. zur Folge, dass ein **nach** dem Einzugstag belastetes Damnum steuerlich nicht berücksichtigt werden darf, aber auch umgekehrt (vgl. die Erläuterungen unten **Buchst. b)**. Es können diejenigen Aufwendungen abgezogen werden, die bis **einschließlich** des Tags der erstmaligen Nutzung entstanden sind (vgl. BMF-Schreiben vom 31. 12. 1994 a.a.O., Tz. 86 und 90).

Schwierigkeiten können sich beim **Kauf der Wohnung durch den Mieter** oder Nutzungsberechtigten ergeben. Kauft ein Mieter seine bisher gemietete Wohnung, so kann er **vor Übergang des Eigentums entstandene Aufwendungen** ebenfalls abziehen. Statt auf den Tag des Einzugs ist auf den (vertraglich vereinbarten und tatsächlich durchgeführten) **Übergang des wirtschaftlichen Eigentums** abzustellen, d.h. auf den Übergang von Besitz, Nutzen, Lasten und Gefahr des zufälligen Untergangs (BMF-Schreiben vom 31. 12. 1994 a.a.O., Tz. 90; ebenso BFH-Urteil vom 28. 5. 1998, BStBl II S. 563). Geht das wirtschaftliche Eigentum, wie häufig, **mit Abschluss des Kaufvertrags** über, so können nur Aufwendungen bis **einschließlich** des Tags des Abschlusses des Kaufvertrags nach § 10e Abs. 6 EStG berücksichtigt werden. Hierzu gehören z.B. Finanzierungskosten (auch ein Damnum) und Renovierungs-(Erhaltungs-)aufwand, die der Mieter im Hinblick auf den späteren Eigentumserwerb getätigt hat; sie sind **ab** dem Zeitpunkt abziehbar, an dem Maßnahmen eingeleitet worden sind, die zum Eigentumserwerb geführt haben (BMF-Schreiben vom 31. 12. 1994 a.a.O., Tz. 91 und 96). Vereinbaren der Veräußerer und der erwerbende Mieter, dass das wirtschaftliche Eigentum erst zu einem **späteren Zeitpunkt** zwischen Kaufvertragsabschluss und Grundbucheintragung übergehen soll, so wird diese **vertragliche Regelung des Übergangs des wirtschaftlichen Eigentums** steuerlich nur dann anerkannt, wenn sich der tatsächliche Geschehensablauf mit ihr deckt. Voraussetzung für die steuerliche Anerkennung einer derartigen Vereinbarung ist daher, dass der Erwerber zunächst weiterhin die Wohnung als Mieter nutzt und folglich auch **weiterhin Miete** bezahlt. **Gegen** die Annahme eines erst nach dem Abschluss des Kaufvertrags übergegangenen wirtschaftlichen Eigentums spricht z.B., wenn der Erwerber den Kaufpreis ganz oder zu einem erheblichen Teil bereits bei Vertragsabschluss bezahlen muss. Nach Auffassung der Finanzverwaltung spricht es z.B. **für** den Übergang des wirtschaftlichen Eigentums, wenn der Mieter mindestens 50 v.H. des Kaufpreises entrichtet hat oder wenn er bereits vor dem vertraglichen Übergang von Nutzen und Lasten berechtigt ist, erhebliche Substanzeingriffe (z.B. Mauerdurchbrüche, Einziehen von Zwischenwänden) vorzunehmen. Ohne Bedeutung ist es dagegen, wenn eine Auflassungsvormerkung für den Erwerber eingetragen wird oder Schulden im Zusammenhang mit dem Grundstückserwerb grundbuchmäßig abgesichert werden.

Eine **erstmalige** Nutzung liegt **nicht** vor, wenn der die Wohnung nutzende **Eigentümer** zur Durchführung größerer Renovierungsmaßnahmen **vorübergehend aus der Wohnung auszieht**. Zieht allerdings ein **bisheriger Mieter** vor Erwerb des Eigentums an der Wohnung aus, so stellt der spätere Wiedereinzug bei ihm die erstmalige Nutzung **als Eigentümer** dar.

Aufwendungen „entstehen" bis zum Beginn der erstmaligen Nutzung der Wohnung, wenn die Zahlungen **durch Vorgänge wirtschaftlich verursacht** sind, die zeitlich **vor dem Bezug liegen**, z.B. die **Durchführung** einer Reparatur (vgl. unten **Buchst. d**). Auf den Zeitpunkt der Zahlung kommt es, abgesehen vom Damnum, für

**Teil I: Anlage FW
Zeilen 22–23**

die Anerkennung „wie Sonderausgaben" nicht an. Aufwendungen können auch dann in voller Höhe berücksichtigt werden, wenn die Zahlung erst nach Bezug erfolgt, die Aufwendungen aber vor Bezug „entstanden" sind. Ein Abzug kommt allerdings nur im Jahr der Zahlung in Betracht (§ 11 EStG). Vgl. im Einzelnen unten **Buchst. c) und d)**.

Werden Aufwendungen abgezogen, **bevor** die Nutzung der Wohnung zu eigenen Wohnzwecken **begonnen** hat, so führt das Finanzamt die Veranlagung insoweit vorläufig nach § 165 Abs. 1 AO durch (BMF-Schreiben vom 31. 12. 1994 a.a.O., Tz. 102).

Eine **wechselseitige Vermietung** (z.B. Überkreuzvermietung von gleich großen und gleichwertigen Eigentumswohnungen), um auch **nach** dem Bezug Werbungskosten geltend machen zu können, kann ein Missbrauch von Gestaltungsmöglichkeiten i.S. von § 42 AO sein (BFH-Urteile vom 19. 6. 1991, BStBl II S. 904 und vom 25. 1. 1994, BStBl II S. 738). Dagegen liegt **kein** Missbrauch vor bei vorausgegangener Übertragung des Alleineigentums an einer von zwei Eigentumswohnungen verbunden mit gleichzeitiger wechselseitiger Vermietung (BFH-Urteil vom 12. 9. 1995, BStBl 1996 II S. 158) und auch **nicht**, wenn der Steuerpflichtige sein Haus zu fremdüblichen Bedingungen an seine Eltern vermietet und selbst ein Haus seiner Eltern unentgeltlich zu Wohnzwecken nutzt (BFH-Urteil vom 14. 1. 2003, BStBl II S. 509). Leben Partner einer **nichtehelichen Lebensgemeinschaft** zusammen in einer Eigentumswohnung, die einem von ihnen gehört, kann dieser seine Wohnung nicht steuerrechtlich wirksam zur Hälfte dem anderen vermieten (BFH-Urteil vom 30. 1. 1996, BStBl II S. 359).

Aufwendungen nach § 10e Abs. 6 EStG können nur vom **Eigentümer,** der Herstellungs- oder Anschaffungskosten getragen hat, und ggf. von dessen **Erbe (Gesamtrechtsnachfolger)** geltend gemacht werden, soweit der Erblasser ebenfalls abzugsberechtigt wäre, was z.B. nicht zuträfe, wenn der Erblasser das Haus vermietet hatte (aber auch bei Selbstnutzung des Erblassers zweifelhaft: vgl. BFH-Urteil vom 13. 1. 1993, BStBl II S. 346). Nutzt der Gesamtrechtsnachfolger das erworbene Einfamilienhaus von vornherein nicht zur Einkünfteerzielung, sondern lässt er es **abbrechen** und ein neues Einfamilienhaus für eigene Wohnzwecke errichten, kann er weder den Restwert des alten Hauses noch die Abbruchkosten als Vorkosten nach § 10e Abs. 6 EStG abziehen (BFH-Urteil vom 6. 12. 1995, BStBl 1996 II S. 358), vielmehr gehören diese zu den Herstellungskosten des Neubaus (BFH-Urteil vom 16. 4. 2002, BStBl II S. 805).

Der **unentgeltliche Einzelrechtsnachfolger** kann Vorkosten nicht geltend machen (BMF-Schreiben vom 31. 12. 1994 a.a.O., Tz. 83 und BFH-Urteil vom 13. 1. 1993, BStBl II S. 346). **Schenken** z.B. Eltern ihrem Kind ein Einfamilienhaus und lässt dieses vor dem erstmaligen Bezug Reparaturen durchführen, so kommt ein Abzug der Aufwendungen nicht in Betracht. Bei **teilentgeltlichem Erwerb (gemischte Schenkung),** der auch im Falle einer vorweggenommenen Erbfolge vorliegen kann, können die Vorkosten nach § 10e Abs. 6 EStG nur insoweit abgezogen werden, als sie mit dem **entgeltlichen** Teil des Erwerbs zusammenhängen. Die Aufwendungen sind daher, soweit sie nicht eindeutig dem entgeltlichen – wie z.B. Schuldzinsen – oder unentgeltlichen Teil zugeordnet werden können, im Verhältnis des Entgelts (ohne Anschaffungsnebenkosten) zu dem Verkaufswert der Wohnung aufzuteilen (BMF-Schreiben vom 31. 12. 1994 a.a.O., Tz. 84 und BFH-Urteile vom 24. 3. 1993, BStBl II S. 704 und vom 1. 10. 1997, BStBl 1998 II S. 247). Wegen der Abgrenzung zwischen entgeltlichem und unentgeltlichem Erwerb vgl. Teil II, Tz. 3.3.3. c) sowie das dortige Beispiel in Abs. (4) und die Ausführungen auch in Abs. (5).

Hinsichtlich des Erwerbs im Wege der **Erbauseinandersetzung** zwischen Miterben oder **vorweggenommener Erbfolge** vgl. Anlage SO, Zeilen 30 bis 59, Anlage GSE, Zeilen 12 bis 21 und Teil II, Tz. 3.3.3. c).

Für die Abzugsfähigkeit der sog. Vorkosten ist nicht Voraussetzung, dass die Wohnung nach § 10e Abs. 1 und Abs. 2 EStG oder § 10h EStG oder § 15b BerlinFG **tatsächlich gefördert wird.** Vielmehr reicht aus, dass die Wohnung dem Grunde nach unter diese Bestimmungen fällt. Die Vorkosten können also bei Vorliegen der sonstigen Voraussetzungen auch dann berücksichtigt werden, wenn der jeweilige Abzugsbetrag nicht in Anspruch genommen wird oder nicht in Anspruch genommen werden kann, weil z.B. bereits **Objektverbrauch** (vgl. oben Anlage FW, Zeile 6) eingetreten ist oder ein räumlicher Zusammenhang (§ 10e Abs. 4 EStG) besteht. Auch die **Einkunftsgrenze** von 61 355 €/122 710 € (vgl. Anlage FW, Zeilen 17 bis 19) ist für den Abzug von Vorkosten ohne Bedeutung (BFH-Urteil vom 5. 9. 2001, BStBl 2002 II S. 380). Ein Abzug von Aufwendungen, die im Zusammenhang mit einem **nicht** nach § 10e Abs. 1 EStG begünstigten Objekt (z.B. Ferien- oder Wochenendwohnung oder Wohnung im Ausland) stehen oder von Objekten, die unentgeltlich (s. oben) oder von Ehegatten (vgl. § 10e Abs. 1 Satz 8 EStG) erworben worden sind, kommt dagegen **nicht** in Betracht (BMF-Schreiben vom 31. 12. 1994 a.a.O., Tz. 85).

Bei einem **Zwei- oder Mehrfamilienhaus** sind die Aufwendungen i.S. des § 10e Abs. 6 EStG, die auf **mehrere** Wohnungen oder auf **beruflich** oder **betrieblich** genutzte oder **vermietete** Räume entfallen, soweit wie möglich wohnungsbezogen zuzuordnen. Können solche Aufwendungen nach objektiven Merkmalen und Unterlagen nicht leicht und einwandfrei einem Teil des Gebäudes oder einer Wohnung zugeordnet werden, sind sie nach dem Verhältnis der **Nutzflächen** – bei einem Arbeitszimmer nach den zu Anlage FW, Zeilen 3 bis 4 a.E. genannten Grundsätzen – aufzuteilen (BMF-Schreiben vom 31. 12. 1994 a.a.O., Tz. 100).

Bei Miteigentümern gelten diese Zuordnungsgrundsätze entsprechend. Miteigentümer können die Vorkosten für eine selbstgenutzte Wohnung nur insoweit wie Sonderausgaben nach § 10e Abs. 6 EStG abziehen, als sie die Wohnung **kraft eigenen Rechts** nutzen (vgl. die Grundsätze in Teil II, Tz. 3.3.3. d). Handelt es sich um ein **Ein**familienhaus oder eine Eigentumswohnung, das bzw. die durch **einen** von mehreren Miteigentümern bewohnt wird, so sind nur die seinem Miteigentumsanteil entsprechenden **anteiligen** Vorkosten abziehbar, auch wenn der Miteigentümer die Vorkosten allein getragen hat (vgl. BFH-Urteil vom 1. 6. 1994, BStBl II S. 752). Ein Miteigentümer, der eine Wohnung in einem **Zwei-** oder Mehrfamilienhaus kraft eigenen Rechts nutzt, weil die Wohnung umfang- und wertmäßig **seinem Anteil** am Gesamtgebäude entspricht, kann dagegen die allein auf **seine** Wohnung entfallenden Aufwendungen i.S. des § 10e Abs. 6 EStG in **vollem** Umfang abziehen. Die das **Gesamt**grundstück betreffenden Vorkosten sind **anteilig** im Verhältnis der den Miteigentumsanteilen entsprechenden Nutzflächen der Wohnung bei dem jeweiligen Miteigentümer, der die Wohnung nutzt, abziehbar. Nutzt ein Miteigentümer die Wohnung teilweise aufgrund einer Nutzungsüberlassung – weil die von ihm genutzte Wohnung dem Umfang oder dem Wert nach seinen Miteigentumsanteil an einem Zwei- oder Mehrfamilienhaus übersteigt und hat ihm der andere Miteigentümer diese Wohnung zur Nutzung überlassen –, so sind die anteiligen Aufwendungen, die auf diesen Teil der Wohnung entfallen, **nicht** abziehbar. Sie stehen nicht in einem engen wirtschaftlichen Zusammenhang mit der Anschaffung oder Herstellung des Miteigentumsanteils durch den Steuerpflichtigen (BMF-Schreiben vom 31. 12. 1994 a.a.O., Tz. 101).

Stehen die Aufwendungen (z.B. Finanzierungskosten) mit dem **Ausbau** oder der **Erweiterung** einer zu Wohnzwecken genutzten Wohnung im Zusammenhang, so können sie in entsprechender Anwendung der obigen Grundsätze **bis zur Fertigstellung der Ausbau- oder Erweiterungsmaßnahmen** ebenfalls als Aufwendungen bis zum Beginn der erstmaligen Nutzung wie Sonderausgaben abgezogen werden (§ 10e Abs. 6 Satz 4 EStG). Ausbau und Erweiterung müssen spätestens nach Abschluss der Maßnahmen zu eigenen Wohnzwecken genutzt werden (BMF-Schreiben vom 31. 12. 1994 a.a.O., Tz. 103). Ein Abzug als Vorkosten kommt nur dann in Betracht, wenn der Steuerpflichtige eine **eigene** Wohnung ausbaut oder erweitert. Aber auch die **vor** dem Eigentumsübergang angefallenen Finanzierungskosten für den Ausbau oder die Erweiterung können u.U. als Vorkosten abzugsfähig sein (BFH-Urteile vom 16. 5. 2001, BStBl II S. 578 und S. 580).

Werden **Vorkosten** i.S. des § 10e Abs. 6 EStG in einem späteren Jahr, aber **vor** dem erstmaligen Bezug, **erstattet** (z.B. Reparaturkosten), so mindern sie wie negative Sonderausgaben die nach § 10e Abs. 6 EStG abzugsfähigen Vorkosten des Erstattungsjahres (z.B. Schuldzinsen). Übersteigt der Erstattungsbetrag diese

Aufwendungen, so bleibt er steuerlich ohne Auswirkung. Bei einer Erstattung erst **nach** dem Jahr des Beginns der Eigennutzung ist u.E. eine Anrechnung nicht mehr zulässig. Bei einem **weiteren** nach § 10e EStG begünstigten Objekt des Steuerpflichtigen ist im Erstattungsjahr eine Verrechnungsmöglichkeit mit Vorkosten (gleich welcher Art) gegeben. Steht die Erstattung der Aufwendungen bereits fest, so ist ein Abzug als Vorkosten nicht möglich (BFH-Urteil vom 28. 2. 1996, BStBl II S. 566). Wegen der Rückzahlung eines **Damnums** vgl. auch unten **Buchst. b)**.

Schuldzinsen, Geldbeschaffungskosten, Damnum, Erbbaurecht und Erbbauzinsen

a) Schuldzinsen und andere Finanzierungskosten

22–23 **Finanzierungskosten** stehen stets in engem wirtschaftlichen Zusammenhang mit der Herstellung oder Anschaffung der Wohnung; sie sind jedoch nicht den Herstellungs- oder Anschaffungskosten zuzurechnen. Deshalb können Finanzierungskosten – als Werbungskosten – abgezogen werden, wenn die Wohnung zunächst vermietet war. Unerheblich ist, ob der Steuerpflichtige in ein Mietverhältnis eingetreten ist oder die Wohnung selbst vermietet hat. Hiervon abgesehen rechnen zu den als Sonderausgaben abzugsfähigen Aufwendungen vor erstmaliger Nutzung zu eigenen Wohnzwecken vor allem die **auf die Zeit vor Bezug entfallenden Schuldzinsen.** Der unmittelbare Zusammenhang der Finanzierungskosten mit der Anschaffung der Wohnung geht grundsätzlich nicht durch bloßen Zeitablauf verloren; er wird auch nicht dadurch gelöst, dass die Wohnung vor der Eigennutzung vermietet war (und nach Kündigung renoviert wird), selbst wenn z.B. vier Jahre nach der Anschaffung der Wohnung Zinsen für ein Darlehen, das zum Kauf der Wohnung aufgenommen worden war, bezahlt werden (BFH-Urteil vom 27. 6. 1995, BStBl 1996 II S. 151). Für die Abzugsfähigkeit von Schuldzinsen kommt es darauf an, ob sie **für einen Zeitraum** bezahlt werden, der **vor Bezug der Wohnung** liegt (BFH-Urteil vom 8. 6. 1994, BStBl II S. 893). Der Zeitpunkt der tatsächlichen Zahlung der Schuldzinsen ist nicht entscheidend. Deshalb können Schuldzinsen, die auf die Zeit **nach** Beginn der erstmaligen Nutzung der eigenen Wohnung zu eigenen Wohnzwecken entfallen, auch dann **nicht** abgezogen werden, wenn sie **vor** der erstmaligen Nutzung geleistet worden sind. Schuldzinsen sind **um steuerfreie Zuschüsse** zur Zinsverbilligung **zu kürzen**. Wie Schuldzinsen sind auch Umfinanzierungs- und Umschuldungskosten sowie **Geldbeschaffungskosten** zu behandeln (zum Begriff im Einzelnen vgl. Anlage V, Zeile 41) und **Bauzeitzinsen,** die für den Erwerber Finanzierungskosten sind (BFH-Urteile vom 19. 4. 1977, BStBl II S. 598, 600, 601).

Bei einem **Mehrfamilienhaus,** bei dem eine Wohnung vom Eigentümer eigengenutzt wird, die anderen zu Wohnzwecken vermietet sind, können nur die Schuldzinsen hinsichtlich des vermieteten Teils berücksichtigt werden. Erfolgt die Finanzierung des Gesamtgeländes mit Darlehensmitteln **und** mit Eigenmitteln, stellt sich die Frage nach der Aufteilung der Schuldzinsen. Dies hängt sowohl im Herstellungs- wie in Erwerbsfällen auch von der Gestaltung der Mischfinanzierung durch den Steuerpflichtigen ab. Vgl. allgemein hierzu und zur neueren BFH-Rspr. Anlage V, Zeile 40 (1).

Hinsichtlich der Abzugsfähigkeit von Schuldzinsen beim **Erwerb von Bauland oder Bauerwartungsland** für eine zu errichtende eigengenutzte Wohnung gelten die Grundsätze zu Anlage V, Zeile 40 (1) entsprechend. Der Vorkostenabzug setzt jedoch stets voraus, dass auf dem Baugrundstück tatsächlich eine Wohnung errichtet wird, die der Eigentümer für eigene Wohnzwecke nutzt (BFH-Urteil vom 17. 7.1991, BStBl II S. 916).

b) Damnum (Disagio)

22–23 Allgemein zum **Damnum (Disagio),** besonders zu dessen steuerlich anzuerkennender **Höhe im marktüblichen Rahmen** und zur Leistung des Damnums **vor Auszahlung des Darlehens,** vgl. **Anlage V, Zeile 40 (2).** Allerdings ist in den hier maßgeblichen Fällen des § 10e Abs. 6 EStG (Vorkosten) die ältere, günstigere Regelung anzuwenden, wonach bei Darlehen mit einem Zinsfestschreibungszeitraum von mindestens 5 Jahren ein **Damnum bis zu** **10 v.H.** anzuerkennen ist und das Damnum **nicht mehr als drei Monate** vor Auszahlung der Darlehensvaluta oder einer ins Gewicht fallenden Teilauszahlung (mindestens 10 v.H. des Darlehensbetrags) geleistet wird (vgl. BMF-Schreiben vom 31. 12. 1994, BStBl I S. 887, Tz. 92 und BFH-Urteil vom 3. 2. 1987, BStBl II S. 492). Wird die **Dreimonatsfrist überschritten,** so liegt Rechtsmissbrauch im Sinne des § 42 Satz 1 AO vor (BFH-Urteile vom 13. 12. 1983, BStBl 1984 II S. 426 und S. 428); diese Rechtsprechung ist auch für § 10e Abs. 6 EStG maßgeblich. Dann entsteht der Steueranspruch nach § 42 Satz 2 AO so, wie er bei einer den wirtschaftlichen Vorgängen angemessenen rechtlichen Gestaltung entstehen würde. Die Finanzverwaltung unterstellt als angemessene rechtliche Gestaltung den Abfluss des Damnums erst im Zeitpunkt der **Darlehensauszahlung** mit der Folge, dass ein Vorkostenabzug entfällt, wenn jene **nach** dem erstmaligen Bezug erfolgt.

Ein **vor Beginn der erstmaligen Nutzung** der eigenen Wohnung geleistetes Damnum, das in einem engen wirtschaftlichen Zusammenhang mit der Herstellung oder Anschaffung steht, ist sonach im Kalenderjahr der Zahlung in **voller** Höhe zu berücksichtigen, sofern es in marktüblicher Höhe vereinbart worden ist. Das entgegenstehende BFH-Urteil vom 20. 10. 1999, BStBl 2000 II S. 259 wird von der Finanzverwaltung für § 10e Abs. 6 EStG (Vorkosten) aus Gründen des Vertrauensschutzes nicht allgemein angewandt (BMF-Schreiben vom 19. 4. 2000, BStBl I S. 484).

Wird das Damnum **nach** dem Beginn der erstmaligen Nutzung geleistet, so ist es grundsätzlich nicht abzugsfähig. Nur wenn das Damnum teilweise **auf die Zeit vor** der erstmaligen Nutzung entfällt, kann dieser Teilbetrag in dem Veranlagungszeitraum, in dem es gezahlt wird, nach § 10e Abs. 6 EStG berücksichtigt werden.

Wird ein Darlehen in **Teilbeträgen** ausbezahlt und von den Teilbeträgen vereinbarungsgemäß jeweils ein Damnum einbehalten, sind nur die vor Beginn der erstmaligen Selbstnutzung der Wohnung einbehaltenen Beträge als Vorkosten abziehbar (BFH-Urteil vom 8. 6. 1994, BStBl 1995 II S. 16).

Soweit für das Damnum ein **Tilgungsstreckungsdarlehen** aufgenommen wird, fließt das Damnum mit den Tilgungsraten ab (BMF-Schreiben vom 31. 12. 1994 a.a.O., Tz. 92) und kann nur insoweit berücksichtigt werden, als die Tilgung des Zusatzdarlehens vor dem erstmaligen Bezug erfolgt.

Wird ein **Damnum (Disagio) erstattet,** z.B. weil das Altdarlehen wegen nunmehr günstigerer Kreditbedingungen durch ein neues Darlehen ersetzt wird, so ist das **nach Bezug** vereinbarte neue Damnum nicht als Vorkosten abzugsfähig. Das zurückgezahlte alte Damnum ist wie negative Sonderausgaben zu behandeln und kann deshalb allenfalls mit Vorkosten (gleich welcher Art) eines **weiteren** nach § 10e EStG begünstigten Objekts desselben Steuerpflichtigen bei demselben oder einem anderen Objekt verrechnet werden. Ansonsten ist eine Verrechnung u.E. nicht zulässig. Wegen der Behandlung eines als Werbungskosten geltend gemachten Disagios, das zurückbezahlt wird, als sonstige Einnahme aus Vermietung und Verpachtung, vgl. Anlage V, Zeile 11.

c) Erbbaurecht und Erbbauzinsen

Vor Bezug entstandene Aufwendungen für ein **Erbbaurecht**, z.B. **22–23** die auf die Zeit **vor** Bezug entfallenden **laufenden Erbbauzinsen,** sind sofort abzugsfähige Vorkosten nach § 10e Abs. 6 EStG (BFH-Urteil vom 8. 6. 1994, BStBl II S. 779). Einmalige Aufwendungen bei **Bestellung des Erbbaurechts,** z.B. Notariats-, Vermessungs-, Gerichtskosten sowie Maklerprovision und Grunderwerbsteuer, aber auch die vom Erbbauberechtigten übernommenen **Erschließungskosten** (BFH-Urteil vom 27. 7. 1994, BStBl II S. 934), sind **Anschaffungskosten dieses Erbbaurechts** und deshalb gleichmäßig auf die Laufzeit des Erbbaurechts zu verteilen. Soweit sie auf die Zeit **vor** Bezug entfallen, sind sie im Veranlagungszeitraum der Zahlung als Vorkosten abzugsfähig. Wegen vorausbezahlter Erbbauzinsen und eines vom Erwerber des Erbbaurechts vorausbezahlten einmaligen Entgelts für die Nutzung des Grundstücks vgl. Anlage V, Zeile 40 (3) und die dort zit. Rspr. In diesen Fällen liegen keine Anschaffungskosten für den Grund und Boden, sondern zeitanteilig abzugsfähige Vorkosten vor (BFH-Urteile vom 27. 7. 1994, BStBl 1995 II S. 109 und S. 111). Vgl. BMF-Schreiben vom 31. 12. 1994 a.a.O., Tz. 93.

Teil I: Anlage FW
Zeilen 22–23

Bezahlte Erbbauzinsen für die Zeit **nach** Bezug sind auch nicht als dauernde Last berücksichtigungsfähig, da die Spezialvorschrift des § 10e Abs. 6 EStG dem entgegensteht (vgl. auch BFH-Urteil vom 24.10.1990, BStBl 1991 II S.175 mit anderer Begründung).

Liegt der rechtswirksame Abschluss des Erbbaurechtsvertrags vor dem 1.1.1992, so können vor dem Beginn der erstmaligen Selbstnutzung gezahlte Erschließungskosten in voller Höhe nach § 10e Abs. 6 EStG abgezogen werden (Übergangsregelung nach BMF-Schreiben vom 31.12.1994 a.a.O., Tz. 119 Satz 3).

Erhaltungsaufwendungen und andere Aufwendungen vor Bezug

d) Erhaltungsaufwendungen (Reparaturen) vor Bezug

22–23 Für die Berücksichtigung von **Erhaltungsaufwendungen** als Vorkosten nach § 10e Abs. 6 EStG kommt es zunächst darauf an, **wann** die **Reparaturen ausgeführt wurden** (und nicht, wie bei der Geltendmachung von Werbungskosten, auf den Zeitpunkt der Bezahlung, vgl. allgemein Anlage V, Zeilen 43 bis 44 [1]); der Zeitpunkt der Ausführung ergibt sich im Zweifel aus den Rapportzetteln. Aufwendungen für **vor** der erstmaligen Nutzung der Wohnung **durchgeführte** Reparaturen, die in einem engen wirtschaftlichen Zusammenhang mit der Anschaffung der Wohnung stehen, sind sonach **abzugsfähig**, allerdings nur **im Jahr der Bezahlung**. Dies gilt auch, wenn die Reparaturrechnungen erst nach Bezug beglichen werden. Ein Abzug von Erhaltungsaufwendungen als Vorkosten kommt **nicht** in Betracht, soweit deren **Erstattung** an den Steuerpflichtigen bereits feststeht; es ist nur der um die Erstattungsleistungen gekürzte Betrag als Vorkosten abziehbar, auch wenn der Erstattungsbetrag erst in einem späteren Veranlagungszeitraum zufließt (BFH-Urteil vom 28.2.1996, BStBl II S.566).

Die Abzugsfähigkeit von Erhaltungsaufwendungen als Vorkosten nach § 10e Abs. 6 EStG ist bei Objekten, die auf Grund eines **nach dem 31.12.1993** rechtswirksam abgeschlossenen obligatorischen Vertrags (z.B. Kaufvertrag) oder gleichstehenden Rechtsaktes (z.B. Zuschlag in der Zwangsversteigerung) angeschafft wurden, **der Höhe nach begrenzt** worden. Bei diesen Objekten kann **Erhaltungsaufwand** nur bis zu 15 v.H. der Anschaffungskosten des Gebäudes oder der Eigentumswohnung, **höchstens bis zu 15 v.H. von 76 694 € (= 11 504 € brutto, also mit USt)**, abgezogen werden (§ 10e Abs. 6 **Satz 3** EStG). Bei Erwerb eines **Miteigentumsanteils** ist eine dem Anteil entsprechende Kürzung des Höchstbetrags von 11 504 € vorzunehmen (Berechnung wie Anlage FW, Zeilen 3 bis 4 a.E.). Entsprechendes gilt, wenn Teile der Wohnung nicht zu eigenen Wohnzwecken genutzt werden (z.B. als Arbeitszimmer, Büro) hinsichtlich der Erhaltungsaufwendungen, nicht aber hinsichtlich des Höchstbetrags (BMF-Schreiben vom 31.12.1994 a.a.O., Tz. 97).

Bei Prüfung der Abzugsfähigkeit als Vorkosten ist sonach zunächst festzustellen, ob umfangreiche Renovierungsaufwendungen den Anschaffungs- oder Herstellungskosten zuzurechnen sind (vgl. hierzu **Anlage V, Zeilen 43 bis 44 [3]**). Dann scheidet ein Abzug als Vorkosten aus. Falls nicht, sind Vorkosten anzuerkennen, die aber nur bis zu höchstens 15 v.H. aus 76 694 € (= 11 504 €) abzugsfähig sind. Der übersteigende Betrag ist „verloren".

Kauft der Steuerpflichtige ein **vermietetes Haus** und bemüht er sich umgehend zum Zwecke des Selbstbewohnens um die Beendigung des Mietverhältnisses, sind die nach Beendigung der Vermietung und vor der erstmaligen Nutzung zu eigenen Wohnzwecken entstandenen Renovierungskosten abzugsfähige Aufwendungen nach § 10e Abs. 6 EStG (vgl. oben Anlage FW, Zeilen 22 bis 23 und BMF-Schreiben vom 31.12.1994 a.a.O., Tz. 96).

Größere Instandhaltungsaufwendungen (Renovierungskosten), die vor dem erstmaligen Bezug entstehen, können **nicht** entsprechend § 82b EStDV (vgl. Anlage V, Zeilen 45 bis 48) auf zwei bis fünf Jahre gleichmäßig verteilt werden. § 82b EStDV findet im Rahmen des § 10e Abs. 6 EStG keine Anwendung. Auch umfangreiche Renovierungskosten können nur im Jahr der Zahlung nach § 10e Abs. 6 EStG abgezogen werden (BMF-Schreiben vom 31.12.1994 a.a.O., Tz. 96 und BFH-Urteil vom 29.3.1995, BStBl II S.536).

e) Sonstige Aufwendungen vor Bezug

Zu den sonstigen abzugsfähigen Aufwendungen vor Beginn der erstmaligen Nutzung der Wohnung gehören auch hier grundsätzlich alle diejenigen Aufwendungen, die im Falle der Vermietung der Wohnung als Werbungskosten abzugsfähig wären. Das sind die **laufenden Grundstückskosten**, wie z.B. die **Grundsteuer** und die **Gebäudeversicherungsprämien**, soweit sie auf die Zeit bis zum Einzug des Eigentümers entfallen; sie sind auch abziehbar, soweit sie auf die Zeit entfallen, in der die Wohnung zwischen Herstellung oder Anschaffung und Nutzung zu eigenen Wohnzwecken weder vermietet war noch vom Steuerpflichtigen unentgeltlich überlassen wurde (so auch BFH-Urteil vom 24.3.1993, BStBl II S.704). Sie sind dagegen mangels engem wirtschaftlichen Zusammenhang mit der Herstellung oder Anschaffung **nicht** nach § 10e Abs. 6 EStG berücksichtigungsfähig, wenn der Steuerpflichtige die Wohnung zwischen Erwerb oder Herstellung und Selbstnutzung zunächst vermietet hatte. Dieser Zusammenhang wird aber – unter Berücksichtigung der Verhältnisse des Einzelfalles – zu bejahen sein, wenn der Steuerpflichtige durch den **Kauf einer vermieteten Wohnung** in ein Mietverhältnis eingetreten ist und sich um dessen Beendigung im Interesse der Eigennutzung bemüht hat (vgl. oben Anlage FW, Zeilen 22 bis 23 und BMF-Schreiben vom 31.12.1994 a.a.O., Tz. 95 und BFH-Urteil vom 24.3.1993, BStBl II S.704).

Als **weitere abzugsfähige Aufwendungen** kommen in Betracht:

Andere **Grundstücksgebühren** und **Versicherungen** (wie Bauherren-Haftpflichtversicherung oder Bauwesen-Versicherung), **Abstandszahlungen,** die ein Steuerpflichtiger an den Mieter der von ihm gekauften Wohnung geleistet hat, um das Mietverhältnis im Interesse der Eigennutzung zu beenden (BMF-Schreiben vom 31.12.1994 a.a.O., Tz. 88), sowie vor Bezug entstandene **Abschlussgebühren** (in der Regel 1 v.H. der Bausparsumme) und **Kontoführungsgebühren** für Bausparverträge, wenn ein enger wirtschaftlicher Zusammenhang zwischen dem Abschluss des Bausparvertrags und der Herstellung oder Anschaffung der Wohnung oder des dazugehörenden Grund und Bodens besteht und die Gebühren nicht ausnahmsweise als Werbungskosten oder Betriebsausgaben abzuziehen sind. Der enge wirtschaftliche Zusammenhang muss aus äußeren Tatsachen erkennbar und die Verwendung der erstrebten Kreditmittel zur Errichtung oder zum Erwerb einer eigengenutzten Wohnung oder des dazugehörenden Grund und Boden alleiniger Grund des Vertragsabschlusses sein (BMF-Schreiben vom 31.12.1994 a.a.O., Tz. 94; vgl. auch BFH-Urteil vom 24.7.1990, BStBl II S. 975).

Abschlussgebühren werden aber auch als prämienbegünstigte Bausparbeiträge anerkannt (vgl. Teil II, Tz. 8), und zwar selbst dann, wenn – im Hinblick auf die Ungewissheit der Inanspruchnahme des Bauspardarlehens – zunächst eine vorläufige Gutschrift auf einem Sonderkonto des Bausparers erfolgt. Es ist umstritten, ob die Abschlussgebühr im Zeitpunkt der späteren Inanspruchnahme des Bauspardarlehens **daneben** auch noch als **Vorkosten** nach § 10e Abs. 6 EStG (bzw. als Werbungskosten bei Vermietung und Verpachtung; vgl. hierzu Anlage V, Zeilen 55 bis 56 (2g) abzugsfähig ist. Die Finanzverwaltung lässt dies zu. Zu beachten ist allerdings, dass die endgültige Belastung mit der Abschlussgebühr erst nach Zuteilungsreife und bei Inanspruchnahme des Bauspardarlehens erfolgt. Liegt dieser Zeitpunkt **vor** dem erstmaligen Bezug, steht einem Abzug als Vorkosten nichts entgegen. Hat der Bausparer dagegen zunächst einen Zwischenkredit in Anspruch genommen und kann er über das Bauspardarlehen mangels Zuteilungsreife erst **nach** dem erstmaligen Bezug verfügen, so scheidet ein Vorkostenabzug aus.

Zu den Vorkosten gehören auch **Reinigungskosten** und **Trinkgelder** an das Reinigungspersonal und andere Hilfskräfte vor erstmaligem Bezug. Kosten für **Heizöl**, das nach dem Bezug der Wohnung verbraucht wird, sowie im Voraus bezahlte **Müllabfuhrgebühren** sind **nicht** als Vorkosten abziehbar. Solche Kosten haben keinen unmittelbaren Zusammenhang mit der Anschaffung oder Herstellung der Wohnung, sondern sind durch die **Nutzung** der Wohnung verursacht; außerdem sind sie dem Zeitraum **nach** Bezug zuzuordnen (BFH-Urteil vom 27.8.1997, BStBl 1998 II S.18).

f) Vergebliche Aufwendungen

Eine Berücksichtigung **vergeblicher Planungskosten** – d.h. von Aufwendungen für ein Bauvorhaben, das **nicht realisiert** wurde – nach § 10e Abs. 6 EStG ist **nicht** möglich, weil es an einem unmittelbaren Zusammenhang mit einer eigengenutzten Wohnung fehlt. Fallen z.B. für ein Grundstück A vergebliche Planungskosten an, wird jedoch das vorgesehene Bauvorhaben auf dem Grundstück B realisiert, stehen die vergeblichen Planungskosten nicht unmittelbar im Zusammenhang mit der hergestellten Wohnung. Ein Abzug nach § 10e Abs. 6 EStG ist deshalb nicht möglich. Es können jedoch Herstellungskosten des Gebäudes B vorliegen. Das trifft zu, wenn später ein die beabsichtigten Zwecke erfüllendes Gebäude, das die gleiche Bauart aufweist, tatsächlich erstellt wird (vgl. Anlage V, Zeilen 55 bis 56 [2 f] und BFH-Urteile vom 29. 11. 1983, BStBl 1984 II S. 303 und 306).

Andere vergebliche Aufwendungen können ebenfalls **nicht** nach § 10e Abs. 6 EStG berücksichtigt werden, wenn diese Aufwendungen im Zusammenhang mit **nicht realisierten Bauvorhaben** oder **nicht erworbenen Objekten** oder entgegen ursprünglicher Planung **nicht zu eigenen Wohnzwecken** genutzten Objekten anfallen, wie z.B. Aufwendungen für Fahrten zur Besichtigung von Bau-, Kauf- oder Musterhausobjekten, für den Erwerb von Bau- und Finanzierungsfachliteratur, Finanzierungskosten für ein unbebaut gebliebenes Grundstück (z.B. Erwerb eines Bauplatzes) sowie Vorauszahlungen für ein Bauvorhaben, für die z.B. wegen des Konkurses des Bauunternehmers keine Herstellungsleistungen erbracht wurden; sie stehen nicht in einem engen wirtschaftlichen Zusammenhang mit der Herstellung oder Anschaffung einer zu eigenen Wohnzwecken **genutzten** Wohnung (BFH-Urteil vom 17. 7. 1991, BStBl II S. 916, BMF-Schreiben vom 31. 12. 1994 a.a.O., Tz. 87). Denn der Vorkostenabzug nach § 10e Abs. 6 EStG steht dem Steuerpflichtigen nur zu, wenn er die von ihm angeschaffte oder hergestellte Wohnung später **tatsächlich zu eigenen Wohnzwecken nutzt** (BFH-Urteil vom 23. 7. 1997, BStBl 1998 II S. 15). Wird **eine** Wohnung von mehreren besichtigten Wohnungen erworben, so sind nur die auf die erworbene und genutzte Wohnung entfallenden anteiligen Aufwendungen berücksichtigungsfähig. Wird vor Bezugsfähigkeit die Absicht der Eigennutzung aufgegeben und soll stattdessen eine Vermietung erfolgen, so können vom Zeitpunkt der durch objektive Umstände feststellbaren Vermietungsabsicht an vorab entstandene Werbungskosten vorliegen (BFH-Urteil vom 23. 7. 1997 a.a.O.).

Wurde das **Bauvorhaben** tatsächlich **realisiert** und das Objekt entsprechend der ursprünglichen Planung zu eigenen Wohnzwecken genutzt und sind für das Bauvorhaben **Vorauszahlungen** geleistet worden, für die z.B. wegen Konkurses des Bauunternehmens Herstellungsleistungen **nicht erbracht** worden sind – liegen also **verlorene Anzahlungen** vor –, so sind solche Aufwendungen nach dem Beschluss des GrS des BFH vom 4. 7. 1990, BStBl II S. 830 sofort abziehbare Werbungskosten oder Betriebsausgaben (vgl. auch BFH-Urteil vom 17. 5. 2000, BStBl II S. 667). Eine verlorene Vorauszahlung kann allerdings erst in dem Veranlagungszeitraum abgezogen werden, in dem deutlich wird, dass sie ohne Gegenleistung bleiben wird und eine Rückzahlung nicht zu erwarten ist (BFH-Urteile vom 28. 6. 2002, BStBl II S. 758 und vom 31. 3. 1992, BStBl II S. 805). Vgl. hierzu **Anlage V, Zeilen 43 bis 44 (2)**. Dementsprechend sind auch verlorene Anzahlungen im Zusammenhang mit der Errichtung oder Anschaffung einer eigengenutzten Wohnung nach § 10e Abs. 6 EStG als **Vorkosten** wie Sonderausgaben **abziehbar**. Dies gilt auch, wenn sich erst nach Bezug der Wohnung herausstellt, dass der Anspruch gegen den Bauunternehmer wertlos ist, da Herstellungsleistungen regelmäßig vor Bezug hätten erbracht werden müssen und deshalb der Anspruch bereits vor Bezug wirtschaftlich entstanden ist (vgl. auch BMF-Schreiben vom 31. 12. 1994 a.a.O., Tz. 98).

Steuerermäßigung für Kinder bei Inanspruchnahme eines Abzugsbetrags nach § 10e Abs. 1 bis 5 EStG/ § 15b BerlinFG

– Antrag auf Steuerermäßigung nach § 34f Abs. 2 und 3 EStG –

In den **Zeilen 24 bis 25** kann eine **zusätzliche Steuerermäßigung für Kinder,** das sog. Baukindergeld, nach § 34f Abs. 2 und 3 EStG beantragt werden, **wenn** die oben genannten Voraussetzungen des § 10e EStG/§ 15b BerlinFG gegeben sind. Die Ermäßigung besteht für **jedes** im Abzugszeitraum zum Haushalt des Steuerpflichtigen gehörende **Kind** – also auch für das **erste Kind** –, für das dem Steuerpflichtigen Kindergeld oder ein Kinderfreibetrag und ggf. ein Betreuungsfreibetrag zusteht, in einem **Abzug von der Einkommensteuer** in Höhe von **512 €**, wenn die Wohnung im Jahr 1991 und später angeschafft oder fertig gestellt worden ist.

Es wird also nicht nur die Steuerbemessungsgrundlage, sondern die **tarifliche Einkommensteuer** selbst gekürzt. In **Zeile 25** ist deshalb die Zahl der Kinder anzugeben, die im Begünstigungszeitraum auf Dauer zum Haushalt des Steuerpflichtigen gehört haben und in der **Anlage Kinder** aufgeführt sind.

Die Steuerermäßigung setzt die Inanspruchnahme eines Abzugsbetrags nach § 10e Abs. 1 bis 5 EStG oder § 15b BerlinFG voraus. Kann diese z.B. wegen **mangelnder Nutzung** zu eigenen Wohnzwecken oder wegen **Überschreitens der Einkunftsgrenze** von 61 355 €/122 710 € (§ 10e Abs. 5a EStG) nicht beansprucht werden, so **entfällt auch das Baukindergeld.** Dass der Eigentümer in einem Jahr den Abzugsbetrag nach §§ 10e EStG, 15b BerlinFG wegen der späteren Nachholmöglichkeit (vgl. oben Anlage FW, Zeilen 17 bis 19) nicht geltend macht, hindert ihn jedoch nicht daran, das Baukindergeld trotzdem in Anspruch zu nehmen (R 213 Abs. 1 Satz 3 EStR).

Die unentgeltliche **Überlassung** einer Wohnung, auch an ein **minderjähriges Kind,** ist **keine Nutzung** zu eigenen Wohnzwecken i.S. des § 34f Abs. 2 und 3 EStG (R 213 Abs. 1 Satz 8 EStR). Zwar steht dem Eigentümer einer Wohnung die Steuerbegünstigung nach § 10e EStG auch dann zu, wenn er diese nicht selbst bewohnt, sondern einem einkommensteuerlich zu berücksichtigendem **Kind** zur **alleinigen Nutzung** überlässt (vgl. BFH-Urteil vom 26. 1. 1994, BStBl II S. 544 und oben Anlage FW, Zeilen 3 bis 4). In diesem Fall scheidet jedoch die Steuerermäßigung nach § 34f Abs. 2 und 3 EStG aus, weil Baukindergeld nur gewährt wird, wenn die nach § 10e EStG begünstigte Wohnung Teil des Haushalts der Eltern ist, d.h. mindestens von einem Elternteil **mitbewohnt** wird (BFH-Urteil vom 31. 10. 1991, BStBl 1992 II S. 241 und BMF-Schreiben vom 21. 11. 1994, BStBl I S. 855). Führt das (z.B. studierende) **Kind** in einer nach § 10e EStG begünstigten Eigentumswohnung der Eltern (z.B. am Studienort) einen **selbständigen Haushalt,** steht den Eltern für dieses Kind eine Steuerermäßigung nach § 34f EStG **nicht** zu (BFH-Urteil vom 25. 1. 1995, BStBl II S. 378). Liegen hiernach die Voraussetzungen des § 34f EStG nicht vor, so kommt aber ein erhöhter Ausbildungsfreibetrag wegen auswärtiger Unterbringung nach **§ 33a Abs. 2 EStG** in Betracht. Ist die Steuerermäßigung nach § 34f EStG jedoch zu gewähren, so ist andererseits § 33a Abs. 2 Nr. 2 EStG ausgeschlossen (BFH-Urteil vom 25. 1. 1995 a.a.O. und BMF-Schreiben vom 21. 11. 1994 a.a.O.). Vgl. auch H 213 (Haushaltszugehörigkeit) EStH.

Bei den nach § 34f EStG zu berücksichtigenden **Kindern** muss es sich, **einschließlich des ersten Kindes,** um Kinder i.S. des § 32 Abs. 1 bis 5 oder Abs. 6 Satz 7 EStG handeln, die im **jeweiligen** Veranlagungszeitraum, für den die Steuerermäßigung begehrt wird, zum Grundstückseigentümer in einem **begünstigten Kindschaftsverhältnis** (vgl. hierzu Anlage Kinder, Zeilen 1 bis 20 Abschnitt A II) gestanden haben (BFH-Urteil vom 21. 11. 1989, BStBl 1990 II S. 216), d.h. sie müssen den im jeweiligen Veranlagungszeitraum geltenden Kindbegriff erfüllen. Dies trifft z.B. für über 18 Jahre alte Kinder nicht mehr zu, deren eigene Einkünfte und Bezüge den maßgeblichen Grenzbetrag im Kalenderjahr (derzeit 7 680 €: vgl. § 32 Abs. 4 Satz 2 EStG) übersteigen (BFH-Urteil vom 14. 3. 2000, BStBl II S. 344). Ein Kindschaftsverhältnis zu den mit dem Grundstückseigentümer zusammen zu veranlagenden Ehegatten reicht ebenfalls aus. Auf die tatsächliche Inanspruchnahme der Freibeträge für Kinder kommt es nicht an. Es muss sich auch nicht in jedem Veranlagungszeitraum um dieselben Kinder handeln (H 213 [Kinder] EStH).

Außerdem müssen die Kinder im Veranlagungszeitraum, für den die Steuerermäßigung begehrt wird, nach den Ausführungen in Anlage Kind, Zeilen 1 bis 29 **berücksichtigungsfähig** sein. Hierunter fallen Kinder im Jahr ihrer **Geburt** und in jedem folgenden Veranlagungszeitraum, zu dessen Beginn sie das **18. Lebensjahr** noch nicht vollendet haben. **Ältere Kinder** können nur berücksichtigt werden, wenn die in Anlage Kind, Zeilen 1 bis 29 (Abschnitt A IV) genannten Voraussetzungen erfüllt sind (insbesondere Kinder bis zu 27 Jahren, die für einen Beruf ausgebildet werden, den gesetzlichen Grundwehrdienst oder Zivildienst u. ähnl. ableisten, oder Kinder – auch über 27 Jahre –, die wegen einer Behinderung außerstande sind, sich selbst zu unterhalten). Endet die Berücksichtigungsfähigkeit während des Begünstigungszeitraums – etwa weil das Kind die Berufsausbildung beendet –, so entfällt vom Folgejahr an die Steuerermäßigung nach § 34f EStG.

Die Kinder müssen **zum Haushalt** des Steuerpflichtigen gehören oder in dem für die erhöhten Absetzungen maßgebenden Begünstigungszeitraum gehört haben und diese Zugehörigkeit muss **auf Dauer** angelegt oder gewesen sein (vgl. auch BFH-Urteil vom 27. 7. 2000, BStBl 2001 II S. 435). Ein Kind gehört zum Haushalt des Steuerpflichtigen, wenn es bei einheitlicher Wirtschaftsführung unter Leitung des Steuerpflichtigen dessen Wohnung teilt oder sich mit seiner Einwilligung vorübergehend außerhalb seiner Wohnung aufhält (R 213 Abs. 2 EStR), wie das z.B. bei auswärts studierenden oder im Internat untergebrachten Kindern der Fall ist. Ist ein **Kind am Studienort** in einer Eigentumswohnung des Steuerpflichtigen untergebracht, so liegt keine Nutzung zu eigenen Wohnzwecken i.S. des § 34f EStG vor (BFH-Urteil vom 21. 11. 1989, BStBl 1990 II S. 215). Steht getrennt lebenden Eltern das Sorgerecht für ein Kind gemeinsam zu, ist das Kind im Regelfall dem Haushalt zuzuordnen, in dem es sich **überwiegend** aufhält und wo sich der Mittelpunkt seines Lebens befindet. In Ausnahmefällen kann jedoch auch eine gleichzeitige Zugehörigkeit zu den Haushalten beider Elternteile bestehen (vgl. im Einzelnen BFH-Urteil vom 14. 4. 1999, BStBl II S. 594: Steht nur einem Ehegatten die Förderung nach § 10e EStG zu, so kann ihm das Baukindergeld in voller Höhe gewährt werden). Im Gegensatz zur Kindereigenschaft, die in jedem Jahr des Begünstigungszeitraums vorliegen muss, reicht es bei der Frage der **Haushaltszugehörigkeit** aus, dass diese **einmal während des gesamten zwölfjährigen Begünstigungszeitraums** vorgelegen hat, wenn sie nur **auf Dauer** angelegt war. Insoweit folgt die Finanzverwaltung in der Regel ohne nähere Prüfung den Angaben des Steuerpflichtigen (R 213 Abs. 2 EStR und BFH-Urteil vom 21. 11. 1989, BStBl 1990 II S. 216). Es werden also auch früher – aber im Begünstigungszeitraum – zum Haushalt gehörende Kinder angerechnet. Voraussetzung ist allerdings, dass sie im fraglichen Kalenderjahr noch (etwa wegen Berufsausbildung) steuerlich zu berücksichtigen sind. **Nach Beginn** des Begünstigungszeitraums **hinzukommende** Kinder (etwa solche, die später geboren werden oder bei denen die Berücksichtigungsfähigkeit später auflebt) werden allerdings erstmals für das Jahr nach § 34f EStG begünstigt, in dem sie steuerlich erstmals als Kinder berücksichtigt werden können. § 34 f EStG setzt nicht das Mitwohnen des Kindes in der nach § 10e EStG begünstigten Wohnung voraus. Nimmt daher ein Steuerpflichtiger die Steuerbegünstigung nach § 10e EStG für eine am Arbeitsort genutzte **Zweitwohnung** zu Recht in Anspruch (vgl. Teil II, Tz. 3.3.2.), so steht ihm Baukindergeld auch hinsichtlich der Kinder zu, die ausschließlich in seiner Hauptwohnung am Wohnort leben (BFH-Urteil vom 18. 10. 2000, BStBl 2001 II S. 383). Vgl. H 213 (Zweitwohnung) EStH.

Der Ermäßigungsbetrag wird aber auch dann **in voller Höhe** gewährt, wenn die o.g. Voraussetzungen nicht während des gesamten Kalenderjahrs vorgelegen haben (R 213 Abs. 3 EStR). Wird das begünstigte Objekt im **Laufe des Kalenderjahrs erworben oder veräußert,** so wird die Steuerermäßigung nach § 34f EStG trotzdem **in voller Höhe** berücksichtigt.

Die Steuerermäßigung nach § 34f EStG kann, auch wenn in einem Veranlagungszeitraum die Voraussetzungen ausnahmsweise für mehrere Objekte vorliegen sollten, stets jeweils **nur für ein Objekt** in Anspruch genommen werden (§ 34f Abs. 4 EStG).

Die Steuerermäßigung nach § 34f EStG wird **nur auf Antrag** gewährt. Erhält der Steuerpflichtige einen Kinderfreibetrag nach § 32 Abs. 6 EStG oder Kindergeld und ist dem Finanzamt die auf Dauer angelegte Haushaltszugehörigkeit des Kindes aus anderen Unterlagen bekannt, ist die **Antragstellung zu unterstellen.** Dies gilt nicht, wenn der Steuerpflichtige gleichzeitig für eine weitere Wohnung die Eigenheimzulage erhält. Ergibt sich das Merkmal der **auf Dauer angelegten Haushaltszugehörigkeit** (s. oben) nicht erkennbar aus der Steuererklärung, soll das Finanzamt den Steuerpflichtigen hiernach fragen, und ggf. die Antragstellung nach § 89 AO anregen (R 213 Abs. 5 EStR). Ist der Antrag unterblieben und das Baukindergeld nicht gewährt worden, so kann auch nach Bestandskraft des Bescheids ein Antrag auf dessen Berichtigung gestellt werden.

Es besteht auch die **Möglichkeit des Vor- und Rücktrags** von nicht ausgenutzten Beträgen, weil die geschuldete tarifliche ESt niedriger ist als das Baukindergeld (§ 34f Abs. 3 Satz 3 EStG). Der sich nicht auswirkende Teil des Baukindergeldes kann von der tariflichen ESt der **zwei vorangegangenen** Veranlagungszeiträume abgezogen und ggf. im Wege einer Berichtigungsveranlagung erstattet werden. Dem Steuerpflichtigen steht ein Wahlrecht zu, auf welchen der beiden vorangegangenen Veranlagungszeiträume nicht ausgenutzte Ermäßigungsbeträge zurückgetragen werden sollen. Auf den Rücktrag kann aber nicht zugunsten des Vortrags verzichtet werden (R 213 Abs. 1 Sätze 6 und 7 EStR). Hat sich nach dem Rücktrag das Baukindergeld immer noch nicht voll ausgewirkt, so kann der verbliebene Betrag bis zum Ende des achtjährigen Abzugszeitraums der Grundförderung **und** darüber hinaus in den zwei folgenden Veranlagungszeiträumen abgezogen werden (§ 34f Abs. 3 Sätze 4 und 5 EStG). Ein Rücktrag und Vortrag wird aber in den Veranlagungszeiträumen nicht gewährt, in denen der Steuerpflichtige wegen Überschreitens der Einkunftsgrenze von 61 355 €/ 122 710 € (§ 10 e Abs. 5 a EStG) einen Abzugsbetrag nach § 10e EStG nicht in Anspruch nehmen kann (R 213 Abs. 1 Satz 5 EStR).

Da die Steuerermäßigung nach § 34 f EStG auch im Zusammenhang mit Ausbauten und Erweiterungen (z.B. Garagenbau) in Betracht kommt (§ 10 e Abs. 2 EStG), die ggf. nur geringe Baukosten verursacht haben, hat der Gesetzgeber eine Begrenzung nach oben vorgenommen. Baukindergeld kann deshalb insgesamt **nur bis zur Höhe der Bemessungsgrundlage** i.S. des § 10 e Abs. 1 oder Abs. 2 EStG in Anspruch genommen werden (§ 34f Abs. 4 EStG), sodass die Summe der Steuerermäßigungsbeträge die Aufwendungen nicht mehr übersteigen kann.

Ehegatten, bei denen die Voraussetzungen der **Zusammenveranlagung** (§ 26 Abs. 1 Satz 1 EStG) vorliegen, können das Baukindergeld im Veranlagungszeitraum insgesamt nur einmal in Anspruch nehmen. Dies gilt auch bei **getrennter Veranlagung;** in diesem Fall steht ihnen die Steuerermäßigung in dem Verhältnis zu, in dem sie den Abzug wie Sonderausgaben nach § 10e Abs. 1 bis 5 EStG oder nach § 15b BerlinFG für das betreffende Objekt in Anspruch nehmen (§ 26a Abs. 2 Satz 3 EStG). Dagegen kann im Fall der **besonderen Veranlagung** nach § 26c EStG für das Heiratsjahr (vgl. Teil I, Hauptvordruck, Zeile 13) ggf. jeder Ehegatte die Steuerermäßigung in Anspruch nehmen, wenn die Voraussetzungen dafür in seiner Person erfüllt sind (R 213 Abs. 4 Satz 3 EStR).

Anteile an den Steuerbegünstigungen

Die Anlage FW bezieht sich auf Wohnungen, deren Mietwert nicht oder nicht mehr besteuert wird, für die aber gleichwohl Steuerbegünstigungen gewährt werden. Sind **mehrere Personen an diesen Steuerbegünstigungen beteiligt,** so werden die Anteile daran **gesondert und einheitlich,** d. h. mit Wirkung für und gegen alle, **festgestellt** und den Beteiligten entsprechend ihrer Beteiligung zugerechnet (zu erklären auf Vordruck ESt 1 B mit Anlagen FB = „Feststellungsbeteiligte" und FE 3).

Handelt es sich um **Ehegatten,** die zusammen zur Einkommensteuer nach §§ 26, 26b EStG veranlagt werden, oder handelt es sich um einen Fall von geringer Bedeutung, insbesondere weil die Höhe des festgestellten Betrags und die Aufteilung unstreitig ist, so kann von einer gesonderten und einheitlichen Feststellung abgesehen werden (§ 180 Abs. 3 Nr. 2 AO).

Über die gesondert und einheitlich festzustellenden Anteile an den Steuerbegünstigungen ergeht ein **Bescheid des Finanzamts,** der in der Regel dem „Empfangsbevollmächtigten" zugestellt wird; aus dem Bescheid sind die Anteile der Beteiligten ersichtlich. Durch diese Regelung soll eine einheitliche Entscheidung durch die Finanzämter und die gleichmäßige Behandlung der Beteiligten sichergestellt werden.

Die Anlage FW dient, wie sich aus der Überschrift des Vordrucks ergibt, entweder als Anlage „zur Einkommensteuererklärung" **oder** als Anlage „zur Feststellungserklärung", d.h. der Erklärung zur gesonderten – und einheitlichen – Feststellung (Kästchen am Anfang des Vordrucks ankreuzen).

Ist die Anlage FW der **Einkommensteuererklärung** beizufügen, so hat der Steuerpflichtige – unabhängig davon, ob er in der Anlage FW für sich allein Steuerbegünstigungen beantragt oder nicht – in den **Zeilen 26 bis 29** seinen Anteil oder seine **Anteile an den Steuerbegünstigungen von Gemeinschaften** anzugeben, an denen er beteiligt ist. Name der Gemeinschaft, Finanzamt und Steuernummer dieser Gemeinschaft(en) sind in **Zeile 27** einzutragen. In **Zeile 28** ist der Anteil an den Steuerbegünstigungen nach § 7 Fördergebietsgesetz (vgl. oben Zeile 8), nach dem Schutzbaugesetz (vgl. oben Zeile 8), nach § 14a Berlin FG (vgl. oben Zeile 9), nach § 10f EStG (vgl. oben Zeilen 10 bis 11) einzutragen. **Zeile 29** bezieht sich auf die Abzugsbeträge nach § 10e Abs. 1 und 2 EStG (vgl. oben Zeilen 17 bis 19) und die Vorkosten nach § 10e Abs. 6 EStG (vgl. oben Zeilen 22 bis 23), die nach § 10e Abs. 7 EStG gesondert und einheitlich festgestellt werden sowie auf § 10h EStG (vgl. oben Zeilen 20 bis 21) und auf § 15b Berlin FG (vgl. oben Zeilen 17 bis 19).

Ist die Höhe des Anteils bzw. eines von mehreren Anteilen noch nicht bekannt, so kann die Anlage FW trotzdem abgegeben werden. In diesem Falle empfiehlt sich der Eintrag: „Finanzamt bitte einsetzen".

Wird die Anlage FW einer **Erklärung zur gesonderten – und einheitlichen – Feststellung** (Vordruck ESt 1 B mit Anlage FB, FE 3) beigefügt, so ist sie zusammen mit dieser Erklärung an das Finanzamt einzureichen, in dessen Bezirk die Wohnung belegen ist. Dieses Finanzamt erlässt dann auch den Feststellungsbescheid mit der oben geschilderten Wirkung.

Teil I: Anlage L
Zeile 1

12. Erläuterungen zur „Anlage L" für Einkünfte aus Land- und Forstwirtschaft
– gegliedert nach den am Rand des amtlichen Vordrucks angegebenen Zahlen –

Einkünfte aus Land- und Forstwirtschaft

1 I. Unter der Bezeichnung „Einkünfte aus Land- und Forstwirtschaft" werden die Einkünfte aus der gesamten **nichtgewerblichen Bodenbewirtschaftung** zusammengefasst. Das Einkommensteuergesetz teilt die landwirtschaftlichen Einkünfte in **folgende Gruppen** ein:

a) Einkünfte aus allen Betrieben, die **Pflanzen** und **Pflanzenteile** mit Hilfe der **Naturkräfte** gewinnen. Dazu gehören neben der eigentlichen Landwirtschaft (Ackerbau und Weidewirtschaft) die Forstwirtschaft, der Gartenbau, Obst- und Gemüsebau, Weinbau, Hopfenbau, Tabakbau, Baumschulen, außerdem auch Saatzuchtbetriebe (diese im Allgemeinen auch dann, wenn sie Vermehrungsanbau betreiben), sowie Pflanzenzucht (Pilzzucht) in Kellern oder Gewächshäusern. Auf die Größe des Betriebs kommt es dabei grundsätzlich nicht an. Einkünfte aus Land- und Forstwirtschaft liegen also z.B. auch dann vor, wenn Einkünfte aus einem Obstgarten oder einem Gemüseland erzielt werden, vorausgesetzt, dass in diesen Fällen nicht Liebhaberei anzunehmen ist (Näheres dazu unter II). Nach der neueren Rechtsprechung des BFH wird allerdings für die Annahme eines **Forstbetriebes** eine bestimmte Mindestgröße verlangt (BFH-Urteil vom 26. 6. 1985, BStBl II S. 549). Eine generelle Fixierung dieser Mindestgröße ist nicht möglich, weil sie von den Umständen des Einzelfalles, vor allem von der Art des Nutzholzes abhängt (vgl. BFH-Urteile vom 5. 11. 1981, BStBl 1982 II S. 158, und vom 13. 4. 1989, BStBl II S. 718).

Übernimmt eine **Gärtnerei** auch die **Grabpflege** und werden hierzu weit überwiegend eigenerzeugte Pflanzen verwendet, so liegt grundsätzlich kein Gewerbebetrieb vor. Eine Friedhofsgärtnerei, deren Umsatz aus der Grabpflege 50 v.H. der Gesamtumsätze übersteigt und bei der im Gesamtumsatz die Vergütungen für Leistungen sowie die Lieferungen nicht selbst gezogener Pflanzen überwiegen, ist dagegen in der Regel als Gewerbebetrieb anzusehen (R 135 Abs. 7 EStR).

Gewerbliche und nicht land- und forstwirtschaftliche Einkünfte liegen vor, wenn ein Betrieb (auch Baumschulbetrieb) dauernd und nachhaltig fremde Erzeugnisse über den betriebsnotwendigen Umfang hinaus **zum Zweck der Weiterveräußerung** zukauft. Das ist nach dem Urteil des BFH vom 27. 11. 1980 (BStBl 1981 II S. 518) in der Regel der Fall, wenn der auf dem Zukauf fremder Erzeugnisse beruhende Umsatz mehr als 30 v.H. des Gesamtumsatzes beträgt. Ist der Umsatz der zugekauften Waren dagegen nicht höher als 30 v.H., so ist vom Finanzamt grundsätzlich ein Betrieb der Land- und Forstwirtschaft anzuerkennen. Als fremde Erzeugnisse gelten nur solche für die Weiterveräußerung zugekauften Erzeugnisse, die nicht im eigenen Betrieb im Wege des Erzeugungsprozesses bearbeitet werden. Abweichend von dem genannten BFH-Urteil wird es von der Finanzverwaltung nicht beanstandet, wenn weiterhin nach der Regelung in R 135 Abs. 5 EStR verfahren wird, d.h. auf den Vergleich des Umsatzes des Betriebs mit dem **Einkaufswert** der fremden Erzeugnisse abgestellt wird. Nach Auffassung der Finanzverwaltung ist der unterschiedliche Gehalt der Bezugsgrößen bei der Bemessung der 30%-Grenze berücksichtigt. Ist jedoch der auf die Fremderzeugnisse entfallende Umsatzanteil durch Be- und Verarbeitungskosten des Steuerpflichtigen **erheblich** beeinflusst, z.B. bei **ausbauenden Weinbaubetrieben**, so ist die 30 v.H.-Grenze nach dem Umsatzvergleich zu beurteilen (BFH-Urteil vom 11. 10. 1988, BStBl 1989 II S. 284). Unter die Zukaufsgrenze von 30 v.H. fallen im Übrigen nur „Erzeugnisse", die nach der Verkehrsanschauung landwirtschaftliche Produkte sind oder diese ergänzen (z.B. Obst, Mehl, Eier – bei Gärtnereien exotische Ziergehölze, Blumenerde, Blumentöpfe und einfache Vasen). Zukauf und Vermarktung von **nichtlandwirtschaftlichen** Produkten, z.B. Tiefkühlkost, Brot, Teigwaren sind hingegen – abgesehen innerhalb von Bagatellgrenzen – eine gewerbliche Tätigkeit. Zu Einzelfragen der Abgrenzung der Land- und Forstwirtschaft vom Gewerbebetrieb wird in R 135 EStR detailliert Stellung genommen.

Ein **Forstbaumschulbetrieb** wird nach der Rechtsprechung des BFH zum Gewerbebetrieb, wenn der reine Handelsumsatz mit zugekauften Erzeugnissen dauernd und nachhaltig den Umsatz mit selbstgezogenen Erzeugnissen übersteigt. Ein Unternehmen, das sich ausschließlich oder überwiegend mit der Errichtung von Gartenanlagen befasst **(Gartenbauunternehmen)**, ist regelmäßig ein Gewerbebetrieb. Wird ein landwirtschaftlicher Betrieb in der Weise planmäßig im Interesse des Hauptbetriebs (z.B. Gastwirtschaft, Metzgerei) geführt, dass diese Verbindung nicht ohne Nachteil für das Gesamtunternehmen gelöst werden kann, so liegt ein **einheitliches** gewerbliches Unternehmen vor.

Wegen der Bewertung von Pflanzenbeständen in **Baumschulbetrieben** vgl. BMF-Schreiben vom 6.5. 2002, BStBl I S. 526 und vom 17.1. 2002, BStBl I S. 147. Zur Bewertung von **Tieren** in land- und forstwirtschaftlich tätigen Betrieben ist im BMF-Schreiben vom 14. 11. 2001, BStBl I S. 864 und im BFH-Urteil vom 6. 8. 1998, BStBl 1999 II S. 14 Stellung genommen (bei Gewinnermittlung durch Einnahmenüberschussrechnung vgl. auch R 125a EStR).

b) Zu den Einkünften aus Land- und Forstwirtschaft gehören auch die Einkünfte aus **Tierzucht** und **Tierhaltung,** wenn die Tierbestände den in § 13 Abs. 1 Nr. 1 EStG angegebenen Umfang nicht übersteigen. Zum Zwecke der Abgrenzung der **landschaftlichen** Tierzucht und Tierhaltung von der **gewerblichen** ist es notwendig, die Tierbestände des Betriebs in **Vieheinheiten** umzurechnen. Dabei ist bei der Feststellung der Tierbestände von der regelmäßigen und nachhaltigen Erzeugung (Mastvieh) oder der durchschnittlichen Haltung (übriges Vieh) während der Wirtschaftsjahre auszugehen. Abweichend hiervon ist bei Mastrindern mit einer Mastdauer von weniger als einem Jahr, bei Kälbern und Jungvieh sowie bei Schafen unter einem Jahr stets vom Jahresdurchschnittsbestand auszugehen. Der sich danach ergebende Tierbestand ist in Vieheinheiten umzurechnen. Maßgebend dafür ist der in R 124a EStR aufgeführte **Umrechnungsschlüssel** (vgl. auch **Zeilen 64 bis 84** der Anlage L). Die Zahl der Vieheinheiten, die bei einer bestimmten landwirtschaftlichen Nutzfläche nicht überschritten werden darf, um noch eine landwirtschaftliche Tierzucht oder Tierhaltung annehmen zu können, ergibt sich aus § 13 Abs. 1 Nr. 1 Satz 2 EStG, das sind z.B. für die ersten 20 ha nicht mehr als 10 Vieheinheiten, für die nächsten 10 ha nicht mehr als 7 Vieheinheiten **je ha** der vom Inhaber des Betriebs regelmäßig landwirtschaftlich genutzten Fläche; dabei sind sowohl die selbst bewirtschafteten eigenen wie auch die selbst bewirtschafteten zugepachteten Flächen zu berücksichtigen. Nicht dazu gehören forstwirtschaftlich und weinbaulich genutzte Flächen, Abbauland, Geringstland, Unland sowie Hof- und Gebäudeflächen. Obstbaulich genutzte Flächen, die so angelegt sind, dass eine regelmäßige landwirtschaftliche Unternutzung stattfindet, sind mit der Hälfte zu berücksichtigen. Almen und Hutungen werden mit einem Viertel angesetzt (R 124a Abs. 3 EStR).

Beispiel

Bei einer regelmäßig landwirtschaftlich genutzten Fläche von 22 ha beträgt die Höchstzahl an Vieheinheiten (VE), die nicht überschritten werden darf, um noch eine landwirtschaftliche Tierzucht oder Tierhaltung annehmen zu können:

für 20 ha je 10 VE	= 200 VE
für 2 ha je 7 VE	= 14 VE
für 22 ha zusammen	214 VE

Übersteigt die Zahl der Vieheinheiten **nachhaltig** den Höchstsatz, so gehört der darüber hinausgehende Tierbestand zur **gewerblichen** Tierzucht und Tierhaltung. Es kommt auf die **nachhaltigen** tatsächlichen Verhältnisse des Betriebs an. Dies gilt sowohl für den Umfang der landwirtschaftlichen Nutzflächen als auch für den Umfang der Tierbestände. Der Begriff der Nachhaltigkeit erfordert, dass mindestens die Verhältnisse von 3 Wirtschaftsjahren zugrunde zu legen sind. Ein Zweig des Tierbestandes kann immer nur im Ganzen zur landwirtschaftlichen oder zur gewerblichen Tierzucht und Tierhaltung gehören. Übersteigt z.B. bei einem ausschließlich und allein der Aufzucht von Masthühnern dienenden Betrieb die Zahl der Vieheinheiten den Höchstsatz, so rechnet, da eine Aufteilung nicht zulässig ist, der gesamte Tierbestand zur gewerblichen Tierzucht und Tierhaltung. Hat ein Betrieb einen Tierbestand mit mehreren Zweigen, so richtet sich deren Zurechnung nach ihrer Flächenabhängigkeit. Der gewerblichen Tierzucht und Tierhaltung sind zuerst die weniger flächenabhängigen Zweige des Tierbestandes zuzurechnen. Weniger flächenabhängig ist die Erzeugung und Haltung von Schweinen und Geflügel; mehr flächenabhängig die Erzeugung und Haltung von Pferden, Rindvieh und Schafen. Innerhalb der beiden Gruppen der weniger oder mehr flächenabhängigen Tierarten ist jeweils zuerst der Zweig der gewerblichen Tierzucht und Tierhaltung zuzurechnen, der die größere Zahl von Vieheinheiten hat. Als besondere Zweige gelten bei jeder Tierart jeweils Zugvieh, Zuchtvieh, Mastvieh und das übrige Nutzvieh. Zuchtvieh gilt nur dann als eigener Zweig, wenn die erzeugten Jungtiere überwiegend zum Verkauf bestimmt sind. Andernfalls ist das Zuchtvieh dem Zweig zuzurechnen, dessen Zucht und Haltung es überwiegend dient (H 124 a EStH). Angaben über den Viehbestand und die Vieheinheiten sind in den **Zeilen 64 bis 84** der Anlage L zu machen. Wegen steuerlicher Erleichterungen für Betriebe, die von der **BSE-Krise** betroffen sind, vgl. BMF-Schreiben vom 11. 4. 2001, BStBl I S. 254.

Zu der Frage, ob die Einkünfte aus einer von einem Landwirt unterhaltenen **Reitschule** oder aus der **Vermietung von Pferden zu Reitzwecken** noch zu den landwirtschaftlichen Einkünften rechnen oder ob sie als Einkünfte aus Gewerbebetrieb anzusehen sind, vgl. Abschn. A I Nr. 4 der Landwirtschaftskartei der Oberfinanzdirektion Karlsruhe sowie die BFH-Urteile vom 16. 11. 1978, BStBl 1979 II S. 246, und vom 24. 1. 1989, BStBl II S. 416. Die Finanzämter erteilen hierüber Auskunft. Zur Abgrenzung von Landwirtschaft und Gewerbe bei Hähnchenmast siehe BStBl 1976 II S. 423. Die Aufzucht und Veräußerung von Hunden ist regelmäßig gewerblich (BFH-Urteil vom 30. 9. 1980, BStBl 1981 II S. 210).

Zu den **Einkünften aus Land- und Forstwirtschaft** gehören außerdem:

c) Einkünfte aus **Binnenfischerei, Teichwirtschaft, Fischzucht** für Binnenfischerei und Teichwirtschaft, und zwar auch dann, wenn die Fischerei oder Fischzucht in gepachteten Binnengewässern ausgeübt wird, außerdem Imkerei und Wanderschäferei sowie Einkünfte aus **Jagd**, wenn diese mit dem Betrieb einer Land- und Forstwirtschaft im Zusammenhang steht.

Einkünfte aus der Küstenfischerei und Hochseefischerei sind Einkünfte aus Gewerbebetrieb. Eine Zierfischzucht gehört, wenn sie nicht Liebhaberei ist, zur gewerblichen Tätigkeit.

d) Einkünfte von **Hauberg-, Wald-, Forst- und Laubgenossenschaften;** diese sind nicht körperschaftsteuerpflichtig. Die Einkünfte sind gesondert festzustellen und unmittelbar bei den Beteiligten zu versteuern.

e) Einkünfte aus **land- und forstwirtschaftlichen Nebenbetrieben;** das sind Betriebe, die dem land- und forstwirtschaftlichen Hauptbetrieb zu dienen bestimmt sind und nicht einen selbständigen Gewerbebetrieb darstellen. Man unterscheidet **Be- oder Verarbeitungsbetriebe** (z.B. Molkereien, Brennereien, Sägewerke) und **Substanzbetriebe** (z.B. Sand-, Kies-, Lehmgruben, Steinbrüche, Torfstiche). Ein Be- oder Verarbeitungsbetrieb ist als land- oder forstwirtschaftlicher Nebenbetrieb anzusehen, wenn

aa) überwiegend im eigenen Hauptbetrieb erzeugte Rohstoffe be- oder verarbeitet werden und die dabei gewonnenen Erzeugnisse überwiegend für den Verkauf bestimmt sind

oder

bb) ein Land- und Forstwirt Umsätze aus der Übernahme von Rohstoffen (z.B. organische Abfälle) erzielt, diese be- oder verarbeitet und die dabei gewonnenen Erzeugnisse nahezu ausschließlich im eigenen Betrieb der Land- und Forstwirtschaft verwendet und

die Erzeugnisse im Rahmen einer ersten Stufe der Be- oder Verarbeitung, die noch dem land- und forstwirtschaftlichen Bereich zuzuordnen ist, hergestellt werden. Die Regelung gilt aus Vereinfachungsgründen auch für Produkte der zweiten (gewerblichen) Verarbeitungsstufe, wenn diese zur Angebotsabrundung im Rahmen der Direktvermarktung eigener land- und forstwirtschaftlicher Produkte abgegeben werden und der Umsatz daraus nicht mehr als 10 300 € im Wirtschaftsjahr beträgt. Ein Substanzbetrieb, der nachhaltig Substanz an Fremde veräußert, ist als land- und forstwirtschaftlicher Nebenbetrieb anzusehen, wenn die gewonnene Substanz überwiegend im eigenen land- und forstwirtschaftlichen Betrieb verwendet wird (R 135 Abs. 3 EStR). Wegen der Annahme eines land- und forstwirtschaftlichen Nebenbetriebs bei der **Direktvermarktung** wird auf das BMF-Schreiben vom 3. 6. 1997 (BStBl I S. 629) hingewiesen.

Verwendet ein Land- und Forstwirt Wirtschaftsgüter auch außerhalb seines Betriebs, indem er sie Dritten entgeltlich überlässt (z.B. eine Erntemaschine) oder für Dritte Dienstleistungen (z.B. Fuhrleistungen) gegen Entgelt verrichtet, so braucht die Frage, ob diese Betätigung einen Gewerbebetrieb darstellt, von den Finanzämtern aus Vereinfachungsgründen nicht geprüft zu werden, wenn die Wirtschaftsgüter neben der eigenbetrieblichen Nutzung ausschließlich für andere **land- und forstwirtschaftliche** Betriebe verwendet werden **und** die Umsätze daraus nicht mehr als ein Drittel des Gesamtumsatzes des land- und forstwirtschaftlichen Betriebs und nicht mehr als 51 500 € im Wirtschaftsjahr betragen (vgl. BFH-Urteil vom 22. 1. 2004, BStBl II S. 512). Unter diese Vereinfachungsregelung fallen auch Nutzungsüberlassungen oder Dienstleistungen, die **nicht** für andere Betriebe der Land- und Forstwirtschaft erbracht werden, unter der **zusätzlichen** Voraussetzung, dass die Umsätze daraus insgesamt nicht mehr als 10 300 € im Wirtschaftsjahr betragen (R 135 Abs. 9 EStR).

f) Zu den Einkünften aus Land- und Forstwirtschaft gehört auch der **Eigenverbrauch**, d.h. die Entnahme von land- und forstwirtschaftlichen Erzeugnissen zu privaten Zwecken.

Der Eigenverbrauch ist mit den Selbstkosten am Tag der Entnahme anzusetzen. Es können aber auch die von der Oberfinanzdirektion festgesetzten „Pauschsätze für den Eigenverbrauch" angesetzt werden. Hierüber gibt das Finanzamt nähere Auskunft.

g) Zu den Einkünften aus Land- und Forstwirtschaft gehören auch die Einkünfte (Pachtzinsen) aus der **Verpachtung** einzelner **landwirtschaftlich genutzter Flächen**, vorausgesetzt, dass sie **in** einem land- und forstwirtschaftlichen Betrieb anfallen. Dies ist dann der Fall, wenn die Verpachtung im engsten wirtschaftlichen Zusammenhang mit dem Betrieb steht, wenn also mit der Verpachtung wirtschaftliche Zwecke des nicht verpachteten Betriebs verfolgt werden oder die Pachtdauer ausdrücklich auf kurze Zeit (etwa bis zu 2 Jahren) begrenzt ist, z.B. bis zur in kurzer Zeit geplanten Veräußerung des Grundstücks (vgl. auch **Zeilen 49 bis 56** der Anlage L).

Beispiel

Ein Landwirt verpachtet kleinere Flächen Land, deren Eigenbewirtschaftung sich für ihn nicht lohnt. Die Pachteinnahmen stellen Einkünfte aus Land- und Forstwirtschaft dar.

Wegen der Behandlung von **Substanzausbeuteverträgen** vgl. Teil I, Anlage V, Zeilen 26 bis 27. Einnahmen aus solchen Verträgen rechnen grundsätzlich zu den Einnahmen aus Vermietung und Verpachtung. Das gilt, wenn nicht ausnahmsweise ein landwirtschaftlicher Nebenbetrieb vorliegt, auch dann, wenn die auszubeutenden Grundstücke zum land- und forstwirtschaftlichen Betriebsvermögen gehören (BFH-Urteile vom 14. 10. 1982, BStBl 1983 II S. 203, vom 24. 11. 1992, BStBl 1993 II S. 296 und vom 21. 7. 1993, BStBl 1994 II S. 231). Zur Frage, wann ein im Eigentum des Grundeigentümers stehender **Bodenschatz** als Wirtschaftsgut entsteht und ob ein solches Wirtschaftsgut dem Betriebs- oder Privatvermögen zuzuordnen ist, wird im BMF-Schreiben vom 7. 10. 1998 (BStBl I S. 1221) Stellung genommen.

Bei der **Beherbergung von Fremden** wird keine gewerbliche Tätigkeit angenommen, wenn weniger als vier Zimmer und weniger als sechs Betten zur Beherbergung von Fremden bereitgehalten werden und keine Hauptmahlzeit gewährt wird (R 135 Abs. 12 EStR).

**Teil I: Anlage L
Zeile 1**

h) Zu den Einkünften aus Land- und Forstwirtschaft zählen auch Gewinne aus der **Veräußerung oder Entnahme von Grund und Boden,** der zum Betriebsvermögen eines land- und forstwirtschaftlichen Betriebs gehört. Dabei spielt es keine Rolle, ob Bücher geführt werden oder nicht, oder ob der Gewinn nach Durchschnittssätzen ermittelt oder geschätzt wird (vgl. auch **Zeilen 49 bis 56 und 60**).

Veräußerungsgewinn ist der Betrag, um den der Veräußerungspreis nach Abzug der Veräußerungskosten (bei Entnahme: der Teilwert) den Buchwert des Grund und Bodens übersteigt. **Wertsteigerungen,** die **vor dem 1. 7. 1970** entstanden sind, sollen bei der Ermittlung dieses Veräußerungs- oder Entnahmegewinns **außer Betracht** bleiben. Als **Buchwert des Grund und Bodens** kann einer der folgenden **Ausgangswerte** angesetzt werden:

aa) Das Zweifache der in § 55 Abs. 2 und 3 EStG genannten **Ausgangsbeträge** (fiktive Anschaffungskosten),

bb) der **Teilwert** am **1. 7. 1970,** wenn dieser höher war als der sich nach Buchst. aa) ergebende Betrag **und** der Steuerpflichtige die **gesonderte** Feststellung dieses Teilwerts **bis 31. 12. 1975 beantragt** hatte (§ 55 Abs. 5 EStG),

cc) die **Anschaffungskosten,** wenn das Grundstück **nach** dem 30. 6. 1970 **entgeltlich erworben** wurde.

Ein **höherer Teilwert** nach Buchst. bb) kam im Allgemeinen dann in Betracht, wenn der Grund und Boden inzwischen Bauland oder Bauerwartungsland geworden war oder wenn angenommen werden konnte, dass er in absehbarer Zeit als Bauland, Industrieland oder als Land für Verkehrszwecke dienen wird. Über den Antrag auf Feststellung des höheren Teilwerts hatte das Finanzamt mit einem besonderen Feststellungsbescheid zu entscheiden.

Verluste aus der Veräußerung oder Entnahme von Grund und Boden dürfen in den Fällen des vorstehenden Buchstaben **aa)** bei der Gewinnermittlung **in Höhe des Betrages** nicht abgezogen werden, um den der Veräußerungspreis oder der Entnahmewert nach Abzug der Veräußerungskosten **unter** dem Zweifachen des Ausgangsbetrags liegt (§ 55 Abs. 6 EStG). Die frühere Verwaltungsauffassung, dass dies auch im Falle des vorstehenden Buchstaben **bb)** gelte, ist durch den BFH nicht bestätigt worden. Nach dem Urteil vom 10. 8. 1978 (BStBl 1979 II S. 103) ist die Verlustklausel des § 55 Abs. 6 EStG nicht anzuwenden, wenn für den Grund und Boden der Teilwert nach § 55 Abs. 5 EStG festgestellt worden ist.

Zur **Bodengewinnbesteuerung** wird auch auf die Ausführungen in **Teil I, Anlage GSE, Zeile 1, Abschn. 1 B** hingewiesen. Wegen Zweifelsfragen vgl. außerdem BStBl 1972 I S. 102 ff.

Soweit im Gewinnermittlungszeitraum zum Anlagevermögen gehörender Grund und Boden veräußert oder entnommen worden ist, sollte auf besonderem Blatt die Ermittlung des Gewinns oder Verlusts für jeden Veräußerungs- und Entnahmevorgang und für jede einzelne Fläche, für die ein eigener Ausgangswert maßgebend ist, erläutert werden (vgl. auch Zeilen 49 bis 55 dieses Vordrucks).

Land- und forstwirtschaftliche Betriebe **in der ehemaligen DDR** hatten zum **1. 7. 1990** eine **DM-Eröffnungsbilanz** zu erstellen. Dabei gilt für die Bewertung des Grund und Bodens **nicht § 55 EStG** (wie vorstehend erläutert); der Grund und Boden ist vielmehr mit dem **Verkehrswert** anzusetzen (§ 9 Abs. 1 DM-Bilanzgesetz, BStBl 1991 I S. 116 und Neufassung in BStBl 1994 I S. 550). Auf die Ausführungen zu Zeile 1 **Abschn. V** und zu **Zeilen 49 bis 56** wird hingewiesen. Nach § 52 Abs. 1 DM-Bilanzgesetz gilt der in § 9 bezeichnete **Verkehrswert** des Grund und Bodens auch als Anschaffungskosten im Rahmen einer Gewinnermittlung durch Einnahmenüberschussrechnung (§ 4 Abs. 3 EStG).

II. Steht in einem landwirtschaftlichen Betrieb **nicht** die nachhaltige Gewinnerzielungsabsicht im Vordergrund, so liegt einkommensteuerlich ein **Liebhabereibetrieb** vor. Gewinne und Verluste aus solchen Betrieben werden bei der Einkommensteuer nicht berücksichtigt.

Ein Liebhabereibetrieb wird steuerlich nur angenommen, wenn der Betrieb nicht nach betriebswirtschaftlichen Grundsätzen geführt wird und nach seiner Wesensart und der Art seiner Bewirtschaftung auf die Dauer gesehen nicht nachhaltig mit Gewinn arbeiten kann. Ob diese Voraussetzungen gegeben sind, beurteilt sich nach den objektiven Verhältnissen (vgl. BFH-Urteile vom 29. 10. 1981, BStBl 1982 II S. 381 und vom 22. 7. 1982, BStBl 1983 II S. 2). Zur Frage der Liebhaberei bei Pferdezuchtbetrieben vgl. BFH-Urteil vom 27. 1. 2000, BStBl II S. 227.

III. Die Einkünfte aus Land- und Forstwirtschaft müssen von dem **Bezieher der Einkünfte** in der Steuererklärung angegeben werden.

Bezieher der Einkünfte ist derjenige, auf dessen Rechnung und Gefahr der Betrieb geführt wird. Dieser kann Eigentümer (auch wirtschaftlicher Eigentümer), Nießbraucher oder Pächter sein.

Überlässt ein Landwirt dem Sohn gegen Gewährung altenteilsähnlicher Leistungen seinen Hof zur Bewirtschaftung, ohne ihm das Eigentum zu übertragen, so ist Bezieher der Einkünfte der **Sohn,** wenn ihm für einen nicht nur vorübergehenden Zeitraum das alleinige Nutzungsrecht eingeräumt, das Verfügungsrecht über das lebende und tote Inventar übertragen und die alleinige Führung des Betriebs überlassen werden.

IV. Der **Freibetrag** für Land- und Forstwirte von **670 €** bzw. bei Ehegatten, die zusammenveranlagt werden, von **1 340 €** wird vom Finanzamt bei der Veranlagung berücksichtigt. Der Freibetrag wird Steuerpflichtigen mit Einkünften aus Land- und Forstwirtschaft **ohne** Rücksicht auf die Art der Gewinnermittlung gewährt (**§ 13 Abs. 3 EStG**). Der Freibetrag darf jedoch nicht höher sein als die Einkünfte aus Land- und Forstwirtschaft. Außerdem wird der Freibetrag nur dann gewährt, wenn die **Summe der Einkünfte** ohne Berücksichtigung des Freibetrags **30 700 €,** bei zusammen veranlagten Ehegatten **61 400 €** nicht übersteigt. Sind mehrere Personen an dem Betrieb beteiligt (Gesellschaft, Gemeinschaft), so steht der Freibetrag unter den o.a. Voraussetzungen jedem der Beteiligten zu.

V. Sonderregelungen für Land- und Forstwirte in den neuen Bundesländern

Das bundesdeutsche Einkommensteuerrecht ist seit 1. 1. 1991 anzuwenden (Einigungsvertrag Anlage I, Kapitel IV, Sachgebiet B, Abschnitt II, Nr. 14). Dabei sind jedoch einige Besonderheiten zu beachten:

a) Laufende Besteuerung der landwirtschaftlichen Produktionsgenossenschaften (LPGen)

Seit 1. 1. 1991 gilt nach dem Einigungsvertrag – wie oben ausgeführt – das Recht der Besitz- und Verkehrsteuern der Bundesrepublik Deutschland. Danach unterliegen die LPGen, solange sie sich nicht in eine andere Rechtsform umgewandelt haben, als wirtschaftliche Vereine mit ihrem Gewinn der Besteuerung nach dem Körperschaftsteuergesetz (Einigungsvertrag Anlage I, Kapitel IV, Sachgebiet B, Abschnitt II, Nrn. 14 und 19).

b) Umwandlung und Auflösung von LPGen

Nach dem Gesetz für die strukturelle Anpassung der Landwirtschaft an die soziale und ökologische Marktwirtschaft in der DDR – Landwirtschaftsanpassungsgesetz – vom 29. 6. 1990 (GBl. I der ehemaligen DDR, Nr. 42) ergab sich aus den im Gesetz geregelten Umwandlungsvorgängen und aus der Auflösung von LPGen keine Steuerpflicht (§ 67). Auf die Umwandlungsvorgänge sind die für die Gründung der neuen Unternehmensform geltenden Vorschriften anzuwenden, soweit sich aus dem vorgenannten Gesetz nichts anderes ergibt (§ 25).

c) Laufende Besteuerung der Mitglieder von LPGen

Nach den Vorschriften der ehemaligen DDR waren Mitglieder der landwirtschaftlichen und gärtnerischen Produktionsgenossenschaften steuerlich in der Weise begünstigt, dass ihre Bezüge aus den Genossenschaften nicht der Einkommensbesteuerung unterworfen wurden. Diese Vorschriften sind seit 1. 1. 1991 nicht mehr anwendbar. Die Mitglieder der landwirtschaftlichen und gärtnerischen Produktionsgenossenschaften unterliegen seit 1991 der Besteuerung nach den Bestimmungen des (bundesdeutschen) EStG. Danach gilt:

Tätigkeitsvergütungen

Die Tätigkeit der Genossenschaftsmitglieder für die Genossenschaft wird regelmäßig im Rahmen eines Dienstverhältnisses ausgeübt. Dementsprechend gehören die Tätigkeitsvergütungen (einschl. Sachbezüge) zu den Einkünften aus **nichtselbständiger Arbeit,** die nach § 38 ff. EStG dem Lohnsteuerabzug unterliegen (vgl. **Teil I, Anlage N**). Die Genossenschaften bzw. die sie vertretenden Personen haben dafür zu sorgen, dass die Lohnsteuer für die Mitglieder ebenso wie für andere Arbeitnehmer von den Tätigkeitsvergütungen einbehalten und an das zuständige Finanzamt abgeführt wird.

Landpacht

Zahlungen der Genossenschaft an ihre Mitglieder aufgrund von Pachtverhältnissen über land- und forstwirtschaftliche Flächen gehören zu den Einkünften aus **Vermietung und Verpachtung** nach § 21 EStG (vgl. **Teil I, Anlage V**). Wenn die Ländereien im Rahmen eines land- und forstwirtschaftlichen Betriebs verpachtet werden, gehören die Pachteinnahmen zu den Einkünften aus Land- und Forstwirtschaft.

Gewinnausschüttungen

Soweit die Genossenschaften an ihre Mitglieder Zahlungen leisten, die weder Tätigkeitsvergütungen noch Pachtzahlungen sind, kann es sich um Einkünfte aus **Kapitalvermögen** nach § 20 Abs. 1 Nr. 1 oder 2 EStG handeln. In diesem Fall wird Kapitalertragsteuer nach § 43 ff. EStG erhoben (vgl. Teil I, Anlage KAP).

d) Veräußerung von land- und forstwirtschaftlichem Grund und Boden

Auf die Ausführungen zu **Zeilen 49 bis 56** dieses Vordrucks wird hingewiesen. Wegen der Bewertung des Grund und Bodens in der auf 1. 7. 1990 zu erstellenden DM-Eröffnungsbilanz vgl. **Zeile 1, Abschn. I h, letzter Absatz.**

Gewinn aus Land- und Forstwirtschaft

2–5 **Buch führende** Land- und Forstwirte müssen ihrer Steuererklärung die **Bilanz** einschließlich der zugehörigen Verlust- und Gewinnrechnung des Wirtschaftsjahrs 2005/2006 beifügen. Die landwirtschaftliche Buchführung weicht in verschiedener Hinsicht von der kaufmännischen Buchführung ab. Insbesondere haben zur Buchführung verpflichtete Land- und Forstwirte **neben** den jährlichen Bestandsaufnahmen und den jährlichen Abschlüssen ein **Anbauverzeichnis** zu führen, in dem nachzuweisen ist, mit welchen Fruchtarten die selbst bewirtschafteten Flächen im abgelaufenen Wirtschaftsjahr bestellt waren. Einzelheiten zur Führung dieses Anbauverzeichnisses und über die Grundsätze der Buchführung in land- und forstwirtschaftlichen Betrieben sind im BMF-Schreiben vom 15. 12. 1981, BStBl I S. 878 geregelt (abgedruckt in Anhang 10 II des Amtlichen ESt-Handbuchs 2004). Sind die Bücher ordnungsgemäß geführt, so ist vom Finanzamt als Gewinn das buchmäßige Ergebnis zugrunde zu legen. Bei Land- und Forstwirten, die zur Buchführung verpflichtet sind, aber keine ordnungsmäßigen Bücher führen, ist der Gewinn im Einzelfall zu schätzen.

Zur **Führung von Büchern** ist der Land- und Forstwirt **verpflichtet,** wenn

a) die selbst bewirtschafteten Flächen und Betriebsteile einen Wirtschaftswert von mehr als 25 000 € haben oder

b) der Gewinn aus Land- und Forstwirtschaft, der für das Kalenderjahr festgestellt wird (zuzüglich berücksichtigte erhöhte Absetzungen und Sonderabschreibungen), 30 000 € überschritten hat oder

c) die Umsätze einschließlich der steuerfreien Umsätze, ausgenommen die Umsätze nach § 4 Nr. 8 bis 10 UStG, 350 000 € im Kalenderjahr überschritten haben

und dem Steuerpflichtigen vor Beginn des Wirtschaftsjahres vom Finanzamt mitgeteilt wird, dass er Bücher zu führen und aufgrund jährlicher Bestandsaufnahmen Abschlüsse zu machen hat (§ 141 Abs. 2 AO, H 129 EStH). Außerdem ist der Land- und Forstwirt, ohne dass ihm eine Mitteilung hierüber zugeht, **buchführungspflichtig,** wenn die Buchführungspflicht nach § 141 Abs. 3 AO auf Übernehmer des Betriebs übergegangen ist oder der Betrieb nach anderen Gesetzen Bücher führen muss (z.B. Betriebe in der Rechtsform einer KG oder OHG).

Die Ermittlung des **Wirtschaftswerts** (Buchst. **a**) ist in § 46 BewG geregelt. Der Wohnungswert (§ 47 BewG) bleibt unberücksichtigt. Bei der Feststellung der Buchführungspflicht ist aber auch der Wirtschaftswert der nicht im Eigentum des Betriebsinhabers stehenden – **zugepachteten** – Flächen mit einzubeziehen. Verpachtete Flächen bleiben unberücksichtigt.

Gesetzliches **Wirtschaftsjahr** ist bei Land- und Forstwirten der Zeitraum vom 1. Juli bis 30. Juni. Bei Betrieben mit einem Futterbauanteil von 80 v. H. und mehr der Fläche der landwirtschaftlichen Nutzung kann als Wirtschaftsjahr der Zeitraum vom 1. 5. bis 30. 4., bei reiner Forstwirtschaft der Zeitraum vom 1. 10. bis 30. 9. bestimmt werden; dabei liegt ein Betrieb dieser Art auch dann vor, wenn daneben in geringem Umfang noch eine andere land- und forstwirtschaftliche Nutzung vorhanden ist (im Einzelnen vgl. – auch für reinen Weinbau – § 8c EStDV). Hat ein Land- und Forstwirt ein vom Kalenderjahr abweichendes Wirtschaftsjahr 2005/2006, das nach dem 28. Februar 2006 geendet hat oder endet, so braucht die Steuererklärung erst bis zum Schluss des dritten Monats nach Ablauf des Wirtschaftsjahrs abgegeben zu werden.

In der Landwirtschaft wird von Ernte zu Ernte gerechnet. Deshalb ist es in der Regel unzweckmäßig, das Betriebsergebnis für das Kalenderjahr zu ermitteln. Auch der Gewinn der nichtbuchführenden Land- und Forstwirte wird für den Zeitraum vom 1. Juli bis 30. Juni ermittelt. Hat ein Buch führender Land- und Forstwirt gleichzeitig einen Gewerbebetrieb, so kann er mit Zustimmung des Finanzamts das landwirtschaftliche Wirtschaftsjahr auch für den Gewerbebetrieb als Wirtschaftsjahr wählen, wenn für den Gewerbebetrieb ordnungsmäßige Bücher geführt werden. **Gartenbaubetriebe, Obstbaubetriebe, Baumschulbetriebe** und **reine Forstbetriebe** können das Kalenderjahr als Wirtschaftsjahr bestimmen. In einigen Oberfinanzbezirken ist auch für Fischzuchtbetriebe – auch für neu hinzukommende Betriebe – das Kalenderjahr als Wirtschaftsjahr bestimmt worden. Hierüber erteilen die Finanzämter Auskunft. Stellt ein Land- und Forstwirt von einem vom Kalenderjahr abweichenden Wirtschaftsjahr auf ein mit dem Kalenderjahr übereinstimmendes Wirtschaftsjahr um, verlängert sich das letzte vom Kalenderjahr abweichende Wirtschaftsjahr um den Zeitraum bis zum Beginn des ersten mit dem Kalenderjahr übereinstimmenden Wirtschaftsjahr; ein Rumpfwirtschaftsjahr ist nicht zu bilden (§ 8c Abs. 2 EStDV).

Besteuert wird das Einkommen, das im **Kalenderjahr** erzielt wird. Deshalb muss der Gewinn aus den Wirtschaftsjahren 2004/2005 und 2005/2006 auf das Kalenderjahr umgerechnet werden. Die Aufteilung geschieht nach dem **zeitlichen** Anteil, wobei Veräußerungsgewinne i. S. des § 14 EStG bei der Aufteilung auszuscheiden sind (s. hierüber Ausführungen bei **Zeilen 11 bis 19**). Die auf das Kalenderjahr 2005 entfallenden Gewinnanteile der Wirtschaftsjahre 2004/2005 und 2005/2006 müssen deshalb in den Zeilen 2 bis 5 **besonders** angegeben werden.

Stimmt das Wirtschaftsjahr mit dem Kalenderjahr überein, so kann der Gewinn 2005 unmittelbar in die vorgesehene Spalte der Zeile 2 eingetragen werden. Wegen der Gewinnermittlung nach § 13a EStG (Zeilen 4 und 5) wird auf die Erläuterungen zu **Zeilen 29 bis 46** der Anlage L hingewiesen.

Gewinne aus der Veräußerung einzelner land- und forstwirtschaftlich genutzter Grundstücksflächen gehören zum **laufenden** Gewinn und sind deshalb mit diesem hier einzutragen (vgl. auch **Zeilen 49 bis 56**). Wegen der Behandlung von **Entschädigungen für Wirtschaftserschwernisse** vgl. BMF-Schreiben vom 5. 3. 1992 (BStBl I S. 187). Bei Gewinnermittlung nach **Durchschnittssätzen** gemäß § 13a EStG in den **neuen Bundesländern** sind Entschädigungen für Wirtschaftserschwernisse mit dem Grundbetrag abgegolten (BMF-Schreiben vom 9. 2. 1993, BStBl I S. 241).

Teil I: Anlage L
Zeilen 6–10

Einkünfte als Mitunternehmer und bei gesonderter Feststellung für ein Einzelunternehmen

6–7 Als **Beteiligungen** kommen z.B. solche an Erbengemeinschaften, Realgemeinden, Gesellschaften des bürgerlichen Rechts in Betracht, soweit die Gemeinschaft oder Gesellschaft Einkünfte aus Land- und Forstwirtschaft bezieht. Eine Beteiligung liegt z.B. vor, wenn der alternde oder kranke Vater seinen im Betrieb mitarbeitenden erwachsenen Sohn (Hoferben) als Teilhaber aufnimmt **oder** wenn mit dem Betrieb ein Betriebszweig verbunden ist, dessen Leitung spezielle Fähigkeiten voraussetzt, und der am Betrieb beteiligte Familienangehörige gerade diese Erfordernisse erfüllt. Ein Beteiligungsverhältnis liegt auch vor, wenn die Schwiegertochter (Schwiegersohn) Grundstücke in die Ehe einbringt und diese Grundstücke mit den Grundstücken der Schwiegereltern auf gemeinsame Rechnung bewirtschaftet werden.

Ein Gesellschafter kann sich durch **Mitarbeit** oder **Kapital** oder beides zugleich beteiligen. Beteiligt er sich nur kapitalmäßig, so können hieraus vom Finanzamt noch keine Bedenken gegen die Anerkennung einer Gesellschaft zum Betrieb der Landwirtschaft für gemeinsame Rechnung hergeleitet werden. Eine Beteiligung der Kinder am Grund und Boden ist nicht unbedingt erforderlich. Ferner kann nicht gefordert werden, dass auch das Wohngebäude und die Betriebsgebäude im Miteigentum der Gesellschafter stehen. Der Betrieb muss aber mindestens im Innenverhältnis auf **gemeinsame Rechnung** geführt werden. Es ist jedoch nicht erforderlich, dass die Gesellschaft als solche nach außen in Erscheinung tritt. Die Gewinn**verteilung** muss nach wirtschaftlich vernünftigen Grundsätzen erfolgen.

Gehört land- und fortswirtschaftlicher Grundbesitz **Eheleuten** gemeinsam (z.B. auf Grund einer bestehenden ehelichen Gütergemeinschaft) oder gehört jedem Ehegatten ein erheblicher Teil des landwirtschaftlichen Grundbesitzes (mehr als 20 v.H. des Einheitswerts des Betriebs) zu Alleineigentum oder zu Miteigentum und arbeiten die Eheleute gemeinsam in der Landwirtschaft, so ist eine **Mitunternehmerschaft zwischen den Ehegatten** zu bejahen, ohne dass Vereinbarungen über ein Gesellschaftsverhältnis vorliegen müssen (BFH-Urteil vom 30.6.1983, BStBl II S. 636). Die Mitunternehmerschaft ist hier in der wirtschaftlichen Zweckgemeinschaft begründet, zu der sich die Eheleute durch den gemeinsamen Einsatz und die gemeinsame Bearbeitung ihres beiderseitigen landwirtschaftlichen Grundbesitzes zum Zweck der gemeinsamen Erzielung von Gewinn zusammengeschlossen haben. Diese Rechtsprechung ist in den BFH-Urteilen vom 14.8.1986 (BStBl 1987 II S. 17) und vom 22.1.2004 (BStBl II S. 500) bestätigt worden. Bereits im Urteil vom 27.2.1962 (BStBl III S. 214) hatte der BFH entschieden, dass Eheleute, wenn sie gemeinsam einen landwirtschaftlichen Betrieb auf Grundstücken bewirtschaften, die zu einem wesentlichen Teil – d.h. zu mehr als 20 v.H. – teils dem einen und teils dem anderen Ehegatten gehören, als Mitunternehmer zu behandeln sind (im Einzelnen vgl. H 126 EStH). Die Mitarbeit der beiden Ehegatten im Betrieb braucht nicht gleichartig und nicht gleichwertig zu sein. Ein Zusammenwirken der Ehegatten zur Erreichung eines gemeinsamen wirtschaftlichen Ziels im Sinne einer Innengesellschaft wird angenommen, wenn die Mitarbeit der Ehegatten auf unternehmerischer oder beruflicher Grundlage beruht und sonach über die übliche Zusammenarbeit innerhalb der Ehe hinausgeht (vgl. BFH-Urteil vom 2.2.1989, BStBl II S. 504). Nach dem BFH-Urteil vom 27.1.1994 (BStBl II S. 462) reicht es zur stillschweigenden Begründung einer Mitunternehmerschaft nicht aus, dass dem einen Ehegatten die Hofstelle oder ein Anteil daran übertragen wird, die landwirtschaftlich genutzten Flächen aber im Eigentum des anderen Ehegatten verbleiben.

Überlässt ein Ehegatte sein Nutzungsrecht an dem ihm gehörenden land- und forstwirtschaftlichen Grundbesitz durch **ausdrückliche vertragliche Abmachung** (Pachtvertrag, Einräumung eines Nießbrauchrechts) dem anderen Ehegatten gegen **angemessenes Entgelt,** so ist es nach der Rechtsprechung nicht möglich, allein wegen der Eigentumsrechte am Grundbesitz und der Mitarbeit beider Ehegatten im Betrieb eine Mitunternehmerschaft anzunehmen. Bei **unentgeltlicher** Nutzungsüberlassung (Leihvertrag, Einräumung eines Nießbrauchsrechts) wird eine Mitunternehmerschaft hingegen nur dann verneint, wenn eine über den Rahmen der ehelichen Beziehungen hinausgehende Mitarbeit des überlassenden Ehegatten im Betrieb nicht stattfindet (BFH-Urteil vom 14.8.1986, BStBl 1987 II S. 20). In Fällen der Nutzungsüberlassung prüft das Finanzamt auch, ob der von den Ehegatten geschlossene Vertrag ernsthaft vereinbart ist und tatsächlich durchgeführt wird. Letzteres setzt unter anderem voraus, dass zwischen der privaten Sphäre des Verpächter-Ehegatten und der betrieblichen Sphäre des Unternehmer-Ehegatten in finanzieller Hinsicht und bezüglich der Dispositionsbefugnisse eine klare Trennung besteht. Wird durch den Abschluss eines Nutzungsüberlassungsvertrags eine bisher bestehende Mitunternehmerschaft beendet, so bedeutet dies die **Aufgabe** des Mitunternehmeranteils und eine Gewinnrealisierung hinsichtlich der dadurch aus dem Betriebsvermögen ausscheidenden Wirtschaftsgüter.

Feststellungszeitraum für die **gesonderte Feststellung** der Einkünfte aus Land- und Forstwirtschaft der Mitunternehmer (oder ausnahmsweise eines Einzelunternehmens, vgl. unten) ist das Kalenderjahr; die Einkünfte selbst sind aber auch hierbei zunächst für das Wirtschaftsjahr zu ermitteln und zeitanteilig dem jeweiligen Kalenderjahr zuzuordnen **(Zeilen 2 bis 5).**

In Zeilen 6 oder 7 (je nach Art der Gewinnermittlung) ist im Falle einer Mitunternehmerschaft **nicht** der Gesamtgewinn, sondern nur der Gewinn**anteil** des Beteiligten anzugeben. Dieser ist ggf. bei der Gesellschaft oder Gemeinschaft zu erfragen. Wird bei einem **Einzelunternehmen** wegen örtlicher Zuständigkeit verschiedener Finanzämter eine **gesonderte Feststellung** durchgeführt (vgl. Erläuterungen in **Teil I, Anlage GSE, Zeile 5**), ist hier das Ergebnis dieser Feststellung einzutragen; und zwar in **Zeile 6**, wenn der Gewinn durch Betriebsvermögensvergleich oder Überschussrechnung ermittelt wird und in **Zeile 7** bei Gewinnermittlung nach Durchschnittssätzen (§ 13a EStG).

Zu den Einkünften aus Land- und Forstwirtschaft gehören auch die Einkünfte aus Tierzucht und Tierhaltung einer Mitunternehmergesellschaft (**landwirtschaftliche Tierhaltungskooperationen**), wenn die Voraussetzungen des § 51a des Bewertungsgesetzes erfüllt sind.

Die Übertragung einzelner Wirtschaftsgüter aus den Einzelbetrieben der Mitglieder auf einen der gemeinschaftlichen Tierhaltung dienenden Betrieb einer Erwerbs- und Wirtschaftsgenossenschaft oder eines Vereins gegen Gewährung von Mitgliedsrechten ist dadurch begünstigt, dass die auf den dabei entstehenden Gewinn entfallende Einkommensteuer auf Antrag in jährlichen Teilbeträgen entrichtet werden kann; der einzelne Teilbetrag muss aber mindestens ⅕ der Steuer betragen (§ 13 Abs. 6 EStG).

8 Wegen der Beteiligung an **Verlustzuweisungsgesellschaften** und **ähnlichen Modellen i.S. des § 2b EStG** wird auf die Erläuterungen in Teil I, **Anlage GSE, Zeile 9** hingewiesen.

Halbeinkünfteverfahren

9 Das in Teil I, Anlage KAP, Zeilen 21 bis 25 beschriebene Halbeinkünfteverfahren greift auch dann ein, wenn sich die Anteile an Körperschaften (Aktien, GmbH- oder Genossenschaftsanteile) im Betriebsvermögen befinden. Auf die Erläuterungen in **Teil I, Anlage GSE, Zeile 10**, die hier entsprechend gelten, wird Bezug genommen.

Freibetrag für die Abfindung weichender Erben nach § 14a Abs. 4 EStG

10 Für den Freibetrag nach § 14a Abs. 4 EStG, der hier zu beantragen und durch Einzelangaben auf besonderem Blatt zu erläutern ist, gilt:

Veräußert oder entnimmt ein Steuerpflichtiger nach dem 31.12.1979 und vor dem 1.1.2006 **Teile des** zu einem land- und forstwirtschaftlichen Betrieb gehörenden **Grund und Bodens**, so wird der bei der Veräußerung oder Entnahme entstehende Gewinn auf Antrag nur insoweit zur Einkommensteuer herangezogen, als er den Betrag von **61 800 €** übersteigt. Die **Vergünstigung setzt** allerdings weiter **voraus,** dass

1. der Veräußerungspreis nach Abzug der Veräußerungskosten oder der Grund und Boden innerhalb von **12** Monaten nach der Veräußerung oder Entnahme in sachlichem Zusammen-

hang mit der Hoferbfolge oder Hofübernahme **zur Abfindung weichender Erben** verwendet wird und

2. das **Einkommen** des Steuerpflichtigen **ohne** Berücksichtigung des Veräußerungs- oder Entnahmegewinns und des Freibetrags in dem dem Veranlagungszeitraum der Veräußerung oder Entnahme **vorangegangenen** Veranlagungszeitraum den Betrag von **18 000 €** nicht überstiegen hat. Bei Ehegatten, die zusammen veranlagt werden, erhöht sich dieser Betrag auf **36 000 €**.

Übersteigt das Einkommen den Betrag von 18 000 €, so **vermindert** sich der Freibetrag von 61 800 € für jede angefangenen 250 € des übersteigenden Einkommens um 10 300 €. Bei Ehegatten, die zusammen veranlagt werden und deren Einkommen 36 000 € übersteigt, vermindert sich der Freibetrag von 61 800 € für jede angefangenen 500 € des übersteigenden Einkommens um 10 300 €.

Werden mehrere weichende Erben abgefunden, so kann der Freibetrag mehrmals, jedoch insgesamt nur **einmal je weichender Erbe** geltend gemacht werden, auch wenn die Abfindung in mehreren Schritten oder durch mehrere Inhaber des Betriebs vorgenommen wird. **Weichender Erbe** ist, wer gesetzlicher Erbe eines Inhabers eines land- und forstwirtschaftlichen Betriebs ist oder bei gesetzlicher Erbfolge wäre, aber nicht zur Übernahme des Betriebs berufen ist. Eine Stellung als Mitunternehmer des Betriebs **bis zur Auseinandersetzung** steht einer Behandlung als weichender Erbe nicht entgegen, wenn sich die Erben **innerhalb von zwei Jahren nach dem Erbfall** auseinander setzen. Hierdurch ist der Rechtsprechung des BFH zur Behandlung der Erbauseinandersetzung (Beschluss des Großen Senats vom 5. 7. 1990, BStBl II S. 837, und BMF-Schreiben vom 11. 1. 1993, BStBl I S. 62) Rechnung getragen worden. Ist ein zur Übernahme des Betriebs berufener Miterbe noch **minderjährig,** beginnt die Frist von zwei Jahren mit Eintritt der Volljährigkeit.

Verwendet der Steuerpflichtige den Veräußerungspreis oder entnimmt er den Grund und Boden nur zu einem **Teil** zu dem oben angegebenen begünstigten Zweck, so ist nur der entsprechende Teil des Veräußerungs- oder Entnahmegewinns steuerfrei. Wegen weiterer Einzelheiten vgl. R 133b EStR und H 133 b EStH.

Auf die Freibeträge nach § 14a Abs. 4 EStG n. F. werden die Freibeträge, die nach § 14a Abs. 4 EStG in den vor dem 1. 1. 1986 geltenden Fassungen gewährt worden sind, **angerechnet.** Dagegen werden Freibeträge für frühere Veräußerungen zum Zweck der Schuldentilgung nicht angerechnet.

Der Freibetrag nach § 14a Abs. 4 EStG soll dazu beitragen, dass der Bestand land- und forstwirtschaftlicher Betriebe bei Erbauseinandersetzungen und Hofübergaben nicht gefährdet wird. Der Freibetrag kommt daher nur in Betracht, wenn der Betrieb in vorweggenommener Erbfolge oder von Todes wegen auf einen oder mehrere Hofübernehmer unentgeltlich zu Eigentum übergeht und einzelne Grundstücke zum Zweck der Abfindung weichender Erben veräußert oder entnommen werden (BFH-Urteil vom 9. 5. 1996, BStBl II S. 476). Für Zuwendungen an den (künftigen) Hofübernehmer ist der Freibetrag nicht möglich. Der Freibetrag wird nicht gewährt, wenn der Betrieb nicht übergeben oder vererbt, sondern aufgegeben oder veräußert werden soll (vgl. BFH-Urteil vom 21. 3. 1985, BStBl II S. 614). Eine Betriebsaufgabe steht der Anwendung des § 14a Abs. 4 EStG allerdings nur dann entgegen, wenn damit eine Übertragung an den Hoferben endgültig ausgeschlossen ist (BFH-Urteil vom 12. 9. 2002, BStBl II S. 813). Der Freibetrag begünstigt im Übrigen nur Gewinnverwirklichungen beim Grund und Boden und nicht solche aus der Veräußerung oder Entnahme von Gebäuden, von lebendem und totem Inventar usw. Einzelfragen (z. B. zum Kreis der Abfindungsempfänger, zum Zusammenhang mit der Hoferbfolge, Hofübergabe oder -übernahme, zur Personenbezogenheit des Freibetrags usw.) sind in R 133b EStR sowie in der Landwirtschaftskartei der Oberfinanzdirektion Karlsruhe, Abschn. J IV Nr. 1 geregelt.

Da die vorbezeichneten Veräußerungs- oder Entnahmegewinne einzelner Grundstücksflächen laufende Gewinne darstellen, sind sie in die **zeitliche Aufteilung** des Gewinns aus Land- und Forstwirtschaft einzubeziehen. Deshalb ist auch der in Betracht kommende Freibetrag entsprechend zeitanteilig aufzuteilen.

Besonderheiten bei bestimmten Veräußerungsgewinnen

Gewinne aus der **Veräußerung oder Aufgabe eines land- und forstwirtschaftlichen Betriebs im ganzen,** eines **Teilbetriebs** oder eines gesamten **Mitunternehmeranteils** an einem Betrieb (§ 14 EStG) sind nur dann anzusetzen, wenn sie im Kalenderjahr 2005 **entstanden** sind. Diese Gewinne werden also **nicht** zeitanteilig aufgeteilt. Auch nichtbuchführungspflichtige oder nichtbuchführende Land- und Forstwirte, deren Gewinne nach Durchschnittssätzen ermittelt werden, haben den bei der Veräußerung oder Aufgabe des Betriebs (Teilbetriebs, Mitunternehmeranteils) sich ergebenden Veräußerungsgewinn zu versteuern. Bei **Bauernwaldungen** genügt in der Regel schon die räumlich zusammenhängende Lage einer Forstfläche, um sie als **Teilbetrieb** anzusehen (wegen der Mindestgröße eines forstwirtschaftlichen Betriebs oder Teilbetriebs vgl. aber BFH-Urteil vom 26. 6. 1985, BStBl II S. 549). Bei der Veräußerung eines Betriebs oder Teilbetriebs sind im Veräußerungspreis meist **Entschädigungen für Feldinventar und stehende Ernte** enthalten. Wegen der Berechnung des Veräußerungsgewinns in diesen Fällen vgl. R 131 Abs. 2 EStR. Für den Fall der Veräußerung forstwirtschaftlicher Betriebe oder Teilbetriebe sowie von einzelnen forstwirtschaftlichen Grundstücksflächen sind Einzelheiten in R 131 Abs. 4 EStR geregelt. Bei durch behördlichen Zwang veranlassten Veräußerungen vgl. R 132 EStR. Ist bei der Veräußerung bestimmter Wirtschaftsgüter des Anlagevermögens, z. B. anlässlich der landwirtschaftlichen Aussiedlung aus zu enger Dorflage, ein Gewinn entstanden, so kann – bei Gewinnermittlung durch Bilanzierung – nach § 6b EStG oder – wenn der Gewinn nach dem Überschuss der Betriebseinnahmen über die Betriebsausgaben bzw. nach Durchschnittssätzen ermittelt wird – im Rahmen des § 6c EStG eine Übertragung stiller Reserven in Betracht kommen.

Zum Veräußerungsgewinn zählen auch die **Gewinne,** die auf die Veräußerung oder Entnahme des **Grund und Bodens** entfallen; im Einzelnen siehe dazu die Erläuterungen zu **Zeile 1, Abschn. I h** der Anlage L.

Da das Wohngebäude des Landwirts, das die bei Betrieben gleicher Art übliche Größe nicht überschreitet, nach der bis **31. 12. 1986** geltenden Rechtslage zum Betriebsvermögen gehörte, war bis zu diesem Zeitpunkt grundsätzlich der auf den gesamten Gebäudebestand **einschließlich des Wohngebäudes** entfallende Veräußerungsgewinn steuerpflichtig. Seit **1. 1. 1987** kann wegen des Wegfalls der Nutzungswertbesteuerung bestimmter Wohnungen aufgrund des Wohneigentumsförderungsgesetzes (BStBl 1986 I S. 278) der auf die **Wohnung** des Landwirts und den **dazugehörenden Grund und Boden** entfallende Veräußerungsgewinn steuerfrei bleiben. Wegen der Einzelheiten wird auf die Ausführungen zu **Zeilen 57 bis 59 und 60** der Anlage L hingewiesen.

Bei Betriebsveräußerungen und -aufgaben **bis 31. 12. 1995** war der Veräußerungsgewinn nur steuerpflichtig, soweit er bei Veräußerung (Aufgabe) **des ganzen Betriebs** 30 000 DM und bei Veräußerung (Aufgabe) eines **Teilbetriebs** oder Anteils am Betriebsvermögen den entsprechenden Teil von 30 000 DM überstieg. Der **Freibetrag** von 30 000 DM wurde bis zu einem Veräußerungsgewinn von 100 000 DM voll gewährt. Überstieg der Veräußerungsgewinn bei Veräußerung oder Aufgabe des ganzen Betriebs 100 000 DM, so verringerte sich der Freibetrag von 30 000 DM um den 100 000 DM übersteigenden Betrag des Veräußerungsgewinns. Der Freibetrag lief sonach bei einem Veräußerungsgewinn von 130 000 DM aus.

Die vorgenannten Beträge von 30 000 DM bzw. 100 000 DM **erhöhten** sich auf 120 000 DM bzw. 300 000 DM, wenn der Steuerpflichtige **nach Vollendung seines 55. Lebensjahres** oder **wegen dauernder Berufsunfähigkeit** seinen Betrieb veräußerte oder aufgab. In diesen Fällen wurde der 120 000-DM-Freibetrag bis zu einem Veräußerungsgewinn von 300 000 DM voll gewährt; er verminderte sich dann um den 300 000 DM übersteigenden Teil des Veräußerungsgewinns, sodass er erst bei einem Veräußerungsgewinn von 420 000 DM 0 DM erreichte. Bei der Veräußerung von Teilbetrieben oder Mitunternehmeranteilen wurde ein dem veräußerten Teilbetrieb oder Anteil entsprechender anteiliger Frei-

Teil I: Anlage L
Zeilen 20–24

betrag gewährt, der sich nach dem Anteil am erzielbaren gesamten Veräußerungsgewinn bestimmte.

Bei Betriebsveräußerungen und -aufgaben **nach dem 31. 12. 1995** und **vor dem 1. 1. 2001** wurde nur noch ein **Freibetrag von 60 000 DM** gewährt, **sofern** der Steuerpflichtige im Zeitpunkt der Veräußerung oder Aufgabe das **55. Lebensjahr vollendet** hatte oder er **im sozialversicherungsrechtlichen Sinne dauernd berufsunfähig** war. Durch das Steuersenkungsgesetz (BStBl 2000 I S. 1428) wurde der Freibetrag von 60 000 DM für Betriebsveräußerungen und -aufgaben **nach dem 31. 12. 2000** bei ansonsten unveränderter Rechtslage auf 100 000 DM erhöht. Ab **1. 1. 2002** belief sich der Freibetrag auf **51 200 €**. Durch Art. 9 des Haushaltsbegleitgesetzes 2004 vom 29. 12. 2003 (BStBl 2004 I S. 120) ist der Freibetrag ab **1. 1. 2004** auf **45 000 €** herabgesetzt worden. Auch dieser Freibetrag setzt voraus, dass der Steuerpflichtige im Zeitpunkt der Veräußerung/Aufgabe das 55. Lebensjahr vollendet hat oder dauernd berufsunfähig ist. Der Freibetrag von ursprünglich 60 000 DM bzw. später 51 200 € und jetzt 45 000 € ist antragsgebunden und wird dem Steuerpflichtigen **nur noch einmal im Leben** – nicht etwa einmal pro Einkunftsart, vgl. Zeilen 12 bis 21 der Anlage GSE – gewährt (Objektbeschränkung; vgl. R 131 Abs. 5 EStR). Der Abzug eines Freibetrags ist daher ausgeschlossen, wenn der Steuerpflichtige für eine Betriebsveräußerung oder -aufgabe nach dem **31. 12. 1995** bereits einen Freibetrag in Anspruch genommen hat (gleichgültig bei welcher Einkunftsart). Wie früher **ermäßigt** sich der Freibetrag um den Betrag, um den der Veräußerungs- oder Aufgabegewinn (ab 2004) **136 000 €** übersteigt (§ 16 Abs. 4 EStG). Bei einem Veräußerungs- oder Aufgabegewinn von (ab 2004) 181 000 € entfällt deshalb der Freibetrag ganz. Bei dem Grenzbetrag von 136 000 € ist auf den Veräußerungs- oder Aufgabevorgang abzustellen, nicht etwa auf einen Veranlagungs- oder Lebenszeitraum.

Für die Höhe des Freibetrags ist unerheblich, ob der Steuerpflichtige einen ganzen Betrieb, einen Teilbetrieb oder einen gesamten Mitunternehmeranteil veräußert oder aufgibt. Der Steuerpflichtige, der die o.a. persönlichen Voraussetzungen erfüllt, kann wählen, für welchen (begünstigten) Veräußerungs- oder Aufgabefall er den Freibetrag beanspruchen will, falls er nacheinander mehrere Betriebe, Teilbetriebe oder ganze Mitunternehmeranteile veräußert oder aufgibt. Ein beantragter Freibetrag führt aber auch dann zu einem Verbrauch im Sinne der o.a. Objektbeschränkung, wenn der Freibetrag nicht voll ausgeschöpft werden kann, weil der betreffende Veräußerungs- oder Aufgabegewinn niedriger ist als der mögliche Freibetrag.

Hat der Steuerpflichtige bei Betriebsveräußerungen oder -aufgaben **vor 1996** einen Freibetrag nach § 14 i.V. mit § 16 Abs. 4 EStG erhalten, so bleibt dieser unberücksichtigt, d.h. der frühere Freibetrag führt nicht zur Versagung eines Freibetrags bei einer nach dem 31. 12. 1995 stattfindenden Betriebsveräußerung oder -aufgabe (§ 52 Abs. 34 EStG). Liegen die o.a. Voraussetzungen für einen Freibetrag vor **und wird dieser beantragt**, so ist der entsprechende Veräußerungs- oder Aufgabegewinn in **Zeile 13** der Anlage L einzutragen, ansonsten in Zeile **16**. Ein etwaiger Freibetrag ist dabei **nicht** abzuziehen; er wird vom Finanzamt berücksichtigt. Wegen Einzelheiten, u.a. zur Bedeutung der **Zeilen 14, 17 und 19** der Anlage L (**Halbeinkünfteverfahren**), wird auf die Ausführungen zu **Zeilen 12 bis 21 und 16/19 der Anlage GSE** hingewiesen.

Der steuerpflichtige Veräußerungsgewinn unterliegt im Rahmen des § 34 Abs. 1 oder 3 EStG auf Antrag nur einer **ermäßigten Besteuerung** (vgl. Erläuterungen in **Teil I, Anlage GSE, Zeilen 17/20 und 25**). Wird bei Betriebsveräußerung/ -aufgabe wegen dauernder Berufsunfähigkeit oder Vollendung des 55. Lebensjahrs **einmal im Leben** ein **ermäßigter Steuersatz** beantragt, ist **Zeile 15** oder **18** der Anlage L auszufüllen.

Das lebende und tote Inventar eines land- und forstwirtschaftlichen Betriebs bildet für sich allein regelmäßig keinen Teilbetrieb (BFH-Urteil vom 19. 2. 1976, BStBl II S. 415). Die Verkleinerung eines land- und forstwirtschaftlichen Betriebs führt nicht zu einer Betriebsaufgabe (BFH-Urteil vom 12. 11. 1992, BStBl 1993 II S. 430).

Bei der **Veräußerung** des Betriebs **gegen** eine **Leibrente** braucht im Veräußerungsjahr ein Veräußerungsgewinn in der Regel nicht ermittelt und versteuert zu werden. Die Leibrentenbezüge sind nämlich **erst dann** als nachträgliche landwirtschaftliche Einkünfte zu versteuern, wenn sie das steuerliche Kapitalkonto und die Veräußerungskosten übersteigen. Bei Veräußerungen ab **2004** gilt dies für den Kapitalanteil der Rentenbezüge; der in den Rentenleistungen enthaltene Zinsanteil stellt bereits im Zeitpunkt des Zuflusses nachträgliche Betriebseinnahmen dar. Vom Steuerpflichtigen kann aber auch die sofortige Besteuerung des Veräußerungsgewinns (Unterschied zwischen dem Barwert der Leibrente und dem steuerlichen Kapitalkonto) unter Berücksichtigung der Veräußerungskosten **gewählt** werden. In diesem Fall sind die laufenden Rentenbezüge nur mit dem Ertragsanteil nach § 22 Nr. 1 Satz 3a, bb EStG n.F. steuerpflichtig (Näheres vgl. **Teil II, Tz. 6 und 7** sowie R 139 Abs. 11 EStR).

Wegen der Rechtsprechung des BFH zur Behandlung der **Erbauseinandersetzung** (Beschluss des Großen Senats vom 5. 7. 1990, BStBl II S. 837) wird auf die Ausführungen in **Teil I, Anlage GSE, Zeilen 12 bis 21** hingewiesen. Sonderfragen zur Erbfolge und Erbauseinandersetzung im Bereich der Land- und Forstwirtschaft sind im BMF-Schreiben vom 11. 1. 1993 (BStBl I S. 62, insbesondere Tz. 86 ff.) unter Berücksichtigung der Änderungen durch BMF-Schreiben vom 5. 12. 2002 (BStBl I S. 1392) geregelt. Zur Übertragung von land- und forstwirtschaftlichem Betriebsvermögen im Rahmen der **vorweggenommenen Erbfolge** hat der BMF im Schreiben vom 13. 1. 1993 (BStBl I S. 80, insbesondere Tz. 42 ff.) Stellung genommen. Die genannten BMF-Schreiben sind auch in Anhang 13 des Amtlichen ESt-Handbuchs 2004 abgedruckt.

20 Die Erläuterungen in **Teil I, Anlage GSE, Zeile 24** gelten hier entsprechend.

21 Auf die Ausführungen in **Teil I, Anlage GSE, Zeilen 25 und 55 bis 56** wird Bezug genommen.

Tarifermäßigung bei außerordentlichen Einkünften aus Holznutzungen

22 Seit dem Veranlagungszeitraum 1999 sind Gewinne aus außerordentlichen Holznutzungen i.S. des § 34b Abs. 1 Nr. 1 EStG, d.h. aus **Einschlägen über dem festgesetzten Nutzungssatz**, nicht mehr durch den halben Steuersatz, sondern nur noch durch die Tarifabschwächung des § 34 Abs. 1 EStG (sog. **Fünftel-Regelung**) begünstigt. Einzelheiten sind in **Teil I, Anlage GSE, Zeile 25** dargestellt.

Ein **ermäßigter Steuersatz** kommt nach § 34b Abs. 3 EStG nur noch für Einkünfte aus **Kalamitätsnutzungen außerhalb des Nutzungssatzes** in Betracht. Für Gewinne aus Kalamitätsnutzungen, soweit sie den Nutzungssatz übersteigen, bemisst sich die Einkommensteuer nach der Hälfte, soweit sie den doppelten Nutzungssatz übersteigen, nach einem Viertel des durchschnittlichen Steuersatzes.

Nach § 34b Abs. 4 EStG können außerordentliche Einkünfte aus Forstwirtschaft nur unter den dort bezeichneten Voraussetzungen anerkannt werden.

Die erforderlichen Angaben sind in dem Vordruck „Anlage Forstwirtschaft" zu machen, der die Anlage L insoweit ergänzt. Die „Anlage Forstwirtschaft" kann ggf. beim Finanzamt angefordert werden.

Kalamitätsnutzungen sind Nutzungen, die durch Eis-, Schnee-, Windbruch oder Windwurf, Erdbeben, Bergrutsch, Insektenfraß, Brand oder ein anderes Naturereignis verursacht werden, das in seinen Folgen diesen Ereignissen gleichkommt. Zu den begünstigten Holznutzungen zählen nicht Schadensfälle, die in der Forstwirtschaft regelmäßig entstehen (R 206 EStR).

Abzugsbeschränkung für Schuldzinsen wegen Überentnahmen

23–24 Die hier vorgesehenen Angaben dienen der Prüfung, ob der Abzug betrieblich veranlasster **Schuldzinsen** als Betriebsausgabe nach § 4 Abs. 4a EStG wegen Überentnahmen **eingeschränkt** ist. Auf die Erläuterungen in **Teil I, Anlage GSE, Zeilen 27 bis 28 und 57 bis 58**, die hier entsprechend gelten, wird hingewiesen.

Teil I: Anlage L
Zeilen 25–48

Antrag zur Form der Gewinnermittlung

25–27 Bei nicht zur Buchführung verpflichteten Steuerpflichtigen, die unter § 13a Abs. 1 EStG fallen und **freiwillig** Bücher führen, wird der nach den Büchern ermittelte Gewinn **nur auf Antrag** der Besteuerung zugrunde gelegt. Der Antrag ist schriftlich bis zur Abgabe der Steuererklärung, jedoch **spätestens 12 Monate** nach Ablauf des ersten Wirtschaftsjahres, auf das er sich bezieht, zu stellen. Er kann innerhalb dieser Frist zurückgenommen werden. Ein Land- und Forstwirt, **der einen solchen Antrag stellt** und den Gewinn durch Betriebsvermögensvergleich ermittelt, **ist auch für die folgenden drei Wirtschaftsjahre verpflichtet,** den Gewinn **in gleicher Weise** zu ermitteln (§ 13a Abs. 2 EStG).

Entsprechendes gilt bei einem Antrag auf Besteuerung des durch Vergleich der Betriebseinnahmen mit den Betriebsausgaben ermittelten Gewinns (Überschussrechnung), es sei denn, dass der Steuerpflichtige vorher buchführungspflichtig wird (BFH-Urteil vom 18. 3. 1993, BStBl II S. 549). Wegen der Buchführungspflicht vgl. Ausführungen zu **Zeilen 2 bis 5.**

Wird trotz gestellten Antrags für eines der vier aufeinander folgenden Wirtschaftsjahre keine Gewinnermittlung durch Betriebsvermögensvergleich oder Überschussrechnung vorgelegt, ist der Gewinn für den **gesamten vierjährigen Antragszeitraum** nach Durchschnittssätzen gemäß § 13a EStG zu ermitteln.

29–46 Die Angaben in den **Zeilen 29ff.** dienen u. a. der Gewinnermittlung nach Durchschnittssätzen gemäß § 13a EStG. Die Seiten 2 und 3 des Vordrucks sind unabhängig von der Art der Gewinnermittlung stets auszufüllen.

Das Finanzamt übersendet die Anlage L auch denjenigen Landwirten zur Ausfüllung, die nicht zur Buchführung verpflichtet sind sowie solchen nicht zur Buchführung verpflichteten Betriebsinhabern, die zwar freiwillig Bücher führen, die aber nicht beantragt haben, das Buchführungsergebnis der Besteuerung zugrunde zu legen. Der Gewinn dieser Betriebe wird vom Finanzamt nach Durchschnittssätzen gemäß § 13a EStG berechnet. Dieser Gewinn setzt sich zusammen aus einem Grundbetrag und Zu- und Abrechnungen gemäß § 13a Abs. 3 bis 6 EStG. Einzelheiten sind in R 129 und 130 EStR geregelt. **Gewillkürtes** Betriebsvermögen (vgl. **Teil I, Anlage GSE, Zeile 1 Abschn. 1 A**) kann bei der Gewinnermittlung nach Durchschnittssätzen nicht gebildet werden (BFH-Urteil vom 23. 5. 1991, BStBl II S. 798). Es kommt nur in den Fällen des Wechsels der Gewinnermittlungsart und der Nutzungsänderung in Betracht (R 13 Abs. 16 EStR).

Nach § 13a EStG in der ab 1999 geänderten Fassung ist der **Gewinn nach Durchschnittssätzen zu ermitteln,** wenn

a) keine Buchführungspflicht besteht (vgl. **Zeilen 2 bis 5**) und

b) die selbst bewirtschaftete Fläche der landwirtschaftlichen Nutzung (§ 34 Abs. 2 Nr. 1 Buchst. a BewG) ohne Sonderkulturen (§ 52 BewG) **nicht 20 Hektar überschreitet** und

c) die Tierbestände **insgesamt 50 Vieheinheiten** (Anlage 1 zum BewG) **nicht übersteigen** und

d) der Wert der selbst bewirtschafteten Sonderrnutzungen nicht mehr als 2 000 DM (umgerechnet 1 023 €) je Sondernutzung beträgt.

Der Gewinn ist letztmalig für das Wirtschaftsjahr nach Durchschnittssätzen zu ermitteln, das nach Bekanntgabe der Mitteilung endet, durch die das Finanzamt auf den Beginn der Buchführungspflicht (§ 141 Abs. 2 AO) oder den Wegfall einer anderen Voraussetzung (obige Buchst. a bis d) hingewiesen hat.

Betriebsverpachtung, Betriebsstilllegung

47–48 Für die Fälle der **Verpachtung des ganzen Betriebs** wird auf die Ausführungen in **Teil I, Anlage GSE, Zeilen 12 bis 21** hingewiesen. Nach dem BMF-Schreiben vom 1. 12. 2000 (BStBl I S. 1556) gelten bei der Verpachtung eines land- und forstwirtschaftlichen Betriebs im Ganzen aber folgende **Besonderheiten:**

Veräußerungen und Entnahmen von Grundstücken berühren das Fortbestehen eines im Ganzen verpachteten land- und forstwirtschaftlichen Betriebs nur dann, wenn die im Eigentum des Verpächters verbleibenden Flächen nicht mehr ausreichen, um nach Beendigung des Pachtverhältnisses einen land- und forstwirtschaftlichen Betrieb zu bilden. Das Schicksal der Wirtschaftsgebäude ist für die Annahme einer Zwangsbetriebsaufgabe unerheblich, da auch die Veräußerung oder Entnahme von einzelnen Flächen des Grund und Bodens – als wesentliche Betriebsgrundlage – unerheblich ist, sofern überhaupt ein Betrieb der Land- und Forstwirtschaft fortgeführt werden kann. Für die Annahme einer Zwangsbetriebsaufgabe im Rahmen einer Betriebsverpachtung im Ganzen ist damit im Bereich der Land- und Forstwirtschaft regelmäßig kein Raum mehr.

Nach diesem BMF-Schreiben wird im Bereich der Land- und Forstwirtschaft eine Betriebsaufgabe nur (noch) dann angenommen werden können, wenn der Steuerpflichtige seinen Aufgabewillen gegenüber dem Finanzamt in unmissverständlicher Weise durch Abgabe einer Aufgabeerklärung zum Ausdruck bringt (BFH-Urteil vom 18. 3. 1999, BStBl II S. 398). In dem BMF-Schreiben wird ausdrücklich hervorgehoben, dass diese Grundsätze nur im Bereich der Land- und Forstwirtschaft und in allen offenen Fällen anzuwenden sind.

Zu Besonderheiten, die sich bei **parzellenweiser Verpachtung** des Betriebs ergeben, ist in einem Rundschreiben Stellung genommen worden (BStBl 1966 II S. 34 und 1972 I S. 104). Nach dem BFH-Urteil vom 15. 10. 1987 (BStBl 1988 II S. 260) ist die parzellenweise Verpachtung des Betriebs allein **keine Betriebsaufgabe.** Sie ist vielmehr – ebenso wie die Betriebsverpachtung im Ganzen an **einen** Pächter – lediglich eine Betriebsunterbrechung. Das bedeutet, dass auch ohne Fortführungserklärung vom Fortbestehen des an **verschiedene** Pächter verpachteten Betriebs **solange** auszugehen ist, als alle wesentlichen Betriebsgrundlagen im Eigentum des Verpächters bleiben und nicht endgültig einer außerland- und außerforstwirtschaftlichen Nutzung zugeführt werden und die Hofstelle, insbesondere die Wirtschaftsgebäude, ohne wesentliche bauliche Änderungen erhalten bleiben. Aus Gründen der Rechtssicherheit verlangen die Finanzämter bei parzellenweiser Verpachtung für die Annahme eines fortbestehenden Betriebs allerdings eine sog. Fortführungserklärung (vgl. Landwirtschaftskartei der Oberfinanzdirektion Karlsruhe, Abschnitt H II Nr. 1 und 5). Der Verpächter kann andererseits durch eindeutige Erklärung den parzellenweise verpachteten Betrieb aufgeben (vgl. BFH-Urteil vom 28. 11. 1991, BStBl 1992 II S. 521). Wegen der Anforderungen, die an eine **Betriebsaufgabeerklärung** gestellt werden, wird auf die o.a. Landwirtschaftskartei, Abschnitt H II Nr. 6 hingewiesen. Nähere Auskunft hierzu erteilt auch das zuständige Finanzamt.

Zur Gewinnermittlung des Verpächters und des Pächters bei der Verpachtung von Betrieben mit **Substanzerhaltungspflicht** des Pächters wird im BMF-Schreiben vom 21. 2. 2002 (BStBl I S. 262) Stellung genommen.

Durch das **Gesetz zur Förderung der Einstellung der landwirtschaftlichen Erwerbstätigkeit** (FELEG) vom 21. 2. 1989 (BGBl I S. 233, BStBl I S. 116), zuletzt geändert durch das Arbeitsförderungsreformgesetz vom 24. 3. 1997 (BGBl I S. 594), wird die Einstellung der landwirtschaftlichen Erwerbstätigkeit insbesondere durch **Betriebsstilllegung,** aber auch durch **Betriebsverpachtung** oder durch Betriebsübergabe gefördert, sofern die im Gesetz genannten Voraussetzungen erfüllt sind. Die Förderung erfolgt durch die **Produktionsaufgaberente** (§§ 6 bis 8 FELEG) und durch ein **Ausgleichsgeld** (§§ 9 bis 13 FELEG). Die Leistungen werden von der landwirtschaftlichen Alterskasse gewährt.

Die Produktionsaufgaberente ist nach § 13 Abs. 2 Nr. 3 EStG eine Betriebseinnahme; sie setzt sich aus dem Grundbetrag und dem Flächenzuschlag zusammen (§ 6 FELEG). Nach § 3 Nr. 27 EStG ist der **Grundbetrag** der Produktionsaufgaberente und das oben bezeichnete Ausgleichsgeld bis zum **Höchstbetrag von 18 407 € steuerfrei.** Dabei handelt es sich um einen Freibetrag, der sich nicht auf die im Kalenderjahr bezogenen Einnahmen bezieht, sondern auf Teilbeträge und laufende Zahlungen in **allen** Kalenderjahren; d.h. die Steuerfreiheit gilt, **solange** der genannte Höchstbetrag noch nicht überschritten ist. Der **Flächenzuschlag** ist grundsätzlich von Anfang an steuerpflichtig.

Teil I: Anlage L
Zeilen 49–56

Legt der Land- und Forstwirt die Nutzflächen seines Betriebs gem. § 2 Abs. 1 Nr. 1 FELEG still, und stellt er damit die aktive Bewirtschaftung ein, so führt die Flächenstilllegung nicht zwangsläufig zu einer Betriebsaufgabe. Dem Landwirt wird ein Wahlrecht zugestanden, die Betriebsaufgabe zu erklären oder das land- und forstwirtschaftliche Betriebsvermögen fortzuführen. Wegen Einzelheiten zum FELEG und wegen Besonderheiten bei der Gewinnermittlung nach § 13a EStG vgl. Landwirtschaftskartei der Oberfinanzdirektion Karlsruhe, Abschnitt G Nr. 13.

Nach dem BFH-Urteil vom 29. 3. 2001 (BStBl 2002 II S. 791) erzielt ein Steuerpflichtiger, der als nicht aktiver Landwirt einen verpachteten land- und forstwirtschaftlichen Betrieb erwirbt, Einkünfte aus Vermietung und Verpachtung (Teil I, Anlage V, Zeilen 26 bis 27).

Veräußerung oder Entnahme von Grundstücken und Lieferrechten

49–56 Die Zeilen 49 bis 56 sind auszufüllen, wenn Grundstücke, die zum Betriebsvermögen eines land- und forstwirtschaftlichen Betriebs gehören, **veräußert** oder **entnommen** wurden (vgl. auch die Ausführungen **zu Zeile 1, Abschn. I h und Zeile 10** dieses Vordrucks sowie zu **Zeile 1, Abschn. 1 A** der **Anlage GSE**). Eine Entnahme, d. h. eine Überführung in das Privatvermögen, kann z. B. durch eine **Schenkung** oder durch bestimmte **Nutzungsänderungen** (vgl. BFH-Urteil vom 4. 11. 1982, BStBl 1983 II S. 448) eintreten.

Nach § 4 Abs. 1 EStG wird ein Wirtschaftsgut **nicht** mehr dadurch entnommen, dass der Steuerpflichtige zur Gewinnermittlung durch Einnahmenüberschussrechnung (§ 4 Abs. 3 EStG) oder nach Durchschnittssätzen (§ 13a EStG) **übergeht.** Außerdem ist die **Änderung der Nutzung** eines Wirtschaftsguts (z. B. die **Verpachtung eines Grundstücks**), die bei der Gewinnermittlung durch Vermögensvergleich (§ 4 Abs. 1 EStG) keine Entnahme darstellt, auch bei anderen Gewinnermittlungsarten keine Entnahme.

Nach dem Schreiben des BMF vom 15. 3. 1979, BStBl I S. 162, führten Nutzungsänderungen vor dem 1. 7. 1979 nicht zu einer Gewinnrealisierung, es sei denn, das Wirtschaftsgut gehörte nach der Nutzungsänderung zum **notwendigen Privatvermögen.** Diese Billigkeitsregelung, nach der ein solches Wirtschaftsgut als steuerfrei entnommen galt, wurde durch das BMF-Schreiben vom 28. 7. 1983, BStBl I S. 383, bestätigt. Im Urteil vom 7. 11. 1996 (BStBl 1997 II S. 245) hat der BFH ausgeführt, das BMF-Schreiben vom 15. 3. 1979 könne nicht dahin verstanden werden, dass eine Nutzungsänderung zu gewillkürtem Betriebsvermögen als Entnahme anzusehen und eine spätere tatsächlich vollzogene Entnahme steuerlich unbeachtlich sei. Der BFH hat mit diesem Urteil entschieden, dass die o. a. Billigkeitsregelung zu Unrecht erlassen worden ist. Im Hinblick darauf ist die in den obenbezeichneten BMF-Schreiben vom 15. 3. 1979 und 28. 7. 1983 eingeräumte Billigkeitsregelung mit Ablauf des Jahres **1998** aufgehoben worden (BMF-Schreiben vom 20. 3. 1998, BStBl I S. 356).

Wegen der Steuerfreiheit von Entnahmegewinnen **selbstgenutzter Wohnungen,** die sich infolge **Wegfalls der Nutzungswertbesteuerung aufgrund des Wohneigentumsförderungsgesetzes** vom 15. 5. 1986 (BStBl I S. 278) ergeben, vgl. **Zeilen 57 bis 59** und **60** dieses Vordrucks.

Der **Tausch** von Wirtschaftsgütern ist grundsätzlich ein Veräußerungsgeschäft, das eine Gewinnrealisierung auslöst, wenn das hingegebene Wirtschaftsgut zum Betriebsvermögen gehört; der Veräußerungspreis entspricht dem gemeinen Wert des hingegebenen Wirtschaftsguts. Besteht die Gegenleistung in einem Wirtschaftsgut des notwendigen Privatvermögens (z. B. in der Befreiung von einer familienrechtlichen Schuld, etwa Unterhalt, Zugewinnausgleich), so stellt das Ausscheiden des hingegebenen Wirtschaftsguts eine Entnahme dar (BFH- Urteil vom 23. 6. 1981, BStBl 1982 II S. 18). Der Einwurf eines alten und die Zuweisung eines neuen Grundstücks im **Umlegungsverfahren** wurde in der Vergangenheit als ein Tauschgeschäft mit Gewinnrealisierung behandelt (BMF-Schreiben vom 29. 2. 1972, BStBl I S. 102). Nach dem BFH-Urteil vom 13. 3. 1986 (BStBl II S. 711) sind im **Umlegungsverfahren,** das ein gesetzlich geregeltes Grundstückstauschverfahren darstellt, die eingebrachten Grundstücke und die daraus im Zuteilungswege erlangten Grundstücke, **soweit insgesamt wertgleich,** aber als **wirtschaftlich identisch** zu werten; denn die Umlegung sei ihrem Wesen nach eine ungebrochene Fortsetzung des Eigentums an einem verwandelten Grundstück. Die zugeteilten Grundstücke seien Surrogat der eingebrachten Grundstücke. Nach dieser Entscheidung des BFH tritt eine Gewinnrealisierung nach Tauschgrundsätzen im Umlegungsverfahren nicht ein. Das erlangte Grundstück wird mit dem Buchwert des eingebrachten Grundstücks weitergeführt, auch wenn die Grundstücke z. B. nicht flächengleich sind. Die etwaige Betriebsvermögenseigenschaft des eingebrachten Grundstücks setzt sich an dem oder den erlangten Grundstücken unverändert fort; dies gilt sowohl bei Buch führenden als auch bei nicht Buch führenden Betrieben. Das empfangene Grundstück bleibt sonach – auch wenn es nicht landwirtschaftlich genutzt wird und deshalb nicht mehr notwendiges Betriebsvermögen darstellt – solange im Betriebsvermögen, bis es durch eine eindeutige Entnahmehandlung oder durch Veräußerung ausscheidet; erst dann tritt Gewinnrealisierung ein. Eine Entnahme des erlangten Grundstücks liegt allerdings dann vor, wenn die Nutzungsänderung derart ist, dass das erlangte Grundstück notwendiges Privatvermögen wird; seit 1. 1. 1987 ist dies der Fall, wenn es zu eigenen Wohnzwecken des Land- und Forstwirts oder dem Altenteiler genutzt wird oder aus privaten Gründen unentgeltlich einer anderen Person zu eigenen Wohnzwecken überlassen wird (vgl. auch BFH-Urteil vom 27. 8. 1992, BStBl 1993 II S. 225).

Der im o. a. BFH-Urteil vom 13. 3. 1986 aufgestellte Nämlichkeitsgrundsatz gilt für das **Flurbereinigungs-** und das **Baulandumlegungsverfahren** gleichermaßen. Die Grundsätze des Urteils gelten auch für das in § 76 BauGB/BBauG geregelte freiwillige Umlegungsverfahren, das zwar ein beschleunigtes, jedoch ebenfalls ein hoheitliches, mit gesetzlichen Zwangsmöglichkeiten ausgestattetes Grundstücksaustauschverfahren darstellt. Soweit das wirtschaftliche Eigentum an den zugewiesenen Grundstücken aufgrund von Umlegungs- bzw. Flurbereinigungsverfahren **vor dem 1. 1. 1987** übergangen ist, wird es nicht beanstandet, wenn der Steuerpflichtige noch nach der früheren Verwaltungsauffassung verfährt (BMF-Schreiben vom 19. 4. 1988, BStBl I S. 152).

Ausgleichsleistungen in Geld sind im Umlegungsverfahren nur insoweit zulässig, als eine wertgleiche Zuteilung von Land objektiv nicht möglich ist. Aus dem BFH-Urteil vom 13. 3. 1986 kann gefolgert werden, dass im Falle einer Umlegung mit Wertausgleichszahlungen nicht insgesamt von einer Identität der hingegebenen und erhaltenen Wirtschaftsgüter ausgegangen werden kann („soweit … wertgleich"). Vielmehr ist bei derartigen Geldleistungen von einer **teilweisen Veräußerung** bzw. Anschaffung und zum anderen Teil von einer Anwendung des Nämlichkeitsgrundsatzes auszugehen. Der Empfänger der Wertausgleichszahlung erzielt einen Veräußerungsgewinn in Höhe des Unterschieds zwischen der Ausgleichszahlung und dem anteiligen Buchwert des hingegebenen Grundstücks, der nach dem Verhältnis der gemeinen Werte des entgeltlich abgegebenen Grundstücksteils zum gesamten Grundstück zu ermitteln ist; ggf. sind die anteiligen Veräußerungskosten abzuziehen. Von einer derartigen Buchwertabspaltung kann dann abgesehen werden, wenn diese in der Auswirkung unbedeutend ist. Der Leistende hat in Höhe der Geldleistung nachträgliche Anschaffungskosten, die den bisherigen Buchwert des Grundstücks erhöhen (wegen weiterer Einzelheiten vgl. Landwirtschaftskartei der Oberfinanzdirektion Karlsruhe, Abschn. F I Nr. 5).

Veräußerung von land- und forstwirtschaftlichem Grund und Boden im Beitrittsgebiet

Nach § 4 Abs. 1 Satz 5 EStG der ehemaligen DDR i. d. F. vom 18. 9. 1970 (GBl. 1970 I Sonderdruck Nr. 670) blieb der Wert des Grund und Bodens, der zum Anlagevermögen gehörte, außer Ansatz. Aufgrund der Änderung des EStG der ehemaligen DDR durch das Gesetz zur Änderung und Ergänzung steuerlicher Rechtsvorschriften bei Einführung der Währungsunion mit der Bundesrepublik Deutschland (Steueranpassungsgesetz) vom 22. 6. 1990 (GBl. der ehemaligen DDR, Sonderdruck Nr. 1427 S. 3), das am 1. 7. 1990 in Kraft getreten ist, war diese Vorschrift nur noch bis einschließlich 30. 6. 1990 anzuwenden. Vor dem 1. 7. 1990 vorgenommene Veräußerungen oder Entnahmen von zum land- und forstwirtschaftlichen Betriebsvermögen gehörenden Grund und Boden in der ehemaligen DDR unterlagen daher nicht der Besteuerung.

Brachten Land- und Forstwirte ihren Grund und Boden in eine landwirtschaftliche Produktionsgenossenschaft (LPG) ein, so waren sie nach § 19 des Gesetzes über die LPGen vom 2. 7. 1982 (GBl. I der ehemaligen DDR Nr. 25) weiterhin Eigentümer des Grund und Bodens. Da die LPG an dem Boden, der durch die Genossenschaftsbauern eingebracht wurde, jedoch das umfassende und dauernde Nutzungsrecht besaß, endete die Eigenbewirtschaftung der Genossenschaftsbauern auf Dauer, sodass der darauf bestehende land- und forstwirtschaftliche Betrieb auch unter Beachtung der Rechtsprechungsgrundsätze zur Betriebsverpachtung (vgl. **Teil I, Anlage GSE, Zeilen 12 bis 21**) zwangsweise **aufgegeben** war. Die in die LPG eingebrachten Flächen hatten somit ihre **Eigenschaft als land- und forstwirtschaftliches Betriebsvermögen verloren.** Die unmittelbare Veräußerung solchen Grund und Bodens unterlag damit grundsätzlich nicht der Einkommensbesteuerung. Ein Veräußerungsgewinn entsteht jedoch, wenn derartiger Grund und Boden in ein Betriebsvermögen des Eigentümers (Einzelbetrieb oder Mitunternehmerschaft) überführt (eingelegt) wurde und hieraus veräußert wird. Vgl. dazu – auch wegen der Ermittlung der Vorbesitzzeit für die Anwendung des § 6 b EStG – das BMF-Schreiben vom 11. 11. 1994, BStBl I S. 854.

Gewinne aus der Veräußerung von Grundstücken, die **nicht** zu einem Betriebsvermögen gehören, unterliegen nur unter den Voraussetzungen eines Veräußerungsgeschäfts nach § 23 EStG der Einkommensteuer (vgl. **Teil I, Anlage SO, Zeilen 30 bis 59**). Seit 1999 ist dies der Fall, wenn die Veräußerung des Grundstücks vor Ablauf von zehn Jahren seit der Anschaffung **oder Entnahme** des Grundstücks erfolgt. Für Veräußerungsgeschäfte, d.h. Vertragsabschlüsse, bis 31. 12. 1998 galt insoweit eine Frist zwischen Anschaffung und Veräußerung von zwei Jahren (§ 52 Abs. 39 EStG).

Wegen der Bewertung land- und forstwirtschaftlichen Grund und Bodens in der auf 1. 7. 1990 zu erstellenden DM-Eröffnungsbilanz vgl. **Zeile 1, Abschn. I h, letzter Absatz** dieses Vordrucks.

Bei den in **Zeile 55** bzw. **56** der Anlage L bezeichneten **Milchlieferrechten** bzw. **Zuckerrübenlieferrechten** handelt es sich um selbständige immaterielle Wirtschaftsgüter des Anlagevermögens, die zugeteilt oder erworben sein können. Veräußerung oder Entnahme dieser Lieferrechte sind hier zu erklären. Die Bewertung von mit land- und forstwirtschaftlichem Grund und Boden im Zusammenhang stehenden Milchlieferrechten ist im BMF-Schreiben vom 14. 1. 2003 (BStBl I S. 78) geregelt.

Nutzungswert von Wohnungen in Baudenkmalen

57–59 Zu den landwirtschaftlichen Einkünften gehörte nach der bis 31. 12. 1986 geltenden Rechtslage auch der **Nutzungswert** der mit dem Betrieb verbundenen **Wohnung** des Land- und Forstwirts, wenn die Wohnung die Größe nicht überschreitet, die bei Betrieben gleicher Art üblich ist, sowie der Nutzungswert der **Altenteilerwohnung.** Von 1987 bis längstens 1998 galt dies aufgrund des Wohneigentumsförderungsgesetzes (BStBl 1986 I S. 278) nur dann, wenn von der **letztmals im Jahr 1998 möglichen Übergangsregelung** (vgl. Anleitung zur Einkommensteuererklärung 1998, Erläuterungen zu **Zeilen 59** und **60** der Anlage L) Gebrauch gemacht wurde. Seit **1999** zählt der Nutzungswert einer solchen Wohnung nur noch dann weiterhin zu den Einkünften aus Land- und Forstwirtschaft, wenn das betreffende Gebäude oder der Gebäudeteil nach den jeweiligen landesrechtlichen Vorschriften ein **Baudenkmal** ist (§ 13 Abs. 2 Nr. 2 EStG). Vgl. auch Ausführungen zu **Zeile 60**.

Die Wohnung des Betriebsinhabers und die Altenteilerwohnung eines Land- und Forstwirts sind **im Beitrittsgebiet** ab 1.1. 1991 kraft Gesetzes **notwendiges Privatvermögen** geworden. Die Zeilen 57 bis 59 der Anlage L haben daher für Land- und Forstwirte in den neuen Bundesländern keine Bedeutung (vgl. R 127 Abs. 3 EStR).

Wegfall der Nutzungswertbesteuerung

60 Ab dem Veranlagungszeitraum 1987 ist die Besteuerung des Nutzungswerts der **Wohnung des Land- und Forstwirts** und der **Altenteilerwohnung** grundsätzlich weggefallen. Für Wohnungen, die im Veranlagungszeitraum 1986 der Nutzungswertbesteuerung unterlagen oder sich im Bau befanden, galt jedoch unter bestimmten Voraussetzungen bis **längstens 31. 12. 1998** eine **Übergangsregelung,** aufgrund welcher für einen Zeitraum von längstens 12 Jahren, d.h. **letztmals für den Veranlagungszeitraum 1998,** an der im Jahr 1986 durchgeführten Besteuerung des Nutzungswerts der Wohnung als Überschuss des Mietwerts über die Betriebsausgaben festgehalten werden konnte.

Der Steuerpflichtige konnte für einen Veranlagungszeitraum, der auf den Veranlagungszeitraum 1986 **folgte** und in dem die Voraussetzungen für die Nutzungswertbesteuerung **vorlagen,** bis zur Bestandskraft der Steuerfestsetzung **unwiderruflich beantragen,** dass ab diesem Veranlagungszeitraum der Nutzungswert bei ihm **nicht mehr** besteuert wird (§ 52 Abs. 15 Satz 4 EStG a.F.). Ein solcher Antrag hatte zur Folge, dass die mit der Wohnung zusammenhängenden Aufwendungen nicht mehr abgezogen wurden und die Wohnung in das Privatvermögen zu überführen war.

Wurde für eine unter die Übergangsregelung fallende Wohnung kein Antrag auf Wegfall der Nutzungswertbesteuerung gestellt und wurde die Wohnung auch nicht veräußert oder durch unentgeltliche Eigentumsübertragung entnommen, so **endete** die Nutzungswertbesteuerung am **31. 12. 1998** und die Wohnung galt zum 31. 12. 1998 als **entnommen,** wobei der Entnahmegewinn nicht besteuert wurde (§ 52 Abs. 15 Sätze 6 und 7 EStG a.F.). Eine **Ausnahme** gilt jedoch, wenn sich die Wohnung in einem Gebäude befindet, das nach den jeweiligen landesrechtlichen Vorschriften ein **Baudenkmal** i.S. des Denkmalschutzgesetzes ist. In diesem Fall kann die Nutzungswertbesteuerung **über den 31. 12. 1998 hinaus fortgesetzt werden** und die Wohnung bleibt weiterhin Betriebsvermögen. Der Steuerpflichtige kann allerdings (in Zeile 60) unwiderruflich **beantragen,** dass der Nutzungswert einer solchen Wohnung ab Beginn des Veranlagungszeitraums nicht mehr besteuert wird (§ 13 Abs. 4 EStG).

Nach dem **Wegfall der Nutzungswertbesteuerung** können die auf die Wohnung entfallenden Aufwendungen nicht mehr als Betriebsausgaben abgezogen werden. Handelt es sich um eine z.B. im Rahmen eines Betriebspachtvertrages gemietete Wohnung, ist daher auch das Pachtentgelt entsprechend aufzuteilen. Haben für den Veranlagungszeitraum 1986 die Voraussetzungen für die Inanspruchnahme **erhöhter Absetzungen** oder von **Sonderabschreibungen** vorgelegen, können ab dem auf das Ende der Nutzungswertbesteuerung folgenden Veranlagungszeitraum bis einschließlich des Veranlagungszeitraums, für den die erhöhten Absetzungen oder die Sonderabschreibungen letztmals hätten in Anspruch genommen werden können, die diesen entsprechenden Beträge **wie Sonderausgaben** vom Gesamtbetrag der Einkünfte abgezogen werden (§ 52 Abs. 15 Satz 5 in Verbindung mit Abs. 21 Satz 4 EStG a.F. und § 13 Abs. 4 EStG). Auf den Vordruck „**Anlage FW**" und die dazu in **Teil I Nr. 11** dieser Anleitung enthaltenen Erläuterungen wird hingewiesen.

Mit dem Wegfall der Nutzungswertbesteuerung beim Betriebseigentümer **endet** die **Zugehörigkeit der Wohnung** und des **dazugehörenden Grund und Bodens** zum Betriebsvermögen. Die Wohnung gilt mit dem **dazugehörenden** Grund und Boden zu dem Zeitpunkt als **entnommen,** bis zu dem der Nutzungswert letztmals besteuert wird. Der Entnahmegewinn einer solchen **Wohnung** und des **dazugehörenden Grund und Bodens** ist **steuerfrei** (vgl. § 13 Abs. 4 Satz 5 EStG). Welche Teile des Grund und Bodens als zur Wohnung gehörend behandelt werden können, ist in den BMF-Schreiben vom 4.6. 1997 (BStBl I S.630) und vom 13. 1. 1998 (BStBl I S.129) geregelt; vgl. dazu auch BMF-Schreiben vom 2. 4. 2004 (BStBl I S. 442). Wird Grund und Boden nach dem 31. 12. 1986 dadurch entnommen, dass auf diesem Grund und Boden die Wohnung des Steuerpflichtigen oder eine Altenteilerwohnung errichtet wird, bleibt der Entnahmegewinn ebenfalls steuerfrei; der Steuerpflichtige kann diese Steuerbefreiung aber nur für **eine** zu eigenen Wohnzwecken genutzte Wohnung und für **eine** Altenteilerwohnung in Anspruch nehmen (§ 52 Abs. 15 Satz 10 EStG a.F. und § 13 Abs. 5 EStG). Die zitierte Vorschrift des § 13 Abs. 5 EStG findet – im Gegensatz zu Zeilen 57 bis 59 der Anlage L – auch im Beitrittsgebiet Anwendung (R 127 Abs. 4 EStR).

Teil I: Anlage L
Zeilen 61–106

Damit das Finanzamt prüfen kann, ob und inwieweit ein entstandener Entnahmegewinn **steuerfrei** bleibt (oder ob die Nutzungswertbesteuerung ausnahmsweise über den 31. 12. 1998 hinaus fortgesetzt werden kann, weil sich die Wohnung in einem Baudenkmal befindet), sind verschiedene Angaben erforderlich. Hierfür war ein besonderer Vordruck, nämlich die **„Anlage LW"** zur Anlage L **1998** geschaffen worden.

Für jede der oben bezeichneten Wohnungen war eine besondere Anlage LW auszufüllen. Befindet sich die Wohnung in einem Gebäude, das ein **Baudenkmal** i.S. des Denkmalschutzgesetzes ist, war der Anlage LW eine entsprechende Bescheinigung der zuständigen Behörde beizufügen.

61–106 Hier sind u.a. Angaben über **besondere Betriebseinnahmen** und **Betriebsausgaben (z.B. Schuldzinsen, verausgabte Pachtzinsen)** und über **Viehbestände** zu machen.

In **Zeile 63** kann bei nicht buchführungspflichtigen und nicht Buch führenden **forstwirtschaftlichen** Betrieben die **pauschale** Abgeltung der Betriebsausgaben beantragt werden. Nach **§ 51 EStDV** beträgt der Betriebsausgaben-Pauschsatz 65 v.H. der Einnahmen aus der Holznutzung bzw. 40 v.H., soweit das Holz auf dem Stamm verkauft wird. Falls die Voraussetzungen der §§ 1 und 4 des **Forstschäden-Ausgleichsgesetzes** (BStBl 1985 I S. 592, Anhang 20 des Amtlichen ESt-Handbuchs 2004) vorliegen, d.h. bei auferlegter **Beschränkung** des ordentlichen Holzeinschlags, beträgt der Pauschsatz 90 v.H. der Einnahmen aus der Holznutzung bzw. 65 v.H., soweit das Holz auf dem Stamm verkauft wird. Die erhöhten Pauschsätze stehen jedoch jenen Betrieben nicht zu, die der Anordnung zur Einschlagsbeschränkung nicht nachkommen (vgl. § 4 Abs. 2 Forstschäden-Ausgleichsgesetz). Durch die Anwendung der Pauschsätze sind auch die Wiederaufforstungskosten abgegolten, und zwar auch dann, wenn die Wiederaufforstung erst im nächsten Wirtschaftsjahr vorgenommen wird (§ 51 Abs. 3 EStDV).

13. Erläuterungen zur „Anlage AUS" für ausländische Einkünfte und Steuern
– gegliedert nach den am Rand des amtlichen Vordrucks angegebenen Zahlen –

Vorbemerkungen zum Vordruck

In der Anlage AUS sind **besondere** Angaben zu ausländischen Einkünften zusammengefasst; sie sind **insoweit** nicht mehr in den Anlagen KAP, R, SO, GSE, V und L vorgesehen. Die Anlage AUS ist eingeführt worden, um Fehler bei der Behandlung ausländischer Einkünfte und Steuern zu vermeiden. Bei Einkünften aus nichtselbständiger Arbeit sind hingegen alle Angaben zum ausländischen Arbeitslohn weiterhin in der Anlage N zu machen; in diesem Fall ist die Anlage AUS nur auszufüllen, wenn die Anrechnung ausländischer Steuern geltend gemacht wird. Eine Ausnahme gilt für die Schweizerische Abzugsteuer; sie ist in Zeile 23 der Anlage N anzugeben.

Der erste Teil der Anlage AUS (Zeilen 1 bis 36) betrifft jene ausländischen Einkünfte, die der inländischen Besteuerung unterliegen. Dabei wird zwischen ausländischen Einkünften aus Kapitalvermögen und ausländischen Einkünften aus anderen Einkunftsarten unterschieden. Der Vordruck enthält die Angabe ausländischer Steuern, die nach § 34c Abs. 1 EStG auf die deutsche Einkommensteuer **anzurechnen** (Zeile 17) oder auf Antrag nach § 34c Abs. 2 und 3 EStG bei der Ermittlung der jeweiligen Einkünfte **abzuziehen** sind (Zeilen 11 und 16). **Die ausländischen Einkünfte selbst sind** außerdem **in den Anlagen GSE, KAP, R, SO, L, N und/oder V zu erklären.**

Der zweite Teil des Vordrucks (Zeilen 37 bis 55) enthält die Angaben zu den **steuerfreien ausländischen Einkünften,** die dem Progressionsvorbehalt unterliegen oder nach § 2a Abs. 3 und 4 EStG, § 2 Abs. 1 und 2 AIG zu berücksichtigen sind (Zeilen 44 bis 47).

Auch im Falle der Zusammenveranlagung hat jeder Ehegatte, der ausländische Einkünfte erzielt hat, **eine eigene Anlage AUS** abzugeben. Falls ausländische Einkünfte aus mehr als 5 Staaten angefallen sind (vgl. 5 Spalten zu den Zeilen 2 bis 18), sind **weitere Anlagen AUS zu verwenden.** Fehlt im Einzelfall ein Vordruck Anlage AUS oder die dazu herausgegebene amtliche Anleitung, so sendet das Finanzamt diese auf Anforderung zu.

Berücksichtigung tatsächlich gezahlter ausländischer Steuern

1–18 Bei unbeschränkt Steuerpflichtigen, die mit ausländischen Einkünften in dem Staat, aus dem die Einkünfte stammen, zu einer der **deutschen Einkommensteuer entsprechenden** Steuer herangezogen werden, ist die festgesetzte und gezahlte und keinem Ermäßigungsanspruch mehr unterliegende ausländische Steuer nach § 34c Abs. 1 EStG auf die deutsche Einkommensteuer **anzurechnen;** es sei denn, eine Steueranrechnung wird durch ein Doppelbesteuerungsabkommen ausgeschlossen oder eingeschränkt. Die **ausländische Steuer** wird jedoch **höchstens bis zu dem Betrag** angerechnet, bis zu dem auf die ausländischen Einkünfte deutsche Einkommensteuer **entfällt.** Die auf die ausländischen Einkünfte entfallende deutsche Einkommensteuer wird in der Weise ermittelt, dass die sich bei der Veranlagung des zu versteuernden Einkommens (einschließlich der ausländischen Einkünfte) ergebende deutsche Einkommensteuer im Verhältnis dieser ausländischen Einkünfte zur Summe der Einkünfte **aufgeteilt** wird. Bei der Ermittlung der ausländischen Einkünfte sind die ausländischen Einkünfte nicht zu berücksichtigen, die in dem Staat, aus dem sie stammen, nach dessen Recht nicht besteuert werden. Der Höchstbetrag der Steueranrechnung ist für die Einkünfte und die Steuern **aus jedem einzelnen** ausländischen Staat **gesondert** zu ermitteln. Eine Steueranrechnung **entfällt,** wenn die ausländischen Einkünfte durch Abzug darauf entfallender Betriebsausgaben oder Werbungskosten auf **0 €** gemindert oder **negativ** sind bzw. wenn ausländische Kapitalerträge durch den anteiligen Abzug des **Sparer-Freibetrags 0 €** betragen.

Die ausländischen Einkünfte (§ 34d EStG) sind nach **deutschem Steuerrecht** zu ermitteln. Soweit Einkünfte (z.B. Dividenden) dem **Halbeinkünfteverfahren** unterliegen (vgl. Erläuterungen zu **Zeilen 21 bis 25 der Anlage KAP),** werden die Einnahmen und die damit zusammenhängenden Werbungskosten oder Betriebsausgaben nur zur Hälfte angesetzt. Gleichwohl sind die unter das Halbeinkünfteverfahren fallenden Einnahmen und Werbungskosten in die betreffenden Zeilen der Anlage AUS 2005 jeweils **in voller Höhe** einzutragen. Die Halbierung berücksichtigt das Finanzamt. Die zu berücksichtigende ausländische Steuer ist nicht zu kürzen, wenn die entsprechenden Einnahmen nach dem Halbeinkünfteverfahren nur zur Hälfte anzusetzen sind (R 212a EStR).

Der Sparer-Freibetrag (Teil I, Anlage KAP, Zeilen 53 bis 61) wird bei der Ermittlung der **ausländischen Einkünfte aus Kapitalvermögen** insoweit abgezogen, als er auf die ausländischen Einkünfte – jeweils getrennt nach den einzelnen Staaten – anteilig entfällt (R 212b EStR). Maßstab für die Aufteilung des Sparer-Freibetrags ist das Verhältnis der ausländischen zu den inländischen Einnahmen abzüglich der Werbungskosten (BFH-Urteil vom 16. 5. 2001, BStBl II S. 710). Bei ausländischen Einkünften aus Kapitalvermögen aus **mehreren** ausländischen Staaten sind die Angaben in den **Zeilen 2 bis 11, 17** und **18** der Anlage AUS für jeden einzelnen Staat **getrennt** in einer **besonderen Spalte** zu machen.

Auf ausländische Einkünfte, die in Erträgen aus **Investmentanteilen** enthalten sind, ist § 34c EStG entsprechend anzuwenden (§ 4 Abs. 2 des Investmentsteuergesetzes, BStBl 2004 I S. 1158). Dabei ist der Höchstbetrag der anrechenbaren ausländischen Steuern für die ausgeschütteten sowie ausschüttungsgleichen Erträge aus jedem einzelnen Investmentvermögen zusammengefasst zu berechnen (§ 4 Abs. 2 Satz 3 Investmentsteuergesetz). Sind Erträge aus **ausländischen Fonds** angefallen oder sind in Erträgen aus **inländischen Fonds** Einnahmen enthalten, die aus **ausländischen Quellen** stammen, so ist jeder einzelne Fonds in den **Zeilen 2 und 3** zu bezeichnen. Die Einnahmen, Werbungskosten und die ausländischen Steuern sind für jeden Fonds getrennt in die dazugehörigen Spalten einzutragen.

Erträge auf Anteilscheine an **inländischen Fonds,** die aus **ausländischen** Quellen stammen, sind – getrennt nach zugehörigen Spalten – in **Zeile 7** der Anlage AUS einzutragen, soweit das **Halbeinkünfteverfahren nicht** gilt, bzw. in **Zeile 8,** soweit das Halbeinkünfteverfahren gilt. Die auf diese Erträge entfallenden Werbungskosten sind entsprechend der sachlichen Zugehörigkeit in die **Zeilen 9 und 10** einzutragen.

In den **Zeilen 12 bis 16,** ggf. auch **17** und **18,** sind Angaben zu ausländischen Einkünften **aus anderen Einkunftsarten** (als aus Kapitalvermögen) zu machen, **z.B.** zu Einkünften aus einer im Ausland belegenen Betriebsstätte (erklärt in den Anlagen **GSE oder L**), aus einem zum Privatvermögen gehörenden Grundstück (erklärt in der Anlage **V**) oder aus privaten Veräußerungsgeschäften i.S. des § 23 EStG (erklärt auf **Seite 2 der Anlage SO).** Auch diese Angaben sind **jeweils getrennt** nach den einzelnen Staat (bzw. Fonds) in einer besonderen Spalte einzutragen und – zur Vermeidung von Rückfragen – durch Einzelangaben auf besonderem Blatt zu erläutern. In Zeile **14** sind die ausländischen Einkünfte aus anderen Einkunftsarten **einschließlich** der nach dem Halbeinkünfteverfahren (Teil I, Anlage KAP, Zeilen 21 bis 25) steuerfreien Teile anzugeben. In Zeile **15** sind die in Zeile 14 enthaltenen Einkünfte einzutragen, für die das Halbeinkünfteverfahren gilt (vgl. z.B. Erläuterungen zu Zeile 10 der Anlage GSE).

Zinszahlungen und anrechenbare ausländische Quellensteuern, die unter die **Zinsinformationsverordnung** (BStBl 2004 I S. 297) fallen, sind nicht in der Anlage AUS, sondern in der Anlage KAP zu erklären (vgl. Erläuterungen in Teil I, Anlage KAP, Zeile 51).

Eine ausländische Einkommensteuer kann nur **angerechnet** werden, wenn ausländische Einkünfte i.S. des **§ 34d EStG** vorliegen

Teil I: Anlage AUS
Zeile 17

und der Quellenstaat auch der Besteuerungsstaat ist (kein Drittstaat). Stammen die Einkünfte aus mehreren ausländischen Staaten, so werden die Höchstbeträge der anrechenbaren ausländischen Steuern für jeden einzelnen ausländischen Staat gesondert berechnet (§ 68 a EStDV, H 212 b EStH).

Es kann nur die ausländische Steuer angerechnet werden, die im Ausland **festgesetzt** und **gezahlt** wurde und **keinem Ermäßigungsanspruch mehr** unterliegt. Ein nach innerstaatlichem Recht des ausländischen Staates oder nach einem Doppelbesteuerungsabkommen mit diesem Staat bestehender Ermäßigungsanspruch ist **in dem ausländischen Staat** geltend zu machen. Eine ausländische Steuer kann daher nur **insoweit** angerechnet werden, als kein Ermäßigungsanspruch besteht. Dies gilt unabhängig davon, ob der Ermäßigungsanspruch geltend gemacht wird oder nicht. Ein solcher Ermäßigungsanspruch besteht insbesondere bei Zinsen und Dividenden aus Staaten, mit denen ein Doppelbesteuerungsabkommen besteht (vgl. Übersicht in BStBl 2005 I S. 298 und Anhang 12 EStH). Wird eine angerechnete ausländische Steuer vor Ablauf der Verjährungsfrist für die deutsche Steuerfestsetzung nachträglich erstattet, so ist dies dem Finanzamt mitzuteilen.

Zur Ermittlung der ausländischen Einkünfte sind die Einnahmen um die mit ihnen zusammenhängenden Betriebsausgaben oder Werbungskosten (ggf. Pauschbeträge) zu kürzen. Gleiches gilt für andere von den Einnahmen abzuziehende Beträge (z.B. anteiliger Sparer-Freibetrag), soweit diese Beträge nicht bereits bei inländischen Einkünften zu berücksichtigen sind. Gehören ausländische Einkünfte der in § 34d Nr. 3, 4, 6, 7 und 8 c EStG bezeichneten Art zum Gewinn eines inländischen Betriebes, sind bei ihrer Ermittlung Betriebsausgaben und Betriebsvermögensminderungen abzuziehen, die mit den diesen Einkünften zugrunde liegenden Einnahmen in wirtschaftlichem Zusammenhang stehen.

Statt der Anrechnung nach § 34c Abs. 1 EStG ist die ausländische Steuer **auf Antrag** nach § 34c **Abs. 2** EStG bei der Ermittlung der jeweiligen Einkünfte **wie Betriebsausgaben oder Werbungskosten abzuziehen.** Die Anrechnung der ausländischen Steuer ist nämlich auch ungünstig bzw. sie entfällt sogar, wenn die ausländischen Einkünfte gemindert sind bzw. 0 € betragen oder negativ sind oder wenn der Gesamtbetrag der Einkünfte negativ ist. In diesen Fällen ist es günstiger, die gezahlte und keinem Ermäßigungsanspruch unterliegende Steuer bei der Ermittlung der Einkünfte abzuziehen, sodass der (positive) Betrag der anderen (inländischen) Einkünfte gemindert wird und sich auf diese Weise eine Ermäßigung der deutschen Einkommensteuer ergibt, oder dass die ausländische Steuer den negativen Saldo der Einkünfte erhöht, wodurch ggf. im Wege des Verlustabzugs (Verlustrücktrag bzw. Verlustvortrag) eine Steuerermäßigung eintritt. **Der Abzug ausländischer Steuern** wird dadurch beantragt, dass diese Steuern **in Zeilen 11 oder 16** eingetragen werden. Der **Abzug** kann auch dann günstiger sein als eine Steueranrechnung, wenn die ausländischen Einkünfte bei der deutschen Besteuerung begünstigt sind (z.B. durch den o.a. Sparer-Freibetrag).

Die **Wahl zwischen Steueranrechnung** (Eintrag in **Zeile 17**, ggf. zusätzlich Zeile 18) oder **Abzug** bei der Ermittlung der Einkünfte (Eintrag in **Zeilen 11 oder 16**) kann für ausländische Einkünfte aus **mehreren** Staaten unterschiedlich, für alle Einkünfte und Steuern aus **demselben** Staat jedoch nur **einheitlich** ausgeübt werden. Dabei spielt es keine Rolle, ob die ausländischen Einkünfte unmittelbar oder über eine Beteiligung bezogen werden. Für die in manchen Doppelbesteuerungsabkommen vorgesehene **fiktive ausländische Steuer** ist nur eine Steueranrechnung, jedoch kein Abzug möglich (vgl. nachfolgende Ausführungen zu **Zeile 18**). Die Vorschrift des § 34c Abs. 2 EStG ist den Einkünfteermittlungsvorschriften zuzuordnen. Zusammenveranlagte Ehegatten müssen deshalb das Antragsrecht nach § 34c Abs. 2 EStG für ausländische Steuern auf Einkünfte aus demselben Staat nicht einheitlich ausüben (R 212c EStR).

In den **Zeilen 2 bis 18** sind die in den Anlage-Vordrucken GSE, KAP, R, SO, L und/oder V erklärten ausländischen Einkünfte und die hierfür festgesetzten und bezahlten ausländischen Steuern getrennt nach Staaten anzugeben (jeweils in einer besonderen Spalte). Die Höhe und die Zahlung der ausländischen Steuer ist durch entsprechende Urkunden (z.B. Steuerbescheid oder Quittung) **nachzuweisen**, die der Steuererklärung beizufügen sind (§ 68b EStDV).

Wird eine ausländische Steuer i.S. des § 34 Abs. 1 EStG nicht von einer Behörde des ausländischen Staates durch Steuerbescheid festgesetzt, sondern lediglich durch einen privaten Arbeitgeber oder Unternehmer angemeldet, so kann eine Anrechnung dieser Steuer in einem solchen Fall nicht von der Vorlage eines ausländischen Steuerbescheids abhängig gemacht werden. Nach dem BFH-Urteil vom 5. 2. 1992 (BStBl II S. 607) genügt in diesem Fall als Nachweis eine hinreichend klare Bescheinigung des Anmeldenden über die Art und Höhe der für den Steuerpflichtigen abgeführten Steuer (H 212a EStH).

Ausländische Steuern, die der deutschen Einkommensteuer entsprechen, sind im jeweiligen Doppelbesteuerungsabkommen bzw. in Anhang 12 II EStH aufgeführt. Fremde Währungen sind auf der Grundlage der von der Europäischen Zentralbank täglich veröffentlichten Euro-Referenzkurse umzurechnen. Zur Vereinfachung ist die Umrechnung dieser Währungen auch zu den Umsatzsteuer-Umrechnungskursen zulässig, die monatlich im Bundessteuerblatt Teil I veröffentlicht werden. Der Zeitpunkt der Zahlung und die Höhe des Umrechnungskurses sollten auf einem besonderen Blatt angegeben werden.

Ausländische Steuern, die **nicht** der deutschen Einkommensteuer entsprechen oder nicht in dem Staat erhoben werden, aus dem die Einkünfte stammen, können bei der Ermittlung **der Einkünfte** der jeweiligen Einkunftsart **abgezogen** werden, soweit die im Ausland besteuerten Einkünfte der deutschen Einkommensteuer unterliegen (§ 34c **Abs. 3** EStG). Nach dieser Vorschrift ist ein **Abzug** der ausländischen Steuern auch dann vorzunehmen, wenn ausländische Einkünfte i.S. des § 34d EStG nicht gegeben sind.

Die Vergünstigungen nach § 34c **Abs. 1** und **2** EStG dienen in erster Linie der Beseitigung einer Doppelbesteuerung, wenn Abkommen zur Vermeidung der Doppelbesteuerung nicht bestehen. Außerdem sind § 34c Abs. 1 und 2 EStG in den folgenden Fällen entsprechend anzuwenden:

a) soweit mit einem ausländischen Staat ein **Doppelbesteuerungsabkommen** besteht und **darin** eine **Anrechnung** ausländischer Steuern **vorgesehen** ist,

b) soweit bei Einkünften aus einem ausländischen Staat, mit dem ein **Doppelbesteuerungsabkommen** besteht, nach den Vorschriften dieses Abkommens die **Doppelbesteuerung nicht beseitigt** wird oder sich das Abkommen **nicht** auf eine Steuer vom **Einkommen** dieses Staates bezieht (§ 34c Abs. 6 EStG i.d.F. von Art. 1 des Steuervergünstigungsabbaugesetzes vom 16. 5. 2003, BStBl I S. 321).

Wegen des in **Zeile 12** der Anlage AUS erwähnten **AStG (= Außensteuergesetz)** wird auf die Ausführungen zu Zeilen 23 bis 26 der Anlage AUS und Zeilen 22 bis 23 der Anlage GSE hingewiesen. § 20 Abs. 2 AStG betrifft Einkünfte, die in einer ausländischen Betriebsstätte anfallen und als Zwischeneinkünfte steuerpflichtig wären, falls diese Betriebsstätte eine ausländische Gesellschaft wäre. Insoweit ist die Doppelbesteuerung nicht durch Freistellung, sondern **durch Anrechnung** der auf diese Einkünfte erhobenen ausländischen Steuern zu vermeiden.

Anrechnung ausländischer Steuern

Eine Anrechnung ausländischer Steuern (vgl. auch vorstehende Ausführungen zu Zeilen 1 bis 18) kann nur insoweit erfolgen, als die ausländischen Einkünfte – jeweils für den einzelnen Staat – bei der deutschen Einkommensteuerveranlagung in die Einkunftsermittlung einbezogen werden. Sind z.B. aus einem ausländischen Staat ausschließlich Einnahmen aus Kapitalvermögen angefallen, die die Werbungskosten und den anteiligen Sparer-Freibetrag nicht übersteigen, so entfällt die Anrechnung. Ebenso kommt die Anrechnung der Steuer für jene ausländischen Einkünfte bereits dem Grunde nach nicht in Betracht, die nicht der deutschen Steuer unterliegen (z.B. aus privaten Veräußerungsgeschäften außerhalb der Fristen des § 23 EStG) oder die nach einem Doppelbesteuerungsabkommen freigestellt sind. Für Einkünfte i.S. des § 2a EStG (vgl. die Erläuterungen zu **Zeilen 30 bis**

36 der Anlage AUS) ist hingegen die Steueranrechnung im Rahmen der vorgeschriebenen Höchstbegrenzung nach § 34c Abs. 1 EStG (vgl. oben) zulässig (R 212a Abs. 2 EStR).

Eine **Anrechnung** ausländischer Steuern scheidet außerdem aus, wenn

a) die ausländische Steuer nicht der deutschen Einkommensteuer entspricht,
b) die ausländische Steuer nicht in dem Staat erhoben wird, aus dem die Einkünfte stammen, oder
c) ausländische Einkünfte i.S. des § 34d EStG nicht gegeben sind.

In diesen Fällen dürfen die ausländischen Steuerbeträge **nicht in Zeile 17** eingetragen werden. Solche Steuerbeträge werden aber wie Betriebsausgaben oder Werbungskosten bei der Ermittlung der ausländischen Einkünfte der jeweiligen Einkunftsart abgezogen (§ 34c Abs. 3 EStG). Diese Steuerbeträge sind deshalb **in Zeile 11** einzutragen bzw. bei der Ermittlung der **in Zeile 14** einzutragenden ausländischen Einkünfte aus den anderen Einkunftsarten zu berücksichtigen (und in **Zeile 16** anzugeben).

Berücksichtigung fiktiver ausländischer Steuern

18 In einigen Doppelbesteuerungsabkommen (z.B. mit Argentinien, Brasilien, China, Griechenland, Indien, Iran, Malta, Portugal, Türkei, Tunesien, Zypern) ist vorgesehen, dass bei bestimmten ausländischen Einkünften (Dividenden, Zinsen und Lizenzgebühren) auf die deutsche Einkommensteuer nicht die tatsächlich gezahlte ausländische Steuer, sondern eine **fiktive,** im jeweiligen Doppelbesteuerungsabkommen **besonders bestimmte Steuer** bis zu einem festgelegten Höchstsatz angerechnet wird. Die erforderlichen Angaben zu solchen in den Zeilen 5 und 6 oder 14 enthaltenen Einnahmen sind auf besonderem Blatt zu machen (Bezeichnung der Einnahmen und der Wertpapiere usw.). Welche Anforderungen an den Nachweis für die jeweiligen Staaten gestellt werden, ist im BMF-Schreiben vom 12. 5. 1998 (BStBl I S. 554) geregelt.

Die fiktive ausländische Steuer kann nur auf die deutsche Einkommensteuer **angerechnet** und in den Zeilen 17 und 18 eingetragen werden. Insoweit besteht kein Wahlrecht zwischen Anrechnung oder Abzug ausländischer Steuern (vgl. oben).

19 Die Eintragungen in den Zeilen 21 bis 26 brauchen nur in der **ersten** Anlage AUS vorgenommen zu werden, wenn wegen ausländischer Einkünfte aus mehr als 5 Staaten/Fonds mehrere Anlagen AUS abzugeben sind (vgl. obige Vorbemerkungen zum Vordruck Anlage AUS sowie Erläuterungen zu Zeilen 1 bis 18).

Pauschal zu besteuernde ausländische Einkünfte (§ 34c Abs. 5 EStG)

21 An Stelle der Anrechnung von ausländischen Steuern können die obersten Finanzbehörden der Länder oder die von ihnen beauftragten Finanzbehörden mit Zustimmung des Bundesministers der Finanzen **auf Antrag** die auf ausländische Einkünfte entfallende deutsche Einkommensteuer auch in einem **Pauschbetrag** festsetzen bzw. ganz oder zum Teil **erlassen,** wenn dies aus volkswirtschaftlichen Gründen zweckmäßig oder die Anwendung der Anrechnungsmethode (vgl. **Zeilen 1 bis 18**) besonders schwierig ist. Bezüglich des Pauschalierungsverfahrens bei Einkünften aus einer ausländischen Betriebsstätte oder aus einer ausländischen Personengesellschaft gilt eine bundeseinheitliche Regelung vom 10. 4. 1984 (BStBl I S. 252). Liegen die dort beschriebenen Voraussetzungen vor, gilt die Zustimmung des Bundesministers der Finanzen als erteilt. Die **Finanzämter** sind in diesen Fällen ermächtigt, über die pauschale Steuerfestsetzung in eigener Zuständigkeit zu entscheiden. Die **Höhe** der Pauschalsteuer beträgt **25 v.H.** der pauschal zu besteuernden ausländischen Einkünfte, höchstens 25 v.H. des zu versteuernden Einkommens.

Nach der oben genannten Regelung ist eine **Pauschalierung** der Einkommensteuer möglich

a) für Einkünfte aus Gewerbebetrieb, die durch die Tätigkeit einer in einem ausländischen Staat befindlichen Betriebsstätte (BFH-Urteil vom 7. 3. 1979, BStBl II S. 527) erzielt werden, wenn die ausländische Betriebsstätte von dem inländischen Teil des Gesamtunternehmens durch organisatorische Maßnahmen, z.B. in der Buchführung oder durch eine Kostenträgerrechnung, so getrennt ist, dass die Ausgliederung des Teils der Einkünfte sichergestellt ist, für den die pauschale Besteuerung beantragt wird,

b) für Einkünfte aus der Beteiligung an einer ausländischen Personengesellschaft, bei der der Gesellschafter als Unternehmer (Mitunternehmer) anzusehen ist, wenn die Beteiligung zum Betriebsvermögen eines inländischen gewerblichen Unternehmens gehört,

c) für Einkünfte aus selbständiger Arbeit, wenn diese Einkünfte auf der technischen Beratung, Planung und Überwachung bei Anlagenerrichtung beruhen und in einer in einem ausländischen Staat unterhaltenen Betriebsstätte (festen Einrichtung) erzielt werden. Die Ausführungen in Buchst. a zur Möglichkeit der Ausgliederung der pauschal zu besteuernden Einkünfte gelten entsprechend.

In den Fällen der Buchst. a und b setzt die pauschale Besteuerung voraus, dass die ausländische Betriebsstätte, Personengesellschaft oder Tochtergesellschaft, aus der die Einkünfte bezogen werden, jeweils ausschließlich oder fast ausschließlich die Herstellung oder Lieferung von Waren außer Waffen, die Gewinnung von Bodenschätzen oder die Bewirkung gewerblicher Leistungen zum Gegenstand hat, soweit diese nicht in der Errichtung oder dem Betrieb von Anlagen, die dem Fremdenverkehr dienen, oder in der Vermietung und Verpachtung von Wirtschaftsgütern einschließlich der Überlassung von Rechten, Plänen, Verfahren, Erfahrungen und Kenntnissen oder im Betrieb von Handelsschiffen im internationalen Verkehr bestehen.

Eine Pauschalierung nach diesen Grundsätzen kommt **nicht** in Betracht für Einkünfte aus der Veräußerung der Betriebsstätte und von Anteilen an einer Personengesellschaft oder an einer Tochtergesellschaft. Außerdem gelten die vorstehenden Grundsätze nicht für Einkünfte aus einem Staat, mit dem ein Doppelbesteuerungsabkommen besteht.

Stammen pauschal zu besteuernde Einkünfte aus **mehreren** ausländischen Staaten, so kann der Steuerpflichtige den Antrag auf Pauschalierung auf die Einkünfte aus einem oder mehreren dieser Staaten beschränken. Der Antrag auf pauschale Besteuerung kann jedoch nicht auf einen beliebigen Teilbetrag der Einkünfte, für die die pauschale Besteuerung in Betracht kommt, begrenzt werden.

Im Falle der Pauschalbesteuerung kann eine für diese Einkünfte entrichtete ausländische Einkommensteuer weder angerechnet noch abgezogen werden. Die pauschal besteuerten Einkünfte bleiben auch bei der Ermittlung der auf die übrigen Einkünfte anzuwendenden Steuersätze unberücksichtigt.

Der **Antrag auf Pauschalierung** kann gestellt werden, solange die Steuerfestsetzung noch nicht unanfechtbar ist oder unter dem Vorbehalt der Nachprüfung steht. Er ist für jeden Veranlagungszeitraum neu zu stellen.

Beteiligung oder Berechtigung im Sinne des Außensteuergesetzes

23–26 Nach §§ 7 bis 12 und 14 des Außensteuergesetzes (AStG) vom 8. 9. 1972 (BStBl I S. 450), zuletzt geändert durch Art. 11 des Richtlinien-Umsetzungsgesetzes vom 9. 12. 2004 (BStBl I S. 1158), werden Einkünfte, die bei bestimmten **niedrig besteuerten ausländischen Gesellschaften** anfallen und (wie z.B. Grundstücks-, Wertpapier- oder Patenterträge) **nicht** auf einer aktiven wirtschaftlichen Betätigung i.S. des Gesetzes beruhen, bei der deutschen Besteuerung erfasst. Der **Steuerpflicht** unterliegt, wer als unbeschränkt Steuerpflichtiger unter den im AStG bestimmten Voraussetzungen an einer solchen Gesellschaft, die als **„Zwischengesellschaft"** (oder auch als „Basisgesellschaft") bezeichnet wird, beteiligt ist.

Teil I: Anlage AUS
Zeilen 30–36

Als **Zwischengesellschaften** kommen in Betracht ausländische Körperschaften, Personenvereinigungen oder Vermögensmassen i. S. des Körperschaftsteuergesetzes, an denen **zu mehr als der Hälfte** unbeschränkt Steuerpflichtige oder Personen, die unter die erweiterte beschränkte Steuerpflicht (§ 2 AStG) fallen, beteiligt sind. Es genügt, wenn diese Quote bei den Stimmrechten erreicht wird. **Mittelbar** über andere Gesellschaften gehaltene Beteiligungen werden anteilmäßig mitgerechnet. Beteiligungen, die **über Personengesellschaften** gehalten werden, sind wie **unmittelbare** Beteiligungen zu behandeln. Im Übrigen sind einem unbeschränkt Steuerpflichtigen Anteile oder Stimmrechte auch dann zuzurechnen, wenn sie von einer Person gehalten werden, die seinen Weisungen so zu folgen hat oder so folgt, dass ihr kein eigener wesentlicher Entscheidungsspielraum bleibt.

Eine **niedrige Besteuerung** wird nach § 8 Abs. 3 AStG angenommen, wenn die Einkünfte der ausländischen Gesellschaft einer ertragsteuerlichen Belastung von weniger als 25 v.H. unterliegen oder wenn die in Betracht zu ziehende Steuer nach dem Recht des ausländischen Staates um Steuern gemindert wird, die die ausländische Gesellschaft zu tragen hat. Nach dem BFH-Urteil vom 9. 7. 2003 (BStBl 2004 II S. 4) ist eine niedrige Besteuerung regelmäßig nicht gegeben, wenn die Einkünfte der ausländischen Gesellschaft nach dem Recht des Geschäftsleitungsstaates einem Steuersatz von mehr als 25 v.H. unterliegen, die ausländische Finanzbehörde sie aber tatsächlich niedriger oder gar nicht besteuert hat.

Die Besteuerung wird in der Weise vorgenommen, dass ein sog. **Hinzurechnungsbetrag** ermittelt wird, der bei den Einkünften aus Kapitalvermögen (Zeile 37 der Anlage KAP) bzw. im Falle von Beteiligungen, die zu einem Betriebsvermögen gehören, bei den Einkünften aus diesem Betrieb anzusetzen ist. Auf den Hinzurechnungsbetrag ist § 3 Nr. 40 EStG (Halbeinkünfteverfahren) nicht anzuwenden (**§ 10 AStG**). Ergibt sich ein negativer Betrag, so entfällt die Hinzurechnung. Eine **Anrechnung der Steuern**, die zu Lasten der ausländischen Gesellschaft erhoben worden sind, ist auf Antrag nach **§ 12 Abs. 1 AStG** (Zeile 25) möglich. Schüttet die ausländische Zwischengesellschaft Gewinnanteile an den Inländer aus, sind diese insoweit steuerfrei, als der Steuerpflichtige nachweist, dass in diesem oder in den sieben vorangegangenen Jahren Hinzurechnungsbeträge aus dieser Beteiligung nach § 10 AStG voll der Einkommensteuer unterlegen haben und nicht nach § 11 AStG freigestellt waren (§ 3 Nr. 41 EStG). Nach **§ 12 Abs. 3 AStG** werden Steuern von den nach § 3 Nr. 41 EStG befreiten Gewinnausschüttungen auf Antrag im VZ des Anfalls der zugrunde liegenden Zwischeneinkünfte als Hinzurechnungsbetrag in entsprechender Anwendung des § 34c Abs. 1 und 2 EStG angerechnet oder abgezogen. Dies gilt auch dann, wenn der Steuerbescheid für diesen VZ bereits bestandskräftig ist. Sollen Steuern i.S. des § 12 Abs. 3 AStG angerechnet werden, ist der entsprechende Antrag in **Zeile 26** zu stellen.

Nach § 15 AStG sind die Einkünfte **ausländischer Familienstiftungen** bei unbeschränkt steuerpflichtigen Stiftern, Bezugs- oder Anfallsberechtigten steuerpflichtig.

Steuerpflichtige, die an einer ausländischen Gesellschaft im oben dargestellten Sinne beteiligt sind oder waren, erhalten beim Finanzamt für die notwendigen weiteren Angaben einen **besonderen Vordruck**. Die Besteuerungsgrundlagen für die Anwendung der §§ 7 bis 12 und 14 AStG werden vom Finanzamt **gesondert und einheitlich festgestellt** (vgl. BFH-Urteil vom 15. 3. 1995, BStBl II S. 502). In **Zeile 24** der Anlage AUS sind das feststellende Finanzamt, die Steuernummer, der ausländische Staat, in dem sich Sitz oder Geschäftsleitung der Zwischengesellschaft befinden, sowie der festgestellte Betrag einzutragen. Werden Beträge aus **mehreren** Zwischengesellschaften zugerechnet, sind die Angaben entsprechend Zeilen 24 bis 26 auf besonderem Blatt zu machen.

Wegen weiterer Ausführungen zum AStG vgl. **Teil I, Anlage GSE, Zeilen 22 bis 23** sowie das BMF-Schreiben vom 14. 5. 2004, BStBl I Sondernummer 1/2004.

Einschränkung der Verlustverrechnung bei Auslandsverlusten

Nach **§ 2a Abs. 1 EStG** in der durch das Steuerbereinigungsgesetz 1999 geänderten Fassung dürfen **Verluste** (negative Einkünfte)

30–36
23–27

1. aus einer in einem **ausländischen** Staat belegenen **land- und forstwirtschaftlichen** Betriebsstätte,

2. aus einer in einem **ausländischen** Staat belegenen **gewerblichen** Betriebsstätte,

3. a) aus dem Ansatz des **niedrigeren Teilwerts** eines zu einem Betriebsvermögen gehörenden Anteils an einer **ausländischen** Körperschaft, oder

   b) aus der **Veräußerung** oder **Entnahme** eines zu einem Betriebsvermögen gehörenden Anteils an einer **ausländischen** Körperschaft oder aus der **Auflösung** oder **Herabsetzung des Kapitals** einer **ausländischen** Körperschaft,

4. aus der Veräußerung von (zum Privatvermögen gehörenden) **wesentlichen Beteiligungen** i.S. des § 17 EStG (Teil I, Anlage GSE, Zeilen 22 bis 23) an **ausländischen** Kapitalgesellschaften, aus deren Auflösung, Kapitalherabsetzung oder -rückzahlung,

5. aus der Beteiligung an einem Handelsgewerbe als **stiller Gesellschafter** und aus **partiarischen Darlehen,** wenn der Schuldner Wohnsitz, Sitz oder Geschäftsleitung in einem **ausländischen** Staat hat,

6. a) aus der **Vermietung** oder der **Verpachtung** unbeweglichen Vermögens oder von Sachinbegriffen (Betriebsverpachtung), wenn diese in einem **ausländischen** Staat belegen sind, oder

   b) aus der entgeltlichen Überlassung von Schiffen, sofern der Überlassende nicht nachweist, dass diese ausschließlich oder fast ausschließlich im Inland eingesetzt worden sind, es sei denn, es handelt sich um Handelsschiffe, die von einem Vercharterer ausgerüstet überlassen, oder an im Inland ansässige Ausrüster, die die Voraussetzungen des § 510 Abs. 1 HGB erfüllen, überlassen, oder insgesamt nur vorübergehend an im Ausland ansässige Ausrüster, die die Voraussetzung des § 510 Abs. 1 HGB erfüllen, überlassen worden sind, oder

   c) aus dem Ansatz des niedrigeren Teilwerts oder der Übertragung eines zu einem Betriebsvermögen gehörenden Wirtschaftsguts im Sinne der Buchstaben a und b,

7. a) aus dem Ansatz des niedrigeren Teilwerts, der Veräußerung oder Entnahme von Anteilen an **inländischen** Körperschaften, soweit sie zu einem Betriebsvermögen gehören und die Gewinnminderungen auf einen Tatbestand i.S. der vorstehenden Nr. 1 bis 6 zurückzuführen sind,

   b) aus der Auflösung oder Kapitalherabsetzung von **inländischen** Körperschaften, soweit die Einkünfte auf einen Tatbestand i.S. der vorstehenden Nr. 1 bis 6 zurückzuführen sind,

   c) aus der Veräußerung von wesentlichen Beteiligungen i.S. des § 17 EStG an **inländischen** Kapitalgesellschaften, soweit die Einkünfte auf einen Tatbestand i.S. der vorstehenden Nr. 1 bis 6 zurückzuführen sind,

nur mit positiven Einkünften der **jeweils selben Art** und – mit Ausnahme der Fälle der **Nr. 6 b** – aus **demselben Staat** ausgeglichen werden, in den Fällen der **Nr. 7** aufgrund von Tatbeständen der jeweils selben Art aus demselben Staat. Ein Ausgleich mit andersartigen Einkünften derselben staatlichen Herkunft scheidet ebenso aus wie ein Ausgleich gleichartiger Einkünfte aus unterschiedlichen ausländischen Staaten. Auch eine Berücksichtigung im Rahmen des **negativen Progressionsvorbehalts** (vgl. nachfolgende **Zeilen 37 bis 43** und **49 bis 55**) ist insoweit nicht möglich. Die nicht ausgleichbaren Verluste können auch nicht im Wege des Verlustabzugs nach § 10d EStG im Vorjahr oder in den Folgejahren berücksichtigt werden (Teil I, Hauptvordruck, Zeilen 93 bis 94). Den Verlusten sind **Gewinnminderungen** (z.B. aufgrund von Teilwertabschreibungen nach den vorstehenden Nr. 3a, 6c und 7a) gleichgestellt.

Bis einschließlich 1991 fielen **„mittelbare Verluste"** aus Teilwertabschreibungen auf Anteile an ausländischen Kapitalgesellschaften oder aus der Veräußerung oder Entnahme solcher Anteile, wenn diese zu einem inländischen Betriebsvermögen gehören oder wesentliche Beteiligungen i.S. des § 17 EStG sind, nicht unter das Ausgleichsverbot. Gleiches galt für Teilwertabschreibungen, Veräußerungs- oder Entnahmeverluste bei Anteilen an inländischen Kapitalgesellschaften, die auf Auslandsverluste dieser Kapitalgesellschaft zurückzuführen sind, wenn die Anteile zum inländischen Kapitalgesellschaft zum Betriebsvermögen gehören oder eine wesentliche Beteiligung i.S. des § 17 EStG darstellen. Nach der erweiterten Fassung des § 2a EStG werden **seit 1992** auch solche mittelbaren Verluste von dem Ausgleichsverbot erfasst.

Soweit ein Ausgleich mit gleichartigen Einkünften aus dem selben Staat nicht möglich ist, kommt jedoch ein **besonderer Verlustvortrag** während der folgenden Jahre in Betracht. Danach mindern die nicht ausgleichbaren Verluste (Gewinnminderungen) **in den folgenden Veranlagungszeiträumen** die positiven Einkünfte der **jeweils selben Art** aus **demselben Staat**, in den Fällen der **Nr. 7** aufgrund von Tatbeständen der jeweils selben Art aus demselben Staat. Die Minderung (Verrechnung) ist nur insoweit zulässig, als die Verluste in den vorangegangenen Veranlagungszeiträumen nicht berücksichtigt werden konnten (verbleibende Verluste). Die am Schluss eines Veranlagungszeitraums verbleibenden Verluste sind **gesondert festzustellen.** Für Verluste vor 1992 war der oben beschriebene besondere Verlustvortrag auf die folgenden **sieben** Veranlagungszeiträume beschränkt. Nach dem BFH-Urteil vom 30.6.2005 (BStBl II S. 641) dürfen jedoch auch ausländische Verluste, die in den Jahren 1985 bis 1991 entstanden und bis 1991 einschließlich nicht ausgeglichen worden sind, nach § 2a EStG zeitlich unbegrenzt vorgetragen werden.

Bei zusammenveranlagten Ehegatten werden negative Einkünfte nach § 2a Abs. 1 EStG des einen Ehegatten mit positiven Einkünften des anderen Ehegatten der jeweils selben Art und aus demselben Staat (mit Ausnahme der Fälle der obigen Nr. 6b) ausgeglichen oder verrechnet, soweit sie nicht mit eigenen positiven Einkünften ausgeglichen oder verrechnet werden können (R 5 Abs. 8 EStR). Die Angaben hierzu sind für jeden Ehegatten in seiner Anlage AUS zu machen.

Als **Ausnahme** lässt § 2a **Abs. 2** EStG einen **Verlustausgleich** zu, wenn der Steuerpflichtige nachweist, dass die negativen Einkünfte aus einer **gewerblichen** Betriebsstätte im Ausland stammen, die **ausschließlich** oder **fast ausschließlich** die Herstellung oder Lieferung von Waren **außer** Waffen, die Gewinnung von Bodenschätzen sowie die Bewirkung gewerblicher Leistungen zum Gegenstand hat, soweit diese **nicht** in der Errichtung oder dem Betrieb von Anlagen, die dem Fremdenverkehr dienen, oder in der Vermietung oder Verpachtung von Wirtschaftsgütern einschließlich der Überlassung von Rechten, Plänen, Mustern, Verfahren, Erfahrungen und Kenntnissen bestehen (sog. **Aktivitätsklausel**). Der Handel mit Jagd- und Sportmunition ist keine Lieferung von Waffen i.S. des § 2a Abs. 2 EStG (H 5 EStH).

Durch das Steueränderungsgesetz 1992 wurde die Aktivitätsklausel auf das Halten einer **Beteiligung an einer ausländischen Kapitalgesellschaft von mindestens 25 v.H.** am Nennkapital ausgedehnt. Erfüllt diese Kapitalgesellschaft die im vorstehenden Absatz bezeichneten sachlichen Voraussetzungen der Aktivitätsklausel, so gilt das unmittelbare Halten der Beteiligung und die **damit zusammenhängende Finanzierung** als Bewirkung einer gewerblichen Tätigkeit, bei der Teilwertabschreibungen, Veräußerungs- und Entnahmeverluste dann nicht unter das Ausgleichsverbot nach § 2a EStG fallen, wenn der Steuerpflichtige nachweist, dass die ausländische Kapitalgesellschaft entweder seit ihrer Gründung oder während der letzten 5 Jahre vor und in dem Veranlagungszeitraum, in dem die negativen Einkünfte bezogen werden, die Voraussetzungen der Aktivitätsklausel erfüllt hat. Durch die **Ausweitung der Aktivitätsklausel** auf das Beteiligungshalten wird die Holdingtätigkeit begünstigt. Voraussetzung ist allerdings, dass es sich um das unmittelbare Halten einer Beteiligung von mindestens 25 v.H. an einer ausländischen Kapitalgesellschaft handelt, die selbst aktiv tätig ist. Mit der Einbeziehung der im Zusammenhang mit dem Beteiligungshalten stehenden Finanzierung in den Kreis der aktiven Tätigkeiten wird erreicht, dass eine als aktiv anzusehende Holdingtätigkeit nicht allein wegen dieser Finanzierung aus dem Begünstigungsbereich des § 2a Abs. 2 EStG herausfällt.

Wegen der in den einzelnen **Zeilen und Spalten** des Vordrucks vorzunehmenden **Eintragungen** wird auf die **amtliche „Anleitung zur Anlage AUS"** verwiesen, die beim Finanzamt erhältlich ist, falls sie dem Vordruck nicht beigelegen haben sollte. Unabhängig davon, ob ausländische Verluste nach § 2a Abs. 1 und 2 EStG bei der inländischen Besteuerung zu berücksichtigen sind oder nicht, ist die im Ausland für diese Einkünfte gezahlte Steuer in den **Zeilen 11** bzw. **16** oder **17** der Anlage AUS anzugeben.

Progressionsvorbehalt bei steuerfreien ausländischen Einkünften

Nach den geltenden Doppelbesteuerungsabkommen werden die **ausländischen Einkünfte,** die nach dem Abkommen von der deutschen Besteuerung **freizustellen** sind, bei der **Bemessung des Steuersatzes** für das der inländischen Besteuerung unterliegende Einkommen berücksichtigt **(Progressionsvorbehalt).** Der **Steuersatz** für das der **deutschen Besteuerung** unterliegende Einkommen wird danach nach dem **Gesamteinkommen** bemessen (§ 32b EStG). Mit Urteil vom 19.12.2001 (BStBl 2003 II S. 302) hat der BFH entschieden, dass der Progressionsvorbehalt nach § 32 b Abs. 1 Nr. 2 EStG bereits dann anwendbar ist, wenn das DBA es nicht verbietet (vgl. auch BFH-Urteil vom 19.11.2003, BStBl 2004 II S. 549).

Aus dem genannten tariflichen Grund sind hier die durch ein DBA von der deutschen Besteuerung befreiten und deshalb nicht erklärten ausländischen Einkünfte anzugeben. Die Höhe der ausländischen Einkünfte ist dabei nach dem deutschen Steuerrecht zu ermitteln. **Steuerfreier Arbeitslohn** für Tätigkeiten im **Ausland** nach einem DBA ist jedoch nicht hier, sondern in **Zeile 18 der Anlage N** einzutragen.

Im Rahmen des Progressionsvorbehalts können sich auch **ausländische Verluste** auf das **für den Steuersatz** maßgebende zu versteuernde Einkommen auswirken (sog. **negativer** Progressionsvorbehalt). Diese Möglichkeit ist jedoch durch § 2a EStG erheblich **eingeschränkt.** Denn **ausländische Verluste bleiben** im Rahmen des negativen Progressionsvorbehalts **unberücksichtigt, wenn** es sich um **Verluste i.S. des § 2a Abs. 1 EStG** handelt, z.B. ausländische Verluste aus Vermietung und Verpachtung, aus der Beteiligung an einem Handelsgewerbe als stiller Gesellschafter und aus partiarischen Darlehen, aus land- und forstwirtschaftlichen sowie bestimmten gewerblichen Betriebsstätten (vgl. vorstehende Ausführungen zu **Zeilen 30 bis 36** und H 185 [Ausländische Verluste, Nr. 2] EStH). Nach einem DBA steuerfreie ausländische Verluste i.S. des § 2a Abs. 1 EStG können jedoch mit künftigen positiven Einkünften der jeweils selben Art und aus demselben Staat verrechnet werden und wirken sich hierdurch **mindernd** auf einen **positiven** Progressionsvorbehalt in der Zukunft aus. Die entsprechenden Angaben sind in den **Zeilen 51 bis 55** der Anlage AUS zu machen. Außerdem ist der **negative** Progressionsvorbehalt bei Anwendung des **§ 1 Abs. 3** oder des **§ 1a EStG** ausdrücklich **ausgeschlossen,** wenn die **Summe** der nicht der deutschen Einkommensteuer unterliegenden Einkünfte **negativ** ist (vgl. § 32b Abs. 1 Nr. 3 EStG). Welche Fälle dies sind, ist in **Teil I, Hauptvordruck, Zeilen 53 bis 60** erläutert.

Können ausländische Verluste im Rahmen des negativen Progressionsvorbehalts berücksichtigt werden (weil kein gesetzlicher Ausschließungsgrund i.S. der vorstehenden Ausführungen vorliegt), so führt dies zu einer Minderung des auf das zu versteuernde Einkommen anzuwendenden Steuersatzes. Sind die berücksichtigungsfähigen ausländischen Verluste gleich hoch wie das steuerpflichtige Einkommen, so sinkt der Satz der Einkommensteuer auf 0 v.H. ab; von dem der deutschen Besteuerung unterliegenden Einkommen ist dann keine Steuer zu erheben. Übersteigen die Verluste in einem Jahr die Inlandseinkünfte, so bestand bis 1995 – im Rahmen des hier sinngemäß anzuwendenden § 10d EStG (Teil I, Hauptvordruck, Zeilen 93 bis 94) – die Möglichkeit, den **übersteigenden Verlustbetrag** bei der Anwendung des Progressionsvorbehalts in den beiden Vorjahren bzw. in

Teil I: Anlage AUS
Zeilen 44–55

den Folgejahren zu berücksichtigen. Seit **1996** ist diese Möglichkeit weggefallen, weil nach der Neufassung des § 32b Abs. 2 EStG **das zu versteuernde Einkommen** zur Ermittlung des anzuwendenden Steuersatzes **lediglich** um die unter den Progressionsvorbehalt fallenden Beträge **vermehrt** oder **vermindert** wird (vgl. auch H 185 EStH).

Verlustberücksichtigung nach § 2a Abs. 3 und 4 EStG a.F.

44–46 Sind nach einem Doppelbesteuerungsabkommen **gewerbliche**
33–34 Einkünfte aus einer in einem ausländischen Staat belegenen **Betriebsstätte** von der inländischen Besteuerung zu befreien, so wurde **bis einschließlich 1998** auf Antrag ein **Verlust,** der sich nach den Vorschriften des EStG bei diesen Einkünften ergab, bei der Ermittlung der Gesamteinkünfte **insoweit abgezogen,** als er nach dem DBA zu befreiende positive gewerbliche Einkünfte aus anderen in diesem Staat belegenen Betriebsstätten überstieg (§ 2a Abs. 3 EStG a.F.). Positive oder negative Einkünfte aus anderen Einkunftsarten, die der Steuerpflichtige im Anwendungsbereich des betreffenden DBA oder in einem anderen ausländischen Staat erzielte, blieben bei der Ermittlung des maßgeblichen Verlustsaldos außer Betracht. Für einen etwa nicht ausgleichbaren Teil des Verlustsaldos konnte der **Verlustabzug im Rahmen des § 10d EStG** geltend gemacht werden (§ 2a Abs. 4 EStG a.F.).

Ein Verlust der vorstehend genannten Art, der bei der Ermittlung der Gesamteinkünfte **abgezogen** worden ist, muss jedoch **insoweit,** als sich in einem der folgenden Veranlagungszeiträume bei den nach dem betreffenden DBA zu befreienden Einkünften aus gewerblicher Tätigkeit aus in diesem ausländischen Staat belegenen Betriebsstätten **insgesamt ein positiver Betrag** ergibt, bei der Ermittlung des Gesamtbetrags der Einkünfte wieder **hinzugerechnet** werden. Diese Nachversteuerung früher geltend gemachter Verluste ist auch dann erforderlich, wenn die Verluste aufgrund des bis 1989 geltenden **Auslandsinvestitionsgesetzes** (AIG) abgezogen wurden. Im Falle einer **Umwandlung** einer ausländischen Betriebsstätte in eine **Kapitalgesellschaft** muss ein abgezogener Verlust, soweit er nicht wieder hinzugerechnet worden ist, im **Veranlagungszeitraum der Umwandlung** ebenfalls **hinzugerechnet** werden (§ 2a Abs. 4 EStG a.F.).

Die Pflicht zur **Nachversteuerung** eines abgezogenen Verlustsaldos **wegen Erzielung eines Gewinnsaldos** in den Folgejahren war zeitlich unbegrenzt.

Durch das Steuerentlastungsgesetz 1999/2000/2002 wurde § 2a Abs. 3 EStG mit Wirkung ab dem Veranlagungszeitraum **1999 weitgehend aufgehoben.** Verluste aus ausländischen Betriebsstätten können sonach ab 1999 nur noch im Rahmen des negativen Progressionsausgleichs berücksichtigt werden. Durch die zeitlichen Anwendungsregelungen in **§ 52 Abs. 3 EStG** (auch bezüglich des früheren § 2a Abs. 4 EStG) wird sichergestellt, dass vor 1999 abgezogene Verluste **bis 2008** durch **Hinzurechnung** nachversteuert werden, soweit sich aus der ausländischen Betriebsstätte ein Gewinn ergibt oder soweit eine in einem ausländischen Staat belegene Betriebsstätte in eine Kapitalgesellschaft umgewandelt wird.

Die bis **einschließlich 2008** weiter geltenden Hinzurechnungsregelungen wurden durch das **Steuerbereinigungsgesetz 1999** in zwei Punkten **verschärft:**

a) Bisher entfiel eine Hinzurechnung der früheren Betriebsstättenverluste, wenn nachgewiesen wurde, dass der Steuerpflichtige im ausländischen Belegenheitsstaat einen Abzug der Verluste in anderen Jahren als dem Verlustjahr allgemein nicht beanspruchen konnte. Diese Ausnahmeregelung ist ersatzlos gestrichen worden.

b) Die bisher vorgeschriebene Hinzurechnung im Falle der Umwandlung der ausländischen Betriebsstätte in eine Kapitalgesellschaft ist um zwei weitere Fälle **ausgedehnt** worden, nämlich die entgeltliche oder unentgeltliche **Übertragung** der Betriebsstätte sowie die „missbräuchliche" **Aufgabe** der Betriebsstätte, obwohl die Geschäftstätigkeit durch eine verbundene Gesellschaft oder nahe stehende Person tatsächlich fortgeführt wird (§ 52 Abs. 3 Sätze 3 bis 5 EStG n.F.).

Die Hinzurechnung ist auch dann vorzunehmen, wenn sich die positiven Einkünfte auf Grund eines Veräußerungsgewinns ergeben. Bei der Hinzurechnung wird weder der Freibetrag nach § 16 Abs. 4 EStG noch die Tarifermäßigung nach § 34 EStG (Zeilen 12 bis 21 und 25 der Anlage GSE) gewährt (H 5 EStH).

Nach Doppelbesteuerungsabkommen steuerfreie außerordentliche Einkünfte

Sind **außerordentliche** Einkünfte (z.B. Veräußerungsgewinne aus **47** einer gewerblichen oder landwirtschaftlichen Betriebsstätte) nach 35 einem Doppelbesteuerungsabkommen **steuerfrei,** so werden diese bei der Berechnung des Progressionsvorbehalts durch das Finanzamt (§ 32b EStG; erläutert in Zeilen 37 bis 43) mit einem **Fünftel** berücksichtigt. Derartige steuerfreie Einkünfte sind hier und in Zeilen 39 bis 43 einzutragen. Was zu den außerordentlichen Einkünften i.S. des § 34 EStG zählt, ist in **Teil I, Anlage GSE, Zeilen 25 und 55 bis 56** dargestellt. Die Vorschrift des § 34b EStG ist in **Teil I, Anlage L, Zeile 22** erläutert.

In Zeile 48 wird darauf hingewiesen, dass unter bestimmten **48** Voraussetzungen eine **Mitteilung** über die Höhe der in Deutschland steuerfreien Einkünfte **an den anderen Staat** erfolgen kann. Einzelheiten ergeben sich aus dem BMF-Schreiben vom 3.6.1996 (BStBl I S. 644) und dem Merkblatt des BMF vom 3.2.1999 (BStBl I S. 228) zur „Zwischenstaatlichen Amtshilfe durch Auskunftsaustausch in Steuersachen", wonach der Steuerpflichtige grundsätzlich vor der Mitteilung an den anderen Staat anzuhören ist. Der Steuerpflichtige kann hiergegen Einwendungen erheben, die aus Vereinfachungsgründen schon in der Steuererklärung vorgebracht werden sollen.

Auslandsverluste und Progressionsvorbehalt

Auf die vorstehenden Ausführungen zu den Zeilen 30 bis 36 und **49–55**
37 bis 43 wird hingewiesen. Statt der jeweiligen Anlage zur Ein- 36–40 kommensteuererklärung (wie in Zeilen 32 bis 36) ist hier in Spalte 7 anzugeben, auf welche **Zeile** (der Zeilen 39 bis 43 **der Anlage AUS**) sich diese Einkünfte beziehen.

Teil II

Überblick über wichtige Steuerersparnismöglichkeiten und Einzelfragen grundsätzlicher Art

1. Absetzungen für Abnutzung

1.1. Lineare AfA (gleiche Jahresbeträge)

Die Absetzung für Abnutzung (AfA) bei Wirtschaftsgütern, die zum Anlagevermögen eines Betriebs gehören, bemisst sich nach den tatsächlichen Anschaffungs- oder Herstellungskosten unter Berücksichtigung der betriebsgewöhnlichen Nutzungsdauer, d.h. der betriebstypischen Beanspruchung. Für die Schätzung der Nutzungsdauer ist regelmäßig von dem Zeitraum auszugehen, in dem sich das Wirtschaftsgut **technisch** abnutzt. Eine kürzere **wirtschaftliche** Nutzungsdauer kommt nur in Betracht, wenn das Wirtschaftsgut erfahrungsgemäß vor Ablauf der technischen Nutzungsdauer objektiv wirtschaftlich wertlos ist (BFH-Urteil vom 19. 11. 1997, BStBl 1998 II S. 59). Die Grundsätze dieses Urteils haben zu einer Überarbeitung der amtlichen AfA-Tabellen geführt (vgl. AfA-Tabelle des BMF vom 15. 12. 2000, BStBl I S. 1532 mit BMF-Schreiben vom 6. 12. 2001, BStBl I S. 860, die für alle Anschaffungs- oder Herstellungskosten nach dem 31.12. 2000 gilt, sowie BMF-Schreiben vom 14. 12. 2001, BStBl I S. 861). Vgl. auch H 44 (Nutzungsdauer) EStH. Dabei kann grundsätzlich jeweils für ein Jahr der Teil der Anschaffungs- oder Herstellungskosten abgesetzt werden, der bei gleichmäßiger Verteilung dieser Kosten auf die Gesamtdauer der Verwendung oder Nutzung des Wirtschaftsgutes auf ein Jahr entfällt. Die Anschaffungs- oder Herstellungskosten sind sonach in **gleichen Jahresbeträgen** auf die betriebsgewöhnliche Nutzungsdauer des Anlagegutes zu verteilen. Für bewegliche Wirtschaftsgüter, die **nach dem 31. 12. 2003,** angeschafft oder hergestellt worden sind, ist zu beachten, dass sich im Jahr der Anschaffung oder Herstellung des Wirtschaftsguts für dieses Jahr die AfA für jeden vollen Monat, der dem Monat der Anschaffung oder Herstellung vorangeht, **um jeweils ein Zwölftel vermindert** (§ 7 Abs. 1 Satz 4 EStG). Die frühere, günstigere Halbjahresregelung in R 44 Abs. 2 EStR a.F. ist damit ab 2004 überholt. Wegen der Berücksichtigung eines **Schrottwerts** bei der Bemessung der AfA vgl. BFH-Beschluss vom 7. 12. 1967, BStBl 1968 II S. 268 und BFH-Urteil vom 22. 7. 1971, BStBl II S. 800.

Die lineare AfA kann bei **allen** Wirtschaftsgütern des Anlagevermögens, die überhaupt abschreibungsfähig sind, angewendet werden. Wegen der AfA bei **Gebäuden,** für die besondere Bestimmungen gelten, vgl. Teil I, Anlage V, Zeile 34 und Teil II, Tz. 1.7.

Absetzungen für **außergewöhnliche** technische oder wirtschaftliche Abnutzung sind zulässig; soweit der Grund hierfür in späteren Wirtschaftsjahren entfällt, ist in den Fällen der Gewinnermittlung nach § 4 Abs. 1 oder nach § 5 EStG (erstmals für das nach dem 31. 12. 1998 endende Wirtschaftsjahr) eine entsprechende **Zuschreibung (Wertaufholungsgebot!)** vorzunehmen (§ 7 Abs. 1 Satz 7 EStG). Werden z.B. bei einem **Umbau** bestimmte Gebäudeteile entfernt, so kann der dadurch eingetretene Wertverlust durch eine Absetzung für außergewöhnliche technische Abnutzung berücksichtigt werden. Wegen weiterer Einzelheiten vgl. Teil II, Tz. 1.7.2. (3).

1.1.1. Sonderabschreibung für bewegliche Wirtschaftsgüter zur Förderung kleiner und mittlerer Betriebe (§ 7g Abs. 1 und 2 EStG)

§ 7g Abs. 1 und 2 EStG dient der Förderung kleiner und mittlerer Betriebe durch **Sonderabschreibungen.** Im Jahr der Anschaffung oder Herstellung von **neuen beweglichen Wirtschaftsgütern des Anlagevermögens** und in den folgenden vier Jahren können **neben** (!) der linearen AfA nach § 7 Abs. 1 EStG und **neben** der degressiven AfA nach § 7 Abs. 2 EStG **Sonderabschreibungen bis zu insgesamt 20 v.H.** der Anschaffungs- oder Herstellungskosten in Anspruch genommen werden.

Die Voraussetzungen für die Inanspruchnahme der Sonderabschreibungen nach § 7g Abs. 1 und 2 EStG sind zuletzt in der „Anleitung zur ESt-Erklärung **2000**", Teil II, Tz. 1.1.1. ausführlich wiedergegeben. Hierauf wird verwiesen. Voraussetzung für die Inanspruchnahme ist, dass das Eigenkapital zum Schluss des der Anschaffung oder Herstellung vorausgehenden Wirtschaftsjahres **204 517 €** nicht übersteigt; diese Voraussetzung gilt bei Betrieben, die den Gewinn nach § 4 Abs. 3 EStG ermitteln, als erfüllt. Zu den erforderlichen Größenmerkmalen nach § 7 g Abs. 1 und 2 EStG im Jahr der **Betriebseröffnung** vgl. außerdem BFH-Urteil vom 21. 7. 1999, BStBl 2001 II S. 127 und BMF-Schreiben vom 1. 2. 2001, BStBl I S. 170.

Für nach dem 31. 12. 2000 angeschaffte oder hergestellte Wirtschaftsgüter können die o.g. Sonderabschreibungen nur beansprucht werden, wenn dafür **zuvor** eine Rücklage nach § 7g Abs. 3 bis 7 EStG gebildet, also eine **Ansparabschreibung** (vgl. Tz. 1.1.2. oder Tz. 1.1.3.) vorgenommen wurde. Dies gilt ab 2003 nicht bei Existenzgründern (vgl. Tz. 1.1.3.) für das Wirtschaftsjahr, in dem mit der Betriebseröffnung begonnen wird (§ 7g Abs. 2 Nr. 3 EStG).

1.1.2. Ansparabschreibung zur Förderung künftiger Investitionen kleiner und mittlerer Betriebe (§ 7g Abs. 3 bis 6 EStG)

§ 7g Abs. 3 bis 6 EStG beinhaltet als mittelstandsfördernde Komponente eine sog. **Ansparabschreibung**, die nach ihrer Ausgestaltung und Wirkung einer Investitionsrücklage gleichkommt. Natürliche Personen, Körperschaften und Personengesellschaften können für die **künftige** Anschaffung oder Herstellung eines **neuen beweglichen** Wirtschaftsguts eine **den Gewinn mindernde Rücklage** bilden, selbst wenn dadurch ein Verlust entsteht oder sich erhöht.

Die Finanzverwaltung hat in einem umfangreichen **BMF-Schreiben vom 25. 2. 2004, BStBl I S. 337** zu vielen Zweifelsfragen bei Inanspruchnahme der Ansparabschreibungen nach § 7g Abs. 3 ff. EStG Stellung genommen.

Die allgemeinen Voraussetzungen für die Ansparabschreibung (Rücklage) nach § 7g Abs. 3 bis 6 EStG sind zuletzt in der „Anleitung zur ESt-Erklärung **2000**", Teil II, Tz. 1.1.2. ausführlich wiedergegeben. Hierauf wird verwiesen. Eine Rücklage kann aber nur gebildet werden, wenn das begünstigte Wirtschaftsgut **voraussichtlich** angeschafft oder hergestellt wird. Für die hinreichende Konkretisierung der geplanten Investition ist eine Prognose-Entscheidung über das künftige Investitionsverhalten erforderlich (BFH-Urteil vom 19. 9. 2002, BStBl 2004 II S. 184). Es reicht grundsätzlich aus, das einzelne Wirtschaftsgut, das voraussichtlich angeschafft oder hergestellt werden soll, seiner Funktion nach zu benennen und die Höhe der voraussichtlichen Anschaffungs- oder Herstellungskosten anzugeben ((BFH-Urteil vom 12. 12. 2001, BStBl 2002 II S. 385). Die Vorlage eines Investitionsplanes oder eine feste Bestellung eines bestimmten Wirtschaftsgutes ist dagegen nicht erforderlich (vgl. BMF-Schreiben vom 25. 2. 2004 a.a.O., Rz 7 und 8). Bei nachträglicher Geltendmachung einer Ansparabschreibung (z.B. im Einspruchsverfahren) sind an die erforderliche Konkretisierung erhöhte Anforderungen zu stellen. Der Steuerpflichtige hat anhand geeigneter Unterlagen oder Erläuterungen (z.B. angeforderte Prospekte oder Informationen) glaubhaft zu machen, dass im Wirtschaftsjahr der Rücklagenbildung eine voraussichtliche Investitionsabsicht bestanden hat (vgl. im Einzelnen BMF-Schreiben vom 25. 2. 2004 a.a.O., Rz 9 und 10). Zwischen den Zeitpunkten der Rücklagenbildung und der tatsächlichen Investition muss ein Finanzierungszusammenhang bestehen (BFH-Urteil vom 14. 8. 2001, BStBl 2004 II S. 181).

Die **Bildung und Auflösung** von Ansparabschreibungen muss in der Buchführung verfolgt werden können. Dabei ist jede einzelne

Rücklage getrennt zu buchen und zu erläutern; die voraussichtliche Investition ist genau zu bezeichnen (vgl. BMF-Schreiben vom 25. 2. 2004 a.a.O., Rz 15 und 16).

Für Wirtschaftsjahre, die nach dem 31.12. 2000 beginnen, darf die Rücklage nach § 7g Abs. 3 Satz 2 EStG **40 v.H.** der Anschaffungs- oder Herstllungskosten des begünstigten Wirtschaftsguts nicht überschreiten. Dabei ist Voraussetzung, dass der Unternehmer das Wirtschaftsgut voraussichtlich bis zum Ende des zweiten auf die Bildung der Rücklage folgenden Wirtschaftsjahres anschaffen oder herstellen wird. Bei Rücklagen, die in vor dem 1. 1. 2001 beginnenden Wirtschaftsjahren gebildet worden sind, bleibt es bei der früheren 50 v.H.-Grenze. Die am Bilanzstichtag gebildeten Rücklagen dürfen je Betrieb des Steuerpflichtigen den Betrag von **154 000 €** nicht übersteigen. Für Existenzgründer (vgl. Tz. 1.1.3.) gilt ein Höchstbetrag von **307 000 €**. Die Sonderabschreibung ist aber betragsmäßig nicht auf den Betrag der gebildeten Rückstellung begrenzt. Vgl. BMF-Schreiben vom 10.7. 2001 BStBl I S. 455. Zu den erforderlichen Größenmerkmalen nach § 7g Abs. 3 EStG im Jahr der **Betriebseröffnung** vgl. außerdem BFH-Urteil vom 21. 7. 1999, BStBl 2001 II S. 127. Zur Auflösung von Ansparabschreibungen anlässlich einer **Betriebsveräußerung** oder Betriebsaufgabe vgl. BMF-Schreiben vom 25. 8. 2005, BStBl I S. 859 und BFH-Urteil vom 10. 11. 2004, BStBl 2005 II S. 596.

1.1.3. Ansparabschreibung für Existenzgründer (§ 7g Abs. 7 und 8 EStG)

In § 7g Abs. 7 und 8 EStG ist eine steuerliche Förderung für **Existenzgründer** vorgesehen (vgl. BMF-Schreiben vom 25. 2. 2004 a.a.O., Rz 40 ff.). Sie besteht im Wesentlichen darin, dass Existenzgründer im Wirtschaftsjahr der **Betriebseröffnung** und den fünf folgenden Wirtschaftsjahren (sog. Gründungszeitraum) eine Ansparrücklage zu günstigeren als den allgemeinen Bedingungen (vgl. oben Tz. 1.1.2.) bilden können. Der vorgegebene Investitionszeitraum und die Auflösungsfrist für die Rücklage wird auf **fünf Jahre** (dort: zwei Jahre) und der Höchstbetrag für die Ansparabschreibung (Rücklage) wird auf **307 000 €** erhöht (dort: 154 000 €). Lässt sich die beabsichtigte Investition nicht realisieren, kann die Rücklage **ohne Gewinnzuschlag** aufgelöst werden (dort: 6 v.H. für jedes volle Wirtschaftsjahr). Einer Betriebseröffnung gleichzusetzen ist die geplante **wesentliche Erweiterung** eines bereits bestehenden Betriebes (vgl. hierzu BMF-Schreiben vom 16. 11. 2004, BStBl I S. 1063).

§ 7g Abs. 8 EStG enthält zudem eine gesetzliche Regelung, wonach für die sog. **sensiblen Sektoren** eine Ansparrücklage **nicht** gebildet werden darf. Zu den sensiblen Sektoren gehören danach die Stahlindustrie, der Schiffbau, die KFZ-Industrie, die Kunstfaserindustrie, der Landwirtschaftssektor, der Fischerei- und Aquakultursektor, der Verkehrssektor und der Steinkohlenbergbau.

Existenzgründer ist, wer innerhalb der letzten fünf Jahre vor dem Wirtschaftsjahr der Betriebseröffnung weder zu mehr als einem Zehntel an einer Kapitalgesellschaft beteiligt war noch Gewinneinkünfte i.S. des EStG erzielt hat. Bei Personengesellschaften (z.B. OHG, KG) und Kapitalgesellschaften (z.B. GmbH, AG) müssen alle Gesellschafter diese Voraussetzungen erfüllen; bei Kapitalgesellschaften setzt die Begünstigung zudem voraus, dass nur natürliche Personen Gesellschafter sind (§ 7g Abs. 7 Satz 2 EStG). **Nicht** als Existenzgründung gilt die Übernahme eines Betriebs im Rahmen der vorweggenommenen Erbfolge oder im Wege der Auseinandersetzung einer Erbengemeinschaft unmittelbar nach dem Erbfall (§ 7g Abs. 7 Satz 3 EStG).

1.2. Degressive AfA (fallende Jahresbeträge)

Statt der AfA in gleichen Jahresbeträgen kann der Steuerpflichtige bei abnutzbaren **beweglichen** Anlagegütern des Betriebsvermögens nach freier Wahl auch die **AfA in fallenden Jahresbeträgen (degressive AfA)** anwenden. Wegen der degressiven AfA bei **Gebäuden** vgl. Teil I, Anlage V, Zeile 34 III und Teil II, Tz. 1.7.

1.2.1. Bewegliche Wirtschaftsgüter

Zu den **beweglichen Anlagegütern** gehören insbesondere **Werkzeuge** und **Einrichtungsgegenstände, Maschinen,** maschinelle Anlagen und sonstige **Betriebsvorrichtungen,** auch wenn sie wesentliche Bestandteile eines Grundstücks sind, ferner **Scheinbestandteile,** d.h. bewegliche Wirtschaftsgüter, die zu einem vorübergehenden Zweck in ein Gebäude eingefügt werden (§ 95 Abs. 2 BGB). Schiffe sind ebenfalls bewegliche Wirtschaftsgüter, auch wenn sie im Schiffsregister eingetragen sind. **Immaterielle Wirtschaftsgüter** gehören **nicht** zu den beweglichen Wirtschaftsgütern (BFH-Urteil vom 22. 5. 1979, BStBl II S. 634). Für die Abgrenzung der **Betriebsvorrichtungen** von den Betriebsgrundstücken gelten die allgemeinen Grundsätze des Bewertungsrechts (gleich lautende Ländererlasse vom 31. 3. 1992, BStBl I S. 342). Danach können unter anderem Brennöfen in der Porzellanindustrie, Backöfen, Freilufttrockenanlagen in der Ziegelindustrie, Kesselanlagen als Betriebsvorrichtungen zu den beweglichen Wirtschaftsgütern gehören. Die selbständige Aktivierung von Anlagen eines Gebäudes bedeutet noch nicht, dass diese Anlagen zu den beweglichen Anlagegütern zu rechnen sind. Es muss vielmehr hinzukommen, dass diese Anlagen auch bewertungsrechtlich Betriebsvorrichtungen sind. Als Betriebsvorrichtungen können danach nur Vorrichtungen angesehen werden, mit denen das Gewerbe **unmittelbar betrieben** wird, wie z.B. Ablade- und Bedienungsvorrichtungen, Autoaufzüge in Parkhäusern, Förderbänder, Klimaanlagen in Chemiefaser- und Tabakfabriken, Kühleinrichtungen, Bäder, die in Kur- oder Krankenhäusern Heilzwecken dienen, sowie Bäder in Badeanstalten. Betriebsvorrichtungen sind außerdem besondere Schutz- und Sicherungsvorrichtungen, Verkaufsautomaten, Schaukästen, zur Möbellagerung erforderliche Lüftungs- und Befeuchtungsanlagen, speziell auf einen Betrieb ausgerichtete Hofbefestigungen und Lastenaufzüge. Vgl. R 42 Abs. 2 bis 4 EStR sowie H 42 (Betriebsvorrichtungen) EStH.

Dagegen sind **keine Betriebsvorrichtungen** die Ladenumbauten, Ladeneinbauten, Gaststätteneinbauten und Schaufensteranlagen in **Neubauten.** Mit Rücksicht auf die schnelle Wandlung des modischen Geschmacks wird aber im Allgemeinen bei der Bemessung der voraussichtlichen Nutzungsdauer großzügiger verfahren als beim Gebäude (vgl. Teil II, Tz. 1.7.4.2.). Unselbständige Gebäudeteile, die keine Betriebsvorrichtungen sind, werden steuerlich wie das Gebäude behandelt (vgl. Teil II, Tz. 1.7.4.1.).

1.2.2. Buchwertabschreibung bei degressiver AfA

Die degressive AfA in fallenden Jahresbeträgen kann nach einem **unveränderlichen Hundertsatz vom jeweiligen Buchwert (Restwert)** berechnet werden (sog. **Buchwertabschreibung**).

Bei **beweglichen** Wirtschaftsgütern des Anlagevermögens, die nach dem 29.7. 1981 angeschafft oder hergestellt worden sind, darf der anzuwendende Hundertsatz **höchstens das Dreifache** des bei der linearen AfA in Betracht kommenden Hundertsatzes betragen und **30 v.H.** nicht übersteigen. Nach dem Steuersenkungsgesetz vom 23. 10. 2000, BStBl I S. 1428 darf der anzuwendende Hundertsatz nur noch **höchstens das Doppelte** des bei der linearen AfA in Betracht kommenden Hundertsatzes betragen und **20 v.H.** nicht übersteigen (§ 7 Abs. 2 EStG). Dies gilt erstmals für Wirtschaftsgüter, die nach dem 31.12. 2000 angeschafft oder hergestellt worden sind. Herstellungszeitpunkt ist der Zeitpunkt der Fertigstellung des Wirtschaftsguts. Anschaffung bedeutet Erlangung der Verfügungsmacht (= Lieferung). Der Zeitpunkt der Bestellung ist nicht von Bedeutung.

1.2.3. Formelle Voraussetzungen

Die degressive AfA ist nur zulässig, wenn für die beweglichen Wirtschaftsgüter ein **besonderes, laufend zu führendes Verzeichnis** geführt wird, das die folgenden Angaben enthält (§ 7 Abs. 2 Satz 3 i.V. mit § 7a Abs. 8 EStG): der Tag der Anschaffung oder Herstellung, die Anschaffungs- oder Herstellungskosten, die betriebsgewöhnliche Nutzungsdauer, die Höhe der jährlichen AfA, die erhöhten Absetzungen und die Sonderabschreibungen. Ein solches Verzeichnis braucht nicht geführt zu werden, wenn diese Angaben schon aus der Buchführung ersichtlich sind.

1.2.4. Außergewöhnliche Abnutzung und Wechsel der Abschreibungsmethode bei beweglichen Wirtschaftsgütern

Absetzungen für **außergewöhnliche** technische und wirtschaftliche Abnutzung sind bei beweglichen Wirtschaftsgütern **neben** der degressiven AfA **nicht** zulässig (§ 7 Abs. 2 Satz 4 EStG).

Der Übergang von der degressiven AfA zur linearen AfA ist zulässig. In diesem Fall bemisst sich die AfA vom Zeitpunkt des Übergangs zur linearen AfA an nach dem dann noch vorhandenen Restwert und der Restnutzungsdauer des einzelnen Wirtschaftsguts. **Der Übergang von der linearen AfA zur degressiven AfA ist nicht zulässig.** Vgl. § 7 Abs. 3 EStG.

1.3. AfA nach Maßgabe der Leistung

Bei **beweglichen** Wirtschaftsgütern des Anlagevermögens kann der Steuerpflichtige statt der linearen oder degressiven AfA auch die **AfA nach Maßgabe der Leistung** des Wirtschaftsguts vornehmen, wenn dies wirtschaftlich begründet ist und der Steuerpflichtige den auf das einzelne Jahr entfallenden Umfang der Leistung nachweist (§ 7 Abs. 1 Satz 6 EStG). Wirtschaftlich begründet ist diese Art der AfA bei solchen beweglichen Anlagegütern, deren **Leistung** in den einzelnen Wirtschaftsjahren in der Regel **erheblich schwankt** und deren Verschleiß dementsprechend wesentliche Unterschiede aufweist. Der Nachweis des auf das einzelne Wirtschaftsjahr entfallenden Umfangs der Leistung kann z.B. bei einer Spezialmaschine durch ein die Zahl der Arbeitsvorgänge registrierendes Zählwerk oder bei einem Kraftfahrzeug durch den Kilometerzähler geführt werden (R 44 Abs. 5 EStR).

1.4. AfA eines Wirtschaftsgutes im Jahr der Anschaffung/Herstellung oder Einlage – Ende der AfA durch Veräußerung u.ä.

Bei **beweglichen** Anlagegütern, die **im Laufe eines Jahres angeschafft oder hergestellt** werden, kann für das Jahr der Anschaffung oder Herstellung die AfA nur **zeitanteilig** (pro rata temporis) geltend gemacht werden. Dies gilt nicht für die degressive AfA bei **Gebäuden** nach § 7 Abs. 5 EStG (vgl. unten Tz. 1.7.2. [2] und R 44 Abs. 2 EStR). Bei der zeitanteiligen AfA für bewegliche Wirtschaftsgüter ist eine Aufrundung auf volle Monate zulässig. Bezüglich des Beginns der Absetzung für Abnutzung eines beweglichen Anlageguts, das nach der Anschaffung oder Herstellung nicht sofort genutzt wird, hat der Steuerpflichtige die Möglichkeit, mit der Absetzung für Abnutzung bereits im Zeitpunkt der Anschaffung oder Herstellung oder erst im Zeitpunkt der Ingebrauchnahme des Anlageguts zu beginnen.

Die **Vereinfachungsregelung** für bewegliche Wirtschaftsgüter in R 44 Abs. 2 Satz 3 EStR 2003, wonach es zulässig war, für die in der **ersten Hälfte** eines Wirtschaftsjahres angeschafften oder hergestellten **beweglichen Anlagegüter** den für das **gesamte** Wirtschaftsjahr in Betracht kommende AfA-Betrag und für die in der **zweiten Hälfte** des Wirtschaftsjahres angeschafften oder hergestellten beweglichen Anlagegüter **die Hälfte** des für das gesamte Wirtschaftsjahr in Betracht kommenden AfA-Betrags abzusetzen, wurde bereits **ab 2004** aufgehoben; statt dessen muss künftig eine monatsgenaue Abschreibung erfolgen. Für **nach dem 31.12. 2003** angeschaffte oder hergestellte bewegliche Wirtschaftsgüter gilt eine Neuregelung. Für das Jahr der Anschaffung oder Herstellung **vermindert sich** in diesen Fällen die AfA **um jeweils ein Zwölftel** für jeden vollen Monat, der dem Monat der Anschaffung oder Herstellung vorangeht (§ 7 Abs. 1 Satz 4 EStG).

Hat das Wirtschaftsgut vor der Einlage ins Betriebsvermögen im Privatvermögen der Einkunftserzielung gedient, so kann bei **Einlagen** nach dem 31.12. 1998 eine AfA nur noch insoweit vorgenommen werden, als sich nach Berücksichtigung der im Privatvermögen vorgenommenen Absetzungen für Abnutzung oder Substanzverringerung, Sonderabschreibungen oder erhöhte Absetzungen von den tatsächlich angefallenen Anschaffungs- oder Herstellungskosten noch ein Restwert ergibt (§ 7 Abs. 1 Satz 5 EStG und R 44 Abs. 11 Satz 1 Nr. 2 EStR).

Bei Wirtschaftsgütern, die im Laufe eines Wirtschaftsjahrs (oder Rumpfwirtschaftsjahrs) **veräußert** oder aus dem Betriebsvermögen **entnommen** werden oder nicht mehr zur Erzielung von Einkünften i.S. des EStG dienen, kann für dieses Jahr nur die **zeitanteilige AfA** abgesetzt werden, (BFH-Urteil vom 18.8. 1977, BStBl II S. 835). Vgl. R 44 Abs. 9 EStR.

Hinweis (Kurzfassung) zur Gebäude-AfA:
- Bei **linearer** Gebäude-AfA im Jahr der Anschaffung oder Herstellung = **zeitanteilige** AfA.
- Bei **degressiver** Gebäude-AfA im Jahr der Fertigstellung = **volle** AfA. Diese Regelung gilt auch ab 2004 weiterhin (d. h. keine Zwölftelung: vgl. § 7 Abs. 5 Satz 3 EStG).
- Sowohl bei **linearer** als auch bei **degressiver** Gebäude-AfA im Jahr der Veräußerung oder Entnahme oder Beendigung der Einkünfteerzielung = **zeitanteilige** AfA.

Vgl. zur vollen oder zeitanteiligen AfA bei **Gebäuden** im Einzelnen Teil I, Anlage V, Zeile 34 III A sowie die folgende Tz. 1.7.2. (2).

1.5. Nachholung unterlassener AfA

Sind Abschreibungen für Abnutzung **unterblieben,** so können sie in der Weise nachgeholt werden, dass die noch nicht abgesetzten Anschaffungs- oder Herstellungskosten (Buchwert) entsprechend der bei dem Anlagegut angewandten Absetzungsmethode auf die noch verbleibende Restnutzungsdauer verteilt werden. AfA, die unterblieben ist, um dadurch **unberechtigte Steuervorteile** zu erlangen, darf nicht nachgeholt werden. Vgl. H 44 (Unterlassene oder überhöhte AfA) EStH und die dort zit. Rspr. Bisher unterlassene AfA kann jedoch dann nicht nachgeholt werden, wenn ein Wirtschaftsgut, das zum notwendigen Betriebsvermögen gehört, im Wege der Fehlerberichtigung erstmals bilanziert wird (BFH-Urteil vom 24.10. 2001, BStBl 2002 II S. 75). Zur Nachholung unterlassener AfA bei **Gebäuden** vgl. Teil II, Tz. 1.7.2. (5).

1.6. Nachträgliche Anschaffungs- oder Herstellungskosten bei beweglichen Wirtschaftsgütern

Werden **nachträgliche** Anschaffungs- oder Herstellungskosten für **bewegliche** Wirtschaftsgüter aufgewendet, bei denen eine lineare oder degressive AfA vorgenommen wird, so bemessen sich vom Jahr der Entstehung der nachträglichen Anschaffungs- oder Herstellungskosten an die AfA nach dem um die nachträglichen Anschaffungs- oder Herstellungskosten **vermehrten** letzten Buchwert oder Restwert und der Restnutzungsdauer (BFH-Urteil vom 25. 11. 1970, BStBl 1971 II S. 142). Bei nachträglichen Herstellungskosten ist die **Restnutzungsdauer** unter Berücksichtigung des Zustands des Wirtschaftsguts im Zeitpunkt der Beendigung der nachträglichen Herstellungsarbeiten **neu zu schätzen** (R 44 Abs. 10 EStR). Für bewegliche Wirtschaftsgüter, bei denen eine **degressive AfA** vorgenommen wird, **bleibt der anzuwendende Hundertsatz jedoch unverändert.** Bei der Bemessung der AfA für das Jahr der Entstehung der nachträglichen Anschaffungs- oder Herstellungskosten können diese Kosten aus Vereinfachungsgründen so berücksichtigt werden, als wären sie **zu Beginn** dieses Jahres aufgewendet worden. Waren die nachträglichen Herstellungsarbeiten so umfassend, dass hierdurch, wirtschaftlich betrachtet, ein **anderes Wirtschaftsgut entstanden** ist (vgl. Tz. 1.7.3.), so ist die AfA nach der voraussichtlichen Nutzungsdauer dieses anderen Wirtschaftsguts zu bemessen (R 44 Abs. 10 Satz 4 EStR). Bei der degressiven AfA ist der Hundertsatz anzuwenden, der im Zeitpunkt der Beendigung der nachträglichen Herstellungsarbeiten maßgebend ist.

Wegen der AfA nach **Einlage, Entnahme, Nutzungsänderung** oder nach Übergang zur **Buchführung** vgl. R 44 Abs. 11 EStR und oben Tz. 1.4.

1.7. Absetzungen für Abnutzung bei Gebäuden (§ 7 Abs. 4 und 5 EStG)

1.7.1. Übersicht

Die Absetzungen für Abnutzung bei Gebäuden sind mehrfach in wesentlichen Punkten geändert worden. Die jeweils maßgeblichen AfA-Sätze sind zum großen Teil auch heute noch von Bedeutung, weil sie bis zur vollen Abschreibung des Gebäudes anzuwenden sind. Aus der **folgenden Übersicht** ergibt sich, **welche AfA-Sätze** im Einzelfall in Betracht kommen bzw. kamen:

Teil II
Tz. 1.7.1.

a) **Vor** dem **1. 1. 1925** fertig gestellte Gebäude	**2,5 v. H.** der Anschaffungs- oder Herstellungskosten.	nur lineare AfA (zeitanteilig)
b) **Nach** dem **31. 12. 1924** fertig gestellte Gebäude	**2 v. H.** der Anschaffungs- oder Herstellungskosten.	

Ist die tatsächliche Nutzungsdauer niedriger als 40 bzw. 50 Jahre, so kann diese zugrunde gelegt werden. Der Zeitraum der Nutzungsdauer beginnt mit der Herstellung oder Anschaffung des Gebäudes (vgl. § 11 c EStDV).

c) **Nach** dem **31. 12. 1964** fertig gestellte Gebäude	**Wahlrecht (nur) für den Bauherrn:** entweder **lineare AfA** wie oben b) oder **degressive AfA** (§ 7 Abs. 5 EStG 1965)	lineare AfA **oder** degressive AfA (stets voller Jahresbetr.; Ausnahme: Jahr d. Veräußerung)
d) Für Gebäude und Eigentumswohnungen, bei denen der Antrag auf Baugenehmigung **nach dem 9. 10. 1962** gestellt worden ist, die zu mehr als 66⅔ v. H. Wohnzwecken dienen, für die aber die erhöhten Absetzungen nach § 7b und § 54 EStG nicht zulässig waren.	– 3,5 v. H. der Herstellungskosten im Jahr der Fertigstellung und in den folgenden 11 Jahren **(= 12 × 3,5 v. H.)**, dann – 2 v. H. der Herstellungskosten in den folgenden 20 Jahren **(= 20 × 2 v. H.)** und – 1 v. H. der Herstellungskosten in den folgenden 18 Jahren **(= 18 × 1 v. H.)**.	

e) **Ab 1973** war die **degressive** Gebäudeabschreibung **nur noch zulässig** für

– Gebäude und Eigentumswohnungen, bei denen der **Bauantrag vor dem 9. 5. 1973** gestellt worden ist. Unter Antrag auf Baugenehmigung ist der formelle Bauantrag bei der nach Landesrecht zuständigen Behörde zu verstehen.

– Gebäude und Eigentumswohnungen, deren Nutzfläche zu mehr als 66 ⅔ v. H. auf Wohnungen entfällt, die mit öffentlichen Mitteln i. S. des § 6 Abs. 1 oder nach § 88 des Zweiten Wohnungsbaugesetzes, im Saarland mit öffentlichen Mitteln i. S. des § 4 Abs. 1 oder nach § 51a des WoBauG für das Saarland, gefördert worden sind.

lineare **oder** eingeschränkte degressive AfA

f) Für Gebäude, die **nach dem 31. 8. 1977** (und vor dem 1. 1. 1979) **hergestellt** worden sind, kann der Bauherr **wieder** die **degressive** AfA geltend machen. Wegen der Höhe der AfA-Sätze siehe oben c) und d).

lineare AfA **oder** degressive AfA

g) Für Gebäude, die **nach dem 31. 12. 1978 hergestellt** worden sind, kann nicht nur der Bauherr, sondern **auch der Erwerber** – vorausgesetzt, er hat das Gebäude bis zum Ende des Jahres der Fertigstellung angeschafft – die degressive AfA wie oben c) und d) in Anspruch nehmen, wenn der Bauherr für das veräußerte Gebäude weder die degressive AfA noch erhöhte Absetzungen oder Sonderabschreibungen geltend gemacht hat (§ 7 Abs. 5 EStG a.F.).

lineare AfA **oder** degressive AfA

h) **Degressive Gebäude-AfA** bei Gebäuden des **Privatvermögens**, die **zu gewerblichen oder beruflichen Zwecken vermietet werden** (wegen der zu Wohnzwecken vermieteten Gebäude vgl. unten Buchst. k).

Bei Bauantrag/Kaufvertrag ab 1. 1. 1995 ist die degressive AfA weggefallen (§ 7 Abs. 5 Satz 1 Nr. 2 EStG). – Vgl. auch Teil I, Anlage V, Zeile 34 Abschnitt III A –.

Für im **Inland** belegene Gebäude, bei denen der Bauantrag nach dem 29. 7. 1981 gestellt worden ist **oder** die auf Grund eines nach dem 29. 7. 1981 rechtswirksam abgeschlossenen obligatorischen **Vertrags (z.B. Kaufvertrag)** oder gleichstehenden Rechtsaktes angeschafft worden sind, beträgt die degressive AfA – unter den sonst gleichen Voraussetzungen wie g):

– 5 v. H. der Anschaffungs- oder Herstellungskosten im Jahr der Fertigstellung oder Anschaffung und in den folgenden 7 Jahren **(= 8 × 5 v. H.)**, dann

– 2,5 v. H. der Anschaffungs- oder Herstellungskosten in den folgenden 6 Jahren **(= 6 × 2,5 v. H.)**, dann

– 1,25 v. H. der Anschaffungs- und Herstellungskosten in den folgenden 36 Jahren **(= 36 × 1,25 v. H.)**.

Ist der Antrag auf Baugenehmigung vor dem 30. 7. 1981 gestellt worden, so sind die genannten AfA-Sätze dennoch anzuwenden, wenn mit den Bauarbeiten nach dem 29. 7. 1981 begonnen worden ist.

Entgegen dem StMBG vom 21. 12. 1993, BStBl 1994 I S. 50 ist die Frist für die Inanspruchnahme der degressiven AfA nach § 7 Abs. 5 Satz 1 Nr. 2 EStG durch das Grenzpendlergesetz vom 24. 6. 1994, BStBl I S. 440 um ein Jahr verlängert worden. Die o.g. degressive AfA kann danach für solche Gebäude vorgenommen werden, die auf Grund eines **vor dem 1. 1. 1995** gestellten Bauantrags hergestellt oder auf Grund eines vor diesem Zeitpunkt rechtswirksam abgeschlossenen obligatorischen Vertrags angeschafft worden sind (BMF-Schreiben vom 30. 6. 1994, BStBl I S. 439 und vom 8. 12. 1994, BStBl I S. 882).

lineare **oder** degressive AfA

i) **Abschreibungen für Wirtschaftsgebäude des Betriebsvermögens ab 1. 4. 1985, Wegfall der degressiven AfA ab 1. 1. 1994 und Kürzung der linearen AfA ab 1.1. 2001**

Das Gesetz zur Verbesserung der Abschreibungsbedingungen für Wirtschaftsgebäude und für moderne Heizungs- und Warmwasseranlagen vom 19. 12. 1985, BStBl I S. 705 brachte eine großzügige Regelung hinsichtlich der **linearen und degressiven AfA** ausschließlich für **Wirtschaftsgebäude**; das sind **Gebäude, die zu einem Betriebsvermögen gehören und nicht Wohnzwecken dienen.** Voraussetzung ist, dass der Antrag auf Baugenehmigung **nach dem 31. 3. 1985** gestellt worden ist. Erstmals für 1985 sind bei solchen Gebäuden als **lineare AfA jährlich 4 v. H.** der Anschaffungs- oder Herstellungskosten bis zur vollen Absetzung abzugsfähig. Beträgt die tatsächliche Nutzungsdauer eines Gebäudes (ausnahmsweise) weniger als 25 Jahre, so können auch entsprechend höhere Absetzungen vorgenommen werden.

Nach dem Steuersenkungsgesetz vom 23.10. 2000, BStBl I S. 1428 beträgt die jährliche lineare **AfA nur noch 3 v.H.**, wenn der Steuerpflichtige **nach dem 31.12. 2000** mit der Herstellung des Gebäudes begonnen oder nach diesem Zeitpunkt das Objekt auf Grund eines obligatorischen Rechtsgeschäfts (Kaufvertrag) angeschafft hat. Die bisherige AfA von 4% gilt deshalb weiter, wenn der Steuerpflichtige vor dem 1.1. 2001 mit der Herstellung begonnen hat oder im Fall der Anschaffung das Objekt auf Grund eines vor dem 1. 1. 2001 rechtswirksam abgeschlossenen obligatorischen Vertrags angeschafft hat. Wegen weiterer Einzelheiten vgl. BMF-Schreiben vom 3. 8. 2002, BStBl I S. 710.

Die **degressive AfA** bei Gebäuden ist bereits seit dem StandOG vom 13. 9. 1993, BStBl I S. 774 weggefallen. Sie ist derzeit nur noch bei Gebäuden möglich, die auf Grund eines **vor dem 1. 1. 1994** gestellten Bauantrags hergestellt oder auf Grund eines vor diesem Zeitpunkt rechtswirksam abgeschlossenen obligatorischen Vertrags angeschafft worden sind (§ 7 Abs. 5 Satz 1 Nr. 1 EStG).

Das o.g. Gesetz vom 19. 12. 1985 sah ursprünglich eine erheblich verbesserte **degressive AfA** vor (§ 7 Abs. 5 Satz 1 Nr. 1 EStG). Bei im Inland belegenen Gebäuden, die vom Steuerpflichtigen **hergestellt** oder bis zum Ende des Jahres der Fertigstellung **angeschafft** worden sind, konnten bzw. können statt der o.g. linearen AfA von 4 v. H. im Jahr der Fertigstellung oder Anschaffung und in folgenden 3 Jahren **jeweils 10 v. H.**, also **4×10 v. H.**, in den darauf folgenden **3 Jahren jeweils 5 v. H.** und in den darauf folgenden **18 Jahren jeweils 2,5 v. H.** der Herstellungs- oder der Anschaffungskosten als AfA abgezogen werden. Der **Erwerber** kann aber nur dann degressiv abschreiben, wenn der Hersteller für das veräußerte Gebäude weder die degressive AfA noch erhöhte Absetzungen oder Sonderabschreibungen in Anspruch genommen hat. Diese Regelung gilt auch für Gebäudeteile, die selbständige unbewegliche Wirtschaftsgüter sind (vgl. Teil II, Tz. 1.7.4.2. und Tz. 1.7.4.3.), sowie für Eigentumswohnungen und auf im Teileigentum stehende Räume (§ 7 Abs. 5 a EStG).

k) **Abschreibungen für (vermietete) Wohngebäude bis 1995 (§ 7 Abs. 5 Satz 1 Nr. 3a EStG),**
Einschränkungen ab 1996 (§ 7 Abs. 5 Satz 1 Nr. 3b EStG) sowie **weitere Einschränkungen ab 2004 (§ 7 Abs. 5 Satz 1 Nr. 3c EStG)**

– Vgl. die ausführliche Darstellung in Teil I, Anlage V, Zeile 34, Abschnitt III B –

Durch das Gesetz zur Änderung des Steuerreformgesetzes 1990 sowie zur **Förderung des Mietwohnungsbaus** usw. vom 30. 6. 1989, BStBl I S. 251 wurden die Abschreibungen **für vermietete Wohngebäude** und **für vermietete Eigentumswohnungen** (§ 7 Abs. 5a EStG) erheblich verbessert. An die Stelle einer 50-jährigen Abschreibungsdauer trat eine solche von 40 Jahren. Die erhöhten Abschreibungen kommen nur in Betracht, **soweit das Gebäude Wohnzwecken dient.** Dient es auch betrieblichen oder beruflichen Zwecken, sind die verbesserten Abschreibungen für diesen Teil des Gebäudes ausgeschlossen.

Voraussetzung ist, dass der **Bauantrag** nach dem 28. 2. 1989 und **vor dem 1. 1. 1996** gestellt und das Gebäude vom Steuerpflichtigen **hergestellt** worden ist oder wenn die **Anschaffung** in diesem Zeitraum aufgrund eines rechtswirksamen obligatorischen Vertrags bis zum Ende des Jahres der Fertigstellung erfolgte. Dadurch wurde auch der Kauf eines Wohngebäudes oder einer Eigentumswohnung von einem Bauträger begünstigt.

Die Abschreibungen betragen nach dieser Regelung in den ersten **4 Jahren jeweils 7 v.H.**, in den darauf folgenden **6 Jahren jeweils 5 v.H.**, in den darauf folgenden **6 Jahren jeweils 2 v.H.** und in den darauf folgenden **24 Jahren jeweils 1,25 v.H.** der Herstellungs- oder Anschaffungskosten (§ 7 Abs. 5 Satz 1 Nr. 3a EStG). Im Falle der **Anschaffung** ist – wie bei früheren Regelungen – weiter erforderlich, dass der Bauherr (Hersteller) für das Gebäude keine anderen Abschreibungen als die linearen nach § 7 Abs. 4 EStG vorgenommen hat (§ 7 Abs. 5 Satz 2 EStG).

Durch das Jahressteuergesetz 1996 vom 11. 10. 1995, BStBl I S. 438 wurde die degressive Abschreibungsmöglichkeit für vermietete Wohngebäude **ab 1996** wieder eingeschränkt. Bei Stellung des Bauantrags bzw. Abschluss des Kaufvertrags **nach dem 31. 12. 1995 und vor dem 1. 1. 2004** können unter den o.g. Voraussetzungen in den ersten **8 Jahren** nur noch **jeweils 5 v.H.**, in den darauf folgenden **6 Jahren jeweils 2,5 v.H.** und in den darauf folgenden **36 Jahren jeweils 1,25 v.H.** abgeschrieben werden (§ 7 Abs. 5 Satz 1 Nr. 3b EStG).

Eine abermalige Einschränkung ergibt sich **ab 2004** aus dem Haushaltsbegleitgesetz 2004, vom 29. 12. 2003, BStBl 2004 I S. 120. Danach beträgt bei Gebäuden, soweit sie Wohnzwecken dienen, bei Stellung des Bauantrags bzw. Abschluss des Kaufvertrags **nach dem 31. 12. 2003** die degressive AfA in den ersten **10 Jahren** nur noch **jeweils 4 v.H.**, in den darauffolgenden **8 Jahren jeweils 2,5 v.H.** und in den darauffolgenden **32 Jahren jeweils 1,25 v.H.** der Anschaffungs- oder Herstellungskosten. Im Jahr der Anschaffung oder Herstellung findet eine Zwölftelung nicht statt (§ 7 Abs. 5 Satz 1 Nr. 3c EStG).

l) **Erhöhte Absetzungen für Mietwohnungen mit Sozialbindung nach § 7 k EStG ab 1. 3. 1989, einschränkende Ergänzung ab 1. 1. 1993**

Durch das WoBauFG 1990 vom 22. 12. 1989, BStBl I S. 505 werden bestimmte **Wohnungen mit Sozialbindung** durch großzügige Abschreibungsmöglichkeiten erheblich begünstigt **(§ 7 k EStG)**. Nach dem Gesetz vom 12. 12. 1992, BStBl 1993 I S. 96 sind die erhöhten Absetzungen nach § 7 k EStG nur noch zulässig, wenn der Mieter im Jahr der Fertigstellung (!) in einem Dienstverhältnis zum Vermieter gestanden hat, also dessen Arbeitnehmer gewesen ist (§ 7 k Abs. 3 Satz 2 bzw. Satz 5 EStG).

– Vgl. die ausführliche Darstellung in Teil I, Anlage V, Zeile 35 –

m) **Erhöhte Absetzungen für Baumaßnahmen an Gebäuden zur Schaffung neuer Mietwohnungen ab 3. 10. 1989 nach § 7 c EStG**

Die durch das WoBauFG a.a.O. begünstigten **Baumaßnahmen an Gebäuden zur Schaffung neuer Mietwohnungen** nach § 7 c EStG sind 1999 ausgelaufen.

1.7.2. Allgemeine Grundsätze für die Gebäude-AfA

(1) Gebäude und durch Baumaßnahmen entstandene Nutzungsrechte

Der Begriff des **Gebäudes** richtet sich nach den Abgrenzungsmerkmalen des Bewertungsrechts (R 42 Abs. 5 EStR). Auf das durch eigene Baumaßnahmen geschaffene **Nutzungsrecht** an einem Gebäude sind die Grundsätze der Gebäude-AfA entsprechend anzuwenden (vgl. Teil I, Anlage V, Zeile 34).

(2) Zulässigkeit höherer oder niedriger, voller oder anteiliger AfA-Sätze bei Gebäuden und Gebäudeteilen

Die **degressive AfA** ist nur mit den in § 7 Abs. 5 EStG vorgeschriebenen Staffelsätzen zulässig. Die Anwendung höherer oder niedriger AfA-Sätze ist ausgeschlossen. **Im Jahr der Fertigstellung** des Gebäudes oder der Eigentumswohnung können die **degressiven** Absetzungen stets mit dem **vollen Jahresbetrag** abgezogen werden (BFH-Urteil vom 19. 2. 1974, BStBl II S. 704 und H 44 [Teil des auf ein Jahr entfallenden AfA-Betrags] EStH), es sei denn, dass das Gebäude in diesem Jahr nicht ausschließlich zur Erzielung von Einkünften verwendet wird (R 44 Abs. 2 Satz 2 EStR). Dabei ist unter Fertigstellung oder Herstellung der Zeitpunkt zu verstehen, in dem die Gebäude ihrer Zweckbestimmung entsprechend benutzt werden können. Wohngebäude gelten als fertig gestellt, sobald sie nach Abschluss der wesentlichen Bauarbeiten bewohnbar sind (vgl. im Einzelnen zum Zeitpunkt der Fertigstellung Teil I, Anlage FW, Zeilen 3 bis 4). Ob und gegebenenfalls wie lange das Gebäude oder die Eigentumswohnung im Jahr der Fertigstellung tatsächlich genutzt worden ist, spielt keine Rolle.

Teil II
Tz. 1.7.2.

Für **Zubauten, Ausbauten** und **Umbauten** an **bestehenden** Gebäuden sind **gesonderte degressive Absetzungen nicht zulässig.** Die Aufwendungen hierfür sind wie nachträgliche Herstellungskosten den bisherigen Herstellungskosten hinzuzurechnen und einheitlich mit diesen abzuschreiben. Eine Ausnahme kann bei einem **grundlegenden Umbau,** der einem **Neubau** gleichkommt, gegeben sein (vgl. hierzu Tz. 1.7.3.).

Auf Gebäudeteile, die **selbständige unbewegliche Wirtschaftsgüter** sind, sowie auf **Eigentumswohnungen** und auf im **Teileigentum** stehende Räume findet die degressive AfA dagegen Anwendung (§ 7 Abs. 5a EStG). Gebäudeteile sind selbständige Wirtschaftsgüter und deshalb gesondert abzuschreiben, wenn sie mit dem Gebäude nicht in einem einheitlichen Nutzungs- und Funktionszusammenhang stehen (BFH-Beschluss vom 26. 11. 1973, BStBl 1974 II S. 132). Zu den selbständigen unbeweglichen Wirtschaftsgütern gehören insbesondere Ladeneinbauten, Schaufensteranlagen und ähnliche Einbauten (vgl. Tz. 1.7.4.2.) sowie auch sog. **sonstige selbständige Gebäudeteile** (Tz. 1.7.4.3.). Vgl. R 42 Abs. 6 EStR.

Bei der **linearen AfA** ist in den Fällen des § 7 Abs. 4 **Satz 1** Nr. 2 EStG die Anwendung **niedrigerer** Sätze als 2 v. H. bzw. 2,5 v. H. ausgeschlossen. **Höhere** AfA-Sätze kommen nur in Betracht, wenn die technischen oder wirtschaftlichen Umstände des einzelnen Falles dafür sprechen, dass die tatsächliche Nutzungsdauer weniger als 50 Jahre bzw. 40 Jahre beträgt (§ 7 Abs. 4 **Satz 2** EStG), was im Einzelfall glaubhaft gemacht werden muss. Die **Absicht,** ein zunächst noch genutztes **Gebäude abzubrechen** oder **zu veräußern,** rechtfertigt noch keine Verkürzung der Nutzungsdauer dieses Gebäudes (BFH-Urteil vom 15. 12. 1981, BStBl 1982 II S. 385). Vgl. wegen des Zeitpunkts, von dem an in solchen Fällen erhöhte AfA möglich ist, Teil I, Anlage V, Zeile 34 I und H 44 (Nutzungsdauer) EStH. Bei Gebäuden, die **im Laufe eines Jahres angeschafft oder hergestellt** werden, kann die **lineare AfA nur zeitanteilig** (pro rata temporis) berücksichtigt werden (vgl. R 44 Abs. 2 EStR).

Für das Wirtschaftsjahr (Rumpfwirtschaftsjahr) der **Veräußerung** oder **Entnahme** aus dem Betriebsvermögen oder der Beendigung der Einkünfteerzielung i.S. des EStG kann sowohl die **lineare** wie die **degressive** Gebäude-AfA nur **zeitanteilig** abgesetzt werden. Dies gilt entsprechend, wenn im Laufe eines Jahres ein Wirtschaftsgebäude (vgl. oben Tz. 1.7.1. i) künftig Wohnzwecken dient oder ein Mietwohnbau (vgl. oben Tz. 1.7.1. k) künftig nicht mehr Wohnzwecken dient (R 44 Abs. 9 EStR).

Wegen der AfA **nach** Entnahme, Einlage oder Nutzungsänderung oder **nach** Übergang zur Buchführung vgl. R 44 Abs. 11 EStR. Hat das Gebäude vor der Einlage ins Betriebsvermögen im Privatvermögen der Einkunftserzielung gedient, so gilt bei **Einlagen nach dem 31. 12. 1998** auch für Gebäude die Neuregelung in § 7 Abs. 1 Satz 4 EStG. Siehe hierzu oben Tz. 1.4.

Zu der Frage der AfA-Berechtigung bei **Nutzungsrechten** wie **Nießbrauch** oder **dingliches Wohnrecht** an einem Gebäude oder bei **durch eigene Baumaßnahmen** auf fremdem Grund und Boden geschaffenen Nutzungsrechten wird auf die Ausführungen in Teil I, Anlage V, Zeile 34 II E verwiesen.

(3) Außergewöhnliche Abnutzung bei Gebäuden

Bei **außergewöhnlicher technischer oder wirtschaftlicher Abnutzung** des Gebäudes (z.B. bei Schwamm oder Fäulnis in einem Wohngebäude, bei Hochwasserschäden, Brand, Erdbebenschäden, aber auch bei Entfernung oder Abbruch von Gebäudeteilen) kann eine **erhöhte** Absetzung vorgenommen werden. Diese sog. Absetzung wegen außergewöhnlicher technischer oder wirtschaftlicher Abnutzung (§ 7 Abs. 1 letzter Satz EStG) – **AfaA** – ist nach dem Wortlaut des Gesetzes (nur) bei Gebäuden zulässig, bei denen eine **lineare** AfA vorgenommen wird (§ 7 Abs. 4 Satz 3 EStG). Absetzungen für solche außergewöhnlichen Abnutzungen werden jedoch auch bei Gebäuden nicht beanstandet, bei denen von der **degressiven** Absetzung (§ 7 Abs. 5 EStG) Gebrauch gemacht wird (R 44 Abs. 12 EStR). Die AfaA ergänzt die normale AfA. Neben der Steuerbegünstigung nach § 10e EStG ist für eine AfaA (anders als früher bei § 7b EStG) kein Raum.

Eine Absetzung für außergewöhnliche Abnutzung kann auch in Betracht kommen, wenn bei einem **Umbau** bestimmte Teile des Gebäudes entfernt werden oder wenn ein Gebäude vollständig **abgebrochen** wird (vgl. Teil II, Tz. 2.10. Nr. 6). Die AfaA setzt entweder eine Substanzeinbuße eines bestehenden Wirtschaftsguts (technische Abnutzung) oder eine Einschränkung seiner Nutzungsmöglichkeit (wirtschaftliche Abnutzung: BFH-Urteil vom 1. 2. 1962, BStBl II S. 272) voraus. Zur Einschränkung der Nutzungsmöglichkeit vgl. auch BFH-Urteil vom 14. 1. 2004, BStBl II S. 592. Darüber hinaus ist erforderlich, dass ein von außen kommendes Ereignis unmittelbar körperlich auf das Wirtschaftsgut einwirkt. Diese Voraussetzungen sind bei mangelhaften Bauleistungen an einem noch nicht fertig gestellten Gebäude nicht erfüllt (BFH-Urteil vom 31. 3. 1992, BStBl II S. 805). Dabei ist unerheblich, ob die Baumängel vor oder nach der Fertigstellung des Gebäudes entdeckt werden (BFH-Urteil vom 27. 1. 1993, BStBl II S. 702) oder ob es sich um Fehler bei der Ausführung des Baues oder der Planung handelt. Selbst wenn einzelne nichtselbständige Teile des Gebäudes **vor** dessen Fertigstellung wieder abgetragen werden, rechtfertigt dies keine AfaA. Die Aufwendungen hierfür und für das Neuerstellen der Gebäudeteile sind **Herstellungskosten** des Gebäudes. AfaA sind auch dann nicht abziehbar, wenn der Bauherr überhöhte Preise entrichtet hat. Den gesetzlichen Voraussetzungen für eine AfaA genügt nicht ein bloßes Ungleichgewicht der aufgewendeten Kosten und des Werts der erlangten Leistung. Vgl. zu alledem BFH-Urteil vom 30. 8. 1994, BStBl 1995 II S. 306. Allgemein wegen der Zurechnung solcher Aufwendungen zu den Herstellungskosten des Gebäudes vgl. Teil I, Anlage V, Zeilen 43 bis 44 (2) und BFH-Urteil vom 8. 7. 1980, BStBl II S. 743.

Die AfaA ist grundsätzlich im Veranlagungszeitraum des **Schadenseintritts, spätestens** aber im Jahr der **Entdeckung** des Schadens steuerlich zu berücksichtigen. Die Versagung der AfaA im Hinblick auf eine für einen späteren Veranlagungszeitraum zu erwartende **Versicherungsleistung** (z.B. aus einer Feuerversicherung), mit der die AfaA verrechnet werden soll, ist nicht zulässig; insofern besteht auch kein Wahlrecht (BFH-Urteile vom 1. 12. 1992, BStBl 1994 II S. 11 und S. 12). Die Versicherungsentschädigung gehört allerdings dann im Jahr des Zuflusses zu den steuerpflichtigen Einnahmen, und zwar insoweit, als sie dazu dienen soll, Werbungskosten oder Betriebsausgaben – wie z.B. die o.g. AfaA und Abbruchkosten – zu ersetzen (vgl. BFH-Urteile vom 1. 12. 1992 a.a.O. und Teil I, Anlage V, Zeile 11 a.E.).

Eine AfaA kommt **nicht** in Betracht, wenn ein zum **Privatvermögen** gehörendes, objektiv technisch oder wirtschaftlich noch nicht verbrauchtes Gebäude abgerissen wird, um ein **unbebautes** Grundstück **veräußern** zu können (BFH-Urteil vom 6. 3. 1979, BStBl II S. 551) oder wenn es in der Absicht eines **grundlegenden Umbaus** erworben wird (BFH-Urteil vom 4. 12. 1984, BStBl 1985 II S. 208). Auch die reine Wertminderung des Grundstücks (die im Falle von Betriebsvermögen durch eine Teilwertabschreibung berücksichtigt werden könnte) ist bei der Einkunftsart „Vermietung und Verpachtung" kein abzugsfähiger Aufwand. Liegen die Voraussetzungen für eine AfaA vor, so **muss** diese vorgenommen werden, wenn ein Gebäude durch Abbruch, Brand oder ähnliches aus dem Betriebsvermögen ausgeschieden ist (BFH-Urteil vom 7. 5. 1969, BStBl II S. 464).

Nach Vornahme einer Absetzung für außergewöhnliche technische oder wirtschaftliche Abnutzung (AfaA) bemessen sich die AfA von dem folgenden Jahr an nach den Anschaffungs- oder Herstellungskosten des Gebäudes **abzüglich** des Betrags der Absetzung für außergewöhnliche Abnutzung (§ 11c Abs. 2 EStDV). Werden für ein Gebäude nach Vornahme einer Absetzung für außergewöhnliche Abnutzung Herstellungskosten aufgewendet, so bemessen sich die weiteren AfA für das Gebäude nach den ursprünglichen Anschaffungs- und Herstellungskosten **abzüglich** des Betrags der Absetzung für außergewöhnliche Abnutzung **zuzüglich** des Betrags der aufgewendeten Herstellungskosten.

Für Wirtschaftsjahre, die **nach dem 31. 12. 1998** enden, gilt: Entfällt der Grund für die AfaA in späteren Jahren, handelt es sich also nur um eine vorübergehende Wertminderung, haben **Buchführende** Steuerpflichtige (§ 4 Abs. 1 und § 5 EStG) in der Bilanz eine entsprechende **Zuschreibung (Wertaufholungsgebot!)** vorzunehmen (§ 7 Abs. 1 Satz 7 EStG). Eine Milderungsregelung ist für diesen Fall im Gesetz nicht vorgesehen.

(4) Wechsel der Abschreibungsmethode bei Gebäuden

Der Wechsel **zwischen** den in § 7 Abs. 5 EStG bisher vorgesehenen **degressiven** Absetzungsverfahren für Wirtschaftsgebäude und anderen Gebäuden ist ebenso **unzulässig** wie der **Wechsel zwischen linearen** Absetzungsverfahren nach § 7 Abs. 4 EStG **und** den **degressiven** nach § 7 Abs. 5 EStG (BFH-Urteil vom 10. 3. 1987, BStBl II S. 618). Dies gilt jedoch nicht, wenn ein Gebäude in einem Jahr nach der Anschaffung oder Herstellung die Voraussetzungen als Wirtschaftsgebäude (vgl. Übersicht Tz. 1.7.1. i) erstmals erfüllt. In diesem Fall ist die weitere AfA nach dieser Bestimmung zu bemessen. Entsprechendes gilt auch für den umgekehrten Fall. Wegen des Wechsels der AfA-Methode bei Gebäuden, die erst später Betriebsvermögen werden oder diese Eigenschaft verlieren oder als Mietwohnbau (vgl. Übersicht Tz. 1.7.1. k) nicht mehr Wohnzwecken dienen vgl. R 44 Abs. 8 EStR und wegen der Zulässigkeit der degressiven AfA bei steuerwirksamer Überführung vom Betriebsvermögen in das Privatvermögen vgl. Anlage V, Zeile 34, III A und BFH-Urteil vom 8. 11. 1994, BStBl 1995 II S. 170.

(5) Nachholung unterlassener AfA und Korrektur überhöhter AfA bei Gebäuden – AfA nach Sonderabschreibungen und nach erhöhten Absetzungen

Ist **lineare AfA** nach § 7 Abs. 4 **Satz 1** EStG **versehentlich unterblieben** oder **überhöht vorgenommen** worden und hat sich die tatsächliche Nutzungsdauer des Gebäudes nicht geändert, so sind **weiterhin die gesetzlich vorgeschriebenen Vomhundertsätze** (2 v.H. oder 2,5 v.H. oder 4 v.H. bzw. 3 v.H.) anzuwenden, sodass sich ein anderer (längerer oder kürzerer) Abschreibungszeitraum als 50, 40, 33 oder 25 Jahre ergibt (BFH-Urteile vom 3. 7. 1984, BStBl II S. 709, vom 20. 1. 1987, BStBl II S. 491 und vom 11. 12. 1987, BStBl 1988 II S. 335). Die AfA ist dann bis zur Vollabschreibung der Herstellungskosten mit dem jeweils im Gesetz bestimmten AfA-Satz vorzunehmen.

Die gleichen Grundsätze gelten auch für die **degressive AfA** nach § 7 **Abs. 5** EStG (3,5 v.H. oder 5 v.H. oder 7 v.H.). Eine Nachholung in einem Betrag ist also unzulässig (BFH-Urteil vom 20. 1. 1987 a.a.O.). Wurde die degressive AfA auf ein Gebäude des Betriebsvermögens überhöht (z.B. zu lange mit einem höheren als dem zulässigen Steuersatz) vorgenommen, so ist der Bilanzwert nicht in der ersten noch offenen Schlussbilanz durch erfolgswirksame Aufstockung des Buchwerts des Gebäudes zu korrigieren; Bemessungsgrundlage der AfA für die Restnutzungsdauer bleiben vielmehr die – ungekürzten – Anschaffungs- oder Herstellungskosten (BFH-Urteil vom 4. 5. 1993, BStBl II S. 661).

Ist die erhöhte AfA nach § 7 Abs. 4 **Satz 2** EStG unterblieben, so kann sie in der Weise nachgeholt werden, dass die noch nicht abgesetzten Anschaffungs- oder Herstellungskosten entsprechend der bei dem Wirtschaftsgut angewandten Absetzungsmethode auf die noch verbleibende Restnutzungsdauer verteilt werden (BFH-Urteile vom 21. 2. 1967, BStBl 1968 II S. 386 und vom 3. 7. 1980, BStBl 1981 II S. 255).

Bisher unterlassene AfA kann jedoch dann nicht nachgeholt werden, wenn ein Wirtschaftsgut, das zum notwendigen Betriebsvermögen gehört, im Wege der Fehlerberichtigung erstmals als Betriebsvermögen ausgewiesen wird (BFH-Urteil vom 24. 10. 2001, BStBl 2002 II S. 75). Auch AfA, die unterblieben ist, um dadurch **unberechtigte Steuervorteile** zu erlangen, darf nicht nachgeholt werden (BFH-Urteil vom 3. 7. 1980, BStBl 1981 II S. 255 und vom 20. 1. 1987, BStBl II S. 491). Vgl. auch H 44 (**Unterlassene oder überhöhte AfA**) EStH und die dort zit. Rspr.

Sind für ein Gebäude neben der linearen AfA **Sonderabschreibungen** (z.B. nach § 4 Fördergebietsgesetz, vgl. Teil I, Anlage V, Zeile 39) oder **erhöhte Absetzungen** (z.B. nach § 14a BerlinFG, vgl. Anlage V, Zeile 36) in Anspruch genommen worden, so stellt sich die Frage, wie die **AfA nach Ablauf des maßgebenden Begünstigungszeitraums** unter Beachtung des § 7a Abs. 9 EStG zu errechnen ist. Nach dem BFH-Urteil vom 20. 6. 1990, BStBl 1992 II S. 622 und dem hierzu ergangenen BMF-Schreiben vom 20. 7. 1992, BStBl I S. 415 ist der lineare AfA-Satz in der Weise zu ermitteln, dass der im EStG vorgesehene Abschreibungszeitraum von 25 bzw. 50 Jahren um den Begünstigungszeitraum (z.B. von 5 Jahren) **zu mindern** ist. Mit dem so errechneten neuen AfA-Satz ist der Restwert abzuschreiben. Bei einem gesetzlichen Abschreibungszeitraum von 25 Jahren für ein Wirtschaftsgebäude ergäbe sich **z.B.** nach Ablauf eines Begünstigungszeitraums von 5 Jahren für eine Sonderabschreibung noch ein Abschreibungszeitraum von 20 Jahren und somit eine jährliche AfA von 5 v.H. (statt bisher 4 v.H.). Vgl. R 45 Abs. 9 EStR i.V. mit Beispiel 4 in H 45 EStH.

1.7.3. AfA im Anschluss an nachträgliche Anschaffungs- oder Herstellungskosten bei Gebäuden – Herstellungskosten für ein neues Gebäude?

Sind für ein bestehendes Gebäude nachträgliche Anschaffungs- oder Herstellungskosten aufgewendet worden, so gilt für die weitere AfA folgendes (R 44 Abs. 10 EStR und H 44 EStH):

In den Fällen der **normalen linearen Abschreibung** (§ 7 Abs. 4 **Satz 1** EStG) bemessen sich die AfA nach den Anschaffungs- oder Herstellungskosten des Gebäudes, vermehrt um die nachträglichen Anschaffungs- oder Herstellungskosten, und nach dem für das Gebäude maßgebenden Vomhundertsatz von 2 v.H. bzw. 2,5 v.H. (BFH-Urteile vom 20. 2. 1975, BStBl II S. 412 und vom 20. 1. 1987, BStBl II S. 491). Wird auf diese Weise die volle Absetzung innerhalb der tatsächlichen Nutzungsdauer nicht erreicht, so kann die AfA vom Zeitpunkt der Beendigung der nachträglichen Herstellungsarbeiten an nach der Restnutzungsdauer des Gebäudes bemessen werden, d.h. der Steuerpflichtige kann anstelle der Absetzung nach § 7 Abs. 4 Satz 1 EStG den Restbuchwert zusammen mit den nachträglichen Anschaffungs-, oder Herstellungskosten nach den Grundsätzen des § 7 Abs. 4 **Satz 2** EStG auf die tatsächliche Rest-Nutzungsdauer des Gebäudes verteilen und entsprechend höhere Absetzungen vornehmen (BFH-Urteil vom 7. 6. 1977, BStBl II S. 606).

In den Fällen der **erhöhten linearen Abschreibung** (§ 7 Abs. 4 Satz 2 EStG) bemessen sich die weiteren AfA nach dem um die nachträglichen Anschaffungs- oder Herstellungskosten vermehrten Restwert und der neu zu schätzenden Restnutzungsdauer des Gebäudes (BFH-Urteil vom 25. 11. 1970, BStBl 1971 II S. 142). Aus Vereinfachungsgründen wird es aber von der Finanzverwaltung nicht beanstandet, wenn die weiteren Absetzungen nach dem bisher bei dem Gebäude angewandten Vomhundertsatz bemessen werden (R 44 Abs. 10 Satz 2 EStR).

In den Fällen der **degressiven Abschreibung** (§ 7 **Abs. 5** EStG) bemessen sich die weiteren AfA nach den um die nachträglichen Herstellungskosten erhöhten Herstellungskosten und dem für das Gebäude maßgebenden Vomhundertsatz (also z.B. 5 v.H. oder 3,5 v.H.). Beträge, die nicht bis zum Ablauf des in § 7 Abs. 5 EStG vorgesehenen Zeitraums (50 bzw. 40 Jahre) abgesetzt werden können, sind dann in den Folgejahren mit 2 v.H. (§ 7 Abs. 4 EStG) abzusetzen (BFH-Urteil vom 20. 1. 1987, BStBl II S. 491).

Die nachträglichen Anschaffungs- oder Herstellungskosten können aus Vereinfachungsgründen im Jahr ihrer Entstehung bei der Bemessung der AfA so berücksichtigt werden, als wären sie **zu Beginn** dieses Jahres aufgewendet worden (R 44 Abs. 10 Satz 3 EStR).

Die obigen Ausführungen gelten grundsätzlich auch für einen **Ausbau,** einen **Umbau,** eine **Erweiterung** (BFH-Urteil vom 28. 6. 1977, BStBl II S. 725) oder eine **Modernisierung** des Gebäudes oder für eine nachträglich errichtete Baulichkeit, die – wie z.B. die zu einem Wohngebäude gehörende **Umzäunung** oder eine **Garage** – in einem engen Nutzungs- und Funktionszusammenhang mit dem bisher vorhandenen Gebäude steht (BFH-Urteile vom 15. 12. 1977, BStBl 1978 II S. 210 und vom 28. 6. 1983, BStBl 1984 II S. 196). Eine **gesonderte degressive AfA** (§ 7 Abs. 5, 5 a EStG) für derartige Baulichkeiten und sonstigen Einrichtungen ist in diesen Fällen **unzulässig** (BFH-Urteile vom 20. 2. 1975, BStBl II S. 412 und vom 28. 6. 1983, BStBl 1984 II S. 196); dies gilt auch, wenn durch einen Ausbau des Dachgeschosses neue Wohnungen geschaffen werden, die in einem einheitlichen Nutzungs- und Funktionszusammenhang (vgl. Tz. 1.7.4.3.) mit einer bereits vorhandenen Wohnung stehen (BFH-Urteil vom 7. 7. 1998, BStBl II S. 625).

Keine nachträglichen Herstellungskosten im o.g. Sinne, sondern **Herstellungskosten für ein neues Wirtschaftsgut** sind allerdings dann gegeben, wenn die nachträglichen Herstellungsarbeiten so umfassend waren, dass hierdurch ein **anderes Wirtschaftsgut**, also ein **Neubau**, entstanden ist, weil die eingefügten Neubauteile dem Gesamtgebäude das Gepräge geben (R 44 Abs. 10 Satz 5 EStR i.V. mit H 44 [Neubau] EStH). Ein **Neubau** – mit der Möglichkeit der **degressiven AfA** – liegt aber nur dann vor, wenn das Gebäude in bau**technischer** Hinsicht neu ist; das ist dann der Fall, wenn die tragenden Gebäudeteile (z.B. Fundamente, tragende Außen- und Innenwände, Geschossdecken und die Dachkonstruktion) in überwiegendem Umfang ersetzt werden (BFH-Urteil vom 25. 5. 2004, BStBl II S. 783). Ein Neubau ist aber nicht schon dann anzunehmen, wenn sich durch die Umgestaltung die Zweckbestimmung des Gebäudes ändert (BFH-Urteil vom 31. 3. 1992, BStBl II S. 808) und auch nicht, wenn durch die **rechtliche** Umwandlung eines Gebäudes Eigentumswohnungen entstehen (BFH-Urteil vom 24. 11. 1992, BStBl 1993 II S. 188). Die AfA bemisst sich aus der Summe des Buchwerts oder Restwerts des bisherigen Wirtschaftsguts und den nachträglichen Herstellungskosten. Aus Vereinfachungsgründen kann jedoch von der Herstellung eines **anderen** Wirtschaftsguts ausgegangen werden, wenn der im zeitlichen und sachlichen Zusammenhang mit der Herstellung des Wirtschaftsguts angefallene Bauaufwand zuzüglich des Werts der Eigenleistung nach überschlägiger Berechnung den Verkehrswert des bisherigen Wirtschaftsguts übersteigt (R 43 Abs. 5 EStR).

Ein anderes (neues) Wirtschaftsgut entsteht z.B.,

- bei einem mit dem bestehenden Gebäude verschachtelten **Anbau**, wenn die Neubauteile dem Gesamtgebäude das Gepräge geben; hierfür sind regelmäßig die Größen- und Wertverhältnisse der Alt- und Neubauanteile maßgebend (BFH-Urteile vom 9. 8. 1974, BStBl 1975 II S. 342 und vom 18. 8. 1977, BStBl 1978 II S. 46 sowie H 44 [Neubau] EStH) oder
- bei einem **grundlegenden Umbau,** wenn das Gebäude in seinem Zustand so wesentlich verändert wird, dass es bei objektiver Betrachtung als **neues Wirtschaftsgut** erscheint (BFH-Urteile vom 26. 1. 1978, BStBl II S. 280: Scheune in Pferdeklinik und S. 363: alter Gasthof in moderne Gastwirtschaft; vgl. weitere BFH-Urteile in H 43 [Nachträgliche Anschaffungs- oder Herstellungskosten] EStH) oder
- wenn durch einen Anbau **selbständige Wirtschaftsgüter** i.S. von R 13 Abs. 3 EStR (vgl. hierzu die folgende Tz. 1.7.4.2.) geschaffen werden.

Zur degressiven AfA bei **Baumaßnahmen an einem Dachgeschoss** (Ausbau des Dachbodens, Umbau, Erweiterung durch Aufstockung) vgl. BMF-Schreiben vom 10. 7. 1996, BStBl I S. 689 (EStH, Anhang 35).

1.7.4. Zulässigkeit gesonderter AfA für Gebäudeteile

Für die Bemessung der AfA dürfen Gebäude des Betriebsvermögens und des Privatvermögens nicht unterschiedlich behandelt werden (BFH-GrS, Beschluss vom 26. 11. 1973, BStBl 1974 II S. 132). Außerdem sind **Gebäude** hinsichtlich der AfA grundsätzlich als **Einheit** zu behandeln. **Unselbständige Gebäudeteile** sind deshalb **einheitlich mit dem Gebäude abzuschreiben,** zu dem sie gehören, gleichgültig, ob das Gebäude Privatvermögen oder Betriebsvermögen ist. Nur **selbständige Gebäudeteile** können **gesondert** vom Gebäude abgeschrieben werden.

Für die einzelnen **selbständigen Gebäudeteile** sind **unterschiedliche AfA-Methoden und AfA-Sätze** zulässig (R 13 Abs. 3 und 4 EStR sowie H 42 [Gebäudeteile] EStH). Dabei setzt die Vornahme (Beginn) der AfA **nicht** voraus, dass das einheitlich geplante Gebäude **insgesamt** fertig gestellt ist. Es genügt, dass **ein Teil** des Gebäudes, der einem eigenständigen Nutzungs- und Funktionszusammenhang dienen soll (wie z.B. die Geschäftsräume im Erdgeschoss) und deshalb ein selbständiges Wirtschaftsgut darstellt, abgeschlossen **erstellt** ist und **genutzt** wird.

Nach dem umstrittenen BFH-Urteil vom 9. 8. 1989 (BStBl 1991 II S. 132) sind dann die **gesamten** bisher angefallenen Herstellungskosten des Gebäudes – also z.B. auch die auf den Rohbau der übrigen, noch nicht nutzbaren Gebäudeteile entfallenden – Abschreibungsgrundlage z.B. für die degressive AfA nach § 7 Abs. 5 EStG. Unklar erscheint allerdings, wie zu verfahren ist, wenn später ein weiteres selbständiges Wirtschaftsgut, z.B. der Wohnzwecken dienende Gebäudeteil, fertig gestellt wird. Wurde zunächst eine **vermietete Wohnung** fertig gestellt und wurden bei deren AfA auch Herstellungskosten der noch nicht fertigen **eigengenutzten Wohnung** einbezogen, so sind nunmehr die gesamten Herstellungskosten auf die beiden Wohnungen aufzuteilen. Die für die vermietete Wohnung zu hohe AfA wird am Ende des Abschreibungszeitraums ausgeglichen, da das maßgebliche AfA-Volumen nicht höher als die auf die vermietete Wohnung entfallenden Herstellungskosten sein kann. Schwieriger ist die rechtliche Beurteilung, wenn zuerst ein zum notwendigen **Betriebsvermögen** gehörender Gebäudeteil fertiggestellt wird, der zunächst in voller Höhe der bisherigen Herstellungskosten zu aktivieren ist und abgeschrieben wird. Bei Fertigstellung des zu eigenen Wohnzwecken genutzten Gebäudeteils käme es dann zwangsweise zu einer ggf. gewinnerhöhenden Entnahme des anteiligen Grundstücks mit Gebäude. Dieses Ergebnis ist die unbefriedigende Folge des BFH-Urteils vom 9. 8. 1989 a.a.O. Die Finanzverwaltung räumt deshalb dem Steuerpflichtigen im Billigkeitswege ein **Wahlrecht** ein, ob er sich für diesen Weg der späteren Entnahme entscheiden oder ob er auf die Aktivierung und damit die Einbeziehung in die AfA-Bemessungsgrundlage verzichten will. Wegen des umgekehrten Falles, dass **zunächst** die nach § 10e EStG begünstigte **eigengenutzte Wohnung** und danach erst die anderweitig genutzten Gebäudeteile fertig gestellt werden, vgl. Teil II, Tz. 3.3.3.a) und BMF-Schreiben vom 31. 12. 1994, BStBl I S. 887, Tz. 53.

1.7.4.1. Unselbständige Gebäudeteile

Ein Gebäudeteil ist **unselbständig,** wenn er der eigentlichen Nutzung als Gebäude dient, wie **z.B. Fahrstuhl-, Be- und Entlüftungsanlagen, Heizungsanlagen** (BFH-Urteil vom 7. 9. 2000, BStBl 2001 II S. 253), ebenso die zur Beheizung einer Fabrikanlage verwendeten **Lufterhitzer** (BFH-Urteil vom 20. 3. 1975, BStBl II S. 689), die **Sprinkler-(Feuerlösch)Anlagen** einer Fabrik oder eines Warenhauses (vgl. BMF-Schreiben vom 31. 5. 1985, BStBl I S. 205), **Bäder und Duschen** eines Hotels (BFH-Urteil vom 12. 8. 1982, BStBl II S. 782) oder **Rolltreppen** eines Kaufhauses (BFH-Urteil vom 12. 1. 1983, BStBl II S. 223). Unselbständige Gebäudeteile sind auch räumlich vom Gebäude getrennt errichtete Baulichkeiten, die in einem so engen Nutzungs- und Funktionszusammenhang mit dem Gebäude stehen, dass es ohne diese Baulichkeiten als unvollständig erscheint, z.B. eine **Umzäunung** eines Mietwohngrundstücks (BFH-Urteil vom 15. 12. 1977, BStBl 1978 II S. 210) oder eine **Garage** bei einem Wohngebäude (BFH-Urteil vom 28. 6. 1983, BStBl 1984 II S. 196). Vgl. R 13 Abs. 5 EStR und H 13 (Unselbständige Gebäudeteile) EStH.

Eine **gesonderte AfA** für solche Gebäudeteile ist auch dann **nicht zulässig,** wenn das Gebäude zum Betriebsvermögen gehört.

1.7.4.2. Selbständige Gebäudeteile

Gebäudeteile, die besonderen Zwecken dienen, mithin in einem von der eigentlichen Gebäudenutzung **verschiedenen Nutzungs- und Funktionszusammenhang** stehen, sind selbständige Wirtschaftsgüter (vgl. R 13 Abs. 3 und 4 EStR) und deshalb gesondert vom Gebäude abzuschreiben (H 42 [Gebäudeteile] EStH). Dies gilt insbesondere für:

- **Betriebsvorrichtungen**

  Zum Begriff siehe Teil II, Tz. 1.2.1. (vgl. auch R 42 Abs. 3 EStR und H 42 EStH).

  Betriebsvorrichtungen werden steuerlich stets wie **bewegliche Wirtschaftsgüter behandelt;** die Abschreibung bemisst sich deshalb nach § 7 Abs. 1 oder 2 EStG.

- **Scheinbestandteile,** d.h. Einbauten für vorübergehende Zwecke (§ 95 Abs. 2 BGB).

  Dazu gehören die vom Steuerpflichtigen für seine eigenen Zwecke vorübergehend eingefügten Anlagen sowie die vom Vermieter oder Verpächter zur Erfüllung besonderer Bedürfnisse des Mieters oder Pächters eingefügten Anlagen, deren Nutzungszeit nicht länger als die Laufzeit des Vertragsverhältnisses ist (R 42 Abs. 4 EStR sowie H 42 EStH);

- **Ladeneinbauten, Schaufensteranlagen, Gaststätteneinbauten, Schalterhallen von Kreditinstituten sowie ähnliche Einbauten,** die einem schnellen Wandel des modischen Geschmacks unterliegen, und zwar auch dann, wenn sie in Neubauten eingefügt werden (BFH-Urteil vom 29. 3. 1965, BStBl II S. 291). Als Herstellungskosten dieser Einbauten kommen nur Aufwendungen für Gebäudeteile in Betracht, die statisch für das gesamte Gebäude unwesentlich sind, z.B. Aufwendungen für Trennwände, Fassaden, Passagen sowie für die Beseitigung und Neuerrichtung von nichttragenden Wänden und Decken (R 13 Abs. 3 Nr. 3 EStR).

  Bei der Bemessung der voraussichtlichen Nutzungsdauer der o.g. Wirtschaftsgüter, die vor dem 1. 1. 1995 angeschafft oder hergestellt worden sind, wird auch weiterhin nicht beanstandet, wenn diese Gebäudeteile **in 5 bis 10 Jahren abgeschrieben** werden. Für Ladeneinbauten, die nach dem 31. 12. 1994 angeschafft oder hergestellt werden oder wurden, nimmt die Finanzverwaltung eine betriebsgewöhnliche Nutzungsdauer von **7 Jahren** und sonach eine AfA-Satz von 14 v.H. an (BMF-Schreiben vom 30. 5. 1996, BStBl I S. 643). Nach den AfA-Tabellen des BMF vom 15. 12. 2000, BStBl I S. 1532 ff. wird für Ladeneinbauten, Gaststätteneinbauten, Schaufensteranlagen und -einbauten, die **nach dem 31. 12. 2000** hergestellt worden sind, eine Nutzungsdauer von **8 Jahren** und folglich nur noch eine jährliche AfA von 12,5 v.H. anerkannt.

- **Sonstige Mietereinbauten** (R 13 Abs. 3 Nr. 4 EStR)

  Mietereinbauten und Mieterumbauten, die der Mieter (Pächter) in den gemieteten Räumen auf eigene Rechnung vornimmt, sind als **selbständige** materielle Wirtschaftsgüter dem Mieter zuzurechnen und bei diesem ggf. (als Betriebsvermögen) zu aktivieren (BFH-Urteile vom 26. 2. 1975 und vom 21. 2. 1978, BStBl II S. 345). Sie sind als **bewegliche** Wirtschaftsgüter anzusehen, wenn der Mieter sachenrechtlicher Eigentümer ist (wie z.B. bei den o.g. Scheinbestandteilen nach § 95 Abs. 2 BGB) oder wenn eine sog. Betriebsvorrichtung des Mieters gegeben ist (zum Begriff s. die obigen Hinweise). Sie sind als **unbewegliche** Wirtschaftsgüter zu behandeln und **nach den für Gebäude geltenden Grundsätzen abzuschreiben**, wenn sie in einem vom Gebäude **verschiedenen Nutzungs- und Funktionszusammenhang** stehen (BFH-GrS vom 26. 11. 1973, BStBl 1974 II S. 132) **oder** wenn der Mieter **wirtschaftlicher Eigentümer** der Einbauten ist, z.B. weil deren Nutzungsdauer kürzer als die Mietzeit ist oder der Mieter die Einbauten nach Ablauf der Mietzeit entfernen muss oder darf (BFH-Urteil vom 27. 2. 1991, BStBl II S. 628) oder z.B. weil der Mieter bei Beendigung des Nutzungsverhältnisses einen Anspruch auf eine Entschädigung in Höhe des Restwerts der Einbauten hat (BFH-Urteile vom 28. 7. 1993, BStBl 1994 II S. 164, vom 15. 10. 1996, BStBl 1997 II S. 533 und vom 11. 6. 1997, BStBl II S. 774). In solchen Fällen können die Aufwendungen für Mietereinbauten nach den allgemeinen Regeln für Gebäude abgeschrieben werden, sofern der Mieter (Pächter) die Kosten getragen hat und das Gebäude tatsächlich nutzt (BFH-Urteile vom 15. 10. 1996 a.a.O. und vom 11. 6. 1997 a.a.O.). Wegen weiterer Einzelheiten vgl. auch BMF-Schreiben vom 15. 1. 1976, BStBl I S. 66 (ESt-Kartei B.W. zu § 5 EStG, Fach 1 Nr. 1.1). Liegt kein Herstellungsaufwand vor, kann sofort abzugsfähiger Erhaltungsaufwand des Mieters gegeben sein (BFH-Urteil vom 21. 2. 1978, BStBl II S. 345).

- **Sonstige selbständige Gebäudeteile** (vgl. hierzu die unmittelbar folgenden Ausführungen zu Tz. 1.7.4.3.).

1.7.4.3. Sonstige selbständige Gebäudeteile

Auch sonstige Gebäudeteile können unter bestimmten Voraussetzungen selbständige Wirtschaftsgüter sein. Bei einem **Gebäude, das teils eigenbetrieblich, teils fremdbetrieblich, teils zu eigenen, teils zu fremden Wohnzwecken genutzt** wird, ist hinsichtlich jedes dieser Teile ein selbständiges Wirtschaftsgut anzunehmen, weil das Gebäude in verschiedenen Nutzungs- und Funktionszusammenhängen steht (R 13 Abs. 3 Nr. 5 und R 13 Abs. 4 EStR).

Die Anschaffungs- oder Herstellungskosten des gesamten Gebäudes sind auf die einzelnen Gebäudeteile aufzuteilen. Die AfA bemessen sich für jedes dieser selbständigen Gebäudeteile nach **dem Teil der Anschaffungs- oder Herstellungskosten** des Gebäudes, der anteilig auf diesen Gebäudeteil entfällt. Für die Aufteilung ist das **Verhältnis der Nutzfläche** des Gebäudeteils zur Nutzfläche des ganzen Gebäudes maßgebend, es sei denn, die Aufteilung nach dem Verhältnis der Nutzflächen führt zu einem unangemessenen Ergebnis. Aus Vereinfachungsgründen kann von einer Aufteilung aber abgesehen werden, wenn sie aus steuerlichen Gründen nicht erforderlich ist, weil sich z.B. wegen **einheitlicher AfA** eine steuerliche Auswirkung nicht ergibt. Die **Nutzfläche** ist in sinngemäßer Anwendung der §§ 43, 44 der II. BerechnungsVO (BVO) zu ermitteln (R 13 Abs. 6 EStR und EStH, Anhang 5 II). Der Begriff „Nutzfläche" ist weder im EStG noch in der II. BVO definiert. Die Nutzfläche umfasst insbesondere die Grundfläche aller den Wohnzwecken dienenden Räume und die Grundfläche aller gewerblich und beruflich genutzten Räume, demnach auch die sog. Zubehörräume i.S. des § 42 Abs. 4 Nr. 1 der II. BVO (vgl. unten). Alle diese Räume sind sonach rechnerisch in die gesamte Nutzfläche einzubeziehen.

Auch hier kann sich der Steuerpflichtige u.E. auf die für ihn günstigste Berechnungsmethode (Schätzungsmethode) berufen (BFH-Urteil vom 21. 2. 1990, BStBl II S. 578), z.B. darauf, dass die **Zubehörräume** im o.g. Sinne, also **Keller, Waschküchen, Abstellräume** außerhalb der Wohnung, **Dachböden, Trockenräume, Schuppen** (Holzlegen), **Garagen** und ähnliche Räume **ausschließlich privat** genutzt werden (vgl. BFH-Urteil vom 21. 2. 1990 a.a.O.). Dies muss jedenfalls solange gelten, als diese Räume nicht eindeutig für betriebliche oder berufliche Zwecke verwendet werden. Flächen, die **allen** Gebäudeteilen dienen (z.B. Treppenhaus, Fahrstuhl, Heizungsanlage, Hausmeisterwohnung), sind nicht unmittelbar in diese Regelung einzubeziehen, sondern nach dem **ohne** sie ermittelten Verhältnis aufzuteilen.

Für die einzelnen Gebäudeteile sind **unterschiedliche AfA-Methoden** und **AfA-Sätze zulässig** (vgl. oben Tz. 1.7.4.). Wegen der AfA bei nachträglichen Anschaffungs- oder Herstellungskosten bei Gebäuden sowie zur Abgrenzung von der Herstellung eines neuen Gebäudes vgl. oben Tz. 1.7.3. Wird der Nutzungsumfang eines Gebäudeteils infolge einer **Nutzungsänderung** des Gebäudes ausgedehnt, so bemessen sich die weiteren AfA von der neuen Bemessungsgrundlage insoweit nach der linearen AfA (vgl. R 44 Abs. 11 Satz 2 EStR).

1.7.4.4. Hochwertige Wohngebäude – Schwimmbäder/ Schwimmhallen, Außenanlagen, Tennisplätze u. ä.: Marktmiete oder Kostenmiete bis 1998

Da die Besteuerung des Nutzungswerts für die eigengenutzte Wohnung 1998 ausgelaufen ist, kommt der Frage, in welchen Fällen als Nutzungswert der eigengenutzten Wohnung die Marktmiete oder die Kostenmiete (und ggf. in welcher Höhe) anzusetzen ist, bereits **ab 1999 keine Bedeutung** mehr zu. Wegen der Rechtslage bis 1998 einschließlich vgl. zuletzt die „Anleitung zur ESt-Erklärung **1998**", Teil II, Tz. 1.7.4.4.

1.7.5. Erhöhte Absetzungen für Schutzräume

Für Schutzräume, die den Erfordernissen der §§ 2 bis 4 des Schutzbaugesetzes vom 9. 9. 1965 (BStBl I S. 543) entsprechen, können an Stelle der nach § 7 EStG zu bemessenden Absetzungen für Abnutzung nach Maßgabe der §§ 7 und 12 Abs. 3 des Schutzbaugesetzes **im Jahr der Fertigstellung und den elf folgenden Jahren** erhöhte Absetzungen bis zu einem **Höchstbetrag** vorgenommen werden. Dies gilt für Schutzräume in Gebäuden des Betriebsvermögens und des Privatvermögens. Bei Einkünften aus Vermietung und Verpachtung sind die erhöhten Absetzungen in **Anlage V**, **Zeile 38** und bei Maßnahmen an nach dem 31. 12. 1986 errichteten oder erworbenen eigengenutzten Wohnungen in **Anlage FW**, **Zeile 8** geltend zu machen.

Bemessungsgrundlage für die erhöhten Absetzungen sind die **tatsächlichen Herstellungskosten** für den Schutzraum, **vermindert** um etwa gewährte öffentliche oder private Zuschüsse. Die Herstellungskosten eines Schutzraumes sind bei Neubauten von den übrigen Gebäudeherstellungskosten regelmäßig nur im Schätzungswege zu trennen. Deshalb kann bei Hausschutzräumen aus **Vereinfachungsgründen** davon ausgegangen werden, dass die tatsächlichen Herstellungskosten nicht niedriger sind als der nach der bezeichneten Verordnung maßgebende Höchstbetrag. Bei der Feststellung des maßgebenden Höchstbetrags ist die Zahl der Schutzplätze zugrunde zu legen, die in der Bestätigung im Sinne des § 9 des Schutzbaugesetzes angegeben ist.

Die zulässigen erhöhten Absetzungen können **jährlich bis zur Höhe von 10 v.H.** der berücksichtigungsfähigen Herstellungskosten geltend gemacht werden. Eine Überschreitung der Grenze von 10 v.H. ist auch dann nicht zulässig, wenn in einem oder mehreren der vorangegangenen Jahre die erhöhten Absetzungen mit weniger als jeweils 10 v.H. in Anspruch genommen worden sind (BFH-Urteil vom 3. 7. 1984, BStBl II S. 709). Eine Nachholung der in den Vorjahren nicht ausgenutzten erhöhten Absetzungen ist nur in der Weise zulässig, dass bis zur vollen Absetzung des Schutzraums erhöhte Absetzungen bis zu jeweils 10 v.H. auch im zehnten und elften auf das Jahr der Fertigstellung des Gebäudes folgende Jahr vorgenommen werden. Ein danach etwa noch verbleibender Restwert ist den Anschaffungs- oder Herstellungskosten des Gebäudes hinzuzurechnen und die weiteren AfA nach dem für das Gebäude maßgebenden Hundertsatz zu bemessen.

2. Betriebsausgaben

2.1. Begriff

Betriebsausgaben sind die Aufwendungen, die **durch den Betrieb veranlasst** sind (§ 4 Abs. 4 EStG). Sie sind von den Aufwendungen für die Lebensführung (sog. Lebenshaltungskosten) zu unterscheiden, die grundsätzlich nicht abzugsfähig sind, es sei denn, sie gehören zu den im Einkommensteuergesetz erschöpfend aufgezählten Sonderausgaben. Eine besondere Regelung gilt für **betrieblich** veranlasste Aufwendungen, welche „die Lebensführung des Steuerpflichtigen oder anderer Personen **berühren**"; sie scheiden bei der Gewinnermittlung (nur) insoweit aus, als sie unter Berücksichtigung der **allgemeinen Verkehrsauffassung** als **unangemessen** anzusehen sind (§ 4 Abs. 5 Satz 1 Nr. 7 EStG).

Die **Abgrenzung** der abzugsfähigen **Betriebsausgaben** von den nicht abzugsfähigen **Lebenshaltungskosten** ist deshalb schwierig, weil bei Lebenshaltungskosten oft ein Zusammenhang mit der gewerblichen oder beruflichen Tätigkeit des Steuerpflichtigen besteht. In solchen Fällen ist zu prüfen, ob und in welchem Umfang die Aufwendungen ausschließlich betrieblichen Zwecken dienen und nichts mit dem Privatleben zu tun haben. Dienen die Aufwendungen **ausschließlich** betrieblichen Zwecken, so sind sie abzugsfähig. Sind die Aufwendungen nur zum Teil durch betriebliche Zwecke veranlasst worden und lässt sich dieser Teil der Aufwendungen von den Ausgaben, die ganz oder teilweise der privaten Lebensführung gedient haben, **leicht und einwandfrei trennen,** so sind die Aufwendungen insoweit als **Betriebsausgaben** zu berücksichtigen. Lässt sich eine Trennung der Aufwendungen in Betriebsausgaben und in Lebenshaltungskosten jedoch **nicht leicht und einwandfrei** durchführen, so gehört der gesamte Betrag derartiger Aufwendungen zu den **nicht abzugsfähigen** Ausgaben.

Obwohl es sich begrifflich um Betriebsausgaben handelt, schränkt **§ 4 Abs. 5 EStG** in einer Reihe von Fällen den Abzug von betrieblich veranlassten Aufwendungen ein. Zu beachten sind besonders die Vorschriften über die Abzugsfähigkeit von **Aufwendungen für Geschenke,** für die **Bewirtung aus geschäftlichem Anlass** und für **Gästehäuser** sowie für andere, die **Lebensführung berührende Ausgaben,** durch die eine Eindämmung des so genannten Spesenunwesens erreicht werden soll.

Wichtige Grundsätze hierzu sind:

2.2. Aufwendungen für Geschenke, Bestechungs- und Schmiergelder

(1) Aufwendungen für betrieblich veranlasste **Geschenke** an natürliche Personen, die **nicht** Arbeitnehmer des Steuerpflichtigen sind, oder an juristische Personen sind **grundsätzlich** nicht als Betriebsausgaben abzugsfähig (Abzugsverbot des § 4 Abs. 5 Satz 1 Nr. 1 EStG; vgl. R 21 Abs. 2 EStR). Dagegen sind Geschenke des Arbeitgebers **an Arbeitnehmer** in unbegrenzter Höhe abzugfähige Betriebsausgaben, aber in aller Regel auch Arbeitslohn des Arbeitnehmers. Personen, die zu dem Steuerpflichtigen aufgrund eines Werkvertrags oder eines Handelsvertretervertrags in ständiger Geschäftsbeziehung stehen, sind den Arbeitnehmern des Steuerpflichtigen **nicht** gleichgestellt, sodass für sie das Abzugsverbot ebenfalls von Bedeutung ist. Übt ein Angestellter (z.B. Chefarzt eines Krankenhauses) unter Mithilfe anderer Angestellter desselben Arbeitgebers (z.B. des Krankenhauses) auch eine selbständige Tätigkeit (z.B. eine freiberufliche Praxis) aus, so handelt es sich bei diesen Mitarbeitern nicht um Arbeitnehmer des angestellten Chefarztes und auch nicht des zugleich selbständig tätigen Chefarztes, sodass das Abzugsverbot ebenfalls gilt (BFH-Urteil vom 8. 11. 1984, BStBl 1985 II S. 286).

Eine **Ausnahme** von dem Abzugsverbot gilt jedoch für Geschenke, wenn die **Anschaffungs- oder Herstellungskosten aller einem Empfänger in einem Wirtschaftsjahr zugewendeten Geschenke** insgesamt 35 € nicht übersteigen oder – falls Wirtschaftsgüter zugewendet werden – diese beim Empfänger ausschließlich betrieblich genutzt werden können. Es handelt sich um eine **Freigrenze. Übersteigen** die Anschaffungs- oder Herstellungskosten eines Geschenks oder ggf. aller Geschenke im Wirtschaftsjahr an einen Empfänger **den Betrag von 35 €, so entfällt der Abzug** sonach **in vollem Umfang**. Die Freigrenze von 35 € gilt für Wirtschaftsjahre, die **nach dem 31. 12. 2003** beginnen (vorher 40 €). Entstehen die Aufwendungen für ein Geschenk in einem anderen Wirtschaftsjahr als dem, in dem der Gegenstand zugewendet wird, und haben sich die Aufwendungen in dem Wirtschaftsjahr, in dem sie gemacht wurden, gewinnmindernd ausgewirkt, so ist, wenn eine Nichtabzugsfähigkeit nach den obigen Ausführungen gegeben ist, im Wirtschaftsjahr der Schenkung eine entsprechende Gewinnerhöhung vorzunehmen (R 21 Abs. 2 Satz 3 EStR). Es sind nicht nur **alle Geschenke** an den gleichen Empfänger im Laufe eines Wirtschaftsjahrs **zusammenzurechnen,** sondern **auch** diejenigen an seine **Ehefrau** und die von ihm abhängigen **Kinder**. Bei Kapitalgesellschaften und anderen juristischen Personen handelt es sich um **einen** Empfänger. Bei Zuwendungen an einzelne Personengesellschafter ist auf den Gesellschafter abzustellen.

Zu den **Anschaffungs- oder Herstellungskosten** rechnen auch die Kosten einer (jedoch nicht erforderlichen) **Kennzeichnung** als Werbeträger (Werbehinweis). Die **Umsatzsteuer** gehört nicht zu den Anschaffungs- oder Herstellungskosten, soweit sie als Vorsteuer abziehbar ist und umgekehrt (§ 9 b EStG; dabei ist § 15 Abs. 1 a Nr. 1 UStG außer acht zu lassen, vgl. R 21 Abs. 3 EStR). Die vom Schenker bezahlten **Versandkosten** (Fracht- und Portokosten) gehören ebenfalls nicht zu den Anschaffungskosten, sondern zu den Vertriebskosten, und zwar auch bei unmittelbarem Versand durch den Lieferanten im Namen und für Rechnung des Schenkers (z.B. Versendung eines Weinpräsents unmittelbar durch das Weingut). Auch die Verpackungskosten des Schenkers für die Übersendung an den Beschenkten sind keine Anschaffungskosten.

Ein Geschenk setzt eine **unentgeltliche Zuwendung** an einen Dritten voraus. Die Unentgeltlichkeit ist **nicht** gegeben, wenn die Zuwendung als **Entgelt für eine bestimmte Gegenleistung** des Empfängers anzusehen ist. Sie wird jedoch nicht schon dadurch ausgeschlossen, dass mit der Zuwendung der Zweck verfolgt wird, nur das Wohlwollen des Gedachten zu erlangen oder Geschäftsbeziehungen zu sichern oder zu verbessern oder für ein Erzeugnis zu werben (R 21 Abs. 4 EStR). Ist eine Gegenleistung feststellbar, handelt es sich um kein Geschenk, sodass das Abzugsverbot nicht greift. Ein Geschenk ist dagegen regelmäßig anzunehmen, wenn ein Steuerpflichtiger einem Geschäftsfreund oder dessen Beauftragtem **ohne rechtliche Verpflichtung und ohne zeitlichen oder sonstigen unmittelbaren Zusammenhang mit einer Leistung** des Empfängers eine Bar- oder Sachzuwendung gibt (z.B. aus Freundschaft, zu Weihnachten oder zu dessen Geburtstag). Gegenstand der Zuwendung können aber auch unentgeltlich eingeräumte sonstige geldwerte Vorteile sein, wie z.B. die Zuwendung einer unentgeltlichen oder verbilligten **Reise** (BFH-Urteil vom 23. 6. 1993, BStBl II S. 806) oder von **Theaterkarten, Eintrittskarten** oder **Gutscheinen**. Zum Begriff des Geschenks vgl. auch BFH-

Urteile vom 18. 2. 1982 (BStBl II S. 394), vom 20. 8. 1986 (BStBl 1987 II S. 108) und vom 28. 11. 1986 (BStBl 1987 II S. 296). Auch ein **Schulderlass** kann ein Geschenk sein. Es ist ohne Bedeutung, ob der Empfänger ein Inländer oder ein Ausländer ist oder ob er im Inland oder Ausland ansässig ist.

Keine Geschenke – und sonach ohne Einschränkung abzugsfähige Betriebsausgaben, falls betrieblich veranlasst – sind beispielsweise

a) Kränze und Blumen bei Beerdigungen,

b) Spargeschenkgutscheine der Kreditinstitute und darauf beruhende Gutschriften auf dem Sparkonto anlässlich der Eröffnung des Sparkontos oder weiterer Einzahlungen,

c) Preise anlässlich eines Preisausschreibens oder einer Auslobung (§§ 657 ff. BGB).

Zugaben i.S. der bis zum 24. 7. 2001 geltenden Zugabe VO, die im geschäftlichen Verkehr neben einer Ware oder Leistung gewährt werden, fallen nunmehr ebenfalls unter die Abzugsbegrenzung von Geschenken (vgl. zuletzt H 21 [Zugaben] EStH 2001).

Zu den Geschenken rechnen dagegen **nicht** die Bewirtung, die damit verbundene Unterhaltung und die Beherbergung von Geschäftsfreunden aus geschäftlichem Anlass; sie fallen unter § 4 Abs. 5 Satz 1 Nr. 2 und Nr. 3 EStG (vgl. unten Tz. 2.3. und Tz. 2.4.).

Wegen der **Aufzeichnungspflicht** bei Geschenken vgl. **Tz. 2.9.**

(2) Zu den begrenzt abzugsfähigen Aufwendungen (35 €-Grenze) gehören auch **Bestechungs- und Schmiergelder** (gelegentlich auch als „NA" = „Nützliche Abgaben" bezeichnet), **soweit** sie nach den genannten Grundsätzen als **Geschenke** anzusehen sind. Dies ist zu bejahen, wenn die Zuwendung **nicht** als Entgelt für eine **bestimmte** Gegenleistung gemacht wird. Als Gegenleistungen kommen alle Handlungen in Betracht, die im betrieblichen Interesse der Zuwendenden liegen und hinreichend konkretisierbar sind (wie z.B. die Erteilung eines bestimmten Auftrags): dann sind die hierfür gemachten Zuwendungen grundsätzlich unbegrenzt als Betriebsausgaben abzugsfähig, **es sei denn**, die Zuwendung von Vorteilen stellt eine **rechtswidrige Handlung** dar (s. hierzu unten). Sollen durch die Zuwendung lediglich persönliche Kontakte oder andere Voraussetzungen für die Geschäftsbeziehung hergestellt, erhalten oder verbessert werden, ohne dass eine weiter gehende Leistung des Empfängers erfolgt, ist der Zusammenhang nicht hinreichend konkretisiert. Soll die Zuwendung im beiderseitigen Einvernehmen als **Provision für einen bestimmten Geschäftsabschluss** oder eine andere **konkrete Gegenleistung** angesehen werden, so muss dies im Einzelfall dargetan werden. Kann der Steuerpflichtige dies nicht nachweisen, so geht das zu seinen Lasten (vgl. BFH-Urteil vom 18. 2. 1982, BStBl II S. 394 betr. Zuwendungen an leitende Angestellte ausländischer Geschäftspartner und an Funktionäre der früheren Ostblockstaaten). Unabhängig hiervon kommt im **Inland** eine Abzugsfähigkeit aber immer nur dann in Betracht, wenn **Name und Adresse des Empfängers** auf Verlangen des Finanzamts genau bezeichnet werden (§ 160 AO), sodass das Finanzamt den Empfänger ohne besonderen Aufwand identifizieren und den Zusammenhang mit einem konkreten Geschäftsvorgang überprüfen kann (BFH-Urteil vom 15. 3. 1995, BStBl 1996 II S. 51 und die dort zit. Rspr.) Unterbleibt die Benennung des Empfängers, entfällt ein Betriebsausgabenabzug schon deshalb. Anderenfalls werden die Schmiergelder beim Empfänger steuerlich erfasst. Bei Zahlungen an **ausländische** Empfänger kann das Finanzamt auf den Empfängernachweis verzichten, wenn feststeht, dass die Zahlung im Rahmen eines üblichen Handelsgeschäfts erfolgte, der Geldbetrag ins Ausland abgeflossen und der **endgültige** Empfänger nicht der deutschen Steuerpflicht unterliegt, also kein Rückfluss der Zuwendung an einen im Inland steuerpflichtigen Empfänger (sog. Kickback) erfolgt. Der Steuerpflichtige hat zudem allgemein bei Vorgängen im Ausland eine gesteigerte Mitwirkungspflicht (§ 90 Abs. 2 AO), deren Nichterfüllung auch insoweit zu seinen Lasten geht (vgl. BFH-Urteil vom 13. 3. 1985, BStBl 1986 II S. 318 und BFH-Beschluss vom 9. 7. 1986, BStBl 1987 II S. 487).

Die für Betriebsausgaben geltenden Grundsätze (35 €-Regelung nach § 4 Abs. 5 Satz 1 Nr. 1 EStG und Empfängerbenennung nach § 160 AO) sind sinngemäß **auch für Werbungskosten** von Arbeitnehmern anzuwenden (§ 9 Abs. 5 EStG), z.B. für Werbegeschenke oder Schmiergelder eines Arbeitnehmers (angestellter Handelsvertreter, Verkaufsleiter) an die Kunden seines Arbeitgebers (vgl. Teil I, Anlage N, Zeilen 57 bis 62, ABC „Schmiergelder ...").

Für **Wirtschaftsjahre, die ab 1. 1. 1999 beginnen,** ist eine **wesentliche Verschärfung** der gesetzlichen Regelung zu beachten (§ 4 Abs. 5 Satz 1 Nr. 10 EStG). In diesem Falle greift das **Abzugsverbot stets** dann, wenn die Zuwendung von Vorteilen eine **rechtswidrige Handlung** darstellt, die den objektiven Tatbestand eines Strafgesetzes verwirklicht oder eines Gesetzes erfüllt, das die Ahndung mit einer Geldbuße zulässt. Auf ein Verschulden des Zuwendenden oder auf die Stellung eines Strafantrags kommt es nicht an, ebenso wenig auf eine tatsächliche Ahndung oder eine rechtskräftige Verurteilung. Als Straftatbestände sind insbesondere die Bestechung (§ 334 StGB), die Vorteilsgewährung (§ 333 StGB) und die Bestechung im geschäftlichen Verkehr (§ 299 Abs. 2 und 3 StGB) von Bedeutung, aber auch andere Tatbestände des Straf- und Ordnungswidrigkeitenrechts, wie z.B. Wählerbestechung (§ 108b StGB) oder Abgeordnetenbestechung (§ 108e StGB). Vgl. hierzu H 24a (Zuwendungen) EStH und zu weiteren Einzelheiten und Verfahrensvorschriften das ausführliche BMF-Schreiben vom 10. 10. 2002, BStBl I S. 1031. Von dem Abzugsverbot sind auch Leistungen an ausländische Amtsträger und Richter sowie ausländische Abgeordnete erfasst (vgl. R 24a EStR). Gerichte, Staatsanwaltschaften und Verwaltungsbehörden sind verpflichtet, Tatsachen, die sie dienstlich erfahren und die den Verdacht einer solchen Tat begründen, der Finanzbehörde mitzuteilen, die ggf. den Steuerbescheid nach § 173 AO (neue Tatsachen) ändert. Die Finanzbehörde teilt andererseits Tatsachen, die den Verdacht einer Tat im o.g. Sinne begründen, der Staatsanwaltschaft oder der Verwaltungsbehörde mit (§ 30 AO steht nicht entgegen). Diese wiederum unterrichten die Finanzbehörde von dem Ausgang des Verfahrens und den zugrunde liegenden Tatsachen. Die Regelung ist auch beim Abzug als Werbungskosten zu beachten (§ 9 Abs. 5 EStG).

Nach der **bereits ab 1.1. 1996** geltenden Regelung dürfen **Schmiergelder** den Gewinn **in keinem Fall** mindern, wenn wegen der Zuwendung oder des Empfangs der Vorteile eine **rechtskräftige Verurteilung** nach einem Strafgesetz erfolgt ist oder das Verfahren gemäß §§ 153 bis 154c StPO eingestellt worden ist, oder wenn deswegen ein Bußgeld rechtskräftig verhängt worden ist. Die jetzt geltende o.g. Regelung ab **1.1. 1999** ist allerdings noch erheblich strenger.

2.3. Aufwendungen für die Bewirtung von Geschäftsfreunden, Mitarbeitern und Arbeitskollegen aus unterschiedlichen Anlässen

Aufwendungen für die **Bewirtung von Personen aus geschäftlichem Anlass in der Wohnung** des Steuerpflichtigen gehören regelmäßig nicht zu den Betriebsausgaben, sondern zu den nicht abzugsfähigen Kosten der Lebenshaltung (§ 12 Nr. 1 Satz 2 EStG, R 21 Abs. 6 Satz 8 EStR).

Aufwendungen, die einen **privaten Grund**, z.B. den **eigenen Geburtstag**, zum Anlass haben, rechnen wegen des Aufteilungs- und Abzugsverbots für Repräsentationsaufwendungen nach § 12 Nr. 1 Satz 2 EStG ebenfalls **nicht** zu den Betriebsausgaben (und **nicht** zu den Werbungskosten), auch wenn die Bewirtung außerhalb des Haushalts des Steuerpflichtigen stattfindet und/oder nur Geschäftsfreunde, Mandanten, Mitarbeiter oder Angestellte eingeladen werden (BFH-Urteil vom 12. 12. 1991, BStBl 1992 II S. 524). Dies gilt selbst dann, wenn die Geburtstagsfeier als „Jubiläumsveranstaltung" bezeichnet wird (BFH-Urteile vom 12. 12. 1968, BStBl 1969 II S. 239, vom 24. 9. 1980, BStBl 1981 II S. 108, vom 15. 5. 1986, BFH/NV 1986, 657). Unbeachtlich ist, ob dadurch mittelbar die berufliche Tätigkeit des Gastgebers gefördert, die betriebliche Kontaktpflege oder die Verbesserung des Betriebsklimas bezweckt wird. Dies gilt ebenso für einen Rechtsanwalt (BFH-Urteil vom 12. 12. 1991 a.a.O.) wie für einen Großhändler (BFH-Urteil vom 27. 4. 1990, BFH/NV 1991 S. 85) wie für einen ranghohen Beamten (BFH-Beschluss vom 19. 2. 1993, BStBl II S. 403), die aus Anlass eines **runden Geburtstags** einen

Teil II
Tz. 2.3.

Empfang geben. Es gilt selbst für die Aufwendungen (Werbungskosten) anlässlich der Bewirtung zu einem 40-jährigen **Dienstjubiläum,** obwohl der dienstliche Bezug des Jubiläums ungleich enger mit der Berufsausübung verbunden ist (BFH-Urteil vom 8. 3. 1990, BFH/NV 1991 S. 436). Kosten eines Chefarztes für Feiern mit den Krankenhausangestellten aus Anlass der Ernennung zum Professor sind keine Werbungskosten (BFH-Urteil vom 13. 9. 1962, BStBl III S. 539); ebenso wenig die Aufwendungen für Weihnachtsgeschenke an die Mitarbeiter seiner Abteilung im Krankenhaus (BFH-Urteil vom 8. 11. 1984, BStBl 1985 II S. 286). Nach § 4 Abs. 5 Satz 1 Nr. 1 EStG – 35 €-Grenze beachten – können aber Betriebsausgaben bei den Praxiseinkünften aus selbständiger Arbeit vorliegen; dies gilt auch für Bewirtungskosten des Chefarztes aus Anlass eines Betriebsausflugs (BFH-Urteil vom 6. 12. 1984, BStBl 1985 II S. 288). Kosten des Direktors eines Universitätsinstitutes für eine Weihnachtsfeier mit Mitarbeitern sind ebenfalls keine Werbungskosten (BFH-Urteil vom 24. 5. 1973, BStBl II S. 634); anders aber u.U., wenn ein Arbeitnehmer variable Bezüge erhält, die vom Erfolg seiner nachgeordneten Mitarbeiter abhängig sind und er diesen Mitarbeitern, die beim selben Arbeitgeber beschäftigt sind, deshalb Zuwendungen macht (BFH-Urteil vom 23. 3. 1984, BStBl II S. 557 betr. den Bezirksdirektor einer Versicherung; verneint dagegen beim Chefarzt: BFH-Urteil vom 28. 3. 1985, BFH/NV 1987 S. 231). Auch Bewirtungskosten und Geschenke **zwischen** Behördenleitern aus Anlass einer **Beförderung** oder einer **Amtseinführung** oder einer **Abschiedsfeier** sind keine steuerlich abzugsfähigen Aufwendungen, wobei es ohne Bedeutung ist, wer zu der Veranstaltung eingeladen hat (BFH-Urteile vom 4. 12. 1992, BStBl 1993 II S. 350, vom 1. 7. 1994, BStBl 1995 II S. 273 und BFH-Beschluss vom 19. 2. 1993, BStBl II S. 403 betr. Werbungskosten von Arbeitnehmern in leitender Position). Das gilt ebenso für die Kosten eines **Empfanges,** zu dem ein Arbeitnehmer anlässlich seines **Antritts** einer herausgehobenen betrieblichen Stellung Geschäftspartner des Arbeitgebers einlädt, selbst wenn die Bezüge des Arbeitnehmers in erheblichem Umfang erfolgsabhängig sind (BFH-Urteil vom 15. 7. 1994, BStBl II S. 896).

Eine andere Frage ist es, ob bei Übernahme der Kosten **durch den Arbeitgeber** ein **geldwerter Vorteil** des **Geehrten** anzunehmen ist. Zwar ist die Ehrung eines einzelnen Arbeitnehmers aufgrund eines besonderen Ereignisses, wie z.B. aus Anlass der Diensteinführung, eines Amts- oder Funktionswechsels, eines runden Arbeitnehmerjubiläums oder der Verabschiedung eines Arbeitnehmers grundsätzlich keine steuerlich begünstigte Betriebsveranstaltung, auch wenn weitere Mitarbeiter an der Feier teilnehmen (vgl. R 72 Abs. 2 Satz 5 LStR). Übliche Sachzuwendungen des Arbeitgebers anlässlich solcher Veranstaltungen bleiben aber als Leistungen im überwiegend **betrieblichen Interesse** lohnsteuerfrei, wenn die Aufwendungen einschließlich USt nicht mehr als 110 € je teilnehmender Person betragen, wobei auch Geschenke bis zu einem Gesamtwert von 40 € in die 110 €-Grenze einzubeziehen sind. Wird die 110 €-Grenze überschritten, sind die **Gesamtkosten** der Veranstaltung beim jeweiligen Arbeitnehmer als Arbeitslohn zu erfassen (R 70 Abs. 2 Nr. 3 LStR).

Von den vorgenannten Veranstaltungen, die einen betrieblichen Bezug haben, sind die **persönlichen Anlässe** zu unterscheiden, wie z.B. der **runde Geburtstag eines Arbeitnehmers**. Lädt **ein Arbeitgeber** aus diesem Anlass Geschäftsfreunde, Repräsentanten des öffentlichen Lebens, Vertreter von Verbänden und Berufsorganisationen sowie Mitarbeiter zu einem Empfang ein, dann ist unter Berücksichtigung aller **Umstände des Einzelfalles** zu entscheiden, ob es sich um ein **Fest des Arbeitgebers** (betriebliche Veranstaltung) oder um ein privates Fest des Arbeitnehmers handelt (R 70 Abs. 2 Nr. 3a LStR und BFH-Urteil vom 28. 1. 2003, BStBl II S. 724). Um ein Fest des Arbeitgebers handelt es sich vor allem, wenn dieser als Gastgeber auftritt, der Empfang in den Räumen des Arbeitgebers stattfindet, er die Gästeliste bestimmt und überwiegend Geschäftspartner des Arbeitgebers, Angehörige des öffentlichen Lebens sowie der Presse, Vertreter von Berufsorganisationen sowie Mitarbeiter des Unternehmens eingeladen hat. Sachleistungen des Arbeitgebers bei einem solchen Empfang anlässlich eines **runden Geburtstags** eines Arbeitnehmers stellen danach **keinen Arbeitslohn** dar, wenn es sich um eine **betriebliche Veranstaltung des Arbeitgebers** handelt und die Aufwendungen die **110 €**-Freigrenze einschließlich Geschenke bis zu 40 € je teilnehmender Person nicht übersteigen (H 70 [Beispiele] LStH unter Hinweis auf das BFH-Urteil vom 28. 1. 2003 a.a.O.). Im Übrigen soll für den betrieblichen Charakter der Veranstaltung unschädlich sein, wenn der Arbeitnehmer einen begrenzten Kreis der an der Feierlichkeit teilnehmenden Personen selbst benennen darf. Unter den dargestellten Voraussetzungen führen auch die Kosten, die anteilig auf den Arbeitnehmer selbst, seine Familienangehörigen bzw. auf die von ihm zusätzlich eingeladenen Gäste entfallen, nicht zu Arbeitslohn. Wird die 100 €-Freigrenze überschritten, sind (nur) die **anteiligen** Aufwendungen des Arbeitgebers, die auf diesen Personenkreis entfallen, lohnsteuerpflichtig (R 70 Abs. 2 Nr. 3a LStR).

Aufwendungen für die Bewirtung von Mitarbeitern im Zusammenhang mit **Dienstbesprechungen** oder **Fortbildungsveranstaltungen,** die rein beruflichen Charakter haben, sind in jedem Fall abzugsfähige Aufwendungen (BFH-Urteil vom 23. 3. 1984, BStBl II S. 557).

Bei den **Kapitalgesellschaften** hat der BFH bisher uneingeschränkt an seiner ständigen Rspr. festgehalten, wonach in aller Regel eine **verdeckte Gewinnausschüttung** anzunehmen ist, wenn eine Kapitalgesellschaft (z.B. GmbH) aus Anlass des **Geburtstages ihres Gesellschafter-Geschäftsführers** eine Feier veranstaltet und hierfür die Kosten übernimmt; dies gilt auch dann, wenn an dem Empfang nahezu ausschließlich Geschäftsfreunde teilnehmen (BFH-Urteile vom 28. 11. 1991, BStBl 1992 II S. 359 und vom 24. 9. 1980, BStBl 1981 II S. 108). Nach dem erstgenannten BFH-Urteil ändert sich an der Beurteilung selbst dann nichts, wenn **neben** dem Geburtstag gleichzeitig das 40-jährige Geschäftsjubiläum des Gesellschafter-Geschäftsführers, der 10-jährige Vorsitz desselben in einem Berufsverband und das 120-jährige Firmenjubiläum gefeiert werden; auslösendes Moment für den Empfang seien der Geburtstag und die persönlichen Jubiläen des Gesellschafter-Geschäftsführers, die den betrieblichen Anlass des Firmenjubiläums verdrängten (BFH-Urteil vom 28. 11. 1991 a.a.O. und BMF-Schreiben vom 3. 8. 1992, DB 1992 S. 2007). Wäre tatsächlich nur das Firmenjubiläum das auslösende Moment für die Feier gewesen, lägen unzweifelhaft abzugsfähige Betriebsausgaben vor. Im BFH-Urteil vom 14. 7. 2004 (DStR 2004 S. 1691, BB 2004 S. 2160) hat der BFH seine Auffassung grundsätzlich bestätigt und seine anlassbezogene Betrachtungsweise beibehalten. Nach dem zu entscheidenden Sachverhalt ging allerdings die Einladung zum 50. Geburtstag **nicht vom Arbeitgeber** (GmbH), sondern von dem (über eine KG) beherrschenden Gesellschafter-Geschäftsführer aus. Der BFH hielt daher eine Divergenzanfrage wegen des o.g. BFH-Urteils vom 28. 1. 2003, BStBl II S. 724 nicht für erforderlich. Damit scheint die Frage für den Fall, dass es sich um ein Fest des Arbeitgebers (= GmbH) handelt, noch nicht endgültig beantwortet.

Bewirtungskosten anlässlich einer **Hochzeit, Taufe** oder einer **Trauerfeier** sind als Kosten eines persönlichen Ereignisses ebenfalls keine Betriebsausgaben (BFH-Urteil vom 31. 7. 1990, BStBl 1991 II S. 28).

Eine andere Beurteilung hinsichtlich der Abzugsfähigkeit von Bewirtungskosten greift Platz, wenn Geschäftsfreunde und ihre Angehörigen sowohl **außerhalb des Haushalts** des Steuerpflichtigen als auch **ohne privaten Anlass** im o.g. Sinne auf dessen Kosten bewirtet werden. Solche Aufwendungen können, soweit sie nach der allgemeinen Verkehrsauffassung als **angemessen** anzusehen sind **und** ihre Höhe und betriebliche Veranlassung **nachgewiesen** ist, im Rahmen des § 4 Abs. 5 Satz 1 Nr. 2 EStG (70-v.H.-Regelung ab 2004, vorher 80 v.H.) **als Betriebsausgaben anerkannt** werden (s. unten).

Bewirtungskosten im Sinne der einschränkenden Bestimmung des § 4 Abs. 5 Satz 1 Nr. 2 EStG sind Aufwendungen für den Verzehr von Speisen, Getränken und sonstigen Genussmitteln (z.B. Tabakwaren) durch Dritte, aber auch Garderobegebühren, Trinkgelder u.ä., die bei der Bewirtung anfallen (BFH-Urteile vom 16. 2. 1990, BStBl II S. 575 und vom 25. 3. 1988, BStBl II S. 655). **Keine Bewirtung** in diesem Sinne – und damit volle Abzugsfähigkeit der Aufwendungen – ist gegeben, wenn lediglich **Aufmerksamkeiten** in geringem Umfang wie Erfrischungsgetränke, Kaffee,

Tee, Tabakwaren, Gebäck (z.B. anlässlich betrieblicher Besprechungen) gewährt werden, falls es sich hierbei um eine übliche Geste der Höflichkeit handelt. Auch **Produkt-/Warenverkostungen** (z.B. bei Besichtigungen von Brauereien oder Kellereien) fallen nicht unter den Begriff „Bewirtung" im Sinne von § 4 Abs. 5 Satz 1 Nr. 2 EStG. In diesem Falle besteht ein unmittelbarer Zusammenhang mit dem **Verkauf** der Produkte oder Waren, weshalb diese Aufwendungen wie **Warenproben** als Werbeaufwand unbeschränkt als Betriebsausgaben abgezogen werden können. Entsprechendes gilt, wenn ein Dritter mit der Durchführung der Verkostung beauftragt ist oder diese bei einer Messeveranstaltung erfolgt. Vgl. R 21 Abs. 5 EStR. Unter Bewirtung ist im Übrigen stets nur eine solche **dritter Personen** zu verstehen. Aufwendungen einer KG oder OHG für die Bewirtung ihrer Gesellschafter sind daher nicht als Bewirtungskosten abziehbar (FG Rheinland-Pfalz, Urteil vom 13. 12. 1989, EFG 1990, S. 294).

Wann derartige Bewirtungsaufwendungen nach der allgemeinen Verkehrsauffassung als **unangemessen** anzusehen sind, kann nicht generell gesagt werden. Die Entscheidung muss sich **nach den Verhältnissen des Einzelfalles** richten (z. B. Größe des Unternehmens, Art und Umfang der Geschäftsbeziehungen, Höhe des längerfristigen Umsatzes und des Gewinns, Stellung des Geschäftsfreundes, Üblichkeit in vergleichbaren Betrieben; vgl. hierzu H 21 [Angemessenheit] EStH und BFH-Urteile vom 20. 8. 1986, BStBl II S. 904, vom 8. 10. 1987, BStBl II S. 853, vom 26. 1. 1988, BStBl II S. 629 und vom 14. 4. 1988, BStBl II S. 771). Ist die Höhe oder die betriebliche Veranlassung von Bewirtungsaufwendungen **nicht nachgewiesen**, so sind diese Aufwendungen in vollem Umfang nicht abzugsfähig (zum Nachweis vgl. unten).

Von den verbleibenden angemessenen und nachgewiesenen Bewirtungsaufwendungen dürfen für Wirtschaftsjahre, die **nach dem 31.12. 2003** beginnen, **nur** noch **bis zu 70 v.H.** (vorher 80 v.H.) den Gewinn mindern, **wenn** die Bewirtung von Personen **aus geschäftlichem Anlass** erfolgt ist (§ 4 Abs. 5 Satz 1 Nr. 2 EStG). Die Abzugsbegrenzung gilt auch für den Teil der Aufwendungen, der auf den an der Bewirtung teilnehmenden Steuerpflichtigen oder dessen Arbeitnehmer entfällt (R 21 Abs. 6 Satz 7 EStR).

Im Einzelnen ist zu beachten:

• Das Gesetz unterscheidet zwischen allgemein „**betrieblicher Veranlassung**" (§ 4 Abs. 4 EStG) und „**geschäftlichem Anlass**", wobei der erste Begriff zweifelsohne der umfassendere ist (vgl. R 21 Abs. 6 und 7 EStR). Mit „**Bewirtung aus geschäftlichem Anlass**" soll jedenfalls kein bloß betriebsinterner, sondern ein nach außen gerichteter betrieblicher Anlass umschrieben werden. Ein geschäftlicher Anlass mit der Folge der **70 v.H.-Begrenzung** ist deshalb insbesondere bei der Bewirtung von Personen anzunehmen, zu denen schon **Geschäftsbeziehungen** bestehen oder zu denen sie erst abgebahnt werden sollen (R 21 Abs. 6 Satz 2 EStR).

Andererseits liegt bei einer **Bewirtung von Arbeitnehmern** des bewirtenden Unternehmens kein geschäftlicher Anlass in diesem engen Sinne, zweifelsohne aber ein allgemein betrieblicher Anlass vor, weshalb Aufwendungen hierfür, z.B. bei Betriebsfesten, in **voller** Höhe abzugsfähige Betriebsausgaben sind. Hiermit gleichzustellen dürfte u.E. auch die Bewirtung von **freien Mitarbeitern** (z.B. Handelsvertretern) sein, die den Geschäftsbetrieb des Steuerpflichtigen in gleicher Weise fördern (streitig, vgl. NWB 2004, S. 2481; wie hier FG Düsseldorf, rkr. Urteil vom 29. 9. 1999, DStR 2000 S. 113 bei innerbetrieblicher Bewirtung von freien Mitarbeitern aus Anlass von Fortbildungsveranstaltungen und Seminaren). Die Bewirtung z.B. von Angehörigen oder Personen, die zur Gestaltung eines Betriebsfestes beitragen, ist ebenfalls unschädlich. Dagegen ist die Bewirtung von Arbeitnehmern von gesellschaftsrechtlich **verbundenen** Unternehmen (z.B. Mutter- oder Tochterunternehmen) und mit ihnen vergleichbaren Personen nach den EStR „geschäftlich" veranlasst (R 21 Abs. 7 EStR). Nach Auffassung der Finanzverwaltung ist die Bewirtung von **Besuchern des Betriebs** z.B. im Rahmen der **Öffentlichkeitsarbeit** ebenfalls „geschäftlich veranlasst" mit der Folge, dass in solchen Fällen ganz allgemein die **70-v.H.-Begrenzung** zur Anwendung kommt (R 21 Abs. 6 Satz 3 EStR). Die EStR berücksichtigen bei dieser Auslegung nicht die amtliche Gesetzesbegründung (BT-Drucksache 11/2536 S. 76), wonach die Begrenzung nur eingreifen soll, wenn das **Ziel** des Besuchs auf Geschäftsabschlüsse gerichtet ist (hiervon gehen auch noch die EStR **1990** in Abschnitt 20 Abs. 8 Satz 3 aus). Vgl. auch die Gründe des BFH-Urteils vom 19. 8. 1999, BStBl 2000 II S. 203 (204). Die von der Finanzverwaltung jetzt vertretene Auffassung ist deshalb u.E. zu eng.

Bei Aufwendungen für die Bewirtung von Personen, mit denen keine Geschäfte getätigt werden (sollen) und die auch nicht im Rahmen der auf Geschäftsabschlüsse gerichteten Öffentlichkeitsarbeit erfolgt, liegt u.E. kein „geschäftlicher Anlass" im o.g. Sinne vor. Es fehlt an der erforderlichen finalen Beziehung zur Förderung oder Erleichterung von Geschäftsabschlüssen. Deshalb ist u.E. z.B. beim Besuch von Schulklassen, Studenten, Repräsentanten anderer Firmen der gleichen Branche zum Erfahrungsaustausch, des Steuerberaters oder Wirtschaftsprüfers, amtlicher Betriebsprüfer, von Politikern, Vertretern der Kommunen und Wirtschaftsverbänden u.ä. eine **volle (100%ige) Berücksichtigung** der Bewirtungsaufwendungen möglich. Nach der engeren Auffassung der Finanzverwaltung, die sich aus dem Wortlaut der R 21 Abs. 7 Satz 1 EStR ergibt, soll dagegen „ausschließlich" die Bewirtung von Arbeitnehmern allgemein betrieblich veranlasst sein.

• Auch hinsichtlich der **Abgrenzung der Bewirtungsaufwendungen,** die der 70 v.H.-Beschränkung unterliegen, von gleichzeitig anfallenden **anderen** betrieblich veranlassten Ausgaben, ist immer noch manches ungeklärt. Aufwendungen, die nach ihrer Art keine Bewirtungsaufwendungen sind, wie z.B. Kosten für eine Musikkapelle und/oder für ein Unterhaltungsprogramm anlässlich einer Informations- oder Werbeveranstaltung sowie andere Nebenkosten, wozu auch diejenigen Aufwendungen zu rechnen sind, die den Verzehr erst ermöglichen oder ihm unmittelbar dienen, wie z.B. die Miete für Festzelt und Parkplatz, sind u.E. grundsätzlich voll abzugsfähig (a.A. R 21 Abs. 6 Satz 5 Nr. 5 EStR, wo nur für Aufwendungen von untergeordneter Bedeutung, wie z.B. Trinkgelder, eine Ausnahme gemacht wird).

Eine Bewirtung i.S. des § 4 Abs. 5 Satz 1 Nr. 2 EStG liegt nach dem BFH-Urteil vom 16. 2. 1990, BStBl II S. 575 nur vor, wenn die Darreichung von Speisen und Getränken eindeutig im Vordergrund steht (R 21 Abs. 5 Satz 2 EStR). Keine Bewirtungsaufwendungen sind deshalb Ausgaben für angebotene **andere Leistungen** – im Urteilsfall Besuch von Varietés, Nachtlokalen, Bordellen u.ä. –, wenn der Gesamtaufwand in einem **offensichtlichen Missverhältnis** zum Wert der verzehrten Speisen und/oder Getränke steht. Solche Ausgaben sind nach dem BFH-Urteil vom 16. 2. 1990 a.a.O. insgesamt – also auch die Bewirtungskosten – nicht nach § 4 Abs. 5 Satz 1 Nr. 2 EStG, sondern nach dessen Nr. 7 zu beurteilen (daran anknüpfend auch FG Berlin, Urteil vom 19. 6. 1990, EFG 1991 S. 15 betr. eine Werbeveranstaltung mit Produktpräsentation), weshalb bei solchen „Angeboten" ein Betriebsausgabenabzug nach § 4 Abs. 5 Nr. 7 EStG überhaupt nicht in Betracht komme, weil die betriebliche Veranlassung **durch private Motivation überlagert** werde und das persönliche Vergnügen an den in solchen Lokalen gebotenen Leistungen entscheidend in den Vordergrund trete. Die Finanzverwaltung lässt offenbar nunmehr auch in solchen Fällen eine Aufteilung der Gesamtaufwendungen und den Abzug von 70 v.H. der anteilig auf die Bewirtung entfallenden Kosten zu (vgl. H 21 [Bewirtung] EStH).

• Bei der Bewirtung in **betriebseigenen Einrichtungen**, wie **Kantine** oder **Kasino,** wird aus Vereinfachungsgründen zugelassen, dass die Aufwendungen nur aus den Sachkosten der verabreichten Speisen und Getränke sowie den Personalkosten ermittelt werden. Für die Praxis besonders wichtig ist aber vor allem, dass es von der Finanzverwaltung nicht beanstandet wird, wenn – allerdings im Wirtschaftsjahr **einheitlich - je Bewirtung ein Betrag von 15 €** angesetzt wird (R 21 Abs. 6 Satz 9 EStR), sodass bei geschäftlichem Anlass hiervon 10,50 € abzugsfähig und 4,50 € nicht abzugsfähig sind.

• Der **Nachweis** der betrieblichen Veranlassung und der Höhe **der Bewirtungskosten** ist durch **schriftliche Angaben** über Ort, Tag, Teilnehmer und Anlass der Bewirtung sowie Höhe der Aufwendungen zu führen. Hat die **Bewirtung in einer Gaststätte** stattgefunden, so genügen Angaben zum Anlass und zu den Teilneh-

Teil II
Tz. 2.3.

mern der Bewirtung. Zum Nachweis ist aber die **Gaststättenrechnung über die Bewirtung** beizufügen; sie muss den Anforderungen des § 14 UStG genügen.

Die Anforderungen an die Gestaltung und den Inhalt der **Gaststättenrechnung** sind mehrfach geändert worden. Die Finanzbehörden verfahren nunmehr nach den Anordnungen in R 21 Abs. 8 und 9 EStR i.V. mit dem BMF-Schreiben 21. 11. 1994, BStBl II S. 855 (EStH, Anhang 16 II).

Bei **Bewirtungen in einer Gaststätte** werden (bereits ab 1. 1. 1995) nur noch Rechnungen anerkannt, die **maschinell erstellt und registriert** sind (R 21 Abs. 8 Satz 8 EStR) und folgende Angaben enthalten:

(1) Name und Anschrift der Gaststätte. Das gilt nicht bei Rechnungen, deren Gesamtbetrag 100 € nicht übersteigt (§ 33 Satz 1 Nr. 1 UStDV). Die Unterschrift des Gastwirts (oder einer von ihm bevollmächtigten Person) ist nicht mehr erforderlich.

(2) Tag der Bewirtung. Das Datum ist maschinell auszudrucken. Handschriftliche Ergänzungen oder Datumstempel reichen nicht.

(3) Die Rechnung muss die Menge und die handelsübliche Bezeichnung des Gegenstands der Lieferung oder die Art (d.h. die einzelnen Speisen/Getränke) und den Umfang (d.h. die Zahl der Speisen/Getränke) der sonstigen Leistung, das Entgelt (d.h. die Einzelpreise der Speisen/Getränke) und den Tag der Bewirtung gesondert bezeichnen. Die Angabe „Speisen und Getränke" und die in Rechnung gestellte Gesamtsumme genügt für den Betriebsausgabenabzug nicht. Die Angabe der Steuernummer des leistenden Unternehmens nach § 14 Abs. 1a UStG ist nicht erforderlich (R 21 Abs. 8 Sätze 9 und 10 EStR). Aus sich selbst heraus verständliche Abkürzungen wie z.B. „Menü 1", „Tagesgericht 2" oder „Lunch-Buffet" werden jedoch nicht beanstandet.

(4) Da die maschinell erstellte und registrierte Rechnung **Trinkgelder** nicht erfasst, kann insoweit der Nachweis z.B. dadurch geführt werden, dass das Trinkgeld vom Empfänger auf der Rechnung quittiert wird.

(5) Die Rechnung muss **auch den Namen des bewirtenden Steuerpflichtigen** enthalten (BFH-Urteile vom 13. 7. 1994, BStBl II S. 894, vom 2. 10. 1990, BStBl 1991 II S. 174 und vom 27. 6. 1990, BStBl II S. 903), es sei denn, der **Gesamtbetrag** der Rechnung übersteigt **100 €** nicht (§ 33 UStDV). Bei einer Rechnung über 100 € bestehen jedoch keine Bedenken, wenn der Gastwirt den Namen des bewirtenden Steuerpflichtigen handschriftlich auf der Rechnung vermerkt. Die unterbliebene Angabe des Bewirtenden kann auch noch nachträglich im Rechtsbehelfsverfahren nachgeholt werden (so für die alte Rechtslage BFH-Urteil vom 19. 3. 1998, BStBl II S.610).

Werden statt der erforderlichen **maschinell erstellten und maschinell registrierten Rechnungen** solche in anderer Form vorgelegt, z.B. handschriftlich erstellte oder nur maschinell erstellte, so erfüllen diese die Nachweisvoraussetzungen nicht. Solche Regelungen führen zur **vollständigen Versagung** des Abzugs der Bewirtungsaufwendungen als Betriebsausgaben.

Es genügt, wenn die **Rechnungsendsumme maschinell registriert** wird; eine Registrierung der Einzelleistungen (Speisen, Getränke, sonstiges) beim Gastwirt ist nicht erforderlich. Der Bewirtende kann im Allgemeinen darauf vertrauen, dass die ihm erstellte Rechnung vom Gastwirt maschinell ordnungsgemäß registriert worden ist, wenn die Rechnung von der Registrierkasse mit einer laufenden Registriernummer versehen wird. Fehlt eine solche Registriernummer auf der Rechnung, so führt das nicht zwingend zur Versagung des Betriebsausgabenabzugs der im Übrigen nachgewiesenen Bewirtungsaufwendungen (vgl. BMF-Schreiben vom 30. 6. 1995, DB 1995, S. 1441).

Werden Leistungen **üblicherweise** zu einem späteren Zeitpunkt in Rechnung gestellt und **unbar bezahlt** (z.B. bei Bewirtung eines größeren Personenkreises), ist die Vorlage eines Registrierkassenbelegs ausnahmsweise nicht erforderlich. In diesem Fall ist der Rechnung der Zahlungsbeleg beizufügen. In aller Regel wird aber auch bei unbaren Bezahlungen, insbesondere bei Zahlungen mit **Kreditkarte,** die Vorlage eines Registrierkassenbelegs mit maschinell erstellter Rechnung verlangt. Werden für Gäste eines Unternehmens **Verzehrgutscheine** ausgegeben, gegen deren Vorlage die Besucher auf Rechnung des Unternehmens in einer Gaststätte bewirtet werden, reicht für den Betriebsausgabenabzug die Vorlage der Abrechnung über die Verzehrgutscheine aus. Vgl. BMF-Schreiben vom 21. 11. 1994 a.a.O., Nr. 2.

Es ist ohne Bedeutung, ob die Bewirtung im Inland oder im Ausland stattgefunden hat. Die o.g. Anforderungen gelten daher **auch bei Auslandsbewirtungen.** Wird jedoch glaubhaft gemacht, dass eine detaillierte, maschinell erstellte und registrierte Rechnung nicht zu erhalten war, genügt in Ausnahmefällen die ausländische Rechnung, auch wenn sie diesen Anforderungen nicht voll entspricht, z.B. nur handschriftlich erstellt ist. Vgl. BMF-Schreiben vom 21. 11. 1994 a.a.O., Nr. 3.

• Zusätzlich zur Rechnung müssen Angaben zum **Anlass der Bewirtung** und zu den **Teilnehmern** gemacht werden, entweder auf der Rückseite der Rechnung oder getrennt (auf einem formlosen Eigenbeleg). Auch ein **Journalist** muss konkrete Angaben zu den Teilnehmern und zum Anlass einer Bewirtung machen und kann sich nicht auf das Pressegeheimnis berufen (BFH-Urteil vom 15. 1. 1998, BStBl II S. 263), und auch Rechtsanwälte können die erforderlichen Angaben in der Regel nicht unter Berufung auf die anwaltliche Schweigepflicht verweigern (BFH-Urteil vom 26. 2. 2004, BStBl II S. 502). Erfolgen die Angaben getrennt von der Rechnung, müssen das Schriftstück über die Angaben und die Rechnung grundsätzlich zusammengefügt werden. Ausnahmsweise genügt es, den Zusammenhang dadurch herzustellen, dass auf der Rechnung und dem Schriftstück über die Angaben Gegenseitigkeitshinweise angebracht werden, sodass Rechnung und Schriftstück jederzeit zusammengefügt werden können (R 21 Abs. 8 Sätze 5 bis 7 EStR).

Sind die **Angaben lückenhaft,** so können die Aufwendungen auch dann **nicht** abgezogen werden, wenn der Steuerpflichtige ihre Höhe und betriebliche Veranlassung in anderer Weise nachweist oder glaubhaft macht. Die Aufzeichnungen sind unabdingbare **materielle** Voraussetzung für den Abzug als Betriebsausgaben (BFH-Urteil vom 30. 1. 1986, BStBl II 1986, 488), selbst in Bagatellfällen (BFH-Urteil vom 13. 5. 2004, NWB 2004, S. 2551). Die erforderlichen Angaben müssen auch **zeitnah** gemacht werden (BFH-Urteile vom 31. 7. 1990, BStBl 1991 II S. 28 und vom 25. 3. 1988, BStBl II S. 655). Eine fehlende Namensangabe darf vom Rechnungsaussteller auf der Rechnung oder durch eine sie ergänzende Urkunde nachgeholt werden (H 21 [Nachholung von Angaben] EStH unter Hinweis auf BFH-Urteile vom 2. 10. 1990 a.a.O. und vom 27. 6. 1990 a.a.O.). Das Schriftstück über die Angaben ist sechs Jahre aufzubewahren (§ 147 Abs. 1 Nr. 5 und Abs. 3 AO).

Zur **Bezeichnung der Teilnehmer der Bewirtung** ist grundsätzlich die Angabe ihres Namens erforderlich, auch wenn die Bewirtung nicht in einer Gaststätte stattgefunden hat; Angaben über die Anschrift der Gäste sind nicht nötig. Wegen des Namens des **Bewirtenden** vgl. oben Abs. (5). Werden mehrere Personen bewirtet, so müssen grundsätzlich die Namen **aller** Teilnehmer der Bewirtung (gegebenenfalls auch der gastgebende Steuerpflichtige und sein[e] Arbeitnehmer) angegeben werden (H 21 [Bewirtung mehrerer Personen] EStH). Auf die Angabe der Namen kann jedoch **verzichtet** werden, wenn ihre Feststellung dem Steuerpflichtigen nicht zugemutet werden kann. Das trifft z.B. bei Bewirtungen anlässlich von **Betriebsbesichtigungen** durch eine größere Personenzahl und bei vergleichbaren Anlässen zu (BFH-Urteil vom 25. 2. 1988, BStBl II S. 581). In diesen Fällen sind die Zahl der Teilnehmer der Bewirtung sowie eine die Personengruppe kennzeichnende Sammelbezeichnung anzugeben (R 21 Abs. 9 EStR).

Die schriftlichen Angaben über den **Anlass der Bewirtung** müssen den Zusammenhang mit einem geschäftlichen Vorgang oder einer Geschäftsbeziehung erkennen lassen (z.B. „Bewirtung Lieferant X"). Ein allgemein gehaltener Vermerk wie „Bewirtung von Geschäftsfreunden" oder Angaben wie „Arbeitsgespräch", „Infogespräch" oder „Hintergrundgespräch" genügen nicht (BFH-Urteil vom 15. 1. 1998, BStBl II S.263 und H 21 [Anlass der Bewirtung] EStH). Die o.g. Angaben nach § 4 Abs. 5 Satz 1 Nr. 2 Satz 2 EStG brauchen aus Vereinfachungsgründen **nicht** gemacht zu werden, wenn es sich lediglich um **Aufmerksamkeiten**, also um eine übliche Geste der Höflichkeit oder um eine **Produkt-/Warenverkostung** handelt.

Bei Bewirtung in einer **Gaststätte** kann auf die Angaben jedoch in keinem Fall verzichtet werden.

Wegen der daneben bestehenden, besonderen **Aufzeichnungspflicht** nach § 4 Abs. 7 EStG allgemein für Bewirtungskosten und insbesondere für solche aus geschäftlichem und betrieblichem Anlass vgl. **Tz. 2.9.**

- Zum sog. **Kundschaftsessen/Kundschaftstrinken** vgl. Tz. 2.10. (8).
- Wegen der ertragsteuerlichen Behandlung von Aufwendungen für **VIP-Logen** (z.B. für Bewirtung und Geschenke) vgl. BMF-Schreiben vom 22.8. 2005, BStBl I S. 845.
- Das Abzugsverbot für Bewirtungskosten gilt generell **nicht**, soweit die Bewirtung Gegenstand einer mit **Gewinnabsicht** ausgeübten Betätigung des Steuerpflichtigen ist (§ 4 Abs. 5 Satz 2 EStG), wie das z.B. bei einem **Gastwirt** der Fall ist. Bewirtet ein Gastwirt seine **Gäste** (sog. Lokalrunde) oder seine **Geschäftsfreunde** unentgeltlich in seiner eigenen Gastwirtschaft, so sind die Aufwendungen hierfür in voller Höhe abzugfähige Betriebsausgaben, es sei denn, die Bewirtung findet aus einem privaten Anlass (z.B. Geburtstag, Familienfest) statt.
- Besondere Probleme ergeben sich, wenn die **Bewirtung während einer Geschäftsreise** (Auswärtstätigkeit) erfolgt. Auch in diesem Fall sind von den Bewirtungskosten, einschließlich der für den Steuerpflichtigen selbst (und/oder seine Arbeitnehmer) angefallenen Kosten, **nur 70 v.H.** der angemessenen und nachgewiesenen Aufwendungen abzugsfähig (R 21 Abs. 6 Satz 7 EStR). Falls die zeitlichen Voraussetzungen erfüllt sind, können **daneben** die Pauschalen für Verpflegungsmehraufwendungen nach den allgemeinen Grundsätzen für **Reisekosten** geltend gemacht werden (vgl. Anlage N, Zeilen 57 bis 62, 59, ABC „Reisekosten„ [2]). Eine Kürzung der Pauschale erfolgt nicht.
- Die o.g. 70-v.H.-Regelung gilt sinngemäß auch für beruflich veranlasste Bewirtungskosten (Werbungskosten) von **Arbeitnehmern** (§ 9 Abs. 5 EStG), z.B. für Aufwendungen eines Arbeitnehmers zur Bewirtung von Kunden seines Arbeitgebers.

2.4. Gästehäuser

Aufwendungen für Einrichtungen (Gästehäuser), die der Bewirtung, Beherbergung oder Unterhaltung von Personen dienen, die **nicht** Arbeitnehmer des Steuerpflichtigen sind (z.B. Geschäftsfreunde) und sich **außerhalb** des Orts des Betriebs des Steuerpflichtigen befinden, sind **nicht abzugfähig** (§ 4 Abs. 5 Satz 1 Nr. 3 EStG). Dagegen sind Aufwendungen des Arbeitgebers für seinen **Arbeitnehmern** unentgeltlich zur Verfügung gestellte Ferienhäuser (z.B. auch Ferien- und Erholungsheime in landschaftlich schöner Gegend) unbegrenzt als Betriebsausgaben **abziehbar** und zwar auch dann, wenn die Ferienhäuser im Ausland belegen sind (BFH-Urteil vom 9.4. 1997, BStBl II S. 539 und H 21 [Ferienhausüberlassung an Arbeitnehmer] EStH). Aufwendungen für Gästehäuser **am Ort des Betriebs oder** für die Unterbringung von Geschäftsfreunden **in fremden Beherbergungsbetrieben,** sind ebenfalls abzugfähige Betriebsausgaben, soweit sie ihrer Höhe nach angemessen sind. Als „Betrieb" in diesem Sinne gelten auch Zweigniederlassungen und Betriebsstätten mit einer gewissen Selbständigkeit, die üblicherweise von Geschäftsfreunden besucht werden (R 21 Abs. 10 EStR). „Ort des Betriebs" (bzw. Ort einer Betriebsstätte, Niederlassung, Filiale) ist nicht nur die politische Gemeinde, in deren Grenzen sich der Betrieb (die Betriebsstätte, Niederlassung, Filiale) des Steuerpflichtigen befindet; es kann auch eine Vorortgemeinde oder eine Gemeinde sein, die als anerkanntes Wohngebiet räumlich und verkehrstechnisch zur Belegenheitsgemeinde des Betriebs usw. gehört (BFH-Urteil vom 9. 4. 1968, BStBl II S. 603).

Zu den nicht abzugfähigen Aufwendungen für Gästehäuser gehören sämtliche mit dem Gästehaus im Zusammenhang stehenden Ausgaben einschließlich der Absetzung für Abnutzung für das Gebäude, Personalkosten, Kosten für Wasser, Strom, Zinsen und für Einrichtungsgegenstände (vgl. auch BFH-Urteil vom 20. 8. 1986, BStBl 1987 II S. 108). Wird die Beherbergung und Bewirtung von Geschäftsfreunden in einem Gästehaus außerhalb des Orts des Betriebs gegen Entgelt vorgenommen und erfordert das Gästehaus einen ständigen Zuschuss, so ist auch dieser Zuschuss nicht abzugfähig (R 21 Abs. 11 EStR). Anfallende Bewirtungskosten sind nach Tz. 2.3. (70-v.H.-Regelung) zu beurteilen. Die verschärften Nachweisanforderungen durch einen Registrierkassenbeleg gelten hier nicht.

Das Abzugsverbot gilt nicht, wenn die Unterhaltung eines Gästehauses Gegenstand einer mit Gewinnabsicht ausgeübten Betätigung des Steuerpflichtigen ist (z.B. auf Gewinnerzielung gerichteter Betrieb einer Pension). Wegen der besonderen **Aufzeichnungspflicht** bei Gästehäusern vgl. **Tz. 2.9.**

2.5. Aufwendungen für Jagd oder Fischerei, für Segel- oder Motorjachten

sowie für **ähnliche Zwecke**, z.B. für die Unterhaltung eines **Golfplatzes** oder eines **Sportflugzeugs** oder eines **Segelflugzeugs** oder das Halten eines **Reitpferdes** und – nach dem eindeutigen Gesetzeswortlaut – auch für die damit zusammenhängenden **Bewirtungen** sind **nicht** als Betriebsausgaben abziehbar (§ 4 Abs. 5 Satz 1 Nr. 4 EStG). Bei Wasserfahrzeugen sind nur solche Aufwendungen vom allgemeinen Betriebsausgabenabzug ausgeschlossen, die einer sportlichen Betätigung, der Unterhaltung von Geschäftsfreunden, der Freizeitgestaltung oder Repräsentation dienen (BFH-Urteil vom 10. 5. 2001, BStBl II S. 575 und H 21 [1] [Segel- oder Motorjachten] EStH). Aufwendungen für **Wege zwischen Wohnung und Betriebsstätte** mit einem **Motorboot** (Jacht) unterliegen nicht generell dem Abzugsverbot, sondern können ebenfalls mit der **Entfernungspauschale** (vgl. Tz. 2.7.) als Betriebsausgaben geltend gemacht werden (BFH-Urteil vom 10. 5. 2001 a.a.O. und H 23 [Motorboot] EStH). Dem Abzugsverbot unterliegt auch solcher unangemessener Repräsentationsaufwand, den ein Steuerpflichtiger über einen seiner Arbeitnehmer im betrieblichen Interesse macht, wie z.B. über einen leitenden Angestellten (Vorstandsmitglied, Direktor), dem die Kosten für eine Jagd ersetzt werden, damit dieser die Geschäftsfreunde des Steuerpflichtigen zu Jagden einlädt (BFH-Urteil vom 30. 7. 1980, BStBl 1981 II S. 58).

Nach dem genannten BFH-Urteil vom 30. 7. 1980 a.a.O. fallen auch Aufwendungen für **Sozialeinrichtungen,** die aus Gründen der Fürsorge, zur Hebung der Arbeitsmoral und zur Pflege des Zusammenhalts und der Gesundheit der Betriebsangehörigen vom Arbeitgeber bereitgestellt werden und **nur den Arbeitnehmern** zur Verfügung stehen – wozu auch ein Angelteich gehört, der ausschließlich von Betriebsangehörigen genutzt wird – **nicht** unter das Abzugsverbot des § 4 Abs. 5 Satz 1 Nr. 4 EStG. Dass es auf die **ausschließliche** Nutzung durch die Arbeitnehmer ankommt, ergibt sich auch aus dem BFH-Urteil vom 4.12. 1996, DB 1997 S. 707 (betr. Jacht im Mittelmeer als „Sozialstation").

Dient eine Segel- oder Motorjacht nicht in erster Linie einer entsprechenden sportlichen Betätigung, sondern z.B. als **schwimmendes Konferenzzimmer** oder zum Transport und zur Unterbringung von Geschäftsfreunden, so soll § 4 Abs. 5 Satz 1 Nr. 4 EStG keine Anwendung finden (vgl. BFH-Urteil vom 3. 2. 1993, BStBl II S. 367).

Das Abzugsverbot entfällt, wenn eine der bezeichneten Tätigkeiten Gegenstand einer mit Gewinnabsicht ausgeübten gewerblichen Betätigung ist und aus dieser Tätigkeit unmittelbar Einkünfte erzielt werden (z.B. gewerbliche Bootsvermietung, Segelschulbetrieb). Wegen der besonderen **Aufzeichnungspflicht** bei den genannten Aufwendungen vgl. **Tz. 2.9.**

§ 4 Abs. 5 Satz 1 Nr. 4 EStG gilt sinngemäß auch für den Werbungskostenabzug von **Arbeitnehmern** (§ 9 Abs. 5 EStG).

2.6. Mehraufwendungen für Verpflegung bei Geschäftsreisen und anderen Auswärtstätigkeiten

Nicht abzugfähige Betriebsausgaben sind auch **Mehraufwendungen für Verpflegung** bei einer Auswärtstätigkeit, soweit nicht in § 4 Abs. 5 Satz 1 Nr. 5 EStG ein Abzug von Verpflegungsmehraufwendungen (Pauschbeträgen) ausdrücklich zugelassen ist.

Teil II
Tz. 2.7.

Hinsichtlich der **Geschäftsreisen** gelten die Ausführungen zu den Dienstreisen in Teil I, **Anlage N, Zeilen 57 bis 62, 59** ABC „Reisekosten", hinsichtlich der Einsatzwechseltätigkeit und Fahrtätigkeit die Ausführungen in Anlage N, Zeilen 64 bis 68 und hinsichtlich der doppelten Haushaltsführung die Ausführungen in Anlage N, Zeilen 70 bis 83, Nr. 2d) entsprechend.

Eine **Kürzung** der Pauschbeträge **entfällt** (bereits ab 1996), wenn **während einer Geschäftsreise** oder einer anderen Auswärtstätigkeit eine **Bewirtung von Geschäftsfreunden** stattfindet und der Steuerpflichtige an der Bewirtung teilnimmt.

2.7. Aufwendungen für Wege zwischen Wohnung und Betriebsstätte und für Familienheimfahrten bei doppelter Haushaltsführung – Entfernungspauschale

Aufwendungen für Wege zwischen Wohnung und Betriebsstätte und für Familienheimfahrten sind ebenfalls nur begrenzt als Betriebsausgaben abzugsfähig.

- **Fahrten zwischen Wohnung und Betriebsstätte**

Bereits ab 2001 wurde zur Abgeltung der Aufwendungen für Wege zwischen Wohnung und Betriebsstätte eine von dem benutzten Verkehrsmittel unabhängige **Entfernungspauschale** eingeführt. **Ab 1. 1. 2004** beträgt die Entfernungspauschale für jeden Arbeitstag, an dem der Steuerpflichtige seine Betriebsstätte **tatsächlich** aufsucht, für **jeden vollen Kilometer** der Entfernung zwischen Wohnung und Betriebsstätte **nur noch 0,30 €** (vorher 0,36 € für die ersten 10 Kilometer und 0,40 € für jeden weiteren Kilometer) und zwar auch weiterhin unabhängig davon, wie der Arbeitnehmer zu seiner Betriebsstätte gelangt (§ 4 Abs. 5 Satz 1 Nr. 6 i.V. mit § 9 Abs. 1 Satz 3 Nr. 4 und Abs. 2 EStG).

Angefangene Kilometer werden sonach nicht mitgezählt. Die Entfernungspauschale ist als **Betriebsausgabe** abzugsfähig.

Die Entfernungspauschale für Wege zwischen Wohnung und Betriebsstätte entspricht der für Arbeitnehmer geltenden Regelung. Die Ausführungen im Teil I, **Anlage N, Zeilen 38 bis 48** sowie die dortigen **Beispiele 1 bis 12** gelten daher entsprechend (R 23 Abs. 1 EStR): Dies gilt sowohl für die allgemeinen Grundsätze zur Entfernungspauschale, für die Bestimmung der Entfernung, für die Begrenzung der Entfernungspauschale auf einen Höchstbetrag, für die Benutzung verschiedener Verkehrsmittel, für die Regelung zugunsten Behinderter (Anlage N, Zeilen 44 bis 48), für die Abgeltungswirkung der Entfernungspauschale, insbesondere bei Unfallkosten u.a. wie auch für die Regelung bei mehreren Wohnungen.

Fahrten zwischen Wohnung und Betriebsstätte im o.g. Sinne sind die Fahrten von der Wohnung in den Betrieb bei Beginn der Tätigkeit und vom Betrieb in die Wohnung nach Beendigung der Tätigkeit; **nicht** dazu gehören dagegen Fahrten **zwischen mehreren Betriebsstätten.**

Aufwendungen eines Steuerpflichtigen für **Fahrten zwischen mehreren Betriebsstätten** (beruflichen Niederlassungen) sind in vollem Umfang als Betriebsausgaben abzugsfähig (R 23 Abs. 1 Satz 5 EStR und H 23 [Fahrten zwischen Betriebsstätten] EStH). Eine betragsmäßige Beschränkung des Betriebsausgabenabzugs nach den für Fahrten zwischen Wohnung und Betriebsstätte geltenden Grundsätzen (Entfernungspauschale) kommt **nicht** in Betracht. Da es sich um Fahrten **innerhalb** des Unternehmens handelt, sind die Aufwendungen hierfür **voll** als Betriebsausgaben berücksichtigungsfähig. Statt der tatsächlichen Aufwendungen können bei einem PKW entsprechend der Reisekostenregelung auch **pauschal 0,30 €** für **jeden** gefahrenen Kilometer als Betriebsausgaben berücksichtigt werden (vgl. Teil I, Anlage N, Zeilen 57 bis 62, 59 ABC „Reisekosten" [1]).

Die Abzugsfähigkeit wird regelmäßig auch nicht dadurch beschränkt, dass sich eine der Betriebsstätten am Hauptwohnsitz des Unternehmers befindet (BFH-Urteile vom 31. 5. 1978, BStBl II S. 564, vom 29. 3. 1979, BStBl II S. 700 und vom 13. 7. 1989, BStBl 1990 II S. 23). Fahrten zwischen Wohnung und Betrieb mit der Folge der **begrenzten** Abzugsfähigkeit (Entfernungspauschale) liegen jedoch dann vor, wenn die auswärtige Betriebsstätte als Mittelpunkt der beruflichen Tätigkeit täglich oder fast täglich angefahren wird und der Betriebsstätte am Hauptwohnsitz nur untergeordnete Bedeutung beizumessen ist. Im Urteil vom 19. 9. 1990 (BStBl 1991 II S. 97) hat der BFH entschieden, dass der **begrenzte** Betriebsausgabenabzug auch für Fahrten zwischen Wohnung und **zwei oder drei regelmäßigen** Betriebsstätten gilt, **nicht** aber für Fahrten zwischen Wohnung und **ständig wechselnden** Betriebsstätten. Fahrten zwischen Wohnung und Betrieb (mit der Folge des begrenzten Betriebsausgabenabzugs = Entfernungspauschale) sind auch dann gegeben, wenn sich zwar **in der Wohnung eine weitere Betriebsstätte** befindet, dieser Teil der Wohnung von der übrigen Wohnung aber baulich nicht getrennt ist und keine in sich geschlossene Einheit bildet (BFH-Urteile vom 15. 7. 1986, BStBl II S. 744, und vom 16. 2. 1994, BStBl II S. 468). Fahrtkosten zwischen einer **Wohnung mit häuslichem Arbeitszimmer** und einer auswärtigen Betriebsstätte sind in der Regel nur beschränkt abziehbar (BFH-Urteil vom 7. 12. 1988, BStBl 1989 II S. 421), d.h. in Höhe der Entfernungspauschale.

Die Regelung über die Entfernungspauschale wirkt sich auch auf die **Ermittlung des privaten KFZ-Nutzungsanteils** bei einem zum Betriebsvermögen gehörenden KFZ aus. Die private Nutzung eines betrieblichen Kraftfahrzeugs wird **pauschal** für jeden **Kalendermonat** mit **1 v.H. des inländischen Listenpreises** im Zeitpunkt der Erstzulassung zuzüglich der Kosten für Sonderausstattungen und einschließlich Umsatzsteuer (so auch BFH-Urteil vom 6. 3. 2003, BStBl II S. 704) angesetzt. Der Wert eines Autotelefons einschließlich Freisprecheinrichtung sowie der Wert eines weiteren Satzes Reifen einschließlich Felgen ist dabei außer Ansatz zu lassen. Dagegen sind Diebstahlsicherungssysteme und Navigationsgeräte als Sonderausstattung werterhöhend zu berücksichtigen (vgl. BFH-Urteil vom 16. 2. 2005, BStBl II S. 563). Die 1 v.H.-Regelung verstößt nicht gegen das Grundgesetz (BFH-Urteile vom 24. 2. 2000, BStBl II S. 273 und vom 1. 3. 2001, BStBl II S. 403). Alternativ kann der private Nutzungsanteil aber auch mit den **auf die Privatfahrten entfallenden Aufwendungen** angesetzt werden, **wenn** die für das Kraftfahrzeug insgesamt entstehenden Aufwendungen durch **Belege** und das Verhältnis der privaten zu den übrigen Fahrten durch ein ordnungsgemäßes **Fahrtenbuch** nachgewiesen werden (§ 6 Abs. 1 Nr. 4 EStG). Vgl. zu dieser Regelung im Einzelnen zuletzt die „Anleitung zur ESt-Erklärung 2000", Teil I Anlage GSE, Zeilen 27 bis 29 (im amtlichen Vordruck GSE nicht mehr enthalten). Außerdem wird auf das BMF-Schreiben vom 21. 2. 2002, BStBl I S. 148 (EStH, Anhang 16 III) sowie auf das BFH-Urteil vom 3.8. 2000, BStBl 2001 II S. 332 hingewiesen, wonach ein fahrzeugbezogenes Methodenwahlrecht gilt (vgl. BMF-Schreiben a.a.O., Tz. 17).

Benutzt ein Steuerpflichtiger, der zur Ermittlung des privaten KFZ-Nutzungsanteils die o.g. **1 v.H.-Regelung** in Anspruch nimmt, seinen zum Betriebsvermögen gehörenden PKW **auch** zu Fahrten zwischen Wohnung und Betriebsstätte, so ist für die Ermittlung der nicht abzugsfähigen Betriebsausgaben **neben** dem Ansatz von 1 v.H. des Listenpreises **zusätzlich für jeden Kalendermonat** ein Betrag in Höhe des positiven Unterschiedsbetrags zwischen **0,03 v.H. des Listenpreises** für jeden Entfernungskilometer und der Entfernungspauschale **hinzuzurechnen**. Dabei sind für die Entfernungspauschale die Anzahl der Tage, an denen das KFZ tatsächlich gefahren wurde, zu Grunde zu legen.

Beispiel

Der inländische Listenpreis im o.g. Sinne eines zum Betriebsvermögen gehörenden PKW beträgt 30 000 €. Der PKW wird außer für Privatfahrten auch zu Fahrten zwischen Wohnung und Betrieb genutzt und zwar an 180 Tagen im Jahr (15 Tage monatlich). Die Entfernung beträgt 20 km.

– Monatlicher Nutzungswert für
  Privatfahrten 1 v.H. von 30 000 €   300 €

– Hinzuzurechnen sind für **Fahrten zwischen Wohnung und Betrieb 0,03 v.H.** von 30 000 € für jeden Kalendermonat je Entfernungs-km = 9 €

- bei einer Entfernung von 20 km
  sonach je **Kalendermonat** 20 × 9 €   180 €
  ./. Entfernungspauschale
  20 km × 0,30 € = 6 €
  tatsächlich gefahren an 15 Tagen   ./. 90 €   90 €
                                        ─────────
  Somit insgesamt **monatlich**   390 €
  Jährlich sind (12 × 390 €)   4 680 €
                                                   ═════

für die private Nutzung **und** für Fahrten zwischen Wohnung und Betrieb **gewinnerhöhend** zu behandeln.

Der pauschale Monatswert von **0,03 v.H.** ist auch dann anzusetzen, wenn das KFZ **nur gelegentlich** zu Fahrten zwischen Wohnung und Betrieb genutzt wird. Nur wenn eine Nutzung zu solchen Fahrten für einen **vollen** Kalendermonat **ausgeschlossen** ist, unterbleibt ein Ansatz für diesen Monat.

Ermittelt der Steuerpflichtige die Gesamtkosten des KFZ und den Anteil der **privaten** Nutzung dagegen aufgrund eines ordnungsgemäß geführten **Fahrtenbuchs** (Einzelnachweis), so treten auch an die Stelle der 0,03 v.H.-Berechnung die auf die Fahrten zwischen Wohnung und regelmäßiger Betriebsstätte entfallenden **tatsächlichen** Aufwendungen. Wegen der besonderen Regelung für Steuerpflichtige, die mehrere Betriebsstätten in unterschiedlicher Entfernung von der Wohnung haben, vgl. das BMF-Schreiben vom 21. 2. 2002 a.a.O., Beispiele 6 und 7.

Die Entfernungspauschale für Fahrten zwischen Wohnung und Betrieb gilt auch dann, wenn das benutzte Fahrzeug nicht zum Betriebsvermögen gehört (BMF-Schreiben vom 21. 2. 2002 a.a.O., Tz. 3).

- **Familienheimfahrten bei doppelter Haushaltsführung – Entfernungspauschale**

Bereits ab 2001 wurde auch für wöchentliche Familienheimfahrten im Rahmen einer steuerlich anerkannten doppelten Haushaltsführung eine **Entfernungspauschale** eingeführt, die vom benutzten Verkehrsmittel unabhängig ist (§ 4 Abs. 5 Satz 1 Nr. 6 i.V. mit § 9 Abs. 1 Satz 3 Nr. 5 und Abs. 2 EStG). Sie beträgt **ab 2004 einheitlich nur noch 0,30 €** (vorher 0,40 €) **für jeden vollen Kilometer** der Entfernung zwischen dem Ort des eigenen Hausstands und dem Beschäftigungsort. Für **Flugstrecken** gilt die Entfernungspauschale nicht, wohl aber für die An- und Abfahrten zum und vom Flughafen. Die betragsmäßige Begrenzung auf 4 500 € gibt es bei Familienheimfahrten nicht. Wegen der Einzelheiten vgl. die entsprechend anzuwendenden Bestimmungen für Arbeitnehmer in Teil I, **Anlage N, Zeilen 70 bis 83 (2b).**

Benutzt ein Steuerpflichtiger, der zur Ermittlung des privaten KFZ-Nutzungsanteils die o.g. 1-v.H.-Regelung in Anspruch nimmt, seinen zum Betriebsvermögen gehörenden PKW im Rahmen einer doppelten Haushaltsführung **auch** für Familienheimfahrten, so ist zusätzlich für jeden Entfernungskilometer zwischen Beschäftigungsort und Ort des eigenen Hausstands **pro tatsächlicher Fahrt** ein Betrag in Höhe des positiven Unterschiedsbetrags zwischen **0,002 v.H. des inländischen Listenpreises** im o.g. Sinne und der Entfernungspauschale nicht als Betriebsausgaben abzugsfähig (sog. Nutzungsentnahme).

Beispiel

Der inländische Listenpreis im o.g. Sinne des betrieblichen PKW, der auch zu Familienheimfahrten genutzt wird, beträgt 30 000 €. Dem monatlichen Nutzungswert von 1 v.H. für Privatfahrten sind hinzuzurechnen

- **0,002 v.H.** von 30 000 € pro Familienheimfahrt je Entfernungs-km = 0,60 €

- Entfernung zwischen Beschäftigungsort und Ort des eigenen Hausstands z.B. 220 km ×
  0,60 € =   132 €
  ./. Entfernungspauschale
  0,30 € × 220 =   66 €
                                                  ─────
  Hinzuzurechnen je Familienheimfahrt als
  nicht abziehbare Betriebsausgabe   66 €
                                                  ═════

Ermittelt der Unternehmer den Wert der **privaten** Nutzung des KFZ und aufgrund eines ordnungsgemäß geführten **Fahrtenbuchs** (Einzelnachweis), so treten an die Stelle des mit 0,002 v.H. des Listenpreises die auf die Familienheimfahrten entfallenden **tatsächlichen** Aufwendungen.

2.8. Andere die Lebensführung berührende Ausgaben

Andere als die oben bezeichneten **Aufwendungen, die die Lebensführung** des Steuerpflichtigen oder anderer Personen **berühren**, sind **insoweit** nicht abzugsfähig, als sie nach der allgemeinen Verkehrsauffassung (und nicht nach der Auffassung der beteiligten Wirtschaftskreise) als **unangemessen** anzusehen sind (§ 4 Abs. 5 Satz 1 Nr. 7 EStG). Nur der unangemessene Teil ist sonach nicht abzugsfähig. Bei der Prüfung der Angemessenheit von Aufwendungen ist darauf abzustellen, ob ein ordentlicher und gewissenhafter Unternehmer angesichts der erwarteten Vorteile die Aufwendungen ebenfalls auf sich genommen hätte. Neben der Größe des Unternehmens, der Höhe des längerfristigen Umsatzes und Gewinns sind vor allem die Bedeutung des Repräsentationsaufwands für den Geschäftserfolg und seine Üblichkeit in vergleichbaren Betrieben als Beurteilungskriterien heranzuziehen (H 21 [12] [Angemessenheit] EStH), aber z.B. bei einem PKW auch der Umfang und die Häufigkeit der privaten Nutzung (BFH-Urteile vom 20. 8. 1986, BStBl II S. 904 und vom 8. 10. 1987, BStBl II S. 853). Als die Lebensführung berührende Aufwendungen, die auf ihre **Angemessenheit zu prüfen** sind, kommen insbesondere in Betracht: die Kosten der Übernachtung anlässlich einer Geschäftsreise, Aufwendungen für die Unterhaltung und Beherbergung von Geschäftsfreunden, soweit der Abzug solcher Aufwendungen nicht schon nach den obigen Grundsätzen (zu den Gästehäusern, vgl. Tz. 2.4.) ausgeschlossen ist, die Aufwendungen für die Unterhaltung von PKW oder für die Nutzung eines Flugzeugs oder eines Hubschraubers (BFH-Urteil vom 27. 2. 1985, BStBl II S. 458) bzw. die auf sie entfallende AfA (BFH-Urteile vom 20. 8. 1986, BStBl II S. 904 und vom 8. 10. 1987, BStBl II S. 853) und die Aufwendungen für die Ausstattung der Geschäftsräume, z.B. der Chefzimmer und Sitzungsräume.

Solche Aufwendungen werden vom Finanzamt aber **nur beanstandet,** wenn sie ins Gewicht fallen und die Grenze des Angemessenen **erheblich überschreiten** (so noch Abschnitt 20 Abs. 17 EStR 1990; dieser Grundsatz gilt auch weiterhin), wie das z.B. bei den Kosten eines Vielzweck-Reiseflugzeugs (BFH-Urteil vom 4. 8. 1977, BStBl II S. 93), bei der Anmietung eines Hubschraubers (BFH-Urteil vom 27. 2. 1985, BStBl II S. 458) oder bei der Anschaffung besonders teurer Möbel und Teppiche (BFH-Urteil vom 20. 8. 1986, BStBl 1987 II S. 108) der Fall sein kann. Zur Frage der Unangemessenheit bei einem **betrieblichen PKW** hat der BFH wiederholt darauf hingewiesen, dass diese nicht generell mit der Überschreitung gewisser Höchstgrenzen begründet werden könne. Auf die absolute Höhe der Anschaffungskosten könne es nicht allein ankommen. Vielmehr seien die oben erwähnten Verhältnisse des Einzelfalles mit zu berücksichtigen. Hiernach werde sich häufig ergeben, dass die Benutzung eines serienmäßig hergestellten Fahrzeugs selbst der oberen Preisklasse nicht als unangemessen anzusehen sei (BFH-Urteile vom 8. 10. 1987, BStBl II S. 853 und vom 26. 1. 1988, BStBl II S. 629). Diese Auffassung hat die Finanzverwaltung bei serienmäßig hergestellten PKW mit dem üblichen Zubehör weitgehend auch früher schon vertreten. Die im Zusammenhang mit der Gewährung einer Investitionszulage ergangenen, engeren Entscheidungen des BFH (Urteile vom 2. 2. 1979, BStBl II S. 387 und 2. 2. 1980, BStBl II S. 340) sind ausschließlich für die Investitionszulage von Bedeutung (BFH-Urteil vom 8. 10. 1987 a.a.O.).

2.9. Besondere Aufzeichnungen

Aufwendungen für Geschenke, die Bewirtung von Personen aus geschäftlichem Anlass, Gästehäuser, Jagd, Fischerei, Segel- oder Motorjachten u.ä., für häusliche Arbeitszimmer und dessen Ausstattung (letzteres gilt nicht für Arbeitnehmer) sowie andere die Lebensführung des Steuerpflichtigen oder anderer Personen berührende Aufwendungen sind **einzeln und getrennt von den sonstigen**

Teil II
Tz. 2.10.

Betriebsausgaben aufzuzeichnen (§ 4 Abs. 7 EStG). Mehraufwendungen für Verpflegung bei Geschäftsreisen und doppelter Haushaltsführung dürfen nur noch in Höhe der gesetzlich vorgeschriebenen Pauschbeträge als Betriebsausgaben abgezogen werden. Mit dem Wegfall der Möglichkeit des Einzelnachweises ist auch eine gesonderte Aufzeichnung der Verpflegungsmehraufwendungen als Betriebsausgaben nicht mehr erforderlich (BMF-Schreiben vom 24. 9. 1997, BStBl I S. 898). Ein **Verstoß** gegen die besondere Aufzeichnungspflicht nach § 4 Abs. 7 EStG hat zur **Folge,** dass die nicht besonders aufgezeichneten Aufwendungen **nicht abzugsfähig** sind (H 22 [Verstoß ...] EStH) und zwar selbst dann, wenn im Einzelfall Zweifel an Höhe, Angemessenheit und betrieblicher Veranlassung der Aufwendungen nicht bestehen (BFH-Urteile vom 22. 1. 1988, BStBl II S. 535 und die dort zit. Rspr.).

Das Erfordernis der getrennten Verbuchung ist nur erfüllt, wenn für jede der oben bezeichneten Gruppen von Aufwendungen ein **besonderes Konto bzw. eine besondere Spalte** geführt wird. Es ist aber auch ausreichend, wenn für alle diese Aufwendungen **ein** Konto oder **eine** Spalte geführt wird. In diesem Fall muss sich aus jeder Buchung oder Aufzeichnung die Art der Aufwendung ergeben. Das gilt auch dann, wenn verschiedene Aufwendungen bei einem Anlass zusammentreffen, z.B. wenn anlässlich einer Bewirtung aus geschäftlichem Anlass Geschenke gegeben werden (R 22 Abs. 1 Sätze 1 bis 4 EStR).

Bei der Aufzeichnung von Bewirtungsaufwendungen ist es nicht erforderlich, dass **getrennte** Konten für Aufwendungen für die Bewirtung von Personen aus **geschäftlichem Anlass** und für Aufwendungen für die Bewirtung aus sonstigem **betrieblichem Anlass** (vgl. oben Tz. 2.3.) geführt werden. Wird nur **ein** Konto für Bewirtungsaufwendungen geführt, sind solche Aufwendungen aus geschäftlichem Anlass auch dann i.S. von § 4 Abs. 7 Satz 1 EStG getrennt von den sonstigen Betriebsausgaben aufgezeichnet, wenn auf diesem Konto auch Bewirtungsaufwendungen gebucht werden, die nicht der 70 v.H.-Abzugsbeschränkung unterliegen (BFH-Urteil vom 19. 8. 1999, BStBl 2000 II S. 203). Vgl. H 22 (Besondere Aufzeichnung) EStH.

Die Pflicht zur besonderen Aufzeichnung der oben genannten Aufwendungen ist erfüllt, wenn diese Aufwendungen **fortlaufend** und **zeitnah** und von bilanzierenden Steuerpflichtigen (Gewinnermittlung nach § 4 Abs. 1 oder § 5 EStG) **auf besonderen Konten** innerhalb der Buchführung gebucht und von Steuerpflichtigen mit Gewinnermittlung durch Einnahme-Überschußrechnung (§ 4 Abs. 3 EStG) von Anfang an **getrennt von den sonstigen Betriebsausgaben** einzeln aufgezeichnet werden, selbst wenn es sich nur um eine überschaubare Anzahl von Geschäftsvorfällen handelt (BFH-Urteil vom 22. 1. 1988, BStBl II S. 535). Eine Verbuchung ist **zeitnah,** wenn sie zehn Tage bis höchstens einen Monat nach dem Geschäftsvorfall, keinesfalls aber, wenn sie erst durch Umbuchung nach Ablauf des Geschäftsjahres erfolgt (BFH-Urteile vom 22. 1. 1988 a.a.O., vom 25. 3. 1988, BStBl II S. 655 und vom 31. 7. 1990, BStBl 1991 II S. 28). Eine Aufzeichnung auf besonderen Konten liegt **nicht** vor, wenn die oben genannten Aufwendungen auf Konten gebucht werden, auf denen auch andere Unkosten gebucht sind, wie z.B. Werbeaufwendungen (BFH-Urteil vom 10. 1. 1974, BStBl II S. 211). So genügt es z.B. nicht den Anforderungen der besonderen Aufzeichnungspflicht, wenn in der letzten Spalte des Amerikanischen Journals Geschenk- und Bewirtungsaufwand zusammen mit anderen Kosten, wie KFZ-Kosten oder Kosten für Bürobedarf verbucht werden (BFH-Urteil vom 19. 8. 1980, BStBl II S. 745). Getrennte Aufzeichnungen i.S. des § 4 Abs. 7 EStG sind Buchungen, die nacheinander die o.g. Aufwendungen **ohne jede Vermischung** mit anderen Betriebsausgaben darstellen. Eine **Fehlbuchung** mit einem Konto, das für Aufwendungen nach § 4 Abs. 7 Satz 1 EStG vorgesehen ist, steht einer getrennten Aufzeichnung dieser Aufwendungen jedoch nicht entgegen, wenn sich die Fehlbuchung nach dem Rechtsgedanken des § 129 Satz 1 AO als **offenbare Unrichtigkeit** (z.B. mechanisches Versehen wie Tippfehler bei der Kontierung der Belege) darstellt (BFH-Urteil vom 19. 8. 1999 a.a.O.).

Statistische Zusammenstellungen oder die geordnete **Sammlung von Belegen** genügen nur dann, wenn zusätzlich die Summe der Aufwendungen periodisch und zeitnah auf einem besonderen Konto eingetragen wird oder vergleichbare Aufzeichnungen geführt werden (BFH-Urteile vom 26. 2. 1988, BStBl II S. 613 und vom 10. 3. 1988, BStBl II S. 611 sowie H 22 [Besondere Aufzeichnung] EStH).

Bei den **Aufwendungen für Geschenke** muss der Name des Empfängers aus der Buchung oder dem Buchungsbeleg zu ersehen sein. Aufwendungen für Geschenke gleicher Art können in einer Buchung zusammengefasst werden (Sammelbuchung), wenn

- die Namen der Empfänger der Geschenke aus einem Buchungsbeleg ersichtlich sind oder
- im Hinblick auf die Art des zugewendeten Gegenstands, z.B. Taschenkalender, Kugelschreiber und dgl., und wegen des geringen Werts des einzelnen Geschenks die Vermutung besteht, dass die Freigrenze von 35 € bei dem einzelnen Empfänger im Wirtschaftsjahr nicht überschritten wird; eine Angabe der Namen der Empfänger ist in diesem Fall nicht erforderlich (R 22 Abs. 2 EStR).

Die Regelung gilt sinngemäß auch für **Arbeitnehmer** (§ 9 Abs. 5 EStG). Besondere Aufzeichnungspflichten wie im betrieblichen Bereich gibt es insoweit nicht. Ein Nachweis oder eine Glaubhaftmachung der Aufwendungen durch den Arbeitnehmer anhand geeigneter Unterlagen (z.B. durch Belegsammlung) ist aber trotzdem erforderlich.

2.10. Weitere Betriebsausgaben – praktisch bedeutsame Einzelfälle (ABC)

Unstreitig gehören zu den **Betriebsausgaben** alle Aufwendungen für die **Anschaffung und Herstellung** von Wirtschaftsgütern des **Umlauf- und Anlagevermögens** (ggf. die anteilige AfA, vgl. Teil II, Tz. 1), z.B. Maschinen, Büroeinrichtungen, Waren, Roh- und Hilfsstoffe, aber auch die **Kosten für die Erhaltung** von Betriebsgebäuden und Maschinen, die **Kosten der Lagerung** und des **Vertriebs, Miet- und Pachtzinsen** für betrieblich genutzte Räume sowie **Löhne** und **Gehälter.**

Bei der Vielzahl sonstiger möglicher Betriebsausgaben können hier nur einige, für die Praxis bedeutsame **Beispiele** angeführt werden:

(1) Berufsfortbildung/Berufsausbildung

Aufwendungen zur **Berufsfortbildung** sind Betriebsausgaben, während die Aufwendungen zur **Berufsausbildung** in der Regel zu den nach § 12 Nr. 1 EStG nicht abziehbaren Lebenshaltungskosten gehören, die aber begrenzt als Sonderausgaben berücksichtigt werden können. Hierzu wird auf die umfassenden Ausführungen in Teil I, **Hauptvordruck, Zeilen 83 bis 84** und **Anlage N, Zeilen 57 bis 62, 58**, ABC „Fortbildungskosten – Ausbildungskosten – Umschulungskosten" hingewiesen.

Ob Aufwendungen für die **Aus- oder Fortbildung von im Betrieb mitarbeitenden Kindern,** die in einem sog. **Berufsausbildungs- oder Berufsfortbildungsdienstverhältnis** zu ihren Eltern stehen, als Betriebsausgaben abzugsfähig (und ggf. beim Kind als Arbeitslohn steuerpflichtig) sind, hängt davon ab, ob die hierzu getroffenen Vereinbarungen klar und eindeutig sind und nach Inhalt und Durchführung dem zwischen Fremden Üblichen entsprechen, insbesondere auch Bindungsfristen und Rückzahlungsklauseln enthalten. Allein der Umstand, dass durch die Berufsausbildung die spätere Unternehmensnachfolge vorbereitet werden soll, rechtfertigt nicht den Abzug der Kosten als Betriebsausgaben (BFH-Urteil vom 29. 10. 1997, BStBl 1998 II S. 149 sowie BFH-Urteil vom 14. 12. 1990, BStBl 1991 II S. 305 und die dort zit. Rspr.). Das bedeutet u.a., dass der Betriebsinhaber nachweisen muss, dass er derartige Aufwendungen (z.B. Kosten des Besuchs einer Meisterfachschule oder Hochschule) auch für einen fremden Arbeitnehmer gemacht hätte (z.B. um einen betrieblichen Nachfolger auszubilden). Falls im eigenen Betrieb keine derartige Möglichkeit bestand, muss auf die Üblichkeit solcher Abreden in anderen, nach Größe und Branche vergleichbaren Betrieben abgestellt werden (Benennung von Fremdvergleichsfällen durch die Eltern oder durch die einschlägigen Berufs- oder Interessenverbände). Im BFH-Urteil vom 29. 10. 1997 a.a.O. wurden die Kosten des Besuchs der Meisterschule für den Sohn eines Fleischermeisters ebenso wenig als Betriebsausgaben anerkannt wie im BFH-Urteil vom 11. 12. 1997, BFH/NV 1998 S. 952 die Kosten des Studiums der Wirtschaftswissenschaften für den Sohn eines Steuerberaters. An den Nachweis eines solchen Ausnahmefalles sind nach der zit. Rspr. strenge Maßstäbe anzulegen.

(2) Berufsverbände

Betriebsausgaben sind auch Beiträge an **Berufsverbände** und **Berufsstände,** z.B. Industrie- und Handelskammern, Handwerkerinnungen, Anwalts-, Steuerberater- und Ärztekammern.

(3) Bewirtung durch freie Berufe

Aufwendungen für die **Bewirtung von Mandanten durch Angehörige der freien Berufe** ist die Abzugsfähigkeit als Betriebsausgaben nicht allein deshalb zu versagen, weil es dem Wesen der freien Berufe widerspricht, Mandanten und ähnliche Personen aus beruflichen Gründen zu bewirten. Ob Bewirtungsaufwendungen Betriebsausgaben oder nicht abzugsfähige Lebenshaltungskosten sind, kann nur nach den gesamten Umständen des Einzelfalls beurteilt werden, ebenso wie z.B. bei Gewerbetreibenden. Vgl. hierzu auch Teil II, Tz. 2.3.

(4) Führerschein

Die Aufwendungen für den **Erwerb des Führerscheins** der Klasse 3 (jetzt C 1 E) dienen regelmäßig der Allgemeinbildung und sind deshalb grundsätzlich nicht abziehbar (BFH-Urteil vom 5. 8. 1977, BStBl II S. 834). Darauf, ob der Personenkraftwagen betrieblich oder beruflich genutzt wird, kommt es nicht an. Eine andere Beurteilung ist nur dann gerechtfertigt, wenn der Erwerb des Führerscheins **unmittelbar** als Voraussetzung zur Berufsausübung notwendig ist, wie z.B. für einen Taxifahrer oder LKW-Fahrer.

(5) Gebäude und Grundstücke

Aufwendungen für Gebäude, Grundstücke oder Grundstücksteile, die zum Betriebsvermögen gehören, sind stets **Betriebsausgaben.** Aufwendungen für einen Grundstücksteil, der eigenbetrieblich genutzt wird, sind auch dann Betriebsausgaben, wenn der Grundstücksteil wegen seines untergeordneten Werts (sog. Geringfügigkeitsgrenze, vgl. R 18 Abs. 2 Satz 4 EStR mit Hinweis auf § 8 EStDV und R 13 Abs. 8 EStR) nicht als Betriebsvermögen behandelt wird. Hat ein Steuerpflichtiger ein Grundstück oder einen Grundstücksteil an eine betriebsfremde Person unter **Vorbehalt eines Nutzungsrechts** für seine betrieblichen Zwecke übertragen, sind seine Aufwendungen im Zusammenhang mit dem betrieblich genutzten Grundstück (Grundstücksteil) **Betriebsausgaben;** hierzu gehört auch die **AfA** auf Anschaffungs- oder Herstellungskosten, die der Steuerpflichtige selbst getragen hat (BFH-Urteil vom 16. 12. 1988, BStBl 1989 II S. 763).

(6) Gebäudeabbruch

Ob Kosten des **Gebäudeabbruchs** und der **Restwert eines Gebäudes** sofort abzugsfähige Betriebsausgaben/Werbungskosten sind oder den Herstellungskosten eines neuen Wirtschaftsguts (z.B. Gebäudes) zuzurechnen sind, hängt von dem jeweiligen Sachverhalt ab.

- Hatte der Steuerpflichtige das Gebäude auf einem ihm gehörenden Grundstück errichtet **oder** hat der Steuerpflichtige das Gebäude in der Absicht erworben, es als Gebäude zu nutzen – **Erwerb ohne Abbruchabsicht** –, so kann er im Jahr des Abbruchs die Abbruchkosten und den Restwert des abgebrochenen Gebäudes (AfaA nach § 7 Abs. 1 Satz 7 EStG) sofort als Betriebsausgaben/Werbungskosten abziehen (BFH-GrS vom 12. 6. 1978, BStBl II S. 620 und BFH-Urteile vom 21.6.1963, BStBl III S. 477 und vom 28. 3. 1973, BStBl II S.678). Dies gilt auch bei einem in Teilabbruchabsicht erworbenen Gebäude für die Teile, deren Abbruch nicht geplant war (BFH-Urteil vom 15. 10. 1996, BStBl 1997 II S. 325).

- Hat der Steuerpflichtige das Gebäude zum Zwecke des Abbruchs erworben – **Erwerb mit Abbruchabsicht** –, so muss unterschieden werden, ob das Gebäude technisch oder wirtschaftlich verbraucht (objektiv wertlos) war oder nicht.

 War das Gebäude technisch oder wirtschaftlich **nicht** verbraucht, so gehört sein **Buchwert** (Restwert) und die **Abbruchkosten,** wenn der Abbruch des Gebäudes mit der Herstellung eines **neuen** Wirtschaftsguts (z.B. Gebäude, Lager- oder Parkplatz, Zufahrtstraße) in einem engen wirtschaftlichen Zusammenhang steht, zu den **Herstellungskosten** dieses Wirtschaftsguts (BFH-Urteil vom 20. 4. 1993, BStBl II S. 504), sonst zu den Anschaffungskosten des Grund und Bodens (BFH-Urteil vom 4.12. 1984, BStBl 1985 II S. 208). Werden mehrere der o.g. Wirtschaftsgüter geschaffen, so ist eine entsprechende Verteilung des Restbuchwerts und der Abbruchkosten vorzunehmen (BFH-Urteil vom 15. 11. 1978, BStBl 1979 II S. 299). Wegen der in Teilabbruchabsicht erworbenen Gebäude vgl. BFH-Urteil vom 15.10. 1996 a.a.O.

 War das Gebäude zum Zeitpunkt des Erwerbs mit Abbruchabsicht **objektiv wertlos,** so entfällt der volle Anschaffungspreis auf den Grund und Boden (BFH-Urteil vom 15. 2. 1989, BStBl II S. 604), ebenso die Abbruchkosten.

- Wird mit dem **Abbruch eines Gebäudes innerhalb von drei Jahren nach dem Erwerb begonnen,** so spricht der Beweis des ersten Anscheins dafür, dass der Erwerber das Gebäude in der Absicht erworben hat, es abzureißen (Beschluss des BFH GrS vom 12. 6. 1978, BStBl II S. 620). Der Steuerpflichtige kann diesen Anscheinsbeweis durch den Gegenbeweis entkräften, z.B. dass es zu dem Abbruch erst auf Grund eines ungewöhnlichen Geschehensablaufs gekommen ist. Die Dreijahresfrist beginnt in der Regel mit dem Abschluss des obligatorischen Rechtsgeschäfts (BFH-Urteil vom 6. 2. 1979, BStBl II S. 509). Erfolgt der Abbruch **später,** spricht die Vermutung **gegen** die Abbruchabsicht im Zeitpunkt des Erwerbs.

 Vgl. wegen weiterer Einzelheiten H 33 a [Abbruchkosten] EStH.

 Herstellungskosten des neuen Gebäudes sind auch gegeben, wenn ein Gebäude **in der Absicht** eines grundlegenden **Umbaus** erworben und dann innerhalb von drei Jahren nach dem Erwerb abgerissen **und** ein **Neubau** errichtet wird (BFH-Urteile vom 4. 12. 1984, BStBl 1985 II S. 208 und vom 20. 4. 1993 a.a.O.). Zur Aufteilung in Herstellungskosten und Werbungskosten bei Abriss und Neubau eines in Umbauabsicht erworbenen Gebäudes, die mangels geeigneter Bausubstanz nicht verwirklicht werden kann, vgl. BFH-Urteil vom 15. 10. 1996 a.a.O.

- Plant der Steuerpflichtige den Abbruch eines zum Privatvermögen gehörenden Gebäudes und die Errichtung eines zum Betriebsvermögen gehörenden Gebäudes – **Einlage mit Abbruchabsicht** –, so gehört der Wert des abgebrochenen Gebäudes und die Abbruchkosten zu den **Herstellungskosten** des neu zu errichtenden Gebäudes; der Einlagewert des Gebäudes ist nicht schon deshalb mit 0 € anzusetzen, weil sein Abbruch beabsichtigt ist (BFH-Urteil vom 9. 2. 1983, BStBl II S.451).

- Von einer grundsätzlich anderen rechtlichen Beurteilung ist auszugehen, wenn das später abgerissene Gebäude **zuvor nicht zur Erzielung von Einkünften genutzt** wurde. In diesem Falle gelten die oben erläuterten, vom GrS des BFH im Beschluss vom 12.6. 1978, BStBl II S. 620 aufgestellten Grundsätze nicht. Wurde das abgebrochene Gebäude z.B. zuvor zu eigenen Wohnzwecken genutzt, so wird mit der bisherigen Nutzung des Gebäudes kein Tatbestand einer Einkunftsart verwirklicht. Vielmehr stehen die durch den Abbruch des Gebäudes veranlassten Aufwendungen ausschließlich im Zusammenhang mit der Errichtung des Neubaus und bilden deshalb **Herstellungskosten des neu errichteten Gebäudes**. Ein Abzug der Abbruchkosten und ggf. der Absetzungen für außergewöhnliche Abnutzung als Betriebsausgaben/Werbungskosten kommt daher nicht in Betracht (BFH-Urteil vom 16. 4. 2002, BStBl II S.805).

Auch wer ein bebautes Grundstück **unentgeltlich** im Wege der **Einzelrechtsnachfolge** erwirbt und bereits im Zeitpunkt der Schenkung den Abbruch des Gebäudes beabsichtigt, kann weder die Abbruchkosten noch eine Absetzung für außergewöhnliche Abnutzung vom Restwert des abgerissenen Hauses als Werbungskosten/Betriebsausgaben geltend machen. Es fehlt an der Einnahmeerzielungsabsicht hinsichtlich dieses Objekts. Vielmehr liegen auch hier **Herstellungskosten** des neuen Gebäudes vor (BFH-Urteile vom 7. 10. 1986, BStBl 1987 II S. 330 und vom 7. 4. 1987, BFH/NV 1988 S. 26). Nach dem BFH-Urteil vom 6. 12. 1995, BStBl 1996 II S. 358 sind diese Grundsätze auch auf den Erwerb im Wege der **Gesamtrechtsnachfolge** durch Erbfall anzuwenden, wenn der Erbe das Einfamilienhaus von vornherein nicht zur Einkünfteerzielung nutzt, sondern es abbrechen lässt und ein neues Einfamilienhaus für eigene Wohnzwecke errichtet. Eine Absetzung wegen außergewöhnlicher Abnutzung scheidet auch dann aus, wenn ein zum Privatvermögen gehörendes Gebäude abgerissen wird, um ein **unbebautes** Grundstück **veräußern** zu können (BFH-Urteil vom 6. 3. 1979, BStBl II S. 551).

(7) Geldstrafen, Geldbußen, Auflagen oder Weisungen u.ä., Anwaltskosten, Gerichtskosten

Grundsätzlich muss zwischen Geldstrafen (§ 12 Nr. 4 EStG) und Geldbußen (§ 4 Abs. 5 Satz 1 Nr. 8 EStG) unterschieden werden.

(a) In einem Strafverfahren festgesetzte **Geldstrafen und sonstige Rechtsfolgen vermögensrechtlicher Art,** bei denen der Strafcharakter überwiegt, rechnen zu den Lebenshaltungskosten (§ 12 Nr. 4 EStG). Sonach können sie **weder als Betriebsausgaben noch als Werbungskosten** abgezogen werden (vgl. R 120 EStR und H 120 EStH). Im Einzelnen gilt:

- **Geldstrafen,** die vor einem Gericht nach den Strafvorschriften des Bundes- oder Landesrechts verhängt werden, sind nicht abzugsfähig.

- Zu den ebenfalls nicht abzugsfähigen **sonstigen Rechtsfolgen** vermögensrechtlicher Art, bei denen der Strafcharakter überwiegt, gehört insbesondere die **Einziehung von Gegenständen,** die – neben der Hauptstrafe oder nachträglich nach § 76 StGB oder unter den Voraussetzungen des § 76a StGB selbständig – in den Fällen des § 74 Abs. 2 Nr. 1 oder § 76a StGB angeordnet oder festgesetzt worden ist (H 120 [Rechtsfolgen vermögensrechtlicher Art] EStH). Dagegen dient der **Verfall von Gegenständen** und der Verfall von **Tatentgelten** (§ 73 StGB) in erster Linie dem Ausgleich von rechtswidrig erlangten Vermögensvorteilen und hat insoweit keinen Strafcharakter.

- Leistungen zur **Erfüllung von Auflagen oder Weisungen,** die in einem Strafverfahren erteilt werden, soweit sie nicht lediglich der Schadenswiedergutmachung dienen, sind ebenfalls nicht abziehbar. Hierzu gehören z.B. Auflagen des Gerichts bei einer **Strafaussetzung zur Bewährung** oder bei einer **Verwarnung** mit Strafvorbehalt, einen **Geldbetrag zugunsten einer gemeinnützigen Einrichtung** oder der Staatskasse zu zahlen oder sonst gemeinnützige Leistungen zu erbringen (§ 56b Abs. 2 Satz 1 Nr. 2 und 3, § 59a Abs. 2 StGB). Gleiches gilt für entsprechende Auflagen und Weisungen bei einer **Einstellung des Verfahrens** (§ 153a Abs. 1 Satz 1 Nr. 2 und 3 StPO), nach dem Jugendgerichtsgesetz und im Gnadenverfahren. Solche Zahlungen an eine gemeinnützige Einrichtung sind **auch nicht** als **Sonderausgaben** (keine Spende nach § 10b EStG) abziehbar (BFH-Urteil vom 19. 12. 1990, BStBl 1991 II S. 234) und nicht als außergewöhnliche Belastung bei Einstellung nach § 153a Abs. 2 StPO (BFH-Urteil vom 19. 12. 1995, BStBl 1996 II S. 197).

- Die vorstehend genannten Aufwendungen können auch dann nicht abgezogen werden, wenn die Geldstrafen und ähnlichen Rechtsnachteile nach § 12 Nr. 4 EStG **außerhalb** des Geltungsbereichs des EStG verhängt, angeordnet oder festgesetzt werden (z.B. durch ein ausländisches Gericht), es sei denn, sie widersprechen wesentlichen Grundsätzen der deutschen Rechtsordnung (ordre public), vgl. z.B. BFH-Urteil vom 31. 7. 1991, BStBl 1992 II S. 85 betr. Verurteilung wegen fingierter Wirtschaftsspionage und R 120 EStR.

(b) **Aufwendungen für die Strafverteidigung** und **Kosten des Strafverfahrens sind,** da sie weder Strafe noch strafähnliche Rechtsfolge sind, **abziehbare Betriebsausgaben oder Werbungskosten, wenn** die dem Strafverfahren zugrunde liegende Tat in Ausübung der **betrieblichen** oder **beruflichen** Tätigkeit begangen worden ist (H 120 [Kosten ...] EStH), wie dies z.B. bei dem Vorwurf fahrlässigen Verhaltens gegenüber einem freiberuflich tätigen Arzt oder angestelltem Ingenieur angenommen werden muss (BFH-Urteil vom 19. 2. 1982, BStBl II S. 467); für vorsätzlich begangene Delikte gilt nichts anderes.

Voraussetzung ist jedoch stets, dass das Strafverfahren in ursächlichem Zusammenhang mit einem **betrieblichen (beruflichen)** Vorgang steht (BFH-Urteil vom 22. 7. 1986, BStBl II S. 845). Betrieblich veranlasst können deshalb u.U. auch Strafverteidigungskosten sein, wenn es sich um einen strafrechtlichen Vorwurf wegen Verkürzung von Betriebssteuern (wie Umsatzsteuer, Gewerbesteuer) handelt. Es muss sich aber um einen **ausschließlich** betrieblichen (beruflichen) Zusammenhang handeln. Betrifft das Strafverfahren mehrere Anklagepunkte, die in einem inneren Zusammenhang stehen, und fehlt es an einem einwandfreien Maßstab für eine Zuordnung der Kosten, so scheidet ein Abzug als Betriebsausgaben insgesamt aus (BFH-Urteil vom 8. 4. 1964, BStBl II S. 331). **Nicht** betrieblich veranlasst ist insbesondere die Hinterziehung von Betriebssteuern dann, wenn zwar die betriebliche Steuerschuld dadurch verringert wird, die Minderung jedoch darauf beruht, dass betriebliche Mittel privat vereinnahmt oder für private Zwecke verwendet und damit dem Betrieb entzogen werden, wie z.B. durch die Ansammlung von sog. Schwarzgeldern (BFH-Urteil vom 20. 9. 1989, BStBl 1990 II S. 20). Die Aufwendungen sind dann nichtabziehbare Kosten der Lebensführung (§ 12 Nr. 1 EStG). Sie sind auch keine als Sonderausgaben abziehbare „Steuerberatungskosten", weil Wortlaut und vor allem Zweck des § 10 Abs. 1 Nr. 6 EStG dem entgegenstehen (BFH-Urteil vom 20. 9. 1989 a.a.O.).

Jedoch können auch bei **privater** Veranlassung Strafverteidigungskosten im Fall eines **Freispruchs** sowie Verteidigungskosten in einem Bußgeld- oder Ordnungsgeldverfahren im Fall einer förmlichen **Einstellung** unter den Voraussetzungen des § 33 EStG außergewöhnliche Belastungen sein (vgl. H 120 [Kosten ...] EStH sowie Teil I, Hauptvordruck, Zeilen 116 bis 119).

(c) **Geldbußen, Ordnungsgelder** und **Verwarnungsgelder,** die von einem Gericht oder einer Behörde in der Bundesrepublik Deutschland oder von Organen der Europäischen Gemeinschaften festgesetzt werden, können zwar begrifflich Betriebsausgaben sein, sie **dürfen den Gewinn aber auch dann nicht mindern, wenn sie betrieblich veranlasst sind.** Dasselbe gilt für Leistungen zur Erfüllung von **Auflagen oder Weisungen,** die in einem **berufsgerichtlichen Verfahren** erteilt werden, soweit die Auflagen oder Weisungen nicht lediglich der Wiedergutmachung des durch die Tat verursachten Schadens dienen. Die Rückzahlung solcher Ausgaben darf den Gewinn auch nicht erhöhen. Vgl. § 4 Abs. 5 Satz 1 Nr. 8 EStG. Dagegen gilt das Abzugsverbot nicht für Nebenfolgen vermögensrechtlicher Art, z.B. die Abführung des Mehrerlöses nach § 8 des Wirtschaftsstrafgesetzes, den Verfall nach § 29 a OWiG und die Einziehung nach § 22 OWiG (R 24 Abs. 1 Satz 3 EStR).

Das Abzugsverbot für Geldbußen gilt **nicht**, soweit der durch den Rechtsverstoß erlangte wirtschaftliche Vorteil mit der Geldbuße **abgeschöpft** worden ist, wenn die Steuern vom Einkommen und Ertrag, die auf den wirtschaftlichen Vorteil entfallen – bei der Festsetzung der Geldbuße – nicht abgezogen worden sind (§ 4 Abs. 5 Satz 1 Nr. 8 Satz 4 EStG). Vgl. auch Beschluss des Bundesverfassungsgerichts vom 23. 1. 1990, BStBl II S. 483 und BFH-Urteil vom 24. 7. 1990, BStBl 1992 II S. 508).

Beim Abzugsverbot für Geldbußen ist sonach zwischen dem Teil, der auf die **Ahndung** der rechtswidrigen und vorwerfbaren Handlung entfällt und dem Teil, der den rechtswidrig erlangten wirtschaftlichen **Vorteil** abschöpft, zu unterscheiden. Haben die zuständigen Stellen **bei der Festsetzung der Geldbuße** (z.B. 110 000 €) neben der Ahndung des Rechtsverstoßes (z.B. 50 000 €) auch den rechtswidrig erlangten Vermögensvorteil (z.B. 60 000 €) abgeschöpft (z.B. nach § 17 Abs. 4 OWiG oder nach § 38 Abs. 4 Gesetz gegen Wettbewerbsbeschränkungen), so gilt das Abzugsverbot für die Geldbuße (110 000 €) nur dann uneingeschränkt, wenn bei der Berechnung des Vermögensvorteils (60 000 €) die darauf entfallende ertragsteuerliche Belastung (z.B. 30 000 €) – ggf. im Wege der Schätzung – abgezogen worden ist. Macht der Steuerpflichtige durch geeignete Unterlagen glaubhaft, dass die Bußgeldbehörde oder das Gericht die ertragsteuerliche Belastung **nicht** berücksichtigt und den gesamten rechtswidrig erlangten Vermögensvorteil abgeschöpft hat, so darf der auf die Abschöpfung entfallende Teil der Geldbuße als Betriebsausgabe abgezogen werden. Der auf die Ahndung entfallende Teil der Geldbuße unterliegt in jedem Fall dem Abzugsverbot (R 24 Abs. 3 EStR). Vgl. auch die BFH-Urteile vom 9. 6. 1999, BStBl 1999 II S. 656 und S. 658.

Zu den **Geldbußen** rechnen alle Sanktionen, die nach dem Recht der Bundesrepublik Deutschland so bezeichnet sind, insbesondere Geldbußen nach dem **Ordnungswidrigkeitengesetz (OWiG)** einschließlich der **Geldbußen gegen juristische Personen oder Personenvereinigungen** (§ 30 OWiG), Geldbußen nach den **berufsgerichtlichen Gesetzen** des Bundes oder der Länder (z.B. für Rechtsanwälte, Notare, Wirtschaftsprüfer, Steuerberater) sowie Geldbußen nach den **Disziplinargesetzen** des Bundes oder der Länder. Wegen der nicht abziehbaren Geldbußen, die von Organen der **Europäischen Gemeinschaften** festgesetzt werden, vgl. R 24 Abs. 2 Satz 2 EStR. **Betrieblich** veranlasste Geldbußen, Ordnungsgelder und Verwarnungsgelder, die von Gerichten oder Behörden **anderer (d.h. ausländischer) Staaten** festgesetzt werden, fallen nicht unter das Abzugsverbot (R 24 Abs. 2 Satz 3 EStR).

Ordnungsgelder sind die nach dem Recht der Bundesrepublik Deutschland so bezeichneten Unrechtsfolgen, z.B. das Ordnungsgeld gegen einen Zeugen wegen Verletzung seiner Verpflichtung zum Erscheinen und das Ordnungsgeld wegen Verstoßes gegen ein Unterlassungsurteil nach § 890 ZPO. Wegen der Zwangsgelder nach § 239 AO, vgl. unten Nr. (18). **Verwarnungsgelder** sind die in § 56 OWiG so bezeichneten geldlichen Einbußen, die dem Betroffenen aus Anlass einer geringfügigen Ordnungswidrigkeit, z.B. wegen falschen Parkens, mit seinem Einverständnis auferlegt werden (R 24 Abs. 4 und 5 EStR).

(d) Bei **betrieblich** veranlassten Sanktionen im Sinne von c) sind die mit diesen zusammenhängenden **Verfahrenskosten,** insbesondere **Gerichts- und Anwaltsgebühren,** auch dann **abziehbare Betriebsausgaben,** wenn die Sanktion selbst nach § 4 Abs. 5 Satz 1 Nr. 8 EStG vom Abzug ausgeschlossen ist (vgl. H 24 [Verfahrenskosten] EStH und BFH-Urteil vom 19. 2. 1982, BStBl II S. 467).

(8) Aufwendungen für das sog. **Kundschaftsessen/Kundschaftstrinken** können Betriebsausgaben sein, wenn die betriebliche Veranlassung eindeutig feststellbar und nachprüfbar ist. Ein objektiver Zusammenhang kann vor allem durch die **Branchenüblichkeit** (wie z.B. bei Brauerei-, Wein- oder Tabakvertretern, Automatenaufsteller) dargetan werden. Auch das Verhältnis der Aufwendungen zu den erzielten oder erzielbaren Einnahmen kann eine Rolle spielen. Ausschlaggebend sind schließlich die Verhältnisse des Einzelfalles. Lädt z.B. ein Vertreter zum Genuss der von ihm vertriebenen Waren oder Produkte ein, so kann eine Produkt- oder Warenverkostung vorliegen mit der Folge der vollen Abzugsfähigkeit der Aufwendungen als Betriebsausgaben/Werbungskosten (vgl. oben Tz. 2.3.). Lädt der Bewirtende ganz allgemein den Gastwirt und/oder Gäste ein mit dem Ziel, Geschäftsbeziehungen zu fördern oder anzubahnen, so sind seine Aufwendungen nur im Rahmen des § 4 Abs. 5 Satz 1 Nr. 2 EStG, also – ab 2004 – nur mit 70 v.H. (voher 80 v.H.), abzugsfähig. Liegt lediglich Eigenverzehr (z.B. des Vertreters) vor, so kommt allenfalls ein Abzug des Verpflegungsmehraufwands im Rahmen einer Geschäftsreise vor (vgl. oben Tz. 2.6.). Darüber hinaus kommen Betriebsausgaben dann in Betracht, wenn der betriebliche Charakter des Verzehraufwands den üblichen Lebenshaltungsaufwand übersteigt. So spricht der Besuch mehrerer Gaststätten mit vielen kleinen Zechen am gleichen Tag eher für die betrieblich veranlasste Kontaktpflege (z.B. weil der Gast, der einen Handel mit Tabakwaren betreibt, seine Waren über dort aufgestellte Automaten verkauft) als der Besuch nur einer Gaststätte mit nur einer, ohnehin notwendigen Mahlzeit (BFH-Urteil vom 14. 4. 1988, BStBl II S. 771). Außerdem müssen im Einzelnen nachprüfbare Aufwendungen oder Belege vorliegen und die Aufzeichnungspflichten nach § 4 Abs. 7 EStG (vgl. oben Tz. 2.9.) erfüllt werden.

(9) Arbeitgeberanteile zur **Sozialversicherung eines Kommanditisten,** der sozialversicherungsrechtlich als Arbeitnehmer der Kommanditgesellschaft angesehen wird, gehören zu den Vergütungen (Gewinnanteil), die der Kommanditist von der Gesellschaft für seine Tätigkeit im Dienste der Gesellschaft bezogen hat. Sie sind somit steuerlich **keine Betriebsausgaben.**

(10) Spenden gehören in der Regel zu den Sonderausgaben (vgl. Teil I, Hauptvordruck, Zeilen 85 bis 87, 88 und 89 bis 92). Ausschließlich durch den Betrieb veranlasste Spenden können jedoch Betriebsausgaben sein. So ist z.B. die Sachspende einer Motorradfabrik an einen Motorsportverein eine Betriebsausgabe, wenn die Spende als betriebliche Werbung anzusehen ist.

(10a) Aufwendungen eines **Sponsors** sind **Betriebsausgaben,** wenn der Sponsor wirtschaftliche Vorteile, die insbesondere in der Sicherung oder Erhöhung seines unternehmerischen Ansehens liegen können (BFH-Urteil vom 3. 2. 1993, BStBl II S. 441, 445), für sein Unternehmen erstrebt oder für Produkte seines Unternehmens werben will. Dabei ist es ohne Bedeutung, ob es sich um Sport-, Kultur-, Sozio-, Öko- oder Wissenschafts-Sponsoring handelt. Die Absicht des Sponsors wird insbesondere dadurch verwirklicht, dass der **Empfänger** der Leistungen auf Plakaten, Veranstaltungshinweisen, in Ausstellungskatalogen, auf den von ihm benutzten Fahrzeugen oder anderen Gegenständen auf das Unternehmen oder auf die Produkte des Sponsors werbewirksam hinweist oder dass der **Sponsor** durch Verwendung des Namens, von Emblemen oder Logos des Empfängers oder in anderer Weise öffentlichkeitswirksam auf seine Leistungen aufmerksam macht. Es kommt nicht darauf an, ob die Leistungen notwendig, üblich oder zweckmäßig sind oder ob die Leistungen des Sponsors und die erstrebten Werbeziele für das Unternehmen gleichwertig sind (Ausnahme: krasses Missverhältnis i.S. des § 4 Abs. 5 Satz 1 Nr. 7 EStG). Vgl. im Einzelnen zur ertragsteuerlichen Behandlung des Sponsoring einschließlich der Problematik, die sich für den steuerbegünstigten, d.h. gemeinnützigen **Empfänger** ergeben kann, das BMF-Schreiben vom 18. 2. 1998, BStBl I S. 212 (sog. Sponsorenerlass, EStH Anhang 16 IV), und wegen der ertragsteuerlichen Behandlung von Sponsoren-Aufwendungen für **VIP-Logen** in Sportstätten vgl. BMF-Schreiben vom 22. 8. 2005, BStBl I S. 845.

(11) Schuldzinsen – Zwei-(Mehr-)kontenmodell:
§ 4 Abs. 4a EStG

Schuldzinsen sind als Betriebsausgaben abzugsfähig, wenn es sich bei den Verbindlichkeiten um **betriebliche Schulden** handelt. Schulden gehören zum Betriebsvermögen, wenn sie mit dem Betrieb in wirtschaftlichem Zusammenhang stehen oder zu dem Zweck aufgenommen wurden, dem Betrieb Mittel zuzuführen. Die Zugehörigkeit von Schulden zum Betriebs- oder Privatvermögen richtet sich nach objektiven Merkmalen; eine Behandlung als gewillkürtes Betriebsvermögen ist grundsätzlich nicht zulässig (BFH-Urteil vom 12. 9. 1985, BStBl 1986 II S. 255). Die Entnahme eines fremdfinanzierten Wirtschaftsguts führt dazu, dass die zu seiner Finanzierung aufgenommenen Schulden zu Privatschulden werden. Zur Umschuldung einer Privatschuld in eine Betriebsschuld vgl. BMF-Schreiben vom 27. 7. 1987, BStBl I S. 508.

Bei Abwicklung des betrieblichen Geldverkehrs über **ein Kontokorrentkonto,** über das auch private Zahlungen geleistet werden, ist für die steuerliche Zuordnung einer Schuld zum Privatvermögen oder Betriebsvermögen und der davon abhängigen Frage der Abzugsfähigkeit der Schuldzinsen als Betriebsausgaben früher ausschließlich die **Veranlassung** für die Entstehung oder Erhöhung der Schuld **maßgeblich;** dies gilt auch hinsichtlich der durch laufende Privatentnahmen veranlassten Kontokorrentschulden (vgl. Beschlüsse des BFH-GrS vom 4. 7. 1990, BStBl II S. 817 und vom 8. 12. 1997, BStBl 1998 II S. 193 sowie BFH-Urteile vom 4. 3. 1998, BStBl II S. 511 und vom 19. 3. 1998, BStBl II S. 513). Danach sind Schuldzinsen anhand des tatsächlichen Verwendungszwecks der Darlehensmittel der Erwerbs- oder der Privatsphäre zuzuordnen. Entsteht sonach eine **Kontokorrentverbindlichkeit** sowohl durch betriebliche als auch durch privat veranlasste Auszahlungen oder Überweisungen, so ist sowohl bei der Gewinnermittlung nach § 4 Abs. 1, § 5 EStG als auch nach § 4 Abs. 3 EStG nur der betriebliche Teil des Kredits dem Betriebsvermögen zuzurechnen und nur die auf diesen Teil des Kontokorrentkredits entfallenden

Teil II
Tz. 2.10.

Schuldzinsen dürfen als Betriebsausgaben abgezogen werden (BFH-GrS vom 4. 7. 1990 a.a.O.). Wegen der **praktischen Schwierigkeiten** bei der Ermittlung des betrieblich und privat veranlassten Zinsaufwands, besonders nach der sog. Zinszahlenstaffelmethode, vgl. BFH-GrS vom 4. 7. 1990 a.a.O., Nr. 5).

Zur **Zulässigkeit des Zwei-(Mehr-)kontenmodells** für Schuldzinsen, die **bis 31. 12. 1998** wirtschaftlich entstanden sind, wird auf die „Anleitung zur ESt-Erklärung 1999", Teil II, Tz. 2.10. (ABC „Schuldzinsen") hingewiesen.

Der jetzt geltenden **Regelung in § 4 Abs. 4a EStG** für Wirtschaftsjahr, die **nach dem 31. 12. 1998** enden, liegt die Überlegung zu Grunde, dass jedenfalls der erwirtschaftete **Gewinn entnommen werden darf, ohne** dass sich **Nachteile** beim Schuldzinsenabzug ergeben. § 4 Abs. 4a Satz 1 EStG bestimmt daher, dass der Abzug von Schuldzinsen nur dann eingeschränkt wird, wenn sog. **Überentnahmen** getätigt werden. Dies ist dann der Fall, wenn die **Entnahmen die Summe aus Gewinn und Einlagen** des Wirtschaftsjahrs **übersteigen** (§ 4 Abs. 4a Satz 2 EStG).

Da die Regelung nur Schuldzinsen betrifft, die betrieblich veranlasst sind, bedarf es im Hinblick auf die steuerliche Abziehbarkeit einer **zweistufigen Prüfung**. Zunächst ist zu ermitteln, ob und inwieweit Schuldzinsen **betrieblich veranlasst** sind. Dann muss geprüft werden, ob der Betriebsausgabenabzug im Hinblick auf **Überentnahmen** eingeschränkt ist. Zur Regelung ab 1999 vgl. die BMF-Schreiben vom 22. 5. 2000, BStBl I S. 588 und vom 28. 3. 2001, BStBl I S. 245 (EStH Anhang 16 I).

Diese Überentnahmeregelung wird häufig dazu führen, dass der Schuldzinsenabzug schon deshalb nicht beschränkt ist, weil die Entnahmen den erzielten Gewinn **nicht** übersteigen.

Beispiel 1

Ein Gewerbetreibender hat im Wirtschaftsjahr Schuldzinsen für die Finanzierung betrieblicher Aufwendungen in Höhe von 25 000 € entrichtet. Seine Entnahmen für private Zwecke betrugen 150 000 €. Der Gewinn des Wirtschaftsjahres beläuft sich auf 200 000 €.

Die Schuldzinsen sind in voller Höhe abziehbar, weil der Unternehmer nicht mehr als den Gewinn entnommen hat.

Einlagen sind für die Höhe des Schuldzinsenabzugs nur dann von Bedeutung, wenn mehr als der Gewinn entnommen wurde. Denn die **Einlagen erhöhen das Entnahmevolumen** und bewirken damit, dass in Höhe der Einlagen mehr als der Gewinn entnommen werden darf. Die ursprünglich zur Missbrauchsverhütung vorgesehene sog. Quartalskorrektur, wonach Einlagen innerhalb von drei Monaten vor Ende des Wirtschaftsjahrs in die Berechnung grundsätzlich nicht einbezogen werden sollten, wurde rückwirkend aufgehoben.

Beispiel 2

Ein Unternehmer hatte bis 30. 9. eine Überentnahme von 50 000 €. Im vierten Quartal war absehbar, dass keine außerordentliche Gewinnsteigerungen zu erwarten sind. Im **Dezember** des Wirtschaftsjahres hat die Ehefrau des Unternehmers dem Betrieb einen Geldbetrag in Höhe von 50 000 € geschenkt, der auf das betriebliche Bankkonto eingezahlt wurde.

Nach jetzt geltendem Recht kann der Unternehmer auch noch am letzten Tag des laufenden Wirtschaftsjahrs durch eine Geld- oder Sacheinlage eine bis dahin entstandene Überentnahme neutralisieren. Dadurch kann das Abzugsverbot für betriebliche Schuldzinsen vermieden werden.

Schema zur Ermittlung der Über- oder Unterentnahmen

Gewinn des Wirtschaftsjahres
+
Einlagen des Wirtschaftsjahres
∸
Entnahmen des Wirtschaftsjahres
=
Über- oder Unterentnahme des Wirtschaftsjahrs

Bei der Ermittlung der Überentnahme ist vom Gewinn **ohne** Berücksichtigung der nicht abziehbaren Schuldzinsen auszugehen (§ 4 Abs. 4a Satz 3, 2. Halbsatz EStG).

Auswirkungen von Überentnahmen auf den Schuldzinsenabzug:

Ergibt sich für das Wirtschaftsjahr eine **Überentnahme**, dann erfolgt nach § 4 Abs. 4a Satz 3 EStG eine **pauschale Kürzung der Schuldzinsen**. Diese beläuft sich auf **6 % der Überentnahmen** des Wirtschaftsjahrs. Die Bemessungsgrundlage für den Kürzungsbetrag erhöht sich um Überentnahmen, die der Unternehmer **in vorangegangenen Wirtschaftsjahren** vorgenommen hat.

Beispiel 3

Ein Unternehmer hat im Jahr 01, in dem er einen Gewinn von 75 000 € erzielt hat, Entnahmen von 110 000 € und Einlagen von 10 000 € vorgenommen. Im Jahr 02 belief sich der Gewinn auf 100 000 €. In diesem Jahr hat der Unternehmer insgesamt 130 000 € entnommen; Einlagen sind nicht erfolgt. Die Schuldzinsen für die Finanzierung laufender Betriebsausgaben beliefen sich im Jahr 01 auf 20 000 € und im Jahr 02 auf 25 000 €.

Für das Jahr 01 sind die Schuldzinsen von 20 000 € um 6 % der Überentnahmen von 25 000 €, also um 1 500 € auf 18 500 € zu kürzen. Für das Jahr 02 erfolgt ebenfalls eine Kürzung der Schuldzinsen von 25 000 €. Der Kürzungsbetrag beläuft sich auf 6 % der Überentnahmen beider Jahre von zusammen 55 000 € (= 25 000 € + 30 000 €), also auf 3 300 €. Damit verbleiben für das Jahr 02 abziehbare Schuldzinsen in Höhe von 21 700 €.

Auf der anderen Seite verringert sich die Bemessungsgrundlage um sog. **Unterentnahmen der Vorjahre**. Hierunter versteht man den Betrag, um den in den Vorjahren die Entnahmen die Summe aus Gewinn und Einlagen unterschritten hatten. Das bedeutet, dass durch die Gegenrechnung der Unterentnahmen der Vorjahre bewirkt wird, dass früher stehen gebliebene Gewinne später entnommen werden können, ohne dass es hierdurch zu einer Kürzung des Schuldzinsenabzugs kommt.

Beispiel 4

Ein Unternehmer hat im Jahr 01, in dem er einen Gewinn von 65 000 € erzielt hat, Entnahmen von 45 000 € und Einlagen von 10 000 € vorgenommen. Im Jahr 02 belief sich der Gewinn auf 75 000 €. In diesem Jahr hat der Unternehmer insgesamt 100 000 € entnommen; Einlagen sind nicht erfolgt. Die Schuldzinsen für die Finanzierung laufender Betriebsausgaben beliefen sich im Jahr 01 auf 15 000 € und im Jahr 02 auf 17 500 €.

Für das Jahr 01 sind die Schuldzinsen von 15 000 € nicht zu kürzen, denn es sind keine Überentnahmen erfolgt. Im Jahr 02 hat der Unternehmer zwar 25 000 € mehr als den erzielten Gewinn entnommen. Es erfolgt dennoch keine Kürzung der Schuldzinsen von 17 500 €, da die Überentnahme im Jahr 02 die Unterentnahme des Jahres 01 von 30 000 € nicht übersteigt.

Nach dem Gesetzeswortlaut mindern nur Unterentnahmen von Vorjahren, nicht dagegen etwaige Unterentnahmen des zu beurteilenden Wirtschaftsjahres selbst die Bemessungsgrundlage, d.h. dass spätere Unterentnahmen die Bemessungsgrundlage erst ab dem folgenden Jahr mindern.

Zu beachten ist schließlich, dass durch die gesetzliche Regelung gewährleistet wird, dass die Kürzung **im ungünstigsten Fall** zu einer **Kappung des Schuldzinsenabzugs bei 2 050 €** führt (vgl. § 4 Abs. 4a Satz 4 EStG). Die Zinsen sind daher immer dann mindestens in Höhe von 2 050 € zu berücksichtigen, wenn Zinsen in dieser Höhe überhaupt angefallen sind: sog. **Mindestabzug**.

Beispiel 5

Ein Gewerbetreibender hat im Wirtschaftsjahr Schuldzinsen für die Finanzierung betrieblicher Aufwendungen in Höhe von 5 000 € entrichtet. Seine Entnahmen für private Zwecke betrugen 125 000 €. Der Gewinn des Wirtschaftsjahres beläuft sich auf 50 000 €.

Die Schuldzinsen wären grundsätzlich um 6 % der Überentnahmen von 75 000 €, also um 4 500 € zu kürzen. Anstelle der danach verbleibenden Schuldzinsen von 500 €, erfolgt aber der Mindestabzug in Höhe von 2 050 €.

Außerdem wurden in § 4 Abs. 4a Satz 5 EStG **Zinsen für Darlehen zur Finanzierung von Anschaffungs- oder Herstellungskosten betrieblicher Anlagegüter** von der Abzugsbeschränkung ausgenommen (vgl. BMF-Schreiben vom 22. 5. 2000 a.a.O., Tz. 26 ff. und vom 28. 3. 2001, BStBl I S. 245, EStH Anhang 16 I).

Beispiel 6

Ein Gewerbetreibender hat im Wirtschaftsjahr Schuldzinsen für die Finanzierung betrieblicher Aufwendungen in Höhe von 10 000 € entrichtet. Hiervon entfallen 6 000 € auf ein Darlehen, mit dem der Erwerb eines Betriebsgrundstücks finanziert wurde. Die Entnahmen für private Zwecke betrugen 125 000 €. Der Gewinn des Wirtschaftsjahres beläuft sich auf 100 000 €.

Die Zinsen für das Investitionsdarlehen von 6 000 € sind uneingeschränkt als Betriebsausgaben abziehbar. Die übrigen Schuldzinsen von 4 000 € sind um 6% der Überentnahmen von 25 000 €, also um 1 500 € zu kürzen. Die danach verbleibenden Schuldzinsen in Höhe von 2 500 € sind als Betriebsausgaben abziehbar, sodass insgesamt ein Schuldzinsenabzug in Höhe von 8 500 € erfolgt.

Wären die verbleibenden Schuldzinsen unter 2 050 €, so wären 2 050 € als Betriebsausgaben abzugsfähig.

Die o.g. Grundsätze gelten auch bei der Gewinnermittlung durch Einnahmen-Überschussrechnung nach **§ 4 Abs. 3 EStG**. Hierzu müssen ab dem Jahr 2000 die Entnahmen und Einlagen gesondert aufgezeichnet werden (§ 4 Abs. 4a Satz 6 EStG).

§ 4 Abs. 4a EStG hat keine Bedeutung für den Werbungskostenabzug im Bereich der Überschusseinkünfte. Die ursprünglich in § 9 Abs. 5 EStG enthaltene Verweisung wurde gestrichen.

Zur Ermittlung der Entnahme bei vor dem 1. 1. 1999 eröffneten Betrieben im Falle der **Betriebsaufgabe** und bei einer **Betriebsveräußerung** vgl. § 52 Abs. 11 Satz 3 EStG.

(12) Steuerberatungskosten sind bei allen Einkunftsarten insoweit Betriebsausgaben oder Werbungskosten, als sie mit der Ermittlung der „Einkünfte" (also auch des Gewinns) in Verbindung stehen. Das ist der Fall bei Kosten für die Buchführung, für die Auswertung und Prüfung von Unterlagen und die Feststellung der Einnahmen und Ausgaben des Steuerpflichtigen. Soweit jedoch die Beratung mit der Ermittlung des „Einkommens" im steuerlichen Sinne zusammenhängt, also mit den Sonderausgaben, den außergewöhnlichen Belastungen, mit Fragen des Tarifs sowie mit dem Ausfüllen der Einkommensteuererklärung oder mit dem Verfahrensrecht, sind die Kosten hierfür Sonderausgaben (BFH-Urteile vom 20. 9. 1989, BStBl 1990 II S. 20 und vom 12. 7. 1989, BStBl II S. 967). Ist bei Steuerberatungskosten, die teils Betriebsausgaben oder Werbungskosten und teils Sonderausgaben sind, eine einwandfreie Abgrenzung nicht möglich, so sind sie im Schätzungswege aufzuteilen. Eine vom Steuerpflichtigen vorgenommene Aufteilung ist ohne nähere Prüfung vom Finanzamt anzuerkennen, wenn der Gesamtbetrag der Steuerberatungskosten **im Kalenderjahr nicht mehr als 520 €** beträgt. Der Betrag von 520 € gilt auch für zusammen zur ESt veranlagte Ehegatten (R 102 EStR).

Zu den Steuerberatungskosten gehören auch Aufwendungen für **Steuerfachliteratur** (BFH-Urteil vom 23. 5. 1989, BStBl II S. 865), wie z.B. für **Anleitungen** zur ESt-Erklärung und Kommentare zum Steuerrecht, ebenso Beiträge zu **Lohnsteuerhilfevereinen**, auch **Fahrtkosten** und **Unfallkosten** auf der Fahrt zum Steuerberater (BFH-Urteil vom 12. 7. 1989, BStBl II S. 967), **nicht** jedoch Aufwendungen für die Verteidigung in einem Steuerstrafverfahren (BFH-Urteil vom 20. 9. 1989, BStBl 1990 II S. 20); zur evtl. Abzugsfähigkeit solcher Aufwendungen als Betriebsausgaben oder Werbungskosten s. oben zu Nr. (7), Buchst. (b). Anwaltskosten wegen eines Prozesses um Zustimmung des geschiedenen Ehegatten zum sog. Realsplitting (§ 10 Abs. 1 Nr. 1 EStG) sind keine Steuerberatungskosten (BFH-Urteil vom 10. 3. 1999, BStBl II S.522). Vgl. auch H 102 EStH.

Für die gesetzliche Verpflichtung zur Aufstellung eines **Jahresabschlusses** haben bilanzierende Gewerbetreibende im Jahresabschluss eine **Rückstellung** zu bilden (BFH-Urteile vom 20. 3. 1980, BStBl II S. 297 und vom 23. 7. 1980, BStBl 1981 II S. 63). Dies gilt auch für die gesetzliche Verpflichtung zur Prüfung dieses Jahresabschlusses, für die Verpflichtung zur Erstellung des Geschäftsberichts und zur Veröffentlichung des Jahresabschlusses im Bundesanzeiger. Eine Rückstellung für die Verpflichtung zur Durchführung der Hauptversammlung ist jedoch nicht zulässig (BFH-Urteil vom 23. 7. 1980, BStBl 1981 II S. 62). Dagegen sind Rückstellungen für die Verpflichtung zur Erstellung der die Betriebssteuern des abgelaufenen Jahres betreffenden Steuererklärungen zu bilden (BFH-Urteile vom 23. 7. 1980, BStBl 1981 II S. 63 und vom 24. 11. 1983, BStBl 1984 II S. 301). **Nicht** rückstellungsfähig ist die Verpflichtung zur Erstellung der Erklärung für die gesonderte und einheitliche Gewinnfeststellung einer Personengesellschaft, da insoweit Besteuerungsgrundlagen für die Einkommensteuer der Gesellschafter festgestellt werden (BFH-Urteil vom 24. 11. 1983, BStBl 1984 II S. 301). Vgl. auch H 31c (Rückstellungen für öffentlich-rechtliche Verpflichtungen ...) EStH.

(13) Steuerzahlungen

Aufwendungen für **Steuern, die betrieblich bedingt** sind (z.B. Umsatz- und Gewerbesteuer, Grundsteuer für Betriebsgrundstücke, KFZ-Steuer für Betriebsfahrzeuge), sind Betriebsausgaben. Bei der **Gewerbesteuer** sind nicht nur die rückständigen Vorauszahlungen als Schuld in der Schlussbilanz zu berücksichtigen, sondern es ist auch für eine sich ergebende Abschlusszahlung eine **Rückstellung** in die Schlussbilanz einzustellen. Zur Errechnung der Rückstellung kann die Gewerbesteuer mit schätzungsweise ⅚ des Betrags der Gewerbesteuer angesetzt werden. Dies gilt entsprechend für die Behandlung etwaiger Erstattungsansprüche an Gewerbesteuer (R 20 Abs. 2 EStG). Führen **Berichtigungsveranlagungen** zu abzugsfähigen **Mehrsteuern** (z.B. Umsatzsteuer, Gewerbesteuer), so können diese Mehrsteuern zu Lasten des Wirtschaftsjahres als Betriebsausgaben verbucht werden, in dem der Steuerpflichtige mit der Nachforderung rechnen kann. Erhält der Steuerpflichtige **nach** Einreichung der Bilanz Kenntnis davon, dass sich die Höhe der Mehrsteuern ändert, so kann der für die Mehrsteuern eingestellte Schuldposten in der Regel nicht mehr durch eine Bilanzänderung berichtigt werden. Die Mehrsteuern können **auf Antrag** des Steuerpflichtigen aber auch in den Wirtschaftsjahren geltend gemacht werden, in die sie wirtschaftlich gehören. **Hinterzogene Steuern** sind grundsätzlich in diesen Jahren zu berücksichtigen. Ändern sich die Mehrsteuern bis zur Bestandskraft der Veranlagungen, so sind die Änderungen bei diesen Veranlagungen zu berücksichtigen. Voraussetzung für die Berücksichtigung der Mehrsteuern in den dazu gehörenden Wirtschaftsjahren ist jedoch, dass eine Änderung der Veranlagung (z.B. nach 173 AO oder § 164 Abs. 2 AO) für die betreffenden Veranlagungszeiträume möglich ist. **Mehrbeträge an abzugsfähigen Steuern,** die sich durch eine Betriebsprüfung ergeben haben, sind **für sich allein keine neuen Tatsachen** i.S. des § 173 Abs. 1 Nr. 2 AO, die eine Änderung bestandskräftiger Veranlagungen der Jahre rechtfertigen, zu denen die Mehrbeträge wirtschaftlich gehören. Die Erfahrungstatsache, dass bei einer Betriebsprüfung mit Steuernachforderungen zu rechnen ist, rechtfertigt nicht die Bildung einer Rückstellung (BFH-Urteil vom 13. 1. 1966, BStBl III S. 189). Eine Rückstellung für Mehrsteuern aufgrund einer Steuerfahndungsprüfung ist frühestens mit der Beanstandung einer bestimmten Sachbehandlung durch den Prüfer zu bilden (BFH-Urteil vom 27.11. 2001, BStBl 2002 II S.731). Wird der Gewinn durch Überschuss der Betriebseinnahmen über die Betriebsausgaben ermittelt (§ 4 Abs. 3 EStG), so sind die abzugsfähigen Mehrsteuern stets nur **im Jahr der Verausgabung** zu berücksichtigen. Die vorstehenden Grundsätze gelten sinngemäß bei der **Erstattung von Steuern,** die als Betriebsausgaben abgesetzt worden sind. Vgl. R 20 EStR und H 20 EStH.

(14) Umzugskosten sind Betriebsausgaben, wenn die Verlegung des Lebensmittelpunktes durch einen Arbeitsplatzwechsel veranlasst ist und sich die Zeitspanne für Fahrten zwischen Wohnung und Arbeitsstätte merklich verringert (vgl. Teil I, **Anlage N, Zeilen 57 bis 62,** ABC). Diese Grundsätze gelten für selbständige und unselbständig Tätige gleichermaßen (BFH-Urteile vom 1. 12. 1993, BStBl 1994 II S. 323 und vom 28. 4. 1988, BStBl II S. 777). Zu den Umzugskosten können (entsprechend der Mietentschädigung bei Arbeitnehmern) auch Mietausfallentschädigungen gehören (BFH-Urteil vom 1. 12. 1993 a.a.O.).

Teil II
Tz. 2.10.

(15) Unfallkosten

Probleme bereiten auch die nicht von dritter Seite ersetzten **Unfallkosten** anlässlich der Benutzung eines KFZ. Wird ein zu einem **Betrieb** gehöriger **PKW beschädigt oder zerstört,** und geschieht dies auf einer **Privatfahrt,** so darf der hierdurch verursachte Schaden (Verlust) den Gewinn nicht mindern. Andererseits geht der Schaden voll zu Lasten des Gewinns, selbst wenn ein teilweise **privat** genutzter Kraftwagen bei einer **ausschließlich betrieblich bedingten Fahrt** beschädigt oder zerstört wird, wobei es nicht darauf ankommt, ob der Steuerpflichtige den Unfall vorsätzlich oder grob fahrlässig verursacht hat. Betriebsausgaben liegen selbst dann vor, wenn der Unfall darauf beruht, dass der Steuerpflichtige **bewusst** und **leichtfertig** gegen Verkehrsvorschriften verstoßen hat. Der Unfall ist in jedem Falle durch private Gründe (mit-)veranlasst bzw. überlagert, wenn er absichtlich oder durch Alkoholeinfluss des Steuerpflichtigen herbeigeführt wurde (BFH-Urteil vom 6. 4. 1984, BStBl II S. 434). Die Rechtslage hierzu, wie auch die BFH-Rechtsprechung, die für Gewerbetreibende und selbständig Tätige ebenso gilt wie für Arbeitnehmer, ist in **Anlage N, Zeilen 38 bis 48** („Unfallkosten ...") umfassend wiedergegeben. Hierauf wird verwiesen.

(16) Versicherungsbeiträge

(a) Betriebsausgaben sind auch Versicherungsbeiträge zu **Haftpflichtversicherungen** wegen **Berufshaftung.**

(b) Beiträge zu einer **Krankentagegeldversicherung** können selbst dann **nicht** als Betriebsausgaben abgezogen werden, wenn sich die Inhaber einer freiberuflichen Praxis im Gesellschaftsvertrag gegenseitig zum Abschluss einer Krankentagegeldversicherung verpflichten und vereinbaren, dass die anfallenden Versicherungsleistungen den Betriebseinnahmen zugerechnet werden (BFH-Urteil vom 7. 10. 1982, BStBl 1983 II S. 101). Dies gilt entsprechend auch für die anderen Einkunftsarten des EStG. Für die **Krankenhaustagegeldversicherung** kann nichts anders gelten. In beiden Fällen liegen aber **Sonderausgaben** vor (vgl. Teil I, Hauptvordruck, Zeilen 72 bis 76).

(c) Beiträge zu **Rechtsschutzversicherungen,** die **allgemein** Versicherungsschutz hinsichtlich der Kosten der Rechtsverfolgung oder Rechtsverteidigung bei straf- und zivilgerichtlichen Verfahren gewähren, sind keine Betriebsausgaben, wenn sie sowohl berufliche als auch private Risiken abdecken (sie sind auch keine Sonderausgaben, vgl. Teil I, Hauptvordruck, Zeilen 72 bis 76). Sie können aber u. U. **Betriebsausgaben/Werbungskosten** sein, **wenn** die Versicherung im Rahmen der betrieblichen/beruflichen Tätigkeit des Steuerpflichtigen abgeschlossen wird und nach Sachlage des Einzelfalles angenommen werden kann, dass die Kosten, von denen der Versicherte durch die Rechtsschutzversicherung befreit wird, im Nichtversicherungsfall Betriebsausgaben/Werbungskosten darstellen würden. Bei **Automobil-Rechtsschutzversicherungen** für Kraftfahrzeuge, die nicht nur betrieblich, sondern auch privat genutzt werden, können die Beiträge **im gleichen Verhältnis** in Betriebsausgaben und nicht abzugsfähige Ausgaben der privaten Lebensführung **aufgeteilt** werden **wie die übrigen KFZ-Kosten.** Das BFH-Urteil vom 31. 1. 1997, BFH/NV 1997 S. 346 macht den teilweisen Abzug als Werbungskosten allerdings davon abhängig, dass der Versicherer bescheinigt, welcher Anteil der Gesamtprämie auf den die berufliche Sphäre betreffenden Versicherungsschutz (den sog. Arbeitsrechtsschutz) entfällt. Nach bundeseinheitlicher Verwaltungsauffassung gilt dies auch für eine Familienrechtsschutz- oder eine Familien- und Verkehrsrechtsschutzversicherung. Bei Aufwendungen für die Wege zwischen Wohnung und Arbeitsstätte sind die Beiträge durch die Entfernungspauschale abgegolten (vgl. Teil I, Anlage N, Zeilen 38 bis 48 „Abgeltungswirkung ..."). Leistungen **aus** einer Rechtsschutzversicherung sind folgerichtig dann **Betriebseinnahmen,** wenn die Inanspruchnahme der Versicherung durch einen betrieblichen oder beruflichen Vorgang ausgelöst wurde.

(d) Betriebsausgaben sind auch Beiträge zu **Sachversicherungen** für Betriebsvermögen, z.B. Feuer-, Diebstahl-, Hagelversicherung.

(e) Prämien für eine **Teilhaberversicherung** bei einer Personengesellschaft werden nicht als **Betriebsausgaben** anerkannt. Versicherungen auf den Lebens- oder Todesfall oder Risikolebensversicherungen, die ein Unternehmer oder eine Personengesellschaft **für ihre Gesellschafter** abschließt, sind vielmehr dem **Privatvermögen** zuzuordnen, was allerdings nicht nur zur Folge hat, dass die Versicherungsprämien keine Betriebsausgaben sind, sondern auch, dass die Versicherungsleistungen nicht zu Betriebseinnahmen führen (BFH-Urteile vom 13. 3. 1991, BFH/NV S. 736, vom 6. 2. 1992, BStBl II S. 653 und Beschluss vom 8. 9. 1993, BFH/NV 1994 S. 539). Dies gilt selbst dann, wenn die Versicherung zur Absicherung betrieblicher Schulden der Gesellschaft oder Gemeinschaft dient und die Gesellschaft oder Gemeinschaft bezugsberechtigt ist (BFH-Urteile vom 11. 5. 1989, BStBl II S. 657 und vom 10. 4. 1990, BStBl II S. 1017). Da Leistungen aus Teilhaberversicherungen folgerichtig nicht mehr als Betriebseinnahmen erfasst werden, sind etwa noch aktivierte Ansprüche aus einer Teilhaberversicherung erfolgsneutral auszubuchen.

(f) Zur einkommen-(lohn-)steuerlichen Behandlung der Aufwendungen von **Arbeitnehmern** für freiwillige **Unfallversicherungen** und deren Abzugsfähigkeit als Werbungskosten oder Sonderausgaben vgl. Teil I Anlage N, Zeilen 57 bis 62, ABC „Versicherungsbeiträge" und das dort erläuterte BMF-Schreiben vom 17. 7. 2000, BStBl I S. 1204. Beiträge zu einer **Unfallversicherung** allgemeiner Art, bei der z.B. **Gewerbetreibende** und **Freiberufler** versichert sind, können als **Betriebsausgaben** abgezogen werden, wenn ausschließlich oder ganz überwiegend ein **erhöhtes betriebliches Unfallrisiko** abgedeckt wird, also eine besonders **gefahrengeneigte Tätigkeit** abgesichert werden soll und sich die Unfallversicherung auf diese Risiken beschränkt (vgl. BFH-Urteil vom 13. 4. 1976, BStBl II S. 599), wie z.B. bei einer Tätigkeit auf Dächern, Bauten, Gerüsten, in Bergwerken, Steinbrüchen, bei Sprengarbeiten, aber auch bei Berufssportlern wie Fußballern, Boxern oder bei Tauchern oder bei einem Flugkapitän. Der Steuerpflichtige bleibt an eine einmal getroffene Entscheidung grundsätzlich gebunden. Aus der Behandlung der Prämienzahlungen als Betriebsausgaben folgt, dass Leistungen **aus** einer allgemeinen Unfallversicherung zugunsten des Steuerpflichtigen **Betriebseinnahmen** sind, wenn der Unfall durch die besonderen Umstände ausgelöst wurde, die die Zuordnung der Versicherung zum Betriebsvermögen begründete. Bei **privater** Veranlassung des Unfalls oder ohne Zusammenhang mit der gefahrgeneigten Tätigkeit sind die Versicherungsleistungen **keine** Betriebseinnahmen.

Bei einer **PKW-Insassen-Unfallversicherung** ist nicht eine bestimmte Person versichert, sondern der **jeweilige Benutzer** des PKW; die Person des Versicherten steht also erst bei Eintritt des Versicherungsfalls fest. Die Rechtsprechung anerkennt bei einem zum **Betriebsvermögen** gehörenden PKW einen betrieblichen Anlass für die Versicherung (BFH-Urteil vom 18. 11. 1971, BStBl 1972 II S. 277). Die Prämien sind **in Höhe des betrieblichen Nutzungsanteils** des PKW **Betriebsausgaben.** Die Behandlung der Versicherungs**leistungen** richtet sich nach der **Nutzung** des PKW im Zeitpunkt des Unfalls. Die Leistungen **aus** einer PKW-Insassenunfallversicherung sind also **Betriebseinnahmen,** wenn sich der Unfall auf einer **betrieblichen Fahrt** ereignet (BFH-Urteile vom 8. 4. 1964, BStBl II S. 271 und vom 18. 11. 1971 a.a.O.). Der Anspruch gegen die Versicherungsgesellschaft gehört dagegen nicht zum Betriebsvermögen, wenn er dadurch ausgelöst wird, dass der Steuerpflichtige auf einer **Privatfahrt** einen Unfall erleidet, und wenn ein bestimmter Anteil der Kosten für die Unterhaltung des Fahrzeugs wegen privater Nutzung nicht als Betriebsausgabe, sondern als Nutzungsentnahme behandelt worden ist (BFH-Urteil vom 15. 12. 1977, BStBl 1978 II S. 212). Entsprechende Grundsätze müssen wohl auch für den betrieblich mitbenutzten, zum **Privatvermögen** gehörenden PKW gelten.

(17) Selbständige Angehörige bestimmter Berufsgruppen (z.B. Ärzte, Rechtsanwälte, Hebammen, Schornsteinfeger) sowie selbständige Handwerker sind zur Leistung bestimmter **Versorgungsbeiträge** gesetzlich verpflichtet. Solche Zwangsbeiträge stellen **keine Betriebsausgaben,** sondern **Sonderausgaben** dar, weil sie in der Regel auch der eigenen Versorgung oder der Versorgung der Angehörigen dienen (BFH-Urteile vom 13. 4. 1972, BStBl II S. 728 und S. 730 sowie H 88 [Versorgungsbeiträge Selbständiger] und H 144 [Versorgungskasse] EStH).

(18) Zinsen für Steuerschulden, Säumnis- und Verspätungszuschläge, Zwangsgelder

Nachforderungszinsen als Folge der sog. Vollverzinsung (§ 233 a AO), **Stundungszinsen** (§ 234 AO), **Aussetzungszinsen** (§ 237 AO), **Säumniszuschläge** (§ 240 AO), **Verspätungszuschläge** (§ 152 AO) und **Zwangsgelder** (§ 239 AO) sind als **Betriebsausgaben/ Werbungskosten** abzugsfähig, allerdings nur dann, wenn die zugrunde liegenden Steuern abziehbar sind (z.B. Betriebssteuern wie USt, GewSt, betriebliche KFZ-Steuer, aber auch GrSt und GrESt für Betriebs-/Privatgrundstücke). So können z.B. Aussetzungszinsen als Werbungskosten bei Vermietung und Verpachtung abziehbar sein, wenn der ausgesetzte Steuerbescheid GrESt betrifft (vgl. BFH-Urteil vom 25. 7. 1995, BStBl II S. 835).

Nachforderungszinsen (§ 233a AO), Stundungszinsen (§ 234 AO) und Aussetzungszinsen (§ 237 AO), die mit **nicht**abziehbaren Steuern im Zusammenhang stehen – z.B. die ESt, aber auch die Erbschaft- und Schenkungsteuer und die private KFZ-Steuer – können nicht als Sonderausgaben abgezogen werden (§ 10 Abs. 1 Nr. 5 EStG wurde gestrichen). Die mit den sonstigen nichtabziehbaren Steuern zusammenhängenden Nebenleistungen, wie Säumniszuschläge (§ 240 AO), Verspätungszuschläge (§ 152 AO) und Zwangsgelder (§ 239 AO) konnten auch vorher nicht als Sonderausgaben berücksichtigt werden. **Hinterziehungszinsen** (§ 235 AO) sind sowohl bei der Ermittlung der Einkünfte als auch des Einkommens vom Abzug ausgeschlossen (vgl. § 4 Abs. 5 Satz 1 Nr. 8a EStG und H 121 EStH).

2.11. Arbeitsverträge zwischen Ehegatten

Arbeitsverträge zwischen Ehegatten können zu einer Steuerersparnis führen. Eine solche Vereinbarung kann vor allem **gewerbesteuerlich** von Vorteil sein. Wird ein Ehegatten-Arbeitsverhältnis steuerlich anerkannt, so mindert der Arbeitslohn, der an den Arbeitnehmer-Ehegatten gezahlt wird, als Betriebsausgabe den Gewerbeertrag. Aber auch bei der **Einkommensteuer** können sich steuerliche Ersparnisse ergeben. Zwar unterliegt der an den Arbeitnehmer-Ehegatten gezahlte Arbeitslohn ebenso der Lohnsteuer wie Löhne und Gehälter, die an fremde Personen gezahlt werden. Dem Arbeitnehmer-Ehegatten steht aber **der Arbeitnehmer-Pauschbetrag von 920 €** zu, der auch im Falle einer Zusammenveranlagung der Ehegatten erhalten bleibt. Ohne steuerlich anzuerkennendes Arbeitsverhältnis kommt dieser Pauschbetrag, der Werbungskosten abgelten soll, nicht in Betracht. Außerdem steht dem Arbeitnehmer-Ehegatten die Vorsorgepauschale (§ 10c Abs. 2 EStG) zu, die sich jedoch nur auswirkt, wenn die Vorsorgeaufwendungen (abzugsfähige Versicherungsbeiträge) der Ehegatten nicht ohnehin höher sind. Auch die Arbeitnehmer-Sparzulage nach dem Vermögensbildungsgesetz kann Arbeitnehmer-Ehegatten gewährt werden, falls die übrigen Voraussetzungen des Vermögensbildungsgesetzes vorliegen.

Ein Ehegatten-Arbeitsverhältnis wird steuerlich nur anerkannt, wenn es **ernsthaft vereinbart und entsprechend der Vereinbarung tatsächlich durchgeführt** wird. Vgl. hierzu auch die umfassenden Erläuterungen in R 19 EStR und H 19 (Arbeitsverhältnisse zwischen Ehegatten) EStH. Nach Auffassung des Bundesverfassungsgerichts können an den Nachweis der Ernsthaftigkeit strengere Anforderungen als bei Verträgen zwischen Fremden gestellt werden. Deshalb ist eine eindeutige Vereinbarung notwendig. Es empfiehlt sich Schriftform, wenn sie auch nicht zwingend vorgeschrieben ist. Für die Ernsthaftigkeit ist außerdem von Bedeutung, ob durch die Mitarbeit des Ehegatten eine fremde Arbeitskraft mit gleichem Arbeitslohn ersetzt wird und somit die Beschäftigung des Ehegatten als Arbeitnehmer wirtschaftlich sinnvoll ist. Wesentlicher Bestandteil eines Arbeitsvertrages ist die **Vereinbarung über die Höhe und die Bezahlung des Lohnes.** Wenn es hieran fehlt, kann ein wirksamer Vertrag nicht angenommen werden. Aus dem Arbeitsverhältnis müssen **alle Folgerungen wie unter Fremden** gezogen werden, so z.B. tatsächliche Arbeitsleistung, laufende Zahlung von Arbeitslohn entsprechend der Gehaltsvereinbarung, Vorlage einer Lohnsteuerkarte und Einbehaltung und Abführung von Lohnsteuer sowie Leistungen an die Sozialversicherung (soweit keine Befreiung erfolgt ist). Verpflichten sich Ehegatten, die beide Unternehmer sind, mit ihrer vollen Arbeitskraft jeweils im Gewerbebetrieb des **anderen** tätig zu sein, so liegen keine anzuerkennenden Ehegatten-Arbeitsverträge vor, weil derartige Vereinbarungen nach Auffassung des BFH nicht durchführbar sind (BFH-Urteil vom 26. 2. 1969, BStBl II S. 315). Die **Wechselseitigkeit** von Ehegatten-Arbeitsverträgen ist jedenfalls ein starkes Indiz dafür, dass solche Verträge nicht dem entsprechen, was unter Fremden üblich ist; bei wechselseitigen Teilarbeitsverhältnissen kann dies anders sein (BFH-Urteil vom 12. 10. 1988, BStBl 1989 II S. 354).

Die **Vergütung** für die Arbeitsleistung des im Betrieb beschäftigten Ehegatten kann nur insoweit als Arbeitslohn und damit als Betriebsausgabe behandelt werden, als sie **angemessen** ist und nicht den Betrag übersteigt, den ein fremder Arbeitnehmer für eine gleichartige Tätigkeit erhalten würde. In den Vergleich sind alle Leistungen an den Arbeitnehmer-Ehegatten einzubeziehen, also neben den Löhnen auch Tantiemen, Gratifikationen, Sachbezüge und Leistungen für die Zukunftsicherung. **Rückwirkend** geschlossene Verträge werden steuerlich **nicht** anerkannt, auch nicht die nachträgliche Vereinbarung von Vergütungen (Tantiemen) für den Arbeitnehmer-Ehegatten, z.B. bei Bilanzerstellung (BFH-Urteile vom 8. 3. 1962, BStBl III S. 218 und vom 29. 11. 1988, BStBl 1989 II S. 281).

Der Anerkennung eines Arbeitsverhältnisses zwischen Ehegatten steht es nicht entgegen, dass der vereinbarte Arbeitslohn unüblich niedrig ist, es sei denn, der Arbeitslohn ist so niedrig bemessen, dass er nicht mehr als eine Gegenleistung für eine begrenzte Tätigkeit des Arbeitnehmer-Ehegatten angesehen werden kann, weil ein rechtsgeschäftlicher Bindungswille fehlt (BFH-Urteil vom 22. 3. 1990, BStBl II S. 776). Bei einem voll im Betrieb mitarbeitenden Ehegatten wird daher ein Arbeitsverhältnis steuerlich nur anerkannt, wenn der Arbeitslohn den für versicherungsfreie Nebentätigkeiten geltenden Betrag übersteigt.

Eine besondere Bedeutung ist der Frage beizumessen, auf welche Weise die **Auszahlung des Arbeitslohnes** an den Arbeitnehmer-Ehegatten erfolgt. Ein ernsthaftes Arbeitsverhältnis zwischen Ehegatten besteht in der Regel nur dann, wenn die vereinbarte Arbeitsvergütung jeweils zum üblichen Zahlungszeitpunkt tatsächlich gezahlt wird. Der Umstand, dass das vereinbarte Entgelt nur teilweise oder überhaupt nicht ausbezahlt wird, spricht gegen die Ernsthaftigkeit der Vereinbarung (BFH-Urteile vom 5. 12. 1963, BStBl 1964 III S. 131, vom 18. 7. 1972, BStBl II S.932, vom 14. 10. 1981, BStBl 1982 II S. 119 und vom 25.7. 1991, BStBl II S. 842). Ein steuerlich anzuerkennendes Arbeitsverhältnis zwischen Ehegatten ist aber im Allgemeinen möglich, auch wenn Teile des Arbeitslohnes als **Darlehen** in den Betrieb des Ehegatten zurückfließen. Sind die wechselseitigen Verpflichtungen aus einem ordnungsgemäß vereinbarten und tatsächlich durchgeführten Arbeitsverhältnis erfüllt, so berührt eine anschließende Darlehensvereinbarung die Anerkennung des Arbeitsverhältnisses nicht. Das gilt auch, wenn der Arbeitnehmer-Ehegatte jeweils im Fälligkeitszeitpunkt über den an ihn auszuzahlenden Netto-Arbeitslohn ausdrücklich dadurch verfügt, dass er den Auszahlungsanspruch in eine Darlehensforderung umwandelt (BFH-Urteil vom 17. 7. 1984, BStBl 1986 II S. 48). Falls jedoch Arbeits- und Darlehensvereinbarungen von den Ehegatten in einer Weise miteinander verknüpft werden, dass der Arbeitslohn ganz oder teilweise bereits als Darlehen behandelt wird, bevor er in die Verfügungsmacht des Arbeitnehmer-Ehegatten gelangt ist, erfordert die Anerkennung des Arbeitsverhältnisses, dass auch der Darlehensvertrag wie ein unter Fremden üblicher Vertrag mit eindeutigen **Zins- und Rückzahlungsvereinbarungen** abgeschlossen und durchgeführt wird (BFH-Urteil vom 23. 4. 1975, BStBl II S. 579). Die Verwendung erhaltenen Lohnes in Form der **schenkweisen Übertragung** auf den Arbeitgeber-Ehegatten lässt die steuerliche Anerkennung eines ernsthaft vereinbarten und vollzogenen Arbeitsverhältnisses unberührt, wenn die Schenkung nicht im engen zeitlichen Zusammenhang mit der Lohnzahlung steht (BFH-Urteil vom 4. 11. 1986, BStBl 1987 II S. 336).

Vergütungen auf Grund von Arbeitsverträgen zwischen Ehegatten können mangels der für die Vertragsdurchführung erforderlichen Trennung der Vermögens- und Einkommensbereiche der Ehegatten steuerlich **nicht** als Betriebsausgaben berücksichtigt werden, wenn die Bezüge des mitarbeitenden Ehegatten auf ein privates Konto des Arbeitgeber-Ehegatten überwiesen werden. Dagegen ist die Abzugsfähigkeit zu bejahen, wenn das Gehalt auf ein Bankkonto des **Arbeitnehmer-Ehegatten** (z. B. der Ehefrau) überwiesen wird und das selbst dann, wenn der Arbeitgeber-Ehegatte (z. B. Ehemann) unbeschränkt Verfügungsvollmacht über dieses Konto besitzt, weil in diesem Falle die Zahlungen an die Ehefrau in deren alleinigen Vermögensbereich übergegangen sind (BFH-Urteil vom 16. 1. 1974, BStBl II S. 294). Nach der Entscheidung des **Bundesverfassungsgerichts** vom 7. 11. 1995 (BStBl 1996 II S. 34) darf einem Arbeitsverhältnis zwischen Ehegatten die steuerliche Anerkennung nicht allein deshalb versagt werden, weil die Vergütung auf ein Konto geflossen ist, über das jeder der Ehegatten allein verfügen darf (sog. **Oder-Konto**).

Heirats- und Geburtsbeihilfen, Unterstützungen, Aufwendungen für die Zukunftsicherung, die Gewährung freier Unterkunft und Verpflegung, soweit sie ausnahmsweise zum tariflichen oder vertraglich vereinbarten angemessenen Gehalt gehören, und ähnliche Zuwendungen an den Arbeitnehmer-Ehegatten können nur berücksichtigt werden, wenn die Zuwendungen **im Betrieb des Unternehmers üblich** sind. Fehlt es an innerbetrieblichen Vergleichsmöglichkeiten, weil z. B. der Ehegatte der einzige Arbeitnehmer ist, so ist nach den Verhältnissen des Einzelfalles zu entscheiden, ob die genannten Aufwendungen **dem Grunde und der Höhe nach angemessen** und daher **betrieblich veranlasst** sind. Ist der Arbeitnehmer-Ehegatte rentenversicherungspflichtig, so ist der gesetzliche Beitragsanteil des Arbeitnehmer-Ehegatten zur gesetzlichen Rentenversicherung Teil des steuerpflichtigen Arbeitslohnes, auch wenn ihn der Arbeitgeber-Ehegatte übernimmt. Eine **Pensionszusage** kann im Rahmen eines Ehegatten-Arbeitsverhältnisses nicht anerkannt werden, wenn der Arbeitgeber-Ehegatte vergleichbaren anderen Angestellten seines Betriebs keine vergleichbaren Versorgungszusagen erteilt (BFH-Urteil vom 10. 3. 1993, BStBl II S. 604). Vgl. H 26 (Arbeitnehmer-Ehegatte) EStH.

Die Regelung in § 40b EStG, die weiter gilt, wenn die Versorgungszusage vor dem 1. 1. 2005 erteilt wurde (§ 52 Abs. 52a EStG), hat die Möglichkeit geschaffen, die Lohnsteuer bei bestimmten **Leistungen für die Zukunftsicherung** bis zu einem Betrag von 1 752 € pro Arbeitnehmer und Kalenderjahr mit 20 v. H. zu pauschalieren. Seither werden in verstärktem Maße **Direktversicherungen** (Lebensversicherungen) zugunsten des Arbeitnehmer-Ehegatten abgeschlossen. Solchen Vereinbarungen kann die steuerliche Anerkennung nicht versagt werden, **wenn vergleichbaren fremden Arbeitnehmern** innerhalb des eigenen Betriebs eine vergleichbare Direktversicherung eingeräumt oder ernsthaft angeboten wurde. Fehlt eine innerbetriebliche Vergleichsmöglichkeit, kommt es darauf an, ob die Zuwendungen an den Arbeitnehmer-Ehegatten dem Grunde und der Höhe nach angemessen sind. Einzelheiten sind in den **BMF-Schreiben vom 4. 9. 1984 (BStBl I S. 495) und vom 9. 1. 1986 (BStBl I S. 7)** geregelt. Ohne Bedeutung ist, wenn die Versicherungssumme bei vorzeitigem Tod des Arbeitnehmer-Ehegatten ganz oder teilweise dem Arbeitgeber-Ehegatten zusteht. Eine Direktversicherung zugunsten des Arbeitnehmer-Ehegatten kann der Höhe nach nur insoweit anerkannt werden, als sie **nicht** zu einer **Überversorgung** führt; dies gilt auch dann, wenn angemessener Barlohn in Beiträge für eine Direktversicherung umgewandelt wird (BFH-Urteil vom 16.5. 1995, BStBl II S.873 sowie H 26 [Arbeitnehmer-Ehegatten] EStH).

Für die einkommensteuerliche Beurteilung des Arbeitsverhältnisses eines Ehegatten mit einer **Personengesellschaft,** an der der andere Ehegatte als Mitunternehmer beteiligt ist, kann unterstellt werden, dass der mitarbeitende Ehegatte in der Gesellschaft die gleiche Stellung wie ein fremder Arbeitnehmer hat und hinsichtlich der Behandlung des Arbeitsverhältnisses keine Besonderheiten Platz greifen. Die oben genannten strengeren Anforderungen gelten nur, wenn der Mitunternehmer-Ehegatte die Personengesellschaft auf Grund seiner wirtschaftlichen Machtstellung beherrscht oder wenn eine Personengesellschaft aufeinander abgestimmte Arbeitsverträge mit den Angehörigen ihrer Gesellschafter abschließt (BFH-Urteil vom 20.10.1983, BStBl 1984 II S.298). Ein ernsthaftes Arbeitsverhältnis kann steuerlich auch anzuerkennen sein, wenn die Ehefrau laufend einen Teil ihres Gehalts auf ein angemessen verzinstes Darlehenskonto bei der Gesellschaft einzahlt, über das sie aber jederzeit verfügen kann (BFH-Urteil vom 25. 4. 1968, BStBl II S. 494). Zum sog. **Oder-Konto** der Eheleute vgl. oben Entscheidung des BVG vom 7.11. 1995, BStBl 1996 II S. 34 sowie BFH-Urteil vom 24.3. 1983, BStBl II S. 663.

Gehört ein Gewerbebetrieb zum Gesamtgut der in **Gütergemeinschaft** lebenden Eheleute, so kann das an den mitarbeitenden Ehegatten auf Grund eines Arbeitsvertrages gezahlte Gehalt den Gewinn grundsätzlich nicht mindern, weil die Ehegatten in diesem Falle regelmäßig als **Mitunternehmer** anzusehen sind (BFH-Urteile vom 1. 10. 1992, BStBl 1993 II S. 574 und vom 4. 11. 1997, BStBl 1999 II S.384). An einer Mitunternehmerschaft beider Ehegatten fehlt es jedoch, wenn im Gewerbebetrieb die persönliche Arbeitsleistung des das Gewerbe handelsrechtlich allein betreibenden Ehegatten entscheidend im Vordergrund tritt und im Betrieb kein nennenswertes, ins Gesamtgut fallendes Kapital eingesetzt wird, wie das z.B. bei einem Handelsvertreter oder bei einem Handwerksbetrieb der Fall sein kann (BFH-Urteile vom 7. 10. 1976, BStBl 1977 II S. 201, und vom 22. 6. 1977, BStBl II S. 836). Mitunternehmerschaft besteht nicht schon deshalb, weil der Ehemann (Handelsvertreter) einige Räume eines zum Gesamtgut gehörenden Grundstücks zu Bürozwecken nutzt (BFH-Urteil vom 20. 3. 1980, BStBl II S. 634). Wegen der steuerlichen Auswirkung sonstiger **ehelicher Güterstände** vgl. Teil I, Hauptvordruck, Zeile 13 („Maßgebender Güterstand").

Kann ein Arbeitsverhältnis steuerlich nicht anerkannt werden, so sind Lohnzahlungen **einschließlich** einbehaltener und abgeführter Lohnsteuer- und Kirchensteuerbeträge und für den mitarbeitenden Ehegatten einbehaltene und abgeführte Sozialversicherungsbeiträge (Arbeitgeber- und Arbeitnehmeranteil) nicht als Betriebsausgaben abzugsfähig (BFH-Urteil vom 8. 2. 1983, BStBl II S. 496).

2.12. Gesellschaftsverträge und sonstige Verträge zwischen Ehegatten

Ein steuerlich zu beachtendes **Gesellschaftsverhältnis zwischen Ehegatten** liegt grundsätzlich vor, wenn beide Ehegatten, wie es im Wirtschaftsleben bei fremden Gesellschaftern der Fall wäre, zur Erreichung des Gesellschaftszwecks durch Mitarbeit, Bereitstellung von Kapital oder durch Überlassung von Wirtschaftsgütern tatsächlich beitragen. Der Beitrag darf nicht von untergeordneter Bedeutung sein. Angehörige eines freien Berufs, der eine festgelegte, abgeschlossene Berufsausbildung erfordert, werden in der Regel mit ihren berufsfremden Ehegatten kein steuerlich zu berücksichtigendes Gesellschaftsverhältnis eingehen können. Auch wenn ein anzuerkennender Gesellschaftsvertrag besteht, ist die von den Ehegatten vereinbarte Gewinnverteilung steuerlich nicht immer ohne weiteres maßgebend. Insbesondere gilt das bei einer Teilung des Gewinns nach Köpfen, wenn sie nicht den Leistungen der Ehegatten für die Gesellschaft entspricht. In Fällen dieser Art ist der Gewinn gegebenenfalls im Wege der Schätzung so zu verteilen, wie er unter gleichen Verhältnissen etwa zwischen Fremden geteilt würde. Im Übrigen vgl. wegen der bei **Familiengesellschaften** geltenden Besonderheiten die ausführlichen Erläuterungen in Teil I, Anlage GSE, Zeilen 6 bis 8 sowie R 138a EStR und H 138a EStH.

Miet- und Pachtverträge, Darlehensverträge und ähnliche Verträge zwischen Ehegatten können steuerlich anerkannt werden, wenn sie ernsthaft vereinbart und tatsächlich durchgeführt worden sind. Maßstab für die Ernsthaftigkeit ist, dass die gegenseitigen Beziehungen der Ehegatten im Rahmen des Vertragsverhältnisses im Wesentlichen die gleichen sind, wie sie zwischen Fremden bestehen würden. Für die Zahlung von Vergütungen aus diesen Verträgen ist ebenso wie bei Arbeitsverhältnissen eine klare Trennung der Vermögens- und Einkommensbereiche der Ehegatten erforderlich (BFH-Urteil vom 22. 3. 1972, BStBl II S. 614). Die oben in Tz. 2.11. dargestellten Grundsätze zur Anerkennung von Arbeitsverhältnissen zwischen Ehegatten gelten hier entsprechend (H 19 [Sonstige Rechtsverhältnisse …] EStH).

Einzelheiten zur steuerlichen Anerkennung von **Darlehensverträgen zwischen Angehörigen** sind im BMF-Schreiben vom 1. 12.

1992, BStBl I S. 729 geregelt, das durch die BMF-Schreiben vom 25. 5. 1993, BStBl I S. 410 und vom 30. 5. 2001, BStBl I S. 348 ergänzt worden ist. In der Praxis stellt sich häufig die Frage nach der Anerkennung von Darlehensverhältnissen unter nahen Angehörigen **nach vorausgegangener Schenkung**. Nach dem BFH-Urteil vom 18. 1. 2001, BStBl II S. 393 ist eine steuerschädliche Abhängigkeit zwischen Schenkung und Darlehen nicht allein deshalb zu vermuten, weil die Vereinbarung von Schenkung und Darlehen zwar in mehreren Urkunden, aber innerhalb kurzer Zeit erfolgt ist. Andererseits kann auch bei einem längeren Abstand zwischen Schenkungs- und Darlehensvertrag eine auf einem Gesamtplan beruhende sachliche Verknüpfung bestehen (BFH-Urteil vom 22. 2. 2002, BStBl II S. 685). Die Beurteilung, ob eine gegenseitige Abhängigkeit der beiden Verträge voliegt, ist danach anhand der gesamten Umstände des jeweiligen Einzelfalls zu beurteilen. Vgl. H 19 (Darlehensverhältnisse zwischen Angehörigen-Schenkungsbegründetes Darlehen) EStH.

Wegen der Bedeutung der ehelichen **Güterstände** wird auf die Ausführungen in Teil I, Hauptvordruck, Zeile 13 („Maßgebender Güterstand") hingewiesen.

2.13. Arbeitsverträge und sonstige Verträge zwischen Eltern und Kindern

Ein **Arbeitsverhältnis zwischen Eltern und Kindern** ist nach der höchstrichterlichen Rechtsprechung dann anzuerkennen, wenn eine **klare** und **eindeutige Vereinbarung** vorliegt. Die Vereinbarung muss schon **zu Beginn** des Zeitraumes, für den die Vergütung gezahlt wird, vorliegen. Die Bar- und Sachleistungen müssen **angemessen** sein, d. h. den Beträgen entsprechen, die vergleichbaren fremden Arbeitnehmern gezahlt werden. Liegt ein steuerlich anzuerkennender Arbeitsvertrag (bzw. Ausbildungsvertrag) nicht vor, so sind die Aufwendungen der Eltern für das mitarbeitende Kind steuerlich nicht abzugsfähige Lebenshaltungskosten.

Eine Vereinbarung wird nur dann als klar und eindeutig anerkannt, wenn die Höhe der Arbeitsvergütung sich aus ihr **ziffernmäßig** feststellen lässt. Die Gewährung freier Wohnung und freier Verpflegung kann als **Teil** der Arbeitsvergütung zu behandeln sein, wenn die Leistungen auf arbeitsvertraglichen Vereinbarungen beruhen. Bei einem voll im Betrieb mitarbeitenden Kind muss die Summe aus Barentlohnung und Sachleistung die sozialversicherungsrechtliche Freigrenze überschreiten, wobei nach Verwaltungsauffassung eine Mindestbarentlohnung von monatlich 100 € Voraussetzung für die steuerrechtliche Anerkennung des Arbeitsverhältnisses ist (R 19 Abs. 3 EStR). Wenn dem mitarbeitenden Kind **ausschließlich Unterhalt** gewährt wird (Beköstigung, Bekleidung, Unterkunft, Taschengeld), handelt es sich steuerlich nicht um Betriebsausgaben, sondern um nicht abzugsfähige Lebenshaltungskosten (BFH-Urteil vom 19. 8. 1971, BStBl 1972 II S. 172). Auch unangemessen hohe oder unregelmäßig ausgezahlte Ausbildungsvergütungen an das Kind können nicht als Betriebsausgaben anerkannt werden (BFH-Urteil vom 13. 11. 1986, BStBl 1987 II S. 121). Sonderzuwendungen, wie z.B. Weihnachts- und Urlaubsgelder, Sonderzulagen und Tantiemen, können nur dann als Betriebsausgaben abgezogen werden, wenn sie vor Beginn des Leistungsaustauschs klar und eindeutig vereinbart worden sind und auch einem **Fremdvergleich** standhalten (BFH-Urteile vom 10. 3. 1988, BStBl II S. 877, und vom 29. 11. 1988, BStBl 1989 II S. 281). „Arbeitsverträge" über **gelegentliche Hilfeleistungen** durch Angehörige werden steuerlich nicht anerkannt, weil sie zwischen fremden Personen nicht vereinbart worden wären (BFH-Urteile vom 17. 3. 1988, BStBl II S. 632 und vom 9. 12. 1993, BStBl 1994 II S. 298). Andererseits sind Zahlungen der Eltern für Aushilfstätigkeiten erwachsener Kinder im Betrieb nicht schon deshalb vom Abzug als Betriebsausgaben ausgeschlossen, weil die Kinder familienrechtlich aufgrund von § 1619 BGB zur Mithilfe im Betrieb verpflichtet sind (BFH-Urteil vom 25. 1. 1989, BStBl II S. 453). Arbeitsverhältnisse mit Kindern unter 15 Jahren sind wegen Verstoßes gegen das Jugendarbeitsschutzgesetz im Allgemeinen nichtig und können daher auch steuerrechtlich nicht anerkannt werden (R 19 Abs. 3 EStR, H 19 [Gelegentliche Hilfeleistungen] EStH). Zur Ausbildung und Fortbildung von Kindern im Betrieb der Eltern in sog. **Berufsausbildungs- oder Berufsfortbildungsdienstverhältnissen** vgl. oben Tz. **2.10.** (1).

Wegen der steuerlichen Anerkennung von **Darlehensverträgen** (besonders nach vorausgegangener Schenkung) **und ähnlichen Verträgen** zwischen Eltern und Kindern wird auf die Ausführungen in der vorstehenden **Tz. 2.12.**, die hier entsprechend gelten, hingewiesen. Zur Anerkennung von **Mietverträgen** mit unterhaltsberechtigten Kindern und allgemein mit nahen Angehörigen vgl. Teil I, Anlage V, Zeile 6 und BMF-Schreiben vom 22. 1. 1996, BStBl I S. 37 sowie H 162a (Vermietung an Unterhaltsberechtigte) EStH.

3. Wohneigentumsförderung – Übersicht –

Die steuerliche Förderung des selbstgenutzten Wohneigentums ist seit Jahrzehnten ein wichtiger Bestandteil des deutschen Steuerrechts.

3.1. Förderung durch Eigenheimzulage (EigZul)

Die steuerliche Wohneigentumsförderung erfolgt bereits **ab 1996** durch Gewährung einer **Eigenheimzulage**. Sie wird nach längeren politischen Auseinandersetzungen auch noch im Veranlagungszeitraum **2005** gewährt, **ab 1. 1. 2004** allerdings mit erheblichen Einschränkungen. Die Änderungen des Eigenheimzulagengesetzes (EigZulG) sind im Haushaltsbegleitgesetz (HBeglG) 2004 vom 29. 12. 2003, BStBl 2004 I S. 120 enthalten. Die umfangreichen Neuregelungen sind in erster Linie als Sparmaßnahmen für die Haushalte gedacht und wirken sich daher auch überwiegend zum Nachteil der Steuerpflichtigen aus. Da es sich bei der EigZul um eine der größten Direktsubventionen handelt, ist auch in Zukunft mit weiteren Einschränkungen oder deren stufenweiser Abschaffung zu rechnen.

Die Eigenheimzulage trat an die Stelle der Steuerbegünstigung nach § 10e EStG (vgl. hierzu unten Tz. 3.2.); sie ist **progressionsunabhängig** ausgestaltet. Die Zulage wurde erstmals für Fälle gewährt, in denen der Bauantrag **nach dem 31. 12. 1995** gestellt bzw. der Kaufvertrag nach diesem Zeitpunkt rechtswirksam abgeschlossen wurde.

Die einschränkenden Neuregelungen nach dem HBeglG 2004 sind erstmals anzuwenden, wenn mit der Herstellung des Objekts **nach dem 31. 12. 2003** begonnen bzw. im Fall der Anschaffung der Wohnung der obligatorische Vertrag (z.B. Kaufvertrag) nach diesem Tag rechtswirksam abgeschlossen wurde bzw. wenn der Anspruchsberechtigte im Fall des § 17 EigZulG (Genossenschaftsanteile) nach dem 31.12. 2003 einer Genossenschaft beigetreten ist (§ 19 Abs. 8 EigZulG). Zum Beginn der Herstellung (Bauantrag bzw. Bauunterlagen) vgl. § 19 Abs. 5 EigZulG und BFH-Urteile vom 30. 9. 2003, BStBl 2004 II S. 262 und vom 30. 9. 2003, BStBl 2004 II S. 209 (falls ein Bauantrag nicht erforderlich ist).

Wegen Zweifelsfragen zum Eigenheimzulagengesetz (EigZulG) und zum Vorkostenabzug bei einer hiernach begünstigten Wohnung (§ 10i EStG) wird auf das neueste **BMF-Schreiben vom 21. 12. 2004, BStBl 2005 I S. 305** i.V. mit dem BMF-Schreiben vom 10. 2. 1998, BStBl I S. 190 und weiteren Änderungen hingewiesen (vgl. EStH, Anhang 34 V sowie BMF-Schreiben vom 2. 3. 2004, BStBl I S. 363 zum Erstjahr und zur Genossenschaftsförderung).

Der Antrag auf Eigenheimzulage (EigZul) ist **unabhängig von der ESt-Erklärung** zu stellen. In dieser Anleitung werden deshalb auch **nur die wichtigsten Grundsätze** zur EigZul erläutert. Vordruckmuster und Anleitung zum Antrag auf Eigenheimzulage wurden zuletzt im BStBl 2004 I S. 420 ff. veröffentlicht.

Der Anspruchsberechtigte muss – wie bei § 10e EStG – **bürgerlichrechtlicher oder wirtschaftlicher Eigentümer** der Wohnung sein (vgl. hierzu unten **Tz. 3.3.1.** und BMF-Schreiben ovm 21. 12. 2004 a.a.O., Rz 1 bis 7).

Begünstigt ist die Herstellung oder Anschaffung einer **Wohnung** in einem im Inland belegenen Haus (§ 2 EigZulG und BMF-Schreiben vom 21. 12. 2004 a.a.O., Rz 8 bis 12). **Nicht** begünstigt sind **Ferien- oder Wochenendwohnungen**; das sind Wohnungen, die baurechtlich nicht ganzjährig bewohnt werden dürfen oder die sich aufgrund ihrer Bauweise nicht zum dauernden Bewohnen

Teil II
Tz. 3.1.

eignen (BMF-Schreiben vom 21. 12. 2004 a.a.O., Rz 13). Die Förderung von **Ausbauten** und **Erweiterungen** ist **ab 1. 1. 2004** entfallen, es sei denn, es würde hierdurch eine neue, abgeschlossene Wohnung geschaffen. Begünstigt ist aber auch der Erwerb von **Genossenschaftsanteilen** (§ 17 EigZulG und BMF vom 21. 12. 2004 a.a.O., Rz 78 ff.).

Das EigZulG geht als **Bemessungsgrundlage** von dem allgemeinen **Herstellungs- und Anschaffungskostenbegriff** aus (vgl. BMF-Schreiben vom 2. 10. 2003, BStBl I S. 488 und ausführlich hierzu unten in **Tz. 3.3.3.a**). Hinsichtlich der Abgrenzung von Aufwendungen für Instandsetzungen und Modernisierung von den Anschaffungs-/Herstellungskosten sowie zum „anschaffungsnahen Aufwand" gelten die allgemeinen Grundsätze wie sie in Teil I, Anlage V, Zeilen 43 bis 44 (3) A. und (3) B. dargestellt sind. Auch die Ausführungen zur **Objektbeschränkung** (vgl. unten **Tz. 3.3.6.**) und zum **Folgeobjekt** (vgl. unten **Tz. 3.3.7.**) gelten entsprechend (§§ 6, 7 EigZulG und BMF-Schreiben vom 21. 12. 2004 a.a.O., Rz 28 ff. und Rz 40 ff.). Wegen der großzügigeren Regelung bei der Objektbeschränkung für **Ehegatten** ab 2004 wird auf § 6 Abs. 2 EigZulG hingewiesen (vgl. BMF-Schreiben vom 21. 12. 2004 a.a.O., Rz 36 ff.).

Die Eigenheimzulage kann für das Jahr der Fertigstellung oder Anschaffung und in den folgenden sieben Jahren – also **acht Jahre** – in Anspruch genommen werden: **Förderzeitraum** nach § 3 EigZulG. Der achtjährige Förderzeitraum beginnt mit dem Jahr der Fertigstellung oder Anschaffung der Wohnung. Er endet mit dem siebenten auf dieses Jahr folgenden Kalenderjahr. Dies gilt unabhängig von dem Beginn der Nutzung zu eigenen Wohnzwecken (BFH-Urteil vom 13. 8. 1990, BStBl II S. 977 und BMF vom 21. 12. 2004 a.a.O., Rz 18 ff.). Der Förderzeitraum beginnt auch bei Anschaffung einer mit Mängeln behafteten Wohnung im Jahr des Übergangs der wirtschaftlichen Verfügungsmacht und nicht erst in dem Jahr, in dem die Mängel behoben worden sind (BFH-Urteil vom 29. 1. 2003, BStBl II S. 565).

Der Anspruch auf Eigenheimzulage besteht aber stets nur für Kalenderjahre, in denen der Anspruchsberechtigte die Wohnung und ihre Erweiterung(en) **zu eigenen Wohnzwecken** nutzt (§ 4 EigZulG und BMF vom 21. 12. 2004 a.a.O., Rz 21 ff.). Der Anspruch **entsteht** mit der erstmaligen Nutzung zu eigenen Wohnzwecken. Erstjahr i.S. des § 5 EigZulG ist das Jahr des Förderzeitraums, in dem der Anspruchsberechtigte die Einkunftsgrenze (s. unten) erstmals nicht überschreitet (BFH-Urteil vom 20. 3. 2003, BStBl 2004 II S. 206). Dies kann auch ein Jahr sein, das auf das Jahr der Herstellung oder Anschaffung folgt. Das Jahr des Bezugs der Wohnung ist für die Bestimmung des Erstjahrs unbeachtlich (BMF-Schreiben vom 2. 3. 2004, BStBl I S. 363). Eine Nutzung zu eigenen Wohnzwecken liegt auch vor, soweit eine Wohnung unentgeltlich an einen **Angehörigen** (i.S. des § 15 AO) zu Wohnzwecken überlassen wird (§ 4 Satz 2 EStG). „Unentgeltlich" ist nur eine Wohnungsüberlassung, für die keinerlei Entgelt gezahlt wird; ein Entgelt gleich welcher Art und Höhe ist förderungsschädlich (BFH-Urteil vom 31. 7. 2001, BStBl 2002 II S. 77). Unschädlich ist aber, wenn der Nutzende die verbrauchsabhängigen und umlagefähigen Betriebskosten (z.B. für Strom, Wasser, Abwasser und Heizung) übernimmt (BMF vom 21. 12. 2004 a.a.O., Rz 22).

Der Anspruchsberechtigte kann nach der Neuregelung ab **2004** die EigZul ab dem Jahr in Anspruch nehmen (Erstjahr), in dem die **Summe der positiven Einkünfte** (§ 2 Abs. 2 EStG) des Erstjahrs zuzüglich der Summe der positiven Einkünfte des vorangegangenen Jahres (Vorjahrs) **70 000/140 000 €** (vorher 81 807/ 163 614 €) für Ledige/Verheiratete (§ 26 Abs. 1 EStG) nicht übersteigt (§ 5 EigZulG). Nach der alten Regelung kam es zudem auf den „Gesamtbetrag der Einünfte" (§ 2 Abs. 3 EStG) an, was für den Steuerpflichtigen u.U. günstiger war, weil sich ggf. steuerlich anzuerkennende Verluste sowie die Freibeträge nach § 13 Abs. 3 EStG und § 24a EStG auswirken konnten.

Die für die Gewährung der EigZul maßgebende Einkunftsgrenze ist unabhängig von der bestandskräftig gewordenen ESt-Festsetzung zu ermitteln. Hat der Anspruchsberechtigte bei der bestandskräftig gewordenen ESt-Veranlagung jedoch von einem Wahlrecht Gebrauch gemacht, kann er im Rahmen des Antrags auf EigZul sein Wahlrecht nicht abweichend ausüben. Er kann daher z.B. keine höheren Sonderabschreibungen in Anspruch nehmen, um die maßgebliche Einkunftsgrenze nicht zu überschreiten (BFH-Urteil vom 4. 11. 2004, BStBl 2005 II S. 290).

Die Beträge erhöhen sich für **jedes Kind**, für das im Erstjahr die Voraussetzungen für die Inanspruchnahme der Kinderzulage von 800 € (s. unten) vorliegen, um **30 000 €** (vorher 30 678 €). Erhält der Wohnungseigentümer als **Miteigentümer** der Wohnung die Kinderzulage nur zur Hälfte, weil neben ihm auch der andere Elternteil des Kindes an der Wohnung beteiligt ist und Anspruch auf die Eigenheimzulage hat (z.B. bei einem unverheirateten Elternpaar), so erhöht sich in dem zweijährigen Beurteilungszeitraum der Betrag nur um 15 000 € (vorher 15 539 €).

Zur Ermittlung der Einkunftsgrenze nach § 5 EigZulG vgl. im Einzelnen BMF-Schreiben vom 21. 12. 2004 a.a.O., Rz 23 ff.

Die Eigenheimzulage setzt sich je nach Einzelfall wie folgt zusammen (§ 9 EigZulG):

- **Fördergrundbetrag**

  Bemessungsgrundlage für den Fördergrundbetrag sind die **Herstellungs- oder Anschaffungskosten** der Wohnung zuzüglich des Grund und Bodens (dieser ebenfalls in voller Höhe) sowie die Aufwendungen für Instandsetzungs- und Modernisierungsmaßnahmen, die innerhalb von zwei Jahren nach der Anschaffung an der Wohnung durchgeführt werden. Zu den Aufwendungen gehören nicht die Aufwendungen für Erhaltungsarbeiten, die jährlich üblicherweise anfallen (§ 8 EigZulG und BMF vom 21. 12. 2004 a.a.O., Rz 48 ff.). Die EigZul steht dem Anspruchsberechtigten auch dann in vollem Umfang zu, wenn er die Wohnung nur während eines Teils des Jahres zu eigenen Wohnzwecken genutzt hat (vgl. BMF vom 21. 12. 2004 a.a.O., Rz 55).

  Für Objekte mit Baubeginn/Kaufvertrag **nach dem 31. 12. 2003** (s. oben) beträgt der Fördergrundbetrag

  – **1 v.H.** der Bemessungsgrundlage, **höchstens 1250 €** (vorher für Neubauten jährlich 5 v.H., höchstens 2 556 €, für Altbauten sowie für Ausbauten und Erweiterungen jährlich 2,5 v.H., höchstens 1 278 €).

  Der Fördergrundbetrag kann bei mehreren Anspruchsberechtigten nur **entsprechend den Miteigentumsanteilen** aufgeteilt werden (§ 9 Abs. 2 EigZulG). Vgl. zur Anspruchsberechtigung bei **Miteigentum** BFH-Urteile vom 29. 3 2000, BStBl II S. 352 vom 6. 4. 2000, BStBl II S. 414, vom 4. 4. 2000, BStBl II S. 652 und vom 5. 6. 2003, BStBl II S. 744. Diese Grundsätze gelten auch bei einer **Erbengemeinschaft** (BFH-Urteil vom 15. 7. 2004, BStBl 2005 II S. 82) und für Objekte, die sich im **Gesamthandsvermögen** einer Personengesellschaft befinden (BFH-Urteil vom 24. 6. 2004, BStBl 2005 II S. 128). Der anteilige Anspruch auf den Fördergrundbetrag besteht unabhängig davon, ob die anderen **Miteigentümer** die Voraussetzungen für die Inanspruchnahme einer Eigenheimzulage erfüllen; dagegen hat der Miteigentümer Anspruch auf den ungekürzten Fördergrundbetrag, wenn die anderen Miteigentümer nicht unbeschränkt einkommensteuerpflichtig und deshalb keine Anspruchsberechtigten i.S. des § 1 EigZulG sind (BFH-Urteil vom 24. 6. 2004 a.a.O.). Auch wenn der Miteigentümer eines Zwei- oder Mehrfamilienhauses mit Einverständnis der übrigen Miteigentümer eine Wohnung allein bewohnt, steht ihm der Fördergrundbetrag nur entsprechend seinem Miteigentumsanteil zu (BFH-Urteil vom 19. 5. 2004, BStBl 2005 II S. 77).

- **Ökokomponente** zusätzlich
  – 2 v.H. der Investitionskosten für bestimmte Wärmepumpen, Solaranlagen und Wärmerückgewinnungsanlagen, im Neubau und Altbau **höchstens 256 €** jährlich für die Dauer von acht Jahren (vgl. § 9 Abs. 3 EigZulG).

  – **205 €** jährliche Erhöhung des Fördergrundbetrags für Niedrigenergiehäuser für die Dauer von acht Jahren (vgl. § 9 Abs. 4 EigZulG).

  Zur Zusatzförderung für energiesparende Anlagen und Niedrigenergiehäuser vgl. BMF-Schreiben vom 15. 5. 1997, BStBl I S. 625.

- **Kinderzulage** von **800 €** (vorher 767 €) für jedes Kind bei Haushaltszugehörigkeit und Anspruch auf Kinderfreibetrag/Kindergeld (§ 9 Abs. 5 EigZulG und BMF vom 21.12. 2004 a.a.O., Rz 61 ff.). Die Inanspruchnahme der Kinderzulage setzt voraus, dass der Anspruchsberechtigte oder sein Ehegatte für das jeweilige Jahr des Förderzeitraums zumindest für einen Monat für das Kind Kindergeld oder einen Kinderfreibetrag (§ 32 Abs. 6 EStG) erhält (BFH-Urteil vom 14.5. 2002, BStBl 2003 II S. 236) **und** das Kind im Zeitpunkt der Anschaffung oder Herstellung des Objekts oder zu einem späteren Zeitpunkt im Förderzeitraum zum inländischen Haushalt des Anspruchsberechtigten gehört oder gehört hat (BFH-Urteile vom 13.9. 2001, BStBl 2003 II S. 232 und vom 23.4. 2002, BStBl 2003 II S. 235). Nicht Voraussetzung ist, dass das Kind in dem begünstigten Objekt wohnt. Ein Kind gehört zum Haushalt des Anspruchsberechtigten, wenn es bei einheitlicher Wirtschaftsführung unter Leitung des Anspruchsberechtigten dessen Wohnung teilt oder sich mit seiner Einwilligung vorübergehend außerhalb seiner Wohnung aufhält, z.B. am Ausbildungsort (vgl. BFH-Urteil vom 23.4. 2002, BStBl 2003 II S. 234). Nach dem BFH-Urteil vom 22.9. 2004, BStBl 2005 II S. 326 ist die Haushaltszugehörigkeit eines Kindes allerdings nur dann zu bejahen, wenn der Aufenthalt des Kindes im Haushalt der Dauer üblicher Besuche in den Ferien oder im Urlaub (regelmäßig sechs Wochen im Jahr) übersteigt. Wegen weiterer Einzelheiten vgl. BMF-Schreiben vom 18.2. 2003, BStBl I S. 182.
- Bei **Genossenschaftsanteilen** beträgt der Fördergrundbetrag 3 v.H. der Anschaffungskosten von mindestens **5 000 €** (vorher 5 113 €), **höchstens 1 200 €** (vorher 1 277 €) jährlich und die Kinderzulage **250 €** (vorher 256 €) jährlich. Zur Begünstigung von Genossenschaftsanteilen vgl. auch BMF-Schreiben vom 11.5. 1999, BStBl I S. 490. Die wichtigste Neuerung bei den Genossenschaftsanteilen ist aber, dass der Anspruchsberechtigte spätestens im letzten Jahr des Förderzeitraums mit der Nutzung einer Genossenschaftswohnung zu eigenen Wohnzwecken beginnt (§ 17 EigZulG und BMF vom 21.12. 2004 a.a.O., Rz 78 ff.).

Die Summe der Fördergrundbeträge und der Kinderzulagen darf die Bemessungsgrundlage nach § 8 EigZulG nicht überschreiten.

Die mit dem EigZulG verbundenen bisherigen Steuerbegünstigungen nach § 10i EStG, nämlich die **Vorkostenpauschale** von **1 790 €** (3 500 DM) und die Möglichkeit, vor Bezug entstandene **Erhaltungsaufwendungen** bis zu **11 504 €** (22 500 DM) abzuziehen, sind bereits **ab 1.1. 1999 entfallen** (§ 52 Abs. 29 EStG). Bei Herstellung oder Anschaffung **vor** dem 1.1. 1999 können aber die Vergünstigungen des § 10i EStG unter bestimmten Voraussetzungen noch gewährt werden.

Die ggf. noch abzugsfähigen **Vorkosten nach § 10i EStG** sind wie Sonderausgaben in Anlage FW, Zeilen 12 bis 16 geltend zu machen. In diesen Fällen kommt im Jahr der Anschaffung oder Herstellung (Neubau, Altbau) die o.g. **Vorkostenpauschale** von **1 790 €**, d.h. ohne jeden Nachweis, in Betracht. Neben der Vorkostenpauschale können außerdem noch Aufwendungen für vor Bezug der eigengenutzten Wohnung durchgeführte **Erhaltungsarbeiten,** die in unmittelbarem Zusammenhang mit der Anschaffung stehen, abgezogen werden. Erhaltungsaufwendungen sind als Vorkosten (wie bisher nach § 10e Abs. 6 EStG) auf **höchstens 11 504 €** begrenzt. Wegen der Einzelheiten vgl. Teil I, **Anlage FW, Zeilen 12 bis 16.**

Soweit ein Vorkostenabzug noch möglich ist, gelten die o.g. Betragsgrenzen hinsichtlich der **Summe der positiven Einkünfte auch für** den Abzug der **Vorkostenpauschale** von 1 790 € nach § 10i Abs. 1 Nr. 1 EStG, da diese die Inanspruchnahme der **Eigenheimzulage** voraussetzt. Eine jährliche Prüfung findet nicht statt. Für den Abzug tatsächlicher Vorkosten (Erhaltungsarbeiten nach § 10i Abs. 1 Nr. 2 EStG) ist die Summe der positiven Einkünfte dagegen ohne Bedeutung (wie bei § 10e Abs. 6 EStG).

Die **Festsetzung** für das Erstjahr und die sieben folgenden Jahre erfolgt durch Bescheid des Finanzamts. Die **Auszahlung** für das Erstjahr erfolgt nach Ergehen dieses Bescheids, für die Folgejahre jeweils am 15.3. Bei Änderung der Verhältnisse besteht eine **Anzeigepflicht** des Steuerpflichtigen.

3.2. Wohneigentumsförderung nach § 10e EStG, nach § 15b BerlinFG und nach § 34f Abs. 2 und 3 EStG

Vor Einführung der Eigenheimzulage (vgl. Tz. 3.1.) erfolgte die Förderung des Wohneigentums duch die unmittelbar im EStG verankerte Regelung in § 10e EStG und § 34f Abs. 2 und 3 EStG sowie durch § 15b BerlinFG:

- § 10e EStG beinhaltet eine sog. **Grundförderung** des Erwerbs oder der Herstellung von **selbstgenutztem Wohneigentum** durch Abzug „wie Sonderausgaben" (vgl. Tz. 3.3.).
- § 15b BerlinFG fördert, soweit er noch von Bedeutung ist, das selbstgenutzte Wohneigentum in **Berlin** (vgl. Tz. 5.5.7.).
- § 34f Abs. 2 und 3 EStG sehen eine Steuerermäßigung für Kinder durch das sog. **Baukindergeld** vor, nämlich die Gewährung eines Steuerabzugsbetrags auch schon für das erste Kind (vgl. Tz. 3.6. und Teil I, Anlage FW Zeilen 24 bis 25).
- § 10e Abs. 6 EStG ermöglicht den Abzug von sog. **Vorkosten**, die vor dem erstmaligen Bezug der selbstgenutzten Wohnung entstanden sind (vgl. Tz. 3.6. und Anlage FW, Zeilen 22 bis 23).

3.3. Grundförderung nach § 10e EStG

Die Grundförderung des § 10e EStG gilt nur noch in Fällen, in denen der **Bauantrag vor dem 1.1. 1996** gestellt **oder** der **Kaufvertrag** vor diesem Zeitpunkt rechtswirksam abgeschlossen wurde. Der Abzugszeitraum beginnt im Falle der Anschaffung mit dem Übergang des wirtschaftlichen Eigentums und im Falle der Herstellung eines Gebäudes erst mit dem Jahr seiner Fertigstellung. Der Wohnungseigentümer kann für die eigengenutzte inländische Wohnung während eines **achtjährigen** Abzugszeitraums von den Anschaffungs- oder Herstellungskosten der Wohnung zuzüglich 50 v.H. der Anschaffungskosten des zur Wohnung gehörenden Grund und Bodens (= Bemessungsgrundlage) unter bestimmten Voraussetzungen die folgenden Beträge **wie Sonderausgaben** berücksichtigen (beginnend mit der zuletzt ergangenen, **günstigsten** Regelung):

- bei Objekten, bei denen zwar vor dem 1.1. 1996 (s. oben), aber **nach dem 30.9. 1991** der Bauantrag gestellt oder mit den Bauarbeiten begonnen oder der Kaufvertrag abgeschlossen wurde, in den ersten vier Jahren **jährlich bis zu 6 v.H.** der Bemessungsgrundlage, höchstens jeweils **10 124 €** (19 800 DM), und in den vier folgenden Jahren **jährlich bis zu 5 v.H.** der Bemessungsgrundlage, höchstens jeweils **8 437 €** (16 500 DM). Bei Bauantrag/Baubeginn/Kaufvertrag **nach dem 31.12. 1991** wurde die Förderung durch eine **Einkunftsgrenze** von **61 355/122 710 €** (120 000/240 000 DM) eingeschränkt: s. unten,
- bei Anschaffung von **Altobjekten** auf Grund eines rechtswirksamen obligatorischen Vertrags (z.B. Kaufvertrag) oder gleichstehenden Rechtsakts (z.B. Zuschlag in der Zwangsversteigerung) zwar vor dem 1.1. 1996 (s. oben), aber **nach dem 31.12. 1993** in den ersten vier Jahren höchstens jeweils **4 602 €** (9 000 DM), und in den vier folgenden Jahren höchstens jeweils **3 835 €** (7 500 DM),
- bei Objekten, die zwischen dem 1.1. 1991 und dem 30.9. 1991 angeschafft oder fertig gestellt wurden, acht Jahre **bis zu 5 v.H.** der Bemessungsgrundlage, höchstens jeweils **8 437 €** (16 500 DM),

Unter **Bauantrag** ist das Schreiben zu verstehen, mit dem die landesrechtlich vorgesehene Genehmigung für den beabsichtigten Bau angestrebt wird (vgl. im Einzelnen R 42a Abs. 4 EStR). Nach dem BFH-Urteil vom 30.9. 2003, BStBl 2004 II S. 262 ist ein Bauantrag (z.B. nach § 19 Abs. 5 EigZulG) gestellt, wenn der Antrag auf Baugenehmigung bei der Gemeinde oder, wenn diese nicht Baugenehmigungsbehörde ist, bei der Baugenehmigungsbehörde eingereicht wird. Unter **Beginn der Bauarbeiten** ist der Beginn der Ausschachtungsarbeiten, die Erteilung eines spezifizierten Bauauftrags an den Bauunternehmer oder die Anfuhr nicht unbedeutender Mengen von Baumaterial auf dem Bauplatz zu verstehen (vgl. auch BFH-Urteil vom 30.9. 2003, BStBl 2004 II S. 209). Zum Zeitpunkt der **Fertigstellung** und zum Zeitpunkt der **Anschaffung** vgl. Teil I, Anlage FW, Zeilen 3 bis 4. Zu den **Ein-**

Teil II
Tz. 3.3.1.

kunftsgrenzen und zur Einschränkung der Grundförderung beim **Erwerb von Altbauten** wird auf die „Anleitung zur ESt-Erklärung 2003", Teil II, Tz. 3.3. hingewiesen.

Die bundeseinheitliche Auffassung der Finanzverwaltung zur steuerlichen Förderung des Wohneigentums nach § 10 e EStG ergibt sich aus dem **BMF-Schreiben vom 31. 12. 1994, BStBl I S. 887** und zur Förderung durch die **EigZulG** (oben Tz. 3.1.) aus dem **BMF-Schreiben vom 21. 12. 2004, BStBl I S. 305**.

> **Allgemeiner Hinweis:**
> Da § 10e EStG nur noch in Fällen anzuwenden ist, in denen der Bauantrag vor dem 1. 1. 1996 gestellt oder der Kaufvertrag vor diesem Zeitpunkt abgeschlossen wurde (s. oben), ist die praktische Bedeutung des § 10e EStG stark rückläufig. In den folgenden Ausführungen wird deshalb im Rahmen der bisherigen Gliederung zu einem großen Teil auf die Ausführungen zuletzt in der „Anleitung zur ESt-Erklärung 2003", Teil II, Tz. 3 ff. verwiesen. Soweit die Erläuterungen bei der Erstellung der späteren ESt-Erklärungen auch in anderem Zusammenhang von Bedeutung sein können, wurden sie beibehalten und wie bisher fortgeführt.

3.3.1. Begünstigter Personenkreis

Anspruchsberechtigt nach § 10e Abs. 1 EStG ist grundsätzlich der **bürgerlich-rechtliche Eigentümer** (Hauseigentümer) oder Eigentümer einer Eigentumswohnung oder der **wirtschaftliche Eigentümer** der Wohnung, vorausgesetzt, sie haben die Herstellungs- oder Anschaffungskosten getragen (BFH-Urteil vom 20. 9. 1995, BStBl 1996 II S. 186). Anspruchsberechtigt sind auch deren Gesamtrechtsnachfolger (Erben); der unentgeltliche Einzelrechtsnachfolger ist nicht anspruchsberechtigt (BFH-Urteil vom 4. 12. 1991, BStBl 1992 II S. 295). Zur Rechtsstellung des **Gesamtrechtsnachfolgers (Erben)** und des **unentgeltlichen Einzelrechtsnachfolgers** (Schenkung, vorweggenommene Erbfolge) vgl. unten Tz. 3.3.3.c).

Auch im Falle einer sog. **mittelbaren Grundstücksschenkung** besteht keine Anspruchsberechtigung (vgl. hierzu unten Tz. 3.3.3.c [5]). Wer dagegen mit geschenktem Geld ein Objekt i.S. des § 10e EStG angeschafft oder hergestellt hat, kommt in den Genuss dieser Vergünstigung.

Bürgerlich-rechtlicher Eigentümer des Gebäudes kann auch derjenige werden, der in Ausübung seines Rechts auf dem fremden Grundstück ein Gebäude (Bauwerk) errichtet hat (§ 95 Abs. 1 Satz 2 BGB), also z.B. der **Nießbraucher** oder der **Erbbauberechtigte** (§ 12 ErbbauVO), im letzteren Fall unabhängig davon, ob das Erbbaurecht vor oder nach Gebäudeerrichtung bestellt wird (vgl. auch BFH-Urteil vom 19. 1. 1982, BStBl II S. 533). Überträgt allerdings der Anspruchsberechtigte nach § 10 e EStG vor Ablauf des Begünstigungszeitraums das Eigentum an seiner Wohnung unter Vorbehalt des lebenslänglichen Nießbrauchs auf einen Dritten, bleibt er im Regelfall **nicht** wirtschaftlicher Eigentümer und kann daher § 10e EStG nicht mehr beanspruchen (BFH-Urteil vom 28. 7. 1999, BStBl 2000 II S. 653).

Wirtschaftliches Eigentum (§ 39 Abs. 2 Nr. 1 AO) das bereits zur Inanspruchnahme der Grundförderung berechtigt, ist als Vorstufe des bürgerlich-rechtlichen Eigentums auch schon vor der Grundbucheintragung anzunehmen, wenn nach der Vereinbarung im notariellen Kaufvertrag Besitz, Nutzungen, Lasten und Gefahr des zufälligen Untergangs auf den Erwerber übergegangen sind (vgl. u.a. BFH-Urteil vom 4. 6. 2003, BStBl II S. 751). Ab diesem Jahr beginnt beim **Erwerber** einer Wohnung der Abzugszeitraum. Der Übergang des wirtschaftlichen Eigentums auf den Erwerber ist zugleich der **Zeitpunkt der „Anschaffung"** i.S. des § 10e Abs. 1 EStG (vgl. auch Teil I, Anlage FW, Zeilen 3 bis 4). Der Zeitpunkt des Antrags auf Baugenehmigung oder in Anschaffungsgeschäften der Zeitpunkt des Abschlusses des notariellen Kaufvertrags ist unerheblich. Der **Dauerwohnberechtigte** (vgl. § 31 ff. WEG) ist nur dann als wirtschaftlicher Eigentümer der Wohnung anzusehen, wenn seine Rechtsstellung bei wirtschaftlicher Betrachtungsweise den Rechten und Pflichten eines Eigentümers einer bereits vorhandenen Wohnung entspricht und wenn er bei Beendigung des Dauerwohnrechts eine angemessene Entschädigung erhält (BFH-Urteil vom 22. 10. 1985, BStBl 1986 II S. 258). Bei der Nutzung allein auf Grund eines **dinglichen oder schuldrechtlichen Nutzungsrechts** an einer bereits vorhandenen Wohnung liegt wirtschaftliches Eigentum grundsätzlich nicht vor, sodass eine Grundförderung **nicht** in Betracht kommt. Dies gilt in der Regel selbst dann, wenn die Wohnung auf Grund eines lebenslänglichen Vorbehaltsnießbrauchs genutzt wird (BFH-Urteil vom 8. 12. 1983, BStBl 1984 II S. 202; vgl. auch BFH-Urteil vom 28. 7. 1999 a.a.O.). Will der bisherige Eigentümer sein bisheriges Wohnrecht an der Wohnung behalten und die Förderung weiterhin in Anspruch nehmen, so muss er das Gebäude in Eigentumswohnungen aufteilen und seine Wohnung zurückbehalten. **Errichtet** der Steuerpflichtige aber **auf eigene Kosten auf einem fremden Grundstück** mit Zustimmung des Eigentümers ein Haus für eigene Wohnzwecke und steht ihm aufgrund eindeutiger, vor Bebauung getroffener Vereinbarung ein (schuldrechtliches oder dingliches) **Nutzungsrecht für die gesamte voraussichtliche Nutzungsdauer des Gebäudes** zu, ist er als dessen **wirtschaftlicher (Mit-)Eigentümer** zur Inanspruchnahme des § 10 e EStG berechtigt (BFH-Urteil vom 27. 11. 1996, BStBl 1998 II S. 97 und zur EigZul BFH-Urteil vom 24. 6. 2004, BStBl 2005 II S. 80). Dies gilt auch für den **Ehegatten,** dem unter den o.g. Voraussetzungen ein dauerndes Mit-Nutzungsrecht eingeräumt wird (vgl. auch BMF-Schreiben vom 10. 2. 1998, BStBl I S. 190, Rz. 10).

Wirtschaftliches Eigentum ist aber auch dann zu bejahen, wenn der Nutzungsberechtigte die ihm zur Nutzung überlassene Wohnung auf einem fremden Grundstück **für eigene Rechnung hergestellt hat, wenn** ihm für den Fall der Nutzungsbeendigung ein Anspruch auf **Ersatz des vollen Verkehrswerts der Wohnung** zusteht. Ein solcher Anspruch kann sich aus einer vertraglichen Vereinbarung oder aus dem Gesetz, insbesondere aus dem Bereicherungsrecht, ergeben (z.B. Errichtung eines Gebäudes in der Erwartung, auch Eigentümer des Grundstücks zu werden; vgl. BMF-Schreiben vom 10. 4. 2002, BStBl I S. 525 unter Hinweis auf BFH-Urteil vom 18. 7. 2001, BStBl 2002 II S. 281). Dies gilt auch, wenn z.B. dem Partner einer **nichtehelichen Lebensgemeinschaft**, der gemeinsam auf einem Grundstück seines Partners ein Einfamilienhaus errichtet, für den Fall des Scheiterns der Lebensgemeinschaft ein Ausgleichsanspruch gegen den zivilrechtlichen Eigentümer in Höhe des hälftigen Verkehrswerts des Gebäudes zusteht (BFH-Urteil vom 18. 7. 2001, BStBl 2002 II S. 278). Für den Fall des Hinzuerwerbs des Grundstücksanteils des anderen Ehegatten nach der Scheidung vgl. BFH-Urteil vom 18. 7. 2001, BStBl 2002 II S. 284. Zur Anwendung der drei o.g. BFH-Urteile vom 18. 7. 2001 a.a.O. vgl. BMF-Schreiben vom 10. 4. 2002, a.a.O. Nach dem BFH-Urteil vom 22. 1. 2004, BStBl II S. 542 (Leitsatz 4) kann wirtschaftliches Eigentum aber auch durch **schuldrechtliche Vereinbarung vom bisherigen wirtschaftlichen Eigentümer** erworben werden, wenn der Erwerber das uneingeschränkte Nutzungsrecht an dem Gebäude erlangt, das Nutzungsrecht übertragen kann oder bei Beendigung des Nutzungsverhältnisses einen Ersatzanspruch in Höhe des Verkehrswertes des Gebäudes gegen den Eigentümer des Grund und Bodens hat.

Errichten **Ehegatten** auf einem in ihrem **Miteigentum** stehenden Grundstück ein Eigenheim auf **gemeinsame Rechnung**, ist grundsätzlich davon auszugehen, dass jeder Ehegatte seinem Miteigentumsanteil entsprechend zu den Herstellungskosten des Hauses beigetragen hat. Sind die tatsächlichen finanziellen Beiträge der Ehegatten unterschiedlich hoch, dann hat sowohl zivilrechtlich als auch steuerrechtlich der Ehegatte, der aus eigenen Mitteln mehr beigesteuert hat als es seinem Miteigentum entspricht, den Mehrbetrag seinem Ehegatten zugewandt. Jeder der Ehegatten ist so zu behandeln, als habe er die seinem Miteigentumsanteil entsprechenden Herstellungskosten selbst getragen. Deshalb erhalten z.B. auch beide Ehegatten für **ihren** Miteigentumsanteil die Eigenheimzulage. Ein Ausgleichsanspruch wegen finanzieller Mehrleistungen des einen Ehegatten kommt grundsätzlich nicht in Betracht. Damit scheidet auch wirtschaftliches Eigentum hinsichtlich des Miteigentumsanteils des anderen Ehegatten aus. Wollen die Ehegatten, dass der Bauende wirtschaftliches Eigentum am **gesamten** Grundstück erhält, müssen sie dies durch eindeutige und im Voraus getroffene **Abmachungen** – wie unter Fremden – regeln (BFH-Urteil vom 18. 7. 2001, BStBl 2002 II S. 284). Dieselbe Auffassung liegt auch dem BFH-Urteil vom

14. 5. 2002, BStBl II S. 741 zugrunde; hiernach ist der Ehegatte als hälftiger Grundstückseigentümer dann wirtschaftlicher Eigentümer der im zivilrechtlichen Eigentum des anderen Ehegatten stehenden Gebäudehälfte, wenn er auf eigene Rechnung und Gefahr mit Einverständnis seines Ehegatten das Gebäude errichtet hat und ihm deshalb bei Beendigung der Nutzung ein **gesetzlicher Anspruch** auf Entschädigung nach §§ 951, 812 BGB zusteht (für die **AfA-Befugnis** ist es nach BFH-GrS vom 23. 8. 1999, BStBl II S. 774 allerdings unerheblich, ob der Steuerpflichtige bürgerlich-rechtlicher oder wirtschaftlicher Eigentümer des Wirtschaftsguts ist, für das er die Aufwendungen getragen hat). Errichtet ein Ehegatte ein Gebäude auf einem Grundstück, das im **Alleineigentum des anderen Ehegatten** steht, so besteht grundsätzlich kein gesetzlicher Ausgleichsanspruch. Wirtschaftliches Eigentum kann deshalb auch in diesen Fällen in aller Regel nur angenommen werden, wenn die Ehegatten – nach den allgemeinen Grundsätzen für die steuerrechtliche Anerkennung von Verträgen zwischen nahen Angehörigen – eindeutig und im Voraus Vereinbarungen über einen Ausgleichsanspruch treffen.

Vgl. zum begünstigten Personenkreis nach **§ 10e EStG** auch BMF-Schreiben vom 31. 12. 1994 a.a.O., Tz. 2 bis 6 und zur **EigZul** BMF-Schreiben vom 21. 12. 2004, BStBl 2005 I S. 305, Rz 1 ff.

3.3.2. Begünstigte Objekte: Wohnungen, Ausbauten, Erweiterungen – Erfordernis der Selbstnutzung (Nutzung zu eigenen Wohnzwecken)

Insoweit wird auf die Ausführungen in der „Anleitung zur ESt-Erklärung **2003**", Teil II, Tz. 3.3.2. hingewiesen.

Siehe „**Allgemeiner Hinweise**" auf Seite 278.
Außerdem ist zu beachten:
Werden für eine **Eigentumswohnung** am Beschäftigungsort zulässigerweise Werbungskosten wegen **doppelter Haushaltsführung** bei den Einkünften aus nichtselbständiger Arbeit berücksichtigt (vgl. Anlage N, Zeilen 70 bis 83 Nr. 2c), so kann daneben **nicht** auch noch die Steuervergünstigung nach **§ 10e EStG** („wie Sonderausgaben") in Anspruch genommen werden, und zwar weder die Grundförderung nach § 10e Abs. 1 EStG noch der Vorkostenabzug nach § 10e Abs. 6 EStG (ebenso BFH-Urteile vom 14. 12. 1994, BStBl 1995 II S. 259 und vom 11. 12. 1996, BStBl 1997 II S. 221), auch nicht insoweit, als AfA-Beträge im Rahmen der Werbungskosten ohne Auswirkungen bleiben (z.B. wegen der gesetzlich vorgeschriebenen Beschränkung auf die „notwendigen" Aufwendungen bei der doppelten Haushaltsführung; vgl. Anlage N, Zeilen 70 bis 83). Es besteht generell ein Vorrang des Werbungskosten-/Betriebsausgaben-Abzugs gegenüber § 10e Abs. 1 bis 5 EStG (BMF-Schreiben vom 31. 12. 1994 a.a.O., Tz. 1). Entsprechendes gilt auch für die Eigenheimzulage (§ 2 EigZulG).

Allerdings ist dem Steuerpflichtigen nicht verwehrt, **anstelle** der Kosten für **doppelte Haushaltsführung** nur die Aufwendungen für Fahrten zwischen der weiter entfernt liegenden Familienwohnung und der Arbeitsstätte geltend zu machen (BFH-Urteile vom 13. 12. 1985, BStBl 1986 II S. 221 und vom 9. 6. 1988, BStBl II S. 990). Vgl. zu diesem Wahlrecht Teil I, Anlage N, Zeilen 70 bis 83 Nr. 1 und R 43 Abs. 6 Satz 2 LStR. In diesem Fall, in dem für die Wohnung keine Aufwendungen als Werbungskosten bei den Einkünften aus nichtselbständiger Arbeit zum Abzug kommen, kann für die Wohnung am Beschäftigungsort ein Abzugsbetrag nach **§ 10e Abs. 1 EStG** sowie ggf. der Vorkostenabzug nach § 10e Abs. 6 EStG geltend gemacht werden, wenn der Arbeitnehmer statt der durch die doppelte Haushaltsführung entstandenen Mehraufwendungen lediglich die Aufwendungen für die Wege zwischen Beschäftigungsort und Wohnort bei den Einkünften aus nichtselbständiger Arbeit in Anspruch nimmt (BFH-Urteil vom 27. 7. 2000, BStBl II S. 692; vgl. auch BMF-Schreiben vom 10. 5. 1989, BStBl I S. 165). Baukindergeld für eine solche Wohnung ist dennoch nicht möglich, da diese Wohnung nicht der Deckung des höheren Wohnraumbedarfs der Kinder dient (BFH-Urteil vom 14. 3. 1989, BStBl II S. 776).

Werden Teile der Wohnung nicht zu eigenen Wohnzwecken, sondern zur Einkunftserzielung genutzt, wie z.B. ein **häusliches Arbeitszimmer** oder andere **gewerblich** oder **beruflich** genutzte Räume oder **vermietete Räume,** so wird zwar die Bemessungsgrundlage, nicht dagegen der Höchstbetrag von z.B. 10 124 € (19 800 DM) – vgl. oben Tz. 3.3. – gekürzt (BMF-Schreiben vom 31. 12. 1994 a.a.O., Tz. 54). Es sind also die **gesamten** Herstellungs- oder Anschaffungskosten der Wohnung einschließlich der hälftigen Anschaffungskosten für den dazugehörenden Grund und Boden aufzuteilen, d.h. die **Bemessungsgrundlage** (vgl. folgende Tz. 3.3.3.) ist um den auf den **nicht** zu eigenen Wohnzwecken entfallenden Teil **zu kürzen** (§ 10e Abs. 1 Satz 7 EStG) und zwar auch dann, wenn mangels gesetzlicher Voraussetzungen ein Werbungskostenabzug wegen des Arbeitszimmers nicht in Betracht kommt (BFH-Urteil vom 27. 9. 2001, BStBl 2002 II S. 51). Aufwendungen, die ausschließlich auf einen **Teil** der Wohnung entfallen, sind nur diesem Teil zuzuordnen mit der Folge, dass sie entweder in voller Höhe oder gar nicht zu der Bemessungsgrundlage gehören. Dient eine **Garage** der Unterbringung eines PKW, der sowohl beruflich als auch privat genutzt wird, ist aus Vereinfachungsgründen von einer Kürzung der Bemessungsgrundlage abzusehen (BMF-Schreiben vom 31. 12. 1994 a.a.O., Tz. 54). Die Bemessungsgrundlage ist grundsätzlich nach dem **Verhältnis der Grundfläche** der gewerblichen oder beruflichen Zwecken dienenden Räume zur gesamten Nutzfläche der Wohnung aufzuteilen (§§ 43, 44 der II. BerechnungsVO). Der auf ein häusliches Arbeitszimmer entfallende Anteil der Bemessungsgrundlage bestimmt sich nach dem Verhältnis der Wohnfläche der gesamten Wohnung einschließlich des Arbeitszimmers – ermittelt nach §§ 42 bis 44 der II. BerechnungsVO – zur Grundfläche des Arbeitszimmers (vgl. BMF-Schreiben vom 31. 12. 1994, Tz. 54 und BFH-Urteile vom 18. 10. 1983, BStBl 1984 II S. 112 und vom 10. 4. 1987, BStBl II S. 500). Beträgt die Bemessungsgrundlage für ein Einfamilienhaus z.B. 200 000 € und nutzt der Eigentümer ein **Arbeitszimmer** mit 10 v.H. der Gesamtwohnfläche für berufliche Zwecke, so erhält er einen Förderbetrag von jährlich 10 124 € (vgl. oben Tz. 3.3.), da die gekürzte Bemessungsgrundlage immer noch 180 000 € beträgt. Wegen des häuslichen Arbeitszimmers in der Wohnung von **Miteigentümern,** besonders von **Ehegatten,** vgl. Tz. 3.3.3., Buchst. d) mit Hinweisen.

3.3.3. Bemessungsgrundlage (Herstellungskosten/Anschaffungskosten) – Höhe der Grundförderung (Abzugsbetrag) – Abzugszeitraum – unentgeltlicher oder entgeltlicher Erwerb – Miteigentümer

Der Wohnungseigentümer kann nach § 10e Abs. 1 EStG während eines achtjährigen Abzugszeitraums von den **Herstellungskosten oder Anschaffungskosten** eines begünstigten Objekts **zuzüglich der Hälfte der Anschaffungskosten für den dazugehörenden Grund und Boden (= Bemessungsgrundlage)** einen gesetzlich begrenzten Betrag **wie Sonderausgaben** abziehen. Entsprechend der jeweils gültigen Fassung des § 10 e EStG (vgl. Tz. 3.3.) sind dies, jährlich **bis zu 6 v.H.** – bzw. **bis zu 5 v.H.** der Bemessungsgrundlage, höchstens jeweils **10 124 €** (19 800 DM) – bzw. **8 437 €** (16 500 DM).

Daraus ergibt sich rechnerisch, dass sich die **Bemessungsgrundlage** nur bis zur Höhe von **168 726 €** (330 000 DM) auswirkt. Beim Erwerb von **Altobjekten** nach dem 31. 12. 1993 (vgl. oben Tz. 3.3.) beträgt diese Vergünstigung ebenfalls 6 v.H. bzw. 5 v.H., aber höchstens jeweils **4 602 €** (9 000 DM) bzw. **3 835 €** (7 500 DM), sodass sich die Bemessungsgrundlage nur bis zur Höhe von **76 694 €** (150 000 DM) auswirkt.

a) Herstellungskosten und Anschaffungskosten

Der Begriff **Herstellungskosten** i.S. des § 10e EStG unterscheidet sich grundsätzlich nicht von dem allgemeinen steuerrechtlichen Begriff der Herstellungskosten. Dies gilt auch für nachträgliche Herstellungskosten (vgl. Teil I, Anlage FW, Zeile 19). Im Steuerrecht ist für die Definition der Anschaffungs- und Herstellungskosten allein § 255 HGB maßgebend (vgl. Teil I, Anlage V, Zeilen 43 bis 44 [3]). **Herstellungskosten** sind Aufwendungen, die durch den Verbrauch von Gütern und die Inanspruchnahme von Diensten für die **Herstellung** eines Vermögensgegenstandes, seine **Erweiterung** oder für eine über seinen ursprünglichen Zustand hinausgehende **wesentliche Verbesserung** entstehen, also die **gesamten Aufwendungen** des Steuerpflichtigen zur Herstellung des Gebäudes (vgl. § 255 Abs. 2 Satz 1 HGB). Ob diese Aufwendungen aus eigenen Mitteln des Bauherrn oder aus fremden, durch Kreditaufnahme beschafften Mitteln bestritten werden, ist

Teil II
Tz. 3.3.3.

für die Bemessung der erhöhten Absetzungen unerheblich. Es ist von den Herstellungs- oder Anschaffungskosten auszugehen, die bis zum Ende des jeweiligen Kalenderjahres **angefallen** sind. Ob sie im gleichen Jahr oder erst später bezahlt worden sind, ist ohne Bedeutung. Wegen der Ermittlung der Herstellungskosten nach § 10 e EStG, wenn zunächst ein **nicht** zu eigenen Wohnzwecken genutzter Gebäudeteil und **später** der **zu eigenen Wohnzwecken genutzte Gebäudeteil** fertig gestellt wird, vgl. Tz. 1.7.4. Wird bei der Errichtung eines gemischt genutzten Gebäudes dagegen **zunächst** die zu **eigenen Wohnzwecken** genutzte Wohnung und werden **danach** erst die anderweitig genutzten Gebäudeteile fertig gestellt, sind die auf die noch nicht fertig gestellten Teile des Gebäudes entfallenden Kosten **nicht** in die Bemessungsgrundlage nach § 10e Abs. 1 EStG einbeziehen. Anschaffungskosten des Grund und Bodens können in die Bemessungsgrundlage einbezogen werden, soweit sie unter Berücksichtigung der Gebäudeplanung auf die zu eigenen Wohnzwecken genutzte Wohnung entfallen (BMF-Schreiben vom 31. 12. 1994 a.a.O., Tz. 53). Zur Frage der Einbeziehung von **Altbausubstanz** in die Herstellungskosten und damit in die Bemessungsgrundlage nach § 10 e EStG vgl. BMF-Schreiben vom 31. 12. 1994 a.a.O., Tz. 49 und 50.

aa) **Zu den Herstellungskosten des Gebäudes gehören auch** (vgl. H 33a EStH-ABC):

(1) die Kosten des **Haus**anschlusses an das **Strom**versorgungsnetz, das **Gas**netz und die **Wasser-** und **Wärme**versorgung;

(2) die Kosten für Anlagen zur Ableitung von Abwässern, soweit sie auf die **Hausschlußkosten** einschließlich der Kanalanstichgebühren entfallen, die der Hauseigentümer für die Herstellung der Zuleitungsanlagen vom Gebäude zum öffentlichen Kanal aufwendet (BFH-Urteil vom 24. 11. 1967, BStBl 1968 II S. 178);

(3) der Wert des bei der **Enttrümmerung** eines zerstörten Gebäudes gewonnenen und wieder verwendeten Baumaterials;

(4) Kosten der **Hangabtragung** und der Begradigung der Hanglage (BFH-Urteil vom 27. 1. 1994, BStBl II S. 512) und Kosten für das **Freimachen des Baugeländes** von Buschwerk und Bäumen, soweit dies für die Herstellung des Gebäudes und der Außenanlage erforderlich ist (BFH-Urteil vom 26. 8. 1994, BStBl 1995 II S. 71);

(5) Beträge, die zur Ablösung der Verpflichtung zum Bau von **Einstellplätzen** an die Gemeinde gezahlt werden (BFH-Urteil vom 8. 3. 1984, BStBl II S. 702 und ergänzend hierzu BFH-Urteil vom 6. 5. 2003, BStBl II S. 710);

(6) Aufwendungen, die durch eine wesentliche Änderung oder durch die Erstellung eines **neuen Bauplanes** entstanden sind; wegen der Aufwendungen für den ursprünglichen Bauplan, die u.U. ebenfalls Herstellungskosten sein können, vgl. Teil I, Anlage V, Zeile 55 bis 56f) und Anlage FW, Zeilen 22 bis 23f) sowie die dort zit. Rspr.;

(7) Aufwendungen des Eigentümers für **Einbauten,** die als unselbstständige Gebäudeteile anzusehen sind (vgl. Teil II, Tz. 1.7.4.1. und BFH-Beschluss vom 26. 11. 1973, BStBl 1974 II S. 132);

(8) **Abstandszahlungen** im Zusammenhang mit der Errichtung eines neuen Gebäudes zur Ablösung von Nutzungsrechten Dritter an dem abzubrechenden Gebäude oder dem zu bebauenden Grund und Boden (BFH-Urteile vom 29. 7. 1970, BStBl II S. 810, vom 1. 10. 1975, BStBl 1976 II S. 184 und vom 9. 2. 1983, BStBl II S. 451);

(9) Beiträge an die Gemeinde zur Anlegung eines öffentlichen **Kinderspielplatzes** durch die **Gemeinde,** ebenso Aufwendungen des **Steuerpflichtigen** allgemein für die Anlage eines Kinderspielplatzes. Werden die Beiträge aber von der Gemeinde als Erschließungsbeiträge nach §§ 127ff. Baugesetzbuch erhoben, so gehören sie zum Grund und Boden (vgl. unten dd), Nr. 1);

(10) Aufwendungen für den Anschluss an das **Breitbandkabel** der Deutschen Bundespost beim Neubau eines Gebäudes; bei bestehenden Gebäuden sind die vorgenannten Aufwendungen Werbungskosten (vgl. im Einzelnen Teil I, Anlage V, Zeilen 43 bis 44 [2] a.E.);

(11) Aufwendungen für die **Beseitigung von Baumängeln,** die bereits bei der Herstellung des Gebäudes, also vor dessen Fertigstellung, aufgetreten sind, und in diesem Zusammenhang anfallende **Prozesskosten** (vgl. zu beidem Teil I, Anlage V, Zeilen 43 bis 44 [2] und die dort zit. Rspr.);

(12) der **Aufwendungsersatzanspruch** nach § 951 BGB i.V. mit § 812 BGB, der durch Baumaßnahmen des Steuerpflichtigen auf fremdem Grund und Boden entstanden ist, und auf den er aus Anlass des Erwerbs des Eigentums an der Wohnung **verzichtet;** es liegen dann **Anschaffungskosten** des Gebäudes (§ 10e EStG) in Höhe des aufgegebenen Anspruchs vor (BMF-Schreiben vom 31. 12. 1994 a.a.O., Tz. 42).

bb) Außerdem gehören zu den **Herstellungskosten eines Gebäudes** auch die Aufwendungen für folgende Anlagen und Einrichtungen, soweit diese nicht Betriebsvorrichtungen (vgl. Teil II, Tz. 1.2.1.) sind:

(1) Fahrstuhlanlagen;

(2) Heizungsanlagen einschließlich der dazugehörigen Heizkörper, auch in Form von Elektrospeicherheizungen oder Gaseinzelheizungen;

(3) Herde und Öfen, soweit sie nach der regionalen Verkehrsauffassung zum Gebäude gehören (BFH-Urteil vom 13. 3. 1990, BStBl II S. 514);

(4) Küchenspülen;

(5) sanitäre Anlagen z.B. Badewannen, Badezimmeröfen, Duschen, Warmwasserbereiter;

(6) Besenkammern;

(7) Entlüftungsanlagen für die Küche;

(8) Einfriedungen bei Wohngebäuden als unselbständige Gebäudeteile (BFH-Urteile vom 30. 6. 1966, BStBl II S. 541 und vom 15. 12. 1977, BStBl 1978 II S. 210);

(9) auf Estrich verlegte oder mit dem Untergrund fest verbundene Teppichböden;

(10) Einbaumöbel (z.B. Einbauküchen), die wesentliche Bestandteile des Gebäudes sind, sowie Einbaumöbel, die keine wesentlichen Bestandteile des Gebäudes sind, aber bei vermieteten Wohnungen üblicherweise vom Vermieter gestellt werden, z.B. Schränke unter Spülen in Küchen (BFH-Urteil vom 13. 3. 1990, BStBl II S. 514);

(11) Aufwendungen für eine fest an der Außenmauer eines Wohngebäudes angebrachte Markise (BFH-Urteil vom 29. 8. 1989, BStBl 1990 II S. 430);

(12) Alarmanlage (vgl. BFH-Urteil vom 26. 6. 1979, BStBl II S. 738); diese Aufwendungen sind nachträgliche Herstellungskosten, wenn die Alarmanlage erst nach der Fertigstellung des Gebäudes eingebaut wird (BFH-Urteil vom 18. 2. 1993, BStBl II S. 544);

(13) abgehängte, mit einer Beleuchtungsanlage versehene Kassettendecken von Büroräumen (BFH-Urteil vom 8. 10. 1987, BStBl 1988 II S. 440).

– Als mögliche Herstellungskosten des Gebäudes kommen auch **anschaffungsnahe Aufwendungen** in Betracht – vgl hierzu unten ff) – und die **Fahrtkosten zur Baustelle** – vgl. hierzu unten hh) –

cc) **Nicht** zu den **Herstellungskosten** des Gebäudes gehören dagegen (vgl. H 33a EStH-ABC):

(1) der Wert der **eigenen Arbeitsleistung** (BFH-Urteil vom 10. 5. 1995, BStBl II S. 713);

(2) die Aufwendungen für **Waschmaschinen,** auch wenn sie mit Schrauben an einem Zementsockel befestigt sind;

(3) die Aufwendungen für **Außenanlagen,** z.B. für Hofbefestigungen, Umzäunungen, Straßenzufahrten (BFH-Urteil vom 1. 7. 1983, BStBl II S. 686) und für **Grünanlagen** (BFH-Urteil vom 15. 10. 1965, BStBl 1966 II S. 12); wegen Einfriedungen bei Wohngebäuden vgl. bb), (8);

(4) Beiträge zu einer für die Bauzeit des Gebäudes abgeschlossene **Bauwesen-Versicherung** (BFH-Beschluss vom 25. 2. 1976, BStBl 1980 II S. 294); insoweit handelt es sich um Werbungskosten (vgl. Teil I, Anlage V, Zeile 52).

dd) Die Aufwendungen für den **Erwerb des Grund und Bodens** (Kaufpreis, Grunderwerbsteuer, Notariatskosten, Kosten der Grundbucheintragung, Maklergebühren) sowie die Grundstücksnebenkosten (Vermessungsgebühren u.ä.) rechnen ebenfalls **nicht** zu den **Herstellungskosten des Gebäudes,** sondern zu den Anschaffungskosten des Grund und Bodens. Zu beachten ist in diesem Zusammenhang, dass die neuere BFH-Rechtsprechung bei einem großen Teil der mit einem Bau zusammenhängenden Aufwendungen sofort abzugsfähige Erhaltungsaufwendungen (Betriebsausgaben/Werbungskosten) anerkennt, die von den Anschaffungskosten des Gebäudes und von den Anschaffungskosten des Grundstücks abgegrenzt werden müssen (vgl. BMF-Schreiben vom 18. 7. 2003, BStBl I S. 386 in EStH, Anhang 30 V und die folgenden Ausführungen).

Anschaffungskosten des Grundstücks sind, soweit sie nicht nach den folgenden Ausführungen zu den sofort abzugsfähigen **Betriebsausgaben/Werbungskosten** gehören, z.B. (vgl. H 33a EStH-ABC):

(1) **Straßenanliegerbeiträge** und **Erschließungsbeiträge** im Sinne der §§ 127 ff. des Baugesetzbuches. Auch (u.U. erst nach Jahren) von der Gemeinde nachgeforderte Erschließungsbeiträge sind nachträgliche Anschaffungskosten des Grund und Bodens, wenn die Beitragspflicht als solche ihren Grund in einer **erstmaligen** Erschließungsmaßnahme hat (BFH-Urteil vom 3. 7. 1997, BStBl II S. 811). Zu den Erschließungskostenbeiträgen im Falle einer **Zweiterschließung** oder **Zusatzerschließung** vgl. BFH-Urteile vom 12. 1. 1995, BStBl II S. 632, vom 7. 11. 1995, BStBl 1996 II S. 190, und vom 19. 12. 1995, BStBl 1996 II S. 134, wonach die Beiträge nur dann (nachträgliche) Anschaffungskosten des Grund und Bodens sind, wenn sich der Wert des Grundstücks aufgrund einer Erweiterung der Nutzbarkeit oder einer günstigeren Lage erhöht, ansonsten liegt **Erhaltungsaufwand** vor;

(2) Kommunale Beiträge zur Deckung des Aufwands für die **erstmalige Herstellung, Anschaffung und Erweiterung öffentlicher Einrichtungen und Anlagen,** die von den Grundstückseigentümern oder Erbbauberechtigten erhoben werden, soweit nicht ohnehin schon das Baugesetzbuch (oben [1]) anzuwenden ist. Dagegen stellen Erschließungsbeiträge für eine öffentliche Straße, die die bisherige Anbindung eines Grundstücks an das öffentliche Straßennetz **ersetzt,** sofort abziehbaren **Erhaltungsaufwand** dar, wenn die Nutzbarkeit des Grundstücks durch die neue Erschließungsmaßnahme nicht verändert wird, weil sich diese nicht wesentlich von der bisherigen Erschließung unterscheidet (BFH-Urteile vom 19. 12. 1995 a.a.O. und vom 7. 11. 1995, BStBl 1996 II S. 89);

(3) **Kanalanschlussgebühren** (Kanal- oder Sielbaubeiträge), die für den **erstmaligen Anschluss** an die gemeindliche Abwasserbeseitigungsanlage entrichtet werden (BFH-Urteil vom 24. 11. 1967, BStBl 1968 II S. 178), und **Hausanschlusskosten** für Anschlüsse an Versorgungsnetze für **Strom, Gas, Wärme und Wasser** (BFH-Urteil vom 15. 1. 1965, BStBl III S. 226).

Dagegen sind Aufwendungen für den **Anschluss an die Kanalisation** als **Ersatz** für eine **Sickergrube** oder als Ersatz für eine eigene **Kläranlage** und sog. **Ergänzungsbeiträge, die für bereits** an die Kanalisation **angeschlossene Grundstücke** im Zusammenhang mit der Modernisierung der gemeindlichen Abwasserbeseitigungsanlagen entrichtet werden (z.B. für den Bau einer neuen biologischen Kläranlage), sowie ein wegen betriebsbedingter erhöhter Abwasserzuführung geleisteter **Kanalbaubeitrag**, aber auch andere Ergänzungsbeiträge, sofort abziehbare **Betriebsausgaben/Werbungskosten.** Vgl. auch die BFH-Urteile vom 13. 9. 1984, BStBl 1985 II S. 49, vom 4. 11. 1986, BStBl 1987 II S. 333 und vom 25. 8. 1982, BStBl 1983 II S. 38.

Die in diesen Urteilen enthaltenen Grundsätze sind auch auf **andere Erschließungsmaßnahmen** anzuwenden, z.B. wenn Aufwendungen oder **Ergänzungsbeiträge** wegen Modernisierung oder (im Betriebsvermögen) aus betriebsbedingten Gründen für den Anschluss eines Grundstücks an die öffentliche Wasser-, Strom- oder Gasversorgung oder an ein Fernheizsystem anfallen, **falls schon vorher eine funktionsgleiche Einrichtung vorhanden war.** Selbst erstmalig erhobene Beiträge (z.B. Baukostenzuschüsse) können Ergänzungsbeiträge im obigen Sinne und damit sofort **abzugsfähiger Aufwand** sein, z. B. wenn im Zusammenhang mit der Umstellung einer **bereits vorhandenen** Heizungsanlage Baukostenzuschüsse für den erstmaligen Anschluss an das **Erdgas**versorgungsnetz anfallen. Entsprechendes gilt für andere **nachträglich** zu erbringende Erschließungskosten, sofern sie die Nutzbarkeit des Grundstücks ergänzen, z.B. Ergänzungsbeiträge zur **Erweiterung** von Straßen oder Versorgungseinrichtungen, Kosten für den erstmaligen Anschluss an die gemeindliche Wasserversorgung, **wenn** der Wasserbedarf zuvor über einen Brunnen gedeckt wurde. Die finanzgerichtliche Rechtsprechung verfolgt ganz allgemein eine Grenzverschiebung zugunsten des Erhaltungsaufwands (so schon BFH-Urteil vom 4. 11. 1986 a.a.O.).

Deshalb sind auch **Straßenausbaubeiträge**, die Grundstückseigentümer für die Ersetzung oder Modernisierung bereits vorhandener Erschließungseinrichtungen (z.B. für einen neuen Unterbau und eine neue Decke der Straße, für Beleuchtungseinrichtungen, einen Gehweg und Parkstreifen) an die Gemeinde entrichten müssen, sofern das Grundstück in seiner Substanz und seinem Wesen unverändert geblieben ist, sofort als **Betriebsausgaben/Werbungskosten** abziehbar, und zwar auch dann, wenn dadurch der Wert des Grundstücks gestiegen sein sollte (BFH-Urteile vom 2. 5. 1990, BStBl 1991 II S. 448 und vom 22. 3. 1994, BStBl II S. 842). Vgl. auch Teil I, Anlage V, Zeilen 43 bis 44 (2);

(4) Beiträge oder Zuschüsse der Grundstückseigentümer an die Gemeinde für den **Ausbau einer Ortsstraße;** dagegen sind Mehrkosten, die wegen der Nutzung durch betriebliche Fahrzeuge für den verstärkten Ausbau einer Straße übernommen werden, sofort abziehbare **Betriebsausgaben/Werbungskosten** (BFH-Urteil vom 26. 2. 1980, BStBl II S. 687);

(5) **Ansiedlungsbeiträge,** wenn die Zahlung lediglich in Erfüllung eines ausschließlich den Grund und Boden betreffenden Kaufvertrags erfolgt ist;

(6) Beiträge zur Schaffung einer **Fußgängerzone,** wenn sie auf Grund gesetzlicher Vorschriften von Grundstückseigentümern erhoben werden (BFH-Urteile vom 16. 11. 1982, BStBl 1983 II S. 111 und vom 26. 1. 1984, BStBl II S. 480) sowie freiwillige Zuschüsse zur Schaffung einer Fußgängerzone, wenn sie grundstücksbezogen sind; dagegen sind freiwillige Zuschüsse, die nicht grundstücksbezogen, sondern betriebsbezogen sind, sofort abziehbare **Betriebsausgaben** (BFH-Urteil vom 12. 4. 1984, BStBl II S. 489). Erhebt die Gemeinde für ein bereits durch eine Straße erschlossenes Grundstück nachträgliche Straßenbaukostenbeiträge für die bauliche Veränderung der Gehwege zur Schaffung einer Fußgängerzone, so liegen **Werbungskosten/Betriebsausgaben** vor (BFH-Urteil vom 22. 3. 1994, BStBl II S. 842).

ee) **Nicht allgemein übliche Aufwendungen** sind zwar Herstellungskosten im steuerrechtlichen Sinne, sie rechnen aber nach Auffassung der Finanzverwaltung (ebenso wenig wie früher bei § 7b EStG) nicht zu den Herstellungskosten/Anschaffungskosten i.S. des § 10e EStG. Dazu gehören z.B. Aufwendungen für ein **Schwimmbecken** innerhalb und außerhalb des Gebäudes, für eine **Sauna, Kegelbahn** oder **Bar**, selbst wenn es sich um wesentliche Bestandteile des Gebäudes handelt. Das Gleiche gilt für **Einbaumöbel,** wenn diese nicht bei vermieteten Wohnungen üblicherweise vom Vermieter gestellt werden (BFH-Urteile vom 13. 3. 1990, BStBl II S. 514, vom 11. 12. 1973, BStBl 1974 II S. 476 und S. 477 betr. Raumteiler sowie BMF-Schreiben vom 31. 12. 1994 a.a.O., Tz. 37 und 38). Nach der BFH-Rechtsprechung gehören hierzu nur Aufwendungen, die notwendig sind, um dem Bauwerk die Eignung für Wohnzwecke zu geben.

ff) Liegt sog. **anschaffungsnaher Aufwand** vor, so gehört dieser ebenfalls zu den **Herstellungskosten** des Gebäudes und erhöht damit die Bemessungsgrundlage nach § 10e Abs. 1 EStG (BMF-Schreiben vom 31. 12. 1994 a.a.O., Tz. 35). Wegen der neuen Rechtslage vgl. Teil I, Anlage V, Zeilen 43 bis 44 (3) A. und B. Handelt es sich bei den Instandsetzungsaufwendungen um Erhaltungsaufwand, so kann dieser bei selbst bewohnten Wohnungen als Vorkosten nach § 10e Abs. 6 EStG steuerlich berücksichtigt werden, wenn er **vor** dem erstmaligen Bezug entstanden ist (vgl. auch Teil I, Anlage FW, Zeilen 22 bis 23).

gg) Als Folge der BFH-Rechtsprechung im Anschluss an die Entscheidung des GrS des BFH vom 15. 1. 1991, BStBl 1992 II S. 78 stellen sich auch bei **Erwerb einer Wohnung gegen Rente oder dauernde Last** eine Reihe von Rechtsfragen. Zur Vermögensübertragung gegen wiederkehrende Leistungen/Versorgungsleistungen vgl. Tz. 6.3., Absätze **(4)**, **(4a)**, **(5)**.

Wird eine **Wohnung gegen Vereinbarung einer Rente oder dauernde Last** entgeltlich erworben (bei ausgewogener Leistung und Gegenleistung), so bemessen sich die **Anschaffungskosten** nach dem kapitalisierten Barwert der Rente bzw. dauernden Last. Ein Abzug des Zins- oder Ertragsanteils der wiederkehrenden Bezüge als **Werbungskosten** ist zwar bei Vermietungseinkünften, nicht aber bei selbst bewohnten Wohnungen möglich. Vgl. Tz. 6.3., Abs. **(4a)**.

hh) Zu den Herstellungs- bzw. Anschaffungskosten i.S. des § 10e Abs. 1 EStG gehört zwar nicht der Wert der eigenen Arbeitsleistung, aber es gehören dazu die **Aufwendungen für Fahrten zur Baustelle bzw. zum Kaufobjekt,** das zu eigenen Wohnzwecken erworben und genutzt werden wird (vgl. auch BFH-Urteil vom 10. 3. 1981, BStBl II S. 470). Wegen der Nichtberücksichtigung **vergeblicher** Aufwendungen nach § 10e Abs. 6 EStG vgl. Teil I, Anlage FW, Zeilen 22 bis 23). Bei Fahrten mit dem PKW können die tatsächlichen Kosten bzw. an deren Stelle die für Geschäftsreisen maßgeblichen **Kilometersätze** (0,30 € pro km; vgl. Teil I, Anlage N, Zeilen 57 bis 62, 59, ABC „Reisekosten") in Anspruch genommen werden (BFH-Urteil vom 10. 5. 1995, BStBl II S. 713). Bei einem teilweise vermieteten Objekt ist eine Aufteilung im Verhältnis der eigengenutzten zur vermieteten Wohnfläche vorzunehmen (bundeseinheitliche Verwaltungsauffassung; vgl. z.B. OFD Köln vom 17. 10. 1988, BB 1988 S. 2370).

ii) Herstellungskosten für **Außenanlagen** sind nicht in die Bemessungsgrundlage des § 10e EStG einzubeziehen, da nach dem Gesetzeswortlaut ausschließlich Herstellungs- und Anschaffungskosten des Gebäudes und Anschaffungskosten des Grund und Bodens begünstigt sind. Bestimmte Anlagen, wie z.B. der Zuweg zum Haus und die Pflasterung der Garagenzufahrt u.ä. sind wegen des unmittelbaren Nutzungszusammenhangs jedoch dem Gebäude zuzurechnen. Bei teilweiser Nutzung der Außenanlagen zur Erzielung von Einkünften ist eine Aufteilung nach der Zahl der zur Nutzung befugten Mietparteien vorzunehmen.

kk) Zu den **Anschaffungskosten** des Grundstücks, ggf. mit Gebäuden, gehören neben dem eigentlichen Kaufpreis auch die sog. **Anschaffungsnebenkosten** (z.B. Notariatskosten, Maklergebühren, Grunderwerbsteuer, auch Säumniszuschläge zur Grunderwerbsteuer: BFH-Urteil vom 14. 1. 1992, BStBl II S. 464). Auch Zahlungen zur Ablösung von Nutzungsrechten (Vorbehaltsnießbrauch, dingliches oder testamentarisches Wohnrecht) können (nachträgliche) Anschaffungskosten sein (BFH-Urteile vom 21. 7. 1992, BStBl 1993 II S. 484 und S. 486 sowie vom 15.12. 1992, BStBl 1993 II S. 488). Zu den Anschaffungskosten einer **Eigentumswohnung** gehört **nicht** der Teil des Kaufpreises, der auf die Übernahme der **Instandhaltungsrückstellung** (§ 21 Abs. 5 Nr. 4 WEG) entfällt (BFH-Urteil vom 9. 10. 1991, BStBl II 1992 S. 152 und BMF-Schreiben vom 31. 12. 1994 a.a.O., Tz. 39). Zu den Anschaffungskosten können u.U. auch Aufwendungen für Umbau- und Modernisierungsarbeiten gehören, wenn sie zeitgleich mit dem Abschluss des Kaufvertrags durch einen gesonderten Werkvertrag in Auftrag gegeben werden (vgl. BFH-Urteil vom 17.12. 1996, BStBl 1997 II S. 348). Maßgebend sind stets die **historischen Anschaffungskosten**, ggf. die des Rechtsvorgängers. Wird eine **zunächst vermietete Wohnung** anschließend zu eigenen Wohnzwecken genutzt, sind als Bemessungsgrundlage nach § 10e EStG ebenfalls die historischen Anschaffungs- (bzw. Herstellungs-)kosten maßgebend. Sie sind nicht um die während des Vermietungszeitraums in Anspruch genommene AfA zu kürzen.

Anschaffungskosten liegen bei einem **unentgeltlichen Erwerb** nicht vor. Wegen der Abgrenzung zwischen unentgeltlichem und entgeltlichem Erwerb vgl. unten Buchst. **c)**.

Da die Anschaffungskosten für den dazugehörenden **Grund und Boden** nach § 10e EStG nur zur Hälfte gefördert werden, bedarf es im Falle eines **einheitlichen Kaufpreises** oder einer **unrichtigen Aufspaltung** des Entgelts durch die Vertragsparteien einer zutreffenden Aufteilung. Die Frage der Zuordnung des „dazugehörenden" Grund und Bodens zur selbstgenutzten Wohnung bereitet hinsichtlich der flächenmäßigen Begrenzung gelegentlich Schwierigkeiten (vgl. z.B. BFH-Urteile vom 20. 8. 1997, BStBl 1998 II S. 17 und vom 10. 8. 1972, BStBl 1973 II S. 10). Bei Anschaffung eines **bebauten Grundstücks** ist der Kaufpreis im Privatvermögen nach dem Verhältnis der Verkehrswerte aufzuteilen, die anhand der Sachwerte von Boden- und Gebäudeanteil zu schätzen sind (H 43 [Anschaffungskosten] EStH und die dort zit. Rspr.). Das gilt auch bei der Anschaffung von Eigentumswohnungen (BFH-Urteil vom 10. 10. 2000, BStBl 2001 II S. 183 lehnt erneut die sog. Restwertmethode ab; dabei rechtfertigt die eingeschränkte Nutzungs- und Verfügungsmöglichkeit des Wohnungseigentümers hinsichtlich seines Bodenanteils keinen niedrigeren Wertansatz des Bodenteils (BFH-Urteil vom 15. 1. 1985, BStBl II S. 252). Wie der Kaufpreis sind auch die Anschaffungskosten aufzuteilen. Das Problem hat aber im Rahmen des § 10 e Abs. 1 EStG wegen der begrenzten Auswirkung der Bemessungsgrundlage (s. oben) keine allzu große praktische Bedeutung.

**b) Beginn des achtjährigen Abzugszeitraums –
Nutzung zu eigenen Wohnzwecken**

Insoweit wird auf die Ausführungen in der „Anleitung zur ESt-Erklärung **2003**", Teil II, Tz. 3.3.3.b) hingewiesen.

Siehe **„Allgemeiner Hinsweis"** auf Seite 278.

**c) Unentgeltlicher oder entgeltlicher Erwerb einschließlich Erbauseinandersetzung und vorweggenommener Erbfolge
– Bedeutung allgemein und für § 10e EStG**

- **Unentgeltliche Einzelrechtsnachfolge**

Da der **unentgeltliche Einzelrechtsnachfolger** selbst keine Anschaffungs- oder Herstellungskosten hat, kann er § 10e EStG aus eigenem Recht nicht in Anspruch nehmen. Auch Aufwendungen für die Instandsetzung einer **unentgeltlich** erworbenen Wohnung sind mangels Anschaffung oder Herstellung weder im Rahmen des § 10e Abs. 1 EStG noch als nachträgliche Anschaffungs- oder Herstellungskosten nach § 10e Abs. 3 EStG begünstigt (BFH-Urteil vom 15. 11. 1995, BStBl 1996 II S. 356). Dem Einzelrechtsnachfolger, der ein unentgeltlich erworbenes Gebäude zu eigenen Wohnzwecken nutzt, steht § 10e EStG vielmehr nur zu, wenn er **nach** Eigentumsübertragung **eigene Herstellungskosten** für die eigengenutzte Wohnung aufwendet; die Anschaffungs- oder Herstellungskosten des Rechtsvorgängers kann er nicht in die Bemessungsgrundlage für den Abzugsbetrag nach § 10e Abs. 1 EStG einbeziehen (BFH-Urteile vom 4. 12. 1991, BStBl 1992 II S. 295 und vom 8. 6. 1994, BStBl II S. 779). Er kann auch eine vom Rechtsvorgänger begonnene Grundförderung nicht fortführen (BFH-Urteil vom 7. 8. 1991, BStBl 1992 II S. 736 sowie BMF-Schreiben vom 31. 12. 1994 a.a.O., Tz. 2).

- **Gesamtrechtsnachfolge**

Geht eine Wohnung aber im Wege der **Gesamtrechtsnachfolge** (Erbschaft nach § 1922 BGB) auf einen Erben über, kann dieser bis zum Ende des Abzugszeitraums die Grundförderung nach § 10e EStG fortführen bzw. in Anspruch nehmen, **wenn** in seiner Person die Voraussetzungen erfüllt sind (z.B. Eigennutzung zu Wohnzwecken). Dies gilt auch dann, wenn beim **Erblasser** bereits Objektverbrauch vorgelegen hat (BMF-Schreiben vom 31.12. 1994 a.a.O., Tz. 59). Nicht erforderlich ist, dass der Erblasser die

Wohnung selbst bewohnt und hierfür die Vergünstigung des § 10e EStG erhalten hat. Entsprechendes gilt, wenn eine Wohnung im Gesamthandseigentum einer Erbengemeinschaft steht und ein **Miterbe** die Voraussetzungen des § 10e EStG erfüllt; er kann dann bis zur Auseinandersetzung der Erbengemeinschaft, längstens jedoch bis zum Ende des Abzugszeitraums, die Steuerbegünstigung in Anspruch nehmen, wenn in seiner Person die Voraussetzungen hierfür erfüllt sind (BMF-Schreiben vom 31. 12. 1994 a.a.O., Tz. 64). Erhält ein Miterbe **nach** Auseinandersetzung der Erbengemeinschaft durch Realteilung eine Wohnung, deren Wert dem Wert seines Anteils am Nachlass **entspricht**, kann er § 10e EStG bis zum Ende des Abzugszeitraums **für die gesamte Wohnung** beanspruchen, wenn in seiner Person die Voraussetzungen hierfür erfüllt sind. Erhält ein Miterbe **wertmäßig mehr,** als ihm nach seiner Erbquote zusteht, und zahlt er dafür an die anderen Miterben eine Abfindung, so handelt es sich insoweit um ein **Anschaffungsgeschäft** (Anschaffungskosten), das zur Inanspruchnahme des § 10e EStG berechtigt (vgl. unten Abs. 5: „Bedeutung für § 10e EStG ..."). Soweit er die Wohnung seiner Erbquote entsprechend **unentgeltlich** erwirbt, kann er § 10e EStG des Erblassers fortführen, wenn er in seiner Person die Voraussetzungen hierfür erfüllt. Vgl. im Einzelnen die Beispiele 1 bis 3 im BMF-Schreiben vom 31. 12. 1994 a.a.O., Tz. 65 und 66.

Der unentgeltliche Gesamtrechtsnachfolger kann die erhöhten Absetzungen auch dann in Anspruch nehmen, wenn beim Erblasser Objektverbrauch (vgl. Tz. 3.3.6.) vorgelegen hat (BFH-Urteile vom 4. 9. 1990, BStBl 1992 II S. 69 und vom 8. 10. 1991, BStBl 1992 II S. 547). Eine Nachholung (vgl. Tz. 3.3.4. i.V. mit Anlage FW, Zeile 19) ist allerdings nur möglich, wenn auch dem Erblasser die Nachholung zugestanden hätte (BMF-Schreiben vom 31. 12. 1994 a.a.O., Tz. 67). Erfüllen für das Jahr des Erbfalls der Erblasser **und** der Erbe die Voraussetzungen für die Grundförderung, **kann der Erbe** wählen, in welchem Umfang der Abzugsbetrag für dieses Jahr beim Erblasser und inwieweit er bei ihm zu berücksichtigen ist (BMF-Schreiben vom 31. 12. 1994 a.a.O., Tz. 59). Die Fortführung der Grundförderung führt beim Erben jedoch zum Objektverbrauch.

- **Schenkung unter Auflage, Vermächtnis, Erbschaftskauf**

Ein **unentgeltlicher** Erwerb liegt auch bei einer **Schenkung unter Auflage** und bei einem **Vermächtnisnehmer** vor, dem ein Vermögensgegenstand (z.B. ein Wohngebäude) durch Verfügung von Todes wegen zugewendet worden ist. Dagegen ist beim **Erbschaftskäufer** stets ein entgeltlicher Erwerb anzunehmen. Zur Abgrenzung zwischen Schenkung unter Auflage und gemischter Schenkung **außerhalb** von Erbauseinandersetzungen vgl. Teil I, Anlage SO, Zeilen 30 bis 59 (Unentgeltlicher oder entgeltlicher Erwerb) und Anlage V, Zeile 34 II. D.

- **Erbauseinandersetzung und vorweggenommene Erbfolge**

Die Frage der **Abgrenzung zwischen entgeltlichem und unentgeltlichem Rechtsnachfolger** stellt sich auch bei der **Erbauseinandersetzung** und der **vorweggenommenen Erbfolge**. Auf die **ausführliche Darstellung** der Rspr. des GrS des BFH hierzu (vgl. Beschlüsse vom 5. 7. 1990, BStBl II S. 837 und S. 847) in Teil I, **Anlage SO, Zeilen 30 bis 59** (Unentgeltlicher oder entgeltlicher Erwerb) und **Anlage GSE, Zeilen 12 bis 21** („Folgerungen bei Erbauseinandersetzungen") wird hingewiesen. Die Auffassung der Finanzverwaltung zu einzelnen Zweifelsfragen ergibt sich aus den beiden BMF-Schreiben vom 11. 1. 1993 und vom 13. 1. 1993, BStBl I S. 62 und S. 80 unter Berücksichtigung der Änderungen durch BMF-Schreiben vom 5.12. 2002, BStBl I S. 1392. Die hierin enthaltenen Grundsätze gelten **auch für § 10e EStG** (BMF-Schreiben vom 31. 12. 1994 a.a.O., Tz. 64 und Tz. 43) entsprechend den folgenden Erläuterungen:

- **Zur Erbauseinandersetzung**

(1) Erhält ein **Miterbe** bei einer **Erbauseinandersetzung von Privatvermögen** einen Vermögensgegenstand und muss er deshalb dem (oder den) anderen Miterben eine Entschädigung aus seinem Vermögen leisten, so war nach der älteren BFH-Rechtsprechung (z.B. BFH-Urteil vom 7. 10. 1980, BStBl 1981 II S. 157) trotzdem ein **unentgeltlicher** Erwerb anzunehmen, und zwar selbst dann, wenn die Entschädigung den Wert des Erbanteils des Miterben überstiegen hat. Der erwerbende Miterbe konnte nur die AfA des Rechtsvorgängers fortsetzen.

(2) Diese Auffassung ist durch die Fortentwicklung der BFH-Rechtsprechung überholt. Zunächst hat der BFH mit Urteil vom 9. 7. 1985, BStBl II S. 722 zur **Erbauseinandersetzung von Privatvermögen** bei Zahlung von Abfindungen eines Miterben an die übrigen Miterben einen **entgeltlichen Erwerb** und damit **eigene Anschaffungskosten** des übernehmenden Miterben dann bejaht, wenn dieser hierfür Vermögenswerte **über** seinen Anteil an dem Nachlass hinaus einsetzen muss, um Alleineigentümer (z.B. eines Grundstücks) zu werden. Entsprechend hat die nachfolgende BFH-Rspr. auch ein **entgeltliches** Rechtsgeschäft insoweit angenommen, als bei der Auseinandersetzung einer Gesamthandsgemeinschaft durch **Realteilung mit Abfindungszahlungen** ein über die Gesamthandsbeteiligung des Erwerbers hinausgehender Anteil erworben wird (BFH-Urteile vom 22. 9. 1987, BStBl 1988 II S. 250, vom 28. 1. 1987, BStBl II S. 616 und vom 6. 2. 1987, BStBl II S. 423).

Erhält sonach ein Miterbe bei der realen Teilung eines Nachlasses wertmäßig mehr, als ihm **nach seiner Erbquote** zusteht und zahlt er hierfür an seine Miterben eine Abfindung, so liegen insoweit **Anschaffungskosten** vor; gleichzeitig ist ein Veräußerungsgeschäft beim weichenden Miterben anzunehmen. Entsprechendes gilt hinsichtlich der Anschaffungskosten, wenn sich eine Erbengemeinschaft im Wege der Zwangsversteigerung auseinandersetzt und die Bargebote eines der Erben den ihm zustehenden Anteil am Versteigerungserlös übersteigen (BFH-Urteil vom 29. 4. 1992, BStBl II S. 727). **Nach** der Erbauseinandersetzung ist hinsichtlich der weiteren Abschreibung zwischen dem **unentgeltlich** erworbenen Teil des Wirtschaftsguts, bei dem die AfA des Rechtsvorgängers nach § 11 d EStDV fortzuführen ist, und dem **entgeltlich** erworbenen Teil des Wirtschaftsguts, von dessen Anschaffungskosten die AfA vorgenommen werden kann (z.B. bei Gebäuden nach § 7 Abs. 4 EStG), zu unterscheiden. Maßgeblich für die Aufteilung ist das Verhältnis der Verkehrswerte (BFH-Urteil vom 29. 10. 1991, BStBl 1992 II S. 512 und BMF-Schreiben vom 11. 1. 1993, BStBl I S. 62, Tz. 28).

(3) Nach den Urteilen der o.g. Senate des BFH erging der Beschluss des **GrS des BFH** vom 5. 7. 1990, BStBl II S. 837 zur steuerlichen Behandlung der **Erbauseinandersetzung von Betriebsvermögen**, der gleichzeitig aber auch allgemeine Aussagen zur Erbauseinandersetzung enthält. Danach sind Erbfall und Erbauseinandersetzung **zwei** selbständige Rechtsvorgänge und als solche unabhängig voneinander zu beurteilen. Nach Auffassung des GrS des BFH sind deshalb **Abfindungszahlungen** eines Erben und Aufwendungen für den Erwerb des Erbteils eines Miterben unter bestimmten Voraussetzungen **Anschaffungskosten;** in gleicher Höhe entsteht beim weichenden Miterben ein Veräußerungserlös (BMF-Schreiben vom 11. 1. 1993 a.a.O., Tz. 14; wegen der steuerlichen Behandlung des Veräußerungsgewinns vgl. dort Tz. 18 bis 22). Ausschlaggebend ist, ob **der Miterbe wertmäßig mehr erlangt als seinem Erbanteil entspricht und den Mehrempfang aus seinem Vermögen ausgleicht.** Maßgebend für die Beurteilung sind also stets die **Anteile (Erbquoten) der Miterben am Nachlass.** Ein **unentgeltlicher** Erwerb des Miterben ist sonach (nur) in dem Umfang anzunehmen, in dem er entsprechend seiner **Erbquote** am Nachlass beteiligt ist. Hinsichtlich dieses **unentgeltlich** erworbenen Teils sind für die Berechnung der AfA die entsprechenden **Anschaffungs- bzw. Herstellungskosten des Erblassers** und das restliche AfA-Volumen zugrunde zu legen. Soweit der Erwerb nach den obigen Ausführungen in Abs. (2) als **entgeltlich** zu beurteilen ist, hat der erwerbende Miterbe **eigene Anschaffungskosten** und damit zusätzliches AfA-Volumen. Eine **Übernahme von Nachlassverbindlichkeiten** über die Erbquote hinaus führt jedoch (anders als bei der vorweggenommenen Erbfolge) **nicht zu Anschaffungskosten und zwar auch dann nicht, wenn diese die Erbquote übersteigen;** vielmehr ermöglichen Nachlassverbindlichkeiten einen wertmäßigen Ausgleich unter den Miterben und damit einen unentgeltlichen Rechtsvorgang ohne Veräußerungsgewinn (BMF-Schreiben vom 11. 1. 1993 a.a.O., Tz. 17 und Tz. 25). Wegen der Realteilung eines sog. **Mischnachlasses,** der aus Privat- und Betriebsvermögen besteht und für den die obigen Grundsätze entsprechend gelten, vgl. BMF-Schreiben vom 11. 1. 1993 a.a.O., Tz. 23 ff.

Teil II
Tz. 3.3.3.

- **Zur vorweggenommenen Erbfolge**

(4) Unter vorweggenommener Erbfolge sind Vermögensübertragungen unter Lebenden mit Rücksicht auf die künftige Erbfolge zu verstehen. Auch hinsichtlich der vorweggenommenen Erbfolge ist die **ältere** Rechtsprechung des BFH (z.B. BFH-Urteile vom 26. 11. 1985, BStBl 1986 II S. 161 und vom 23. 4. 1971, BStBl 1971 II S. 686) überholt. Früher wurde stets eine Schenkung unter Auflage, also ein **unentgeltlicher** Vorgang, angenommen, und zwar auch dann, wenn **Gleichstellungsgelder** an künftige Miterben bezahlt, **Verbindlichkeiten** des Schenkers übernommen, **Nutzungsrechte** an dem zu übertragenden Grundstück zugunsten des Übertragenden oder eines Dritten eingeräumt oder **Versorgungsleistungen** an den Übertragenden oder dessen Angehörige vereinbart wurden (falls diese Leistungen nach deren Bedürfnissen und nicht nach dem Wert des übertragenen Vermögens bemessen wurden).

Mit einem weiteren Beschluss des **GrS des BFH** vom 5. 7. 1990, BStBl II S. 847 zur **Vermögensübertragung in vorweggenommener Erbfolge** hat der BFH sowohl im Falle der Bezahlung von **Gleichstellungsgeldern** und **Abstandszahlungen** als auch im Falle der **Übernahme von Verbindlichkeiten** (letzteres abweichend von der Erbauseinandersetzung) ein **entgeltliches** Anschaffungsgeschäft einerseits und einen Veräußerungsvorgang andererseits bejaht (ebenso BMF-Schreiben vom 13. 1. 1993 a.a.O., Tz. 7 bis 9), sodass **Anschaffungskosten** des übernehmenden Miterben vorliegen. Dagegen stellen nach Auffassung des GrS des BFH vom 5. 7. 1990 a.a.O. und der Anschlußurteile vom 23. 1. 1992, BStBl II S. 526 und vom 24. 4. 1991, BStBl II S. 794 vom Vermögensübernehmer im Rahmen einer vorweggenommenen Erbfolge zugesagte **Versorgungsleistungen** weder Anschaffungskosten noch ein Veräußerungsentgelt dar (ebenso BMF-Schreiben vom 13. 1. 1993 a.a.O., Tz. 4). Auf die grundsätzlichen Ausführungen in Teil II, Tz. 6.3. Abs. **(5)** wird verwiesen. Behält sich der Übergeber ein dingliches oder obligatorisches **Nutzungsrecht (z.B. Nießbrauch, Wohnrecht)** am übertragenen Wirtschaftsgut vor, wird das bereits mit dem Nutzungsrecht belastete Vermögen erworben; ein entgeltlicher Erwerb liegt insoweit nicht vor (vgl. BMF-Schreiben vom 13. 1. 1993, BStBl I S. 81, Tz. 10).

Wird Vermögen im Wege der vorweggenommenen Erbfolge gegen andere Leistungen als Versorgungsleistungen oder neben Versorgungsleistungen übertragen, so gelten die bisherigen Grundsätze zur **gemischten Schenkung (teilentgeltlicher Erwerb)**, d.h. die Vermögensübertragung erfolgt teilweise entgeltlich und teilweise unentgeltlich (Trennungstheorie). Vgl. hierzu Teil II, Tz. 6.3., Abs. **(4a)**. Wegen der **Aufteilung** des Vorgangs vgl. BMF-Schreiben vom 13. 1. 1993 a.a.O., Tz. 14 und 15. Überträgt **z.B.** der Vater ein Mietwohngrundstück mit einem Verkehrswert von 250 000 € gegen eine Abstandszahlung von 125 000 € auf ein Kind, so erwirbt dieses zur Hälfte unentgeltlich und setzt insoweit die bisherige AfA des Vaters nach § 11d EStDV fort; zur Hälfte erwirbt es entgeltlich mit Anschaffungskosten (AfA-Volumen) von 125 000 €. Für den Fall des teilentgeltlichen Erwerbs durch **Übernahme von Verbindlichkeiten** vgl. BFH-Urteil vom 7. 8. 1991, BStBl 1992 II S. 736 und BMF-Schreiben vom 7. 8. 1992, BStBl I S. 522 sowie wegen der weiteren Rechtsprechung hinsichtlich der Einräumung von Nutzungsrechten sowie (ebenfalls) der Übernahme von Verbindlichkeiten im Zusammenhang mit einer vorweggenommenen Erbfolge vgl. BFH-Urteile vom 10. 4. 1991, BStBl II S. 791 und vom 24. 4. 1991, BStBl II S. 794.

- **Bedeutung für § 10e EStG, falls Anschaffungskosten vorliegen – teilentgeltlicher Erwerb (gemischte Schenkung)**

(5) Die o.g. Rechtsprechung des GrS des BFH zur **Erbauseinandersetzung** und zur **vorweggenommenen Erbfolge** ist auch im Rahmen des § 10e EStG von Bedeutung (vgl. BMF-Schreiben vom 31. 12. 1994 a.a.O., Tz. 64 und Tz. 43). Liegen nach den obigen Grundsätzen **Anschaffungskosten** vor **und** wird eine **Wohnung zur Eigennutzung** erworben, kommt auch die Grundförderung nach § 10e EStG in Betracht. Wird **z.B.** im Wege der vorweggenommenen Erbfolge eine Wohnung mit einem Gebäudewert von 350 000 € gegen eine Abstandszahlung (z.B. Gleichstellungsgeld an ein Geschwister) oder eine Schuldübernahme in Höhe von 175 000 € erworben, so erhält der Erwerber nach den Grundsätzen der **gemischten Schenkung (teilentgeltlicher Erwerb)** die Förderung nach § 10e Abs. 1 EStG in den ersten vier Jahren ggf. bis zum ungekürzten Höchstbetrag von 10 124 €. Der **Höchstbetrag** nach § 10e Abs. 1 Satz 1 EStG ist also bei einem teilentgeltlichen Erwerb **nicht zu kürzen** (BFH-Urteil vom 21. 3. 1989, BStBl II S. 778 und BMF-Schreiben vom 31. 12. 1994 a.a.O., Tz. 43).

Vorkosten nach § 10e Abs. 6 EStG (vgl. Anlage FW, Zeilen 22 bis 23) können allerdings nur insoweit abgezogen werden, als sie mit dem **entgeltlichen** Teil des Erwerbs zusammenhängen, z.B. Renovierungskosten zur Hälfte, Schuldzinsen zur Finanzierung der Abstandszahlung in voller Höhe. Eine erforderliche Aufteilung ist im Verhältnis des Entgelts (ohne Anschaffungsnebenkosten) zum Verkehrswert der Wohnung aufzuteilen (BFH-Urteile vom 24. 3. 1993, BStBl II S. 704 und vom 1. 10. 1997, BStBl 1998 II S. 247 sowie BMF-Schreiben vom 31. 12. 1994 a.a.O., Tz. 84). Vgl. zum Problem der Anwendung des § 10e Abs. 6 EStG bei **unentgeltlichem** Erwerb Anlage FW, Zeilen 22 bis 23.

Wird ein Gebäude unter Lebenden zunächst anteilig **unentgeltlich** auf mehrere Kinder übertragen und **kauft anschließend** eines der Kinder die **Anteile der Geschwister** zu eigenen Wohnzwecken, so liegt insoweit ein **entgeltlicher** Erwerb vor. Die Förderung des Erwerbs ist allerdings auf den anteiligen Höchstbetrag beschränkt (§ 10e Abs. 1 Satz 6 EStG).

- **Mittelbare Grundstücksschenkung**

(6) Umstritten ist, unter welchen Voraussetzungen ein **entgeltlicher** Erwerb des Gebäudes (z.B. nach § 10e Abs. 1 EStG) vorliegt oder nicht vorliegt, wenn der Steuerpflichtige (z.B. Kind) das Wohneigentum mit (z.B. von den Eltern) **geschenktem Geld** anschafft oder herstellt. Nach den zivilrechtlichen Grundsätzen, denen sich der BFH und die Finanzverwaltung für die **Schenkungsteuer** angeschlossen haben, kann für den Fall, dass die Schenkung nicht zweckfrei, sondern unter der **Auflage** oder der **Bedingung**, ein ganz bestimmtes Grundstück (Wohnung) zu erwerben oder zu errichten, eine **mittelbare Grundstücksschenkung** vorliegen (vgl. bundeseinheitliche Erlasse vom 9. 11. 1989, BStBl I S. 445 und vom 6. 12. 1993, BStBl I S. 1002 sowie BFH-Urteile vom 3. 8. 1988, BStBl II S. 1025, vom 5. 2. 1986, BStBl II S. 460, vom 6. 3. 1985, BStBl II S. 382 und vom 13. 3. 1996, BStBl II S. 548 betr. einen Anbau), insbesondere dann, wenn im Voraus eine klare und eindeutige Schenkungsabrede dahingehend getroffen ist, dass der Gegenstand der Schenkung ein ganz bestimmtes Grundstück und nicht etwa ein Geldbetrag sein soll (BMF-Schreiben vom 31. 12. 1994 a.a.O., Tz. 2). Die Finanzverwaltung nimmt in solchen Fällen nunmehr auch **einkommensteuerlich** einen **unentgeltlichen** Erwerb des bebauten Grundstücks an (vgl. BFH-Urteile vom 15. 5. 1990, BStBl 1992 II S. 67 und vom 8. 6. 1994, BStBl II S. 779).

Die Beteiligten müssen sich entscheiden, ob sie die schenkungsteuerliche oder die einkommensteuerliche Vergünstigung vorziehen. Ist eine Förderung des Kindes z.B. nach § 10e EStG beabsichtigt, so muss der Geldbetrag **zweckfrei** zugewendet werden; dann unterliegt allerdings der geschenkte Geldbetrag der Schenkungsteuer (Freibetrag nach § 16 ErbStG beachten). Soll das Geld in Form einer mittelbaren Grundstücksschenkung zugewendet werden, so unterliegt der Schenkungsteuer (im zeitlichen Geltungsbereich des § 10e EStG bis 31. 12. 1995) nur ein Betrag von 140 v.H. des Einheitswerts des Grundstücks; § 10 e EStG scheidet dann beim Kind aus. Schenken die Eltern ihrem Kind z.B. einen Geldbetrag von 150 000 € zur Anschaffung eines **bestimmten** Grundstücks, das das Kind im Anschluss daran für 250 000 € (Gebäude 150 000 €, Grundstück 100 000 €) erworben hat, so liegt ein teils entgeltlicher und teils unentgeltlicher Erwerb im Wege der mittelbaren Grundstücksschenkung vor. Aus der Sicht der Erwerbers liegt ein verbilligter Erwerb des gesamten Grundstücks vor, weshalb der Höchstbetrag nach § 10e Abs. 1 EStG, wie stets beim teilentgeltlichen Erwerb (s. oben), nicht gekürzt werden darf (aber Aufteilung der Vorkosten).

- **Schuldzinsen für Kredite zur Abfindung (Gleichstellung) von Miterben, zur Erfüllung von Pflichtteilsverbindlichkeiten und Vermächtnissen sowie aus ähnlichen Anlässen**

(7) Führen Abfindungszahlungen an Miterben nach den obigen Ausführungen zu Anschaffungskosten beim übernehmenden

Erben, so sind **Schuldzinsen für einen Kredit,** der **zur Abfindung von Miterben** aufgenommen wird, je nach der erworbenen Einkunftsquelle **Werbungskosten/Betriebsausgaben,** und zwar auch dann, wenn der übernehmende Miterbe die Abfindungen ganz oder teilweise aus seinem Anteil an dem Nachlass hätte aufbringen können (BFH-Urteile vom 9. 7. 1985, DB 1985 S. 2592 und vom 19. 5. 1983, BStBl II S. 380). Ebenso sind **Schuldzinsen** für einen Kredit, der im Rahmen einer **vorweggenommenen Erbfolgeregelung** zur Abfindung (Gleichstellung) der anderen Miterberechtigten für die Überlassung eines Grundstücks aufgenommen wird, als Werbungskosten bei Vermietung und Verpachtung abziehbar (BFH-Urteile vom 23. 4. 1985, BStBl II S. 720 und vom 26. 11. 1985, BStBl 1986 II S. 161), wenn und soweit der Übernehmer das betreffende Wirtschaftsgut zur Erzielung steuerpflichtiger Einkünfte einsetzt (vgl. BMF-Schreiben vom 13. 1. 1993 a.a.O., Tz. 22); sie sind als Betriebsausgaben abziehbar, wenn und soweit die Zinszahlungen im Zuammenhang mit der Übertragung von Betriebsvermögen stehen (vgl. BMF-Schreiben vom 13. 1. 1993 a.a.O., Tz. 40).

Darüber hinaus wurden früher auch **Schuldzinsen** für Verbindlichkeiten, die **in mittelbarem Zusammenhang** mit der Erbauseinandersetzung stehen (z.B. Pflichtteils- und Vermächtnisschulden), als abzugsfähige Aufwendungen anerkannt und zwar auch dann, wenn sie nicht zu Anschaffungskosten führen (sog. Sekundärfolgen – Rspr. des BFH). Diese Auffassung hat der BFH aufgegeben (vgl. BFH-Urteile vom 2. 3. 1993, BStBl 1994 II S. 619, vom 25. 11. 1993, BStBl 1994 II S. 623 und vom 27. 7. 1993, BStBl 1994 II S. 625). Solche Aufwendungen sind nach der jetzt maßgeblichen Rechtsprechung **privat veranlasst.** Die geänderte Rechtsauffassung hat zur Folge, dass Aufwendungen für die Finanzierung (oder Stundung) von Pflichtteilsverbindlichkeiten (BFH-Urteil vom 2. 3. 1993 a.a.O.), von Vermächtnisschulden, von Erbersatzverbindlichkeiten (§§ 1934a ff. BGB), von Abfindungsschulden nach der Höfeordnung (BFH-Urteil vom 25. 11. 1993 a.a.O.), von Abfindungsschulden im Zusammenhang mit der Vererbung eines Anteils an einer Personengesellschaft im Wege der qualifizierten Nachfolge – oder Eintrittsklausel (BFH-Urteil vom 27. 7. 1993 a.a.O.) nicht mehr als Werbungskosten/Betriebsausgaben abgezogen werden dürfen. Dies gilt entsprechend auch für Zugewinnausgleichsschulden (vgl. hierzu Teil I, Anlage V, Zeile 40 Nr. 1). Wegen der Übergangsregelung vgl. BMF-Schreiben vom 11. 8. 1994 (BStBl I S. 603).

d) **Miteigentum** sowie

e) **Übergang von der Selbstnutzung zur Vermietung und umgekehrt**

Zu **d)** und **e)** wird auf die Ausführungen in der „Anleitung zur ESt-Erklärung 2003", Teil II, Tz. 3.3.3.d) und e) hingewiesen.

Siehe **„Allgemeiner Hinweis"** auf Seite 278.

3.3.4. Nachholung nicht ausgenutzter Grundförderung und nachträgliche Herstellungs- oder Anschaffungskosten

Insoweit wird auf die Ausführungen in der „Anleitung zur ESt-Erklärung **2003**", Teil II, Tz. 3.3.4. hingewiesen.

Siehe **„Allgemeiner Hinweis"** auf Seite 278.

Wegen der umfassenden Nachholmöglichkeit **nachträglicher** Herstellungs- oder Anschaffungskosten, die bis zum Ende des achtjährigen Abzugszeitraums bei § 10e EStG anfallen, vgl. Teil I, **Anlage FW, Zeile 19.**

3.3.5. Ehegatten-Anschaffungsgeschäft

Insoweit wird auf die Ausführungen in der „Anleitung zur ESt-Erklärung **2003**", Teil II, Tz. 3.3.5. hingewiesen.

Siehe **„Allgemeiner Hinweis"** auf Seite 278.

3.3.6. Objektbeschränkung (Objektverbrauch)

Die Steuerbegünstigung des § 10e EStG kennt den Ausschlusstatbestand des **Objektverbrauchs** (§ 10e Abs. 4 EStG). Vgl. zum Objektverbrauch auch Teil I, **Anlage FW, Zeile 6.**

Objektverbrauch tritt ein, wenn sich die Abzugsbeträge des § 10e Abs. 1 oder 2 EStG ausgewirkt haben. Der Steuerpflichtige kann die Grundförderung nur für **eine Wohnung** in Anspruch nehmen. Objektverbrauch tritt auch ein, wenn der Wohnungseigentümer die Grundförderung **nicht in vollem Umfang,** z.B. nicht für den vollen Abzugszeitraum von acht Jahren oder nicht in voller Höhe bis zum maßgeblichen Höchstbetrag oder **zu Unrecht** in Anspruch genommen hat oder wenn wegen Überschreitens der **Einkunftsgrenze** (vgl. Tz. 3.3.) die Grundförderung nicht für den gesamten Begünstigungszeitraum, sondern z.B. nur für ein Jahr gewährt werden konnte. Abzugsbeträge haben sich auch dann ausgewirkt, wenn in einem Veranlagungszeitraum lediglich das Baukindergeld nach § 34f EStG (vgl. Tz. 3.6.) in Anspruch genommen wird. Auch der begünstigte **Ausbau** oder die begünstigte **Erweiterung,** wozu auch eine **Garage** gehört oder ein ganzjährig nutzbarer **Wintergarten** gehören kann (vgl. Tz. 3.3.2.), gelten als ein Objekt. Der **Miteigentumsanteil** an einer Wohnung oder an einem Anbau oder an einer Erweiterung ist im Rahmen des Objektverbrauchs dem Volleigentum gleichgestellt. Zum Hinzuerwerb eines weiteren Miteigentumsanteils vgl. unten.

Der unentgeltliche **Gesamtrechtsnachfolger** kann, falls die Voraussetzungen in seiner Person erfüllt sind, § 10e EStG auch dann in Anspruch nehmen, wenn beim Erblasser Objektverbrauch vorgelegen hat (BFH-Urteile vom 4. 9. 1990, BStBl 1992 II S. 69 und vom 8. 10. 1991, BStBl 1992 II S. 547). Der durch den Gesamtrechtsnachfolger unentgeltlich erworbene Miteigentumsanteil stellt **ein** Objekt dar, wenn er die Abzugsbeträge fortführt. Vgl. BMF-Schreiben vom 31. 12. 1994 a.a.O., Tz. 32 und Tz. 59.

Ehegatten, bei denen die Voraussetzungen der Zusammenveranlagung vorliegen (§ 26 Abs. 1 EStG: s. Tz. 3.3.5.), können die Grundförderung für insgesamt **zwei Objekte** in Anspruch nehmen, jedoch **nicht gleichzeitig** für zwei Objekte, die in **räumlichem Zusammenhang** zueinander liegen (§ 10e Abs. 4 Satz 2 EStG). Ein räumlicher Zusammenhang ist anzunehmen, wenn die beiden Objekte durch geringfügige Baumaßnahmen zu einer Einheit verbunden werden können. Das ist z.B. bei den beiden Wohnungen eines Zweifamilienhauses, aber auch bei zwei neben- oder übereinander liegenden Eigentumswohnungen oder nebeneinander liegenden Reihenhäusern der Fall. Vgl. zu verfassungsrechtlichen Einwänden gegen die Regelung BFH-Urteil vom 10. 10. 2000, BStBl 2001 II S. 277. Die Einschränkung gilt nur, wenn zu dem Zeitpunkt, zu dem die beiden Objekte fertig gestellt oder angeschafft worden sind, bei den Ehegatten die Voraussetzungen der Zusammenveranlagung (§ 26 Abs. 1 EStG) vorgelegen haben. Wer also z.B. zuerst gebaut oder gekauft und dann erst geheiratet hat, kann zusammen mit seinem jetzigen Ehegatten, der vor der Eheschließung ebenso verfahren ist, die Begünstigung gleichzeitig auch für zwei räumlich zusammenhängende Objekte in Anspruch nehmen. Vgl. zur Gestaltung von nacheinander angeschafften Eigentumswohnungen zu einer Wohnung durch Mauerdurchbruch BFH-Urteil vom 13. 12. 2000, BStBl 2001 II S. 237. Ein räumlicher Zusammenhang in diesem Sinne ist nicht gegeben, wenn ein Miteigentümer oder sein Ehegatte einen **Anteil** an der zu eigenen Wohnzwecken genutzten Wohnung von einem Dritten **hinzuerwirbt;** vielmehr handelt es sich um die Anschaffung eines selbständigen (zweiten) Objekts, für das bei Ehegatten die Förderung beider Anteile gleichzeitig möglich ist. Vgl. BMF-Schreiben vom 31. 12. 1994 a.a.O., Tz. 28. Die für Ehegatten geltende Objektbeschränkung wegen des räumlichen Zusammenhangs gilt **nicht** für eine in räumlichem Zusammenhang zur selbst bewohnten Wohnung liegende, unentgeltlich an **Angehörige** überlassene Wohnung (BFH-Urteil vom 28. 6. 2002, BStBl 2003 II S. 119 zur Eigenheimzulage).

Miteigentumsanteile von Ehegatten an derselben Wohnung werden nicht als selbständige Objekte, sondern als **ein** Objekt behandelt, **solange** die Voraussetzungen der Zusammenveranlagung (§ 26 Abs. 1 EStG) vorliegen, und zwar auch dann, wenn daneben noch weitere Personen beteiligt sind. Als **ein** Objekt sind die **Anteile von Ehegatten** auch anzusehen, wenn die Ehegatten **vor** Eintritt der Voraussetzungen der Zusammenveranlagung (z.B. vor der Eheschließung) Abzugsbeträge in Anspruch genommen haben und die Voraussetzungen der Zusammenveranlagung im Laufe des Abzugszeitraums oder später eingetreten sind (vgl.

BFH-Urteil vom 15. 11. 1994, BStBl 1995 II S. 374 zu § 7b EStG, aber auch BFH-Urteil vom 15. 3. 2000, BStBl II S. 419). Fallen bei Ehegatten die Voraussetzungen der Zusammenveranlagung fort (z.B. wegen Scheidung), sind ihre Anteile an der Wohnung wieder als selbständige Objekte zu behandeln (BMF-Schreiben vom 31. 12. 1994 a.a.O., Tz. 29).

Nach § 10e Abs. 5 Satz 3 EStG verbleibt es bei der Zusammenrechnung von Anteilen zu **einem** Objekt, soweit im Falle des **Todes eines Ehegatten** der überlebende Ehegatte **durch Gesamtrechtsnachfolge** Alleineigentümer dieses Objekts wird oder einen Miteigentumsanteil hinzuerwirbt, wenn bis zum Tode seines Ehegatten die Voraussetzungen der Zusammenveranlagung vorgelegen haben. Dasselbe gilt, wenn während des Abzugszeitraums die **Voraussetzungen der Zusammenveranlagung** aus anderen Gründen, z.B. infolge Scheidung oder des dauernden Getrenntlebens, **wegfallen** und ein Ehegatte den Anteil des anderen Ehegatten bis zum Ablauf des letzten Jahres der Zusammenveranlagung an der Wohnung **erwirbt**. Die Abzugsbeträge können beim hinzuerwerbenden Ehegatten dann weiter in der bisherigen Höhe berücksichtigt werden, wenn bei ihm noch kein Objektverbrauch eingetreten ist (BMF-Schreiben vom 31. 12. 1994 a.a.O., Tz. 30). Diese Ausnahmeregelungen sind auf nichteheliche Lebensgemeinschaften nicht anzuwenden (BFH-Urteil vom 10. 7. 1996, BStBl 1998 II S. 111). Im Jahr der Trennung kann der Ehegatte, der den Miteigentumsanteil an einem gemeinsamen Einfamilienhaus hinzuerwirbt, die hierauf entfallende Grundförderung nur beanspruchen, wenn der andere Ehegatte die Grundförderung nicht in Anspruch nimmt (BFH-Urteil vom 20. 3. 2002, BStBl II S. 415). Beim **übertragenden** Ehegatten tritt Objektverbrauch ein, wenn er seinen Miteigentumsanteil entgeltlich oder unentgeltlich **vor** dem Jahr des Eintritts oder **nach** dem Jahr des Wegfalls der Voraussetzungen der Zusammenveranlagung (z.B. Scheidung) übertragen hat; die Folgeobjekt-Regelung ist anwendbar (Tz. 3.3.7.). Erfolgt umgekehrt die Übertragung in einem Kalenderjahr, in dem die Voraussetzungen der Zusammenveranlagung vorliegen, so tritt für den übertragenden Ehegatten **kein** Objektverbrauch ein; dabei kommt es nicht darauf an, ob das Objekt während oder nach Ablauf des Abzugszeitraums übertragen wird (BMF-Schreiben vom 31. 12. 1994 a.a.O., Tz. 31).

Wegen der weitgehend gleichen Rechtslage bei der **Eigenheimzulage** vgl. BMF-Schreiben vom 21. 12. 2004, BStBl 2005 I S. 305, Rz 36 ff. und die BFH-Urteile vom 15. 7. 2004, BStBl 2005 II S. 82 und vom 22. 9. 2004, BStBl II S. 86.

Wurde während einer **vorangegangenen Ehe** die steuerliche Förderung für zwei Objekte, die beide einem Ehegatten zuzurechnen waren, ausgeschöpft und heiratet der Steuerpflichtige nunmehr einen anderen Partner, bei dem noch keine Objektbeschränkung eingetreten ist, steht den neuen Ehegatten die Begünstigung nach § 10e EStG noch für ein Objekt zu. Dem Ehegatten wird aus seiner geschiedenen Ehe nur **ein** Objekt angerechnet; es ist nicht erforderlich, dass das weitere Objekt im Eigentum des neuen Ehegatten steht (BMF-Schreiben vom 31. 12. 1994 a.a.O., Tz. 26 und Tz. 27). Haben beide Ehegatten aber bereits während einer früheren Ehe jeweils mit dem damaligen Ehepartner für ein gemeinsames Wohnobjekt die steuerliche Förderung in Anspruch genommen, so steht ihnen für eine gemeinsam zur Eigennutzung angeschaffte Wohnung die Grundförderung nach § 10e EStG wegen Objektverbrauchs nicht zu (BFH-Urteil vom 24. 7. 1996, BStBl II S. 603).

Erwirbt ein Miteigentümer bis zum Ende des Veranlagungszeitraums, in dem der Abzugszeitraum für den ursprünglichen Anteil beginnt, von einem anderen Miteigentümer einen oder mehrere **Anteile hinzu,** stellt der ursprüngliche und der hinzuerworbene Miteigentumsanteil **ein** einheitliches Objekt dar (BFH-Urteile vom 9. 11. 1994, BStBl 1995 II S. 258 und vom 28. 7. 1993, BStBl 1994 II S. 921). Erwirbt ein Miteigentümer dagegen den oder die Miteigentumsanteile erst in einem späteren Veranlagungszeitraum, handelt es sich bei dem oder den hinzuerworbenen Anteilen um selbständige Objekte (BFH-Urteil vom 10. 7. 1996, BStBl 1998 II S. 111); dies gilt auch dann, wenn der Anteilserwerber Alleineigentümer der Wohnung geworden ist. Vgl. BMF-Schreiben vom 31. 12. 1994 a.a.O., Tz. 32.

Unter die Objektbeschränkung fallen **auch** vor dem 1. 1. 1987 angeschaffte oder fertig gestellte Objekte, für die erhöhte Absetzungen nach **§ 7b EStG** oder **§ 15 Abs. 1 bis 4 BerlinFG** oder Abzugsbeträge nach **§ 15b Abs. 1 bis 4 EStG BerlinFG** gewährt wurden (BMF-Schreiben vom 31. 12. 1994 a.a.O., Tz. 34).

3.3.7. Folgeobjekt

Da Objektverbrauch auch dann eintritt, wenn für ein Erstobjekt Grundförderung nicht während des gesamten Begünstigungszeitraumes gewährt werden konnte, wurde zur Milderung von Härten auch in § 10e Abs. 4 Sätze 4 bis 7 EStG die Möglichkeit geschaffen, nicht ausgeschöpfte Begünstigungszeiträume auf ein **Folgeobjekt** zu übertragen. Vgl. auch Teil I, **Anlage FW, Zeile 5.**

Das Folgeobjekt muss innerhalb von zwei Jahren vor oder drei Jahre nach Ablauf des Jahres angeschafft oder hergestellt werden, für das beim Erstobjekt letztmals eine Begünstigung möglich war. Der Abzugszeitraum für das Folgeobjekt **beginnt** erst mit Ablauf des Veranlagungszeitraums der letztmaligen Selbstnutzung zu Wohnzwecken des Erstobjekts, wenn das Folgeobjekt schon zuvor angeschafft oder hergestellt worden ist (§ 10e Abs. 4 Satz 5 EStG).

Beispiel

Der Steuerpflichtige veräußert oder vermietet sein im Jahre 01 hergestelltes, zu eigenen Wohnzwecken genutztes Einfamilienhaus am **1. 6. 04.** Für die Jahre 01 bis 04 hat er § 10e EStG in Anspruch genommen. Für ein Folgeobjekt kann er ohne weiteren Objektverbrauch die Vergünstigung des § 10e EStG für die Jahre 05, 06, 07 und 08 fortführen, wenn er dieses **nach dem 31. 12. 02** und **vor dem 1. 1. 08** hergestellt oder angeschafft und in dem jeweils in Betracht kommenden Jahr des Abzugszeitraums zu eigenen Wohnzwecken genutzt hat.

Das Problem des Folgeobjekts stellt sich allerdings nicht nur im Falle der **Veräußerung** oder **Schenkung,** sondern auch bei **Beendigung der Selbstnutzung** zu eigenen Wohnzwecken. Beim Folgeobjekt ist der Abzugszeitraum um die Zahl der Jahre zu kürzen, für die beim Erstobjekt Abzugsbeträge in Anspruch genommen wurden **oder** hätten in Anspruch genommen werden **können.** Dabei sind auch die Jahre einzubeziehen, in denen für das Erstobjekt eine Förderung wegen fehlender Selbstnutzung nicht möglich war. Die Jahre nach dem endgültigen Auszug zählen dagegen nicht mit. Nach § 10e Abs. 4 Satz 6 EStG sind zwar für das Folgeobjekt die v.H.-Sätze der vom Erstobjekt verbliebenen Jahre maßgebend. Da aber das Folgeobjekt ein eigenständiges Objekt i.S. des § 10e Abs. 1 oder Abs. 2 EStG darstellt, ist § 10e EStG in der jeweils für das **Folgeobjekt** gültigen Fassung maßgebend (BMF-Schreiben vom 31. 12. 1994 a.a.O., Tz. 73 und dortige Beispiele). Sonach sind für die vom Erstobjekt verbliebenen Jahre für das Folgeobjekt maßgebenden v.H.-Sätze anzuwenden. Kommen für das Folgeobjekt Abzugsbeträge von jeweils bis zu 6 v.H. der Bemessungsgrundlage in Betracht, kann der Steuerpflichtige diese erhöhten Abzugsbeträge nur noch für die vom Erstobjekt verbliebenen Jahre geltend machen (BMF-Schreiben vom 31. 12. 1994 a.a.O., Tz. 80). Die **Einkunftsgrenze** von 61 355/122 710 € (120 000/240 000 DM bei Bauantrag/Baubeginn/Kaufvertrag nach dem 31. 12. 1991) **gilt auch für Folgeobjekte.**

Erstobjekte können sowohl Objekte nach § 10e EStG und § 15b Abs. 1 BerlinFG als auch solche nach § 7b EStG und § 15 Abs. 1 BerlinFG sein (BMF-Schreiben vom 31. 12. 1994 a.a.O., Tz. 75). Die Berücksichtigung eines Restbegünstigungszeitraums bei einem **dritten** Objekt ist nicht zulässig. Nutzt der Steuerpflichtige vor Ablauf des Abzugszeitraums statt des Folgeobjekts wieder das Erstobjekt zu eigenen Wohnzwecken, lebt die Berechtigung zur Inanspruchnahme der Grundförderung nach § 10e Abs. 1 EStG für das Erstobjekt wieder auf (BFH-Urteil vom 29.11. 2000, BStBl 2001 II S. 755); dies gilt entsprechend hinsichtlich der Eigenheimzulage (BFM-Schreiben vom 24. 10. 2001, BStBl I S. 803). **Ehegatten,** die im Inland wohnen und zusammenleben (§ 26 Abs. 1 EStG), können **wählen,** ob ein begünstigtes Objekt als Folgeobjekt oder als zweites Objekt gelten soll (BMF-Schreiben vom 31. 12. 1994 a.a.O., Tz. 81 und 82).

3.3.8. Weitere Auswirkungen der Regelung nach § 10e EStG

a) **Zuschüsse** zu den Aufwendungen für die Errichtung oder den Erwerb eines Objekts **mindern die Herstellungskosten** oder **Anschaffungskosten** der geförderten Baumaßnahmen (BMF-Schreiben vom 31. 12. 1994 a.a.O., Tz. 41), ebenso den **Erhaltungsaufwand** und die nach § 10e Abs. 6 EStG abzugsfähigen **Vorkosten**.

b) Erhält ein Arbeitnehmer ein **zinsloses oder zinsverbilligtes Darlehen** (unter 5,5 v.H.) von seinem Arbeitgeber, so stellt der geldwerte Vorteil steuerpflichtigen Arbeitslohn dar, es sei denn, die Summe des im Zeitpunkt der Lohnzahlung noch nicht getilgten Darlehens übersteigt nicht **2 600 €** (R 31 Abs. 11 LStR).

c) Zur steuerlichen Behandlung von **Guthabenzinsen aus Bausparverträgen** und von Schuldzinsen für einen mit dem Bausparvertrag zusammenhängenden Zwischenkredit oder Auffüllkredit wird auf Teil I, **Anlage V, Zeile 11** hingewiesen. Vgl. auch die weiteren Ausführungen hierzu in der „Anleitung zur ESt-Erklärung 2002", Teil II, Tz. 3.3.8. c).

3.4. Erhaltungsaufwendungen und Schuldzinsen vor und nach Beginn der Selbstnutzung

(1) **Vor Beginn der Selbstnutzung:** Soweit § 10e EStG noch anwendbar ist (Bauantrag/Kaufvertrag vor dem 1. 1. 1996, vgl. Tz. 3.3.), können Aufwendungen (z.B. Schuldzinsen, Reparaturen), die **vor dem erstmaligen Bezug** der Wohnung entstanden sind, nach § 10e Abs. 6 EStG als sog. Vorkosten **wie Sonderausgaben** abgezogen werden. Der Vorkostenabzug wurde allerdings, soweit es sich um **Erhaltungsaufwand** handelt, der im Zusammenhang mit der Anschaffung des Gebäudes steht, der Höhe nach **auf 15 v.H.** der Anschaffungskosten des Gebäudes oder der Eigentumswohnung, **höchstens 15 v.H. aus 76 694 € = 11 504 €** brutto mit USt begrenzt (§ 10e Abs. 6 Satz 3 EStG), wenn das Objekt auf Grund eines Kaufvertrags oder gleichstehenden Rechtsakts **nach dem 31. 12. 1993** angeschafft wurde. Zu den hiernach abzugsfähigen Aufwendungen vgl. Teil I, **Anlage FW, Zeilen 22 bis 23**, besonders Buchst. d).

(2) **Nach Beginn der Selbstnutzung:** Der für **Schuldzinsen** und Geldbeschaffungskosten in § **10e Abs. 6a EStG** vorgesehene Abzug bis zu 12 000 DM jährlich ist spätestens **1997 ausgelaufen**.

3.5. Förderungswürdige Aufwendungen nach § 10f EStG, §§ 7, 12 Schutzbaugesetz, § 7 Fördergebietsgesetz
– Abzug wie Sonderausgaben –

Wegen der o.g. Steuerbegünstigungen für bestimmte Baumaßnahmen nach § 10f EStG wird auf Teil I, **Anlage FW, Zeilen 10 bis 11** und wegen der Abzugsfähigkeit von Aufwendungen nach § 7 FörderG auf **Anlage FW, Zeilen 7 bis 8** verwiesen.

Wird eine Wohnung im Wege der **Gesamtrechtsnachfolge** infolge Erbfalls erworben, so kann der **Erbe** die erhöhten Absetzungen für den restlichen Begünstigungszeitraum wie Sonderausgaben abziehen, falls er die Wohnung zu eigenen Wohnzwecken nutzt **oder** sie unentgeltlich (ohne gesicherte Rechtsposition) überlässt. Erfüllen für den Veranlagungszeitraum des Erbfalls der Erblasser **und** der Erbe die Voraussetzungen für die Inanspruchnahme der jeweiligen Vergünstigung, kann der Erbe wählen, in welchem Umfang die Beträge für diesen Veranlagungszeitraum beim Erblasser und bei ihm zu berücksichtigen sind. Dies gilt nicht für den Erwerb im Wege der **Einzelrechtsnachfolge**.

3.6. Baukindergeld nach § 34f EStG neben § 10e Abs. 1 bis 5a EStG oder § 15b BerlinFG

Als zusätzliche, und zwar progressionsunabhängige Förderung des Wohneigentums sieht § 34f EStG auf Antrag einen **Steuerabzugsbetrag**, d.h. die Möglichkeit eines unmittelbaren Abzugs von der Einkommensteuerschuld vor. Dieses **sog. Baukindergeld** ist hinsichtlich seiner Höhe und seiner Voraussetzungen mehrfach geändert worden. Vgl. hierzu im Einzelnen Teil I, **Anlage FW,** Zeilen 24 bis 25.

3.7. Berücksichtigung bei den Einkommensteuer-Vorauszahlungen und als Freibetrag auf der Lohnsteuerkarte

Grundsätzlich können Verluste aus Vermietung und Verpachtung sowohl im ESt-Vorauszahlungsverfahren wie im LSt-Ermäßigungsverfahren nach wie vor erst für das Kalenderjahr berücksichtigt werden, das **nach** der Anschaffung oder Fertigstellung dieses Gebäudes **beginnt** (§ 37 Abs. 3 Sätze 8 und 9 i.V. mit § 39a Abs. 1 Nr. 5 EStG; Ausnahmen für §§ 14a, 14d BerlinFG und § 4 FörderG). Die Regelung ist nicht verfassungswidrig (BFH-Urteil vom 17. 3. 1994, BStBl II S. 567). Die Steuervergünstigungen nach § **10e EStG** und nach § **34f EStG** können jedoch bereits **früher** geltend gemacht werden.

Nach § 46 Abs. 2 Nr. 4 EStG und § 46 Abs. 2 Nr. 8 EStG ist in diesen Fällen eine ESt-Veranlagung durchzuführen.

Im Übrigen wird auf die Ausführungen in der „Anleitung zur ESt-Erklärung **2003**", Teil II, Tz. 3.7 hingewiesen.

3.8. Übergangsregelungen und Ende der Nutzungswertbesteuerung

Die zwölfjährige Übergangsregelung hinsichtlich der **Besteuerung des Nutzungswerts für die eigengenutzte Wohnung** ist spätestens mit dem Veranlagungszeitraum **1998 ausgelaufen**. Bereits für einen früheren Veranlagungszeitraum konnte **unwiderruflich der Antrag** gestellt werden, die Nutzungswertbesteuerung zu beenden.

Die **erhöhten Absetzungen** nach § 14a BerlinFG sowie nach § 10f EStG können jedoch für den restlichen Begünstigungszeitraum **fortgeführt** und **wie Sonderausgaben** in **Anlage FW, Zeilen 7 bis 11** geltend gemacht werden (BMF-Schreiben vom 19. 9. 1986, BStBl I S. 480, Abschnitt II Nr. 4). Dies gilt nicht für die degressive AfA nach § 7 Abs. 5 EStG (BFH-Urteil vom 24. 11. 1993, BStBl 1994 II S. 322).

4. Modernisierungsaufwand (§ 82a EStDV a.F.): Herstellungskosten und Erhaltungsaufwand für bestimmte Anlagen und Einrichtungen

Die Regelung in § 82a EStDV a.F. betraf erhöhte Absetzungen für bestimmte Modernisierungsmaßnahmen an Gebäuden, die sich besonders auf **Heizungs- und Warmwasseranlagen,** aber auch auf den Anschluss an eine **Fernwärmeversorgung**, den Einbau von **Wärmepumpenanlagen, Solaranlagen** und andere energiesparende Investitionen bezogen haben. Sie war **letztmals** für das Jahr **2000** von Bedeutung.

5. Sonderabschreibungen, erhöhte Absetzungen und Bewertungsfreiheiten

5.1. Bewertungsfreiheit für geringwertige Anlagegüter (§ 6 Abs. 2 EStG)

Abnutzbare bewegliche Anlagegüter, die einer selbständigen Nutzung fähig sind, können im Jahr der Anschaffung oder Herstellung oder Einlage des Wirtschaftsguts oder der Eröffnung des Betriebs **voll abgeschrieben** werden, wenn die **Anschaffungs- oder Herstellungskosten** dieser Güter im neuen oder gebrauchten Zustand, vermindert um einen darin enthaltenen Vorsteuerbetrag (§ 9 b Abs. 1 EStG), **410 € nicht übersteigen.** Ein Wirtschaftsgut ist einer selbständigen Nutzung dann **nicht** fähig, wenn es **nach seiner betrieblichen Zweckbestimmung** nur zusammen mit anderen Wirtschaftsgütern des Anlagevermögens genutzt werden kann **und** die in den Nutzungszusammenhang eingefügten Wirtschaftsgüter technisch aufeinander abgestimmt sind. Das gilt auch, wenn das Wirtschaftsgut aus dem betrieblichen Nutzungszusammenhang gelöst und in einen anderen betrieblichen Nutzungszusammenhang eingefügt werden kann (§ 6 Abs. 2 EStG).

Wegen der Einzelheiten wird auf R 40 EStR und die große Zahl von Beispielen in H 40 (ABC) EStH hingewiesen.

5.2. Begünstigung von Umweltschutz-Investitionen

Umweltschutz-Investitionen waren nach § 7d EStG begünstigt. Investitionen, die nach dem 31. 12. 1990 vorgenommen wurden, können **nicht mehr** nach § 7d EStG erhöht abgeschrieben werden.

5.3. Bewertungsfreiheit für Anlagegüter, die der Forschung oder Entwicklung dienen

Die hierfür vorgesehenen Sonderabschreibungen in § 82d EStDV a.F. sind ausgelaufen. Wegen der Einzelheiten wird auf die „Anleitung zur ESt-Erklärung 1998", Teil II, Tz. 5.3. verwiesen.

5.4. Erhöhte Absetzungen und Erhaltungsaufwand bei Baudenkmalen und bei Gebäuden in Sanierungsgebieten usw.

5.4.1. Erhöhte Absetzungen für bis 31. 12. 1990 abgeschlossene Herstellungskosten an bestehenden Baudenkmalen (§ 82i EStDV)

Bei einem Gebäude, das nach den landesrechtlichen Vorschriften über Denkmalschutz und Denkmalpflege ein **Baudenkmal** ist, kann der Steuerpflichtige von den **Herstellungskosten für Baumaßnahmen,** die nach Art und Umfang zur Erhaltung des Gebäudes als Baudenkmal und zu einer sinnvollen Nutzung erforderlich sind, anstelle der AfA nach § 7 Abs. 4 EStG im Jahr der Herstellung und in den neun folgenden Jahren, also **10 × jeweils bis zu 10 v.H.** absetzen (§ 82 i EStDV). Die Bestimmung gilt für Herstellungskosten von Baumaßnahmen in den alten Bundesländern, die **bis 31. 12. 1990 abgeschlossen** worden sind (§ 84 Abs. 8 EStDV). Für später abgeschlossene Maßnahmen vgl. Tz. 5.4.2.

5.4.2. Erhöhte Absetzungen für nach dem 31.12. 1990 abgeschlossene Herstellungskosten an bestehenden Baudenkmalen sowie für Anschaffungskosten auch hinsichtlich früher abgeschlossener Baumaßnahmen (§ 7i EStG)

Die obige Regelung in § 82i EStDV (Tz. 5.4.1.) wurde zunächst als Dauerregelung nahtlos in **§ 7i EStG** übernommen. Durch das HBeglG 2004 a.a.O. wurde auch § 7i EStG geändert und die Förderung abgesenkt. Danach können nunmehr anstelle der AfA nach § 7 Abs. 4 oder Abs. 5 EStG die folgenden erhöhten Absetzungen vorgenommen werden; bei Beginn der Baumaßnahmen

- vor dem 1. 1. 2004   **10 Jahre** je bis zu **10 v.H.**
- nach dem 31. 12. 2003   **8 Jahre** bis zu je **9 v.H.** und **4 Jahre** bis zu je **7 v.H.**

der Herstellungskosten.

Als Beginn gilt bei Baumaßnahmen, für die eine Baugenehmigung erforderlich ist, der Zeitpunkt, in dem der Bauantrag gestellt wird, bei baugenehmigungsfreien Bauvorhaben, für die Bauunterlagen einzureichen sind, der Zeitpunkt, in dem die Bauunterlagen eingereicht werden (§ 52 Abs. 23a EStG).

Ohne Bedeutung ist, ob die Gebäude zum Betriebs- oder Privatvermögen gehören oder ob sie gewerblichen, beruflichen oder Wohnzwecken dienen. Begünstigt sind **Herstellungskosten an bestehenden Gebäuden**. Die Annahme von Herstellungskosten setzt voraus, dass das Gebäude bewohnbar ist, weshalb Teil-Herstellungskosten nicht begünstigt sind; auch der Zweck der Vorschrift, kulturhistorisch wertvolle Gebäude zu erhalten und zu modernisieren, rechtfertigt nicht eine Auslegung über den Wortlaut des Gesetzes hinaus (BFH-Urteil vom 27. 5. 1995, BStBl 1996 II S. 215). Aufwendungen für den **Wiederaufbau** eines Gebäudes können selbst dann nicht erhöht abgeschrieben werden, wenn es nach historischem Vorbild wiederhergestellt wird.

Eine sinnvolle Nutzung ist nur anzunehmen, wenn das Gebäude in der Weise genutzt wird, dass die Erhaltung der schützenswerten Substanz des Gebäudes (Gebäudeteils) auf die Dauer gewährleistet ist. Die erhöhten Absetzungen kommen auch bei Gebäuden in Betracht, die als Einzelobjekt kein Baudenkmal, aber Teil einer nach Landesrecht **als Einheit geschützten Gesamtanlage** oder Gebäudegruppe sind. Begünstigt sind in diesem Fall nur die Herstellungskosten der Teile des Gebäudes, deren Erhaltung zur Bewahrung des schützenswerten Erscheinungsbildes der Gesamtanlage oder Gebäudegruppe erforderlich ist.

Neben den **Herstellungskosten** ist **auch** die steuerliche Förderung von **Anschaffungskosten** vorgesehen. Hierdurch soll sichergestellt werden, dass bei entsprechenden Baumaßnahmen im sog. Bauherrenmodell die steuerliche Förderung im bisherigen Umfang erhalten bleibt. Nach der höchstrichterlichen Rechtsprechung (BFH-Urteil vom 14. 11. 1989, BStBl 1990 II S. 299) ist der Anleger im Falle eines einheitlichen Vertragswerks regelmäßig kein Bauherr, sodass nur Anschaffungskosten anfallen. Wegen der Begünstigung einzelner Maßnahmen als Teil einer Gesamtmaßnahme vgl. BFH-Urteil vom 20. 8. 2002, BStBl 2003 II S. 582.

Die erhöhten Absetzungen können nur in Anspruch genommen werden, wenn der Steuerpflichtige die Baumaßnahme mit der nach Landesrecht zuständigen Stelle abstimmt und durch eine **Bescheinigung** dieser Stelle die oben genannten Voraussetzungen für das Gebäude (den Gebäudeteil) und für die Erforderlichkeit der Herstellungskosten nachweist (Grundlagenbescheid nach § 171 Abs. 10, § 175 Abs. 1 Satz 1 Nr. 1 AO). Eine Übersicht über die zuständigen **Bescheinigungsbehörden** enthalten die BMF-Schreiben vom 10. 11. 2000, BStBl I S. 1513 und vom 8. 11. 2004, BStBl 2005 I S. 1048 und S. 1049. Die Bindungswirkung der Bescheinigung für die Finanzverwaltung beschränkt sich hierauf (BFH-Urteil vom 15. 10. 1996, BStBl 1997 II S. 176). Fallen denkmalschutzrechtlich und steuerrechtlich bedeutende Tatbestandsmerkmale zusammen, so ist die in der Bescheinigung zum Ausdruck kommende denkmalschutzrechtliche Beurteilung auch steuerrechtlich bindend (BFH-Urteile vom 13. 9. 2001, BStBl 2003 II S. 912 und vom 14. 1. 2003, BStBl II S. 916), aber nur insoweit, als die Bescheinigung den Nachweis dieser denkmalschutzrechtlichen Voraussetzungen des § 7i Abs. 1 EStG erbringt (Denkmaleigenschaft des Gebäudes, Aufwendungen zu dessen Erhaltung als Baudenkmal und zur sinnvollen Nutzung erforderlich). Über das Vorliegen der übrigen steuerrechtlichen Tatbestandsmerkmale haben die Finanzbehörden in eigener Zuständigkeit zu entscheiden; dies gilt auch für die Beurteilung, ob ein Gebäude ein Baudenkmal oder ein **Neubau** ist (BFH-Urteil vom 14. 1. 2004, BStBl I S. 711). Die Bescheinigung umfasst auch nicht die persönliche Abzugsberechtigung, also nicht die Bestätigung, wer die Aufwendungen getragen hat und wem sie als Abzugsberechtigtem zuzurechnen sind (BFH-Urteile vom 21. 8. 2001, BStBl 2003 II S. 910 und vom 6. 3. 2001, BStBl II S. 796). Die von der Denkmalbehörde erteilte Bescheinigung ist nur bindend, wenn die Höhe der begünstigten Aufwendungen aus ihr ersichtlich ist (BFH-Urteil vom 11. 6. 2002, BStBl 2003 II S. 578). Wegen des Bescheinigungsverfahrens im Einzelnen und des Umfangs der erforderlichen Prüfungen vgl. R 83b EStR und H 83b EStH.

Die erhöhten Absetzungen kommen nur in Betracht, soweit die Aufwendungen nicht durch Zuschüsse aus öffentlichen Kassen gedeckt sind.

Wegen der ähnlichen Regelung in § 7h EStG bezüglich erhöhter Absetzungen bei Gebäuden in **Sanierungsgebieten und städtebaulichen Entwicklungsbereichen** vgl. Teil I, Anlage V, Zeile 38 sowie R 83a EStR und H 83a EStH.

5.4.3. Zu eigenen Wohnzwecken genutzte Baudenkmale: Erhöhte Absetzungen für Herstellungskosten und Anschaffungskosten (§ 10f Abs. 1 EStG) – Erhaltungsaufwand (§ 10f Abs. 2 EStG)

Wird ein **Baudenkmal zu eigenen Wohnzwecken** genutzt, so tritt die durch das o.g. WoBauG ebenfalls eingeführte und ins EStG als Dauerregelung übernommene Bestimmung des **10f EStG** an die Stelle der früheren Regelung in 82i EStDV (Tz. 5.4.1.). Durch das HBeglG 2004 a.a.O. wurde auch § 10f EStG geändert und die Förderung abgesenkt. Nach § 10f **Abs. 1** EStG können **Herstellungskosten und Anschaffungskosten, soweit** das Gebäude zu eigenen **Wohnzwecken** genutzt wird und sie nicht in die Bemessungsgrundlage nach § 10e EStG oder des EigZulG einbezogen werden, im Kalenderjahr des Abschlusses der Baumaßnahme und in den neun folgenden Kalenderjahren, bei Beginn der Baumaßnahmen

- vor dem 1. 1. 2004 **10 Jahre** jeweils bis zu **10 v.H.**,
- nach dem 31. 12. 2003 **10 Jahre** jeweils bis zu **9 v.H.**

der Aufwendungen, wie Sonderausgaben abgezogen werden, wenn die in Tz. 5.4.2. genannten Voraussetzungen des § 7i EStG vorliegen. Der einzige wesentliche Unterschied zwischen 7i EStG und 10f Abs. 1 EStG besteht darin, dass § 7i EStG Anwendung findet, soweit ein Gebäude zur Einkunftserzielung eingesetzt wird, während § 10f Abs. 1 EStG den zu eigenen Wohnzwecken genutzten Teil eines Gebäudes begünstigt.

Nach § 10f Abs. 2 EStG kann aber **auch Erhaltungsaufwand,** der durch Zuschüsse nicht gedeckt ist, für zu eigenen Wohnzwecken genutzte Baudenkmale ab dem Kalenderjahr der Fertigstellung der Maßnahme je nach Beginn der Baumaßnahme (wie oben) **10 Jahre** jeweils bis zu **10 v.H.** bzw. **10 Jahre** jeweils bis zu **9 v.H.** wie Sonderausgaben abgezogen werden.

Zu der Regelung nach § 10f Abs. 1 und Abs. 2 EStG vgl. auch Teil I, **Anlage FW, Zeilen 10 bis 11** und zu der inhaltsgleichen Regelung betr. erhöhte Absetzungen bei Gebäuden in **Sanierungsgebieten und städtebaulichen Entwicklungsbereichen** (§ 7h EStG) vgl. Teil I, **Anlage V, Zeile 38.**

Zur Steuerbegünstigung für zu eigenen Wohnzwecken genutzte Baudenkmale und Gebäude in Sanierungsgebieten usw. vgl. R 115 b EStR i.V. mit R 83a und R 83b EStR.

5.4.4. Verteilung von Erhaltungsaufwand bei Baudenkmalen und bei Gebäuden in Sanierungsgebieten usw. auf zwei bis fünf Jahre (§ 11b EStG / § 11a EStG)

Aufwendungen zur **Erhaltung** eines als Baudenkmal anerkannten Gebäudes (Gebäudeteils) kann der Steuerpflichtige **auf zwei bis fünf Jahre gleichmäßig verteilen**; dies ist im Allgemeinen nur bei größeren Reparaturen zweckmäßig. Die Aufwendungen müssen nach Art und Umfang zur Erhaltung des Gebäudes als Baudenkmal und zu seiner sinnvollen Nutzung erforderlich und nach Abstimmung mit der nach Landesrecht zuständigen Stelle (Denkmalbehörde) vorgenommen worden sein. Die Ausführungen in Tz. 5.4.2. zur sinnvollen Nutzung, zur Gebäudegruppe oder Gesamtanlage und zum Bescheinigungsverfahren gelten auch hier.

Nach § 11b EStG kann (ab 1. 1. 1990) entstandener Aufwand für Baudenkmale, der durch Zuschüsse nicht gedeckt ist, **gleichmäßig auf zwei bis fünf Jahre** verteilt werden. Die Vorschrift gilt für Wirtschaftsgüter des Privatvermögens und des Betriebsvermögens (§ 4 Abs. 8 EStG). Es müssen die Voraussetzungen des § 7i EStG (Tz. 5.4.2.) vorliegen. Wird das Objekt während des Verteilungszeitraums veräußert, aus dem Betriebsvermögen entnommen, in das Betriebsvermögen eingelegt oder nicht mehr zur Einkunftserzielung genutzt, so ist der restliche Erhaltungsaufwand sofort abziehbar (§ 11b i.V. mit § 11a Abs. 2 EStG). Miteigentümer müssen den Erhaltungsaufwand auf den gleichen Zeitraum verteilen (§ 11b i.V. mit § 11a Abs. 3 EStG).

Zur ähnlichen Regelung in § 11a EStG betr. Erhaltungsaufwand bei Gebäuden in **Sanierungsgebieten und städtebaulichen Entwicklungsbereichen,** wonach die Verteilung unabhängig von der Nutzung möglich ist, vgl. Teil I, Anlage V, Zeilen 45 bis 48.

5.5. Einkommensteuerliche Vergünstigungen für Westberlin – Überblick – (§§ 14, 14a, 14b, 14c, 14d, 15, 15b BerlinFG)

Zur Stärkung der Wirtschaftskraft Berlins sah das Berlinförderungsgesetz (BerlinFG) längere Zeit eine Reihe von Vergünstigungen vor, die durch Zeitablauf an Bedeutung verloren haben. Die folgenden Ausführungen geben auszugsweise einen Überblick über die ausgelaufenen und auslaufenden **Abschreibungsvergünstigungen** nach dem BerlinFG.

5.5.1. Vergünstigung nach § 14 BerlinFG – Anlagevermögen einer Berliner Betriebsstätte

§ 14 BerlinFG sah für Wirtschaftsgüter, die zum Anlagevermögen einer in Berlin (West) belegenen Betriebsstätte gehören, **erhöhte Absetzungen** vor. § 14 BerlinFG ist ausgelaufen.

5.5.2. Vergünstigung nach § 14a BerlinFG – Erhöhte Absetzungen für Mehrfamilienhäuser und Eigentumswohnungen

Für neu errichtete Mehrfamilienhäuser und Eigentumswohnungen lässt § 14a BerlinFG erhöhte Absetzungen zu. Sie können in Anlage V, Zeile 36 geltend gemacht werden. Die Abschreibungsvergünstigungen sind nur noch anwendbar

- bei Herstellungskosten, wenn der Steuerpflichtige den Bauantrag **vor dem 1. 7. 1991** gestellt hat,
- bei Anschaffungskosten, wenn das Gebäude aufgrund eines vor dem 1. 7. 1991 rechtswirksam abgeschlossenen obligatorischen Vertrags **vor dem 1. 7. 1991** angeschafft worden ist.

Bei in Berlin (West) belegenen Gebäuden, die **mehr als zwei Wohnungen** enthalten (= **Mehrfamilienhäuser),** zu mehr als 66 ⅔ v. H. Wohnzwecken dienen und vom Steuerpflichtigen als **Bauherr** hergestellt oder bis zum Ende des Jahres der Herstellung als **Erwerber** angeschafft worden sind, können unter den o.g. zeitlichen Voraussetzungen abweichend von der normalen Gebäudeabschreibung (§ 7 Abs. 4 und 5 EStG) im Jahr der Fertigstellung oder Anschaffung und dem darauf folgenden Jahr **jeweils bis zu 14 v.H.,** ferner in den darauf folgenden zehn Jahren **jeweils bis zu 4 v.H.** der Herstellungskosten oder Anschaffungskosten abgesetzt werden. Voraussetzung für die Absetzungsberechtigung des Erwerbers ist jedoch, dass der Hersteller für das veräußerte Gebäude lediglich die lineare Gebäudeabschreibung in Anspruch genommen hat. Danach sind als AfA bis zur vollen Absetzung jährlich 3,5 v.H. des Restwerts abzuziehen; außerdem gilt § 7 Abs. 4 Satz 2 EStG entsprechend (§ 14a Abs. 1 BerlinFG).

Nach § 14a Abs. 8 BerlinFG können die o.g. erhöhten Absetzungen für **Eigentumswohnungen** in Mehrfamilienhäusern (s. oben) in Berlin (West), die mindestens 5 Jahre nach ihrer Anschaffung oder Herstellung **fremden** Wohnzwecken dienen, entsprechend angewendet werden.

Verluste aus Vermietung und Verpachtung, die bei Inanspruchnahme des § 14a BerlinFG entstehen, können als Freibetrag auf der Lohnsteuerkarte eingetragen werden (§ 39a Abs. 1 Nr. 5 b EStG).

5.5.3. Vergünstigungen nach § 14b BerlinFG – Erhöhte Absetzungen für Modernisierungsmaßnahmen bei Mehrfamilienhäusern

§ 14b BerlinFG hat wegen Zeitablaufs keine Bedeutung mehr.

5.5.4. Vergünstigungen nach § 14c BerlinFG – Erhöhte Absetzungen für Baumaßnahmen an Gebäuden zur Schaffung neuer Mietwohnungen

§ 14c BerlinFG sah für Baumaßnahmen an bestehenden Gebäuden **zur Schaffung neuer Mietwohnungen** in Berlin (West) erhöhte Absetzungen vor, die zwischenzeitlich ausgelaufen sind.

5.5.5. Vergünstigungen nach § 14d BerlinFG (§ 7k EStG) – Erhöhte Absetzungen für Wohnungen mit Sozialbindung

In § 7k EStG ist für bestimmte Wohnungen mit **Sozial- und Mietpreisbindung** die Möglichkeit erhöhter Absetzungen eingeführt worden (vgl. hierzu Teil I, Anlage V, Zeile 35).

Für in **Berlin (West)** belegene Wohnungen mit **Sozial- und Mietpreisbindung** gilt die über § 7k EStG hinausgehende Vergünstigung in § **14d BerlinFG** (vgl. hierzu Teil I, Anlage V, Zeile 37).

Die erhöhten Absetzungen nach 14d BerlinFG sind nicht verlängert worden, sodass es für 14d EStG bei der Voraussetzung verbleibt, dass die Wohnung **vor dem 1. 1. 1993** fertig gestellt sein muss.

Im Einzelnen gilt Folgendes:

a) Absetzungen können im Jahr der Fertigstellung und dem darauf folgenden Jahr jeweils bis zu **20 v.H.,** ferner in den darauf folgenden 10 Jahren jeweils bis zu **5,5 v.H.** der Herstellungskosten oder Anschaffungskosten vorgenommen werden (danach können jährlich 3,5 v.H. des Restwerts abgeschrieben werden; § 7 Abs. 4 Satz 2 EStG gilt ebenfalls entsprechend). Die Absetzungen können auch dann vorgenommen werden, wenn für die Wohnungen öffentliche Mittel gewährt wurden;

b) bei Wohnungen, die im **frei finanzierten Wohnungsbau** errichtet worden sind, sind im Jahr der Fertigstellung und in den folgenden 4 Jahren Absetzungen bis zur Höhe von **insgesamt 75 v.H.** der Herstellungskosten oder Anschaffungskosten zulässig. Von dem Jahr an, in dem die Absetzungen nicht mehr vorgenommen werden können, spätestens vom fünften auf das Jahr der Fertigstellung folgenden Jahr an, sind die Absetzungen für Abnutzung nach dem Restwert und dem nach § 7 Abs. 4 EStG unter Berücksichtigung der Restnutzungsdauer maßgebenden Hundertsatz zu bemessen.

Die Absetzungen können bereits für Teilherstellungskosten und für Anzahlungen auf Anschaffungskosten in Anspruch genommen werden (§ 14d Abs. 3 BerlinFG).

Verluste aus Vermietung und Verpachtung, die bei Inanspruchnahme der Vergünstigung nach § 14d BerlinFG entstehen, können als Freibetrag auf der Lohnsteuerkarte eingetragen werden (§ 39a Abs. 1 Nr. 5b EStG).

**5.5.6. Vergünstigung nach § 15 BerlinFG –
Erhöhte Absetzungen für Einfamilienhäuser,
Zweifamilienhäuser und Eigentumswohnungen**

Die erhöhten Absetzungen nach § 15 BerlinFG endeten spätestens in **1997**.

**5.5.7. Vergünstigung nach § 15b BerlinFG –
Steuerbegünstigung der zu eigenen Wohnzwecken
genutzten Wohnung im eigenen Haus**

Bei zu eigenen Wohnzwecken genutzten **Wohnungen** in einem in Berlin (West) belegenen eigenen Haus und bei zu eigenen Wohnzwecken genutzten **Eigentumswohnungen** sowie bei zu eigenen Wohnzwecken genutzten **Ausbauten und Erweiterungen** kann die **Grundförderung des § 10e EStG** gleichermaßen vorgenommen werden, wenn die in § 10e EStG bezeichneten Voraussetzungen vorliegen. Auf Teil II, Tz. 3.3. wird insoweit hingewiesen.

Nach **§ 15b BerlinFG** können jedoch im Vergleich zu § 10e EStG wesentlich **höhere Beträge** wie Sonderausgaben abgezogen werden. Sie sind in **Anlage FW, Zeilen 17 bis 19** geltend zu machen. Diese steuerliche Förderung, die mit den früheren politischen Verhältnissen in Berlin (West) begründet wurde, ist nicht mehr gerechtfertigt. § 15b BerlinFG gilt **letztmals** für Objekte mit Beginn der Herstellung oder Abschluss des obligatorischen Vertrags **vor dem 1. 7. 1991** (§ 31 Abs. 10a BerlinFG). Bei Herstellungsbeginn oder Vertragsabschluss **nach dem 30. 6. 1991 ist § 10e EStG anzuwenden** (allerdings nur bei Bauantrag/Kaufvertrag vor dem 1. 1. 1996; vgl. Tz. 3.3.). In beiden Vorschriften führt die jeweils nach der anderen Vorschrift in Anspruch genommene Steuervergünstigung zum Objektverbrauch.

In den wenigen Fällen, in denen 15b BerlinFG noch anzuwenden ist, gelten bzw. galten folgende **Besonderheiten:**

Anstelle der Abzugsbeträge nach § 10e Abs. 1 Satz 1 EStG können bzw. konnten bei den oben genannten begünstigten Objekten im Jahr der Fertigstellung oder Anschaffung der Wohnung und in dem darauf folgenden Jahr, also in **2 Jahren jeweils bis zu 10 v.H., damals höchstens jeweils 30 000 DM,** und in den darauf folgenden **10 Jahren jeweils bis zu 3 v.H., höchstens jeweils 4 602 €** (9 000 DM) der Bemessungsgrundlage (= Anschaffungs- oder Herstellungskosten der Wohnung zuzüglich der Hälfte der Anschaffungskosten für den dazugehörigen Grund und Boden, höchstens insgesamt 153 387 € [300 000 DM]) **wie Sonderausgaben** abgezogen werden (§ 15b **Abs. 1** BerlinFG).

Die Abschreibungsvergünstigung für in Berlin (West) **im steuerbegünstigten oder frei finanzierten Wohnungsbau** hergestellte Wohnungen nach § 15b **Abs. 2** BerlinFG ist ausgelaufen.

Die **Objektbegrenzung** (vgl. Teil II, Tz. 3.3.6.) gilt auch für § 15b Abs. 1 EStG BerlinFG entsprechend. Werden nicht ausgenutzte Abzugsbeträge auf ein **Folgeobjekt** übertragen, darf der höhere Abzugsbetrag nach § 15b Abs. 1 BerlinFG für das Jahr der Fertigstellung und Anschaffung und das Folgejahr von jeweils bis zu 10 v.H. **nur beim Erstobjekt oder nur** beim **Folgeobjekt** in Anspruch genommen werden (§ 15b Abs. 1 Nr. 4 BerlinFG).

Die Vorschriften über den **Objektverbrauch** sind im Rahmen des § 15b BerlinFG jedoch **nicht** auf in Berlin (West) belegene Wohnungen **anzuwenden,** wenn der Berliner Steuerpflichtige (§ 21 Abs. 1 Satz 1 BerlinFG) oder sein mit ihm zusammen zu veranlagender Ehegatte **im Zusammenhang mit der Aufnahme einer gewerblichen Tätigkeit oder einer selbständigen oder nichtselbständigen Arbeit in Berlin (West) zugezogen** ist und innerhalb von fünf Jahren nach Aufnahme der Berufstätigkeit die eigengenutzte Wohnung anschafft oder herstellt (§ 15b Abs. 5 BerlinFG).

Die nach § 15b BerlinFG abziehbaren Beträge können als Freibetrag auf der Lohnsteuerkarte eingetragen werden (§ 39a Abs. 1 Nr. 5a EStG).

6. Die Besteuerung von Leibrenten und anderen wiederkehrenden Bezügen

Zu den „**Änderungen bei der Rentenbesteuerung ab 2005**" wird auf die Ausführungen in **Teil I, Anlage R, Vor Zeilen 1 bis 9** hingewiesen.

6.1. Begriff

Der Begriff **Leibrente** i.S. des § 22 Nr. 1 Satz 3a EStG ist nach jetziger Auffassung ein vom bürgerlichen Recht (§ 759 ff. BGB) abweichender steuerrechtlicher Begriff (vgl. BFH-GrS, Beschluss vom 15. 7. 1991, BStBl 1992 II S. 78). Er setzt gleich bleibende Bezüge und gleichmäßige, zahlen- oder wertmäßig festgelegte Zuwendungen voraus, die **für die Dauer der Lebenszeit einer Bezugsperson** gezahlt werden. Die Zuwendungen sind insoweit steuerbar, als darin Einkünfte aus den Erträgen des Rentenrechts enthalten sind (H 167 [Allgemeines] EStH). Eine Übersicht über die verschiedenen privaten Leibrenten und ihre Besteuerung **ab 2005** findet sich insbesondere in Teil I, **Anlage R, Zeilen 1 bis 9** und **Zeilen 12 bis 20**.

Obwohl Leibrenten grundsätzlich nur solche wiederkehrenden Bezüge sind, deren **Dauer von der Lebenszeit einer Person abhängt**, bleibt eine auf Lebenszeit einer Person zu entrichtende Rente eine Leibrente auch dann, wenn sie unter bestimmten Voraussetzungen, z.B. wegen Wiederverheiratung, früher endet (BFH-Urteil vom 5. 12. 1980, BStBl 1981 II S. 265 und H 167 [Leibrente] EStH). Renten, die **unabhängig** von der Lebensdauer einer Person stets mit Ablauf einer bestimmten Zeit enden, werden als **Zeitrenten** bezeichnet; sie sind wiederkehrende Bezüge nach § 22 Nr. 1 EStG und sonach nicht wie Leibrenten zu besteuern (H 167 [Zeitrente] EStH). Von einer **abgekürzten Leibrente** spricht man dann, wenn die Zuwendungen zwar auch zeitlich begrenzt sind, aber erlöschen, wenn der Empfänger vor Ablauf der zeitlichen Begrenzung stirbt (vgl. hierzu Tz. 6.3., Abs. [2]).

Die Leibrente kann in Geld oder anderen vertretbaren Sachen bestehen. Die Einräumung eines lebenslangen **Wohnrechts** und die Versorgung mit elektrischem **Strom und Heizung** fallen jedoch **nicht** unter den Begriff der Leibrente (BFH-Urteil vom 12. 9. 1969, BStBl II S. 706 und H 167 [Leibrente] EStH).

Aus dem Erfordernis der Gleichmäßigkeit ergibt sich, dass eine Leibrente in diesem Sinne **nicht** vorliegt, wenn die Leistungen **von den jeweiligen wirtschaftlichen Verhältnissen** des Gebers oder des Empfängers **abhängig** und damit veränderlich sind, oder wenn die Bezüge sich nach einer wesentlich **schwankenden Größe**, z.B. dem Gewinn oder Umsatz eines Unternehmens richten (BFH-Urteile vom 27. 5. 1964, BStBl II S. 475 und vom 25. 11. 1966, BStBl 1967 II S. 178). In diesen Fällen ist eine **dauernde Last** gegeben, die beim **Verpflichteten in voller Höhe** als Sonderausgabe gemäß § 10 Abs. 1 Nr. 1 a EStG **abziehbar** ist (falls nicht § 12 Nr. 2 EStG entgegensteht; siehe unten Tz. 6.3. [5]). Dies gilt grundsätzlich auch dann, wenn für die laufenden Zahlungen feste Mindestbeträge vereinbart sind (BFH-Urteil vom 30. 5. 1980, BStBl II S. 575). Eine als Sonderausgabe abziehbare dauernde Last kann auch in der Weise begründet werden, dass ein Nießbrauch, den sich der Übergeber eines Vermögens vorbehalten hatte, durch eine private Versorgungsrente abgelöst wird (BFH-Urteil vom 3. 6. 1992, BStBl 1993 II S. 98). Auch wenn z.B. ein Altenteilsberechtigter sich an einer zum übertragenen Vermögen gehörenden Wohnung ein Wohnrecht vorbehalten hat, kann die Verpflichtung des Übernehmers, die Wohnung instand zu halten, bei diesem ebenfalls eine dauernde Last begründen. Als Versorgungsleistungen abziehbar sind in solchen Fällen jedoch nur Aufwendungen, die der Erhaltung des im Zeitpunkt der Übergabe vertragsgemäßen Zustands der Wohnung dienen (BFH-Urteile vom 25. 3. 1992, BStBl II S. 1012 und vom 25. 8. 1999, BStBl 2000 II S. 21). Beim **Empfänger** sind die Zahlungen in allen Fällen einer dauernden Last nach § 22 Nr. 1 Satz 1 EStG **voll steuerpflichtig.**

Die Vereinbarung von **Wertsicherungsklauseln** oder sog. **Währungsklauseln,** die nur der Anpassung der Kaufkraft an geänderte Verhältnisse dienen sollen, **schließen** die Annahme einer **Leibrente nicht aus** (vgl. z.B. BFH-Urteil vom 28. 1. 1986, BStBl II S. 348). Unter diesem Gesichtspunkt liegt eine Leibrente auch dann vor, wenn ihre Höhe jeweils von der für Sozialversicherungsrenten maßgebenden Bemessungsgrundlage abhängt (BFH-Urteil vom 30. 11. 1967, BStBl 1968 II S. 262). Vgl. H 167 (Wertsicherungsklausel) EStH. Die Vereinbarung, dass bei **Wegfall der Geschäftsgrundlage** die Höhe der Rentenzahlung der Abänderung unterliegen soll, lässt den Charakter der Rente als einer Leibrente ebenfalls unberührt (BFH-Urteil vom 12. 4. 1967, BStBl II S. 668). **Mindest- und Höchstbegrenzungen** sind für die Annahme einer dauernden Last dann unschädlich, wenn die Mindestbeträge nicht so hoch und die Höchstbeträge nicht so tief vereinbart werden, dass sie bei realistischer Prognose zur Regelzahlung werden (BFH-Urteile vom 18. 3. 1980, BStBl II S. 501 und vom 30. 5. 1980, BStBl II S. 575). Wegen der **Abänderbarkeit** der vereinbarten Leistungen **nach § 323 ZPO** oder aus anderen Gründen, die in aller Regel zu einer **dauernden Last** führt, vgl. unten Tz. 6.3., Abs. **(5).**

Werden aufgrund eines Übergabevertrages **verschiedenartige laufende Leistungen** erbracht, so ist grundsätzlich **bei jeder Leistung gesondert zu prüfen,** ob die Voraussetzung für das Vorliegen von Leibrenten oder von dauernden Lasten erfüllt sind (BFH-Urteile vom 28. 7. 1983, BStBl 1984 II S. 97 und vom 18. 3. 1980, BStBl II S. 501). Eine gesonderte Beurteilung kommt jedoch nicht in Betracht, wenn die Geldleistungen gegenüber den Sach- und Naturalleistungen von geringer Bedeutung sind **oder** wenn die Gesamtleistung von wirtschaftlichen Voraussetzungen irgendwelcher Art, wie z.B. von der Höhe des Gewinns des übertragenen Betriebs, abhängig ist (vgl. BFH-Urteil vom 30. 5. 1980, BStBl II S. 575).

6.2. Besteuerungsanteil oder Ertragsanteil bei privaten Leibrenten

Die Regelung der Rentenbesteuerung in § 22 EStG bezieht sich nur auf **private Leibrenten.** Solche privaten Leibrenten sind nicht in vollem Umfang, sondern nach § 22 Nr. 1 Satz 3 Buchstabe a) EStG nur mit einem Anteil steuerpflichtig. Nach der Neuregelung der Rentenbesteuerung im Alterseinkünftegesetz (vgl. Anlage R, Vor Zeilen 1 bis 9) ist **ab 2005** zu unterscheiden zwischen privaten Leibrenten, die mit einem sog. **Besteuerungsanteil** zu erfassen sind (§ 22 Nr. 1 Satz 3, a, **aa** EStG n.F.) und solchen, bei denen wie bisher nur der sog. **Ertragsanteil** steuerpflichtig ist (§ 22 Nr. 1 Satz 3, a, **bb** EStG n.F.) Sowohl Besteuerungsanteil als auch Ertragsanteil ergeben sich jeweils aus einer **Tabelle** in der gesetzlichen Neuregelung. Zur Unterscheidung vgl. die folgende Tz. 6.3.

6.3. Private Leibrenten

(1) Als private Leibrenten im o.g. Sinne kommen in der Praxis in erster Linie die Leistungen aus den gesetzlichen Rentenversicherungen, den landwirtschaftlichen Alterskassen, den berufsständischen Versorgungseinrichtungen und aus eigenen kapitalgedeckten Leibrentenversicherungen (§ 10 Abs. 1 Nr. 2b EStG), die nach dem 31. 12. 2004 abgeschlossen wurden, in Betracht (§ 22 Nr. 1 Satz 3, a, **aa** EStG n.F.). Von diesen Renten ist z.B. bei einem Rentenbeginn (Renteneintrittsjahr) bereits **vor** 2005 oder **erstmals** im Jahr 2005 ein sog. **Besteuerungsanteil** in Höhe von **50 v.H.** steuerpflichtig (statt z.B. 27 v.H. bei Rentenbeginn mit dem 65. Lebensjahr). Dieser Besteuerungsanteil ergibt sich aus der in § 22 Nr. 1 Satz 3, a, **aa** EStG n.F. enthaltenen **Tabelle.** Wegen der Besteuerung im Einzelnen wird auf die Ausführungen in **Anlage R, Zeilen 1 bis 9** hingewiesen.

Dagegen sind alle anderen, **sonstigen privaten Leibrenten,** wie sie z.B. in **Anlage R, Zeilen 12 bis 15** genannt sind, wie bisher nur in Höhe des **Ertragsanteils** steuerpflichtig (§ 22 Nr. 1 Satz 3, a, **bb** EStG n.F. und die hierin enthaltene **Tabelle**). Maßgebend ist das vollendete Lebensjahr im Zeitpunkt des Rentenbeginns (z.B. 65. Lebensjahr jetzt 18 v.H., statt bisher 27 v.H.). Wegen der **Öffnungsklausel,** nach der unter bestimmten Voraussetzungen die Besteuerung nur mit einem Ertragsanteil möglich ist, vgl. Anlage R, Zeilen 7 bis 9. Für zeitlich befristete, sog. **abgekürzte Leibrenten,** bei denen es auf die voraussichtliche Laufzeit der Rente ankommt, ist der Ertragsanteil der Tabelle in § 55 Abs. 2 EStDV n.F. zu entnehmen. Wegen der Besteuerung im Einzelnen wird auf **Anlage R, Zeilen 12 bis 20** hingewiesen.

(2) Bei den aus den gesetzlichen Rentenversicherungen gezahlten **Renten wegen Berufsunfähigkeit** oder wegen **Erwerbsunfähigkeit** handelt es sich stets um **abgekürzte Leibrenten,** weil ihre Laufzeit beschränkt ist; sie enden in dem Zeitpunkt, in dem die Rente **in die Altersrente umgewandelt** wird. Auf eine Mindestdauer des Rentenbezugs kommt es nicht an (BFH-Urteil vom 22. 1. 1991, BStBl II S. 686). Abgekürzte Leibrenten erlöschen stets, wenn die Person, von deren Lebenszeit sie abhängen, vor Ablauf der zeitlichen Begrenzung stirbt. Überlebt die Person die zeitliche Begrenzung, so endet die abgekürzte Leibrente mit ihrem Zeitablauf.

(3) Zur steuerlichen Behandlung von Leistungen aus **Altersvorsorgeverträgen** (sog. Riester-Rente) und aus einer kapitalgedeckten betrieblichen Altersversorgung (§ 22 Nr. 5 EStG n.F.) wird auf **Anlage R, Zeilen 31 bis 44** hingewiesen.

Renten, die aus **betrieblichen Pensionskassen** (§ 4c EStG) gezahlt werden (wie z.B. Werkspensionen), beruhen zwar auf früher versteuertem Arbeitslohn, sie gehören aber regelmäßig ebenfalls zu den privaten Leibrenten (H 167 [Leibrente] EStH). Laufende Leistungen aus betrieblichen **Unterstützungskassen** sind dagegen grundsätzlich Einkünfte aus nichtselbständiger Arbeit, bei denen ein Lohnsteuerabzug aufgrund einer vorzulegenden Lohnsteuerkarte vorzunehmen ist (H 70 [Beispiele zum Arbeitslohn] LStH); daher entfällt eine Besteuerung nach § 22 EStG.

Vorbemerkungen zu den folgenden Absätzen (4), (4a), (5), (6):

Vermögensübertragung gegen wiederkehrende Leistungen

Im Zusammenhang mit der **Vermögensübertragung gegen wiederkehrende Leistungen/Versorgungsleistungen** ist die Besteuerung der Leibrenten und anderer wiederkehrender Leistungen von großer praktischer Bedeutung. Als Folge der umfangreichen und teils schwankenden BFH-Rspr. im Anschluss an die Entscheidung des GrS des BFH vom 15. 1. 1991, BStBl 1992 II S. 78 hat die Finanzverwaltung ihre Auffassung hierzu im BMF-Schreiben vom 26. 8. 2002, BStBl I S. 893 veröffentlicht. Nachdem der **GrS des BFH** in zwei Beschlüssen vom 12. 5. 2003, BStBl 2004 II S. 95 und S. 100 dieser Auffassung teilweise nicht gefolgt ist, erging zusätzlich das BMF-Schreiben vom 8. 1. 2004, BStBl I S. 191. Eine endgültige Überarbeitung ist durch das **BMF-Schreiben vom 16. 9. 2004, BStBl I S. 922** (EStH, Anhang 13 IV) erfolgt, das grundsätzlich in allen noch offenen Fällen anzuwenden ist und auf das in den folgenden Ausführungen jeweils verwiesen wird. Hierdurch sind die beiden o.g. BMF-Schreiben vom 26. 8. 2002 a.a.O. und vom 8. 1. 2004 a.a.O. zwar grundsätzlich überholt, sie sind aber nach der **Anwendungs-/Übergangsregelung** in Rz 65 bis 76 des neueren BMF-Schreibens vom 16.9. 2004 a.a.O. in vielen Ausnahmefällen doch noch anzuwenden, wenn der obligatorische Vertrag **vor dem 1. 11. 2004** abgeschlossen wurde und der Übergeber und der Übernehmer **übereinstimmend** dies beantragen.

Die wichtigsten **Grundsätze zur Vermögensübertragung gegen wiederkehrende Leistungen** werden in den folgenden Absätzen **(4), (4a), (5)** und **(6)** wiedergegeben.

(4) Wiederkehrende Leistungen im Zusammenhang mit einer Vermögensübertragung können sein

- wiederkehrende Leistungen im **Austausch mit einer Gegenleistung;** hierbei handelt es sich um eine **entgeltliche** Vermögensübertragung: vgl. hierzu folgenden **Abs. (4a);** oder

Teil II
Tz. 6.3.

- um eine **unentgeltliche** Vermögensübertragung gegen Versorgungsleistungen oder Unterhaltsleistungen: vgl. hierzu folgenden **Abs. (5)**.

In erster Linie ist daher zu unterscheiden, ob die Übertragung (hier: von Privatvermögen) **entgeltlich oder unentgeltlich** erfolgt. Ein (voll) entgeltlicher Übergang ist nur dann anzunehmen, wenn die Beteiligten Leistung und Gegenleistung nach kaufmännischen Gesichtspunkten gegeneinander abgewogen haben und subjektiv von der Gleichwertigkeit der ausgetauschten Leistungen ausgehen durften. Vgl. BMF vom 16.9. 2004 a.a.O., Rz 50.

Bei Übergabeverträgen unter **Angehörigen** spricht allerdings eine – zwar widerlegbare – Vermutung dafür, dass Leistung und Gegenleistung **nicht** nach kaufmännischen Gesichtspunkten gegeneinander abgewogen worden sind, die wiederkehrenden Leistungen vielmehr unabhängig vom Wert des übertragenen Vermögens nach dem Versorgungsbedürfnis des Berechtigten und der wirtschaftlichen Leistungsfähigkeit des Verpflichteten bemessen worden sind (zur Widerlegung dieser Vermutung vgl. BFH-Urteile vom 29.1. 1992, BStBl II S. 465 und vom 16.12. 1993, BStBl 1996 II S. 669). Die Vermutung ist jedenfalls dann entkräftet, wenn die Vertragsparteien Leistung und Gegenleistung wie unter Fremden nach kaufmännischen Gesichtspunkten gegeneinander abgewogen haben und subjektiv davon ausgegangen sind, dass die Leistungen im maßgebenden Zeitpunkt des Vertragsabschlusses in etwa wertgleich sind (BFH-Urteil vom 30.7. 2003, BStBl 2004 II S. 211). Vgl. BMF vom 16.9. 2004 a.a.O., Rz 4 und den folgenden **Abs. (5)**.

Unter Fremden besteht eine nur in Ausnahmefällen widerlegbare Vermutung, dass bei der Übertragung von Vermögen **Leistung und Gegenleistung** kaufmännisch **gegeneinander abgewogen** sind. Ein Anhaltspunkt für ein entgeltliches Rechtsgeschäft kann sich auch daraus ergeben, dass die wiederkehrenden Leistungen auf Dauer die erzielbaren Erträge übersteigen. Die für die Entgeltlichkeit des Übertragungsvorgangs sprechende Vermutung kann hingegen zum Beispiel widerlegt sein, wenn der Übernehmer aufgrund besonderer persönlicher, insbesondere familienähnlicher Beziehungen zum Übergeber (z.B. uneheliches Kind, Lebensgefährte) ein persönliches Interesse an der lebenslangen angemessenen Versorgung des Übergebers hat (BFH-Urteil vom 16.12. 1997, BStBl 1998 II S. 718). Vgl. BMF vom 16.9. 2004 a.a.O., Rz 5.

(4a) Entgeltliche Übetragung von Privatvermögen gegen wiederkehrende Leistungen

Liegt eine entgeltliche oder teilentgeltliche Übertragung von Privatvermögen gegen wiederkehrende Leistungen vor, so hat der Erwerber des Vermögens **Anschaffungskosten** in Höhe des **Barwerts** der wiederkehrenden Leistungen, ggf. des anteiligen Barwerts bei Teilentgeltlichkeit. **Teilentgeltlichkeit** liegt vor, wenn der Wert des übertragenen Vermögens höher ist als der Barwert der wiederkehrenden Leistungen (BMF vom 16.9. 2004 a.a.O., Rz 50 Satz 3). Der Barwert ist bei lebenslänglichen Leistungen nach § 14 Abs. 1 BewG i.V. mit Anlage 9 zum BewG **oder** nach versicherungsmathematischen Grundsätzen zu ermitteln. Bei Nutzung des Vermögens zur Einkunftserzielung, z.B. aus Vermietung und Verpachtung, ist der Barwert die Bemessungsgrundlage für die **AfA**, die erhöhten Absetzungen und Sonderabschreibungen (BFH-Urtiel vom 9.2. 1994, BStBl 1995 II S. 47). Vgl. BMF vom 16.9. 2004 a.a.O., Rz 51 und Rz 52.

Wiederkehrende Leistungen im Austausch mit einer Gegenleistung enthalten einen **Tilgungsanteil und** einen **Zinsanteil**. Da private Schuldzinsen nicht abzugsfähig sind, darf der Zinsanteil von Renten und dauernden Lasten grundsätzlich nicht als Sonderausgaben berücksichtigt werden (BFH-Urteile vom 25.2. 1992, BStBl 1996 II S. 666 und vom 14.11. 2001, BStBl 2002 II S. 246). Dient das erworbene Wirtschaftsgut jedoch der **Einkunftserzielung**, ist **neben der AfA** der in den einzelnen Zahlungen enthaltene **Zinsanteil/Ertragsanteil** als **Werbungskosten oder Betriebsausgaben abzugsfähig** (BFH-Urteil vom 9.2. 1994, BStBl 1995 II S. 47). Der Zinsanteil von **Veräußerungsleibrenten** ist nach der Tabelle für den **Ertragsanteil** von **Leibrenten** nach § 22 Nr. 1 Satz 3 a, **bb** EStG n.F. (ggf. nach § 55 Abs. 1 EStDV), der Zinsanteil von **dauernden Lasten** in entsprechender Anwendung dieser Bestimmungen zu ermitteln (BFH-Urteile vom 25.11. 1992, BStBl 1996 II S. 666 und vom 9.2. 1994, BStBl 1995 II S. 47, 53); letzterer kann auch nach finanzmathematischen Grundsätzen mit einem Zinsfuß von 5,5 v.H. berechnet werden (BFH-Urteil vom 25.11. 1992, BStBl 1996 II S. 663). Vgl. BMF vom 16.9. 2004 a.a.O., Rz 53 und Rz 54.

Für das entgeltlich im Austausch mit wiederkehrenden Leistungen übertragene Vermögen erhält der **Vermögensübergeber** in Höhe des o.g. Barwerts einen Veräußerungspreis (Erlös); beim Übergang von Privatvermögen ist dies grundsätzlich ohne Bedeutung (Ausnahmen: §§ 17, 23 EStG). Die wiederkehrenden Bezüge sind beim Empfänger (Vermögensübergeber) bei **dauernden Lasten** in Höhe des Zinsanteils **Einkünfte aus Kapitalvermögen** (§ 20 Abs. 1 Nr. 7 EStG) und bei **Leibrenten** in Höhe des Ertragsanteils **sonstige Einkünfte** (§ 22 Nr. 1 Satz 3 a, **bb** EStG n.F.). Vgl. BMF vom 16.9. 2004 a.a.O., Rz 55 und Rz 57.

Beispiel

A veräußert an B (kein Angehöriger) sein Mietwohngrundstück gegen wiederkehrende Zahlungen. Leistung und Gegenleistung entsprechen nach den Vorstellungen der Vertragsparteien einander. Der **Empfänger** der Leistungen (A) braucht **nur** den **Ertrags-/Zinsanteil** der laufenden Zahlungen **zu versteuern,** während der **Erwerber** des Mietwohngrundstücks (B) **nur** diesen **Ertrags-/Zinsanteil** als **Werbungskosten** bei seinen Einkünften aus Vermietung und Verpachtung geltend machen kann. Zusätzlich steht ihm aber die **AfA** aus den Anschaffungskosten des Mietwohngrundstücks zu, die sich aus dem Barwert der wiederkehrenden Leistungen (§ 14 Abs. 1 BewG i.V. mit Anlage 9 zum BewG) errechnen. Vgl. auch das nahe Angehörige betr. Beispiel in BMF vom 16.9. 2004 a.a.O., zu Rz 57.

Eine **Wertverrechnung** zwischen Leistung und Gegenleistung mit der Folge, dass sich die laufenden Leistungen und Bezüge erst dann und in voller Höhe beim Leistenden und beim Empfänger steuerlich auswirken, wenn sie den ermittelten Barwert überschritten haben, findet **nicht** mehr statt; die sog. Wertverrechnungstheorie, die früher ohnehin nur bei dauernden Lasten gegolten hat, wurde aufgegeben (BFH-Urteile vom 9.2. 1994, BStBl 1995 II S. 47 und vom 18.10. 1994, BStBl 1995 II S. 169). Deshalb sind bei Einkunftserzielung i.S. des EStG die Zins- und Ertragsanteile **von Anfang an** als **Werbungskosten oder Betriebsausgaben** abzugsfähig **und** beim Empfänger der wiederkehrenden Bezüge **von Anfang an steuerpflichtig**. Aufgrund einer **Vertrauensschutzregelung** können in Altfällen (Verpflichtung vor dem 1.3. 1995) dauernde Lasten in **voller** Höhe als Werbungskosten abgezogen werden, aber nur, soweit ihr Wert den Wert der Gegenleistung übersteigt (vgl. BMF vom 16.9. 2004 a.a.O., Rz 73).

Bei Vermögensübertragung gegen wiederkehrende Leistungen **auf bestimmte Zeit** (sog. abgekürzte Leibrenten oder dauernde Lasten) handelt es sich regelmäßig um einen Austausch mit einer Gegenleistung, also um ein **entgeltliches** Veräußerungs-/Anschaffungsgeschäft. Vgl. hierzu und zu den sog. Mindestzeitrenten oder verlängerten Leibrenten oder dauernden Lasten, die stets als wiederkehrende Leistungen im Austausch mit einer Gegenleistung zu behandeln sind (BFH-Urteil vom 21.10. 1999, BStBl 2002 II S. 650), das BMF-Schreiben vom 16.9. 2004 a.a.O., Rz 58 ff. sowie die BFH-Urteile vom 31.8. 1994, BStBl 1996 II S. 676 und S. 672.

(5) Unentgeltliche Übertragung von Privatvermögen gegen Versorgungsleistungen

Die im Folgenden zu erläuternde **unentgeltliche** Vermögensübertragung gegen Versorgungsleistungen auf Lebenszeit führt zu einer grundsätzlich anderen Beurteilung als die in **Abs. (4 a)** erläuterte **entgeltliche** Vermögensübertragung gegen wiederkehrende Leistungen. Versorgungsleistungen (Renten oder dauernde Lasten) i.S. des **Abs. (5)** stehen meist im Zusammenhang mit einer **Vermögensübertragung zur vorweggenommenen Erbfolge**. Da bei einer solchen Vermögensübergabe an **Angehörige** eine – allerdings widerlegbare – Vermutung besteht, dass Leistung und Gegenleistung **nicht** nach kaufmännischen Gesichtspunkten gegeneinander abgewogen worden sind (vgl. oben **Abs. [4]**), wird auch bei einer Vermögensübertragung im Wege vorweggenommener Erbfolge gegen Versorgungsleistungen angenommen, dass diese Leistungen weder Veräußerungsentgelt noch Anschaffungskosten sind, sondern **vorbehaltene Vermögenserträge** darstellen (BFH-GrS, Beschluss vom 5. 7. 1990, BStBl II S. 847). Der Vermögensübernehmer wird **wie ein unentgeltlicher Erwerber** behandelt. Er führt deshalb die Buchwerte bzw. die **AfA des Rechtsvorgängers** fort (§§ 7 Abs. 1 EStG, 11d EStDV). Versorgungsleistungen können ihren Entstehungsgrund aber auch in einer **Verfügung von Todes wegen** (**Erbeinsetzung, Vermächtnis**) haben, wenn sie bei einer Vermögensübergabe im Wege vorweggenommener Erbfolge **zu Lebzeiten** des Erblassers als Versorgungsleistungen zu beurteilen wären (BFH-Urteil vom 27. 2. 1992, BStBl II S. 612). Solche wiederkehrenden Leistungen sind jedoch nicht als Versorgungsleistungen, sondern als Veräußerungsentgelte – oben Abs. **(4a)** – oder als steuerlich irrelevante Unterhaltsleistungen anzusehen, wenn der Empfänger der wiederkehrenden Leistungen nicht zum **„Generationennachfolge-Verbund"** (pflichtteilsberechtigte Personen) gehört (BMF vom 16. 9. 2004 a.a.O., Rz 40 und 41); **nicht** dazu gehören z.B. die Haushälterin des Erblassers, seine Lebensgefährtin, seine Stiefkinder, Mitarbeiter in seinem Betrieb (BFH-Urteil vom 26. 11. 2003, BStBl 2004 II S. 820).

Die **Versorgungsleistungen** des Vermögensübernehmers sind bei einer unentgeltlichen Übertragung im o.g. Sinne entweder

- abzugsfähige Sonderausgaben (Renten, dauernde Lasten) **oder**
- nach § 12 Nr. 2 EStG nicht abzugsfähige Zuwendungen/Unterhaltsleistungen.

Im Regelfall entspricht es den Interessen der beteiligten Familienmitglieder, dass die wiederkehrenden Leistungen einerseits in voller Höhe als Sonderausgaben abzugsfähig und andererseits zwangsläufig in voller Höhe steuerpflichtig sind (wobei die ggf. geringe steuerliche Auswirkung beim Empfänger in Kauf genommen wird). Es handelt sich deshalb um ein verbreitetes Gestaltungsmodell.

Die Rspr. des BFH hat eine Reihe von Kriterien entwickelt, die Grundlage des BMF-Schreibens vom 16. 9. 2004 a.a.O. sind, die hier nur gekürzt, mit Hinweisen auf die Fundstellen, aus denen auch die maßgeblichen BFH-Urteile ersichtlich sind, wiedergegeben werden können. Hiernach sind Versorgungsleistungen als **Sonderausgaben (Leibrenten/dauernde Lasten)** abzugsfähig und entsprechend beim Empfänger als **sonstige Einkünfte** nach § 22 Nr. 1 EStG zu versteuern, wenn **folgende Voraussetzungen** vorliegen:

- Als **Empfänger des Vermögens** im Rahmen einer vorweggenommenen Erbfolge mit Versorgungsvertrag kommen Abkömmlinge und grundsätzlich auch gesetzlich erbberechtigte entferntere Verwandte des Übergebers oder auf Grund besonderer persönlicher Beziehungen zum Übergeber auch nahe stehende Dritte (z.B. Schwiegerkinder, Neffen und Nichten) sowie ausnahmsweise auch familienfremde Dritte in Betracht (BFH-Urteil vom 16. 12. 1997, BStBl 1998 II S. 718). Vgl. BMF vom 16. 9. 2004 a.a.O., Rz 35.

- Als **Empfänger der Versorgungsleistungen** kommen in erster Linie der Übergeber, dessen Ehegatte und die gesetzlich erb- und pflichtteilsberechtigten Abkömmlinge des Übergebers (BFH-Urteile vom 27. 2. 1992, BStBl II S. 612 und vom 26. 11. 2003, BStBl 2004 II S. 820) sowie der Lebenspartner einer eingetragenen Lebenspartnerschaft in Betracht. Zu den Geschwistern vgl. BFH-Urteil vom 20. 10. 1999, BStBl 2000 II S. 602. Nicht zum Generationennachfolge-Verbund gehörende Personen (s. oben) können nicht Empfänger von Versorgungsleistungen sein (BFH-Urteil vom 26. 11. 2003 a.a.O.). Vgl. zur Übergabe Großeltern-Eltern-Kind BFH-Urteil vom 23. 1. 1997, BStBl II S. 458 und im Einzelnen BMF vom 16. 9. 2004 a.a.O., Rz 36.

- Die steuerrechtliche Anerkennung des **Übergabevertrags** setzt voraus, dass die gegenseitigen Rechte und Pflichten klar und eindeutig sowie rechtswirksam vereinbart werden, ernsthaft gewollt sind und die Leistungen wie vereinbart tatsächlich erbracht werden und deshalb auf den erforderlichen Rechtsbindungswillen geschlossen werden kann (BFH-Urteil vom 3. 3. 2004, BStBl II S. 826). Vgl. im Einzelnen BMF vom 16. 9. 2004 a.a.O., Rz 37 und zu Vertragsänderungen Rz 38 sowie Rz 39.

- Gegenstand der Vermögensübergabe muss eine die **Existenz** des Vermögensübergebers wenigstens teilweise **sichernde und ertragbringende Wirtschaftseinheit** sein, wobei unterstellt wird, dass sich der Übergeber diese **Erträge vorbehalten** hat (Theorie der vorbehaltenen Erträge).

Nach den Beschlüssen des GrS des BFH vom 12.5. 2003, BStBl 2004 II S. 95 und S. 100 genügt es aber **nicht**, dass das übergebene Vermögen lediglich **seiner Art nach** existenzsichernd und ertragbringend ist („Typus 2"-Fälle i.S. Rz 17 des älteren BMF-Schreibens vom 26. 8. 2002 a.a.O.), wenn die Nettoerträge **im konkreten Fall** die versprochenen Sach- oder Geldleistungen **nicht abdecken**. Vielmehr sind wiederkehrende Leistungen, die im Zusammenhang mit einer Vermögensübergabe zur Vorwegnahme der Erbfolge vereinbart werden, trotz Übertragung einer an sich existenzsichernden Wirtschaftseinheit dann **nicht** als **dauernde Last** (Sonderausgaben) abziehbar, **wenn sie nicht aus den erzielbaren laufenden Nettoerträgen** des übergebenen Vermögens bestritten werden können (BFH-GrS vom 12. 5. 2003, BStBl 2004 II S. 95). Die „Typus 2"-Fälle i.S. von Rz 17 des älteren BMF-Schreibens vom 26. 8. 2002 a.a.O. werden vom BFH-GrS also nicht anerkannt. Nach Auffassung der Finanzverwaltung sind Versorgungsleistungen, die aus den laufenden Nettobeträgen eines übergebenen Betriebs erbracht werden können – entgegen BFH-GrS vom 12. 5. 2003, BStBl 2004 II S. 100 – auch dann als Sonderausgaben abziehbar, wenn der übertragende Betrieb nicht über einen ausreichenden Unternehmenswert verfügt (BMF vom 16. 9. 2004 a.a.O., Rz 8).

Liegt keine unentgeltliche Vermögensübertragung gegen Versorgungsleistungen i.S. des **Abs. (5)** vor, z.B. weil keine existenzsichernde und ertragbringende Wirtschaftseinheit übertragen worden ist, gelten die Grundsätze oben in **Abs. (4a)** zur **entgeltlichen** Vermögensübertragung (BMF vom 16. 9. 2004 a.a.O., Rz 7).

- **Existenzsichernde Wirtschaftseinheiten** im o.g. Sinne sind typischerweise Betriebe und Teilbetriebe, Mitunternehmeranteile (einschließlich der sog. atypisch stillen Beteiligungen), Anteile an Kapitalgesellschaften, Wertpapiere und vergleichbare Kapitalforderungen (z.B. Festgeld, Bundesschatzbriefe, Sparbuch), typisch stille Beteiligungen, Geschäfts- oder Mietwohngrundstücke, vermietete Einfamilienhäuser und Eigentumswohnungen sowie verpachtete unbebaute Grundstücke. Vgl. BMF vom 16. 9. 2004 a.a.O., Rz 9 bis 11.

Der sachliche Zusammenhang der wiederkehrenden Leistungen mit der Vermögensübergabe **endet** grundsätzlich, wenn der Übernehmer das **übernommene Vermögen auf einen Dritten überträgt** und dem Übernehmer nicht mehr zuzurechnen ist. Die im Zusammenhang mit der Vermögensübertragung vereinbarten Leistungen sind ab diesem Zeitpunkt Unterhaltsleistungen i.S. des § 12 Nr. 2 EStG und dürfen beim Übernehmer nicht mehr als Sonderausgaben (Rente oder dauernde Last) abgezogen werden. Beim Übergeber sind sie nicht mehr nach § 22 Nr. 1 EStG steuerbar (BFH-Urteil vom 31. 3. 2004, BStBl II S. 830). Der sachliche Zusammenhang endet nicht, wenn der Übernehmer das übernommene Vermögen im Wege der vorweggenommenen Erbfolge weiter überträgt. Überträgt der Übernehmer das Vermögen auf einen Dritten und erwirbt er mit dem Erlös zeitnah eine existenzsichernde und ausreichend ertragbringende Wirtschaftseinheit oder stellt eine solche her, sind die nach der Übertragung an den Übergeber entrichteten wiederkehrenden Leistungen weiterhin Versorgungsleistungen. Wegen der zusätzlichen Fragen und rechtlichen Folgen, die sich bei einer solchen nachträglichen **Umschichtung** des übertragenen Vermögens (Privatvermögen und Betriebsvermögen) ergeben, vgl. BMF vom 16. 9. 2004 a.a.O., Rz 28 und Rz 33.

- **Keine existenzsichernde Wirtschaftseinheit** ist dagegen Vermögen, das dem Übernehmer nicht zur Fortsetzung des Wirtschaftens überlassen wird. Hierzu gehören **ertragloses Vermögen**, wie z.B. Hausrat, Wert- und Kunstgegenstände, Sammlungen und unbebaute Grundstücke (Brachland), auch ertraglose Grundstücke, z.B. mit aufstehendem Rohbau (BFH-Urteil vom 27. 8. 1997, BStBl II S. 813) und auch Vermögen, dessen gesamten Erträge sich der Übergeber mittels eines **Totalnieß-**

**Teil II
Tz. 6.3.**

brauchs vorbehalten hat (BMF vom 16. 9. 2004 a.a.O., Rz 12 und BFH-Urteil vom 14. 7. 1993, BStBl 1994 II S. 19 und vom 25. 3. 1992, BStBl II S. 803). Der Übernehmer kann aber vertragsgemäß das übernommene Vermögen in ertragbringendes **umschichten** (BFH-Grs, Beschluss vom 12. 5. 2003, BStBl 2004 II S. 95, 99). Dies gilt entsprechend für nicht angelegtes Geldvermögen, das nur dann Gegenstand einer Vermögensübergabe gegen Versorgungsleistungen sein kann, wenn sich der Übernehmer im Übergabevertrag verpflichtet, eine ihrer Art nach bestimmte, ausreichend ertragbringende Vermögensanlage zu erwerben (BFH-Urteil vom 16. 6. 2004, BStBl II S. 1053). Zur **Umschichtung** vgl. BMF vom 16. 9. 2004, Rz 13 bis 16.

Wird das vorbehaltene Nutzungsrecht **später** gegen wiederkehrende Leistungen **abgelöst**, können allerdings Versorgungsleistungen vorliegen (zeitlich gestreckte „gleitende" Vermögensübergabe), die als Sonderausgaben abzugsfähig sind. Vgl. im Einzelnen BMF vom 16. 9. 2004 a.a.O., Rz 18 sowie die dort zit. Rspr. So kann an die Stelle des vorbehaltenen Nießbrauchs eine Versorgungsrente treten, bei der im Zweifel davon auszugehen ist, dass sich der bisherige Ertragsvorbehalt fortsetzt, wenn z.B. ein anlässlich der Übergabe von Vermögen zur Vorwegnahme der Erbfolge zugunsten des Übergebers und/oder dessen Ehegatten vorbehaltener Nießbrauch später abgelöst und dabei zugunsten der bisherigen Nießbraucher auf deren Lebenszeit wiederkehrende Leistungen vereinbart werden, die aus den Erträgen des übergebenen Vermögens gezahlt werden können (vgl. BFH-Urteil vom 16. 6. 2004, BStBl 2005 II S. 130).

- Wird ein **Geldbetrag** (Bargeld) gegen Vereinbarung von (lebenslänglichen) Versorgungsleistungen übertragen, liegt also ein sog. **Unterhaltskauf** vor (z.B. zwischen Eltern und Kindern), so handelt es sich regelmäßig um nicht abzugsfähige Zuwendungen i.S. des § 12 Nr. 2 EStG. Vgl. BFH-Urteil vom 26. 11. 1997, BStBl 1998 II S. 190 und wegen einer ausnahmsweise abweichenden Vereinbarung BMF vom 16. 9. 2004 a.a.O., Rz 17 a.a.O.

Wird eine **existenzsichernde und ausreichend ertragbringende Wirtschaftseinheit** gegen Versorgungsleistungen übertragen, so sind diese Leistungen beim Empfänger **in voller Höhe** steuerpflichtige wiederkehrende Bezüge und beim Verpflichteten in **vollem** Umfang als **Sonderausgaben** abziehbar (sog. Typus 1-Fälle i.S. des älteren BMF-Schreibens vom 26. 8. 2002 a.a.O.). Dabei wird unterstellt, dass sie wegen der Rechtsnatur des Versorgungsvertrags als **abänderbar** gelten (BFH-Urteil vom 11. 3. 1992, BStBl II S. 499). Eine Bezugnahme auf § 323 ZPO oder eine gleichwertige Änderungsklausel ist daher **nicht erforderlich.** Eine lediglich mit dem **Ertragsanteil** abziehbare bzw. zu versteuernde Leibrente wird nur angenommen, wenn und soweit die Vertragsparteien die Abänderbarkeit der Vermögensleistungen ausdrücklich ausgeschlossen haben. Die Parteien können aber in diesem Fall mit Wirkung für die Zukunft die Abänderbarkeit der Leistungen vereinbaren und damit die Leibrente in eine dauernde Last umwandeln (BFH-Urteil vom 3. 3. 2004, BStBl II S. 824). Die bloße Vereinbarung einer Wertsicherungsklausel schließt die Abänderbarkeit der wiederkehrenden Leistungen nicht aus. Vgl. im Einzelnen BMF vom 16. 9. 2004 a.a.O., Rz 46 bis 48.

Werden Vermögensgegenstände, die **nicht** zu den existenzsichernden und ausreichend ertragbringenden Wirtschaftseinheiten gehören, gegen wiederkehrende Leistungen auf Lebenszeit übertragen, so liegt ein **entgeltliches** (oder teilentgeltliches) Rechtsgeschäft vor. Es gelten dann die oben in Abs. **(4 a)** genannten Grundsätze (BFH-GrS vom 12. 5. 2003, BStBl 2004 II S. 95 und BMF vom 16. 9. 2004 a.a.O., Rz 49).

Eine **ausreichend ertragbringende** Wirtschaftseinheit im o.g. Sinne ist nur anzunehmen, wenn nach überschlägiger Berechnung die wiederkehrenden Leistungen nicht höher sind als die langfristig erzielbaren Erträge des übertragenen Vermögens. Davon ist auszugehen, wenn nach den Verhältnissen im Zeitpunkt der Vermögensübergabe der durchschnittliche jährliche Ertrag ausreicht, um die jährlich wiederkehrenden Leistungen zu erbringen. Aus Vereinfachungsgründen ist es nicht zu beanstanden, wenn zur Ermittlung des durchschnittlichen Ertrags die Einkünfte des Jahres der Vermögensübergabe und der beiden vorausgegangenen Jahre herangezogen werden. Vgl. BMF vom 16. 9. 2004 a.a.O., Rz 25 Satz 4 und für den Fall, dass im Zeitpunkt der Vermögensübergabe der durchschnittliche Jahresbetrag nicht ausreicht, die Sätze 5 ff. Entsprechendes gilt in den Fällen der Umschichtung (BMF vom 16. 9. 2004 a.a.O., Rz 26).

Erträge in diesem Sinne sind Einnahmen aus einer Tätigkeit, die den Tatbestand einer **Einkunftsart i.S. des EStG** erfüllt. Nutzt der Übernehmer ein vom Übergeber gegen wiederkehrende Leistungen übertragenes Grundstück zu eigenen Wohnzwecken oder eigenbetrieblichen Zwecken, gehört **auch** der **Nutzungsvorteil** des Übernehmers (ersparte Nettomiete) zu den Erträgen, wenn die ersparte Nettomiete nicht niedriger ist als die zugesagten wiederkehrenden Leistungen. Nicht zu den Erträgen gehören nach Auffassung der Finanzverwaltung andere ersparte Aufwendungen, wie z.B. ersparte Zinsen. Der BFH vertritt insoweit eine andere Meinung. Vgl. hierzu BMF vom 16. 9. 2004 a.a.O., Rz 21 und BFH-GrS vom 12. 5. 2003, BStBl 2004 II S. 95 sowie BFH-Urteil vom 1. 3. 2005, NJW 2005 S. 2415. Wird eine wesentliche Beteiligung an einer Kapitalgesellschaft (GmbH) im Wege vorweggenommener Erbfolge übertragen, ist für die Ermittlung des erzielten Nettobetrags auf die mögliche Gewinnausschüttung, also auf das Jahresergebnis der Gesellschaft abzustellen, das auf die übertragenen Anteile entfällt (BFH-Urteil vom 21. 7. 2004, BStBl 2005 II S. 133).

Bei der Übergabe von Unternehmen gegen wiederkehrende Leistungen im Wege der **vorweggenommenen Erbfolge** besteht eine Vermutung dafür, dass die Erträge ausreichen, um die Leistungen in der vereinbarten Höhe zu erbringen, wenn das Unternehmen vom Übernehmer tatsächlich fortgeführt wird. Als Unternehmen in diesem Sinne gelten auch ein Anteil an einer GmbH, wenn sowohl Übergeber als auch Übernehmer als Geschäftsführer tätig waren oder sind, sowie Mitunternehmeranteile und Teilbetriebe (vgl. im Einzelnen BMF vom 16. 9. 2004, a.a.O., Rz 23).

AfA-Beträge, erhöhte Absetzungen, Sonderabschreibungen sowie außerordentliche Aufwendungen, z.B. größere Erhaltungsaufwendungen, die nicht jährlich üblicherweise anfallen, werden bei dieser Berechnung nicht ertragsmindernd berücksichtigt. Sie sind deshalb den auf der Grundlage der steuerlichen Einkünfte ermittelten Erträgen hinzuzurechnen; dies gilt auch für Nutzungsvorteile des Übernehmers aus ersparten Nettomietaufwendungen. Ein Unernehmerlohn ist in diesem Zusammenhang nicht abzusetzen, er spielt nur dort eine Rolle, wo es darauf ankommt, ob das übertragende Unternehmen überhaupt „Vermögen" darstellt (BFH-GrS vom 12. 5. 2003, BStBl 2004 II S. 95, 99). Vgl. BMF vom 16. 9. 2004 a.a.O., Rz 24 sowie Rz 21.

Nach dem Beschlus des BFH-GrS vom 12. 5. 2003, BStBl 2004 II S. 100 wird bei der Übergabe eines Unternehmens, das weder über eine positive Substanz- noch über einen positiven Ertragswert verfügt, **kein „Vermögen"** an die nachfolgende Generation übertragen. Es handelt sich vielmehr um nicht abzugsfähige Unterhaltsleistungen i.S. des § 12 Nr. 2 EStG. Auch wenn die Nettoerträge des übergebenen Betriebs ausreichen, um die dem Übergeber versprochenen Leistungen abzudecken, kann der Ertragswert negativ sein, weil hier die der Wertermittlung zugrunde gelegten Gewinne um einen Unternehmerlohn zu kürzen sind.

Hat der Übernehmer einer existenzsichernden Wirtschaftseinheit neben Versorgungsleistungen ein **Teilentgelt**, z.B. in Form von Gleichstellungszahlungen oder durch Übernahme von Verbindlichkeiten zu erbringen, so erwirbt er das erhaltene Vermögen im **Verhältnis** des Teilentgelts zum Verkehrswert entgeltlich, im Übrigen unentgeltlich. Reichen die auf den unentgeltlichen Erwerbsteil entfallenden Ertragsteile zur Finanzierung der Versorgungsleistungen aus, so kommt **in voller Höhe** ein Abzug als **Sonderausgaben** in Betracht. Vgl. BMF vom 16. 9. 2004 a.a.O., Rz 27 mit Beispiel.

(6) Zur **Anwendungsregelung** vgl. BMF-Schreiben vom 16. 9. 2004 a.a.O., Rz 65 ff., besonders Rz 68 sowie Rz 74 bis 76. Hiernach sind die im Einzelfall vorausgegangenen günstigeren Regelungen und Grundsätze anzuwenden, wenn das Vermögen aufgrund eines **vor dem 1. 11. 2004 abgeschlossenen obligatorischen Vertrags** übertragen worden ist und wenn der **Übergeber und der Übernehmer übereinstimmend** an der bisherigen steuerrechtlichen Beurteilung festhalten. Mangelt es z.B. lediglich an den ausreichenden Erträgen und beantragen beide die weitere Anwendung des älteren BMF-Schreibens vom 26. 8. 2002, BStBl I S. 893, so ist den Anträgen zu folgen (es gelten dann z.B. die Ausführungen zu den sog. „Typus 2"-Fällen in der „Anleitung zur ESt-Erklärung **2003**", Teil II, Tz. 6.3. [5]).

(7) Für **Altenteilsleistungen** im Zusammenhang mit einer **Hofübergabe** in der Land- und Forstwirtschaft, durch die grundsätzlich ebenfalls eine existenzsichernde Wirtschaftseinheit übertragen wird, gelten die obigen Ausführungen in **Abs. (5)** entsprechend (vgl. auch BMF vom 16. 9. 2004 a.a.O., Rz 9 und 10). Zu der grundsätzlich zu bejahenden Frage, ob im Rahmen eines (landwirtschaftlichen) Wirtschaftsüberlassungsvertrags der Nutzungsberechtigte **Modernisierungsaufwendungen** für die vom Hofeigentümer beibehaltene Wohnung **als dauernde Last** abziehen kann, sofern er sich dazu im Überlassungsvertrag verpflichtet hat, vgl. BFH-Urteil vom 28. 2. 2002, BStBl 2003 II S. 644 und BMF-Schreiben vom 21. 7. 2003, BStBl I S. 405.

(8) Zu den Leibrenten gehören grundsätzlich auch gleich bleibende, auf Lebenszeit regelmäßig wiederkehrend zu erbringende Geldzuwendungen, die auf die **Regelung erbrechtlicher Verhältnisse in einem Testament oder Erbvertrag** zurückgehen. Die Abänderungsmöglichkeit nach § 323 ZPO gilt für diesen Fall nicht. Werden in einer letztwilligen Verfügung für einen weichenden Erben durch **Vermächtnis** für die Lebenszeit des Vermächtnisnehmers fortlaufend wiederkehrende **gleichmäßige** Leistungen ausgesetzt, so sind diese als **Leibrente** zu behandeln, wenn in der letztwilligen Verfügung nicht ausdrücklich eine Abänderbarkeit ihrer Höhe entsprechend der Regelung in § 323 ZPO vorgesehen ist (BFH-Urteil vom 1. 8. 1975, BStBl II S. 882). Zu wiederkehrenden Leistungen auf Grund einer Verfügung von Todes wegen (Erbeinsetzung, Vermächtnis), die bei einer Vermögensübergabe im Wege vorweggenommener Erbfolge zu Lebzeiten des Erblassers als Versorgungsleistungen i.S. der BFH-Rspr. zu beurteilen sind, wird auf die obigen Ausführungen am Anfang von Abs. (5) und auf BMF vom 16. 9. 2004 a.a.O. Rz 40 und 41 hingewiesen.

(8 a) Verzichtet ein zur gesetzlichen Erbfolge Berufener **auf seinen künftigen Erb- und Pflichtanteil** und erhält er hierfür an Stelle eines Einmalbetrages der Höhe nach begrenzte wiederkehrende Zahlungen, sind diese bei ihm nicht als wiederkehrende Leistungen (§ 22 Nr. 1 Satz 1 EStG) steuerbar und beim Zahlenden nicht als Sonderausgaben (§ 10 Abs. 1 Nr. 1a EStG) abziehbar, weil allein die Tatsache, dass eine Leistung nicht in einem Betrag, sondern in Form wiederkehrender Zahlungen zu erbringen ist, deren Steuerbarkeit nicht begründen kann (vgl. BFH-Urteil vom 20. 11. 1999, BStBl 2000 II S. 82).

(9) Unterhaltsverträge zwischen geschiedenen oder dauernd getrennt lebenden Ehegatten sind für die Frage, ob eine Leibrente vorliegt oder nicht, nur von Bedeutung, wenn der Unterhaltsverpflichtete seinen Wohnsitz oder gewöhnlichen Aufenthalt im Ausland hat (vgl. die Regelung in § 22 Nr. 1 Satz 2 EStG). Nur in diesem Falle kommt es darauf an, ob eine Leibrente oder eine dauernde Last vorliegt. In der Regel wird kein einheitliches Rentenrecht begründet, weil diese Verträge im Allgemeinen mindestens stillschweigend den Vorbehalt der Leistungsfähigkeit des Gebers und des Unterhaltsbedürfnisses des Empfängers enthalten. Daher ist regelmäßig nicht von einer Leibrente, sondern von einem in vollem Umfang steuerpflichtigen wiederkehrenden Bezug auszugehen, es sei denn, auf die **Änderungsmöglichkeit nach § 323 ZPO ist ausdrücklich verzichtet** worden (BFH-Urteile vom 27. 9. 1973, BStBl 1974 II S. 103 und vom 1. 8. 1975, BStBl II S. 881).

Bei **geschiedenen oder dauernd getrennt lebenden Ehegatten** ist jedoch das sog. **begrenzte Realsplitting** zu beachten (ggf. Abzugsfähigkeit als Sonderausgaben bis zu 13 805 € jährlich). Hierzu allgemein und zur missbräuchlichen Verweigerung der Zustimmung zum Realsplitting vgl. Teil I, Hauptvordruck, Zeile 80.

(10) Schadensersatzrenten nach § 844 Abs. 2 BGB, die wegen Tötung des Unterhaltspflichtigen für den Verlust von Unterhaltsansprüchen gewährt werden (sog. **Unterhaltsrenten**) oder von gesetzlich geschuldeten Diensten (§ 845 BGB), sind keine Leibrenten (da die Einzelleistungen Schadensersatz bleiben), sondern wiederkehrende Bezüge im Sinne des § 22 Nr. 1 Satz 1 EStG und deshalb in vollem Umfang steuerpflichtig (BFH-Urteil vom 19. 10. 1978, BStBl 1979 II S. 133). Dagegen sind Schadensersatzrenten zum Ausgleich vermehrter Bedürfnisse (sog. **Mehrbedarfsrenten** nach § 843 Abs. 1, 2. Altern. BGB) weder als Leibrente noch als sonstige wiederkehrende Bezüge einkommensteuerbar (BFH-Urteile vom 25. 10. 1994, BStBl 1995 II S. 121 und vom 14. 12. 1994, BStBl 1995 II S. 410). Dies gilt ebenso für die Zahlung von **Schmerzensgeldrenten** nach § 847 BGB, da auch insoweit Ersatz für eingetretenen Schaden anzunehmen ist. Vgl. auch Teil I, Anlage SO, Zeilen 1 bis 2 und H 165 (wiederkehrende Bezüge) EStH, sowie besonders BMF-Schreiben vom 8. 11. 1995, BStBl I S. 705.

6.4. Betriebliche Leibrenten

6.4.1. Betriebliche Renten, deren Haupterscheinungsform die **betriebliche Veräußerungsrente** ist, fallen nicht unter die oben in Tz. 6.1. bis Tz. 6.3. dargestellte Regelung des § 22 EStG. Das bei einer Betriebsveräußerung gegen wiederkehrende Bezüge bestehende **Wahlrecht** zwischen der **Sofortbesteuerung** und der **Zuflussbesteuerung** (vgl. die folgenden Ausführungen) bleibt hiervon unberührt (BMF vom 26. 8. 2002, BStBl I S. 893, Rz 57). Bei der betrieblichen Veräußerungsrente entspricht die Höhe der Rente nach den subjektiven Vorstellungen der Vertragsparteien dem Wert des übertragenen Vermögens. Die Beteiligten gehen bei der Bemessung der Rentenhöhe übereinstimmend von dem Gedanken einer angemessenen Gegenleistung für die erworbenen Wirtschaftsgüter aus (BFH-Urteile vom 22. 9. 1982, BStBl 1983 II S. 99 und vom 12. 11. 1985, BStBl 1986 II S. 55).

Bei der Übertragung von Vermögen im Wege der **vorweggenommenen Erbfolge** gegen Versorgungsleistungen (vgl. oben Tz. 6.3., Abs. 5) spricht allerdings eine (widerlegbare) Vermutung für eine **private**, also **außerbetriebliche Versorgungsrente** (zur Abgrenzung vgl. BFH-Urteile vom 3. 6. 1992, BStBl II 1993 S. 23 und vom 28. 2. 1992, BStBl II S. 465 sowie die dort zit. Rspr.). Die betriebliche Veräußerungsrente unterscheidet sich andererseits von der **betrieblichen Versorgungsrente** (vgl. hierzu Tz. 6.4.2.) dadurch, dass bei der betrieblichen Veräußerungsrente der Versorgungsgedanke nur eine untergeordnete Rolle spielt. Renten, die im Zusammenhang mit der Übertragung eines Einzelunternehmens oder eines Mitunternehmeranteils vereinbart werden, sind in aller Regel **betriebliche Veräußerungsrenten** und nur ausnahmsweise als betriebliche Versorgungsrenten zu qualifizieren (BFH-Urteil vom 12. 11. 1985 a.a.O.).

Folgende **Grundsätze** sind im Rahmen eines bestehenden **Wahlrechts** (R 139 Abs. 11 und R 140 Abs. 7 Satz 2 EStR) maßgebend, wobei zusätzlich das BMF-Schreiben vom 3. 8. 2004, BStBl I S. 1187 zu beachten ist:

(1) Für **Veräußerungen, die vor dem 1. 1. 2004** erfolgt sind, müssen **betriebliche Veräußerungsrenten** vom **Veräußerer** eines Betriebs, Teilbetriebs oder Mitunternehmeranteils i.S. von § 16 EStG als **nachträgliche Betriebseinnahmen** erst von dem Zeitpunkt an zum normalen Tarif **versteuert werden** (§§ 15, 24 Nr. 2 EStG), in dem sie das zur Zeit der Veräußerung bestehende **steuerliche Kapitalkonto zuzüglich etwaiger Veräußerungskosten des Veräußerers übersteigen** (R 139 Abs. 11 Sätze 6 ff. EStR 2002): sog. **Zuflussbesteuerung.**

Beispiel

A veräußert an B seinen Gewerbebetrieb gegen eine Leibrente von jährlich 15 000 €. Das Kapitalkonto im Zeitpunkt der Veräußerung des Betriebs beträgt 140 000 €. Die Veräußerungskosten beliefen sich beim Veräußerer auf 10 000 €. Die Leibrente ist erst vom 11. Jahr an, dann aber in voller Höhe als nachträgliche Betriebseinnahme zu versteuern.

Bei **Veräußerungen nach dem 31. 12. 2003** sind die Renten- bzw. Ratenzahlungen ab dem ersten Jahr der Zahlung in einen Zins- und Tilgungsanteil (Kapitalanteil) aufzuteilen und hinsichtlich der steuerlichen Beurteilung zu unterscheiden. In diesem Fall entsteht ein steuerpflichtiger Gewinn dann, wenn der **Kapitalanteil** (**Tilgungsanteil**) der wiederkehrenden Leistungen das steuerliche Kapitalkonto des Veräußerers zuzüglich etwaiger Veräußerungskosten übersteigt. Der in den wiederkehrenden Leistungen enthaltene **Zinsanteil** (**Ertragsanteil**) steht dagegen bereits im Zeitpunkt des Zuflusses (!) nachträgliche Betriebseinnahmen dar (R 139 Abs. 11 Sätze 6 bis 8 EStR).

Der ggf. maßgebliche Freibetrag des § 16 Abs. 4 EStG und die Tarifvergünstigung nach § 34 Abs. 1 EStG kommen in diesem Fall **nicht** in Betracht (BFH-Urteil vom 21. 12. 1988, BStBl 1989 II S. 409).

Als Veräußerungskosten können nur Aufwendungen berücksichtigt werden, die in unmittelbarer sachlicher Beziehung zu dem Veräußerungsgeschäft stehen, z.B. Notariatskosten, Maklerprovisionen, Verkehrssteuern. Sie mindern auch dann den Veräußerungsgewinn, wenn sie in einem Veranlagungszeitraum vor der Veräußerung entstanden sind (BFH-Urteil vom 6. 10. 1993, BStBl 1994 II S. 287).

Der **Veräußerer eines Betriebes** hat aber ein **Wahlrecht**, ob er statt des o.g. Besteuerungsverfahrens bereits im Jahr der Veräußerung den Unterschied zwischen dem nach dem BewG ermittelten Barwert der Rente vermindert um etwaige Veräußerungskosten und dem Buchwert des steuerlichen Kapitalkontos im Zeitpunkt der Veräußerung als Veräußerungsgewinn i.S. des § 16 EStG – also ggf. unter Beachtung des **Freibetrags nach § 16 Abs. 4 EStG und der Tarifbegünstigung nach § 34 EStG** – versteuern will: sog. **Sofortbesteuerung**. Wegen der sog. Fünftelregelung für die Jahre 1999 und 2000, sowie die Wiedereinführung des ermäßigten (hälftigen durchschnittlichen) Steuersatzes **ab 2001** bei Veräußerung oder Aufgabe eines Betriebs aus **Altersgründen** oder wegen **dauernder Berufsunfähigkeit** (§ 34 Abs. 3 EStG) vgl. Teil I, Anlage GSE, Zeilen 25 Abschn. II und V sowie Zeilen 17 bzw. 20). Außerdem sind die in den einzelnen Rentenbeträgen enthaltenen **Ertragsanteile** als wiederkehrende Bezüge gem. § 22 Nr. 1 Satz 3a, bb EStG n.F. **zu versteuern** (R 139 Abs. 11 Sätze 1 bis 5 EStR). Bei Sofortversteuerung ist eine spätere Korrektur des versteuerten Veräußerungsgewinns nach den Beschlüssen des BFH-GrS vom 19. 7. 1993, BStBl II S. 894 und S. 897 (z.B. wegen Konkurs des Betriebsübernehmers und Ausfall der wiederkehrenden Zahlungen) aufgrund der Berichtigungsbestimmung in § 175 Abs. 1 Satz 1 Nr. 2 AO möglich.

Besteht der Kaufpreis aus **Leibrente und Barzahlung,** so hat der Veräußerer ebenfalls ein Wahlrecht; dieses bezieht sich jedoch nicht auf den durch den festen Barpreis realisierten Teil des Veräußerungsgewinns, jedoch beschränkt auf die Leibrente. Bei der Ermittlung des Barwerts der wiederkehrenden Bezüge ist von einem Zinssatz von 5,5 v.H. auszugehen, wenn nicht vertraglich ein anderer Satz vereinbart ist (R 139 Abs. 11 Sätze 9 und 10 EStR und H 139 [11] [Betriebsveräußerung] EStH). Für die Berechnung des Freibetrags nach § 16 Abs. 4 EStG ist auch der Kapitalwert der Rente als Teil des Veräußerungspreises zu berücksichtigen (BFH-Urteil vom 17. 8. 1967, BStBl 1968 II S. 75). Der Freibetrag kann jedoch höchstens in Höhe des durch den festen Kaufpreis realisierten Veräußerungsgewinns gewährt werden (BFH-Urteil vom 21.12.1988, BStBl 1989 II S. 409 und H 139 [11] [Freibetrag] EStH). Die Tarifvergünstigung nach § 34 EStG ist ggf. anzuwenden.

(2) Der **bilanzierende Erwerber** des Betriebs, also der **Rentenverpflichtete,** hat die **erworbenen Wirtschaftsgüter** gemäß § 6 Abs. 1 Nr. 7 EStG mit dem Teilwert, höchstens jedoch mit den Anschaffungskosten in der Eröffnungsbilanz zu **aktivieren**. Als **Anschaffungskosten** für die erworbenen Wirtschaftsgüter ist in diesem Fall der Betrag anzusetzen, der dem **kapitalisierten Barwert der Rente** und den vom Erwerber getragenen Kosten des Erwerbs entspricht. Die **nachträgliche Änderung** der Kaufpreisverbindlichkeit auf Grund des mit der Verpflichtung verbundenen Wagnisses (Wegfall durch vorzeitiges Ableben oder Erhöhung auf Grund längeren Lebens des Verkäufers) lässt den ursprünglichen Kaufpreis und damit auch die **AfA unberührt** (BFH-Urteil vom 9. 2. 1994, BStBl 1995 II S. 47, 50). Die Anschaffungskosten sind nach dem Verhältnis der Teilwerte der angeschafften Wirtschaftsgüter auf diese aufzuteilen. Der die Wirtschaftsgüter übersteigende Betrag des Rentenbarwerts ist als Geschäftswert zu aktivieren. Im betrieblichen Bereich wird der Barwert üblicherweise nach versicherungsmathematischen Grundsätzen ermittelt, für den Bereich der Überschusseinkünfte nach § 14 Abs. 1 BewG i.V. mit Anlage 9 zum BewG (vgl. BFH-Urteil vom 9. 2. 1994 a.a.O., S. 49 und die dort zit. Rspr.). Die Finanzverwaltung gewährt insoweit ein Wahlrecht (R 32 a [Anschaffungskosten] EStR).

In der Eröffnungsbilanz des Betriebserwerbers ist der **Barwert der Rentenverpflichtung** in gleicher Höhe zu **passivieren** (§ 6 Abs. 1 Nr. 7 EStG). Da sich der Barwert der Rentenverpflichtung laufend durch das Älterwerden des Rentenberechtigten und durch die tatsächlichen Rentenzahlungen verringert, ist er **zu den einzelnen Bilanzstichtagen neu zu ermitteln** und jeweils mit dem geänderten, geringeren Wert als Schuldposten in der Bilanz auszuweisen. Insoweit liegt buchmäßig Ertrag vor. Dagegen sind die laufenden Rentenzahlungen Betriebsausgaben. Soweit die jährlichen Rentenzahlungen die jährliche Barwertminderung übersteigen, liegen wirtschaftlich **Zinsen** vor, in deren Höhe der Gewinn tatsächlich gemindert wird. Die Anschaffungskosten und damit die AfA bleiben stets unverändert (BFH-Urteil vom 9. 2. 1994 a.a.O., S. 50).

Beispiel

Barwert der Rente am Jahresanfang 45 000 €, am Jahresende 41 000 €. Jährliche Rentenleistungen 5 000 €. Hiervon sind 4 000 € (= Barwertminderung) Tilgung auf die Rentenschuld und 1 000 € Zinsen, die den Gewinn des Jahres mindern.

Wird beim Erwerb eines Betriebs gegen Zahlung einer Rente eine **Wertsicherungsklausel** vereinbart (z.B. durch Bindung der Rentenhöhe an die Lebenshaltungskosten), so bleibt diese Klausel **bei der Berechnung des Rentenbarwerts (Anschaffungskosten) im Zeitpunkt des Betriebserwerbs** grundsätzlich **außer Betracht.** Bei einer späteren Erhöhung der Rente aufgrund der Wertsicherungsklausel findet eine Nachaktivierung für die angeschafften Wirtschaftsgüter nicht statt (BFH-Urteil vom 29. 11. 1983, BStBl 1984 II S. 109). Dagegen ist bei der auf Grund der Wertsicherungsklausel nachträglich eintretenden Erhöhung der Rentenverpflichtung der Kapitalwert der nunmehr zu leistenden höheren Rente (unter Berücksichtigung auch der übrigen Wertveränderungen) neu zu berechnen und zu passivieren. Diese **Erhöhung des Barwerts** der Rentenlast wirkt sich im Jahr der Erhöhung in vollem Umfang **gewinnmindernd** aus (BFH-Urteil vom 23. 2. 1984, BStBl II S. 516). In den Folgejahren führt dann wiederum nur der Zinsanteil der erhöhten Rente zu einer Minderung des Gewinns (vgl. auch BFH-Urteil vom 23. 5. 1991, BStBl II S. 796).

(3) Bei der **Gewinnermittlung nach § 4 Abs. 3 EStG** (vgl. Teil I, Anlage GSE, Zeilen 35 bis 36), bei der als Gewinn der Überschuss der Betriebseinnahmen über die Betriebsausgaben anzusetzen ist, wirken sich Wertverschiebungen im Bereich des Betriebsvermögens grundsätzlich nicht auf den Gewinn aus. Rentenzahlungen, die als Tilgungsleistungen für den Erwerb eines aus abnutzbaren Wirtschaftsgütern bestehenden Betriebs erbracht werden, können unmittelbar nicht als Betriebsausgaben abgezogen werden; eine Berücksichtigung der in der Rentenzahlung liegenden Anschaffungskosten, die sich aus dem Barwert der Leibrentenverpflichtung errechnen, ist vielmehr nur im Rahmen der **AfA** für die Wirtschaftsgüter des erworbenen Betriebs möglich. Zusätzlich als Betriebsausgabe berücksichtigungsfähig bleibt aber auch hier (nur) der in der Rentenzahlung enthaltene **Zinsanteil**. Dieser wird in einer Art „Schattenbilanz" berechnet, indem man – wie bei der Bilanzierung – den tatsächlich gezahlten Rentenbetrag jeweils um den Betrag vermindert, um den sich der Barwert der Rentenverbindlichkeit infolge der Berücksichtigung der verminderten Lebenserwartung des Rentenberechtigten verringert (vgl. R 16 Abs. 4 EStR mit Vereinfachungsregelung). Der durch eine **Wertsicherungsklausel** bedingte Rentenerhöhungsbetrag ist **auch im Rahmen der Gewinnermittlung nach § 4 Abs. 3 EStG zu berücksichtigen.** Der jährlich gezahlte **Erhöhungsbetrag** der Rente ist dabei nach der vorherrschenden Meinung in vollem Umfang – mithin ohne Aufteilung in einen Zins- und Tilgungsanteil – im Jahr des Abflusses **als Betriebsausgabe abziehbar** (BFH-Urteil vom 23. 5. 1991, BStBl II S. 796 und H 16 Abs. 4 [Nachträgliche Erhöhung der Rente] EStH).

6.4.2. Betriebliche Versorgungsrenten, die meist aus einer ehemaligen Tätigkeit stammen, und bei der die Rente in erster Linie der Sicherstellung des künftigen Lebensunterhalts dient und **nicht** als **gleichwertiges Entgelt** für die Übertragung von Betriebsvermögens gedacht ist, sind keine Leibrenten i.S. des § 22 Nr. 1 Satz 3 a EStG; sie können unter Fremden z.B. beim Eintritt in eine freiberufliche Praxis vorkommen (vgl. BFH-Urteil vom 18. 1. 1979, BStBl II S. 403). Die Versorgung muss rein betrieblichen Charakter haben. Es darf sich nicht um eine privat veranlasste Versorgung anlässlich einer Vermögensübertragung unter Angehörigen im Wege der vorweggenommenen Erbfolge handeln (vgl. dazu oben **Tz. 6.3., Abs. [5]** sowie BFH-Urteil vom 16. 11. 1972, BStBl 1973 II S. 184). Die in der Praxis seltenen betrieblichen Versorgungsrenten sind von Anfang an beim Empfänger nachträgliche Betriebseinnahmen, die zu Einkünften nach § 24 Nr. 2 EStG führen (vgl. auch H 167 [Bezüge aus einer ehemaligen Tätigkeit] EStH) und beim Leistenden sofort abzugsfähige Betriebsausgaben (BFH-Urteil vom 27. 4. 1977, BStBl II S. 603). Wegen der **Abgrenzung** zwischen betrieblicher Veräußerungsrente und betrieblicher Versorgungsrente vgl. oben **Tz. 6.4.1.** und BFH-Urteile vom 26. 1. 1978, BStBl II S. 301, vom 22. 9. 1982, BStBl 1983 II S. 99 und vom 12. 11. 1985, BStBl 1986 II S. 55 und wegen der Abgrenzung zwischen betrieblicher und außerbetrieblicher (privater) Versorgungsrente vgl. BFH-Urteil vom 7. 12. 1977, BStBl 1978 II S. 269.

6.4.3. Bei der **Veräußerung eines einzelnen Wirtschaftsgutes des Betriebsvermögens gegen eine Leibrente** kann der bilanzierende Steuerpflichtige **wählen,** ob er das zu veräußernde Wirtschaftsgut **vorher** aus dem Betrieb mit dem Teilwert gemäß § 6 Abs. 1 Nr. 4 EStG **entnehmen** will und damit den Entnahmegewinn sofort **tariflich** und die dann zufließenden Rentenzahlungen als **private** Veräußerungsrente nur mit dem Ertragsanteil nach § 22 Nr. 1 Satz 3 a, bb EStG n.F. versteuern will. Es steht dem Steuerpflichtigen aber auch frei, das durch die Veräußerung des Wirtschaftsguts erworbene Rentenstammrecht mit seinem Barwert zu aktivieren und damit den Unterschied zwischen dem Buchwert des veräußerten Wirtschaftsguts und dem Rentenbarwert im Jahr der Veräußerung **tariflich** zu versteuern. Die laufenden Rentenzahlungen sind Betriebseinnahmen, die Minderung des jährlich neu zu bewertenden Rentenbarwerts ist Betriebsausgabe, sodass sich im Ergebnis der **Zinsanteil** der einzelnen Rentenzahlungen **gewinnerhöhend** auswirkt (BFH-Urteil vom 20. 1. 1971, BStBl II S. 302). Diese Regelung gilt weiterhin (BMF vom 26. 8. 2002, BStBl I S. 893, Rz 56). Wegen der steuerlichen Möglichkeit bei der Gewinnermittlung nach § 4 Abs. 3 EStG im Falle des Erwerbs von Anlagevermögen oder von Umlaufvermögen vgl. R 16 Abs. 4 EStR.

7. Übersicht über die Besteuerung der wichtigsten Leibrentenarten und anderen wiederkehrenden Bezügen bzw. Leistungen

Art der wiederkehrenden Bezüge bzw. der Leistungen	Verpflichteter	Empfänger

7.1. Private Leibrenten und andere wiederkehrende (private) Bezüge (Leistungen)

7.1.1. Renten aus den gesetzlichen Rentenversicherungen, den landwirtschaftlichen Alterskassen, den berufsständischen Versorgungseinrichtungen, aus eigenen kapitalgedeckten Leibrentenversicherungen nach § 10 Abs. 1 Nr. 2b EStG n.F., die nach dem 31.12.2004 abgeschlossen wurden.		**Steuerpflicht** im Jahr des Zuflusses mit dem **Besteuerungsanteil** der Rente gemäß Tabelle (§ 22 Nr. 1 Satz 3 Buchst. a, **aa** EStG n.F.). Vgl. Anlage R, Zeilen 1 bis 9.
Andere als die o.g. Leibrenten und Leistungen, bei denen in den einzelnen Bezügen Einkünfte aus Erträgen des Rentenrechts enthalten sind.		**Steuerpflicht** im Jahr des Zuflusses nur mit dem **Ertragsanteil** der Rente gemäß Tabelle (§ 22 Nr. 1 Satz 3 Buchst. a, **bb** EStG n.F.) Vgl. Anlage R Zeilen 12 bis 20.
Leistungen aus Altersvorsorgeverträgen (sog. Riester-Rente) und aus der kapitalgedeckten betrieblichen Altersversorgung. Vgl. oben Tz. 6.3., Abs. **(1)** bis **(3)**.		Nur derjenige Leistungsanteil ist lediglich mit dem **Ertragsanteil** zu versteuern, der auf steuerlich nicht begünstigten Beiträgen beruht (§ 22 Nr. 5 EStG). Vgl. Anlage R, Zeilen 31 bis 44.
7.1.2. Private Veräußerungs(leib)renten. Vgl. oben Tz. 6.3., Abs. **(4)** und **(4a)**.	Der **Ertragsanteil** der Leibrente ist **als Werbungskosten** (z.B. bei den Einkünften aus Vermietung und Verpachtung) **abzugsfähig**. Dies gilt auch für andere wiederkehrende Leistungen (dauernde Lasten). Auch hier ist nur der **Zinsanteil** als Werbungskosten abzugsfähig, und zwar von Beginn an ohne vorherige Wertverrechnung. Vgl. Tz. 6.3. Abs. **(4)** und **(4 a)**.	**Steuerpflicht** im Jahr des Zuflusses mit dem **Ertragsanteil** der Leibrente (§ 22 Nr. 1 Satz 3 a, **bb** EStG n.F.). Bei einer dauernden Last ist der **Zinsanteil** von Anfang an als Einnahme aus Kapitalvermögen zu erfassen (§ 20 Abs. 1 Nr. 7 EStG). Vgl. Tz. 6.3. Abs. **(4)** und **(4a)**.
7.1.3. Außerbetriebliche (private) Versorgungsrenten, wie z.B. Leibrenten oder andere wiederkehrende Bezüge (z.B. dauernde Last), die im Zusammenhang mit **Vermögensübertragungen**, z.B. im Wege der **vorweggenommenen Erbfolge** (insbesondere also zwischen **Eltern und Kindern**) vereinbart wurden, z.B. bei der **Übergabe eines Gewerbebetriebs, eines Gesellschaftsanteils oder von Grundvermögen.** Vgl. oben Tz. 6.3. Abs. **(5)**. Richtet sich die Rente weniger nach dem Wert des übertragenen Vermögens als nach dem, was die Eltern zum angemessenen Lebensunterhalt benötigen, bilden also in erster Linie **familiäre Erwägungen** die Grundlage für den Überlassungsvertrag, so liegt – was in der Praxis die Regel ist – eine **außerbetriebliche (private) Versorgungsrente** vor. Wird ausnahmsweise die Höhe der Rente nach den subjektiven Vorstellungen der Vertragsparteien von der Gleichwertigkeit von Leistung und Gegenleistung bestimmt, also wie im Allgemeinen zwischen nicht verwandten Personen, so liegt eine **betriebliche Veräußerungsrente** vor. Vgl. unten Tz. 7.2.1.	Eine Berücksichtigung der wiederkehrenden Leistungen in voller Höhe als **Sonderausgaben** kommt nur unter den im **Tz. 6.3. Abs. (5)** genannten strengen Voraussetzungen in Betracht (s. dort). So muss u.a. eine **existenzsichernde Wirtschaftseinheit** übertragen werden und die wiederkehrenden Leistungen müssen **aus den erzielbaren laufenden Nettoerträgen** des übergebenen Vermögens bestritten werden können (vgl. BMF-Schreiben vom 16.9.2004, BStBl I S. 922). Zur Unterscheidung zwischen dem Typus 1- und den Typus 2-Fällen nach der älteren Regelung vgl. BMF-Schreiben vom 26.8.2002, BStBl I S. 893 und zur für die Beteiligten günstigen **Übergangsregelung** oben Tz. 6.3., Abs. **(6)**.	**Steuerpflicht** im Jahr des Zuflusses in **voller** Höhe als wiederkehrende Bezüge (§ 22 Nr. 1 EStG) oder ausnahmsweise bei ausdrücklichem Ausschluss der Abänderbarkeit der Vermögensleistungen durch die Vertragsparteien mit dem **Ertragsanteil** der Leibrente (§ 22 Nr. 1 Satz 3 a, **bb** EStG n.F.). Siehe im Einzelnen mittlere Spalte. Vgl. Tz. 6.3. Abs. **(5)**.

Art der wiederkehrenden Bezüge bzw. der Leistungen	Verpflichteter	Empfänger
7.1.4. Altenteilsleistungen	Die Altenteilsleistungen sind keine Betriebsausgaben, aber **Sonderausgaben.** Vgl. oben Tz. 6.3., Abs. **(7)** i.V. mit Abs. **(5).**	Der Empfänger hat die Altenteilszahlungen entsprechend **zu versteuern,** also entweder als sonstige wiederkehrende Bezüge (§ 22 Nr. 1 EStG) oder als Leibrenten (§ 22 Nr. 1 Satz 3 a, **bb** EStG n.F.).

7.2. Betriebliche Leibrenten (Veräußerungs- oder Versorgungsrenten)

7.2.1. Betriebliche Veräußerungsrenten

Betriebsveräußerungen erfolgen häufig auf Rentenbasis. Dabei werden Leistung und Gegenleistung nach kaufmännischen Gesichtspunkten gegeneinander abgewogen. Die Höhe der Rente entspricht nach den Vorstellungen der Vertragsparteien dem Wert des übertragenen Vermögens.

Der **bilanzierende Erwerber** des Betriebs und Rentenverpflichtete hat die **erworbenen Wirtschaftsgüter** in Höhe des **kapitalisierten Barwerts der Rente** einschließlich der vom Erwerber getragenen Kosten des Erwerbs **zu aktivieren.** Die Aufteilung erfolgt nach dem Verhältnis der Teilwerte; gegebenfalls ist ein Geschäftswert auszuweisen. Die Ermittlung des Barwerts erfolgt nach versicherungsmathematischen Grundsätzen, wahlweise auch nach § 14 Abs. 1 BewG i.V. mit Anlage 9 zum BewG.

Der **Barwert der Rentenverpflichtung** ist in der Eröffnungsbilanz in gleicher Höhe zu **passivieren** und jährlich neu zu ermitteln. Er verringert sich infolge geleisteter Rentenzahlungen und Älterwerden des Rentenberechtigten (buchmäßiger Ertrag). Die laufenden Rentenzahlungen mindern als Betriebsausgaben den Gewinn. Insgesamt wirkt sich so **nur** der **Zinsanteil,** der sich aus der Differenz zwischen beiden Positionen ergibt, **gewinnmindernd** aus. Anschaffungskosten und AfA bleiben stets unverändert. Vgl. oben Tz. 6.4.1., Abs. **(2)** und zur Gewinnermittlung nach **§ 4 Abs. 3 EStG** oben Tz. 6.4.1., Abs. **(3).** Wegen der Auswirkungen einer **Wertsicherungsklausel** vgl. ebenfalls Tz. 6.4.1., Abs. **(2)** und **(3).**

Bei Veräußerungen, die **vor dem 1. 1. 2004** erfolgt sind, sind wiederkehrende Bezüge ab dem Zeitpunkt, in dem die Summe der Rentenbezüge das zur Zeit der Veräußerung bestehende steuerliche **Kapitalkonto** zuzüglich etwaiger Veräußerungskosten des Veräußerers **übersteigt, nachträgliche Einnahmen** aus Gewerbebetrieb oder selbständiger Arbeit (§§ 15, 18 EStG i.V. mit § 24 Nr. 2 EStG).

Bei Veräußerungen **nach dem 31.12. 2003** sind die Renten- bzw. Ratenzahlungen in einen **Kapitalanteil** (Tilgungsanteil) und einen **Zinsanteil** (Ertragsanteil) aufzuteilen. Ab dem Zeitpunkt, in dem der **Kapitalanteil** der wiederkehrenden Bezüge das steuerliche **Kapitalkonto** des Veräußerers zuzüglich etwaiger Veräußerungskosten übersteigt, liegen nachträgliche Einnahmen im o.g. Sinne vor. Dagegen stellt der in den wiederkehrenden Leistungen enthaltene **Zinsanteil** bereits im Zeitpunkt des Zuflusses (!) nachträgliche Betriebseinnahmen dar. Die Vorschrift des § 16 Abs. 4 EStG und des § 34 EStG ist in diesen Fällen nicht anwendbar.

Der **Veräußerer eines Betriebes** kann aber auch **wählen,** ob er sofort im Jahr der Veräußerung den Unterschied zwischen dem Buchwert im Zeitpunkt der Veräußerung und dem kapitalisierten Rentenwert als Veräußerungsgewinn i. S. des § 16 EStG – ggf. unter Beachtung des **Freibetrags nach § 16 Abs. 4 EStG und ggf. der Tarifvergünstigung nach § 34 EStG** versteuern will. Wegen der Wiedereinführung des ermäßigten (halben durchschnittlichen) Steuersatz **ab 2001** (§ 34 Abs. 3 EStG) vgl. Teil I, Anlage GSE, Zeile 25 Abschn. II und V sowie Zeilen 17 bzw. 20. Daneben sind die in den einzelnen Rentenbeträgen enthaltenen **Ertragsanteile** nach § 22 Nr. 1 Satz 3 a, **bb** EStG n.F. **zu versteuern.**

Vgl. im Einzelnen oben Tz. 6.4.1., Abs. **(1).**

Teil II
Tz. 7.2.2.

Art der wiederkehrenden Bezüge bzw. der Leistungen	Verpflichteter	Empfänger
7.2.2. Betriebliche Versorgungsrenten Eine im Zusammenhang mit dem **Erwerb eines Betriebs** oder einer **Praxis** gezahlte Rente kann **jedoch ausnahmsweise auch eine betriebliche Versorgungsrente** sein, wenn die Rente nicht als gleichwertiges Entgelt für die Übertragung von Betriebsvermögen gedacht ist, sondern vorrangig der Sicherstellung des angemessenen Lebensunterhalts des Übertragenden dient. Vgl. im Einzelnen oben Tz. 6.4.2.	Die Rente ist im Jahr der Zahlung in voller Höhe **Betriebsausgabe.** Es erfolgt keine Passivierung der Rentenlast und deshalb auch keine Aktivierung von stillen Reserven oder eines Geschäftswertes.	Die Rentenbezüge sind von Anfang an in voller Höhe als nachträgliche Einkünfte aus Gewerbebetrieb oder selbständiger Arbeit **steuerpflichtig.**

8. Wohnungsbau-Prämien

Nach dem Wohnungsbau-Prämiengesetz in der Fassung vom 30. 10. 1997 (BStBl I S. 1050), zuletzt geändert durch Art. 5 des Haushaltsbegleitgesetzes 2004 vom 29. 12. 2003 (BStBl 2004 I S. 120), gelten für die Gewährung von Wohnungsbauprämie die folgenden Grundsätze:

8.1. Einkommensgrenzen

Das Wohnungsbau-Prämiengesetz soll ganz allgemein den Wohnungsbau fördern und breite Schichten der Bevölkerung zur Eigentumsbildung veranlassen. Dabei sollen insbesondere kleinere und mittlere Einkommensbezieher angesprochen werden. Aus haushaltsmäßigen Überlegungen besteht eine **Einkommensgrenze,** bei deren Überschreiten die Gewährung von Wohnungsbauprämie versagt wird. Diese Einkommensgrenzen betragen **25 600 €** bei Alleinstehenden und **51 200 €** bei zusammen zu veranlagenden Ehegatten. Dabei ist das zu versteuernde Einkommen des Sparjahres maßgebend. Bei der Ermittlung der Einkommensgrenze wird für jedes steuerlich zu berücksichtigende Kind stets der jeweils in Betracht kommende Kinderfreibetrag und der Freibetrag für den Betreuungs-, Erziehungs- oder Ausbildungsbedarf des Kindes für das gesamte Sparjahr abgezogen. Im Übrigen erhöht sich das zu versteuernde Einkommen um die nach § 3 Nr. 40 EStG (Halbeinkünfteverfahren) steuerfreien Beträge und mindert sich um die nach § 3c Abs. 2 EStG nicht abziehbaren Beträge. Das frühere Wahlrecht zwischen Wohnungsbauprämie oder Abzug von Bausparbeiträgen als Sonderausgaben ist bereits seit 1996 weggefallen.

8.2. Prämienbegünstigte Aufwendungen

Als prämienbegünstigte Aufwendungen kommen in Betracht:

a) **Beiträge an Bausparkassen zur Erlangung von Baudarlehen,** soweit die an dieselbe Bausparkasse geleisteten Beiträge im Sparjahr mindestens 50 € betragen. Dies ist die bedeutendste Form des Wohnungsbau-Prämiensparens.

b) Aufwendungen für den **ersten Erwerb von Anteilen an Bau- und Wohnungsgenossenschaften.**

c) **Beiträge auf Grund von Sparverträgen,** die auf die Dauer von 3 bis 6 Jahren als allgemeine Sparverträge oder als Sparverträge mit festgelegten Sparraten **mit einem Kreditinstitut** abgeschlossen werden, **wenn** die eingezahlten Sparbeiträge und die Prämien zum Bau oder Erwerb selbst genutzten Wohneigentums oder zum Erwerb eines eigentumsähnlichen Dauerwohnrechts verwendet werden.

d) **Beiträge auf Grund von Verträgen,** die **mit Wohnungs- und Siedlungsunternehmen** nach der Art von Sparverträgen mit festgelegten Sparraten auf die Dauer von 3 bis 8 Jahren mit dem Zweck einer Kapitalansammlung abgeschlossen werden, **wenn** die eingezahlten Beiträge und die Prämien zum Bau oder Erwerb selbst genutzten Wohneigentums oder zum Erwerb eines eigentumsähnlichen Dauerwohnrechts verwendet werden. Den Verträgen mit Wohnungs- und Siedlungsunternehmen stehen Verträge mit den am 31. 12. 1989 als Organe der staatlichen Wohnungspolitik anerkannten Unternehmen gleich, soweit sie die Voraussetzungen nach § 2 Abs. 1 Satz 1 WoPG erfüllen.

8.3. Höhe der Wohnungsbauprämie

Die Wohnungsbauprämie beträgt **8,8 v.H.** der im Sparjahr 2005 geleisteten prämienbegünstigten Aufwendungen (bis 2003: 10 v.H.). Die Prämie gehört nicht zu den Einkünften im Sinne des Einkommensteuergesetzes.

8.4. Höchstbeträge

Die Aufwendungen sind bis zu einem **Höchstbetrag von 512 €** prämienbegünstigt. **Bei Ehegatten,** die im Kalenderjahr der Leistung der Aufwendungen die Voraussetzungen für eine Zusammenveranlagung (§ 26 Abs. 1 EStG) erfüllt haben, erhöhen sich die begünstigten Aufwendungen auf **1 024 €.**

Kinder beeinflussen die begünstigten Höchstbeträge von 512 € bzw. 1 024 € im Kalenderjahr nicht. Sie sind mit Vollendung des 16. Lebensjahres selbst prämienberechtigt. Im Übrigen bilden **Ehegatten,** bei denen die Voraussetzungen für eine Zusammenveranlagung vorliegen (§ 26 Abs. 1 EStG), eine **Höchstbetragsgemeinschaft.** Ihre Aufwendungen werden für die Prämiengewährung zusammengerechnet und sind mit höchstens 1 024 € im Kalenderjahr prämienbegünstigt.

8.5. Prämienschädliche und prämienunschädliche Verfügungen

Für die Prämienbegünstigung von Bausparbeiträgen ist weitere Voraussetzung, dass der Bausparer erst **nach Ablauf von 7 Jahren seit Vertragsabschluss** über sein angespartes Guthaben frei verfügen kann. Vor Ablauf dieser Frist treten aber **keine nachteiligen Folgen** ein, wenn

a) die Bausparsumme unverzüglich und unmittelbar zum Wohnungsbau für den Bausparer oder dessen Ehegatten verwendet wird;

b) der Bausparvertrag beliehen wird und die dadurch empfangenen Beträge unverzüglich und unmittelbar zum Wohnungsbau verwendet werden;

c) die Ansprüche aus dem Bausparvertrag abgetreten werden und der Erwerber die Bausparsumme oder die auf Grund einer Beleihung empfangenen Beträge unverzüglich und unmittelbar zum Wohnungsbau für den Abtretenden (Veräußerer) oder dessen Angehörige verwendet;

d) der Bausparer oder dessen von ihm nicht dauernd getrennt lebender Ehegatte nach Vertragsabschluss stirbt oder völlig erwerbsunfähig wird;

e) der Bausparer nach Vertragsabschluss arbeitslos geworden ist, mindestens ein Jahr lang ununterbrochen arbeitslos ist und er dies im Zeitpunkt der vorzeitigen Verfügung noch ist.

Als Wohnungsbau i.S. der vorstehenden Buchstaben a) bis c) gelten auch bauliche Maßnahmen des **Mieters** zur Modernisierung seiner Wohnung sowie der Erwerb von Rechten zur dauernden Selbstnutzung von Wohnraum in Alten-, Altenpflege- und Behinderteneinrichtungen oder -anlagen.

Eine prämienunschädliche Verwendung setzt weiter voraus, dass die empfangenen Beträge nicht zum Wohnungsbau im Ausland eingesetzt werden, sofern nichts anderes bestimmt ist.

8.6. Antrag auf Wohnungsbauprämie

Der Antrag auf Gewährung von Wohnungsbauprämie ist auf dem amtlichen Antragsvordruck, den im Regelfall die Bausparkasse oder das Wohnungsbauunternehmen dem Prämiensparer übersendet, **bis zum Ablauf des zweiten Kalenderjahres, das auf das Sparjahr folgt, bei der Bausparkasse oder dem Wohnungsbauunternehmen** einzureichen.

Aufgrund der Antrags ermittelt die Bausparkasse die Höhe der Wohnungsbauprämie und teilt das Ergebnis dem Prämienberechtigten mit. Fällige Prämien (z.B. nach Zuteilung des Bausparvertrags) werden von der Bausparkasse beim Finanzamt angefordert, damit sie dem Prämienberechtigten gutgeschrieben bzw. ausgezahlt werden können.

Teil II
Tz. 9.

9. Kirchensteuersätze in den einzelnen Ländern

Kirchensteuersätze		
Anhang zu der ab S. 304 ff. abgedruckten Einkommensteuertabelle		
Die Kirchensteuersätze in den einzelnen Ländern:	(Ohne Gewähr)	**Mindestbeträge jährlich**
Baden-Württemberg:	8 %	3,60 €
Bayern:	8 %	keine
Berlin:	9 %	keine
Brandenburg:	9 %	keine
Bremen und Bremerhaven:	9 %	keine
Hamburg:	9 %	3,60 €
Hessen:	9 %	1,80 €
Mecklenburg-Vorpommern:	9 %	3,60 €
Niedersachsen:	9 %	3,60 €
Nordrhein-Westfalen:	9 %	keine
Rheinland-Pfalz:	9 %	keine
Saarland:	9 %	keine
Sachsen:	9 %	3,60 € (nur ev. Kirche)
Sachsen-Anhalt:	9 %	3,60 € (nur ev. Kirche)
Schleswig-Holstein:	9 %	3,60 €
Thüringen:	9 %	3,60 € (nur ev. Kirche)

Vereinfachtes Schema zur Selbstberechnung der Einkommensteuer 2005:

	Stpfl./Ehemann €	Ehefrau €	Zeile

Position	Stpfl./Ehemann €	Ehefrau €	Summe Stpfl./Ehemann €	Summe Ehefrau €	Zeile
1. Einkünfte aus Land- und Forstwirtschaft[1]					1
2. Einkünfte aus Gewerbebetrieb[1]			+	+	2
3. Einkünfte aus selbständiger Arbeit[1]			+	+	3
4. Einkünfte aus nichtselbständiger Arbeit					
Arbeitslohn lt. Zeile 2, 8 bis 14, 17 der Anlage N					4
Versorgungsfreibetrag (40 % der Versorgungsbezüge, höchst. 3 000 € + 900 € je Pers.)	−	−			5
verbleiben					6
Werbungskosten (ggf. Pauschbetrag von je 920 €, bei Versorgungsbezügen 102 €)	−	−	▸ +	▸ +	7
5. Einkünfte aus Kapitalvermögen[1]					
Einnahmen					8
Werbungskosten (ggf. Pauschbetrag von 51 €; bei Ehegatten 102 €)	−	−			9
Sparer-Freibetrag (1 370 €; bei Ehegatten 2 740 €)	−	−	▸ +	▸ +	10
6. Einkünfte aus Vermietung und Verpachtung			+	+	11
7. Sonstige Einkünfte[1]					
Einnahmen (bei Leibrenten nur Besteuerungs-/Ertragsanteil)					12
Werbungskosten (ggf. Pauschbetrag von 102 €)	−	−	▸ +	▸ +	13
Zwischensumme					14
Altersentlastungsbetrag für vor dem 2. 1. 1941 Geborene Bruttoarbeitslohn, **ohne** Versorgungsbezüge				+	15
Positive Summe der Einkünfte lt. Nummern 1 bis 3 und 5 bis 7 (jedoch ohne Einkünfte aus Leibrenten)	+	+	**Summe der Einkünfte**		16
zusammen					17
Davon 40 %, höchstens je 1 900 €		+		−	18
Entlastungsbetrag für Alleinerziehende (Zeilen 37 bis 41 der Anlage Kind)				−	19
Freibetrag für Land- und Forstwirte (ggf. 670 €, bei Ehegatten 1 340 €)				−	20
			Gesamtbetrag der Einkünfte		21
Sonderausgaben, die nicht Vorsorgeaufwendungen sind:			€		
Sonderausgaben lt. den Zeilen 78 bis 82 des Hauptvordrucks					22
Aufwendungen für die eigene Berufsausbildung lt. den Zeilen 83 und 84 des Hauptvordrucks			+		23
30 % des Schulgeldes (Zeile 55 der Anlage Kind)			+		24
Abziehbarer Betrag der Spenden und Beiträge (Zeilen 85 bis 91 des Hauptvordrucks, soweit nicht in Zeile 40 des Schemas zu berücksichtigen)			+		25
Abziehbar (mindestens Pauschbetrag von 36 €, bei Anwendung der Splittingtabelle 72 €)				▸ −	26
					27
Abziehbarer Betrag für Vorsorgeaufwendungen					
− Vorsorgeaufwendungen lt. Teil I, Hauptvordruck, Zeile 63, Abschn. III					28
− Vorsorgepauschale lt. Teil I, Hauptvordruck, Zeile 63, Abschn. I 1					29
Höherer Betrag der Zeile 28 oder 29 (Vorspalte)					30
Sonderausgabenabzug nach § 10a EStG (vgl. Zeile 77 des Hauptvordrucks)			+		31
Außergewöhnliche Belastungen nach den §§ 33 bis 33 c EStG			+		32
			+		33
Förderung des Wohneigentums nach den §§ 10 e, 10 i EStG			+	▸ −	34
			Einkommen		35
Härteausgleich nach § 46 Abs. 3 EStG, § 70 EStDV					36
			+	▸ −	37
			Zu versteuerndes Einkommen[2]		38
Steuer 2005 (ggf. Sonderberechnung, z. B. bei Bezug bestimmter Lohnersatzleistungen), erhöht um den Anspruch auf Altersvorsorgezulage, falls Sonderausgabenabzug lt. Zeile 31 günstiger ist					39
Steuerermäßigungen (z. B. für Kinder nach § 34f EStG, Beiträge und Spenden an politische Parteien und unabhängige Wählervereinigungen, nach § 35 a EStG)				−	40
Davon ab: Lohnsteuer _____ € + Kapitalertragsteuer/Zinsabschlag _____ € + Körperschaftsteuer _____ €				−	41
Geleistete Vorauszahlungen					42
			Erstattungsbetrag/Abschlusszahlung[2]		43

[1] Soweit in den Einkünften Einnahmen und Aufwendungen enthalten sind, für die das Halbeinkünfteverfahren gilt, sind diese nur zur Hälfte anzusetzen.
[2] Sollte die steuerliche Entlastung durch Kinderfreibetrag und Freibetrag für den Betreuungs-, Erziehungs- oder Ausbildungsbedarf höher sein als das Kindergeld, werden diese Freibeträge bei der Ermittlung des zu versteuernden Einkommens abgezogen und das gezahlte Kindergeld der Einkommensteuer hinzugerechnet.

11 948,–* **EINKOMMEN**

| Zu versteuerndes Einkommen in €* | Abzüge an Einkommensteuer, Solidaritätszuschlag und Kirchensteuer |||||||| Zu versteuerndes Einkommen in €* | Abzüge an Einkommensteuer, Solidaritätszuschlag und Kirchensteuer ||||||||
| | Grundtabelle |||| Splittingtabelle |||| | Grundtabelle |||| Splittingtabelle ||||
	ESt	SolZ	8%	9%	ESt	SolZ	8%	9%		ESt	SolZ	8%	9%	ESt	SolZ	8%	9%
7 664	—	—	—	—	—	—	—	—	9 824	365	—	29,20	32,85	—	—	—	—
7 700	5	—	0,40	0,45	—	—	—	—	9 860	372	—	29,76	33,48	—	—	—	—
7 736	10	—	0,80	0,90	—	—	—	—	9 896	378	—	30,24	34,02	—	—	—	—
7 772	16	—	1,28	1,44	—	—	—	—	9 932	385	—	30,80	34,65	—	—	—	—
7 808	21	—	1,68	1,89	—	—	—	—	9 968	392	—	31,36	35,28	—	—	—	—
7 844	27	—	2,16	2,43	—	—	—	—	10 004	399	—	31,92	35,91	—	—	—	—
7 880	32	—	2,56	2,88	—	—	—	—	10 040	406	—	32,48	36,54	—	—	—	—
7 916	38	—	3,04	3,42	—	—	—	—	10 076	413	—	33,04	37,17	—	—	—	—
7 952	43	—	3,44	3,87	—	—	—	—	10 112	420	—	33,60	37,80	—	—	—	—
7 988	49	—	3,92	4,41	—	—	—	—	10 148	427	—	34,16	38,43	—	—	—	—
8 024	55	—	4,40	4,95	—	—	—	—	10 184	434	—	34,72	39,06	—	—	—	—
8 060	60	—	4,80	5,40	—	—	—	—	10 220	441	—	35,28	39,69	—	—	—	—
8 096	66	—	5,28	5,94	—	—	—	—	10 256	448	—	35,84	40,32	—	—	—	—
8 132	72	—	5,76	6,48	—	—	—	—	10 292	455	—	36,40	40,95	—	—	—	—
8 168	77	—	6,16	6,93	—	—	—	—	10 328	462	—	36,96	41,58	—	—	—	—
8 204	83	—	6,64	7,47	—	—	—	—	10 364	469	—	37,52	42,21	—	—	—	—
8 240	89	—	7,12	8,01	—	—	—	—	10 400	476	—	38,08	42,84	—	—	—	—
8 276	95	—	7,60	8,55	—	—	—	—	10 436	483	—	38,64	43,47	—	—	—	—
8 312	100	—	8,—	9,—	—	—	—	—	10 472	490	—	39,20	44,10	—	—	—	—
8 348	106	—	8,48	9,54	—	—	—	—	10 508	498	—	39,84	44,82	—	—	—	—
8 384	112	—	8,96	10,08	—	—	—	—	10 544	505	—	40,40	45,45	—	—	—	—
8 420	118	—	9,44	10,62	—	—	—	—	10 580	512	—	40,96	46,08	—	—	—	—
8 456	124	—	9,92	11,16	—	—	—	—	10 616	519	—	41,52	46,71	—	—	—	—
8 492	130	—	10,40	11,70	—	—	—	—	10 652	527	—	42,16	47,43	—	—	—	—
8 528	136	—	10,88	12,24	—	—	—	—	10 688	534	—	42,72	48,06	—	—	—	—
8 564	142	—	11,36	12,78	—	—	—	—	10 724	541	—	43,28	48,69	—	—	—	—
8 600	148	—	11,84	13,32	—	—	—	—	10 760	549	—	43,92	49,41	—	—	—	—
8 636	154	—	12,32	13,86	—	—	—	—	10 796	556	—	44,48	50,04	—	—	—	—
8 672	160	—	12,80	14,40	—	—	—	—	10 832	563	—	45,04	50,67	—	—	—	—
8 708	166	—	13,28	14,94	—	—	—	—	10 868	571	—	45,68	51,39	—	—	—	—
8 744	172	—	13,76	15,48	—	—	—	—	10 904	578	—	46,24	52,02	—	—	—	—
8 780	178	—	14,24	16,02	—	—	—	—	10 940	586	—	46,88	52,74	—	—	—	—
8 816	184	—	14,72	16,56	—	—	—	—	10 976	593	—	47,44	53,37	—	—	—	—
8 852	190	—	15,20	17,10	—	—	—	—	11 012	601	—	48,08	54,09	—	—	—	—
8 888	196	—	15,68	17,64	—	—	—	—	11 048	608	—	48,64	54,72	—	—	—	—
8 924	203	—	16,24	18,27	—	—	—	—	11 084	616	—	49,28	55,44	—	—	—	—
8 960	209	—	16,72	18,81	—	—	—	—	11 120	623	—	49,84	56,07	—	—	—	—
8 996	215	—	17,20	19,35	—	—	—	—	11 156	631	—	50,48	56,79	—	—	—	—
9 032	221	—	17,68	19,89	—	—	—	—	11 192	639	—	51,12	57,51	—	—	—	—
9 068	228	—	18,24	20,52	—	—	—	—	11 228	646	—	51,68	58,14	—	—	—	—
9 104	234	—	18,72	21,06	—	—	—	—	11 264	654	—	52,32	58,86	—	—	—	—
9 140	240	—	19,20	21,60	—	—	—	—	11 300	662	—	52,96	59,58	—	—	—	—
9 176	247	—	19,76	22,23	—	—	—	—	11 336	669	—	53,52	60,21	—	—	—	—
9 212	253	—	20,24	22,77	—	—	—	—	11 372	677	—	54,16	60,93	—	—	—	—
9 248	259	—	20,72	23,31	—	—	—	—	11 408	685	—	54,80	61,65	—	—	—	—
9 284	266	—	21,28	23,94	—	—	—	—	11 444	693	—	55,44	62,37	—	—	—	—
9 320	272	—	21,76	24,48	—	—	—	—	11 480	701	—	56,08	63,09	—	—	—	—
9 356	279	—	22,32	25,11	—	—	—	—	11 516	708	—	56,64	63,72	—	—	—	—
9 392	285	—	22,80	25,65	—	—	—	—	11 552	716	—	57,28	64,44	—	—	—	—
9 428	292	—	23,36	26,28	—	—	—	—	11 588	724	—	57,92	65,16	—	—	—	—
9 464	298	—	23,84	26,82	—	—	—	—	11 624	732	—	58,56	65,88	—	—	—	—
9 500	305	—	24,40	27,45	—	—	—	—	11 660	740	—	59,20	66,60	—	—	—	—
9 536	311	—	24,88	27,99	—	—	—	—	11 696	748	—	59,84	67,32	—	—	—	—
9 572	318	—	25,44	28,62	—	—	—	—	11 732	756	—	60,48	68,04	—	—	—	—
9 608	324	—	25,92	29,16	—	—	—	—	11 768	764	—	61,12	68,76	—	—	—	—
9 644	331	—	26,48	29,79	—	—	—	—	11 804	772	—	61,76	69,48	—	—	—	—
9 680	338	—	27,04	30,42	—	—	—	—	11 840	780	—	62,40	70,20	—	—	—	—
9 716	345	—	27,60	31,05	—	—	—	—	11 876	788	—	63,04	70,92	—	—	—	—
9 752	351	—	28,08	31,59	—	—	—	—	11 912	796	—	63,68	71,64	—	—	—	—
9 788	358	—	28,64	32,22	—	—	—	—	11 948	804	—	64,32	72,36	—	—	—	—

* Die Steuerbeträge gelten nur für das ausgewiesene zu versteuernde Einkommen.
Für Zwischenwerte vergleiche Erläuterungen in Teil I, Hauptvordruck, Zeile 13.

EINKOMMEN 11 949,–*

Zu versteuerndes Einkommen in €*	Abzüge an Einkommensteuer, Solidaritätszuschlag und Kirchensteuer							
	Grundtabelle				Splittingtabelle			
	ESt	SolZ	8%	9%	ESt	SolZ	8%	9%
11 984	812	—	64,96	73,08	—	—	—	—
12 020	821	—	65,68	73,89	—	—	—	—
12 056	829	—	66,32	74,61	—	—	—	—
12 092	837	—	66,96	75,33	—	—	—	—
12 128	845	—	67,60	76,05	—	—	—	—
12 164	853	—	68,24	76,77	—	—	—	—
12 200	862	—	68,96	77,58	—	—	—	—
12 236	870	—	69,60	78,30	—	—	—	—
12 272	878	—	70,24	79,02	—	—	—	—
12 308	887	—	70,96	79,83	—	—	—	—
12 344	895	—	71,60	80,55	—	—	—	—
12 380	903	—	72,24	81,27	—	—	—	—
12 416	912	—	72,96	82,08	—	—	—	—
12 452	920	—	73,60	82,80	—	—	—	—
12 488	929	—	74,32	83,61	—	—	—	—
12 524	937	—	74,96	84,33	—	—	—	—
12 560	946	—	75,68	85,14	—	—	—	—
12 596	954	—	76,32	85,86	—	—	—	—
12 632	963	—	77,04	86,67	—	—	—	—
12 668	971	—	77,68	87,39	—	—	—	—
12 704	980	1,60	78,40	88,20	—	—	—	—
12 740	989	3,40	79,12	89,01	—	—	—	—
12 776	997	5,—	79,76	89,73	—	—	—	—
12 812	1 006	6,80	80,48	90,54	—	—	—	—
12 848	1 015	8,60	81,20	91,35	—	—	—	—
12 884	1 023	10,20	81,84	92,07	—	—	—	—
12 920	1 032	12,—	82,56	92,88	—	—	—	—
12 956	1 041	13,80	83,28	93,69	—	—	—	—
12 992	1 049	15,40	83,92	94,41	—	—	—	—
13 028	1 058	17,20	84,64	95,22	—	—	—	—
13 064	1 067	19,—	85,36	96,03	—	—	—	—
13 100	1 075	20,60	86,—	96,75	—	—	—	—
13 136	1 084	22,40	86,72	97,56	—	—	—	—
13 172	1 093	24,20	87,44	98,37	—	—	—	—
13 208	1 101	25,80	88,08	99,09	—	—	—	—
13 244	1 110	27,60	88,80	99,90	—	—	—	—
13 280	1 119	29,40	89,52	100,71	—	—	—	—
13 316	1 128	31,20	90,24	101,52	—	—	—	—
13 352	1 136	32,80	90,88	102,24	—	—	—	—
13 388	1 145	34,60	91,60	103,05	—	—	—	—
13 424	1 154	36,40	92,32	103,86	—	—	—	—
13 460	1 163	38,20	93,04	104,67	—	—	—	—
13 496	1 171	39,80	93,68	105,39	—	—	—	—
13 532	1 180	41,60	94,40	106,20	—	—	—	—
13 568	1 189	43,40	95,12	107,01	—	—	—	—
13 604	1 198	45,20	95,84	107,82	—	—	—	—
13 640	1 206	46,80	96,48	108,54	—	—	—	—
13 676	1 215	48,60	97,20	109,35	—	—	—	—
13 712	1 224	50,40	97,92	110,16	—	—	—	—
13 748	1 233	52,20	98,64	110,97	—	—	—	—
13 784	1 241	53,80	99,28	111,69	—	—	—	—
13 820	1 250	55,60	100,—	112,50	—	—	—	—
13 856	1 259	57,40	100,72	113,31	—	—	—	—
13 892	1 268	59,20	101,44	114,12	—	—	—	—
13 928	1 277	61,—	102,16	114,93	—	—	—	—
13 964	1 286	62,80	102,88	115,74	—	—	—	—
14 000	1 294	64,40	103,52	116,46	—	—	—	—
14 036	1 303	66,20	104,24	117,27	—	—	—	—
14 072	1 312	68,—	104,96	118,08	—	—	—	—
14 108	1 321	69,80	105,68	118,89	—	—	—	—
14 144	1 330	71,60	106,40	119,70	—	—	—	—
14 180	1 339	73,40	107,12	120,51	—	—	—	—
14 216	1 348	74,14	107,84	121,32	—	—	—	—
14 252	1 356	74,58	108,48	122,04	—	—	—	—
14 288	1 365	75,07	109,20	122,85	—	—	—	—
14 324	1 374	75,57	109,92	123,66	—	—	—	—
14 360	1 383	76,06	110,64	124,47	—	—	—	—
14 396	1 392	76,56	111,36	125,28	—	—	—	—
14 432	1 401	77,05	112,08	126,09	—	—	—	—
14 468	1 410	77,55	112,80	126,90	—	—	—	—
14 504	1 419	78,04	113,52	127,71	—	—	—	—
14 540	1 428	78,54	114,24	128,52	—	—	—	—
14 576	1 437	79,03	114,96	129,33	—	—	—	—
14 612	1 445	79,47	115,60	130,05	—	—	—	—
14 648	1 454	79,97	116,32	130,86	—	—	—	—
14 684	1 463	80,46	117,04	131,67	—	—	—	—
14 720	1 472	80,96	117,76	132,48	—	—	—	—
14 756	1 481	81,45	118,48	133,29	—	—	—	—
14 792	1 490	81,95	119,20	134,10	—	—	—	—
14 828	1 499	82,44	119,92	134,91	—	—	—	—
14 864	1 508	82,94	120,64	135,72	—	—	—	—
14 900	1 517	83,43	121,36	136,53	—	—	—	—
14 936	1 526	83,93	122,08	137,34	—	—	—	—
14 972	1 535	84,42	122,80	138,15	—	—	—	—
15 008	1 544	84,92	123,52	138,96	—	—	—	—
15 044	1 553	85,41	124,24	139,77	—	—	—	—
15 080	1 562	85,91	124,96	140,58	—	—	—	—
15 116	1 571	86,40	125,68	141,39	—	—	—	—
15 152	1 580	86,90	126,40	142,20	—	—	—	—
15 188	1 589	87,39	127,12	143,01	—	—	—	—
15 224	1 598	87,89	127,84	143,82	—	—	—	—
15 260	1 607	88,38	128,56	144,63	—	—	—	—
15 296	1 616	88,88	129,28	145,44	—	—	—	—
15 332	1 625	89,37	130,—	146,25	—	—	—	—
15 368	1 634	89,87	130,72	147,06	6	—	0,48	0,54
15 404	1 644	90,42	131,52	147,96	10	—	0,80	0,90
15 440	1 653	90,91	132,24	148,77	16	—	1,28	1,44
15 476	1 662	91,41	132,96	149,58	22	—	1,76	1,98
15 512	1 671	91,90	133,68	150,39	26	—	2,08	2,34
15 548	1 680	92,40	134,40	151,20	32	—	2,56	2,88
15 584	1 689	92,89	135,12	152,01	38	—	3,04	3,42
15 620	1 698	93,39	135,84	152,82	44	—	3,52	3,96
15 656	1 707	93,88	136,56	153,63	48	—	3,84	4,32
15 692	1 716	94,38	137,28	154,44	54	—	4,32	4,86
15 728	1 725	94,87	138,—	155,25	60	—	4,80	5,40
15 764	1 735	95,42	138,80	156,15	66	—	5,28	5,94
15 800	1 744	95,92	139,52	156,96	70	—	5,60	6,30
15 836	1 753	96,41	140,24	157,77	76	—	6,08	6,84
15 872	1 762	96,91	140,96	158,58	82	—	6,56	7,38
15 908	1 771	97,40	141,68	159,39	88	—	7,04	7,92
15 944	1 780	97,90	142,40	160,20	94	—	7,52	8,46
15 980	1 789	98,39	143,12	161,01	98	—	7,84	8,82
16 016	1 799	98,94	143,92	161,91	104	—	8,32	9,36
16 052	1 808	99,44	144,64	162,72	110	—	8,80	9,90
16 088	1 817	99,93	145,36	163,53	116	—	9,28	10,44
16 124	1 826	100,43	146,08	164,34	122	—	9,76	10,98
16 160	1 835	100,92	146,80	165,15	126	—	10,08	11,34
16 196	1 844	101,42	147,52	165,96	132	—	10,56	11,88
16 232	1 854	101,97	148,32	166,86	138	—	11,04	12,42
16 268	1 863	102,46	149,04	167,67	144	—	11,52	12,96

* Die Steuerbeträge gelten nur für das ausgewiesene zu versteuernde Einkommen.
Für Zwischenwerte vergleiche Erläuterungen in Teil I, Hauptvordruck, Zeile 13.

20 588,–* EINKOMMEN

Zu versteuerndes Einkommen in €*	Abzüge an Einkommensteuer, Solidaritätszuschlag und Kirchensteuer								Zu versteuerndes Einkommen in €*	Abzüge an Einkommensteuer, Solidaritätszuschlag und Kirchensteuer							
	Grundtabelle				Splittingtabelle					Grundtabelle				Splittingtabelle			
	ESt	SolZ	8%	9%	ESt	SolZ	8%	9%		ESt	SolZ	8%	9%	ESt	SolZ	8%	9%
16 304	1 872	102,96	149,76	168,48	150	—	12,—	13,50	18 464	2 436	133,98	194,88	219,24	512	—	40,96	46,08
16 340	1 881	103,45	150,48	169,29	156	—	12,48	14,04	18 500	2 445	134,47	195,60	220,05	520	—	41,60	46,80
16 376	1 891	104,—	151,28	170,19	162	—	12,96	14,58	18 536	2 455	135,02	196,40	220,95	526	—	42,08	47,34
16 412	1 900	104,50	152,—	171,—	166	—	13,28	14,94	18 572	2 464	135,52	197,12	221,76	532	—	42,56	47,88
16 448	1 909	104,99	152,72	171,81	172	—	13,76	15,48	18 608	2 474	136,07	197,92	222,66	538	—	43,04	48,42
16 484	1 918	105,49	153,44	172,62	178	—	14,24	16,02	18 644	2 484	136,62	198,72	223,56	544	—	43,52	48,96
16 520	1 928	106,04	154,24	173,52	184	—	14,72	16,56	18 680	2 493	137,11	199,44	224,37	552	—	44,16	49,68
16 556	1 937	106,53	154,96	174,33	190	—	15,20	17,10	18 716	2 503	137,66	200,24	225,27	558	—	44,64	50,22
16 592	1 946	107,03	155,68	175,14	196	—	15,68	17,64	18 752	2 513	138,21	201,04	226,17	564	—	45,12	50,76
16 628	1 955	107,52	156,40	175,95	202	—	16,16	18,18	18 788	2 522	138,71	201,76	226,98	570	—	45,60	51,30
16 664	1 965	108,07	157,20	176,85	208	—	16,64	18,72	18 824	2 532	139,26	202,56	227,88	578	—	46,24	52,02
16 700	1 974	108,57	157,92	177,66	214	—	17,12	19,26	18 860	2 541	139,75	203,28	228,69	584	—	46,72	52,56
16 736	1 983	109,06	158,64	178,47	218	—	17,44	19,62	18 896	2 551	140,30	204,08	229,59	590	—	47,20	53,10
16 772	1 992	109,56	159,36	179,28	224	—	17,92	20,16	18 932	2 561	140,85	204,88	230,49	596	—	47,68	53,64
16 808	2 002	110,11	160,16	180,18	230	—	18,40	20,70	18 968	2 570	141,35	205,60	231,30	604	—	48,32	54,36
16 844	2 011	110,60	160,88	180,99	236	—	18,88	21,24	19 004	2 580	141,90	206,40	232,20	610	—	48,80	54,90
16 880	2 020	111,10	161,60	181,80	242	—	19,36	21,78	19 040	2 590	142,45	207,20	233,10	616	—	49,28	55,44
16 916	2 030	111,65	162,40	182,70	248	—	19,84	22,32	19 076	2 599	142,94	207,92	233,91	624	—	49,92	56,16
16 952	2 039	112,14	163,12	183,51	254	—	20,32	22,86	19 112	2 609	143,49	208,72	234,81	630	—	50,40	56,70
16 988	2 048	112,64	163,84	184,32	260	—	20,80	23,40	19 148	2 619	144,04	209,52	235,71	636	—	50,88	57,24
17 024	2 058	113,19	164,64	185,22	266	—	21,28	23,94	19 184	2 628	144,54	210,24	236,52	644	—	51,52	57,96
17 060	2 067	113,68	165,36	186,03	272	—	21,76	24,48	19 220	2 638	145,09	211,04	237,42	650	—	52,—	58,50
17 096	2 076	114,18	166,08	186,84	278	—	22,24	25,02	19 256	2 648	145,64	211,84	238,32	656	—	52,48	59,04
17 132	2 086	114,73	166,88	187,74	284	—	22,72	25,56	19 292	2 657	146,13	212,56	239,13	664	—	53,12	59,76
17 168	2 095	115,22	167,60	188,55	290	—	23,20	26,10	19 328	2 667	146,68	213,36	240,03	670	—	53,60	60,30
17 204	2 104	115,72	168,32	189,36	296	—	23,68	26,64	19 364	2 677	147,23	214,16	240,93	676	—	54,08	60,84
17 240	2 114	116,27	169,12	190,26	302	—	24,16	27,18	19 400	2 687	147,78	214,96	241,83	684	—	54,72	61,56
17 276	2 123	116,76	169,84	191,07	308	—	24,64	27,72	19 436	2 696	148,28	215,68	242,64	690	—	55,20	62,10
17 312	2 132	117,26	170,56	191,88	314	—	25,12	28,26	19 472	2 706	148,83	216,48	243,54	696	—	55,68	62,64
17 348	2 142	117,81	171,36	192,78	320	—	25,60	28,80	19 508	2 716	149,38	217,28	244,44	704	—	56,32	63,36
17 384	2 151	118,30	172,08	193,59	326	—	26,08	29,34	19 544	2 726	149,93	218,08	245,34	710	—	56,80	63,90
17 420	2 161	118,85	172,88	194,49	332	—	26,56	29,88	19 580	2 735	150,42	218,80	246,15	716	—	57,28	64,44
17 456	2 170	119,35	173,60	195,30	338	—	27,04	30,42	19 616	2 745	150,97	219,60	247,05	724	—	57,92	65,16
17 492	2 179	119,84	174,32	196,11	344	—	27,52	30,96	19 652	2 755	151,52	220,40	247,95	730	—	58,40	65,70
17 528	2 189	120,39	175,12	197,01	350	—	28,—	31,50	19 688	2 765	152,07	221,20	248,85	736	—	58,88	66,24
17 564	2 198	120,89	175,84	197,82	356	—	28,48	32,04	19 724	2 774	152,57	221,92	249,66	744	—	59,52	66,96
17 600	2 208	121,44	176,64	198,72	362	—	28,96	32,58	19 760	2 784	153,12	222,72	250,56	750	—	60,—	67,50
17 636	2 217	121,93	177,36	199,53	368	—	29,44	33,12	19 796	2 794	153,67	223,52	251,46	758	—	60,64	68,22
17 672	2 227	122,48	178,16	200,43	374	—	29,92	33,66	19 832	2 804	154,22	224,32	252,36	764	—	61,12	68,76
17 708	2 236	122,98	178,88	201,24	382	—	30,56	34,38	19 868	2 814	154,77	225,12	253,26	772	—	61,76	69,48
17 744	2 245	123,47	179,60	202,05	388	—	31,04	34,92	19 904	2 823	155,26	225,84	254,07	778	—	62,24	70,02
17 780	2 255	124,02	180,40	202,95	394	—	31,52	35,46	19 940	2 833	155,81	226,64	254,97	784	—	62,72	70,56
17 816	2 264	124,52	181,12	203,76	400	—	32,—	36,—	19 976	2 843	156,36	227,44	255,87	792	—	63,36	71,28
17 852	2 274	125,07	181,92	204,66	406	—	32,48	36,54	20 012	2 853	156,91	228,24	256,77	798	—	63,84	71,82
17 888	2 283	125,56	182,64	205,47	412	—	32,96	37,08	20 048	2 863	157,46	229,04	257,67	806	—	64,48	72,54
17 924	2 293	126,11	183,44	206,37	418	—	33,44	37,62	20 084	2 872	157,96	229,76	258,48	812	—	64,96	73,08
17 960	2 302	126,61	184,16	207,18	424	—	33,92	38,16	20 120	2 882	158,51	230,56	259,38	820	—	65,60	73,80
17 996	2 312	127,16	184,96	208,08	430	—	34,40	38,70	20 156	2 892	159,06	231,36	260,28	826	—	66,08	74,34
18 032	2 321	127,65	185,68	208,89	436	—	34,88	39,24	20 192	2 902	159,61	232,16	261,18	834	—	66,72	75,06
18 068	2 331	128,20	186,48	209,79	444	—	35,52	39,96	20 228	2 912	160,16	232,96	262,08	840	—	67,20	75,60
18 104	2 340	128,70	187,20	210,60	450	—	36,—	40,50	20 264	2 922	160,71	233,76	262,98	848	—	67,84	76,32
18 140	2 350	129,25	188,—	211,50	456	—	36,48	41,04	20 300	2 932	161,26	234,56	263,88	854	—	68,32	76,86
18 176	2 359	129,74	188,72	212,31	462	—	36,96	41,58	20 336	2 942	161,81	235,36	264,78	862	—	68,96	77,58
18 212	2 369	130,29	189,52	213,21	468	—	37,44	42,12	20 372	2 951	162,30	236,08	265,59	868	—	69,44	78,12
18 248	2 378	130,79	190,24	214,02	474	—	37,92	42,66	20 408	2 961	162,85	236,88	266,49	876	—	70,08	78,84
18 284	2 388	131,34	191,04	214,92	482	—	38,56	43,38	20 444	2 971	163,40	237,68	267,39	882	—	70,56	79,38
18 320	2 398	131,89	191,84	215,82	488	—	39,04	43,92	20 480	2 981	163,95	238,48	268,29	890	—	71,20	80,10
18 356	2 407	132,38	192,56	216,63	494	—	39,52	44,46	20 516	2 991	164,50	239,28	269,19	896	—	71,68	80,64
18 392	2 417	132,93	193,36	217,53	500	—	40,—	45,—	20 552	3 001	165,05	240,08	270,09	904	—	72,32	81,36
18 428	2 426	133,43	194,08	218,34	506	—	40,48	45,54	20 588	3 011	165,60	240,88	270,99	910	—	72,80	81,90

* Die Steuerbeträge gelten nur für das ausgewiesene zu versteuernde Einkommen.
Für Zwischenwerte vergleiche Erläuterungen in Teil I, Hauptvordruck, Zeile 13.

EINKOMMEN 20 589,–*

Zu versteuerndes Einkommen in €*	Abzüge an Einkommensteuer, Solidaritätszuschlag und Kirchensteuer							Zu versteuerndes Einkommen in €*	Abzüge an Einkommensteuer, Solidaritätszuschlag und Kirchensteuer						
	Grundtabelle				Splittingtabelle					Grundtabelle				Splittingtabelle			
	ESt	SolZ	8%	9%	ESt	SolZ	8%	9%		ESt	SolZ	8%	9%	ESt	SolZ	8%	9%
20 624	3 021	166,15	241,68	271,89	918	—	73,44	82,62	22 784	3 627	199,48	290,16	326,43	1 364	—	109,12	122,76
20 660	3 031	166,70	242,48	272,79	924	—	73,92	83,16	22 820	3 637	200,03	290,96	327,33	1 370	—	109,60	123,30
20 696	3 041	167,25	243,28	273,69	932	—	74,56	83,88	22 856	3 648	200,64	291,84	328,32	1 378	—	110,24	124,02
20 732	3 051	167,80	244,08	274,59	938	—	75,04	84,42	22 892	3 658	201,19	292,64	329,22	1 386	—	110,88	124,74
20 768	3 061	168,35	244,88	275,49	946	—	75,68	85,14	22 928	3 668	201,74	293,44	330,12	1 394	—	111,52	125,46
20 804	3 070	168,85	245,60	276,30	952	—	76,16	85,68	22 964	3 679	202,34	294,32	331,11	1 402	—	112,16	126,18
20 840	3 080	169,40	246,40	277,20	960	—	76,80	86,40	23 000	3 689	202,89	295,12	332,01	1 410	—	112,80	126,90
20 876	3 090	169,95	247,20	278,10	968	—	77,44	87,12	23 036	3 699	203,44	295,92	332,91	1 418	—	113,44	127,62
20 912	3 100	170,50	248,—	279,—	974	—	77,92	87,66	23 072	3 710	204,05	296,80	333,90	1 426	—	114,08	128,34
20 948	3 110	171,05	248,80	279,90	982	—	78,56	88,38	23 108	3 720	204,60	297,60	334,80	1 434	—	114,72	129,06
20 984	3 120	171,60	249,60	280,80	988	—	79,04	88,92	23 144	3 730	205,15	298,40	335,70	1 442	—	115,36	129,78
21 020	3 130	172,15	250,40	281,70	996	—	79,68	89,64	23 180	3 741	205,75	299,28	336,69	1 450	—	116,—	130,50
21 056	3 140	172,70	251,20	282,60	1 004	—	80,32	90,36	23 216	3 751	206,30	300,08	337,59	1 458	—	116,64	131,22
21 092	3 150	173,25	252,—	283,50	1 010	—	80,80	90,90	23 252	3 761	206,85	300,88	338,49	1 466	—	117,28	131,94
21 128	3 160	173,80	252,80	284,40	1 018	—	81,44	91,62	23 288	3 772	207,46	301,76	339,48	1 472	—	117,76	132,48
21 164	3 170	174,35	253,60	285,30	1 024	—	81,92	92,16	23 324	3 782	208,01	302,56	340,38	1 480	—	118,40	133,20
21 200	3 180	174,90	254,40	286,20	1 032	—	82,56	92,88	23 360	3 792	208,56	303,36	341,28	1 488	—	119,04	133,92
21 236	3 190	175,45	255,20	287,10	1 040	—	83,20	93,60	23 396	3 803	209,16	304,24	342,27	1 496	—	119,68	134,64
21 272	3 200	176,—	256,—	288,—	1 046	—	83,68	94,14	23 432	3 813	209,71	305,04	343,17	1 504	—	120,32	135,36
21 308	3 210	176,55	256,80	288,90	1 054	—	84,32	94,86	23 468	3 824	210,32	305,92	344,16	1 512	—	120,96	136,08
21 344	3 220	177,10	257,60	289,80	1 062	—	84,96	95,58	23 504	3 834	210,87	306,72	345,06	1 520	—	121,60	136,80
21 380	3 231	177,70	258,48	290,79	1 068	—	85,44	96,12	23 540	3 844	211,42	307,52	345,96	1 528	—	122,24	137,52
21 416	3 241	178,25	259,28	291,69	1 076	—	86,08	96,84	23 576	3 855	212,02	308,40	346,95	1 536	—	122,88	138,24
21 452	3 251	178,80	260,08	292,59	1 084	—	86,72	97,56	23 612	3 865	212,57	309,20	347,85	1 544	—	123,52	138,96
21 488	3 261	179,35	260,88	293,49	1 090	—	87,20	98,10	23 648	3 876	213,18	310,08	348,84	1 552	—	124,16	139,68
21 524	3 271	179,90	261,68	294,39	1 098	—	87,84	98,82	23 684	3 886	213,73	310,88	349,74	1 560	—	124,80	140,40
21 560	3 281	180,45	262,48	295,29	1 106	—	88,48	99,54	23 720	3 896	214,28	311,68	350,64	1 568	—	125,44	141,12
21 596	3 291	181,—	263,28	296,19	1 112	—	88,96	100,08	23 756	3 907	214,88	312,56	351,63	1 578	—	126,24	142,02
21 632	3 301	181,55	264,08	297,09	1 120	—	89,60	100,80	23 792	3 917	215,43	313,36	352,53	1 586	—	126,88	142,74
21 668	3 311	182,10	264,88	297,99	1 128	—	90,24	101,52	23 828	3 928	216,04	314,24	353,52	1 594	—	127,52	143,46
21 704	3 321	182,65	265,68	298,89	1 136	—	90,88	102,24	23 864	3 938	216,59	315,04	354,42	1 602	—	128,16	144,18
21 740	3 331	183,20	266,48	299,79	1 142	—	91,36	102,78	23 900	3 949	217,19	315,92	355,41	1 610	—	128,80	144,90
21 776	3 341	183,75	267,28	300,69	1 150	—	92,—	103,50	23 936	3 959	217,74	316,72	356,31	1 618	—	129,44	145,62
21 812	3 352	184,36	268,16	301,68	1 158	—	92,64	104,22	23 972	3 970	218,35	317,60	357,30	1 626	—	130,08	146,34
21 848	3 362	184,91	268,96	302,58	1 164	—	93,12	104,76	24 008	3 980	218,90	318,40	358,20	1 634	—	130,72	147,06
21 884	3 372	185,46	269,76	303,48	1 172	—	93,76	105,48	24 044	3 991	219,50	319,28	359,19	1 642	—	131,36	147,78
21 920	3 382	186,01	270,56	304,38	1 180	—	94,40	106,20	24 080	4 001	220,05	320,08	360,09	1 650	—	132,—	148,50
21 956	3 392	186,56	271,36	305,28	1 188	—	95,04	106,92	24 116	4 012	220,66	320,96	361,08	1 658	—	132,64	149,22
21 992	3 402	187,11	272,16	306,18	1 194	—	95,52	107,46	24 152	4 022	221,21	321,76	361,98	1 666	—	133,28	149,94
22 028	3 412	187,66	272,96	307,08	1 202	—	96,16	108,18	24 188	4 033	221,81	322,64	362,97	1 674	—	133,92	150,66
22 064	3 423	188,26	273,84	308,07	1 210	—	96,80	108,90	24 224	4 043	222,36	323,44	363,87	1 684	—	134,72	151,56
22 100	3 433	188,81	274,64	308,97	1 218	—	97,44	109,62	24 260	4 054	222,97	324,32	364,86	1 692	—	135,36	152,28
22 136	3 443	189,36	275,44	309,87	1 226	—	98,08	110,34	24 296	4 064	223,52	325,12	365,76	1 700	—	136,—	153,—
22 172	3 453	189,91	276,24	310,77	1 232	—	98,56	110,88	24 332	4 075	224,12	326,—	366,75	1 708	—	136,64	153,72
22 208	3 463	190,46	277,04	311,67	1 240	—	99,20	111,60	24 368	4 085	224,67	326,80	367,65	1 716	—	137,28	154,44
22 244	3 474	191,07	277,92	312,66	1 248	—	99,84	112,32	24 404	4 096	225,28	327,68	368,64	1 724	—	137,92	155,16
22 280	3 484	191,62	278,72	313,56	1 256	—	100,48	113,04	24 440	4 106	225,83	328,48	369,54	1 732	—	138,56	155,88
22 316	3 494	192,17	279,52	314,46	1 262	—	100,96	113,58	24 476	4 117	226,43	329,36	370,53	1 740	—	139,20	156,60
22 352	3 504	192,72	280,32	315,36	1 270	—	101,60	114,30	24 512	4 128	227,04	330,24	371,52	1 750	—	140,—	157,50
22 388	3 514	193,27	281,12	316,26	1 278	—	102,24	115,02	24 548	4 138	227,59	331,04	372,42	1 758	—	140,64	158,22
22 424	3 525	193,87	282,—	317,25	1 286	—	102,88	115,74	24 584	4 149	228,19	331,92	373,41	1 766	—	141,28	158,94
22 460	3 535	194,42	282,80	318,15	1 294	—	103,52	116,46	24 620	4 159	228,74	332,72	374,31	1 774	—	141,92	159,66
22 496	3 545	194,97	283,60	319,05	1 302	—	104,16	117,18	24 656	4 170	229,35	333,60	375,30	1 782	—	142,56	160,38
22 532	3 555	195,52	284,40	319,95	1 308	—	104,64	117,72	24 692	4 180	229,90	334,40	376,20	1 792	—	143,36	161,28
22 568	3 565	196,07	285,20	320,85	1 316	—	105,28	118,44	24 728	4 191	230,50	335,28	377,19	1 800	—	144,—	162,—
22 604	3 576	196,68	286,08	321,84	1 324	—	105,92	119,16	24 764	4 202	231,11	336,16	378,18	1 808	—	144,64	162,72
22 640	3 586	197,23	286,88	322,74	1 332	—	106,56	119,88	24 800	4 212	231,66	336,96	379,08	1 816	—	145,28	163,44
22 676	3 596	197,78	287,68	323,64	1 340	—	107,20	120,60	24 836	4 223	232,26	337,84	380,07	1 824	—	145,92	164,16
22 712	3 607	198,38	288,56	324,63	1 348	—	107,84	121,32	24 872	4 234	232,87	338,72	381,06	1 834	—	146,72	165,06
22 748	3 617	198,93	289,36	325,53	1 356	—	108,48	122,04	24 908	4 244	233,42	339,52	381,96	1 842	—	147,36	165,78

* Die Steuerbeträge gelten nur für das ausgewiesene zu versteuernde Einkommen.
Für Zwischenwerte vergleiche Erläuterungen in Teil I, Hauptvordruck, Zeile 13.

29 228,–* EINKOMMEN

Zu versteuerndes Einkommen in €*	Abzüge an Einkommensteuer, Solidaritätszuschlag und Kirchensteuer							Zu versteuerndes Einkommen in €*	Abzüge an Einkommensteuer, Solidaritätszuschlag und Kirchensteuer						
	Grundtabelle				Splittingtabelle					Grundtabelle				Splittingtabelle			
	ESt	SolZ	8%	9%	ESt	SolZ	8%	9%		ESt	SolZ	8%	9%	ESt	SolZ	8%	9%
24 944	4 255	234,02	340,40	382,95	1 850	—	148,—	166,50	27 104	4 904	269,72	392,32	441,36	2 370	85,20	189,60	213,30
24 980	4 265	234,57	341,20	383,85	1 858	—	148,64	167,22	27 140	4 915	270,32	393,20	442,35	2 378	86,80	190,24	214,02
25 016	4 276	235,18	342,08	384,84	1 866	—	149,28	167,94	27 176	4 926	270,93	394,08	443,34	2 388	88,80	191,04	214,92
25 052	4 287	235,78	342,96	385,83	1 876	—	150,08	168,84	27 212	4 937	271,53	394,96	444,33	2 396	90,40	191,68	215,64
25 088	4 297	236,33	343,76	386,73	1 884	—	150,72	169,56	27 248	4 948	272,14	395,84	445,32	2 404	92,—	192,32	216,36
25 124	4 308	236,94	344,64	387,72	1 892	—	151,36	170,28	27 284	4 959	272,74	396,72	446,31	2 414	94,—	193,12	217,26
25 160	4 319	237,54	345,52	388,71	1 900	—	152,—	171,—	27 320	4 970	273,35	397,60	447,30	2 422	95,60	193,76	217,98
25 196	4 329	238,09	346,32	389,61	1 910	—	152,80	171,90	27 356	4 981	273,95	398,48	448,29	2 432	97,60	194,56	218,88
25 232	4 340	238,70	347,20	390,60	1 918	—	153,44	172,62	27 392	4 992	274,56	399,36	449,28	2 440	99,20	195,20	219,60
25 268	4 351	239,30	348,08	391,59	1 926	—	154,08	173,34	27 428	5 003	275,16	400,24	450,27	2 448	100,80	195,84	220,32
25 304	4 361	239,85	348,88	392,49	1 936	—	154,88	174,24	27 464	5 014	275,77	401,12	451,26	2 458	102,80	196,64	221,22
25 340	4 372	240,46	349,76	393,48	1 944	—	155,52	174,96	27 500	5 025	276,37	402,—	452,25	2 466	104,40	197,28	221,94
25 376	4 383	241,06	350,64	394,47	1 952	1,60	156,16	175,68	27 536	5 036	276,98	402,88	453,24	2 476	106,40	198,08	222,84
25 412	4 394	241,67	351,52	395,46	1 960	3,20	156,80	176,40	27 572	5 047	277,58	403,76	454,23	2 484	108,—	198,72	223,56
25 448	4 404	242,22	352,32	396,36	1 970	5,20	157,60	177,30	27 608	5 058	278,19	404,64	455,22	2 492	109,60	199,36	224,28
25 484	4 415	242,82	353,20	397,35	1 978	6,80	158,24	178,02	27 644	5 069	278,79	405,52	456,21	2 502	111,60	200,16	225,18
25 520	4 426	243,43	354,08	398,34	1 988	8,80	159,04	178,92	27 680	5 080	279,40	406,40	457,20	2 510	113,20	200,80	225,90
25 556	4 436	243,98	354,88	399,24	1 996	10,40	159,68	179,64	27 716	5 092	280,06	407,36	458,28	2 520	115,20	201,60	226,80
25 592	4 447	244,58	355,76	400,23	2 004	12,—	160,32	180,36	27 752	5 103	280,66	408,24	459,27	2 528	116,80	202,24	227,52
25 628	4 458	245,19	356,64	401,22	2 012	13,60	160,96	181,08	27 788	5 114	281,27	409,12	460,26	2 536	118,40	202,88	228,24
25 664	4 469	245,79	357,52	402,21	2 022	15,60	161,76	181,98	27 824	5 125	281,87	410,—	461,25	2 546	120,40	203,68	229,14
25 700	4 480	246,40	358,40	403,20	2 030	17,20	162,40	182,70	27 860	5 136	282,48	410,88	462,24	2 554	122,—	204,32	229,86
25 736	4 490	246,95	359,20	404,10	2 038	18,80	163,04	183,42	27 896	5 147	283,08	411,76	463,23	2 564	124,—	205,12	230,76
25 772	4 501	247,55	360,08	405,09	2 048	20,80	163,84	184,32	27 932	5 158	283,69	412,64	464,22	2 572	125,60	205,76	231,48
25 808	4 512	248,16	360,96	406,08	2 056	22,40	164,48	185,04	27 968	5 169	284,29	413,52	465,21	2 580	127,20	206,40	232,20
25 844	4 523	248,76	361,84	407,07	2 064	24,—	165,12	185,76	28 004	5 181	284,95	414,48	466,29	2 590	129,20	207,20	233,10
25 880	4 533	249,31	362,64	407,97	2 074	26,—	165,92	186,66	28 040	5 192	285,56	415,36	467,28	2 598	130,80	207,84	233,82
25 916	4 544	249,92	363,52	408,96	2 082	27,60	166,56	187,38	28 076	5 203	286,16	416,24	468,27	2 608	132,80	208,64	234,72
25 952	4 555	250,52	364,40	409,95	2 090	29,20	167,20	188,10	28 112	5 214	286,77	417,12	469,26	2 616	134,40	209,28	235,44
25 988	4 566	251,13	365,28	410,94	2 100	31,20	168,—	189,—	28 148	5 225	287,37	418,—	470,25	2 626	136,40	210,08	236,34
26 024	4 577	251,73	366,16	411,93	2 108	32,80	168,64	189,72	28 184	5 236	287,98	418,88	471,24	2 634	138,—	210,72	237,06
26 060	4 587	252,28	366,96	412,83	2 116	34,40	169,28	190,44	28 220	5 247	288,58	419,76	472,23	2 642	139,60	211,36	237,78
26 096	4 598	252,89	367,84	413,82	2 126	36,40	170,08	191,34	28 256	5 259	289,24	420,72	473,31	2 652	141,60	212,16	238,68
26 132	4 609	253,49	368,72	414,81	2 134	38,—	170,72	192,06	28 292	5 270	289,85	421,60	474,30	2 660	143,20	212,80	239,40
26 168	4 620	254,10	369,60	415,80	2 142	39,60	171,36	192,78	28 328	5 281	290,45	422,48	475,29	2 670	145,20	213,60	240,30
26 204	4 631	254,70	370,48	416,79	2 152	41,60	172,16	193,68	28 364	5 292	291,06	423,36	476,28	2 678	146,80	214,24	241,02
26 240	4 642	255,31	371,36	417,78	2 160	43,20	172,80	194,40	28 400	5 303	291,66	424,24	477,27	2 688	147,84	215,04	241,92
26 276	4 652	255,86	372,16	418,68	2 170	45,20	173,60	195,30	28 436	5 315	292,32	425,20	478,35	2 696	148,28	215,68	242,64
26 312	4 663	256,46	373,04	419,67	2 178	46,80	174,24	196,02	28 472	5 326	292,93	426,08	479,34	2 704	148,72	216,32	243,36
26 348	4 674	257,07	373,92	420,66	2 186	48,40	174,88	196,74	28 508	5 337	293,53	426,96	480,33	2 714	149,27	217,12	244,26
26 384	4 685	257,67	374,80	421,65	2 196	50,40	175,68	197,64	28 544	5 348	294,14	427,84	481,32	2 722	149,71	217,76	244,98
26 420	4 696	258,28	375,68	422,64	2 204	52,—	176,32	198,36	28 580	5 360	294,80	428,80	482,40	2 732	150,26	218,56	245,88
26 456	4 707	258,88	376,56	423,63	2 212	53,60	176,96	199,08	28 616	5 371	295,40	429,68	483,39	2 740	150,70	219,20	246,60
26 492	4 718	259,49	377,44	424,62	2 222	55,60	177,76	199,98	28 652	5 382	296,01	430,56	484,38	2 750	151,25	220,—	247,50
26 528	4 729	260,09	378,32	425,61	2 230	57,20	178,40	200,70	28 688	5 393	296,61	431,44	485,37	2 758	151,69	220,64	248,22
26 564	4 740	260,70	379,20	426,60	2 238	58,80	179,04	201,42	28 724	5 405	297,27	432,40	486,45	2 768	152,24	221,44	249,12
26 600	4 750	261,25	380,—	427,50	2 248	60,80	179,84	202,32	28 760	5 416	297,88	433,28	487,44	2 776	152,68	222,08	249,84
26 636	4 761	261,85	380,88	428,49	2 256	62,40	180,48	203,04	28 796	5 427	298,48	434,16	488,43	2 784	153,12	222,72	250,56
26 672	4 772	262,46	381,76	429,48	2 264	64,—	181,12	203,76	28 832	5 438	299,09	435,04	489,42	2 794	153,67	223,52	251,46
26 708	4 783	263,06	382,64	430,47	2 274	66,—	181,92	204,66	28 868	5 450	299,75	436,—	490,50	2 802	154,11	224,16	252,18
26 744	4 794	263,67	383,52	431,46	2 282	67,60	182,56	205,38	28 904	5 461	300,35	436,88	491,49	2 812	154,66	224,96	253,08
26 780	4 805	264,27	384,40	432,45	2 292	69,60	183,36	206,28	28 940	5 472	300,96	437,76	492,48	2 820	155,10	225,60	253,80
26 816	4 816	264,88	385,28	433,44	2 300	71,20	184,—	207,—	28 976	5 484	301,62	438,72	493,56	2 830	155,65	226,40	254,70
26 852	4 827	265,48	386,16	434,43	2 308	72,80	184,64	207,72	29 012	5 495	302,22	439,60	494,55	2 838	156,09	227,04	255,42
26 888	4 838	266,09	387,04	435,42	2 318	74,80	185,44	208,62	29 048	5 506	302,83	440,48	495,54	2 848	156,64	227,84	256,32
26 924	4 849	266,69	387,92	436,41	2 326	76,40	186,08	209,34	29 084	5 517	303,43	441,36	496,53	2 856	157,08	228,48	257,04
26 960	4 860	267,30	388,80	437,40	2 334	78,—	186,72	210,06	29 120	5 529	304,09	442,32	497,61	2 866	157,63	229,28	257,94
26 996	4 871	267,90	389,68	438,39	2 344	80,—	187,52	210,96	29 156	5 540	304,70	443,20	498,60	2 874	158,07	229,92	258,66
27 032	4 882	268,51	390,56	439,38	2 352	81,60	188,16	211,68	29 192	5 551	305,30	444,08	499,59	2 884	158,62	230,72	259,56
27 068	4 893	269,11	391,44	440,37	2 362	83,60	188,96	212,58	29 228	5 563	305,96	445,04	500,67	2 892	159,06	231,36	260,28

* Die Steuerbeträge gelten nur für das ausgewiesene zu versteuernde Einkommen.
Für Zwischenwerte vergleiche Erläuterungen in Teil I, Hauptvordruck, Zeile 13.

EINKOMMEN 29 229,—*

Zu versteuerndes Einkommen in €*	Abzüge an Einkommensteuer, Solidaritätszuschlag und Kirchensteuer								Zu versteuerndes Einkommen in €*	Abzüge an Einkommensteuer, Solidaritätszuschlag und Kirchensteuer							
	Grundtabelle				Splittingtabelle					Grundtabelle				Splittingtabelle			
	ESt	SolZ	8%	9%	ESt	SolZ	8%	9%		ESt	SolZ	8%	9%	ESt	SolZ	8%	9%
29 264	5 574	306,57	445,92	501,66	2 900	159,50	232,—	261,—	31 424	6 266	344,63	501,28	563,94	3 442	189,31	275,36	309,78
29 300	5 586	307,23	446,88	502,74	2 910	160,05	232,80	261,90	31 460	6 278	345,29	502,24	565,02	3 452	189,86	276,16	310,68
29 336	5 597	307,83	447,76	503,73	2 918	160,49	233,44	262,62	31 496	6 289	345,89	503,12	566,01	3 460	190,30	276,80	311,40
29 372	5 608	308,44	448,64	504,72	2 928	161,04	234,24	263,52	31 532	6 301	346,55	504,08	567,09	3 470	190,85	277,60	312,30
29 408	5 620	309,10	449,60	505,80	2 936	161,48	234,88	264,24	31 568	6 313	347,21	505,04	568,17	3 480	191,40	278,40	313,20
29 444	5 631	309,70	450,48	506,79	2 946	162,03	235,68	265,14	31 604	6 324	347,82	505,92	569,16	3 488	191,84	279,04	313,92
29 480	5 642	310,31	451,36	507,78	2 954	162,47	236,32	265,86	31 640	6 336	348,48	506,88	570,24	3 498	192,39	279,84	314,82
29 516	5 654	310,97	452,32	508,86	2 964	163,02	237,12	266,76	31 676	6 348	349,14	507,84	571,32	3 506	192,83	280,48	315,54
29 552	5 665	311,57	453,20	509,85	2 972	163,46	237,76	267,48	31 712	6 360	349,80	508,80	572,40	3 516	193,38	281,28	316,44
29 588	5 677	312,23	454,16	510,93	2 982	164,01	238,56	268,38	31 748	6 371	350,40	509,68	573,39	3 524	193,82	281,92	317,16
29 624	5 688	312,84	455,04	511,92	2 990	164,45	239,20	269,10	31 784	6 383	351,06	510,64	574,47	3 534	194,37	282,72	318,06
29 660	5 699	313,44	455,92	512,91	3 000	165,—	240,—	270,—	31 820	6 395	351,72	511,60	575,55	3 544	194,92	283,52	318,96
29 696	5 711	314,10	456,88	513,99	3 008	165,44	240,64	270,72	31 856	6 407	352,38	512,56	576,63	3 552	195,36	284,16	319,68
29 732	5 722	314,71	457,76	514,98	3 018	165,99	241,44	271,62	31 892	6 419	353,04	513,52	577,71	3 562	195,91	284,96	320,58
29 768	5 734	315,37	458,72	516,06	3 026	166,43	242,08	272,34	31 928	6 430	353,65	514,40	578,70	3 570	196,35	285,60	321,30
29 804	5 745	315,97	459,60	517,05	3 036	166,98	242,88	273,24	31 964	6 442	354,31	515,36	579,78	3 580	196,90	286,40	322,20
29 840	5 757	316,63	460,56	518,13	3 044	167,42	243,52	273,96	32 000	6 454	354,97	516,32	580,86	3 588	197,34	287,04	322,92
29 876	5 768	317,24	461,44	519,12	3 054	167,97	244,32	274,86	32 036	6 466	355,63	517,28	581,94	3 598	197,89	287,84	323,82
29 912	5 779	317,84	462,32	520,11	3 062	168,41	244,96	275,58	32 072	6 478	356,29	518,24	583,02	3 608	198,44	288,64	324,72
29 948	5 791	318,50	463,28	521,19	3 072	168,96	245,76	276,48	32 108	6 489	356,89	519,12	584,01	3 616	198,88	289,28	325,44
29 984	5 802	319,11	464,16	522,18	3 080	169,40	246,40	277,20	32 144	6 501	357,55	520,08	585,09	3 626	199,43	290,08	326,34
30 020	5 814	319,77	465,12	523,26	3 090	169,95	247,20	278,10	32 180	6 513	358,21	521,04	586,17	3 634	199,87	290,72	327,06
30 056	5 825	320,37	466,—	524,25	3 098	170,39	247,84	278,82	32 216	6 525	358,87	522,—	587,25	3 644	200,42	291,52	327,96
30 092	5 837	321,03	466,96	525,33	3 108	170,94	248,64	279,72	32 252	6 537	359,53	522,96	588,33	3 654	200,97	292,32	328,86
30 128	5 848	321,64	467,84	526,32	3 116	171,38	249,28	280,44	32 288	6 549	360,19	523,92	589,41	3 662	201,41	292,96	329,58
30 164	5 860	322,30	468,80	527,40	3 126	171,93	250,08	281,34	32 324	6 560	360,80	524,80	590,40	3 672	201,96	293,76	330,48
30 200	5 871	322,90	469,68	528,39	3 134	172,37	250,72	282,06	32 360	6 572	361,46	525,76	591,48	3 680	202,40	294,40	331,20
30 236	5 883	323,56	470,64	529,47	3 144	172,92	251,52	282,96	32 396	6 584	362,12	526,72	592,56	3 690	202,95	295,20	332,10
30 272	5 894	324,17	471,52	530,46	3 152	173,36	252,16	283,68	32 432	6 596	362,78	527,68	593,64	3 700	203,50	296,—	333,—
30 308	5 906	324,83	472,48	531,54	3 162	173,91	252,96	284,58	32 468	6 608	363,44	528,64	594,72	3 708	203,94	296,64	333,72
30 344	5 917	325,43	473,36	532,53	3 170	174,35	253,60	285,30	32 504	6 620	364,10	529,60	595,80	3 718	204,49	297,44	334,62
30 380	5 929	326,09	474,32	533,61	3 180	174,90	254,40	286,20	32 540	6 632	364,76	530,56	596,88	3 726	204,93	298,08	335,34
30 416	5 940	326,70	475,20	534,60	3 188	175,34	255,04	286,92	32 576	6 644	365,42	531,52	597,96	3 736	205,48	298,88	336,24
30 452	5 952	327,36	476,16	535,68	3 198	175,89	255,84	287,82	32 612	6 655	366,02	532,40	598,95	3 746	206,03	299,68	337,14
30 488	5 964	328,02	477,12	536,76	3 206	176,33	256,48	288,54	32 648	6 667	366,68	533,36	600,03	3 754	206,47	300,32	337,86
30 524	5 975	328,62	478,—	537,75	3 216	176,88	257,28	289,44	32 684	6 679	367,34	534,32	601,11	3 764	207,02	301,12	338,76
30 560	5 987	329,28	478,96	538,83	3 224	177,32	257,92	290,16	32 720	6 691	368,—	535,28	602,19	3 772	207,46	301,76	339,48
30 596	5 998	329,89	479,84	539,82	3 234	177,87	258,72	291,06	32 756	6 703	368,66	536,24	603,27	3 782	208,01	302,56	340,38
30 632	6 010	330,55	480,80	540,90	3 242	178,31	259,36	291,78	32 792	6 715	369,32	537,20	604,35	3 792	208,56	303,36	341,28
30 668	6 021	331,15	481,68	541,89	3 252	178,86	260,16	292,68	32 828	6 727	369,98	538,16	605,43	3 800	209,—	304,—	342,—
30 704	6 033	331,81	482,64	542,97	3 260	179,30	260,80	293,40	32 864	6 739	370,64	539,12	606,51	3 810	209,55	304,80	342,90
30 740	6 045	332,47	483,60	544,05	3 270	179,85	261,60	294,30	32 900	6 751	371,30	540,08	607,59	3 820	210,10	305,60	343,80
30 776	6 056	333,08	484,48	545,04	3 280	180,40	262,40	295,20	32 936	6 763	371,96	541,04	608,67	3 828	210,54	306,24	344,52
30 812	6 068	333,74	485,44	546,12	3 288	180,84	263,04	295,92	32 972	6 775	372,62	542,—	609,75	3 838	211,09	307,04	345,42
30 848	6 079	334,34	486,32	547,11	3 298	181,39	263,84	296,82	33 008	6 787	373,28	542,96	610,83	3 846	211,53	307,68	346,14
30 884	6 091	335,—	487,28	548,19	3 306	181,83	264,48	297,54	33 044	6 799	373,94	543,92	611,91	3 856	212,08	308,48	347,04
30 920	6 103	335,66	488,24	549,27	3 316	182,38	265,28	298,44	33 080	6 811	374,60	544,88	612,99	3 866	212,63	309,28	347,94
30 956	6 114	336,27	489,12	550,26	3 324	182,82	265,92	299,16	33 116	6 823	375,26	545,84	614,07	3 874	213,07	309,92	348,66
30 992	6 126	336,93	490,08	551,34	3 334	183,37	266,72	300,06	33 152	6 835	375,92	546,80	615,15	3 884	213,62	310,72	349,56
31 028	6 137	337,53	490,96	552,33	3 342	183,81	267,36	300,78	33 188	6 847	376,58	547,76	616,23	3 894	214,17	311,52	350,46
31 064	6 149	338,19	491,92	553,41	3 352	184,36	268,16	301,68	33 224	6 859	377,24	548,72	617,31	3 902	214,61	312,16	351,18
31 100	6 161	338,85	492,88	554,49	3 360	184,80	268,80	302,40	33 260	6 871	377,90	549,68	618,39	3 912	215,16	312,96	352,08
31 136	6 172	339,46	493,76	555,48	3 370	185,35	269,60	303,30	33 296	6 883	378,56	550,64	619,47	3 920	215,60	313,60	352,80
31 172	6 184	340,12	494,72	556,56	3 378	185,79	270,24	304,02	33 332	6 895	379,22	551,60	620,55	3 930	216,15	314,40	353,70
31 208	6 196	340,78	495,68	557,64	3 388	186,34	271,04	304,92	33 368	6 907	379,88	552,56	621,63	3 940	216,70	315,20	354,60
31 244	6 207	341,38	496,56	558,63	3 398	186,89	271,84	305,82	33 404	6 919	380,54	553,52	622,71	3 948	217,14	315,84	355,32
31 280	6 219	342,04	497,52	559,71	3 406	187,33	272,48	306,54	33 440	6 931	381,20	554,48	623,79	3 958	217,69	316,64	356,22
31 316	6 231	342,70	498,48	560,79	3 416	187,88	273,28	307,44	33 476	6 943	381,86	555,44	624,87	3 968	218,24	317,44	357,12
31 352	6 242	343,31	499,36	561,78	3 424	188,32	273,92	308,16	33 512	6 955	382,52	556,40	625,95	3 976	218,68	318,08	357,84
31 388	6 254	343,97	500,32	562,86	3 434	188,87	274,72	309,06	33 548	6 967	383,18	557,36	627,03	3 986	219,23	318,88	358,74

* Die Steuerbeträge gelten nur für das ausgewiesene zu versteuernde Einkommen.
Für Zwischenwerte vergleiche Erläuterungen in Teil I, Hauptvordruck, Zeile 13.

37 868,–* EINKOMMEN

Zu versteuerndes Einkommen in €*	Abzüge an Einkommensteuer, Solidaritätszuschlag und Kirchensteuer								Zu versteuerndes Einkommen in €*	Abzüge an Einkommensteuer, Solidaritätszuschlag und Kirchensteuer							
	Grundtabelle				Splittingtabelle					Grundtabelle				Splittingtabelle			
	ESt	SolZ	8%	9%	ESt	SolZ	8%	9%		ESt	SolZ	8%	9%	ESt	SolZ	8%	9%
33 584	6 979	383,84	558,32	628,11	3 996	219,78	319,68	359,64	35 744	7 713	424,21	617,04	694,17	4 558	250,69	364,64	410,22
33 620	6 991	384,50	559,28	629,19	4 004	220,22	320,32	360,36	35 780	7 726	424,93	618,08	695,34	4 568	251,24	365,44	411,12
33 656	7 003	385,16	560,24	630,27	4 014	220,77	321,12	361,26	35 816	7 738	425,59	619,04	696,42	4 578	251,79	366,24	412,02
33 692	7 015	385,82	561,20	631,35	4 024	221,32	321,92	362,16	35 852	7 751	426,30	620,08	697,59	4 586	252,23	366,88	412,74
33 728	7 027	386,48	562,16	632,43	4 032	221,76	322,56	362,88	35 888	7 763	426,96	621,04	698,67	4 596	252,78	367,68	413,64
33 764	7 039	387,14	563,12	633,51	4 042	222,31	323,36	363,78	35 924	7 776	427,68	622,08	699,84	4 606	253,33	368,48	414,54
33 800	7 051	387,80	564,08	634,59	4 050	222,75	324,—	364,50	35 960	7 788	428,34	623,04	700,92	4 616	253,88	369,28	415,44
33 836	7 064	388,52	565,12	635,76	4 060	223,30	324,80	365,40	35 996	7 800	429,—	624,—	702,—	4 624	254,32	369,92	416,16
33 872	7 076	389,18	566,08	636,84	4 070	223,85	325,60	366,30	36 032	7 813	429,71	625,04	703,17	4 634	254,87	370,72	417,06
33 908	7 088	389,84	567,04	637,92	4 078	224,29	326,24	367,02	36 068	7 825	430,37	626,—	704,25	4 644	255,42	371,52	417,96
33 944	7 100	390,50	568,—	639,—	4 088	224,84	327,04	367,92	36 104	7 838	431,09	627,04	705,42	4 654	255,97	372,32	418,86
33 980	7 112	391,16	568,96	640,08	4 098	225,39	327,84	368,82	36 140	7 850	431,75	628,—	706,50	4 662	256,41	372,96	419,58
34 016	7 124	391,82	569,92	641,16	4 106	225,83	328,48	369,54	36 176	7 863	432,46	629,04	707,67	4 672	256,96	373,76	420,48
34 052	7 136	392,48	570,88	642,24	4 116	226,38	329,28	370,44	36 212	7 875	433,12	630,—	708,75	4 682	257,51	374,56	421,38
34 088	7 148	393,14	571,84	643,32	4 126	226,93	330,08	371,34	36 248	7 888	433,84	631,04	709,92	4 692	258,06	375,36	422,28
34 124	7 161	393,85	572,88	644,49	4 134	227,37	330,72	372,06	36 284	7 900	434,50	632,—	711,—	4 700	258,50	376,—	423,—
34 160	7 173	394,51	573,84	645,57	4 144	227,92	331,52	372,96	36 320	7 913	435,21	633,04	712,17	4 710	259,05	376,80	423,90
34 196	7 185	395,17	574,80	646,65	4 154	228,47	332,32	373,86	36 356	7 925	435,87	634,—	713,25	4 720	259,60	377,60	424,80
34 232	7 197	395,83	575,76	647,73	4 162	228,91	332,96	374,58	36 392	7 938	436,59	635,04	714,42	4 730	260,15	378,40	425,70
34 268	7 209	396,49	576,72	648,81	4 172	229,46	333,76	375,48	36 428	7 950	437,25	636,—	715,50	4 738	260,59	379,04	426,42
34 304	7 221	397,15	577,68	649,89	4 182	230,01	334,56	376,38	36 464	7 963	437,96	637,04	716,67	4 748	261,14	379,84	427,32
34 340	7 234	397,87	578,72	651,06	4 192	230,56	335,36	377,28	36 500	7 975	438,62	638,—	717,75	4 758	261,69	380,64	428,22
34 376	7 246	398,53	579,68	652,14	4 200	231,—	336,—	378,—	36 536	7 988	439,34	639,04	718,92	4 768	262,24	381,44	429,12
34 412	7 258	399,19	580,64	653,22	4 210	231,55	336,80	378,90	36 572	8 001	440,05	640,08	720,09	4 776	262,68	382,08	429,84
34 448	7 270	399,85	581,60	654,30	4 220	232,10	337,60	379,80	36 608	8 013	440,71	641,04	721,17	4 786	263,23	382,88	430,74
34 484	7 282	400,51	582,56	655,38	4 228	232,54	338,24	380,52	36 644	8 026	441,43	642,08	722,34	4 796	263,78	383,68	431,64
34 520	7 295	401,22	583,60	656,55	4 238	233,09	339,04	381,42	36 680	8 038	442,09	643,04	723,42	4 806	264,33	384,48	432,54
34 556	7 307	401,88	584,56	657,63	4 248	233,64	339,84	382,32	36 716	8 051	442,80	644,08	724,59	4 816	264,88	385,28	433,44
34 592	7 319	402,54	585,52	658,71	4 256	234,08	340,48	383,04	36 752	8 063	443,46	645,04	725,67	4 824	265,32	385,92	434,16
34 628	7 331	403,20	586,48	659,79	4 266	234,63	341,28	383,94	36 788	8 076	444,18	646,08	726,84	4 834	265,87	386,72	435,06
34 664	7 343	403,86	587,44	660,87	4 276	235,18	342,08	384,84	36 824	8 089	444,89	647,12	728,01	4 844	266,42	387,52	435,96
34 700	7 356	404,58	588,48	662,04	4 284	235,62	342,72	385,56	36 860	8 101	445,55	648,08	729,09	4 854	266,97	388,32	436,86
34 736	7 368	405,24	589,44	663,12	4 294	236,17	343,52	386,46	36 896	8 114	446,27	649,12	730,26	4 862	267,41	388,96	437,58
34 772	7 380	405,90	590,40	664,20	4 304	236,72	344,32	387,36	36 932	8 126	446,93	650,08	731,34	4 872	267,96	389,76	438,48
34 808	7 392	406,56	591,36	665,28	4 312	237,16	344,96	388,08	36 968	8 139	447,64	651,12	732,51	4 882	268,51	390,56	439,38
34 844	7 405	407,27	592,40	666,45	4 322	237,71	345,76	388,98	37 004	8 152	448,36	652,16	733,68	4 892	269,06	391,36	440,28
34 880	7 417	407,93	593,36	667,53	4 332	238,26	346,56	389,88	37 040	8 164	449,02	653,12	734,76	4 902	269,61	392,16	441,18
34 916	7 429	408,59	594,32	668,61	4 342	238,81	347,36	390,78	37 076	8 177	449,73	654,16	735,93	4 910	270,05	392,80	441,90
34 952	7 442	409,31	595,36	669,78	4 350	239,25	348,—	391,50	37 112	8 190	450,45	655,20	737,10	4 920	270,60	393,60	442,80
34 988	7 454	409,97	596,32	670,86	4 360	239,80	348,80	392,40	37 148	8 202	451,11	656,16	738,18	4 930	271,15	394,40	443,70
35 024	7 466	410,63	597,28	671,94	4 370	240,35	349,60	393,30	37 184	8 215	451,82	657,20	739,35	4 940	271,70	395,20	444,60
35 060	7 478	411,29	598,24	673,02	4 378	240,79	350,24	394,02	37 220	8 227	452,48	658,16	740,43	4 950	272,25	396,—	445,50
35 096	7 491	412,—	599,28	674,19	4 388	241,34	351,04	394,92	37 256	8 240	453,20	659,20	741,60	4 958	272,69	396,64	446,22
35 132	7 503	412,66	600,24	675,27	4 398	241,89	351,84	395,82	37 292	8 253	453,91	660,24	742,77	4 968	273,24	397,44	447,12
35 168	7 515	413,32	601,20	676,35	4 408	242,44	352,64	396,72	37 328	8 265	454,57	661,20	743,85	4 978	273,79	398,24	448,02
35 204	7 528	414,04	602,24	677,52	4 416	242,88	353,28	397,44	37 364	8 278	455,29	662,24	745,02	4 988	274,34	399,04	448,92
35 240	7 540	414,70	603,20	678,60	4 426	243,43	354,08	398,34	37 400	8 291	456,—	663,28	746,19	4 998	274,89	399,84	449,82
35 276	7 552	415,36	604,16	679,68	4 436	243,98	354,88	399,24	37 436	8 304	456,72	664,32	747,36	5 006	275,33	400,48	450,54
35 312	7 565	416,07	605,20	680,85	4 444	244,42	355,52	399,96	37 472	8 316	457,38	665,28	748,44	5 016	275,88	401,28	451,44
35 348	7 577	416,73	606,16	681,93	4 454	244,97	356,32	400,86	37 508	8 329	458,09	666,32	749,61	5 026	276,43	402,08	452,34
35 384	7 589	417,39	607,12	683,01	4 464	245,52	357,12	401,76	37 544	8 342	458,81	667,36	750,78	5 036	276,98	402,88	453,24
35 420	7 602	418,11	608,16	684,18	4 474	246,07	357,92	402,66	37 580	8 354	459,47	668,32	751,86	5 046	277,53	403,68	454,14
35 456	7 614	418,77	609,12	685,26	4 482	246,51	358,56	403,38	37 616	8 367	460,18	669,36	753,03	5 054	277,97	404,32	454,86
35 492	7 627	419,48	610,16	686,43	4 492	247,06	359,36	404,28	37 652	8 380	460,90	670,40	754,20	5 064	278,52	405,12	455,76
35 528	7 639	420,14	611,12	687,51	4 502	247,61	360,16	405,18	37 688	8 393	461,61	671,44	755,37	5 074	279,07	405,92	456,66
35 564	7 651	420,80	612,08	688,59	4 510	248,05	360,80	405,90	37 724	8 405	462,27	672,40	756,45	5 084	279,62	406,72	457,56
35 600	7 664	421,52	613,12	689,76	4 520	248,60	361,60	406,80	37 760	8 418	462,99	673,44	757,62	5 094	280,17	407,52	458,46
35 636	7 676	422,18	614,08	690,84	4 530	249,15	362,40	407,70	37 796	8 431	463,70	674,48	758,79	5 104	280,72	408,32	459,36
35 672	7 689	422,89	615,12	692,01	4 540	249,70	363,20	408,60	37 832	8 444	464,42	675,52	759,96	5 112	281,16	408,96	460,08
35 708	7 701	423,55	616,08	693,09	4 548	250,14	363,84	409,32	37 868	8 456	465,08	676,48	761,04	5 122	281,71	409,76	460,98

* Die Steuerbeträge gelten nur für das ausgewiesene zu versteuernde Einkommen.
Für Zwischenwerte vergleiche Erläuterungen in Teil I, Hauptvordruck, Zeile 13.

EINKOMMEN 37 869,—*

Zu versteuerndes Einkommen in €*	Abzüge an Einkommensteuer, Solidaritätszuschlag und Kirchensteuer								Zu versteuerndes Einkommen in €*	Abzüge an Einkommensteuer, Solidaritätszuschlag und Kirchensteuer							
	Grundtabelle				Splittingtabelle					Grundtabelle				Splittingtabelle			
	ESt	SolZ	8%	9%	ESt	SolZ	8%	9%		ESt	SolZ	8%	9%	ESt	SolZ	8%	9%
37 904	8 469	465,79	677,52	762,21	5 132	282,26	410,56	461,88	40 064	9 246	508,53	739,68	832,14	5 716	314,38	457,28	514,44
37 940	8 482	466,51	678,56	763,38	5 142	282,81	411,36	462,78	40 100	9 259	509,24	740,72	833,31	5 726	314,93	458,08	515,34
37 976	8 495	467,22	679,60	764,55	5 152	283,36	412,16	463,68	40 136	9 272	509,96	741,76	834,48	5 736	315,48	458,88	516,24
38 012	8 507	467,88	680,56	765,63	5 162	283,91	412,96	464,58	40 172	9 286	510,73	742,88	835,74	5 746	316,03	459,68	517,14
38 048	8 520	468,60	681,60	766,80	5 170	284,35	413,60	465,30	40 208	9 299	511,44	743,92	836,91	5 756	316,58	460,48	518,04
38 084	8 533	469,31	682,64	767,97	5 180	284,90	414,40	466,20	40 244	9 312	512,16	744,96	838,08	5 766	317,13	461,28	518,94
38 120	8 546	470,03	683,68	769,14	5 190	285,45	415,20	467,10	40 280	9 325	512,87	746,—	839,25	5 776	317,68	462,08	519,84
38 156	8 559	470,74	684,72	770,31	5 200	286,—	416,—	468,—	40 316	9 338	513,59	747,04	840,42	5 786	318,23	462,88	520,74
38 192	8 571	471,40	685,68	771,39	5 210	286,55	416,80	468,90	40 352	9 351	514,30	748,08	841,59	5 796	318,78	463,68	521,64
38 228	8 584	472,12	686,72	772,56	5 220	287,10	417,60	469,80	40 388	9 365	515,07	749,20	842,85	5 806	319,33	464,48	522,54
38 264	8 597	472,83	687,76	773,73	5 228	287,54	418,24	470,52	40 424	9 378	515,79	750,24	844,02	5 816	319,88	465,28	523,44
38 300	8 610	473,55	688,80	774,90	5 238	288,09	419,04	471,42	40 460	9 391	516,50	751,28	845,19	5 824	320,32	465,92	524,16
38 336	8 623	474,26	689,84	776,07	5 248	288,64	419,84	472,32	40 496	9 404	517,22	752,32	846,36	5 834	320,87	466,72	525,06
38 372	8 636	474,98	690,88	777,24	5 258	289,19	420,64	473,22	40 532	9 417	517,93	753,36	847,53	5 844	321,42	467,52	525,96
38 408	8 649	475,69	691,92	778,41	5 268	289,74	421,44	474,12	40 568	9 431	518,70	754,48	848,79	5 854	321,97	468,32	526,86
38 444	8 661	476,35	692,88	779,49	5 278	290,29	422,24	475,02	40 604	9 444	519,42	755,52	849,96	5 864	322,52	469,12	527,76
38 480	8 674	477,07	693,92	780,66	5 286	290,73	422,88	475,74	40 640	9 457	520,13	756,56	851,13	5 874	323,07	469,92	528,66
38 516	8 687	477,78	694,96	781,83	5 296	291,28	423,68	476,64	40 676	9 470	520,85	757,60	852,30	5 884	323,62	470,72	529,56
38 552	8 700	478,50	696,—	783,—	5 306	291,83	424,48	477,54	40 712	9 483	521,56	758,64	853,47	5 894	324,17	471,52	530,46
38 588	8 713	479,21	697,04	784,17	5 316	292,38	425,28	478,44	40 748	9 497	522,33	759,76	854,73	5 904	324,72	472,32	531,36
38 624	8 726	479,93	698,08	785,34	5 326	292,93	426,08	479,34	40 784	9 510	523,05	760,80	855,90	5 914	325,27	473,12	532,26
38 660	8 739	480,64	699,12	786,51	5 336	293,48	426,88	480,24	40 820	9 523	523,76	761,84	857,07	5 924	325,82	473,92	533,16
38 696	8 752	481,36	700,16	787,68	5 346	294,03	427,68	481,14	40 856	9 536	524,48	762,88	858,24	5 934	326,37	474,72	534,06
38 732	8 764	482,02	701,12	788,76	5 354	294,47	428,32	481,86	40 892	9 550	525,25	764,—	859,50	5 944	326,92	475,52	534,96
38 768	8 777	482,73	702,16	789,93	5 364	295,02	429,12	482,76	40 928	9 563	525,96	765,04	860,67	5 954	327,47	476,32	535,86
38 804	8 790	483,45	703,20	791,10	5 374	295,57	429,92	483,66	40 964	9 576	526,68	766,08	861,84	5 964	328,02	477,12	536,76
38 840	8 803	484,16	704,24	792,27	5 384	296,12	430,72	484,56	41 000	9 590	527,45	767,20	863,10	5 974	328,57	477,92	537,66
38 876	8 816	484,88	705,28	793,44	5 394	296,67	431,52	485,46	41 036	9 603	528,16	768,24	864,27	5 984	329,12	478,72	538,56
38 912	8 829	485,59	706,32	794,61	5 404	297,22	432,32	486,36	41 072	9 616	528,88	769,28	865,44	5 992	329,56	479,36	539,28
38 948	8 842	486,31	707,36	795,78	5 414	297,77	433,12	487,26	41 108	9 629	529,59	770,32	866,61	6 002	330,11	480,16	540,18
38 984	8 855	487,02	708,40	796,95	5 424	298,32	433,92	488,16	41 144	9 643	530,36	771,44	867,87	6 012	330,66	480,96	541,08
39 020	8 868	487,74	709,44	798,12	5 432	298,76	434,56	488,88	41 180	9 656	531,08	772,48	869,04	6 022	331,21	481,76	541,98
39 056	8 881	488,45	710,48	799,29	5 442	299,31	435,36	489,78	41 216	9 669	531,79	773,52	870,21	6 032	331,76	482,56	542,88
39 092	8 894	489,17	711,52	800,46	5 452	299,86	436,16	490,68	41 252	9 683	532,56	774,64	871,47	6 042	332,31	483,36	543,78
39 128	8 907	489,88	712,56	801,63	5 462	300,41	436,96	491,58	41 288	9 696	533,28	775,68	872,64	6 052	332,86	484,16	544,68
39 164	8 920	490,60	713,60	802,80	5 472	300,96	437,76	492,48	41 324	9 709	533,99	776,72	873,81	6 062	333,41	484,96	545,58
39 200	8 933	491,31	714,64	803,97	5 482	301,51	438,56	493,38	41 360	9 723	534,76	777,84	875,07	6 072	333,96	485,76	546,48
39 236	8 946	492,03	715,68	805,14	5 492	302,06	439,36	494,28	41 396	9 736	535,48	778,88	876,24	6 082	334,51	486,56	547,38
39 272	8 959	492,74	716,72	806,31	5 502	302,61	440,16	495,18	41 432	9 749	536,19	779,92	877,41	6 092	335,06	487,36	548,28
39 308	8 972	493,46	717,76	807,48	5 510	303,05	440,80	495,90	41 468	9 763	536,96	781,04	878,67	6 102	335,61	488,16	549,18
39 344	8 985	494,17	718,80	808,65	5 520	303,60	441,60	496,80	41 504	9 776	537,68	782,08	879,84	6 112	336,16	488,96	550,08
39 380	8 998	494,89	719,84	809,82	5 530	304,15	442,40	497,70	41 540	9 789	538,39	783,12	881,01	6 122	336,71	489,76	550,98
39 416	9 011	495,60	720,88	810,99	5 540	304,70	443,20	498,60	41 576	9 803	539,16	784,24	882,27	6 132	337,26	490,56	551,88
39 452	9 024	496,32	721,92	812,16	5 550	305,25	444,—	499,50	41 612	9 816	539,88	785,28	883,44	6 142	337,81	491,36	552,78
39 488	9 037	497,03	722,96	813,33	5 560	305,80	444,80	500,40	41 648	9 830	540,65	786,40	884,70	6 152	338,36	492,16	553,68
39 524	9 050	497,75	724,—	814,50	5 570	306,35	445,60	501,30	41 684	9 843	541,36	787,44	885,87	6 162	338,91	492,96	554,58
39 560	9 063	498,46	725,04	815,67	5 580	306,90	446,40	502,20	41 720	9 856	542,08	788,48	887,04	6 172	339,46	493,76	555,48
39 596	9 076	499,18	726,08	816,84	5 590	307,45	447,20	503,10	41 756	9 870	542,85	789,60	888,30	6 182	340,01	494,56	556,38
39 632	9 089	499,89	727,12	818,01	5 598	307,89	447,84	503,82	41 792	9 883	543,56	790,64	889,47	6 192	340,56	495,36	557,28
39 668	9 102	500,61	728,16	819,18	5 608	308,44	448,64	504,72	41 828	9 897	544,33	791,76	890,73	6 202	341,11	496,16	558,18
39 704	9 115	501,32	729,20	820,35	5 618	308,99	449,44	505,62	41 864	9 910	545,05	792,80	891,90	6 212	341,66	496,96	559,08
39 740	9 128	502,04	730,24	821,52	5 628	309,54	450,24	506,52	41 900	9 924	545,82	793,92	893,16	6 222	342,21	497,76	559,98
39 776	9 141	502,75	731,28	822,69	5 638	310,09	451,04	507,42	41 936	9 937	546,53	794,96	894,33	6 232	342,76	498,56	560,88
39 812	9 154	503,47	732,32	823,86	5 648	310,64	451,84	508,32	41 972	9 950	547,25	796,—	895,50	6 242	343,31	499,36	561,78
39 848	9 168	504,24	733,44	825,12	5 658	311,19	452,64	509,22	42 008	9 964	548,02	797,12	896,76	6 252	343,86	500,16	562,68
39 884	9 181	504,95	734,48	826,29	5 668	311,74	453,44	510,12	42 044	9 977	548,73	798,16	897,93	6 262	344,41	500,96	563,58
39 920	9 194	505,67	735,52	827,46	5 678	312,29	454,24	511,02	42 080	9 991	549,50	799,28	899,19	6 272	344,96	501,76	564,48
39 956	9 207	506,38	736,56	828,63	5 688	312,84	455,04	511,92	42 116	10 004	550,22	800,32	900,36	6 282	345,51	502,56	565,38
39 992	9 220	507,10	737,60	829,80	5 696	313,28	455,68	512,64	42 152	10 018	550,99	801,44	901,62	6 292	346,06	503,36	566,28
40 028	9 233	507,81	738,64	830,97	5 706	313,83	456,48	513,54	42 188	10 031	551,70	802,48	902,79	6 302	346,61	504,16	567,18

* Die Steuerbeträge gelten nur für das ausgewiesene zu versteuernde Einkommen.
Für Zwischenwerte vergleiche Erläuterungen in Teil I, Hauptvordruck, Zeile 13.

46 508,–* EINKOMMEN

Zu versteuerndes Einkommen in €*	Abzüge an Einkommensteuer, Solidaritätszuschlag und Kirchensteuer								Zu versteuerndes Einkommen in €*	Abzüge an Einkommensteuer, Solidaritätszuschlag und Kirchensteuer							
	Grundtabelle				Splittingtabelle					Grundtabelle				Splittingtabelle			
	ESt	SolZ	8%	9%	ESt	SolZ	8%	9%		ESt	SolZ	8%	9%	ESt	SolZ	8%	9%
42 224	10 045	552,47	803,60	904,05	6 312	347,16	504,96	568,08	44 384	10 864	597,52	869,12	977,76	6 918	380,49	553,44	622,62
42 260	10 058	553,19	804,64	905,22	6 322	347,71	505,76	568,98	44 420	10 878	598,29	870,24	979,02	6 928	381,04	554,24	623,52
42 296	10 072	553,96	805,76	906,48	6 332	348,26	506,56	569,88	44 456	10 892	599,06	871,36	980,28	6 938	381,59	555,04	624,42
42 332	10 085	554,67	806,80	907,65	6 342	348,81	507,36	570,78	44 492	10 906	599,83	872,48	981,54	6 948	382,14	555,84	625,32
42 368	10 099	555,44	807,92	908,91	6 352	349,36	508,16	571,68	44 528	10 920	600,60	873,60	982,80	6 958	382,69	556,64	626,22
42 404	10 112	556,16	808,96	910,08	6 362	349,91	508,96	572,58	44 564	10 934	601,37	874,72	984,06	6 968	383,24	557,44	627,12
42 440	10 126	556,93	810,08	911,34	6 372	350,46	509,76	573,48	44 600	10 948	602,14	875,84	985,32	6 978	383,79	558,24	628,02
42 476	10 139	557,64	811,12	912,51	6 382	351,01	510,56	574,38	44 636	10 961	602,85	876,88	986,49	6 988	384,34	559,04	628,92
42 512	10 153	558,41	812,24	913,77	6 392	351,56	511,36	575,28	44 672	10 975	603,62	878,—	987,75	7 000	385,—	560,—	630,—
42 548	10 166	559,13	813,28	914,94	6 402	352,11	512,16	576,18	44 708	10 989	604,39	879,12	989,01	7 010	385,55	560,80	630,90
42 584	10 180	559,90	814,40	916,20	6 412	352,66	512,96	577,08	44 744	11 003	605,16	880,24	990,27	7 020	386,10	561,60	631,80
42 620	10 193	560,61	815,44	917,37	6 422	353,21	513,76	577,98	44 780	11 017	605,93	881,36	991,53	7 030	386,65	562,40	632,70
42 656	10 207	561,38	816,56	918,63	6 432	353,76	514,56	578,88	44 816	11 031	606,70	882,48	992,79	7 040	387,20	563,20	633,60
42 692	10 220	562,10	817,60	919,80	6 442	354,31	515,36	579,78	44 852	11 045	607,47	883,60	994,05	7 050	387,75	564,—	634,50
42 728	10 234	562,87	818,72	921,06	6 452	354,86	516,16	580,68	44 888	11 059	608,24	884,72	995,31	7 060	388,30	564,80	635,40
42 764	10 248	563,64	819,84	922,32	6 462	355,41	516,96	581,58	44 924	11 073	609,01	885,84	996,57	7 070	388,85	565,60	636,30
42 800	10 261	564,35	820,88	923,49	6 472	355,96	517,76	582,48	44 960	11 087	609,78	886,96	997,83	7 080	389,40	566,40	637,20
42 836	10 275	565,12	822,—	924,75	6 482	356,51	518,56	583,38	44 996	11 101	610,55	888,08	999,09	7 092	390,06	567,36	638,28
42 872	10 288	565,84	823,04	925,92	6 492	357,06	519,36	584,28	45 032	11 115	611,32	889,20	1 000,35	7 102	390,61	568,16	639,18
42 908	10 302	566,61	824,16	927,18	6 502	357,61	520,16	585,18	45 068	11 128	612,04	890,24	1 001,52	7 112	391,16	568,96	640,08
42 944	10 316	567,38	825,28	928,44	6 512	358,16	520,96	586,08	45 104	11 142	612,81	891,36	1 002,78	7 122	391,71	569,76	640,98
42 980	10 329	568,09	826,32	929,61	6 522	358,71	521,76	586,98	45 140	11 156	613,58	892,48	1 004,04	7 132	392,26	570,56	641,88
43 016	10 343	568,86	827,44	930,87	6 532	359,26	522,56	587,88	45 176	11 170	614,35	893,60	1 005,30	7 142	392,81	571,36	642,78
43 052	10 356	569,58	828,48	932,04	6 542	359,81	523,36	588,78	45 212	11 184	615,12	894,72	1 006,56	7 152	393,36	572,16	643,68
43 088	10 370	570,35	829,60	933,30	6 552	360,36	524,16	589,68	45 248	11 198	615,89	895,84	1 007,82	7 162	393,91	572,96	644,58
43 124	10 384	571,12	830,72	934,56	6 562	360,91	524,96	590,58	45 284	11 212	616,66	896,96	1 009,08	7 174	394,57	573,92	645,66
43 160	10 397	571,83	831,76	935,73	6 572	361,46	525,76	591,48	45 320	11 226	617,43	898,08	1 010,34	7 184	395,12	574,72	646,56
43 196	10 411	572,60	832,88	936,99	6 584	362,12	526,72	592,56	45 356	11 240	618,20	899,20	1 011,60	7 194	395,67	575,52	647,46
43 232	10 425	573,37	834,—	938,25	6 594	362,67	527,52	593,46	45 392	11 254	618,97	900,32	1 012,86	7 204	396,22	576,32	648,36
43 268	10 438	574,09	835,04	939,42	6 604	363,22	528,32	594,36	45 428	11 268	619,74	901,44	1 014,12	7 214	396,77	577,12	649,26
43 304	10 452	574,86	836,16	940,68	6 614	363,77	529,12	595,26	45 464	11 282	620,51	902,56	1 015,38	7 224	397,32	577,92	650,16
43 340	10 466	575,63	837,28	941,94	6 624	364,32	529,92	596,16	45 500	11 296	621,28	903,68	1 016,64	7 234	397,87	578,72	651,06
43 376	10 479	576,34	838,32	943,11	6 634	364,87	530,72	597,06	45 536	11 310	622,05	904,80	1 017,90	7 246	398,53	579,68	652,14
43 412	10 493	577,11	839,44	944,37	6 644	365,42	531,52	597,96	45 572	11 324	622,82	905,92	1 019,16	7 256	399,08	580,48	653,04
43 448	10 507	577,88	840,56	945,63	6 654	365,97	532,32	598,86	45 608	11 338	623,59	907,04	1 020,42	7 266	399,63	581,28	653,94
43 484	10 520	578,60	841,60	946,80	6 664	366,52	533,12	599,76	45 644	11 352	624,36	908,16	1 021,68	7 276	400,18	582,08	654,84
43 520	10 534	579,37	842,72	948,06	6 674	367,07	533,92	600,66	45 680	11 367	625,18	909,36	1 023,03	7 286	400,73	582,88	655,74
43 556	10 548	580,14	843,84	949,32	6 684	367,62	534,72	601,56	45 716	11 381	625,95	910,48	1 024,29	7 296	401,28	583,68	656,64
43 592	10 561	580,85	844,88	950,49	6 694	368,17	535,52	602,46	45 752	11 395	626,72	911,60	1 025,55	7 306	401,83	584,48	657,54
43 628	10 575	581,62	846,—	951,75	6 704	368,72	536,32	603,36	45 788	11 409	627,49	912,72	1 026,81	7 318	402,49	585,44	658,62
43 664	10 589	582,39	847,12	953,01	6 714	369,27	537,12	604,26	45 824	11 423	628,26	913,84	1 028,07	7 328	403,04	586,24	659,52
43 700	10 603	583,16	848,24	954,27	6 724	369,82	537,92	605,16	45 860	11 437	629,03	914,96	1 029,33	7 338	403,59	587,04	660,42
43 736	10 616	583,88	849,28	955,44	6 734	370,37	538,72	606,06	45 896	11 451	629,80	916,08	1 030,59	7 348	404,14	587,84	661,32
43 772	10 630	584,65	850,40	956,70	6 744	370,92	539,52	606,96	45 932	11 465	630,57	917,20	1 031,85	7 358	404,69	588,64	662,22
43 808	10 644	585,42	851,52	957,96	6 754	371,47	540,32	607,86	45 968	11 479	631,34	918,32	1 033,11	7 368	405,24	589,44	663,12
43 844	10 657	586,13	852,56	959,13	6 766	372,13	541,28	608,94	46 004	11 493	632,11	919,44	1 034,37	7 378	405,79	590,24	664,02
43 880	10 671	586,90	853,68	960,39	6 776	372,68	542,08	609,84	46 040	11 507	632,88	920,56	1 035,63	7 390	406,45	591,20	665,10
43 916	10 685	587,67	854,80	961,65	6 786	373,23	542,88	610,74	46 076	11 521	633,65	921,68	1 036,89	7 400	407,—	592,—	666,—
43 952	10 699	588,44	855,92	962,91	6 796	373,78	543,68	611,64	46 112	11 536	634,48	922,88	1 038,24	7 410	407,55	592,80	666,90
43 988	10 713	589,21	857,04	964,17	6 806	374,33	544,48	612,54	46 148	11 550	635,25	924,—	1 039,50	7 420	408,10	593,60	667,80
44 024	10 726	589,93	858,08	965,34	6 816	374,88	545,28	613,44	46 184	11 564	636,02	925,12	1 040,76	7 430	408,65	594,40	668,70
44 060	10 740	590,70	859,20	966,60	6 826	375,43	546,08	614,34	46 220	11 578	636,79	926,24	1 042,02	7 440	409,20	595,20	669,60
44 096	10 754	591,47	860,32	967,86	6 836	375,98	546,88	615,24	46 256	11 592	637,56	927,36	1 043,28	7 452	409,86	596,16	670,68
44 132	10 768	592,24	861,44	969,12	6 846	376,53	547,68	616,14	46 292	11 606	638,33	928,48	1 044,54	7 462	410,41	596,96	671,58
44 168	10 781	592,95	862,48	970,29	6 856	377,08	548,48	617,04	46 328	11 620	639,10	929,60	1 045,80	7 472	410,96	597,76	672,48
44 204	10 795	593,72	863,60	971,55	6 866	377,63	549,28	617,94	46 364	11 635	639,92	930,80	1 047,15	7 482	411,51	598,56	673,38
44 240	10 809	594,49	864,72	972,81	6 876	378,18	550,08	618,84	46 400	11 649	640,69	931,92	1 048,41	7 492	412,06	599,36	674,28
44 276	10 823	595,26	865,84	974,07	6 888	378,84	551,04	619,92	46 436	11 663	641,46	933,04	1 049,67	7 502	412,61	600,16	675,18
44 312	10 837	596,03	866,96	975,33	6 898	379,39	551,84	620,82	46 472	11 677	642,23	934,16	1 050,93	7 514	413,27	601,12	676,26
44 348	10 851	596,80	868,08	976,59	6 908	379,94	552,64	621,72	46 508	11 691	643,—	935,28	1 052,19	7 524	413,82	601,92	677,16

* Die Steuerbeträge gelten nur für das ausgewiesene zu versteuernde Einkommen.
Für Zwischenwerte vergleiche Erläuterungen in Teil I, Hauptvordruck, Zeile 13.

EINKOMMEN 46 509,–*

Zu versteuerndes Einkommen in €*	Grundtabelle ESt	SolZ	8%	9%	Splittingtabelle ESt	SolZ	8%	9%	Zu versteuerndes Einkommen in €*	Grundtabelle ESt	SolZ	8%	9%	Splittingtabelle ESt	SolZ	8%	9%
46 544	11 706	643,83	936,48	1 053,54	7 534	414,37	602,72	678,06	48 704	12 568	691,24	1 005,44	1 131,12	8 162	448,91	652,96	734,58
46 580	11 720	644,60	937,60	1 054,80	7 544	414,92	603,52	678,96	48 740	12 583	692,06	1 006,64	1 132,47	8 172	449,46	653,76	735,48
46 616	11 734	645,37	938,72	1 056,06	7 554	415,47	604,32	679,86	48 776	12 597	692,83	1 007,76	1 133,73	8 182	450,01	654,56	736,38
46 652	11 748	646,14	939,84	1 057,32	7 566	416,13	605,28	680,94	48 812	12 612	693,66	1 008,96	1 135,08	8 192	450,56	655,36	737,28
46 688	11 762	646,91	940,96	1 058,58	7 576	416,68	606,08	681,84	48 848	12 626	694,43	1 010,08	1 136,34	8 204	451,22	656,32	738,36
46 724	11 777	647,73	942,16	1 059,93	7 586	417,23	606,88	682,74	48 884	12 641	695,25	1 011,28	1 137,69	8 214	451,77	657,12	739,26
46 760	11 791	648,50	943,28	1 061,19	7 596	417,78	607,68	683,64	48 920	12 655	696,02	1 012,40	1 138,95	8 224	452,32	657,92	740,16
46 796	11 805	649,27	944,40	1 062,45	7 606	418,33	608,48	684,54	48 956	12 670	696,85	1 013,60	1 140,30	8 236	452,98	658,88	741,24
46 832	11 819	650,04	945,52	1 063,71	7 618	418,99	609,44	685,62	48 992	12 685	697,67	1 014,80	1 141,65	8 246	453,53	659,68	742,14
46 868	11 834	650,87	946,72	1 065,06	7 628	419,54	610,24	686,52	49 028	12 699	698,44	1 015,92	1 142,91	8 256	454,08	660,48	743,04
46 904	11 848	651,64	947,84	1 066,32	7 638	420,09	611,04	687,42	49 064	12 714	699,27	1 017,12	1 144,26	8 266	454,63	661,28	743,94
46 940	11 862	652,41	948,96	1 067,58	7 648	420,64	611,84	688,32	49 100	12 728	700,04	1 018,24	1 145,52	8 278	455,29	662,24	745,02
46 976	11 876	653,18	950,08	1 068,84	7 658	421,19	612,64	689,22	49 136	12 743	700,86	1 019,44	1 146,87	8 288	455,84	663,04	745,92
47 012	11 891	654,—	951,28	1 070,19	7 670	421,85	613,60	690,30	49 172	12 758	701,69	1 020,64	1 148,22	8 298	456,39	663,84	746,82
47 048	11 905	654,77	952,40	1 071,45	7 680	422,40	614,40	691,20	49 208	12 772	702,46	1 021,76	1 149,48	8 310	457,05	664,80	747,90
47 084	11 919	655,54	953,52	1 072,71	7 690	422,95	615,20	692,10	49 244	12 787	703,28	1 022,96	1 150,83	8 320	457,60	665,60	748,80
47 120	11 933	656,31	954,64	1 073,97	7 700	423,50	616,—	693,—	49 280	12 802	704,11	1 024,16	1 152,18	8 330	458,15	666,40	749,70
47 156	11 948	657,14	955,84	1 075,32	7 710	424,05	616,80	693,90	49 316	12 816	704,88	1 025,28	1 153,44	8 340	458,70	667,20	750,60
47 192	11 962	657,91	956,96	1 076,58	7 722	424,71	617,76	694,98	49 352	12 831	705,70	1 026,48	1 154,79	8 352	459,36	668,16	751,68
47 228	11 976	658,68	958,08	1 077,84	7 732	425,26	618,56	695,88	49 388	12 846	706,53	1 027,68	1 156,14	8 362	459,91	668,96	752,58
47 264	11 991	659,50	959,28	1 079,19	7 742	425,81	619,36	696,78	49 424	12 860	707,30	1 028,80	1 157,40	8 372	460,46	669,76	753,48
47 300	12 005	660,27	960,40	1 080,45	7 752	426,36	620,16	697,68	49 460	12 875	708,12	1 030,—	1 158,75	8 384	461,12	670,72	754,56
47 336	12 019	661,04	961,52	1 081,71	7 762	426,91	620,96	698,58	49 496	12 890	708,95	1 031,20	1 160,10	8 394	461,67	671,52	755,46
47 372	12 034	661,87	962,72	1 083,06	7 774	427,57	621,92	699,66	49 532	12 904	709,72	1 032,32	1 161,36	8 404	462,22	672,32	756,36
47 408	12 048	662,64	963,84	1 084,32	7 784	428,12	622,72	700,56	49 568	12 919	710,54	1 033,52	1 162,71	8 416	462,88	673,28	757,44
47 444	12 062	663,41	964,96	1 085,58	7 794	428,67	623,52	701,46	49 604	12 934	711,37	1 034,72	1 164,06	8 426	463,43	674,08	758,34
47 480	12 077	664,23	966,16	1 086,93	7 804	429,22	624,32	702,36	49 640	12 948	712,14	1 035,84	1 165,32	8 436	463,98	674,88	759,24
47 516	12 091	665,—	967,28	1 088,19	7 814	429,77	625,12	703,26	49 676	12 963	712,96	1 037,04	1 166,67	8 446	464,53	675,68	760,14
47 552	12 105	665,77	968,40	1 089,45	7 826	430,43	626,08	704,34	49 712	12 978	713,79	1 038,24	1 168,02	8 458	465,19	676,64	761,22
47 588	12 120	666,60	969,60	1 090,80	7 836	430,98	626,88	705,24	49 748	12 993	714,61	1 039,44	1 169,37	8 468	465,74	677,44	762,12
47 624	12 134	667,37	970,72	1 092,06	7 846	431,53	627,68	706,14	49 784	13 007	715,38	1 040,56	1 170,63	8 478	466,29	678,24	763,02
47 660	12 148	668,14	971,84	1 093,32	7 856	432,08	628,48	707,04	49 820	13 022	716,21	1 041,76	1 171,98	8 490	466,95	679,20	764,10
47 696	12 163	668,96	973,04	1 094,67	7 868	432,74	629,44	708,12	49 856	13 037	717,03	1 042,96	1 173,33	8 500	467,50	680,—	765,—
47 732	12 177	669,73	974,16	1 095,93	7 878	433,29	630,24	709,02	49 892	13 051	717,80	1 044,08	1 174,59	8 510	468,05	680,80	765,90
47 768	12 192	670,56	975,36	1 097,28	7 888	433,84	631,04	709,92	49 928	13 066	718,63	1 045,28	1 175,94	8 522	468,71	681,76	766,98
47 804	12 206	671,33	976,48	1 098,54	7 898	434,39	631,84	710,82	49 964	13 081	719,45	1 046,48	1 177,29	8 532	469,26	682,56	767,88
47 840	12 220	672,10	977,60	1 099,80	7 910	435,05	632,80	711,90	50 000	13 096	720,28	1 047,68	1 178,64	8 542	469,81	683,36	768,78
47 876	12 235	672,92	978,80	1 101,15	7 920	435,60	633,60	712,80	50 036	13 111	721,10	1 048,88	1 179,99	8 554	470,47	684,32	769,86
47 912	12 249	673,69	979,92	1 102,41	7 930	436,15	634,40	713,70	50 072	13 125	721,87	1 050,—	1 181,25	8 564	471,02	685,12	770,76
47 948	12 264	674,52	981,12	1 103,76	7 940	436,70	635,20	714,60	50 108	13 140	722,70	1 051,20	1 182,60	8 574	471,57	685,92	771,66
47 984	12 278	675,29	982,24	1 105,02	7 950	437,25	636,—	715,50	50 144	13 155	723,52	1 052,40	1 183,95	8 586	472,23	686,88	772,74
48 020	12 293	676,11	983,44	1 106,37	7 962	437,91	636,96	716,58	50 180	13 170	724,35	1 053,60	1 185,30	8 596	472,78	687,68	773,64
48 056	12 307	676,88	984,56	1 107,63	7 972	438,46	637,76	717,48	50 216	13 184	725,12	1 054,72	1 186,56	8 606	473,33	688,48	774,54
48 092	12 321	677,65	985,68	1 108,89	7 982	439,01	638,56	718,38	50 252	13 199	725,94	1 055,92	1 187,91	8 618	473,99	689,44	775,62
48 128	12 336	678,48	986,88	1 110,24	7 992	439,56	639,36	719,28	50 288	13 214	726,77	1 057,12	1 189,26	8 628	474,54	690,24	776,52
48 164	12 350	679,25	988,—	1 111,50	8 004	440,22	640,32	720,36	50 324	13 229	727,59	1 058,32	1 190,61	8 638	475,09	691,04	777,42
48 200	12 365	680,07	989,20	1 112,85	8 014	440,77	641,12	721,26	50 360	13 244	728,42	1 059,52	1 191,96	8 650	475,75	692,—	778,50
48 236	12 379	680,84	990,32	1 114,11	8 024	441,32	641,92	722,16	50 396	13 259	729,24	1 060,72	1 193,31	8 660	476,30	692,80	779,40
48 272	12 394	681,67	991,52	1 115,46	8 034	441,87	642,72	723,06	50 432	13 273	730,01	1 061,84	1 194,57	8 670	476,85	693,60	780,30
48 308	12 408	682,44	992,64	1 116,72	8 046	442,53	643,68	724,14	50 468	13 288	730,84	1 063,04	1 195,92	8 682	477,51	694,56	781,38
48 344	12 423	683,26	993,84	1 118,07	8 056	443,08	644,48	725,04	50 504	13 303	731,66	1 064,24	1 197,27	8 692	478,06	695,36	782,28
48 380	12 437	684,03	994,96	1 119,33	8 066	443,63	645,28	725,94	50 540	13 318	732,49	1 065,44	1 198,62	8 702	478,61	696,16	783,18
48 416	12 452	684,86	996,16	1 120,68	8 076	444,18	646,08	726,84	50 576	13 333	733,31	1 066,64	1 199,97	8 714	479,27	697,12	784,26
48 452	12 466	685,63	997,28	1 121,94	8 088	444,84	647,04	727,92	50 612	13 348	734,14	1 067,84	1 201,32	8 724	479,82	697,92	785,16
48 488	12 481	686,45	998,48	1 123,29	8 098	445,39	647,84	728,82	50 648	13 362	734,91	1 068,96	1 202,58	8 734	480,37	698,72	786,06
48 524	12 495	687,22	999,60	1 124,55	8 108	445,94	648,64	729,72	50 684	13 377	735,73	1 070,16	1 203,93	8 746	481,03	699,68	787,14
48 560	12 510	688,05	1 000,80	1 125,90	8 120	446,60	649,60	730,80	50 720	13 392	736,56	1 071,36	1 205,28	8 756	481,58	700,48	788,04
48 596	12 524	688,82	1 001,92	1 127,16	8 130	447,15	650,40	731,70	50 756	13 407	737,38	1 072,56	1 206,63	8 766	482,13	701,28	788,94
48 632	12 539	689,64	1 003,12	1 128,51	8 140	447,70	651,20	732,60	50 792	13 422	738,21	1 073,76	1 207,98	8 778	482,79	702,24	790,02
48 668	12 553	690,41	1 004,24	1 129,77	8 150	448,25	652,—	733,50	50 828	13 437	739,03	1 074,96	1 209,33	8 788	483,34	703,04	790,92

* Die Steuerbeträge gelten nur für das ausgewiesene zu versteuernde Einkommen.
Für Zwischenwerte vergleiche Erläuterungen in Teil I, Hauptvordruck, Zeile 13.

55 148,–* EINKOMMEN

Zu versteuerndes Einkommen in €*	Abzüge an Einkommensteuer, Solidaritätszuschlag und Kirchensteuer								Zu versteuerndes Einkommen in €*	Abzüge an Einkommensteuer, Solidaritätszuschlag und Kirchensteuer							
	Grundtabelle				Splittingtabelle					Grundtabelle				Splittingtabelle			
	ESt	SolZ	8%	9%	ESt	SolZ	8%	9%		ESt	SolZ	8%	9%	ESt	SolZ	8%	9%
50 864	13 452	739,86	1 076,16	1 210,68	8 800	484,—	704,—	792,—	53 024	14 356	789,58	1 148,48	1 292,04	9 448	519,64	755,84	850,32
50 900	13 467	740,68	1 077,36	1 212,03	8 810	484,55	704,80	792,90	53 060	14 371	790,40	1 149,68	1 293,39	9 458	520,19	756,64	851,22
50 936	13 482	741,51	1 078,56	1 213,38	8 820	485,10	705,60	793,80	53 096	14 386	791,23	1 150,88	1 294,74	9 470	520,85	757,60	852,30
50 972	13 497	742,33	1 079,76	1 214,73	8 832	485,76	706,56	794,88	53 132	14 401	792,05	1 152,08	1 296,09	9 480	521,40	758,40	853,20
51 008	13 512	743,16	1 080,96	1 216,08	8 842	486,31	707,36	795,78	53 168	14 416	792,88	1 153,28	1 297,44	9 492	522,06	759,36	854,28
51 044	13 526	743,93	1 082,08	1 217,34	8 852	486,86	708,16	796,68	53 204	14 431	793,70	1 154,48	1 298,79	9 502	522,61	760,16	855,18
51 080	13 541	744,75	1 083,28	1 218,69	8 864	487,52	709,12	797,76	53 240	14 446	794,53	1 155,68	1 300,14	9 514	523,27	761,12	856,26
51 116	13 556	745,58	1 084,48	1 220,04	8 874	488,07	709,92	798,66	53 276	14 461	795,35	1 156,88	1 301,49	9 524	523,82	761,92	857,16
51 152	13 571	746,40	1 085,68	1 221,39	8 884	488,62	710,72	799,56	53 312	14 477	796,23	1 158,16	1 302,93	9 534	524,37	762,72	858,06
51 188	13 586	747,23	1 086,88	1 222,74	8 896	489,28	711,68	800,64	53 348	14 492	797,06	1 159,36	1 304,28	9 546	525,03	763,68	859,14
51 224	13 601	748,05	1 088,08	1 224,09	8 906	489,83	712,48	801,54	53 384	14 507	797,88	1 160,56	1 305,63	9 556	525,58	764,48	860,04
51 260	13 616	748,88	1 089,28	1 225,44	8 918	490,49	713,44	802,62	53 420	14 522	798,71	1 161,76	1 306,98	9 568	526,24	765,44	861,12
51 296	13 631	749,70	1 090,48	1 226,79	8 928	491,04	714,24	803,52	53 456	14 537	799,53	1 162,96	1 308,33	9 578	526,79	766,24	862,02
51 332	13 646	750,53	1 091,68	1 228,14	8 938	491,59	715,04	804,42	53 492	14 552	800,36	1 164,16	1 309,68	9 590	527,45	767,20	863,10
51 368	13 661	751,35	1 092,88	1 229,49	8 950	492,25	716,—	805,50	53 528	14 567	801,18	1 165,36	1 311,03	9 600	528,—	768,—	864,—
51 404	13 676	752,18	1 094,08	1 230,84	8 960	492,80	716,80	806,40	53 564	14 582	802,01	1 166,56	1 312,38	9 612	528,66	768,96	865,08
51 440	13 691	753,—	1 095,28	1 232,19	8 970	493,35	717,60	807,30	53 600	14 598	802,89	1 167,84	1 313,82	9 622	529,21	769,76	865,98
51 476	13 706	753,83	1 096,48	1 233,54	8 982	494,01	718,56	808,38	53 636	14 613	803,71	1 169,04	1 315,17	9 634	529,87	770,72	867,06
51 512	13 721	754,65	1 097,68	1 234,89	8 992	494,56	719,36	809,28	53 672	14 628	804,54	1 170,24	1 316,52	9 644	530,42	771,52	867,96
51 548	13 736	755,48	1 098,88	1 236,24	9 004	495,22	720,32	810,36	53 708	14 643	805,36	1 171,44	1 317,87	9 656	531,08	772,48	869,04
51 584	13 751	756,30	1 100,08	1 237,59	9 014	495,77	721,12	811,26	53 744	14 658	806,19	1 172,64	1 319,22	9 666	531,63	773,28	869,94
51 620	13 766	757,13	1 101,28	1 238,94	9 024	496,32	721,92	812,16	53 780	14 673	807,01	1 173,84	1 320,57	9 678	532,29	774,24	871,02
51 656	13 781	757,95	1 102,48	1 240,29	9 036	496,98	722,88	813,24	53 816	14 688	807,84	1 175,04	1 321,92	9 688	532,84	775,04	871,92
51 692	13 796	758,78	1 103,68	1 241,64	9 046	497,53	723,68	814,14	53 852	14 703	808,66	1 176,24	1 323,27	9 700	533,50	776,—	873,—
51 728	13 811	759,60	1 104,88	1 242,99	9 058	498,19	724,64	815,22	53 888	14 718	809,49	1 177,44	1 324,62	9 710	534,05	776,80	873,90
51 764	13 826	760,43	1 106,08	1 244,34	9 068	498,74	725,44	816,12	53 924	14 734	810,37	1 178,72	1 326,06	9 720	534,60	777,60	874,80
51 800	13 841	761,25	1 107,28	1 245,69	9 078	499,29	726,24	817,02	53 960	14 749	811,19	1 179,92	1 327,41	9 732	535,26	778,56	875,88
51 836	13 857	762,13	1 108,56	1 247,13	9 090	499,95	727,20	818,10	53 996	14 764	812,02	1 181,12	1 328,76	9 742	535,81	779,36	876,78
51 872	13 872	762,96	1 109,76	1 248,48	9 100	500,50	728,—	819,—	54 032	14 779	812,84	1 182,32	1 330,11	9 754	536,47	780,32	877,86
51 908	13 887	763,78	1 110,96	1 249,83	9 112	501,16	728,96	820,08	54 068	14 794	813,67	1 183,52	1 331,46	9 764	537,02	781,12	878,76
51 944	13 902	764,61	1 112,16	1 251,18	9 122	501,71	729,76	820,98	54 104	14 809	814,49	1 184,72	1 332,81	9 776	537,68	782,08	879,84
51 980	13 917	765,43	1 113,36	1 252,53	9 132	502,26	730,56	821,88	54 140	14 824	815,32	1 185,92	1 334,16	9 786	538,23	782,88	880,74
52 016	13 932	766,26	1 114,56	1 253,88	9 144	502,92	731,52	822,96	54 176	14 839	816,14	1 187,12	1 335,51	9 798	538,89	783,84	881,82
52 052	13 947	767,08	1 115,76	1 255,23	9 154	503,47	732,32	823,86	54 212	14 855	817,02	1 188,40	1 336,95	9 808	539,44	784,64	882,72
52 088	13 962	767,91	1 116,96	1 256,58	9 166	504,13	733,28	824,94	54 248	14 870	817,85	1 189,60	1 338,30	9 820	540,10	785,60	883,80
52 124	13 977	768,73	1 118,16	1 257,93	9 176	504,68	734,08	825,84	54 284	14 885	818,67	1 190,80	1 339,65	9 830	540,65	786,40	884,70
52 160	13 993	769,61	1 119,44	1 259,37	9 186	505,23	734,88	826,74	54 320	14 900	819,50	1 192,—	1 341,—	9 842	541,31	787,36	885,78
52 196	14 008	770,44	1 120,64	1 260,72	9 198	505,89	735,84	827,82	54 356	14 915	820,32	1 193,20	1 342,35	9 852	541,86	788,16	886,68
52 232	14 023	771,26	1 121,84	1 262,07	9 208	506,44	736,64	828,72	54 392	14 930	821,15	1 194,40	1 343,70	9 864	542,52	789,12	887,76
52 268	14 038	772,09	1 123,04	1 263,42	9 220	507,10	737,60	829,80	54 428	14 945	821,97	1 195,60	1 345,05	9 874	543,07	789,92	888,66
52 304	14 053	772,91	1 124,24	1 264,77	9 230	507,65	738,40	830,70	54 464	14 960	822,80	1 196,80	1 346,40	9 886	543,73	790,88	889,74
52 340	14 068	773,74	1 125,44	1 266,12	9 242	508,31	739,36	831,78	54 500	14 976	823,68	1 198,08	1 347,84	9 896	544,28	791,68	890,64
52 376	14 083	774,56	1 126,64	1 267,47	9 252	508,86	740,16	832,68	54 536	14 991	824,50	1 199,28	1 349,19	9 908	544,94	792,64	891,72
52 412	14 099	775,44	1 127,92	1 268,91	9 262	509,41	740,96	833,58	54 572	15 006	825,33	1 200,48	1 350,54	9 918	545,49	793,44	892,62
52 448	14 114	776,27	1 129,12	1 270,26	9 274	510,07	741,92	834,66	54 608	15 021	826,15	1 201,68	1 351,89	9 930	546,15	794,40	893,70
52 484	14 129	777,09	1 130,32	1 271,61	9 284	510,62	742,72	835,56	54 644	15 036	826,98	1 202,88	1 353,24	9 940	546,70	795,20	894,60
52 520	14 144	777,92	1 131,52	1 272,96	9 296	511,28	743,68	836,64	54 680	15 051	827,80	1 204,08	1 354,59	9 952	547,36	796,16	895,68
52 556	14 159	778,74	1 132,72	1 274,31	9 306	511,83	744,48	837,54	54 716	15 066	828,63	1 205,28	1 355,94	9 964	548,02	797,12	896,76
52 592	14 174	779,57	1 133,92	1 275,66	9 318	512,49	745,44	838,62	54 752	15 081	829,45	1 206,48	1 357,29	9 974	548,57	797,92	897,66
52 628	14 189	780,39	1 135,12	1 277,01	9 328	513,04	746,24	839,52	54 788	15 096	830,28	1 207,68	1 358,64	9 986	549,23	798,88	898,74
52 664	14 204	781,22	1 136,32	1 278,36	9 338	513,59	747,04	840,42	54 824	15 112	831,16	1 208,96	1 360,08	9 996	549,78	799,68	899,64
52 700	14 220	782,10	1 137,60	1 279,80	9 350	514,25	748,—	841,50	54 860	15 127	831,98	1 210,16	1 361,43	10 008	550,44	800,64	900,72
52 736	14 235	782,92	1 138,80	1 281,15	9 360	514,80	748,80	842,40	54 896	15 142	832,81	1 211,36	1 362,78	10 018	550,99	801,44	901,62
52 772	14 250	783,75	1 140,—	1 282,50	9 372	515,46	749,76	843,48	54 932	15 157	833,63	1 212,56	1 364,13	10 030	551,65	802,40	902,70
52 808	14 265	784,57	1 141,20	1 283,85	9 382	516,01	750,56	844,38	54 968	15 172	834,46	1 213,76	1 365,48	10 040	552,20	803,20	903,60
52 844	14 280	785,40	1 142,40	1 285,20	9 394	516,67	751,52	845,46	55 004	15 187	835,28	1 214,96	1 366,83	10 052	552,86	804,16	904,68
52 880	14 295	786,22	1 143,60	1 286,55	9 404	517,22	752,32	846,36	55 040	15 202	836,11	1 216,16	1 368,18	10 062	553,41	804,96	905,58
52 916	14 310	787,05	1 144,80	1 287,90	9 414	517,77	753,12	847,26	55 076	15 217	836,93	1 217,36	1 369,53	10 074	554,07	805,92	906,66
52 952	14 325	787,87	1 146,—	1 289,25	9 426	518,43	754,08	848,34	55 112	15 233	837,81	1 218,64	1 370,97	10 084	554,62	806,72	907,56
52 988	14 340	788,70	1 147,20	1 290,60	9 436	518,98	754,88	849,24	55 148	15 248	838,64	1 219,84	1 372,32	10 096	555,28	807,68	908,64

* Die Steuerbeträge gelten nur für das ausgewiesene zu versteuernde Einkommen.
Für Zwischenwerte vergleiche Erläuterungen in Teil I, Hauptvordruck, Zeile 13.

EINKOMMEN 55 149,—*

Zu versteuerndes Einkommen in €*	Abzüge an Einkommensteuer, Solidaritätszuschlag und Kirchensteuer							Zu versteuerndes Einkommen in €*	Abzüge an Einkommensteuer, Solidaritätszuschlag und Kirchensteuer						
	Grundtabelle				Splittingtabelle				Grundtabelle				Splittingtabelle		
	ESt	SolZ	8%	9%	ESt	SolZ	8%	9%	ESt	SolZ	8%	9%	ESt	SolZ	8%	9%
55 184	15 263	839,46	1 221,04	1 373,67	10 106	555,83	808,48	909,54	57 344	16 170	889,35	1 293,60	1 455,30	10 776	592,68	862,08	969,84
55 220	15 278	840,29	1 222,24	1 375,02	10 118	556,49	809,44	910,62	57 380	16 185	890,17	1 294,80	1 456,65	10 788	593,34	863,04	970,92
55 256	15 293	841,11	1 223,44	1 376,37	10 128	557,04	810,24	911,52	57 416	16 200	891,—	1 296,—	1 458,—	10 800	594,—	864,—	972,—
55 292	15 308	841,94	1 224,64	1 377,72	10 140	557,70	811,20	912,60	57 452	16 215	891,82	1 297,20	1 459,35	10 810	594,55	864,80	972,90
55 328	15 323	842,76	1 225,84	1 379,07	10 152	558,36	812,16	913,68	57 488	16 230	892,65	1 298,40	1 460,70	10 822	595,21	865,76	973,98
55 364	15 338	843,59	1 227,04	1 380,42	10 162	558,91	812,96	914,58	57 524	16 246	893,53	1 299,68	1 462,14	10 832	595,76	866,56	974,88
55 400	15 354	844,47	1 228,32	1 381,86	10 174	559,57	813,92	915,66	57 560	16 261	894,35	1 300,88	1 463,49	10 844	596,42	867,52	975,96
55 436	15 369	845,29	1 229,52	1 383,21	10 184	560,12	814,72	916,56	57 596	16 276	895,18	1 302,08	1 464,84	10 856	597,08	868,48	977,04
55 472	15 384	846,12	1 230,72	1 384,56	10 196	560,78	815,68	917,64	57 632	16 291	896,—	1 303,28	1 466,19	10 866	597,63	869,28	977,94
55 508	15 399	846,94	1 231,92	1 385,91	10 206	561,33	816,48	918,54	57 668	16 306	896,83	1 304,48	1 467,54	10 878	598,29	870,24	979,02
55 544	15 414	847,77	1 233,12	1 387,26	10 218	561,99	817,44	919,62	57 704	16 321	897,65	1 305,68	1 468,89	10 890	598,95	871,20	980,10
55 580	15 429	848,59	1 234,32	1 388,61	10 228	562,54	818,24	920,52	57 740	16 336	898,48	1 306,88	1 470,24	10 900	599,50	872,—	981,—
55 616	15 444	849,42	1 235,52	1 389,96	10 240	563,20	819,20	921,60	57 776	16 351	899,30	1 308,08	1 471,59	10 912	600,16	872,96	982,08
55 652	15 459	850,24	1 236,72	1 391,31	10 252	563,86	820,16	922,68	57 812	16 367	900,18	1 309,36	1 473,03	10 924	600,82	873,92	983,16
55 688	15 474	851,07	1 237,92	1 392,66	10 262	564,41	820,96	923,58	57 848	16 382	901,01	1 310,56	1 474,38	10 934	601,37	874,72	984,06
55 724	15 490	851,95	1 239,20	1 394,10	10 274	565,07	821,92	924,66	57 884	16 397	901,83	1 311,76	1 475,73	10 946	602,03	875,68	985,14
55 760	15 505	852,77	1 240,40	1 395,45	10 284	565,62	822,72	925,56	57 920	16 412	902,66	1 312,96	1 477,08	10 958	602,69	876,64	986,22
55 796	15 520	853,60	1 241,60	1 396,80	10 296	566,28	823,68	926,64	57 956	16 427	903,48	1 314,16	1 478,43	10 968	603,24	877,44	987,12
55 832	15 535	854,42	1 242,80	1 398,15	10 306	566,83	824,48	927,54	57 992	16 442	904,31	1 315,36	1 479,78	10 980	603,90	878,40	988,20
55 868	15 550	855,25	1 244,—	1 399,50	10 318	567,49	825,44	928,62	58 028	16 457	905,13	1 316,56	1 481,13	10 990	604,45	879,20	989,10
55 904	15 565	856,07	1 245,20	1 400,85	10 328	568,04	826,24	929,52	58 064	16 472	905,96	1 317,76	1 482,48	11 002	605,11	880,16	990,18
55 940	15 580	856,90	1 246,40	1 402,20	10 340	568,70	827,20	930,60	58 100	16 488	906,84	1 319,04	1 483,92	11 014	605,77	881,12	991,26
55 976	15 595	857,72	1 247,60	1 403,55	10 352	569,36	828,16	931,68	58 136	16 503	907,66	1 320,24	1 485,27	11 024	606,32	881,92	992,16
56 012	15 611	858,60	1 248,88	1 404,99	10 362	569,91	828,96	932,58	58 172	16 518	908,49	1 321,44	1 486,62	11 036	606,98	882,88	993,24
56 048	15 626	859,43	1 250,08	1 406,34	10 374	570,57	829,92	933,66	58 208	16 533	909,31	1 322,64	1 487,97	11 048	607,64	883,84	994,32
56 084	15 641	860,25	1 251,28	1 407,69	10 384	571,12	830,72	934,56	58 244	16 548	910,14	1 323,84	1 489,32	11 058	608,19	884,64	995,22
56 120	15 656	861,08	1 252,48	1 409,04	10 396	571,78	831,68	935,64	58 280	16 563	910,96	1 325,04	1 490,67	11 070	608,85	885,60	996,30
56 156	15 671	861,90	1 253,68	1 410,39	10 406	572,33	832,48	936,54	58 316	16 578	911,79	1 326,24	1 492,02	11 082	609,51	886,56	997,38
56 192	15 686	862,73	1 254,88	1 411,74	10 418	572,99	833,44	937,62	58 352	16 593	912,61	1 327,44	1 493,37	11 092	610,06	887,36	998,28
56 228	15 701	863,55	1 256,08	1 413,09	10 430	573,65	834,40	938,70	58 388	16 608	913,44	1 328,64	1 494,72	11 104	610,72	888,32	999,36
56 264	15 716	864,38	1 257,28	1 414,44	10 440	574,20	835,20	939,60	58 424	16 624	914,32	1 329,92	1 496,16	11 116	611,38	889,28	1 000,44
56 300	15 732	865,26	1 258,56	1 415,88	10 452	574,86	836,16	940,68	58 460	16 639	915,14	1 331,12	1 497,51	11 126	611,93	890,08	1 001,34
56 336	15 747	866,08	1 259,76	1 417,23	10 462	575,41	836,96	941,58	58 496	16 654	915,97	1 332,32	1 498,86	11 138	612,59	891,04	1 002,42
56 372	15 762	866,91	1 260,96	1 418,58	10 474	576,07	837,92	942,66	58 532	16 669	916,79	1 333,52	1 500,21	11 150	613,25	892,—	1 003,50
56 408	15 777	867,73	1 262,16	1 419,93	10 486	576,73	838,88	943,74	58 568	16 684	917,62	1 334,72	1 501,56	11 160	613,80	892,80	1 004,40
56 444	15 792	868,56	1 263,36	1 421,28	10 496	577,28	839,68	944,64	58 604	16 699	918,44	1 335,92	1 502,91	11 172	614,46	893,76	1 005,48
56 480	15 807	869,38	1 264,56	1 422,63	10 508	577,94	840,64	945,72	58 640	16 714	919,27	1 337,12	1 504,26	11 184	615,12	894,72	1 006,56
56 516	15 822	870,21	1 265,76	1 423,98	10 518	578,49	841,44	946,62	58 676	16 729	920,09	1 338,32	1 505,61	11 196	615,78	895,68	1 007,64
56 552	15 837	871,03	1 266,96	1 425,33	10 530	579,15	842,40	947,70	58 712	16 745	920,97	1 339,60	1 507,05	11 206	616,33	896,48	1 008,54
56 588	15 852	871,86	1 268,16	1 426,68	10 540	579,70	843,20	948,60	58 748	16 760	921,80	1 340,80	1 508,40	11 218	616,99	897,44	1 009,62
56 624	15 868	872,74	1 269,44	1 428,12	10 552	580,36	844,16	949,68	58 784	16 775	922,62	1 342,—	1 509,75	11 230	617,65	898,40	1 010,70
56 660	15 883	873,56	1 270,64	1 429,47	10 564	581,02	845,12	950,76	58 820	16 790	923,45	1 343,20	1 511,10	11 240	618,20	899,20	1 011,60
56 696	15 898	874,39	1 271,84	1 430,82	10 574	581,57	845,92	951,66	58 856	16 805	924,27	1 344,40	1 512,45	11 252	618,86	900,16	1 012,68
56 732	15 913	875,21	1 273,04	1 432,17	10 586	582,23	846,88	952,74	58 892	16 820	925,10	1 345,60	1 513,80	11 264	619,52	901,12	1 013,76
56 768	15 928	876,04	1 274,24	1 433,52	10 596	582,78	847,68	953,64	58 928	16 835	925,92	1 346,80	1 515,15	11 274	620,07	901,92	1 014,66
56 804	15 943	876,86	1 275,44	1 434,87	10 608	583,44	848,64	954,72	58 964	16 850	926,75	1 348,—	1 516,50	11 286	620,73	902,88	1 015,74
56 840	15 958	877,69	1 276,64	1 436,22	10 620	584,10	849,60	955,80	59 000	16 866	927,63	1 349,28	1 517,94	11 298	621,39	903,84	1 016,82
56 876	15 973	878,51	1 277,84	1 437,57	10 630	584,65	850,40	956,70	59 036	16 881	928,45	1 350,48	1 519,29	11 308	621,94	904,64	1 017,72
56 912	15 989	879,39	1 279,12	1 439,01	10 642	585,31	851,36	957,78	59 072	16 896	929,28	1 351,68	1 520,64	11 320	622,60	905,60	1 018,80
56 948	16 004	880,22	1 280,32	1 440,36	10 654	585,97	852,32	958,86	59 108	16 911	930,10	1 352,88	1 521,99	11 332	623,26	906,56	1 019,88
56 984	16 019	881,04	1 281,52	1 441,71	10 664	586,52	853,12	959,76	59 144	16 926	930,93	1 354,08	1 523,34	11 344	623,92	907,52	1 020,96
57 020	16 034	881,87	1 282,72	1 443,06	10 676	587,18	854,08	960,84	59 180	16 941	931,75	1 355,28	1 524,69	11 354	624,47	908,32	1 021,86
57 056	16 049	882,69	1 283,92	1 444,41	10 686	587,73	854,88	961,74	59 216	16 956	932,58	1 356,48	1 526,04	11 366	625,13	909,28	1 022,94
57 092	16 064	883,52	1 285,12	1 445,76	10 698	588,39	855,84	962,82	59 252	16 971	933,40	1 357,68	1 527,39	11 378	625,79	910,24	1 024,02
57 128	16 079	884,34	1 286,32	1 447,11	10 710	589,05	856,80	963,90	59 288	16 986	934,23	1 358,88	1 528,74	11 388	626,34	911,04	1 024,92
57 164	16 094	885,17	1 287,52	1 448,46	10 720	589,60	857,60	964,80	59 324	17 002	935,11	1 360,16	1 530,18	11 400	627,—	912,—	1 026,—
57 200	16 110	886,05	1 288,80	1 449,90	10 732	590,26	858,56	965,88	59 360	17 017	935,93	1 361,36	1 531,53	11 412	627,66	912,96	1 027,08
57 236	16 125	886,87	1 290,—	1 451,25	10 742	590,81	859,36	966,78	59 396	17 032	936,76	1 362,56	1 532,88	11 422	628,21	913,76	1 027,98
57 272	16 140	887,70	1 291,20	1 452,60	10 754	591,47	860,32	967,86	59 432	17 047	937,58	1 363,76	1 534,23	11 434	628,87	914,72	1 029,06
57 308	16 155	888,52	1 292,40	1 453,95	10 766	592,13	861,28	968,94	59 468	17 062	938,41	1 364,96	1 535,58	11 446	629,53	915,68	1 030,14

* Die Steuerbeträge gelten nur für das ausgewiesene zu versteuernde Einkommen.
Für Zwischenwerte vergleiche Erläuterungen in Teil I, Hauptvordruck, Zeile 13.

63 788,–* EINKOMMEN

Zu versteuerndes Einkommen in €*	Abzüge an Einkommensteuer, Solidaritätszuschlag und Kirchensteuer							Zu versteuerndes Einkommen in €*	Abzüge an Einkommensteuer, Solidaritätszuschlag und Kirchensteuer							
	Grundtabelle				Splittingtabelle					Grundtabelle				Splittingtabelle			
	ESt	SolZ	8%	9%	ESt	SolZ	8%	9%		ESt	SolZ	8%	9%	ESt	SolZ	8%	9%
59 504	17 077	939,23	1 366,16	1 536,93	11 458	630,19	916,64	1 031,22	61 664	17 984	989,12	1 438,72	1 618,56	12 148	668,14	971,84	1 093,32
59 540	17 092	940,06	1 367,36	1 538,28	11 468	630,74	917,44	1 032,12	61 700	18 000	990,—	1 440,—	1 620,—	12 160	668,80	972,80	1 094,40
59 576	17 107	940,88	1 368,56	1 539,63	11 480	631,40	918,40	1 033,20	61 736	18 015	990,82	1 441,20	1 621,35	12 172	669,46	973,76	1 095,48
59 612	17 123	941,76	1 369,84	1 541,07	11 492	632,06	919,36	1 034,28	61 772	18 030	991,65	1 442,40	1 622,70	12 184	670,12	974,72	1 096,56
59 648	17 138	942,59	1 371,04	1 542,42	11 502	632,61	920,16	1 035,18	61 808	18 045	992,47	1 443,60	1 624,05	12 194	670,67	975,52	1 097,46
59 684	17 153	943,41	1 372,24	1 543,77	11 514	633,27	921,12	1 036,26	61 844	18 060	993,30	1 444,80	1 625,40	12 206	671,33	976,48	1 098,54
59 720	17 168	944,24	1 373,44	1 545,12	11 526	633,93	922,08	1 037,34	61 880	18 075	994,12	1 446,—	1 626,75	12 218	671,99	977,44	1 099,62
59 756	17 183	945,06	1 374,64	1 546,47	11 538	634,59	923,04	1 038,42	61 916	18 090	994,95	1 447,20	1 628,10	12 230	672,65	978,40	1 100,70
59 792	17 198	945,89	1 375,84	1 547,82	11 548	635,14	923,84	1 039,32	61 952	18 105	995,77	1 448,40	1 629,45	12 242	673,31	979,36	1 101,78
59 828	17 213	946,71	1 377,04	1 549,17	11 560	635,80	924,80	1 040,40	61 988	18 120	996,60	1 449,60	1 630,80	12 252	673,86	980,16	1 102,68
59 864	17 228	947,54	1 378,24	1 550,52	11 572	636,46	925,76	1 041,48	62 024	18 136	997,48	1 450,88	1 632,24	12 264	674,52	981,12	1 103,76
59 900	17 244	948,42	1 379,52	1 551,96	11 584	637,12	926,72	1 042,56	62 060	18 151	998,30	1 452,08	1 633,59	12 276	675,18	982,08	1 104,84
59 936	17 259	949,24	1 380,72	1 553,31	11 594	637,67	927,52	1 043,46	62 096	18 166	999,13	1 453,28	1 634,94	12 288	675,84	983,04	1 105,92
59 972	17 274	950,07	1 381,92	1 554,66	11 606	638,33	928,48	1 044,54	62 132	18 181	999,95	1 454,48	1 636,29	12 300	676,50	984,—	1 107,—
60 008	17 289	950,89	1 383,12	1 556,01	11 618	638,99	929,44	1 045,62	62 168	18 196	1 000,78	1 455,68	1 637,64	12 312	677,16	984,96	1 108,08
60 044	17 304	951,72	1 384,32	1 557,36	11 628	639,54	930,24	1 046,52	62 204	18 211	1 001,60	1 456,88	1 638,99	12 322	677,71	985,76	1 108,98
60 080	17 319	952,54	1 385,52	1 558,71	11 640	640,20	931,20	1 047,60	62 240	18 226	1 002,43	1 458,08	1 640,34	12 334	678,37	986,72	1 110,06
60 116	17 334	953,37	1 386,72	1 560,06	11 652	640,86	932,16	1 048,68	62 276	18 241	1 003,25	1 459,28	1 641,69	12 346	679,03	987,68	1 111,14
60 152	17 349	954,19	1 387,92	1 561,41	11 664	641,52	933,12	1 049,76	62 312	18 257	1 004,13	1 460,56	1 643,13	12 358	679,69	988,64	1 112,22
60 188	17 364	955,02	1 389,12	1 562,76	11 674	642,07	933,92	1 050,66	62 348	18 272	1 004,96	1 461,76	1 644,48	12 370	680,35	989,60	1 113,30
60 224	17 380	955,90	1 390,40	1 564,20	11 686	642,73	934,88	1 051,74	62 384	18 287	1 005,78	1 462,96	1 645,83	12 382	681,01	990,56	1 114,38
60 260	17 395	956,72	1 391,60	1 565,55	11 698	643,39	935,84	1 052,82	62 420	18 302	1 006,61	1 464,16	1 647,18	12 392	681,56	991,36	1 115,28
60 296	17 410	957,55	1 392,80	1 566,90	11 710	644,05	936,80	1 053,90	62 456	18 317	1 007,43	1 465,36	1 648,53	12 404	682,22	992,32	1 116,36
60 332	17 425	958,37	1 394,—	1 568,25	11 720	644,60	937,60	1 054,80	62 492	18 332	1 008,26	1 466,56	1 649,88	12 416	682,88	993,28	1 117,44
60 368	17 440	959,20	1 395,20	1 569,60	11 732	645,26	938,56	1 055,88	62 528	18 347	1 009,08	1 467,76	1 651,23	12 428	683,54	994,24	1 118,52
60 404	17 455	960,02	1 396,40	1 570,95	11 744	645,92	939,52	1 056,96	62 564	18 362	1 009,91	1 468,96	1 652,58	12 440	684,20	995,20	1 119,60
60 440	17 470	960,85	1 397,60	1 572,30	11 756	646,58	940,48	1 058,04	62 600	18 378	1 010,79	1 470,24	1 654,02	12 452	684,86	996,16	1 120,68
60 476	17 485	961,67	1 398,80	1 573,65	11 766	647,13	941,28	1 058,94	62 636	18 393	1 011,61	1 471,44	1 655,37	12 462	685,41	996,96	1 121,58
60 512	17 501	962,55	1 400,08	1 575,09	11 778	647,79	942,24	1 060,02	62 672	18 408	1 012,44	1 472,64	1 656,72	12 474	686,07	997,92	1 122,66
60 548	17 516	963,38	1 401,28	1 576,44	11 790	648,45	943,20	1 061,10	62 708	18 423	1 013,26	1 473,84	1 658,07	12 486	686,73	998,88	1 123,74
60 584	17 531	964,20	1 402,48	1 577,79	11 802	649,11	944,16	1 062,18	62 744	18 438	1 014,09	1 475,04	1 659,42	12 498	687,39	999,84	1 124,82
60 620	17 546	965,03	1 403,68	1 579,14	11 812	649,66	944,96	1 063,08	62 780	18 453	1 014,91	1 476,24	1 660,77	12 510	688,05	1 000,80	1 125,90
60 656	17 561	965,85	1 404,88	1 580,49	11 824	650,32	945,92	1 064,16	62 816	18 468	1 015,74	1 477,44	1 662,12	12 522	688,71	1 001,76	1 126,98
60 692	17 576	966,68	1 406,08	1 581,84	11 836	650,98	946,88	1 065,24	62 852	18 483	1 016,56	1 478,64	1 663,47	12 534	689,37	1 002,72	1 128,06
60 728	17 591	967,50	1 407,28	1 583,19	11 848	651,64	947,84	1 066,32	62 888	18 498	1 017,39	1 479,84	1 664,82	12 544	689,92	1 003,52	1 128,96
60 764	17 606	968,33	1 408,48	1 584,54	11 860	652,30	948,80	1 067,40	62 924	18 514	1 018,27	1 481,12	1 666,26	12 556	690,58	1 004,48	1 130,04
60 800	17 622	969,21	1 409,76	1 585,98	11 870	652,85	949,60	1 068,30	62 960	18 529	1 019,09	1 482,32	1 667,61	12 568	691,24	1 005,44	1 131,12
60 836	17 637	970,03	1 410,96	1 587,33	11 882	653,51	950,56	1 069,38	62 996	18 544	1 019,92	1 483,52	1 668,96	12 580	691,90	1 006,40	1 132,20
60 872	17 652	970,86	1 412,16	1 588,68	11 894	654,17	951,52	1 070,46	63 032	18 559	1 020,74	1 484,72	1 670,31	12 592	692,56	1 007,36	1 133,28
60 908	17 667	971,68	1 413,36	1 590,03	11 906	654,83	952,48	1 071,54	63 068	18 574	1 021,57	1 485,92	1 671,66	12 604	693,22	1 008,32	1 134,36
60 944	17 682	972,51	1 414,56	1 591,38	11 916	655,38	953,28	1 072,44	63 104	18 589	1 022,39	1 487,12	1 673,01	12 616	693,88	1 009,28	1 135,44
60 980	17 697	973,33	1 415,76	1 592,73	11 928	656,04	954,24	1 073,52	63 140	18 604	1 023,22	1 488,32	1 674,36	12 626	694,43	1 010,08	1 136,34
61 016	17 712	974,16	1 416,96	1 594,08	11 940	656,70	955,20	1 074,60	63 176	18 619	1 024,04	1 489,52	1 675,71	12 638	695,09	1 011,04	1 137,42
61 052	17 727	974,98	1 418,16	1 595,43	11 952	657,36	956,16	1 075,68	63 212	18 635	1 024,92	1 490,80	1 677,15	12 650	695,75	1 012,—	1 138,50
61 088	17 742	975,81	1 419,36	1 596,78	11 964	658,02	957,12	1 076,76	63 248	18 650	1 025,75	1 492,—	1 678,50	12 662	696,41	1 012,96	1 139,58
61 124	17 758	976,69	1 420,64	1 598,22	11 974	658,57	957,92	1 077,66	63 284	18 665	1 026,57	1 493,20	1 679,85	12 674	697,07	1 013,92	1 140,66
61 160	17 773	977,51	1 421,84	1 599,57	11 986	659,23	958,88	1 078,74	63 320	18 680	1 027,40	1 494,40	1 681,20	12 686	697,73	1 014,88	1 141,74
61 196	17 788	978,34	1 423,04	1 600,92	11 998	659,89	959,84	1 079,82	63 356	18 695	1 028,22	1 495,60	1 682,55	12 698	698,39	1 015,84	1 142,82
61 232	17 803	979,16	1 424,24	1 602,27	12 010	660,55	960,80	1 080,90	63 392	18 710	1 029,05	1 496,80	1 683,90	12 710	699,05	1 016,80	1 143,90
61 268	17 818	979,99	1 425,44	1 603,62	12 020	661,10	961,60	1 081,80	63 428	18 725	1 029,87	1 498,—	1 685,25	12 720	699,60	1 017,60	1 144,80
61 304	17 833	980,81	1 426,64	1 604,97	12 032	661,76	962,56	1 082,88	63 464	18 740	1 030,70	1 499,20	1 686,60	12 732	700,26	1 018,56	1 145,88
61 340	17 848	981,64	1 427,84	1 606,32	12 044	662,42	963,52	1 083,96	63 500	18 756	1 031,58	1 500,48	1 688,04	12 744	700,92	1 019,52	1 146,96
61 376	17 863	982,46	1 429,04	1 607,67	12 056	663,08	964,48	1 085,04	63 536	18 771	1 032,40	1 501,68	1 689,39	12 756	701,58	1 020,48	1 148,04
61 412	17 879	983,34	1 430,32	1 609,11	12 068	663,74	965,44	1 086,12	63 572	18 786	1 033,23	1 502,88	1 690,74	12 768	702,24	1 021,44	1 149,12
61 448	17 894	984,17	1 431,52	1 610,46	12 078	664,29	966,24	1 087,02	63 608	18 801	1 034,05	1 504,08	1 692,09	12 780	702,90	1 022,40	1 150,20
61 484	17 909	984,99	1 432,72	1 611,81	12 090	664,95	967,20	1 088,10	63 644	18 816	1 034,88	1 505,28	1 693,44	12 792	703,56	1 023,36	1 151,28
61 520	17 924	985,82	1 433,92	1 613,16	12 102	665,61	968,16	1 089,18	63 680	18 831	1 035,70	1 506,48	1 694,79	12 804	704,22	1 024,32	1 152,36
61 556	17 939	986,64	1 435,12	1 614,51	12 114	666,27	969,12	1 090,26	63 716	18 846	1 036,53	1 507,68	1 696,14	12 814	704,77	1 025,12	1 153,26
61 592	17 954	987,47	1 436,32	1 615,86	12 126	666,93	970,08	1 091,34	63 752	18 861	1 037,35	1 508,88	1 697,49	12 826	705,43	1 026,08	1 154,34
61 628	17 969	988,29	1 437,52	1 617,21	12 136	667,48	970,88	1 092,24	63 788	18 876	1 038,18	1 510,08	1 698,84	12 838	706,09	1 027,04	1 155,42

*Die Steuerbeträge gelten nur für das ausgewiesene zu versteuernde Einkommen.
Für Zwischenwerte vergleiche Erläuterungen in Teil I, Hauptvordruck, Zeile 13.

EINKOMMEN 63 789,–*

Zu versteuerndes Einkommen in €*	Abzüge an Einkommensteuer, Solidaritätszuschlag und Kirchensteuer								Zu versteuerndes Einkommen in €*	Abzüge an Einkommensteuer, Solidaritätszuschlag und Kirchensteuer							
	Grundtabelle				Splittingtabelle					Grundtabelle				Splittingtabelle			
	ESt	SolZ	8%	9%	ESt	SolZ	8%	9%		ESt	SolZ	8%	9%	ESt	SolZ	8%	9%
63 824	18 892	1 039,06	1 511,36	1 700,28	12 850	706,75	1 028,—	1 156,50	65 984	19 799	1 088,94	1 583,92	1 781,91	13 562	745,91	1 084,96	1 220,58
63 860	18 907	1 039,88	1 512,56	1 701,63	12 862	707,41	1 028,96	1 157,58	66 020	19 814	1 089,77	1 585,12	1 783,26	13 574	746,57	1 085,92	1 221,66
63 896	18 922	1 040,71	1 513,76	1 702,98	12 874	708,07	1 029,92	1 158,66	66 056	19 829	1 090,59	1 586,32	1 784,61	13 586	747,23	1 086,88	1 222,74
63 932	18 937	1 041,53	1 514,96	1 704,33	12 886	708,73	1 030,88	1 159,74	66 092	19 844	1 091,42	1 587,52	1 785,96	13 598	747,89	1 087,84	1 223,82
63 968	18 952	1 042,36	1 516,16	1 705,68	12 898	709,39	1 031,84	1 160,82	66 128	19 859	1 092,24	1 588,72	1 787,31	13 610	748,55	1 088,80	1 224,90
64 004	18 967	1 043,18	1 517,36	1 707,03	12 910	710,05	1 032,80	1 161,90	66 164	19 874	1 093,07	1 589,92	1 788,66	13 622	749,21	1 089,76	1 225,98
64 040	18 982	1 044,01	1 518,56	1 708,38	12 922	710,71	1 033,76	1 162,98	66 200	19 890	1 093,95	1 591,20	1 790,10	13 634	749,87	1 090,72	1 227,06
64 076	18 997	1 044,83	1 519,76	1 709,73	12 932	711,26	1 034,56	1 163,88	66 236	19 905	1 094,77	1 592,40	1 791,45	13 646	750,53	1 091,68	1 228,14
64 112	19 013	1 045,71	1 521,04	1 711,17	12 944	711,92	1 035,52	1 164,96	66 272	19 920	1 095,60	1 593,60	1 792,80	13 658	751,19	1 092,64	1 229,22
64 148	19 028	1 046,54	1 522,24	1 712,52	12 956	712,58	1 036,48	1 166,04	66 308	19 935	1 096,42	1 594,80	1 794,15	13 670	751,85	1 093,60	1 230,30
64 184	19 043	1 047,36	1 523,44	1 713,87	12 968	713,24	1 037,44	1 167,12	66 344	19 950	1 097,25	1 596,—	1 795,50	13 682	752,51	1 094,56	1 231,38
64 220	19 058	1 048,19	1 524,64	1 715,22	12 980	713,90	1 038,40	1 168,20	66 380	19 965	1 098,07	1 597,20	1 796,85	13 694	753,17	1 095,52	1 232,46
64 256	19 073	1 049,01	1 525,84	1 716,57	12 992	714,56	1 039,36	1 169,28	66 416	19 980	1 098,90	1 598,40	1 798,20	13 706	753,83	1 096,48	1 233,54
64 292	19 088	1 049,84	1 527,04	1 717,92	13 004	715,22	1 040,32	1 170,36	66 452	19 995	1 099,72	1 599,60	1 799,55	13 718	754,49	1 097,44	1 234,62
64 328	19 103	1 050,66	1 528,24	1 719,27	13 016	715,88	1 041,28	1 171,44	66 488	20 010	1 100,55	1 600,80	1 800,90	13 730	755,15	1 098,40	1 235,70
64 364	19 118	1 051,49	1 529,44	1 720,62	13 028	716,54	1 042,24	1 172,52	66 524	20 026	1 101,43	1 602,08	1 802,34	13 742	755,81	1 099,36	1 236,78
64 400	19 134	1 052,37	1 530,72	1 722,06	13 040	717,20	1 043,20	1 173,60	66 560	20 041	1 102,25	1 603,28	1 803,69	13 754	756,47	1 100,32	1 237,86
64 436	19 149	1 053,19	1 531,92	1 723,41	13 052	717,86	1 044,16	1 174,68	66 596	20 056	1 103,08	1 604,48	1 805,04	13 766	757,13	1 101,28	1 238,94
64 472	19 164	1 054,02	1 533,12	1 724,76	13 062	718,41	1 044,96	1 175,58	66 632	20 071	1 103,90	1 605,68	1 806,39	13 778	757,79	1 102,24	1 240,02
64 508	19 179	1 054,84	1 534,32	1 726,11	13 074	719,07	1 045,92	1 176,66	66 668	20 086	1 104,73	1 606,88	1 807,74	13 790	758,45	1 103,20	1 241,10
64 544	19 194	1 055,67	1 535,52	1 727,46	13 086	719,73	1 046,88	1 177,74	66 704	20 101	1 105,55	1 608,08	1 809,09	13 802	759,11	1 104,16	1 242,18
64 580	19 209	1 056,49	1 536,72	1 728,81	13 098	720,39	1 047,84	1 178,82	66 740	20 116	1 106,38	1 609,28	1 810,44	13 814	759,77	1 105,12	1 243,26
64 616	19 224	1 057,32	1 537,92	1 730,16	13 110	721,05	1 048,80	1 179,90	66 776	20 131	1 107,20	1 610,48	1 811,79	13 826	760,43	1 106,08	1 244,34
64 652	19 239	1 058,14	1 539,12	1 731,51	13 122	721,71	1 049,76	1 180,98	66 812	20 147	1 108,08	1 611,76	1 813,23	13 838	761,09	1 107,04	1 245,42
64 688	19 254	1 058,97	1 540,32	1 732,86	13 134	722,37	1 050,72	1 182,06	66 848	20 162	1 108,91	1 612,96	1 814,58	13 850	761,75	1 108,—	1 246,50
64 724	19 270	1 059,85	1 541,60	1 734,30	13 146	723,03	1 051,68	1 183,14	66 884	20 177	1 109,73	1 614,16	1 815,93	13 862	762,41	1 108,96	1 247,58
64 760	19 285	1 060,67	1 542,80	1 735,65	13 158	723,69	1 052,64	1 184,22	66 920	20 192	1 110,56	1 615,36	1 817,28	13 874	763,07	1 109,92	1 248,66
64 796	19 300	1 061,50	1 544,—	1 737,—	13 170	724,35	1 053,60	1 185,30	66 956	20 207	1 111,38	1 616,56	1 818,63	13 886	763,73	1 110,88	1 249,74
64 832	19 315	1 062,32	1 545,20	1 738,35	13 182	725,01	1 054,56	1 186,38	66 992	20 222	1 112,21	1 617,76	1 819,98	13 898	764,39	1 111,84	1 250,82
64 868	19 330	1 063,15	1 546,40	1 739,70	13 194	725,67	1 055,52	1 187,46	67 028	20 237	1 113,03	1 618,96	1 821,33	13 912	765,16	1 112,96	1 252,08
64 904	19 345	1 063,97	1 547,60	1 741,05	13 206	726,33	1 056,48	1 188,54	67 064	20 252	1 113,86	1 620,16	1 822,68	13 924	765,82	1 113,92	1 253,16
64 940	19 360	1 064,80	1 548,80	1 742,40	13 218	726,99	1 057,44	1 189,62	67 100	20 268	1 114,74	1 621,44	1 824,12	13 936	766,48	1 114,88	1 254,24
64 976	19 375	1 065,62	1 550,—	1 743,75	13 228	727,54	1 058,24	1 190,52	67 136	20 283	1 115,56	1 622,64	1 825,47	13 948	767,14	1 115,84	1 255,32
65 012	19 391	1 066,50	1 551,28	1 745,19	13 240	728,20	1 059,20	1 191,60	67 172	20 298	1 116,39	1 623,84	1 826,82	13 960	767,80	1 116,80	1 256,40
65 048	19 406	1 067,33	1 552,48	1 746,54	13 252	728,86	1 060,16	1 192,68	67 208	20 313	1 117,21	1 625,04	1 828,17	13 972	768,46	1 117,76	1 257,48
65 084	19 421	1 068,15	1 553,68	1 747,89	13 264	729,52	1 061,12	1 193,76	67 244	20 328	1 118,04	1 626,24	1 829,52	13 984	769,12	1 118,72	1 258,56
65 120	19 436	1 068,98	1 554,88	1 749,24	13 276	730,18	1 062,08	1 194,84	67 280	20 343	1 118,86	1 627,44	1 830,87	13 996	769,78	1 119,68	1 259,64
65 156	19 451	1 069,80	1 556,08	1 750,59	13 288	730,84	1 063,04	1 195,92	67 316	20 358	1 119,69	1 628,64	1 832,22	14 008	770,44	1 120,64	1 260,72
65 192	19 466	1 070,63	1 557,28	1 751,94	13 300	731,50	1 064,—	1 197,—	67 352	20 373	1 120,51	1 629,84	1 833,57	14 020	771,10	1 121,60	1 261,80
65 228	19 481	1 071,45	1 558,48	1 753,29	13 312	732,16	1 064,96	1 198,08	67 388	20 388	1 121,34	1 631,04	1 834,92	14 032	771,76	1 122,56	1 262,88
65 264	19 496	1 072,28	1 559,68	1 754,64	13 324	732,82	1 065,92	1 199,16	67 424	20 404	1 122,22	1 632,32	1 836,36	14 044	772,42	1 123,52	1 263,96
65 300	19 512	1 073,16	1 560,96	1 756,08	13 336	733,48	1 066,88	1 200,24	67 460	20 419	1 123,04	1 633,52	1 837,71	14 056	773,08	1 124,48	1 265,04
65 336	19 527	1 073,98	1 562,16	1 757,43	13 348	734,14	1 067,84	1 201,32	67 496	20 434	1 123,87	1 634,72	1 839,06	14 068	773,74	1 125,44	1 266,12
65 372	19 542	1 074,81	1 563,36	1 758,78	13 360	734,80	1 068,80	1 202,40	67 532	20 449	1 124,69	1 635,92	1 840,41	14 080	774,40	1 126,40	1 267,20
65 408	19 557	1 075,63	1 564,56	1 760,13	13 372	735,46	1 069,76	1 203,48	67 568	20 464	1 125,52	1 637,12	1 841,76	14 092	775,06	1 127,36	1 268,28
65 444	19 572	1 076,46	1 565,76	1 761,48	13 384	736,12	1 070,72	1 204,56	67 604	20 479	1 126,34	1 638,32	1 843,11	14 104	775,72	1 128,32	1 269,36
65 480	19 587	1 077,28	1 566,96	1 762,83	13 396	736,78	1 071,68	1 205,64	67 640	20 494	1 127,17	1 639,52	1 844,46	14 116	776,38	1 129,28	1 270,44
65 516	19 602	1 078,11	1 568,16	1 764,18	13 408	737,44	1 072,64	1 206,72	67 676	20 509	1 127,99	1 640,72	1 845,81	14 128	777,04	1 130,24	1 271,52
65 552	19 617	1 078,93	1 569,36	1 765,53	13 420	738,10	1 073,60	1 207,80	67 712	20 525	1 128,87	1 642,—	1 847,25	14 140	777,70	1 131,20	1 272,60
65 588	19 632	1 079,76	1 570,56	1 766,88	13 432	738,76	1 074,56	1 208,88	67 748	20 540	1 129,70	1 643,20	1 848,60	14 152	778,36	1 132,16	1 273,68
65 624	19 648	1 080,64	1 571,84	1 768,32	13 444	739,42	1 075,52	1 209,96	67 784	20 555	1 130,52	1 644,40	1 849,95	14 164	779,02	1 133,12	1 274,76
65 660	19 663	1 081,46	1 573,04	1 769,67	13 456	740,08	1 076,48	1 211,04	67 820	20 570	1 131,35	1 645,60	1 851,30	14 176	779,68	1 134,08	1 275,84
65 696	19 678	1 082,29	1 574,24	1 771,02	13 468	740,74	1 077,44	1 212,12	67 856	20 585	1 132,17	1 646,80	1 852,65	14 188	780,34	1 135,04	1 276,92
65 732	19 693	1 083,11	1 575,44	1 772,37	13 480	741,40	1 078,40	1 213,20	67 892	20 600	1 133,—	1 648,—	1 854,—	14 202	781,11	1 136,16	1 278,18
65 768	19 708	1 083,94	1 576,64	1 773,72	13 492	742,06	1 079,36	1 214,28	67 928	20 615	1 133,82	1 649,20	1 855,35	14 214	781,77	1 137,12	1 279,26
65 804	19 723	1 084,76	1 577,84	1 775,07	13 504	742,72	1 080,32	1 215,36	67 964	20 630	1 134,65	1 650,40	1 856,70	14 226	782,43	1 138,08	1 280,34
65 840	19 738	1 085,59	1 579,04	1 776,42	13 514	743,27	1 081,12	1 216,26	68 000	20 646	1 135,53	1 651,68	1 858,14	14 238	783,09	1 139,04	1 281,42
65 876	19 753	1 086,41	1 580,24	1 777,77	13 526	743,93	1 082,08	1 217,34	68 036	20 661	1 136,35	1 652,88	1 859,49	14 250	783,75	1 140,—	1 282,50
65 912	19 769	1 087,29	1 581,52	1 779,21	13 538	744,59	1 083,04	1 218,42	68 072	20 676	1 137,18	1 654,08	1 860,84	14 262	784,41	1 140,96	1 283,58
65 948	19 784	1 088,12	1 582,72	1 780,56	13 550	745,25	1 084,—	1 219,50	68 108	20 691	1 138,—	1 655,28	1 862,19	14 274	785,07	1 141,92	1 284,66

* Die Steuerbeträge gelten nur für das ausgewiesene zu versteuernde Einkommen. Für Zwischenwerte vergleiche Erläuterungen in Teil I, Hauptvordruck, Zeile 13.

72 428,–* EINKOMMEN

Zu versteuerndes Einkommen in €*	Abzüge an Einkommensteuer, Solidaritätszuschlag und Kirchensteuer								Zu versteuerndes Einkommen in €*	Abzüge an Einkommensteuer, Solidaritätszuschlag und Kirchensteuer							
	Grundtabelle				Splittingtabelle					Grundtabelle				Splittingtabelle			
	ESt	SolZ	8%	9%	ESt	SolZ	8%	9%		ESt	SolZ	8%	9%	ESt	SolZ	8%	9%
68 144	20 706	1 138,83	1 656,48	1 863,54	14 286	785,73	1 142,88	1 285,74	70 304	21 613	1 188,71	1 729,04	1 945,17	15 020	826,10	1 201,60	1 351,80
68 180	20 721	1 139,65	1 657,68	1 864,89	14 298	786,39	1 143,84	1 286,82	70 340	21 628	1 189,54	1 730,24	1 946,52	15 032	826,76	1 202,56	1 352,88
68 216	20 736	1 140,48	1 658,88	1 866,24	14 310	787,05	1 144,80	1 287,90	70 376	21 643	1 190,36	1 731,44	1 947,87	15 044	827,42	1 203,52	1 353,96
68 252	20 751	1 141,30	1 660,08	1 867,59	14 322	787,71	1 145,76	1 288,98	70 412	21 659	1 191,24	1 732,72	1 949,31	15 056	828,08	1 204,48	1 355,04
68 288	20 766	1 142,13	1 661,28	1 868,94	14 334	788,37	1 146,72	1 290,06	70 448	21 674	1 192,07	1 733,92	1 950,66	15 070	828,85	1 205,60	1 356,30
68 324	20 782	1 143,01	1 662,56	1 870,38	14 346	789,03	1 147,68	1 291,14	70 484	21 689	1 192,89	1 735,12	1 952,01	15 082	829,51	1 206,56	1 357,38
68 360	20 797	1 143,83	1 663,76	1 871,73	14 358	789,69	1 148,64	1 292,22	70 520	21 704	1 193,72	1 736,32	1 953,36	15 094	830,17	1 207,52	1 358,46
68 396	20 812	1 144,66	1 664,96	1 873,08	14 372	790,46	1 149,76	1 293,48	70 556	21 719	1 194,54	1 737,52	1 954,71	15 106	830,83	1 208,48	1 359,54
68 432	20 827	1 145,48	1 666,16	1 874,43	14 384	791,12	1 150,72	1 294,56	70 592	21 734	1 195,37	1 738,72	1 956,06	15 118	831,49	1 209,44	1 360,62
68 468	20 842	1 146,31	1 667,36	1 875,78	14 396	791,78	1 151,68	1 295,64	70 628	21 749	1 196,19	1 739,92	1 957,41	15 130	832,15	1 210,40	1 361,70
68 504	20 857	1 147,13	1 668,56	1 877,13	14 408	792,44	1 152,64	1 296,72	70 664	21 764	1 197,02	1 741,12	1 958,76	15 144	832,92	1 211,52	1 362,96
68 540	20 872	1 147,96	1 669,76	1 878,48	14 420	793,10	1 153,60	1 297,80	70 700	21 780	1 197,90	1 742,40	1 960,20	15 156	833,58	1 212,48	1 364,04
68 576	20 887	1 148,78	1 670,96	1 879,83	14 432	793,76	1 154,56	1 298,88	70 736	21 795	1 198,72	1 743,60	1 961,55	15 168	834,24	1 213,44	1 365,12
68 612	20 903	1 149,66	1 672,24	1 881,27	14 444	794,42	1 155,52	1 299,96	70 772	21 810	1 199,55	1 744,80	1 962,90	15 180	834,90	1 214,40	1 366,20
68 648	20 918	1 150,49	1 673,44	1 882,62	14 456	795,08	1 156,48	1 301,04	70 808	21 825	1 200,37	1 746,—	1 964,25	15 192	835,56	1 215,36	1 367,28
68 684	20 933	1 151,31	1 674,64	1 883,97	14 468	795,74	1 157,44	1 302,12	70 844	21 840	1 201,20	1 747,20	1 965,60	15 206	836,33	1 216,48	1 368,54
68 720	20 948	1 152,14	1 675,84	1 885,32	14 480	796,40	1 158,40	1 303,20	70 880	21 855	1 202,02	1 748,40	1 966,95	15 218	836,99	1 217,44	1 369,62
68 756	20 963	1 152,96	1 677,04	1 886,67	14 492	797,06	1 159,36	1 304,28	70 916	21 870	1 202,85	1 749,60	1 968,30	15 230	837,65	1 218,40	1 370,70
68 792	20 978	1 153,79	1 678,24	1 888,02	14 506	797,83	1 160,48	1 305,54	70 952	21 885	1 203,67	1 750,80	1 969,65	15 242	838,31	1 219,36	1 371,78
68 828	20 993	1 154,61	1 679,44	1 889,37	14 518	798,49	1 161,44	1 306,62	70 988	21 900	1 204,50	1 752,—	1 971,—	15 254	838,97	1 220,32	1 372,86
68 864	21 008	1 155,44	1 680,64	1 890,72	14 530	799,15	1 162,40	1 307,70	71 024	21 916	1 205,38	1 753,28	1 972,44	15 266	839,63	1 221,28	1 373,94
68 900	21 024	1 156,32	1 681,92	1 892,16	14 542	799,81	1 163,36	1 308,78	71 060	21 931	1 206,20	1 754,48	1 973,79	15 280	840,40	1 222,40	1 375,20
68 936	21 039	1 157,14	1 683,12	1 893,51	14 554	800,47	1 164,32	1 309,86	71 096	21 946	1 207,03	1 755,68	1 975,14	15 292	841,06	1 223,36	1 376,28
68 972	21 054	1 157,97	1 684,32	1 894,86	14 566	801,13	1 165,28	1 310,94	71 132	21 961	1 207,85	1 756,88	1 976,49	15 304	841,72	1 224,32	1 377,36
69 008	21 069	1 158,79	1 685,52	1 896,21	14 578	801,79	1 166,24	1 312,02	71 168	21 976	1 208,68	1 758,08	1 977,84	15 316	842,38	1 225,28	1 378,44
69 044	21 084	1 159,62	1 686,72	1 897,56	14 590	802,45	1 167,20	1 313,10	71 204	21 991	1 209,50	1 759,28	1 979,19	15 328	843,04	1 226,24	1 379,52
69 080	21 099	1 160,44	1 687,92	1 898,91	14 602	803,11	1 168,16	1 314,18	71 240	22 006	1 210,33	1 760,48	1 980,54	15 342	843,81	1 227,36	1 380,78
69 116	21 114	1 161,27	1 689,12	1 900,26	14 614	803,77	1 169,12	1 315,26	71 276	22 021	1 211,15	1 761,68	1 981,89	15 354	844,47	1 228,32	1 381,86
69 152	21 129	1 162,09	1 690,32	1 901,61	14 628	804,54	1 170,24	1 316,52	71 312	22 037	1 212,03	1 762,96	1 983,33	15 366	845,13	1 229,28	1 382,94
69 188	21 144	1 162,92	1 691,52	1 902,96	14 640	805,20	1 171,20	1 317,60	71 348	22 052	1 212,86	1 764,16	1 984,68	15 378	845,79	1 230,24	1 384,02
69 224	21 160	1 163,80	1 692,80	1 904,40	14 652	805,86	1 172,16	1 318,68	71 384	22 067	1 213,68	1 765,36	1 986,03	15 390	846,45	1 231,20	1 385,10
69 260	21 175	1 164,62	1 694,—	1 905,75	14 664	806,52	1 173,12	1 319,76	71 420	22 082	1 214,51	1 766,56	1 987,38	15 404	847,22	1 232,32	1 386,36
69 296	21 190	1 165,45	1 695,20	1 907,10	14 676	807,18	1 174,08	1 320,84	71 456	22 097	1 215,33	1 767,76	1 988,73	15 416	847,88	1 233,28	1 387,44
69 332	21 205	1 166,27	1 696,40	1 908,45	14 688	807,84	1 175,04	1 321,92	71 492	22 112	1 216,16	1 768,96	1 990,08	15 428	848,54	1 234,24	1 388,52
69 368	21 220	1 167,10	1 697,60	1 909,80	14 700	808,50	1 176,—	1 323,—	71 528	22 127	1 216,98	1 770,16	1 991,43	15 440	849,20	1 235,20	1 389,60
69 404	21 235	1 167,92	1 698,80	1 911,15	14 712	809,16	1 176,96	1 324,08	71 564	22 142	1 217,81	1 771,36	1 992,78	15 452	849,86	1 236,16	1 390,68
69 440	21 250	1 168,75	1 700,—	1 912,50	14 726	809,93	1 178,08	1 325,34	71 600	22 158	1 218,69	1 772,64	1 994,22	15 466	850,63	1 237,28	1 391,94
69 476	21 265	1 169,57	1 701,20	1 913,85	14 738	810,59	1 179,04	1 326,42	71 636	22 173	1 219,51	1 773,84	1 995,57	15 478	851,29	1 238,24	1 393,02
69 512	21 281	1 170,45	1 702,48	1 915,29	14 750	811,25	1 180,—	1 327,50	71 672	22 188	1 220,34	1 775,04	1 996,92	15 490	851,95	1 239,20	1 394,10
69 548	21 296	1 171,28	1 703,68	1 916,64	14 762	811,91	1 180,96	1 328,58	71 708	22 203	1 221,16	1 776,24	1 998,27	15 502	852,61	1 240,16	1 395,18
69 584	21 311	1 172,10	1 704,88	1 917,99	14 774	812,57	1 181,92	1 329,66	71 744	22 218	1 221,99	1 777,44	1 999,62	15 516	853,38	1 241,28	1 396,44
69 620	21 326	1 172,93	1 706,08	1 919,34	14 786	813,23	1 182,88	1 330,74	71 780	22 233	1 222,81	1 778,64	2 000,97	15 528	854,04	1 242,24	1 397,52
69 656	21 341	1 173,75	1 707,28	1 920,69	14 798	813,89	1 183,84	1 331,82	71 816	22 248	1 223,64	1 779,84	2 002,32	15 540	854,70	1 243,20	1 398,60
69 692	21 356	1 174,58	1 708,48	1 922,04	14 810	814,55	1 184,80	1 332,90	71 852	22 263	1 224,46	1 781,04	2 003,67	15 552	855,36	1 244,16	1 399,68
69 728	21 371	1 175,40	1 709,68	1 923,39	14 824	815,32	1 185,92	1 334,16	71 888	22 278	1 225,29	1 782,24	2 005,02	15 564	856,02	1 245,12	1 400,76
69 764	21 386	1 176,23	1 710,88	1 924,74	14 836	815,98	1 186,88	1 335,24	71 924	22 294	1 226,17	1 783,52	2 006,46	15 578	856,79	1 246,24	1 402,02
69 800	21 402	1 177,11	1 712,16	1 926,18	14 848	816,64	1 187,84	1 336,32	71 960	22 309	1 226,99	1 784,72	2 007,81	15 590	857,45	1 247,20	1 403,10
69 836	21 417	1 177,93	1 713,36	1 927,53	14 860	817,30	1 188,80	1 337,40	71 996	22 324	1 227,82	1 785,92	2 009,16	15 602	858,11	1 248,16	1 404,18
69 872	21 432	1 178,76	1 714,56	1 928,88	14 872	817,96	1 189,76	1 338,48	72 032	22 339	1 228,64	1 787,12	2 010,51	15 614	858,77	1 249,12	1 405,26
69 908	21 447	1 179,58	1 715,76	1 930,23	14 884	818,62	1 190,72	1 339,56	72 068	22 354	1 229,47	1 788,32	2 011,86	15 628	859,54	1 250,24	1 406,52
69 944	21 462	1 180,41	1 716,96	1 931,58	14 896	819,28	1 191,68	1 340,64	72 104	22 369	1 230,29	1 789,52	2 013,21	15 640	860,20	1 251,20	1 407,60
69 980	21 477	1 181,23	1 718,16	1 932,93	14 910	820,05	1 192,80	1 341,90	72 140	22 384	1 231,12	1 790,72	2 014,56	15 652	860,86	1 252,16	1 408,68
70 016	21 492	1 182,06	1 719,36	1 934,28	14 922	820,71	1 193,76	1 342,98	72 176	22 399	1 231,94	1 791,92	2 015,91	15 664	861,52	1 253,12	1 409,76
70 052	21 507	1 182,88	1 720,56	1 935,63	14 934	821,37	1 194,72	1 344,06	72 212	22 415	1 232,82	1 793,20	2 017,35	15 678	862,29	1 254,24	1 411,02
70 088	21 522	1 183,71	1 721,76	1 936,98	14 946	822,03	1 195,68	1 345,14	72 248	22 430	1 233,65	1 794,40	2 018,70	15 690	862,95	1 255,20	1 412,10
70 124	21 538	1 184,59	1 723,04	1 938,42	14 958	822,69	1 196,64	1 346,22	72 284	22 445	1 234,47	1 795,60	2 020,05	15 702	863,61	1 256,16	1 413,18
70 160	21 553	1 185,41	1 724,24	1 939,77	14 970	823,35	1 197,60	1 347,30	72 320	22 460	1 235,30	1 796,80	2 021,40	15 714	864,27	1 257,12	1 414,26
70 196	21 568	1 186,24	1 725,44	1 941,12	14 982	824,01	1 198,56	1 348,38	72 356	22 475	1 236,12	1 798,—	2 022,75	15 726	864,93	1 258,08	1 415,34
70 232	21 583	1 187,06	1 726,64	1 942,47	14 996	824,78	1 199,68	1 349,64	72 392	22 490	1 236,95	1 799,20	2 024,10	15 740	865,70	1 259,20	1 416,60
70 268	21 598	1 187,89	1 727,84	1 943,82	15 008	825,44	1 200,64	1 350,72	72 428	22 505	1 237,77	1 800,40	2 025,45	15 752	866,36	1 260,16	1 417,68

* Die Steuerbeträge gelten nur für das ausgewiesene zu versteuernde Einkommen.
Für Zwischenwerte vergleiche Erläuterungen in Teil I, Hauptvordruck, Zeile 13.

EINKOMMEN 72 429,–*

Zu versteuerndes Einkommen in €*	Abzüge an Einkommensteuer, Solidaritätszuschlag und Kirchensteuer								Zu versteuerndes Einkommen in €*	Abzüge an Einkommensteuer, Solidaritätszuschlag und Kirchensteuer							
	Grundtabelle				Splittingtabelle					Grundtabelle				Splittingtabelle			
	ESt	SolZ	8%	9%	ESt	SolZ	8%	9%		ESt	SolZ	8%	9%	ESt	SolZ	8%	9%
72 464	22 520	1 238,60	1 801,60	2 026,80	15 764	867,02	1 261,12	1 418,76	74 624	23 428	1 288,54	1 874,24	2 108,52	16 520	908,60	1 321,60	1 486,80
72 500	22 536	1 239,48	1 802,88	2 028,24	15 776	867,68	1 262,08	1 419,84	74 660	23 443	1 289,36	1 875,44	2 109,87	16 532	909,26	1 322,56	1 487,88
72 536	22 551	1 240,30	1 804,08	2 029,59	15 790	868,45	1 263,20	1 421,10	74 696	23 458	1 290,19	1 876,64	2 111,22	16 546	910,03	1 323,68	1 489,14
72 572	22 566	1 241,13	1 805,28	2 030,94	15 802	869,11	1 264,16	1 422,18	74 732	23 473	1 291,01	1 877,84	2 112,57	16 558	910,69	1 324,64	1 490,22
72 608	22 581	1 241,95	1 806,48	2 032,29	15 814	869,77	1 265,12	1 423,26	74 768	23 488	1 291,84	1 879,04	2 113,92	16 570	911,35	1 325,60	1 491,30
72 644	22 596	1 242,78	1 807,68	2 033,64	15 828	870,54	1 266,24	1 424,52	74 804	23 503	1 292,66	1 880,24	2 115,27	16 584	912,12	1 326,72	1 492,56
72 680	22 611	1 243,60	1 808,88	2 034,99	15 840	871,20	1 267,20	1 425,60	74 840	23 518	1 293,49	1 881,44	2 116,62	16 596	912,78	1 327,68	1 493,64
72 716	22 626	1 244,43	1 810,08	2 036,34	15 852	871,86	1 268,16	1 426,68	74 876	23 533	1 294,31	1 882,64	2 117,97	16 608	913,44	1 328,64	1 494,72
72 752	22 641	1 245,25	1 811,28	2 037,69	15 864	872,52	1 269,12	1 427,76	74 912	23 549	1 295,19	1 883,92	2 119,41	16 622	914,21	1 329,76	1 495,98
72 788	22 656	1 246,08	1 812,48	2 039,04	15 878	873,29	1 270,24	1 429,02	74 948	23 564	1 296,02	1 885,12	2 120,76	16 634	914,87	1 330,72	1 497,06
72 824	22 672	1 246,96	1 813,76	2 040,48	15 890	873,95	1 271,20	1 430,10	74 984	23 579	1 296,84	1 886,32	2 122,11	16 646	915,53	1 331,68	1 498,14
72 860	22 687	1 247,78	1 814,96	2 041,83	15 902	874,61	1 272,16	1 431,18	75 020	23 594	1 297,67	1 887,52	2 123,46	16 660	916,30	1 332,80	1 499,40
72 896	22 702	1 248,61	1 816,16	2 043,18	15 914	875,27	1 273,12	1 432,26	75 056	23 609	1 298,49	1 888,72	2 124,81	16 672	916,96	1 333,76	1 500,48
72 932	22 717	1 249,43	1 817,36	2 044,53	15 928	876,04	1 274,24	1 433,52	75 092	23 624	1 299,32	1 889,92	2 126,16	16 684	917,62	1 334,72	1 501,56
72 968	22 732	1 250,26	1 818,56	2 045,88	15 940	876,70	1 275,20	1 434,60	75 128	23 639	1 300,14	1 891,12	2 127,51	16 698	918,39	1 335,84	1 502,82
73 004	22 747	1 251,08	1 819,76	2 047,23	15 952	877,36	1 276,16	1 435,68	75 164	23 654	1 300,97	1 892,32	2 128,86	16 710	919,05	1 336,80	1 503,90
73 040	22 762	1 251,91	1 820,96	2 048,58	15 964	878,02	1 277,12	1 436,76	75 200	23 670	1 301,85	1 893,60	2 130,30	16 722	919,71	1 337,76	1 504,98
73 076	22 777	1 252,73	1 822,16	2 049,93	15 978	878,79	1 278,24	1 438,02	75 236	23 685	1 302,67	1 894,80	2 131,65	16 736	920,48	1 338,88	1 506,24
73 112	22 793	1 253,61	1 823,44	2 051,37	15 990	879,45	1 279,20	1 439,10	75 272	23 700	1 303,50	1 896,—	2 133,—	16 748	921,14	1 339,84	1 507,32
73 148	22 808	1 254,44	1 824,64	2 052,72	16 002	880,11	1 280,16	1 440,18	75 308	23 715	1 304,32	1 897,20	2 134,35	16 762	921,91	1 340,96	1 508,58
73 184	22 823	1 255,26	1 825,84	2 054,07	16 016	880,88	1 281,28	1 441,44	75 344	23 730	1 305,15	1 898,40	2 135,70	16 774	922,57	1 341,92	1 509,66
73 220	22 838	1 256,09	1 827,04	2 055,42	16 028	881,54	1 282,24	1 442,52	75 380	23 745	1 305,97	1 899,60	2 137,05	16 786	923,23	1 342,88	1 510,74
73 256	22 853	1 256,91	1 828,24	2 056,77	16 040	882,20	1 283,20	1 443,60	75 416	23 760	1 306,80	1 900,80	2 138,40	16 800	924,—	1 344,—	1 512,—
73 292	22 868	1 257,74	1 829,44	2 058,12	16 052	882,86	1 284,16	1 444,68	75 452	23 775	1 307,62	1 902,—	2 139,75	16 812	924,66	1 344,96	1 513,08
73 328	22 883	1 258,56	1 830,64	2 059,47	16 066	883,63	1 285,28	1 445,94	75 488	23 790	1 308,45	1 903,20	2 141,10	16 824	925,32	1 345,92	1 514,16
73 364	22 898	1 259,39	1 831,84	2 060,82	16 078	884,29	1 286,24	1 447,02	75 524	23 806	1 309,33	1 904,48	2 142,54	16 838	926,09	1 347,04	1 515,42
73 400	22 914	1 260,27	1 833,12	2 062,26	16 090	884,95	1 287,20	1 448,10	75 560	23 821	1 310,15	1 905,68	2 143,89	16 850	926,75	1 348,—	1 516,50
73 436	22 929	1 261,09	1 834,32	2 063,61	16 104	885,72	1 288,32	1 449,36	75 596	23 836	1 310,98	1 906,88	2 145,24	16 864	927,52	1 349,12	1 517,76
73 472	22 944	1 261,92	1 835,52	2 064,96	16 116	886,38	1 289,28	1 450,44	75 632	23 851	1 311,80	1 908,08	2 146,59	16 876	928,18	1 350,08	1 518,84
73 508	22 959	1 262,74	1 836,72	2 066,31	16 128	887,04	1 290,24	1 451,52	75 668	23 866	1 312,63	1 909,28	2 147,94	16 888	928,84	1 351,04	1 519,92
73 544	22 974	1 263,57	1 837,92	2 067,66	16 140	887,70	1 291,20	1 452,60	75 704	23 881	1 313,45	1 910,48	2 149,29	16 902	929,61	1 352,16	1 521,18
73 580	22 989	1 264,39	1 839,12	2 069,01	16 154	888,47	1 292,32	1 453,86	75 740	23 896	1 314,28	1 911,68	2 150,64	16 914	930,27	1 353,12	1 522,26
73 616	23 004	1 265,22	1 840,32	2 070,36	16 166	889,13	1 293,28	1 454,94	75 776	23 911	1 315,10	1 912,88	2 151,99	16 926	930,93	1 354,08	1 523,34
73 652	23 019	1 266,04	1 841,52	2 071,71	16 178	889,79	1 294,24	1 456,02	75 812	23 927	1 315,98	1 914,16	2 153,43	16 940	931,70	1 355,20	1 524,60
73 688	23 034	1 266,87	1 842,72	2 073,06	16 192	890,56	1 295,36	1 457,28	75 848	23 942	1 316,81	1 915,36	2 154,78	16 952	932,36	1 356,16	1 525,68
73 724	23 050	1 267,75	1 844,—	2 074,50	16 204	891,22	1 296,32	1 458,36	75 884	23 957	1 317,63	1 916,56	2 156,13	16 966	933,13	1 357,28	1 526,94
73 760	23 065	1 268,57	1 845,20	2 075,85	16 216	891,88	1 297,28	1 459,44	75 920	23 972	1 318,46	1 917,76	2 157,48	16 978	933,79	1 358,24	1 528,02
73 796	23 080	1 269,40	1 846,40	2 077,20	16 228	892,54	1 298,24	1 460,52	75 956	23 987	1 319,28	1 918,96	2 158,83	16 990	934,45	1 359,20	1 529,10
73 832	23 095	1 270,22	1 847,60	2 078,55	16 242	893,31	1 299,36	1 461,78	75 992	24 002	1 320,11	1 920,16	2 160,18	17 004	935,22	1 360,32	1 530,36
73 868	23 110	1 271,05	1 848,80	2 079,90	16 254	893,97	1 300,32	1 462,86	76 028	24 017	1 320,93	1 921,36	2 161,53	17 016	935,88	1 361,28	1 531,44
73 904	23 125	1 271,87	1 850,—	2 081,25	16 266	894,63	1 301,28	1 463,94	76 064	24 032	1 321,76	1 922,56	2 162,88	17 030	936,65	1 362,40	1 532,70
73 940	23 140	1 272,70	1 851,20	2 082,60	16 280	895,40	1 302,40	1 465,20	76 100	24 048	1 322,64	1 923,84	2 164,32	17 042	937,31	1 363,36	1 533,78
73 976	23 155	1 273,52	1 852,40	2 083,95	16 292	896,06	1 303,36	1 466,28	76 136	24 063	1 323,46	1 925,04	2 165,67	17 054	937,97	1 364,32	1 534,86
74 012	23 171	1 274,40	1 853,68	2 085,39	16 304	896,72	1 304,32	1 467,36	76 172	24 078	1 324,29	1 926,24	2 167,02	17 068	938,74	1 365,44	1 536,12
74 048	23 186	1 275,23	1 854,88	2 086,74	16 318	897,49	1 305,44	1 468,62	76 208	24 093	1 325,11	1 927,44	2 168,37	17 080	939,40	1 366,40	1 537,20
74 084	23 201	1 276,05	1 856,08	2 088,09	16 330	898,15	1 306,40	1 469,70	76 244	24 108	1 325,94	1 928,64	2 169,72	17 094	940,17	1 367,52	1 538,46
74 120	23 216	1 276,88	1 857,28	2 089,44	16 342	898,81	1 307,36	1 470,78	76 280	24 123	1 326,76	1 929,84	2 171,07	17 106	940,83	1 368,48	1 539,54
74 156	23 231	1 277,70	1 858,48	2 090,79	16 356	899,58	1 308,48	1 472,04	76 316	24 138	1 327,59	1 931,04	2 172,42	17 118	941,49	1 369,44	1 540,62
74 192	23 246	1 278,53	1 859,68	2 092,14	16 368	900,24	1 309,44	1 473,12	76 352	24 153	1 328,41	1 932,24	2 173,77	17 132	942,26	1 370,56	1 541,88
74 228	23 261	1 279,35	1 860,88	2 093,49	16 380	900,90	1 310,40	1 474,20	76 388	24 168	1 329,24	1 933,44	2 175,12	17 144	942,92	1 371,52	1 542,96
74 264	23 276	1 280,18	1 862,08	2 094,84	16 394	901,67	1 311,52	1 475,46	76 424	24 184	1 330,12	1 934,72	2 176,56	17 158	943,69	1 372,64	1 544,22
74 300	23 292	1 281,06	1 863,36	2 096,28	16 406	902,33	1 312,48	1 476,54	76 460	24 199	1 330,94	1 935,92	2 177,91	17 170	944,35	1 373,60	1 545,30
74 336	23 307	1 281,88	1 864,56	2 097,63	16 418	902,99	1 313,44	1 477,62	76 496	24 214	1 331,77	1 937,12	2 179,26	17 182	945,01	1 374,75	1 546,38
74 372	23 322	1 282,71	1 865,76	2 098,98	16 432	903,76	1 314,56	1 478,88	76 532	24 229	1 332,59	1 938,32	2 180,61	17 196	945,78	1 375,68	1 547,64
74 408	23 337	1 283,53	1 866,96	2 100,33	16 444	904,42	1 315,52	1 479,96	76 568	24 244	1 333,42	1 939,52	2 181,96	17 208	946,44	1 376,64	1 548,72
74 444	23 352	1 284,36	1 868,16	2 101,68	16 456	905,08	1 316,48	1 481,04	76 604	24 259	1 334,24	1 940,72	2 183,31	17 222	947,21	1 377,76	1 549,98
74 480	23 367	1 285,18	1 869,36	2 103,03	16 470	905,85	1 317,60	1 482,30	76 640	24 274	1 335,07	1 941,92	2 184,66	17 234	947,87	1 378,72	1 551,06
74 516	23 382	1 286,01	1 870,56	2 104,38	16 482	906,51	1 318,56	1 483,38	76 676	24 289	1 335,89	1 943,12	2 186,01	17 248	948,64	1 379,84	1 552,32
74 552	23 397	1 286,83	1 871,76	2 105,73	16 494	907,17	1 319,52	1 484,46	76 712	24 305	1 336,77	1 944,40	2 187,45	17 260	949,30	1 380,80	1 553,40
74 588	23 412	1 287,66	1 872,96	2 107,08	16 508	907,94	1 320,64	1 485,72	76 748	24 320	1 337,60	1 945,60	2 188,80	17 272	949,96	1 381,76	1 554,48

*Die Steuerbeträge gelten nur für das ausgewiesene zu versteuernde Einkommen. Für Zwischenwerte vergleiche Erläuterungen in Teil I, Hauptvordruck, Zeile 13.

81 068,–* EINKOMMEN

| Zu versteuerndes Einkommen in €* | Abzüge an Einkommensteuer, Solidaritätszuschlag und Kirchensteuer ||||||||| Zu versteuerndes Einkommen in €* | Abzüge an Einkommensteuer, Solidaritätszuschlag und Kirchensteuer |||||||||
| | Grundtabelle |||| Splittingtabelle |||| | Grundtabelle |||| Splittingtabelle ||||
	ESt	SolZ	8%	9%	ESt	SolZ	8%	9%		ESt	SolZ	8%	9%	ESt	SolZ	8%	9%
76 784	24 335	1 338,42	1 946,80	2 190,15	17 286	950,73	1 382,88	1 555,74	78 944	25 242	1 388,31	2 019,36	2 271,78	18 062	993,41	1 444,96	1 625,58
76 820	24 350	1 339,25	1 948,—	2 191,50	17 298	951,39	1 383,84	1 556,82	78 980	25 257	1 389,13	2 020,56	2 273,13	18 076	994,18	1 446,08	1 626,84
76 856	24 365	1 340,07	1 949,20	2 192,85	17 312	952,16	1 384,96	1 558,08	79 016	25 272	1 389,96	2 021,76	2 274,48	18 088	994,84	1 447,04	1 627,92
76 892	24 380	1 340,90	1 950,40	2 194,20	17 324	952,82	1 385,92	1 559,16	79 052	25 287	1 390,78	2 022,96	2 275,83	18 102	995,61	1 448,16	1 629,18
76 928	24 395	1 341,72	1 951,60	2 195,55	17 338	953,59	1 387,04	1 560,42	79 088	25 302	1 391,61	2 024,16	2 277,18	18 114	996,27	1 449,12	1 630,26
76 964	24 410	1 342,55	1 952,80	2 196,90	17 350	954,25	1 388,—	1 561,50	79 124	25 318	1 392,49	2 025,44	2 278,62	18 128	997,04	1 450,24	1 631,52
77 000	24 426	1 343,43	1 954,08	2 198,34	17 362	954,91	1 388,96	1 562,58	79 160	25 333	1 393,31	2 026,64	2 279,97	18 140	997,70	1 451,20	1 632,60
77 036	24 441	1 344,25	1 955,28	2 199,69	17 376	955,68	1 390,08	1 563,84	79 196	25 348	1 394,14	2 027,84	2 281,32	18 154	998,47	1 452,32	1 633,86
77 072	24 456	1 345,08	1 956,48	2 201,04	17 388	956,34	1 391,04	1 564,92	79 232	25 363	1 394,96	2 029,04	2 282,67	18 166	999,13	1 453,28	1 634,94
77 108	24 471	1 345,90	1 957,68	2 202,39	17 402	957,11	1 392,16	1 566,18	79 268	25 378	1 395,79	2 030,24	2 284,02	18 180	999,90	1 454,40	1 636,02
77 144	24 486	1 346,73	1 958,88	2 203,74	17 414	957,77	1 393,12	1 567,26	79 304	25 393	1 396,61	2 031,44	2 285,37	18 192	1 000,56	1 455,36	1 637,10
77 180	24 501	1 347,55	1 960,08	2 205,09	17 428	958,54	1 394,24	1 568,52	79 340	25 408	1 397,44	2 032,64	2 286,72	18 206	1 001,33	1 456,48	1 638,54
77 216	24 516	1 348,38	1 961,28	2 206,44	17 440	959,20	1 395,20	1 569,60	79 376	25 423	1 398,26	2 033,84	2 288,07	18 218	1 001,99	1 457,44	1 639,62
77 252	24 531	1 349,20	1 962,48	2 207,79	17 452	959,86	1 396,16	1 570,68	79 412	25 439	1 399,14	2 035,12	2 289,51	18 232	1 002,76	1 458,56	1 640,88
77 288	24 546	1 350,03	1 963,68	2 209,14	17 466	960,63	1 397,28	1 571,94	79 448	25 454	1 399,97	2 036,32	2 290,86	18 244	1 003,42	1 459,52	1 641,96
77 324	24 562	1 350,91	1 964,96	2 210,58	17 478	961,29	1 398,24	1 573,02	79 484	25 469	1 400,79	2 037,52	2 292,21	18 258	1 004,19	1 460,64	1 643,22
77 360	24 577	1 351,73	1 966,16	2 211,93	17 492	962,06	1 399,36	1 574,28	79 520	25 484	1 401,62	2 038,72	2 293,56	18 272	1 004,96	1 461,76	1 644,48
77 396	24 592	1 352,56	1 967,36	2 213,28	17 504	962,72	1 400,32	1 575,36	79 556	25 499	1 402,44	2 039,92	2 294,91	18 284	1 005,62	1 462,72	1 645,56
77 432	24 607	1 353,38	1 968,56	2 214,63	17 518	963,49	1 401,44	1 576,62	79 592	25 514	1 403,27	2 041,12	2 296,26	18 298	1 006,39	1 463,84	1 646,82
77 468	24 622	1 354,21	1 969,76	2 215,98	17 530	964,15	1 402,40	1 577,70	79 628	25 529	1 404,09	2 042,32	2 297,61	18 310	1 007,05	1 464,80	1 647,90
77 504	24 637	1 355,03	1 970,96	2 217,33	17 544	964,92	1 403,52	1 578,96	79 664	25 544	1 404,92	2 043,52	2 298,96	18 324	1 007,82	1 465,92	1 649,16
77 540	24 652	1 355,86	1 972,16	2 218,68	17 556	965,58	1 404,48	1 580,04	79 700	25 560	1 405,80	2 044,80	2 300,40	18 336	1 008,48	1 466,88	1 650,24
77 576	24 667	1 356,68	1 973,36	2 220,03	17 570	966,35	1 405,60	1 581,30	79 736	25 575	1 406,62	2 046,—	2 301,75	18 350	1 009,25	1 468,—	1 651,50
77 612	24 683	1 357,56	1 974,64	2 221,47	17 582	967,01	1 406,56	1 582,38	79 772	25 590	1 407,45	2 047,20	2 303,10	18 362	1 009,91	1 468,96	1 652,58
77 648	24 698	1 358,39	1 975,84	2 222,82	17 594	967,67	1 407,52	1 583,46	79 808	25 605	1 408,27	2 048,40	2 304,45	18 376	1 010,68	1 470,08	1 653,84
77 684	24 713	1 359,21	1 977,04	2 224,17	17 608	968,44	1 408,64	1 584,72	79 844	25 620	1 409,10	2 049,60	2 305,80	18 388	1 011,34	1 471,04	1 654,92
77 720	24 728	1 360,04	1 978,24	2 225,52	17 620	969,10	1 409,60	1 585,80	79 880	25 635	1 409,92	2 050,80	2 307,15	18 402	1 012,11	1 472,16	1 656,18
77 756	24 743	1 360,86	1 979,44	2 226,87	17 634	969,87	1 410,72	1 587,06	79 916	25 650	1 410,75	2 052,—	2 308,50	18 416	1 012,88	1 473,28	1 657,44
77 792	24 758	1 361,69	1 980,64	2 228,22	17 646	970,53	1 411,68	1 588,14	79 952	25 665	1 411,57	2 053,20	2 309,85	18 428	1 013,54	1 474,24	1 658,52
77 828	24 773	1 362,51	1 981,84	2 229,57	17 660	971,30	1 412,80	1 589,40	79 988	25 680	1 412,40	2 054,40	2 311,20	18 442	1 014,31	1 475,36	1 659,78
77 864	24 788	1 363,34	1 983,04	2 230,92	17 672	971,96	1 413,76	1 590,48	80 024	25 696	1 413,28	2 055,68	2 312,64	18 454	1 014,97	1 476,32	1 660,86
77 900	24 804	1 364,22	1 984,32	2 232,36	17 686	972,73	1 414,88	1 591,74	80 060	25 711	1 414,10	2 056,88	2 313,99	18 468	1 015,74	1 477,44	1 662,12
77 936	24 819	1 365,04	1 985,52	2 233,71	17 698	973,39	1 415,84	1 592,82	80 096	25 726	1 414,93	2 058,08	2 315,34	18 480	1 016,40	1 478,40	1 663,20
77 972	24 834	1 365,87	1 986,72	2 235,06	17 712	974,16	1 416,96	1 594,08	80 132	25 741	1 415,75	2 059,28	2 316,69	18 494	1 017,17	1 479,52	1 664,46
78 008	24 849	1 366,69	1 987,92	2 236,41	17 724	974,82	1 417,92	1 595,16	80 168	25 756	1 416,58	2 060,48	2 318,04	18 506	1 017,83	1 480,48	1 665,54
78 044	24 864	1 367,52	1 989,12	2 237,76	17 738	975,59	1 419,04	1 596,42	80 204	25 771	1 417,40	2 061,68	2 319,39	18 520	1 018,60	1 481,60	1 666,80
78 080	24 879	1 368,34	1 990,32	2 239,11	17 750	976,25	1 420,—	1 597,50	80 240	25 786	1 418,23	2 062,88	2 320,74	18 534	1 019,37	1 482,72	1 668,06
78 116	24 894	1 369,17	1 991,52	2 240,46	17 764	977,02	1 421,12	1 598,76	80 276	25 801	1 419,05	2 064,08	2 322,09	18 546	1 020,03	1 483,68	1 669,14
78 152	24 909	1 369,99	1 992,72	2 241,81	17 776	977,68	1 422,08	1 599,84	80 312	25 817	1 419,93	2 065,36	2 323,53	18 560	1 020,80	1 484,80	1 670,40
78 188	24 924	1 370,82	1 993,92	2 243,16	17 790	978,45	1 423,20	1 601,10	80 348	25 832	1 420,76	2 066,56	2 324,88	18 572	1 021,46	1 485,76	1 671,48
78 224	24 940	1 371,70	1 995,20	2 244,60	17 802	979,11	1 424,16	1 602,18	80 384	25 847	1 421,58	2 067,76	2 326,23	18 586	1 022,23	1 486,88	1 672,74
78 260	24 955	1 372,52	1 996,40	2 245,95	17 816	979,88	1 425,28	1 603,44	80 420	25 862	1 422,41	2 068,96	2 327,58	18 598	1 022,89	1 487,84	1 673,82
78 296	24 970	1 373,35	1 997,60	2 247,30	17 828	980,54	1 426,24	1 604,52	80 456	25 877	1 423,23	2 070,16	2 328,93	18 612	1 023,66	1 488,96	1 675,08
78 332	24 985	1 374,17	1 998,80	2 248,65	17 842	981,31	1 427,36	1 605,78	80 492	25 892	1 424,06	2 071,36	2 330,28	18 626	1 024,43	1 490,08	1 676,34
78 368	25 000	1 375,—	2 000,—	2 250,—	17 854	981,97	1 428,32	1 606,86	80 528	25 907	1 424,88	2 072,56	2 331,63	18 638	1 025,09	1 491,04	1 677,42
78 404	25 015	1 375,82	2 001,20	2 251,35	17 868	982,74	1 429,44	1 608,12	80 564	25 922	1 425,71	2 073,76	2 332,98	18 652	1 025,86	1 492,16	1 678,68
78 440	25 030	1 376,65	2 002,40	2 252,70	17 880	983,40	1 430,40	1 609,20	80 600	25 938	1 426,59	2 075,04	2 334,42	18 664	1 026,52	1 493,12	1 679,76
78 476	25 045	1 377,47	2 003,60	2 254,05	17 894	984,17	1 431,52	1 610,46	80 636	25 953	1 427,41	2 076,24	2 335,77	18 678	1 027,29	1 494,24	1 681,02
78 512	25 061	1 378,35	2 004,88	2 255,49	17 906	984,83	1 432,48	1 611,54	80 672	25 968	1 428,24	2 077,44	2 337,12	18 692	1 028,06	1 495,36	1 682,28
78 548	25 076	1 379,18	2 006,08	2 256,84	17 920	985,60	1 433,60	1 612,80	80 708	25 983	1 429,06	2 078,64	2 338,47	18 704	1 028,72	1 496,32	1 683,36
78 584	25 091	1 380,—	2 007,28	2 258,19	17 932	986,26	1 434,56	1 613,88	80 744	25 998	1 429,89	2 079,84	2 339,82	18 718	1 029,49	1 497,44	1 684,62
78 620	25 106	1 380,83	2 008,48	2 259,54	17 946	987,03	1 435,68	1 615,14	80 780	26 013	1 430,71	2 081,04	2 341,17	18 730	1 030,15	1 498,40	1 685,70
78 656	25 121	1 381,65	2 009,68	2 260,89	17 958	987,69	1 436,64	1 616,22	80 816	26 028	1 431,54	2 082,24	2 342,52	18 744	1 030,92	1 499,52	1 686,96
78 692	25 136	1 382,48	2 010,88	2 262,24	17 972	988,46	1 437,76	1 617,48	80 852	26 043	1 432,36	2 083,44	2 343,87	18 758	1 031,69	1 500,64	1 688,22
78 728	25 151	1 383,30	2 012,08	2 263,59	17 984	989,12	1 438,72	1 618,56	80 888	26 058	1 433,19	2 084,64	2 345,22	18 770	1 032,35	1 501,60	1 689,30
78 764	25 166	1 384,13	2 013,28	2 264,94	17 998	989,89	1 439,84	1 619,82	80 924	26 074	1 434,07	2 085,92	2 346,66	18 784	1 033,12	1 502,72	1 690,56
78 800	25 182	1 385,01	2 014,56	2 266,38	18 010	990,55	1 440,80	1 620,90	80 960	26 089	1 434,89	2 087,12	2 348,01	18 796	1 033,78	1 503,68	1 691,64
78 836	25 197	1 385,83	2 015,76	2 267,73	18 024	991,32	1 441,92	1 622,16	80 996	26 104	1 435,72	2 088,32	2 349,36	18 810	1 034,55	1 504,80	1 692,90
78 872	25 212	1 386,66	2 016,96	2 269,08	18 036	991,98	1 442,88	1 623,24	81 032	26 119	1 436,54	2 089,52	2 350,71	18 824	1 035,32	1 505,92	1 694,16
78 908	25 227	1 387,48	2 018,16	2 270,43	18 050	992,75	1 444,—	1 624,50	81 068	26 134	1 437,37	2 090,72	2 352,06	18 836	1 035,98	1 506,88	1 695,24

* Die Steuerbeträge gelten nur für das ausgewiesene zu versteuernde Einkommen. Für Zwischenwerte vergleiche Erläuterungen in Teil I, Hauptvordruck, Zeile 13.

EINKOMMEN 81 069,–*

Zu versteuerndes Einkommen in €*	Abzüge an Einkommensteuer, Solidaritätszuschlag und Kirchensteuer								Zu versteuerndes Einkommen in €*	Abzüge an Einkommensteuer, Solidaritätszuschlag und Kirchensteuer							
	Grundtabelle				Splittingtabelle					Grundtabelle				Splittingtabelle			
	ESt	SolZ	8%	9%	ESt	SolZ	8%	9%		ESt	SolZ	8%	9%	ESt	SolZ	8%	9%
81 104	26 149	1 438,19	2 091,92	2 353,41	18 850	1 036,75	1 508,—	1 696,50	83 264	27 056	1 488,08	2 164,48	2 435,04	19 648	1 080,64	1 571,84	1 768,32
81 140	26 164	1 439,02	2 093,12	2 354,76	18 862	1 037,41	1 508,96	1 697,58	83 300	27 072	1 488,96	2 165,76	2 436,48	19 660	1 081,30	1 572,80	1 769,40
81 176	26 179	1 439,84	2 094,32	2 356,11	18 876	1 038,18	1 510,08	1 698,82	83 336	27 087	1 489,78	2 166,96	2 437,83	19 674	1 082,07	1 573,92	1 770,66
81 212	26 195	1 440,72	2 095,60	2 357,55	18 890	1 038,95	1 511,20	1 700,10	83 372	27 102	1 490,61	2 168,16	2 439,18	19 688	1 082,84	1 575,04	1 771,92
81 248	26 210	1 441,55	2 096,80	2 358,90	18 902	1 039,61	1 512,16	1 701,18	83 408	27 117	1 491,43	2 169,36	2 440,53	19 700	1 083,50	1 576,—	1 773,—
81 284	26 225	1 442,37	2 098,—	2 360,25	18 916	1 040,38	1 513,28	1 702,44	83 444	27 132	1 492,26	2 170,56	2 441,88	19 714	1 084,27	1 577,12	1 774,26
81 320	26 240	1 443,20	2 099,20	2 361,60	18 928	1 041,04	1 514,24	1 703,52	83 480	27 147	1 493,08	2 171,76	2 443,23	19 728	1 085,04	1 578,24	1 775,52
81 356	26 255	1 444,02	2 100,40	2 362,95	18 942	1 041,81	1 515,36	1 704,78	83 516	27 162	1 493,91	2 172,96	2 444,58	19 742	1 085,81	1 579,36	1 776,78
81 392	26 270	1 444,85	2 101,60	2 364,30	18 956	1 042,58	1 516,48	1 706,04	83 552	27 177	1 494,73	2 174,16	2 445,93	19 754	1 086,47	1 580,32	1 777,86
81 428	26 285	1 445,67	2 102,80	2 365,65	18 968	1 043,24	1 517,44	1 707,12	83 588	27 192	1 495,56	2 175,36	2 447,28	19 768	1 087,24	1 581,44	1 779,12
81 464	26 300	1 446,50	2 104,—	2 367,—	18 982	1 044,01	1 518,56	1 708,38	83 624	27 208	1 496,44	2 176,64	2 448,72	19 782	1 088,01	1 582,56	1 780,38
81 500	26 316	1 447,38	2 105,28	2 368,44	18 994	1 044,67	1 519,52	1 709,46	83 660	27 223	1 497,26	2 177,84	2 450,07	19 794	1 088,67	1 583,52	1 781,46
81 536	26 331	1 448,20	2 106,48	2 369,79	19 008	1 045,44	1 520,64	1 710,72	83 696	27 238	1 498,09	2 179,04	2 451,42	19 808	1 089,44	1 584,64	1 782,72
81 572	26 346	1 449,03	2 107,68	2 371,14	19 022	1 046,21	1 521,76	1 711,98	83 732	27 253	1 498,91	2 180,24	2 452,77	19 822	1 090,21	1 585,76	1 783,98
81 608	26 361	1 449,85	2 108,88	2 372,49	19 034	1 046,87	1 522,72	1 713,06	83 768	27 268	1 499,74	2 181,44	2 454,12	19 836	1 090,98	1 586,88	1 785,24
81 644	26 376	1 450,68	2 110,08	2 373,84	19 048	1 047,64	1 523,84	1 714,32	83 804	27 283	1 500,56	2 182,64	2 455,47	19 848	1 091,64	1 587,84	1 786,32
81 680	26 391	1 451,50	2 111,28	2 375,19	19 062	1 048,41	1 524,96	1 715,58	83 840	27 298	1 501,39	2 183,84	2 456,82	19 862	1 092,41	1 588,96	1 787,58
81 716	26 406	1 452,33	2 112,48	2 376,54	19 074	1 049,07	1 525,92	1 716,66	83 876	27 313	1 502,21	2 185,04	2 458,17	19 876	1 093,18	1 590,08	1 788,84
81 752	26 421	1 453,15	2 113,68	2 377,89	19 088	1 049,84	1 527,04	1 717,92	83 912	27 329	1 503,09	2 186,32	2 459,61	19 888	1 093,84	1 591,04	1 789,92
81 788	26 436	1 453,98	2 114,88	2 379,24	19 100	1 050,50	1 528,—	1 719,—	83 948	27 344	1 503,92	2 187,52	2 460,96	19 902	1 094,61	1 592,16	1 791,18
81 824	26 452	1 454,86	2 116,16	2 380,68	19 114	1 051,27	1 529,12	1 720,26	83 984	27 359	1 504,74	2 188,72	2 462,31	19 916	1 095,38	1 593,28	1 792,44
81 860	26 467	1 455,68	2 117,36	2 382,03	19 128	1 052,04	1 530,24	1 721,52	84 020	27 374	1 505,57	2 189,92	2 463,66	19 930	1 096,15	1 594,40	1 793,70
81 896	26 482	1 456,51	2 118,56	2 383,38	19 140	1 052,70	1 531,20	1 722,60	84 056	27 389	1 506,39	2 191,12	2 465,01	19 942	1 096,81	1 595,36	1 794,78
81 932	26 497	1 457,33	2 119,76	2 384,73	19 154	1 053,47	1 532,32	1 723,86	84 092	27 404	1 507,22	2 192,32	2 466,36	19 956	1 097,58	1 596,48	1 796,04
81 968	26 512	1 458,16	2 120,96	2 386,08	19 168	1 054,24	1 533,44	1 725,12	84 128	27 419	1 508,04	2 193,52	2 467,71	19 970	1 098,35	1 597,60	1 797,30
82 004	26 527	1 458,98	2 122,16	2 387,43	19 180	1 054,90	1 534,40	1 726,20	84 164	27 434	1 508,87	2 194,72	2 469,06	19 982	1 099,01	1 598,56	1 798,38
82 040	26 542	1 459,81	2 123,36	2 388,78	19 194	1 055,67	1 535,52	1 727,46	84 200	27 450	1 509,75	2 196,—	2 470,50	19 996	1 099,78	1 599,68	1 799,64
82 076	26 557	1 460,63	2 124,56	2 390,13	19 208	1 056,44	1 536,64	1 728,72	84 236	27 465	1 510,57	2 197,20	2 471,85	20 010	1 100,55	1 600,80	1 800,90
82 112	26 573	1 461,51	2 125,84	2 391,57	19 220	1 057,10	1 537,60	1 729,80	84 272	27 480	1 511,40	2 198,40	2 473,20	20 024	1 101,32	1 601,92	1 802,16
82 148	26 588	1 462,34	2 127,04	2 392,92	19 234	1 057,87	1 538,72	1 731,06	84 308	27 495	1 512,22	2 199,60	2 474,55	20 036	1 101,98	1 602,88	1 803,24
82 184	26 603	1 463,16	2 128,24	2 394,27	19 248	1 058,64	1 539,84	1 732,32	84 344	27 510	1 513,05	2 200,80	2 475,90	20 050	1 102,75	1 604,—	1 804,50
82 220	26 618	1 463,99	2 129,44	2 395,62	19 260	1 059,30	1 540,80	1 733,40	84 380	27 525	1 513,87	2 202,—	2 477,25	20 064	1 103,52	1 605,12	1 805,76
82 256	26 633	1 464,81	2 130,64	2 396,97	19 274	1 060,07	1 541,92	1 734,66	84 416	27 540	1 514,70	2 203,20	2 478,60	20 078	1 104,29	1 606,24	1 807,02
82 292	26 648	1 465,64	2 131,84	2 398,32	19 286	1 060,73	1 542,88	1 735,74	84 452	27 555	1 515,52	2 204,40	2 479,95	20 090	1 104,95	1 607,20	1 808,10
82 328	26 663	1 466,46	2 133,04	2 399,67	19 300	1 061,50	1 544,—	1 737,—	84 488	27 570	1 516,35	2 205,60	2 481,30	20 104	1 105,72	1 608,32	1 809,36
82 364	26 678	1 467,29	2 134,24	2 401,02	19 314	1 062,27	1 545,12	1 738,26	84 524	27 586	1 517,23	2 206,88	2 482,74	20 118	1 106,49	1 609,44	1 810,62
82 400	26 694	1 468,17	2 135,52	2 402,46	19 326	1 062,93	1 546,08	1 739,34	84 560	27 601	1 518,05	2 208,08	2 484,09	20 132	1 107,26	1 610,56	1 811,88
82 436	26 709	1 468,99	2 136,72	2 403,81	19 340	1 063,70	1 547,20	1 740,60	84 596	27 616	1 518,88	2 209,28	2 485,44	20 144	1 107,92	1 611,52	1 812,96
82 472	26 724	1 469,82	2 137,92	2 405,16	19 354	1 064,47	1 548,32	1 741,86	84 632	27 631	1 519,70	2 210,48	2 486,79	20 158	1 108,69	1 612,64	1 814,22
82 508	26 739	1 470,64	2 139,12	2 406,51	19 366	1 065,13	1 549,28	1 742,94	84 668	27 646	1 520,53	2 211,68	2 488,14	20 172	1 109,46	1 613,76	1 815,48
82 544	26 754	1 471,47	2 140,32	2 407,86	19 380	1 065,90	1 550,40	1 744,20	84 704	27 661	1 521,35	2 212,88	2 489,49	20 186	1 110,23	1 614,88	1 816,74
82 580	26 769	1 472,29	2 141,52	2 409,21	19 394	1 066,67	1 551,52	1 745,46	84 740	27 676	1 522,18	2 214,08	2 490,84	20 198	1 110,89	1 615,84	1 817,82
82 616	26 784	1 473,12	2 142,72	2 410,56	19 406	1 067,33	1 552,48	1 746,54	84 776	27 691	1 523,—	2 215,28	2 492,19	20 212	1 111,66	1 616,96	1 819,08
82 652	26 799	1 473,94	2 143,92	2 411,91	19 420	1 068,10	1 553,60	1 747,80	84 812	27 707	1 523,88	2 216,56	2 493,63	20 226	1 112,43	1 618,08	1 820,34
82 688	26 814	1 474,77	2 145,12	2 413,26	19 434	1 068,87	1 554,72	1 749,06	84 848	27 722	1 524,71	2 217,76	2 494,98	20 240	1 113,20	1 619,20	1 821,60
82 724	26 830	1 475,65	2 146,40	2 414,70	19 446	1 069,53	1 555,68	1 750,14	84 884	27 737	1 525,53	2 218,96	2 496,33	20 252	1 113,86	1 620,16	1 822,68
82 760	26 845	1 476,47	2 147,60	2 416,05	19 460	1 070,30	1 556,80	1 751,40	84 920	27 752	1 526,36	2 220,16	2 497,68	20 266	1 114,63	1 621,28	1 823,94
82 796	26 860	1 477,30	2 148,80	2 417,40	19 474	1 071,07	1 557,92	1 752,66	84 956	27 767	1 527,18	2 221,36	2 499,03	20 280	1 115,40	1 622,40	1 825,20
82 832	26 875	1 478,12	2 150,—	2 418,75	19 486	1 071,73	1 558,88	1 753,74	84 992	27 782	1 528,01	2 222,56	2 500,38	20 294	1 116,17	1 623,52	1 826,46
82 868	26 890	1 478,95	2 151,20	2 420,10	19 500	1 072,50	1 560,—	1 755,—	85 028	27 797	1 528,83	2 223,76	2 501,73	20 306	1 116,83	1 624,48	1 827,54
82 904	26 905	1 479,77	2 152,40	2 421,45	19 514	1 073,27	1 561,12	1 756,26	85 064	27 812	1 529,66	2 224,96	2 503,08	20 320	1 117,60	1 625,60	1 828,80
82 940	26 920	1 480,60	2 153,60	2 422,80	19 528	1 074,04	1 562,24	1 757,52	85 100	27 828	1 530,54	2 226,24	2 504,52	20 334	1 118,37	1 626,72	1 830,06
82 976	26 935	1 481,42	2 154,80	2 424,15	19 540	1 074,70	1 563,20	1 758,60	85 136	27 843	1 531,36	2 227,44	2 505,87	20 348	1 119,14	1 627,84	1 831,32
83 012	26 951	1 482,30	2 156,08	2 425,59	19 554	1 075,47	1 564,32	1 759,86	85 172	27 858	1 532,19	2 228,64	2 507,22	20 362	1 119,91	1 628,96	1 832,58
83 048	26 966	1 483,13	2 157,28	2 426,94	19 568	1 076,24	1 565,44	1 761,12	85 208	27 873	1 533,01	2 229,84	2 508,57	20 374	1 120,57	1 629,92	1 833,66
83 084	26 981	1 483,95	2 158,48	2 428,29	19 580	1 076,90	1 566,40	1 762,20	85 244	27 888	1 533,84	2 231,04	2 509,92	20 388	1 121,34	1 631,04	1 834,92
83 120	26 996	1 484,78	2 159,68	2 429,64	19 594	1 077,67	1 567,52	1 763,46	85 280	27 903	1 534,66	2 232,24	2 511,27	20 402	1 122,11	1 632,16	1 836,18
83 156	27 011	1 485,60	2 160,88	2 430,99	19 608	1 078,44	1 568,64	1 764,72	85 316	27 918	1 535,49	2 233,44	2 512,62	20 416	1 122,88	1 633,28	1 837,44
83 192	27 026	1 486,43	2 162,08	2 432,34	19 620	1 079,10	1 569,60	1 765,80	85 352	27 933	1 536,31	2 234,64	2 513,97	20 428	1 123,54	1 634,24	1 838,52
83 228	27 041	1 487,25	2 163,28	2 433,69	19 634	1 079,87	1 570,72	1 767,06	85 388	27 948	1 537,14	2 235,84	2 515,32	20 442	1 124,31	1 635,36	1 839,78

*Die Steuerbeträge gelten nur für das ausgewiesene zu versteuernde Einkommen. Für Zwischenwerte vergleiche Erläuterungen in Teil I, Hauptvordruck, Zeile 13.

89 708,–* EINKOMMEN

Zu versteuerndes Einkommen in €*	Abzüge an Einkommensteuer, Solidaritätszuschlag und Kirchensteuer								Zu versteuerndes Einkommen in €*	Abzüge an Einkommensteuer, Solidaritätszuschlag und Kirchensteuer							
	Grundtabelle				Splittingtabelle					Grundtabelle				Splittingtabelle			
	ESt	SolZ	8%	9%	ESt	SolZ	8%	9%		ESt	SolZ	8%	9%	ESt	SolZ	8%	9%
85 424	27 964	1 538,02	2 237,12	2 516,76	20 456	1 125,08	1 636,48	1 841,04	87 584	28 871	1 587,90	2 309,68	2 598,39	21 276	1 170,18	1 702,08	1 914,84
85 460	27 979	1 538,84	2 238,32	2 518,11	20 470	1 125,85	1 637,60	1 842,30	87 620	28 886	1 588,73	2 310,88	2 599,74	21 288	1 170,84	1 703,04	1 915,92
85 496	27 994	1 539,67	2 239,52	2 519,46	20 484	1 126,62	1 638,72	1 843,56	87 656	28 901	1 589,55	2 312,08	2 601,09	21 302	1 171,61	1 704,16	1 917,18
85 532	28 009	1 540,49	2 240,72	2 520,81	20 496	1 127,28	1 639,68	1 844,64	87 692	28 916	1 590,38	2 313,28	2 602,44	21 316	1 172,38	1 705,28	1 918,44
85 568	28 024	1 541,32	2 241,92	2 522,16	20 510	1 128,05	1 640,80	1 845,90	87 728	28 931	1 591,20	2 314,48	2 603,79	21 330	1 173,15	1 706,40	1 919,70
85 604	28 039	1 542,14	2 243,12	2 523,51	20 524	1 128,82	1 641,92	1 847,16	87 764	28 946	1 592,03	2 315,68	2 605,14	21 344	1 173,92	1 707,52	1 920,96
85 640	28 054	1 542,97	2 244,32	2 524,86	20 538	1 129,59	1 643,04	1 848,42	87 800	28 962	1 592,91	2 316,96	2 606,58	21 358	1 174,69	1 708,64	1 922,22
85 676	28 069	1 543,79	2 245,52	2 526,21	20 550	1 130,25	1 644,—	1 849,50	87 836	28 977	1 593,73	2 318,16	2 607,93	21 372	1 175,46	1 709,76	1 923,48
85 712	28 085	1 544,67	2 246,80	2 527,65	20 564	1 131,02	1 645,12	1 850,76	87 872	28 992	1 594,56	2 319,36	2 609,28	21 386	1 176,23	1 710,88	1 924,74
85 748	28 100	1 545,50	2 248,—	2 529,—	20 578	1 131,79	1 646,24	1 852,02	87 908	29 007	1 595,38	2 320,56	2 610,63	21 400	1 177,—	1 712,—	1 926,—
85 784	28 115	1 546,32	2 249,20	2 530,35	20 592	1 132,56	1 647,36	1 853,28	87 944	29 022	1 596,21	2 321,76	2 611,98	21 412	1 177,66	1 712,96	1 927,08
85 820	28 130	1 547,15	2 250,40	2 531,70	20 606	1 133,33	1 648,48	1 854,54	87 980	29 037	1 597,03	2 322,96	2 613,33	21 426	1 178,43	1 714,08	1 928,34
85 856	28 145	1 547,97	2 251,60	2 533,05	20 618	1 133,99	1 649,44	1 855,62	88 016	29 052	1 597,86	2 324,16	2 614,68	21 440	1 179,20	1 715,20	1 929,60
85 892	28 160	1 548,80	2 252,80	2 534,40	20 632	1 134,76	1 650,56	1 856,88	88 052	29 067	1 598,68	2 325,36	2 616,03	21 454	1 179,97	1 716,32	1 930,86
85 928	28 175	1 549,62	2 254,—	2 535,75	20 646	1 135,53	1 651,68	1 858,14	88 088	29 082	1 599,51	2 326,56	2 617,38	21 468	1 180,74	1 717,44	1 932,12
85 964	28 190	1 550,45	2 255,20	2 537,10	20 660	1 136,30	1 652,80	1 859,40	88 124	29 098	1 600,39	2 327,84	2 618,82	21 482	1 181,51	1 718,56	1 933,38
86 000	28 206	1 551,33	2 256,48	2 538,54	20 674	1 137,07	1 653,92	1 860,66	88 160	29 113	1 601,21	2 329,04	2 620,17	21 496	1 182,28	1 719,68	1 934,64
86 036	28 221	1 552,15	2 257,68	2 539,89	20 688	1 137,84	1 655,04	1 861,92	88 196	29 128	1 602,04	2 330,24	2 621,52	21 510	1 183,05	1 720,80	1 935,90
86 072	28 236	1 552,98	2 258,88	2 541,24	20 700	1 138,50	1 656,—	1 863,—	88 232	29 143	1 602,86	2 331,44	2 622,87	21 524	1 183,82	1 721,92	1 937,16
86 108	28 251	1 553,80	2 260,08	2 542,59	20 714	1 139,27	1 657,12	1 864,26	88 268	29 158	1 603,69	2 332,64	2 624,22	21 536	1 184,48	1 722,88	1 938,24
86 144	28 266	1 554,63	2 261,28	2 543,94	20 728	1 140,04	1 658,24	1 865,52	88 304	29 173	1 604,51	2 333,84	2 625,57	21 550	1 185,25	1 724,—	1 939,50
86 180	28 281	1 555,45	2 262,48	2 545,29	20 742	1 140,81	1 659,36	1 866,78	88 340	29 188	1 605,34	2 335,04	2 626,92	21 564	1 186,02	1 725,12	1 940,76
86 216	28 296	1 556,28	2 263,68	2 546,64	20 756	1 141,58	1 660,48	1 868,04	88 376	29 203	1 606,16	2 336,24	2 628,27	21 578	1 186,79	1 726,24	1 942,02
86 252	28 311	1 557,10	2 264,88	2 547,99	20 768	1 142,24	1 661,44	1 869,12	88 412	29 219	1 607,04	2 337,52	2 629,71	21 592	1 187,56	1 727,36	1 943,28
86 288	28 326	1 557,93	2 266,08	2 549,34	20 782	1 143,01	1 662,56	1 870,38	88 448	29 234	1 607,87	2 338,72	2 631,06	21 606	1 188,33	1 728,48	1 944,54
86 324	28 342	1 558,81	2 267,36	2 550,78	20 796	1 143,78	1 663,68	1 871,64	88 484	29 249	1 608,69	2 339,92	2 632,41	21 620	1 189,10	1 729,60	1 945,80
86 360	28 357	1 559,63	2 268,56	2 552,13	20 810	1 144,55	1 664,80	1 872,90	88 520	29 264	1 609,52	2 341,12	2 633,76	21 634	1 189,87	1 730,72	1 947,06
86 396	28 372	1 560,46	2 269,76	2 553,48	20 824	1 145,32	1 665,92	1 874,16	88 556	29 279	1 610,34	2 342,32	2 635,11	21 648	1 190,64	1 731,84	1 948,32
86 432	28 387	1 561,28	2 270,96	2 554,83	20 836	1 145,98	1 666,88	1 875,24	88 592	29 294	1 611,17	2 343,52	2 636,46	21 662	1 191,41	1 732,96	1 949,58
86 468	28 402	1 562,11	2 272,16	2 556,18	20 850	1 146,75	1 668,—	1 876,50	88 628	29 309	1 611,99	2 344,72	2 637,81	21 676	1 192,18	1 734,08	1 950,84
86 504	28 417	1 562,93	2 273,36	2 557,53	20 864	1 147,52	1 669,12	1 877,76	88 664	29 324	1 612,82	2 345,92	2 639,16	21 688	1 192,84	1 735,04	1 951,92
86 540	28 432	1 563,76	2 274,56	2 558,88	20 878	1 148,29	1 670,24	1 879,02	88 700	29 340	1 613,70	2 347,20	2 640,60	21 702	1 193,61	1 736,16	1 953,18
86 576	28 447	1 564,58	2 275,76	2 560,23	20 892	1 149,06	1 671,36	1 880,28	88 736	29 355	1 614,52	2 348,40	2 641,95	21 716	1 194,38	1 737,28	1 954,44
86 612	28 463	1 565,46	2 277,04	2 561,67	20 906	1 149,83	1 672,48	1 881,54	88 772	29 370	1 615,35	2 349,60	2 643,30	21 730	1 195,15	1 738,40	1 955,70
86 648	28 478	1 566,29	2 278,24	2 563,02	20 918	1 150,49	1 673,44	1 882,62	88 808	29 385	1 616,17	2 350,80	2 644,65	21 744	1 195,92	1 739,52	1 956,96
86 684	28 493	1 567,11	2 279,44	2 564,37	20 932	1 151,26	1 674,56	1 883,88	88 844	29 400	1 617,—	2 352,—	2 646,—	21 758	1 196,69	1 740,64	1 958,22
86 720	28 508	1 567,94	2 280,64	2 565,72	20 946	1 152,03	1 675,68	1 885,14	88 880	29 415	1 617,82	2 353,20	2 647,35	21 772	1 197,46	1 741,76	1 959,48
86 756	28 523	1 568,76	2 281,84	2 567,07	20 960	1 152,80	1 676,80	1 886,40	88 916	29 430	1 618,65	2 354,40	2 648,70	21 786	1 198,23	1 742,88	1 960,74
86 792	28 538	1 569,59	2 283,04	2 568,42	20 974	1 153,57	1 677,92	1 887,66	88 952	29 445	1 619,47	2 355,60	2 650,05	21 800	1 199,—	1 744,—	1 962,—
86 828	28 553	1 570,41	2 284,24	2 569,77	20 988	1 154,34	1 679,04	1 888,92	88 988	29 460	1 620,30	2 356,80	2 651,40	21 814	1 199,77	1 745,12	1 963,26
86 864	28 568	1 571,24	2 285,44	2 571,12	21 000	1 155,—	1 680,—	1 890,—	89 024	29 476	1 621,18	2 358,08	2 652,84	21 828	1 200,54	1 746,24	1 964,52
86 900	28 584	1 572,12	2 286,72	2 572,56	21 014	1 155,77	1 681,12	1 891,26	89 060	29 491	1 622,—	2 359,28	2 654,19	21 842	1 201,31	1 747,36	1 965,78
86 936	28 599	1 572,94	2 287,92	2 573,91	21 028	1 156,54	1 682,24	1 892,52	89 096	29 506	1 622,83	2 360,48	2 655,54	21 856	1 202,08	1 748,48	1 967,04
86 972	28 614	1 573,77	2 289,12	2 575,26	21 042	1 157,31	1 683,36	1 893,78	89 132	29 521	1 623,65	2 361,68	2 656,89	21 868	1 202,74	1 749,44	1 968,12
87 008	28 629	1 574,59	2 290,32	2 576,61	21 056	1 158,08	1 684,48	1 895,04	89 168	29 536	1 624,48	2 362,88	2 658,24	21 882	1 203,51	1 750,56	1 969,38
87 044	28 644	1 575,42	2 291,52	2 577,96	21 070	1 158,85	1 685,60	1 896,30	89 204	29 551	1 625,30	2 364,08	2 659,59	21 896	1 204,28	1 751,68	1 970,64
87 080	28 659	1 576,24	2 292,72	2 579,31	21 084	1 159,62	1 686,72	1 897,56	89 240	29 566	1 626,13	2 365,28	2 660,94	21 910	1 205,05	1 752,80	1 971,90
87 116	28 674	1 577,07	2 293,92	2 580,66	21 096	1 160,28	1 687,68	1 898,64	89 276	29 581	1 626,95	2 366,48	2 662,29	21 924	1 205,82	1 753,92	1 973,16
87 152	28 689	1 577,89	2 295,12	2 582,01	21 110	1 161,05	1 688,80	1 899,90	89 312	29 597	1 627,83	2 367,76	2 663,73	21 938	1 206,59	1 755,04	1 974,42
87 188	28 704	1 578,72	2 296,32	2 583,36	21 124	1 161,82	1 689,92	1 901,16	89 348	29 612	1 628,66	2 368,96	2 665,08	21 952	1 207,36	1 756,16	1 975,68
87 224	28 720	1 579,60	2 297,60	2 584,80	21 138	1 162,59	1 691,04	1 902,42	89 384	29 627	1 629,48	2 370,16	2 666,43	21 966	1 208,13	1 757,28	1 976,94
87 260	28 735	1 580,42	2 298,80	2 586,15	21 152	1 163,36	1 692,16	1 903,68	89 420	29 642	1 630,31	2 371,36	2 667,78	21 980	1 208,90	1 758,40	1 978,20
87 296	28 750	1 581,25	2 300,—	2 587,50	21 166	1 164,13	1 693,28	1 904,94	89 456	29 657	1 631,13	2 372,56	2 669,13	21 994	1 209,67	1 759,52	1 979,46
87 332	28 765	1 582,07	2 301,20	2 588,85	21 180	1 164,90	1 694,40	1 906,20	89 492	29 672	1 631,96	2 373,76	2 670,48	22 008	1 210,44	1 760,64	1 980,72
87 368	28 780	1 582,90	2 302,40	2 590,20	21 192	1 165,56	1 695,36	1 907,28	89 528	29 687	1 632,78	2 374,96	2 671,83	22 022	1 211,21	1 761,76	1 981,98
87 404	28 795	1 583,72	2 303,60	2 591,55	21 206	1 166,33	1 696,48	1 908,54	89 564	29 702	1 633,61	2 376,16	2 673,18	22 036	1 211,98	1 762,88	1 983,24
87 440	28 810	1 584,55	2 304,80	2 592,90	21 220	1 167,10	1 697,60	1 909,80	89 600	29 718	1 634,49	2 377,44	2 674,62	22 050	1 212,75	1 764,—	1 984,50
87 476	28 825	1 585,37	2 306,—	2 594,25	21 234	1 167,87	1 698,72	1 911,06	89 636	29 733	1 635,31	2 378,64	2 675,97	22 064	1 213,52	1 765,12	1 985,76
87 512	28 841	1 586,25	2 307,28	2 595,69	21 248	1 168,64	1 699,84	1 912,32	89 672	29 748	1 636,14	2 379,84	2 677,32	22 078	1 214,29	1 766,24	1 987,02
87 548	28 856	1 587,08	2 308,48	2 597,04	21 262	1 169,41	1 700,96	1 913,58	89 708	29 763	1 636,96	2 381,04	2 678,67	22 092	1 215,06	1 767,36	1 988,28

*Die Steuerbeträge gelten nur für das ausgewiesene zu versteuernde Einkommen. Für Zwischenwerte vergleiche Erläuterungen in Teil I, Hauptvordruck, Zeile 13.

EINKOMMEN 89 709,–*

Zu versteuerndes Einkommen in €*	Abzüge an Einkommensteuer, Solidaritätszuschlag und Kirchensteuer							Zu versteuerndes Einkommen in €*	Abzüge an Einkommensteuer, Solidaritätszuschlag und Kirchensteuer						
	Grundtabelle				Splittingtabelle					Grundtabelle				Splittingtabelle		
	ESt	SolZ	8%	9%	ESt	SolZ	8%	9%		ESt	SolZ	8%	9%	ESt	SolZ	8%	9%
89 744	29 778	1 637,79	2 382,24	2 680,02	22 106	1 215,83	1 768,48	1 989,54	91 904	30 685	1 687,67	2 454,80	2 761,65	22 946	1 262,03	1 835,68	2 065,14
89 780	29 793	1 638,61	2 383,44	2 681,37	22 120	1 216,60	1 769,60	1 990,80	91 940	30 700	1 688,50	2 456,—	2 763,—	22 960	1 262,80	1 836,80	2 066,40
89 816	29 808	1 639,44	2 384,64	2 682,72	22 134	1 217,37	1 770,72	1 992,06	91 976	30 715	1 689,32	2 457,20	2 764,35	22 974	1 263,57	1 837,92	2 067,66
89 852	29 823	1 640,26	2 385,84	2 684,07	22 146	1 218,03	1 771,68	1 993,14	92 012	30 731	1 690,20	2 458,48	2 765,79	22 988	1 264,34	1 839,04	2 068,92
89 888	29 838	1 641,09	2 387,04	2 685,42	22 160	1 218,80	1 772,80	1 994,40	92 048	30 746	1 691,03	2 459,68	2 767,14	23 002	1 265,11	1 840,16	2 070,18
89 924	29 854	1 641,97	2 388,32	2 686,86	22 174	1 219,57	1 773,92	1 995,66	92 084	30 761	1 691,85	2 460,88	2 768,49	23 016	1 265,88	1 841,28	2 071,44
89 960	29 869	1 642,79	2 389,52	2 688,21	22 188	1 220,34	1 775,04	1 996,92	92 120	30 776	1 692,68	2 462,08	2 769,84	23 030	1 266,65	1 842,40	2 072,70
89 996	29 884	1 643,62	2 390,72	2 689,56	22 202	1 221,11	1 776,16	1 998,18	92 156	30 791	1 693,50	2 463,28	2 771,19	23 044	1 267,42	1 843,52	2 073,96
90 032	29 899	1 644,44	2 391,92	2 690,91	22 216	1 221,88	1 777,28	1 999,44	92 192	30 806	1 694,33	2 464,48	2 772,54	23 058	1 268,19	1 844,64	2 075,22
90 068	29 914	1 645,27	2 393,12	2 692,26	22 230	1 222,65	1 778,40	2 000,70	92 228	30 821	1 695,15	2 465,68	2 773,89	23 072	1 268,96	1 845,76	2 076,48
90 104	29 929	1 646,09	2 394,32	2 693,61	22 244	1 223,42	1 779,52	2 001,96	92 264	30 836	1 695,98	2 466,88	2 775,24	23 086	1 269,73	1 846,88	2 077,74
90 140	29 944	1 646,92	2 395,52	2 694,96	22 258	1 224,19	1 780,64	2 003,22	92 300	30 852	1 696,86	2 468,16	2 776,68	23 102	1 270,61	1 848,16	2 079,18
90 176	29 959	1 647,74	2 396,72	2 696,31	22 272	1 224,96	1 781,76	2 004,48	92 336	30 867	1 697,68	2 469,36	2 778,03	23 116	1 271,38	1 849,28	2 080,44
90 212	29 975	1 648,62	2 398,—	2 697,75	22 286	1 225,73	1 782,88	2 005,74	92 372	30 882	1 698,51	2 470,56	2 779,38	23 130	1 272,15	1 850,40	2 081,70
90 248	29 990	1 649,45	2 399,20	2 699,10	22 300	1 226,50	1 784,—	2 007,—	92 408	30 897	1 699,33	2 471,76	2 780,73	23 144	1 272,92	1 851,52	2 082,96
90 284	30 005	1 650,27	2 400,40	2 700,45	22 314	1 227,27	1 785,12	2 008,26	92 444	30 912	1 700,16	2 472,96	2 782,08	23 158	1 273,69	1 852,64	2 084,22
90 320	30 020	1 651,10	2 401,60	2 701,80	22 328	1 228,04	1 786,24	2 009,52	92 480	30 927	1 700,98	2 474,16	2 783,43	23 172	1 274,46	1 853,76	2 085,48
90 356	30 035	1 651,92	2 402,80	2 703,15	22 342	1 228,81	1 787,36	2 010,78	92 516	30 942	1 701,81	2 475,36	2 784,78	23 186	1 275,23	1 854,88	2 086,74
90 392	30 050	1 652,75	2 404,—	2 704,50	22 356	1 229,58	1 788,48	2 012,04	92 552	30 957	1 702,63	2 476,56	2 786,13	23 200	1 276,—	1 856,—	2 088,—
90 428	30 065	1 653,57	2 405,20	2 705,85	22 370	1 230,35	1 789,60	2 013,30	92 588	30 972	1 703,46	2 477,76	2 787,48	23 214	1 276,77	1 857,12	2 089,26
90 464	30 080	1 654,40	2 406,40	2 707,20	22 384	1 231,12	1 790,72	2 014,56	92 624	30 988	1 704,34	2 479,04	2 788,92	23 228	1 277,54	1 858,24	2 090,52
90 500	30 096	1 655,28	2 407,68	2 708,64	22 398	1 231,89	1 791,84	2 015,82	92 660	31 003	1 705,16	2 480,24	2 790,27	23 242	1 278,31	1 859,36	2 091,78
90 536	30 111	1 656,10	2 408,88	2 709,99	22 412	1 232,66	1 792,96	2 017,08	92 696	31 018	1 705,99	2 481,44	2 791,62	23 256	1 279,08	1 860,48	2 093,04
90 572	30 126	1 656,93	2 410,08	2 711,34	22 426	1 233,43	1 794,08	2 018,34	92 732	31 033	1 706,81	2 482,64	2 792,97	23 270	1 279,85	1 861,60	2 094,30
90 608	30 141	1 657,75	2 411,28	2 712,69	22 440	1 234,20	1 795,20	2 019,60	92 768	31 048	1 707,64	2 483,84	2 794,32	23 286	1 280,73	1 862,88	2 095,74
90 644	30 156	1 658,58	2 412,48	2 714,04	22 454	1 234,97	1 796,32	2 020,86	92 804	31 063	1 708,46	2 485,04	2 795,67	23 300	1 281,50	1 864,—	2 097,—
90 680	30 171	1 659,40	2 413,68	2 715,39	22 468	1 235,74	1 797,44	2 022,12	92 840	31 078	1 709,29	2 486,24	2 797,02	23 314	1 282,27	1 865,12	2 098,26
90 716	30 186	1 660,23	2 414,88	2 716,74	22 482	1 236,51	1 798,56	2 023,38	92 876	31 093	1 710,11	2 487,44	2 798,37	23 328	1 283,04	1 866,24	2 099,52
90 752	30 201	1 661,05	2 416,08	2 718,09	22 496	1 237,28	1 799,68	2 024,64	92 912	31 109	1 710,99	2 488,72	2 799,81	23 342	1 283,81	1 867,36	2 100,78
90 788	30 216	1 661,88	2 417,28	2 719,44	22 510	1 238,05	1 800,80	2 025,90	92 948	31 124	1 711,82	2 489,92	2 801,16	23 356	1 284,58	1 868,48	2 102,04
90 824	30 232	1 662,76	2 418,56	2 720,88	22 524	1 238,82	1 801,92	2 027,16	92 984	31 139	1 712,64	2 491,12	2 802,51	23 370	1 285,35	1 869,60	2 103,30
90 860	30 247	1 663,58	2 419,76	2 722,23	22 538	1 239,59	1 803,04	2 028,42	93 020	31 154	1 713,47	2 492,32	2 803,86	23 384	1 286,12	1 870,72	2 104,56
90 896	30 262	1 664,41	2 420,96	2 723,58	22 552	1 240,36	1 804,16	2 029,68	93 056	31 169	1 714,29	2 493,52	2 805,21	23 398	1 286,89	1 871,84	2 105,82
90 932	30 277	1 665,23	2 422,16	2 724,93	22 566	1 241,13	1 805,28	2 030,94	93 092	31 184	1 715,12	2 494,72	2 806,56	23 412	1 287,66	1 872,96	2 107,08
90 968	30 292	1 666,06	2 423,36	2 726,28	22 580	1 241,90	1 806,40	2 032,20	93 128	31 199	1 715,94	2 495,92	2 807,91	23 426	1 288,43	1 874,08	2 108,34
91 004	30 307	1 666,88	2 424,56	2 727,63	22 594	1 242,67	1 807,52	2 033,46	93 164	31 214	1 716,77	2 497,12	2 809,26	23 442	1 289,31	1 875,36	2 109,78
91 040	30 322	1 667,71	2 425,76	2 728,98	22 608	1 243,44	1 808,64	2 034,72	93 200	31 230	1 717,65	2 498,40	2 810,70	23 456	1 290,08	1 876,48	2 111,04
91 076	30 337	1 668,53	2 426,96	2 730,33	22 622	1 244,21	1 809,76	2 035,98	93 236	31 245	1 718,47	2 499,60	2 812,05	23 470	1 290,85	1 877,60	2 112,30
91 112	30 353	1 669,41	2 428,24	2 731,77	22 636	1 244,98	1 810,88	2 037,24	93 272	31 260	1 719,30	2 500,80	2 813,40	23 484	1 291,62	1 878,72	2 113,56
91 148	30 368	1 670,24	2 429,44	2 733,12	22 650	1 245,75	1 812,—	2 038,50	93 308	31 275	1 720,12	2 502,—	2 814,75	23 498	1 292,39	1 879,84	2 114,82
91 184	30 383	1 671,06	2 430,64	2 734,47	22 664	1 246,52	1 813,12	2 039,76	93 344	31 290	1 720,95	2 503,20	2 816,10	23 512	1 293,16	1 880,96	2 116,08
91 220	30 398	1 671,89	2 431,84	2 735,82	22 678	1 247,29	1 814,24	2 041,02	93 380	31 305	1 721,77	2 504,40	2 817,45	23 526	1 293,93	1 882,08	2 117,34
91 256	30 413	1 672,71	2 433,04	2 737,17	22 692	1 248,06	1 815,36	2 042,28	93 416	31 320	1 722,60	2 505,60	2 818,80	23 540	1 294,70	1 883,20	2 118,60
91 292	30 428	1 673,54	2 434,24	2 738,52	22 706	1 248,83	1 816,48	2 043,54	93 452	31 335	1 723,42	2 506,80	2 820,15	23 554	1 295,47	1 884,32	2 119,86
91 328	30 443	1 674,36	2 435,44	2 739,87	22 720	1 249,60	1 817,60	2 044,80	93 488	31 350	1 724,25	2 508,—	2 821,50	23 570	1 296,35	1 885,60	2 121,30
91 364	30 458	1 675,19	2 436,64	2 741,22	22 734	1 250,37	1 818,72	2 046,06	93 524	31 366	1 725,13	2 509,28	2 822,94	23 584	1 297,12	1 886,72	2 122,56
91 400	30 474	1 676,07	2 437,92	2 742,66	22 748	1 251,14	1 819,84	2 047,32	93 560	31 381	1 725,95	2 510,48	2 824,29	23 598	1 297,89	1 887,84	2 123,82
91 436	30 489	1 676,89	2 439,12	2 744,01	22 762	1 251,91	1 820,96	2 048,58	93 596	31 396	1 726,78	2 511,68	2 825,64	23 612	1 298,66	1 888,96	2 125,08
91 472	30 504	1 677,72	2 440,32	2 745,36	22 776	1 252,68	1 822,08	2 049,84	93 632	31 411	1 727,60	2 512,88	2 826,99	23 626	1 299,43	1 890,08	2 126,34
91 508	30 519	1 678,54	2 441,52	2 746,71	22 790	1 253,45	1 823,20	2 051,10	93 668	31 426	1 728,43	2 514,08	2 828,34	23 640	1 300,20	1 891,20	2 127,60
91 544	30 534	1 679,37	2 442,72	2 748,06	22 804	1 254,22	1 824,32	2 052,36	93 704	31 441	1 729,25	2 515,28	2 829,69	23 654	1 300,97	1 892,32	2 128,86
91 580	30 549	1 680,19	2 443,92	2 749,41	22 820	1 255,10	1 825,60	2 053,80	93 740	31 456	1 730,08	2 516,48	2 831,04	23 668	1 301,74	1 893,44	2 130,12
91 616	30 564	1 681,02	2 445,12	2 750,76	22 834	1 255,87	1 826,72	2 055,06	93 776	31 471	1 730,90	2 517,68	2 832,39	23 682	1 302,51	1 894,56	2 131,38
91 652	30 579	1 681,84	2 446,32	2 752,11	22 848	1 256,64	1 827,84	2 056,32	93 812	31 487	1 731,78	2 518,96	2 833,83	23 698	1 303,39	1 895,84	2 132,82
91 688	30 594	1 682,67	2 447,52	2 753,46	22 862	1 257,41	1 828,96	2 057,58	93 848	31 502	1 732,61	2 520,16	2 835,18	23 712	1 304,16	1 896,96	2 134,08
91 724	30 610	1 683,55	2 448,80	2 754,90	22 876	1 258,18	1 830,08	2 058,84	93 884	31 517	1 733,43	2 521,36	2 836,53	23 726	1 304,93	1 898,08	2 135,34
91 760	30 625	1 684,37	2 450,—	2 756,25	22 890	1 258,95	1 831,20	2 060,10	93 920	31 532	1 734,26	2 522,56	2 837,88	23 740	1 305,70	1 899,20	2 136,60
91 796	30 640	1 685,20	2 451,20	2 757,60	22 904	1 259,72	1 832,32	2 061,36	93 956	31 547	1 735,08	2 523,76	2 839,23	23 754	1 306,47	1 900,32	2 137,86
91 832	30 655	1 686,02	2 452,40	2 758,95	22 918	1 260,49	1 833,44	2 062,62	93 992	31 562	1 735,91	2 524,96	2 840,58	23 768	1 307,24	1 901,44	2 139,12
91 868	30 670	1 686,85	2 453,60	2 760,30	22 932	1 261,26	1 834,56	2 063,88	94 028	31 577	1 736,73	2 526,16	2 841,93	23 782	1 308,01	1 902,56	2 140,38

* Die Steuerbeträge gelten nur für das ausgewiesene zu versteuernde Einkommen.
Für Zwischenwerte vergleiche Erläuterungen in Teil I, Hauptvordruck, Zeile 13.

98 348,–* EINKOMMEN

Zu versteuerndes Einkommen in €*	Abzüge an Einkommensteuer, Solidaritätszuschlag und Kirchensteuer							Zu versteuerndes Einkommen in €*	Abzüge an Einkommensteuer, Solidaritätszuschlag und Kirchensteuer						
	Grundtabelle				Splittingtabelle				Grundtabelle				Splittingtabelle		
	ESt	SolZ	8%	9%	ESt	SolZ	8%	9%		ESt	SolZ	8%	9%	ESt	SolZ	8%	9%
94 064	31 592	1 737,56	2 527,36	2 843,28	23 798	1 308,89	1 903,84	2 141,82	96 224	32 500	1 787,50	2 600,—	2 925,—	24 660	1 356,30	1 972,80	2 219,40
94 100	31 608	1 738,44	2 528,64	2 844,72	23 812	1 309,66	1 904,96	2 143,08	96 260	32 515	1 788,32	2 601,20	2 926,35	24 674	1 357,07	1 973,92	2 220,66
94 136	31 623	1 739,26	2 529,84	2 846,07	23 826	1 310,43	1 906,08	2 144,34	96 296	32 530	1 789,15	2 602,40	2 927,70	24 688	1 357,84	1 975,04	2 221,92
94 172	31 638	1 740,09	2 531,04	2 847,42	23 840	1 311,20	1 907,20	2 145,60	96 332	32 545	1 789,97	2 603,60	2 929,05	24 702	1 358,61	1 976,16	2 223,18
94 208	31 653	1 740,91	2 532,24	2 848,77	23 854	1 311,97	1 908,32	2 146,86	96 368	32 560	1 790,80	2 604,80	2 930,40	24 716	1 359,38	1 977,28	2 224,44
94 244	31 668	1 741,74	2 533,44	2 850,12	23 868	1 312,74	1 909,44	2 148,12	96 404	32 575	1 791,62	2 606,—	2 931,75	24 732	1 360,26	1 978,56	2 225,88
94 280	31 683	1 742,56	2 534,64	2 851,47	23 882	1 313,51	1 910,56	2 149,38	96 440	32 590	1 792,45	2 607,20	2 933,10	24 746	1 361,03	1 979,68	2 227,14
94 316	31 698	1 743,39	2 535,84	2 852,82	23 898	1 314,39	1 911,84	2 150,82	96 476	32 605	1 793,27	2 608,40	2 934,45	24 760	1 361,80	1 980,80	2 228,40
94 352	31 713	1 744,21	2 537,04	2 854,17	23 912	1 315,16	1 912,96	2 152,08	96 512	32 621	1 794,15	2 609,68	2 935,89	24 774	1 362,57	1 981,92	2 229,66
94 388	31 728	1 745,04	2 538,24	2 855,52	23 926	1 315,93	1 914,08	2 153,34	96 548	32 636	1 794,98	2 610,88	2 937,24	24 790	1 363,45	1 983,20	2 231,10
94 424	31 744	1 745,92	2 539,52	2 856,96	23 940	1 316,70	1 915,20	2 154,60	96 584	32 651	1 795,80	2 612,08	2 938,59	24 804	1 364,22	1 984,32	2 232,36
94 460	31 759	1 746,74	2 540,72	2 858,31	23 954	1 317,47	1 916,32	2 155,86	96 620	32 666	1 796,63	2 613,28	2 939,94	24 818	1 364,99	1 985,44	2 233,62
94 496	31 774	1 747,57	2 541,92	2 859,66	23 968	1 318,24	1 917,44	2 157,12	96 656	32 681	1 797,45	2 614,48	2 941,29	24 832	1 365,76	1 986,56	2 234,88
94 532	31 789	1 748,39	2 543,12	2 861,01	23 982	1 319,01	1 918,56	2 158,38	96 692	32 696	1 798,28	2 615,68	2 942,64	24 848	1 366,64	1 987,84	2 236,32
94 568	31 804	1 749,22	2 544,32	2 862,36	23 998	1 319,89	1 919,84	2 159,82	96 728	32 711	1 799,10	2 616,88	2 943,99	24 862	1 367,41	1 988,96	2 237,58
94 604	31 819	1 750,04	2 545,52	2 863,71	24 012	1 320,66	1 920,96	2 161,08	96 764	32 726	1 799,93	2 618,08	2 945,34	24 876	1 368,18	1 990,08	2 238,84
94 640	31 834	1 750,87	2 546,72	2 865,06	24 026	1 321,43	1 922,08	2 162,34	96 800	32 742	1 800,81	2 619,36	2 946,78	24 890	1 368,95	1 991,20	2 240,10
94 676	31 849	1 751,69	2 547,92	2 866,41	24 040	1 322,20	1 923,20	2 163,60	96 836	32 757	1 801,63	2 620,56	2 948,13	24 906	1 369,83	1 992,48	2 241,54
94 712	31 865	1 752,57	2 549,20	2 867,85	24 054	1 322,97	1 924,32	2 164,86	96 872	32 772	1 802,46	2 621,76	2 949,48	24 920	1 370,60	1 993,60	2 242,80
94 748	31 880	1 753,40	2 550,40	2 869,20	24 068	1 323,74	1 925,44	2 166,12	96 908	32 787	1 803,28	2 622,96	2 950,83	24 934	1 371,37	1 994,72	2 244,06
94 784	31 895	1 754,22	2 551,60	2 870,55	24 084	1 324,62	1 926,72	2 167,56	96 944	32 802	1 804,11	2 624,16	2 952,18	24 948	1 372,14	1 995,84	2 245,32
94 820	31 910	1 755,05	2 552,80	2 871,90	24 098	1 325,39	1 927,84	2 168,82	96 980	32 817	1 804,93	2 625,36	2 953,53	24 964	1 373,02	1 997,12	2 246,76
94 856	31 925	1 755,87	2 554,—	2 873,25	24 112	1 326,16	1 928,96	2 170,08	97 016	32 832	1 805,76	2 626,56	2 954,88	24 978	1 373,79	1 998,24	2 248,02
94 892	31 940	1 756,70	2 555,20	2 874,60	24 126	1 326,93	1 930,08	2 171,34	97 052	32 847	1 806,58	2 627,76	2 956,23	24 992	1 374,56	1 999,36	2 249,28
94 928	31 955	1 757,52	2 556,40	2 875,95	24 140	1 327,70	1 931,20	2 172,60	97 088	32 862	1 807,41	2 628,96	2 957,58	25 006	1 375,33	2 000,48	2 250,54
94 964	31 970	1 758,35	2 557,60	2 877,30	24 154	1 328,47	1 932,32	2 173,86	97 124	32 878	1 808,29	2 630,24	2 959,02	25 022	1 376,21	2 001,76	2 251,98
95 000	31 986	1 759,23	2 558,88	2 878,74	24 170	1 329,35	1 933,60	2 175,30	97 160	32 893	1 809,11	2 631,44	2 960,37	25 036	1 376,98	2 002,88	2 253,24
95 036	32 001	1 760,05	2 560,08	2 880,09	24 184	1 330,12	1 934,72	2 176,56	97 196	32 908	1 809,94	2 632,64	2 961,72	25 050	1 377,75	2 004,—	2 254,50
95 072	32 016	1 760,88	2 561,28	2 881,44	24 198	1 330,89	1 935,84	2 177,82	97 232	32 923	1 810,76	2 633,84	2 963,07	25 064	1 378,52	2 005,12	2 255,76
95 108	32 031	1 761,70	2 562,48	2 882,79	24 212	1 331,66	1 936,96	2 179,08	97 268	32 938	1 811,59	2 635,04	2 964,42	25 080	1 379,40	2 006,40	2 257,20
95 144	32 046	1 762,53	2 563,68	2 884,14	24 226	1 332,43	1 938,08	2 180,34	97 304	32 953	1 812,41	2 636,24	2 965,77	25 094	1 380,17	2 007,52	2 258,46
95 180	32 061	1 763,35	2 564,88	2 885,49	24 242	1 333,31	1 939,36	2 181,78	97 340	32 968	1 813,24	2 637,44	2 967,12	25 108	1 380,94	2 008,64	2 259,72
95 216	32 076	1 764,18	2 566,08	2 886,84	24 256	1 334,08	1 940,48	2 183,04	97 376	32 983	1 814,06	2 638,64	2 968,47	25 124	1 381,82	2 009,92	2 261,16
95 252	32 091	1 765,—	2 567,28	2 888,19	24 270	1 334,85	1 941,60	2 184,30	97 412	32 999	1 814,94	2 639,92	2 969,91	25 138	1 382,59	2 011,04	2 262,42
95 288	32 106	1 765,83	2 568,48	2 889,54	24 284	1 335,62	1 942,72	2 185,56	97 448	33 014	1 815,77	2 641,12	2 971,26	25 152	1 383,36	2 012,16	2 263,68
95 324	32 122	1 766,71	2 569,76	2 890,98	24 298	1 336,39	1 943,84	2 186,82	97 484	33 029	1 816,59	2 642,32	2 972,61	25 166	1 384,13	2 013,28	2 264,94
95 360	32 137	1 767,53	2 570,96	2 892,33	24 312	1 337,16	1 944,96	2 188,08	97 520	33 044	1 817,42	2 643,52	2 973,96	25 182	1 385,01	2 014,56	2 266,38
95 396	32 152	1 768,36	2 572,16	2 893,68	24 328	1 338,04	1 946,24	2 189,52	97 556	33 059	1 818,24	2 644,72	2 975,31	25 196	1 385,78	2 015,68	2 267,64
95 432	32 167	1 769,18	2 573,36	2 895,03	24 342	1 338,81	1 947,36	2 190,78	97 592	33 074	1 819,07	2 645,92	2 976,66	25 210	1 386,55	2 016,80	2 268,90
95 468	32 182	1 770,01	2 574,56	2 896,38	24 356	1 339,58	1 948,48	2 192,04	97 628	33 089	1 819,89	2 647,12	2 978,01	25 226	1 387,43	2 018,08	2 270,34
95 504	32 197	1 770,83	2 575,76	2 897,73	24 370	1 340,35	1 949,60	2 193,30	97 664	33 104	1 820,72	2 648,32	2 979,36	25 240	1 388,20	2 019,20	2 271,60
95 540	32 212	1 771,66	2 576,96	2 899,08	24 384	1 341,12	1 950,72	2 194,56	97 700	33 120	1 821,60	2 649,60	2 980,80	25 254	1 388,97	2 020,32	2 272,86
95 576	32 227	1 772,48	2 578,16	2 900,43	24 400	1 342,—	1 952,—	2 196,—	97 736	33 135	1 822,42	2 650,80	2 982,15	25 268	1 389,74	2 021,44	2 274,12
95 612	32 243	1 773,36	2 579,44	2 901,87	24 414	1 342,77	1 953,12	2 197,26	97 772	33 150	1 823,25	2 652,—	2 983,50	25 284	1 390,62	2 022,72	2 275,56
95 648	32 258	1 774,19	2 580,64	2 903,22	24 428	1 343,54	1 954,24	2 198,52	97 808	33 165	1 824,07	2 653,20	2 984,85	25 298	1 391,39	2 023,84	2 276,82
95 684	32 273	1 775,01	2 581,84	2 904,57	24 442	1 344,31	1 955,36	2 199,78	97 844	33 180	1 824,90	2 654,40	2 986,20	25 312	1 392,16	2 024,96	2 278,08
95 720	32 288	1 775,84	2 583,04	2 905,92	24 456	1 345,08	1 956,48	2 201,04	97 880	33 195	1 825,72	2 655,60	2 987,55	25 328	1 393,04	2 026,24	2 279,52
95 756	32 303	1 776,66	2 584,24	2 907,27	24 472	1 345,96	1 957,76	2 202,48	97 916	33 210	1 826,55	2 656,80	2 988,90	25 342	1 393,81	2 027,36	2 280,78
95 792	32 318	1 777,49	2 585,44	2 908,62	24 486	1 346,73	1 958,88	2 203,74	97 952	33 225	1 827,37	2 658,—	2 990,25	25 356	1 394,58	2 028,48	2 282,04
95 828	32 333	1 778,31	2 586,64	2 909,97	24 500	1 347,50	1 960,—	2 205,—	97 988	33 240	1 828,20	2 659,20	2 991,60	25 370	1 395,35	2 029,60	2 283,30
95 864	32 348	1 779,14	2 587,84	2 911,32	24 514	1 348,27	1 961,12	2 206,26	98 024	33 256	1 829,08	2 660,48	2 993,04	25 386	1 396,23	2 030,88	2 284,74
95 900	32 364	1 780,02	2 589,12	2 912,76	24 530	1 349,15	1 962,40	2 207,70	98 060	33 271	1 829,90	2 661,68	2 994,39	25 400	1 397,—	2 032,—	2 286,—
95 936	32 379	1 780,84	2 590,32	2 914,11	24 544	1 349,92	1 963,52	2 208,96	98 096	33 286	1 830,73	2 662,88	2 995,74	25 414	1 397,77	2 033,12	2 287,26
95 972	32 394	1 781,67	2 591,52	2 915,46	24 558	1 350,69	1 964,64	2 210,22	98 132	33 301	1 831,55	2 664,08	2 997,09	25 430	1 398,65	2 034,40	2 288,70
96 008	32 409	1 782,49	2 592,72	2 916,81	24 572	1 351,46	1 965,76	2 211,48	98 168	33 316	1 832,38	2 665,28	2 998,44	25 444	1 399,42	2 035,52	2 289,96
96 044	32 424	1 783,32	2 593,92	2 918,16	24 586	1 352,23	1 966,88	2 212,74	98 204	33 331	1 833,20	2 666,48	2 999,79	25 458	1 400,19	2 036,64	2 291,22
96 080	32 439	1 784,14	2 595,12	2 919,51	24 602	1 353,11	1 968,16	2 214,18	98 240	33 346	1 834,03	2 667,68	3 001,14	25 474	1 401,07	2 037,92	2 292,66
96 116	32 454	1 784,97	2 596,32	2 920,86	24 616	1 353,88	1 969,28	2 215,44	98 276	33 361	1 834,85	2 668,88	3 002,49	25 488	1 401,84	2 039,04	2 293,92
96 152	32 469	1 785,79	2 597,52	2 922,21	24 630	1 354,65	1 970,40	2 216,70	98 312	33 377	1 835,73	2 670,16	3 003,93	25 502	1 402,61	2 040,16	2 295,18
96 188	32 484	1 786,62	2 598,72	2 923,56	24 644	1 355,42	1 971,52	2 217,96	98 348	33 392	1 836,56	2 671,36	3 005,28	25 518	1 403,49	2 041,44	2 296,62

* Die Steuerbeträge gelten nur für das ausgewiesene zu versteuernde Einkommen.
Für Zwischenwerte vergleiche Erläuterungen in Teil I, Hauptvordruck, Zeile 13.

EINKOMMEN 98 349,–*

Zu versteuerndes Einkommen in €*	Abzüge an Einkommensteuer, Solidaritätszuschlag und Kirchensteuer							Zu versteuerndes Einkommen in €*	Abzüge an Einkommensteuer, Solidaritätszuschlag und Kirchensteuer						
	Grundtabelle				Splittingtabelle				Grundtabelle				Splittingtabelle		
	ESt	SolZ	8%	9%	ESt	SolZ	8%	9%		ESt	SolZ	8%	9%	ESt	SolZ	8%	9%
98 384	33 407	1 837,38	2 672,56	3 006,63	25 532	1 404,26	2 042,56	2 297,88	100 544	34 314	1 887,27	2 745,12	3 088,26	26 414	1 452,77	2 113,12	2 377,26
98 420	33 422	1 838,21	2 673,76	3 007,98	25 546	1 405,03	2 043,68	2 299,14	100 580	34 329	1 888,09	2 746,32	3 089,61	26 430	1 453,65	2 114,40	2 378,70
98 456	33 437	1 839,03	2 674,96	3 009,33	25 560	1 405,80	2 044,80	2 300,40	100 616	34 344	1 888,92	2 747,52	3 090,96	26 444	1 454,42	2 115,52	2 379,96
98 492	33 452	1 839,86	2 676,16	3 010,68	25 576	1 406,68	2 046,08	2 301,84	100 652	34 359	1 889,74	2 748,72	3 092,31	26 460	1 455,30	2 116,80	2 381,40
98 528	33 467	1 840,68	2 677,36	3 012,03	25 590	1 407,45	2 047,20	2 303,10	100 688	34 374	1 890,57	2 749,92	3 093,66	26 474	1 456,07	2 117,92	2 382,66
98 564	33 482	1 841,51	2 678,56	3 013,38	25 604	1 408,22	2 048,32	2 304,36	100 724	34 390	1 891,45	2 751,20	3 095,10	26 490	1 456,95	2 119,20	2 384,10
98 600	33 498	1 842,39	2 679,84	3 014,82	25 620	1 409,10	2 049,60	2 305,80	100 760	34 405	1 892,27	2 752,40	3 096,45	26 504	1 457,72	2 120,32	2 385,36
98 636	33 513	1 843,21	2 681,04	3 016,17	25 634	1 409,87	2 050,72	2 307,06	100 796	34 420	1 893,10	2 753,60	3 097,80	26 518	1 458,49	2 121,44	2 386,62
98 672	33 528	1 844,04	2 682,24	3 017,52	25 648	1 410,64	2 051,84	2 308,32	100 832	34 435	1 893,92	2 754,80	3 099,15	26 534	1 459,37	2 122,72	2 388,06
98 708	33 543	1 844,86	2 683,44	3 018,87	25 664	1 411,52	2 053,12	2 309,76	100 868	34 450	1 894,75	2 756,—	3 100,50	26 548	1 460,14	2 123,84	2 389,32
98 744	33 558	1 845,69	2 684,64	3 020,22	25 678	1 412,29	2 054,24	2 311,02	100 904	34 465	1 895,57	2 757,20	3 101,85	26 564	1 461,02	2 125,12	2 390,76
98 780	33 573	1 846,51	2 685,84	3 021,57	25 692	1 413,06	2 055,36	2 312,28	100 940	34 480	1 896,40	2 758,40	3 103,20	26 578	1 461,79	2 126,24	2 392,02
98 816	33 588	1 847,34	2 687,04	3 022,92	25 708	1 413,94	2 056,64	2 313,72	100 976	34 495	1 897,22	2 759,60	3 104,55	26 592	1 462,56	2 127,36	2 393,28
98 852	33 603	1 848,16	2 688,24	3 024,27	25 722	1 414,71	2 057,76	2 314,98	101 012	34 511	1 898,10	2 760,88	3 105,99	26 608	1 463,44	2 128,64	2 394,72
98 888	33 618	1 848,99	2 689,44	3 025,62	25 736	1 415,48	2 058,88	2 316,24	101 048	34 526	1 898,93	2 762,08	3 107,34	26 622	1 464,21	2 129,76	2 395,98
98 924	33 634	1 849,87	2 690,72	3 027,06	25 752	1 416,36	2 060,16	2 317,68	101 084	34 541	1 899,75	2 763,28	3 108,69	26 638	1 465,09	2 131,04	2 397,42
98 960	33 649	1 850,69	2 691,92	3 028,41	25 766	1 417,13	2 061,28	2 318,94	101 120	34 556	1 900,58	2 764,48	3 110,04	26 652	1 465,86	2 132,16	2 398,68
98 996	33 664	1 851,52	2 693,12	3 029,76	25 780	1 417,90	2 062,40	2 320,20	101 156	34 571	1 901,40	2 765,68	3 111,39	26 668	1 466,74	2 133,44	2 400,12
99 032	33 679	1 852,34	2 694,32	3 031,11	25 796	1 418,78	2 063,68	2 321,64	101 192	34 586	1 902,23	2 766,88	3 112,74	26 682	1 467,51	2 134,56	2 401,38
99 068	33 694	1 853,17	2 695,52	3 032,46	25 810	1 419,55	2 064,80	2 322,90	101 228	34 601	1 903,05	2 768,08	3 114,09	26 696	1 468,28	2 135,68	2 402,64
99 104	33 709	1 853,99	2 696,72	3 033,81	25 824	1 420,32	2 065,92	2 324,16	101 264	34 616	1 903,88	2 769,28	3 115,44	26 712	1 469,16	2 136,96	2 404,08
99 140	33 724	1 854,82	2 697,92	3 035,16	25 840	1 421,20	2 067,20	2 325,60	101 300	34 632	1 904,76	2 770,56	3 116,88	26 726	1 469,93	2 138,08	2 405,34
99 176	33 739	1 855,64	2 699,12	3 036,51	25 854	1 421,97	2 068,32	2 326,86	101 336	34 647	1 905,58	2 771,76	3 118,23	26 742	1 470,81	2 139,36	2 406,78
99 212	33 755	1 856,52	2 700,40	3 037,95	25 868	1 422,74	2 069,44	2 328,12	101 372	34 662	1 906,41	2 772,96	3 119,58	26 756	1 471,58	2 140,48	2 408,04
99 248	33 770	1 857,35	2 701,60	3 039,30	25 884	1 423,62	2 070,72	2 329,56	101 408	34 677	1 907,23	2 774,16	3 120,93	26 772	1 472,46	2 141,76	2 409,48
99 284	33 785	1 858,17	2 702,80	3 040,65	25 898	1 424,39	2 071,84	2 330,82	101 444	34 692	1 908,06	2 775,36	3 122,28	26 786	1 473,23	2 142,88	2 410,74
99 320	33 800	1 859,—	2 704,—	3 042,—	25 914	1 425,27	2 073,12	2 332,26	101 480	34 707	1 908,88	2 776,56	3 123,63	26 802	1 474,11	2 144,16	2 412,18
99 356	33 815	1 859,82	2 705,20	3 043,35	25 928	1 426,04	2 074,24	2 333,52	101 516	34 722	1 909,71	2 777,76	3 124,98	26 816	1 474,88	2 145,28	2 413,44
99 392	33 830	1 860,65	2 706,40	3 044,70	25 942	1 426,81	2 075,36	2 334,78	101 552	34 737	1 910,53	2 778,96	3 126,33	26 830	1 475,65	2 146,40	2 414,70
99 428	33 845	1 861,47	2 707,60	3 046,05	25 958	1 427,69	2 076,64	2 336,22	101 588	34 752	1 911,36	2 780,16	3 127,68	26 846	1 476,53	2 147,68	2 416,14
99 464	33 860	1 862,30	2 708,80	3 047,40	25 972	1 428,46	2 077,76	2 337,48	101 624	34 768	1 912,24	2 781,44	3 129,12	26 860	1 477,30	2 148,80	2 417,40
99 500	33 876	1 863,18	2 710,08	3 048,84	25 986	1 429,23	2 078,88	2 338,74	101 660	34 783	1 913,06	2 782,64	3 130,47	26 876	1 478,18	2 150,08	2 418,84
99 536	33 891	1 864,—	2 711,28	3 050,19	26 002	1 430,11	2 080,16	2 340,18	101 696	34 798	1 913,89	2 783,84	3 131,82	26 890	1 478,95	2 151,20	2 420,10
99 572	33 906	1 864,83	2 712,48	3 051,54	26 016	1 430,88	2 081,28	2 341,44	101 732	34 813	1 914,71	2 785,04	3 133,17	26 906	1 479,83	2 152,48	2 421,54
99 608	33 921	1 865,65	2 713,68	3 052,89	26 030	1 431,65	2 082,40	2 342,70	101 768	34 828	1 915,54	2 786,24	3 134,52	26 920	1 480,60	2 153,60	2 422,80
99 644	33 936	1 866,48	2 714,88	3 054,24	26 046	1 432,53	2 083,68	2 344,14	101 804	34 843	1 916,36	2 787,44	3 135,87	26 936	1 481,48	2 154,88	2 424,24
99 680	33 951	1 867,30	2 716,08	3 055,59	26 060	1 433,30	2 084,80	2 345,40	101 840	34 858	1 917,19	2 788,64	3 137,22	26 950	1 482,25	2 156,—	2 425,50
99 716	33 966	1 868,13	2 717,28	3 056,94	26 076	1 434,18	2 086,08	2 346,84	101 876	34 873	1 918,01	2 789,84	3 138,57	26 964	1 483,02	2 157,12	2 426,76
99 752	33 981	1 868,95	2 718,48	3 058,29	26 090	1 434,95	2 087,20	2 348,10	101 912	34 889	1 918,89	2 791,12	3 140,01	26 980	1 483,90	2 158,40	2 428,20
99 788	33 996	1 869,78	2 719,68	3 059,64	26 104	1 435,72	2 088,32	2 349,36	101 948	34 904	1 919,72	2 792,32	3 141,36	26 994	1 484,67	2 159,52	2 429,46
99 824	34 012	1 870,66	2 720,96	3 061,08	26 120	1 436,60	2 089,60	2 350,80	101 984	34 919	1 920,54	2 793,52	3 142,71	27 010	1 485,55	2 160,80	2 430,90
99 860	34 027	1 871,48	2 722,16	3 062,43	26 134	1 437,37	2 090,72	2 352,06	102 020	34 934	1 921,37	2 794,72	3 144,06	27 024	1 486,32	2 161,92	2 432,16
99 896	34 042	1 872,31	2 723,36	3 063,78	26 148	1 438,14	2 091,84	2 353,32	102 056	34 949	1 922,19	2 795,92	3 145,41	27 040	1 487,20	2 163,20	2 433,60
99 932	34 057	1 873,13	2 724,56	3 065,13	26 164	1 439,02	2 093,12	2 354,76	102 092	34 964	1 923,02	2 797,12	3 146,76	27 054	1 487,97	2 164,32	2 434,86
99 968	34 072	1 873,96	2 725,76	3 066,48	26 178	1 439,79	2 094,24	2 356,02	102 128	34 979	1 923,84	2 798,32	3 148,11	27 070	1 488,85	2 165,60	2 436,30
100 004	34 087	1 874,78	2 726,96	3 067,83	26 194	1 440,67	2 095,52	2 357,46	102 164	34 994	1 924,67	2 799,52	3 149,46	27 084	1 489,62	2 166,72	2 437,56
100 040	34 102	1 875,61	2 728,16	3 069,18	26 208	1 441,44	2 096,64	2 358,72	102 200	35 010	1 925,55	2 800,80	3 150,90	27 100	1 490,50	2 168,—	2 439,—
100 076	34 117	1 876,43	2 729,36	3 070,53	26 222	1 442,21	2 097,76	2 359,98	102 236	35 025	1 926,37	2 802,—	3 152,25	27 114	1 491,27	2 169,12	2 440,26
100 112	34 133	1 877,31	2 730,64	3 071,97	26 238	1 443,09	2 099,04	2 361,42	102 272	35 040	1 927,20	2 803,20	3 153,60	27 130	1 492,15	2 170,40	2 441,70
100 148	34 148	1 878,14	2 731,84	3 073,32	26 252	1 443,86	2 100,16	2 362,68	102 308	35 055	1 928,02	2 804,40	3 154,95	27 144	1 492,92	2 171,52	2 442,96
100 184	34 163	1 878,96	2 733,04	3 074,67	26 268	1 444,74	2 101,44	2 364,12	102 344	35 070	1 928,85	2 805,60	3 156,30	27 160	1 493,80	2 172,80	2 444,40
100 220	34 178	1 879,79	2 734,24	3 076,02	26 282	1 445,51	2 102,56	2 365,38	102 380	35 085	1 929,67	2 806,80	3 157,65	27 174	1 494,57	2 173,92	2 445,66
100 256	34 193	1 880,61	2 735,44	3 077,37	26 296	1 446,28	2 103,68	2 366,64	102 416	35 100	1 930,50	2 808,—	3 159,—	27 190	1 495,45	2 175,20	2 447,10
100 292	34 208	1 881,44	2 736,64	3 078,72	26 312	1 447,16	2 104,96	2 368,08	102 452	35 115	1 931,32	2 809,20	3 160,35	27 204	1 496,22	2 176,32	2 448,36
100 328	34 223	1 882,26	2 737,84	3 080,07	26 326	1 447,93	2 106,08	2 369,34	102 488	35 130	1 932,15	2 810,40	3 161,70	27 220	1 497,10	2 177,60	2 449,80
100 364	34 238	1 883,09	2 739,04	3 081,42	26 340	1 448,70	2 107,20	2 370,60	102 524	35 146	1 933,03	2 811,68	3 163,14	27 234	1 497,87	2 178,72	2 451,06
100 400	34 254	1 883,97	2 740,32	3 082,86	26 356	1 449,58	2 108,48	2 372,04	102 560	35 161	1 933,85	2 812,88	3 164,49	27 250	1 498,75	2 180,—	2 452,50
100 436	34 269	1 884,79	2 741,52	3 084,21	26 370	1 450,35	2 109,60	2 373,30	102 596	35 176	1 934,68	2 814,08	3 165,84	27 264	1 499,52	2 181,12	2 453,76
100 472	34 284	1 885,62	2 742,72	3 085,56	26 386	1 451,23	2 110,88	2 374,74	102 632	35 191	1 935,50	2 815,28	3 167,19	27 278	1 500,29	2 182,24	2 455,02
100 508	34 299	1 886,44	2 743,92	3 086,91	26 400	1 452,—	2 112,—	2 376,—	102 668	35 206	1 936,33	2 816,48	3 168,54	27 294	1 501,17	2 183,52	2 456,46

* Die Steuerbeträge gelten nur für das ausgewiesene zu versteuernde Einkommen.
Für Zwischenwerte vergleiche Erläuterungen in Teil I, Hauptvordruck, Zeile 13.

106 988,–* EINKOMMEN

Zu versteuerndes Einkommen in €*	Abzüge an Einkommensteuer, Solidaritätszuschlag und Kirchensteuer							Zu versteuerndes Einkommen in €*	Abzüge an Einkommensteuer, Solidaritätszuschlag und Kirchensteuer						
	Grundtabelle				Splittingtabelle					Grundtabelle				Splittingtabelle			
	ESt	SolZ	8%	9%	ESt	SolZ	8%	9%		ESt	SolZ	8%	9%	ESt	SolZ	8%	9%
102 704	35 221	1 937,15	2 817,68	3 169,89	27 308	1 501,94	2 184,64	2 457,72	104 864	36 128	1 987,04	2 890,24	3 251,52	28 214	1 551,77	2 257,12	2 539,26
102 740	35 236	1 937,98	2 818,88	3 171,24	27 324	1 502,82	2 185,92	2 459,16	104 900	36 144	1 987,92	2 891,52	3 252,96	28 230	1 552,65	2 258,40	2 540,70
102 776	35 251	1 938,80	2 820,08	3 172,59	27 338	1 503,59	2 187,04	2 460,42	104 936	36 159	1 988,74	2 892,72	3 254,31	28 244	1 553,42	2 259,52	2 541,96
102 812	35 267	1 939,68	2 821,36	3 174,03	27 354	1 504,47	2 188,32	2 461,86	104 972	36 174	1 989,57	2 893,92	3 255,66	28 260	1 554,30	2 260,80	2 543,40
102 848	35 282	1 940,51	2 822,56	3 175,38	27 368	1 505,24	2 189,44	2 463,12	105 008	36 189	1 990,39	2 895,12	3 257,01	28 274	1 555,07	2 261,92	2 544,66
102 884	35 297	1 941,33	2 823,76	3 176,73	27 384	1 506,12	2 190,72	2 464,56	105 044	36 204	1 991,22	2 896,32	3 258,36	28 290	1 555,95	2 263,20	2 546,10
102 920	35 312	1 942,16	2 824,96	3 178,08	27 398	1 506,89	2 191,84	2 465,82	105 080	36 219	1 992,04	2 897,52	3 259,71	28 304	1 556,72	2 264,32	2 547,36
102 956	35 327	1 942,98	2 826,16	3 179,43	27 414	1 507,77	2 193,12	2 467,26	105 116	36 234	1 992,87	2 898,72	3 261,06	28 320	1 557,60	2 265,60	2 548,80
102 992	35 342	1 943,81	2 827,36	3 180,78	27 428	1 508,54	2 194,24	2 468,52	105 152	36 249	1 993,69	2 899,92	3 262,41	28 334	1 558,37	2 266,72	2 550,06
103 028	35 357	1 944,63	2 828,56	3 182,13	27 444	1 509,42	2 195,52	2 469,96	105 188	36 264	1 994,52	2 901,12	3 263,76	28 350	1 559,25	2 268,—	2 551,50
103 064	35 372	1 945,46	2 829,76	3 183,48	27 458	1 510,19	2 196,64	2 471,22	105 224	36 280	1 995,40	2 902,40	3 265,20	28 366	1 560,13	2 269,28	2 552,94
103 100	35 388	1 946,34	2 831,04	3 184,92	27 474	1 511,07	2 197,92	2 472,66	105 260	36 295	1 996,22	2 903,60	3 266,55	28 380	1 560,90	2 270,40	2 554,20
103 136	35 403	1 947,16	2 832,24	3 186,27	27 490	1 511,95	2 199,20	2 474,10	105 296	36 310	1 997,05	2 904,80	3 267,90	28 396	1 561,78	2 271,68	2 555,64
103 172	35 418	1 947,99	2 833,44	3 187,62	27 504	1 512,72	2 200,32	2 475,36	105 332	36 325	1 997,87	2 906,—	3 269,25	28 410	1 562,55	2 272,80	2 556,90
103 208	35 433	1 948,81	2 834,64	3 188,97	27 520	1 513,60	2 201,60	2 476,80	105 368	36 340	1 998,70	2 907,20	3 270,60	28 426	1 563,43	2 274,08	2 558,58
103 244	35 448	1 949,64	2 835,84	3 190,32	27 534	1 514,37	2 202,72	2 478,06	105 404	36 355	1 999,52	2 908,40	3 271,95	28 440	1 564,20	2 275,20	2 559,60
103 280	35 463	1 950,46	2 837,04	3 191,67	27 550	1 515,25	2 204,—	2 479,50	105 440	36 370	2 000,35	2 909,60	3 273,30	28 456	1 565,08	2 276,48	2 561,04
103 316	35 478	1 951,29	2 838,24	3 193,02	27 564	1 516,02	2 205,12	2 480,76	105 476	36 385	2 001,17	2 910,80	3 274,65	28 470	1 565,85	2 277,60	2 562,30
103 352	35 493	1 952,11	2 839,44	3 194,37	27 580	1 516,90	2 206,40	2 482,20	105 512	36 401	2 002,05	2 912,08	3 276,09	28 486	1 566,73	2 278,88	2 563,74
103 388	35 508	1 952,94	2 840,64	3 195,72	27 594	1 517,67	2 207,52	2 483,46	105 548	36 416	2 002,88	2 913,28	3 277,44	28 502	1 567,61	2 280,16	2 565,18
103 424	35 524	1 953,82	2 841,92	3 197,16	27 610	1 518,55	2 208,80	2 484,90	105 584	36 431	2 003,70	2 914,48	3 278,79	28 516	1 568,38	2 281,28	2 566,44
103 460	35 539	1 954,64	2 843,12	3 198,51	27 624	1 519,32	2 209,92	2 486,16	105 620	36 446	2 004,53	2 915,68	3 280,14	28 532	1 569,26	2 282,56	2 567,88
103 496	35 554	1 955,47	2 844,32	3 199,86	27 640	1 520,20	2 211,20	2 487,60	105 656	36 461	2 005,35	2 916,88	3 281,49	28 546	1 570,03	2 283,68	2 569,14
103 532	35 569	1 956,29	2 845,52	3 201,21	27 654	1 520,97	2 212,32	2 488,86	105 692	36 476	2 006,18	2 918,08	3 282,84	28 562	1 570,91	2 284,96	2 570,58
103 568	35 584	1 957,12	2 846,72	3 202,56	27 670	1 521,85	2 213,60	2 490,30	105 728	36 491	2 007,—	2 919,28	3 284,19	28 576	1 571,68	2 286,08	2 571,84
103 604	35 599	1 957,94	2 847,92	3 203,91	27 684	1 522,62	2 214,72	2 491,56	105 764	36 506	2 007,83	2 920,48	3 285,54	28 592	1 572,56	2 287,36	2 573,28
103 640	35 614	1 958,77	2 849,12	3 205,26	27 700	1 523,50	2 216,—	2 493,—	105 800	36 522	2 008,71	2 921,76	3 286,98	28 608	1 573,44	2 288,64	2 574,72
103 676	35 629	1 959,59	2 850,32	3 206,61	27 714	1 524,27	2 217,12	2 494,26	105 836	36 537	2 009,53	2 922,96	3 288,33	28 622	1 574,21	2 289,76	2 575,98
103 712	35 645	1 960,47	2 851,60	3 208,05	27 730	1 525,15	2 218,40	2 495,70	105 872	36 552	2 010,36	2 924,16	3 289,68	28 638	1 575,09	2 291,04	2 577,42
103 748	35 660	1 961,30	2 852,80	3 209,40	27 744	1 525,92	2 219,52	2 496,96	105 908	36 567	2 011,18	2 925,36	3 291,03	28 652	1 575,86	2 292,16	2 578,68
103 784	35 675	1 962,12	2 854,—	3 210,75	27 760	1 526,80	2 220,80	2 498,40	105 944	36 582	2 012,01	2 926,56	3 292,38	28 668	1 576,74	2 293,44	2 580,12
103 820	35 690	1 962,95	2 855,20	3 212,10	27 776	1 527,68	2 222,08	2 499,84	105 980	36 597	2 012,83	2 927,76	3 293,73	28 682	1 577,51	2 294,56	2 581,38
103 856	35 705	1 963,77	2 856,40	3 213,45	27 790	1 528,45	2 223,20	2 501,10	106 016	36 612	2 013,66	2 928,96	3 295,08	28 698	1 578,39	2 295,84	2 582,82
103 892	35 720	1 964,60	2 857,60	3 214,80	27 806	1 529,33	2 224,48	2 502,54	106 052	36 627	2 014,48	2 930,16	3 296,43	28 712	1 579,16	2 296,96	2 584,08
103 928	35 735	1 965,42	2 858,80	3 216,15	27 820	1 530,10	2 225,60	2 503,80	106 088	36 642	2 015,31	2 931,36	3 297,78	28 728	1 580,04	2 298,24	2 585,52
103 964	35 750	1 966,25	2 860,—	3 217,50	27 836	1 530,98	2 226,88	2 505,24	106 124	36 658	2 016,19	2 932,64	3 299,22	28 744	1 580,92	2 299,52	2 586,96
104 000	35 766	1 967,13	2 861,28	3 218,94	27 850	1 531,75	2 228,—	2 506,50	106 160	36 673	2 017,01	2 933,84	3 300,57	28 758	1 581,69	2 300,64	2 588,22
104 036	35 781	1 967,95	2 862,48	3 220,29	27 866	1 532,63	2 229,28	2 507,94	106 196	36 688	2 017,84	2 935,04	3 301,92	28 774	1 582,57	2 301,92	2 589,66
104 072	35 796	1 968,78	2 863,68	3 221,64	27 880	1 533,40	2 230,40	2 509,20	106 232	36 703	2 018,66	2 936,24	3 303,27	28 788	1 583,34	2 303,04	2 590,92
104 108	35 811	1 969,60	2 864,88	3 222,99	27 896	1 534,28	2 231,68	2 510,64	106 268	36 718	2 019,49	2 937,44	3 304,62	28 804	1 584,22	2 304,32	2 592,36
104 144	35 826	1 970,43	2 866,08	3 224,34	27 910	1 535,05	2 232,80	2 511,90	106 304	36 733	2 020,31	2 938,64	3 305,97	28 818	1 584,99	2 305,44	2 593,62
104 180	35 841	1 971,25	2 867,28	3 225,69	27 926	1 535,93	2 234,08	2 513,34	106 340	36 748	2 021,14	2 939,84	3 307,32	28 834	1 585,87	2 306,72	2 595,06
104 216	35 856	1 972,08	2 868,48	3 227,04	27 942	1 536,81	2 235,36	2 514,78	106 376	36 763	2 021,96	2 941,04	3 308,67	28 848	1 586,64	2 307,84	2 596,32
104 252	35 871	1 972,90	2 869,68	3 228,39	27 956	1 537,58	2 236,48	2 516,04	106 412	36 779	2 022,84	2 942,32	3 310,11	28 864	1 587,52	2 309,12	2 597,76
104 288	35 886	1 973,73	2 870,88	3 229,74	27 972	1 538,46	2 237,76	2 517,48	106 448	36 794	2 023,67	2 943,52	3 311,46	28 880	1 588,40	2 310,40	2 599,20
104 324	35 902	1 974,61	2 872,16	3 231,18	27 988	1 539,34	2 239,04	2 518,92	106 484	36 809	2 024,49	2 944,72	3 312,81	28 894	1 589,17	2 311,52	2 600,46
104 360	35 917	1 975,43	2 873,36	3 232,53	28 002	1 540,11	2 240,16	2 520,18	106 520	36 824	2 025,32	2 945,92	3 314,16	28 910	1 590,05	2 312,80	2 601,90
104 396	35 932	1 976,26	2 874,56	3 233,88	28 018	1 540,99	2 241,44	2 521,62	106 556	36 839	2 026,14	2 947,12	3 315,51	28 924	1 590,82	2 313,92	2 603,16
104 432	35 947	1 977,08	2 875,76	3 235,23	28 032	1 541,76	2 242,56	2 522,88	106 592	36 854	2 026,97	2 948,32	3 316,86	28 940	1 591,70	2 315,20	2 604,60
104 468	35 962	1 977,91	2 876,96	3 236,58	28 048	1 542,64	2 243,84	2 524,32	106 628	36 869	2 027,79	2 949,52	3 318,21	28 954	1 592,47	2 316,32	2 605,86
104 504	35 977	1 978,73	2 878,16	3 237,93	28 062	1 543,41	2 244,96	2 525,58	106 664	36 884	2 028,62	2 950,72	3 319,56	28 970	1 593,35	2 317,60	2 607,30
104 540	35 992	1 979,56	2 879,36	3 239,28	28 078	1 544,29	2 246,24	2 527,02	106 700	36 900	2 029,50	2 952,—	3 321,—	28 986	1 594,23	2 318,88	2 608,74
104 576	36 007	1 980,38	2 880,56	3 240,63	28 092	1 545,06	2 247,36	2 528,28	106 736	36 915	2 030,32	2 953,20	3 322,35	29 000	1 595,—	2 320,—	2 610,—
104 612	36 023	1 981,26	2 881,84	3 242,07	28 108	1 545,94	2 248,64	2 529,72	106 772	36 930	2 031,15	2 954,40	3 323,70	29 016	1 595,88	2 321,28	2 611,44
104 648	36 038	1 982,09	2 883,04	3 243,42	28 124	1 546,82	2 249,92	2 531,16	106 808	36 945	2 031,97	2 955,60	3 325,05	29 030	1 596,65	2 322,40	2 612,70
104 684	36 053	1 982,91	2 884,24	3 244,77	28 138	1 547,59	2 251,04	2 532,42	106 844	36 960	2 032,80	2 956,80	3 326,40	29 046	1 597,53	2 323,68	2 614,14
104 720	36 068	1 983,74	2 885,44	3 246,12	28 154	1 548,47	2 252,32	2 533,86	106 880	36 975	2 033,62	2 958,—	3 327,75	29 060	1 598,30	2 324,80	2 615,40
104 756	36 083	1 984,56	2 886,64	3 247,47	28 168	1 549,24	2 253,44	2 535,12	106 916	36 990	2 034,45	2 959,20	3 329,10	29 076	1 599,18	2 326,08	2 616,84
104 792	36 098	1 985,39	2 887,84	3 248,82	28 184	1 550,12	2 254,72	2 536,56	106 952	37 005	2 035,27	2 960,40	3 330,45	29 090	1 599,95	2 327,20	2 618,10
104 828	36 113	1 986,21	2 889,04	3 250,17	28 198	1 550,89	2 255,84	2 537,82	106 988	37 020	2 036,10	2 961,60	3 331,80	29 106	1 600,83	2 328,48	2 619,54

* Die Steuerbeträge gelten nur für das ausgewiesene zu versteuernde Einkommen.
Für Zwischenwerte vergleiche Erläuterungen in Teil I, Hauptvordruck, Zeile 13.

2005

Die grünen Felder werden vom Finanzamt ausgefüllt.

| 11 Steuernummer | 1_ 05 Vorg. |

Eingangsstempel

☐ **Einkommensteuererklärung**
☐ **Antrag auf Festsetzung der Arbeitnehmer-Sparzulage**
☐ **Erklärung zur Feststellung des verbleibenden Verlustvortrags**

An das Finanzamt

Steuernummer   bei Wohnsitzwechsel: bisheriges Finanzamt

Ich rechne mit einer Einkommensteuererstattung.

Zeile		
	99 10	**Allgemeine Angaben** — Steuerpflichtige Person (Stpfl.), bei Ehegatten: **Ehemann** — Telefonische Rückfragen tagsüber unter Nr. — 40 Postempfänger
2		Name — 69 Anschrift
3		Vorname
4		Geburtsdatum — Religion — Ausgeübter Beruf
5		Straße und Hausnummer
6		Postleitzahl, derzeitiger Wohnort
7		Verheiratet seit dem — Verwitwet seit dem — Geschieden seit dem — Dauernd getrennt lebend seit dem
8		
9		**Ehefrau:** Vorname
10		ggf. von Zeile 2 abweichender Name
11		Geburtsdatum — Religion — Ausgeübter Beruf
12		Straße und Hausnummer, Postleitzahl, derzeitiger Wohnort (falls von Zeilen 5 und 6 abweichend)
13		Nur von Ehegatten auszufüllen: ☐ Zusammenveranlagung ☐ Getrennte Veranlagung ☐ Besondere Veranlagung für das Jahr der Eheschließung — Wir haben Gütergemeinschaft vereinbart ☐ Nein ☐ Ja — 99 17
14		**Bankverbindung** Bitte stets angeben! — Art der Steuerfestsetzung — 10
15		Kontonummer — Bankleitzahl — 11 Alter A B Religion A B
16		Geldinstitut (Zweigstelle) und Ort — 77 von bis — A Dauer der KiSt.-Pflicht
17		Kontoinhaber lt. Zeilen 2 u. 3 oder: Name (im Fall der Abtretung bitte amtlichen Abtretungsvordruck beifügen) — 78 von bis — B von Monat bis Monat
18		**Der Steuerbescheid soll nicht mir / uns zugesandt werden, sondern** — 73 Angaben zur Erstattung — 83 Bescheid ohne Anschrift Ja = 1
19	41	Name — 74 Veranlagungsart — 75 Zahl d. zusätzl. Bescheide
20	42	Vorname — 70 nichtamtlicher Vordruck Ja = 2
21	43	Straße und Hausnummer oder Postfach
22	45	Postleitzahl, Wohnort
23		**Unterschrift** Die mit der Steuererklärung angeforderten Daten werden aufgrund der §§ 149 ff. der Abgabenordnung und der §§ 25, 46 des Einkommensteuergesetzes erhoben.
24		Mir ist bekannt, dass Angaben über Kindschaftsverhältnisse und Pauschbeträge für Behinderte erforderlichenfalls der Gemeinde mitgeteilt werden, die für die Ausstellung der Lohnsteuerkarten zuständig ist. — Bei der Anfertigung dieser Steuererklärung hat mitgewirkt:
25		
26		
27		Datum, Unterschrift(en) — Steuererklärungen sind eigenhändig – bei Ehegatten von beiden – zu unterschreiben.

ESt 1 A – Einkommensteuererklärung für unbeschränkt Steuerpflichtige – Aug. 2005

– 2 –

Steuernummer

Zeile	Einkünfte im Kalenderjahr 2005 aus folgenden Einkunftsarten:		Für Wirtschaftsjahre, die nach dem 31. 12. 2004 beginnen, bitte beachten: Bei Bruttoeinnahmen ab 17 500 € ist für jeden Betrieb / jede Tätigkeit, soweit keine Bilanz erstellt wird, zusätzlich der Vordruck Einnahmenüberschussrechnung (Anlage EÜR) abzugeben.
29	Land- und Forstwirtschaft	lt. **Anlage L**	
30	Gewerbebetrieb / Selbständige Arbeit	lt. **Anlage GSE**	
31	Nichtselbständige Arbeit	lt. **Anlage N** für steuerpflichtige Person (bei Ehegatten: Ehemann)	lt. **Anlage N** für Ehefrau
32	Kapitalvermögen — lt. **Anlage KAP**	Die gesamten Einnahmen aus Kapitalvermögen betragen nicht mehr als **1 421 €**, bei Zusammenveranlagung **2 842 €** (zur **Anrechnung von Steuerabzugsbeträgen** und bei **vergüteter Körperschaftsteuer** bitte Anlage KAP abgeben).		
33	Vermietung und Verpachtung	lt. **Anlage(n) V** — Anzahl	
34	Sonstige Einkünfte	**Renten** lt. **Anlage R** für steuerpflichtige Person (bei Ehegatten: Ehemann)	**Renten** lt. **Anlage R** für Ehefrau
35	lt. **Anlage SO**	**Private Veräußerungsgeschäfte,** insbesondere aus Grundstücks- und Wertpapierveräußerungen, wurden nicht getätigt. / führten insgesamt zu einem Gewinn von weniger als 512 €, im Fall der Zusammenveranlagung bei jedem Ehegatten weniger als 512 € (bei Verlusten bitte Anlage SO abgeben).		

Angaben zu Kindern / Ausländische Einkünfte und Steuern / Förderung des Wohneigentums

36

37 lt. **Anlage(n) Kind** Anzahl   lt. **Anlage(n) AUS** Anzahl   lt. **Anlage(n) FW** Anzahl

Sonstige Angaben und Anträge

38 **99 18**

39 **Einkommensersatzleistungen,** die dem Progressionsvorbehalt unterliegen, z. B. Krankengeld, Mutterschaftsgeld (soweit nicht in den Zeilen 25 bis 27 der Anlage N eingetragen) lt. beigefügter Bescheinigung   **120** Stpfl. / Ehemann €   **121** Ehefrau €

40 **Steuerermäßigung bei Aufwendungen für haushaltsnahe Beschäftigungsverhältnisse im Inland**

41 Aufwendungen für geringfügige Beschäftigungen im Privathaushalt – sog. Mini-Jobs – (Bescheinigung der Deutschen Rentenversicherung Knappschaft-Bahn-See beifügen)   **200** vom 2005   **201** bis 2005   **202** €

42 Art der Tätigkeit

43 Aufwendungen für sozialversicherungspflichtige Beschäftigungen im Privathaushalt   **205** vom 2005   **206** bis 2005   **207** €

44 Art der Tätigkeit

45 **Steuerermäßigung bei Aufwendungen für die Inanspruchnahme haushaltsnaher Dienstleistungen im Inland** Aufwendungen (lt. beigefügter Rechnung des Dienstleisters und Nachweis der Zahlung durch Beleg des Kreditinstituts)   **210** €

46 **Nur bei Alleinstehenden und Eintragungen in den Zeilen 41 bis 45:** Name, Vorname, Geburtsdatum — Es bestand ein gemeinsamer Haushalt mit einer anderen allein stehenden Person

47 **Nur bei getrennter Veranlagung von Ehegatten:**

48 Laut beigefügtem gemeinsamen Antrag ist die Steuerermäßigung lt. den Zeilen 40 bis 45 in einem anderen Verhältnis als je zur Hälfte aufzuteilen. Der bei mir zu berücksichtigende Anteil beträgt   %

49 Laut beigefügtem gemeinsamen Antrag sind die außergewöhnlichen Belastungen (siehe Seite 4 sowie die Zeilen 42, 43, 45 bis 54 der Anlage Kind) in einem anderen Verhältnis als je zur Hälfte des bei einer Zusammenveranlagung in Betracht kommenden Betrages aufzuteilen. Der bei mir zu berücksichtigende Anteil beträgt   %

50 **Nur bei zeitweiser unbeschränkter Steuerpflicht im Kalenderjahr 2005:** Im Inland ansässig   vom 2005 bis 2005

51 Ausländische Einkünfte, die außerhalb des in Zeile 50 genannten Zeitraums bezogen wurden und nicht der deutschen Einkommensteuer unterlegen haben (Nachweise bitte beifügen)   **122** €

52 In Zeile 51 enthaltene außerordentliche Einkünfte i. S. d. §§ 34, 34 b EStG   **177** €

53 **Nur bei im Ausland ansässigen Personen, die auf Antrag als unbeschränkt steuerpflichtig** behandelt werden: Positive Summe der nicht der deutschen Einkommensteuer unterliegenden Einkünfte   **124** €   Länderschlüssel **126**

54 In Zeile 53 enthaltene außerordentliche Einkünfte i. S. d. §§ 34, 34 b EStG   **177** €

55 **Nur bei im Ausland ansässigen steuerpflichtigen Personen:** Ich beantrage, für die Anwendung personen- und familienbezogener Steuervergünstigungen als unbeschränkt steuerpflichtig behandelt zu werden.

56   Die „Bescheinigung EU / EWR" ist beigefügt.   Die „Bescheinigung außerhalb EU / EWR" ist beigefügt.

57 **Nur bei im EU- / EWR-Ausland lebenden Ehegatten / Kindern:**

58 Ich beantrage als Staatsangehöriger eines EU- / EWR-Mitgliedstaates die Anwendung familienbezogener Steuervergünstigungen. Die „Bescheinigung EU / EWR" ist beigefügt.

59 **Nur bei im Ausland ansässigen Angehörigen des deutschen öffentlichen Dienstes, die im dienstlichen Auftrag außerhalb der EU oder des EWR tätig sind:**

60 Ich beantrage die Anwendung familienbezogener Steuervergünstigungen. Die „Bescheinigung EU / EWR" ist beigefügt.

Zeile	Steuernummer				99	52
	Sonderausgaben		Stpfl. / Ehemann EUR	Ehefrau EUR		
63	Beiträge zu					
64	gesetzlichen Rentenversicherungen (Arbeitnehmeranteil) – in der Regel der Lohnsteuerbescheinigung zu entnehmen –		30	31		
65	landwirtschaftlichen Alterskassen sowie zu berufsständischen Versorgungseinrichtungen, die den gesetzlichen Rentenversicherungen vergleichbare Leistungen erbringen (ohne Zuschüsse des Arbeitgebers)		32	33		
66	freiwilligen Versicherungen oder Höherversicherungen in den gesetzlichen Rentenversicherungen		35	36		
67	eigenen kapitalgedeckten Rentenversicherungen (§ 10 Abs. 1 Nr. 2 Buchstabe b EStG) mit Laufzeitbeginn nach dem 31. 12. 2004 (ohne Altersvorsorgebeiträge, die in Zeile 77 geltend gemacht werden)		37	38		
68	Arbeitgeberanteil zu gesetzlichen Rentenversicherungen, Zuschüsse zu berufsständischen Versorgungseinrichtungen – in der Regel der Lohnsteuerbescheinigung zu entnehmen –		47	48		
69	**Nur bei steuerpflichtigen Personen, die nach dem 31. 12. 1957 geboren sind:** Beiträge zu einer zusätzlichen freiwilligen Pflegeversicherung (nicht in Zeile 73 enthalten)		82	87		
70 / 71	**Bei Zusammenveranlagung ist die Eintragung für jeden Ehegatten vorzunehmen:** Haben Sie zu Ihrer Krankenversicherung oder Ihren Krankheitskosten Anspruch auf – steuerfreie Zuschüsse (z. B. Rentner aus der Rentenversicherung) oder – steuerfreie Arbeitgeberbeiträge oder – steuerfreie Beihilfen (z. B. Beamte, Versorgungsempfänger)?		49 Ja = 1 Nein = 2	50 Ja = 1 Nein = 2		
72	Beiträge (abzüglich erstatteter Beiträge und steuerfreier Zuschüsse) zu			Stpfl. / Ehegatten EUR		
73	Versicherungen gegen Arbeitslosigkeit, Erwerbs- und Berufsunfähigkeitsversicherungen, Kranken- und Pflegeversicherungen (ohne Beiträge zu freiwilligen zusätzlichen Pflegeversicherungen in Zeile 69)			40		
74	Unfall- und Haftpflichtversicherungen sowie zu Risikoversicherungen, die nur für den Todesfall eine Leistung vorsehen			42		
75	Rentenversicherungen mit Kapitalwahlrecht und Kapitallebensversicherungen mit mindestens 12 Jahren Laufzeit und Laufzeitbeginn sowie erster Beitragszahlung vor dem 1. 1. 2005			46		
76	Rentenversicherungen ohne Kapitalwahlrecht mit Laufzeitbeginn sowie erster Beitragszahlung vor dem 1. 1. 2005 (ohne Altersvorsorgebeiträge, die in Zeile 77 geltend gemacht werden)			44		
77	Für die geleisteten **Altersvorsorgebeiträge** wird ein zusätzlicher Sonderausgabenabzug lt. **Anlage AV** geltend gemacht		Stpfl. / Ehemann	Ehefrau		
78	**Renten**	Rechtsgrund, Datum des Vertrags	11 tatsächlich gezahlt	12 abziehbar %		
79	**Dauernde Lasten**	Rechtsgrund, Datum des Vertrags		10		
80	**Unterhaltsleistungen** an den geschiedenen / dauernd getrennt lebenden Ehegatten lt. **Anlage U**			39		
81	**Kirchensteuer**		13 2005 gezahlt	14 2005 erstattet		
82	**Steuerberatungskosten**			16		
83	Aufwendungen für die eigene **Berufsausbildung**	Art der Ausbildung				
84	Art und Höhe der Aufwendungen			17		
85	**Zuwendungen in den Vermögensstock einer Stiftung** innerhalb des ersten Jahres nach Gründung dieser Stiftung	lt. beigef. Bestätigungen	lt. Nachweis Betriebsfinanzamt			
86	Von den Zuwendungen in Zeile 85 sollen in 2005 berücksichtigt werden			27		
87	2005 zu berücksichtigende Zuwendungen aus Vorjahren in den Vermögensstock einer Stiftung, die bisher noch nicht berücksichtigt wurden			28		
88	**Zuwendungen an Stiftungen** (ohne Beträge in den Zeilen 85 bis 87)	lt. beigef. Bestätigungen	lt. Nachweis Betriebsfinanzamt			
89	**Zuwendungen** (ohne Beträge in den Zeilen 85 bis 88) für wissenschaftliche, mildtätige und kulturelle Zwecke		+ ▶	18	Summe der Umsätze, Löhne und Gehälter 21	
90	für kirchliche, religiöse und gemeinnützige Zwecke		+ ▶	19		
91	**Zuwendungen** an politische Parteien (§§ 34 g, 10 b EStG)		+ ▶	20		
92	an unabhängige Wählervereinigungen (§ 34 g EStG)		+ ▶	70		
93	**Verlustabzug** Es wurde ein verbleibender Verlustvortrag nach § 10 d EStG zum 31. 12. 2004 festgestellt für		Stpfl. / Ehemann	Ehefrau		
94	**Antrag auf Beschränkung des Verlustrücktrags nach 2004** Von den nicht ausgeglichenen negativen Einkünften 2005 soll folgender Gesamtbetrag nach 2004 zurückgetragen werden					

										99	53

Steuernummer

Außergewöhnliche Belastungen

Zeile 95: Behinderte und Hinterbliebene

Zeile		Ausweis / Rentenbescheid / Bescheinigung		Nachweis		hinter-blieben	behindert	blind / ständig hilflos	geh- und steh-behindert	Grad der Behinderung
96		ausgestellt am	gültig von – bis	ist beigefügt.	hat bereits vorgelegen.					
97	Stpfl. / Ehemann									56
98	Ehefrau									57

56 A *)
57 B *)

*) bei Blinden u. ständig Pflege-bedürftigen: „300" eintragen

Hinterblieb.-Pauschbetrag
58 | Anzahl

Hilfe im Haushalt/Unterbr.
60

Zeile 99: Beschäftigung einer Hilfe im Haushalt

vom – bis | Aufwendungen im Kalenderjahr €

Pflege-Pauschbetrag
79

Zeile 100: Antragsgrund, Name und Anschrift der beschäftigten Person oder des mit den Dienstleistungen beauftragten Unternehmens

Summe der Unterhalts-zeiträume in Monaten insgesamt
50

Zeile 101: Heimunterbringung

vom – bis | Stpfl. / Ehemann | Ehefrau

Zeile 102: Art der Dienstleistungskosten | ohne Pflege-bedürftigkeit | zur dauernden Pflege

Eigene Einnahmen der unterhaltenen Person(en), ggf. „0"
51

Zeile 103: Bezeichnung, Anschrift des Heims

Betriebsausgaben, Werbungskosten / Kostenpauschale
52

Zeile 104: Pflege-Pauschbetrag wegen **unentgeltlicher** persönlicher Pflege einer ständig hilflosen Person in ihrer oder in meiner Wohnung im Inland

Nachweis der Hilflosigkeit: ist beigefügt. | hat bereits vorgelegen.

Öfftl. Ausbildungshilfen
55

Zeile 105: Name, Anschrift und Verwandtschaftsverhältnis der hilflosen Person(en) | Name anderer Pflegepersonen

Unterhaltsleistungen Dritter
53

Zeile 106: Unterhalt für bedürftige Personen Name und Anschrift (ggf. ausländischer Wohnsitzstaat) der unterhaltenen Person

Tatsächl. Unterhalts-leistungen d. Stpfl.
54

Zeile 107: Geburtsdatum | Familienstand, Beruf | Verwandtschaftsverhältnis zur unterhaltenen Person

Länderschlüssel
1 = ¼
2 = ½
3 = ¾
80

Zeile 108: Hatte jemand für diese Person Anspruch auf Kindergeld oder einen Freibetrag für Kinder? Nein | Ja, für die Monate | vom – bis

Personell berechnete Unterhaltsleistungen (§ 33 a EStG)
61

Zeile 109: Die unterstützte Person ist der geschiedene Ehegatte. | Die unterstützte Person ist als Kindesmutter / Kindesvater gesetzlich unterhaltsberechtigt. | Die unterstützte Person ist nach dem Lebenspartnerschafts-gesetz unterhaltsberechtigt.

Personell berechnete außergewöhnliche Belastungen
67

Zeile 110: Die unterstützte Person ist nicht unterhaltsberechtigt, jedoch wurden bei ihr wegen der Unterhaltszahlungen öffentliche Mittel gekürzt oder nicht gewährt.

Zeile 111: Aufwendungen für die unterhaltene Person (Art) | vom – bis | Höhe €

Zeile	Diese Person hatte	Bruttoarbeitslohn	darauf entfallende Werbungskosten	Gesetzl. Sozialversiche-rungsbeiträge (AN-Anteil)	Öfftl. Ausbildungshilfen	Renten, andere Einkünfte, Bezüge	Vermögen
112	a) im Unterhalts-zeitraum	€	€	€	€	€	€
113	b) außerhalb des Unterhalts-zeitraums	€	€	€	€	€	€

Zeile 114: Diese Person lebte | in meinem Haushalt | im eigenen / anderen Haushalt | zusammen mit folgenden Angehörigen

Zeile 115: Zum Unterhalt dieser Person haben auch beigetragen (Name, Anschrift, Zeitraum und Höhe der Unterhaltsleistungen)

99 | 12

Zeile 116: Andere außergewöhnliche Belastungen Art der Belastung | Gesamtaufwand im Kalenderjahr EUR | Erhaltene / zu erwartende Versicherungsleistungen, Beihilfen, Unterstützungen; Wert des Nachlasses usw. EUR

Nr. | Wert

Zeile 117
Zeile 118 | + | +
 | 63 | 64

Zeile 119: Summe der Zeilen 117 und 118

---

99 | 30 | 11 Versp. Zuschl. in € | 45 | Dauer der Verspätung in Monaten 38

Verfügung

1. Die aufgeführten Daten sind mit Hilfe des geprüften und genehmigten Programms sowie unter Berücksichtigung der ggf. gespeicherten Daten maschinell zu ver-arbeiten. In Höhe des maschinell ermittelten Ergebnisses werden die Steuern, die Zinsen, die Arbeitnehmer-Sparzulagen, der Verspätungszuschlag und die Vor-auszahlungen festgesetzt oder es wird die Nichtveranlagung verfügt. Der verbleibende Verlustvortrag sowie der steuerliche Vorteil gemäß § 10 a Abs. 4 EStG werden festgestellt. Das Ergebnis ist bekannt zu geben.

Erledigt (Namensz., Datum)

2. ☐ Grunddaten prüfen ....
3. ☐ KM fertigen ....
4. ☐ Belege zurückgeben ....
5. ☐ Änderung / Berichtigung vermerken ....

6. Von der Steuererklärung wurde abgewichen ☐ nein ☐ ja
Stpfl. wurde(n) vorher angehört ☐ ja ☐ nein
Die Abweichung wurde im Bescheid erläutert
Erledigt _____

Erledigt (Namensz., Datum)

7. Zur Datenerfassung / Bearbeitereingabe ....
8. ☐ Bescheid ergänzen (Anlage beifügen) _____
9. ☐ LSt-Karte(n) entwerten ....
10. Z. d. A.

Erfasst

Kontrollzahl

Datum | Sachgebietsleiter/-in | Bearbeiter/-in

☐ **Vereinfachte Einkommensteuer-erklärung für Arbeitnehmer**

☐ **Antrag auf Festsetzung der Arbeitnehmer-Sparzulage**

2005

Die grünen Felder werden vom Finanzamt ausgefüllt.

Steuernummer: | 11 | | 1_ | 05 | Vorg.

Eingangsstempel

An das Finanzamt | bei Wohnsitzwechsel: bisheriges Finanzamt

Steuernummer | Telefonische Rückfragen tagsüber unter Nr.

Zeile	**Allgemeine Angaben**		
1	**Steuerpflichtige Person** (Stpfl.), bei zusammen veranlagten Ehegatten: **Ehemann**		
2	Name	99 10 69	Anschrift
3	Vorname	99 17 70	
4	Geburtsdatum	Religion	Ausgeübter Beruf	11	Alter A B	Religion A B
5	Straße und Hausnummer	99 4 7	99 4 8
6	Postleitzahl, derzeitiger Wohnort	AG-FA 167	AG-FA 167
7	Verheiratet seit dem	Verwitwet seit dem	Geschieden seit dem	Dauernd getrennt lebend seit dem	LSt-Klasse 168	LSt-Klasse 168
8	Nur bei Zusammenveranlagung: Vorname der **Ehefrau**	ausgezahltes Kindergeld 170	ausgezahltes Kindergeld 170
9	ggf. von Zeile 2 abweichender Name	AG-FA LSt-Kl. VI 186	AG-FA LSt-Kl. VI 186
10	Geburtsdatum	Religion	Ausgeübter Beruf	BAL 110	BAL 110
11	Straße und Hausnummer, Postleitzahl, derzeitiger Wohnort (falls von Zeilen 5 und 6 abweichend)	LSt 140	LSt 140
12	**Bankverbindung** Bitte stets angeben!	Kontonummer	Bankleitzahl	SolZ 150	SolZ 150
13	Geldinstitut (Zweigstelle) und Ort	KiSt AN 142	KiSt AN 142
14	Kontoinhaber lt. Zeilen 2 u. 3 oder:	Name (im Fall der Abtretung bitte amtlichen Abtretungsvordruck beifügen)	KiSt Eheg. 144	KiSt Eheg. 144
	Angaben zu Kindern	Anzahl	Lohnsatzleistungen	Lohnsatzleistungen
15		lt. Anlage(n) Kind	120	120
16	**Altersvorsorgebeiträge** Für die geleisteten Altersvorsorgebeiträge wird ein zusätzlicher Sonderausgabenabzug lt. **Anlage AV** geltend gemacht	Stpfl. / Ehemann ☐	Ehefrau ☐	
	Einkünfte aus nichtselbständiger Arbeit	Anzahl	Anzahl	
17	Lohnsteuerbescheinigung(en) beifügen	Stpfl. / Ehemann	Ehefrau	99 8 7
18	eTIN lt. Lohnsteuerbescheinigung Stpfl. / Ehemann	eTIN lt. Lohnsteuerbescheinigung Ehefrau	Vorsorgepauschale gekürzt = 1 ungekürzt = 2
19	**Lohn- / Entgeltersatzleistungen** (z. B. Arbeitslosengeld, Insolvenzgeld lt. Bescheinigung der Agentur für Arbeit und Krankengeld, Mutterschaftsgeld lt. Leistungsnachweis)	Stpfl. / Ehemann	Ehefrau	35 Bemessungsgrundlg. für Vorwegabzug ohne Kürzg.
20	Angaben über Zeiten und Gründe der Nichtbeschäftigung (Bitte Nachweise beifügen.)			15
21	Beigefügte Bescheinigung(en) vermögenswirksamer Leistungen (**Anlage VL**)	Stpfl. / Ehemann ☐	Ehefrau ☐	99 8 8
	Ergänzende Angaben zu den Vorsorgeaufwendungen			Vorsorgepauschale gekürzt = 1 ungekürzt = 2
23	2005 bestand keine gesetzliche Rentenversicherungspflicht aus der Beschäftigung als Beamter oder als gleichgestellte Person (siehe Infoblatt).	Stpfl. / Ehemann ☐	Ehefrau ☐	35 Bemessungsgrundlg. für Vorwegabzug ohne Kürzg.
24	Aufgrund des Dienstverhältnisses bestand eine Anwartschaft auf Altersversorgung oder es wurden steuerfreie Arbeitgeberzuschüsse zu Versicherungen gezahlt.	Stpfl. / Ehemann ☐	Ehefrau ☐	15

Unterschrift Die mit der Steuererklärung angeforderten Daten werden aufgrund der §§ 149 ff. der Abgabenordnung und der §§ 25, 46 des Einkommensteuergesetzes erhoben.

25 Ich versichere, **keine weiteren inländischen oder ausländischen Einkünfte** bezogen zu haben. Mir ist bekannt, dass Angaben über Kindschaftsverhältnisse und Pausch-
26 beträge für Behinderte erforderlichenfalls der Gemeinde mitgeteilt werden, die für die Ausstellung der Lohnsteuerkarten zuständig ist.

Bei der Anfertigung dieser Steuererklärung hat mitgewirkt:

Empfangsvollmacht ist erteilt.

27

28

29 **Datum, Unterschrift(en)** Steuererklärungen sind eigenhändig – bei Ehegatten von beiden – zu unterschreiben.

ESt 1 V – Vereinfachte Einkommensteuererklärung für Arbeitnehmer – Aug. 2005

Zeile								
	Steuernummer							

Werbungskosten Stpfl. / Ehemann

30 Wege zwischen Wohnung und Arbeitsstätte (Entfernungspauschale) — **99 8 7**

31 Arbeitsstätte in (Ort und Straße) | Arbeitstage je Woche | Urlaubs- und Krankheitstage | **73** Fahrtkostenzuschüsse – steuerfrei gezahlt

32 | **50** Fahrtkostenzuschüsse – pauschal besteuert

33 Arbeitsstätte lt. Zeile | aufgesucht an | einfache Entfernung | davon mit eigenem oder zur Nutzung überlassenem Pkw zurückgelegt | davon mit Sammelbeförderung zurückgelegt | davon mit öffentl. Verkehrsmitteln, Motorrad, Fahrrad o. Ä., als Fußgänger, als Mitfahrer einer Fahrgemeinschaft zurückgelegt | Behinderungsgrad mind. 70 oder mind. 50 und Merkzeichen „G"

34 | **40** Tagen | **41** km | **68** km | **78** km | km | Ja | **61**

35 | **43** Tagen | **44** km | **69** km | **79** km | km | Ja | **62**

36 Aufwendungen für Fahrten mit öffentlichen Verkehrsmitteln (ohne Flug- und Fährkosten) – Bitte stets auch die Zeilen 34 und 35 ausfüllen – | **49** EUR | **72** Entfernungspauschale

37 Aufwendungen für Arbeitsmittel, Bewerbungskosten, Fortbildungskosten, Kontoführungsgebühren, Reisekosten bei Dienstreisen, Flug- und Fährkosten, Beiträge zu Berufsverbänden – soweit nicht steuerfrei ersetzt – | **53**

Werbungskosten Ehefrau

38 Wege zwischen Wohnung und Arbeitsstätte (Entfernungspauschale) — **99 8 8**

39 Arbeitsstätte in (Ort und Straße) | Arbeitstage je Woche | Urlaubs- und Krankheitstage | **73** Fahrtkostenzuschüsse – steuerfrei gezahlt

40 | **50** Fahrtkostenzuschüsse – pauschal besteuert

41 Arbeitsstätte lt. Zeile | aufgesucht an | einfache Entfernung | davon mit eigenem oder zur Nutzung überlassenem Pkw zurückgelegt | davon mit Sammelbeförderung zurückgelegt | davon mit öffentl. Verkehrsmitteln, Motorrad, Fahrrad o. Ä., als Fußgänger, als Mitfahrer einer Fahrgemeinschaft zurückgelegt | Behinderungsgrad mind. 70 oder mind. 50 und Merkzeichen „G"

42 | **40** Tagen | **41** km | **68** km | **78** km | km | Ja | **61**

43 | **43** Tagen | **44** km | **69** km | **79** km | km | Ja | **62**

44 Aufwendungen für Fahrten mit öffentlichen Verkehrsmitteln (ohne Flug- und Fährkosten) – Bitte stets auch die Zeilen 42 und 43 ausfüllen – | **49** EUR | **72** Entfernungspauschale

45 Aufwendungen für Arbeitsmittel, Bewerbungskosten, Fortbildungskosten, Kontoführungsgebühren, Reisekosten bei Dienstreisen, Flug- und Fährkosten, Beiträge zu Berufsverbänden – soweit nicht steuerfrei ersetzt – | **53**

Sonderausgaben

Zeile		Stpfl. / Ehemann EUR	Ehefrau EUR	
46	Beiträge zu			**99 52**
47	freiwilligen Versicherungen oder Höherversicherungen in den gesetzlichen Rentenversicherungen	35	36	AN-RV Stpfl./EM **30**
48	eigenen kapitalgedeckten Rentenversicherungen (§ 10 Abs. 1 Nr. 2 Buchstabe b EStG) mit Laufzeitbeginn nach dem 31. 12. 2004 (ohne Altersvorsorgebeiträge, die in Zeile 16 geltend gemacht werden)	37	38	AN-RV EF **31**
49	Bei Zusammenveranlagung ist die Eintragung für jeden Ehegatten vorzunehmen: Haben Sie zu Ihrer Krankenversicherung oder Ihren Krankheitskosten Anspruch auf			AG-RV Stpfl./EM **47**
50	– steuerfreie Arbeitgeberbeiträge oder – steuerfreie Beihilfen (z. B. Beamte) ?	49 Ja = 1 Nein = 2	50 Ja = 1 Nein = 2	AG-RV EF **48**
51	Beiträge zu Versicherungen gegen Arbeitslosigkeit, Erwerbs- und Berufsunfähigkeitsversicherungen, Kranken- und Pflegeversicherungen, Unfall- und Haftpflichtversicherungen und Risikoversicherungen, die nur für den Todesfall eine Leistung vorsehen	40 Stpfl. / Ehegatten EUR		
52	Rentenversicherungen mit Kapitalwahlrecht und Kapitallebensversicherungen mit mindestens 12 Jahren Laufzeit und Laufzeitbeginn sowie erster Beitragszahlung vor dem 1. 1. 2005	46		
53	Rentenversicherungen ohne Kapitalwahlrecht mit Laufzeitbeginn sowie erster Beitragszahlung vor dem 1. 1. 2005 (ohne Altersvorsorgebeiträge, die in Zeile 16 geltend gemacht werden)	44		
54	**Kirchensteuer**	13 2005 gezahlt €	14 2005 erstattet	
55	**Steuerberatungskosten**		16	
56	Zuwendungen (lt. beigefügten Bestätigungen) für wissenschaftliche, mildtätige und kulturelle Zwecke	18 €	für kirchliche, religiöse und gemeinnützige Zwecke 19	

Außergewöhnliche Belastungen

57	blind / ständig hilflos Stpfl. / Ehemann	**56** Grad der Behinderung	blind / ständig hilflos Ehefrau	**57** Grad der Behinderung	**99 53**
58	Ehescheidungskosten, Fahrtkosten Behinderter, Krankheitskosten, Kurkosten, Pflegekosten	Gesamtaufwand im Kalenderjahr	Erhaltene / zu erwartende Versicherungsleistungen, Beihilfen, Unterstützungen usw.		**99 12**
59	Art der Belastung	**63** €	**64** €		

Verfügung 1. Die Daten sind maschinell zu verarbeiten. Das Ergebnis ist bekannt zu geben.
Datum, Nz. _____   4. Z. d. A.

2. ☐ Grunddaten prüfen . . . . _____
3. ☐ LSt-Karte(n) entwerten / Belege zurückgeben . . . . _____

SGL _____   Datum _____   Bearb. _____

Erfasst / Bearbeitereingabe

Anlage Kind 2005

Name und Vorname

Steuernummer

Lfd. Nr. der Anlage

Für jedes Kind bitte eine eigene Anlage Kind abgeben.

1.– 7. Anlage = 6
weitere Anlagen = 7

99 3

Voller KFB
Zahl der Monate
Inland	Ausland
10	**12**

Halber KFB
Zahl der Monate
Inland	Ausland
11	**13**

Länderangaben in Viertel **14**

Angaben zum Kind

Zeile

1 Vorname / ggf. abweichender Familienname

2 **16** Geburtsdatum / verheiratet seit dem / Anspruch auf Kindergeld oder vergleichbare Leistungen für 2005 / **15** €

3 Anschrift (bei Wohnsitz im Ausland bitte auch den Staat angeben)

4 Wohnort im Inland vom bis / Wohnort im Ausland vom bis

Kindschaftsverhältnis zur steuerpflichtigen Person / zum Ehemann

5

6 ☐ leibliches Kind / Adoptivkind   ☐ Pflegekind   ☐ Enkelkind / Stiefkind

Kindschaftsverhältnis zur Ehefrau

7

8 ☐ leibliches Kind / Adoptivkind   ☐ Pflegekind   ☐ Enkelkind / Stiefkind

Kindschaftsverhältnis zu weiteren Personen

9

10 Name, letztbekannte Anschrift und Geburtsdatum dieser Personen, Art des Kindschaftsverhältnisses / vom / bis

11 ☐ Das Kindschaftsverhältnis zum anderen Elternteil ist durch Tod des anderen Elternteils erloschen / am

Berücksichtigung eines volljährigen Kindes

12

	1. Ausbildungsabschnitt		2. Ausbildungsabschnitt	
	vom	bis	vom	bis

13 ☐ Das Kind befand sich in Schul-, Hochschul- oder Berufsausbildung

14 Bezeichnung der Schul- / Berufsausbildung

15 ☐ Das Kind konnte eine Berufsausbildung mangels Ausbildungsplatzes nicht beginnen oder fortsetzen / vom / bis

16 ☐ Das Kind hat ein freiwilliges soziales oder ökologisches Jahr, einen Europäischen Freiwilligendienst oder einen anderen Dienst im Ausland (§ 14 b Zivildienstgesetz) abgeleistet / vom / bis

17 ☐ Das Kind befand sich in einer Übergangszeit (z. B. zwischen zwei Ausbildungsabschnitten) von höchstens vier Monaten / vom / bis

18 ☐ Das Kind war ohne Beschäftigung und bei einer Agentur für Arbeit als Arbeit suchend gemeldet / vom / bis

19 ☐ Das Kind war wegen einer vor Vollendung des 27. Lebensjahres eingetretenen Behinderung außerstande, sich selbst zu unterhalten / vom / bis

20 ☐ Das Kind hat gesetzlichen Grundwehr- / Zivildienst oder davon befreienden Dienst geleistet / vom / bis

Einkünfte und Bezüge eines volljährigen Kindes

21

	Bruttoarbeitslohn	darauf entfallende Werbungskosten	Einnahmen aus Kapitalvermögen	darauf entfallende Werbungskosten	Renten	darauf entfallende Werbungskosten
22	EUR	EUR	EUR	EUR	EUR	EUR
23 im Kalenderjahr						
24 davon innerhalb des Berücksichtigungszeitraums						
25 davon entfallen auf Zeiten auswärtiger Unterbringung bei Berufsausbildung						

	Übrige Einkünfte	Öffentliche Ausbildungshilfen	Übrige Bezüge	Kosten zu den Bezügen	Gesetzliche Sozialversicherungsbeiträge (Arbeitnehmeranteil)	besondere Ausbildungskosten
26	EUR	EUR	EUR	EUR	EUR	EUR
27 im Kalenderjahr						
28 davon innerhalb des Berücksichtigungszeitraums						
29 davon entfallen auf Zeiten auswärtiger Unterbringung bei Berufsausbildung						

Anlage Kind – Aug. 2005

Zeile	Steuernummer		

Zeile	**Übertragung des Kinderfreibetrags / des Freibetrags für den Betreuungs- und Erziehungs- oder Ausbildungsbedarf**
30	
31	☐ Ich beantrage den vollen Kinderfreibetrag und den vollen Freibetrag für den Betreuungs- und Erziehungs- oder Ausbildungsbedarf,
32	weil ☐ der andere Elternteil seine Unterhaltsverpflichtung nicht zu mindestens 75 % erfüllt hat.
33	☐ der andere Elternteil vom ___ bis ___ im Ausland lebte.
34	☐ Ich beantrage den vollen Freibetrag für den Betreuungs- und Erziehungs- oder Ausbildungsbedarf, weil das minderjährige Kind bei dem anderen Elternteil nicht gemeldet war.
35	☐ Der Übertragung des Kinderfreibetrags und des Freibetrags für den Betreuungs- und Erziehungs- oder Ausbildungsbedarf auf die Stief- / Großeltern wurde lt. **Anlage K** zugestimmt.
36	☐ Nur bei Stief- / Großeltern: Der Kinderfreibetrag und der Freibetrag für den Betreuungs- und Erziehungs- oder Ausbildungsbedarf sind lt. **Anlage K** zu übertragen.

Entlastungsbetrag für Alleinerziehende

Zeile		vom	bis
37	Das Kind war mit mir in der gemeinsamen Wohnung gemeldet		
38	Für das Kind wurde mir Kindergeld ausgezahlt	vom	bis
39	Außer mir war(en) in der gemeinsamen Wohnung eine / mehrere volljährige Person(en) gemeldet, für die keine Anlage(n) Kind beigefügt ist / sind	☐ Nein ☐ Ja vom	bis
40	Es bestand eine Haushaltsgemeinschaft mit mindestens einer weiteren volljährigen Person, für die keine Anlage(n) Kind beigefügt ist / sind	☐ Nein ☐ Ja vom	bis
41	Name, Vorname (weitere Personen bitte auf besonderem Blatt angeben)	Verwandtschaftsverhältnis	Beschäftigung / Tätigkeit

Freibetrag zur Abgeltung eines Sonderbedarfs bei Berufsausbildung eines volljährigen Kindes

Zeile	
42	Das Kind war auswärtig untergebracht.
43	vom ___ bis ___ Anschrift
44	Nur bei geschiedenen oder dauernd getrennt lebenden Eltern oder bei Eltern eines nichtehelichen Kindes: ☐ Laut beigefügtem gemeinsamen Antrag ist der Freibetrag zur Abgeltung eines Sonderbedarfs bei Berufsausbildung in einem anderen Verhältnis als je zur Hälfte aufzuteilen. Der bei mir zu berücksichtigende Anteil beträgt ___ %

Kinderbetreuungskosten

Zeile				
45				
46	☐ Das Kind hat das 14. Lebensjahr noch nicht vollendet.	☐ Das Kind ist wegen einer vor Vollendung des 27. Lebensjahres eingetretenen Behinderung außerstande, sich selbst zu unterhalten.		vom – bis
47	Es bestand ein **gemeinsamer Haushalt** der Elternteile	vom – bis	Das Kind gehörte zu unserem Haushalt	vom – bis
48	Ich war als ☐ (Pflege-)Vater ☐ (Pflege-)Mutter vom–bis	erwerbstätig	in Ausbildung	behindert	krank
49	Der andere Elternteil war vom–bis	erwerbstätig	in Ausbildung	behindert	krank
50	Art der Dienstleistung, Name und Anschrift des Dienstleisters	vom – bis	**30** Gesamtaufwendungen der Eltern €	**34** gesamter steuerfreier Ersatz €
51	Zusätzlich bei nicht verheirateten, zusammenlebenden Eltern oder in Fällen der getrennten oder besonderen Veranlagung von Ehegatten		**31** eigene Aufwendungen €	**32** eigener steuerfreier Ersatz €
52	Es bestand **kein gemeinsamer Haushalt** der Elternteile	vom – bis	Das Kind gehörte zu meinem Haushalt	vom – bis
53	Ich war als ☐ (Pflege-)Vater ☐ (Pflege-)Mutter vom–bis	erwerbstätig	in Ausbildung	behindert	krank
54	Art der Dienstleistung, Name und Anschrift des Dienstleisters	vom – bis	**22** eigene Aufwendungen €	**23** steuerfreier Ersatz €

Schulgeld an eine Ersatz- oder allgemein bildende Ergänzungsschule

55	Bezeichnung der Schule	**24** Betrag €

Übertragung des Behinderten- oder Hinterbliebenen-Pauschbetrags

Zeile						
56						
57	Das Kind ist	☐ hinterblieben	☐ behindert	☐ blind / ständig hilflos	☐ geh- und stehbehindert	Grad der Behinderung **25**
58	Ausweis / Rentenbescheid / Bescheinigung	ausgestellt am	gültig von – bis	Nachweis ☐ ist beigefügt.	☐ hat bereits vorgelegen.
59	Nur bei geschiedenen oder dauernd getrennt lebenden Eltern oder bei Eltern eines nichtehelichen Kindes: ☐ Laut beigefügtem gemeinsamen Antrag sind die für das Kind zu gewährenden Pauschbeträge für Behinderte / Hinterbliebene in einem anderen Verhältnis als je zur Hälfte aufzuteilen. Der bei mir zu berücksichtigende Anteil beträgt ___ %

Zeilen 30 bis 36 Steuerung	Zeilen 42 bis 44	Zeilen 47 bis 51 Anzahl Monate	Zeilen 52 bis 54 Anzahl Monate	Zeilen 47 bis 54 personell	Grad der Behinderung – bei Blinden u. ständig Pflegebedürftigen: „300" eintragen. –
19	**27**	**20**	**21**	**33**	**25**
Hinterbliebenen-Pauschbetrag Ja = 1	Zeile 59		Zeilen 37 bis 41 Anzahl Monate		
26	**28** % **29**		**802**		

Anlage N — 2005

Jeder Ehegatte mit Einkünften aus nichtselbständiger Arbeit hat eine eigene Anlage N abzugeben.

- Name und Vorname
- Steuernummer
- eTIN lt. Lohnsteuerbescheinigung(en)
- eTIN lt. weiterer Lohnsteuerbescheinigung(en)

Stpfl. / Ehemann = 7
Ehefrau = 8

99 | 4

Einkünfte aus nichtselbständiger Arbeit

Angaben zum Arbeitslohn

Zeile		Lohnsteuerbescheinigung(en) StKl 1–5	Lohnsteuerbescheinigung(en) StKl 6 oder einer Urlaubskasse	
1		Steuerklasse 168		185 — Veranlagungsgrund
2	Bruttoarbeitslohn	110 EUR Ct	111 EUR Ct	Vom Arbeitgeber ausgezahltes Kindergeld 170
3	Lohnsteuer	140	141	
4	Solidaritätszuschlag	150	151	Arbeitgeber-FA 167
5	Kirchensteuer des Arbeitnehmers	142	143	186
6	Nur bei konfessionsverschiedener Ehe: Kirchensteuer für den Ehegatten	144	145	169 — Geschl.

Zeile		1. Versorgungsbezug	2. Versorgungsbezug
7			
8	Steuerbegünstigte Versorgungsbezüge (in Zeile 2 enthalten)	200 —	210 —
9	Bemessungsgrundlage für den Versorgungsfreibetrag lt. Nummer 27 der Lohnsteuerbescheinigung	201 —	211 —
10	Nur bei erstmaligem Bezug im Kalenderjahr: Beginn des Versorgungsbezugs lt. Nummer 28 der Lohnsteuerbescheinigung	202 Monat 2005	212 Monat 2005
11	Ende des Versorgungsbezugs	203 Monat 2005	213 Monat 2005
12	Sterbegeld, Kapitalauszahlungen / Abfindungen und Nachzahlungen von Versorgungsbezügen (in den Zeilen 2 und 8 enthalten)	204 —	214 —
13	Steuerbegünstigte Versorgungsbezüge für mehrere Jahre lt. Nummer 9 der Lohnsteuerbescheinigung	205 —	215 —

Zeile			
14	Entschädigungen (Bitte Vertragsunterlagen beifügen) / Arbeitslohn für mehrere Jahre	166	
15	Steuerabzugsbeträge zu den Zeilen 13 und 14	146 Lohnsteuer	152 Solidaritätszuschlag
16		148 Kirchensteuer Arbeitnehmer	149 Kirchensteuer Ehegatte
17	Steuerpflichtiger Arbeitslohn, von dem kein Steuerabzug vorgenommen worden ist	115 —	Progressionsvorbehalt außerordentliche Einkünfte
18	Steuerfreier Arbeitslohn nach Doppelbesteuerungsabkommen / zwischenstaatlichen Übereinkommen	Staat / Organisation 139 —	177
19	Bei Freistellung aufgrund von Doppelbesteuerungsabkommen: Bitte Nachweis über die Steuerfreistellung oder Steuerentrichtung im Tätigkeitsstaat beifügen. Unter bestimmten Voraussetzungen erfolgt eine Mitteilung über die Höhe des in Deutschland steuerfrei erklärten Arbeitslohns an den anderen Staat. Einwendungen gegen eine solche Weitergabe bitte als Anlage beifügen.		
20	Steuerfreier Arbeitslohn nach Auslandstätigkeitserlass	Staat 136 —	
21	Weiterer Wohnsitz in Belgien (abweichend von den Zeilen 5 und 6 des Hauptvordrucks)		DBA Belgien 127
22	Grenzgänger nach — Beschäftigungsland — Arbeitslohn ▶	116 in ausländischer Währung —	117 Länderschlüssel
23	Schweizerische Abzugsteuer	135 SFr	
24	Steuerfrei erhaltene Aufwandsentschädigungen / Einnahmen — aus der Tätigkeit als	EUR	
25	Kurzarbeitergeld, Winterausfallgeld, Zuschuss zum Mutterschaftsgeld, Verdienstausfallentschädigung nach dem Infektionsschutzgesetz, Aufstockungsbeträge nach dem Altersteilzeitgesetz, Altersteilzeitzuschläge nach Besoldungsgesetzen (lt. Lohnsteuerbescheinigung)	119	
26	Insolvenzgeld lt. Bescheinigung der Agentur für Arbeit	121	
27	Andere Lohn- / Entgeltersatzleistungen (z. B. Arbeitslosengeld lt. Bescheinigung der Agentur für Arbeit und Krankengeld, Mutterschaftsgeld lt. Leistungsnachweis)	120 —	
28	Angaben über Zeiten und Gründe der Nichtbeschäftigung (Bitte Nachweise beifügen)		

Anlage N – für Einkünfte aus nichtselbständiger Arbeit – Aug. 2005

– 2 –

Zeile	Steuernummer			Stpfl. / Ehemann = 7 Ehefrau = 8

Ergänzende Angaben zu den Vorsorgeaufwendungen

99 | **8**

31 Es bestand 2005 **keine gesetzliche Rentenversicherungspflicht** aus dem aktiven Dienstverhältnis / aus der Tätigkeit

32 ☐ als Beamter. ☐ als Vorstandsmitglied / GmbH-Gesellschafter-Geschäftsführer. ☐ im Rahmen von Ehegattenarbeitsverträgen, die vor dem 1. 1. 1967 abgeschlossen wurden.

Vorsorgepauschale
gekürzt = 1
ungekürzt = 2

35

33 als (z. B. Praktikant, Student)

Bemessungsgrundlg. für Vorwegabzug ohne Kürz.

15

34 Aufgrund des vorgenannten Dienstverhältnisses / der Tätigkeit bestand **eine** Anwartschaft auf Altersversorgung (ganz oder teilweise ohne eigene Beitragsleistungen oder durch steuerfreie Beiträge zu einer betrieblichen Altersversorgung). ☐ Ja ☐ Nein

35 Im Rahmen des vorgenannten Dienstverhältnisses / der Tätigkeit wurden steuerfreie Arbeitgeberzuschüsse zur Kranken-, Pflege-, Renten- oder Arbeitslosenversicherung gezahlt. ☐ Ja ☐ Nein

36 Ich habe 2005 bezogen ☐ beamtenrechtliche od. gleichgestellte Versorgungsbezüge. ☐ Altersrente aus der gesetzlichen Rentenversicherung.

37

Werbungskosten

38 **Wege zwischen Wohnung und Arbeitsstätte** (Entfernungspauschale)

39 Die Wege wurden ganz oder teilweise zurückgelegt mit einem eigenen oder zur Nutzung überlassenen ☐ privaten Pkw ☐ Firmenwagen Letztes amtl. Kennzeichen

40 Arbeitsstätte in (Ort und Straße) – ggf. nach besonderer Aufstellung –   Arbeitstage je Woche   Urlaubs- und Krankheitstage

41

42

43

Arbeits- stätte lt. Zeile	aufgesucht an	einfache Entfernung	davon mit eigenem oder zur Nutzung über- lassenem Pkw zurück- gelegt	davon mit Sammelbeförderung zurückgelegt	davon mit öffentl. Verkehrsmitteln, Motorrad, Fahrrad o. Ä., als Fußgänger, als Mitfahrer einer Fahrgemeinschaft zurückgelegt	Behinderungsgrad mind. 70 oder mind. 50 und Merkzeichen „G"
44	**40**	**41**	**68**	**78**		
45	Tagen	km	km	km	km	Ja
46	**43**	**44**	**69**	**79**		
	Tagen	km	km	km	km	Ja
47	**46**	**47**	**70**	**80**		
	Tagen	km	km	km	km	Ja
48	**65**	**66**	**71**	**81**		
	Tagen	km	km	km	km	Ja

49 Aufwendungen für Fahrten mit öffentlichen Verkehrsmitteln (ohne Flug- und Fährkosten)
– Bitte stets auch die Zeilen 45 bis 48 ausfüllen –   **49** EUR   **72** Entfernungspauschale

50 Arbeitgeberleistungen lt. Nummern 17 und 18 der Lohnsteuerbescheinigung und von der Agentur für Arbeit gezahlte Fahrtkostenzuschüsse   **73** steuerfrei gezahlt   **50** pauschal besteuert

zu Zeile 45
61 Bei Behin-
derung = 2

51 **Beiträge zu Berufsverbänden** (Bezeichnung der Verbände)   **51**

zu Zeile 46
62 Bei Behin-
derung = 2

52 **Aufwendungen für Arbeitsmittel** – soweit nicht steuerfrei ersetzt – (Art der Arbeitsmittel bitte einzeln angeben)   EUR

zu Zeile 47
63 Bei Behin-
derung = 2

53   +

zu Zeile 48
67 Bei Behin-
derung = 2

54   +   **52** ▶

Werbungskosten
zu Zeilen 18 und 20
57

55 **Aufwendungen für ein häusliches Arbeitszimmer**

56   +   **74** ▶

Werbungskosten
zu Zeilen 17 und 22
58

57 **Weitere Werbungskosten**
– soweit nicht steuerfrei ersetzt –

Werbungskosten
zu Zeile 13
59

58 Fortbildungskosten

59 Reisekosten bei Dienstreisen, Fahrt- und Übernachtungskosten bei Einsatzwechseltätigkeit   +

Werbungskosten
zu Zeile 14
60

60 Flug- und Fährkosten bei Wegen zwischen Wohnung und Arbeitsstätte   +

Werbungskosten
zu Zeile 21
75

61 Sonstiges, z. B. Bewerbungskosten, Kontoführungsgebühren   +

Werbungskosten
zu Zeile 8
82

62   +   **53** ▶

Steuernummer	

Zeile					
63	**Pauschbeträge für Mehraufwendungen für Verpflegung**				
64	☐ bei Einsatzwechseltätigkeit ☐ bei Fahrtätigkeit			EUR	
65	bei einer Abwesenheit von mindestens 8 Std.	Zahl der Tage	× 6 € =		
66	bei einer Abwesenheit von mindestens 14 Std.	Zahl der Tage	× 12 € = +		EUR
67	bei einer Abwesenheit von 24 Std.	Zahl der Tage	× 24 € = + ▶	54	
68		**Vom Arbeitgeber steuerfrei ersetzt**		76	
69					

70	**Mehraufwendungen für doppelte Haushaltsführung** Der doppelte Haushalt wurde aus beruflichem Anlass begründet	Beschäftigungsort	
71	Grund	am	und hat seitdem ununterbrochen bestanden bis 2005
72	Eigener Hausstand ☐ Nein ☐ Ja, in — seit	Falls nein, wurde Unterkunft am bisherigen Ort beibehalten? ☐ Nein ☐ Ja	
73	Kosten d. ersten Fahrt zum Beschäftigungsort u. d. letzten Fahrt zum eigenen Hausstand ☐ mit öffentlichen Verkehrsmitteln ☐ mit eigenem Kfz Entfernung km × € =		EUR
74	**Fahrtkosten für Heimfahrten** einfache Entfernung ohne Flugstrecken km Anzahl × × 0,30 € =		€
75	Kosten für öffentliche Verkehrsmittel (ohne Flug- und Fährkosten)		€
76	Höherer Betrag aus Zeile 74 oder 75		+
77	tatsächliche Kfz-Kosten bei Behinderten / Flug- und Fährkosten für Heimfahrten (lt. Nachweis)		+
78	**Kosten der Unterkunft am Arbeitsort** (lt. Nachweis)		+
79	**Verpflegungsmehraufwendungen**		
80	bei einer Abwesenheit von mindestens 8 Std.	Zahl der Tage × 6 € = +	
81	bei einer Abwesenheit von mindestens 14 Std.	Zahl der Tage × 12 € = +	
82	bei einer Abwesenheit von 24 Std.	Zahl der Tage × 24 € = +	EUR
83		+ ▶	55
84	**Vom Arbeitgeber / von der Agentur für Arbeit steuerfrei ersetzt**		77
85			

86	**Angaben zum Antrag auf Festsetzung der Arbeitnehmer-Sparzulage** Beigefügte Bescheinigung(en) vermögenswirksamer Leistungen (Anlage VL) des Anlageinstituts / Unternehmens	Anzahl

Name und Vorname	
Steuernummer	

Anlage AV
zur Einkommensteuererklärung

2005

Bitte Anbieterbescheinigung(en) im Original beifügen!

Altersvorsorgebeiträge als Sonderausgaben nach § 10 a EStG

Für jeden Ehegatten, der einen zertifizierten Altersvorsorgevertrag abgeschlossen hat oder der über eine mit Altersvorsorgezulage förderbare Versorgung bei einer Pensionskasse, einem Pensionsfonds oder einer Direktversicherung verfügt, ist eine eigene Anlage AV abzugeben.

99 **39**

Zeile			
1			106/306
2	Ich bin für das Jahr 2005 unmittelbar begünstigt.	EUR	Begünstigung 1 = unmittelbar 2 = mittelbar
3	Beitragspflichtige Einnahmen i. S. d. Rentenversicherung in **2004**	100/300	
4	Besoldung und Amtsbezüge, Einnahmen beurlaubter Beamter in **2004**	101/301	
5	Lohnersatzleistung in **2004**	104/304	
6	Tatsächliches Entgelt in **2004**	102/302	
7	Einkünfte aus Land- und Forstwirtschaft in **2003**	103/303	
8			
9	Ich bin für das Jahr 2005 mittelbar begünstigt.		
10	Mein Ehegatte gehört für das Jahr **2005** zum unmittelbar begünstigten Personenkreis.		
11	**Bei Zusammenveranlagung:** Die **Anlage AV** meines Ehegatten ist beigefügt.		
12	**Bei getrennter / besonderer Veranlagung:** Ich bin damit einverstanden, dass meine **Anlage AV** und die beigefügte(n) Anbieterbescheinigung(en) bei der Einkommensteuerveranlagung meines Ehegatten berücksichtigt werden. (Bitte beachten Sie unbedingt die Erläuterungen zu den Zeilen 9 bis 12 auf der Rückseite.)		
13			
14	**Angaben zu Kindern**	Anzahl	105/305 Anzahl Kinderzulagen
15	Anzahl der Kinder, für die ich für **2005** Kindergeld erhalten habe (Diese Kinder dürfen nicht in den Zeilen 16 und 17 enthalten sein.)		
16	Nur bei verheirateten Eltern, die nicht dauernd getrennt gelebt haben: Anzahl der Kinder, für die wir für **2005** Kindergeld erhalten haben		
17	Anzahl der Kinder, für die die Kinderzulage von der Mutter auf den Vater übertragen wird		
18			
19	**Bescheinigungen des Anbieters für 2005**	Anzahl	
20	Beigefügte Bescheinigung(en) über geleistete Altersvorsorgebeiträge		

Anlage AV – Altersvorsorgebeiträge als Sonderausgaben nach § 10 a EStG – Aug. 2005

Anlage KAP

☐ zur Einkommensteuererklärung

☐ zur Feststellungserklärung

Bitte Steuerbescheinigung(en) im Original beifügen!

2005

Name und Vorname / Gemeinschaft

Steuernummer

			99	54

Einkünfte aus Kapitalvermögen, Anrechnung von Steuern

Zeile	Inländische Kapitalerträge	Einnahmen (einschließlich freigestellter Einnahmen, anzurechnender / vergüteter Kapitalertragsteuer / Zinsabschlag / Solidaritätszuschlag / Körperschaftsteuer)		In Spalten 2 und 3 enthaltene Einnahmen ohne Steuerabzug aufgrund von **Freistellungsaufträgen**	Anzurechnen sind inländische(r):	
		Steuerpfl. Person Ehemann Gemeinschaft EUR	Ehefrau EUR	EUR	Kapitalertragsteuer EUR | Ct	Zinsabschlag lt. beigefügter Steuerbescheinigungen EUR | Ct
		2	3	4	5	6
1-3	**Zinsen und andere Erträge (ohne Dividenden)**					
4	aus Guthaben und Einlagen (z. B. Sparguthaben)					
5	aus Bausparguthaben					
6	aus verzinslichen Wertpapieren (einschließlich Stückzinsen)					
7	aus Tafelgeschäften mit festverzinslichen Wertpapieren					
8	aus Investmentanteilen (einschließlich Zwischengewinne)					
9	aus sonstigen Kapitalforderungen jeder Art, die dem Zinsabschlag unterliegen (z. B. Instandhaltungsrücklagen)					
10	aus Wandelanleihen und Gewinnobligationen					
11	aus Lebensversicherungen, soweit einkommensteuerpflichtig					
12	aus stiller Gesellschaft / bei partiarischen Darlehen					
13	die vom Finanzamt für Steuererstattungen gezahlt wurden					
14	aus sonstigen Kapitalforderungen jeder Art, die **nicht** dem Zinsabschlag unterliegen (z. B. Darlehen zwischen Privatpersonen)					
15	Summe der Zeilen 4 bis 14	30	31		35	40
16						
17	**Dividenden und ähnliche Erträge – Anrechnungsverfahren –**					Körperschaftsteuer EUR | Ct
18	aus Investmentanteilen	14	15		60	34
19	Summe der vergüteten Körperschaftsteuer	88 EUR | Ct				
20						
21	**Dividenden und ähnliche Erträge – Halbeinkünfteverfahren –**					
22	aus Aktien und anderen Anteilen (auch bei Tafelgeschäften)					
23	aus Investmentanteilen					
24	aus Leistungen einer nicht von der Körperschaftsteuer befreiten Körperschaft, Personenvereinigung oder Vermögensmasse					
25	Summe der Zeilen 22 bis 24	16	17		61	

Anlage KAP – für Einkünfte aus Kapitalvermögen – Aug. 2005

Zeile	Steuernummer				
	Ausländische Kapitalerträge	Einnahmen (einschließlich freigestellter Einnahmen, anzurechnender / vergüteter Kapitalertragsteuer / Zinsabschlag / Solidaritätszuschlag)		In Spalten 2 und 3 enthaltene Einnahmen ohne Steuerabzug aufgrund von **Freistellungsaufträgen** EUR	Anzurechnen ist **inländischer** Zinsabschlag lt. beigefügter Steuerbescheinigung
		Steuerpfl. Person Ehemann Gemeinschaft EUR	Ehefrau EUR		EUR | Ct
30	Anlage AUS beachten				
31	(Einnahmen einschließlich der anzurechnenden / abzuziehenden ausländischen Quellensteuern, die in Zeile 51 oder in den Zeilen 5 bis 26 der Anlage AUS einzutragen sind, soweit sie nicht aus inländischem Sondervermögen stammen)	2	3	4	5
32					
33	Erträge aus ausländischen Investmentanteilen (Auslandinvestment-Gesetz)	22	23		62
34	Zinsen und andere Erträge (ohne Dividenden) aus Sparguthaben, festverzinslichen Wertpapieren, ausländischen Investmentanteilen (Investmentsteuergesetz) und sonstige ausländische Kapitalerträge	32	33		63
35	Dividenden und ähnliche Erträge – Halbeinkünfteverfahren – aus Aktien und anderen Anteilen	24	25		
36	aus ausländischen Investmentanteilen (Investmentsteuergesetz)	54	55		
37	Hinzurechnungsbetrag nach § 10 AStG	28	29		

Zeile	**Erträge aus Beteiligungen**	Steuerpfl. Person Ehemann Gemeinschaft	Ehefrau		
38					
39	1. Beteiligung (Gemeinschaft, Finanzamt, Steuernummer)				
40	2. Beteiligung (Gemeinschaft, Finanzamt, Steuernummer)				
41	Inländische Zinsen und andere Erträge einschließlich Erträge aus Sondervermögen (ohne Dividenden)	42	43		
42	Inländische Dividenden und ähnliche Erträge, für die noch das Anrechnungsverfahren gilt	46	47		
43	Inländische Dividenden und ähnliche Erträge, für die das Halbeinkünfteverfahren gilt (einschließlich Erträge aus Sondervermögen)	48	49		
44	Ausländische Zinsen und andere Erträge sowie Erträge aus ausländischen Investmentanteilen (Auslandinvestment-Gesetz)	44	45		
45	Ausländische Dividenden und ähnliche Erträge – Halbeinkünfteverfahren –	50	51		
46	Erträge aus Gesellschaften / Gemeinschaften / ähnlichen Modellen i. S. d. § 2 b EStG, für die das Halbeinkünfteverfahren nicht gilt				
47	Dividenden und ähnliche Erträge aus Gesellschaften / Gemeinschaften / ähnlichen Modellen i. S. d. § 2 b EStG, für die das Halbeinkünfteverfahren gilt				

Zeile	**Anzurechnende Steuern** aus Beteiligungen und anderen Einkunftsarten	Kapitalertragsteuer EUR | Ct	Zinsabschlag EUR | Ct	Körperschaftsteuer EUR | Ct
48				
49	Anzurechnende Kapitalertragsteuer / anzurechnender Zinsabschlag / anzurechnende Körperschaftsteuer aus Beteiligungen und anderen Einkunftsarten	64	65	66

Zeile		EUR | Ct
50		
51	**Anzurechnende ausländische Quellensteuern nach der Zinsinformationsverordnung (ZIV)** Summe aller anzurechnenden ausländischen Quellensteuern nach der ZIV (lt. beigefügter Bescheinigung)	67
52	**Anzurechnende Solidaritätszuschläge** Summe aller anzurechnenden Solidaritätszuschläge zur Kapitalertragsteuer / zum Zinsabschlag	39

Zeile	**Werbungskosten**	Steuerpfl. Person Ehemann Gemeinschaft	Ehefrau	davon gesondert und einheitlich festgestellt	
53					
54	Werbungskosten zu den inländischen Kapitalerträgen lt. den Zeilen 4 bis 14, 18, 41 und 42	12	13		
55	Werbungskosten zu den inländischen Kapitalerträgen lt. den Zeilen 22 bis 24 und 43	82	83		
56	Abzuziehende ausländische Steuern nach § 34 c Abs. 2 und 3 EStG zu den Zeilen 8, 18 und 23	52	53		
57	Werbungskosten zu den ausländischen Kapitalerträgen lt. den Zeilen 33, 34 und 44	18	19		
58	Werbungskosten zu den ausländischen Kapitalerträgen lt. den Zeilen 35, 36 und 45	86	87		
59	Abzuziehende ausländische Steuern nach § 34 c Abs. 2 und 3 EStG zu den Zeilen 33 bis 36, 44 und 45	26	27		
60	Werbungskosten zu den Beteiligungen an Gesellschaften / Gemeinschaften / ähnlichen Modellen i. S. d. § 2 b EStG lt. Zeile 46				
61	Werbungskosten zu den Beteiligungen an Gesellschaften / Gemeinschaften / ähnlichen Modellen i. S. d. § 2 b EStG lt. Zeile 47				

Anlage R 2005

Name und Vorname

Steuernummer

Jeder Ehegatte mit Renten und Leistungen aus Altersvorsorgeverträgen hat eine eigene Anlage R abzugeben.

Stpfl. / Ehemann = 1
Ehefrau = 2

99 | 7

Renten und andere Leistungen

Leibrenten

Zeile		1. Rente	2. Rente	3. Rente	4. Rente
1	1 = aus **gesetzlichen Rentenversicherungen** 2 = aus **landwirtschaftlichen Alterskassen** 3 = aus **berufsständischen Versorgungseinrichtungen** 4 = aus eigenen **kapitalgedeckten Rentenversicherungen**, wenn die Laufzeit dieser Versicherungen nach dem 31. 12. 2004 begonnen hat	100 Bitte 1, 2, 3 oder 4 eintragen.	150 Bitte 1, 2, 3 oder 4 eintragen.	200 Bitte 1, 2, 3 oder 4 eintragen.	250 Bitte 1, 2, 3 oder 4 eintragen.
2					
3	Rentenbetrag einschl. Einmalzahlung	101 €	151 €	201 €	251 €
4					
5	Beginn der Rente	103	153	203	253
6	Nachzahlungen für mehrere Jahre (in Zeile 3 enthalten)	111 €	161 €	211 €	261 €
7	Öffnungsklausel: (Prozentsatz lt. Bescheinigung des Versicherers)	112 , %	162 , %	212 , %	262 , %
8	die Rente erlischt / wird umgewandelt spätestens am	113	163	213	263
9	bei Einmalzahlung: Betrag	114 €	164 €	214 €	264 €
10					
11					

Leibrenten (ohne Renten lt. den Zeilen 1 und 2)

Zeile		1. Rente	2. Rente	3. Rente	4. Rente
12					
13	5 = aus dem umlagefinanzierten Teil von **Zusatzversorgungseinrichtungen** (z. B. VBL) 6 = aus **privaten Rentenversicherungen** 7 = aus **privaten Rentenversicherungen** mit zeitlich **befristeter Laufzeit** (z. B. Berufsunfähigkeits- oder Erwerbsminderungsrente) 8 = aus **sonstigen Verpflichtungsgründen** (z. B. Renten aus Veräußerungsgeschäften)	130 Bitte 5, 6, 7 oder 8 eintragen.	180 Bitte 5, 6, 7 oder 8 eintragen.	230 Bitte 5, 6, 7 oder 8 eintragen.	280 Bitte 5, 6, 7 oder 8 eintragen.
14					
15					
16	Rentenbetrag	131 €	181 €	231 €	281 €
17	Beginn der Rente	132	182	232	282
18	Die Rente erlischt mit dem Tod von				
19	Die Rente erlischt / wird umgewandelt spätestens am	133	183	233	283
20	Nachzahlungen für mehrere Jahre (in Zeile 16 enthalten)	134 €	184 €	234 €	284 €

	1. Rente	2. Rente	3. Rente	4. Rente
Ertragsanteile zu den Zeilen 7 bis 9	115	165	215	265
Ertragsanteile zu den Zeilen 16 bis 20	135	185	235	285

Anlage R – für Renten und andere Leistungen – Aug. 2005

Steuernummer		

Leistungen aus Altersvorsorgeverträgen und aus der kapitalgedeckten betrieblichen Altersversorgung

Zeile		1. Rente	2. Rente
31	Leistungen aus einem zertifizierten Altersvorsorgevertrag oder einer betrieblichen Altersversorgung lt. Nummer 1 der Leistungsmitteilung	500 €	550 €
32	Leistungen aus einem Pensionsfonds, wenn vor dem 1. 1. 2002 lfd. Zahlungen gewährt wurden lt. Nummer 2 der Leistungsmitteilung	501 €	551 €
33	Bemessungsgrundlage für den Versorgungsfreibetrag	502 €	552 €
34	Beginn des Versorgungsbezugs	503	553
35	Ende des Versorgungsbezugs	504	554
36	Leistungen aus einer betrieblichen Altersversorgung auf Grund einer nach dem 31. 12. 2004 erteilten Versorgungszusage lt. Nummer 3 der Leistungsmitteilung	505 €	555 €
37	Beginn der Leistung	506	556
38	Leibrente aus einem Lebensversicherungsvertrag lt. Nummer 4 der Leistungsmitteilung	507 €	557 €
39	Beginn der Rente	508	558
40	Abgekürzte Leibrente aus einem Lebensversicherungsvertrag lt. Nummer 5 der Leistungsmitteilung	509 €	559 €
41	Beginn der Rente	510	560
42	Die Rente erlischt / wird umgewandelt spätestens am	511	561
43	Andere Leistungen aus einem Lebensversicherungsvertrag lt. Nummer 6 der Leistungsmitteilung	512 €	562 €
44	Erträge aus Altersvorsorgeverträgen lt. Nummer 7 der Leistungsmitteilung	513 €	563 €
45	Erträge aus Altersvorsorgeverträgen, die dem Halbeinkünfteverfahren unterliegen, lt. Nummer 8 der Leistungsmitteilung	514 €	564 €
46	Leistungen wegen schädlicher Verwendung lt. Nummern 9, 10 und 11 der Leistungsmitteilung	515 €	565 €
47			
48			

Werbungskosten

Zeile		EUR
49		
50	Werbungskosten zu den Zeilen 3 und 16 (Art der Aufwendungen)	800
51	Werbungskosten zu den Zeilen 6 und 20 (Art der Aufwendungen)	801
52	Werbungskosten zu den Zeilen 31, 36 bis 44 und 46 (Art der Aufwendungen)	802
53	Werbungskosten zu Zeile 32 (Art der Aufwendungen)	803
54	Werbungskosten zu Zeile 45 (Art der Aufwendungen)	804
55		

Sonstiges

Zeile		EUR
56		
57	Anteile an Einkünften aus Gesellschaften / Gemeinschaften / ähnlichen Modellen i. S. d. § 2 b EStG	

Ertragsanteil zu Zeile 38	520	570	Ertragsanteil zu Zeile 40	521	571	

Name und Vorname / Gemeinschaft

Steuernummer

Anlage SO

☐ zur Einkommensteuererklärung

☐ zur Feststellungserklärung

2005

| | 99 | 55 |

Sonstige Einkünfte (ohne Renten und ohne Leistungen aus Altersvorsorgeverträgen)

Zeile		Steuerpflichtige Person / Ehemann EUR	Ehefrau EUR
	Wiederkehrende Bezüge		
1	Einnahmen aus	158	159
2			
3			
	Unterhaltsleistungen	146	147
4	soweit sie vom Geber als Sonderausgaben abgezogen werden können		
5			
	Werbungskosten	160	161
6	zu den Zeilen 2 und 4		
7			
	Leistungen		
8	Einnahmen aus Stillhaltergeschäften im Optionshandel		
9	Einnahmen aus		
10	Einnahmen aus		
11	Summe der Zeilen 8 bis 10	164	165
12	Werbungskosten zu den Zeilen 8 bis 10	176 –	177 –
13	Einkünfte		
14	Die nach Maßgabe des § 10 d Abs. 1 EStG in 2004 vorzunehmende Verrechnung nicht ausgeglichener negativer Einkünfte 2005 aus Leistungen (Zeile 13) soll wie folgt begrenzt werden		
15			
	Abgeordnetenbezüge	200	201
16	Steuerpflichtige Einnahmen ohne Vergütungen für mehrere Jahre		
17	In Zeile 16 enthaltene Versorgungsbezüge	202	203
18	Bemessungsgrundlage für den Versorgungsfreibetrag	204	205
19	Nur bei erstmaligem Bezug im Kalenderjahr: Beginn des Versorgungsbezugs	206 Monat / 2005	207 Monat / 2005
20	Ende des Versorgungsbezugs	208 Monat / 2005	209 Monat / 2005
21	Sterbegeld, Kapitalauszahlungen / Abfindungen und Nachzahlungen von Versorgungsbezügen (in Zeile 16 enthalten)	210 EUR	211 EUR
22	In Zeile 16 nicht enthaltene Vergütungen für mehrere Jahre (Angaben auf besonderem Blatt)	212	213
23	In Zeile 22 enthaltene Versorgungsbezüge	214	215
24			
25	**Sonstiges** Anteile an Einkünften aus Gesellschaften / Gemeinschaften / ähnlichen Modellen i. S. d. § 2 b EStG		

Anlage SO – für sonstige Einkünfte – Aug. 2005

Zeile			
30	**Private Veräußerungsgeschäfte** **Grundstücke und grundstücksgleiche Rechte** (z. B. Erbbaurecht) In den Zeilen 34 bis 41 bitte nur den steuerpflichtigen Anteil erklären.		
31	Bezeichnung des Grundstücks (Lage) / des Rechts		
32	Zeitpunkt der Anschaffung (z. B. Datum des Kaufvertrags, Zeitpunkt der Entnahme aus dem Betriebsvermögen) — Datum	Zeitpunkt der Veräußerung (z. B. Datum des Kaufvertrags, auch nach vorheriger Einlage ins Betriebsvermögen) — Datum	
33	Nutzung des Grundstücks bis zur Veräußerung — zu eigenen Wohnzwecken — von – bis — m²	zu anderen Zwecken, z. B. als Arbeitszimmer, zur Vermietung — von – bis — m²	
			EUR
34	Veräußerungspreis oder an dessen Stelle tretender Wert (z. B. Teilwert, gemeiner Wert)		
35	Anschaffungs- / Herstellungskosten oder an deren Stelle tretender Wert (z. B. Teilwert, gemeiner Wert) ggf. zzgl. nachträglicher Anschaffungs- / Herstellungskosten		−
36	Absetzungen für Abnutzung / Erhöhte Absetzungen / Sonderabschreibungen		+
37	Werbungskosten im Zusammenhang mit dem Veräußerungsgeschäft		−
38	Gewinn / Verlust (zu übertragen nach Zeile 40)		=

Zeile		Stpfl. / Ehemann / Gemeinschaft EUR	Ehefrau EUR
39			
40	**Zurechnung des Betrags aus Zeile 38**	110	111
41	Gewinne / Verluste aus weiteren Veräußerungen von Grundstücken und grundstücksgleichen Rechten (Erläuterungen bitte auf einem besonderen Blatt)	112	113

Zeile			
42	**Andere Wirtschaftsgüter** (insbesondere Wertpapiere) — Art des Wirtschaftsguts		
43	Zeitpunkt der Anschaffung (z. B. Datum des Kaufvertrags) — Datum	Zeitpunkt der Veräußerung (z. B. Datum des Kaufvertrags) — Datum	
			EUR
44	Veräußerungspreis oder an dessen Stelle tretender Wert (z. B. gemeiner Wert)		
45	Anschaffungskosten (ggf. gemindert um Absetzung für Abnutzung) oder an deren Stelle tretender Wert (z. B. Teilwert, gemeiner Wert)		−
46	Werbungskosten im Zusammenhang mit dem Veräußerungsgeschäft		−
47	Gewinn / Verlust (zu übertragen nach Zeile 50)		=

Zeile		Dem **Halbeinkünfteverfahren** unterliegend		Nicht dem **Halbeinkünfteverfahren** unterliegend	
48		Stpfl. / Ehemann / Gemeinschaft EUR	Ehefrau EUR	Stpfl. / Ehemann / Gemeinschaft EUR	Ehefrau EUR
49					
50	**Zurechnung des Betrags aus Zeile 47**	126	127	114	115
51	Gewinne / Verluste aus weiteren Veräußerungen von anderen Wirtschaftsgütern (Erläuterungen bitte auf einem besonderen Blatt)	128	129	116	117

Zeile			
52	**Termingeschäfte** (z. B. Optionen, Optionsscheine, Futures) — Bezeichnung des Termingeschäfts		
53	Zeitpunkt des Erwerbs des Rechts (z. B. Kauf eines Optionsscheins) — Datum	Zeitpunkt der Beendigung des Rechts — Datum	
			EUR
54	Differenzausgleich, Geldbetrag oder sonstiger Vorteil aus dem Termingeschäft		
55	Werbungskosten im Zusammenhang mit dem Termingeschäft (z. B. Aufwendungen für den Erwerb des Rechts)		−
56	Gewinn / Verlust (zu übertragen nach Zeile 58)		=

Zeile		Stpfl. / Ehemann / Gemeinschaft EUR	Ehefrau EUR
57			
58	**Zurechnung des Betrags aus Zeile 56**	118	119
59	Gewinne / Verluste aus weiteren Termingeschäften (Erläuterungen bitte auf einem besonderen Blatt)	120	121
60	**Anteile an Einkünften** (einschl. d. steuerfreien Teils der Einkünfte, für die das Halbeinkünfteverfahren gilt) — Gemeinschaft, Finanzamt, Steuernummer	134	135
61	In Zeile 60 enthaltene Einkünfte, für die das **Halbeinkünfteverfahren** gilt	136	137
62	Die nach Maßgabe des § 10 d Abs. 1 EStG in 2004 vorzunehmende Verrechnung nicht ausgeglichener negativer Einkünfte 2005 aus privaten Veräußerungsgeschäften soll wie folgt begrenzt werden		

2005

Name und Vorname / Gesellschaft

Steuernummer

Anlage GSE

☐ zur Einkommensteuererklärung
☐ zur Erklärung zur gesonderten Feststellung

Einkünfte aus Gewerbebetrieb

99 44

Zeile		Steuerpfl. Person Ehemann EUR	Ehefrau EUR	
1	**Gewinn** (ohne die Beträge in den Zeilen 15, 18, 22, 23 und 26; bei ausländischen Einkünften: Anlage AUS beachten)			
2	als Einzelunternehmer (Art des Gewerbes, bei Verpachtung: Art des vom Pächter betriebenen Gewerbes) 1. Betrieb			
3		10	11	
4	Weitere Betriebe	12	13	
5	lt. gesonderter Feststellung (Betriebsfinanzamt und Steuernummer)	58	59	
6	als Mitunternehmer (Gesellschaft, Finanzamt, Steuernummer) 1.	14	15	
7	2.	16	17	
8	3.	18	19	
9	Gesellschaften / Gemeinschaften / ähnliche Modelle i. S. d. § 2 b EStG			
10	In den Zeilen 3 bis 8 und 26 enthaltener steuerpflichtiger Teil der Einkünfte, für die das **Halbeinkünfteverfahren** gilt – Berechnung auf besonderem Blatt –	24	25	87 Einkünfte § 35 EStG
11	Summe der für 2005 festzusetzenden (anteiligen) Gewerbesteuer-Messbeträge i. S. d. § 35 EStG der Betriebe lt. Zeilen 3 bis 8 u. 26 (ohne Gewerbesteuer-Messbeträge, die nach § 5 a EStG ermittelte Gewinne oder Gewinne i. S. d. § 18 Abs. 4 UmwStG entfallen) – Berechnung auf besonderem Blatt –	85	86	88 Einkünfte § 35 EStG
12	**Veräußerungsgewinn** vor Abzug etwaiger Freibeträge bei Veräußerung / Aufgabe			**99 45**
13	– eines **ganzen Betriebs**, eines **Teilbetriebs**, eines ganzen **Mitunternehmeranteils** (§ 16 EStG), – eines **einbringungsgeborenen Anteils** an einer Kapitalgesellschaft (§ 21 UmwStG) oder – in gesetzlich gleichgestellten Fällen, z. B. Wegzug in das Ausland	Steuerpfl. Person Ehemann EUR	Ehefrau EUR	
14	Veräußerungsgewinn, für den der **Freibetrag nach § 16 Abs. 4 EStG** wegen dauernder Berufsunfähigkeit oder Vollendung des 55. Lebensjahres **beantragt** wird.			
15	Für nach dem 31.12.1995 erfolgte Veräußerungen / Aufgaben wurde der Freibetrag nach § 16 Abs. 4 EStG bei keiner Einkunftsart in Anspruch genommen.	24	25	
16	In Zeile 15 enthaltener steuerpflichtiger Teil, für den das **Halbeinkünfteverfahren** gilt	32	33	
17	In Zeile 15 enthaltener Veräußerungsgewinn, für den der **ermäßigte Steuersatz** des § 34 Abs. 3 EStG wegen dauernder Berufsunfähigkeit oder Vollendung des 55. Lebensjahres beantragt wird	34	35	
18	Veräußerungsgewinne, für die der **Freibetrag nach § 16 Abs. 4 EStG** nicht beantragt wird oder **nicht zu gewähren** ist	30	31	
19	In Zeile 18 enthaltener steuerpflichtiger Teil, für den das **Halbeinkünfteverfahren** gilt	36	37	
20	In Zeile 18 enthaltener Veräußerungsgewinn, für den der **ermäßigte Steuersatz** des § 34 Abs. 3 EStG wegen dauernder Berufsunfähigkeit oder Vollendung des 55. Lebensjahres beantragt wird	38	39	
21	In Zeile 20 enthaltener steuerpflichtiger Teil, für den das **Halbeinkünfteverfahren** gilt	40	41	
22	Veräußerungsgewinn bei Veräußerung von Anteilen an Kapitalgesellschaften nach § 17 EStG, § 6 AStG, § 13 UmwStG und in gesetzlich gleichgestellten Fällen	28	29	83 Freibetrag § 17 EStG
23	Veräußerungsverluste bei Veräußerung von Anteilen an Kapitalgesellschaften nach § 17 EStG, § 13 UmwStG und in gesetzlich gleichgestellten Fällen	26	27	84 Freibetrag § 17 EStG
24	Zu den Zeilen 12 bis 21: Erwerber ist eine Gesellschaft, an der die veräußernde Person oder ein Angehöriger beteiligt ist (Erläuterungen auf besonderem Blatt).			
25	**Sonstiges** In den Zeilen 3 bis 9 enthaltene begünstigte sonstige Gewinne i. S. d. § 34 Abs. 2 Nr. 2 bis 5 EStG	55	56	
26	Zuzurechnendes Einkommen der Organgesellschaft (Gesellschaft, Finanzamt, Steuer-Nr.)	66	67	
27	Saldo aus **Entnahmen und Einlagen** i. S. d. § 4 Abs. 4 a EStG im Wirtschaftsjahr (bei mehreren Betrieben Erläuterungen auf besonderem Blatt)			
28	**Schuldzinsen** aus der Finanzierung von Anschaffungs- / Herstellungskosten von Wirtschaftsgütern des **Anlagevermögens**			
29	Anteile an Kapitalgesellschaften, Bezugsrechte sind 2005 übertragen worden. (Einzelangaben auf besonderem Blatt.)			

Anlage GSE – für Einkünfte aus Gewerbebetrieb und selbständiger Arbeit – Aug. 2005

Zeile						
	Steuernummer					

Gewerbliche Tierzucht / -haltung / Termingeschäfte

Zeile		außer Ansatz gelassene Verluste	enthaltene ungekürzte Gewinne	verrechnete Verluste aus and. Jahren
31	**Gewerbliche Tierzucht/-haltung:** In den Zeilen 3 bis 8, 15 und 18	€	€	€
32	**Gewerbliche Termingeschäfte:** In den Zeilen 3 bis 8, 15 und 18	€	€	€
33	Die nach Maßgabe des § 10 d Abs. 1 EStG in 2004 vorzunehmende Verrechnung nicht ausgeglichener negativer Einkünfte 2005 aus Zeile 31 soll wie folgt begrenzt werden			€
34	Die nach Maßgabe des § 10 d Abs. 1 EStG in 2004 vorzunehmende Verrechnung nicht ausgeglichener negativer Einkünfte 2005 aus Zeile 32 soll wie folgt begrenzt werden			€

Einkünfte aus selbständiger Arbeit

99 22

Zeile		Steuerpfl. Person Ehemann EUR	Ehefrau EUR
	Gewinn (ohne Veräußerungsgewinne in den Zeilen 46 und 49)	Bitte nur volle Euro-Beträge eintragen.	
35			
36	aus freiberuflicher Tätigkeit (genaue Berufsbezeichnung oder Tätigkeit)	12	13
37	lt. gesonderter Feststellung (Finanzamt und Steuernummer)	58	59
38	aus Beteiligung (Gesellschaft, Finanzamt, Steuernummer) 1. Beteiligung	16	17
39	aus allen weiteren Beteiligungen	18	19
40	aus Gesellschaften / Gemeinschaften / ähnlichen Modellen i. S. d. § 2 b EStG		
41	aus sonstiger selbständiger Arbeit (z. B. als Aufsichtsratsmitglied)	20	21
42	aus allen weiteren Tätigkeiten (genau bezeichnen)	22	23
43	In den Zeilen 36 bis 39, 41 und 42 enthaltener steuerpflichtiger Teil der Einkünfte, für die das **Halbeinkünfteverfahren** gilt (Berechnung auf besonderem Blatt.)	62	63
44	Leistungsvergütungen als Beteiligter einer Wagniskapitalgesellschaft (§ 18 Abs. 1 Nr. 4 EStG)	46	47
	Veräußerungsgewinn vor Abzug etwaiger Freibeträge		
45	bei **Veräußerung / Aufgabe eines ganzen** Betriebs, eines **Teilbetriebs** oder eines ganzen **Mitunternehmeranteils** (§ 16 EStG)		
46	Veräußerungsgewinn, für den der **Freibetrag nach § 16 Abs. 4 EStG** wegen dauernder Berufsunfähigkeit oder Vollendung des 55. Lebensjahres **beantragt** wird.		
47	Für nach dem 31.12.1995 erfolgte Veräußerungen / Aufgaben wurde der Freibetrag nach § 16 Abs. 4 EStG bei keiner Einkunftsart in Anspruch genommen.	24	25
48	In Zeile 47 enthaltener steuerpflichtiger Teil, für den das **Halbeinkünfteverfahren** gilt	52	53
49	In Zeile 47 enthaltener Veräußerungsgewinn, für den der **ermäßigte Steuersatz** des § 34 Abs. 3 EStG wegen dauernder Berufsunfähigkeit oder Vollendung des 55. Lebensjahres beantragt wird	54	55
50	Veräußerungsgewinne, für die der **Freibetrag nach § 16 Abs. 4 EStG nicht beantragt** wird oder **nicht zu gewähren** ist	28	29
51	In Zeile 50 enthaltener steuerpflichtiger Teil, für den das **Halbeinkünfteverfahren** gilt	56	57
52	In Zeile 50 enthaltener Veräußerungsgewinn, für den der **ermäßigte Steuersatz** des § 34 Abs. 3 EStG wegen dauernder Berufsunfähigkeit oder Vollendung des 55. Lebensjahres beantragt wird	64	65
53	In Zeile 52 enthaltener steuerpflichtiger Teil, für den das **Halbeinkünfteverfahren** gilt	66	67
54	Zu den Zeilen 45 bis 53: Erwerber ist eine Gesellschaft, an der die veräußernde Person oder ein Angehöriger beteiligt ist (Erläuterungen auf besonderem Blatt).		
	Sonstiges		
55			
56	In den Zeilen 36 bis 42 enthaltene begünstigte sonstige Gewinne i. S. d. § 34 Abs. 2 Nr. 2 bis 4 EStG	50	51
57	Saldo aus **Entnahmen und Einlagen** i. S. d. § 4 Abs. 4 a EStG im Wirtschaftsjahr (bei mehreren Betrieben Erläuterungen auf besonderem Blatt)		
58	**Schuldzinsen** aus der Finanzierung von Anschaffungs- / Herstellungskosten von Wirtschaftsgütern des **Anlagevermögens**		
59	Einnahmen aus der nebenberuflichen Tätigkeit als	Gesamtbetrag €	davon als steuerfrei behandelt €	Rest enthalten in Zeile(n)

Name und Vorname / Gemeinschaft / Körperschaft	**Anlage V**	Lfd. Nr. d. Anlage	**2005**
	☐ zur Einkommensteuererklärung		
Steuernummer	☐ zur Körperschaftsteuererklärung		
	☐ zur Feststellungserklärung		

Einkünfte aus Vermietung und Verpachtung
(Bei ausländischen Einkünften: Anlage AUS beachten.)

Zeile	Einkünfte aus dem bebauten Grundstück		Angeschafft am	Fertig gestellt am	Bitte nur volle Euro-Beträge eintragen. EUR
1	Lage des Grundstücks / der Eigentumswohnung (Ort, Straße, Hausnummer)				
2	Eigengenutzter oder unentgeltlich an Dritte überlassener Wohnraum ___ m²	als Ferienwohnung genutzter Wohnraum ___ m²			

Zeile		Erdgeschoss	1. Obergeschoss	2. Obergeschoss	3. Obergeschoss	weitere Geschosse	
3	Mieteinnahmen für Wohnungen (ohne Umlagen)	€	€	€	€	€	
4		Anzahl / Wohnfläche m²	Anzahl / Wohnfläche m²	Anzahl / Wohnfläche m²	Anzahl / Wohnfläche m²	Anzahl / Wohnfläche m²	—
5	für andere Räume (ohne Umlagen)	€	€	€	€	€	
6	Einnahmen für an Angehörige vermietete Wohnungen (ohne Umlagen)					Anzahl / Wohnfläche m²	
7	Umlagen, verrechnet mit Erstattungen (z. B. Wassergeld, Flur- und Kellerbeleuchtung, Müllabfuhr, Zentralheizung usw.) auf die Zeilen 3 und 5 entfallen						
8	auf die Zeile 6 entfallen						
9	Vereinnahmte Mieten für frühere Jahre / auf das Kalenderjahr entfallende Mietvorauszahlungen aus Baukostenzuschüssen						
10	Einnahmen aus Vermietung von Garagen, Werbeflächen, Grund und Boden für Kioske usw. sowie erstattete Umsatzsteuer						
11	Öffentliche Zuschüsse nach dem Wohnraumförderungsgesetz oder zu Erhaltungsaufwendungen, Aufwendungszuschüsse, Guthabenzinsen aus Bausparverträgen und sonstige Einnahmen	Gesamtbetrag €	davon entfallen auf Wohnungen lt. Zeile 2 − ___ € =				
12	**Summe der Einnahmen**						
13	**Summe der Werbungskosten** (Übertrag aus Zeile 57)						−
14	**Überschuss** (zu übertragen nach Zeile 16 oder nach Zeile 17 der zusammenfassenden Anlage V)						=

Zeile		Stpfl. / Ehemann Gesellschaft EUR	Ehefrau EUR	99	25
15	In diese Spalten bitte nur volle Euro-Beträge eintragen.				
16	Zurechnung des Betrags aus Zeile 14	20	21		
17	Summe der Beträge aus Zeile 14 aller weiteren Anlagen V	50	51		

Anteile an Einkünften aus

Zeile		Stpfl./Ehemann	Ehefrau		
18	(Gemeinschaft, Finanzamt, Steuer-Nr.)				
19	Bauherrengemeinschaften / Erwerbergemeinschaften	76	77		
20	geschlossenen Immobilienfonds	74	75		
21	Grundstücksgemeinschaften	56	57		
22		58	59		
23		24	25		
24	Gesellschaften / Gemeinschaften / ähnlichen Modellen i. S. d. § 2 b EStG				

Andere Einkünfte

Zeile		Stpfl./Ehemann	Ehefrau		
25	Einkünfte aus Untervermietung von gemieteten Räumen (Berechnung auf bes. Blatt)	66	67		
26	Einkünfte aus Vermietung und Verpachtung unbebauter Grundstücke, von anderem **unbeweglichem Vermögen**,				
27	von **Sachinbegriffen** sowie aus **Überlassung von Rechten** (Erläuterung auf besonderem Blatt)	52	53		

Anlage V – für Einkünfte aus Vermietung und Verpachtung – Aug. 2005

- 2 -

Steuernummer

Zeile	Werbungskosten aus dem bebauten Grundstück in Zeile 1	Nur ausfüllen, wenn die Aufwendungen für das Gebäude nur teilweise Werbungskosten sind (siehe Anleitung zu den Zeilen 30 bis 56).				Werbungskosten
		Gesamtbetrag EUR	Ausgaben, die nicht mit Vermietungseinkünften zusammenhängen			(ggf. Spalte 1 abzüglich Spalte 4) Bitte nur volle Euro-Beträge eintragen. EUR
			ermittelt durch direkte Zuordnung	ermittelt verhältnis- mäßig	nicht abziehbarer Betrag EUR	
		1	2	3	4	5
30						
31						
32						
33						
34	Absetzung für Abnutzung nach den §§ 7, 7 b Abs. 1 S. 2 EStG ☐ linear ☐ degressiv ___% ☐ wie 2004 ☐ lt. bes. Blatt			%		
35	Erhöhte Absetzungen nach § 7 k EStG (Zeilen 60 und 61 beachten) ☐ wie 2004					
36	nach § 14 a BerlinFG ☐ wie 2004					
37	nach § 14 d BerlinFG (Zeile 61 beachten) ☐ wie 2004					
38	nach den §§ 7 h, 7 i EStG, Schutzbaugesetz ☐ wie 2004 ☐ lt. bes. Blatt					
39	Sonderabschreibungen nach § 4 Fördergebietsgesetz ☐ wie 2004 ☐ lt. bes. Blatt					
40	Schuldzinsen (ohne Tilgungsbeträge)					
41	Geldbeschaffungskosten (z. B. Schätz-, Notar-, Grundbuchgebühren)					
42	Renten, dauernde Lasten (Einzelangaben auf besonderem Blatt)					
43	2005 voll abzuziehende Erhaltungsaufwendungen, die direkt zugeordnet werden können		☒			
44	verhältnismäßig zugeordnet werden					
45	Auf bis zu 5 Jahre zu verteilende Erhaltungsaufwendungen (§§ 11 a, 11 b EStG, § 82 b EStDV)					
46	Gesamtaufwand ___€ davon 2005 abzuziehen ___€					
47	aus früheren Jahren aus 2001 ___€ + aus 2002 ___€ ▶					
48	aus 2003 ___€ + aus 2004 ___€ ▶					
49	Grundsteuer, Straßenreinigung, Müllabfuhr					
50	Wasserversorgung, Entwässerung, Hausbeleuchtung					
51	Heizung, Warmwasser					
52	Schornsteinreinigung, Hausversicherungen					
53	Hauswart, Treppenreinigung, Fahrstuhl					
54	Verwaltungskosten					
55	Sonstiges					
56						
57	**Summe der Werbungskosten** (zu übertragen nach Zeile 13)					

Zusätzliche Angaben

Zeile		Stpfl. / Ehemann	Ehefrau
58			
59	2005 vereinnahmte oder bewilligte Zuschüsse aus öffentlichen Mitteln zu den Anschaffungs-/Herstellungskosten (Erläuterungen auf besonderem Blatt)	___€	___€
60	In Fällen des § 7 k EStG (Zeile 35) Mittel aus öffentlichen Haushalten wurden unmittelbar oder mittelbar	☐ gewährt.	☐ nicht gewährt.
61	In Fällen des § 7 k EStG / § 14 d BerlinFG und bei Buchwertentnahme nach § 6 Abs. 1 Nr. 4 Satz 4 EStG vor dem 1. 1. 2005:	☐ Bescheinigung nach § 7 k Abs. 3 EStG ist beigefügt.	

2005

Name und Vorname / Gemeinschaft

Steuernummer

Anlage FW

☐ zur Einkommensteuererklärung

☐ zur Feststellungserklärung

Förderung des Wohneigentums

Zeile			
1	Lage der Wohnung (Ort, Straße, Hausnummer)	Im Ferien- oder Wochenendgebiet belegen	Zum Dauerwohnen baurechtlich zugelassen
2	Eigentümer (Namen, ggf. Miteigentumsanteile)		

3	☐ Einfamilienhaus Eigentumswohn.	☐ Anderes Haus mit	Wohnungen	davon Anzahl eigengenutzt:	☐ Ausbau / Erweiterung einer eigengenutzten Wohnung	☐ Bau einer unentgeltlich überlassenen Wohnung im eigenen Haus
4	Kaufvertrag vom	Bauantrag gestellt am	Baubeginn am	Angeschafft am	Fertig gestellt am	Eigengenutzt / unentgeltlich überlassen ab Nutzfläche des Hauses m²
5	☐ Der Abzugsbetrag wird für ein Folgeobjekt beansprucht.				Fläche der Wohnung / Erweiterung / des Anbaus m²	davon eigenbetrieblich / beruflich genutzt oder vermietet m²
6	☐ Für das Objekt lt. Zeile 1 wurde ein Antrag auf Eigenheimzulage gestellt (zum Vorkostenabzug vgl. die Zeilen 13 bis 16).				Für folgende Objekte wurden bereits Abzugsbeträge / erhöhte Absetzungen beansprucht:	

Steuerbegünstigungen für bestimmte Baumaßnahmen

		EUR	99 46
7			
8	Aufwendungen nach § 7 Fördergebietsgesetz, Schutzbaugesetz Abzugsbetrag =	60	
9	Gesamtbetrag der erhöhten Absetzungen nach § 14 a BerlinFG wie im Vorjahr	82	
10	Bei Bauantrag / Einreichung der Bauunterlagen vor dem 1.1.2004: Aufwendungen nach § 10 f EStG ☐ wie Vorjahr fertig gestellt 2005 € Abzugsbetrag bis zu 10 % =	71	
11	Bei Bauantrag / Einreichung der Bauunterlagen nach dem 31.12.2003: Aufwendungen nach § 10 f EStG fertig gestellt 2005 € Abzugsbetrag bis zu 9 % =	69	

Vorkostenabzug bei einer nach dem Eigenheimzulagengesetz begünstigten Wohnung

12		40 Pauschale ja = 1
13	Das Objekt steht im ☐ Alleineigentum. ☐ Miteigentum zu %.	Anteil in EUR 42
14	Bei Anschaffung / Fertigstellung 2005 und Kaufvertrag / Bauantrag / Herstellungsbeginn vor dem 1.1.1999: ☐ Vorkostenpauschale (§ 10 i EStG), wenn die Eigenheimzulage für 2005, 2006 oder 2007 in Anspruch genommen wird.	
15	Bei Kaufvertrag vor dem 1.1.1999: 2005 geleistete Erhaltungsaufwendungen (§ 10 i EStG) bei Alleineigentum	41
16	Anteil an den 2005 geleisteten Erhaltungsaufwendungen (§ 10 i EStG) bei Miteigentum	43

Abzugsbetrag nach § 10 e EStG / § 15 b BerlinFG

17	bei Kaufvertrag / Bauantrag / Herstellungsbeginn vor dem 1.1.1996, wenn kein Antrag auf Eigenheimzulage gestellt wird	20
18	☐ Abzugsbetrag wie 2004 ☐ Abzugsbetrag nach besonderer Berechnung	
19	Nachholung von Abzugsbeträgen nach besonderer Berechnung (nachträgliche Anschaffungs- / Herstellungskosten, noch nicht in Anspruch genommene Abzugsbeträge) € 2005 werden in Anspruch genommen	29

Abzugsbetrag für eine unentgeltlich überlassene Wohnung im eigenen Haus nach § 10 h EStG

20	bei Kaufvertrag / Bauantrag / Herstellungsbeginn vor dem 1.1.1996, wenn kein Antrag auf Eigenheimzulage gestellt wird	24
21	☐ Abzugsbetrag wie 2004 ☐ Abzugsbetrag nach besonderer Berechnung	

Vorkostenabzug für die Wohnung

22		
23	**Vor Bezug** der eigengenutzten Wohnung (Zeilen 17 bis 19) oder der überlassenen Wohnung (Zeilen 20 und 21) entstandene Aufwendungen (§ 10 e Abs. 6, § 10 h Satz 3 EStG)	12

Steuerermäßigung für Kinder bei Inanspruchnahme eines Abzugsbetrags nach § 10 e Abs. 1 bis 5 EStG / § 15 b BerlinFG

24	Antrag auf Steuerermäßigung nach § 34 f Abs. 2 und 3 EStG:	
25	Im Begünstigungszeitraum gehörte(n) Anzahl Kind(er) auf Dauer zum Haushalt (vgl. „Anlage[n] Kind").	

Anteile an den Steuerbegünstigungen

26		
27	Gemeinschaft, Finanzamt, Steuernummer	
28	Gesondert und einheitlich festgestellter Betrag nach § 7 Fördergebietsgesetz, Schutzbaugesetz, § 14 a BerlinFG, § 10 f EStG	85
29	Gesondert und einheitlich festgestellter Betrag nach den §§ 10 e, 10 h EStG, § 15 b BerlinFG € 2005 werden in Anspruch genommen	

Zweitobjekt / Feststellungen:
Abzugsbetrag **ohne** GdE-Prüfung   17
Abzugsbetrag **mit** GdE-Prüfung   31
Abzugsbetrag ohne Günstigerprüfung   26
Kaufvertrag / Bauantrag / Herstellung 1 = 1.10. bis 31.12.91   2 = ab 1.1.92   22
§ 10 h EStG ohne GdE-Prüfung = 1   25
Kinder i. S. d. § 34 f EStG Ansch. / Herst. nach 1990   16

Anlage FW – zur Förderung des Wohneigentums – Aug. 2005

Name und Vorname / Gemeinschaft / Körperschaft		**Anlage L**	**2005**
Steuernummer		☐ zur Einkommensteuererklärung	
Agrardieselnummer		☐ zur Körperschaftsteuererklärung	
		☐ zur Feststellungserklärung	

Einkünfte aus Land- und Forstwirtschaft

Gewinn (ohne die Beträge in den Zeilen 13 und 16; bei ausländischen Einkünften: Anlage AUS beachten) als Einzelunternehmer / der Gesellschaft / der Körperschaft

Zeile		Wirtschaftsjahr vom (Tag, Monat) bis (Tag, Monat)	2004 / 2005 (2005) EUR	2005 / 2006 EUR		Steuerpfl. Person Ehemann Gemeinschaft EUR	Ehefrau EUR	99	50
1						Bitte nur volle Euro-Beträge eintragen.			
2	nach § 4 Abs. 1 EStG oder § 4 Abs. 3 EStG				auf das Kalenderjahr 2005 entfallen ▶	10	11		
3					auf das Kalenderjahr 2005 entfallen ▶	12	13		
4	nach § 13 a EStG				auf das Kalenderjahr 2005 entfallen ▶	73	74		
5					auf das Kalenderjahr 2005 entfallen ▶	75	76		
6	als Mitunternehmer oder lt. gesond. Feststellung nach § 4 Abs.1 od. Abs.3 EStG (Gesellschaft, Finanzamt, St.-Nr.)					38	39		
7	als Mitunternehmer oder lt. gesond. Feststellung nach § 13 a EStG (Gesellschaft, Finanzamt, Steuernummer)					36	37		
8	als Mitunternehmer einer Gesellschaft / einer Gemeinschaft / eines ähnlichen Modells i. S. d. § 2 b EStG								
9	In den Gewinnen des Kj. 2005 (Zeilen 2 bis 7) enthaltener steuerpflichtiger Teil der Einkünfte, für die das **Halbeinkünfteverfahren** gilt – Berechnung auf besonderem Blatt –					14	15		
10	Freibetrag nach § 14 a Abs. 4 EStG, der auf das Kj. 2005 entfällt (Bitte Name, Anschrift und Geburtsdatum des abgefundenen weichenden Erben sowie Freibeträge, die diesem früher gewährt wurden, auf besonderem Blatt angeben und Vertragsunterlagen beifügen.)					24	25	Sonderschlüssel LuF 70	

Veräußerungsgewinn

			Steuerpfl. Person Ehemann Gemeinschaft EUR	Ehefrau EUR	99	51
11	**bei Veräußerung / Aufgabe eines ganzen** Betriebs, eines **Teilbetriebs** oder eines **ganzen Mitunternehmeranteils** (§§ 14, 16 EStG) vor Abzug des Freibetrags		Bitte nur volle Euro-Beträge eintragen.			
12	Veräußerungsgewinn, für den der **Freibetrag nach den §§ 14, 16 Abs. 4 EStG** wegen dauernder Berufsunfähigkeit oder Vollendung des 55. Lebensjahres **beantragt** wird. Für nach dem 31.12.1995 erfolgte Veräußerungen / Aufgaben wurde der Freibetrag nach § 16 Abs. 4 EStG bei keiner Einkunftsart in Anspruch genommen.					
13			18	19		
14	In Zeile 13 enthaltener steuerpflichtiger Teil, für den das **Halbeinkünfteverfahren** gilt		68	69		
15	In Zeile 13 enthaltener Veräußerungsgewinn, für den der **ermäßigte Steuersatz** des § 34 Abs. 3 EStG wegen dauernder Berufsunfähigkeit oder Vollendung des 55. Lebensjahres beantragt wird		70	71		
16	Veräußerungsgewinne, für die der **Freibetrag nach den §§ 14, 16 Abs. 4 EStG nicht beantragt** wird oder **nicht zu gewähren** ist		60	61		
17	In Zeile 16 enthaltener steuerpflichtiger Teil, für den das **Halbeinkünfteverfahren** gilt		36	37		
18	In Zeile 16 enthaltener Veräußerungsgewinn, für den der **ermäßigte Steuersatz** des § 34 Abs. 3 EStG wegen dauernder Berufsunfähigkeit oder Vollendung des 55. Lebensjahres beantragt wird		38	39		
19	In Zeile 18 enthaltener steuerpflichtiger Teil, für den das **Halbeinkünfteverfahren** gilt		40	41		
20	Zu den Zeilen 11 bis 19: ☐ Erwerber ist eine Gesellschaft, an der die veräußernde Person oder ein Angehöriger beteiligt ist (Erläuterungen auf einem besonderen Blatt).					

Sonstiges

21	In den Zeilen 2 bis 8 enthaltene begünstigte sonstige Gewinne i. S. d. § 34 Abs. 2 Nr. 2 bis 4 EStG	26	27
22	☐ Tarifbegünstigte Einkünfte aus Holznutzungen sind in der beigefügten Anlage Forstwirtschaft erklärt.		
23	Saldo aus **Entnahmen und Einlagen** i. S. d. § 4 Abs. 4 a EStG im Wirtschaftsjahr (bei mehreren Betrieben Erläuterungen auf besonderem Blatt)		
24	**Schuldzinsen** aus der Finanzierung von Anschaffungs- / Herstellungskosten von Wirtschaftsgütern des **Anlagevermögens**		

Antrag nach § 13 a Abs. 2 EStG für die Wirtschaftsjahre 2005/2006 bis 2008/2009

25

26 Stellen Sie den Antrag und ermitteln den Gewinn durch Betriebsvermögensvergleich, sind Sie auch für die Wirtschaftsjahre 2006/2007 bis 2008/2009 verpflichtet, den Gewinn in gleicher Weise zu ermitteln. Entsprechendes gilt bei einem Antrag auf Besteuerung des Gewinns, der durch Vergleich der Betriebseinnahmen mit den Betriebsausgaben ermittelt wird, es sei denn, dass Sie vorher buchführungspflichtig werden.

27 ☐ Ich / Wir beantrage(n), den durch ☐ Betriebsvermögensvergleich ☐ Aufzeichnung und Vergleich der Betriebseinnahmen mit den Betriebsausgaben ermittelten Gewinn der Besteuerung zugrunde zu legen.

Anlage L – für Einkünfte aus Land- und Forstwirtschaft – Aug. 2005

	Steuernummer				Die Angaben auf den Seiten 2 bis 4 sind für jeden land- und forstwirtschaftlichen Betrieb in einer eigenen Anlage L zu machen. Bitte die Seiten 2 und 3 unabhängig von der Art der Gewinnermittlung ausfüllen.				

Zeile	**Flächen zu Beginn des Wirtschaftsjahres**	Eigentümer / Nutzender				
29						
30		Name und Anschrift des Pächters / Verpächters / Überlassenden	Katastermäßige Bezeichnung	Verausgabte / Vereinnahmte Pachtzinsen EUR	Landwirtschaftliche Nutzung (ohne Spalte 5) ha / a / m²	Hopfenbau / Spargelbau ha / a / m²
31		1	2	3	4	5
32	Eigentumsflächen des Betriebsvermögens (ohne Flächen laut Zeile 33)					
33	Hof- und Gebäudeflächen (ohne Grund und Boden für Wohngebäude)					
34	In den Zeilen 32 und 33 nicht berücksichtigte **zugepachtete** oder unentgeltlich von Dritten überlassene Flächen					
35						
36	Summe Zeilen 32 bis 35					
37	In den Zeilen 32 und 33 berücksichtigte **verpachtete** oder unentgeltlich an Dritte überlassene Flächen					
38						
39						
40	Selbst bewirtschaftete Flächen insgesamt (Zeile 36 abzügl. Zeilen 37 bis 39) ▶					
41	Zusammen (Zeilen 37 bis 39)					
42	Von den Flächen lt. Zeile 40 waren zu Beginn des Wj. **stillgelegt** oder **in der Nutzung beschränkt**					

Zeile	**Flächenveränderungen nach Beginn des Wirtschaftsjahres**				
43					
44	Zugänge (Kauf, Zupachtung, unentgeltliche Überlassung)				
45	Abgänge (Verkauf, Verpachtung, unentgeltliche Überlassung)				
46	Von der landwirtschaftl. Nutzung (vgl. Zeile 40 Spalte 4) entfallen auf			Obstbau mit landw. Unternutzung	Almen u. Hutungen

Zeile	**Betriebsverpachtung / -stilllegung**				
47	Der Betrieb ist seit dem		im Ganzen verpachtet.	parzellenweise verpachtet.	stillgelegt oder abgegeben i. S. d. FELEG.
48	Im Wj. erhaltene Produktionsaufgaberente	Grundbetrag	€	Flächenzuschlag	€

Zeile	**Veräußerung / Entnahme von Grundstücken und Lieferrechten**				Bei Veräußerung: Gewinnübertragung nach §§ 6 b, 6 c EStG wird beantragt.		
49							
50		Katastermäßige Bezeichnung	Größe / Menge	Tag der Veräußerung / Entnahme	Erlös / Entnahmewert EUR	Entstandene Kosten EUR	Anschaffungskosten (ggf. Wert nach § 55 EStG) EUR
51	Veräußerung (Umfang d. mitveräußerten Eigenjagdrechts / Aufwuchses auf und Anlagen in und auf dem Grund und Boden auf besonderem Blatt erläutern)		ha / a / m²				
52							
53	Entnahme (z. B. durch Schenkung, Nutzungsänderung, Bau einer eigengenutzten oder unentgeltlich überlassenen Wohnung)						
54							
55	Veräußerung / Entnahme von Milchlieferrechten		kg				
56	Veräußerung / Entnahme von Zuckerrübenlieferrechten		t				

Zeile	**Nutzungswert von Wohnungen in Baudenkmalen**					Ausstattung			
57	– gilt nicht für das Beitrittsgebiet –	vom	bis	Größe in m²	Baujahr	Ofenheizung	Sammelheizung	Bad	Warmwasserversorg.	WC
58	Selbst genutzte Wohnung									
59	Altenteilerwohnung									
60	Ich / Wir beantrage(n) unwiderruflich ☐ ab 1. 1. 2005 ☐ ab 1. 1. 2006 den Nutzungswert für die Wohnung(en) lt. Zeile 5 der Anlage LW 1998 nicht mehr zu besteuern.									

Steuernummer

Weinbau			Gärtnerische Nutzung						Baumschulen			Sonstige land- u. forstw. Nutzung, Abbauland			Geringstland			Forstwirtschaftliche Nutzung		
			Gemüse-, Blumen- u. Zierpflanzenbau			Obstbau														
ha	a	m²	ha	a	m²	ha	a	m²	ha	a	m²	ha	a	m²	ha	a	m²	ha	a	m²
6			7			8			9			10			11			12		

Bei Abgabe der Anlage Weinbau übertragen nach Zeile 2 der Anlage Weinbau

Zeile		
61	**Einkünfte aus Forstwirtschaft bei Pauschalierung der Betriebsausgaben** (Angaben sind nur erforderlich, wenn keine Anlage Forstwirtschaft abgegeben wird.)	
62	**Einnahmen** Holzverkauf auf dem Stamm ____ € übrige Holzerlöse ____ € übrige Forstwirtschaft ____ €	
63	Nur bei forstwirtschaftlicher Nutzung und Gewinnermittlung nach § 13 a oder § 4 Abs. 3 EStG (nicht bei Waldverkäufen): Pauschale Abgeltung der Betriebsausgaben wird beantragt nach § 51 EStDV: 65 % oder 40 % Forstschäden-Ausgleichsgesetz: 90 % oder 65 %	

Viehbestand einschl. Pensionstierhaltung und Lohnaufzucht   Durchschnittsbestand im Wj.

Zeile	(Bitte stets ausfüllen.)	Anzahl	VE gesamt		Anzahl	VE gesamt
64						
65	**Rindvieh** Kälber und Jungvieh unter 1 Jahr einschl. Mastkälber (0,3 VE)			**Schafe** unter 1 Jahr einschl. Mastlämmer (0,05 VE)		
66	Jungvieh 1–2 Jahre (0,7 VE)			1 Jahr alt und älter (0,1 VE)		
67	Zuchtbullen und Zugochsen (1,2 VE)			**Schweine** Zuchtschweine (0,33 VE)		
68	Masttiere (Mastrinder) – Mastdauer weniger als 1 Jahr – (1 VE)			**Kaninchen** Zucht- und Angorakaninchen (0,025 VE)		
69	Färsen älter als 2 Jahre (1 VE)			**Geflügel** Legehennen (0,02 VE)		
70	Kühe (1 VE)			Legehennen aus zugekauften Junghennen (0,0183 VE)		
71	**Ziegen** (0,08 VE)			Zuchtenten, Zuchtputen und Zuchtgänse (0,04 VE)		
72	**Pferde** unter 3 Jahre und Kleinpferde (0,7 VE)			**Sonstige** (z. B. Damtiere, Alpakas, Lamas, Strauße)		Zwischensumme 1
73	3 Jahre alt und älter (1,1 VE)			Tierart		Zwischensumme 2 +
74	Zwischensumme 1			Zwischensumme 2		Summe Tierbestand =

Zeile	Viehbestand einschließlich Pensionstierhaltung und Lohnaufzucht (Bitte stets ausfüllen.)				Erzeugung (verkauft oder verbraucht) im Wj.			
		Anzahl	VE gesamt			Anzahl	VE gesamt	
75				*) Die eingetragenen Tiere wurden zugekauft als				
76	**Rindvieh** Masttiere – Mastdauer über 1 Jahr – (1 VE)						—	
77	**Schweine** Leichte Ferkel bis etwa 12 kg (0,01 VE)						—	
78	Ferkel bis etwa 20 kg *) (0,02 VE)			**Kaninchen** Mastkaninchen (0,0025 VE)				
79	Schwere Ferkel und leichte Läufer bis etwa 30 kg *) (0,04 VE)			**Geflügel** Jungmasthühner (mehr als 6 Durchgänge je Jahr) (0,0013 VE)				
80	Läufer bis etwa 45 kg *) (0,06 VE)			Jungmasthühner (bis zu 6 Durchgänge je Jahr), Jungputen und -hennen (0,0017 VE)				
81	Schwere Läufer bis etwa 60 kg *) (0,08 VE)			Mastenten (0,0033 VE)				Summe Tierbestand (Zeile 74)
82	Mastschweine *) (0,16 VE)			Mastputen aus zugekauften Jungputen (0,005 VE)				Zwischensumme 3 +
83	Jungzuchtschweine bis etwa 90 kg *) (0,12 VE)			Mastgänse, Mastputen aus selbst erzeugten Jungputen (0,0067 VE)				Zwischensumme 4 +
84		Zwischensumme 3			Zwischensumme 4			Gesamtsumme VE

Angaben zur Gewinnermittlung nach Durchschnittssätzen (§ 13 a EStG) für das Wirtschaftsjahr 2005/2006

Zeile		selbst bewirtschaftete Flächen (vgl. Zeile 40) in ha 1	Hektarwert / maßgeblicher Wert lt. BewG in DM 2	Ergebnis DM 3
85	Die Werte lt. Spalte 2 sind dem Einheitswert / Ersatzwirtschaftswert auf den 1.1. entnommen oder ergeben sich aus d. beigef. Berechnung.			
86	Bei einem Wirtschaftsjahr von weniger oder mehr als 12 Monaten: Zahl der Monate			
87	Landwirtschaftliche Nutzung (ohne Sondernutzungen lt. Zeilen 88 bis 97)		Hektarwert	
88	Hopfenbau		Vergleichswert je Hektar × =	
89	Spargelbau		Vergleichswert je Hektar × =	
90	Forstwirtschaftliche Nutzung		Vergleichswert je Hektar × =	
91	Weinbau		Vergleichswert je Hektar × =	
92	Gärtnerische Nutzung		Vergleichswert je Hektar × =	
93	sonstige land- und forstwirtschaftliche Nutzung Weihnachtsbaumkultur		Vergleichswert je Hektar × =	
94	Art:		Vergleichswert ▶	
95	Abbauland		Einzelertragswert ▶	
96	Geringstland		× **50** =	
97	Nebenbetriebe, Art:		Einzelertragswert ▶	
98	Gewinne aus forstwirtschaftlicher Nutzung ☐ lt. beigefügter Gegenüberstellung der Einnahmen und Ausgaben	☐ bei Pauschalierung der Betriebsausgaben (vgl. Zeilen 61 bis 63)		EUR
99	Gewinne aus der Veräußerung / Entnahme von Grund und Boden und / oder Gebäuden (vgl. Zeilen 49 bis 54)			
100	Gewinne aus der Veräußerung / Entnahme von Anlagevermögen im Zusammenhang mit einer Betriebsumstellung (§ 13 a Abs. 6 Nr. 2 EStG) (Erläuterungen auf besonderem Blatt)			
101	Einnahmen aus Dienstleistungen und vergleichbaren Tätigkeiten für Nichtlandwirte (§ 13 a Abs. 6 Nr. 3 EStG) (Erläuterungen auf besonderem Blatt)			
102	Gewinne aus der Auflösung von Rücklagen ☐ nach § 6 c EStG ☐ für Ersatzbeschaffung			
103	Vereinnahmte Miet- und Pachtzinsen einschließlich Betrag lt. Zeile 41 (§ 13 a Abs. 3 Satz 1 Nr. 4 EStG); Entgelte für die Nutzungsüberlassung von Wirtschaftsgütern (in Zeile 101 nicht enthalten)			
104	Vereinnahmte Kapitalerträge, die sich aus Kapitalanlagen von Veräußerungserlösen i. S. d. Zeilen 99 und 100 ergeben (§ 13 a Abs. 3 Satz 1 Nr. 5 EStG)			
105	Verausgabte Pachtzinsen einschließlich Betrag lt. Zeile 36 und dauernde Lasten (§ 13 a Abs. 3 Satz 2 EStG)			
106	Schuldzinsen abzüglich Zinszuschüsse (Grund und Höhe der Schulden auf besonderem Blatt erläutern)			

Name und Vorname

Steuernummer

Anlage AUS

Lfd. Nr. d. Anlage

2005

☐ **zur Einkommensteuererklärung**
Jeder Ehegatte mit ausländischen Einkünften hat eine eigene Anlage AUS abzugeben.

☐ **zur Erklärung zur gesonderten Feststellung**

| 99 | 9 | Stpfl/ Ehem. = 1 Ehefr. = 2 |

Ausländische Einkünfte und Steuern

Zeile	Steuerpflichtige ausländische Einkünfte, die in den Anlagen GSE, KAP, L, R, SO und / oder V enthalten sind und die im Quellenstaat nach dortigem Recht besteuert werden oder für die fiktive ausländische Steuern nach DBA anzurechnen sind – Anrechnung und Abzug ausländischer Steuern –					
1						
2		1. Staat / Fonds **10**	2. Staat / Fonds **30**	3. Staat / Fonds **50**	4. Staat / Fonds **70**	5. Staat / Fonds **90**
3						
4	**Kapitalvermögen**	Einkunftsquellen	Einkunftsquellen	Einkunftsquellen	Einkunftsquellen	Einkunftsquellen
5	Einnahmen, die in den Zeilen 33, 34 und 44 der Anlage KAP enthalten sind	00 EUR	20 EUR	40 EUR	60 EUR	80 EUR
6	Einnahmen, die in den Zeilen 35, 36 und 45 der Anlage KAP enthalten sind	01	21	41	61	81
7	Einnahmen aus einem inländ. Sondervermögen, die aus ausländ. Quellen stammen, für die das Halbeinkünfteverfahren **nicht** gilt	02	22	42	62	82
8	Einnahmen aus einem inländ. Sondervermögen, die aus ausländ. Quellen stammen, für die das Halbeinkünfteverfahren gilt	03	23	43	63	83
9	Werbungskosten zu den Zeilen 5 und 7 (ohne ausländische Steuern lt. Zeile 11)	04	24	44	64	84
10	Werbungskosten zu den Zeilen 6 und 8 (ohne ausländische Steuern lt. Zeile 11)	05	25	45	65	85
11	Abzuziehende ausl. Steuern nach § 34 c Abs. 2 und 3 EStG zu den Zeilen 5 bis 8	06	26	46	66	86
12	**Andere Einkunftsarten** (einschließlich der Einkünfte nach § 20 Abs. 2 AStG) – bei mehreren Einkunftsarten: Einzelangaben bitte auf besonderem Blatt –	Einkunftsquellen	Einkunftsquellen	Einkunftsquellen	Einkunftsquellen	Einkunftsquellen
13						
14	Einkünfte (einschließlich der gemäß § 3 Nr. 40 und § 3 c Abs. 2 EStG steuerfreien Teile)	07 EUR	27 EUR	47 EUR	67 EUR	87 EUR
15	In Zeile 14 enthaltene Einkünfte, für die § 3 Nr. 40 und § 3 c Abs. 2 EStG Anwendung finden	08	28	48	68	88
16	Abgezogene ausländische Steuern nach § 34 c Abs. 2 und 3 EStG					
17	**Anzurechnende ausländ. Steuern** insgesamt für alle Einkunftsarten	09	29	49	69	89
18	In Zeile 17 enthaltene fiktive ausländische Steuern nach DBA					
19	Die Eintragungen in den Zeilen 21 bis 26 sind nur in der ersten Anlage AUS erforderlich.					
20						

Zeile		
21	**Pauschal zu besteuernde Einkünfte i. S. d. § 34 c Abs. 5 EStG** In Zeile 14 nicht enthaltene Einkünfte, für die die Pauschalierung beantragt wird	800 EUR
22		
23	**Hinzurechnungsbesteuerung nach den §§ 7 bis 12, 14 AStG** (in den Anlagen GSE, KAP, L enthalten) Hinzurechnungsbetrag lt. Feststellung des Finanzamts	
24	Finanzamt, Steuernummer — Staat	801
25	Auf Antrag nach § 12 Abs. 1 AStG anzurechnende ausländische Steuern lt. Feststellung	802
26	Nach § 12 Abs. 3 AStG anzurechnende ausländische Steuern lt. Feststellung	803

Anlage AUS – Ausländische Einkünfte – Aug. 2005

Steuernummer		

Nicht nach DBA steuerfreie negative Einkünfte i. S. d. § 2 a Abs. 1 EStG zu den Zeilen 2 bis 26

Zeile	aus dem Staat	nach § 2 a Abs. 1 Satz 1	noch nicht verrechnete Verluste 1985 bis 2004	nicht ausgleichsfähige Verluste/Gewinnmindg. 2005	enthalten in Anlage u. Zeile	positive Einkünfte 2005	enthalten in Anlage u. Zeile	Summe der Spalten 3, 4 und 6
30								
31	1	2	3	4	5	6	7	8
32	1	Nr. EStG	EUR	EUR		EUR		EUR
33	2	Nr. EStG						
34	3	Nr. EStG						
35	4	Nr. EStG						
36	5	Nr. EStG						

Nach DBA steuerfreie Einkünfte / Progressionsvorbehalt

Zeile 37

Einkünfte i. S. d. § 32 b EStG ohne steuerfreien Arbeitslohn lt. Anlage N Zeile 18

Zeile	aus dem Staat	aus der Einkunftsquelle	Einkunftsart	Einkünfte
38				
39	1			810 EUR
40	2			811
41	3			812
42	4			813
43	5			814

Zeile	In den Zeilen 39 bis 43 enthaltene	
44		
45	Verluste aus gewerblichen Betriebsstätten, die die Voraussetzungen des § 2 a Abs. 3 Satz 1 EStG erfüllen (nur bei Erklärung zur gesonderten Feststellung)	
46	Gewinne aus gewerblichen Betriebsstätten, für die die Hinzurechnung nach § 2 a Abs. 3 Satz 3 und Abs. 4 EStG, § 2 a Abs. 1 Satz 3 und Abs. 2 AIG vorzunehmen ist	815
47	außerordentliche Einkünfte i. S. d. §§ 34, 34 b EStG, soweit nicht in Zeile 46 enthalten	816
48	**Zu den Zeilen 39 bis 43:** Unter bestimmten Voraussetzungen erfolgt eine Mitteilung über die Höhe der in Deutschland steuerfreien Einkünfte an den anderen Staat. Einwendungen gegen eine solche Weitergabe bitte als Anlage beifügen.	

Nach DBA steuerfreie negative Einkünfte i. S. d. § 2 a Abs. 1 EStG

Zeile	aus dem Staat	nach § 2 a Abs.1 Satz 1	noch nicht verrechnete Verluste 1985 bis 2004	nicht ausgleichsfähige Verluste/Gewinnmindg. 2005	positive Einkünfte 2005	Summe der Spalten 3, 4 und 5	positive Summe lt. Spalte 6 enthalten in Zeile
49							
50	1	2	3	4	5	6	7
51	1	Nr. EStG	EUR	EUR	EUR	EUR	
52	2	Nr. EStG					
53	3	Nr. EStG					
54	4	Nr. EStG					
55	5	Nr. EStG					

Stichwortverzeichnis

Die Buchstaben und römischen Ziffern nennen die Teile, die arabischen Ziffern bezeichnen die Randnummern **in schwarz** innerhalb der Teile der Broschüre (vgl. die Inhaltsangabe auf jeder Seite oben). Es bedeutet z.B.:

HV 53 bis 60	= Teil I:	Hauptvordruck, Zeilen 53 bis 60
AV 3 bis 7	= Teil I:	Anlage AV, Zeilen 3 bis 7
K 30 bis 36	= Teil I:	Anlage Kind, Zeilen 30 bis 36
N 1 bis 6	= Teil I:	Anlage N, Zeilen 1 bis 6
VE 22 bis 24	= Teil I:	Vereinfachter Erlärungsvordruck, Zeilen 22 bis 24
KAP 12	= Teil I:	Anlage KAP, Zeile 12
R 1 bis 9	= Teil I:	Anlage R, Zeilen 1 bis 9
SO 30 bis 59	= Teil I:	Anlage SO, Zeilen 30 bis 59
GSE 12 bis 21	= Teil I:	Anlage GSE, Zeilen 12 bis 21
V 7 bis 8	= Teil I:	Anlage V, Zeilen 7 bis 8
FW 24 bis 25	= Teil I:	Anlage FW, Zeilen 24 bis 25
AUS 30 bis 36	= Teil I:	Anlage AUS, Zeilen 30 bis 36
II 3.3.	= Teil II:	Tz. 3.3.

Die **am Rand der Anleitung** an **erster** Stelle **in schwarz** angegebenen Zahlen betreffen die Zeilennummern in den **Bundesvordrucken**. Die darunter stehenden Zahlen (**kleiner in grau**) bezeichnen die Zeilennummern in den **baden-württembergischen Vordrucken**. Vgl. auch Seite 2 dieser Anleitung, letzter Absatz.

Abbruchkosten eines Gebäudes,
II 2.10. (6), II 1.7.2. (3)
– keine Vorkosten FW 22 bis 23
ABC – Werbungskosten des Arbeitnehmers
N 52 bis 54, 55 bis 56, 57 bis 62
Abfindung weichender Erben L 10
Abfindungen
– wegen Entlassung aus dem Dienstverhältnis N 14
– wegen entgangener Einnahmen N 14
Abfluss von Ausgaben, Zeitpunkt V 3 bis 5
Abgeordnetenbezüge SO 16 bis 23
Abgrenzung, Betriebsausgaben und Lebenshaltungskosten II 2.1.
– der Ehegatten-Einkünfte HV 13
– Landwirtschaft und Gewerbebetrieb L 1
Abholfahrt s. Leerfahrt
Abschlussgebühr für Bausparverträge
V 55 bis 56 (2)
– vor Beginn der Selbstnutzung nach § 10e
Abs. 6 EStG FW 22 bis 23 e)
Abschreibung, s. auch Absetzung für Abnutzung V 34, II 1.
– degressive V 34 III, II 1.2.
– Förderung des Mietwohnungneubaus
V 34 III B
– lineare V 34 I, II 1.1.
– Wechsel der Abschreibungsmethode
II 1.2.4., 1.7.2.(4)
Absetzung für Abnutzung (= AfA) V 34, II 1.
– außergewöhnliche, s. dort
– bei Arbeitsmitteln von Arbeitnehmern
N 52 bis 54
– bei Arbeitszimmern N 55 bis 56
– bei Erwerb eines Wirtschaftsguts, Zwölftelung ab 2004 V 43 bis 44, II 1.1., 1.4.
– bei Gebäuden V 34, II 1.7.
– bei Gebäuden, die dem Einzelhandel dienen V 34 I
– bei Gebäudeteilen II 1.7.4.
– bei nachträglichen Anschaffungs- oder Herstellungskosten V 34 C., II 1.6.
– bei Nutzungsrechten (Nießbrauch und dinglichem Wohnrecht) an Gebäuden V 34 II E.
– bei PKW des Betriebs- und Privatvermögens N 57 bis 62, 59 („Reisekosten" [1])
– bei schuldrechtlichem (obligatorischem) Nutzungsrecht V 34 II E.
– bei unentgeltlichem Erwerb V 34 II D
– bei Wohngebäuden V 34
– Berlinförderungsgesetz s. dort
– degressive V 34 III, II 1.2., 1.7
– erhöhte bei Wohngebäuden V 34 III
– erhöhte für Wohnungen mit Sozialbindung nach § 7k EStG, V 35
– Korrektur überhöhter degressiver AfA
V 34 III A, II 1.7.2. (5)
– lineare V 34 I, II 1.1.
– Nachholung unterlassener II 1.5., 1.7.2. (5), 3.3.4.
– nach Maßgabe der Leistung II 1.3.

– nach Sonderabschreibung und erhöhten Absetzungen II 1.7.2. (5)
– vermietete Wohngebäude V 34 III B, II 1.7.1. k)
– wegen Substanzverringerung bei Bodenschätzen V 26
Abstandszahlungen V 55 bis 56 (2)
– eines Mietinteressenten V 11
– vor Beginn der Selbstnutzung nach § 10e Abs. 6 EStG FW 22 bis 23 e)
Abweichendes Wirtschaftsjahr
GSE 2 bis 4, L 2 bis 5
Abzug ausländischer Steuern AUS 1 bis 18
Abzugsbetrag und Abzugszeitraum nach
§ 10e EStG / § 15b BerlinFG
FW 17 bis 19, siehe auch Wohneigentumsförderung
Abzugsteuer, schweizerische N 23
Ackerbau L 1
AfA s. Absetzung für Abnutzung
AfA-Tabellen II 1.1., 1.7.4.2.
Agentur für Arbeit
– Bescheinigung N 26, 27
– Zuschüsse N 50, 84
Aktienfonds, Kapitalerträge KAP 17 bis 19,
21 bis 25
Aktivierung bei betrieblicher Veräußerungsrente
– eines Geschäftswertes II 6.4.1.
Aktivitätsklausel AUS 30 bis 36, 44 bis 46
Alarmanlage bei Gebäuden V 43 bis 44, II 3.3.3. a)
Allein erziehende Elternteile HV 13, K 30 bis 36, 37 bis 41
Allgemeine Gütergemeinschaft HV 13
Altbausubstanz
– bei Ausbau und Erweiterung nach § 10e
Abs. 2 EStG FW 18
– Einbeziehung in die Herstellungskosten nach § 10e Abs. 1 EStG II 3.3.3.a)
Altenteilsleistungen und -lasten L 57 bis 59, 60, II 6.3.(7), 7.1.2.
Alterseinkünftegesetz HV 63, R vor 1 bis 9
Altersentlastungsbetrag HV 13
Altersrenten R 1 bis 9, 12 bis 20, II 6.3.
Altersteilzeitgesetz N 25
– Aufstockungsbeiträge N 25
Altersübergangsgeld N 27
Altersvermögensgesetz, Sonderausgabenabzug HV 77, AV Vorbem.
Altersvorsorgebeiträge HV 63, 77, AV 19 bis
12, R 31 bis 46, II 6.3.
Altersvorsorgeverträge, Leistungen AV 9 bis 12, R 31 bis 46, II 6.3.
Altersvorsorgezulage HV 77, AV Vorbem.
Altobjekt i.S. des § 10e EStG FW 17
Altobjekte, Einschränkung der Grundförderung nach § 10e EStG FW 16 bis 18, II 3.3.
Anbauverzeichnis L 2 bis 5
Angehörige
– unentgeltliche Überlassung einer Wohnung nach § 10h EStG FW 20 bis 21

– Mietverhältnisse zwischen V Vorbem (2), 6,
30 bis 56 a.E.
– Nutzungsrecht zugunsten V Vorbem (2)
– Vermögensübertragung gegen Versorgungsleistungen II 6.3.(5)
Angemessenheit der Aufwendungen
– beim PKW II 2.8.
– bei § 4 Abs. 5 Nr. 7 EStG II 2.8.
– bei Arbeitsmitteln N 55 bis 56
– bei Flügel, Schreibtisch, Elektronenrechner N 55 bis 56
– von Werbungskosten N 38
Angestelltenversicherung HV 63, 64 bis 67, II
6.3.
Anlage AV, HV 77
Anlage EÜR, GSE 35 bis 36
Anlage FW, Wozu dient die? FW Vorbem.
Anlage K, K 30 bis 36
Anlage U, HV 80
Anlage V, Wozu dient die? V Vorbem.
Anlagegüter, geringwertige II 5.1
Anleihen, verschiedene Formen, Kapitalerträge KAP 3 bis 6
Anliegerbeiträge V 43 bis 44 (2), II 3.3.3. a)
Anrechnung
– ausländischer Steuern KAP 51, AUS 1 bis
18
– von Gewerbesteuer GSE 11
– von Kapitalertragsteuer KAP 1 bis 2, 3 bis
6, 17 bis 19, 48 bis 49, 51
– von Körperschaftsteuer KAP 1 bis 2,
17 bis 19, 48 bis 49
– von Solidaritätszuschlägen KAP 1 bis 2, 52
– von Zinsabschlagsteuer KAP 1 bis 2, 3 bis
6, 15, 48 bis 49
Anrechnungsverfahren KAP 1 bis 2, 17 bis 19
Anschaffung einer Wohnung, Zeitpunkt
V 34 I, FW 3 bis 4, II 3.3.1.
Anschaffungskosten, Begriff V 43 bis 44 (3)
B. (a)
Anschaffungskosten von Grundstück und
Gebäude V 43 bis 44 (1), (2), (3)
– allgemein und bei § 10e EStG II 3.3.3. a),
kk)
– des bebauten Grundstücks, Aufteilung des
Kaufpreises FW 18, II 3.3.3.a)
– des Grund und Bodens II 3.3.3. a)
– nachträgliche FW 19, II 1.6., 1.7.3.
– bei Realteilung eines Nachlasses II
3.3.3. c)
– Erbbaurecht V 40 (3)
Anschaffungsnaher Aufwand V 43 bis 44 (3),
II 3.3.3.a), ff)
– Neuregelung ab 2004 V 43 bis 44 (3) A.
– bisherige Rechtslage (BFH-Rspr. und
BMF-Schreiben) V 43 bis 44 (3) B.
– Übergangsbestimmungen V 43 bis 44 (3)
A. (b)
– Bemessungsgrundlage nach § 10e EStG
FW 18 („Anschaffungs- und Herstellungskosten")
Anschaffungsnebenkosten II 3.3.3. a)

359

Anschluss an Kanalisation V 43 bis 44 (2), II 3.3.3. a)
Anschluss an Wasserversorgung V 43 bis 44 (2), II 3.3.3. a)
Ansparabschreibung (Ansparrücklage) nach § 7g Abs. 3 bis 6 EStG II 1.1.2.
– für Existenzgründer nach § 7g Abs. 7 und 8 EStG II 1.1.3.
Anteile
– an Einkünften aus Kapitalvermögen KAP 38 bis 45, 46 bis 47, 53 bis 61
– an Einkünften aus Vermietung und Verpachtung V 18 bis 23
– an Steuerbegünstigungen FW 26 bis 29
Anwaltskosten HV 116 bis 119, II 2.10. (7)
Anzahlungen, verlorene V 43 bis 44 (2), FW 22 bis 23f)
– Begünstigung nach § 4 FördG V 39
Arbeitnehmererfindungen N 1 bis 6
– für mehrere Jahre N 14
Arbeitnehmer-Pauschbetrag N 38
Arbeitnehmer-Sparzulage N 86
Arbeitskleidung N 52 bis 54 („Berufskleidung")
Arbeitslohn N 1 bis 6
– aufgrund geringfügiger Beschäftigung HV 40 bis 46
– für mehrere Jahre N 14
– steuerfreier, für Tätigkeit im Ausland N 18 bis 20
Arbeitslose, Aufwendungen für Fachliteratur N 52 bis 54 („Fachliteratur")
Arbeitslosengeld N 26
Arbeitslosenhilfe N 26
Arbeitsmittel N 52 bis 54, II 2.10.
Arbeitsstätte, regelmäßige
– allgemein und bei Reisekosten N 57 bis 62, 59
– bei Fahrttätigkeit N 63 bis 68
– bei Fahrten zwischen Wohnung und Betrieb N 38 bis 48
– bei Einsatzwechseltätigkeit N 63 bis 68
– mehrere, Fahrten zu und zwischen N 38 bis 48, II 2.7.
Arbeitsverhältnisse
– mehrere N 1 bis 6, 38 bis 48
Arbeitsverträge
– zwischen Ehegatten HV 13, II 2.11.
– zwischen Eltern und Kindern N 57 bis 62 („Unterarbeitsverhältnis"), II 2.10. („Berufsfortbildung ..."), II 2.13.
Arbeitszimmer, häusliches N 55 bis 56
– AfA bei gemeinschaftlichem Grundstückseigentum (z.B. Ehegatten) N 55 bis 56
– AfA des Nichteigentümer-Ehegatten N 55 bis 56
– bei degressiver AfA V 34 III B
– Berechnung der anteiligen Werbungskosten N 55 bis 56
– Berufsausbildungskosten HV 83 bis 84, N 57 bis 62, 58 (ABC: „Fortbildungskosten")
– Fahrten zum Betrieb II 2.7.
– keine Förderung bei § 10e EStG FW 3 bis 4, II 3.3.2.
– in Wohnung bei Miteigentum § 10e EStG II 3.3.3. d)
Artisten GSE 35 bis 36, Anm. nach N 84
Arzneimittel HV 116 bis 119
Arztvertreter GSE 35 bis 36
Aufbaustudium N 57 bis 62, 58
Auffüllungskredit, Zinsen V 11
Aufgabe des Gewerbebetriebs GSE 12 bis 21
– der selbständigen Tätigkeit GSE 45 bis 51, 52 bis 53
– des land- und forstwirtschaftlichen Betriebs L 11 bis 19, 20
Auflagen des Gerichts bei Strafaussetzung II 2.10. (7)
Auflösung von Rückstellungen anlässlich Betriebsveräußerung GSE 12 bis 21
Aufmerksamkeiten
– bei Bewirtung II 2.3.
Aufsichtsratsvergütungen GSE 41 bis 42

Aufstockung eines Gebäudes V 43 bis 44 (3) (b)
Aufstockungsbeträge nach Altersteilzeitgesetz N 25
Aufteilung der außergewöhnlichen Belastungen und Freibeträge HV 47 bis 49, K 59
Aufteilung des Kaufpreises auf Gebäude und Grund und Boden FW 18, II 3.3.3. a)
Aufteilungsverbot nach § 12 Nr. 1 EStG N 38, 52 bis 54
Aufwandsentschädigungen, steuerfrei erhaltene N 24, GSE 59
Aufwendungen
– des Arbeitnehmers, Nichtbeanstandungsgrenze N 52 bis 54
– für die eigene Ausbildung HV 83 bis 84
– für Kinderbetreuung K 45 bis 54
– für Wege zwischen Wohnung und Arbeitsstätte N 38 bis 48
– vor erstmaligem Bezug nach § 10e Abs. 6 EStG FW 22 bis 23
– vergebliche bei § 10e Abs. 6 EStG FW 22 bis 23 f)
Aufwendungszuschüsse V 11, II 3.3.8. c)
Ausbauten
– bei Gebäuden, Begriff II 3.3.2.
– des Dachgeschosses II 3.3.2.
– Fertigstellung FW 3 bis 4
– Grundförderung nach § 10e EStG FW 17 bis 19, 18, II 3.3.2.
– Mietwohnung, erhöhte AfA für V 34 III B, 36
– Objektbeschränkung FW 6
– von Kellerräumen II 3.3.2.
– Vorkosten nach § 10e Abs. 6 EStG FW 22 bis 23
– Bemessungsgrundlage bei § 10e EStG FW 18
– als nachträgliche Herstellungskosten FW 19
– Aufwendungen vor Bezug FW 22 bis 23
Ausbeuteverträge L 1, V 26
Ausbilder, nebenberuflicher N 24, GSE 35 bis 36, 59
Ausbildungsbedarf des Kindes, Freibetrag K 1 bis 20, 30 bis 36, 42 bis 43
Ausbildungsdienstverhältnis HV 83 bis 84, K 1 bis 20, N 57 bis 62, 58 (ABC: „Fortbildungskosten ..."), II 2.10. (1)
Ausbildungsfreibetrag K 42 bis 43
Ausbildungskosten HV 83 bis 84, K 42 bis 43, N 57 bis 62, 58 („Fortbildungskosten ..."), II 2.10. (ABC: „Berufsfortbildung")
Ausgleichsgeld nach dem Gesetz zur Förderung der Einstellung der landwirtschaftlichen Erwerbstätigkeit L 47 bis 48
Ausgleichszahlungen an Handelsvertreter GSE 12 bis 21, 25
Auskunftsaustausch mit einem anderen Staat N 18 bis 20, AUS 48
Ausland, Tätigkeit im N 18 bis 20, AUS 1 bis 18, 21, 37 bis 43
– steuerfreier Arbeitslohn N 18 bis 20
Ausland, Wohnungen, Nutzungswertbesteuerung V Vorbem (6)
Ausländische Arbeitnehmer, doppelte Haushaltsführung N 70 bis 83 (4)
Ausländische Einkünfte HV 29 bis 35, 36 bis 37, KAP 1 bis 2, 30 bis 37, 51, V Vorbem (6), AUS 1 bis 18, 21, 23 bis 26, 30 bis 36, 37 bis 43, 49 bis 55
– aus Grundstücken in Frankreich, Österreich, Portugal, Großbritannien, Nordirland, Schweiz, Spanien, Italien V Vorbem (6)
– nach § 2a EStG, V Vorbem (6), AUS 30 bis 36, 49 bis 55
Ausländische Verluste V Vorbem (6), AUS 30 bis 36, 37 bis 43, 44 bis 46, 49 bis 55
Auslandsdienstreisen N 57 bis 62 (5)
Auslandsinvestitionsgesetz AUS 44 bis 46
Auslandsreisen N 57 bis 62 (ABC „Studienreisen")
Auslandstätigkeitserlass
– steuerfreier Arbeitslohn N 18 bis 20

Außenanlagen V 55 bis 56 (Nr. 3), Begriff 3.3.3. a), cc) und ii)
Außensteuergesetz GSE 22 bis 23, AUS 1 bis 18, 23 bis 26
Außergewöhnliche Absetzung für Abnutzung (aAfA)
– Arbeitsmittel N 52 bis 54 („Allgemeine Grundsätze")
– bewegliche Wirtschaftsgüter II 1.2.4.
– Gebäude V 34 IV, II 1.7.2. (3), 2.10. (6)
– Kraftfahrzeug/PKW N 52 bis 54 („Kraftfahrzeug"), N 57 bis 62, 58 („Reisekosten" [1])
Außergewöhnliche Belastungen, Angehörige HV 106 bis 115
– angemessene Belastung HV 116 bis 119
– Anschaffung von Hausrat und Kleidung HV 116 bis 119
– Aussteuer HV 116 bis 119
– auswärtige Unterbringung HV 106 bis 115
– bei Berufsausbildung K 42 bis 43
– bei der Ehegattenbesteuerung HV 47 bis 49, 95 bis 119
– Diätkosten HV 116 bis 119
– Hausgehilfin HV 99 bis 100
– Hinterbliebene HV 95 bis 98, K 56 bis 58
– behinderte Personen HV 95 bis 98, K 56 bis 58
– pflegebedürftige Personen HV 95 bis 98, 99 bis 103, 104 bis 105, 116 bis 119
– Scheidungskosten HV 116 bis 119
– Schuldentilgung HV 116 bis 119
– Unterhalt HV 106 bis 115, 116 bis 119
Außerordentliche Einkünfte N 13 bis 16, GSE 25, 55 bis 56, L 22, AUS 47
– Tarifermäßigung GSE 25, 55 bis 56
Aussetzungszinsen II 2.10. (18)
Aussiedlung in der Landwirtschaft L 11 bis 19
Ausstattung HV 116 bis 119
Aussteuer HV 116 bis 119
Austauschmotor N 38 bis 48 („Unfallkosten ...")
Auswärtige Unterbringung K 42 bis 43
Auswärtstätigkeiten, Verpflegungsmehraufwendungen II 2.6.
Auswanderung HV 50 bis 52, GSE 22 bis 23
Autobahngebühr als Werbungskosten N 57 bis 62, 59 („Reisekosten" [4])
Automobil-Rechtsschutzversicherung HV 72 bis 76, II 2.10. (16)
Autoradio N 52 bis 54 („Fernseh- und Rundfunkgerät"), 57 bis 62, 59 („Reisekosten" [1])
Autotelefon N 52 bis 54 („Fernsprechgerät ...")

BahnCard, Werbungskosten N 57 bis 62, 59 („Reisekosten" [1])
Bankverwaltungskosten KAP 53 bis 61, V 41
Bar, Herstellungskosten bei § 10e EStG II 3.3.3. a), ee)
Bauabschnitte
– Übergangsregelung bei § 10e EStG II 3.8.
Bauantrag, Begriff II 3.3.
Bauarbeiten, tatsächlicher Beginn II 3.3.
Baudenkmale
– Bescheinigung und Bescheinigungsbehörden II 5.4.2.
– erhöhte Absetzungen nach § 7i EStG V 38, II 5.4.1., 5.4.2.
– Verteilung von Erhaltungsaufwand nach § 11b EStG V 45 bis 48, II 5.4.4.
– Nutzung zu eigenen Wohnzwecken nach § 10f EStG FW 10 bis 11, II 3.5., 5.4.3.
– Objektverbrauch FW 6
– Verteilung größerer Aufwendungen V 46 bis 48, II 5.4.4.
– Weiterführung nach Beendigung der Nutzungswertbesteuerung FW 10 bis 11, L 57 bis 59, 60
Bauernwaldungen L 11 bis 19
Bauerwartungsland V 40 (Nr. 1)
Baugenehmigung, Antrag auf II 2.1.1.
Baugesetzbuch § 177 V 38

- ab 1987 II 3.5.; siehe auch Städtebauförderungsgesetz
- Verteilung größerer Aufwendungen V 45 bis 48

Bauherren-Erlaß, Damnum V 40 (2)
Bauherren- und Erwerbermodell
- Sonderabschreibungen nach § 4 FörderG V 39

Bauherrenhaftpflicht V 52, FW 22 bis 23 e)
Baukindergeld
- neben § 10e EStG/§ 15 b BerlinFG FW 24 bis 25, II 3.6.1.
- Begrenzung durch Bemessungsgrundlage FW 24 bis 25
- Bedeutung der Einkunftsgrenze (Gesamtbetrag der Einkünfte) FW 24 bis 25
- Vor- und Rücktrag FW 24 bis 25
- bei Zweitwohnung FW 24 bis 25

Baukostenzuschüsse, Mietvorauszahlungen aus V 9
Bauland und Bauerwartungsland, Zinsen für Erwerb V 40, FW 22 bis 23 a)
Baulandumlegung, Grundstückstausch SO 30 bis 59, L 49 bis 56
Baumängel vor Fertigstellung V 43 bis 44 (2), II 3.3.3. a)
Baumaßnahmen, eigene und Nutzungsrecht V 34 II E
- begünstigte nach § 7k EStG V 35
- begünstigte nach § 7 FörderG und Schutzbaugesetz FW 7 bis 8

Baumschulen L 1
Bauplan, s. Planungskosten
Bausparkassenbeiträge HV 63, II 8.
Bausparverträge, Guthabenzinsen KAP 3 bis 6, V 11, II 3.3.8.
Bauten/Baumaßnahmen auf fremdem Grund und Boden, AfA-Befugnis N 55 bis 56 („Miteigentum ...")
Bauwesenversicherung V 52, FW 22 bis 23 e)
Beamte, Vorsorgepauschale HV 63, N 25 bis 30
Beamtenheimstättenwerk (BHW)
- Risikolebensversicherung V 40 (1)
- Überschussbeteiligung V 40 (1)

Beamtenpensionäre, Vorsorgepauschale HV 63, N 31 bis 36
Bebautes Grundstück, Einkünfte aus V 1
Beerdigungskosten HV 116 bis 119
Beginn der Bauarbeiten V 38, FW 3 bis 4, II 3.3.
Beginn des Gewerbebetriebs GSE 1
Beginn der Selbstnutzung, Aufwendungen vor – nach § 10e Abs. 6 EStG, FW 22 bis 23, II 3.4.
Begleitperson bei Reisen N 57 bis 62, 59 („Reisekosten"-Allgemeines)
Behinderte Personen HV 95 bis 98, K 56 bis 58, 59
- bei doppelter Haushaltsführung N 70 bis 82 (Nr. 2b)
- Fahrten zwischen Wohnung und Arbeitsstätte N 38 bis 48

Beirat, selbständige Einkünfte GSE 41 bis 42
Beiträge zu Berufsständen und Berufsverbänden N 51, II 2.10. (ABC)
Beitragszahlungen an ausländische Versicherungsträger HV 63 IV, 72 bis 76
Beitrittsgebiet (neue Bundesländer)
- Abschreibungen (linear und degressiv) bei Gebäuden V 34
- Änderung des ehelichen Güterrechts HV 13
- Besonderheiten HV 29 bis 35
- Bewertung von landwirtschaftlichem Grund und Boden in der DM-Eröffnungsbilanz L 1, I h
- eheliches Güterrecht HV 13
- erhöhte Absetzungen bei Gebäuden V 34
- FörderG § 4, Sonderabschreibungen, V 39
- Herstellungs- und Erhaltungsaufwendungen nach § 7 FördG FW 7 bis 8
- kein Mietwert für selbstgenutzte Wohnungen V Vorbem (1)
- Modernisierungsmaßnahmen V 39
- Objektbeschränkung FW 6, II 3.3.6.
- Sonderregelungen für Land- und Forstwirtschaft L 1 V
- Veräußerung von land- und forstwirtschaftlichem Grund und Boden L 49 bis 56
- Vergünstigung für Wohnungen mit Sozialbindung nach § 7k EStG V 35
- Wohneigentum, § 10e EStG FW 17 bis 19

Belgien, weiterer Wohnsitz N 21
Belüftungsanlagen II 1.7.4.1.
Bemessungsgrundlage nach § 10e EStG/§ 15b BerlinFG FW 18, siehe Wohneigentumsförderung
Bereitstellungszinsen V 41
Bergrechte, Einkünfte aus V 26
Berlin (West)-Vergünstigungen II 5.5.
- erhöhte Absetzungen für Mehrfamilienhäuser nach § 14a BerlinFG V 36, FW 9, II 5.5.2.
- Ein- und Zweifamilienhäuser § 15 BerlinFG II 5.5.6.
- Förderung des Wohneigentums nach § 15b BerlinFG, FW 17 bis 19, 18, II 5.5.7.
- frei finanzierter und steuerbegünstigter Wohnungsbau II 5.5.7.
- Modernisierungsmaßnahmen nach § 14b BerlinFG II 5.5.3.
- Objektverbrauch FW 6
- Sonderabschreibungen nach § 4 FörderG V 39
- Schaffung einer Mietwohnung nach § 14c BerlinFG II 5.5.4.
- Wohnungen mit Sozialbindung nach § 14d BerlinFG V 37, II 5.5.5.

Berlinförderungsgesetz, Überblick II 5.5.
Berücksichtigung von ausländischen Verlusten AUS 30 bis 36, 37 bis 43, 44 bis 46, 49 bis 55
Berufliche Nutzung der Wohnung, teilweise FW 19
Berufsausbildung, Berufsfortbildung HV 83 bis 84, N 57 bis 62, 58 (ABC: „Fortbildungskosten ...")
- für mitarbeitende Kinder (ggf. spätere Unternehmensnachfolge) II 2.10. (1)

Berufsfeuerwehrmann N 57 bis 62 (ABC: „Einsatzwechseltätigkeit ...")
Berufsfortbildung, s. Berufsausbildung
Berufsgerichtliches Verfahren II 2.10. (ABC)
Berufskleidung N 52 bis 54 (ABC)
Berufskraftfahrer N 57 bis 62, 59 „Reisekosten" (2), 49 bis 50
Berufskrankheit N 57 bis 62 (ABC)
Berufssportler GSE 35 bis 36
Berufsunfähigkeit als Grund für Betriebsaufgabe(-veräußerung) GSE 12 bis 21, 45 bis 51, L 11 bis 19
Berufsunfähigkeitsrente R 12 bis 20, II 6.3.
Berufsverbände
- Beiträge N 51, II 2.10. (ABC)

Berufswechsel HV 83 bis 84
Beschädigung des Pkw, „Unfall ..." N 38 bis 48
Beschäftigungsverhältnis
- geringfügiges HV 40 bis 46
- im Privathaushalt HV 40 bis 46

Bescheinigung über Sozialbindung nach § 7k Abs. 3 EStG/ 14d BerlinFG V 62
Beschränkte Steuerpflicht HV 29 bis 35, 50 bis 52
Besondere Veranlagung für das Heiratsjahr HV 13, AV 9 bis 12
Bestandsvergleich GSE 1
Bestattungskosten HV 116 bis 119
Bestechungs- und Schmiergelder N57 bis 62 (ABC „Schmiergelder ..."), II 2.2.
Besteuerungsanteil einer Leibrente R 1 bis 9
Beteiligungen an ausländischen Gesellschaften KAP 3 bis 6, 17 bis 19, 21 bis 25, 30 bis 37, GSE 6 bis 8, 22 bis 23, AUS 1 bis 18, 21, 23 bis 26, 30 bis 36
Beteiligungen an Gesellschaften, Gemeinschaften und ähnlichen Modellen nach § 2b EStG KAP 46 bis 47, GSE 1, 9, V 24
- Beteiligungen bei freiberuflicher Tätigkeit GSE 35 bis 36, 38 bis 39
- Beteiligungen am Gewerbebetrieb GSE 6 bis 8, 12 bis 21, 24
- Beteiligungen in der Landwirtschaft L 6 bis 7, 11 bis 19, 20
- Beteiligungen – stille KAP 12, GSE 6 bis 8
- Beteiligungen – wesentliche GSE 22 bis 23, AUS 30 bis 36

Betreuer, nebenberufliche N 24, GSE 59
Betreuungsfreibetrag K 1 bis 20, 30 bis 36
Betreuungsgebühren V 41
Betreuungskosten für Kinder HV 40 bis 46, K 45 bis 54
Betriebliche Altersversorgung HV 77, AV 9 bis 12, N 31 bis 36, II 6.3.
Betriebliche Nutzung der Wohnung, teilweise FW 19
Betriebsaufgabe GSE 12 bis 21, 45 bis 51, 52 bis 53, L 11 bis 19
Betriebsaufspaltung GSE 1
- bei Überlassung von Patentrechten V 26

Betriebsausgaben II 2.
- Begriff II 2.1.
- praktisch bedeutsame Einzelfälle II 2.2. bis 2.10.
- Pauschsätze GSE 35 bis 36, L 61 bis 106

Betriebseröffnung GSE 1
Betriebsgrundlage, wesentliche GSE 1, 12 bis 21
Betriebsstätte, Abgrenzung vom häuslichen Arbeitszimmer N 55 bis 56 („Arbeitszimmer")
Betriebsstilllegung in der Landwirtschaft L 47 bis 48
Betriebsveräußerung GSE 12 bis 21, 45 bis 51, 52 bis 53, L 11 bis 19
Betriebsvermögen GSE 1, L 1
- notwendiges GSE 1
- gewillkürtes GSE 1, 35 bis 36, L 29 bis 46
- Überführung ins Privatvermögen und § 7 Abs. 5 EStG V 34 III A

Betriebsverpachtung GSE 12 bis 21, L 47 bis 48
Betriebsvorrichtung II 1.2.1., 1.7.4.2.
Bewerbungskosten N 57 bis 62 (ABC)
Bewirtungskosten
- Aufzeichnungen, besondere/getrennte Konten II 2.9.
- aus „geschäftlichem" Anlass II 2.3.
- Begriff und Abgrenzung von anderen Aufwendungen II 2.3.
- bei Amtseinführung und Abschiedsfeier II 2.3.
- bei Beförderungen II 2.3.
- bei Dienstbesprechungen II 2.3.
- bei Dienstjubiläum II 2.3.
- bei Fortbildungsveranstaltungen II 2.3.
- bei Geburtstagen, Hochzeiten, Taufe II 2.3.
- bei Trauerfeier II 2.3.
- durch Arbeitnehmer N 57 bis 62 (ABC: „Repräsentationsaufwendungen ...", „Werbegeschenke"), II 2.3.
- für Arbeitnehmer, Mitarbeiter und Arbeitskollegen II 2.3.
- für Geschäftsfreunde II 2.3.
- Mandanten von Freiberuflern II 2.10. (3)
- Nachweis bei Bewirtung in Gaststätte II 2.3.

Bewohnbarkeit, s. Fertigstellung einer Wohnung
Bezirksvertreter einer staatlichen Lotterie GSE 41 bis 42
Bezugsfertigkeit einer Wohnung, Zeitpunkt FW 3 bis 4
Bienenzucht L 1
Bildungsreise, keine Werbungskosten N 57 bis 62 (ABC: „Studienreisen...")
Binnenfischerei L 1
Bodengewinnbesteuerung GSE 1, 35 bis 36, L 1, 49 bis 56
Bodenschätze, Einnahmen aus V 26, L 1

Bordell, Kosten für Besuch durch Geschäftsfreunde II 2.3.
Brandversicherungsentschädigung V 11
Breitbandkabel, Anschlusskosten V 43 bis 44 (2), II 3.3.3. a)
Brennereien L 1
Brille als Werbungskosten N 52 bis 54 (ABC)
BSE-Krise, steuerliche Erleichterungen L 1, I b
Buchführung GSE 1, 35 bis 36, L 2 bis 5, 25 bis 27, 29 bis 46
Buchwertabschreibung II 1.2.2.
Buchwertentnahme, Buchwertprivileg V 62 (s. auch Entnahmen)
Bücher als Arbeitsmittel, Fachliteratur N 52 bis 54 (ABC)
Bürgschaft zugunsten des Arbeitgebers N 57 bis 62 (ABC: „Vermögensverluste")
Bürgschaftsverbindlichkeiten HV 116 bis 119
Bürgschaftsvermittlungsgebühren V 41
Büroräume als häusliche Arbeitszimmer N 55 bis 56 (ABC: „Arbeitszimmer")
Bundesländer, neue siehe Beitrittsgebiet
Bundesschatzbriefe, Zinsen KAP 3 bis 6
Bundestagsabgeordnete SO 16 bis 23
Bußgelder N 57 bis 62, 59 („Reisekosten" [1]), II 2.10. (ABC)

Capped warrants, Kapitalerträge KAP 3 bis 6
Carport bei § 10e EStG II 3.3.2.
Chorleiter GSE 35 bis 36, 59
– Aufwandsentschädigung N 24, GSE 59
Computer als Arbeitsmittel, sowie private Nutzung betrieblicher (!) Personalcomputer und Telekommunikationsgeräte N 52 bis 54 (ABC); „Computer")

Dachausbau zur Wohnung nach § 4 FörderG V 39
Dachgeschoss, Baumaßnahmen (Ausbau, Umbau, Erweiterung durch Aufstockung) V 43 bis 44 (3) (b)
Damnum V 40 (Nr. 2), FW 22 bis 23 b)
– Erstattung FW 22 bis 23 b)
– vor Auszahlung des Darlehens FW 22 bis 23 b)
– vor erstmaligem Bezug FW 22 bis 23 b)
Darlehen
– an Arbeitnehmer für Bau/Erwerb einer Wohnung, II 3.3.8. b)
– an GmbH durch Gesellschafter GSE 22 bis 23
– nach vorausgegangener Schenkung II 2.12.
– von Arbeitnehmer an Arbeitgeber, Verlust N 57 bis 62
Darlehensabgeld V 40 (Nr. 2)
Darlehensgebühren bei Bausparverträgen V 41
Darlehensschuld, keine vorrangige Tilgung für eigene Wohnung bei Mehrfamilienhaus FW 22 bis 23 a)
Darlehensverträge zwischen Angehörigen II 2.12.
Darstellende Künstler GSE 35 bis 36, Anm. nach N 84
Datenverarbeitung, Berater GSE 35 bis 36
Dauernd getrennt lebende Ehegatten HV Einleitung, 13, 80, SO 4
Dauernde Lasten II 6.1., 6.3., 7.
– als Sonderausgaben HV 78 bis 79
– als Werbungskosten V 42
Dauerwohnrecht V Vorbem (2), II 3.3.1.
DDR
– ehemalige, siehe Beitrittsgebiet
Degressive Abschreibung V 34 III, II 1.2., 1.7.
– Förderung des Mietwohnungneubaus V 34 III B
– nach Überführung ins Privatvermögen V 34 III A
– selbständige Gebäudeteile V 34 III A
– Umbau eines Gebäudes V 34 II A a.E., II 1.7.3.

– kein Wechsel der AfA-Methode V 34 III A
Denkmäler s. Baudenkmäler
Deutsche Telekom, siehe Telekom
Diätverpflegung HV 116 bis 119
Diebstahl des PKW HV 116 bis 119, N 31 bis 39 („Unfallkosten ...")
Diebstahl persönlicher Gegenstände auf Dienst-/Geschäftsreise N 57 bis 62 (ABC: „Vermögensverluste")
Dienstjubiläum, Bewirtung II 2.3.
Dienstreise N 57 bis 62, 59 („Reisekosten")
Dienststrafverfahren N 57 bis 62 („Geldstrafen")
Dienstverhältnisse, mehrere N 1 bis 6, 38 bis 48
Diktiergerät N 52 bis 54 (ABC)
Dingliches Nutzungsrecht (Wohnrecht) V Vorbem (2), 1 bis 2
– Abschreibung V 34 II E.
– Instandhaltungsaufwendungen V 43 bis 44 (4), 45 bis 48
– Schuldzinsenabzug V 40 (Nr. 1)
– Versicherungsbeiträge V 52
Diplom-Informatiker, selbständige Tätigkeit GSE 35 bis 36
Direktvermarktung in der Landwirtschaft L 1, I e
Direktversicherung HV 63, 77, AV 9 bis 12
Disagio s. Damnum
Diskontbeträge KAP 3 bis 6
Dissertationskosten N 57 bis 62 (ABC: „Fortbildungskosten ...")
Dividenden KAP 17 bis 19, 21 bis 25
Dividendenscheine KAP 21 bis 25
DM-Eröffnungsbilanz im Beitrittsgebiet L 1, I h
Doktorarbeit, Kosten HV 83 bis 84, N 57 bis 62 („Fortbildung ...")
Doppelbesteuerungsabkommen N 18 bis 20, KAP 3 bis 6, AUS 1 bis 18, 37 bis 43
– Einkünfte aus ausländischen Grundstücken in Frankreich, Österreich, Portugal, Großbritannien, Nordirland, Schweiz, Spanien, Italien V Vorbem (6)
– steuerfreier Arbeitslohn sowie 183 Tageregelung N 18 bis 20
– Regelung für Grenzgänger N 22
– Rückfallklausel in DBA N 18 bis 20
Doppelte Haushaltsführung N 70 bis 83
– Keine Begrenzung auf zwei Jahre N 70 bis 83 (1)
– und Entfernungspauschale N 70 bis 83 (2 b), II 2.7.
– und Grundförderung nach § 10e EStG II 3.3.2.
Dreimonatsfrist bei Dienstreise
– Unterbrechung N 57 bis 62, 59 („Reisekosten")
Drittaufwand N 55 bis 56 („Arbeitszimmer")
– bei Gebäudenutzung durch Ehegatten V 34
– bei Schuldzinsen für Gebäudefinanzierung V 40 (Nr. 1)
Durchlaufende Posten GSE 35 bis 36
Durchschnittssätze L 29 bis 46

Ehegattenbesteuerung, Abgrenzung der Einkünfte HV 13
– allgemeine Grundsätze HV 13
– Anschaffungsgeschäft unter Ehegatten bei § 10e EStG II 3.3.5.
– Arbeitsverträge II 2.11.
– außergewöhnliche Belastungen HV 95 bis 98, 106 bis 115, 116 bis 119
– Gesellschaftsverträge GSE 6 bis 8, II 2.12.
– getrennte Veranlagung HV 13, 47 bis 49, 63
– Güterstand HV 13
– Verträge (sonstige) zwischen Ehegatten II 2.12.
– Zusammenveranlagung HV 13, 63, 77, AV 2
Ehrenamtliche Tätigkeit, Werbungskosten N 38
Eigene Ausbildungskosten HV 83 bis 84

Eigene Baumaßnahmen, Nutzungsrecht V 34 II E
Eigene Einkünfte der Kinder HV Einleitung, K 1 bis 20, 21 bis 29
Eigener Hausstand N 70 bis 83
Eigengenutzte Wohnung II 3.3.2.
– Übergangsregelung L 57 bis 59, 60, II 3.8.2.
Eigenheimzulage FW Vorbem., FW 6, II 3.1.
– Änderungen ab 2004 II 3.1.
– Einkunftsgrenze und Höhe der Förderung II 3.1.
– Vorkostenabzug nach § 10i EStG FW 12 bis 16
Eigentumswohnung
– als Zweitwohnung bei doppelter Haushaltsführung N 70 bis 83
– doppelte Haushaltsführung oder § 10e EStG II 3.3.2.
– Gesamtfinanzierung bei Errichtung V 40
– getrennte Finanzierung bei Erwerb V 40
– Wohnungsbegriff II 3.3.2.
Eigenverbrauch L 1
Einbau von Anlagen V 43 bis 44 (2)
Einbaumöbel II 3.3.3. a)
Einfamilienhaus
– aufwendig gestaltetes II 1.7.4.4.
– in Berlin (West) II 5.5.6.
Eingliederungshilfe N 26
Einheitliche Feststellung siehe Gesonderte und einheitliche Feststellung
Einkommensersatzleistungen, Progressionsvorbehalt HV 38 bis 39
Einkommensteuererklärung, vereinfachte VE Vorbem, 1 bis 59
Einkünfte, Abgrenzung bei Ehegatten HV 13
– aus Gewerbebetrieb HV 29 bis 35, GSE 1 bis 34
– aus Kapitalvermögen HV 29 bis 35, KAP 1 bis 61
– ausländische HV 29 bis 35, 50 bis 52, KAP 30 bis 37, AUS 1 bis 55
– aus Land- und Forstwirtschaft HV 29 bis 35, L 1 bis 106
– aus nichtselbständiger Arbeit HV 29 bis 35, N 1 bis 84
– aus selbständiger Arbeit HV 29 bis 35, GSE 35 bis 59
– aus Vermietung und Verpachtung HV 29 bis 35, V 12 bis 17
– außerordentliche GSE 17, 20, 25, 52 bis 53, 55 bis 56
– sonstige HV 29 bis 35, R 1 bis 57, SO 1 bis 62
Einkünfteerzielungsabsicht V Vorbem. (5), (5a), 30 bis 56
Einkunftsgrenze nach § 10e Abs. 5a EStG II 3.3., FW 17 bis 19, 18 a.E.
– ohne Bedeutung bei Vorkosten nach § 10e Abs. 6 EStG FW 22 bis 23
– Überschreitung schädlich bei Baukindergeld FW 24 bis 25
– Überschreitung schädlich bei § 10h EStG FW 20 bis 21
Einlagen GSE 1, 27 bis 28, 57 bis 58, II 1.4., 1.7.2. (2)
Einliegerwohnung
– Wohnungsbegriff II 3.3.2.
Einnahmen HV 29 bis 35
– aus Vermietung und Verpachtung V 3 bis 11
– für häusliche Pflegeleistungen SO 8 bis 13
– steuerfrei erhaltene N 24
Einnahmenüberschussrechnung GSE 1, 35 bis 36, L 25 bis 27, 29 bis 46
– Vordruck „Anlage EÜR" GSE 35 bis 36
Einrichtungsgegenstände, Arbeitszimmer N 55 bis 56
Einsatzwechseltätigkeit
– Fahrtkosten N 57 bis 62 (ABC)
– Verpflegungsmehraufwendungen, Dreimonatsfrist N 63 bis 68, N 70 bis 83 (2d)
Einstellung der landwirtschaftlichen Erwerbstätigkeit L 47 bis 48

Einzelrechtsnachfolge bei § 10e EStG II 3.3.3. c)
Einzelunternehmer GSE 2 bis 4
Einziehung von Gegenständen im Strafverfahren II 2.10. (7)
Elektronenrechner als Arbeitsmittel N 52 bis 54 (ABC: „Computer")
ELSTER-Formulare Vorbem. vor HV
Empfang, Kosten II 2.3
Ende des Gewerbebetriebs GSE 1, 12 bis 21
Entfernungspauschale N 38 bis 48, 49, 50, 57 bis 62, 70 bis 83 (2 b), II 2.7.
– Abgeltungswirkung der N 38 bis 48
– Aufwendungen für Wege zwischen Wohnung und Arbeitsstätte N 38 bis 48
– Aufwendungen für Wege zwischen Wohnung und Betriebsstätte II 2.7.
– Begrenzung der Entfernungspauschale auf einen Höchstbetrag – Grundsatz und Ausnahmen (Kraftwagen, öffentliche Verkehrsmittel) N 38 bis 48
– Behinderte Arbeitnehmer (tatsächliche Kosten, Unfallkosten, Leerfahrt, KFZ-Beihilfe) N 44 bis 48, N 70 bis 83 (2b)
– Doppelte Haushaltsführung, Familienheimfahrten N 70 bis 83 (2 b), II 2.7.
– Einsatzwechseltätigkeit N 57 bis 62 (ABC)
– Entfernung, Bestimmung der (einschl. offensichtlich verkehrsgünstigere Wege) N 38 bis 48
– Ermittlung der Entfernungspauschale, Angaben zur N 38 bis 48
– Fährstrecke, Fährkosten N 38 bis 48 („Entfernungspauschale"), N 49, 70 bis 83 (2b)
– Fahrgemeinschaften (Umwegstrecken, Höchstbetrag, wechselseitig, mit Ehegatten) N 44 bis 48
– Fahrtätigkeit N 57 bis 62 (ABC)
– Fahrtkostenzuschüsse des Arbeitgebers (pauschal besteuert oder steuerfrei) und Entfernungspauschale N 50 und bei Familienheimfahrten N 70 bis 83 (2b), 84
– Familienheimfahrten, siehe „Doppelte Haushaltsführung"
– Firmenwagen, KFZ-Gestellung (geldwerter Vorteil) N 50, 70 bis 83 (2b)
– Flugstrecke N 38 bis 48 („Entfernungspauschale") N 49, N 70 bis 83 (2b)
– Höchstbetrag siehe oben „Begrenzung.."
– KFZ-Gestellung, siehe „Firmenwagen"
– KFZ-Nutzungsanteil, Ermittlung des privaten II 2.7.
– Mehrere Dienstverhältnisse N 38 bis 48
– Mehrere regelmäßige Arbeitsstätten, Fahrten zu und Fahrten zwischen N 38 bis 48
– Mehrere Wohnungen (Mittelpunkt der Lebensinteressen, Ferienwohnung u.a.) N 38 bis 48
– Minderung der Entfernungspauschale durch Fahrtkostenersatz N 38 bis 48
– Öffentliche Verkehrsmittel (Job- und Firmentickets) N 49
– Park and Ride N 38 bis 48, 45
– Privater KFZ-Nutzungsanteil II 2.7.
– Sammelbeförderung N 38 bis 48, 50, 70 bis 83 (2b)
– Umwegstrecken N 44 bis 48
– Unfallkosten-Beschädigung-Diebstahl-Austauschmotor und Mittagsheimfahrt, Umwegfahrt, Abholfahrt, Leerfahrt N 38 bis 48
– Verkehrsmittelunabhängige N 38 bis 48
– Verkehrsmittel, verschiedene (Park and Ride, Fährverbindung, Wechsel im Laufe des Jahres) N 44 bis 48
– Wohnungen, mehrere siehe „M" oben
– Zahl der Arbeitstage N 40 bis 43
Entgelt für Nießbrauchsbestellung, Einnahme V 3 bis 5
Entgeltlicher Erwerb bei Erbauseinandersetzung SO 30 bis 59, GSE 12 bis 21, II 3.3.3. c)
– Abgrenzung zur Unentgeltlichkeit V 34 II D

– bei § 10e EStG II 3.3.3. c)
Entlassungsabfindungen N 14, GSE 25, 55 bis 56
Entlastungsbetrag für Alleinerziehende K 37 bis 41
Entlohnung für mehrjährige Tätigkeit N 14, GSE 55 bis 56
Entlüftungsanlagen II 1.7.4.1.
Entnahmen GSE 1, 27 bis 28, 57 bis 58
– mit Realisierung der stillen Reserven und degressive AfA V 34 III A
– von Grund und Boden GSE 1, 35 bis 36, L 1, 10, 49 bis 56, 57 bis 59, 60
– steuerneutrale nach WohneigFG V 34 II B, II 3.1.
– zu Buchwerten bei § 7k EStG/§ 14d BerlinFG V 62
Entschädigungen für
– Aufgabe des Betriebes L 11 bis 19
– Aussiedlung L 11 bis 19
– Einnahmen HV 29 bis 35, GSE 25, 55 bis 56
– entgangene oder entgehende Einnahmen HV 29 bis 35, N 14, GSE 55 bis 56
– Feldinventar L 11 bis 19
– stehende Ernte L 11 bis 19
– Verdienstausfall N 14
– Wirtschaftserschwernisse L 2 bis 5, 11 bis 19
Entschädigung für entgehenden Arbeitslohn N 14, GSE 25, 55 bis 56
Entwässerung, Gebühren V 49 bis 50
Entwässerungsanlagen V 43 bis 44 (2)
Entwicklungsbereiche, städtebauliche, siehe Sanierungsgebiete
Erbanteil GSE 12 bis 21, L 10
– Verzicht gegen wiederkehrende Zahlungen II 6.3. (8a)
Erbauseinandersetzung SO 30 bis 59, GSE 12 bis 21, II 3.3.3. c)
– und § 10e EStG II 3.3.3. c)
– entgeltlicher oder unentgeltlicher Erwerb SO 30 bis 59, GSE 12 bis 21, II 3.3.3. c)
Erbbauberechtigter
– Übernahme der Erschließungskosten V 26, 40 (3), FW 22 bis 23 c)
Erbbaurecht
– AfA vor Bezug bei § 10e EStG, FW 22 bis 23 (c)
– Bestellung eines Erbbaurechts, keine Entnahme V 26
– einmalige Aufwendungen bei Bestellung V 40 (3)
– Einkünfte aus V 26
Erbbauzinsen V 26 bis 27, 40 (3)
– beim Erbbauberechtigten V 40 (3)
– beim Erbbauverpflichteten V 26 bis 27
– vorausgezahlte V 26 bis 27, 40 (3)
– vor erstmaligem Bezug FW 22 bis 23 (c)
Erben
– Abfindung weichender L 10
– keine Anschaffungskosten als anschaffungsnaher Aufwand V 43 bis 44 (3) (a)
Erbengemeinschaft KAP 1 bis 2, 38 bis 45, SO 60 bis 61, GSE 12 bis 21, s. auch Erbauseinandersetzung
Erbpachtrecht, Einkünfte aus V 26
Erbschaftskäufer V 34 II D, II 3.3.3.c)
Erbschaftsteuer HV 78 bis 79
Erfinder
– Arbeitnehmererfinder N 1 bis 6, 14
Erfolglose Betriebsausgaben GSE 1
Ergänzungsbeiträge
– für Kanalisation, Gas, Wärme, Strom, Wasser V 43 bis 44 (1), II 3.3.3. a), 5.2.
– für vorhandene Erschließungsanlagen V 40 (3)
Ergänzungsstudium N 57 bis 62, 58
Erhaltungsaufwendungen V 43 bis 44
– Abgrenzung zu Anschaffungs- und Herstellungskosten V 43 bis 44, V 45 bis 48
– bei Nutzungsrechten V 43 bis 44 (4),
– größere V 45 bis 48

– nach § 10f EStG FW 10 bis 11
– Verteilung nach §§ 11a, 11b EStG, § 82b EStG V 45 bis 48
– vor Bezug § 10e Abs. 6 EStG FW 22 bis 23 d)
– Wegfall und Wiedereinführung des § 82b EStDV V 43 bis 44, V 45 bis 48
Erhöhte Absetzungen bei Wohngebäuden
– Berlin, s. Berlin(West)-Vergünstigungen
– Mietwohnungen § 7k EStG V 35, II 1.7. l) und m)
Ermäßigter Steuersatz bei Betriebsaufgabe/-veräußerung GSE 17, 20, 25, 52 bis 53, 55 bis 56
Ermäßigung der Einkommensteuer
– bei Arbeitslohn für mehrere Jahre N 14
– bei außerordentlichen Einkünften GSE 17, 20, 25, 52 bis 53, 55 bis 56
– bei landw. Veräußerungsgewinnen L 11 bis 19
– bei gewerbl. Veräußerungsgewinnen GSE 12 bis 21, 17, 20, 25
– bei Gewinnen aus der Veräußerung von wesentlichen Beteiligungen GSE 22 bis 23
– bei Veräußerung des der selbständigen Arbeit dienenden Vermögens GSE 45 bis 51, 52 bis 53
– bei Versorgungsbezügen für mehrere Jahre N 13
– für Entschädigungen N 14, GSE 25, 55 bis 56
– wegen Gewerbesteuer GSE 11
Eröffnung des Gewerbebetriebs GSE 1
Erschließungsbeitrag und Erschließungsmaßnahmen einschließlich Zweit- und Zusatzerschließung V 43 bis 44 (1), II 3.3.3. a), dd)
– nachgeforderte von der Gemeinde II 3.3.3. a), dd)
Erschließungskosten, Übernahme durch den Erbbauberechtigten V 26, 40 (3), FW 22 bis 23 (c)
Erstattung/Rückzahlung
– eines Damnums FW 22 bis 23 b)
– von Vorkosten FW 22 bis 23
– von Werbungskosten V 11
Erstmaliger Bezug i.S. von § 10e Abs. 6 EStG FW 22 bis 23, siehe auch Wohneigentumsförderungsgesetz
– bei Kauf durch Mieter FW 22 bis 23
Erststudium
– berufsbegleitendes N 57 bis 62, 58 (ABC: „Fortbildung ...")
Ertragsanteil einer Rente R 12 bis 20, II 6.2.
– als Werbungskosten bei Vermietung und Verpachtung V 42
Erweiterte unbeschränkte Steuerpflicht HV 50 bis 52, 53 bis 60
Erweiterungen bei Gebäuden V 43 bis 44 (3) (b), V 45 bis 48
Erwerb, Abgrenzung entgeltlicher und unentgeltlicher II 3.3.3. c)
Erwerbsminderungsrente R vor 1 bis 9, 12 bis 20
Erwerbsunfähigkeitsrente R 12 bis 20, II 6.3.
Erzieher, nebenberufliche N 25, GSE 59
eTIN = electronic Taxpayer Identification Number N vor 1 bis 6, VE 17 bis 18
EU/EWR-Bürger, Sonderregelung HV 53 bis 60
Euro als neue Währung HV vor 1 bis 12, GSE 1
Europäischer Freiwilligendienst für junge Menschen K 1 bis 20
Existenzgründer, Ansparabschreibung nach § 7g Abs. 7 EStG II 1.1.3.
Existenzminimum, Steuerfreistellung HV 13
Existenzsichernde und ertragbringende Wirtschaftseinheit II 6.3. (5), 7.1.3.

Fachkongresse, Fachtagungen N 57 bis 62 (ABC: „Studienreisen ...")
Fachliteratur N 52 bis 54 (ABC)

- als Steuerberatungskosten HV 82, II 2.10. (12)
Fährkosten N 38 bis 48, 49 a.E., 46 bis 47 (ABC)
Fahrgemeinschaften N 44 bis 48
Fahrlehrer GSE 35 bis 36
Fahrstuhlanlagen II 1.7.4.1.
Fahrstuhlkosten bei Vermietung V 53
Fahrtätigkeit
- allgemein N 63 bis 68
- Fahrtkosten N 57 bis 62 (ABC)
Fahrtenbuch, Inhalt N 57 bis 62, 59 („Reisekosten" [1]),
Fahrten zur Baustelle als Anschaffungs-/Herstellungskosten bei § 10e EStG II 3.3.3. a)
Fahrten zwischen mehreren Arbeitsstätten N 38 bis 48
Fahrten zwischen mehreren Betriebsstätten II 2.7.
Fahrten zwischen Wohnung und Arbeitsstätte N 38 bis 48
- zwischen Wohnung und Betriebsstätte-Entfernungspauschale II 2.7.
Fahrtkosten bei Dienstreisen und Dienstgängen N 57 bis 62, 59 („Reisekosten")
Fahrtkosten für Heimfahrten N 70 bis 83 (2b)
Fahrtkostenersatz durch Arbeitgeber und von Agentur für Arbeit N 50
- Pauschalierung N 50
Faktische Mitunternehmerschaft, siehe Verdeckte Mitunternehmerschaft
Familienförderungsgesetz K 1 bis 20, 45 bis 54
Familiengesellschaften GSE 6 bis 8
Familienhausstand N 70 bis 83
Familienheimfahrten N 70 bis 83 (2 b)
Familienstand HV 1 bis 12, 13
Familienleistungsausgleich K 1 bis 20
Fehlzeiten N 28
Ferienwohnungen V Vorbem. (5), V 2
- Abgrenzung zum Gewerbebetrieb V Vorbem. (5 c), V 2
- ausschließlich Vermietung V Vorbem. (5a)
- teilweise Selbstnutzung V Vorbem. (5b)
- Fahrten zur Arbeitsstätte N 38 bis 48
- kein § 10e EStG FW 1, II 3.3.2.
- im Ausland V Vorbem (6)
- Liebhaberei V Vorbem (5)
Ferngespräch, bei doppelter Haushaltsführung N 70 bis 83 (2b)
Fernseh-Breitbandkabel V 43 bis 44 (2)
Fernsehgerät N 52 bis 54 (ABC)
Fernsehschaffende N 52 bis 54 (ABC: „Fernseh ...")
Fernsprechkosten N 52 bis 54 (ABC: „Fernsprechgerät ...")
Fernstudium N 57 bis 62, 58 (ABC „Fortbildung ...")
Fernwärmeversorgung, Anschluss an II 4.
Fertigstellung einer Wohnung, Zeitpunkt V 34 I, FW 3 bis 4
- Ausbau und Erweiterung FW 3 bis 4
Festgeldkonten, Kapitalerträge KAP 3 bis 6
Festverzinsliche Wertpapiere KAP 3 bis 6
Feuerlöschanlage II 1.7.4.1.
Feuerversicherung, Verrechnung mit AfaA II 1.7.2. (3)
Finanzierungskosten V 40 (1)
- vor erstmaligem Bezug FW 22 bis 23 a)
Finanzierungsschätze des Bundes KAP 3 bis 6
Finanztermingeschäfte SO 8 bis 13, 30 bis 59
Firmeneigene KFZ
- Überlassung an Arbeitnehmer, „Firmenwagen" N 50
Firmenjubiläum N 14
Firmenticket N 50
Fischerei L 1, II 2.5.
Fischereirechte, Einkünfte aus V 26
Flachdach, Ersatz durch Sattel- oder Walmdach V 43 bis 44 (2)
Flügel als Arbeitsmittel N 52 bis 54 (Allgemeine Grundsätze)
Flugkosten N 49 a.E., 57 bis 62, 60 (ABC)

Flutopfersolidaritätsgesetz HV 106 bis 115, K 21 bis 29
Föhn N 52 bis 54 (ABC: „Wirtschaftsgüter ...")
Fördergebietsgesetz (FörderG)
- Herstellungs- und Erhaltungsmaßnahmen, Begünstigung nach § 7 FörderG FW 7 bis 8, II 3.5.
- Sonderabschreibungen nach § 4 FörderG V 39
Förderung der Wirtschaft von Berlin II 5.5.
Förderung des Wohneigentums, siehe Wohneigentumsförderung
Folgeobjekt
- bei § 10e EStG FW 5, II 3.3.7.
Forschung und Entwicklung, Bewertungsfreiheit II 5.3.
Forstbaumschulen L 1
Forstschäden-Ausgleichsgesetz L 61 bis 106
Forstwirtschaft L 1, 11 bis 19, 22, 61 bis 106
Fortbildungskosten N 57 bis 62 (ABC), II 2.10. (Nr. 1)
Frankreich, Ferienwohnung V Vorbem (6)
Freiaktien KAP 21 bis 25
Freiberufliche Tätigkeit GSE 35 bis 36
Freibetrag auf der Lohnsteuerkarte wegen § 10 e EStG II 3.7.
Freibetrag bei Betriebsveräußerung GSE 12 bis 21, 45 bis 51, L 11 bis 19
Freibetrag bei Kapitaleinkünften HV 106 bis 115, K 21 bis 29, KAP 53 bis 61, AUS 1 bis 18
Freibetrag bei Veräußerung oder Entnahme von Boden L 10, 11 bis 19
Freibetrag bei Veräußerung wesentlicher Beteiligungen GSE 22 bis 23
Freibetrag für den Betreuungs- und Erziehungs- oder Ausbildungsbedarf des Kindes K 1 bis 20, 30 bis 36
Freibetrag in der Landwirtschaft L 1, 6 bis 7, 10, 11 bis 19, 29 bis 46
- bei der Veräußerung oder Aufgabe eines land- und forstwirtschaftlichen Betriebs L 11 bis 19
Freistellung des Existenzminimums HV 13
Freistellungsauftrag bei Zinsabschlagsteuer KAP 1 bis 2, 53 bis 61
Freistellungsbescheinigung N 18 bis 20
Fremdsprachenunterricht als Werbungskosten N 57 bis 62 (ABC)
Friedhofsgärtnerei L 1
Fristen bei privaten Veräußerungsgeschäften SO 30 bis 59
Führerschein HV 83 bis 84, N 57 bis 62, II 2.10. (ABC)
Fünftelregelung N 13 bis 16, 10, GSE 25, 55 bis 56
Fußgängerzone, Beiträge der Grundstückseigentümer II 3.3.3. a), dd)
Fußpfleger, medizinische GSE 35 bis 36

Gästehäuser II 2.4.
Garagen
- Ausbauten oder Erweiterungen, siehe dort
- Einheit mit dem Wohngebäude II 3.3.2.
- Einnahmen aus Vermietung V 10
- Grundförderung nach § 10e EStG FW 3 bis 4, II 3.3.2.
- nachträgliche Erstellung II 3.3.2.
Garagenprivileg, Beseitigung bei Baukindergeld FW 24 bis 25
Gartenanlagen, Aufwendungen für V 55 bis 56 (Nr.3)
Gartenbau L 1, 2 bis 5
Gartenbauunternehmen L 1
Gaststätteneinbauten, AfA II 1.7.4.2.
Gebäude
- Abbruch FW 22 bis 23 (vor a), II 1.7.2. (3), 2.10. (6)
- Abschreibung V 34, II 1.7.
- auf fremdem Grund und Boden N 55 bis 56 bei Arbeitszimmer, AfA-Befugnis V 34,

- bei § 10 e EStG II 3.3.1.
- Begriff V 34
- Betriebsausgaben II 2.10. (5)
- Erwerb in Abbruch- oder Umbauabsicht II 2.10. (6)
- unentgeltlicher Erwerb V 34 II D
Gebäudebrandversicherung, Beiträge V 52
Gebäudeteile, gesonderte AfA II 1.7.4.
Gebrauchsgraphiker GSE 35 bis 36
Gebrauchte Lebensversicherungen HV 72 bis 76, KAP 11
Geburtskosten HV 116 bis 119
Geburtstag
- allgemeine Kosten der Bewirtung II 2.3.
- eines Arbeitnehmers, aber Fest des Arbeitgebers II 2.3.
Geflügelfarm L 1
Gehbehinderte, s. Behinderte
Gehwegreinigung V 49 bis 50
Geistliche N 31 bis 36
Gekürzte Vorsorgepauschale HV 63
Geldbeschaffungskosten V 41, FW 22 bis 23 a)
Geldbußen N 57 bis 62 (ABC), II 2.10. (ABC)
Geldstrafen N 57 bis 62 (ABC), II 2.10. (ABC)
Gemeinschaftliche Einkünfte KAP 1 bis 2, 38 bis 45, SO 60 bis 61, GSE 6 bis 8, 38 bis 39, V 18 bis 23, L 6 bis 7
Gemeinschaftliche Tierhaltung L 1, 6 bis 7
Gemischte Aufwendungen als Lebenshaltungskosten N 38, 52 bis 54 (vor ABC)
Gemischte Schenkung (teilentgeltlicher Erwerb) V 34 II D
- anschaffungsnaher Aufwand FW 18, V 43 bis 44 (3) A. (a)
- bei vorweggenommener Erbfolge SO 30 bis 59, II 3.3.3. c).
- Höchstbetrag bei § 10e Abs. 1 EStG (keine Kürzung) II 3.3.3. c)
- Instandsetzungsaufwendungen bei teilentgeltlichem Grundstückserwerb V 43 bis 44 (3) (a)
- Vorkosten nach § 10e Abs. 6 EStG FW 22 bis 23, II 3.3.3. c)
Gemischt genutztes Gebäude und § 10e EStG II 1.7.4., 3.3.3.a)
Gemüsebau L 1
Generalagent GSE 1
Generalüberholung eines Gebäudes V 43 bis 44 (3) B. (b)
Genussrechte KAP 1 bis 2, 3 bis 6
Gerichtsreferendar, s. Rechtsreferendar
Geringfügige Beschäftigungsverhältnisse, sog. 400 €-Arbeitsverhältnisse HV 40 bis 46
- im Privathaushalt HV 40 bis 46
Geringfügigkeitsgrenze nach R 13 Abs. 8 EStR II 2.10. (5)
Geringwertige Anlagegüter II 5.1.
Gesamtbetrag der Einkünfte bei § 10e EStG, s. Einkunftsgrenze
Gesamtrechtsnachfolge bei § 10e EStG II 3.3.3. c)
Geschäftlicher Anlass bei Bewirtung II 2.3.
Geschäftsfreunde, Bewirtung II 2.3.
Geschäftsführer einer GmbH, Tätigkeitsort N 18 bis 20
Geschäftsjubiläum N 14
Geschäftsreisen, s. Reisekosten
Geschenke als Betriebsausgaben II 2.2., 2.3.
- eines Arbeitnehmers als Werbungskosten N 57 bis 62 (ABC: „Werbegeschenke...")
Geschiedene Ehegatten, Mietvertrag V 6, s. auch Realsplitting
Gesellschaften, Gemeinschaften und ähnliche Modelle i.S. des § 2b EStG KAP 46 bis 47, SO 25, GSE 9, 40, V 24, L 8
Gesellschafter-Geschäftsführer einer GmbH
- Aufwand anlässlich Geburtstag II 2.3.
- verlorener Zuschuss an GmbH N 57 bis 62 („Vermögensverluste")

- Vorsorgepauschale HV 63, N 31 bis 36
Gesellschaftsverträge zwischen Ehegatten HV 13, GSE 6 bis 8, L 6 bis 7
Gesellschaftsverträge, Formvorschriften GSE 6 bis 8
Gesetz zur Familienförderung K 1 bis 20
Gesetz zur Förderung der Vermögensbildung der Arbeitnehmer N 86
Gesetz zur weiteren steuerlichen Förderung von Stiftungen HV 85 bis 87, 88
Gesicherte Rechtsposition V Vorbem (2)
Gesonderte Feststellung GSE 5, 37, L 6 bis 7
Gesonderte und einheitliche Feststellung GSE 6 bis 8, V 12 bis 17, 18 bis 23, FW 26 bis 29, L 6 bis 7
Gestellung von KFZ an Arbeitnehmer, „Firmenwagen" N 50
Gestüte L 1
Getrennte Veranlagung siehe Veranlagung
Gewerbebetrieb GSE 1
Gewerbesteuer, Anrechnung GSE 11
Gewerbliche Einkünfte, Tarifbegrenzung GSE 11
Gewerbliche Tierzucht GSE 30 bis 32, L 1
Gewinn
– aus privaten Veräußerungsgeschäften SO 30 bis 59
– aus der Veräußerung von Grund und Boden GSE 1, 35 bis 36, L 1, 10, 49 bis 56
– Ermittlungsarten, Wechsel der GSE 1, 35 bis 36, L 25 bis 27, 29 bis 46, 49 bis 56
Gewinnbeteiligung von Kindern GSE 6 bis 8
Gewinnermittlung
– Änderung der Gewinnermittlungsart GSE 1, 35 bis 36, L 29 bis 46, 49 bis 56
– bei abweichendem Wirtschaftsjahr GSE 2 bis 4, L 2 bis 5
– nach Durchschnittssätzen L 29 bis 46
Gewinnverteilung GSE 6 bis 8
– bei Familiengesellschaften GSE 6 bis 8
Giros, Kapitalerträge KAP 3 bis 6
Gleichstellungsgelder
– an Miterben als Entgelt II 3.3.3. c)
– bei Vermögensübertragung in vorweggenommener Erbfolge II 6.3. (5)
Gleitzins-Anleihen, Kapitalerträge KAP 3 bis 6
GmbH, Tätigkeitsort des Geschäftsführers N 18 bis 20
Golfplatz II 2.5., II 1.7.4.4.
Grabpflege HV 116 bis 119, L 1
Grenzgänger N 22
– Belgien N 21
– Schweiz N 23
Grenzpendlergesetz N 22
Großbritannien, Ferienwohnung V Vorbem (6)
Grünanlagen V 55 bis 56 (3)
Grundbuchgebühren V 41
Grunderwerbsteuer und ggf. Säumniszuschläge als Anschaffungsnebenkosten II 3.3.3. a)
Grundförderung nach § 10e EStG II 3.3., siehe auch Wohneigentumsförderung
Grund und Boden, Bewertung GSE 1, L 1
– Aufwendungen für II 3.3.3. a)
– vergebliche Aufwendungen FW 22 bis 23 f), II 3.4.
Grundsteuer V 49 bis 50
Grundstückserwerb mit geschenktem Geld II 3.3.3. c)
Grundstücksgebühren als Werbungskosten V 49 bis 50
Grundstücksgemeinschaften
– Abzugsbetrag nach § 10e EStG FW 16 bis 18, II 3.3.3. d)
– Aufteilung der Einkünfte V 18 bis 23, 35
– Objektverbrauch FW 6
Grundstücksgeschäfte als Gewerbebetrieb GSE 1
Grundstücksgleiche Rechte, Einkünfte aus V 26

Grundstückskosten, laufende vor erstmaligem Bezug FW 22 bis 23 e)
Grundstücksnebenkosten als Anschaffungskosten II 3.3.3. a)
Grundstücksschenkung, mittelbare II 3.3.1., 3.3.3. c)
Grundstückstausch im Umlegungsverfahren L 49 bis 56
Gütergemeinschaft von Ehegatten HV 13, L 6 bis 7, II 2.11.
Güterstand bei Ehegattenbesteuerung HV 13
Gutachtertätigkeit der Ärzte GSE 35 bis 36
Guthabenzinsen aus Bausparverträgen KAP 3 bis 6, V 11, II 3.3.8. c)

Habilitationskosten N 57 bis 62 (ABC: „Fortbildung...")
Haftpflichtversicherung HV 72 bis 76
Halbeinkünfteverfahren HV 29 bis 35, KAP 1 bis 2, 21 bis 25, GSE 10, 16, 19, 22 bis 23, 25, SO 30 bis 59
– Abzug von Werbungskosten/Betriebsausgaben KAP 21 bis 25, 53 bis 61, GSE 10
– ausländische Einkünfte KAP 30 bis 37, AUS 1 bis 18, 23 bis 26
– bei Dividenden KAP 1 bis 2, 21 bis 25, GSE 10, 43
– Kirchensteuerberechnung HV 1 bis 12
– bei privaten Veräußerungsgeschäften SO 30 bis 59
– bei Veräußerungen/Entnahme von Anteilen an Körperschaften GSE 16, 19, 21, 22 bis 23, 48, 51
– bei Veräußerungsgewinnen GSE 12 bis 21, 22 bis 23, 25, 48, 51, SO 30 bis 59
– bei Verkauf von Beteiligungen GSE 22 bis 23
Handelsgärtnerei L 1
Handelsvertreter GSE, 1, 12 bis 21, 25
Hangabtragung, Hangbegradigung als Herstellungskosten II 3.3.3. a)
Hangstützmauer V 43 bis 44 (1)
Hausanschlußkosten V 43 bis 44 (2), II 3.3.3. a), dd)
Hausbesitz, Modernisierung V 39, II 4.
Hausbesitzerverein, Beiträge V 55 bis 56 (2)
Hausgehilfin, Haushaltshilfe HV 99 bis 100
Haushaltsmittel, öffentliche bei § 7k EStG V 61
Haushaltsnahe Beschäftigungsverhältnisse und Dienstleistungen HV 40 bis 46
Haushaltsscheckverfahren HV 40 bis 46
Hausratsbeschaffung HV 116 bis 119
Hausversicherungen, Beiträge V 52
Hausverwalter GSE 41 bis 42
Hauswart, Kosten bei Vermietung V 53
Hebammen GSE 35 bis 36
Heil- oder Heilhilfsberufe GSE 35 bis 36
Heimarbeiter Anm. nach N 84
Heimbewohner HV 101 bis 103
Heimbügler N 52 bis 54
Heimunterbringung HV 101 bis 103
Heizung, Kosten V 51
Heizungsanlage V 43 bis 44 (2), 45 bis 48, II 1.7.4.1., 4.
Heizungsumstellung V 43 bis 44 (1), 45 bis 48
Heizungs- und Warmwasseranlagen II 4.
Herstellung, siehe auch Fertigstellung einer Wohnung
– Beginn der Bauarbeiten FW 17 bis 19, II 3.3
Herstellungskosten und Erhaltungsaufwand V 43 bis 44 (1), (2), (3), II 3.3.3.a)
– Begriff V 43 bis 44 (3) (b)
– Ermittlung nach § 10e EStG bei einem gemischt genutzten Gebäude II 1.7.4., 3.3.3.a)
– für eine unentgeltlich an Angehörige überlassene Wohnung (§ 10h EStG) FW 20 bis 21
– nachträgliche FW 19, II 1.6., 1.7.3.
Hinterbliebene HV 95 bis 98
Hinterziehungszinsen II 2.10. (ABC)

Hinzurechnungen und Kürzungen GSE 35 bis 36, AUS 44 bis 46
Hochzeitsfeier HV 116 bis 119
Höchstbeträge für Sonderausgaben HV 63, 77, AV Vorbem.
Hofübergabe, Altenteilsleistungen L 57 bis 59, II 6.3.
Holznutzungen, außerordentliche und infolge höherer Gewalt L 22
Hopfenbau L 1
Hypothekenvermittlungsgebühren V 41

Imkerei L 1, 2 bis 4
Immobilienfonds, geschlossener V 30 bis 56
Immobilien-Zertifikate KAP 3 bis 6, 8
Innengesellschaft GSE 6 bis 8, L 6 bis 7
Insassenunfallversicherung N 57 bis 62, 59 („Reisekosten" [1]), II 2.10. (16)
Insolvenzgeld N 26
Insolvenzverfahren GSE 1, 12 bis 21
Instandhaltungs- und Instandsetzungsaufwand, siehe Erhaltungsaufwendungen
Instandhaltungsrücklage, Instandhaltungsfonds,
– Einzahlungen V 43 bis 44 (1)
– Übernahme keine Anschaffungskosten FW 18, II 3.3.3.a)
– Zinsen aus KAP 1 bis 2, 9
Internetnutzung, private N 52 bis 54 (ABC: „Computer")
Investitionsrücklage, s. Ansparabschreibung
Investment-Anteile KAP 3 bis 6, 8, 17 bis 19, 21 bis 25, 30 bis 37, AUS 1 bis 18
Investmentsteuergesetz KAP 8, 30 bis 37, AUS 1 bis 18
Italien
– Ferienwohnung V Vorbem (6)

Jachten II 2.5.
Jagd L 1, II 2.5.
Jahresabschlusskosten
– Rückstellungen II 2.10. (12)
Job-Ticket N 49, 50
Journalisten Anm. nach N 84, GSE 35 bis 36, II 2.3. (5)
Jubiläumszuwendungen N 9

Kachelofen V 43 bis 44 (1)
Kamin V 43 bis 44 (1)
Kanalanschlussgebühren V 43 bis 44 (2), II 3.3.3. a)
– Ergänzungsbeiträge V 43 bis 44 (2), II 3.3.3. a)
Kantine, Kasino, Bewirtung in, II 2.3.
Kapitalanlagemodelle, neue KAP 3 bis 6, 8
Kapitalerträge KAP 1 bis 25, 30 bis 37, 38 bis 45, 46 bis 47
Kapitalertragsteuer KAP 1 bis 2, 17 bis 19, 48 bis 49, 51
Kassenfehlbeträge N 57 bis 62 (ABC)
Kapitalgesellschaften, Feier für Geschäftsführer II 2.3.
– wesentliche Beteiligung GSE 22 bis 23
Kapitallebensversicherung HV 63, 64 bis 67, 72 bis 76, KAP 11
Kaufpreis, Aufteilung auf Gebäude und Grundstück FW 18, II 3.3.3. a), kk)
Kautionen, Zinsen aus KAP 1 bis 2, 3 bis 6, 9
Kegelbahn bei § 10 e EStG II 3.3.3. a)
Kellerausbau, begünstigter II 3.3.2.
KFZ, siehe Kraftfahrzeug
Kinder, Berücksichtigung HV 13, 36 bis 37, K 1 bis 20, 21 bis 29, 37 bis 41
– Arbeitsverträge II 2.10.(1), 2.11.
– Ausbildungsfreibetrag K 42 bis 43, 44
– Betreuungskosten HV 40 bis 46, K 45 bis 54
– Mietvertrag mit V 6
– Steuerermäßigung neben dem Abzugsbetrag nach § 10e EStG und § 15b BerlinFG FW 24 bis 25, II 3.6.

365

Kinderbetreuungskosten HV 40 bis 46, K 45 bis 54
Kinderermäßigung HV 13, 36 bis 37, K 1 bis 20, 21 bis 29, 30 bis 36
Kinderfreibetrag HV 36 bis 37, K 1 bis 20, 21 bis 29, 30 bis 36
Kindergeld HV 36 bis 37, K 1 bis 20, 21 bis 29
– Zuschlag nach § 11 a BKGG bei Nachholung nach § 10e EStG FW 19
Kinderpflegerin N 57 bis 62 (ABC)
Kinderspielplatz, Aufwendungen für V 55 bis 56 (3), II 3.3.3. a), aa)
Kindeseinkünfte HV Einleitung, 29 bis 35, K 15 bis 29, 42 bis 43
Kindschaftsverhältnisse K 1 bis 20
Kioske, Einnahmen für Grund und Boden V 10
Kirchenmusiker, GSE 35 bis 36, 59
Kirchensteuer HV 1 bis 12, 81, N 1 bis 6
Kirchensteuersätze HV 1 bis 12
Kirchgeld in glaubensverschiedener Ehe HV 1 bis 12, 81
Kleidung als Werbungskosten N 52 bis 54 (ABC:„Berufskleidung")
Körperbehinderte Personen, s. Behinderte
Körperschaftsteuer-Anrechnung KAP 1 bis 2, 17 bis 19, 48 bis 49
Kombifahrzeuge, Nutzungsdauer N 57 bis 62, 59 („Reisekosten" [1])
Kombizins-Anleihen, Kapitalerträge KAP 3 bis 6
Kommanditist, Sozialversicherung II 2.10. (9)
Kongresse, internationale N 57 bis 62 (ABC: „Studienreisen...")
Konkurrenzregelungen bei Verpflegungsmehraufwendungen N 63
Konkurs des Bauunternehmers, verlorene Anzahlungen V 43 bis 44 (2), FW 22 bis 23 f)
Konkurseröffnung s. Insolvenzverfahren
Konsumgutlösung, s. Wohneigentumsförderung
Kontoeröffnungsgebühren N 57 bis 62 (ABC)
Kontoführungsgebühren N 57 bis 62 (ABC)
– für Bausparverträge FW 22 bis 23 e)
Kontokorrentkonto, Schuldzinsen II 2.10. (11)
Kosten der Lebenshaltung II 2., 2.8.
Kosten der Steuerberatung HV 82, II 2.10. (12)
Kosten für Unterhalt und Berufsausbildung HV 36 bis 37, 106 bis 115, K 1 bis 20, 42 bis 43
Kostenmiete bis 1998 II 1.7.4.4.
Kraftfahrzeug
– Abschreibung N 57 bis 62, 59 („Reisekosten" [1])
– als Arbeitsmittel N 52 bis 54 (ABC)
– Angemessenheitsprüfung II 2.8.
– Insassenunfallversicherung II 2.10. (16)
– privater KFZ-Nutzungsanteil II 2.7.
– Überlassung (Gestellung) an Arbeitnehmer N 57, 70 bis 83 (2 b)
Kraftfahrzeugkosten N 38 bis 48, V 55 bis 56
– Nachweis der tatsächlichen N 57 bis 62, 59 („Reisekosten" [1])
Kraftfahrzeugunfall N 38 bis 48, 57 bis 62, 59 „Reisekosten" (1), II 2.10. (15)
Krankenanstalt GSE 35 bis 36
Krankengeld, Progressionsvorbehalt N 27, HV 38 bis 39
Krankenhaustagegeldversicherung HV 72 bis 76, 116 bis 119, II 2.10. (16)
Krankentagegeldversicherung HV 72 bis 76, 116 bis 119, II 2.10. (16)
Krankenversicherungsbeiträge, Zuschüsse des Rentenversicherungsträgers HV 29 bis 35, 72 bis 76, R 3
Krankheitskosten HV 116 bis 119, N 57 bis 62 („Berufskrankheiten")
Kreditbereitstellungszinsen V 41
Kreditprovisionen V 41
Kriminalstrafen (ABC „Geldstrafen ...") N 57 bis 62, II 2.10. (7)

Kühlschrank N 52 bis 54 („Wirtschaftsgüter ...")
Künstler, darstellende Anm. nach N 84
Künstlerische Tätigkeit GSE 35 bis 36, 59
Kürzungen und Hinzurechnungen GSE 35 bis 36, AUS 44 bis 46
Kundschaftsessen/Kundschaftstrinken II 2.10. (8)
Kunstgegenstände im Arbeitszimmer N 55 bis 56 („Arbeitszimmer"-Ausstattung)
Kursdifferenzpapiere, Kapitalerträge KAP 3 bis 6, 8
– Veräußerungsgeschäfte SO 30 bis 59, 62
Kursgewinne KAP 1 bis 2, 3 bis 6, 8, 21 bis 25, SO 30 bis 59
Kursverluste bei Fremdwährungsdarlehen V 41
Kurzarbeitergeld N 26

Ladeneinbauten, -umbauten in Wohnhäusern V 34 I, II 1.7.4.2.
Lärmbekämpfung II 5.2.
Land- und Forstwirtschaft, abweichendes Wirtschaftsjahr L 2 bis 5
– Ackerbau L 1
– Baumschulen L 1, 2 bis 5
– Be- oder Verarbeitungsbetrieb L 1
– Bienenzucht L 1
– Bodengewinnbesteuerung L 1, 49 bis 56
– Brennereien L 1
– Buchführungspflicht L 2 bis 5, 25 bis 27
– Fischerei L 1, 2 bis 5
– Forstwirtschaft L 1, 2 bis 5, 11 bis 19, 22
– Gartenbau L 1, 2 bis 5
– Geflügelfarm L 1
– Gemüsebau L 1
– Hopfenbau L 1
– Imkerei L 1, 2 bis 5
– Jagd L 1, II 2.5.
– Molkereien L 1
– Nebenbetriebe L 1
– Nutzungswert der Wohnung L 1, 57 bis 59, 60
– Obstbau L 1
– Saatzucht L 1
– Sägewerk L 1
– Sonderkulturen L 2 bis 5, 29 bis 46
– Substanzbetriebe L 1
– Tabakbau L 1
– Tierzucht L 1
– Verarbeitungsbetriebe L 1
– Viehmästereien L 1
– Wanderschäferei L 1, 2 bis 5
– Weinbau L 1, 2 bis 5, 29 bis 46
– Wirtschaftsjahr L 2 bis 5
Landtagsabgeordnete SO 16 bis 23
Landwirtschaftliche Produktionsgenossenschaften in der ehemaligen DDR L 1 V, 49 bis 56
Lastenaufzug II 1.2.1., 1.7.4.1.
Leasing, KFZ N 38 bis 48 („Angaben zur Ermittlung ...")
Leasing-Sonderzahlungen als Werbungskosten N 57 bis 62, 59 („Reisekosten" [1])
Lebenshaltungskosten N 38, 52 bis 54 (Allgemeine Grundsätze), II 2.1., 2.8.
Lebenspartnerschaft, eingetragene HV 1 bis 12, K 37 bis 41
Lebensversicherungen HV 64 bis 67, 72 bis 76
– im Zusammenhang mit der Finanzierung von Bauvorhaben V 40 (1), 55 bis 56 (2)
– Zinsen KAP 11
Leerfahrten mit PKW N 44 bis 48 („Behinderte")
– Unfall N 38 bis 48 („Unfallkosten ...")
Legasthenie, Behandlungskosten HV 116 bis 119
Lehrtätigkeit N 24, GSE 35 bis 36, 59
– Aufwandsentschädigung N 24, GSE 59
– nebenberufliche GSE 35 bis 36, 59
Leibrenten HV 78 bis 79, R 1 bis 9, 12 bis 20, 31 bis 46, II 6.1., 7.

– abgekürzte R 12 bis 20, II 6.1., 6.3.
– private R 1 bis 9, 12 bis 20, II 6.2., 6.3. (4), 6.3. (5), 7.1.
– betriebliche II 6.4., 7.2.
Leichenschmaus HV 116 bis 119
Leistungen, Einkünfte SO 8 bis 13
Leistungen aus Altersvorsorgeverträgen AV 9 bis 12, R 31 bis 46
Liebhaberei V Vorbem (5)
– bei Landwirtschaft L 1
– bei Ferienwohnungen im Ausland V Vorbem (6)
Logopäden GSE 35 bis 36
Lohnersatzleistungen N 25, 26, 27
Lohnsteuerbescheinigung N 1 bis 6
Lohnsteuerermäßigung wegen § 10e EStG II 3.7.
Lohnsteuerhilfevereine, Beiträge HV 82, N 57 bis 62 („Steuerberatungskosten"), II 2.10. (12)
Lohnsteuerkarte N 1 bis 6
Lotsen GSE 35 bis 36
Lotterieeinnehmer GSE 41 bis 42
Lottogewinne SO 8 bis 13
Lufterhitzer II 1.7.4.1.

Mahlzeiten
– unentgeltliche bei Dienstreisen N 57 bis 62, 59 („Reisekosten" [2])
Maklergebühren
– als Anschaffungskosten FW 18, II 3.3.3.a)
– als Umzugskosten N 57 bis 62 (ABC)
Markise V 43 bis 44 (3) (b), II 3.3.3. a)
Marktmiete II 1.7.4.4
Masseure GSE 35 bis 36
Maut N 57 bis 62, 59 („Reisekosten" [4])
Mega-Zertifikate, Kapitalerträge KAP 3 bis 6, 8
Mehraufwendungen für Verpflegung
– bei Dienstreisen N 57 bis 62, 59 („Reisekosten" [2])
– bei Geschäftsreisen II 2.6.
– bei über zwölfstündiger Abwesenheit, Wegfall II
– bei Einsatzwechseltätigkeit N 63 bis 68
– bei Fahrtätigkeit N 63 bis 68
– bei doppelter Haushaltsführung N 70 bis 83 (2d)
– bei Vermietung und Verpachtung V 55 bis 56
– Konkurrenzregelungen N 63
Mehrbedarfsrente SO 1 bis 2, II 6.3.
Mehrbelastung HV 116 bis 119
Mehrere Arbeitsstätten/Dienstverhältnisse/Tätigkeitsstätten N 38 bis 48
Mehrere Jahre, Arbeitslohn für N 14, GSE 55 bis 56
Meisterprüfung N 57 bis 62 (ABC: „Fortbildung ...")
Merkantiler Minderwert nach Unfall N 38 bis 48 („Unfallkosten ...")
Mieteinnahmen V 8 bis 11
– für frühere Jahre V 9
– verbilligte Überlassung z.B. an Angehörige V 6
Miteteinbauten V 34 I a.E., II 1.7.4.2.
Mieterumbauten V 34 I a.E., II 1.7.4.2.
Mietezuschüsse V 9
Miet- und Pachtzinsforderung, Veräußerung (Abtretung) V 26
Mietkaution, Einbehaltung V 11, 43 bis 44 (1)
Mietvertrag mit Angehörigen N 55 bis 56 („Arbeitszimmer"), V 6, FW 22 bis 23 (vor a)
Mietvorauszahlungen V 9
Mietwohnungsneubau, Förderung durch
– degressive AfA V 34 III B.
– erhöhte Absetzungen nach § 7k EStG V 35
– in Berlin §§ 14c, 14d EStG, II 5.5.4., 5.5.5.
Milchlieferrechte L 49 bis 56
Mineralgewinnungsrechte, Einkünfte aus V 26

Mini-Jobs HV 40 bis 46
Mischnachlass, Anschaffungskosten bei Realteilung II 3.3.3. c)
Missbrauchsverhütung
– bei § 10e EStG II 3.3.5.
Mitarbeit von Ehegatten HV 13, L 6 bis 7
Miteigentümer
– AfA, Geltendmachung V 34
– Aufteilung der Einkünfte V 18 bis 23, 34
– Aufwendungen vor Bezug der Wohnung nach § 10e Abs. 6 EStG FW 22 bis 23
– Bemessungsgrundlage nach § 10e EStG/§ 15b BerlinFG FW 18, II 3.3.3.
– beim Zweifamilienhaus, Bewohnen durch Miteigentümer II 3.3.3.d)
– beim Zweifamilienhaus, Aufwendungen vor Bezug FW 22 bis 23
– Ehegatten als Miteigentümer bei § 10e EStG und EigZulG
– erhöhte AfA nach § 82a EStDV a. F. II 4.
– gesonderte und einheitliche Feststellung FW 26 bis 29
– Kapitaleinkünfte KAP 38 bis 45, 53 bis 61
– private Veräußerungsgeschäfte SO 60 bis 61
Miteigentumsanteil
– an einer Wohnung, Objektbeschränkung II 3.3.6.
– Erwerb bei Erbauseinandersetzung II 3.3.6.
– Gesamtrechtsnachfolge II 3.3.6.
– von Ehegatten bei § 10e EStG II 3.3.6.
Miterbe und § 10e EStG bei Erbauseinandersetzung II 3.3.3.c)
Mittagsheimfahrten N 38 bis 48 („Entfernungspauschale")
Mittel aus öffentlichen Haushalten, siehe Haushaltsmittel
Mittelbare Beteiligung an Personengesellschaft GSE 6 bis 8
Mittelbare Grundstücksschenkung bei § 10 e EStG II 3.3.3.c)
Mittelstandsförderung, Sonderabschreibung II 1.1.1.
Mitunternehmer GSE 6 bis 8, L 6 bis 7
Mitunternehmerschaft und § 15a EStG GSE 6 bis 8
Modernisierungsaufwand, siehe Erhaltungsaufwendungen
– in Berlin (West) II 5.5.3.
– begünstigter nach § 82a EStDV a.F. II 4.
Molkereien L 1
Montagetätigkeit N 18 bis 20
Motorboote, Motorjachten II 2.2.
Müllabfuhr, Gebühren V 49 bis 50, FW 22 bis 23 e)
Musiker N 52 bis 54, GSE 35 bis 36
Musikinstrumente N 52 bis 54
Mütterberatung Aufwandsentschädigung N 24
Mutterschaftsgeld, Progressionsvorbehalt HV 38 bis 39, N 27

Nachforderungszinsen für Steuern II 2.10. (18)
Nachholung der AfA II 1.5., 1.7.2. (5), 3.3.4.
Nachholung von Abzugsbeträgen
– nach § 10e EStG/§ 15b BerlinFG FW 19, II 3.3.4
Nachtlokale, Kosten für Besuch durch Geschäftsfreunde II 2.3.
Nachträgliche Anschaffungs- oder Herstellungskosten II 1.7.3.
– und Bemessungsgrundlage nach § 10e EStG/§ 15b BerlinFG FW 19, II 3.3.4.
– und Nachholung nicht ausgenutzter Grundförderung FW 19, II 3.3.4.
Nachträgliche Werbungskosten
– bei Arbeitnehmern N 38
Nachtspeicheröfen V 43 bis 44 (1)
Nachweis der tatsächlichen KFZ-Kosten N 57 bis 62, 59 „Reisekosten" (1)

Nachzahlung von Gehalt N 14
Naturalleistungen II 6.3.
Nebenberufliche Pflege alter, kranker oder behinderter Menschen GSE 59
Nebenberufliche Tätigkeit N 24, GSE 35 bis 36, 59
– Fortführung bei Veräußerung einer Praxis GSE 45 bis 51
Nebenbetriebe L 1
Nebeneinkünfte aus wissenschaftlicher, künstlerischer, schriftstellerischer Tätigkeit N 24, GSE 35 bis 36, 59
Nebenkosten bei Geschäftsreise N 57 bis 62, 59 „Reisekosten" (4)
Nebenräume, siehe Zubehörräume
Nebentätigkeit, siehe Nebenberufliche Tätigkeit
Negatives Kapitalkonto GSE 6 bis 8
Neubau durch Umbau eines Gebäudes, degressive AfA V 34 III A, II 1.7.3.
Neue Bundesländer, siehe Beitrittsgebiet
„Neujahrsfalle" bei § 10e EStG II 3.3.3.b)
Nichtbeanstandungsgrenze für Arbeitnehmer N 52 bis 54
Nichtbeschäftigung, zeitweise N 28
Nichteheliche Kinder K 1 bis 20, 30 bis 36
Nichteheliche Lebensgemeinschaft HV 1 bis 12, 106 bis 115, K 37 bis 41, N 55 bis 56 (ABC „Arbeitszimmer" „Miteigentum ..."), V 6, FW 22 bis 23
– doppelte Haushaltsführung N 70 bis 83 (1)
Nießbrauch, s. auch Vorbehalts-, Zuwendungs-, Vermächtnis-Nießbrauch V 34 II E, KAP 1 bis 2, GSE 1, V Vorbem (2)
– Ablösung durch Rente II 6.1
– AfA V 34 II E
– Aufwendungen des Nießbrauchers V 43 bis 44 (4),
– Entgelt für Bestellung, Einnahmen V 3 bis 5
– Geldbeschaffungskosten V 41
– Instandhaltung und Reparatur V 43 bis 44 (4), 45 bis 48
– Kapitalerträge KAP 1 bis 2
– Schuldzinsenabzug V 40 (4)
– Steuerpflichtige Einnahmen V 3 bis 11
– Versicherungsbeiträge V 52
Nordirland, Ferienwohnung V Vorbem (6)
Notariatsgebühren für Hypothekenbestellung V 41
Notariatskosten als Anschaffungsnebenkosten FW 18, II 3.3.3.a)
Nullkupon-Anleihen, Zinsen KAP 1 bis 2, 3 bis 6
Nutzfläche
– Begriff II 1.7.4.3.
– Aufteilung von Anschaffungs- und Herstellungskosten II 1.7.4.3.
– Aufteilung der Schuldzinsen usw. V 40
– Aufteilung der Werbungskosten V 30 bis 56
– Aufteilung der Wohnung bei § 10e EStG II 3.3.2.
Nutzungsänderung L 49 bis 56
– bei Gebäuden II 1.7.4.3.
Nutzungsberechtigter, Baumaßnahme auf fremdem Grund und Boden V 34, II 3.3.1.
Nutzungsdauer von PKW des Betriebs- und Privatvermögens N 57 bis 62, 59 „Reisekosten" [1])
Nutzungsentschädigungen GSE 25, 55 bis 56, V 11
Nutzungsrecht
– Ablösung von Nutzungsrechten II 3.3.3. a)
– dingliches und obligatorisches V Vorbem (2), 3 bis 5, 43 bis 44 (4), 34 II E
– durch eigene Baumaßnahmen V 34 II E
– schuldrechtliches, AfA V 34 II E
– Instandhaltungsaufwendungen V 43 bis 44 (4)
– vereinnahmte Mieten V 3 bis 5
– vorbehaltenes, unentgeltlicher Erwerb II 3.3.3.c)

Nutzungsüberlassungsvertrag L 6 bis 7
Nutzungswert der Wohnung L 57 bis 59, 60
– Wegfall ab 1999 V Vorbem (1)
Nutzungswertbesteuerung
– Ausland, Wohnungen im V Vorbem (6)
– Vermietung durch Nutzungsberechtigten V 3 bis 5
– Übergangsregelung und Ende II 3.8.
Nutzung zu eigenen Wohnzwecken
– bei § 10e EStG FW 3 bis 4, II 3.3.2.
– bei § 34f Abs. 2 EStG, FW 24 bis 25, II 3.6.

Objektbeschränkung (Objektverbrauch)
– bei § 10e EStG FW 6, II 3.3.6.
– bei § 10f EStG FW 10 bis 11
– bei Ehegatten FW 6, II 3.3.6.
– beim Rechtsnachfolger II 3.3.3. c)
– bei Überschreiten der Einkunftsgrenze nach § 10e Abs. 5a EStG II, 3.3.6.
Obligatorisches Nutzungsrecht, siehe schuldrechtl. Nutzungsrecht
Obstbau L 1
Offensichtlich unzutreffende Besteuerung N 57 bis 62, 59 („Reisekosten" [1] und [2]), 70 bis 83 (2d)
Offensichtlich verkehrsgünstigere Fahrtstrecke N 38 bis 48 („Entfernungspauschale")
Öffentliche Verkehrsmittel, Fahrt zur Arbeitsstätte N 49, 50
– Fahrtkostenersatz durch Arbeitgeber N 50
Ökologisches Jahr, freiwilliges K 1 bis 20
Ölheizung V 43 bis 44 (1)
Omnibusfahrer N 57 bis 62 (ABC: „Fahrtätigkeit ..."), 63 bis 68
Opfergrenze HV 106 bis 115
Optionsgeschäfte KAP 3 bis 6, SO 8 bis 13, 30 bis 59
Orchesterdirigenten, Aufwandsentschädigung N 24
Ordnungsgelder N 57 bis 62 („Geldstrafen"), II 2.10. (ABC)
Ordnungsmäßige Buchführung bei Gewinnermittlung GSE 1
Organgesellschaft GSE 26
Organisten GSE 35 bis 36, 59
Österreich, Ferienwohnung V Vorbem (6)

Pachteinnahmen L 1
Parkgebühren N 38 bis 48 („Abgeltungswirkung ...")
– bei Einzelnachweis der KFZ-Kosten N 57 bis 62 („Reisekosten" [1] und [4])
Parteien als Spendenempfänger HV 89 bis 92
Partiarisches Darlehen KAP 12
Patente, Überlassung V 26
Pauschalierte Gewerbesteuer-Anrechnung GSE 11
Pauschalierung der Einkommensteuer für ausländische Einkünfte AUS 21
Pauschbeträge für behinderte Personen HV 95 bis 98, K 56 bis 58
– für bestimmte Berufsgruppen Anm. nach N 84
– für Sonderausgaben HV 63
Pauschsätze für Betriebsausgaben GSE 35 bis 36, L 61 bis 106
Pauschsätze und Pauschbeträge für Werbungskosten N 8, 31, Anm. nach N 84, KAP 53 bis 61, R 49 bis 54, SO 6
Pensionen N 8
Pensionsfonds HV 77, AV 9 bis 12
Pensionskassen, Renten aus II 6.3.
Pensionszusage, betriebliche (§ 6 a EStG) N 31 bis 36
Personalcomputer (PC), siehe „Computer"
Personengesellschaften GSE 6 bis 8, L 6 bis 7
– Verträge zwischen Ehegatten GSE 6 bis 8, II 2.12.
Pflege alter, kranker oder behinderter Menschen, HV 101 bis 103, 104 bis 105, GSE 59

Pflege einer ständig hilflosen Person HV 104 bis 105
Pflege-Pauschbetrag HV 104 bis 105
Pflegekosten als außergewöhnliche Belastung HV 101 bis 103, 116 bis 119
Pflegeleistungen, Einnahmen SO 8 bis 13
Pflegeversicherung, Beiträge HV 63, 69, 72 bis 76
Pflegschaft, Kosten V 54
Pflichtteilsverbindlichkeiten, Schuldzinsen für II 3.3.3. c)
Photoausrüstung N 52 bis 54 (ABC)
PKW, s. Kraftfahrzeug
Planungskosten, vergebliche V 55 bis 56 (f)
– als Herstellungskosten II 3.3.3. a)
Podologen GSE 35 bis 36
Policen-Darlehen, Sonderausgabenabzug HV 72 bis 76
Politische Parteien, Beiträge an HV 89 bis 92, N 51
Portugal, Ferienwohnung V Vorbem (6)
Prämienbegünstigte Aufwendungen II 8.2.
Prämienrückgewähr HV 72 bis 76
Praxisgebühr von Krankenversicherten HV 116 bis 119, GSE 35 bis 36
Praxisräume als häusliches Arbeitszimmer N 55 bis 56 („Arbeitszimmer")
Private Leibrenten R 1 bis 9, 12 bis 20, 31 bis 46, II 6., 7.
Private Veräußerungsgeschäfte SO 30 bis 59
Privatentnahmen, s. Entnahmen
Privater KFZ-Nutzungsanteil N 41 Sonderfall „Firmenwagen", II 2.7.
Privatfahrten mit Kraftfahrzeugen II 2.7.
Produktionsaufgaberente bei Einstellung der landwirtschaftlichen Erwerbstätigkeit L 47 bis 48
Produktivitätsklausel siehe Aktivitätsklausel
Produkt-/Warenverkostung II 2.3., 2.10. (8)
Progressionsvorbehalt HV 38 bis 39, N 18 bis 20, 25, 26, 27, AUS 37 bis 43, 49 bis 55
– Berechnung N 27
– negativer N 18 bis 20, V Vorbem (6), AUS 30 bis 36, 49 bis 55
Promotionskosten HV 83 bis 84, N 57 bis 62 (ABC „Fortbildungskosten")
Prozesskosten als Betriebsausgaben II 2.10. (7)
– als außergewöhnliche Belastung HV 116 bis 119
– als Herstellungskosten V 43 bis 44 (2)
– als Werbungskosten N 57 bis 62 (ABC: „Geldstrafen ...")
– bei Ehescheidung HV 116 bis 119
Prozesszinsen KAP 3 bis 6
Prozesszinsen für Steuererstattungsbeträge KAP 13
Prüfungstätigkeit, GSE 35 bis 36, 59
Publizist, Aufwand für Bücher N 52 bis 54 (ABC: „Fachliteratur")

Quellensteuer KAP 1 bis 2, 3 bis 6
– ausländische KAP 30 bis 37, AUS 1 bis 18, 21
– nach der Zinsinformationsverordnung KAP 51

Räumlicher Zusammenhang von Ehegattenobjekten bei § 10e EStG II 3.3.6.
Räumung, vorübergehende
– bei § 10e EStG FW 22 bis 23, II 3.4.
Räumungsprozesse, Kosten V 55 bis 56 (2)
Räumungsverkauf GSE 12 bis 21
Reale Teilung des Betriebs GSE 12 bis 21
Realteilung eines Nachlasses II 3.3.3. c)
Realsplitting HV 80, SO 4, II 6.3.
Rechtsnachfolger, unentgeltlicher SO 30 bis 59, II 3.3.3. c)
– Fortführung der Nutzungswertbesteuerung V Vorbem (1)
– und § 7k EStG V 36

– und § 10e EStG FW 22 bis 23, II 3.3.1., 3.3.3. c)
Rechtsposition, gesicherte V Vorbem (2)
Rechtsreferendar mit Einsatzwechseltätigkeit (s. dort)
Rechtsschutzversicherung HV 67 bis 72, II 2.10. (16)
Rechtsvorgänger, Anschaffungs-/Herstellungskosten SO 30 bis 59, II 3.3.3. a)
Reinigungskosten V 55 bis 56 (Nr. 2)
– vor erstmaligem Bezug FW 21 bis 22 e)
Reisegepäckversicherung, Prämien des Arbeitgebers N 57 bis 62 („Vermögensverluste")
Reisekosten N 57 bis 62, 59 („Reisekosten"), V 55 bis 56 (2), II 2.6.
Reisenebenkosten N 57 bis 62, 59 („Reisekosten" [4])
Reisevertreter GSE 1, 12 bis 21, 25
Reitschule L 1
Renovierung, siehe Reparatur
Renten
– als Betriebsausgaben II 6.
– als Sonderausgaben HV 78 bis 79, 80, II 6.3.
– als sonstige Einkünfte R 1 bis 9, 12 bis 20, 31 bis 46, SO 1 bis 2, 4
– Darstellung und Übersicht der Leibrenten und anderer wiederkehrender Leistungen (Bezüge) R 1 bis 9, 12 bis 20, SO 1 bis 2
– Ertragsanteil als Werbungskosten V 42
– Neuregelung der Besteuerung R vor 1 bis 9, II 6.2.
Rentenbesteuerung, Änderungen ab 2005 R vor 1 bis 9, II 6.2.
Rentenmodell bei § 10e EStG II 3.3.3. a)
Rentenversicherung, Beiträge HV 63, 64 bis 67, 72 bis 76, 77, R vor 1 bis 9, 49 bis 54
Rentenversicherungspflicht, Arbeitnehmer ohne HV 63, N 31 bis 36
Rentenzahlungen aufgrund testamentarischer Anordnung II 6.3., 7.1.3.
Reparaturen, siehe auch Erhaltungsaufwendungen
– Grundsätze V 43 bis 44 (2), 45 bis 48
– bei Nießbrauch V 43 bis 44 (4)
– bei schuldrechtlichem Nutzungsrecht V 43 bis 44 (4)
– durch Mieter V 9
– nach Beendigung der Vermietung wegen § 10e EStG FW 22 bis 23 d)
– vor Bezug FW 22 bis 23 d)
Repräsentationsaufwendungen N 57 bis 62 (ABC)
Riester-Rente HV 77, AV Vorbem, R 31 bis 46, II 6.3.
Risikolebensversicherung HV 72 bis 76, V 40 (Nr. 1), 55 bis 56 (Nr.2)
– Überschussbeteiligung V 40 (Nr. 1)
Rolltreppe eines Kaufhauses II 1.7.4.1.
Rückfallklausel DBA N 18 bis 20
Rückkaufsangebot nach Werbungskosten-Überschüssen SO 30 bis 56
Rücklage für Reparaturen an Gebäuden V 43 bis 44 (1)
Rückstellungen für Jahresabschlußkosten II 2.10. (12)
Rückzahlung von Arbeitslohn N 38
Ruhekolebensgehälter N 8
Rumpfwirtschaftsjahr GSE 2 bis 4, L 2 bis 5
Rundfunkgerät N 52 bis 54 („Fernseh- und Rundfunk ...")

Saatzucht L 1
Sachbezugswerte, amtliche N 57 bis 62, 59 (ABC „Reisekosten"[2])
Sachinbegriffe, Vermietung von V 26 bis 27
Säumniszuschläge II 2.10. (18)
Sammelbeförderung N 38 bis 48 („Entfernungspauschale"), N 50
Sanierungsgebieten, Gebäude in
– erhöhte AfA nach § 7h EStG V 38
– Verteilung von Erhaltungsaufwendungen

nach § 11a EStG V 45 bis 48
– Nutzung zu eigenen Wohnzwecken nach § 10f EStG FW 10 bis 11, II 3.5.
Sauna II 3.3.3. a)
Schadensersatzleistungen HV 116 bis 119, N 57 bis 62 (ABC)
Schadensersatzrenten SO 1 bis 2, II 6.3.
Schädliche Verwendung von Altersvorsorgevermögen AV 9 bis 12, 19 bis 20, R 31 bis 46
Schätzgebühren V 41
Schätzungslandwirte L 2 bis 5
Schaufensteranlagen, AfA V 34 I, II 1.7.4.2.
Schaufenstergestalter GSE 35 bis 36
Scheinbestandteile eines Gebäudes V 34 I, II 1.7.4.2.
Scheinselbständigkeit, Gesetz zur Bekämpfung der GSE 1
Schenkung unter Auflage V 34 II D, II 3.3.3.c)
– Erwerb mit geschenktem Geld bei § 10e EStG II 3.3.3. c)
Schlechtwettergeld s. Winterausfallgeld
Schmerzensgeld in Rentenform SO 1 bis 2, II 6.3.
Schmiergelder
– als Betriebsausgaben II 2.2.
– als Werbungskosten N 57 bis 62 (ABC)
Schmuck, Verlust auf Dienstreise N 57 bis 62 (ABC „Vermögensverluste")
Schornsteinreinigung V 49 bis 50
Schreibmaschine N 55 bis 56 („Arbeitszimmer"-Ausstattung)
Schreibtisch als Arbeitsmittel N 55 bis 56 („Arbeitszimmer"-Ausstattung)
Schuldentilgung HV 116 bis 119
Schuldrechtliches (obligatorisches) Nutzungsrecht V Vorbem. (2), V 3 bis 5, 34 II E
– Instandhaltungsaufwendungen V 43 bis 44 (4), 45 bis 48
– Schuldzinsenabzug V 40 (Nr. 1)
– Abschreibung V 35 II E.
Schuldverschreibungen KAP 3 bis 6
Schuldzinsen
– als außergewöhnliche Belastung HV 116 bis 119
– als Betriebsausgaben, Ermittlung GSE 1, 27 bis 28, 57 bis 58, II 2.10. (11)
– als Werbungskosten N 57 bis 62 (ABC), V 40 (Nr. 1), KAP 53 bis 61, R 49 bis 54, SO 6
– bei Anschaffung eines Pkw mit Kredit N 38 bis 48 („Abgeltungswirkung ..."), 57 bis 62 (ABC „.... Schuldzinsen")
– bei Anschaffung oder Herstellung eines teilweise vermieteten und teilweise selbstgenutzten Gebäudes V 40 (1)
– bei dinglichem und schuldrechtl. Nutzungsrecht V 40 (4)
– nach Beendigung eines Gesellschaftsverhältnisses GSE 1
– nach Betriebsaufgabe GSE 1
– Neuregelung nach § 4 Abs. 4a EStG GSE 27 bis 28, 57 bis 58, II 2.10. (11)
– bei Veränderung des Darlehenszwecks V 40 (1)
– bei vorweggenommener Erbfolge II 3.3.3. c)
– für Kredite zur Abfindung (Gleichstellung) von Miterben II 3.3.3. c)
– für den Erwerb von Bauland und Bauerwartungsland V 40 (1), FW 22 bis 23 a)
– für Erbersatzverbindlichkeiten II 3.3.3. c)
– für Pflichtteilsverbindlichkeiten II 3.3.3 c)
– für Vermächtnisschulden II 3.3.3. c)
– für Zugewinnausgleichsschulden II 3.3.3. c)
– für Zwischenkredit oder Auffüllungskredit II 3.3.8.
– keine Sonderausgaben HV 78 bis 79
– Kontokorrent II 2.10. (11)
– nach Beendigung der Vermietung V 40 (1)
– vergebliche Aufwendungen FW 22 bis 23 f)
– vor erstmaligem Bezug (Vorkosten) FW 22 bis 23 a)

- wegen Zugewinnausgleich als Werbungskosten V 40 (1)
- Zuordnung bei Ehegatten V 40 (1)
- Zuordnung bei Anschaffung oder Herstellung eines gemischt genutzten Hauses V 40 (1)
- Zwei-(Mehr-)kontenmodell II 2.10. (11)

Schulgeld für Kinder an Ersatz- oder Ergänzungsschulen K 55

Schutzräume nach dem Schutzbaugesetz V 38, II 1.7.5.
- nach Beendigung der Nutzungswertbesteuerung FW 7 bis 8, II 3.5.

Schweiz
- Abzugsteuer N 23
- Ferienwohnung V Vorbem (6)

Schwimmbad/Schwimmhalle
- bei § 10e EStG II 3.3.3. a), ee)
- Einkunftsermittlung bis 1998, II 1.7.4.4.

Schwimmlehrer, Aufwandsentschädigung N 24

Segel- oder Motorjachten II 2.5.

Sekundärfolgen-Rspr. des BFH II 3.3.3. c)

Selbständige Arbeit HV 29 bis 35, GSE 35 bis 36, 41 bis 42

Selbstnutzung, Aufwendungen vor und nach Beginn (§ 10e Abs. 6 und Abs. 6 a EStG), FW 22 bis 23, II 3.4., siehe auch Wohneigentumsförderung

Selbstnutzung Gebäudeteile II 1.7.4.

Solaranlagen, Einbau von II 4.

Solidaritätszuschlag
- bei der ESt-Veranlagung KAP 1 bis 2, 52
- vom Arbeitslohn N 1 bis 6
- zur Kapitalertragsteuer KAP 1 bis 2, 52

Sonderabschreibungen
- Baudenkmale II 5.4.
- Berlin (West) II 5.5.
- nach FördergebietsG V 39
- für Forschung und Entwicklung II 5.3.
- geringwertige Anlagegüter II 5.1.
- für kleine und mittlere Betriebe nach § 7g EStG II 1.1.1.
- im Gebiet der ehemaligen DDR HV 29 bis 35

Sonderausgaben
- Altersvorsorgebeiträge HV 63, 77, AV Vorbem.
- Bausparkassenbeiträge nicht mehr HV 63
- Höchstbeträge HV 63, 69, 77, AV Vorbem.
- Kirchensteuer HV 81
- Leibrenten HV 78 bis 79, II 6., 7.
- Pauschbeträge HV 63
- Pauschbeträge bei Ehegattenbesteuerung HV 63
- bei Policen-Darlehen HV 72 bis 76
- Renten und dauernde Lasten HV 78 bis 79
- Schulgeld für Kinder an Ersatz- oder Ergänzungsschulen K 55
- Spenden HV 85 bis 87, 88, 89 bis 92
- Steuerberatungskosten HV 82
- Verlustabzug HV 93 bis 94
- Versicherungsbeiträge HV 63, 64 bis 67, 69, 72 bis 76, 77
- Vorsorgeaufwendungen HV 63, 64 bis 67, 72 bis 76
- Vorsorgepauschale HV 63

Sonstige Einkünfte HV 29 bis 35, R 1 bis 57, SO 1 bis 62

Sonstige Werbungskosten bei Vermietung und Verpachtung V 50 bis 56

Sozialbindung, Mietwohnung mit V 35

Soziales Jahr K 1 bis 20

Sozialversicherung, Beschäftigte bei HV 63, N 31 bis 36
- für Kommanditisten II 2.10. (9)

Spanien, Ferienwohnung V Vorbem (6)

Sparbriefe, Zinsen KAP 1 bis 2, 3 bis 6

Sparer-Freibetrag KAP 53 bis 61, AUS 1 bis 18
- als Bezüge HV 106 bis 115, K 21 bis 29

Sparzulage N 86

Spekulationsfristen SO 30 bis 59

Spekulationsgeschäfte, siehe Private Veräußerungsgeschäfte

Spekulationsgewinne und -verluste SO 30 bis 59, 62

Spenden HV 85 bis 87, 88, 89 bis 92
- als Betriebsausgaben II 2.10. (10)

Spendenbegünstigte Parteien HV 89 bis 92

Spezialagent GSE 1

Splitting HV 13, 53 bis 60

Sponsor, Zuwendungen HV 89 bis 92

Sponsorenleistungen als Betriebsausgaben (Sponsorenerlass) II 2.10. (10a)

Sportflugzeug II 2.5.

Sportgeräte, Sportkleidung N 52 bis 54 (ABC)

Sporttrainer, Aufwandsentschädigung N 24

Sprachkurse N 57 bis 62 (ABC: „Fremdsprachenunterricht-Sprachkurse")

Sprinkleranlage II 1.7.4.1.

Städtebauförderung V 38, 45 bis 48, FW 10 bis 11, II 3.5.
- Verteilung größerer Aufwendungen V 45 bis 48

Städtebaulicher Entwicklungsbereich, Gebäude in, siehe Sanierungsgebiet

Ständig wechselnde Einsatzstellen, siehe Einsatzwechseltätigkeit

Sterbegeld N 8

Steuerabzugsbeträge HV 89 bis 92, KAP 1 bis 2, 48 bis 51, AUS 1 bis 18

Steuerberatungskosten HV 82, N 57 bis 62 (ABC), V 55 bis 56 (2), II 2.10. (ABC)

Steuerermäßigung bei haushaltsnahen Beschäftigungsverhältnissen/Dienstleistungen HV 40 bis 46

Steuerermäßigung für
- außerordentliche Einkünfte N 13 bis 16, GSE 17, 20, 25, 55 bis 56, L 22
- ausländische Einkünfte N 18 bis 20, AUS 1 bis 18, 23 bis 26, 30 bis 36, 49 bis 55
- Arbeitnehmererfindungen N 1 bis 6, 14
- außergewöhnl. Belastungen HV 95 bis 119
- Gewerbesteuer GSE 11

Steuerfachliteratur HV 82, N 57 bis 62 (ABC: „Fachliteratur"), II 2.10. (12)

Steuerfreie Bezüge R 1 bis 9, SO 8 bis 13, 16 bis 23, 30 bis 59, GSE 35 bis 36, 59

Steuerfreier Ersatz von Werbungskosten N 38

Steuerfreiheit für häusliche Pflegeleistungen SO 8 bis 13

Steuerfreistellung des Existenzminimums HV 13

Steuerjahr i.S. der DBA N 18 bis 20

Steuertarif HV 13

Steuervergünstigungen für freie Berufe GSE 35 bis 36, 59

Steuerzahlungen als Betriebsausgaben II 2.10. (13)

Stiftung, Spenden HV 85 bis 87, 88

Stille Gesellschaft KAP 12, GSE 6 bis 8

Strafen II 2.10. (7)

Strafverfahren, Kosten II 2.10. (7)

Strafverteidigungskosten H 116 bis 119, N 46 bis 47 („Geldstrafen ..."), II 2.10. (7)

Straßenanliegerbeiträge V 43 bis 44 (2), II 3.3.3. a), dd)

Straßenausbaubeträge, Straßenbaukostenbeiträge V 43 bis 44 (2), II 3.3.3.a), dd)

Straßenbahnfahrer, siehe Fahrtätigkeit

Straßenbenutzungsgebühr N 57 bis 62, 59 („Reisekosten" [4])

Straßenreinigung, Kosten V 40 bis 50

Streikgelder N 17

Stromanschlusskosten V 43 bis 44 (1), II 3.3.3. a), aa)

Studienplatz, Prozesskosten HV 116 bis 119

Studienreisen als Werbungskosten N 57 bis 62 (ABC)

Studium, Aufwendungen für Erst- und Zweitstudium HV 83 bis 84, K 1 bis 20, 42 bis 43, N 57 bis 62, 58 (ABC „Fortbildungskosten ...")

Stückzinsen KAP 3 bis 6

Stundungszinsen II 2.10. (18)

Substanzausbeuteverträge, Einkünfte aus V 26, L 1

Tabakbau L 1

Tafelgeschäfte, Zinserträge KAP 7, 21 bis 25

Tageszeitung, keine Fachliteratur (ABC) N 52 bis 54

Tantieme N 14

Tarif HV 13, 53 bis 60

Tarifliche Freibeträge HV 13, 53 bis 60

Tarifvergünstigung nach §§ 34, 34 b EStG GSE 17, 20, 25, 55 bis 56, L 21, 22

Taufe, Bewirtungskosten II 2.3.

Tausch von Grundstücksflächen L 49 bis 56

Tausch von Mitunternehmeranteilen GSE 12 bis 21

Taxifahrer, siehe Fahrtätigkeit

Technische Baubetreuung, Gebühren für V 41)

Teilarbeitslosengeld N 27

Teilbetrieb GSE 12 bis 21, 45 bis 51, L 11 bis 19

Teilentgeltlicher Erwerb s. gemischte Schenkung

Teilentgeltliche Überlassung V 6

Teilhaberversicherung II 2.10. (16)

Teilherstellungskosten, Begünstigung nach § 4 FördG V 41

Telefongespräche
- mit Familie bei doppelter Haushaltsführung N 70 bis 83

Telefonkosten N 52 bis 54 (ABC)
- bei doppelter Haushaltsführung N 70 bis 83
- Telekommunikation N 52 bis 54 (ABC: „Fernsprechgerät ...")

Telekom, Bonusaktien KAP 21 bis 25

Telekommunikationsaufwendungen als Werbungskosten N 52 bis 54 (ABC: „Fernsprechgerät ...")

Telekommunikationsgeräte, betriebliche (!) N 52 bis 54 (ABC: „Computer")

Tennisplatz II 1.7.4.4.

Termingeschäfte SO 30 bis 59

Testamentsvollstreckung GSE 41 bis 42, V 54 (Nr. 2)

Theaterkarten als Geschenk II 2.2.

Tierbestand siehe Vieheinheiten

Tierhaltungskooperationen L 6 bis 7

Tierzucht HV 93 bis 94, GSE 30 bis 32, L 1

Tilgungsstreckungsdarlehen V 40 (2), FW 22 bis 23 b)

Todesfallrisikoversicherung HV 72 bis 76, V 55 bis 56 (2)

Tonbandgerät N 52 bis 54 (ABC)

Totalnießbrauch, Vorbehalt bei Vermögensübertragung II 6.3. (5)

Totalüberschuß, s. Einkünfteerzielungsabsicht

Totogewinne SO 8 bis 13

Trauerfeier, Kosten für Bewirtung usw. HV 116 bis 119, II 2.3.

Trauerkleider HV 116 bis 119

Treppenreinigung, Kosten V 54

Trinkgelder V 55 bis 56 (2)
- als Bewirtungskosten II 2.3.
- als Reisenebenkosten N 57 bis 62, 59 (ABC: „Reisekosten" [4])
- vor erstmaligem Bezug FW 22 bis 23 e)

Überentnahmen/Unterentnahmen bei Schuldzinsen, Ermittlung GSE 27 bis 28, 57 bis 58, II 2.10. (11)

Überführung von Wirtschaftsgütern des Betriebsvermögens ins Privatvermögen: s. Entnahme

Übergangsgelder N 27

Übergangsregelungen und Ende der Nutzungswertbesteuerung II 3.8.

Überkreuzvermietung FW 22 bis 23 (vor a)

Überlassung von Rechten, Einkünfte aus V 26

Überlassung einer Wohnung an Angehörige nach § 10h EStG FW 20 bis 21

Übernachtungskosten bei Dienstreisen N 57 bis 62 („Reisekosten" [3])

Überschussbeteiligung
- der Bausparkasse V 40 (1)
- Risikolebensversicherung V 40 (1), V 55 bis 56 (2)

Überschusserzielungsabsicht, s. Einkünfteerzielungsabsicht

Überschussrechnung GSE 1, 35 bis 36, L 25 bis 27, 29 bis 46

Übungsleiter N 24, GSE 35 bis 36, 59

Umbau II 3.3.2.
- grundlegender Umbau als Neubau II 1.7.3.

Umbaukosten durch Mieter V 34 I a.E.

Umfinanzierungskosten vor Beginn der Selbstnutzung FW 22 bis 23 a)

Umlagen, Einnahmen aus V 7 bis 8

Umlegungsverfahren bei Grundstücken SO 30 bis 59, L 49 bis 56

Umsatzsteuer bei Einnahmenüberschussrechnung GSE 35 bis 36

Umsatzsteuer bei Vermietung und Verpachtung, Option V 55 bis 56 (2)
- erstattete Vorsteuer V 10
- vereinnahmte Umsatzsteuer V 3 bis 5
- Vorsteuer, Rückzahlung V 55 bis 56 (2)

Umschuldungskosten nach § 10 e Abs. 6 EStG FW 22 bis 23 a)

Umschulung, Kosten HV 83 bis 84, N 57 bis 62, 58 (ABC „Fortbildungskosten ...")

Umstellung
- der Heizung V 43 bis 44 (1)
- des Wirtschaftsjahres GSE 2 bis 4, L 2 bis 5

Umwegstrecken N 44 bis 48 („Fahrgemeinschaften")

Umweltschutz – Investitionen II 5.2.

Umzäunungskosten II 1.7.4.1.

Umzugskosten HV 116 bis 119, N 57 bis 62 (ABC), V 55 bis 56 (2), II 2.10. (14)

Unangemessenheit von Aufwendungen II 2.8.

Unbebaute Grundstücke GSE 1, V 26, L 1

Unbeschränkte Steuerpflicht HV 13, 50 bis 52
- erweiterte HV 53 bis 60

Unentgeltliche Betriebsübertragung GSE 12 bis 21

Unentgeltlicher Erwerb
- Abgrenzung zum entgeltlichen Erwerb V 34 II D, II 3.3.3. c)
- bei Erbauseinandersetzung SO 30 bis 59, GSE 12 bis 21, II 3.3.3. c)
- eines Gebäudes, AfA V 35 II D.

Unentgeltlicher Rechtsnachfolger SO 30 bis 59, II 3.3.3. c)

Unentgeltliche Überlassung einer Wohnung
- und § 10e EStG FW 17 bis 19, II 3.3.3.c
- beim Baukindergeld FW 24 bis 25, II 3.6.
- im eigenen Haus an Angehörige nach § 10 h EStG FW 3 bis 4, 20 bis 21

Unfallkosten, Verkehrsunfall N 38 bis 48 („Abgeltungswirkung ..."), 57 bis 62, 59 („Reisekosten" [1]), II 2.10. (15)
- auf der Fahrt zum Steuerberater HV 82, N 57 bis 62 (ABC „ ...Steuerberatungskosten")
- bei doppelter Haushaltsführung N 70 bis 83

Unfallversicherungsbeiträge HV 72 bis 76, N 57 bis 62 („Versicherungsbeiträge"), („Reisekosten" [4]), II 2.10. (16)

Unterarbeitsverhältnis (ABC) N 57 bis 62

Unterhalt und Berufsausbildung HV 106 bis 115, K 1 bis 20, 42 bis 43

Unterhaltsberechtigte und Angehörige, Versorgungsleistungen gegen vorweggenommene Erbfolge II 6.3. (5)

Unterhaltsgeld als Zuschuss N 27

Unterhaltskauf II 6.3. (5)

Unterhaltsleistungen an den geschiedenen oder getrennt lebenden Ehegatten HV 78 bis 79, 80, 106 bis 115, SO 4, II 6.3. (9)
- an gesetzlich Unterhaltsberechtigte HV 106 bis 115

Unterhaltsvereinbarung mit Überlassung einer Wohnung V 6

Unterlassener Steuerabzug N 17

Unternehmerinitiative GSE 6 bis 8

Unternehmerrisiko GSE 1, 6 bis 8

Unterrichtende Tätigkeit GSE 35 bis 36, 59

Unterstützung bedürftiger Personen HV 106 bis 115

Untervermietung V Vorbem. (1), 25

Unzutreffende Besteuerung, offensichtliche N 57 bis 62, 59 („Reisekosten" [1] und [2]), 51 bis 61 (2d)

Urlaubsversicherungen HV 72 bis 76

Varieté, Kosten für Besuch durch Geschäftsfreunde II 2.3.

VDI Mitgliedsbeiträge N 51

Veräußerung eines Erbanteils GSE 12 bis 21

Veräußerung von Bodenschätzen V 26, L 1

Veräußerung von Grund und Boden GSE 1, 35 bis 36, L 1, 2 bis 5, 10, 11 bis 19, 49 bis 56

Veräußerungsgeschäft bei Realteilung eines Nachlasses SO 30 bis 59, II 3.3.3. c)

Veräußerungsgeschäfte, private SO 30 bis 59

Veräußerungsgewinn SO 30 bis 59, GSE 12 bis 21, 22 bis 23, 45 bis 51, L 10, 11 bis 19, 49 bis 56

Veräußerungskosten GSE 12 bis 21, 22 bis 23, 45 bis 51

Veräußerungspreis GSE 12 bis 21

Veräußerungsrente
- private II 3.6., 7.1.2.
- betriebliche GSE 12 bis 21, 45 bis 51, II 6.4.1., 7.2.1.
- Wahlrecht bei betrieblicher zwischen Sofortbesteuerung und Zuflussbesteuerung II 6.4.1, 7.2.1
- Abgrenzung zur Versorgungsrente II 6.4.

Veranlagung
- besondere HV 13, 63
- getrennte HV 13, 47 bis 49, 63, AV 9 bis 12
- zusammen HV 13, 63, AV 2

Verbesserungen, wesentliche bei einem Gebäude V 43 bis 44 (3) (b)

Verbilligte Überlassung einer Wohnung V 6

Verbilligte Vermietung V 30 bis 56

Verdeckte Einlage einer wesentlichen Beteiligung GSE 22 bis 23

Verdeckte Gewinnausschüttung KAP 21 bis 25
- durch Bewirtungskosten II 2.3.

Verdeckte Mitunternehmerschaft GSE 6 bis 8

Verdienstausfallentschädigung
- nach Infektionsschutzgesetz N 25
- nach dem Unterhaltssicherungsgesetz N 27

Verein Deutscher Ingenieure (VDI) N 51

Vereinfachte Einkommensteuererklärung für Arbeitnehmer VE Vorbem, 1 bis 59

Vereinfachungsregelung bei vorübergehender Teilvermietung V Vorbem. (3)

Vergebliche Aufwendungen bei § 10e Abs. 6 EStG FW 22 bis 23 f)

Vergebliche Planungskosten V 55 bis 56 (2), FW 22 bis 23 f)

Verheiratete Kinder, Kinderfreibetrag K 1 bis 20, 21 bis 29

Verletztengeld N 27

Verlorene Anzahlungen/Vorauszahlungen V 43 bis 44 (2), FW 22 bis 23 f)

Verlustabzug HV 93 bis 94, SO 30 bis 59, 62, GSE 30 bis 32, AUS 30 bis 36, 44 bis 46, 49 bis 55
- gesonderte Feststellung des verbleibenden HV 93 bis 94, AUS 30 bis 36

Verlustausgleich HV 93 bis 94

Verluste
- aus ausländischen Betriebsstätten AUS 1 bis 18, 30 bis 36, 44 bis 46, 49 bis 55
- aus Spekulationsgeschäften SO 30 bis 59, 62
- aus stiller Beteiligung KAP 12
- aus der Veräußerung oder Entnahme von Grund und Boden GSE 1, 35 bis 36, L 1, 49 bis 56
- aus Leistungen SO 8 bis 13, 14
- aus gewerblicher Tierzucht GSE 30 bis 32
- aus gewerblicher Tierhaltung GSE 30 bis 32
- in der Landwirtschaft L 1, 2 bis 5

Verlustklausel bei Sonderabschreibungen GSE 6 bis 8

Verlustrücktrag HV 93 bis 94

Verlustvortrag HV 93 bis 94, GSE 30 bis 32

Verlustzuweisungsgesellschaften und ähnliche Modelle i.S. des § 2b EStG KAP 46 bis 47, SO 25, GSE 1, 9, 40, V 24

Vermächtnis, Schuldzinsen II 3.3.3. c)

Vermächtnisnehmer V 34 II D., II 3.3.3. c)

Vermächtnisnießbrauch V 34 II E
- AfA V 34 II E
- Instandsetzungsaufwendungen V 43 bis 44 (4)
- Schuldzinsen V 40 (4)

Vermietung beweglicher Gegenstände SO 8 bis 13

Vermietung von Ferienwohnungen V Vorbem. (5), (5a), (5b), (6)

Vermietung von Zimmern an Feriengäste V Vorbem. (7)

Vermittlungsgebühren V 41

Vermögensbildungsgesetz N 86

Vermögensgegenstände, Verlust von HV 116 bis 119, N 57 bis 62 („Vermögensverluste")

Vermögensstock einer Stiftung, Spenden HV 85 bis 87

Vermögensübertragung gegen wiederkehrende Leistungen II 6.3. (4), (4a) und (5), 7.1.3.

Vermögensverluste HV 116 bis 119
- als Werbungskosten N 57 bis 62 (ABC)

Vermögensverwaltung GSE 41 bis 42
- Kosten V 54

Vermögenswirksame Leistungen HV 63
- Anlageformen N 86
- Bescheinigung N 86

Verpachtung V 27, L 1, 11 bis 19, 47 bis 48, 49 bis 56
- eines Betriebs im Ganzen GSE 12 bis 21, L 47 bis 48

Verpflegungsmehraufwendungen N 63
- bei Dienstreisen N 57 bis 62, 59 („Reisekosten")
- bei Geschäftsreisen II 2.6.
- bei Einsatzwechseltätigkeit N 63 bis 68
- bei Fahrtätigkeit N 63 bis 68
- bei doppelter Haushaltsführung N 70 bis 83
- Konkurrenzregelungen N 63

Versicherungsbeiträge HV 63, 64 bis 67, 69, 72 bis 76, 77, AV Vorbem.
- an ausländische Versicherungen HV 63 IV, 72 bis 76
- als Betriebsausgaben II 2.10. (16)
- als Werbungskosten V 52

Versicherungsvertreter GSE 1

Versorgungsanlagen für Elektrizität, Gas, Wärme, Wasser, Aufwendungen und Ergänzungsbeiträge V 43 bis 44 (2), II 3.3.3. a)

Versorgungsausgleich, Zahlungen an Arbeitgeber als Werbungskosten N 57 bis 62 (ABC)

Versorgungsbezüge, steuerbegünstigte N 8, SO 16 bis 23
- für mehrere Jahre N 13 bis 16

Versorgungsfreibetrag N 8, SO 16 bis 23
- als Bezüge HV 106 bis 115, K 21 bis 29
- Bemessungsgrundlage für N 9 bis 12
- Zuschlag zum N 8

Versorgungskrankengeld N 21

Versorgungsleistungen nach Vermögensübertragung II 6.3.

Versorgungsrente
- private, außerbetriebliche II 6.3., 7.1.3.
- betriebliche II 6.4.2., 7.2.2.
- Abgrenzung untereinander und zur Veräußerungsrente II 6.4.1.

Verspätungszuschläge II 2.10. (18)
Versteckte Mängel V 43 bis 44 (3) (a)
Verteilung von Erhaltungsaufwand V 45 bis 48
Vertragsstrafen als Werbungskosten N 57 bis 62 (ABC „Schadensersatzleistungen ...")
Vertragswidrige Behandlung einer Mietsache, Vergütungen für V 11
Verwaltungskosten bei Grundbesitz V 55
Verwarnungsgelder II 2.10. (7)
Verwitwete Personen HV 13
Verzehrgutscheine als Bewirtungskosten II 2.3.
Verzugszinsen KAP 3 bis 6
Videorecorder N 52 bis 54 (ABC)
Vieheinheiten L 1, 29 bis 46, 61 bis 106
VIP-Logen in Sportstätten, Aufwendungen für II 2.3. a.E., 2.10. (10a)
Vollverzinsung II 2.10. (18)
Vorauszahlungen
– auf Einkommensteuer, Berücksichtigung nach § 10e EStG II 3.7.
– für eine mehrjährige Tätigkeit N 14, GSE 55 bis 56
– von Schuldzinsen V 40 (1)
Vorbehaltsnießbrauch V 3 bis 5, 34 II E, KAP 1 bis 2
– AfA, V 34 II E.
– Instandsetzungsaufwendungen V 43 bis 44 (4)
– Schuldzinsenabzug V 40 (4)
Vorfälligkeitsentschädigung als Finanzierungskosten V 30 bis 56, 41
Vorfinanzierungskredit, Zinsen bei § 10 e EStG, II 3.3.8. c)
Vorgärten V 55 bis 56 (3)
Vorkosten nach § 10e Abs. 6 EStG, FW 17 bis 19, 22 bis 23, II 3.4.
– Begrenzung der Abzugsfähigkeit FW 22 bis 23 d)
– bei Eigenheimzulage § 10i EStG FW 12 bis 16, II 3.1.
– Erstattung FW 22 bis 23
Vormundschaft, Werbungskosten V 54
Vorruhestandsgeld
– beim Vorwegabzug HV 63
– Vorruhestandsleistungen N 14
– zugleich als Versorgungsbezüge N 8
Vorschüsse GSE 35 bis 36
Vorsorgeaufwendungen HV 63, 64 bis 67, 72 bis 76, 77
Vorsorgepauschale, Kürzung HV 63, N 31 bis 36
Vorstandsmitglied einer AG, Vorsorgepauschale HV 63, N 31 bis 36
Vorsteuern
– erstattete als Einnahme V 10
– zurückgezahlte als Werbungskosten V 55 bis 56
Vortragstätigkeit, nebenberufliche N 24, GSE 35 bis 36, 59
Vorübergehende Räumung des Hauses oder der Wohnung
– bei § 10e Abs. 6 EStG FW 22 bis 23
Vorwegabzug HV 63 III
Vorweggenommene Erbfolge SO 30 bis 59, II 3.3.3. c)
– Begriff II 3.3.3.c)
– und § 10e Abs. 6 EStG II 3.3.3. c)
– Schuldzinsen für Kredit II 3.3.3. c)
– Vermögensübertragung gegen Versorgungsleistungen II 6.3. (5), 6.4.1., 7.1.3.

Währungsklausel s. Wertsicherungsklausel
Währungsverluste bei Fremdwährung V 41
Wärmepumpenanlagen, Einbau von II 4.
Wahlaufwendungen N 57 bis 62 (ABC), SO 16 bis 23
Wahlrecht zwischen § 10e EStG und begünstigten Baumaßnahmen FW 10 bis 11 (b)
Waisengelder N 8, 31 bis 36
Waisenrente R 1 bis 2
Wandelanleihen KAP 1 bis 2, 3 bis 6, 10
Wanderschäferei L 1, 2 bis 5

Warmwasser- und Heizungsanlagen, II 4.
Waschmaschine N 52 bis 54 (ABC: „Wirtschaftsgüter..."), V 55 bis 56 (2)
Wasser, Kosten V 51
Wechsel der Abschreibungsmethode
– bei beweglichen Wirtschaftsgütern II 1.2.4.
– bei Gebäuden II 1.7.2.(4)
Wechselseitige Vermietung FW 22 bis 23
Wegfall der Geschäftsgrundlage bei Rente II 6.1.
Wegfall der Nutzungswertbesteuerung II 3.8., L 57 bis 59, 60
Weiterbildung s. Fortbildungskosten
Weiterführung von Steuerbegünstigungen FW 7 bis 8
Weiträumiges Arbeitsgebiet N 57 bis 62, 59 („Reisekosten", Allgemeines ...)
Werbeberater GSE 35 bis 36
Werbeflächen, Vermietung von V 10
Werbegeschenke eines Arbeitnehmers, als Werbungskosten N 57 bis 62 (ABC)
– als Betriebsausgaben II 2.2.
Werbetätigkeit eines Künstlers GSE 35 bis 36
Werbungskosten
– ABC bei Arbeitnehmern N 52 bis 54, 57 bis 62
– Allgemeines N 38
– Begriff N 38
– bei Kapitalvermögen KAP 53 bis 61
– bei sonstigen Einkünften R 49 bis 54, SO 6, 8 bis 13, 30 bis 59
– bei verbilligter Überlassung einer Wohnung V 6, 30 bis 56
– bei Vermietung und Verpachtung sowie Aufteilung der Gesamtaufwendungen V 30 bis 56
– erfolglose N 38
– Erstattung/Rückzahlung V 11
– nachträgliche N 38, V 34
– Pauschbetrag für Versorgungsbezüge N 8, 38
– vorbereitende N 38
– Wegfall der Pauschale bei Vermietung und Verpachtung ab 1999 V 30 bis 56
Werbungskostenüberschuss mit Rückkaufsangebot oder Verkaufsgarantie V 30 bis 56
Werkzeuggeld, steuerfreier Ersatz N 38
Wertaufholungsgebot, siehe Zuschreibung
Wertminderung eines KFZ nach Unfall N 38 bis 48 („Unfallkosten ...")
Wertpapierzinsen KAP 1 bis 2, 3 bis 6, 7, 8, 10, 30 bis 37
Wertsicherungsklausel II 6.1., 6.3. (5), 6.4. (2)
– bei Kaufpreisraten V 42
– bei Leibrenten R 1 bis 9, II 6.1., 6.4.1., 7.2.
Wertverrechnung
– keine bei gegenseitigem Vertrag II 6.3. (4)
– keine bei vorweggenommener Erbfolge II 6.3. (5)
Wesentliche Beteiligung KAP 53 bis 61, GSE 22 bis 23, AUS 30 bis 36
Wesentliche Betriebsgrundlage GSE 1, 12 bis 21
Wiedereintritt in das Berufsleben N 57 bis 62, 58 („Fortbildungskosten")
Wiederkehrende Bezüge HV 29 bis 35, R 31 bis 44, SO 1 bis 2, 4, II 6., 7.
Wiederkehrende Leistungen für Vermögensübertragung II 6.3.(4), (4a), (5), 7.1.3.
Winterausfallgeld N 25
Wintergarten
– begünstigter Ausbau FW 3 bis 4, II 3.3.2.
– Objektverbrauch i.S. des § 10e EStG II 3.3.6.
Wirtschaftliche Baubetreuung, Gebühren für V 41
Wirtschaftlicher Eigentümer II 3.3.1.
– bei Gebäuden auf fremdem Grund und Boden bei § 10e EStG II 3.3.1.
Wirtschaftsgebäude, verbesserte Abschreibungen für V 34 I; II 1.7.1.
Wirtschaftsjahr, abweichendes GSE 2 bis 4, L 2 bis 5

Wirtschaftswert L 2 bis 5, 11 bis 19
Witwengelder N 8, 31 bis 36
Witwen- und Witwerrenten R 1 bis 2
Wochenendhäuser und Wochenendwohnungen bei Fahrten zur Arbeitsstätte N 38 bis 48 „Mehrere Wohnungen ..."
– kein § 10e EStG FW 1, II 3.3.2.
Wochenzeitschriften N 52 bis 54 (ABC: „Fachliteratur")
WoFG (Wohnraumförderungsgesetz), öffentliche Zuschüsse V 11
Wohneigentumsförderung
– Abzugsbetrag FW 17 bis 19, II 3.3.3.
– Abzugszeitraum II 3.3.
– Altbauten, Anschaffung II 3.3.
– anschaffungsnahe Aufwendungen als Herstellungskosten FW 18, II 3.3.3. a), ff)
– anschaffungsnahe Aufwendungen vor erstmaligem Bezug FW 22 bis 23 (vor a)
– Arbeitszimmer und Bemessungsgrundlage II 3.3.2.
– Aufteilung des Kaufpreises FW 18
– Aufwendungen vor erstmaliger Selbstnutzung FW 22 bis 23, II 3.4.
– Ausbauten, Erweiterungen, Garagen FW 3 bis 4, II 3.3.2.
– begünstigte Objekte FW 3 bis 4, II 3.3.2.
– begünstigter Personenkreis FW 2, II 3.3.1.
– Bemessungsgrundlage FW 18, II 3.3.3.
– Berlin II 5.5.7.
– Ehegatten-Anschaffungsgeschäft II 3.3.5.
– Eigenheimzulagengesetz FW 6, 12 bis 16, II 3.1.
– Eigennutzung/Selbstnutzung der Wohnung FW 3 bis 4, II 3.3.2., 3.3.3. b)
– Erstmaliger Bezug nach § 10e Abs. 6 EStG FW 22 bis 23
– Erwerb gegen Rente II 3.3.3.a), gg)
– Ferien- und Wochenendwohnungen FW 1, II 3.3.2.
– Grundförderung nach § 10e EStG FW 17 bis 19, II 3.3.
– Herstellungskosten bei einem gemischt genutzten Gebäude II 1.7.4., 3.3.3.a)
– Kauf der Wohnung durch den Mieter FW 22 bis 23
– Miteigentum II 3.3.3.d)
– Nachholung von Abzugsbeträgen FW 18, II 3.3.4.
– nachträgliche Herstellungs- oder Anschaffungskosten II 3.3.4.
– doppelte Haushaltsführung und Grundförderung II 3.3.2.
– Objektbeschränkung, Folgeobjekt FW 5, 6, II 3.3.6., 3.3.7.
– Übersicht II 3.
– unentgeltlicher Erwerb und § 10e EStG II 3.3.3.e)
– unentgeltlicher Erwerb und § 10e Abs. 6 EStG FW 22 bis 23
– vergebliche Aufwendungen und Planungskosten bei § 10e Abs. 6 EStG FW 22 bis 23 f)
– vorbehaltenes Nutzungsrecht, unentgeltlicher Erwerb II 3.3.3.c)
– vorherige Vermietung vor erstmaligem Bezug FW 22 bis 23
Wohnfläche, Berechnung V 3 bis 5
Wohngebäude, vermietete, Abschreibungen II 1.7.1.k)
Wohnmobil, zeitweise Vermietung SO 8 bis 13
Wohnrecht, dingliches und schuldrechtliches V Vorbem. (2), V 34 II E, siehe auch Nießbrauch
Wohnsitzwechsel ins Ausland HV 29 bis 35, 50 bis 52, GSE 12 bis 21, 22 bis 23
Wohnung
– am Studienort K 42 bis 43, FW 3 bis 4
– Aufwendungen vor Beginn der Selbstnutzung FW 22 bis 23, II 3.4.
– Begriff V 35, II 3.3.2.
– Grundförderung FW 17 bis 19, II 3.3.

371

- Nutzung zu eigenen Wohnzwecken FW 18, II 3.3.2.
- Nutzungswertbesteuerung, Wegfall ab 1987, L 57 bis 59, 60
- Tag der Anschaffung oder Herstellung (Fertigstellung) FW 3 bis 4
- Übergangsregelungen L 57 bis 59, 60, II 3.8.
- Überlassung an ein Kind oder die dauernd getrennt lebende Ehefrau FW 3 bis 4
- unentgeltliche Überlassung an Angehörige nach § 10h EStG FW 20 bis 21

Wohnungen
- mit Sozialbindung, § 7k EStG, V 35, II 1.7.1. l)

Wohnungsbau, Förderung, siehe auch Mietwohnungsbau

Wohnungsbauförderung (WoBauFG) nach § 10f EStG i.V. mit § 7i EStG, FW 10 bis 11, V 38, II 5.4.
- Erhaltungsaufwand für Baudenkmale (§ 10 f Abs. 2 EStG und § 11 b EStG) FW 10 bis 11, II 5.4.
- Erhaltungsaufwand für Gebäude in Sanierungsgebieten und städtebaulichen Entwicklungsbereichen (§ 11a EStG) FW 10 bis 11, II 5.4.

Wohnungsbauprämie HV 63, II 8.

Zahlväter
- Kinderfreibetrag K 1 bis 20, 30 bis 36
- zumutbare Belastung HV 116 bis 119
- Übertragung des Behinderten- oder Hinterbliebenen-Pauschbetrags eines Kindes HV 95 bis 98, K 56 bis 58, 59

Zeitpunkt der Leistung von Ausgaben V 3 bis 5

Zeitrente R 1 bis 9, SO 1 bis 2, II 6.1.

Zentralheizung V 43 bis 44 (1)

Zero Coupon Bonds, Einnahmen aus Kapitalvermögen KAP 3 bis 6

Zerstörung des PKW N 38 bis 48 („Unfallkosten ..."), N 57 bis 62 (ABC „Vermögensverluste")

Zimmervermietung, Abgrenzung zum Gewerbebetrieb V Vorbem. (7)

Zinsabschlagsteuer HV 29 bis 35, KAP 1 bis 2, 3 bis 6, 7, 8, 9, 48 bis 49

- Freistellungsauftrag KAP 1 bis 2, 53 bis 61
- bei Tafelgeschäften KAP 1 bis 2, 7

Zinsen siehe auch Schuldzinsen

Zinsen für Bausparguthaben KAP 3 bis 6, V 11, II 3.3.8.

Zinsen bei Lebensversicherungen KAP 11

Zinsen auf Steuernachforderungen II 2.10. (18)

Zinsersparnisse des Arbeitnehmers bei Arbeitgeber-Darlehen II 3.3.8.

Zinsinformationsverordnung, Quellensteuern KAP 51

Zinsscheine KAP 3 bis 6, 7

Zinszahlenstaffelmethode II 2.10. (11)

Zinszuschüsse des Arbeitgebers an Arbeitnehmer II 3.3.8.

Zivilprozessordnung, Rechtsgedanke des § 323 ZPO II 6.1., 6.3.

Zubehörräume i.S. der II. BVO bei
- Berechnung anteiliger Werbungskosten/Betriebsausgaben N 55 bis 56 („Arbeitszimmer")
- § 10e EStG II 3.3.2.

Zufließen von Einnahmen KAP 1 bis 2, 3 bis 6, V 3 bis 5

Zugewinnausgleichsschulden, Zinsen als Werbungskosten V 40 (1), II 3.3.3. c)

Zugewinngemeinschaft HV 13

Zuleitungsanlagen zum Gebäude V 43 bis 44 (2)

Zusammenveranlagung
- von Ehegatten HV 13, 63, AV 2
- keine mit Kindern HV 29 bis 35

Zusatzstudium N 57 bis 62, 58

Zuschreibung ab 1999 nach AfaA II 1.1., 1.7.2. (3)

Zuschüsse
- als Abzug von der Bemessungsgrundlage des § 10e EStG Schutzbaugesetz, § 10f, § 10h EStG, § 7 FörderG II 3.3.8. a)
- Aufwandszuschüsse II 3.3.8. a)
- aus öffentlichen Mitteln zu Erhaltungs- und Herstellungsaufwendungen u.a. V 11, 60, FW Vorbem., II 3.3.8. a)
- aus öffentlichen Mitteln bei § 7 k EStG V 61
- für Fahrten zwischen Wohnung und Arbeitsstätte N 49, 50

- zu Krankenversicherungsbeiträgen HV 29 bis 35, 72 bis 76, R 3
- zur Zinsverbilligung V 40 (1)

Zuteilungsgebühren V 41

Zuwendungen an gesetzlich unterhaltsberechtigte Personen HV 78 bis 79, 106 bis 115

Zuwendungen siehe auch Spenden

Zuwendungsnießbrauch KAP 1 bis 2, V 3 bis 5, V 34 II E
- AfA V 34 II E
- Instandsetzungsaufwendungen V 43 bis 44 (4)
- Schuldzinsenabzug und Geldbeschaffungskosten V 40 (4)

Zwangsgelder II 2.10. (18)

Zwangsversteigerung und Anschaffungskosten nach § 10 e EStG II 3.3.3.c)

Zweifamilienhaus
- Aufwendungen vor Bezug bei Miteigentum FW 22 bis 23
- Zuordnung von Schuldzinsen V 40

Zwei-(Mehr-)kontenmodell II 2.10. (11)

Zweitstudium N 57 bis 62, 58 (ABC „Fortbildungskosten ...")

Zweitwohnung
- Baukindergeld FW 23 bis 24
- bei doppelter Haushaltsführung N 70 bis 83 (2c)
- bei § 10e EStG II 3.3.2.
- im Ausland bei doppelter Haushaltsführung N 70 bis 83 (2 c)

Zweitwohnungssteuer V Vorbem (5 b)

Zwischengesellschaft i.S. des Außensteuergesetzes AUS 23 bis 26

Zwischengewinne, Besteuerung bei Investmentanteilen KAP 3 bis 6, 8

Zwischenkredit, Zinsen V 11, 40
- bei § 10e EStG V 11

Zwischenstaatliche Amtshilfe durch Auskunftsaustausch N 18 bis 20, KAP 51, AUS 48

Zwölfstündige Abwesenheit von der Wohnung, Wegfall N 63

Zwölftelung der AfA im Jahr der Anschaffung oder Herstellung eines Wirtschaftsguts V 43 bis 44, II 1.1, 1.4.